# DICTIONNAIRE TAMOUL-FRANCAIS

# DICTIONNAIRE
# TAMOUL-FRANCAIS,
## PAR DEUX MISSIONNAIRES APOSTOLIQUES
# DE LA CONGREGATION
# DES MISSIONS-ETRANGERES.

## TOME SECOND

M. B. DUPUIS

GYAN

*Published by*

GYAN

Gyan Publishing House
5, Ansari Road
Daryaganj, New Delhi-110002
Phone: 011-47034999, 9811692060
E-mail: books@gyanbooks.com

*Distribution Network*
gyanbooks.com
India, USA, Canada, UK, Australia, France



ISBN : 978-81-212-4301-8 (Set)
ISBN : 978-81-212-4852-5 (PB)
First Published, 1862

2nd Impression 2020

*Printed at:* Gyan Press, Delhi.



**Dictionnaire Tamoul-Francais**
Author: M. B. Dupuis

# DICTIONNAIRE

# TAMOUL-FRANÇAIS,

PAR DEUX MISSIONNAIRES APOSTOLIQUES

DE LA CONGRÉGATION

**DES MISSIONS-ÉTRANGÈRES,**

TOME SECOND.

அந்நியதேசத்துப்போதகர் சபையிலுள்ள

அப்போஸ்தொலிக்குக் குருக்களி லிருவர்

செய்தருளிய

# தமிழ்ப்பிராஞ்சகராதியின்

உ-ம் பங்கு.

**PONDICHÉRY,**

IMPRIMERIE DES MISSIONNAIRES APOSTOLIQUES

**DE LA DITE CONGRÉGATION.**

1862.

*Avec l'approbation des Supérieurs.*

# PREFACE.

Nous avons enfin la satisfaction de livrer au public la fin de cet ouvrage, fruit de plus de huit ans de travail. Ceux qui considèrent combien de temps et de recherches pénibles exige la confection d'un dictionnaire d'une langue étrangère s'étonneront peut-être qu'il ait pu finir si tôt. Mais les deux Missionnaires, qui y ont travaillé simultanément, tant d'années, étant parvenus, l'un à la fin de sa trentième année de séjour dans l'Inde, et l'autre à sa vingt-septième, ne sont plus des étrangers ni pour leur patrie adoptive, ni pour le tamoul, que depuis long-temps ils parlent presque aussi aisément que leur langue maternelle.

A peine arrivés dans l'Inde, ils s'adonnèrent à l'étude de cet idiome, avec toute l'application dont ils furent capables. Puis lancés dans l'intérieur des terres, ils ont passé plus de huit ans dans la carrière Apostolique, où l'exercice continuel du saint Ministère, au milieu des populations natives, leur a procuré de plus en plus la connaissance de la langue, et celle des mœurs et des diverses particularités de ce pays.

Appelés ensuite par leurs Supérieurs à répandre l'instruction par la presse et par l'enseignement, ils ont, Dieu aidant, composé ou revu et publié les ouvrages de piété, de méditation, de controverse, d'histoire, etc..., ainsi que les livres classiques et les dictionnaires contenus dans le catalogue mis en tête de cet ouvrage.

C'est après plus de douze ans de travaux littéraires encouragés par un succès, qui a dépassé toute espérance, et après avoir recueilli les divers matériaux nécessaires à leur but, que s'aidant du secours de natifs intelligens et éclairés, ils ont entrepris la rédaction et l'impression de ce dictionnaire.

Sans doute ils auraient désiré qu'il fut encore plus complet et moins imparfait; néanmoins ils espèrent qu'il sera d'une grande utilité. L'accueil favorable qui a été fait aux livraisons, qui ont paru jusqu'à présent, leur en garantit le succès, d'autant plus que c'est le dictionnaire tamoul le plus complet, qui ait paru jusqu'à présent.

Dans la préface du premier volume, analysant succinctement cette langue, son origine, sa nationalité, sa composition, ses emprunts etc..., nous nous sommes plu à rendre hommage à sa pureté, à sa beauté, à son antiquité et à sa naturelle facilité. Maintenant que nous en avons examiné, analysé et pesé tous les mots, qu'il nous soit permis de confirmer cet hommage bien sincère, que nous aimons à lui rendre, convaincus qu'il y a peu de langues au monde, qui aient si bien conservé leur pureté primitive, et qui, dans les emprunts faits aux langues étrangères, aient suivi des règles aussi précises, pour en garder les mots intacts ou parfaitement reconnaissables.

A voir l'élégance, l'antiquité et la beauté de cette langue, quelles riches productions, dans tous les genres de connaissances, n'aurait-on pas droit d'attendre d'un peuple ingénieux, doué d'une imagination vive, et qui ne manque pas de capacité pour les sciences, surtout dans l'Inde, dans un pays qui certainement a dû être un des premiers peuplés, et qui ayant puisé sa civilisation aux premières sources du genre humain, l'a toujours plus ou moins cultivée et conservée, dans la longue série de siècles, qui s'est écoulée depuis lors?

Dans un tel laps de temps, que de royaumes se sont élevés dans ces vastes contrées! Que de dynasties ont dû s'y succéder! Que de guerres, que d'alliances et autres événemens mémorables ont dû s'y passer! Quelle mine féconde n'y avait-il pas pour une histoire nationale? Plusieurs royaumes, ceux du Tanjaour et du Maduré entre autres, ont eu leurs académies. Les rois indigènes les ont quelquefois encouragées. Quels résultats heureux pour la science ne devaient-elles pas produire? Sous un ciel presque toujours pur et serein, quelles découvertes ou observations utiles la science astronomique ne pouvait-elle pas faire? Centre d'un commerce, qui paraît toujours avoir été passablement étendu avec les peuples circonvoisins, et souvent la proie de conquérants étrangers, les Indiens avaient d'assez fréquentes occasions de connaître les autres peuples, leur histoire et la géographie. Plusieurs arts et sciences ont été connus dans l'Inde dès l'antiquité; quel beau champ n'y avait-il pas à d'utiles progrès? De tous côtés, et dans la langue, et dans le peuple, et dans les sujets à traiter, on voit qu'il y avait, pour les sciences et les arts, matière aux plus belles productions scientifiques, littéraires et industrielles.

Voyons maintenant quelles sont celles que l'Inde a enfantées, quelles sont les sciences qui y ont été cultivées, et tâchons d'analyser les causes des divers résultats que nous trouverons.

A entendre exalter par les Indous leurs 64 [illegible], c'est-à-dire leurs 64 sciences ou arts, il semblerait que nous aurions de nombreux et d'heureux résultats à constater. Mais quand on examine ce que sont ces 64 sciences ou arts si vantés, on est étonné de l'illusion étrange, que l'on se faisait, et de la déception que l'on éprouve. Au mot [illegible] nous en donnons la liste complète et l'indication de ce qu'est chacune de ces sciences. On peut voir que cette liste renferme 20 à 22 arts de magie, de sortilége, d'enchantement et de divination; et entre autres l'art de tuer par sorcellerie.

En outre, elle contient cinq à six sciences qui tiennent au paganisme, et au moins une douzaine d'arts, qui ont pour objets des choses si peu importantes, qu'à peine méritent-ils le nom d'arts ou de sciences; ou bien ce ne sont que des parties ou sections d'un art principal, tandis qu'il y a une foule d'arts et de sciences véritables, utiles et recommandables, dont cette liste ne parle pas, et qui ont été jusqu'ici comme inconnus aux Indiens. Il ne reste donc de cette longue liste qu'une quinzaine d'arts ou de sciences dignes de ce nom. Voyons maintenant à quel point ces peuples ont cultivé ces sciences et arts divers, dans l'Inde en général, et surtout dans le pays tamoul.

Ils n'ont de l'histoire que le nom, et encore souvent, dans leurs ouvrages, les noms d'histoires, de contes et de fables se trouvent pris l'un pour l'autre, parce qu'effectivement, de leurs faits historiques les plus intéressants, ils ont fait des romans poétiques, où la vérité historique n'est plus reconnaissable. La chronologie et la géographie, qui servent tant à l'histoire, sont devenues aussi chez eux le domaine de la fable, au point qu'on peut à peine assigner avec certitude l'époque de quelques faits historiques de l'Inde, et qu'on ne trouve chez eux qu'une légère teinture de géographie, encore n'est-ce que pour ce qui concerne leur patrie et quelques pays circonvoisins. (On peut le voir aux mots [illegible] les 9 divisions du monde, ou plutôt de l'Inde, et [illegible] les 56 pays.)

L'astronomie véritable paraît avoir été extrêmement négligée parmi les Indiens. Les brames, tout en conservant de cette science ce qu'il faut pour calculer les lunaisons et les éclipses, ont donné au peuple les idées les plus ridicules de ces phénomènes. Au lieu de s'occuper d'astronomie, ils ont cultivé avec soin l'astrologie judiciaire, art mensonger et illusoire, qu'ils ont exploité journellement à leur profit, mais au détriment du peuple ignorant qu'ils auraient dû éclairer.

L'arithmétique est une des sciences que les Indiens cultivent avec le plus de soin dès l'enfance, de manière à s'habituer à faire vite, de mémoire et sans écrire, des comptes soit entiers soit fractionnaires assez considérables; ce qui étonne d'autant plus, qu'ils ont adopté pour leurs comptes, surtout dans le pays tamoul, un système d'opérations et de fractions extrêmement compliqué et difficile. Mais généralement parlant, ils n'ont pas cultivé les hautes mathématiques.

L'éloquence du barreau, de la tribune et de la chaire, semble avoir été complétement négligée par l'Inde payenne, et nous ne voyons aucun ouvrage en ce genre, qui ait quelque célébrité. L'éloquence de la chaire est absolument nulle dans la gentilité; nulle instruction n'y est donnée aux peuples. Cependant les rhéteurs dans l'art de l'éloquence et dans celui des figures de rhétorique, ont donné des principes et des régles qui auraient pu, plus au moins, conduire à quelque résultat.

La jurisprudence ne parait pas avoir été l'objet de grandes études parmi eux, et ne l'est pas encore; leurs anciens législateurs ou sages leur ont, il est vrai, laissé dix-huit codes de lois ou livres de jurisprudence; mais sous les rois indigènes, et plus encore sous la domination mahométane, la justice était généralement trop arbitraire, trop prompte ou trop vénale pour s'astreindre à d'ennuyantes procédures et à de longs et éloquents plaidoyers.

L'architecture semblerait avoir été cultivée autrefois; car divers témoignages attestent qu'il y a eu 32 (சிற்பநூல்) Sirpanoùl, mot qui signifie traité ou ouvrage sur l'architecture, et que l'on traduit aussi par système ou ordre d'architecture. D'anciennes pagodes attestent encore que l'architecture et la sculpture ont été cultivées dans l'Inde, mais sans arriver à une grande perfection, à quelques exceptions prés. Et comme les monumens, qui existent encore, se ressemblent presque tous, et sont à peu prés du même ordre d'architecture, on a lieu de douter que les Indiens en aient jamais connu 32, au moins en pratique. A l'architecture quelques-uns rattachent la mécanique, qui parait avoir été trés-peu l'objet de l'étude et des soins des Indiens. En général dans tous leurs arts et métiers la mécanique joue un faible rôle;rien de plus simple que les moyens qu'ils emploient.Une certaine dextérité supplée à ce qui leur manque sous ce rapport.

La médecine a été l'objet du travail de quelques auteurs,qui ont laissé des écrits sur cette science. Mais on peut dire que, depuis long temps au moins, c'est une étude peu approfondie des Indiens. Comme c'est un art vraiment peu contrôlé dans l'Inde, bien des individus se mettent à l'exercer,quand ils ne voient plus d'autres moyens de gagner leur vie, et, avec quelques simples et autres remèdes généralement connus, ils se font quelquefois une vogue assez considérable. Cependant on rencontre quelques praticiens passablement habiles,et qui font des cures remarquables. Dans un pays si riche en plantes médicinales, et en remèdes vraiment spécifiques, si la botanique et la médecine étaient bien étudiées et utilement mises en pratique, sans doute ce serait un immense service rendu à l'humanité et à la science. Les gouvernemens européens ont déjà commencé à y initier les indigènes. Quant à la chirurgie, elle a,ce semble, toujours été l'objet de l'aversion et du dédain des Indiens.Ils ont abandonné cet art au barbier,qui,dans quelques cas, l'exerce vaille que vaille,sans en avoir fait une étude spéciale.

De la physiognomonie, à laquelle ils ont joint la chiromancie, ils ont fait,en grande partie,un art de divination, par lequel bon nombre de charlatans prétendent arriver à pronostiquer même les avantures des individus qu'ils examinent.

Bien que Siven, un des principaux dieux des Indous, ait été un grand danseur, les Indiens, comprenant sans doute ce que la danse a de dangereux pour les mœurs, ont réservé cet art aux comédiens et aux bayadères,dont les danses parfois lascives ont bien aussi leurs dangers pour les spectateurs.

Ils ont cultivé et exercent encore avec une certaine habileté l'art dramatique,et souvent des acteurs improvisés se plaisent à donner des représentations théâtrales sur des théâtres de feuillage ou en plein air: car ils n'ont point de salles à cette fin. Mais cet art,parmi eux, n'a point encore produit de ces ouvrages dramatiques,qui méritent d'être classiques et de passer à la postérité.

La musique semble remonter, dans ce pays, à une assez haute antiquité. Depuis long temps les Indiens connaissent la gamme, les tons, l'usage des notes d'accompagnement, et la musique soit vocale, soit instrumentale. Mais leur musique vocale est généralement monotone et nasale, tandis que leur musique instrumentale est bruyante et confuse. En outre, cette science est depuis long temps stationnaire parmi eux, étant comme réduite à 32 airs anciens et 32 nouveaux (dans leur antique origine). Jusque dans leur musique, les Indiens ont mêlé des puérilités et des idées superstitieuses; ils distinguent leurs airs en airs mâles et en airs femelles, qu'ils donnent pour femmes aux premiers, désignant à chacun la sienne. Ils leur assignent aussi différentes castes et différens dieux, et ils prétendent que plusieurs de leurs mesures de musique ou de leurs tons sont sortis de la face de Siven (voyez plusieurs détails sur leur musique aux mots [illegible], [illegible], et [illegible]). Enfin les Indiens ont nui aux progrès de la musique parmi eux, en réduisant l'usage des instruments à vent à la caste des barbiers, et celui de plusieurs sortes de tambours ou de tambourins à la caste des Parias.

L'art militaire indien a produit le jeu d'échecs; c'est peut-être le résultat le plus considérable qu'il ait obtenu. Car nous ne voyons guère qu'il ait fait faire aux Indiens des conquêtes au dehors; au contraire dans presque tous les temps, il a laissé ce pays, si vaste et si populeux, devenir la proie des étrangers. Il est vrai que le défaut de leur art militaire n'en est peut-être ni l'unique, ni la principale cause; l'art ne suffit pas, si la bravoure et l'union font défaut.

L'art de lancer des flèches n'est qu'une partie de l'art militaire.

La lutte et les autres parties de l'art des athlètes ont été abandonnées à certains jongleurs, et ne semblent pas avoir eu grande importance dans ce pays.

Les arts de connaître les différentes marques des éléphants et des chevaux sembleraient être une petite partie de la zoologie; mais dans les idées indoues, ou du moins dans la pratique journalière, ce sont plutôt les arts superstitieux de découvrir les marques qui peuvent porter bonheur ou malheur aux possesseurs de ces animaux.

La chimie ou plutôt l'alchimie, la transformation des métaux, a été fort élaborée dans l'Inde; mais, comme bien d'autres peuples, les Indiens sont encore à chercher la pierre philosophale.

Quelques Indiens sont habiles dans l'art d'apprécier la qualité de l'or et des pierreries; mais ces arts ne semblent que de faibles parties de la minéralogie ou de l'orfèvrerie et de la joaillerie.

L'art de connaître les terrains est un point important, sans doute, pour l'agriculture et pour l'imposition des terres; mais en soi il n'est pas un art fort compliqué.

Celui de conduire les chars avait autrefois plus d'importance qu'aujourd'hui, lorsque les chars figuraient dans les batailles; maintenant il se borne ici, comme ailleurs, à l'art de cocher, devenu un des emplois de domestiques.

L'art d'explorer les cavernes est trop minime, pour que nous nous y arrêtions. Il en est de même des arts de tours de ruse et de passe-passe, dans lesquels les jongleurs indiens excellent véritablement, au point de faire craindre quelquefois qu'ils n'y joignent de l'intervention satanique.

Quant aux arts pernicieux et diaboliques des enchantemens, magie, sorcellerie, évocation, divination et autres semblables, ils sont malheureusement devenus vulgaires parmi les Indiens, surtout dans certaines castes; mais de nos jours dans l'Inde, comme autrefois dans d'autres contrées, le pouvoir supérieur de Dieu, qui rend impuissante, contre les bons Chrétiens, la force diabolique des enchantemens et des sorcelleries, a tellement frappé ceux-mêmes qui les employaient, qu'il en a converti au christianisme.

Enfin trouverons-nous quelque science ou quelque art véritable et littéraire, dans lequel les Indiens aient excellé? Oui, c'est la poésie, et cependant ils ne la font figurer dans la liste de leurs sciences et arts que sous le nom de poème épique, qui en est la production la plus considérable. La poésie a été réellement cultivée avec soin parmi eux, et ils comptent jusqu'à 96 espèces de poèmes dits பிரபந்தம், que le génie de leurs poètes a enfantées. Quelques-unes, il est vrai, sont peu de chose, et ne méritent guère ce beau nom (voyez பிரபந்த[illegible]). Mais ils ont certains poèmes moraux, jolis et pour la poésie et pour les pensées, sauf quelques restrictions. Ainsi que nous l'avons déjà fait connaître dans notre notice sur le Tèmbâvani, ce magnifique poème tamoul du R. P. Beschi, leur poésie est extrêmement riche en toutes sortes de beautés poétiques, abstraction faite des sujets païens ou immoraux auxquels elle a souvent été employée. Parfaitement cadencée en pieds nombreux, composés de longues et de brèves, et modifiée par une foule de combinaisons, suivant le genre de poème, elle est extrêmement variée, harmonieuse et laconique; mais la variété de ses règles et de ses combinaisons rend surtout quelques espèces de poèmes passablement difficiles, d'autant plus qu'elle demande ordinairement, soit pour les rimes, soit pour la quantité et l'élégance, des mots recherchés; ce qui fait que généralement la langue poétique est comme une langue différente de la langue ordinaire; et comme leurs grammaires, leurs figures de rhétorique et leurs régles d'éloqence ont été faites surtout pour la poésie, elles participent à ces obscurités.

De plus ces combinaisons difficiles, s'étant étendues jusqu'à leur orthographe, ont rendu même les arts de lire et d'écrire passablement ardus, et ont plus ou moins empêché la science de devenir populaire; aussi est-il rare, dans les campagnes surtout, de trouver des gens qui sachent bien lire, quoiqu'il y en ait un certain nombre qui passent plusieurs années dans les écoles.

Il semblerait même que les savans indiens, au lieu de prendre les moyens de rendre facile l'accès aux diverses sciences, aient pris ceux de les rendre obscures au suprême degré. Car ils en ont donné les principes dans le style inintelligible d'une poésie recherchée. Le moyen d'inculquer les premiers principes des sciences en vers, ou dans des sentences courtes et faciles à retenir, qu'on développe ensuite dans un style clair et à la portée du commun des lecteurs, peut avoir, sans doute, un grand succès; mais au lieu d'employer, comme il faut, la seconde partie de ce moyen, il parait que les auteurs anciens ont cherché à tenir la science au-dessus de la portée du vulgaire. Car, dédaignant le style clair et facile de la prose, ils ont tenu à honneur de ne parler que le langage de la poésie, lors même qu'ils n'en employaient pas le rhythme. Aussi jusqu'à ces derniers temps, où le christianisme est venu promulguer de nouveau à ces peuples ses dogmes et ses préceptes régénérateurs, dans un style clair et intelligible, et les lui a exposés dans des livres, qui ont mis enfin la prose en honneur, dans ce pays, il était rare de trouver des ouvrages, tant soit peu considérables, qui ne fussent pas en vers. Même les traités de médecine et les horoscopes étaient versifiés. En outre la poésie, charmant ces peuples par ses beautés, et les lançant dans la vaste carrière de l'imagination, les a détournés de l'amour du vrai, et des sciences solides et véritables.

Mais quelle a été la cause principale de cette tendance à la versification et aux chimères de l'imagination, ainsi que de ce système de tenir la science hors de la portée du vulgaire? et d'où vient en grande partie cette stérilité de l'esprit indien pour les sciences?

C'est évidemment au bramanisme que l'on doit principalement attribuer tous ces fâcheux résultats; car non seulement il s'est fait une règle de mettre en vers, au moins en grande partie, ce qu'il donnait pour védas ou livres sacrés, mais encore il a mis en principe qu'il ne devait y avoir que les brames et les 2 castes supérieures et privilégiées qui les lussent; c'est en vers qu'il a donné les contes plus que romanesques des légendes de ses dieux, où le délire de l'imagination de ses poëtes a dénaturé tout ce qu'il traitait. Dans ces compositions gigantesques, charmant les lecteurs et les auditeurs par la beauté du style et les figures séduisantes de la poésie, par des aventures forgées à plaisir et favorables aux passions, enfin par des récits fabuleux où le merveilleux et le grandiose jouent le plus grand rôle, les auteurs du bramanisme ont falsifié les idées presque sur tout. Ils ont avili la divinité, en lui prêtant toutes les passions et les désordres de l'humanité. Ils ont défiguré l'histoire de manière à la rendre méconnaissable. Ils ont forgé une chronologie, où ils ont accumulé à plaisir les années, les siècles et les âges, oubliant cependant d'égaliser l'âge de leurs trois dieux principaux, dont ils ont fait par-là une triade ou trinité incohérente.

Ils ont fait une cosmographie ou géographie digne des romans les plus mensongers, à laquelle il ne manque que la vérité et même la vraisemblance. Supposant la terre plate, ils ont imaginé sept iles concentriques séparées par sept océans ambians, qu'ils prétendent être l'un d'eau salée, l'autre d'eau douce, les autres de lait, de lait caillé, de beurre fondu, de jus de canne à sucre, et de miel ou de liqueur enivrante.

En astronomie, des planètes faisant des dieux, ils en ont forgé les contes les plus ridicules; ils ont mis la lune au-dessus des étoiles; des nœuds ascendans et descendans de la lune ils ont fait deux gros serpens, qui chaque jour, sont censés causer quelques quarts d'heure de temps néfaste, et, au moment des éclipses, dévorer le soleil ou la lune. Détournant l'astronomie à des buts astrologiques, ils ont divisé le zodiaque en 27 constellations lunaires, dont ils ont fait les femmes de la lune, qu'ils supposent être une divinité mâle. Dans le même but, ils ont inventé les 11 Caranam (கரணம்) ou divisions astrologiques du temps, et les 27 Yôgam (யோகம்) ou sections de l'écliptique.

Des erreurs et des déviations si capitales, dans des sciences si importantes, ont été données par les brames, ces dépositaires de la science, et ces maîtres de la religion des Indous, comme faisant en quelque sorte partie de leurs doctrines sacrées; car elles son contenues dans les pouranas ou légendes de leurs dieux. Imbu de pareilles erreurs par des maîtres aussi accrédités, que le furent les Brames jusqu'à nos jours, comment l'Indien aurait-il pu se faire quelque idée juste de ces sciences. Aussi à peine lui reste-t-il quelques notions de géographie et des autres principales sciences.

Mais ce sont surtout les doctrines religieuses que le bramanisme a corrompues; son souffle pestilentiel a tout vicié; sous sa funeste influence, l'erreur et le paganisme ont de toutes parts inondé ce pays. Aussi parmi les Indiens qui ne sont pas encore éclairés des lumières du christianisme, on ne voit guère qu'un polythéisme incohérent, ou un panthéisme grossier, et une idolâtrie si déhontée qu'elle ne rougit pas des plus grandes turpitudes et des absurdités les plus déraisonnables, qui sont comme consacrées par les légendes et le culte de ses faux dieux..

Néanmoins au milieu de cet alliage incohérent de doctrines et de pratiques idolâtriques, on peut encore retrouver des traces et des témoignages irréfragables des principales vérités de l'antique tradition, conformes aux dogmes principaux du christianisme.

Ainsi le polythéisme et le panthéisme même n'étant qu'une fausse application de la croyance à la divinité, on ne s'étonnera pas de trouver, dans la langue comme dans les usages de ce peuple, des témoignages de sa foi à l'existence de Dieu.

Mais ce qui étonnera peut-être, c'est de trouver dans sa langue, et même dans les noms ou dans les épithètes qu'il donne à ses faux dieux, des termes qui font contraste avec leurs légendes, et qui ne peuvent convenir qu'au seul vrai Dieu que les chrétiens adorent. Peut-être même, n'y a-t-il pas de langue, qui ait des termes plus propres et plus riches pour exprimer les divins attributs. Ces belles expressions sont de temps immémorial, parmi les païens même, des noms de la divinité. Ainsi ils appellent Dieu ஏகன் l'unique, சயம்பு l'être existant de lui-même, அநாதி l'éternel, அரூபி l'incorporel, கருணாகரன் l'océan de grâce, சர்வவியாபி l'être présent partout, ஆதி le principe de tout, சர்வேசுரன் le souverain Seigneur de toutes choses, பூரணன் le parfait, அமலன் l'immaculé ou celui qui est sans tache, நீதிபரன் le Dieu de toute justice. Ces noms et bien d'autres semblables expriment, d'une manière parfaite, les divins attributs du Seigneur, et attestent l'antique croyance au Dieu véritable, et même à son unité, à sa pureté ou à sa sainteté et à son domaine absolu sur toutes les créatures.

La triade indienne, appelée trimourti, rappelle la très-sainte Trinité.

La création et l'idée du créateur se retrouvent dans plusieurs mots de la langue, et dans plusieurs ouvrages des Indous.

Le péché originel et la dégradation de l'homme, par le péché, sont encore attestés par les mots de பழவினை et de ஊழ்வினை, c'est-à-dire, d'ancien mal ou d'ancien péché, et par les divers sacrifices expiatoires et les purifications, en usage parmi les sectateurs du bramanisme.

Les luttes que les Indous racontent des démons et des géans, contre ceux qu'ils appellent தேவர் ou dieux inférieurs, et les calamités que ces êtres malfaisans firent souffrir aux hommes, rappellent les combats des bons et des mauvais anges, les luttes spirituelles des hommes contre les démons, et les calamités dont ceux-ci ont souvent été la cause ou les agens.

Le mot de சலப்பிரளயம் ou déluge, et plusieurs anecdotes des légendes indoues, ne permettent pas d'oublier la catastrophe qui engloutit et régénéra le monde du temps de Noé.

Nous retrouvons dans le mot அவதாரம், et dans les diverses incarnations de Vichnou, des traces palpables de l'antique croyance à l'incarnation du fils de Dieu, pour sauver les hommes de l'esclavage du démon.

Le jugement de l'homme, aprés la mort, est encore une croyance des Indous. Ils n'ont changé que le nom du juge.

Le dogme des peines ou des récompenses après le trépas suppose nécessairement celui de l'existence de l'âme et de son immortalité. Or cette croyance et celle de l'enfer et du paradis sont encore populaires dans l'Inde, et on les retrouve souvent exprimées dans les ouvrages indous. Seulement ils ont mêlé à ces dogmes, comme à tout le reste, une foule d'erreurs et de fables inventées à plaisir.

La croyance à l'expiation du péché, par des bains sacrés, nous rappelle le sacrement de baptême et l'usage de l'eau bénite.

La croyance au mérite des bonnes œuvres, à celui de la prière, de la méditation et même de la contemplation, à celui du jeûne, de la pénitence et des diverses autres pratiques de la vraie religion, se trouve dans des actes semblables, que les Indiens dénaturent en les faisant en l'honneur de leurs faux dieux, ou en les mêlant d'actes superstitieux et idolâtriques. Les Indous ont exalté jusqu'aux nues ceux de leurs sages, qui, vivant en ermites, se sont rendus célèbres par les austérités de la pénitence,et qui rappellent nos anachorètes, nos ermites et autres saints pénitens. C'est ainsi que l'on retrouve dans ce pays,comme dans tous les pays infidèles,de précieux restes des anciennes traditions, les principales vérités et pratiques de l'antique et vraie foi. Mais dans quel alliage d'erreurs et d'absurdités ne les trouve-t-on pas confondues,et quel travail d'épuration ne faut-il pas faire pour les retrouver?

Cela étant, peut-on supposer,avec certains incrédules,que c'est le christianisme qui a emprunté ses dogmes des peuples de l'Inde? Autant vaudrait-il dire que c'est le soleil qui emprunte sa lumière de la lune, et non celle-ci du soleil. Car quand on voit le christianisme, bien que répandu par toute la terre, professer un corps de doctrine et de morale, où tout est conséquent,raisonnable, uniforme, appuyé sur des faits et des témoignages incontestables,pur et sans alliage d'erreurs et d'incohérences,quand on le voit recevoir le dépôt des vérités saintes du peuple chéri de Dieu. du peuple juif, avant qu'il fut réprouvé du Seigneur, et par lui, par les prophètes et par les patriarches, remonter jusqu'à l'origine des temps et à la révélation divine, tandis que dans l'Inde, et chez les autres peuples infidèles, ces mêmes vérités ne sont que des lambeaux cousus à un tissu disparate d'erreurs, d'absurdités et d'immoralités, il est incontestable que ce n'est pas le christianisme qui a emprunté ses dogmes des gentils,mais que ce sont les païens qui tiennent ce qu'ils ont de vérités religieuses, soit du christianisme, soit des Juifs et des patriarches, qui,comme peuple de Dieu, ne font qu'une seule chaîne de succession avec lui.

Que les divers peuples de la terre n'aient eu qu'une origine commune, non seulement l'histoire sainte et cette unanimité dans les traditions primordiales l'attestent,mais encore l'identité d'une foule de mots dans les diverses langues primitives, et surtout la division de la semaine en sept jours,ainsi qu'une foule d'autres faits le confirment. Comment se fait-il,en effet, que les divers peuples du globe,qui diffèrent tant d'idées et d'usages, se soient accordés sur une division semblable,qui de soi paraît arbitraire. On ne lui trouve point d'autre origine que la création,et ce n'est que dans le livre de la Genèse,le 1er des livres saints et le premier des livres authentiques, que l'on en trouve la raison. Les noms des mêmes planètes donnés ensuite aux jours de la semaine,chez les principaux peuples,confirment encore cette unité d'origine, non moins que la même division du zodiaque en 12 signes, et les mêmes noms donnés généralement à ces signes. Comme les divers peuples du globe tiennent d'une origine commune ces divers points de ressemblance, il est évident qu'ils ont emprunté aussi à la source commune, au peuple de Dieu, les nombreuses vérités dans lesquelles ils s'accordent. Ensuite à ces vérités primordiales chaque peuple gentil a joint une foule de fables et d'absurdités de son invention.

En cela le peuple indien semble les avoir surpassés tous; il n'y a pas de vérité qu'il n'ait corrompue par un alliage impur. Ainsi il garde bien des témoignages de l'unité de Dieu; et non seulement il prodigue son encens à plusieurs dieux de sa fabrique; mais il en fait même monter le nombre à 330 millions; il va jusqu'à prétendre que de vils animaux, des bœufs, des singes et des serpens sont dieux; enfin il porte son délire jusqu'à dire que tout est dieu. Il admet une espèce de Trinité dans la triade de ses trois dieux principaux; mais c'est une triade incohérente et dans la durée d'existence ou l'âge qu'il donne à ces 3 dieux prétendus, et dans les idées qu'il donne de leur origine, de leur prééminence et de leurs qualités. Car d'un côté il les prétend tous trois dieux, et de l'autre il laisse Brama sans culte, comme un être dégradé par la malédiction d'un richi, c'est-à-dire d'un sage; et il représente Siven ayant dans sa main le crâne d'une des têtes de Brama, et faisant pénitence de l'avoir coupée, pour le punir d'avoir convoité sa femme.

En outre, le bramanisme proclame, comme nous l'avons dit plus haut, les plus belles idées de la divinité: qu'elle est éternelle, sans figure ou incorporelle, immaculée, parfaite, ayant le souverain domaine de toutes choses et tous les autres attributs divins; et puis dans les légendes de ses dieux, dans les pouranas ou autres écrits semblables, il raconte, même de ses principales divinités, toutes sortes de choses diamétralement opposées à ces divins attributs; il donne, de diverses manières contradictoires, la théogonie de ces dieux; leur attribue un commencement et une fin, une ou plusieurs naissances, un corps, un lieu particulier de résidence et de domaine; il donne les noms de leurs femmes et de leurs enfans, et même il en fait des dieux tellement adonnés à l'impudicité, à l'adultère, à la débauche et au vol, que le libertin le plus corrompu aurait honte de leur ressembler. D'un côté il met l'impudicité au nombre des vices,qui souillent et déshonorent ceux qui s'y adonnent, et de l'autre non seulement il fait un dieu de Kâmen,le Cupidon indien, dont l'occupation est de porter les hommes à la luxure, par l'effet de ses flèches enchantées, mais il en fait même le fils de Vichnou, un de ses plus grands dieux. Dans ses temples et sur les chars de procession de ses dieux,les figures les plus indécentes peintes ou sculptées prêchent le libertinage au peuple. Les servantes des temples, dites தேவதாசிகள் ou servantes des dieux, sont des bayadères, c'est-à-dire des danseuses et des prostituées de profession,et une d'elles,avec un brame sacrificateur, est admise à servir de compagnie à l'idole sur le char de procession dans les fêtes publiques. Au lieu que les chrétiens vouent de chastes vierges au service du vrai Dieu, les Indous vouent de pauvres jeunes filles à la prostitution pour honorer quelques-unes de leurs infâmes divinités; plusieurs temples sont devenus célèbres par les désordres contre les mœurs,qui y étaient comme une partie du culte idolâtrique,et dans le சத்திபூசை (Sattipoûsei) ou sacrifice à Pârvadi, la débauche et la licence la plus effrénée,sous tous les rapports,font partie de cet abominable sacrifice,en l'honneur de cette prétendue déesse,femme de Siven.C'est ainsi que les Indous, tout en conservant les idées les plus sublimes et les plus justes de la divinité,l'ont avilie à un degré qui fait horreur,ont dégradé son culte, et démoralisé les peuples.

Ils ont perverti jusqu'au sens du mot de vierge ou de கன்னிகை, en le donnant non seulement à quelques-unes des femmes de leurs dieux, et à d'autres femmes mariées, mais encore à des personnes corrompues ou enlevées par d'autres que leurs maris, à une Drôpadei femme commune et simultanée des cinq fils de Pândou,et même à Varâgui, c'est-à-dire à la truie, femme de Vichnou métamorphosé en pourceau! (Voyez les mots கன்னிகை, பஞ்சகன்னிகை, சத்தகன்னிகை et வராகி-ம).

Ils avouent que les Ganas sont des phantômes et des démons,et cependant ils en font des divinités inférieures,au service du Siven,sous le commandement de Vinâyaguen son fils.

Est-il possible de considérer sérieusement tous ces faits,toutes ces raisons,(et il y en a bien d'autres encore), sans avouer que tous les dieux indous ne sont que des démons,ou,ce qui équivaut au même, de fausses divinités forgées par les passions humaines?

Ayant créé aussi des divinités malfaisantes (துஷ்டதேவதைகள்), le bramanisme a appris à les imiter dans l'art de nuire. Aussi a-t-il exalté la magie, la sorcellerie, la divination, l'astrologie, et tous les arts d'enchantement et de maléfice, que non seulement le vrai Dieu, mais les Romains et plusieurs autres peuples, soit chrétiens, soit païens, proscrivaient de leurs empires. Ces arts diaboliques sont enseignés dans un de ses védas ou livres sacrés, dit அதர்வணம் (adarvanam); aussi sont-ils devenus en grande vogue dans ce pays, et y ont pris rang, comme nous l'avons vu, parmi les 64 sciences ou arts, tant vantés des Indiens sous le nom de Caleikiânam (கலைக்கியானம்).

Malheureusement ces sciences et ces arts malfaisants ne sont pas restés de simples spéculations; réduits en pratique, que de maux et de crimes n'ont-ils pas enfantés et n'enfantent-ils pas encore? et ce pauvre peuple, aveuglé par ceux qui auraient dû l'éclairer, par ses sacrificateurs, et ses savans dans ses diverses sectes, est journellement la victime de son ignorance et de sa crédulité, ayant, presque pour tout, à payer pour consulter les augures, et étant à chaque pas arrêté par les funestes présages qu'ils lui annoncent, et les vaines craintes qu'ils lui inspirent. C'est ainsi que souvent ses voyages, ses contrats de vente ou d'achat, ses mariages, et mille autres affaires importantes de la vie, sont retardés ou empêchés par les mauvais augures qu'on lui fait accroire et qui l'épouvantent inutilement.

Il est donc évident que le bramanisme, c'est-à dire le paganisme indien, a nui non seulement aux lettres, aux sciences et aux arts, mais au bien des peuples et à leur bonheur.

La philosophie indoue, ou plutôt le philosophisme indien, n'a pas peu contribué à plonger ce pays dans l'erreur et l'abrutissement. Comme le bramanisme et ses deux principales branches, le Vichnouvisme et le Sivénisme, ce philosophisme s'écartant de plus en plus du chemin de la vérité, et se partageant en diverses sectes, a fini par enfanter le panthéisme, le matérialisme, le scepticisme et toutes les autres aberrations de l'esprit humain. (Voyez les mots சமயம் secte, et அறுசமயம் les six sectes).

Aussi on a peine à croire jusqu'à quel degré d'ineptie sont tombés même les ascètes et les contemplatifs indous. Pour vous en faire, une idée, voyez les explications qui suivent les mots அஷ்டாங்கயோகம், ஆசனம் et தாரணை, c'est à-dire les 8 pratiques, les positions du corps et les exercices du contemplatif indou.

Qu'après cela certains esprits impies ou incrédules, épris de quelques beaux principes de morale ou de logique, ou même par quelques traités passables qu'on trouvera dans des ouvrages philosophiques, admirent, s'ils le veulent, le philosophisme indien, qui en définitive a pu enfanter tant d'erreurs, d'absurdités et d'inepties. Par-là c'est à leur jugement qu'ils feront tort. Mais que pour contredire la chronologie de nos livres saints, et s'inscrire en faux contre leur authenticité, ils ne viennent pas faire étalage de la chronologie du bramanisme et de ses Yougam ou âges fabuleux (voyez au mot யுகம்). Car ils se mettraient, pour être conséquens, dans la nécessité d'admettre aussi sa mythologie, sa géographie et son astronomie, qui sont de même fabrique et de même valeur; et par-là ils s'exposeraient au risque d'être moqués par tous ceux qui ont reçu les moindres notions de géographie et de cosmographie.

Quelle immense différence entre les résultats du christianisme et ceux du paganisme par rapport aux lettres, aux sciences, aux arts et au bonheur des peuples! Nous venons de voir évidemment combien le bramanisme, c'est-à-dire le paganisme indien, leur a nui dans ces vastes contrées et dans une si longue suite de siècles. Le christianisme au contraire partout où il a pénétré, dans l'ancien comme dans le nouveau monde, a fait fleurir les lettres, les sciences et les arts; et il a contribué immensément à procurer aux peuples divers le bonheur, la puissance et la gloire ici-bas, tandis qu'il prépare aux individus une félicité éternelle et infinie dans le ciel. Ah! puissent les Indiens apprendre à goûter enfin les bienfaits du christianisme! Puissent-ils comprendre que c'est le désir sincère de les rendre heureux, ici bas et dans le ciel, qui amène, de si loin dans leur pays, les prêtres catholiques, qui sont les envoyés du vrai Dieu pour leur montrer le chemin du salut, et du vrai bonheur!

# DICTIONNAIRE

## TAMOUL-FRANÇAIS.

## தமிழ்ப்பிரான்சகராதி.

### SECONDE PARTIE.

## த



த், 7me consonne de l'alphabet tamoul et 4me des lettres fortes, remplace les 4 dentales sanscrites, ta, tha, da, dha. Au commencement des mots elle a le son du t; seule au milieu des mots, et après sa nasale ந், elle se prononce d; quand elle est doublée elle se prononce tt. Dans un verbe le த் doublé indique souvent qu'il est actif. *Ex* வருந்துகிறது souffrir, வருத்துகிறது faire souffrir. Dans les noms cette duplication indique souvent l'oblique ou l'adjectif. *Ex.* மருந்து remède, மருந்துப்பை sac aux remèdes.

த, 1° lettre syllabique composée de த் et de அ. 2me (dha), Brama, Koubèren.

தக, *inf. de* தகுகிறது.

தகசு, blaireau, animal qui fait son trou en terre.

தகடு, *gén.* தகட்டின், *obl.* தகட்டு, plaque, —mince de métal, feuille, plat de feuilles, resserrement, compacité: —தட்டுகிறது aplatir une plaque de métal; —தைக்கிறது clouer une plaque; தகட்டரிதாரம், தகட்டுத்தாளகம் arsenic en plaques ou morceaux minces et menus, sorte de remède.

தகட்டி, habits précieux etc...

தகதகென்கிறது, (தகதகு son imitatif), ou தகதகென்றுபிரகாசிக்கிறது, briller, reluire, réfléchir la lumière (comme les métaux...)

தகப்பன், (தகும், அப்பன்), père, oncle paternel. (Dans ce sens on ajoute ordinairement les adjectifs suivans): சிறிய — le frère cadet du père; பெரிய — le frère aîné du père.

தகமை, *V.* தகைமை: அத்தகமை cette manière, *ou* அத்தகமைபோல் ainsi, de cette manière-là; அத்தகமைபோன்ற tel, semblable.

*தகம், 1° (daha *brûler*), chaleur, brûlure. 2° (daka), eau.

தகரம், 1° étain, plomb, fer blanc, pommade, onguent pour les cheveux, parfum, un des பஞ்சவிளா. 2me (tagara), sorte d'arbrisseau, de plante. 3me (த, அகரம்), la lettre த. 4me (dahara), petit (des animaux). 5° *adj. de* தகரை: தகரப்பொடி poudre odoriférante.

தகராறு, (*ind.*), empêchement, obs-

tacle,opposition,contrariété:—படுகிறது être empêché,arrêté,contrecar-
தகரு,la plante புன்முருக்கு. [ré.

தகருகிறது,தகருதல்,V.தகர்கிறது, தகர்தல்.

தகரை,la plante cassia tora:—விரை sa graine employée en teinture:தகரைச்சிதி—cassia tora affilée,(le jus de cette plante bouillie est excellent pour guérir les plaies gangrénées).

தகர்,1° *imp.et part.de* தகர்கிறது. 2° *imp.de* தகர்க்கிறது.3° *n.v.du même*,morceau,fragment. 4° éléphant —,requin mâle, bélier, mâle de l'espéce de brebis dite செம்மறியாடு,bouc de l'espéce dite துருவாடு, mâle de l'animal fabuleux யாளி ,le signe du Bélier,la terre,étamines ou pollen des fleurs,jacquier.

தகர்கிறது,ர்ந்தேன்,ர்வேன் *ou* ரு வேன்,ர் *ou* ரு, ர, *v.n.ou* தகர்ந்து போகிறது,se briser, se casser (les verres, pots etc...), s'écrouler (un mur, une maison), se fracasser, se broyer,tomber en morceaux, — en ruines:தகரவாங்குகிறது, —வாங்கிப்போடுகிறது raser, détruire (une butte,un fort,une maison),anéantir, ôter le pouvoir,—la dignité.

தகர்க்கிறது,ர்த்தேன்,ர்ப்பேன், ர், ர்க்க,*v.a.du préc.ou* தகர்த்துப்போடுகிறது,briser,casser,broyer, fracasser,mettre en pièces, démolir, renverser,frapper,heurter,froisser: ஒருவன்பல்லைத் தகர்த்துப்போடுகிறது briser les dents à quelqu'un.

தகர்ச்சி,தகர்தல்,*n.v.de* தகர்கிறது, fracture, brisement, fracas ,broiement,froissement,ruine.

தகர்ந்த,*part.du même*,brisé, cassé,broyé,écroulé,ruiné.

தகர்த்தல்,தகர்ப்பு, *n.v.de* தகர்க்கிறது,action de briser...,coup.

தகர்வு,*n.v.de* தகர்கிறது, brisure, fracture.

தகலங்கட்டுகிறது,(தகல்),tromper (en vendant pour bon ce qui est mauvais).

தகல்,1° *n.v.et opt.de* தகுகிறது,*V.* தகுதல்.2° la plante திராய் pharnaceum. 3° (daghal *arabe*), déception fraude,séduction,obstacle:தகல்பாசி trompeur,fripon,séducteur;—பகிஷ்தனம் déception,tromperie.

தகவல், exemple, citation (d'un auteur):—சொல்லுகிறது donner un exemple,citer en preuve.

தகவு,(தகுகிறது),convenance,aptitude, justesse, propriété, qualité, bonté,bien, justice, droit, prétention,mœurs, manière,conduite, faveur, grâce, connaissance, clarté, évidence,comparaison.

தகழி,*V.*தகளி,

தகழிகை,vase à manger, écuelle.

தகழிச்சி,camphre.

தகளி,lampe de terre.

*தகனம்,(dabana),brûlement,brûlure,combustion,incendie: — பண்ணுகிறது,*V.*தகனிக்கிறது;தகனகேதனம் l'étendard ou signe du feu,*i.e.*la fumée;—க்கிரியை cérémonie du sacrifice ஓமம்;—பலி holocauste;—பலிபீடம் autel des holocaustes;—ம்பிரியை,*V.*அவாரை.

*தகனன்,(*id.*),le feu, Agni prétendu dieu du feu, vaurien, méchant. [nemi du feu,*i.e.*l'eau.

*தகனாராதி,(தகனம், அராதி),l'en-

தகனிக்கிறது,னித்தேன், னிப்பேன்,னி,னிக்க,*v.a.*brûler, consumer, (*v.g.*un cadavre),réduire en cendres, incendier. [ம்.

தகனித்தல்,*n.v.du préc. V.* தகன

தகனை,lingot,masse de métal.

*தகனோபலம்,(தகனம், உபலம்), lentille de crystal.

*தகன்,1° (daha *brûler*),le feu. 2° le cent-pieds dit பூரான், la plante தகல்.

தகா,1° (*ind.*),déception, fraude, ruse. 2°* (daha *brûler*),soif,désir ardent:—க்காட்டுகிறது,—க்காட்டுதல் engager,attirer,allécher;— பண்ணுகிறது tromper, duper. 3° தகா *ou*

தகாத,*part.nég.de* தகுகிறது, inconvenant,indécent, inconvenable, impropre,inapte,incapable,indigne: தகாததுழியக்காரன் serviteur incapable,indigne;—விசேஷம் chose —,parole indécente; — வார்த்தை mot indécent,impropre; தகாதது ce qui est inconvenant...; செய்யத்த காதது ce qu'il—,il ne convient pas de faire; தகாததைச்செய்யாதே ne fais rien d'inconvenant.

தகாரா,1° procès, dispute. 2° (த காது,ஆ),ne convient-il pas?

தகாது,1° 3me pers.neut.nég.de த குகிறது,il ne convient pas.2° ou தகாமல்,gér.nég.du même,ne convenant pas.

தகாமை,n. v.du même, inconvenance,incapacité, impropriété, incompatibilité,indignité.

தகிக்கிறது,கித்தேன்,கிப்பேன்,கி, கிக்க,v.a.(daha brûler), ou தகித்துப் போடுகிறது,brûler, consumer, dévorer, digérer: தகித்துப்போகிறது se consumer,se digérer.

தகித்தல்,தகிப்பு,n.v.du préc.

தகிப்பிக்கிறது,v.caus. du même, faire brûler... [be.

*தகிலன்,(takila),trompeur, four-

தகிலாயம்,(தகிலன்,ஆயம்),amour, amitié,affinité,gratitude,retour: தகி லாயக்காரன் ami.

தகிலிக்கிறது,லித்தேன்,லிப்பேன், லி,லிக்க,v.a.(தகிலன்),et தகிலித்துப் போடுகிறது, — க்கொள்ளுகிறது, tromper, filouter, attraper, duper, donner un objet volé,échanger,troquer,faire entrer, fortifier, frotter, mêler,transporter de l'un à l'autre.

தகிலித்தல்,தகிலிப்பு,n.v. du préc.

தகிலிமா, l'arbre சேரான் qui produit le செங்கொட்டை.

தகுகிறது, க்கேன் et குந்தேன்,கு வேன்,கு,க,v.n.convenir, être convenable, propre, bienséant, digne, capable,possible,appartenir: நீபுகழ த்தகுவாய் tu seras propre à louer, ou digne d'être loué. [que.

தகுணிதம், instrument de musi-

தகுதல்,n.v. de தகுகிறது, convenance,capacité,aptitude,droit.

தகுதி,(id.),convenance,bienséance, capacité, aptitude, propriété, droit, qualité,mérite,connaissance,mœurs, moralité, conduite, caractère naturel,disposition,patience,impartialité,justice,possibilité,foule,troupe;த குதிப்பொருள் objet—,chose convenable; தகுதியாய் convenablement, dignement, suffisamment, justement,dûment;— யாயதிகாரம்பெற் றிருக்கிறது avoir obtenu légitimement l'autorité, être parvenu légitimement au pouvoir;—யாயுணருகி றது comprendre comme il faut,dûment considérer; — யாய்க்கற்றிருக் கிறது avoir bien appris; — யாய்ப் பாடுகிறது chanter convenablement;—யாய்ப்போகிறது,— யாய்வ ருகிறது aller—, venir d'une manière convenable, avec la pompe ou avec une suite convenable; தன்பா வங்களுக்குத் தகுதியாய் selon la grièveté de ses péchés;தகுதியான,— யாகிய,V.தகுந்த;—யான ஏது cause juste; — யானகாரியத்தைத்தவிடலாகா து il ne faut pas abandonner ou négliger une chose juste ou convenable;— யான காலம் temps propre; தகுதியின்மை inconvenance,inaptitude, incapacité,indignité.

தகுதியர்,தகுதியோர்,(தகுதி), gens convenables,dignes,justes impartiaux,les savans,les grands,les grands personnages,les parens.

தகுந்த,part.parf. de தகுகிறது, convenable,bienséant,propre, apte, capable, décent, juste raisonnable,possible,proportionné: தகுந்தவ ர் personnes convenables,—de bonne conduite; தகுந்தாற்போல comme il convient,—s'il convenait.

தகும்,3me pers.neut.et part.fut.il—, qui convient,il est juste,convenable, propre, capable, apte,possible:நீர்எ ன்னசொன்னாலுந் தகும் quoi que vous disiez ce sera juste ou convenable;அதுசெய்யத்தகும் il convient de faire cela;செய்யத்தகுங்காரியம் chose convenable ou possible; தகுமான V.தகுந்த;தகுமானஏது cause juste, raisonnable:—ஆனசமயம் occasion favorable,temps propre;தகுமோ est-il convenable?...

**தகுபவன்**,*m.*தகுபவள்,*f.*தகுபவர், *pl.*தகுவது,*neut.*தகுவ,*pl.n. app. du fut.de* தகுகிறது, personne—chose convenable,possible.

**தகுவர்**,les அசுரர் ou géans.

**தகுணம்**,jeu de femmes.

**தகை**,1° (தகுகிறது),convenance, bonne qualité, naturel, disposition naturelle,beauté,grandeur, amour, amitié,morceau,*V.* முகடு. 2° armure,cotte d'armes, fatigue, relâchement. 3° *imp.et part. des suivans:*தகையணங்குறுத்தல் la beauté inspirer des désirs,titre du 1er chapitre de la 3me partie des குறள் de Tirouvallouver.

**தகைகிறது**,தகைந்தேன்,தகைவேன், தகை,தகைய,*et* தகைக்கிறது, தகைத்தேன்,தகைப்பேன்,தகை,தகைக்க,*v. a.et n.* (தகை),défendre,interdire,prohiber, empêcher, arrêter, retenir, se fatiguer,être las,épuisé,empêché, arrêté,jurer,conjurer,interposer un jurement,flétrir, faner: இராசாவினு ணையிட்டுத்தகைந்தான் il a été arrêté ou il a mis obstacle par une défense au nom du roi; ஒருவனைத் தகைந்துபோடுகிறது arrêter —, retenir ou empêcher quelqu'un; வழியிலேதகைந்துபோனான் il a été fatigué en route.

**தகைகுவார்**, *P.* தகைவார்:செல் நீபெருமதித்தகைகுவார்யாரே allez, seigneur, qui peut vous arrêter?

**தகைதல்**,தகைத்தல்,*n.v.de* தகைகிறது *et de* தகைக்கிறது.

**தகைப்பு**,*n.v.de* தகைக்கிறது, fatigue,lassitude,empêchement,obstacle,mur d'entourage.

**தகைமை**,(தகை),convenance,aptitude,propriété,bonne —, disposition, caractère, beauté, grandeur, manière,sorte,voie, moyen.

**தகையார்**,(தகை),gens vertueux, —de bon caractère.

**தகைவு**,*n.v.de* தகைகிறது,prohibition,empêchement, relâchement, lassitude:தகைவிலான்குருவி, (இலான்,*P.* இல்லான்),l'oiseau infatigable, *i.e.*l'hirondelle,ou l'oiseau qui entre partout sans empêchement, *i.e.* le passereau.

**தக்க**,1° *inf.de* தக்குகிறது.2° *part. parf.de* தகுகிறது,*V.*தகுந்த. 3° *obl. de* தக்கன்: — படியுத்தரிக்கிறது restituer—, satisfaire convenablement; வேலைக்குத்தக்ககூலி salaire proportionné au travail; செய்யத்தக்ககாரியம் chose qu'il convient de faire; கத்திக்குத்தக்கவுறை fourreau qui convient à l'épée, அதற்குத்தக்கமனிதனவன் il est l'homme voulu pour cela,ou propre à cela;தக்கது,*n.* ce qui convient; சொல்லத்தக்கது il convient de dire,ou ce qu'il convient de dire;தக்கதாய்,தக்கதாக convenablement,d'une manière convenable, dûment, pour, afin de, (après un infinitif), தக்கதாய்க்கொடுக்கிறது donner convenablement, (soit pour la quantité,la manière,les motifs etc...);தக்கதாய்ச்செய்கிறது faire convenablement,accommoder; செய்யத்தக்கதாக pour faire, afin de faire; தக்கவன், *m.* தக்கவள், *f.* தக்கவர், *pl.* homme —, femme —, gens convenables, dignes, capables; நீபுகழத்தக்கவன் tu mérites d'être loué,tu es capable de louer.

***தக்கன்**,1° (takchaka), un des 8 serpens qui,au dire des Indous,supportent la terre.2° *V.*விசுவகருமன்.

***தக்கசை**, *obl. de*

***தக்கசை**,(தக்கன்,சை),la fille de Dakchen, Dourgâ, les 27 நட்சத்திரம்; தக்கசாபதி le mari de la fille de Dakchen, *i.e.* Siven ou Sandiren.

**தக்கடி**, mauvais raisonnement, sophisme.

**தக்கடை**,balance,— dont les plateaux sont d'osier: — வித்தை tromperie en pesant (avec la balance), tour de passe-passe, escamotage,jonglerie; — வித்தைக்காரன் jongleur,trompeur, escamoteur,faiseur de tours.

***தக்கிணம்**,(dakchina),1° *V.* தட்சிணம். 2° un des தாளத்தின்மார்க்க சடப்பிரமாணம் qui contient 8 மாத்திரை en un அட்சர.

*தக்கனுக்கினி,தக்கனுக்கிணியம், (தக்கனம், அக்கினி), V. தஷிணாக்கினி.

*தக்கணுட்சம்,தக்கணுபயம்,தக்கணுயனம்,தக்கணுயநந்நம்,தக்கணுத்திரமோசம்... V.தஷிணுட்சம்....

*தக்கணுவேசா,V.தஷிணேசா.

தக்கது, (தக்க,) ce qui convient.

*தக்கம்,(தக்கன்),un des 18 codes de lois fait par Dakchen, espèce de jeu.

தக்கை,jarre, grande cruche. [jeu.

தக்கம்,1° n.v.de தக்குகிறது.2° V. தக்கை. [க.

தக்கவன்,தக்கவள், v. au mot தக்

*தக்கன்,1° (takchaka), le serpent dit தக்ககன்.2° V. தட்சன்.3° (dakcha), Dakchen,un des 9 Brama ou des 9 fils de Brama.Au dire des Indous,il naquit de son pouce droit pour peupler le monde. Il eut 60 filles:27 furent mariées à சந்திரன்; ce sont les 27 நட்சத்திரம் ou mansions lunaires. Parmi les autres, 17 épousèrent கசியபன், et devinrent mères de tous les êtres créés;சதி ou தாக்ஷாயணி femme de Siven était aussi fille de Dakchen. Celui-ci, ayant fait un sacrifice, invita tous les dieux et les Richis,excepté son gendre Siven et sa fille சதி; mais elle vint sans être invitée,et étant reçue froidement se jetta dans le feu. வீர பத்திரன், une émanation de Siven, marcha contre Dakchen et lui livra un combat,dans lequel les dieux et les Richis furent dispersés, et Dakchen décapité, puis ressuscité. Mais on lui mit une tête de bélier pour celle qu'il avait perdue: தக்கன்மகத்தினைத்தொலைத்தோன் celui qui a anéanti le sacrifice de Dakchen; i.e. Virapattiren தக்கன்மகளை la fille de Dakchen,i. e.Dourgâ;—யக்கியம் le sacrifice de Dakchen;— யக்கியவிநாசனி la destructrice du sacrifice de Dakchen i. e. Dourgâ; — ப்பிரசாபதி Dakchen un des Pradjâpatis.

தக்கா,தக்காத,part.nég. தக்காதே gér. nég.de தக்குகிறது. [convient.

தக்காப்போலே, (தக்க), comme il

தக்காச், (தக்க),V.தகுதியச்.

தக்காசி,l'arbre வாதமடக்கி.

தக்காள், (தக்க), celle qui convient.

தக்காளி, ou தக்காளி la plante physalis pubescens: — ப்பிள்ளை l'insecte உருவாளர்.

தக்கி,gér.de தக்குகிறது.

தக்கிந்நாயன்,ambre jaune.

*தக்கிணம், தக்கிணுக்கினி, தக்கிணோ... V.தஷிணம்...

*தக்கிரம், (takra), lait de beurre: தக்கிரமாமிசம், viande mangée avec du lait de beurre.

*தக்கிராடம், (தக்கிரம், அடம்), batte-à-beurre.

தக்கு,1° gér. de தகுகிறது.2° imp. et part.du suiv.3° (télinga),ton bas.4° son imitatif:தக்கென்கிறது, rendre ce son,faire tack,—du bruit; தக்குத்தக்கென்கிறது, தக்குப்பொக்கென்கிறது faire tacktack,— tackoupockou,— un bruit répété.

தக்குகிறது,க்கினேன்,க்குவேன்,க்கு,க்க,v.n.et தக்குதல், n.v. appartenir, être—, devenir la propriété, rester en la possession ou entre les mains de quelqu'un,venir—,tomber au pouvoir de, réussir, devenir —, être convenable, profitable, avantageux, à bon marché,déterminer—, agrandir les limites, frotter,broyer: அதெனக்குத்தக்காது cela ne m'appartient pas,ne me restera pas;இது னக்குத்தக்குமோ ceci t'appartiendrait-il? te restera-t-il ? அவளுக்குப்பிள்ளைதக்கவில்லை l'enfant ne lui est pas resté,elle a fait une fausse couche,elle n'a pas réussi à l'élever; தக்கச்செய்துகொள்ளுகிறது, —ப்பண்ணிக் கொள்ளுகிறது usurper, s'approprier (une terre etc...),prendre pour soi, s'emparer (injustement du bien d'autrui);— ச்செய்துகொண்டிருக்கிறது avoir usurpé, avoir en son pouvoir; தக்கப்பண்ணுகிறது, V.தக்குவிக்கிறது; தக்காதேபோகிறது ne pas réussir, ne pas profiter, n'être pas avantageux, — salutaire; தக்கிப்போகிறது rester,

—au pouvoir de, profiter, tirer son profit (frauduleusement), se bien digérer par l'estomac; நாய்க்குமுழுத்தேங்காய்தக்காது un coco entier ne sert de rien —ne convient pas à un chien.

தக்குவிக்கிறது, வித்தேன், விப்பேன், வி, விக்க. *v.caus. de* தக்குகிறது, faire tomber au pouvoir de, procurer—, assurer la possession, metter en possession: தக்குவித்துக்கொள்ளுகிறது s'approprier, s'emparer (du bien d'autrui...).

தக்கேசி, espèce de ton ou d'air.

தக்கை, 1° morceau de toile roulée ou de bois léger (dit நெட்டி qu'on met dans les oreilles percées pour en élargir le trou), radeau, le tambour dit பம்பை, diverses sortes de tambour, *V.* கிடைச்சி. 2° *P.* தக்காய், 2me *pers.sing.nég. de* தக்குகிறது, —யுருவம் vaine —, simple figure, figure faite avec le bois dit நெட்டி.

தக்கோர், (தக்க), gens convenables, capables, savans.

தக்கோலம், parfum, différentes sortes d'aromates, sorte de plante médicinale dite cubèbe, un des பஞ்சவாசம். poivre long.

*தக்ஷசிலை, (takchasilâ), Taxila, ville du Pandjab, prise par Alexandre.

*தக்ஷகன், *V.* தக்ககன்.

*தக்ஷன், *V.* தக்கன்.

*தக்ஷணம், (tat *ce*, க்ஷணம்), ce moment; தக்ஷணமே au même moment.

*தக்ஷசாபர்ணி, (dakchasâvarni), Dakchassâpanni, le 9me Manou.

*தக்ஷாயம், (dakchâya), l'oiseau de Vichnou dit கருடன்.

*தக்ஷிணம், (dakchina), le sud, le midi, le côté droit, prudence, habileté, honnêteté, exactitude, droiture, franchise, abondance: தக்ஷிண sud, méridional, droit; —கயிலாயம், —கயிலை le Kaïlasam du sud, *i.e.* le பொதியமலை; —கௌளி, —கௌளி le lézard பல்லி au sud, — criant au sud d'une personne, (ce que les superstitieux Indous regardent comme un bon augure); —திக்கு le côté sud, le point cardinal sud; —துருவம் le pôle sud, le point cardinal sud; — பதம் côté sud, rue au sud, route du sud; —பாகம் le côté droit, sud; —பூர்வை le côté du sud-est; —பூமி pays méridional; தக்ஷிணமாய் au sud, vers le sud.

*தக்ஷிணாக்கினி, தக்ஷிணாக்கினியம், (தக்ஷிணம், அக்கினி), feu allumé au sud par les brames dans les sacrifices, (c'est un des 3 வேதாக்கினி). [pointe sud.

*தக்ஷிணாக்கிரம், (*id.* அக்கிரம்),

*தக்ஷிணாசலம், (*id.* அசலம்), la montagne du sud, *i. e.* பொதியமலை, la chaine des monts மலயம் ou Ghattes occidentales.

*தக்ஷிணாசாபதி, (*id.* ஆசை), le prétendu gardien du sud, *i.e.* Yamen.

*தக்ஷிணாசை, (*id.id.*), le côté sud, le sud. [main droite.

*தக்ஷிணார்த்தம், (*id.* அர்த்தம்), la

*தக்ஷிணாட்சம், (*id.* அட்சம்), latitude méridionale. [mont Mèrou.

*தக்ஷிணாதி, (*id.* ஆதி), côté sud du

*தக்ஷிணாபதம், (தக்ஷிணை), le sud, route—, direction au sud.

*தக்ஷிணாபமம், (தக்ஷிணம், அபமம்), déclinaison méridionale.

*தக்ஷிணாப்பிரவணம், (தக்ஷிணை), pente—, route vers le sud. [au sud.

*தக்ஷிணாமுகம், (*id.*) face tournée

*தக்ஷிணாமூர்த்தி, (*id.*), le Siven ou le mouni du sud, Siven transformé en ascète, Agastien.

*தக்ஷிணாயனம், (தக்ஷிணம், அயனம்), cours du soleil du nord au sud, du 21 juin au 21 décembre, (ou selon quelques-uns), cours du soleil au sud de l'équateur du 21 septembre au 21 mars; தக்ஷிணாயனமண்டலம் le tropique du sud, *i. e.* —du Capricorne; — ராசி les signes méridionaux du zodiaque, l'hémisphère méridional.

*தக்ஷிணாயனாந்தம், (தக்ஷிணாயனம், அந்தம்), le solstice du sud, *i.e.* le solstice d'hiver.

*தக்ஷிணாரணியம், (தக்ஷிணம், அரணியம்), la forêt du sud, la péninsule indienne.

*தக்ஷிணத்துருவம்,(*id.* அர்த்த ம்),hémisphère méridional.

*தக்ஷிணாவர்த்தம், தக்ஷிணாவிருத்த ம்,(*id.* ஆவர்த்தம்), conque dont les spirales tournent à droite.

*தக்ஷிணை, (dakchinâ), sud, côté droit,don, présent, récompense, offrande aux brames à l'occasion d'un sacrifice,offrande des écoliers à leur maitre.

தங்கச்சி, *P.* தங்கைச்சி, sœur cadette.

தங்கம், or pur, or fin, pureté (d'un objet), netteté: — அழுத்துத ல்,— அழுத்துகிறது, — இழைக்கிற து enchâsser dans de l'or,— de l'or; —உருக்கி minéral qui dissout l'or, qui le liquifie; — பூசுகிறது dorer; தங்கக்காசு monnaie—,pièce d'or;—க்கட்டி lingot—,barre d'or; —சாசனம் inscription —,donation gravée sur une plaque d'or ou écrite en lettres d'or;—சாலை,*P.* டங்கசாலை), hôtel de la monnaie; —ச்சிலை idole —, statue d'or;—ச்சரி கை petit galon d'or, bordure brochée en or;— த்தகடு plaque d'or,— mince en or; — பஸ்பம் poudre d'or; — ப்பட்டை ceinture d'or (à l'usage des femmes),sangle de selle; —ப்பாளம் barre—, lingot d'or;—ப் பூசை dorure;—ப்பூச்சு dorure;—ப்பூ விராகன் espèce de monnaie —,pagode d'or;— மணம்,— முலாம் dorure,ouvrage doré;— மலை la montagne d'or,le mont மேரு;—மிருசியா சு vermillon d'or;—மொஹரு, — மோ ஹரா pièce d'or (de la valeur d'environ 15 roupies); —ரேக்கு, — விரேக்கு feuille d'or (pour dorer...);—வேலை செய்கிறது travailler sur l'or,—en orfèvrerie; தங்கத்தைக்கட்டியாகவும் வ பாளம்பாளமாகவார்த்து வைத் திருக்கிறது fondre l'or en lingots ou en barres et le tenir caché; தங்கத்தி லிரத்தின மிழைக்கிறது enchâsser une pierre précieuse dans de l'or.

தங்கவான், titre honorifique des Parias.

தங்கல்,*opt.et n.v. de* தங்குகிறது, station, pause, relais, halte, séjour —,halte d'une nuit en voyage,abri, hôtellerie, logement (pour la nuit), fluctuation; அந்தவழியிலேதபாலு க்கு இரண்டுதங்கலிருக்கிறது il y a 2 relais de poste sur cette route;இர ண்டுமூன்று தங்கலோடே யங்கேசே ரலாம் on peut arriver là en 2 ou 3 relais ou haltes; இது நல்லதங்கல் voilà un bon endroit ou un bon logement pour passer la nuit.

தங்கள்,*obl. ou gén. de* தாங்கள், d'eux,d'elles,leur,votre (en parlant honorifiquement à une personne), தங்களுடைய, தங்களுக்கு, தங்களை, தங்களில்,தங்களால்,*gén.dat.acc. abl. du même.*

தங்காள், 1° *P.*தங்கை, sœur cadette. 2° 3^me^ *pers.fém. nég.de* தங்குகி றது.

தங்கான், 1° demi, (en langage secret de marchands). 2° 3^me^ *pers. masc.nég. du même.*

தங்கி,*gér.de* தங்குகிறது.

தங்கு,1° *n.v.imp.et part. de* தங்கு கிறது,station,halte, relais: —தடை obstacle, obstruction; — தரிப்பு demeure,—fixe,résidence, habitation, retenue; — தரிப்புள்ளவன் homme fixé,établi dans un lieu; — தரிப்பில் லாமற்றிரிகிறவன் vagabond qui n'a ni feu ni lieu;—தரிப்பில்லாமற் பேசுகிறது bavarder indiscrètement, parler sans garder rien de secret; — துறை lieu propre pour demeurer,—pour s'arrêter;—நடை marche par étapes,— par relais;—ந டையா நமாத்நடையா est-ce par étapes ou en poste que s'est fait ou se fera le voyage.

தங்குகிறது,*sync.*தங்கிறது, கினே ன்,குவேன்,கு,க,*v.n.*தங்குதல், *n. v. ou* தங்கிப்போகிறது, s'arrêter,faire halte, séjourner, rester, loger,être, demeurer en chemin,lambiner,rester derrière, abriter: அவன்தங்கிப் போகிறான் என்னோடே நடக்கமாட் டான் il s'arrête ou lambine en chemin et ne peut marcher de pair avec moi: வழிதங்கிப் போகிறது faire une halte dans un voyage;தன்

தங்கியிளைப்பாறுகிறது se rendre en faisant une halte ou passant une nuit en chemin; தங்கித்தரித்திருக்கிறது s'arrêter,se fixer en un lieu;—ப்பார்க்கிறது attendre avec patience,—une meilleure occasion; தங்கவுமில்லை தரிக்கவுமில்லை il n'y a ni halte ni relâche.

தங்குடிச்சுற்றம், தங்குடித்தமர், (தம்.குடி), parens,gens d'une même famille,d'une même maison.

தங்குதரி,(தங்கு), demeure—,résidence fixe, repos, tranquillité: அவனுக்குத்—யில்லை il n'a point de demeure fixe; — கொள்ளுகிறது se fixer, rester tranquille, souffrir patiemment (une douleur); இந்தக் குழந்தைநோவினாலே—கொள்ளவில்லை cet enfant ne peut rester tranquille à cause de la douleur.

தங்குலம்வெட்டி,(தம்,குலம்), destructeur de sa propre race, de sa propre famille.

தங்கை, 1° sœur cadette. 2° (தம்), leur main.3° *P.*தங்கால்,2° *pers.nég. de* தங்குகிறது: தங்கையைக்கொல்லி la plante சிறியாநங்கை.

தங்கைச்சி, 1° sœur cadette. 2° la plante குவளை,nénuphar.

*தசகம்,(தசம்,ka),dix.

*தசமம், (*id.*ma), un 10$^{me}$, un sur 10,*ou* தசமஸ்கந்தம் le 10$^{me}$ livre du பாகவதம்; — பாகம் la 10$^{me}$ partie, un 10$^{me}$

*தசமி, *fém. du préc.* le 10$^{me}$ jour après la nouvelle lune ou après la pleine lune, dixièmement, la 10$^{me}$ et dernière partie de la vie ou d'un siècle, personne arrivée à cet âge.

*தசம்,1°(dasan), dix, dizaine.2° palanquin, litière: தசகண்டன்,—கந்தரன் le géant aux 10 cous ou aux 10 têtes,*i.e.*Râvanen;—கண்டசித்து le vainqueur de Râvanen, *i. e.* Râmen; — காம் les 10 poisons de l'âme, *ou* — காம்சவியசனம்,(காமம், சம்), les 10 défauts provenans du désir,savoir: வேட்டம் chasse,சூது jeu de hasard, பகற்றுயில் sommeil pendant le jour, அபவாதம் injure, மாமம் lubricité, மதுவுண் ivrognerie, நடனம் danse,சிற்றின் பகவி poésie lascive ou chant lascif; விளையாட்டு jeu,மாயம் hypocrisie; —குணம் décuple,10 fois autant,10 qualités;—க்கிராமம் 10 bourgs,district de 10 villages; — க்கிராமபதி, —கிராமிணி le chef—, le maître de 10 villages;—க்கிரீபன், *V.* தசகண்டன்;—சதம் 10 dizaines, mille; — சகஸ்திரம் 10 mille, myriade;—தானம் 10 sortes de dons, savoir: உப்பு du sel, எள் du sésame, நெய் du beurre,நெல் du riz, பசு des vaches, பூமி des terres, பொன் de l'or,வஸ்திரம் des habits, வெல்லம் du jagre, வெள்ளி de l'argent;—திக்கு,—திசை les 10 coins ou régions du monde, les 10 points cardinaux,savoir:nord, nord-est, est, sud-est, sud, sud-ouest, ouest, nord-ouest, le zénith et le nadir;—நாடி, *V.* நாடி-டு;—பட்டணம் 10 villes,ou— நகர நாடு décapole, district de 10 villes;— பலன் Bouddha, docteur bouddhiste; — புரம் 10 villes, district de 10 villes,nom d'un district de Malva; —ப்பிரகரணம் nom d'un livre; —பூமிகன்,—பூமீசன் (ga *qui va*, ஈசன்), Bouddha, prétendu maître des 10 mondes; — ப்பொருத்தம் dix espèces de convenances superstitieuses observées pour commencer un poème ou faire un mariage, *V.* செய்யுட்பொருத்தம் et மணப்பொருத்தம்; — முகன் le géant aux 10 visages,*i.e.*Râvanen; —முகாந்தகன், (முகம்,அந்தகன்), le destructeur de Râvanen, *i.e.*Râmen; —மூலம் 10 espèces de racines médicinales, remède composé de ces 10 racines; en voici les noms: வாகை mimosa flexuosa, முல்லை jasminum augustifolium, பாதிரி bignonia chelenoides, நெருஞ்சி tribulus terrestris, பெருமுட்டி pavonia odorata, கூவிளை cratæva religiosa, சிறுமுட்டி pavonia zeylanica,சிறுவழுதுணை solanum indicum;கண்டங்கத்திரி solanum jacquini; குமிழ் gmelina asiatica;

d'autres disent கண்டங்கத்தரி, சிறுவழுதுணை, நெருஞ்சி, பாதிரி, பெருங்குமிழ், பெருமல்லிகை, வாகை, வில்வம்;—ராத்திரம் période de 10 jours et 10 nuits;—ரூபமெருத்து,—ரூபவிருத்து, (bhrout *qui prend*), celui qui a pris 10 formes, Vichnou aux 10 incarnations prétendues; — லக்ஷம் un million; — லக்ஷணம் dix marques ou attributs;—வதாரம், *V*. தசாவதாரம்;—வாசி, *V*. தசாசுபன்;— வாயு les 10 airs vitaux qu'on suppose être dans le corps humain, *V*. வாயு-ல;— விமசனம், *V*. தசகாமசனவிமசனம்.

*தசரதன், (தசம், ரதம்), Dasaraden roi d'Ayodhia et père de Râmen.

தசிப்பு,(*ind.*),présent.

*தசனம், (dasana), dent, cime de montagne,cuirasse,cotte de mailles: தசனப்பொடி poudre pour nettoyer les dents.

*தசனுங்கம், (தசனம், அங்கம்), marque —, forme des dents, morsure. [manque de dents,baiser.

*தசனோச்சிட்டம்,(*id*.உச்சிட்டம்),

*தசாகம், (தசம், ahan *jour*), espace de 10 jours.

*தசாகர்ஷம், தசாகர்ஷி, (தசை, *mèche*, karcha *qui tire*),lampe.

*தசாங்கம்,(தசம்,அங்கம்), les 10 parties d'un panégyrique ou d'un poéme à la louange de quelqu'un, les 10 richesses des rois, *V*. அரசங்கம்-ல, *ou* தசாங்கப்பத்து poéme de 10 stances de தேசிகசெல்லபா sur les 10 richesses susdites;c'est le 63ᵐᵉ பிரபந்தம்; தசாங்கத்தயல்,(அயல்), le voisin du தசாங்கம்,*i.e.* le 66ᵐᵉ பிரபந்தம், le poéme susdit en ஆசிரியவிருத்தம்.

*தசாரியன்,(*id*.ஆரியம்),*V*. தசருகன்:தசாரியபித்து,*V*. தசகண்டபித்து.

*தசாசுபன்,தசாசுவன்,(*id*. அசுவம்),l'astre qui a 10 chevaux à son char,*i.e.*la lune, (au dire des Indous),

*தசாவிதி, (தசை), condition, état de vie. [ou ton.

தசாட்சரி,*P*.தேசாட்சரி, un air

*தசாநாதன்,(தசை), période astrologique du gouvernement de chaque planète.

*தசாபலம்,தசாபலன்.(*id*.), force proportionnée à la constitution ou à l'âge,résultat de l'influence des planètes,résultat des circonstances ou conditions de la vie.

தசாரணம், (தசம் அருணம்),ancien royaume de மதி dans le Dékan.

*தசாருகன், (*id.id*.), Arouguen, Bouddha,habitant du தசாருணம்.

*தசாருணம், (*id*. அருணம் *fort*), pays ou sud-est des monts விந்தியம்.

தசார்,*P*.தயார், préparation.

*தசாவஸ்தை,(தசம், அவஸ்தை). 10 peines,douleurs,agonies ou luttes avec la mort,10 états.

*தசாவதாரம்,(*id*.அவதாரம்), les 10 incarnations de Vichnou,*V*. திருமால்அவதாரம்-ல.

*தசானனன்,*P*.தசானனன்,(*id*. ஆநநம்),*V*.தசமுகன்.

*தசியு, (dasyou), oppresseur, voleur, ennemi, homme injuste, vil, hors de caste.

*தசிரம்,1° (dasra),pluie fine,—légère.2° creux d'un tube.

*தசிரர்,(*id*.),les 2 Asvins,*V*.அச்சுவினிகள்:தசிரதேவதை la prétendue déesse ou nymphe Asvini,la 1ʳᵉ constellation.

*தசுமம்,(dasma),feu.

*தசுமன்,(*id*.),celui qui fait faire un sacrifice,voleur.

தசும்பர்,(தசும்பு),cruche.

தசும்பு,cruche,pot à l'eau, urne, pot de cuivre,chaudron, chaudière, or. [ணம்),lampe.

*தசேந்தனம்,(தசை *mèche*,இந்த

*தசேந்திரியம்,(தசம் இந்திரியம்), les 10 organes,c'est-à-dire les 5 organes des sens et les 5 membres d'action,savoir: தொக்கு la peau,சட்சு l'œil,சிங்குவை la langue, ஆக்கிராணம் le nez, சிரோத்திரம் l'ouïe.

reille, வாக்கு la bouche, பாணி la main, பாதம் le pied, பாயுரு l'Anus, உபஸ்தம் les parties naturelles.

தசை, 1° chair (vive ou morte), viande, graisse, les parties constitutives du corps humain, V. தாது - எ. 2°* (dasâ), état, condition, période de la vie, moment, — favorable, position des planètes à la naissance, bout d'une toile, mèche de lampe: — அழிந்தவெலும்பு os dégarni de chair, squelette; — பிடி, — பிடிப்பு, — ப்பற்று engraisser, embonpoint, obésité; — பிடிப்பாகிறது, — பூரிக்கிறது, — பற்றுகிறது, — முற்றுகிறது, — யூறுகிறது, — வைக்கிறது, V. தசைக்கிறது, — யடைப்பு obstruction causée par l'excès d'embonpoint, une des maladie de l'urètre: அந்தக்காரியமெந்தத்தசையிலேநிற்கிறது en quel état est cette affaire? dans quel degré de sa marche est-elle restée? அவனுக்குத்தசை அடிக்கிறது le moment favorable sonne pour lui: சரம்—, மரணதசை le moment de la mort.

தசைகிறது, சைந்தேன், சைவேன், சை, சைய, v.n. et தசைதல், n.v. ou
தசைக்கிறது, சைத்தேன், சைப்பேன், சை, சைக்க, v.n. et தசைத்தல், n.v. engraisser, prendre du corps, — de l'embonpoint, devenir gras, - dodu.

தசைப்பு, *n.v. du préc.*, graisse, embonpoint, engraisser.

*தச்சன், (takchan), *ou* மரத்தச்சன், charpentier, charron, menuisier, une des 5 castes comprises parmi les கம்மாளர், la 14e constellation: — குருவி le pivert, தச்சவேலை ouvrage de charpentier; — ப்பெண் *ou*
தச்சிச்சி, (தச்சன்), femme ou fille de la caste des charpentiers.

தச்சு, (தச்சன்), ouvrage —, journée de charpentier, charpentier: இந்தவேலை யெத்தனைதச்சிலேமுடியும்? ஆறுதச்சிலேமுடியும் en combien de journées de charpentier cet ouvrage finira-t-il? en 6 journées; ஒருதச்சுக்கென்னகூலி quel est le salaire d'une journée de charpentier.

தச்சுளி, (தச்சு, உளி), ciseau de charpentier.

*தஸ்கரம், (taskara), vol, larcin.

*தஸ்கரன், (*id.*), voleur,

தஸ்தவேசு, document, pièce justificative.

தஸ்தா, (*ind.*), main de papier.

தஸ்திரம், (*ind.*), livres détachés mis ensemble, archives, registres.

தஞ்சம், 1° appui, secours, aide, compagnie, refuge, support, protection, bâton pour s'appuyer, grandeur. 2° pauvreté, bassesse: தஞ்சக்கேடு abandon, manque d'aide, d'appui, faiblesse: உமதுதஞ்சமாயோடிவந்தோம் nous sommes accourus nous mettre sous votre protection; தஞ்சமாக—, தஞ்சமென்றுவருகிறது venir chercher protection, — refuge; தஞ்சமாகவந்தவனைவஞ்சிக்கலாகாது on ne doit pas tromper celui qui est venu chercher protection; நீயேதஞ்சமென்றுநம்புகிறேன் j'espère que vous serez mon refuge, mon appui.

தஞ்சன், (தஞ்சம்), Tangsen, fondateur de Tanjaour: — பொளி vitriol bleu.

தஞ்சாக்கூர், nom d'une ville (du Maduré.

தஞ்சாவூர், (தஞ்சை), la ville de Tanjaour, (en anglais Tanjore): — சீமை le pays du —, le Tanjaour.

தஞ்சை, (contraction commune aux 2 noms précédens) Tanjaour, Tangsagour.

தஞ்ஞன், savant.

தடக்கம், தடக்கு, *n.v. de* தடக்குகிறது, empèchement, obstacle, obstruction, heurt, bronchade.

தடக்குகிறது, *sync.* தடக்கிறது, க்கினேன், க்குவேன், க்கு, க்க, *v.a. de* தடங்குகிறது, *et* தடக்குதல், *n. v.* empècher, arrèter, retarder, mettre obstacle, frapper contre, heurter, broncher; தடக்கிவிழுகிறது broncher, trébucher, heurter et tomber.

தடக்கை, 1° (தடம்), main vigoureuse, bras fort. 2° *n.v. de* தடக்கிறது.

தடங்கண்ணாள், தடங்கண்ணி, (*id.* கண்), femme qui a de grands yeux.

தடங்கல், obstacle, empèchement,

retard, *n.v. et opt.de* தடங்குகிறது.

தடங்குகிறது,கினேன், குவேன், கு,க,*v.n.et* தடங்குதல்,*n.v.* retarder, être empêché,arrêté.

*தடஸ்தம்,(தடம்,ஸ்தன்), bord,rivage, proximité, abandon de tout souci mondain.

*தடஸ்தன், (*id.*). 1° homme sage,indifférent, impartial, neutre, ni ami ni ennemi.2° personne respectable.

தடதட,(*son imitatif*); தடதடவென்கிறது *ou*

தடதடக்கிறது, டத்தேன், டப்பேன்,ட,டக்க,தடதடென்கிறது,(தடதட,*son imitatif*),chanceller, vaciller, balancer,trembler de crainte, bégayer,balbutier.

தடதடத்தல்,தடதடப்பு, தடதடெனல்,*n.v.du préc.*vacillation,chancellement,bégayement,signe d'hésitation,tremblement. [தடஸ்தன்.

*தடத்தம்,தடத்தன்,*P.* தடஸ்தம், தடநார்,(தடம்),*V.*தனைநார்.

தடபட,(*son imitatif.*), தடபடென்கிறது *ou*

தடபடக்கிறது, டத்தேன், டப்பேன்,ட,டக்க,*v.n* (தடபட),*V.*தடதடக்கிறது.

தடமண்,(தடம்),*V.*சுதைமண்.

*தடம்,1° (tata), bord, rivage (de la mer,d'une rivière), étang.2° balance,le signe de la Balance.3° fosse pour le sacrifice ஓமம், grandeur, montagne, flanc —, penchant de montagne,petite chaussée (qui sépare les compartimens des rizières etc ..),chemin,—battu, sentier des éléphans,moyen,vestige,trace, pleine campagne,étendue, piége, filet, lacet,cercle,courbure, vulve, l'arbre microcos paniculata: —காட்டுகிறது montrer le chemin; — தேடுகிறது chercher le moyen (de perdre...), tendre des piéges; —புரளுகிறது dévier,sortir du chemin; trébucher, perdre sa stabilité, *V.* தடுமாறுகிறது: —முடிக்கிறது, தடத்தில்மாட்டுகிறது prendre dans un piége;தடத்திற்கொண்டுபோய்விடுகிறது faire la conduite,mettre en route,— dans le bon chemin; உருவுதடம் nœud coulant. [nanier.

தடல்,nature des filamens du bananier.

தடவருகிறது,*v.a.*(தடவுகிறது, வருகிறது),தடவரல், *n. v.* frotter les pieds de quelqu'un, frictionner, masser,gratter,toucher du luth.

தடவல்,*opt.et n.v.de* தடவுகிறது, tâtonnement, frottement, friction, massage,barbouillage,caresse,jouer du luth,six (terme de marchands).

தடவு,1° *imp.et part.du suiv.*2° pied d'encensoir, grandeur, courbure, voûte;—செவி oreille large,—d'éléphant;—த்தாழி très grande jarre.

தடவுகிறது,வினேன்,வுவேன், வு, வ,*v.a.*தடவுதல்,*n.v.* tâter, tâtonner, frotter doucement,frictionner,masser,barbouiller,oindre (de quelqu'onguent),toucher légèrement, flatter —,caresser de la main, jouer du luth: தடவிக்கொண்டுதிரிகிறது aller —,marcher en tâtonnant, chercher à tâtons; குருடனுந்தடவிக்காண்பான் même un aveugle trouvera en tâtonnant;முதுகைத்தடவுகிறது *ou* தடவிக்கொடுக்கிறது flatter de la main le dos,(*v. g.* d'un cheval).

தடவை,1° fois,façon, borne: இரண்டு— 2 fois; —வொன்றுக்கு d'une seule fois,d'un coup.2° *P.* தடவாய், 2° *pers.nég.de* தடவுகிறது.

தடறு,fourreau (d'arme, d'outil).

தடா,grande—,cruche, pot, marmite,pot à l'eau.

*தடாகம், (tadâka), étang, réservoir,pièce d'eau (assez profonde pour le nénuphar). [désordre.

தடாதடி, (*son imitatif*), trouble,

தடாரி,1° tambour, (surtout les espèces dites பம்பை,பேரிகை, மத்தளம்),tambourin,instrument de musique.2° *imp.de*

தடாரிக்கிறது,ரித்தேன்,ரிப்பேன், ரி,ரிக்க,*v.a.*தடாரித்தல்,*n.v. et* தடாரித்துப்போடுகிறது,percer, transpercer,traverser: நெஞ்சைத்தடாரிக்கும்

துக்கோல் le trait brillant qui perce le cœur.

தடி,1° *imp.et part.de* தடிகிறது.2° *imp.de* தடிக்கிறது. 3° bâton, gourdin,trique,bâton recourbé et court, massue,pieu,(aliquandò turpiter) pénis,pilon, mesure, bâton—, perche pour mesurer,le gros lézard உடும்பு iguane,chair,champ, rizière,petit champ,petite rizière,éclair,arc: எஃகுத்தடி baguette d'acier; குணில்தடி,குணிற்றடி baguette de tambour,bâtonnet;குண்டாந்தடி bâton, gourdin; *தடிக்கொம்பு, — க்கோல் bâton,— ordinaire, gourdin;—ப்பயல் lourdaud,jeune benêt;—மயிலை torpille,torpedo;—மின்டான், *V.* தடியன்;—மூக்குள்ளான் espèce d'உள்ளான், bécasse à long bec.

தடிகிறது, டிந்தேன்,டிவேன்,டி, டிய,*v.a.*தடிதல்.*n.v.* déchirer, couper,— en deux,trancher,tuer,diminuer,briller,houer.

தடிக்கிறது,டித்தேன், டிப்பேன், டி,டிக்க,*v.n.*தடித்தல்,*n.v.* épaissir, engraisser, devenir épais, pesant, gras, fort, s'aggraver, enfler (de coups...),se relâcher,retarder,lambiner,éprouver des délais, des difficultés, briller: காரியந் தடித்துப்போகிறது une affaire s'aggraver, rencontrer des difficultés.

தடித்த,*part.du préc.* épais, gros, et gras,replet,calleux: — மனிதன் homme replet.

*தடித்து,1° (tadit), éclair.2° *gér. du même.*

தடிப்பம்.தடிப்பு,*n. v. du même*, graisse,embonpoint,épaisseur,grosseur,pesanteur,callosité,enflure de coups,cicatrice, *V.*தழும்பு:தடிப்பாய்ப்பேசுகிறது parler brusquement, sans politesse; தோள்தடிப்பாயிருக்கிறது l'épaule avoir des callosités.

தடிமம்,1° sorte de plante.2° *ou* தடிமல்,தடிமன்,rhume,catarrhe, morve,mucus du nez,épaisseur.

தடியன், (தடி,), homme grossier, obstiné,têtu,qui ne plie pas.

தடிவு,*n.v.de* தடிகிறது, meurtre, coupure,déchirure,trancher,couper.

*தடினி,(tatini),rivière.

தடுகிறது,ட்டேன்,டுவேன்,டு,ட, *v.n.*தடுதல்,*n.v. V.*இசைகிறது.

தடுக்கல்,*n.v.du suiv.et de* தடுக்குகிறது,empêchement,défense,achoppement,bronchade, heurt,scandale, offense.

தடுக்கிறது,1° *sync.de* தடுக்குகிறது.2° டுத்தேன்,டுப்பேன்,டு,டுக்க,*v. a.et n.*empêcher, arrêter, prohiber, défendre, —au nom de quelqu'un, arrêter par conjuration,par maléfice,faire une cloison,un mur de séparation,heurter, choquer, donner contre,broncher,trébucher: தடுக்கப்பட்டுநிற்கிறது être arrêté; தடுத்துப்போடுகிறது empêcher,arrêter,résister,faire un mur de séparation,— une cloison: கால்தடுக்கிறது heurter du pied,ou le pied heurter,broncher.

தடுக்கு,petite natte (qui sert surtout de siége aux enfans),petit siége:—தள்ளுகிறது jeter cette natte, flatter,faire le sycophante; எவனாகும் *ou* அவன் தடுக்கின்கீழே நுழைந்தானிவன்கோலத்தின்கீழே நுழைவான் si qui que ce soit,ou si celui-là se glisse sous la natte,celui-ci se glissera sous les figures tracées sur le pavé,*i.e.*il est encore plus fin et plus rusé.

தடுக்குகிறது,*sync.*தடுக்கிறது, க்கினேன்,க்குவேன்,க்கு,க்க,*v.n.*heurter,choquer, donner contre, broncher,trébucher:கால்—le pied heurter,broncher; கால்தடுக்கிவிழுகிறது broncher,heurter du pied et tomber; தடுக்கிநிற்கிறது heurter et s'arrêter,s'arrêter dans sa course.

தடுக்கை,*n.v.de* தடுக்கிறது, prohibition,obstacle.

தடுதல், *n.v.de* தடுகிறது,*V.* இசைதல்.

தடுதானி,nécessité,hâte, empressement.

தடுத்தல்,*n.v.de* தடுக்கிறது,défense,empêchement,achoppement.

தடுத்தாளுகிறது, தடுத்தாள்கொள்ளுகிறது, (தடுத்து,ஆளுகிறது,ஆ

ன்),sauver, racheter, préserver du mal,empêcher de se livrer au désordre ou ramener dans le bon chemin.

தடுத்து,gér de தடுக்கிறது.

தடுபடை,(தடுக்கும்),arme défensive.

தடுபொடு,(son imitatif):— தாமம் hâte,précipitation, besoin,bruit; தடுபொடெடுக்கிறது ou

தடுபொடுக்கிறது, டுத்தேன், டுப்பேன்,டு,டுக்க, v. n. (தடுபொடு), se hâter, s'empresser, avoir besoin, faire du bruit.

தடுபொடுத்தல், தடுபொடெடுதல், n.v.du préc. V. தடுபொடுதாமம்.

தடுபொறி,grand empressement, vitesse.

தடுப்பு,n.v.de தடுக்கிறது, empêchement,défense,obstruction, place séparée du reste par un mur.

தடுப்போன்,n.app.du même, celui qui empêche.

தடுமன்,P.தடிமன்,rhume,catarrhe.

தடுமாறல்,தடுமாறுதல்,V.தடுமாற்றம்,n.v.de.

தடுமாறுகிறது, றினேன், றுவேன்,று,ற,v.n.chanceler, hésiter, vaciller,tituber,se troubler, être confus,embarrassé,irrésolu,inconstant, en désordre: தடுமாறித்திரிகிறது rôder,vagabonder,errer çà et là;— யிடமொழிக்கிறது s'en aller tout confus,conduire une affaire sans ordre; —விழுகிறது faire un faux pas et tomber; மனந்தடுமாறேல் que votre esprit ne se laisse pas aller à la perplexité.

தடுமாற்றம்,n.v. du préc. vacillation, hésitation, irrésolution,doute, perplexité, chancellement, confusion, trouble: — தீர்ந்துபோகிறது le doute —,l'hésitation se dissiper: —ஆயிருக்கிறது être incertain,irrésolu,hésiter;—ஆகச்சொல்லுகிறது dire—,parler confusément, — avec hésitation;—உள்ளவன்,தடுமாற்றக்காரன் homme irrésolu,troublé.

தடை,n.v.de தடுக்கிறது,obstacle, empêchement,défense, obstruction, prétendu obstacle causé par de mauvais présages,cotte de mailles,remise sur le poids,déduction du poids d'un vase (dans lequel ou pèse quelque chose):—கட்டுகிறது mettre un obstacle,arrêter (par sortilége....),faire la déduction susdite, — une remise en pesant;— கட்டுமந்திரம் enchantement,prière magique pour arrêter; — விடுவிக்கிறது ôter un obstacle,laisser aller, lever l'enchantement qui arrêtait;— செய்கிறது,—பண்ணுகிறது mettre obstacle,empêcher,défendre, probiber;—படுகிறது être empêché,arrêté;— யற,—யில்லாமல் sans obstacle; எனக்குவழியிலேதடையாயிற்று j'ai rencontré un obstacle sur la route.

தடைகிறது,டைந்தேன், டைவேன்,டை,டைய,et தடைக்கிறது, டைத்தேன்,டைப்பேன்,டை,டைக்க, v. a. empêcher,arrêter,défendre.

தடைதல்,தடைத்தல்,தடைப்பு, n. v.du préc. empêchement défense.

தடையம்,(தடை), remise sur le poids,déduction du poids d'un vase dans lequel on pèse quelque chose, poignée—,garde d'une épée; கத்திதடையம் மட்டும் உருவிப்போயிற்று l'épée est entrée jusqu'à la garde.

தட்கிறது,தட்டேன்,தட்பேன், தள்,தட்க,v.a.arrêter,empêcher,—par quelque mauvais augure: தட்கும் part.fut.

*தட்சகன்,V.தக்கன்.

*தட்சசாவர்ணி, (dakchasâvarni), le 9me Manou.

*தட்சணம்,et ses composés,V. தக்ஷிணம்....

*தட்சணாமூர்த்தி... V.தக்ஷிணாமூர்த்தி....

*தட்சிணை, (dakchinâ), V. தக்ஷிணை.

தட்சதம்,pied—,bas de tige.

தட்சன்,1° (takchaka), le serpent தக்கன். 2° (dakcha), ou தட்சப்பிரசாபதி, Dakchen,un des பிரசாபதி, fils de Brama, V.தக்கன். 3° taureau, le taureau de Siven, Siven, coq, le feu ou Agny,luxurieux,adonné aux femmes perdues,poète, homme habile.

*தட்சாபன்னி, P. தட்சசாபன்னி.
*தட்சாயம், P. தக்ஷாயம்.
*தட்சிணம் et ses composés, V. தக்ஷிணம்...
*தட்சிணை, V. தக்ஷிணை.

தட்ட, 1° obl. de தட்டம். 2° inf. de தட்டுகிறது. 3° part. parf. de தடுகிறது et de தட்கிறது: —த்தனி solitude absolue sans aucune compagnie; —ப்பிங்காளம் assiette plate,— peu creuse.

தட்டம், 1° écuelle, plat, assiette, vase plat, grand bassin, soucoupe, plateau, grand plat (d'or ou d'argent... pour porter des présens...), dent, dent venimeuse des serpens, lit, couche, valve, réservoir, sentier des éléphans, champ, blancheur, V. தாடி. 2° P. தட்டோம்.

தட்டல், opt. et n.v. de தட்டுகிறது, tape, caresse de la main, coup léger, coup, choc, heurt, rejet, refus, empêchement, contradiction, défense—, arrestation par conjuration, publication faite au son d'une plaque de métal, aplatissement, approche, proximité, usurpation, cinq (mot de convention entre marchands), un des actes du joueur de violon; — ஆயிருக்கிறது être empêché, arrêté, diminué.

தட்டழிகிறது, (தட்டு. அழிகிறது), perdre sa fixité, sa consistance, devenir chancelant, inconstant.

தட்டழிவு, n.v. du préc. chancellement manque de fixité.

தட்டாத்தி, f. de தட்டான், femme —, fille d'orfèvre. [pillon.

தட்டாரப்பூச்சி, (தட்டார், அ), pa-

தட்டாரப்பொட்டு, (id.), apparence extérieure.

தட்டாறுப்பி, nom d'une plante grimpante.

தட்டான், pl. தட்டார், orfèvre, une des 5 divisions des கம்மாளர், papillon, la plante கோஷ்டம், ou — கொட்டோசை la plante புடோல்.

தட்டி, 1° gér. de தட்டுகிறது. 2° claie, (faite de bambous, de roseaux etc...; il y en a de différens genres employés à divers usages), châssis, cloison, abri, écran, garde, bouclier, planche, pièce de bois plate, ceinture, la plante கோஷ்டம்; வெற்றிலைத் தட்டி treillage pour le bétel: —க்கம்பு bâton d'un certain jeu; —ச்சித்து variété du poème dit சித்து.

தட்டிலம், la plante சதகுப்பி.

தட்டு, 1° imp. et part. de தட்டுகிறது. 2° gér. de தடுகிறது. 3° tige ou tuyau (des divers céréales telles que le கம்பு...), milieu de char de procession (où l'on place la statue), siége d'un char de guerre, bouclier, plateau de balance etc.. van, corbeille, assiette, plat (peu creux), soucoupe, plateau, grand plat, plat (d'or ou d'argent ou de bois pour porter des présens...), roue de potier, support, appui, pont de navire, tillac, grenier—, étage planchéié, étage, construction intérieure, cercle, rond, voûte, arcade, cintre, tape, coup léger, culpabilité, faute, défaut, manque, disette, bidet, petit cheval du pays, rejet, refus, résistance, plaque, feuille de métal, ruse, stratagème, croupe, derrière du cheval, poupe de navire, planche de piége: தட்டிலேகொடுக்கிறது, —பரப்புகிறது présenter —, étendre ou arranger dans un plat: எனக்குப்பணத்தட்டாயிருக்கிறது je manque d'argent; தட்டுக்கெட்டுகிறது se troubler, devenir irrésolu, vacillant, hésiter, flotter; — கெட்டுத்தடுமாறுகிறது être fort irrésolu,—dans une extrême perplexité; — கெட்டிருக்கிறது ne savoir que devenir, être dans le besoin, dans l'embarras: — க்காரன் homme rusé; — க்கிளிப்பாய்தல் espèce de jeu; —க்கூடை couloir—, corbeille pour faire égoutter le riz cuit; —க்கேடு manque, pauvreté, instabilité, vacillation, support; — க்கொடி cerf-volant de papier; — க்கொட்டு ruse, V. கொட்டுமுழக்கம்; — ச்சுளகு van de forme ronde; — படுகிறது heurter contre, échouer; —ப்பட்டுபோகிறது manquer, enchérir, heurter, échouer sur le rivage; —ப்புடவை toile foulée ou battue, et à laquelle on a donné le lustre;— ப்பாய்தல் espéce de jeu;—மணி cloche qu'on tinte,grains d'or à diverses facettes pour collier, collier de ces grains,*ou* —மணிச்சத்தம் tintement d'une cloche;—மாறுகிறது se déconcerter, devenir inconstant,changeant,chanceler;—முட்டு ustensiles,meubles de ménage; — வெட்டியிணைக்கிறது couper les plaques ou les morceaux fendus (de cuivre ou d'argent) pour les raccommoder;—விக்கினம் position supérieure,*V.*தட்டம்.

*தட்டுகிறது, ட்டினேன், ட்டுவேன்,ட்டு,ட்ட,v.a.*frapper, taper, tapoter, frapper —, toucher légérement,caresser de la main, tinter (une cloche),frapper (sur une plaque ou un bassin),toucher du luth, ou de la guitare,frapper (à une porte),choquer—,heurter contre,échouer,aplatir (en frappant de la main), rendre plat,laisser—, faire tomber de la main, appliquer (*v. g.* de la bouse de vache à un mur), secouer (la poussière),désapprouver,repousser, rejeter (une tentation, un avis,un ordre),désobéir,refuser,contredire,arrêter en conjurant, empêcher,s'approcher, usurper, enlever, manquer,se tromper,tourner, provoquer l'effusion du sperme; அல்ல —,அல்லவென்று—,rejeter, repousser, empêcher, défendre, renier;கதவைத்—frapper à la porte; கத்தியாலே— frapper du plat de l'épée, —à droite et à gauche avec l'épée; கன்னத்திலே—taper —, caresser à la joue,donner un petit soufflet; தலையைத் —, couper la tête; சொல்லை —,வார்த்தையைத்—,rejeter les paroles,désobeir; பாயைத் —, battre une natte pour secouer la poussière; விசாரத்தைத் — rejeter une pensée,une inquiétude; மழை— la pluie manquer,— faire défaut; தட்டச்சொல்லுகிறது dire de taper, de battre,—de frapper:— வைக்கிறது laisser—,faire échouer,— heurter,—toucher,—porter,*ou*—வைத்துப்போகிறது aller échouer,—heurter, s'emparer de quelque chose et s'en aller;—வைக்கத்திரிகிறது *ou* ப்பார்க்கிறது *ou* நினைக்கிறது être sur le point de—,chercher ou songer à laisser échouer,à laisser heurter,à laisser chercher inutilement;தட்டாமல்வைக்கிறது placer(diverses choses)de sortes qu'elles ne se touchent ou ne se heurtent pas; தட்டிக்கொடுக்கிறது (*acc.*),apaiser—,endormir un enfant en le tapant doucement,taper en caressant,frapper doucement (un animal); — க்கொடுத்துப்பேசுகிறது flatter—,caresser en frappant doucement et adressant quelques paroles; —ச்சொல்லுகிறது apaiser en frappant doucement et disant quelques mots:—ச்சாற்றுகிறது publier au son d'une plaque de métal;— ப்பறைசாற்றுகிறது publier au son du tambour;—ப்போகிறது (un navire...) échouer,laisser échouer; எனக்கு அது — ப்போயிற்று j'ai échoué,je suis désappointé;—ப்போடுகிறது rejeter..., frapper (*v.g.* la main de quelqu'un pour disperser ce qu'elle contient); — யறைகிறது frapper sur une plaque de métal, annoncer au son d'une plaque;—வெழுப்புகிறது éveiller en frappant légérement; -வெழுப்பிவிடுகிறது réveiller—,exciter —, reprendre en tapant légèrement ou comme en caressant; —விடுகிறது laisser ou faire tomber de la main.

*தட்டுண்கிறது,(தட்டு, உண்கிறது)*,diminuer,s'égarer, se tromper, être frappé,résonner (par le frappement).réverbérer,répercuter,*ou* தட்டுண்டுபோகிறது être renversé par un choc,être désappointé,échouer, heurter,s'entrechoquer.

*தட்டுதல்,தட்டுகை.n.v.de தட்டுகிறது*,action de frapper etc..., tape, rejet...தட்டுதல்பண்ணுகிறது, rejeter. [து),traverser,transpercer.

*தட்டுருவுகிறது,(தட்டு, உருவுகிற*

*தட்டுவாணி,(தட்டு)*, bidet,rosse, petit cheval du pays de peu de valeur, prostituée femme dissolue.

தட்டை,1° chaume,tuyau,tige(de millet et autres céréales),chose plate,—aplatie, étendue,calvitie, tête chauve,bambou,fronde, espèce de claquette ou de cliquet pour effrayer les oiseaux,feu.2° *acc.de* தட்டு. 3° *P.* தட்டாய்.2° *pers.nég. de* தட்டுகிறது:கம்பந்—,tige de millet;—க்கானா poisson plat de l'espèce dite zous;—ச்சிட்டு variété de l'espèce d'oiseau dite சிட்டு; — த்தலை tête chauve,—plate ou large;—த்திருப்பு espèce de bijou;—ப்பயறு espèce de pois; —ப்பிங்கான் assiette plate(de faïence...);—யம்மை petite vérole à grains plats,et peu dangereuse;—போடு ou

தட்டோடு,(தட்டு),tuile plate: தட்டோட்டுக்காளவாய் four à tuiles plates.

தட்பம்,(தண்),fraîcheur.

தணக்கிறது,ணந்தேன், ணப்பேன்,ண,ணக்க, ou தணர்கிறது, ர்ந்தேன்,ர்வேன்,ர,ர,*v.n.*se séparer, (il se dit surtout de la séparation du mari et de la femme par choix ou pour affaire),s'éloigner, s'en aller, cesser.

தணக்கு,les arbres நுணா morinda umbellata,et gyrocarpus jacquine.

தணத்தல்,தணப்பு, *et* தணர்தல், *n.v.de* தணக்கிறது *et de* தணர்கிறது, séparation, éloignement, allée, marche,cessation.

தணலம்,la plante எருக்கு.

தணல்,braise,charbons ardens:—விழுங்கி l'oiseau qui dévore des charbons ardens,*i.e.* l'autruche: தணலிலேவெதுப்புகிறது,— வெதுப்பிக்கொள்ளுகிறது,— வாட்டுகிறது faire chauffer,—sécher ou rôtir sur la braise ou sur les cendres chaudes

தணவம்,l'arbre அரசமரம்.

தணி,(தண்),1° *adj.* froid, frais, humble,bas.2° *imp.et part. du suiv.* 3° montagne.

தணிகிறது, ணிந்தேன், ணிவேன்,ணி,ணிய,*v.n.*(தண்),ou தணிந்துபோகிறது,s'apaiser, se calmer, s'adoucir,diminuer,s'humilier, s'abaisser, se soumettre, se refroidir, devenir mou,frais,tranquille, doux au toucher,s'amollir,prospérer,profiter,épaissir,grossir: அவனுக்குத்தணியச்சொல்லு parle-lui pour l'adoucir;மனந்தணியப்போகிறதில்லை son esprit ne s'adoucira point;வீடுவெந்துதணிந்துபோயிற்று la maison étant brûlée le feu s'éteignit; தணிந்திருக்கிறது être apaisé,adouci, soumis, dompté, éteint, humilié, abaissé, remis de maladie, rétabli dans ses affaires,rassis,fixé, se porter bien;தணிந்தவன் homme apaisé,calme,remis de maladie,humble.

தணிகை,1° *V.*தணிதல். 2° montagne,nom d'une ville, et d'une montagne.

தணிக்கிறது,ணித்தேன்,ணிப்பேன்,ணி,ணிக்க, *v.a.de* தணிகிறது, apaiser,calmer,adoucir,alléger, diminuer, éteindre, relâcher, rafraîchir,soumettre,humilier, (et quelques fois) faire grossir, — croître, augmenter:வருத்தத்தைத்— adoucir —,calmer la douleur,la peine.

தணிக்கை, *V.*தணித்தல்.

தணிசு,*n.v.de* தணிகிறது, diminution,concavité, abaissement, humilité,allégement.

தணிதல்,*n.v.du même*, diminution,allégement,adoucissement,soulagement,accroissement,corpulence.

தணித்தல், *n.v.de* தணிக்கிறது, mitigation,adoucissement, diminution,action d'apaiser etc...

தணிந்து,*gér.de* தணிகிறது.

தணிப்பிக்கிறது,*v.caus.de* தணிக்கிறது,faire apaiser...

தணிப்பு,*n.v.du même*,mitigation, allégement, humiliation, abaissement,diminution.

தணிமை,(தணி),soumission, humilité,fraicheur.

தணிய,1° *inf. de* தணிகிறது 2° *adj.de* தணிமை,soumis, bas, humble,abaissé,frais.

தணியல்,*n.v.de* தணிகிறது,allégement,adoucissement,le jus rafraichissant,le caillou.

தணியா,தணியாத,*part. nég. du même*, implacable, indomptable, qu'on ne peut apaiser etc...; தணியாக்கோபம்,—முனிவு colère implacable.

தணிவு,*n.v. du même*, adoucissement,soulagement,soumission, calme,fraicheur,décroissement, diminution: தணிவாயிருக்கிறது être adouci,calme, tranquille, humble, soumis:தணிவாய்ப்பேசுகிறது parler doucement,humblement; தணிவாய்ப்போகிறது s'apaiser, devenir calme,rassis,humble;தணிவானவார்த்தை parole douce, obligeante, humble.

தண்,*adj.de* தண்மை,froid,frais: —கதிர் rayon frais,*ou*—சுடர் l'astre aux rayons frais,*i.e.*la lune.

*தண்டகம்,1° (dandaka), *ou* தண்டகவனம் la forêt de Dandaka, la majeure partie de la presqu'île de l'Inde au sud du Krichna (ou même des fleuves நருமதை *et* கோதாவிரி), laquelle était une vaste forêt du temps de Râmen, spécialement le district de Tondamandalam. 2° (*id.*),espéce de stance sanscrite qui excède 27 syllabes et peut s'étendre à 200. 3° (tandaka), écume, bâton court,pilier droit de maison:தண்டகநாடு le pays de காஞ்சிபுரம்;—மாலை le 31° பிரபந்தம் poème de 300 வெண்பா ou stances d'une espèce particulière.

*தண்டகன்,(tandaka, *trompeur*), Tandaguen,nom d'un géant.

*தண்டகாரணியம்,(தண்டகம்,அரணியம்), *V.*தண்டகவனம்.

தண்டமிழ்,(தண்,தமிழ்), la fraîche—,la douce langue tamoule.

*தண்டம்,1° (danda),soutient,appui,poteau,massue,gourdin, bâton, —court et recourbé, perche de la hauteur d'un homme ou de 4 coudées, batte-à-beurre,poignée—,manche de parasol,tige ou tronc d'arbre,amende,peine pécuniaire,punition,châtiment,un des 4 expédiens dits உபாயம்,*i.e.*celui de subjuguer ses ennemis par le châtiment,une des 3 divisions de l'அறத்துப்பால்,*i.e.*celle qui prescrit de châtier ceux qui s'écartent des bonnes mœurs et de la coutume, pour les ramener à la bonne voie,acte tyrannique,infliction d'une cruelle punition, l'espace d'un நாழிகை ou 24 minutes, armée,grandeur,orgueil,arrogance. 2° contrée,pays,trésor,trace—, sentier —,trompe d'éléphant,salut, salutation,vénération,prostration, digue; monture: அடிதண்டம் donner le fouet,bastonnade,marche par prostration,espèce de pénitence de certains pélerins indous qui mesurent leur route par leurs prostrations,se relevant, avançant jusqu'où allait leur tête et se prosternant ainsi de nouveau jusqu'au but de leur pélerinage,prostration servile devant un supérieur pour l'apaiser:இடு—prostration les mains jointes,*V.* இடுதண்டம்;தண்டமிறுக்கிறது,—கொடுக்கிறது payer une amende; —குறிக்கிறது,—இடுகிறது,— போடுகிறது,—செய்கிறது imposer une amende;—வாங்குகிறது prendre—, recevoir une amende; ஒருத்தனைத் —பிடிக்கிறது prendre —, exiger une amende de quelqu'un, (ou rigoureusement ou injustement); தண்டக்கிரகணம் prendre le bâton d'ascète mendiant; —சக்கரம் (தண்டன்) roue de potier.—ச்சோறுபாட்டுக்காரன் paresseux dont la nourriture est à la charge des autres; —தரன் celui qui porte une massue, *i.e.* Yamen,roi,potier,Vimen, mendiant ascète prétendu,*V.*தண்டேசன்;-தாசன் esclave (surtout pour dette);— நாழி (நாழிகை), espèce de clepsydre,(c'est un vase de cuivre percé et placé dans un vase d'eau:en se remplissant il enfonce et marque par là les heures); —தாரணம் châtiment,porter le bâton de mendiant ascète et en faire profession;—நாயகன் roi,général d'armée,magistrat, personne qui a autorité pour punir, celui qui impose une amende, le bœuf நந்தி monture de Siven;— நீதி ordonnance, police, système d'administration civile et militaire;— நீபத்தரவம், (தண்டநீய punissable), démérite, culpabilité digne de punition.— பாசிகன்,(பாசம்,ika), bourreau, celui qui pend;—பாணி celui qui porte une massue à la main, i.e. Vichnou, Yamen, V. தண்டெடுக்; — பாருஷியம் infliction d'un châtiment cruel, ce qui est un des 7 défauts des rois;— பாலகம் garde de la porte;— பாலன் portier;— பீதி crainte du châtiment;— மானம் préparation (d'un chat etc...) pour se jeter sur sa proie, pétulance d'un cheval, folle hardiesse, se précipiter —, impétuosité au combat, poursuite acharnée de l'ennemi qui se retire, V. தண்டமானம்;— மானங்கொள்ளுகிறது acquérir de la fougue, être plein de vivacité, d'impétuosité; மானவன் ascète qui porte un bâton; — யாத்திரை conquête d'un pays, procession nuptiale;—யோகம் infliction d'une peine; — லேசம் amende légère;—வாசி,—வாசி portier;—வாலதி éléphant;—விகற்பம் punition appropriée, différence de punition;—விதி loi criminelle, manière de punir;—விசேஷம் espèce ou degré de punition; நீட்டத்தண்டமாகவிழு கிறது faire une grande prostration. [mis.

தண்டலர், (தண்டு, அலர்), ennemis.

தண்டலை, (தண், தலை), bosquet, jardin de fleurs, nom d'une ville.

தண்டல், 1° contre-maître natif d'un navire (subordonné au சாங்கு ou capitaine natif), lieutenant d'une compagnie de lascars ou கலாசுக்காரர். 2° opt. et n.v. de தண்டுகிறது, V. தண்டுதல்: தண்டல்காரர், தண்டக்காரன், தண்டற்காரன், percepteur, collecteur (d'impôts), celui qui collecte;— குறிப்பு billet indiquant ce qu'il y a à percevoir d'impôts ou de rentes...;— கொட்டி la plante arum trilobatum.

தண்டவாளம், (தண்டம், பாளம்), fer fondu, fer en barre.

*தண்டனம், தண்டனை, (தண்டம், na), punition, châtiment: தண்டனைத்தீர்ப்பு condamnation,—à une punition;— பண்ணுவிக்கிறது punir.

*தண்டன், (danda), salut, révérence, vénération, prostration, adoration, Yamen prétendu roi des morts, roi, potier: — இடுகிறது,— பண்ணுகிறது saluer, révérer, adorer;— பண்ணிக்கெஞ்சுகிறது saluer et supplier; நீட்டத்தண்டனிட்டுவிழுகிறது faire une grande prostration; அவனுக்குத்தண்டன்—சொல்லு salue-le en mon nom.

*தண்டாகதம், (தண்டம் batte, ஆகதம் battu), lait de beurre.

*தண்டாகாரம், (id. ஆகாரம்), nombres placés l'un après l'autre selon leur valeur locale (en forme de bâton), sorte de manière de disposer les nombres et de compter.

தண்டா, தண்டாத, part. nég. de தண்டுகிறது, inséparable...: தண்டாத்திருப்பினாள் (திருப்பு), celle dont l'excellence est perpétuelle, (épithète que les gentils donnent à) Sarasvati.

தண்டாபூபிகாநியாயம், raisonnement à fortiori.

தண்டாமரை, (தண், தாமரை), nénuphar frais;— க்கோரை l'herbe cyperus iria.

தண்டாமை, n. v. nég. de தண்டுகிறது, stabilité, fixité, fermeté.

தண்டாயம், (தண்டு, ஆயம்), longue perche pour porter des fardeaux, terme, époque (de payement etc...), V. தவணை: மூன்று தண்டாயத்திலே en 3 termes.

*தண்டாயுதம், (தண்டம், ஆயுதம்), massue, bâton recourbé: தண்டாயுதபாணி celui qui porte une massue à la main. i.e. Soupramanien

*தண்டாயுதன், (id.), celui qui est armé d'une massue, i.e. துரியோதன், வைரவன் et வீமன்.

*தண்டாரம், (dandâra), roue de potier, éléphant en rut ou en fureur, arc, litière, véhicule.

*தண்டி,1° (தண்டம், i), porteur d'un bâton d'ascète,ermite, portier, Yamen,Dandi poëte renommé à la cour de Bhoja,et qui a composé un traité des figures de rhétorique, V. தண்டேசன். 2° *imp.de* தண்டிக்கிறது. 3° *gér.et n.v.de* தண்டுகிறது,receveur d'impôts,collecteur,fois;தண்டியலங்காரம் le traité des figures de rhétorique *de* தண்டி.

*தண்டிகை,(dandikâ),litière, palanquin doux et noble suspendu par des cordes de soie, (c'était autrefois un privilége donné par les rois), sorte d'ornement de cou:— கொடுக்கிறது accorder le droit d'user d'un tel palanquin;— யேறுகிற அதிர்ஷ்டமுண்டு il a le sort fortuné de monter dans un tel palanquin, (présage d'astrologue);—க்குச்சு pilier de varangue.

தண்டிக்கிறது,டித்தேன், டிப்பேன்;டி,டிக்க, *v.a.et n.*(தண்டம்),punir,châtier,corriger,travailler durement,—avec effort,s'efforcer, cultiver soigneusement la terre, affliger, mortifier,couper,—en deux: இதிலே நன்றுந்தண்டிக்கிறான் il travaille fortement à cela;நிலத்தைத்—cultiver la terre avec soin; உடம்பைத்—mortifier son corps,travailler durement; தண்டித்துக் கேட்கிறது mettre à la question,torturer et interroger (pour faire avouer).

தண்டித்தல்; தண்டிப்பு, *n.v. du préc.*punition, châtiment, sévérité, travail dur, soin, effort, action de couper...:தண்டிப்புக்கடங்காமலிருக்கிறது résister—, s'endurcir au châtiment. [celui qui punit....

தண்டிப்போன்,*n.app. du même*,

தண்டியக்கொம்பு, pièce de bois fixée —,pieu fixé dans le mur pour soutenir l'avant-toit, perche transversale portant sur 2 appuis aux extrémités pour s'exercer à danser (sur la corde etc...), barre à travers l'entrée intérieure des pagodes pour empêcher une entrée tumultueuse et pour recevoir la taxe avant l'admission.

தண்டியம், *P.* தண்டிகை,(தண்டு, தண்டியலம், *V.* சிவிகை. [இயல்).

தண்டு,1° *imp.et part.de* தண்டுகிறது. 2° massue, la massue—, l'arme de Yamen,bâton,gourdin, gros bâton,bâton recourbé,bambou, rame, aviron,perche de batelier,verge,pénis (*turpiter*), tige de plante, spadix —,grappe de bananier,fléau de balance,chandelier,litière,palanquin, armée, troupes,arme (en général), flèche,arc,champ,luth,violon, tube, chose creuse,creux de brancard destiné à porter des statues en procession,feuille de fleurs,les Gémeaux, caméléon, lézard, digue, petite —; chaussée,Tandou un des portiers de Siven,tragus ou protubérance de l'oreille,(celle du côté droit se dit ஆண்தண்டு ou ஆண்டண்டு, celle du côté gauche பெண்தண்டு ou பெண்டண்டு), *V.* தண்டேசன்;— க்கழி,—க்கோல் aviron, perche de batelier,—க்கோல் long bâton de pèlerin,bourdon;—க்கீரை blette; கீரைத்—tige d'herbes potagères...;-தாங்கல் porter le bâton d'ascète;—ப்பிளவை,—ப்பற்று ulcère —,maladie du pénis:—ப்பாதை route militaire,—d'une armée;— மிண்டு. *V.* அடாத்து;—வலிக்கிறது ramer, forcer de rames;—வாங்கிப்போகிறது décamper,l'armée —,la troupe décamper et se mettre en marche: தண்டும்பாயுங்கொண்டுபோகிறது aller à la rame et à la voile; தண்டுக்குப்போகிறது aller au camp, — à l'armée;தண்டிலேசேவிக்கிறது servir à l'armée.

தண்டுகிறது, டினேன், டுவேன், டு,ட,*v.a.* percevoir (les impôts, une dette, une souscription...), collecter, recueillir,lever, exiger, se séparer de,s'éloigner,éviter,laisser aller,toucher,périr,se perdre: வெள்ளியையும்பொன்னையுந் — se faire donner—,exiger l'or et l'argent;தண்டிக்கொடுக்கிறது percevoir et remettre (à qui de droit); நாக்கிலே தண்டாமல் மருந்தைப்பூசுகிறது

avaler un remède sans qu'il touche la langue.

*தண்டுதல்,தண்டுகை,n.v.du préc. perception,collecte, levée (des impôts, rentes...), contact, abandon, perte:தண்டுதற்குப்போகிறது aller faire la collecte.

*தண்டுலம்,(tandoula),riz pilé.

*தண்டுலாம்பு, தண்டுலோதகம், (தண்டுலம்,அம்பு, உதகம்), cange, eau de riz. [டு,உறை),nom de ville.

தண்டுறை,(தண், துறை, ou தண்

*தண்டுலீயம்,தண்டுலீயகம்,(தண்டுலம்,iya),V. சிறுகீரை.

தண்டெடுக்கிறது,(தண்டு), lever une armée,la mettre en marche, la conduire au combat,prendre—lever une massue. [dorsale.

தண்டெலும்பு,(id.எலும்பு),épine

*தண்டேசன், தண்டேசுரன்,(தண்டம்,ஈசன், ஈசுரன்), nom d'un dévot de Siven,une des formes de Siven,ou

தண்டேந்தி, (தண்டு, ஏந்துகிறது),celui qui porte le bâton d'ascè-

தண்டேறு,(தண்டு,எறு),os. [te.

தண்டை,1° anneau bruyant—, ornement des pieds (des femmes... ordinairement d'argent): bouclier de rotin,trouble, embarras, queue, grand plateau.2° *acc. de* தண்டு. 3° *P.*தண்டாய்.*nég.de* தண்டுகிறது:—க்காரன் imposteur, trompeur;—மாறம்,—மாறணம் tordre la queue; —யிடுகிறது mettre aux pieds le bijou தண்டை. [cum ischomodies.

தண்டையம்புல் l'herbe pani-

தண்டொட்டி,(தண்டு, ஒட்டுகிறது),espèce de bijou, — d'ornement des oreilles des femmes.

தண்ணடை,(தண்,அடை), pays, feuille verte,ville en pays cultivé, —fertile.

தண்ணம்,(தண்,அம்),froid,fraicheur,forêt,bois,tambour, tambourin,—qui n'a de peau que d'un côté,fer rouge. [tre frais,*i.e.*la lune.

தண்ணவன்,,(தண்,அவன்),l'as-

தண்ணளி,(தண்,அளி),pitié, miséricorde,faveur.

தண்ணனவு,*P.*தண்ணெனவு.

தண்ணிய,*adj.de* தண்மை frais, froid,bas,vil:—குலம் basse caste:தண்ணியது ce qui est frais,bas, vil.

தண்ணீர்,(தண், நீர்), *litt.* eau fraiche (*opposé à* வெந்நீர் eau chaude,*habituellement*),eau,—en général, de l'eau simple:— உண்கிறது boire de l'eau;—உழலை,—த்தவனம்,—த்தாகம் soif;—இறைக்கிறது arroser; — உழந்திவருகிறது venir fort altéré,avec grand besoin d'eau; —கட்டுகிறது arrêter —, barrer l'eau,des pustules se former, devenir hydropique; — காட்டுகிறது abreuver des animaux,tromper,gâter, corrompre,causer de la perte; — க்காரி,*et corr.*—க்கரிச்சி porteuse—, tireuse d'eau;—க்கால் canal, conduit,fossé,cours d'eau; —ச்சாலை hôtel—,lieu où l'on donne de l'eau; —ப்பகை qualité nuisible de l'eau (en divers lieux),hydrophobie;—ப்பந்தல் cabane de feuillage—,pandel où l'on donne à boire de l'eau gratis, ce qui est un des 32 actes de charité ;—பாய்ச்சுகிறது,— மாறுகிறது arroser, faire couler l'eau,donner cours à l'eau d'irrigation,(ce qui se fait à tour de rôle);—வார்க்கிறது verser de l'eau; —விட்டான் l'arbrisseau asparagus racemosus,scorsonère;— விட்டான்கிழங்கு racine de l'asparagus susdit qui contient une belle eau fraiche.

தண்ணுமை,tambour ou tambourin,(surtout ceux qu'on nomme உறுமி,உடுக்கை,மேளம், பேரிகை, மத்தளம் *et* தண்ணம் ou இருகட்பறை),tenon à queue d'aronde.

தண்ணென்கிறது, (தண்), être froid,frais.

தண்ணெனல்,தண்ணெனவு, *n.v. du préc.* fraicheur, signe de fraicheur.

தண்மை,(*id.*), froid, fraicheur, pauvreté,bassesse, chose vile, petit esprit,légère connaissance.

*ததம்,1° (tata),étendue, extension,largeur.2° (dada), qui donne (à la fin des mots composés).3° (tatas),

postériorité, ensuite: ததபத்திரி la plante aux larges feuilles i.e.le bananier.

*தத்ப்பணம்,(tad cela,அர்பணம் livraison), chose rendue, livraison d'un objet,prendre ce qui a été donné.

ததல்,état,fermeté,stabilité.

*ததநந்தரம், , ததனந்தரம், (tad cela,அநந்தரம்),après cela.

*ததர்த்தம்,(id.),pour cette raison.

*ததா,(tathâ),ainsi.

*ததாகதன்,(id.கதம்), Bouddhiste.

*ததாகாரம்,(ததம்,ஆகாரம்),vaste étendue.

*ததாஸ்து,(ததா, அஸ்து), qu'il soit ainsi,ainsi soit-il.

*ததாமுகம், (tadâ alors), commencement.

*ததி,1° (dadhi),lait caillé, résine, térébenthine, maison, habitation. 2° (tati),ligne, rangée. 3° qualité, puissance,saison,temps convenable: —காலம் saison des semailles:—கடக்கினை mélange de riz cuit et de lait caillé,—de lait bouilli et épaissi;—கேடு faiblesse,manque de force;—சம் beurre frais;—சாரம் crème de lait caillé; — சாரம் beurre frais, batte-à-beurre;—சுவேதம் lait de beurre;—சோணம் singe rouge, —de couleur de lait caillé;—தேனு quantité de lait caillé offert à chaque sacrifice indou;—பலம் le fruit du விளாமரம்; — பாண்டம் vase à mettre le lait caillé; — மண்டம் crème de lait caillé, lait de beurre; — மண்டோதம், (உதம்), la mer fabuleuse de lait caillé;— யறிந்து பயிரிடுகிறது faire les travaux d'agriculture en temps convenable; —யோசனம்,V.ததியோதனம்.

ததிசி,P.ததீசு.

*ததியை,P.திதியை.

ததிரம்,un des 21 sacrifices indous.

*ததீசன் ou ததீசி, (dadhitcha,i.), Dadhitchi,richi qui se dévoua à la mort pour que les dieux se servissent de ses os en guise de foudres contre le démon விருத்திரன்.

ததும்பல்,trouble,confusion,tracas.

ததும்பல்,ததும்புதல்,n.v. de ததும்புகிறது, பினேன், புவேன், பு,ப,v.n.se balancer,flotter, s'agiter (l'eau d'un vase...), frapper contre les bords et le couvercle,se remplir, croitre,se répandre,jaillir.

ததுவன்,jeune homme,vent.

*ததேகநிஷ்டை, (tad cela,ஏகம்), méditation profonde,—sans distraction ni mouvement.

ததைகிறது, ததைந்தேன், ததைவேன்,ததை,ததைய, v.n. ததைதல், n. v. être serré,resserré,étroit, à l'étroit, inséparable,s'unir.

ததைக்கிறது, ததைத்தேன், ததைப்பேன்,ததை,ததைக்க,v.a.du préc. et ததைத்தல்,réunir,serrer,presser.

ததைவு,n.v.de ததைகிறது, étroitesse,resserrement,pression, presse.

தத்தடி,(தத்து, அடி), 1ers pas—, marche chancelante d'un enfant:— யிடுகிறது, — யிட்டு நடக்கிறது marcher d'un pas chancelant,— en trébuchant comme un enfant.

*தத்தகன், ou தத்தகபுத்திரன், (தத்தம்,ka),fils adoptif.

*தத்தம்,1° (datta donné),don,présent,donation,adoption. 2° P. தம்தம், obl.pl.de தான் répété, chacun son,—leur:—கொடுக்கிறது,—பண்ணுகிறது faire don, donner en adoption;—செய்கிறது donner, remettre, faire l'abandon (préalable pour qu'un autre puisse adopter): —வாங்கிக்கொள்ளுகிறது recevoir —,accepter un don,adopter: எள்ளுநீருண்ணீரும்விட்டுத் — பண்ணுகிறது faire un don en répandant du sésame et de l'eau en signe de cession perpétuelle; தத்தபுத்திரன் fils adoptif; அவர்தத்தம்மனையிற்சென்றார் ils se rendirent chacun à leur maison;தத்தமக்கு chacun à soi-même; தத்தமக்கேற்ற மனையுண்டு chacun a pour soi une maison convenable.

தத்தரம்,tremblement,hâte, précipitation:தத்தரப்படுகிறது se hâter,être très-empressé.

தத்தல்,opt.et n.v. de தத்துகிறது,

saut,bond,élan, sauter par-dessus, franchir,gronouille.

தத்தளிக்கிறது,ளித்தேன், ளிப்பேன்,ளி,ளிக்க,v.n. (தத்து, அளிக்கிறது), ou தத்தளித்துப்போகிறது, —க்கொண்டிருக்கிறது,hésiter,vaciller,chanceler, broncher, remuer, trombler de pour,être ému,troublé, embarrassé, dans les transes.

தத்தளித்தல், தத்தளிப்பு; n. v. du préc.hésitation, chancellement, vacillation,tremblement,crainte, embarras: தத்தளிப்பாயிருக்கிறது,V. தத்தளிக்கிறது.

தத்தாங்கி,battement des mains (en chantant,dansant,jouant ou encourageant un enfant):—யடிக்கிறது battre des mains (en chantant...)

*தத்தாத்திரேயன், (தத்தம், அத்திரி), Dattâtireyen ou Datten, certain richi fils d'Atri,qui,(au dire des Indous),lui fut donné par les Trimourtis;il est considéré comme une des 15 incarnations inférieures de Vichnou.

*தத்தாபகாரம், தத்தாப்பிரதானிகம்,(தத்தம்,அபகாரம், apradânika non donné), reprise d'un objet donné.

*தத்தாபிசாரம்,(id. அபிசாரம்), vue,attention,V.தத்தாபகாரம்.

*தத்தாவதானம், (id. அவதானம்),attention.

*தத்தானபகருஷம், (id. அன் nég. அபகருஷம்),ne pas retirer un objet donné.

*தத்தி,1° (datti), don, donation, force.2° gér.de தத்துகிறது.3° P. ததி (devant les voyelles.)

தத்திசாரம், mensonge, fausseté.

*தத்திதம், (taddhita), nom dérivé ou composé.

*தத்தியம்,(tathya),vérité.

*தத்தியோதனம், (ததி, ஓதனம்), mélange de riz cuit et de lait caillé, (désignant surtout celui qu'on prépare en offrande dans les pagodes des Vichnouvistes et qu'on distribue ensuite aux brames).

தத்தியாகரம்,தத்தியுததம், (ததி, ஆகரம், உததம்),mer de lait caillé.

*தத்திரம்,(tatra), remplacement, au lieu de.

தத்து,1° saut,bond,élan, choppement,bronchade,faux pas,péril,crise périlleuse,malheur,mort funeste, irrégularité du cours—,écart d'une planète.2° imp. et part. de தத்துகிறது:—க்கல் pierre au milieu d'une cascade d'où l'eau jaillit de nouveau;—க்கிளி sauterelle, perroquet qui babille;—பரி cheval qui va l'amble;—ப்புரட்டு une des irrégularités de la marche des planètes;—ப்பூச்சி,—வண்டியன்,—வெட்டியன், (P. விட்டில்) espèce d'insecte,sauterelle;—மடை ouverture sur le côté d'un canal de jardin; பெரியதத்திலே யிருக்கிறது être en grand danger; மூன்று தத்துக்கும் பிழைத்தேன் j'ai échappé à 3 crises périlleuses (dans le style astrologique).

தத்துகிறது, த்தினேன், த்துவேன், த்து,த்த,v.n. தத்துதல், n.v. sauter,sautiller, trépigner, sauter par-dessus,franchir,s'élancer,chanceler, trébucher,broncher,vaciller: தத்தித் தத்திப்போகிறது courir en sautillant (comme une grenouille ou un oiseau); தத்தித்தலைகீழாகவிழுகிறது se précipiter tête baissée, agir avec grande arrogance ou présomption; தத்தித்தத்தி ou தத்தி நடக்கிறது marcher en trébuchant,— lentement et avec précaution comme un enfant,ou en clochant comme un malade; நீர்த்தத்திப்பாய்கிறது l'eau courir en bouillonnant,ou en moutonnant.

*தத்துவம்,(tad ce, propre, துவம் qualité),faculté,puissance,force, autorité,autorisation,propriété, qualité, nature,—essentielle (des choses temporelles ou spirituelles...),l'âme de l'univers (au dire des payens), l'âme humaine (supposée une portion de la précédente), esprit, intelligence,vérité,fidélité,réalité, substance (opposée à illusion), élément, propriété élémentaire, axiome, 1er principe (en logique),V. தத்துவத்தி.

ரமம்;தத்துவம்-கூள,les 96 qualités ou propriétés des choses, savoir: 1° ஆன்மதத்துவம் les propriétés essentielles des choses matérielles et spirituelles, au nombre de 24, savoir:les 5 élémens பூதம்-ஐ, les 5 sens பஞ்சேந்திரியம்,les 5 objets des sens,புலன்-ஐ,les 5 organes d'action கன்மேந்திரியம்-ஐ,les 4 organes intérieurs அந்தக்கரணம் ou உள்ளிந்திரியம் -ச.Voyez ces 19 derniers au mot இந்திரியம்.2° les 10 nerfs ou artères, நாடி-ஐ.3° les 5 incidens, états,passions ou changemens d'action dits பஞ்சாவஸ்தை.4° les 3 défauts ou vices dits மும்மலம்.5° les 3 caractères dits குணம்-ம.6° les 3 divisions du corps humain dites மண்டலம்-ம.7° les 3 vices de tempérament dits பிணி-ம.8° les 8 mauvaises inclinations nommées அஷ்டவிகாரம். 9° les 6 régions du corps humain appelées ஆதாரம். 10° les 7 parties ou substances essentielles du corps dites தாது-ஏ.11° les 10 flatuosités ou airs vitaux nommés வாயு-ஐ,12° les 5 modes de production appelés தோற்றம்-ஐ.13° les 9 orifices du corps dits நவத்துவாரம்; தத்துவங்களை ஆராய்ச்சிபண்ணுகிறது étudier—,examiner la physique,l'anatomie; தத்துவக்கொடுப்பனவு procuration (pour agir au nom d'un autre);—க்கட்டளை physiologie indoue,traité sur cette matière;—க்காட்சி, V. தத்துவதரிசனம்; — சாஸ்திரம் physique, traité de physique,philosophie,métaphysique, V.தத்துவாசாரம்; — சாஸ்திரி physicien,philosophe métaphysicien;— சாலி homme fort, puissant, qui a de l'autorité; — சூத்திரம் règle d'axiome; — சொரூபவிசாரணையாளி physicien,naturaliste;— ஞானம் connaissance de Dieu.— de la vérité,—des qualités et facultés des divers êtres,physique, véritable sagesse;—ஞானி savant, sage, physicien,qui connaît les diverses qualités des êtres;—தரிசனம் vision *i.e.* connaissance de l'essence ou des facultés essentielles des choses; —த்திரயம்,—த்திரயம் la triple puissance, triade métaphysique comprenant Dieu, l'âme, et la matière, ou selon d'autres,ஆத்துமதத்துவம், சிவதத்துவம், வித்தியாதத்துவம்;—நிரூபணம் sorte de traité de philosophie; - நூல், V. தத்துவசாஸ்திரம்; —நூலோர்தல் étude de la physique ou de l'anatomie;—பாரகன் docteur, sage;—போதகர் prédicateur de la vérité, nom tamoul du P. Robert de Nobili;—ப்பிரகாசம் nom d'un livre; — வாதம் nom d'une secte, sorte de naturalisme;— வாதி partisan de cette secte;—விளக்கம் physique.

*தத்துவன், (தத்துவம்), l'Être Suprême,Dieu,(et à tort) Brama,Vichnou,Siven,Arouguen,roi, homme puissant,qui a de l'autorité, véridique, sage.

*தத்துவாசாரம்,(*id.* ஆசாரம்), livre de physique et surtout d'anatomie.

*தத்துவாதி,(*id.*), brame Dvita ou துவைதவாதி,sectateur de Madhvâchârya; on les nomme மத்திவா சு திப்பராக்ப்பார். [datura.

*தத்தூரம்,(dhathoûra),la plante தத்தெறிகிறது, (தத்து, எறிகிற து),lancer des vagues, espèce de jeu.

தத்தை,1° perroquet, sœur ainée. 2° P.தத்தாய்.2° pers.nég.de தத்துகி து. [2° obl.de தத்தம்.

தத்த, 1° part.parf.de தருகிறது.

*தந்தசம்,(dandasa),dent.

*தந்தசூகம், (dandasoûka), serpent. [chant.

*தந்தசூகன், (*id.*), homme mé-

*தந்தம்,(danta),dent, défense—, dent d'éléphant,ivoire,cime—,penchant de montagne V.தாடி:தந்தம் வாங்கி arracheur de dents: தந்தகர்ஷகம்,—கர்ஷணம் (harchaka,na *plaisir*),citron,citrus acida; —கர்ஷணி, (karchana *arracher*), arracheur de dents: —கட்டம்,— காஷ்டம் buchette qui sert de cure-dents,— க்காரி un des arbres dits வாகமடக்

கி;—க்குறி marque des dents; — க்கோரை l'herbe cyperus iria;—சடம் (sata *nuire*),citronnier, *V.* கிளாமரம்; —கிரம்,(கிரை),gencive;— சாணம் dentifrice; —சுத்தி propreté,— nettoiement des dents; — சர்க்கரை tartre des dents; — சூலை espèce de mal de dents; — சிமிள் boite d'ivoire; —தாவனம், *V.* தந்தசுத்தி, *ou* — தாவனக்குச்சி cure - dents, brosse à dents; —தாவனம்பண்ணுகிறது nettoyer les dents; —த்தண்ணீர், *V.* அலிதிபேதி; — பத்திரம்,— பத்திரகம் espèce de jasmin, *litt.* feuille d'ivoire;—பவனம் dentifrice; — பாசம் front d'éléphant,partie d'une dent: — ப்பிடி poignée,— manche d'ivoire;—ப்பூண் ornement d'ivoire,—mis aux défenses de l'éléphant;—மலம் saleté—, tartre des dents;—மலை la montagne à l'ivoire, *i.e.* l'éléphant;— மாமிசம் gencive; —முத்து perle tirée de l'ivoire; —யாவனம் ébène;—ரேகை rangée de dents, *V.* பற்குறி; — ரோகம் mal de dents; — வக்கிரன், Tandavakkiren, un de la 2e classe des hommes généreux, Siven; — வஸ்திரம் l'habillement des dents, *i.e.* les lèvres; —வத்திரன் Siven; — வாயு flatuosité des dents, cause prétendue des maux de dents; —வியாசனம் fractures des dents;—வேலை ouvrage en ivoire;— வேட்டம், (vèchta *enclos*), gencive;—வைத்தியன் dentiste; தந்தத்திலேபண்ணுகிறது *ou* செய்கிறது travailler —, faire en ivoire.

தந்தருளுகிறது, (தந்து), daigner donner, accorder. [morsure.

*தந்தாகாதம், (தந்தம், ஆகாதம்),

*தந்தாயுதம், (தந்தம், ஆயுதம்), l'animal armé de ses dents ou de ses défenses, *i.e.* le sanglier.

*தந்தாலிகை, (daudâlikâ), bride de cheval.

*தந்தாவளம், (தந்தம், ஆ, வளம்), l'animal dont la force est dans ses défenses, *i.e.* l'éléphant.

*தந்தி, 1° (தந்தம், i), ce qui est armé de défenses, éléphant,— mâle, l'arbre தேக்காளம். 2° (tanti), tisserand, étendue, serpent. 3° *P.* தந்தி corde d'instrument de musique:—முகன் celui qui a une tête d'éléphant *i.e.* Poulléyar;— ப்படுகிறது s'indigner, s'irriter; எஃகு—, எருத்தந்தி corde d'acier,—de métal; —யுத்தன் போர்த்தோரன்,—வீருசியோன் (வீரும், உரி), celui qui s'est couvert d'une peau d'éléphant (pour s'accoupler avec la femelle de cet animal), *i.e.* Siven.

தந்திரகம், la plante கித்தில். [ven.

*தந்திரமம், தந்திரமணம், (dandrama, na), marche lente,—douce.

தந்திரம், 1° ruse, stratagème, tour, artifice, finesse, subtilité, moyen, expédient, tentation, art, science, traité scientifique, industrie, action, actions et gestes ou mouvemens des mains qu'on fait dans les sacrifices. 2° (tantra), prétendue doctrine révélée, tantras ou traités religieux enseignant des formules mystiques et particulières et des rites pour l'adoration des dieux indous et l'obtention de dons surnaturels, (ils sont ordinairement en forme de dialogue entre Siven et Dourgâ qui sont les divinités particulières des தாந்திரிகர் ou sectateurs des tantras; il y a un grand nombre de tantras; et leur autorité a en partie remplacé celle des vêdas), partie des vêdas qui enseigne des prières et formules mystiques ou plutôt magiques, texte, armée, corde de luth, ornement, décoration, sorte de pilule, drogue, foule, assemblée, preuve, démonstration, fil, toile, habillement, grande joie, bonheur, maison, dépendance, estille:—செய்கிறது, —பண்ணுகிறது user des ruses, de stratagèmes, de fraudes, faire des tours d'adresse, tenter;—ஆகக்கொண்டுபோகிறது emporter frauduleusement ou par ruse; தந்திரகலை science des tantras, ce qui est une division des âgamas; — க்காரன் homme rusé, adroit, artificieux, trompeur, tentateur;—பாலன் géné-

ரல் d'armée;—மணம் mariage conclu par artifice,marche lente ou tortueuse; —மா l'animal rusé,i.e.le renard; —யுத்தி, V.தந்திரயுத்தி;—வாதம் nom d'une secte;—வாதி expert, adroit,subtil,rusé;—வாபன்,—விபன், (வாபம்,விபம்),tisserand;—வாயன், 1° (வாயம் tissage), tisserand, araignée;2° (வாய்),homme rusé, au langage artificieux; — வித்தை science des ruses,adresse,artifice,ruse; —யுத்தி, (et mieux)—யுத்தி,— யுக்தி (en rhétorique) disposition adroite des choses ou des diverses parties du discours comme la proposition, la division, l'amplification ou démonstration de chaque chose; en grammaire on compte 32 தந்திரயுத்தி ou manières adroites de donner un joli tour à ce que l'on dit.

*தந்திரன்,pl.தந்திரர், (தந்திரம்), musicien, joueur de luth, homme rusé,adroit, ministre, général d'armée, V.கந்தருவன்.

*தந்திராகமம், (id. ஆகமம்), les livres nommés tantras, science des tantras.

*தந்திரி,1° (தந்திரம், i.), son de corde—, corde de luth. 2° m. et f. musicien,homme —, femme rusée, adroite, général,ministre,militaire, au pl.தந்திரியர். [somnolence.

தந்திரிகை, (tandrikâ), paresse,

தந்து,1° gér. de தருகிறது. 2° (tantou),fil,fil de coton,race, postérité,requin.3° P.தந்திரம்,ruse, science,livre de science,demande réitérée:—படம்,P.— கீடம், ver qui fait du fil,i. e. araignée; — சாரம் aréquier;—சாலை atelier, maison de tisserand. [—bha),moutarde,

*தந்துகம், தந்துபம், (tantouka, தந்துமந்து (répétition euphonique),trouble,confusion.

தந்துரை,(தந்து,உரை), préface.

தந்துரைக்கிறது,(id. உரைக்கிறது),dire avec les préparations oratoires et l'enchainement voulu.

*தந்துவன்,தந்துவாயி,pl. தந்துவர்,(தந்து,vâ tisserand,வாயம் tissage ),tisserand.

*தந்துவாபன்,தந்துவாயன், (id.) tisserand,araignée, [bananier.

*தந்துவிக்கிரகை,(id.விக்கிரகம்);

தந்தேன்,part.de தருகிறது.

தந்தை,1° père (en général), le propre père. 2° P. தந்தாய், tu as donné:தந்தையர்·ஐ les 5 individus honorés du nom de pères,savoir: பிறப்பித்தோன் le propre père, கற்பித்தோன் le précepteur, மணமுடிப்பித்தோன் celui qui fait les frais du mariage,அன்னந்தந்தோன் le père nourricier, ஆபத்துக்குதவினோன் celui qui a secouru dans le danger. Quand le mot தந்தை est précédé des pronoms என்,எம்,உன், நும், உம் et de நின், on élide la dernière lettre du mot précédent et la 1re de celui-ci et on a எந்தை mon père ou notre père, உந்தை et நுந்தை ton père ou votre père,முந்தை un ancêtre.

*தபசிருசன், தபசிருஷ்டன், (தபம், கிருசம்),exténué de pénitence.[ரன்.

*தபசன்,(tapasa),la lune ou சந்தி

*தபசி,(தபசு), pénitent,V. தவசி: —ப்பிள்ளை serviteur d'un gourou.

*தபசு,(tapas),pénitence,mortification,vie austère,devoirs et obligations de son état ou de sa caste, le mois de மாசி,V.தவசு: — காலம் temps de pénitence,carême;— பண்ணுகிறது faire pénitence. [le soleil.

தபநாமேகாரம், regarder le feu,—

*தபதி,1° (tapati),சாயை femme du soleil,une fille du soleil changée,au dire des Indous,en la rivière Tapti. 2° (sthapati),architecte,charpentier, charron,artisan:pl.தபதியர்.

தபத்தன்,(தபம்),pénitent, religieux,ascète,reclus. [tente,religieuse.

தபத்தி,fém.du préc. femme péni-

*தபம்,1° (tapa),chaleur,la chaude saison, l'été. 2° (tapas), pénitence, austérité,le mois de மாசி,V. தவம்; —பண்ணுகிறது faire pénitence, mener une vie austère.

தபலை,vase—,bassin ou pot de cuivre,chaudron,marmite,ustensile de ménage.

*தபலோகம்,(தபம்), le 6me des 7 mondes supérieurs des Indous, la prétendue demeure des pénitens et des வைரகி.

*தபனம்,(தபஃ,na),chaleur,chaude saison,été,soif,chagrin: தபனகரம் rayon du soleil; — மணி lentille de crystal dite சூரியகாந்தம்.

*தபனன்,(id.),soleil,feu,Agni, la plante கொடுவேலி.

*தபனியம்,தபனியகம், (tapaniya,--ka),or.

*தபன்,(tapa),le soleil.

தபாது,faute.

*தபாத்தியயம்,(தபம்,அத்தியயம்), ce qui met fin à la chaleur, la saison des pluies.

தபால்.(ind.),poste,relais.

தபிக்கிறது,V.தவிக்கிறது.

தபிலே,P.தபலே.

தபுகிறது,பினேன்,புவேன்,பு,ப,v.n.தபுதல்,n.v.mourir,périr,se perdre.

தபுதாரம்,தபுதாரநிலே, (தபும்,தாரம்), désir d'un amant envers son amante qui boude.

*தபோ,(obl.de தபசு,devant certaines lettres):—தனன், (pl. தபோதனர்),ou—தனி (dhani riche), pénitent, ascète,religieux,ermite, sage;— தி, (dhi avoir),pénitent,pénitente;—துக்கம் aversion pour le monde, renoncement au monde;— நிதி pénitent,ascète;— நுபாவம், (அநுபாவம்),influence de la pénitence; — பலம்,—புண்ணியம் mérite —, force —, vertu de la pénitence;—புத்திரன் fils obtenu par la pénitence;—மகிமை excellence de la pénitence;—மயம் essence —,pratique de la pénitence,nom d'une forêt;— மூர்த்தி, —ராசி pénitent,ascète;— லோகம், V.தபலோகம்;—வனம் bosquet sacré fréquenté par les pénitens.

தப்ப,inf.de தப்புகிறது.

தப்படி,(தப்பு, அடி), faux - pas, glissade,fausse démarche, pas, enjambée,pas géométrique de 5 pieds.

தப்படிக்கிறது, (தப்பு, அடிக்கிறது),battre du tambourin,tambouriner.

தப்பட்டை,(தப்பு,அட்டை), tambourin.

தப்பல்,opt.et n.v. de தப்புகிறது, erreur,méprise,échappade.

தப்பளே, P. தவளே, grenouille, espèce de poisson, V.சழியல்.

தப்பறை,(télinga),mensonge fausseté,erreur,absurdité,bévue, méprise,fourberie: —க்காரன் menteur, hâbleur;—சொல்லுகிறது,— பேசுகிறது mentir,dire des faussetés...

தப்பா,தப்பாத,part.nég. de தப்புகிறது,infaillible,immanquable.

தப்பாமல்,gér.nég. du même, immanquablement,infailliblement.

தப்பாமை,n.v.nég.du même, chose immanquable,infaillibilité.

தப்பி,1° gér.de தப்புகிறது.2° imp. de

தப்பிக்கிறது, ப்பித்தேன்,ப்பிப்பேன்,ப்பி,ப்பிக்க,v.caus.de தப்புகிறது, laisser—,faire échapper;தப்பித்துக்கொள்ளுகிறது s'échapper, s'évader,éviter,fuir.

தப்பிதம்,(தப்பு,இதம்),erreur,méprise,bévue,faute, manquement:—ஆக d'une manière fautive, faussement,—par erreur:— ஆகப்போகிறது faillir, s'égarer; தப்பிதக்காரன் coupable,qui a fait une faute, une bévue; தப்பிதத்தில் அகப்படுத்துகிறது, — மாட்டுகிறது induire —, surprendre en faute, faire tomber—,envelopper dans une faute, égarer;—விழுகிறது tomber dans une faute,dans une erreur,faillir.

தப்பிலி, 1° (dabbili, mot telinga), coupable, vaurien, vagabond; —பிள்ளை méchant enfant, vaurien. 2° (தப்பு,இலி), innocent.

தப்பு,1° imp.et part.de தப்புகிறது. 2° faute,culpabilité,défaut,manquement ,erreur,méprise,bévue,fausseté,mensonge, fourberie, espèce de tambour ou de tambourin:தப்பாயிருக்கப்பண்ணுகிறது falsifier, donner un tour ou un sens fautif: தப்பாய்க்காண்கிறது paraître fautif; —க்காண்பிக்கிறது mal représenter,montrer sous un faux jour, déguiser, tromper;தப்பாய்க்கிரகிக்கிறது entendre mal;தப்பான,தப்புள்ள

fautif, coupable, infidèle; தப்புகொட்டுகிறது battre du tambourin, tambouriner; —த்தண்ணீர் eau qui se répand; —தவறு erreur, méprise; —பேச்சு parole fautive, fausseté; —பார்க்கிறது examiner—, corriger les fautes (d'un écrit...); —மார்க்கம், —வழி fausse voie, —religion; —மேளம் espèce de tambour; —வீணை espèce de luth; — லெக்கு பார்க்கிறது viser ailleurs qu'au but; தப்போ வொப்போசுவாமிக்குத்தான் தெரியும் est-ce à tort ou avec raison? Dieu le sait.

தப்புகிறது, ப்பினேன், ப்புவேன், ப்பு, ப்ப, v. a. தப்புதல், n. v. se tromper, faillir, se méprendre, manquer, échapper, survivre, esquiver, éviter, errer, s'égarer, laver (le linge en le frappant contre une pierre). V. சப்பளிக்கிறது: குறி —manquer le but, se comporter mal; சொல்—, பேச்சு—, வார்த்தை—, manquer à sa parole, la parole manquer: தயவு — manquer de bonté, perdre les bonnes grâces, —la faveur; சாவுக்குத் —échapper à la mort: நான்விழுகிறதுக்குக்கொஞ்சத்தப்பிற்று j'ai manqué de tomber, peu s'en est fallu que je ne tombasse; தப்பக்கூடாது on ne peut échapper, — manquer...; தப்பவறியாது on ne peut manquer, il ne peut y avoir de faute, d'erreur; தப்பவிடுகிறது laisser échapper, — manquer; நல்ல சமயத்தைத்தப்பவிடுகிறது laisser échapper une bonne occasion: தப்பவைக்கிறது faire échapper, —manquer, préserver du mal; தப்பிப்போகிறது manquer, faillir, faire défaut, se tromper, esquiver, ou —யோடிப்போகிறது échapper et prendre la fuite, s'échapper par la fuite: —ப்போகத்திரிகிறது être sur le point de faillir, chercher—, penser à s'enfuir: அந்தக்கணக்குக்கை தப்பிப்போச்சுது la main a failli dans ce compte, il est fautif.

தப்புவிக்கிறது, v. caus. de தப்புகிறது, faire—, laisser échapper, délivrer: தப்புவித்துக் கொள்ளுகிறது s'échapper, s'esquiver, éviter.

தப்பை, éclisse, planchette ou bâton plat pour tenir en place les os fracturés.

*தம், 1° (tama), particule sanscrite qui ajoutée à un adjectif forme le superlatif (comme *ssimus* en latin), très: அர்ச்சியசிஷ்டதம் très-saint, சுத்ததம் très pur. Si aucun nom ne suit cette particule, elle se change en தமன், *m.* தமை, *f.* தமம், *n.* Ainsi de உத் haut, on fait உத்தமன், உத்தமை, உத்தமம் (altissimus, altissima, altissimum), très-haut, très-haute, excellent. 2° *P.* தம், *gén. de* தாம், devant un nom pluriel neutre. 3° *obl. de* தமம். [forgeron.

*தமகன், (dhamaka), maréchal,

தமக்கிறது, மத்தேன், மப்பேன், ம, மக்க, *v. n. et* தமத்திருக்கிறது, se calmer, abonder, être apaisé, abondant: தானியந்தமத்தது le blé est abondant et à bon marché; வயிறுசமத்தது le ventre—, *i.e.* la faim est apaisée. [*imp. et part. du suiv.*

தமக்கு, 1° *dat. de* தாம், à soi. 2°

தமக்குகிறது, க்கினேன், க்குவேன், க்கு, க்க, *v. a. du préc.* apaiser, calmer, remplir. [கையார், sœur ainée.

தமக்கை, (தம், அக்கை), *hon.* தமக்

*தமசம், (tamasa), ville, nom d'une ville, *ou* [rité.

*தமசு, (tamas), ténèbres, obscu-

தமதமெனல், தமதமென்கிறது, (*son imitatif*), faire tamatama, — du bruit.

*தமதம், 1° (tamata), désir. 2° (damatha), répression des 5 sens.

தமது, *gén. de* தாம், d'eux, leur, de lui, son, sa, ses. கூலியாட்கள்தமது வேலையைமுடித்தார்கள் les manœuvres on fini leur ouvrage; இராசாதமதருகில்வரச்சொன்னார் le roi a dit de venir auprès de lui.

தமப்பன், (தம், அப்பன்), père (usité parmi les brames).

*தமம், 1° (tamas), *ou* தமகுணம், *V.* தாமசம், le dernier des 3 caractères dits குணம்-ங, ignorance, ténèbres spirituelles, la 1^re^ des 5 மாயை ou illusions, obscurcissement des facultés supérieures de l'âme, ténébres,nuit,le prétendu serpent Râgou ou le nœud ascendant de la lune. 2° (à la fin des mots) தமம் est la forme du superlatif,comme மந்ததமம் très-doucement. 3° (dama),soumission, retenue, répression,— de ses sens, recueillement, action de dompter,punition,boue,chagrin,péché,salle du sacrifice: தமப்பிரபை une des 7 régions de l'enfer des Indous,celle des ténèbres.

தமயந்தி,(damayanti), Damayanti femme du roi நளன்.

தமயன்,(தம், அயன்), frère aîné, aîné,ancien.

தமரகம்,trachée-artère, tambour rétréci au milieu: தமரகவாயு asthme,respiration courte et difficile; தமரகவெளவி, V. இறுகிலுப்பை.

தமரத்தை,l'arbre averrhoa carambola;l'adj.est தமரத்தம்:தமரத்தங்காய் le fruit encore vert —,தமரத்தம்பழம் le fruit mûr de l'averrhoa.

*தமரம்,1°(tamara),plomb. 2° son, grand bruit,fracas, gomme- laque, cire à cacheter.

தமரல்,n.v.de தமருகிறது, grand bruit,son considérable.

தமராணி,(தமர், ஆணி), tarière, vrille,foret, drille, virebrequin.

தமரிக்கிறது, ரித்தேன், ரிப்பேன், ரி,ரிக்க,v.n.(தமரம்),faire du bruit, retentir,désirer.

தமரித்தல்,தமரிப்பு,n. v.du préc. bruit,retentissement,désir.

தமருகம்,tambour rétréci au milieu et dit உடுக்கு, tenon à queue d'aronde

தமருகிறது ou தமர்கிறது,ர்ந்தேன்,ருவன்,ர்,ர,v.n. et தமருதல், n.v. (தமரம்), résonner, faire grand bruit. [ணி.

தமருசி,(தமர், ஊசி), V. தமரா

தமரோசை, (தமர், ஓசை), l'arbrisseau கிலுகிலுப்பை,bruit.

தமர்,1° trou. 2° imp.et part. de தமர்கிறது. 3° pl.de தமன், ses gens, ses proches,parens, montagnards: தமரிடுகிறது percer,forer;— ப்படுகிறது consentir,acquiescer,désirer.

தமனி,f.de தமன்,V.தம்மவன்.

*தமனகன், (தமனன்), Damanaguen, nom d'un renard acteur du பஞ்சதந்திரகதை.

*தமனம்,(damana),la fleur damana artemisia,ou

*தமனகம்,(damanaka), la plante மருக்கொழுந்து absinthe.

*தமனன்,(damana),héros, philosophe,savant.

தமனி,l'arbre வன்னி.

*தமனியம்,P.தபனியம்,or.

*தமனியன்,(id.),le géant இரணியன்,la planète Saturne,Brama.

*தமன்,1° (tama), Râgou ou le nœud ascendant. 2° (dhama), Dieu, Brama,Krichna,Sandiren ou la lune. 3° (தம்), V. தம்மவன்.

தமாசு,(ind.),plaisanterie,facétie, amusement,moquerie,spectacle.

தமார்க்கவம்,V.பிரக்கு.

*தமாலம்,(tamâla),feuille, l'arbre பச்சிலைமரம்,marque de sandal sur le front,sabre, cimeterre, écorce de bambou.

*தமி,1° (tami),nuit. 2° solitude.

தமிக்கிறது, மித்தேன், மிப்பேன், மி,மிக்க,v.n.தமித்தல்,n.v.être seul.

*தமிசிரம்,(tamisra), diminution, déclin de la lune,ténèbres: தமிசிரபக்ஷம்,—பக்கம் déclin de la lune, dernière quinzaine d'une lunaison.

தமிசு,l'arbre வேங்கை, pterocarpus. [rou.

தமிதம்,chose établie par un gou-

தமியம்,callou,toddi.

தமியன்,m. தமியள்,f.(தமி),seul,solitaire,pauvre.

தமிழச்சி,தமிழத்தி, தமுழச்சி,f. de தமிழன், fille —, femme tamoule, choutresse.

தமிழன்,pl.தமிழர்,homme—, gens du pays tamoul,Choutre,(improprement) Malabare:தமிழப்பெண், V. தமிழச்சி; தமிழப்பிள்ளை enfant tamoul,—choutre.

தமிழ்,1° s. le tamoul, la langue tamoule, douceur, délices, nature, qualité,propriété. 2° adj. tamoul, choutre. On divise le tamoul en 2 langues: savoir, le செந்தமிழ், autrement அயல் ou அருந்தமிழ், haut tamoul, tamoul pur, poli et difficile, et le கொடுந்தமிழ் tamoul vulgaire et grossier. On le divise encore en 3 espèces dites முத்தமிழ், savoir: இயற்றமிழ் tamoul simple, —de la prose; இசைத்தமிழ் tamoul poétique, et நாடகத்தமிழ் tamoul des comédies; —எல்லை bornes du pays tamoul; —க்கூத்தர், — நாடகர் danseurs—, comédiens tamouls; — ச்சொல், — மொழி, — வார்த்தை mot tamoul; — த்தேசம் pays tamoul, —où l'on parle tamoul; — த்தோரணை, — நடை, — ப்போக்கு marche—, tournure du tamoul: — நடவை lieux où le tamoul se parle; — நாடன் le roi du pays tamoul, le பாண்டியன் de Maduré; — நாடு pays tamoul, le Maduré; — நாடு-௰௩ les 13 districts où l'on parle tamoul, le 1er dit செந்தமிழ் நாடு le pays du pur tamoul, celui où on le parlait autrefois, est situé entre les villes de Carour கருவூர் et de Marour மருவூர், et les rivières வையை et மருதம். Dans les 12 autres districts ou pays, on parle le கொடுந்தமிழ் ou tamoul ordinaire. Ces districts qui entourent le 1er se nomment தென்பாண்டி, குட்டம், குடம், கற்கா, வேண், பூழி, பன்றி, அருவா, அருவாவடதலை, சீதம், மலாடு, புன்னாடு; —பேசுகிறது parler tamoul; — ப்படுத்துகிறது traduire en tamoul; —ப்பாஷை, —ப்பேச்சு la langue tamoule; —மலை la montagne du pays tamoul, i.e. le பொதியமலை; —முனி le richi tamoul, i.e. அகஸ்தியன் (à qui on attribue la 1re grammaire tamoule); —வாணர் ou வாழ்நர் les poëtes tamouls; —வேதம் le vêda tamoul, (ce sont les distiques ou குறள் du poëte திருவள்ளுவர்); தமிழிலே பழகுகிறது s'accoutumer—, être habitué au tamoul.

தமுக்கம், lieu d'où l'on envoie les éléphans au combat, arène où on les envoie combattre.

தமுக்கு, tamtam, espèce de tambour au son duquel on publie les ordres du gouvernement: — க்காரன் celui qui bat du tamtam, crieur public; — ப்போடுகிறது, தமுக்கடிக்கிறது battre du tamtam, annoncer au son du tamtam.

*தமையந்தி, P. தமயந்தி.

தமையன், (தம், ஐயன்), hon. தமையனுக்கு frère aîné, l'arsenic அரிதாரம்.

*தமோ, obl. de தமஸ் obscurité, (devant certaines lettres): — கரன், hara qui chasse), l'astre qui chasse les ténèbres, la lune; — குணம் le caractère nommé தாமசம்; — க்கினன், (ghna qui détruit), ce qui détruit les ténèbres, feu, lune, soleil, Vichnou, Siven, Bouddha; — சோதி, — மணி ce qui brille dans les ténèbres, la mouche luisante, le ver luisant; — நுதன், (nouda chasser), lune, soleil, lampe; — பகம், (apaha, qui détruit), lumière; — பகன், (id.), soleil, lune, Bouddha; — விகாரம் maladie —, indisposition provenant du தமகுணம்.

*தமோனுதன், V. தமோநுதன்.

தம், 1° gén. de தாம், de lui, son, sa, ses, d'eux, leur. 2° particule explétive, —dite சாரியை, v.g dans எல்லார்தம்மையும் P. எல்லாரையும் eux tous. 3° (dâ), don, partage. 4° (dam), femme, épouse. 5° (tha), propre —, conservation, moment favorable, un des 4 மகாவாக்கியம். 6° (dham, mot turc), respiration, obstacle, couvercle.

*தம்பகனம், தம்பகன்னம், (stambaghana, —hanana), houe, pioche, —en bois, faucille.

தம்பட்டம், 1° petit tambour dit தமுக்கு. 2° P. தம், பட்டம் sa dignité.

*தம்பதி, 1° (தம்), femme et mari, 2° P. தம், பதி.

*தம்பம், 1° (stambha), V. ஸ்தம்பம் et ஸ்தம்பனம். 2° bâton pour s'appuyer, fixité, état, cuirasse, cotte d'armes, symphonie, musique, —vocale et instrumentale. 2° (dambha); fourberie, fraude, hypocrisie, arrogance, colère, péché.

தம்பலம், 1° reste —, suc de bétel,

de chaux et d'arec mâchés (que l'on crache). 2° *P.* தம்,பலம்: தம்பலப்பூச்சி l'insecte nommé இந்திரகோபம்; தின்றுமிழ்ந்த தம்பலத்தைத்திரும்பஎடுப்பார்களோ reprend-on les restes de bétel, d arec et de chaux qu'on a mâchés et crachés. [ம்,பணி.

தம்பணி, 1° l'arbre மருதம். 2° *P.* த

தம்பலை, 1° l'arbrisseau நிலவிலந்தை. 2° *V.* பாக்குவெட்டி. 3° *acc.de*

தம்பல், 1° *opt. et n.v. de* தம்புகிறது. 2° boue, *V.* தம்பலம்: தம்பலடிக்கிறது, தம்பலடித்தல், labourer une moisson en herbe pour la dégager et la faire mieux croitre.

தம்பனகம், *P.* தம்பகனம். [கனம்.

*தம்பனம், *P.* ஸ்தம்பனம், et தம்ப

தம்பாக்கு, (*ind.*), espèce de pinchebec ou de similor.

தம்பி, 1° frère —, puiné, cadet, (il se dit aussi comme terme d'amitié ou de bienveillance aux jeunes gens); *voc.* தம்பீ; *pl.* தம்பிமார். 2° *gér. de* தம்புகிறது. 3° *imp. de*

தம்பிக்கிறது, பித்தேன், பிப்பேன், பி, பிக்க, *v.n. et a. P.* ஸ்தம்பிக்கிறது.

தம்பிச்சை, 1° vase de cuivre garni d'un tube. 2° ou [*V.* ஸ்தம்பித்தல்.

தம்பித்தல், தம்பிப்பு, *n.v. du v. préc.*

தம்பிராட்டி, (தம்), reine, femme qui doit être brûlée avec son mari décédé.

தம்பிரான், (*id.*), 1° Dieu, roi (au Travancore). Seigneur, maitre, directeur, qui conduit selon les ordres, ascète siveniste distingué des பண்டாரம் par le célibat, chef d'une congrégation religieuse. 2° (தம். பிரான்): பெரிய — chef d'ascètes sivenistes, figure —, forme de Siven qu'on représente quelquefois par une énorme statue de terre cuite ou de briques.

தம்பு, 1° *P.* தம்பி. 2° *imp. et part. de* தம்புகிறது, பினேன், புவேன், பு, ப, *v.n.* தம்புதல், *n.v.* se scorifier.

தம்புரு, espèce de luth ou de guitare à 3 cordes: — வாசிக்கிறது en jouer pour accompagner la voix.

தம்பூர், (*français*), tambour: — க்காரன் celui qui bat du —, tambour.

தம்மவன், *m.* (தம், அவன்), un de ses gens, sien, parent, proche; தம்மவள், *f.* personne de ses gens, parente; தம்மவர், *pl.* ses gens, ses proches.

தம்மனை, 1° (தம், அன்னை), mère; sa mère. 2° *P.* தம், மனை, sa maison.

தம்மால், *obl. de* தாம், par lui, par soi. [être empêché, arrêté.

தம்மிடுகிறது, (தம், இடுகிறது),

*தம்மிலம், (dhammilla), touffe de cheveux du sommet de la tête noués ensemble.

தம்மில், 1° particule explétive, 2° *obl. de* தாம், dans lui, en soi.

தம்முடைய, *gén. de* தாம், de lui, de soi, son sa ses. [2° devant lui, — soi.

தம்முன், (தம், முன்), 1° frère ainé.

தம்மை, 1° *acc. de* தாம், lui, soi. 2° (தம், ஐ), mère, sa mère... 3° *P.* தம், மை. [— soi. 2° *P.* தம், ஓடு.

தம்மோடு, 1° *obl. de* தாம், avec lui,

தயக்கம், தயங்கல், et (*quelquefois*), தயங்கம், *n.v. de* தயங்குகிறது, mouvement, vacillation, fatigue, fluctuation, perplexité, hésitation, désolation, affliction, lumière, splendeur.

தயங்குகிறது, *sync.* தயங்கிறது, கினேன், குவேன், கு, க, *v.n.* தயங்குதல், *n.v.* remuer, vaciller, chanceler, hésiter, être agité, incertain, inquiet, désolé, affligé, épuisé, fatigué, abandonné, sans secours, briller, reluire: தயங்கிக்கொண்டுதிரிகிறது rôder incertain, — plein de perplexité; — நிற்கிறது rester incertain, irrésolu; — ப்போகிறது devenir irrésolu, embarrassé. [அயமணல்), sable noir.

தயமணற்குன்றம், (தயமணல், *P.*

தயவு, *P.* தயை, bonté, bienveillance, clémence, miséricorde, faveur: — புரிகிறது user de bonté, faire une grâce, — faveur: ஒருத்தன்மேலே — புரிகிறது faire une faveur à quelqu'un: தயவைக்காட்டுகிறது montrer de la bonté; — ப்பாழ்க்கடிக்கிறது perdre les bonnes grâces; தயவாக avec bonté, — clémence, — affabilité; தயவுள்ள, bon, miséricordieux, plein de bonté; தன்குமாரன்மேலிருந்ததயவினால் par bonté pour son fils.

*தயா, *P.* தயை, (*dans les mots composés*): —கரம் bonté, compassion; —கரன் l'Être plein de bonté, Dieu; —சமுத்திரம் l'océan de bonté, de clémence, *i.e.* Dieu; —சீலம் naturel clément: —பரம், —பரன் le Dieu de bonté, homme miséricordieux, plein de bonté; —பரி, *f.* miséricordieuse, compatissante; —மூர்த்தி être plein de bonté, Dieu de bonté, de miséricorde; —ரசம் miséricorde.

*தயாபம், *P.* தயாவம்.

தயார், (*ind.*), préparation: தயாராயிருக்கிறது être prêt.

*தயாளு, *m. et f.* (தயை, âlou *affixe*), bon, miséricordieux, bienveillant, compatissant: —த்துவம் bonté, compassion. [miséricorde.

*தயாவம், (*id.* va), bonté, clémence,

*தயாவிருத்தி, (*id.*), acte de miséricorde ou de bienfaisance. On en compte 14, savoir: கல்விபடனம் ou கல்விபயிற்றல் enseignement, l'instruction dans les sciences; வியாதனகாரம் ou துயர்தீர்த்தல் consolation dans la tristesse; நிக்கிரகண்டணம் ou தண்டத்தினீக்கல் délivrance du châtiment; சந்தேகவாரணம் ou ஐயந்தேற்றல் éclaircissement des doutes; அநிந்தியகுணசகனம் ou பிறர்குணத்தழுக்காறின்றிப்பொறுத்தல் supporter sans impatience le caractère d'autrui; பரதிருஷ்ணோபேக்ஷம் ou பிறராற்செய்யப்படுதீமைமறந்துநன்றிநினைத்தல் l'oubli du mal que le prochain nous a fait et l'intention de lui faire du bien; பரார்த்ததேவப்பிரார்த்திதம் ou பிறர்க்குவேண்டித்தெய்வம் வழிபடல் prier Dieu pour le prochain. Ces 7 actes de bienfaisance regardent l'âme; les 7 autres qu'on nomme சத்தாங்கோபகாரம் regardent le corps, savoir: அன்னம் *ou* உணவு donner à manger; பானம் donner à boire; அம்பரம் *ou* உடை donner des vêtemens; மந்திரம் *ou* இடம் donner un logement; ராசபவனம் *ou* அடிமைமீட்டல் préserver de l'esclavage *ou* racheter les esclaves; காராமைதந்திரிதயமோசனம் ou சிறைநோயுற்றார் துந்தீர்த்தல் délivrer de 3 afflictions habituelles en prison, (qui sont: மலசலவாதை la gêne pour les besoins grands ou petits, சரீரதெண்டனை le châtiment corporel, விலங்குபோடல் les fers); சவச்சேமம் *ou* மரணமடக்கல் ensevelir les morts. On distingue encore தயாவிருத்தி-அ les 8 actes de bienveillance, savoir: பிறர்க்குப்பொருள்வரநவையுவத்தல் se réjouir du bien qui arrive au prochain; பிறர்செல்வம்பொறுத்தல் supporter sans envie la prospérité d'autrui; பிறர்கருமத்திற் கூடன்படல் s'intéresser aux affaires du prochain; தீமைக்கஞ்சல் craindre de faire du mal; பிறர்கருமம்முடிக்கவிசைதல் s'empresser à aider le prochain à finir ce qu'il a faire; பிறர்பயந்தீர்த்தல் dissiper les craintes ou les doutes du prochain; நன்மைகடைப்பிடித்தல் persévérer à faire le bien; பிறர்துயர்க்கிரங்கல் compatir au chagrin d'autrui.

*தயாளம், (தயை), bonté, bienveillance, miséricorde, faveur: அந்நியோந்நிய— bienveillance mutuelle.

*தயாளன், (தயாளம்), homme bienveillant, clément, compatissant.

*தயாளி, *f. du préc.*

*தயாளு, *P.* தயாளு.

☞ தயி, s'écrit souvent pour தை. En conséquence voyez par ces initiales les mots qui ne se trouvent pas ici.

*தயிரியம், *P.* தைரியம், fermeté, constance, courage: தயிரியநாதன் Constant, *V.* தைரியம் et ses composés.

தயிர், lait caillé ou aigri: —உறைகிறது le lait se cailler, se coaguler; —ஏடு crème qui se forme sur le lait caillé; —கடைகிறது baratter le lait caillé; —கடைதறி batte-à-beurre; —கடைதாழி baratte, vase où l'on baratte, batte-à beurre; —க்கடல் la mer fabuleuse de lait caillé; —ச்சா

தம் riz cuit mêlé de lait caillé;—க் கால்,—த்தாழி jatte de lait caillé, baratte;—தோய்க்கிறது mettre du lait cailler, faire cailler du lait, y mettre de la présure;—வார்க்கிறது verser du lait caillé; — வார்த்துப்பி சைந்தசோறு riz mêlé ou pétri avec du lait caillé;—வடை,—விடை, —வேடை, *P*.தைவிடை,—வேடை.

*தயிலம்,(taïla),et ses composés, *V*.தைலம்:தயிலக்காரன் *ou*[huilier.

*தயிலிகாரன், *P*. தைலிகாரன், தயிலிடை, *V*.தைலிடை.

*தயினியம், (daïnya), pauvreté, bassesse,humilité,avarice, cupidité.

*தயை,(dayâ),bonté,tendresse,affabilité, bienveillance, clémence, compassion,faveur,grâce:—செய்கிறது montrer de la bonté...,traiter avec bonté,faire une faveur;—தாட்சிண்ணியம்,—தாக்ஷிணை affabilité, complaisance, bonté tendre, —compatissante,—spéciale; — யுள்ள bon,clément, miséricordieux, affable.

தயோமித்திரம்,une des 10 comé-[dies.

தரகன்,தரகி, (தரகு), courtier, entremetteur (de marché entre l'acheteur et le vendeur).

தரகு,(தருகிறது), courtage,métier de courtier,droit de commission, salaire d'entremetteur, remise ou gratification que le vendeur,l'acheteur ou l'emprunteur fait à l'entremetteur,espèce de mesure (près du double du படி), espèce d'herbe;—கேட்கிறது demander le courtage, —le droit de commission;—கொடுக்கிறது donner le courtage, (tant pour cent ou autrement): — க்காரர், *V*.தரகன்,—க்கூலி courtage;—வாங்குகிறது recevoir—,prendre le courtage.

*தரக்கு,(tarakchou),tigre, hyène.

*தரங்கம்,தரங்கள், தரங்கல், (taranga),flot,vague,onde, mer, gène, fatigue,sommeil.

தரங்கம்பாடி *ou* தரங்கன்பாடி, (தரங்கம்),bourg—, ville située sur le bord de la mer,Tranquebar.

*தரங்கிணி,(tarangini), fleuve, rivière. [lance, *V*.தங்கல்.

தரங்கு,chemin, route, pointe de

*தரணம்,1° (tarana),passage,traverser,passer par dessus.2° (dharana),possession,prise, porter, tenir, riz,le mont Himalaya (considéré comme le roi des montagnes),soleil, pont,terre,monde.

*தரணி,1° (dharanî),la terre,montagne,Dharani,fille de மேரு.2° (tarani), le soleil.3° (darani), torrent, courant:—கிலம் montagne;— தரன்,(dhara *qui soutient*),Vichnou,roi; —வாசிக்கல்து pierre de désert.

*தரணி,(dharani),terre;— சதை la fille de la terre,*i.e.* Sidei, que le roi சனகன்,au dire des Indous, arracha de la terre avec sa charrue en labourant;—தரம் (dhara *qui soutient*), l'animal qui, au dire de la fable,soutient la terre,*i.e.* la tortue;—தரன் Vichnou,roi, tortue;— நூரம்,—பிலம் l'océan qui entoure la terre ou dans lequel nage la terre.

*தரணீசுரன்,(தரணி, ஈசுரன்), le prétendu maître du monde, Siven,roi,le roi des montagnes, *i.e.* l'Himalaya.

தரம்,1° fois,reprise,sorte,espèce, classe,catégorie,rang, qualité, manière,succession,génération, réunion,foule,troupeau, égalité, ressemblance,opportunité,temps,—favorable,convenance,pouvoir,force, cire rouge,gomme-laque,tête.2°* (tara), radeau,particule qui ajoutée à un adjectif forme le comparatif, *v.g.* மந்த lent,மந்ததரம் plus lent.3° (dara),peur,crainte,conque.4° (dhara), montagne,ballot—,flocon de coton, globe,boule, ce qui tient ou soutient:தரந்தரமாயரசாளுகிறது régner successivement, — par droit héréditaire;தரம்பிரிக்கிறது,—பிரித்துவைக்கிறது séparer les diverses sortes,assortir, classer, régler par classes; — மாற்றுகிறது mélanger—,changer les espèces:அநேக—,

அநேகதரம்—plusieurs fois,souvent,bien des fois;ஒருதரம்—une fois, எழு —7 fois,எழுபதுதரமேழு 70 fois 7;தரபடி ou தரப்படி moyenne sorte,—espèce,--classe (de marchandises),dimension déterminée—, partage égal de champs ou de villages,habit de dessous;—வழி espèce—,classe moyenne: இதுமூன்றுந்தரமாவு ceci est de la farine de 3me qualité.

தரம்,1° opt.et n.v.de தருகிறது, don,donation.2° P.தாராய் donne.

தரவன்,P.தரவர்.

தரவாய், (தரம்), opportunité, temps favorable,bonne—, occasion: தரவாயிலேவருகிறது venir à propos:தரவாய்க்குதவுகிறகாரியம் chose qui sert dans l'occasion: அத்தரவாயிலே dans ce temps favorable, alors,au même moment; எந்தத்தரவாய் quand?à quelle époque?

தரவு,(தருகிறது),courtage, métier de courtier, droit de courtage, collecteur d'impôts,percepteur, ordre,commandement d'un chef, nuque du cou,1re partie de strophe de pièce de poésie dite கலிப்பா, (ainsi nommée parcequ'elle vient au commencement de la strophe):தரவிணைக்கொச்சகக்கலிப்பா strophe dite கொச்சகக்கலிப்பா qui a 2 தரவு: தரவுகொச்சகம் ou —கொச்சகக்கலிப்பா la même strophe qui n'a qu'un தரவு:தரவுக்காரன் courtier,entremetteur,celui qui suit —, qui fait exécuter les ordres de son chef, qui d'après les ordres de son chef emploie la sévérité;தரவுவண்ணம் sorte de poésie dont les vers sont d'un pied, lequel est d'un mot.

*தரளம், (tarala), tremblement, mouvement,balle,perle.

*தரன்,(dhara),un des 8 வசு,(à la fin des mots composés)celui qui porte,qui soutient.

தரா,1° zinc,mélange de cuivre et de zinc,cuivre mêlé de zinc (et noirci par ce mélange),conque, la 8me constellation, herbe potagère amère.2°obl.de தரை.3° gér.,3° pers. pl.neut.nég.et part.nég.de தருகிறது:—மலை montagne qui contient du zinc;—சுதன்,—புத்திரன்,V. தராத்துமசன். [l'arbre கடம்பு.

*தராகதம்பம், (dharâkadamba),

*தராங்கம்,(தரை,அங்கம்), montagne.

தராசு,balance,le signe de la Balance,la 2e constellation dite பரணி,la plante வெள்ளெருக்கு: —க்கொடி les plantes பெருமருந்து et முக்கலை;—க்குண்டு poids de balance (non estampillé);—க்கோல்,—தண்டு,—த்துலா fléau de balance; —த்தட்டு bassin—,plateau de balance;—நா,—முள்,V.தராசுகுசி;—ப்படி,—ப்படிக்கட்டு poids (estampillé); தராசிலே நிறுக்கிறது peser dans une balance.

தராகுசி,(தராசு,ஊசி),languette —,aiguille de balance.

தராத, part.nég.de தருகிறது.

*தராதரம்,(தரை,தரம்), 1° montagne. 2° (தரம், தரம்), qualité, rang,espèce,race,convenance, force, différence de respectabilité selon le rang:—அறிந்துபேசுகிறது ou செய்கிறது ou வெகுமானிக்கிறது parler, agir,honorer suivant le rang ou la qualité des personnes et eu égard aux circonstances.

*தராதரன்,(தரை, தரன்), Vichnou, prétendu soutien du monde.

*தராதலம்,(id.தலம்),la terre, un des 7 mondes inférieurs des Indous dit நிதலம்,force.

*தராத்துமசன், (id. ஆத்துமசன்),le fils de la terre,i.e. la planète Mars. [tre de la terre.

*தராபதி,(id.பதி),roi, litt.le mai-

*தராமரன்,(தரை, அமரன்), le soi-disant dieu de la terre, i.e. le brame, V.பூமிதேவி.

தரி,1° imp.du suiv.2° V. தரிப்பு.

தரிக்கிறது, தரித்தேன், தரிப்பேன்,தரி, தரிக்க, v. a. et n. (dhariteum tenir), tenir,prendre ou porter (des habits, des bijoux,des armes, un nom...), mettre sur soi,s'orner de, soutenir, retenir (dans sa mémoire), prendre racine, s'arrêter, rester, séjourner, loger, être tranquille, calme, content, sans envie: கருப்பம் —, கரு — concevoir, porter un enfant dans son sein; புஷ்பம் — être orné —, s'orner de fleurs, en porter; பேர் — porter —, prendre —, donner un nom; மனம் — l'esprit se calmer, être tranquille; வேர் — prendre racine: தரித்திருக்கிறது être arrêté, s'arrêter, rester dans un lieu; தரித்திருக்கமாட்டாமற்போகிறது passer sans vouloir ou sans pouvoir s'arrêter; தரித்துநிற்கிறது s'arrêter: —ப்பிறக்கிறது être conçu et naître: ஒருஸ்தலத்துக்குப் பேர்தரிக்கிறது donner un nom à un lieu.

*தரிசம், (darsa), vue, nouvelle lune: தரிசபூரணமாசம் sacrifice indou fait à la pleine lune et à la nouvelle; —யாமினி la nuit de la nouvelle lune: — விபத்து la lune (censée dans l'affliction lorsqu'elle est nouvelle).

*தரிசனம், (darsana), 1° V. தரிசனை. 2° œil, crystal, connaissance, intelligence, couleur, sacrifice: உம்முடைய —கிடைத்தது j'ai eu l'honneur de vous voir; — ஆகுகிறது apparaître, se montrer; —காண்கிறது avoir une vision, une apparition, voir en rêve, ou —பண்ணுகிறது rendre visite, visiter (un grand personnage, un lieu de dévotion...); தரிசனமுகம் belle contenance, belle apparence; —பேதி, —வேதி sorte de remède ou d'ingrédient qui donne au fer l'apparence de l'or; தரிசனத்திலேசொல்லுகிறது dire en vision; தரிசனமறைப்பு, —வரணியம் ou

*தரிசனுவரணம், தரிசனுவரணியம், (தரிசனம், ஆவரணம்), aveuglement, obstacle à tout voir, un des அஷ்டகுற்றம் ou 8 défauts incompatibles avec la divinité.

*தரிசனியம், (darsaniya), chose belle, —visible.

*தரிசனை, (darsanâ), vue, aspect, vision, apparition, songe, rêve, visite (à un grand ou à un lieu de dévotion), miroir: —யாகிறது apparaître, être vu, se montrer, être visite, une visite se faire.

*தரிசி, 1° (darsi), celui qui voit, voyant. 2° *imp. de*

தரிசிக்கிறது, சித்தேன், சிப்பேன், சி, சிக்க, *v. a.* voir, visiter, rencontrer, avoir une vision, rêver.

*தரிசிதம், (darsita), chose connue, vue, objet, — apparent, qui tombe sous les sens.

தரிசித்தல், தரிசிப்பு, *n. v. de* தரிசிக்கிறது, vue, aspect, vision, visite, rêve.

*தரிசியம், (drousya), vision, apparition.

தரிசு, terre en friche, —en repos, jachère, bornes d'un village: தரிசாயிருக்கிறது, —க்கிடக்கிறது rester —, être en friche; அநாதிதரிசாய்க்கிடந்தநிலத்திலே பயிரிடுகிறது cultiver une terre jusque-là en friche.

தரிஞ்சகம், l'oiseau அன்றில்.

*தரிதம், (darita), crainte, peur, déchirement.

தரித்தல், *n. v. de* தரிக்கிறது.

*தரித்திரம், (daridra), pauvreté, indigence: —விடிகிறது, — அற்றுப்போகிறது, — நீங்குகிறது l'indigence cesser, être délivré de la pauvreté; தரித்திரப்படுகிறது souffrir la pauvreté; —ப்பட்டவன் pauvre, indigent; தரித்திரத்திலடிபடாதவன் celui qui n'a pas éprouvé la pauvreté.

*தரித்திரன், தரித்திராயகன், தரித்திரிதன், (தரித்திரம், âyaka, ita *affixe*), pauvre, indigent, malheureux.

*தரித்திரி, 1° *fém. de* தரித்திரன், pauvresse, indigente. 2° (dharitri), la terre.

தரித்து, *gér. de* தரிக்கிறது. [porter.

தரித்துவம், (தரி, துவம்), action de

தரிப்பிக்கிறது, ப்பித்தேன், ப்பிப்பேன், ப்பி, ப்பிக்க, *v. caus. de* தரிக்கிறது *et* தரிப்பித்தல், *n. v.* faire porter, — revêtir, — prendre.

தரிப்பு, *n. v. de* தரிக்கிறது, action de porter, de supporter etc..., rétention, mémoire, fonds, argent comptant, propriété, séjour, demeure fixe, halte, pause, gite, durée, continuité; —கொடுக்கிறது payer argent comptant; —க்காரன், —த்தட்டாளன், தரிப்புள்ளவன் homme à l'aise, qui a de l'argent; —மேலே ou தரிப்பிலே விடுகிறது donner pour argent comptant; தரிப்பிலிறங்கியிருக்கிறது être descendu dans son gite, être englouti dans les richesses; ஒருகாரியத்தின்மேலே தரிப்பாயிருக்கிறது fixer son esprit sur une chose; தரிப்பிடம் lieu pour s'arrêter où l'on fait halte, gite, mémoire.

தரியலர், தரியலார், (தரிக்கிறது, அல்லர்), ennemis, gens envieux.

*தரு, pl. தருக்கள், 1° (tarou), arbre. 2° espèce de chant, d'air, d'accompagnement, ris de voile, serrer les voiles. 3° part. de தருகிறது: தரு-கி. V. ஐந்தரு; தருக்குழாம் multitude [d'arbres.

தருசம், arc.

தருகிறது, தந்தேன், தருவேன், தா, தர, தாரேன் ou தரவேன், nég. (dâ), donner, accorder, octroyer, produire, faire: இதையெனக்குத்தா ou தாரும் donne ou donnez-moi cela.

தருதை, V. தருதல்.

*தருக்ககன், (தருக்கம், ka), suppliant, pétitionnaire, demandeur, logicien.

*தருக்கம், (tarka), discussion, dispute, controverse, raisonnement, dialogue, logique: —பண்ணுகிறது V. தர்க்கிக்கிறது; தருக்கசங்கிரகம் abrégé de logique; —சாஸ்திரம் la science —, l'art du raisonnement, dialectique, logique, sophistiquerie; —சாலி, —சாஸ்திரி logicien, dialecticien; —சித்தாமணி traité de logique; —த்தோர்வை défaite en logique, —en controverse, réfutation; —வாதம் dispute, —contentieuse, chicane, sophisme; வித்தை, —வித்தை, V. தர்க்கசாஸ்திரம்.

தருக்கல், 1° opt. et n. v. de தருக்குகிறது. 2° (தரு), pierre dite சிலாநாகக்கல்.

*தருக்கி, 1° (தருக்கம்), logicien, dialecticien, disputeur. 2° gér. de தருக்குகிறது. 3° (தருக்கு), orgueilleux, homme fier. 4° imp. du suivant.

தருக்கிக்கிறது, கித்தேன், கிப்பேன், கி, கிக்க, n. v. (தருக்கம்), disputer, raisonner, discuter, faire la controverse, rendre raison.

தருக்கித்தல், தருக்கிப்பு, n. v. du préc.

தருக்கு, 1° orgueil, fierté, obstination, présomption, hardiesse, joie. 2° *(tarkou), fuseau (pour filer le coton). 3° imp. et part. de

தருக்குகிறது, க்கினேன், க்குவேன், க்கு, க்க, v. n. தருக்குதல், n. v. s'enorgueillir, être fièrement obstiné, se réjouir, s'enhardir.

*தருசணம், தருஷணம், (dharchana), manque de respect, injure, colère, copulation.

*தருசணி, தருஷணி, (தருசணம், i.), prostituée, femme débauchée.

*தருசம், தருஷம், 1° (dharcha), orgueil, grandeur, impatience, paralysie, impotence; défaut, injustice, tort, copulation: தருசகாமினி fille déshonorée. 2° (தரு, சம்), ce qui nait ou vient des arbres.

*தருசாரம், (தரு, சாரம்), essence d'arbre, i. e. camphre. [racine d'arbre.

தருசீவனம், (id.), vie de l'arbre,

தருசு, (télinga), compacité, tissu serré: தருசாய்நெய்கிறது faire un tissu serré. [habile, portier.

*தருச்சகன், (darsaka), savant,

*தருச்சணம், தருச்சம், (tarchana, tarcha), soif, désir.

*தருச்சனம், (tardjdjana), accusation, censure, blâme, mépris, colère.

*தருச்சாரம், P. சருசாரம்.

*தருச்சிதம், தருஷிதம், (tarchita), soif, désir. [fille, jeunesse.

*தருணதை, (தருணம், tâ), jeune

*தருணம், 1° (tarouna), jeunesse, âge tendre, tendreté, délicatesse, opportunité, occasion, temps —, moment favorable, nouveauté, ricin, grand cumin. 2° (dharouna), ciel, paradis, opinion, idée: ஏற்ற— occasion favorable; தருணசுரம் fièvre qui dure une semaine; —ததி lait caillé depuis 5 jours.

*தருணன், 1° (தருணம்), jeune

homme (à l'âge de puberté), *pl.* தருணர் jeunes gens. 2° (dharouna), Brama.

தருணசேரி,(தருணம்,சேரி), *litt.* le nouveau bourg, la ville de Ténassérim sur la côte de Pégou.

*தருணாஸ்தி, (தருணம், அஸ்தி), cartillage,os tendre,graisse.

*தருணி,1° (tarni), radeau,soleil, femme 2° *ou*

*தருணீ,(தருணம், ீ), jeune fille, (de 16 à 30 ans, ce qui est un des 4 âges ou பருவம் des femmes), aloès: தருணீகணம் troupe de jeunes filles;—சனம் jeunes filles,*ou*

*தருணை, *f. de* தருணம், jeune fille, —femme. [வி), qui secourt à propos.

*தருணோபகாரி,(தருணம், உபகா

தருதல், *n. v. de* தருகிறது, don, donation,production. [தீர்,donnez.

தருதி, *imp. du même*, donne, *pl.* தரு

தருத்தமணி.(தரு),l'arbre மாமஞ்சள். [qui porte des arbres.

*தருத்தரம்.(*id.*),montagne, *litt.* ce

*தருத்தலம், (*id.*), place d'un arbre,—sous ses branches.

*தருநகம்,(*id.*),épine. [aimant.

தருநிறப்பஞ்சரம், (தரு, நிறம்),

தருபவன், *m.* தருபவள், *f.* (தருகிறது),donateur,donatrice.

*தருப்பகம்,(தருப்பம், ha *qui tue*), humiliation, bassesse.

*தருப்பகன், *V.* தற்பகன், celui qui enflamme d'amour, *i.e.* Kâmen, le Cupidon indien.

*தருப்பசயனம,1°(தருப்பம்,சயனம்),nom d'un lieu près de Tanjaour, 2° *P.* தருப்பாசனம்.

*தருப்படன், (darbbata), gardien de village,garde champêtre,portier.

*தருப்பணம், 1° (tarpana), satisfaction entière,plein contentement, satiété,cérémonie d'offrir de l'eau aux mânes des défunts, (on y emploie de l'herbe தருப்பை),aspersion d'eau lustrale, bois du sacrifice ஓமம்,espèce de cymbale. 2° (darpana), miroir. œil, inflammation, flamme: —பண்ணுகிறது,— முடிக்கிறது *V.* தருப்பிக்கிறது.

*தருப்பம்,(darpa), orgueil, grandeur,musc,chaleur.

*தருப்பன்,(darbba),méchant homme,géant,démon.

*தருப்பாசனம்,(தருப்பை, ஆசனம்), natte—,siége ou lit d'herbe தருப்பை (propre aux pénitens indous). [பம்),orgueil naissant.

*தருப்பாரம்பம், (தருப்பம், ஆரம்

*தருப்பி,(darbbi),grande cuillère, tête déployée de serpent.

தருப்பிக்கிறது, ப்பித்தேன்,ப்பிப்பேன்,ப்பி,ப்பிக்க,*v. n.* தருப்பித்தல், *n.v.*(tarpita *satisfait*), faire la cérémonie dite தருப்பணம், offrir de l'eau aux mânes des défunts.

தருப்பு, pierre semblable au diamant,mais de qualité inférieure.

*தருப்பை,(darbha),l'herbe darbha, —des sacrifices des Indous, (dont ils se servent aussi dans la plupart de leurs cérémonies), poa cynosuroides, ou saccharum spontaneum.

தருமணற்சுக்கான், pierre calcaire de gravier noir.

*தருமம்,(dharma), vertu, mérit, religieux ou moral,aumône,charité, bienfaisance, devoir, équité, justice,loi, code de lois,les vèdas,les உபநிஷதம்,usages, observances ou devoirs (de religion, de caste, tels que sacrifices...), emploi, nature, caractère, pureté,innocence,bonnes mœurs, ressemblance, égalité, arc flèche.(Selon les Indous, le தருமம், ou devoir du brame est la piété; celui du roi, la justice; celui du guerrier,le courage; celui du propriétaire ou maître de maison,l'aumône): காலதருமம் devoirs religieux adoptés au temps, — aux âges du monde;—செய்கிறது, — பண்ணுகிறது faire —, donner l'aumône; — தலைகாக்கும் la justice conservera la tête (la vie); தருமத்தையழிக்கிறது empêcher —,anéantir une bonne œuvre; தருமங்களைப் போதிக்கிறது enseigner les devoirs religieux...; தருமத்துக்குடன்பட்டவன் homme charitable, équitable;

தருமகட்டண்ட orphelin élevé par la charité des étrangers; — கர்த்தர் marguilliers, gardiens d'un temple....arbitres (pour un jugement), jury, jurés; — கர்த்தசபை assemblée de marguilliers, — d'arbitres, jury; — கர்த்தருடையதீர்ப்பு décision —, sentence d'arbitres; — கருமம், — காரியம் bonne œuvre, œuvre de charité, — d'équité, acte de piété, — de vertu, — indispensable de religion: — சாசனம் édit —, concession d'un roi; — கிருத்தியம், — க்கிரியை acte de religion, de vertu, bonne œuvre; — கோசம் trésor de vertu; — க்கிழவர் gens charitables, — vertueux, nom commun aux 3 classes de வைசியர்; — க்கிழத்தி, V. தருமச்செல்வி; — க்கிரமம் observance des lois morales et religieuses; — க்கொள்ளி celui qui met le feu à un bûcher de funérailles de charité; — க்ஷேத்திரம் plaine aux environs de Délhi dit aussi குருக்ஷேத்திரம் où se livra la grande bataille entre les Kourous et les Pândous, — சங்கடம் difficulté pour savoir lequel de 2 devoirs doit avoir la préférence; — சங்கிதை code de lois, v. g. celui de Manou; — சக்கிரம் Jaïna déifié; — சங்கம் assemblée de charité, — pieuse, — équitable; — சத்திரம் chauderie, — hôtellerie de charité pour loger les passans, grande maison de charité, — où l'on donne l'aumône; — சபை, — சவை assemblée d'arbitres, — de charité, cours de justice; — சமஸ்காரம் enterrement —, obséques de charité, faire brûler ou enterrer par charité le corps d'un étranger; — சரீரம் homme vertueux; — சாடி avis donné d'un crime secret; — சாட்சி témoin —, témoignage charitable, — favorable, — équitable; — சாதனம் acte —, titre d'une donation charitable; — சாது personne douce, bienfaisante, patiente; — சாத்திரம், — சாஸ்திரம் science des lois, livre de jurisprudence, code de lois, — des lois religieuses, V. அஷ்டாதசதரும சாஸ்திரம்; — சாலி, — சீலி homme vertueux, charitable, équitable, bienveillant; — சாலை cour de justice, hôtellerie —, maison de charité, — où l'on donne l'aumône; — சாவருணி, — சாவர்ணன் le 11me Manou; — சிந்தனம், — சிந்தை réflexion morale, — pieuse; — சிவாசாரி, (சிவம், ஆசாரி), (titre de) gourou des வைசியர் ou marchands; — சீமாட்டி-யென்றுடம்பெடுத்தவள் femme qui ne semble née que pour la bienfaisance; — சீலன், V. தருமசாலி; — சீவனன் homme qui pratique ses devoirs; — சுதன், — சூனு le fils de Dharmen ou Yamen, c'est தருமபுத்திரன், i.e. Youdhichthiren ou Darmarâsen l'ainé des பாண்டவர்; — சூட்சுமம் point difficile à décider en jurisprudence ou en plaidoirie; — செங்கோல் sceptre juste, gouvernement équitable, v. g. celui du Pape; — சேட்டை van d'aumône, — plein de grains à donner aux pauvres dans l'aire; — சோறு riz cuit donné en aumône, (surtout au temps du repas); — ச்சக்கிரம் gouvernement équitable, justice (surtout d'Arouguen); — சேத்திரம், — ச்சேத்திரம், V. தருமக்ஷேத்திரம்; — ச்செல்வி dame ou demoiselle bienfaisante, charitable, excellente, V. தருமதேவதை; — ஸ்மிருதி code de lois religieuses; — ஞானம் connaissance de ses devoirs, — தானம் aumône, charité, bienfaisance; — தானஞ்செய்கிறது donner libéralement —, faire l'aumône; — துரை gentilhomme bienfaisant, homme éminent en bienfaisance et en équité; — தேவதை prétendue déesse bienfaisante, (appliqué à tort à) Parvadi, V. தருமச்செல்வி; — த்திரவி, (திரவம்), le fleuve bienfaisant, le Gange; — த்துரோகி homme pervers, démon; — த்துவசி religieux hypocrite qui se pare des dehors de la piété; — த்துவம் piété, moralité, bonne conduite, bienfaisance; — நடக்கை, — நடை conduite vertueuse, équitable: — நத்தனன், V. தருமாத்துமகன்; — நாள் la 2e constellation dite பரணி; — நிட்டைத்தி accomplissement de ses devoirs: — நிபந்தம் piété, vertu; — நிபந்தி homme pieux, vertueux; — நியாயம், — நீதி, — முறை équité, justice, intégrité, coutume —, observance pieuses, mérite moral: — நூல், V. தருமசாஸ்திரம்; — பத்தினி femme vertueuse, — légitime; — பரன் homme juste, pieux; — பாகினி, (bhâgini qui partage), femme vertueuse, charitable; — பாரகன், — பாராயணன் — பாடகன் docteur de la loi; — பிட்சகன், (பிட்சை), celui qui mendie par piété ou pour mériter; — புத்திரன் enfant vertueux, — né dans le bon âge de son père et qui prend soin de sa vieillesse, V. தருமாத்துமகன்; — புரம் la ville —, le monde de Dharmen ou Yamen, nom d'une autre ville; — புருஷன், V. தருமசாலி; — ப்பிணம் cadavre enterré par charité; — ப்பிரதானன் homme éminent en vertu; — ப்பிரபு prince bienfaisant, homme éminent en bienfaisance et en équité; — ப்பிரவத்திரு, (பிர, வத்திரு), celui qui explique la loi, — les védas; — ப்பிராத்திரு condisciple —, frère d'étude en religion; — ப்பிள்ளை enfant de charité, — élevé par la charité publique et qui apprend certains exercices, v. g. de jongleur etc... qu'il fait devant la caste qui l'a élevé, (ailleurs on l'appelle தேவக்கன்); — மூலம் le fondement des lois indoues, i. e. les védas; — ராசன், — ராசா roi juste et charitable, homme bienfaisant, (nom appliqué à) Darmarâsen ou Youdhichthiren l'aîné des பாண்டவர், (ce nom est donné aussi à), Arouguen, Yamen, Bouddha, l'arbre பாலைமரம்: — லக்ஷணம் chose essentielle dans la morale et les lois; — வழி chemin de la vertu; — வட்டி intérêt légitime, légal, modéré; — வாகனன் celui qui a pour monture le bœuf Dharma, ou la vertu personnifiée, i. e. Siven, — வாசரம் jour d'aumône, — de pleine lune; — வாடி cercle ou enclos d'où l'on donne l'aumône; — வதி, — வாட்டி, (ஆட்டி, vati affixe) femme charitable, bienfaisante: — வான், — வானன், (ஆன், vân affixe), homme charitable, bienfaisant, juste, équitable, vertueux; — விசாரணைக்காரன் inspecteur —, directeur d'œuvres de charité; — விதி règle équitable, de justice, précepte légal; — விப்பிலவம், immoralité, méchanceté, — விவேசனம் investigation, — judiciaire.

*தருமவீரன், (தருமம், வீரன்), homme constant dans la vertu.

*தருமஞ்ஞன், (id. ஞன்), homme qui connait ses devoirs.

*தருமன், (dharma), homme charitable, vertueux, juste, Dieu, Dharmen ou Yamen, Dharmarâsen l'aîné des 5 பாண்டவர், le 15me Bouddha, i. e. le 15me des 24 pontifes Djaïners du présent âge.

*தருமாசனம், (தருமம், ஆசனம்), tribunal (de justice): தருமாசனத்தார் les juges.

*தருமாதருமம் ou தர்மாதர்மம், (தருமம், அதருமம்), justice et injustice, raison et tort, la vertu et le vice: — பார்த்துத்தீர்க்கவேண்டும் il faut juger après avoir examiné qui a raison ou tort; தருமாதருமபரீக்ஷை examen du bon droit et du tort, jugement en tirant des billets noirs et blancs et laissant à Dieu de faire connaître le bon droit.

*தருமாதிகரணம், (id. அதிகரணம்), cour de justice. [office de juge.

*தருமாதிகாரம், (id. அதிகாரம்),

*தருமாதிகாரன், தருமாதிகரணி, தருமாதிகாரி, (id. அதிகரணம், அதிகாரி), juge.

தருமாத்தி, (id. அத்தி), chef d'un assemblée de charité.

தருமாத்திகாயம், (தருமாத்தி), corps doué d'inclinations vertueuses. [யக்ஷன்), juge, magistrat.

*தருமாத்தியக்ஷன், (தருமம், அத்தி

*தருமாத்துமசன்,(தருமன், ஆத்துமசன்),le fils de Dharmen ou Yamen,i.e.Darmarâsen ou Youdichthiren l'aîné des பாண்டவர்.

*தருமாத்துமா, (தருமம், ஆத்துமா), âme—, personne charitable, vertueuse,pieuse.

*தருமாநுஷ்டானம்,தருமாநுசாரம்,(id.அநுஷ்டானம்,அநுசாரம்), observation des lois, de ses devoirs, conduite vertueuse.

*தருமாபேதம்,(id.apêta *déviation*), mauvaise conduite,immoralité, injustice,déraison.

*தருமாரணியம்,(id.அரணியம்), la forêt où se retira Dharmarâsen.

*தருமார்த்தமரணம்,(id.அர்த்தம்), mort causée par la charité ou la vertu.

*தருமி,(தருமம்,i.),*m.f.ou*

*தருமிஷ்டன,*m.*தருமிஷ்டி,*f.*(id.இஷ்டம்),homme—, femme charitable,bienfaisant,équitable,vertueux, qui se plait dans les bonnes œuvres.

*தருமிருகம், (தரு), l'animal qui vit sur les arbres,i.e.le singe.

*தருமோபதேசம்,(தருமம்,உபதேசம்),instruction morale et religieuse.

*தருமோபதேசகன்,(id.ka),gourou, précepteur,—spirituel.

தரும்,*part.fut.de* தருகிறது: — பணம் argent à donner;—பணங்கொடுக்கிறது remettre de l'argent à donner:எனக்குத்தரும்பணமெட்டு c'est 8 fanons qu'on doit me donner.

*தருராகம்,(தரு, இராகம்), bourgeon d'arbre,bouton,fleur.

*தருருகை,தருரோகிணி,(*id* rouhâ, rôhini *qui monte*), plante parasite.

தருவாரி,sel en bloc.

*தருவி, (darbi),cuillère de métal.

தருவிக்கிறது, வித்தேன், விப்பேன்,வி,விக்க,*v.caus.de* தருகிறது,faire donner,—produire.

*தருவிடபம்,(தரு),branche d'arbre.

தருவிராசன்,*தருராசன்,(*id.*), le roi des arbres,i.e.le palmier.

*தருடம்.(taroûta),racine—, fleur de nénuphar.

*தரை,(dharâ,terra),terre,terrain, sol, matrice, moelle, veine: —ப்பசுகு,—வாரம்,*V.*நிலவாரம்;—மட்டம் niveau de la terre; மட்டமாய்ப்போகிறது se mettre de—, devenir de niveau avec la terre;— மட்டமாக்குகிறது mettre de niveau avec la terre,niveler.raser à ras de terre;—யாணி clou propre à être rivé(après être entré); — யில்லாக்குருவி oiseau qui ne se repose pas à terre, l'hirondelle; தரையிலேவிழுகிறது tomber par terre.

*தர்க்கம் et ses composés,*V.* தருக்கம்.

*தர்ப்பகன்,தர்ப்பணம்,தர்ப்பம்,தர்ப்பை,*V.*தருப்பகன்,தருப்பணம், தருப்பம்,தருப்பை.

*தர்மம்,et ses composés,*V.* தருமம்.

தலத்தார்,(தலம்), habitans d'un lieu, d'un chef-lieu, ou d'un lieu réputé sacré.

*தலம்,1° (sthala),lieu, place, endroit,site,temple célèbre,terre, sol, monde (en général).2° (tala), nature,— essentielle, essence, identité, même,(en ce sens il se met à la fin des mots comme தராதலம், பூதலம், மஹிதலம் la terre elle-même, அடித்தலம் la plante des pieds,கைத்தலம் la paume de la main, கண்டலம் l'œil,உரத்தலம் la poitrine,செவித்தலம் l'oreille),profondeur, dessous, infériorité, trou, fossé, plante des pieds,la main étendue, battement des mains,claque,tape,cause, motif, palmier,forêt,tas, monceau. 3° (dala),feuille, fourreau d'instrument, mélange,alliage,moitié,fente, division, déchirement: தலந்தோறும் chaque lieu,—ville ou village,தலங்கடோறும் (தலங்கள்தோறும்), tous les districts,tous les pays, en tous lieux;தலகபாடம் bouton,pétale ou feuille pliée,*V.*இலைக்கதவு;— இருதயம் (hroudaya *cœur*), milieu de la plante—,plante du pied;— சுத்தி,— புனிதம் pureté—,sainteté d'un lieu ou d'un temple;— தரிசனம் visite à un lieu sacré;— த்தரு la plante திலப்பனை;—புராணம் légende particulière à un lieu sacré ou à un temple; —பேதம் différence de lieux, changement d'air; —ப்பிரசாதம் tape, coup donné avec la main ouverte; —மகிமை gloire—, célébrité d'un lieu ou d'un temple; — விசேஷம் particularité d'un lieu ou d'un temple.

தலன், P. தலம்.

*தலாடகம், (dalâdhaka), fossé, sésame sauvage, ouragan, tourbillon de vent, oreille d'éléphant.

*தலாடகன், (id.), cornac.

*தலாதிபதி, தலாதிபன், (தலம், அதிபதி, அதிபன்), maître d'un lieu de la terre, roi, magistrat, homme d'autorité.

*தலிகை, (talikâ), martingale.

*தலிதம், (dalita), chose fendue, brisée, déchirée, ce qui est fleuri, épanoui.

*தலினம், (talina), lit, couche.

தலை, tête, chef, autorité, priorité, primauté, prééminence, supériorité, autorité, grandeur, premier, commencement, origine, principe, dessus, sur, air, personne, côté, lieu, place, une des terminaisons de l'ablatif. *Ex.* மலைத்தலை sur la montagne: தலைகடை le commencement et la fin, tout; — கட்டுகிறது remettre la toque ou le turban (après le deuil...), nouer sa chevelure, bâtir le faîte, achever, finir, réussir, s'accomplir; — கட்டிவருகிறது se faire, s'achever, venir après avoir terminé...; பத்துருபாயிலேயிந்தக் காரியங்கட்டிவருமோ cela pourra-t-il se faire pour dix roupies? —கவிழ்கிறது, —கவிழ்க்கிறது baisser la tête, avoir honte; — காட்டுகிறது se montrer, montrer la tête, sortir dehors; — கிறுகிறுப்பாயிருக்கிறது, —கிறுகிறுத்துவருகிறது, — கிறுகிறென்றுவருகிறது la tête tourner, avoir des vertiges, des étourdissemens; — கீழாய் la tête en bas, tête baissée, sens dessus dessous, confusément; — கீழாய்ச்சொல்லுகிறது parler confusément, dire en commençant par la fin ou par le bas pour finir par le commencement ou par le haut; — குனிகிறது baisser ou incliner la tête; —குனிந்திருக்கிறது avoir la tête penchée ou baissée; — கொடுக்கிறது donner sa tête ou sa vie, s'aventurer, s'exposer, se mettre en avant dans une entreprise; — கொண்டுபுரளியாடுகிறது s'efforcer péniblement, exercer péniblement son autorité; —க்கச்சு bandeau, fronteau; —க்கடை, — க்கடைவாயில் principale porte d'une maison; — க்கட்டு cérémonie de remettre la toque ou le turban après des funérailles, la 1^re^ maison d'une rangée d'un côté de rue, famille, ménage; —க்கட்டுவரி taxe ou impôt sur chaque famille: — க்கட்டுக்கொருபணம்வரிவாங்குகிறது lever un fanon de taxe sur chaque famille; —க்கட்டுகிறது, V. தலைகட்டுகிறது; —க்கதிர் les premiers épis; —க்கருவி casque; —க்கல் 1^re^ pierre, pierre fondamentale d'un édifice, bézoard; —க்கனப்பு pesanteur de tête; —க்காணி oreiller, traversin; — க்காணியுறை taie d'oreiller; — க்காவல் garde principale, principal corps-de-garde, 1^re^ garde; — க்கிராமம் chef-lieu, bourg principal; — க்கிறுகிறுப்பு vertige, tournoiement —, branlement de tête; —க்குடி 1^er^ —, principal habitant; — க்குத்து douleur aiguë —, élancement dans la tête, mal de tête; —க்குலை 1^re^ grappe, haut de la grappe; —க்குறை tronc, —sans tête, aphérèse, retranchement de la 1^re^ lettre ou syllabe d'un mot; —க்கூடுகிறது s'assembler, s'unir, *litt.* les têtes se réunir; —க்கூலி salaire de batelier, prix pour chaque personne qu'il passe sur sa barque; —க்கொம்பு barre ou bras de devant du palanquin, chef, principal, premier; — க்கொள்ளுகிறது croître, s'élever, augmenter, accepter; — க்கோடை 1^re^ chaleur: — க்கோலம் coiffure, parure—, ajustement de tête; —சாய்கிறது la tête pencher, ou—சாய்க்கிறது pencher —, baisser la tête (de honte...), s'incliner, vénérer par une inclinaison de tête, rougir;— தலைவெட்டுதல் trancher la tête et la faire sauter à quelque distance; — சீவுகிறது se peigner, démêler les cheveux;—சுழலுகிறது la tête tourner,— pirouetter, ou— சுழற்றுகிறது tourner la tête,avoir des vertiges;— ச்சாத்து, —ச்சீலை toile de la tête,—qu'on entortille autour de la tête en forme de turban, toque, turban;—ச்சீரா casque;—ச்சுமை fardeau qu'on porte sur la tête, ouvrage difficile:— ச்சுருணி, —ச்சுருள்வள்ளி,—ச்சுருளி,—ச்சுருள்வள்ளி la plante பெருமருந்து; —ச்சுழல், —ச்சுழற்சி tournoiement de tête, vertige; —யெடுக்கிறது lever la tête,se fortifier, croitre, réussir, prospérer,fleurir; —ச்சேரி bourg principal,ville, la ville de Tellichéry sur la côte malabare; — ச்சேர்வை titre,inscription;—ச்சோடு casque;—சோழகம் commencement du vent du sud,—de la mousson du sud,(et selon quelques-uns) du sud-ouest;—தடவுகிறது frotter—, oindre ou caresser la tête,corrompre;— தடுமாறுகிறது se troubler, être bouleversé,— தடுமாற்றம் trouble, confusion,bouleversement; —தட்டுகிறது trancher la tête,racler (une mesure),passer la ractoire; — தலைமாறாக tête par tête,un à un, par tête;— தாழ்கிறது la tête baisser, avoir honte, ou — தாழ்த்துகிறது baisser la tête,vénérer;— திருப்புகிறது tourner la tête,avoir des vertiges; —தீய்கிறது,—தீதல் se gâter,se corrompre;—துலுக்குகிறது,— துளக்குகிறது branler—,secouer la tête; —தொடுகிறது toucher la tête, être parrain ou marraine, faire serment en touchant la tête (de la personne à qui on le fait); — தொட்டபிள்ளை enfant dont on a touché la tête,i.e. filleul ou filleule, enfant adoptif; —தொட்டுச்சத்தியம்பண்ணிக்கொடுக்கிறது faire serment en touchant la tête:என்தலையைத்தொட்டுக்கொடு fais-moi serment en me touchant la tête, ou donne-moi en me faisant un tel serment; இல்லையென்றென்தலையைத்தொடு touche-moi la tête et jure que non;— தோக்கம் roideur—, paralysie de la tête; —தோய்கிறது se baigner;—த்தாறு la plante திலப்பனை: —த்திராணம் casque: — த்திருப்பம், — த்திருப்பு tournoiement de tête,vertige,étourdissement; —த்துலர், V. கொண்டைத்துலர்; — த்தூக்கம் soumission, consentement, baisser la tête, honte: — நடுக்கம் branlement—, tremblement de tête, vertige;—நடுக்குகிறது la tête branler,branler la tête (par l'âge, la paralysie ou le vertige);—நறுக்கு morceau, —rognure de feuille de palmier du côté de la tige; — நாள் la 1re constellation des Indiens; — நிமிர்த்துகிறது lever la tête; — நிம்பம் l'arbrisseau நிலவேம்பு;—நில்லாப்பருவம் âge ou la tête ne peut se soutenir elle-même,i.e. l'enfance; — நீட்டுகிறது avancer—,présenter—, allonger la tête, avancer; — நோ, — நோவு mal de tête; — நோவுங்காய்ச்சலுந்தனக்குவந்தாற்றெரியும் le mal de tête et la fièvre sont connus de celui à qui ils viennent, l'expérience est le meilleur maitre;—பத்தா a-t-il 10 têtes? peut-il faire l'ouvrage de 10 personnes?—பிரட்டுகிறது tourner la tête de côté et d'autre, (v.g. un malade dans son lit);— பிரிகிறது se séparer; — புரட்டுகிறது faire rouler —,couper la tête;— போடம் la plante பொடுதலை;— ப்படுகிறது montrer la tête, paraitre en public,se présenter, se produire, commencer, entreprendre, se mettre à,s'opposer,faire de l'opposition, croitre, prospérer;—ப்பாடு apparition, opposition, commencement;— ப்படுத்துகிறது faire croitre, —prospérer; —ப்பட்டணம் ville capitale;— ப்பட்டை bandeau, bande pour la tête, 1re bande;—ப்பணி joyau de tête, couronne;—ப்பந்தி 1re place dans un banquet;—ப்பத்து grandes feuilles du palmier dit தளப்பம் qui servent de parapluie, emplâtre appliqué à la tête; — ப்பனி 1° rosée en மார்கழி et தை; — ப்பா, — ப்பாகு, — ப்பாகை toque indienne, espèce de turban; — ப்பாடு réunion, croissance, fardeau, pesanteur d'un devoir difficile ou de réussite douteuse; — ப்பாரம் pesanteur de tête, fardeau qu'on porte sur la tête; — ப்பாளை 1° spadix du cocotier etc... partie de la toque indienne, sorte de bijou de tête (à l'usage des femmes); — ப்பித்தம் vertige, étourdissement; — ப்பிரட்டு embarras, tracas; — ப்பிரட்டை petite grenouille, petit crapaud (nouvellement éclos), têtard, crapaud de mer; — ப்பிரிதல் séparation; — ப்பிள்ளை premier-né; — ப்பிள்ளைச்சுதந்தரம் droit d'aînesse; — ப்பிள்ளைத்தாய்ச்சி femme qui a mis au monde son premier né; — ப்புரட்டு embarras, tracas; — ப்புரட்டை, — ப்புரட்டையெறும்பு espèce de fourmi noire à large tête qu'elle agite toujours; — ப்புரளுகிறது déborder, augmenter de plus en plus; — ப்புறம் côté antérieur, — de la tête, le devant; — ப்புற்று mal à la tête, gale, achores, teigne; — ப்பூசை 1° messe; — ப்பெயல் 1° pluie; — ப்பெய்கிறது pleuvoir des têtes, *i.e.* se rassembler, — en grand nombre; — ப்போடுகிறது entreprendre, s'aventurer; — ப்போர் front de l'armée, 1° tas de blé etc..., devant; — மகள் fille aînée, épouse, maîtresse, — de maison, gouvernante, directrice; — மகன் fils aîné, maître, chef, mari, homme distingué, — d'autorité, magistrat; — மக்கள் les grands, hommes distingués; — மடக்கம் modestie, retenue, soumission, courber la tête; — மடக்கு 1° *V.* ஆதிமடக்கு, 2° don de grains fait à la moisson annuelle à la femme qui a soin d'un சத்திரம், et qu'elle lie dans un linge et emporte sur sa tête; — மடக்குகிறது courber la tête, se soumettre, s'abaisser, se courber; — மடை commencement —, entrée d'un canal; — மண்டை le crâne; — மயக்கம் trouble (de l'esprit), étourdissement, vertige, délire, ignorance ou méprise du lieu où l'on est; — மயங்குகிறது l'esprit —, se troubler, avoir des vertiges, être emporté par sa passion, s'unir, se mêler, s'accoupler; — மயிர் cheveux, poils de la tête; — மயிர்களைகிறது, — மயிர்சிரைக்கிறது raser la tête, couper les cheveux; — மயிர்வாங்குகிறது couper les cheveux, les poils de la tête, raser la tête (surtout pour la 1° fois); — மறைய இருக்கிறது avoir la tête cachée, rester caché; — மாடு, *gén.* — மாட்டின் chevet de lit; — மாட்டிலேவைக்கிறது placer au chevet, — sous le chevet; — மாணாக்கன் le premier des écoliers; — மாலை couronne de fleurs, guirlande pour la tête; — முடி toute la chevelure, toupet du sommet de la tête; — முழுகுகிறது se verser de l'eau sur la tête, se baigner (tout le corps), se perdre entièrement; — முழுக்கு bain, — entier, — de tout le corps, menstrues ou règles des femmes; — முழுக்காட்டுகிறது baigner (quelqu'un); — மூரியன் circoncis, mis à nu (terme injurieux au Travancore); — முறை génération, temps de la vie de chacun; — முறைதலைமுறையாக de génération en génération; — முறையில்லாததாழ்வு extinction d'une génération ou d'une famille; — முறையில்லாதவழக்கம் coutume inouie, nouvelle, — qui n'a point d'antécédent; — முறையில்லாதபேச்சு mot nouveau, — inoui auparavant, conte nouveau et absurde; — மூட்டை fardeau pour la tête; — மூட்டைக்காரன் portefaix; — மூர்ச்சினை, — மூர்ச்சனை trouble interminable, vexation; — மூர்ச்சனையாயிருக்கிறது être embarrassant, vexant, fort bruyant; — மூர்ச்சனையானவேலை ouvrage pénible, tâche difficile et qui demande beaucoup d'attention; — மேலேதலையிருக்கிறதா y-a-t-il une tête au dessus de la tête, (proverbe pour rejeter des prétentions indues); —மேலே அம்பு பறந்தாலும் நான் இதைச்செய்யமாட்டேன் quand les flèches voleraient au-dessus de ma tête, je ne ferais pas cela; உமது வார்த்தைகள் —மேலே, *litt.* vos paroles sont sur ma tête, *i. e.* je fais grand cas de vos paroles ou de vos ordres; —மேற்கொள்ளுகிறது augmenter, prendre —, mettre sur sa tête, recevoir avec crainte et respect; —மோதிக்கொண்டு திரிகிறது aller çà et là donnant de la tête de tout côté, être grandement troublé, — embarrassé; —யசைக்கிறது remuer la tête, faire un signe de tête, — d'approbation; —யடி, —யடிப்பு les 1ers grains moissonnés et battus, trouble, embarras; —யடிக்கிறது frapper la tête, battre les 1ers épis qu'on a moissonnés: —யணை oreiller, traversin; —யணைதாங்கி chevet, tête du lit, traverse de la tête du lit qui soutient l'oreiller; —யணையுறை taie d'oreiller: —யநுமானம் conjecture d'après un principe, *v. g.* en voyant un nuage chargé d'eau, dire qu'il va pleuvoir: —யபராதம் décapitation: —யபராதம்பண்ணுகிறது décapiter; —யழிகிறது se gâter, se perdre; —யழுக்கு malpropreté de la tête, règles des femmes (modeste): —யழுக்காயிருக்கிறது avoir ses règles, la tête être sale; —யளிக்கிறது garder, conserver; யாமெதுகை consonnance du 1er pied de chaque vers d'une strophe à l'exception de la 1re lettre: —யாகுமோனை consonnance qui a lieu lorsque le même pied revient au commencement de chaque vers d'une strophe: —யாடி morceau d'un bout —, bout de toile, celui qui agite sa tête; —யாடுகிறது agiter —, branler la tête; —யாட்டம் agitation —, branlement de la tête: —யாய்ச்சல், 1re fois, —qualité; —யான premier, capital, principal; —யான அத்தாட்சி principale preuve; —யான காரியம் chose principale, point principal: —யானபாவங்கள் les péchés capitaux; —யானவன் chef, capitaine; —யிடி, V. தலைக்குத்து; —யிடிக்கிறது avoir mal à la tête, la tête faire mal, —donner des élancemens; —யிடு dessus ou faîte d'un mur; —யிடுகிறது, —யிட்டுக்கொள்ளுகிறது mettre la tête (dans une affaire), s'immiscer, entreprendre, se mettre à; —யிடைக்கடை le commencement, le milieu et la fin; —யில்லாச்சேவகன் soldat sans tête, *i. e.* crabe; —யிறக்கம் baisser la tête, regard baissé (de honte ou de chagrin); —யீடு 1re qualité, terrain fertil, — de 1re valeur; —யீற்று 1re portée, 1re ventrée, 1er petit, *ou* —யீற்றுக்கன்று le 1er veau d'une vache: —யீற்றுக்கடாரி, —யீற்றுப்பசு vache qui a vêlé pour la première fois; —யுச்சி sommet de la tête; —யும்பர் l'air; —யுலாஞ்சல் tremblement de tête, vertige; —யெடுக்கிறது lever la tête, s'élever, croître, — en estime, — en dignité, acquérir de l'importance; —யெடுப்பு lever la tête, hauteur, élévation, accroissement; —யெடுப்பானகோபுரம் tour élevée; —யெழுத்து lettres que Brama est supposé avoir écrites à la suture du crâne de chacun, *i.e.* destin; —யேடு 1re feuille ou page: —யேறுதண்டம் châtiment, mal; —யோடு 1° crâne de la tête. 2° *abl.* de தலை, avec la tête; —வடி, —வடிப்பு 1re distillation; —வணக்கம் salut, —de tête, inclination de tête *ou* —வணங்குகிறது baisser, —, courber la tête (en signe de respect, de honte etc. .), se courber; —வணங்கான் impoli qui ne salue personne; —வலி mal de tête; —வலியுங்காய்ச்சலுந் தனக்கு வந்தால்த்தான் தெரியும் le mal de tête et la fièvre sont connus de celui qui les souffre, chacun sent mieux son mal; —வழிக்கிறது racler (une mesure), passer la racloire; —வள்ளல் homme libéral de la 1re classe; —வறை cap, promontoire, pointe de terre; —வாங்குகிறது couper la tête; —வாசகம் sentence ou parole qui se trouve la 1re ou sur la

1re feuille d'un livre; —வாசல், —வாயில் porte d'entrée; —வாதை mal de tête; —வாய்தல் porte d'entrée, porche à l'entrée d'une maison; —வாரை, —வாரைப்பட்டை pièce de bois du faite d'un toit; —வாருகிறது, —வாரத்தல் se peigner, démêler les cheveux; —விதி destin que les payens croient écrit sur la tête par Brama; — விதிப்பிரகாரம் நடக்குமென்பதபத்தம் c'est une absurdité de dire que les choses arrivent selon le destin; — விரிகோலம் tête échevelée, désordre, grande douleur; —விரிச்சான், —விரித்தான் les plantes சாரணை et செருப்படி, homme efféminé, —à tête échevelée ou à cheveux tressés; —விரிச்சான்கூட்டம் தடியெடுத்தவோட்டம் une troupe de gens efféminés se sauve dès qu'on prend un bâton: —விரியன் boite dont l'ouverture ou les bords sont gâtés; —விலை 1er prix du grain après la moisson; —விழுவான் homme dont la tête tombera, qui mourra (sorte d'imprécation ou de menace); —வீறைப்பு, V. தலைதோஷம்; —விச்சு tournoiement de tête, vertige; —வெட்டுகிறது couper la tête, racler la mesure, passer la racloire; —வெட்டி bourreau, qui tranche la tête, pendard, vilain; —வைக்கிறது mettre la tête, entreprendre, s'avancer, s'aventurer; தலைக்குத்தலை தாயகம் prétension de chacun à être maître; தலைக்கெண்ணெய் huile pour se frotter la tête; தலைக்கொரு பணங்கொடுக்கிறது donner un fanon à chacun ou un fanon par tête (par personne); தலையையுடைக்கிறது briser la tête, troubler, importuner; என்தலையையுடைக்க வருகிறான் il vient m'importuner; தலையிலடிக்கிறது: frapper à la tête, faire serment en frappant sur la tête; என்தலையிலடி frappe moi à la tête et fais moi serment (expression de colère); தலையிலெழுத்து, V. தலையெழுத்து; தலையிலெடுத்துவைக்கிறது prendre et mettre —, placer (un fardeau) sur la tête d'un autre; தலையிலெடுத்துவிடுகிறது aider quelqu'un à mettre un fardeau sur sa tête; தலையிற்சீலை toile de la tête, dont on s'entoure la tête; தலையோடுதலைமுட்டுகிறது en venir aux mains, donner tête contre tête, les têtes rouler ensemble; படிக்கத்—, திருடத்தலைப்பட்டான் il s'est mis à étudier, à voler.

தலைகிறது, லைந்தேன், லைவேன், லை, லைய, v.n. தலைதல், n. v. la pluie cesser.

தலைச்சன், pl. தலைச்சன்கள், (தலை, சன்), ou தலைச்சன் பிள்ளை, premier-né, l'aîné des enfans; — பிள்ளைக்காரி, — பிள்ளைத்தாய்ச்சி, — பிள்ளை பெற்றவள் femme qui a mis au monde son premier-né.

தலைச்சி, f. de தலைவன்.

தலைப்பு, (தலை), bout d'une toile, d'un vêtement, frange, extrémité, pointe, fin, pli, titre—, inscription ou commencement d'un livre; —கிள்ளுகிறது cueillir le bout (des rejetons...); —ச்சாய்க்கிறது laisser pendre le bout de la toile, couper le bout; தலைப்பிலேமுடிகிறது attacher —, nouer dans un coin de sa toile, faire un nœud à son mouchoir etc... (pour aider la mémoire).

தலைமை, (தலை, மை), supériorité, prééminence, primauté, autorité: —ச்சீஷியன் le 1er des écoliers, le moniteur; —யான principal, premier, capital; —யானகாரியம் chose principale; —ப்பொருள் chose principale, être—, sujet principal.

தலையல், n.v. de தலைகிறது, cessation de la pluie, eau non guéable, — où l'on peut nager, arrivée de la nouvelle eau dans les rivières, abondance. [gnité.

தலையளி, (தலை, அளி), bonté béni-

தலையன், m. தலைச்சி, f. (தலை), qui a la tête (à la fin des mots composés, comme): சட்டித்தலையன், சட்டித்தலைச்சி homme —, femme à grosse tête, lourdaud, lourdaude.

தலையாயார், (தலை), chefs, les principaux, gens distingués, de marque.

தலையாரி, (*id.*), garde champêtre, gardien de village, sentinelle de nuit:—வசம்பண்ணுகிறது,—வசத்திலொப்பிக்கிறது remettre —, confier au gardien du village.

தலைவன், *pl.* தலைவர், தலைவர்கள், தலைவன்மார், (*id.*), chef, gouverneur, supérieur, directeur, roi, préfet, maître, possesseur, seigneur, souverain-maître, mari, frère aîné, ancien, vieillard, prêtre, gourou.

தலைவி, *f. du préc.* supérieure, maîtresse, directrice, dame, épouse, mère.

*தலோதரி, (talòdari), épouse.

*தல்லம், (talla), réservoir, étang, creux, fossé.

தல்லி, (*télinga*), mère.

*தல்லிகை, (tallikâ), clef.

தல்லு, accouplement, union.

தல்லுமெல்லு, *V.* இழுபறி.

*தல்லை, (tallâ), jeune femme,—fille, bateau, radeau.

தவ, 1° abondance, *V.* குன்றல், *adv.* abondamment, grandement:— உயர்ந்தது c'est très haut. 2° *inf. de* தவுகிறது. 3° *oblique de* தவம்.

தவக்கம், (தவுகிறது), manque, pénurie, rareté, besoin, nécessité, désir, soif, empêchement, dépérissement, faiblesse, maigreur:— பண்ணுகிறது causer la pénurie;—ஆய்ப்போகிறது, தவக்கப்பட்டிருக்கிறது,—ப்பட்டுப்போகிறது manquer, devenir—, être rare, être empêché; சோற்றுக்குத்தவக்கமாயிருக்கிறது on manque de riz cuit,—de nourriture; தண்ணீர்த்தவக்கத்தினாலே பயிரேறவில்லை faute d'eau la moisson n'a pas monté, n'a pas cru, ou n'a pas été plantée ni semée; எனக்குப் பணத்தவக்கமாயிருக்கிறது je manque d'argent.

தவக்களை, grenouille.

தவச்சை, espèce de grenouille.

தவக்கம், *n. v. de* தவங்குகிறது, tristesse, chagrin, déplaisir:—பண்ணுகிறது causer de la tristesse, affliger, chagriner.

தவங்குகிறது, கினேன், குவேன், கு, *v. n.* s'attrister, s'affliger, dépérir, se flétrir.

தவசம், 1° *ou* தவசதானியம், grains, céréales, blés (de toute sorte). 2° comestibles, provisions (de bouche etc...), objets divers: தவசங்கட்டுகிறது accaparer les grains; — கட்டுக்கிடங்கிற்கட்டுகிறது accaparer —, entasser les grains dans des magasins (pour faire hausser le prix); —தட்டுப்பாடாயிருக்கிறது les grains manquer, être rares;—ஏற்றுகிறது embarquer des grains, des provisions; — வாங்குகிறது acheter des grains, des provisions.

*தவசி, *P.* தபசி, pénitent, religieux, ascète, homme de vie austère, Pandaram ou mendiant sivéniste:—ப்பிள்ளை serviteur de gourou.

*தவசு, *P.* தபசு, pénitence, vie austère, mortification, le mois de மாசி;—பண்ணுகிறது faire pénitence, mener une vie austère;— முருங்கை la plante justicia trankenbarensis.

தவடை, joue, mâchoire.

தவணை, 1° radeau (pour passer les rivières et surtout) radeau de bambous et de cruches liées ensemble, objet flottant qui sert d'appui aux nageurs. 2° terme, limite, terme—, temps fixé (pour un payement...), délai:— ஆற்றிலே அமிழ்ந்திப்போகிறது le radeau s'enfoncer dans l'eau; — கொடுக்க உபாயம்பண்ணுகிறது employer divers moyens pour gagner du temps ou obtenir un délai;— கொடுக்கிறது donner du temps, un délai déterminé; —சொல்லுகிறது, —யிடுகிறது fixer un terme;—சீட்டு billet qui fixe le terme,—le temps précis:—தப்புகிறது,—தப்பிப்போகிறது manquer au terme, le terme passer,— être passé; — ப்பிரகாரஞ்செய்கிறது faire—, achever au temps fixé; தவணையிலே au temps ou au terme fixé; முதற்றவணை, இரண்டாந்தவணை le 1er —, le 2e terme; மூன்றுநாள்த்தவணை délai de 3 jours.

தவண், empêchement, obstacle: — மந்திரம் prière magique pour empêcher.

தவண்டை, fatigue, poussière, nom d'un instrument de musique: — யடிக்கிறது. — யாடுகிறது être fatigué, faire de la poussière.

தவதாயம், affliction, détresse, trouble: தவதாயப்படுகிறது, ou

தவதாயிக்கிறது, யித்தேன், யிப்பேன், யி, யிக்க, v.n. (தவதாயம்), être dans le besoin, dans la détresse ou le trouble.

தவத்தன், pl. தவத்தர், (தவம்), pénitent, ascète, religieux, ermite, sage

தவத்தல், தவத்துதல், n.v. de தவத்துகிறது, défense....

தவத்தி, f. de தவத்தன், pénitente, religieuse, balayeuse d'église, (quelquefois m.), pénitent.

தவத்துகிறது, P. தவற்றுகிறது.

தவத்தோன், pl. தவத்தோர், V. தவத்தன்.

தவத்து, grains, blé.

*தவம், 1° P. தபம், pénitence, mortification, austérité, vie austère, le mois de மாசி. 2° (dava), forêt, incendie, — de forêt, feu, chaleur; — உடையவர் pénitent, homme mortifié; — கிடக்கிறது être à faire pénitence, être dans un état de pénitence déterminé (devant une idole); — குலைகிறது la pénitence être perdue —, gâtée —, anéantie (par quelque faute...); — குலைக்கிறது gâter —, interrompre —, troubler la pénitence, en faire perdre le fruit ou le mérite en faisant tomber le pénitent dans quelque péché; — செய்கிறது, — பண்ணுகிறது faire pénitence, mener une vie austère: — செய்வார் தங்கருமஞ்செய்வார் ceux qui font pénitence, font leur propre affaire, i. e. ne peuvent qu'y gagner pourvu qu'ils la fassent comme il faut; தவக்குறை défaut de pénitence ou dans la pénitence, (il se dit surtout du défaut arrivé dans un état antérieur et à compenser dans l'état actuel); — ச்சாலை salle —, lieu de pénitence; — நிலை état —, accoutrement de pénitent: — ப்பற்று attachement à la pénitence, persévérance dans la —, état de pénitence ou de mortification; — ப்பெண் femme pénitente, religieuse, vierge séparée du monde: — லோகம், V. தபலோகம்; — வேஷம் habit —, accoutrement —, extérieur ou masque de pénitence; தவத்துக்குப் போகிறது aller faire pénitence, se faire ermite; தவத்திலேநிற்கிறது être à faire pénitence, persévérer dans la pénitence.

தவறுகிறது ou தவர்கிறது, ர்ந்தேன், றுவேன் ou ர்வேன், று ou ர், ற, v.n. (தவறுகிறது), se répandre, se perdre, être versé, errer, se méprendre, se tromper légèrement.

தவறுதல், தவர்தல், n. v. du préc. effusion, erreur, méprise.

தவர், 1° imp. et part. du même. 2° arc. 3° pl. de தவன், pénitens, maris, trompeurs.

தவலம், l'arsenic naturel அவுபலபாஷாணம்.

தவலுகிறது, வன்றேன், லுவேன், லு ou ல், ல, v.n. தவலுதல், n.v. diminuer, mourir.

தவலை, V. தபலை.

தவல், 1° opt. et n. v. de தவுகிறது, diminution, manque, mort. 2° imp. et part. de தவலுகிறது.

தவழுகிறது ou தவழ்கிறது, ழ்ந்தேன், ழுவேன் ou ழ்வேன், ழு ou ழ், ழ, v.n. தவழ்தல், n.v. ramper, se traîner par terre (comme les petits enfans); தவழ்ந்தேறுகிறது grimper en s'aidant des pieds et des mains; மாராலே — se traîner sur la poitrine; முழங்காலாலே — se traîner sur ses genoux; தவழ்வாங்குகிறது se courber, devenir bossu, courber.

தவழ், imp. et part. du préc.: — சாதி, தவழுயிர்வருக்கம் ou

தவழ்வன, (தவழ்), les insectes ou animaux rampans, les reptiles.

*தவளம், (dhavala), le blanc, blancheur, poivre blanc, camphre, l'arsenic dit சங்கபாஷாணம்: தவளச்சங்கு grand coquillage blanc qui a un tuyau d'airain et sert de cor; — ச்சத்திரம் parasol blanc; — பக்ஷம், — பக்கம் 1re quinzaine d'une lu-

naison, oie,héron blanc; — மிருத்திகை terre blanche, i.e. chaux— விசேஷணம் drapeau,—blanc.

*தவளாங்கம், (தவளம், அங்கம்), corps —,drapeau blanc.

தவளி, mensonge,fausseté.

தவளுகிறது, V. தவழுகிறது.

தவளை, grenouille:— கத்துகிறது la grenouille coasser;—க்கல் latérite ou pierre de fer: — க்கால் patte de grenouille, espèce de crochet de fer; — க்குறங்கு cuisse de grenouille, agrafe de bijou:— தத்துகிறது la grenouille sautiller,(les enfans en jouant) sauter comme une grenouille;—ப்பாய்ச்சல், —ப்பாய்த்து saut de grenouille,transposition poétique ou inversion de l'ordre naturel des mots.

*தவளோத்பலம்,(தவளம், உத்பலம்).nénuphar blanc.

தவறல், *opt.et n.v.de* தவறுகிறது, écart,erreur, manquement,passage, éloignement, faux pas, pénurie, diminution, perte,mort.

தவறா,தவறாத, *part.nég. du même*, infaillible, immanquable, exact,qui ne s'égare pas, qui ne bronche pas: தவறாதவன் homme fidèle; தவறாத வார்த்தை parole immanquable, infaillible,discours coulant.

தவறாமை, *n.v. nég.du même*, infaillibilité.

தவறு, 1° faute, manquement, erreur,écart, chute,faux pas. 2° *imp.et part.du suiv*:—செய்கிறது faire une faute; —சொல்லுகிறது dire une erreur, parler à tort, faussement, à la légère; தவறின்மை infaillibilité, exactitude,justesse.

தவறுகிறது, றினேன், றுவேன், று, ற, *v.n.et* தவறுதல், *n.v. ou* தவறிப்போகிறது, glisser, broncher, faire un faux pas, tomber,se tromper,se méprendre,faillir, dévier, s'égarer, errer, s'écarter, pécher, diminuer, manquer,—son coup,ne pas réussir, échapper —,tomber des mains,devenir difficile,—pesant,se corrompre, périr,mourir: தவறிவிழுகிறது faire un faux pas et tomber; கால் — le pied glisser: கை — la main manquer; கைதவறிக்கீழேவிழுகிறது glisser de la main et tomber par terre; வாய்தவறிப்பேசுகிறது faire une méprise en parlant,se tromper,divaguer, s'écarter du sujet, manquer à sa parole; தவறாமற்பேசுகிறது parler exactement,—sans broncher, coulamment.

தவற்றுகிறது, ற்றினேன், ற்றுவேன், ற்று. ற்ற, *v.a.du préc* தவற்றுதல், *n.v.* défendre,éviter,éloigner,changer.

தவனகம், absinthe, armoise.

*தவனம், (tapana), chaleur du soleil, soif (surtout quand elle est causée par la fatigue au soleil),désir: —அடங்குகிறது la soif s'apaiser; —ஆயிருக்கிறது avoir soif, désirer, soupirer après;—ஆய்வருகிறது venir altéré, avec un désir ardent; தவனத்தைத்தீர்க்கிறது étancher la soif.

*தவனன், (*id.*), soleil, feu.

*தவன், 1° (தவம்), pénitent,ascète. 2° (dhava),mari,trompeur.

*தவாக்கினி, (தவம், அக்கினி),incendie,conflagration de forêt.

*தவானகம், (dhavânaka), air, vent.

தவா,தவாத, *part. nég. de* தவுகிறது, impérissable, qui ne diminue pas: தவாநிலை stabilité, infaillibilité; —வினை action immanquable, sans faute, montagne, paradis,bonheur éternel.

தவால், V. தபால்.

தவாளிக்கிறது, ளித்தேன், ளிப்பேன், ளி, ளிக்க, *v. a.* canneler, creuser en cannelure.

தவாளித்தல், தவாளிப்பு, *n.v.du préc.* cannelure.

தவிக்கிறது, வித்தேன், விப்பேன், வி, விக்க, *v.n ou* தவித்துக்கொண்டிருக்கிறது, avoir soif, mourir de soif, être fatigué, harassé, n'en pouvoir plus, être dans la détresse, avoir grand besoin de, languir, désirer, soupirer, gémir: தவித்துக்கொண்டு திரிகிறது rôder d'un air mélancolique; தவித்துப்போகிறது se fatiguer, s'épuiser, languir, dépérir de soif,de besoin ou de désir; வழிதெரி

யாமல்,இடமில்லையாமல், தண்ணீர்க்கிடையாமல்த்தவிக்கிறது être dans la détresse ne sachant pas son chemin et ne trouvant ni asyle ni eau.

*தவிசம்,தவிஷம்,(tavicha), mer, océan,paradis.

தவிசணை, (தவிசு,அணை), lit.

தவிசு, siége, petite natte, tabouret,escabeau,banc,coussin, matelas, liqueur distillée.

தவிடு,*gén.*தவிட்டின்,son,(de froment,deriz etc...), écorce de grain.

தவிட்டான்,(தவிட்டு),l'arbre ehretia aspera (dont le fruit ressemble à du son et peut se manger).

தவிட்டு,*obl.de* தவிடு, de son: —க்களி bouillie épaisse de son; — க்கிளி petite espèce de sauterelle, attelabus: — க்குஞ்சு jeune frai de poisson, larve d'insectes etc...; —க்கூழ் bouillie de son;— க்கொழுக்கட்டை petit gâteau de son; — ச்செடி groseillier de Nilaghiri;— நிறம் couleur de son,—brune;—ப்பழம் groseille des montagnes; — ப்பார்த்சோற்றி nom d'une plante; — ப்பிட்டு boulette friable de son (espèce de patisserie);—ப்புறு tourterelle brune;—ப்பேன் lente,œuf de poux;—ப்பொட்டு son de rebut,gros son, endroit mangé des vers (dans un habit); —மயிர் duvet d'oiseau nouvellement éclos;— மேனி alkali, *V.*சவட்டுப்பு.

தவிட்டுணி, தவிட்டுண்ணி, (தவிட்டு, உணி), tique de vache ou de brebis.

தவிட்டை,(தவிட்டு,ஐ), nom d'un arbre, (probablement le தவிட்டான்):—ப்புறு tourterelle brune.

தவித்தல்,தவிப்பு,*n.v. de* தவிக்கிறது, fatigue, épuisement,langueur, soif, désir, soupir, gémissement: தவிப்புவைக்கிறது convoiter, mettre ses désirs sur; இளைப்புந்தவிப்பும் fatigue et épuisement, défaillance et gémissement; தவிப்படக்குகிறது surmonter la fatigue, la langueur.

தவிர,*inf. de* தவிர்கிறது excepté, outre, sans compter: இதுவுந்தவிர outre cela, de plus, அவன் தவிர excepté lui; நீதவிரவேறொருவருமில்லை il n'y a que toi.

தவிர்,*imp.et part.du même*: — காரியம் chose à omettre.

தவிருகிறது ou தவிர்கிறது, விர்ந்தேன்,ருவேன் ou ர்வேன்,ரு ou ர், ர, *v.n.ou* தவிர்ந்துபோகிறது *et* தவிருதல்,தவிர்தல்,*n. v.* cesser, s'éloigner, s'exclure, s'éviter, être évité, éloigné, renvoyé, congédié, rejeté, rompu, empèché, dissous, laissé, omis, excepté, exclus, éviter, fuir, tarir.

தவிர்க்கிறது,ர்த்தேன்,ர்ப்பேன்,ர், ர்க்க,*v.a. du préc.et* தவிர்த்துப்போடுகிறது, éloigner, mettre de côté, éviter, fuir,arrêter, empêcher, faire cesser,désappointer,rompre, dissoudre,omettre, abandonner, renoncer, annuler,violer, transgresser, excepter,exclure, négliger, s'abstenir de; பாவத்துக் கேதுவானதைத் தவிர்ப்பாயாக évite l'occasion du péché; பொல்லாங்கென்பவையெல்லாந்தவிர் évite tout ce qui est mal: இவன் சினேகத்தைத்தவிர் abandonne —, évite son amitié.

தவிர்த்தல்,தவிர்ப்பு, *n. v. du préc.* abandon, empêchement, rejet,fuite, exclusion... ou

தவிர்வு,*n.v. de* தவிர்கிறது, cessation, éloignement, fuite, exception.

தவில, *P.*தபலை.

தவில்,espèce de tambour: —அடிக்கிறது battre de ce tambour.

தவிழுகிறது ou தவிழ்கிறது, ழ்ந்தேன்,ழுவேன் ou ழ்வேன், ழு ou ழ், ழ,*v. n.*தவிழ்தல், *n. v. et* தவிழ்ந்துபோகிறது, *V.*தவழுகிறது.

தவிழ்க்கிறது. *V.*தவிர்க்கிறது.

*தவிசம்,தவிஷம்,(tavicha), *V.*தவிசம்.

தவுகிறது,வினேன்,வுவேன், வு, வ, *v.n.*தவுதல்,*n.v.* diminuer, se perdre, se gâter,périr, mourir.

தவுக்கார், courbe—, courbure de corniche,mortier, intervalles entre les briques d'un mur qu'on remplit de mortier,—அடைக்கிறது

remplir de mortier les intervalles des briques.

தவசயம்,V.முருக்கு.

தவசெலம்,l'arbre முருங்கை.

தவடு,1° P. தவிடு.2° (ind.), expé dition militaire,galop.

தவட்டை, l'arbrisseau greivia hirsuta.

*தவரிதகம்,P.தௌரிதகம்.

*தவரிதம்,P. தௌரிதம்,trot,vitesse.

தவ்வல்,n.v.de தவ்வுகிறது,dépérissement,chose tendre,marche clopin-clopant.

தவ்வறுக்கிறது,(தவ்வு, அறுக்கிறது), percer,trouer, perforer: தவ்வறுத்துத்தைக்கிறது percer et clouer une chose.

தவ்வி, 1°* P, தருப்பி, grande cuillère de métal.2° gér.de தவ்வுகிறது.

தவ்வு, 1° trou, perforation, destruction, perte: தவ்விலேயாணியை த்தடிக்கிறது mettre un clou dans un trou et l'enfoncer.2° imp.et part. du suiv. தவ்வெனல்,தவ்வென்கிறது, diminuer,dépérir.

தவ்வுகிறது,வ்வினேன்,வ்வுவேன், வ்வு,வ்வ,v.n. தவ்வுதல்,n.v.1° P. தாவுகிறது, marcher clopin-clopant, clopiner, sauter, sautiller, se jeter sur.2° P. தவுகிறது.

தவ்வை,sœur aînée, Ayah, bonne d'enfant,V.மூதேவி.

தழங்கல்,bruit, son,opt.et n. v. de தழங்குகிறது, கினேன், குவேன், கு,க, v. n. தழங்குதல்,n.v. résonner, retentir, rendre un son (v.g. un instrument de musique.)

தழம், onguent, huile médicinale, forme extérieure.

தழலல்,brûlure, ardeur,opt.et n.v. du suiv.

தழலுகிறது ou தழல்கிறது, தழன்றேன்,தழலுவேன் ou தழல்வேன், தழலு ou தழல்,தழல,v.n.தழலுதல்,n.v.brûler, être brûlé, rôti, brûlant, ardent, trop chaud.

தழல், 1° n.v.imp. et part. du préc. feu, chaleur, ardeur, fronde, la 3me constellation dite கார்த்திகை, sorte de claquette, instrument pour effrayer les oiseaux et les éloigner des moissons,paille épaisse de millet, la plante கொடிவேலி. [—à chaux.

தழற்கல், (தழல்), pierre brûlante,

தழற்பூமி,(id.),terre salée,brûlante.

தழனிறமணி, (id. நிறம்,மணி), pierre couleur de feu, espèce de rubis carré.

தழா,தழாத,part.nég. de தழுவுகிறது: தழாத்தொடர் union de mots qui ne comprend pas la terminaison des cas ni l'attribut.

தழால்,V.தழுவல்.

தழிஞ்சி,cessation de la poursuite d'une armée en déroute.

தழிந்தழீம்,son imitatif:—என்கிறது rendre ce son,— un son répété.

தழுக்குணி,P.தளுக்குணி.

தழுதணை,dartre, mal qui s'étend sur le corps en pustules.

தழுதழுக்கிறது,ழுத்தேன், ழுப்பேன்,ழு,ழுக்க,v.n. la langue bégayer, bredouiller, dire un mot pour un autre.

தழுதழுத்தல், தழுதழுப்பு,n. v. du préc.bredouillement,bégaiement.

தழுதாழை, (தழு,P.தழுவும்), l'arbre clerodendrum phlomides.

தழும்பு, cicatrice, marque des coups,empreinte de baguette,blessure,faute,tache, erreur de langue:—படுகிறது avoir des cicatrices, être marqué,taché,accusé: அம்மைத்தழும்பு marques de petite vérole; எச்சித்தழும்பு dartre.

தழும்புகிறது,ம்பினேன்,புவேன்,பு, ப,v.n.தழும்பல், தழும்புதல், n. v. se cicatriser,se tromper, V.நாத்தழும்புகிறது.

தழுவணை,(தழுவு, அணை),coussin, oreiller pour s'appuyer, matelas, sangsue de mer.

தழுவல்,opt. et n.v.de தழுவுகிறது. embrassement, embrassade, caresse, familiarité, copulation, acceptation.

தழுவா,தழுவாத,part.nég.du même.

தழுவாவட்டை ou [sangsue de mer.

தழுவாவட்டை, (தழுவு, அட்டை),

தழுவு, 1° imp. et part.du suiv. 2° embrassement, brassée, quantité qu'on peut prendre entre les bras:

—தொடர் union de mots qui comprend la termination des cas et l'attribut; தழுவக்கடங்காதபெருமன் grosseur (d'arbre) qu'on ne peut embrasser; ஒருதழுவைக்கோல் une brassée de paille; மூன்றுதழுவு கொண்டமரம் arbre auquel il faut 3 hommes pour l'embrasser en joignant leurs mains; அவன்தழுவுக்குப்பிடிபடவில்லை il n'a pu être saisi dans les bras.

தழுவுகிறது, வினேன், வுவேன், வு, வ, *v.a.* தழுவுகை, தழுவுதல், *n.v. et* தழுவிக்கொள்ளுகிறது, embrasser, — tendrement, prendre —, serrer dans ses bras, accepter, environner, caresser, badiner avec, traiter poliment, s'accoupler, se mêler: சேனைதழுவியிருக்கிறது l'armée a cerné ou assiégé (la place).

தழை, 1° feuillage, jeune branche avec ses feuilles, jet, rejeton, pousse, feuille, ombrelle de plumes —, queue de paon. 2° *imp. et part. de* தழைகிறது, தழைந்தேன், தழைவேன், தழை, தழைய, *v.n. ou* தழைந்திருக்கிறது *et* தழைக்கிறது, தழைத்தேன், தழைப்பேன், தழை, தழைக்க, *v. n. ou* தழைத்திருக்கிறது, se couvrir de feuillage, pousser des feuilles, des rejetons, étendre son feuillage, ses branches, pousser, bourgeonner, croître, s'étendre, prospérer, être florissant, vivre heureux: தழைத்திருக்கிற *ou* தழைத்திருக்கிறமரம் arbre qui étend au loin son feuillage ou ses branches; தழைய *ou* தழைக்கச்சொல்லுகிறது dire de prospérer, souhaiter à quelqu'un l'accroissement, se vanter, satisfaire en partie aux demandes d'un créancier.

தழைகை, தழைக்கை, *n.v. des préc.* pousse, — du feuillage, bourgeonnement, croissance, végétation.

தழைதல், தழைத்தல், தழைப்பு, தழைவு, *n.v. des mêmes*, état florissant, — heureux, prospérité, bonheur, fertilité, augmentation, abondance, *V.* தழைகை.

தளகத்தன், தளகர்த்தன், (தளம்), général —, commandant d'armée.

தளச்சட்டி, (*id.*), grande casserole de terre, grand plat.

தளதள, *son imitatif*: — வென்கிறது, — வெனல், தளதளென்கிறது, தளதளெனல், *ou*

தளதளக்கிறது, ளத்தேன், ளப்பேன், ள, ளக்க, *v. n.* (தளதள), briller, étinceler, scintiller, reluire, pétiller, s'amollir.

தளதளத்தல், தளதளப்பு. *n. v. du préc.* éclat, brillant, scintillation, pétillement, amollissement: தளதளப்பானவஸ்திரம் vêtement brillant, — étincelant.

தளநாச், *P.* தளர்நாச். [étincelant.

தளபதி, (தளம்), général d'armée.

தளபாடம், *V.* தளவாடம்.

தளப்படி, *P.* தளர்படி, fatigue, lassitude, chancellement, manque, gêne, peine.

தளப்பத்துமீன், nom d'un poisson de mer.

தளப்பம், 1° (tala *palmier*, pa *feuille*), *ou* தளப்பமரம், தளப்பத்துமரம், le palmier tâlipot, corypha umbraculifera, dont les larges feuilles servent à faire des parapluies. 2° (தளர்கிறது), relâchement, faiblesse, misère, peine, médiocrité.

தளப்பற்று, (தளம், பற்று), feuille du palmier susdit, parapluie —, parasol fait de ces feuilles: — க்காரன் celui qui porte ce parapluie, celui qui s'en sert: — மீன் sorte de poisson.

*தளம், 1° (dala), feuille (d'arbre...), pétale de fleurs, monceau, quantité, foule, armée. 2° terrasse, plateforme de maison, argamasse, étage, pont ou tillac de navire, pavé, plancher, terre nue, surface, — plate, mortier, enduit, plâtre, pâte de sandal, onguent, liniment, topique, jarre, cruche, épaisseur (de papier, planche etc...), rubis non poli: — ஆயிருக்கிறது être épais: — அப்புகிறது mettre un emplâtre *ou* un enduit épais; — எழுக்கிறது lever une armée; — பூசுகிறது mettre un emplâtre, un topique, un enduit, enduire; — போடுகிறது carreler, paver; — தோற்றுப்போகிறது une armée être mise en déroute;—வந்திறங்குகிறது une armée camper ou commencer un siége.

*தளம்பல்,opt.et n.v.de தளம்புகிறது*, agitation (d'un liquide), son choc contre les parois d'un vase,clapotage, fluctuation, tremblement, écluse,vanne: தாங்கதளம்பல்பிறருக்கடங்காதுபோல் il tremble lui qui est le soutien des autres.

*தளம்பு*, 1° écluse, vanne. 2° *imp. part. et n.v.de*

*தளம்புகிறது,பினேன்,புவேன், பு, ப, v.n. தளம்புதல், n.v.* (un liquide) s'agiter,être agité,choquer contre les parois du vase, flotter, vaciller, trembler,être incertain,irrésolu,gêné,dans la détresse:மனந்—, இருதயந்—le cœur ou la volonté défaillir,vaciller; நிறைகுடந்தளம்பாது குறைகுடந்தளம்பும் l'eau ne s'agite pas dans une cruche pleine, mais dans celle qui l'est à demi, la vaine gloire n'agite que les demi-savans, ou les esprits frivoles: அவன்நெஞ்சுதாமரை யிலையில்த் தண்ணீர்போலேதளம்புகிறது son cœur flotte ou vacille comme l'eau sur une feuille de nénuphar:தளம்பாமற் கொண்டுபோகிறது porter un liquide sans l'agiter;தளம்பிவழிந்தோடுபோகிறது un liquide se répandre en s'agitant.

*தளரா,தளராத,part.nég de தளருகிறது*,constant,ferme,fort,inébranlable,immobile.

*தளராமை,n.v.nég.du même*,fermeté;constance inébranlable.

*தளருகிறது ou தளர்கிறது, ர்ந்தேன்,ருவேன்,ou ர்வேன்,ரு ou ர்,ர,v.n. தளருதல்,n.v.et தளர்ந்துபோகிறது*, se relâcher,se ralentir,se débander, se desserrer,se défaire,s'amollir,s'affaiblir,chanceler,vaciller,tituber,hésiter,devenir lâche,indolent,flasque, mou,être déconcerté,chagrin, affligé,vexé,vieillir,se rider: சொல்—marmoter,parler peu distinctement par vieillesse ou infirmité; *தளரப்பண்ணுகிறது,V. தளர்த்துகிறது;*—ப்பிசைகிறது,pétrir la pâte en y ajoutant de l'eau pour l'amollir;—ப்பிசைந்தூட்டுகிறது donner la nourriture ou de la bouillie à un enfant après l'avoir pétrie pour l'amollir;—விடுகிறது relâcher,desserrer,délier, ralentir, laisser s'amollir,—sans assistance,abandonner;—விட்டுப் பேசுகிறது marchander, barguigner; தளராமற் சாப்பிடுகிறது manger sans relâche, —copieusement,faire bonne chère.

*தளர்,imp.et part.du préc.V. தளர்ந்த*:—உடை habit mou, peu serré; —நடை marche lente, douce, nonchalante,chancelante (*v. g.* celle des enfans,des vieillards...);—நார் corde de fibres que ceux qui montent les arbres s'attachent aux pieds;—பாடம் leçon bien apprise et qu'on récite sans faute; பிள்ளைக்குத்தளர் பாடமாய்வந்தது l'enfant a bien appris sa leçon et la récite sans broncher.

*தளர்ச்சி,n.v.du même*, lâcheté, paresse,nonchalence,desserrement, relâchement,lenteur,flaccidité,amollissement,langueur,infirmité,faiblesse, pauvreté,maigreur,peine, vieillesse.

*தளர்தல்,n.v.du même,V. தளர்ச்சி.*

*தளர்ந்து,1°P.தளர்ச்சி.2° gér.de*

*தளர்த்துகிறது,த்தினேன்,த்துவேன்,த்து,த்த,v.a.de தளர்கிறது, தளர்த்தல்,தளர்த்துதல்,தளர்த்துகை,n.v.* relâcher,lâcher,desserrer,délier,débander,ralentir,affaiblir,amollir.

*தளர்ந்த,part.de தளர்கிறது*, lâche,peu serré,mou,relâché, flasque, nonchalant,chancelant, lent, flexible:— உணர்வினன் homme d'un esprit lent et lourd; — வயது âge décrépit.

*தளர்வு,n.v.du même*,relâchement, ralentissement,chancellement,dépérissement, amollissement, nonchalance,faiblesse,perte de la vigueur.

*தளவம்*, l'arbrisseau dit முல்லைக்கொடி.

*தளவரிசை,(தளம்)*,carreau, pavé: —க்கல் carreau,pavé, pierre bonne pour paver;—போடுகிறது carreler, paver.

தளவாடம், *V.* தளவாளம்.

தளவாய், (தளம்), général d'armée, talavaye, chef de pions, — de police de village: —க்கோரை variété de la plante கோரை; —த்தனம், —த்துவம் généralat, commandement d'une armée, —des pions de police, office de talavaye; —த்தனம்பண்ணுகிறது commander une armée, être talavaye, — chef de pions.

தளவாளம், ustensile, matériaux et instrumens (nécessaires pour une entreprise). [ரிசை.

தளவிசை, (தளம், இசை), *V.* தளவ

தளவு, *V.* தளவம்.

தளி, temple, pagode, goutte de pluie, chandelier, lampe, pied —, bassin de lampe. froid.

தளிகை, plat de cuivre chargé de riz, (en usage dans les temples de Vichnou, (pour idoles inférieures on dit பள்ளயம்), portion de riz etc... offerte à une idole, (on en donne 2, 3 ou plus selon la coutume ou la concession du prince), vase à manger, *V.* தளிசை: — நிவேதனம்பண்ணுகிறது offrir une platée de riz à une idole; —ச்சோறு riz offert à une idole qui se vend ensuite; — போடுகிறது présenter une platée de riz à une idole domestique; —விடுகிறது en laisser une devant l'idole dans un temple de Vichnouvistes.

தளிசை, boule de bouillie épaisse.

*தளிமம், 1° (talima), terrain préparé pour bâtir, lit, couche, matelas, cimeterre, grand couteau de sacrificateur. 2° beauté, *V.* இன்மை.

தளிரடி, தளிரியல், (தளிர்), jeune fille (qui ressemble à une jeune pousse),

தளிர், 1° bouton, bourgeon, pousse, rejeton, jet. 2° *imp. et part. de*

தளிர்க்கிறது, ர்த்தேன், ர்ப்பேன், ர், ர்க்க, *v.n.* bourgeonner, pousser, — des rejetons, des bourgeons, des feuilles, le poil du corps se hérisser.

தளிர்த்தல், தளிர்ப்பு, *n.v. du préc.* bourgeonnement, pousse.

தளுக்கு, 1° splendeur, lustre, éclat, poli, densité, bijou qui pend au nez des femmes (de certaines castes.) 2° *imp. et part. du suiv.* தளுக்கிடுகிறது polir, donner le poli, le lustre, rendre serré, compacte; — மினுக்காய்ப் புறப்படுகிறது sortir tout brillant et bien orné, paraître en public avec grande pompe.

தளுக்குகிறது, *sync.* தளுக்கிறது, க்கினேன், க்குவேன், க்கு, க்க, *v.n. et a.*

தளுக்குதல், *n.v.* briller, reluire, éclater, polir, battre, rendre uni (en battant).

தளுக்குணி, (தளுக்கு, உணி), faquin, pendard, lâche, homme sans honneur, sans cœur.

தளும்புகிறது, *P.* தளம்புகிறது.

தளை, 1° fers, entraves ou chaînes (pour les pieds, et quelquefois pour les mains), anneau bruyant dont on orne les pieds, filet, nœud coulant, lien, nœud, lien de l'amitié, enchaînement ou connexion des pieds métriques entr'eux, (il y en a 4 espèces nommées, d'après le genre de versification auquel elles appartiennent ஆசிரியத்தளை, வெண்டளை, கலித்தளை et வஞ்சித்தளை), cheveux d'homme, talei, *i. e.* portion —, compartiment de rizière, petite chaussée qui sépare ces compartimens. 2° *imp. et part. de* தளைகிறது: —கழற்றிவிடுகிறது ôter les fers; — தட்டு, —பிழைப்பு manquement dans l'enchaînement des pieds en versification; —தட்டுகிறது: — பிழைக்கிறது cet enchaînement être fautif; — நார், *V.* தளர்நார்; — படுகிறது être lié, captif, emprisonné, mis aux fers: —படல், —படுதல், —ப்படுதல் emprisonnement, captivité, mise aux fers; —பூட்டுகிறது, —போடுகிறது, *V.* தளைக்கிறது; — ப்பொருத்தம் accord des pieds entr'eux d'après la connexion voulue; —யவிழ்கிறது les liens se délier, se défaire; —வார் courroie pour empêtrer les pieds des animaux qui paissent.

தளைகிறது, ளைந்தேன், ளைவேன்,

ளை,ளைய,(தளை),v.a.et n.et தளைதல், n.v. lier,enchainer,mettre aux fers, être lié, captif, enchainé, mis aux fers; தளைந்துபோகிறது,V. தளைக்கிறது; தளைந்துவிடுகிறது empêtrer les pieds d'un animal et le laisser paître.

தளைக்கிறது,ளைத்தேன், ளைப்பேன்,ளை,ளைக்க,v.a.(தளை), தளைத்தல், n.v. enchainer,lier, mettre aux fers

தளைதம்,V. தளை.

தளையல்,n.v.de தளைகிறது,arrestation,mise aux fers,action d'arrêter.

தளையன்,chef (parmi les potiers, les சாணர் et les மறவர்.)

தளைவிக்கிறது,வித்தேன், விப்பேன்,வி,விக்க,v. caus. de தளைகிறது. faire lier,—mettre aux fers.

தள்,imp.de தட்டுகிறது.

தள்ளமாறுகிறது, et par corr. தள்ளம்பாறுகிறது,(தள்ளுகிறது, மாறுகிறது),chanceler,trébucher,tituber (de faiblesse ou de vin), hésiter.

தள்ளல்,opt.et n.v.de தள்ளுகிறது, jet,rejet,expulsion, rebut, divorce, mensonge,écart,faute.

தள்ளா,தள்ளாத,part.nég. du même: தள்ளாதவன் vieillard, — débile, —décrépi; தள்ளாதவிருந்து hôte honorable,*litt.*qu'on ne peut renvoyer,proche parent.

தள்ளாடுகிறது, (தள்ளு, ஆடுகிறது),vaciller,chanceler,tituber,branler,s'agiter,pencher: தள்ளாடப்பண்ணுகிறது faire chanceler, ébranler, renverser; தள்ளாடித்திரிகிறது aller çà et là—,marcher en titubant

தள்ளாடல்,தள்ளாட்டம்,n. v. du préc. titubation,vacillation, branlement,agitation,marche chancelante,décrépitude.

தள்ளாமை,n.v.nég. de தள்ளுகிறது,faiblesse,impuissance, impossibilité,manque,vieillesse, décrépitude.

தள்ளிச்சி,V.பூதி.

தள்ளின,part. de தள்ளுகிறது:— மட்டும் autant que possible.

தள்ளு,1° rejet,rebut,soustraction. 2° imp.et part. du suiv.:— துக்குப் படுகிறது être importuné, harassé; —படி rejet,expulsion,rebut, invalidité,abandon,défaut;— படிப்பத்திரம் billet —,titre nul,—annulé, —refusé;—படுகிறது,V.தள்ளுண்கிறது; —பாடு rebut,rejet,renvoi;— மட்டம் petit éléphant;—மொள்ளு,V.இழுபறி.

தள்ளுகிறது,ள்ளினேன், ள்ளுவேன்,ள்ளு,ள்ள,v.a. jeter, lancer, rejeter,abolir,renverser, pousser, presser,expédier,chasser, exclure, ôter, déduire,soustraire,vomir,mettre dehors,le bananier pousser dehors de son enveloppe la tige qui porte les fleurs et les fruits,ou cette tige sortir de son enveloppe, donner lieu, faire place,quitter,laisser,abandonner,porter,supporter,serrer,se presser,se hâter,être possible,être capable, (dans ce sens le nom de la chose est au nominatif,et le nom de la personne au datif ou à l'ablatif en ஆல்: இதெள்ளுமே ou இதெனக்குத் தள்ளாது cela m'est impossible, je suis incapable de cela): கணக்கிலே —déduire d'un compte; சதை —être corpulent,replet; பாவத்தைத்—abandonner le péché; பேச்சைத் — rejeter la parole,les conseils; தள்ளிக்கொண்டுபோகிறது avancer un peu plus ou approcher un peu;—க்கொண்டுபோகிறது conduire en poussant,suivre dans la foule; — த்தாப்படுகிறது manger goulûment et beaucoup;—ப் பாடுகிறது chanter vite,en accélérant la mesure et en diminuant la pleine valeur des syllabes;—ப்போ pousse et va-t-en,retire toi un peu, n'encombre pas; —ப்போகிறது jeter ou pousser et s'en aller, manquer l'occasion,passer; அத்தத்தத்து —ப்போச்சு ce danger est passé;— வாசிக்கிறது continuer de lire, lire en passant à une autre partie du livre; —விடுகிறது, renvoyer, congédier,chasser,éloigner,dégrader, déposer,déplacer;— வைக்கிறது éloigner,déplacer (pour un temps): எல்லையைத்தள்ளிக் கட்டிக்கொள்ளுகிறது élargir frauduleusement les limites (d'un champ...); என்னைத்தள்ளி அவனுக்குமரியாதைசெய்தான் il m'a mis de côté et l'a traité avec honneur: சந்திரன் ஒன்றுதள்ளிப்போகிறது la lune passer en laissant du côté du sud une des étoiles de la 10me constellation dite மகம் ou l'alpha du Lion; (les Indous en tirent des prédictions astrologiques au sujet de la pluie, de l'abondance...)

தள்ளுண்கிறது, தள்ளுண்டுபோகிறது, தள்ளுண்ணல், (தள்ளு, உண்கிறது), être jeté, chassé, renvoyé, rejeté, annulé, exclus...: சனத்தில்தள்ளுண்டவன் homme exclus de la société.

தள்ளுதல், *n.v.de* தள்ளுகிறது, action de jeter .., renvoi, rejet, divorce: தள்ளுதலின்சீட்டு billet de divorce.

தள்ளுவிக்கிறது, *v.caus. de* தள்ளுகிறது, faire jeter, —rejeter, — chasser...

தள்ளேன், *nég. de* தள்ளுகிறது *et de* தட்டுகிறது. [ne jettes pas.

தள்ளை, 1° mère. 2° *P.* தள்ளாய் tu

தறதற, *son imitatif:* தறதறவென்கிறது *ou*

தறதறக்கிறது, றத்தேன், றப்பேன், ற, றக்க, (தறதற), *v.n.* தறதறத்தல், தறதறப்பு, தறதறவெனல், *n.v.* faire taratara, —du bruit.

தறி, 1° pieu, piquet, poteau, colonne, pilier, cheville, métier—, estille de tisserand, espèce de hache, cognée, coupure. 2° *n.v. imp. et part. de* தறிகிறது, *et de* தறிக்கிறது: —கிடங்கு atelier de tisserands, creux de leur atelier: — கொம்பு corne rognée, émoussée; — க்கால் sillon artificiel dans un jardin de bétel; — படுகிறது être coupé: —யாணி petit ciseau (pour couper le fer.)

தறிகிறது, றிந்தேன், றிவேன், றி, றிய, *v.n.* தறிதல், *n.v.* (தறி), être coupé, tranché.

தறிகை, 1° (தறி), hache, cognée, ciseau, *V.* மழு. 2° *n.v. du préc.* coupure, mutilation.

தறிக்கிறது, றித்தேன், றிப்பேன், றி, றிக்க, *v.a. de* தறிகிறது, couper, trancher, mutiler, fendre: தறித்திடும் qui coupe.

தறித்தல், தறிப்பு, *n. v. du préc.* couper, coupure: தறிப்புண்கிறது être coupé, mutilé, tranché, rogné, mis en pièces.

தறு, particule qui dans les mots composés désigne la férocité, la méchanceté.

தறுகணாளன், தறுகண்ணன், (தறுகண்), cruel, féroce, vaillant, brave, intrépide.

தறுகண், தறுகண்மை, (தறு), cruauté, férocité, bravoure, intrépidité. œil malin, —jaloux ou vindicatif, jalousie, envie.

தறுகல், *opt. et n.v. du suiv.*

தறுகுகிறது, கினேன், குவேன், கு, க, *v.n.* தறுகுதல், *n.v.* être arrêté, empêché, barré, retenu, (*v.g.* l'eau d'irrigation par une digue), *V.* தவறுகிறது. [méchant.

தறுகுறும்பன், (தறு), vaurien,

தறுகுறும்பு, (*id.*), méchanceté, faute. [cher.

தறுக்கணிக்கிறது, (*id.*), se fâ-

தறுக்கணித்தல், தறுக்கணிப்பு, *n.v du préc.* colère.

தறுசு, poli d'une étoffe.

தறுதலை, (தறு), mauvaise tête, méchanceté. [vaurien.

தறுதலையன், (*id.*), mauvaise tête,

தறுதும்பு, (*id.*), méchanceté.

தறுதும்பன், (தறுதும்பு), vauri-

தறுப்பு, *V.* தருப்பு. [en, méchant.

தறும்பு, bord, digue garnie de pieux, — pour arrêter et détourner l'eau, pieux plantés pour soutenir une digue: தறும்படிக்கிறது planter de tels pieux, faire une telle digue. [portunité.

தறுவாய், *P.* தருவாய், occasion, op-

தறுவி, instrument pour oindre de quelque remède.

தறுவுகிறது, வினேன், வுவேன், வு, வ, *v.n.* தறுவுதல், *n.v.* diminuer, manquer.

தறை, 1° *P.* தரை, terre. 2° tête de clou. 3° *n.v. imp. et part. du suiv.* clour, clouer: —யாணி clou à tête.

தறைகிறது, றைந்தேன், றைவேன், றை, றைய, v.a. தறைதல், n.v. clouer, enfoncer un clou.

தற், P. தன், devant க, ச, த, ப, son, sa, ses, [ses composés.

*தற்கம், P. தர்க்கம், V. தருக்கம், et

*தற்கரன், 1° P. தஸ்கரன், voleur. 2° (tatkara), serviteur.

தற்கரிசனம், (தன்), amour propre, —de soi-même.

தற்காக்கிறது, (id.), 1° se garder, se défendre, se conserver soi-même. 2° garder, défendre, protéger, conserver, racheter (en général).

தற்காலிதுகடுதாசி, — காகிதம் offre, proposition par écrit.

தற்காத்தல், n.v. de தற்காக்கிறது; தற்காத்தற்கடுதாசி lettre d'avis, de sureté, sauf-conduit.

தற்காப்பு, (தன்), garde, — de soi-même, conservation, sa propre conservation.

*தற்காலம், (tat ce), ce temps-ci, le temps présent, l'occasion présente, — favorable: தற்கால, தற்காலத்துக்குரிய du temps actuel, provisoire; தற்காலத்துக்கு provisoirement, pour le présent; தற்காலகிரகநிலை place d'un astre au temps désigné; — அத்தபுடம் longitude vraie des astres au temps marqué; — மத்திமம் longitude moyenne des astres au temps désigné; — தீர்ப்பு jugement provisoire; — விலை prix courant, — actuel ou alors existant; — விஷயம் exemple présent.

தற்காலிக்கிறது, லித்தேன், லிப்பேன், லி, லிக்க, v.a. (தற்காலம்), mettre ou calculer la longitude pour le temps désigné.

தற்காவல், (தன்), propre conservation, garde de soi-même, pureté, observation de la chasteté,

தற்கி, தற்கிக்கிறது... V. தருக்கி, தருக்கிக்கிறது... [travail gratuit.

*தற்கிரியை, (tat ce), ouvrage ou

தற்கிழமை, (தன்), relation, rapport, — intime et constant, v.g. de la laine au drap qui en est fait, c'est une des 7 catégories ou பதார்த்தம் de la logique.

தற்கு, dat. de தான், à soi.

தற்குணம், (id.), son naturel, son caractère propre; — மாற்றலரிது il est difficile de changer son naturel.

தற்குணகம், (தன், குணம், அகம்), le son et les autres objets des sens.

தற்குறி, (id.), sa marque, V. கைக்குறி.

தற்குறிப்பணி, (தற்குறிப்பு, அணி), fig. de rhétorique, par laquelle on s'imagine que tel objet est tel autre à cause des rapports de ressemblance qu'ils ont, bien que l'on sache qu'ils sont différens.

தற்குறிப்பு, (தன்), chose qu'on s'imagine, son imagination, — propre, sa marque, idée.

தற்குறிப்பேற்றம், (தற்குறிப்பு, ஏற்றம்), fig. par laquelle on attribue à une chose quelque qualité outre celles qu'elle a naturellement.

தற்குறைச்சல், (தன்), diminution, manque, frottement, usé, perte par [l'usage.

தற்கொலை, (id.), suicide.

தற்கோலம், (id.), son accoutrement. 2° V. தக்கோலம்.

*தற்சணம், (tat ce), cet instant, le moment actuel, aussitôt.

*தற்சமம், (id.), sa ressemblance, mot sanscrit passé dans une autre langue sans corruption.

*தற்சமயம், (id.), cette occasion, oportunité, occasion favorable.

*தற்சனி, (tardjdjani), l'index.

தற்சாட்சி, (தன்), propre témoignage, témoignage de la conscience.

*தற்சிவம், தற்சிவன், (tat ce), V. பரமேச்சுரன், [—de soi-même.

தற்சினேகம், (தன்), amour propre,

தற்சுட்டு, (id.), V. தற்குறிப்பு.

தற்சுதந்தரம், (id.), son droit, sa propriété, ce qu'on possède.

தற்சுபாவம், (id.), son naturel.

தற்சுரூபம், (id.), sa propre figure.

தற்செயல், (id.), ce qui se fait ou arrive de soi-même, hasard: தற்செயலாக, தற்செயலாய் de soi-même, par hasard, fortuitement.

தற்செய்தல், (id.), réussir, prospérer, se faire de soi même.

தற்செல்வம், (*id.*), prospérité—, propriété personnelle, force.

*தற்பகன், (darpaka), celui qui enflamme d'amour, *i. e.* Kâmen, le Cupidon indien. [lits, *i.e.* punaise.

*தற்பங்கிடம், (தற்பம்), insecte des

*தற்பணம், *P.* தற்பணம்.

தற்பதம், (தன்), connaissance de Dieu et de soi-même.

தற்பதி, l'aréquier கமுகு.

*தற்பம், 1° (talpa), couche, lit, matelas, femme, étage, chambre haute. 2° (dalbha), orgueil, fraude, tromperie, péché, roue.

தற்பரம், (தன்), indépendance, existance—, dépendance de soi-même, propre supériorité, *ou*

தற்பரன், (தற்பரம்), l'être indépendant, suprême et existant de lui-même, Dieu; (chaque sectateur l'applique à son Dieu, les Sivénistes surtout à) Siven.

*தற்பரை, 1° (tatparâ), seconde, 60^me partie d'un விநாடி, ou minute indienne, l'espace de 30 மாத்திரை, le 30^me d'un clin d'œil. 2° (selon les Sivénistes), Parvadi, la சத்தி ou énergie féminine de Siven (nommé par eux தற்பரன்). [blanc.

*தற்பலம், (tat *ce*) le nénuphar

*தற்பவம், (tat *ce*), mot dérivé du sanscrit mais altéré.

*தற்பணம், (tarpana), *V.* தருப்பணம். 2° (darpana), miroir, crystal. 3° (talpana), épine du dos, dos d'éléphant.

தற்பாஷிதம், (தன்), soliloque.

தற்பாடி, (*தன்*), l'oiseau qui chante pour soi-même, *i.e.* l'allouette.

*தற்பி, 1° (dalbhi), Indiren, *V.* இந்திரன்கொடி. 2° *imp. de*

தற்பிக்கிறது, *V.* தருப்பிக்கிறது.

தற்பிரகாசம், (*தன்*), sa propre lumière. [même, vanterie.

தற்புகழ்ச்சி, (*id.*), louange de soi-

தற்புணர்ச்சி, (*id.*), se polluer soi-même.

*தற்புருஷம், (tat *ce*), une des 5 prétendues faces de Siven, celle qui est censée conserver, classe de noms sanscrits composés de plusieurs mots dont le 1^er a le sens et quelquefois la forme de l'oblique.

*தற்பூருவம், (tat, *ce*), propriété, antériorité, *V.* பூருவம்.

தற்பெருமை, (தன்), sa propre grandeur: —புகழ்ச்சி louange de sa propre grandeur, (fig. de rhét.); —இகழ்ச்சி rabaissement—, mépris de sa propre grandeur, (autre fig. de rhétorique),

தற்பொழிவு, (*id.*), *V.* தன்னயம்.

தற்போதம், (*id.*), sa propre connaissance, —intelligence, sagesse—, connaissance de Dieu. [ம்...

*தற்மம், et ses composés, *V.* தருமம்.

தன், 1° *obl. de* தான் *devant un pluriel neutre*, son, sa, ses. 2° *obl. de* தனம்; —கரன், —கரி, —காரி, (hara, hari, hâri, *qui prend*), voleur, héritier, *V.* தனகேசி; —க்காரர் richards, gens d'une certaine caste.

தனகு, 1° (தன்கு), joie intérieure. 2° *imp. et part. de*

தனகுகிறது, கினேன், குவேன், கு, க, *v.n.* தனகுதல், *n.v.* se réjouir, caresser, badiner.

*தனகேசி, தனகேசிகன், (தனம், கேசி, ka), le prétendu dieu des richesses குபேரன்.

தனக்கு, *dat. de* தான், à soi: தனக்குரியவன் ami, parent, client, un de ses gens, homme digne de soi.

*தனமித்தன், (தனம், மித்தன்), homme riche.

*தனஞ்சயன், (தனம், சயம்), le vainqueur des richesses, le feu ou Agni, Aroutchounen ou அருச்சுனன், un des 10 airs vitaux dits தசவாயு, qui, selon les Indous, reste après la mort jusqu'à ce que faisant enfler le corps, il déchire la tête et s'en va.

*தனதன், (*id.* da *qui donne*), homme bienfaisant, —libéral, குபேரன் dieu des richesses.

*தனதானுசன், தனதாநுசன், (தனதன், அநுசன்), le frère cadet de Koubêren, *i.e.* Râvanen.

தனது, 1° *gén. de* தான், de soi, son, sa, ses. 2° (தன், அது), ce qui est à soi,sa propriété:—கை sa main; இதைத்தனதென்கிறான் il dit que ceci lui appartient; அதைத்தன துசாரிய மாகப்பார்த்தான் il a pris soin de cela comme de sa propre affaire. 3° amitié.

*தனம்,1°(dhana), richesse,biens, opulence, possession, propriété, richesse en bétail,or, jeune veau, le signe algébrique plus. 2° (stana),sein de femme,mamelle. 3° (tna), (affixe qui se met à la fin des mots et a le sens de தவம்), qualité, état, condition,rang. *Ex.* கொஞ்சத்தனம் petitesse:—சேர்க்கிறது ramasser des richesses;தனமிலான்,pauvre;—சம்பத்து,—சம்பத்தி richesses,acquisition des richesses,argent, amas d'argent;—சித்திரம் bijou—,ouvrage en or;—தண்டம் amende:—தற்பம்,—கர்வீதம்,—மதம் ostentation—, orgueil des richesses;— தானியம் argent et blé; — திருஷ்ணம் (trouchnâ soif), —பிபாசம்,— வேசபம் soif —,désir des richesses,avarice;—பதி le prétendu roi des richesses, *i. e.* Koubêren,roi—,homme opulent,libéral, généreux;—பதித்துவம் opulence, libéralité, munificence;—பாரம் mamelle;— பிசாசு, — பிசாசிகை démon des—,extrême désir des richesses,avarice;—மூலம் principal, capital;—வீனன் pauvre; — ரேகை ligne de la main qu'on prétend annoncer l'opulence;—லக்ஷுமி,— லட்சுமி, —லக்குமி la prétendue déesse des richesses;—வசியர்,—வைசியர் les marchands,la 1re classe des வைசி[யர்].

*தனயன்,(tanaya),fils.

*தனயை,*f.du préc.* fille.

*தனவந்தன், தனவான், (தனம், வான் *affixe*),homme riche,opulent, [fortuné.

தனவனு.l'arbre ஆச்சா.

*தனவதி,தனவாட்டி,(தனம்,ஆட்டி),femme riche.

தனவை, தனவையாதம், espèce d'ortie, tragia cannabina.

தனன்,*n.app.de* தனம். [richesses.

*தனுசை,(தனம்,ஆசை),désir des

தனுட்டி,(*id.*ஆட்டி),femme riche.

*தனுட்டியன்,(*id.*Adhya *ayant*),*V.* தனவந்தன். [tation d'argent.

*தனுதானம்,(*id.*ஆதானம்),accep-

*தனுதிகாரி,(*id.*அதிகாரி),héritier, collecteur,trésorier.

*தனுதிகிருதன்,(*id.*adhikrouta *placé sur*),trésorier.

*தனுதிபன்,தனுத்தியக்ஷன்,(*id* அதிபன், அத்தியக்ஷன்), intendant des richesses,trésorier, *V.*குபேரன்.

தனது,*gén.de* தான்,son,sa,ses.

*தனுபகாரம்,(தனம், அபகாரம்), amende en argent,pillage.

*தனுபாரம்,(*id.*அபாரம்), infinité de richesses.

*தனுயனம்,(tana *s'étendre*, அயனம்),orbite d'une planète, long chemin.

*தனுர்ச்சனம்,தனுர்ச்சிதம், (தனம், அருச்சனம், அருச்சிதம்),acquisition des richesses.

தனி,1° (தான்),seul,unique,isolé, solitaire,séparé,à part, particulier, abandonné, sans compagnon, sans égal,incomparable,simple,non complexe,pur, sans mélange. (Ce mot double les க,ச,த,ப suivans;souvent il prend ள à la fin et quelquefois se redouble). 2° *imp. de* தனிகிறது, 3° (dhani), riche, (inusité en ce sens); —க்கால் pied—,pieu unique,ce qui n'a qu'un pied ou une roue comme le char fabuleux du soleil; — க்குடை ombrelle unique,— impériale, —de monarque absolu, pouvoir souverain et indépendant,le gouvernement; — க்குடை நிழற்றுகிறது couvrir de son ombrelle impériale,*i. e.*gouverner; —க்குறில் lettre brève seule; — க்கோனான் autocrate, monarque absolu,— incomparable, Dieu;—ச்சொல் mot isolé, pied détaché interposé entre 2 distiques ou 2 vers;—ச்சபை cour —,audience du roi;—த்தீர்வை le jugement particulier;—ப்படுகிறது s'isoler,être seul; —நிலை la lettre ஃ: — ப்படுத்துகிறது isoler,mettre à part, séparer des autres;—ப்படை troupe—,arme isolée,duel,combat singulier;—ப்பாடு

solitude,isolement,responsabilité entière; —ப்பாட்டு stance séparée,qui a un sens complet,(l'opposé est குளகம்);—ப்பால் lait pur, sans mélange; — ப்பிரயாணம்பண்ணுகிறது voyager seul; — ப்புரக்கிறது régner seul,en monarque absolu;— ப்புரம் ville isolée,palais de roi; — ப்புறம் solitude, lieu solitaire, — retiré ou caché;—ப்பெறுகிறது,—ப்போகிறது s'isoler;— ப்போகாதே ne t'isole pas, ne va pas seul;—ப்போர் duel,combat singulier;—ப்போராடுகிறது se battre en duel;—போராளி, — ப்போர்க்காரன் duelliste;—மகவு fils unique, —aîné,—incomparable,héritier présomptif de la couronne; —மகள் fille unique,femme isolée,—incomparable,reine (couronnée et légitime);—முதல் le premier seul ou sans égal,*i.e.* Dieu;—மொழி mot isolé, mot primitif,—non complexe;—யரசாட்சி monarchie,gouvernement indépendant;—யாள் personne seule,non mariée;—யிருக்கிறது être seul; —யிசை syllabe métrique d'une seule longue dite நேரசை;—யுத்தம் duel, combat particulier;—யுப்பு, *V.* அமுரி;—யுவமம் comparaison simple comme கன்னெஞ்சு cœur de pierre;— வெண் nombre singulier,—unique; —வெழுத்து lettre seule, — isolée,—simple comme அ,ஆ,க்,ங்...;— வசனம் phrase simple,le singulier; —வலிப்பெருமாள், —வல்லி la plante குப்பைமேனி;—வழி route isolée, voyage sans compagnon; —வழிப்போனவள்,— வழிவந்தவள் femme qui va et vient seule et sans permission de son mari, *v. g.* qui s'en est allée ainsi chez sa mère et en est revenue,(terme injurieux):தனியாக,தனியே,தனித்தனியே,தனித்தனியாய் séparément, à part,en particulier, seul à seul, en diverses occasions;தனியேஅழைக்கிறது appeler à part,—séparément;—யிருக்கிறது être seul; தனித்தனியேகூட்டுகிறது joindre —, assembler un à un, chacun à part ou séparément; தனித்தனிவைக்கிறது séparer l'un de l'autre,mettre séparément,isoler; ஒருவனைத்தனியாக்குகிறது séparer quelqu'un des autres (par honneur...); வீட்டுக்குத்தனியாயிருக்கிறவன் maître de maison. [andre, (plante).

*தனிகம்,தனிகா,(dhanika), cori-

*தனிகன்,(*id.*),homme riche,opulent,créancier, mari.

*தனிகை, (dhanikâ), femme, — chaste,vertueuse, jeune femme.

தனிக்கிறது,னித்தேன்,னிப்பேன்,னி,னிக்க,*v.n.* (தனி),*et* தனித்திருக்கிறது,s'isoler, être seul,isolé,sans secours; தனித்துப்பேசுகிறது parler à part, en particulier; — ப்போகிறது s'isoler, aller seul.

தனிசு,1° dette. 2° *P.* திணுசு, manière,espèce.

*தனிஷ்டை,தனிட்டை,(dhanichtâ), la 23$^{me}$ constellation dite அவிட்டம். [bruit.

*தனிதம், (dhvanita), grand

தனித்த,*part.de* தனிக்கிறது,seul, isolé,solitaire.

தனித்தல்,*n.v. de* தனிக்கிறது *ou* தனித்திருத்தல், isolement, être seul, isolé.

தனித்து,*gér.de* தனிக்கிறது: தனித்தியவிடுகுறி,தனித்தியவிடுகுறிப்பெயர், nom primitif d'espèce ou de genre contenant plusieurs individus ou variétés. [isolement.

தனிப்பு, *n. v. du même*, solitude,

தனிமை, (தனி, மை), solitude, isolement,retraite, lieu isolé ou retiré,séparation,vie solitaire, célibat, abandon, manque de secours, incomparabilité,état sans égal:—யாற்றல் s'isoler,garder le secret sur ses affaires, (c'est un des அஷ்டவணிகக்குணம்.)

தனியன்,(தனி), homme seul, être isolé, éléphant ou sanglier sauvage et isolé des autres. [coriandre.

*தனியா, (dhanyâ), graine de—,

தனினும்,1° *P.* தனையும்,tant que. 2° *P.* தன்னினும், *obl. de* தான் *avec* உம்.

*தனு,1° (tanou),corps, petitesse,

finesse, peau, femme ou fille. 2° (danou), Danou fille de தக்கன், femme de கசியபன் et mère prétendue des தானவர் espèce de démons ou அசுரர். 3° (dhanou), arc, arbalète, le Sagittaire. 4° V. இதி: — கரன் archer; —காண்டம் l'arc et la flèche; —கூடம் pore de la peau; — க்கோடி la baie de Râmèssouram fameuse par un jour annuel de bain réputé sacré, et dont l'eau est réputée sainte par les Indous, bout de l'arc, complément d'un arc; — சஞ்சாரிணி, (fém. de சஞ்சாரி), jeune fille de 10 ans; —சாஸ்திரம், V. தனுவித்தை; — ஜு fils de Danou, démon; —தரன் archer, tireur d'arc; —த்திரம், (tra qui conserve), armure, cuirasse, cotte de mailles; —த்திருமம், —த்துருமம் bambou; — த்தியாகம் abandon du corps, i.e. la mort; — நாண் corde d'arc; — ப்பச்சை pierre verte, émeraude; —ப்பாஷாணம் l'arsenic naturel சரகாண்டபாஷாணம்; — ப்பிரசம் l'insecte இந்திரகோபம்; — மணி bijou ou pierre précieuse que l'on attache à un arc, c'est la marque d'un guerrier qui a vaincu 1000 ennemis avec son arc; — மேகசாயை saphir; — ரசம் sueur du corps, transpiration; — ரணம் gale, pustule, furoncle; —ரத்தினம் la pierre nommée சூடாலேக்கல்; —ரகம் diamant; —ராசி le signe du Sagittaire; — ருகம் poil du corps; — ரேகை ligne qui fait l'arc ou qui soutient un arc; — வளைக்கிறது bander un arc; —வாதம் région de l'enfer des Indous où il y a peu de vent, nom d'une maladie; —வாரம், V. தனுத்திரம்; — வித்தை l'art de tirer de l'arc ou de manier les armes; — விரணம், V. தனுரணம், —விராசி, V. தனுராசி, —விருக்கம், — விருக்ஷம், — விருட்சம் l'arbre ஆச்சா, V. தனுர்விருக்ஷம்; —வேதம் l'art de tirer de l'arc, un des 4 உபவேதம்.

*தனுசன், pl. தனுசர், 1° (தனு corps, சன்), fils. 2° (தனு Danou, சன்), fils de Danou, Dânaven, espèce d'அசுரன் ou démon.

*தனுசனி, (தனு, djani production), fils.

*தனுசாரி, (தனுசன், அரி), l'ennemi des தனுசர் ou démons, i.e. Dieu, Indiren, Vichnou.

*தனுசு, (dhanous), arc, arbalète, le Sagittaire: —ராசி, — லக்கினம் le Sagittaire.

*தனுசை, (தனு, corps, சை), fille.

*தனுஷ், P. தனுசு, arc, devant, க. et ப: —கரன், — பாணி archer; —கோடி, V. தனுக்கோடி.

தனுநபம், P. தனூனபம்.

*தனுர், P. தனுசு, arc, (devant la plupart des consonnes): — குணம் corde d'arc; —தரன், —தாரி archer; —துருமம் bambou; —மத்தியம் milieu d'un arc; — மார்க்கம் ligne courbe, qui fait l'arc; — மாசம் le mois du Sagittaire, i. e. மார்கழி; — வாதம் espèce de maladie, contraction des muscles; —விருக்ஷம் arc ou partie de circonférence; —வேதம், V. தனுவேதம்.

*தனூனபம், (தனு corps, ஊனம், pa qui nourrit), ce qui nourrit le corps, beurre frais, —fondu.

*தனேசன், தனேச்சுவரன், (தனம், ஈசன், ஈச்சுவரன்), le prétendu dieu des richesses, i.e. குபேரன்.

தனை, mesure, nombre, quantité. Il s'emploie rarement seul, mais vient ordinairement avec அ, இ, எ, Ex. அத்தனை autant que cela, இத்தனை autant que ceci, எத்தனை combien; தனையும் tant que, jusqu'à ce que; il se joint au participe futur et quelquefois au participe présent: quelques-uns même changent la terminaison உம் du futur en அம். Ex. நான்வருந்தனையும் jusqu'à ce que je vienne; இதுஇருக்கும் ou இருக்குந்தனையும் tant que cela sera; ஊழியுள்ளதனையும் pour toujours, toute l'éternité.

தனையள், fille, fém. de

*தனையன், P. தனயன், fils.

*தனையை, P. தனயை, fille.

*தனோபசயம், (தனம், உபசயம்), V. தனுத்சனம்.

தன், 1° *gén. ou obl. de* தான், son sa, ses. 2° particule explétive dite சாரியையுருபு;—காலம் son temps, temps où l'on peut exercer son pouvoir;—குலம்வெட்டி destructeur de sa caste ou de sa famille; — படுவன் sel qui se forme de lui-même;—பாடு son affaire; — பாரிசமாக்குகிறது attirer dans son parti, accaparer;—பால் son lait..., lait pur,—sans mélange; — பொருட்டறுமானம் connaissance acquise par son expérience;—பொறுப்பு propre responsabilité, poids dont on est chargé; —மதிப்பு son estimation, estime de soi-même, sa considération;—மலைக்காணி la pierre சாலக்கிராமம்;—மூப்பு son ancienneté, sa supériorité, indépendance;—மேன்பாடு,—மேன்பாட்டுரை son éloge,—apologie, exposer sa supériorité, fig. de rhét. qui consiste à se louer;—வசம் sa possession, son pouvoir, sa responsabilité, sa manière;—வசமாக்குகிறது,—வசப்படுத்துகிறது s'emparer, s'approprier, se mettre en possession de, se charger de;—வயத்தாதல், —வயத்தாகுதல், (வயம், ஆதல்), ne dépendre que de soi-même, être indépendant, exister de soi-même, ce qui est un des அறுகுணம் et எண்குணம், *i.e.* des 6 ou des 8 attributs de Dieu: —வழி son chemin, son pouvoir, son moyen, *V.* தன்வசம்;—வழிப்படுத்துகிறது s'emparer, réduire en sa puissance;—விருத்தி,—றொழில் *ou* தொழில் son emploi;—வினை son action, action qui est faite par soi-même, verbe neutre ou intransitif (ou plutôt), verbe dont le sujet fait lui-même l'action, comme நடக்கிறான் il marche, அளிக்கிறான் il donne, par opposition à பிறவினை verbe dont le sujet fait faire l'action par un autre, comme நடப்பிக்கிறான் il fait marcher; அளிப்பிக்கிறான் il fait donner; —வேதனைக்காட்சி vue —, connaissance de son tourment. [allégresse.

தன்று, (தனு), grande —, joie,

*தன்மம், et ses composés, *V.* தருமம்...; தன்மதாதா bienfaiteur généreux;—தாசா, *P.* தருமதாசா.

*தன்மன், *P.* தருமன், Dharmarâdja, l'aîné des Pandavers, racine de poivre long, sorte de poivre. [rouge.

தன்மசோகிதம், (தன்மம்), sandal

*தன்மாதன்மியம், (தன்மம், அதன்மம், ya), la vertu et le vice, la justice et l'injustice. [சரபம்.

தன்மாத்திகாயம், *V.* தருமாத்தி

*தன்மாத்திரை, (tat *ce*, மாத்திரை), archétype ou rudiment subtil de la matière élémentaire, atomes primitifs des élémens, principe des organes des sens (selon les Indous).

தன்மானம், (தன்), misère, pauvreté

தன்மானி, (*id.*), misère, pauvreté, tristesse, pauvre, malheureux:—பேசுகிறது parler en malheureux,—très-humblement; மெத்த—,—பாவிக்கிறவன், தன்மானமுள்ளவன் homme très malheureux, digne de compassion.

தன்மை, (தன், மை), nature, essence, qualité, —principale, caractère, propriété, manière, condition, état, identité. 1re personne dans les pronoms et les verbes, *ou* தன்மையணி la 1re des fig. de rhét. qui consiste à parler d'une chose de manière à faire connaître sa nature;—யெழுத்து lettre—, lettres ou note d'indication; சரீரத்தன்மை nature corporelle; ஆத்துமாவின் — nature spirituelle, nature —, essence —, état de l'âme: சிநேகத் — le caractère de l'amitié: ஒழுக்கத்தின் — manière de se conduire; அதுசொல்லத் தகுந்தன்மையல்ல ce n'est pas là la manière de s'exprimer, c'est une expression impropre; இத்தன்மைத்து ainsi, de cette manière.

*தன்வந்தரி, (dhanvantari), Danvantari, prétendu médecin des dieux, né de la mer de lait avec l'ambroisie, le soleil, Siven.

தன்னடக்கம், (தன், அடக்கம்), retenue, modestie, répression de soi-même.

தன்னந்தனி, (தன், அம், தனி),

solitude absolue,isolement complet: தன்னந்தனியே tout seul;—வேயிருந்தான் il était tout seul; ஏகாந்தன் வைத்துத்தன்னந்தனியிருப்பதற்கு தவம் போலுந்தவமில்லையே il n'y a point de pénitence égale à celle de ceux qui restent seuls concentrant leurs pensées dans leur intérieur, (par la méditation).

தன்னமை, amitié, accord, consentement, secours,bassesse, abaissement.

*தன்னம்,(tarna), petitesse, bagatelle,veau, faon de biche, யுத்தி qui consiste à citer souvent la coutume.

தன்னயம், (தன், நயம்), amour propre, — de soi-même, sa propre force, —utilité.

தன்னரசு,தன்னரசாட்சி, (தன், அரசு,ஆட்சி), indépendance, gouvernement libre et indépendant (qui a ses propres lois), autonomie, anarchie· தன்னரசுநாடு, — பற்று pays indépendant, —libre,en république, sans roi,pays d'anarchie, — nouvellement établi:தன்னரசாய்ப் பேசுகிறது parler d'une manière indépendante, se vanter.

தன்னரண்காத்தல்,(தன்,அரண்), défendre ses forteresses ou ses fortifications,ce qui est une des 8 victoires dites அஷ்டவெற்றி.

தன்னவர், (தன்,அவர்), un des siens,— de ses gens,(cliens,amis ou parens).

தன்னறிவு,(தன்),sa connaissance, la connaissance de soi même,son esprit, son intelligence, homme qui ne suit que son propre esprit.

தன்னாசை, (id.),son désir, amour de soi-même.

தன்னாணை,(id.),son serment,serment par soi même,par sa vie, par son âme. [soi-même, par accident.

தன்னால், abl. de தான், de ou par

தன்னிச்சை,தன்னிஷ்டம், தன்னிட்டம்,(தன்),son gré, son bon plaisir,sa propre volonté, liberté, indépendance: தன்னிச்சையாய் spontanément, de son plein gré, à sa fantaisie,à sa volonté; தன்னிச்சையாய்த்திரிகிறது rôder à son gré;—விடுகிறது ou விட்டுவிடுகிறது affranchir, donner la liberté, laisser libre,abandonner à sa fantaisie.

*தன்னியம்,1° (dhanya), richesse. 2° P.விதன்னியம், lait de femme. 3° (தன்),ce qui est à soi: தன்னியத்துவம் opulence, bonheur, bonne fortune.

தன்னியல்புப்பிரமேயம்,(தன், இயல்பு), sorte de mesure ou de base de jugement, qui bien qu'elle s'applique spécialement à une chose en comprend aussi naturellement d'autres, v.g. l'histoire d'un roi ou d'un lieu. [che,fortuné.

*தன்னியன்,(dhania),homme ri-

*தன்னியாசி,(dhanâsri),un des 32 airs anciens,adapté au printemps.

*தன்னியை, (dhanyâ), nourrice, mère nourricière.

தன்னிரைமீட்டல், (தன், நிரை), ou பகைவர்கவர் நிரைமீட்டல் reprendre son bétail enlevé par l'ennemi, c'est un des அஷ்டவெற்றி.

தன்னில்,1° abl de தன்,en soi, en lui.2° (தன்,இல்),sa maison: தன்னிலேதானே en soi même, en lui-même.

தன்னிலை, 1° (தன்,நிலை), son état naturel,sa condition,sa position. 2° (தன்,இலை), sa feuille: தன்னிலையில் வெவருகிறது retourner à son état naturel, à un état calme; தன்னிலையிற்றழாமை ne pas descendre de son état,se respecter soi-même.

தன்னிறமாக்கி,(id.நிறம்,ஆக்குகிறது),guêpe,or.

தன்னிறம், (id. நிறம்), sa propre couleur, pierre de la couleur des bourgeons du manguier.

தன்னினி,l'arbre வேங்கை.

தன்னீங்கல்,(தன்,நீங்கல்),liberté, échapper, être libre,délivré.—ஆனவன் homme libre,— devenu libre.

தன்னுகிறது,ன்னினேன், ன்னுவேன்,ன்னு,ன்ன,v.a.emporter petit à petit,alléger un vaisseau pour qu'il puisse passer sans toucher.

தன்னுடைய, *gén. de* தான், son, sa, ses: தன்னுடையவன், *V.* தன்னவன். [ligence, sa connaissance.

தன்னுணர்ச்சி, (தன்), son intel-

தன்னுதல், 1° *n. v. de* தன்னுகிற து. 2° (தன், நுதல்), son front.

தன்னு, *imp. et part. de* தன்னுகி றது: —தோணி, — வத்தை petite barque, canot, bateau.

தன்னெடுப்பு, (தன்), son élévation, —arrogance, ses efforts.

தன்னேத்திரம், (தன், நேத்திரம்), son œil, onyx.

தன்னை, 1° *acc. de* தான், soi même. 2° mère, ancien. 3° (*contraction de* தன், அன்னை), sa mère 4° (தன், ஐ), sa beauté, son seigneur...: தன்னைக்கட்டுகிறது se lier, se garder, veiller sur soi, se retenir: —ப்பரூப் பிக்கிறது se louer, s'exalter, se vanter; — யறிகிறது se connaître soi-même, connaître son état, être dans son bon sens, se contenir, être maître de soi, une fille se connaître ou connaître sa nubilité, *i. e.* avoir ses 1res règles; — யறிந்தவன்தலைவ னையறிவான் celui qui se connait lui-même, connaîtra Dieu; —யறியா தசன்னதமில்லை il n'y a point de possession où l'on ne se connaisse soi-même; —யொறுக்கிறது se mortifier, diminuer ses dépenses, se tuer.

தன்னொழுக்கம், (தன்), conduite conforme à sa condition.

தன்னோடு, *abl. de* தான், avec soi-même: தன்னொடொற்றுமை être uni, s'accorder avec soi-même: தன் னொடொற்றுமைப்பொருள் objet intimement inhérent à soi-même. *Ex.* அரசன்கை la main du roi; தன் னொடொற்றுமையில்பொருள் accessoire, chose qui n'est pas inhérente. *Ex.* அரசன்வேல் le javelot du roi.

தா, 1° lettre syllabique composée de த் et de ஆ. 2° * *imp. de* தருகிறது, donne. 3° * (dhâ), Brama, la planète Jupiter. 4° ruine, destruction, dommage, perte, peine, affliction, difficulté, faute, haine, force, homme féroce, 5° *imp. et n. v. de* தாகிறது *et de* தாவுகிறது, action de sauter, de s'élancer, de passer par dessus, passage, éloignement.

*தாகம், 1° (dâha), soif, désir, brûlure, combustion. 2° (dhâka), bœuf, colonne, poteau, nourriture, riz cuit: —கொள்ளுகிறது, — எடுக்கிற து gagner la soif, devenir altéré, *ou* —ஆயிருக்கிறது avoir soif; — தீர்க் கிறது *ou* தணிக்கிறது étancher ou apaiser la soif; —தணிகிறது la soif s'apaiser; — தணிந்திருக்கிறது la soif être apaisée, éteinte ou diminuée; — அடக்கி oseille, plante qui apaise la soif; தாகசாந்தி étanchement de la soif; — சுரம் fièvre brûlante; —ப்புளி tamarin qui désaltère ou pour la soif: எனக்குத் தாகமாயிருக்கின்றது, தாகமாயிருக் கிறேன் j'ai soif; அவன்பணத்தின் பேரிலதிகதாகமாயிருக்கிறான் il a un désir excessif pour l'argent.

*தாகனம், (dâhana), *V.* தகனம்.

*தாகன், (dâka), homme libéral, celui qui fait faire un sacrifice.

தாகாரித்துவம், connaissance de l'air ou de la forme du firmament ou de l'atmosphère.

தாகிறது, தாயினேன், தாவேன், தா, தாவ, *v. a.* sauter par dessus, s'élancer, passer.

தாங்கிறது, கித்தேன், கிப்பேன், கி, கிக்க, *v. n.* avoir soif.

தாக்கணங்கு, (தாக்கு, அணங்கு), femme à belle prestance. Lakchmi.

தாக்கணிக்கிறது, ணித்தேன், ணி ப்பேன், ணி, ணிக்க, *v. a.* தாக்கணித் தல். *n. v.* (தார்க்காணிக்கிறது), *ou* தா க்கணித்துக்கொடுக்கிறது, —ப்பே சுகிறது prouver, démontrer: அதுவு ன்னொடென்று தாக்கணிப்பேன் *ou* அதைத் தாக்கணித்துக்கொடுப்பே ன் je prouverai cela.

தாக்கம், *n. v. de* தாக்குகிறது, rebondissement, rebond, pesanteur, enflure: எதிர்தாக்கம் rebond, contrecoup.

தாக்கல், 1° *opt. et n. v. de* தாக்குகி றது, opposition, choc, heurt, saillie, coup donné. 2° (*arabe*), insertion.

d'une somme dans un compte, changement de corps ou de compagnie, transport dans un autre corps, renvoi.

தாக்காட்டுகிறது.(தாக்கு),soutenir,aider,protéger,tromper.

தாக்ஷுஷன்,(tchâkchoucha),le 6me Manou.

தாக்கினை,தாக்கீது,(*ind.*), ordre, commandement: — பண்ணுகிறது, — சொல்லுகிறது ordonner,commander,donner un ordre; — மறுக்கிறது rejeter ou enfreindre un ordre; உறுதியான ordre positif ou constant: நீர் அனுப்பின தாக்கினைப்படி நடத்தினேன் j'ai conduit les choses selon l'ordre que vous avez envoyé.

*தாக்கியன், *P.* தார்க்கியன்.

தாக்கு, 1° *imp.et part.du suiv.* 2° coup,combat, assaut,secousse,heurt, choc, voûte, corpulence, prestance, pesanteur, gravité, fermeté, force, emphase, place, tigre: ஆள்த்தாக்கு belle prestance,prestance —, force d'un homme: ஆள்த்தாக்கிலே தாழ்ச்சியில்லை la prestance ne lui manque pas; ஆள்த்தாக்காயிருக்கிறான் il a la prestance d'un homme,c'est un homme fort et robuste; தாக்காயிருக்கிறது être grave, corpulent,fort,avoir une belle prestance; தாக்காய்ச்சொல்லுகிறது parler hardiment, fièrement, avec emphase, se vanter; தாக்குமொழி mot emphatique.

தாக்குகிறது,*sync.* தாக்கிறது, க்கினேன், க்குவேன், க்கு, க்க, *v.a. et n.* தாக்குதல்,*n. v.* assaillir,combattre, frapper, heurter, se briser —,s'élancer —,donner contre,frapper l'un contre l'autre,2 béliers se battre, atteindre, toucher, affecter, s'opposer, résister,chasser,pousser, baisser, être pesant, additionner et multiplier: வெறி— être enivré,infatué: கண்ணிலேதாக்கும் cela affecte l'œil, atteindra l'œil; நிறையத்தாக்கியிருக்கிறது être entièrement chargé ou rempli jusqu'au bord; நிறையத்தாக்கிக்கொண்டுவந்தான் il est venu rempli de vin, entièrement ivre.

*தாக்ஷகம்,(தக்ஷன்,ka),la race de Dakchen.

*தாக்ஷணம்,தாக்ஷணியம், தாக்ஷிணை, தாக்ஷிண்ணியம்,(dâkchinya) humilité, abaissement, compassion, complaisance,bonté.

*தாக்ஷம், 1° (தக்ஷன்),code de loi de Dakchen. 2° *P.* திராக்ஷம், raisin, vigne.

*தாக்ஷியம், (dâkchya),prudence, habileté, dextérité.

*தார்க்ஷன்,(târkchya),le vautour கருடன்.

*தாக்ஷாயணம்,(dâkchâyana), or, bijou d'or,ornement d'or.

*தாக்ஷாயணி, (தக்ஷன், âyani *affixe.*), la progéniture ou les filles de Dakchen, prétendues femmes de Sandiren ou la lune. (On nomme ainsi les 27 constellations lunaires et en outre). Dourga ou துர்க்கை, et la constellation Rohini, (aussi filles de Dakchen).

*தாக்ஷாயணிபதி, தாக்ஷாயணிரமணன்,(*id.*),la lune,ou plutôt Sandiren prétendu mari des filles de Dakchen.

*தாக்ஷாயணிபன்,(*id.* pa *qui protége*), Sandiren ou la lune, Siven, (gendres de Dakchen).

*தாக்ஷாய்யம்,(dâkchâyya), le vautour கருடன்,vautour.

*தாக்ஷிகம், தாக்ஷியம், (dâkchya) *V.* தாக்ஷியம்.

தாக்ஷிணியம், தாக்ஷிணை, தாக்ஷிண்ணியம்,(dâkchinya),accord,agrément,complaisance, bonté, affabilité,compassion, partialité,harmonie, habileté,adresse: —இல்லாமை manque d'affabilité; —மில்லாமற்பேசுகிறது parler sans affabilité, rudement.

தாங்கல், *opt. et n.v.de* தாங்குகிறது, action de porter..., soutien, conservation, protection, support, petit étang, — réservoir naturel, peine, chagrin, déplaisir, mécontentement: — ஆயிருக்கிறது être peiné, offensé, indisposé, avoir du déplaisir; — ஆய்ப்பேசுகிறது parler avec mécontentement; —வருத்துகி

க்கிறது, —வருப்பண்ணுகிறது causer de la peine, offenser; உன்மேலே —மெத்த ou est très-mécontent de toi. [mêmes; gén. தங்கள்.

தாங்கள், pl. de தான், eux, eux-

தாங்கானமட்டை, (தாங்கு, ஆன்), pièces de bois qui soutiennent la chaine du tisserand, ou l'écheveau.

தாங்கி, 1° gér. de தாங்குகிறது. 2° soutien, support, appui, anneau de fer au bout d'un pilon ou d'un bâton, agrafe de bijou, V. கைமயிறுக்கி: குடிதாங்கி celui qui soutient une famille.

தாங்கு, imp. et part. du suiv.: —கோல் pilier, perche de batelier.

தாங்குகிறது, sync. தாங்கிறது, கினேன், குவேன், கு, க, v.a. et n. தாங்குதல், n.v. porter, soutenir, supporter, (v.g. le mur supporter le toit), endurer, souffrir, assister, aider, garder, protéger, défendre, accueillir, embrasser, flatter, se garder de, résister, arrêter, retenir, repousser, —un trait avec son bouclier, pousser une barque avec la perche, boiter, clocher d'une jambe, s'unir, se coller, affecter, impressionner l'esprit, suffire, pouvoir, avoir du chagrin, du mécontentement: தாங்கித்தாங்கிநடக்கிறது marcher en boitant, en s'appuyant plus sur une jambe que sur l'autre; அவன்பேச்சுதாங்கித்தங்கிப்போகிறது son discours va clopin-clopant, il s'arrête souvent en parlant; தாங்கிக்கொண்டிருக்கிறது soutenir, porter, endurer: தாங்கக்கூடாமற்போகிறது ne pouvoir porter ou supporter..., devenir intolérable; தாங்கமாட்டாத qu'on ou qui ne peut supporter; இவனைவேளைத்தாங்குகிறான் il le supporte, le protége, le flatte pour parvenir à ses fins; எனக்குத்தாங்காது je ne puis, cela ne me suffit pas; என்னுலேதாங்காது je ne puis, je ne saurais porter ou supporter..., je n'ai pas la force; எனக்கிம்மாத்திரந்தொடுக்கத்தாங்காது je ne puis donner autant, ou on ne saurait me donner autant; இதுதாங்கும் ceci portera; அதெனக்குத்தாங்கும் cela m'affectera, me contristera, me suffira; பத்து பணத்திலேயெனக்கு தாங்குமா sera-ce assez pour moi de 10 fanons; மலையைமலைதாங்கவேணும், மண்ணாங்கட்டியா தாங்கும் une montagne doit en porter une autre, une motte de terre le pourra-t-elle; வெட்டவருவதை மாயுத்திலேதாங்குகிறது parer avec ses armes le fer tranchant dont on est assailli. [ge.

*தாசத்துவம், (தாசன்), esclava-

*தாசநந்தினி, (id.), sattiavadi fille d'un pêcheur et mère de Vyasen.

*தாசபாலனம், (id.), préservation de l'esclavage, c'est une des 14 œuvres de charité dites தயாவிருத்தி.

*தாசபுரம், தாசபூரம், (id. poûra qui nourrit), herbe odoriférante dite cyperus rotundus.

*தாசரதன், தாசரதி, (தசரதன்), le fils de Dasaraden, i.e. Râmen.

தாசரி, (தாசன்), mendiant vichnouviste, ou —ப்பாம்பு espèce de gros serpent, boa, serpent des montagnes.

*தாசர், pl. de தாசன், esclaves, serviteurs, mendians vichnouvistes, pêcheurs, habitans des côtes de la mer.

தாசனைப்பொடி, P. தசனப்பொடி.

*தாசன், (dâsa), 1° sing. de தாசர். 2° choutre ou soudra, sage.

*தாசி, fém. de தாசன், esclave, servante, fille ou femme d'esclave, de pêcheur ou de soudra, danseuse, bayadère, prostituée, la 2° constellation dite பரணி, variété du மருதோன்றிமரம் lawsonia spinosa à fleurs de couleur de nuages; —க்கல் espèce de pierre dite காக்கைக்கல்; —சபை troupe—, assemblée d'esclaves ou de prostituées; —புத்திரன், —மகன் fils d'esclave, de prostituée, bâtard.

தாசிகம், P. தாசியம்.

*தாசிகை, 1° [தாசி, கை), main

d'esclave,de prostituée....2° *V.* தாசி.

*தாசிதம், (dâsita),ce qui est gâté ou corrompu.

*தாசியம்,(dâsya), esclavage,servitude: தாசியப்பிருந்தம் troupeau de vaches,—d'esclaves.

தாசில்தார்,(*ind*), Dâsildar,autorité native au dessous du collecteur.

தாசு,1° (*à la fin des noms propres, P.* தாசன்), serviteur. *Ex.* மரியதாசு serviteur de Marie. 2° dé à jouer, plaque de métal pour sonner les heures, 24ème partie du jour.

*தாசுவம்,(dâsva),don,présent.

*தாசுவன்,(*id.*),homme libéral.

*தாசேயன், (dâsêya), ouvrier, serviteur,esclave. [ka),chameau.

*தாசேரகம், தாசேரம், (dâsêra,

*தாசேரன்,(*id.*),*V.* தாசேயன்.

*தாசோகம், 1° chameau. 2° (dâsas,aham *moi*),je suis votre serviteur, (salutation usitée parmi les Vichnouvistes). [சோலைப்புல்.

தாச்சி, 1° *P.* தாய்ச்சி.2° l'herbe

தாச்சிலே,*P.*தாய்ச்சிலே.

*தார்ஷ்டிகம்,(dhârchtya),courage, hardiesse, force,autorité, insolence, arrogance, tapage, habileté, prudence, économie, grandeur: —ஆயிருக்கிறது être insolent;— ஆய்ப்பேசுகிறது parler hardiment, avec arrogance; — உடையவன் homme hardi, vaillant. [larcin.

*தாஸ்கரியம், (தஸ்கரன்), vol,

தாடகம்,les plantes நீர்முள்ளி et விழி.

*தாடகை, (tâdakâ), Tâdhaguei, géante tuée par Râmen:—வதைப்படலம் chant du Râmâyanam sur la mort de Tâdhaguei.

*தாடங்கம், (tâdanka), espèce de boucles d'oreilles,autre bijou pour les oreilles nommé தோடு.

*தாடம், (tâdam), faisceau d'épis, gerbe, poignée d'herbe, bruit, son, châtiment, tourment, montagne, le palmier corypha dit தளப்பம்; தாடபத்திரம் bijou d'oreilles qui ressemble à la feuille de ce palmier.

*தாடனம்,(தாடம்,na),coup,tape, rejet,*ou* தாடனஞ்செய்கிறது battre, frapper,fouetter. [teur.

தாடன்,*P.*தாசன்,esclave, servi-

தாடா,(*P.*தா, அடா), donne,(mot d'un supérieur à un inférieur ou d'égaux familiers entr'eux).

தாடாண்மை, (தாடு, ஆண்மை), effort,activité.

தாடாளன், (*id* ஆளன்), homme actif,laborieux. [secours.

தாடாற்றி,(*id.*ஆற்றி),consolation,

தாடி,1° (dâdhikâ),barbe,menton, fanon de bœuf etc... 2° (dhâti), attaque, marche à l'ennemi: குஞ்சுத்தாடி barbe courte, — naissante: தாடிக்காரன் homme barbu,—à longue barbe; —போகிறது,—யாடுகிறது marcher à l'ennemi, attaquer l'ennemi;—முளைக்கிறது la barbe commencer à croitre;—யாட்டிப்பார்க்கிறது regarder en secouant sa barbe,ne rien craindre,aller à l'ennemi —,marcher sans crainte;— யாட்டிப்பார்த்தவிடத்தில யாகாதேபோகிறது ne pas réussir malgré ses efforts, travailler en vain; — வளர்க்கிறது, — வைக்கிறது laisser croitre sa barbe:தாடியின்முனை coins ou extrémités de la barbe.

தாடிக்கிறது,டித்தேன்,டிப்பேன், டி,டிக்க,*v.a.*(தாடம்), தாடித்தல், *n. v.* frapper, taper,battre,briser, combattre,*V.*அடித்தல். [டி boerhaavia.

தாடிமஞ்சம்,la plante சத்திக்கொ

*தாடிமம்,(dâdima) grenadier qui porte beaucoup de fleurs (et peu de fruits),petit cardamome: தாடிமபட்சணம்,—ப்பிரியம் l'oiseau qui aime les grenades,*i.e.* le perroquet. [chef.

தாடு,force,supériorité,dignité de

*தாடை, (dâdhâ),joue, mâchoire, menton, barbe, face, désir, grosse dent, défenses (d'animal): —தாடையென்றுபோடுகிறது donner un soufflet: தாடையில் அடிக்கிறது,— அறைகிறது, —புடைக்கிறது frapper à la joue(en combattant...),souffleter;—கொட்டிக்கொள்ளுகிறது se frapper les 2 joues en signe de repentir; — போடுகிறது souffleter, donner un coup à la joue pour punir; தாடையைத்திமிண்டுகிறது pincer la joue.

தாட்குத்தியிறுகிறது,(தான்,குத்தி,P.குட்டி), pousser des rejetons.

தாட்கோரை,(தான்,)espèce d'herbe.

☞தாட்சகம்,et autres mots commençant par தாட்ச, V. தாக்ஷகம் et autres mots correspondans en தா

*தாட்சன்,V.தாக்ஷன். [க்ஷ

தாட்சி,P.தாழ்ச்சி,humilité.

தாட்டன், un tel (terme méprisant), chef,mari,singe mâle.

*தாட்டாந்தகம், (தாட்டாந்தம், ka),chose prouvée.

*தாட்டாந்தம்,தாட்டாந்தரம்,P. திருட்டாந்தம், (proprement drouchtânta),proposition—,thèse ou chose à prouver. [tre,prince.

தாட்டாளன்,(தாட்டன்),chef, maî-

தாட்டி,1° fém.du préc.maîtresse, — de maison, femme,fois,facilité, liberté, chose courante, — sans empêchement.2° fém.de தாட்டன்,une certaine femme. 3° gér.de தாட்டுகிறது. 4°* (dhâti), attaque, marche à l'ennemi; தானுதாட்டி 4 fois: அவனுக்குவாசகதாட்டியுண்டு il lit couramment,—facilement.

*தாட்டிகம்,P.தாஷ்டிகம்.

தாட்டு,1° P.தாட்டி, fois.2° troupeau. 3° n. v. imp. et part. du suiv. coup, gronderie, réfutation:—ப்பூட்டென்கிறது grender, réprimander, censurer, se fâcher:—ப்பூட்டென்று குதிக்கிறது sauter—, frapper du pied—,trépigner de colère;—க்போட்டு,—மோட்டு ou தாட்டோட்டு désordre, trouble,sens dessus dessous.

தாட்டுகிறது, ட்டினேன், ட்டுவேன்,ட்டு,ட்ட,v.a.தாட்டுதல்,n.v.frapper, pousser,rejeter, réfuter, gronder.

தாட்டோட்டம், (தாட்டு, ஓட்டம்), tromperie, promesse trompeuse, — sans intention de l'accomplir: தாட்டோட்டக்காரன் celui qui fait de fausses promesses: தாட்டோட்டக்காரனுக்குத் தயிருஞ்சோறும், விசுவாசக்காரனுக்குவெந்நீரும்பிருக்கையும் on donne au faiseur de fausses promesses du lait caillé et du riz cuit,et à l'homme véridique de l'eau chaude et quelques grains de riz cuit,i.e.de fausses promesses plaisent plus que la verité.

தாட்படை,(தாள்), le coq dont les pieds sont armés d'ergots.

தாட்பயிர், (id.) céréales à tige, tige du blé ou des plantes qui sont en croissance. [barre.

தாட்பாள்,P.தாள்ப்பாள்,verrou,

தாணி,1° nom d'arbre.2° imp.de

தாணிக்கிறது, ணித்தேன், ணிப்பேன்,ணி, ணிக்க,v. a. charger un fusil, le bourrer,enfoncer, affermir, V.தாணிக்கிறது: தாணித்துச்சுடுகிறது charger un fusil et tirer: — ப்போடுகிறது le charger, le charger et le déposer;—வைக்கிறது le charger et le déposer ou le tenir prêt.

தாணித்தல், தாணிப்பு, n. v. du préc.

*தாணு,(sthânou), pilier,poteau, pieu, appui, soutien, protection, abri, tronc d'arbre, petit bâton, le lingam, Siven, état,—fixe, fermeté, fixité, endroit, montagne, victoire: தாணுவுண்டாயிருக்கிறது avoir un appui,un protecteur: எனக்கொரு தாணுமில்லை je n'ai aucune protection; இருக்கிறதற்கு இதுநல்லதாணு voilà un bon endroit pour s'arrêter.

தாணையம்,camp,garnison:—போடுகிறது mettre une garnison;— முறிகிறது la garnison se disperser ou être mise en déroute;— முறியவெட்டுகிறது mettre une garnison en pièces et en déroute; தாணையக்காரர் soldats de garnison.

*தாண்டகம்,P.தண்டகம்; poème dont les vers ont plus de 26 syllabes. [கிறது.

தாண்டல்,opt. et n.v.de தாண்டு

*தாண்டவம்,(tândava), danse,— accompagnée de gestes violens, — frénétique de Siven et de ses dévots (enseignée par le mouni தண்டு portier de Siven): —ஆடுகிறது danser; —ஆடியபாதன் celui dont le pied a dansé, *i.e.* Siven; தாண்டவதாளிகன் celui qui accompagne de sa musique la danse de Siven, *i.e.* Nandi ou நந்தி; — ப்பிரியன், — ராயன் L'ami—, le roi de la danse, *i.e.* Siven.

*தாண்டவன், (தாண்டவம்), le danseur, Siven.

*தாண்டு, 1° (தண்டு, Dandou *inventeur de la danse*), l'art de la danse. 2° *gér. de* தாண்டுகிறது.

தாண்டு, 1° enjambée, saut, —par dessus, passage, traversée, victoire. 2° *imp. et part. de*

தாண்டுகிறது, டினேன், டுவேன், டு, ட, *v. a.* தாண்டுதல் *n. v.* passer, traverser, (une rivière, des montagnes...); enjamber, sauter —, passer par-dessus (un mur, un fossé..), sauter, sautiller, bondir, danser, s'échapper, — d'un saut, s'élancer, vaincre, surmonter, surpasser; தாண்டித்தாண்டிப்போகிறது aller en sautillant, —clopin-clopant; அந்த அளவுக்கு மிஞ்சத் தாண்டியிருக்கும் cela surpasse de beaucoup cette mesure; அந்தவுத்தியோகந் தாண்டிப்போயிற்று cet emploi est rempli, *litt.* a passé.

தாண்டுவிக்கிறது, *v. caus. du préc.* faire passer..., laisser échapper.

*தாத, *adj. de* தாதன், *et de* தாதம்.

*தாதகி, (dhâtaki), l'arbe ஆத்தி.

தாதச்சி, *fém. de* தாதன், pénitente vichnouviste, fille ou femme de mendiant ou de jongleur vichnouviste.

தாதமம், action de manger.

*தாதம், 1° (dâda), don, présent. 2° choses qui remuent. 3° (dâta), coupure, division.

தாதருப்பியருபகம், (தாது, உருப்பியம், உருபகம்), sorte de figure de rhétorique.

தாதர், *pl. de* தாதன், 1° esclaves, serviteurs, Tâders, dévots—, mendians ou jongleurs vichnouvistes, (*c'est une des classes des Vichnouvistes*). 2° gens généreux, donateurs.

*தாதாத்மியம். (tad se, அத்தம், ya), identité de sens, —d'objet.

*தாதன், 1° *P.* தாசன், esclave, serviteur, Tâden, dévot—, mendiant ou jongleur vichnouviste. 2° (தாதம்), homme généreux, qui donne. 3° (tâta), père, homme vénérable: தாதக்கூத்து danse de Tâders; —மணி collier de pèlerins vichnouvistes allant à திருப்பதி, *V.* துளசிமணி; — மார்க்கம் observances religieuses des தாதர் ou dévots vichnouvistes; —வேஷம் accoutrement de தாதர், —de mascarade.

*தாதா, *gén.* தாதாவின், 1° (dâtâ), donateur, homme généreux, bienfaisant. 2° (dhâtâ), père nourricier, grand-père, protecteur, Brama.

*தாதாத்துமியம், தாதாத்மியம், (tâdâtmya), identité, unité, union, ressemblance.

*தாதி, 1° *fém. de* தாதன், esclave, servante, suivante, compagne. 2° (dhâtri), nourrice, bonne d'enfant, la constellation பரணி.

தாதிராசகம், (தாது, இராசகம்), le principal des fluides animaux, *i. e.* le sperme.

*தாத்ரி, (dâtri), personne, —femme généreuse.

*தாத்ரு, (dhâtrou), père, —nourricier, Brama, Vichonu.

*தாது, 1° (dhâtou), la 10me année du cycle indien correspondant à 1816 et 1876, partie essentielle du corps humain. (On en compte 7, que l'on désigne ainsi: இரசமாதிசேழு, savoir: இரசம் ou இரதம் humeur, இரத்தம் le sang, சுக்கிலம் le sperme, மூளை la cervelle ou la moelle, தசை la chair, எலும்பு les os, தோல் la peau). ‖métal, (on en compte aussi 7 désignés ainsi: பொன்முதலேழு *V.* உலோகம்). ‖élément, (*V.* மண்முதலைந்து ou பஞ்சபூதம்). ‖organe —, objet des sens, (*V.* இந்திரியம்). ‖arsenic—, minéral naturel (opposé à வைப்பு minéral composé), principe élémentaire ou atome des élémens, ocre—, terre rouge, nerf, pouls, artère, anthère des fleurs, pollen, feuille des fleurs, primitif, racine des mots (surtout des mots sanscrits séparés de leurs terminaisons),sperme,mensonge,fourberie. 2° (*ind.*),audition, audience, tribunal, *V.* தாதுமாதலை — கட்டுகிறது fasciner le sperme; — கவித்தல், — கக்குதல் effusion spontanée du sperme; —க்கலைபோன் topaze; —சேகரம் vitriol bleu, —vert (selon d'autres), *litt.* le chef des minéraux; —க்கினைவு, — நஷ்டம் perte —,diminution du sperme; — நசனம் eau de riz aigrie (censée détruire le chyle; — போன்ற métalliforme; —பார்க்கிறது, — பிடித்துப்பார்க்கிறது tâter le pouls; —மாதலை espèce de grenadier qui porte beaucoup de fleurs sans fruit; —மாரிணி,(மாரி,ni), borax; — மூலசீவன் les végétaux, les minéraux et les animaux; —ராசகம், *V.* தாதிராசகம், —ரோகம் sorte de gonorrhée ou maladie vénérienne; —வருஷம் la 10me année du cycle indien; — வல்லபம் borax, *litt.* l'ami des métaux; — வாதம் connaissance du pouls,(c'est le 46me des கலைக்கியானம்),métallographie, mensonge, fraude, tour, supercherie; —வாதஞ்சொல்லுகிறது mentir, ou — வாதம்பண்ணுகிறது duper, tromper par mensonge, jouer des tours, différer frauduleusement le payement d'une dette; —வாதக்காரன் menteur, trompeur, homme plein d'artifice; — வாதி chimiste, minéralogiste, celui qui fait l'épreuve des métaux, mineur; —விருத்தி, — விளைவு formation des métaux; —விழுகிறது, — விழுந்துபோகிறது les pouls tomber, cesser de battre; — வைரி l'ennemi des métaux, *i.e.* le soufre qui les ternit; தாதுமில்லை பிராதுமில்லை il n'y a ni audience ni plainte, il n'y a pas de tribunal de justice. [erre à chaux.

*தாதூபலம்,(தாது,உபலம்), pi

தாதேழு, (*id.* எழு),les 7 parties essentielles du corps, *V. au mot.* தாது).

*தாதை, (dhâtâ), père, grand-père, Brama: —தாதை, — தன்றாதை grand-père, ayeul.

*தாத்திரம்,(dâtra),hache,cognée, faucille, grand couteau.

*தாத்திரி,(dhâtri), mère, nourrice, terre, l'arbre நெல்லி: — பலம் fruit de cet arbre: —புத்திரன் nourrisson, fils de la nourrice, frère de lait.

*தாத்திரியம்,*P.* தாரித்திரியம், pauvreté. [songe.

தாத்திருவாதம், tromperie, mensonge.

தாத்துகிறது,த்தினேன், த்துவேன், த்து,த்த,*v.a.* தாத்துதல், *n. v. et* தாத்திப்போடுகிறது, vanner, séparer le grain des matières étrangères,séparer différentes espèces de grains,se défaire par ruse de vieilles marchandises,porter.

*தாத்ரு, (dhâtrou), un des 12 soleils, le soleil dans le signe du Bélier. [bienfaiteur.

*தாத்துவன், (dâtva), donateur,

தாத்துருவாதம்,*P.* தாத்திருவாதம்.

*தாந்தம்,(dânta),ordre —,correction du gourou, assujétissement, résignation.

*தாந்தவம்,(தந்து),filage,tissage.

*தாந்தனம்,(tândava),vent.

*தாந்திமம்,(dândima);répression des 5 sens.

*தாந்திரிகம்,(தந்திரம்,ka), espèce de சன்னி,débilité des nerfs,ce qui regarde les tantras,ce qui convient aux sophismes,un fil.

*தாந்திரிகன், (*id.*), partisan des tantras,savant.

*தாப, *adj.de* தாபம்.

*தாபகம், 1° (தாபம்,ka,),chaleur, chagrin. 2° *P.* ஸ்தாபகம், établissement, érection,placement.

*தாபகன்,*P.* ஸ்தாபகன், fondateur, celui qui établit, érige ou affermit.

*தாபசம்,(தபசு),pénitence.

*தாபசன்,(தாபசம்),pénitent.

*தாபசேந்திரன், (*id.* இந்திரன்), grand pénitent, abbé.

*தாபதம்,(tâpasa),ermitage, couvent: தாபதநிலை état de pénitence, —de viduité, observances et règles de la viduité,état d'une femme séparée de son mari (qu'ils nomment நெய்தற்புறம்.)

*தாபதன்,(தாபதம்), pl. தாபதர், ermite,anachorète,ascète,sage,pénitent,samanéen, V. சடைமுடிவோர்.

*தாபநியம்,(tâpaniya, de தபனீயம்),un des 32 உபநிஷதம்.

*தாபம், 1° (tâpa),chaleur,—brûlante, ardeur,ferveur,désir ardent, soif, affliction, peine, chagrin,malheur. 2° P. தாவம், forêt, bois,incendie,—d'une forêt;— ஆயிருக்கிறது être ardent,désirer ardemment, souffrir de la chaleur;தாபச்சுரம் fièvre brûlante, —avec grande chaleur et grande soif; — சோபம் fatigue, défaillance, épuisement, maigreur;—மாரி l'arbre தான்றி;—த்திரயம் triple affliction.

*தாபரம், P. ஸ்தாவரம், soutien, appui, aide.protection, compagnie, corps,temple,terre,ou தாபரசங்கம் les arbres, plantes et autres choses fixées à la terre et immobiles.

*தாபரன்,P.ஸ்தாவரன்,Dieu.

தாபரிக்கிறது, P. ஸ்தாவரிக்கிறது,appuyer, soutenir.

*தாபனம், 1° (தாபம், na),rayon du soleil,chaleur. 2° P.ஸ்தாபனம்.

*தாபாக்கினி, (தாபம், அக்கினி), ardeur,chaleur extrême.

தாபிக்கிறது, 1° P. ஸ்தாபிக்கிறது, fonder, ériger, élever, établir, affermir, bâtir, placer, proposer, avancer, offrir, cacher en terre. 2° (தாபம்),s'affliger, être chagrin.

*தாபிஞ்சம், (tâpintchha), l'arbre தமாலம், xanthocymus pictorius, l'arbre ஆமணக்கு ou ricin.

*தாபிதன், (tâpita), homme chagrin,affligé.

*தாபிதம், 1° (tâpita), brûlure, chaleur,peine chagrin.2° P.ஸ்தாபிதம்,établissement...

தாபிதா,(tâfta en persan), taffetas: —ச்சுருட்டு, —ச்சுருள் rouleau de soie,de taffetas.

தாபித்தல்,தாபிப்பு,n.v. de தாபிக்கிறது ou

*தாபியம்,P.ஸ்தாபிதம்,établissement, placement, érection, fondation. [subordonné,charge,garde.

தாபே தாரை, (arabe), partisan,

தாப்பணிவார், (தாழ்ப்பு, அணி), sangle pour attacher la selle, martingale, fouet, V. தாம்புக்கயிறு.

தாப்பாள்,P.தாழ்ப்பாள், verrou.

தாப்பிசை, தாப்பிசைப்பொருள்கோள்,(தாப்பு,இசை),un des 8 பொருள்கோள், il consiste dans l'explication à sous-entendre au commencement et à la fin un mot qui se trouve au milieu.

தாப்பு,moment désigné,— attendu,occasion,— désirée, proximité, intention, but: — சொல்லுகிறது guetter,—l'occasion,être en embuscade,avoir l'intention,prétendre.

*தாமசம், (tâmasa),1° indolence, vice, ténèbres, caractère de ténèbres,de vice, d'ignorance,le 3me des 3 caractères de l'humanité, V. குணம்-ம. 2° délai, retard, lenteur,paresse, indolence:—செய்கிறது,— பண்ணுகிறது, V. தாமதிக்கிறது:—பண்ணிப்போடுகிறது ou தாமதப்படுத்துகிறது retarder,différer (une chose):தாமசமுள்ளவன்,தாமசக்காரன் lambin,indolent,paresseux,retardataire, temporiseur; — சிருட்டி création —,pouvoir du mal; — பதார்த்தம் nourriture qui énerve,abrutit ou enivre,—புராணம் pourana du caractère dit தாமசம்;—ப்பட்டுப்போகிறது languir, traîner en longueur; —ப்பிரகிருதி principe du caractère dit தாமசம், paresseux, homme vicieux,de mauvaise disposition:—வேலை temps d'indolence, de retard, de colère ou de passion, — வேளை temps particulier de —, durée de 3 najigués 3/4 ou d'une heure et demie. [resseux, indolent.

*தாமசன்,(id.),le 4me Manou,pa-

தாமசிக்கிறது, சித்தேன், சிப்பேன்,சி,சிக்க,v.n.(தாமசம்), தாமசித்தல், n. v. tarder, retarder, différer, s'arrêter,lambiner, rester.

*தாமணி,(dâmani), corde, longue corde pour lier les bœufs ensemble (par le moyen d'une autre plus petite): — பாம்க்கட்டிக்கட்டிப்போடுகிறது lier en rang les criminels ou les prisonniers de guerre et les tailler en pièces ou leur couper la tète; தாமணியிலேபூட்டுகிறது lier ensemble aves une corde.

*தாமதம், P. தாமசம்.

தாமதிக்கிறது, P. தாமசிக்கிறது.

தாமநிதி, (தாமம், நிதி), trésor de lumière, *i.e.* le soleil.

*தாமம், 1° (tâma), objet de terreur, faute, défaut, vice, mal, désir. 2° (dâman), corde, cordon, attache, corde pour attacher les bœufs, — pour attacher le veau aux pieds de la vache pendant qu'on la trait. 3° (dhâman), place, demeure, maison, ville, corps, naissance, lumière, splendeur, rayon de lumière, grandeur, majesté, dignité, réputation, renommée. 4° ordre, arrangement, santé, bonheur, l'arbre கொன்றை, fleur, guirlande, —de fleurs, collier de pierreries, collier naturel ou raie du cou de certains oiseaux, ornement composé de 18 cordons garnis de pierres précieuses et de perles etc... que les femmes portent à la ceinture, ornemens d'une couronne, champ de bataille, montagne, éléphant, onguent, sandal.

*தாமரசம், (tâmarasa), nénuphar, cuivre, or. [fondu.

*தாமரம், (tâmara), eau, beurre

தாமரை, nénuphar, lotus, lis d'étang, nelumbium speciosum: — க்கண்ணன் celui qui a des yeux de nénuphar, *i.e.* Vichnou; —க்காய் fruit du nénuphar; — க்கிழங்கு racine bulbeuse du nénuphar: — க்கொடி tige rampante de nénuphar; — க்கொட்டை graine globuleuse —, péricarpe de nénuphar; —ச்சத்ரு espèce d'arsenic naturel; —ச்சிறவி sarcelle d'étang à nénuphar; —த்தடாகம், —க்குளம், —ப்பொய்கை étang couvert de nénuphar: — நண்பன், —நாயகன் l'ami du nénuphar, *i. e.* le soleil; — நாளம், — த்தண்டு tige de nénuphar; — நார் fibres de nénuphar, —நிதி, V. பதுமநிதி; —ப்பூ fleur de nénuphar; —ப்பொகுட்டு péricarpe de nénuphar, réceptacle de sa graine; — மணி graine de nénuphar; — மொட்டு bouton de nénuphar; — மக்கி anthère de nénuphar; —யாசனன், V. தாமரையாளன்; —யாசனி, —வாசி, V. தாமரையாள்; — யிதழ் feuille de nénuphar; — வளையம் jeune tige fraiche de la fleur du nénuphar; — வற்றல் tige desséchée de nénuphar (que l'on mange); தாமரையுட்சுருள் feuille de nénuphar encore roulée sur elle-mème avant de sortir de l'eau.

தாமரையாள், தாமரையிலுள், (தாமரை, உள்), Lakchimi qu'on représente assise sur le nénuphar, sulphure d'arsenic jaune, orpiment.

தாமரையான், (*id.*), Brama qu'on représente assis sur le nénuphar.

*தாமலகி, (tâmalaki), la plante கீழாநெல்லி.

தாமனோ, l'arbre புன்னை.

*தாமனபருவம், (dâmanaparva), 7me jour après la nouvelle lune de சித்திரை (où les Indous adorent la fleur தாமரை).

*தாமணி, (dâmani), nerf, corde.

தாமாஷா, (*mahrat.*), terme moyen, l'un portant l'autre.

*தாமான், (dâman), corde de la proue d'un navire, cargues-point des huniers.

*தாமிசிரம், (tâmisra), ténèbres profondes, enfer de ténèbres, indignation d'être désappointé, V. தாமசம்.

*தாமிரம், தாமிர, (tâmra), cuivre: தாமிரகர்ணி *ou* —வருணி la femelle de l'éléphant de l'ouest qu'on prétend avoir des oreilles cuivrées; — சிந்தூரம் vermillon de cuivre; —பருணி rivière près de பாளையங்கோட்டை qui contient du sable de cuivre, V. தாமிரவருணி; voyez d'autres composés au mot தாம்பிரம்.

*தாமை, (dâmâ), corde.

*தாமோதரன்,(தாமம், உதரம்), celui qui a une corde au ventre, i.e. Vichnou ou Krichna que sa nourrice Yasôdha lia d'une corde qui faisait plusieurs fois le tour du ventre pour le tenir renfermé, mais en vain; tortue (en language de médecins).

தாம்,*obl.* தம்,தம, *gén.* தமது ou தம்முடைய,*dat.* தமக்கு,*acc.* தம்மை, *abl.* தம்மில், தம்மால், தம்மோடு, 1° *pl. de* தான், ils, eux. 2° *hon. du même.* il, lui, (en conversation et dans les lettres, il s'emploie même pour நீ), vous. 3° après un nom ou un pronom il signifie même: அவர்தாமே lui-même, eux-mêmes: நீர்தாமே vous-mêmes: மனுஷர்தாமே les hommes-mêmes. 4° quelquefois தாம் n'est qu'une particule explétive ou un சாரியை qui se met entre le nom et la terminaison des cas, comme எல்லோர்தாமும், (*et à l'acc.*) எல்லோர்தம்மையும் eux tous; மனிதர்தம்மை pour மனிதரை (*à l'acc.*), les hommes.

தாம்பணி, (தாம்பு,அணி),corde —pour tirer de l'eau.

*தாம்பரம், *P.* தாமிரம்,cuivre: தாம்பரசாசனம் donation gravée sur cuivre [métal.

தாம்பாளம், espèce de vase de

தாம்பிகம்,voir de loin ceux qui viennent. [crite,trompeur,imposteur

*தாம்பிகன், (தம்பம்,ika), hypo

*தாம்பிரகம்,(tâmraka),cuivre.

*தாம்பிரம், (*P.* தாமிரம்), cuivre; தாம்பிரகருப்பம் vitriol bleu, sulphate de cuivre;—காரன் fondeur, chaudronnier,ouvrier en cuivre;—சூடம் coq; — பத்திரம், — பட்டம் plaque de cuivre (sur laquelle on écrit,—où sont écrites des donations etc...);—மிருகம் l'animal cuivré,le cerf rougeâtre: — முகன் cuivré, européen;— வர்ணம் couleur cuivrée ou rouge;— வர்ணமணல் sable mêlé de cuivre;—வர்ணி nom d'un fleuve; — விருக்ஷம் l'arbre cuivré, espèce de sandal rouge.

*தாம்பிராட்சன், (தாம்பிரம், அக்ஷம்), l'oiseau aux yeux cuivrés, i.e. le couil.

தாம்பு,1° *ou* தாம்புக்கயிறு,corde, —pour tirer de l'eau. 2° *V.* தாமணி: தாம்புமறுந்தது தோண்டியுமோட்டை la corde est cassée et la cruche fêlée, joli assortiment.

*தாம்பூலதன்,(தாம்பூலம், da *qui donne*), celui qui porte le sac au bétel, celui qui donne du bétel.

*தாம்பூலம்,(tamboûla), bétel,(c'est un des அஷ்டபோகம் ou 8 délices), feuille de bétel et noix d'arec (préparées pour être mâchées):—தரித்துக்கொள்ளுகிறது prendre du bétel et de l'arec, en user, en avoir dans la bouche, en porter: தாம்பூலகரங்கம், (karanka *coco creusé en forme de coupe*), *ou* —பிடிகை,— பெட்டகம் boîte—,vase au bétel;— வல்லி, *V.* தாம்பூலி; — வாகன் porteur du sac au bétel.

*தாம்பூலி, (தாம்பூலம்,i), plante qui donne le bétel, feuille de bétel.

*தாம்பூலிகன், (*id.*ika), marchand de bétel.

*தாயகம்,1° (தாயம், ka), générosité, libéralité, ce qui est généreux: —ஆயிருக்கிறது être bienfaisant, hospitalier. 2° (தாய், அகம்), maison maternelle.

*தாயகன்,(*id.*), libéral,donateur.

*தாயதி, தாயத்தனம், (தாயம், ti, tna),part d'héritage, de droit, *V.* தாயாதித்தனம். [ches,alliés,sa famille.

தாயத்தார்,(தாயம்), parens, pro-

*தாயம்,1° (dâya),droit, héritage, propriété, portion, part, don, donation, présent, bienfait, perte, destruction, brisement, affliction. 2° parenté,—du côté paternel, espèce de jeu de dés ou de trictrac, sorte d'échiquier qui sert à ce jeu, dé à jouer; opportunité, occasion, délai, retard, pause: — ஆடுகிறது jouer (aux dés...),retarder;—போடுகிறது jouer aux dés, jeter les dés: — பார்க்கிறது épier l'occasion favorable: தாயக்கட்டை dé à jouer;— சிட்டி

boite aux dés;*— பந்து frère;*— பாகம் héritage,droit,part,—d'héritage; —விபாகம்,partage d'un héritage.

*தாயாதன்,(dâyâda),fils, parent. héritier, cohéritier. [tiére.

*தாயாதை,*f. du préc.*fille, héri-

*தாயாதி, (தாயாதன்), parent, cohéritier, héritier, *V.* தாயாதை: தாயாதிகள்,தாயாதிக்காரர் parens, cohéritiers, descendans d'un même père: தாயாதித்தனம் inimitié, indignation,dispute, perfidie, opposition; தாயாதித்தனம்பண்ணுகிறது quereller, agir en ennemi ou perfidement.

*தாயாபவர்த்தனம்,(தாயம், அபவருத்தனம்),perte de propriété.

தாயான்,neuf,(en langage secret),

தாயித்து, boite ou tube à amulette,petite boite ou tube de métal pour renformer un billet sur lequel est écrite une prière, ou quelque parole sacrée,ou autre objet regardé comme préservatif.

தாய். 1° mère, tante maternelle. principe, principal, origine, 1re qualité,primauté. 2° *gér. de* தாவுகிறது: தாயர் ஐ les 5 mères ou 5 espèces de personnes auxquelles on donne le nom de mère, savoir: பாராட்டுந்தாய் femme qui amuse les enfans, ஊட்டுந்தாய் mère nourricière,qui leur donne à manger, முலைத்தாய் nourrice, qui les allaite; கைத்தாய் bonne qui porte les enfans, செவிலித்தாய் servante qui prend soin des enfans. On donne encore ce nom à 5 autres sortes de personnes, savoir: அரசன்றேவி la femme du roi, குருவின்றேவி, la femme du gourou,அண்ணன்றேவி celle du frère aîné, தன்றேவியையீன்றாள் la mère de sa femme, தன்னையீன்றாள், பெற்றதாய் ou நற்றாய் sa propre mère: தாயிழந்தகுழந்தைபோலத்தளர்ந்தேன் j'ai été accablé de chagrin comme un enfant qui a perdu sa mère; தாயினுமன்பர்க்கத்தர் le Seigneur est plus tendre qu'une mère; தாயொப்பவன் semblable à une mère; தாயுமானார், தாயுமானவர் celui qui est devenu aussi mère,(surnom de Siven adoré dans la pagode située sur le rocher de Trichinopoly et ainsi nommé pour avoir nourri un orphelin, ou pour s'être changé en truie afin de nourrir de jeunes sangliers qui avaient perdu leur mère;ce qui fait le sujet d'un des திருவிளையாடல் de Maduré), nom d'un ancien philosophe payen, qui vécut à Trichinopoly et qui a composé plusieurs ouvrages panthéistiques, tels que பராபரக்கண்ணி, பதிற்றுப்பத்தந்தாதி....;தாயேடு original d'un écrit, modèle; தாயைக்கொல்லி la plante குட்டியிடுக்கி, le bananier (parce que les rejetons font périr la mère plante ou l'arbre principal);தாயோலை 1re feuille de palmier; —க்கண் yeux de mère,grands yeux;—ல், —க்கால்வழி parenté du côté maternel; —க்கம்பு bâton avec lequel les enfants s'amusent à en frapper un plus petit: —க்கிராமம் chef-lieu,bourg principal (dont d'autres dépendent); —க்கிழங்கு la mère-racine bulbeuse, la principale qui a donné naissance aux autres; —க்கோயில் église principale,— mère, métropole; தாயுறுதி, —ச்சீட்டு minute d'un acte, billet original;—ச்சீலை le 1er vêtement qu'une mère met à son enfant;—ச்சொற்சிறந்த வாசகமில்லை il n'y a point de paroles comme celles d'une mère; —ச்சொற்றுறந்தால்வாசகமில்லை si on rejette la parole de sa mère, il n'y a plus de parole (sacrée); —ச்சொஷையெடுக்கிறது soupirer après sa mère;—த்தந்தையில்லாப்பிள்ளை orphelin, enfant qui n'a ni père ni mère;—ப்பாஷை langue mère, —maternelle பெற்றமேனி corps tel qu'il sortit du sein de sa mère,nudité;—மரம் arbre primitif,souche des autres:— மாமன் oncle maternel, frère de la mère;—முகங்காணாதபிள்

னை enfant qui n'a pas vu le visage de sa mère, qui l'a perdue en bas âge;—தாரகம் air primitif;—வழி,—வழிச்சுற்றம் parenté du côté maternel: —வாழை pied primitif d'une touffe de bananiers.

தாய்ச்சி,(தாய்),femme qui allaite un enfant,(soit la mère, soit la nourrice), femme enceinte, enfant, (garçon ou fille) qui préside à un exercice, à un jeu etc... surtout au jeu nommé தாய்ச்சித்தம்பலம்.

தாரகத்தான், (தாரகம்), défense de sanglier.

*தாரகம்,(târaka),ce qui protège, soutien,protection,appui, nourriture légère ou régime qu'on donne aux malades après la diète, œil,prunelle de l'œil,sorte de prière (à Râmen),le mot mystique ஓம், le dessus en musique,argent,l'arsenic பல்லிருகம்: அன்ன—,திப்பிலித்—,திணைத்தாரகம் eau dans laquelle a bouilli du riz ou autre grain,— du poivre,—du millet; — பண்ணுகிறது nourrir—,vivre de régime; தாரகப்பிரமம் espèce de formule de prière;—மந்திரம் prière pour le salut de l'âme d'un mourant; நமக்கெல்லாஞ் சுவாமி சீவதாரகமாயிருக்கிறார் Dieu est à nous tous le conservateur de notre vie

*தார,obl.de தாரம்.

*தாரகன்,1° (dâraka),fils, enfant, le cocher de Vichnou. 2° (târaka). protecteur, conservateur, celui qui soutient,Târaguen démon ou அசுரன் tué par Soupramanien;d'où தாரகசித்து, —ரிபு...etc

தாரகாரி,(தாரகன், அரி), l'ennemie de Târaguen,i.e.Soupramanien.

*தாரகா,obl.de தாரகை, d'étoile: —கணம் constellation, groupe d'étoiles; —பதி le seigneur des étoiles,i.e.la lune.Jupiter ou வியாழம்.

*தாரகை,(târakâ),1° étoile, prunelle de l'œil.2° P. தாரை femme chaste.— de கற்பினர்: — மாலை nom d'un poème qui décrit le caractère des femmes chastes.

தாரக்கம்,P.தாரகம். [teur.

*தாரணன்,(தாரணம்,ka),débi-

*தாரணம்,1° (dhârana),action de tenir,conservation.provision,songer et disposer, fermeté, constance,persévérance, stabilité dans la bonne voie, dette,un des அஷ்டாங்கயோகம் ou 8 qualités d'un Yogui payen, c'est le தாரனை.2° (târana),radeau. 3° (dârana),l'arbre செந்நுமரம்: தாரண ou தாரணவருஷம் la 18me année du cycle indien correspondant à 1824 et 1884. [P.தாரிணி,la terre.

*தாரணி,1° (târani), bateau. 2°

தாரனை, 1° prix du riz.2°* (dhâranâ), action de porter, continuation,persévérance,— dans la bonne voie,fermeté,stabilité,fixité, résolution,demeure,se tenir dans le juste milieu,mémoire,dette,ordre positif, précepte,répression des sens, suppression de la respiration, exercice d'un Yogui ou ascète payen qui consiste à réprimer ses sens,à retenir sa respiration et tous les besoins de la nature et à tenir son esprit fixement recueilli et abstrait, c'est le 6me des அஷ்டாங்கயோகம் qui consiste à fixer son esprit sur un des objets suivans:la gorge,le cœur, le front,le crâne ou le nombril. On compte 9 espèces de தாரனை,1° நாமதாரனை le târanei du nom. Il consiste à adorer l'être suprême,bien que présent partout,sous la forme d'un objet déterminé auquel on donne le nom de dieu,et à exercer par la méditation son intelligence sur cet objet borné; ce qui est une définition métaphysique de l'idolatrie. 2° மாயாதாரனை le târanei de l'illusion Il consiste à prononcer avec intelligence la formule dite மகாவாக்கியம் qui est un instrument propre à opérer le renoncement complet au monde,par l'union intellectuelle avec l'être suprême qui n'a ni nom,ni forme,ni limite,soit pour le temps,soit pour le lieu, ni autre défaut semblable. Cet exercice est conforme aux principes de la secte des partisans du வேதாந்தம் dite அத்துவைதம். 3° பேததாரணை, le tarânei de la différence dit aussi நிஷ்களவுருவாகிய வெண்பொருட்டாரணை, exercice d'un Yogui qui, ayant souvent réprimé ses sens et rempli ses observances religieuses, unit le vent du cœur dit பிராணன், celui du fondement dit அபானன், le vent répandu dans tout le corps et nommé வியானன் et celui du gosier dit உதானன், avec celui du nombril appelé சமானன், et par la récitation mentale de la prière ஓம் redresse la position de son cœur qui comme une fleur de nénuphar à 8 pétales était penché en bas. 4° மந்திரதாரணை. ou செய்யுட்டாரணை, le târanei de la prière ou de la poésie. Il consiste en ce que se persuadant que Siven est l'être suprême, et le monde entier une manifestation de Siven, et qu'il n'existe rien autre chose que Siven, le Sivéniste le contemple comme auteur de tout et étant lui-même toutes choses, l'adore par la prière நமசிவாய (adoration à Siven) et rejette la prière ஓம். Ceux qui suivent ce système rejettent le polythéisme indou et prennent Siven pour l'âme universelle des panthéistes. 5° சதுரங்கதாரணை le târanei du Sadourangam. Il consiste à méditer dans l'isolement afin de réunir la terre, l'eau, le feu et le vent, qui sont les élémens du corps, à l'air qui est dans la cavité du sommet de la tête. Voici comment cela se fait, selon les Indous: à l'esprit, qui a la forme du vent, on unit la raison qui a celle du feu; à la raison on unit la volonté qui a la forme de l'eau; à la volonté on unit la résolution ou la passion qui a la forme de la terre; et enfin l'esprit ainsi contracté s'unit à l'air. 6° சத்ததாரணை le târanei du son. C'est la méditation mentale et continue dans une position immobile et invariable de la prétendue syllabe mystique ஓம், dite பிரணவம், qui représente, selon eux, la divinité ou le Trimourti; alors les yeux sont fermés et l'activité des autres sens suspendue; l'état du pouls venteux, dit வாதநாடி, qui a sa place dans le lieu de la respiration dit கும்பகத்தானம், est mis à l'épreuve; ce pouls, disent-ils, est purifié par cette formule ஓம்; son battement peut s'entendre, et l'homme acquiert la contemplation désirée. 7° சத்துத்தாரணை, le târanei de l'être il consiste en ce que l'esprit séparé des choses extérieures, unit la raison à la volonté; la volonté unit la raison à l'esprit; la volonté et l'esprit étant unis à la raison l'unissent au pouvoir d'action ou à la passion; ensuite la passion, la raison et la volonté s'unissent à l'esprit, et alors par l'esprit on obtient la perception mentale de l'Être Suprême. 8° வச்சிரதாரணை le târanei du diamant; c'est rendre hommage seulement au lingam ou emblème de Siven et en rejeter les parties inférieures qui représentent Vichnou et Brama, ou autrement dans l'interprétation bénigne des sectateurs de ce târanei, c'est fixer son esprit dans la contemplation en renonçant à la passion et à l'action des sens corporels ou de la vie. D'après cela le lingam ou la partie masculine du lingam désigne Siven et la méditation, le siége du lingam désigne Brama et la passion, la partie féminine ou le trou où s'insère le lingam désigne Vichnou et les sens corporels. (On s'étonnera sans doute en lisant ce fatras de turpitudes, de contradictions et d'absurdités, de voir combien le paganisme a dégradé la philosophie, la spiritualité et la vie contemplative. 9° சித்திரதாரணை le târanei surprenant. Il consiste à répéter invariablement la formule dite மனோனாத்

மம் avec sa signification, et aussitôt qu'on a obtenu le bienfait désiré à omettre la répétition de la formule et à contempler continuellement le bienfait obtenu. Par ce moyen on obtient la connaissance de 26 propriétés du corps, de l'âme et de l'être suprême;on oublie entièrement les choses que l'on fait ou dont on jouit,et qui sont la conséquence prétendue de celles qu'on a faites ou goûtées dans une 1re naissance; et omettant ensuite la contemplation du bienfait reçu par la répétition de la formule susdite, la connaissance est censée absorbée dans la divinité. [vermillon,océan.

*தாரதம், (dărada), vif-argent,

*தாரதம்மியம், தாரதன்மியம், (târatamya), plus ou moins,état, condition,comparaison, égalité,différence de respectabilité selon le rang. [grand bruit.

*தாரநாதம், (நாதம்), son fort,

*தாரம்,(dâra),femme, épouse. 2° (târa),objet rare,—précieux, le dessus en musique, son nazal, une des 7 cordes du luth, la syllabe mystique ஓம்,argent,bronze, zinc, perle, étoile, astre, vue, œil. 3° (dhâra), borne, limite, dette, pierre, espèce de pierre,eau,pluie,goutte de pluie, rosée,—blanche. 4° vermillon, vif-argent, orpiment, venin du serpent vert,langue,orange, *V.* தேவதாரம் *et* இந்நாக்கு: தாரமேழுடையோன், (ஏழு, உடை), celui qui a 7 langues, *i.e.* Agni ou le feu; தாரமிழந்தவன், — இழந்தோன் homme veuf; தாரசங்கமம், —கிரகம், —சங்கிரகம்,—பரிக்கிரகம் mariage, —சுத்திகரம் la pureté de l'argent, ce qui sert à le purifier,*i.e.* le plomb.

*தாரா 1° (dârâ), femme, épouse. 2° (târâ), étoile, planète. 3° (dârâ), goutte de pluie, pluie continuelle. 4° *obl.de* தாரை.5° canard, héron.6° *P.*தாராத,தாராது,*part. gér. et* 3me *pers.neut.du nég.de* தருகிறது qui ou qu'on ne donne pas, ne donnant pas, il ne donne pas, ils ne donnent pas: — கணம் constellation, groupe d'étoiles;—கதம்பம்,—கதம்பகம் espèce de l'arbre கடம்பு;—தத்தம் don fait en versant de l'eau dans la main pour marquer qu'il est irrévocable: —தரம், (dhara *qui tient*), nuage, épée,—tranchante;—பதம், *V.* தாராமண்டலம்;—பதி le roi ou mari des étoiles, *i. e.* சந்திரன் ou la lune,le mari de Târei, *i. e.* வியாழம் ou Jupiter,—புத்திராதிகள் femme,enfans et autres gens; —பூஷணம் la nuit, dont les étoiles font l'ornement;—மண்டலம் ciel étoilé, région des étoiles,firmament;—மூக்கன் espèce de serpent.

*தாராங்கம், (தாரை, அங்கம்), sabre,cimeterre.

*தாராங்குரம், (*id.* அங்குரம்), goutte de pluie,grêle. [de pluie.

*தாராசாரம்,(*id.*ஆசாரம்),grand

தாராட்டு,*P.*தாலாட்டு,espèce de chant,chant pour endormir les enfans. [று.

தாராட்டுகிறது,*V.* தாலாட்டுகிற

*தாராபதி, (தாரா, அதிபதி), le roi des étoiles, *i.e.*சந்திரன்.

*தாராதீனன்,(*id.*அதீனன்),homme dominé par sa femme,la lune ou சந்திரன்.

*தாராபீடம், (*id.* âpidâ *guirlande*), la lune qui parcourt une guirlande d'étoiles. [camphre.

*தாராப்பிரம்,(*id.*அப்பிரம்,*talc*),

தாராய், 1° 2e *pers. nég.de* தருகிறது. தாராயோ ne donnes tu pas?2° *adv. de* தார்.

*தாராவனி,(dhârâvani),air,vent.

தாராளம், abondance, libéralité, don, étendue, volubilité, franchise, confiance, liberté, hardiesse, intrépidité, bon plaisir: — ஆய்க்கொடுக்கிறது donner libéralement, copieusement, de bon cœur; —ப்பேசுகிறது parler librement,sans crainte, —couramment; — ப்போய்வரலாம் on peut aller et venir en toute liberté, (ou poliment), vous pouvez revenir une autre fois.

தாரி, 1° chemin, qualité, manière, mode, état, caractère, égalité, orpiment. 2°* (dhâri), possesseur, celui qui a, possède ou porte; (il se met surtout à la fin des mots composés, comme இலிங்கதாரி linganiste, qui porte un lingam). 3° (dâri), mari: — பாரி mari et femme, nature, état, situation, celui qui connait le bon chemin, — la nature et les circonstances des personnes et des choses: தாரிபாரியறிகிறது connaitre l'état et la condition, savoir connaitre son monde. [prix de passage, fret, nolis.

*தாரிகம், (târika), douane, péage,

*தாரிகா, obl. du suiv.: — தானம் don d'une fille en mariage.

*தாரிகை, 1° (târikâ), étoile. 2° (dârikâ), fille.

தாரிக்கிறது, ரித்தேன், ரிப்பேன், ரி, ரிக்க, v. a. தாரித்தல், n. v (தரிக்கிறது), porter, supporter, soutenir.

தாரிசம், contrat, convention, consentement, accord, union, juste prix: — பண்ணுகிறது convenir du prix; — ஆய்க்கொள்ளுகிறது. — ஆய் விற்கிறது acheter —, vendre à juste prix, de bon cœur, avec contentement; தாரிசக்காரன் celui qui vend à juste prix. [tonnier soyeux.

*தாரிணி, (dhârini), la terre, co-

*தாரிதகம், (தாரிதம், ka), trot, marche du cheval. [on. 2° V. தாரிதகம்

*தாரிதம், 1° (dhârita), conservati-

*தாரித்திரம், தாரித்திரியம், (தரித்திரம், ya), pauvreté, misère, indigence. [gent.

*தாரித்திரன், (id.), pauvre, indi-

*தாரிடம், தாரிஷம், (târicha), le சுவர்க்கம் ou paradis d'Indiren, mer, or.

*தாரு, (dârou), bronze, cuivre, bois, — de charpente, bois sec, branche d'arbre, arbre: — கதலி bananier sauvage (dont on ne mange pas le fruit); — சுருப்பை poupée, statue —, marionnette de bois: — காவனம் certain désert —, bois habité par des ermites: — காவனத்துமுனிவர் ermites des bois, — de ce désert; — பு த்திரிகை, — த்திரி, V. தாருசுருப்பை; — மயம் objet de bois; — வனம் bosquet, bocage.

தாருகம், (தாரு, கம், P. கா), bosquet, forêt dite தேவதாருவனம் ou தாருகாவனம்.

*தாருகன், (dârouka), Dârouguen, cocher de Krichna, nom d'un அசுரன் tué par Kâli et Soupramanien: தாருகசித்து, தாருகற்செற்றோன் le vainqueur ou meurtrier de Dârouguen, i. e. Soupramanien; தாருகசத்செற்றவள், தாருகவிநாசனி celle qui a détruit Dârouguen, i. e. காளி.

*தாருகாரி, (தாருகன், அரி), l'ennemi de Dârouguen, i. e. Soupramanien

*தாருணம், 1° (dârouna), crainte, horreur, frayeur, 2° (தருணம்), jeunesse.

*தாருணன், (id.), jeune homme.

தாருணி, la plante நத்தைச்சூரி.

*தாருண்ணியம், (தருணம், ya), jeunesse.

தாரை, 1° (târâ), œil, prunelle de l'œil, étoile, astérisme, constellation, Târei femme du singe சுக்கிரீபன் enlevée par son frère வாலி, (c'est une des 5 vierges பஞ்சகன்னிகை), une autre Târei femme de வியாழம் ou Jupiter, une autre déesse prétendue des Bouddhistes, (surnom de) Dourgâ. 2° (dârâ), femme, épouse. 3° (dhârâ), tranchant (d'une épée...), pointe, aiguillon, avant-garde, 1re ligne d'une armée, pluie, grande pluie, trombe d'eau, canal, conduit, écoulement (des liquides), torrent, élan, s'élancer, eau qu'on verse en signe de donation irrévocable, effusion d'eau sur une idole pour se délivrer de la fièvre, bain sacré, renommée, ressemblance, trot, galop, marche du cheval, roue de charrette, côté ou penchant de montagne, race, postérité, coutume, usage, bon ordre, régulation, loi, règle, quantité. 4° trompette, petite trompette, toile, langue, trace, chemin, — droit et cours direct, ligne, rangée, pouvoir, force, V. சக்கராயுதம். 5°

acc. de தார். 6° P. தாராய் tu ne donnes pas: கண்ணீர்த்தாரை torrent de larmes; —சவணி mousseline fine et rayée; —தாரையாய்ச்சாய்கிறது, —நடக்கிறது ou போகிறது, avancer—, aller ou marcher en droite ligne; — தாரையாயோடுகிறது couler—, courir ou jaillir en droite ligne; —ஊதுகிறது sonner de la trompette; —வெடுக்கிறது suivre la trace (d'un voleur...); — வார்க்கிறது, —வார்த்துக்கொடுக்கிறது donner ou verser de l'eau dans la main en signe de don irrévocable

தாரோகா, (*persan*), surintendant.

*தாரோபசங்கிரகம், (தாரா, உப), mariage, prendre femme.

தார், 1° série—, guirlande de grelots, fleur, bouton de fleur, guirlande, avant garde, ordre de bataille, armée, 1re ligne—, division ou corps d'armée, ordre, rang, ombrelle, peloton de fil, bobine de tisserand, navette, 2° (*arabe*), personne, — réelle; — க்குழல் tuyau sur lequel est roulé le fil qu'on met dans la navette; — மணி guirlande de grelots, (qu'on attache au cou d'un cheval...).

தார்க்காணம், preuve.

தார்க்காணிக்கிறது, ணித்தேன், ணிப்பேன், ணி, ணிக்க, v.a. தார்க்காணித்தல், n.v. (தார்க்காணம்), prouver (par témoignage), démontrer.

*தார்க்கிகன், (தர்க்கம், ika), logicien, raisonneur, disputeur, philosophe d'une des 6 écoles de philosophie dites சாஸ்திரம்.

*தார்க்ஷியன், (târkchya), l'oiseau Garoudon, monture de Vichnou: தார்க்ஷியத்துவசன், V. கருடகேதனன்.

*தார்ட்டியம், *et corr.* தாத்தியம், (dârdhya), dureté, fixité.

*தார்த்தராஷ்டிரன், (திரிதராஷ்டிரன்), descendant du roi Dhritarâchtiren, Douryodhanen.

*தார்வாகாடம், தார்வாகாதம், (தாரு, ஆகாதம்), pivert.

*தாலகி, (தாலம், ki), callou, jus de palmier.

தாலம், 1° (tâla), palmier, — dit caryota, — à larges feuilles, paume de la main. 2° (dâla), miel, — sauvage. 3° vase à manger, plateau ou plat de cuivre, grand vase, langue, oreille d'éléphant, (parce qu'elle ressemble à la feuille du palmier dit caryota, l'arsenic naturel தாலம்பபாஷாணம். 4° (தலம்), terre: தாலமேழுடையோன் celui à qui on donne 7 langues, *i.e.* Agni ou le feu; தாலகேதனன் celui dont la bannière représentait un palmier, *i. e.* Bhisma ou வீடுமன், *ou* — த்துவசன், — லக்ஷணன் Balarâmen (pour la même raison); — சடை fibres du palmier; — பத்திரம் feuille de palmier, — de palmier roulée ou feuille d'or qui en a la forme et qu'on met dans les oreilles pour les élargir; — பத்திரி l'arbre மரமஞ்சள்; —போதம் la plante ஆவிரை; — மூலி la plante நிலப்பனை; — வட்டம் le globe de la terre, oreille —, queue d'éléphant, éventail; — விருந்தம், — விருந்தகம் grand —, évantail, pankha.

*தாலம்பபாஷாணம், (dâlaba), espèce d'arsenic naturel.

*தாலவ்வியம், (தாலு), classe des lettres palatales, savoir: tch, tchh, dj, djh.

தாலாங்கன், (தாலம், அங்கம்), Balarâma et Bhismen qui ont un palmier sur leur bannière.

தாலாட்டு, (தால்), chant pour bercer et endormir les enfans, bercer.

தாலாட்டுகிறது, (*id.*), *dat.* chanter en berçant un enfant, bercer.

தாலாப்பு, தாலாப், (*persan*), étang.

தாலாலம், (தால், ஆலம்), calomnie, injure, *litt.* poison de langue.

தாலி, 1° Tâli, joyau nuptial que l'époux attache au cou de l'épouse le jour du mariage, (il correspond à l'anneau nuptial), cordon avec lequel on l'attache. 2° (sthâli), pot de terre, cruche, la plante médicinale கீழாநெல்லி: —கட்டு action d'attacher le tâli, mariage; —கட்டுகிறது attacher le tâli: —க்கயிறு, —க்கொடி, —ச்சரடு cordon du tâli: —க்காரி femme mariée; — க்கோவை bijoux enfilés avec le tâli; —ப்பெட்டி V. பொன்னாத்துப்பெட்டி; —ப்பொருத்தம் convenance des circonstances que les Indous observent pour attacher le tâli; —யறுத்தவள் femme à qui on coupé le tâli, *i.e.* veuve.

*தாலிகம், (tâlika), main ouverte, bras étendu. [accompagnement.

*தாலிகன், (தாளம், ika), celui fait

*தாலிசம், (tâlisa), montagne.

தாலிபாகம், nourriture ou riz que le gourou partage dans une ini-

தாலியம், V. பாதிரி. [tiation.

*தாலு, (tâlou), le palais de la bouche, la langue. [க்காக்கணம்.

தாலுக்கண்ணி, la plante வெள்ளை

தாலுகா, தாலுக்கா, (*ind*), talouk, district, canton, subdivision d'une province ou collectorat, tribunal de justice. [de la bouche.

*தாலுகம், (தாலு, kâ), le palais

*தாலுசிகுவம், (*id.* சிகுவை), crocodile, la luette, V. தாலுகம்.

*தாலூரம், (tâloûra), tourbillon de vent.

தால், une des sections du poème nommé பின்னைக்கலி, V. தாலு, et தாலாட்டு. [tence.

*தாவசம், (தவசு), vie austère, péni-

*தாவசி, (தவசி), pénitent, ermite, ascète.

தாவடம், P. தாழ்வடம், place, résidence, collier, —de உருத்திராக்ஷம்

தாவடி, (தாவும், அடி), voyage, combat, guerre, incursion, invasion: —த்தோணி bateau de piraterie, —qui va près de la côte pour couper les vaisseaux de l'ennemi; —போகிறது aller faire une incursion ou une invasion: ஆயிரமக்கள் —போனார் 1000 hommes sont allés fourrager ou en excursion.

தாவட்டம், espèce de pierre, un des 32 ordres d'architecture.

தாவணி, la plante கண்டங்கத்திரி

தாவந்தம், (தாவு, அந்தம்), gêne, peine, —extrême, enfer.

*தாவம், 1° (dâva), bois, forêt, —embrasée, incendie de forêt, feu, chaleur. 2° village en pays cultivé.

*தாவரம், P. ஸ்தாவரம், place, habitation, demeure, hospice, auberge, corps (demeure de l'âme), fermeté, stabilité, immobilité, terre, montagne, bien immeuble, chose fixe, —immobile, (et en conséquence), arbre, herbe, végétaux, plante, (ce qui est une des 7 espèces de choses engendrées dites பிறப்பு·எ), corde d'arc, secours, aide, appui, soutien, bon plaisir, liberté: —அற்றவன் exilé, vagabond, qui n'a pas de demeure fixe; தாவரசங்கமம் objet fixé en terre, arbre, plante etc...; —சங்கமம் êtres immobiles et mobiles, les plantes et les animaux.

*தாவரன், (*id.*), l'Être immuable, Dieu.

தாவரிக்கிறது, ரித்தேன், ரிப்பேன், ரி, ரிக்க, *v. a. et n.* தாவரித்தல், *n. v.* conserver, soutenir, appuyer, loger, habiter, demeurer: தாவரிக்கப்பட்ட bien établi, appuyé.

தாவல், *opt. et n. v. de* தாவுகிறது.

தாவளம், village en pays cultivé, place pour loger, demeure, séjour, halte, boutique: தாவளக்கட்டு reliure à dos recourbé, lier de cette manière; —க்காரர் porteurs de ballots; —மாடு, V. பொதிமாடு.

தாவளி, cambouli, கம்பளி, —blanc, couverture ou tapis de laine.

*தாவனம், (dhâvana), motion, course, mouvement, purification, V. தாபனம். [டை.

தாவாக்கட்டை, P. தாழ்வாய்க்கட்

*தாவாக்கினி, தாவானலம், (தாவம், அக்கினி, அனலம்), embrasement, —de forêt.

தாவாரம், P. தாழ்வாரம்.

தாவி, *gér. de* தாவுகிறது.

*தாவிஷம், (tâvicha), océan, le Souvarkam ou paradis d'Indiren.

தாவிளை, (*corr. de* தாழ்வில்லை), mieux, bien, meilleur, chose préférable, plus avantageuse, bienfait: —யாயிருக்கிறது être meilleur, —bien; —யாகிறது, —யாய்ப்போகிறது s'améliorer, aller mieux, être convalescent; அவனுக்கிவன் —celui-ci est meilleur que celui-là; நீயென்க்கொத்தாசையாக வந்தால் தாவிலே il serait bon que tu vinsses m'aider.

தாவு,1° galop, marche d'un cheval, saut, élan, élancement, haine, bâton (pour s'appuyer...), peine, trouble, affliction, force, endroit, place pour se reposer. 2° *imp. et part. du suiv.* நல்லதாவிலிருக்கிறது être dans un bon endroit.

தாவுகிறது,விசேன், வுவேன், வு, வ, *v.n.* sauter sur, se précipiter sur, s'élancer, sauter, bondir, franchir, étendre—, élever les bras, tendre les mains, s'étendre, se répandre, atteindre, (*v.g.* le feu un objet combustible), parvenir, attraper, saisir, se perdre, se gâter: தாவிக்கொண்டு திரிகிறது aller çà et là en tendant les mains (*v.g.* un enfant à sa mère;) தாவுகிற பிள்ளையை யெடுக்கிறது prendre un enfant qui tend les mains; என்மேலேதாவிவருகிறான் il vient se jeter sur moi.

தாவுகை,தாவுதல்,*n.v. du préc.*

*தாவுரி,(tâvouri),le signe du Taureau.

தாழ,*inf. de* தாழுகிறது,en bas, à bas, sous, au-dessous, humblement: —ப்போகிறது descendre; —வெட்டுகிறது couper en bas, creuser profondément; பொழுது *ou* வெய்யில் தாழ vers le soir, à la tombée du jour. [verrou (de porte...), clef.

தாழக்கோல், (தாழ், அ சாவியை),

தாழம்,*adj. de* தாழை,de pandanus: தாழக்குடை parapluie fait de ses feuilles; தாழஞ்செடி l'arbrisseau pandanus; தாழஞ்சங்கு conque à large bouche; தாழந்தாறு grappe de pandanus; தாழந்தூறு buisson de pandanus; தாழம்பாய் natte faite de ses feuilles; தாழம்பூ fleur odoriférante du pandanus. [V. தாழுதல்.

தாழல்,*opt. et n.v. de* தாழுகிறது,

தாழாமை,*n.v. nég. de* தாழுகிறது, orgueil, arrogance, hauteur, ne pas s'abaisser.

தாழி,cruche, jarre, terrine, vase de terre à larges bords, la 2° constellation, orpiment, la plante இலைதை:—ச்சட்டி, —ப்பெட்டி terrine —,corbeille à larges bords.

தாழிசை, (தாழ், இசை), espèce particulière ou variété et subdivision des 4 principaux genres de poésies, nommées de là வெண்டாழிசை *ou* வெள்ளொத்தாழிசை, ஆசிரியத்—,கலித் —,*et* வஞ்சித்தாழிசை. (Quand le தாழிசை s'adapte au குறள்வெண்பா il se nomme குறட்டாழிசை): தாழிசைபாடுகிறது composer des Tâgiseis ou vers de cette espèce.

தாழுகிறது, ழ்ந்தேன், ழுவேன் *ou* ழ்வேன்,ழு *ou* ழ்,ழ, *v n.ou* தாழ்ந்துபோகிறது, s'abaisser, baisser, descendre, s'humilier, se soumettre, soumettre son esprit, enfoncer, couler bas, s'affaisser, être bas, abaissé, enfoncé, humble, soumis, rampant, pencher, pendre, s'incliner, se pencher,découler,glisser,décroitre,diminuer, dégénérer,s'affaiblir,s'appauvrir,faire halte,s'arrêter, lambiner, trainer, (*avec l'acc. ou le dat*). révérer, vénérer,faire la révérence,—la courbette,désirer,—fort: தாழ்ந்திருந்தால் வாழ்ந்திருப்பாய் si tu continues à être humble,tu seras heureux; —சொல்லுகிறது,—பேசுகிறது parler humblement, avec soumission; தாழாமலிருக்கிறது ne pas s'abaisser, — s'humilier, —se soumettre, être sans bassesse, —sans infériorité ou imperfection.

தாழுகை,தாழுதல், *n. v. du préc.* abaissement, soumission, humiliation,diminution, vénération, révérence, action de s'abaisser.

தாழை, 1° *ou* தாழைமரம், l'arbrisseau pandanus odoratissima: (*l'adj. est* தாழம்), cocotier. 2° *P.* தாழாய். 2° *pers. sing. nég. de* தாழுகிறது: — முகிழ் racines de pandanus (qui descendent des branches); —மடல்,—யோலை feuille de pandanus: தாழைக்கற்றாழை aloès à haute tige.

தாழ், 1° *imp. et part. de* தாழுகிறது, bas, profond, enfoncé, penché, humble, soumis... 2° verrou, poutre dont le bout sort en dehors du mur, longueur, bande, attache de corset indien: — குழல் tresse de cheveux qui pendent par derrière, fille, — qui porte ainsi ses cheveux; — க்கோல் verrou, clef; — சடை longue chevelure emmêlée; — சீலை langoutti; — வயிறு ventre bas, — qui pend.

தாழ்கிறது, *V.* தாழுகிறது.

தாழ்க்கிறது, ழ்த்தேன், ழ்ப்பேன், ழ், ழ்க்க, *v.n. et a.* (தாழ்கிறது), baisser, diminuer, décroitre, attendre, s'arrêter un peu, lambiner, devenir lent.

தாழ்ச்சி, *n.v. de* தாழ்கிறது, humilité, bassesse, abjection, infériorité, diminution, faute, erreur, perte, dommage, manque, privation, pénurie: — படுத்துகிறது humilier, abaisser; — வளர்ச்சி petitesse et grandeur, diminution et augmentation, plus ou moins: ஒன்று — வாயிருக்கிறது une chose manquer; அதிலேயவனுக்கவன் — வாயிருக்கிறான் en cela celui-là est inférieur à celui-ci; அதைக்கொண்டு — வில்லை on ne sera pas dans le besoin ou embarrassé pour cela; எனக்குத் — வராது je ne saurais manquer de rien; எனக்கொரு — வில்லை je ne manque de rien; அவனந்தவலுவல்பார்த்ததிலே — யில்லை il n'y a aucun manquement dans la manière dont il a rempli cette fonction ou conduit cette affaire.

தாழ்தல், *n.v. de* தாழ்கிறது, humilité, abaissement, soumission, submersion, affaissement, halte, délai, révérence, vénération, grand —, désir, action de s'abaisser...

தாழ்த்தல், *n.v. de* தாழ்க்கிறது *et* தாழ்த்துகிறது, abaissement, diminution, dépression, lenteur, paresse, action d'abaisser...

தாழ்த்தி, 1° *gér. de* தாழ்த்துகிறது. 2° *n.v.* humilité, bassesse, infériorité, diminution, valeur —, qualité inférieure: — யாய்ப்போகிறது baisser, diminuer, devenir humble, inférieur; — யானசரக்கு marchandise de qualité inférieure.

தாழ்த்து, 1° *gér. de* தாழ்க்கிறது. 2° *imp. et part. de*

தாழ்த்துகிறது, த்தினேன், த்துவேன், த்து, த்த, *v.a. de* தாழ்கிறது, *et* தாழ்த்துதல், *n.v.* 1° abaisser, baisser, enfoncer, pencher, humilier, soumettre, dompter, avilir, déprécier, diminuer, retarder, ralentir. 2° *P.* தாத்துகிறது.

தாழ்ந்த, *part. parf. de* தாழுகிறது; bas, abaissé, enfoncé, humble, diminué, vil: — சிந்தை pensée basse, esprit humble, — blessé.

தாழ்ப்பம், *n.v. de* தாழ்கிறது, profondeur.

தாழ்ப்பாள், (தாழ்), verrou.

தாழ்ப்பு, *n. v. de* தாழ்த்துகிறது; humilité, action d'abaisser...

தாழ்மை, (தாழ்), bassesse, abaissement, abjection, humilité, modestie, recueillement, soumission, déférence, humiliation.

தாழ்வடம், (தாழ்), guirlande, collier, (de perles ou autres grains).

தாழ்வாய், 1° (தாழ், வாய்), *ou* தாழ்வாய்க்கட்டை, menton, l'os du menton, mâchoire. 2° *adv. de* தாழ்வு.

தாழ்வாரம், (*id.*), varangue, galerie, corridor ou appentis ouvert d'un côté, toit en saillie, — en pente d'un seul côté: — இறக்குகிறது, — கட்டுகிறது construire, — bâtir une varangue, une galerie....

தாழ்வு, *n.v. de* தாழுகிறது, abaissement, bassesse, humiliation, abjection, infériorité, manque, défaut, dépérissement, diminution, dommage, faute, erreur, creux, fossé, enfoncement, bas-fond, dépression: — ச்செய்கிறது faire une chose basse, indigne; — தாழ்வாக்குகிறது, தாழ்வாக்கிப்போடுகிறது abaisser, humilier, baisser, rendre bas, soumettre, supprimer, diminuer, déshonorer; தாழ்வாயிருக்கிறது, être bas, abaissé, vil, inférieur, profond, manquer; தாழ்வாய்ப்போகிறது, தாழ்வாகிறது baisser, diminuer, décroître, devenir inférieur, vil...; தீ செய்ததிலேதாழ்வில்லை il n'y a point de faute dans ce que tu as fait; லே குதாழ்வுவந்தது il est arrivé une grande perte, — un grand déshonneur.

தாழ்வுரை, (தாழ்வு, உரை), discours humble.

*தாளகம், தாளக்கம், (tâlaka), orpiment, sulfate d'arsenic jaune.

*தாளத்திரயம், (தாளம், திரயம்), frapper 3 fois de l'eau dans la main gauche avec 3 doigts de la main droite.

*தாளம், (tâla), temps ou mesure (en musique), espèce de cymbale pour battre la mesure, battre des cymbales, l'art d'en battre, ce qui est le 26me des 64 கலைக்கியானம், palmier, orpiment jaune: — கொட்டுகிறது, —கொட்டல். —போடுகிறது, —போடல் battre des cymbales, battre la mesure avec une cymbale ou des cymbales; தாளக்காரன் cymbalier, celui qui bat des cymbales, — க்குறிப்பு temps à garder ou à observer en en battant; —தசப்பிரமாணம், —ப் பிரமாணம் les 10 règles —, règles pour garder la mesure en musique et pour faire accompagnement, (voyez-les à la fin de cet article); — வொத்து, (ஒத்து), temps ou mesure (en musique); elle se bat avec les cymbales; கைத்தாளம் paire de petites cymbales, (l'une de cuivre, l'autre d'acier), qui servent à battre la mesure en chantant; சிறீதாளம் larges feuilles de palmier, —du palmier தாளப்பம்: தாளம்-ஐ- les 5 espèces de temps observés en battant les cymbales qui sont: la 1re se nomme சச்சற்புடம் et contient 8 மாத்திரை, i. e. 8 mesures ou temps, savoir: 2 குரு ou 4 mesures, 1 இலகு, ou 1 mesure et 1 புளுதம் ou 3 mesures, que l'on représente ainsi 88|8. Cette manière est censée tirer son orgine de la dernière face de Siven nommée சத்தியோசாதம், et est de caste brame. La 2e dite சாசற்புடம் contient 6 மாத்திரை ou mesures, savoir: 1 குரு ou 2 mesures, 2 இலகு ou 2 mesures, et 1 குரு ou 2 mesures (8||8) On l'a fait dériver de la 4me face de Siven nommée வாமதேவம்; elle est rajah de caste. La 3me appelée சட்பிதாபுத்திரிகம் contient 12 மாத்திரை ou mesures, savoir 1 புளுதம் ou 3 mesures, 1 இலகு ou 1 mesure, 2 குரு ou 4 mesures, 1 இலகு ou une mesure et 1 புளுதம் ou 3 mesures (8|88|8). Elle dérive, dit-on, de la 3me face de Siven nommée அகோரமுகம் et est de caste marchande ou வைசியசாதி. La 4e dite சம்பத்துவேட்டம் contient aussi 12 mesures, savoir: 1 புளுதம் ou 3 mesures, 3 குரு ou 6 mesures, et 1 புளுதம் ou 3 mesures (88888); elle est censée dériver de la 2e face de Siven nommée தற்புருடம் et est de caste Soudra. La 5me se nomme உத்கடிதம், et contient 3 குரு qui font 6 mesures (888). On lui fait tirer son origine de la 1re face de Siven nommée ஈசானமுகம் et est de caste mélangée dite சங்கிரமசாதி. தாளம்-எ les 7 tons de la musique, les 7 différentes notes, (et surtout) les 7 mesures de musique ou 7 espèces de temps observés en chantant; ce sont: 1° துருவம் contenant 1 இலகு ou 1 mesure 1 குரு ou 2 mesures et 1 துரிதம் ou une demi-mesure (|8O). en tout 3 mesures et 1/2; les notes qui lui appartiennent sont சரிகம (do, ré, mi, fa), கரிசரிகரிசரி (mi, ré, do, ré, mi, ré, do, ré), கம (mi, fa). 2e மட்டியம் contenant 1 இலகு ou 1 mesure, 1 துரிதம் ou demi-mesure et 1 இலகு ou une mesure (|O|), en tout 2 1/2 mesures. Les notes qui lui appartiennent sont சரிகரி, (do, ré, mi, ré,); சரி (do, ré), et சரிகம (do, ré, mi, fa). 3e உருபகம் contenant 1 இலகு ou 1 mesure et 1 துரிதம் ou demi mesure (|O), en tout 1 1/2 mesure; ses notes sont சரி (do, ré) சரிகம (do, ré, mi, fa). 4e சம்பை contenant 1 இலகு ou une mesure et un அநுதுரிதம் ou quart de mesure et 1 துரிதம் ou demi-mesur,(lᴗO) en tout 1 mesure 3/4; les notes qui lui appartiennent sont ச (do), ரிக (ré, mi), et சரிசநிகமா do, ré, do, si,mi,fa). 5° திரிபுடை contenant 3 துரிதம் ou 1 mesure et 1/2 et 1 அநுதுரிதம் ou quart de mesure, (OOOᴗ),en tout 1 mesure 3/4; les notes qui lui appartiennent sont கரி கசரிகம் (mi,ré,mi,do, ré,mi,fa). 6° அடதாளம் contenant 1 இலகு ou 1 mesure,2 துரிதம் ou 1 mesure et 1 இலகு ou 1 mesure (lOOl),en tout 3 mesures; les notes sont சரிகா, (do, ré,mi), சாரிகா (do,ré mi), மா (fa), மா (fa). 7° ஏகதாளம் contenant 1 இலகு ou 1 mesure (l);les notes sont சரிகம (do,ré,mi,fa).L'espèce dite சங்கை est des 5 castes,. ou convient aux 5 castes.Si le திரிபுடை a 3 விராமம் et 1 அநுதுரிதம்,il est d'une seule caste;s'il a l'இலகு,il est aussi des 5 castes. Les 5 autres espèces sont également des 5 castes. On les connait et on discerne à quelle caste elles conviennent par les lettres de l'இலகு du ஏகதாளம் particulier à chaque caste. L'இலகு de caste brame a le temps de 4 lettres, celui de caste royale a 3 lettres ou 6 lettres; celui de caste marchande a 7 lettres, celui de caste Soudra a 5 lettres, celui de caste mêlée a 9 lettres. Dans chaque caste l'அநுதுரிதம் ou 1/4 de mesure a le temps d'une lettre, et le துரிதம் ou demi-mesure le temps de 2 lettres. தாளம்-கு les 9 régles pour garder le temps ou la mesure en musique,le jour qu'une idole est portée en procession autour d'une pagode, avec 9 haltes dans lesquelles on observe les 9 différens தாளம், *i. e.* mesures instrumentales ou vocales, en voici les noms: அதி—அரும,—சம,—, சய, —சித்திர—, துருவ—, நிவிர்த,—படிம—,விடதாளம். தாளப்பிரமாணம் ம, ou தாளதசப்பிரமாணம் les 10 régles pour garder la mesure en musique, savoir: காலம், மார்க்கம், கிரியை, அங்கம், கிரகம், சாதி, கலை, இலயை, யதி, பிரத்தாரம். Voici quelques explications à leur sujet. 1° காலப்பிரமாணம் règle du temps; elle contient 10 subdivisions, savoir: கணம், இலவம், காட்டை, நிமிஷம், துடி, துரிதம், இலகு, குரு, புலுதம், காகபதம். En voici la valeur: le temps qu'une aiguille met à traverser une feuille de nénuphar dans un paquet de 100 feuilles se nomme கணம்;8 கணம் font 1 இலவம்,8 இலவம் font 1 காட்டை,8 காட்டை font un நிமிஷம்,8 நிமிஷம் font 1 துடி, 2 துடி font 1 துரிதம்,2 துரிதம் font un இலகு,2 இலகு font 1 குரு,3 இலகு font 1 புலுதம்,2 குரு font 1 காகபதம். 2° Le மார்க்கப்பிரமாணம் ou règle du mode se subdivise en 6 savoir: le தக்கணம் qui contient 8 மாத்திரை en un கலை, le வார்த்திகம் qui en contient 4, le சித்திரம் qui en contient 2,le சித்திரதரம் qui en contient un,l'அர்த்தசித்திரம் qui en contient un demi,et l'அதிசித்திரம் qui en contient un quart, chacun en un கலை. Le மாத்திரை a la mesure d'un நொடி ou du temps voulu pour faire claquer le doigt du milieu contre les autres. 3° கிரியைப்பிரமாணம் la règle de l'action, elle se divise en 2 parties dites மார்க்கம் et தேசிகம்: le மார்க்கம் contient 4 நிசத்தம் et 4 சசத்தம்;les 4 நிசத்தம் se nomment ஆவாபம், நிட்கிராமம், விட்சேபம், பிரவேசம்; les 4 சசத்தம் s'appellent துருவம், சம்மியம், தாளம், சன்னிபாதம். Le தேசிகம் se divise en 8 parties nommées: துருவகம், சர்ப்பிணி, கிருடிகை, பதுமினி, விசர்ச்சிதை, விட்சிபத்தம், பதாகை, பதிதம். On peut voir leur explication dans des traités spéciaux. 4° அங்கப்பிரமாணம் la régle des corps ou des figures;elle se divise en 6 parties nommées பிறை croissant, மதி la pleine lune, கணை flèche, வில் arc, பாம்பு serpent, புள்ளடி pied d'oiseau,dont la marque est une croix; on leur attribue dans le même ordre un அநுதுரிதம் ou quart de mesure au மிறை, un துரிதம் ou une demi-mesure au மதி, un இலகு ou 1 mesure au கணை, un குரு ou 2 mesures au வில், un புளுதம் ou 3 mesures au பாம்பு, un காகபதம் ou 4 mesures au புள்ளடி; ce qui fait ∪O|ꙅ⅁† Pour savoir leur origine, leurs synonymes, leurs airs, leurs divinités, leurs mesures, etc..., voir les traités spéciaux. 5° கிரகப்பிரமாணம் règle des demeures; elle a 4 subdivisions, savoir: l'அதிதம் ou la voix précédant la cymbale, l'அநாகதம் ou la cymbale précédant la voix, le சமம் ou la voix et la cymbale réunies, விடமம் la voix et la cymbale se mêlant et se précédant réciproquement. 6° சாதிப்பிரமாணம் règles des castes; on en compte 5: சதுரசிரம் celle des brames, திரிசிரம் celle des rajahs மிசிரம் celle des marchands, கண்டம் celle des choutres, சங்கீரணம் la caste mêlée; on les distingue par les lettres de l'இலகு comme il a été dit ci dessus. 7° களைப்பிரமாணம் règle de l'air; il y en a 3: ஏககளை le களை unique, துவிகளை le double களை, சதுர்க்களை le quadruple களை. 8° இலயைப்பிரமாணம் règle du temps ou de la vitesse: il y en a 3: விளம்பம் lenteur, மத்திமம் moyenne; துரிதம் vitesse. 9° யதிப்பிரமாணம் règle des pauses; il y en a 6, savoir: le சமம் ou சமயதி lorsque les figures dites அங்கம், longues ou brèves, viennent d'une seule manière (∪∪, ||,). விடமம் ou விடமயதி, lorsque les figures longues et brèves viennent mélangées et sans ordre; (ꙅ∪O). மிருதங்கம் ou மிருதங்கயதி lorsque les figures brèves viennent au commencement et à la fin, et les longues au milieu (∪OꙅO∪), வேதமத்திமம் ou வேதமத்திமயதி, lorsque les figures longues viennent au commencement et à la fin et les brèves au milieu (|∪|). கோபுச்சம் ou கோபுச்சயதி lorsque les figures longues viennent au commencement et les brèves à la fin (⅁ꙅ|O∪). சுரோதோவகம் lorsque les figures brèves viennent au commencement et les longues à la fin (∪O|ꙅ⅁). 10° பிரத்தாரம் expliqué dans les traités spéciaux.

[(mot de mépris).

தாளன், un certain, un quidam:

தாளா, தாளாத, part. nég. de தாளுகிறது, qui ou qu'on ne peut souffrir, intolérable.

தாளாண்மை, (தாள்), effort, — continuel, persévérance, industrie.

தாளாளர், (தாள், ஆளர்), gens industrieux, — qui font des efforts constans, épithète des 3 classes de வையியர்.

தாளாமை, n.v. nég. de தாளுகிறது, intolérance, ne pouvoir—, ne pas supporter...

*தாளி, 1° (tâli), le palmier borassus flabelliformis, ou corypha tâliera, fruit de ce palmier. 2° la 17$^{me}$ constellation dite அனுடம், la plante grimpante தாளிச்செடி convolvulus striatus, bois mort et matières semblables entassées pour faire du feu. 3° gér. de தாளுகிறது, 4° imp. de தாளிக்கிறது: தாளிப்பனை le palmier tâlipat ou சிறீதாளம்.

தாளிக்கம், stabilité, fixité, fermeté, prospérité: — ஆன குடி famille prospère, bien établie; — ஆனவன் homme à l'aise, qui a le moyen de soutenir sa famille.

தாளிக்கிறது, ளித்தேன், ளிப்பேன், ளி, ளிக்க, v.a. faire un ragoût—, assaisonner à l'indienne, préparer les ragoûts à la manière indienne dans 2 casseroles l'une pour le mets, l'autre pour l'assaisonnement dans lequel on verse ensuite le premier, éteindre, amortir, mêler: சுண்ணாம்பு— நீறு— éteindre—, amortir la chaux; வெறுஞ்சட்டி— assaisonner un plat vide, se vanter, dire des gasconnades; தாளித்த கறி ragoût préparé de la manière susdite.

*தாளிசம், 1° (tâlisa), montagne. 2° P. தாளீசம்.

தாளிதம், தாளித்தல், தாளிப்பு, n. v. de தாளிக்கிறது, (talita viande rôtie).

assaisonnement,—à l'indienne, —à la double casserole, amortissement, mélange: தாளிதம் பண்ணுகிறது, V. தாளிக்கிறது. [லவங்கை.

தாளிஸி, les plantes இலவங்கை et தி

*தாளீசம், (தாளி, ஈசன்), l'arbre tâlisa: தாளீசபத்திரி ses feuilles; (elles sont médicinales).

தாளுகிறது, ளினேன், ளுவேன், ளுவ ன், ள, v.a.et n. தாளுதல், n.v. supporter, souffrir, tolérer, pouvoir, être possible: அதெனக்குத்தாளாது je ne puis supporter cela; அதைக்கண்டுமனந்தாளவில்லை en voyant cela le cœur n'a pu ou ne peut le souffrir; அதைத்தாளுபவனார் qui peut souffrir cela? இந்தக்காரியத்திலேமனந்தாளவேணும் il faut en ceci de la tolérance: je vous prie d'avoir en cela de la tolérance: இந்தவிலையை அந்தச்சரக்குத்தாளாது cette marchandise ne comporte pas ce prix; தாளுந்தாளாது cela est tolérable et ne l'est pas, cela est plus ou moins tolérable.

தாள், 1° pied, commencement, chaume, tuyau ou tige (du blé, des fleurs etc...), effort, exercice, force, mâchoire, verrou, pêne, serrure, agrafe (de bijou...), feuille de papier, ruban, lien, courroie, piége. 2° *imp. et part. du préc*: தாளடிப்போர், 1° tas de blé... battu à la main et non encore battu ou plutôt foulé aux pieds de bœufs. 2° ceux qui battent le blé; —அடைக்கிறது, — இடுகிறது, — போடுகிறது, — பூட்டுகிறது pousser le verrou, fermer au verrou; — கழுவுகிறது laver les pieds, (c'est une des 9 vertus); — ப்பூட்டு broche de fer qui traverse les joues au-dessus de la mâchoire (et que portent les pélerins de திருப்பதி...); —ப்பயிர் céréales à tige ou tuyau; —ப்போர் tas de blé, (avec sa tige); —மடங்கல் la tige se courber, se plier, les blés mûrir; தாளோடுதொண்டிட்டுக்கொள்ளுகிறது ou தாளேக்கிட்டுக்கொள்ளுகிறது serrer les mâchoires, les lier.

தாள்ப்பாள், (தாள்), verrou: —இடுகிறது fermer au verrou.

தாறது, P. தருகிறது, donner: தாறேன், P. தருகிறேன், je donne

தாறு, *gén.* தாற்றின், *obl.* தாற்று, 1° aiguillon, —de fer, —de bouvier, mesure (de terre...), limite, extrémité de l'arc (où l'on attache la corde), peloton de fil, navette, bobine de tisserand, bouquet ou grappe (de dattes, de noix d'arec, de cocos, de bananes etc...), branche avec ses fruits, tige des feuilles, V. ஊசு. 2° (tar, *anglais*), goudron, poix: தாறுகள்ளி la plante வெள்ளைக்காக்கணம்; — க்கள்ளடை navette de tisserand; —க்கழி baguette —, bâton dont les tisserands se servent pour conduire le fil de la navette: — கோல் aiguillon (de bouvier); — சுற்றுகிறது mettre le fil en peloton.

தாறுமாறு, désordre, déréglement, concubinage, confusion, contradiction: — க்காரன் homme qui vit en désordre, concubinaire, perturbateur: தாறுமாறும் en désordre, en concubinage, confusément, à tort et à travers.

*தார்க்கிகம், P. தர்க்கீகம், vol.

தார்க்காணம்... V. தாக்கணம்..

*தாற்பரியம், (tâtparya), dessein, intention, opinion, sentiment, sens, signification, explication: — சொல்லுகிறது dire l'intention, —le sens, définir le sujet, expliquer: — பண்ணுகிறது expliquer, développer, amplifier; தாற்பரியவுரை, (உரை), explication du sens.

*தாற்பரியார்த்தம், (தாற்பரியம், அர்த்தம்), sens d'une sentence.

தாற்று, 1° *obl. de* தாறு. 2° *imp. et part. du suiv.*—க்கதிர் épi en —, grappe; —க்கோல் aiguillon (de bouvier, de laboureur...), harpon, crochet; —ப்பூ fleurs venues en bouquet, —en faisceau.

தாற்றுகிறது, ற்றினேன், ற்றுவேன், ற்று, ற்ற, v.a. தாற்றுதல், n.v. vanner, porter.

தானகம், une des parties de la danse ou de la comédie.

தானக்கை,(தானம்,கை), appui, endroit pour soutenir.

தானத்தான்,*pl.* தானத்தார், (ஸ்தானம்), chef héréditaire, surintendant de temple, maître de cérémonies d'un temple de Siven.

*தானம், 1° (*P.* ஸ்தானம்), place, situation,site,lieu,posture droite des statues de Vichnou,(par opposition aux postures assises ou couchées. 2° (dâna),don,présent,donation,largesse,libéralité,(ce qui est une des qualités du இராசதகுணம், un des 4 உபாயம்,et une des 7 vertus),rut des éléphans,humeur qui coule alors de leurs tempes, frapper, couper en morceaux, miel sauvage, purification.3° (tâna),ton,air.4° *P.*ஸ்நானம்,bain.5° Souvarkam ou monde des dieux indous,force,apparition:தானம்—௩ les 3 espèces de dons ou de largesses: 1° தலைப்படுதானம் ou உத்தமதானம் le don principal ou excellent; c'est donner de bon cœur et des biens acquis honnêtement,à des pénitens vertueux et exempts des 3 grands viçes de luxure, de colère et de scepticisme,en les priant humblement de les accepter. 2° இடைப்படுதானம் ou மத்திமதானம் don mitoyen; c'est faire l'aumône par commisération aux pauvres, aux aveugles,aux estropiés,aux femmes indigentes et à tous les malheureux. 3° கடைப்படுதானம் ou அதமதானம் la dernière espèce de largesse ou le don inférieur; c'est donner l'aumône ou faire des présens pour être loué,par attente d'une récompense, par crainte, par complaisance, amitié, civilité ou bon naturel, ou pour d'autres raisons mondaines: தானங்கொடுக்கிறது,—கொடுத்தல் faire des présens,*v.g.*celui d'une vache ou autre chose,donner l'aumône, un des 3 காயத்தினற்குணம்; —செய்கிறது,—பண்ணுகிறது faire un présent, donner, se baigner, se laver; தானசீலம் caractère libéral, —généreux; —சீலன் homme libéral; —சுத்தி purification du lieu où l'on est;—தருமம் aumône, libéralité,règles pour les donations;—பதி homme généreux; —பத்திரம்,—பத்திரிகை acte de donation; —ப்பிரதிட்டன்,*P.* ஸ்தானப்பிரதிட்டன்;—ப்பிரதிபாவியம் gage,— pour sureté d'une dette; —ப்புழு tenia,ver solitaire,ver des entrailles;—ப்பொருத்தம்,*V.* பொருத்தம்-௫;—வச்சிரன் un வைசியன், diamant des dons;—வரிசைபாடுகிறது chanter avec une voix tremblante; —வருஷி homme généreux,éléphant en rut;—வியத்தியாசம்,—வித்தியாசம் don défectueux,—inférieur,—fait par erreur ou à des personnes indignes, différence de don;—வீரன் homme généreux, libéral; தானத்திலேவைக்கிறது mettre à sa place.

*தானவம்,(tânava), minceur,poli,douceur au toucher.

*தானவர், (dânava), les fils de தநு (et de கசியபன்),*i.e.*les Dânavers ou அசுரர்,sorte de Titans.

*தானவன்,(*id. sing.du préc.*) un Dânaven, Sandiren ou la lune.

தானவாரி,(தானவன்,அரி),l'ennemi des Dânavers,Indiren, Vichnou.

தானாகிறது,தானாகுதல்,தானாதல், (தான்), se former —,exister—, être de soi-même.

தானாட்டித்தனதுநிறுத்தல், (தான், நாட்டி, தனது), maintenir une chose où on l'a mise d'abord, appuyer par des raisons et maintenir ce qu'on a prescrit ou avancé.

*தானாபதி, 1° *P.* ஸ்தானாபதி, ambassadeur, député, envoyé, représentant,plénipotentiaire.2° (சேனை, பதி), général d'armée: —யமாய்வருகிறது venir en ambassade.

தானாபதிக்கம்,தானாபத்தியம், தானாபதித்துவம்,(தானாபதி,ka,ya),dignité—,emploi d'ambassadeur,—de général, ambassade,députation,généralat: தானாபத்தியம்பேசுகிறது, —பண்ணுகிறது parler en qualité d'ambassadeur,ou remplir les fonctions d'ambassadeur.

*தானி, 1° (தானம்), ce qui occupe une place, v. g. la terre est le lieu தானம்,et l'homme est தானி ce qui l'occupe. 2° (dhâni), magasin, grenier, site, place d'une —, habitation, ce qui contient, (à la fin des mots composés,comme இராசதானி ville capitale, — où réside le roi).

*தானியம்,(dhânya),céréales,grains en général,(surtout) riz,blé,coriandre: — கட்டுகிறது, — கட்டிவைக்கிறது serrer—,accaparer les grains, les garder en magasin, (pour les faire enchérir ou faire le monopole),தானியகற்பம் paille sans grains, balle—,enveloppe du grain; — கோஷ்டகம் grenier,réceptacle—,panier à grain, corbeille;—சங்கிரகம் grenier,*ou*—சம்பத்து provision —,magasin de grains, de blé;—சாரம் riz —, grains vannés, c'en est alors la substance; — தேனு monceau de grains pour être donné aux brames, *litt.* vache de grain; — ப்புரட்டு tromperie dans les sortes de grains; —ப்பொட்டு l'insecte அந்து qui ronge le grain, blé bruiné, nielle, paille du grain; — மணி grain de blé,de riz; — மாயன் marchand de grains; —ராசன் le roi des grains,*i. e.* le froment; —வத்தனன், —வர்த்தனன் celui qui prête du grain à usure, marchand de grains (en échange d'autres objets...); —லக்குமி, —லக்ஷுமி,—லட்சுமி la prétendue déesse des blés; — வீசம் grain de blé, coriandre.

தானியாகுபெயர்,(தானி, ஆகுபெயர்), nom dérivé de la chose qui se trouve dans le lieu, v. g. விளக்கு lampe (comme contenant des substances qui éclairent.)

*தானியாசலம்,(தானியம், அசலம்),montagne—,monceau de grains.

*தானியாதிபன்,(*id.* அதிபன்),maître des grains.

*தானியாஸ்தி,(*id.* ஆஸ்தி, அஸ்தி), grain battu, *ou* தானியசாரம்.

*தானியாமிலம், (*id.* அம்மிலம்), cange aigre,eau de riz.

*தானியாரி,(*id.* அரி),l'ennemi des grains,*i.e.* le rat.

*தானியார்த்தம்,(*id.* அர்த்தம்),richesse en grains,V. தானியசம்பத்து

*தானியோத்தமம்,(*id.* உத்தமம்), le meilleur grain,*i.e.* le riz.

*தானியம்,(dâniya),don, présent.

*தானு,(dânou),donateur,homme généreux, vainqueur, vent,air.

*தானூரம், (tânoura), tournant d'eau,tourbillon.

தானூர்,Tânour ou Tânore, ville de la côte malabare.

தானை,armée,arme (en général), outil, habit, toile:—த்தலைவன் général d'armée; — த்துருகணோர் guerriers, braves soldats; — மாலை le 29me des பிரபந்தம், panégyrique (en vers ஆசிரியம் sur le ton de l'agavel) de l'avant-garde qui porte le drapeau d'une armée; தானை-௪ les 4 parties d'une armée indoue, savoir: இரதம் chars, கரி éléphans, பரி chevaux, காலாள் piétons,ou en d'autres termes ரதகஜதுரகபதாதிகள்:தானை-௬ les 6 corps d'armée: தேர் chars, கரி éléphans, பரி chevaux, வாள் soldats armés d'épées, வில் archers,வேல் lanciers ou soldats armés de javelots.

தான்,*obl.* தன்,*hon.*தாம்,*obl.* தம், *pl.*தாங்கள்,*obl.*தங்கள், *pronom personnel de la 3me personne*, il, lui,soi; (*après un nom ou un pronom*),même, *Ex.*நீதான் *ou* தானே toi-même;அவன்தான் *ou* அவன்றான்; lui-même:அவள்தான் elle-même;அதுதான் cela même, c'est cela même; மனிதன்தான் l'homme-même; அவர்கள்தாமே eux-mêmes; மெய்தான் c'est vrai; அதுதானேவந்தது c'est cela même qui est venu,ou cela est venu de soi-même; அந்தமனிதனிவன்தான் c'est lui-même qui est l'homme en question; அவன்வந்ததுநல்லதுதானே il est vraiment bon qu'il soit venu; அப்படிதானிருக்கின்றது c'est ainsi que la chose est.Quelquefois le mot தான் est purement explétif, et se met entre un nom et la terminaison des cas. *Ex.* அரசன்தன்னை, அரசர்தம்மை, *P.* அரசனை, அரசரை le roi, les rois; தானும், தானே soi-même, de soi-même, spontanément, volontairement, de son plein gré; தானேவாதல், தானாகிறது, தானாதல், தானாகுதல் se former de soi-même, ou தானாயிருத்தல், தானாயிருக்கிறது être --, exister de soi-même, aséité, être indépendant; தானாயிருக்கிறசர்வேசுரன் Dieu qui existe de lui-même; தானாயாளுகிறது gouverner par soi-même, d'une manière indépendante; தானும்ப்பேசுகிறது parler de soi-même; தானும்ப்பேசிக்கொள்ளுகிறது se parler à soi-même; தானுன்மூவர் le Trimourti formé de lui-même, *i. e.* la pierre dite சாலக்கிராமம், en laquelle les gentils le croient incarné; தானிப்படிசெய்வேனென்றான் il a dit qu'il ferait ainsi; தானெடுத்துமொழிதல் un des யுத்தி, citation d'auteurs; தானே même, de soi-même; தான்தோன்றி, *V.* தான்றோன்றி.

தான்றி, —மரம் l'arbre terminalia bilirica: தான்றிக்காய் son fruit médicinal (c'est un des 3 பலை et un des 10 துவர்).

தான்றோன்றி, (தான், தோன்றுகிறது), l'être existant par lui-même, *i.e.* Dieu, ce qui a germé de soi même; தான்றோன்றித்தம்பிரான் homme puissant existant par lui-même, (dit ironiquement). [த் et de இ.

தி, lettre syllabique composée de

திகசம், திக்சம், la plante அசமதாகம்.

திகதி, *P.* தேதி, jour du mois.

*திகந்தம், (திக்கு, அந்தம்), horizon, le point le plus loin où la vue ou l'idée puisse s'étendre autour de nous.

*திகந்தரம், திகந்தராளம், (திக்கு, அந்தரம், அந்தராளம்), air, atmosphère, l'espace. [obscurité.

*திகம்பரம், (digambara), nudité,

*திகம்பரர், (*id.*), gens nus, ascètes djaïnas ou bouddhistes—, gymnosophistes qui allaient nus.

*திகம்பரன், (*id.*), homme nu, Arouguen, Siven (à cause de leur nudité).

*திகம்பரி, (திகம்பரம், i), *m. et f.* personne nue, Dourgà ou Parvadi.

திகரடி, affliction, anxiété, fatigue, épuisement, asthme, courte respiration.

திகரம், la lettre தி, désir, —ardent, *V.* திகரடி: — ஆயிருக்கிறது être asthmatique; — உண்டாயிருக்கிறது l'asthme est prononcé, — devenu très-oppressif. [*V.* திகழ்ச்சி.

திகழல், *opt. et n.v. de* திகழுகிறது,

திகழுகிறது ou திகழ்கிறது, ழ்ந்தேன், ழுவேன் ou ழ்வேன், ழு ou ழ், ழ, *v.n.* திகழுதல், *n.v.* briller, luire, resplendir, apparaître.

திகழ், 1° *imp. et part. du préc.* 2° ou திகழ்ச்சி, திகழ்தல், திகழ்வு, *n.v. du même*, lumière, lustre, éclat, splendeur, apparition.

திகளு, la plante கொடிவேலி.

*திகாந்தம், *P.* திகந்தம்.

*திகாந்தரம், *P.* திகந்தரம்.

திகிரி, roue, —de potier, supplice de la roue, cercle, l'arme circulaire dite சக்கராயுதம், moulin à bras, meule à moudre, char, voiture, montagne, bambou: — க்கல் bézoard, *V.* சக்கரவாளகிரி.

திகிரிகை, (திகிரி, kâ), roue, cercle: குயவன் roue de potier.

திகிர், 1° corde employée dans les cérémonies d'un sacrifice: திகிரடிக்கிறது frapper—, agiter cette corde comme signal au sacrificateur ou à celui qui fait une oblation au feu. 2° ou

திகில், peur, crainte, alarme, terreur subite, tremblement: — ஆயிருக்கிறது, — பிடித்திருக்கிறது être effrayé, terrifié: — என d'une manière alarmante, comme une—, par une terreur subite: — அடைகிறது, — எடுக்கிறது, — இடுக்கிறது, — பிடிக்கிறது ou திகிற்படுகிறது s'effrayer, être saisi d'effroi, — d'une terreur subite; — பிடித்துச்சாகிறது mourir de frayeur.

திகுதிகு, *son imitatif*: திகுதிகென்றி றது faire *tigoutigou*, —du bruit, se hâter; திகுதிகென்று vite, en faisant *tigoutigou*; திகுதிகென் றெரிகிறது brûler en craquant ou pétillant.

திகை, 1° *P.* திசை, côté, région, point cardinal, taches jaunes sur la peau ou au visage. 2° *imp. et part. de* திகைக்கிறது: திகைகெட்டவன் homme troublé, hors de soi, égaré; —தப்புகிறது s'égarer, se troubler; —ப்பூண்டு plante qui, dit-on, trouble l'esprit ou cause de la perplexité quand on marche dessus; —ப்பூண்டுமிதிக்கிறது marcher sur cette plante, se troubler, être stupéfait, —ப்பூண்டுமிதித்தவன் homme qui a marché dessus, homme troublé, embarrassé; —மயக்கு trouble d'esprit, égarement.

திகைக்கிறது, கைத்தேன், கைப்பேன், கை, கைக்க, *v. n.* chanceler, vaciller, se troubler, s'étonner, s'effrayer, trembler, *ou* திகைத்திருக்கிறது. திகைத்துக்கொண்டிருக்கிறது balancer, hésiter, être stupéfait, troublé, effrayé, embarrassé, hors de soi-même, dans la perplexité; திகைத்துப்போகிறது s'effrayer, se troubler, rôder çà et là tout stupéfait.

திகைத்தல், திகைப்பு, *n. v. du préc.* vacillation, hésitation, perplexité, crainte, épouvante, terreur subite, trouble, tremblement: திகைப்படைந்திருக்கிறது *ou* திகைப்புண்கிறது, *V.* திகைத்திருக்கிறது *et* திகைக்கிறது.

*திக்கங்கம், (திக்கு, அங்கம்), insignes des prétendus gardiens des 8 points cardinaux, *V.* அஷ்டபாலகர்குறி. [ஷ்டதிக்குக்கசம்

*திக்கசம், (திக்கு dik, கசம்), *V.* அ

திக்கடைப்பு, (திக்கு, அடைப்பு), limitation, clôture, borne (de l'horizon...).

*திக்கம், (dikka), jeune éléphant.

*திக்கயம், *P.* திக்கசம்.

திக்கரிக்கிறது, ரித்தேன், ரிப்பேன், ரி, ரிக்க, *v. a.* (திக்காரம்), mépriser, rejeter (comme de nulle valeur), réfuter, censurer. [*V.* திக்காரம்.

திக்கரித்தல், திக்கரிப்பு, *n. v. du préc.*

திக்கற்றவன், (திக்கு, அற்ற), homme qui ne sait où aller, —dénué de secours, orphelin.

*திக்காரம், (dhik *fil* காரம்), mépris, affront, reproche, censure, rejet, réfutation.

திக்கி, *gér. de* திக்குகிறது.

திக்கிருதம், திக்கிரியை, (dhik, *fil*), reproche, censure, affront.

திக்கிடுகிறது, (திக்கு), s'effrayer, être épouvanté.

*திக்கு, 1° (dik), région, quartier, côté, coin —, côté du monde, point cardinal. (Les Indiens en comptent 8, qui sont les 4 points cardinaux et les 4 intermédiaires, *V.* அஷ்டதிக்கு, *V. aussi le* தசதிக்கு formé en ajoutant aux précédens le zénith et le nadir. 2° support, protection, assistance, bégaiement, difficulté de parler. 3° *imp. et part. de* திக்குகிறது. 4° l'arbrisseau செருப்படை: எனக்குத்திக்குமில்லை திசையுமில்லை je n'ai ni coin ni recoin, — ni protection ni asyle; —க்கெடுகிறது être désorienté, être —, rôder dénué de secours, perdre la tramontane; —க்கட்டு, —த்தம்பனம், —பந்தனம் enchantement des points cardinaux, —fait pour prévenir les prétendues mauvaises influences qui pourraient en venir; —சூலம் conjonction planétaire de mauvais augure, comme celle du soleil et de Vénus à l'ouest; —த்தாகம் rougeur extraordinaire de l'atmosphère; —த்தடுமாறுகிறது, — மயங்குகிறது se troubler, perdre la tramontane, être désorienté; —பதிக்கிரகம் les astres qu'on prétend présider aux 8 coins du monde: c'est சூரியன் à l'est, சுக்கிரன் au sud est, செவ்வாய் au sud, இராகு au sud-ouest; சனி à l'ouest, சந்திரன் au nord-ouest, புதன் au nord, et வியாழம் au nord-est; —ப்பாலகர் les gardiens des 8 coins du monde, *V.* அஷ்டதிக்குப்பாலகர்;

—ப்புறம் côté du monde;—ப்பூசை sacrifice aux gardiens des 8 coins du monde; — மாறாட்டம் trouble d'esprit, être désorienté;—மண்டலம் cercle de l'horizon,—du ciel, un point du monde; — முகம் un côté du monde;—முட்டு trouble,embarras; — முட்டாக்குகிறது troubler, désorienter;— வாய் bouche qui bégaie ou balbutie; — வாயன்,m.— வாய்ச்சி,f. bègue, homme—, femme qui bégaie ou balbutie; —விசயதிரமம் invasion pour conquérir tous les coins du monde, ou—விசயம் conquête des 8 coins du monde; —விபாகம் quartier, point cardinal, division d'un point du monde;—வியாபி présent—,étendu dans tous les coins du monde.

திக்குகிறது, sync. திக்கிறது, க்கினேன்,க்குவேன்,க்கு,க்க,v.n. திக்குதல்,n.v. bégayer, bredouiller, balbutier, hésiter en parlant ou en récitant une leçon, se désorienter, s'égarer, s'écarter—,se disperser de divers côtés; திக்கித்திக்கிப்பேசுகிறது bégayer; —த்திக்கிவாசிக்கிறது balbutier en lisant; அவனுக்குவாய்திக்குகிறது il bégaie, il est bègue; அவனுக்குத்திக்கிப்போகிறது il bégaie, il hésite en parlant.

திக்குத்திகு,திக்குத்திக்கு, son imitatif, திக்குத்திகென்கிறது,திக்குத்திக்கென்கிறது faire tiquetique, —du bruit,craindre,la cymbale résonner; திக்குத்திகெனல், திக்குத்திக்கெனல், v.n. signe de crainte, bruit, son de cymbale.

திக்குமுக்கு, suffocation, strangulation, étouffement: — ப்படுகிறது, திக்குமுக்காடுகிறது. திக்குமுக்காடுகிறது,திக்குமுக்கிட்டுப்போகிறது, être suffoqué,étouffé,étranglé,étouffer; — ப்படுத்துகிறது, திக்குமுக்காடவிக்கிறது étrangler étouffer:— ப்படுகை, திக்குமுக்காடைப்பு suffocation.

திக்குறு,la plante புனமுருங்கு.

திக்கெல்லை, (திக்கு,எல்லை), V.திக்கடைப்பு.

திங்கட்,P. திங்கள் devant க, ச,ப.

திங்களுநாள்,(id.நாள்), la 5$^{me}$ constellation, sous laquelle naquit,au dire des Indous, Sandiren ou la lune.

திங்கள், la lune, (ou son conducteur)Sandiren,mois lunaire, lunaison,ou திங்கள்க்கிழமை,P. திங்கட்கிழமை le jour de la lune.i.e. le lundi: திங்கள் மும்மாரி பெய்கிறது pleuvoir 3 fois dans un mois,(phrase employée pour désigner une contrée fertile): —நாள்,—மீன்,V. திங்களுநாள்;—வெண்குடைவேந்தன் ou திங்கட்குடைவேந்தன் celui qui a la lune pour ombrelle,i.e.Kâmen.

திசமிதன், homme qui n'a point de désirs.

*திசாபதிகள்,(திசை,பதி), les prétendus présidens des coins du monde, V.திக்குபதிக்கிரகம்.

*திசாமுகம், (id.),coin —,côté du monde.

திசாயம்,résine,poix.

திசாலம், lieu et temps convenable.

*திசி,(disi),V.திசை.

*திசிலன்,(tidjila), Sandiren ou la lune,géant, le géant Tisilen.

*திசை, 1° (disâ), point cardinal, région, côté—,coin —,quartier du monde,chef —,intendant qui gouverne chaque coin du monde,situation, station, apparence, regard. 2° P. தசை,lot, fortune, état: திசைச. les 4 points cardinaux, les 4 limites du pays tamoul, savoir:குணகடல் ou கீழ்கடல் la mer à l'est, குடகுமலை les montagnes à l'ouest, வடவேங்கடம் ou திருப்பதி la montagne au nord ou Tripaty, குமரி ou கன்னியாகுமரி le cap Comorin au sud; — க்கட்டு enchantement pour prévenir de mauvaises influences de quelque côté du monde; —க்கட்டுக்கட்டுகிறது faire cet enchantement:—க்கட்டுதெரிந்தவன் sorcier habile pour cet enchantement; — க்காற்று vent qui souffle d'un côté du monde,vents alizés; —க்குறிப்பு signe du point cardinal, ce qui marque le rumb; — ச்சொல் terme particulier à une province, à un district; — நா l'arbrisseau செருப்படிவலி; — மயக்கு, — மாறுதல் trouble, être désorienté, désappointement; — மிலம் la plante மருக்காரை: — முகன் celui qui a une face tournée vers chaque point cardinal, i.e. Brama à 4 faces; — மொழி V. திசைச்சொல்; — யடிக்கிறது, — வருகிறது arriver —, se rencontrer heureusement, — d'une manière propice: — யுடையவர் maitre d'un pays ou d'un coin du monde.

*திஷ்டம், 1° (dichta), fortune (bonne ou mauvaise), destinée. 2° P. திருஷ்டம், vision, évidence, preuve évidente, V. திட்டம்.

*திஷ்டாந்தம், திஷ்டாந்தரம், P. திருஷ்டாந்தம், திருஷ்டாந்தரம், preuve, — évidente, exemple, explication, preuve par exemples, citation, fondement d'une assertion, science, estimation, calcul, mort: — ஆய் clairement, évidemment, manifestement, — ஆயறிந்தவன் celui qui connait clairement, évidemment, témoin oculaire.

*திஷ்டி, 1° (drichti), joie, plaisir. 2° P. திருஷ்டி, vue, vision, aspect, œil, œillade, regard, — jaloux ou malin, mauvaise influence qu'on lui attribue, fascination des yeux, connaissance, sagesse, fenêtre, guichet, lucarne, V. திட்டி et திருஷ்டி: — க்கக், — க்கல்லு jais ou agate, pierre précieuse qu'on suppose préserver de l'influence prétendue des regards malins ceux qui la portent, et dissiper la fascination des yeux; — கழிக்கிறது, — கழித்துப்போடுகிறது dissiper —, détruire —, ôter cette influence ou cette fascination: — கழிப்பு cérémonie payenne pour l'ôter ou la prévenir; — தோஷம் prétendue mauvaise influence des regards jaloux, fascination causée, au dire des Indous, par les regards: — சுற்றுகிறது tourner une chose (surtout autour de la tête d'une autre personne), pour dissiper ou prévenir cette mauvaise influence; — விதம்பம், — த்தம்பம் fascination des yeux, art de fasciner la vue, c'est le 59^me கலைக்கியானம்; — படுகிறது être atteint d'un regard malin, en être fasciné; — பரிகாரம், V. திஷ்டிகழிப்பு; — மணி, V. திஷ்டிக்கல்; — வாங்குகிறது, V. திஷ்டிகழிக்கிறது; — வாசல், — வாயில் guichet, porte étroite, fenêtre, lucarne; — வாசல் விட்டிருக்கிறது il y a un guichet dans la porte (d'un fort ou d'un temple); யானையேறித் — வாசலில் நுழையலாமோ peut on passer par un guichet étant monté sur un éléphant? peut-on faire une chose indigne de son rang? — வைக்கிறது mettre un tichti, ou jeter un regard malin, regarder, veiller sur, estimer: அவன் திஷ்டிக்கு மறுதிஷ்டியில்லை nul n'a le regard malin ou fier comme lui.

திஷ்டிக்கிறது, 1° P. திருஷ்டிக்கிறது, voir, regarder, prophétiser. 2° P. சிஷ்டிக்கிறது, créer, fabriquer: திஷ்டித்துப்பார்க்கிறது veiller sur, regarder fixement, — avec de grands yeux.

திஷ்டித்தல், திஷ்டிப்பு, *n. v. des préc.* vue, regard, prophétie, création, fabrication.

திஸ்து, habits, babillement, — complet, assortiment d'habits.

திட, *adj. de* திடம்.

திடத்துகிறது, த்தினேன், த்துவேன், த்த, த்த, *v. a.* திடத்துதல், *n. v.* (திடம்), fortifier, affermir.

திடபாம், (திடம்), constance, fermeté, force, — d'âme, certitude: திடப்படுகிறது s'affermir, prendre courage, devenir certain.

திடமை, la plante செவ்வொருக்கு.

*திடம், P. திருடம், force, courage, vigueur, fermeté, constance, certitude, assurance, vérité, stabilité: — ஆய் courageusement, hardiment, fortement, constamment, fermement, positivement: — ஆய்ப்பேசுகிறது parler hardiment ou fortement;—ஆய்த்தள்ளிவிடுகிறது rejeter courageusement;—ஆள்,—உள்ள், —ஆயிருக்கிற fort, vigoureux, courageux,intrépide, hardi, ferme, constant,stable,certain,positif;—ஆகிறது, V. திடப்படுகிறது;—கொள்ளுகிறது prendre courage,—confiance:—கொண்டுபேசுகிறது parler hardiment ou fortement;—சொல்லுகிறது encourager,affermir, consoler;—திடக்காரன் homme ferme, constant...;திடசித்தம் volonté ferme,—inébranlable;—சித்தமாயிருக்கிறது avoir une volonté ferme,être déterminé;—செய்தி nouvelle—, chose certaine;—சாட்சி témoin assuré,témoignage assuré,—fort,—certain;—சாட்சியாயறிவிக்கிறது témoigner fortement;—தத்துவம் force,fermeté constance;—நம்பிக்கை ferme confiance,espérance sûre ou inébranlable;—நிச்சயம் certitude inébranlable;—பத்தி piété solide fidélité inviolable,dévouement absolu;—பிடி prise vigoureuse,tenir—, saisir fortement;—புருஷன், V. திடவான்;—ப்படுகிறது,—ப்படுதல் s'affermir,prendre courage,—des forces ou—ப்பட்டிருக்கிறது être fortifié,encouragé,affermi,assuré,consolé;—ப்படுத்துகிறது affermir, fortifier,encourager, consoler, donner du courage;—ப்படுத்திவிடுகிறது congédier après avoir consolé, encouragé,fortifié;—ப்படுத்திக்கொள்ளுகிறது s'encourager, s'affermir, prendre des forces;—ப்பிரஞ்ஞன், V.திடவன்முத்தன்;—மனம்,—மனசு volonté ferme,inébranlable;—மனசாயிருக்கிறது avoir une volonté ferme,—bon courage;—மொழி parole énergique.

திடர்,tertre, monticule, colline, élévation, butte, écueil, bas-fond, banc de sable, rescif; திடரிடுகிறது s'élever en colline,en tertre;—ச்சுண்டி, V.வறட்சுண்டி.

திடல்,ilot petite ile, place à sec dans une rivière,monceau, V. திடர்;—ஆய்ப்போகிறது s'élever en tertre,(un terrain,un ilot...) ,être un peu élevé;—தட்டுப்படுகிறது un navire donner dans un rescif; திடற்சுண்டி la plante வறட்சுண்டி.

திடவான், (திடம், vân), homme fort,ferme,assuré,courageux, constant,

திடறு, P.திடர்.

திடன்,1° P.திடம்,force, fermeté, assurance,courage,vérité.2° V. திடவான்:—அற்றவன் homme sans fermeté,sans courage,faible,pusillanime:—அற்றுப்போகிறது,—தப்பிப்போகிறது perdre courage, se décourager;—ஆக்குகிறது, V. திடப்படுத்துகிறது;—ஆய்ப்பேசுகிறது, V. திடமாய்ப்பேசுகிறது; திடனைப்பார்த்துக்கொள்ளுகிறது voir—, éprouver le courage,la constance...

திடாரி,(திடம்),homme courageux, hardi.

திடாரிக்கம்,(id.),constance,fermeté,courage,confiance,assurance,consolation:—சொல்லுகிறது encourager,fortifier,affermir;—ஆய்ப்பேசுகிறது parler avec hardiesse; மனதைத்—பண்ணுகிறது s'encourager,encourager,consoler.

திடீன்பொதீன்,திடீர்,திடீர்திடீர், திடீர்பொதீர்,son—,mots imitatifs:—என்கிறது, எனல் rendre ces sons,résonner,faire du bruit;திடீரிடுகிறது,திடீரென்கிறது faire *tidir*,—le bruit d'une lourde chute,résonner,arriver subitement,se hâter,être vif, prompt, alerte:திடீரென,—என்று subitement en un instant,inopinément,tout-à-coup;—என்றுபாய்கிறது s'élancer inopinément;—என்றுதள்ளுகிறது pousser ou chasser soudainement;—என்றுபோடுகிறது jeter subitement (à terre....),—விழுகிறது tomber subitement.

திடுகூறு,précipitation,vitesse: திடுகூறாய் précipitamment,soudainement,à l'improviste.

திடுக்கம்,திடுக்காட்டம்,(திடுக்கு), peur,terreur, — subite,—panique, émotion—, tressaillement de frayeur,tremblement,sursaut, étonnement.

திடுக்கிடுகிறது, (திடுக்கு), s'effrayer, être épouvanté, tressaillir—, trembler d'effroi, être saisi d'une terreur subite ou panique, s'étonner: திடுக்கிடப்பண்ணுகிறது faire trembler d'effroi,effrayer, épouvanter;—ப்பேசுகிறது parler d'une manière effrayante:— வினைசெய்கிறது faire une mauvaise action—, agir par l'effet d'une frayeur subite.

திடுக்கிடுதல்,திடுக்கீடு,n.v.du préc. V.திடுக்கம்.

திடுக்கு, son,—mot imitatif, désignant l'épouvante, l'effroi subit, l'étonnement: —த்திடுக்கென்கிறது, திடுக்கென்கிறது, V. திடுக்கிடுகிறது; திடுக்கென par une frayeur subite, en sursaut, avec précipitation, subitement.

திடுதிடு,son imitatif d'une marche pressée...திடுதிடென்கிறது ou திடுதிடுக்கிறது, டுத்தேன், டுப்பேன்.டு.டுக்க,திடுதிடென்கிறது,(திடுதிடு),rendre ce son,faire du bruit en marchant vite ou en courant: திடுதிடென நடக்கிறது ou ஓடுகிறது hâter le pas,marcher—,courir vite.

திடுதிடுத்தல்,திடுதிடுப்பு, திடுதிடெனல்,n.v.du préc.bruit d'une marche pressée,—de la course, signe de —,hâte,précipitation. [pesante.

திடுமலி,f.(திடுமல்), femme forte,

திடுமல்,திடுமன், force,pesanteur, gravité: திடுமனாடிக்கிறது montrer de la force ou de la pesanteur.

திடும்,(son imitatif),espèce de timbale:—என்கிறது rendre le son de cette timbale. [opt.de திட்குகிறது.

திட்கல்,signe de —,crainte,n.v. et

திட்கு,sync.de திடுக்கு: திட்கிடுகிறது,திட்கிடுதல்,திட்கெனல்,திட்கென்கிறது ou

திட்குகிறது,கினேன்,குவேன்,கு,க,v.n. திட்கு),craindre, avoir peur, être stupéfait,saisi de terreur.

திட்டம்.justesse,exactitude,précision,rectitude,manière convenable, —juste,vérité,certitude,ordre,règle, arrangement,disposition, commandement,commission,convention,accord,estimation,devis,égalité,nivellement,fermeté,stabilité,force, plénitude,V.திஷ்டம்: — ஆய் exactement,ponctuellement,précisément..; —அறியாதவன் homme inexpérimenté,qui ne sait point la manière précise...;— சொல்லுகிறது prescrire la manière,donner la direction,faire le devis..;—பண்ணுகிறது (avec dat.ou l'acc.),régler,ordonner, charger,donner commission; தன் ஆஸ்திகளைக்குறித்துஒரு — பண்ணுகிறது disposer de ses biens,en régler la répartition ou l'emploi; அதுகாரியத்தைமுடிக்கஅவனைத்— பண்ணிவிருக்கிறது on l'a désigné pour terminer cette affaire; — பார்க்கிறது examiner la quantité ou la manière précise,faire une estimation,un devis; — பார்த்துக் கொடுக்கிறது donner d'après l'estimation faite ou selon qu'il est nécessaire:திட்டப்படுகிறது être réglé, arrangé, régularisé; — ப்படுத்துகிறது régler, arranger, régulariser;— வட்டம், — வட்டம் exactitude, justesse, ordre, méthode, précision (à exécuter strictement un ouvrage); —வட்டம் பார்க்கிறது examiner strictement la méthode ou la manière voulue.

திட்டல்,opt.et n.v.de திட்டுகிறது, injure. [sin.

திட்டனம்,l'arbre இலுப்பை bas-

திட்டாணி,(திட்டு, ஆணி), petite élévation de terre autour d'un arbre pour s'asseoir à l'ombre.

*திட்டாந்தம்,திட்டாந்தரம்,V. திஷ்டாந்தம்.

*திட்டி,1° V.திஷ்டி.2° millet dit தினை.3° P.திட்டு, tertre, élévation, ilot,banc de sable.4° ou விச்சுவகன்மா Visvakarma prétendu architecte des dieux.5° gér.de திட்டுகிறது: — விதை espèce de graine médicinale: — க்கருக்குகிறது injurier beaucoup, —continuellement, litt. noircir d'injures. [டிக்கிறது.

திட்டிக்கிறது,திட்டித்தல்,P. திஷ்

திட்டு,1° butte,tertre,hauteur,colline,ilot, île dans un fleuve, banc

de sable.bas fond, obstruction de la respiration,mur qui sépare les éléphans (de guerre surtout).2° injure, imprécation.malédiction,*n. v. imp et part.du suiv.*3° son imitatif: — தி ட்டுகிறது injurier,maudire;— முட்டு injure, malédiction, obstruction de la respiration.

திட்டுகிறது, ட்டினேன், ட்டுவே ன்,ட்டு,ட்ட,*v.a.*திட்டுதல்,*n.v.* injurier,outrager de paroles,gourmander,maudire.

திட்டெடன்கிறது, (திட்டு), rendre le son de tittou,se presser:திட்டெடன vite,à la hâte.

திட்டை,1° mortier (pour piler), montagne,colline,tertre,hauteur, la plante வெள்ளெருக்கு,*V.* திண்ணை. 2°° (drouchtâ),œil. 3° *P.*திட்டாய்,tu n'injuries pas:—யிடுகிறது s'élever, —en tertre, borner, construire un tertre,une chaussée.

திட்பம்,(திண்),moment, court espace —,minute de temps,force, certitude. [*du suiv.*

திணறல்,gémissement,soupir.*n.v.*

திணறுகிறது,றினேன், றுவேன், று,ற,*v.n.*திணறுதல்,*n.v.ou* திணறி க்கொள்ளுகிறது,gémir,soupirer.

திணி,(திண்),1° force. 2° *imp. et part. de* திணிகிறது *et de* திணிக்கி றது.

திணிசம்,(திணி),bataille, combat.

திணிகிறது, ணிந்தேன், ணிவே ன்,ணி,ணிய,*v.n.* (திண்), être fort robuste,dur, compacte.

திணிக்கிறது, ணித்தேன், ணிப் பேன்,ணி,ணிக்க,*v.a.* (திண்), remplir,garnir,entasser,enfoncer,— un bâton.fourrer.gorger,pousser, faire entrer de force avec un bâton,bourrer,—un fusil...,obstruer.

திணிதல். *V.* திணிவு. [க்கிறது

திணித்தல்,திணிப்பு,*n. v.de* திணி

திணியன்,(திண்),homme fort,robuste.gros.gras,grossier,nigaud, ce qui est fort,gros,épais,rempli.bourré,arbre ou bambou etc... légérement creux: — ஆயிருக்கிறது être gros et gras.

திணிவு,*n.v.de* திணிகிறது. force, vigueur,dureté,condensité,*ou*

திணுக்கம்,*n.v. de* திணுங்குகிறது étroitesse, défaut d'espace, presse, compacité.

திணுங்கல்,*n.v.et opt.de*

திணுங்குகிறது, *sync.* திணுங்கிற து,கினேன்,குவேன்,கு,க,*v.n.* திணு ங்குதல்,*n.v.*être étroit,pressé, serré, compacte.

திணை,place,mœurs,bonne—,conduite,habitant,espèce, sorte, genre, race,classe,caste,terre. En philosophie on distingue 2 திணை,savoir: அக த்திணை objet intérieur, idée dans l'esprit,et புறத்திணை objet extérieur de perception. En grammaire on distingue 2 classes d'êtres இருதி ணை:1° உயர்திணை la classe supérieure comprend les dieux தேவர், les hommes மனிதர்,et les démons நரக ர்,en un mot les êtres doués d'intelligence.2° la classe inférieure dite அஃறிணை (அல்,திணை),est celle des choses privées d'intelligence et comprend les animaux et les êtres inanimés.L'உயர்திணை renferme l'ஆ ண்பால் masculin singulier, le பெ ண்பால் féminin singulier,et le பல ர்பால் ou pluriel de ces 2 genres; l'அஃறிணை comprend l'ஒன்றன்பா ல் neutre singulier et le பலவின்பா ல் neutre pluriel;திணை—ஒ les 5 espéces de terrains,*V.*ஐந்திணை; திணைப் பெயர் nom dérivé d'un nom de terrain;— மயக்கம், — மயக்கிறது mélange ou confusion des genres ou des classes dites உயர்திணை et அ ஃறிணை; — வழு solécisme ou faute contre la distinction des genres ou des classes susdites, *v.g.* donner la terminaison de l'அஃறிணை à un verbe qui a un nominatif de l'உய ர்திணை et réciproquement.*Ex.* மர ஞ்சாய்ந்தான் *pour* மரஞ்சாய்ந்த து l'arbre a penché.

திண்,1° *adj.de* திண்மை, fort,robuste,vrai,certain.2° force,violence. 3° son imitatif: – கல்,— கல்லு pierre solide, - à chaux: — படுகிறது

se fortifier, devenir—, être fort;—பொறுக்கிறது supporter la violence,—l'assaut. [டை.

திண்டகம், la plante திலுதிலுப்

திண்டாடுகிறது, டினேன், டுவேன், டு, ட, v.n. திண்டாடுதல், n.v. (திண்டு, ஆடுகிறது), être vexé, tourmenté, ballotté (comme un coussin), troublé, ennuyé, pressé, serré, à l'étroit, souffrir.

திண்டாட்டு, திண்டாட்டம், n. v. *du préc.* vexation, trouble, peine, embarras, fléau, détresse, étroitesse: திண்டாட்டம்பண்ணுகிறது vexer, tourmenter, troubler: ஒருத்தனைத்—கொள்ளுகிறது tourmenter quelqu'un, faire le fou, — des farces grossières auprès de quelqu'un.

திண்டி, éléphant, la plante பசளை, l'arbre அரசு, *P.* திண்டிமம்: திண்டிக்கல் Tindiguel, ou Dindigul ville et division de la province de Maduré.

திண்டிமம், tambourin, tambour.

திண்டு, grand coussin sémi-circulaire. [laine, instrument d'orfèvre.

திண்ணகம், bélier rougeâtre, — à

திண்ணம், (திண்), vérité, force: —ஆக véritablement.

திண்ணன், (*id.*), chasseur, *V.* கண்ணப்பன் ou

திண்ணியன், திண்ணியோன், (*id.*), homme fort, robuste, puissant.

திண்ணென்கிறது, (*id.*), vibrer, faire *tin*, il se dit du son des cordes d'instruments.

திண்ணை, tinnei, siége ou banc en maçonnerie ou en terre le long d'une maison: —க்குந்து, *V.* ஒட்டுத் திண்ணை. [solide.

திண்புவி, (திண்), la terre ferme ou

திண்மை, (*id.*), force, fermeté, solidité, vérité, poids, pesanteur: —க்கவர்ச்சி gravité, gravitation, force d'attraction, pouvoir d'attirer un autre corps, [ம்), élasticité, action de fixer.

*திதஸ்தாபகம், திதத்தாபகம், (திதம்

*திதம், 1° (titha), feu, amour, 2° (dhita), chose mouvante. 3° *P.* ஸ்திதம். [la peau ou la figure.

திதலை, திதலி, taches rousses sur

திதாம், manguier.

*திதி, 1° (tithi), jour ou phase lunaire, un 15ᵉ de chaque demi-lunaison, temps que la lune met à parcourir 12 degrés. 2° (diti), Diti fille de தக்ஷன், femme de கசியபன் et mère des தைத்தியர். 3° (ஸ்திதி), état, fermeté, stabilité durée, solidité, séjour, possession, richesses, bonheur, honneur, dignité, conservation, protection, limite, durée d'une éclipse. 4° la cérémonie funèbre dite சிராத்தம். 5° *imp. de* திதிக்கிறது Les Indous divisent chaque lunaison en 2 பக்ஷம் ou quinzaines, la 1ʳᵉ dite சுக்கிலபக்ஷம் ou சுத்தம், la 2ᵉ கிருஷ்ணபக்ஷம் ou பகுளம்; chaque quinzaine contient 15 திதி; les 14 premiers se nomment பிரதமை, விதிகை, திரிதிகை, சதுர்த்தி, பஞ்சமி, சஷ்டி ou சட்டி, சத்தமி, அஷ்டமி ou அட்டமி, நவமி, தசமி, ஏகாதசி, துவாதசி, திரையோதசி, சதுர்த்தசி, mots sanscrits qui signifient le 1ᵉʳ jour, le 2ᵉ jour etc... le 15ᵐᵉ திதி de la 1ʳᵉ quinzaine s'appelle பௌர்ணமி ou pleine lune, Le 15ᵐᵉ திதி de la 2ᵉ quinzaine se nomme அமாவாசை ou nouvelle lune: திதிகர்த்தா, *V.* ஸ்திதிகர்த்தா; —கொடுக்கிறது, — பண்ணுகிறது donner les redevances d'usage aux brames le jour anniversaire de la mort de ses parens; —க்ஷயம் nouvelle lune (qui pour les Indiens est la fin de la lunaison précédente); —சுதன், *V.* திதிசுதன்; —ஸ்தாபகம் élasticité ce qui fait reprendre l'état naturel; — த்திரயம் 3 jours lunaires qui arrivent le même jour solaire; —த்துவயம 2 jours lunaires qui arrivent le même jour solaire; —நாடி durée d'une éclipse en நாடி; —நிச்சயம், — நியதம் certitude du jour lunaire, détermination ou choix du jour lunaire propre à la cérémonie funèbre dite சிராத்தம்; —ப்பிரகரணம் conservation; — ப்பிரமாணம் durée d'un jour lunaire, —d'une éclipse; — ப்பிரணி la lune qui cause les differens திதி;—வைத்தர், V. தைத்தியர்; —பக்ஷம்,(அர்த்தம்),demi jour lunaire, demi-durée d'une éclipse; —விரதம் jeûne, pénitence de jours lunaires; — வாரநட்சத்திரயோகரணங்கள் les 5 divisions du பஞ்சாங்கம் ou almanach indien,qui sont les jours lunaires, les jours de la semaine, les constellations lunaires, les Yogas et les Karanas.

*திதிகை,(ஸ்திதி,ka).être,—fixe.

திதிக்கிறது,திதித்தேன்,திப்பேன்,தி, திக்க, v.a.et n. (திதி,P.ஸ்திதி), conserver, garder,faire durer,être ferme, stable.

*திதிக்ஷிதம், திதிட்சிதம், திதிக்ஷை, திதிட்சை, (titikchita,—kchâ), patience,résignation.

*திதிசன்,pl.திதிசர்,(திதி,சன்), fils de Diti, அசுரன் ou géant.

*திதிட்சயம்,P.திதிக்ஷயம்.

திதித்தல்,n.v.de திதிக்கிறது conservation.

*திதியம்,(திதி,P.ஸ்திதி,ya), incorruption.

*தித்தகம், (தித்தம்,ka), l'arbre மலைவேம்பு.

*தித்தம், 1° (tikta), amertume, odeur, — odoriférante, l'arbre மலைவேம்பு,la plante நிலவேம்பு (à cause de leur amertume). 2° (digdha),feu, huile,flèche empoisonnée,conte(vrai ou faux), fable.

தித்தா,les plantes மிதரோகிணி et வட்டத்திருப்பி.

தித்தி,1° douceur, choses bonnes à manger, espèce de palmier, dattier, cornemuse, espèce de flûte, fosse pour le feu des sacrifices indous:—சாகம் l'arbre மாவிலங்கு; — மூலை sucre brut du palmier தித்தி, jeune pousse de palmier (que l'on mange quand il germe). 2° imp.de தித்திக்கிறது.

*தித்திகம், (tiktikâ), la plante amère பேய்ப்புடோல்.

தித்திக்கிறது,தித்தித்தேன், தித்திப்பேன், தித்தி, தித்திக்க,v.n. être doux, (au goût), suave.

தித்திக்கை,தித்தித்தல்,n.v.de தித்திக்கிறது, être doux, douceur.

தித்திப்பு, n.v. du même, douceur, bonbon, confitures, sucreries: —சொல்லுகிறது dire des douceurs, flatter, plaisanter, enjôler, cajoler; —வார்த்தை douces paroles, flatterie.

*தித்தியர், (ditya),V.தைத்தியர்.

தித்திரம்,la plante அரத்தை.

*தித்திரி,(tittiri), francolin, espèce de perdrix, martin-pêcheur, le mouni Tittiri un des auteurs du தைத்திரியம் ou Ézourvêdam noir.

தித்திரு,தித்திருச்சி, le roseau நாணல்.

தித்துகிறது,P.திருத்துகிறது,corriger,réformer, rectifier, payer une dette.

தித்துபாடு,(தித்துகிறது), altération,correction.

*திந்திடம்,திந்திருணி,திந்திடிகை, திந்திலி,திந்திலிகை,(tintida,—dikâ, li,—likâ), tamarinier,acide pour les sauces.

திந்து,திந்துகம்,திந்துலம், (tindou,ka, la),ébénier, diospyros glutinosa, dont le fruit donne une espèce de résine qui sert de calfat.

திபசிச்சம், la graine médicinale வாலுளுவை.

திப்பி, marc, résidu (d'une chose dont on a tiré tout le suc), lie: — ச்சோறு riz cuit desséché: — த்தையல் couture à petits points.

திப்பியம்,corr. de திவ்வியம்,chose divine, sacrée,la plante அசமதாகம் sison, V. விளக்கம்.

திப்பிலாட்டம், P. திப்பிலிவாட்டம்.

திப்பிலி,1° P.பிப்பிலி,poivre long, piper longum, poivrier qui le donne. 2° agitation, vexation:— க்கட்டை tige—, branche de ce poivrier; —க்கொச்சிக்காய் petit grain de poivre non mûr;—மூலம் racine du poivrier susdit;—பழம்,— க்கொட்டை son fruit, grain de poivre entier;—யாட்டம்,— யாட்டல் agitation, fluctuation, embarras, vexation:—யாட்டுகிறது agiter, ballotter, vexer.

திப்பை,monticule,hauteur.

*திமி,(timi), océan,mer,précipice, creux, baleine ou timi, poisson fabuleux de 100 yosanais de longueur (plus de 300 lieues):— சோடம், — சோஷிம் le réceptacle du timi, *i.e.* l'océan.

*திமிங்கலம்,திமிங்கிலம்,(திமி, *acc.* gala, gila *qui dévore*), baleine, poisson fabuleux qui dévore le திமி ou le வாலைமீன்:திமிங்கிலகிலம், poisson encore plus grand et qui dévore le திமிங்கிலம்.

திமிசம்,திமிசு l'arbre வேங்கை.

திமிதம்,1° (timita),humidité, fermeté, solidité. 2° *P*.திமிலம், grand bruit,espèce de compte: —போடுகிறது sauter,gambader,jouer, faire du bruit;திமிதகுமுதம் *P*. திமிலகுமிலம், bruit,tapage,abondance,foule.

திமிதிமி,(திமி *répété*),1° *V*.திமிங்கலம்.2° son imitatif: — பெண்கிறது rendre ce son,faire timitimi; — பெலைல் bruit—,signe de la cymbale, de précipitation,observer la mesure en musique ou en dansant,les cymbales résonner, se hâter;—பென்று வருகிறது venir avec grande suite et grand bruit.

*திமிரம்,1° (timira),obscurité, ténèbres,enfer.2° *P*.திமிர், engourdissement,roideur,pesanteur; திமிரகாசம்,—படலம் maladie d'yeux,goutte-sereine;—ரிபு, *V*.திமிராரி.

திமிரன்,(திமிர்),homme engourdi, roide,paralytique, indolent, paresseux. [des ténèbres, *i.e.*le soleil.

*திமிராரி,(திமிரம், அரி), l'ennemi

திமிராளி,(திமிர், ஆளி), *V*.திமிரன் *ou*

திமிரி,*f.de* திமிரன்,paresseuse, fainéante,paralytique.

திமிருகிறது,ர்ந்தேன்,ருவேன் *ou* ர்வேன்,ரு *ou* ர்,ர,*v.a.et n*.திமிருதல்.*n. v.* oindre,frotter (de poudre,de sandal ou de cendres...), croitre,augmenter.

திமிர்,1° engourdissement,roideur d'un membre,torpeur (qui rend insensible au toucher),paralysie,indolence.2° *imp.et part.de* திமிர்கிறது *et imp.de* திமிர்க்கிறது:—அடைசல், —அடைகிறது,—மிகுக்கிறது l'engourdissement augmenter;—ஆயிருக்கிறது être engourdi, paralysé, — insensible au toucher;—ஆயிருக்கிற சரக்கு marchandises qui ont perdu leur prix par trop d'abondance;—ஆன,—உள்ள paralysé, engourdi, insensible, indolent;— உள்ளவன் homme gras et stupide,indolent,paresseux,négligent;—எடுக்கிறது, *V*. திமிர்பிடிக்கிறது;—ஏறுகிறது l'engourdissement —,la paralysie monter, *ou*— கொள்ளுகிறது être atteint de paralysie, d'engourdissement,devenir insensible, immobile, paralysé;—படுத்துகிறது paralyser, engourdir,rendre insensible;— படுகிறது *ou* பிடிக்கிறது s'engourdir, se paralyser, attraper une paralysie,devenir paralysé,insensible,roide,immobile:— பூச்சி ascaride, petit ver rond des intestins;—போக்குகிறது,—முறிக்கிறது, — விடுகிறது s'étendre et bâiller pour dissiper l'engourdissement ou le sommeil;—மொய்க்கிறது s'engourdir,se roidir;—வாங்குகிறது dissipper la torpeur (et rendre souple par des frictions d'huile);—வாதம்,—வாயு paralysie,privation de mouvement ou de sensation,apoplexie,privation de mouvement et de sentiment; —வாதக்காரன் paralytique;— வாயுபிடித்திருக்கிறது être atteint de paralysie; திமிரைவாங்குகிறது ôter , dissiper l'engourdissement (en donnant une rossée.)

திமிர்கிறது,*V*.திமிருகிறது.

திமிர்க்கிறது,ர்த்தேன்,ர்ப்பேன்,ர், ர்க்க, *v. n.* 1° (திமிர்),*ou* திமிர்த்துப் போகிறது, s'engourdir, se paralyser, être engourdi, paralysé, se dégoûter (de la nourriture ). 2° *V*.திமிருகிறது:திமிர்த்திருக்கிறது, — க்கொண்டிருக்கிறது être engourdi,paralysé,dégoûté;— வைக்கிறது agiter (une mesure, un vase...) et remplir jusqu'au bord; அவனுக்குத் திமிர்த்தது il est engourdi,dégoûté; என் காலதிமிர்த்தது mon pied est engourdi.

திமிர்ச்சி,திமிர்ப்பு,*n.v.du préc.* engourdissement, torpeur, paralysie, indolence.

திமிர்தம்,bruit,son. [கிறது.

திமிர்த்தல்,திமிர்ப்பு,n. v. de திமிர்க்

திமிர்தல்,திமிர்வு,n.v.de திமிர்கிறது, onction(de cendres ou de safran.. ), accroissement, augmentation.

திமிலம், 1° *sync. de* திமிங்கலம், gros poisson,baleine 2° *ou* திமிலகுமிலம்,(துமிலம்), grand bruit.

திமிலர், (திமி, la), habitans d'un terrain salé,—des bords de la mer.

திமிலை, (திமிலம்), espèce de tambour.

திமில், 1° grande barque, navire, l'arbre வேங்கை,bosse du garrot des bœufs indiens. 2° *P.*திமிலம்,bruit, foule,presse; — இடுகிறது faire du bruit,serrer,mettre à l'étroit.

திமிறுகிறது, றினேன், றுவேன், று,ற,*v.a.et n.*திமிறல் *et* திமிறுதல்,*n. v.* arracher,s'arracher des mains de quelqu'un, agiter, rompre, transgresser, frotter, croitre: கையைத் திமிறிப்போட்டோடிப்போனான் il arracha sa main et s'enfuit.

திமைக்கிறது,மைத்தேன், மைப்பேன்,மை,மைக்க,*v. a.* திமைத்தல், *n.v.*exciter,réveiller,soulever.

திம்,*V* திக்கு. [pue.

திம்மலி,grosse femme,femme tra-

திம்மன்,un tel,un individu,singe; திம்மக்குரங்கு certain singe; திம்மனைப்போலிருக்கிறது ressembler à un singe, être comme un singe.

*தியக்தம்,(tyakta), chose rejetée, abandonnée.

தியக்கடி,(தியக்கு,அடி),*ou*

தியக்கம், *n. v. de* தியங்குகிறது, trouble,—d'esprit, confusion,agitation, étonnement, stupeur, mélancolie,abattement,défaillance: —ஆயிருக்கிற, — உள்ள troublé, confus, étonné,abattu, mélancolique, stupéfait;—ஆயிருக்கிறது *ou* தியக்கமயக்கமாய்க்கிடக்கிறது être troublé,stupéfait,abattu....

தியக்கு, 1° *P.* தியக்கம். 2° *imp. et part.de*

தியக்குகிறது,க்கினேன்,க்குவேன், க்கு,க்க,*v.a. du suiv.* troubler, déconcerter, embarrasser.

தியங்குகிறது,*sync.* தியங்கிறது,கினேன்,குவேன்,கு,க,*v.n.*தியங்குதல், *n.v.* se troubler, se décourager,se déconcerter, s'agiter, branler, être abattu, troublé,embarrassé, dans la perplexité, *ou* தியங்கிவிழுகிறது tomber en défaillance, défaillir.

தியசம், l'arbre médicinal மருமஞ்சள். [abandon,rejet,donation.

*தியசனம், (tyadja *quitter*, na),

தியந்தி,la plante திரம்பி.

தியரடி, (திசரடி), mélancolie, abandon, délaissement:—வாயிருக்கிறது,—ப்பட்டிருக்கிறது être délaissé,— dans l'abandon.

*தியாகம், (tyâga), abandon, délaissement, rejet, renoncement,cession, donation, don, largesse:—கூறுகிறது publier un don;—கொடுக்கிறது faire un présent (aux savans etc...); — வாங்குகிறது recevoir un don; தியாகராயன் le prétendu roi des dons,*i. e.* Siven, *ou* — சீலன் homme généreux,libéral.[libéralité.

*தியாகசீலதை,(தியாகம்,சீலம்,tâ),

*தியாகன்,*pl.*தியாகர்,(*id.*),homme généreux, libéral, sage qui a abandonné le monde, Siven et autres faux dieux (qu'on prétend faire des dons même contre eux-mêmes).

*தியாகி,(தியாகம்,*i*), *m. f.*personne généreuse, libérale, homme ou femme charitable, religieux, ascète qui a quitté le monde;—த்துவம் *ou*

*தியாகிதை,(தியாகி,tâ), libéralité.

*தியாச்சியம், (tyâdjya *qui doit être laissé*), 1° abandon, renoncement, *v. g.* சமுசாரத்தியாச்சியம் renoncement à la vie conjugale et aux soins du monde. 2° partie de la durée de chaque astérisme réputée néfaste; c'est l'espace de 3 நாழிகை 3/4 ou 4 நாழிகை, *i.e.* environ une heure et demie du séjour de la lune dans chaque constellation ou நக்ஷத்திரம் qui est réputée de mauvais augure et de rebut. (Pendant ce temps l'Indou superstitieux n'enterprend ni ne termine aucune affaire. Ce temps ne commence pas au même instant dans chacune des 27 constellations lunaires: dans மிருகசீரிடம், சோதி, விசாகம் et கேட்டை c'est après 14 nâjigueis; dans பூசம், பூரம், சித்திரை, உத்தராடம் c'est après 20 nâjigueis; dans கார்த்திகை, மகம், இரேவதி, புனர்பூசம் après 30 nâjigueis; dans மூலம் après 20 et 56 nâjigueis; dans ஆயிலியம் après 32 nâjigueis; dans உரோகிணி après 40 nâjigueis; dans அனுடம், அவிட்டம், திருவோணம் après 10 nâjigueis; dans பூராட்டாதி après 16 nâjigueis; dans அச்சுவினி après 50 nâjigueis; dans பரணி, உத்தரட்டாதி, பூரட்டாதி, après 24 nâjigueis; dans உத்தரம் et சதையம் après 18 nâjigueis; dans திருவாதிரை et அத்தம் après 21 nâjigueis. Tous ces nombres étant placés arbitrairement et irrégulièrement, le peuple superstitieux ne peut calculer ces instants fastes et néfastes, et par la crainte des mauvaises conséquences est obligé de s'adresser aux brames, qui en profitent pour nourrir leur ventre, en trompant ces pauvres ignorans. [ம்), V. தியானம்.

*தியாத் துவம், (dhyâ *méditer*, துவதியாமம், 1° oiseau aquatique qui a la bec quadrangulaire. 2°* (dhyâma), chiendent, l'herbe இருவேலி, herbe odoriférante, noirceur, méditation, sorte de plante.

*தியாம்பதி, (dhiyâm *dans l'intelligence*), *i.e.* l'âme.

தியாலம், *P.* திசாலம், temps: எத்தியாலமும் toujours; காலைத்தியாலம் matin, அந்தித்தியாலம் soir; கொஞ்சத்தியாலம் moment, peu de temps, நெத்தத்தியாலம் long-temps.

*தியாவாக்ஷமை, தியாவாபிருதிவி, தியாவாபூமி, (dyâvâ *ciel*, kchamâ *terre*), le ciel et la terre.

*தியானம், (dhyâna), méditation, pensée, réflexion, contemplation, considération profonde et abstraite (qui représente un objet à l'esprit), représentation mentale des attributs de la divinité, dévotion intérieure, un des அஷ்டாங்கயோகம் ou 8 exercices religieux du Yôgui, qui consiste à réprimer ses sens et à être absorbé dans la pensée de Siven, *V.* அநுட்டானம்; ஆத்துமசுத்தியானம் profonde méditation, abstraction mentale; —செய்கிறது, —பண்ணுகிறது, —பார்க்கிறது, *V.* தியானிக்கிறது; தியானசமாதி être enseveli dans la comtemplation, (ce qui est un des exercices du Yogui); —யோகம் exercice d'abstraction mentale et religieuse; —பரம், —தற்பரம் méditation, réflexion; தியானத்திலிருக்கிறது être en méditation; தியானத்திலே காலம்போக்குகிறது ou நாளைக்கழிக்கிறது passer le temps ou les jours en méditation; தியானத்தின்மேலே விருப்பமாயிருக்கிறது aimer la méditation, être adonné à la contemplation.

*தியானவான், (தியானம்), homme de méditation, contemplatif, ascète, Yogui.

*தியானி, 1° *V.* தியானவான். 2° *imp.de*

தியானிக்கிறது, னித்தேன், னிப்பேன், னி, னிக்க, *v.a.* (தியானம்), méditer, contempler, prier, se livrer aux exercices religieux, considérer, réfléchir examiner.

தியானித்தல், தியானிப்பு, *n. v. du préc.* méditation, contemplation.

*தியு, (dyou, *dies*), jour, (opposé à nuit), paradis, ciel, air: — கணம் nombre de jours, terme fixé; — தி வாசம் demeure céleste, paradis; — திவாசன், — திவாசி habitant du ciel, dieu: — பதி le roi du jour, — du ciel, le soleil, Indiren; — மணி la perle du jour, *i.e.* le soleil.

*தியுகம், (தியு, கம்), ce qui vole dans l'air, oiseau.

*தியுகாரி, (தியுகம், அரி), l'énnemi des oiseaux, *i.e.* le corbeau. [mière.

*தியுதம், (dyouta), rayon, — de lu-

*தியுதி, (தியுதம், i), lumière, clarté, *V.* தியுதம்: — தரம் beauté, lumière; — தரன் l'étoile polaire, (en mythologie) le sage துருவன்.

*தியுநிசம், (தியு, நிசா), jour et nuit.

*தியூதம், (dyoûta), jeu.

திலேவேலெ, P. திவசம்.

*திசோதம், (dyôta), rayon —, clarté du soleil, lumière, — brûlante, — avec chaleur.

*திசோபூமி, (dyô ciel), le ciel et la terre.

திரகமூலம், — மூலம் la plante முடக்கொத்தான்.

திரகதுரமம், l'arbre சீதாரி ou செம்புலிச்சை.

திரக்கம், l'arbre கொன்றை cassia: திரக்கத்தரு la plante திலம்பயினா.

திரக்கநிக்கிறது, திரக்காரம், V. திரஸ்கரிக்கிறது, திரஸ்காரம்.

திரக்கிரசம், mal d'yeux. [கடை.

திரக்கிரணி, l'arbrisseau மிரண்டி

*திரங்கம், 1° (dranga), ville. 2° (tranga), la ville d'அரிச்சந்திரன் (qu'on suppose suspendue dans l'air).

திரங்கலம், (திரங்கல், அம்,), poivre noir.

திரங்கல், opt. et n.v. du suiv. ride, poivre noir (à cause de sa peau ridée): சரீரமெல்லாந் — ஆயிருக்கிறது tout le corps être ridé, flasque, maigre.

திரங்குகிறது, sync. திரங்கிறது, திரங்கினேன், குவேன், கு, க, v. n. திரங்குதல், n. v. se rider, maigrir, être maigre, ridé.

*திரசரம், (trasara), navette de tisserand, tissage, dévidage, entortiller du fil.

*திரசரேணு, (trasa qui remue, ரேணு), atome de poussière qu'on aperçoit dans un rayon de lumière, (considéré comme le poids le plus petit ou égal à 3 atomes invisibles).

*திரச்சினமுகம், (tirastchina, de travers), air —, visage de travers, mouvement nerveux de la tête causé par la surprise ou la honte.

திரஸ்கரிக்கிறது, ரித்தேன், ரிப்பேன், ரி, ரிக்க, v. a. திரஸ்கரித்தல், n. v. (திரஸ்காரம்), mépriser, injurier, insulter, bafouer, réfuter.

*திரஸ்காரம், திரஸ்கிருதம், திரஸ்கிரியை, (tiras particule de mépris), mépris, affront, insulte, injure: திரஸ்காரமாய்ப்பார்க்கிறது regarder avec mépris, de travers; — பண்ணுகிறது faire un affront.

*திரஸ்தம், (trasta), peur, frayeur.

திரட்கோரை, (திரள்), la plante médicinale கச்சற்கோரை, ocimum à tige ronde.

திரட்சி, n.v. de திரளுகிறது, rondeur, boule, balle, globe, colonne, foule, perle: — யாயிருக்கிறது être rond.

திரட்டல், n. v. de திரட்டுகிறது, action d'arrondir..., assemblage, union.

திரட்டு, 1° n. v. imp. et part. du suiv. assemblage, collection, union, réunion, chose —, masse ronde, chevron rond, nom collectif, — de multitude, assemblage de preuves, — d'exemples, — de citations, chose entière, 1<sup>res</sup> règles des filles: — க்கலியாணம் fête pour la nubilité des filles; — க்கோரை espèce de கோரை; — ப்பால் lait épaissi par la cuisson.

திரட்டுகிறது, ட்டினேன், ட்டுவேன், ட்டு, ட்ட, v. a. de திரளுகிறது, திரட்டுதல், n. v. ou திரட்டிப்போடுகிறது arrondir, assembler, joindre, réunir, rouler.

திரணாக்சி, espèce de sel alkalin, V. எவக்ஷாரம்.

*திரணம், (trina), herbe, gazon, chose petite, paille, fétu, atome, ou திரணப்பிராயம் bagatelle, pur néant, un rien, babiole: திரணமாய் ou திரணப்பிராயமாய்ப்பார்க்கிறது regarder comme une bagatelle ..., ou — ஆயெண்ணுகிறது compter pour rien, mépriser; — ஆய்ப்பேசுகிறது parler avec mépris de, traiter de bagatelle, de zéro, déprécier; திரணதூமாக்கினி le poète தொல்காப்பியன்; — பதி le roi des herbes, i.e. le bananier; — ராசன் le roi des herbes, i.e. la plante திலப்பனை.

திரணி, l'arbrisseau dalbergia heterophylla: — க்கல் pierre noire, — d'aimant.

திரணெருப்பு, (திரள், நெருப்பு), grand feu, bûcher funèbre.

திரணை,(id. ஐ), chose arrondie, —ronde,—en boule, masse ronde, balle, rouleau, filet, — de pilier, couronne ou chapelet d'architecture, corniche, ouvrage sphérique (en architecture...), bouchon de paille mis sous le fardeau d'un bœuf de charge: — பிடிக்கிறது arrondir, faire en forme sphérique.

திரண்ட, part. parf. de திரளுகிறது, arrondi, rond, uni, assemblé, nombreux: — கல் pierre cylindrique, cylindre en pierre; —கொடிச்சி minéral dit புற்றும்பழம்; — பால் lait caillé; — வடிவு forme ronde, boule;—வட்டம் cercle.

திரண்டு, gér. de திரளுகிறது:—போகிறது, s'arrondir, s'assembler: திரண்டிருக்கிறது être aggloméré, assemblé, arrondi...

திரதயம்,demande réitérée.

திரந்திகம்,racine de poivre long.

*திரபம்,(trapa), honte, modestie

*திரபாகன்,(trapâka), barbare.

*திரபாரண்டை, (trapâranda); prostituée.[impudence, effronterie

*திரபாணிரஸ்தம், (trapânirasta).

*திரபு.திரபுஷம்,திரபுட்பம்,திரபுலம், (trapou, -cha, — la), étain.zinc.

திரப்பியம்,objet,chose:திரப்பியவணி,(அணி),fig. de rhét. qui décrit ou définit un objet. [gelle.

திரப்புசம், la plante கத்திரி, brin-

திரமம், vermillon,

திரமிடம்,P.திராவிடம்.

*திரம்,P. ஸ்திரம், fermeté, stabilité, force, état, solidité, fixité, les 4 signes dits திரராசி (et énoncés plus bas), la plante தகரை:— ஆக்குகிறது, திரப்படுத்துகிறது, consolider, fortifier, affermir, fixer, établir, prouver:— சித்திரம் peinture solide, — à la fresque: — படுகிறது s'affermir, être ferme, solide, se fixer; —மாசம் ou மாதம் les mois de வைகாசி, ஆவணி, கார்த்திகை et மாசி qui correspondent aux 4 signes du zodiaque dits திரராசி, ce sont le Taureau, le Lion, le Scorpion et le Verseau. (Ils correspondent au milieu des 4 saisons et ne touchent ni l'équateur ni les tropiques. Sous ces signes, au dire des Indous, on peut commencer toutes sortes d'ouvrages.

*திரயம், (traya), trois: திரயப்பிணிகடம் corps matériel, sujet aux 3 tempéramens nommés வாதம்,பித்தம், சிலேட்டுமம் ou flatuosité, bile et phlegme. [régle de trois.

*திரராசிகம், P. திரைராசிகம்.

*திரயாங்கம், (திரயம்,அங்கம்),les 3 parties, almanach indien à 3 parties, savoir les jours de la semaine, les jours lunaires et les constellations lunaires, (à l'exclusion des யோகம் et கரணம் du பஞ்சாங்கம்).

*திரயாட்சரி,(id.அட்சரம்),espèce de figure à 3 lignes (de lettres).

*திரயி, (trayi), les 3 vèdas (en excluant l'அதர்வணம் dont l'autorité est contestée);—தருமம் devoirs prescrit par les 3 vèdas. [treize.

*திரயோதசம், (trayas 3, தசம்),

*திரயோதசி, (id.), le 13$^{me}$ jour lunaire de chaque demi-lunaison.

திரராசி,(திரம்),V. au mot திரம்.

திரலடி, cardamome.

திரல்,திரவந்தி,V.திரவாதி.

*திரவணம், (dravana), allée, écoulement, dégouttement, exsudation, chaleur, richesse.

*திரவம் (drava), écoulement, effusion, dégouttement, suinter, fusion, jus, essence, décoction: திரவத்துவம் liquidité. [ணக்கு.

திரவாதி, l'arbrisseau சாட்டரண-

திரவிக்கிறது, வித்தேன், விப்பேன்,வி, விக்க, v. a. (திரவம்), திரவித்தல், n. v. faire couler, — écouler ou dégoutter.

*திரவிடம், (dravida), le tamoul, proprement dit V. திராவிடம்.

*திரவிடன்,(id.), homme de basse condition issu de க்ஷத்திரியர் dégradés.

*திரவிணம், (dravina), richesses, propriété, bien, trésor, or, bonheur, force, pouvoir.

*திரவியம், (dravya), richesses, propriété, possession, bonheur, trésor, or, cuivre. objet, substance, — élémentaire, (on en compte 9: la terre, l'eau, le feu, l'air, l'éther, le temps, l'espace, l'âme, l'intelligence), médecine composée: திரவியம் ௫ les 5 sources de richesses. 1° மலைபடுதிரவியம் les 5 productions des montagnes, savoir: மிளகு le poivre noir, கோஷ்டம் le costus, அகில் l'agalloche, தக்கோலம் le poivre à queue ou piper cubeba, குங்குமம் safran ou crocus. 2° காடுபடுதிரவியம் les 5 productions des forêts: இறால் rayon de miel, தேன் miel, அரக்கு gomme-laque, மயிற்பீலி plumes de paon, நாவி musc. 3° நாடுபடுதிரவியம் les 5 productions des champs ou des campagnes: செந்நெல் riz rouge, சிறுபயறு espèce de pois, கரும்பு canne à sucre, வாழை bananes, செவ்விளநீர் cocos rougeâtres. 4° நகர்படுதிரவியம் les 5 trésors des villes, அரசன் roi, பித்தன் bouffon, மந்தி babouin, யானை éléphans, கண்ணாடி miroir, (pitoyables richesses que celles des villes dans les idées indoues!). 5° கடல்படுதிரவியம் les 5 productions de la mer: உப்பு sel, முத்து perle. பவளம் corail, சங்கு conque, ஓர்க்கோலை ambre; திரவியசம்பன்னன், V. திரவியவான்;—சித்தி acquisition —, possession des richesses, influence que donnent les richesses; — சஞ்சயம் accumulation de richesses; —சமஸ்காரம், —சுத்தி purification des biens, des pots, vases, fleurs, offrandes etc... par l'aspersion d'eau lustrale et la répétition de certaines invocations ou formules, purification d'objets souillés;—ப்பிரயோசனம் utilité des richesses, emploi ou usage d'un objet: — யக்ஞியம் offrande d'un objet; — லோபம் diminution des richesses, manque de fortune, avarice.

*திரவியவான், (திரவியம், vân), homme riche, opulent.

*திரவியார்ச்சனை, (id. அருச்சனை), acquisition des richesses.

*திரவீகரணம், (dravikarana), liquéfaction, fonte.

திரளல், *opt. et n.v. de* திரளுகிறது, rondeur, rouleau, assemblage, agglomération.

திரளாசரம், la plante நிலப்பனை.

திரளி, nom d'une poisson.

திரளுகிறது *ou* திரள்கிறது, திரண்டேன், திரளுவேன் *ou* திரள்வேன், திரளு *ou* திரள், திரள, *v. n.* (திரள்), திரளுதல், *n.v.* devenir rond, s'arrondir, s'agglomérer, s'unir en masse, se coaguler, se joindre, se rassembler, se réunir en foule, devenir—, être nombreux, se fortifier, se perfectionner, s'éclaircir, une fille devenir nubile.

திரளை, 1° (திரளுகிறது), masse—, chose ronde, balle, pelote. 2° *P.* திரளாய் 2e *pers. nég. du préc.*

திரள், 1° *imp. et part. de* திரளுகிறது. 2° assemblage, foule, multitude, troupe, armée, force, camp, balle, boule, rouleau, cercle, rondeur, masse, abondance: திரளாய் 1° en foule, en grand nombre, abondamment. 2° 2e *pers. sing. nég. de* திரளுகிறது; திரளாய்ப்போகிறது aller en foule, par troupes; திரள்க்கோளை, *V.* திரட்கோளை; ஒருதிரள் une foule (de gens...).

திரா, 1° *ou* — மரம், nom d'arbre. 2° *P.* தரா, mélange de cuivre et de zinc.

திராசம், jeter en haut et attra-[per.

*திராகிட்டம், (drâghichta), grande longueur.

*திராக்ஷம், திராக்ஷை, (drâkchâ), vigne, treille, grappe, raisin: திராக்ஷக்கொடி branche —, cep de vigne, treille; — பழம் raisin; — ரசம் vin.

*திராக்ஷந்திரம், (திராக்ஷம், எந்தி-[ரம்), pressoir.

*திராசம், (trâsa), peur, terreur, tache ou raie de pierreries.

*திராட்சம், *V.* திராக்ஷம்.

திராசு, *P.* தராசு.

*திராணம், *P.* திராதம், (trâta),

conservation, protection, délivrance, force. [திராணம்.

*திராணம், (trâna), fourreau, *V.* திராணி, திராணிக்கம், திராணிக்கை, (திராணம்), force, pouvoir, capacité, qualité, dignité, richesses.

*திராபம், (drâpa), ciel, air, boue, *ou*

*திராபன், (*id.*), fou, idiot. [விதை.

திராமரம், l'arbrisseau பவளமல்லி

திராமிடம், *P.* திராவிடம்.

*திராயந்தி, (trâyanti), la plante கம்பந்திராய், plante médicinale, protectrice,

திராய், la plante dite pharnaceum, c'est une espèce d'herbe potagère et amère: — வேர் sa racine qui est douceâtre.

*திராவகம், (drâvaka), liqueur spiritueuse. — distillée, éther, eau ou essence tirée des minéraux par la distillation, pierre d'aimant, cire: —இறக்குகிறது, —வடிக்கிறது distiller; திராவசுண்ணம் chaux —, poudre de salpêtre; திராவகத்துக்கடுங்காரம், திராவகத்துக்காரம் vitriol gris, sulphate de fer dit அன்னபேதி: சாரத்திராவகம் distillation obtenue du borax, du salpêtre ou de l'alun. [habile, adroit, voleur.

*திராவகன், (*id.*), homme savant,

திராவடி, *P.* திரவடி, cardamome.

*திராவிடம், (dràvida), 1° vaste contrée du sud de l'Inde contenant les 5 langues suivantes, savoir: திராவிடம் le tamoul proprement dit, ஆந்திரம் le télinga, கன்னடம் le canara, மகாராட்டிரம் le mahratte et கூர்ச்சரம் le guzeratte. D'autres, suivent un autre arrangement qui comprend le maléalam et le cingalais. En tous cas ceux qui disent que le Dravida est le pays qui s'étend de Madras au cap Comorin le restreignent évidemment trop. Le Dravida est un de 56 pays connus des Indous. 2° la nation tamoule une des 4 nations ou சாதி du Dékam. 3° la langue tamoule une des 18 langues. Le tamoul, sous le nom de தென்மொழி ou langue du sud, est souvent opposé au sanscrit, appelé langue du nord ou வடமொழி; பஞ்சதிராவிடம் le tamoul et les 4 langues voisines dérivées de la même source (comme on a pour le nord le பஞ்சகௌடம்). 4° un certain nombre.

*திரி, 1° (tri), trois. 2° *P.* ஸ்திரீ, fille, femme. 3° mèche (de lampe), lumignon, charpie, séton. 4° *imp. et part. de* திரிகிறது *et* திரிக்கிறது:—கடுகம், 1° *V.* திரிகடுகு. 2° épigramme triple et piquant; il se compose de 3 sentences qui montrent au moins sous un rapport une grande ressemblance entr'elles, *v. g.* une ville bâtie à l'encontre d'un fleuve, des sujets en rebellion contre leur roi, une femme désobéissante à son mari sont 3 choses proches de leur ruine;— கடு,— கடுகு (*P.* கடுகம்), composition des —, ou les 3 épices piquantes, *i.e.* திப்பிலி poivre long, சுக்கு gingembre sec, மிளகு poivre noir ou sec, *V.* திரிகடுகம். 2° — கண்டகம், —கண்டம் la triple épine, *i. e.* la plante நெருஞ்சில்;—கணம் réunion de 3 objets: *i.e.* vertu, richesse et désir;—கரம் 3 fois, triple;—கந்தம் les 3 aromates, *i. e.* கிராம்பு clou de girofle, நாகப்பூ fleur de l'arbre நாகம், சண்பகப்பூ fleur du michelia champaca, ou bien les 3 parfums, savoir: சந்தனம் sandal, செஞ்சந்தனம் sandal rouge, அகில் aga l-loche:— காயம் les 3 substances piquantes, *i.e.* பெருங்காயம் assa-fétida, மிளகு poivre, வெங்காயம் oignon; —காயன் celui qui a 3 corps, (surnom de) Bouddha;—காலச்சக்கரம் le cercle des 3 temps, nom d'un livre de chronologie; — காலசந்தி pratique religieuse qu'on fait le matin à midi et le soir;— காலச்செபம் prière des 3 temps susdits, l'angélus: — காலஞானம் connaissance des 3 temps, — du présent, du passé et de l'avenir;— காலஞ்ஞன், —காலதரிசி celui qui connait ou voit ces 3 temps;—காலம் 1° les 3 temps, *i.e.* நிகழ் காலம் *ou* நிகழ்வு le présent, இறந்தகாலம் *ou* இறப்பு le passé, எதிர்காலம் *ou* எதிர்வு le futur. 2° les 3 parties du jour, *i.e.* காலை le matin, உச்சி midi, மாலை le soir. 3° les 3 temps en musique, *i. e.* விளம்பம் lenteur, மத்திமம் mesure moyenne, துரிதம் vitesse;—காலஞானம் science qui rend présent les 3 temps, savoir: le présent, le passé et l'avenir, événement de ces trois temps; — காலோசிதம், (காலம், உசிதம்), l'herbe darbha ou தருப்பை, (qui, selon les Indous, convient aux cérémonies du matin, de midi et du soir); — குணம் les 3 caractères nommés சத்துவிகம், இராசதம், தாமசம், *V.* குணம்—ம;— கூடம் 3 salles, le triple pic (nom d'une montagne);—கூர்ச்சகம் couteau à 3 tranchans;—கொளுத்துகிறது allumer la mèche (d'une lampe ou d'une chandelle);—கோணம் triangle, chose triangulaire;—கோணசாஸ்திரம், — கோணவிதி trigonométrie, science des triangles; —கோணமலை la montagne triangulaire ou à 3 pics, Trincomalei, ville sur la côte est de l'île de Ceylan;—கோணநோக்கு aspect triangulaire, trine aspect;—சங்கு le roi Trisangou, de la race du soleil, célèbre pour avoir voulu s'élever tout vivant au ciel, par l'aide de son gourou விசுவாமித்திரன்; n'ayant pu y parvenir, il fut mis, au dire des Indous, parmi les étoiles, où il forme le திரிசங்குமண்டலம், *i. e.* la Croix du sud; — சங்குசன் le fils de Trisangou, *i. e.* அரிச்சந்திரன்;—சந்தியம், — சந்தியாகாலம் les 3 parties du jour, matin, midi et soir;—சமம் réunion de 3 choses égales;—சயம் triple victoire, *V.* திரிசயம்;—சவனம் triple augure,—bain, bain que l'on fait le matin, à midi et le soir; —சச rayon des tables ou sinus de 3 signes ou 90 degrés: —சாரம் les 3 espèces de sels nommés நவச்சாரம் soude, சவுக்காரம் sel alkalin, சத்திச்சாரம் sorte de sel brûlant; —சிரன், — சிரா (சிரம்), géant à 3 têtes qui habitait, dit on, le lieu nommé maintenant Trichnapally; —சிரபுரம், — சிராப்பள்ளி la ville du géant susdit, Trisirâpalli ou Trichnapally, (*en anglais* Trichnopoly). —சிரமலை,—சிராமலை la montagne à 3 têtes ou pics, nom d'une montagne;— சிருங்கம் triple cime, montagne à 3 pics, triangle;—சுடர் les 3 lumières, savoir le soleil, la lune et le feu;—சூலம் trident, pique à 3 pointes, le trident de Siven; — சூலன், —சூலி celui qui est armé d'un trident, Siven; — சொல் (திரியும்), mot variable,— qui a plusieurs synonymes, mot à divers sens, — peu usité, — métaphorique qui désigne quelque chose au-delà du sens littéral, diverses terminaisons ou modifications des mots;—ச்சிரமம் exercice religieux du matin, de midi et du soir; —ச்சீலை mèche, charpie; —தசம் treize, trente; —தசி, *V.* திரயோதசி;—தண்டம்,—தண்டு triple bâton, 3 bâtons liés ensemble que portent les sannyasis Vichnouvistes; —தண்டசந்நியாசி,— தண்டி sannyasi Vichnouviste, —aux 3 bâtons liés ensemble, qui suit la secte dite வைஷ்ணவம் et les vêdas;—தண்டதாரணம் action de porter ces 3 bâtons; — தலை 3 têtes, nom d'une plante; — தாது 3 minéraux, (surnom de) விருபகன்;—தினம் espace de 3 jours, triduum; — திக்கம் proportion de la femme, une des 10 convenances qu'observent les Indous pour le mariage;—தேகம் les 3 espèces de corps ou de natures: தூலதேகம் corps matériel; சூக்ஷமதேகம் âme sensitive, காரணதேகம் l'âme immatérielle; — தூளி triple poussière, réduction en poussière, en morceaux;—தோஷம் triple maladie, dérangement des 3 humeurs du corps, corruption de la bile, du sang et du phlegme, *ou*—தோஷசுரம் maladie mortelle dans laquelle sont réunis les symptômes de 3 autres nommées வாதாதிசாரம்,பித்தாதிசாரம் et சிலேட்டுமோதிசாரம்; —தோஷஅரம் antidote de la triple maladie susdite; — த்துவம் trinité, réunion de 3 dans un, triplicité, triple puissance; — நாயகம் supériorité—, empire des femmes; —நேத்திரசூடாமணி le bijou que Siven aux 3 yeux porte sur la tête, *i.e.* la lune;—நேத்திரன், —நயனன் celui qui a 3 yeux, Siven;— பக்ஷம் amour de femme ou des femmes, espace de 3 demi-lunaisons, ou 6 semaines; —பங்கி, (பங்கு), strophe qui se divise en 3 en chantant, (ce qui est une sorte de vers de fantaisie ou de மிறைக்கவி; —பதகை,(பதம் *chemin*, gâ *qui va*), le Gange (qui, selon les Indous, coule dans la ciel, sur la terre et dans l'enfer);—பதம் 3 chemins, carrefour où 3 chemins aboutissent, 3 pieds, stance de 3 vers, trépied, trinome (en algèbre); —பதாகம், (புதாகை), triple ligne du front, front marqué naturellement de 3 lignes horizontales; —பதார்த்தம் les 3 choses ou substances, *i.e.* பசு la vie, பதி Dieu, பாசம் l'illusion; — பத்திரம், —பர்ணம் trèfle, herbe à 3 feuilles; —பலம், — பலி, —பலை,(பலம்), les 3 fruits médicinaux nommés கடுக்காய், தான்றிக்காய் *et* நெல்லிக்காய், les 3 myrobolans; —பழம் 3 fruits, le fruit qui tourne, *ou* -ப்பழம் espèce d'exorcisme payen; —பழகம், (பழக்கிறது), les 3 douceurs, *i.e.* பால் lait, நெய் beurre fondu, தேன் miel; — பாகி, (பாகம்), espèce de மிறைக்கவி ou vers de fantaisie, dans lequel un mot de 3 lettres donne 3 sens différens, selon qu'on le laisse en son entier, qu'on retranche la lettre du milieu ou qu'on ôte l'initiale;— பாதம் un tiers; — பாதசித்தாந்தம் syllogisme; —புசம், —புயம், —புசை, —புடகம், (poutaka), triangle; —புடி 1° les 3 qualités: ஞானம் sagesse ou connaissance, ஞேயம் ce qui est connu, ஞாதுரு âme. 2° ricin; —புடிபலம் ricin; —புண்டரம், —புண்டரகம் les 3 lignes courbes et horizontales, que les sectateurs de Siven se font sur le front, avec de la cendre de bouse de vache, —புரி la plante சாறடை trianthema; — புருஷம் 3 générations; —புவனம் les 3 mondes: le ciel, la terre et l'enfer, ou le சுவர்க்கம், le பாதலம் l'abyme, et le மத்தியம் ou la terre qui est au milieu; —போகம் commerce voluptueux avec une femme; — மஞ்சள் 3 espèces de மஞ்சள், savoir: மஞ்சள், கஸ்தூரி மஞ்சள் et மரமஞ்சள்; — மதம் les 3 sectes générales, *i.e.* le déisme, l'athéisme et le panthéisme;— மது les 3 douceurs: le beurre liquéfié, le miel et le sucre, une section de l'இருக்குவேதம்;—மலம், *V.* மும்மலம்;—மனம் 3 facultés de l'âme: மனம் l'esprit, புத்தி l'imagination, சித்தம் la volonté, ou selon d'autres, நினைவு la pensée, புத்தி l'intelligence, அறிவு la connaissance: — மார்க்கம் triple chemin, lieu ou 3 chemins aboutissent; —முகன் celui qui a 3 visages, celui qui a un visage de femme — முகுடம் la montagne à 3 pics; — மூர்த்தன் celui qui a 3 têtes; —மூர்த்தி, —மூர்த்திகள் les 3 formes, la triade indienne, *i.e.* Brama, Vichnou et Siven; — மூலம் les 3 racines médicinales: திப்பிலிமூலம், சித்திரமூலம் et கண்டுமூலம், les racines de poivre long, de plumbago et de கண்டு, espèce de plante médicinale; —யவம் poids de 3 grains de riz; — ராத்திரம் espace de 3 nuits; — ரேகம் (ரேகை), conque à 3 raies; —லிங்கம், 1° les 3 genres. 2° *P.* ஸ்திரீலிங்கம்; —லோகம் les 3 mondes: le ciel, la terre et l'enfer, (selon d'autres), la terre, l'air et le ciel ou le souvarkam, *ou bien*— லோககம் les 3 métaux principaux: or, argent, cuivre; — லோகசித்துரம் vermillon fait de 3 métaux,— லோகவசியம் réduction de tout l'univers sous sa puissance; —

லோகாதிபதி, (அதிபதி), le maitre des 3 mondes, Dieu ,(et à tort) Indiren; —லோகி la plante விஷ்ணுகரந்தை; - லோகேசன், (ஈசன்), le maitre des 3 mondes, le soleil (qui les éclaire); — லோசனன், V. திரியம்பகன்:—வசியம்,1° triple possession. 2° P. ஸ்திரீவசியம் possession d une femme, être au pouvoir d'une femme: —வட்டம், P. திருகுவட்டம்;—வருக்கம் trois especes, trois classes,3 rangs, 3 propriétés de l'âme,i.e.சத்தம் pureté,அறியாமை ignorance, அசுத்தம் dépravation; les 3 conditions des rois,i.e.ஆதாயம் gain,நஷ்டம் perte, மத்திமம் moyenne; les 3 objets des désirs,i.e.கடமை devoir, செல்வம் richesses, பெண்போகம் commerce avec les femmes; les 3 épices, V. திரிகடுகு; les 3 myrobolans, V. திரிபலை; — வருக்கபாரீண ன், (pârina qui traverse), celui qui a obtenu les 3 objets des désirs humains; —வருணகம் les 3 épices. V. திரிகடுகு,les 3 myrobolans dits திரிபலை; - விக்கிரமன் Vichnou qui, au dire de la fable, a traversé les 3 mondes en 3 pas dans l'incarnation en nain dite வாமனம், le roi Trivikramen; —விதம் 3 manières; — விம்சதி 3 fois vingt, i. e.60:—விழுங்குகிறது faire semblant d'avaler de la filasse (pour la retirer ensuite de sa bouche, tour de passe-passe); — வேணி, — வேணிசங்கமம் confluent de 3 rivières,(et surtout) confluent près d'Allahabad du Gange, de la Djamna ou யமுனை,et du சரச்சுவதி (qui est censé s'y rendre sous terre);—வேதம் les 3 vèdas (excluant le 4me).

*திரிகர்த்தம், திரிகார்த்தம், (trigarttam), certain pays du nord-ouest de l'Inde, partie du Lahore.

*திரிகம்,(திரி,ka), les 3 épices,V. திரிகடுகு, carrefour où 3 routes aboutissent, réunion de 3 choses, trio, les 3 myrobolans, V. திரிபலை.

திரிகை, P. திரிகை,roue de potier, pensée.

திரிகிறது, திரிந்தேன்,திரிவேன்,திரி,திரிய, v.n. திரிதல், n.v. rôder,flâner, errer, aller —, courir çà et là, se promener, marcher, tourner autour,tournoyer, se changer, retourner, (après un infinitif) être près de,—sur le point de,—en danger, faillir, se perdre: திரிந்துவருகிறது s'en venir flânant, rôder autour d'une chose, chercher à la faire; முகந்திரிகிறது changer de visage: வகாரம் நகாரமாகத் — la lettre வ se changer en ந; கெட்டுப்போகத் - être en voie de perdition, marcher à sa ruine; சாகத் — être en danger de mort, penser mourir; விழத்திரிந்தான் il a manqué de tomber.

திரிகை,n.v.du préc. action de rôder..., promenade, allée et venue, roue de potier,moulin à bras,meule qu'on tourne avec la main, tambour,—à 2 côtés, l'arbre முந்திரிகை i.e l'acajou.

திரிக்கிறது,திரித்தேன்,திரிப்பேன்,திரி,திரிக்க, v.a. de திரிகிறது, திரித்தல் n. v. moudre, – avec un moulin à bras, faire tourner, —pirouetter,changer, tordre (une corde...), tortiller, cordonner, entrelacer.

*திரிசனம்,(trouchnâ), désir.

*திரிசயம்,(drousya), chose vue,—visible. [mère de famille.

திரிசி, personne mariée, père ou

*திரிசியம்,(drousya), chose visible: —ஆகிறது devenir visible.

திரிசியாதிரிசியம், (திரிசியம், அதிரிசியம்),le visible et l'invisible,ou திரிசியாதிரிசியவஸ்துகள் les choses visibles et les invisibles. [ம்.

திரிச்சல்,n.v.de திரிகிறது, V. திரிதம்

திரிஷ்டை,திரிட்டை,P, திருஷ்டை.

திரிஞ்சில்,(திரிகிறது),chauve souris.

*திரிதசன்,(திரி 3me, தசை état de vie i.e.la jeunesse). celui qui jouit d'une jeunesse éternelle,Dieu: திரிதசதீர்க்கை,—நதி le prétendu Gange des dieux; — பதி le prétendu roi des dieux,Indiren;—வது, — வனிதை nymphe du Souvarkam: திரிதசாங்குசம், ( அங்குசம்). திரிதசாயுதம்,(ஆயுதம்), l'arme prétendue des dieux, la foudre; திரிதசாசாரியன்,

(ஆசாரியன்), le prétendu gourou des dieux, Jupiter; திரிதசாலயம், (ஆலயம்), திரிதசாவாசம், (ஆவாசம்), la prétendue demeure des dieux, le சுவர்க்கம், le mont மேரு; திரிதசாரி, (அரி), l'ennemi des dieux indous, géant; திரிதசாகாரம், (ஆகாரம்), la nourriture de ces dieux, l'ambroisie.

*திரிணம், P. திருணம்.

*திரிதயம், (tritaya), troisième, trois.

திரிதரல், n.v. du suiv. V. திரிதல்.

திரிதருகிறது, தந்தேன், தருவேன், தா, தர, v.n. (திரிகிறது et தருகிறது), rôder, aller çà et là, errer, tourner autour, tournoyer, retourner.

*திருதராட்டிரன், (dhroutarâchtra), Dhritarâchtiren célèbre roi aveugle d'அஸ்தினாபுரி, fils de Viasen et de அம்பிகை veuve du roi விசித்திரவீரியன், il fut frère du roi பாண்டு et père de துரியோதனன் et de 100 autres fils; ils périrent tous dans la grande guerre des Pândous et des Kourous.

திரிதல், n.v. de திரிகிறது, allée et venue, rôdage, promenade, changement, tournoiement, retour: —விகாரம் différence qui consiste dans le changement —, changement des lettres.

*திரிதிகை, திரிதியை, (troutiyâ), le 3me jour lunaire de chaque demi-lunaison. [(elle est mangeable).

திரிதியம், la plante செவ்வள்ளி,

*திரிதிவம், (திரி), le ciel, le சுவர்க்கம், le prétendu paradis des trois, i.e. de Brama, Vichnou et Siven

*திரிதிவேசன், (திரிதிவம், ஈசன்), le maître du ciel, i.e. Dieu.

திரித்தல், n.v. de திரிக்கிறது.

திரிபணி, (திரிபு, அணி), métaphore qui met le terme de la comparaison pour la chose comparée. v.g. நாட்கமலத்தாணடந்து marchant avec le nénuphar de ses pieds, pour avec ses pieds de nénuphar ou semblables au nénuphar.

திரிபு, n. v. de திரிகிறது, changement, altération, perversion, ce qui est un des 3 empêchemens à la béatitude finale dite முத்தி; —காட்சி voir ou prendre une chose pour un autre.

*திரிபுடை, (திரி), le 5me des 7 தாளம் ou mesures de musique, V. au mot தாளம்-எ.

*திரிபுரம், (திரி), Tribouram, ville et district de l'Inde, le moderne Tippérah, dans le Bengal oriental, autrefois gouverné par l'Asuren திரிபுரன். Ce district avait, dit on, 3 forts ou fameuses cités habitées par des géans et entourées l'une de murs d'or, une autre de murs d'argent et la 3me de murs de fer, d'où lui est venu le nom de Triboura, comme qui dirait Tripolis, V முப்புரம்; திரிபுரசுந்தரி la belle de Tribouram, திரிபுரை; —சித்து, —சூதனன் le vainqueur —, le destructeur de Tripouren ou de Tribouram, i.e. Siven; —தகனன் celui qui a brûlé Tribouram, i.e Siven; —மல்லிகை espèce de jasmin; திரிபுரமெரித்தான், 1° V. திரிபுரதகனன். 2° les arbres நொச்சி et மாவிலங்கை.

*திரிபுராந்தகன், (திரிபுரம், அந்தகன்), destructeur de Tribouram, i.e. Siven.

*திரிபுரை, (திரிபுரம்), Parvadi ou Satti, la destructrice de Tribouram; —சக்கரம் signes ou figures superstitieuses faites sur une légère plaque de métal en l'honneur de Parvadi. [ment, torsion.

திரிப்பு, n.v. de திரிக்கிறது, change-

திரிமணை, P. திருகுமணை.

*திரிம்சதி, (trimsati), trente.

திரிய, திரியவும், inf. de திரிகிறது. || adv. de nouveau, de retour.

*திரியக்ஷன், (திரி, அக்ஷம்), celui qui a 3 yeux, i.e. Siven.

*திரியக்ஷரம், (id. அக்ஷரம்), mot de 3 lettres. [négociateur d'alliances.

*திரியக்ஷரன், (id.), généalogiste,

*திரியத்துவகை, (திரி, அத்துவம், gâ qui va), le Gange (qu'on prétend traverser les 3 mondes).

*திரியத்தம், திரியப்தம், (id. அப்தம்), espace de 3 ans.

*திரியம், P. திரயம், trois: திரியத்துவம், trinité, la Très-Sainte Trinité, triplicité.

*திரியம்பகன், (திரி, அம்பகம்), celui qui a 3 yeux, Siven, Vichnou, Arouguen, Vinayaguen, Virapattiren: திரியம்பகசகன் l'ami de Siven, *i.e.* Koubèren.

திரியா, *part. nég. de* திரிகிறது *et de* திரிக்கிறது. [திரயாக்கம்.

*திரியாக்கம், (திரியம், அக்கம்), *V.* திரியாபுரம், *P.* திரியாவரம்.

*திரியாமகம், (திரி, yâmaka *empêchement*), le triple empêchement au bonheur ou à la béatitude, le péché.

*திரியாமயம், (*id.* ஆமயம்), 1° 3 maladies. 2° *P.* திரியாமகம்.

*திரியாமை. 1° (*id.* யாமை), nuit, le Djamna ou யமுனை, indigo, saphir. 2° *n.v. nég. de* திரிகிறது *et* திரிக்கிறது.

*திரியாவஸ்தை, (திரியம், அவஸ்தை), les 3 états ou அவஸ்தை nommés சாக்கிரம், சொப்பனம், சுழுத்தி, *i.e.* veille, rêve, sommeil profond.

திரியாவரம், திரியாவிரம், (திரியா), chicane, artifice, fraude, tour, ruse, mensonge, opiniâtreté, mauvaise humeur: —பண்ணுகிறது, — பேசுகிறது agir ou parler frauduleusement, chercher à tromper, tergiverser; ஆளவிருதயத்தான் homme qui a le cœur trompeur, — artificieux; திரியாவரக்காரன் artificieux, trompeur, fripon; உன் திரியாவரங்கரியாய்ப்போக que tes tours s'en aillent en charbon, *i.e.* en poussière.

*திரியேகம், (திரி, ஏகம்), union—, réunion de 3 choses en une, trio, l'indivisible Trinité, *ou* திரியேகத்துவம் union de la trinité et de l'unité, unité dans la trinité, l'unique et indivisible Trinité.

*திரியேகன், (*id.*), *ou* திரியேகசர்வேசுரன், Dieu qui est un et trine à la fois, le seul vrai Dieu en 3 personnes.

திரியோடுகிறது, (திரி), la corde se tordre, la torsion courir ou s'opérer (d'un bout à l'autre).

திரியோட்டுகிறது, (*id.*), mettre de la charpie (dans une plaie profonde).

திரிவாய், 1° (திரி), trou pour la mèche, lumière (d'un canon...). 2° 2° *pers. fut. de* திரிகிறது. [der... *V.* திரிபு.

திரிவு, *n.v. du même*, action de rôder.

*திரீ, *P.* ஸ்திரீ, femme, fille: — சல்லாபப்பிரியன் galant, amant, débauché; —லிங்கம் genre féminin, vulve.

*திரீயத்துவம், (*P.* திரியத்துவம்), trinité.

திரு, 1° Lakchimi, la prétendue déesse de la fortune, richesse, bonheur, félicité, beauté, excellence, divinité, cri de cornac pour gronder l'éléphant, un des மங்கலச்செசரம். 2° *adj.* sacré, saint, divin, vénérable, beau, heureux, riche, orné: —க்கடைக்காப்பு garde de la porte sainte, action de fermer la porte d'un temple, *ou* —க்கடையாப்பு dernières strophes d'un poème sacré, — du தேவாரம், série de poésies réputées sacrées de சம்பந்தர்; —க்கடவூர் nom de ville; —க்கழுமலை, *P.* திருக்கோணமலை; —க்கண்சாத்துகிறது *ou* சாத்துதல் regarder d'un œil de miséricorde; —க்கவிற்றுப்படி *ou* ப்படியாக sorte de traité, une des 14 sections du livre nommé சைவசித்தாந்தம்; —க்கழுக்குன்றம் la montagne consacrée à Siven; —க்காட்சி vision divine, — de la divinité; —க்காவணப்பந்தல் le pandel du mariage; —க்காளத்தி, —க்காளஸ்தி la ville de Kâlastri ou காளஸ்தி: — க்குழப்பம் jeu divin ou sacré, trouble causé par une divinité prétendue, — excité par un amusement divin, mensonge, illusion; —க்குளம் étang sacré, de pagode (ordinairement entouré d'escaliers en pierres): —க்குன்றமலை, *P.* திருக்கோணமலை; —க்கூட்டம் troupe sacrée, —de dévots, — de pèlerins; —க்கூத்து danse supposée sacrée; —க்கொன்றை nom d'un arbre, variété du கொன்றை: —க்கோணமலை, *P.* திருக்கோணமலை; —க்கோலம், 1° vêtement —, costume sacré, —

divin ou des dieux. 2° (திருக்கு *œil*, கோலம்), *V.* துருவமண்டலம்; —க்கோயில் temple sacré, —de la divinité; —ச்சபை assemblée sainte, —des chrétiens, chrétienté, la Ste. Église. l'Église catholique, assemblée divine, —de dieux prétendus (les Sivénistes l'appliquent à Maduré et சிதம்பரம்); —ச்சித்தம் volonté divine, —sacrée, — respectable; —ச்சிற்றம்பலம், (சிறு, அம்பலம்), *litt.* la sainte petite assemblée, (en style payen) la pagode de சிதம்பரம்; —ச்சிற்றம்பலக்கோவை poême composé par மாணிக்கவாசகன் en l'honneur de Siven adoré à சிதம்பரம்; — ச்சின்னம் trompette sacrée (dont on joue devant les gourous payens, aux pagodes et autres lieux); செத்தவனுக்குத் —ச்சின்னம்பிடிக்கிறது sonner de la trompette sacrée pour un mort, (prov. iron.), *i.e.* rendre un honneur non mérité à une personne vile; —ச்சிறலைவாய், —ச்செந்தூர் (சீர், அலை, வாய், செந்து, ஊர்), Trichendour, ville sur le bord de la mer près de Ramèsouram et un des 6 principaux sanctuaires de Soupramanien; —ச்சுண்ணம் poudre supposée sacrée, parfum en poudre (dont on se sert les jours de fêtes...). —ச்சூரணம், —ச்சூர்ணம் poudre sacrée, — de différentes couleurs réduite en pâte et dont les Vichnouvistes se marquent le front; — ச்சூரணபரிபாலனம் cérémonie des Vichnouvistes avant d'emporter un mort hors de la maison; —த்தொண்டர் dévots serviteurs de Dieu: —த்தொண்டு servir Dieu, service divin, — de Dieu, — d'un temple; —த்தாண்டவம், —நடனம், —நட்டம் danse supposée sacrée, — religieuse, — payenne en l'honneur des faux dieux; — நட்டமாடுகிறது exécuter une telle danse: —நாதன் le divin Seigneur, le seigneur de Lakchimi, *i.e.* Vichnou: —நாமம் nom sacré, —vénérable, —sublime, espèce de trident ou triple ligne verticale que les Vichnouvistes se mettent sur le front, chant sacré; —நாமச்செடி la plante artemisia vulgaris; —நாமத்துத்தி espèce de guimauve; — நாமப்பாலை la plante periploca tunicata, —நாளைப்போவார் un des dévots de Siven; —நாள் jour de —, fête, solennité; — நாள் ஆசரிக்கிறது célébrer une fête, observer les jours de fête; —நீலகண்டன் un des dévots de Siven, espèce de scorpion: — நீறு cendre bénite, (en style payen) cendre supposée sacrée, cendre de bouse de vache (dont les Sivénistes se frottent le front et à laquelle ils attribuent une grande vertu); — நீறு அணிகிறது, இடுகிறது ou பூசுகிறது se frotter de cette cendre (le front, la poitrine ou autres parties du corps); — நீறுவிளைவிக்கிறது réduire de la bouse de vache en cendres; — நீற்றுக்காப்பு sauve-garde —, préservation que les payens attendent de ces cendres; —நீற்றுக்கோவில், — நீற்றுப்பை sac à mettre de la cendre de bouse de vache; —நீற்றுப்பச்சை la plante ocimum basilicum, on en mêle les cendres à celles de bouse de vache pour leur donner de l'odeur): —நீற்றுப்பத்திரி nom d'une plante; —நீற்றுப்பழம், — நீற்றுண்டை (உண்டை), boulette de cendre de bouse de vache; —நெல்வேலி Tirounelvèli ou Tinnévelly ville du sud-est de la presqu'île: — நோக்கு air —, regard divin, —céleste; — ப்படைவீடு lieu —, habitation où les grands ou les prétendus dieux se trouvent en foule: —ப்பணி service d'un temple, ouvrage fait dans un temple, culte religieux; —ப்பணிசெய்கிறது travailler pour un temple, faire un ouvrage sacré; —ப்பணிமுட்டு vases et ustensiles sacrés, —de temple: —ப்பணிக்கிறது, — பணித்தல் arrêter un éléphant; —ப்பதி lieu sacré, le mari de Lakchimi. *i.e.* Vichnou, temple de Vichnou, (on en compte ordinairement 108), la ville de Tiroupadi ou Tripety, montagne auprès de cette ville; — ப்பதிபோகு ஞ்சுந்தருடுப்பொருளாக quand une spatule irait à Tiroupadi elle ne voudrait qu'une cache; — ப்பரங்கு ன்றம், —ப்பரங்குன்று le mont Tirouparam (*i.e.* du riz cuit), nom d'une montagne nommée aussi Scandamalei près de Maduré, un des 6 principaux lieux consacrés à Soupramanien; —ப்பரம் riz cuit (mot de brames); —ப்பள்ளி sommeil (sacré), lit, dortoir, lieu de repos, (surtout pour une statue de Vichnou), lieu sacré; — ப்பள்ளிகொள்ளுகிறது dormir, se reposer; —ப்பள்ளித்தாமம் guirlande pour un temple; — ப்பள்ளியெழுச்சி chant destiné à réveiller les dieux indous ou ceux qui dorment, nom d'un poème; —ப்பாடல் hymne, chant sacré; —ப்பாட்டு, 1° *V.* திருப்பாடல். 2° (par ironie), chanson satirique, satire, libelle, pasquinade, torrent d'injures; —ப்பாட்டு கொடுக்கிறது (*dat.*), —ப்பாட்டுபாடுகிறது (*acc.*), chanter ou faire une chanson satirique, critiquer, satiriser; —ப்பாவாடை toile réputée sacrée, longue toile sur laquelle on offre du riz aux idoles; — ப்புகழ் louanges sacrées, sorte d'hymne, nom d'un poème; —ப்பூட்டு, —ப்பூட்டுகிறது, —ப்பூட்டுதல் porter le tâli ou joyau nuptial au cou, être mariée; —ப்பெருக்கம் abondance de richesses; —ப்பொறி marques qui pronostiquent le bonheur; — மகள் la fille ou la prétendue déesse des richesses, *i.e.* Lakchimi; —மகள்மைந்தன், — மகண்மைந்தன் le fils de Lakchimi, *i.e.* Kâmen, le Cupidon indien; —மங்கிலியம் le bijou nuptial dit தாலி; — மங்கிலியதாரணம்பண்ணுகிறது attacher le bijou nuptial; —மஞ்சனம் bain ou onction qui se fait dans une pagode, action de baigner ou de laver une statue de Vichnou (les Sivénistes disent அபிஷேகம்); — மஞ்சனமாட்டுகிறது baigner une idole; —மடந்தை *V.* திருமகள்; —மடந்தைகேல்வன் le mari de Lakchimi, *i.e.* Vichnou; —மண் terre sacrée, —dont les Vichnouvistes se marquent le front; —மண்டலம் 1° cercle sacré. 2° (திருக்கு, மண்டலம்), *V.* குருவமண்டலம்; —மரம் l'arbre supposé sacré, l'அரசமரம் ficus religiosa; —மலர் la fleur de Lakchimi, *i.e.* le nénuphar; — மலை la sainte montagne, (en style païen) la montagne de திருப்பதி; — மறுமார்பன் celui dont la poitrine est parsemée de jolies taches, *i.e.* Vichnou, Arouguen; —மாளிகை le sacré palais, (les disciples appellent ainsi la maison de leur gourou); —மாளிகைப்பத்தி galerie ou corridor d'un temple; —முகம் visage sacré, — divin, air vénérable, présence de dieu, — d'un grand, lettre sur ôle (surtout d'un... gourou à un disciple), lettre (en général); —முருகாற்றுப்படை (முருகு), espèce de poème; — முழுக்கு bain sacré, *V.* அபிஷேகம்; — முழுக்காட்டுகிறது baigner, laver, oindre, *V.* அபிஷேகம் பண்ணுகிறது; —முறை livre; — முற்றம் cour sacrée, —du temple hippodrome, rue —, place pour exercer les chevaux; —முன், —முன்பு présence de Dieu, —des grands; — மெழுக்கு enduire le pavé du temple de bouse de vache délayée; —மெற்பூச்சு enduit —, onction qu'on fait à un corps sacré, ou qu'on suppose l'être; — மேனி corps sacré, - divin, reliques des Saints, la plante குப்பைமேனி, *ou* — மேனிக்கடுக்கன் boucles d'oreilles à l'usage des veuves; — மேனிகொள்ளுகிறது. — மேனிகொள்ளுகிறது prendre un corps, s'incarner, entrer dans une statue, en prendre la forme; — மேனியசையக் கூத்தாடுந்தியாகர் l'homme généreux qui danse en agitant son corps sacré, *i.e.* Siven ou sa statue en attitude de danseur; — மேனியழகி la plante குப்பைமேனி; -மொழி parole sacrée, nom de 1000 strophes du poème ஆழ்வார்பாடல்; -வசனம் parole sacrée, écrit —, texte sacré; — வசனூப

வேசம் doctrine —,enseignement des paroles sacrées;—வள்ளுவர், — வள்ளுவநாயனார் Tirouvallouver, poète célèbre qui a écrit un volume de distiques nommés குறள்,son ouvrage;—வள்ளுவருரை commentaire de l'ouvrage de Tirouvallouver;— வாக்கு parole sacrée,—de Dieu,—d'un grand personnage;—வாக்குக்கெதிர் வாக்கில்லை il n'y a rien à répondre à la parole d'un grand;—வாசகம்,1° V.திருவாக்கு. 2° poème de மாணிக்கவாசகர் réputé touchant;—வாசகத்திற்குருகார் ஒருவாசகத்திற்குமுருகார் ceux qui ne sont point touchés par le திருவாசகம் ne seront touchés d'aucune lecture;— வாசல் porte sacrée,—de temple,chauderie ou சத்திரம் indien;—வாசி sorte de bijou,ou —வாசிகை sorte de guirlande,arc ou auréole de gloire en or,en argent,en bois ou en fleurs, autour d'une statue;— வாட்சி sorte d'arbre à fleurs, V. திருவாசிகை; —வாயில், V.திருவாசல், couvent;— வாய் bouche sacrée, parole sacrée, —d'un grand;— வாய்மலருகிறது, — வாய்மலர்ந்தருளுகிறது ouvrir (comme une fleur) sa bouche sacrée, dire,parler (se dit des personnes vénérables):—வாய்மொழி parole divine ou sacrée,—des grands,titre de 1000 strophes dans le poème nommé ஆழ்வார்பாடல்;—வாரூர் Tirouvârour ville du Tanjaour près de Combaconam; — வான்கோடு Travancore,province et ville à l'extrémité sud-ouest de la presqu'île;—விருந்து festin sacré,la sainte communion; - விழா fête; — விழாச்சிறப்பு beauté—,pompe d'une fête; -விழா நடத்துகிறது faire marcher—,célébrer une fête; — விளக்கு lampe sacrée,—d'un temple;— விளையாட்டம்,—விளையாட்டு jeu ou amusement sacré ou divin,ou — விளையாடற்புராணம் légende des 64 jeux divins de Siven à Maduré; — வுண்டாயிருக்கிறது réussir, prospérer, être riche,heureux;—வேடம்,—வேஷம் habit —, habillement sacré, accoutrement de Siven, — propre à une secte.

திருகணி, (திருகு,அணி), spirales des conques et des coquillages.

திருகலை,(id.அலை),V.புரிமலை.

*திருக்கம்,1° (troukha),muscade. 2° (drouka),trou. [வ],V.திருகுமலை.

திருகியாள்மலை,(திருகு, அரிவாள்

திருகல்,n.v. de திருகுகிறது, contorsion, torsion, spirale, courbure, action de tourner...: — முறுகல் chose tordue, contorsion.

திருகாணி, (திருகு, ஆணி), vis, clou à vis,—போடுகிறது visser,mettre un clou—,fermer à vis,— கழலுகிறது, — கழன்றுபோகிறது un clou à vis—,une vis se dévisser;—கழற்றுகிறது dévisser.

திருகு,1° imp.et part. de திருகுகிறது. 2° torsion, contorsion, tortillement, spirale, tromperie, perfidie, feinte, dissimulation: — கள்ளி la plante euphorbia tortilis qui croit en spirale;—கொம்பு corne tortueuse,—en spirale; — சொல்லுகிறது tergiverser,dire des mensonges artificieux,chercher des détours;—தாழை variété de l'arbrisseau தாழை; —தாளம் changement, supercherie, tergiversation;— தாளி tergiversateur,personne changeante,artificieuse;—பலகை,—மணை râpe, pour racler et enlever la chair des cocos;—மரம் arbre tortueux,— tortu,tourniquet; — மரம்போற் சிந்தையுடையோர் gens qui ont l'esprit pervers ou de travers,litt.comme un arbre tortu;—முகம் air —, visage de travers,défavorable; —முகமாயிருக்கிறது être fâché,détourner le visage de mauvaise humeur,une crise avoir pris un tour favorable; — வட்டம் petit dévidoir en forme de coin avec une poignée à l'usage des tisserands, partie de machine.

திருகுகிறது,கினேன்,குவேன், கு, க,v.a.et.n.திருகுதல்,n.v.tourner,plier,tordre,contourner,tortiller, rompre en tordant,extorquer, arracher, se tourner, se tordre: *கழுத்தைத்* — tordre le cou; *கோழியைத்தலைதிருகிக்கொல்லுகிறது* tordre le cou à une poule et la tuer; திருகியெடுக்கிறது arracher —, ôter en tournant ou en tordant, —avec une vis ou un tire-bouchon etc..., percer, forer.

திருகூசி, (திருகு, ஊசி), espèce d'alène pour percer les feuilles de palmier et en faire un livre.

*திருக்கர்ணம், (திருக்கு, கர்ணம்), serpent qui entend par les yeux.

*திருக்கு, 1° (drouk), œil. 2° (திருகு), torsion, fraude, tromperie, ruse, perfidie, faute: — பண்ணுகிறது tromper, jouer des tours (à quelqu'un); கூலிக்காரரின் கூலியைத் — பண்ணுகிறது frauder le salaire des journaliers; —க்காரன் trompeur, filou; நான் —க்காட்டாளியல்ல (காட்டும், ஆளி), je ne suis pas un trompeur.

திருக்கை, 1° (திரு), main sacrée. 2° la raie (poisson): —த்தோல் peau de raie; — முள் *ou* முள்ளு os aigu —, arête de la queue de la raie; —முள் குத்துகிறது cette arête piquer, cette queue frapper; —வால் queue de raie; ஆடாத்திருக்கை raie mousseuse; ஒட்டைத் — espèce de raie petite et mince; கருத் — raie noire et excellente. [œil.

*திருசி, திருசை, (drousi, drousâ),

*திருசியம், (drousya), chose visible: திருசியத்துவம் vue, vision.

*திருசோபமம், (திருசை, உபமம்), ce qui ressemble à l'œil, *i.e.* le nénuphar blanc.

*திருஷ்டம், (drouchta), clarté, visibilité, évidence: திருஷ்டகூடம் énigme, chose à deviner,

*திருஷ்டாந்தம், திருஷ்டாந்தரம், திருஷ்டாந்திரம், (திருஷ்டம், அந்தம்,..), preuve, évidence, exemple, citation, science, mort: — ஆய் clairement, évidemment.

*திருஷ்டாபோகம், (*id.* ஆபோகம்), jouissance des yeux, plaisir qu'on goûte par la vue en ce monde.

*திருஷ்டி, (drouchti), œil, vue, vision, regard, —jaloux, influence qu'on lui attribue, connaissance, sagesse, serpent, venin, *V.* திஷ்டி *et ses composés*: —குணம் point de mire, but (des archers), propre de la vue; —நிபாதம், —பாதம் regard, coup d'œil, jeter les yeux sur; —பந்து (*ami*) le ver luisant, la mouche luisante: —பூதம் chose qu'on a gardée, — surveillée pour la conserver pure: —போகம் plaisir de la vue, regards et désirs luxurieux; —விட்சேபம் œillade; —விஷம் serpent (qui fascine par ses regards).

திருஷ்டிக்கிறது, டித்தேன், டிப்பேன், டி, டிக்க, *v.a.* (திருஷ்டி), *V.* திஷ்டிக்கிறது. [டித்தல்.

திருஷ்டித்தல், திருஷ்டிப்பு, *V.* திஷ்

*திருஷ்டியம், (திருஷ்டி, ya), sagesse. [ble, —vu, paraître.

*திருஷ்டை, (drouchtâ), être visi-

*திருடகம், (droudaka), foyer, trou fait en terre pour faire du feu, pile.

*திருடதை, (திருடம், tâ), fermeté, force, solidité, dureté, cœur d'arbre.

*திருடம், (droudha), force, fermeté, dureté, solidité, fer, capacité, puissance, abondance; திருடகண்டம், —க்கிரந்தி ce qui a une tige et des nœuds solides, *i.e.* le bambou; —பத்தி foi —, dévotion solide; —பழம், —பலம், —மூலம் le fruit dur, *i.e.* le coco; —லோமை, (உலோமம்), ce qui a le poil dur, le sanglier; poil dur ou gros, soie de sanglier. [vol, larcin.

திருடல், *opt. et n.v. de* திருடுகிறது.

திருடன், 1° *pl.* திருடர், (திருடுகிறது), voleur, filou, fin matois, rusé. 2° la plante விஷ்ணுகரந்தை; இராச —, escroc —, fripon à bonne apparence, chevalier d'industrie, concussionnaire: திருடனென்று பேர்பெறுகிறது mériter —, avoir le nom de voleur.

திருடா, 1° *voc. de* திருடன். 2° *ou* திருடாத, *part. nég de* திருடுகிறது. 3° *f. de* திருடம்: —பத்தி *ou* பத்தினி femme fidele. [corps robuste, diamant.

*திருடாங்கம், (திருடம், அங்கம்),

*திருடார்த்தி, (திருடம், artti *peine*,

*bout d'arc*),grande peine, extrémité d'un arc. [brave guerrier.

*திருடாயுதன்,(*id.*ஆயுதம்), héros,

திருடி;1° *f.de* திருடன், voleuse,la plante கள்ளி. 2° *gér.de* திருடுகிறது.

திருடு, vol,larcin,*n.v.imp. et part. du suiv.*

திருடுகிறது,டினேன்,டுவேன், டு, ட,*v.a.*திருடுதல்,*n.v.* voler,dérober:திருடிக்கொண்டுபோகிறது voler et emporter.

*திருட்டம், *V.*திருஷ்டம்.

*திருட்டாந்தம், *V.*திருஷ்டாந்தம்.

*திருட்டாபோகம், *V.*திருஷ்டாபோகம். [*composés, V.*திருஷ்டி....

*திருட்டி, திருட்டிக்கிறது,*et leurs*

*திருட்டியம், *V.*திருஷ்டியம்.

திருட்டு,*n.v. de* திருடுகிறது, vol, larcin,tromperie,filouterie: -க்குணம்—,த்தனம் penchant au vol,ruse, tromperie,artifice; — பிடிக்கிறது prendre —,découvrir un objet volé, un vol,prendre un voleur; — போகிறது être volé,dérobé; — போனது chose volée; — மட்டை voleur mal adroit,petit voleur; — மாயம் tromperie,supercherie,changement.

*திருணகம்,(திருணம்,ha *qui tue*), fourreau (d'épée...).

*திருணதை,(திருணம்,tâ),arc.

*திருணம்,1° (trouna),herbe, graminée, gazon, brin d'herbe, fétu, atome,bagatelle. 2° (drouna), sabre, épée,arc,scorpion,abeille:திருணகேது,—த்துவசம் bambou, (graminée qui sert de manche aux drapeaux); —சாதி le régne végétal,les arbres,les simples etc; —சாரை,(சாரம்),banane; — சிங்கம் hache, pioche,instrument à couper (l'herbe..); —குனியம் jasmin d'Arabie, l'arbre தாழை,sa fleur; —த்தானியம் moisson en herbe, —qui croit sans culture, —த்துருமம் palmier, cocotier et autres arbres semblables; —த்துவம் arc; —பூலி,(poûla *ramasser*), natte d'herbe; —ராசன் le roi de végétaux, i.e.le palmier; —விஸ்தாரம் *ou*

*திருணியை, (trounyâ) ,quantité —,abondance d'herbe,gazon.

*திருணோத்பவம்,(திருணம், உத்பவம்),céréales sauvages qui croissent sans culture. |pressée,prompte.

*திருதபதம், (drouta *vite*), marche

*திருதம்,(dhrouta),action de porter.

*திருதி,1° (dhrouti),aide, assistance,fermeté,sacrifiee, joie, contentement,satisfaction,satiété, un des 28 யோகம். 2° (drouti),nom d'un poisson,peau,soufflet,outre pour mettre de l'eau. [en.

*திருதிகரி,(திருதி,hari *qui vole*),chi-

*திருதியப்பிரகிருதி, (troutîya 3me), 3me genre,*i.e.*neutre,eunuque, hermaphrodite.

*திருதியை, *V.*திரிதியை.|| trois.

திருத்தம்,(திருத்துகிறது), correction,amendement, réforme, rectification,restauration,exactitude, perfection, convenance, justesse, bon ordre,nivellement: — ஆயெழுதுகிறது écrire correctement; — ஆய்ப்படிக்கிறது lire distinctement, apprendre correctement; — ஆய்ப்பேசுகிறது *ou* சொல்லுகிறது parler —, dire —,prononcer exactement,— correctement; — ஆயிருக்கிற, — ஆன, — உள்ள correct,exact, juste,net,propre,parfait, accompli, convenable, réformé,rectifié, adopté, égalisé,en bon ordre. [து, *V.*திருந்துதல்.

திருத்தல்,*opt.et n.v.de* திருத்துகிற

திருத்தி, 1° *gér. de* திருத்துகிறது. 2°* (troupti),satiété, contentement, satisfaction,plénitude.

திருத்து,1° action. 2° *imp.et part.de* திருத்துகிறது,த்தினேன், த்துவேன்,த்து,த்த,*v.a.*corriger, réformer, amender,rectifier,restaurer,raccommoder,rapproprier,égaliser, niveler un terrain,en ôter les pierres et les épines,le préparer pour la culture, nettoyer,séparer le grain de la balle,retrancher les matières hétérogènes ou étrangères, orner, décorer, perfectionner: திருத்திச்சொல்லுகிறது dire —, parler correctement ou distinctement; — ப்போடுகிறது corriger,raccommoder,approprier, niveler—.préparer un terrain (pour semer);— செவ்வூதிருத்துகிறது corriger, écrire correctement;— வைக்கிறது arranger,corriger,accommoder,préparer; பூமிதிருத்தியுண்கிறவன் mange en cultivant bien la terre.

திருத்துகை,திருத்துதல், *n. v. du préc.* correction,amendement, réformation, restauration, rectification, nivellement, préparation pour semer.

திருத்தகை,(திரு,தகை),grand personnage.

திருத்தகைமை,(திருத்தகை),grandeur,excellence,supériorité.

திருத்தலர்,(திருத்து,அலர்),*ou* திருத்தார்,*n.app.nég. de* திருத்துகிறது, ennemis,gens incorrigibles.

திருத்தம்,*opt.et n.v.de* திருத்துகிறது,amendement,correction.

திருத்திய,திருத்தின,*part. parf. du même*,corrigé,amendé,réformé, rectifié,correct,exact,accompli, propre —,convenable à une chose.

திருந்து,*imp. et part. de*

திருந்துகிறது,திருந்தினேன்,திருந்துவேன், திரு,ந,*v.n.de* திருத்துகிறது,se corriger,s'amender,se réformer,s'arranger,se perfectionner,s'égaliser, être rectifié,nivelé,finir,achever: செய்கிறதைத் திருந்தச்செய் fais bien ce que tu fais.

திருந்துகை,திருந்துதல், *n. v. du préc.* amendement,correction, perfectionnement,exactitude, justesse, achèvement,nivellement.

*திருபலா,(troupalâ),sorte de plante grimpante.

*திருப்தி,திருப்த்தி, (troupti), satiété,contentement,satisfaction.

திருப்ப,1° *inf.de* திருப்புகிறது. 2° *obl.de* திருப்பம்.

திருப்படிக்கிறது,(திருப்ப,அடிக்கிறது), frapper de nouveau, remettre,différer.

திருப்பம்,*n.v.de* திருப்புகிறது, détour (dans une rue),trafic—, affaire d'argent.

திருப்பி,*gér.de* திருப்புகிறது.

*திருப்பிரம்,(troupra), beurre liquéfié.

திருப்புகிறது,ப்பினேன்,ப்புவேன், ப்பு,ப்ப,*v.a.*tourner, retourner, détourner, manier, diriger, conduire un cheval, gouverner un navire, changer,--de côté,convertir,traduire,répéter,réitérer,ramener un objet enlevé,délivrer:பாவியைத் — convertir un pécheur; மனம் — faire changer de sentiment, convertir; தமிழிலே *ou* தமிழாகத் — traduire en tamoul; திருப்பித்திருப்பிச்சொல்லுகிறது redire —,répéter plusieurs fois; திருப்பிக்கொண்டு வருகிறது ramener (un objet dérobé), rapporter,dégager une hypothèque,retirer un gage;திருப்பிவைக்கிறது tourner d'un autre côté,retourner;முகத்தைத்திருப்புகிறது,— த்திருப்பிக்கொள்ளுகிறது tourner ou détourner le visage,regarder en arrière.

திருப்புகை,திருப்புதல்,*n.v.du préc.* action de tourner..., changement, traduction,délivrance,redite.

திருமலை,*P.* திருகுமலை.

*திருமம்,(drouma),*et ses composés*, *V.* துருமம்.

திருமால்,(திரு, மால்), l'heureux Vichnou:—உந்தி, — கொப்பூழ் le nombril de Vichnou, le nénuphar sorti de son nombril et d'où naquit Brama (au dire de la fable), le nénuphar;—புதல்வன் le fils de Vichnou, Kâmen, le Cupidon indien; — நகர் *ou* திருமலைநகரம் la ville de Vichnou, *i.e.* le வைகுண்டம்; — அவதாரம்-10 les 10 incarnations ou métamorphoses de Vichnou, savoir: 1° மச்சம், incarnation en poisson pour tuer l'Asouren சோமுகன் qui avait volé les Vêdas et les avait cachés dans la mer. 2° கூர்மம் incarnation en tortue,pour supporter la montagne மந்தரம், qui servait de batte-à-beurre,quand les dieux et les démons barattaient la mer de lait pour avoir l'ambroisie. 3° வராகம் incarnation en cochon pour tuer le géant இரணியாக்ஷன், et dérouler la terre qu'il avait roulée comme une natte. 4° நரசிங்கம் incarnation en homme-lion, pour tuer le géant இரணியன் ou இரணியகசிபன், frère cadet du précédent, qui, pour venger la mort de son frère, avait défendu le culte des dieux et voulait empêcher son fils Prahlâda ou பிரகலாதன் d'invoquer Vichnou. Dans ces 4 métamorphoses on ne donne point de mère à Vichnou. 5° வாமனன் incarnation en nain pour humilier le despote மாவலி. Alors Vichnou eut pour père காசிபன் et pour mère திதி. 6° பரசுராமன்; dans son incarnation en Parasourâmen il naquit de சமதக்கினி et de இரேணுகை, pour détruire, à coups de massue (பரசு), les Kchattriers ou Rajahs qui avaient humilié les brames. 7° இராமன் ou இராமசந்திரன்; incarné en Râmen, il fut fils de தசரதன், roi d'Aoude, et de கௌசலை; il naquit pour détruire Râvanen et les autres géans. 8° பலபத்திரன், பலதேவன் ou பலராமன்; incarnation en Balabhadra, demi frère de Krichna, fils de வசுதேவன் et de 2 mères nommées தேவகி et உரோகிணி et né pour tuer பிரலம்பன் et autres géans. 9° கிருஷ்ணன்: dans son incarnation en Krichna, fils de வசுதேவன் et de தேவகி, il naquit pour conduire la guerre célébrée dans le மகாபாரதம். 10° கற்கி, incarnation future de Vichnou en cheval pour détruire le monde. Quelques auteurs mettent son incarnation en புத்தன் ou Bouddha, auteur du Bouddhisme pour la 9me, et celle en கிருஷ்ணன் à part; d'autres mettent celle-ci la 8me et celle de Bouddha la 9me;—அவதாரம்-௰௫ les 15 incarnations inférieures de Vichnou, savoir: 1° சனகன், 2° சனந்தனன், 3° சனாதன், 4° சனற்குமாரன், 4 prétendus sages mentionnés dans le பாகவதம். 5° நரநாராயணர் mentionné dans le மகாபாரதம். 6° கபிலன் Kapila auteur du système de philosophie சாங்கியம். 7° இடபன் ou விருஷபயோகி, le 1er தீர்த்தகரன் ou gourou des சமணர் ou Samanéens. 8° நாரதன் Nâraden un des 10 premiers முனிகள், messager des dieux indous et grand entremetteur. 9° அயக்கிரீவன் Hayagriva mentionné dans le மகாபாரதம் et différent du géant அயக்கிரீவன் ou சோமுகன் mentionné dans மச்ச அவதாரம். 10° தத்தாத்திரேயன் mentionné dans le பாகவதம். 11° மோகினி, métamorphose de Vichnou en courtisane ou femme lascive pour amuser et faire périr les géans pendant que les dieux buvaient l'ambroisie. 12° யாகபதி le roi des sacrifices qui reçoit toujours le 1er un tribut d'offrandes. 13° வியாதன் ou வியாசன் fils de பராசரன் et compilateur des Vèdas et des Pouranas. 14° தன்வந்திரி le médecin des dieux indous, né de la mer de lait, lorsqu'on faisait l'ambroisie. 15° பௌத்தன் ou புத்தன், Bouddha l'auteur du Bouddhisme déjà nommé comme la 9me incarnation selon quelques poètes;—ஆயுதம் ௫, les 5 armes de Vichnou dites ஐம்படை, savoir: சக்கரம் ou ஆழி le disque; தநுசு, வில், ou கோதண்டம் l'arc; வாள் ou கட்கம் l'épée; தண்டு, எறும் ou கதை la massue; சங்கம் ou வளை la conque. Le sanscrit et quelques auteurs intervertissent l'ordre de ces armes. Outre l'inconvenance et l'infamie de plusieurs de ces incarnations, surtout de celles en cochon et en femme lascive, quelle absurdité n'est-ce pas de faire incarner en même temps le même individu en plusieurs personnages qui ne se connaissent pas, *v.g.* கிருஷ்ணன் et பலபத்திரன் 2 frères qui se font de mauvais tours l'un à l'autre, ou பரசுராமன் et இராமன் qui se rencontrent et se battent dans le இராமாயணம். Mais les gentils ont coutume de faire un dieu ou une incarnation de divinité de tout personnage remarquable, et par le système de la métempsycose, ils font naitre et renaitre leurs dieux et leurs héros grand nombre de fois,comme les simples mortels, sans s'inquiéter de l'absurdité des fables incohérentes et contradictoires qu'ils composent à ce sujet.

திருமுகிறது,மினேன்,முவேன்,மு, ம,v.n.திருமுதல்,n.v.sync.de திரும்புகிறது. [து,retour,action de tourner.

திரும்பல்,opt.et n.v. de திரும்புகிற

*திரும்பு. 1° (droumbhou), la foudre,roue,serpent,le soleil,la lune.2° imp.et part.de

திரும்புகிறது,பினேன்,புவேன், பு, ப,v.n.de திருப்புகிறது,திரும்புதல், n.v.se tourner,se retourner, tourner, —autour,retourner,revenir, changer,se changer,se plier, se courber, se convertir: திரும்பிப்போகிறது rétrograder,retourner,—en arrière, aller de nouveau,(வியாதி) திரும்புமுகத்தில் மருந்துகொடுக்கிறது donner un remède quand la maladie est sur le retour,après une crise favorable; இந்தவிஷமோதிரும்பாது pour ce poison,on ne peut l'arrêter. il est irrémédiable;திரும்ப, திரும்பவும்,inf.de nouveau,une seconde fois, réciproquement,mais au contraire; திரும்பத்திரும்ப à diverses reprises, de nouveau,souvent.

திருவடி,(திரு,அடி), pied sacré:—சார்தல் ou சேர்தல் s'approcher des pieds sacrés,se rendre aux pieds sacrés de Dieu,mourir;—நிலை nom de ville; —ப்புண் plaie qui,au lieu de guérir,s'élargit;—யிராச்சியம் pays foulé par des pieds sacrés, pays en désordre,—le plus méridional du Maduré.

திருவடையாளம், (id.அடையாளம்), signe sacré, marque distinctive de secte religieuse.

திருவட்டம்,P.திருகுவட்டம்.

திருவட்டி, l'arbrisseau கள்ளி.

திருவணை,(திரு, அணை), la digue sacrée,le pont d Adam ou de Râmen entre Ramessouram et Ceylan.

திருவண்ணாமலை, (id. அண்ணு), montagne inaccessible à Lakchimi, (parce qu'elle est consacrée à Siven et à son lingam.Elle est à l'est du district de சேலம்).

திருவமுது,(id.அமுது), nourriture divine,—sainte,ambroisie.

திருவருள்,(id.அருள்),grâce—, faveur divine,bonté divine,miséricorde de Dieu: —பயன் ou திருவருட்பயன் effet et excellence de la grâce ou de la bonté divine,titre d'un ouvrage religieux en vers composé par உமாபதிசிவாசாரியார்,c'est une des 14 sections du சைவசித்தாந்தம்.

திருவலகு,(id.அலகு), balai sacré, —destiné à balayer un temple: திருவலகிடுகிறது balayer un temple, percer la peau ou les membres avec un fil de fer ou une épingle comme acte de dévotion. [reux,infortuné.

திருவற்றவன்,(id.அற்று), malheu-

திருவனந்தபுரம், (id. அனந்த), Trivanderam,capitale du Travancor.

திருவன், voleur, menteur, chica-

திருவாணி,P.திருகாணி. [neur.

திருவாடுதண்டு,(திரு, ஆடுகிறது), double pièce de bois qui sert à porter un char de procession.

திருவாதரம்,திருவாதிரம்,P.திரியாவரம்,chicane,mensonge,tromperie: திருவாதிரக்காரன் menteur, trompeur, chicaneur.

திருவாதிரை (id. ஆதிரை), la 6me constellation des Indiens, c'est une brillante étoile dans le pied gauche des Gémeaux:திருவாதிரையிற்பிறந்தவன் celui qui est né sous cette constellation, Siven. [தி.

திருவாத்தி,(id.ஆத்தி), l'arbre ஆத்

திருவாபரணம், (id. ஆபரணம்), bijou sacré ou divin.

திருவாளி, V.திருவன்.

திருவாவினன்குடி,(திரு, ஆ, யினன்),un des lieux dédiés à Soupramanien, V.ஆவினன்குடி.

திருவாழுங்கோடு, id.ஆழும்), Travancore,ancienne capitale de la province de ce nom.

திருவாழி,(id.ஆழி), sceau,cachet, —du roi:— மோதிரம் anneau servant de cachet.

திருவாழித்தண்டு, (id. ஆழி ou வாழி),V.திருவாடுதண்டு.

திருவாளன்,(*id.* ஆளன்), homme riche,fortuné.

திருவானைக்கா,(*id.*ஆனை), le bosquet de l'éléphant sacré,nom d'une célèbre pagode dans l'île de சீரங்கம் près de Trichinapally;on l'appelle aussi சம்புகேச்சுவரம்.

திருவிலி,(திரு,இலி),femme veuve,—qui a perdu son bonheur et sa beauté.‖*m.et f.*personne infortunée.

திருவில்லான்,(*id.*இல்லான்),homme pauvre,infortuné.

திருவிளம், 1° les plantes விஷ்ணு et திராய்.2° *P.* திருவுளம்.

திருவுத்தியார், (திரு, உத்தி), une des 14 sections du சைவசித்தாந்தம் de மாணிக்கவாசகர். [tue,image.

திருவுரு,(*id.*உரு),figure sacrée,statue,image.

திருவுளம்,(*id.* உளம்), volonté sacrée,—de Dieu, d'un gourou, d'un roi,des grands personnages;— ஆகிறது daigner,vouloir: சேசுநாதசுவாமி மனுஷனாகத் திருவுளமானார் Jésus-Christ a daigné se faire homme;—கொண்டிருக்கிறது, — பற்றுகிறது daigner,vouloir,consentir, approuver,daigner—,dire, déclarer sa volonté;(se dit de Dieu et des grands personnages); —பற்றுதல் réflexion, parole (d'un grand personnage);—பார்க்கிறது essayer de connaître —,examiner la volonté de Dieu ou d'un supérieur, tirer au sort;— வைக்கிறது accorder gracieusement,—sa bienveillance,daigner; திருவுளச்சீட்டு billet (qu'on tire au sort): —சீட்டுப்போடுகிறது tirer au sort;—ச்செயல் action—,effet de la volonté de Dieu,de la Providence divine; —மத்தியஸ்தம் entremise—,médiation divine:திருவுளமெப்படியோ, அப்படி நடக்கிறது ou திருவுளத்தின்படி நி னைத்தபடிசெய்கிறது agir selon la volonté de Dieu, s'y conformer en tout.

திருவுறுப்பு,(*id.*உறுப்பு), membre ou emblème de Lakchimi; c'est un joyau nommé உத்தி que les femmes mariées portent sur le front).

திருவுஞ்சல்,(*id.* ஊஞ்சல்), balançoire sacrée en l'honneur des dieux.

திருவெண்ணீறாரம்,(*id.* காரம்), sel minéral dit aussi சாரிச்சாரம்

திருவேரகம்,(*id.*ஏரகம்),un des 6 principaux sanctuaires de Soupramanien.

திருவொற்றாடை, (*id.* ஒற்று, ஆடை),vêtemens qu'on met aux statues ou aux idoles.

திருவோணம்,(*id.*ஓணம்), la 22$^{me}$ constellation lunaire contenant 3 étoiles dans le cou de l'Aigle.

திருவோலக்கம்,(*id.*ஓலக்கம்),grande assemblée sacrée.

*திருஷ்டம், *P.* திருஷ்டம்.

திரேகம்,1° *P.*தேகம், corps.2° (திரி),trois. [ge d'un signe en trois.

*திரேக்காணம்,(drekkâna),parta-

*திரேக்காணாதிபன், (திரேக்காணம், அதிபன்),régent du tiers d'un signe planétaire,décan de l'astrologie.

திரோசந்தி,la plante திராய்.

*திரேதம்,திரேதாயுகம்,(trêta), le 2° âge ou யுகம் des Indiens, qui,selon eux a duré 1296000 ans;il correspond à l'âge d'argent des Grecs.

*திரேதாக்கினி, (திரேதம், அக்கினி),les 3 feux sacrés des brames,*i.e.*feu du sud,—de la maison,— du sacrifice.

திரேற்று,plénitude.

திரை,1° rideau, voile,vague,flot, ondulation,ride,pli de toile,rivière, mer,flocon de coton préparé pour être filé,longue botte de paille. 2° *imp.et part.de* திரைகிறது *et* திரைக்கிறது: திரைகடலோடுதல் courir les mers ondulées;— ச்சீலை rideau, voile; — ச்சீலைபோடுகிறது mettre un rideau, tirer le rideau: — ப்புடைவை rideau;— மடிக்கிறது les flots battre contre; — யெறிகிறது — வீசுகிறது lancer des vagues:— விழுகிறது les rides se former,—paraître,se rider,se froncer,se plier, onduler, le lait se cailler;— யுள்ள ridé.

திரைகிறது, திரைந்தேன், திரைவேன்,திரை,திரைய,*v.n.*திரைதல், *n. v.* (தி

ளா), ou திரைந்துபோயிற்று, se rider, se froncer, se contracter, former des plis, le lait se cailler, — former des yeux, se coaguler, se couvrir de vagues, onduler, les vagues s'élever, la mer moutonner, un vase devenir poli (par le travail du potier).

திரைக்கிறது, ரைத்தேன், ரைப்பேன், ரை, ரைக்க, *v.a. du préc.* rider, soulever les vagues, faire onduler, — cailler le lait, rouler, mettre en rouleau, plier, rouler la bouche d'un sac de sorte qu'elle se plie sur elle même, mettre le coton en flocon.

*திரைக்கியவாதி, (திரி, ஐக்கியம்), celui qui admet la Trinité en Dieu (par opposition aux unitaires dits ஏகத்துவவாதிகள்).

திரைக்குதல், திரைத்தல், திரைப்பு, *n.v. de* திரைக்கிறது, action de rider etc...*ou*

திரைதல், *n.v. de* திரைகிறது, ondulation, vague, ride.

திரையல், 1° *opt. et n.v. du même. V.* திரைதல். 2° feuille de bétel.

திரையன், (திரை), le prince தொண்டமான் dont le pays est sur la côte de la mer, prince d'un pays maritime.

*திரைலோசநி, *P.* திரிலோசநி.

*திரைராசி, (திரி), trinome.

*திரைராசிகம், (*id.* ka), règle de trois. on la divise en 2 sortes: கிரம —règle de 3 directe et வியஸ்த ou விலோம — règle de trois inverse. Le 1er terme ou la supposition se nomme பிரமாணம்; le 2e ou le taux se dit பிரமாணபலம்; le 3me ou la demande se nomme இச்சை; et le 4me ou la réponse se dit இச்சாபலம்.

*திரைலோக்கியம், (திரி, லோகம்), les 3 mondes. [vague, ondulation.

திரைவு, *n.v. de* திரைகிறது, ride,

*திரோகதம், (tirô *secret*, gata *allé*), disparition, invisibilité.

*திரோகிதம், (*id.* hita *tenu*), cachette, secret, chose qui couvre ou cache.

*திரோதம், திரோதாயம், (*id.* dhâ *tenir*, daya *garder*), action de cacher, de tenir secret; c'est une des opérations divines dites ஐந்தொழில், ajoutées par les Sivénistes de la péninsule à celles du Trimourti, auquel ils ont ajouté aussi 2 personnages sous les noms de மகேசுரன் et de சதாசிவன்: திரோதாதசத்தி un des பஞ்சசத்தி, secret.

*திரோதாயி, திரோதானசத்தி, (திரோதானம்), *V.* திரோதம் *et* திரோதசத்தி.

*திரோதானம், (tirô *secret*, dhâna *tenir*), rideau, voile, couvert, cachette, secret, disparition, *V.* திரோதம்.

*திரோபவம், திரோபாவம், (*id.*), trouble, — d'esprit.

திரோபவிக்கிறது, வித்தேன், விப்பேன், வி, விக்க, *v.a.* (திரோபவம்), திரோபவித்தல், *n.v.* cacher, troubler.

*திர்ப்தி, *P.* திருப்தி, satiété, contentement.

*திலகம், 1° (tilaka), bottou ou point mis sur le front avec du sandal ou du vermillon, (soit comme ornement ou marque de secte), vermillon, tilagam, joyau que les femmes portent sur le front, excellence, primauté, éminence, taches naturelles sur le corps, l'arbre மஞ்சாடி, espèce de poésie ou de strophe dite கலித்துறை. 2° (தலம், கம்), *V.* திலோதகம்: கன்னியர்திலகம் la plus excellente —, la perle des vierges ou des femmes; திலகநிறமணி espèce de rubis dit குருவிந்தம்.

*திலகன், (tilaka), le plus excellent, le plus éminent, chef, principal, (à la fin des mots): அரசர் — le plus excellent, — le plus éminent —, la perle des rois.

*திலகாசிரயம், (திலகம், ஆசிரயம்), place du tilagam, *i. e.* le front.

*திலகாலகம், (திலம், காலம், ka), marque noire sur le corps.

*திலதம், *P.* திலகம், joyau du front dit சுட்டி, autre espèce de bijou que l'on porte aussi sur le front, bottou, marque ou point peint sur le front: — இடுகிறது, திலதப்பொட்டணிகிற

து ou — பொட்டிட்டுக்கொள்ளுகிறது se mettre un bottou ou un point de couleur sur le front.

*திலம்,(tila),graine de sésame,sesamum orientale, l'arbre மஞ்சாடி, tache: திலகடம்,—கற்கம்,—கிட்டம், gâteau de sésame broyé, —de marc de sésame; — கலம்,(khala *moulin*), moulin à huile de sésame;—கோமம் (ஓமம்), offrande de sésame brûlé; —சிநேகம்,— ஸ்நேகம் huile de sésame; —சூரணம் sésame broyé;—தயிலம்,—தைலம் huile de sésame:—தர்ப்பணம், — தற்பணம் effusion d'eau avec du sésame; — தர்ப்பணஞ் திருமங்கலைச் செய்கிறது faire cette effusion et autres cérémonies semblables;—தேனு figure de vache faite de sésame pour être offerte aux brames; —பகம் encens,fumée; — பருணம், (பர்ணம்), feuille de l'arbre திலம்,térébinthe,*ou* -பருணி, -பருணிகை(பர்ணம்,ikâ),sandal.—rouge; —பிச்சடம்espèce de bonbon fait de sésame broyé;—பிஞ்சம்,— புஞ்சம்,— பேசம் (பும் *mâle*, dja *né*, pindja, pèdja *affixe*), sésame mâle, — stérile qui ne produit point de graine; — மயூரம் paon marqué de taches comme des grains de sésame; — மலம் marc de sésame; — ரசம் huile de sésame.

*திலவம்,திலவகம்,*P*. தில்வம்.

திலாசா, (*pers.*). encouragement.

*திலாச்சாரம்,திலாட்சாரம்,திலாலவணம்,(திலம், க்ஷாரம், இலவணம்), sel tiré de la graine de sésame.

*திலீபன், (திலீ *Dèhli*, pa *qui gouverne*), nom d'un ancien roi de Hastinabouri. [marchands).

திலு,trois (en langage secret des

*திலோதகம், (திலம்,உதகம்), offrande de sésame et d'eau.

*திலோத்தமை,(திலம், உத்தமம்), Tilottamei, une des courtisanes du Souvarkam.

*திலௌதனம், (திலம், ஓதனம்), plat de lait,de riz et de sésame.

தில்,temps, grand désir, mot explétif, mot indiquant une ellipse *Ex*. அவன்வருக்தில் qu'il vienne; alors... (il arrivera quelque chose en bien ou en mal).

தில்லம், désert,forêt:தில்லமெழுகு cire de forêt. [same.

*தில்லியம், (tilya), champ de sé-

தில்லுப்பில்லு, combat, dispute, supercherie, changement.

தில்லும் புல்லுந் திரியாவரமும், mensonge, absurdité et supercherie ou tours de ruse.

தில்லை, l'arbre excœcaria agallocha, la ville de சிதம்பரம் (bâtie dans un bosquet de ces arbres):—நாயகம் espèce de riz; — நாயகர் le seigneur —,l'idole de சிதம்பரம்;—மூவாயிரர் les 3 mille brames possesseurs du pays de சிதம்பரம்;— யம்பலம் la salle ou place dorée du temple de சிதம்பரம் dite கனகசபை;—யம்பலவாணன்,*V*. தில்லைநாயகர்;—வனம் le bosquet d'arbres தில்லை,*i.e.* la ville de சிதம்பரம்.

* தில்வம், தில்வகம், (tilva, —ka), écorce de l'arbre feronia.

*திவசம், (divasa), jour,jour anniversaire de la mort d'un parent, (où l'on fait certaines cérémonies), *V*. சிராத்தம்: திவசகரன் celui qui fait le jour, *i.e.* le soleil, *ou* — முகம் l'aurore,le point du jour.

*திவசாத்தியயம்,திவசாவசானம், (திவசம், அத்தியயம், அவசானம்), fin du jour,le soir.

*திவச்சுவரன், (திவம், சுவரன்), un des 12 soleils,ou nom du soleil dans le 9me signe.

*திவஸ்பதி, (திவஸ் *du ciel*,பதி),le prétendu maître du jour, *i.e.* Indiren. [*gér.de* திவளுகிறது.

திவடல்,திவண்டல்,*n.v.* திவண்டு,

*திவம், (diva), ciel, paradis, air, atmosphère, jour, clarté, explication, apparence,forêt.

திவரம், pays, contrée.

திவளுகிறது,வண்டேன், வளுவேன்,வளு,வல, *v.n.* திவளுதல், *n. v.* mourir, *V*. துவளுகிறது.

திவலை, goutte de pluie, gouttes dispersées,bruine.

திவவு,degré, les différentes barres ou touches du clavier d'un clavecin, ou d'un luth.

திவளல், திவளுதல், action de plier..., relâchement, chancellement,affaissement, affaiblissement, maigreur; *n. v. de*

திவளுகிறது ou திவள்கிறது,வண்டேன், ளுவேன் ou ள்வேன், வளு ou வள், வள், *v. n.* plier,se relâcher,se ralentir, vaciller, s'affaisser,fléchir, s'affaiblir,maigrir.

திவறுகிறது, றினேன், றுவேன், று,ற, *v. n.* திவறல், தவறுதல்,*n. v.* mourir.

*திவா, (divâ), jour (opposé à la nuit), durée du jour: — கரம் corbeau,la plante héliotrope ou tournesol, dictionnaire des synonymes tamouls (composé par) —கரன் Tivâgaren, savant auteur du dictionnaire susdit,l'auteur du jour, *i. e.* le soleil, celui qui ne travaille que de jour, *i.e.*le barbier;—க்கீர்த்தி,1° barbier. 2° (திவா, அகீர்த்தி), hibou, vaurien,homme hors de caste,(êtres qui ne se montrent pas pendant le jour);—கிருதம் ouvrage fait le jour; —சரன் qui rôde le jour;—சுத்தம், (soupta *endormi*), sommeil de jour, sieste;—நிசம், (நிசா), *V.* திவாராத்திரி;—பீதம் ce qui craint le jour, le hibou, le nénuphar blanc;—பீதன், (பீதம்), voleur; —பீதி (*id.*), hibou; —மணி la perle du jour,*i.e.*le soleil; —மத்தியம் le milieu du jour, midi; — மானம் longueur du jour du le ver au coucher du soleil;—ராத்திரம்,—ராத்திரி le jour et la nuit, jour et nuit. [corbeau (qui rôde le jour).

*திவாடனம், (திவா, அடனம்),

*திவாந்தம்,(*id.*அந்தன்),le hibou (aveugle le jour).

*திவார்த்தம்,(*id.*அர்த்தம்),la moitié du jour,demi-journée.

*திவிசம்,திவிஷ்டம்,திவோற்பவம், (divi *dans le ciel*, சம், stha *qui se tient*,திவம்,உற்பவம்),chose céleste, née dans le ciel.

*திவேச்சுவரன், (திவம், ஈச்சுவரன்), 1° *V.* திவச்சுவரன். 2° le seigneur du jour.

*திவோதாசன். (திவோ,*P.* திவஸ் *du ciel*), Divodasen roi de Bénarès, fondateur d'une école de médecine.

*திவ்வியம்,(divya). chose divine, sacrée, sainte, céleste, excellente, belle, agréable, charmante, divinisée, caractère divin, propriété divine, douceur,chose douce, espèce de sandal, clou de girofle, serment, ordalie; — ஆயிருக்கிற, — ஆன divin, céleste,saint, sacré, béni; — ஆகச்செய்கிறது, — ஆக்குகிறது sanctifier, consacrer; திவ்விய, *adj.* divin, céleste, sacré, saint, béni;— கந்தம் clou de girofle; — கவி poète divinement inspiré, vers divins;— காயனன், (gâyana *chantre*),chantre divin ou Gandharba; — காரியம் chose divine, -sacrée; — க்கியானம் connaissance divine;— க்ஷேத்திரம் lieu sacré, — saint;— சக்ஷு, — சட்சு œil divin, œil divinement éclairé, faculté de voir ce qui est invisible à l'œil humain, office de prophète;—ஸ்தலம் lieu saint,—réputé divin;—ஸ்நானம், — நானம் bain divin, être mouillé par la pluie qui tombe en plein soleil,c'est une des 7 espèces de bains;—திஷ்டி, திருஷ்டி ou திருட்டி vue—,connaissance divine, regard divin, apparence divine;—திருஷ்டியிலுவேபார்க்கிறது voir en vision, voir ou connaître par une connaissance divine ou surnaturelle,être prophète; —தேகம் corps divin,—spirituel;— தேசசு éclat divin (*v. g.* celui qui parut en Moyse): —தேசம் lieu réputé—,pays divin ou sacré;— நற்கருணை la divine Eucharistie;—பஞ்சாமிர்தம் mélange des 5 douceurs suivantes,beurre liquéfié,lait caillé, lait, beurre, sucre;—புதுமை merveille divine, miracle extraordinaire; — போதகம் doctrine —, science divine; — ரசம் jus divin, mercure;—ரதம் char divin,— céleste,— d'un dieu, saveur odoriférante; — ரத்தினம் joyau divin, — superbe, — dit சிந்தாமணி, pierre précieuse fabuleuse, V. சூடாமணி; — வஸ்திரம் habillement divin; — வருஷம் année prétendue divine de 365 années humaines.

திவ்வியது, (திவ்விய), ce qui est divin ou sacré.

*திவ்வியாங்கம், (திவ்வியம், அங்கம்), corps divin.

*திவ்வியாஸ்திரம், திவ்வியாத்திரம், (id. அஸ்திரம்), arme divine, — reçue du ciel.

*திவ்வியாதிவ்வியம், (id. அதிவ்வியம்), nature divine et humaine, chose qui participe de ces 2 natures.

*திவ்வியாதிவ்வியை, (id.), demi-déesse, héroïne de poème comme சீதை, de nature censée moitié divine et moitié humaine.

*திவ்வியோதகம், (திவ்விய, உதகம்), eau sacrée, — lustrale, eau de pluie, — de fleuve sacré, rosée.

திளைக்கிறது, திளைத்தேன், திளைப்பேன், திளை, திளைக்க, v. n. et a. jouir (sensuellement), s'unir, s'approcher, être près, se remplir, être plein, augmenter, croître, s'enfoncer.

திளைத்தல், திளைப்பு, n. v. du préc. jouissance sensuelle, plénitude, proximité, accroissement.

திற, 1° obl. de திறம். 2° imp. de திறக்கிறது, திறந்தேன், திறப்பேன், திற, திறக்க, v. a. ouvrir, — la voie, — un passage, montrer l'exemple, élargir, éclaircir, se fortifier: திறந்திருக்கிறது avoir ouvert, ou திறக்கப்படுகிறது être ouvert; திறந்துகொடுக்கிறது ouvrir (à quelqu'un); — பேசுகிறது parler ouvertement; — போகிறது s'ouvrir (de soi-même); — போடுகிறது ouvrir; — விடுகிறது ouvrir et laisser ouvert, — et laisser aller; — வைக்கிறது tenir ouvert, découvrir; இதுக்குவழிதிறவாதே n'ouvre pas un chemin ou la voie à cela, ne montre pas un tel exemple.

திறக்கு, chose, affaire.

திறக்குதல், திறத்தல், n. v. de திறக்கிறது, ouvrir..., ouverture, élargissement, augmentation, explication, vigueur, abandon.

திறத்தார், (திறம்), partisans, parti, ceux d'un parti, d'un côté: இருதிறத்தார் les 2 partis, les 2 factions.

திறத்தான், (id.), homme habile, capable, fort.

திறத்தி, (திறம்), sage-femme. [ள்.

திறத்தினள், (திறம்), V. திறத்தா

திறத்த, திறத்து, adj. et obl. de திறம், fort, capable, efficace: திறத்த கை main forte, bras puissant; திறத்துத்தொழில் emploi, — ouvrage fort considérable; எத்திறத்து avec quelle force, de quelle manière, sous quel rapport?

திறந்தறை, (திறந்து, அறை), lieu ouvert, — sans fortification.

திறந்த, திறந்து, part. parf. et gér. de திறக்கிறது: திறந்தகதவுக்குத்திறவுகோல்தேடுகிறது chercher la clef quand la porte est ouverte, se donner une peine inutile.

திறபு, plomb, zinc.

திறப்பனம், V. துறப்பணம்.

திறப்பு, n. v. de திறக்கிறது, ouverture, fente, trouée, trou dans une haie, dans un mur, endroit sans défense, fenêtre, brèche, clef: திறப்பாய்க்கிடக்கிறது être ouvert, vide, — laissé ouvert; திறப்புபார்க்கிறது examiner, — les ouvertures, explorer; திறப்பையடைக்கிறது boucher une ouverture ou fente, réparer une brèche.

திறமை, (திறம், மை), habileté, capacité, force, moyen, manière, science: — யுள்ளவன் habile, capable, savant.

திறம், force, fermeté, capacité, habileté, efficacité, bonté, portion, côté, parti, faction, manière, moyen, qualité, faculté (du corps ou de l'âme), disposition naturelle, caractère, cause, luth qui a moins de 7 cordes, bonheur, excellence, supériorité, primauté; — அற்றுப்போகிறது s'affaiblir, perdre sa force; — அறிகிறது, — பார்க்கிறது éprouver, connaître ou essayer la force, la capacité; — உள்ளவன் fort, capable; — கெட்டவன் homme inapte, incapable, sans habileté, paresseux, pauvre; திறக்காரன் homme fort, habile, constant; — ப்படுகிறது se fortifier, s'affermir; — ப்பாடு force, vigueur, manière; இதற்கதுதிறம் cela est préférable à ceci; அவனிடத்திலே இதுக்குத்திறம்போதாது il n'a pas assez de force ou d'habileté pour ceci.

திறம்பல், changement, manquement, omission, erreur, *opt. et n.v. de*

திறம்புகிறது, பினேன், புவேன், பு, ம், *v. n.* திறம்புதல், *n. v.* changer, s'égarer, se tromper, manquer, omettre.

*திறயம், *P.* திரயம், trois.

திறலினன், திறலோன், (திறல்), homme fort, courageux.

திறல், force, haine, combat, bataille.

திறவறிகிறது, திறவறிதல், (திறவு, அறிகிறது), connaitre les moyens, les expédiens, être capable, savoir découvrir —, connaitre les choses cachées, avoir de l'expérience, espionner, épier.

திறவாளி, (*id.* ஆளி), personne adroite, habile, prudente.

திறவான், (திறம்), homme fort, capable.

திறவிடுகிறது, (திறவு, இடுகிறது), trouver un expédient: திறவிட்டுவிசாரிக்கிறது, *V.* திறவுபார்க்கிறது.

திறவு, *n.v.de* திறக்கிறது, ouverture, trou, voie, moyen, expédient, manière, expérience, découverte, espionnage: — கோல், — குச்சி clef (pour ouvrir); — தெரியாமற்போகிறது ne savoir quel moyen prendre, ne voir aucune ouverture; — பார்க்கிறது examiner, explorer, espionner.

திறவுண்கிறது, (திறவு, உண்கிறது), 1° être ouvert: 2° se fortifier.

திறனில்யாழ், (திறன், இல்), luth des habitans des bords de la mer ou des rivières, guitare sans grande variété de sons.

திறன், (திறம்), cause, caractère, naturel, disposition naturelle, faculté, capacité, force, part, portion, parti, manière.

*திறுணி, *P.* திராணி, force, pouvoir.

*திறி, *P.* திரி, trois, *V. au mot* திரி [tous les composés.

*திறித்தி, திறிப்தி, *P.* திருத்தி, திருப்தி.

திறுதட்டம், திறுதிட்டம், *P.* திருதிட்டம்.

*திறுதியை, *P.* திரிதியை.

திறுதிறு, son imitatif de crainte: திறுதிறென்கிறது, *ou*

திறுதிறுக்கிறது, றுத்தேன், றுப்பேன், று, றுக்க, *v. n.* (திறுதிறு), craindre.

திறுதிறுத்தல், திறுதிறுப்பு, திறுதிறெனல், *n.v.du préc.* son imitatif—, signe de crainte.

*திறேதம், திறேதாயுகம், *P.* திரேதம்...

திறை, tribut (surtout d'un roi ou d'un prince à son suzerain): — கொள்ளுகிறது, — வாங்குகிறது, — வாருகிறது percevoir—, recevoir le tribut, vaincre, rendre tributaire; — கொடுக்கிறது, — அளக்கிறது payer tribut.

திற்றி, *P.* தின்றி, choses bonnes à manger.

*தினம், (dina), jour (de 24 heures), journée (du lever du soleil à son coucher), chaque jour: அத்தினமே, அந்தத்தினத்திலே ce jour-là même, le même jour; தினமும், தினந்தினம், தினந்தோறும் tous les jours, par jour, journellement; தினம்பார்க்கிறது observer—, distinguer les jours (censés heureux et malheureux): தினகரன் celui qui fait le jour, *i.e.* le soleil; — கவி vers du jour, — en l'honneur d'un roi qu'on lui chante soir et matin ou à son lever et à son coucher, le poète qui les compose et les chante; — காலம் chaque jour, toujours; — கேசம் chevelure du jour, *i. e.* ténèbres, obscurité; — க்கணக்கு compte journalier, — de la journée; — க்கூலி salaire journalier, de la journée; — ச்சடங்கு cérémonies journalières; — க்காய்ச்சல் fièvre quotidienne; — ச்சரி, — செரி occupation d'une journée entière, *V.* நித்தம்; — ச்சரிதை les occurrences du jour, — de la vie; — ச்செய்தி nouvelle du jour, de chaque jour; — ச்செலவு dépenses du jour, de la journée; — சேஷம் reste des jours ou différence entre le வருஷசேஷம் ou nombre de jours qui restent après avoir retranché les révolutions complètes des planètes, et le nombre de jours immédiatement moindre dans la table des planètes dite பரிவிருத்தி; —த்திரயம் rencontre de 3 fêtes le même jour; — பலம் le 5me, 6me, 7me, 8me, 11me et 12me signe du zodiaque, résultat—, influence du jour, de chaque jour; — ப்படி mesure—, allocation journalière, — ப்பாடு la peine—, fin du jour ou de chaque jour, V. தித்தம்; —ப்பிரணி le conducteur du jour. i.e. le soleil; —ப்பிரமாணம் durée du jour; —ப்பிரளயம் déluge de chaque jour de l'âge fabuleux de Brama ou de la fin de chaque grande période de siècles; —மணி le joyau du jour, i.e. le soleil; —மயக்கம் trouble —, étourdissement journalier, vanité—, ou superstition journalière; — மானம் chaque jour, tous les jours; — விருத்தி travail—, profit de la journée, toujours, tous les jours, ou — வேலை travail quotidien.

தினவு, (தின்கிறது), démangeaison, envie de gratter: — தின்கிறது, தினவெடுக்கிறது avoir des démangeaisons, se gratter; தினவுள்ளவன் சொறிந்து கொள்ளவேண்டும் il faut que celui qui a des démangeaisons se gratte, chacun doit soigner ses affaires; தினவுக்குச்சொறிதல் சுகமாயிருக்கும் c'est un plaisir de se gratter quand on éprouve des démangeaisons; தினவு மிகுதியிலேபே தினவு பதுவல்மிகுதியிலேதான்ப ம் trop gratter cuit, trop parler nuit.

*தினாங்கிசம், (தினம், அங்கிசம்), portion du jour, v.g. une heure, un சாமம் ou espace de 3 heures, division du jour, matin, midi et soir.

*தினாதி, (id. ஆதி), commencement du jour, aurore, correction pour le temps de l'opposition ou de la conjonction comptée du lever du soleil.

*தினாதினம், 1° (தினம் répété), jour principal, chaque jour. 2° (தினம், அதினம்), jour principal et non principal. [qui finit le jour, i.e. la nuit.

*தினாந்தகம், (id. அந்தகம், ka), ce

*தினாந்தம், (id.), fin du jour, le soir. [jours l'un, tous les 2 jours.

*தினாந்தரம், (id. அந்தரம்), de

*தினாம்சம், (id. அம்சம்), V. தினாங்கிசம். [mencement du jour.

*தினாரம்பம், (id. ஆரம்பம்), com-

*தினார்த்தம், (id, அர்த்தம்), demi-journée, demi-jour. [V. தினாந்தம்.

*தினாவசானம், (id. அவசானம்),

*தினிகை, (தினம், ika), salaire de la journée.

தினுசு, sorte, espèce, genre: — வாரிகள் différentes espèces; — வாரிச் சரக்குகள் diverses sortes de marchandises; — வாரிவிவரம் détail des diverses sortes, — des divers articles.

தினை, espèce de millet, panicum italicum, petitesse: — க்கஞ்சி légère bouillie —, cange de millet, (on en donne aux malades; —க்குருவி espèce d'oiseau; —ச்சாமை espèce de சாமை; —த்தாள்; —த்தட்டை tige, paille ou chaume de millet; — ப்புனம், —விளைபுலம் champ de millet; —மா farine de millet; —யரிசி millet pilé, தினைவிதைத்தவன் தினையறுப்பான் வினைவிதைத்தவன் வினையறுப்பான் celui qui a semé du millet, récoltera du millet, celui qui a semé du mal (ou fait le mal) en récoltera aussi, i.e. sera puni.

தின், imp. et part. de

தின்கிறது, ன்றேன், ன்பேன், ன், ன்ன, manger, — en mâchant, mâcher, avaler, consumer, ronger: மண் —manger de la terre, se rouiller, se gâter, pourrir, (étant étendu à terre); தின்றுபார்க்கிறது goûter; — பார்த்துவாங்குகிறது goûter et acheter; —போடுகிறது dévorer.

தின்பண்டம், (தின்), vivres, mets, chose mangeable, —à manger, provisions: தின்பண்டங்கொடுக்கல் donner des vivres, des provisions (surtout aux voyageurs), ce qui est un des

தின்பண்டம்,தின்பண்,தின்பண்டு, (தின்கிறது),chose à manger,nourriture,vivres.provisions,

தின்மை,mal,infortune,malheur,deuil,enterrement,( opposé à நன்மை): தின்மைக்குவருகிறது venir au deuil, aux funérailles, tourner mal, devenir nuisible:— வராதே போனான் il n'est pas venu aux funérailles.

தின்றல்,n.v.de தின்கிறது,manducation, manger.

தின்றி,(தின்கிறது),nourriture;—ப்பிராமணன் brame bien nourri;—ப்போத்து buffle bien nourri,i.e. glouton.

தின்று,gér.de தின்கிறது.[தின்றல்.

தின்னல்,n.v. de தின்னுகிறது,V.

தின்னு,தின்னும்,part.du suiv. qui ou qu'on ne mange pas:தின்னுந்தின் nourriture immangeable,—vile ou obtenue au prix de son honneur.

தின்னுகிறது,ன்றேன், ன்னுவேன்,ன்று,ன்ன,v.a.V.தின்கிறது, தின்னும்பண்டம்,V. தின்பண்டம்; புல்லைத்தின்னுமாடு bœuf qui mange l'herbe.

தின்னுகை,தின்னுதல்,V. தின்னல்.

# தீ

தீ,1° lettre syllabique composée de த் et de ஈ.2°° (dhi), intelligence, connaissance.3° feu,un des அஷ்டமூர்த்தம்,et des பஞ்சபூதம்,l'enfer,—de feu,chaleur animale.On en compte 3 sortes dites தீ-ம,savoir: உதரத்தீ chaleur du ventre; உயிருள்ளதீ chaleur vitale,— du corps; சினத்தீ chaleur de la colère.4° mal,malheur, expédient, détour, subterfuge, V.தந்திரம், (et adjectivement), mauvais,méchant,nuisible. 5° douceur, suavité, (l'adj. es தீம், doux,suave). 6° imp.et part.de தீய்கிறது.7° imp.de தீக்கிறது: தீக்கஞ்சி,(தீக்கு,அஞ்சி),craignant le feu, camphre(employé comme encens);—க்கடவுள் le dieu prétendu du feu,i.e.Agni; — க்கடன் devoir du bûcher funèbre; — க்கடைகிறது frotter 2 bâtons l'un contre l'autre pour faire du feu; — க்கடைகோல் morceau de bois qu'on frotte sur une autre pour faire du feu;—க்கட்டு magicien qui fascine le feu,charbon,—ardent; —க்கட்டுகிறது fasciner—,enchanter le feu,— க்கணம் ou புளிமாங்கனி pied de vers de 2 brèves,une longue et 2 brèves; au dire des Indous,il marque la perte de la santé;—க்கதிக்கும்பச்சை, V. நாகப்பச்சை;—க்கதிர் instrument d'orfèvre,verge de fer pour remuer les charbons,le soleil aux rayons de feu; — க்கரண்டி cuillère pour prendre du feu;—க்கருமம் cérémonie du bûcher funèbre, mauvaise action,mal;—க்களம் foyer,place du feu;—க்கல் caillou,pierre à fusil,—à briquet;—க்காய்கிறது se chauffer auprès du feu,le feu être ardent,—க்காரியம்,V. தீக்குணம்;—க்காளி furie,femme qu'on suppose porter malheur;—க்காலமுதலை brûlot;—க்குடுக்கை vase au feu, bombe, grenade;—க்குணம் mauvais caractère,—naturel, défaut;தீக்குணம்-ம les 10 mauvais naturels: பொய்சொல்லல் mentir, கோட்சொல்லல் calomnier,கோபித்துச்சொல்லல் parler avec colère. பயனில்சொல்லல் dire des choses inutiles; ces 4 sont வாக்கின்றீக்குணம் les défauts de la bouche: களவாடப்போதல் aller voler: வறிதேதொழில்செய்தல் faire des choses inutiles; கொலைசெய்யல் tuer;ces 3 sont des défauts d'action ou du corps, காயத்தீக்குணம்; கொலைநினைக்கை pensée de meurtre,காமப்பற்று penchant à la luxure, ஆசை désir:ces trois sont des défauts de l'âme,மனத்தீக்குணம்;—க்குணத்,V தீக்குணம்; — க்குண்டம் fosse où l'on entretient du feu;—க்குதிக்கிறது sauter dans le feu ou sur le feu (par possession ou autre raison);—க்குருவி autruche,oiseau pyrophage,—étranger qu'on dit avaler du feu;—க்குழி fosse pour faire du feu;—க்குளிக்கிறது se baigner —, s'enfoncer,se précipiter dans le feu; —க்குறி mauvais présage,— signe:—க்கட்டுப்பை sel de roche, sel du grain

ne de sésame;— க்கேடு grande calamité,malheur;—க்கொள்ளி brandon,tison ardent;— க்கோள் astre réputé de mauvaise influence;—க்குறி pouvoir de l'intelligence;—க்குணம் mauvais présage,— augure;—க்கடம் urine;—க்கட்டி réchaud,— de terre, vase de terre rempli de feu;—ச்சலம் coquillage de mer usé de vétusté, *V.* தீக்கசலம்;— க்கடர் salpêtre,clarté du feu; — ச்சொல் injure, mauvaise parole; — த்தட்டி (தட்டுகிறது),briquet, instrument à faire du feu;—த்தட்டிக்கல் pierre à briquet,caillou;—த்தட்டிக்குடுக்கை briquet;— த்தட்டிவளையம் anneau ou cercle d'acier pour briquet;—த்தாங்கி garde-feu; —த்திரள் agglomération de feu,grand feu,— nombre de feux,conflagration, — finale du monde;—த்தீண்டல் cérémonie du mariage qui consiste à toucher le feu; —த்தீண்டுகையான் celui qui touche le feu de sa main ou en porte dans sa main, *i. e.* Siven; — த்துருத்தி, soufflet; — த்தெய்வம் le prétendu dieu du feu, Agni; —த்தொழில் cérémonie du bûcher funèbre, mauvaise action,emploi mauvais,— qui approche du feu;—நட்பு amitié mauvaise,inconvenante; —நா langue de feu, phare (pour diriger les marins);—நாற்றம் mauvaise odeur,puanteur;— நிறம் couleur de feu,pierre de couleur de jeunes feuilles de manguier; — நீர் esprit de vin,liqueur distillée;— நுனை, *V.* கடனுனை;—ப்பட்டி, *V.* தீவட்டி;—ப்படுகிறது se corrompre,s'enflammer (de colère...), prendre feu, être atteint du feu,brûler,se consumer; — ப்பற்றவைக்கிறது allumer (le feu...);—ப்பாய்கிறது,—ப்பாய்தல் s'élancer —,sauter dans le feu, (se dit surtout d'une femme qui se brûle avec son mari, et quelquefois de ceux qui s'y engagent par vœux en cas qu'ils manquent à une promesse),marcher sur le feu; — ப்பாய்ஞ்சினாள் *ou* ப்பாய்ந்தவள் femme qui s'est jetée dans le feu (et qui est adorée par ses parens idolâtres;—ப்பிசாசி résine dite குங்குலியம்;—ப்பிரயாகம் le sacrifice du feu dit ஓமம்;— ப்பொறி étincelle (de feu); —ப்போடுகிறது mettre le feu, incendier, se fâcher, traiter cruellement;—மலம் ordures du feu,*i.e.* le charbon;—மிதிக்கிறது marcher sur le feu,(cérémonie payenne);—முகம் bouche de fourneau, de fournaise, lieu où le feu brûle;—முறுகல் espèce d'arsenic préparé;—மொழி mauvaise parole,injure, malédiction;—யாறு fleuve de feu, mauvaise conduite;—யாறுடையோன் homme de mauvaise conduite;— யியல்பு mauvais caractère;— யியல்புடையோன் homme de mauvais naturel; — யிறைக்கிறது vomir—,arroser le feu, persécuter avec colère; — யெச்சம், (எச்சம்), le reste du feu;— யொழுக்கம் mauvaise conduite, perversité; —வட்டி,—வத்தி, — வர்த்தி torche, flambeau; — வண்ணம் couleur de feu; — வலஞ்செய்கிறது, tourner autour du feu en commençant par la droite, (c'est une cérémonie du mariage indou), se marier;— வலஞ்செய்தல் la susdite cérémonie,mariage; —வளர்க்கிறது entretenir le feu,—le feu du sacrifice, —le prétendu feu sacré; — வளர்ப்போர் ceux qui entretiennent le feu, *V.* செந்தீவளர்ப்போர்;— விளங்கும் வயிரம் ambre gris;—வேட்டல் mariage,sacrifice; — வேட்கிறது célébrer un mariage,faire un sacrifice; —வேள்வி mariage.

தீகிறது,தீந்தேன்,தீவேன்,தீ,தீய, *v.n.*(தீ) *ou* தீந்துபோகிறது, brûler, — légèrement, bouillir sur le feu, rôtir,griller,être brûlé, rôti, grillé, broui,hâlé, noirci (au feu,ou au soleil...),தீந்தது ce qui est brûlé,grillé, broui,desséché; தீந்துகிடையாய்ப்போகிறது être brûlé, grillé,broui, gâté,desséché par la chaleur; தீயச்சுண்டுகிறது ébouillir,diminuer à force de bouillir,s'épaissir sur le feu.

*தீக்கநன், V. தீக்ஷநன். [கிறது.
தீக்கிக்கிறது, தீக்கித்தல், P. தீக்ஷிக்
தீக்கிறது. தீத்தேன், தீப்பேன், தீ, தீக்க, v.a. de தீகிறது, ou தீந்துப் போகிறது, brûler, griller, rôtir, hâler, (le feu ou le soleil) noircir, faire bouillir. [savon.

தீக்குவெறுங்குகை, (தீ, வெறும்),
தீக்குதல், n.v. de தீக்கிறது.

*தீக்கை, 1° V. தீக்ஷை. 2° (தீ), mauvaise main, main de feu.

தீக்கையோன், 1° (தீ, கை), celui qui porte du feu dans sa main, *i. e.* Siven. 2° V. தீக்ஷையோன்.

*தீக்ஷணகம், (தீக்ஷணம், ka), moutarde blanche.

*தீக்ஷணம், (tikchna), arme, fer, piquant, âcreté, sel, force, tranchant, pointe, pénétration, intelligence, colère, peste, épidémie, hâte, vitesse, poison, guerre, combat, mort, chaleur: தீக்ஷணகண்டகம் le pommier épineux dit முண்முருக்கு; —கந்தகம், —கந்தம் racine âcre, *i.e.* oignon; — தண்டுலம் grain âcre, *i.e.* poivre long; — தைலம் résine, lait de கள்ளி, liqueur spiritueuse; —பத்திரம் feuille piquante, coriandre, le laurier அலரி; —பலம் coriandre; — புஷ்பம் clou de girofle; — ரசம் suc âcre, salpêtre.

*தீக்ஷிணை, தீக்ஷணியம், (தீக்ஷணம், ya), pointe, piquant, tranchant.

*தீக்ஷிதன், தீக்ஷிதன், தீக்ஷாவான், (dikchita, தீக்ஷை), *pl.* தீக்ஷிதர், தீக்ஷிதர், espèce de brame, *V.* தீக்ஷையோன்.

*தீக்ஷாந்தம், (தீக்ஷை, அந்தம்), sacrifice supplémentaire pour effacer les défauts de l'initiation.

தீக்ஷிக்கிறது, க்ஷித்தேன், க்ஷிப்பேன், க்ஷி, க்ஷிக்க, v.a. (தீக்ஷை), தீக்ஷித்தல், n.v. initier (aux mystères d'une secte), instruire —, former un disciple, confirmer, vouer, faire un vœu, un sacrifice: தீக்ஷித்துக்கொள்ளுகிறது être initié, recevoir l'initiation, accomplir exactement tous les rites prescrits.

*தீக்ஷை, (dikchâ), initiation à des mystères, à une religion ou à une secte), baptême, réception dans une secte, instruction religieuse, sacrifice, cérémonie avant un sacrifice, oblation, vœu, engagement à certaines austérités, accomplissement de vœu, d'austérités, barbe qu'on laisse croître par deuil ou pendant que la femme est enceinte; — கேட்கிறது, —கேட்டல் demander l'initiation, —le baptême, écouter les instructions religieuses; — கொடுக்கிறது, —பண்ணுகிறது, — வைக்கிறது initier, recevoir dans une secte, instruire un disciple dans sa secte; — பெறுகிறது recevoir l'initiation ou le baptême, être initié.

தீக்ஷையோன், *pl.* தீக்ஷையோர், (தீக்ஷை), initiateur, gourou, homme —, initié (à des mystères, à une religion), disciple. [—savoureux.

தீங்கனி, தீங்காய், (தீம்), fruit doux,

தீங்கு, (தீ), mal, tort, malheur, affliction, faute: தீங்குரைத்தல், (உரைத்தல்), dire du mal, mauvais discours.

தீங்குணர், (தீ, குணம்), méchans, vauriens, gens pervers, — vils, de mauvais caractère.

*தீசகன், தீசிவன், (தீ, சகன், சிவன்), conseiller, ministre, maître d'école. [veur douce, agréable.

தீஞ்சுவை, (தீம்), goût suave, sa-

தீஞ்சொல், (*id.*), expression douce, agréable, bonne —, belle parole.

*தீட்சணம்... *V.* தீக்ஷணம் *et ses composés.* [ன்.

*தீட்சதன், தீட்சிதன்... *V.* தீக்ஷித

தீட்சம், résignation, éprouver sans aversion ce qui arrive.

தீட்சிக்கிறது... *V.* தீக்ஷிக்கிறது.

தீட்சை,... *V*, தீக்ஷை.....

தீட்டம், impureté, souillure, règles des femmes: — ஆயிருக்கிறது avoir ses règles; தீட்டக்காரி femme qui a ses règles.

தீட்டரிசி, தீட்டலரிசி, (தீட்டுகிறது, அரிசி), riz pilé, —propre, — pilé une 2° fois.

தீட்டல், *opt. et n.v. de* தீட்டுகிறது.

தீட்டு, 1° (தீட்டம்), souillure légale, saleté, malpropreté, règles des femmes.2° écriture, peinture, *n. v. imp.et part.de* தீட்டுகிறது:— கோல் pinceau,roseau à écrire; —க்கல் pierre à aiguiser; —க்கழிக்கிறது purifier,—d'une souillure légale,l'ôter par des cérémonies; — க்காரி femme qui a ses règles; — க்கட்டு coagulation du sang menstruel, maladie qu'elle cause; —ச்சீலை linge sale,—souillé,—impur; — க்குற்றி,— த்தடி bâton qui sert à repasser ou à aiguiser (des armes ou des outils); —ப்படுகிறது devenir,—être impur, souillé,profané,pollué, sale, coupable,être accusé,avoir ses règles;—ப்பட்டவன்,—உள்ளவன் homme censé impur,(dont on évite le contact); — ப்பலகை, — மரம் morceau de bois —,planche à aiguiser; —வீடு maison censée souillée, impure.

தீட்டுகிறது. ட்டினேன், ட்டுவேன், ட்டு, ட்ட, *v. a.* piler parfaitement,ou une 2° fois,le riz (pour en ôter les restes du son ou de la balle et le rendre propre),repasser,aiguiser (un outil),écrire,peindre, dessiner,polir,donner le lustre,lier,presser sur,soutenir,assurer; இந்தவரிசி தீட்டவில்லை ce riz n'est pas pilé une 2° fois, —n'est pas bien pilé, தீட்டினமரத்திலே கூர்பார்க்கிறது essayer le tranchant sur l'arbre qui a servi à aiguiser, éprouver la science acquise.

தீட்டுகை,தீட்டுதல்,*n.v.du préc.*

தீட்டு,(*P.* தீப்பு),bassesse, abjection. [து, *V.* தீண்டுதல்.

தீண்டல்,*opt.et n.v. de* தீண்டுகிற

தீண்டியம், l'arbrisseau பவளக்குறிஞ்சி lausonia spinosa aux fleurs rouges.

தீண்டுகிறது, டினேன், டுவேன், டு,ட,*v.a.* தீண்டுதல், *n. v.* toucher, souiller par contact,contaminer,infecter; தீண்டிக்கொடுக்கிறது donner ou rendre (un objet) après l'avoir souillé en le touchant; மடிதீண்டினான் il l'a trainé par la ceinture: அவனைக்கலிதோஷந்தீண்டாது il n'a point été infecté par le Kaliyougam,il est juste, honnête et bienfaisant;என்னைத்தீண்டாதே ne me touche pas.

தீண்டுகை,தீண்டுதல்,*n.v.du préc.* contact,attouchement,tact, souillure,contamination par contact.

தீதல்,*n.v.de* தீகிறது.

*தீதி,(dhiti), soif. [sans faute.

தீதிலி,(தீது,இலி), être innocent,

தீது,(தீ),mal,mauvaise chose,méchanceté,faute. [ge.

*தீதை,(dhitâ),intelligence, vier-

*தீத்தகம்,(தீத்தம்,ka),or.

*தீத்தம், (dîpta), lion, lumière, splendeur,or,assa fetida, un des 27 livres des Sivénistes: தீத்தசிகுவை renard (qui a la langue brillante), — பிங்கலம் lion de couleur brillante et rousse; — ரசம் ver de terre; — லோகம் métal brillant, —de cloche, pierre de couleur de jeune feuille de manguier,couleur; — லோசனம் le chat à l'œil brillant.

தீத்தல்,*n.v.de* தீக்கிறது. [lant.

*தீத்தாக்ஷம், (தீத்தம், அக்ஷம்), chat,paon,(à l'œil brillant).

தீத்தாங்கம்,(*id.*அங்கம்), le paon au corps brillant.

*தீத்தி,(dîpti),beauté,marche rapide—,vitesse d'une flèche, lumière, éclat,métal de cloche.

*தீத்தோபலம்,(தீத்தம், உபலம்), lentille de crystal. [suave.

தீந்தமிழ்,(தீம்);le tamoul doux,—

*தீந்திரியம்,(தீ,இந்திரியம்), organes de l'intelligence, *v.g.* l'esprit, l'œil,l'oreille,le nez,la langue et la peau. [ய.

தீந்த, தீந்து,*part.et gér. de* தீகிற

*தீபகம்,(தீபம், ka), fig.de rhét. mot qui,bien qu'il ne se trouve que dans un endroit,se rapporte à plusieurs autres mots ou membres de phrase,où il est sous-entendu,accumulation d'expressions tendant à un objet, rayons de la lune, safran, lampe,*ou* தீபகபட்சி, —புள் faucon, oiseau d'oiseleur destiné à en attirer et à en prendre d'autres;தீபகபட்சிபழக்குகிறது dresser un oiseau pour la chasse.

*தீபம்,1° (dîpa),lampe, flambeau, torche,(c'est un des insignes de la royauté), lumière, lampe de camphre, la 15me constellation lunaire dite சோதி.2° (dvipa),île:— ஏற்றுகிறது placer—,allumer une lampe; — காட்டல்,—காட்டுகிறது éclairer, présenter la lumière, —une lampe de camphre ou d'autres matières;தீபக்கம்பம் chandelier,porte-lampe; — க்கற்பூரம் camphre employé comme lampe; —க்காந்தி,—க்காந்திமோன் diamant; —க்கிட்டம் noir de fumée, suie;—கூடு,—சோதி mèche de lampe;—க்கால்,—க்குழி pied de—, lampe, porte-lampe; — க்கொழுந்து camphre, employé comme lampe; —சிகை flamme de lampe; — நிரைக்கை rangée de lampes;—விதம்பம்,—தம்பம், V. தீபக்கம்பம்; — தூபம் lampe et encens; — தைலி ce qui donne de l'huile de lampe,i.e.le ricin;—பாதபம்,— பாதவம், — மத்திகை. V. தீபக்கம்பம்;— புஷ்பம் fleur de சண்பகம்;— மாலை rangée de lampes, illumination, cercle de lampes autour d'une statue;—ராகம் espèce de chant ou de mélodie:—விருக்ஷம்,—விருக்ஷகம்.—விருட்சம், V.தீபக்கம்பம்.

*தீபவதி,(dvipavati),rivière.

*தீபனம்,(தீபம்,na), faim, grand —,appétit,nourriture,grande—,lumière, safran, oblation, offrande d'un sacrifice:அதிக— faim canine, —extrême; —உண்டாகிறது, — எடுக்கிறது, — எழும்புகிறது devenir —,être affamé, la faim venir.

*தீபாக்கினி,(தீபம்,அக்கினி), feu —,flamme de la lampe, flamme.

*தீபாராதனை,(id.ஆராதனை),adoration de la lampe, cérémonie de l'ஆலாத்தி avec une ou plusieurs lampes; (ce qui se fait en l'honneur des idoles durant les processions ou en d'autres occasions):—பண்ணுகிறது ou செய்கிறது faire cette cérémonie.

*தீபாவலி,தீபாளி,தீபாவளி, தீபாவலி,(தீபம், ஆலி, ஆவலி), rangée de lampes,fête célébrée avec des lumières en commémoraison de la mort de நரகாசுரன் tué par Krichna, autre fête en l'honneur de la naissance de Soupramanien.

*தீபாற்சனை, (id. அற்சனை), offrande d'une lampe, - d'une lampe de camphre.

*தீபிகை,(தீபம்,ikâ),lampe, flambeau,bougie, titre de différens livres,v.g.இரத்தின— le flambeau—, traité des pierres précieuses.

*தீப்தம்,(dîpta), V. தீத்தம் et ses compocées.

*தீப்தி, (dipti), feu.

*தீப்பியம்,(dipya),la flamme: தீப்பியமானம் lumière.

*தீப்பிரம்,(dipra),lumière.

தீப்பு, n. v. de தீக்கிறது, brûler, noircir,brûlure,noircissure.

தீமை(தீ),mal, méfait, tort, malheur,infortune,vice,dépravation: தீமைக்கஞ்சல் craindre le mal,—d'en faire.

தீம், douceur, suavité, (et adj.) doux,suave: — பண்டம் bonbon, chose agréable à manger; — பால் lait doux,excellent; — புகை douce fumée,fumée odoriférante, parfum.

தீம்பன், pl. தீம்பர், (தீம்பு), méchant,vaurien, homme malfaisant, vil,méprisable.

தீம்பி,fém.du préc.méchante,femme vile,méprisable.

தீம்பு,(தீ),mal,méfait,malice,tort, bassesse,vileté: — செய்கிறது faire tort,—du mal;—நினைக்கிறது former de mauvais desseins,songer au mal;—வருகிறது un malheur arriver; தீம்பைப்புனைக்கிறது projeter ou imaginer du mal.

தீய,1° inf. de தீகிறது. 2° adj. de தீ, mauvais, méchant pervers, nuisible.3° adj.de தீயம்,doux,agréable, pur.4° pl.neut.choses mauvaises: —குணம் mauvais caractère;— சொல் mauvaise parole.

தீயகம்,(தீ,அகம்),maison de feu, l'enfer.

தீயது,(தீ),chose mauvaise,- douce,—pure, V.ஆரதம்.

தீயம்,(தீ),douceur,suavité.

தீயர்,*pl. de* தீயன், gens vils, méchans,vauriens,chasseurs.

தீயல்,*n.v. de* தீகிறது, viande—, chose brûlée, rôtie, grillée, noircie (au feu...),rôti,action de brûler...

தீயவன்,*m.* தீயவள், *f.* தீயவர், *pl.* méchant,pervers.

தீயவை,தீயவைகள்,*pl. de* தீயது, choses mauvaises,— douces,— pures. [mûr,mauvais.

தீயனி,(தீ, அனி), fruit vert, non

தீயறம்,(*id.* அறம்), mal, méfait,

தீயன,*V.*தீயவை. [tort.

தீயன்,தீயவன், *pl.* தீயர், தீயார், (தீ),méchant,vaurien,pervers:தீயார்கேண்மை தீயார்க்கினிது l'amitié des méchans est agréable aux méchans.

தீயா,தீயாத,*part.nég.de* தீகிறது, *et* தீக்கிறது:தீயாக்கொடி la plante பொன்னுக்காணி. [ambre gris.

தீயின்வயிரம், (தீயின் *gén.de* தீ),

தீயோதகம்,(தீ,உதகம்,*P.*உதகம்), eau de feu,*i. e.* acide nitrique; on dit aussi அக்கினிநீர்.

தீயோன்,*pl.*தீயோர்,(தீ),*V.*தீயன்: தீயோர்கேண்மையின் நல்லோர்பகை நன்றே l'inimitié des bons vaut mieux que l'amitié des méchans.

தீய்,1° *imp.et part. de* தீய்கிறது. 2° *imp.de* தீய்க்கிறது:— சலம் furoncle enflammé, charbon, os de sèche.

தீய்கிறது,ய்ந்தேன்,ய்வேன்,ய், ய *v.n.*தீய்தல்,*n.v.V.*தீகிறது.

தீய்க்கிறது,ய்த்தேன்,ய்ப்பேன்,ய், ய்க்க,*v.a.*தீய்த்தல்,*n.v. V.* தீக்கிறது, தீய்த்துப்போடுகிறது brûler.

தீய்து,*P.*தீது. [கிறது.

தீய்ந்த,தீய்ந்து,*part.et gér.de* தீய்

தீய்வு,*n.v.du même*,brûlure.

தீர,1° *inf.de*தீருகிறது,*adv* entièrement,2° *adj.de*

*தீரம்,1°(tira),bord,rivage, petite chaussée de rizières,flèche. 2° (dhira),sagesse,fermeté,—d'âme,safran, froid,*ou* தீரத்தனம்,— த்துவம் fermeté,force,courage, hardiesse, bravoure,constance,intelligence;— புத்தி Tirabhoukti,Tirhut,l'ancienne மிதிலை.

*தீரன்,(dhîra),homme fort, brave,hardi.

தீரா,தீராத,*part. nég. de* தீருகிறது *et de* தீர்க்கிறது,qu'on ou qui ne finit pas,interminable, inexpiable, incurable:தீராக்கோபம் colère implacable; —கோபம்போராய்முடியும் une colère implacable finira par une bataille; தீராப்பசியன் homme d'une faim insatiable, hydropique; —பகை haine implacable; தீராதவியாதி, — நோய் maladie incurable.

தீராது,1° 3° *pers.nég. de* தீருகிறது cela ne finit pas. 2° *ou* தீராமல் *gér.nég.du même*,sans finir: எனக்கு வரத்தீராது je n'ai pas le temps de—,je ne puis venir.

*தீராந்தரம், (தீரம். அந்தரம்), l'autre côté du rivage,la rive ultérieure.

தீராந்தி,poutre,—de plafond.

தீராமை,*n. v. nég. de* தீருகிறது, état de ce qui est interminable, insatiable, implacable, incurabilité, cruauté.

தீர்க்கை,(தீருகிறது),loisir,

தீரும்,3° *pers.et part.fut.du même*, qui se termine, curable: — வியாதி maladie guérissable. [—d'esprit.

*தீரை,*fem.de* தீரன்,femme forte,

தீருகிறது *ou* தீர்கிறது, ர்ந்தேன், ருவேன் *ou* ர்வேன்,ரு *ou* ர், ர, தீரான்,*nég.*தீருகை,தீருதல்,*n.v.*1° *v.n. de* தீர்க்கிறது,finir,se terminer,s'achever,se perfectionner,se payer,se juger,se décider,s'expier, se guérir;se corriger,s'éclaircir, être fini .. déterminé,certain, s'affranchir, s'allonger,marcher. 2° *v. a* tirer (un coup de fusil...), colorier, peindre, teindre,orner,écrire,alligner, mettre en lignes,étendre,allonger,tirer en longueur, suivre, abandonner, couper:வர்ணந்தீ - *dat.*colorier (des tableaux), peindre des statues ou des murs),*ou* சாயந்தீ—, teindre (des toiles...):எழுதித்—finir d'écrire:படித்துத்—finir ses études;இன்னந்தீரப்படிக்கவில்லை il n'a pas encore fini ses études,il n'a pas appris entièrement: தீர்த்துப்போகிறது, V. தீருகிறது; தீர்ந்த, part. achevé,fini, parfait,correct,guéri,décidé;— குருக்கள் excellens gourous, grivois impies qui ne craignent ni Dieu ni les hommes,(ironie): — சாமி maitre accompli,bonnête homme (ironie); —பட்சம் conclusion finale, décision:— மனிதன், தீர்ந்தவன் homme accompli,expert,bien dressé, hardi, courageux,intrépide,qui a renoncé à tout,qui se dompte lui-même; நற்கிரியையிற்றீர்ந்தசீருள்ளவனுயிருக்கிறது être parfaitement accoutumé à la pratique des bonnes œuvres.

தீர்க்க, 1° inf. de தீர்க்கிறது. 2° adj. de

*தீர்க்கம், 1° (dirgha), longueur (de temps, d'espace...), extension, étendue, espace, signe de voyelle —, voyelle longue, quantité d'une syllabe longue,les signes 5, 6, 7, 8 du zodiaque. 2° prononciation parfaite, — claire et exacte, exactitude, plénitude, perfection, précision,certitude,clarté;— ஆயிருக்கிறது être long,exact, certain; — ஆய் exactement,distinctement,longuement;— ஆய்ப்பேசுகிறது parler distinctement,fortement; தீர்க்ககண்டகம், —கந்தரம் héron au long cou: — கதி —, காடிகம் (ghâtika, nuque). — க்கிரீபம் chameau,—à la marche lente et au long cou; — காஷ்டம் longue pièce de bois, lance, poutre; — காலம் long temps: — கேசம் long poil, longue chevelure,ours; — சங்கம் longue jambe,chameau, héron,cuisse;— சதுரம் carré long,rectangle;— சத்திரம் long sacrifice, (prolongé pendant 12 ans): — சந்தி contraction en une seule longue d'une voyelle finale brève ou longue avec la même voyelle initiale du mot suivant, savoir: அ ou ஆ en ஆ, இ ou ஈ en ஈ, உ ou ஊ en ஊ, v. g. ஞான அமிர்தம், ஞானாமிர்தம் ambroisie spirituelle, நதி ஈசன், நதீசன் le roi des fleuves:(si les voyelles sont différentes,la contraction se nomme குணசந்தி ou விருத்திசந்தி);— சத்திரத்துவம் longue observance du சத்திரை; — சாகம் (சாகை). — சாலம் l'arbre சாலமரம் à longues branches, shorea robusta; — சிகுவம் ce qui a une longue langue, i. e. le serpent: — சிநேகம் longue—, durable amitié; — சீவம் longue vie;— சீவி être qui vit longtemps;—சுமங்கிலி femme qui vit long-temps dans l'état du mariage·—சுமங்கிலியம் longue vie dans l'état du mariage,(souhait aux femmes); —சுரதம் longue copulation, le chien (dont le coït dure longtemps); —சுரம் voyelle—,note longue;—சூத்திரம் longue règle, lenteur,retard,nonchalence;— தண்டம் prostration (de tout son long), profonde vénération,ricin; — தரிசனம்,—தரிசனை longue prévoyance, connaissance de l'avenir (ainsi que du passé et du présent), prophétie, prédiction;— தரிசனங்காண்கிறது prévoir—, prédire l'avenir; — தரிசி prophète,qui connait l'avenir (ou les 3 temps);—தரிசினி prophétesse; —தரு l'arbre long,i.e. le palmier; — நாரு la plante நிலப்பனை; — திருஷ்டி, —திருட்டி vue longue,prévision, prévoyance, connaissance de l'avenir:—நாதம் ce qui rend un son prolongé,la conque; — நிச்சுவாசம் long—,soupir; — நித்திரை le long sommeil,i.e.la mort; —பத்திரகம்,—பத்திரம் ce qui a de longues feuilles,i.e.l'ail, l'oignon; — பாகு long bras,homme à longues mains, (épithète d'un roi);— பாதபம் long arbre,i.e.cocotier,aréquier;—பாதம் long pied,héron:—பிருஷ்டம் ou பிருட்டம் la bête à long dos,i.e.le serpent;—புசம் sécante:—மாருதம் éléphant à longue haleine, éléphant, vent durable;— மூலம் longue racine,espèce de வில்வம், — de sensitive,la plante கூடக்கற்றுன்;— மோசனை longue délibération; —ரதம் ce qui a de longues dents ou des défenses i.e. le sanglier; — ராத்திரம் longue nuit, longue période de temps; — ரோகி malade de longue durée; — ரோமம் ce qui a de longs poils, i.e. l'ours; — லோகிதம் les herbes தருப்பை et சிவித்தி; — வசனம் longue phrase, parole ferme; — வக்த்திரம், வத்திரம் long visage, éléphant; — வருணம் voyelle longue; — வமிசம் ancienne famille; — வருக்சிகை ou வத்திகை crocodile; — விருக்ஷம், V. பெருமரம்; — வைரம் longue inimitié, vieille haine.

*தீர்க்கன், (id.), homme long, de haute taille.

*தீர்க்காசனம், (தீர்க்கம், ஆசனம்), serpent.

*தீர்க்காயு, தீர்க்காயுசு, (id. ஆயு, ஆயுசு), longue vie, longévité, corbeau, le mouni மார்க்கண்டேயன், le cotonnier soyeux.

*தீர்க்காயுஷியம், (id. ஆயுஷியம்), longue vie, (bon souhait), longévité, long-temps.

*தீர்க்காமயம், (id. ஆமயம்), longue maladie.

*தீர்க்காயுதம், (id. ஆயுதம்), longue arme, lance, javelot, le sanglier aux longues défenses.

*தீர்க்கிகை, (id. ikâ), long étang.

தீர்க்கிறது, ர்த்தேன், ர்ப்பேன், ர், ர்க்க, v.a. தீர்த்தல், n. v. ou தீர்த்துப்போடுகிறது, finir, achever, terminer, corriger, perfectionner, expier, guérir, payer (une dette), décider, juger (un procès...), quitter, abandonner, faire quitter, — abandonner, renvoyer, éloigner, affranchir: தீர்த்துக்கொடுக்கிறது, — மாற்றுகிறது décider —, régler et donner ou recevoir, échanger; — க்கொள்ளுகிறது finir un compte, décider, se décider; உண்டு இல்லையென்று தீர்த்துக்கொள் décide oui ou non.

தீர்தல், n. v. de தீர்கிறது.

தீர்ந்த, 1° part. parf. de தீர்க்கிறது. 2° adj. de தீர்த்தம்.

*தீர்த்தங்கரன், தீர்த்தகரன், (தீர்த்தம், கரன்), gourou ou chef Samanéen.

*தீர்த்தம், (tirtha), pureté, — cérémoniale par le bain, eau, — lustrale, eau bénite, rivière réputée sacrée, étang de pagode, lieu de pélerinage surtout sur la rive des fleuves sacrés, fête payenne (qu'on y célèbre), fête, sacrifice, feu, science sacrée, règles des femmes, vulve, naissance, incarnation ou descente d'une divinité dans ce monde, secte, école de philosophie: தீர்த்தம் ச-ou ஏழு —, சப்ததீர்த்தம் les 7 fleuves sacrés des Indous, savoir: கங்கை le Gange, யமுனை le Djamna, சரச்சுவதி le Sarassouvadi ou Sarsouti, au nord de Délhi; நருமதை le Nerbadda, காவேரி le Cavèri, குமரி, le Coumari au cap Comorin, கோதாவரி le Godavi-ri; d'autres en comptent 11 en y ajoutant சிந்து le Sind, தாமிரபருணி le Tambraparni auprès de Paléyamcottei, துங்கபத்திரி le Toumbhadrâ au nord du Maïssour et கிட்டிணி le Krichna; — சாப்பிடுகிறது boire de l'eau bénite, boire l'eau qui a servi à laver une idole: — ஆடுகிறது se baigner dans une eau réputée sacrée; — தெளிக்கிறது asperger d'eau bénite; தீர்த்தசேவை, — யாத்திரை pélerinage aux fleuves ou étangs réputés sacrés; — சேவி homme qui fait ce pélerinage; — த்தொட்டி bénitier; — யாத்திரைபண்ணுகிறது aller en pélerinage pour se baigner dans les fleuves ou les étangs réputés sacrés; — ராசி, (ராசன்), la ville de Bénarès, la reine de pareils pélerinages; — வாசம் boucle de cheveux; — வாசி pélerin, V. தீர்த்தசேவி.

தீர்த்தல், n. v. de தீர்க்கிறது.

*தீர்த்தன், (tîrtha), pl. தீர்த்தர்; Dieu, homme pur, maître, précepteur, conseiller, gourou, Siven, Arouguen: தீர்த்தர் gens purs, les dieux indous, maîtres....

*தீர்த்தி, fém. de தீர்த்தன், femme pure, Parvadi, ou fleuve.

*தீர்த்திகை, (தீர்த்தம், ikâ), rivière.

தீர்த்து ger. de தீர்க்கிறது. [கிறது.

தீர்ந்த, தீர்ந்து, part. et gér. de தீரு-

தீர்ப்பு, n. v. de தீர்க்கிறது, détermination, sentence (de juge, d'arbitres...), jugement, fin, conclusion, expiation, divorce, sentence de séparation, répudiation (de concubinaires...); — செய்கிறது rendre un jugement, casser un mariage, faire un acte de répudiation (de concubine...).

தீர்மானம், (தீர், part. fut. de தீர்கிறது), détermination, — positive, conclusion, résolution, — finale, fin, décision: — ஆய் définitivement; — ஆன விலை prix fixe, — déterminé, juste prix; — ஆகமுடிக்கிறது finir absolument, arranger finalement; தீர்மானப்படுகிறது se décider, être conclu, arrangé finalement; — பண்ணுகிறது décider, déterminer.

தீர்மானிக்கிறது, னித்தேன், னிப்பேன், னி, னிக்க, v. a. et n. (தீர்மானம்), décider, juger, déterminer, conclure, résoudre, se décider, se résoudre, décréter, ordonner: ஒருவனைக் குற்றவாளியாகத் — décider que quelqu'un est coupable.

தீர்மானித்தல், தீர்மானிப்பு, n. v. du préc. détermination, conclusion, résolution, décision.

தீர்வு, n. v. de தீர்கிறது, jugement, décision, fin, rejet, renvoi.

தீர்வை, 1° (id.), jugement, décision, sentence, droit de douane, péage, impôt, taxe, cérémonie funèbre, funérailles. 2° mangouste: பொதுத் — jugement général; தனித் —, jugement particulier: — க்காரன் douanier; — ச்சரக்கு marchandise payant douane; — த்துறை bureau de douane; — நன்செய் rizière qui paye impôt; — ப்பற்று terre qui paye impôt; — ப்புன்செய் terre à menus grains qui paye impôt; — யிடுகிறது juger, prononcer une sentence, décider.

*தீவகம், P. தீபகம். [surtout).

*தீவரம், P. தீவிரம்.

தீவளை, (தீ, வளை), foyer profond pour faire un grand feu.

தீவானம், (persan), cour —, tribunal de justice, gouvernement, Divan, magistrat des Mahométans: தீவானத்துக்குப் பணங்கட்டுகிறது payer l'impôt au gouvernement; — பயந்துநடக்கிறது craindre le gouvernement et lui obéir. (Le mot de சர்க்கார் est plus usité).

தீவான், (id.), divan, visir ou 1er ministre dans certaines cours.

*தீவாந்தரம், (dviba, île, அந்தரம்), île, pays éloigné, extrémités de la terre, campagne: தீவாந்தரஅவரை pois venus des îles (orientales).

*தீவாளி, P. தீபாளி.

தீவான், (தீவு), insulaire, habitant d'une île, — des bords de la mer.

தீவான்றி, (pers.), V. தீவான்.

*தீவி, (dvipi), tigre.

*தீவிகை, V. தீபிகை.

தீவிதிராட்சம், (தீவி, P. தீவிய doux), vigne: தீவிதிராட்சக் குலை grappe de raisin; — ப்பழம் raisin; — ப்பழரசம் vin; — சுத்தராயம் produit de la vigne.

தீவிய, adj. de தீவ், doux, savoureux: தீவியது ce qui est doux.

தீவிரம், (tivra), vitesse, hâte, diligence, promptitude, précipitation, rayon du soleil, chaleur, enfer, grande colère, excès, emportement, violence, entêtement: — ஆய் vite, promptement; — இல்லாமை lenteur; தீவிரக்காரன் homme vif, empressé, diligent, sévère; — புத்தி esprit vif, pénétrant; — ப்படுகிறது se hâter, s'empresser: — ப்படுத்துகிறது hâter, presser; — வேதனை douleur excessive.

தீவிரிக்கிறது, ரித்தேன், ரிப்பேன், ரி, ரிக்க, v. a. et n. (தீவிரம்), தீவிரித்தல், n. v. hâter, presser, accélérer, se hâter, s'empresser.

தீவினை, (தீ, வினை), mauvaise action, mal, péché, (opposé de நல்வினை); — த்தொடர்பு suite ou conséquence du mal commis (dans une naissance antérieure ou dans la présente, au dire des Indous); — யச்சம் crainte du mal, d'en faire.

*தீவு, (dvipa), île, pays —, hauteur en mer, pays étranger, région lointaine, contrée, continent, goût, saveur. Les Indous divisent le monde en 7 îles imaginaires சத்தத்தீவு ou 7 zones concentriques séparées l'une de l'autre par un de leurs 7 கடல் en forme d'océan ambiant. Les noms de ces îles, tirés de leur principale production, sont en partant de celle du centre: நாவலந்தீவு l'île de l'arbre நாவல், c'est l'Inde; இறலித்தீவு l'île du figuier; குசைத்தீவு l'île de l'herbe தருப்பை; கிரவுஞ்சத்தீவு l'île de l'oiseau அன்றில்; புட்கரத்தீவு l'île du nénuphar; தெங்கந்தீவு l'île aux cocotiers; கமுகந்தீவு l'île aux aréquiers. Les noms sanscrits ne sont point les mêmes ni dans le même ordre. Les voici: சம்பு, குசை, பிலக்ஷம் plakcha, *ficus religiosa*, சன்மலி salmali *cotonnier*, கிரவுஞ்சம், சாகம், புஷ்கரம். La dernière île est, selon les Indous, entourée de la mer d'eau douce, laquelle est elle-même entourée par la chaine de montagnes சக்கரவாளகிரி. Au milieu de l'île centrale சம்புத்தீவு ils placent le mont மகாமேரு; ils divisent ensuite cette île சம்பு en 10 îles moindres, ou subdivisions, dont on ne connait que les noms, qui sont: குரு, சந்திரம், வருணம், சௌமியம், நாகம், குமாரிகை, கபஸ்திமான், தாமிராபூரணம், கசேரு, இந்திரம். Au mot நவகண்டம் on trouvera d'autres divisions différentes en 9 parties, et au mot தேசம் la grande division du monde connu des Indous en 56 pays: தீவுக்குருவி oiseau étranger. – des îles; — ச்சரக்கு marchandise les pays étrangers; த்தீவாந்தரம் tes pays étrangers: — பற்று, —ப்புறம் voisinage d'une île.

தீழ்ப்பு, impureté légale, malpropreté, bassesse, vileté, abjection: தீழ்ப்பழுக்கு saleté; தீழ்ப்பாயிருக்கிறது être impur, sale, bas, vil, abject (un peuple, une famille), தீழ்ப்பாய்க்கிடக்கிறது rester dans l'abjection, être méprisable; தீழ்ப்பான சாதி basse caste.

*தீற்று*, *part. et imp. du suiv.*: —க்கல் pierre pour frotter et polir (l'enduit d'un mur...); —ப்பலகை planchette —, instrument pour donner le poli au crépissage d'un mur.

தீற்றுகிறது, தீற்றினேன், தீற்றுவேன், தீற்ற, தீற்ற, *v.a.* தீற்றுதல் *et* தீற்றிப்போடுகிறது. frotter et polir (le crépissage des murs...), crépir, —et blanchir (surtout en dedans), nettoyer, — une corde des filamens qui en sortent, *V.* வெட்டுகிறது.

*தீனம், (dina), pauvreté, mendicité, détresse, perte, dureté, cruauté, liberté, fantaisie: தீனமுகம் visage de détresse.

*தீனன், *pl.* தீனர், 1° (தீனம்), pauvre, mendiant, gueux, misérable, vaurien. 2° (தின்), glouton, grand mangeur: தீனபந்து le parent des pauvres, *i.e.* Dieu, (expression des Vichnouvistes surtout)

*தீனாரம், (dinâra), dinar, ancienne pièce de monnaie.

தீனி, தீன், *n.v. de* தின்கிறது, nourriture, aliment, manger, festin: தீனிக்குடல் l'estomac des hommes; தீன்பண்டம் mets savoureux, chose mangeable, *V.* தின்பண்டம்; தீன்பண்டநல்கல், *V.* தின்பண்டநல்கல்.

## து

து, 1° lettre syllabique composée de த் et de உ. 2° *imp. et n. v de* துய்க்கிறது, jouissance. 3° terminaison de la 1re personne du singulier comme யான்வந்து *ou* வருது je suis venu ou je viendrai. 4° terminaison du neutre singulier et de bien des noms verbaux: அதுவந்தது cela est venu, செய்கிறது, செய்வது faire. 5°* (tou), particule sanscrite indiquant disjunction, ou connexion, comme: mais, de plus, union, séparation. 6° (tou), marcher, croître, corrompre, se remplir. 7° (dou), brûler, tourmenter 8° (dhou), agiter.

துகம், richesses.

துகளிதம், (துகள்), poussière, poudre: —க்குகிறது, — ஆகிறது réduire en poussière.

**துகள்**, poussière,—ou pollen des fleurs, faute.

**துகிதா**, (douhitâ), fille: **துகிதுபதி** (douhitous *gén.*), mari de la fille, gendre. [portrait, onguent.

**துகிலிகை**, peinture, figure peinte,

**துகிர்**, corail: — **த்தாவி** l'arbrisseau **பவளமல்லிகை**.

**துகிலிகை**, peinceau (pour peindre), peinture, ouvrage de—, sculpture.

**துகில்**, toile, habit, habillement, drapeau, bannière, — distinctive: **துகிலின்விதை** graine de cotonnier, *litt.* graine de toile.

* **துகினம்**, (touhina), rosée, gelée, clair—, rayons de la lune: **துகினசைலம்**, —**சயிலம்**, —**பர்வதம்**, *V.* **துகினத்திரி**.

* **துகினாமிசு**, (**துகினம்**, **அமிசு**), l'astre frais, la lune:—**தைலம்** camphre.

* **துகினத்திரி**, (*id.* **அத்திரி**), la montagne gelée ou de la gelée, *i. e.* l'Himâlaya.

* **துகு**, (douh), peine, douleur.

* **துகூலம்**, (doukoûla), toile fine, tissu de soie.

**துகைக்கிறது**, **கைத்தேன்**, **கைப்பேன்**, **கை**, **கைக்க**, *v.a.* **துகைத்தல்**, *n. v.* fouler aux pieds, presser, comprimer, briser, broyer (un remède), vexer, tourmenter, travailler, s'efforcer, souffrir.

**துகையல்**, *n. v. du préc.* espèce d'assaisonnement, chose broyée.

**துக்க**, 1° *adj de* **துக்கம்**. 2° *inf. de* **துக்கிறது**. [triste, mélancolique.

* **துக்கன்**, (**துக்கம்**, ka), homme

**துக்கடி**, (*ind.*), district, division.

**துக்கமாறுகிறது**, (*id.* **ஆறுகிறது**), le chagrin se calmer, se consoler.

* **துக்கம்**, (doukha), tristesse, chagrin, affliction, inquiétude, peine, douleur, malheur, deuil, faute, enfer: —**ஆயிருக்கிறது** être triste, chagrin; — **உள்ளவன்** homme triste, affligé: — **எடுக்கிறது** prendre le deuil, concevoir du chagrin, éprouver un malheur: — **காக்கிறது** observer,—garder le deuil:—**கொண்டாடுகிறது** célébrer le deuil, pleurer, se lamenter ensemble, déplorer (une mort); — **போக்குகிறது** chasser —, dissiper le chagrin, consoler ou se consoler; **துக்ககரம்** cause de douleur, ou de tristesse; —**க்காரன்** homme affligé,—dans le deuil; —**க்கோலம்** habit —, état de deuil;—**சாகரம்** mer de chagrin, chagrin extrême, le monde; — **சாகரத்திலே முழுகுகிறது** ou **அமிழ்கிறது** être plongé dans une mer d'affliction, être extrêmement affligé;— **சீவி** être qui vit dans le chagrin:—**துக்கிதன்** homme compatissant au chagrin;—**தோக்கியை** (dôhya *à traire*), vache difficile à traire; — **த்திரயம்** les 3 genres d'afflictions, savoir celles qui viennent de Dieu, des êtres vivans et des 5 élémens; — **நிவாரணம்**, — **நிவிர்த்தி** consolation, expulsion du chagrin; —**ப்படுகிறது** s'affliger, être chagrin, dans l'affliction; — **யோகம்**, — **சம்யோகம்** occurrence de tristesse; — **ராகம்** ton plaintif, air douloureux, chant lugubre, complainte; — **வீடு** maison de deuil, —où quelqu'un est mort; — **வாளி**, (**ஆளி**), personne affligée.

**துக்காணி**, (**துக்கு**, **ஆணி**), cache, liard, sou, sorte de petite monnaie.

* **துக்காதீதம்**, (**துக்கம்**, **அதீதம்**), aise, contentement, avoir surmonté le chagrin, délivrance du chagrin.

* **துக்கி**, 1° (**துக்கம்**, i), personne affligée. 2° *imp. de*

**துக்கிக்கிறது**, **க்கித்தேன்**, **க்கிப்பேன்**, **க்கி**, **க்கிக்க**, *v. n.* (**துக்கம்**) **துக்கித்தல்**, *n. v. et* **துக்கித்துக்கொண்டிருக்கிறது**, s'attrister, s'affliger, être triste, chagrin, inquiet, se lamenter, pleurer. [détresse, affliction.

* **துக்கிதம்**, (**துக்கம்**, ita), peine,

* **துக்கிதன்**, (**துக்கிதம்**), homme affligé, chagrin, triste.

**துக்கித்தல்**, **துக்கிப்பு**, *n. v. de* **துக்கிக்கிறது**, affliction, chagrin, lamentation, inquiétude.

துய்க்கிறது, துய்த்தேன், துய்ப்பேன், து, துய்க்க, *v.a.* 1° manger, jouir, éprouver (du bien ou du mal). 2° *P.* துய்க்கிறது, remplir.

துக்கு, chose vile, bassesse: — பிடித்தவன் misérable, malheureux.

துக்குணி, un peu, peu, petitesse: துக்குணியாகக்கொடுக்கிறது donner peu à peu; — பேசதும் tant soit peu —, un peu suffit. [menstruation.

துக்கை, règles des femmes,

துக்கைச்சி, (துக்கை), femme qui a ses règles.

*துங்கதை, (துங்கம், tâ) hauteur.

துங்கம், (tounga), hauteur, élévation, grandeur, excellence, éminence, sommet, bout, extrémité, apside supérieure ou aphélie d'une planète, apogée, montagne, victoire, sainteté, pureté: துங்கசேசரம் montagne; — த்துவம் hauteur, éminence...: — பத்திரி, — பத்திரை le fleuve Toumbhadra dans le Maïssour; — ப்பிலிக்குடை ombrelle de plumes de paon; — மத்திமபுத்தி mouvement moyen journalier de l'apogée de la lune; — மந்தோச்சம் apside supérieure d'une planète, aphélie ou apogée. [ocre jaune.

துங்கரிகம், terre ou craie rouge,

*துங்கன், (tounga), homme éminent, célèbre, aphélie des planètes, apogée de la lune.

*துங்கி, (துங்கம்), la nuit: — பதி l'astre de la nuit, *i.e.* la lune.

துங்கீசன், (துங்கி, ஈசன்), le seigneur de la nuit, la lune, Siven, le soleil, Krichna ou Vichnou.

துசகம், grenade.

*துசம், 1° (tousa), balle du riz, son. 2° *P.* துவசம், drapeau, étendard. 3° *P.* துவிசம், chose née 2 fois, *v. g.* les ovipares, dent, espèce de résine.

*துசன், *P.* துவிசன், être né 2 fois, homme des 3 premières castes, *i. e.* brame, guerrier, ou marchand (parce qu'ils sont censés nés une 2° fois par l'investiture du triple cordon).

*துசானலம், (துசம், அனலம்), feu de balles de riz, supplice cruel de brûler vif un homme entouré de cordes de pailles.

*துச்சகம், 1° (doutchtchhaka), espèce de —, parfum. 2° (துர், saha *qui porte*), chose difficile à supporter, — à obtenir. [mauvais augure.

*துச்சகுனம், (துர், சகுனம்),

*துச்சம், (toutchtchha), bassesse, vileté, petitesse, vacuité, vide, melon d'eau, mensonge, fausseté, ou, துச்சதானியம், — தானியம் paille sans grain; — த்தரு arbre vide, *i. e.* la plante du ricin,

*துச்சவனன், (doustchyavana), Indiren, surnom venu de ce qu'il voulut, dit-on, frapper de la foudre le mount Tchyavana; mais sa main resta levée par la malédiction de celui-ci.

*துச்சன், (துச்சம்), homme vil.

*துச்சாதனன், (doussâsana, *ingouvernable*), Toutsâdanen, frère cadet de Douryodhana.

துச்சி, *n.v.de* துய்க்கிறது, manducation, jouissance, épreuve, terre à foulon. [sesse, vileté.

*துச்சிமை, (துச்சம், imà), bas-

துச்சில், (துச்சம், இல்), asile, abri, lieu pour s'arrêter, demeure temporaire et étrangère, — pour peu de temps, le corps (demeure de l'âme), crête, diadème.

*துஷாரம், (touchâra), froid, gelée, glace, rosée. [*V.* துஷிணத்தி.

*துஷாராத்திரி, (துஷாரம், அத்திரி),

*துஷ்கரம், (துர், கரம்), chose difficile à faire, qu'on fait difficilement, air, atmosphère. [fait du mal.

*துஷ்கரன், (*id.*), méchant, qui

*துஷ்கருமம், (*id.* கருமம்), méchanceté, péché, action pénible.

*துஷ்கிரமம், (துர், கிரமம்), chose de difficile accès, — qu'on ne peut atteindre, — sans ordre, — mal arrangée, désordre. [caste.

*துஷ்குலம், (*id.* குலம்), mauvaise

*துஷ்குலேயன், துஷ்குலீனன், (*id.*), homme de mauvaise caste.

*துஷ்கிருதம், துஷ்கிருதகருமம், துஷ்கிருதி,(id. கிருதம்,கிருதி),mauvaise action,péché,perversité.

*துஷ்டகம்,துஷ்டதை,(துஷ்டம், ka,tâ), mal, méchanceté.

*துஷ்டம், (douchta, *corrompu*), méchanceté, malice, dépravation, souillure, insubordination,férocité, cruauté, caractère sauvage,mal,désordre, bassesse,vileté,dégradation, faiblesse, couleur de nénuphar bleu, (c'est un défaut des émeraudes): துஷ்டகண்டகன் vaurien,méchant, malheureux, cruel;—கருமம் action féroce ou mauvaise;—குணம் caractère féroce, sauvage, mauvais; —சதுஷ்டயர் les 4 héros de la férocité ou de la méchanceté, savoir: துரியோதனன் le principal ennemi des பாண்டவர், துச்சாசனன் son frère cadet,கர்ணன் leur compagnon, demi-frère et ennemi des பாண்டவர், சகுனி oncle de துரியோதனன்; — சித்தன் homme cruel, méchant; —சிரேஷ்டமணி personne très-féroce, très-méchante; — தேவதை cruelle —,méchante déesse,—divinité;—சுபாவம் naturel féroce,mauvais,sauvage, *V.* துஷ்டாட்டம்;— த்தனமுள்ள féroce, cruel,méchant,sauvage; —தொழில் mauvaise action,mauvais emploi; — நிக்கிரகம் répression —,destruction des méchans;—நிக்கிரகஞ் சிஷ்டபரிபாலனம் réprimer les méchans, c'est protéger les bons;— பாவம், — பாவனை mauvais naturel, férocité,crime atroce, — énorme; —மிருகம் animal féroce, — sauvage; — புத்தி, — மதி mauvais esprit, méchanceté,férocité;—ரோகம் mauvaise maladie;—விரணம் ulcère malin ou dangereux;— வித்தை mauvaise science, — fonction,habileté dans le mal;—விருஷபம் bœuf mauvais ou paresseux;— வினை mauvaise action,—fonction.

*துஷ்டன்,*pl.* துஷ்டர், (துஷ்டம்),homme méchant,pervers,féroce, cruel,vaurien,scorpion.

துஷ்டாட்டம், (துஷ்டம், ஆட்டம்),méchanceté,malice,férocité,cruauté.

*துஷ்டி,(touchti),plaisir,contentement.

*துஷ்டு,(douchtou),mal.

*துஷ்டை,*fém.de* துஷ்டன்,femme méchante,féroce,prostituée.

*துஷ்பரிசம்,(துர், பரிசம்), chose difficile ou mauvaise à toucher.

*துஷ்பானம், (*id.*), mauvaise boisson.

*துஷ்பிரகிருதி,(*id.*),mauvais naturel.

*துஷ்பிரதருசணி, (douchpradharsani), la plante சேம்பு.

*துஷ்பிராப்பியம், (துர்), chose difficile à obtenir.

*துஷ்மந்தன் *ou* துஷ்யந்தன், (douchmanta;—yanta), Touchmanden, roi de Hastinabouri, époux de சகுந்தலை.

*துஸ்தரம்,*V.* துஸ்தரம்.

துஞ்சல்,*opt.et n.v.de* துஞ்சுகிறது,sommeil,mort, paresse,immobilité,fermeté.

துஞ்சற,(துஞ்ச, அற), entièrement.

*துஞ்சன்,*pl.* துஞ்சர், (toundja), être nuisible,méchant, அசுரன் ou démon.

துஞ்ச,*imp.et part.du suiv.*— நிலை lieu où l'on dort,lit.

துஞ்சுகிறது, கினேன், சுவேன், ச,ச,*v.n.* துஞ்சுதல், *n. v.* dormir, mourir,être indolent,— immobile, stable, ferme,se faner, se flétrir: துஞ்சுகின்றான் மிஞ்சியுண்ணான் celui qui dort beaucoup, mange peu.

துஞ்சுமன், (துஞ்ச, ஊமன்), muet qui dort, *i.e.* paresseux.

துடக்கம், *P.* தொடக்கம், commencement.

துடக்கறுப்பான், (துடக்கு, அறுக்கிறது), la plante கொத்தான் cassyta.

துடக்கு,*P.* தொடக்கு, 1° saleté, impureté, règles des femmes, lien; entraves, embrouillement, espèce de bijou. 2° *imp.et part.de*

துடக்குகிறது,க்கினேன், க்குவேன்,க்கு,க்க, *v.a.de* துடங்குகிறது *et* துடக்குதல், *n.v.* commencer,entreprendre, lier, joindre, arranger.

துடங்கு, *P.* தொடங்கு. 1° bijou —, entraves pour les pieds. 2° *imp. et part. de*

துடங்குகிறது, கினேன், குவேன், கு, க, *v.n. de* துடக்குகிறது, துடங்குதல், *n.v.* commencer, entreprendre.

துடப்பம், *P* துடைப்பம், balai.

துடரா, *part. nég. de* துடருகிறது: —முறி, *V.* தொடராமுறி.

துடரி, *P.* தொடரி.

துடர், துடருகிறது, துடர்ச்சி, துடர்தல், *V.* தொடர், தொடருகிறது....

துடவை, champ à menus grains, terre haute, cultivée, jardin de fleurs.

துடி, 1° *imp. et part. de* துடிக்கிறது. 2° l'arbre அகில், agalloche, les arbrisseaux கூதாளி et சங்கு, cardamome, tambourin dit உடுக்கை, tambour des pays montagneux, — des pays stériles, lèvre, moment, instant, espace de 8 clins d'œil, un des காலநசப்பிரமாணம் de 8 நிமிஷம், danse de Koumaren, — des 7 prétendues vierges ou sattis dites சத்தகன்னிகை, préférence, supériorité, excellence, force, sévérité, dureté dans le gouvernement, prétension à une trop grande autorité: —க்காரன் homme rude, sévère; —சாஸ்திரம், — நூல் divination du bien et du mal à venir par les palpitations des membres. (Si l'œil, l'épaule, la cuisse et autres membres d'un homme palpitent du côté droit, et si l'œil, le sein, la cuisse et autres membres d'une femme palpitent du côté gauche, les Indous superstitieux en tirent un bon présage); —யடி ce dont le pied ressemble au tambourin துடி, *i. e.* jeune éléphant; — யாய்த்திரிகிறது rôder çà et là avec vitesse; —யாயெடுக்கிறது emporter vigoureusement (un fardeau); — யாளவன் homme fort, robuste; —யாஞ்சி, (ஆஞ்சில்), l'arbrisseau சங்கு: — யாட்டம், (ஆட்டம்), *V.* துடித்தல்: — யிடை (இடை), fille (dont la ceinture ressemble au tambourin துடி).

துடிகம், la plante துங்கை.

துடிக்கிறது, டித்தேன், டிப்பேன், டி, டிக்க, *v.n.* palpiter, battre, tressaillir, sautiller, sauter, haleter, s'agiter, trembler, traiter —, agir avec précipitation, avec impétuosité, se hâter, s'empresser, s'efforcer, s'augmenter, s'attendrir, s'enorgueillir, briller: துடித்துக்கொண்டிருக்கிறது être palpitant, agité par quelque passion: அரணைவால் —, la queue coupée du lézard sautiller: அவையவங்கள் — les membres trembler ou palpiter: மீன் துடிக்கிறதுபோலே s'agiter sans cesse comme un poisson, n'avoir rien de fixe; கோபத்திலுலே — être ému —, frémir de colère: தாயின்குடல் — les entrailles d'une mère êtres émues (au sujet de son enfant).

துடிக்குதல், துடித்தல், *n. v. du préc.* palpitation, agitation, tremblement, vitesse, vivacité, précipitation, effort, tressaillement, émotion, compassion, accroissement.

துடிதுடிக்கிறது, (துடிக்கிறது *répété*), palpiter, s'empresser, trembler, faire des méchancetés.

துடிதுடிக்குதல், துடிதுடித்தல், துடிதுடிப்பு, *n.v. du préc.* palpitation, précipitation, empressement, promptitude, vivacité, méchanceté: துடிதுடிப்பாயிருக்கிறது être vif, empressé.

துடிப்பு, 1° *V.* துடிக்குதல். 2° méchanceté, méchant naturel: —உள்ள vif, empressé, palpitant, haletant, sautant.

துடியன், (துடி), homme colère, sévère, prompt, vif, empressé, méchant.

துடுக்கன், (துடுக்கு), méchant drole, insolent, impertinent, homme vif, colère, pétulant.

துடுக்கு, insolence, impertinence, méchanceté, malice, obstination, mauvais naturel, vivacité, précipitation, pétulance: —க்காரன், *V.* துடுக்கன்; —செய்கிறது, —பண்ணுகிறது faire l'insolent, le mutin: இத்தப்பய

துக்குத்துடுக்குமெத்த ce gamin est très-insolent, très-pétulent.

துடுப்பாத்தி, (துடுப்பு, ஆத்தி), espèce de poisson de mer.

துடுப்பு, rame, aviron, palette, spatule ou autre instrument de bois plat, cuiller à beurre, bouquet de fleurs, poignée de verges: துடுப்புள்ளான் bécasse dont le bec ressemble à une spatule; —க்கீரை la plante cleome monophylla: துடுப்பாலே விண்டுகிறது, —கிளறுகிறது, —துழாவுகிறது, ou துடுப்பாற்றுழாவுகிறது remuer (un potage...) avec la spatule ou la palette...; துடுப்பேபோ va-t-en imbécille.

துடும், son imitatif: துடுமென்கிறது dire toudoum (pour signal); துடுமெனல் signe ou signal ainsi donné.

துடுவை, spatule ou cuiller de bois (pour verser le beurre fondu surtout dans un sacrifice indou).

துடை, 1° *P.* தொடை. 2° l'arbre அரசு, la plante விஷமூங்கில். 3° *imp. et part. de* துடைக்கிறது: —காலன் infortuné qui cause le malheur ou la destruction des autres; —வாழை, *V.* தொடைவாழை.

துடைக்கிறது, டைத்தேன், டைப்பேன், டை, டைக்க, *v.a. et* துடைத்துப்போடுகிறது, essuyer, nettoyer, balayer, détruire, anéantir, chasser, renverser, abandonner: அழுதவன் முகத்தைத்—essuyer le visage de celui qui pleure, consoler les affligés: இருளைத்- dissiper les ténèbres; சஞ்சிதமெல்லாம்— dissiper ou chasser tous ses chagrins,

துடைக்குதல், துடைத்தல், துடைப்பு, *n.v.du préc.* action d'essuyer..., nettoiement, destruction, subversion, abandon.

துடைப்பம், (துடைப்பு), balai: துடைப்பப்புல் herbe à balai, aristida setacea: துடைப்பத்தாற்பெருக்குகிறது, —விளக்குகிறது, —கூட்டுகிறது balayer, —அடிக்கிறது donner un coup de balai (coup infamant).

துடைவாகி, (துடை), la plante விஷமூங்கில்.

*துட்கரம், துட்கருமம், துட்கிரமம்..., *V.* துஷ்கரம், துஷ்கருமம்...

துட்கல், crainte, signe—, émotion de frayeur; *opt. et n.v. de* துட்குகிறது, *sync.* துட்கிறது, கினேன், குவேன், கு, க, *v.n.* துட்குதல், *n. v.* (திட்குகிறது), craindre, avoir peur.

துட்கு, *imp. et part. de* துட்குகிறது: துட்கென்கிறது craindre, துட்கெனல், *V.* துட்கல். [ஷ்குலம்...

*துட்குலம், துட்குவேயன்... *V.* து

*துட்சணம், *P.* துர்ச்சலம், mal, méchanceté, indécence: துட்சணத்துவம் mal, malice.

*துட்சணன், *P,* துர்ச்சனன், vaurien, mauvais sujet, insolent. [ம்.

*துட்டகம், துட்டதை, *V.* துஷ்டக

*துட்டம், *et ses composés, V.* துஷ்டம். [தொடரி.

துட்டலி, துட்டலி, l'arbrisseau

*துட்டன், *V.* துஷ்டன்.

துட்டாட்டம், *P.* துஷ்டாட்டம்.

துட்டாப்பு, *V.* சாவடி.

துட்டு, 1° *V.* துஷ்டு, mal. 2° sou; monnaie de cuivre valant 4 caches: துட்டடிக்கிறது faire des sous, frapper des monnaies de cuivre: —க்கோல், —த்தடி petit gourdin, bâton court, —recourbé.

துட்டுவம், petitesse, bagatelle.

*துட்டை, *V.* துஷ்டை.

*துட்பிரதருசணி, *P.* துஷ்பிரதருசணி. [obscurité, nuit, fête.

துணங்கறல், (துணங்கு, அறல்),

துணங்கு, noirceur obscurité, ténèbres.

துணங்கை, 1° fête, jeu, danse, —en se frappant les côtés avec les coudes. 2° *acc. de* துணங்கு.

துணர், fleur, bouquet—, anthère de fleur: —ப்பூ fleurs en bouquet, bouquet naturel de fleurs.

துணர்க்கிறது, ர்த்தேன், ர்ப்பேன், ர், ர்க்க, *v.n.* (துணர்), துணர்த்தல், *n.v.* fleurir, s'épanouir.

துணவு, *P.* துனைவு, hâte, vitesse l'arbre நுணா morinda.

துணி, 1° linge, toile, pièce, morceau, —de toile, lumière, clarté, intelligence,hardiesse,la 15me constellation dite சோதி, drapeau de char d'idole,pendans d'oreilles, bijou —, ornement qui pend. 2° *imp. et part. de* துணிகிறது. 3° *imp. de* துணிக்கிறது: துணிதுணியாகச்செய்கிறது déchirer une toile en morceaux, faire en divers morceaux; — ப்பந்தம் torche de voyageur, — faite de vieux linges ou de guenilles; —மிடுக்கி arbrisseau auquel sont suspendus des morceaux de haillons comme offrande à quelque déesse; —பொருள் chose certaine, — claire.

துணிகரம்,(துணி,கரம்), hardiesse,audace, courage, témérité: துணிகரக்காரன் homme hardi, audacieux,courageux,téméraire,aventurier.

துணிகிறது. ணிந்தேன், ணிவேன், ணி, ணிய, *v.n.*(துணி),oser,s'enhardir,se résoudre, se décider,se déterminer (aprés doute ou délibération),se rassurer, s'éclaircir, se hasarder, s'aventurer, entreprendre, s'efforcer,présumer, être pétulant, audacieux,hardi,être coupé —, mis en pièces: துணிந்துசெய்கிறது *ou* சொல்லுகிறது faire ou dire hardiment,se décider à —, oser faire *ou* dire; துணிந்தவன், துணிந்தநெஞ்சுள்ளவன் homme hardi, audacieux, entreprenant: துணிந்தவள் femme audacieuse, entreprenante, insolente; எண்ணித்துணிக décidez-vous après y avoir songé: சாகத்துணிந்தவனுக்குச்சமுத்திரம்முழங்காலளவாம் pour celui qui est décidé à mourir,la mer ne vient qu' aux genoux,celui qui ne craint pas la mort,méprise les dangers; சாவுக்குத் —,போருக்குத் —,வழக்குக்குத்துணிகிறது affronter la mort, hasarder une bataille,s'aventurer ou s'engager dans un procès.

துணிகை, *V.* துணிதல்.

துணிக்கிறது, ணித்தேன், ணிப்பேன், ணி, ணிக்க, *v.a.*(துணி), couper,—en morceaux, mettre en pièces,tailler,trancher.

துணிக்கை, *n.v. du préc.* action de couper petit—,morceau, pièce.

துணிச்சல், *n. v. de* துணிகிறது, hardiesse,audace.

துணித்தல், *n.v. de* துணிக்கிறது.

துணிந்து, துணிந்த, *gér. et part. de* துணிகிறது.

துணிதல், துணிவு, *n.v. du même*, hardiesse,audace,témérité,courage, résolution,— de doute, assurance, décision,détermination, intention, entreprise, hasard,clarté, évidence, espérance,force,morceau, coupure: துணிவுள்ளவன் homme hardi, audacieux téméraire, déterminé; துணிவுள்ளசெய்கை entreprise hardie,hasardeuse.

துணுக்கம், (துணுக்கு, அம்), peur,crainte,son intérieur.

துணுக்கு,terreur,crainte, tremblement, frissonnement, morceau, pièce: துணுக்கிடுகிறது, துணுக்கிடுதல்,(இடுகிறது), *ou* துணுக்குறுகிறது, துணுக்குறல்,(உறுகிறது), s'effrayer,craindre,trembler,frissonner *ou* துணுக்குற்றிருக்கிறது être effrayé,avoir peur; துணுக்கிட்டெழுந்திருக்கிறது *ou* துணுக்குற்றெழுந்திருக்கிறது se lever effrayé, — tout tremblant; துணுக்கெறிகிறது, துணுக்கெறிதல்,(எறிகிறது),craindre, trembler,soupirer de frayeur,— ne pouvant supporter sa peine; துணுக்கென்கிறது avoir peur,être effrayé; துணுக்கென en tremblant,avec crainte; துணுக்கெனல் tremblement,peur,symptôme de peur.

துணுக்கை,morceau, pièce, parcelle.

துணுங்குகிறது, *sync.* துணுங்கிறது, கினேன், குவேன், கு, க, *v.n.* துணுங்குதல், *n.v.* craindre, trembler, avoir peur.

துணை, compagnon, compagnie, société,secours,assistance, aide,appui, auxiliaire, secondaire,second, comparaison, ressemblance, paire, mesure,pointe d'arme, d'aiguillon: —க்கருவி instrument secondaire (pour en remplacer un autre); —க்கா

ரணம் cause secondaire, instrumentale, moyen secondaire, –subordonné; — க்காரணாவகத்திணை preuves ou principes venant des causes secondaires ou instrumentales, *Ex.* ஐம்பொறியுணர்த்துந் தன்மையறிவுள்ளோர் நம்பார் les savans ne se fient pas aux rapports des 5 sens; –க்கிரகம் astre secondaire, satellite;— ச்சங்கம் société auxiliaire; — செய்கிறது aider, secourir; — ச்சொல் mot auxiliaire;—செயல்விலக்கு empêcher en faisant semblant d'aider; —போகிறது accompagner, reconduire, faire la conduite; — ப்படை armée auxiliaire, troupes de réserve;—வினை verbe auxiliaire;—யாகவருகிறது venir au secours; துணைக்கழைக்கிறது appeler au secours, prendre –, appeler pour compagnon; நீரெனக்குத்துணை vous êtes mon aide, mon appui, mon espérance, இதற்குத்துணையில்லை ceci n'a point son pendant, n'a point d'aide, n'a rien qui lui ressemble

துணைமை, (துணை), aide, secours, assistance, ressource.

துணைவன், *pl.* துணைவர், (*id.*), compagnon, camarade, aide, second, auxiliaire, ami, frère, parent, ministre (de roi), mari, Dieu.

துணைவி, *fém. du préc.* compagne, sœur, épouse.

துணைவு, *P.* துணைவு, vitesse.

*துண்டம், (tounda), pièce, morceau, portion, fragment, coupure, face, nez, bec d'oiseau, trompe d'éléphant, le serpent சாரை, petit canal, rigole: துண்டந்துண்டமாய்த்தறிக்கிறது ou நறுக்குகிறது, *P.* துண்டாடுகிறது.

துண்டரிக்கம், insolence, pétulance, malice, cruauté, gène: — செய்கிறது, — பண்ணுகிறது faire l'effronté, des insolences; துண்டரிக்ககாரன் insolent, effronté, vaurien, malin.

துண்டாடுகிறது, (துண்டு), et துண்டாடிப்போடுகிறது tailler en pièces, couper en morceaux.

துண்டாயம், fanon d'or, sable d'or.

*துண்டி, 1° (toundi), face, bouche, bec d'oiseau, nombril, morceau, pièce de terre. 2° *imp. de* துண்டிக்கிறது: — விநாயகன் le Poulleyar de காஞ்சிபுரம். [bril.

*துண்டிகை, (துண்டி, ka), nombril.

துண்டிக்கிறது, டித்தேன், டிப்பேன், டி, டிக்க, *v.a.* துண்டித்தல், *n.v.* (துண்டம்) et துண்டித்துப்போடுகிறது, trancher, couper, — en morceaux, mettre en pièces, déchirer, briser, diviser, parler fort, — d'un ton menaçant, gronder, réprimander, fortifier, affermir.

துண்டித்தல், துண்டிப்பு, *n.v. du préc.* action de trancher..., incision, coupure, brisure, ruine, partage, réprimande, affermissement.

துண்டிச்சால், (*arabe*), versement réitéré, —peu considérable.

துண்டீரன், nom d'un roi: துண்டீரபுரம் la ville de Toundiren, *i.e.* la ville de காஞ்சிபுரம்.

துண்டு, (துண்டிக்கிறது), pièce, fragment, morceau (de toile...), portion, part, reste, billet signé, quittance, reçu, double petit paquet de feuilles de tabac: —க்கட்டை pièce —, morceau de bois; —க்கத்தரி, — க்கத்திரி sorte d'insecte, — de serpent aveugle, cécilie, orvet;— ப்பலகை morceau de planche; — வருகிறது, —விழுகிறது un morceau rester, — occasionner de la perte, — devenir nécessaire, éprouver de la perte;— வாங்கிக்கட்டுகிறது, — வாங்கிக்கட்டிவாங்குகிறது recouvrer —, réparer le dommage éprouvé;—வாரம் part du produit, — du propriétaire sur le produit des terres cultivées par des fermiers; சிப்பித்துண்டு gousset.

துண்டுருட்டி, (துண்டு, உருட்டுகிறது), tronc rond, grosse panse, homme ventru: —க்கட்டை pièce de bois ronde (qui sert de traversin..:);— க்காளை bœuf gras;—க்காளையாய்த்திரிகிறது courir çà et là en débauché, *litt.* comme un bœuf gras.

துண்,son imitatif de peur: துண் ணிடுகிறது, துண்ணிடுதல், துண் ணென்கிறது,avoir peur, tressaillir soudainement,—de crainte ou de surprise: துண்ணெனல் signe de crainte,de surprise,de vitesse.

* துதம்,(dhouta),agitation, mou vement: துதமுகம் mouvement de tête (pour nier ou refuser), branlement de tête par âge ou infirmité, balancement de la tête déployée du serpent capelle.

* துதி,1° P.ஸ்துதி,louange, éloge, remerciement,panégyrique.2° *imp. du suiv.*:—செய்கிறது ou பண்ணுகிறது louer,glorifier;—நிந்தை louange ironique; — பாடகன், — விரதன் barde ou hérault qui chante les louanges d'un prince;—பூமி terre du sacrifice.

துதிக்கிறது, துதித்தேன், துதிப்பேன், துதி,துதிக்க,*v.a.* P.ஸ்துதிக்கிறது, துதித்தல்,*n.v.*louer, glorifier, remercier, penser,songer: துதித்துக்கொண்டிருக்கிறது célébrer les louanges: நான் துதிக்கவில்லை je n'ai pas même pensé.

துதிக்கை,1° (துதி),trompe d'éléphant (avec laquelle il salue): — புயிழ்நீர் eau que l'éléphant rejette de sa trompe.2° *ou*

துதித்தல்,துதிப்பு,*n.v. du même*, louange,éloge,panégyrique.

துதியம்,*V.*சவஸ்தோத்திரம்.

* துதியை,(dvitiyâ),le 2e jour de chaque demi lunaison.

* துது,(thouthou),son imitatif du crachement,*V.* இருது.

துதை,presse,étroitesse,condensité, *imp.et part.de*

துதைகிறது,துதைந்தேன், துதைவேன்,துதை,துதைய,*v.n.*(அதை), அதைதல்,*n.v.* être serré, étroit, pressé, à l'étroit,en foule.

துதைக்கிறது, துதைத்தேன், துதைப்பேன்,துதை, துதைக்க, *v.a. du préc. et* துதைத்தல்,*n.v.*presser, serrer, resserrer,renfermer.‖*v.n.V.* அதைகிறது. [qu'on fait en crachant.

* துத்காரம், (thout kâra), bruit

துத்த,1° *part.parf. de* துக்கிறது. 2° *adj.de* துத்தம். [bleu.

* துத்தகம், (துத்தம், ka), vitriol

துத்தமன், (துத்தன், மன்), nom d'un ,débauché.

* துத்தம்,1° (touttha),vitriol bleu, sulfate de zinc,considéré comme un collyre ou remède pour les yeux, feu.2° (dougdha),lait.3° chien,ventre,abdomen, bas-ventre, taille ou ton moyen en musique, son lingual,le 2e des 7 sons ou இசை,la 2e corde du luth,l'herbe நான்முகப்புல்,les plantes நாம்பபாகல் et நீர்முள்ளி: துத்தந்துருசி vitriol, —bleu: துத்தநா chiendent dit முயற்புல்:—நாகம் zinc,un des 7 métaux des Indiens:— நாகமணல் sable qui contient du zinc;—பாஷாணம் espèce d'arsenic naturel; — பேனம் écume –;crème du lait.

துத்தல்,*n.v.de* துக்கிறது,manducation,jouissance.

* துத்தன்,(doudda),méchant,vaurien.

* துத்தாஞ்சனம்,(துத்தம், அஞ்சனம்),vitriol bleu considéré comme collyre ou remède pour les yeux.

* துத்தாத்தி,(துத்தம், அத்தி), mer de lait (des fables indoues):— சயனன் Vichnou couché sur cette mer; —தனயை la fille de cette mer,*i.e.* Lakchimi. [trument de musique.

துத்தாரி,espèce de toile,— d'ins-

துத்தி, guimauve, sida populifolia,chose mangeable, bonne à manger, taches jaunes, à la figure, taches sur la tête déployée du serpent capelle...

* துத்தியம்,P.ஸ்துத்தியம், louange,éloge,remerciement.

துத்து, 1° *gér. de* துக்கிறது. 2° bourre de laine ou de poils de chèvres (pour selles, canapés, matelas...), faute, mensonge, perfidie, tromperie, *ou* துத்துக்கம்பளி gros drap du pays, couverture —, tapis fourré (dont se servent les princes...),bourre: — ப்போடுகிறது, 1° rembourrer.2° P.துர்த்துப்பேசுடுகி

றது remplir, combler; — மாற்று tromperie,ruse,finesse,mal.

துத்தநாகம், P. துத்தநாகம், zinc. [te மைமத்தை.

* துத்தூரம்,(dhoustoûra),la plan-

* துந்தகூபி, துந்தகூபிகை,(துந்தம்,கூபி,kâ),nombril.[de tambour.

* துந்தமம், (doundama), espèce

துந்தம்,(tounda),ventre.

* துந்தி,(toundi),un des கந்தருவர், ou [ventre.

* துந்திகை,(துந்தி, kâ), nombril,

* துந்திகன், துந்திகரன், துந்திதன், துந்திபன், துந்திலன்,(துந்தி,ka, kara,ita,bha,la),homme qui a un gros nombril.

துந்து,1° P. தூர்ந்து,gér. de தூர்கிறது;2° (doundou), Vasondêven père de Krichna,espèce de tambour.

* துந்துபி, (doundoubhi), grosse caisse,gros —,tambour,grand bruit, la 56e année du cycle indien correspondant à 1802 et 1862, l'அசுரன் Doundoubhi,goutte de pluie,Varounen roi de la mer,dé à jouer,dé qui a 2 fois 3 points ou 2 dés avec chacun 3 points.

* துந்துமாரம், (doundoumâra), espèce de ver rouge,chat, fumée de maison.

* துந்துமாரன், துந்துமாரி, (dhoundhoumâra), Toundoumâren roi célèbre par sa générosité et un des 7 வள்ளல் de la 1re classe.

* துந்துமி.V. துந்துபி:—முழங்குகிறது le tambour —,un grand bruit retentir,faire grand bruit.

துந்துருபாவை, துந்துருமாலை, P. துருதுருபாவை, être pétulant, étourdi,coureur, vagabond.

துபாக்கி, fusil,mousquet, pistolet, arquebuse: — கெட்டிக்கிறது charger ou bourrer un fusil;—க்காடு bassinet —,lumière de fusil;—க்காரன் fusilier, mousquetaire:—க்குண்டு balle de fusil; —க்குதிரை chien de fusil; —க்குதிரையைநிமிர்த்துகிறது armer un fusil, en lever ou tirer le chien;—க்குழல் canon ou tuyau de fusil;—சுடுகிறது tirer un coup de fusil;—ச்சலாகை baguette de fusil;—ப்பிடங்கு culasse —,monture de fusil;—மருந்து poudre à fusil;—ரவை plomb à fusil, menu plomb,cendrée;—வத்திவாய் lumière de fusil.

* துபாசி,(து, P. தவி, பாஷை), homme qui sait 2 langues, interprête,dobachi (qui sert d'interprète aux étrangers):— த்தனம் interprétation, emploi d'interprète, de dobachi; — த்தனம்பண்ணுகிறது servir d'interprète,être dobachi:தப்பு துபாசித்தனம் fausse interprétation. [fondu.

துப்பகம்,(துப்பு, அகம்), beurre

துப்பட்டா,துப்பட்டி, (து,P. பவி),drap,nappe, linceul, espèce de manteau ou de vêtement (composé de 2 morceaux de toile joints ensemble pour couvrir tout le corps): — போர்க்கிறது se couvrir de ce manteau;— போர்த்துவெகுமானம்பண்ணுகிறது faire présent d'un tel manteau ou d'un drap;— மூட்டுகிறது en coudre un, coudre 2 toiles ensemble; கட்டில்த்— drap de lit; மேசைத்—nappe de table.

துப்பம்,sang.

துப்பரவு,P. துப்பறவு.

துப்பல் opt.et n.v.de துப்புகிறது, crachement,crachat,salive,serment: — இடுகிறது cracher,faire un serment;—விடுகிறது exempter d'un —,empêcher un serment: துப்பற்காளாஞ்சி,—காளாஞ்சி,—பாத்திரம் crachoir,vase à cracher.

துப்பறவு,(துப்பு,அறவு), pureté, propreté,netteté,sincérité,intégrité, totalité,supériorité,excellence: துப்பறவாக்குதல் purifier,nettoyer.

துப்பற்றவன்,(துப்பு, அற்றவன்), homme malpropre, maladroit, stu-

துப்பாக்கி,P. துபாக்கி. [pide

* துப்பாசி,P. துபாசி.

துப்பாயம்,(துப்பு,ஆகிறது), aides,auxiliaires.

துப்பான்,pl.துப்பார், n. app. de துய்க்கிறது,celui qui mange: துப்பார்க்குத் துப்பாய துப்பாக்கித் து

ப்பார்க்குத் துப்பாயதூஉமழை la pluie qui prépare une nourriture abondante à ceux qui mangent, de vient elle-même leur breuvage, *litt.* à ceux qui mangent.

* துப்பாஷிகன்,(துவி,பாஷை,ika), *V.* துபாசி.

துப்பிரசம், (துப்பு, இரசம்), la plante et la racine médicinale கருஞ்சொண்டி.

துப்பு, 1° *n.v.imp.et part. de* துப்புகிறது, crachat, salive. 2° *n.v.de* துக்கிறது, jouissance, nourriture, mets, riz cuit, breuvage, beurre fondu. 3° faute, tache, saleté, pureté, propreté, beauté, abondance, profusion, force, supériorité, excellence, adresse, dextérité, habileté, activité, connaissance, intelligence, corail, couleur —, cire rouge, gomme-laque, outil, arme (en général), aide, secours, assistance, compagnie, moyen, instrument, cause secondaire, —instrumentale, haine, examen, recherche, — des traces des voleurs: துப்புள்ளவன் homme habile, adroit, diligent, propre; —கெட்டவன் homme indolent, inactif, malpropre, difforme; —க்கேடு mauvais état, difformité, malpropreté; —பார்க்கிறது rechercher, trouver (les traces d'un voleur...); —த்தருவிசாரிக்கிறது examiner ce qu'il y a et ce qui manque.

துப்புகிறது, ப்பினேன், ப்புவேன், ப்பு, ப்ப, *v.a.ou* துப்பிப்போடுகிறது, cracher, expectorer.

துப்புண்கிறது, (துப்பு, உண்கிறது), être couvert de crachats, conspué, méprisé: துப்புண்டவன் homme conspué, méprisé.

துப்புண்ணி, (துப்பு, உண்ணி), homme vil, malpropre, qui mérite qu'on crache dessus.

துப்புதல், *n.v.de* துப்புகிறது, crachement, crachat.

துப்புரவு, (துப்பு, உரவு), beauté, sensation, perception des 5 sens, pureté, netteté, propreté, ordre, égalité, niveau, poli, lustre, sincérité, intégrité, jouissance, chose dont on jouit: —ஆக்குகிறது purifier, nettoyer, égaliser.

துப்புவி, (துப்பு, உவி), salle d'armes.

* துமாகாரன், (dhmâkâra), maréchal

துமூரல், அமாவா, terre exempte d'impôt, sans taxe.

துமானம், boite à bijoux, écrin.

துமி, 1° goutte de pluie. 2° *imp.de* துமிக்கிறது, மித்தேன், மிப்பேன், மி, மிக்க, *v.a.* couper, trancher, dégoutter, pleuvoir.

துமிதம், 1° goutte d'eau. 2° *P.* துமூலம்.

துமித்தல், துமிப்பு, *n.v.de* துமிக்கிறது, coupure tranche, dégouttement, goutte de —, pluie.

* துமிரம், 1° *P.* தாமிரம், rouge foncé, pourpre. 2° *P.* திமிரம், noirceur.

* துமிலம், *P.* துமுலம், grand bruit.

* துமுரம், துமுலம், (toumoula), tumulte, trouble, désordre, bruit confus *ou* துமுலகுமுலம் tintamarre, vacarme.

தும், 1° poussière. 2° *imp. et part. de* தும்முகிறது. 3° terminaison de la 1re personne du pluriel. *v.g.* சொல்லுதும் nous dirons, நடத்தும் nous marcherons.

* தும்பகம், (toumbaka), gourde,

தும்பகர், la plante தும்பை.

தும்படைசி, (தும்பு, அடைசல்), bout de lacet (en métal etc...), chose qui resserre les fils d'un lacet...

தும்பரம், figuier.

தும்பராஷ்டகம், la racine médicinale பேராத்தை.

தும்பல், *opt.et n.v.de* தும்புகிறது, éternument.

தும்பறக்கிறது, (தும்), la poussière voler.

தும்பன், (தும்பு), homme méchant.

தும்பாலை, gourde.

தும்பால், *P.* துமால்.

தும்பி, 1° (toumbi), gourde. 2° *V.* தும்பிச்சி. 3° éléphant. scarabée, — noir, —mâle, insecte ailé dit demoiselle (qui vole surtout avant la pluie), sorte de poisson, canne à sucre, la plante கொத்தான், l'arbre பனிச்சை. 4° *gér.de* தும்புகிறது: —க்கை trompe d'éléphant; — மீன் le poisson தும்பி; —பூதுகிறது écumer,

தும்பிச்சி, *fém. de* தும்பன், méchante femme.

தும்பிலி,(தும்பு,இலி),l'arbre diospyros melanoxylon (dont le fruit est mangeable).

தும்பு,1° corde,— pour attacher les bœufs…,bouton d'habit, fibres, filamens (de mangues…),poussière, méchanceté,défaut, manque, feuille de palmier, canne à sucre, le chardon நெருஞ்சில்.2° *imp.et part. du suiv.*: —படிகிறது la poussière s'abattre,— ternir; — முட்டுகிறது tordre 2 cordes en une; —போடுகிறது mettre—, faire ou tordre une corde; தும்பிலேமாட்டுகிறது attacher (les bœufs) à une corde.

தும்புகிறது,பினேன்,புவேன், ப, ப,*v.n.* தும்புதல்,*n.v.* éternuer,*V.* தும்முகிறது.

தும்புராஷ்டகம்,*V.* தும்பராஷ்டகம்.

*தும்புரு,(toumbourou),1° guitare.2° *ou*

தும்புருவன்,(தும்புரு), Gandharba ou musicien céleste des Indous, joueur de guitare.

தும்பை,1° la plante phlomis indica, couronne ou guirlande de feuilles ou de fleurs de cette plante, (c'est l'insigne ou la récompense des vainqueurs ou des guerriers fermes au combat, (par métonymie),combat,bataille,victoire.2°foule,troupe,armée,bétel,la plante qui le donne,sorte de poisson.3°*(toumbâ),vache à lait,— facile à traire. 4° *acc.de* தும்பு:—மாலை le 40me des பிரபந்தம் éloge de celui qui portant une coronne de தும்பை combat vaillamment les ennemis,couronne ou guirlande de தும்பை.

தும்மல்,*opt.et n.v.de* தும்முகிறது,abandon, éternument, ranimer, se lever…: — வருகிறது l'éternument venir,se mettre à éternuer: தும்மற்காதல் pronostic tiré de l'éternument; தும்மற்காதலென்னவிப்பார்க்கிறது pronostiquer—, deviner par l'éternument; தும்மற்சாஸ்திரம் art de divener ainsi, augure tiré de l'éternument.

தும்மிட்டி,தும்முட்டி,(தும், முட்டி),la plante bryonia callosa, espèce de petit melon d'eau, le dattier பேரீந்து.

தும்மு,1° moustique, cousin. 2° *imp.et n.v.du suiv. V.* தும்மல்.

தும்முகிறது, ம்மினேன், ம்முவேன்,ம்மு *ou* தும்,ம்ம, *v.a.et n.* தும்முதல்,*n.v.*abandonner,laisser aller, ranimer,éternuer,se lever,ressusciter,revivre.

துயக்கம்,துயக்கு,*n.v.de* துயக்குகிறது,relâchement, desserrement, nonchalance,défaillance.

துயக்கிறது,யந்தேன்; யப்பேன்; ய,யக்க,*v.n.et*

துயங்குகிறது,கினேன், குவேன்; கு,க,*v.n.et* துயங்குதல்,*n.v.*se relâcher,se desserrer,devenir—,être lâche,nonchalant,défaillir.

*துயம்,1° *P.* துவயம், deux,paire,couple.2° *P.* துவசம்,drapeau.

துயரடி, (துயர், அடி), chagrin, langueur,dessèchement,malheur.

துயரம்,(துயர்); affliction, chagrin,tristesse,malheur,compassion, commisération,pluie: — அடைகிறது devenir triste,concevoir du chagrin; — தீருகிறது se consoler,le chagrin se dissiper; துயரப்படுகிறது s'attrister, s'affliger, être triste,— touché de commisération,compatir.

துயரி,corde de luth.

துயர்,1° affliction, tristesse, chagrin,malheur.2° *imp.et part.de* துயர்கிறது: — அடைந்துதிரிகிறது rôder çà et là d'un air affligé;— ஆற்றுகிறது consoler; — உறுவோன் homme affligé,malheureux,pauvre: —உற்ற,—உள்ள,affligé,triste,chagrin; தீருகிறது,— நீங்குகிறது le chagrin se dissiper, se consoler: — அடைகிறது,— உறுகிறது, — கொள்ளுகிறது,—படுகிறது *ou*

துயர்கிறது,ர்ந்தேன், ர்வேன், ர், ர,*v.n.*(துயர்),துயர்தல்,*n. v.* s'affliger,s'attrister,devenir—,être triste, chagrin,éprouver un malheur.

துயல்,n.v.imp. et part. du suiv. agitation,mouvement: —வரல், —வருகிறது ou

துயலுகிறது,யன்றேன், யலுவேன்,யல்,யல,v.n. et துயலுதல், n. v. s'agiter,remuer,flotter,(v.g. un drapeau,un vêtement...). [து,sommeil.

துயிலல்,opt.et n.v. de துயிலுகிற

துயிலா, துயிலாத, part. nég. du même,qui ne dort pas.

துயிலாதார், துயிலார்,n.app.nég. du même,ceux qui ne dorment pas, i.e. les immortels, (en style payen) les dieux: துயிலாதாராலயம் le temple —, le séjour des dieux, le mont Mèrou,le Souvarkam.

துயிலிடம்,(துயில்),lieu où l'on dort,dortoir,lit.

துயிலுகிறது ou துயில்கிறது, யின்றேன்,யிலுவேன் ou யில்வேன்,யிலு ou யில்,யில,v.n. துயிலுதல், n.v. dormir,sommeiller: துயிலப்போகிறது aller dormir,—se coucher.

துயிலெடை,(துயில்),réveil: —நிலை manière de réveiller,le 55me des பிரபந்தம் poème dans lequel des cochers en chantant ses louanges ou la nécessité de se lever, réveillent leur chef ou leur roi qui dort tranquillement dans son camp.

துயில்,1° sommeil,toile. 2° imp.et part.de துயில்கிறது:— கூருகிறது, —கொள்ளுகிறது dormir,s'abandonner au sommeil;— போகிறது aller se coucher,se reposer,se calmer; — உணருகிறது s'éveiller;— எழுப்புகிறது, — எடுக்கிறது réveiller.

துயில்வு, துயிறல்,n v.de துயில்கிறது,dormir,sommeil.

துயிற்றுகிறது, ற்றினேன், ற்றுவேன்,ற்று,ற்ற,v.a. de துயிலுகிறது et துயிற்றுதல்,n.v.endormir.

துயுவி,espèce d'herbe potagère, achyranthes polygonoides.

*துயோதனன்,P. துரியோதனன்.

துய்,1° imp.part.et n.v.de துய்க்கிறது,nourriture. 2° changement—,diversité dans l'intelligence ou la science,bout du fil de coton qu'on file, aiguillée de fil.

துய்க்கிறது,ய்த்தேன்,ய்ப்பேன்,ய்,ய்க்க,v.a. 1° (துக்கிறது), manger, jouir. 2° (துய்),filer du coton.

துய்ச்சி,n.v.du préc.(துச்சி),jouissance. [pure, propre:

துய்சு, துய்து,P. துய்யது, chose

துய்த்தல், துய்ப்பு,n.v.de துய்க்கிறது,jouissance,épreuve, nourriture, filer,filage.

துய்மை,P. தூய்மை,ou

துய்யம்,pureté, propreté: துய்ய pur, net,propre,clair,saint; துய்யவன், துய்யவள், துய்யது homme —; femme —,chose pure ou propre; துய்யதாய்,purement,proprement,nettement,intelligiblement.

துய்யன், (துய்யம்), homme pur, saint;sable mêlé d'argent: துய்யனை யிரவியாக்கி, துய்யனைரவியாக்கி ce qui purifie le soleil,l'arsenic préparé பவளப்புற்று பாஷாணம்.

துய்யாள்,(id.),femme pure, belle,sans tache,(surnom de) Sarasvadi.

துய்யான், துய்யோன், (id.), homme pur: துய்யான்குறுமணல் sable mêlé d'argent.

*துரகதம்,(துரம், கதம்),cheval.

*துரகம்,(id.ga qui va). cheval, esprit,volonté,l'arsenic dit குதிரைப்பற்பாஷாணம்: துரக்கதி marche ou allure des chevaux, V. ஐங்கதி.

*துரகி, (துரகம்), 1° jument. 2° cavalier.

துரக்காரர், (துரம்), intendans, gens chargés d'une affaire, répondans.

துரக்கிறது,ரத்தேன், ரப்பேன், ர,ரக்க,v.a. envoyer,renvoyer, lancer des flèches.

*துரங்கம்,(துரம்,ga qui va),cheval,esprit,volonté: துரங்கப்பிரியம் orge,froment; —வதனர், — வத்திரர் ou

*துரங்காசியர், துரங்கானனர், (துரங்கம்,ஆனனம்,ஆசியம்), les கந்தருவர்,prétendus musiciens célestes,qu'on représente avec un corps humain et une tête de cheval. [fle.

*துரங்காரி,(துரங்கம், அரி), buffle.

*துரங்கி,(id.),palefrenier, V. துரகி.

*துரக்ஷம்,(துர்,அக்ஷம்), dé frau- துரட்டு,V.துறட்டு. [duleux.

*துரதிஷ்டம்,துரதிருஷ்டம்,(துர், அதிஷ்டம்), infortune, malheur, guignon.

துரத்தல்,n.v. de துரக்கிறது et de துரத்துகிறது,renvoi,expulsion.

துரத்துகிறது,த்தினேன், த்துவேன்,த்து,த்த,v. a. துரத்துதல், n. v. chasser,éloigner,renvoyer,faire passer,—aller,conduire,— devant soi, poursuivre: துரத்தப்பார்க்கிறது essayer de chasser...; துரத்திவிடுகிறது chasser,renvoyer,expulser.

*துரந்தம்,(துர்),mauvaise fin.

*துரந்தரம்,(துரம், dhara qui a), bête de somme,puissance, autorisation.

*துரந்தரன்,(id.),porteur de fardeaux,homme d'affaires,—puissant, chargé de procuration, de devoirs importans, intendant, procureur, avocat. [infamie.

*துரபிமானம்,(துர்),déshonneur, துரப்பணம்,espèce de vilebrequin,tarière, foret, vrille, instrument pour percer. [sion, renvoi.

துரப்பு,n.v.de துரக்கிறது,expul-

*துரம்,1° (dhourâ), charge,soin, emploi,fardeau,poids,responsabilité. 2° (toura),vitesse: அவனுக்குத்— வந்தது il a été chargé,il a reçu une charge, (ironiquement), il a attrapé le mal vénérien. [V, துரந்தரம்.

*துரவகம்,(துரம்,vaha qui porte),

துரவு,1° grand—,puits, citerne. 2° n.v.de துரக்கிறது message:—ச்சட்டம்,V.குறுவளிச்சட்டம்;—ப்படி marche—,escalier de puits (fait de pierres qui se projettent dans l'intérieur du puits); — முழுகுகிறது creuser un puits en faisant descendre le tour du revêtement en maçonnerie; — வெட்டுகிறது creuser un puits.

*துராகதம்,துராகிருதம்,துராகிர்தம்,(துர்,ஆ,கதம்,கிருதம்),mauvaise conduite,—action,—raison,chicane, sophisme: துராகதக்காரன் querelleur,chicaneur.

*துராகன்,(douràka),barbare.

*துராசாரம், (துர்), indécence, immodestie, impolitesse, incivilité, mauvaise conduite,— coutume,perversité,abomination: — ஆய்நடக்கப்பட்டவன் homme dissolu,immodeste,impoli, pervers, de mauvaises mœurs: துராசாரவழக்கம் mauvaise coutume.

*துராசாரன்,m. துராசாரி.m. f. (id.).personne immodeste,dissolue, de mauvaise conduite,méchante.

*துராசை,(id.), mauvais désir, concupiscence. [pauvreté.

*துராட்டியம்,(துர்,âdhya riche),

*துராத்துமா,(id.),âme —, personne perverse,vaurien.

*துராபம்,(id.âpa obtenir), chose difficile à obtenir. [ce.

*துராயுக்தம்,(id.ஆயுக்தம்), injusti-

*துராரோகம்,(துர்),chose difficile à monter,palmier,dattier.

*துராலபம்,(id.ஆ,labha obtenir), V.துராபம். [res,malédiction.

*துராலாபம்,(id.ஆலாபம்),inju-

*துராலோகம்,(id.ஆலோகம்),lumière considérable,difficile à supporter. [conseil.

*துராலோசனை, (id.), mauvais

*துராலோபம்,(id.ஆலோபம் friction),ortie médicinale dite சிறுகாஞ்சொறி.

துரால்,branches—, feuilles sèches, broussailles, buchette, fétu, affliction,malheur.

*துராவகம்,(dhourâ fardeau, vaha qui porte),V. துரந்தரம்.

*துராவகன்,(id.),V. துரந்தரன்.

*துரி,(touri), pinceau (de peintre...),V.தூரி,

துரிசு,1° affliction,malheur,faute.2° P.துருசு,vitriol bleu.

*துரிச்சை,(துர்), mauvais désir, —caprice.

*துரிஷ்டம்,துரிட்டம்,(id.), mauvais plaisir, - désir, - caprice,extrême méchanceté, grand crime.

துரிஞ்சில், l'arbre உசிலமரம், chauve-souris.

*துரிதம்,1° (tvarita), hâte,vitesse,

இக

ce qui est un des திரிகாலம் ou 3 temps en musique,espace d'un demi மாத்திரை ou de 2 துடி,c'est un des தசப்பிராமாணம். 2° (dourita), péché.3° confusion,trouble,destruction,ruine,perte,affliction,malheur: —அல்லாத lent,tardif;—பண்ணுகிறது se hâter,hâter,presser,அவசரத்— செய் ou துரிதப் டுத்து presse-le; துரிதக்காரன் homme vif,alerte, diligent, qui se presse;— ப்படுகிறது se presser, se hâter, être pressé, poussé, molesté; — ப்படுத்துகிறது presser, hâter, molester.

*துரியம், (dhourya), transport, portage, bête de somme, bœuf de charge, cheval,le 4$^{me}$ des அவஸ்தை i.e. abstraction d'esprit,absorption, état d'immobilité,de pureté, துரியத்தானம் le nombril, prétendu siége de l'abstraction d'esprit.

*துரியன், hon. et pl. துரியர்,(id.), ministre, intendant, procureur, chargé d'affaire, Dieu (qui porte tout),celui qui se tient sans bouger, —dans un état pur.

*துரியாதீதம், (துரியம், அதீதம்), excès d'abstraction, insensibilité, annihilation,ce qui est le 5$^{me}$ des அவஸ்தை,vide: துரியாதீத தானம் le prétendu siége de l'insensibilité, l'anus, le derrière.

*துரியோதனன், (துர், யோதனன்), Douryodhanen, fils aîné de திருதராஷ்டிரன்,roi de Hastinabouri et chef des Kourous dans la grande guerre contre leurs cousins les Pandous ou பாண்டவர்.

*துர்லபம், (dourlabha), rareté, excellence, chose rare,—excellente, difficile à obtenir, qu'on ne peut atteindre.

*துரி, (touri), brosse ou bâton fibreux (employé par les tisserands pour nettoyer et séparer les fils de la trame).

*துரீக்ஷணை, (துர்), mauvais regard,—désir, malédiction. [ரம்.

*துரீணம்,(dhourina), V. துரந்த

*துரீணன்,(id.), V. துரந்தரன்.

*துரீயம்,1° (dhouriya), bête de somme. 2° (touriya), quatrième, quart: துரீயபாகம் la 4$^{me}$ partie,un quart;— வருணன் homme de la 4$^{me}$ classe des Indous,Soudras, Choutre.

*துரீயாமிசம்,(துரீயம், அமிசம்), le quart. [homme d'affaires.

*துரீயன், (dhouriya), employé,

துரீல், chose subite: துரீலென்று வந்துவிடுகிறது arriver subitement.

துரு, 1° rouille, vert de-gris, tache, V. உபாயம். 2°* (droû), or: – ப்பிடிக்கிறது, P. துருவிப்பிடிக்கிறது, ou — ப்பிடித்துப்போகிறது se rouiller, se tacher;— ப்பிடித்திருக்கிறது être rouillé, couvert de rouille. [(surnom).

*துருஹணன், (droubana), Brama

*துருகம்,(துர்,gam aller),lieu de difficile accès,citadelle, fort, — sur une montagne: துருகத்திலேற்றுகிறது, —வைத்துப்போடுகிறது renfermer —, emprisonner dans un fort.

*துருக்கம், (id.), 1° V. துருகம். 2° défilé, chemin étroit, (près d'un ruisseau,sur une montagne ou dans une forêt), forêt, confusion,trouble, musc, (ce qui est un des 5 parfums ou விரை -வு), animal qui donne le musc, cerf, l'arbre aromatique குங்குமமரம். 2° (tourouchka), le Touran ou Turquestan (pays primitif des Turks):துருக்ககருமம் entreprise difficile;—சஞ்சாரம் passage par un défilé—, pont étroit, défilé; —சம்பத்து partie essentielle d'un fort; — தேசம் Turquie, pays des Turcs;—நிவாசி habitant d'un fort; —நாட்டுமணி pierre précieuse du pays des Turcks, émeraude;— புரம் ville fortifiée:— பாதை, — மார்க்கம் défilé,chemin étroit,—d'un fort; —வியசனம் défaut d'un fort.

*துருக்கர், (tourouchka),habitans du Turquestan, Turcs,Mahométans de l'Inde.

துருக்கல், (துரு),rouille –, scorie —,pierre de fer, sorte de pierre rouge.

*துருக்கன், 1° (dourga), Tourken, Asouren tué par Dourgâ. 2° *sing. de* துருக்கர், Turc, Musulman.

*துருக்கா, *obl de* துருக்கை:—தே வி la prétendue déesse Dourgâ: —நவமி le 9^me^ jour de la lunaison de புரட்டாசி consacré à Dourgâ.

*துருக்காச்சிரயம், (துருக்கம், ஆச்சிரயம், réfuge dans un fort.

*துருக்காதிகாரி, துருக்காத்தியக்ஷ ன், (*id.* அதிகாரம், அத்தியக்ஷன்), gouverneur de fort.

*துருக்காவரோதம், (துருக்கம், அவரோதம்), siége —, blocus d'un fort.

*துருக்கி, (*id.*), le pays des Turcs, Turquie, Turquestan: — க்குதிரை cheval turc, célèbre dans certains poèmes indous).

*துருக்கு, (*id.*), langue turque, l'indoustani, ce qui a rapport aux Turcs, race ou caste barbare.

*துருக்கை, (துர், gâ *qui va, ou* gai *chanter*), déesse inabordable et cruelle ou chantée par les mé chans. Dourgâ, nommée aussi Parvadi et Oumei, femme de Siven et mére de Pilléyar et de Soupramani en.

துருசி, (துரு), vitriol bleu, sulfate de cuivre, couperose, vert-degris, vitesse:—க்குரு, *V.* நவசாரம்.

துருசு, 1° *P.* துருசி. 2° hâte, précipitation, impétuosité, gousset, petit morceau de toile qu'on met sous l'aisselle des habits:—பண்ணுகிற து hâter, se hâter, préparer.

துருஸ்து, துருஸ்த், (*persan*), réparation, raccommodage.

துருதுரு, (*son imitatif*), *ou* துரு துரென்., empressement, signe de précipitation, vitesse; துருதுரென் கிறது *ou*

துருதுருக்கிறது, ருத்தேன், ருப் பேன், ரு,ருக்க, *v.n. et* துருதுருத்த ல், *n. v.* (துரு துரு), se hâter, s'empresser, *ou* துருதுருத்திருக்கிற து être empressé, ardent, plein de zèle: துருதுருத்தவன், *V.* துருதுரு ப்பன்.

துருதுருபாவை, (*id.*), coureur, vagabond.

துருதுருப்பன், (துருதுருப்பு), empressé, étourdi, qui agit avec précipitation.

துருதுருப்பு, *n.v. de* துருதுருக்கி றது, diligence, hâte, précipitation: துருதுருப்புள்ளவன், *V.* துருதுருப் பன். [d'enfans.

துருதுரும்பை, espèce de jeu

துருதை, démangeaison, désir ardent, empressement.

துருத்தி, soufflet, — de forge, outre, (pour porter de l'eau...), bouteille, petit vase à goulot étroit, espèce de pompe ou de seringue, peau: ilot (dans une rivière), *V.* ம ட்டத்துருத்தி: — க்கழுத்து cou de soufflet; —க்குழற்பண்ணை, —குழா ய்.—மூக்கு tuyau —, bec de soufflet; —ப்பாணம் sorte de fusée volante, sac de peau rempli de poudre employé comme fusée volante ou pour faire jouer une mine; — யூதுகிறது souffler, faire manœuvrer le soufflet.

*துருத்தூரம், *P.* துர்த்தூரம்.

துருத்துகிறது, தினேன், துவே ன், து,த, *v.a.* துருத்தல், துருத்து தல், *n.v.* élargir un trou, — une cavité, chercher, explorer, examiner: இக்காரியத்திலே — examiner une affaire, l'approfondir.

*துருபதன், (droupada), Droupaden roi de பாஞ்சாலம் et père de துரோபதை.

*துருபதி, *P.* துரௌபதி.

துருபவருணி, *P.* துருமவருணி.

*துருமம், (drouma), arbre, — du souvarkam, l'arbre கற்பகம், — குங் குமம்: துருமஸ்ரேஷ்டம் le meilleur des arbres, *i.e.* le palmier;—வருணி, (வருணம்), ricin sauvage;—வியாதி, *V.* துருமாமயம்; —நகம் ongle des arbres, *i.e.* épine.

*துருமரம், (துருமம், ra), épine.

*துருமாமயம், (*id* ஆமயம்), maladie des arbres, laque.

*துருமாரி, (*id.* அரி), l'ennemi des arbres, *i.e.* l'éléphant.

*துருமேசுவரம், (*id.* ஈசுவரன்), le roi des arbres, *i.e.* le palmier.

*துருமோற்பலம்,(*id.* உற்பலம்), l'arbre கோங்கு.

துரும்பர், (துரும்பு), gens vils. blanchisseurs des Parias et autres castes semblables.

துரும்பு,paille,fétu,un rien, paille ou chose semblable donnée en signe de divorce:— கொடுத்துவாந்திபண்ணுகிறது faire vomir en donnant une paille à mettre dans le gosier; — கொடுக்கிறது donner une paille (à sa femme en signe de divorce); — வாங்குகிறது la recevoir (et quitter son mari);— துரும்பேற்றிவிழவாயிருக்கிறான் il n'est qu'une paille dressée et prête à tomber, il est maigre et chancelant; காற்றுகொண்டுபோகுந்துரும்பு brin de paille que le vent emporte.

*துருவகம், 1° (துருவம்,ka), pieu, tronc d'arbre ébranché, longitude. 2° *V.* துர்வகம்.

*துருவணம், துருவண்ணம், துருவர்ணம், துருவர்ணகம், *P.* துர்வர்ணம்.

*துருவம், 1° (dhrouva *être fixé*). fermeté, stabilité, immobilité, fixité, certitude, éternité, paradis, logique, raisonnement, règle,— fixe. théorème, expédient, espèce de danse, un des யோகம், le 1er des 7 தாளம், tronc d'arbre ébranché, étoile polaire, pôles (du monde, de la terre ou d'un grand cercle). longitude d'une planète ou sa distance au commencement du zodiaque sidéral, fraction de la semaine qui reste au commencement de l'année et qu'on doit ajouter aux nombres de la table சங்கிரமவாக்கியம் pour avoir le commencement de chaque mois. 2° *P.* துருக்கம், chemin étroit, fort sur une montagne: — கட்டுகிறது, — பண்ணுகிறது établir une règle, inventer —, trouver un expédient; — ஆய்நடப்பிக்கிறது conduire—, agir avec fermeté: துருவசக்கிரம், — சக்கரம் cercle polaire (situé à 23 degrés, 30 minutes des poles), région près du pôle nord céleste;— தாளம் le 6me des 9 தாளம்; — நக்ஷத்திரம் l'étoile polaire; — மண்டலம்,—பதம், *V.* துருவசக்கரம். [(en général).

*துருவயம், (drouvaya), mesure

துருவலகு, (துருவு, அலகு), *V.* துருவுமணை.

துருவல், *n.v.de* துருவுகிறது.

*துருவன், (dhrouva), homme ferme, solide, l'étoile polaire personnifiée, Dhrouven fils de உத்தானபாதன் et petit fils du 1er Manou, qu'on souppose être le conducteur de cette étoile, (surnom de) Brama, Vichnou, Siven, un des 8 Vasous.

*துருவாக்கரம், (துருவம், அக்கரம்), longitude du soleil ou d'une planète à la fin des périodes synodiques arrangées dans le சோதிடவாக்கியம்.

*துருவாசன், (dourvâsa *mal habillé*), Dourvâsa richi fils d'Atri et prétendue incarnation de Siven; il est célèbre par son caractère colère.

துருவாடு, *gén.* துருவாட்டின், *obl.* துருவாட்டு, brebis laineuse.

துருவாட்டேறு,(துருவாடு,ஏறு), bélier de cette espèce de brebis.

துருவிடுகிறது, (துருவு), percer, [râper.

துருவாட்டி, *V.* சிற்றேலம்.

துருவாதி, ricin sauvage.

துருவு. trou, percement, *n.v. imp. et part. du suiv.*:— பலகை, — மணை râpe, instrument pour râper et enlever la chair du coco; — ப்பலகை planche trouée qui assujettit les òles écrites et leur sert de couverture.

துருவுகிறது, வினேன், வுவேன், வு, வ, *v.a.* துருவுதல், *n.v.* creuser, percer, forer, faire un trou, gratter, râper, (*v.g.* la chair d'un coco), faire au tour, tourner, chercher, examiner, poursuivre: துருவிப்பிடிக்கிறது *ou* பிடித்துக்கொண்டுவருகிறது chercher et—, chercher à découvrir, (un voleur ou un objet volé), examiner (une chose difficile...).

துருவை, 1° brebis dite செம்மறி

யாரு, — de bonne espèce. 2° P. துருவாய், 2° pers. nég. du préc.

* துருஷ்கம்,(tourouchka),encens.

துரை, (dhourâ charge), maitre, seigneur, chef, gouverneur (de ville ou de province), prince, gentilhomme, monsieur, titre qu'on ajoute au nom des gentilshommes ou des messieurs surtout européens: —சாணி, —சானி dame, demoiselle, femme ou fille noble;—de gentilhomme;—சாமி Douréssami, nom propre d'un grand nombre d'Indiens;— த்தனம் gouvernement, autorité, état de gentilhomme; —த்தனம் பண்ணுகிறது gouverner (un pays...), faire le maitre; — த்தனம் வரவிருக்கிறது la dignité de gentilhomme ou un gouvernement être sur le point d'être obtenu;— த்தனக்காரன் employé du gouvernement, haut fonctionnaire; — பிள்ளை,—மகன், V. துரைசாணி;— மகன் fils de prince ou de gentilhomme, monsieur, gentilhomme;— மக்கள் 1° fils ou enfans d'un gentilhomme ou d'un monsieur, princes, gentilshommes, messieurs, grands personnages. 2° P. துரைகள் chefs.

துரைச்சி, 1° fém. de துரை, dame, demoiselle (de haut rang). 2° espèce de bismuth.

* துரோகம், (drôha), trahison, perfidie, félonie, violation, trouble, révolte, offence, faute, crime, tort, injure, malice: —செய்கிறது, — பண்ணுகிறது trahir, commettre une trahison; — நினைக்கிறது tramer—, méditer une trahison; துரோகச்சிந்தனை dessein perfide, — criminel, malice préméditée, penchant au mal; — புத்தி esprit —, intention perfide; இனத் —, சனத் துரோகம் perfidie envers ses proches, ses gens, sa caste, sa nation; சாமித் — perfidie envers son seigneur ou son maitre; துரோகத்துக்குள்ளாகாதே ne prends pas part à une trahison.

* துரோகடன், (துரோகம், அடம் allée), chasseur, trompeur, imposteur, hypocrite.

* துரோகி, (துரோகம், i), m. f. traitre, traitresse, perfide, rebelle, scélérat, pécheur. [crochet, croc de cornac.

* துரோட்டி, (trôti), bec d'oiseau,

* துரோணம், (drôna), l'oiseau fabuleux à 8 pieds, corbeau, arc, le Sagittaire, scorpion, mesure de 2 maracals, celui des 7 nuages fabuleux des Indous qui donne une pluie de terre ou de boue, canal d'irrigation pour conduire l'eau qu'on tire d'un puits, la plante தும்பை phlomis, nom d'un arbre: துரோணகாகம், —காகலம் (kâ cri du corbeau, kala qui crie), corbeau;—க்ஷீரை, — துக்தை, —மானை, (க்ஷீரம், துக்தம், மானம்), vache qui donne 2 maracals de lait;—முகம், V. துரோணிமுகம்.

* துரோணன், துரோணாசாரியன், (id.), Drônen fils de பரத்துவாசன் et maitre d'armes ou précepteur militaire des Pândous et de Kourous. [ni, kâ), V. அவிசி et ஆவிரை.

* துரோணி, துரோணிகை, (drô-

* துரோணிமுகம், (drônimoukha), ville chef lieu de 400 bourgs.

* துரோதரம், (துரம், உதரம்), jeu de hasard. [eur.

* துரோதரன், (துரோதரம்), jou-

* துரோபதை, துரோபதி, த்ரௌபதி, (draoupadi). Drôpadei ou Draoupadi, fille de Droupada roi de பாஞ்சாலம், et femme commune des 5 frères fils de Pândou: c'est cependant une des 5 vierges des Indous.

* துரோபவம், P. நிரோபவம்.

* துர், (dour), particule sanscrite qui se met devant les mots, et signifie: mal, mauvais, vile, difficile, extrême. On double le க, ச, த, ப suivant; quelquefois on insère உ entre ர் et la consonne suivante; d'autres fois ர் se change en ஷ், ட், ற் ou ன்: —க்கதம் pauvreté, détresse, affliction;—க்கதி chemin étroit, pauvreté, mauvaise vie, — fin, l'enfer;—க்கந்தம் mauvaise odeur, puanteur, infection;—க்குணம்,—க்கர்மம், — க்கு

ருதம் mauvaise action, péché: —க்கிருதகருமம் méchanceté, perversité, péché; —க்கீர்த்தி mauvaise réputation; —க்குணம் mauvais caractère, —naturel, défaut, malice, perversité; —க்குணமுள்ளவன், —க்குணன் homme de mauvais caractère, qui a des défauts, méchant; —க்குணி, *m.f.* personne de mauvais naturel: —க்குறி, —ச்சகுனம் mauvais signe, —augure, —présage; —ச்சரிதம் mauvaise conduite, mauvais métier; —ச்சனம் mauvaises gens, mal, méchanceté, pétulance, insolence, impertinence, indécence, impudicité; —ச்சனஞ்செய்கிறது ou பண்ணுகிறது faire l'insolent, des méchancetés: —ச்சனமாயிருக்கிறது être pétulant, impertinent...: —ச்சனவியோகம் mauvaise conduite: —ச்சனன் méchant, insolent, pétulant, lascif, débauché: —ச்சனி méchante, insolente, impudique: —ச்சாதம் infortune, guignon naissance malheureuse; —ச்சாதி caste vile...; —ச்செய்கை mauvaise action; —த்தினம் mauvais jour, temps obscur ou pluvieux; —த்தேவதை mauvaise divinité, —déesse, démon; —த்தெய்வம் mauvaise divinité, —destinée; —நீதம், —நீதி injustice, mauvaise conduite, impolitesse: —நிமித்தம் mauvais augure: —ப்பகை, 1° grande haine. 2° (bhaga *affection*), femme de mauvais caractère, —haïe de son mari: —ப்பரிசம், —ப்பரிசம் chose difficile à toucher, petite —, ortie: —ப்பலம் infirmité, faiblesse: —ப்பலமாகிறது devenir faible: —ப்பலமாயிருக்கிறது être faible, infirme; —ப்பலன் mal, mauvais résultat, faiblesse, force moyenne; —பாக்கியம் malheur, tourment; —ப்பாவனை mauvais exemple; —ப்பிக்ஷம், —ப்பிட்சம், (பிக்ஷை), famine, cherté; —ப்பிக்ஷகாலம் temps de famine; —ப்பிரசம் naissance malheureuse, enfant illégitime, —infortuné: —ப்புத்தி esprit méchant, pervers, malicieux, mauvais conseil; —ப்புத்திக்காரன் méchant, homme d'un mauvais esprit, qui donne de mauvais conseils; —ப்போதனை mauvais conseil, doctrine perverse: —மரணம், *V.* துன்மரணம்; —மனம், —மனசு, *V.* துன்மனம்; —மதி simplicité, ignorance, lourdaud, mauvais esprit, *V.* துன்மதி; —மாதிரி, —மாதிரிகை, *V.* துன்மாதிரி: —மாமிசம், —மாம்சம், *V.* துன்மாமிசம்; —மார்க்கம் mauvaise conduite, —voie, —secte; —மார்க்கஞ்செய்கிறது mener une mauvaise conduite, se comporter mal; —மார்க்கநினைவு pensée mauvaise, —de déréglement, sentiment pervers; —மார்க்கத்திலேதிரிகிறவன், *ou*—மார்க்கன் homme débauché, de mauvaise vie, impie, pervers; —முகம் visage hideux, ridicule ou défavorable; —முகன், *V.* துன்முகன்; —முகி, *V.* துன்முகி; —யோதனன், *V.* துரியோதனன்; —யோனி origine basse, —impure; —லபம், *V.* துர்லபம்; —வர்ணம், —வருணம் mauvaise espèce, argent (en tant qu'inférieur à l'or); —வகம் chose difficile à porter; —வகம், —வகன், (dhour *charge*), *V.* துரந்தரம், துரந்தரன்; —வாக்கியம் parole de mauvais augure, reproche, injure; —வாதம் mauvais langage, solécisme; —வாசன், *V.* துருவாசன்; —விவாகம் mauvaise mariage.

*துர்க்கம், *et ses composés, V.* துருக்கம்.

*துர்க்கன், *V.* துருக்கன்.

*துர்க்கா, *V.* துருக்கா.

*துர்க்கை, *V.* துருக்கை.

*துர்த்தமன், (துர், dama *dompter*), indomptable, indiscipliné

*துர்த்தாரம், *P.* துஸ்தாரம்.

துலக்கம், (துலக்குகிறது), lumière, clarté, brillant, lustre (du poli).

துலக்கல், *n.v. de* துலக்குகிறது.

துலக்கு, lumière, éclat, brillant, *n.v. imp et part. de*

துலக்குகிறது, க்கினேன், க்குவேன், க்கு, க்க, *v.a. de* துலங்குகிறது, et துலக்குதல், *n.v.* polir, fourbir, nettoyer, rendre brillant, faire briller, éclaircir, manifester: கலத்தைத்— nettoyer un vase de métal.

துலங்கல், *n.v. et opt. de* துலங்குகிறது.

துலங்கு,1° ou துலங்குமரம், entraves (pour les pieds). 2° imp. et part. de

துலங்குகிறது,கினேன், குவேன், கு, ×, v.n. துலங்குதல், n.v. briller, éclairer, resplendir, être brillant, éclatant, poli, évident, paraître clair: துலங்கியெரிகிறவிளக்கு lampe qui éclaire bien.

* துலம், (toula peser), poids, pesanteur, poids (à peser), égalité.

துலவம், (தூலம்), coton (séparé de sa graine).

* துலா, (toulâ), balance, romaine, peson, le signe de la Balance, poids, pesanteur, picotte ou bascule pour arroser, bâton —, timon d'une charrette, chevron, égalité, ressemblance: —கோசம் ordalie par la balance; (on pèse d'abord l'accusé, ensuite on fait des prières et des cérémonies; puis on le repèse. S'il est plus léger, il est reconnu innocent; sinon, il est condamné comme coupable; — கோடி certain poids, sorte d'ornement des pieds, 100 millions; — க்கட்டை picotte (pour arroser); —க்கொடி pièce de bois de la picotte; —க்கோல் fléau de balance, balance, peson; — சூத்திரம் corde de balance, de romaine; — தடம் rame, aviron, bassin de balance; — தரன் le soleil (qui possède le signe de la Balance); — தாரன், (id.), marchant; — பரிக்ஷை, — பரீட்சை épreuve de balances, V. துலாகோசம்; — பாரம் poids en or égal à la pesanteur de quelqu'un, son pesant d'or; — பாரந்தூக்குகிறது, — பாரமேற்றுகிறது peser (quelqu'un en mettant son pesant en or dans l'autre bassin; — பாரந்தூங்குகிறது, — பாரமேறுகிறது être ainsi pesé (pour que son pesant en or soit donné aux brames: c'était autrefois un acte de munificence royale après une excursion couronnée de succés, et une sorte d'expiation des crimes qui y avaient été commis; — பாரதானம், — புருஷதானம் don de son pesant d'or; — புருஷன் homme pesé (dans une balance); — ப்படி balance romaine; — ப்பிரக்கிரகம், — ப்பிரக்கிராகம், V. துலாசூத்திரம்; — மரம் picotte (pour arroser), bascule de picotte, — மானம் poids, mesure en poids; — ராசி le signe de la Balance; — விசம் le grain dit குன்றிமணி qui sert de base aux poids des orfèvres; — விஷுவம், — விஷுவம் équinoxe d'automne, temps où le soleil entre dans la Balance.

* துலாதாரம், (துலா, ஆதாரம்), corde des bassins —, fléau d'une balance.

துலாத்து, espèce de poutre.

* துலாம், (P. துலா), picotte, bascule de la picotte, le signe de la Balance, poids de 200 பலம், environ 14 livres de Pondichéry, (en quelques lieux c'est 100 பலம்).

துலாம்பரம், clarté, explication.

* துலாயனம், (துலா, அயனம்), équinoxe d'automne, course du soleil vers le sud à partir du signe de la Balance.

* துலிதம், 1° (doulita), agitation, mouvement. 2° (toulita), chose pesée, égalité. [tonnier soyeux இலவு.

* துலிபலை, (தூலம், பலம்), le coton

துலுக்கல், n.v. de துலுக்குகிறது, secousse, agitation.

துலுக்கன், pl. துலுக்கர், P. துருக்கன், 1° Turc, Musulman. 2° (துலுக்குகிறது), homme qui branle la tête, qui fait le fier: துலுக்கச்செவ்வந்தி sorte de souci, tagetes erecta; — ப்பூ la fleur tagetes, — des Turcs; — ப்பெண் turquesse; — ப்பேச்சு le turc, la langue des Musulmans.

துலுக்காணம், துலுக்காணியம், (துலுக்கு, ஆணம்), domination —, domaine —, pays —, manières des Turcs: துலுக்காணத்துச்சட்டம் coutumes —, mœurs des Turcs; துலுக்காணமாய் à la façon des Turcs, tyranniquement, cruellement, en désordre.

துலுக்கி, 1° gér. de துலுக்குகிறது. 2° fém. de துலுக்கன், femme qui fait l'importante, — la dame, qui se donne de grands airs.

துலுக்கிச்சி, *fém.de* துலுக்கன், Turquesse, Musulmane.

துலுக்கு, 1° *imp.part.et n.v.de* துலுக்குகிறது, agitation, mouvement, secousse. 2°(துலுக்கன்), pays —, langue des Turcs, le turc; — ச்செவ்வந்தி, *V.* துலுக்கச்செவ்வந்தி.

துலுக்குகிறது, க்கினேன், க்குவேன், க்கு, க்க, *v.a.* துலுக்குதல், *n.v.* agiter, secouer, remuer, — la tête; துலுக்கித்துலுக்கிநடக்கிறது marcher fièrement, avec affectation ou en remuant la tête.

* துலை, 1° (toulâ), balance (surtout pour peser des choses délicates), le signe de la Balance, picotte ou bascule pour arroser, gravité, pesanteur, poids, —pour peser, ressemblance, conformité, écluse de canal. 2° *P.* தொலை éloignement, distance. 3° *imp.et part.de* துலைகிறது. 4° *imp. de* துலைக்கிறது; —க்கிடங்கு, —ப்பள்ளம் puits—, trou ou étang d'où l'on tire l'eau avec la picotte pour arroser; — முகம், —வாய் ouverture du canal dans lequel est versée l'eau tirée par la picotte. [றது), s'éloigner.

துலைக்கிடுகிறது, (துலை *dat.* இடுகி

துலைகிறது, லைந்தேன், லைவேன், லை, லைய, *v.n.* துலைதல், *n.v.* *V.* தொலைகிறது.

துலைக்கிறது, லைத்தேன், லைப்பேன், லை, லைக்க, *v.a.* துலைத்தல், *n. v.* *V.* தொலைக்கிறது.

துலைவு, *V.* தொலைவு.

துலோபம், la racine médicinale கருஞ்சண்டி.

* துல்லபம், *V.* துர்லபம்.

துல்லம், grand bruit.

துல்லிபம், துல்லிமை, excellence.

* துல்லியம், (toulya), ressemblance, comparaison, analogie, égalité, union, pureté, propreté: —ஆனைகந்தகம் espèce de préparation de soufre et d'arsenic: துல்லியபக்கம் côté semblable, —égal; —பலம் force égale; —பானம் boire avec d'autres; —பாவனம் combinaison de séries semblables; —ரூபம் figure semblable, forme égale, même espèce, —manière, —விருத்தி, — même emploi, —métier.

* துல்லியோபமிதாலங்காரம், (துல்லியம், oûhita *collection*, அலங்காரம்), réunion de comparaisons.

துவக்கம், *n.v. de* துவக்குகிறது, commencement, origine: முடிவு le commencement et la fin.

* துவக்கவிரம், (tvak, கவிரம்), laurier rouge dit செவ்வலரி.

துவக்கல், *n.v.et opt.de* துவக்குகிறது. [commencé, depuis.

துவக்கி, *gér. du même.* ayant

* துவக்கு, 1° (tvak), peau, écorce, pelure, corps. 2° dispute, différent, lien, chaine, fusil, mousquet. 3° *imp. et part. de*

துவக்குகிறது, *sync* துவக்கிறது, க்கினேன், க்குவேன், க்கு, க்க, *v.a.* துவக்குதல், *n.v.* commencer, lier, enchainer.

துவங்குகிறது, ஙினேன், குவேன், கு, க, *v.n.de* துவக்குகிறது *et* துவங்கல், துவங்குதல், *n.v.* commencer.

* துவம்சம், துவங்கிசனம், துவங்கிசிதம், (dhvamsa, na, ita), perte, destruction, dommage.

* துவசம், (dhvadja), signe, marque, drapeau, bannière, —particulière, symbole, mât de pavillon: —கட்டுகிறது arborer —, hisser un étendard..., entreprendre avec zèle et activité: துவசத்தருமம் palmier; —பங்கம் rupture —, chûte d'un drapeau; —ப்பிரஞரணம் vent (qui agite le drapeau); —தரி, — தாரன் porte-étendard.

* துவசர், (dhvasa), distillateurs, marchands de callou.

துவசல், *V.* தொடிசு.

* துவசாரோகணம், துவசிகரணம், (துவசம், ஆரோகணம்), *V.* கொடியேற்றம்.

* துவஷ்டா, *V.* துவட்டா.

* துவஷ்டன், *V.* துவட்டன் [terie.

* துவஷ்டி, (துவஷ்டன்), charpen-

* துவஸ்தம், *V.* துவத்தம்.

துவட்சி, *V.* துவள்வு. [கை.

துவட்சிகை, (துவள்). *V.* துவர்ச்சி

துவட்டல், *opt.et n.v.de* துவட்டுகி

றலு, action d'essuyer,destruction, grillade,friture: துவட்டற்கறி mets grillé ou frit,préparé sans sauce.

*துவட்டன், pl. துவட்டர், (tvachtâ), un des 12 soleils, ou nom du soleil dans le signe des Poissons, charpentier,ou

*துவட்டா, (id.), charpentier, artisan, ouvrier, le prétendu charpentier des dieux nommé Visvakarmâ: — நாள் (tvâchtri fille de துவஷ்டா,une des femmes du soleil), la 14me constellation lunaire dite சித்திரை. [V. துவள்வு.

துவட்டு, n.v.imp.et part. du suiv.

துவட்டுகிறது,ட்டினேன்,ட்டுவேன், ட்ட,ட்டி, v.a.de துவள்கிறது et துவட்டுதல். n. v. essuyer (avec un linge ou une éponge...), nettoyer, sécher, faire rôtir, — griller ou frire,détruire,tuer, rendre flexible, plier, agiter, secouer,serrer, rendre épais. [de.

துவணீர்,(துவள்,நீர்), eau chaude.

துவண்ட, துவண்டு, part.et gér. de துவள்கிறது: துவண்டநீர், V. துவணீர். [வப்புடவை.

துவண்டை,(துவண்ட), V.சவுக்கா

*துவத்தம்,(dhvasta),chute,perte, destruction.

*துவந்தம், (dvanda), double, chose redoublée,deux,couple,paire, alternative,suite,série,union,familiarité, étroitesse: துவந்தயுத்தம் duel, combat singulier,guerre continuelle.

துவந்தனை, 1° vexation, empêchement, agitation. 2° (துவம், தனை), double, duplication.

துவந்திக்கிறது, த்தேன், ப்பேன், த்,திக்க, v.n. (துவந்தம்), துவந்தித்தல், n.v. être uni, — enchainé l'un à l'autre, se suivre l'un l'autre.

*துவந்துவம், (dvandva), deux, union de deux, paire, couple (le mâle et la femelle),deux à deux,copulation, union des sexes, alternative,se suivre l'un l'autre, dispute, le signe des Gémeaux,union de noms sanscrits qui devraient être joints, par et (Ex. பாணிபாதம் la main et le pied),complication de 2 maladies, de 2 humeurs: துவந்துவதுக்கம் douleur provenant de l'alternation de 2 choses (comme du chaud et du froid,du plaisir et du chagrin); — வி யோகம் séparation des sexes; — யுத்தம் combat singulier.

*துவம்,1° P. துருவம்,immobilité, fixité.2°(tva),nature,qualité,propriété,force: Ex. தெய்வத்துவம் nature divine divinité.3° (tvam), toi: துவஞ் சப்தம் le mot toi.

*துவயம்,(dvaya), paire, couple, deux (surtout à la fin des mots): புருஷத்துவயம் 2 hommes.

*துவயாதீதன்,(துவயம்,அதீதன்), homme saint,pur,supérieur aux 2 mauvaises qualités இராசதம்,et தாமசம் (passion et ignorance).

*துவயார்த்தம்,(id. அர்த்தம்),double sens,ambiguité.

*துவரம்,1°(touvara),âpreté,âcreté,goût astringent,aigreur.2° adj.de துவரை.[ne,—d'habit de சந்நியாசி

துவரி,décoction,ocre,couleur jau-

துவருகிற, part.fut.de துவருகிறது.

*துவரை, 1°(touvari), arbrisseau légumineux qui donne une espèce de pois ou de petite fève, cytisus, nom d'un arbre: l'adj.est துவரம்.2° P. துவாரகை; துவரங்குச்சு buchette—,tige de touvarei; துவரமலார், துவரவேளர் baguette—,branches de touvarei; துவரம்பருப்பு lentille ou pois de cet arbrisseau.

துவர்,1° âcreté, âpreté, aigreur, haine,contrariété,bois à brûler,couleur rouge,corail.2° imp. et part. de துவர்க்கிறது. 3° imp. de துவர்க்கிறது: துவர்-டு,les 10 productions âcres du régne végétal;savoir: நாவல் calyptranthes caryophyllifolia, கடுக்காய் terminalia chebula, நெல்லிக்காய் phyllanthus emblica, தான்றிக்காய் terminalia bilirica, ஆல் ficus bengalensis, அரசு ficus religiosa, அத்தி ficus racemosa, இத்தி ficus virens, முத்தக்காசு cyperus

உடு

juncifolius,மாந்துவிர் le jet de mangnier:—க்கட்டி cachou,remède dit சகக்கட்டி; — க்காய் le fruit âpre,*i.e.*la noix d'arec; — ச்சினை fruit tendre et à peine formé—,germe du சு; அவனுடம்பிலே துவரே றியிருக்கிறது l'aigreur s'est emparée de lui,il est fier ou insolent.

துவர்கிறது, ர்ந்தேன், ர்வேன்,ர், ர,1° *v.n.* frotter sur, oindre, barbouiller, asperger, s'éclaircir,se séparer. 2° *ou*

துவர்க்கிறது, ர்த்தேன், ர்ப்பேன், ர்,ர்க்க,1° *v.n*:être âcre,âpre,rude au goût,dégoûter,révolter.

துவர்தல்,*n.v.de* துவர்கிறது.

துவர்த்தல்,1° *P.* துவர்தல். 2° *ou*

துவர்ப்பு, *n. v. de* துவர்க்கிறது, âpreté,âcreté,aigreur,acerbité, dureté,sévérité, impression, affection de l'âme (au nombre de 6, *V.* அறு துவர்ப்பு,): அவன் மனது துவர்ப்பா யிருக்கிறது sa volonté est aigrie, acerbe.

துவலல், துவலுதல்,*n. v. du suiv.* mort,plenitude, presse, abondance, augmentation, hâte,dégouttement.

துவலுகிறது, துவல்கிறது, வன் றேன்,துவேன் *ou* ல்வேன்,து *ou* ல், ல,*v.n.* mourir,se remplir,être plein, serré,à l'étroit,abonder,augmenter, se hâter,se presser,dégoutter.

துவலை, *V.* திவலை.

துவல்,1° hâte,presse,*n.v. imp. et part de* துவலுகிறது.

துவளல், துவளுதல், துவள்தல், *n. v.de*

துவளுகிறது, துவள்கிறது, வண் டேன்,வளுவேன் *ou* வள்வேன், வளு *ou* வள்,வள,*v.n. ou* துவண்டுபோகி றது,plier,être flexible, mobile, secoué,agité,s'agiter,se lâcher, se relâcher,se desserrer,se déjeter,se tordre,( *v.g.* une planche au soleil), se contracter,s'attacher, devenir sec, fluet,faible,défaillir,incliner, pencher: துவண்டிருக்கிறது être flexible,agité...pencher: இருதயந் — le cœur faiblir,défaillir; அல்லித்தண்டு போலே துவண்டு கிடக்கிறது *ou* போகிறது être faible et pliant comme la tige du nénuphar; ஒருகாரியத்தி லேமெத்தத்துவண்டிருக்கிறது être très porté à une chose,s'y appliquer beaucoup.

துவண்,*imp.et part.du préc.*

துவள்வு,*n.v. du préc.* agitation, faiblesse,flexibilité,sécheresse, dessèchement.

துவறல், *n. v. de* துவறுகிறது, pluie,bruine,hâte,vitesse.

*துவனம், துவனி, துவனிதம், (dhvana,i,ita),son,bruit,son du tambour,style figuré ou poétique, métaphore,chose flexible; துவனிக்கிரகம் le récipient du son, l'oreille, l'ouie:—விகாரம் changement de voix,—de son.

*துவனோ, *P.* துவனம், résonner...

துவன்,la plante வட்டத்திருப்பி.

துவன்று,துவன்று,*part. et gér.de* துவலுகிறது.

துவன்றல், *V.* துவலல்.

*துவா,(dvâ,*P.*dvi, *dans les mots composés*),deux.

*துவாக்ஷரி,துவாட்சரி,( துவா, அக்ஷரம்), vers terminé par des lettres de 2 classes,vers ou livre composé de 2 espèces de lettres, de voyelles et de consonnes.

*துவாஸ்தன், துவாஸ்திதன், துவாஸ்திதமூசி, துவாஸ்திதருச்சகன்,( துவா, *P.*dvâr *porte*,stha, sthita *qui se tient*), portier, chambellan, introducteur.

*துவாதசம்,( துவா,தசம்), douze, douzième: துவாதசகரன் celui qui a 12 mains ou rayons,*i.e.*Soupramanien, Vrouhaspati ou Jupiter:—லோசனன்,—விலோசனன், *V.* துவாதசாக்ஷன்; — புயகோணம் dodécagone.

*துவாதசாக்ஷரமந்திரம், ( துவாதசம்,அக்ஷரம்), prière composée de 12 lettres,

*துவாதசாக்ஷன்,(*id.* அக்ஷம்), celui qui a 12 yeux,Soupramanien.

*துவாதசாம்சம்,(*id.* அம்சம்), division d'un signe en 12.

*துவாதசாங்குலம்,(*id.* அங்குலம்), mesure de 12 doigts.

* துவாதசாதித்தர், (*id.* ஆதித்தர்), les 12 soleils, *V.* சூரியர்-இடை.

* துவாதசாந்தம், துவாதசாந்திரம், துவாதசாலிங்கை, (*id.* அந்தம், அந்திரம், அங்கிசை), le 12$^{me}$ —, (ou plutôt), les 12 அங்கிசை ou உபநிர் வேதநேர. [ter aux 12 rayons.

* துவாதசாயிசன், (*id.* அயிசன்), Jupi-

* துவாதசான்மா, (*id.* ஆன்மா), celui qui a 12 vies, le soleil dont on fait les 12 சூரியர்.

* துவாதசி, (*id.* i), le 12$^{me}$, le 12$^{me}$ jour lunaire de chaque demi-lunaison.

* துவாந்தம், 1° (tvâ, அந்தம்), forme —, terminaison du gérondif sanscrit en tvâ, gérondif. 2° (dhvanta), obscurité, enfer, séjour ténébreux: துவாந்தவித்தம் mouche luisante; — சாத்திரவன் (சத்துரு) *ou*

* துவாந்தாராதி, (துவாந்தம், அராதி), l'ennemi des ténèbres, *i.e.* le soleil.

* துவாபரம், — யுகம், (துவா 2, பரம் *après*), le 3$^{me}$ des 4 யுகம் ou périodes fabuleuses des Indous: on lui donne 864 mille ans de durée.

* துவாரகம், 1° (tvarâ, கம்), vitesse, hâte 2° (dvâraka) *ou*

* துவாரகை, துவாரிகை, துவாரவதி, துவாரகாபுரி, (dvâra, kâ, — ikâ, — vati), Dvâraka, capitale de Krichna, que les uns disent ensevelie dans la mer et que d'autres placent dans une petite île à l'ouest du Guzerate.

* துவாரகேசன், (துவாரகம், ஈசன்), le roi de Dvâraka, *i.e.* Krichna.

* துவாரம், (dvâra), porte, entrée, voie, moyen, trou, creux, caverne, abyme: — இடுகிறது faire un trou: துவாரகண்டகம் porte; — சாகை battant de porte, porte à 2 battans; — இதம்பம், — த்தம்பம், *V.* கதவுநிலை; — பாலகன், — பாலன் portier, garde, figure gigantesque placée à la porte des pagodes: — பிண்டி seuil de la porte; — யந்திரம் serrure de porte. [portier.

* துவாரி, துவாரிகன், (துவாரம்),

துவாலே, flux de sang (comme dans les menstrues et l'accouchement), onction, friction: — யிடுகிற து, — பண்ணுகிறது oindre, frotter, frictionner; அவனுக்குமருந்தைத்தி மிரத்துவாலேயிடு frictionne-lui bien le remède.

துவாளிக்கிறது, -ளித்தேன், -ளிப்பேன், -ளி, -ளிக்க, *v.a.* துவாளித்தல், *n.v.* *V.* தவாளிக்கிறது: துவாளித்த cannelé. [re.

துவாளிப்பு, *n.v. du préc.* cannelu-

* துவானம், (dhvâna), son, bruit.

* துவி, (dvi), deux, double, (il se met au commencement des mots composés, se change quelquefois en துவா, et devant les voyelles en துவிர்): * — கன்மகந்துருப்பிரயோகம் emploi d'un sujet qui a deux actions ou deux régimes; — கன்மகன்மணிப்பிரயோகம், (கன்மமணி, *abl. sanscrit de* கன்மம்) emploi d'un régime qui a 2 actions ou régimes.

துவிகபா, துவிசாபா, la plante வட்டத்திருப்பி. [மிசை.

துவிசாயாளின், l'arbre செம்முரு

* துவிதிருதயை, — இருத்தியை, (துவி, இருதயம், இருத்தியம்), femme qui a 2 cœurs ou 2 actions, femme enceinte. [ble.

* துவிகுணம், (துவி), 2 fois, le dou-

* துவிசபம், (*id.* sapha *corne*), animal dont la corne du pied est fendue.

* துவிசமதிரிபுசம், (*id.* சமம், திரி), triangle isoscèle, qui a 2 côtés égaux.

* துவிசம், (*id.* சம்), objet qui naît 2 fois, *i.e.* dent, ovipare, la caste bramanique, ou plutôt les trois 1$^{res}$ classes: துவிசபதி le roi de brames, *i.e.* Sandiren; — தாசன், — சேவகன் serviteur des trois 1$^{res}$ classes, le choutre; — சேவை service des trois 1$^{res}$ classes; — ராசன் le roi des brames, *i.e.* Sandiren; le roi des ovipares, *i.e.* le serpent அனந்தன், l'oiseau கருடன்; — விரணம் mal de dents; — லிங்கி, (லிங்கம்), rajapoutre, qui porte l'insigne ou cordon des brames.

* துவிசன், துவிசன்மன், (*id.*), dvi-

dja, homme né une 2e fois par l'investiture du triple cordon, brame, rajapoutre ou marchand.

* துவிசாக்கிரன்,(துவிசன், அக்கிரம்).brame,le 1er des dvidjas.

* துவிசாதி,(துவி),être à double naissance, ou caste brame,ovipare.

* துவிசாயணி, (துவிசன், âyani *affixe*),l'ornement du dvidja ou துவிசன்,le triple cordon.

* துவிசாலயம்,(துவிசன்,ஆலயம்), demeure des êtres à double naissance,rue de brames,trou d'arbre (résidence des ovipares).

* துவிசிகுவன், (துவி, சிகுவம்), être à 2 langues, voleur, délateur, rapporteur,serpent.

* துவிசோத்தமன்,(துவிசன், உத்தமம்),le துவிசன் par excellence, *i. e.* le brame.

* துவிச்சா, துவிச்சிலை, (துவி, சா, சிலை),sinus ou corde d'un arc.

* துவிஷ்டம்,(dvichta),cuivre.

* துவிதசேத்திரம், *P.* துவிதியசேத்திரம். [vingt.

* துவிதசம்,(துவி), 2 fois 10 ou

* துவிதம்,(dvita), deux, double, duplication, dualité, assertion de 2 principes, mouvement: துவிதபாவனை double imagination,—représentation;—வாதம் secte—,assertion de 2 principes, – qui distingue Dieu et l'univers,le créateur et les créatures,la vie ou l'âme universelle et l'âme individuelle,l'esprit et la matière,(le contraire se dit அத்துவைதம்);—வாதி philosophe—, sectaire qui soutient 2 principes. [re.

* துவிதயம்,(dvitaya),couple, pai-

* துவிதாகதி, (dvidhâ *de 2 sortes*, கதி),crocodile,animal amphibie.

* துவிதாது,(துவி), celui qui est de 2 natures,*i.e.*Poulléyar.

* துவிதாத்துமகம், (dvidhâ, ஆத்துமகம்),muscade.

* துவிதியம்,(dvitiya),secondement, deux: துவிதியசேத்திரம் distance de l'abside supérieure à une planète dans un point quelconque de son orbite,ce qui a moins d'un quart de cercle:—த்துவம் qualité de second.

* துவிதியன், (துவிதியம்),second, successeur,fils.

* துவிதியை,(*id.*),2e partie de soi-même,épouse,2e jour de chaque demi-lunaison.

* துவிதிரி,(துவி),2 fois 3 ou six.

* துவிதேகன்,(*id.*தேகம்),celui qui a un double corps,*i.e.*Poulléyar.

* துவிபதம்,1° (*id.*patha), rencontre de 2 routes.2° (pada),binome, le genre des bipèdes comprenant les dieux,les hommes,les démons et les oiseaux: துவிபதராசி, les signes bipèdes,savoir:les Gémeaux, la Balance,la Vierge,le Verseau et la moitié du Sagittaire.

* துவிபம்,(*id.*pa *qui boit*),l'animal qui boit 2 fois pour une, *i. e.* l'éléphant qui prend l'eau d'abord par sa trompe et ensuite par sa bouche; —துவிபமதம் mucus des tempes de l'éléphant. [les.

* துவிபாகு(துவி),2 bras,2 épau-

* துவிபுசம்,(*id.*),angle formé par 2 lignes, *V.* துவிபாகு. [te,dobachi.

* துவிபாஷி,(*id.*பாஷை),interprè-

* துவிபாதம்,(*id.*),2 pieds: துவிபாதசெந்து bipède. [விட்டான்.

துவிபுத்துரு,la plante தண்ணீர்

* துவிமாதுருசன்,(துவி,மாதுரு,சன்), *V.* துவைமாதுரன்.

* துவிமுகம்,(*id.*),éléphant,*ou* துவிமுகாகி, துவிமுகோரகம்,(துவி,முகம், அகி, உரகம்) serpent à 2 têtes, amphisbène. [d'eau,sangsue.

* துவிமுகை,(*id.* முகம்), jarre,—

துவியம்,(*pers.*),second,député:—கணக்கு compte préparé pour la seconde fois.

* துவிரசனம்,1°(துவிர்,அசனம்), double repas par jour.2° (துவி),animal à double langue,*i.e.*le serpent.

* துவிரதம்,(துவி),animal à 2 défenses,*i.e.*l'éléphant.

* துவிரதாந்தகம்,(துவிரதம்,அந்தகன்),l'ennemi de l'éléphant,*i.e.*le lion.

* துவிரம், துவிரேபம்,(துவி,ra, rêpha *la lettre* r),abeille,grande abeil-

le noire, dont le nom plus ordinaire விராமம் contient 2 r). [nuits.

* துவிராத்திரம்,(*id.*), espace de 2

* துவிரபம்,(துவிர்,ஆ,pa *qui boit*), *V.* துவிபம்.

* துவிருத்தி,(*id.* உத்தி),redite,répétition,parole qui fait entendre 2 choses. [mariée 2 fois.

* துவிருடை,(*id.* ஊடை), femme

* துவிரூபம்,(துவி,double manière,—forme,mot qui s'écrit de 2 manières,quis'interprète en 2 sens.

* துவிர்,*P.* துவி,(devant les voyel-

* துவிலிங்கி,*P.* துவிசலிங்கி. [les).

* துவிவசனம்;(துவி), le duel (en grammaire),double phrase.

* துவிவருஷம்,(*id.*),âge de 2 ans: துவிவருஷை, துவிவருஷிகை, vache de 2 ans.

* துவிவிதம்,(*id.*),2 manières.

* துவிவிதன், (dvivida), Touvividen,singe tué par Râmen.

* துவிவிதாரி, (துவிவிதன், அரி), l'ennemi de துவிவிதன், *i.e.* Râmen. [ture attelée de 2 mules.

* துவிவேசரை,(துவி,வேசரி),voi-

* துவீபம்,(dvipa),île,continent.

* துவேசம்,துவேஷம்,துவேஷணம்,(dvêcha,—na), haine, inimitié, animosité.

துவேசிக்கிறது *ou* துவேஷிக்கிறது,ஷித்தேன்,ஷிப்பேன்,ஷி,ஷிக்க,*v. a. et* துவேசித்தல், துவேஷித்தல்,*n. v.* haïr,détester.

* துவேஷி,(துவேஷம்),ennemi.

துவை, 1° chair,viande,breuvage, chose potable,gâteau de grains (de sésame...) broyés, ragoût acide,—mêlé de tamarin,bruit,son. 2° *imp et part.du suiv.* 3° *imp. de* துவைக்கிறது.

துவைகிறது, வைந்தேன், வைவேன்,வை,வைய,*v.n.* துவைதல், *n. v.* tremper, s'imbiber, se mouiller, être trempé, — plongé (dans la teinture),être empesé ou humecté de cange ou d'empois,le lait tourner, se cailler,être trempé (le fer, l'acier).résonner,être broyé, — pilé: துவைத்துக்கொடுக்கிறது être trempé, donner—,prendre la trempe,

துவைக்கிறது,வைத்தேன், வைப்பேன்,வை,வைக்க,*v. a. du préc.* துவைக்குதல்,*n. v.* tremper, mouiller, humecter,plonger (dans la teinture...),teindre,faire cailler (le lait),y mettre de la présure, tremper (le fer...),donner la trempe,broyer,piler(dans un mortier),faire fouler aux pieds des bœufs(le blé pour le battre), battre le linge en le lavant,boire,retentir,faire grand bruit, tambouriner,jouer des instrumens,laisser,décharger: கஞ்சியிட்டுத்—tremper dans du cange ou de l'empois, humecter —,frotter la chaîne avec du cange avant de tisser, துவைத்துப்போடுகிறது mettre de la présure dans le lait,tremper le fer...; — பிழிகிறது tordre un linge après l'avoir trempé (dans l'eau ou dans la teinture).

* துவைதம்,(dvaita),deux,chose—, double,duplication, dualité, *ou* துவைதவாதம் doctrine —,secte des 2 principes,(secte fondée par மத்துவாசாரியன்,qui reconnait la distinction de Dieu d'avec les créatures; on la nomme encore மத்துவம் du nom de son fondateur ou துவைதவாதம் et ses sectateurs துவைதவாதி ou துவைதவாதி.La secte opposée dite அத்துவைதம் fondée par சங்கராசாரியன் confond Dieu avec les créatures ou Dieu avec l'âme. C'est le panthéisme.

* துவைதீகரணம், துவைதீபிருதம், துவைதீபாவம், துவைதீபூதம். (dvaïdha 2 *sortes*, i *augment*),division,séparation—,division en deux.

துவைத்தல்,*n.v.de* துவைக்கிறது, trempe, mouillage, actionde tremper...,son,grand bruit: இளந்—lait à demicaillé, trempe insuffisante; கொடுந் - trempe excessive.

* துவைபாயனன், (துவீபம் île, âyana, *affixe*), l'insulaire, surnom de வியாசன் né dans une île de la Djamna. [வைக்கல்.

துவைப்பு, *V.* துவைத்தல் *et* து-

* துவைமாதுரன், (துவி, மாது), être né de 2 mères,*i.e.*sa mère et

une belle mère,ou de 2 manières, (surnom de)Poulléyar fils de Pàrvadi,mais formé,dit on,de la gale de son corps.

துவையல்,*n. v. de* துவைக்கிறது, choses pilées ou broyées (qu'on mange avec le riz),sorte d'assaisonnement, trempe de l'acier: —யிடுகிறது tremper l'acier: துவையற்கறி ragoût de choses broyées, *V.* பச்சடி.

துவ்வல்,*opt.et n. v. de* துவ்வுகிறது,manducation,jouissance.

துவ்வா,துவ்வாத, *part. nég. du même*, qu'on *ou* qui ne mange pas, qui ne jouit pas,pauvre; துவ்வார், துவ்வாதார்,துவ்வாதவர் pauvres.

துவ்வாமை,*n.v.nég du même*, dégoût,impatience,denûment, privation,pauvreté.

துவ்வு,1° nourriture, jouissance, —sensuelle,perception des sens. 2° *imp.et part.de*

துவ்வுகிறது, வினேன், வுவேன், வு,வ,*v.a.* துவ்வுதல், *n. v.* (துவ்வு), manger,jouir,goûter,éprouver,percevoir par les sens: அருள்துவ்வுலகு le monde où l'on jouit de toute faveur,*i.e.* le ciel.

துழக்கிறது,ழந்தேன், ழப்பேன், ழ,ழக்க,*v.a.* துழத்தல்,*n.v.* mêler,mélanger,remuer.

துழவுகிறது, *V.* துழாவுகிறது.

துழவை, *V.* துளவை.

துழணி, துழனி,bruit, son, bruit —,ramage d'une troupe d'oiseau.

துழா,*n.v.imp.et part.de*

துழாகிறது,ழானேன், ழாவேன், ழா,ழாவ *ou* ழாக,*v.a.V.* துழாவுகிறது.

துழாய்,1° *gér.du préc.* 2° la plante துளசி,basilic: — மௌலி, celui qui porte une couronne ou guirlande de basilic,*i.e.* Vichnou; —வனம் basilic,jardin de basilic.

துழாவல், துழாவுதல், *n. v. de* துழாவுகிறது.

துழாவு,*n.v.imp.et part.de*

துழாவுகிறது, வினேன், வுவேன், வு,வ,*v.a.* remuer,mêler,tourner, retourner (ce qui est dans un vase ou le grain étendu pour sécher),étendre, couper,tâtonner, chercher, examiner,ramer,conduire (une barque) à la rame.

துளக்கம்,*n. v. de* துளக்குகிறது, poli,éclat,lumière,splendeur,clarté, la 15$^{me}$ constellation dite சோதி, mouvement,agitation,trouble,tremblement,crainte,bruit,son.

துளக்கல்,*opt.et n.v.du même*, polissure,fourbissure,rendre brillant, agitation, secousse.

துளக்கு, mouvement, agitation, éclat,brillant: துளக்கில் dans l'éclat *ou* sans éclat,*n.v.imp.et part.de*

துளக்குகிறது,*sync.* துளக்கிறது, க்கினேன்,க்குவேன்,க்கு,க்க,*v.a. de* துளங்குகிறது. *et* துளக்குதல்,*n.v.* polir,fourbir,rendre brillant,faire briller,éclairer, s'éclaircir, agiter, remuer.

துளங்கல்,*opt.et n.v.du suiv.* splendeur,éclat, évidence, mouvement, crainte,trouble.

துளங்கு,*imp.et part.de*

துளங்குகிறது,*sync.* துளங்கிறது, கினேன்,குவேன்,கு,க,*v.n.* துளங்குதல்,*n.v.* briller,luire,resplendir,s'éclaircir,être évident,clair, manifeste,s'agiter,remuer,trembler, craindre,être troublé; நாள்வட்டத்திலே மெய்யும்பொய்யுந்துளங்கும் avec le temps le vrai et le faux deviennent évidens.

துளங்கொளி,(துளங்கு, ஒளி), la lumière brillante,*i.e.* la 18$^{me}$ constellation dite கேட்டை.

* துளசி, (toulasi), basilic (à tige pourprée),ocymum sanctum, plante réputée sacrée parmi les Indous, Toulasi,femme qu'on prétend avoir été métamorphosée en cette plante: —தீர்த்தம், — பத்திரதீர்த்தம் eau dans laquelle on a mis des feuilles de basilic; —மணி grain de chapelet fait de racine de basilic; —மண்டபம், —மாடம் bassin ou pot à basilic,sorte de bassin ou de pot pour en cultiver: —மாலை, —மணிமாலை guirlande de basilic ou de grains de racine de basilic.

துளம்பிக்கிச்,l'arbrisseau ஆடொண்டை. [basilic.

துளவம், துளவு, la plante துளசி

துளவன், l'arsenic préparé சோறு பாஷாணம், V. துழாய்மெளலி.

துளவை, rame de canot faite de bambou fendu et long d'environ une brasse, V. துவே: — தொடுக்கிறது manier la rame, — cette rame, conduire un canot avec une telle rame. [serand.

துளாரி, sorte d'instrument de tisதுளாபாரம், P. தொளாபாரம்.

துளாயிரம், P. தொளாயிரம், 900.

துளாவுகிறது,... P. துழாவுகிறது.

துளி, 1° goutte, — de pluie, pluie, bruine. 2° (douli), tortue femelle, nom d'un மூளி. 3° imp. du suiv.: துளி துளியாய்வடிகிறது tomber goutte à goutte, dégoutter; — மழை petite pluie, pluie qui tombe goutte à goutte.

துளிக்கிறது, ளித்தேன், ளிப்பேன், ளி, ளிக்க, v. n. et a. (துளி), dégoutter, tomber—, verser goutte à goutte, pleuvoir. [gouttement, pluie.

துளித்தல், துளிப்பு, n. v du préc. dé

துளிர், 1° bourgeon, pousse, jet, germe, bouton. 2° imp. et part. du suiv.: - விடுகிறது, — எழும்புகிறது ou

துளிர்க்கிறது, ர்த்தேன், ர்ப்பேன், ர், ர்க்க, v. n. (துளிர்), bourgeonner, boutonner, pousser, germer..

துளிர்த்தல், துளிர்ப்பு, n. v. du préc. bourgeonnement, pousse, germination.

துளுக்கிறது, P. துளிர்க்கிறது.

துளும்பல், opt. et n. v. du suiv. agitation, fluctuation, élévation, saut, onction, friction, barbouillage.

துளும்புகிறது, பினேன், புவேன், பு, ப, v. a. et n. துளும்புதல், n. v. flotter, vaciller, s'agiter, sauter, sautiller, s'élever, briller, frotter, oindre, frictionner, barbouiller.

துளுவம், 1° ou துளுவதேசம், — நாடு, le pays Toulouva, un des 56 pays de la géographie des Indous; c'est le nord du Maléalam sur la côte malabare, et dans les temps modernes, le pays de Visapour ou விசையப்பூர் entre le Canara et le Concan. 2° ou துளுவபாஷை la langue Toulouva: துளுவப்பிராமணர் brames Toulouvas, (மத்துவாசாரியர் fondateur de la secte துவைதம், ou des 2 principes, en était un); — வேளாளர் cultivateurs ou Vellages Toulouvas. [pays Toulouva.

துளுவன், (துளுவம்), homme du

துளை, 1° trou, — fait avec un instrument, creux, tube ou cavité, creux de l'intérieur du bambou, des roseaux..., bambou, entrée, porte. 2° imp. et part. de துளைகிறது. 3° imp. de துளைக்கிறது: — க்கருவி instrument percé, — creux, — à vent (comme flûte, trompette); — க்காது, — ச்செவி oreille percée; — யடிக்கிறது, — யிடுகிறது faire un trou, percer, forer; — யிசைம் cor, instrument à vent; — யுடைப்பொருள் objet percé, creux (en dedans), tube; துளையிலேமாட்டுகிறது mettre les entraves, — les pieds dans les trous des entraves.

துளைகிறது, ளைந்தேன், ளைவேன், ளை, ளைய, v. a. jouir, mêler, s'unir, se percer, aller en tournant.

துளைக்கிறது, ளைத்தேன், ளைப்பேன், ளை, ளைக்க, v. a. percer, forer, faire un trou.

துளைக்குதல், துளைத்தல், துளைப்பு, n. v. du préc. percement, perforation.

துளைக்கை, 1° (துளை), main percée ou creuse, i. e. trompe d'éléphant. 2° n. v. de துளைக்கிறது, percement. [faire percer.

துளைப்பிக்கிறது, v. caus. du préc.

துள்ளம், 1° (துளி), goutte (d'eau, de pluie...). 2° (துள்ளு), saut.

துள்ளல், opt. et n. v. de துள்ளுகிறது, saut, bond, frisson, tremblement de fièvre, chèvre ou brebis (animal bondissant), danse, moustique, ou துள்ளலோசை chant, air sautillant, — propre à l'espèce de vers dite கலிப்பா.

துள்ளாட்டம், (துள்ளு, ஆட்டம்),

saut, bond, pétulance, vivacité, fougue, turbulence: — அடங்குகிறது la pétulance s'apaiser ou être réprimée; — ஆசத்திரிகிறது courir en sautant, cabrioler, faire des courbettes.

துள்ளி, 1° P. துளி, goutte, — d'eau. 2° gér. de துள்ளுகிறது.

துள்ளு, imp. part. et n.v. du suiv. saut, bond, bondissement: — க்காளை taureau fougueux, qui bondit, personne intraitable, ingouvernable: — பூச்சி insecte bondissant, puce, insecte qui détruit le grain; — மாடு bœuf qui bondit, — qui jette à terre son fardeau.

துள்ளுகிறது, ளினேன், ளுவேன், ளு, ள, v.n. துள்ளுதல், n.v. sauter, sautiller, bondir, gambader, tressaillir, être pétulant, turbulant, trop vif: துள்ளிக்குதிக்கிறது sauter, bondir, sautiller, frétiller: — த்தொப்பென்றுவிழுகிறது bondir et tomber lourdement, faire la culbute, être puni pour une agression volontaire: — யோடுகிறது courir en sautillant; துள்ளுகிறமாடு பொதிசுமக்கும் un bœuf fougueux portera un sac pe[sant.]

துறக்கம், V. தேவலோகம்.

துறக்கிறது, றந்தேன், றப்பேன், ற, றக்க, v.a. 1° quitter, abandonner, rejeter, renoncer au monde et à la vie conjugale, se faire ermite ou religieux. 2° P. திறக்கிறது, ouvrir.

துறடு, gén. துறட்டின், obl. துறட்டு, croc, — de cornac, crochet, instrument crochu, agrafe, boucle, embarras, perplexité, trouble, confusion; அதிலேவெகு — il y a beaucoup de trouble et d'embarras en cela; துறடாயிருக்கிறது être crochu, embrouillé, emmêlé; — சொல்லுகிறது parler artificieusement, d'une manière embrouillée, tergiverser; துறட்டிலேமாட்டிக்கொள்ளுகிறது accrocher, mettre au crochet, s'accrocher, embrouiller, s'embrouiller; துறட்டிலேயகப்படுகிறது s'accrocher, s'embarrasser.

துறட்டி, croc, — de cornac, crochet, embarras, embrouillement: — ச்செடி espèce d'arbrisseau ou d'arbre à épines crochues, pisonia.

துறட்டு, obl. de துறடு, துறட்டிரும்பு croc, crochet, fer crochu, crochet en fer du suspensoir dit செடில்; — க்கோல் bâton crochu, — à crochet, (pour faire baisser les branches des arbres et en prendre les feuilles ou les fruits); — த்தடி bâton crochu ou à crochet; — வாதம் obstination, entêtement.

துறத்தல், n. v. de துறக்கிறது, abandon, renoncement, — au monde.

துறந்தார், துறந்தோர், n. app. de துறந்த, part. du même, ceux qui ont renoncé au monde, anachorètes, religieux, ascètes.

துறப்பணம், P. துரப்பணம்.

துறப்பு, P. திறப்பு.

துறல். n.v. de துறுகிறது.

துறவறம், (துறவு, அறம்), vertu —, état d'anachorète, renoncement au monde, à la vie conjugale.

துறவன், துறவி, pl. துறவர், துறவிகள் (துறவு), homme qui a renoncé au monde, religieux, ermite, anachorète, ascète: துறவிக்குவேந்தன்துரும்பு aux yeux d'un anachorète un roi n'est qu'un fétu de paille.

துறவு, 1° n. v. de துறக்கிறது, abandon, renoncement, — au monde, — à la vie conjugale (pour embrasser la vie solitaire), vie —, état d'anachorète. 2° P. திறவு: துறவுகோல், — குச்சி clef; — பூணுகிறது embrasser l'état d'anachorète; துறவொழுக்கம் état d'anachorète, conduite —, règle propre à cet état.

துறவோன், pl. துறவோர், V. துறவன்.

துறு, 1° pierre de fer ou qui contient du fer, nourriture, foule, troupe, presse, ou துறுகல் pierre pour couvrir ou boucher l'entrée d'un canal, d'un égout ou d'une écluse; — படை escadron ou bataillon serré, — épais. 2° imp. et part. de துறுகிறது. 3° imp. de துறுக்கிறது.

துறுமிறது, றினேன், றுவேன், று, றி, v n. துறுதல், n. v. être serré, pressé, à l'étroit, rempli, renfermé, manger, être mangé. அவன்சோறு தின்று துறுவந்தான் il est venu après avoir mangé (*litt.* le riz).

துறுக்கல், துறுக்குதல், *n.v. de* துறுக்கிறது, றுக்கினேன், றுக்குவேன், றுக்கு, றுக்கி, *v.a. de* துறுமிறது, serrer, presser (dans un coffre...), enfoncer, fourrer, remplir, bourrer, gorger, — de nourriture, farcir, manger: துறுத்துறுக்கொள்ளுகிறது fourrer de la nourriture (dans la bouche d'un enfant).

துறுகட்டி, petit cardamome. [*préc.*

துறுத்தல், துறுப்பு, *n. v. du verbe*

துறுபவம், (துறு), presse, étroitesse, foule, serrement, condensité.

துறுமல், துறுமுதல், boule, rondeur, compacité, *V.* துறுபவம், *n.v. et opt. de*

துறுமுகிறது, மினேன், முவேன், மு, மி, *v.n. et a.* arrondir, s'arrondir, s'agglomérer, s'attrouper, être rond, pressé, condensé, à l'étroit.

துறுவல், துறுவுதல், *n.v. de* துறுவுகிறது, étroitesse, presse, foule, manducation.

துறுவு, nourriture, étroitesse, presse, *n v. imp. et part. de*

துறுவுகிறது, வினேன், வுவேன், வு, வி, *v.a. et n.* (துறுமிறது), être serré, pressé, à l'étroit, manger.

துறை, 1° port, rade, rivage, gué (dans une rivière...), place pour descendre dans un étang, lieu désigné, — pour s'arrêter, rendez-vous, rivière, fleuve, route, chemin, borne, limite, chose, science, une des 3 subdivisions des 5 espèces de vers, *V.* பாவினம், mode ou espèce de syllogisme par rapport aux propositions générales ou particulières, affirmatives ou négatives. 2° *P.* துறும். 2° *pers. nég. de* துறுமிறது: — நீர்த்தோணி barques qui sont dans le port pour être chargées; — நியாயம் raison ou marche propre aux poèmes érotiques ou héroïques; — நெருங்கிவோடி approcher vite du port, accourir au port; — விடுபாமற்போகிறது passer près du port sans y entrer: — பெயர்க்கிறது quitter le port; — பெய்கிறது faire baigner ou baigner dans un fleuve: — போகிறது, — போகுதல், — போதல் entrer dans le port, *i.e.* atteindre son but, — la fin, acquérir la perfection, apprendre parfaitement (une science); — ப்பேச்சு langage vulgaire, — trivial, mot intercalaire; — மாலை guirlande propre au genre de victoire qu'on a gagnée; — முகம் port, hâvre, entrée d'un port, débarcadère, embarcadère; — வல்லோர் savans; துறைமுகத்தேசேருகிறது arriver au port; துறைமுகத்தேவிடைக்கிறது être —, rester dans le port.

துறைவன், (துறை *rivage*), chef —, prince d'un pays maritime ou riverain.

துறோட்டி, *P.* துரோட்டி.

துற், *P.* துர் devant க, ச, ப, *V.* துர் et ses composés.

*துற்கம், *P.* துருக்கம்.

*துற்கா, துற்கை, *V.* துருக்கா, துருக்கை. [திசம்.

*துற்பரிசம், துற்பரிசம். *V.* துர்ப்ப

துற்ற, 1° *part. parf. de* துறுமிற து. 2° *inf. de* துற்றுகிறது.

துற்றல், *n.v. de* துற்றுகிறது.

துற்று, 1° *gér. de* துறுமிறது. 2° *n. v. du même*, nourriture, riz cuit, étroitesse, presse. 3° *obl. de* துறு. 4° la pierre dite துறுகல். 5° *imp. et part. du suiv.*

துற்றுகிறது, ற்றினேன், ற்றுவேன், ற்று, ற்றி, 1° *v.a. de* துறுமிறது, manger, remplir, presser, fouler. 2° *v.n.* se remplir, se presser, s'amonceler, être pressé, serré, accumulé, se fermer.

துற்றுதல், *n.v. du préc.*

துற்றுமாற்று, (துற்று), chicane, fraude, ruse.

துனுகி, poivre long. [fraude, ruse.

துனி, 1° * (dhouni), rivière, fleuve, 2° peur, crainte, indignation, colère, haine, aversion, bouderie, honte ou réserve entr'époux, affliction, malheur, maladie: —நாதம் la maitresse des fleuves, la mer.

துனியா, (*arabe*), pays, monde.

துனை, துனைவு, vitesse.

துன், 1° *P.* துர், mal *devant* ம் *et* த் *changé en* ன. 2° *imp. part. et n.v. de* துன்னுகிறது, plein, serré, pressé, étroitesse.

துன்பம், (துன்), malheur, affliction, vexation, chagrin, douleur, souffrance, peine, (le contraire d'இன்பம்): —உள்ள malheureux, affligé; துன்பப்படுகிறது s'affliger, être malheureux, souffrir; —ப்படுத்துகிறது rendre malheureux, affliger, vexer, persécuter.

துன்பு, *P.* துன்பம்: துன்புறுகிறது, (உறுகிறது), s'affliger, se tourmenter; துன்புறுத்துகிறது affliger, tourmenter; துன்புறுவோன் homme affligé, malheureux qui s'afflige.

*துன்மதி, (துர்), mauvais esprit, —conseil, ignorance, stupidité, la 55me année du cycle indien correspondant à 1861.

*துன்மரணம், (*id.*), mauvaise mort, mort funeste.

*துன்மனம், (*id.*), mauvaise volonté, mauvais esprit, tristesse, pensée triste.

*துன்மாதிரி, (*id.*), mauvais exemple, —modèle.

*துன்மாமிசம், துன்மாம்சம், (*id.*), chair—, viande corrompue, excroissance dans les plaies, certaine maladie.

*துன்மார்க்கம், (*id.*), *V.* துர்மார்க்கம்.

*துன்மார்க்கன், (*id.*), homme dépravé, pervers, impie.

துன்மிக்கிறது, *P.* துன்பிக்கிறது, s'affliger, être peiné.

*துன்முகன், (துர்), être qui a le visage hideux, cheval, lion, Tounmouguen, géant de l'armée de Ravanen, un des principaux serpens, un des principaux singes.

*துன்முகி, *fém. du préc.* la 30e année du cycle indien, elle correspond à 1836 et 1896.

துன்மை, (துன்), mal, malheur.

துன்றல், துன்றுதல், étroitesse, presse *n.v. de*

துன்றுகிறது, ன்றினேன், ன்றுவேன், ன்று, ன்ற, *v.n.* se serrer, s'approcher, *ou* துன்றியிருக்கிறது, être pressé, serré l'un contre l'autre, épais, dense: திரண்டு — devenir—, être gras, replet, corpulent.

துன்னம், 1° (tounna), déchirure, coupure. 2° (துன்னுகிறது), couture, suture: *துன்னநாயகன், *துன்னவாயன், (வாயம்), tailleur d'habit; —ப்போத்து buffle, — qui laboure ou déchire la terre, (vulgò), paresseux, nonchalent; *—சேவனி, (சேவனம்), suture du crâne.

துன்னர், (துன்னம்), cordonniers, savetiers, ouvriers en peau, corroyeurs, tanneurs, tailleurs d'habits.

துன்னல், *n.v. de* துன்னுகிறது, proximité, approche, couture.

துன்னலர், துன்னாதார், துன்னார், (துன்னுகிறது, அலர், *nég.*), ennemis, ceux qui ne s'approchent pas.

*துன்னிமித்தம், (துர், நிமித்தம்), mauvais augure.

துன்னிய, துன்னின, *part. de* துன்னுகிறது.

துன்னியார், (துன்னிய), proches, voisins, amis.

*துன்னீதி, (துர், நீதி), injustice, mauvaise conduite.

துன்னீர், (துர், நீர்), mauvaise eau, salive, crachat.

துன்னு, chair, viande, dos, échine, presse, étroitesse, proximité, compression, saillie, *n.v. imp. et part. de*

துன்னுகிறது, ன்னினேன், ன்னுவேன், ன்னு, ன்ன, *v.n.* துன்னுதல், *n.v.* approcher, se presser (l'un contre l'autre), se serrer, remplir, être plein, —en saillie, sortir par compression, coudre.

துன்னுநர், துன்னுவார், (துன்னு), proches, voisins, amis, *V.* துன்னர்.

துன்னூசி, (துன்னு, ஊசி), aiguille (de tailleur).

துன்னெறி, (துர், நெறி), mauvaise voie, —conduite.

தூ, 1° lettre syllabique composée de த் *et de* ஊ, toû. 2° pureté, propreté, blancheur, blanc, chair, haine, bâton, support, plume (d'oiseau). 3° *int.* fi! cri ou mot pour faire arrêter les animaux. 4° *imp. et part.de* தூவிறது.

* தூகம்,(dhoûka),vent.

தூவிறது,தூவினேன்,தூவேன், தூ,தூவ,*v.a.*(தூவுகிறது), répandre,jeter çà et là, disperser, parsemer,joncher,semer: பூத் — répandre des fleurs.

தூக்கணம்,(தூக்கு),1° chose suspendue.2° *ou* தூக்கணங்குருவி,தூக்கணாங்குருவி, l'oiseau au nid suspendu, loxia philipina; il fait fort industrieusement son nid suspendu à une branche d'arbre:—குருவிக்கூடு nid de cet oiseau; — குருவிகுரங்குக்குப்புத்திசொன்னதுபோலே c'est comme si le loxia donnait des avis au singe, (de colère il déchirerait son nid),*i.e.*si un pauvre, bien que sage, donne des avis à un brutal puissant,il en sera la victime.

தூக்கம்,(தூக்கு,அம்),chose suspendue, tout ce qui pend, (comme rideau,voile...), tenture, draperies suspendues aux murs, bijou composé de pierres précieuses et de chaînes d'or ou de grains d'or suspendus, sorte de pendans d'oreilles,os, sommeil,assoupissement,langueur,lenteur, paresse, oubli, relâchement, abattement,flétrissure;—கலைந்துபோய் *ou* கெட்டுப்போகிறது le sommeil être troublé ou dérangé; — தெளிகிறது le sommeil se dissiper, s'éveiller; இராத்திரி—கெட்டேன் j'ai passé la nuit sans dormir, j'ai mal dormi cette nuit;எனக்குத்— வந்தமட்டுகிறது le sommeil m'accable:தூக்கக்கலக்கம், — மயக்கம் assoupissement, envie de dormir. [தூ.

தூக்கல்,*opt.et n.v. de* தூக்குகிற

தூக்கி,*gér.et n.app.de* தூக்குகிறது,celui qui soulève,qui pend.

தூக்கிரி, (*télinga*), garde principal,—champêtre, - de village: — க்கரவல் district d'un garde champêtre: —மேரை quantité de grain donnée dans l'aire au garde champêtre.

தூக்கிரும்பு,(தூக்கு,இரும்பு),crochet de fer,(pour suspendre quelque chose),crochet en fer du suspensoir dit செடிக்.

தூக்கு,1° chose qui pend (comme rideau...),tenture,draperie,franges,corde pour suspendre des vases, crochet ou croc (pour suspendre quelque chose), l'oiseau loxia ou தூக்கணங்குருவி,balance, le signe de la Balance, poids, quart de துலாம்,pesanteur,examen,considération,action de peser,comparaison, hauteur, danse, stance, strophe de poésie,gourou, précepteur. 2° *n.v. imp.et part.de* தூக்குகிறது: — சீலை rideau; தூக்கிலேவைக்கிறது suspendre à un —,mettre au crochet;—நூல் plomb,fil-à- plomb;—ப்பலகை, *V.*செந்தூக்கு; — மரணம் mort par la potence ou la corde, pendaison;—மரம் potence,gibet;—விளக்கு lustre,lampe suspendue.

தூக்குகிறது,*sync.*தூக்கிறது, க்கினேன்,க்குவேன்,க்கு,க்க,*v.a.*தூக்குதல்,*n.v.*pendre,suspendre, accrocher (à quelque chose), lever,soulever,élever,peser,considérer, examiner,aider:தூக்கிக்கொண்டுபோகிறது lever (un fardeau et l') emporter;— ப்பிடிக்கிறது lever et tenir (un malade): —ப்பிடிபடாபிணக்காடாகவெட்டுகிறேன் allons, gueux, lève et tiens moi et j'abattrai une forêt de cadavres (bravade ironique); —ப்போடுகிறது pendre, —au gibet, suspendre; — யெடுக்கிறது élever, dresser,enlever,emporter; — விடுகிறது relever quelqu'un, le prendre par la main,lever le fardeau de—, charger quelqu'un,aider quelqu'un à prendre son fardeau;— விணைசெய் agis après une mûre délibération; வைக்கிறது suspendre, pendre,mettre à la potence, lever et placer. [ce,peson.

தூக்குங்கோல்,(தூக்கும்),balan-

தூக்குணி,(தூக்கு,உணி), pendard,gibier de potence.

தூக்குண்கிறது, (*id.* உண்கிறது),être pendu,suspendu.

தூக்கும்,*part. fut. de* தூக்குகிற -பாலம் pont levis.

*தூக்குவோன், n. app. du meme*, celui qui pend, suspend... bourreau qui pend.

தூங்கணி, (தூங்கும், அணி), joyau composé de globules d'or et de pierres précieuses suspendues.

தூங்கமுத்து, தூங்கமுட்டு, la racine dite கோரைக்கிழங்கு, *i.e.* racine de l'herbe médicinale cyperus juncifolius.

தூங்கலன், (தூங்கல்), paresseux, nonchalent, *ou*

தூங்கலாளி, (*id.*), dormeur.

தூங்கல், *opt. et n. v. de* தூங்குகிறது, mouvement, agitation, balancement, secousse, danse, sommeil, assoupissement, inertie, paresse, lâcheté, fainéant, pendre, suspension, remise, délai, abaissement, abattement d'esprit, relâchement, effusion, écoulement, son ou ton du வஞ்சிப்பா, l'animal qui marche en se balançant, *i.e.* l'éléphant: — ஆயிருக்கிறது sommeiller, être assoupi; — ஓசை ton cadencé, — propre au வஞ்சிப்பா; — வண்ணம் méthode —, chant du வஞ்சிப்பா, s'exercer à ce chant.

தூங்காமை, *n. v. nég. de* தூங்குகிறது, veille, insomnie, vigilance, c'est une des 3 qualités des rois.

தூங்கி, *gér. et n. app. de* தூங்குகிறது, parasite.

தூங்கிசை, (தூங்கு, இசை), vers du genre dit நிரையொன்றாசிரியத்தளை, *i.e.* composé de doubles brèves, une des 3 sortes d'harmonie dans les vers, (les 2 autres sont ஏந்திசை, ஒழுகிசை): — ச்செப்பல், vembâ composé de pieds dits இயற்சீர் avec la connexion dite வெண்டளை: — த்துள்ளல் un des airs ou tons du கலிப்பா; — யகவல் agavel composé de doubles brèves.

தூங்கு, *imp. et part. du suiv.* qui pend, suspendu: — மஞ்சம் lit suspendu, hamac; — மூஞ்சி dormeur.

தூங்குகிறது, *sync.* தூங்கிறது, கினேன், குவேன், கு, க, *v. n. de* தூக்குகிறது, தூங்குதல், *n. v.* pendre, être suspendu, pendu, pendiller, se balancer, se remuer, dormir, sommeiller, être assoupi, lent, paresseux, défaillir, se faner, se flétrir, se répandre, découler: தூங்கிவிழுகிறது sommeiller, être assoupi; — விழுகிறது tomber de sommeil. [கலி.

தூசங்கொளல், espèce de சித்திர

*தூசரம், (dhoûsara), couleur grise, blanchâtre. [chand d'huile.

*தூசரன், (*id.*). faiseur —, mar-

தூசர், (தூசு), blanchisseurs.

தூசாக்குகிறது, (*id.*), nettoyer, laver, blanchir.

தூசி, poudre, poussière, cheval, avant-garde, détachement, division d'armée, ordre de bataille, bataille, (tout cela fait voler la poussière); — தாங்கி rideau, toile mise (sur les habits...), pour préserver de la poussière: — படிந்திருக்கிறது la poussière être tombée, être tout couvert de poussière: — படுகிறது devenir poudreux, se couvrir de poussière: — ப்படை avant-garde; — யாகிறது se changer —, s'en aller en poussière: — யாயிருக்கிறவிடம், place couverte de poussière, தூசியின்முதனாள் la veille de la bataille. [seille.

தூசிகம், la plante புளியாரை, o-

*தூசியம், (doûsya), tente, pavillon.

தூசு, 1° la 14me constellation lunaire dite சித்திரை, toile, habit, sangle d'éléphant. 2° *P.* தூய்மை, propreté, netteté. 3° *P.* தூசி, poussière, corps d'armée, détachement: — தாங்கி, *V.* தூசிதாங்கி.

தூசுப்பு, தூசுப்பூ, l'arbrisseau நன்னாரிக்கொடி.

*தூஷகன், (doûchaka), calomniateur, blasphémateur, détracteur.

*தூஷணம், (doûchana), injure, outrage, calomnie, blasphème, mépris, impertinence, faute, offense, perte, dommage, corruption, violation: — சொல்லுகிறது dire des injures, injurier, insulter, blasphémer; தூஷணாதிக்காரம் réfutation des injures; — ப்பேச்சு, — வார்த்தை injures, langage —, mot injurieux.

*துாஷணன், (*id.*), l'insolent, le calomniateur, Douchanen, un des frères de Râvanen.

துாஷணாரி, (துாஷணன், அரி), l'ennemi de Douchanen, *i.e.* Râmen.

துாஷணிக்கிறது, ணித்தேன், ணிப்பேன், ணி, ணிக்க, *v. a.* (துாஷணம்), injurier, insulter, calomnier, mépriser. [*du préc.* injure, insulte.

துாஷணித்தல், துாஷணிப்பு, *n. v.*

*துாஷணை, *P.* துாஷணம்.

*துாஷி. துாஷிகை, (doûchi, kâ), chassie (des yeux).

துாஷிக்கிறது, ஷித்தேன், ஷிப்பேன், ஷி, ஷிக்க, *v. a. et* துாஷித்தல் *ou* துாஷிப்பு, *n. v.* (துாஷணம்), *V.* துாஷணிக்கிறது...

*துாஷிதம், (doûchita), calomnie, injure, accusation.

*துாஷிதை, (*id.*), fille violée.

*துாஸிதம், *V.* துாத்தம்.

*துாடணம், *V.* துாஷணம்.

துாடிக்கிறது. துாடித்தல், *P.* துா

துாட்டி, toile, habit, [ஷிக்கிறது.

துாட்டிகம், la plante தும்பை.

*துாணம், 1° (toûnâ), carquois. 2° (sthoûnâ), pilier, colonne. 3° haine. *V.* துாக்கணம்.

*துாணி. 1° (toûni), carquois, celui qui a un carquois. 2° mesure de 4 மரக்கால் *ou* குறுணி, (sa marque est ௲): —க்குறுணி 5 maracals; —ப்பதக்கு 6 maracals; — முக்குறுணி 7 maracals; இருதுாணி 8 maracals; இருதுாணிக்குறுணி 9 maracals; இருதுாணிப்பதக்கு 10 maracals; இருதுாணிமுக்குறுணி 11 maracals.

துாணிகர், marchands.

துாணிக்கிறது, ணித்தேன், ணிப்பேன், ணி, ணிக்க, *v. n.* (துாண்), grossir. [*préc.* grosseur

துாணித்தல், துாணிப்பு, *n. v. du*

துாணியம்பலம், gomme du figuier அத்தி.

*துாணீரம், (toûnîra), carquois

*துாண், (sthoûnâ), colonne, support, appui, bâton (pour s'appuyer...).

துாண்டல், *opt. et n. v. de* துாண்டுகிறது, incitation, stimulation, direction, aiguillon.

துாண்டா, துாண்டாத, *part. nég. du même:* துாண்டாவிளக்கு lampe qui n'a pas besoin d'être mouchée, qui brûle d'elle-même.

துாண்டி, *gér. du même.*

துாண்டில், 1° (துாண்டு, இல்), hameçon, ligne (pour prendre le poisson), aiguillon, croc de cornac. 2° *condit. de* துாண்டுகிறது, si on excite: துாண்டிலகப்பட்டமீன் poisson pris à l'hameçon; துாண்டிலிலிரைகோத்துப்போடுகிறது mettre l'amorce à l'hameçon; — போடுகிறது, lancer la ligne, pêcher à la ligne; துாண்டிற்குள் hameçon, crochet de l'hameçon; துாண்டிற்காரன் pêcheur à la ligne; —காரனுக்குமிதப்பின்மேலேகண் le pêcheur a toujours l'œil sur le liége de sa ligne, *i.e.* on ne doit pas perdre de vue ce qui demande attention; — கோல் baguette ou perche de la ligne.

துாண்டு, *imp. part et n. v. du suiv.* stimulation, excitation, effort: —குச்சி, — கோல் brochette —, buchette pour pousser ou arranger la mèche d'une lampe ou d'une torche, aiguillon, instigateur, moteur; ஒருத்தனுக்குத் துாண்டுகோலாயிருக்கிறது exciter —, aiguillonner quelqu'un.

துாண்டுகிறது, டினேன், டுவேன், டு, ட, *v. a* துாண்டுதல், *n. v. ou* துாண்டிவிடுகிறது, exciter, animer, engager, exhorter, suggérer, insinuer, émouvoir, pousser, susciter, irriter, faire souvenir, — marcher, diriger, aiguillonner, éperonner, attiser le feu, moucher —, arranger la mèche d'une lampe, la tirer ou la pousser: விளக்கைத் — moucher la lampe, en arranger la mèche: துாண்டிக்கேட்கிறது réprimander, blâmer, censurer, reprocher; —க்காட்டாதே ne censure pas les autres; ஒருவன்செய்ததையவனுக்குத் —க்காட்டுகிறது reprocher à quelqu'un ce qu'il a fait; [illegible] suggérer, insinuer; அறிவைத் —க்கொடுக்கிறது donner de l'esprit, éclairer, instruire.

*தூதகம், (toûtaka), vitriol bleu.

*தூதம், (dhoûta), mouvement, agitation, mépris, reproche, chose rejetée, — de rebut.

*தூதர், *pl. de* தூதன்.

தூதல், *n. v. de* தூதிறது.

தூதளை, *P.* தூதுளை.

*தூதனம், bambou.

*தூதன், (doûta), *pl.* தூதர், தூதர்கள், envoyé, messager, courrier, ambassadeur, conciliateur, entremetteur, espion, புதன் ou Mercure prétendu messager des dieux, (ou plutôt தேவதூதன்) ange.

தூதாயீம், (*en hébreu* doûdaim), *ou* தூதாயீஞ்செடி mandragore.

தூதாள், *pl.* தூதாட்கள், தூதாக்கள், (தூது, ஆள்), *V.* தூதன்.

*தூதி, தூதிகை, (doûti, kâ). messagère, ambassadrice, confidente, entremetteuse, une des dents venimeuses des serpens (la messagère de mort).

தூது, (தூதன்), message, — de conciliation, ambassade, envoi, commission, message d'amour, — de libertinage, office d'entremetteur, le 75me des பிரபந்தம், poème dans lequel on décrit le message que s'envoyent des amans par le moyen d'un ménétrier, d'un perroquet, d'un cygne ou autre oiseau, petite pierre, haine: — அனுப்புகிறது, — விடுகிறது envoyer un message, un entremetteur; — சொல்லுகிறது, — நடக்கிறது, — போகிறது porter —, accomplir un message, faire une commission, servir d'entremetteur.

தூதுணம், தூதுணம்பறவை, தூதுணி, (தூது, உண்கிறது), l'oiseau qui avale de petites pierres, pigeon, colombe, le loxia ou தூக்கணாங்குருவி.

தூதுவேளை, *V.* தூதுளை

தூதுவன், *m.* (தூது), messager, entremetteur, புதன் ou Mercure prétendu messager des dieux.

தூதுவள், *f. de* தூதுவன் messagère, entremetteuse.

தூதுவளை, *P.* தூதுளை, l'arbrisseau solanum trilobatum, espèce de morelle; l'*adj. est* தூதுளம்: தூதுளங்காய், — பழம், — வற்றல் baie verte —, baie mûre —, baie sèche de cet arbrisseau.

தூதை, 1° petite cruche, marteau. 2° (dyoûta *jeu*), gageure au jeu.

*தூஸ்தம், (toûsta), poussière, atome, péché, chevelure tressée.

*தூத்தியம், (doûtya), message, ambassade, nouvelle.

தூத்துக்குடி, Tutucorin, ville sur la côte de la pêcherie dans le district de Tinnévelly.

*தூபம், (dhoûpa), encens, fumée, — odoriférante, — de résines odoriférantes: — காட்டுகிறது, — கொடுக்கிறது encenser, offrir —, brûler de l'encens, parfumer à la fumée de l'encens: தூபக்கலசம், — க்கால், — க்கிண்ணி, — முட்டி encensoir, cassolette; — தீபங்காட்டல் offrande d'encens et de lumières; — வருக்கம், — வர்க்கம் parfums divers, diverses résines odoriférantes; — வர்க்கம் போடுகிறது mettre —, brûler des parfums dans une cassolette; — விருக்ஷம் l'arbre à la résine odoriférante, espèce de pin.

*தூபரம், (toûvara), animal (naturellement) sans corne.

*தூபனம், (தூபம், na), encens, résine, — odoriférante.

*தூபாயிதம், (dhoûpâyita), mort, dans le feu.

*தூபாராதனை, (*id.* ஆராதனை), offrande d'encens.

தூபி, cime de montagne, sommet de châsse ou de char d'idole, tour de pagode, faite (de maison...): — ப் பிரதிஷ்டை mettre le faite ou la cime (d'une tour...), en faire la dédicace.

தூபிகை, 1° (தூபி, kâ), sommet —, tour de temple, coupole. 2° * (தூபம், ikâ), fumée.

*தூபிதம், (தூபம், ita), chaleur, douleur causée par une brûlure ou par la chaleur, mort dans le feu.

*தூமம், 1° (dhoûma), fumée, vapeur. 2° four, — à potier, la plante

புகைநிறமான: தூமகக்பம்,—ஸ்தம்பம் colonne de fumée, sorte de phénomène;—காரம் l'arsenic துத்தபாஷாணம்; —கேதனன் le feu, le nœud descendant de la lune;— கேது feu, le prétendu dieu du feu, comète, étoile tombante ou filante, கேது ou le nœud descendant de la lune, cruauté, violence; —சங்கதி nuage ou amas de fumée; — த்துவசன் celui qui a la fumée pour enseigne, le feu; —ப்பிரபை, —ப்பிரவை la région de la fumée, une des 7 divisions de l'enfer des Indous; —யோனி nuage (formé de fumée ou de vapeur), —பதம், —ரந்திரம், — த்துவாரம், தூமாயனம் (அயனம்), cheminée; —ரந்திரசம்மார்ச்சகன் ramoneur.

*தூமலம், 1° (dhoûmala), couleur de pourpre, rouge foncé. 2° (தூ), péché, souillure.

தூமான், siége, chaise, boîte à bijoux.

*தூமிகை, (தூமம், ikâ), vapeur, brouillard.

*தூமியம், தூமியை, (dhoûmyâ), fumée.

*தூமிரகம், (தூமிரம், ka), chameau.

*தூமிரம், (dhoûmra), couleur de —, pourpre, péché.

*தூமிராபம், (dhoûmrâbha), air, vent.

தூமை, (தூ), pureté, blancheur, (et par antilogie), menstrues, règles des femmes.

*தூமோர்ணை, (தூமம், oûrnâ laine), Dhoûmornâ femme de Yamen, laquelle est de couleur de fumée et a la tête laineuse, d'où

*தூமோர்ணாபதி, le mari de Dhoûmornâ, i.e. Yamen.

தூம், (télinga), mesure: குப்பத்தூம் portion de terre libre d'impôt; செட்டித்தூம் portion du produit d'un champ donnée au chef du village.

தூம்பல், la plante சுரை, courge.

*தூம்மிரம், (dhoûmra), couleur de—, pourpre: தூம்மிரகருப்பம் l'arsenic துத்தபாஷாணம்.

*தூம்மிரகுடிகம், (தூம்மிரம், குடிகம்), sorte de pilule, probablement rouge et composée de 8 ingrédiens.

தூம்பு, chemin étroit et difficile, chemin, route, porte, écluse, bonde —, porte d'écluse, —d'étang, canal, égout, évier, tuyau, tube, bambou, la mesure dite மரக்கால், plomb: —வாய் bonde d'écluse.

தூம்பை, தூம்பா, (du français tombe), bière (pour mettre les morts).

தூய, 1° adj. de தூய்மை, pur, propre, net. 2° inf. de தூவிறது: —சேறு onguent —, parfum suave; — மணி pierre précieuse sans tache; —வெள்ளை blancheur sans tache; — தவர் saints pénitens; —வுடம்புடைமை, —வுடம்பினைஉறல் avoir un corps pur ou spirituel, ce qui est un des எண்குணம்.

தூயவன், m. தூயவள், f. தூயது, n. தூயவர், pl. தூயவை, n. pl. (தூய), homme—, femme—, chose pure: தூயவர் gens purs, les sages, les anachorètes.

தூயன், m. தூயள், f. தூயர், pl. (தூய்), homme—, femme —, gens purs.

தூயாள், (தூய், ஆள்), femme pure, la blanche Sarasvadi.

தூயி, தூயின, gér. et part. de தூவிறது.

தூயோர், (தூய்), gens purs, les bons, les anachorètes, les sages.

தூய், adj. de தூய்மை, pur, net, blanc: —வெள்ளை blancheur pure, sans tache.

தூய்தன்மை, 1° (தூய்), état pur. 2° ou (தூய்து, அன்மை), ou தூய்தல்லாமை impureté, saleté, malpropreté.

தூய்து, தூய்து, (தூய்), ce qui est pur, net: தூய்தாக்குகிறது purifier, nettoyer, raccommoder.

தூய்மை, (தூ), pureté, netteté, propreté.

தூய்வோர், (தூய்), V. தூயோர்.

தூர, 1° adj. de தூரம். 2° inf. de தூருகிறது.

*தூரணம், (toûrnâ), promptitude, vitesse.

*தூரணி, (toûrni), vitesse, vélocité, excrément, esprit, volonté.

*தூரதை,(தூரம், தா), distance, éloignement. [ஊமத்தை.

*தூரத்தம், (dhoûrta), la plante

தூரத்தான், (தூரம்), étranger, homme venu de loin ou qui est loin qui n'a pas de parenté ou d'affinité avec un autre.

*தூரம்,1° (doûra), grande—, distance, éloignement, lointain, différence, étendue, dehors. 2° (toûra), instrument de musique. 3° (dhoûrta); la plante ஊமத்தை: அதுக்குமி துக்குமெத்தனை — quelle distance ya-t-il d'ici là? வெகு॰— très loin, une grande distance; உனக்குமெனக் குத் — il y a de la distance ou de la différence de toi à moi, je n'ai rien à démêler avec toi;— ஆயிருக் கிறது être loin,—éloigné; வீட்டுக்கு த்—ஆயிருக்கிறது être loin de la maison, une femme avoir ses règles et être mise à l'écart de la maison et des affaires domestiques; ஒருத்தனுக் குத்—ஆய்ப்போகிறது s'éloigner de quelqu'un ou perdre ses bonnes grâces; தூர éloigné, loin, loin d'ici; — உறவு parenté éloignée; —ஞானி qui connait l'avenir; —காரியம் effet différent de sa cause, divergence de l'effet à la cause; — சூலை obstruction des règles, maladie arthritique qui vient aux femmes dans leurs règles; — ஸ்திரீ femme qui a ses règles et est mise à l'écart de la maison et du ménage (dans les usages indous); — தரிசனம் prévoyance, prescience, prophétie; —தரிசி être qui voit de loin, prophète, savant, vautour; — திருஷ்டி, —திட்டி, — திருஷ்டி vue longue, voir de loin, prescience, prévoyance, personne qui voit ou prévoit de loin, l'arsenic அஞ்சனபாஷாணம்; —திருஷ்டியாய்ப்பார்க்கிறது apercevoir —, voir ou prévoir de loin, prévoir l'avenir; — திருஷ்டியுள்ளவன் homme prévoyant, qui connait de loin ou d'avance; — திருஷ்டிக்கண்ணாடி télescope, lunette d'approche; —நிற்கிறது s'arrêter —, se tenir loin, —à quelque distance; —

நில்லு, reste au loin, n'approche pas:—ப்படுத்துகிறது éloigner; — ப் படுகிறது s'éloigner;—மானம் longimétrie —வசித்திரகம்(வசித்திரம்), nudité; —வாசி homme qui habite au loin; தூரத்திலிருந்துவருகிறது venir de loin; தூரத்திலேதெரிகிறது paraître dans le lointain, connaître de loin; தூரத்திலேபோகிறது aller loin, s'éloigner.

தூரல், *opt. et n.v.de* தூருகிறது, être plein, remplissage, affliction, peine.

*தூராதூரம், (தூரம், *répété*), grande distance, très-loin.

*தூரி, (துரி), brosse ou pinceau (de peintre), petit coquillage, coquille de moules, cauris, grand filet:— சோகி cauris, coquillage qui sert de cache ou de liard et d'instrument de jeu; — க்கோல் pinceau (pour peindre les tableaux ou les toiles...);— வலை grand filet.

*தூரிகை, தூரிகைக்கோல், (தூரி, கோ), pinceau,— de poils ou brosse pour peindre, roseau de bambou qui sert à peindre les toiles ou chites: தூரிகைபிடித்தவன் celui qui a pris le pinceau, le peintre; தூரிகையாலெழுதுகிறது peindre; tracer avec un pinceau.

தூரியம், 1° * (toûrya), instrument de musique, tambour, — de fête, — de réjouissance, gros tambour dit முரசு. 2° (தூரம்), arme,— qu'on lance, trait, dard, javelot, lance. 3° (தூரி), pinceau (pour peindre), 4° (துரியம்), bœuf, bel habit; தூரியக்கோல் pinceau;* — கண்டம் instrument de musique.

*தூரியன், 1° (தூரம்), homme éloigné. 2° (toûrya), Dieu, l'être divin, l'Esprit universel.

தூருகிறது ou தூர்கிறது, ந்தேன், ருவேன் ou ர்வேன், ரு ou ர், v. n. தூருதல், n. v. se remplir, être rempli, comblé, arriver au niveau, ou தூர்ந்துபோகிறது se combler (un puits, une fosse), se boucher. [ம்.

தூரேத்தி, la plante கம்பந்திரு

தூரோணம், la plante கவிழ்தும்பை.

தூர், 1° *n.v.imp. et part. de* தூர்கிறது *et de* தூர்க்கிறது, ce qui remplit ou obstrue, vase etc... à curer, accumulation de boue, de pots cassés et de sédiment au fond d'un puits, boue, sédiment, pied—, fond d'un vase (en dehors), racine: —எடுக்கிறது. — வாருகிறது curer (un puits...).

தூர்கிறது, *V.* தூருகிறது.

தூர்க்கிறது, ர்த்தேன், ர்ப்பேன், ர், ர்க்க, *v.a. de* தூர்கிறது, remplir, combler, obstruer, balayer, rassembler: கிணற்றைத்தூர்த்தால் வயிற்றைத்தூர்க்கும் si on comble un puits, on obstrue le ventre (et on expose à mourir de faim); கடலைத்தூர்க்காரியமுடியாது l'entreprise de combler la mer est interminable (ainsi en est il de...).

தூர்க்கை, 1° *n.v.de* தூர்க்கிறது. 2° la 11ème constellation lunaire dite பூரம்.

தூர்தல், *n.v.de* தூர்கிறது.

*தூர்த்தம், (dhoûrta), rouille, limaille de fer, libertinage, impudicité. [தூர்க்கிறது.

தூர்த்தல், தூர்த்து, *n.v.et gér.de*

*தூர்த்தன், *pl.* தூர்த்தர், (doûrta, débauché, libertin, vaurien, trompeur, fripon, coquin, joueur de profession: தூர்த்தத்தனம் libertinage, débauche, impudicité; —லக்ஷணம் signe —, appareil d'impudicité, coquetterie, lascivité, séduction; —வியாபாரம் commerce impur, conduite libertine, — débauchée.

*தூர்த்தை, *fém. du préc.* femme débauchée, adultère, libertine, trompeuse. [plissage, balayage.

தூர்ப்பு, *n.v.de* தூர்க்கிறது, rem-

தூர்மம், la plante தேள்க்கொடுக்கு. [transport, bête de charge.

*தூர்வகம், (dhoûrvaha), portage,

*தூர்வாசம், (தூருவாசன்), légende de Dourvasen, un des 18 pouranas inférieurs.

*தூர்வாசன், *V.* துருவாசன்.

தூர்வு, *V.* தூர்ப்பு.

*தூர்வை, 1° (doûrbâ), chiendent. 2° (தூர்கிறது), bois mort, branches ou feuilles sèches, ce qui remplit, boue, vase, accumulation de sédiment et de pots cassés au fond d'un puits, terrain aplani et nivelé.

தூர்று, l'herbe முசற்புல்.

*தூலகம், 1° (தூலம், ka), cotonnier, coton. 2° (dhoûlaka) poison.

*தூலம், 1° (toûla), coton, le cotonnier பருத்தி, l'arbre à coton dit இலவு, air, atmosphère, mûrier indien. 2° *P.* தூலகம் poison. 3° poutre de maison, l'herbe கோரை, la plante நீர்முள்ளி. 4° *V.* ஸ்தூலம் *et ses composés.* தூலகார்முகம், —சாபம், —தனு arc employé à battre et nettoyer le coton; —க்கட்டைவீடு maison à poutres (ou à traverses sous le toit; —சேசனம் filature du coton; —நாளம் rouleau de coton (pour être filé); —சேசு coton.

*தூலன், *P.* ஸ்தூலன்.

*தூலாசம், (doûlâsa), arc.

*தூலி, 1° (toûli), pinceau. 2° *f.de* தூலன், femme corpulente.

*தூலிகை, (தூலி, kâ), pinceau, matelas, mèche de lampe.

தூலிக்கிறது, *P.* ஸ்தூலிக்கிறது.

தூலித்தல், தூலிப்பு, *n.v. du préc.* *V.* ஸ்தூலித்தல். [nier soyeux இலவு.

*தூலினி, (தூலம், ini), le coton-

தூவத்தி, épée.

*தூவரம், (toûvara), bœuf, — sans cornes, tête chauve, âcreté, goût astringent. [sans barbe.

*தூவரன், (*id.*), eunuque, homme

தூவல், *opt. et n.v.de* தூவுகிறது, effusion, aspersion, pleuvoir, goutte de—, pluie, —fine, — poussée par le vent, bruine, plume de flèche, — à écrire, pinceau, pousse, rejeton: —மழை bruine, pluie fine; தூவற்பயிர் céréales clair-semées, — de semence semée à la volée. [வுகிறது.

தூவா, தூவாத, *part. nég. de* தூ

தூவானம், (தூ, வானம்), pluie qui fouette, — poussée par le vent (à travers les portes et fenêtres...), bruine: — அடிக்கிறது, — இறைக்கிறது, — வீசுகிறது la pluie fouetter, — être ainsi poussée; மழைவிட்டுந் — விடவில்லை quoique la pluie ait cessé, il bruine encore, il y a quelque reste de la querelle passée.

தூவி, 1° *gér. de* தூவுகிறது. 2° plumes ou duvet d'oiseaux, plume de cygne, queue de paon, nageoire (de poisson): — சயனம், — மெத்தை, couette, lit de plumes.

தூவு, 1° chair, viande, nourriture. 2° *imp. part. et n.v. du suiv.* aspersion, effusion.

தூவுகிறது, வினேன், வுவேன், வு, வ, *v. a.* (தூவிறது), asperger, répandre, saupoudrer: தூவிக்கொடுக்கிறது asperger, donner peu, chichement; — விடுகிறது divulguer, répandre des bruits; — தூவும்விதை semence qu'on sème ou à semer.

தூவுகை, தூவுதல், *n.v. du préc.* effusion, aspersion. [sière.

தூளம், தூளனம், (தூள்), pous-

*தூளி, 1° (dhoûli), poussière, poudre, pollen de fleur. 2° hennissement de cheval. 3° *imp. de* தூளிக்கிறது: — குட்டிமம், — கோடரம் rempart, retranchement en terre; — த்துவசன் le vent qui a pour signe ou pour enseigne la poussière; — ப்படலம் nuage de poussière; — மட்டம் rase terre, niveau de la terre; — மெத்தை matelas grossier.

தூளிக்கிறது, தூளித்தல், தூளிப்பு. *V.* விதூளிக்கிறது...

*தூளிதம், (தூளி, ta), poussière, poudre, cendres, chose dont on se frotte.

தூள், (தூளி), poussière, poudre, pollen des fleurs: — ஆகப்பொடிபண்ணுகிறது, — ஆக்குகிறது, — ஆகிப்போகிறது pulvériser, réduire en poudre; — ஆயிடிக்கிறது réduire en poudre (en pilant ou broyant; — ஆய்ப்போகிறது s'en aller en poussière, se réduire en poudre: — எழும்புகிறது, — கிளம்புகிறது la poussière s'élever: — எழுப்புகிறது faire voler la poussière.

தூறல், *opt. et n.v. de* தூறுகிறது, diffamation, pleuvoir, goutte de —, pluie, — légère, — fine.

தூறவம், l'arbre நாவல்.

தூறன், *P.* தூர்த்தன்.

தூறி, *gér. et n.app. de* தூறுகிறது: ஆளுதூறி diffamateur, médisant, calomniateur, prodigue, extravagant.

தூறு, 1° *imp. et part. de* தூறுகிறது. 2° *gén.* தூற்றின், buisson, touffe de buissons, broussailles, hallier, bosquet, bois taillis, foule, diffamation, médisance, calomnie, rumeur, mauvais bruit, la plante நாவல், safran, cheveux hérissés, frisés ou emmêlés, *V.* சிறும்பல்: தூறுக்குகிறது divulguer, diffamer, médire, calomnier; தூறும்ப்போயிற்று c'est notoire, — devenu un bruit public; தூறுதலை tête hérissée comme un buisson; — தலைச்சி femme dont les cheveux sont hérissés; — தலையன், — தலையன் l'arbrisseau ஓமால்; — படுகிறது être diffamé, calomnié, — dispersé; — பட்டவன் homme décrié, diffamé; — பண்ணுகிறது, — படுத்துகிறது diffamer, décrier, médire, calomnier; — புட்பம், — புஷ்பம் la plante சித்தி ல்; — பேசுகிறது médire, diffamer; — மாறு trouble, désordre, faute; — வாயன் mauvaise langue, médisant, diffamateur; தூறுக்காளாகிறது, தூற்றுக்காளாகிறது être exposé à être divulgué, — à être diffamé, être en butte à la médisance: ஆறுகொண்டதுபாதி தூறுகொண்டதுபாதி la rivière en a emporté une moitié et les buissons l'autre, *i.e.* tout été dissipé en vain.

தூறுகிறது, றினேன், றுவேன், று, ற, *v. a. et n.* தூறுதல், bruiner, pleuvoir légèrement, pousser, — des rameaux, — des branches, se répandre, se disperser, être diffamé ou calomnié, diffamer, calomnier, murmurer contre, disperser, répandre, divulguer, semer des bruits: தூறிக்கொள்ளுகிறது se blâmer, se critiquer soi-même; தூறிமயிர் cheveux touffus, hérissés comme un buisson.

தூறுபட்டி, P. துறுபட்டி.

தூற்றல், opt.et n.v. de தூற்றுகி றது, bruine, petite pluie, diffamation, médisance, blâme, prodigalité, dispersion, dissipation, vanner...

தூற்று, தூற்றா, part.nég. de தூற்றுகிறது: தூற்றுநெல், —ப்பொலி riz non vanné, (mais battu).

தூற்றுமி, (தூற்று, ஆமி), prodigue, dissipateur, dépensier: —த்தனம் prodigalité.

தூற்றி, gér.et n.app.de தூற்றுகி றது: அலர்தூற்றி diffamateur.

தூற்று, 1° imp. part. et n. v de தூற்றுகிறது, diffamation, médisance, calomnie, blâme, reproche. 2° obl.de தூறு: — க்காடு bosquet, taillis, broussailles, buissons épais; —க்குடி, V. தூத்துக்குடி: — க்கூடை van, corbeille pour vanner; - த்தேயிலை l'arbrisseau மிராம்; —வாம் côté du vent, —d'où vient le vent en vannant.

தூற்றுகிறது, தூற்றினேன், தூற்றுவேன், தூற்ற, தூற, v. a. de தூறுகிறது et தூற்றிப்போடுகிறது, — விடுகிறது, vanner (le blé...), blâmer, gronder, censurer, diffamer, médire, calomnier, répandre, disperser, dissiper, prodiguer, faire hérisser, bruiner: தூற்றுங்கூடை van à vanner. [préc. V. தூற்றல்.

தூற்றுகை, தூற்றுதல், n. v. du தூற்றுமைக்கொற்றுன், தூற்று வங்க்கொற்றுன், sorte de plante rampante. [றது, vanneurs.

தூற்றுவார், n.app. de தூற்றுகி

*தூனம், 1° (dhoûna), souffrance de la chaleur, mort dans le feu. 2° (doûna), peine, fatigue, ou

*தூனனம், (dhoûnana), agitation, mouvement. V. அசைத்தல்.

தெ, lettre syllabique composée de த் et de எ.

தெமிடி, espèce de jeu.

தெமிட்டு, P. தெவிட்டு. [று.

தெமிட்டுகிறது, P. தெவிட்டுகிற

தெமிள், sorte de plante rampante. [விட்டல், தெவிட்டுகிறது.

தெகுட்டல், தெகுடுகிறது, P. தெ

தெகுட்டி, தெகுட்டிகை, la plante தெட்டோடுக்கி.

தெகுட்பூச்சி, puce.

தெகுளம், தெகுளல், தெகுளுதல், n. v. du suiv. plénitude, abondance.

தெகுளுகிறது ou தெகுள்கிறது, குளுவேன், குளுவேன் ou குள்வேன், குளு ou குள், குள, v.n. se remplir, être plein, augmenter, abonder.

*தெக்கணம், P. தக்கிணம், le sud: தெக்கணமுனை le cap sud, le cap Comorin.

தெக்கிறது, தெக்கேன், தெப்பேன், தெ, தெக்க, v.a. ou தெத்துக்கொள்ளுகிறது, adopter.

தெங்கங்காய், (தெங்கு, அம், காய்), coco, fruit du cocotier.

தெங்கணம், le Dékan, ou sud de la presqu'île, un des 56 pays de la géographie indienne.

தெங்கந்தீவு, (தெங்கு, அம்), l'île aux cocotiers, la 6me des îles fabuleuses des Indiens.

தெங்கு, 1° ou தென்னமரம், cocotier, cocos nucifera; l'adj. est தெங் கம்: தெங்கங்காய் et par contraction தேங்காய் coco. 2° V. தெங்கந்தீவு.

*தெசம், P. தசம். dix. [மா.

தெசலம், le manguier doux தே

தெசவம், manguier. [பை.

தெசனி, safran, V. பெருங்குரும்

*தெட்சகன், (dakchaka), libérateur, sauveur, homme habile.

*தெட்சணம், P. தக்கிணம்.

*தெட்சணை, P தக்கிணை.

*தெட்சணமூர்த்தி, V. தக்கிணமூர் த்தி. [த்தம்.

*தெட்சணாவர்த்தம். V. தக்கிணாவர்

*தெட்சிணை, P. தக்கிணை.

*தெட்சிணம், P. தக்கிணம்.

தெட்ட, inf. de தெட்டுகிறது et தெட்டத்தெளிய, très-clairement.

தெட்டல், opt et n.v. du même, déception, tromperie, usurpation.

தெட்டு, 1° imp. part et n. v. de தெட்டுகிறது, tromperie, ruse, fraude. 2° mur de séparation entre des éléphans (destinés à des combats simulés...): தெட்டிவசப்பட்டு ou தெட்டுக்குள்ப்பட்டுப்போகிறது être trompé, dupé.

தெட்டுகிறது, ட்டினேன், ட்டுவேன், ட்டு, ட்ட, v.a. தெட்டுதல், n.v. ou தெட்டிப்போடுகிறது, tromper, duper, enjôler: தெட்டிக்கொண்டுவருகிறது avoir coutume de tromper.

தெட்டம், 1° maturité. 2° (தெள்), clarté.

தெண், P. தெள், clair, transparent.

*தெண்டம், P. தண்டம்.

*தெண்டனை, P. தண்டனை.

தெண்டன், P. தண்டன்.

தெண்டி, P. தண்டி.

தெண்டிக்கிறது, தெண்டிப்பு, P. தண்டிக்கிறது, தண்டிப்பு.

தெண்டிமை, (தெண்டிக்கிறது), effort.

தெண்டிரை, (தெள், திரை), mer claire, ondes —, flots limpides.

தெண்டு, P. தண்டு.

தெண்டுகிறது, டினேன், டுவேன், டு, ட, v.n. தெண்டுதல், n.v. se serrer, être pressé, foulé.

தெண்டை, n.v. du préc. presse, embarras, gêne.

தெண்ணீர், (தெள், நீர்), eau claire.

தெண்மை, (id. மை), clarté, transparence.

தெத்தம், P. தத்தம்.

தெத்து, 1° haie de ronces, d'épines ou de bambous, guichet, petite porte, lignes de retranchement, vergue, antenne. 2° gér. de தெக்கிறது. 3° imp. et part. de தெத்துகிறது: தெத்தடைக்கிறது, — போடுகிறது enclore d'une haie de ronces ou de bambous (une ville...), enclore un camp (de retranchemens...), se retrancher; — க்காரன், — க்காவற்காரன் gardien de haie, garde de retranchement; — க்காவல் garde de haie, — de retranchement; — வாசல் porte étroite, guichet; — வாய் bouche qui bégaye; — வாயன், m. bègue, bredouilleur; — வாய்ச்சி, f. bègue, bredouilleuse; தெத்திலேபோய்விழுந்துவெட்டுகிறது tomber sur les lignes de l'ennemi et le tailler en pièces.

தெத்துகிறது, த்தினேன், த்துவேன், த்து, த்த, v.a et n தெத்துதல், n.v. 1° P. தத்துகிறது, chanceler, marcher d'une manière chancelante, heurter du pied, broncher, trébucher. 2° P. தெற்றுகிறது, tresser, faire des corbeilles, des nattes etc... bégayer, balbutier, bredouiller.

தெத்துமாற்று, (தெத்து), mensonges, tours, ruses: — க்காரன் trompeur, fourbe; — சொல்லுகிறது dire des mensonges, tromper; — பண்ணுகிறது jouer des tours, duper.

*தெத்துவம், (தம், துவம்), donation, don.

தெந்தி, l'arbre நேர்வாளம்.

தெப்பம், radeau, — en poutres ou en planches pour promener une idole sur un étang réputé sacré: — விடுகிறது lancer —, pousser un radeau à l'eau; தெப்பக்காரன் conducteur de radeau; — க்குளம் étang où il y a un radeau pour l'idole; — த்திருநாள் fête où l'on promène ainsi l'idole.

தெப்பல், 1° V. தெப்பம். 2° (telinga), coups, rossée, fouet, étrivières: — கொடுக்கிறது fouetter, donner le fouet, une rossée; — தின்கிறது, — படுகிறது en recevoir, être bien battu.

தெம்பல், P. தம்பல், boue.

தெம்முனை, (தெவ், முனை), présence de l'ennemi.

*தெய்சிகம், (daïsika), national, ce qui a rapport à un pays.

தெய்ய, *particule explétive: Ex.* சொல்லேன்றெய்ய நின்னொடுபெயர்த்தே je ne vous dirai pas de nouveau.

*தெய்வதம், (தெய்வம், ta), Dieu, divinité: தெய்வதயானை, V. தெய்வயானை.

*தெய்வம், (daïva), Dieu, divinité, seigneur, (et par métonymie), bon roi, destin, destinée, un des 5 யாகம். l'holocauste ou l'entretien du feu sacré, année, V. தெய்வமணம்: தெய்வத்துக்குத் தத்தம்பண்ணுகிறது donner —, offrir à Dieu: தெய்வஞ்சீறிற்கைதவமாளும் si dieu est irrité la pénitence qu'on fait est annulée, (au dire d'Avéyar);— வழிபடல்,—வழிபாடுசெய்தல் adorer Dieu, lui obéir: தெய்வ, adj. divin, céleste, de Dieu, des dieux; — கட்டாடி homme qui fait l'inspiré ou le devin, possédé; —களை éclat—, air ou souffle divin, ce qui regarde dieu, union—, explication de Dieu; — கருமம்,—காரியம் œuvre divine, holocauste;—காவல் protection—, assistance divine;—குணங்கள் attributs divins; —குறை déplaisir ou indignation de Dieu, imperfections des dieux; — கொள்வினை devin, diseur de bonne aventure;— சகாயம் secours divin; —சாட்சி témoignage divin, divine médiation;— சாயல் forme—, apparence divine, image de dieu;—சேனாபதி le chef des dieux;—சிந்தனை, —சிந்தை méditation sur Dieu, fatalisme, croyance au destin;—சிந்தகன் fataliste. — சோதனை recherche ou examen de la divinité;— செய்யல் action—, protection divine, divine Providence: — செயலற்றுப்போகிறது la protection divine cesser, la perdre;— செயலால்வருகிறது arriver providentiellement;— தீபம் flambeau céleste, l'œil:—துணை assistance divine; — தூஷணம் blasphème, injure contre Dieu;—தாளி variété de la plante தாளி;—த்தனம் divinité, manière divine:; —த்தாபனம் ou — ப்பிரதாபனம் consécration—, dédicace d'une statue (selon les gentils, qui croient y fixer la divinité); — த்தீர்வை, — த்தீர்ப்பு jugement de Dieu:— த்துதி,—ஸ்துதி louange de Dieu; — த்துரோகம் sacrilége ou — பாதகம் trahison—, crime envers Dieu:—த்தன்மை état divin, ou—த்துவம் la divinité:—நிந்தை mépris de Dieu, blasphème, injure contre Dieu;— நியமம் disposition de la divine Providence, dessein—, jugement de Dieu; — பயம் crainte de Dieu, piété; — ப்பசு la vache des dieux,— réputée divine, V. காமதேனு: — ப்புலமை talent divin, éloquence divine.—de Sarasvati, acquiescement aux instructions divines: — ப்பிரசன்னம் bonne-aventure;— பூசை culte—, sacrifice divin ,— offert à Dieu: — போகம் jouissance divine;—பரிசோதனை,—பரிசை examen de la divinité, ou des marques du vrai Dieu, titre d'un livre;— மணம் mariage d'une fille donnée à un sacrificateur, c'est un des அஷ்டமணம்; — மத்தியஸ்தம் médiation divine, jugement de Dieu;—மந்திரி le ministre ou gourou des dieux indous, i.e. வியாழன்;—மயம் chose divine:— யாகம் un des 5 sacrifices, holocauste ou entretien du feu sacré; — யானை 1° éléphant divin. 2° (யானை), Daïvayânei, femme de Soupramanien;— யானைகாந்தன் l'époux de Daïvayânei, i.e. Soupramanien: — யுகம் l'ère divine,—ou âge des dieux;— யோகம் occurrence d'évènemens imprévus, intervention de la destinée; — லேக்கன் astrologue, diseur de bonne-aventure; — வாணி voix divine,— venue du ciel;—வழிபாடு culte divin.

*தெய்வஞ்ஞன், m. தெய்வஞ்ஞை, f. தெய்வக்கியன், m. (தெய்வம், ஞன்), diseur—, diseuse de bonne-aventure.

*தெய்வாசுரம், (தேவர், அசுரர்), haine mutuelle des dieux indous et des Asourers.

*தெய்வானுபோகம், (தெய்வ, அநுபோகம்), jouissance divine.

*தெய்வாதீனம், (தெய்வம், ஆதீனம்), providence divine, droit de Dieu, chose qui dépend de Dieu;—ஆய் providentiellement, heureusement:— ஆன providentiel, fortuit: யாவுந்தெய்வாதீனமாயிருக்கும் tout vient de l'action de la divine Providence, (au dire des gentils) —de la fatalité.

*தெய்வாராதனை, (id. ஆராதனை), culte divin, adoration divine.

*தெய்வாவி, (id. ஆவி), esprit divin,—pur.

*தெய்வீயம், (தெய்வம், ya), divine

Providence, fortune, destin, *V.* ஊழ் வினை.

*தெய்வீகம், (*id.*ika), divinité, nature ou essence divine, ce qui est divin, ce qui a rapport à Dieu ou vient de Dieu, action de la Providence divine, hasard, destin, miracle, béatification: இராசிகதெய்வீகமெப்படி போமோதெரியாது on ignore ce que le roi ou la Providence détermineront; —அடைகிறது, —ஆய்ப்போகிறது se réunir à la divinité, obtenir la béatitude céleste: —அடைந்தார், —ஆனார் il s'est réuni à, —il est devenu la divinité, —divin, *i.e.* il est mort, (il se dit seulement de gens réputés saints); —ஆயிருக்கிறது être divin, avoir des sentimens ou une nature divine; —ஆய்வருகிறது arriver providentiellement, (ou en langage impie) par hasard; தெய்வீகத்திலும்த் தப்பினேன் j'ai échappé providentiellement; தெய்வீகபுருஷன் homme divin, saint.

*தெய்வேத்தனம், (*id.* எத்தனம்), moyen divin, action divine.

*தெய்வோடை, (*id* ஊடை), femme mariée suivant le rite தெய்வம்.

*தெய்வோபாசனை, (*id.* உபாசனை), *V.* தெய்வாராதனை.

தெரி, *imp. et part. de* தெரிகிறது, connu, choisi: —கடை chose de rebut, reste (après qu'on a trié le meilleur); —கவி vers choisi (parmi d'autres); —சொல் vérité, cause, origine, mot choisi, - connu; —படுகிறது être su, connu, choisi, paraître, apparaître. 2° *gér. P.* தெரிந்து.

தெரிகிறது. ரிந்தேன், ரிவேன், ரி, ரிய, 1° *v.n.* (*avec le dat.*), paraître, apparaître, être vu, su, connu, clair, évident, perçu, compris 2° *v.a.* (*avec l'acc.*), choisir, trier, élire, examiner, délibérer, considérer, connaître, savoir, voir, apercevoir, comprendre, apprendre: ஒருகப்பல்தெரிகிறது un navire est en vue; எனக்குத்தெரியும் je sais, je comprends; எனக்குத்தெரியாது je ne sais pas, j'ignore, je ne comprends pas; செய்வாரோசெய்யாரோதெரியாது il est incertain *ou* je ne sais s'il fera cela ou non; இந்தவேலையைச்செய்ய உனக்குத்தெரியுமோ sais-tu faire cet ouvrage? தெரிகிறதோ, தெரியுமோ, est-ce connu ou compris? தெரிந்ததோ a-t-on su ou compris? தெரியுமோ sera-ce *ou* est ce connu, —compris; தெரிந்துகொள்ளுகிறது choisir, trier, élire, bien percevoir, comprendre; இரண்டிலொன்றைத் தெரிந்துகொள் choisis l'un des deux: தெரிந்துசெயல்வகை manière d'agir avec connaissance de cause, précaution à prendre avant d'agir; —தெளிதல் s'éclaircir en apprenant à connaitre, éclaircissement de tous les doutes par la connaissance des choses; - வினையாடல் agir avec connaissance ou avec choix, usage discret des moyens de gouvernement, (titres de 3 chapitres du குறள்); தெரிந்தெழுதுகிறது écrire correctement, sciemment, avec connaissance de cause; அதைத் — தெரிந்துகொள்ளக்கூடியவன் அவனுக்குண்டு il est digne ou capable d'apprendre cela; —சேர்க்கிறது choisir pour compagnon, assortir, trier et joindre ensemble; தெரிய *inf.* sciemment, intelligiblement, clairement; - க்காட்டுகிறது, —க்கொடுக்கிறது faire voir, —connaitre, manifester, donner à entendre, démontrer, montrer clairement; — ச்சொல்லுகிறது dire —, parler clairement, intelligiblement, distinctement, déclarer; — த்தெரியச்சொன்னாலுஞ் செவிடன்காதிற் சங்கூதினதுபோலேயிருக்கிறது quoiqu'on lui dise cela clairement et intelligiblement, c'est comme si on sonnait de la conque dans l'oreille d'un sourd; —ப்படுகிறது être vu, connu, compris; —ப்படுத்துகிறது, —ப்பண்ணுகிறது, —வைக்கிறது faire savoir, — connaître, informer, montrer, manifester; —வருகிறது venir à savoir, apprendre, connaître; தெரியாமல் *ou* தெரியாதிருக்கிறது n'être pas su, —pas compris, — pas clair, ignorer, ne pas comprendre; தெரியாமற்சொல்லுகி றது dire ou parler sans savoir (ce qu'il en est..., ou sans songer à ce qu'on dit).

தெரிக்கிறது,த்தேன்,ப்பேன்,க், க்க, v. a. de தெரிகிறது, faire voir, —savoir, dire, montrer, manifester, éplucher, trier, estimer la portion qui revient au temple, partager, écrire,—un catalogue; v.n. changer, se pervertir: கடவுள்தமதொளியைத் தெரிக்கின்றார் le Seigneur manifeste sa splendeur: தெய்வமாக்கதைமாட் சிதெரிக்கவே pour montrer l'excellence de cette grande histoire divine. [ம்,தரிசனே.

*தெரிசனம், தெரிசனை, P. தரிசனை

தெரிசிக்கிறது, P. தரிசிக்கிறது.

*தெரிசியம், P. தரிசியம், vision.

தெரிதருகிறது, தந்தேன், தருவேன், தா, தர, v.n. தெரிதரல், n.v. (தெரி), voir, appercevoir, connaître, apparaître, être vu, connu: தெரிதந் தும் quoiqu'il sache ou qu'on sache; தெரிதருதேற்றவுவமை figure qui donne une évidence claire et dissipe un doute. Ex. களங்கமிலைவதால் மதியன்றுமுகமே vu qu'il n'y a pas mélange de taches, ce n'est pas la lune, mais un visage.

தெரிதல், n.v. de தெரிகிறது, choix, triage, perception, vue, connaissance, réflexion.

தெரித்தல், n.v. de தெரிக்கிறது.

தெரிநிலை, (தெரி), chose —, position —, place claire, — évidente, temps évident: — வினை verbe où l'on distingue le sujet, le temps et l'action et dont les temps sont désignés par l'insertion de l'இடைநி லை entre la racine et la terminaison, verbe complet, par opposition au குறிப்புவினை dont les temps ne se connaissent que par les accessoires; — வினைப்பெயரெச்சம் participe du verbe complet qui indique l'action et le temps et doit être suivi d'un nom; — வினைமுற்று verbe complet à un temps personnel qui indique l'action, le temps, la personne, et complète lui même la phrase; — வினைவெச்சம் gérondif ou infinitif du verbe complet qui indique l'action et le temps et doit être suivi d'un verbe. [தெரிகிறது.

தெரிந்த, தெரிந்து, part. et gér. de

தெரிப்பு, n.v. de தெரிக்கிறது, information, déclaration, examen, choix, écrit —, billet de la main, écriture, parole, dire, division, partage.

தெரிமா, (தெரி), l'animal qui connait, i.e. le lion, (on prétend qu'il voit par-devant et par-derrière).

தெரிமாமுகப்புள், (தெரிமா, முகம்), oiseau à visage de lion, e.i. le hibou. [ment.

தெரிய, inf. de தெரிகிறது, claire-

தெரியலர், 1° (தெரிகிறது, அலர்), gens ignorans, sots. 2° P. தரியலர், ennemis.

தெரியல், n.v. de தெரிகிறது, vue, apparition, examen, perquisition, perception, connaissance, choix, triage, guirlande de fleurs: —ஆகிற து devenir connu, être compris, apprendre, comprendre.

தெரியா, தெரியாத, part nég. du même, qui ou qu'on ne sait pas, ne connait pas, inconnu, inintelligible; தெரியாத்தனம், —ப்புத்தி ignorance; கண்தெரியாத aveugle.

தெரியாமை, n. v. nég. du même. ignorance.

தெரியிழை, (தெரி), femme, litt. bijou choisi, ou celle qui est connue par ses bijoux.

தெரியும், part. fut. et 3^me pers. neut. du fut. de தெரிகிறது, cela est connu ou compris: தெரியுமா, தெரியுமோ est-ce connu ou compris?

தெரிவிக்கிறது, v. caus. de தெரிகி றது, et தெரிவித்தல், n.v. avertir, informer, faire connaître, — savoir: கண் —ouvrir les yeux (d'un autre), donner la vue, éclairer, instruire (un enfant...): கண்தெரிவிக்கப்பட்ட மனிதன் homme dont les yeux ont été ouverts.

**தெரிவு**, *n. v. de* தெரிகிறது, connaissance, intelligence, examen, choix, triage, chose choisie: தெரிவிடுகிறது, தெரிவிடுதல், examiner, choisir, trier.

**தெரிவை**, (தெரிகிறது), femme (choisie *ou* intelligente), — de 31 à 40 ans.

**தெரு**, rue, chemin: —க்கதவு, — வாசல் porte de la rue: — வீதி rue: —வீதியொழுங்குகிறது régulariser —, aligner les rues, la rue s'aligner ou se régulariser; தெருக்களை *ou* தெருக்களலங்கரிக்கிறது orner les rues (pour une fête); தெருக்களைச்சுற்றித்திரிகிறது, தெருவிலேதிரிகிறது rôder dans —, courir —, parcourir les rues; என்குறைதெருவிலேவையாதே n'expose pas ou ne publie pas mes défauts dans les rues.

**தெருட்சி**, *n. v. de* தெருளுகிறது, connaissance, clarté, — intellectuelle, évidence.

**தெருட்டல்**, *opt. et n.v. de* தெருட்டுகிறது, avis, connaissance, information, conviction, consolation.

**தெருட்டு**, *imp. part. et n. v. du suiv. V.* தெருட்சி, consolation, affermissement, 1res règles des filles: —க்கலியாணம் cérémonie indoue de la nubilité des filles, —complémentaire des mariages (faits avant la nubilité).

**தெருட்டுகிறது**, ட்டினேன், ட்டுவேன், ட்டு, ட்ட, *v. a. de* தெருளுகிறது *et* தெருட்டுதல், *n.v.* avertir, faire savoir, éclaircir (l'esprit...), convaincre, consoler, fortifier.

**தெருண்ட**, *part. de* தெருளுகிறது: — பெண் fille nubile; — மேலவர் gens distingués et instruits, personnages éclairés.

**தெருமரல்**, தெருமருதல், *n. v. du suiv.* vertige, étourdissement, tournoiement, état désespéré.

**தெருமருகிறது**, மந்தேன், மருவேன், மரு, மர, *v. n.* avoir des vertiges, tournoyer, être sans espérance.

**தெருவு**, (தெரு). rue.

**தெருளல்**, தெருளுதல், *n. v. du suiv.* connaissance, clarté, évidence, perception claire, nubilité, 1res règles.

**தெருளுகிறது** *ou* தெருள்கிறது, ருண்டேன், ருளுவேன் *ou* ருள்வேன், ருளு *ou* ருள், ருள, *v. n.* connaître, s'éclaircir, acquérir —, avoir une perception claire, être clair, évident, devenir nubile, avoir ses premières règles.

**தெருள்**, *imp. part. et n.v. du préc. V.* தெருட்சி: — உடைமை connaissance, sagesse.

***தெலிங்கம்**, (*taïlanga*), le pays Télinga ou Télingana, pays situé au sud d'Orissa jusqu'à Madras.

**தெலிங்கு**, தெலுங்கு, le pays —, la langue télinga.

**தெலிங்கன்** ou தெலுங்கன், *m.* தெலுங்கச்சி, *f.* homme —, femme Télinga, *pl.* தெலிங்கர் *ou* ஆந்திரர், (ândhras), les Télingas.

**தெல்**. தெல்லு, course, poste, trouble, vacarme, long magasin, longue planche de jardin: —க்கட்டுகிறது importuner, diviser (un jardin...) en planches, s'embarrasser; —க்காரன் postillon, coureur.

**தெல்லாட்டம்**, (தெல்லு), fraude, tromperie, importunité, trouble, désordre. [பு.

**தெல்லுப்பு**, (தெல்), *V.* வளையலுப்பு

**தெல்லோட்டு**, (*id.*), embarras, importunité.

**தெல்லோட்டுகிறது**, (*id.*), importuner, vexer, tourmenter.

**தெவம்**, manguier.

**தெவிட்டல்**, *opt. et n.v. de* தெவிட்டுகிறது, nausée, crachement, vomissement, dégoût, — de la nourriture, satiété, aversion, plénitude, retentissement, son, pensée.

**தெவிட்டு**, nausée (causée par satiété ou par les médecines), aversion, dégoût, - de la nourriture, satiété, plénitude, *n.v. imp. et part. de*

**தெவிட்டுகிறது**, ட்டினேன், ட்டுவேன், ட்டு, ட்ட, *v. n.* தெவிட்டுதல், *n v.* se dégoûter, avoir du dégoût, de l'aversion, des nausées, des soulèvemens de cœur, vomir, cracher, se remplir,être plein,retentir,faire du bruit,penser: இத்தச்சிற்றுண்டிசை க்குத்தெவிட்டிப்போயிற்று cette légère nourriture est devenue dégoûtante pour moi.

தெவிளல், *opt.et n.v.de*

தெவிளுகிறது *ou* தெவிள்கிறது, விள்ந்டேன், விளுவேன் *ou* விள்வேன், விளு *ou* விள், விள, *v.n.* தெவிளுதல், *n.v.* se remplir, être plein.

தெவிள், *imp.et part.du préc.*

தெவு, enlèvement, prise: நீர்தெவுநிரைத்தொழுவர் les laboureurs qui ont des vaches qui enlèvent l'eau, *i.e.* la boivent.

தெவுட்டு, plénitude,remplissage, vomissement,retentissement,pause, *imp.et n.v.de*

தெவுட்டுகிறது, ட்டினேன், ட்டுவேன், ட்டு, ட்ட, *v.a.et n.* தெவுட்டல், தெவுட்டுதல், *n. v.* remplir, farcir, bourrer, presser, renfermer, cacher, penser, vomir, cracher, se gargariser, s'arrêter, rester, résonner.

தெவுளல், accroissement, abondance, *n.v.de*

தெவுளுகிறது *ou* தெவுள்கிறது, வுள்ந்டேன், வுளுவேன் *ou* வுள்வேன், வுளு *ou* வுள், வுள, *v.n.* தெவுளுதல், *n.v.* croître, augmenter, abonder.

தெவ், haine, ennemi, combat, bataille.

தெவ்வர், (தெவ்), ennemis; —முனைப்பதி campement *ou* camp des ennemis. [bataille, action de haine.

தெவ்வினை, (தெவ், வினை), combat,

தெவ்வு, 1° *P.* தெவ். 2° la lune.

தெவ்வூன்றி, (தெவ்வு, ஊன்றி), le serpent fabuleux qui veut dévorer la lune *i.e.* இராகு.

தெழிக்கிறது, ழித்தேன், ழிப்பேன், ழி, ழிக்க, *v.a.et n.* réprimander, gronder, se fâcher, être irrité, retentir, faire du bruit, faire fouler—, fouler le blé aux pieds pour le battre: நீனிறக் கரும் பகட்டினுந் தெழித்துவை நீத்ததூநிறத்தநெல், (நீல், நிற, கரும், பகடு, தெழித்து, வை, நீத்த, தூ, நிறத்த, நெல்), riz d'une belle couleur blanche, foulé aux pieds et séparé de la paille, par des buffles d'un bleu foncé.

தெழித்தல், தெழிப்பு, *n. v. du préc.* réprimande, blâme, colère, signe—, geste de colère, grand—, bruit, son, faire fouler le blé aux pieds pour le battre.

தெளி, *imp. et part. de* தெளிகிறது *et de* தெளிக்கிறது, clair, brillant, poli, semé, passé, dissipé: — நீர் eau claire; — மணி pierre précieuse brillante, d'une belle eau; — பயிர் céréales semées (mais non transplantées).

தெளிகிறது, ளிந்தேன், ளிவேன், ளி, ளிய, *v.n.et a.* தெளிதல், *n. v.* s'éclaircir, se clarifier, devenir—, être clair, pur, évident, briller, reluire, resplendir, se décider, se dissiper, passer, percer, transpercer, connaître, délibérer, examiner, choisir, engraisser, s'affermir: தெளிந்துகொடுக்கிறது faire serment (pour dissiper un doute ou finir une dispute); — போகிறது s'éclaircir, se clarifier, devenir clair, certain, évident...; — வருகிறது devenir clair..., recouvrer la connaissance après un évanouissement; கலகம், கலக்கம், கலாபனை, நித்திரை, பஞ்சம், பயம், மயக்கம், மூர்ச்சை, வெறி — la sédition, le trouble, la révolte, le sommeil, la disette, la crainte, l'étourdissement, l'évanouissement, l'ivresse se dissiper.

தெளிக்கிறது, ளித்தேன், ளிப்பேன், ளி, ளிக்க, *v.a.du préc.* 1° éclaircir, clarifier, rendre clair, --évident, assurer, certifier, éclairer, montrer. 2° nettoyer, polir, faire —, résonner, rejeter, — sur le rivage, parsemer, semer, répandre, jeter, étendre, arroser, asperger. [homme instruit.

தெளிஞன், (தெளி, ஞன்), savant,

தெளிதல், *n. v. de* தெளிகிறது, éclaircissement, clarification, clarté, splendeur, pureté, examen exact, délibération, décision, connaissance, choix, percement, engraissement, cessation, trouble.

தெளித்தல், *n. v. de* தெளிக்கிறது,

éclaircissement, démonstration, retentissement, nettoiement, polissure, dispersion, aspersion, action de semer, de répandre, de jeter sur le rivage.

தெளிந்த, *part. passé de* தெளிகிறது:— நீர் eau claire, pure *ou* clarifiée; தெளிந்தவர் gens intelligens.

தெளிப்பு, *n. v. de* தெளிக்கிறது, éclaircissement, démonstration, certitude, aspersion, action de semer.

தெளியல், *V.* தெளிதல்.

தெளிர், 1° son intérieur, —au dedans de quelque chose. 2° *imp. et part. de*

தெளிர்கிறது, ர்ந்தேன், ர்வேன், ர, ய, *v. n.* briller, articuler, parler à haute voix, s'accorder.

தெளிர்தல், *n. v. du préc.* articulation, son de paroles, accord, splendeur.

தெளிவிக்கிறது, *v. caus. de* தெளிகிறது, annoncer, faire savoir, expliquer, éclaircir, rendre clair, clarifier: கண் தெளிவிக்கப்பட்ட மனுஷன் homme auquel on a rendu la vue.

தெளிவு, *n. v. de* தெளிகிறது, clarté, transparence, évidence, lumière, connaissance, résolution, décision, détermination, éclaircissement d'un doute, choix, clarté ou perspicuité (ce qui est une des 10 குணாலங்காரம் ou qualités du style), exactitude, graisse, eau de riz clarifiée qu'on ôte: தெளிவாக்குகிறது clarifier, rendre clair, éclaircir, expliquer; தெளிவான clair, évident, transparent; தெளிவாய் clairement, évidemment; தெளிவுசெய்கிறது donner de la clarté, éclaircir, éclairer, expliquer, rendre clair; தெளிவுள்ள clair, lucide, limpide, transparent, évident; தெளிவிளிறுக்கிறது tirer au clair, purifier, dépurer.

தெளிவெண்ணெய், (தெளிவு), huile de வெம்பு clarifiée odoriférante.

தெள், 1° *imp. et part. de* தெள்ளுகிறது. 2° *P.* தெள்ளு, puce. 3° *adj. de* தெள்ளிமை, clair.

தெள்ளு, 1° puce. 2° *imp. et part. de* தெள்ளுகிறது, கினேன், குவேன், கு, க, *v. n.* தெள்ளுதல், *n. v.* éclaircir, rendre clair, *V.* விளங்குகிறது.

தெள்விளி, (தெள்), certain air, cris —, chant d'allégresse.

தெள்ள, *inf. de* தெள்ளுகிறது:— தெளிகிறது être très clair, — très-connu.

தெள்ளல், *n. v. du même.*

தெள்ளி, 1° *gér. du même.* 2° éléphant.

தெள்ளிச்சி, terre à foulon.

தெள்ளிமை, (தெள்ளுகிறது), intelligence, connaissance, clarté, évidence.

தெள்ளிய, தெள்ளின, *part. de* தெள்ளுகிறது: தெள்ளியவன், தெள்ளியவள், தெள்ளியோன் savant, homme éclairé, intelligent.

தெள்ளு, 1° *n. v. imp. et part du suiv.* action de vanner... 2° *ou* தெள்ளுப்பூச்சி puce; தெள்ளுதமிழ் tamoul élégant, relevé.

தெள்ளுகிறது, ளினேன், ளுவேன், ளு, ள, *v. a et n. et* தெள்ளுதல், *n. v.* vanner, sasser, cribler, secouer, agiter doucement le grain... sur le van pour le séparer du sable etc., éclaircir, rendre clair, devenir clair.

தெள்ளேணம், espèce de jeu.

தெறி, 1° *imp. et part. de* தெறிக்கிறது. 2° agrafe, bouton (d'habit):— கெடுகிறது, — கெட்டுப்போகிறது être perdu, s'égarer, se fourvoyer; — கெட்டுத்துவாரம் boutonnière; — பூட்டுகிறது, — மாட்டுகிறது boutonner; முற்றினது ce qui est entièrement mûr, — mûr à tomber; — பட்டுப்போகிறது *ou* — புள்கிறது s'échapper, s'écouler, déchoir, sauter....être brisé...

தெறிக்கடிக்கிறது, (தெறிக்க, அடிக்கிறது), disperser, dissiper.

தெறிக்கிறது, றித்தேன், றிப்பேன், றி, றிக்க, *v. n.* தெறிக்குதல் *et* தெறித்தல், *n. v.* se briser, se rompre, éclater, casser, crever, être dispersé, éparpillé, éclaboussé, sauter, jaillir, se répandre, voler, —en pièces, —en éclats, se briser contre, se heurter, rebondir. *v. a.* mettre en désordre, froisser, frapper du doigt (pour éprouver une chose),briser,jeter,lancer, --des boulettes avec un arc, donner, disperser, frapper avec le doigt, donner des chiquenaudes; கண் — l'œil sauter ou sortir de son orbite,être aveuglé par la foudre, l'œil être ébloui par l'éclat des pierreries; கழற்சிக்காய் — lancer la noix du bonduccella (sorte de jeu de bille ); பருத் — un furoncle donner des élancemens; பொறி —les étincelles voler (d'un fer rouge ou du briquet qu'on bat); வெந்நீர்கையிலே -des gouttes d'eau chaude sauter ou tomber sur la main; தெறித்துப்போகிறது voler, sauter,jaillir, se répandre,s'échapper,déchoir; தெறித்துப்போக ou தெறிக்கப்பேசுகிறது parler de manière à causer de la désunion; தெறிக்கவார்த்தை ou விசேஷஞ்சொல்லுகிறது dire une chose de manière à ce que la colère éclate; முகத்திலே இரத்தந்தெறிக்கப்பேசுகிறது parler de manière à faire monter le sang au visage; ஏழைகளுக்கொன்றுந்தெறிக்காதேபோகிறது ne donner —,*litt.*ne jeter rien absolument aux pauvres; இத்தனையாவது தொட்டுந்தெறிக்கவுமில்லை இன்னித்தெறிக்கவுமில்லை il n'a ni touché ni donné la moindre chose, il n'en a pas même jeté une particule.

தெறித்த,*par.part. du préc.* தெறித்தவன்,homme qui a rompu avec sa parenté.

தெறித்தல்,தெறிப்பு,*n.v.du même*, action de se briser etc...,brisement, rupture,fracture, cassement, éclaboussure éparpillement, jaillissement,éclat,rebond, tappe, chique naude,choc,bouton (d'habit).

தெறிவன்,chose petite, parsemée, peu serrée.

தெறிவில்,(தெறி),*V.*சுண்டுவில்.

தெறு,*imp.et part. du suiv.*: — கணைதெரிந்தான் il choisit une flèche meurtrière.

தெறுகிறது,றுந்தேன், றுவேன், று, *v.n. a.et n.*détruire,tuer,s'arrêter,faire halte; தெறுந்தொழிலோர் ceux qui font le métier de détruire, guerriers, [Scorpion.

தெறுக்கால்,scorpion,le signe du

தெறுக்கிறது, றுக்கேன், றுப்பேன், று, றுக்க,*v.a.*தெறுத்தல்,*n.v.*briser,broyer,piler,écraser.

தெறுதல்,*n.v.de* தெறுகிறது, destruction,halte,séjour.

தெறுநர்,(தெறுகிறது, நர்), destructeurs, ennemis, bourreaux, meurtriers. [தி...

தெற்கத்தி,தெற்கித்தி...*V.*தெற்குத்

தெற்கு, (தென்), le sud, le midi, coin—,côté méridional: — சேரி rangée de maisons du côté du sud;—முகமாய் du côté du sud; —வட்டம் cercle—,district ou pays méridional; தெற்கே,தெற்கே, தெற்கிலே vers le sud,du côté du sud; தெற்குவெறிக்கிறது (எறிக்கிறது), le sud éprouver la famine.

தெற்குத்தி,(தெற்கு),ce qui est du sud ou vers le sud.

தெற்குத்திய,(தெற்குத்தி), du sud: —காற்று vent du sud; — பேச்சு langage du sud;— மழை pluie qui vient du sud. [sud.

தெற்குத்தியான்,(*id.*), homme du

தெற்பம்,*P.*தெப்பம்.

*தெற்பை,*P.*தருப்பை.

தெற்றல்,*opt.et n.v. de* தெற்றுகிறது,vexation,perversion,contrariété, empêchement,entrelacement, tissage,*V.*இழைத்தல்.

தெற்றி, 1° corridor peint, galerie peinte,—de peintures (de pagode...), atelier de peinture,tinnei ou banc de maçonnerie sous une varangue de maison (où il y a souvent des peintures). 2° *gér. de* தெற்றுகிறது. 3° *imp.de*

தெற்றிக்கிறது, ற்றித்தேன், ற்றிப்பேன், ற்றி; ற்றிக்க,*v.a. et* தெற்றித்தல்,*n.v.V.*தெற்றுகிறது.

தெற்று,1° certitude,assurance de l'esprit,éclaircissement d'un doute. 2° *imp.part.et n.v.du suiv.V.* தெற்றல். 3° *P.*தெத்து,haie enclos:தெற்றெனல் être clair,évident,se presser;தெற்றென clairement,promptement; தெத்தெனல், தெத்தெனவு, clarté,évidence,hâte,signe de promptitude·தெற்றுக்கால்pieds qui battent le briquet,—qui se choquent l'un contre l'autre en marchant:—ப்பல்லு surdent;—ப்பல்லன்,—ப்பல்லி homme—,femme qui a une surdent; — ப்பல்லுமுளைக்கிறது une surdent croitre;—வாய் bégaiement, bouche bègue; — வாயன் homme bègue;—வாய்ச்சி femme bègue,

தெற்றுகிறது,ற்றினேன்,ற்றுவேன்,ற்று,ற்ற,v.a.et n. தெற்றுதல், n. v. vexer,troubler,contrarier, inquiéter,agiter,exciter,entrelacer, tresser (des nattes...),tisser,serrer,se revêtir,être arrêté,embarrassé, bégayer,changer, pervertir, être ingouvernable,intraitable, V. இழைக்கிறது: தெற்றிப்பேசுகிறது bégayer.

தெனு,(தென்),le sud, chose du sud ou au sud.

தென்,1° *adj.* méridional, du sud. 2° beauté,harmonie,accord, opposition,rencontre,connaissance, noirceur, cocotier: தென்கடல் mer du sud; -கயிலை le Kaïlâsam du sud, V.தென்மலை; --கலை la science du sud,*i.e.* le tamoul; — காஞ்சி nom d'une ville;—கால்,— காற்று vent du sud; -கிழக்கு, — கீழ்த்திசை le sud-est; —கீழ்த்திசைப்பாலன்,— கீழ்த்திசையிறை Agni prétendu gardien du sud-est; — கீழ்காற்று vent du sud est;—குமரி nom d'un fleuve;—கோடு extrémité sud; --சார் côté sud; — சிதம்பரம் nom d'une ville;—தெரு rangée de maisons au sud;—சொல் mot du sud, — tamoul; — பக்கம் côté sud, --du sud;—பரதம்,—பாரதம் sud de l'Inde, une des நவகண்டம் ou 9 parties dans lesquelles les Indous divisent le monde;—பாண்டி le sud du Maduré,un des 12 pays où l'on parle le bas tamoul,ville capitale de ce district;—பாவிரோபதம், V. தென்னிரோபதம்; — பாரிசம்,— பால் côté du sud; — பால்விதேகம் une des 9 parties du monde des Indiens, celle au sud de விதேகை ou மிதிலை dans le Bahar; -புலம் pays ou hémisphère sud,prétendu domaine—, royaume ou monde de Yamen le Pluton indien:—புலத்தார், habitans du sud, —du royaume de Yamen,*i.e.* பிதிர்த்தேவதைகள் les prétendus dieux nés de Brama et les ancêtres déifiés, les mânes,—புறம் côté méridional; —பூமி côté sud de la terre,terre au sud;—மதுரை la ville d'ஆலவாய் ou Maduré du sud;—மலை la montagne du sud,*i.e.*பொதியமலை ancien séjour et maintenant résidence supposée d'Agastien;— மலையாளம் le sud du Maléalam ou du Travancore;—முனை pôle sud; — மேல்,— மேற்கு,—மேற்றிசை,(மேல்,திசை), sud-ouest; — மேற்காற்று vent du sud ouest; —மேற்றிசைப்பாலன் le prétendu gardien du sud-ouest,*i.e.* நிருதி:—மொழி langue ou mot du sud,*i.e.* le tamoul;—விதேகம். V. தென்பால்விதேகம்.

தென்படுகிறது,(தென்),se rencontrer,se trouver,se présenter, paraître,être versé;இதிலேநன்றாய்த்தென்பட்டவன் homme bien versé en cette matière: என்கண்ணெதிரிலே தென்பட்டான் il s'est présenté à mes yeux; அது எனக்குத் தென்பட்டது cela s'est présenté à moi, je l'ai rencontré.

தென்றமிழ்,(தென், தமிழ்), le tamoul du sud,—élégant.

தென்றல், (தென்), vent du sud, vent de la saison dite முன்பனிப்பருவம் ou des 1$^{res}$ rosées en décembre et janvier,(cela ne parait pas juste à présent,au moins pour cette partie de la presqu'île):—அடிக்கிறது le vent du sud souffler;— திரும்புகிறது le vent du sud changer: —முற்றிப்பெருங்காற்றாயிற்று la brise du sud a augmenté et est devenue une tempête,une petite affaire a eu de graves conséquences; --மாறுகிறது ou தென்றன்மாறுகிறது le vent du sud changer ou cesser; தென்றலாலோடுகிறது faire voile par le vent du sud,(en allant au nord);தென்றவிலோடுகிறது faire voile vers le sud.

தென்றற்றேரோன்,(தென்றல்,தேர்),celui qui a pour char le vent du sud,*i.e.* le Cupidon indien காமன்.

தென்றி,*P.* தென்றல்,sud,vent du sud.

தென்றிசை, (தென்,திசை),le sud, le coin ou côté sud: —க்கோன், —ப்பாலன் le prétendu roi ou gardien du sud,*i.e.* Yamen. [méridionale.

தென்றேசம், (*id.*தேசம்), contrée

தென்னம்,(தென்,அம்),*adj.*de cocotier: தென்னங்கள்ளு boisson ou vin tiré du—,callou de cocotier, (il se tire du bout de la queue de la spathe de cet arbre);—கன்று jeune cocotier; -கிளி espèce de perroquet (qui se plait sur les cocotiers ou en a la couleur);—கீற்று kittou, demi branche de cocotier tressée;—கீற்று படப்பிடுகிறது ou போடுகிறது étendre ou mettre des kittous,abriter ou couvrir de kittous;— குடுக்கை coque de coco;—குருத்து jet—,pousse de cocotier,jeune feuille de cet arbre non déployée;—குரும்பி, — குரும்பை 1er germe qui sort du coco: தென்னஞ்சாலை allée de cocotiers; தென்னஞ்சோலை,தென்னந்தோப்பு lieu planté—,touffe—,jardin—,bosquet ou toppe de cocotiers:தென்னமட்டை branche de cocotier(surtout avec ses feuilles); —மட்டைக்கழி cette branche dépouillée de ses feuilles: தென்னமரம் cocotier; தென்னம்பன்னாடை espèce de toile fibreuse ou de filet qui entoure le cocotier à l'endroit d'où sortent les branches; பாளை spathe de cocotier ou bouton de sa grappe,gaine ou enveloppe du spadix;— பிள்ளை jeune —,petit cocotier; — வெல்லம் espèce de mélasse ou de sucre noir de jus de cocotier; தென்னவீர்க்கு, *V.*தென்னீர்க்கு.

தென்னர்,(தென்),ennemis.

தென்னவன், தென்னன், (தென் *sud*), le roi du sud,titre des Pandiers ou rois de Maduré.

தென்னிரேபதம்,(தென், இரேபதம்),une des 9 divisions du monde, celle au sud du mont Raïvata dan les monts Vindhya.

தென்னிலம், (*id.* நிலம்), pays du sud,champ de bataille.

தென்னிலை, தென்னோலை, (*id.* இலை,ஓலை),feuille de cocotier.

தென்னீர்க்கு,(*id.*ஈர்க்கு), nerf—, côte de feuille de cocotier.

தென்னை,(தென்), cocotier, cocos nucifera.

தே,1° lettre syllabique composée de த் et de ஏ.2° Dieu,grâce, faveur, interj. pour faire marcher les animaux:மாடுமல்லவோ தேயென்றால்நடக்கும்,தாவென்றால்நிற்கும், அந்தமட்டுமுனக்குப்புத்தியில்லையே un bœuf même,n'est-ce pas?marche si on dit தே,et s'arrête si on dit தா,mais toi tu n'as pas autant d'esprit.

*தேகம்,(dèha),corps:— அழிந்துபோனவன் celui dont le corps est corrompu,un mort;தேககாந்தி splendeur —,beauté du corps; —கோசம் fourreau du corps,*i.e.*la peau;—க்கல் pierre précieuse bleue, saphir; —சம்பந்தம் ce qui a rapport au corps; —சாரம் moelle;—சுத்தி pureté—, purification du corps,(par le bain et des formules de prières,selon les Sivénistes): —தாரகம் soutien du corps,*i.e.*les os;—திடம் force corporelle; —தியாகம் abandon du corps ou de tout attachement au corps, mort volontaire,donner sa vie;—த்திரயம்,*V.* சரீரத்திரயம்; — நாசம் destruction du corps;—பந்தம் lien du corps,ce qui tient au corps; —மண் terre rouge;—யாத்திரை voyage hors du corps,*i.e.*mort.

*தேகக்ஷயம்,தேகட்சயம், (தேகம், க்ஷயம்),maladie,*litt.* dépérissement ou corruption du corps.

தேகனி,safran.

*தேகாத்துமவாதி,(தேகம், ஆத்துமம்),matérialiste,qui prétend que le corps et l'âme sont la même chose.

*தேகாந்தம்,(*id.* அந்தம்),la fin du corps,*i.e.*la mort.

*தேகாபரணம், தேகாவரணம், (id. ஆபரணம், ஆவரணம்), ornemens du corps, habillement, habit et bijoux. [ம்), soin du corps.

*தேகாபிமானம், (id. அபிமான

*தேகி, (தேகம், i), être —, chose qui a un corps, l'âme habitant le corps, la plante parasite புல்லுருவி. [ge.

தேசேவாச், (mahratte), par village.

தேக்கம், n.v. de தேக்குகிறது, plénitude, eau arrêtée dans sa course ou qui remplit, trouble, perturbation: — போய்விட்டது l'eau qui remplissait ou était arrêtée s'est écoulée.

தேக்கல், opt. et n.v. de தேக்குகிறது, trouble, se remplir, action de remplir.

தேக்கிடுகிறது, (தேக்கு, இடுகிறது), se remplir, être plein, avoir des nausées.

தேக்கு, 1° தேக்குமரம், teck, (arbre ou bois), tectona grandis. 2° aréquier, douceur, nausée. 3° imp. et part. de

தேக்குகிறது, sync. தேக்கிறது, க்கினேன், க்குவேன், க்கு, க்க, v.a. de தேங்குகிறது, et தேக்குதல், n.v. remplir, — jusqu'au bord se remplir, arrêter (l'eau par une digue...), mettre empêchement, troubler, avoir des nausées: தேக்கிவைக்கிறது être rempli (artificiellement.)

தேக்கெடுக்கிறது, தேக்கெறிகிறது, (தேக்கு), V. தேக்கிடுகிறது.

தேங்கல், opt. et n. v. de தேங்குகிறது, plénitude, stagnation, séjour, timidité, hésitation, découragement, signe de crainte: — ஆயிருக்கிறது être déconcerté, stagnant, rempli, — plein jusqu'au bord, s'arrêter; — ஆய்க்காண்கிறது être ou paraitre stagnant, découragé, lent, paresseux; — ஆய்ப்போகிறது couleur lentement, devenir lent, — stagnant, se déconcerter.

தேங்காய், (தெங்கு, காய்), coco, fruit ou plutôt noix du cocotier: — எண்ணெய் huile de coco; — ஓடு coque de coco; — க்கண் les yeux du coco d'où sort le germe, (il y en a 3); — க்கவிழ் moitié de coco; — க்கீரை espèce d'herbe potagère; — க்கீற்று morceau de noix de coco exposé en vente; — க்குடுக்கை coque entière de coco vide; — க்குடுமி touffe de fibres sur la partie extérieure du coco; — த்தண்ணீர் eau de coco mûr, (celle du coco non parvenu à sa maturité se dit இளநீர்); — திருகுகிறது enlever la chair du coco (en la râclant) — த்திருகி instrument pour râcler et enlever la chair de coco; — த்திருகிமணை planche sur laquelle est fixée cet instrument; — த்துறவல், P. தேங்காய்ப்பூ; — த்தோப்பு touffe —, bosquet de cocotiers; — நார் fibres de la coque du coco (qui servent à faire des cordes); — நார்க்கயிறு corde des fibres de coco: — நெற்று coco bien mûr: — ப்பட்டணம் la ville aux cocos (sur la côte malabare); — ப்பத்தை, V. தேங்காய்க்கீற்று: — ப்பால் lait exprimé de la chair du coco, lait de sa pulpe: — ப்பாரை, — ப்பாறை, nom d'un poisson; — ப்பிண்ணாக்கு gâteau du résidu de la chair de coco dont on a exprimé l'huile, (et qu'on donne pour nourriture aux animaux); — ப்பூ pulpe entière du coco tiré de sa coque; — ப்பூக்கீரை, — ப்பூநாறி la plante பிரெசாறி; — மட்டை enveloppe fibreuse de la coque du coco; — முளை germe qui se trouve dans la noix de coco; — மூடி, — மூறி moitié de coco; — மொத்தி boule qui se trouve dans le pied de devant des bœufs; — வகிர் V. தேங்காய்க்கீற்று; — வகிருகிறது couper la chair de coco en morceaux — வழுக்கை chair tendre du coco.

தேங்கிட்டி, la plante தெருட்டி.

தேங்குகிறது, sync. தேங்கிறது, கினேன், குவேன், கு, க, v.n. தேங்குதல், n.v. être plein, stagnant, l'eau être arrêtée, ou தேங்கிப்போகிறது se remplir, se troubler, se déconcerter, se ralentir, devenir stagnant: — ப்போகிறவன் homme qui se déconcerte, lent, timide, indécis; மனசு — ப்போகிறது le cœur manquer, se décourager, abandonner (ses desseins).

*தேசகன், (தேசம், ka), gouverneur, chef, guide, précepteur.

*தேசஸ், (tèdjas), splendeur, lumière, lustre, V. தேசு,

*தேசம், 1° (dèsa), pays, contrée, région, lieu, part, portion, ordonnance, commandement. 2° (tèdja), acrimonie, rudesse, piquant, pointe, éclat, splendeur. Les Indous divisent le monde connu en 56 pays ou தேசம் ௫௬, savoir: அங்கம் Bengale propre, அருணம் pays d'Agra, அவந்தி pays d'Oudjein ou pays près d'Aoud, ஆந்திரம் le pays Télinga. 5° இலாடம் Guzerate, ஒட்டியம் pays des ஒட்டர் gens qui creusent les puits au nord de Madras, கருசம் (nous n'osons déterminer les pays que désigne ce nom et quelques autres, les auteurs ne donnant pas de documens suffisants à cet égard); கலிங்கம் côte de Coromandel; de Madras à Cattack; கன்னடம் le Canara, le Maïssour; 10° கன்றுடம் le Carnatique, காசம் pays de Kâsi, காசிமீரம் Cachemire, காந்தாரம் Candahar, காம்போசம் Kâmbosa au nord de l'Inde; 15° கிராடம் pays inconnu; குரு pays au nord de la péninsule; குடகம் le Courg, près de Tellichéri; குந்தளம் pays au nord ouest de la péninsule; குரு le pays autour de Délhi. 20° குளிந்தம், கூர்ச்சரம், கேகயம், 3 pays dont la position n'est pas déterminée, கேரளம், la côte du Maléalam, கொங்கணம் la côte Conkan. 25° கொல்லம் Collam ou Quilon dans le Travancore, கோசலம் le pays d'Aoud, சகம் le pays des Scythes Sacæ des anciens, சவ்வீரம் pays près de l'Indus, சால்வம் pays situé au centre de l'Inde. 30° சிங்களம் l'île de Ceylan, சிந்து le pays du Sind, சீனம் la Chine, சூரசேனம் le pays de Mathoura, சோழம் le Tanjaour. 35° சோனகம் l'Arabie, திராவிடம் le Drâvida ou pays Tamoul, துளுவம் le pays Toulouva ou de Visapour, தெக்கணம் le Dékan, நிஷதம் pays vers le sud est de l'Inde. 40° நேபாளம் le Népal, பப்பரம் Guzerate, பல்லவம் pays inconnu, பாஞ்சாலம் contrée au nord de l'Inde, பாண்டியம் le Maduré. 45° புளிந்தம், போடம் autres pays inconnus, மகதம் royaume de Magada ou le sud de Bahar, மச்சம் Matsya pays à l'intérieur de l'Inde, Dinajpour et Rangpour, மராடம் pays des Marattes. 50° மலையாளம் le Maléalam, மாளவம் la province de Malva, யுகந்தரம் pays inconnu, யவனம் la Bactriane ou le pays des Affghans, வங்கம் Bengale oriental. 55° வங்காளம் Bengale, விதர்ப்பம் le sud-ouest du Bengale, Bara-Nagpour ou Bérar propre; தேசம் அழிகிறது, — கெட்டுப்போகிறது un pays être désolé, ravagé; — செழித்திருக்கிறது, — விளைகிறது un pays être fertile, florissant; தேசத்தைக்கெடுக்கிறது ravager un pays; —க்கட்டிக்கொள்ளுகிறது s'emparer, — conquérir un pays; ஏகதேசம் solitude, bassesse, vileté, V. au mot ஏகம்; தேசகாலத்துக்குதவுகிறது servir dans l'occasion, — pour le temps présent; — காலபாத்திரம் le lieu, le temps, la convenance (les 3 circonstances à considérer, savoir: où? quand? et qui?); — காலப்பிழை négligence à profiter —, omission de l'occasion favorable; — காலமாயித்து le temps favorable est passé; — காலவர்த்தமானம் ou காலதேசவர்த்தமானம் circonstances de temps et de lieu (à observer); — காலம் place et temps convenable, opportunité, temps propice, durée du temps, longue durée; — சஞ்சாரி coureur, vagabond, étranger; — சுவாத்தியம் climat —, avantage —, prospérité d'un pays; — தருமம், — கட்டளை, — நடபடி, — நடை us et coutumes ou lois d'un pays; — நிலவரம் condition —, état d'un pays; — பரிச்சேதம் limite quand au lieu, être dans un lieu et non dans un autre, manque d'immensité; — பாஷை, — பா

ஷை langue ou dialecte d'un pays; — பாரம் soin du gouvernement d'un pays; —ப்பழமை ancienne coutume d'un pays; —ப்புறம் zone (en géographie), extérieur d'un pays; —மூலி,(மூலம்), intendant des revenus ou des comptes d'un pays; —ரூபம் forme—, état d'un pays, ou —வழக்கம், —வாடிக்கை, —விவகாரம், — வொழுக்கம், —வொழுங்கு(ஒழுக்கம், ஒழுங்கு), coutumes —, usages —, lois particulières d'un pays; — வாசி vagabond, voyageur, pèlerin, habitant d'un pays. [polissure.

*தேசனம், (tèdjana), correction,

*தேசனி,(id.i), safran.

தேசா, l'air dit தேசி.

*தேசாக்ஷரி, தேசாக்ஷரி, ou தேசாட்சி, தேசாட்சரி, (dèsakâri), espèce d'air.

*தேசாசாரம்,(தேசம், ஆசாரம்), mœurs—, coutumes d'un pays.

தேசாக்சரம், poil, cheveu.

*தேசாதி,(தேசம், ஆதி), chef de la caste (chez les கவரை).

*தேசாதிபதி,(id. அதிபதி), roi, gouverneur—, seigneur—, chef d'un pays.

*தேசாதிக்கம், (id. ஆதிக்கம்,
*தேசாதிபத்தியம், ஆதிபத்தியம்)
gouvernement d'un pays, préfecture. [que pays.

*தேசாதேசம்,(தேசம் répété), chaque pays.

*தேசாந்தரம்,(id. அந்தரம்), pays étranger, voyage dans les pays étrangers, différence de longitude, correction pour cette différence, longitude terrestre: — திரிகிறது parcourir —, courir les pays étrangers; —போகிறது partir pour —, voyager dans les pays étrangers; தேசாந்தரசந்திரன் longitude de la lune corrigée pour la différence de longitude.

*தேசாந்தரி,(id.), étranger, voyageur en pays étranger, pèlerin, vagabond: —யாய்த்திரிகிறது voyager, rôder en vagabond, courir le pays.

*தேசாந்திரம், 1° P. தேசாந்தரம், 2° longitude d'un lieu ou sa distance au premier méridien du lieu: தேசாந்திரரேகை ligne méridienne d'un lieu, cercle de longitude, ligne latérale. [cherche d'un pays.

*தேசாபேக்ஷம்,(id. அபேக்ஷை), recherche d'un pays.

தேசாவரம், la plante piper trichotomum.

தேசி, 1° grand —, cheval, une partie de la danse ou de la comédie, espèce d'air qui fait la contre-partie du பட்டமஞ்சரி, ou தேசிக்காய் citron ou limon. 2° (தேசம்), habitant, celui qui montre (à la fin des mots composés, comme உபதேசி), ஏகதேசி homme isolé, hérétique, schismatique, sectaire.

*தேசிகம்,(தேசம், ika), dialecte ou langage particulier à une province ou à un pays, espèce de danse (venue des pays étrangers). 2° (தேசு, ika), beauté, lumière, éclat, splendeur, or.

*தேசிகன்,(id.), gourou, prêtre, précepteur, directeur, maître d'école, voyageur, étranger, marchand, —ambulant, roi, bel homme.

தேசிக்கிறது,(தேசிகன்), enseigner, instruire.

*தேசியம், P. தேசிகம், dialecte d'une province, mot particulier à un pays, locution prise—, mot pris d'une langue étrangère. 2° (dèsya), chose à prouver, postulatum: — பாடுகிறது chanter un air étranger.

*தேசு, P. தேசசு, lumière, splendeur, lustre, or, beauté, acrimonie, âpreté, piquant, pointe, chaleur, renommée, grandeur, dignité, force, bravoure, activité, ardeur, impatience, moelle, cervelle.

*தேசோபத்திரவம்,(தேசம், உபத்திரவம்), calamités qui affligent un pays: 1° de la part de Dieu: நெருப்பு le feu, தண்ணீர் l'eau, நோய் la maladie, பஞ்சம் la famine et சாவு la mortalité; 2° de la part des hommes: கோள் diffamation, திருட்டு, மாற்றரசர்கொள்ளை vol, incursion et pillage des rois étrangeres; வேந்தராது பெருங்காரியக்காரர்ப்பிரதானம் concussion ou vexation des agens du roi; தன்னரசி னதிகபொருளாசை avarice du roi ou du gouvernement.

*தேசோமித்து,(தேசோ, P. தேசசு, மித்து),un des 32 உபநிஷதம்.

*தேசோமயம், (id. மயம்), splendeur,éclat clarté: தேசோமயானந்தம்,(ஆனந்தம்),splendeur béatifique, (attribut que les Sivénistes donnent à Siven).

*தேசோரூபம்,(id.). forme lumineuse,lumière,nature de la lumière.

*தேசோரூபன்,(id.),celui dont la [forme est lumineuse,Dieu.

*தேஸியம், P. தேசியம்.

தேடல், *opt. et n.v. de* தேடுகிறது, *V.* தேடுகை.

தேடா, தேடாத, *part. nég. du même* qu'on—, qui ne cherche pas: தேடாக்கூறு,—த்தன்மை insouciance pour acquérir, état—, caractère de ne pas chercher ou de ne pas acquérir, ce qu'on ne cherche ou n'acquiert pas.

தேடாமை, *n.v. nég. du même*, ne pas chercher..., manque de soin, [d'examen.

தேடிதம், louange.

தேடுகிறது, டினேன், டுவேன், டு, ட, *v.a.* chercher, rechercher, examiner, gagner, acquérir, amasser, s'informer: தேடித்தின்கிறது,—யுண்கிறது vivre par des moyens déshonnètes, du fruit de la prostitution,—த்தின்கிறவள்,—யுண்கிறவள்,—யுண்ணி femme mariée qui vit en se prostituant:—ப்புதைக்கிறது amasser et enfouir des richesses;—ப்புதைத்துத்தெருவிலிரக்கிறான் il enfouit ce qu'il amasse et mendie dans la rue;—வைக்கிறது amasser, entasser (des richesses...); தேடினவுடைமை bien acquis, amassé.

தேடுகை, தேடுதல், *n. v. du préc.* acquisition, gain, recherche, examen.

தேடேன், *nég. du même*, je ne cher- [che pas.

தேட்கடை, (தேள்), la queue —, la fin du Scorpion, la 19me constellation des Indous dite மூலம், nom d'une plante.

தேட்குடிச்சி, (*id.* குடிச்சி), sca- [rabée noir.

தேட்கெண்டை, (*id.*), espèce de poisson,—d'apbya.

தேட்கொடுக்கு, (*id.*), aiguillon de scorpion.

தேட்கொடுக்கி, தேட்கொடுக்கிலை, (*id.*), la plante heliotropium indicum.

தேட்டம், தேட்டல், *n. v. de* தேடுகிறது, acquisition, gain, objet—, bien acquis, recherche, examen, soin, occupation, désir, concupiscence, envie d'avoir; தேட்டக்காரன், *V.* தேட்டாளன்; எனக்குச் சாப்பாட்டின்மேலே தேட்டமில்லை je n'ai point d'appétit,—d'envie de manger.

தேட்டாக்கூறு, *V.* தேடாக்கூறு.

தேட்டாண்மை, *et corr.* தேட்டாமை, (தேட்டு, ஆண்மை), aptitude à acquérir, acquisition, désir, recherche, investigation.

தேட்டாளன், (*id.* ஆளன்), acquéreur, homme qui amasse, qui épargne, économe.

தேட்டு, *V.* தேட்டம்.

தேட்டை, 1° *V.* தேட்டம். 2° *acc. du préc.* 3° (*télinga*), clarté, eau transparente, dont le sédiment est tombé au fond,

தேணிறம், (தேள், நிறம்), couleur de scorpion, *V.* மாந்தளிர்க்கல்.

தேண்டுகிறது, டினேன், டுவேன், டு, ட, *v.a.* தேண்டல், தேண்டுதல், *n.v. V.* தேடுகிறது.

தேதி, jour du mois.

தேத்து, *obl. de* தேம், avec, chez.

தேத்தோடை, (தேம்), sorte d'oranger à fruits doux.

*தேமம், (tèma), humidité.

தேமல், taches jannes (sur la figure ou la poitrine...), taches qui se répandent: — படருகிறது ces taches s'agrandir, se répandre; அழகுத் — taches de beauté; அழுக்குத்— taches sales,—de gale; பொங்கு— taches de prospérité, de bonheur, i. e. censées l'indiquer; மங்கு— taches de malheur, de maladie ou de mort.

தேமா, (தேம், மா), 1° manguier doux, (*l'adj. est* தேமாம்). 2° spondée. Ce mot தேமா, étant composé de 2 longues, sert de modèle et de nom au spondée ou pied de 2 longues; il en est de même des 6 mots suivans qui peuvent signifier littéralement fruit encore vert—, fruit mûr —, ombre odoriférante—, fleur odoriférante —, ombre fraiche—, fleur fraiche de manguier doux; mais ordinairement ils servent de nom et de modèle à des pieds de vers; ainsi தேமாங்காய் pied de 3 longues, தேமாங்கனி pied de 2 longues et 2 brèves, தேமாநறுநிழல் pied de 2 longues et 4 brèves, தேமாநறும்பூ pied de 2 longues, 2 brèves et une longue, தேமாந்தண்ணிழல் pied de 3 longues et 2 brèves, தேமாந்தண்பூ pieds de 4 longues.

தேம், 1° callou, toddi, douceur, odeur, lieu, (dans ce sens il sert de terminaison à l'ablatif de lieu, (*l'obl. est தேத்து ou தேமத்து: Ex.* செவிலித்தாய்தேத்து chez ou avec la nourrice. 2° *P.* தேமம், humidité.

தேம்பல், *opt. et n. v. de* தேம்புகிறது, sanglot, pleurs, fatigue, épuisement, maigreur, dépérissement, flétrissure, fleurs fanées, — vieilles, s'user.

தேம்பா, தேம்பாத, *part. nég. du même.*

தேம்பாவணி, (தேம்பா, அணி, *guirlande qui ne se flétrit pas, ou* தேம், பா, அணி, *guirlande de doux chants*), le Tembâvani, célèbre poème épique dont le héros est S^t. Joseph et qui a été composé par le R. P. Reschi, Jésuite missionnaire au Maduré.

தேம்புகிறது, பினேன், புவேன், பு, ப, *v. n.* தேம்புதல், *n. v.* pleurer, sangloter, soupirer, se fatiguer, s'épuiser, maigrir, dépérir, devenir mince et chétif, se faner, se flétrir: தேம்பியழுகிறது sangloter et pleurer, se désoler.

*தேயசு, *P.* தேசசு, splendeur, lumière, beauté, sperme humain.

*தேயபக்ஷசேதம், *P.* தேசபக்ஷசேதம்.

*தேயம், 1° *P.* தேசம், pays, place. 2° *P.* தேகம், corps. 3° (dèya) don, objet propre à être donné. 4° vol, larcin.

தேயல், *n. v. de* தேய்கிறது.

*தேயவாதனம், (தேயம், ஆதனம்), position du corps qui consiste à plier un pied et à se tenir ferme sur l'autre.

தேயா, தேயாத, *part. nég. de* தேய்கிறது: தேயாமணி la pierre précieuse qui ne s'use pas par le frottement, *i.e.* le diamant.

*தேயு, (dyou), feu, une des formes prétendues de Siven. [வாக்கு.

தேயுடலி, (தேயும், உடல்), *V.* தேய்

தேய், *imp. et part. de* தேய்கிறது, தேய்கடை chose usée, déchet, diminution; தேய்கடைப்பணம் vieux fanon usé; — கல் pierre de touche; — தவளை grenouille fluette, raînette; — பிறை déclin —, décours de la lune, la lune à son déclin.

தேய்கிறது, ய்ந்தேன், ய்வேன், ய், ய, *v. n. et* தேய்ந்துபோகிறது, s'user, se frotter, se détériorer, être usé, frotté, consumé —, gâté par l'usage, — par le frottement, diminuer, s'amoindrir, maigrir: தேயாமல்வைக்கிறது placer ou garder sans frotter.

தேய்க்கிறது, ய்த்தேன், ய்ப்பேன், ய், க்க, *v. a. du préc. et* தேய்த்துப்போடுகிறது, frotter, frictionner, gratter, user par le frottement, ôter , nettoyer —, polir en frottant, broyer, écraser —, broyer dans ses mains, diminuer, détruire, gâter, tuer: தேய்த்துக்குளிக்கிறது se baigner après s'être frictionné le corps; — க்கொள்ளுகிறது se frotter, se frictionner, se gratter.

தேய்தல், *n. v. de* தேய்கிறது, frottement, usé, consomption par l'usage, diminution, amoindrissement.

தேய்ந்த, *part. parf. de* தேய்கிறது, frotté, usé par le frottement: — பல்லு dent usée; — பல்லன், — பல்லி homme —, femme dont les dents sont usées.

தேய்த்தல், தேய்ப்பு, *n. v. de* தேய்க்கிறது, frottement, friction, usé, diminution, destruction, meurtre; தே

கிப்புணி, தேய்ப்புணி, (உணி, ஊணி), personne économe, chiche, qui lésine.

*தேய்மானம்*, (*தேய்*), frottement, diminution, déchet par le frottement, perte de l'or en le frottant sur la pierre de touche: *தேய்மானக்காரன்* homme pauvre, chétif, chiche, qui aime à vivre aux dépens d'autrui.

*தேய்வாங்கி*, *தேய்வாங்கு*, (*தேய்வு*, *வாங்கு*), le paresseux, bradype, unau, animal de la famille des tardigrades: — *ப்பிள்ளை* enfant maigre, contrefait; தின்கிறதைத் தின்றுபோட்டு நீ தேய்வாங்குபோலிருக்கிறாய் tu es maigre comme le bradype quoique tu manges bien; அவளொருதேய்வாங் குப்பிள்ளையைப்பெற்றாள் elle a mis au monde un enfant contrefait, un monstre.

*தேய்வு*, *n.v. de* *தேய்கிறது*, frottement, friction, perte, déchet par le frottement, manque, défaut, maigreur.

*தேய்வை*, (*தேய்வு*), 1° parfum (de bois de sandal...) mis en poudre par le frottement. 2° *acc. du préc.*

*தேர்ப்பாகன்*, (*தேர்*), cocher.

*தேரடி*, (*id.*), ornière, remise, place où l'on met le char.

*தேரர்*, (*தேருகிறது*), les Bouddhistes.

*தேரலர்*, (*தேர்*, *அலர்*), ennemis, insensés.

*தேரல் n.v. et opt. de தேருகிறது.*

*தேரன்*, Tèren; célèbre médecin.

*தேரார்*, *n app. nég. de* *தேருகிறது*, gens illétrés, vils, ignorans, insensés, ennemis.

*தேராளர்*, (*தேர்*, *ஆள்*), guerrier qui combat sur un char, troupe —, armée pour les chars de guerres.

*தேரி*, 1° monceau de sable, gros monticule. 2° *P. தேர்ந்து.*

*தேரீஜு*, compte détaillé et qui présente un résultat.

*தேருகிறது*, *த்தேன்*, *ருவேன்* *ou* *க்கேன்*, *ரு ou க்*, *ர*, *v. n. et* *தேர்ந்துகொள்ளுகிறது*, s'instruire, s'éclairsir, s'éclairer, se perfectionner, considérer, examiner, comprendre, connaître, compter, dire, être clair ou *தேர்ந்துபோகிறது* devenir accompli, expert, habile, instruit, savant, expérimenté.

*தேருமச்சி*, (*தேர்*), escargot, limaçon à coque, *litt.* à char, trochus.

*தேரை*, 1° grenouille maigre et fluette, maigreur. 2° don gratuit, — volontaire. 3° *acc. de* *தேர்*. 4° *P.* *தேராய்*. 2° *pers. nég. de* *தேருகிறது*: — *க்கால்*, — *க்கை*, jambe —, bras grêle comme ceux de la grenouille susdite; — *பாய்கிறது* cette grenouille sauter, devenir maigre (par maladie); — *முகர்ந்தகாய்* coco desséché que cette grenouille a flairé; — *மேய்கிறது* la grenouille susdite brouter, *ou* — *மாய்க்கிடந்து தேய்கிறது* devenir maigre et décharné; — *விழுந்தபிள்ளை* enfant décharné; *ஆயிரம்பாம்புக்குள்ளே ஒருதேரை யிருந்தாற்போலே* comme une grenouille au milieu de mille serpens, être exposé à une perte certaine.

*தேரையன்*, *P.* *தேரன்*.

*தேரோன்*, (*தேர்*), guerrier qui combat sur un char, celui qui a un char, le soleil (il se met surtout à la fin des mots composés, comme *ஒராழித்தேரோன்* celui qui a un char à une seule roue, *i.e.* le soleil, selon les Indous).

*தேர்* 1° char, — de procession, — de guerre, corps d'armée composé de chariots de guerre, la 4^me^ constellation dite *உரோகிணி*. 2° *imp. et part. de* *தேர்கிறது*: *இழுப்புத்தேர்* char de procession à roues, — qu'on traine; (celui qu'on porte, se dit *எடுப்புத்தேர்*); *தேராழி*. — *உருளை* roue de char; — *இடக்கியம்* drapeau de char, — de char d'idole; — *இழுப்பு* action de tirer ou trainer un char; — *உட்பாரப்பின்மரம்* traverse de char qui en soutient les planches; — *எழுத்தாணி* poinçon à écrire dont le bout ressemble à un char de pagode; — *ஏற்றக்காரன்* homme monté sur un char; — *ஓட்டி*

grande rue, *litt.* rue où courent les chars,—où passe le char de procession, rue extérieure de pogode;—ஓட்டம் procession avec un char, défaite et fuite des chars (dans une bataille);—ஓட்டி cheville qui joint l'essieu au char;—ஓட்டு action de trainer ou de conduire un char:—கடை (தேர்கிறது), détermination, résolution finale:—க்கவி vers écrits en forme de char,—en carré;—க்காரன் cocher, propriétaire d'un char, homme monté sur un char, qui combat sur un char;—க்கால் roue de char, ornière;—க்குடம்,—க்கூம்பு,—க்கொடிஞ்சி dessus—, pavillon de char, sommet hémisphérique de char (de procession ou autre);—க்கொடி drapeau de char;—க்கொடுங்கை contour des planches d'un char de procession, ce qui assujettit ces planches;—க்கொத்தர் (கொற்றர்), ceux qui trainent le char;—ச்சார்பலகை, *V.* தேர்த்தட்டு;—ச்சில் roue de char;—ச்சீலை toile de char (de procession)—toiles brillantes qui servent d'ornemens à ce char;—ச்சுவடு ornière, trace de char;—ச்சேனை armée de chars de guerre, une des 4 dites தானை-ச, l'armée qui monte ces chars;—த்தட்டு plancher—, milieu du char (où l'on place la statue);—த்தானை armée de chars, *V.* தேர்ச்சேனை;—த்திருநாள் fête où il y a procession avec un ou plusieurs chars;—த்துகள் poussière d'un char,—que soulèvent les roues d'un char, (elle se compose de 8 கதிரெழுதுகள்):—நடு milieu du char;—நிலை remise de char, place où l'on dépose, où l'on serre les chars de procession;—ப்பந்தர் pandel en forme de char;—ப்பாகன் cocher, conducteur de char;—ப்பார், *V.* தேர்த்தட்டு;—முடி dessus du char;—முட்டி lieu où l'on arrète le char, plate-forme en briques avec des degrés auprès du char; on y place la statue avant de la mettre sur le char et après l'avoir descendue);—மொட்டு, *V.* தேர்க்கொடிஞ்சி;—வடம் câble pour trainer un char;—வீதி rue où passe le char;—வீரர் guerriers qui combattent sur des chars.

தேர்கிறது, *V.* தேருகிறது.

தேர்ச்சி, *n.v. du préc.* connaissance, habileté, expérience, instruction, science, clarté, évidence, investigation, examen, recherche, conseil, calcul:—த்துணைவர் *ou*

தேர்ச்சியர், (தேர்ச்சி), ministres—, conseillers (d'un roi....)

தேர்தல், *n.v. de* தேர்கிறது, action de s'instruire... *V.* தேர்ச்சி.

தேர்ந்த, *part.parf. du même*:—உணர்வினன் homme d'un esprit mûr, d'une habileté consommée: தேர்ந்தவன் homme expérimenté, savant.

தேர்வு, *n.v. du même*, examen, connaissance, expérience, clarté.

தேலிக்கை, (தேலுகிறது), légèreté, volatilité.

தேலுகிறது, லினேன், லுவேன், லு, ல, *v.n.* தேலுதல் *n.v.* être délivré (de danger...), être relâché, mis en liberté, échapper: ஆபத்துக்குத் தேலிப்போகிறது échapper au danger; கப்பல்தேலித்து le navire est sauvé, est hors de danger, est de nouveau à flot; பாவத்தினின்றுதேலினான் il est sorti du malheureux état du péché.

*தேவ, (dèva), *adj. de* தேவன், divin, de Dieu, des dieux, céleste:—கணம் la 1re des 3 கணப்பொருத்தம், *i. e.* combinaisons ou divisions des constellations;—கணிகையர் danseuses ou prostituées du Souvarkam;—கம்மாளன் l'artisan divin ou l'architecte des dieux nommé விச்சுவகன்மா;—கன்னி vierge divine, danseuse ou prostituée du Souvarkam,—கா bosquet ou jardin sacré, jardin de fleurs d'une pagode;—காதம்,—காதளம் grotte de montagne, étang ou réservoir naturel;—காந்தாரி nom d'un air;—காயனன், (gâyana *chanteur*), musicien céleste, *V.* கந்தருவன்;—காரியம் chose divine, adoration—, culte de Dieu;—கரணம்

musique céleste, air propre aux dieux:—கிரகம் demeure de la divinité, temple;—கிரி la montagne divine, nom d'une montagne, nom d'un air:—குசுமம் fleur divine, *i.e.* clou de girofle;—குண்டம் source naturelle;—குரு le gourou des dieux, *i. e.* வியாழன்:—குருவஞ்சம்,—குருவம் une des 6 போகபூமி ou divisions du Souvarkam;—குலம் temple, pagode, race divine,—des dieux;—கூத்தியர் les danseuses ou bayadères du Souvarkam;—கெந்தம்,—கந்தம் résine dite குங்கிலியம்;—கோலம் majesté divine, appareil divin:—கோயில்,—கோவில் temple, église, pagode;—க்கிரியை espèce d'air ou de mélodie, c'est le 2ᵉ des 32 இராகம்;—சகாயம் secours divin, Lazare;—சங்கு conque divine, *V.* சங்கநிதி;—சபை assemblée de dieux (de la fable), place où les dieux sont censés se rassembler pour adorer Siven dans le temple de சிதம்பரம்;—சாட்சி témoignage divin, serment, présence de Dieu:—சாயுச்சியம் béatification inférieure ou temporaire (selon Rottler), être au nombre des dieux inférieurs தேவர், (ou plutôt) absorption dans—, identification avec la divinité (la béatitude suprême des Indous);—சிகிச்சகன் médecin divin,—des dieux du Souvarkam: (il y en a 2, fils du soleil et de la nymphe அச்சுவினி;—சிருட்டி,—சிருஷ்டி créatures de Dieu, *i.e.* les êtres mobiles et immobiles, animés et inanimés;—சிருட்டை,—சிருஷ்டை liqueur spiritueuse, *litt.* créature divine:—சுருதம் traité de science sacrée:—சுருதன், (சுருதம்), Dieu, Nâraden:—சேனாபதி généralissime de l'armée céleste, (selon les Indous) Soupramanien:—சேனை l'armée—, l'assemblée céleste, (selon les Indous cette armée se compose de leurs 330 millions de dieux inférieurs), Dèvasènâ fille d'Indiren;—ஸ்தலம்,—ஸ்தானம் lieu divin ou sacré, temple;—ஸ்திரீ prétendue déesse;—தச்சன் le charpentier ou l'architecte des dieux, *i. e.* Visvakarmâ;—தத்தம் don divin, la conque d'Ardjouna:—தத்தன் Dieu-donné, Adéodat, Jonathas, le frère cadet de Bouddha, un des 10 airs vitaux du corps, (selon les Indiens, celui qui cause la course, la fatigue, la sueur, ou celui qu'on exhale en bâillant);—தத்தாக்கிரசன், (அக்கிரசன்), le frère aîné de Dèvadatten, *i.e.* Bouddha;—தத்துவம் divinité, nature—, puissance divine;—தரு arbre censé divin,—du Souvarkam, (*V.* ஐந்தரு) et surtout le கற்பகம், le மந்தாரம், l'அரசமரம், arbre ancien sous lequel s'assemble le village;—தாசம் service de Dieu;—தாசன் serviteur de Dieu;—தாசி servante des dieux et des pagodes, bayadère, prostituée, courtisane du Souvarkam: on en compte 4, savoir: உருப்பசி *ou* உருவசி, மேனகை, திலோத்தமை, அரம்பை;—தாசிவீடு maison de prostituée, bordel;—தாடம் le prétendu tourment des dieux, *i.e.* le serpent இராகு ou le nœud ascendant, le feu;—தாமரை nénuphar divin, or qui ressemble au nénuphar:—தாயம் allocation pour l'entretien d'un temple:—தாரம், (தாரு), arbre divin, un des ஐந்தரு, l'arbre erythroxylon aureolatum, l'arbre odoriférant செம்புளிச்சை;—தாரி l'arbre சிதாரி, arbre divin, un des ஐந்தரு;—தாரு, *V.* தேவதாரம்;—தாருவனம் forêt d'arbres sacrés,—habité par des péniteus;—தாழ்ச்சி 1° divine humilité. 2° *P.* தேவதிராட்சம் vigue;—தாளி la plante convolvulus;—தானியம் espèce de grain cultivé dans l'Inde, andropogon sarcharatus;—திருவுளம் oracle;—தீபம் lampe divine, l'œil;—தீர்த்தம் divine eau lustrale, partie de la main consacrée aux dieux, bout des doigts;—துந்துபி tambour des dieux indous;—தூஷணம் blasphème:—தூஷணக்காரன்,—தூஷகன் blasphémateur, celui qui outrage

Dieu ou les choses saintes; —தூதர் messagers de Dieu, les anges; —தூதி messagère des dieux indous; —தாரம் encens, benjoin; —தேவன் le Dieu des dieux, (en style païen chaque sectaire l'appliquant à son dieu) Brama, Vichnou, Siven; —த்துவம், —தன்மை, divinité, essence—, nature divine; —திரவிய அநுமானம், —திரவியாநுமானம் sacrement, *litt.* signe des richesses spirituelles; —த்துரோகம் sacrilége; —த்துரோகி sacrilége, personne coupable de sacrilége; —தாயம் portion du produit d'un champ donné à un temple; —நகர் temple, pagode, ville divine, —des dieux indous; —நாகரி caractères propres au sanscrit, alphabet dèvanâgari, —நாயகன்பட்டணம் la ville de Dèvanâmpatam ou le fort St David près de Goudelour ou Cuddalore; —நிலயம் résidence de la divinité, paradis, ciel: —நிந்தகன்; (நிந்தை, aka), contempteur de la divinité, —des dieux, hérétique, infidéle, athée, blasphémateur; —நிந்தை mépris de la divinité, blasphéme, hérésie, athéisme; —நீதி justice divine, châtiment venu de Dieu; —பதம் le séjour de Dieu ou des dieux, air, ciel, firmament; —பதி le prétendu roi des dieux, *i.e.* Indiren; —பத்தி piété, charité; —பத்தினி, —பாரி épouse d'un dieu; —பவனம் l'அமராலயம், temple, paradis; —பாஷை le prétendu langage des dieux le Sanscrit ou le Nâgari; —புரம், —பட்டணம் la ville prétendue des dieux, le Souvarkam, அமராவதி capitale d'Indiren; —பூமி la terre des dieux, le Souvarkam; —பசு la vache censée divine dite காமதேனு; —பிரதிமை idole, statue de divinité; —பிரமன் le Brama des dieux inférieurs, *i e.* Nâraden; —பிராமணன் brame divin, vénérable, estimé des dieux; —ப்புரோக்தம் (prèkta, *dit*). révélation divine; —பட்சி l'oiseau divin, *i.e.* le cygne; —பெண் femme divine, déesse; —ஆபரணம் le bijou suspendu sur la poitrine de Krichna; —மணி le bijou (susdit) de Krichna, —des dieux, Siven, certain cercle ou tour de poils sur la poitrine de quelques chevaux regardé comme de bon augure, *V.* அச்சுவமணி; —மருத்துவர் les médecins des dieux, les அச்சுவினிகள்; —மாசம், —மாசம் le 8me mois de la grossesse; —மாதா la mère de Dieu, la S[te] vierge Marie, *ou* — மாதிரு Aditi la mère des 330 millions de dieux inférieurs; —மாதர் les déesses, les femmes du Souvarkam dites அரம்பையர்; —மொழி parole divine, oracle; —யத்தினம், *V.* தேவேந்திரம்; —யாத்திரை, —யாத்திரம் pèlerinage, procession d'idole, fête avec procession; —யானம் monture de divinité, le char fabuleux des dieux, niche, châsse; —யானி la fille de சுக்கிரன்; —யானை; 1° l'éléphant royal d'Indiren. 2° la femme de Soupramanien; —யோனி naissance divine, être surhumain, démon ou demi-dieu; —ரங்கம், (அரங்கம்), toile peinte, vêtement de soie; —ரதம் le char fabuleux des dieux dit விமானம்; —ரம்பை, (அரம்பை), courtisane du Souvarkam; —ராசன் le roi des dieux, *i.e.* தேவேந்திரன்; —ராதன் nom d'un roi de மிதிலை; —ரிஷி richi de la classe des immortels ou des demi-dieux; —ரூபம் forme divine; —ரூபி de forme divine; —வல்லை, (இவல்லை), jasmin double; —லோகம் le monde des dieux, le Souvarkam; —வசம் possession de Dieu; —வசனம், *V.* தேவவாக்கியம்; —வசீகரம், —வசீகரணம், —வசீகிருதம் consécration à Dieu, — de l'eucharistie; —வணக்கம், —வழிபாடு culte divin, adoration —, invocation à Dieu; —வக்திரம், *litt.* visage —, bouche divine, le feu (qui dévore tout comme la bouche des dieux, —வஸ்திரம் vêtement divin; —வராசி, (அரசி), la reine prétendue divine, *i.e.* Indrâni; —வரம் don de Dieu; —வரன் le Dieu suprême; —வருடம், —வருஷ

ம், V. தேவாலயம்; —வருத்தகி,(vardbaki *le charpentier*), V. தேவதச்சன்; —வாக்கியம் parole divine,—de Dieu,écriture sainte;—வாக்கு,—விடை oracle, — divin; — விரதன் adorateur de la divinité ou des dieux indous, (surnom de) வீடுமன், —விரதம் vœu fait à Dieu, devoirs envers Dieu;—விருக்ஷம் arbre divin, - du Souvarkam, l'arbre echites scholaris;— வைத்தியம் remède divin,—de vermillon,médecine des dieux:—வுத்தரவு, (உத்தரவு), oracle. permission divine. [ம்

*தேவகம்,(தேவன்,ka), V. தேவி.

*தேவகன்,(*id.*), Dèvaguen,grand père maternel de Krichna.

*தேவகாந்தமலை, (தேவகன், ஆந்தமலை),மல

*தேவகி, (தேவகன்), Dèvaki, fille de Dèvaken,femme de Vasoudèven et mère de Krichna: – குறு,— நந்தனன்.— மைந்தன் le fils de Dèvaki,*i.e.* Krichna

தேவசிகிருதம்,தேவசிகிருதம்,(தேவ, வசிகிருதம்), ce qui appartient à Dieu, V.தேவவசிகிருதம்.

தேவடியாள்,(தே ou தேவ, அடியாள்),servante de Dieu (ou plutôt) des dieux indous,danseuse des pagodes, bayadère,prostituée:— மகன் fils de prostituée,bâtard (injure).

*தேவதா,(தேவன்,tâ),dieu,divinité,déesse:—சாந்நித்தியம் présence de Dieu ou de la divinité;— வஸ்துவம் chose divine,divinité, excellence de la Divinité. [ம்),temple,pagode

*தேவதாகாரம்,(தேவதா, ஆகாரம்

*தேவதாதிபன்,(*id.* அதிபன்), le roi des dieux indous,*i.e.*Indiren.

*தேவதாரேயுற்சனம் *et corr.* தேவதாவியுற்சனம்,(*id.* அபி, அற்சனம்), idolâtrie,adoration d'une idole.

*தேவதாயதனம்,(*id.* ஆயதனம்), V.தேவாயதனம்.

*தேவதை,(தேவன்,tâ),Dieu,divinité,déesse,démon:—துர்த்தேவ— mauvaise divinité,*i.e.* mauvais démon.

*தேவம், 1°(dèva),organe des sens. 2° P.தேவ்வம்,divinité,manguier.

*தேவரன்,(dèvara),frère du mari,surtout le plus jeune.

தேவராட்டி,(தேவர்,ஆட்டி), pythonisse, possédée, femme censée inspirée par les dieux,*fém.de*

தேவராளன்,(*id.*ஆளன்), homme censé inspiré par les dieux,possédé.

தேவரீர்.தேவரீர்களவர்கள், votre divinité,votre majesté, votre altesse, votre seigneurie,votre révérence,(ce mot se décline et s'emploie pour Dieu les rois, les princes, les gourous et autres grands personnages).

தேவருணவு, (தேவர், உணவு),la nourriture des dieux indous, l'ambroisie.

*தேவர்,தேவர்கள்,*pl. de* தேவன், les dieux inférieurs des Indous,fils de Aditi et de கசியபன். Ils se nomment aussi Sourers. On en compte 330 millions,que l'on divise ainsi: தேவர்வகை-கள் les 33 espèces de dieux,savoir:ஆதித்தர் 12 soleils, அச்சுவினிகள் 2 les 2 Asvinis ou médecins des dieux,உருத்திரர் 11 les 11 Routrers, வசுக்கள் 8 les 8 Vasous,en tout 33 espèces. Ce sont comme les chefs des différentes classes de dieux et dans chaque classe il y en a 10 millions;cequi fait 330 millions Selon les livres des Sivénistes, on compte 5 dieux appelés பஞ்சமூர்த்திகள்,பஞ்சதேவதை ou பஞ்சகருத்தாக்கள் les 5 seigneurs,ce sont பிரமா Brama, விஷ்ணு Vichnou, உருத்திரன் Routren, மகேச்சுரன் Mahèsvara et சதாசிவன் Sadâsiven. Cette dernière liste est pour faire prévaloir sur Brama et Vichnou, Siven désigné par les 3 derniers noms:தேவர்அநுக்கிரகம் supplication aux dieux:—ஆலயம், V. தேவாலயம்:—உலகம், V. தேவலோகம்; — வகை les espèces de dieux, V. ci dessus;—வாசம், V. தேவாவாசம்; தேவர்க்கூத்து danse des Pousaris ou பூசாரிகள் Soudras en l'honneur des dieux (après certains sacrifices à [illegible], aux dieux infernaux etc...).

*தேவலகன்,(தேவலன், ka), bra-

me attaché au service d'une idole.

*தேவலன்,(dèvala), homme vertueux, frère du mari, brame, nom d'un Mouni, *V.* தேவலகன்.

தேவவரசி, (தேவ, அரசி),la reine des dieux *i.e.* இந்திராணி.

தேவவுணவு, (*id.* உணவு),nourriture divine, portion des oblations qu'on donne pour la nourriture des dieux, *V.*தேவருண். [gode.

தேவளம், (தே,வளம்), temple,pa-

*தேவனம்,(dèvana), jeu, amusement, passe-temps, emploi,occupation, beauté, compagne, lumière, louange, chagrin, jardin, bosquet, nénuphar,dé à jouer.

*தேவன், (dèva *de* diva *ciel*),Dieu, dieu indou, habitant du ciel, roi, Arouguen,lancier, porteur de l'ombrelle dite பரிசை, frère du mari, idiot,fou, titre d'honneur des மறவர் et de certaines castes. Ce mot se joint aussi au nom propre de certains princes ou chefs natifs. Voyez en les composés aux mots தேவ et தேவர்.......

*தேவாங்கம்,(தேவ. அங்கம்),corps divin, tissu —, vêtement de soie.

தேவாங்கு,*P.* தேய்வாங்கு.

*தேவாசனம், (தேவ, ஆசனம்): trône divin.

*தேவாசீயன்,தேவாசீவி, (*id.* ஆசீவம்), brame qui vit au service d'une idole ou d'un temple.

*தேவாசுவம்,(*id.* அசுவம்),le cheval d'Indiren.

*தேவாஸ்திரம், (*id.* அஸ்திரம்), trait ou javelot divin. —des dieux ou donné par les dieux.

தேவாண்டு,(*id.* ஆண்டு),année divine, elle contient, au dire des Indous, 360 ou selon d'autres 365 années humaines, un jour des dieux faisant une année des hommes. [வதாயம்.

*தேவாதாயம்,(*id.* ஆதாயம்), *V.*தே

*தேவாதி,(தேவன், ஆதி),Dieu: தேவாதிகள் les dieux (des gentils); தேவாதிதேவர் le Dieu des dieux.

*தேவாதீனம்,(*id.* ஆதீனம்),divine providence, chose —,faveur divine: —ஆய்வருகிறது arriver providentiellement.

*தேவாத்திரம், *P.* தேவாஸ்திரம்.

*தேவாபீட்டை,(தேவ,அபீஷ்டம்), ce qui est aimé des dieux,*i. e.* bétel.

*தேவாமுதம்,தேவாமிர்தம், (*id.* அமுதம்), ambroisie divine, *V.*தேவருண்.

*தேவாயதனம், (*id.* ஆயதனம்), demeure des dieux, temple, pagode. [des dieux,l'arc-en-ciel.

*தேவாயுதம், (*id.*ஆயுதம்), l'arme

தேவாரம், (*id.* ஆரம்), poème en l'honneur de Siven, *V.*மூவர்பாடல்.

*தேவாரம்பன்(*id* ஆரம்பம்),préparation du Seigneur, Joachim.

*தேவாராதனை, தேவார்ச்சனை, (*id.* ஆராதனை, அர்ச்சனை), adoration divine, culte de latrie.

*தேவாரி, (*id.* அரி), ennemi des dieux, géant, démon.

*தேவாலயம்,தேவாலேயம்,(*id.*ஆலயம்), maison de Dieu, temple, église, pagode,résidence des dieux indous, le mont மேரு, montagne d'or, ou à mines d'or: தேவாலயசேகரகுருவானவர் curé, — de paroisse,ministre de temple, — விசாரணைக்காரன் surintendant de temple, marguillier d'église: தேவாலயத்திறுடைமை bien—, propriété —,ustensile de temple; — உடைமையெடுக்கிறவன் voleur du bien d'un temple.

*தேவாவாசம்,(*id.* ஆவாசம்), demeure divine, temple, séjour des dieux. le Souvarkam, l'அரசமரம்.

*தேவாநுஷ்டிப்பு, (*id.* அநுஷ்டிப்பு),culte divin.

*தேவான்னம்,(*id.* அன்னம்),nourriture ou riz offert à une idole.

*தேவி, (dèvi),déesse, épouse d'un dieu indou, reine, épouse (d'un grand ou d'un supérieur), dame, matrone, femme de 1re qualité dite பதுமினி, Dèvi, *i. e.* Kâli, Pârvadi ou Dourgâ (3 noms de la femme de Siven,mais,à ce qu'il semble, dans diverses incarnations fabul.), nom de plante: — தேவகோட்டம் la ville de Dèvicotta (au sud de Porto novo), temple de Kâli; — பட்டினம் nom d'une ville:—முத்திரை sorte de crystal; தன்தேவியையீன்றாள் la mère de sa femme, sa belle-mère.

*தேவிரு, (dèvrou),frère du mari (surtout le plus jeune), second mari, (selon d'autres) 1er mari.

*தேவிகம்,தேவிலம்,தேவீகம், (தேவ,ika,ila), divinité, nature divine, chose divine ou céleste, — appartenant à Dieu ou qui vient de Dieu.

*தேவேக்கியம்,(தேவ,யக்கியம்), le sacrifice ஓமம். [இரன்.

*தேவேசன்,(id.ஈசன்), V.தேவேந்

*தேவேஜியம், தேவேச்சியன், (id. idjya précepteur), le gourou des dieux, i.e. வியாழன்.

தேவேஷ்டம், (id. இஷ்டம்), chose agréable à la divinité.

*தேவோத்தரம், P. தேவயத்தனம் providence —,action divine,instrument—,dessein ou moyen divin.

*தேவேந்திரன், (id. இந்திரன்), Dèvêndiren ou Indiren,le prétendu roi des dieux inférieurs,et du Souvarkam. Sa femme se nomme இந்திராணி,சசி ou புலோமசை; son fils சயந்தன்:son cheval உச்சைச்சிரவம்; son éléphant அயிராவதம்; sa capitale அமராவதி: son palais வைசந்தம்; sa salle d'audience சுதன்மம்; son jardin கற்பகச்சோலை; son drapeau représente la foudre இடி; son arme வயிரப்படை est de diamant. Au reste ce nom est plutôt un nom de dignité qu'un nom propre, puisque quiconque fait un certain nombre de sacrifices, obtient cette place, et la garde jusqu'à ce qu'un autre vienne la lui enlever, ou qu'il la perde lui-même par son orgueil.

தேவை, besoin, nécessité, ce qui regarde ou importe,nom d'une ville: —யானது ce qui est nécessaire; — யாய்வாங்குகிறது prendre —, acheter par nécessité; — யில்லை ce n'est pas nécessaire,n'importe;— யு ள்ளவன் celui qui a besoin; உன் ஒத்தாசையென்க்குத்—j'ai besoin de ton secours; இதைக்கொண்டே னக்குத்தேவையில்லை cela ne me regarde pas,ne m'importe pas ou ne m' est pas nécessaire.

*தேவோக்தம், தேவோக்தம், (தேவ,oukta dit),révélation divine.

*தேவோத்தியானம்,(id. உத்தியானம்), jardin de fleurs des dieux ou des pagodes.

தேளி, (தேள்), scorpène ou carpe-scorpion, scorpæna, coco rougeâtre dit தேளி,scorpion,le poisson திரளி.

தேள்,scorpion,le signe du—,l'alpha du Scorpion, la 18me constellation dite அனுடம்; — க்கடை la 19e constellation,la queue du Scorpion; —க்கொண்டை ou கொட்டுகொண்டை le poisson தேளி,scorpène; —க்கொடுக்கு ou தேட்கொடுக்கு la plante heliotropium indicum; — க்கொடுக்கு ou தேட்கொடுக்கு dard du scorpion;—கொட்டுகிறது le scorpion piquer; —கொட்டிவேறுகிறது le venin du scorpion monter (dans le corps) après qu'il a piqué; — கொட்டினவாய் l'endroit de la piqûre du scorpion; — கொட்டினவாயிற்சுடுகிறது la place ou le scorpion a piqué cuire;—முள்ளு dard de scorpion; — வாணம் fusée qui se lance et serpente à travers le peuple.

தேறகம்,le poisson தேறை.

தேறலர், (தேறு,அலர்), ennemis, (à qui on ne peut se fier).

தேறல்,opt.et n.v.de தேறுகிறது. rétablissement,soulagement, affermissment,encouragement, consolation,confiance, certitude, décision, détermination,résolution, stabilité, accroissement,clarté, roideur, hâte, pause,callou ou jus de cocotier..., miel. [றது.

தேறா,தேறாத,part. nég. de தேறுகி

தேறாமை,n.v.nég.du même, instabilité,incertitude,irrésolution, faute de se fortifier...[rans,sots, V.தேறலர்.

தேறார்,n.app.nég.du même, igno-

தேறி, தேறின,gér.part. du même:

உடு

தேறினகனி fruit presque mûr,— பயிர் moisson presque mûre, parvenue à sa crue; — புத்தி esprit mûr, rassis, solide, ferme, résolu; —எழுத்து, (எழுத்து), lettre bien formée.

தேறு, n.v.imp.et part.de தேறுகிறது. rétablissement, affermissement, résolution, certitude, clarté, pureté, l'arbre தேற்றமரம், morceau, pièce: சுக்குத் — morceau de gingembre sec; —கடை décision, détermination, conclusion: — கடைபண்ணுகிறது décider—, finir (une affaire); —படுகிறது être consolé, fortifié; — பாடு consolation, affermissement.

தேறுகிறது, றினேன், றுவேன், று, ற.v.n.(தேறு), ou தேறிப்போகிறது, se fortifier, se remettre, se rétablir, prendre des forces, se consoler, s'encourager, avancer, se perfectionner, s'améliorer, prospérer, être en bon train, augmenter, croître, se décider, se déterminer, choisir, être résolu, certain, devenir clair, se roidir, se clarifier, se fier, se confier, croire, s'arrêter; தேறியிருக்கிறது, —ப்போகிறது être rétabli, fortifié, consolé, résolu...; இதுவோ அதுவோ தேறமாட்டேன் je ne saurais décider ou être certain si c'est ceci ou cela; தேறுமலிருக்கிறது être incertain, ne pas se fortifier....

தேறுகையில், 1° acc.du suiv. 2° ou தேறுதல், n.v.du préc. V. தேறல்.

தேறுநர், (தேறு), partisans, amis, gens sûrs, — à qui on peut se fier, ou qui se fient.

தேறை, 1° nom d'un poisson. 2° P. தேறாய். 2° pers. nég. de தேறுகிறது.

தேற்றம், n.v.de தேற்றுகிறது, détermination, décision, conclusion d'une affaire, clarté, certitude, assurance, consolation, courage, augmentation, emphase: தேற்றக்குறிப்பு mot emphatique, qui marque la certitude, la décision: —உவமை, (உவமை), comparaison avec l'addition de la lettre ஏ (pour relever ou rabaisser l'objet en question), Ex. அல்லார்திருவினின் நல்லோர் நல்குரவு மேலாம் la pauvreté des bons est plus douce ou meilleure que les richesses des méchans.

தேற்றரவாளன், (தேற்றரவு, ஆளன்), consolateur, qui fortifie, homme ferme, courageux.

தேற்றரவு, (தேற்றம், இரவு, don), consolation, encouragement, clarté: — சொல்லுகிறது, தேற்றரவாய்ப் பேசுகிறது consoler, encourager.

தேற்றல், opt.et n.v. de தேற்றுகிறது, consolation, encouragement, décision, annonce, clarification.

தேற்றா, 1° ou தேற்றாத, part. nég. du même. 2° ou தேற்றாமரம் l'arbre strychnos potatorum: தேற்றாங்கொட்டை la noix de cet arbre qui sert à clarifier l'eau.

தேற்றார், தேற்றாதவர், n.app.nég.de தேறுகிறது, ignorans, sots, ennemis.

தேற்றுகிறது, ற்றினேன், ற்றுவேன், ற்று, ற்ற, v. a. de தேறுகிறது et தேற்றுதல், n.v. consoler, encourager, soulager, fortifier, affermir, déterminer, décider, annoncer, assurer, clarifier l'eau, éclaircir: தேற்றிக்கொள்ளுகிறது éclaircir (des comptes...), consoler, fortifier, encourager; —க்கொண்டிருக்கிறது finir, terminer, liquider un compte, se consoler, s'encourager, s'affermir, se décider, s'assurer; உண்டோ இல்லையோ என்று தேற்றிக்கொள் assure toi—, décide s'il a quelque chose ou non (à payer...)

தேனப்பிரகம், (தேன்), talc couleur de miel.

*தேனம், (dhèna), océan, mer.

*தேனர், (stèna), voleurs, démons ou அசுரர். [ellébore.

தேனி, la plante கடுரோகிணி,

தேனிலையாளர், தேனீ, (தேன், இலையாளர், ஈ), mouche à miel, abeille: தேனீக்கூடு ruche d'abeille.

*தேனு, 1° (dhènou), vache, — à lait, la vache d'abondance dite காமதேனு, buffionne, ou buffle. 2° cheval, vol: —முத்திரை cachet de la vache.

*தேனுகம், P. தேனுகை, éléphant femelle.

*தேனுகன்,(dhènouka), Dhénouguen, அசுரன் tué par Krichna: தேனுகசூதனன் le destructeur de Dhénouguen,i.e.Krichna.

*தேனுகா,தேனுகை,(தேனு,kâ), vache à lait, éléphant femelle: தேனுகாக்ஷீரம் lait de vache.

*தேனுகாரி,(தேனுகன்,அரி),l'ennemi de Dhênouguen,i.e.Krichna.

தேனுறை,(தேன்),rayon de miel.

தேமொனம்,(தேனு,cheval வம் jour), la 1re constellation dite அசுவனி.

தேன்,miel,liqueur enivrante,callou ou jus de cocotier..., odeur, scarabée, -femelle; இறாற்றேன்,(இறால், தேன்),miel de rayon; கொசுகுத்—, V.கொசுகாற்றேன்;— அழித்திறது ôter le miel en détruisant les abeilles; — அழித்தவன்கையை நக்குவான் celui qui ramasse le miel lèchera sa main; —இறக்குகிறது enlever le miel, V.தேனழிக்கிறது; — இருட்டு, — இறற்று,— இறால் rayon de miel;—எடுக்கிறது ôter—, enlever le miel; - கடல் la mer de miel, une des 7 mers des Indous; —கதலி espèce de banane;—குழல்,—குழாய் beignet au miel; -கூடு,—கூண்டு rayon de miel, ruche d'abeilles;—கூண்டொடாழுகல் le miel dégoutter des rayons,recevoir le miel dans un vase quand il découle des rayons;—பூச்சி mouche à miel;— பூச்சியிரைகிறதுபோலிரைகிறது bourdonner comme les mouches à miel; —மரம் arbre à miel;—வதை rayon de miel; தேனிலேயுமருந்தைக்கொடுக்கிறது donner une médecine dans un breuvage au miel.

தேன்றோடை, (தேன், தோடை), oranger mielleux,i.e.à oranges douces;—பழம் orange douce.

தை,1° lettre syllabique composée de த et de ஐ. 2° le 10me mois de l'année tamoule,le mois de taï, de la mi janvier à la mi-février,le signe du Capricorne, correspondant au mois தை,(il est à remarquer que les signes sont en retard par rapport au calcul européen; le signe dit மேஷம் ou le Bélier indien avec le mois de சித்திரை ne commençant que vers le 11 ou 12 avril), la 8me constellation lunaire dite பூசம்,expression usitée en battant la mesure, jus—, racine de la plante cleome felina. 3° *imp. et part. de* தைகிறது *et de* தைக்கிறது.

தைகிறது, தைந்தேன்,தைவேன், தை,தைய, v.a. orner, décorer.

தைக்கிறது, தைத்தேன், தைப்பேன், தை, தைக்க, v.a. coudre, faire une couture, attacher, lier, enchaîner, joindre, percer, piquer,enfoncer, s'enfoncer, (*v.g.* une épine dans le pied), clouer, river un clou,mettre les fers, boucher, additionner, faire le total,clore un compte, frapper, affecter, tourmenter, causer de la peine ou des remords, éprouver, être vexé,tourmenté:சரிகை —brocher, *ou* சித்திரம் —,broder; முள்ளு —, அம்பு —une épine—,une flèche percer ou s'enfoncer; ஒருத்தனுக்கு விலங்கு— mettre les fers à quelqu'un; ஆணி — clouer, enfoncer un clou,ou un clou s'enfoncer; குதிரைக்குலாடம்— ferrer un cheval; ஒருவார்த்தைமனதிலே— une parole percer—pénétrer le cœur,—s'imprimer dans l'esprit; செய்தகுற்றம் *ou* பாவம்மனதிலே —la faute commise ou le péché causer des remords de conscience; தைத்திருக்கிறது être ou avoir cousu, enfoncé, cloué,attaché: தைத்துப்போடுகிறது coudre, enfoncer...,raccommoder,ravauder; தைக்கிறவன் tailleur: முள்ளுதைத்தவன் celui qui s'est enfoncé une épine (dans le pied): அம்புதைத்தவன் celui qui est blessé ou a percé d'une flèche.

*தைசசம்,(taïdjasa), métal, beurre fondu,force, vigueur.

தைசசாவர்த்தினி, (தைசசம், ஆவர்த்தனம், ini), creuset (pour fondre les métaux).

தைசசும், le signe du Capricorne, une des 3 espèces d'orgueil

*தைஷம், தைடம், (taïcha),le mois de தை.

தைதும்,(daiva),le bout des doigts.

தைதல், n.v.de தைதிறது, décoration.

*தைத்திலம், (taïtila), rhinocéros, ou

தைதுலம், தைதுலாம்,தைதுலி, P.தைதிலம், âne, c'est le 4$^{me}$ des கரணம். [ன்.

*தைதேயன், (daïtêya),V.தைத்திய

தைத்தல், n.v.de தைக்கிறது,couture,piqûre, action de coudre...

*தைத்தியன், pl.தைத்தியர், (daïtya), les Daïtyers ou fils de திதி et de கசியபன்,i.e. les அசுரர் au nombre de 660 millions: தைத்தியகுரு, le gourou des Daïtyers, i.e. சுக்கிரன்; —தேவன் le dieu des Daïtiers, i. e. வருணன்;— புரோகிதன், —மந்திரி le devin—,le conseiller des Daïtyers, i.e. சுக்கிரன்; — மாதா,—மாதிரு, — மாதுரு la mère des Daïtyers,i.e. திதி; —யுகம் âge des Daïtyers, contenant, selon les Indous, 12 mille ans des dieux,ou la somme des 4 யுகம் des hommes,i.e. 4,320,000 ans, un an des dieux faisant 360 ans des hommes.

*தைத்தியாகோராத்திரம், (தைத்தியன், அகோராத்திரம்),un jour et une nuit des Daïtyers, ce qui fait une année des hommes.

*தைத்தியாரி, (id. அரி), l'ennemi des Daïtyers,i.e. Vichnou ou Krichna, chaque அசுரன் ou தேவன் (en général).

*தைத்திரம்,(taïttira), la perdrix francoline, martin-pêcheur.

*தைத்திரியகன், (தைத்திரியம்,ka), sectateur—, observateur de l'Ézourvêdam.

*தைத்திரியம்,(taïttiriya), l'Ézourvêdam, un des 32 உபநிஷதம் dit l'Ézour-vêdam noir. Il fut enseigné par வைசம்பாயனன், disciple de வியாசன்,à யாஞ்ஞவற்கியன், qui ayant refusé de se charger du péché que வைசம்பாயனன் avait fait en tuant le fils de sa sœur, fut obligé de dégorger sa science sous une forme tangible, et les autres disciples de வைசம்பாயனன் se changèrent en perdrix தித்திரி pour recueillir et avaler les textes vomis; de là ce livre est appelé தைத்திரியம். D'autres font de தித்திரி un mouni et un des premiers docteurs de cette partie du vêda qu'ils disent appelée ainsi de son nom.

தைத்து, gér.de தைக்கிறது.

தைப்பான், n.app.de தைக்கிறது, tailleur, aiguille. [on.

தைப்பு,n.v.du même,couture,uni-

தைப்பூசம்,(தை),fête de la pleine lune dans la constellation dite பூசம் au mois de தை.

தைப்பாய், 1° (தை,பை), habit, —cousu,— adapté au corps. 2° P.தைப்பாய் tu coudras. 3° acc. de தைப்பு.

தையல்,1° n.v.de தைகிறது,beauté,décoration,femme. 2° n.v. de தைக்கிறது, couture, suture, action de coudre...: கெட்டித்— forte —,double couture; அலங்கார —broderie, ou சரிகைத்— brochage; — ஆணி clou long, pointe; — ஆள் tailleur; — சொற்கேளேல் n'écoute pas les paroles des femmes;— தைக்கிறது coudre, travailler à l'aiguille; —பிரிக்கிறது défaire une couture,découdre;— பிரிந்துபோகிறது;— விட்டுப்போகிறது une couture se défaire, se découdre;—வேலை couture, ouvrage à l'aiguille; தையற்காரன் tailleur; — காரி tailleuse, couturière. [தை.

தையறம், sécheresse du mois de

*தைரியம், (dhaïrya),courage,hardiesse,fermeté,constance,confiance, force:—சொல்லுகிறது encourager, animer;— ஆய்ப்பேசுகிறது parler hardiment,— librement;— இல்லாதவனையாடுகடிக்கும் la brebis mordra un poltron; தைரியக்காரன், —சாலி, V. தைரியவான்; — நாதன் Constant, n.pr.—லட்சுமி la prétendue déesse de la hardiesse.

*தைரியவான், (தைரியம், vân), homme courageux, brave,hardi.

*தைலம், (taïla), huile de sésame, —médicinale,huile ou essence tirée

des végétaux, jus des arbres et des plantes, baume, onguent, force, sto rax, benjoin, encens;— ஆடுகிறது s'oindre d'onguent, en composer; — ஆட்டுகிறது faire une effusion d'huile, oindre—, frotter d'huile...; — இடுகிறது oindre, appliquer un liniment (à un membre); — இட்டு க்கொண்டவன் personne ointe, qui s'est frottée d'huile...;— இறக்குகிற து,—எடுக்கிறது extraire —, tirer l'huile ou l'essence, distiller l'huile...; — எரிக்கிறது extraire de l'huile par l'action du feu; — கூட்டு கிறது distiller des huiles essentielles, ou —வடிக்கிறது extraire—, distiller ou composer de l'huile..: — வைக்கிறது oindre, appliquer un liniment, apaiser, réprimer; தை லக்காப்பு effusion—, onction d'huile odoriférante (à une idole); — க்காரன் apothicaire, marchand—, faiseur d'huile, d'essence ou d'onguent; — பிட்டம் gâteau fait des graines oléagineuses dont l'huile a été extraite; — சாதனம் civette, substance odoriférante, onguent pour les cheveux; — பாணிகம் sandal blanc;—பிபீலி கை petite fourmi rouge; — பீதம் gomme du figuier அத்தி ou ficus racemosa: —மாலி, (மாலை), mèche de la lampe; தைலத்திலிடுகிறது mettre dans de l'essence ou de l'esprit, v.g. quelqu'insecte pour le conserver: இ ந்தமரத்தைலஞ்செத்தது cet arbre a perdu sa sève, sa force; சந்தனாதித் தைலம் médecine dont le sandal est le principal ingrédient et l'huile distillée le véhicule.

*தைலி, தைலிகன், 1° (தைலம்), ou தைலிகாரன், huilier, faiseur d'huile. 2° தைலி (ind.), bourse: தைலிசாலை moulin à huile.

*தைலீனம், (தைலம்), champ de [sésame.

*தைவகி, (daïvaki), V. தேவகி.

*தைவம், (தேவன்), divinité, nature divine. V. les composés au mot தெய்வம்.

தைவருகிறது, v. a. (தை, வருகிற து), தைவரல், n. v. frotter légèrement —, saisir les pieds, frotter.

*தைவலேகன், (தைவம்), astrologue, diseur de bonne aventure.

தைவறப்பு, (தை), V. தையறம்.

*தைவசுதி, (தேவசுதன்), fils du soleil, i. e. Saturne ou சனி, Yamen, le fleuve யமுனை la Djamna.

*தைவாசோராத்திரம், (தேவன், அசோராத்திரம்), un jour et une nuit des dieux indous, espace égal à l'année des hommes.

*தைவாசுரம், (தேவன், அசுரன்), haine mutuelle des Dêvas et des Asuras.

*தைவியம், (daïvya), destin, fortune, ce qui arrive par l'action divine.

தைவிளை, P. தைவேளை.

*தைவிகம், (தேவ, ika), V. தெய்விகம்.

*தைவேத்தனம், (தைவம், எத்தன ம்), V. தேவேத்தனம்.

தைவேளை, (தை, வேளை), la plante cleome felina, moutarde bâtarde.

*தைவோடை, (தைவம், ஊடை), femme mariée selon le rite தைவம்.

*தைனம், (daïna), jour, journée; தைனகதி mouvement journalier d'une planète; தைனந்தினம் chaque jour, jour par jour, quotidien: தை னந்தினப்பிரளயம் destruction du monde qui est censée arriver après chaque 15$^{me}$ année de Brama.

*தைனாவர்த்தம், (தைனம், ஆவர்த் தம்), rotation diurne d'une planète sur elle-même.

தைனூத்து, (arabe), assignation, nomination, assistance, service.

*தைனியம், (daïnya), bassesse, vileté, abaissement, cupidité.

தொ, lettre syllabique composée de த் et de ஒ, to bref.

தொக, 1° inf. de தொகுகிறது. 2° obl. de

தொகம், n. v. du même, total, somme, estimation (du produit...), prisée: — பார்க்கிறது estimer, priser, évaluer le produit (d'une terre...); —பார்க்கிறவன் ou தொகக்காரன் estimateur, priseur.

தொகல், opt. et n. v. de தொகுகிற து, réunion, contraction, approche, proximité.

தொகா,தொகாத, *part. nég. du même*, non élidé, non contracté: தொகாநிலை état d'un nom sans élision, *i.e.* qui a la terminaison des cas... *Ex.* மரத்தினுடையகிளை la branche de l'arbre;(le contraire est தொகைநிலை).

தொகு,*imp. et part.du suiv.*:— நிலைத்தொடர்மொழி,*V.*தொகைநிலைத்தொடர்மொழி.

தொகுகிறது, கிறேன்,குவேன்,கு, க, *v.n.* தொகுதல்,*n.v.*se contracter, s'élider, se rétrécir, se serrer, se joindre, être réuni,contracté,serré, élidé,être de même espèce: தொகைப் படுவது, élision,ellipse,contraction.

தொகுக்கிறது, குத்தேன், குப்பேன்,கு,குக்க,*v.a.de* தொகுகிறது,réunir, joindre,unir,additionner,faire la somme,réunir,amasser,acquérir, mesurer,arranger,mettre en ordre, abréger, raccourcir, élider,contracter, faire une syncope, une ellipse, une élision, récapituler: தொகுத்துக்காட்டுகிறது *ou* காட்டல் montrer en somme, en général; — கூட்டுகிறது *ou* கூட்டல் un des தந்திரயுத்தி, indiquer —, dire plusieurs choses ensemble, en masse,en général.

தொகுதி,1° *n. v. de* தொகுகிறது, foule,assemblée, réunion, tas, collection,masse,paquet,gerbe,section, classification, portion,mesure, partie d'un dictionnaire.2° *imp.de* தொகுகிறது: பெயர்த்தொகுதி vocabulaire des noms,partie d'un dictionnaire qui traite seulement des noms: தொகுதிப்பெயர் nom collectif, qui exprime une multitude.

தொகுத்த, *part. parf. de* தொகுக்கிறது, qui *ou* qu'on a réuni...: —, பொருள் bien qu'on a amassé.

தொகுத்தல், *n.v.du même*, réunion, addition, contraction d'une syllabe, elision.

தொகுத்து,*gér.du même*:தொகுத்துரை récapitulation; தொகுத்துரைக்கிறது récapituler.

தொகுபுலப்பொருட்டற்குறிப்பு, (தொகு,புலம்,பொருள்,தன்), fig. de rhét.où l'objet comparé et celui auquel on le compare se trouvent comme réunis en un.

தொகுப்பு,*n.v. de* தொகுக்கிறது, somme,total, le tout,sommaire,précis,récapitulation,substance: வேதத் — sommaire de la religion, —des védas.

தொகை, 1° *n.v. de* தொகுகிறது, foule, réunion,genre (qui se subdivise en espèces), addition, somme, montant, total, — d'une addition, sommaire, précis,contraction, ellipse, élision des terminaisons des cas, des personnes etc... 2° *P.* தொகாய், 2° *pers. nég. de* தொகுகிறது: தொகை கட்டுகிறது finir, *ou* — கூட்டுகிறது,—செய்கிறது faire la somme, additionner: —க்காரன் richard, homme riche; — ச்சூத்திரம் régle qui enseigne à additionner à part les objets de diverses espèces pour les énoncer ou en faire ensuite la somme;—நிலை,*V.*தொகைநிலை *ci-après*;—ப்படுகிறது être contracté,élidé,réuni, compris,renfermé dans un genre;—ப்படுவது élision, ellipse, comme மரக்கிளை *ou* மரத்துக்கிளை,*P.*மரத்தினுடையகிளை branche d'arbre; இத்தொகைப்பட்டது ce qui est—, chose de ce genre; —ப்படுத்துகிறது,—பார்க்கிறது additionner, faire la somme,voir le montant;— முட்டுகிறது terminer —, régler un compte; —பிசகுகிறது,—பிசப்போகிறது se tromper dans une addition, le total devenir ou être fautif.—ப்பிசகு bévue—,erreur dans une addition; — ப்பொருள் sommaire, récapitulation de ce qui a été développé précédemment, péroraison; —மோசம் erreur—,bévue ou tromperie dans le total; —யகராதி dictionnaire des sommes ou subdivisions des termes techniques et généraux etc... c'est la 3me partie du சதுரகராதி; —யாக,—யாய் en gros, en général, en masse;— யாகிறது s'additionner, se réunir, faire une somme,un tout;—யாக்குகிறது,

—விரித்துவிடுதல் additionner, réunir ensemble, faire la somme; —புருவகம் *fig. de rhét.* métaphore avec transposition et ellipse, *Ex.* முகமதி lune de visage, *P.* மதியாகியமுகம் visage brillant comme la lune; கைமலருமடித்தளிருஞ்சேருங்கொடி, *P.* மலர்போல்கையுந்தளிர்போலடியுஞ் சேருங்கொடிபோன்றவள் femme semblable à une jeune plante et dont les mains ressemblent à des fleurs et les pieds à de jeunes branches; —புவமம், —புவமை métaphore elliptique, ou suppression du mot qui marque la comparaison et le rapport entre l'objet comparé et celui auquel on le compare, comme பவளவாய் bouche de corail, pour பவளம்போலுஞ்செய்யவாய் bouche rouge comme le corail; — வேற்றுவிடுதல் faire la somme, reporter —, transporter un compte; —விரி contraction et développement, développement des ellipses ou contractions; —விதியுருவகம் figure où le mot de comparaison est sous-entendu pour un mot et exprimé pour un autre. *Ex.* சுடர்விளக்காகச்சொன்மாலைசூடினன் il prit le soleil pour lampe et la parole pour guirlande, (மாலை *P.* மாலையாக).

*தொகைக்கிறது, கைத்தேன், கைப்பேன், கை, கைக்க, v. a.* (தொகை), *et* தொகைத்தல், *n. v.* additionner, faire la somme.

தொகைநிலை, ellipse, syncope, apocope ou élision de la fin des mots, suppression des inflexions ou terminaisons des noms et des verbes qui ne laisse que la racine. (On distingue 6 sortes de தொகைநிலை. 1° வேற்றுமைத்தொகை élision de la terminaison des cas, *Ex.* மரக்கிளை. *P.* மரத்தின்கிளை branche d'arbre. 2° வினைத்தொகை élision des inflexions et terminaisons des verbes, *Ex.* செய்காரியம், *P.* செய்த—, செய்கிற—, செய்யுங்காரியம் chose qu'on a faite, qu'on fait, qu'on fera, *ou* தவழ்க்கும்பை, *P.* தவழ்கிற [illegible] ம்பை *ou même* தவழ்ந்திருக்கிற [illegible] தையுடையதும்பை la plante தும்பை qui a des fleurs qui pendent en bas. 3° பண்புத்தொகை élision du mot qui sert à désigner la qualité et à former l'adjectif, *Ex.* கருங்குதிரை *P.* கருமையாகியகுதிரை cheval noir. 4° உவமைத்தொகை élision du mot qui exprime la comparaison, *Ex.* மதிமுகம் visage de lune. *P.* மதிபோன்றமுகம் visage qui ressemble à la lune. 5° உம்மைத்தொகை ellipse de la conjonction உம் *et. Ex.* சேரசோழபாண்டியர் les rois Sêren, Sôjen et Pandien. 6° அன்மொழித்தொகை élision autre que les 5 précédentes. Au dernier mot est sous-entendu உடையவள், உடையவன் possesseur de. *Ex.* பொற்றொடி signifiant *bracelet d'or*, est le பண்புத்தொகை; mais signifiant *femme qui porte des bracelets d'or* c'est le அன்மொழித்தொகை, ஒ[illegible]டை ô fardeau! *P.* ஒ[illegible]டைக்காரா ô porte-faix; —ச்செய்யுள் le 44me des இருபத்து, poëme qui a quelque contraction ou obréviation dans la mesure ou le sujet; selon qu'il est composé de தொடை ou de குறள் ou de கலிப்பா, il s'appelle தொடைத்தொகை, குறட்டொகை ou கலித்தொகை et traite ordinairement de la possession, du lieu, du temps ou de la fonction du sujet du poëme; — த்தொடர்மொழி mots qui se suivent et ont quelqu'élision, comme: பூண்மார்பன் celui qui a un bijou sur la poitrine, குயின்மொழி celui qui a une voix de குயில் ou coucou indien; —புருவகம் figure dans laquelle est sous-entendu le mot de la chose à laquelle on fait allusion.

*தொக்க, part. parf. de* தொக்குகிறது, uni, réuni, amassé, abrégé, contracté, élidé: — சோறு riz entassé; —சனம் gens rassemblés.

தொக்கடம், (*du telinga* tokkou), compression, écrasement, écachement, massage, friction, — d'huile, fouler aux pieds, *V.* குடை: தொக்க

டக்கொடுக்கிறது comprimer, frotter ou presser les membres du corps pour ôter la douleur, masser, presser pour exprimer le suc (des feuilles...).

தொக்கடவு, (தொக்கு, அடவு), chemin de traverse, *litt.* abrégé, plus court que le chemin ordinaire.

தொக்கடி, தொக்கட்டி, *V.* குட்டை.

தொக்கடை, (*télinga*), pauvreté, misère: —படுகிறது, —யாயிருக்கிறது manquer, être dans la misère, dans la détresse.

தொக்கம், procès, litige: தொக்கக்காரன் homme en procès, amateur de procès, chicaneur.

தொக்கார், *n.app.de* தொக்கம், voisins, amis, compagnons. [கை.

தொக்கி, la plante சமுத்திராப்பச்

தொக்கிடம், *P.* தொக்கடம்.

தொக்கு, 1° *gér. de* தொகுகிறது. 2° (*P.* துவக்கு), corps, peau, organe du tact, vêtement, écorce. 3° toctoc, son imitatif: தொக்கித்திரியக்காட்சி connaissance par le tact: — நிற்கிறது, —நிற்றல் être sous-entendu, la terminaison des cas ou des verbes etc... être élidée, y avoir ellipse, contraction, syncope; — த்தொக்கென்கிறது faire toctoc; —த்தொக்கென்றுஓடுகிறது, *ou* நடக்கிறது courir —, marcher en faisant toctoc; தொக்குத்தொடிசுவைக்காமல் வெடுத்துப்போகிறது emporter tout sans rien laisser.

தொங்கணி, (தொங்கும், அணி), ornement suspendu, joyau composé de globules d'or et de pierreries suspendues, pendeloque, agrafe de bijou.

தொங்கல், *opt. et n.v. de* தொங்குகிறது, *V.* தொங்கணி, pendre, ornemens suspendus, draperie, tenture, tout objet pendant, queue ou pan de robe —, pan d'habit —, bord ou bout de toile qui pend, guirlande de fleurs, touffe de cheveux, cheveux, —d'homme, pendans d'oreilles, joyaux qui y sont suspendus, plumes —, queue de paon, touffe —, ombrelle ou éventail de plumes de paon, ombrelle blanche, corset, —qui couvre le sein, malheur, saut, bond, s'arrêter; தொங்கலிலே முடிகிறது lier dans un coin de sa toile.

தொங்கன், *m.* (donga, *télinga*), voleur, coquin, pendard, malin, adroit.

தொங்கி, 1° *f. du préc.* voleuse, coquine. 2° *gér. de* தொங்குகிறது.

தொங்கிசம், *P.* துவங்கிசம்.

தொங்கின், le Tonquin, jasmin de Chine.

தொங்கு, *imp. part. et n.v. de* தொங்குகிறது, pendre, chose suspendue: — காது oreille pendante; —கிழவன் vieillard décrépit, —tout courbé; — பறிவு, — பொறி, — பொறிவு manque de support, être légèrement atteint ou touché, prendre part sans le paraître; — புளுகன் grand fanfaron, — menteur.

தொங்குகிறது, *sync.* தொங்கிறது, கினேன், குவேன், கு. க, *v. n.* தொங்குதல், *n. v.* pendre, pendiller, être suspendu, sauter, sautiller, s'arrêter: தொங்கிப்போகிறது s'arrêter, — en chemin de fatigue..., être remis ou différé pour un payement; தொங்கியிருக்கிறது être suspendu, pendant, suspens, commencé depuis long temps, mais non fini.

தொங்குங்கல், (தொங்கும், கல்), pierre suspendue, bézoard, meule supérieure d'un moulin à bras.

*தொசம், *P.* துவசம், drapeau, bannière: —கட்டுகிறது arborer un étendard, hisser un drapeau, entreprendre; தொசஸ்தம்பம், — த்தம்பம் mât de pavillon.

*தொசசரோசணம், தொசசரோசணம், (தொசம், ஆரோசணம்...), *V.* கொடியேற்றம்.

தொசாவந்தி, espèce d'air.

தொட, *inf. de* தொடுகிறது.

தொடக்கம், (தொடுகிறது), commencement, principe, bonheur, espèce, classe, série.

தொடக்கல் *n. v. de* தொடக்குகிறது, commencement, entreprise.

தொடக்கு, 1° souillure, saleté, impureté légale (des menstrues et de l'accouchement). 2° ou — வடிவு espèce de bijou: — படுகிறது être sale, impur, souillé légalement.

தொடக்குகிறது, க்கினேன், க்குவேன், க்கு, க்க, v.a. de தொடங்குகிறது et தொடக்குதல், n.v. commencer, entreprendre.

தொடக்கம், n.v. de தொடங்குகிறது, commencement, entreprise, effort.

தொடங்கு, 1° bijou pour les pieds, entraves, fers (de prisonniers), 2° *imp. et part. de*

தொடங்குகிறது, *sync.* தொடங்கிறது, கினேன், குவேன், கு, க, v.a. தொடங்குதல், n. v. commencer, entreprendre, s'efforcer.

தொடரல், n.v. de தொடருகிறது, poursuite, recherche, persécution.

தொடரா, தொடராத. *part. nég. de* தொடருகிறது: தொடராமுறி, — உடன்படிக்கை engagement ou promesse par écrit de ne plus poursuivre devant les tribunaux.

தொடரி, l'arbrisseau rhamnus circumcissus dont le fruit est mangeable.

தொடருகிறது, ர்ந்தேன், ருவேன், ரு, ர, v.a. தொடருதல், n.v. V. தொடர்கிறது.

தொடருகை, V. தொடரல்.

தொடரெழுத்து, (தொடர்), lettres initiales et finales qui s'enchainent, mots liés ensemble, l'enchainement ou le changement ou la contraction des ces lettres comme அவனெழுதினான் il a écrit, ஆறரை P. ஆறு-அரை six et demi, என்னாடு P. என்-ஆடு ma brebis, ou P. என் நாடு mon pays: தொடரெழுத்தாயெழுதுகிறது écrire en liant ainsi les mots, (ce qui est regardé comme élégant).

தொடர், 1° *imp. et part. de* தொடருகிறது. 2° suite, série, continuation, chaine, enchainement, enfilade, fers, entraves, collier, guirlande, — de fleurs, odeur, fil, fil de coton, antiquité, gomme, résine, amour, attachement, recherche, suivre, poursuite, imitation: — கயிறு lien, corde de charrue, — de laboureur; — ச்சொல் phrase, mots qui se suivent; — ச்சொற்புணர்ச்சி joindre des mots qui ont rapport entr'eux, c'est un des 32 தந்திரயுத்தி; — நிலைச்செய்யுள் poème où diverses choses se trouvent liées entr'elles par la matière, les mots ou le sens des mots; — பாடு, V. தொடர்ச்சி; — முழுதுவமையணி (முழுது, உவமை, அணி), *fig. de rhét.* série de comparaisons ou de phrases qui inculquent le même sens ou le même objet; — மொழி mot composé, mots liés ensemble.

தொடர்கிறது, ர்ந்தேன், ர்வேன், ர், ர, v. a. தொடர்தல். n. v. suivre, marcher —, courir après, poursuivre, continuer, attaquer —, poursuivre en justice, chercher, s'efforcer, persécuter, lier, enchainer, nouer ensemble: தொடர்ந்துகேட்கிறது continuer à demander, — un examen, — une perquisition; — பார்க்கிறது continuer à considérer, — à chercher, explorer, examiner; — பிடிக்கிறது atteindre, attraper, — en poursuivant, faire une investigation, continuer une recherche: — பேசுகிறது continuer à parler; — போகிறது suivre, — de près, poursuivre, continuer; — வருகிறது suivre, venir après.

தொடர்ச்சி, n.v. *du préc.* suite, continuation, série, connexion, effet, conséquence, affinité, union, attachement, bouquet de fleurs, poursuite, procès, droit, propriété, bon ordre, effort: பாவத்தின் — சாவு la mort est l'effet du péché.

தொடர்ந்த, *part. parf. du même*, qui suit, continuel, constant: — வன்பு, (அன்பு), amour constant.

தொடர்ந்தார், தொடர்ந்தோர், n. *app. du même*, amis, parens, partisans.

தொடர்ந்து, *gér. du même*: தொடர்ந்தேற்றி, suite, continuation; தொட

உடன்

டத்திரிந்துபோய்வருகிறது revenir souvent,—continuellement; தொடர்ந்தோடிவரல்,(ஓடி,வரும்),à la suite, l'un après l'autre continuellement, en courant après.

தொடர்பின்மையணி, (தொடர்பு,இன்மை,அணி), figure qui présente défaut de liaison, interversion,interruption ou opposition. Elle montre dans un endroit la cause et dans un autre l'effet, fait dans un endroit ce qui devrait être fait dans un autre, commence une chose et ensuite en fait une toute contraire.

தொடர்பு, 1° *n.v. de* தொடருகிறது,suite, continuation, enchaînement,série,connexion, union, rapport,affinité,amitié,parenté,généalogie,extraction, ordre généalogique,ancienneté,coutume,— établie, bon ordre,chant,stance,vers, poème (parce que les mots y sont enchaînés les uns aux autres). 2° *un des gér. du même*: தொடர்புயர்வுநவிற்சியணி, (உயர்வு,நவிற்சி, அணி), figure qui montre les choses qui n'ont pas de rapport comme en ayant, et celles qui en ont comme n'en ayant pas.

தொடர்ப்பாடு,(தொடர்), *V.* தொடர் [டர்ச்சி.

தொடர்வு, *V.*தொடர்பு.

தொடர்வி, *V.*தொடர்வி.

தொடலை, 1° guirlande, jeu, jeu de femmes. 2° *acc.de*

தொடல்,*opt.et n.v. de* தொடுகிறது,contact, attouchement, le toucher,le tact,proximité,saisie, prise, manducation,creusement.

தொடா,தொடாத, *part. nég. du même*, qui —, qu'on ne touche pas, qu'on ne doit pas toucher.

தொடாமை,*n.v.nég.du même*, ne pas toucher...

தொடி, l'once indienne dite பலம்,bracelet,—d'or ou d'argent,brassard.

தொடுசு,intrigue,galanterie, copulation, affinité, amitié, union, connivence.

தொடு,1° jardin,terre à riz,fraude,tromperie,perfidie. 2° *imp. part. et n.v.du suiv. V.*தொடல், 3° *imp. et part.de* தொடுக்கிறது:— கடி morsure légère,qui ne fait qu'effleurer; —கணை flèche qu'on décoche ou qu'on ajuste;—கயிறு lien,corde de charrue ou de laboureur, corde qu'on attache;— கழல் sandales dites செருப்பு,—துணை aide, secours; —தோல் sandales dites செருப்பு, pantoufles,babouches; — பதம் riz cuit; — வழக்கு procès frauduleux, procès—, dispute continuelle ou interminable;— வழக்காளி querelleur—,chicaneur ou plaideur sempiternel;—வானம் horizon,endroit où le ciel semble toucher la terre; —விலங்கு fers qui enchaînent 2 personnes ensemble.

தொடுகிறது,ட்டேன்,டுவேன், டு, ட,*v.a.*toucher,tâter,palper,faire un attouchement, être tout près, être uni,adhérent, se revêtir,mettre ou prendre ses habits,sa chaussure .., prendre,saisir (avec la main),prendre et porter le riz à la bouche avec la main,*i.e.*manger,lancer—, décocher des flèches,mettre la main à,*i.e.*commencer,entreprendre,creuser: தொடாதே ne touche pas;தொடுவேனு toucherai-je? தொடேன் je ne toucherai pas, *V.les composés au gér.* தொடட்டு; தொடப்போகாது on ne doit pas toucher;- ப்போமா peut-on toucher?—மாட்டேன் je ne toucherai pas.

தொடுகை,*n.v.du préc. V.*தொடல்.

தொடுக்கம்,or.

தொடுக்கிறது, டுத்தேன், டுப்பேன்,டு,டுக்க,*v.a.*தொடுத்தல்,*n.v.*unir joindre,lier,attacher,assujettir, assortir,entrelacer, enfiler, composer (des vers), commencer, entreprendre,se vêtir, mettre (un habit, une chaussure...),prendre,placer, plier, bander un arc,y adapter la flèche, la décocher,former, donner une figure,faire passer, conduire, ramer, faire connaissance, lier amitié *ou* தொடுத்துக்கொண்டிருக்கிறது lier ou entretenir une intrigue amoureuse: அம்பு —, கணை — lancer des flèches, ou அம்புநாணிற்கோலைத்தொடுக்கிறது ajuster la flèche sur l'arc; சண்டை — exciter une querelle; பாத் — composer des vers; தொடுத்தது விடாதே n'abandonne pas une entreprise commencée; தொடுத்துக்கொண்டிருக்கிறது avoir uni, [joint...,

தொடுசு, P. தொநடுசு.

தொடுதல், n.v. de தொடுகிறது, V. தொடல்.

தொடுத்தல், n.v. de தொடுக்கிறது.

தொடுத்து, gér. du même, V. தொட்டு.

தொடுப்பு, n.v. du même, attachement, union, rapport, adhérence, réunion, rollection, connaissance, fréquentation, amitié, — lascive, intrigue d'amour, copulation, amant, amante, charrue, instrument de labour, accessoires —, parties de charrue, médisance, calomnie, injures, invectives, procès, poursuite, branche d'arbre, commencement, entreprise, sandales, souliers, pantoufles, lien, chaine, enfilade, enchainement, guirlande, ruse: — க்கத்தி sabre avec une garde en fer (pour couvrir le bras jusqu'au coude; — க்காரன் amant, galant, débauché; — க்காரி amante, femme débauchée, qui a une intrigue licentieuse; தொடுப்பாய்த்திரிகிறது, தொடுப்புண்டாயிருக்கிறது entretenir —, avoir une intrigue amoureuse, fréquenter: இவனுக்குமவளுக்குந்தொடுப்பு il y a entre lui et elle une intrigue d'amour.

தொடுவாய், 1° 2e pers. fut. de தொடுகிறது. 2° (தொடு), embouchure du rivière (dans la mer).

தொடுவான், 1° fut. de தொடுகிறது, il touchera, celui qui touche, lien, corde de charrue. 2° (தொடு, வான்), V. தொடுவானம்.

தொடுவு, (தொடு), champ, enclos près d'une maison, jardin, enclos, parc, plaine.

தொடுகை, (தொடுக்கிறது), associé, compagnon, ce qui est —, être uni, enchaîné...; concubine, éléphant apprivoisé qui sert a en apprivoiser d'autres.

தொடேன், nég. de தொடுகிறது.

தொடை, 1° P. துடை, cuisse, longue poutre qui croise un mur et sort au dehors, pièce de bois qui soutient une poutre. 2° (தொடுக்கிறது). suite enchainement, flèche, mur, — d'entourage, corde d'arc, — de guitare, branche fleurie, bouquet de fleuzs, guirlande, — de fleurs, collier, liaison ou rapports des pieds et des vers de chaque strophe entr'eux, c'est une des 6 parties constituantes de la poésie dites ஆறுறுப்பு, elle comprend 5 parties nommées மோனை, எதுகை, முரண், இயைபு et அளபெடை, lesquelles se subdivisent chacune en 8 subdivisions; — க்கவசம் cuissart; — ப்புறம் partie extérieure de la cuisse; — யுள்ளாக் l'intérieur des cuisses; — திமிண்டுகிறது pincer les cuisses (d'un écolier par punition), — முறிய ou பொடிபடவடிக்கிறது casser les cuisses à force de coups; — யகராதி dictionnaire des rimes tamoules à la seconde syllabe des vers, c'est la 1re partie du சதுரகராதி; — யெலும்பு os de la cuisse, fémur; — வாழை nom d'une plante, ischias, ulcère à l'intérieur de la cuisse; — வாழைப்புறப்பட்டுக்கிடக்கிறது être couché à cause de cet ulcère.

தொடையம், (தொடை), sorite.

தொடையல், (id.), guirlande, — de fleurs, collier, — de bijoux, rangée, série, cordon.

தொட்ட, part parf. de தொடுகிறது: தொட்டவிரல்தறித்தான் la plante பெருங்குறிஞ்சா.

தொட்டடி, (தொட்ட, அடி), vers —, ligne qui suit, (celle qu'on vient de lire se nomme விட்டடி).

தொட்டப்பன், (id. அப்பன்), parrain, lill père qui a touché un enfant au baptême).

தொட்டம், morceau de terre.

தொட்டல், n.v du parf. de தொடு

கிறது,action de toucher,de creuser, de manger.

தொட்டணைத்து,(தொட்ட, அணைத்து),selon que—, plus l'on creuse (dans ce dystique):தொட்டணைத்தூறு மணற்கேணிமாந்தர்க்குக் கற்றனைத்தூறு மறிவு plus on creuse un puits dans le sable plus il donne d'eau, plus l'homme étudie plus il acquiert de science.

*தொட்டா,*P.* துவட்டா, le prétendu charpentier des dieux, *i. e.* Visvacarma.

தொட்டாச்சி, (தொட்ட, ஆச்சி), marraine,*litt.*mère qui a touché (un enfant au baptême).

தொட்டாட்டு,(தொட்டு, ஆட்டு), contact et activité: — மணியம்,— வேலை office—,ouvrage de laquais, de domestique (qui demande de l'activité et de l'action. [*V.*காவடி.

தொட்டாப்பு,(*id.* ஆப்பு), courge,

தொட்டால்,*cond.de* தொடுகிறது, si on touche: தொட்டால்வாடி,தொட்டாற்சுருங்கி *ou* சிணுங்கி la sensitive,mimosa pudica,qui se contracte quand on la touche.

தொட்டி, bassin, auge, baquet, lavoir,baignoire, abreuvoir, cuve, grand vase,chaudière,chaudron,gamelle,mangeoire, crèche, berceau, haie, cloture, clos, enclos, parc, négligence—,absence à l'ouvrage, amende,—pour cette absence,égout, ortie, *V.*தொட்டிக்கட்டு,*ou* தொட்டிப்பாஷாணம் espèce d'arsenic naturel: அயத்தொட்டி auge...en fer, espèce d'arsenic composé; தொட்டிக்கட்டு maison —, bâtiment avec une cour carrée au centre; —க்கட்டடங்கட்டுகிறது bâtir une telle maison; —க்கால் jambe tortue; —க்காலன் homme bancal, bancroche: —ப்பணம் amende pour absence ou négligence à l'ouvrage; —வயிறு gros ventre,grosse panse; தொட்டியிலடைக்கிறது parquer, mettre dans un bassin ou une auge etc.. : தொட்டியினுடைய கலவடை pied de bassin,de lavoir.

தொட்டிச்சி,(தொட்டியம்), femme de la caste des தொட்டியர்,

தொட்டியம்,traité—,art des enchantemens et de la sorcellerie, le pays —, la langue des தொட்டியர்: தொட்டியக்கரு objets qui servent aux enchantemens, (comme plantes,racines,peau,os, chair, ongles, cheveux.....); தொட்டியப்பெண்,*V.* தொட்டிச்சி; — நாடு le pays des தொட்டியர்.

தொட்டியர்,gens d'une caste venue du nord et établie dans le Coimbatour,sorciers.

தொட்டில்,berceau,—d'enfant,ou தொட்டிற்சீலை toile suspendue en double pour servir de berceau, sorte de hamac: தொட்டிலிடுகிறது,—ஏற்றுகிறது attacher—, suspendre cette toile,—un hamac; தொட்டிலையாட்டுகிறது balancer cette toile ou un berceau, bercer un enfant; தொட்டிலிலேவிடுகிறது, —போடுகிறது,— வளர்த்துகிறது coucher ou mettre (un enfant dans le berceau,ou dans cette toile; —தூங்குகிறது dormir dans le berceau.

தொட்டு, *gér. de* தொடுகிறது, ayant touché,touchant,sur,à l'égard de,à cause de,pour,depuis: அதைத் à cause de cela,c'est pourquoi,delà; சொன்னதைத் —pour—,sur ce qui a été dit; அந்நாள்— depuis ce jour-là; நான்பிறந்தநாள்— depuis le jour de ma naissance:—க்காட்டுகிறது montrer au doigt,— en touchant;—க்கொள்ளுகிறது se revêtir, prendre ou mettre ses habits .. ;—க்கொண்டிருக்கிறது atteindre,toucher,être près;—த்தெளிக்கிறது toucher,*i.e.*plonger (le goupillon...) et asperger;—த்தெறியான் avare qui ne touche et ne donne rien; — ப்பார்க்கிறது tâter et examiner, chercher en tâtonnant.

தொண்டகம்,tambour des pays montagneux.

தொண்டமான்,seigneur,prince, Tondaman.titre du Raja d'un petit pays entre Trichinapalli et la mer, (sa capitale est புதுக்கோட்டை):

—நாடு le pays du Tondaman: சுவர்க்கவாசலிலேதொண்டமானுஞ்சரி தொட்டியுஞ்சரி à la porte du paradis,(*en style payen*,du souvarkam),le prince et le tôtti sont égaux.

தொண்டலம்,trompe d'éléphant.

தொண்டன்,(தொண்டு), esclave.

தொண்டி,caillou ou jus de coco tier..., Tondi (ville du Marava),

தொண்டிச்சி, *fém. de* தொண்டன், esclave.

தொண்டு, esclavage,servitude,esclave,service,ouvrage,9, ou neuf,ancienneté,la bécassine dite கோழியுள்ளான்,la plante தொண்டிப்புண்டு, *ou*—க்கட்டை morceau de bois qu'on attache au cou d'une vache pour l'empêcher de courir: —செய்கிறது servir,travailler; —தொட்டு de haute antiquité, depuis les temps reculés.

தொண்டை, gorge, gosier, cou, trompe d'éléphant, l'arbrisseau ஆதொண்டை, la plante grimpante கோவை:—கம்முகிறது,— கம்மிப்போகிறது le gosier—, la voix s'enrouer,être enroué,—rauque;—கம்மல் enrouement;—கனப்பு grosse voix;—கனைப்பு grosse voix, expectoration forcée,—bruyante;—க்குழி creux du bas de la gorge; அவனுக்குத்—க்குழியிற்றுடிக்கிறது le bas de sa gorge palpite,il est à l'agonie. —திறக்கிறது ouvrir le gosier, ôter l'obstruction de la gorge;—நாடு,—மண்டலம்,—வளநாடு le royaume de Tonda (sur la côte Coromandel, dont la capitale était காஞ்சிபுரம்);—ப்புற்று espèce de mal à la gorge;—யடைக்கிறது obstruer la gorge,arrêter la voix;—யடைத்தல்,—யடைப்பு obstruction à la gorge;—வைக்கிறது mettre toute sa voix, appeler à haute voix:தொண்டையைப் பிடிக்கிறது prendre à la gorge;—ப்பிடித்து நெரிக்கிறது étrangler,prendre à la gorge et suffoquer;—யடைத்துக்கொள்ளுகிறது obstruer la gorge.

தொண்ணூறு, (தொண், நூறு), quatre-vingt-dix: *obl.* தொண்ணூற்று: தொண்ணூற்றொன்பது 99.

தொந்தி,grand arbre nommé adansonia digitata;—பெருத்துத் தூணாகுமோ l'adansonia devenu grand fera-t il une colonne? (il n'est bon à rien de semblable). [து],esclave.

தொத்தர்,*voc.* தொத்தா, (தொத்து

தொத்தி,1° *fém.du préc.*esclave. 2° nom d'un arbre.3° *gér. de* தொத்துகிறது.

தொத்து,1° esclavage, servitude, esclave (homme ou femme), ancienneté,antiquité,bouquet de fleurs, rameau fleuri.2° *V.*தொந்து.3° *imp. et part.du suiv. ou* தொத்துவான் contagieux,qui infecte: —கிரந்தி maladie vénérienne contagieuse;—க்காய்ச்சல் fièvre contagieuse; —நோய்,—வியாதி maladie contagieuse,épidemie.

தொத்துகிறது, த்தினேன், த்துவேன்,த்து,த்த,*v.n. et a.et* தொத்துதல்,*n.v.*monter,grimper, s'étendre, ramper,s'attacher,adhérer,se coller, saisir, infecter, se communiquer, gâter,corrompre:தொத்திக்கொள்ளுகிறது infecter, communiquer la contagion saisir,s'attacher; —க்கொள்ளுகிற வியாதி maladie contagieuse; —க்கொண்டுதிரிகிறது s'attacher à quelqu'un et le suivre; மரத்தைத் தொத்தியேறுகிறது grimper sur un arbre.

தொத்துவான்,3° *pers. fut. et n. app.de* தொத்துகிறது, il montera, maladie contagieuse.

•தொந்தம், *P.* துவந்தம், chose double,deux,paire,couple, rapport, assortiment,union des sexes,familiarité,—déshonnête, fréquentation, sympathie, obstination, résistance, —obstinée,dispute, querelle, continuation,suite,antiquité;—ஆயிருக்கிறது fréquenter,avoir rapport...: தொந்தச்சத்துரு ennemi acharné,de vieille date;—ப்பகை haine invétérée, de famille,de générations;—யுத்தம் duel,combat singulier,—continuel; —ரோகம்,—வியாதி maladie invétérée,passée dans le sang;—கினை *V.* தொந்தாத்தம்.

தொந்தரவு, தொந்தனை, தொந்தரை, embarras, tracas, importunité, trouble, vexation, difficulté, empêchement, occupations diverses: — பண்ணுகிறது tracasser, importuner, troubler, molester, embarrasser; — யான காரியம் tracas, affaire embarrassante; — வேலை ouvrage difficile ou embarrassant; — வருகிறது des embarras... survenir.

*தொந்தார்த்தம், (தொந்தம், அர்த்தம்), rapport, relation, conséquence, —des actions antérieures ou d'une vie précédente (selon les Indous).

*தொந்தி P. துந்தி, 1° ventre, panse, bedaine. 2° imp. du suiv.: — வயிறு grosse panse, —bedaine; — விநாயகன் Poulléyar le ventru; தன்வயிறு தொந்திவிடப்பண்ணுகிறது se faire venir une grosse panse.

தொந்திக்கிறது, த்தேன், ப்பேன், தி, திக்க, v.n. (தொந்தம்), தொந்தித்தல், n.v. fréquenter, avoir rapport, être uni, familier, double, — par paires, redoubler, se suivre, se disputer, être désuni, en désaccord, s'obstiner.

தொந்திக்கல், தொந்திப்பு, n. v. du préc. fréquentation, familiarité, amitié, compagnie, suite, double, redoublement, différence, dispute, obstination: தொந்திப்பானவன் celui qui fréquente.

தொப்பாரம், 1° V. தொம்பாரம். 2° pustule, empoule, long soulier, fomentation.

தொப்பி, chapeau, bonnet, — des Mahométans, callou ou jus de cocotier.., enveloppe de grappe de bananier etc..., feuille de métal dans laquelle on enchâsse des pierreries: தொப்பிக்காரன் homme à chapeau topas, métis; தொப்பியின் சோடினை ornement de chapeau, cocarde.

தொப்பு, son imitatif de la chute d'un objet pesant, top, pouf: தொப்பென்கிறது faire top ou pouf; — தொப்பென்கிறது faire top top; — தொப்பென்று ou — திப்பென்றுவிழுகிறது tomber en faisant pouf pouf ou top top; — திப்பென்று ou தொப்பென்றுபோடுகிறது jeter par terre avec violence; — திப்பென்றுஅடித்துக்கொள்ளுகிறது battre —, frapper rudement, se frapper la poitrine avec bruit (en signe de deuil ou de désolation).

தொப்புளான், (தொப்புள்), homme qui a un large ou gros nombril.

தொப்புள், le nombril: — அறுக்கிறது couper le cordon ombilical (après la naissance), —கொடி V. நஞ்சுக்கொடி.

தொப்பை, panse, bedaine, pustule, grosseur sans dureté: — க்கணபதி Poulléyar le ventru: — தள்ளுகிறது avoir une grosse bedaine, être corpulent: — யுள்ள ventru.

தொம்பம், (தொம்பன்), représentation —, métier de danseurs de corde.

தொம்பரம், table d'hôte, — mise pour plusieurs convives (dans les palais des princes), grande salle à cette fin, grand bâtiment: தொம்பரக்காரன் homme qui vit à table d'hôte, convive, compagnon de table; தொம்பரத்திலே சஞ்சிகுடிக்கிறது manger à la table commune, — à table d'hôte: போடுகிறது envoyer —, mettre à la table commune.

தொம்பன், pl. தொம்பர், ou தொம்பக்கூத்தாடி, danseur de corde, bateleur, jongleur.

தொம்பாரம், grand bâtiment: — கட்டுகிறது, — போடுகிறது construire un grand bâtiment.

தொம்பை, — க்கூடு, — க்கூண்டு, grand panier —, magasin ou réceptacle à grains (fait d'une espèce d'osier ou de cercles de terre cuite empilés et fermés en haut: — பின்னுகிறது tresser ces paniers: தொம்பையிலேகொட்டிவைக்கிறது verser le grain dans ces magasins.

தொம்மலை, தொம்மை, chose très-grosse.

தொயில், V. தொய்யில்.

தொய்கிறது, ய்ந்தேன், ய்வேன், ய், ய, v.n. தொய்தல், n. v. et தொய்ந்து

போகிறது,se faner,se flétrir,se dessécher,se rider, se contracter, languir,dépérir,se fatiguer,se relâcher, s'amollir: தொய்யப்பண்ணுகிறது dessécher,faner,flétrir,rider,faire languir...

தொய்யகம்,V.தலைப்பாளை.

தொய்யல்,1° n.v. de தொய்கிறது. fatigue,défaillance, dépérissement, affliction, malheur. 2° allégresse, plaisir,labourage,boue.

தொய்யா,1° l'herbe potagère துயிலி.2° ou தொய்யாத, part. nég. de தொய்கிறது.

தொய்யில்,1° terre labourable, — humide et cultivée,l'herbe potagère துயிலி, marques ou raies de sandal que les sacrificateurs choutres se mettent sur le corps,figures que les princesses indiennes se font sur la poitrine avec des onguens odoriférans. 2° conditionnel de தொய்கிற து.

தொய்வு,n.v de தொய்கிறது, fatigue,défaillance,langueur,dépérissement,amollissement, asthme,haleine,—courte,—gênée. [டப்பு

தொரட்டுமுள்ளுச்செடி,l'arbre உ

தொலி,1° peau, écorce, balle du riz.2° imp.de

தொலிக்கிறது, லித்தேன், லிப்பேன்,லி,லிக்க,v.a.தொலித்தல்,n.v. piler le riz (pour le séparer de sa balle). [se pilée

தொலியல்,n.v.du préc.pilage,cho

தொலியாசதும்பை, la plante தந்தைச்சுரி.

தொலை,1° limite,borne,fin,grande—,distance.2° P.துலை,comparaison,pesanteur.3° imp. et part. de தொலைகிறது et de தொலைக்கிறது : —தூரம் grande distance;—வெட்டு grande distance,très-loin; — வெட்டிலேபோகிறது aller fort loin; வெகுதொலையிலேயிருக்கிறது être très-loin,à une grande distance.

தொலைகிறது, லைந்தேன், லைவேன்,லை,லைய,v.n.தொலைதல், n. v. ou தொலைந்துபோகிறது,v.comp. (expression de dégoût), finir, être terminé,complété,laisser, abandonner, s'en aller,se retirer,s'éloigner, être délivré,périr,mourir,se perdre, être ruiné,détruit; பாவந் — le péché cesser,être effacé; விட்டுத் — abandonner,délaisser; அறுபோகத்தொலைந்தால் ஔஷதம் பலிக்கும் si la punition des fautes antérieures est finie —, ou si la cohabitation cesse le remède opérera; பேசப்பேசவழிதொலையும் en parlant la route s'achève aisément; வழக்குதொலைந்துபோயிற்று le procès est terminé; வழிநடந்துதொலையும் à force de marcher le chemin s'achève; வழி யின்னந்தொலையவில்லை le voyage n'est pas encore terminé.

தொலைக்கிறது,லைத்தேன்,லைப்பேன்,லை,லைக்க,v.a.தொலைத்தல், n. v. (expression de dégoût), terminer, finir,détruire,tuer,perdre,gâter,éloigner: தொலைத்துவிட்டுப்போகிறது résigner, abandonner; நான்பேசித் தொலைத்தேன் j'ai fini mon discours,—de parler:

தொலையா,தொலையாத,part. nég. de தொலைகிற,interminable,infinissable: எண்ணத் innombrable.

தொலைவு,n. v. de தொலைகிறது, perte,ruine,corruption,défaite,éloignement,distance.

தொல்,adj. de தொல்லை, ancien, vieux,antique, du commencement, origine:—காப்பியக்குடி Tolcâpiacoudhi ou résidence de Tolcâpien, ville au sud de Maduré;— காப்பியனர்,ou தொல்காப்பியன் Tolcâpien ou l'ancien poëte, surnom de திரணதூமாக்கினி,fameux grammairien, disciple d'Agastien et auteur de l'ouvrage ou poëme nommé தொல்காப்பியம் l'ancien poëme, grammaire tamoule en vers comprenant sous 3 divisions les 5 இலக்கணம் ou parties de la grammaire actuelle;—காப்பியனுசெய்த இலக்கணநூல் la grammaire susdite de Tolcâpien.

தொல்லை,(தொல்),antiquité ancienneté,commencement,trouble,difficulté,affaire embarrassante,embarras,tracas,importunité,vexation,chagrin, peine,souci, — provenant des dettes, maux et misères qui proviennent du péché originel: சுவாமி யையாராதிக்கில் அக்கினைவயிற்றிற் பிறந்த — போம் si on honore Dieu,la misère qui provient du ventre de la mère cessera; — க்காரன் tracassier, importun; —யுள்ளவன் homme qui est dans les tracas,les peines...; —யா யிருக்கிறது tracasser, importuner, vexer,gêner, ou — படுகிறது être tracassé,importuné,vexé,gêné,dans le malheur...; — யடங்குகிறது,— வெல்லாந்தீருகிறது les tracas... diminuer,finir; பல — யாயிருக்கிறது être accablé de soins et d'embarras; சமுசாரத் —le tracas du ménage;என்னிடத்திலே நீ வைத்தபணம் என் தொல்லையிலேவிழுந்தது l'argent que tu m'avais confié a été englouti dans mon indigence.

தொல்வினை,(தொல்),V. பழவினை.

தொவசதுசம், l'arbrisseau பாலட்டை. [சு,V.தொழுசுமை.

தொழல்,opt.et n. v. de தொழுகிற

தொழிலாளன்,தொழிலோன், m. தொழிலாளி,m.et fém.(தொழில்).pl. தொழிலவர்,தொழிலாளிகள், தொழிலோர், ouvrier, artisan, artiste, homme du métier, mécanicien, employé,marchand.

தொழில்,emploi,office, fonction, occupation,métier,art,ouvrage, action,commerce,le verbe. On compte en Dieu 3 opérations, V. முத்தொழில்:les Sivénistes en comptent 5,V.ஐந்தொழில். On compte aussi 5 pouvoirs naturels d'action dans le corps nommés கருமேந்திரியம். Pour les 6 emplois des hommes en général, les 6 emplois des brames, des rois,des marchands et des choutres, V. அறுதொழில்.(Là le mot வரைவு se traduit aussi par l'écriture): —ஆகுபெயர் nom exprimant une action donné métaphoriquement à la chose faite par cette action. Ex. துவையல் action de se broyer ou de se piler et choses broyées ou pilées; —உவமம் métaphore ou comparaison qui attribue à un objet l'action d'un autre,ou qui prend l'action qui se ressemble dans 2 sujets pour l'objet ou le sujet de la comparaison; செய்கிறது, —செய்தல், — பண்ணுகிறது faire un métier, remplir une fonction,travailler, trafiquer; ஞாயிற்றுக்கிழமையில் — செய்யாதே ne travaille pas le dimanche; — படுகிறது une chose se faire, s'exécuter;தொழிற்குறைவிசேஷம் fig de rhét qui consiste à relever l'effet en rabaissant la cause qui l'a produit; —பண்பு nom de qualification qui désigne un emploi;—பாடு travail, labeur; —பெயர் nom verbal, - dérivé d'un verbe ou qui exprime une action comme செய்தல் confection, கொடுத்தல் donation, கொலை meurtre...; தொழிலிலாபம் profit qui vient de son ouvrage; தொழிலாளனையும்பெயர் nom dérivé d'un emploi, comme கணக்கன் compteur,de கணக்கு compte.

தொழிற்றுறை,(தொழில், துறை), commerce, trafic, marchandise.

தொழின்முறைமை,(தொழில்),occupation, espèce d'emploi, de travail...

தொழு,1° la dernière constellation lunaire dite இரேவதி,fers,entraves,ceps,lèpre,étable à vaches;troupeau,—de vaches,part pour le bétail.2° imp.et part. de தொழுகிறது: —கண்ணி la plante hedysarum gyrans; - கள்ளன்,— கள்வன் vaurien hypocrite,faux dévot,enchanteur;—குலம் la caste chargée du culte indou, i. e. la caste des brames;—குலத்தோர் les gens de cette caste, les brames,les adorateurs: — நோய் la lèpre; — மரம் entraves, ceps, V. உழலைமரம்; தொழுவிலடிக்கிறது mettre aux fers,— les entraves.

தொழுகிறது,தொழுதேன்,தொழுவேன்,தொழு, v.a. et தொழுதுகொள்ளுகிறது, adorer,vénérer, rendre hommage, servir; தொழுகிறவன்,தொழுதுண்போனிருக்கிறவன் adorateur, serviteur; தொழுதூண்சுவையினுழுதூணினிது la nourriture gagnée en labourant est plus douce et agréable que celle que l'on gagne en servant les autres.

தொழுகை,தொழுதல்,n.v.du préc. adoration, vénération, hommage, service; தொழுதற்செய்கிறது adorer.

தொழுதி,1° foule,multitude, balle,boule,bruit d'une troupe d'oiseaux.2° P.தொழுதாய் tu as adoré.

தொழுது,gér.de தொழுகிறது.

தொழுத்தை,(தொழுகிறது),bayadère,danseuse des temples, femme esclave,—débauchée.

தொழுந்தகை,(தொழும்), personne—,chose vénérable, digne d'adorer. [qu'on fait en labourant.

தொழுப்பு, sinuosités —,détours

தொழும்பர்,(தொழும்பு),esclaves, humbles adorateurs.

தொழும்பு,(தொழுகிறது),esclavage,travail d'esclave, humble hommage.

தொழுவம், 1° (தொழு), étable,—à vaches,parc,bergerie,bercail.2° P. தொழுவோம் nous adorerons.

தொழுவர், (தொழுகிறது), ouvriers,artisans,cultivateurs,laboureurs.

தொழுனை,nom d'un fleuve.

தொளதொள,(son imitatif):தொளதொளென்கிறது,V. தொளதொளக்கிறது: தொளதொளென்றுகட்டுகிறது lier sans serrer,—d'une manière lâche:தொளதொளென்றுபோகிறது entrer aisément,v.g. une clef, ou

தொளதொளக்கிறது,ளத்தேன்,ளப்பேன்,ள,ளக்க,v.n. தொளதொளத்தல்,n.v.glisser,couler,se lâcher,être lâche, peu serré, flasque,mollasse, s'amollir,défaillir,se relâcher.

தொளதொளப்பு, தொளதொளெனல்,n.v.du préc.glissade, desserrement,être lâche,peu serré, amollissement,flaccidité,relâchement:தொளதொளப்பாயிருக்கிறது être lâche, desserré, peu serré, pendre, ondoyer,flotter (un vêtement...).

தொளாபாரம்,chose vieille.

தொளாயிரம்,P. தொள்ளாயிரம், neuf cents.

தொளி,1° boue.2° imp.et part. de தொளிகிறது,ளிந்தேன், ளிவேன், ளி,ளிய,v.n.தொளிதல்,n. v. se relâcher,s'amollir.

தொளுக்குகிறது, க்கினேன், க்குவேன்,க்கு,க்க,v.a.தொளுக்குதல்,n. v.(தொள்),lier peu serré, — d'une manière lâche,

தொளுதொளுக்கிறது, ளுத்தேன், ளுப்பேன்,ளு,ளுக்க,v.n. தொளுதொளுத்தல்,(தொள்), s'amollir,être lâche devenir flasque,mollasse.

தொளை... V. துளை et ses composés.

தொளைகிறது,P. துளைகிறது.

தொளைக்கிறது,ளைத்தேன், ளைப்பேன்,ளை,ளைக்க,v.a. faire un trou, percer (avec un instrument),forer.

தொளைக்குதல்,தொளைத்தல், தொளைப்பு,n.v.du préc. perforation, percement.

தொளைக்கை,V. துளைக்கை.

தொள், imp. et part. et racine de தொள்ளுகிறது,relâchement.

தொள்ளம்,boue,radeau.

தொள்ளல்,opt.et n.v. de தொள்ளுகிறது,perforation,chose desserrée, relâchée; தொள்ளற்காது,V.தொள்ளைக்காது.

தொள்ளாடி,1° gér. du suiv. 2° ce qui a un corps mou ou flasque, homme sans force.

தொள்ளாடுகிறது,(தொள், ஆடுகிறது),se relâcher,être lâche, desserré,flasque.

தொள்ளாயிரம், (தொள்), neuf cents,obl.தொள்ளாயிரத்து.

தொள்ளி,1° boue,terre glaisse pétrie.2° gér.de

தொள்ளுகிறது, ள்ளினேன், ளுவேன், ளு,ள,v.a.தொள்ளுதல்,n.v.se relâcher,diminuer,V.தொளைக்கிறது.

தொள்ளை,(தொள்ளுகிறது), large —,trou (dans une porte,une planche...),objet percé ou creux, tube, navire,chose lâche:—க்காது oreille allongée,— percée d'un grand trou et qui pend jusque sur les

உள

épaules:—காதன் homme qui a de telles oreilles,(v.g. les Kallers,les Marayers...);—காதி femme qui a de telles oreilles.

தொழு,esclavage,servitude, foule,troupe, travail, apprentissage, pratique ou exercice (d'un art...), troupeau de vaches, accroissement, abondance,équation ou différence, v.g. entre le temps moyen et vrai);—வாக்கியம் table d'équations;—வி லயம் équation de temps donnée.

தொழுத்தி,(தொழு),bergére.

தொழும்.P.தொழும்.

தொழுவன்,pl. தொழுவர்,(தொழு), berger (de caste ou de profession),pâtre.

தொழுவி,f.du préc.pl.தொழுவிய ர்,bergére.

தொழுவு,V.தொழு.

தொற்று,1° n.v., imp. et part. du suiv.action de monter.., adhérence, attachement, prise, saisie, union, jonction,contagion,communication de maladie,jointure,chevron qui se joint à une pièce de charpente d'un angle: தொற்றுன், தொற்றுவான், தொற்றுள்ள, ou தொற்று,adj. contagieux;—காய்ச்சல் fièvre contagieuse;—வியாதி maladie vénérienne contagieuse;—நோய்,—வியாதி maladie contagieuse,qui se communique; —திஷ்டம், petite erreur, commerce charnel contagieux.

தொற்றுகிறது, தொற்றினேன், தொறு வேன்,தொற,தொற,v.n.தொற்றுதல், n. v.V.தொத்துகிறது. [on.

தொற்றுகை,n.v.du préc.contagi-

*தொனி. 1° (P. துவனி), bruit, son,métaphore, style figuré, malheur,affliction,2°imp.du suiv.:—சொல் mot dont le son donne lieu à une équivoque (comme en français cent vingt et sans vin); —பத்தம் sens figuré;—பயிருக்கிறது rendre le son de, ou

தொனிக்கிறது, னித்தேன், னிப் பேன்,னி,னிக்க,v.n.தொனித்தல், n. v.résonner,rendre un son:தொனித் திருக்கிறது avoir résonné.

தொனிப்பு,n.v.du préc.bruit, son, résonnement.

தொனு, (தொனி), grand bruit, mugissement:—படுபோடுகிறது mugir, [parleur,bavard, babillard.

தொனுப்பன்,(தொனுப்பு),grand

தொனுப்பு, 1° (தொனு), babillage,bavardage,2° imp.de

தொனுப்புகிறது, பினேன், பு வேன்,பு,ப,v.n.தொனுப்புதல்,n. v.(id.),babiller,jaser,bavarder.

தொன்மரம்,(தொல்), l'arbre antique,i.e.l'ஆலமரம்,le multipliant.

தொன்மை,(id.),antiquité, ancienneté,une des 8 espèces de beautés dans la poésie:—கண்டுபிடிய னம் sorte de conjecture ou de manière de juger par connaissance antérieure,v. g. sans voir une fleur,la deviner à son odeur;—மறவேல் n'oublie pas une ancienne amitié.

தொன்று, (தொல்), antiquité:—தொட்டு depuis les temps antiques;—தொட்டுவருகிறது venir des temps antiques. [ancienne,

தொன்னகர்,(தொல், நகர்), ville

தொன்னீர்,(id.நீர்), l'eau ancienne,i.e.la mer.

தொன்னூற்காப்பியம், (id. நூல்), explication de la science antique, titre d'une grammaire tamoule du R.P. Beschi,pour le haut tamoul.

தொன்னை, coupe ou vase en feuilles cousues... (et par métonymie),pauvre misérable.

தோ,1° lettre syllabique composée de த et de ஓ, tô long. 2° mot employé pour appeler les animaux.

*தோசம்,(dòbadja),lait.

*தோகதம்,(dòhada), désir, envie de femme enceinte. [me enceinte.

*தோகதவதி,(தோகதம்,வதி),fem-

*தோகம்,1° (tòka), enfant, (garçon ou fille). 2° (dòha),lait,satisfaction,plaisir. 3° (stòka),petitesse,peu.

*தோகலம், (தோகம் plaisir, la qui donne),désir. [me enceinte.

*தோகலவதி,(தோகலம்,வதி),fem-

*தோகலி, (தோகலம்), l'arbre அசோகு.

தோகல்,l'herbe சோகைப்புல்.

தோகை,plume,plumes—, queue de paon, paon, queue, bout d'habit ou de toile qui pend, chose qui pend, frange, cheveux de femme, queue de robe ou d'habit qui traîne à terre,bannière, drapeau, peau du bout de la racine mangeable du palmier qui germe,femme: தோகையர், தோகைமார், *pl.* femmes; தோகைத்தீட்டு saleté ou impureté des femmes,impudicité: தோகைப்பகை l'ennemi du paon,le caméléon.

*தோக்கியம்,(tokya), cérumen des oreilles,nuage.

தோக்கு, pistolet,fusil: — விக்கை பழக்குவிக்கிறது exercer les soldats, — à manier le fusil,

தோக்குளம்,le cotonnier பருத்தி.

தோக்கை,toile, habit, manteau, bout d'habit qui pend.

*தோசி,P.தோஷி.

தோசை,espèce de beignets, de crêpe ou de galette de riz,sorte de pâtisserie: —க்கல் vase à cuire ces galettes; —சுடுகிறது en faire cuire.

*தோஷகம்,(தோஷம்,ka),veau.

*தோஷம்,1° (dôcha),crime,faute, défaut,tache,péché, offense, transgression,malfaisance, malignité du péché,énormité du crime, mauvais symptômes,présage de mort, désordre des humeurs, veau. 2° (dôchâ), nuit.3° (tôcha),joie,plaisir: — மிகைக்கிறது de mauvais symptômes se déclarer; தோஷத்திரயம் altération des 3 humeurs வாதம் flatuosité, பித்தம் bile,சிலேஷ்மம் phlegme,—க்காய்ச்சல், —ச்சுரம் fièvre maligne: —சர்ப்பணம், —ப்பிரசங்கம் censure,blâme,reproche; — வாளன், —வாளி,(—ளர், —ளி), scélérat, coupable.

தோஷாமிர்தக்குழம்பு, (தோஷம், அமிர்தம்), électuaire employé lorsque la maladie devient fatale.

தோஷாரந்திரவியம், (தோஷம், ஆரம்), remède usité en maladie,une espèce est la racine de la plante அக்கிரகாரம் anthémis pyrethrum.

*தோஷி,(தோஷம்),personne coupable,méchante,vile,impure,impudique: —க்கொக்கு héron —, oiseau —,personne de mauvais augure: —க்கொக்கன்பட்டமிட்டுக்கெட்டுப்போகிறது faire sous l'influence prétendue d'un pareil oiseau,échouer.

தோஷிக்கிறது, (தோஷம்), devenir mauvais,tourner mal.

தோடகம், pustule, nénuphar; தோடகச்சிரங்கு,*et par sync.* தோடச்சிரங்கு espèce de gale avec pustule. [*de* தோடகம்.

*தோடம்,1° *P.* தோஷம். 2° *sync.* தோடயம், *V.*தோசடையம்.

தோடுப்பிரதம்,(தோடம்),défaut considérable, —des pierres précieuses qui est d'être de couleur d'herbe

தோடவேசம்,(*id.*:வேசம்),défaut léger,—des pierres précieuses qui est d'être de couleur de nénuphar.

தோடும்,défaut des pierres précieuses qui est d'être de couleur de feuille de citron.

தோதம்,un des 32 airs anciens.

தோடு,*gén.* தோட்டின், espèce de bijou pour les oreilles,feuille,cercle, digue,feuille,—du தாழை ou pandanus,du palmier ou du cocotier, pétales des fleurs.

தோவட்டு,oranger,produit de la pêche des perles à chaque plongeon que fait le plongeur; on donne 2 தோவட ou produits de ce genre au maître de la barque.

தோவடயம்,sorte de vers,invocation à la divinité au commencement d'un drame.

தோள், *P.*தோள்கள் épaule,devant —க்கச்சு— baudrier; —சட்டை jaquette de peau,cuirasse pour couvrir les épaules; சோட்டுப்பு riz cuit pour un voyage(qu'on porte ordinairement dans un linge sur l'épaule); —சுமை fardeau qu'on porte sur l'épaule, *V.* காவடி; —பட்டை,— பலகை omoplate,os de l'épaule.

தோட்ட,*inf.de* தோண்டுகிறது:தோட்டப்படாதசெவி oreille non percée.

தோட்டம்,jardin,champ,— cultivé près de la maison:— போடுகிறது, —வளைக்கிறது faire un jardin, préparer le sol d'un jardin; தோட்டக்கள்ளன் voleur de jardin,espèce d'oiseau;—க்காரன் jardinier;— க்காடு terre de ou à jardin;—ப்பயிர், —ப்பயிறு production de jardin, légumes,végétaux ou céréales cultivés dans un jardin; —வேலை ouvrage de jardinier, jardinage.

தோட்டா,(ind.),cartouche.

தோட்டி,P. ஜதோட்டி, croc de cornac ou harpon pour conduire un éléphant,(ce qui est un des insignes de la royauté et un des அட்டமங்கலம்),beauté,porte,entrée (de ville ou de maison),village entouré d'un fossé, agrafe, crochet, tôtti, pariah serf.—serviteur de village,tôtti, vidangeur,— qui vide les vases de nuit,.. boueur,la plante செவ்வகத்தன்,l'arbrisseau செதக்கி.

தோட்டிமை,(தோட்டி), office de tôtti,de serviteur de village, de vidangeur ou de boueur,convenance.

தோட்டிச்சிரங்கு,espèce de gale.

தோணுமுகம்,île dans un fleuve, village entouré de salines.

*தோணி,1°(drôni),barque,bateau, bac,chaloupe,tôni,grosse barque ou petit navire qui fait le cabotage. 2° flèche,la constellation lunaire dite இரேவதி,boue,eau,bastions, saillies —,ornemens—,parties de rempart; சலாபத்—barque pour la pêche des perles;—க்காரன் batelier;—விடுகிறது lancer une barque;— தள்ளுகிறது,—யோட்டுகிறது la pousser,la faire avancer (avec la perche ou la rame);—தாங்குகிறது soutenir ou retenir une barque; — த்துறை débarcadère—,embarcadère des bateaux,lieu où ils abordent; -யோட்டு. —விடல் pousser—, lancer une barque.

தோணியம்,(தோணி),flèche.

தோண்,obl.de தோள்:— மாற்றுகிறது changer un fardeau d'épaule:—மேல் dessus des épaules,la nuque.

தோண்டல்,opt.et n.v.de தோண்டுகிறது.

தோண்டான்,espèce de loup.

தோண்டி, 1° cruche, vase pour puiser de l'eau,seau de feuilles de palmier,la plante வறட்டுத்தோண்டி. 2° gér.de

தோண்டுகிறது, டினேன், டுவேன், டு,ட,v.a. தோண்டுகை, தோண்டுதல்,n.v.creuser,—la terre avec un instrument,tirer de l'eau, puiser; தோண்டியெடுக்கிறது creuser et ôter.

தோதகத்தி,1° espèce d'arbre. 2° (தோதகம்),femme incivile,malhonnête,trompeuse,malheureuse.

*தோதகம்,1° (தோதம்,ka),peine, vexation,malaise,grossièreté,impolitesse,fraude,tromperie:— ஆடுகிறது faire des impolitesses... 2° P. தோதகம்.

*தோதகன்,(தோதகம்),trompeur, mauvais payeur, malhonnête.

*தோதகி,(id.), trompeuse, infortunée,impolie: நான் — யேன்பிறந்தேன் pourquoi suis-je née malheureuse,—exposée aux tracas du ménage? [da),peine,affliction,tourment.

*தோதம்,1° (dôdha),veau. 2° (tô-

*தோதனம்,(தோதம்,na), croc de cornac.peine,affliction. [ட்டி.

தோதிபோரவை,la plante பேராமு

*தோத்திரம், 1° P. ஸ்தோத்திரம், louange, éloge, remerciement, action de grâces, culte, adoration. 2° corr.de சுரோத்திரம், oreille. 3° (tôtra),croc de cornac, aiguillon (pour conduire le bétail). 4° l'arsenic தொட்டிப்பாஷாணம்:—சொல்லுகிறது, —செலுத்துகிறது, — பண்ணுகிறது, V. தோத்திரிக்கிறது; தோத்திரபாடம் livre d'hymnes; —பாடல் hymne, chant de louanges:— வேத்திரம் aiguillon ou bâton pour conduire le bétail,celui de Vichnou.

தோத்திரிக்கிறது,P. ஸ்தோத்திரிக்கிறது,louer,remercier, rendre grâces,glorifier, adorer. [de la main.

*தோத்தை,(dôsthâ),poignée,creux

தோபா,(arabe), tribut (d'un inférieur),chef.

தோபரா ou தோப்பரா, (*indost.*), tòpera, sac à collou (pour les chevaux.)

தோப்பன், *hon.* தோப்பனார், *pl.* தோப்பன்மார், (*corr. de* தகப்பன், père,(mot usité parmi les braines).

தோப்பாடி, m.*f.* (தோப்பு, ஆடி), personne vile— méchante, — qui hante le toppes.

தோப்பாண்டி,(*id.*ஆண்டி),dévot sivéniste qui arrose une tòpe ou plantation d'arbres et reçoit pour cela les aumônes des voyageurs.

தோப்பான்,(*id.*ஆன்), dévot Vichnouviste qui fait le même métier.

தோப்பு,*sync. de* தோழுப்பு, tòpe, endroit planté d'arbres, (ordinairement prés des villages et des étangs ou pièces d'eau), bosquet, verger, bois,bocage, foule: — போடுகிறது planter une tòpe,un bosquet:— கரணம்,— கரணம் espèce d'hommage à Poulléyar,qui consiste à se croiser les bras,à se prendre le bout des oreilles,à faire une inclination du corps,à s'accroupir et à se relever jusqu'a ce que cet exercice devienne très-pénible, punition d'écolier qui condamne à cet exercice: தோப்புக்கரணம்போடுகிறது rendre cet hommage,subir cette punition,

தோப்பை, *P.* தொந்தை, chose grosse mais flasque: — முலை sein flasque et tari de vieille femme.

*தோமம், *P.*தோஷம்.

*தோமரம்,(tòmara), massue de fer,barre —,pilon de fer,dard, javelot,grande pique,lance: தோமரதரன் le feu,*i e.* Agni, *ou* — கையன் guerrier armé d'une massue.

தோம்,défaut,faute,mal,malheur: தோமில் sans défaut ou en faute.

தோய,1° *inf. de* தோய்கிறது. 2° *obl.de* தோயம்.

*தோயதம், தோயதரம்,(தோயம், da *qui donne,* dhara *qui a*),ce qui porte de l'eau, nuage, diverses fleurs. [mer.

தோயதி, (தோயம், dhi *qui a*), la

தோயப்பம், (தோய், அப்பம்), *V.* தோசை.

*தோயமலயம்,(தோயம்,ஆலயம்),la résidence ou capitale des நீர்வாழ்வோர்.

*தோயம்,1° (tòya),eau.2° *P.* தோமம்,*nég. de* தோய்கிறது: தோயசுத்திகை huitre;—ஒற்றன் l'espionne des eaux,*i.e.*la grenouille; —நிசித்திரம் pénitence qui consiste à ne boire que de l'eau; —நிதி le trésor des eaux,*i.e.* l'océan; — பிரசாதனம் l'arbre தேற்றுமரம்;— பிரசாதனபலம் le fruit de cet arbre dit தேற்றுக்கொட்டை.

தோயல்,*n.v.de* தோய்கிறது,trempe des métaux, union, mélange, bain,plongeon.

தோய்,*imp.et part.des suiv.*

தோய்கிறது,ய்ந்தேன்,ய்வேன்,ய், ய,*v. n. et* தோய்ந்துபோகிறது, *v. comp.*tremper, s'imbiber, se mouiller,être trempé (un métal...) plonger,être plongé dans la teinture, (*v.g.*une toile), être empesé, se baigner,se laver,se mélanger,s'unir,se joindre,toucher,s'accoupler,se cailler, se coaguler, se crystalliser, se condenser,se geler.

தோய்க்கிறது,ய்த்தேன்,ய்ப்பேன், ய்,ய்க்க,*v.a. du préc. ou* தோய்த்துப்போடுகிறது,tremper,—les métaux, plonger,—dans un liquide ou dans la teinture,teindre,empeser,mouiller,mettre imbiber, tremper, mettre de la pressure, faire cailler,— coaguler,—crystalliser,தோய்த்துப்பிழிகிறது exprimer après avoir trempé,tordre une toile après l'avoir plongée dans l'eau ou la teinture.

தோய்க்கல்,தோய்த்தல், *n.v.de* தோய்க்கிறது, bain, plongeon, trempe, union,coagulation.

தோய்க்கை, தோய்த்தல், *n. v. de* தோய்க்கிறது: இளந்தோய்த்தல் trempe légère; கெடுதோ — trempe excessive.

தோய்ப்பன்,espèce de gâteau.

தோய்ப்பாடி, *V.*தோப்பாடி.

தோய்ப்பு, *n. v. de* தோய்க்கிறது, trempe..., *V.* தோய்க்கை.

தோய்வு,*n.v.de* தோய்கிறது,trempe, union, approche, mélange, accouplement, coagulation, bain.

*தோரணம், 1° (tôrana), porte—, entrée principale, porte extérieure, —cochère, - surmontée d'une tour, —décorée, arc de triomphe, décoration d'une porte d'entrée, festons, guirlande de fleurs ou de feuilles de manguier et autres arbres mise pour une fête en travers d'une rue...; festons en draperie, fléau de balance, triangle supportant une grande balance, les 2 montans en fer entre lesquels est la languette de la balance. 2° dhôrana), monture, véhicule: —கட்டுகிறது attacher des festons, des guirlandes (à travers les rues...): தோரணக்கம்பம் montans ou poteaux d'une porte extérieure, ou —க்கால் pieux qui soutiennent des festons ou des guirlandes: —க்கல் pilier planté dans les étangs pour indiquer la profondeur de l'eau; —தீபம், —விளக்கு rangée de flambeaux ou de lampes, illumination; —வாசல் porte principale, —surmontée d'une tour chargée de sculptures, porte ornée de festons ou de guirlandes.

*தோரணி, தோரணிக்கம், (dhôrani), tradition, ordre, — établi, détails, manière, moyen.

*தோரணை, (dhôrana), marche, trot, saut, palpitation, [xation.

தோரந்தம், embarras, peine, ve-

தோரா, தோராத, part. nég. de தோற்கிறது: தோராவழக்கு procès imperdable, —juste; —வழக்காளர் plaideur indomptable, —opiniâtre ou sempiternel, chicaneur.

தோரி, riz cuit.

*தோரிதம், தோரிதகம், (dhôrita, ka), marche ou trot du cheval

தோரை, sang, main, jointure des doigts, graine de bambou, espèce de riz des montagnes, —des étangs, collier —, guirlande de bijoux, rouge blanchâtre, espèce de compte.

தோற்கிறது, ற்றேன், ற்பேன், க், க்க, v.n. perdre (un procès, une bataille, une partie de jeu...), fuir, prendre la déroute, être vaincu, nég. தோரேன் je ne perds pas....

தோற்கை, தோற்கை, n. v. du préc. défaite, perte, fuite, déroute, reculade.

தோலடிப்பறவை, (தோல், அடி), palmipèdes, oiseaux nageurs, —dont les pattes sont garnies de membranes comme les oies, les canards...).

*தோலம், 1° (dôla), brandillement, balancement, fête en l'honneur de Krichna jouant à l'escarpolette 2° (tôla), tola, poids d'une roupie. [ser.

*தோலனம், (tôlana), action de pe-

தோலன், தோலாண்டி, (தோல்), vaurien, pendard, homme inutile.

தோலாட்டம், (id.), inutilité, état ou qualité de vaurien.

தோலா, தோலாத, part. nég. de தோற்கிறது, invincible, imperdable, qui ne peut perdre: தோலாநாவினர் gens éloquens dont la parole est irrésistible; — நியாயம் raison invincible; —வழக்கு procès imperdable, —sûr; — வழக்காளர் homme qu'on ne peut réfuter, plaideur qui ne peut perdre son procès.

தோலாமை, n.v. de தோற்கிறது, invincibilité.

தோலாமரம், l'arbre à coton இலவு.

தோலாள், f. தோலான், m. 1° (தோல்), vaurien, vaurienne, personne inutile, bonne à rien. 2° n.app. et 3° pers. nég. de தோற்கிறது.

*தோலி, 1° (dôli), dôli, espèce de palanquin léger, litière, lit suspendu. 2° gomme-laque, espèce de petit poisson, silurus. 3° fém. de தோலன், vaurienne, coquine: கார்த்திகைவாளைத்தோலி —autre espèce de poisson; —க்கருவாடு le poisson silurus séché au soleil; தோலியாய்ப்போகிறது aller en dôli, devenir comme le silurus, n'avoir que les os et la peau.

*தோலிகை, (தோலம், ka), suspensoir, escarpolette, oreille.

தோலுரி, (தோல்), être insensible du caractère de la peau.

தோலேன், nég. de தோற்கிறது.

தோல் 1° pl. தோல்கள், தோற்கள், தோல்கள், peau, cuir, pelure, —

d'oignon,écorce,—, extérieure des arbres,cosse, gousse, arille. sac de cuir, soufflet, bouclier couvert de peau,éléphant,parole, mot,une des parties d'une phrase,beauté,une des 8 beautés ou élégances de la composition,bambou.2° *imp.part.et n.v. de* தோற்கிறது,défaite,revers, perte,malheur:— உரிகிறது s'écorcher la peau,se peler;—உரிக்கிறது,—உரித்துப்போடுகிறது écorcher, peler, arracher—,ôter la peau;—பதமிடுகிறது tanner,préparer les peaux;—பற்றிப்புடிக்கிறது encroûter,faire former ou venir une peau, — une croûte;—பற்றவேகிறது cuire de manière à se couvrir d'une croûte; —போலேபோகிறது devenir comme une peau,n'avoir que la peau et les os,se réduire à rien;—...கொட்டுவோர் tambourineurs;—வினைஞர்,—வினைமாக்கள் ouvriers en peau, tanneurs,corroyeurs,cordonniers;தோலெடுக்கிறது,peler, enlever—,gratter la peau ou l'enveloppe (d'un fruit,d'une amande...); தோல்...கிறது ramasser les peaux,les gousses.

தோல்வி,தோல்வு,தோல்லை, *n.v. de* தோற்கிறது,défaite,déroute,fuite,perte: தோல்வியாகிறது,—மாய்ப்போகிறது être vaincu, défait, mis en déroute,perdu,perdre.

தோவத்தி, toile des reins (pour les hommes),—dite sômen, écharpe ou ceinture de coton:— சோடு pièce de plusieurs de ces toiles.

தோழமை,(தோழன்),compagnie, camaraderie,amitié,familiarité,fréquentation.

தொழும்,*sync.de* தொழுவம்,étable, bergerie,parc (pour le bétail).

தோழன்,*pl.* தோழர், தோழன்மார்,compagnon,camarade,ami.

தோழி,*f.du préc.*compagne,amie, servante.

தோளணி,(தோள்),épaulette, ornement d'or pour les épaules (à l'usage des rois...).

*தோளா, (dòlâ), dòli, espèce de palanquin,litière, indigotier, indigo.

தோளன்,தோளான்,*m.* (தோள்), qui a des épaules. Ils se mettent à la fin des mots composés,*v.g.* எண்டோளன் l'être aux 8 épaules, *i. e.* Siven: திணிதோளார் ceux qui ont de fortes épaules. [தோளன்.

தோளி,1° (dòli),*V.*தோளா.2° *f.de* தோளுகிறது,...,...,*ou* ...,*v.a.*...,*n. v.*percer,forer.

தோள்,épaule, bras:—காய்க்கிறது les épaules devenir calleuses;—கொடுக்கிறது donner un coup de main,aider;—க்கச்சு baudrier;—க் கோட்டு, *V.*தோட்கோட்டு;—த்தலை *P.*தோட்டலை;—தட்டுகிறது frapper sur l'épaule; —போர்த்தவன் homme qui a de fortes épaules (pour porter des fardeaux); —போடுகிறது mettre l'épaule, prendre sur son épaule;—போட்டெடுக்கிறது mettre l'épaule et soulever;—ப்பட்டை omoplate;—மாற்றுகிறது changer un fardeau d'épaule.

தோறு,தோறும்,(il se met après le nom),chaque,tous:தினந் — chaque jour,tous les jours; மாசந்— chaque mois,tous les mois.

தோற், *P.*தோல்,*devant* க,ச,த,ப: —கட்டடம் reliure en peau;—கட்டு paquet de peaux,gant de peau (à l'usage des archers); — கருவி instrument de peau ou couvert de peau, tambour....; —கருவியாளர் gens qui se servent d'instrumens de peaux, *V.*தோல்வினைஞர்;—காது oreille, —de peau,— proéminente des vivipares;—காற்பறவை, *V.*தோற்படப்பறவை;—குல்லாய் bonnet de peau;—கொம்பு corne de peau,— qui croît à la peau, — mobile attachée à la peau;—சட்டை habit , casaque de peau; — சிற்றை outre, bouteille en peau;—செருப்பு sandales,—en peau; —செவி, *V.* தோற்காது;—பதமிடுகிறது préparer—,corroyer les peaux;—பாதம் bottes,bottines, bouclier de peau;—பாதக்கொள்ளுகிறது se botter,mettre ses bottes;

—பரிசை bouclier de peau; —பலகை bouclier de planches couvertes de peau; —பறை tambour, sac de cuir (pour donner à manger aux chevaux...), seau en cuir (pour tirer de l'eau); —பாடி courtisane, femme publique; —பாய் siége de peau d'animal non tannée; —புழை pore de la peau; —புனைகிறது, —புனைந்து போடுகிறது coudre avec des lanières de cuir; —பெட்டி sac —, coffre —, boite de peau; —பை sac —, bourse ou outre de peau; —பைமுலை mamelle flasque et pendante de vieille femme), *litt.* mamelle semblable à un sac de peau.

தோற்கடிக்கிறது, (தோற்க, அடிக்கிறது), dérouter, disperser, vaincre, défaire, mettre en fuite. [te, défaite.

தோற்கடிப்பு, *n.v. du préc.* dérou-

தோற்கிறது, தோற்றேன், தோற்பேன், தோல், தோற்க, *nég.* தோலேன், *v.n. et* தோற்றுப்போகிறது, *v. comp.* perdre (une bataille, un procès, une partie de jeu...), être vaincu, défait, mis en déroute: அவனுக்குத் தோற்றான் il lui a été inférieur, il a été vaincu par lui; பணத்தைத்தோற்றுப்போட்டான் il a perdu —, il a dissipé son argent.

தோற்குகை, *n.v. du préc.* défaite.

தோற்கும், *part. fut. du même* qu'on —, qui perdra.

தோற்பன, *pl. du part. fut.* choses perdables: —தொடரேல் ne poursuivez rien de perdable, n'entreprenez rien que d'assuré.

தோற்பு, தோற்பினை, *n.v. de* தோற்கிறது, défaite, déroute, perte, chose perdable: தோற்பினைத்தொடங்கேல் n'entreprenez rien de perdable.

தோற்ற, 1° *part. parf. du même*, vaincu, défait, qu'on a —, qui a perdu: தோற்றவன் le perdant, le vaincu. 2° *inf. de* தோற்றுகிறது. 3° *obl. du suiv.*: —ப்பட்டவன் homme estimable, — qui a paru.

தோற்றம், *n.v. de* தோற்றுகிறது, apparition, vision, apparence, spectacle, lever (des astres), forme, formation, génération, être, naissance, commencement, principe, origine, enfant, progéniture, force, éclat, célébrité, louange, estime, estimation, opinion, pensée, primauté, excellence, abondance, parole, discours, mot convenable: — ஆனவன் homme estimable, qui a paru; அக்கினியினுடைய—apparence de feu; அநித்தியமான தோற்றங்கள் choses —, formes ou spectacles transitoires; அதியந்ததோற்றமில்லாதவர் l'Éternel, l'être toujours ou entièrement invisible, *i.e.* Dieu; மனதிலே தோற்றுகிறது — la pensée qui se présente à l'esprit; தோற்றம் —இரு, les 2 espèces d'êtres, savoir: சரம் les êtres doués de mouvement, ou de locomotion, *i. e.* les animaux, et அசரம் les êtres privés de mouvement *i.e.* les métaux et les plantes; தோற்றம்—நா, les 4 sortes d'êtres distingués d'après le mode de leur naissance, savoir: கரு (matrice), les vivipares ou animaux qui sortent vivans de la matrice; முட்டை (œuf), les ovipares qui naissent d'un œuf; நிலம் (terre), les vers, insectes ou plantes qui sortent de la terre; வியர்வை (sueur), vermines ou insectes qui sont censés naître de la sueur.

தோற்றரவு, (தோற்றம்), apparence, imagination, idée, fantaisie, apparition, lever, — des astres, estime, excellence.

தோற்றல், 1° *n.v. de* தோற்கிறது, défaite, déroute, perte. 2° *n. v. et opt. de* தோற்றுகிறது, V. தோற்றுதல். [தோற்பரம்.

தோற்றவின், (தோல், தவின்), V.

தோற்றனம், (தோல், தனம்), état d'une peau, insensibilité.

தோற்றுள்; vitriol bleu.

தோற்றுக்கொள்வி, (தோற்று, ஓடு, கொள்ளுகிறது), *m. f.* fuyard, vaincu, dérouté.

தோற்றுமை, *n.v. nég. de* தோற்றுகிறது, invisibilité, disparition.

தோற்றுருத்தி, (தோல், துருத்தி), vase ou vaisseau de cuir, outre, giberne, boite à cartouches.

தோற்றி, 1° *gér. de* தோற்றுகிறது 2° *P*.. தோற்றாய் tu es vaincu,et tu ne parais pas.

தோற்று, 1° *gér. de* தோற்கிறது. 2° *imp.et part. de* தோற்றுகிறது. 3° 3me *pers neut. sing du* குறிப்புவினை *de* தோல், c'est de peau.

தோற்றுகிறது, ற்றினேன், ற்றுவேன், ற்று, ற்ற, *v. n.* (தோன்றுகிறது), apparaître, paraître (à la vue ou à l'imagination), sembler, se présenter, se rencontrer, (les astres) se lever, se former, commencer d'être, naitre, devenir,germer, s'imaginer, produire, faire: நலமாய்த் — sembler bon, convenable; தோற்றியிருக்கிறது être clair, — évident, paraître, se présenter à la vue,à l'esprit,sauter aux yeux,avoir paru; எனக்கவன் தோற்றவில்லை je ne l'ai pas aperçu: தோற்றச்சொல்லுகிறது parler de manière à faire voir, montrer.

தோற்றுதல், *n. v. du préc.* lever, origine, commencement, naissance, germination, apparition, vaine imagination, idée.

தோற்றுருத்தி, (தோல், துருத்தி), outre, soufflet de peau.

தோற்றுவாய், 1° (தோற்று,வாய்), origine, commencement. 2° 2e *pers. fut. de* தோற்றுகிறது,

தோற்றுவிக்கிறது, வித்தேன், விப்பேன், வி,விக்க, *v. caus.du même*, தோற்றுவித்தல், *n.v.* faire paraitre, —naitre, produire, créer,montrer: தோற்றுவிக்கப்பண்ணுகிறது faire en sorte qu'une pensée se présente à l'esprit de quelqu'un.

தோற்றுன்னர், (தோல், துன்னர்), ouvriers en peau, cordonniers, corroyeurs, tanneurs.

தோற்றேன், 1° *parf.de* தோற்கிறது. 2° *nég.de* தோற்றுகிறது.

தோனாய், (தோல்,நாய்),espèce de chien.

தோன்றல், 1° *opt. et n.v. de* தோன்றுகிறது, lever (des astres),apparition, sortie, origine, existence, formation, naissance, rencontre, idée, splendeur. 2° homme, prince, roi, grand personnage, chef d'un pays de forêts ou d'un désert, frère ainé, fils,garçon,*ou* தோன்றல்விகாரம் modification qui consiste dans l'apparition ou l'addition d'une lettre entre 2 mots qu'on réunit, *v. g.* பூ et கொத்து font பூங்கொத்து bouquet de fleurs.

தோன்றா,தோன்றாத, *part. nég.de* தோன்றுகிறது qui ne parait pas, invisible: தோன்றாத்துணை compagnon ou secours invisible, —secret; —வெழுவாய், (எழுவாய்), sujet sous entendu indiqué et non exprimé.

தோன்றி,1° sang, la plante காந்தள் gloriosa superba, (dont il y a 2 variétés: la rouge செந்தோன்றி et la blanche வெண்டோன்றி). *V.* செங்காந்தள். 2° *gér. de* தோன்றுகிறது.

தோன்றினர், les marchands.

தோன்றுகிறது, ன்றினேன், ன்றுவேன், ன்று, ன்ற, *v.n.* apparaitre, sembler, paraitre (aux sens ou à l'esprit), se lever (les astres), s'élever,sortir, briller, se former, commencer à exister, naitre, pousser, germer,se rencontrer, survenir,venir ou être ajouté au milieu: எனக்கப்படி—cela me semble ainsi; எனக்குச்சத்துருதோன்றினான் un ennemi s'est élevé contre moi; எனக்குத்தோன்றினதைச் சொன்னேன் j'ai dit ce qui me semblait, j'ai dit mon opinion; தோன்றக்கொடுக்கிறது donner suffisamment, —de manière que cela semble quelque chose, தோன்றச் சொல்லுகிறது montrer, parler de manière à faire voir ou comprendre; தோன்றினாற்போலே *ou* தோன்றினபடியே செய்கிறது faire à sa fantaisie, comme bon semble; தோன்றாதே *ou* தோன்றாமலிருக்கிறது ne pas paraitre, ne sembler rien, être incertain,ne savoir que faire; ஒருவனுக்கு எதிருத்தரந்தோன்றாமற் பண்ணுகிறது réduire quelqu'un à ne pas trouver de réponse,à ne savoir que dire; அவன்றோன்றாமலிருக்கிறான் il ne parait pas,*ou* அவனுக்குத்தோன்றடை

வில்லை *ou* தோன்றுதேயிருக்கிறது cela ne lui semble rien, ne lui a pas apparu, il est insensible, rien ne lui fait impression.

தோன்றுகை, தோன்றுதல், *n.v. du préc.* apparition, formation, naissance, germination, éclat, lever.

தோன்றும், *part. fut. et* 3me *pers. neut. du fut. du même*, qui semble, qui paraitra, il semble, il paraîtra.

தௌ, lettre syllabique composée de த் et de ஔ, taou.

*தௌகித்திரன், (daouhitra *de* துகிதா), fils de la fille.

*தௌகித்திரி, *fém. du préc.* fille de la fille.

*தௌசருமியம், (daoustcharmya, *ou* துர், சருமம், ya), circoncision. paraphimosis.

*தௌசாரம், (துஷாரம்), froid, neige, rosée.

*தௌட்டகம், தௌட்டவம் (*de* துஷ்ட, ka *ou* va), mal, malice, méchanceté.

*தௌதம், (dhaouta), blancheur, argent: தௌதசிலம். crystal.

*தௌதிகம், (taoutika), perle, huitre à perles.

*தௌத்தியம், 1° (தூதன்), nouvelle, message, ambassade. 2° *P.* ஸ்தௌத்தியம், éloge, louange, muse.

*தௌராத்துமியம், (dauratmya, *ou* துர், ஆத்துமம்), méchanceté, dépravation.

*தௌரிதகம், (dhaouritaka, *de* தோரிதம்), trot, pas rapide, pas lent, marche douce, tour, course en rond (du cheval).

*தௌரிதம், (தோரிதம்), trot, vitesse.

*தௌரியம், 1° (dhaourya), trot de cheval. 2° (daourya), son des instrumens de musique, harmonie: தௌரியத்திரிகம் symphonie, mélange de chant, de musique instrumentale et de danse.

*தௌர்மனசியம், (துர், மனசு), mauvaise disposition.

*தௌலம், (துலா), *V.* துலாக்கோல்.

*தௌலிகன், தௌலிகிகன், (தூலிகை), peintre.

*தௌலேயம், (daoulêya), tortue.

தௌவல், *opt. et n.v. de* தௌவுகிறது, âge tendre, marcher clopin-clopant, corruption, perte.

*தௌவாரிகன், (துவாரம்), portier.

தௌவுகிறது, விகொன், வுவேன், வு, வ, *v.n.* தௌவுதல், *n.v.* périr, se gâter, se cabrer, sauter, bondir, sautiller, boiter.

தௌவை, mère, sœur ainée, la prétendue déesse மூதேவி.

*தௌர்க்கந்தி, (துர்க்கந்தம்), puanteur.

*தௌர்சனியம், (துர்ச்சனம், ya), méchanceté, vileté.

*தௌர்ப்பலியம், (துர்ப்பலம், ya), faiblesse, débilité.

*தௌர்ப்பாக்கியம், *P.* துர்ப்பாக்கியம்.

## ந

ந், n dentale est la 8me consonne tamoule et la 4me des மெல்லினம் ou lettres douces. Elle se nomme நகரம், et dans bien des mots, elle est initiale. Au milieu des mots elle se met devant த, comme dans கந்தம் odeur, ou s'emploie pour représenter la lettre n sanscrite, comme dans அநந்தம் infinité, et bien d'autres mots qui ont l'அந் privatif ou la particule அநு. A la fin des mots ந் est généralement un changement euphonique de ம் devant த *ou* ந initial, *v.g.* புத்தகம் et தந்தான் font புத்தகந்தந்தான் il a donné un livre.

ந, 1° lettre syllabique composée de ந் et de அ, na bref. 2° préfixe sanscrite qui signifie négation, prohibition, différence, louange, célébrité. 3° ந particule qui signifie bon, bonne; elle double la consonne suivante, et prend 2 வ devant une voyelle: நல்வழி bon chemin, நவ்வமிர்தம் bonne ambroisie, நக்குடம் bonne cruche.

நக, 1° *obl. de* நகம். 2° *inf. de* நகுகிறது.

*நகருட்டன், (நகம், koutta *qui coupe*), rogneur d'ongles, *i.e* barbier.

நகசிறிதம், l'arbrisseau குன்றி.

நகட்டல், நகட்டுகை, *n.v. du suiv.*

நகட்டுகிறது, ட்டினேன், ட்டுவேன், ட்டு, ட்ட, *v.a.* நகட்டுதல், *n.v.* faire ramper, pousser, renverser de son long, pousser alternativement chaque côté d'une masse, dévorer tout, broyer, — par attrition, *V.* நகர்த்துகிறது.

*நகாங்கிருதி, 1° (ந non, அகங்கிருதி orgueil), humilité, (c'est une des 7 புண்ணியம் ou vertus. 2° (nakha parfum), parfum ou épices pour embaumer.

*நகசம், (நகம், சம்), ce qui est né dans les montagnes, i.e. l'éléphant.

நகதா, (arabe), argent comptant.

நகதி, (arabe), capitaliste, homme riche en argent: —குமஸ்தா employé subalterne d'un trésor, — பீசம் l'arbrisseau புலிதொடக்கி.

நகத்தல், நகத்துகிறது, P. நகர்த்தல், நகர்த்துகிறது.

நகநொக்கி, la plante உத்தாமணி.

நகது, (arabe), argent, —comptant: — சாமீன், — ஜாமீன் caution d'argent. [lâche), arc.

*நகமுசம், (நகம், moutcha qui re-

நகபூ, 1° (id. பூ), fleur de montagne. 2° (id. bhoû être), montagnard.

*நகம், 1° (nakha), ongle (des mains et des pieds), griffes, serres des oiseaux, part, portion. 2° (naga, ou ந non, ga qui va), arbre, montagne, terre: —வாங்குகிறது couper —, rogner les ongles; —வாங்கி instrument pour couper les ongles: —வளர்க்கிறது laisser croître ses ongles, (comme font les sanniasis indiens). நகக்கண், —க்கால் racine des ongles, ongle des doigts; — க்காளான் champignon qui croît sur les arbres; —க்குறி, —த்தழும்பு égratignure—, marque des ongles; —சிகைபரியந்தம் des pieds à la tête, litt. depuis les ongles (des pieds) jusqu'à la touffe de cheveux du sommet de la tête: —சிகைபரியந்தம்நொருங்குகிறது souffrir des pieds à la tête; —ச்சிராய் rognure d'ongles; —ச்சுவந்தி, —ச்சுற்று panaris, mal d'aventure; —ச்சூடு petite brûlure; —நந்தனி, — நந்தனி la fille du mont (Himalaya), Oumei ou Parvadi; —படுவன் panaris: —பதம், V. நகக்குறி: —பதி le roi des montagnes, l'Himalaya; —பிளவை déchirure avec l'ongle; —ரேகை, —லேகை, —விரணம் marque des ongles, égratignure; —விஷம் venin des ongles; —விரணம், (இரணம்), égratignure, plaie qu'elle cause; நகமுஞ்சதையுமாயிருக்கிறது être comme les ongles et la chair, être intimement unis; நகத்தாலெடுக்கிறது enlever avec les ongles, avec les griffes.

நகராங்கம், (நகர், அங்கம்), partie ou beauté d'une ville.

*நகரசம், (நகரம், சம்), citoyen, — né dans une ville, V. நகரசாதம்.

நகரத்தார், *நகரஸ்தர், (நகரம்), citoyens (de ville), citadins.

*நகரம், 1° (ந, சுரம்), la lettre n. 2° (nagara), ville, cité, métropole, palais de roi, ville en pays cultivé. 3° (nakhara), ongle: —கட்டுகிறது, —கோலுகிறது bâtir une ville, l'entourer de murs; நகரகாதம், நகரசம் ce qui détruit ou conquiert les villes, i. e. l'éléphant; —சனம், —மாக்கள், —வாசிகள் peuple —, habitans d'une ville, d'une métropole, citoyens; —ப்படலம் chapitre ou description de la ville du héros d'un poëme. C'est le 2ᵉ chant d'un poëme épique: நகரத்துவெள்ளாளர் vellages des villes, une division des வெள்ளாளர்.

நகரா, 1° (ind.), espèce de gros tambour. 2° ou நகராத part. nég. de நகருகிறது. [நகராயுதம்.

*நகராயுதம், (நகரம், ஆயுதம்), V.

*நகரி, (nagari), ville cité, métropole, capitale, résidence du roi, la plante வறட்சுண்டி: — சோதனை ronde —, visite d'une ville (que fait un roi, un gouverneur... la nuit en habit déguisé;) — சோதனைக்குப்புறப்படுகிறது sortir pour faire la ronde, visiter la ville ou la capitale incognito; —வசம் corbeau, litt. grue de ville; —வாயிற்கோபுரம் tour de la porte d'une ville.

நகருகிறது, —ந்தேன், —வேன் ou நகர்ந்தேன், ou க, ர, v. n. ramper, se traîner, se glisser, s'insinuer ou s'esquiver furtivement, glisser: நகர்ந்துபோகிறது se traîner, aller en rampant; —வருகிறது venir en rampant, se glisser dans. [rampement.

நகருகை, நகருதல், n. v. du préc.,

நகரை,espèce d'arbre, —de poisson.

*நகரோபாந்தம்,(நகரம்,உப,அந்தம்),faubourg, environs—, limite d'une ville.

நகர்,1° (நகரம்),ville,grande cité, palais, maison, bourg en pays cultivé,temple. 2°,*imp.et part.de* நகர்கிறது:—துரோணம் la plante தும்பை; —பஞ்சதிரவியம் trésors ou richesses d'une ville: on en compte 5: அரசன்,un roi,பித்தன் un bouffon,மந்தி un babouin,யானை un éléphant, கண்ணாடி un miroir, (beaux trésors! le 1er excepté); —வளம் prospérité d'une ville. [று,நகருதல்.

நகர்கிறது,நகர்தல், *V.* நகருகிற

நகர்த்துகிறது,த்தினேன்,த்துவேன்,த்த,த்த,*v.a.de* நகருகிறது *et* நகர்த்தல் *ou* நகர்த்துதல்,*n.v.*trainer, faire glisser,—ramper, — avancer, pousser,chasser en avant,piler,broyer: கொடுத்துநகர்த்திப்போடுகிறது renvoyer avec un présent (ironie); சுவரையிடித்து — renverser un mur et l'enlever: தடியால்நகர்த்திப்போடுகிறது *ou* விடுகிறது éloigner —,chasser ou pousser avec un bâton; நகர்த்த இலக்கு பார்க்கிறது examiner à quelle distance une chose peut être poussée,épier l'occasion. [கரேகை.

*நகலேகை,(நகம்,இலேகை),*V.* ந

நகல்,1° (*arabe*),copie,transcription,brouillon;—சீட்டு *ou* நகற்சீட்டு copie—,brouillon d'un billet...;தீர்ப்பின்—copie d'un jugement. 2° *opt.et n.v.de* நகுகிறது, *V.* நகுதல்.

நகவியாக்கிரம்,la plante புலிதொ

நகவு,*V.*நகுதல். [டக்கி.

நகவுளி, (நகம், உளி), ciseau en forme d'ongle (pour faire les cannelures).

நகளுகிறது *ou* நகள்கிறது,நகண்டேன்,நகளுவேன் *ou* நகள்வேன், நகளு *ou* நகள்,நகள,*v.n.* நகளுதல், *n. v.* ramper,se trainer,

*நகாங்கம்,(நகம்,அங்கம்), espèce de parfum, *V.*நகக்குறி.

நகாச,(ந,காசு),chose jolie, sans défaut,ouvrage perfectionné peint en émail stuqué,poli.

*நகாதிபன்,நகாதிராசன்,(நகம், அதிபன்,அதி,இராசன்),*V.* நகேசன்

*நகாச்சிரயம்,(*id.*ஆச்சிரயம்),habitation des montagnes.

*நகாயுதம்,(நகம், ஆயுதம்), animal armé de griffes,lion,tigre,coq.

நகி,la plante தேட்கொடுக்கி.

நகிலம்,நகில்,sein,mamelle.

நகுகிறது,நக்கேன், நகுவேன், நகு,நக,*nég.*நகேன்,*v.n.*rire, sourire, rire de,tourner en dérision, se moquer,mépriser,briller, fleurir, surpasser.

*நகுடம்,(nakouta),le nez.

நகுதல்,*n.v.de* நகுகிறது,rire,sourire,dérision,mépris,brillant,splendeur,floraison.

நகுதா,pilote,maître d'un navire.

நகுத்தம்,l'arbre dalbergia arborea, *V.*புன்குமரம்.

*நகுலம்,(nakoula),mangouste.

*நகுலன்,(ந, குலம்), homme dégradé,sans caste, Nagoulen, le 4me des 5 பாண்டவர் fameux cavalier, (surnom de) Siven,fils: குதிரைக்கு நகுலன் un nouveau Nagoulen pour les chevaux,habile écuyer ou jockey.

*நகுலி,*f. du préc.* espèce de parfum,l'arbre à coton soyeux, la lettre h.

*நகுலேசன், (நகுலன்,ஈசன்), le maitre de—,ou maitre Nagoulen, *i. e.* வயிரவன்.

*நகுலேட்டை, நகுலேஷ்டை,நகுலேஷ்டகை, (நகுலம், இஷ்டம்), ce qu'aime la mangouste, *i. e.* plante qu'elle emploie comme antidote au venin du serpent;on la nomme encore râsnâ.

நகேசனம்மை, (நகேசன், நங்கை),la fille de Naguèsen ou de l'Himalaya,*i.e.*Parvadi.

*நகேசன்,(நகம்,ஈசன்),le roi des monts.*i.e.*l'Himalaya.

நகேசிறு,la plante புல்லுரி.

நகை,1° *n. v. de* நகுகிறது, rire, ris,dérision,mépris,moquerie, plaisanterie,joie,délices, plaisir,bouton de fleurs,fleur,épanouissement, floraison,dent(que l'on montre en riant),lumière,splendeur, objet brillant.joyau,bijou, figure qu on emploie pour montrer le mépris et la joie. 2° *imp.de* நகைக்கிறது:—க்கொ ள் plaisanterie, parole pour rire; —கோரக்கம் safran; —முகம் visage riant,—joyeux; — ரசம் émotion—manière de rire, gaité, allégresse, dérision; நகைக்கிடமான risible, ridicule.

நகைக்கிறது, நகைத்தேன், நகைப்பேன், நகை,நகைக்க, *v. n. et a.* rire, sourire, plaisanter, railler, se moquer.

நகைத்தல், நகைப்பு, *n.v.du préc.* rire,ris, dérision, plaisanterie,raillerie, moquerie: நகைப்புக்கிடமான,நகைப்புக்குரிய risible, ridicule: எனக்கு நகைப்புவந்தது le rire m'a pris. [rieur, plaisant, moqueur.

நகைப்போன், *n. app. du même.*

நகையாரல்,நகையாக்,la plante பன்றை ruellia.

*நகோச்சிராயம்,(நகம்,உச்சிராயம்), élévation de montagne.

நக்க,1° *part. parf. de* நகுகிறது. 2° *inf. de* நக்குகிறது. 3° *obl. de* நக்கன்.

நக்கபாரம், les iles Nicobars dans le golfe du Bengale: நக்கபாரக்கச்சவடம் commerce de Nicobar,—sans crédit,argent comptant,probité suspecte.

நக்கபாரத்தவன்,நக்கபாரத்தான், நக்கபாரி,(நக்கபாரம்), Nicobarien, habitant des iles Nicobars.

நக்கரிக்கிறது,ரித்தேன், ரிப்பேன், ரி,ரிக்க, *et* நக்கரைக்கிறது,ரைத்தேன்,ரைப்பேன்,ரை,ரைக்க,(நகருகிறது), *v.n.* ramper, se trainer à terre comme un cul-de-jatte, frotter, s'enfoncer.

நக்கரித்தல், நக்கரிப்பு,நக்கரைத்தல், *n.v.du préc.*

நக்கல், *n.v.et opt de* நக்குகிறது, action de lécher...,(réputée une des 4 manières de manger), attouchement,parasite,ris,rire,dérision: நக்கல்பொறுக்கிறது, — ஆய்த்திரிகிறது chercher à écornifler, — quelque franche lippée.

நக்கவாரம் ,les iles Nicobars,commerce argent comptant.

நக்கவாரி, Nicobarien, homme qui ne vend qu'argent comptant, cocotier nain,blé restreint pour la quantité.

*நக்கனம், (nagna), nudité: நக்கனத்துவம் état de nudité; — பிரதானம் don d'un vêtement, vêtir ceux qui sont nus.

*நக்கன்,*P.*நக்கனன்,(நக்கனம்), homme nu, (surnom de) Siven, Arouguen, renard, *V.* நக்கினன்.

நக்காரி,la plante வறட்சுண்டி.

நக்கீர,1° nom d'un poéte. 2° *pl. du suiv.*

நக்கான்,3° *pers parf.et nom app. de* நகுகிறது, il a ri, rieur.

நக்கி,*gér.et n. app.de* நக்குகிறது, léchant, lécheur:—பூ la plante heliotropium indicum. [porte.

*நக்கிரம், (nakra), linteau de நக்கிரு,*V.*நகிர.

*நக்கினம்,(nagna), nudité: நக்கினமாயிருக்கிறது ou

நக்கினிகரணம், நக்கினீகிருதம், (நக்கினம்,இ), dépouillement, mettre à nu.

*நக்கினன், நக்கிருடன்,(நக்கினம்,அடம்), homme nu, gymnosophiste, religieux mendiant qui va nu, bouddhiste, djaïna.

*நக்கினே, நக்கினிகை, (நக்கினம்,ikâ), femme nue,fille de 10 ans.

நக்கீரன்,*P.*நற்கீரன்.

நக்கு, action de lécher, *n.v. imp. et part.de*

நக்குகிறது, *sync.* நக்கிறது, நக்கினேன்,நக்குவேன், நக்கு,நக்க, *v. a.* நக்குகை, நக்குதல், *n.v.* 1° lécher, laper, toucher. 2° *P.* நகுகிறது rire, railler: நக்கிக்கொண்டு திரிகிறது chercher à écornifler,faire le métier de parasite:— க்குடிக்கிறது laper; —ப்போடுகிறது manger avidement; நக்கப்படுவன choses qu'on lèche, comme le miel...

நக்குணி, (நக்குகிறது, உண்கிற து), homme qui mange en léchant, petit enfant, espèce de serpent, ou நக்குவோன், n. app. de நக்குகிற து lèche-plat, celui qui lèche.

*நக்ஷத்திரம், (nakchatra), perle, étoile, constellation ou mansion lunaire, astérisme, —où se trouve la lune à un jour donné; c'est une des 5 parties du பஞ்சாங்கம் ou almanach indien. Comme les Indiens observent les étoiles spécialement par rapport à la lune et que cette planète parcourt le zodiaque en 27 jours et 8 heures, les Indiens ont divisé le zodiaque en 27 constellations lunaires donnant à chacune 13 degrés 20 minutes. Elles prennent leurs noms d'une étoile qui quelquefois n'est pas située dans l'espace qu'ils lui attribuent. Voici leurs noms tamouls, sanscrits et européens, en commençant par le Bélier et suivant l'ordre des signes du zodiaque: அச்சுவினி, asvini, l'alpha du Bélier; பரணி bharani, la Mouche; கார்த்திகை kroullikâ, les Pléiades; உரோகிணி rôhini, Aldébaran. 5° மிருகசீரிடம் mrougasiras, le lambda d'Orion; திருவாதிரை ârdra, l'alpha d'Orion; புனர்பூசம் pounarvasou, le bêta des Gémeaux, பூசம் pouchya, le delta du Cancer; ஆயிலியம் aslêchâ l'alpha du Cancer. 10° மகம் magha l'alpha du Lion ou Régulus; பூரம் poûrva phalgouni, le delta du Lion; உத்தரம் outtara phalgouni, le bêta du Lion; அத்தம் hasta, la chevelure de Bérénice ou le delta du Corbeau; சித்திரை tchittrâ, l'alpha de l'Épi de la Vierge. 15° சுவாதி, svâti, Arcturus; விசாகம் visâkhâ, l'alpha ou le kappa de la Balance: அனுடம் anourâdhâ, l'alpha du Scorpion; கேட்டை djyêchtâ, Antarès; மூலம் moûla, la queue du Scorpion. 20° பூராடம் poûrvâchâdhâ, le delta du Sagittaire; உத்தராடம் outtarâchâdhâ, le tau du Sagittaire; திருவோணம் srâvana, l'alpha de l'Aigle; அவிட்டம் dhanichtâ, l'alpha du Dauphin; சதயம் satabhichâ, le lambda du Verseau; பூரட்டாதி poûrva bhâdrapada, l'alpha de Pégase; உத்தரட்டாதி outtara bhâdrapada, l'alpha d'Andromède; இரேவதி rêvati, le delta des Poissons. Comme la lune met 27 jours 8 heures à parcourir le zodiaque, les 8 heures négligées font un jour tous les 3 mois; aussi ils ont une constellation intercallaire nommée அபிசித்து abhidjit, l'alpha de la Lyre, qu'ils placent entre la 21$^{me}$ et la 22$^{me}$. La distance d'une étoile à l'autre n'est pas la même: quelques-unes même sont très-éloignées du zodiaque. En mythologie ces 27 étoiles sont censées les filles de தக்ஷன் et les femmes de சந்திரன் ou de la lune, dont les Indous font un dieu mâle: நக்ஷத்திரசக்கிரம் le ciel étoilé, le cercle des étoiles ou des constellations lunaires, espèce de diagramme pour les calculs astrologiques; — சீரகம் cumin—, anis étoilé; — தீபம் lampe étoilée, —en forme d'étoile; — நேமி Sandiren ou la lune, l'étoile polaire, Vichnou; — பதவி, — மண்டலம் le ciel étoilé; —பிரமாணம் l'étendue d'une constellation; — மாலை constellation, série—, table des 27 constellations lunaires, nom d'un livre, espèce de danse, collier de 27 perles, rangée de 27 lampes (dans un temple); —வாணம் fusée qui élevée en l'air imite une étoile; — வீதி route de la lune à travers le zodiaque.

*நக்ஷத்திரேசன், (நக்ஷத்திரம், ஈசன்), le prétendu maître ou mari des constellations lunaires, i.e. Sandiren ou la lune. [புன்.

நங்கணாவாய்ச்சி, P. நாகணவாய்.

நங்கள், P. எங்கள்.

நங்கிலி, la plante பசிலி.

நங்கூரம், நங்குரம், (du latin anchora), ancre (de navire): —போடுகிறது, —பாய்ச்சுகிறது, — விடுகிறது jeter l'ancre; — தூக்குகிறது lever l'ancre; — சொத்திவிடுகிறது

couper la corde de l'ancre; நங்கூரப்பல் le bout crochu—, dent de l'ancre; —வாடகை droit d'ancrage.

நங்கை, dame, femme noble, —excellente, sœur cadette, la plante polygala: —நாச்சி dame, matrone, femme de distinction.

நசநச, (*son imitatif*), நசநசென்கிறது, rendre ce son, être liquide, doux ou onctueux: நசநசென்று பெய்கிறது pleuvoir doucement: —பேசுகிறது babiller, jaser, bavarder.

நசரானி, நசரேனி, nazaréen: நசரேனிமாப்பிள்ளை chrétien syriaque du Maléalam.

நசலாளி, (நசல், ஆளி), malade, infirme, personne maladive, de mauvaise santé, malheureux.

நசல், (நைதல்), maladie, malheur: —ஆய்விழுகிறது tomber malade; —படுகிறது tomber malade, être indisposé, éprouver un malheur; நசற்காரன், *V.* நசலாளி; நசலுக்கேற்றமருந்து remède propre à la maladie.

நசனை, (நசை), défaut des rubis qui consiste dans une couleur blanchâtre. [nos.

நசாரி, l'arbre எட்டிமரம், strych-

நசி, 1° *imp. et part. du suiv.* 2° *imp. de* நசிக்கிறது: —கொதி défaut dans la cuisson des mets.

நசிகிறது, சிந்தேன், சிவேன், சி, சிய, *v.n.* நசிதல், *n.v.* (nasa *périr*), se briser, se broyer, se froisser, périr, se gâter, être détruit, ruiné, défectueux, s'avilir.

நசிக்கிறது, சித்தேன், சிப்பேன், சி, சிக்க, *v.a. de* நசிகிறது, நசித்தல், *n.v.* briser, broyer, écraser, froisser, détruire, ruiner, gâter, affaiblir, exprimer le jus.‖*v.n.* mourir. *V.* நசிகிறது.

நசிப்பு, *n. v. du préc.* brisement, froissement, broiement, perte, ruine, corruption.

* நசியப்பிரசூதிகை, (nasyat *périssant*), femme accouchée d'un enfant mort.

*நசியம், (nasya), remède qu'on prend par le nez: —ஆன nasal; —பிழிகிறது exprimer le jus des plantes médicinales pour un tel remède.

நசியரி, la plante குப்பைமேனி.

நசிவல், *n.v.de* நசிகிறது, ce qui est gâté, broyé, froissé..., *V.* நசிவு: நசியற்பதம் point—, moment de se gâter.

நசிவு, *n.v.du même*, froissement, broiement, contusion, bassesse.

நசிறுணி, நசிறுண்டி, avare, homme maigre.

நசீப், (*arabe*), destin, fortune, sort.

நசுகுணி, chose très-petite.

நசுக்கான், (நசுக்கு), chose petite: —பையன் petit enfant.

நசுக்கு, *n.v. imp. et part. du suiv.* écrasement, brisement, broiement, destruction: —த்துர்ச்சனம்பண்ணுகிறது faire l'insolent, être fougueux: —நசுக்கென்கிறது être gluant, visqueux.

நசுக்குகிறது, *sync.* நசுக்கிறது, க்கினேன், க்குவேன், க்கு, க்க, *v.a de* நசுங்குகிறது, நசுக்குதல், *n.v. et* நசுக்கிப்போடுகிறது, écraser, briser, broyer, froisser, meurtrir, détruire, affaiblir, remettre, lâcher un vent sans bruit.

நசுங்கடிக்கிறது, (நசுங்குகிறது, அடிக்கிறது), écraser, broyer, affaiblir. [ங்கல்), avare, qui écrase tout.

நசுங்கலன், நசுங்கலாண்டி, (நசு

நசுங்கல், écrasement, brisement, contusion, broiement, *n.v. et opt. de*

நசுங்குகிறது, *sync.* நசுங்கிறது, கினேன், குவேன், கு, க, *v.n. de* நசுக்குகிறது, நசுங்குதல், *n. v.* s'écraser, se briser, se broyer, se froisser, être pressé, serré, gêné: நசுங்காமலெடுக்கிறது enlever sans briser: நசுங்கச்சப்பி avare, — qui suce jusqu'à écraser ou broyer.

நசுநசு, (*son imitatif*): நசுநசென்கிறது, நசுநசெனல் *ou*

நசுநசுக்கிறது, சுத்தேன், சுப்பேன், சு, சுக்க, *v.n.* நசுநசுத்தல், *n.v.* (நசுநசு), lésiner, tarder, devenir —, être lent, humide, mou, doux au toucher.

நசுநசுப்பு, *n.v.du préc.* humidité, lenteur, retard, douceur au toucher, amertume de cœur.

நசுக்கு, (*son imitatif*), நசுகிசெய்கிறது, நசுகிசொல்,*ou*

நசுகிக்கிறது, த்தேன், சுப்பேன்,க்,க்க, *v.n.* நசுகித்தல், *n.v.* (நசுகு), lésiner, s'amollir et devenir —, être humide, gluant, visqueux, collant.

நசுகிசுப்பு, *n.v.du.préc.* lésinerie, humidité, viscosité qualité gluante.

நசுவல், chose affaiblie, — très-petite, affaiblissement, froissement, écrasement.

நசை, 1° désir, amitié, règle bonnes mœurs, humidité (de la terre...), défaut, faute, moquerie, plaisanterie, grimace. 2° (nasâ), nez: நசைகாட்டுகிறது montrer de l'amitié, attirer, allécher, faire des grimaces, se moquer de quelqu'un par derrière; — அறிகிறது connaître ou expérimenter l'affabilité; — விகேர bonne conduite.

நசைகிறது, சைத்தேன், சைவேன், சை, சைய, *v. a.* நசைதல், *n. v.* aimer, désirer.

நசைகுனர், நசைநர், நசையுநர், நசையுனர், (நசை), amis, ceux qui désirent. [terre...).

நசைவு, (நசை), humidité (de la

நச்சம்பு, (நச்சு, அம்பு), flèche empoisonnée.

நச்சல், *opt.et n.v.de* நச்சுகிறது, désir, babil, importunité, molestation. [mère. 2° *gér.de* நச்சுகிறது.

நச்சி, 1° (நச்சு). babillarde, com-

நச்சினார், *n.app.de* நச்சுகிறது: நச்சினார்க்கினியார்,(இனிய), nom d'un commentateur du தொல்காப்பியம்.

நச்சினி, grain dit கேவிரு.

நச்சு, 1° désir, babil, bavardage, loquacité, importunité, trouble, petitesse, (*et adj*), petit. 2° *adj. de* நஞ்சு, venimeux, vénéneux, empoisonné. 3° *imp.et part.de* நச்சுகிறது: நச்சாயிருக்கிறது être importun, ennuyeux: — க்கத்தி épée empoisonnée; — க்காற்று vent pestilentiel ou empesté; — க்குழல் sarbacane, long tube pour lancer des boulettes de terre glaise aux oiseaux, télescope, lunette d'approche, tube de ces instrumens; — க்கொடி cordon ombilical; — ச்சொல் parole mauvaise, — empoisonnée; — த்தானம் place du poison, la 7me à partir de la place de l'ambroisie; — நச்சென்கிறது babiller, jaser sans cesse, importuner, faire le bruit du lézard நச்சுப்பல்லி; — நச்சென்றுதின்கிறது manger en faisant du bruit avec ses lèvres; — நீர் eau empoisonnée; — ப்பல், — ப்பல்லு dent venimeuse; — ப்பல்லன் homme qui a les dents venimeuses, dont les paroles sont empoisonnées ou de mauvais augure; — ப்பல்லி femme qui a les dents ou les paroles venimeuses, lézard venimeux, espèce de petit lézard; — ப்பார்வை regard cruel, — funeste; — ப்பால் lait empoisonné; — ப்புகை fumée empoisonnée ou pestilentielle; — ப்பூடு *ou* பூண்டு plante vénéneuse, — ப்பையன் petit garçon; — ப்பொடி poudre empoisonnée, poison en poudre; très petits poissons; — மரம் arbre vénéneux, l'arbre எட்டி; — மருந்து remède empoisonné, mauvais remède; — மழை pluie pestilentielle, — nuisible; நச்சுக்கிச்சப்பட்டுப்போகிறது mettre en pièces, battre rudement; — வாக்கு, - வாய் mauvaise bouche, bouche empoisonnée; — வாயன் homme qui a la bouche mauvaise, — empoisonnée, dont la bouche vomit le poison, grand babillard; — விறகு bois vénéneux, dont le suc est vénéneux comme l'எருக்கு, le கள்ளி.

நச்சுகிறது, ச்சினேன், ச்சுவேன், ச்சு, ச்ச, *v.a.* நச்சுதல், *n.v.* désirer, convoiter, babiller, bavarder, jaser, importuner, ennuyer, molester, troubler: நீ என்னை நச்சாதே ne m'importune pas; நச்சப்பேசுகிறது dire des douceurs, des choses agréables ou ennuyantes.

நச்சுறுகிறது, (நச்சு, உறுகிறது), concevoir le désir, désirer.

நச்சுறுக்கிறது, நச்சுறுவிக்கிறது,(*id*.உறுக்கிறது), faire désirer, inspirer le désir. [empoisonnée.

நச்செண்ணெய், (நச்சு), huile

நச்செலி,(*id*.),rat venimeux,le மூஞ்சூறு ou rat musqué (dont la morsure est venimeuse).

நச்செழுத்து,(*id*.), lettres censées empoisonnées ou de mauvais augure,et qui,au dire des Indous, ne doivent pas commencer un poème. Ces lettres sont: ஶா,லோ,நா,ரா, ஸா,லோ,ய், ர், ல், ள், l'உயிரளபெடை, l'ஒற்றளபெடை,le மகரக்குறுக்கம்et l'ஆய்தக்குறுக்கம்.Quelques-uns au lieu des 5 dernières,mettent les voyelles longues et la lettre க்ஷ

நச்செள்ளையர்,nom d'un poéte.

*நஸ்தம், (nasta), nez, *V*. நத்தம்.

*நஷ்டம்,(nachta),perte,dommage,déchet,corruption,malheur,l'art prétendu de découvrir par des calculs astrologiques les choses perdues, ce qui est le 48me des கலைக்கியானம்:—வருகிறது une perte survenir;—ஆகிறது, — ஆய்ப்போகிறது se perdre,marcher vers sa ruine, être exposé au danger de se perdre; நஷ்டசந்திரன் la lune de malheur, *i.e.* le 4me jour lunaire après la nouvelle lune d'அமவாசி,qui est réputé néfaste; — சேதனம், — சேஷ்டம், —சேஷ்டதை insensibilité; நஷ்டத்துக் குத்தரிக்கிறது satisfaire pour un —, répondre du dommage; நஷ்டத்துக்காக எவ்வளவுந்தள்ளிக் கொடாமல் sans rien rabattre pour le dommage.

*நஷ்டாக்கினி, (நஷ்டம், அக்கினி), brame qui a laissé éteindre le prétendu feu sacré.

*நஷ்டாத்திருத்திரம், நஷ்டாப்திருத்திரம், (*id*. âpti *gain*), butin,pillage. [che ruiné.

*நஷ்டார்த்தன், (*id*.அர்த்தம்), ri

*நஷ்டி, (nachti), perte, dommage: நீவராவிட்டால் எனக்கென்ன — quelle perte pour moi si tu ne viens pas?

*நஷ்டேந்துகலை;(நஷ்டம்,இந்து, கலை),le 1er jour de la lune où elle est invisible.

நஞ்சம்,*P*. நஞ்சு, poison.

நஞ்சன்,(நஞ்சு),méchant,homme envenimé,ou vrai poison.

நஞ்சி, le grain rouge dit குன்றிமணி, le racine de la plante நஞ்சறுப்பான்.

நஞ்சு, poison, venin, mal, *V*.நஞ்சுக்கொடி: நஞ்சறுப்பான், நஞ்சறப்பாய்ந்தான், நஞ்சறப்பாய்ஞ்சான் la plante médicinale asclepias prolifera,கொண்டைசாணி,*V*.பேய்ப்பலவன்; நஞ்சிடுகிறது mettre —, donner du poison, empoisonner; நஞ்சிட்டுக்கொல்லுகிறது empoisonner, tuer par le poison: - கக்குகிறது,—காலுகிறது vomir du poison; —சேர்க்கிறது,—கலக்கிறது mettre furtivement —,mêler du poison; —க்கொடி secondines, arrière-faix, cordon ombilical; — தின்கிறது prendre du poison;— தின்றுசாகிறது s'empoisonner, prendre du poison soi-même et en mourir, —பற்றுகிறது prendre —, mêler du poison; — பாய்ச்சுகிறது glisser du poison, empoisonner (des armes...), trahir, tromper, —ப்பொத்தை grenouille de mer: — முறிக்கிறது détruire l'effet du poison (par un antidote); —முறிச்சான் nom d'une plante, espèce de contre-poison; நஞ்சுடனே யொருநாளும் பழகவேண்டாம் ne vous familiarisez jamais avec le poison ou avec les méchans.

நஞ்சுண்டோன்,நஞ்சுண்ணி,(நஞ்சு, உண்கிறது), celui qui a avalé du poison, Siven.

நஞ்சூட்டுகிறது, (*id*. ஊட்டுகிறது) empoisonner.

நஞ்செடுக்கிறது,(*id*.),ôter le poison,en détruire l'effet, prendre (en main...) du poison.

நஞ்செழுத்து,(*id*.),*V*. நச்செழுத்து. [ன்செய், rizière.

நஞ்சை, 1° *acc* .*de* நஞ்சு.2° *P*. நட.1° *imp*.*et part*.*de* நடக்கிறது. 2° *inf*.*de* நடுகிறது.3° *obl*. *de* நடம் *et de* நடன்.

**நடக்கல்**, *n.v.de* நடக்கிறது, marche, conduite, manière de se conduire, cours, réussite.

**நடக்கிறது**, டந்தேன், டப்பேன், ட, டக்க, *v.n.* நடக்குதல், *n.v.* marcher, aller, avancer, se conduire, arriver, réussir, être d'usage, avoir cours: நல்லநடக்கையாய் — mener une bonne conduite; எனக்கும்அவனுக்குஞ்சிநேகம்— il y a amitié entre lui et moi; ஆசாரம்— un usage a voir cours; ஊர்ஒருத்தனுக்கு— un bourg appartenir à quelqu'un (quant à l'usufruit); நடக்கும் il—, qui marchera, arrivera...; நடந்தகாரியஞ்சொல்லுகிறது dire (franchement ou simplement) ce qui est arrivé; நடந்தநடைபடி la manière dont on s'est conduit, les faits qui se sont passés; நடந்தவார்த்தை les paroles prononcées; நடந்து அடிபட்டிருக்கிறது être bon marcheur, habitué à la marche; —அப்பியாசமாயிருக்கிறது, — பழக்கமாயிருக்கிறது être usité, habituel, en usage, habitué à la marche; — போகிறது marcher, s'en aller —, aller à pied, avancer, s'achever; — வருகிறது venir à pied, arriver habituellement, être d'usage; எங்கும்அப்படி நடக்கின்றது *ou* நடந்துவருகிறது c'est partout la coutume; நடந்தேறுகிறது s'avancer, marcher, s'accomplir, arriver, réussir; நடந்தேறப்பண்ணுகிறது faire avancer ou réussir... (une chose); நடந்தேறுங்காரியம் chose qui s'accomplit ou réussit; நடக்கநடக்கக்காலெல்லாங்காய்த்துப்போயிற்று à force de marcher les pieds sont devenus tout calleux; நடவாமலிருக்கிறது ne pas marcher, être inusité...

**நடக்கை**, *n.v. du préc.* marche, conduite, mœurs, manière d'agir, caractère; நடந்த— conduite qu'on mène, actes, procédés; நடக்கையிலேதெரியும் on verra par sa conduite.

**நடத்தல்**, 1° *n.v. de* நடக்கிறது, marche, conduite, mœurs. 2° *V.* நடத்துதல்.

**நடத்துகிறது**, த்தினேன், த்துவேன், த்து, த்த, *v.a.de* நடக்கிறது, conduire, mener, faire marcher, diriger, guider, gouverner, pousser, instruire, dresser, soigner, causer, faire: குதிரையை— conduire—, dresser un cheval; வேலை— faire marcher —, diriger un ouvrage, travailler; ஒருவனைவழி— conduire —, guider quelqu'un.

**நடத்துதல்**, *n.v.du préc.* conduite, direction, manége.

**நடத்துவிக்கிறது**, *v. caus du même*, நடத்துவித்தல். *n. a.* faire conduire, —gouverner, —marcher, —courir, mener, diriger.

**நடத்தை**, *n.v.de* நடக்கிறது, conduite, manière d'agir, marche, cours: — ப்பிழை inconduite, mauvaise conduite.

**நடந்த**, நடந்து, *part. et gér. de* நடக்கிறது.

**நடபடி**, (நட), conduite, actions, actes, manière d'agir, vie, évènement, usage: அப்போஸ்தலர்களுடையநடபடிகள் les actes des Apôtres.

**நடப்பன**, *n. app.neut. pl. de* நடக்கிறது, les animaux qui marchent, la classe de ces animaux.

**நடப்பிக்கிறது**, ப்பித்தேன், ப்பிப்பேன், ப்பி, ப்பிக்க, *v.caus. de* நடக்கிறது *et* நடப்பித்தல், *n.v.* conduire, mener, faire marcher, — arriver, diriger, gouverner, traiter (avec bonté ou dureté), soigner, causer: ஒருத்தனுக்குப்பிழைப்பை— pourvoir à la subsistance de quelqu'un; பொல்லாப்பை— causer du mal: நடப்பிக்கிறவிதம் manière de conduire, procédure.

**நடப்பு**, *n.v.de* நடக்கிறது, marche, —fréquente de monde, fréquentes allées et venues, chemin battu, influence, cérémonie d'ôter le தாலி à une veuve: நடப்பற்றுப்போகிறது les allées et les venues cesser, n'être plus ou pas fréquenté, —battu; நடப்பானவழி chemin battu; நடப்பில்லை il n'y a pas foule, la route n'est pas frayée, — fréquentée.

*நடம், (nata), danse, — accompagnée de musique, mesure musicale, mélodie, sorte d'air, marche: —ஆடுகிறது danser, s'agiter, être d'usage, avoir coutume, marcher, fréquenter, aller et venir, marcher ou se promener (après une maladie...); — ஆட்டம் soins qu'on se donne —, diligence pour une affaire, danse, comédie, pièce de théâtre, allées et venues, promenade, habitude, convalescence; நடகேசர்த்தடன், *V.* நடவரசன்; நடநாயகன் chef de danse, *i.e.* Siven, émeraude, *V.* கருடபச்சைக்கல்; — பத்திரிகை la plante சேம்பு; — மண்டனம் orpiment jaune (qui sert à teindre les habits de théâtre);—வரசன் chef de

*நடர், *pl.de* நடன். [danse, acteur.

நடலம், நடலை, affliction, trouble, importunité, vexation, tremblement, mensonge, fraude, tromperie, ruse, artifice, orgueil, insolence, pétulance, plaisanterie, courtoisie, dérision, incivilité, irréverence, *V.* நகரீகம்; நடலம்அடிக்கிறது, — பண்ணுகிறது vexer, importuner, tourmenter, plaisanter, se moquer, manquer de respect, montrer de la courtoisie: — அழிந்தாறுநட்டாற்றிலே போனான் en punition de son insolence il périt au milieu de la rivière: உன்னடலம்நில்லாது les ruses ne dureront pas; நடலக்காரன் pétulant, insolent, railleur, orgueilleux, *V.* நாகரீகன்.

நடல், *opt. et n. v. de* நடுகிறது, plantation, transplantation, vexation. [டி), conduite, manière d'agir.

நடவடி, நடவடிக்கை, (நடவு, அ

நடவா, நடவாத, *part nég.de* நடக்கிறது, qui ne marche pas, ou ne réussira pas..., inaccoutumé, inusité, inconvenant; — நடக்கை, — நடை conduite mauvaise, extraordinaire, — qu'on ne doit pas tenir; நடவாமுடம் personne ou animal qui ne peut marcher.

நடவு, 1° *n.v.de* நடுகிறது, plantation, transplantation. 2° *imp.et n.v. de* நடவுகிறது, conduite, direction: —க்காலம் temps de planter;— க்காரிகள் femmes employées à planter, ou à transplanter (le riz); — க்கூலி salaire pour planter, — pour transplanter le riz; — நடப்போகிறது aller planter ou transplanter;— ப்பயிர் riz —, céréales etc... transplantées; நடவுக்குத்தெளிநாலத்தொன்று (நாலு, ஒன்று), une moisson qui a été semée ne rapporte que le quart de celle qui a été transplantée.

நடவுகிறது, வினேன், வுவேன், வு, வ, *v.a.de* நடக்கிறது, நடவுதல், *n. v.* conduire, faire marcher, diriger, gouverner.

நடவேன், *nég.de* நடக்கிறது *et du préc.*

நடவை, 1° 2° *pers.nég. des mêmes.* 2° *n.v.de* நடக்கிறது, chemin, sentier, —battu, marche, tournure ou construction d'une langue, tourniquet, l'arbre தணக்கு gyrocarpus: தமிழ்நடவை la tournure du tamoul.

*நடனம், (நடம், na), danse, pantomime, bal, comédie: — இடுகிறது, — செய்கிறது, — பண்ணுகிறது, — புரிகிறது danser, jouer une comédie.

*நடனன், *pl.* நடனர், (நடனம்), *et*

*நடன், (நடம்), danseur, pantomime, acteur. [து.

நடாத்துகிறது, *P.* நடத்துகிற

நடாவுகிறது. *V.* நடவுகிறது.

*நடி, 1° *fém. de* நடன், danseuse, actrice, bayadère, prostituée. 2° grandeur, majesté. 3° *imp.de*

நடிக்கிறது, டித்தேன், டிப்பேன், டி, டிக்க, *v.n.* நடித்தல், *n. v.* (நடம்), danser, jouer une comédie, faire des civilités, se comporter mal, sortir, paraître.

நடிப்பு, *n.v.du préc.* danse, comédie, mauvaise conduite, civilité, courtoisie.

நடுராசி, (நடு. இராசி), signe intermédiaire, qualité médiocre, médiocrité.

நடு, 1° *gén.* நடுவின், milieu, centre, moitié, intérieur, la ceinture, le milieu du corps, la terre, (censée le milieu des 3 mondes), médiation, équité, justice, impartialité, médiocrité, emploi. 2° *imp. et part. de* நடுகிறது: —க்கடல் le milieu de la mer, la mer du milieu; —க்கடை le milieu du marché, boutique qui est au milieu; —க்கட்டு ceinture, ceinturon, bâtiment du milieu, milieu d'une maison; —க்கட்டுகிறது *ou* கட்டுதல் bâtir le milieu, mettre à l'arbitrage; —க்காரன் médiateur, juge, arbitre; —க்குடி habitant ou habitation du milieu (du village); —க்கேட்கிறது écouter les plaintes ou les raisons des 2 parties; —க்கொள்ளுகிறது atteindre ou prendre le —, être au milieu; —ச்சாமம் minuit, milieu de la nuit, veille du milieu de la nuit, demi சாமம் ou une heure et demie; —ச்சொல்லுகிறது décider, faire l'office de —, être médiateur, rendre justice, parler impartialement; —ச்சொல்லறியாதவன் celui qui ne sait pas décider une cause; — ச்சோத்தியம் minuit, la veille du milieu de la nuit; —த்தரம் médiocrité, qualité —, classe moyenne; —த்தரக்காரன் homme d'un rang —, d'une fortune —, d'une habileté moyenne ou médiocre; —த்தரமாயிருக்கிறது être médiocre, de moyenne qualité...; —த்தலை milieu ou sommet de la tête; —த்தன்மை médiocrité; — த்தீர்க்கிறது décider, juger, —impartialement, — entre 2 parties; — த்தீர்த்தல் investigation, *ou* — த்தீர்ப்பு, — த்தீர்வை jugement, décision; — த்தீர்வையிடுகிறது juger, décider; —நாள் la constellation lunaire du milieu, *i.e.* la 11me dite சித்திரை; — நியாயம், *V.* நடுநீதி; —நிலை exacte —, justice, équité, le juste milieu, impartialité; —நிற்பு le milieu, — நிற்கிறது, —நிற்றல் être caution, entremetteur, médiateur, au milieu; — நீதி exacte —, justice, équité, impartialité; —ப்பகல் midi, milieu du jour; —ப்படுத்துகிறது, — ப்பண்ணுகிறது mettre en commun ou au milieu; —ப்பஞ்சாரம் âge moyen (des bœufs et des chevaux...; —ப்பார் 1° la ceinture. 2° *imp de* —ப்பார்க்கிறது examiner le milieu, être médiateur; —ப்புறம் le milieu, l'intérieur; — ப்புற au milieu; —ப்பேசுகிறது parler en médiateur, justement, impartialement; —ப்போக்குகிறது juger, décider, terminer un différent, ôter le milieu; —ப்போர் milieu de la bataille, de la mêlée, grand bruit, tintamarre; — மதியம், — மத்தியானம் midi, —juste; — முதுகெலும்பு l'os du milieu du dos, l'épine dorsale; —மையம் juste —, milieu, méridien, zénith; — மையத்திலே au beau —, au milieu, au zénith; —யாமம் minuit; —ராசி médiocrité, milieu, signe du milieu; —ராத்திரி milieu de la nuit, minuit; —வத்தசாமம், —வர்த்தசாமம் (அத்த, அர்த்த, சாமம்), *V.* நடுச்சாமம்; —வயசு, —வயது âge moyen; — வறுக்கிறது juger, décider, terminer, examiner (un différend...); — வறுத்தான், (அறுத்தான்), la plante boerhaavia diffusa; —வருகிறது arriver à la moitié, être au milieu, devenir —, être médiateur; —வான, (ஆன), moyen, intermédiaire, mitoyen; —விடம், (இடம்), le milieu; — விரல் le doigt du milieu, medius; — வின்மை, (இன்மை), partialité, injustice, manque d'arbitre, de juge ou de médiation; —வீடு milieu de la maison, maison ou appartement du milieu, appartemens intérieurs où les Indous mettent leur dieu domestique, vulve (dans le sud mot obscène); —வீட்டிலேயிருக்கிறது habiter le bâtiment ou l'appartement du milieu; —வீதம் part moyenne, taux moyen; — வீதி rue du milieu, le milieu de la rue; —வெலும்பு, (எலும்பு), l'os du milieu, l'épine dorsale, le milieu de l'os; — வெளி intervalle, plaine intermédiaire, milieu de la plaine, de l'espace vide; — வைக்கிறது mettre le milieu, au milieu, en arbitrage; நடுவிலே, நடுவே au milieu, parmi; நடுவிலேவருகிறது venir au milieu, au travers, contrecarrer; —

விட்டுவிடுகிறது laisser au milieu, abandonner; நடுவேபதிக்கிறது enchâsser au milieu; — பேசுகிறது interrompre (quelqu'un qui parle), parler en médiateur; —கெட்டுப்போகிறது un mal survenir — , se gâter au milieu; —முறிக்கிறது rompre au milieu; நடுவூருணாச்சுமரம் பழுத்தற்று (ஊர், உள், நச்சு), c'est comme si un arbre vénéneux portait des fruits au milieu d'un village.

நடுகிறது, ட்டேன், டுவேன், டு, ட, v.a. planter des arbres, des pieux..., transplanter (le riz), ficher, fixer, dresser. [transplantation.

நடுகை, n.v. du préc. plantation,

நடுக்கம், n. v. de நடுங்குகிறது, tremblement, frémissement, vertige, peur: —தீருகிறது, — அற்றுப்போகிறது le tremblement... cesser; —ஆய்ச்செய்கிறது faire en tremblant; —ஆய்ப்பேசுகிறது parler en tremblant.

நடுக்கல், opt. et n.v. de நடுக்குகிறது tremblement, frissonnement, frisson, frémissement, contraction, faire trembler...: நடுக்கல்வாதம் flatulence convulsive, — qui fait trembler ou frissonner: நடுக்கற்சுரம். —சுரம் fièvre accompagnée de frisson; — சுரமாயிருக்கிறது avoir cette fièvre, avoir le frisson.

நடுக்கு, tremblement, frisson, frémissement, vertige, épouvante, n.v. imp. et part. de

நடுக்குகிறது, sync. நடுக்கிறது, க்கினேன், க்குவேன், க்கு, க்க, 1° v. a. de நடுங்குகிறது, faire trembler. — peur, épouvanter, terrifier, secouer, agiter. 2° v. n. trembler, trembloter, frissonner, frémir, s'agiter, vaciller, se contracter: எனக்கு — je tremble, je frissonne.

நடுக்குண்கிறது, நடுக்குண்ணல். (நடுக்கு, உண்கிறது), éprouver des tremblemens, trembler, frissonner, se contracter.

நடுக்குதல், n.v. de நடுக்குகிறது.

நடுக்கலன், (நடுக்கல், அன்), homme peureux, épouvanté, paralytique, paralysé.

நடுங்கல். opt. et n.v. du suiv. tremblement, frisson, frémissement, effroi, peur, secousse, maladie.

நடுங்குகிறது, sync. நடுங்கிறது, கினேன், குவேன், கு, க, v. n. நடுங்குதல், trembler, frissonner, frémir, se troubler, s'effrayer, avoir peur, branler, vaciller: நடுங்கிக்கொண்டிருக்கிறது, être tout tremblant (de peur...); நடுங்குநாட்டம் sorte de poésie dans laquelle la compagne parle de manière à faire trembler sa maitresse ou la compagne parle de manière à effrayer l'amante.

நடுதல், n.v. de நடுகிறது, plantation, transplantation.

நடுநடுங்குகிறது, (நடுங்குகிறது répété), être tout tremblant, très effrayé, terrifié, tout troublé par la crainte.

நடுவதுபாதி, (நடு, அது, பாதி), milieu, intervalle: நடுவதுபாதியிலே au milieu, parmi, dans l'intervalle; —குடியேறினான் il est venu habiter nouvellement; —யசப்படுகிறது se rencontrer au milieu (de la route....): — யானான் il est devenu un homme important depuis quelque temps; என்காரியம் — கெட்டுப்போயிற்று mon affaire s'est gâtée au milieu.

நடுவஸ்தானம், (நடு, அ, ஸ்தானம்), milieu, litt. l'endroit du milieu.

நடுவன், (நடு), juge, arbitre, médiateur, le prétendu juge des morts, i.e. Yamen.

நடுவாந்தரம், (நடு, அந்தரம்), milieu, intervalle, entrefaite: நடுவாந்தரத்திலேபோகிறது s'en aller ou aller dans l'intervalle, mourir prématurément; — வருகிறது survenir, venir dans l'intervalle ou sur ces entrefaites; — வந்தவன் homme survenu dans l'intervalle, qui est venu on ne sait comment.

நடுவில்லவன், 1° ou நடுவிலாவவன், (நடு, abl. அவன்), le second de trois frères. 2° combat.

நடுவு, P. நடு, milieu, équité: — நிலைமை impartialité, équité, exactidude,conduite juste et impartiale, médiocrité.

*நடேசுவரன்,(நடம், ஈசுவரன்), le dieu de la danse, *i.e.* Siven.

நடை, 1° *n.v.de* நடக்கிறது, marche, démarche, voyage, allée et venue, allure, pas, enjambée, promenade, tour, passage, — sur un bac, vestibule, entrée (d'une maison), corridor, chemin, conduite, manière de se conduire,mœurs,règle, manière, fois, prospérité,suite, poursuite, familiarité, coutume, usage. 2° (நடம்), danse. 3° *P.* நடாய். 2° *pers. nég. de* நடுகிறது tu ne plantes pas; ஆண் — démarche d'un homme, marche —, voyage d'ouvrier; — காரன் bon marcheur; —க்காவணம் portique de temple, *ou*—க்கூடம் vestibule(de palais...); —கூலி salaire pour la marche; —கொள்ளுகிறது se mettre en marche, aller —, marcher vite; —சாரி promenade à pied; — சாரிமேளம் musique de procession..., tambour qui annonce la mort; — ச்சலங்கு chélingue, — en course, —de transport, canot qui va vite; — ச்சாவடி antichambre, vestibule, portique ou entrée (de salle d'audience...); — ச்சுறுக்கன் bon marcheur; — நடையாகவருகிறது venir de suite, à pied, à diverses fois — நாயகம் ce qui à l'allure la plus noble, *i.e.* le cigne; — நீர் eau de canal, eau courante; — நோய் maladie qui n'empèche pas de marcher; — படி conduite, manière d'agir, vie, histoire, actions, actes; — படிக்காரன், — படியுள்ளவன் homme de bonne conduite; — படி பார்க்கிறது examiner la conduite. — யறிகிறது connaître bien la conduite; — பந்தல் portique ou pandel devant un temple...); — பழக்குகிறது dresser (un cheval...) à la marche; — பரிகிறது, *V.* நடைகொள்ளுகிறது; — பார்க்கிறது observer —, examiner la démarche des comédiens..., la marche (d'un cheval...); — பாவாடை toiles qu'on étend dans les chemins (pour le passage d'un mariage solennel, ou autres solennités); — பாவி *P.* நடைவாவி; — ப்படகு bac, bateau (de passage); — ப்பிகாரம் rafraichissement, — pour la route, provisions de voyage, objets divers, *ou* — மருந்து médecine sans régime, — qui n'exige pas de rester renfermé; — மருந்தாய்க்கொடுக்கிறது donner un remède qui n'exige pas de régime; — முதல் année courante; — மேல் marche, voyage à pied; — யாடுநோய் maladie ou infirmité qui ne retient pas au lit; — வாவி puits à escalier, escalier de puits, degré; — விடுகிறது quitter le pas, laisser aller son cheval au pas ou à un trot modéré; கால்நடையாய்நடக்கிறது *ou* போகிறது marcher —, aller ou voyager à pied; சுறுக்கானநடையாய் நடக்கிறது marcher vite, d'un pas accéléré; படகுமூன்றுநடைவந்தது le bac a fait 3 voyages, est allé et revenu 3 fois; இருகால்தூக்கியாடிவருநடை amble: அன்னநடைநடக்கப்போய்த் தன்னடையுங்கெட்டது en voulant imiter la démarche du cygne on gâte la sienne propre, l'affectation devient ridicule.

நடையன்,(நடை), cheval de selle..., — qui marche bien, bœuf de labour, sandale, savate, homme qui a une marche, ou une conduite... (à la fin des mots composés); நல்ல— bon marcheur, cheval qui marche bien ou vite.

நட்கிறது, நட்டேன், நட்பேன், நள், நட்ப, *nég.* நள்ளேன், aimer, chérir, affectionner. [க்ஷத்திரம்...

*நட்சத்திரம், *et ses composés, V.* ந

நட்ட, 1° *part. parf. de* நடுகிறது *et de* நட்கிறது. 2° *adj. de* நட்டம். 3° (நடு, அ), du milieu: — குத்தனமலை roc escarpé, précipice, montagne perpendiculaire, — qui semble avoir été plantée toute droite: — நடு juste milieu; — பாடை espèce d'air ou de mélodie; நட்டது ce qui a été planté.

*நட்டசத்திரன்,V.நஷ்டசத்திரன்

நட்டணை, (நட்ட, அணை, *digue plantée*),roideur,inflexibilité, dureté,incivilité,rusticité,*V*.குசுடியம்:நட்டணையாயிருக்கிறது être roide, incivil,ne pas plier.

நட்டம்1°* *P*.நஷ்டம்,perte,dommage,corruption, l'art prétendu de découvrir par des calculs astrologiques un objet perdu,*V*. நஷ்டம். 2° (நடம்),danse.3° *P*.நட்டோம், (நடுகிறது), nous avons planté.4° *de* நட்ட,*part.du même*, perpendicularité,position verticale,ce qui est planté comme un bâton, aplomb: நட்டமே verticalement,perpendiculairement,tout droit en haut.

நட்டல்,1° *n.v.de* நடுகிறது,plantation,transplantation. 2° *n.v. de* நட்கிறது,amour affection.

நட்டழிவு,(நட்டு),perte de céréales transplantées. [திருத்திரம்.

*நட்டாத்திருத்திரம்,*P*. நஷ்டாத்

நட்டாமட்டி,(நட்டு,ஆம்,மட்டி), qualité—,valeur moyenne, médiocrité,chose commune, médiocre, de peu de valeur.

நட்டாமுட்டி,(*id*.),1° *V*.நட்டாமட்டி.2° pauvre, nom d'un ouvrage: —சித்திரை nom d'un ouvrage;—மருந்து remède ordinaire, vulgaire; —மனிதர் gens du commun; நட்டாமுட்டியிலேகொடுக்கிறது donner du médiocre;நட்டாமுட்டியிலே நிற்கிறது s'en tenir au médiocre, être chiche,parcimonieux.

நட்டார்,நட்டோர்,*n.app. de* நட்கிறது,parens,amis.

நட்டாறு,(நட்டு,ஆறு),milieu de la rivière:என்னைநட்டாற்றிலேவிட்டான் il m'a abandonné au milieu de la rivière,*i,e*. dans l'embarras.

நட்டி,*P*.நஷ்டி. [ras.

நட்டு,1° *gér.de* நடுகிறது,*et de* நட்கிறது.2° (நடு),juste milieu, bassesse, médiocrité. 3° *adj. de*நடு, du milieu, central, juste. 4° (நஷ்டம்), perte,dommage. 5° (நடம்), danse, maitre de danse, —d'orchestre. 6° *adj.de* நண்டு,de crabe; நட்டுக்குநடுவே juste au milieu; நட்டுக்கதை pure fable,conte forgé à plaisir; —க்கொள்ளுகிறது planter,transplanter;—க்கிணை œufs ou frai des crabes; —க்கிணைக்கல் pierre qui ressemble à ce frai ou auquel il s'attache;—க்கிணைமண் terre qui ressemble aux œufs de crabes; —த்தண்ணீர்வார்க்கிறது planter et arroser;—ப்போடுகிறது planter; —முட்டு instrumens de danse ou de comédie; —முட்டுநாடகசாலை le maitre, les instrumens de danse et les acteurs ou la salle de théâtre; les instrumens et la salle de théâtre;—வக்கணி,—வாக்காணி,—வாய்க்காணி, *V*.நண்டுவாய்க்காணி;—விழல்,—விழுகிறது dresser la tête et la laisser tomber,faire des révérences de tête en sommeillant,(ce qui est une des 5 incivilités dites குற்றம்-ஙி;—வைக்கிறது planter; —வைத்தெலும்பு os qu'on a planté,os de la jambe et de la cuisse (depuis les reins jusqu'en bas).

நட்டுவம்,(நட்டு),métier de maître—,excercice de danse: நட்டுவமுட்டுக்காரர் musiciens pour la danse.

நட்டுவன், (நட்டுவம்), celui qui fait danser,maitre de danse.

*நட்டேந்துகலை,(நஷ்டம்,இந்து, கலை),1er jour de chaque lunaison, (où la lune est comme perdue),

நட்டோர்,*n. app. de* நட்கிறது, amis,parens. [aimer,amitié.

நட்புது,*n.app.fut. de* நட்கிறது,

நட்பாராய்தல், (நட்பு, ஆராய்தல்),examen de l'affection,discrétion à y croire et à en montrer.

நட்பாளன்,*pl*. நட்பாளர்,(*id*.ஆளன்),ami,—intime,parent, — chéri (c'est un des 5 அரசர்க்குறுதிச்சுற்றம்).

நட்பு,*n.v.de* நட்கிறது,amour,affection,amitié,bienveillance,parenté,présent pour suborner, subornation,espérance de gain:—காட்டுகிறது montrer de l'affection,suborner, donner quelque présent pour gagner les bonnes grâces, ou attirer à son parti...; —க்கிரகம் astre favorable, position favorable d'un astre; —ஸ்தானம் endroit où un astre est censé devenir favorable; —பண்ணுகிறது, —வைக்கிறது montrer de l'affection, affectionner; கூடாத— affection incompatible ou feinte.

நணந்தம், l'arbre புன்கமரம், dalbergia, la plante சணல் ou chanvre de l'Inde.

நணித்து, P. நண்ணிறது, 3e pers. n.v. part. de நண்ணுகிறது. [ணுகார்.

நணுகலர், (நணுகு, அலர்), V. ந

நணுகல், opt. et n.v. de நணுகுகிறது, approche, proximité, union.

நணுகார், n. app. du même, ceux qui n'approchent pas, ennemis.

நணுகு, imp. et part. de நணுகுகிறது, sync. நணுகிறது, கினேன், குவேன், கு, க, v.n. நணுகுதல், n.v. approcher, s'approcher, s'unir, s'attacher: நணுகிக்கொண்டிருக்கிறது s'approcher souvent; நணுகேல், நணுகாதே n'approche pas.

நணுங்குகிறது, sync. நணுங்கிறது, கினேன், குவேன், கு, க, v.a. நணுங்கல், நணுங்குதல், n.v. demander avec importunité: பிள்ளை நணுங்குப்பட்டிருக்கிறது l'enfant ne fait que crier, -qu'importuner.

நண், 1° imp. et part. de நண்ணுகிறது. 2° obl. de நள்: —பகல் midi, milieu du jour.

நண்டல், bouillie, riz qui bout, —extrêmement cuit et réduit en bouillie: —கிண்டிப்படைக்கிறது remuer avec une cuillère le riz qui bout et l'offrir en sacrifice (au soleil à la fête du பொங்கல்)

நண்டு, (adj. நட்டு), crabe, écrevisse, cancre, le signe du Cancer: கழனி— crabe d'eau douce, écrevisse; —க்கறி plat —, ragoût de crabes; —க்கல் espèce de pierre; —க்காற்கீரை espèce d'herbe potagère bergera verticillata; —க்காற்புல் l'herbe ischæmum aristatum: —க்கொடுக்கு pinces de crabes; —ச்சினை frai de crabes; —பெருங்கால் les 2 pattes de devant des crabes; —வக்காலி ou வாக்காலி, P. —வாய்க்காலி, (வாய், கால்), scorpion à pinces de crabe, (il est généralement gros, noir et dangereux). நண்டூருகிறது le crabe ramper; நண்டூருகால் petites pattes du crabe (qui lui servent à marcher).

நண்ணலர், (நண்ணுகிறது, அலர்), V. நண்ணார்.

நண்ணல், opt. et n.v de நண்ணுகிறது, approche, proximité.

நண்ணார், n. app. nég. du même, ennemis, gens non unis, qui ne s'approchent pas.

நண்ணுகிறது, ண்ணினேன், ண்ணுவேன், ண்ணு ou நண், ண்ண, v.n. நண்ணுதல், n.v. s'approcher, approcher, se joindre, s'unir, adhérer, être.

நண்ணுநர் ou நண்ணுனர், (நண்ணுகிறது), amis, alliés, gens unis.

நண்பகல், (நள், பகல்), midi, milieu du jour.

நண்பன், (நண்பு), ami, compagnon, camarade, homme, mari, chef de pays montagneux, chanvre indien dit சணல்.

நண்பு, V. நட்பு, affection, amitié.

*நதம், 1° (nada), rivière, fleuve, — masculin, — coulant de l'est à l'ouest, (il s'applique aux fleuves dont la personnification est masculine, comme le Bramapoutre, l'Indus, le சோணம்) 2° (nata), distance d'un astre au zénith, distance de l'équinoxe au méridien (en temps), courbure, inclinaison: நதநதிபதி le roi des fleuves mâles et femelles, i. e. l'océan: —நாடிகா heure de la naissance entre midi et minuit; —பாகை distance au zénith (en degrés); —முகம் visage courbé.

*நதனு, (nadanou), lion, nuage.

*நதி ou நதீ (nadi), fleuve, rivière, —féminine, —coulant de l'ouest à l'est, (sa personification est féminine), eau lustrale. 2° (nati), courbure, somme des quantités dites திரியவிக்ஷேபம் et சித்திஜ்யந்தை: நதி-ஏ, V. திர்த்தம்-ஏ: நதியிலேமுழுகுகிறது se baigner dans un fleuve réputé sacré; நதி ou நதிக்கரை, —கூலம், — தீரம் bord ou rive d'un fleuve; —காந்தன், V. நதிபதி; —சம் éléphant né ou fixé près d'une rivière; —தரிதாரணம் gué, lieu où l'on passe un fleuve, bac; — பதி le roi des fleuves, i.e. l'océan, Varounen; — ரயம் (raya *courant*), courant, ruisseau ou eau d'irrigation; —வேகம் rapidité du fleuve, ou —வேலை courant.

*நதிசம், (நதி, சம்), plante née dans l'eau, nénuphar.

*நதிஜம்,(*id.* ஜென்), V. நதிபதி.

நதுக்கிறது, நுத்தேன், நுப்பேன், நு, நுக்க, v. a. நதுத்தல், n. v. éteindre, détruire, V. மலைத்தல்.

*நதோனபத்திரம், (நதம், உன்னம்), la quantité dite நதம் en temps retranchée de 24 நாழிகை.

*நத்தகம்,(naktaka), haillons, habit déchiré.

நத்தத்தனார், Nattattenar, ancien académicien de Maduré.

*நத்தம், 1° (naktam, *en latin noctem*), nuit, ténèbres, obscurité. 2° (nasta), nez. 3° ville, village, conque, coquillage, huître, limaçon, l'arbre புன்கமரம், aiguille de cadran, milieu, zénith: நத்தஞ்சரம், நத்தசாரி ce qui va la nuit, chat, hibou, fantôme, voleur: நத்தபாகை distance au zénith (en degrés), méridien, ligne du milieu; —போசனம் souper, repas du soir; —மகன், *pl.* —மக்கள் cultivateur, fermier, V. நத்தமான்; — மாலம், (மாலை), l'arbre புன்கமரம்; —முகை, (முகம்), la nuit.

நத்தமான், நத்தமாடி, நத்தம்படி, *pl.* நத்தமார், நத்தமாடியார், (நத்தம் *village*), cultivateur—, gens de caste nattamân, subdivision des வெள்ளாழர், leur nom honorifique est உடையார்: *fém.* நத்தமாடிச்சி, நத்தமகள் femme de cette caste.

நத்தாசை, (நத்து, ஆசை), grand désir; —காட்டுகிறது manifester le désir; —ப்படுகிறது, —யாயிருக்கிறது désirer, — fort, soupirer après, aimer.

*நத்தாரிவைக்கிறது, tirer pour mettre à flot un navire ou une barque au moyen d'une ancre jetée en mer.

*நத்திதம், நத்தோதம், (நத்தம் *nez*, ita, oûta *entrelacé*), animal conduit par une corde passée dans les narines.

நத்து, 1° (நத்தம்), conque, espèce de bijou, d'oiseau (nocturne). 2° désir, *n. v. imp. et part. du suiv.* நத்துருவன்னபாதம், (உரு), minerai de plomb.

நத்துகிறது, நத்தினேன், நத்துவேன், நத்து, நத்த, *v. a.* நத்தல், நத்துதல், *n. v.* désirer, — fort, aimer, chercher, viser à: வெறிக்குடியை — aimer les liqueurs fortes; உம்மைநத்திவந்தேன் je suis venu vous voir, ou à cause de vous; இதைநத்திவந்தான் il est venu pour cela; உலகத்தைநத்தியிலேன் je n'aime pas le monde; ஒருவனை நத்திக்கொண்டிருக்கிறது suivre ou chercher quelqu'un (pour quelque chose).

நத்தை, limaçon, escargot, limace, la plante rampante cassyta filiformis; —க்கறி plat ou ragoût de limaçons; —க்குத்தி, —க்கொத்தி, —க்கொத்திநாரை héron, — qui se nourrit de limaçons, c'est le héron indien qui a le bec très-fort; —க்கண்ணாம்பு chaux de coquilles de limaçons; —க்கண்டி, —ச்சூரி la plante குழிமிட்டான், spermacoce hispida; —யெடுக்கிறது prendre des limaçons; —ப்பூவிலை espèce de mal d'yeux; — புழுங்குகிறது avaler des limaçons en les tirant de leurs coquilles.

நந்த, 1° *obl. de* நந்தம் *et* நந்தன். 2° *inf. de* நந்துகிறது: — கோபன், V. நந்தகன்; — கோபாலர் les bergers; —நந்தனன், — சுதன் ou புத்திரன் le fils (ou nourrisson) du berger Nanden: —நந்தனி ou புத்திரி la fille de Nanden, Oumei ou துர்க்கை qu'on prétend incarnée ou née de lui; —பாலன் le fils prétendu de Nanden, i.e. Krichna ou Vichnou, le gardien du trésor dit நந்தம், i. e. Varounen.

*நந்தகம், (nandaka, *qui réjouit*), épée, —de Krichna.

*நந்தகன், (*id.*), le berger Nanden père nourricier de Krichna, roi des bergers.

*நந்தகி, (nandaki), l'élève de Nandaguen, *i. e.* Krichna. poivre long. [més வாதமடக்கி.

நந்தக்காரி, un des arbres nom-

*நந்தந்தன், (nandanta), fils, ami, prince. [rens, nos gens.

நந்தமர், (நம், தமர்), nos pa-

*நந்தம், 1° (nanda), citron, musc, animal qui le donne, le musc, corbeau, joie, plaisir, conque, or qui ressemble aux conques et est un des 9 trésors de Koubèren. 2° (நம், தம்), notre. [gers, *V.* நந்தகன்.

*நந்தர், *pl. et hon.de* நந்தன், ber-

நந்தல், *opt.et n.v.de* நந்துகிறது, prospérité, croissance, accroissement, avantage, gain, ruine, affront, insulte, mépris.

*நந்தவனம், *et vulgairement* நந்தவானம், (நந்தம், வனம்), jardin de fleurs, bosquet —, lieu de plaisir.

*நந்தனம், (nandana), 1° jardin de fleurs, — de fleurs ou de plaisance d'Indiren, grenouille. 2° *ou* நந்தன *et* நந்தனவருஷம் la 26e année du cycle indien qui correspond à 1832 et 1892: நந்தனவனம் jardin de fleurs; —வனம் போடுகிறது, —வனம்வைக்கிறது planter un tel jardin; — வனக்காரன் jardinier fleuriste, jardinier—, propriétaire d'un jardin de fleurs.

*நந்தனன், (nandana), fils, Krichna ou Vichnou: நந்தனமாலை la guirlande de Krichna. [le.

*நந்தனி, நந்தனை, (nandanâ), fil-

*நந்தன், (nanda), le berger Nanden, père nourricier de Krichna, (surnom de) Krichna, l'arsenic naturel dit சிப்பந்தபாஷாணம், Nanden roi de basse-caste, qui régna, dit-on, autrefois, l'espace de 3 heures, à Tiroumaleyrasa près de Tranquebar: —தோல்க்காசு cache de cuir que Nanden fit faire durant son régne; —தோல்க்காசுவழங்குகிறது les caches de cuir de Nanden avoir cours, *i.e.* une loi ou une coutume mauvaise s'établir; எல்லாம்— தோல்க்காசாய்க்கிடக்கிறது tout est maintenant comme les caches de cuir de Nanden, en grand discrédit, en grande confusion; அவன்காரியமெல்லாம் — படைவீடாய்ப்போயிற்று toutes ses affaires sont devenues comme l'armée et la maison de Nanden, *i.e.* sont anéanties.

*நந்தாத்துமசன், (நந்தன், ஆத்துமசன்) *V.* நந்தநந்தனன். [நந்தனி.

*நந்தாத்துமசை, (*id.*), *V.* நந்தந

நந்தாமணி, la plante உத்தாமணி. [jardin de fleurs.

*நந்தாவனம், (nandâ *prospérité*),

*நந்தி, 1° (nandi *heureux*), le bœuf Nandi, monture de Siven, Nandi son portier, bœuf, taureau, le signe du Taureau, tambourin, faiseur ou marchand d'huile, Siven, nom d'un roi, un des 18 உப்புராணம், nom d'une montagne, serpent, le jardin d'Indiren. 2° *gér.de* நந்துகிறது: நந்திகள், *pl.* faiseurs ou marchands d'huile; நந்திக்கலம்பகம் satire sur le roi Nandi, qui, dit- on, en mourut de chagrin; —தேவன் Nandidèven portier de Siven; — ப்புசுணி citrouille cendrée; —மலை nom d'une montagne; நந்தியிடினாறு le bœuf de Siven.

*நந்திகேசன், நந்திகேசுரன், நந்திகேச்சுரன், (நந்திகை, ஈசன், ஈசுரன், ஈச்சுரன்), Siven, le taureau monture de Siven, idole qui représente un bœuf, statue de taureau, Nandidèven portier de Siven.

*நந்திகை, (நந்தம், ikâ), la ville ou le jardin d'Indiren, vase de terre, le 1er, le 6e et le 11e jour de chaque demi-lunaison.

நந்தியம்பெருமான், நந்தியம்பெருமான், (நந்தி, அம்). *V.* நந்திதேவன்.

*நந்தியாவட்டம், நந்தியாவட்டை *P.* நந்தியாவர்த்தம், (நந்தி, ஆவர்த்தம்), l'arbrisseau nerium coronarium: நந்தியாவட்டத்தாமன் celui

qui porte une guirlande de fleurs de cet arbrisseau,Douryodanen;— ப் பூ fleur odoriférante de cet arbrisseau; அடுக்கு ou பெருநந்தியாவட்டம் espèce qui porte des fleurs larges ou en quantité. [ம்),Siven,fils,ami.

*நந்திவருத்தனன், (id. வருத்தன

*நந்திசன், நந்திசுபரன், நந்திசுவரன்,(நந்தி, ஈசன்...), surnom de Siven,et de நந்திதேவன்.

நந்து,1° conque,limaçon.2° imp. et part.de

நந்துகிறது, நிேனன், துவேன், து,ந,v.n. நந்துதல்,n.v. se ruiner, être détruit, gâté,insulté, méprisé, croître,gagner,prospérer.

நந்துருணி,fou,sot,niais,rapporteur,médisant,porteur de nouvelles,entremetteur officieux.[ந்திசன்.

*நந்தேசன்,(நந்தன்,ஈசன்),V. ந

*நந்தை,1° (nandâ),le 1er le 6e et le 11e jour de chaque demi-lunaison,une des 5 vaches prétendues divines,corde qui lie le joug à la charrue,la plante tournante சொர்த்தன்.2° P.நந்தாய்,2e pers. nég. de நந்துகிறது.

நந்நாலு, நந்நான்கு,(நாலு ou நான்கு répété),quatre à quatre.

*நபசம்,(nabhasa),ciel,atmosphère,air: நபசங்கம், நபசங்கமம், (ga, gama qui va),oiseau.

*நபம்,(nabha), air, atmosphère, firmament,le mois d'ஆவணி: நபப்பிராணம் le vent.

நபர்,(ind.),homme, individu:— சாமீன் caution pour un homme; இரண்டுநபர்வந்தார்கள் 2 hommes sont venus;— கதிமைசல் (arabe),colonisation ou culture de terres par divers cultivateurs individuellement; - ஜாமின், —ஜாமீன் caution personnelle.

நபா,(arabe), avantage,profit.

*நபாகம்,(nabhâka),obscurité.

நபி,1° (arabe), prophète.2° (nabhi),roue.

*நபுஞ்சகம், நபும்சகம், (ந non, poumsaka mâle),hermaphrodite,eunuque:நப்புஞ்சகலிங்கம் genre neutre.

*நபுஞ்சகன்,(id.), eunuque,homme impuissant,V.பேடன்.

*நபோ,(nabhô,P. nabhas devant certaines lettres), air: — கசம் éléphant de l'air,i.e.nuage;—கதி marche dans l'air;—துகம் (douha traire),—தாமம் nuage;—நதி le fleuve de l'air,i.e.le prétendu Gange céleste;—மணி le bijou du firmament, i.e.le soleil;— ரேணு petit atome, brouillard,vapeur (de l'air);—லயம் (laya demeure),fumée.

நம,1° obl.poétique de நாம் (devant un pluriel. neutre.), nos,mes, Ex.நமகால்கள் mes pieds, nos pieds.2° (namas),révérence,salut,vénération,gloire,(il se met à la fin des prières ou après le datif sanscrit,comme சர்வேசுராயநம gloire à Dieu);நமவென்றுசொல்லுகிறது saluer. [P. நமருகிறது.

நமக்கிறது, நமந்துபோகிறது,

நமக்கு,dat.de நாம்,à nous,à moi; நமக்காக pour moi,pour nous. [on.

*நமசம்,(namasa),concorde, union.

*நமஸ்காரம்,(நமஸ்,காரம்),adoration,révérence,vénération, salut, honneur:—பண்ணுகிறது ou

நமஸ்கரிக்கிறது, ரித்தேன், ரிப்பேன்,ரி,ரிக்க,v.a.(நமஸ்காரம்),நமஸ்கரித்தல்,n.v.adorer, révérer, faire un profond salut,saluer.

*நமஸ்து,P.நம,gloire, salut.

*நமதன்,(namata), maître, seigneur.

நமது,gén. de நாம், de nous, de moi,notre,mon,ma,mes: நமதுவீடு notre ou ma maison; நமதாயிருக்கின்றது c'est à nous,— à moi.

நமத்தம், nard indien, petite lavande,valeriana jatamansi.

நமருகிறது,ர்ந்தது,மரும், ர், ர, v.n. நமருதல்,n.v. et நமர்ந்து ou நமந்துபோகிறது, s'imbiber, devenir humide ou moite (v.g. du papier,du cuir... ),நமத்திருக்கிறது être humide ou moite.

நமர், நமர்கள்,1° pl.de நமன்,les nôtres,nos gens,nos parens,amis ou partisans: நமரங்காள், voc. ô mes amis. 2° *imp.et part. de* நமருகிறது.

நமள்,*fém.de* நமன்,notre parente,—amie,une des nôtres.

நமத்தக்கிறது,*P.* நமக்கிக்கிற

*நமத்காரம்,*P.*நமஸ்காரம்.[து.

நமன்,1° *P.*யமன்,Yamen,le prétendu roi des morts. 2° (நாம்), un des nôtres,notre parent,ami ou partisant. [notre—,ma maison.

நமாது,*poétique,P* நமது:—வீடு

*நமுசி, (namoutchi), Kâmen, le Cupidon indien,Namousi,démon ou Asouren tué par Indiren: — சூதனன் le destructeur de Namousi, *i.e.* Indiren.

நமிடு,நமுடு,*gén* நமுட்டின்,*obl.*நமுட்டு.grue,lèvre inférieure, lente, larve d'insecte: — கடிக்கிறது se mordre la lèvre inférieure (de dépit ou de douleur); நமுட்டுச்சிரங்கு éruption de boutons de chaleur, bourbouils.

நமூது, (*pers.*),preuve. [tillon.

நமூனு,(*id.*),forme,modèle,échan-

நமை,1° espèce d'arbre, démangeaison,irritation de la peau.2° *imp. et part.du suiv.*:— எடுக்கிறது ou

நமைகிறது,நமைந்தேன், நமைவேன், நமை, நமைய, *et* நமைக்கிறது, நமைத்தேன்,நமைப்பேன்,நமை, நமைக்க,*v.n.*démanger,éprouver—, avoir des démangeaisons.

நமைச்சல், நமைதல், நமைத்தல், நமைப்பு,*n.v. du préc.* démangeaison:—எடுக்கிறது éprouver—,avoir des démangeaisons. [teur spirituel.

*நமோ,*P.*நமஸ்:— குரு précep-

நம்,1° *obl. de* நாம், nos, notre, mon,ma,mes.2° சாரியை ou augment qui indique la 1re *pers.pl.Ex.* எல்லார்நம்மையும் nous tous.

நம்பகன்,l'arsenic naturel dit சித்தபாஷாணம்.

நம்பரிது,(நம்ப,அரிது),chose difficile à croire,à espérer,il est difficile de croire...: அவனை நம்பரிதாயிருக்கிறேன் j'ai de la peine à le croire, à croire à sa guérison; அவன்காரியம் நம்பரிதாயிருக்கின்றது il est difficile d'ajouter foi ou de se fier à son affaire.

நம்பல்,*n.v. et opt. de* நம்புகிறது, confiance,espérance, attente, grand désir: அதைநம்பவொண்ணாது il ne faut pas croire cela.

நம்பவன்,*P.*நம்மவன்.

நம்பன்,(நம்பு), être désirable,—accompli,Dieu,notre Dieu,(et à tort), Siven.

நம்பாதல்,நம்பாமை,*n.v. nég. de* நம்புகிறது,défiance,désespoir.

நம்பி,1° *gér.de* நம்புகிறது. 2° *pl.* நம்பியர்,Nambi,auteur de l'அகப்பொருள்,partie de la grammaire qui traite des poèmes érotiques, hiérophante ou sacrificateur d'un temple de Vichnou,brame de caste inférieure,—né d'un brame et d'une fille de caste royale que celui-ci a ravie, homme excellent, — de confiance, mari,frère aîné,roi des chasseurs.

நம்பிக்கை,(நம்புகிறது),espérance,espoir,confiance,attente,assurance,certitude, vœu, promesse, serment;—க்காரன் homme de confiance ou qui a de la confiance;—கொள்ளுகிறது concevoir ou acquérir de la confiance, prendre confiance, se fier, espérer; —சொல்லுகிறது, — பண்ணுகிறது promettre,assurer,faire un vœu,—un serment;—த்துரோகம் perfidie, trahison;—த்துரோகி perfide,traître qui abuse de la confiance qu'on a en lui;—யற்றவன் homme qui n'a pas ou en qui on n'a pas ou qui ne mérite pas de confiance;—யாயிருக்கிறது espérer,croire,se fier,être sûr; ஒருவனில் — யாயிருக்கிறது avoir confiance,croire ou espérer en quelqu'un; —யானகாரியம் chose sûre, —sur laquelle on peut compter;—யானமனிதன் homme sûr,fidèle,—de confiance;—யுண்டு il y a espoir; அவனுக்கு —யுண்டு il espère;— யுள்ளவன் homme qui espère ou se fie.— sûr,—de confiance;—யோலை promesse ou assurance sur ôle,passeport,sauf-conduit;— வரப்பண்ணுகிறது assurer, faire croire, donner l'espérance;—வைக்கிறது mettre sa confiance; அதெனை நம்பிக்கைக்கொப்புவிக்கப்பட்டது ceci été confié à ma fidélité.

நம்பியான்,(நம்பி), brame vichnouviste d'un ordre un peu inférieur, ordinairement employé par droit héréditaire,comme hiérophante dans les temples de Vichnou,pour y faire certaines cérémonies, pour lesquelles il est payé par le peuple, outre la part qu'il a dans certains sacrifices et les dons des particuliers,homme de confiance.

நம்பிரான்,(நம்),notre Dieu.

நம்பினோர்,*n.app. de* நம்புகிறது, gens qui espèrent,croient...

நம்பு,1° l'arbre நாவல்,désir. 2° *imp.et part.de*

நம்புகிறது,பினேன்,புவேன்,பு,ப, *v.a.(acc.),et* நம்புதல்,*n.v.ou* நம்பியிருக்கிறது espérer, attendre, croire, avoir confiance,se fier,se confier, se reposer sur, désirer: அது நம்பப்படாது cela est incroyable; அதை நம்பினான் il a cru cela; உம்மை நம்பினேன் j'ai mis ma confiance en vous; இன்று வருவானென்று நம்பாதே ne compte pas qu'il vienne aujourd'hui; நம்பவைத்துக்கைவிடுக்கிறது refuser assistance après l'avoir fait espérer.

நம்பூரி,espèce de brame de caste supérieure dans le Malcalam: நம்பூரியார்,*hon.* நம்பூரிமார், நம்பூரிகள், *pl.* les Nambouris.

நம்மவன்,*m.* நம்மவள்,*fém.* நம்மவர்,நம்மவர்கள்,*pl. ou hon.* un ou une des nôtres,de nos gens, de nos parens,amis,partisans ou adhérens.

நம்முடைய,நம்மை,நம்மில், நம்மால்,நம்மோடு,*gén.acc.abl. de* நாம்.

நம்முடையார், (நம்முடைய), les nôtres,nos gens,nos parens ou amis.

நய,1° *adj.de* நயம். 2° *imp.de* நயக்கிறது.

நயக்கன்,chien.

நயக்கிறது,யந்தேன்,*et* யந்தேன், யப்பேன்,ய,யக்க,(நயம்),*v. a.* désirer,convoiter,aimer,estimer,suivre, *v.n.*devenir —,être à bon marché,de bonne qualité, exceller, être excellent,utile,profitable,s'améliorer, se bonifier,fructifier, augmenter, gagner: நயமாதெதான்றிப்பயனாவினை ne desirez point une action qui ne produit aucun bien; தானியம் நயத்தது les grains sont à bon marché; நயந்துகேட்கிறது supplier, demander instamment ou avec douceur; நயந்துசொல்லுகிறது vanter,flatter,dire—,parler avec bonté, —utilement.

நயத்த,*part. de* நயக்கிறது,à bon marché,de bonne qualité: —பொன், —இரும்பு, or—,fer de bonne qualité.

நயத்தல்,*n.v. du même*, grand—, désir,amour,bon marché, augmentation,amélioration,excellence, bien,avantage,profit,estime, imitation.

நயந்த, *V.* நயத்த.

நயந்து,*gér.de* நயக்கிறது.

நயந்தோர்,*n.app.du même*, amis.

நயப்பிக்கிறது, நயப்பித்தல், *v. caus.du même*,améliorer,orner,augmenter,honorer,exalter,rendre important,réjouir,faire plaisir, persuader,engager,faire consentir,—baisser le prix,mettre à bon marché.

நயப்பு,*n.v.de* நயக்கிறது,désir,amour,bon marché, bas prix, bonne qualité des métaux,gain,profit,joie.

நயப்புணர்வு, 1° (நயப்பு, உணர்வு), bienveillance, bonne grâce, agrément, attention. 2° (நயம்,புணர்வு), copulation—, jonction convenable.

நயப்புரை,(*id.*உரை),parole bienveillante,—de désir.

*நயம், 1° (naya), justesse,convenance, rectitude, propriété,justice, excellence, supériorité, égalité, gouvernement,— civil et militaire, police, conduite, direction, partie théologique —, science des vêdas. 2° délice, plaisir,bien,utilité,avantage, profit, gain, bon marché, bas prix, plus, accroissement, civilité, politesse, bienveillance,bonté,douceur, docilité: — ஆகிறது désirer, convoiter, devenir à bon marché,ou

— ஆயிருக்கிறது être bon, utile, doux,agréable, à bon marché;— ஆய்க்கேட்கிறது demander à bon marché;— ஆய்ச்சொல்லுகிறது parler élégamment,— raisonnablement ou de bon marché;— ஆய்வாங்குகிறது acheter à bon marché;—காட்டுகிறது flatter, amadouer, montrer de la bonté, les avantages; அவர்கள்—காட்டினாலும் பயங்காட்டினாலும் எனக்குக்குறைவில்லை soit qu'ils me flattent ou qu'ils cherchent à m'effrayer cela ne me fait rien;— பண்ணுகிறது montrer de la bonté, faire un don, une faveur;—பயம் le bien et le mal, douceur et sévérité;—பாடுகிறது chanter agréablement,avec douceur;— பேசுகிறது parler avec bonté,douceur ou affabilité,— avec une voix douce; நயகுணன் homme bienveillant, de bon caractère;— க்காரன் homme affable, courtois, flatteur;— ச்சொல் paroles douces, bienveillantes ou flatteuses, plaisanterie; — சித்தி succès politique; —த்தகு (தகும்), plaisant, agréable, satisfaisant, désirable; — நயவார்த்தை parole incertaine,irrésolue,dite avec hésitation;—நிலைப்படலம் comédie, danse;— பயமறிகிறது savoir mêler la douceur à la sévérité; —போசனம் bon repas,donner une bonne nourriture, un des 7 actes de charité; — ப்படுகிறது devenir —, être à bon marché;—ப்பாடு avantage, profit, excellence, supériorité; — ப்பிரயோகம் adresse politique; — வசனம்,—வசனிப்பு paroles flatteuses, engageantes; — விசாரதன் habile politique; — விலை bas prix, prix convenable; நயமும்பயமுமாய் avec douceur et sévérité.

நயவர், (நயம்), amis.

நயவான், (*id.*),homme bienveillant,utile,bienfaiteur,— qui gagne, désire ou convoite.

நயனத்தோரன், (நயனம்), topaze.

*நயனம், (nayana), œil, vue: நயனகஸ்தூரி sorte de collyre ou de remède pour les yeux; வார்த்தையிலேமெத்த — கஸ்தூரியாயிருக்கிறான் il enchante et persuade par de douces paroles;—காசம் taie à l'œil, cataracte;— சாஸ்திரம் optique; — சாஸ்திரி opticien; — சைகை signe de l'œil; — சைகைபண்ணியழைத்துக்கொள்ளுகிறது appeler—, attirer en faisant signe des yeux;—தீட்சை espèce d'initiation, instruction donnée ou reçue par les yeux; — பரிகாரி oculiste; — பாஷை langage—, signe des yeux;—பார்வை vue, aspect, vision, regard amoureux;— ப்பத்து le 68me des பிரபந்தம், description de l'œil en 10 strophes; — மோட்சம் ouvrir les yeux; —ரோகம் mal d'yeux;— வாரி torrent de larmes, pleurs; — விதி livre de médecine pour les yeux;—வைத்தியன் oculiste.

*நயனுவுஷதம், நயனுவுடதம், நயனௌஷதம், (நயனம், அவுஷதம்), collyre, remède pour les yeux, sulfate vert de fer, ou sel en état de décomposition par son exposition à l'air et employé comme collyre.

*நயனா, (nayanâ), prunelle de l'œil. [அந்தம்), coin de l'œil.

*நயனோபாந்தம், (நயனம், உப,

*நயனோத்சவம், (*id.* உத்சவம்), lampe, objet joli, aimable ou désiré.

*நயன், 1° *P.* நயம்,délice,plaisir, joie, bien, utilité,profit,gain, avantage. 2° (naya), guide, conducteur, homme libéral, généreux.

*நயிச்சியம்,*P.* நைச்சியம்.

*நயிஷ்டிகம்,நயிட்டிகம், *P.* நைஷ்டிகம்,observance,état, condition, office d'un étudiant perpétuel: நயிஷ்டிகப்பிரமசாரி jeune brame qui observe fidèlement les règles d'un étudiant.

*நயிஷ்டிகன்,நயிட்டிகன்,*P.*நைஷ்டிகன், brame fidèle aux règles d'un étudiant,—qui reste avec son précepteur spirituel et persévère dans l'état d'étudiant.

நயிந்தே,ô seigneur,*voc. usité en certains lieux,P.*நாயனே,

நயித்தை, P. நாயன், seigneur, V. நயித்தே.

நயிராக்கியம், P. நைராக்கியம், moquerie: — அடிக்கிறது se moquer. [femme d'Ayénar.

நயினுத்தேவி, P. நயினார்த்தேவி, la · நயினார், le faux dieu ஐயனார், Djaïnas, petits princes tributaires dits பாளையக்காரர் ou Paléagars, maître —, chef des pions, officier de police native. [main.

*நர, adj. de நரன், d'homme, hu-

*நரகம், (naraka), l'enfer, le tartare indien. Les Indiens comptent 7 enfers, nommés அள்ளல், இரௌரவம், கும்பிபாகம், கூடசாலம், செந்துஸ்தானம், பூதி, மாபூதி. Il y en a qui en comptent 14 et d'autres 28; dans les lois de Manou on en énumère 21: நரககதி sort des damnés (ce qui est une des 4 fins de l'homme), naissance ou mode d'existence des êtres infernaux, mériter l'enfer, y tomber; — குண்டம் fosse ou abyme du tartare, (les payens en comptent 86); — க்குழியிலேவிழுகிறது tomber dans les abymes de l'enfer; — ச்சுற்று tour —, région de l'enfer; — த்துன்பம் peines de l'enfer; — தேவதை divinité infernale, diable ou diablesse, la prétendue déesse de l'infortune dite மூதேவி; — ப்பிராத்தி, — ப்பிராப்தியாகிறது mériter l'enfer, — la damnation, encourir les peines de l'enfer; — வட்டம்-ஏ 7 différentes régions de l'enfer (selon les Indous), savoir: தமப்பிரபை région des ténèbres; இமப்பிரபை région du froid; தூமப்பிரபை région de la fumée; வாலுகப்பிரபை région du sable; சாகரப்பிரபை région de l'insomnie; இரத்தப்பிரபை région du sang; — அழற்பிரபை région du feu; — வாசி habitant de l'enfer, démon, damné; — வாதி damné, personne digne de l'enfer; — வாய் porte de l'enfer, l'enfer, l'anus; — வேதனை peines —, tourment de l'enfer: நரகத்துக்கேதுவாகிறது être digne de l'enfer, être exposé à y tomber; நரகத்திலேதள்ளுகிறது ou போடுகிறது précipiter dans l'enfer.

*நரகரி, (நரன், அரி), homme-lion.

*நரகர், நரகவாசர், (நரகம்), habitans de l'enfer, — des régions infernales, démons, damnés.

நரகலிக்கிறது, லித்தேன், லிப்பேன், லி, லிக்க, v.a. (நரகல்), abhorrer, détester, avoir du dégoût, regarder comme des excrémens. [dégoût.

நரகலித்தல், n.v. du préc. horreur,

நரகல், (நரகம்), saleté, ordure, excrémens: நரகலானவிடம் lieu sale, rempli d'ordures; நரகலைமிதிக்கிறது marcher sur des ordures; கிண்டக்கிண்ட நரகலுநாறும், (நரகல், நாறும்), à force d'être remuées les ordures répandent une mauvaise odeur, il ne faut pas trop examiner les choses sales.

*நரகன், (நரகம்), habitant de l'enfer, démon, damné, V. நரகாசுரன்: நரகஜித்து le vainqueur de Naraguen, i.e. Vichnou.

*நரகாசுரன், (நரகன், அசுரன்), le démon ou Asouren nommé Naraguen.

*நரகாந்தகன், (நரகன், அந்தகன்), le destructeur —, l'ennemi de Naraguen, i.e. Vichnou.

*நரகாமயம், (நரகம், ஆமயம்), maladie —, i.e. peine de l'enfer, l'âme, — après la mort.

நரகாரி, 1° (நரகம், அரி), ennemi —, vainqueur de l'enfer. 2° (நரகன், அரி), l'ennemi —, le destructeur de Naraguen, des démons de l'enfer.

நரகாசி, maladie qui vient aux bestiaux. [trier, — de son gourou.

*நரகிலகன், (நரன், கிலகம்), meur-

நரகு, gén. நரகின், (P. நரகம்), l'enfer: நரகிருள் ténèbres de l'enfer.

நரங்கடிக்கிறது, (நரங்க, அடிக்கிறது), détruire, perdre (par négligence ou par malice), faire —, laisser dépérir.

நரங்குகிறது, sync. நரங்கிறது, கினேன், குவேன், கு, க, v.n. நரங்குதல், n.v. ne pas croître, décroître, décliner,dépérir,maigrir, — de plus en plus,dégénérer,empirer, se perdre, aller de mal en pis(*v.g.*des affaires, la moisson etc...),s'user,s'effacer.

நரந்தம்,musc,animal qui le donne,odeur,corbeau,oranger.

நரம்பு,*adj.de* நரம்பு,de corde, de nerf:—க்கருவி instrument à cordes, ou à cordes de laiton,de boyaux... (*v.g.*violon,guitare);— க்கருவியாளர், — க்கருவிகைக்கொண்டுழுமாக்கள் joueurs d'instrumens à cordes;—ச்சிலந்தி indisposition —, ulcère causé par le ver de Guinée ou de Médine,autrement dit dragonneau, filaria medinensis,espèce d'helminthe du genre filaire,qui ressemble à un fil ou à un nerf.Il est cylindrique,filiforme,de grosseur à peu près uniforme,variant de celle d'un fil assez mince jusqu'à celle d'une ficelle,d'une longueur qui peut varier de quelques centimètres à plusieurs mètres.Son siége le plus ordinaire est le tissu cellulaire sous-tégumentaire des jambes et des cuisses. Le dragonneau paraît être originaire de l'Afrique ou de l'Arabie; il est aussi commun dans l'Inde. C'est aux sources où l'on va se désaltérer qu'on en prend le germe. Les dragonneaux occasionnent des tumeurs dangereuses et quelquefois des démangeaisons insupportables;leur rupture dans la plaie est un accident qui aggrave le mal. Pour les extraire on saisit l'une des extrémités de l'animal que l'on enroule à quelque chose de léger qu' on laisse sur la plaie, et auquel on fait faire chaque jour un certain nombre de rotations,pour l'extraire petit à petit sans le casser: —ச்சிலந்திபாய்க்கிடக்கிறது être couché malade de —,avoir cet ulcère;—ச்சுளுக்கு entorse,foulure d'un nerf;—ச்சுருக்கு contraction —, foulure de nerf,entorse.

நரம்,crainte.

நரம்பன்,(நரம்பு), homme maigre,décharné, vrai squelette, homme nerveux,dont les nerfs et les veines paraissent,espèce de tabac.

நரம்பி,*fém. du préc.* femme maigre,décharnée,nerveuse.

நரம்பு,nerf,muscle,tendon,pouls, artère,veine, nervure de feuille, tendron,vrille de vigne etc..., filament,corde de boyau, — d'instrument de musique,l'instrument luimême,corde d'arc. Les physiologistes indiens comptent dans le corps humain 72000 nerfs et veines;d'autres seulement 1008: குறைநரம்பு luth qui a moins de 7 cordes; — புடைக்கிறது les nerfs ou veines se gonfler et paraître à l'extérieur; — முடங்கிப்போகிறது les nerfs—, les muscles se contracter; — முடக்கம், —பிடிப்பு contraction des nerfs, crampes,convulsions; —வாங்குகிறது tirer—,ôter un nerf,ôter les nervures du bétel ou autres feuilles;—விக்கு, — வலி douleur—, attaque de nerfs,crampe;நரம்பிசேறுளை son de corde ou d'instrument à cordes.

*நரர்,*pl.de* நரன்,les hommes:—கோன் le maître des hommes, *i.e.* Dieu, (et à tort) Koubèren.

நரலல்,*opt.et n.v.de* நரலுகிறது, son,bruit,bruit confus de paroles, —de la multitude.

நரலுகிறது *ou* நரல்கிறது, நரன்றேன்,நரலுவேன் *ou* நரல்வேன், நரலு *ou* நரல்,நரல,*v.n.* நரலுதல், *n. v.*résonner,faire du bruit,retentir.

நரலை,(நரல்),la mer (au mugissement confus).

நரல், 1° *imp. part.et n.v.de* நரலுகிறது,ce qui fait un bruit confus,feuilles sèches,menu bois,branchage,foule de monde.

நரல்வு, *n.v. de* நரல்கிறது, son, bruit,—intérieur.

நரவலி,(நரன்,அரி), homme-lion.

நரவலிக்கிறது,நரவலித்தல்,*P.* நரவலிக்கிறது,நரவலித்தல்.

நரற்றல்,*opt.et n.v.du suiv.* bruit.

நரற்றுகிறது,ற்றினேன்,ற்றுவேன்,ற்று,ற்ற,*v.a.de* நரலுகிறது,faire résonner, — retentir, battre ou toucher des instrumens, frapper pour faire du bruit.

*நரன்,(nara),*pl.* நரர், நரர்கள், homme,individu, Dieu ou l'Esprit éternel, divin et impérissable qui pénètre tout,(surnom de) Ardjouna ou அருச்சுனன், Vichnou, Naren, Mouni aussi nommé நரநாராயண ன் et regardé comme la 5$^{me}$ des incarnations inférieures de Vichnou, pion au jeu d'échecs:நரசி,(அரி),*ou* —சிங்கம் homme-lion, monstre moitié homme et moitié lion,prétendue incarnation de Vichnou en homme-lion pour tuer இரணியன்; —சிங்கமூர்த்தி Vichnou métamorphosé en homme-lion;—சிங்கன்,—சிங்கராயன் Narsingue, roi de Bisnágar (à l'arrivée des Portugais dans l'Inde);—சிங்கராச்சியம் le royaume de Narsingue dont la capitale était Bisnagar ou விசயநகரம்: — சிங் காவதாரம் incarnation de Vichnou en homme-lion;—சீவன் âme ou vie d'homme,être humain, homme; —சீவதயாபரன், — தயாபரன் l'être plein de bonté pour les hommes *i.e.* Dieu;—தோத்திரம் louange de l'homme; — நேயம் humanité, philanthropie;—நாதன் celui qui supporte ou soutient les hommes.*i.e.* le Dieu de bonté:—நரி,*V.* நரகேசரி; —தேவன் dieu des hommes,*i.e.* roi; —த்துவம் humanité, nature humaine;—நாராயணன் Naranârâya nen sage regardé comme la 5$^{me}$ des incarnations inférieures de Vichnou;—நாராயணர் *pl.* noms de 2 sages qu'on prétend être des incarnations de Vichnou,et nés ensuite sous les noms de Krichna et d'Ardjouna;—நாரிகள் l'homme et la femme; —பதி seigneur des hommes, roi, (et spécialement) le roi de விசய நகரம் ou Bisnagar;—பலி sacrifice humain,victime humaine;—பாலன் protecteur des hommes,*i.e.*roi; —புடம் calcination des métaux en faisant brûler gres comme un homme,*i.e.*50 bouses de vache;—பூ la terre native de l'homme,*i.e.* l'Inde (au dire des Indous);—பிரியன் philanthrope, l'ami des hommes;—பிரதிட்டை érection d'une statue d'homme,statue érigée par les hommes;—மடங்கல், *V.* நரசிங்கம்; —மாலை guirlande de crânes humains;—மானினி,—வானி femme barbue,—qui a un air mâle,virago;—மேதம் sacrifice humain;—ரூபம் figure humaine;—ரூபி être à figure humaine; — லோகம் le monde des hommes,*i.e.* la terre:—வாகனம் monture humaine, véhicule porté par des hommes,*i.e.* palanquin,litière,homme qui en porte un autre,être porté sur le dos d'un homme;—வாகனன் celui qui a un homme pour monture, *i.e.* குபேரன். [cicatrices.2$^{e}$ *voc.de* நரன்.

நரா,1° ce qui est meurtri,—a des நரம்புக்கிறது,கிலேசன்,குறைன், கு,ச,*v.n.* நரங்குதல்,*n.v.* s'user par le frottement,*V*,நசுங்கிறது.

*நராதமன், (நரன், அதமன்), homme vil,scélérat.

*நராதாரை,(நரன்,ஆதாரம்), ce qui soutient les hommes,*i.e.* la terre. [des hommes,*i.e.*roi.

*நராதிபன்,(*id.* அதிபன்), maître

*நராந்தகம், (*id.* அந்தகன்), la destruction de l'homme,*i.e.*la mort.

*நராந்தகன்,(*id.*), le destructeur de l'homme,Yamen, Narândaguen, géant fils de Râvanen,Vichnou.

நராந்தகம்,corbeau.

*நரானுபோகம்,நரானுபோகம்,(நரன், அனுபோகம்,அநுபோகம்), plaisir humain,propre aux hommes.

*நராயணன்,(*id.* அயனம்),Vichnou.

நரஅரி,(*id.* அரி),l'homme-lion,*i.e.* Vichnou,l'ennemi des hommes.

நரஆலை, (*id.* ஆலை),le pressoir des hommes,*i.e.* l'enfer.

*நராவதாரம்,(*id.* அவதாரம்),incarnation en forme humaine.

நரி,1° renard,chacal,(*par métonymie*) tigre.2° *imp.de* நரிக்கிறது: நரி ou நரிக்குட்டி jeune—, petit renard,—chacal;குள்ள—chacal;பெ ரு—gros renard,—chacal,tigre:குழி —,குகை—,வளை—renard à tanière; —க்கலியாணம் pluie pendant que le soleil luit; —க்குழி tanière de renard; —க்கொன்றை l'arbre cassia javanica; —நிறம் couleurde renard, mélange de diverses couleurs,divers sentimens,aversion; —ப்பயம் crainte du tigre ou du chacal; —ப்பயறு espèce de pois,phaseolus trilobates - : ப்பயல் petit garçon, bambin; —ப் பள்ளம் creux ou fosse dans les rivières..., trou d'eau ou mare dans le lit d'une rivière desséchée; —ப் பாகல் la plante பழுபாகல்: —ப்பு த்தி esprit rusé,—de renard, ruse, fourberie: —ப்புறம் la 5me constellation lunaire dite மிருகசீரிடம்; —ம ருட்டி,—மெருட்டி l'arbrisseau கி லுகிலுப்பை; —முருக்கு espèce inférieure de l'arbre முருக்கு erythrina; —யிலந்தை jujubier: —யுடை la plante முசுமுசுக்கை; — யுணி ce que mange le renard, i.e. l'écrevisse; —யூளையிடுகிறது le renard glapir; —வளை trou —, tanière de renard; —வாற்புல் la plante dactylis spicata; —விளா l'arbrisseau நிலவிளா; — வெங்காயம் la plante erythronium indicum; — வெருட்டி la plante நரி மருட்டி; —வெருட்டுதல் peur de renard; — வெருட்டுகிறது effrayer le renard, avoir une peur de renard, s'effrayer sans raison.

நரிகிறது, V. நெரிகிறது.

நரிக்கிறது, ரித்தேன்,ரிப்பேன், ரி, ரிக்க, 1° v.n. et a. sauter—, reculer de peur, s'effrayer, s'étonner, être stupéfait, confondu, mépriser, dédaigner. 2° V. நருக்கிறது,V. நருக் குகிறது: நரித்துக்கொண்டிருக்கிற து être surpris, stupéfait, abasourdi; — கக்கொண்டாத்போலப்போய் விட்டான் il s'est retiré tout confus, —déconcerté, réduit à quia; அவன் முகம் — ப்போயிற்று de surprise son visage changea de couleur, son air fut tout déconcerté; ஏன்நரித்தா ய்போயிருக்கிறாய் pourquoi paraistu alarmé?

நரிதல், V. நெரிதல்

நரித்தல்,நரிப்பு,n.v.de நரிக்கிறது, mépris,affront,étonnement, surprise,consternation,alarme subite, V. நருக்கல். [plus grand qu'un chacal.

நரியன், (நரி), courtaud, nain pas

நருக்கட்டியென்கிறது, faire naroukutti, —du bruit,se presser: நரு க்கட்டியெனல்,n.v.hâte, signe de bruit, -de hâte.

நருக்கம்,நருக்கல், opt. et n.v. de நருக்குகிறது, broiement, pilage, froissement· — ஆயிருக்கிறது être broyé, froissé, indisposé: நருக்கற்கு த்து forte rossée,meurtrir de coups, coups dans les flancs, faire échouer une affaire.

நருக்காணி, petite figure.

நருக்கு, 1° n.v.imp et part du suiv. broiement, pilage: — படுக்கல்,— படுக்கு broiement,bruit du broiement, ce qui est broyé,pilé; —படு க்கொண்டிருக்கிறது être broyé, (une maison, une ville) être abymée par la maladie. 2° (son imitatif): நருக் கென்கிறது faire naroukou, — du bruit, se hâter; நருக்கெனல் hâte, signe de bruit, de hâte.

நருக்குகிறது, sync. நருக்கிறது, க்கினேன்,க்குவேன், க்கு. க்க, v. a. நருக்குதல், n.v.broyer,briser,meurtrir, froisser, piler,—dans un mortier, réduire en poudre.

நருக்குண்கிறது,(நருக்கு, உண் கிறது), ou நருக்குண்டுபோகிறது, être broyé, brisé, mis en pièces, pilé, meurtri, contrit.

நருங்குகிறது, sync. நருங்கிறது, கினேன்,குவேன், கு.க, v.n.de நருக் குகிறது et நருங்குதல்,n.v. se briser, se piler, se meurtrir, se froisser.

நருநரு, son imitatif du grincement de dents, et autre frottement: நருநரென்கிறது ou

நருநருக்கிறது, ருத்தேன், ருப்பே ன், ரு, ருக்க, v. n. (நருநரு), rendre ce son,faire narounarou,—du bruit, être raboteux.

நருநருத்தல், நருநரெனல்,n.v.du préc. bruit du grincement de

dents, du frottement de choses raboteuses...

*நருமதை,(narmadâ), la rivière Narmada, Narmati ou Nerboudda qui se jette dans le golfe de Cambay; c'est un des 7 fleuves, V. சத்தநதி.

நருமுகிறது, மினேன், முவேன், மு, ம் et நரும்புகிறது, பினேன், புவேன், பு, ப, v.a. et நருமுதல், நரும்புதல், n.v. mettre en morceaux, grincer des dents.

நருவல், chose broyée, brisée, pilée.

நருவனெருவல், (நருவல், நெருவல்), chose broyée 2 fois, — doublement.

நருவாணி, petite figure, chose petite.

நருவியுப்பு, espèce de sel.

*நரேசன், நரேசுவரன், (நரன், ஈசன், ஈசுவரன்), seigneur des hommes. i.e. roi.

நரேந்திரன், (id. இந்திரன்), 1° Narendiren, n.pr. d'un roi. 2° V. நரேசன்.

நரை, 1° blancheur, — mêlée de noir, couleur grise, cheveux blancs ou gris, l'âge où l'on grisonne, héron, taureau, bœuf, le signe du Taureau, Siven, éventail fait des poils blanchâtres du yack. 2° *imp. et part. des verb. suiv.*; — காண்கிறது les cheveux blancs paraître, commencer à grisonner: — செரம்பு es: — க்கொள்ளு la plante சிக்கோழி dolichos; — திரை les cheveux gris et les rides: — திரைமூப்பில்லாமை exemption de cheveux gris, de rides et de vieillesse (attribut des habitans des cieux): — திரையில்லை நமனுமங்கில்லை il n'y a là ni cheveux gris, ni rides, ni mort, (expression dite de l'effet du panacée des சித்தர்); — திரையுள்ளவன் homme ridé et à cheveux gris: — திரைவரும்வயது âge où viennent les rides et les cheveux gris: — த்தலை tête grise: — மயிர் cheveux gris ou blancs: — மானினி femme à cheveux gris: — யுடையாரெல்லாம் நஷியூராகுவல்லர் tous les vieux grisons ne sont pas des hommes de confiance ou sages; — அல்லி nénuphar blanc; — வெழும்புகிறது, — வெழும்பிப்போகிறது, V. நரைகாண்கிறது.

நரைகிறது, ரைந்தேன், ரைவேன், ரை, ரைய, v. n. நரைதல், n. v. maigrir, dépérir, décroitre.

நரைக்கிறது, ரைத்தேன், ரைப்பேன், ரை, ரைக்க, v.n. நரைத்தல், n.v., ou நரைத்துப்போகிறது, grisonner, blanchir, (les cheveux, la barbe) devenir blancs, (les moissons...) blanchir; எனக்கு நரைத்துப்போயிற்று ou நான் நரைத்துப்போனேன் je suis devenu tout gris.

நரைச்சல், *n.v. du préc.* cheveux gris, — blancs, moisson... qui blanchit.

நரைத்த, *part. du même*, grison, gris, grisâtre: நரைத்தவருகிறது, grisonner.

நரைத்தோன், *n. app. du même*, homme à cheveux gris ou blancs.

நரையன், (நரை), espèce de vautour, être qui grisonne, objet grisâtre.

நரையான், (நரை), héron cendré ou grisâtre, corbeau cendré, martin pêcheur, le mouni மாக்கரண்டன்: நரையான்வெட்டுகிறது le héron arrêter (l'indien superstitieux) en croisant son chemin: — வெட்டிவெயகப்படுகிறது être arrêté par le vol d'un héron de droite à gauche de la route, (ce qui est considéré comme un mauvais augure pour ceux qui se mettent en route...)

நர், terminaison de certains noms, comme செறுநர் ennemis, *de* செறுகிறது haïr.

நல, 1° *adj. de* நலம். 2° *P.* நல்ல, bon, beau. 3° *imp. de* நலக்கிறது.

நலக்கிறது, லத்தேன் *ou* லந்தேன், லப்பேன், ல, லக்க, *v.n.* réussir, profiter, devenir —, être bon, utile.

நலக்குகிறது, க்கினேன், க்குவேன், க்கு, க்க, *v.a. de* நலங்குகிறது. நலக்குதல், *n.v.* rendre pliant, flexible, souple, froisser, chiffonner (une étoffe, du papier...), ôter le lustre, salir.

நலுங்கல், *opt. et n.v. de* நலுங்குகிறது, flexibilité, saleté, chose sale, souplesse.

நலுங்கு, 1° *imp. et part. de* நலுங்குகிறது. 2° cérémonie d'oindre les mariés avec de l'huile et ensuite avec une pâte de safran, remède dont on oint ceux qui sont atteints de la petite vérole: நலுங்கிடுகிறது faire la cérémonie susdite.

நலுங்குகிறது, கினேன், குவேன், கு, க, *v. n.* நலுங்குதல் *ou* நலுங்கிப்போகிறது, *n.v.* devenir —, être souple, flexible, languissant (par la chaleur du soleil), se flétrir, se relâcher, s'affaiblir, s'énerver, (*v. g* un enfant trop choyé et qui ne fait pas usage de ses pieds), se chiffonner, se salir.

நலத்தல், *n.v. de* நலக்கிறது, réussite, bonté, utilité, amélioration.

நலப்பு, *n.v. du même*, réussite, succès, accomplissement, bien.

நலம், (நல்), bien, bienfait, faveur, bonté, bienveillance, beauté, ornement, plaisir, délice, désir, gingembre sec, puissance générative, force virile: — ஆகிறது être —, devenir bon, s'améliorer: — ஆயிற்று c'est bien: — ஆய்வாங்குகிறது acheter à bon marché, recouvrer à l'amiable (un bien prêté ou confié... etc): — அடிக்கிறது. — நட்டுகிறது. — நசுக்குகிறது châtrer en brisant les testicules: — எடுக்கிறது châtrer (en les ôtant): — எடுப்பு castration: — பொல்லாம் le bien et le mal: நலக்கேடு chaleur extrême: — பாடு gain, bien, avantage. [pon.

நலவர்ச்சுரம், (நலம், அல்), cha-

நலவு, (நலம்), bien, mettre une

நலன், *P.* நலம். [bonne chose.

நலி, maladie, douleur, *n.v. imp. et part. du suiv. et imp. de* நலிக்கிறது.

நலிகிறது, லிந்தேன், லிவேன், லி, லிய, *v.n.* maigrir, devenir mince, fluet, dépérir, périr, souffrir, tomber, glisser, rouler en bas, dévier.

நலிக்கிறது, லித்தேன், லிப்பேன், லிக்க, *v.a. et* நலிவிக்கிறது, *v. caus. du préc.* faire maigrir, détruire, perdre, faire tomber.

நலிதல், *n.v. de* நலிகிறது, espèce de son, maigreur, dépérissement, glisser: — ஓசை accent circonflexe, son des lettres moyennes ய, ர, ழ, ள,

நலித்தல், *n.v. de* நலிக்கிறது. [ல, வ.

நலிவிக்கிறது, *v. caus. de* நலிகிறது, *V.* நலிக்கிறது.

நலிவு, *n.v. de* நலிகிறது, ruine, décadence, dépérissement, maigreur, souffrance, peine.

நல், *adj.* bon, beau. Il se change en நற் devant க, ச, ப, et quelquefois en நன் devant ம, mais surtout devant ம, et ந qui alors se change aussi en ன.

நல்கல், *opt. et n.v. de* நல்குகிறது, donation, largesse, grand —, désir.

நல்குகிறது, கினேன், குவேன், கு, க, *v.a.* நல்குதல், *n.v.* donner, accorder, concéder, désirer, convoiter.

நல்குரவு, pauvreté. [vres.

நல்குரவோர், (நல்குரவு), les pau-

நல்கூருகிறது, கூர்ந்தேன், கூருவேன், கூர், கூர, *v.n.* நல்கூருதல், நல்கூர்தல், *n.v.* être pauvre.

நல்கூர்ந்தோர், நல்கூர்ந்தவர், *n. app. du préc.* pauvres.

நல்ல, *adj. de* நல், bon, beau, propre, favorable, convenable, abondant: — சமயம் bonne occasion: — அடிமை belle esclave, — femme (en style peu honnête): — சொல் bonne parole: — தக்காளி la plante physalis pubescens: — தண்ணீர் bonne eau, eau fraiche, — potable: — பாம்பு le serpent capelle: — தரம் bonne espèce, 1ère façon, — espèce: — குணம் bonté, douceur, clémence, amabilité, amitié, suavité, bon caractère: — குணங்காட்டுகிறது montrer la bonté, *ou* — குணம்பண்ணுகிறது, montrer de la bonté, de l'amitié, persuader, pacifier, apaiser: — துளசி la plante ocymum prostratum, espèce de basilic: — தொழில் bon emploi, métier —, emploi ou commerce lucratif: — நடக்கை. — நடத்தை bonne conduite: — நிலம் bonne terre

—பாம்பு le serpent capelle, la femelle du சாரை (qui est fort dangereuse);—புத்தி bon esprit, esprit intelligent, bon avis; —மழை bonne pluie, pluie abondante; — வெயில் forte chaleur (occasionnée par le soleil);—வேளை bonne occasion, la plante cleome pentaphylla.

நல்ல து, neut. de நல்லவன், bonne chose, bien, ce qui est bien, c'est bien, —juste: —பண்ணுவிக்கிறது accommoder, accorder, faire consentir, pacifier. [paternelle, sœur ainée du père.

நல்லத்தை,(நல்ல.அத்தை), tante

நல்லப்பன்,(id.அப்பன்),oncle paternel. [tié.

நல்லமை,(நல்ல).bien, bonté, ami

நல்லம்,noirceur, obscurité, obscurcissement. [tante maternelle.

நல்லம்மான், (நல்ல. அம்மான்),

நல்லம்மான்,(id.அம்மான்), oncle maternel:—பச்சரிசி la plante euphorbia hypericifolia.

நல்லவிஞ்சம்,la 2e des 6 divisions du Souvarkam ou சொர்க்கபூமி

நல்லவன்,(நல்ல).m. homme bon, நல்லவள்.f.bonne femme, நல்லது, n.bonne chose: நல்லவர், நல்லவர்கள், pl.gens de bien, les bons, grands personnages, savans amis: நல்லவை, நல்லன,pl.n bonnes choses.

நல்லவையோர், (நல். அவை), gens de bonne compagnie, grands personnages.

நல்லறம்,(நல்.அறம்), bonne vertu, vertu domestique, bon ménage.

நல்லறிவு,(id.அறிவு), bonne —, grande intelligence,—science, bon avis, nom d'un livre.

நல்லன்,(நல்ல),m.homme bon; நல்லள்,f bonne femme; நல்லர் pl gens de bien. Ce mot est un குறிப்புவினை qui se conjugue ainsi: நல்லேன் je suis bon, நல்லாய் tu es bon, நல்லன், நல்லள் il est bon நல்லாள், elle est bonne; நல்லது, நன்று cela est bon, நல்லோம் nous sommes bons, நல்லீர் vous êtes bons. நல்லார், நல்லர் ils sont bons ou elles sont bonnes, நல்ல, நல்லன ces choses sont bonnes.

நல்லா,(நல்.ஆ),bonne vache, vache de bonne espèce: நல்லாவின்கன்று veau de bonne espèce.

நல்லாக்கு,(id. ஆக்கு), bien: —பொல்லாக்கு le bien et le mal.

நல்லாச்சி,(id. ஆச்சி), tante maternelle, femme de l'oncle paternel.

நல்லாடை,(id.ஆடை), bel habit, beau vêtement.

நல்லாட்பு,(நல் ,bien, bon soin.

நல்லார்,(நல்ல),les bons, les gens de bien, savans, grands personnages, femmes, matrones.

நல்லாள்,f.du préc femme, — de bien, bonne , belle personne.

நல்லாறு,(நல்.ஆறு), bon chemin, bonne conduite, - rivière: நல்லாறுடையான் homme de bonnes mœurs, —qui a de belles manières.

நல்லான்,(id.ஆன்), 1e bonne vache, bon bœuf. 2e homme de bien.

நல்லி,f. de நல்லன், bonne femme. [de brebis, etc...

நல்லீரல்,(நல்,ஈரல்), bon foie, foie

நல்லுணர்ச்சி, நல்லுணர்வு, நல்லுணர்வு,(id bonne intelligence,—pensée, bon esprit, bon avis.

நல்லுருவம்,(id.), belle forme,—figure,—statue.

நல்லுறவு,(id.உறவு), bonne parenté, amitié avec les bons.

நல்லெண்ணெய்,(id.),bonne huile, huile de sésame.

நல்லொழுக்கம், (id.), bonne conduite, bonnes mœurs.

நல்லோர்,(நல்ல),les bons, gens de bien, sages, savans: நல்லோரைச்சேர்ந்தார் நல்லவராவார் ceux qui fréquentent les gens de bien deviendront bons: நல்லோரைத்தீயோர் சொல்சுடுகிறது, தீயோரை நல்லோர் சொல்சுடுகிறது, la conversation des méchans est un feu brûlant pour les bons, et celle des bons en est un pour les méchans.

நல்வழி, (நல், வழி), bon chemin, chemin de la vertu, bon moyen, nom d'un livre moral d'Avvéyar.

நல்வார்த்தை, (id.), bonne parole. [ménage.

நல்வாழ்வு,(id.),vie heureuse, bon

நல்வினை, (*id.*), bonne action, vertu: — தீவினை la vertu et le vice, le bien et le mal.

*நவ, *adj. de* நவம், neuf, 9, neuf, nouveau, frais: — கண்டம் les 9 divisions du monde ou du சம்புத்தீவு selon les Indous, savoir: கீழ்விதேகம், மேல்விதேகம், வடவிதேகம், தென்விதேகம் les 4 pays à l'est, à l'ouest, au nord et au sud de விதேகம் district de la province de Bahar; வடவிரேபதம், தென்விரேபதம் les 2 pays au nord et au sud des monts Rêpadam: வடபரதம் le nord de l'Inde; தென்பரதம் le sud de l'Inde; மத்திமகண்டம் la région mitoyenne; — கன்னி nouvelle mariée, nouveau commentaire; — கன்னிகை jeune femme, fille nouvellement nubile: — கோணம் 9 angles: — கோணவடிவம் ennéagone, figure à 9 angles: — க்கிரகம், — க்கோள் les 9 planètes des Indous, savoir: ஆதித்தன் ou சூரியன் le soleil, சோமன் ou சந்திரன் la lune, அங்காரகன் ou செவ்வாய் Mars, புதன் Mercure, பிரகஸ்பதி ou வியாழன் Jupiter, சுக்கிரன் ou வெள்ளி Vénus, சனி Saturne, இராகு le nœud ascendant, கேது le nœud descendant de la lune; — தானியம் nouveaux grains, blé de la moison nouvelle; — சிரேஷ்டி, (இஷ்டி), sacrifice qu'on fait quand on mange du nouveau riz: — சாரம் *V.* நவச்சாரம்; — சத்தி les 9 pouvoirs ou énergies féminines; — சந்திதாளம் les 9 règles pour garder le temps en musique, *V.* தாளம் &c.: — சாரத்தூள் poudre ou sable d'or; — சித்தர். *V.* நவநாதசித்தர்; — சூதிகை femme nouvellement accouchée, vache nouvellement vêlée: — சிராத்தம், *V* நவசிராத்தம்; — சிராத்தம் cérémonie funèbre que les Indous font le 1ᵉʳ, 3ᵉ, 5ᵉ, 7ᵉ, 9ᵉ, 11ᵉ jour après la mort: — தண்டு nouvelle pousse —, jet de nénuphar; — தாயம் jeu de quilles; — தாயமாடுகிறது, — தாயமுருட்டுகிறது jouer aux quilles; — தாளவிதானம் les 9 espèces d'exercices ou d'hommages d'un போர்வீரன், *V. les au mot* தாளவிதானம்; — தாளம் les 9 règles pour la mesure en musique, *V.* தாளம் &c.; — தானியம் les 9 espèces de grains mêlés ensemble et employés dans les cérémonies des noces des Indous, savoir உளுந்து, எள்ளு, கடலை, கொள்ளு, சாமை, தினை, துவரை, நெல்லு, பயறு; — துர்க்கை les 9 formes de Dourgâ: — தோளை, (தோளி), dôli ou palanquin porté par 9 personnes; — த்துவாரம் 9 trous, les 9 ouvertures du corps, savoir: les 2 yeux, les 2 oreilles, les 2 narines, la bouche, l'anus, le canal de l'urine; — நாகம் 1° les 9 serpens de la mythologie indoue, ce sont les அஷ்டநாகம் nommés வாசுகி, அனந்தன், தக்கன், சங்கபாலன், குளிகன், பதுமன், மகாபதுமன், கார்க்கோடகன், qui, au dire des Indous, soutiennent la terre aux 8 points cardinaux à commencer par l'est, le sud-est... le 9ᵉ nommé ஆதிசேஷன் avec ses 1000 têtes soutient la terre au milieu Ils les dit fils de காசிபப்பிரமா et de sa femme கத்துருவை. 2° la plante அரசமரம்; — நாயகம் nouvelle coutume: — நாதசித்தர் les 9 Sitters, espèce de demi-dieux des Indous, qui ont été des personnages célèbres, exempts, selon eux, des infirmités de la vieillesse, savoir: சத்தியநாதர், சதோகநாதர், ஆதிநாதர், அநாதிநாதர், வகுளிநாதர், மதங்கநாதர், மச்சேந்திரநாதர், கடேந்திரநாதர், கோரக்கநாதர்; — நிதி les 9 trésors de Koubêren, leurs noms sont பதுமம், மகாபதுமம், சங்கம், மகரம், கச்சபம், முகுந்தம், நந்தம், நீலம், கர்ப்பம்; leur nature n'est pas exactement définie; quelques-uns toutefois paraissent être composés de pierres précieuses. Selon le système des தாந்திரிகர், on les personifie et adore comme des demi-dieux serviteurs de Koubêren et de Lakchimi déesse des richesses; — நீதம், (நீதம், ka), beurre fondu; — நீதசோரன் le voleur de beurre frais, i.e. Krichna; — நிம்பரசம் espèce de goût qu'on suppose aux vers: — நிநேதநு certaine quantité de beurre présentée aux brames, — — நீதம் nouveauté, beurre frais; — பாண்டம் nouveau vase de terre, 9 vases; - பல்லவம் nouveau —, rejeton, nouvelle branche; — புரி (புரம்), V. நவகோணம்; — புண்ணியம் les 9 vertus ou actes de charité et de civilité, V. புண்ணியம் &c; — பேதம் 9 différences de Siven: savoir Brama, Vichnou, Routtiren, Mahèsouren, Sadâsiven, Sivam, Satti, நாதம், விந்து; — பிசாசம் 9 phantômes qui gardent les 9 coins du monde indien; — மடங்கு 9 fois autant; — மணி les 9 pierres précieuses, savoir: கோமேதகம் onyx, நீலம் saphir, பவளம் corail, புஷ்பராகம் topaze, மரகதம், émeraude, மாணிக்கம் rubis, முத்து perle, வைடூரியம் œil-de-chat ou lapis lazuli, வயிரம் diamant; — மணிமாலை le 11e des பிரபந்தம், poème composé de 9 strophes de diverses sortes de vers, ou selon d'autres, de 9 espèces de vers en commençant par le வெண்பா et suivant la règle de l'அந்தாதி; — மல்லிகை jasmin double; — யௌவனை (யௌவனம்) jeune fille, — femme; — ரசம், — ரஸம் 9 émotions ou sentimens, savoir: சிங்காரம் amour, வீரியம் bravoure ou héroïsme, பெருநகை rire, கருணை clémence, ரௌத்திரம் colère, குற்சை ou அருவருப்பு horreur, சாந்தம் douceur, அற்புதம் surprise, பயம் crainte; — ரத்தினம் 1° les 9 pierres précieuses, V. நவமணி, toute espèce de pierreries. 2° les 9 poëtes de la cour du roi Vikramâditya; — ராத்திரம், — ராத்திரி les 9 premières nuits du mois de la Vierge consacrées par les Indous à l'adoration de Lakchimi, Sarasvati et autres Saktis; — லோகம் les 9 métaux; — லோகக்குப்பி fiole faite avec ou qui renferme les 9 métaux, terre de blanchisseur: — லோகாகர்ஷம் (அயஸ்காந்தம்) pierre d'aimant; — வதூ (வதுகம், ikâ), nouvelle mariée; — வாயில் 9 portes, V. நவத்துவாரம்; — வஸ்திரம் habit neuf; — வியாகரணம் 9 grammaires sanscrites; — விதசபை, — வானோர்களம் les 9 chœurs de anges, savoir: பத்திசேனை les séraphins, ஞானக்கோர்கள் les chérubins, பத்திராசனர் les trônes, நாதமிருத்தியர் les dominations, சத்துவர்கள் ou சத்திகள் les puissances, பலவத்தர் les vertus, பிராதமிகர் les principautés, அதிதூதர் les archanges, தூதர் les anges.

*நவக்ஷாரம், நவசாரம், (நவ, க்ஷ), soudure, espèce de ciment métallique composé, dit-on, de 9 espèces de sel, sel ammoniaque. [votier.

நவலி, espèce d'arèquier, — de cocotier, V. குதாரம்.

நவிரம் la plante அமரகாசம்.

*நவட்சாரம், P. நவக்ஷாரம்.

*நவதம் (navata), housse d'éléphant peinte de diverses couleurs.

*நவதி, 1° (நவம், ti), quatre-vingt-dix. 2° la plante பொடுதலை.

*நவதிகா, (நவதி, kâ), pinceau, — de peintre composé de 90 poils.

*நவதை, (நவம், tâ), nouveauté, merveille.

*நவமம், (நவம், ma), le neuvième, ou நவமஸ்கந்தம் le 9e chapitre ou livre (du பாகவதம்).

*நவமி, (fém du préc.), le 9e jour de chaque demi-lunaison.

*நவம், 1° (navam novem), neuf, 9. 2° (nava novus), nouveauté, chose nouvelle, nouvelle, merveille. 3° amitié, amour, affection, bienveillance, la terre, la plante சணப்பை, la saison pluvieuse, V. கார்காலம்: நவ, நவமான nouveau, nouvelle, neuf, frais, récent; நவமாய் nouvellement, récemment; நவமாய்ச்செய்கிறது faire nouvellement, renouveler, refaire; நவமென்ன quelle nouvelle?

நவரோகு, espèce d'air.

*நவாகம், (நவம், aha jour), nouveau jour, le 1er jour de chaque demi-lunaison.

*நவாக்கிரகம், நவாங்கிசம், நவா

ம்சம், (id. அம்சம்), 9 parts, le neuvième d'un signe, division d'un signe en 9.

நவாரடா, (pers.), barque.

*நவாம்பரம், (id. அம்பரம்), nouvel habit, toile écrue.

நவாரிப்பட்டை, (ind.), ruban de diverses couleurs.

*நவான்னம், (நவம், அன்னம்), nouveau riz, —grain, riz chaud, cérémonie observée par les Indous en mangeant du riz nouveau, nouvelle [nourriture.

நவி, beauté.

*நவியம், 1° (நவம், ya), nouveauté, chose nouvelle. 2° hache, cognée, fer chaud usité dans les ordalies.

நவிரம், cheveux d'homme, tête, sommet, —de la tête, zénith, montagne, bagatelle, bassesse, paon, épée, sabre, luth usité dans un pays cultivé.

நவிரொழுக்கு, (நவிர், ஒழுக்கு), conque à piquans.

நவிர், (நவிரம்), cheveux, —d'homme, beauté, sabre, épée, luth d'un pays cultivé.

நவிலல், opt. et n.v. de நவிலுகிறது, நவிலுகிறது ou நவில்கிறது, வின்றேன், விலுவேன் ou வில்வேன், விலு ou வில், வில, v.a. நவிலுதல், n. v. étudier, apprendre, imiter, dire, parler.

நவிலுநர், n. app. du préc. parleurs, [orateurs.

நவிர்க்கிறது, ர்த்தேன், ர்ப்பேன், ர், ர்க்க, v.a éteindre, détruire, démolir.

நவிர்த்தல், n v. du préc. extinction, destruction, démolition.

நவிறல், நவிற்றல், P. நவிலுதல், ou நவிற்சி, n.v. de நவிலுகிறது, action de dire.

*நவீகரணம், நவீகிருதம், நவீபூதம், (நவம், i), renouvellement.

*நவீனம், (navina), nouveauté, chose nouvelle.

நவுகிறது, விதேன், வுவேன், வு, வ, v.n. நவுதல், n.v. pourrir, se gâter, périr, cesser.

நவுக்கர், (pers.), serviteur.

நவுபத், (télinga), trompette.

நவை, mépris, faute.

நவ்வல், l'arbre நாவல்.

நவ்வி, la 13e constellation dite அவிட்டம், beauté, ornement, âge tendre, jeunesse, navire, bateau, cerf.

நவ்வியம், clarté.

நவ்வு, 1° (naou), navire, bateau. 2° brebis, bien, gain: நவ்வுநவ்வு le bien et le mal, le gain et la perte.

நழுக்கம், n. v. de நழுக்குகிறது, être émoussé.

நழுக்கு, n.v. imp. et part. de

நழுக்குகிறது, க்கினேன், க்குவேன், க்கு, க்க, v.a. de நழுங்குகிறது, émousser, laisser glisser, —tomber, —échapper, —égarer.

நழுங்குகிறது, ங்கினேன், ங்குவேன், ங்கு, ங்க, v.n. du préc. நழுங்கல், நழுங்குதல், n.v. s'émousser, glisser, tomber, s'écouler, s'échapper, s'égarer.

நழுவமிர்து, (நழுவம், அமிர்து), bouillie.

நழுவர், (நழுவுகிறது), voleurs, (gens qui se glissent et s'évadent), V. நளவர்.

நழுவல், opt. et n.v. de நழுவுகிறது, glissade, évasion, échappatoire, écart, fuite: நழுவலாய் en glissant dessus, superficiellement, légèrement: நழுவலாய்ப்போகிறது se retirer, s'esquiver, s'évader adroitement.

நழுவி, 1° rusé, qui échappe, qui ne donne pas prise, qu'on ne peut retenir. 2° gér. de நழுவுகிறது.

நழுவு, imp. et part. du suiv.: —சாதம் bouillie.

நழுவுகிறது, வினேன், வுவேன், வு, வ, v.n. நழுவுதல், n.v. நழுவிப்போகிறது, v. comp. glisser, échapper des mains, (un poisson, une pièce...) tomber, découler, s'écouler, s'échapper, se retirer, s'évader, s'esquiver, s'égarer: நழுவப்பார்க்கிறது chercher à s'esquiver; நழுவிப்போகத்தேடுகிறது être sur le point —, essayer de s'échapper.

நழுவுவேன், P. நழுவுவேன், je m'échapperai...

*நள, 1° ou நளவருஷம், (nala briller), la 50e année du cycle indien correspondant à 1856. 2° obl. de நளம் et de நளன்: —கூபரன், —கூவரன், (கூபரம்), le fils de Koubèren; —

சக்கரவர்த்தி,— ராசா le roi Nalen; —பாகம் cuisine de Nalen, — bien faite comme celle que faisait le roi Nalen pendant son exil; இவன் — பாகம்போலச்சமைத்தான் il a fait une cuisine excellente, *litt.* comme celle de Nalen.

நளத்தம், la plante சடாமாஞ்சி.

நளத்தி,(நளம்); femme de la caste des நளவர்

நளம், 1° (nala), nénuphar, nelumbium speciosum, roseau, odeur. 2° largeur, un des 32 ordres d'architecture, caste des நளவர்: நளப்பெண் femme de cette caste. [caste.

நளவர்,(நளம்), Nalaver, *n. pr. de*

*நளன்,(nala *briller*), 1° Nalen, fils de விசுவகன்மா prétendu charpentier des dieux et habile charpentier lui-même. 2° Nalen fils de வீரசேனன் roi de நிஷதம் et mari de தமயந்தி; il perdit son royaume au jeu de dés, devint cuisinier pendant son exil, et recouvra son royaume. Son histoire, qui est une épisode du Mahâbhârata, fait le sujet du poème tamoul நைஷதம். Le roi Nalen fut l'un des 6 சக்கரவர்த்தி ou empereurs universels et un des 7 personnages de la 1re classe des hommes généreux dits வள்ளல்; நளன்கதை l'histoire de Nalen, le நைஷதம்.

நளி, 1° fraicheur, étroitesse, presse, foule, largeur, grandeur, scorpion. 2° *adj.* frais, large, grand, étendu, étroit, pressé, serré. [sure.

நளிமை,(நளி), étroitesse, étrécis-

நளிர், froid, fraicheur, froideur, haine, fièvre, crabe, grandeur: நளிராயிருக்கிறது être frais..., avoir froid: — காய்ச்சல், — சுரம் fièvre avec frisson.

*நளினம், 1° (nalina), nénuphar, lotus, lis blanc d'eau, eau, indigo, bleu. 2° agrément, plaisanterie, douces --, belles paroles; — ஆயிருக்கிறது être agréable; நளினச்சொல் paroles agréables, mot amical, — de plaisanterie.

*நளினி, (நளினம், i), étang rempli de nénuphars, espèce d'air ou de mélodie, *ou*

*நளினை, (nalinâ), celle qui est assise sur le nénuphar, *i. e.* Lakchimi.

நழுங்கு, manis ou gros lézard écailleux dit அழுங்கு, espèce de coquillage: நழுங்கோடு écaille du manis ou pangolin. [lodie.

நழுத்தை, espèce d'air ou de mé-

நழுநொழுக்கிறது, ழுத்தேன், ழுப்பேன், ழு, ழுக்க, நழுநொழென்கிறது, *v. n.* நழுநொழுத்தல், நழுநொழுப்பு, நழுநொழென்றல், *n. v.* glisser à chaque pas, ne faire que glisser, — se lâcher. [mome.

நளை, écorce de graine de carda-

நள், 1° milieu, — du jour, midi, la ceinture ou le milieu du cors, la 22me constellation dite திருவோணம். 2° *imp. et part. de* நட்கிறது *ou de* நள்ளுகிறது. [ர்.

நள்ளலர், (நள், அலர்), *V.* நள்ளா

நள்ளல், *opt. et n.v. de* நள்ளுகிறது, amour, affection.

நள்ளா, நள்ளாத, *part. nég. du même.*

நள்ளார், *n.app nég. du même*, gens qui ne s'aiment pas, ennemis.

நள்ளாறு, (நள், ஆறு), nom d'un lieu consacré à Siven.

நள்ளி, 1° *gér. de* நள்ளுகிறது. 1° *n. v. du même*, amitié, affinité. 3° crabe, le signe du Cancer, Nalli un des 7 de la 3e classe des hommes célèbres par leur générosité: நள்ளிமுதற்கிள்ளிகடையாக depuis Nalli jusqu'à Killi (régnèrent 64 rois சோழர்).

நள்ளிருள், (நள், இருள்), le milieu de la nuit.

நள்ளு, 1° *P.* நள், milieu, la ceinture ou le milieu du corps. 2° *imp. et part. de*

நள்ளுகிறது, ளினேன், ளுவேன், ளு, ள, *v.a.* நள்ளுதல், *n.v.* aimer, affectionner. [று), amis.

நள்ளுநர், நள்ளுனர், (நள்ளுகிற

நறநற, *naranara*, son imitatif du grincement des dents, du rongement

ou du frottement de quelque chose de rude, de la pluie qui tombe, du bruissement d'un arbre, du brisement d'une branche etc... நறுநறு ஒலிக்கிறது faire naranara; நறநறென்றரைக்கிறது broyer ou moudre avec un bruit rude; நறநறென்று கடிக்கிறது grincer des dents, mordre avec bruit: — தின்கிறது faire du bruit en mangeant; — மழைபெய்கிறது la pluie tomber avec fracas.

நறவம்,(நறு), l'arbre அனிச்சமரம், l'arbre aromatique குங்குமமரம், l'arbre குரமல் crotalaria, l'arbrisseau cæsalpinia pulcherrima, V. நறு.

நறவு,(id.),bonne odeur, bien, l'arbre odoriférant குங்குமம், V. நறு.

நறவோ,(id.),la plante grimpante cissus vitiginea. [cocotier...

நறு,odeur,miel,callou ou jus de நறுங்குகிறது,P. நரங்குகிறது.[நு. நறுங்கடிக்கிறது,V. நறுங்கடிக்கிற

நறுமையது.(நறுமை), chose bonne, — odoriférante.

நறு,adj.de நறுமை,odoriférant, qui a une bonne odeur,suave: — நடி enclume; நாற்றம் bonne ,agréable odeur; நுதல் front odoriférant,femme (dont le front est parfumé); — நெய் beurre fondu, frais, odoriférant et clarifié,beurre de vache; — மணம் bonne odeur,parfum; — மருப்பு gingembre vert: — மலர் fleur odoriférante: — மலர்சாத்தல் mettre des fleurs odoriférantes (à une statue, ce qui est une des cérémonies religieuses des Sivénistes dites அபிஷேகம்).

நறுக்கு,1° rognure,coupure, entaille,morceau, copeau, petit morceau de feuille de palmier,billet ou mot d'écrit (surtout sur ôle),embouchure d'un instrument à vent. 2° imp.et part du suiv.: — திப்பிலி [illegible] du poivre di botomum coupé en petits morceaux: மூலம் sa racine ainsi coupée,racine coupée en morceaux: தொட்டி tige de l'æschynomene aspera coupée en morceaux pour faire des joujoux...

நறுக்குகிறது,sync. நறுக்கிறது, க்கினேன்,க்குவேன்,க்கு,க்க,v.a. நறுக்குதல்,n.v.(நறுக்கு),rogner,tailler, couper, — en petits morceaux, écourter,rogner une ôle ou feuille de palmier pour écrire.

நறுங்,P.நறும்,devant க:— காந்தை la plante odoriférante sphæranthus zeylanicus.

நறுநறு,son imitatif de grincement de dents, de sciage...: நறநறென்கிறது ou நறுநறுக்கிறது, நறுத்தேன்,றுப்பேன்,று,றுக்க,(நறுநறு),rendre ce son,faire narounarou, — du bruit,grincer des dents, être rude à la bouche, V. நறநறென்கிறது, நெறநெறவென்கிறது, நெறுநெறென்கிறது.

நறுந்,P.நறும்,devant த:— தாளி sorte de convolvulus odoriférant; — தைலம் baume ou huile odoriférante; — தொடை guirlande de fleurs odoriférantes [அலட்சியம்.

நறுமா.dégoût,horreur,vide, V.

நறுமுறுக்கிறது,மினேன்,முவேன்,மு,ம,v.a.நறுமுறுதல்,n.v. V நறுமுறுகிறது,

நறுமுறுக்கிறது,றுத்தேன்,றுப்பேன்,று,றுக்க,v.n. நறுமுறென்கிறது,murmurer,se plaindre.

நறுமை,bonne odeur,parfum,bien;adj.நறு,நறும்,நறிய et நறுவிய.

நறும்,adj. du préc. odoriférant, qui a bonne odeur,bon; — பண்ணை sorte de பண்ணை ou celosia odoriférante, espèce de lis; — பிசின் gomme —,résine odoriférante, sorte de remède; — புகை parfum, fumée odoriférante,— de l'encens.

நறும்புகிறது, பினேன், புவேன், பு,ப,v.a.நறும்புதல்,n.v. V. நறும்புகிறது.

நறுவிய,1° adj.de நறுமை, odoriférant,bon,de bon goût. 2° pl de

நறுவியது,(நறுமை). substance ,chose odoriférante,bonne,douce, le bon goût.

நறுவிலி, நறுவுலி,(நறுமை),l'arbre cordia obliqua: — பழம் son fruit (qui est bon à manger):cet arbre est de 2 espèces: சிறுநறுவிலி le petit, et பெருநறுவிலி le grand cordia obliqua, dont les fruits sont gros.

நறை,(நறு), faute, défaut, V. நறு ou —படுகை parfum, fumée d'encens, —de parfum qu'on brûle.

நற், P. நல், bon, *devant* க, ச, ப: —கதி bonne fin, *i.e.* le paradis; —கந்தம் bonne odeur; —கருணை bonne grâce ou excellente bénédiction, *i.e.* l'Eucharistie, la Ste communion, festin divin; — கருணைவாங்குகிறது communier, recevoir l'Eucharistie; —கவிதம், V. நற்சங்கவிதம்; — கல் bézoard; —காலம் bon temps, temps heureux, beau temps; —கிரகம், V. நற்கோள்; —கிரியை bonne action, —œuvre; — கிரியைகளுக்குக் கரைபத்திராளானவர் peuple zélé pour les bonnes œuvres; — கிரியைக்குப்பரப்பண்ணுகிறது mener à bonne fin, amener à faire le bien; - கீர்த்தி bonne renommée: — குணம் bon caractère, —naturel, bienveillance, bonne qualité; — குணம் ம les 10 bonnes qualités, selon les Indous, savoir: மெய்புரை véracité, நல்லசொல்லை dire de bonnes paroles, இனியவைகூறல் dire des choses agréables, பயன்படுச்சொல் dire des choses utiles: ces 4 sont les bonnes qualités de la parole. கோவில்வலம் வரல் faire le tour d'un temple en tournant à droite, தவம்புரிதல் faire pénitence, தானஞ்செயல் faire des largesses; ces 3 sont les bonnes qualités du corps. அருணினைவு (அருள் நினைவு), pensée bienveillante, ஆசையடக்கல் répression de ses désirs, தவப்பற்று attachement à la pénitence: ces 3 sont les bonnes qualités de la volonté; — குணன் homme de bon naturel: — குலமேரு montagne de cuivre: —குலதிவிதிராட்சச்செடி vigne excellente; - குலத்தான், குலத்தோன் homme noble, de haute caste; —குலம் bonne —, haute caste, bonne espèce, - qualité; — குறி bon signe, bon augure, bon caractère: — கோள் astre favorable, (en astrologie on nomme ainsi Mercure, Jupiter et Vénus); - சகுனம் bon augure, présage, signe; — சங்கலிதம் progression croissante qui commence par un; - சமயம் bonne occasion, —secte: — சரக்கு bonne —, excellente marchandise; — சா bonne mort; —சாங்கம் bon signe, l'arsenic naturel dit சாலாங்கபாஷாணம்; —சாதி, V. நற்குலம்; — சாந்து bon onguent ou parfum, bon ciment; — சாலி, V. நலசாரம்; — சாளை bonne sardine, —espèce de சாளை; — சித்தன் bon Sitten, pierre philosophale; —சிலை belle ou bonne pierre, —statue, pierre de granit; — சீரகம் bonne espèce de cumin, le cumin ordinaire; —சீர் bon état, bonnes mœurs; — சீலை belle ou bonne toile, bel habit; — செங்கல் bonne brique, ocre rouge; —செய்கை bonne action; — செய்தி bonne nouvelle; - சொல் bonne parole; - சொனிமித்தம், (சொல், நிமித்தம்), bon présage; — பசு bonne vache; — பணி bel ouvrage, beau joyau...; - பணித்துகில் belle toile; — பருகூழ், V. நிருதாலவணம்; — பலம் grande force l'arbre வேட்பாலை — பா bons vers; — பாமடந்தை la prétendue déesse de la bonne poésie, *i.e.* Sarasvadi; — பிரயாசனை homme très-utile; — பிரீதி grande amitié, bonne grâce, l'arbre pharnaceum: — புத்தி bon avis, bon esprit; — போதகம் bon avis, bonne doctrine; — பெண், — பெண்டு belle ou bonne femme; — பெண்டிர்க்கொருசொல்லும், நற் (நல்) மாட்டிற்கொருசூடு une seule parole suffit aux femmes de bien et une cautérisation à une bonne vache; — பொருள் bonne chose.

நற்கீரன், Narkiren ou Kiren, poète fameux, chef de l'académie de Maduré.

நற்றமிழ், (நல், தமிழ்), bon tamoul, tamoul élégant, - harmonieux.

நற்றருணம், (*id.*, தருணம்), bonne occasion.

நற்றரை, (*id.*, தரை), bonne terre.

நற்றவம்,(*id.*தவம்),bonne—,grande pénitence.

நற்றவர்,(*id.*),grands pénitens.

நற்றாய்,(*id.*தாய்), bonne—, propre mère. {gomme du figuier.

நற்றுளி,(*id.*துளி), bonne goutte,

நனந்தம்,l'arbre புன்கு.

நனந்தலை,milieu,zénith,cime.

நனவு,நனு,largeur,étendue, place,état de veille (opposé à rêve),clarté, lucidité reprendre ses sens,revenir d'une pamoison.

நனி,1° étroitesse, étrécissement, grandeur,abondance. 2° *adv.* beaucoup:—நொந்தான் il souffrit ou s'affigea beaucoup;—தசைதின்போன் grand mangeur de viande;—படைத்தலைவர் beaucoup de généraux, généraux d'une nombreuse armée.

நனை,1° callou ou jus de palmier...;miel,bouton de fleurs, — prêt à fleurir ou qui fleurit. 2° *imp.et part.de* நனைகிறது.3° *imp de* நனைக்கிறது.

நனைகிறது, நனைந்தேன், நனைவேன்,நனை,நனைய, *v.n. de* நனைக்கிறது, நனைதல்,*n.v.* se mouiller,s'imbiber, s'humecter, tremper, être mouillé, humide: முற்றும் நனைந்தவனுக்குக்குளிரில்லை *ou* ஈரமில்லை pour celui qui est entièrement trempé le froid ou l'humidité n'est plus rien,*i.e.*un homme corrompu n'a plus honte de rien, celui qui est habitué à la peine ou au châtiment ne craint plus rien.

நனைக்கிறது,நனைத்தேன்,நனைப்பேன்,நனை,நனைக்க,*v.a.du préc.* நனைத்தல்,*n.v.*mouiller,humecter, tremper, imbiber,rendre humide.

நனைவு,*n.v.de* நனைகிறது,état de ce qui est trempé...,humidité,moiteur.

நன்,*P.*நல்,bon,beau,*devant* க,ச, ம,*et* ந *qui se change aussi en* ன: —காடு lieu où l'on brûle les morts; —குரல் bonne ou belle voix, voix ou son de bon augure; — கொடை largesse,libéralité,don,présent nuptial;— செய் rizière, terre à riz; — செய்ப்பயிர் moisson de riz sur pied; —சொல் bonne parole,parole douce, bon avis;—பகல் milieu du jour, beau —,midi;—மக்கள் gens de bien,les bons;—மருகன்,*m.*—மருகி, *f.* neveu,nièce (fils ou fille de sa sœur pour un homme,—de son frère pour une femme), gendre, bru ou belle-fille;—மனம் concorde,bonne entente,joie, contentement; ஒருவனோடே நன்மனம்பொருந்துகிறது être en bon accord avec quelqu'un,se réconcilier avec lui;—மாமன் oncle maternel;— மார்க்கம் bonne voie,—conduite,bon chemin,piété,civilité; —முகம் bon visage,franchise, affabilité.

நன்கு,(நல்,கு *affixe*),bien,bonté, beauté,abondance,profit: நன்குணருகிறது apprendre,connaître, comprendre la bonté; நன்குறுகிறது, நன்குறல் gagner,profiter, être avantageux.

நன்பன்,chanvre dit சணல்.

நன்மை,(நல்,மை),bien,bienfait, bonté, bonne qualité, utilité bonheur,prospérité,paix,concorde, aide, bonne conduite, le bien par excellence,*i.e.*l'Eucharistie,la sainte communion (parmi les chrétiens),nubilité,célébration d'un mariage:—கடைப்பிடிக்கிறது persévérer dans le bien,ou à faire du bien;—கட்டுகிறது faire la paix,lier amitié;— கொடுக்கிறது faire du bien,— une largesse,donner la sainte communion, *ou* —செய்கிறது faire du bien ou le bien;—த்தனம் bonté, bonne qualité;—ப்பகுதி,—ப்பேறு fruit -, mérite des bonnes actions;— ப்படுகிறது,—யாகுகிறது réussir, tourner à bien,profiter, une fille devenir nubile;—ப்பட்டபெண், — யானபெண் fille nubile;— உட்கொள்ளுகிறது avaler la s[te] Eucharistie,conserver le bien intérieurement, avoir l'esprit en bon état,*ou* —வாங்குகிறது recevoir la S[te] communion,communier; —தின்மை le bien et le mal, célébration de mariage et de funérailles; நன்மைக்குந் தின்மைக் கும்வருகிறது visiter ou venir à l'occasion d'une fête de famille ou d'un deuil, d'un mariage ou de funérailles, aller aux noces et à l'enterrement; ஒருத்தனுக்கு நன்மைதின்மை விலக்குகிறது exclure quelqu'un des cérémonies ou réunions de joie ou de deuil..., des mariages, des funérailles l'excommunier civilement; நன்மைக்குவருகிறது réussir, venir à bonne fin, se bonifier, s'améliorer; காரியம் நன்மையாகும் ou நன்மைக்குவரும் l'affaire réussira, s'arrangera; அவப்பொழுதிலும் தவப்பொழுது நன்மை ou நன்று mieux vaut le temps de pénitence que le temps de loisir.

நன்றி, (நன்மை), bien, bienfait, bienfaisance, libéralité, gratitude, reconnaissance: — கெடு ingratitude: — கேடல் ingratitude, détruire ou gâter le bienfait reçu: — பாராட்டுகிறது combler de bienfaits, vanter les bienfaits reçus, célébrer les bienfaits, en conserver le souvenir: — மறக்கிறது oublier les bienfaits, être ingrat; — மறவேல் n'oublie pas les bienfaits reçus, ne sois pas ingrat; — மறப்பது நன்றன்று நன்றல்ல தன்றே மறப்பது நன்று oublier les bienfaits n'est pas bien, mais il est bon d'oublier le jour même un mauvais office: — யறிகிறது reconnaître un bienfait, être reconnaissant; — யறிதல், — யறிவு, — யுணர்வு gratitude, reconnaissance: — யறிந்த, — யறிவுள்ள, — யுணர்ந்த reconnaissant; — யறியாத, — யற்ற ingrat, — யீனம் ingratitude; — யீனன் ingrat; நன்றியில்செல்வம் richesses improfitables, — non employées à faire du bien, c'est dans la bienfaisance que consiste le bonheur.

நன்று, (நன்மை), bien, bonheur, grandeur, santé prospérité .., ou நன்றும் c'est bien, c'est juste, cela convient, cela ira bien: நன்றாக bien qu'il soit bien, qu'il arrive du bien; உனக்குமெனக்கும் நன்றா — q. e. ce soit bien pour toi et pour moi நன்றாகிறது devenir —, être bon, juste, réussir, s'améliorer, aller bien; நன்றாயிற்று cela a bien réussi; நன்றாயிருக்கிறது être bien, bon, juste; நன்றாய் bien, heureusement, élégammant, libéralement, fortement, convenablement; நன்றாய்ச்செய்தான் il a bienfait; — க்கட்டினவீடு maison bien bâtie; — முறுக்கிறது bien tordre, tordre fortement; எல்லாருக்கும் நன்றாய்க்கொடுக்கிறது donner abondamment à tout le monde: எல்லார்க்கு நன்றாம் பணிதலவருள்ளுஞ் செல்வர்க்கேசெல்வந்தகைத்து l'humilité convient à tout le monde, et entr'autres elle augmente la prospérité des riches.

நன்னடை, (நல், நடை), bonne [conduite.

நன்னயம், (id. நயம்), bonté, bienveillance, bonne grâce, expression honnête, pensée: நன்னயச்சொல் terme gracieux.

நன்னயன், (id. நயன்), estime, bonté, bonne qualité, politesse, flatterie.

நன்னருக்கல், (id நருக்கல்), petite douleur, indisposition (du corps).

நன்னர், (id. நர்), bien.

நன்னலம், (id. நலம்), excellence, bonté, — exquise, bonne qualité, beauté.

நன்னாடு, (id. நாடு), bon pays: நன்னாட்டமைத்தி, V. நாட்டமைத்தி.

நன்னாரி, (id. நாரி), la plante periploca indica, salsepareille champêtre.

நன்னி, petitesse, petite figure, adj. petit: — நூல் bout de fils sur la surface d'une toile mal tissée; — ப்பையன் petit garçon, bambin qui ne croît pas; — ப்பயறு espèce de pois dit phaseolus aconitifolius.

நன்னிமித்தம், (நல், நிமித்தம்), bon augure, — signe. [terre à riz.

நன்னிலம், (id. நிலம்), bonne terre,

நன்னிலை, (id. நிலை), bon état, santé, bonnes mœurs, pénitence, le monde. [belle couleur, le blanc.

நன்னிறம், (id. நிறம்), bonne —,

நன்னுகிறது, னினேன், னுவேன், னு, ன, v. a. couper, rogner.

நன்னுதல்,1° *n.o. du préc.*2° (நல், நுதல்),beau front,celle qui a un beau front,femme.

நன்னூல்,(நல்,நூல்), bonne science,bon livre,système moral, titre de la grammaire tamoule de பவணந்தி laquelle sert de texte aux autres. [*V.* நன்னெருக்கல்.

நன்னெருக்கல், (நல், நெருக்கல்),

நன்னெல்,(*id.*நெல்),bon riz.

நன்னெறி,(*id.* நெறி), bon chemin,bonne voie,chemin de la vertu, vie honnète,droiture,honnêteté, probité,titre d'un livre de morale contenant 40 வெண்பா, et nommé நன்னெறி-சமடு; நன்னெறி வழாது நோற்பாள் femme austère —,pénitente qui ne s'écarte pas du droit chemin.

நா,1° lettre syllabique composée de ந் et de ஆ 2° *pl.* நாக்கள்,langue, battant de cloche, pêne de serrure, verrou,barre de fer à crampon qui sert de verrou,embouchure d'instrument à vent,flamme, — qui s'élève en forme de langue,milieu,voisinage,les voisins,augmentation: நாகாக்கிறது garder sa langue,veiller sur ses paroles; —த்தழும்பு, *V.* நாதழும்பு; —மகள், —மடந்தை la prétendue déesse de la langue ou de l'éloquence,*i.e.*Sarasvadi, qu'on dit résider sur la langue de Brama,sur celle des poètes...; —வறட்சி dessèchement de la langue (causée par la fièvre...;) —வறட்சிக்காய்ச்சல் fièvre qui dessèche la langue; வேகிறது,—வெந்துபோகிறது la langue brûler (par l'effet des épices,être brûlée par l'usage excessif de la chaux avec le bétel,ou par des remèdes et autres substances caustiques,ou par maladie; தீயினாற்சுட்டபுண்ணுள்ளாறுமாறாதே நாவினாற்சுட்டவடு la plaie d'une brûlure se guérira,celle d'un coup de langue est incurable; — விழுகிறது la langue tomber, n'avoir plus la force de se mouvoir pour [parler.

நாக.*adj.de* நாகம்.

நாகசனம்,*P.* நாகசுரம்.

நாகணம்,espèce de remède, l'arbre நேர்வாளம்.

நாகணவாய், நாகணவாய்ப்புள், l'oiseau நாகணவத்தான் mainate.

*நாகம்,1° (nâka), ciel, paradis, monde des immortels, — des dieux, air,éther,atmosphère,firmament; 2° (nâga), Nagas, espèce demi-dieux, des Indous à figure humaine avec le cou étendu du serpent capelle, et la queue des serpens,(on les suppose fils du mouni கசியபன் et de கத்துரு sa femme,et nés pour peupler le பாதாளம் ou les régions situées sous la terre),serpent,le serpent capelle,plomb,étain,zinc, soufre, éléphant,montagne,intervalle astronomique dit கரணம் supposé fixe et correspondant toujours à la dernière moitié de la nouvelle lune ou அமாவாசியை, c'est-à-dire au second quartier. l'arbre ஞாழல்,l'arbre புன்னை,singe, —noir, bruit, son, belle toile, beau —,bon vêtement: தீண்டுகிறது le serpent mordre; நாகக்கன்பாம்பு,*V.* நாகப்பாம்பு; நாகக்கன்னிespèce de கன்னி; —கப்பம் rouge de plomb; —கன்னி,— கன்னிகை fille ou femme de la race des Nagas, des serpens, une des femmes d'அருச்சுனன் qu'on dit fille du roi des serpens; —கெந்தி l'arbre நேர்வாளம், l'arbrisseau வஞ்சிக்கொடி ;—கேசம் l'arbre நாகேசுரம்; — க்குவடு montagne à mines de cuivre; —சம், —சம்பவம் rouge de plomb,minium; —சுரம்,*P.* நாகசுரம்: —சாபம் prétendue malédiction encourue par le meurtre d'un serpent; — சிகுவை langue de serpent,la plante asclepias pseudosarsa; — சிகுவிகை, (சிகுவிகா,ikâ),arsenic rouge (semblable à une langue de serpent); சின்னம் espèce de hautbois,—d'instrument à vent;—சின்னமூதுதல் jouer du hautbois; — சீவனம் zinc,fer blanc, étain;—சுரம் espèce de clarinette ou de hautbois, (employé dans les fêtes les mariages...;—சுரக்காரன் joueur de clarinette; — சுரநாதம் son de la clarinette;—சுரமூதுகிறது

jouer de la clarinette;— சுரத்தை, V. நாகுலி; —சேதனன் Indiren; — சிலை,— சிலைக்கல் la pierre dite நிலா நாகம்;—தந்துவம் une des qualités des femmes;—தந்தம் pivot de porte, cheville de bois sortant d'un mur pour suspendre divers objets; —தந்தம் dent de serpent, — d'éléphant, V. நாகதந்தம்; —தாளி plante qui sert de remède à la morsure des serpens, cucumis anguinus;— திசை, V. நாகத்திசை;—தீபம் lampe à 5 branches; —தெத்தி, V. தேர்வாளம்; —தேவன் le dieu serpent, Adisèchen, l'aîné des Nagas ou des serpens: —தேவி le serpent capelle qui est la femelle du சாரை;—தேனி la plante பெருமருந்து;—தரு l'arbuste நாகக்கள்ளி euphorbia;— திசை le côté du serpent, i.e. de l'ouest; — நாதன்,—நாயகன் le prétendu roi du monde des dieux i.e. Indiren, le roi des Nagas ou des serpens, i.e. ஆதிசேஷன்; —படம் pandans d'oreilles à figure de serpent pour les femmes:—படலம் espèce de taie ou de mal d'yeux;— பட்டணம், — பட்டினம் la ville de Nagapattanam ou Négapatam au sud de Karikal sur la côte de Coromandel;—பந்தம், V. நாகபெந்தம்; பந்து l'arbre aimé des éléphans, i.e. l'அரசமரம் ficus religiosa, (selon quelques-uns l'ஆலமரம்); பலன் celui qui est fort comme un éléphant, i. e. வீமன் le second des Pandavers;—பாசம், V. நாகவஸ்திரம் espèce de corde—, javelot qui a la forme de serpent; — பாஷாணம் espèce d'arsenic préparé; —பாணம் trait,—fusée en forme de serpent, fusée;—பாம்பு le serpent capelle;— புஷ்பம் l'arbre நாகசம்பகம், l'arbre சம்பகம்;— பிரம்பு espèce de rotin;— பெந்தம் poéme écrit en forme de serpens entrelacés. Pour cela on trace des lignes représentant les serpens, on écrit dedans un நேரிசைவெண்பா et un இன்னிசைவெண்பா de manière que les lettres qui se trouvent dans le lieu où les serpens se croisent, soient communes aux 2 வெண்பா, c'est un des சித்திரகவி;— பச்சை espèce de pierre précieuse verte; —பற்று lien —, prise —, soudure de zinc; — பிரதிஷ்டை dédicace d'idole de serpent; புஷ்பி, V. நாகசம்பு; —மணல் sable contenant du plomb; —மணி, V. நாகரத்தினம்; —மலை montagne contenant du plomb —மல்லி, —மல்லிகை la plante justicia nasuta, V. அனிச்சம்;—மல்லன் l'éléphant boxeur, — d'Indiren qui, au dire de la fable, boxa les autres éléphans;—மாதிரு,—மாதா la prétendue déesse Manasei de la race des serpens, que les Indous invoquent contre leur venin;—முத்து prétendue perle de serpent; — மோடி espèce de toile; — ரங்கம் orange douce, couleur de rouge de plomb; —ரத்தம் rouge de plomb;—ரத்தினம் pierre précieuse qu'on trouve, dit-on, dans la tête des serpens;—ராசன் le prétendu chef des Nagas ou des serpens, i.e. Ananden: —ராசா le roi des serpens, i.e. Adisèchen: — ரேணு rouge de plomb, plomb rouge; — லதை pénis;—லோகம் le monde prétendu des dieux, le ciel, le monde des Nagas ou des serpens, un des 7 mondes inférieurs, le பாதாளம்;—வடம், V. நாகபடம்;— வாயு espèce d'air;—வல்லி, —வல்லிகை la plante qui donne le bétel; — வள்ளி sorte de plante rampante qui produit une espèce de pomme de terre, V. நாகவல்லி; —வனிதை nymphe du Souvarkam: —வாடை, (ஆடை). vert-de-gris; —வாய் bouche de serpent, instrument de tourneur; — வாரிகம் éléphant royal, le faucon, — garouden, le paon;— வாரிகன் cornac d'éléphant; வீதி le chemin prétendu de l'éléphant d'Indiren, i.e. la voie lactée.

நாகப்பூ, (நாகம், பூ), espèce de remède, fleur de l'arbre நாகம், V. சிறு நாகப்பூ. [douce.

நாகரங்கம், (நாகரம், ka), orange

*நாகரகன், (*id.*), voleur, habile artiste.

*நாகரம்,(nâgara),gingembre sec, alphabet propre au sanscrit, caractère dèvanâgari,sorte de langue,fatigue,orange douce, désir, — de la béatitude finale, *ou* நாகரவண்டு espèce de scarabée.

*நாகரன்,(*id.*),citadin, habitant de ville,homme distingué,—habile, beau frère,(frère du mari).

நாகரி,1° l'arbre குருக்கத்தி goertnera racemosa. 2°* (nâgari),espèce d'euphorbia, femme habile ou intrigante,*f.du préc.*: —மூலை lieu proche de Maduré.

*நாகரிகம்,(நாகரம்,ika), faveur, affabilité,bienveillance,civilité, politesse,urbanité,grâce,élégance,éloquence, galanterie, recherche dans sa parure: — ஆய்ப்புறப்படுகிறது sortir dehors en bel attirail, vètu élégamment: ஆய்ப்பேசுகிறது, — விடுக்கிறது,—பேசுகிறது parler poliment, élégamment: —இல்லாதவன் homme rustique,grossier,incivil:

*நாகரிகன்,(*id.*),*pl.*நாகரிகர்,homme poli,civil,élégant, galant, muguet, dameret, luxurieux, habitant d'une ville.

*நாகருகம், (nâgarouka), orange douce.

நாகலை,(நாகம்).plante à longues gousses qui sont mangeables et ressemblent à un serpent, trichosantes anguina.

*நாகர்,(நாகம்),1° les Nâgas, demi dieux des fables indiennes à corps de serpent et à tète d'homme. 2° les dieux de la fable, les immortels.

நாகல்,*P.*நாவல்.

நாகவம்,le கரணம் du serpent, un des 11 கரணம்,ou divisions astrologiques du zodiaque.

*நாகன்,1° (nâga),un des 10 vents du corps ou airs vitaux dits சுவாயு:c'est celui qu'on rejette en rotant,ou selon d'autres celui qui produit l'extension, la contraction, le mouvement voulu pour se lever. 2° *sing* de நாகர்.

நாகாசனம்,*P.*நாகபின்னம்.

*நாகாங்கம், நாகாக்குவம்,(நாகம்,அங்கம், âhvâ *nom*), la ville de Hastinâpoura ou de l'éléphant.

*நாகாசனன்,நாகாந்தகன். (நாகம்,அசனம்,அந்தகன்),l'oiseau qui mange et détruit les serpens, *i.e.*கருடன்,le faucon,le paon et autres oiseaux qui dévorent les serpens.

*நாகாஸ்திரம்,நாகாத்திரம், (*id.* அஸ்திரம்), le javelot à forme de serpent,(c'est l'arme de Varounen.

*நாகாதிபன்,(*id.*அதிபன்),*V.* நாகேந்திரன்.

*நாகாபரணம்,(*id.* ஆபரணம்), bijou en forme de serpent.

*நாகாயுதம்,(*id.*ஆயுதம்),arme en forme de serpent.

*நாகாரூடன்,(*id.*ஆரூடன்),monté sur un éléphant.

*நாகாலயம்,நாகாலயம்,(*id.* ஆலயம்),la demeure des serpens,le பாதாளம்,séjour du paradis,temple de dieux indous.

*நாகி,(நாகம்),dieu,déesse.

நாகிணி,bétel,l'arbrisseau வஞ்சிக்கொடி.

*நாகு, 1° (nâkou),montagne,tertre de cariahs ou fourmis blanches. 2° jeunesse,âge tendre,jeune arbre, lune à son croissant, limaçon, conque,femelle de poisson, génisse,femelle qui n'a pas encore de petits (des espèces suivantes: vache, bufflonne,gayal,conque,limaçon):நாகிளங்கன்று (poétique), jeune arbre, —veau,petit de vache et autres animaux semblables;நாகுகன்று veau, petit de bufflonne ou de gayal.

*நாகுலி,(நகுலம்),la plante à la mangouste,sur laquelle elle se roule lorsqu'elle est mordue par le serpent, *V.*கீரிப்பூடு,la plante அமிர்தம்.

நாகூர், (நாகம், ஊர்), Nâgour ou Nagore, ville entre Karikal et Négapatam.

*நாகேசுரம்,(நாகம்,ஈசுரன்),l'arbrisseau mesua ferrea.

*நாகேந்திரன்,(நாகம்,இந்திரன்), Ananden roi des serpens, Indiren roi du Souvarkam, le mont Mérou.

ou l'Himalaya (roi des monts), éléphant royal, அயிராவதம் éléphant d'Indiren et roi de sa race, roi des montagnes. [ட்டணம் Négapatam.

நாகை, (நாகம்), sync. P. நாகபட்

*நாகோதரம், (நாகம், உதரம்), ventre de serpent, cuirasse, cotte de mailles qui ressemble aux écailles du ventre des serpens.

நாக்காப்பாம்பு, நாக்கப்பூச்சி, (நாக்க, P. நாகம்), ver qui ressemble à un serpent, ver de terre, lombric, achée qui sert à amorcer le poisson, ver des intestins, ver solitaire ou ténia. [à la bouche.

நாக்கரணை, (நா), mal qui vient

நாக்கணிடுக்கட்டமை, (நாக்கு, இடுகிறது), sel de soufre.

நாக்கிபாக்கிரம், arbrisseau épineux et grimpant, mimosa.

நாக்கிரந்தி, (நா), espèce de mal de langue.

நாக்கு, (நா), langue, languette ou aiguille de balance, battant de cloche, languette —, pêne de serrure, embouchure d'instrument à vent, partie large et plate d'une rame: கோள் —langue calomnieuse, — médisante: சிறு—petite langue, épiglotte, la luette, languette; — தப்புகிறது, — தவறுகிறது manquer à sa parole, la langue faillir, se tromper, mal prononcer: —திரும்புகிறது la langue bien tourner, parler facilement: அவனுக்குநாக்கின்னந் திரும்பவில்லை sa langue ne tourne pas encore bien, il ne parle pas couramment et avec aisance; — நீட்டுகிறது tirer —, tendre la langue; — ப்புரட்டு tergiversation, mensonge; —ப்புரட்டிப்பேசுகிறது tergiverser, changer de langage, mentir: —ப்புற்று mal à la langue: — மீன் poisson ressemblant à une langue; — வழிக்கிறது nettoyer la langue: —வளைக்கிறது se moquer; — வாங்குகிறது retirer la langue, —sa parole, mettre obstacle; — விழுகிறது la langue tomber, — ne pouvoir se mouvoir pour parler; நாக்கிவேகுட சுடுகிறது brûler la langue (d'un criminel); உன் நாக்கிவேகுட puisses-tu avoir la langue brûlée.

நாக்குழிஞ்சான், l'arbrisseau capparis maxima. [V. நாக்கப்பாம்பு.

நாக்குளிப்பாம்பு. நாக்குளிப்பூச்சு,

நாக்குறுதி, (நாக்கு, உறுதி), énergie d'expression, fidélité à sa promesse. [acc. de நாக்கு.

நாக்கை, 1° V. நாக்கப்பாம்பு. 2°

நாங்கள், pl. de நான் obl. எங்கள், nous, nous autres. (Ce pronom dans le langage ordinaire comprend les personnes au nom desquelles on parle, mais exclut celles à qui l'on parle; si on veut aussi les comprendre il faut employer நாம்).

நாங்குகிறது, sync. நாங்கிறது; கினேன், குவேன், கு, க, v. n. நாங்குதல், n. v. V. சோம்புகிறது. [பாம்பு.

நாங்குழு, நாங்கூழ்; V. நாக்கப்

நாசஞ்செயம், abolition, exclusion.

*நாசம், (nâsa), destruction, perte, extinction, anéantissement, mort, abandon, fuite, disparition, élimination (en algèbre): — ஆய்ப்போகிறது périr, se perdre, être anéanti; சிநேகம்— ஆயிற்று l'amitié est rompue, est perdue; — இலி l'impérissable, Dieu, (et à tort) Siven; நாசக்காரன், நாசக்காரி destructeur, exterminateur; — காலம் temps de perte, —de destruction: — யோகம் le yôga de la mort ou de la destruction, (de mauvais présage, selon les Indous).

*நாசனம், (நாசம், na), destruction, ruine, perte. [tructrice.

*நாசனி, நாசினி, (நாசம், ini), des-

*நாசன், (நாசம்), destructeur, Yamen, roi des morts.

*நாசாக்கிரம், (nâsâ nez, அக்கிரம்), le bout du nez.

*நாசாதக்கணம், நாசாதக்ஷிணம், (id. தக்ஷிணம்), narine droite.

*நாசாநாரு, (id. நாரு), V. நாசிநாரு. [du nez, morve.

*நாசாமலம், (id. மலம்), mucus

*நாசாரந்திரம், (id இரந்திரம்), les narines.

*நாசாவாமம்,(*id.* வாமம்), narine gauche: நாசாவாமாவர்த்தம், (-ஆவர்த்தம்), porter l'anneau du nez à la narine gauche, ce qui est réputé signe de tristesse ou de malheur; le contraire se dit நாசாதக்ஷி ணாவர்த்தம் et est pris pour un signe de bonheur.

*நாசி,(nâsâ), 1° nez, les narines, *ou* —நாசு linteau de porte; — த்து வாரம் narine; — ப்பொடி tabac, poudre pour le nez; — புக்கிரமம் espèce de mal de nez; நாசியிலேபிழி ந்திடுறது exprimer dans le nez (le jus des plantes); நாசியைச்சிந்துகிற து moucher, se moucher; நாசியை யடைக்கிறது boucher le nez.

*நாசிகா, *obl. du suiv.* நாசிகாக் கிரம், (அக்கிரம்), le bout du nez; நாசிகாசூரணம் poudre pour le nez, tabac; நாசிகாபீடம்,(பீடை), mal au nez; நாசிகாமலம், morve.

*நாசிகை, (நாசி, kâ), le nez, les narines, linteau de porte, la nymphe ou étoile அச்சுவினி.

*நாசிக்கியம், நாசிக்கியகம், (நா சிகை, ya, ka), nez. [வினி.

*நாசிக்கியர்,(*id.*),les 2 fils d'அச்சு

நாசிக்கிறது, (நாசம்), *V.* நசிக்கி றது.

*நாசியம், (nâsya), corde des narines, — qui traverse la cloison intérieure des narines des bœufs et sert à les diriger.

*நாசீரன், (nâsira), garde avancé, champion qui sort des lignes pour défier l'ennemi comme Goli- [ath.

நாசுவன்,*m.* barbier.

நாசுவத்தி,*f. du préc.* barbière.

*நாசோற்பத்தி,(நாசம்,உற்பத்தி), renaissance après la mort.

நாச்சி, *sync. de* நாயகச்சி, dame, maîtresse, déesse,*pl.*நாச்சிமார், நா ச்சிமார் déesses, maîtresses, dames

*நாஸ்தி, (na *non*, asti *est*), non-existence, négation de l'existence, destruction.

*நாஸ்திகதை,நாஸ்திகம், நாஸ்தி க்கியம்,(நாஸ்திகன்,tâ,ya), infidélité,athéisme, *V.*நாஸ்தி.

*நாஸ்திகன்,(நாஸ்தி,ka),riéniste, athée, matérialiste, sceptique. Les Brames appliquent ce nom à ceux qui ne croient pas aux Vèdas et aux Pouranas: on l'applique également aux Bouddhistes et aux sectateurs de சாருவாகன்: நாஸ்திகமதம் athéisme, scepticisme, secte athée, —des riénistes. [மதம்],non-existence.

*நாஞ்சிநாடு,நாஞ்சினாடு, நா ஞ்சிநாடு,la province de Nângsi près le cap Comorin, province du Maléalam.

நாஞ்சில்,charrue,bastion de rempart,ou de fortification: நாஞ்சிற்ப டையோன் Palarâma ou Palabatra armé d'une charrue.

நாட,*inf.de* நாடுகிறது.

நாடகத்தி, (நாடகம்), danseuse, actrice,coureuse.

*நாடகம்,(nâtaka),art dramatique, ce qui est la 20^me des 64 sciences ou கலைக்கியானம் des Indous, drame,comédie,tragédie, opéra, ballet, danse accompagnée de chant, théâtre: —அடிக்கிறது,—ஆடுகிறது jouer la comédie,une tragédie, un drame,danser,courir çà et là; நாடகக் கணிகை, *V.* நாடகப்பெண்; — சாலை salle de théâtre,de comédie, théâtre de drames,école d'art dramatique, —pour dresser les acteurs et actrices;—சாலைப்பெண், *V.* நாடகப்பெ ண்;— சாலையிலாடுகிறது jouer—, danser sur le théâtre; — சாலையில ாட்டுகிறது guider les danseurs ou acteurs en les accompagnant sur un instrument;—த்தமிழ் tamoul du théâtre, --propre aux drames ou représentations dramatiques; — த்து றை rôle de comédie;—புலவன் poète dramatique;— ப்பிரபஞ்சம் arrangement d'un drame:— ப்பெண் actrice, comédienne, danseuse:—அ ரங்கம்.(அரங்கம்),théâtre;— வாத்தி maître de comédie.

*நாடகர்,(*id.*),danseurs, acteurs, comédiens,joueurs de drames, pantomimes.

*நாடகாங்கம், (நாடகம், அங்க

க்),gesticulation dramatique,pantomime. [auteur dramatique.

*நாடகாசிரியன், (id. ஆசிரியன்),

*நாடகாப்பியாசி,(id. அப்பியாச க்),acteur expérimenté.

*நாடகி, (id.), actrice,—danseuse de comédie,la cour d'Indiren.

*நாடகீயம், நாடகீயம், (நாடகம், îya), V. நாடகம்.

நாடடிப்படுத்துகிறது,(நாடு, அடி),soumettre—,subjuguer un pays.

*நாடம்,(nâta, de நடம்), danse, jouer un drame,le Carnatique.

நாடர்,(நாடு),habitans d'un pays, gens de la caste des அகமுடையார்.

நாடல்,opt.et n.v. de நாடுகிறது, recherche,désir,plantation.

நாடழிக்கிறது,(நாடு, அழிக்கிற து),saccager —,ravager un pays.

நாடன்,(நாடு),habitant—,possesseur d'un pays (à la fin des mots composés),titre des rois de la dynastie சோழன்,la 3me constellation dite கார்த்திகை:—பருத்தி espèce de cotonnier qui subsiste 3 ou 4 ans.

நாடா, ruban, cordonnet, lacet, ganse,navette de tisserand.

*நாடாரன், V.நாடோடன்.

நாடான், (நாடு), homme remarquable,—d'un pays,titre honorifique des சாணார் dans le sud.

நாடி, 1° gér. de நாடுகிறது. 2° (nâdi),pouls, organe tubulaire du corps,veine,artère,tube,tuyau, tige creuse du nénuphar,chaume ou tige des plantes,nerfs ou fibres des feuilles et des fleurs, cannelure, nerf, corde de luth,cheveu d'homme,barbe,nez,fistule (parce que ce sont des objets creux ou tubulaires), heure indienne dite நாழி de 24 minutes européennes: அசாத்திய — pouls qui indique un mal incurable ou désespéré; சாத்திய — pouls de convalescence; தசநாடி les 10 principaux pouls ou artères du corps humain,selon la physiologie indoue,savoir: சுழிமுனை qui va du fondement au sommet de la tête en traversant les 6 régions du corps; இடை qui va du gros doigt du pied droit à la cavité de la narine gauche; பிங்கலை qui va du gros doigt du pied gauche à la cavité de la narine droite;ces deux ont la forme d'une paire de ciseaux; காந்தாரி qui va du nombril au gosier où il se divise en 7 pour former les 7 notes ou tons; les 6 suivans sortent du fondement;ce sont d'abord அத்தி et சிகுவை ou சிங்குவை,qui se divisent chacun en 10 et résident dans les 2 yeux; ce sont les nerfs optiques; அலம்புடை et புருடன் ces 2 réunis se rendent aux organes de l'ouïe où ils se divisent en 120 autres; குகு se joint au nombril et réside dans les parties naturelles; சங்கினி est fixé dans les parties naturelles du corps humain. En outre les Indiens comptent 72000 pouls ou nerfs dans le corps humain. Tout le système est expliqué dans le traité nommé சரநாகக்கிரகம் composé par திருமூலர். Les 10 pouls susdits sont contenus dans les 3 principaux nommés வாத—,பித்த—, சிலேஷ்மநாடி, pouls qui indiquent les flatuosités, la bile et le phlegme. Le P. de Bourges dit que les Indiens tâtent le pouls avec 3 doigts,le doigt le plus près de la main du malade indique les flatuosités,celui du milieu la bile, et le 3me le phlegme: நாடிசுத்தி prétendue purification du pouls: — நாடிசேர ou des 9 நாடிசேர;— நக்ஷத்திரம் l'étoile sous laquelle on est né; —நாடிப்பு veines du pouls,artères;—பரிக்ஷை, -ப்பரீக்ஷை art—, usage de tâter le pouls, connaissance du pouls;—பரிக்ஷையறியாதவன் homme qui ne sait pas tâter le pouls, qui n'y connait rien;—பார்க்கிறது tâter —, examiner —, connaître le pouls, —les indices du pouls;—ப்பரீக்ஷை connaissance du pouls;—மண்டலம் l'équateur céleste;—சோர்தல், —தளர்ச்சி faiblesse —, insensibilité du pouls; — சோர

கிறது, — யியங்குகிறது, — ய டிக்கிறது le pouls battre; — விதி science—, traité du pouls: — விரணம் ulcère, sinus, fistule; — யொடுங்குகிறது, — விழுகிறது, — விழுந்துபோகிறது le pouls tomber, cesser de battre; அவனோடிப்பாடிநாடியி வடங்கினுன் après avoir couru et chanté, il a le pouls abattu.

*நாடிகா, (நாடி, kâ), heure indienne de 24 minutes dite நாழிகை.

*நாடிகேளம், (nâdikêla), cocotier, coco.

நாடு, 1° *gén.* நாட்டின், *obl.* நாட்டு, pays, province, district, canton, contrée, royaume, lieu, monde, terre, côté, région. Quelquefois ce n'est qu'un affixe விகுதி à la fin des mots: *Ex.* பூநாடு la terre, வானுடு, *P.* வான்நாடு le ciel. 2° *imp. n. v. et part. de* நாடுகிறது, pensée, intention, but: கொங்குவள —, சோழவள —, தொண்டவள —, பாண்டிவள —, மலைநாடு les royaumes de Congou, de Sója, de Tonda, de Pandia et du Maléalam; திருநாடு pays sacré, (épithète que les Vichnouvistes donnent au வைகுண்டம்; — கூறிணும்நகரங் கூறுவாம் nous avons décrit le pays, nous allons décrire la ville: நாடிரண்டுபடுகிறது le pays se diviser en deux, se partager en 2 factions; — கெட்டுப்போகிறது un pays se ruiner ou se perdre: — சார்நிலம் terre propre à la culture du riz; — செழிக்கிறது, — செழித்துப் போகிறது le pays être ou devenir florissant; — படிகிறது le pays se soumettre, être subjugué: — பிடிக்கிறது s'emparer d'un pays; — படுதிரவியம் productions des champs, savoir: le riz dit செந்நெல், les pois nommés இறுப்பயறு, les cannes à sucre கரும்பு, les bananes வாழை, les cocos rouges செவ்விளநீர்; நாடெங்கும்வாழக்கேடொன்றுமில்லை quand un pays est partout prospère, il n'y a aucun malheur: நாடொப்பனசெய் agis en conformité au pays, (dit Avéyar).

நாடுகிறது, டினேன், டுவேன், டு, ட, v. a. நாடுதல், n. v. chercher, rechercher, examiner, viser à, désirer, convoiter, aspirer, tendre à, suivre à la piste, flairer (la piste...): நாடிப்போகிறது aller —, chercher, avoir en vue, aspirer à; அதைநாடுகிறுன் c'est cela qu'il cherche ou désire; உம்மைநாடிவந்தேன் je suis venu auprès de vous, — vous demander une faveur; இங்கேநாடவொட்டவில்லை on ne me permet pas de chercher à m'établir ici: என்னையவன் நாடவொட்டான் il ne me permet pas de l'approcher.

*நாடேயன், நாடேரன், நாடாரன், (nâtêya, nâtêra, nâtâra *de* நடி), fils d'actrice, de danseuse, de bayadère.

நாடோடி, (நாடு, ஓடி), 1° *m. f.* vagabond, coureur, — de pays qui n'a ni feu ni lieu, vagabonde, coureuse. 2° coutume, usage commun du pays, chose commune: — ச்சொல், ப்பேச்சு mot vulgaire, usité partout: — ப்புத்தி sens commun: — யாயிருக்கிறவன் homme commun, vulgaire, sans distinction, ou — யாய்த்திரிகிறவன் vagabond; — யாய்வழங்குகிறது être partout en usage. [றது.

நாடொறுவிறது, *P.* நாள்தொறுவி

நாடோறும், *P.* நாள்தோறும், tous les jours, chaque jour.

நாடோன், (நாடு), habitant d'un pays.

நாட், *P.* நாள், jour, *devant* க, ச, த, ப: — கடத்துகிறது, — கழிக்கிறது passer le jour, — le temps: — கடை fin du jour: — கணக்கு compte de la journée, — du jour ou des jours, — de chaque jour: — கழிவு emploi —, perte —, cours du temps; — கால் 1° pilier ou pieu qu'on plante pour un pandel de mariage...; — குறிக்கிறது désigner —, choisir le jour: — கூலி salaire journalier, de chaque jour; — கொள்ளுகிறது commencer nouvellement; — செய்தி nouvelle du jour; — செலவு dépense journalière, ou — செல்லுகிறது, — படுகிறது, les jours s'écouler, le temps passer, durer, —

long temps, continuer;— பட long-temps; — பட்டது il s'est passé du temps,il y a long-temps;—படநிற்கிறது durer long temps; —பட்டவியாதி maladie longue,— invéterée; —பணிவிடை service —,ouvrage de la journée, — fait dans un bon moment;—பார்க்கிறது observer les jours prétendus bons et mauvais; — பொருத்தம் convenance de la constellation de la naissance, une des 10 convenances que les Indous observent pour le commencement d'un poëme ou pour un mariage; —போகிறது, le jour —, le temps se passer,—s'écouler:— போக்குகிறது, passer —, employer le jour,— le temps, vivre.

நாட்டமைதி, (நாட்டு, அமைதி), prospérité d'un pays, choses qui y contribuent,savoir:செல்வம் riches ses, விளைநிலம் terres productives, செங்கோல் juste gouvernement, நோயின்மை exemption de mala die,வளம் puissance et fertilité, குழும்பின்மை exemption de trou bles.

நாட்டம்,n.v.de நாடுகிறது, des sein,vue,but,intention,désir,enquê te,recherche,investigation,soupçon. œil,espèce d'air,mélodie,épée:— அற்றுப்போகிறது le dessein, l'inten tion,le soupçon cesser, être aban donné;—ஆயிருக்கிறது viser à,être porté pour,désirer,soupçonner:அவள்பேரில்—ஆயிருக்கிறான் il lui est fort attaché,il a beaucoup de pen chant pour elle; அவன்பேரில்— ஆயிருக்கின்றது les soupçons tombent sur lui.

நாட்டல்,opt.et n.v.de நாட்டுகிறது,plantation,fixation,érection,éta blissement,conduite,jeu.

நாட்டவத்தனம், (நாட்டவன்), qualité—,droit d'habitant.

நாட்டவன்,(நாட்டு,அவன்), habitant. [—du pays.

நாட்டா,(id.ஆ), vache ordinaire,

நாட்டாண்மை, et corr. நாட்டாமை,(id. ஆண்மை), supériorité—, qualité de chef de village, ou de quartier, gouvernement d'un village, d'un quartier,d'un canton:—பண்ணுகிறது gouverner son village ou son quartier,être chef de village...;—க்காரன் chef de village ou de quartier;— க்காரி femme du chef de village,femme hautaine,qui veut commander.

நாட்டார்,(நாடு), habitans d'un pays,d'un endroit, chefs parmi les laboureurs.

நாட்டியம், 1° (nâtya], danse,comédie,science du théâtre,—dramatique,art de danser et de jouer des drames avec musique vocale et instrumentale. 2° (நாடுகிறது),intention,dessein,résolution,but, marque: —ஆடுகிறது,—பண்ணுகிறது jouer une pièce de théâtre,danser;நாட்டியக்காரன் danseur,acteur:—சபை assemblée devant laquelle les acteurs jouent,chantent ou dansent: — சாலை théâtre, — pour représenter des drames:—நியமம் règles des représentations dramatiques; — ப்பிரியன் homme qui aime la danse ou la comédie,(surnom de) Siven.

*நாட்டியபோத்தி,(நாட்டியம், உத்தி),phraséologie dramatique.

நாட்டு,1° obl.de நாடு,du pays,de district,de province. 2° imp. part. et n.v.de நாட்டுகிறது, établissement, érection:—க்கணக்கன் teneur de comptes—,Canaken de village;— க்கள்ளர் voleurs originaires du pays; —க்குதிரை cheval du pays;— க்குற்றம் எ les 7 calamités d'un pays,savoir:நாட்டியர் sorciers,கள்வர் voleurs,யானை éléphans sauvages, பன்றி sangliers, விட்டில் sauterelles et autres insectes, கிளி perroquets,பெருமழை pluie excessive:— க்குற்றம் அ les 8 calamités d'un pays savoir: விட்டில் sauterelles, தன்னரசு tyrannie de son prince ou anarchie,வேற்றரசு domination étrangère,யானை éléphans sauvages, மிகுமழை pluie excessive et inondation,மிகுகாற்று coup de vent, கி

கிளே perroquets,நஷ்டம் dommage ou dissipation;—ச்சர்க்கரை sucre brut, —du pays;—ச்சந்தனம் sandal du pays,—de qualité inférieure; —ச்சாற்பு terre à riz; —ச்சிறப்பு beauté—,fertilité du pays;—ப்படலம் le 1ᵉʳ chant d'un poëme épique indien;il doit contenir la description du pays du héros;—ப்புறம் la campagne, les environs,l'intérieur du pays;—ப்புறத்தான் campagnard,paysan (de l'intérieur des terres);—ப்புறத்திலேபோகிறது aller à la campagne,— dans l'intérieur du pays;—ப்பெண் 1° femme ou fille du pays.2° fille qu'on établit dans sa maison,i.e.bru;—ப்போக்கு manière—, mœurs du pays;—மட்டம் petit cheval du pays;—வழக்கம் coutume du pays; — வளப்பம் état florissant—, usage —, mœurs d'un pays; — வளப்பம்பார்க்கிறது examiner—,observer ces usages;கிணற்றுத்தவளைக்கு— வளப்பமென் qu'importe les usages d'un pays à une grenouille qui habite au fond d'un puits;—வளம் beauté —, fertilité d'un pays; — வெள்ளரி concombre sauvage,qui vient sans culture.

நாட்டுகிறது,ட்டினேன், ட்டுவேன்,ட்டு,ட்ட,v.a. நாட்டுதல்,n.v. planter (des arbres...), fixer en terre, dresser,ériger (une colonne, un pilier,un pieu),établir, conduire: கலியாணக்கால்— planter le 1ᵉʳ pieu du pandel du mariage; தண்ணீர் நிலத்திற்கால்நாட்ட வொட்டவில்லை l'eau ne permet pas de poser ou de fixer le pied à terre ou de prendre pied.

நாட்டை,1° acc.de நாடு.2° (நாட்டம்), espèce d'air,de mélodie: குறிஞ்சி air composé du குறிஞ்சி et du நாட்டை.2° P. நாட்டாய் tu ne plantes pas.2ᵉ pers nég.du préc.

நாட்டோடறும்,P.நாட்டோடறும்.

நாட்பு, force,— d'une armée, V. நாட்பு. [dans la journée

நாட்பூ. (நாள்), fleur épanouie

*நாணகம், (nânaka), pièce de monnaie,chose marquée d'une empreinte: நாணகப்பரீட்சை essai —, examen de la monnaie; — பரீட்சை essayeur de la monnaie.

நாணம்,honte,confusion,timidité,retenue,décorum,pudeur,modestie,(ce qui est un des 4 caractéres des femmes),respect: — கெட்டவன் impudent, déhonté, dévergondé;—அற்றுப்போகிறது perdre la honte...,la pudeur s'en aller;நாணக்கேடு impudence,effronterie,immodestie;—ப்படுகிறது ou நாணமடைகிறது avoir honte,être honteux, timide,confus,modeste,retenu, respectueux.

நாணயம்,1° P. நாணகம், monnaie,chose marquée d'une empreinte. 2° vérité,certitude, véracité, fidélité à sa parole, probité. honnêteté, crédit,honneur,décorum.honte,modestie,délicatesse, finesse, élégance, coutume,prix raisonnable,petitesse. 3°(நாண், நயம்),corde des narines,—qu'on passe dans le nez des bœufs..., lien,ligue,accord:—ஆயிருக்கிறவன், V. நாணயவான்;—குத்துகிறது percer les narines des animaux pour y mettre un corde; — குலைகிறது, —கெடுகிறது la probité... se flétrir, perdre son honneur..., manquer à sa parole;—செலுத்துகிறது accomplir sa parole,se conduire avec honneur et probité;— தப்பாய்நடக்கிறது se conduire de manière à perdre son honneur,son crédit...;—தப்பிப்போகிறது,V.நாணயங்குலைகிறது; —பண்ணுகிறது faire l'honnête homme,flatter—,cajoler quelqu'un, faire ostentation de ses beaux habits; —நாணயக்காரன், V. நாணயவான்;—க்கயிறு corde des narines, —qui passe dans le nez des bœufs;—கேலம் déshonneur,infamie: —ச்சரக்கு marchandise de bonne qualité; —ப்பணம் pièce de monnaie —, façon de bon aloi,qui a cours; —த்தப்பு ,ப்பிழை manque de probité,action déshonnête et déshonorante, déshonneur;—ப்பிழையாயிருக்கிறது un manque de probité...ou un déshonneur survenir;—ப்புடவை belle toile,bel habit;—வட்டம் agio, prix du change,perte ou gain dans l'échange des monnaies; — வஸ்திரம் bel habit;—வாசி différence de monnaies,—de coins;—விலைprix raisonnable, — convenable;— சேலிலெசய் தீட்டுநாணெல் pierre à aiguiser finement; புதுநாணயமென்ன quelle nouvelle certaine y a-t-il?

*நாணயவாளர்*,(நாணயம்), homme honnête,véridique, probe,droit, intègre, —de parole,de crédit.

*நாணம்*,1° *opt.et n.a. de* நாணுகிறது,modestie,pudeur,honte, timidité. 2° *ou* நாணற்புல் espèce de jonc ou de roseau,saccharum spontaneum.

*நாணுக்கள்ளி* espèce d'euphorbia [neriifolia.

*நாணி*,1° *gér.de* நாணுகிறது. 2° (நாண்).corde d'arc.

*நாணிக்கிறது,ணித்தேன், ணிப்பேன்,ணி,ணிக்க,v.n.* நாணித்தல், *n.v.*(நாணம்), *V.* நாணுகிறது.

*நாணுவம்*,cheval.

*நாணுகிறது, ணினேன், ணுவேன்,ணு,ண,v.a.et n.* (நாணம்),rougir,avoir honte,craindre, respecter, se retenir,être honteux, timide,effrayé,modeste,retenu, respectueux: இருவருக்கு—être timide devant quelqu'un; நாணமெவன்னடாம் n'ayez pas honte ou peur; நாணமடித் தள்ளுகிறது mettre de côté —, perdre la honte,—la modestie...; நாணிக் கொண்டுபோகிறது se retirer de honte,par timidité ou modestie: நாணும்பாலிசோறும் நடக்கும்கால் விடும் le pied qui tremble plie, le pied qui marche trébuche; இன்பமெல்லாருக்கின்பழிநாணுவார் ceux-là méprisent le plaisir, qui craignent le déshonneur qui en est la conséquence.

*நாணுடைமை*, (நாண்), modestie,décorum,maintien modeste.

*நாணுதல்*,1° *n.v.de* நாணுகிறது. 2° (நாண்.நுதல்), front timide,— qui rougit.

*நாணுவத்தான், நாணுவம், நாணுவான்*, l'oiseau நாகணவாய்ப்புள் mainate,espèce de martin,gracula tristis.

*நாணுவிக்கிறது,v.caus.de* நாணுகிறது,faire honte,— rougir, couvrir de confusion.

*நாணயம், நாணயவான்...,V.* நாணயம்,நாணயவாளர்....

*நாண்*,1° *imp.part. et n.v. de* நாணுகிறது,honteux, timide, honte, pudeur. 2° (ஞாண்), corde, corde d'arc: — இறக்குகிறது débander l'arc,lâcher—,*litt.*descendre la corde de l'arc;—ஏற்றுகிறது,— ஏற்றுகிறது bander l'arc,en tendre la corde; அம்பை நாணிற் பூட்டுகிறது ajuster—, mettre la flèche sur la corde de l'arc.

*நாண்மலர்*,(நாள்), fleur nouvelle,—épanouie dans la journée.

*நாண்மீன்*,(*id.*),étoile —,constellation ou poisson du jour où l'on est

*நாத *obl de* நாதம்,*et de* நாதன்.

*நாதம்,1° (nâda),voix,son,— en général,demi-cercle. 2° (nâtha), corde qui traverse le nez des bœufs. 3° talc ou mica, *V.* இந்திரியம்:— ஆயிருக்கிறது être sonore,harmonieux;— பண்ணுகிறது faire de la musique; சங்கை செய்கிறது *ou* பண்ணுகிறது faire résonner une conque, en jouer: நாதக்குடம் cruche sonore, *i.e.*conque;—கீதம் mélodie, voix —, musique mélodieuse;— கீதம்பாடுகிறது chanter mélodieusement, faire un concert mélodieux; — த்துவம் sonorité.

*நாதன்,*hon.* நாதர்,*pl.* நாதர்கள், நாதாக்கள், (nâtha), maître, seigneur,possesseur, chef,le souverain Seigneur,Dieu,roi, gourou, ou précepteur spirituel,mari,ancien,Arouguen,Siven,terminaison de plusieurs noms propres,comme: பாக்கியநாதன் Félix,சவேரிநாதன் Xavier: அநாதநாதன் seigneur suprême sans supérieur; நாதகிருத்தியர் les Dominations,anges qui exécutent les desseins miséricordieux du Seigneur; நாதரூபம் une des formes de Siven.

நாதாக்கள், *pl. du préc.* les seigneurs,les grands,gens purs.

நாதாங்கி,(நா,தாங்கி), crampon (de pène ou de verrou).

*நாதாந்தம், (நாதன், அந்தம்), une des voies spirituelles, un des 5 prétendus seigneurs dits பஞ்சகுருத்தாக்கள், Siven: நாதாந்தர்சாந்தி Dieu; —விளக்கம் nom d'un traité.

*நாதாந்தன்,(*id.*),surnom de Siven. [muth de couleur d'or.

நாதாந்தி, (நாதம், அந்தி), bis-

நாதார்,(*pers.*),pauvre,—cultivateur:—பாக்கி arriérés dus par les pauvres cultivateurs.

*நாதி,1° *P.* ஞாதி, parent,cohéritier.2° espèce d'assa-fetida.

நாதிக்கிறது,நித்தேன், திப்பேன், தி,திக்க,v.n.(நாதம்),நாதித்தல,n. v. résonner,retentir, rendre un son, jouer d'un instrument à vent:நாதிக்கிறவன் celui qui joue d'un instrument à vent.

*நாதேயம்,(nadêya),sel de roche, — de mer,la plante médicinale dite சிந்தில்.

நாத்தழும்புகிறது, நாத்தழும்பேறுகிறது,(நா),la langue être exercée. [sœur,sœur du mari.

நாத்தனார்,*pl.* நாத்தன்மார்,belle-

நாத்தாங்கி,1° *V.* நாதாங்கி.2° *gér. du suiv.*

நாத்தாங்குகிறது, (நா), *ou* நாத்தாங்கிப்பேசுகிறது parler en pesant ses mots, — en réprimant sa langue.

*நாத்தி,1° *P.* நாஸ்தி.2° varangue, pieux fixés en terre et supportant le toit d'une maison.[கம்,நாஸ்திகம்.

*நாத்திகன்,நாத்திகம்,*P* நாஸ்திக

நாத்திமார்,*pl. de* நாத்தனார், les sœurs du mari. [surprise,merveille.

*நாத்திரம்,(nâtra),louange,éloge,

*நாத்திரன்,(*id.*),Siven,sage.

நாத்திருப்பம்,(நா),courte sentence,propre à faciliter la prononciation. [mari.

நாத்துணை்,belle-sœur, sœur du

நாத்தோஷம்,(நா), *V.* நாவூறு.

*நாந்தகம்,(*P.* நந்தகம்), épée,l'épée de Krichna.

நாநா, *P.* நானா. [pée de Krichna.

நாந்தல்,*opt.et n.v,de* நாந்துகிறது,humidité,moiteur:—ஆயிருக்கிறது être humide; நாந்தற்காலம் temps humide, saison pluvieuse:இன்றைக்கெல்லாம் நாந்தலாயிருக்கிறது tout est humide aujourd'hui.

*நாந்தி, 1° (nândi),éloge, vers en l'honneur de quelqu'un,prospérité: —கரன்,—வாதி celui qui dit le prologue d'un drame;—முகம் couvercle d'un puits, offrande aux ancêtres dans certaines fêtes; —முகன் ancêtre auquel on l'offre.2° *gér. de*

நாந்துகிறது,இனேன், துவேன், து,த,v.n.நாந்துதல்,n.v.devenir—, être humide,moite,mouillé.[nigrum

நாந்தெனி, la plante solanum

*நாபம்,(vatsanâbha), poison végétal et violent dit வற்சநாபி.On le tire de la racine de la plante aconite ferox qu'on tire du Népal ou de la racine du வசம்பு souvent transplanté et vieilli.

*நாபி,(nâbhi), nombril 2° *V.* நாபம்:—தின்றுசாகிறது prendre le poison dit வற்சநாபி et en mourir. On compte 4 antidotes à ce poison, savoir: அந்தண — *ou* பிரமநாபி antidote brame,il est blanc; சத்திரிய —*ou* அரசநாபி antidote royal, il est rouge; வைசியநாபி antidote marchand,il est bleu; சூத்திரநாபி antidote choutre,il est noir; நாபிகமலம் nombril,*litt.* le nénuphar du nombril;—கண்டகம், — குடகம், —கோளகம் nombril proéminent ou rompu;—க்கொடி cordon ombilical;—சன்,—சன்மன், — பூ celui qu'on dit né du nombril de Vichnou,du lotus qui en sort,*i.e.*Brama; —சேதனம் coupure du cordon ombilical;—ஸ்தானம்,—த்தானம் région autour du —,la place du —, le nombril;—நாடி le cordon ombilical;—நாளம் nombril, *V.* நாபிநாடி, —வருத்தனம் hernie ombilicale,corpulence;—யாவர்த்தம்,(ஆவர்த்தம்), creux du nombril.

*நாபிலம்,(நாபி,இல affixe),reins. hanche,aine,creux du nombril.

நாப்பண்,(நா,milieu), milieu,— d'un char,ceinture ou milieu du corps,cou du luth indien.

நாப்பு,moquerie,mépris,tromperie: நாப்புகாட்டுகிறது, ou நாப்புகிறது,ப்பினேன்,ப்புவேன், ப்பு,ப்ப,v.a.et நாப்பிப்போடுகிறது, se moquer,ridiculiser, duper,tromper, singer,contrefaire.

நாப்புடை, (நா), côté de la langue: —பெயர்க்கிறது remuer la langue, changer la langue de côté.

நாப்பற்று, (id.), sorte de mal à la langue, dessèchement de la langue. [gue se dessécher.

நாப்பொடிகிறது, (நா), la lan-

*நாம், 1° obl.de நாமம். 2° particule sanscrite qui indique surprise, consentement, possibilité, colère, certitude, mépris, souvenir, supercherie, prétexte, comme: இமாலயம் நாம்நகராஜன் l'Himâlaya certainement est le roi des monts. 3° P. நாம்,crainte.

நாமகள், நாமடந்தை, (நா),la déesse prétendue de la langue ou de l'éloquence, i.e. Sarasvadi,que l'on dit résider sur la langue de Brama, sur celle des poëtes...

நாமக்கி, limaçon,

*நாமம், 1° (nâman),nom,renom. renommée, nâmam, marque en forme de trident que les Vichnouvistes portent sur le front, supercherie, milieu de balance à peser, la plante தும்பை. 2° V. நாம: சின்னு—petite marque portée par quelques Vichnouvistes en guise de nâmam,ou கீற்று— nâmam à raies minces, petit nâmam;— இடுகிறது, — சாத்துகிறது,—தரிக்கிறது,— போடுகிறது, — வைக்கிறது nommer, donner un nom, porter ou mettre sur le front le nâmam; அவனுக்கிவன்— போட்டான் ou வைத்தான் celui-ci a mis le nâmam à celui-là, i. e. il l'a trompé, dupé ou séduit: (les Sivénistes qui détestent le culte de Vichnou emploient cette phrase. Les Vichnouvistes à leur tour mettent விபூதி,cendres de Siven, à la place de நாமம் dans le même sens);— இல்லாமை n'avoir pas de nom propre, ce qui est un des அஷ்டகுணம் ou 8 attributs de Dieu; நாமமுடைமை avoir un nom propre, ce qui est une des அஷ்டகுற்றம் ou 8 imperfections incompatibles avec la divinité; நாமகரணம் dénomination, action—, cérémonie de donner un nom à un enfant,(chez les Indous c'est ordinairement le 12e jour après la naissance);— கரணம்பண்ணுகிறது donner un nom, nommer (un enfant...);இவனுக்கு—காரணன் celui dont le nom est donné à un autre; —காரணன் dénominateur d'une fraction; — கட்டி onguent en masse ou en bâton qui sert aux Vichnouvistes pour se mettre le நாமம்; —க்காரன்,V. நாமதாரி;—க்கிரகம்,—க்கிரகணம் appeler par son nom; — க்குச்சரி habit de diverses couleurs propre aux femmes; —சங்கிதை un des 32 ordres d'architecture; —சங்கீர்த்தனம் louanges du nom,—du caractère;—சேஷம்,—சேடம் fin du nom, i.e. la mort; — ஸ்தோத்திரம்,—தோத்திரம் louange du nom (d'une divinité...); —ஸ்மரணை souvenir du nom (d'une divinité...); — தாரணம் porter un nom,— le nâmam sur le front; — தாரகை le 1er des 9 தாரகைகள்; — தாரி celui qui porte le nâmam, Vichnouviste; — தாரிவேஷக்காரன் Vichnouviste qui porte le nâmam,— en apparence seulement; — தேயம் nom, dénomination: — தேயமென்ன quel est le nom? — த்துத்தி la plante sida cristata; — த்துவாதசி adoration journalière de certains payens à Dourga sous l'un de ses 12 noms; — ப்பொருத்தம் convenance du nom; —மாலை le 16me des பிரபந்தம்,panégyrique en vers dits வஞ்சிப்பா entremêlés d'அகவல் et de கலிப்பா;—ராசி convenance du nom,

—du signe du zodiaque; — வேலான் celui dont le javelot est terrible.

நாமவத்தம், la plante பெருநெருஞ்சில். [மை.

நாமவெருண்டம், la plante தும்

நாமறல், (P. நாமம், அறல்), le nom même se perdre, être entièrement anéanti. [ன்.

நாமாறு, (நா, மாறு), V. நாமனை

*நாமாபராதம், (நாமம், அபராதம்), mépris, outrage au nom d'une personne respectable. [clinaison.

*நாமிதம், (nâmita), courbure, in-

*நாமோச்சாரணம், (நாமம், உச்சாரணம்), prononciation—, répétition d'un nom sacré ou prétendu tel.

நாம், 1° pl. de நான் nous. (Ce mot dans l'usage ordinaire comprend les personnes à qui on parle, tandis que நாங்கள் les exclut. 2° hon. de நான், je ou nous, (parole d'un supérieur à ses inférieurs). Dans la déclinaison l'ஆ se change en அ, gén. நம்முடைய, நமது, dat. நமக்கு, acc. நம்மை, abl. நம்மில், நம்மால், நம்மோடு: நம்முடைய ou நமதுதேசம் mon ou notre pays. 3° crainte, pour; நஞ்சுதோய்வேலான்படைநாமறக்கொன்றான் comme le héros au javelot empoisonné tua sans crainte son ennemi.

நாம்பல், opt. et n.v. de நாம்புகிறது, maigreur, ténuité:— ஆய்ப்போகிறது, V. நாம்புகிறது.

நாம்பன், (நாம்பு), bœuf maigre.

நாம்பு, maigreur, exténuation, chose maigre, mince, grêle, imp. et part. de

நாம்புகிறது, கினேன், புவேன், பு, ய, v. n. நாம்புதல், n.v. maigrir, devenir maigre, mince, grêle, étique, fluet, exténué.

நாயகச்சி, நாயகத்தி, fém. de நாயகன், maîtresse, épouse, déesse.

*நாயகம், (nâyaka) supériorité, principauté, maîtrise excellence, gouvernement, pierre précieuse du milieu d'un collier: — ஆயிருக்கிறது être supérieur, excellent, l'emporter sur; — பண்ணுகிறது exercer la supériorité ou l'autorité, tenir la primauté, faire le maître; நாயகசுரம், —சின்னம் clarinette, —ப் பானை la 1re —, la principale cruche qu'on met sur le feu: —மணி grosse pierre précieuse au milieu d'un collier de pierreries; — வளத்து principale cruche qu'on fait bouillir dans les sacrifices ou au Ponguel.

*நாயகன், (id.), hon. நாயகர், maître, supérieur, souverain, — seigneur, Dieu, (et à tort) Siven, chef, général, commandant, roi, guide, conducteur, mari, amant, chef militaire subordonné au ராயர் de Bisnagar ou விசயநகரம், vice-roi. Pâléyagar ou பாளயக்காரன் (au sud). [ன்), roi, souverain, prince.

*நாயகாதிபன், (நாயகன், அதிப

*நாயகி, fém. de நாயகன், maîtresse, épouse, femme, dame, — de haut rang, Parvadi, forme inférieure de Dourgâ: —மேனி émeraude verte.

நாயக்கன், hon. நாயக்கர், (நாயகன்), général, titre honorifique de quelques castes ordinairement de race télinga, caporal de cipaye (dans l'armée indo-anglaise).

நாயப்பிரதிநிதர், (persan), député—, agent auprès du receveur général, employé natif sous un collecteur.

*நாயம், 1° (nâya), conduite, direction, politique, expédient. 2° P. நியாயம் ou நியாயம்.

நாயரஞ்சி, (நாய்), V. நாயுருவி.

நாயர், (நாயன்), Nâyer, chef (du Maléalam).

நாயறு, P. நாயிறு, soleil, நாயிறுட்சி, நாயற்றுக்கிழமை dimanche.

*நாயன், pl. நாயன்மார், (நாயம்), maître, chef, roi, prince, seigneur, Dieu, homme distingué.

நாயனார், 1° hon. du préc. 2° Nâyénar, fils prétendu de Siven et de Vichnou métamorphosé en மோகினி.

நாயாட்டம், (நாய், ஆட்டம்), conduite ou manière de chien, agitation continuelle, conduite —, danse diabolique, désordre, confusion:—ஆட,—ஆடல் en chien.

*நாயிகை, V. நாயகி. [de fort.

நாயில், bastion, rempart de ville,

ஞாயிறு, gén. ஞாயிற்றின், obl. ஞாயிற்று, soleil, dimanche:—திருப்பி, —திருப்பி héliotrope ou tournesol; —வணங்கி la plante சொரிக்குறி; ஞாயிற்றுக்கிழமை le dimanche.

நாயுண்ணி, (நாய், உண்ணி), tique, mouche de chien. [ண்ணி), tique de chien.

நாயுருவி, நாயுண்ணருவி, (நாய், உருவி), (id.), la plante achyranthes aspera. [chien,—léger.

நாயுறக்கம், (id.), sommeil de

நாயோட்டம், (id.), course de chien, une des marches du cheval.

நாய், chien, c'est l'insigne de நிருதி prétendu gardien du sud-ouest:—கடல்நாய் chien de mer, veau marin;—குருவி, V. நாயுருவி;—கடுகு moutarde de chien, la plante cleome viscosa;—க்கருந்தை l'arbrisseau குன்றி;—க்குட்டி petit—, jeune chien;—க்குட்டிச்செடி nom d'une plante;—க்கோலம் accoutrement de chien, —méprisable;—ச்சீரகம் cumin de chien, nom de plante;—த்தும்மைவேளை la plante நாய்க்கடுகு;—த்திசை le côté du chien, i. e. le sud-ouest, à cause du chien insigne de நிருதி;—த்துளசி basilic de chien dit aussi கஞ்சாங்கோரை;—நாக்கு, —நாக்கு la plante இலைக்கள்ளி;—ப்பயறு la plante indigofera glabra;—ப்பாகல் la plante bryonia maysorensis;—ப்புன்னை l'arbre cynometra cauliflora;—ப்புடோல் nom de plante rampante;—முகன் être à figure de chien, Anubis:—முருங்கை espèce de tuf;—முள்ளி variété de la plante முள்ளி;—முஞ்சி,—V. நாய்முகன்;—முஞ்சிபோல va-t en vilain visage de chien;—விட்டை crotte de chien;—விட்டைக்கல் espèce de pierre;—வேம்பு la plante indigofera viscosa;—வேளை,—வேளை la plante நாய்க்கடுகு; இரும்படிக்கிறவிடத்தில் நாய்க்குவேலையென்ன qu'a à faire un chien là où l'on bat le fer.

நாவிகன், pl. நாவிகர், (nâvika de navire), marchand qui fait le négoce avec un navire, qui fait le commerce d'outre-mer.

நாய்ச்சி, நாய்ச்சியார், hon. (நாயகி), maîtresse, dame, déesse.

*நாரகம், (நரகம்), l'enfer, les régions infernales. [l'enfer, damné.

*நாரகி, (நாரகம்), habitant de

*நாரங்கம், (nâranga), oranger.

*நாரசிங்கம், (நரசிங்கம்), incarnation de Vichnou en homme-lion, un des 18 pouranas inférieurs, un des 32 உபநிடதம்.

*நாரசிங்கன், (id.), Vichnou métamorphosé en homme-lion.

நாரணவன், nom d'une maladie. [ன், (surnom de) Vichnou.

*நாரணன், sync. de நாராயணன்

*நாரணி, fém. du préc. la prétendue déesse Dourgâ sœur de lait de Krichna.

*நாரதம், 1° (நாரதம், தம்), nuage. 2° un des 18 pouranas inférieurs, légende de Nâraden.

*நாரதன், (id.), Nâraden, fils de Brama, un des 10 premiers richis ou mounis, ami de Krichna, célèbre législateur et inventeur du வீணை ou luth indien, une des 15 incarnations inférieures de Vichnou.

*நாரதீயம், (நாரதன்), un des 18 pouranas et un des 18 pouranas inférieurs.

நாரத்தை, V. நாரத்தை.

*நாரம், 1° (nâra), eau, foule de monde, veau. 2° amour, corde, oranger, mousse, oiseau aquatique, héron.

*நாராசம், (nârâtcha), poinçon à écrire, stylet, plume de fer, flèche, javelot de fer, épingle, broche, fil de fer, sonde de médecin, poutre:—ஏற்றுகிறது enfoncer une épingle, une broche...;—ஏற்றினாற்போல செவியிலேநுழைந்தது cela est entré dans mes oreilles comme si on y eut enfoncé une broche de fer; நாராசத்தைக்காய்ச்சிக்காதிலேவிட்டாற்போல விழுந்தது cela a été comme si on eut enfoncé dans mes oreilles une broche de fer rouge: நாராசபாணம் espèce de trait ou de flèche; — மூத்திரை un des signes de sacrifices en forme de broche.

*நாராயணம், (நாரம், அயனம்), poisson, l'arbre அரசமரம், un des 32 உபநிஷத்தம்.

*நாராயணன், (*id.*), Vichnou considéré comme le dieu conservateur pendant la durée du déluge périodique qui suit la destruction du monde, durant lequel il est censé flotter sur les eaux primordiales, Narayanen, sage fils de தருமன் et regardé comme une manifestation de Vichnou ou une de ses 15 incarnations, (quelques-uns appellent aussi de ce nom) Brama, Siven, Sandiren ou la lune, et Varounen roi des eaux; *voc.* நாராயணா ô Vichnou, mot que ses sectateurs répètent souvent; நாராயணகவுளம், — கௌளம் espèce d'air; —க்ஷேத்திரம் 4 coudées de chaque côté du courant du Gange; —தைலம் huile tirée de diverses plantes et regardée comme très-efficace dans beaucoup de maux; —ப்பிரியன் l'ami de Vichnou, Siven.

*நாராயணாஸ்திரம், (நாராயணன், அஸ்திரம்), la flèche de Vichnou.

*நாராயணி, *f. du préc.* Nàràyani ou Lakchimi, femme de Vichnou, une des 7 மாதர், Dourgà (peut-être comme sœur de lait de Krichna), la prétendue déesse du Gange, espèce d'air.

*நாரி, 1° (nâri de நரன்), femme (en général), la prétendue déesse Parvadi, espèce de mètre ou d'air. 2° corde d'arc, espèce de tissu qui enveloppe le bas des branches du palmier et du cocotier, odeur, miel, caillou, armée, *V.* இடை: — தூஷணம், நாரீதூஷணம் défaut de conduite d'une femme; on en compte six: boire des liqueurs enivrantes, fréquenter les mauvaises compagnies, être séparée de son mari, entrer, manger et dormir dans une maison étrangère, ou, selon d'autres, rôder hors de chez elle: —பாகன் Siven représenté comme moitié homme et moitié femme; —ப்பிரசங்கம் libertinage, galanterie; —யானம் litière de femme; —யேற்றுகிறது tendre la corde de—, bander son arc.

*நாரிகேரம், நாரிகேளம், (nârikêra, —kèla), cocotier, coco. [— doux.

*நாரியங்கம், (naryanga), oranger,

நாரை, (நாரம்), oiseau aquatique, héron, pélican, pelicanus onocrotalus: —க்கன்று veau maigre; கருநாரை héron gris ou noirâtre; —க்கொம்பு longue corne; — ப்பசு vache très-maigre.

நார், filament, fibre, —de l'écorce de certains arbres, — des plantes, —du cocotier, filamens des mangues, corde, amour: — க்கயிறு corde faite de fibres de coco; —ச்சீலை, —ப்பட்டு toile ou espèce de soie faite des fibres de l'écorce de certains arbres, habit naturel d'écorce fine et fibreuse, dont se servent certains sannyasis.

நார்த்தை, oranger, citrus aurantium: நார்த்தமரம் oranger; நார்த்தம்பழம் orange.

நால, *inf. de* நாலுகிறது.

நாலடி, (நாலு, அடி), 4 pieds. 2° *ou*

நாலடியார், நாலடிநானூறு, (*id.*), recueil de 400 vembas de 4 vers chacun, ou, au dire des Indous, vers qui jetés dans le fleuve வையை remontèrent de 4 pieds contre le courant. [fois autant.

நாலத்தனை, (நாலு), quadruple, 4

நாலத்தொன்று, (நாலு, அத்து), *P.* நாலிலொன்று, un quart.

நாலல், *opt. et n.v. de* நாலுகிறது, abaissement, affaissement, suspension, pendaison, chute.

நாலா, 1° *P.* நாலு, [divers, varié. 2° *P.* நாலாம், *devant* க *et* ம, quatrième. 3° (*ind.*), canal, ravin. 4° *ou* நாலாத, *part. nég. de* நாலுகிற

லு: —காரியம் .choses diverses,— de diverses espèces;— நீர் la 4me eau, ou — நீர்ச்சடங்கு cérémonie de la 4me eau, bain que les Indous font le 4me jours des noces;— நாள் le 4me jour;— முறைக்காய்ச்சல் fièvre quarte, qui vient tous les 4mes jours laissant 3 jours d'intervalle; —விதம் diverses manières;—விதத்திலும் de diverses manières, diversement; —விதத்திலே யும்பாவஞ்செய்கிறது commettre des péchés de diverses sortes:—விதமும்ப ண்ணுகிறது agir ou faire de diverses manières, faire diverses sortes d'ouvrages, varier, dissimuler, donner le change.

நாலாம், (நாலு, ஆம்), quatrième: — சடங்கு 4e cérémonie, V. நாலா நீர்ச்சடங்கு: —பங்கு la 4e partie, le quart; — வருணம் la 4e caste, celle des Choutres; — வருணர் les gens de la 4e caste, les Choutres ou Soudras.

நாலாயிரம், (நாலு), 4000.

நாலாவது, (நாலு, ஆவது), quatrièmement: நாலாவதான quatrième. [பூ.

நாவி, perle, la plante கார்த்திகை

நாலிணை, (நாலு, இணை), 4 paires de bœufs.

நாலிரண்டு, (id.) 2 fois 4, i.e. 8.

நாலு, 1° quatre, quelques, plusieurs, beaucoup, tout le monde (nombre indéterminé). 2° imp. et part. de நாலுகிறது: — காரியமுமறிகிற து connaître beaucoup de choses; — காலுள்ளது, — கால்சீவன் être —, animal à 4 pieds, quadrupède; — தலையொருமுகம் l'être à un visage dont la tête pend en bas, i.e. la chauve-souris; — திக்கு —, திசை les 4 points cardinaux; —திக்கிலும், — தி சையிலும் des 4 côtés, de tout côté; —திசையுங்கட்டுகிறது lier, i.e. enchanter les 4 points cardinaux, pour détourner toute mauvaise influence avant une cérémonie payenne;— தி சையும்பார்க்கிறது regarder de tout côté;— பாதச்சைவம் une des sectes de Siven;— நாள்போகவேண்டும் il faut que 4 ou quelques jours se passent;—பேர் quatre -, quelques personnes, le public (nombre indéterminé);—பேரறிய à la connaissance de quatre, i.e. de plusieurs personnes; — பேரறிந்திருக்கிறகாரியம் chose devenue publique: அப்படி—பேருஞ் சொல்லுகிறார்கள் bien des gens parlent ainsi; நாலுமிரண்டுஞ்சொ ல்லுக்குறுதி les stances de 4 vers du நாலடியார் et celles de 2 vers du குறள் donnent de la force à ce que l'on dit.

நாலுகிறது ou நால்கிறது, நான் றேன், லுவேன், ou ல்வேன், லு ou ல், ல, v.n. நாலுதல், n.v. être suspendu, pendu, pendre, pendiller, tomber, s'abaisser, s'affaisser; நான்றுகொ ள்ளுகிறது se pendre.

நாலுவிக்கிறது, v. caus. du préc. faire pendre, —suspendre, pendre: குற்றவாளியை — faire pendre un coupable.

நால், P. நாலு, 1° quatre. 2° imp. et part. de நாலுகிறது, qui pendille, pendu: நாலொன்று 4 fois 1;—வகை சாதிது, V. சாதுர்வகை-ச;— வகை தோற்றம் les 4 espèces de naissances, V. தோற்றம்-ச;—வகைப்பொரு ள், V. நாற்பொருள்;—வாய், 1° l'animal dont la bouche est pendante, i. e. l'éléphant. 2° 2e pers. fut. de நால்கி றது;— வாயன் Indiren qui a pour monture un éléphant, Poulléyar dont la tête d'éléphant a la bouche pendante.

நால்கிறது, P. நாலுகிறது.

நால்வர், (நாலு), 4 personnes.

நாவடக்கம், (நா, அடக்கம்), retenue de la langue. [bouche.

நாவடைக்கிறது, (id.), fermer la

நாவணம், (id.), la luette.

நாவணத்தி, (நா, வண்ணாத்தி), l'oiseau நாணுவத்தான். [de bœufs.

நாவிணை, P. நாலிணை, 4 paires

நாவரசர், un des 63 dévots de Siven.

நாவரட்டி, (நா), P. நாவறட்டி.

நாவரணை, (நா, அரணை), sorte de mal à la langue.

நாவுலருகிறது, நாவறளுகிறது, (நா),la langue se dessécher,être altéré.

நாவலர்,(நா), gens puissans par la langue,i.e. les savans,les poëtes, les orateurs.

நாவலோ,signe de menace.

நாவல்,1° opt.et n. v. de நாவுகிற து.2° l'arbre calyptranthes caryophyllifolia, mot employé pour faire avancer les buffles qui foulent la moisson,mot de pitié: l'adj.est நாவல்: நாவலந்தீவு l'ile aux arbres நாவல்,une des 7 iles fabuleuses des Indiens: நாவற்பழம், நாவற்பூ fruit —,fleur de cet arbre.

நாவறனை,(நா, அறனை), sorte de mal à la langue, ou

நாவறட்சி,(நா), desséchement de la langue,soif: — க்காய்ச்சல் fièvre qui dessèche la langue.

நாவாசித்தி,(நா,ஆ,சித்தி), efficacité de la parole, V. நாவேறு.

*நாவாய்,(nâvas,naves), vaisseau, navire,la 27me constellation dite இரேவதி: நாவாய்கோட்டுக்கோல் perche de batelier.

நாவாள்,(நாவு, ஆள்), Sarasvati (qu'on prétend résider dans la langue).

*நாவி,(nâbhi),civette,musc, animal qui le donne,la plante ஊமத்தை,sorte de remède: — க்கட்டம், musc; —த்தன்னை la plante ballota; —நெய் pommade, onguent pour les cheveux; —ப்பிள்ளை musc, animal qui donne le musc; — ப்புழுகு musc,civette,mucus du cerf en rut.

நாவிதச்சி,fém.de நாவிதன், barbière.

நாவிதன், (nâpita), pl. நாவிதர், barbier,la 3me —,la 11me constellation des Indous: நாவிதசாலை boutique de barbier,lieu où l'on rase.

நாவியம்,1° la plante காத்திலைப்பூ. 2° (nâvya), nouveauté.

நாவிக்கிறது, விக்தேன், விப்பேன்,வி,விக்க,v.n.et நாவித்தல், n. v. bâiller.

நாவு,1° (நா), langue: நாவைக்கா ட்டுகிறது, — நீட்டுகிறது montrer —,allonger la langue; — ப்பார்க்கிற து examiner la langue (un médecin). 2° imp.de

நாவுகிறது,வினேன்,வுவேன், வு, வ,v.a. நாவுதல்,n.v. (நாவு), se moquer de quelqu'un en tirant —, plier et retourner la langue, nettoyer le riz,en chercher et ôter les pierres, chercher en tâtonnant.

நாவுழலை,(நாவு,உழலை),balbutiement,bredouillage,soif, V. நாவேறு: — வாடுகிறது la langue balbutier, bredouiller.

நாவூறு,நாவேறு,(id.ஊறு,ஏறு), embarras —,desséchement —,défaut de langue.

நாவேகிறது,(id.), ou நாவெந்து போகிறது, la langue être brûlée (par l'usage de la chaux avec le bétel et l'arec,par maladie ou par des drogues).

நாவை,1° (நா), soc —, langue de charrue. 2° acc.de நா. 3° 2e pers. nég. de நாவுகிறது.

*நாழி,(P.நாடி),objet creux, tube, tuyau, vaisseau tubulaire du corps,mesure dite படி,8me partie du மரக்கால்,(sa marque est ௨),heure indienne de 24 minutes,mille indien égal à 2 kilomètres, la 25e constellation dite பூரட்டாதி, carquois, touffe,foule, tige, instrument pour percer l'oreille de l'éléphant, légume: நாழிபோடு gouttière ou gargouille en terre cuite; இருநாழி, மூ த்நாழி, நானாழி, ஐந்நாழி, அறுநா ழி,எழுநாழி,2,3, 4, 5,6, 7 mesures ou padis; எண்ணாழி 8 mesures ou un மரக்கால்: எத்தனை நாழி வழி combien y a-t-il de milles?

*நாழிகை,P.நாடிகா, heure indienne de 24 minutes, la 60e partie d'un jour,laquelle se subdivise en 60 விநாடி,mille indien ou 2 kilomètres,espace qu'on peut parcourir en une heure indienne et dont 7 font un காதம்,qui est l'espace qu'on peut parcourir en un சாமம் ou 3 heures,la 26me constellation di-

te உத்தரட்டாதி:—ப்பறை tambour qu'on bat pour marquer les heures indiennes;—வட்டம்,—வட்டில் instrument pour mesurer les heures, clepsydre, sablier, cadran solaire;—வழி mille, chemin qu'on fait en une heure indienne; — வெண்பா vembâ qu'on répète aux rois d'heure en heure.

நாணகம், l'herbe இருநாமக்கை.

நாளது, gén. de நாள், du jour, de ce jour, présent, courant, actuel, passager: — மாசம்-பதினைந்தாந்-தேதி le 15 du courant;— வருஷம் l'année courante; — வரையில் jusqu'aujourd'hui.

*நாளம், 1° (nâla), tige creuse des plantes, — du nénuphar, tige de fleurs, tube, tuyau, cercle, rond, orpiment jaune. 2° (நாள்), jour.

நாளாழி, நாளாசாழி, (நாள்), jour entier, cours de la journée.

நாளாகமம், (id.), chronique, annales, les Paralipomènes.

நாளாடகம், (id.), tous les jours.

நாளி, callou ou jus de cocotier..., chien. [plante வல்லாரை.

*நாளிகம், (nâlika), nénuphar, la

*நாளிகேரம், நாளிகேளம், (nâlikêra, — kêla), cocotier: நாளிகேரபாகம் un des goûts des vers, i.e. sens profond. [கிமரம்.

நாளிகேளி, le manguier aigre dit பு

நாளை, 1° acc. de நாள் 2° demain, le lendemain: நாளைமறுநாள நடக்கும் cela se fera demain ou un autre jour, ou demain est un autre jour; நாளைநின்று, ou நாளைமறுநாளைக்கு après-demain, le surlendemain.

நாளைக்கு, dat. de நாள் et de நாளை, demain: நாளைக்குவா viens demain; நாலுநாளைக்குப்பிறகு quatre jours après.

நாளைய, adj. de நாள் ou நாளை: நாளையதினம் demain; நாளையதினத்தில் செய்திகையறியோம் nous ne savons pas ce qui se passera demain; ஒருநாளையப்பயணம் voyage d'un jour; இந்நாளையமனிதர் les hommes de temps-ci, d'aujourd'hui.

நாள், gén. நாளின் ou நாளது, dat. நாளுக்கு et நாளைக்கு, acc. நாளை ou poétiquement நாட்கை, abl. நாளில், pl. நாள்கள் ou நாட்கள், jour, — de 24 heures ou de 60 நாழிகை, l'espace d'un jour et d'une nuit, temps (en général), fête, constellation lunaire, jour astrologique, — supposé gouverné par une de ces constellations, (le nom de cette constellation se met devant, comme அச்சுவினிநாள் le jour où la lune se trouve dans la constellation அச்சுவினி), espace de 3 நாழி 3/4, moment, favorable (pour une entreprise...) pied d'une seule syllabe longue, beauté: adj. du jour, nouveau: நாளும், எந்நாளும் toujours; நாளுக்குநாள் de jour en jour; அந்நாளே ce jour-là même; அந்நாளிலே ce jour-là, en ce jour-là, en ce temps-là, autrefois; ஆடிக்கொருநாள் ஆவணிக்கொருநாள்வருகிறீர் vous venez un jour au mois d'ஆடி et un jour en celui d'ஆவணி, i.e. fort rarement; அவன்வந்துவெகுநாளாயிற்று il y a long-temps qu'il est venu; அறுப்புவரஇன்னும்வெகுநாளிருக்கிறது ou வெகுநாளிருக்கும் il y a encore long-temps d'ici à la moisson; இதுஅதுக்குநாளல்ல ou நாளன்று ce n'est pas le jour ou le temps propre pour cela; நெடுநாளிருக்கிற சீவன்கள் êtres —, animaux qui vivent long-temps; — உலக்கிறது mourir, passer le temps, le temps se passer: — எடுக்கிறது choisir —, désigner le jour, — le moment favorable; — எல்லை bornes du jour, — du temps, le soir, le temps de la mort; — ஓலை ôle du jour, horoscope, contrat, note ou billet de dot; — கழிகிறது le temps se passer; — கழிக்கிறது passer le temps; — கழிவு passe-temps, passage —, écoulement du temps. — குறுகினவன் un homme qui n'a que peu de temps à vivre; — கடை fin du jour (naturel, astrologique); — செல்லுகிறது le jour s'écouler, — se passer; — சோறும் chaque jour, tous les jours;—படுகிறது durer,continuer,tarder;—பட long-temps;—படநீக்கிறது durer long-temps;—பட்டவியாதி maladie longue, —invétérée;—பார்க்கிறது observer le temps,— les jours réputés bons ou mauvais; — போகிறது le temps se passer; — போதல் écoulement du temps; — போக்குகிறது passer —,employer le jour, — le temps,vivre;—வட்டம் suite—, cercle ou série de jours,cours du temps; —வட்டத்திலே à la longue, avec le temps; —வட்டத்திலேபார்த்திருக்கிறது avoir long-temps attendu (l'occasion favorable);— விடுகிறது, V. நாள்போக்குகிறது;—வேலை ouvrage de la journée.

நாறல்,opt.et n.v.de நாறுகிறது,odeur (bonne ou mauvaise),puanteur, infection, corruption, chose gâtée, apparition, lever, existence, pousse,croissance,splendeur: நாறலாயிருக்கிறது puer,sentir mauvais, être gâté,corrompu;— வாயன் homme dont la bouche sent mauvais, — dont les paroles sont sales;—வாயன் தேடக்கர்ப்பூரவாயன் கைக்கொண்டான் l'homme à bouche de camphre a recueilli ce qu'avait amassé l'homme à bouche puante, i. e. les bons profitent des travaux des méchans; நாறற்பாக்கு espèce de noix d'arec. [நெட்டி.

நாறலு,(நாறல்,நா), l'arbrisseau

நாறா.நாறாத,நாறாது, நாறாமல், part.et gér.nég.de நாறுகிறது:நாறாதிருக்கிறது ne pas sentir mauvais.

நாறி,1° gér.du même. 2° qui pue (à la fin des mots composés): Ex.பீநாறி.3° aloés.

நாறு,1° imp et part. de நாறுகிறது.2° semis de riz ou autres céréales pour transplanter:—கட்டி assa-fetida;—கரந்தை,V.நறுங்கரந்தை.

நாறுகிறது, றினேன், றுவேன், று,ம,v.n. நாறுகை,நாறுதல்,n. v. sentir (bon ou mauvais),puer,exhaler une mauvaise odeur, se gâter,se corrompre, se lever, paraître, commencer à exister, pousser, germer, briller; நாறாமலிருக்கிறது ne pas sentir mauvais; நாறிப்போகிறது, —ப்போயிருக்கிறது puer,commencer à sentir mauvais.

நாற், P.நால்,devant க, ச,த, ப, quatre:—கணம் 4 classes de lettres c'est-à-dire les fortes வல்கணம்,les douces மெல்கணம், les moyennes இடைக்கணம்,les voyelles உயிர்க்கணம்; — கதி 4 espèces d'êtres, savoir:தேவர் les dieux, மனிதர் les hommes, விலங்கு les animaux, நரகர் les êtres infernaux, V. aussi au mot கதி:—கவி 4 espèces de poésies, V. les au mot கவி; — காலம் les 4 saisons: de pluie, de chaleur, de rosée, de froid:— காலி,(கால்), fauteuil, chaise, tabouret, escabot à 4 pieds,quadrupède;—காலிபோடுகிறது mettre—, présenter un fauteuil.. .;— காற்கிலன், — கான்மிருகம்,— காலுள்ளமிருகம் quadrupède, litt. animal à 4 pieds; — குணம் les 4 caractères des hommes ou des femmes, V. au mot குணம் ஆண்குணம்-ச et மகளிர்குணம்-ச; —கோணம்-4 angles ou — சதுரம் carré, quadrangle,figure à 4 angles et à 4 côtés;—சதுரமாயிருக்கிறது être carré;—சந்தி carrefour où aboutissent 4 rues ou 4 chemins; — சவுக்கம் carré,chose carrée, quadrilatère,objet à 4 coins;—பண் les 4 espèces de mélodies, V. les au mot பண்;— பயன் avantage provenant des 4 choses dites நாற்பொருள், V. நாற்பொருள்,4 espèces d'avantages; — பாட்டன் quadrisaïeul, père du trisaïeul; — பெருந்திசை les 4 points cardinaux;—பொருள் les 4 choses qui font l'objet des désirs de l'homme,i.e.அறம் la vertu, பொருள் la richesse, இன்பம் le plaisir.வீடு le paradis, (chaque grand poëme traite ordinairement de ces 4 objets); — பேர் les 4 espèces d'or nommées ஆடகம்,கிளிச்சிறை,சாதருபம்,சாம்பூநதம். [daison, V.ஞாற்சி

நாற்சி,n.v. de நாறுகிறது, pen-

நாற்பது, 1° *obl.* நாற்பத்து, (நால், பத்து), quarante, நாற்பதுநாளொருசந்தி le jeûne de 40 jours, le carême: நாற்பத்தொரு *et* நாற்பத்தொன்று 41; நாற்பத்திரண்டு 42, நாற்பத்துமூன்று 43; நாற்பதாம் 40°; நாற்பத்தோராம் 41°; நாற்பத்திரண்டாம் 42°; நாற்பதாவது quarantièmement... 2° நாற்பது le 76° பிரபந்தம் poème qui décrit, en 40 வெண்பா un sujet relatif au temps, au lieu ou à la propriété.

நாற்பான், *P.* நாற்பது, quarante

நாற்றங்கால், (நாற்று, அம், கால்), carré de semis, lieu où l'on a semé du riz pour être transplanté ensuite.

நாற்றத்தானி, (நாற்றம், தானி), viande, *litt.* place de la puanteur.

நாற்றம், *n.v.de* நாறுகிறது, puanteur, mauvaise odeur, odeur (en général), callou ou jus de cocotier..., la plante வசம்பு, apparition: —அடிக்கிறது, —வீசுகிறது, —வைக்கிறது puer, sentir mauvais: — அண்டுகிறது, —எடுக்கிறது, —எடுத்துப்போகிறது prendre —, contracter une mauvaise odeur. [points cardinaux.

நாற்றிசை, (நால், திசை), les 4

நாற்று, *n.v.de* நாறுகிறது, semis, céréales ou plantes semées épais pour être ensuite transplantées: —க்கட்டு paquet de semis, —de céréales en herbe arrachées pour être transplantées; — நடவு transplantation (du riz...): —நடுகிறது, —நாட்டுகிறது transplanter le semis, —le riz en herbe; —ப்பாவுகிறது, —ப்போடுகிறது, —விடுகிறது faire un semis, semer épais le riz ou autres céréales pour les transplanter; —ப்பிடுங்குகிறது arracher le semis, — le riz semé pour être transplanté; — முடி poignée de semis ou de céréales en herbe (arrachées et liées pour être transplantées; நாற்றைமுடியாய்க்கட்டுகிறது lier le semis par poignées நாற்றை நட்டுக்கொண்டிருந்தேன் j'étais à transplanter le semis ou le riz; நாற்றூற்றெடுத்துப்போயிற்று l'excès d'eau a gâté ou perdu le semis.

நாற்றுகிறது, ற்றினேன், ற்றுவேன், ற்று, ற்ற, *v.a.de* நாலுகிறது, faire—, pendre, suspendre, abaisser: நியாயாதிபதிகுற்றவாளியை நாற்றினான் le juge a fait pendre le coupable.

நானம், 1° musc, odeur, le cerf dit கவரி. 2° *P.* ஸ்நானம், bain, ablution, plongeon: நானமோ l'animal qui donne le musc, est-ce du musc?..

* நானா, 1° (nânâ), *adj.* divers, diversifié, plusieurs. 2° (நான், ஆ), est-ce moi?:— ஒலி divers bruits, — tons ou airs; — தேசங்கள் divers pays; — பிரகாரம், — விதம் diverses manières, —sortes; — பொருள் diverses choses; — ரசம் divers sucs...; — ராகம் diverses couleurs, divers airs; — ரூபம் diverses figures, — formes; — ரூப multiforme; — வர்ணம் diverses couleurs; — வித்தொனி sons ou tons divers, *ou* — த்துவனி instrument de musique à divers tons.

நாநாழி, (நால், நாழி), 4 படி ou mesures. [èvre quarte.

நாஞ்ஞோமாறல், (நால், நாவோ), fi-

நானான்கு, (நால், நான்கு), 4 fois 4, *i e.* seize.

நானிலம், (நால், நிலம்), 1° les 4 espèces de terrains, savoir: குறிஞ்சி pays ou terrain montagneux, முல்லை — de forêts, மருதம் — fertile, நெய்தல் — salin ou maritime. 2° la terre, les 4 coins du monde; — புகழ்ப்பட்டான் il fut loué partout. [cent.

நானூறு, (நால், நூறு), quatre

நான், 1° *pro.* je, moi, *gén.* என், என்னுடைய, எனது, *dat.* எனக்கு, *acc.* என்னை... 2° *P.* நால், quatre *devant* ம: நானும் moi, même, de moi même, par moi-même, moi seul: நானும்போகவேண்டும் il faut que j'aille moi même; நானென்கிற எண்ணம், —என்றபேச்சு égoisme, amour propre, présomption.

நான்கடிமடக்கு, (நான்கு, அடி), strophe dont les 4 vers ont la répétition de mots dite மடக்கு.

நான்களவை,(*id.* அளவை), les 4 espèces de mesures: எண்ணல் celles de calcul; எடுத்தல் celles de poids, முகத்தல் celles de capacité, நீட்டல் celles d'étendue.

நான்கன்,(நான்கு),quatre, quatrième: — உருபு la 4ᵉ forme,le 4ᵉ cas terminé en கு,c'est le datif.

நான்காம்,(*id.*),quatrième: — பக்கம் le 4ᵉ côté,la 4ᵉ phase après la nouvelle lune,ordinairement சதுர்த்தி; — வேதம் le 4ᵉ vèdam nommé அதர்வணம். [quatrièmement.

நான்கு, quatre: நான்காவது

நான்மணிமாலை, (நால்), le 15ᵉ des பிரபந்தம், poème de 40 strophes de 4 espèces de vers dites வெண்பா,கலித்துறை,விருத்தம் et அகவல்,avec la connexion dite அந்தாதி.

நான்மருப்பியானை, (நால், மருப்பு),l'éléphant fabuleux à 4 défenses nommé ஐராவதம்: — யூர்தி celui qui monte cet éléphant,*i.e.* Indiren.

நான்மறை,(*id.*),les 4 vèdas.

நான்மறையோன், (*id.* மறை), l'auteur des 4 vèdas, *i. e.* Brama, l'homme des 4 vèdas,le brame,sage, ermite.

நான்முகன்,(*id.* முகம்),l'être aux 4 visages,Brama,Arouguen: — இழத்தி Sarasvati épouse de Brama; — தேவி (தேவி), Sarasvati, l'arsenic dit மனோசிலை; — வாழ்நாள் période de la vie de Brama dite பிரமகற்பம்; நான்முகப்புல் l'herbe சசபரம் saccharum spontaneum. [12.

நான்மூன்று,(நால்),4 fois 3,*i. e.*

நான்று, *gér. de* நாலுகிறது: — கொள்ளுகிறது se pendre; கயிற்றால் நான்றுகொண்டான் il s'est pendu avec un corde.

நி,1° lettre syllabique composée de ந et de இ. 2° (ni),particule sanscrite qui se met au commencement des mots et désigne négation, prohibition,manque,certitude,affirmation,proximité,stabilité,continuation,doute,intensité,plénitude, abondance.

*நிர்,(nir), *P.* நிர், la lettre ர் étant changée en visarga ou h douce devant certaines lettres, et représentée par ஃ.

*நிச்சலாகம்,(நிர்,சலாகை *mainate*),lieu solitaire — pas même fréquenté par le mainate.

*நிசசோத்தியம், (நிர்), propreté, pureté exacte.

*நிகடம்,(nikata),voisinage.

நிகண்டவாதம்,nom d'une secte.

நிகண்டவாதி, (நிகண்டவாதம்), partisan de cette secte.

*நிகண்டு, (nighandou), vocabulaire,dictionnaire, — de synonymes, collection de mots ou explication des mots obscurs,ce qui est un des 6 வேதாங்கம்,chapitre,section, collection,certitude,vérité, exactitude: சகவிதநிகண்டுகள் les 10 espèces de dictionnaires mentionnés en sanscrit; நிகண்டாயிருக்கிறது être vrai, certain,exact; நிகண்டாய்ச்சொல்லுகிறது ou பேசுகிறது dire la vérité,parler exactement, sans déguisement. [mot,discours.

*நிகதம்,(நி,gada *discours*),parole,

*நிகப்பிரபை,(நிர்,பிரபை),obscurité,ténèbres.

*நிகமம்,(nigama),ville,cité,marché,foire,rue du marché, — où il se tient, commerce, trafic, réunion —, société —,caravane de marchands, certitude, assurance, écrit sacré, la collection des Vèdas.

*நிகமனம்,(nigamana), conclusion, — certaine ou logique, — d'un syllogisme,question prouvée.

*நிகமாகமம், (நிகமம், ஆகமம்), les Vèdas et les Agamas, livre de religion,l'écriture sainte.

நிகம்,1° lumière. 2° *P.* நகம், ongle,griffe,serres.

நிகர, *inf. de* நிகர்கிறது, comme, pareillement: அவனைநிகர comme lui,lui ressembler.

*நிகரணம்,(நிகரம்,na), action de dévorer,

*நிகரம்,1° (nikara), foule,multitude, troupeau, monceau, présent, don convenable,richesse,trésor, suc, sève, essence, *V.* சாரம். 2° (nigara), action de dévorer.

நிகரா, நிகராத, *part.nég. du suiv.* incomparable, qui n'égale pas, ne ressemble pas.

நிகருகிறது, *V.* நிகர்க்கிறது.

*நிகருஷணம், (nikarchana), proximité, voisinage, cour à l'entrée d'une maison.

*நிகருமம், (நிர், கருமம்), inaction, négligence—, omission des devoirs.

*நிகருவம், (நி, கருவம்), humilité, soumission, modestie, abaissement, abjection, absence d'orgueil.

நிகர், 1° ressemblance, comparaison, égalité, lumière, combat. 2° *imp. et part. de* நிகர்கிறது, semblable, égal, pareil: — இடுகிறது comparer; — இல்லாத incomparable, sans égal, sans comparaison; அவனுக்கு — இல்லை il n'a pas d'égal; — பக்கம் le point de la comparaison, l'endroit où il y a ressemblance.

நிகர்கிறது *ou* நிகருகிறது, நிகர்ந்தேன், நிகர்வேன் *ou* நிகருவேன், நிகர் *ou* நிகரு, ர, *v.n.* நிகர்தல், *n.v.* (நிகர்), ressembler, égaler, être semblable, égal, pareil.

நிகர்க்கிறது, நிகர்த்தேன், நிகர்ப்பேன், நிகர், நிகர்க்க, *v.a. et n.* (நிகர்), நிகர்த்தல், *n. v.* comparer, égaler, combattre, ressembler.

நிகர்ப்பு, *n.v. de* நிகர்க்கிறது, ressemblance, égalité, bataille.

*நிகர்வம், *V.* நிகருவம்: இவன் நிகர்வசிரோமணி il est la perle des humbles.

*நிகர்வி, (நிகர்வம்), personne humble.

நிகர்வு, *n.v. de* நிகர்கிறது, ressemblance.

நிகலம், dessus des épaules, nuque, épaule.

நிகழ், *imp. et part. de* நிகழ்கிறது, présent, actuel, qui passe: — காரியங்கள் les choses présentes; — காலம் le présent, le temps présent; — காலவினையெச்சம் infinitif terminé en அ sans lettre intermédiaire dite இடைநிலை et qui de lui-même indique le présent, comme செய்ய faire; — சரம் flèche volante; — வினைவிலக்கு figure de rhétorique qui après avoir montré une action comme présente la rejette ou la nie.

நிகழ்கிறது *ou* நிகழுகிறது, நிகழ்ந்தேன், நிகழ்வேன் *ou* நிகழுவேன், நிகழ் *ou* நிகழு, ழ, *n.v.* நிகழ்தல், *n. v.* briller, marcher, se passer, passer, aller, courir, arriver, être sur pied.

நிகழ்ச்சி, *n.v. du préc.* lumière, brillant, chose présente, — qui passe, qui a cours.

நிகழ்த்துகிறது, நிகழ்த்தினேன், நிகழ்த்துவேன், நிகழ்த்த, *v.a. de* நிகழ்கிறது, நிகழ்த்தல், நிகழ்த்துதல், *n.v.* conduire, faire marcher, dire, parler.

நிகழ்வு, *n.v. de* நிகழ்கிறது, le présent, le temps actuel, événement, ce qui arrive.

*நிகளம், (nigada), chaine, fers, — pour les pieds, entraves, chaine d'éléphant, longueur.

*நிகற்பம், (nikharba), 100 சற்பம் ou 1 trillion.

*நிகனனம், (nihanana), meurtre.

*நிகர்மம், *P.* நிகருமம்.

*நிகாசம், (nikâsa), ressemblance, comparaison.

*நிகாதம், 1° (nigâda), discours, parole. 2° tromperie.

*நிகாதன், (நிகாதம்), trompeur, fourbe.

*நிகாதி, (nighâti), pilon —, massue de fer.

*நிகாயம், (nikâya), multitude, foule, congrégation, troupe, but, marque, maison, habitation, village en pays cultivé.

*நிகாயன், (நி, காயம்), l'être suprême, Dieu.

*நிகாரணம், 1° (nikârana), meurtre, massacre. 2° (நிர், காரணம்), chose sans cause.

*நிகாரணன், (நிகாரணம்), meurtrier.

*நிகாரம், (nikâra), opposition, contradiction, injure, mépris, irrévérence, diffamation, offense, faute, action d'élever, de vanner. 2° (nigâra), action de dévorer, d'engloutir. 3° (nihâra), rosée, gelée blanche. 4° arrosement, connaissance de la forme de l'air ou du temps.

நிகாவை, la plante சிறுசீ.

*நிகிஞ்சனம், (nihimsana), meurtre.

*நிகிதம், (nihita), rangée, couche, dépôt, don, chose livrée, — donnée, confiée, ou appliquée à.

*நிகிருதி, (nikrouti), pauvreté, mépris, mal, méchanceté.

*நிகிலம்,(nikhila),tout,— entier.

*நிகீதம்,(நி),chant.

நிகீவென்கிறது. நிகீவென்றனைக்கிறது,(le cheval),hennir,faire *niki*. [vaurien.

*நிகீனன், (nihina), homme vil,

*நிகு,(nigou),esprit, intelligence, faculté de connaitre. [ta),bruit,son.

*நிகுஷ்டம்,நிகுட்டம்,(nighouch-

*நிகுஞ்சம்(nikoundja), cabane,— couverte de plantes grimpantes,berceau, cabinet de verdure, caverne, grotte.

நிகுஞ்சனம்,P. நிமிஞ்சனம்.

*நிகும்பம்,(nikoumbha),la plante தேர்வாளம்.

*நிகும்புலை,நிகும்பிலை, (nikoumbhilâ),place où l'on fait des sacrifices avec le feu, place du sacrifice d'இந்திரசித்து.

*நிகும்பன்,(nikoumbha),Nigoumben fils de கும்பகர்ணன்.

*நிகூடம்,(நி.கூடம்),profondeur, cachette: நிகூடார்த்தம், (அர்த்தம்), chose d'un sens—, sens profond ou

*நிகெர்வம்,P.நிகுவம். [caché.

*நிகேசாயம்,(nikètchâya), entassement. [maison, habitation.

*நிகேதகம்,நிகேதம்,(nikèta, ka),

*நிகேதனம்,(நிகேதம்,na),maison, temple,palais des dieux, village en pays cultivé.

*நிக்கிரகணம்,(நி,கிரகணம்),soumission,répression, défaite, action de subjuguer.

*நிக்கிரகம்,(*id.*கிரகம்), aversion, destruction, répression, réfutation, châtiment,meurtre,accusation, blâme,arrestation,saisie,action de lier,borne,limite: துஷ்ட — destruction ou répression des méchans; — பண்ணுகிறது, V. நிக்கிரகிக்கிறது: நிக்கிரகஸ்தானம் défaut d'argument logique, endroit où l'on triomphe de son adversaire en controverse. [tructeur...:(surnon de Krichna.

*நிக்கிரகன், (நி•கிரகம்), le des-

நிக்கிரகிக்கிறது.கித்தேன், கிப்பேன்,கி,கிக்க,*v.a.*(நிக்கிரகம்), *et* நிக்கிரகித்தல்,*n.v.*détruire,réprimer, punir,vaincre son adversaire,réfuter.

நிக்குரோதம்,*V.* வாட்டாமணக்[கு.

*நிக்ஷணம்,(nikchana),baiser.

*நிக்ஷேபம்,(nikchèpa),dépôt, gage,abandon,rejet,trésor, – enfoui en terre, action d'essuyer, de nettoyer.

நிக்ஷேபிக்கிறது,(நிக்ஷேபம்), thésauriser. [certifier.

*நிசகரம்,(நிசம்,கரம்),assurance,

*நிசம்சம்,*P.* நிஷம்சம்.

*நிசஸ்தன்,நிசத்தன்,*pl.* நிசஸ்தர், நிசத்தர்,(நிசம்,ஸ்தன்),homme vrai, véridique,de confiance.[régulation.

*நிசமம்,(*P.*நியமம்),destination,

*நிசமனம், (nisamana), action d'entendre,de voir,vue,ouïe.

நிசமிக்கிறது,மித்தேன்,மிப்பேன், மி,மிக்க.*v.a.*நிசமித்தல்,*n.v.* *V.* நியமிக்கிறது.

*நிசம்,1° (nidja),propriété,perpétuité,chose propre, — éternelle,— perpétuelle.2° (*P.*நிசயம்),certitude, vérité, assertion: — ஆயிருக்கிறது être certain;— ஆய்ச்சொல்லுகிறது dire vrai,—la vérité;— ஆய்வருகிறது arriver certainement;— உள்ளவன், *V.* நிசஸ்தன்: நிசமார்க்கந்தப்புகிறது s'égarer du vrai chemin; நிசத்துக்குநிசம் chose très- certaine, — très-vraie. [union,foule,monceau.

*நிசயம்,(nitchaya), certitude, ré-

*நிசவான்,(நிசம்,van *affixe*),*V.*நி நிசவு,*P.*நெசவு, tissage. [சஸ்தன்.

*நிசர்க்கம்,(nisarga),forme,création,fixité,abandon,changement, état naturel.

*நிசர்க்கசம்,(நிசர்க்கம்,சம்), caractère —,naturel,chose innée.

*நிசா,(nisâ),nuit: — காசம் (hasa *qui rit*),nénuphar blanc qui s'épanouit la nuit;—கரன் le coq (agent de la nuit), *ou*— கேது la lune,symbole de la nuit; — சரம் ce qui va la nuit,bibou, serpent, chacal;—சரர் ceux qui rôdent la nuit, géans,démons,spectres,voleurs;— சரி celle qui *ou* ce qui rôde la nuit, géante,diablesse,voleuse,prostituée, femme de mauvaise vie,hibou; — சருமம் peau de la nuit,*i. e.* les ténébres;—சலம் l'eau de la nuit,*i. e.* la rosée;—சரி être qui voit la nuit,*i. e.*hibou;—பதி la reine de la nuit,la lune,camphre; — புஷ்பம் fleur qui s'épanouit la nuit, nénuphar blanc,rosée,givre,gelée blanche;—மணி la pierre précieuse de la nuit, la lune,ver luisant,mouche luisante;—மானம் longueur de la nuit;—மிருகம் animal nocturne, chacal;—ரணம் combat nocturne,meurtre, massacre; — ரணன், (ரிணம்), meurtrier; — ரத்தினம் le joyau de la nuit,*i.e.*la lune;—விருத்தம்,—சமனம் nombre de nuits;—வேதி, (வேதம்), le coq qui connait les heures de la nuit.

*நிசாடம்,நிசாடனம்,(நிசா,அடம்.அடனம்),ce qui court la nuit, hibou,démon,spectre.

நிசாநி,safran. [ce,lieu,vérité.

*நிசாநதனம்,(நிசம்,ஆதனம்),pla-

*நிசாதன்,(nisâda),homme vil, de basse caste: நிசாதத்துவம் bassesse de caste. [du soir.

*நிசாதி,(நிசா, ஆதி), crépuscule

*நிசாந்தம், 1°(*id.* அந்தம்), fin de la nuit, aurore. 2° (நி, சாந்தம்), maison,calme,tranquillité: நிசாந்தநாரி épouse,maîtresse de maison.

*நிசாந்தன்,(*id.*அந்தன்), aveugle la nuit.

நிசாபிசா,l'arbre மஞ்சள்.

*நிசாமனம்(nisâmana), vue,ombre,ouie,action d'entendre.

*நிசாரம்,(நிர்,சாரம்),fadeur,insipidité,chose insipide,sans suc,sans force.

நிசாவியம்,action de mettre.[force.

நிசார்,நிசாரு,(*ind.*),pantalon:—போட்டுக்கொள்ளுகிறது mettre un —,porter pantalon.

*நிசார்த்தம்,1° (நிசம், அர்த்தம்), vérité.2° (நிசா, அர்த்தம்), minuit, milieu—, moitié de la nuit.

நிசாளம், tambour qui n'a de peau que d'un côté.

நிசான்,(*persan*),drapeau:— பறக்கிறது le drapeau flotter.

*நிசி,1° (nisâ),nuit,obscurité, safran.2° or:—சரர் ceux qui rôdent la nuit,démons ou அசுரர்,spectres, géans. [pris,vileté,mensonge.

*நிசிதம்,(nisita),fer, pointe, mé-

நிசிதர்,(நிசிதம்),gens vils,démons, spectres,géans.[lateur,écrivain,clerc.

நிசிந்தா,(*pers.*),comptable, calcu-

*நிசீதம், (nisîtha), nuit, minuit, pointe, - aigue,tranchant, petitesse, vileté.

*நிசிநி.நிசித்தினை,(நிசிதம்,ini, yâ),nuit: நிசிநிமிநாதன் la reine de la nuit,*i.e.*la lune.[bha,na),meurtre.

*நிசும்பம்,நிசும்பனம், (nisoum-

*நிசும்பன்,(*id.*),le géant Nisoumbhen: நிசும்பமர்த்தினி la destructrice de Nisoumbhen,*i.e.* துர்க்கை.

*நிசுலகம்,(nitchoulaka),cuirasse.

*நிசுவாசம்,(நிர்,சுவாசம்), 1° *ou* நிசுவாசனம், நிசுவசிதம், (nirsvasa, —sita), expiration, air renvoyé des poumons. 2° un des 28 livres des Sivénistes.

நிசுளம்,l'arbre நீர்க்கடம்பு. [tre.

*நிசூதனம்,(நி),destruction,meur-

*நிசேதம்,*P.* நிஷேதம்.

*நிசை,(nisâ),nuit. [ka),cuirasse.

*நிசோலகம், (nitchôla *jaquette*,

*நிச்சத்தியம், நிச்சத்தியதை, (நிர்,சத்தியம்,tâ),fausseté, mensonge.

*நிச்சத்துவம்,(*id.*), impuissance, faiblesse.

*நிச்சம்,(nidja),toujours.

*நிச்சயம்,(nistchaya),certitude,vérité,assurance,confirmation, sureté, fermeté,détermination:— பண்ணுகிறது *ou* நிச்சயப்படுத்துகிறது assurer,certifier,garantir, confirmer, prouver,rendre certain,déterminer, résoudre;—தாம்பூலம் bétel et arec qu'on donne au prétendant pour confirmer la promesse qu'on lui fait d'une fille en mariage.

*நிச்சயார்த்தம்,(நிச்சயம்,அர்த்தம்),assurance,chose vraie,sûre, certaine,vrai sens.

நிச்சயிக்கிறது,யித்தேன்,யிப்பேன்,யி,யிக்க,*v.a.*நிச்சயித்தல்,*n.v.*(நிச்சயம்), certifier,assurer, garantir, rendre sûr,se proposer,résoudre,déterminer; நிச்சயிக்கப்படுகிறது être sûr, certain, résolu...; நிச்சயித்துக்கொள்ளுகிறது s'assurer, acquérir la certitude, devenir certain, examiner, se décider, se proposer, se déterminer. [détermination, résolution.

நிச்சயிப்பு, *n.v. du préc.* certitude,

*நிச்சலம், (நிர், சலம்), immobilité, — sans mouvement, fermeté, continuité, perpétuité: நிச்சலத்தியானம் méditation sans aucun mouvement.

*நிச்சலன், (*id.*), immobile, l'immuable, Dieu. [posée immobile).

*நிச்சலை, *fém. du préc.* la terre (sup-

*நிச்சலாங்கம், (நிச்சலம், அங்கம்), corps immobile, montagne.

நிச்சல், *P.* நித்தல், toujours.

நிச்சன், *V.* நாளி. [air.

*நிச்சாரகம், (நிர், சாரகம், ka), vent,

நிச்சிக்கிறது, நித்தேன், நிப்பேன், நி, நிக்க, *v.a.* நிச்சித்தல், *n.v.* (நிச்சம்), *V.* நிச்சயிக்கிறது. [vérité.

*நிச்சிதம், (nistchita), certitude,

*நிச்சித்தம், (நிர், சித்தம்), répression de la volonté, exemption d'inquiétude.

*நிச்சிந்தன், (நிச்சிந்தை), être tranquille, — irréfléchi, sans souci, — inquiétude, Dieu, Arouguen.

*நிச்சிந்தை, (நிர், சிந்தை), exemption d'inquiétude, de crainte, calme, tranquillité d'esprit, inconsidération, irréflexion.

நிச்சியம், ail.

*நிச்சிரயணி, நிச்ரேணி, (nisrayani, nisreni), échelle, escalier.

*நிச்சிரேயசம், (nisrêyasa), béatitude finale, délivrance de l'âme du corps matériel et réunion à l'âme universelle, renoncement absolu.

*நிச்சுவசனம் (நிர், svasana *respiration*), soupir, obstination.

*நிச்சுவாசம், (நிர்), expiration, rétention de la respiration.

*நிச்சேதம், (nitchtchhêda), expulsion, retranchement. [பாஷாணம்.

நிஷக்கல்லு, l'arsenic dit கௌரிக்க

*நிஷங்கம், (nichanga), carquois, union, accord, association.

*நிஷங்கி, (நிஷங்கம்), archer.

*நிஷதம், (nichadha), montagne ou chaine de montagnes au sud de இலாவிருதம் et au nord des monts இமாலயம், c'est un des அஷ்டதிக்குப்பருவதம், pays situé dans la division sud-est de l'Inde et où regna le roi நளன். [verain de Nichadha.

*நிஷதன், (*id.*), le roi நளன், sou-

*நிஷாதம், (nicbâda), la 1re ou la plus élevée des 7 notes.

*நிஷாதன், (*id.*), homme vil, de basse caste, dégradé, fils d'un brame et d'une choutresse, pêcheur,

நிஷாணி, (*pers.*), signature.

*நிஷித்தம், (nichiddha), prohibition, défense: — பண்ணுகிறது défendre.

*நிஷூதம், *P.* நிஷ்டூரம். [dre.

*நிஷூதனம், (nichoûdana), meurtre.

*நிஷூதனன், (*id.*), meurtrier. [tre.

*நிஷேதம், (nichêdha), empêchement, défense, irrégularité, exception, faute.

நிஷேகிக்கிறது, நித்தேன், நிப்பேன், நி, நிக்க, *v. n.* les époux consommer le mariage.

*நிஷ், *P.* நிர், sans, *devant* க, *et* ப; *au lieu de* நிஷ் *on écrit aussi* நிட்.

*நிஷ்கபடம், (நிஷ்), sincérité, franchise, loyauté, vérité, pureté d'intention, — de cœur: நிஷ்கபடபத்தி piété sincère.

*நிஷ்கம், (nichka), poids pour l'or (pour en déterminer les diverses valeurs), poids d'un பலம், or (en général), ornement de la poitrine, espèce de tambour. [bilité.

*நிஷ்கம்பம், (நிர், கம்பம்), immo-

நிஷ்கரிக்கிறது, ரித்தேன், ரிப்பேன், ரி, ரிக்க, *v.a.* résoudre.

*நிஷ்கருஷம், நிஷ்கருடம், (nirkarcha), நிஷ்கருஷை, நிஷ்கருடை, certitude, résolution, détermination: நிஷ்கருஷ *ou* நிஷ்கருஷைபத்திரிகை certificat, assurance, lettre de bonne ou mauvaise conduite; நிஷ்கருஷைபண்ணுகிறது prendre la résolution. [auté, défaut, de pitié.

*நிஷ்கருணம், (நிஷ், கருணை), cru-

*நிஷ்கருமன், (*id.* கருமம்), *V.* நிஷ்கிரியன். [les règles ont cessé.

*நிஷ்கலை, (nichkalâ), femme dont

*நிஷ்களம், (நிர்), état sans figure,

—forme,—mélange,pureté. [tache.

*நிஷ்களங்கம்,(*id.*),pureté,—sans

*நிஷ்களர்,(*id.*),gens purs,Dieu.

*நிஷ்கபடியம்,(*id.*kâpatya *fraude*),sincérité.

*நிஷ்காமியம், நிஷ்காமம், (*id.*), exemption de tout désir,indifférence.

*நிஷ்காரணம், (*id.*), défaut de cause,de fondement,de raison:—அடித்திறது frapper sans raison, sans qu'on l'ait mérité:— ஆய்ச்சொல்லுகிறது dire sans raison ou motif.

*நிஷ்கிரமணம்,(*id.* kramana *allée*),cérémonie de porter un enfant dehors de la maison le 4me mois.[se.

*நிஷ்கிராமம்,(*id.*espèce de dan-

*நிஷ்கிரியன்,(*id.*கிரியை), homme qui s'abstient de toute cérémonie légale,—qui ne participe ni aux cérémonies de ce monde ni à celles de l'autre.

*நிஷ்டாநுசாரன், நிஷ்டாபரன், நிஷ்டாவரன், (நிஷ்டை, அநுசாரம்,பரன்),fidèle observateur des observances religieuses.

*நிஷ்டாநுபூதி,(*id.* அநுபூதி),jouissance divine de la réussite des exercices religieux.

நிஷ்டியூதம், நிஷ்டியூதி, (nichtyoûda,—ti), crachat,chose crachée.

*நிஷ்டீவம், நிஷ்டீவனம், (nichtîva, na), crachat, cracher,vomissement.

*நிஷ்டூரம்,(nichtoûra),cruauté, atrocité,dureté,injure,insulte:—பண்ணுகிறது user de cruauté, traiter cruellement, —durement: —பேசுகிறது parler durement:— ஆய்ச்சொல்லுகிறது dire ou parler avec mépris,d'une manière atroce.

*நிஷ்டூரதை,(நிஷ்டூரம் tâ),langage atroce, dur, insultant.

*நிஷ்டூரன், *m.* நிஷ்டூரி, *f.* (நிஷ்டூரம்),homme—,femme cruelle, atroce, sévère, dur.

*நிஷ்டேவம்,நிஷ்டேவனம்,(nichtêva, na), cracher.

*நிஷ்டை,(nichtâ),dévotions,pratiques—,cérémonies religieuses,exercice austère, répression des sens, méditation, —continuelle,foi, espérance,bonne conduite, conclusion, fin,— d'une histoire, horoscope, temps de la vie,de son bonheur,force,persévérance, perte, disparition, gène,détresse:—யாயிருக்கிறது être en dévotions ou méditations continuelles;—கூடுகிறது réussir dans sa pénitence, obtenir l'objet de ses désirs,le don désiré.

*நிஷ்பக்குவம்,(நிஷ்), décoction, infusion,degré insuffisant de cuisson,de température,etc.

*நிஷ்பங்கம்,(*id.*),pureté, propreté,sans tache.

*நிஷ்பத்தி, (*id.* patti *allée*), naissance,fin, conclusion, achèvement, 2° (*id.*பத்தி),défaut de piété.

*நிஷ்பரிக்கிரகன், (*id.*), ascète,—qui a renoncé à tout. [lité,stérilité.

*நிஷ்பலம்,(*id.*),inefficacité,inuti-

*நிஷ்பலை,(நிஷ்பலம்), femme qui a passé l'âge d'avoir des enfans.

*நிஷ்பவம்,*P.* நிஷ்பாவம், espèce de pois dit மொச்சை.

*நிஷ்பன்னம்,(nichpanna),maturité,chose mûre,—à la température voulue.

*நிஷ்பாவம்,(nichpâva),air, vent, —que fait le van à vanner, action de vanner,paille,certitude,espèce de pois phaseolus radiatus, expulsion, renvoi. [boire.

*நிஷ்பானம், (நிஷ்), action de

*நிஷ்பிரகிருதி,(நிர்), ce qui est sans élément ou sans cause.

*நிஷ்பிரபஞ்சன், (*id.*), homme doux,détaché des choses terrestres.

*நிஷ்பிரபை,(*id.*),obscurité,manque de lumière.

*நிஷ்பிரயோசனம்,(*id.*) inutilité.

*நிஷ்பிரயோசனன்,(*id.*), homme utile.

*நிஷ்புத்திரன்,*m.*நிஷ்புத்திரை, *f.* (*id.*),homme—,femme sans enfans.

*நிஷ்புருஷன்,(*id.*),eunuque,homme impuissant,poltron.

*நிஷேதாரம்,(நிர்,காரம்),calomnie, médisance,mépris,injure, négligence.

*நிஸ்ஸாரம்,P. நிசாரம்.
*நிடதம்,நிடதன்,P. நிஷதம், நிஷ
*நிடலம்,(nitala),front. [தன்.
*நிடலாக்ஷன்,(நிடலம், அக்ஷம்), celui qui a un œil au front, Siven.
*நிடிதம், V. நிஷ்டியூதம். [tre.
*நிடேதனம்,P. நிஷேதனம், meur-
*நிடேதனன்,P. நிஷேதனன், meurtrier.
*நிடேதம்,P. நிஷேதம். [து.
நிடேதிக்கிறது, P. நிஷேதிக்கிற
☞ நிட்ச.நிட்ட, நிட்ப... s'écrivent pour நிஷ்ச, நிஷ்ட, நிஷ்ப...; voyez cette orthographe.
☞ நிட்ச...s'écrit pour நிக்ஷ...; voyez cette orthographe. [tre.
நிட்சேபம்,mise,action de met-
நிணக்கிறது,ணத்தேன், ணப்பேன்,ண,ணக்க,(நிணம்),v.n.நிணத்தல்,n.v. et நிணத்துப்போகிறது,engraisser,devenir gras, pétulant, orgueilleux,tresser, tisser, faire une claie: நிணத்தவன் homme gras.
நிணத்தல்,நிணப்பு,n. v. du préc. graisse,embonpoint.
நிணம்,gras, graisse,embonpoint: —துத்திருக்கிறது être gras et replet, être potelé; — துன்னுகிறது ou நிணச்செருக்குண்டாகிறது devenir —,être gras,pétulant, insolent, orgueilleux, licencieux; நிணச்செருக்கு pétulance,orgueil insolence, opiniâtreté,lubricité, அவன்நிணச்செருக்கு அவனையாட்டுகிறது sa pétulance l'agite, le rend fougueux ou stupide.
நிணறு, (télinga), attendrissement,affection, tendresse, attachement,bonté; நிணறுடையவன் homme plein de bonté; நெஞ்சம் நிணறுங் கொண்டுபேசுகிறது parler avec une tendre affection ou bonté.
நிண்டுகிறது,டினேன், டுவேன், டு,ட,v.a.நிண்டுதல்,n.v.(P.நிண்டுகிறது ou நிமிண்டுகிறது), tirer avec peine (d'une foule), molester, tourmenter les autres,pincer,ronger (v. g. un ver): சும்மா நிண்டிக்கொண்டேயிருக்கிறான் il ne fait que vexer les autres sans raison.

*நிண்ணயம்,P. நிர்ணயம்: நிண்ணயபத்திரம் sentence,verdict, décisi-
*நிண்ணரம்,P. நிர்ணரம். [on.
நிண்ணயிக்கிறது, நிண்ணயிக்கிறது,ணயித்தேன்,ணயிப்பேன்,ணயி,ணயிக்க;v.a.நிண்ணயித்தல்,n.v. (நிண்ணயம்), V.நிர்ணயிக்கிறது.
நிதகம்,la plante நீர்முள்ளி,
*நிதத்துரு, (நிதம், drou arbre), homme, arbre vénéneux, forme de poison.
*நிதம்,1° (nida),poison,venin. 2° (sync.de நித்தியம்), perpétuité, toujours.
*நிதம்பம்,(nitamba),fesses de femme,vulve,postérieur,derrière, milieu —, circonférence des reins et des hanches,épaule, côté de montagne, rivage,rive, l'arsenic dit தற்பகிபாஷாணம்: நிதம்பகுலை strangurie, espèce de maladie arthritique.
*நிதரிசனம்,(நி), démonstration, preuve,—évidente,—claire, exemple,explication,fig.de rhét.qui montre que la présence de quelque chose produit du bien ou du mal,invisibilité. [gant,vide de sens.
*நிதருக்கம்,(நி),discours extrava-
*நிதலம்,(id.),un des 7 mondes inférieurs des Indous.
*நிதற்சனம்,P. நிதரிசனம்,exemple,précepte,espèce.
*நிதனம்,(nidhana), mort, perte, disparition,invisibilité, pauvreté,la 7° constellation à compter de celle sous laquelle on est né, le 7me jour de la naissance,race,famille.
*நிதனதை,(id.tâ),pauvreté: —காரி destructice.
*நிதாகம்,(nidâgha),le temps des grandes chaleurs, (i. e. ஆனி et ஆடி Juin et Juillet),chaleur, sueur, transpiration: நிதாககரன் l'auteur des chaleurs,i. e. le soleil; —காலம் le temps des grandes chaleurs;—நதி rivière presqu'à sec dans les chaleurs.
*நிதாத்தம்,P. நிசாத்தம்,vérité.
*நிதானம்,(nidâna),certitude, vérité,justesse,légitimité,justice,droi-

ture,probité,exactitude, estimation, estime,cause première,pureté,purification,fin,cessation,corde pour attacher les vaches,recherche des causes des maladies, étude des symptômes,ce qui est une division de tous les livres de médecine, armée. 2° (nidhana), or, trésor, nom commun des 9 pierres précieuses, du bijou divin et des trésors ou bijoux de Koubèren:— ஆயிருக்கிறது être juste,légitime,légal,exact; — ஆய்ச் சொல்லு dis exactement la vérité; — ஆனவிடத்துக்குப்போகிறது aller au lieu désigné ou convenable; — தப்பிப்போகிறது manquer de droiture,d'exactitude,être injuste, illégal,illicite; நிதானத்திலேபோகிறது marcher dans le droit chemin; நிதானக்காரன்,—ப்பட்டவன் ou

*நிதானவான், (நிதானம், vân), homme juste,droit,probe.

*நிதானன்,(id.),celui qui est la 1re cause,la justice même,i.e.Dieu.

*நிதானி,(id,i),homme juste,droit.

நிதானிக்கிறது,னித்தேன்,னிப்பேன்,னி,னிக்க,v.a.(நிதானம்),நிதானித்தல்,n.v.voir ce qui est juste,juger, estimer,s'assurer,se déterminer: குற்றமாய்—juger injustement.

நிதானிப்பு,n.v.du préc. jugement, estimation,estime,conclusion par argument.

*நிதி,(nidhi), joyau ou ornement qui pend,— qui pend d'un autre, plénitude,mer, richesses,trésor, réceptacle,or,(on en distingue 2 sortes; பதுமநிதி or ressemblant au nénuphar et சங்கநிதி or ressemblant aux conques),nom commun aux 9 pierres précieuses et aux 9 pierreries ou trésors fabuleux de Koubèren (et dont les noms sont பதுமம்,மகாபதுமம், சங்கம்,மகரம்,கச்சபம்,முகுந்தம், நந்தம்,நீலம்,கர்ப்பம்:leur nature n'est pas exactement définie; quelques-uns de ces trésors semblent être des pierres précieuses. Selon les சாஸ்திரங்கள் ils sont personnifiés et adorés comme demi-dieux au service de Koubèren et de Lakchimi: — க்கிழவன்,—க்கோன்,—நாதன்,—பதி,—ப்பிரபு le maître de ces trésors, i. e. Koubèren;—சாஸ்திரம் science prétendue de trouver des trésors; — ப்பொதி, V.கிழிக்கட்டு.

*நிதித்தியாசனம், (nididhyâsana), réflexion,—profonde.

*நிதிக்திகம்,(nidigdhikâ),la plante கண்டங்கத்திரி.

*நிதியம்,(நிதி,ya), pierre précieuse des dieux indous,pierre précieuse (en général),élément,les 5 élémens, trésor,richesses, les 14 espèces de choses précieuses.

நிதிபோன்,*நிதீசன்,நிதிச்சுவரன் (நிதி,ஈசன், ஈசுவரன்), le prétendu roi des richesses,i.e.Koubèren.

*நிதுவனம்,(nidhouvana),mélange,copulation,joie,amusement.

*நிதேசம்,(nidèsa),ordre, instruction,discours,voisinage.

நித்தம்,sync.de நித்தியம்,perpétuité,chaque jour,et adv.toujours, éternellement,journellement:— வருகிறது venir chaque jour; நித்தமும் toujours,chaque jour; நித்தசுகியானவன் être—,homme toujours heureux, Dieu. [ம்),mer sans vagues.

*நித்தரங்கசமுத்திரம்,(நிர், தரங்கம் நித்தல், V.நித்தம்.

நித்தன்,sync. de நித்தியன், être éternel,Dieu,l'âme,(et à tort), Siven, Arouguen. [solanum jacquini.

*நித்திகம், (nidigdhikâ), la plante

*நித்தியதை,(,நித்தியம்,tâ),éternité.

*நித்தியம்,(nitya),éternité, perpétuité,perpétuelle durée, incorruptibilité,immortalité,toujours, mer,paradis: நித்தியமாய் éternellement, toujours: நித்திய éternel, perpétuel, continuel;—கட்டளை ordre perpétuel,—journalier,tâche—, dépense—, allocation quotidienne;—கட்டளைப்படி selon l'allocation quotidienne, —கதி ce qui est toujours en mouvement,i.e.le vent;—கருமம்,—கர்மங்கள்,—கிருத்தியம்,—க்கிரியை cérémonies —, pratiques religieuses de chaque jour, dévotions journalières;

—கலியாணம் joie continuelle; — கலியாணி femme toujours heureuse, Parvadi; —காலம் l'éternité, — சமாதானம் paix —, concorde perpétuelle, repos éternel: —சூதகி celui qui rend les derniers devoirs aux morts; —சீவி être éternel; —சீவியாயிருக்கிறது vivre éternellement, être éternel; — சீவியம் la vie éternelle; —சீவியப்படுத்துகிறது éterniser, rendre immortel, —சேவகம், — சேவனை service perpétuel; —தக்கணம், V. நித்தியவிவேகம்; —தத்துவம், —த்துவம் éternité, incorruptibilité; —தா, (dâ), toujours; —தானம் aumône quotidienne; —நைமித்திகம் cérémonie qui revient à des époques fixes et régulières; —பூசை sacrifice éternel, — quotidien: —ப்படி coutume perpétuelle, selon la coutume journalière et perpétuelle; —ப்பிரளயம் mort qui frappe journellement, destruction continuelle des êtres vivans; —முத்தி, — மோட்சம் bonheur éternel, le paradis, délivrance pour toujours de nouvelles naissances prétendues; — யோகம் bonheur quotidien, யோகம் de chaque jour, (il y en a 27. V. யோகங்கள்); —யௌவனம் jeunesse éternelle; —யௌவனை celle qui a une perpétuelle jeunesse, Draoupadei: — வாழ்வு bonheur éternel, vie éternelle; —விக்ஷேபம் parallaxe de la distance de l'équateur au zénith (dans le lieu de l'observation); — வேதி fosse dans laquelle on fait le sacrifice ஓமம், lieu du sacrifice, règles —, observances quotidiennes, — perpétuelles; —விநோதம் pompe —, jeu perpétuel, un des 3 parasols d'Arouguen.

*நித்தியன், (nitya), éternel, immortel, incorruptible, Dieu.

*நித்தியாநித்தியம், (நித்தியம், அநித்தியம்), le temps et l'éternité, incorruptibilité et corruptibilité, ce qui est éternel ou ce qui ne l'est pas, choses éternelles et périssables; நித்தியாநித்தியவஸ்துவிவேகம் connaissance des choses éternelles et temporelles ou périssables, savoir que Dieu seul est éternel et que les autres êtres ne le sont pas.

*நித்தியாபரோக்ஷம், நித்தியாபரோட்சம், (id. அபரோக்ஷம்), vision éternelle de Dieu, l'être —, le Dieu éternel.

*நித்தியாநத்தியாயம், (id. அந் privatif, அத்தியாயம்), temps où la lecture des vêdas est invariablement défendue, c'est le jour de la nouvelle et celui de la pleine lune, le 8me et le 14me jour de chaque demi-lunaison.

*நித்தியாநந்தம், (id. ஆநந்தம்), joie éternelle, le paradis.

*நித்தியாநந்தன், (id.), celui qui est éternellement heureux, i.e. Dieu.

*நித்தியானம், (nidhyâna), vue, action de voir.

*நித்திரா, obl. de நித்திரை: — சஞ்சனனம் ce qui produit le sommeil, phlegme, humeur phlegmatique, ronflement; — தேவி, la déesse du sommeil; —பங்கம், réveil, interruption du sommeil; —விருட்சம், obscurité, arbre soporifique.

*நித்திராளு, நித்திராளன், (id. âlou, âna affixes), homme endormi.

நித்திரிக்கிறது, ித்தேன், ிப்பேன், ிக்க, v.n. (நித்திரை), நித்திரித்தல், n.v. dormir, sommeiller.

*நித்திரை, (nidrâ), sommeil (ce qui est un des 18 défauts du மரணயாசனை), assoupissement, envie de dormir, repos: —கலைகிறது le sommeil se dissiper, — être troublé, se réveiller: —கலைக்கிறது dissiper —, troubler le sommeil, réveiller; —க்குணம் penchant au sommeil; — கொள்ளுகிறது, — செய்கிறது, — பண்ணுகிறது dormir; ஒத்தவிடத்தில் — கொள் dors dans un lieu bien uni; —க்கலக்கம், —ச்சோப்பம், — த்தூக்கம், —த்துவம் assoupissement, envie de dormir; —சோதிக்கிறது examiner si quelqu'un dort profondément (ordinairement avec mauvaise intention surtout par rapport aux femmes); —தெளிகிறது se réveiller, —போகிறது dormir, s'assoupir, aller dormir; —மயக்கம் assoupissement;

— வருகிறது le sommeil venir,avoir envie de dormir; — வந்தமட்டுகிற து,(வந்து,அமட்டுகிறது), le sommeil accabler; நித்திரைக்குப்போகி றது aller dormir.

நித்திலம்,perle.

நிச்சில்,l'arbre நொச்சி.

*நித்துவானம்,(நி),son,bruit.

நிநதம், 1° privilège, exemption, immunité.2°* (ninada),ou [ral.

*நிநசுதம்,(நி),bruit,son en géné-

நித்தம்,P.நிநதம்,propriété; V. நி றதம்.

*நிந்தனம், நிந்தனே, (nindana), injure,mépris,affront,outrage,dérision,reproche. [ந்தை),mépris.

*நிந்தாட்சேனே, நிந்தாஷ்னே, (நி

*நிந்தாஸ்துதி, நிந்தாத்துதி, (id. ஸ்துதி),ironie,louange ironique.

நிந்திக்கிறது,நிந்தேன், நிப்பேன், நி,நிக்க,v.a.நிந்தித்தல்,n.v.(நிந்தை), mépriser,dédaigner,railler, injurier,vilipender,insulter.

*நிந்திதம்,(நிந்தை, ita), mépris, raillerie,dérision,empêchement.

நிந்திப்பு. n.v.de நிந்திக்கிறது, V. நிந்தனம்:நிந்திப்புண்டா யிருக்கிற து être méprisé.

*நிந்து,(nindou),femme qui a mis au monde un enfant mort.

*நிந்தை.(nindâ),mépris,raillerie, injure,affront,dérision:— சொல்லு கிறது insulter,outrager, mépriser, —யாய்ப்பேசுகிறது parler avec mépris: —புவமை comparaison où l'on élève l'objet comparé au dessus de celui auquel on le compare, trouvant des défauts dans celui-ci; ainsi relevant les défauts de la lune,on vantera le visage dont on parle comme plus beau que cet astre.

நிபச்சொல், (நிபம்), calomnie. fausse accusation, médisance: நிபச் சொற்காரன் faux accusateur, calomniateur.

*நிபடம்,நிபடனம்,நிபடிதம், நிப டிதி,(nipata, -tana,— tita,— titi), lecture,étude. [chute.

*நிபதனம்,நிபதிதம்,(நி),descente,

*நிபத்தி,(nibaddha),vérité,certitude, réalité:— க்காரன் homme véridique ,—sûr, —de confiance;— யாக்கு கிறது, — பண்ணுகிறது vérifier, prouver, certifier; — யாயறிகிறது connaître avec certitude: — யாய்ச் சொல்லுகிறது dire la vérité.

*நிபத்தியம்,(nipatyâ), champ de bataille.

*நிபந்தம்,(nibandha),obligation, rétention d'urine,chant,poésie, immunité, commentaire ou explication des règles techniques, explication des mots.

*நிபந்தனம்,(நிபந்தம்,na),collection de diverses choses, livre, lier, relier,être lié,—relié,cause, motif, cheville de luth, ou நிபந்தனிரந் தம் recueil ou compendium de divers ouvrages,—de diverses sciences.

*நிபந்தனே,(id.),convention,traité,accord,règle, — générale, loi, obligation,lien,fermeté,balle ou boulet; நிபந்தனேக்குட்பட்டிருக்கிறது être entré dans la convention, être lié,obligé: அன்னியோன்னிய — convention mutuelle,traité d'alliance.

*நிபம்,(nibha),ressemblance,conformité,comparaison,fraude,déguisement,ruse,manifestation, accusation,calomnie,médisance, cause. 2° (nipa),jarre d'eau,l'arbre கடம்பு.

*நிபாகம்,(நி),action de faire la cuisine.

*நிபாடம்,நிபாடனே,(நி, பாடம்), étude,—des livres sacrés,lecture,—publique des poèmes populaires.

*நிபாதம்,(nipâta),descente, chute,mort,abandon,erreur,faute,irrégularité,exception (en grammaire).

*நிபாதனம்,நிபாதிதம், (நிபாதம், na,ita),action de tuer, de briser, de faire tomber,irrégularité,exception, faute,erreur. [tion de voir.

*நிபாலனம்.(nibhalana),vue, ac-

*நிபானம்,நிபானகம், (நி, பான ம்,ka),puits,réservoir,auge ou bassin (pour abreuver le bétail), jatte —,vase de lait,action de boire.

*நிமிடம்,நிமிடாயம், (nivita), épaisseur, presse, gêne: சனமநிக நிமிடமாயிருக்கிறது la foule est trop serrée.

*நிபீடனம், (நிபீடிதம், (நி. பீடனம், nipidita), action de presser, de comprimer, de serrer, d exprimer.

*நிபுணன், (nipouna), *pl.* நிபுணர், savant, habile, très-instruit (dans les sciences...), très-prudent, —puissant, la planète Mercure ou புதன்: சாஸ்திரத்தில்— ஆயிருக்கிறது être très-habile dans les sciences; நிபுணத்துவம் science, prudence, habileté.

*நிப்பரம், (நிர், பரம்), légèreté, vitesse, agilité, fermeté, immobilité.

நிமந்தம், occupation servile, corvée, travail vil, surtout celui des choutres qui portent des idoles dans une pagode, *V.* நிபந்தம்: நிமந்தக்காரன் homme de corvée, serviteur, porteur d'idoles, ouvrier.

நிமம், nuque du cou, bosse des bœufs indiens.

*நிமயம் (nimaya). troc, échange.

*நிமலம், (நி), pureté, —sans tache, netteté.

*நிமலன், (*id.*), homme —, être pur, saint, le Saint par excellence, Dieu.

நிமலை, *V.* நிமிலை.

நிமாசு, (*ind.*), prières que les Mahométans font 5 fois le jour: —பண்ணுகிறது faire cette prière.

*நிமி, (nimi), Nimi, roi de la dynastie solaire, fils d'இக்ஷுவாகு et condamné à demeurer dans le clin-d'œil.

*நிமிசம், நிமிஷம், நிமிடம், (nimicha), clin-d'œil, instant, moment; il contient 8 காட்டை: ஒருநிமிஷத்திலே en un clin-d'œil, dans un instant.

நிமிடசரம், dureté, étroitesse.

நிமிட்டுகிறது, ட்டினேன், ட்டுவேன், ட்டு, ட்ட, *v.a.* நிமிட்டல், நிமிட்டுதல், *n.v.* pincer, arracher en pinçant.

நிமிண்டி, 1° espèce de fourmi. 2° filou qui vole adroitement sans qu'on s'en apperçoive, escamoteur; *gér.de*

நிமிண்டுகிறது, டினேன், டுவேன், டு, ட, *v.a.* நிமிண்டல், நிமிண்டுதல், *n.v.* escamoter, voler adroitement, rogner, pincer, arracher avec les doigts, frotter avec ou entre les doigts.

*நிமித்தகம், (நிமித்தம், ka), baiser, cause.

*நிமித்தம், (nimitta), cause, — instrumentale, raison, motif, intention, marque, signe, trace, présage, auspice, augure (tiré des lézards et autres animaux): இதினிமித்தமாக pour cette raison, c'est pourquoi; —இல்லாமல் sans motif, —cause; —ஒன்றுமில்லாமல் sans aucune cause; —பார்க்கிறது observer les augures...; —பார்க்குதல் observation des augures...; —பார்ப்போன் augure, devin, observateur d'augures; —பாராமற்போகிறது ne pas faire attention aux présages, aux augures; நிமித்தக்காரணம் cause efficiente, qui produit un effet, cause instrumentale; —காரன் devin, diseur de bonne-aventure, observateur —, interprète d'augures (qui accompagne les rois...); —காலம் temps spécifié ou désigné; —சாஸ்திரம், —வித்தை science des augures; —சூடாமணி livre qui traite de la divination et des augures; —தருமம், —தர்மம் expiation, pénitence occasionelle; —தானம் cérémonie envers les mânes des ancêtres; —த்துவம் cause, instrument; —மாத்திரம் simple agent ou instrument.

*நிமித்தன், நிமித்திகன், நிமித்திகப்புலவன், *pl.* நிமித்தர், நிமித்திகர், (நிமித்தம், ika), devin, augure, diseur de bonne-aventure (des rois...)

*நிமித்தியம், (நிமித்தம், ya), *V.* நிமித்தம்.

நிமிரல், *n.v.de* நிமிருகிறது, redressement, position droite, élévation, hauteur, fierté, étroitesse, croissance, course.

நிமிருகிறது *ou* நிமிர்கிறது, ர்ந்தேன், ருவேன் *ou* ர்வேன், ரு, ர், ர, *v.n.* se dresser, se redresser, se tenir —, être droit, se lever, s'élever, une planète être stationnaire, se serrer, être étroit, croître, s'enorgueillir, devenir fier,courir: நிமிரவுண்கிறது ou த் தின்கிறது manger à satiété,de manière que le ventre soit à l'étroit:நி மிரச்சொல்லுகிறது dire de se redresser,—de se tenir droit: நிமிரப் பண்ணுகிறது faire tenir droit, redresser;நிமிர்ந்திருக்கிறது,நிமிர்ந்து நிற்கிறது se tenir—,être droit:—ந டக்கிறது marcher droit, la tête levée; நிமிர்ந்தகூறு caractère intrépide,—roide,—altier qui suit sa propre volonté; நிமிர்ந்தநடை démarche fière, orgueilleuse: அவனிங் கேநிமிர்ந்துபோட்டதுமில்லைகுனிந் தெடுத்ததுமில்லை il ne s'est ni dressé pour mettre ni courbé pour prendre rien ici,*i.e.*il n'a rien fait ici.

நிமிர்க்கிறது,ர்த்தேன், ர்ப்பேன், ர்,ர்க்க,*v.a.du préc.*faire tenir droit, dresser,redresser,élever,relever.

நிமிர்ச்சி,*n.v.de* நிமிருகிறது,position droite,redressement, droiture, grandeur, hauteur, fierté, orgueil, force,fermeté,station des planètes.

நிமிர்தல்,*n.v.du même,V.*நிமிரல்.‖ riz cuit.

நிமிர்த்தல்,நிமிர்த்துதல்,*n.v.de* நிமிர்த்துகிறது, த்தினேன், த்துவேன்,த்து,த்த,*v.a.V.*நிமிர்க்கிறது.

நிமிர்ந்து,நிமிர்ந்த,*gér.et part. de* நிமிர்கிறது. [மிர்ச்சி.

நிமிர்ப்பு,*n.v.de* நிமிர்க்கிறது,*V.*நி நிமிர்வு,*V.*நிமிரல்.

நிமிளை,bismuth, pyrites, pierre qui semble un composé de plusieurs: இரசத—,வெள்ளி—,bismuth de couleur d'argent;கருமா—,*V.*கரு நிமிளை. [ment des yeux,mort

*நிமீலனம், (nimilana), cligne-

*நிமீலிகை,(nimilikâ),fraude,déguisement,artifice, clignement des yeux.

நிமுட்டுகிறது,*P.*நிமிட்டுகிறது.

*நிமேஷம், (நிமிஷம்), clin-d'œil, moment,instant,

*நிமேஷகம்,(நிமேஷம்,ka), clin-d'œil,mouche luisante.

*நிமேயம்,(nimèya),échange,troc.

நிமை,paupière.

*நிம்பம், நிம்பகம், (nimba, ka), l'arbre வேம்பு, margosa ou melia azadirachta: நிம்பபேசதம் la plante முடக்கற்றான்: நிம்பதரு l'arbre de corail, erythrina fulgens, regardé comme un des arbres du paradis indou. [séparation,désunion.

*நிம்மந்தனம், (nirmmanthana), நிம்மாந்தரம்,dureté,abondance.

*நியக்காரணம்,நியக்காரம்,(nyak *particule de mépris*),mépris,mépriser.

நியக்கி,*P.*நியங்கு. [ser.

*நியக்குரோதம், (nyagrôdha), le multipliant ou ஆலமரம், brasse mesurée les bras étendus, largeur.

*நியங்கு,(nyankou),cerf,nom d'un முனி.

*நியதம்,(niyata),restriction,retenue, modestie, fermeté, constance, certitude,perpétuité, toujours, préface.

*நியதி,(niyati), destin, destinée, bonne ou mauvaise fortune,devoir, —religieux,obligation—, pratique ou observance religieuse, — de ses devoirs religieux,ce qui est un des 36 தத்துவம்,destination,régle,coutume,rue,mort.

நியதிக்கிறது, தித்தேன், திப்பேன், தி, திக்க,*v. a.* faire pratiquer, destiner,*ou*

நியதுகிறது ou நியத்துகிறது,தி னேன்,துவேன்,து,த,*v.a.* நியதுதல் ou நியத்துதல்,*n.v.*laisser,abandonner,relâcher.

*நியதேந்திரியன்,(நியதம், இந்திரியம்), homme mortifié,qui réprime ses sens ou ses passions. [placer.

நியத்துவம், action d'adorer, de

*நியந்திரம்,(நியந்திரு), commandement, châtiment.

*நியந்திரு,(niyantrou), celui qui restreint,gouverne,punit:சர்வநியந் திருத்துவம் souveraine autorité de gouverner et de punir.

*நியமஸ்தன்,*pl.*நியமஸ்தர்,(நியமம்),fidèle observateur de ses devoirs, de ses résolutions, des institutions religieuses, employé désigné.

*நியமம், (niyama), convention, contrat,accord, consentement, pro-

messe,liaison,observance religieuse,(surtout celles qu'on s'impose à soi-même,comme jeûne, veille, pélerinage.prière...).pénitence volontaire,œuvre de surérogation, vœu, résolution,dévotion particulière,certitude,règle,précepte, loi, coutume, usage,manière, destination, détermination,ville ou village en pays cultivé.place,lieu,rue, — du bazar, —où il se tient, coutume du bazar, longue rue,pagode, temple,un des அஷ்டாங்கயோகம்,ou des 8 exercices d'un யோகி, qui consiste en des observances religieuses volontaires,telles que pénitence, pureté, étude exacte de la physique ou de l'anatomie, joie de l'âme, adoration de la divinité et piété: —ஆயிருக்கிறது être dévoué ou adonné à une pratique (surtout religieuse); —ஆய்ச்செய்கிறது faire —, accomplir dévotement,religieusement; — தப்பாமலிருக்கிறது ne pas manquer à ses dévotions ou devoirs religieux; — தப்பிப்போகிறது, — தவறுகிறது manquer,omettre ses pratiques religieuses; —வழுவாமலிருக்கிறது ne pas manquer à ses devoirs de religion,ne pas s'écarter des institutions religieuses; நியமச்சிலேடை figure qui détermine et fixe le sens de ce qui était ambigu; —ச்சூத்திரம் règle de détermination par laquelle, après avoir terminé une chose d'après une règle,on la rejette et on la détermine de nouveau; —க்காரன், V. நியமஸ்தன்; —த்தப்பு transgression, manquement à ses vœux,à ses résolutions,à ses pratiques religieuses, aux préceptes religieux; — நிஷ்டை institution,— morale,règle de conduite, cérémonies —, pratiques religieuses auxquelles on est adonné, cérémonie qu'on fait le soir,ou le matin,à midi et le soir; — நிஷ்டைமுடிக்கிறது accomplir —,finir une pratique religieuse; — நிஷ்டையாயிருக்கிறது observer les institutions religieuses; —ப்படுத்துகிறது, V. நியமிக்கிறது; —விலக்குச்சிலேடை rejet de la détermination qu'on venait de prendre dans une chose ambiguë; — உவமை fig de rhét.qui ajoute la lettre ஏ au mot sur lequel tombe la comparaison. *Ex.* வேயேகரமொப்பது le bambou ressemble à la main; நியமத்தின்வகுப்பு ordres,règles,section des règles ou observances etc..; — படியேநடக்கிறது se conduire régulièrement,observer ses vœux, ses résolutions, les pratiques religieuses...; தேசத்தினியமம் loi du pays; தேவபத்தியை விளைவிக்கும் நியமம் pratique propre à faire naitre la piété. [commandement,coutume.

*நியமனம், (நியமம், na), ordre,

நியமிக்கிறது,மித்தேன்,மிப்பேன், மி,மிக்க,v.a.(நியமம்),dédier, consacrer, vouer, résoudre, déterminer, régler,destiner, désigner, assigner, nommer (à une place), établir, ériger,affermir,commander,ordonner, faire,produire, régir: ஒருத்தனுக்கு நியமித்தபெண் fille destinée ou fiancée à quelqu'un: பதிலாகநியமிக்கப்பட்டவன் remplaçant, substitut,député; வேண்டாமென்றுநியமித்திருக்கிறது avoir défendu,être déterminé à refuser.

*நியமிதம்,(நியமம்,ita),certitude, règles,prescription.

நியமித்தல்,நியமிப்பு,n.v. de நியமிக்கிறது, destination,désignation,dessein,résolution, nomination, érection,ordonnance,dédicace, production.

*நியயம்,(nyaya),perte, dépense.

*நியர்ப்புதம்,(நி, அர்ப்புதம்), 100 billions.

*நியாக்கியம்,(nyâkya),riz grillé.

*நியாசம்,(nyâsa),dépôt,gage, abandon,désertion,renoncement,l'arbre வேம்பு margosa,méditation, action: நியாசம்பண்ணுகிறது abandonner,mettre en dépôt,méditer.

*நியாதம்,1° (nyâda), manducation. 2° *P.* நியாசம்,l'arbre வேம்பு.

*நியாதனம்,(niyâtana),faire tomber.

*நியாமகன்,(niyâmaka), batelier, pilote,cocher,guide.

*நியமம்,(niyâma), acte de surérogation,pénitence,jeûne et autres observances volontaires.

*நியாயம், (nyâya),raison, motif, cause,origine,justice,équité, droit, propriété,convenance,justesse,bonne conduite,règle —, précepte de morale,philosophie, logique, argument,raisonnement, syllogisme ou argument complet, la doctrine ou philosophie dite Nyâya,dispute,procès,place, lien, convention, police, bon gouvernement,marche:—அற்றவன், —இல்லாதவன் homme injuste, dénué de raisons;—உள்ளவன் homme juste,qui a raison; — ஆனபடி selon la raison,—la justice; — ஆய் justement,avec raison;—ஆய்ச்சொல்லுகிறது parler raisonnablement, justement,équitablement;— கேட்கிறது écouter les raisons,—une cause,demander raison: — செய்கிறது rendre justice:— செய்தல் administration de la justice;—சொல்லுகிறது dire —,montrer la cause, — la raison;— தப்பாமற்செய்கிறது agir en tout conformement à l'équité,à la raison;—தப்பிப்போகிறது manquer à l'équité,à la raison,à la justice,l'équité ou la raison faillir;—தீர்க்கிறது juger,décider;—பேசுகிறது parler raison, discuter les raisons, défendre,plaider pour:நியாயக்காரன் juge,arbitre,homme juste,raisonnable,raisonneur; — விதிக்கிறவன், —விதிப்போன் législateur; நியாயஹீனம், —க்கேடு défaut d'équité, de raison,injustice,déraison;—க்கேடாய்ப்பேசுகிறது parler à tort, contre l'équité ou le bon sens; — க்கேடு சொல்லுகிறது juger—, parler injustement,à tort; —க்கேடுபண்ணுகிறது faire une injustice, violer—, pervertir la justice;—சபை cour de justice,tribunal, assemblée des juges;—சாஸ்திரம் science du raisonnement,logique,dialectique, jurisprudence; —சாஸ்திரி logicien, dialecticien,juriste,sectateur de la doctrine Nyâya;—சிங்காசனம் tribunal;—சாலினி femme qui agit justement;—சூடாமணி nom d'un livre de logique; —ஸ்தலம் cour de justice,tribunal; — துரந்தரன் logicien, jurisconsulte, avocat, plaideur;—த்தப்பு,—த்தவறு,—ப்பிழை injustice, déraison, manque d'équité, de raison;—த்தலம் tribunal, cour de justice;—த்தீர்ப்பு jugement, décision; (on distingue 5 espèces de jugemens: குருட்டு—த்தீர்ப்பு jugement aveugle, déraisonnable, fait par un homme ignorant;மர்க்கட—த்தீர்ப்பு jugement de singe, —corrompu; மார்ச்சால—த்தீர்ப்பு jugement de chat,— partial; பித்திகா மார்ச்சால — த்தீர்ப்பு jugement de buisson et de chat,—douteux;பிபீலிகா—த்தீர்ப்பு jugement de fourmi,—droit et juste.Ceci fait allusion à des fables indiennes);—த்தீர்ப்புச்சொல்லுகிறது juger,donner une décision, un arrêt;— நூல் jurisprudence,science des lois,—du droit;—நஷ்டம் injustice;—நெறியாளன் homme juste,probe,observateur de la justice;—பரிசோதகன் juriste habile, juge compétant;—போதகம் précepte;—போதினி nom d'un traité de logique ou de dialectique;— ப்படி selon la justice,—la raison;—ப்பிரகரணம் théorème (en mathématique):—ப்பிரமாணம் loi,ordonnance,livre de lois,code; —ப்பிரமாணி, —ப்பிரமாணிக்கன் homme juste, qui observe la justice;—மலைவு confusion de raisonnement, défaut de logique qui embrouille et empêche de voir la décision à prendre;— வாதி avocat,plaideur;—வார்த்தை expression juste; — விசாரணை examen,— des raisons, investigation judiciaire; —விசாரணைக்குள்ளாக்குகிறது soumettre à un examen,— à une investigation;—விசாரணைசெய்கிறது faire une investigation,examiner les raisons des plaideurs, juger;— விசாரணைத்தீர்ப்புநாள் jour de jugement,— d'audience au tribunal;—விதாயகன் (vidhâyaka *qui donne*) législateur; நியாயத்தின்படி, நியாயத்துக் கொத்த பிரகாரமாய் selon la justice,—la raison; நியாயத்தைக்கெடுக்கிறது,— ப்புரட்டுகிறது faire violence au bon sens, à la raison,bouleverser les raisons, corrompre la justice,juger—,parler injustement; நியாயங்களைச்சொல்லிக்காட்டுகிறது exposer les raisons, donner des préceptes de morale.

*நியாயவான், (நியாயம், vân), homme juste,raisonnable,juge,avocat. [bunal, siége de juge.

*நியாயாசனம்,(*id*.ஆசனம்), tri-

*நியாயாசாரன், (*id*. ஆசாரம்), homme vertueux,observateur de la justice.

*நியாயாதாரம், (*id*.ஆதாரம்), exemple de vertu,soutien de la justice

*நியாயாதிபதி,(*id*. அதிபதி),juge.

நியாயிக்கிறது,யித்தேன், யிப்பேன்,யி,யிக்க,*v.n*. நியாயித்தல்,*n.v*.argumenter,raisonner.

*நியுதம்,(niouta),cent mille.

*நியுத்தம்,(நி,யுத்தம்),combat de près, —à brasse corps.

*நியுத்தன், (niyoukta), homme engagé ou appliqué (à une chose).

*நியுப்பிசம், (nyoubdja), cuillère faite d'herbe தருப்பை, courbure, bosse du dos,maladie [manque.

*நியூனம், (நி, ஊனம்), défaut,

*நியூனாங்கம், (நியூனம்,அங்கம்), mutilation —, imperfection des membres. [moins, inégalité.

*நியூனாதிகம்,(*id*.அதிகம்), plus ou

*நியூனேந்திரியன்,(*id*.இந்திரியம்), celui qui manque de quelque sens, comme l'aveugle,le sourd.

*நியோகம்,(நி),ordre, commandement,autorité,pouvoir, destination, emploi,effort, certitude, qualité; நியோகவிதி forme ou manière de nommer à un emploi; நியோகப்பிரயோசனம் ou

*நியோகார்த்தம்,(நியோகம்,அர்த்தம்),objet d'un arrangement, d'un ordre.

*நியோகி, (நியோகம்), employé, nommé à,ministre, député.

நியோகிக்கிறது,கித்தேன்,கிப்பேன்,கி,கிக்க,*v.a*. நியோகித்தல்,*n.v*.(நியோகம்),exciter,engager,ordonner, diriger. [convenance,propriété.

*நியோக்கியம், (நி, யோக்கியம்),

*நியோசனம்,நியோசிதம், நியோச்சியம்,(நி,யோசனம்,yôdjita, yôdjya),commandement,union,attache, destination.

*நியோச்சியன், (*id*.), serviteur.

*நிரகங்காரம்,(நிர்),humilité.

நிரக்கிறது,ரந்தேன்,ரப்பேன்,ர,ரக்க,*v.a*. mêler, mélanger, être plein. [du ou négligé le feu sacré.

*நிரக்கினி,(நிர்),celui qui a per-

நிரக்கு,(*persan*), prix,— courant, — fixé par les officiers de police, tarif,taux:— நாமா liste des prix courants.

*நிரக்ஷம்,(நிர்),ce qui est sans latitude,l'équateur terrestre, la ligne équinoxiale:வானம்— l'équateur céleste; நிரக்ஷதேசம் pays sans latitude,région équatoriale,où le jour est égal à la nuit toute l'année, pays chaud.

*நிரக்ஷரம்,(*id*.),ce qui est sans lettres:நிரக்ஷரகுக்ஷி homme stupide,hébété.

*நிரங்குசம்,(*id*. அங்குசம் *croc*), chose sans frein, sans contrôle, indépendance, désobéissance: நிரங்குசத்துவம்,—தை, (tâ), obstination, entêtement, désobéissance, volonté propre,liberté absolue.

*நிரங்குசன்,(*id*.), homme indépendant, libre, sans contrôle ni frein: நிரங்குசர் l'indépendant,*i.e.* Dieu.

*நிரசம்,(நி, இரசம்), insipidité, aridité,*ou* நிரசவஸ்து chose—,objet sans jus,sans goût ni saveur.

*நிரசனம்,1° (நிர்,அசனம்), abstinence—,privation de nourriture, jeûne. 2° (nirasana), destruction, meurtre,rejet,contradiction,crachement,vomissement.

*நிரசாதிபதி,நிரசாதிபன், (நிரசு

ம்,அதிபதி,அதிபன்), dieu qui, au dire des Indous,préside aux choses sèches,comme les grains...,et change chaque année.

*நிரஸ்திமாலி,(நிரு homme,அஸ்தி, மாலி),celui qui porte une guirlande d'ossemens humains,*i.e.* Siven.

*நிரஞ்சனம்,(நிர்), exemption de tache,de noirceur,de passion, de ténèbres,plénitude.

*நிரஞ்சனன்,(*id.*),l'être souverainement pur,sans tache, présent partout,Dieu, (selon les Djaïnas) Arouguen. [tort) Parvadi.

*நிரஞ்சனி,*fém.du préc.*la pure,(à

*நிரஞ்சனை,(*id.*), jour de pleine lune. [நிரக்ஷம்.

*நிரட்சம், நிரட்சரம், *V.* நிரக்ஷம்,

நிரணம்,réunion —,troupe d'hommes. [port, attache.

*நிரதி,(நி,இரதி), connexion,rap-

*நிரதிகாரன்,(நிர்), celui qui n'a pas la force,le pouvoir, la capacité.

*நிரத்தகம்,*P.* நிரர்த்தகம்),inutilité. [lange, plénitude.

நிரத்தல்,*n.v.de* நிரக்கிறது, mé-

*நிரத்தியயம், (நிர்), innocence, exemption de faute. [d'espace.

*நிரந்தம்,(*id.*),étroitesse,manque

*நிரந்தரம்,(*id.*),continuité,chose continue,sans intervalle, —interstices,perpétuité, toujours, étroitesse, manque de place,signe, lieu découvert,cachette.

*நிரந்தரன், (*id.*), l'Éternel,l'être infini, incompréhensible,*i.e.*Dieu.

*நிரந்தரி,*fém.du préc.*Parvadi.

நிரந்தரிக்கிறது,ரித்தேன், ரிப்பேன்,ரி,ரிக்க,*v.n.*(நிரந்தரம்), நிரந்தரித்தல்,*n.v.*s'étendre, se répandre, se remplir. [l'être qui connait tout.

*நிரந்திரியன்,(நிர்,அந்தரம், ya),

*நிரபத்திரபம், (*id.* அபத்திரபம்), impudence, effronterie. [d'eau.

*நிரபம், (நிர், ap *eau*), manque

*நிரபராதம்,(நிர்), innocence, — sans faute.

*நிரபராதி,(*id.*),innocent: நிரபராதியைத்தண்டித்தாற்பாவம் c'est un péché de punir un innocent.

*நிரபாயம்,(*id.*), incorruptibilité.

*நிரபிமானம்,(*id.*), retenue,modestie, — sans arrogance.

*நிரபேட்சம், நிரபேக்ஷை, நிரபேட்சை,(*id.*),indifférence, exemption de désirs. [de.

நிரப்பம்,(நிரப்புகிறது), plénitu-

நிரப்பு,1° *imp.et part. du suiv.* 2° *n.v.du même,* plénitude, action de remplir, mesure pleine, riz qu'on met autour d'une cruche pleine. 3° privation,manque, pauvreté, indolence,paresse.

நிரப்புகிறது,ப்பினேன்,ப்புவேன், ப்பு,ப்ப,*v.a. de* நிரம்புகிறது *et* நிரப்புதல்,*n.v.et* நிரப்பிவைக்கிறது, emplir,remplir,combler, rassasier, répandre,étendre. [dians.

நிரப்போர்,(நிரப்பு),pauvres,men-

*நிரப்பிரம்,(நிர்,அப்பிரம் *nuage*), sérénité, temps sans nuage.

*நிரம்பரம்,(*id.*அம்பரம்), pleine campagne,plein air.

*நிரம்பரன், (*id.*), homme sans vêtemens, Arouguen, Siven, Dieu (qui est sans corps ni vêtemens).

நிரம்பல்,*opt.et n.v. de* நிரம்புகிறது,plénitude,se remplir.

நிரம்பா,நிரம்பாத,*part. nég. du même,*non rempli, imparfait: நிரம்பாச்சொல்,—மொழி mot incomplet,partie d'un mot composé, *ou* — மென்சொல் parole imparfaite, mot enfantin (d'un enfant qui commence à parler); நிரம்பாத்தூக்கம் sommeil imparfait,souvent interrompu.

நிரம்பிய,*P.*நிரம்பின, *part. du suiv.*: —புஷ்பம் le bananier (rempli de fleurs).

நிரம்புகிறது,பினேன், புவேன்,பு,ப,*v.n.* நிரம்புதல், *n.v.* se remplir, se combler,devenir nubile,*ou* நிரம்பியிருக்கிறது être plein,comble.

*நிரயம்,(நிர்,அயம்),l'enfer.

*நிரர்த்தகம்,(*id.*அர்த்தம்,ka),inutilité.

நிரல்,ordre,rang,file,rangée.

*நிரவகாலிகை, (நிர், avahâlikâ, *haie*),haie,mur d'entourage. [son.

*நிரவம்,(நி,இரவம்), manque de

*நிரவயவன், (நிர்), celui qui n'a pas de membres, i. e. Dieu, un pur esprit.

நிரவல், opt. et n.v. de நிரவுகிறது, 1° nivellement, aplanissement, ajustement, remplissage. 2° ou நிரவலடிக்கிறது l'eau couvrir — remplir une terre labourée.

நிரவனிலம், (நிரவல், நிலம்), terre arrosée, couverte d'eau.

நிரவுகிறது, வினேன், வுவேன், வு, வ, v.a. et n. நிரவுதல், n.v. aplanir, niveler, égaliser, rendre égal, proportionner, ajuster, diviser également, remplir, se remplir, l'eau arroser et couvrir une terre labourée: இட்டு—aplanir, niveler, partager également; நிரவிக்கொள்ளுகிறது se partager également, s'aplanir, arranger des affaires avec un autre; —ச்சாப்பிடுகிறது manger après avoir divisé les mets par égales portions; —ப்பங்குப்பிரகாரமெடுத்துக்கொள்ளுகிறது diviser et prendre par égales portions; — யுட்காருகிறது s'asseoir à égales distances, — en s'arrageant également, ou en remplissant les rangs; — வரிசையாய்வைக்கிறது mettre en rangées égales, — remplies. [éternité.

*நிரவ்வியயம், (நிர், அவ்வியயம்), 

நிரவியசாலை, V. செருப்புக்கல்.

நிரனிறை, (நிரல், நிறை), parallélisme, ordre symétrique des mots, ou — யணி fig. de rhét. qui consiste à mettre dans un ordre symétrique les mots de l'idée principale et ceux qui s'y rapportent comme les métaphores etc. *Ex.* பவளமும்முத்தும்போலும் இதழும் பல்லும் lèvres et dents qui sont comme le corail et les perles: ici lèvres correspond à corail et dents à perles: — வழு interversion de cet ordre, défaut de symétrie (en poésie...).

*நிரன்னுவயன், (நிர், அன்னுவயம்), homme qui a renoncé à la vie conjugale, à la famille.

நிரா, V. நரா.

*நிராகம், (நிர், ஆகம்), chose —, être sans corps, sans figure, sans couleur. [V. நிராகரித்தல்.

*நிராகரணம், (நிர், ஆ, கரணம்),

*நிராகாரன், P. நிராகாரன், être immatériel, incorporel, invisible, sans figure, Dieu.

நிராகரிக்கிறது, ரித்தேன், ரிப்பேன், ரி, ரிக்க, v.a. et n. (நிராகரணம்), réfuter, refuser, rejeter, empêcher, jeter, chasser, s'égarer, dévier.

நிராகரித்தல், நிராகரிப்பு, n. v. du *préc.* réfutation, refus, rejet, opposition, empêchement, égarement.

*நிராகாரம், (நிர்), 1° immatérialité, incomparabilité, chose sans figure, sans corps, ciel, paradis, l'air, mépris, affront, reproche, censure, blâme, V. நிராகரிப்பு. 2° abstinence —, privation de nourriture, jeûne.

*நிராகாரன், (நிர், ஆகாரம்), être qui a un corps subtil, Vichnou, Siven, V. நிராகாரன்.

*நிராகிருதம், (நிர், ஆ, கிருதம்), chose rejetée, — sans figure.

*நிராகிருதி, (*id.* ஆகிருதி), brame qui n'a pas étudié entièrement les vèdas, personne qui manque à ses devoirs religieux, aux pratiques de pénitence, rejet, opposition, chose sans forme ou figure. [joie.

*நிராகுலம், (*id.* ஆகுலம்), calme,

நிராங்குகிறது, கினேன், குவேன், கு, க, v.n. நிராங்குதல், n.v. V. தேய்கிறது.

*நிராசம், (nirâsa), opposition, rejet, abandon, désespoir, désappointement, état désespéré.

*நிராசனம், (நிர், ஆசனம்), manque de siége, d'habitation, d'endroit, meurtre, rejet, action de cracher.

*நிராசாரம், (நிர்), incivilité, barbarie, manque de civilisation, illégitimité.

*நிராசாரன், (*id.*), incivil, impoli, barbare, — non civilisé, (parmi les Indous) homme qui ne suit pas les ordonnances des vèdas et la distinction des castes. [emption de désirs.

*நிராசை, (*id.*), indifférence, ex-

*நிராதபம், (*id.* ஆதபம்), nuit.

*நிராதரம்,நிராதாரம்,(id.), indifférence,exemption de désir, privation,—manque de soutien, chose sans soutien.

*நிராதாரன், (id.), celui qui est sans soutien,— qui ne s'appuie sur personne,Dieu.

*நிராசேசம்,(id.), paiement, décharge,perte,chose dénuée—,manque de place.

*நிராநந்தம், (id.), privation de [joie.

*நிராபத்து, (id.), sureté,— sans péril, prospérité.

*நிராமயம்,(id.),exemption de maladie,—,bonne santé,cochon,sanglier.

*நிராமயன், (id.), bien portant, celui qui est exempt de souffrance, Dieu.

*நிராயம்,(id.ஆயம்). manque de [revenu,inutilité.

*நிராயாசம்,(id.), facilité,aise,—sans trouble;sans effort.

*நிராயுதன்,(id.),désarmé, homme sans arme,sans défense,qui n'use pas d'armes,Arouguen:— ஆகிறது quitter ses armes,ou —ஆயிருக்கிறது être désarmé,— sans armes:— ஆக்குகிறது désarmer; நிராயுதனோடே போர்செய்யலாகாது il ne convient pas de combattre contre un homme sans armes.

*நிராலம்பம்,(id.), condition indépendante,—qui n'a pas besoin d'appui,manque d'appui.

*நிராலம்பன்,(id.), *hon.* நிராலம்பர்,l'indépendant,qui ne s'appuie sur personne,*i.e.* Dieu.

*நிரிந்திரியன்,(id.), homme mutilé,privé de quelque sens,imparfait.

*நிரியாணம்,(niryâna),mort, sortie (de la vie),délivrance des naissances futures,béatitude finale,corde pour lier le bétail,coin extérieur de l'œil de l'éléphant: நிரியாணசக்கிரம் roue mortelle,— de la mort,(supplice):—திசை côté de la mort,(en langage d'augure).

*நிரீக்ஷணம்,(நிர்,ஈக்ஷணம்),regard,estime,attente,privation de la vue: நிரீக்ஷணாசக்தி destruction de la fascination des yeux.

*நிரீக்ஷமாணம்,நிரீட்சமாணம், நிரீக்ஷை,(nirikchamâna, nirikchâ), regard,attente,espérance.

*நிரீக்ஷிதம்,நிரீட்சிதம், (nirikchita),chose vue,—espérée.

*நிரீச்சுவரவாதி,நிரீச்சுரன்,நிரீச்சுரவாதி,(நிர்,ஈச்சுவரன், சாஸ்திரம்),athée,qui nie l'existence de Dieu. [வாதம்,(id.),athéisme.

*நிரீச்சுவரசாங்கியம், நிரீச்சுவர

*நிரீட்சணம்,. V. நிரீக்ஷணம்.

*நிரு,1° P. நிர், *devant les consonnes.* 2° (nrou), homme.

*நிருகரி,நிருகேசரி,நிருசிங்கம், (நிரு, அரி...), l'homme lion, Vichnou métamorphosé, au dire de la fable, en homme-lion.

*நிருசக்ஷன்,நிருஜக்தன், (id. tchakchâ,djagdha *manger*),cannibale,anthropophage, géant.

*நிருசேனம்,—சேனை,(id.),armée [d'hommes.

*நிருசோமன்,(id.),grand homme, *litt.* la lune des hommes.

*நிருணயம்,V. நிர்ணயம். [ஆ

நிருணயிக்கிறது, V. நிர்ணயிக்கிறது.

*நிருதர்மம்,(நிரு),devoir—; qualité d'homme.

*நிருதர்,(nairrouta), démons, géans,barbares,sauvages.

*நிருதாட்சிணியம்,P. நிர்த்தாக்ஷி [ணியம்.

*நிருதி,1° *fém.de* நிருதர்,géante. 2° (nirrouti),Niroudi, le prétendu gardien du sud-ouest,un des 7 rois de la 1re classe des hommes célèbres par leur générosité;—திசை,—மூலை le côté —,le coin de Niroudi,le sud-ouest. 3° (nrouti),danse.

*நிருதூளி,(நிர்),pollen des fleurs, poussière.

*நிருதேவன், (நிரு), le dieu des [hommes,*i.e.* roi.

*நிருத்தம்,1° (nroutta),danse, art de la danse,ce qui est la 21e des ௬௪ கலைஞானம் ou sciences des Indous. 2° (niroukta),analyse des mots, séparation ou analyse des mots dérivés ou composés, V. நிருத்தி: —செய்கிறது danser: நிருத்தசபை place (du temple de சிதம்பரம்) où Siven est dit avoir dansé,et où ses dévots imitent sa danse;— மண்டபம் salle de danse;—மாது danseuse, bayadère.

*நிருத்தன், 1° (நிருத்தம்), danseur, (surnom de) Siven, comédien. 2° (நி, rouddha *arrêté*), qui n'a pas de liens, d'entraves, homme arrêté, empèché, réprimé. [அழிவின்மை.

*நிருத்தாட்சிணியம், *P.* நிர்த்தா

*நிருத்தாதனம், (நிருத்தம், ஆதனம்), se tenir sur un pied en levant l'autre.

*நிருத்தி, (nirouktì). explication des vèdas. — des mots obscurs des vèdas, partie du வேதாங்கம் qui les explique, un des 6 வேதாங்கம்:—யலங்காரம் figure qui distingue une chose des autres.

*நிருத்தியம், (nroutya), danse.

*நிருநமஸ்காரம், (நிரு), incivilité, irrévérence.

*நிருநரன், (நிரு, நரன்). *V.* நிருசரி.

*நிருநாசம், (*id.*), incorruptibilité, immortalité.

*நிருநாசன், (*id.*), incorruptible, l'indestructible, *i.e.* Dieu.

*நிருநாதன், (*id.*), indépendant,—sans maitre.

*நிருநாமன், (*id.*), celui qui n'a pas de nom propre, Dieu, (et à tort) Arouguen. [cause, de fondement.

*நிருநிமித்தம், (*id.*), manque de

*நிருபதி, (நிரு), maitre des hommes, roi, Koubèren.

*நிருபத்திரவம், (நிர்), état sans affliction, sans vexation.

*நிருபத்திரன், (நிர், உபத்திரம்), être impassible, qui a un corps subtil. [état sans égal.

*நிருபமம், (நிர்), incomparabilité,

நிருபம், (*P.* நிருபம்), lettre, épitre, décret, jugement, destination, désignation.

*நிருபன், (நிரு, *homme*, pa *qui protège*), roi, souverain, prince, grand: நிருபசபை,—சபம் assemblée de princes, palais;—நீதி justice—, gouvernement du roi: — மந்திரம் palais royal;—லக்ஷணம், — லிங்கம் insignes de roi;—வல்லபன் favori de roi;—வல்லபை femme de roi, reine.

*நிருபாசனம், (நிருபன், ஆசனம்), trône de roi. [ன்), fils de roi, prince.

*நிருபாத்துமசன், (*id.* ஆத்துமச

*நிருபாத்துமசை, *fém. du préc.* fille de roi, princesse.

*நிருபாமிசம், (நிருபன், அமிசம்), portion ou revenu du roi, c'était sur les grains le 1/6, le 1/8 ou le 1/12, sur les fruits le 1/6, sur les marchandises un 1/15.

*நிருபாதானம், (நிர்), manque de retenue, de cause concomitante.

*நிருபாதி, நிருபாதிகம், (நிர், உபாதி, ka), liberté,— sans empêchement, sans tourment.

*நிருபாவர்த்தம், (நிருபன், ஆவர்த்தம்), espèce de pierre précieuse.

நிருமிக்கிறது, மித்தேன், மிப்பேன், மி, மிக்க, *v.a.* (நிருபம்), நிருமித்தல் *n.v.* destiner, ordonner, déterminer, examiner, prouver. [mence.

நிருழுசல், (நிரு), grand bruit, véhé-

*நிருபேக்ஷம், (நிர், உபேட்சை), franchise,—sans fraude.

*நிருமதம், (நிரு, மதம்), éléphant tranquille, —hors de rut,

*நிருமலம், (*id.* மலம்), innocence, pureté, sainteté, propreté, sérénité: நிருமலபுத்தி intelligence claire;—வானம் ciel serein.

*நிருமலன், (*id.*), homme—, l'être pur, Dieu, homme propre, Arouguen, Siven.

*நிருமாணம், 1° (nirmâna), *V.* நிருமிதம். 2° *P.* நிருவாணம், nudité.

*நிருமாணி, *P.* நிருவாணி, nu.

*நிருமாலியம், (நிரு, மலம், ya), pureté, propreté, restes d'une offrande à la divinité.

நிருமிக்கிறது. மித்தேன், மிப்பேன், மி, மிக்க, *v.a.* நிருமித்தல், *n.v.* (நிருமிதம்), créer, faire, installer, établir, ordonner, destiner, désigner, bâtir.

*நிருமிதம், நிருமிதி, நிருமிப்பு, (nirmita—ti), production, création, fabrication, établissement, destination. [stupidité, bêtise.

*நிருமூடம், (நிரு), extrême folie,

*நிருமூடன், (*id.*), grand fou, homme stupide, benêt.

*நிருமூலம், (*id.*), destruction—,

ruine entière, extirpation: — ஆகிற து périr entièrement, s'anéantir; — ஆக்குகிறது ruiner —, détruire, — extirper entièrement.

*நிருமோகம், நிருமோசகம், நிருமோட்சம், (nirmòka), délivrance, abandon, peau de serpent, ciel, atmosphère.

*நிருலக்ஷணம், (நிரு), manque de [marque, — de beauté.

*நிருலச்சை, (*id.*), impudence.

*நிருலேபன், (*id.* இலேபம்), homme pur, sage qui a renoncé à tout.

*நிருவகணம், (நிரு), catastrophe d'un drame. *V.* நிருவாகம்.

நிருவகிக்கிறது, *P.* நிருவாகிக்கிற [து.

*நிருவசனம், (நிரு), silence, vocabulaire.

*நிருவராகம், (நிரு), prétendue incarnation de Vichnou en cochon.

*நிருவருணணம், (nirvarnana), vue, regard.

*நிருவனம், (நிரு), désert.

*நிருவாகணம், (நிரு), catastrophe d'un drame.

*நிருவாகம், நிர்வாகம், (நிர், vâha *qui porte*), administration, direction, habilité, capacité, moyen, condition, achèvement, fin, certitude, droiture, vérité, fermeté, persévérance, support, soutien, entretien, état, arrangement, convenance, correspondance: என்னி ருந்நிருவாகமும் mon état et ma condition: காரியத்தை நிருவாகத்துக்குக் கொண்டுபோகிறது mener une chose à bonne fin, la terminer heureusement; நிருவாகம்பண்ணுகிற து, — கட்டுதல், *V.* நிருவாகிக்கிறது.

*நிருவாகி, (நிருவாகம்), agent, régisseur, conducteur d'une affaire, homme de parole.

நிருவாகிக்கிறது, கித்தேன், கிப்பேன், கி, கிக்க, *v.a.* (நிருவாகம்), நிருவாகித்தல், *n.v.* diriger, conduire —, administrer avec ordre, redresser, affermir, supporter, achever, perfectionner, entretenir.

*நிருவாசம், (நிர்), lieu inhabité.

*நிருவாணம், (nirvâna), nudité, — complète, paradis, repos —, calme —, bonheur éternel, délivrance de la matière et réunion avec la divinité (selon les Indous, et principalement les Bouddhistes et les Djaïnas), mort, disparition, annihilation, cessation, immersion, coucher des astres, le vide, l'espace, manière: நிருவாணதீட்சை initiation aux mystères payens, initiation —, entrée dans la secte des nus ou des Gymnosophistes; — கோலம் état de nudité complète.

*நிருவாணி, *m. f.* (நிருவாணம்), personne nue, sans habit, gymnosophiste, Siven, Arouguen.

*நிருவிகற்பம், (நிரு), connaissance non dérivée des sens, relation ou suite uniforme, intelligence ou science uniforme, — de l'unité: நிருவிகற்பக்காட்சி connaissance ou vision uniforme; — சமாதி nom d'une position des யோகி.

*நிருவிகற்பன், (*id.*), être uniforme, qui est étranger aux différentes propriétés ou modifications qui paraissent en lui ou hors de lui.

*நிருவிகாரம், (நிரு), immutabilité, uniformité, sans changement: நிருவிகாரசைதன்னியன் celui dont l'intelligence ne change pas, *ou*

*நிருவிகாரி, (*id.*), l'immuable, Dieu.

*நிருவிக்கினம், (*id.*), absence d'empêchement, d'obstacle.

*நிருவிசாரம், (*id.*), insouciance, absence d'inquiétude, de soin, inattention, négligence, sécurité.

*நிருவிசாரன், (*id.*), insouciant, homme sans soin, négligent, à son aise.

*நிருவிசேஷம், (*id.*), uniformité, sans différence sans particularité.

*நிருவிஷம், நிருவிடம், (*id.*), l'antidote du poison, la plante curcuma zedoaria.

*நிருவீரம், நிருவீரியம், (*id.*), lâcheté, faiblesse. [té, lenteur.

*நிருவேகம், (*id.*), calme, tranquilli-

*நிருத்சாகம், (நிர்), indolence, indifférence.

*நிருசம், (*id.* ஊகம்), dispute, logique, certitude, sentence claire, — complète, sans ellipse.

*நிரூடம்,(நி, உரூடம்), acception propre, —reçue des mots.

*நிரூடபசுபந்தம்,un des 21 sacrifices dits யாகம்.

*நிரூபணம்,(நி, உரூபம்,na),preuve,détermination,certitude, résolution vue, recherche, investigation, définition,description, destination

*நிரூபம்,(நி, உரூபம்).invisibilité, incorporalité,être sans forme,lettre, épître: —அனுப்புகிறது honorer d'une lettre: நிரூபக்காரன், V. நிரூபாதிகாரன்.

நிரூபதிகாரன், V. நிரூபத்திரன்.

*நிரூபன்,(நிரூபம்),l'invisible,qui n'a pas de forme,Dieu.

*நிரூபாதிகாரன்,(id. அதிகாரம்), homme chargé des lettres.

நிரூபிக்கிறது, பித்தேன், பிப்பேன்,பி,பிக்க,v.a. நிரூபித்தல்,n.v.(நிரூபிதம்). prouver, démontrer, déterminer,désigner,estimer,rechercher, considérer. [considérée,examinée.

*நிரூபிதம்,(niroûpita),chose vue,

*நிரோக்ஷணம்,நிரோட்சணம்,P.நிரீக்ஷணம்,vue,regard.

*நிரீச்சுரசாங்கியம், நிரீச்சுவரசாங்கியம்.P.நிரீச்சுவரசாங்கியம். athéisme.

நிரை,1° ordre,série, ligne, file, rangée, —de soldats,ordre de bataille,corps d'armée, avant garde, vache, troupeau de vaches, jeu avec des cailloux sur des lignes tracées sur la terre,syllabe métrique de 2 brèves dite நிரையசை. 2° imp. et part. de நிரைகிறது, et நிரைக்கிறது;—கவர்தல் enlever les vaches de l'ennemi, ce qui est une des அஷ்டவெற்றி ou 8 victoires; —நிறை, V நிரனிறை;—பசை la syllabe métrique நிரையசை à laquelle se joint la lettre உ (que ce soit un குற்றுகரம் ou un முற்றுகரம்; —பதினேழு stance du genre கலித்துறை commençant par un நிரை et contenant 17 syllabes: —மீட்டல் ramener le bétail enlevé par l'ennemi,ce qui est une des அஷ்டவெற்றி ou 8 victoires;— யசை syllabe métrique composée de 2 brèves ou d'une brève et d'une longue. Ex. வழி chemin, சுறு requin, நிறம் couleur, விளாம் nom d'arbre: —யசைக்கலித்துறை strophe du genre கலித்துறை qui commence par un நிரையசை; —யாடல், —யாடுகிறது, —விளையாடுகிறது jouer avec des cailloux sur des lignes tracées sur le sol:—யீற்றியற்சீர் pied de 2 syllabes métriques terminé par un நிரையசை, c'est le கூவிளம் ou le கருவிளம்; —யீற்றுரிச்சீர் pieds dits உரிச்சீர் terminés par un நிரையசை, on les nomme aussi வஞ்சிச்சீர்;— வொன்றாசிரியத்தளை subdivision de la connexion de pieds dite ஆசிரியத்தளை,dans laquelle le vers étant composé de pieds de 2 syllabes métriques dits இயற்சீர், la dernière syllabe d'un pied et la première du suivant sont toujours des நிரையசை.

நிரைகிறது, ரைந்தேன், ரைவேன்,ரை,ரைய,v.n.et a.(நிரை), s'arranger,se mettre—, être en ordre, en rang,être régulier,nivelé, aplani,égaliser,niveler,mettre en ordre, distribuer des marchandises en divers lieux: நிரைத்துரைட்டுகிறது expliquer en ordre, en détail; தன் செய்தியை ஒருவனுக்கு நிரைத்துரைட்டுகிறது exposer avec ordre à quelqu'un son affaire; என்மேலே பொல்லாததும்பொல்லாததும் நிரைந்தது un tissu de faussetés et de méchancetés a été fabriqué sur mon compte.

நிரைக்கிறது, ரைத்தேன், ரைப்பேன்,ரை,ரைக்க,1° v.a. du préc. et நிரைத்துப்போடுகிறது,— வைக்கிறது mettre en ordre,en rang,en ligne,arranger, aligner, enclore de haies,mettre des soldats en rang, en ordre de bataille, donner des marchandises à plusieurs personnes pour y gagner. 2° v.n. résonner, retentir.

நிரைச்சல்,n. v. de நிரைக்கிறது, haie,rangée,—d'arbres, de soldats, corps d'armée, avant-garde abri, écran,gage,sorte de jeu: — கட்டிக் கொண்டுதெருத்திண்ணையிற்குடியி ருக்கிறது habiter sur le tinnei de la rüe après y avoir attaché un abri, நிலத்தை — அடைக்கிறது entourer une terre de haies,l'enclore.

நிரைதல்,n.v.de நிரைகிறது, s'arranger...; ordre, rangée, arrangement en ordre,en lignes.

நிரைத்தல், n.v. de நிரைக்கிறது, mettre en ordre...,résonner,arrangement, alignement, rangée, haie, abri,écran.

நிரைத்து,gér.de நிரைகிறது.

நிரைப்பிக்கிறது,v.caus. de நிரைக்கிறது,faire mettre en rang, en lignes...

*நிரையம்,P.நிரயம்,enfer.

நிரைவிக்கிறது,v.caus. de நிரைகிறது,faire mettre en rang,en ordre.

நிரைவுகிறது,P.நிரவுகிறது.

*நிரோட்டம்,நிரோட்டி,(நிர், ஒட்டம்),espèce de vers de fantaisie d'où sont exclues les lettres labiales.

*நிரோதம்,(நி, உரோதம்), perte, destruction, opposition, obstacle, aversion,mauvais office.

*நிரோதனம், (நி, உரோதனம்), obstacle,empêchement.

*நிரோத்தியம்,(நிரோதம்,ya),destruction,donation.

*நிர்,(nir), dehors, sans, assurément,particule sanscrite qui se met devant les mots et signifie certitude,exclusion,dehors et surtout négation,privation;elle double le க,ச, த, ப suivant,ou se change en நிற். Devant plusieurs consonnes souvent on écrit நிரு pour நிர்; devant k,kh,p,ph, நிர் se change en நிஷ் et rarement en நிஸ;devant tch, tchh, t,th,s,il se change en நிஸ்.

*நிர்க்கமம்,நிர்க்கதி,நிர்க்கமம், நிர்க்கமனம்,(நிர்),sortie,départ, procession.

*நிர்க்கந்தம்,(id.), manque d'odeur.

*நிர்க்குணதை,நிர்க்குணத்துவம், (நிர்க்குணம்),exemption de tous les divers caractères particuliers,ce qui est considéré comme un attribut—, caractère divin, nature divine.

*நிர்க்குணம்,(id.),ce qui surpasse le naturel, privation de qualités, exemption de caractère particulier, l'Être suprême: நிர்க்குணசைவம் une secte de Siven.

*நிர்க்குணன்,(id.),l'Être au dessus de tout caractère particulier ou exempt des 3 குணம் de l'humanité,i.e.Dieu.

*நிர்க்குண்டி,(nirgounti), l'arbrisseau நொச்சி,racine de nénuphar.

*நிர்ச்சரம்,1° (id.சரை), ambroisie,immortalité.2° (id. djhara cascade),cascade,ruisseau qui coule des montagnes.

*நிர்ச்சரன்,(id.),Dieu, immortel.

*நிர்ச்சரி,(நிர்ச்சரம்),rivière,montagne.

*நிர்ச்சலம்,(id.சலம்), désert sans eau.

*நிர்ச்சனம்,(id. சனம்), solitude, — sans habitans,expulsion,rejet.

*நிர்ச்சிதேந்திரியன்,(id.சிதம், இந்திரியம்),celui qui a dompté ses sens.

*நிர்ச்சீவன்,நிர்ச்சீவி, (id.சீவம்), homme mort,—sans vie.

*நிர்ணயம், (nirnaya), certitude, détermination,destination,résolution,fermeté,fin d'une discussion,décision,jugement,sentence,coutume, règle:—ஆயிருக்கிறது être certain, résolu,déterminé,jugé...;— ஆனது ce qui est fermement résolu...;— சொல்லுகிறது parler avec certitude,déterminer,fixer le temps;— பண்ணுகிறது résoudre, déterminer, désigner, faire serment, assurer, prouver,certifier; நிர்ணயக்காரன் homme exact dans ses résolutions; —ப்படுத்துகிறது, V.நிர்ணயிக்கிறது;—ப்படுத்துதல் détermination, preuve,démonstration;—பதம் sentence,verdict.

நிர்ணயிக்கிறது, யித்தேன், யிப்பேன்,யி,யிக்க, v. a. et நிர்ணயித்துக்கொள்ளுகிறது.நிர்ணயித்திருக்கிறது,v.comp.(நிர்ணயம்),résoudre, déterminer,certifier, assurer, prouver, montrer clairement.

*நிர்ணாரம்,(nirnara), un des prétendus chevaux du soleil. [ஞா.

நிர்ணிக்கிறது, P. நிர்ணயிக்கிற

*நிர்ணீதம்,(nirnita),chose déterminée,décrétée,arrêtée.

*நிர்ணேயம், (நிர்ணயம்),chose à déterminer.

நிர்ணேக்கிறது,V. நிர்ணயிக்கிறது: குற்றமாய்நிர்ணேக்கிறது blâmer,charger d'une faute, censurer, juger.

*நிர்ணேயம்,P.நிர்ணயம்.

*நிர்த்தயம்,(நிர்,தயை), défaut de pitié,cruauté,cœur dur. [ralité.

*நிர்த்தர்மம்,(id.),impiété,immo-

*நிர்த்தனம்,1° P.நிருத்தனம்,danse.2° (நிர்,தனம்),indigence,pauvreté.misère.

*நிர்த்தாக்ஷிணியம், நிர்த்தாட்சிணியம்,(நிர்), défaveur, manque de bienveillance,d'affabilité,regard défavorable,dédain,mépris.

*நிர்த்தூளி,(id.), destruction totale: —பண்ணுகிறது détruire entièrement; —யாகிறது être détruit entièrement,—réduit en poudre.

*நிர்த்தேசம்,(id.),ordre.

*நிர்த்தோஷம்,(id.),innocence.

*நிர்நமஸ்காரம், நிர்நாசம், நிர்நாசன்,நிர்நாதன், நிர்நாமன், நிர்நிமித்தம்,V.நிருநமஸ்காரம்.....

*நிர்ப்பந்தம்,(id.), tourment, affliction,oppression,calamité: —ஆயிருக்கிறது, நிர்ப்பந்தப் படுகிறது être tourmenté,affligé, — opprimé: —ஆயிருக்கிறவள் femme en travail. [heureux,affligé, tourmenté.

*நிர்ப்பந்தன்,(நிர்ப்பந்தம்), mal-

*நிர்ப்பயம்,(id.),intrépidité, sans crainte.

*நிர்ப்பலம்,(id.),faiblesse.

நிர்ப்பரம்,(id.), légèreté.

*நிர்ப்பாக்கியம்,(id.),malheur,infortune,pauvreté,indigence: —ஆயிருக்கிறது être malheureux.

*நிர்ப்பாக்கியன், (id.), malheureux,indigent. [se.

*நிர்ப்பீசம்,(id.), chose sans cau

*நிர்ப்புதம்,P.நியர்ப்புதம்,100 billions. [ignorance,bêtise.

*நிர்ப்புத்தி,(நிர்),manque d'esprit,

*நிர்மலம்,நிர்மூடம்,நிர்மூலம்...V. நிருமலம்.....

*நிர்மனுஷியம், நிர்மானுஷியம், (நிர்,மனுஷன்), lieu inhabité, sans hommes.

*நிர்வாகம்,நிர்வாணம்,நிர்விசாரம், நிர்விஷம்,V.நிருவாகம்.....

நிலத்திணை, 1° (நில,திணை), genre de terrain. 2° (நிலத்து,இணை), ce qui est inhérent à la terre, comme les plantes etc...,ce qui ne marche pas.

நிலமை,1° P.நிலைமை. 2° V.நிலவாதனம்.

நிலத்து,obl.de நிலம்,de la terre: நிலத்தரசுகாரன் monarque absolu, maître d'un pays; நிலத்தியல்பு nature du sol; நிலத்தியல்பானீர்திரிந்தற்றாகுமாந்தர்க் கினத்தியல்பதாகுமறிவு comme l'eau change de qualité selon la nature du sol, de même l'intelligence des hommes change selon le naturel de ceux qu'ils fréquentent.

நிலத்துகிறது,த்தினேன், த்துவேன்,த்து,த்த,v.a.niveler,aplanir.

நிலத்தட்டி,(நிலம், தட்டுகிறது), instrument pour battre et pour aplanir la terre.

நிலம்,terre,terrain,terroir,sol, la terre, le globe terrestre, un des 5 élémens,champ, — cultivé ou bon, à cultiver,lieu,pays, l'arbrisseau-ஈன்ஷி,vers ou insectes que la terre produit,ce qui est un des 4 தோற்றம். Les Indiens comptent 5 espèces de terrains,V.ஐந்திணை: —அறிதல் connaissance des terrains, c'est une des sciences des Indiens; — எடுக்கிறது prendre —, choisir ou désigner un terrain (pour une maison ou autre dessein); — பிறண்டுகிறது gratter la terre: — பிறண்டி nom d'une plante: நில,adj. de la terre,terrestre: —ஆவிரை,V.நிலாவிரை; — உமரி, V.நிலவுமரி; —க்கடம்பு la plante justicia acaulis; —க்கணம் mot ou pied composé de 6 brèves, c'est le கருவிளங்கனி; — க்கறையான் espèce de termites ou fourmis blanches; —க்கன்று jeunes plantes ou moissons en herbe; —க்குமிழ் espèce de planle ou d'arbrisseau épineux;— க்காளான் espèce de champignon;—க்குகை caverne,cave;— க்குமிழ் espèce inférieure de la plante gmelina asiatica; —க்குழி trou en terre pour fixer un mortier à piler, forme de lettre tracée sur la terre pour servir de modèle aux enfans;—க்குறி marque de différens terroirs, division ou partie de la science des terrains; —க்கடந்தல் nom de plante;—க்கொட்டை la plante tragia chamælea;—க்கொதி chaleur de la terre; —ச்சாஸ்திரம் science ou connaissance des terrains;—ச்சாய்பு, —ச்சாய்வு pente du terrain,*ou* —ச்சாடை qualité—, nature—, apparence du terrain;—ச்சுருங்கி la plante oxalis sensitiva;—ச்சேறு variété de la plante சேறு:—த்தாமரை nénuphar terrestre,*i.e.* rosier;—த்தீர்வை impôt de terrain;—த்துத்தி guimauve terrestre ou rampante, sida cordifolia;—த்துளசி basilic rampant, ocymum prostratum; —நெல்லி la plante phyllantus madraspatana; — ப்பனை plante qui ressemble au palmier sauvage, curculigo orchioides;—ப்பாகல் la plante momordica humilis; — ப்பாலை sorte de plante, variété de l'arbre பாலை; — பாவாடை toile qu'on étend par terre pour marcher dessus dans des cérémonies;—ப்பிரட்டு,—ப்புரட்டு fraude dans un compte de terres ou dans les limites;—ப்பிளப்பு fente dans la terre;— ப்பீர்க்கு la plante rampante cucumis tuberosus qui produit des fruits amers que l'on mange bouillis:—ப்புழு ver de terre,achée;— ப்புழுக்கம் chaleur de la terre;—ப்பெயர்ச்சி,—ப்பெயர்த்தி, —ப்பேதம் différence de terrain:—ப்பொட்டு espèce de champignon: —ப்போக்கு, *V.* நிலவாசி:—மகள் la déesse de la terre,*litt.* fille de la terre;—மகன் fils de la terre,*i.e.* la planète Mars, prétendu fils de la terre et d'une forme de Siven;— மட்டம் niveau de la terre: — மண் sol—, terre d'une maison;— மண்டிலவாசிரியப்பா, *P.* நிலமண்டிலவாசிரியப்பா;—மதிப்பு estimation du sol, de la terre:—மயக்கம் mélange de terres; —மிதி beauté—,commodité—, prix d'une terre, commodité de la marche:—வரி impôt—,rente de terre;—வலயம் la terre, le globe terrestre:—வறை,(அறை),cellier,cave, cachot,chambre souterraine, caverne;—வாகை les plantes நிலாவிரை et நிலப்பாகல்;— வாசி nature —, qualité du sol;—வாடகை,—வாடை rente—,ferme d'une terre; — வாதனம் stabilité,fixité, siége en terre; —வாரம் la part du revenu d'une terre qui revient au propriétaire;—வியல்பு,(இயல்பு), qualité de la terre;—வாவிரை,(ஆவிரை), *V.* நிலாவிரை:—விலந்தை,(இலந்தை),nom de plante: —விழுது la plante நிலப்பனை; — விளா,—விளாத்தி petit arbrisseau, variété du விளா:—விறிசு sorte de pétard qu'on met à terre, machine garnie de pétards qu'on place à terre; — விறை,(இறை), impôt de la terre—விரியம் terre à foulon;—வுமரி, (உமரி), nom d'une plante, espèce de salsola: —வூறல்,—வூறணி,(ஊறல்), source: —வெடுப்பு,(எடுப்பு),1er labour de la terre;—வெழுத்து, (எழுத்து), lettre qu'on écrit sur le sable (pour en apprendre la forme);—வேம்பு la plante médicinale justicia paniculata;—வேர் ver de terre,achée.

நிலம்பி,moustique,cousin.

நிலம்பு,le palmier தாளி.

*நிலயம்,1° (nilaya), maison, demeure,habitation. 2° place, lieu,—designé,temple ou résidence des dieux,stabilité,station, terre cultivée,ville ou bourg en pays cultivé, but,point de mire, la terre, danse, phrase,brûlure.

*நிலயனம்,(நிலயம்,na),place,habitation.

நிலவாரம். *P.* நிலவரம்.

நிலவல்,*opt. et n.v. de* நிலவுகிறது, éclat,splendeur.

நிலவு,1° lune, rayons de la lune, clair de lune,lumière.2° *imp. et part. du suiv.*:— நாழிகை heures indiennes comptées sur la marche de la lune.

*நிலவுகிறது,விளைந்,வுவேன், வு, வ,v.n.நிலவுதல்,n.v.* briller, luire, s'étendre,se répandre,la rénommée s'étendre.

*நிலவெறிக்கிறது,(நிலவு),* la lune briller,—darder ses rayons.

*நிலன்,P.நிலம்.*

*நிலா,1° P.நிலவு,* clair de lune, rayons de —,la lune,lumière. 2° P. *நில்லா:நிலாவிலே* au clair de la lune: *நிலாவிலே நடக்கிறது,—போகிறது* marcher—,aller au clair de la lune; *நிலாக்காய்கிறது,—க்காலுகிறது* la lune briller: — *க்காலம்* temps du clair de lune;—*க்கிரணம்* lueur—,rayon de la lune; —*க்கொழுந்து* croissant de la lune:— *ப்பதிவு* déclin de la lune;—*மணி,V.சந்திரகாந்தச்சிலை;—மண்டலம்,V. சந்திரமண்டலம்;—முகி,— முகிப்புள்,—முக்கி* perdrix rouge, bartavelle qui parait au clair de la lune;—*மண்டபம்,—முற்றம்* terrasse plate ou argamasse des maisons pour se promener au clair de la lune;— *வீசுகிறது,—வெறிக்கிறது, (எறிக்கிறது),* la lune briller.

*நிலாவிரை, (நிலம், ஆவிரை),* la plante médicinale cassia senna.

*நிலாவுகிறது,V.நிலவுகிறது.*

*நிலுவை, (நிற்கிறது),* réliquat, reste de compte,balance due, arriéré,somme due après un payement: *உன்மேலே— வெம்மாத்திரம்* combien vous reste-t-il encore à payer?

*நிலை,1° (நிற்கிறது),*fermeté, stabilité,persévérance,constance, fixité,immobilité,certitude,lieu, place, —fixe,station, chambranle, poteau —,jambage de porte,cadre de fenètre etc.., appui,base,soutien,posture,position,situation,attitude en tirant de l'arc,gué,lieu où l'on trouve le fond,—où l'on peut se tenir dans une rivière,étage,rangée,étable,demeure,salle,état,emploi, condition naturelle,terre,monde,temps, usage,voie,tempérament, disposition,caractère,bijou suspendu, — en or ou en pierreries qui pendille,bézoard,étendue. 2° *imp.et part.de நிலைகிறது et de நிலைக்கிறது:நிலை-ஐ* les 5 attitudes ou postures d'usage pour tirer de l'arc: *வைசாகநிலை* attitude où l'on a les pieds écartés l'un de l'autre de la distance d'un empan, *மண்டலநிலை* celle où on les courbe, *ஆலீடநிலை* celle où l'on a le genou droit en avant et l'autre courbé en arrière,*பிரத்தியாலீடநிலை* celle où l'on a le genou gauche en avant et le droit courbé en arrière,*சமபாதம்* ou *சமபதம்* celle où l'on a les 2 pieds joints ou dans la même position;*யுத்தநிலை-ச* les 4 attitudes du combat,savoir:*ஆலீடம், பிரத்தியாலீடம், மண்டலம்* et *வைசாசம்* ou *வைசாகநிலை* attitude où l'on se tient sur un pied ayant l'autre plié; *நிலைகலங்குகிறது,— குலைகிறது,—கெடுகிறது* chanceler,tituber,se déconcerter,se troubler, perdre son aplomb, — son attitude;—*கேடு* instabilité, chancellement;—*கொள்ளுகிறது* devenir ferme, stable,s'affermir,se fixer;— *கொண்டிருக்கிறது* tenir ferme,durer, continuer, persévérer; — *கொள்ளாமை* instabilité,inconstance;— *கோலுகிறது* chercher une place, aligner, tracer les bornes; —*க்கடகம்* gros anneau fixe; —*க்கண்ணாடி* miroir fixé à un mur,glace à demeure;—*க்கல்* bézoard;— *க்களப்போலி* lettre subtituée à une autre:—*க்களம்* lieu où l'on se tient, — où l'on était;—*க்கால்* jambage de porte: —*க்குடி* habitant fixé, anciens habitans,population fixe et non flottante:—*க்குத்துகிறது* se tenir immobile,s'établir,fixer sa demeure, les moissons prendre de la force,—croître: *௩, ௪, ௯, ௰௧ நிலைக்கோபுரம்* tour à 3,4,9,11 étages;—*தடுமாறுதல்,—தவறுகிறது,— தளம்புகிறது* chanceler,tituber,vaciller, se troubler,être inconstant;— *த்தண்ணீர்* eau guéable,stagnante,dormante;—

தப்புகிறது manquer de fixité, de fermeté...; perdre pied, manquer de probité, d'honnêteté; — த்தேர் char orné et fixé dans un lieu; — நிறுத்துகிறது fixer, retenir, affermir, confirmer, établir, réformer, remettre en bon état, arrêter; — நிறுத்தல் affermissement, établissement, réforme; — நிறுத்திக்கொடுக்கிறது remplir un engagement, une promesse; — நிற்கிறது rester —, être ferme, constant, durable, persévérer, durer, s'obstiner, ne pas lâcher prise, continuer, — jusqu'au bout; — நிற்கப்பேசுகிறது parler de —, exhorter à la persévérance, affirmer, assurer; — நிற்காமை fermeté, — inébranlable, persévérance, permanence; — பிடிக்கிறது s'affermir, prendre de la force, de la consistance; — பெறுகிறது s'affermir, prendre de la consistance, des forces, se fixer, s'établir, s'arrêter, se tenir ferme, acquérir de la persévérance; — பெறுதல் affermissement, stabilité, persévérance; — பெறுதோடல் courir sans s'arrêter; — பெறுத்தல், — பெறுத்துதல் conservation, affermissement; — பெறுத்துமை élasticité; — பெற்றோங்குகிறது être dans un état fixe et prospère; — பெற்றிருக்கிறது durer, persévérer; — பேறு persévérance, fixité, immutabilité, immobilité, fermeté, pilier, colonne, certitude, grandeur, béatitude, paradis (où il n'y a plus de changement); — போடுகிறது poser la base, le fondement; — ப்படுகிறது s'affermir, se consolider, se fixer, continuer, devenir —, être ferme, stable, fixe, certain, assuré, persévérant; — ப்படச்செய்கிறது, — ப்படுத்துகிறது rendre stable, durable, persévérant, affermir, fixer déterminer, décider, assurer, certifier, prouver, faire tenir ferme, différer, prolonger; — ப்பரப்பு plancher, toit plat, linteau, chambranle; — மண் terre solide, — propre de l'endroit; — மண்டிலவாசிரியப்பா stance du genre அகவல் dont tous les vers sont également de 4 pieds; — மண்டுகிறது devenir — être inséparable, ne pas être séparé; — மாறுகிறது changer de place, d'emploi etc...; — மாறுதல் changement de place etc..., transposition des lettres comme வைகாசி P. வைகாசி le mois de mai, cette transposition de lettres est une des புணர்ச்சி விகாரம் ou irrégularités de l'union des mots; — மொழி le 1er mot dans les mots composés ou qui se suivent; — யகம், (அகம்), emplacement (de maison...), pièce de terre pour maison dite மனை, demeure; — யங்கி, (அங்கி), robe ou habit qui couvre tout le corps; — யழிகிறது la constance, la fermeté, la stabilité se perdre, ou la perdre, être vaincu, perdre, chanceler; — யழிவு perte, défaite, chancellement, instabilité; — யறிகிறது connaître la fermeté, l'opinion; — யாக, — யாய் fermement, constamment; — யாய்நிற்கிறது persévérer dans son état; — யிடுகிறது affermir, confirmer, fixer, rendre solide; — யிலாச்சம் pilier, poteau; — யின்மை inconstance, instabilité, changement; — யுடை, — யுடைய stable; — யுடைக்கட்டை pivot; — யுடைமை stabilité, constance, fermeté; — யுமல் grand panier pour la pêche à demeure, — de feuilles de cocotier pour les pêcheurs; — யுரல் gros mortier fixé en terre; — யுரியாய்ச்சிலை யையுரிகிறது arracher tous les habits, mettre à nu; — யூன்றுகிறது s'affermir, prendre des forces, s'enraciner, pousser des racines, être inséparable; — வரம் fermeté, constance, stabilité; certitude; — வரப்பட்டவன் homme ferme, — sûr, de confiance, sur qui on peut compter; — விட்டால்நீச்சு quand on perd pied, il faut nager, celui qui quitte son état ou sa condition, tombe dans l'embarras; — விளக்கு lampe fixe, qu'on ne change pas de place; உ, ௩ நிலைவீடு maison à 2, 3 étages. நிலையிலே நிற்கிறது persévérer dans son état; தன்நிலையிலே ou தன்னிலையி

லைவருகிறது revenir—, venir dans son état ordinaire; மெய்விவாகநிலை l'état du mariage.

நிலைகிறது, லைந்தேன், லைவேன், லை,லைய,(நிலை),*v.n.* நிலைதல்,*n.v.* rester,se fixer,devenir—,être fixe, stable,ferme constant, subsister, arriver.

நிலைக்கிறது,லைத்தேன்,லைப்பேன், லை,லைக்க,*nég.* நிலையேன்,*v.n.*(நிலை), *et* நிலைத்துக் கொள்ளுகிறது *ou* —போகிறது,se fixer,s'établir, persévérer,tenir ferme,durer,rester,continuer,s'affermir,habiter, être fixé, établi[fixement,prendre pied. toucher le fond,ne pas perdre pied dans une rivière: உத்தியோகத்திலே நிலைத்திருக்கிறது continuer d'occuper un emploi; காரியத்தை நிலைக்கப்பண்ணுகிறது maintenir une chose, l'établir solidement, la mettre en bon état; நிலைத்தது ce qui est resté solide...; நிலையாது cela ne durera pas,n'est pas stable, — pas durable: நிலையாமற்போகிறது être inconstant,changeant,ne pas durer: தண்ணீர் ஆளுக்கு நிலைக்கும், — நிலையாது l'eau est guéable, —n'est pas guéable.

நிலைத்தல்,*n.v.du préc.* persévérance,stabilité,durée,affermissement.

நிலைபரம், (நிலை), fermeté, constance,persévérance,

நிலைப்பிக்கிறது,*v. caus.de* நிலைக்கிறது,rendre stable, établir, affermir,fixer,faire rester, —continuer, —persévérer.

நிலைப்பித்தல்,நிலைப்பிப்பு,*n. v. du préc.* affermissement,établissement.

நிலைப்பு,*n.v.de* நிலைக்கிறது, gué (dans une rivière...), affermissement,persévérance,stabilité, durée.

நிலைமை,(நிலை,மை), durée, persévérance,constance, fermeté, état, condition,naturel, vérité, probité, siége en terre:—க்காரன், —யுள்ளவன் homme constant,probe:— யல்ல ce n'est pas stable,—pas durable: —யற்றவாழ்வு bonheur périssable,sans durée;—யாயிருக்கிறது être stable, durable,continuel: —யென்றெண்ணுகிறது regarder comme stable,

*நிலையம்,*P.* நிலயம்: [— durable.

நிலையாடி, nom d'un instrument de tisserands.

நிலையா,நிலையாத,*part.nég. de* நிலைக்கிறது,non durable, — stable, changeant, périssable. inconstant, non guéable: நிலையாநீர், நிலையாத ஆறு eau—,rivière non guéable,où l'on perd pied.[tabilité,inconstance.

நிலையாமை,*n.v.nég.du même*,ins-

நில்லா,நில்லாத,*part.nég.de* நிற்கிறது, non durable,inconstant,changeant...: நில்லாமனத்தார் gens inconstans. [*même.*

நில்லாது,நில்லாமல்,*gér. nég. du*

நில்லாமை,*n.v.nég. du même*, inconstance,instabilité,variabilité,caractère changeant,défaut de solidité. [le,quantité.

*நிவகம்,(nivaha),multitude, fou-

நிவக்கிறது, வந்தேன், வப்பேன், வ,வக்க,*v.n.et a.* être élevé, exalté, s'élever,élever,exalter. [lage.

*நிவசதம்,(nivasatha),bourg, vil-

*நிவசதி,(நி),maison. [maison.

*நிவசனம்,(நி), toile, vêtement,

நிவத்தல்,*n.v.de* நிவக்கிறது, élévation. [—மலை haute montagne.

நிவத்த,*part.du même*,haut,élevé:

*நிவபனம்,(நி), dons en l'honneur des ancêtres décédés. [teur.

நிவப்பு,*n.v. de* நிவக்கிறது, hau-

*நிவரை,(நி, வரன்), vierge, fille non mariée. [varnana),vue,regard.

*நிவருணம்,*P.* நிவருணணம்,(nir-

*நிவருகணம்,நிவருகிதம், (nivarhana, —hita),tuer,éloigner.

நிவருகிறது *ou* நிவர்கிறது, வர்ந்தேன்,வருவேன் *ou* வர்வேன்,வரு *ou* வர்,வர,*v.n.* நிவருதல், நிவர்தல், *n.v.* s'élever,être haut,élevé.

*நிவர்த்தனம்,(நி), terre de 200 coudées de long et de large,donation,retard,retour,abandon,cessation, conversion,changement,réforme.

நிவர்த்தி,*P.* நிவிர்த்தி.

நிவர்த்திக்கிறது,த்தித்தேன், த்திப்பேன்,த்தி,த்திக்க,*v.n.* நிவர்த்தித்தல்,

(நிவர்த்தனம்),quitter,abandonner, se désister,se retirer.

நிவறல்,subtilité,petitesse, multitude,étroitesse,jonction,foule, *opt.et n.v.de*

நிவறுகிறது, நிவேன், றுவேன், று,ற.v.n. நிவறுதல்,n.v. se rassembler,se joindre,se presser, se serrer, se retirer,être subtil,petit.

நிவாகம்,P. நிவாசம்,lieu,région.

*நிவாசம்,(நி),habitation, maison (de Dieu et des grands),demeure en pays étranger.

நிவாசிக்கிறது, சித்தேன், சிப்பேன்,சி,சிக்க,v.a. நிவாசித்தல்,n.v. habiter,demeurer.

*நிவாதம்,(நி),calme,—sans vent, demeure,asile,forte armure: நிவாதகவசர் démons armés de fortes cuirasses, descendans de இரணியாக்ஷன்,habitans de la ville de தோயமாபுரம், ennemis et vainqueurs des dieux, mais ensuite vaincus et détruits par le seul அருச்சுனன்.

*நிவாபம்,(nivâpa), la cérémonie funèbre dite சிராத்தம்,offrande aux mânes des morts,don (en général).

*நிவாரணம்,(நி), abolition, destruction,expiation,expulsion,abandon,éloignement,renvoi, empêchement,obstacle:—ஆக்குகிறது,—செய்கிறது,—பண்ணுகிறது détruire, abolir,expulser, effacer, expier (le péché),—ஆகிறது,— ஆய்ப்போகிறது s'abolir, s'expier, être détruit, abrogé,expulsé,effacé.

*நிவாரணார்த்தம்,(நிவாரணம், அர்த்தம்),cause de destruction,—de dévastation. [obstacle,opposition.

*நிவாரம்,நிவாரிதம்,(nivâra,ita),

*நிவிசேஷம்,(நி),identité,— sans [différence.

*நிவிருத்தி, V. நிவிர்த்தி.

*நிவிர்த்தம்,(nivroutta),empêchement,cessation,renoncement.

*நிவிர்த்ததானம், (நிவிர்த்தம்), un des 9 தானம்.

*நிவிர்த்தாத்துமன், (நிவிர்த்தம், ஆத்துமம்), Vichnou,pénitent,celui dont l'esprit est séparé du monde.

*நிவிர்த்தி, (nivroutti), cessation, abandon, renoncement au monde, abolition,expiation,guérison,repos: —கலை un des 5 கலை;—செய்கிறது, —பண்ணுகிறது,ou

நிவிர்த்திக்கிறது,த்தித்தேன்,த்திப்பேன்,த்தி,த்திக்க,v.a.(நிவிர்த்தி),நிவிர்த்தித்தல், n.v. éloigner, expulser, abolir,effacer,ôter,expier,guérir.

*நிவிர்த்தை,(nivroutta),fin,accomplissement, V. பாவமாதல்.

*நிவேசம்,(நி),maison, palais (des grands) résidence royale,camp, entrée,vêtement,habit, ornement, décoration,mariage,offre,remise entre les mains,livraison.

*நிவேசனம்,(நி),maison,habitation, emplacement, terrain, — pour une maison, —de 2400 pieds carrés, porte,entrée,ville,bourg.

*நிவேதனம்,(nivêdana),don,présent,donation,dépôt,gage, chose remise ou confiée,allocution,discours, message verbal,action de confier,de remettre,oblation,sacrifice (à la divinité...).

நிவேதிக்கிறது, த்தேன், திப்பேன்,தி,திக்க,v.a.நிவேதித்தல்,n.v. (nivêdita *offert*),donner, offrir, — un sacrifice: நிவேதிக்கப்பட்டபொருள் offrande, oblation, *ou* நிவேதித்தது ce qu'on a donné,confié,offert.

*நிவேத்தியம், P. நைவேத்தியம், oblation, offrande, — de choses à [manger,sacrifice.

நிழலி,vent.

நிழலுகிறது, ழன்றேன், ழலுவேன்,ழலு *ou* ழல்,ழல,v. n. நிழலுதல், (நிழல்),ombrager,avoir—,donner de l'ombre,l'ombre tomber sur.

நிழல்,1° *imp.et n.v.du préc.* 2° ombre,ombrage,apparence,abri,protection,bonté,faveur,lumière, justice, fraîcheur,branche d'arbre,prospérité,délice,malheur,maladie,douleur: —ஆடுகிறது se réfléchir, apparaître,— comme une ombre, — dans une image réfléchie,ombrager;—ஆட்டம் ombre légère,représentation, ébauche,esquisse;— ஆட்டமாயிருக்கிறது apparaître légèrement comme une ombre, — non distinctement,

—இடுகிறது ombrager,donner de l'ombre;—உணத்துகிறது,—உலர்த்துகிறது faire sécher à l'ombre;—ஒதுக்கு lieu ombragé,— où l'on peut se mettre à l'ombre;—ஒதுக்கிலேநடக்கிறது se promener à l'ombre;—செய்கிறது ombrager,donner de l'ombre,obscurcir;—நல்லது முசுறு பொல்லாது l'ombre est bonne, mais les fourmis rouges (qui s'y trouvent) sont mauvaises:un grand sera bienveillant,mais les malveillans qui l'entourent rendent nulles ses bonnes intentions;—நாவல், V. நிழனாவல்;—விழுகிறது l'ombre tomber sur,—s'étendre; —வீசுகிறது donner de l'ombre; நிழற்சரிவு déclin de l'ombre,le soir;—சாய்ப்பு,—சாய்வு lieu ombragé, déclin de l'ombre;—படுகிறது être ombragé;—படுத்துகிறது ombrager, donner de l'ombre;—பாடு ombrage,refuge, asile;—பாவை statue que l'on fait jouer derrière un rideau, ombres chinoises;—பிடிக்கிறது s'ombrager,se couvrir d'ombres; —போடுகிறது ombrager, couvrir de son ombre; நிழலுக்குவருகிறது venir à l'ombre; நிழலிலிருக்கிறது être à l'ombre; ஒருவனிழலிலிருக்கிறது être sous la protection de quelqu'un *ou* quelqu'un être à l'ombre; நிழலிலேவைக்கிறது mettre à l'ombre.

*நிழற்றுகிறது,ற்றினேன்,ற்றுவேன்,ற்று,ற்ற, v.n.et v. a. de நிழலுகிறது,நிழற்றல்,நிழற்றுதல்,n.v.* ombrager,donner de l'ombre, colorer, donner un vernis au discours, être à l'ombre,être fin, délicat, subtil.

*நிழனாவல்,(நிழல், நாவல்)*,la plante ocymum menthoides.

*நிறக்கிறது,றத்தேன்,றப்பேன்,ற, றக்க, v.n.(நிறம்)*, se colorer, être bien coloré, —colorié, avoir une brillante—une jolie couleur,plaire, நானென்னசெய்தாலும் நிறக்கவில்லை quoi que je fasse, je ne puis plaire.

*நிறத்த, part.pass. du préc.* coloré.

*நிறத்தல், நிறப்பு,n.v.de நிறக்கிறது*,coloris,couleur brillante,

*நிறப்பிக்கிறது,v.caus.du préc.* colorer, colorier, vernir.

*நிறம்*,couleur, coloris, apparence, lumière, caractère, disposition, tempérament,poitrine: —ஆயிருக்கிறது être coloré,— bien colorié, —bigarré,— bariolé de diverses couleurs;—கெடுகிறது se décolorer,perdre sa couleur;— கொடுக்கிறது colorer, colorier, peindre, donner de la couleur, enluminer; — பெயர்கிறது prendre une belle couleur, *ou* —பேதிக்கிறது,—பேதலிக்கிறது,—மாறுகிறது la couleur changer, changer de couleur; —போடுகிறது colorer, colorier, mettre des couleurs; —மங்குகிறது,—மங்கிப்போகிறது la couleur se flétrir, — se passer, devenir pâle, se décolorer; நிறப்பெயர்ச்சி,—ப்பேதலிப்பு,—ப்பேதிப்பு changement de couleur.

*நிறல், V. நரா.*

*நிறுக்கிறது, றுத்தேன், றுப்பேன், று,றுக்க, v.a. நிறுத்தல் et நிறுக்குதல், n.v.* peser (avec des balances), examiner,—le poids: நிறுக்கிறவன் peseur; நிறுக்குந்துலா balance à peser; நிறுத்துப்பார்க்கிறது peser et voir si le poids est juste; நிறுத்துக்கட்டுகிறது peser et lier, mesurer.

*நிறுதிட்டம்*, perpendicularité, position droite, élévation à pic, se tenir droit: நிறுதிட்டமாய் perpendiculairement, à pic.

*நிறுத்தம்,n.v. de நிறுத்துகிறது*, pause (en lisant ou en parlant),position droite, se tenir droit sans pencher d'aucun côté.

*நிறுத்தல்*, 1° *n.v. de நிறுக்கிறது*, pesée,action de peser. 2° *n.v.de நிறுத்துகிறது*,action d'arrêter,.., de ne pas donner,retenue,pause,arrestation,détention, affermissement,plantation.

*நிறுத்தி,gér.de நிறுத்துகிறது.*

*நிறுத்து,gér. de நிறுக்கிறது.* 2° *imp.et part.de*

*நிறுத்துகிறது, த்தினேன், த்துவேன், த்து,த்த, v.a. de நிற்கிறது,*

நிறுத்துதல், *n.v.* arrêter, retenir, détenir, finir, discontinuer, planter, lever, dresser, redresser, mettre, — debout, faire tenir droit, placer, fixer, établir, affermir, élever, destiner, garder, conserver, préserver, — de tomber, faire prendre, retarder, différer, s'arrêter, faire des pauses; எடுத்து—, dresser, lever, faire tenir —, mettre debout; விளக்கை —éteindre une lampe; நிறுத்திச்சொல்லுகிறது dire un peu plus lentement,— ப்படிக்கிறது,—வாசிக்கிறது lire plus lentement, —en faisant des pauses; — ப்பிடிக்கிறது dresser—, lever et tenir, rester ferme, être constant, obstiné;—ப்போடுகிறது,— வைக்கிறது arrêter, retenir, dresser, placer debout; நிறுத்து அவன்சொல்லட்டும் arrête-toi, que celui-là parle à son tour.

*நிறுபூசல், P. நிருபூசல்.*

*நிறுப்பான், (நிறுக்கிறது)*, 1° il pesera. 2° peseur. 3° le signe de la Balance, balance, paire de balances.

*நிறுப்பவன், நிறுப்போன், n.app. du même*, peseur. [tion de peser.

*நிறுப்பு, n.v. du même*, pesée, ac-

*நிறுவல், opt. et n.v. de நிறுவுகிறது*, position droite, affermissement, persévérance, dresser.

*நிறுவாகம், நிறுவாணம், நிறுவிஷம்... V. நிருவாகம், நிருவாணம், நிருவிஷம்.*

*நிறுவுகிறது, வினேன், வுவேன், வு, வ, v.a. et n. நிறுவுதல், n.v.* fixer, dresser, faire tenir —, mettre droit, se fixer, s'affermir: தலை—lever—, dresser la tête; நிறுவிநிற்கிறது se tenir droit.

*நிறை, 1° n. v. de நிறுக்கிறது*, poids, pesanteur, pesée, action de peser, mesure de pesanteur, poids de 100 பலம், peson, balance le signe de la Balance, équité, justice, raison, probité, — et retenue, règle, coutume, — établie, excellence, plénitude, intégrité, incorruptibilité, indestructibilité, chasteté, pureté, fermeté, courage, limite, borne, jarre, cruche, vase à puiser ou contenir de l'eau. 2° *part. de நிறைகிறது*, plein, rempli. 3° *imp. du même et de நிறைக்கிறது*: அதுக்குநிறையென்ன quel est le poids de cela? இரண்டிறாத்தல்நிறையாயிருக்கிறது cela pese 2 livres; நிறைகரகம் cruche pleine d'eau qu'on porte sur la tête en dansant en l'honneur de மாரியம்மை et autres fausses divinités; — கருப்பம் grossesse avancée, — près du terme; — கருப்பணி femme fort avancée dans sa grossesse, — près du terme de sa grossesse; — கலை pleine puissance, pleine lune; — கல் poids non estampillé, pierre qui sert de poids; — குடம் cruche pleine d'eau, (elle est censée une des 8 rencontres de bon augure dites அஷ்டமங்கலம்), grand talent, —génie, homme capable; —குறையில்லாமல்நிருசட்டமாயிருக்கிறது être à peu près juste, ni plein ni défectueux;—கோல் balance (pour peser); — சபை assemblée nombreuse, — au complet; — சரியாயிருக்கிறது le poids être juste; — சன்னி froid —, tétanos complet; — சூல் pleine grossesse; — செல்வன் celui qui est au comble des richesses, — du bonheur; — தப்பு injustice, défaut de probité; — தப்புகிறது n'avoir pas le poids, manquer de justice, de probité, de chasteté; — தருதாறு la plante சேத்தில்; — நரம்பு luth complet, — avec ses 7 cordes; — நாழிவைத்தல் une des cérémonies gentiles de l'accouchement: — நிலவு pleine lune; — பாரம் pesant fardeau, abondance; — பார்க்கிறது examiner le poids; — பானை grande cruche ou jarre pleine; — புனல் rivière —, étang rempli, *litt.* eau pleine; — பூரணம் plénitude absolue, satiété entière; — மணி sorte d'onction ou d'effusion prétendue sacrée; — மயிருள்ளோன் homme couvert de poils; — மொழி oracle, parole sûre, — qui a son effet, — de bénédiction ou de malédiction, — des grands; — மொழி

யானர் ceux dont la parole est sûre ou immanquable, les grands, les sages, les ermites; — யழிகிறது être corrompu, violé, se déconcerter, se décourager, perdre la chasteté; —யளவு mesure pleine, —de pesanteur; —யறிகருவி instrument pour connaître le poids, *i.e.* balance, peson; —யாயிருக்கிறது être plein, rempli, juste pour le poids: —யாயிருக்கிறவன் homme accompli, —probe; —யில்லாமலிருக்கிறது, *V.* நிறைதப்புகிறது; —யுடையவன், — யுள்ளவன் homme probe, juste, équitable; —வாரம் abondance.

*நிறைகிறது, றைந்தேன், றைவேன், றை, றைய, v. n. நிறைதல், n. v.* se remplir, être plein, rempli, s'achever, croître, augmenter; நிறைந்த plein, rempli, gonflé; நிறைந்திடுகிறது, நிறைந்திடல் se remplir *ou* நிறைந்திருக்கிறது être plein, rempli; நிறைந்துபோகிறது se remplir, se gonfler; நிறையப்படுகிறது se remplir; être plein; நிறையவில்லை cela ne s'est pas rempli, cela n'est pas plein.

*நிறைக்கிறது, றைத்தேன், றைப்பேன், றை, றைக்க, v. a. du préc. நிறைத்தல், n. v.* remplir, emplir, combler.

*நிறைச்சல், n. v. de நிறைகிறது,* plénitude. [*du même.*

*நிறைந்த, நிறைந்து, part. et gér.*

*நிறைத்தல், நிறைப்பு, n. v. de நிறைக்கிறது,* remplissage, plénitude.

*நிறைவாகரம், (நிறைவு, ஆகரம்),* plénitude, perfection.

*நிறைவாகரன், (id.)* parfait: —ஆயிருக்கிறது être parfait, accompli.

*நிறைவிக்கிறது, v. caus. de நிறைகிறது,* faire remplir.

*நிறைவு, n. v. du même,* plénitude, perfection, achèvement, accomplissement, excellence: நிறைவாகிறது devenir plein, se remplir, s'achever: ஊழியத்தைநிறைவாய் நடத்துகிறது accomplir —, terminer une fonction, —un service; துன்பத்திலே நிறைவுபட்டிருக்கிறது être rempli d'infortunes.

*·நிறைவேறுகிறது, (நிறைவு, ஏறுகிறது),* s'accomplir, se terminer, s'achever, se réaliser.

*நிறைவேறல், n. v. du préc.* accomplissement, réalisation, achèvement.

*நிறைவேற்றுகிறது, (id. ஏற்றுகிறது),* accomplir, réaliser, finir, terminer, achever, remplir.

*நிறைவேற்றம், n. v. du préc.* accomplissement, fin, achèvement.

*நிறைவேற்றுவோன், n. app. du même,* celui qui achève, termine.

**நிற்கத்தண்டனம், (நிர், கதம்),* exemption de punition, c'est un des 14 தயாவிருத்தி.

*நிற்கல், நிற்குதல், n. v. de நிற்கிறது.*

*நிற்காத, நிற்காமல், P. நில்லாத, நில்லாமல், part. et gér. nég. de நிற்கிறது:* நிற்காமற்போகிறது s'en aller, sans s'arrêter, —délai.

**நிற்காரம், V. நிஸ்காரம்.*

**நிற்கிரகம், (நிர், கிரகம்),* mauvais office, — service, tort, rejet.

*நிற்கிறது, நின்றேன், நிற்பேன், நில் ou நில்லு, நிற்க, நில்லேன் ou நிற்கேன், nég. v. n.* se tenir, se tenir debout, s'arrêter, cesser, durer, être durable, rester, attendre, persister, résister: நிற்கச்சொல்லுகிறது; dire d'attendre, de s'arrêter, de rester: நிற்கப்பண்ணுகிறது faire rester, retenir; நிற்கிறேன் je reste, je m'arrête, (il s'emploie quelquefois pour prendre congé de quelqu'un après l'avoir reconduit); ஒருவனோடெதிர்த்து நிற்கிறது tenir tête à quelqu'un, résister avec quelqu'un, ஒருபொருள்நிற்கின்றகாலம் le temps que dure un objet, *V.* நின்று.

*நிற்கு, 1° dat. de நீ,* à toi. 2° *P.* நிற்கும், *part. fut. du préc.* [குணம்...

**நிற்குணம், நிற்குண்டி.... V. நிர்க்*

**நிற்குணன், V. நிர்க்குணன்.*

*நிற்கை, n. v. de நிற்கிறது.*

**நிற்சம்பந்தன், (நிர், சம்பந்தம்),* celui qui n'a pas de rapport, — de connexion avec les sens.

**நிற்சரம்..., V. நிர்ச்சரம்....*

**நிற்சலம், (நிர், சலம்), V. நிச்சலம்.*

**நிற்சனம், V. நிர்ச்சனம்.*

*நிற்சயம்,நிற்செயம்,V. நிச்சயம்.

*நிற்பத்தி, (நிர்,பத்தி), défaut de piété,impiété,infidélité, V.நிவாசம்.

*நிற்பந்தம், நிற்பந்தன், V.நிர்ப்பந்தம்...

நிற்பன, நிற்பனவு, (நிற்கிறது), choses qui tiennent,choses fermes, —immobiles, v. g. les arbres, les plantes.

*நிற்பாக்கியம்,V.நிர்ப்பாக்கியம்.

நிற்பிக்கிறது, v. caus. de நிற்கிறது, faire tenir debout,retenir,arrêter.

*நிற்பியாவர்த்திதம்,(நிர், வியாவர்த்திதம், ita), volonté unique,—non changeante

*நிற்பீசம்,V.நிர்ப்பீசம். [ons.

*நிற்புதம், P நிர்ப்புதம்,100 billi-

நிற்பு,நிற்றல்,n. v. de நிற்கிறது, état, situation, position,se tenir...

நின், நினது,gén.de நீ,de toi,ton, ta,tes, நினக்கு, dat. à toi.

*நினதம், நினுதம்,நினுதிதம், (ninada, ninâda, ita), son, bruit.

நினைகிறது, னைந்தேன், னைவேன்,னை,னைய,v.a. et

நினைக்கிறது,னைத்தேன்,னைப்பேன்,னை,னைக்க, v. a. penser, réfléchir, songer, méditer, considérer, se rappeler, se ressouvenir: இதை நினைக்கப்போகாது on ne doit pas penser à cela: நினைத்தகாரியம் chose pensée, (on la donne à deviner pour éprouver les devins); நினைத்தகாரியம் வருகிறது, — சித்திக்கிறது, — கைகூடுகிறது la chose qu'on a pensée arriver, — réussir; நினைத்தபடிசெய்கிறது faire selon sa volonté, à sa fantaisie, selon sa détermination: நினைத்துக்கொள்ளுகிறது se souvenir, se rappeler; நினைத்துக்கொண்டிருக்கிறது garder dans son esprit, réfléchir, songer; நினைத்துக்கொள்ளல் pensée, souvenir, réflexion; நீர்நினைத்திருந்தநன்மையினுற்குறைவில்லை par la bonté que vous avez de songer à moi je ne manque de rien; ஒருத்தனைநினைத்தழுகிறது pleurer quelqu'un, —au souvenir de quelqu'un.

நினைக்குதல்,நினைதல்,நினைத்தல், n.v.des préc.pensée,réflexion, considération,souvenir.

நினைப்பணி, (நினைப்பு, அணி), figure de pensée, qui rappelle un objet à la vue d'un autre qui lui ressemble,comme சந்திரனைக்கொண்டுமுகங்காட்டுகிறது une fleur de nénuphar représenté un visage de femme.

நினைப்பாளி, (id. ஆளி), homme qui réfléchit,qui se souvient, qui a bonne mémoire.

நினைப்பிக்கிறது, v.caus. de நினைக்கிறது, faire penser, — ressouvenir, rappeler le souvenir.

நினைப்பு, n.v.du même, pensée,réflexion, intention,souvenir,mémoire, connaissance, inquiétude, (la pensée, selon certains systèmes indiens, est une des 18 propriétés du corps dites அந்தக்கரணகுணம்); —க்குறிப்பு souvenir,memento; —ஊட்டுகிறது rappeler le souvenir; நல்லநினைப்பு bonne pensée, pleine connaissance.

நினைப்பூட்டி,(நினைப்பு, ஊட்டுகிறது), monument, mémorial.

நினைப்பூட்டு, (id.). ou நினைப்பூட்டுப்பத்திரம், mémento, mémorial, souvenir.

நினைப்பூட்டுகிறது, நினைப்பூட்டுதல்,(id.),rappeler,faire ressouvenir, rafraîchir la mémoire.

நினையா,நினையாத, part. nég. de நினைக்கிறது: நினையாப்பிரகாரம் d'une manière inattendue, à l'improviste, subitement.

நினையாமை, n.v.du même, faute de penser,manque de réflexion, de mémoire.

நினைவு,n.v.de நினைகிறது,pensée, considération, réflexion, attention, intention,but, mémoire, souvenir, mémento, connaissance; நல்ல — bonne pensée: நினைவற்றுப்போகிறது oublier,l'idée—,la connaissance se perdre; நினைவில்லாமலிருக்கிறது être oublieux,—sans connaissance, sans idée, ne pas penser; நினைவுண்டாக்குகிறது, V. நினைப்பிக்க.

கிறது; நினைவோடுகிறது la pensée venir,—courir,se souvenir;—கூடுகிறது se souvenir,se rappeler pleinement;— கூடுதல் plein—,souvenir; —கேடு oubli; — தப்பு faute de mémoire;— தடுமாறுகிறது la mémoire—,la connaissance—,les idées chanceler,être indécis; — மோசம் faute—, erreur de mémoire; —வைக்கிறது conserver l'idée,le dessein, mettre dans sa mémoire.

நின்,(en haut tamoul), *obl. de* நீ. de toi, *gén.* நினது, *dat.* நின்க்கு.நிற்கு,*acc.* நின்னை, *abl.*நின்னில்,நின்னால்,நின்னோடு. [ம்...

*நின்மலம், நின்மலன்,*P* நிர்மல

*நின்மலாவஸ்தை,(நின்மலம், அவஸ்தை),état de pureté, agonie —, posture où l'on regarde en haut.

*நின்மாலியம்,*P.* நிர்மாலியம்.

*நின்மூடன் *P.* நிர்மூடன்.

நின்ற, *part. parf. de* நிற்கிறது, qui restait, qui se tenait debout...: —நிலை position droite, —où l'on est debout, — où l'on était, rester sans bouger, obstination;— படிபடுத்தால் தலையுடையாதா la tête ne se cassera-t-elle pas,si étant droit debout,on se couche (sans s'asseoir ou se courber d'abord); *i.e.* faites chaque chose dans l'ordre voulu;— வடி, (அடி), lieu où l'on se trouvait, trace des pieds, vestige;—விடத்திற்சான்,(இடம்), le gui dit குருவிச்சி.

நின்று, 1° *gér. de* நிற்கிறது, se tenant,étant debout, s'arrêtant, retardant: —எழுதுகிறது écrire debout; — செறுங்கு la plante செறியானாங்கை;— நின்று நடக்கிறது aller —,marcher en s'arrêtant souvent; —பேசுகிறது parler debout;— பயனின்மை inutilité de son existence, un des 10 défauts d'un ouvrage, être rempli de mots inutiles; நின்றுபோகிறது cesser, disparaitre, s'en aller, rester en chemin; நின்றுவருகிறது venir lentement, —en faisant des pauses; எழுந்து நின்று பேசினான் il se leva et parla debout; அரசன் அன்றுகொல்லும் தெய்வம் நின்றுகொல்லும் le roi punit le jour même, Dieu punit après avoir temporisé. 2° நின்று particule explétive qui s'intercalle dans les verbes, comme ஆநின்று dans செய்யாநின்றேன் je fais, சொல்லிநின்றான்,*P.* சொல்லினான் *ou* சொன்னான் il a dit: அழலடைந்தமன்றத்தலந்தயராநின்றூர்நிழலடைந்தோ நின்னையன்றேத்த, (அழல் அடைந்த மன்றத்து அலந்து அயராநின்றூர் நிழல் அடைந்தோம் நின்னையன்றுஏத்த),nous qui sommes accablés de maux et nous lamentons dans ce désert embrasé, nous trouvons en vous un ombrage en vous honorant (ô Seigneur). 3° நின்று *ou* நின்றும் après l'ablatif en இல் a le sens de la préposition *de* ou du latin *e, ex:* ஆற்றிலேநின்றேறுகிறது sortir de la rivière; வாகனத்தினின்றுமிழிந்தான் il descendit de sa monture; சத்துருக்களிடத்திலேநின்று ரக்ஷிக்கிறது délivrer des ennemis.

நீ, 1° lettre syllabique composée de ந் *et de* ஈ,nî.2° *imp. de* நீக்கிறது.3° *pronom de la seconde personne*, tu, toi, *obl.* உன், *gén.* உனது *ou* உன்னுடைய,*dat.*உனக்கு,*acc.*உன்னை, *abl.* உன்னில் *ou* உன்னிடத்தில், உன்னால், உன்னோடு. Dans le haut tamoul,l'*obl.* est நின் *et* நுன், *gén.* நினது, நுனது et devant un *pl.n.* உன, நின, நுன, *dat.* நினக்கு,நுனக்கு,ou உற்கு,நிற்கு,நுற்கு, *acc...* நின்னை...;l'honorif. qui sert aussi de plur. நீர், *obl.*உம்,*gén.*உமது,உம்முடைய, *dat.*உமக்கு...*plur.* நீங்கள்,*obl.*உங்கள்,*gén.*உங்களுடைய... Dans le haut tamoul, *pl.* நீர்,நீயிர்,நீவிர், *obl.* உம்,நும்,*gén.*நுமது *et devant un pl. n.* உம, நும, *dat.* நுமக்கு.... [age.

நீசம், grenouille, crapaud, nu-

*நீகாசம், (nikâsa), ressemblance, comparaison, vérité, certitude.

நீகாமன்,நீகான், pilote, timonier: எனக்குநீகாமனில்லை je n'ai point de pilote, i. e. de mari, (dira une veuve...).

*நிகாரம், 1°(nihâra), gelée blanche, forte—, rosée. 2° (nikâra), mépris, irrévérence.

நீக்க, 1° inf. de நீக்கிறது et de நீக்குகிறது. 2° obl. de

நீக்கம், n.v. de நீக்குகிறது, renvoi, éloignement, abandon, longueur, séparation fente, crevasse: — நீக்கமாயிருக்கிறது être plein de fentes, tout crevassé; நீக்கப்பொருள் sens d'éloignement, de séparation, c'est un des sens de l'ablatif;—உருபு forme de cas ou terminaison qui désigne l'éloignement ou la séparation, c'est la terminaison du 5me cas tamoul, i.e. de l'ablatif en இல் comme வீட்டிலிருந்துவந்தான் il est sorti de la maison.

நீக்கல், n.v. de நீக்கிறது et de நீக்குகிறது, éloignement, renvoi, expulsion, renoncement, meurtre, changement, perversion, extension, longueur, allongement, trou, maille. [de நீக்குகிறது.

நீக்கி, நீக்கின, நீக்கிய, gér. et part.

நீக்கிறது, நீத்தேன், நீப்பேன், நீ, நீக்க, v. a. renoncer (au monde...), abandonner, quitter, délaisser, se séparer, se bien conduire.

நீக்கு, n. v. part. et imp. du suiv. éloignement, expulsion, renvoi, rejet, défense, fuite, évasion, réliquat, reste, balance (de compte), fraction: — ப்போக்கு échappatoire, expédient, moyen de se tirer d'embarras, V. இடைவெளி; —ப்பல் surdent; —ப்பல்லன் qui a une surdent.

நீக்குகிறது, க்கினேன், க்குவேன், க்கு, க்க, v. a. நீக்குதல், n. v. et நீக்கிப்போடுகிறது, நீக்கிவிடுகிறது, éloigner, renvoyer, chasser, écarter, séparer, mettre de côté, renoncer, quitter, abandonner, abréger, annuler, dissiper, tuer, étendre, changer, déduire, soustraire, ôter, acquitter; கடனை — acquitter une dette; பாவத்தை — abandonner le péché; மக்கள் மனிதரை — quitter enfans et amis; தன்வினையை — quitter sa mauvaise conduite; நீக்கிக்கொண்டுபோகிறது éloigner..., lever tous les obstacles, l'emporter par la force; —ப்பார்க்கிறது essayer une séparation; ஒருவனைநீக்கி மற்ற எல்லாருக்குங்கொடுக்கிறது donner à tous excepté un; விரல் — மோருண்ணிறான் il mange du lait de beurre avec ses doigts écartés, (il n'attrape rien); ஏழிலேநீக்கினால்நின்றதிரண்டு de 7 ôtez 5 reste 2.

நீங்கல், n.v. de நீங்குகிறது, éloignement, abandon, séparation, départ, fuite, division, exception, délivrance, liberté, changement, extérieur: நீங்கலாக excepté, à l'exception; அவன்நீங்கலாக நீங்களெல்லாரும்வரலாம் lui excepté vous pouvez tous venir; நீங்கலாகிறது, V. நீங்குகிறது; தன் வறுமைகளுக்கொருவனைநீங்கலாக்குகிறது délivrer quelqu'un de ses misères.

நீங்கள். pl. de நீ, vous, obl. உங்கள், de vous, votre.

நீங்கா, நீங்காத, part. nég. de நீங்குகிறது: நீங்காதநிலை état incessant, continuel; நீங்காதவோசைசங்கு, (ஓசை), conque,—dont le bruit est continuel; நீங்காவிட்டம் poutre ou chevron mis pour empêcher les murs de s'écarter.

நீங்காது, நீங்காமல், 3e pers. n. et gér. nég. du même: நீங்காதுபற்றுதல் tenir ferme,—sans lâcher prise.

நீங்காதோர், n. v. nég. du même, gens qui ne s'éloignent pas, qui tiennent ferme.

நீங்காமை, n.v. nég. du même, persistance à rester, ne pas reculer..., indivisibilité, continuité, inséparabilité.

நீங்குகிறது, ஙினேன், ஙுவேன், ஙு, ங, v. n. de நீக்குகிறது, நீங்குதல், n. v. et நீங்கிப்போகிறது, s'éloigner, se séparer, se retirer, s'en aller, sortir, quitter, fuir, éviter, disparaître, passer, cesser, changer, être mis en liberté, être délivré, excepté, mis de côté: ஒருவனைவிட்டு—quitter quelqu'un, s'en séparer.

*நீசகம், (நீசம், bas, ga qui va), eau.

*நீசன், (id.), homme vil, de basse condition, de basse stature.

*நீசகை, 1° (*id.*), eau, ce qui coule de haut en bas, rivière. 2° (நீசம், kâ), excellente vache.

*நீசம், (nitcha), bassesse, petitesse, abjection, infériorité, basse —, pauvre condition, pente. *V.* நீசத்தனம்: — ஆளவர்கள் gens vils, bas peuple; நீசக்கிரகம் planète inférieure ou vile, *i.e.* இராகு et கேது, la tête et la queue du serpent ou les nœuds de la lune, planète qui descend, — qui est à la 7e place à partir du zénith, (place que les astrologues comptent pour être de mauvais augure; — க்கணம் bas peuple, populace; — சாதி basse caste; — த்தனம் bassesse, basse condition; — த்தானம் — ஸ்தானம் lieu bas, place qui va de haut en bas, la 7e place à partir du zénith; — பஞ்சாரசகோசகம் un des கோசகம்; — போசனம், (bhodjya, *nourriture*), nourriture vile, oignon; — ப்படுகிறது s'avilir, s'abaisser, se dégrader, devenir vil, être abaissé; — வாகனம் vile monture, *i. e.* l'âne.

*நீசன், *pl.* நீசர், homme vil, de basse condition.

நீசாரம், (nisâra), tapis, couverture de lit, cambouli, rideau, claie qui sert de rideau, moustiquaire. [vile

*நீசி, நீசை, *fém. de* நீசன், femme

*நீசிகை, நீசிகி, (nitchikâ, — ki), bonne vache. [ger.

நீச்சல், *P.* நீந்தல், natation, na-

நீச்சாளன், (நீச்சு, ஆள்), nageur.

நீச்சு, *n.v. de* நீஞ்சுகிறது, action de nager, natation, eau profonde, — assez profonde pour nager, lieu où il faut nager: — க்காரன் nageur: — த்தண்ணீர் eau assez profonde pour nager, eau où l'on perd pied: — ப்பழகுகிறது apprendre à nager, s'exercer à la natation: — ப்பழக்குகிறது apprendre —, exercer à nager, enseigner la natation; மீன்குஞ்சுக்கு — ப்பழக்குவாருண்டோ apprend-on à nager aux petits poissons: — மேலேறுகிறது venir en nageant.

நீஞ்சுகிறது, நீஞ்சினேன், நீஞ்சுவேன், சு, சி, *v.n.* நீஞ்சல், நீஞ்சுதல், நீஞ்சுகை (நீந்துகிறது), nager, passer, traverser (surtout à la nage): நீஞ்சும்பிராணி animal aquatique, — qui nage.

*நீடம், (nida), nid: நீடசம், நீடோற்பவம், (சம், உற்பவம்), ce qui est né dans un nid, oiseau.

நீடல், *opt. et n.v. de* நீடுகிறது, extension, allongement, longueur.

நீடாணம், (நீடு, ஆணம்), soupe, potage, sauce, ragoût, cari.

நீடாயு, நீடாயுள், (*id.* ஆயு, ஆயுள்), longue vie, longévité. [océan.

நீடாழி, (*id.* ஆழி), grande mer,

நீடாலைக்கோடு, (*id.* ஆலை), la pierre précieuse குடாலைக்கல்.

நீடிக்கிறது, டித்தேன், டிப்பேன், டி, டிக்க, *v.n.* நீடித்தல், *n.v.* s'allonger, s'étendre, être long, durer, rester, s'arrêter, tarder, lambiner: நீடித்தபொறுமை, longue patience; நீடித்திருக்கிறது durer —, vivre long-temps, être long, allongé, ancien, de longue durée; நீடித்துவாழுகிறது vivre —, prospérer long-temps; நீடித்தவயசு longue vie.

நீடிக்கை, நீடித்தல், நீடிப்பு, *n.v. du préc.* allongement, extension, durée, longueur, — de la vie, longévité: நீடிப்பாயிருக்கிறது durer —, vivre long-temps, être loin.

நீடிய, *P.* நீடின, *part. parf. de* நீடுகிறது, long, allongé: — சாந்தம் longue douceur, — patience, longanimité; — பலகை longue planche; — வாழ்வு longue prospérité.

நீடியா, நீடியாத, *part. nég. de* நீடிக்கிறது, court, qui ne dure pas long-temps. [டு, இல்). *V.* நீடில்லா.

நீடில். 1° *condit. de* நீடுகிறது. 2° (நீ

நீடு. 1° *particule adverbiale qui se met devant les mots et signifie* continuité, durée, longueur, long-temps: நீடில்லா, நீடில்லாத, de courte durée, qui ne dure pas: நீடின்றி sans durée, peu de temps, brièvement; நீடோடநடக்கிறது marcher —, durer long-temps: — நினைந்திரங்கல் un des 8 துறை ou sujets de la poésie érotique, regrets d'un époux ou d'un amant qui pense depuis long-temps à son épouse ou à son amante absente; நிலமிசை நீடு வாழ்வார் ils vivront long-temps heureux sur la terre. 2° *imp. et part. de* நீடுகிறது, long, étendu.

நீடுகிறது, டிகேன், டுவேன், டு, ட, *v. n.* நீடுதல், *n. v.* s'allonger, s'étendre, être long, étendu, fertile, durer, — long-temps, passer par dessus.

நீடிலக்கம், 1° (நீள், இலக்கம்), long éclat de lumière. 2° (நீடு, உலக்கம்) ruine de longue durée.

நீடூழி. (நீடு, ஊழி), *ou* — காலம், longue durée, long temps, durée infinie, éternité: — காலமிருக்கிறது être —, durer —, vivre long-temps.

நீட்சி, நீட்சிமை. நீட்டம், *n. v. de* நீளுகிறது, *et de* நீட்டுகிறது, longueur, extension, hauteur: நீட்சியா யிருக்கிறது être long, étendu, élever la voix.

நீட்டல், *opt. et n. v. de* நீட்டுகிறது, extension, étendue, longueur, allongement, donation: — அளவை mesure de longueur, ou d'étendue, mesurage avec la perche, le pied, le mètre, la coudée etc..., arpentage, mesurage des terres; — அளவைக்கோல் perche d'arpenteur; — அளவைமானம் arpentage; — அளவைக்காரன், — அளவைமானி arpenteur; — அளவை யாகுபெயர் nom de l'instrument à mesurer donné à la chose mesurée, comme un கசம் ou une aune de toile, un கோல் ou தடி *i. e.* une perche de terre; — குறுக்கல் allongement et abréviation, diérèse et synérèse; — மானம் mesurage des terres, arpentage. [டுகிறது.

நீட்டா, நீட்டாத, *part. nég. de* நீட்

நீட்டாணம், (நீட்டு, ஆணம்), *V.* நீட்டாணம். [haute, ouvrier.

நீட்டாள், (*id.* ஆள்), personne fort

நீட்டி, 1° *gér. et n. v. de* நீட்டுகிறது, haut, altier, hautain: இவள்வெகுநீட்டி elle est très-haute, fière, altière. 2° *imp de*

நீட்டிக்கிறது, டித்தேன், டிப்பேன், டி, டிக்க, *v. n. et a. de* நீடிக்கிறது *et* நீட்டித்தல், *n. v.* allonger, étendre, être long, durer, — long-temps, lambiner, retarder, compléter, finir: நீட்டித்தநாட்கள் longs jours.

நீட்டித்தல், நீட்டிப்பு, longueur, extension, allongement, durée, retard.

நீட்டு, 1° long-temps, *V.* நீட்டித்தல். 2° *n. v. imp. et part. du suiv:* — ப்பேறு longueur et largeur, étendue —, grandeur des richesses et autres choses semblables; — மடக்கு allonger et plier, donner et recevoir.

நீட்டுகிறது, ட்டினேன், ட்டுவேன், ட்டு, ட்ட, *v. a.* நீட்டுகை. நீட்டுதல், *n. v.* étendre, allonger, tendre, prolonger, hausser, retarder différer, donner: அதெல்லாங்களை நீட்டாதே ne viens pas me raconter au long toutes ces histoires: நீட்டிக்கிடக்கிறது être étendu de tout son long; பாட்டை நீட்டிப்பாடு chante un peu plus haut, élève le ton; எனக்கைப்பத்துப்பணம் நீட்டினான் il m'a donné 10 fanons; கைநீட்டினால் நெடும்பகை si on étend la main (pour prêter), c'est la source de longues haines; நீட்டினாவிதல் கு நித்தன் la plante ...

நீட்டுவிக்கிறது, *v. caus. du préc.* faire étendre, — allonger. [gueur.

நீட்பம், *n. v. de* நீளுகிறது. lon-

நீணெறி, (*P.* நீள், நெறி), long chemin.

நீண்ட, *part. parf. de* நீளுகிறது, long, étendu: — கரை long rivage; — கைமானை éléphant à longue trompe, corne de la licorne: — சாந்தம் longue patience, longanimité; — தாடி longue barbe; — முகம் visage allongé, — de babouin: நீண்டது ce qui est long: நீண்டவன், *V.* நீண்டோன். [gueur.

நீண்டாயம், (நீண்ட, ஆயம்), lon-

நீண்டு. *gér. de* நீளுகிறது: நீண்டிருக்கிறது être long, allongé, haut; நீண்டுபோகிறது s'allonger, s'étendre.

நீண்டோன், (நீண்ட), homme haut, grand, de haute stature, Vichnou.

நீள்மயல், (நீள்,மயல்), grand—, long trouble d'esprit.

*நீதம், (nita), justice,équité,honnêteté, bonne conduite, modestie, vie régulière, bonheur, richesses, blé, grains; — உள்ளவன் homme juste;—செய்கிறது faire justice; — ஆய்நடக்கிறது se conduire—, agir justement,—honnêtement; — இல்லாமற்போகிறது devenir —, être injuste; நீதக்காரன் homme juste, juge;— க்கேடு injustice,tort,iniquité; —க்கேடுசெய்கிறது ou பண்ணுகிறது faire tort,—une injustice, agir injustement;—க்கேடாய்ப்பேசுகிறது parler injustement, à tort;—ச்சிலேச்சுதம்vitriol bleu;—ஸ்தலம்,—த்தலம் tribunal de justice;—பரிமளம் l'arsenic naturel இதாக்கபாஷாணம்.

*நீதவான், (நீதம், van), homme juste,juge.

*நீதன், 1° (id.), homme juste. 2° (nitha),guide,conducteur.

நீதி, (niti), justice,équité, droite raison,bonne conduite,ordre,régle, morale, éthique, vérité, politique, science du gouvernement...: நீதிசதை ouvrage sur la politique:—குலவன் homme d'état,habile politique; — கேட்கிறது écouter la raison, — les parties plaidantes,juger,demander justice; —சோஷம் nom du char de பிரகஸ்பதி ou விபாழன்; — சாஸ்திரம் la jurisprudence,le 7me des கலைக்கியானம்,science des lois, code de lois,la loi,traité de justice; — சாஸ்திரங்களை யுண்டாக்கினவன் législateur, auteur de traités de jurisprudence; — சாரம் essence de la justice, - de la morale,titre de quelques livres de morale;— ஸ்தலம்,— த்தலம் tribunal de justice; —த்தப்பு manque de justice, injustice;— த்தீர்ப்பு jugement,- d'un tribunal; — த்துவம் justice,équité; — நியாயம் justice,droit,équité;— நியாயத்தின்படியேநடக்கிற து agir avec justice et équité: — நியாயத்தவறுகிறது s'écarter de la justice, — des régles de l'équité;— நிறை équité et intégrité;—நூலன்—,நூலி législateur, auteur de traité de jurisprudence, surnom d'அருகன்;—நூல் livre de loi, de jurisprudence, science des lois;—நெறி voie—,régles de l'équité, nom d'un traité ou d'un livre, justice,la bonne voie;— நெறிவிளக்கம் explication des régles de l'équité, titre d'un poème sur la morale; — பரம் la justice par excellence,le Dieu de toute justice;—பராமரிக்கிறது régner justement,—பரன் homme juste, Dieu,— qui est juste,roi;— ப்படி selon la justices;— பதி,—பாதிபதி, (அதிபதி), le chef de la justice, le juge;— யறிந்தோன் celui qui connait la justice, ministre (de roi), —யற்றபட்டணம் ville inique,— sans équité;— யற்றபட்டணத்தில் நின்றுமழைபெய்யுமா la pluie tombera-t-elle sur une ville inique; — யாக்குகிறது justifier;—யுள்ளவன் homme juste; —யென்றுதீர்க்கிறது justifier, approuver;—யொழுக்கம்,— முறை régle—,ordre de la justice,de l'équité, conduite juste;— வழு injustice,déviation de la justice;—வித்தை science de la jurisprudence, du gouvernement;—விளக்கம் démonstration —,examen de la justice, — des droits,—d'un procès, —d'une cause; — விளக்குகிறது examiner un procès, démontrer —, éclaircir la justice; — விளங்குகிறது la justice —, la raison ou le droit apparaitre; —விளங்கப்பண்ணுகிறது faire briller—,démontrer la justice ou la vérité, justifier, நீதிக்குக்கொண்டு போகிறது conduire —, porter devant les tribunaux,avoir recours à la justice, aux tribunaux: நீதியைக்கெடுத்துப் போடுகிறது corrompre la justice:நீதியைச்சரிக் கட்டுகிறது rendre la pareille, venger, se venger,prendre sa revanche, satisfaire à la justice:—ச்சரிக்கட்டுதல் représailles, vengeance.

நீதிஞ்சன்,நீதிஞ்ஞன்(நீதி,ஞன்),juriste,jurisconsulte,docteur en droit, habile politique, homme d'état.

*நீதிமான்,(நீதி,mân *affixe*),homme juste,—probe,juste:—ஆக்குகிறது justifier,rendre juste.

நீத்தம், *n.v.de* நீந்துகிறது, torrent, inondation, crue d'eau,l'arbrisseau தண்ணீர்விட்டான்.

நீத்தல்,*n.v.de* நீக்கிறது,renonciation,renoncement (au monde...),rejet,renvoi, expulsion, abandon, séparation, bonne conduite.

நீத்தவன்,*n.app. du même du part. parf.* நீத்த,ermite, homme qui a renoncé à tout,surnom d'அருகன்.

நீத்தார்,நீத்தோர், *n.app.du même,* ascètes, anachorètes, ermites, ceux qui ont renoncé au monde.

நீத்து,1° *gér.du même.*2° *n.v. de* நீந்துகிறது,natation, eau profonde, —suffisante pour nager.

நீந்தல், *opt. et n.v.de* நீந்துகிறது natation,action de nager:—க்காரன் nageur.

நீந்து,*imp.et part.du suiv.*:—புனல் eau où l'on peut nager,—où l'on ne peut toucher le fond.

நீந்துகிறது, தினேன், துவேன், அ,த,*v.a.* நீந்துதல், நீந்துகை,*n.v.* nager, passer, traverser (surtout à la nage): நீந்திக்கரைசேருகிறது arriver en nageant au rivage; — ப் போகிறது s'en aller en nageant, aller à la nage; — வருகிறது venir à la nage.

*நீபம்,(nipa),l'arbre கடம்பு nauclea cadamba,ou eugenia racemosa, l'arbre வெண்கடம்புvariété de l'eugenia à fleurs blanches,26me constellation dite உத்திரட்டாதி.

நீப்பு,*V.*நீத்தல்.

நீப்பை,*P.*நீப்பாய் tu renonceras. 2° *pers.fut.de* நீக்குகிறது.

நீமம்,lumière,splendeur.

நீம்பல்,fente,jour entre 2 planches mal jointes.

நீயிர்,*P.*நீர்,vous.

நீய்,*P.*நீ,tu,toi.

*நீரசம்,1°(நீரம்,சம்), nénuphar, loutre.2° (நீ *P.*நிர்,ரசம்), grenade, chose insipide.

நீரடி,(நீர்), *V.*நீரெட்டிமுத்து.

*நீரதம்,(நீரம்,da *qui donne*), nuage.

நீரதி, (*id.* dhi *ayant*),océan,mer, jus.

*நீரம்,(nira),eau,jus:நீரநிதி océan,réceptacle des eaux.

*நீராசனம்,நீராஞ்சனம், (nirâdjana:நீரம், அஞ்சனம்),cérémonie de l'ஆலாத்தி pour ôter le prétendu effet des mauvais regards,sorte d'ஆலாத்தி particulière, lustration des armes.

நீராரம்பம்,(நீர்),terre, qui pour la culture dépend de l'irrigation.

*நீராளம்,(நீரம்,âla),liquidité,nature de l'eau: நீராளமான liquide.

நீருடுபாசம்,(நீர்,உடு), éponge, algue marine.

*நீருபம்,(நிர்,ருபம்), ce qui n'a pas de forme,vent,air,éther, le ciel.

*நீருபன்,(*id.*), l'être qui n'a pas de forme,Dieu.

*நீரோருகம்,(நீரம்,உருகம்),ce qui naît de l'eau,nénuphar.

*நீரோற்காரி, (*id.* உற்காரம்), le nuage dit ஆவர்த்தம் (qui est censé vomir de l'eau).

நீர்,1° *pl.et hon.de* நீ,vous,(surtout en parlant honorifiquement à une seule personne), *obl.* உம்,*gén* உமது,*dat.*உமக்கு,*acc.* உம்மை,*abl.* உம்மில், உம்மால்,உம்மோடு. 2° disposition, qualité,caractère, nature, état: சின்னீர,(*P.*சின்ன,நீர், உடைய), d'un caractère frivole,méchant. 3° (நீரம்), eau,(c'est un des 5 élémens des Indiens,et un des அஷ்டமூர்த்தம் ou 8 corps dans lesquels Siven est censé s'être manifesté), mer,jus,liqueur,urine (*modeste*), la 20me constellation dite பூராடநாள், 4° *imp.et part. de* நீர்க்கிறது: அக்கினிநீர் acide nitrique; குடிநீர் tisane,décoction,eau qu'on boit; குளிர்ந்தநீர் eau froide,—fraîche; நீரடைக்கிறது arrêter—,barrer l'eau:— அடைக்குங்கதவு porte—, pale d'une écluse,bonde d'étang: — அடைப்பு strangurie, dysurie, rétention d'urine;— அடைப்பாயிருக்கிறது être attaqué de dysurie....:—ஆவி vapeur d'eau;—அத்தி figuier aquatique, qui vient près des rivières et a des branches menues,—அரண் fort entouré d'eau ou de fossés, fossé; — அரமகளிர் nymphes, Néréides, Syrènes;— அருகல் — அருக்கல் strangurie, dysurie difficulté d'uriner, action de faire cuire son eau avant de la boire;—அருகுகிறது, — அருக்குகிறது être attaqué de strangurie.— faire cuire son eau avant de la boire; —அலரி la plante polygonum crinitum;—அழிவு corruption de l'urine, diabète, émission fréquente d'urine sucrée —அளக்குங்குழாய் sonde, jauge, instrument pour mesurer l'eau; — ஆகாரம் nature de l'eau, liquidité, limonade, V. நீருணவு:—ஆகு loutre; —ஆடல் bain, agitation de l'eau, coco non plein dont l'eau s'agite et retentit à l'intérieur;— ஆடுகிறது se baigner, jouer —, badiner dans l'eau, l'eau s'agiter, les pierres précieuses étinceler. —ஆடுதல் bain, agitation de l'eau, étincellement de pierres précieuses; — ஆட்டு badinage —, jeu dans l'eau, ou — ஆட்டுகிறது baigner (quelqu'un...), lui verser de l'eau sur le corps, assister dans le bain; — ஆம்பல், —ஆமயம் hydropisie, diarrhée aqueuse;—ஆமை tortue d'eau, nom d'une maladie, araignée aquatique; — ஆம்பல் nénuphar blanc, nymphæa alba, espèce d'hydropisie;—ஆரை la plante aquatique marsilea quadrifolia, (elle est mangeable); — ஆலி goutte de pluie;—ஆவி vapeur d'eau, puits; —ஆழி la mer; — ஆழிமண்டபம் bâtiment au milieu d'un étang, — d'un étang réputé sacré, séjour pour le printemps; —இறங்குகிறது uriner, donner de l'eau; — இறைக்கண்கள் yeux chassieux,—qui pleurent toujours; —இயந்திரம் machine—, roue hydraulique, pompe; —இல்லாநிலம் terre sans eau, —stérile;— இழிவு diabète, flux excessif d'urine; — இறக்கம் reflux de la mer, descente de l'eau, — de l'urine; —இறங்குகிறது l'eau —, l'urine descendre, (bon symptôme dans le choléra); —உடும்பு lézard d'eau, salamandre aquatique;— உணவு breuvage, tisane, ne se nourrir que de liquides, jeûne à l'eau; உண்ணி l'arbuste tamarix articulata, (il croît dans les rivières...); —உயிர்கள், (உள், ஆனா), V. நீர்வாழ்வன; — உள்ளனவை, (உள்), êtres aquatiques, poissons et autres; —உள்ளி oignon; — ஊற்று source, —d'eau, fontaine; — ஏறுகிறது l'eau croître, grossir, déborder; — ஏற்றம் crue de l'eau, débordement; —ஏட்டி, —ஏட்டிமுத்து espèce de fève médicinale, jatropha montana; —எரிப்பு, —எரிவு strangurie, dysurie; எலி rat d'eau; —ஏற்றம் flux de la mer, haute marée, débordement, catarrhe, hydropisie; — ஏற்றவற்றத்தின்குறிப்பு marque du flux et du reflux, de la crue et de la baisse des eaux; — ஒட்டி la plante நீர்சாரணை;—ஓசை bruit de l'eau, célébration, fête, joie; — ஓடல் cours de l'eau; — ஓடை écluse, conduit, — en bois, déversoir; — ஓடை cours de l'eau, courant, ruisseau, torrent; — ஓட்டம் cours de l'eau, courant, flux, haute marée; இப்போ தென்றக்கே—ஓட்டம் le courant se dirige maintenant vers le sud; — ஓட்டம்கடுமையாயிருக்கிறது le courant est fort ou rapide; — ஓட்டத்திலே போகிறது être emporté par—, voguer avec—, suivre le courant; கடிகாரம் clepsydre, horloge d'eau; —கடுக்கிறது uriner avec difficulté, avoir la dysurie;—காட்டுகிறது abreuver;—கொதிக்கிறது l'eau bouillir, —bouillonner;—கடம்பு l'arbre கடம்பு eugenia racemosa qui croit ordinairement près de l'eau;—கடன் libation d'eau et de sésame;—கடுப்பு strangurie, dysurie, difficulté d'uriner;—கட்டு dysurie, rétention d'urine, espèce d'hydropisie; —கட்டுகிறது l'eau former des pustules, des vessies etc...; — கணவாம் pied d'une longue et 4 brèves dit கூவிளங்கனி et censé de bon augure;—கல்

மலி,—கமலலி,(கமலம்), nénuphar blanc; —க்கரை bord de l'eau, —d'une rivière, route sur le bord d'une rivière; —க்கழிவு diabétès, émission fréquente d'urine sucrée; —க்காகம், —க்காக்கை, —க்காக்காய் corbeau aquatique, i.e. poule d'eau, foulque, cormoran, pelecanus carbo; —க்காசம் espèce de phthisie; —க்கால் canal, —d'irrigation, —pour l'eau, courant, écluse; —க்காவி couleur rougeâtre que contracte une toile de coton fréquemment trempée ou lavée dans de l'eau simple sans savon ou matière semblable; —க்கிராம்பு la plante aquatique jussieua repens; —க்கிரை herbe —, plante aquatique qu'on peut manger; —க்கீழ் dessous de—, sous l'eau; V. நீர்த்தானம; —க்குடம் cruche pleine d'eau, (c'est une des 8 rencontres heureuses dites அஷ்டசுபம் et un des insignes de la royauté dits அரசச்சின்னம்); —க்குஷ்டம், —க்குட்டம் espèce de lèpre qui fait sortir de l'eau du corps; —க்குண்டி la plante வெண்ணொச்சி vitex negundo; —க்குமிழி, —க்குமிழ், —க்குமிளி, —க்குமிள் bulle d'eau; —க்குமிழிபோலிருக்கும் வாழ்வு la prospérité ressemble à une bulle d'eau; —க்கும்பி V. நீர்முள்ளி; —க்குளிரி la plante damasonium; —க்குறிஞ்சா la plante asclepias asthmatica; —க்குன்று montagne d'eau, limaçon; —க்கூலி prix de l'eau fraiche, salaire pour en apporter dans les lieux où il n'y a que de l'eau saumâtre; —க்கைக்கதவு écluse, bonde d'étang; —க்கொதி bouillonnement de l'eau, strangurie; —க்கொப்பரை chaudière, grande cruche de cuivre, vase à l'eau, citerne; —க்கொழுந்து le commencement d'un courant d'eau; —கொழும்பு Negumbo ville de Ceylan; க்கொள்ளுவான், —கொள்வான் petite vérole volante; —க்கொள்ளுகிறது, —க்கோக்கிறது, —க்கோத்தல்; —க்கொண்டிருக்கிறது devenir hydropique, retenir l'eau; —க்கொள்ளாத, —சுரவாத, —சுவறாத imperméable; —க்கோத்தை espèce de serpent; —க்கோவை hydropisie; —க்கோழி poule d'eau; —சிதறுந்துருத்தி sorte de pompe, sac de peau ou espèce de machine portative pour jeter de l'eau; —ச்சங்கு espèce de சங்கு ou monetia qui croit près de l'eau; —ச்சலவை lavage du linge en le plongeant dans l'eau; —ச்சாணை manière d'aiguiser—, pierre à aiguiser avec de l'eau; —ச்சால் jarre, grande cruche, grand pot à l'eau; —ச்சாவி paille sans grains par trop d'eau; —ச்சிக்கு strangurie, rétention d'urine; —ச்சிரங்கு insecte aquatique, espèce de gale qui vient entre les doigts des pieds quand on marche beaucoup dans l'eau; —ச்சிறப்பு bonté—, excellence de l'eau; —ச்சிறுப்பு, V. நீர்ச்சிக்கு; —ச்சின்னி la plante urtica glomerata; —ச்சிலை, V. குளிசிலை—; —ச்சுண்டி la plante mimosa natans; —ச்சுழல், —ச்சுழி tournant d'eau, gouffre où l'eau tourne; —ச்சுனை étang; —ச்சூலை hydrocèle; —ச்செம்பை l'arbrisseau coronilla aculeata; —ச்சேம்பு la plante aquatique sagittaria obtusifolia; —ச்சொட்டு goutte d'eau; —ச்சோறு riz bouilli laissé dans l'eau la nuit pour le déjeûner du lendemain; —ஸ்தம்பம், —த்தம்பம் trombe; —தாவுந்துருத்தி, V. நீர்சிதறுந்துருத்தி; —த்தடாகம் étang; —த்தலை, V. நீர்க்கொழுந்து; —த்தன்மை liquidité; —த்தாகம் soif, —d'eau; —த்தாரை canal, —pour conduire l'eau, membre viril, urètre (modesté), cours d'eau, écluse, jet d'eau, cataracte, chute d'eau, trombe; —த்தானம், —ஸ்தானம், 4me signe du zodiaque à l'orient de celui qui se lève, i.e. qui est encore censé sous les eaux; —த்திவலை, —த்துளி goutte d'eau; —த்துவம் liquidité; —த்துறை bord de l'eau, rivage; —த்தூம்பு écluse, bonde d'étang; —த்தொட்டி auge, baquet; —த்தோஷம் qualité malfaisante de l'eau, catarrhe; —நாய் chien de mer, —

qui va à l'eau, bièvre, castor, loutre, —நாள் la 21ᵉ constellation dite பூராடம் et உடைகுளம் (probablement parce qu'elle est censée pluvieuse);—நிதி la mer, réservoir des eaux;—நிலை étang, réservoir, puits, citerne, hauteur—, niveau—, mesure de l'eau, creux dans une rivière; —நெட்டி la plante æschynomene aspera;—நெய்தல் la plante aquatique menyanthes;—நொச்சி l'arbre vitex trifolia;— பெய்கலன் pot à l'eau à l'usage des ascètes;— ப்பகன்றை la plante stemodia aquatica:—ப்பஞ்சு coton aquatique, i.e. éponge;—ப்படுவன் nom d'une maladie;—ப்பந்தல் pandel—, lieu où l'on donne à boire;—ப்பரிசை bouclier aquatique, i.e. tortue; — ப்பறவை oiseau aquatique;—ப்பசீர் la plante புல்லாமணக்கு; — ப்பாக்கு noix d'arec qu'on a mise tremper dans l'eau;—ப்பாசி un des 32 arsenics composés, lentille d'eau, algue; —ப்பாடு maladie particulière aux femmes, diabétès, flux excessif d'urine, manque d'eau, sécheresse; — ப்பாட்டுச்சன்னி espèce de சன்னி, tétanos causé par la maladie susdite, —ப்பாம்பு serpent d'eau, hydre;—ப்பாய்ச்சல் irrigation, cours de l'eau, courant, inondation, nom d'une maladie, flux;—பாய்ச்சுகிறது faire couler l'eau, arroser, inonder;—பாய்ச்சுவோன் celui qui arrose, fait couler l'eau; —பாய்ச்சுமானியம் terre exempte d'impôts et arrosée en tout ou en partie par un étang du domaine public;—ப்பிடி, — ப்பிடிப்பு hydropisie, aquosité, quantité d'eau; — பிடித்த liquide; —ப்பிடிப்புள்ள liquide, aqueux;—ப்பிரமியம், V. நீர்க்கடுப்பு;—ப்பிரிவு eau—, ruisseau ou canal qui se partage;—ப்பிளவை espèce d'ulcère; — ப்பீச்சுப்பாய்வை jet d'eau;—ப்பீச்சுஞ்சூத்திரம் machine pour lancer de l'eau;— ப்பீனசம் ulcère dans la tête qui produit un écoulement d'eau par les narines, rhume de cerveau; — ப்புடையன் espèce de serpent d'eau;—ப்புள் oiseau aquatique;—ப்புழு ver —, insecte aquatique;—ப்பூ fleur aquatique;—ப்புல்லாய்,—ப்பூலா, —ப்பூல் l'arbrisseau phyllanthus multiflorus;—ப்பெருக்கு crue de l'eau, flux, haute marée, inondation, débordement;—போக்கால் canal, rigole, aqueduc;— போன்ற liquide, aqueux; —மட்டம் niveau, —d'eau, —de l'eau:— மறிப்பு strangurie, rétention d'urine;—மாங்காய் mangue verte confite;—மீட்டான், V. தண்ணீர்விட்டான்;— முகம் écluse, ce qui est en face —, le devant de l'eau, ce qui reçoit l'irrigation en 1ᵉʳ lieu;—முகத்துமுக்கில்லை devant l'eau, i.e. où il y a de l'eau, il n'y a point de malpropreté, l'eau lave tout, (les gentils l'entendent aussi au moral des purifications par le bain); — முட்டுகிறது manquer d'eau ou l'eau manquer (en temps de sécheresse), uriner (terme d'écoliers); —முட்டுநாகண்கள் yeux chassieux, —qui pleurent;—முள்ளி la plante barleria longifolia;—மேல்நெருப்பு, —மேனெருப்பு la plante கல்லுருவி; —மேல்குமிழி ou குமிழ் bulle d'eau, —sur l'eau;—மோர் lait de beurre délayé dans de l'eau;—யானை hippopotame;—வஞ்சி espèce de rotin ou de canne;—வண்டு mouche aquatique, insecte qui voltige sur l'eau;—வரத்து venue—, crue de l'eau, inondation, flux de la mer;—வல்லி, V. நீர்வள்ளி;—வழுக்கை la plante aquatique myriophyllum foliosum;—வளம் bonté —, abondance de l'eau, fertilité—, prospérité qu'elle cause; —வள்ளி la plante தண்ணீர்விட்டான், la plante qui donne le bétel;—வற்றம்,—வற்று reflux, marée descendante, dessèchement;— வற்றல்தெங்காய் ou —வற்றற்றேங்காய், V. கொப்பரைத்தேங்காய், coprah;—வற்றுகிறது l'eau tarir, se dessécher, s'écouler;—வாங்கி,—வாங்குங்குழல் siphon;—வாத்து espèce de canard, anas boschas;—வாரம் le rotin நீர்வஞ்சி;

—வார்க்கிறது verser de l'eau, arroser;—வாழைக்காய் banane aquatique,i.e.poisson;—வாழுஞ்சாதி,—வாழ்சாதி,—வாழ்வன êtres—,animaux aquatiques,poissons et autres; c'est une des 7 espéces d'êtres dites எழுவகைப்பிறப்பு;—வாழ்வுள்ள aquatique,qui vit dans l'eau;—விடுகிறது pisser,se gâter et se tourner en eau;—விட்டுப்போனசாதம் riz devenu aqueux,— devenu comme de l'empois,—விடுசிவிறி, V. நீர்சிதறுந்துருத்தி;—விட்டான், V. தண்ணீர்விட்டான்;—விட்டான்கிழங்கு V.தண்ணீர்விட்டான்கிழங்கு;—விழுகிறது l'eau tomber, l'éclat d'une pierre précieuse vaciller;—வீழ்ச்சி,—வீழ்வு chute d'eau,cataracte;—விளையாட்டு badinage—, jeux dans l'eau, V.சலக்கிரீடை;—வேட்கை,—வேட்டல்,—வேட்பு soif,—d'eau;—வேட்கிறது avoir soif,être altéré; நீரைத்தருமுகவை grande cuillére pour donner ou verser de l'eau.

நீர்க்கிறது, ர்த்தேன், ர்ப்பேன், ர், ர்க்க, *v.n.* (நீர்), *et* நீர்த்துப்போகிறது, devenir liquide,aqueux, fluide, clair,se changer en eau.‖*v.a.* rendre frais: நீர்க்கக்காய்ச்சுகிறது faire chauffer ou bouillir jusqu'à rendre liquide;நீர்க்கவிருக்கிறது être sur le point de devenir—, être liquide, aqueux,clair; நீர்க்கவிருக்கிறகூழ் bouillie ou gruau clair, peu épais; நீர்த்துப்போனசாதம் riz devenu aqueux,—comme de l'empois pour être resté trop long-temps dans l'eau aprés être cuit.

நீர்க்குதல்,நீர்க்கை,நீர்த்தல், நீர்ப்பு,*n.v. du préc.* liquidité, aquosité, fraicheur. [queux,frais.

நீர்த்த,*part.du même*, liquide, a-

நீர்மை,(நீர், மை), bienfaisance, bonté,bonne disposition,—qualité, caractére,égalité,stabilité.

*நீல,*adj.de* நீலம்,bleu,noir.

*நீலகம்,(நீலம்,ka),sel noir,vitriol —,acier bleu,antilope couleur d'ardoise dite nil-gaut.

நீலத்தர்,bardes,gens qui chantent les compositions d'autrui.

*நீலபம்,(நீலம்,bha *briller*), lune, nuage,abeille.

*நீலம்,(nila), bleu, indigo, bleu foncé,noir, noirceur, obscurité, la pierre précieuse bleue,*i.e.*le saphir, nénuphar —, vitriol bleu, masse —,boule d'indigo,poison, antimoine,palmier,vent,sel noir:—கட்டுகிறது,—தீர்கிறது, —தீர்தல், —தோய்க்கிறது,— துவைக்கிறது teindre en bleu,—à l'indigo: —கட்டுப்படப்பேசுகிறது,— பிடிபடச்சொல்லுகிறது dire des contes bleus, mentir gossiérement; — பற்றவைக்கிறது mettre tremper dans le bleu, raconter des fables,forger des contes bleus, des mensonges; — பாரிக்கிறது le bleu paraître,le corps devenir bleu (par le poison ou cause semblable); —பூசுகிறது peindre —, colorer en bleu;நீலஅவிரி, V.நீலவவிரி;நீலகண்டம் cou bleu,paon, passereau, hochequeue (qui ont le cou bleu); —கண்டன் celui qui a le cou bleu,*i.e.* Siven (pour avoir avalé du poisson), un dévot de Siven dit aussi திருநீலகண்டநாயனார்,homme féroce, sorte de cent-pieds,vitriol bleu, l'arbre முருங்கை;—கண்டாக்ஷம், (அக்ஷம், *œil*),graine de உருத்திராக்ஷம்;—கண்டி une des dents venimeuses des serpens,vaurien,méchant;—கமலம் nénuphar bleu;—காசம் espèce de phthisie ou de consomption, sorte de mal d'yeux;—கிரி la montagne bleue,(dans la géographie des pouranas) c'est une des 9 principales chaines de montagnes au nord de l'Ilavrata, (dans l'usage ordinaire) Nilaguéry,(en anglais) Neilgherry, haute chaine de montagnes qui séparent le Coimbatour du Maléalam et du Maïssour;—க்கட்டி masse—, morceau d'indigo;—க்கண்ணாடி lunettes bleues,verres bleus; —க்கத்தரி espèce de bringelles; —க்கல் la pierre précieuse bleue,*i.e.*le saphir; —க்காக்கட்டான் la plante காக்கட்டான் à fleurs bleues;—க்காக்கணம், V.கருங்காக்கணம்;—க்காரம்

vitriol bleu; — க்காரன் teinturier en bleu; — க்காலி indigotier ou plante dite அவிரி,espèce de crabe; — க்கிரீபன் Siven au cou noir; — ச்சாயம் teinture bleue; — ச்சால் grande cruche ou jarre à l'indigo (pour le faire ou pour teindre en bleu; — நிதி un des 9 trésors de Koubèren; — பங்கம் noirceur,boue noire; — ஸ்படிகம், — படிகம் crystal bleu; — பதுமம் nénuphar bleu; — பாஷாணம் espèce d'arsenic préparé; — பத்திரம் feuilles bleues, nénuphar bleu; — பாசனம், (*cuisson*), macération de l'indigo; — பாசனபாண்டம் jarre —, cruche dans laquelle on laisse macérer l'indigo; — பிச்சம் queue bleue,faucon à queue bleue; — புஷ்பம், — புஷ்பிகை, (ika), indigotier, l'arbre எட்டி, la plante விஷ்ணுகாந்தி; — ப்பணி teinture bleue qu'on donne aux toiles; — ப்புடவை toile bleue; — மணி la pierre précieuse bleue,le saphir, émeraude,prunelle de l'œil; — மணிகாசம் mal d'yeux qui attaque la paupière; — மருந்து l'indigo; — மாதவன் le bleu Vichnou; — மார்க்கம் la plante கையாந்தகரை; — மீலிகை, (மீலனம், ika),mouche luisante; — மிருத்திகை pyrite de fer,terre noire; — மேகம் nuage bleu ou noirâtre, — plein d'eau; — மேனியன் celui qui a le corps bleu,*i.e.* Vichnou,Râmen, vitriol bleu; — ரத்தினம், *V.* நீலக்கல்; — ராசன் Nilarâsen ou le roi bleu; — ராசாவர்த்தம் lapis lazuli bleu, espèce inférieure de diamant, (qui est censé porter bonheur aux rois qui l'ont); — ருத்திரன் le Routtiren bleu; — லோகம் acier bleu; — லோகிதன் celui qui est bleu et rouge,surnom de Siven,un des 11 Routtirers; — வசனன் l'habillé de bleu, (surnom de) Saturne; — வண்ணன் celui qui est de couleur bleue, Saturne, Vichnou; — வண்ணான் teinturier, — en bleu; — வருணம் nuage,un des 7 nuages fabuleux, celui qu'on prétend répandre du feu,*ou* — வர்ணம், — வர்ணம் couleur bleue; — வவிரி, (அவிரி),sorte d'indigotier, la plante indigofera trifoliata; — வழுதலை espèce de bringelle; — விருஷம் bœuf noir.

*நீலன்,(nîla),le bleu சனி ou Saturne,le roi Nilen un des chefs des singes de l'armée de Râmen, homme cruel, gnome, mauvais génie, menteur grossier, —impudent.

நீலாக்காலி,*P.* நீலக்காலி, espèce de crabe.

*நீலாக்ஷம்,(நீலம், அக்ஷம்), l'oiseau aux yeux bleus, *i.e.*l'oie.

*நீலாங்கம்,(*id.* அங்கம்),grue noire, —indienne,jais bleu dit கருநிமிளை.

*நீலாஞ்சனம்,(*id.* அஞ்சனம்), pierre noire, *V.* கல்லியம்.

*நீலாஞ்சனை,(*id.*),éclair.

*நீலாப்பிரகம்,(*id.* அப்பிரகம்),sable noir.

*நீலாப்பிரம்,(*id.* அப்பிரம்),nuage noir.

*நீலாம்பரன், (*id.*), l'habillé de bleu, (surnom de) Balarama, Saturne,démon,mauvais génie.

*நீலாம்பிரம்,(*id.* அம்பிரம்), habit bleu, —noir.

*நீலாம்புசன்மம்,(*id.* அம்புசன்மம்),nénuphar bleu.

நீலாம்புரி,espèce d'air.

*நீலி,(nili),l'indigotier அவிரி,couleur bleue, —noire,(surnom de) Kâli,Dourgâ et Parvadi, Nili sœur jumelle du singe Nilen et grande menteuse,gnome femelle,femme méchante, —féroce, vitriol bleue, une des dents venimeuses des serpens, l'arbre மருதோன்றி lawsonia spinosa à fleurs d'un bleu foncé, l'arbrisseau கருநொச்சி justicia gandarussa; — சந்தானம் fermentation ou macération de l'indigo; — சந்தானபாண்டம் jarre à indigo; — ச்சாதனைசாதிக்கிறது, — த்தனஞ்செய்கிறது mentir impudemment comme Nili; — நாடகம், — கூத்து danse ou comédie en l'honneur de Nili; — யாட்டமாடுகிறது jouer—, réciter le drame de Nili,mentir impudemment comme Nili; — ராகம் couleur bleue, attachement aussi durable que la teinture d'indigo.

*நீலிகை,(நீலி,kâ),marque bleuâtre de coups reçus ou [விசி.

*நீலினி,(நீலம்,ini),l'indigotier அ

*நீலோபலம்,(id. உபலம்), pierre bleue,lapis lazuli.

*நீலோற்பலம்,(id.உற்பலம்), nénuphar bleu,nymphæa cærulea.

நீல், sync.de நீலம், indigo, bleu, vent.

*நீவரம்,(nivara),eau,boue, trafic, pays,place propre pour une habitation. [ant.

*நீவரன்,(id.), religieux mendi-

நீவல்,opt.et n.v.de நீவுகிறது frottement,friction, — légère, action d'essuyer.

*நீவாகம்(nivâka),disette, famine.

*நீவாரம்,(nivâra),riz sauvage, — des bois,—qui croit sans culture, millet rouge dit செந்நினை.

நீவான்,(P.நீகான்),pilote.

*நீவி,1°(nivi), toile, habit, toile que les femmes indiennes s'attachent autour des reins,bout de leur toile dont elles s'entourent les reins, capital,—prêté.2° gén.de நீவுகிறது.

*நீவியம்,(நீவி ya),toile,habit.

நீவிர்,P.நீர்,vous.

நீவுகிறது,வினேன், வுவேன், வு, வ,v.a.நீவுதல்,n.v.frotter,— doucement,frictionner, oindre, enduire, taper,toucher légèrement,tâter, essuyer. [lumière,maladie,douleur.

நீழல்,P.நிழல், ombre, ombrage, நீழ்,P.நீள்.

நீள,inf.de நீளுகிறது,longuement, au long,à une grande longueur:நீள விடுகிறது retarder,prolonger,allonger,laisser trainer en longueur.

நீளக்க,P.நீளிக்க,V.நீள.

நீளங்கடை,(நீளம்,கடை), longue —,durée,ou — போக à la longue, avec le temps,jusqu'au bout.[corps.

நீளங்கம்,(நீள், அங்கம்), long

நீளம்,n.v.de நீளுகிறது,longueur, extension,distance:— ஆய் longuement,en long,en longueur;— ஆன long,étendu; — ஆயிருக்கிறது être long,étendu; நீளப்பாடாய் en longueur,longitudinalement; நீளப்பூச்சி long ver,— insecte; நீளத்திலேவிடுகிறது trainer en longueur,différer,allonger,prolonger;பேச்சைநீளத்திலே ou நீளவிடுகிறது prolonger le discours,la conversation; என்காரியத்தைநீளத்திலேவிடுகிறான் il traîne en longueur mon affaire.

நீளல்,opt.et n.v.de நீளுகிறது,longueur, durée, extension, allongement, distance, course accroissement.

நீளி,longueur,homme de haute taille,chose haute ou longue,n.v.imp. de நீளிக்கிறது. [tervalle,longueur.

நீளிடை,(நீள்,இடை),distance,in-

நீளிக்கிறது,ளித்தேன், ளிப்பேன், ளி,ளிக்க,v.n.நீளித்தல்,n. v. (நீளம்), s'allonger,s'étendre,être long, étendu,durer,vivre long-temps, tarder; நீளித்த long,étendu.

நீளிப்பு,n.v.du préc. longueur, allonger,extension,durée,retard.

நீளிய,adj. de நீள், long, étendu, haut:—சாரை long serpent de l'espèce dite சாரை, V.நெருப்புக்கல்லு; நீளியது ce qui est long; நீளியன் homme long,—de haute taille.

நீளுகிறது ou நீள்கிறது, நீண்டேன்,நீளுவேன் ou நீள்வேன், நீளு ou நீள்,நீள,v.n.(நீளம்), s'étendre, s'allonger,être long,étendu,durer,cou-

நீளுதல்,V.நீளல். [rir,croitre.

நீள்,1° imp.et part.du préc.2° (நீளம்),longueur, hauteur,lumière: நீள்சடையோன் l'arbrisseau கொன்றை cassia.

நீறு,1° gén.நீற்றின்,cendre, —de bouse de vache (réputée sacrée par les payens et dite திருநீறு), poussière,poudre,chaux, — éteinte et réduite en poudre.2° imp. et part.de நீறுகிறது: நீறடிக்கிறது, நீறடித்தல் tirer—,tracer au cordeau; நீறணிகிறது se frotter de cendres de bouse de vache; நீறணிந்தோன் homme barbouillé ou frotté de cendres,Siven;நீறுகிறது,நீறப்போகிறது se réduire—,être réduit en cendres: நீ

றுக்குகிறது, நீறுக்கிப்போடுகிறது réduire en cendres,calciner; நீறுடுகிறது réduire en cendres,détruire,se barbouiller—,se frotter le corps de cendres;—தாவிக்கிறது éteindre la chaux; — புஷ்பிக்கநீர்தெளிக்கிறது jeter—,verser de l'eau pour éteindre la chaux; — படுகிறது être réduit en cendres,en poudre, être détruit;—யுக்கிறது,— யுத்தல் réduire en cendres,en poudre, anéantir.

நீறுகிறது,றினேன்,றுவேன், று, ற,v.n.நீறுதல்,n.v.(நீறு), se réduire —,être réduit en cendres, en poussière, *v.g.* la chaux, être amorti, se calciner. [tion en poudre.

நீற்றல்,n.v.de நீற்றுகிறது,réduc-

நீற்றறை,(நீற்று, அறை), four à chaux.

நீற்று,1° *obl.de* நீறு,de chaux, de cendre.2° *imp. et part. de* நீற்றுகிறது:—க்கல் pierre à chaux; — ப்பூசணி citrouille cendrée;— ப்பூசணிக்காய்த்தானம் un des lieux qui pronostiquent la mort; — ப்பெட்டி sorte de coffre pour la farine ou le pain.

நீற்றுகிறது, ற்றினேன், ற்றுவேன்,ற்று,ற்ற,v.a.de நீறுகிறது,நீற்றுதல்,n.v.réduire en cendres,en poudre,amortir—, éteindre la chaux, calciner.

நீற்றுண்டை,(நீற்று, உண்டை), œuf,*litt.*boule de chaux amortie.

நீனிறம்,(நீல், நிறம்),couleur bleue.

நு,1° lettre syllabique composée de ந் et de உ, nou bref. 2°* (nou), particule sanscrite indiquant le doute,l'interrogation, la réflexion, le mépris,ou le respect. 3°* arme (en général), méditation, réflexion, temps,bateau, louange, éloge.

நுகம்,(*P.*யுகம்),joug,—de voiture ou de charrue auquel on attache les bœufs:—புரட்டி bœuf qui rejette le joug,homme qui secoue le joug de l'obéissance, qui s'écarte des règles; நுகக்கால் timon de charrue, —de charrette;— த்தடி joug,— de charrue....;—த்தடியிலேமாடுகளைப்பூட்டுகிறது *ou* பிணைக்கிறது attacher les bœufs au joug;— த்தொளை trou du joug où passe la corde qui attache les bœufs; நுகத்தாணி, (ஆணி),cheville du joug.

நுகருகிறது *ou* நுகர்கிறது, ர்ந்தேன்,ருவேன் *ou* ர்வேன்,ரு *ou* ர்,ர, v.a. நுகர்தல்,n.v.jouir,éprouver,savourer,manger,dévorer.

நுகர்,*imp.et part.du préc.*qui mange: இலைநுகர்விலங்கு animal herbivore,—qui se nourrit de feuilles.

நுகர்ச்சி, நுகர்வு, *n. v. du même*, jouissance,nourriture,manducation.

நுகைகிறது, கைந்தேன், கைவேன்,கை,கைய,v.n.நுகைதல்,n.v. s'amollir,s'adoucir, se relâcher, devenir mou.

நுகைக்கிறது, கைத்தேன், கைப்பேன்,கை,கைக்க,v.a.du préc.நுகைத்தல்,n.v. amollir, attendrir, relâcher.

நுகைப்பு,n.v. *du préc.* amollissement,adoucissement,relâchement.

நுகைவு,n.v.de நுகைகிறது,amollissement, adoucissement, relâchement,diminution,concorde.

நுக்காங்குலை,(நுக்கு, ஆம்),grappe de palmier dont les fruits sont tombés,—sont tendres.

நுக்கு,1° l'arbre எட்டிமரம் strychnos,morceau.2° *P.*நுங்கு,fruit du palmier non mûr,pulpe qu'il renferme.2° *imp.et part.de* நுக்குகிறது: நுக்குநுக்காய்ப் பண்ணிப்போடுகிறது briser en petits morceaux.

நுக்குகிறது,க்கினேன்,க்குவேன், க்கு,க்க,v.a.நுக்கல்,நுக்குதல், n. v. briser,—en pièces,réduire en poudre,détruire: மழைநுக்குது il tombe une pluie battante,la pluie brise tout en tombant à verse.

நுக்குடம்,l'arbre எட்டிமரம்.[று.

நுங்கல்,*opt.et n. v. de* நுங்குகிற

நுங்கு,1° pulpe—, chair des noyaux encore tendres du fruit du palmier.2° *imp.et part.du suiv.*; நுங்குக்கண்,நுங்கிற்கண் œil du fruit du palmier par où sort le germe;நுங்குநுங்காய்விழுகிறது devenir mou comme la pulpe du fruit de palmier, les excrémens tomber moux et dans le genre des pulpes susdites.

நுங்குகிறது,கினேன்,குவேன்,கு, க,*v.a.* நுங்குதல்,*n.v.*dévorer,engloutir,boire.

நுங்கை,1° *sync.de* நுன்தங்கை,ta sœur cadette,ta mère.2°(நும், கை), votre sœur cadette,votre main.3° *P.* நுங்காய். 2° *pers.nég. de* நுங்குகிறது. 4° *acc.de* நுங்கு. [corps.

நுசுப்பு,la ceinture,le milieu du

நுடக்கம்,*n.v. de* நுடங்குகிறது, mouvement,agitation,repli,courbure,flexibilité,vacillation, chancellement.

நுடங்கல்,*opt.et n.v.du même*,agitation,mouvement,titubation,vacillation,flétrissure,flexibilité,pli, faiblesse,action de remuer...

நுடங்கிடை, (நுடங்கு, இடை), ceinture flexible,mince,svelte.

நுடங்கு,*imp.part. et n.v.du suiv.* *V.* நுடக்கம்.

நுடங்குகிறது,கினேன், குவேன், கு,க,*v.n.* நுடங்குதல்,*n. v.* remuer, s'agiter,se flétrir,vaciller,chanceler, faiblir,plier,se replier,être flexible.

நுட்பம்,(நுண் ),petitesse,minceur,finesse, délicatesse, subtilité, minutie,instant, figure de rhétorique qui consiste à indiquer subtilement son idée: — ஆயாராய்கிறது scruter —, examiner minutieusement;—ஆயாராய்வோன் scrutateur minutieux;நுட்பவஸ்து objet très-petit, très-fin, ou délicat; —வாராய்ச்சி, (ஆராய்ச்சி), நுட்பமானயோசனை examen minutieux, délibération minutieuse; —வுரை, (உரை), explication subtile, — minutieuse; —வேலை ouvrage fin,délicat, minutieux; மகாநுட்பம் chose très-menue,atome. [து, *V.* நுடக்கம்.

நுணக்கம், *n. v. de* நுணங்குகிற

நுணங்கல்,*opt.et n.v.de* நுணங்குகிறது,faiblesse,flétrissure,minceur, subtilité,finesse, *V.* நுடக்கம்.

நுணங்கியோர்,(நுணங்குகிறது), gens subtils.

நுணங்கு, taches jaunes (sur la figure ou la poitrine), subtilité, finesse,ruse,*n.v.imp.et part.de*

நுணங்குகிறது, கினேன், குவேன்,கு,க,*v.n.* நுணங்குதல், *n.v.* se mouvoir,s'agiter,vaciller, plier, se replier, se courber, se flétrir, se faner, être subtil, fin, délicat, petit. [poisson,sardine,hareng.

நுணலை,espèce de grenouille, de

நுணல், espèce de—, grenouille: நுணலுந்தன்வாயாற்கெடும் la grenouille aussi périt (en se trahissant) par ses croassemens, (ainsi les sots s'attirent des malheurs par leurs paroles imprudentes).

நுணவு,1°(ou நுணவை,l'arbre நுணக்கு gyrocarpus jacquine.2° ou

நுணா,—மரம் l'arbre morinda umbellata: நுணாக்காய்க்கிரந்தி espèce de maladie vénérienne.

நுணாசுகிறது, கினேன், சுவேன், சு,ச,*v.a.* நுணாசுதல்,*n.v. et* நுணாவுகிறது, வினேன்,வுவேன்,வு, வ,*v. a.* நுணாவுதல்,*n.v.*frotter toucher,tâter, palper,connaitre au tact, *V.* தோம்புகிறது.

நுனி,1° *P.* நுனி, pointe, extrémité,bout.2° *imp.de*

நுனிக்கிறது, னித்தேன், னிப்பேன்,னி,னிக்க,*v.a.et n.et* நுனித்தல்,*n.v.*rendre petit, fin, pointu, réduire en poussière, discerner—, distinguer exactement, devenir—, être subtil,fin,rusé, s'améliorer:காலம்நுனித்துணர்க்காசிபன் Kâsyaben l'habile connaisseur des temps

நுணுகு,petitesse,subtilité, délicatesse,finesse.

நுணுகு, *V.* நுணுகு,*n.v.imp.part.de*

நுணுகுகிறது,கினேன், குவேன், கு,க,*v.n.de* நுணுக்குகிறது *et* நுணுகல்,நுணுகுதல்,*n.v.* devenir—, être petit,fin, délicat, subtil, rusé, pointu,exact.

நுணுக்கம்,*n. v. de* நுணுக்குகிறது,petitesse,finesse,subtilité,exactitude,—minutieuse,pointe.

நுணுக்கல்,*opt.et n.v.du même.*

நுணுக்கு,*n.v.imp.et part.du suiv.*

petitesse, chose petite, fine, délicate, subtile, écriture très-fine, subtilité: நுணுக்கெழுத்து écriture —, lettre très-fine, illisible, inintelligible ou subtile.

நுணுக்குகிறது, க்கினேன், க்குவேன், க்கு, க்க, *v.a.* நுணுக்குதல், *n.v.et* நுணுக்கிப்போடுகிறது, briser, broyer, pulvériser, réduire en poudre, écrire d'une manière très-fine, aiguiser, affiler, rendre pointu, aigu, petit, fin, subtil, ne pas atteindre le but (dans un jeu d'enfant).

நுணுங்கல், *opt.et n.v. de* நுணுங்குகிறது, petitesse, subtilité, finesse.

நுணுங்கு, petitesse, finesse, subtilité, *n.v.imp.et part.de*

நுணுங்குகிறது, கினேன், குவேன், கு, க, *v. n. de* நுணுக்குகிறது *et* நுணுங்குதல், *n. v.* devenir—, être petit, fin, menu, délicat, minutieux, subtil, rusé, pointu.

நுண், 1° atome, petitesse, finesse, subtilité. 2° *adj.de* நுண்மை menu, mince, petit, délicat, fin, subtil, exact, minutieux, pointu, aigu: — பிண்டி mets délicat, *ou* — பொடி poudre fine, poussière; — பொருள் objet fin, délicat, pensée fine, subtile, délicate: — மணல் sable fin, grain de sable; மருங்கல் ceinture mince, taille svelte.

நுண்ணறிவு, (நுண், அறிவு), esprit subtil, fin, connaissance claire, exacte, minutieuse: நுண்ணறிவுடையோர் நூலொடுபழகினும் பெண்ணறிவென்பது பெரும் பேதைமைத்தே lors même que l'esprit d'une femme est versé dans les écrits des savans, il conserve toujours une grande simplicité.

நுண்ணிச்சிறை, (நுண்ணிய, சிறை), très-petit oiseau dit கொசுக்கட்டை.

நுண்ணிடை, (நுண், இடை), ceinture mince, taille svelte, femme.

நுண்ணிமை, 1° (நுண், இமை), paupière délicate. 2° *P.* நுண்மை.

நுண்ணிய, *adj.de* நுண்மை, petit, mince, fin, délicat, subtil, minutieux, rusé, pointu: — கருமமெண்ணித் துணி entreprends une affaire délicate après y avoir bien réfléchi.

நுண்ணியது, (நுண்ணிய), chose fine, délicate, petite.

நுண்ணியர், (*id.*), gens subtils, fins, rusés, habiles, délicats, les grands, ministres d'état.

நுண்ணுணர்வு, (நுண், உணர்வு), *V.* நுண்ணறிவு.

நுண்மை, (நுண்), petitesse, finesse, délicatesse, subtilité, pointe, exactitude: — யாய் subtilement, finement, joliment, habilement, exactement; — யாய்ப்பார்க்கிறது regarder attentivement, examiner minutieusement; — யாயெழுதுகிறது écrire délicatement, en lettres fines; — யாய்ப்பண்ணுகிறது faire —, terminer délicatement, joliment; — யானவேலை ouvrage fin, délicat; — நுகரேல் ne mange pas délicatement, — des mets recherchés.

*நுதம், (nouta), louange, éloge.

நுதம்புகிறது, பினேன், புவேன், பு, ப, *v.n.* நுதம்புதல், *n.v.* s'attendrir en pensant.

நுதலல், *opt.et n.v.du suiv.* considération, détermination, dessein.

நுதலுகிறது *ou* நுதல்கிறது, லினேன், லுவேன் *ou* ல்வேன், லு *ou* ல், ல, *v.a.* நுதலுதல், *n.v.* penser, considérer, se proposer, avoir—, former le dessein, déterminer: நுதலிப்புகுதல் entrer en matière après avoir annoncé ce qu'on va dire, c'est un des 32 நூலுத்தி.

நுதல், 1° front, paupière. 2° *imp.et part.du préc.* நுதலணி, (அணி), bijou du front (surtout à l'usage des femmes); நுதற்சுட்டி autre bijou du front (aussi à leur usage).

நுதனீர், (நுதல், நீர்), sueur du front.

*நுதி, 1° (nouti), louange, éloge, panégyrique, honneur, adoration, vénération. 2° pointe, bout, extrémité: — த்தோல் prépuce; — விழுதல் nom d'une correction à faire quelquefois dans l'emploi du பஞ்சாங்கவாக்கியம்.

நுதுக்கிறது, துத்தேன், துப்பேன், து, துக்க, *v.a.* détruire, rejeter, éteindre, apaiser, adoucir: நெய்யாலெரிநுதுப்போமென்றற்றால் comme si l'on disait: nous éteindrons le feu avec de l'huile.

நுதுத்தல், நுதுப்பு, *n. v. du préc.* destruction, extinction, adoucissement.

நுந்துகிறது, தினேன், துவேன், து, த, *v.a.* நுந்துதல், *n. v.* pousser, chasser, mouvoir, exciter, tirer (la mèche d'une lampe).

நுந்தை, (*sync.* நும் *ou* நுன் *et* தந்தை), votre père, ton père.

நுபம், la plante எருக்கு.

நும், *P.* நும், *devant un pl.n.* votre.

நுமன், *m.* நுமள், *f.* நுமர், *pl.* un des vôtres, de vos gens, un homme —, une femme —, les gens de votre parti, de votre caste, de votre famille, de votre maison.

நும், 1° *obl.de* நீர் *dans le haut tamoul*, votre, *gén.* நுமது votre, *dat.* நுமக்கு à vous, *acc.* நும்மை vous, *abl.* நும்மில் en vous, நும்மால் par vous, நும்மோடு avec vous. 2° particule dite சாரியை propre à la 2° *pers.* *comme* எல்லீர்நும்மையும், *P.* எல்லீரையும் vous tous *à l'acc.*

நும்பி, (*sync.de* நும், நுன், தம்பி), votre *ou* ton frère cadet.

நும்மோர், (நும்), les vôtres, vos gens, vos partisans, vos parens....

நுரு, bourgeon, branche, rejeton qui vient dans les jointures ou les nœuds).

நுரை, 1° écume (de l'eau etc...), bulle d'eau, blancheur, beurre frais. 2° *imp.et part.de* நுரைக்கிறது: —க்கடல் la mer écumante; — நுரையாய்விழுகிறது écumer, l'écume dégoutter; —ப்பீர்க்கு la plante cucumis sulcatus; —யீரல், (ஈரல்), poumon; — வாய் bouche écumante; — வாயன் celui qui a la bouche écumante, dont les lèvres retiennent ordinairement une portion de salive.

நுரைக்கிறது, ரைத்தேன், ரைப்பேன், ரை, ரைக்க, *v.n.* நுரைக்குதல், நுரைத்தல், *n.v.* écumer, jeter de l'écume: நுரைக்கநுரைக்கக்குடிக்கிறது boire un liquide pendant qu'il écume.

நுவணம், நுவணை, science, livre de science, littérature, subtilité, fil de coton, farine de millet, manguier.

நுவலல், *opt.et n.v.du suiv.*

நுவலுகிறது *ou* நுவல்கிறது, வன்றேன், வலுவேன் *ou* வல்வேன், வலு *ou* வல், வல, *v.a.* நுவலுதல், *n. v.* (நுவல்), dire, parler, discourir: நுவல்க parlez....

நுவலா, *part.nég.du même:* — நுவற்சி figure de rhét. où l'on dit une chose sans avoir l'air de la dire.

நுவலிலி, (நுவல், இலி), muet.

நுவல், 1° mot, parole. 2° *imp. et part.de* நுவலுகிறது.

நுவல்கை, நுவற்சி, நுவறல், *n. v. du même*, dire, parole, mot, diction, discours.

நுவல்பவன், நுவல்வோன், *n. app. du même*, parleur, discoureur.

நுவன்று, *gér.du même.*

நுழாய்ப்பாக்கு, noix d'arec encore tendre.

நுழுந்தி, 1° rusé qui s'esquive, qui ne donne pas prise, insaisissable. 2° *gér.de*

நுழுந்துகிறது, தினேன், துவேன், து, த, *v.a.et n.* நுழுந்துதல், *n. v.* voler, ramper, se trainer par terre, glisser, s'échapper, s'esquiver, se dérober, se glisser furtivement, enfoncer —, plonger —, tremper —, placer dans, retrousser: நுழுந்திவைக்கிறது, —ப்போடுகிறது enfoncer —, ficher en terre, planter.

நுழுவுகிறது, விளேன், வுவேன், வு, வ, *v.n.* நுழுவுதல், *n.v.* glisser, s'écouler, s'esquiver.

நுழை, 1° subtilité, finesse, endroit où il faut se glisser, porte étroite, guichet, fenêtre. 2° *imp.et part.de* நுழைகிறது *et* நுழைக்கிறது: — கடவை, — கண்டாயம் passage étroit, entrée étroite; — நரி renard à tanière, — à terrier; — வாயில், — வாசல் porte étroite et basse.

நுழைகிறது, ழைந்தேன், ழைவே

ன்,ழை,ழைய,v.n.(நுழை), நுழைகுதல்,நுழைதல்,n.v.entrer, — le corps baissé, — avec peine, se glisser dedans,s'introduire,s'insinuer, s'ingérer,pénétrer, faire signe, donner á entendre,arrêter,restreindre: அந்தச்சொல் என்மனதிலே நுழைந்தது ce mot a pénétré dans mon esprit; ஊசித்தொளையில் நூல்நுழையவில்லை le fil n'est pas entré dans le trou de l'aiguille; காதிலே நுழைகிறது entrer—, s'introduire dans l'oreille; நுழைந்துபார்க்கிறது pénétrer et considérer l'intérieur; நுழைந்துபோகிறது se glisser (par un passage étroit), s'introduire (dans une foule...), s'ingérer; நுழையப்பண்ணுகிறது ou

நுழைக்கிறது,ழைத்தேன், ழைப்பேன்,ழை,ழைக்க,1° *v.a.du préc.* நுழைத்தல்,*n.v.* faire entrer,— pénétrer, introduire, glisser —, pousser dedans, insinuer: நுழைத்துப்போடுகிறது,—வைக்கிறது faire entrer, placer dans.2° *v.n.V.* நுழைகிறது.

நுழைச்சல்,1° *n.v.de* நுழைக்கிறது,se glisser,faire entrer.2° sept (en langage secret).

நுழைவிக்கிறது,*v.caus.de* நுழைகிறது, faire entrer,— passer, introduire,fixer dedans.

நுழைவு,*n.v. du même*,subtilité, pénétration d'esprit. [che luisante.

நுளம்பு,moustique,cousin, mou-

நுளுப்புகிறது, ப்பினேன், ப்புவேன்,ப்பு,ப்ப,*v.n.* நுளுப்புதல்,*n.v.et* நுளும்புகிறது, travailler nonchalamment, négliger, dédaigner,faire le—, être paresseux, négligent, abandonner le travail, s'excuser de travailler,excuser sa paresse, tromper.

நுளை,1° bassesse,cécité,*adj*.petit, bas,inférieur,vil,chétif,défectueux, aveugle, (par la perte de l'humeur cristalline...): — ப்புழுக்கையன் vil esclave;— முண்டை veuve méprisable,vile créature,vilain garnement.

நுளைச்சி, *pl.* நுளைச்சியர், *fém.de* நுளையன், femme de pêcheur, pêcheuse, habitante des bords de la mer.

நுளைப்புகிறது,ப்பினேன், ப்புவேன்,ப்பு,ப்ப,*v.n.*நுளைப்புதல், *n.v.*(நுளுப்புகிறது),fuir—,éviter le travail, travailler négligement.

நுளையன்.*pl* நுளையர்,(நுளை), 1° pêcheur, habitant du bord de la mer. 2° homme vil, *mot de mépris comme* நுளையாஅப்புறம்போ va t-en vaurien: சடல்மீனுக்கு நுளையனிட்டதேசட்டம் le nom que le pêcheur donne aux poissons de la mer fait autorité,á chacun son métier.

நுள்,நுள்ளு,1° pincement,pincée. 2° *imp.et part.de* நுள்ளுகிறது.

நுள்ளான், (நுள்), espéce de fourmi.

நுள்ளுகிறது. ள்ளினேன், ள்ளுவேன், ள்ளு *ou* நுள்,ள்ள, *v.a.* நுள்ளல், நுள்ளுதல்,*n v.* pincer.

நுற்கு,*P.*நுனக்கு,á toi. [tre.

நுன்,*P.*நுன் *devant un pl. n.* vo-

நுனது,நுனக்கு, *V.*நுன்.

நுனி,1° bout, extrémité, pointe, tranchant,subtilité, délicatesse,finesse. 2° *imp. de* நுனிக்கிறது: —க்கோல், le bout d'un bâton, d'une perche;—த்தோல் le prépuce;— ப்பந்தி la dernière rangée (de convives...);— விரல் le bout des doigts; நுனியிலேகிள்ளுகிறது pincer l'extrémité (d'une chose);—தடவுகிறது frotter—, oindre le bout; நுனியைத்தறித்துப்போடுகிறது couper l'extrémité ou la pointe.

நுனிக்கிறது, னித்தேன், னிப்பேன்,னி,னிக்க,*v. a.* நுனித்தல், *n. v.* aiguiser,rendre pointu, aigu, tranchant,examiner minutieusement: நுனித்துநோக்குகிறது considérer attentivement.

நுனிக்கை,1° *n. v. du préc.*2° (நுனி,கை),la bout de la main,— du doigt du milieu. [tranchant.

நுனை, pointe, bout, extrémité,

நுன் )*obl.de* நீ,ton,de toi;*gén.*நுனது ton,*dat.*நுனக்கு á toi, *acc.* நுன்னை toi,*abl.*நுன்னில்,நுன்னுள், நுன்னோடு dans,par,avec toi.(poétique).

நூ, 1° lettre syllabique composée de ந் et de ஊ, noû long. 2° *(noû), bijou, ornement. 3° *imp. et part. de* நூகிறது, *P.* நூர்க்கிறது, s'éteindre.

நூக்கம், 1° l'arbre dalbergia latifolia. 2° *n.v. de* நூக்குகிறது, expulsion, rejet, coup, poussée.

நூக்கல், *opt. et n.v. de* நூக்குகிறது, coup, poussée, expulsion, faire parvenir, nom d'un instrument de tisserands. [éteindre....

நூக்கிறது, *P.* நூர்க்கிறது

நூக்கு, *imp. part. et n.v. du suiv.* rejet, expulsion, blé concassé.

நூக்குகிறது, க்கினேன், க்குவேன், க்கு, க்க, *v.a.* நூக்குதல், *n.v.* chasser, repousser, écarter, pousser, — de côté, faire parvenir.

நூங்கு, grandeur, abondance, *n.v. imp. et part. du suiv.*

நூங்குகிறது, கினேன், குவேன், கு, க, *v.n.* நூங்கல், நூங்குதல், *n.v.* s'élever, abonder, être grand, élevé, abondant.

நூடி, la plante சிற்றேலம்.

*நூதம், (noûda), mûrier, morus indica. [on

நூதல், *n.v. de* நூகிறது, extincti-

*நூதனம், நூதனத்துவம், (noûtana), nouveauté, nouvelle, merveille: நூதனக்காரன், homme à nouveautés, à merveilles, à nouvelles, novateur, nouvelliste, fabricateur de nouvelles.

*நூதனன், நூதனி, (நூதனம்), homme nouveau, nouveau venu, étranger, *V.* நூதனக்காரன்.

நூத்தல், *n.v. de* நூர்க்கிறது, extinction. [signe du Taureau.

நூபம், bœuf, jeune taureau, le

*நூபுரம், (noûpoura), bijou d'argent ou de cuivre —, grelots qu'on attache aux pieds. *V.* சதங்கைப்பு.

நூப்பு, *n.v. de* நூர்க்கிறது, extinction, allégement.

நூருகிறது *ou* நூர்கிறது, ந்தேன், ருவேன் *ou* ர்வேன், ரு *ou* ர், ர, *et* நூர்ந்துபோகிறது, s'éteindre, être éteint, maigrir, se flétrir, se gâter, commencer à se pourrir, s'amollir, devenir trop mou.

நூர்க்கிறது, ர்த்தேன், ர்ப்பேன், ர், ர்க்க, *v.a, du préc.* éteindre, gâter...

நூலா, நூலாத, *part. nég. de* நூற்கிறது, qui —, qu'on ne file pas: நூலாமாலை guirlande mal enfilée, fil qu'on ne doit pas filer ou mal filé, artifice, ruse, tour, fourberie: — மாலைக்காரன் fourbe, fripon, faiseur de tours.

நூலாம்பூச்சி, (நூல், பூச்சி), araignée, *litt.* insecte à fil ou fileur.

நூலார், நூலோர், (நூல்), savans, docteurs, brames, ministres d'état.

நூல், 1° fil, fil de coton, cordeau, — d'alignement, cordonnet, cordon, — bramanique, — de distinction, pénis, nerf qui aboutit aux parties naturelles, science, système de doctrine, livre —, ouvrage de science, de poésie..., opinion, règle, délibération, réflexion, avis, compte. 2° *imp de* நூற்கிறது: — அரங்கேற்றுகிறது soumettre un nouveau livre au jugement et à l'approbation des savans avant sa publication; — அச்சு filière; — அறிந்தோர்நடக்கவேண்டுமொழுகு les savans doivent suivre les règles de conduite qu'ils ont apprises dans les livres; — அறிவு connaissance d'une science ou d'un ouvrage; — ஆசிரியன், — ஆக்கியோன் auteur de livre; — ஆதாரம் élément —, fondement de science, livre élémentaire; — ஆய்வோர் examinateurs d'ouvrage, critiques, réviseurs, correcteurs; — ஆராய்கிறது examiner —, réviser un livre: தேடிப்பல — ஆராய்கிறது examiner divers livres ou systèmes qu'on a cherchés: — இலக்கணை règles morales ou légales, qualité d'un livre ou du fil; நூலியாப்பு manière de rendre un livre poétique: — இல்லாமாலை guirlande sans fil, *i. e.* fable mal cousue, conte qui n'a ni queue ni tête; — இழந்தவள், — இழந்தாள் celle qui a perdu le cordon (du தாலி), *i.e.* veuve; — இழை simple fil; — இழைக்கிறது dévider du fil, filer; — உண்டை peloton de fil; உண்டைநூல் fil de la trame, trame d'une toile; நூலுத்தி, V. தந்திரவுத்தி; — உரைப்போன் commentateur, maitre, professeur; — உரையுணர்வோர் les savans; — உறிஞ்சி tire-fil, épithète méprisante —, sorte d'instrument de tisserand; — எடுக்கிறது prendre —, démêler du fil, — ஏணி échelle de cordes; — ஓடுகிறது passer du fil, faufiler, ravauder, coudre; நூல்கள் sciences, livres —, systémes de science, de morale; நூல்-௩ les 3 parties de la littérature sacrée, savoir: முதனூல் 1re science, science révélée ou prétendue révélée, la parole de Dieu ou qu'on lui attribue; வழிநூல் science qui en dérive, explication que les hommes font du முதனூல் ou de la parole de Dieu avec quelques altérations ou variations: சார்புநூல் systéme de science qui s'appuie sur les 2 précédens et que l'on confirme par des citations ou textes qui en sont tirés. Les Indous donnent pour exemple de ces 3 நூல், les வேதம், le வேதாந்தம் et les advitas ou அத்துவைதம்; d'autres en donnent pour exemples le Pentateuque, le talmud et le targum; நூல்சேர்க்கிறது réunir des fils, faire une collection d'ouvrages, en réunir; — சோர்க்கிறது préparer le fil; — நாழி, V. நூனாழி; — நிமிண்டுகிறது tordre ensemble —, nouer des fils rompus; — நிமிண்டுகிறபேச்சு langage absurde; — நூற்கிறது filer, — du fil; — பண்ணினவன் auteur d'un livre; — பலகல் étudie différens livres, — différentes sciences; — பலதெரிந்தால் சிலத்தொழுகு si tu connais diverses sciences, vis conformément à ton savoir; — பதனிடுகிறது préparer le fil, lui donner la trempe voulue; — போடுகிறது appliquer le cordeau (pour marquer l'alignement, tirer au cordeau; — யுத்தி, V. தந்திரயுத்தி; — வலை filet —, lacet de fil, ou de cordonnet; — வல்லோர் les savans, ministres d'état; — வழுக்கு marche —, usage de la poésie; — விடுகிறது laisser le fil, l'araignée faire sa toile, le ver à soie etc... filer son cocon; ஆசுமணையில் நூல்வார்க்கிறது rouler le fil sur le dévidoir; நூலின்அழகு-௰ les 10 beautés d'un ouvrage, savoir: சுருங்கச்சொல்லல் brièveté, concision; விளங்கவைத்தல் clarté, construction claire et naturelle; நவின்றோர்க்கினிமை suavité ou douceur qu'y trouve le lecteur; நன்மொழிபுணர்த்தல் emploi de mots élégans ou convenables; ஓசையுடைமை harmonie, sons agréables; ஆழமுடைத்தாதல் sens profond; முறையின்வைப்பு méthode régulière ou citation d'auteurs; உலகமலையாமை ne pas s'écarter des exemples des bons auteurs; விழுமியதுபயத்தல் bien ou utilité que l'on procure; விளங்குதாரணத்ததாகுதல் donner des exemples clairs et frappans: நூற்குற்றம்-௰ les 10 défauts d'un ouvrage, savoir: குன்றக்கூறல் défaut de développement; மிகைபடக்கூறல் trop de longeur; கூறியதுகூறல் répétition inutile; மாறுகொளக்கூறல் contradiction, dire des choses qui contredisont ce qui précéde; வழூஉச்சொற்புணர்த்தல் em ploi de locutions vicieuses; மயங்கவைத்தல் confusion, —qui consiste à mettre une chose à la place d'une autre ou à laisser dans le doute; வெற்றென ou வெறுமையெனத்தொடுத்தல் trop grande simplicité, composition vide de sens ou d'intérêt; மற்றொன்றுவிரித்தல் divagation, aprés avoir commencé une chose passer à une autre; சென்றுதேய்ந்திறுதல் le ton ou l'intérêt aller en s'affaiblissant; நின்றுபயனின்மை inutilité, n'aboutir à rien d'utile. [கிறது, inextinguible.

*நூவா, நூவாத, part. nég. de நூ*

நூவு, sésame.

நூழல், *P.* நூறல்.

நூழில், monceau, tas, plante rampante ou grimpante, la plante கொடிக்கொத்தான், éléphant, meurtre, massacre (dans un combat), retirer de son corps l'arme dont on a été percé et rester ferme: — ஆட்டு meurtre, retirer de son corps l'arme dont on a été frappé et en frapper son ennemi; — ஆட்டுகிறது tuer.

நூழை, 1° subtilité. 2° (P. நுழை), trou. [destruction.

நூறல், *opt. et n.v. de* நூறுகிறது,

நூறாண்டு, (நூறு, ஆண்டு), cent ans, siècle: நூறாண்டுபழகினுமூர்க்கர்கேண்மை நீர்க்குட்பாசிபோல் வேர்க்கொள்ளாதே l'amitié des gens vils durerait elle cent ans, elle ne prendrait pas plus racine que la mousse dans l'eau.

நூறாம், (*id.* ஆம்), centième. [mille.

நூறாயிரம், (*id.* ஆயிரம்), cent

நூறாவது, (*id.* ஆவது), centièmement: நூறாவதான centième.

நூறு, 1° *imp. et part. de* நூறுகிறது. 2° *obl.* நூற்று, *gén.* நூற்றின், cent. S'il est suivi d'un nombre inférieur on emploie l'*obl.* நூற்று avec élision devant une voyelle: நூற்றொன்று 101, நூற்றிரண்டு 102, நூற்றுமூன்று 103, நூற்றுநான்கு 104, நூற்றைந்து, 105 நூற்றாறு 106, நூற்றேழு 107, நூற்றெட்டு 108, நூற்றொன்பது 109, நூற்றுப்பத்து 110, நூற்றிருபது 120, நூற்றுமுப்பது 130, நூற்றுநாற்பது 140, நூற்றைம்பது 150, நூற்றைம்பதுமணிச்செபம் le rosaire, *litt.* prière de 150 grains; நூற்றறுபது 160, நூற்றெழுபது 170, நூற்றெண்பது 180, நூற்றுத்தொண்ணூறு 190. Devant un plus grand nombre ou un nom ordinaire நூறு n'est sujet qu'à l'élision: நூறாக par *ou* en cent; நூறாயிரம் 100 mille ou un lack; நூறாடு 100 brebis; நூறுலக்ஷம் *ou* நூறிலக்ஷம் 100 lacks, un crore ou 10 millions; நூறுகோடி 100 crores ou 1 milliard; நூறுகுதிரை 100 chevaux; நூற்றுக்குங் கணக்கு சொல்லுகிறது rendre raison même d'une centaine de choses, savoir parler convenablement de bien des choses; நூற்றுக்கும்பணிக்குசொல்லுகிறது censurer une centaine de choses, y trouver captieusement des fautes; நூற்றுக்கும்பிணைபட்டேனோ me suis-je rendu caution même d'une centaine de choses? நூற்றைக்கெடுத்தது குறுணி un marécal (de mauvais grain mêlé au reste) en a gâté cent, (en lui faisant perdre sa valeur).

நூறுகிறது, றினேன், றுவேன், று,ற, *v.a.* நூறுதல், *n.v.* pulvériser, réduire en poussière, briser, broyer, détruire.

நூறை, 1° anguille. 2°, P. நூறாய். 2° *pers. sing. nég. du préc.*

நூல், P. நூற், *devant* க, ச, த, ப: — கண்டை écheveau de fil: — கயிறு cordeau, cordon, corde de fil, — de fil de coton; — கருத்து objet —, dessein d'un livre; — கழி écheveau —, peloton de fil; — குச்சு, — குச்சம் toupet —, gland —, houppe de fil; — குஞ்சம் écheveau de fil, nombre de fils qui composent la chaine d'une toile; — சரடு fil, — retors, cordonnet, cordon —, toupet de fil; — சிடு nombre de fils contenant 8 குஞ்சம்; — சுருள், — சுருணை peloton —, écheveau de fil; — பகந்திரம் fistule à la racine du pénis; — படுகு, V. நூற்பாவு; — பந்து peloton de fil; — பயன் but —, dessein d'un livre, profit qu'on doit en tirer, ou les 4 objets qu'on y décrit, V. நூற்பொருள்; — பவுத்திரம், V. நூற்பகந்திரம்; — பழக்கம் exercice —, pratique des sciences, — des livres; — பா chaine de la toile, *ou* — பாவகவல் règle de grammaire, espèce de stance, sentencieuse, règle ou சூத்திரம் concernant quelque branche des sciences; — பாவு grand écheveau de fil, chaine de la toile; — புலவர் savant, — distingué dans les sciences; — புறத்திணை preuve tirée d'un auteur renommé ou classique, règle pour expliquer et prouver une doctrine par les livres sacrés ou les codes de lois; — புறனடை exception aux règles d'une science ou d'un livre; — பொருள் objet d'une science, objet —, contenu d'un livre.

நூற்கிறது, நூற்றேன், நூற்பே

ன், நூல், நூற்க, *nég.* நூலேன், *v. a.* நூற்குதல், *n.v* filer: நூற்றுக்கொடுக்கிறது filer et donner, — pour d'autres;— க்கொள்ளுகிறது, — ப் போடுகிறது filer,—pour soi; —பருமனாய்நூற்கிறது filer grossièrement, filer de gros fil; மெல்லிசாய் நூற்கிறது filer délicatement,—du fil très-fin.

நூற்றந்தாதி, (நூற்று, அந்தாதி), le 47me des பிரபந்தம், poème de 100 வெண்பா *ou* de 100 கலித்துறை avec la répétition dite அந்தாதி.

நூற்றல், *n.v. de* நூற்கிறது.

நூற்றாறு, 1° (நூறு, ஆறு), cent six. 2° (நூல், தாறு), fil roulé sur un dévidoir (et placé dans la navette pour faire la trame);— சுற்றுகிறது rouler le fil sur le dévidoir.

நூற்றிரிக்கிறது, (நூல், திரிக்கிறது), tordre —, retordre le fil, filer.

நூற்று, 1° *gér. de* நூற்கிறது. 2° *obl. de* நூறு, de 100: நூற்றுநிறை quintal, poids de 100 livres,— de 100 பலம்...3° *P.* நூறு.

நூற்றுறை, (நூல், துறை), intention—, but—, objet—, contenu d'un livre, port de la science.

*நூனம், 1° (noûnam), certitude, ||*adv.* certainement. 2° (nyoûna), défaut, manque, imperfection.

*நூனங்கன், (நூனம், அங்கம்), mutilé, imparfait, manquant d'un membre.

*நூனாதிகம், நூனாதிக்கம், (*id.* அதிகம், ஆதிக்கம்), inégalité, plus ou moins;—சொல்லுகிறது déclarer les inégalités, les défauts, le plus ou le moins;— ஆனசொல் mot incorrect, inexact; நூனாதிக்கவிபாகம் partage inégal.

நூனாழி, (நூல், நாழி), navette de tisserand (surtout garnie de fil).

*நூனேந்திரியன், (நூனம், இந்திரியம்), qui manque de quelque sens.

நூன், *P.* நூல், *devant* ம:—மறைதெரிந்துசீலத்தொழுகு apprends les sciences et la religion et mène une vie régulière;— முகம் préface, exorde, but—, sujet—, objet d'un livre; —முடிவு fin—, sujet—, objet—, but d'un livre;—முறுக்குகிறது tordre du fil, filer.

நெ, lettre syllabique composée de ந் et de எ, né bref.

நெக, *inf. de* நெகுகிறது.

நெகல், *opt. et n.v. de* நெகுகிறது.

நெகிடி, feu:— போடுகிறது allumer un grand feu (pour se chauffer ou éloigner les bêtes féroces).

நெகிழிசை, (நெகிழ், இசை), vers qui se terminent par une lettre douce ou une moyenne et non par une forte.

நெகிழ், *imp. et part. des suiv.*

நெகிழுகிறது *ou* நெகிழ்கிறது, ழ்ந்தேன், ழுவேன் *ou* ழ்வேன், ழ *ou* ழ், ழ, *v.n. ou* நெகிழ்ந்துபோகிறது, se relâcher, se desserrer, s'élargir, s'étendre, se délier, tomber, glisser, se perdre, dépérir, s'affaiblir, devenir faible, fluet, mou, tendre, s'amollir, s'attendrir, compatir, fleurir, se réduire en poudre, se séparer, s'éloigner, se retirer, être abandonné, renvoyé, s'abandonner: நெகிழப்பண்ணுகிறது, *V.* நெகிழ்க்கிறது; நெகிழவிடுகிறது laisser tomber, —glisser, —échapper; கலைநெகிழ்ந்தது le vêtement s'est élargi, s'est desserré ou est tombé; மயிர்முடி நெகிழாது la touffe de cheveux ne s'est pas déliée ou ne se déliera pas; சரீரம்நெகிழ்ந்துபோயிற்று le corps s'est affaibli, a dépéri; காயம்நெகிழாமுன் avant que le corps devienne décrépit.

நெகிழ்க்கிறது, ழ்த்தேன், ழ்ப்பேன், ழ், ழ்க்க, *et* நெகிழ்த்துகிறது, த்தினேன், த்துவேன், த்து, த்த, *v. a. du préc.* relâcher, desserrer, lâcher, délier, élargir, étendre, séparer, dissoudre, abandonner, renvoyer, éloigner, attendrir, amollir, fondre.

நெகிழ்ச்சி, *n. v. du préc.* relâchement, ralentissement, amollissement, perte: அழுத்தமில்லாமல் நெகிழ்ச்சியாயிருக்கிறது n'être pas serré, mais lâche et large.

நெகிழ்தல், *n.v. de* நெகிழ்கிறது, relâchement, séparation, élargissement, extension, attendrissement, amollissement, dépérissement, floraison. [ழ்ப்பு,n.v.de நெகிழ்கிறது.

நெகிழ்த்தல்,நெகிழ்த்துதல், நெகிழ்வு,n.v.de நெகிழ்கிறது, relâchement, amollissement, diminution, floraison, abandon.

நெகிளம்,V.நெருஞ்சில்.

நெகுகிறது,நெக்கேன்,குவேன்,கு,க, v.n.நெகுதல், n.v. être pulvérisé, broyé,réduit en poussière, s'amollir,s'attendrir, se fondre,mûrir: நெக அரைக்கிறது broyer —, moudre très-fin,finement, pulvériser.

நெக்கல்,opt.et n.v. de நெக்குகிறது;ce qui est mûr....

நெக்கு,1° gér.de நெகுகிறது. 2° rejet,expulsion, coup, poussée,amollissement,séparation,n.v.imp.et part. du suiv.: நெக்குடைகிறது se briser, s'ouvrir, ou நெக்குருகுகிறது se fondre, dissoudre; நெக்குவிடுகிறது se s'amollir, s'attendrir, se dissoudre se briser en s'ouvrant.

நெக்குகிறது,க்கினேன்,க்குவேன்,க்கு,க்க,v.a.et v.n. நெக்குதல், n. v. lever (avec une machine ou un levier),chasser,pousser,—violemment, expulser,mettre en fuite, se fondre, s'attendrir,s'amollir, mûrir, fleurir, s'ouvrir,se gâter: நெக்கினநெக்கிலே போய்விழுந்தான் il est tombé du coup qui l'a frappé.

*நெக்குரோதம்,P. நியக்குரோதம்,le multipliant ஆலமரம்.

நெசவு,P.நெய்சவு,tissage, tissu, tissure, ouvrage de tisserand, beau tissu:—க்காரன் tisserand;— செய்கிறது tisser,faire un tissu, — de la toile; நெசவிலேயிருக்கிறது être sur le métier, en tissage, avancer, être en train;நெசவுண்டானபுடவை toile bien tissée;நெசவில்லாமலிருக்கிறது n'être pas bien tissu,le tisserand être sans ouvrage.

நெச்சி,le fruit nommé கடுக்காய்.

*நெஷ்டூரம்,P.நிஷ்டூரம்,cruauté.

நெஞ்சகம்,(நெஞ்சு, அகம்),poitrine,cœur.

நெஞ்சம்,V.நெஞ்சு.

நெஞ்சன், (நெஞ்சு), homme de cœur, courageux, hardi, qui a le cœur, — la poitrine... (à la fin des mots composés):கல்நெஞ்சன் ou கன்னெஞ்சன் homme qui a un cœur de pierre, impitoyable.

நெஞ்சாம், (நெஞ்சு, ஆம்), de la poitrine...:நெஞ்சாங்கட்டை,—குழி morceau de bois qu'on met sur la poitrine (pour brûler un cadavre);—குலை,— குழி, — கொழுந்து creux de la gorge,—de l'estomac.

நெஞ்சிடி,(நெஞ்சு,இடி),palpitation de cœur.

நெஞ்சிற்கல்,(நெஞ்சில்,கல்),pierre de la conscience,i.e. inquiétude, scrupule,ou

நெஞ்சினோ,(நெஞ்சின்,நோ), remords,regret,chagrin.

நெஞ்சு,cœur,volonté,esprit, conscience,sens, affection,le moral,poitrine,sein,estomac, gorge, fermeté, courage,hardiesse: நெஞ்சடைத்துக்கொள்ளுகிறது obstruer la gorge ou le cœur,prendre à la gorge,suffoquer, étouffer; நெஞ்சடைத்துப்போகிறது être suffoqué, étranglé, étouffé; நெஞ்சடைப்பு, நெஞ்சடைப்புவாதம் suffocation,asthme; நெஞ்சழிகிறது le cœur défaillir,— se perdre, se lamenter,l'esprit se troubler; நெஞ்சறிகிறது la conscience connaître,savoir; நெஞ்சறிய le sachant ,sciemment,avec connaissance de cause, à son escient; நெஞ்சறியப்பொய்சொல்லுகிறது mentir sciemment;நெஞ்சறியப்பொய்யாதே ne ments pas contre ta conscience; நெஞ்சறியாமற்போகிறது ignorer,ne pas savoir, —se souvenir,agir inconsidérément; நெஞ்சார volontiers, volontairement; நெஞ்செரிச்சல்,(id. எரிச்சல்), impatience, colère; நெஞ்செரிகிறது,(id.எரிகிறது),le cœur être enflammé de colère,être chagrin,avoir des peines d'esprit; நெஞ்செரித்தல், நெஞ்செரிப்பு,(id. எரித்தல்), inflammation—,douleur de poitrine ou d'estomac,impatience;— கரிப்பு nausée,— dans la gorge; —க்கோழை phlegme de la gorge,—de la poitrine,sorte de maladie;—தடுமாறுகிற

து l'esprit flotter,être irrésolu; —த்தடுமாறிச்சொல்லுகிறது parler avec hésitation ou irrésolution;—த்தடிமன் rhume de poitrine;—பதறுகிறது le cœur palpiter;—நோ mal de poitrine,douleur d'estomac,palpitation de cœur,chagrin,peine d'esprit;—ப்பள்ளம் creux de l'estomac; — விடுதூது message de l'esprit, une des sections du சைவசித்தாந்தம்; நெஞ்சைக்கிழிக்கிறது déchirer le cœur; —ப்பிளக்கிறது fendre le cœur; ஒருவன்—ப்பிடிக்கிறது prendre quelqu'un à la gorge; —யொழித்தொரு வஞ்சனையில்லை sans volonté il n'y a pas de fraude ou de trahison; நெஞ்சிலிருக்கிறது être dans le cœur...;என்னெஞ்சிலிருக்கின்றது c'est dans mon cœur ou dans ma mémoire; என்னெஞ்சிலிருக்கிறதை *ou* என்னெஞ்சிலே நினைத்ததைச்சொல்லு dis ce que j'ai dans le cœur, ou ce que j'ai pensé dans mon esprit, (mot qui s'adresse aux devins ou aux possédés pour les éprouver);உன்னெஞ்சறியும் ta conscience le sait,—doit le savoir; உனக்கித்தனை நெஞ்சுண்டோ as-tu tant de hardiesse? மறவாதேநெஞ்சே ô mon cœur n'oublie pas.

நெஞ்சூன்றி,(நெஞ்சு,ஊன்றுகிறது),état d'une poitrine dont un côté est creux et l'autre bombé.

நெடநெடெனல்,(*son imitatif*),faire nédanéda,son du grincement des dents ou d'un arbre qui craque en se brisant.

நெடி,1° grillon, cigale, exhalaison piquante du piment qu'on fait griller. 2° *imp.de* நெடிக்கிறது: அவனுக்கென்னாற்றம் நெடிநாற்றம் mon odeur est pour lui comme l'odeur du piment qui grille,il ne peut me supporter.

நெடிக்கிறது, டித்தேன், டிப்பேன்,டி,டிக்க,*v.a.*நெடித்தல்,*n.v.* prolonger,—le temps,trainer en longueur.

நெடிசு,நெடிது,*P.*நெடியது,chose longue,ce qui est—;c'est long.

நெடிதூழி,(நெடிது,ஊழி),long temps:—வாழ்க puissiez-vous vivre long-temps heureux.

நெடிய, *adj. de* நெடுமை, long, haut,grand:—ஆள்,— மனிதன், *V.* நெடியன்;—கரத்தன்,*m.* — கரத்தி qui a de longues mains; — காலம் long-temps;—வட்டம் long bouclier ovale,cercle —, plat ovale;நெடியவன் le long,—Vichnou, *ou*

நெடியன்,*P.* நெடியவன் homme grand,de haute taille.

நெடியோன்,(நெடிய),homme—, Vichnou à haute stature, le basilic ocymum. [de gros oiseau.

நெடிலி,(நெடில்),espèce de héron,

நெடில்,(நெடு,இல்),longue, lettre longue (opposée à குறில்),longueur, bambou:—அடி vers long,*i.e.* composé de 5 சீர் ou pieds;— அடிவிருத்தம் strophe du genre dit விருத்தம் composée de vers de 5 pieds;— எதுகை vers dont l'எதுகை ou la rime de la 2° syllabe du vers est une longue; நெடிற்கெதுகை rime dite எதுகை précédée d'une longue, (l'எதுகை ou la rime précédée d'une bréve s'appelle குறிற்கெதுகை, ce sont là les 2 divisions du dictionnaire des rimes dit தொடையகராதி.

நெடிற்றொடர்,(நெடில், தொடர்), mot—,pied...suivi d'une longue.

நெடின்மோனை,(*id.*மோனை),vers dont la consonance dite மோனை est une longue ou qui commencent par une longue.

நெடு,1° *adj.de* நெடுமை,long, de longue durée,étendu, vaste, grand, haut,ancien. 2° *imp.de* நெடுக்கிறது: —நாவை long soc de charrue: — நாட்பழக்கம் ancienne amitié, usage établi depuis long-temps;—நாள் longs jours,long-temps, longue durée; — நாளாயிற்று il y a long-temps;—நாள்வழக்கத்தைவிடுவதுகடினம் il est difficile de se défaire d'une vieille habitude;— நீட்டு,—நீளம் grande longueur, longue durée, —distance;—நீர் la mer,lenteur, retard;—நெடுகுகிறது,— நெ

டுக்கிறது,—நெடுத்தல் se prolonger —, croitre beaucoup, s'allonger—, s'étendre très-loin; — நேரம் long-temps;—மால் le long Vichnou;—மூரல் longue aiguille de mer;—முழம் longne coudée, espèce de toile;—முழப்புடவை toile de cette espèce, longue pièce de toile; —மூச்சு long soupir, bâillement;— மொழி panégyrique, éloge,—propre, faire son éloge;— வட்டம் cercle allongé, ellipse, ovale; — வள்ளம் longue barque;—வாய் large bouche, gros poisson dit ஊளா; — வாலூடகம் le poisson ஊடகம் à longue queue;—வாற்றிரளி le poisson திரளி à longue queue; — விரல் long doigt, la plante நாய்ப்பாகல்;— வேர் longue racine, la racine dite சாயவேர்.

நெடுகல், opt. et n.v. de நெடுகுகிறது, allongement, extension, éloignement, allée; நெடுகலும் dans la longueur, tout le long.

நெடுகுகிறது, கினேன், குவேன், கு, க, v.n. (நெடு), நெடுகுதல், n. v. s'allonger, se prolonger, durer, s'étendre, s'élever, s'en aller, s'éloigner: நெடுக tout droit, directement, au long, tout du long, en longueur; நெடுகநடக்கிறது, — ப்போகிறது marcher—, aller tout droit, en droite ligne:—ப்போய் — வா va et reviens tout droit, sans te détourner; — ப் போய்—வந்தால் சோறகப்படுமோ si on se promène de long en large (sans rien faire), trouvera-t-on du riz à manger; —வளருகிறது croitre tout droit.

நெடுக்கிறது, டுத்தேன், டுப்பேன், டு, டுக்க, v.n. நெடுக்குதல், et நெடுத்தல், n.v. s'allonger, s'étendre, devenir long, se prolonger, durer long temps, croitre.

நெடுக்கு, longueur (d'une maison...):— ச்சட்டம் montans (d'une fenêtre...,), les pièces les plus longues d'un cadre... (opposé à குறுக்குச்சட்டம் traverse); —ச்சுவர் mur de longueur,— qui fait la longueur d'un bâtiment... (opposé à குறுக்குச்சுவர் mur de traverse).

நெடுங், P. நெடும், devant க, long, ancien, grand, haut:— கடல் longue mer, mer qui longe le rivage;—கணக்கு long compte, alphabet, élémens d'une langue;— க்கணவாய் longue vallée, long défilé, nom d'une vallée;—கண் longs yeux;—கண்விழுகிறது une feuille s'allonger d'un côté et dépérir ou se rider de l'autre; —கதை longue —, vieille fable ou histoire, roman;—கப்பல் long vaisseau;— கயிற்றில்விடுகிறது laisser trainer en longueur, passer le temps, différer, temporiser; — கரை long rivage, le long du rivage; — கழுத்தல், (கழுத்து), l'animal au long cou, i.e. le chameau; — களம் long cou; —கழை longue perche;— காகத்துவசமுள்ளவன் celle qui a un long étendard représentant un corbeau, i. e. மூதேவி;—காலம் long-temps, longue durée;—கிடை, V. நெடுஞ்சாண்கிடை; —கிளை longue branche, branche longue et droite; — குடர் mésentère, long intestin; — குரல் voix de longue haleine ou durée, cri prolongé, — கேடு malheur de longue durée, — considérable, perte pour long-temps irréparable;—கையான் homme à longues mains; — கொம்பு, adj. à longues cornes; — கொண்ணி, (கொண்ணன்), l'animal à longue bosse, i. e. le chameau.

நெடுஞ், P. நெடும், devant ச, long, grand, haut: —சட்டை habit long, longue—, robe, l'அங்கி; — சாண்கிடை,—சாணளவு, —சாண்கிடை pleine longueur, toute la longueur; —சாண்கிடையாய் tout du long, tout droit, de son long;— சாண்கிடையாய்விழுகிறது tomber tout de son long. [நெடுக்கிறது.

நெடுத்தல், நெடுத்து, n.v. et gér. de

நெடுந், P. நெடும் devant த, long, grand, haut: —தகை grand,—personnage;—தகைமை excellence, supériorité, grandeur; —தட்டு long plat, espèce d'image de papier;—தாடி longue barbe: —தாயம் heureux coups de dés bien fréquens;— திசை les

8 principaux points cardinaux; —துயில் long sommeil, la mort; —தூரம் grande distance; —தெரு longue rue, rue longue et droite, rue royale ou principale.

நெடுப்பம், நெடுப்பு, *n.v. de* நெடுக்கிறது, longueur, allongement.

நெடுப்பிலீணா, sable mêlé de plomb.

நெடுமன், (நெடுமை), chose longue, — allongée, serpent.

நெடுமி, (*id.*), arbre très-haut, femme haute, pluie.

நெடுமை, (நெடு), longueur, longue durée, extension, hauteur, cheveux de femme. (L'adj. est நெடும், நெடு, நெடிய, நெட்டு avec élision).

நெடும், *adj. de* நெடுமை, long, grand, haut, étendu, de longue durée: —பயணம், — பிரயாணம் long voyage, la mort; —பழக்கம் longue habitude, ancienne coutume, long exercice; — பகை haine longue, — invétérée; —பழி longue vengeance, *V.* நெடும்பகை; —பள்ளம் long fossé, —creux; —பா longue stance, —pièce de vers, — chaîne de tisserand, l'arbrisseau médicinal ஆடாதோடை; —பார்வை long regard, regard attentif, longue vue; —பிழை faute —, erreur considérable, — de longue durée; —புகழ் grande louange, long éloge; —புரிவிடுகிறது tromper, traverser; — புனல் long réservoir, longue pièce d'eau; —பொழுது, —போது long-temps, longue durée; —பொழுதுகழிக்கிறது passer beaucoup de temps, différer long-temps; — பொழுதுகழியாதே ne passe ou ne perds pas beaucoup de temps, ne traine pas le temps en longueur.

நெடுவல், (நெடு), personne—, chose de haute stature, *ou* —[taille.

நெடுவன், homme haut, —de haute

நெட்ட, *inf. de* நெட்டுகிறது: —நெடியவன் homme très-haut; —நெடியது chose très-longue.

நெட்டம், poivre.

நெட்டாயம், (நெட்டு, ஆயம்), longueur, disposition d'une brique placée droite dans sa longueur ou perpendiculairement dans un mur, (l'opposé est கட்டாயம் disposition d'une brique placée dans sa largeur ou à plat).

நெட்டி, 1° *gér. de* நெட்டுகிறது. 2° nom générique d'une classe de plantes et d'arbrisseaux nommés அயிரியம், கிடைச்சி, சடை, சடைச்சி, கொக்கோரி, சோத்திரம், æschynomene, sensitive. 3° craquement des jointures des doigts, ou de la chaussure en marchant. 4° *P.* நெட்டு, ricochet sur l'eau. 5° jointure, nœud des arbres; —க்கோரை nom d'une herbe; —ப்பூ fleurs artificielles faites avec l'arbuste நெட்டி; —ப்பொரி graines de நெட்டி grillées pour être mangées; —மாலை guirlande de நெட்டி; —முரிகிறது, —முறிக்கிறது, —யெடுக்கிறது, —வாங்குகிறது faire craquer ses doigts, ses articulations ou ses orteils; —வேலை ouvrage fait du bois tendre du நெட்டி, tel que oiseaux, fleurs artificielles etc. [prolongé.

நெட்டிசை, (நெட்டு, இசை), son

நெட்டிடுகிறது, (*id.* இடுகிறது), faire des ricochets sur l'eau avec des pierres plates, ces pierres en faire, *V.* சிக்கிறது: அவன்றொடங்கினகாரியம் நெட்டிட்டது son entreprise a fait le ricochet, a manqué.

நெட்டிலிங்கு, (நெட்டு, இல், இங்கு), le grand arbre dit அசோகு uvaria longifolia.

நெட்டிலை, (*id.* இலை), longue feuille: —த்தெங்கு le cocotier à longues feuil-

நெட்டில், (*id.* இல்), bambou. [les.

நெட்டு, 1° *adj. de* நெடுமை, *qui se met devant une voyelle et dont l'*உ *s'élide toujours*, long, grand. 2° ricochet que fait sur l'eau une pierre plate lancée obliquement. 3° *n.v. imp. et part. de* நெட்டுகிறது, action de chasser... 4° queue de feuilles, de fruits, grappe, bouquet naturel de fleurs, action de gratter, de racler, de rejeter: நெட்டுயிர், (உயிர்), voyelle longue; நெட்டுயிர்க்கிறது soupirer, gémir, bâiller, respirer difficilement; நெட்டுயிர்ப்பு long—,soupir, gémissement, respiration difficile, bâillement;—க்கட்டுகிறது la grappe se former après la floraison;—ப்பாய்கிறது faire le ricochet sur l'eau.

நெட்டுகிறது, ட்டினேன், ட்டுவேன், ட்டு, ட்ட, v. a. நெட்டுதல், n. v. chasser, expulser, pousser de force, rejeter,ôter,gratter,râcler:பிடரிபிடித்து— prendre à la gorge et pousser dehors.

நெட்டுரு, (நெட்டு,உரு),forme—, figure longue, leçon apprise par cœur:—ப்படுத்துகிறது, —பண்ணுகிறது apprendre par cœur.

நெட்டூதை, conque—, coquillage long et en spirale.

*நெட்டூரம், P. நிஷ்டூரம், cruauté.

நெட்டெழுத்து,(நெட்டு,எழுத்து), longue,lettre—,voyelle longue, mot composé de longues,écrit tout de la main,signature en toutes lettres; —க்காரன் écrivain.

நெட்டை,1°(நெடுமை),longueur, chose longue, squelette, os dégarni de chairs. 2° (நெட்டு), craquement des doigts ou faire du bruit en marchant,ce qui est une des 5 incivilités dites குற்றம்-ஓ. [haute taille.

நெட்டைச்சி,(நெட்டை),femme de

நெட்டையன், (*id.*), homme haut, grand: — ஆய்வளருகிறது grandir beaucoup.

நெண்டுகிறது,டினேன், டுவேன், டு,ட, v. a. நெண்டல்,நெண்டுதல்,n.v. rompre,puiser, *V.* நெளிக்கிறது.

நெத்தகர்,sorte de plante.

நெத்திலி,sorte de petit poisson.

நெப்பு,1° clou pointu des 2 côtés (pour joindre des planches),coin,— à 2 pointes,échelon,levier,côte: அவனுக்குப்பாரஞ்சுமந்துநெம்புகழன்றது il a les reins rompus par le fardeau qu'il a porté, *i.e.* il est très-fatigué.*imp.et part.de*

நெம்புகிறது,பினேன்,புவேன், பு, ப், v.a. நெம்புதல்,n.v. elever, lever de terre—,dégonder une porte avec un levier.

நெய்,1° beurre fondu,— liquéfié, —liquide,graisse,le gras,sang,la 14e constellation dite சித்திரை. 2° *imp.et part.de* நெய்கிறது: —க்கடல் la mer de beurre liquide, une des 7 mers fabuleuses des Indous; — க்குத்தி bouteille de beurre fondu, vase au beurre liquide; — க்கொட்டான் sorte d'arbre; —கொட்டை fruit de l'arbre பூவந்தி; — ச்சட்டி casserole au beurre, — de terre, casserole à faire des pâtisseries...,—déjà imprégnée de beurre par les ragoûts qu'on y a faits, nénuphar rouge, fruit —,grain rouge du குன்றி;—ச்சாடி jarre de beurre liquide;— ச்சாதம், —ச்சோறு riz cuit arrosé de beurre; —ச்சிட்டி la plante சிற்றிலை conyza cinerea, espèce d'herbe aux puces; —ச்சிட்டிக்கிழங்கு racine bulbeuse de l'isoetes coromandeliana;—ச்சட்டி espèce de plante; — த்தன்மை nature du beurre fondu, qualité graisseuse;— த்துடுப்பு spatule —, cuillère au beurre fondu, feuille de manguier mise en forme de cuillère au moyen de fibres du roseau saccharum spontaneum pour prendre et verser le beurre fondu, (surtout dans les sacrifices), vase à l'huile (à l'usage des porteurs de torches;—ப்பற்று,—ப்பிடி engraissement,graisse; —புரண்ட gras, graissé,couvert de graisse, inondé de graisse; —பூசுகிறது graisser,frotter de beurre fondu; —ப்பானை cruche de *ou* au beurre fondu; — ப்பீர்க்கு la plante நுரைப்பீர்க்கு; — மீன் le poisson வெள்ளிருமீன்; — வண்டி charrette graissée, — dont on a graissé l'essieu; — வழுக்காய் d'une manière grasse, salement; — வார்க்கிறது verser du beurre fondu; — வார்த்துப்பொரிக்கிறது frire dans le beurre fondu;—விழா cérémonie de se graisser de beurre fondu et de se baigner après ses couches; — விழுது beurre nouvellement séparé de la crème;—விளக்கு lampe qu'on entretient avec du beurre, —faite de farine; —வைக்கிறது mettre du beurre fondu ou de la graisse, engraisser, devenir gras; நெய்யசமழுவாத்தீர்த்துக்கொள்ளுகிறது se justifier par l'ordalie du beurre bouillant, en y plongeant sa main ou en le recevant sur sa main; — நெய்யிலேகையிடுகிறது plonger la main dans le beurre bouillant (espèce d'ordalie); — சுடுகிறது frire —, cuire dans le beurre fondu; — வேகிறது cuire —, bouillir dans ce beurre; கையிலேயிருக்கநெய்யிலே கையிடுவானேன் l'objet étant dans la main (*i.e.* la chose étant claire), pourquoi plonger la main dans le beurre bouillant)? கையிலேவெண்ணெயிருக்கநெய்க்கழுவானேன் pourquoi pleurer pour avoir du beurre liquéfié, quand on a à la main du beurre frais (qui est bien supérieur).

**நெய்கிறது, ய்தேன், ய்வேன், ய், ய்ய** *v.a.* நெய்குதல் *n.v.* tisser, faire un tissu, — de la toile, tresser, (faire des nattes.. ), compatir, gémir, se lamenter de dépérissement: நெய்கிறவன் tisserand.

**நெய்க்கிறது, ய்த்தேன், ய்ப்பேன், ய், ய்க்க,** *v.n.* (நெய்), engraisser, être gras, — graissé.

**நெய்சவு,** *n v. de* நெய்கிறது, tissage, *V.* நெசவு: — க்காரன் tisserand.

**நெய்தல்,** 1° *n.v. de* நெய்கிறது, tissage, tissure, compassion, gémissement, lamentation de dépérissement. 2° nénuphar blanc, une des 5 espèces de terrains, *i.e.* terrain salin, marécageux, pays —, côte maritime, tambour funèbre; — உரிப்பொருள் choses propres aux pays maritimes comme lamentation, dommage, bouderie, séparation, copulation et leurs causes; — விளைவு produit des pays maritimes, *i.e.* sel, poisson; நெய்தற்கருப்பொருள் propriétés et productions des bords de la mer, au nombre de 14, savoir: (selon l'ordre du குறிஞ்சி et celui de கருப்பொருள்), 1° தெய்வம் un prétendu dieu tutélaire qui est வருணன். 2° தலைவன் un chef qui se nomme சேர்ப்பன், புலம்பன், கொண்கன், துறைவன் et மெல்லன்; sa femme se nomme பரத்தி, நுளைச்சி, அளத்தி. 3° குடிகள் des habitans qui se nomment அளவர், நுளையர், பரதவர், பரதர், கடலர், கழியர், சலவர், திமிலர், வலையர் et leurs femmes பரத்தியர், நுளைச்சியர், அளத்தியர். 4° புள் *ou* பறவை des oiseaux qui sont les corbeaux de mer கடற்காக்கை. 5° விலங்கு des animaux qui sont les réquins சுறு. 6° ஊர் des villages appelés பாக்கம் et பட்டினம், 7° நீர் de l'eau salée உவர்நீர், de l'eau de puits கேணி, de l'eau de mer கடல். 8° புஷ்பம் *ou* மலர் des fleurs qui sont celles des arbres suivans. 9° மரம் des arbres nommés அடம்பு, convolvulus, pied-de-chèvre, கோங்கு espèce de cotonnier, தாழை pandanus, புன்னை calophyllum, முள்ளி solanum, முட்செடி, buisson épineux. 10° உணவு, nourriture qu'ils achettent en vendant du poisson et du sel. 11° பறை des tambours nommés பம்பை, கோட்பறை சாப்பறை, மீன். 12° யாழ் *ou* யாழ்த்திறம் des luths nommés விளரி; 13° பண் ou இராகம் des airs nommés செவ்வழி. 14° தொழில் l'occupation de ces pays est de prendre du poisson, de le faire sécher, de le vendre, de faire du sel et de se baigner dans la mer; — பதி chef —, village d'un pays maritime; — பறை tambour des côtes de la mer, tambour funèbre; — புறம் désir d'un amant envers son amante qui boude, *V.* தாபதநிலை; — பூ la fleur du nénuphar blanc; நெய்தற்றலைவன், (தலைவன்), le chef d'un pays maritime, Varounen; நெய்தற்றிறம், (திறம்), composition —, air propre aux pays maritimes; நெய்தற்றெய்வம், (தெய்வம்), le prétendu dieu des côtes maritimes, *i.e.* Varounen.

**நெய்தனிலம்,** (நெய்தல், நிலம்), terrain salin, pays —, côte maritime: நெய்தனிலத்தலைவன் chef d'un pays maritime, nommé சேர்ப்பன், புலம்பன்...; — ப்பறவை oiseau des côtes maritimes, le corbeau marin ou cigogne de mer; —ப்பறை tambour de ces côtes nommé பம்பை; — ப்பெண் femme des pays maritimes nommée அளத்தி, நுளைச்சி, பரத்தி; —மரம் arbres de ces pays mentionnés ci-dessus; —மக்கள் ou மாக்கள், V. நெய்தன்மாக்கள்; —மாக்கடொழில் (மாக்கள்தொழில்), leur emploi qui est de prendre du poisson, de faire du sel et de se baigner dans la mer; நெய்தனிலத்தியாழ் luth des côtes maritimes dit விளரி; நெய்தனிலத்திராகம் air de ces côtes nommé செவ்வழி; நெய்தனிலத்தினீர் eau de ces côtes, i.e. eau salée, de puits, de mer; நெய்தனிலத்தூர் bourgades de ces côtes dites பாக்கம்; நெய்தனிலத்துப்பமைப்போர், (உப்பு, அமைப்போர்), faiseurs de sel.

நெய்தன், *obl. de* நெய்தல், *devant* ம: — மாக்கள் habitans des côtes maritimes nommés பரதவர், நுளையர், அளவர்; — மாக்களுணு leur nourriture qu'ils se procurent en vendant du poisson et du sel; —முதற்பொருள் premiers objets des pays maritimes, savoir la mer et la côte de la mer, (dans la division du jour) la partie dite எற்பாடு de 2 heures à 6 heures du soir, et les 6 saisons de l'année dites ஆறுபருவம்.

நெய்தை, gloire, grandeur.

நெய்த்த, *part. parf.* *de* நெய்க்கிறது, gras, graissé.

நெய்த்தல், *n.v. du même*, engraissement.

நெய்த்தோர், (நெய்), sang.

நெய்ப்பு, *n.v. de* நெய்க்கிறது, graisse, état graisseux, pus, sanie, matière: குரு — க்கொள்ளுகிறது les grains de petite vérole se remplir de pus, ou s'en remplir comme ces grains; நெய்ப்புள்ள gras, graissé.

நெய்யரி, (நெய்கிறது, அரி), tissu naturel qui entoure le bas des branches du cocotier etc...

நெய்யல், *v.n. de* நெய்கிறது, tissage, tissure: நெய்யற்காரன் tisserand; —கயிறு corde de tisserand.

நெய்யன்னம், (நெய், அன்னம்), riz cuit arrosé de beurre.

நெய்யாடுகிறது, (*id.* ஆடுகிறது), se frotter de beurre avant le bain, c'est une des cérémonies qui suivent l'accouchement.

நெய்வான், *pl.* நெய்வார், *n. app. de* நெய்கிறது, tisserand, faiseur de nattes.

நெய்வு, *n.v. du même.* tissage, V. நெசவு.

நெரடு, écrit confus, chose difficile à lire ou à déchiffrer.

நெரடுகிறது, டினேன், டுவேன், டு, ட, *v.n.* நெரடல், நெரடுதல், *n.v.* être difficile, ardu, embarrassé, plein de difficultés et d'embarras.

நெரளைதாளி, l'arbre antidesma alexiteria.

நெரி, fracture, écrasement, froissement de toile, corde, *n.v. imp. et part. des suiv.* :—கொட்டை noyau broyé ou qui s'écrase, —qui se broie; —நெட்டி, — நெட்டிக்கோரை l'herbe scirpus plantagineus; — படுகிறது être brisé, broyé, écrasé, froissé; —பிடிக்கிறது, —பிடித்தல், (la toile) attraper des froissemens, être froissée; — புருவம் sourcil; —மிட்டான் nom d'une plante; — வருணசுக்கிரன் sorte de mal d'yeux; — விடுகிறது, V. நெரிபிடிக்கிறது.

நெரிகிறது, ரிந்தேன், ரிவேன், ரி, ரிய, *v.n.* நெரிதல், *n.v. et* நெரிந்துபோகிறது, se briser, se casser, se broyer, se froisser, éclater, so rompre, être écrasé, fro:ss:, faiblir, incliner, pencher, — de côté, — en bas, fuir, se dérouter, être mis en fuite, courir: நெரிந்திருக்கிறது être brisé, broyé, cassé; எலும்புநெரியவடிக்கிறது lattre à rompre les os.

நெரிக்கிறது, ரித்தேன், ரிப்பேன், ரி, ரிக்க, *v.a. du préc.* briser, — avec éclat, rompre, casser, mettre en pièces, écraser, broyer, piler, — dans un mortier, écraser ou broyer dans ses mains (des épis de blé...), froisser, dérouter, mettre en fuite, serrer, faire craquer les doigts: குரல்வளையை — serrer la gorge, étrangler: கிட்டிபோட்டு —serrer fortement les doigts entre des bâtons, (espèce de torture).

நெரிசல், (நெரிகிறது); aversion, répugnance, froissement.

நெரிஞ்சி, நெரிஞ்சில், espèce de chardon dit நெருஞ்சி: நெரிஞ்சின்முள் épine de ce chardon, nom d'une arme de guerre.

நெரிதருகிறது, தந்தேன், தருவேன், தா, தர், v.n. s'enfuir, être chassé, poursuivi, pencher en bas, baisser, incliner, être brisé, broyé: V. நெரிகிறது.

நெரிதரல், நெரிதல், n.v. du préc. et de நெரிகிறது, brisure, fracture, fissure, froissement, brèche, pente, inclination, déroute, fuite, course, oppression: நெரிதலாயிருக்கிறது être opprimé, brisé...

நெரித்தல், நெரிப்பு, n.v. de நெரிக்கிறது, fracture, brisement, broiement, froissement, déroute.

நெரியாசம், நெரியாசி, la plante எவிகாசு cachou. [தரல்.

நெரிவு, n.v. de நெரிகிறது, V. நெரி

நெருக்கடி, (நெருக்கு, அடி), gêne, peine, dureté, violence, vexation.

நெருக்கட்டியென்கிறது, நெருக்கட்டியெனல், se presser, se hâter, signe de hâte.

நெருக்கம், n. v. de நெருக்குகிறது, état de ce qui est étroit, serré, resserrement, étroitesse, serrement, presse, condensité, proximité, sévérité, gène, peine, anxiété, détresse, trouble, oppression: நெருக்கத்திலகப்படுகிறது être pris dans la presse..., être pressé, gèné, opprimé, réduit à l'extrémité; — அகப்பட்டுச்சாகிறது mourir écrasé par la foule.... [றது.

நெருக்கல், opt. et n.v. de நெருக்குகி

நெருக்கவாரம், நெருக்கிடை, (நெருக்கம், நெருக்கு, வாரம், இடை), pauvreté, sévérité, cruauté, ou

நெருக்கு, étroitesse, presse, gène, détresse, peine, n.v. et imp. de

நெருக்குகிறது, sync. நெருக்கிறது, க்கினேன், க்குவேன், க்கு, க்க, v.a. de நெருங்குகிறது et நெருக்குதல், n. v. ou நெருக்கிப்போடுகிறது, —வைக்கிறது, presser, serrer, resserrer, mettre à l'étroit, rétrécir, oppresser, condenser, comprimer, fouler, affliger, vexer, opprimer, violenter, traiter sévèrement: ஒருவரொருவரை — se presser —, se gêner l'un l'autre; மதிலோடே — presser —, écraser contre le mur; நெருக்கியிருக்கிறது avoir pressé, resserré, oppressé..., ou நெருக்கப்படுகிறது et

நெருக்குண்கிறது, நெருக்குண்ணுகிறது, க்குண்டேன், க்குண்பேன், க்குண், க்குண்க ou க்குண்ண, (நெருக்கு, உண்கிறது), être pressé, serré, à l'étroit, gèné, affligé, tourmenté. [ருக்கவாரம்.

நெருக்குவாரம், (நெருக்கு), V. நெ

நெருக்கென்கிறது, (id.), se presser, se hâter: நெருக்கெனல், n.v. hâte, presse, signe de hâte.

நெருங்கல், resserrement, presse, foule, compression, encouragement, réprimande, menace, meurtre, opt. et n.v. de

நெருங்குகிறது, sync. நெருங்கிறது, கினேன், குவேன், கு, க, v.n. de நெருக்குகிறது, நெருங்குதல், n.v. se presser, se serrer, se resserrer, s'approcher, être pressé, serré, comprimé, gèné, à l'étroit, affligé, tourmenté, vexé, dur, sévère, ferme, s'encourager, se réprimander, tuer: நெருங்கப்பிசைகிறது bien pétrir, — broyer; நெருங்கினவுறவு proche parenté, étroite amitié; குழந்தைநெருங்கியழுகிறது un enfant s'approcher ou se presser (contre quelqu'un) et pleurer.

நெருஞ்சி, நெருஞ்சில், plante épineuse, tribulus terrestris, chardon: — முள்ளுதைத்தாலுங்குனிந்துபிடுங்கவேணும் si une épine de chardon entre dans le pied, il faut se baisser pour l'arracher, il faut se gèner quelquefois même pour de petites choses. [து.

நெருடல், opt. et n.v. de நெருடுகிற

நெருடன், (நெருடு), trompeur, fourbe, homme vil, brouillon.

நெருடு, 1° gen. நெருட்டின், obl. நெருட்டு, toile dans laquelle il parait beaucoup de nœuds de fils, nœuds —, raccommodage —, arrangement de fils, ruse, fourberie. 2° *imp. et part. de.*

நெருடுகிறது, டினேன், டுவேன், டு, ட, *v.a.* நெருடுதல், *n.v.* frotter fortement, —entre les doigts, tâter, toucher, tâtonner, froisser, raccommoder du fil, nouer ou tordre ensemble des fils rompus, tromper, friponner: தலையை— frotter—, nettoyer la tête, épouiller; தலைநெருடிப்போகிறான் il est à se nettoyer la tête *ou* il s'en va après s'être nettoyé la tête, il est occupé à de viles affaires; நெருடிப் பார்க்கிறது essayer (la toile, le grain), en les froissant dans ses mains.

நெருட்டு, *obl. de* நெருடு: — க்காரன் fourbe, brouillon; — த்தனம் fourberie; —ப்புத்தி esprit fourbe, — brouillon.

நெருட்டுகிறது, ட்டினேன், ட்டுவேன், ட்டு, ட்ட, *v.n.* tromper, inventer des fourberies, embrouiller (les affaires).

நெருநல், (நென்னல்), hier.

நெருநெரு, son imitatif de nérounérou, நெருநெரென்கிறது *ou*

நெருநெருக்கிறது, ருத்தேன், ருப்பேன், ரு, ருக்க, *v.n.* (நெருநெரு): faire nérounérou, —du bruit, se hâter, pétiller.

நெருநெருத்தல், நெருநெருப்பு, நெருநெரெனல், *n.v. du préc.* signe de bruit, —de hâte, presse, précipitation, pétillement.

நெருப்பன், (நெருப்பு), homme colère, méchant comme le feu, boute feu, incendiaire.

நெருப்பு, feu: நெருப்பின்சிகை flamme du feu; நெருப்பணைத்துவை க்கிறது éteindre le feu, conserver le feu, l'empêcher de s'éteindre: நெருப்பணைந்துபோகிறது le feu s'éteindre; நெருப்பாயிருக்கிறவன் homme colère, emporté, ardent; நெருப்பாயிருக்கிறது *ou* எரிகிறது être en feu, brûler; நெருப்பாயெரிக்கிறது brûler, incendier; வெய்யில்நெருப்பாயெரிக்கிறது la soleil brûler, —être ardent comme du feu; நெருப்பிடுகிறது mettre le feu, incendier; நெருப்புக்கண் œil de feu, —méchant; —க்கல் pierre à feu, —à fusil, —à briquet, pierre infernale, nitrate d'argent; —க்கொளுத்துகிறது allumer le feu, —le feu de la discorde, se fâcher, faire une injustice: —க்கொள்ளி brandon, tison allumé, boute-feu, méchant; —ச்சட்டி réchaud; — ச்சயநீர் espèce d'eau distillée, *V.* நெருப்புத்தண்ணீர்; —ச்சாணை pierre à aiguiser sans eau: —த்தண்ணீர், — த்திராவகம் acide nitrique, eau forte, —régale; —த்தணல், —த்தழல் charbon ardent: —நீர் eau forte; — ப்படுகிறது être brûlé, être atteint ou consumé par le feu, se gâter, *ou* — பற்றுகிறது, — பிடிக்கிறது prendre feu, s'allumer, s'enflammer; —பற்றவைக்கிறது allumer le feu; — ப்பொறி étincelle de feu: — மடமடென்றெரிகிறது le feu brûler avec ardeur, —avec fureur, — avec bruit, — en faisant *madamada*; (நெருப்பை) மடமடென்றெரிவிக்கிறது attiser le feu et le faire brûler avec ardeur; — மழை pluie de feu; —மூட்டுகிறது, —மூளவைக்கிறது, — மூள்விக்கிறது allumer—, attiser le feu; — வளர்க்கிறது entretenir le feu; —விழுகிறது le feu tomber, un mal survenir, —croître; — விழுங்குங்கோழி l'oiseau qui dévore, dit-on, le feu, *i. e.* l'autruche, dindon, ainsi nommé de sa gorge rouge; நெருப்புறுகிறது s'allumer, brûler; நெருப்புறுவிறகு tison ardent: நெருப்புறுகரி charbon ardent; நெருப்பைவீசுகிறது lancer le feu, être fort ardent (pour une affaire); விரலிலேநெருப்புப்பட்டது le feu m'a atteint ou m'a fait une brûlure au doigt.

நெருமுகிறது, மினேன், முவேன், மு, ம, *v.a.* நெருமுதல், நெருமல், *n. v.*

நெருனல், *P.* நெருநல் [*V.* நருமுதல்.

நெரேல், (*son imitatif*), mot imitatif du bruit: நெரேலெனல், நெரேலென்கிறது, faire nérèl, — du bruit; மழை நெரேலென்றுபெய்கிறது la pluie tomber à verse, —avec bruit, *V.* ஞெரேல்.

நெற்குண்டி, l'arbre நொச்சி.

நெல், riz non pilé, l'arbre வாகை. Le grain de riz sert de mesure; la largeur de 8 grains de riz fait un விரற்கடை ou travers de doigt; sa longueur est égale à 8 எள்ளு ou grains de sésame; நெல்வால் queue ou barbe du riz; — வாய்க்கணக்கு, V. நெல்லிலக்கம், V. நெல்லு et நெற்.

நெல்லரி, (நெல்லு, அரிகிறது), poignée de riz scié, autant que la faucille peut en scier en une fois.

நெல்லரிசிமா, (நெல், அரிசி), farine de riz.

நெல்லி, — மரம் l'arbre phyllanthus emblica, myrobolan, la plante épineuse முள்ளி: — க்காய் fruit de l'arbre susdit; — க்கந்தகம், — க்காய்க்கந்தகம் composition de soufre et d'arsenic; — க்காய்த்துவையல் fruit du myrobolan pilé dans un mortier pour être mangé avec du riz; — க்காய்த்தைலம் huile médicinale tirée du myrobolan; — த்துத்தி nom d'une plante; — த்தோப்பு bosquet de myrobolans, Nellitoppe, bourg près de Pondichéry; — ப்பருப்பு pulpe du noyau du myrobolan; — முள்ளி pulpe et écorce du myrobolan mûr et desséché.

நெல்லிலக்கம், (நெல்லு), compte et mesures propres au mesurage du riz.

நெல்லு, *P.* நெல், grain de riz —, riz non pilé, — avec son écorce ou son enveloppe, (le riz pilé se dit அரிசி et le riz cuit சோறு): நெல்லறுக்கிறது moissonner le riz; நெல்லுறை grenier ou réceptacle pour le riz, marque usitée en le mesurant; நெல் *ou* நெல்லுகாயப்போடுகிறது *ou* வைக்கிறது mettre le riz sécher; — குத்துகிறது piler le riz pour le séparer de son écorce; — குத்தியுறுவாக்குகிறது piler le riz complétement, — et le préparer pour la cuisine; — பிடிக்கிறது prendre du riz, mettre le riz en magasin, acheter du riz en gros; — முறி moisson de riz mûr; — முறிகிறது le riz être mûr, *litt.* se briser; — விளைகிறது le riz croitre, venir, monter en épis; — வேவிக்கிறது faire bouillir le riz; நெல்லூறவைக்கிறது mettre le riz tremper.

நெளி, 1° *ou* — மோதிரம் anneau ou bague de femme, — a ligne courbe ou à sinuosités. 2° *imp. et part. de*

நெளிகிறது, ளிந்தேன், ளிவேன், ளி, ளிய, *v.n.* நெளிதல், *n.v. et* நெளிந்துபோகிறது, ramper, se trainer en rampant, marcher en serpentant, serpenter, se courber, se plier, se tordre, aller en zigzag, n'être pas droit, se rider: புழு — le vers ramper; நெளிந்துநடக்கிறது marcher en serpentant, en faisant des sinuosités, marcher en se tordant ou avec des inflexions de corps par défaut de l'épine du dos ou par affectation.

நெளிக்கிறது, ளித்தேன், ளிப்பேன், ளி, ளிக்க, *v.a.* நெளிக்குதல், *n.v. et* நெளித்துக்கொள்ளுகிறது, courber, plier, tordre, rendre tortu, montrer de l'ostentation: நெளித்துக்கொண்டுபோகிறது *ou* நடக்கிறது marcher tout tortu, en marchant se courber en arrière, marcher avec affectation; நெளித்துப்போயிருக்கிறது être plié, courbé, tortu, *v.g.* un panier.

நெளிச்சலன், (நெளிச்சல்), homme courbé, voûté, plié, incliné.

நெளிச்சல், *n.v. de* நெளிகிறது, *V.* நெளிவு.

நெளிதம், petitesse, facilité, légèreté

நெளிதல், *n.v. de* நெளிகிறது, courbure, sinuosité, tortuosité, marche tortueuse, ride, tergiversation.

நெளித்தல், நெளிப்பு, *n.v. de* நெளிக்கிறது, courbure, tortuosité, inflexion, démarche affectée, — altière, moquerie.

நெளியலன், (நெளியல்). *V.* நெளிச்சலன்.

நெளியல், *n.v. de* நெளிகிறது, courbure, sinuosité, tortuosité, chose courbée, penchée.

நெளிர், நெளிர்தல், son de la voix, bruit que l'on fait en parlant, *imp. et n.v. de*

நெளிர்கிறது, நெளிர்ந்தேன், ர்வேன், ர், ர, *v.n.* faire du bruit en parlant, *V.* ஞெளிர்கிறது.

நெளிவு,*n.v.de* நெளிகிறது, courbe, courbure, sinuosité, tortuosité, zigzag,pli,inflexion: நெளிவுண்டாயிருக்கிறது être tortueux, courbé; நெளிவெடுக்கிறது faire des sinuosités,courber,faire la courbe ou les sinuosités d'un anneau.

நெறநெற,(*son imitatif*),bruit du grincement des dents,du frottement des arbres etc...நெறநெறவென்கிறது rendre ce son,faire néranéra, — ce bruit, grincer: பல்நெறநெறவென்று கடித்தான் il a grincé des dents et mordu;நெறநெறெனல், *n.v.* grincement,bruit de frottement,son répété,écho.

நெறி, *imp.et part.du suiv.*2° chemin,voie, bon chemin, bonne voie, chemin de la vertu, règle, ordre, loi,manière,coutume,chasteté, justice,rectitude,droiture,ce qui se hérisse ou se dresse tout droit,temple, cavité de l'œil, parties vitales du corps, (et surtout) les tempes, gonflement des nerfs ou des glandes,enflure (à l'aine, sous le bras ou au cou,causée par un furoncle ou une blessure dans une autre partie du corps):—கட்டுகிறது causer une telle enflure, faire gonfler les nerfs ou les glandes,ou une telle enflure se former: — கட்டியிருக்கிறது cette enflure s'être formée, les glandes être gonflées;—கெட்டவன்,—கேடன் homme dévoyé, égaré, sorti de la bonne voie,méchant,pervers, trompeur;—கேடு déviation, écart,égarement, corruption; — க்கல் pierre à chaux;—க்கோரை le roseau ou l'herbe scirpus plantagineus; — தவறு déviation —, égarement du bon chemin;—தப்பினவன் homme égaré,— sorti du chemin de la vertu: — நிற்பாள் femme constante dans la bonne voie;—நின்றுநீடுவாழ்வார் ceux qui persévèrent dans le chemin de la vertu seront long-temps heureux; —ப்படுத்துகிறது mettre en ordre, convertir,diriger, redresser, remettre dans le bon chemin;—மயிர் cheveux hérissés;—யிடுகிறது,*V.*நெறிகட்டுகிறது;—யிலார் gens déréglés, dévergondés,vils,injustes, sans conduite;—யுள்ளவன்,*V.*நெறிமான்;—வலிக்கிறது les tempes —, la tête faire mal; நெறியில்நிற்கிறது être —,persévérer dans le bon chemin; நெறியிலேபடுகிறது recevoir un coup—,frapper à la tempe; நெறியிற்றிருப்புகிறது ramener dans la bonne voie,convertir; குட்டிச்சுவரில்தேள்கொட்டக்கட்டுத்தறியில் நெறியிடுமா le scorpion en piquant un petit mur ruiné ferait-il enfler le pieu à attacher les vaches, la cause affectant un objet, l'effet ne peut-être dans un autre.

நெறிக்கிறது, றித்தேன், றிப்பேன், றி, றிக்க,*n.v.*(நெறி),se dresser,se tenir droit, lever—, tourner le nez d'un air de dérision, être fier,arrogant, hausser les sourcils, rider le front, prendre un air fier,offensant ou de mépris, se hérisser.

நெறித்தல்,நெறிப்பு,*n. v. du préc.* droiture,rectitude,position droite,air altier, conduite —, manière méprisante, —offensante, froncement des sourcils, rides du visage, hérissement. [intègre, probe.

நெறிமான்,(நெறி),homme juste,

நெறிமை, (*id.*), justice,droiture, rectitude,honnêteté.

நெறுக்கட்டி,நெறுக்கு,mots imitatifs du bruit:நெறுக்கட்டியென்கிறது,— யெனல், நெறுக்கிடுகிறது, நெறுக்கிடுதல், நெறுக்கென்கிறது, நெறுக்கெனல்,faire ce bruit, résonner [நெறுநெறென்கிறது *ou*

நெறுநெறு, mot imitatif du bruit

நெறுநெறுக்கிறது,றுத்தேன், றுப்பேன்,று,றுக்க,(நெறுநெறு),faire nérounérou,—du bruit: நெறுநெறுத்தல், நெறுநெறுப்பு, நெறுநெறெனல்,*n.v.* bruit répété,son de nérounérou.

நெறுமுகிறது, *V.* நறுமுகிறது.

நெற்,*P.* நெல், riz,*devant* க,ச,த,ப:—கணக்கு compte du riz, *V.* நெல்லிலக்கம்;—கதிர் épi de riz; — கழி

terre à rizière;—களஞ்சியம் grenier pour le riz;—கழனி rizière, terre à riz;—இடை l'espace d'un grain de riz;—இடைவிட்டெழுதுகிறது écrire en laissant entre les lignes l'espace ou la largeur d'un grain de riz;—குழி fosse sous terre pour mettre le riz;—குறி augure —, divination tirée du riz;—கூடு grand réceptacle d'osier pour mettre le riz;—கூர் queue ou barbe du riz;—சப்பி espèce d'herbe;—சுமை une charge —, un sac de riz;—சுணை démangeaison causée par la barbes du riz;—பயிர்க்கிளைவு crue—, croissance du riz, le riz monter en épis;—பரப்பு étendue d'un carré de rizière, surface de 12 குழி;—பழம் riz dont l'écorce se fend par trop de fertilité du sol;—புல் riz en herbe;—பூமி terre à riz, rizière;—பொரி riz grillé;—போர் monceau de riz.

நெற்பு, pus, pourriture, maigreur.

நெற்ற, நெற்றல், *inf. et n.v. de* நெற்றுகிறது.

நெற்றவன், (நெற்று, அவன்), homme décharné, maigre (comme une cosse).

நெற்றலி, nom d'un poisson.

நெற்றாகிறது, (நெற்று, ஆகிறது), mûrir complètement, — dans la gousse ou la cosse.

நெற்றி, 1° front, sommet, ordre de bataille, détachement. 2° *gér. de* நெற்றுகிறது: — க்கண்ணன் celui qui a un œil au front, *i.e.* Siven; —ஏறு — front haut; — ச்சுட்டி joyau que les femmes portent sur le front, point blanc qu'on se met au front —சுழி épi —, tour du poil des chevaux...sur le front (d'où les païens tirent des augures selon qu'il est tourné à droite ou à gauche); —த்தலம், —த்தலம் place du—, front; —த்திலகம், —ப்பொட்டு pottou que les indiens se mettent sur le front; —ப்பட்டம் espèce d'ornement ou de bijou qu'on porte au front; —ப்புருவம் sourcil; — மாலை couronne ou guirlande qu'on porte sur le front; —முட்டு proximité, côté de—, devant, chose en face, vis-à-vis;—யெலும்பு os du front; — வரை lignes ou rides du front; நெற்றியைச்சுளிக்கிறது froncer les sourcils; நெற்றியிற்கல்லுவைக்கிறது mettre une pierre sur le front ou sur la tête, (espèce de châtiment);—கல்லுவைத்தல் le châtiment susdit, oppression, gêne.

நெற்றிடுகிறது, *P.* நெட்டிடுகிறது, faire des ricochets sur l'eau (les pierres plates).

நெற்று, 1° gousse ou cosse sèche avec la graine, fèves —, pois mûris et desséchés dans leur gousse, fruit mûr et sec. 2° *imp. et part. du suiv.*: தேங்காய் —coco bien mûr;—ப்போலிருக்கிறது être sec et maigre comme une cosse de fève; நெற்றெடுக்கிறது cueillir—, ramasser les gousses sèches, —les fruits mûrs.

நெற்றுகிறது, ற்றினேன், ற்றுவேன், ற்று, ற்ற, *v.a.* நெற்றுதல், *n.v. et* நெற்றிப்போடுகிறது, heurter, frapper contre, choquer, atteindre la marque ou le but dans des jeux d'enfans: நெற்றியடிக்கிறது, *V.* நெற்றிடுகிறது; யானையை நெற்றச்சொல்லுகிறது dire à un éléphant de heurter contre quelque chose, le pousser [à le faire.

நென்பு, *V.* நெம்பு.

நென்மணி, (நெல், மணி), grain de riz, graine d'herbe qu'on ne mange pas, coix lacryma.

நென்மா, (*id.* மா), farine de riz.

நென்னல், (நெருனல்), hier, jadis.

நே, 1° lettre syllabique composée de ந் *et de* ஏ, nê long. 2° *sync. de* நேசம், *V.* நேசம்.

நேக, *V.* நெகிழ் *ou plutôt* நெக: நேகவணைக்கிறது, *V.* நெகஅணைக்கிறது.

*நேசகன், (nêdjaka), blanchisseur.

நேசம், (*P.* ஸிநேகம்), amitié, amour, bienfait, service, bien, beurre fondu:—ஆயிருக்கிறது être ami, aimer;—வைக்கிறது concevoir de l'amitié; — வைத்திருக்கிறது avoir de l'affection, aimer; நேசபாசம் lien de l'amitié.

நேசன்,(நேசம்), ami,amant.

நேசி, 1° *fém. du préc.* amie, amante. 2° *imp.de*

நேசிக்கிறது, சித்தேன், சிப்பேன், சி,சிக்க,*v.a.* (நேசம்), aimer, chérir, être ami. [mour,amitié.

நேசித்தல்,நேசிப்பு, *n.v.du préc.*a-

நேடல்,நேடுதல்,*opt.et n.v.du suiv.* recherche,désir.

நேடுகிறது, டினேன், டுவேன்,டு, ட,*v.a.* chercher, rechercher,désirer.

நேத்தி,*P.*நேர்த்தி,1° vœu. 2° beauté, élégance, supériorité: *V.* நேர்த்தி.

*நேத்திரம், (nêtra), œil, racine (d'arbre...), habit de soie; நேத்திர காசம் cataracte, mal d'yeux, gutta serena; —சம் ce qui naît des yeux, pleurs, larmes; —ச்சதம், (tchhada *couvrir*), paupière; —தோஷம் prétendu mauvais effet d'un regard malin; —பிண்டம் prunelle de l'œil, chat; —படலம் cataracte, — qui couvre l'œil; — பரியந்தம் jusqu'à l'œil,angle extérieur de l'œil;—யோனி la lune, celui dont le corps est couvert de vulves qui ressemblent à des yeux, *i. e.* Dèvèndiren, qui,au dire de la fable, ayant séduit அகலிகை femme du pénitent கௌதமன் en fut maudit et eut le corps couvert de figures de vulves de femme, qui ensuite à force de supplications prirent la forme d'yeux, c'est l'Argus des Grecs; — ரஞ்சனம் collyre pour les yeux;—ரோகம் mal d'yeux; —வஸ்திரம் voile; — வாயு inflammation des yeux,ophthalmie;—விதி règles d'optique, — pour les maux d'yeux;—வீட்சணம் regard favorable;— வைத்தியம் métier d'oculiste, partie de la médecine qui traite des yeux;—வைத்தியன் oculiste.

*நேத்திரன்,(*id.*),guide,conducteur.

*நேத்திராஞ்சனம், (நேத்திரம், அஞ்சனம்), collyre, remède pour les yeux. [d'yeux,ophthalmie.

*நேத்திராமயம்,(*id.*ஆமயம்), mal

*நேத்திராப்பு, (*id.*அப்பு),larmes, *litt.* eau des yeux.

*நேத்திராவுஷதம்,நேத்திரௌஷதம்,(*id.*அவுஷதம்,ஔஷதம்), remède pour les yeux,collyre.

*நேத்திரோற்சவம்,(*id.*உற்சவம்), objet plaisant à la vue.

*நேபன்,(nèpà),gourou—, prêtre d'une famille. [te d'arsenic,poison.

*நேபாளிகை,(நேபாளம்,ika),sor-

*நேபாளம்,(nèpâla), le Nèpal, un des 56 pays connus des Indiens,l'arbre vénéneux நேர்வாளம்.

*நேமகம்,(நேமம்,ka),destination, nomination, intention, régime: நேராள— régime direct; நேர்க்லாத— régime indirect.

*நேமம், 1° (nêma), tromperie, fraude, temps, saison, le soir, part, portion, fente, trou, dessus, racine, haie,limite. 2° *P.* நியமம்,règles —, observances religieuses, coutume, usage, engagement, certitude,destination,intention:நேமநிஷ்டை, *V.* நியமநிஷ்டை.

*நேமி,1° (nêmi), circonférence de roue. 2° roue de charrette, cercle, anneau,chose ronde, sphère, terre, mer, bambou, l'oiseau நேமிப்புள். 3° *imp.du suiv.*:—சக்கரம் l'arbre வேம்பு;—சக்கிரன் Némisakren, roi de Hastinapouri, qui transporta sa capitale à Kaousâmbi ou வத்சபட்டணம்; — நாதம் nom d'une grammaire; — நாதன் le Seigneur de la terre ou du globe terrestre, Dieu,(et à tort) Arouguen, Vichnou, Varounen;—புள் l'oiseau au corps sphérique சக்கரவாகம்,le canard bramanique;—வலவன், —வல்லன், —வல்லவன் celui qui a la puissance sur la terre,*i.e.* Dieu,le roi.

நேமிக்கிறது,மித்தேன், மிப்பேன், மி,மிக்க, *v.a.* நேமித்தல்,*n. v.* (நேமம்),*V.* நியமிக்கிறது.

நேமியான், நேமியோன், (நேமி), le terrestre, Vichnou.

நேம்புகிறது,பினேன், புவேன்,பு, ப, *v.a.* நேம்பல்,நேம்புதல்,*n.v.et* நேம்பிப்போடுகிறது, vanner le riz (d'une certaine manière):நேம்பிவைக்கிறது vanner ainsi le riz et le mettre de côté.

**நேயம்**, (*P.* ஸ்நேகம்), amitié, amour, parenté, bien, bienfait, beurre liquéfié, huile, la plante நிலப்பனை.

**நேயன்**, (நேயம்), ami, amant.

**நேர**, 1° *inf. de* நேர்கிறது. 2° *pris comme particule de comparaison*, comme. 3° *obl. de* நேரம்: —வரைக்கிறது, (அரைக்கிறது), pulvériser, broyer très-fin.

**நேரசை**, (நேர், அசை), syllabe métrique longue de sa nature ou par prosodie: —க்கலித்துறை stanze dite கலித்துறை qui commence par une longue.

**நேரஸ்தன்**, (நேரம், ஸ்தன்), coupable: தன்சாதிக்கு—ஆனான் il s'est rendu coupable envers sa caste.

**நேரடி**, (நேர், அடி), vers de 4 pieds.

**நேரம்**, 1° temps, loisir, occasion, bonne—, opportunité. 2° (*télinga*), faute, culpabilité, crime, punition, amende: —ஆய் à temps, tard; —ஆய்ப்போகிறது se faire—, être—, devenir tard; —ஆய்ப்போயிற்று le temps est passé, c'est trop tard: —இல்லை il n'y a pas de temps, de loisir; —கடத்துகிறது passer le temps; —கெட்டநேரம் mauvaise occasion, temps inopportun; —சாய்கிறது le jour baisser, le temps s'écouler, tirer à sa fin; —சுமத்துகிறது, —சுமத்திவைக்கிறது charger —, accuser d'une faute, déclarer coupable; அவன்மேல்—சுமந்தது la faute est tombée sur lui; —செல்லுகிறது le temps passer, se faire tard, être employé; மிகவும்—செல்லும் il faudra beaucoup de temps; —செல்லவிடுகிறது laisser passer le temps, différer; —செல்லவருகிறது, —சென்றுவருகிறது tarder, venir tard; —சென்றது, —சென்றுபோயிற்று le temps est passé; —சென்று tard; நேரகாலம் temps favorable, le présent; —பாரமறியாதவன் celui qui ne connait pas l'importance du temps, —le cours des affaires; —ப்படப்பேசுகிறது parler lentement, —tard; —ப்படவருகிறது venir tard; —ப்படவிருக்கிறது se faire—, être tard, — tardif: நேரத்துக்கு à temps, au moment favorable, à chaque moment; நேரத்துக்கொருநினைவுவருகிறது à chaque moment une pensée se présenter, changer de pensée à tout moment; நேரத்துக்கொருபேச்சுபேசுகிறது changer de langage ou de discours à chaqu'instant; எந்நேரம் quel temps? quand? எந்நேரமும் à chaque instant, toujours; அந்நேரத்திலே, அந்நேரமே alors même, au même instant, dans ce temps-là même; இந்நேரத்திலே maintenant, இந்நேரமே maintenant même; இந்நேரராத்திரியிலே à cette heure de la nuit; அதுன்மேலேநேரம் c'est ta faute.

**நேரலர்**, (நேர், அலர்), ennemis.

**நேரல்**, *n.v. de* நேர்கிறது.

**நேரறிகிறது**, (நேர்) connaitre ce qui est juste, droit, convenable.

**நேரா**, **நேராத**, *part.nég.de* நேர்கிறது, qui ne s'accorde pas, qui ne convient pas, inconvenant, irrégulier: நேராநோன்புசீராகாது une pénitence irrégulière ne saurait avoir bon résultat.

**நேராகிறது**, (நேர்), devenir —, être égal, droit, juste, direct, régulier, égaler, s'accorder, s'ajuster, se mettre en face; நேராக, நேராய் tout—, droit, directement, vis-à-vis, en face, justement; நேராய்த்திருப்புகிறது tourner contre, —vis à-vis; —இருக்கிறது être droit, direct, vis-à-vis: விலை— இருக்கிறது le prix être juste; —க்கொடுக்கிறது donner à un prix convenable; —ச்சொல்லுகிறது, —ப்பேசுகிறது dire ou parler en face, raisonnablement, régulièrement, distinctement; —ப்போகிறது aller droit, en droite ligne, sans circuit; —வாங்குகிறது acheter ou recevoir en face, honnêtement, sans détours, (et non indirectement comme un présent pour suborner); நேரான en face, droit, direct, régulier, juste; நேரானநேமகம் régime direct; —விலை prix juste, —raisonnable.

**நேராக்குகிறது**, (*id.*), நேராக்கிப்

போடுகிறது,tourner en face,rendre égal,—droit, égaler, égaliser,niveler,régulariser.

நேராக்குவோன், régulateur.

நேரார், n.app nég. de நேர்கிறது, ennemis, gens qui ne s'accordent pas.

நேராளி, (நேர்,ஆளி), égal,vis-à-vis, personne juste, équitable.

நேரி, Néri, montagne principale du Tanjaour.

நேரிசம், (நேரி, சம்),dard,flèche, javelot: நேரிசக்காரன் homme armé d'un javelot; நேரிசத்தாலே எறிகிறது, — போடுகிறது lancer un javelot.

நேரிசை, (நேர்,இசை),son —, air ou ton plein,—régulier,(selon Rottler)ligne—,note imparfaite:—க்கலிப்பா variété du genre de vers dit கலிப்பா;—சிந்தியல்வெண்பா venbâ de 3 vers dont le 1er est de 4 pieds,le 2e de 3 pieds suivis du pied détaché dit தனிச்சொல் sous une même rime comme le நேரிசைவெண்பா, le 3me vers est de 3 pieds avec une autre rime; — யாசிரியப்பா stance du genre dit ஆசிரியம், composée de vers de 4 pieds excepté l'avant-dernier qui n'a que 3 pieds; — யொத்தாழிசைக்கலிப்பா stances du genre கலிப்பா qui contiennent les 4 parties dites தரவு, தாழிசை, தனிச்சொல் et சுரிதகம்;— வெண்பா venbâ composé de 2 distiques, dits குறள், réunis par un pied détaché, dit தனிச்சொல்,à la fin du 1er distique, ce qui fait 4 vers ayant la même rime dite எதுகை ou une rime pour chaque distique.

நேரிய,adj.de நேர்,égal,droit, direct,juste, régulier: நேரியது ce qui est égal,droit...

நேரியன், நேரியோன், நேரிவெற்பன், நேரிறை, (நேரி), le maitre du mont நேரி, le roi சோழன், — de Tanjaour. [bijou assorti, femme.

நேரிழை, (நேர், இழை), fil droit,

நேரீற்றியற்சீர், (நேர்,ஈற்று, இயல்), pieds de 2 syllabes métriques, nommés இயற்சீர், finissant par un நேரசை, ces pieds sont le தேமா et புளிமா.

நேரீற்றுரிச்சீர்,(id. id.உரி), pieds de 3 syllabes métriques, dits உரிச்சீர், finissant par un நேரசை, ce sont les 4 pieds finissant en காய் et nommés வெண்சீர்.

நேருகிறது,V.நேர்கிறது.

நேரும்,1° part.fut. de நேர்கிறது. 2° நேர் et உம்.

நேரோடம், நேரோடு, (நேர், ஏடு), l'arbre நாவல் calyptranthes.

நேரொன்றாசிரியத்தளை,(நேர்,ஒன்றுகிறது, ஆசிரியம்), subdivision de la connexion de pieds dite ஆசிரியத்தளை, dans laquelle la dernière syllabe d'un pied et la 1re du suivant sont toujours des நேரசை.

நேர்,1° ligne directe,droiture,rectitude,régularité,ordre,justice,vérité,égalité, niveau,unisson, arrangement, convenance ressemblance, comparaison,longueur, syllabe longue dite நேரசை, moitié, petitesse, finesse, devant, vis-à-vis, accord, consentement, agrément. 2e adj. droit, juste égal, pareil, comme, convenable,bon, propre, semblable, proportionné, franc,opposé,contraire, long, petit, défectueux: நேர்கிறது,நேரிடுதல், (dat.), se présenter, se rencontrer, aller droit vers ou contre,rencontrer,s'opposer,arriver, commencer: அவனுக்கிடுக்கம்நேரிட்டது il lui est survenu une angoisse; நேரிட்டுக்கொள்ளுகிறது se présenter,aller devant,—au devant,se rencontrer,devancer quelqu'un; நேரிட்டபடி comme cela s'est présenté, selon l'occasion,à sa fantaisie; நேருக்குச்சீர்,V. செம்பாகம்; நேருக்குநேராயிருக்கிறது,— நேர்சரியாயிருக்கிறது être exactement droit,—en face: நேருள்ளவன் homme juste,honnête,droit, — en face;நேரே tout—, droit, directement, en droite ligne, en face,vis-à-vis;— சொல்லுகிறது dire sans déguisement,—en face;— போகிறது aller tout droit, sans se détourner; — வெழுதுகிறது écrire bien droit, en droite ligne; — வை mets en ordre, vis-à vis; நேரோட்டம், நேரோடுதல் ou நேரபோட்டம் course directe, c'est une des marches du cheval. 3° *imp. et part. de* நேர்கிறது, voué, adopté; — கடன் obligation d'un vœu; — கட்டுகிறது égaler, égaliser, ajuster, appareiller; — காட்டுகிறது égaliser, montrer le devant, — la face, dévorer; — காற்று vent contraire, — de bout, — directement opposé; — கீழ், — கீழாய், — கீழே directement en bas, exactement perpendiculaire; — கீர் accord, consentement, agrément, ce qui est droit, juste, exact; — சீர் pied composé de syllabes métriques longues. *v. g.* தேமா, தேமாங்காய்; — சொல்லுகிறது dire la vérité, — ce qui est patent; — தப்புகிறது n'être pas juste, — en ligne droite, *ou* — தப்பிப்போகிறது manquer de droiture, être hors du bon chemin, se conduire —, agir injustement, — irrégulièrement; — தப்பியிருக்கிறது être irrégulier, injuste; — தப்பினகாரியம் chose injuste, irréguliére: — திறம் air régulier, — juste, mélodie adaptée à un luth; — நஞ்சு alun de plume; — நியாயம் équité, justice impartiale; — நிறை régularité, justice, poids égal, — juste ou équitable, chasteté; — நெட்டி la plante நெட்டி; — பசை addition d'un உ au pied d'une longue dit நேரசை, *Ex*: காசு; — படுகிறது arriver, se rencontrer, se présenter, paraître, s'accorder, consentir, visiter; — படவொழுகு conduis-toi régulièrement; எனக்கு — பட்டான், je l'ai rencontré; — பண்ணுகிறது faire serment, égaliser, niveler; — பதினாறு le கவித்துறை commençant par une longue et ayant 16 syllabes; — பாடு longueur, ligne directe, droiture, agrément, accord, occurrence —, rencontre fortuite, arriver sans y penser; — பாடு சொற்பாடு réussite à la lettre, — selon la parole, événement imprévu, cas fortuit; — பார்க்கிறது examiner l'alignement, voir si une chose est droite, — vis-à-vis, — juste ou convenable, deviner (par augure ou autres signes); — பெறுநில் persévére dans la droiture, dans une conduite juste; — போகிறது consentir, s'accorder, s'arranger, s'améliorer, devenir juste: — முகம் visage en face, tourné vis-à-vis; — மேற்கே droit à l'occident; — மேற்காற்றுவருகிறது ou வீசுகிறது le vent venir ou souffler directement de l'occident; — மையம் le juste milieu; — வழி chemin droit, — direct.

**நேர்கிறது, ர்ந்தேன், ருவேன், ou ர்வேன், ரு ou ர், ர,** *v. a. et n.* vouer, faire vœu, promettre, s'engager, donner, dépenser, s'accorder, agréer, consentir, se rencontrer, arriver, approcher, égaler, avancer contre, livrer bataille, combattre contre, *ou* நேர்ந்துபோகிறது, — வருகிறது, diminuer, maigrir, devenir petit, effilé; நேர்ந்து கொடுக்கிறது vouer —, promettre et donner, résoudre —, promettre de donner; — கொண்டதைச்செய்கிறது acquitter un vœu.

**நேர்ச்சி,** *n. v. du préc.* vœu, promesse, convention, accord, consentement chose vouée: — க்கடன் obligation d'un —, vœu.

**நேர்ச்சை,** (நேர்ச்சி), vœu, dépense faite pour un vœu.

**நேர்ஞ்சிராய்,** (நேர், ஞ் *euphon.* சிராய்), long éclat de bois, éclat dans la longueur.

**நேர்தல்,** *n. v. de* நேர்கிறது, vœu, promesse, donation, dépense, agrément, rencontre, approche, proximité, engagement, combat, diminution.

**நேர்த்தி,** *V.* நேர்ச்சி: — க்கடன் obligation d'un vœu, chose vouée, — promise; — க்குறிப்பு infaillibilité, ne pas marquer, marque d'un vœu.

**நேர்ந்த,** *part. de* நேர்கிறது: — படி selon son vœu..., *ou* — பாடு, — பாக்க rencontre, occurrence, suivant l'occurence, — l'occasion.

**நேர்ந்தார்,** *n. app. du même,* amis.

**நேர்ந்து,** *gér. du même.*

**நேர்பு,** *n. v. et gér. du même,* élévation, longueur, union, accord.

நேர்ப்பிசின், la plante Kœmpferia rotunda.

நேர்ப்பு, *n. v. de* நேர்கிறது, vœu, promesse, accord, chose fine, —propre, élégante, habilement faite, légèreté: நேர்ப்பாய் finement, élégamment, légèrement: நேர்ப்பாய்நடக்கிறது se comporter régulièrement, —prudemment; — வைத்திருக்கிறது traiter habituellement d'une manière amicale, tenir tout propre et en ordre.

நேர்மை, (நேர்), ligne droite, accord, agrément, justesse, droiture, rectitude, franchise, sincérité, exactitude, petitesse, délicatesse, subtilité.

நேர்வணம், (நேர்), 2 sortes d'airs, de mélodies ou de poésies pour accompagner le luth et qu'on nomme செவ்வழியாழ்த்திறம் et பாலையாழ்த்திறம், air—, luth propre aux habitans des côtes de la mer, — aux habitans des pays stériles, tuyau—, flûte de bambou.

நேர்வாளம், l'arbre croton tiglium, noyau ou graine de l'arbre நேபாளம்: நேர்வாளமுத்து, — விதை noyau —, graine de croton.

நேர்வான், (நேர்), 1° la 14me constellation dite சித்திரை. 2° 3e *pers. masc. fut. de* நேர்கிறது. 3° *une des formes de l'inf. du même*, pour se rencontrer...

நேர்வு, *n.v. de* நேர்கிறது, accord, agrément, consentement, rencontre, approche, réunion, don, événement, [combat.

நேலி, nénuphar.

நேற்றி, 1° *V.* நேர்த்தி, vœu: —க்கடன் obligation d'un—, vœu. 2° beauté, élégance, délicatesse, propreté, netteté, droiture, bonté; நேற்றியான, —யாயிய joli, beau, élégant, délicat, propre, artistement fait; — யாய், joliment, élégamment; நேற்றியாயெழுதுகிறது écrire joliment; — ச்சோடிக்கிறது orner élégamment; —ப்பாடுகிறது chanter joliment, —harmonieusement; நேற்றியானசட்டை habit joli, élégant.

நேற்று, hier, temps récemment écoulé: — ப்பிறந்தபயல் என்னோடே தர்க்கம்பண்ணுகிறான் un gamin né d'hier ose disputer avec moi; —ப்போனதிருநாள் la dernière fête, la fête d'hier; —ப்போனபாஸ்குத்திருநாள் la dernière fête de Pâques, (même après un laps de quelques mois); நேற்றைக்கு *ou* நேற்றொருவிசேஷம் பிறந்தது *ou* நடந்தது hier il est arrivé une chose; நேற்றிரவில் la nuit dernière.

நேற்றை, நேற்றைய, *adj. de* நேற்று: நேற்றைப்பண்டிகையிலே à la dernière fête; —த்தினம் *ou* நேற்றைய தினம் hier, la journée d'hier.

நை, 1° lettre syllabique composée de ந் et de ஐ. 2° *interjection de mépris*, fi! 3° *imp. et part. de* நைகிறது. [நேகம்.

*நைகம், (ந, ஏகம்), non un, *V.* அ

நைகரம், (நை, கரம்), affliction, peine, malheur.

நைகிறது, நைந்தேன், நைவேன், நை, நைய, *v.n.* se gâter, mollir, devenir—, être mou, —trop mûr, pourrir, périr, dépérir, se perdre, se corrompre, se pervertir, se détruire, se ruiner, s'user, se consumer, se froisser, se relâcher, se desserrer, se faner, se flétrir, se dessécher, s'affaiblir, devenir mince, maigrir, s'attendrir, avoir pitié, —le cœur tendre, compatissant, s'affliger, être peiné, chagrin: நைந்தகயிறு corde usée, à demi rompue; நைந்தபுடவை toile —, habit usé, râpé; நைந்துபோனபழம் fruit trop mûr, qui commence à se pourrir; நையநெருக்குகிறது écraser, briser, broyer, presser, pressurer; — ப்பாடுகிறது chanter pour attendrir, implorer, — la pitié, supplier; ஒருவன்மனசு—ப்பாடிக்கேட்கிறது implorer, demander en implorant la pitié de quelqu'un, *litt.* en chantant pour attendrir le cœur de quelqu'un; —ப்பாடிவாங்குகிறது recevoir ce qu'on a ainsi demandé, — a demandé en suppliant; —ப்பேசுகிறது parler doucement, — humblement, — de manière à attendrir; அவன்மனசு நையும் son cœur s'attendrira, il a le cœur tendre; இருதயநைந்துகொண்டிருக்கிறது l'esprit considérer avec pitié, peine ou émotion de cœur. [(du riz...), bouillie.

நைசொறி,(நை),excès de cuisson

நைக்காட்டுகிறது, (*id.*), badiner, se moquer,plaisanter, faire fi.

நைக்கிறது,நைத்தேன், நைப்பேன்,நை, நைக்க, *v.a. de* நைகிறது, perdre,gâter,corrompre, user, relâcher, desserrer,affliger,tourmenter, froisser,attendrir,faner,flétrir, des- [sécher.

நைசல், maladie.

*நைசிகம்.நைசியம்,(நாசி),médecine qu'on fait prendre par le nez, corbeau.

நைச்சி,corbeau,serpent.

*நைச்சிகம், நைச்சியம், (நீசம்), bassesse,abaissement,humilité, abjection.

*நைஷதம்,நைடதம்,(நிஷதம்),roman poétique sur les aventures de Nalen ou நளன் roi de நிஷதம்,tiré d'un épisode du மகாபாரதம் et attribué à un roi பாண்டியன், *V.* நிஷதம்: நைஷதம்புலவர்க்கவிர்தம் le poème Naïchadam est de l'ambroisie pour les poètes.

*நைஷ்டிகன், நைட்டிகன், (நிஷ்டை,ika), observateur des pratiques religieuses, brame qui continue de vivre avec son gourou et dans la condition d'un étudiant religieux.

*நைஷ்டூரியம்,நைட்டூரியம், (நிஷ்டூரம்),cruauté,sévérité.

நைதல்,*n.v. de* நைகிறது,amollissement,perte,perdition, pourriture, corruption, relâchement, froissement, amaigrissement, affaiblissement,dépérissement, desséchement, flétrissure, pitié, attendrissement, affliction,peine, chagrin.

நைநி,femme du frère ainé.

நைதினை,jasmin.

நைதென்கிறது, (நைதல்), s'attendrir, compatir, maigrir, dépérir: நைதெனல்,(mot—,signe)de compassion, attendrissement, dépérisssement, maigreur.

நைத்தல், *n.v. de* நைக்கிறது.

*நைத்தியகம்,நைத்தியம், (நித்தியம்,ka),perpétuité,toujours,adoration perpétuelle.

நைநைவென்கிறது,(நை),dire fi! fi! se moquer:, நைநையெனல் mot —,signe de mépris.

நைந்த,நைந்து, *part. et gér. de* நைகிறது. [*et de* நைக்கிறது.

நைபடுகிறது,*v. p. de* நைகிறது,

நைபவன், *n. app. de* நைகிறது, homme ruiné,pauvre,mendiant:நைபவனெனினும் நொய்யவுரையேல் ne parle pas avec mépris même aux mendians.

*நைபாளி, (நேபாளம்), chose du Népal, jasmin double, arsenic rouge,indigo,bleu.

*நைபாளிகம்,(*id.*ika), cuivre.

*நைபுணன், (நிபுணன்), homme habile,savant.

*நைபுண்ணியம்,(*id.*ya), dextérité,habileté, science.

*நைமிசம்,நைமிசாரணியம்,(நிமிசம்,ஆரணியம்), désert ou forêt célèbre par la résidence des Richis,à qui Brama l'avait assignée, et à qui Saouti vint raconter la Mahâbhârata. On dit que c'est dans cette forêt que Viâsen compila les vêdas et les proclama.

*நைமித்திகம்,நைமித்தியம்,(நிமித்தம்,ika), cause,occasion, cérémonie occasionnelle ou périodique, non perpétuelle:நைமித்திககருமம்,—க்கிரியை cérémonie occasionnelle, — pratiquée dans quelque cas particulier comme la naissance d'un enfant... [change.

*நைமேயம், (நிமேயம்), troc, é-

நைய,*inf.de* நைகிறது.

நையம்,*P.*நைசியம்,

நையல்,*n.v.de* நைகிறது,maladie vénérienne,petite vérole, affliction.

நையாண்டி, (நை), moquerie, plaisanterie,badinage: — க்காரன் moqueur, plaisant: — பண்ணுகிறது contrefaire,singer,plaisanter.

*நையாயிகம், (நியாயம்,ika), la secte ou la philosophie dite Niâya ou நியாயம், syllogisme.

*நையாயிகன்,(*id.*), logicien,sectateur de la philosophie susdite.

*நையாயிதம்,(*id.*ita), syllogisme: நையாயிதத்தொகை enthymème, argument à 2 propositions.

*நைரந்தரியம், (நிரந்தரம், ya), densité,compacité,contiguité, étroitesse.

நைராக்கியம், *P.* நையாக்கியம், plaisanterie,moquerie. [espoir.

*நைராசியம்,(நிராசை,ya), dés-

*நைருதி,(நிருதி), Niroudi, le côté auquel il est censé présider, *i.e.* le sud-ouest.

*நைருத்தம்,நைருத்தி,(நிர்,உத்தம், உத்தி),mot vieilli,— hors d'usage, —du dialecte des vèdas.

*நைர்க்குண்ணியம், (நிர்க்குணம்), défaut de qualités, absence de propriétés. [propreté,pureté.

*நைர்மல்லியம், (நிர்மலம், ya),

*நைலியம், (நீலம், ya), couleur bleue,noirceur.

நைவளம்,espèce d'air ou de mélodie propre aux pays montagneux dits குறிஞ்சி.

நைவன,*n.app.de* நைகிறது,*ou*

நைவினை,(நை), mal, choses qui doivent faire du mal: நைவன் *ou* நைவினைநணுகேல் évite tout mal, —la destruction,—ce qui peut causer du mal.

நைவு,*n.v.de* நைகிறது,*V.*நைதல்.

*நைவேசிகம், (நிவேசம்,ika), présent à un brame chef de maison.

*நைவேதனம்,*P.*நிவேதனம்.

*நைவேத்தியம்,(naivèdya),offrande,oblation (à la divinité).

நொ, 1° lettre syllabique composée de ந் et de ஒ, no bref. 2° malheur,peine, affliction, maladie. 3° *imp. des verbes inusités* நொகிறது *et* நொக்கிறது. [fligé.

நொகிறது,*v.n.* s'affliger, être af-

நொக்கிறது,*v.a.* mettre obstacle, affliger,empêcher. [நுக்காங்குலே.

நொக்காங்குலே,(நொக்கு,ஆம்),*V.*

நொக்கு,fente,crevasse.

நொங்கு,*P.*நுங்கு.

நொசிகிறது,சித்தேன்,சிவேன்,சி, சிய,*v.n.* நொசிதல், *v.n.* devenir—, être flexible,mince,petit,fin,délicat, léger,peiné,s'affliger,se faner, se flétrir,dépérir.

நொசியிடை, (நொசியும்,இடை), ceinture—,taille mince,—svelte.

நொசிவு,*n.v.de* நொசிகிறது,flexibilité,minceur,petitesse,subtilité,finesse,trouble, peine, affliction, flétrissure, dépérissement.

நொசு,maladie.

நொச்சி, l'arbrisseau médicinal vitex negundo,petit village,muraille: —ச்சாறு jus des feuilles du நொச்சி;—ப்பூ sa fleur; — யிலை sa feuille (qui a une forte odeur);—மாலை guirlande de feuillage et de fleurs du நொச்சி,dont on orne ceux qui ont défendu vaillamment leur forteresse contre l'ennemi, le 38me பிரபந்தம் ou panégyrique d'un guerrier qui couronné de நொச்சி a défendu sa forteresse contre l'ennemi.

நொடி, 1° claquement des doigts, —du pouce avec le doigt du milieu, temps qu'il dure, court espace de temps, instant,seconde indienne,— égale à un clin d'œil dit கண்ணிமை ou à 24 tierces d'Europe, (3600 நொடி font l'heure indienne நாழிகை), énigme,—à deviner, mot,parole. 2° *imp. et part. de* நொடிகிறது *et de* நொடிக்கிறது; — திறுது hauteur, fierté,arrogance: — திறுதுக்காரன் homme fier, arrogant; — திறுதுபண்ணுகிறது faire le fier, l'arrogant; — திறுநாயிருக்கிறது être hautain, fier; — திறுதுபேசுகிறது parler fièrement,avec mépris; —க்கதை énigme; — சொல்லுகிறது, —பகராட்டுகிறது proposer un énigme;— நொடிக்கிறது faire claquer ses doigts, parler précipitamment; —ப்பொழுது temps que dure un claquement de doigts, instant; —ப்பொழுதில்வருகிறது venir dans un instant; —யவிழ்க்கிறது,—விடுகிறது deviner—,résoudre un énigme; நொடிக்குமுன்னேபோனான் il est parti

சச

il n'y a qu'un instant: ஒருவிரல்நொடிபோடாது un seul doigt ne saurait claquer, i. e. un seul ne peut faire l'ouvrage de deux.

நொடிகிறது, டித்தேன், டிவேன், டி, டிய, *v.a. et n.* நொடிதல். *n.v.* dire, parler.

நொடிக்கிறது, டித்தேன், டிப்பேன், டி, டிக்க, *v. a.* நொடிக்குதல் *et* நொடித்தல், *n.v.* faire claquer, —ses doigts, — le pouce avec le doigt du milieu, parler, — précipitamment, — fièrement, gesticuler, s'agiter, détruire, le lait venir, — jaillir: கைந்நொடிக்கிறது faire claquer ses doigts, faire un bruit aigu en frappant; இறால் நொடிக்கிறதுபோல் நொடிக்கிறான் il gesticule parlant comme la crevette qui s'agite: நொடித்துப்பேசுகிறது *ou* சொல்லுகிறது, நொடித்தாற்போலொருவிசேஷஞ்சொல்லுகிறது parler à la hâte ou avec hauteur.

நொடிப்பு, *n.v. du même*, claquement des doigts, chiquenaude (du pouce et du doigt du milieu): நொடிப்பளவில்வருகிறது arriver en un instant, dans l'espace d'une chiquenaude.

நொடுநொடு, நொடுக்குநொடுக்கு, mots imitatifs du bruit et de la précipitation: நொடுக்குநொடுக்கென்கிறது, நொடுக்குநொடுக்கெனல், நொடுநொடெனல், நொடுநொடென்கிறது, *ou*

நொடுநொடுக்கிறது, டுத்தேன், டுப்பேன், டு, டுக்க, *v.n.* (நொடுநொடு), faire du bruit, — un bruit précipité, marcher avec précipitation, se hâter, se presser.

நொடுநொடுத்தல், நொடுநொடுப்பு, *n.v. du préc.* marche précipitée, hâte, presse, précipitation.

நொடை, prix, vente. [moquerie.

நொட்டை, badinage, plaisanterie,

நொணநொணவென்கிறது, (*son imitatif*), parler du nez, nasiller.

நொண்டல், *opt. et n.v. de* நொண்டுகிறது.

நொண்டி, 1° *m. f.* boiteux, boiteuse, estropié, écloppé, jambe de bois, le boiteux, nom d'une comédie. 2° *gér. de* நொண்டுகிறது; கால்— boiteux; இருகால் — boiteux des 2 jambes; கை— manchot, paralysé d'un bras; — த்தனம் état de boiteux ou de manchot, clochement: — நடக்கிறது boiter, marcher en boitant; — நாடகம் comédie du boiteux, espèce de pasquinade; — ப்பிள்ளை enfant boiteux: — யாயிருக்கிறது être boiteux ou manchot.

நொண்டுகிறது, டினேன், டுவேன், டு, ட, *v.n. et a.* நொண்டுதல், *n.v.* 1° boiter, être boiteux, clocher, clopiner, aller clopin clopant, dévorer. 2° *P.* நோண்டுகிறது, puiser.

நொதி, 1° bourbier, fondrière. 2° *imp. de*

நொதிக்கிறது, தித்தேன், திப்பேன், தி, திக்க, *v.n et* நொதித்துக்கொண்டிருக்கிறது, tremper —, se macérer —, se gonfler dans l'eau, un ulcère supporer, — empirer, se putrifier, bouillonner —, se gonfler en écumant; நொதிக்கிறரணம் ulcère qui suppure, —se putrifie.

நொதித்தல், நொதிப்பு, *n. v. du préc.* macération, gonflement dans l'eau, bouillonnement avec écume, suppuration, putréfaction.

நொதுக்கல், 1° *n.v. et opt. du suiv.* extinction. 2° *V.* நொதுப்பு.

நொதுக்கிறது, துத்தேன், துப்பேன், து, துக்க, *v.a.* நொதுத்தல், *n. v.* (அதுக்கிறது), éteindre.

நொதுக்கு, mot—, son imitatif du mouvement péristaltique des intestins: வயிறுநொதுக்கு நொதுக்கென்று போகிறது les entrailles éprouver un mouvement péristaltique.

நொதுநொது, mot—, son imitatif de ce qui est mou: நொதுநொதென்கிறது *ou*

நொதுநொதுக்கிறது, துத்தேன், துப்பேன், து, துக்க, *v. n.* (நொதுநொது), s'attendrir, s'amollir; நொதுநொதுத்தல், நொதுநொதுப்பு, நொதுநொதெனல், amollissement, signe—, expression de mollesse.

*நொதுப்பு,n.v.de நொதுக்கிறது*, amollissement, tendreté, mollesse, chose molle,tendre. [étrangers.

*நொதுமலர்,(நொதுமல்)*,voisins,

*நொதுமல்*, délicatesse, légèreté, indifférence,—sans amour ni haine.

*நொத்தல், n.v.de நொக்கிறது.*

*நொத்து,n. v.et gér.de நொக்கிறது*, empêchement:— க்கட்டுகிறது, —க்கட்டிவைக்கிறது empêcher, arrêter,prévenir,contrecarrer, dissuader, détourner, faire changer d'intention.

*நொந்த,part. parf.de நோகிறது*, qui a souffert; நொந்தது ce qui a souffert: உனக்குநொந்தது tu as eu de la douleur, il t'en a cuit.

*நொந்தவைகமை, நொந்தலை,நொந்தலைமை,* (நொ, ந் *euphon.* தகைமை, தலை...), douleur, souffrance, faiblesse, pauvreté.

*நொந்து, gér.de நோகிறது:* நொந்தழுகிப்போகிறது,se pourrir,se gâter; நொந்திருக்கிறது souffrir, pâtir, avoir souffert, être peiné, pauvre,brisé,usé par l'usage; நொந்திருக்கிறவேளை temps où l'on souffre,—de souffrance,de privation; ஒருவனை —கொள்ளுகிறது molester quelqu'un, se plaindre de lui; தன்னையுந் தெய்வத்தையும் — பேசுகிறது se plaindre de soi-même et de Dieu; —படுகிறது souffrir,—les douleurs de l'enfantement; —போகிறது s'attrister, s'affliger, s'en aller peiné ou souffrant, s'amollir, devenir trop mûr,se gâter, se ruiner, être brisé, broyé, s'appauvrir, tomber dans la misère; — சோர்ந்துக்கிடக்கிறது être accablé de douleur,être gâté,pourri; —போனகுடும்பம் famille pauvre, ruinée, dans la détresse; — போனசோறு riz cuit gâté pour avoir été laissé dans un vase sans eau; — போனவன் homme attristé, souffrant, pauvre, misérable.

*நொந்தேன்,parf. de நோகிறது:* நொந்தாய் tu as souffert,tu as été peiné.

*நொப்பு,n.v. de நொக்கிறது*, empêchement,obstacle.

*நொய்*, 1° gruau,blé—,riz concassé,farine grossière,finesse, subtilité, petitesse, bassesse. 2° *adj. de நொய்மை V.* நொய்ய: நொய்யரிசி gruau de riz, riz concassé;—யரிசிகொதிபொறு le gruau de riz ne supporte pas une forte cuisson,*litt.*le bouillonnement,un homme vil ne peut supporter une fortune subite; நொய்யாய்ப்போகிறது, — யாய்விடுகிறது s'en aller—,se réduire en gruaux,en petits morceaux concassés, devenir petit, léger; — யென்கிறது devenir petit...; — யெனல் mot imitatif de petitesse,légèreté, délicatesse...[மை

*நொய்சு,P.நொய்து, V.* நொய்

*நொய்தல்,n.v.de l'inusité நொய்கிறது*,délicatesse,petitesse, minceur, finesse,légèreté.

*நொய்து,P.நொய்யது*, délicatesse, petitesse, vileté, bassesse, légèreté, douceur (au toucher), vitesse; நொய்தாகிறது, நொய்தாகல், நொய்தாதல் devenir—, être délicat, léger,petit, mince, menu: நொய்தாய் délicatement, doucement,peu, en petite quantité: நொய்தான délicat, doux,petit, léger,vil, bas; நொய்தெனகிறது se hâter, être doux au toucher; நொய்தெனல் mot—, signe de hâte, vitesse, douceur au toucher; —படுகிறது devenir délicat, mince, bas,vil, petit, méprisable; — பண்ணுகிறது rendre délicat,mince,vil, méprisable.

*நொய்மை,* (நொய்). délicatesse, sensibilité, subtilité, finesse, légèreté,facilité,petitesse,tendreté,douceur au toucher, pauvreté,détresse,perte, relâchement, bassesse, vileté, (*adj.* நொய்,நொய்ய).

*நொய்ய*,1° *adj.de நொய்மை*, délicat,sensible,subtil,fin, léger,tendre, facile,doux au toucher,petit,bas,vil, méprisable, pauvre. 2° *P.* நொய்யவை, *pl.n.*choses méprisables: —சாதி basse caste; —சொல் parole basse, vile ou fine,délicate; —பணிதி ornument de peu de valeur,clinquant;— புத்தி esprit petit, fin, subtil; — வேலை ouvrage de peu de valeur, emploi de peu d'importance, ouvrage fin,délicat;— வுரைபேசல்(உரைக்கிறது), ne dis pas de paroles méprisantes.

நொய்யவன்,நொய்யன், m.நொய்யவள், நொய்யள், f. நொய்யது, n. நொய்யவர்,pl.m. f. நொய்யவை, pl. n.(நொய்ய), homme—,femme—,objet vil, objet pauvre, misérable,faible,délicat,personne sensible qui ne peut supporter une parole dure: நொய்யதாயிருக்கிறது être bas, vil, mince,fin, délicat; நொய்யவரென்பவர் வெய்யவராவர் les gens vils ou faibles peuvent devenir puissans ou forts.

நொய்வு,(நொய்),V. நொய்மை.

நொரு, V. நுரு:—வெடிக்கிறது les céréales ou autres productions pousser des rejetons (dans les jointures).

நொருக்கரிசி, (நொருக்கு, அரிசி), riz gâté,riz pas assez cuit.

நொருக்கல், n.v. de நொருக்குகிறது,brisure, broiement,chose brisée, écrasée.

நொருக்காய்,1° (நொரு), fruit des rejetons des jointures. 2° (நொருக்கு), en morceaux.

நொருக்கு, brisure,cassure,broiement,coup,choc, n.v. imp et part.de

நொருக்குகிறது, க்கினேன், க்குவேன்,க்கு,க்க, v.a.de நொருங்குகிறது et நொருக்குதல், n.v. (P. நொறுக்குகிறது), briser,broyer, mettre en pièces,froisser,frapper, battre.

நொருங்குகிறது,கினேன்,குவேன்,கு,க, v.n.du préc. நொருங்குதல்,n.v. P. நொறுங்குகிறது, se broyer, se briser, se rompre, se froisser, se meurtrir,être mis en pièces.

நொருநொரு, நொருநொரெனல், mot imitatif de bruit: நொருநொரென்கிறது ou

நொருநொருக்கிறது, ருத்தேன்,ருப்பேன்,ரு,ருக்க, v.n.et நொருநொருத்தல், நொருநொருப்பு, n. v.(நொருநொரு),faire du bruit, —norounorou.

நொருவல்,(நொருங்குகிறது),poudre de chose broyée.

நொலை, நொலையல், diverses sortes de pâtisseries.

நொவ்வு, délicatesse, finesse, petitesse, relâchement, affliction, chagrin,effort,n.v.imp. et part.de

நொவ்வுகிறது,வினேன்,வுவேன்,வு,வ, v.n. நொவ்வுதல்,n. v.se tourmenter,s'affliger, s'efforcer,V. நொய்தாகிறது.

நொளநொள,நொளுநொளு,mots —,sons imitatifs de mollesse:நொளநொளவென்கிறது ou வென்றிருக்கிறது,நொளுநொளெனெகிறது ou

நொளநொளக்கிறது, ளத்தேன், ளப்பேன்,ள,ளக்க, et நொளுநொளுக்கிறது, ளுத்தேன், ளுப்பேன், ளு, ளுக்க, v. n. et நொளநொளத்தல், நொளுநொளுத்தல், நொளநொளப்பு,நொளுநொளுப்பு,n.v.நொளநொளப்பாயிருக்கிறது, (நொளநொள, நொளுநொளு), faire nolanola,— nolounolou, être doux,—mou,comme de la boue, du mortier, un fruit trop mûr... V. நளுநொளுக்கிறது

நொளுக்கல்,நொளுவல்,noix d'arec encore tendre et molle. [து.

நொளுப்புகிறது, P. நுளுப்புகிற

நொள்கல்,opt. et n.v.du suiv. action de puiser...,signe de—,peur.

நொள்குகிறது, கினேன்,குவேன், கு,க. v. n. et a. நொள்குதல், n. v. puiser,tirer de,avoir peur,rôder, se fatiguer.

நொள்ளல்,1° aveuglement,moustique, cousin, mouche luisante. 2° opt.et n.v.de நொள்ளுகிறது.

நொள்ளி,1° clitoris, éminence de la vulve.2° gér.de

நொள்ளுகிறது, ளினேன், ளுவேன், ளு,ள,v.a. நொள்ளுதல்,dévorer, V.நொள்குகிறது.

நொள்ளை,aveuglement, être aveugle,le scarabée dit நாகரவண்டு:— க்கண் œil aveugle;—க்கண்ணன், —க்கண்ணுன் homme aveugle.

நொறி,நொறில், enclos, retenue, presse, vitesse.

நொறுக்கு, *imp.et part.de* நொறுக்குகிறது:—ச்சக்கந்தம் moquerie, raillerie, plaisanterie, —qui froisse; —ச்சக்கந்தம்பண்ணுகிறது railler, plaisanter, se moquer, vexer.

நொறுக்குகிறது, *sync.* நொறுக்கிறது, க்கினேன், க்குவேன், க்கு, க்க, *v. a. de* நொறுங்குகிறது *et* நொறுக்கிப்போடுகிறது, briser, broyer, mettre en pièces, meurtrir, froisser, détruire, écraser.

நொறுக்கல், நொறுக்குகை, நொறுக்குதல், *n. v. du préc.* brisement, broiement, froissement: நொறுக்குதல்செய்கிறது briser, broyer, tourmenter, violenter.

நொறுக்குநொறுக்கு, mot—, son imitatif du bruit:—நொறுக்கு நொறுக்கென்கிறது faire ce bruit, —du bruit.

நொறுங்கல், *opt.et n.v.de* நொறுங்குகிறது, brisement, chose brisée, broyée.

நொறுங்கு, petitesse, finesse, délicatesse, riz concassé, gruau, *n.v. imp. et part. du suiv.*: நொறுங்குண்கிறது, நொறுங்குண்டிருக்கிறது être brisé, broyé, mis en pièces, être contrit, meurtri, froissé.

நொறுங்குகிறது, *sync.* நொறுங்கிறது, கினேன், குவேன், கு, க, *v.n.de* நொறுக்குகிறது *et* நொறுங்குதல், *n.v.* (*on écrit aussi* நொருங்குகிறது, நருங்குகிறது), se briser, se broyer, être meurtri, contrit, mis en pièces, se froisser, périr, devenir petit, léger, délicat.

நொறுவை, délicatesse, friandise, bonbon, *V.* நொற்பம்: — கொண்டு தின்கிறது acheter des friandises et les manger;—க்காரன் amateur de friandises;—க்கள்ளன் fripon achevé;—ப்பண்டம் friandises, bonbons, confitures; நொறுவையிலே பணத்தைப்போடுகிறது dépenser son argent en friandises.

நொற்பம், நொற்பன், délicatesse, petitesse, minceur, finesse, vileté, bassesse. [plaisanterie, raillerie.

நொள்ளை, badinage, moquerie,

நோ, 1° lettre syllabique composée de ந் et de ஓ, nô long. 2° *P.* நோம், mal, maladie, douleur, chagrin, affliction, malheur, faiblesse. 3° (nô, *non*), privation, absence. 4° *n.v.imp. et part.de* நோகிறது:—ப்படுகிறது souffrir, être malade ou maladif, affligé, chagrin, blessé, broyé, maigrir; — ப்படுத்துகிறது faire souffrir, — maigrir, affliger, tourmenter, blesser, broyer.

நோக, *inf.* நோதல், *n.v.du même.*

நோகா, நோகாத, *part.nég. de*

நோகிறது *ou* நோகுகிறது, நொந்தேன், நோவேன் *ou* நோகுவேன், நோ *ou* நோகு, நோக *ou* நோவ, *nég.* நோவேன், *v.n.* souffrir, éprouver de la douleur, faire mal, cuire, se chagriner, s'affliger, être malade, souffrant: நோக *ou* நோவப்பண்ணுகிறது, —ச்செய்கிறது causer de la douleur, affliger, chagriner; நோகாமல் *ou* நோவாமலிருக்கிறது n'être pas douloureux, être sans douleur; நோகாமலெடுக்கிறது lever —, prendre ou ôter sans faire de mal, sans faire souffrir; அதுநோகாது cela ne fait pas mal; எனக்குநோகின்றது *ou* நோகுது *ou* நோவுது *ou* நான் நோகின்றேன் j'ai de la peine, je sens de la douleur, je souffre.

நோகேன், *nég du préc.*

நோக்கந்தான், (நோக்கம்), celui qui a l'air ou la vue..., qui fascine par les yeux.

நோக்கம், *n.v. de* நோக்குகிறது, regard, vue, œil, coup d'œil, apparence, air, intention, but, dessein, propension, désir, beauté, excellence, rareté, élévation, garde, vigilance; எந்தநோக்கமா யதைச்சொல்லுகிறீர் dans quel but dites-vous cela? ஒருவன்மேலே— ஆயிருக்கிறது avoir l'œil sur quelqu'un, veiller sur lui.

நோக்கல், *opt.et n.v.de* நோக்குகிறது, regard, vue, garde, conservation.

நோக்கன், *pl.* நோக்கர், (நோக்கம்), charlatan, jongleur, enfant élevé par charité, et à qui on fait faire des tours de jongleur devant la caste qui l'a élevé, *V.* தருமப்பிள்ளை.

நோக்காடு, *gén.* நோக்காட்டின், (நோ, காடு *affixe*), douleur, — cuisante, — de l'enfantement, tourment, maladie, pauvreté: நோக்காடாயிருக்கிறது être malade, souffrant, affligé; நோக்காட்டுக்காரன் homme maladif.

நோக்கு, *imp. et part. n. v. de* நோக்குகிறது, œil, vue, regard, — bienveillant, bonté, désir, but, sentiment, estime, beauté, la 7$^{me}$ place dans la position des astres: — வித்தை jonglerie, charlatanerie, tour de passe passe: — வித்தைக்காரன் jongleur; — வித்தைக்காரி jongleuse; — வித்தையாடுகிறது faire le jongleur; திருநோக்கு air —, regard divin, — sacré, — bienveillant (dit par respect du regard de Dieu, d'un roi et d'un supérieur spirituel).

நோக்குகிறது, *sync.* நோக்கிறது, க்கினேன், க்குவேன், க்கு, க்க, *v. a* நோக்குதல், *n. v.* regarder, considérer, voir, désirer, viser à, chercher à, avoir l'intention, — le désir, — de la bienveillance, traiter avec bonté, garder, veiller sur, conserver, se porter vers: என்னை நோக்கிப்பார் regarde moi; மேல்நோக்கும்வாயு flatuosité qui monte en haut.

நோக்குறுகிறது, க்குற்றேன், க்குறுவேன், க்குறு, க்குற, *v. a.* நோக்குறுதல், *n. v.* (நோக்கு, உறுகிறது), regarder, voir, considérer, garder.

நோசல், *P.* நோதல், *n. v. de* நோகிறது, maladie, douleur.

நோஞ்சல், *P.* நோய்ஞ்சல்.

நோஞ்சி, *P.* நோய்ஞ்சி. [னை.

நோடாலம், nouveauté, *V.* நொன்

நோட்டம், inspection (d'une pièce de monnaie...), connaissance —, estimation à vue d'œil, valeur: — பார்க்கிறது examiner la valeur, — une pièce de monnaie, considérer —, connaitre la qualité ou la convenance; — பேசுகிறது parler pour entrainer les autres dans son sentiment; நோட்டக்காரன் expert, — qui connait à vue d'œil, examinateur de l'argent, sarafe.

நோண்டல், *opt. et n. v. de*

நோண்டுகிறது, டினேன், டுவேன், டு, ட, *v. a.* நோண்டுகை, நோண்டுதல், *n. v.* remuer, retourner, exciter, tirer de, puiser, creuser, fouiller, piocher, fouir la terre, déraciner, curer (les oreilles, les dents...), écorcher, pincer, arracher; நோண்டிக் கேட்கிறது, — நோண்டிக்கேட்கிறது tirer les vers du nez, sonder (quelqu'un), chercher par des questions répétées à connaitre ses secrets; — ப்புதைக்கிறது creuser une fosse et enterrer; — யெடுக்கிறது creuser et enlever, déterrer.

நோதலை, (நோ), douleur, maigreur, pauvreté.

நோதல், *n. v. de* நோகிறது, douleur, affliction, maladie, perte, malheur, pauvreté faiblesse, défaut à l'intérieur des arbres.

நோம், *part. fut. de* நோகிறது.

நோம்புகிறது, பினேன், புவேன், பு, ப, *v. a.* நோம்புதல், *n. v.* connaitre —, chercher en tâtonnant.

நோயாளி, நோயாளன், (நோய்), malade, maladif.

நோயின்மை, (*id.*), exemption de maladie, santé, salubrité, une des 6 causes de prospérité d'un pays dites ஆறுநாட்டுப்பெருமை.

நோயெச்சம், (*id.*), reste de maladie.

நோய், (நோகிறது), mal, maladie, infirmité, douleur, peine, affliction, malheur: நோயுள்ள, நோயுள்ளவன் malade; நோயுறுகிறது *et* நோயுறல் tomber malade, être souffrant, affligé; நோய்தெளிந்தோன் homme guéri, relevé de maladie, convalescent; — கொள்ளுகிறது attraper une maladie, tomber malade; — கொண்டசரீரம் corps maladif; — கொண்டொடுங்குகிறது se tenir à l'écart malade ou affligé, être affligé ou souffrant; — முகன் celui qui a un visage de malade ou de malheur, la planète Saturne regardée par les astrologues comme causant des maladies: நோய்க்கிடங்கொடேல் ne donne pas prise à la maladie, ne lui laisse pas le temps de s'enraciner, prends des remèdes à temps; தன்னோய்க்குத்தானேமருந்து (தன், நோய்க்கு), ce qui est soi-même le remède à son mal, i. e. la volonté, qui par le repentir etc... remédie au péché, au chagrin etc...

நோய்ச்சல், P. நோய்த்தல்.

நோய்ஞ்சல், (நோய்), maladie, dépérissement (par maladie), amaigrissement, maigreur: —ஆய்ப்போகிறது devenir maladif, dépérir; —ஆயிருக்கிறது être maladif, malportant, maigre.

நோய்ஞ்சி, (id.), être maigre, amaigri par maladie, V. நோஞ்சலன்; —தன்மை amaigrissement.

நோய்ஞ்சலன், நோய்ஞ்சியன், (நோய்ஞ்சல், நோய்ஞ்சி), homme maigri, maigre, décharné, valétudinaire.

நோய்த்தல், tomber malade.

நோவாதார், நோவார், n. app. nég. de நோற்கிறது, ceux qui ne font point pénitence, gens immortifiés, sensuels, impatiens, envieux du bonheur d'autrui.

நோவாமை, n. v. nég. du même, impénitence, défaut de pénitence, d'austérité, immortification, sensualité, impatience, jalousie du bonheur d'autrui.

நோனுகிறது, நோனேன், நுவேன், நு, ல, v. n. நோனுதல், n. v. jeûner, faire pénitence, mener une vie austère, souffrir, supporter.

நோவ, inf. de நோகிறது.

நோவரைக்கிறது, (நோ, அரைக்கிறது), réduire en poudre, en poussière.

நோவாமல், gér. nég. de நோகிறது.

நோவாளி, (நோவு, ஆளி), malade, infirme, pauvre.

நோவு, n. v. de நோகிறது, mal, maladie, douleur, peine, affliction, maigreur, safran: நோவற்ற, (நோவு, அற்ற), sans maladie, bien portant; — நோவற்ற வாழ்வே குறைவற்ற செல்வம் un bonheur sans maladie est une prospérité parfaite, ou bonheur sans maladie, richesse sans rien qui manque (voilà ce que je vous souhaite): நோவிரட்டிக்கிறது la douleur ou la maladie redoubler d'intensité; —கொள்ளுகிறது attraper une maladie, tomber malade; —நின்றுபோகிறது la douleur ou le maladie cesser; —பிடுங்கித்தின்கிறது la maladie consumer; நோவுள்ள malade.

நோவுது, P. நோகின்றது, 3e pers. de நோகிறது, cela fait mal.

நோழிகை, peloton de fil, fil qui est sur un dévidoir, bobine de fil qu'on met dans la navette.

நோளை, (நோ), maladie, infirmité: —ச்சரீரம் corps maladif; —ச்சரீரி personne maladive, faible, valétudinaire.

நோறல், P. நோற்றல்.

நோற்கிறது, நோற்றேன், நோற்பேன், நோல், நோற்க, nég. நோலேன், v. n. et a. mener une vie austère, faire pénitence, se mortifier, souffrir, supporter.

நோற்பு, நோற்றல், n. v. du préc. pénitence, austérité, mortification, patience, tolérance.

நோனாமை, n. v. nég. de நோனுகிறது, V. நோவாமை.

நோனார், n. app. nég. du même, gens immortifiés, sensuels, impatiens, jaloux, ennemis.

நோனி, le fondement.

நோனுகிறது, ன்றேன், னுவேன், னு, ன, v. n. நோனுதல், v. n. faire pénitence, se mortifier, observer une pénitence réglée ou vouée, supporter souffrir, persévérer.

நோன்பி, (நோன்பு), personne pénitente, mortifiée.

நோன்பு, n. v. de நோனுகிறது, jeûne, abstinence, mortification, pénitence, austérité, jeûne voué: —நோற்கிறது jeûner, se mortifier, pratiquer des austérités; —பிடிக்கிறது jeûner, commencer des austérités: —துறக்கிறது, —துறத்தல் ou நோன்

உபவிட்டுவிடுகிறது cesser de jeûner, quitter le jeûne ou la mortification, manger—, se rassasier après un jeûne.

நோன்மை,(நோறுகிறது),pénitence,austérité, mortification, patience,courage,retenue. grandeur,—d'âme,—spirituelle,force,magnanimité, grande sainteté.

நோன்றல், *n.v. de* நோறுகிறது, abnégation,renoncement aux choses du monde, patience, persévérance, retenue,constante mortification.

நோன்றுள், 1° (நோறுகிறது,தாள்),pied robuste. 2° 3° *pers.fem.part. du même.*

நௌ, 1° lettre syllabique composée de ந et de ஔ, naou, 2°* *ou* நவ்வு, (naou), navire,vaisseau.

*நௌகை,(நௌ,kâ), bateau,barque: நௌகாதண்டம் perche de bateleur, rame.

ப

ப், 9me consonne de l'alphabet tamoul et 5me des lettres fortes, se nomme பகரம் et correspond aux 4 labiales sanscrites p, ph, b, bh. Au commencement des mots, elle a généralement le son du p, excepté ceux qui sont des mots sanscrits commençans par b ou bh: car alors elle prend le son du b, ainsi qu'au milieu des mots,où elle est seule.Mais si au milieu des mots elle est doublée,ou précédée de ட், ம்,elle se prononce toujours p.Cette lettre ne finit aucun mot, et n'est sujette ni à l'élision ni a aucun changement de forme.

ப,1°lettre syllabique composée de ப் et de அ, pa. 2°* (pa), vent. 3° (pha),tempête,ouragan,malédiction. 4° (en fractions), un vingtième.

பக, 1° *inf.de* பகுகிறது. 2° *obl. de* பகம்.

பகடம்,escrime, ruse,masque,extérieur, déguisement, terreur: பகடக்காரன் trompeur,homme rusé,artificieux,qui se couvre d'un déguisement,qui terrifie, menace.

பகடி, *P.*பகிடி,moquerie,raillerie, plaisanterie,jeu,bouffonnerie,*ou*—க்காரன் bouffon,moqueur,railleur;—பண்ணுகிறது,—யடிக்கிறது plaisanter, faire des bouffonneries; பகடியைப்பாம்புகடித்தாற்போலிருக்கிறது être comme un bouffon mordu d'un serpent (auquel on n'ajoute pas foi).

பகடு, *gén.* பகட்டின், éléphant mâle, buffle, taureau,bœuf de charge, bateau,bac, radeau,grandeur.

பகடை, chance,hazard, bonheur, as (de dés à jouer), nom honorifique des சக்கிலியர் ou cordonniers, corroyeurs etc...;—தப்பிற்று il s'en est fallu d'un as, il l'a échappé belle; — போடுகிறது amener des as en jouant aux dés.

பகட்டு, 1° *n.v.imp.et part.du suiv.* menace, réprimande, effroi, regard, vue, splendeur, lustre,ruse,masque, —extérieur.2° *obl.de* பகடு.

பகட்டுகிறது, ட்டினேன், ட்டுவேன்,ட்டு,ட்ட, *v.a.et n.* பகட்டுதல், *n.v.* abhorrer, avoir des nausées, —du dégoût,être assoupi, avoir sommeil, tromper,duper,user de ruses,gagner par peur, ostentation ou flatterie, charmer,fasciner, réprimander,menacer, effrayer, en imposer par un faux extérieur: போசனம் பண்ணி னபின்புபகட்டிவாந்திபண்ணினான் après avoir mangé il a eu des nausées et a vomi: தூக்கம்பகட்டுகிறது *ou* பகட்டிக்கொண் டிருக்கிறது le sommeil gagner, être assoupi, s'endormir.

பகண்டை, *V.* சிவல்.

*பகந்தரம், பகந்திரம், (பகம், dara, *qui déchire*) fistule à l'anus.

பகபக, son imitatif d'ardeur,de pétillement: பகபகெக்கிறது (le feu ou la flamme) craquer, pétiller, être dévoré par la faim;பகபகெனல் pétillement; எனக்குப் பகபகென்று வயிறெரியுது le ventre me brûle et fait bagabaga.

*பகம், 1° (bhaga), perfection divine.(terme collectif qui comprend 6 attributs diversement exprimés, savoir: les அறுகுணம் ou bien les 6 suivans tirés du dictionnaire sanscrit: அவைராக்கியம் absence de passion; சர்வைசுவரியம் omnipotence du pouvoir suprême; கீர்த்தி renommée, gloire; செல்வம் prospérité, bonheur; ஞானம் sagesse, science; வீரியம் force, vigueur), beauté, splendeur, éclat, excellence, grandeur, vertu, mérite, béatitude finale ou délivrance de nouvelles naissances, vulve. 2° *P.* கொக்கு, grue, héron, l'arbre கொக்குமந்தாரை: பகதேவதை le dieu Hyménée.

*பகரம், 1° (பகம், ra), ornement, élégance, magnificence, splendeur, éclat, lustre. 2° (ப, கரம்), la lettre pa: — ஆயிருக்கிறது être élégant, splendide, brillant.

பகரிக்கிறது, v.a. பகரித்தல் n.v. (பகரம்), orner, décorer. [lustre.

பகரிப்பு, n.v. du préc. décoration,

பகருகிறது ou பகர்கிறது, பகர்ந்தேன், ருவேன் ou கேவன், ரு ou ர், ர, v.a. பகருதல் et பகர்தல், n. v. dire, vendre.

பகர், 1° la plante பகன்றை. 2° *imp. et part. du préc.*

பகர்ச்சி, n.v. du même, parole, mot.

பகர்தல், பகர்வு, n.v. du même, discours, parole, dire, vente.

பகலவன், (பகல்), la 2° constellation dite பரணி, ou [le soleil.

பகலோன், (*id.*), l'astre du jour,

பகல், 1° lumière, clarté, splendeur, soleil, journée, temps où il fait jour, jour (opposé à la nuit), milieu du jour, midi, முகூர்த்தம் ou espace de 48 minutes ou 2 நாழிகை. 2° *opt. et n.v. de* பகுகிறது, division, partage, séparation, fente, milieu, cheville du milieu du joug: — அசனம் le repas de midi, diner; — அசனம்பண்ணுகிறது diner; பகலிரவும் jour et nuit; — தோறும் chaque jour, tous les jours; — மாய், — மாறு de jour, par jour, chaque jour; — நாழிகை heure de jour; — விளக்கு, — வர்த்தி torche —, lampe brillante, — composée de combustibles et qui donne une brillante lumière, phare; — வெளிச்சத்திலே en plein jour, à la lumière du jour; — வெள்ளி காட்டுகிறது montrer Vénus pendant le jour ou à midi, prétendre l'impossible; — வேஷம் déguisement —, accoutrement de jour; பகலே, பகலிலே de jour, pendant le jour; பகல்போசனம்பண்ணுகிறது diner, manger à midi; பகலிக்குமேரம் temps de —, midi; பகலிக்குமேலே, — மேலே après midi, dans l'après-midi; சமணர்கள் — மட்டும்போசனம்பண்ணுவார்கள், ராமட்டும்பண்ணார்கள் les Djaïners mangent seulement de jour, et non pas la nuit.

*பகவதி, *fém. de* பகவான், la fortunée, la splendide, (en style païen), Dourgâ, Parvadi, déesse en général: — நாள் la 11° constellation lunaire dite பூரம்.

*பகவத்தன், பகவன், *P.* பகவான், l'être divin, — qui possède les attributs divins, Dieu, (en style païen il s'applique surtout à) Vichnou ou Krichna, (et d'après les Vichnouvistes, il s'applique ensuite par courtoisie à d'autres, tels que) Brama, Siven, Arouguen, Bouddha, le gourou ou précepteur spirituel, les régens ou conducteurs des planètes, comme le soleil, Sandiren ou la lune, அங்காரகன் ou Mars, புதன் ou Mercure, வியாழன் ou Jupiter, சுக்கிரன் ou Vénus, சனி ou Saturne, les dieux prétendus des élémens, comme அக்கினி ou Agni, வாயு ou Vayou, வருணன் ou Varounen, et certains richis, comme வசிஷ்டன், வாமதேவன், நாரதன், வியாசன்: பகவற்கீதை la Bhagavatguita, célèbre épisode du poème dit மகாபாரதம், qui contient un dialogue philosophique entre Krichna et அருச்சுனன் ou Ardjouna; பகவத்பத்தன் dévot envers Dieu, — de பகவான், de Krichna.

*பகவான், (பகம், vân), l'être divin, — aux perfections divines, Dieu, parfait, le fortuné, l'adorable, soleil, un des 12 soleils ou துவாதசாதித்தர்

nom du soleil dans le 8me signe dit le Scorpion, i.e. pendant le mois de கார்த்திகை. [கடம்பு.

.. பகவிருக்கம், (பகம்), l'arbre திலக்

பகவு, n.v.de பகுகிறது, morceau, fragment, portion, fente, fissure, crevasse. [géant பகன், i.e. வீமன்.

*பகவைரி, (பகன்), l'ennemi du

பகழி, flèche, coche ou partie inférieure de la flèche qui s'adapte à la corde: —தொடுக்கிறது ajuster, lancer des flèches; —மாரி pluie de flèches.

பகற், obl. de பகல் devant க, ச, த, ப:—காலம் le jour, temps où il fait jour; —குருடு l'aveugle de jour, i.e. le hibou; —குறி rendez- vous clandestin d'amans pendant le jour; —பாடு journée, temps du —, jour; —பண் mélodie propre au jour.

*பகன், 1° (bhaga), le soleil, un des 12 soleils(désigné au mot பகவான்). 2° (vaka), Baken ou Bagasouren, géant semblable à une grue et tué par வீமன்.

பகன்றை, les plantes கிலுகிலுப்பை crotalaria, கிலுதை ruellia balsamica et சீந்தில் menispermum.

பகா, பகாத, part. nég. de பகுகிற து, indivisible, inséparable, qu'on ne peut analyser: பகாநிலை indivisibilité, état—, chose indivisible; —ப்பதம் mot simple, primitif, indivisible, non composé, qu'on ne peut analyser, comme வில் arc, (opposé à பகுபதம்; —ப்பொருள் l'être indivisible, i.e. Dieu. [toris.

*பகாங்குரம், (பகம், அங்குரம்), cli-

*பகாசுரன், (பகன், அசுரன்), le géant ou asouren பகன்: பகாசுரவைரி, ou par sync. பகாசுரைவரி, l'ennemi et le meurtrier du géant Baken, i.e. வீமன். [main.

*பகாலம், (bhagâla), crâne hu-

*பகாலி, (பகாலம்), celui qui a mendié dans — ou qui tient un crâne humain, i. e. Siven.

பகிஷ்கரிக்கிறது, ரித்தேன், ரிப்பேன், ரி, ரிக்க, v.a. (பகிஷ்காரம்), பகிஷ்கரித்தல், n.v. expulser, chasser (de la caste, d'une société..., dégrader.

*பகிஷ்காரம், பகிஷ்சாரம், பகிஷ்கிருதம், (vahis dehors), expulsion, dégradation: பகிஷ்காரம்பண்ணுகிறது expulser, dégrader.

பகிடி, V. பகடி.

*பகிரங்கம், (பகிர். அங்கம்), partie extérieure, membre —, extérieur, publicité: பகிரங்கமாக publiquement, extérieurement; பகிரங்கன் un étranger.

*பகிராண்டம், (id.), le ciel, litt. le monde extérieur, —hors de celui-ci, le monde. [roi, peut être பகீரதன்.

பகிரதன், Baguiraden, nom d'un

*பகிரிந்திரியம், (vahis dehors), organe—, sens extérieur, v. g. l'œil, la main.

பகிருகிறது ou பகிர்கிறது, ர்ந்தேன், ருவேன், ou ர்வேன், ரு ou ர், ர, v. a. diviser, séparer, partager, distribuer, fendre: பகிர்ந்துகொடுக்கிறது distribuer; — வாங்குகிறது prendre une part, partager avec d'autres, copartager, participer.

பகிர், 1° imp. part. et n.v. du préc. part, portion, morceau d'un tout, section, division, partage, fente. 2° (vahir, P. vahis devant certaines lettres), dehors:— சதம், —கமனம் sortie dehors; — தேசம் pays étranger, lieu sans ville ni village; — துவாரம் porte extérieure; — துவாரப்பிரதேசஸ்தலம் portique devant la porte d'une maison; — பூதம் expulsion; —விடுகிறது se fendre, se partager.

பகிர்தல், பகிருதல், பகிர்ச்சி, பகிர்வு, n.v. de பகிர்கிறது, division, séparation, partage, distribution, fente, scission. [(en général).

*பகினி, (bhagini), sœur, femme

*பகீரதன், (bhagîratha), Baguiraden, roi de la dynastie solaire d'Ayodhya, un des ancêtres de Râmen, qui, au dire de la fable indoue, attira sur la terre par ses austérités le prétendu Gange céleste.

*பகீரதி, (பகீரதன்), Baguiradi, i. e. la rivière du Gange censée fille de Baguiraden.

பகீர்,son imitatif de bruit,de vitesse et de terreur soudaine:—இடுகிற து craquer,se fendre,s'empresser;—என்கிறது être frappé de terreur subite;—என்ப்பேசுகிறது parler d'une manière effrayante ou affligeante: — என்றுபற்றுகிறது être saisi d'une terreur panique, s'enflammer subitement; வயிறு — என்கிறது les entrailles être émues de crainte.

பகு,1°* (bahou), beaucoup, plusieurs,grand. 2° *imp.et part. de* பகுகிறது *et de* பகுக்கிறது,*V.* வெகு *et ses composés*: — பொருள் substance composée,chose créée, — divisible;—வசனம் pluriel (en grammaire).

*பகுகிறது, பக்கேன் ou பகுந்தேன்,பகுவேன், பகு,பக, v. n.* பகேன் *nég.*se diviser,se partager,se fendre, s'analyser,être séparé, divisé,divisible, composé,analysé: பகுந்துகொள்ளுகிறது partager, diviser, distribuer; — கொள்ளுகிறது,—வாங்குகிறது coportager, prendre sa part, participer; இழைபகவம்பெய்தான் il lança une flèche si juste qu'elle divisa un fil en deux.

*பகுக்கிறது, குத்தேன், குப்பேன், கு,குக்க, v.a. de* பகுகிறது, diviser, partager, distribuer, séparer, arracher,couper, trancher, fendre, distinguer: பகுத்துச் சொல்லுகிறது dire —,parler distinctement; —ப்பார்க்கிறது bien voir, considérer —, surveiller chaque partie; இன்னபடியென்றுபகுத்துப்போட்டான் il a expliqué distinctement de quelle manière. [séparation,partage,fente.

*பகுதல்,n v.de* பகுகிறது,division,

பகுதி, 1° (பகுக்கிறது), division, partage,partie,part égale,— du roi, impôt, tribut, taxe, détachement, corps d'armée,armée. 2°(*P.*பிரகிருதி), nature,matière, cause matérielle ou passive d'action, naturel, caractère, forme radicale ou primitive des mots dépouillés de leur terminaison dite விகுதி:— கட்டுகிறது partager, *ou* —இறுக்கிறது, —கொடுக்கிறது, —செலுத்துகிறது payer tribut, — une taxe; — கட்டப்பண்ணுகிறது faire payer l'impôt, lever le tribut, imposer une taxe;—க்காரன் collecteur d'impôts;— க்கால் forme du ா partagée, *i.e.* signe de la voyelle ா joint à une consonne,comme பு, கா, ce signe ı étant une partie ou la moitié de ா qui se nomme கால்; — க்காற்கொம்பு le signe de l'ஊ joint à une consonne, comme பூ, கூ, cette forme ூ étant une portion du ா ou கால் susdit avec une espèce de croissant; — தண்டுகிறது lever les tributs, — les impôts; ஐம்பகுதி les 5 genres, *V.* ஐம்பால் 1°.

பகுத்தல், *n.v.de* பகுக்கிறது, distribution,division, partage, séparation, distinction,coupe, coupure en deux,fissure.

பகுத்தறிகிறது, (பகுத்து, அறிகிறது), connaître bien, — distinctement, distinguer, — parfaitement, être doué de —, avoir la raison, se rendre raison des choses: பகுத்தறியுமறிவுடைய ஆத்துமா âme raisonnable - douée de discernement.

பகுத்தறிவு,(*id.*அறிவு),raison,jugement,connaissance distincte, —raisonnée: பகுத்தறிவிலி personne dénuée de jugement,—de raison; பகுத்தறிவுண்டாயிருக்கிறவன், பகுத்தறிவுள்ளவன் homme doué d'un bon jugement, —de discernement.

பகுந்து,*gér. de* பகுகிறது.

பகுத்து,*gér.de* பகுக்கிறது: பகுத்துணருகிறது,distinguer, comprendre—,sentir—,voir clairement.

பகுபதம்,(பகு,பதம்),mot composé d'une racine, d'une terminaison etc...,mot divisible, dérivé ou sujet à l'analyse, comme வில்லன் archer, composé de la racine (ou பகுதி) வில் arc,et de la terminaison (ou விகுதி) அன்:வடதடைப்பகுபதம் mot sanscrit composé d'une racine et d'une terminaison.

பகுப்பு,*n.v.de* பகுக்கிறது,partage, division,part, portion, section. [ம்.

பகுவபஞ்சம்,un des 32 உபநிஷத

பகுவாய்,1°(பகு),large bouche,vase,

réceptacle: —க்கொள்கலம் vase à large bouche ou ouverture: —ப்பறை large tambour. 2° 2° *pers. fut. de* பகுகிறது.

*பகுளம், (baboula), noir, la quinzaine noire ou obscure, *i.e.* la 2e demi-lunaison d'un mois, le firmament: பகுளசத்தமி le 7me jour de la 2e quinzaine d'une lunaison.

பகை, 1° haine, inimitié, aversion, rancune, animosité, contrariété, désaccord, opposition, contradiction, désagrément, ennemi. 2° *imp. du suiv.*: பகை-ம் les 3 ennemis de l'âme, savoir: பைசாசு le diable, உலகு le monde, சரீரம் *ou* உடல் le corps: —ஸ்தானம், — த்தானம் place dangereuse, —critique, la 6e: — த்தனம் haine, inimitié; —தீர்க்கிறது terminer une inimitié, mettre fin à sa haine; —த்திறத்தெரிதல் connaître la force de l'ennemi; — த்தொடை espèce d'antithèse, dans le sens ou les paroles, dite முரண்தொடை; — நாள் jour critique, la veille de la naissance: — நிரைகவர்தல் piller—, dérober le bétail de l'ennemi, c'est un des அஷ்டவெற்றி; — ப்படுகிறது être ennemi, opposé, contraire: — போகிறது, —முடிகிறது la haine se passer, —cesser; — முன்னெறிருள்ற ல் prevenir—, devancer l'ennemi, le vaincre avant qu'il soit en force (autre sorte de வெற்றி); — மேற்செல்லல் marcher à l'ennemi (autre sorte de வெற்றி); — யகம் (அகம்), champ de bataille: — யாக்குகிறது exciter la haine, rendre ennemi; — யாயிருக்கிறது être ennemi, —opposé, — en haine, haïr; பகையினாலே பண்ணுகிறது faire par haine, par dépit; முற்பகைசெய்யிற் பிற்பகைவிளையும் si on hait le premier on sera haï ensuite; இருட்டுக்குச் சூரியன்பகை le soleil est l'ennemi des ténèbres.

பகைக்கிறது, கைத்தேன், கைப்பேன், கை, கைக்க, *v. a.* (பகை), haïr, détester, s'opposer, résister, être opposé, différer: பகைத்துக்கொள்ளுகிறது se haïr, *ou* —க்கொண்டிருக்கிறது être en haine, avoir de la haine, haïr. [ர்), ennemi.

பகைஞன், *pl.* பகைஞர், (பகை, ஞ பகைத்தல், பகைப்பு, *n. v. de* பகைக்கிறது, haine, détestation.

பகைப்பிக்கிறது, *v. caus. de* பகைக்கிறது, faire haïr, exciter la haine.

பகைமை, (பகை), haine, inimitié.

பகையாளி, (பகை, ஆளி), ennemi, adversaire; — குடியைக்கெடுக்கிறது détruire la maison de son ennemi en faisant semblant de se réconcilier avec lui.

பகைவன், (பகை), ennemi, adversaire: பகைவரரண்வளைத்தல் assiéger ou prendre la forteresse de l'ennemi, ce qui est un des அஷ்டவெற்றி; பகைவர்கவர்நிரைமீட்டல் recouvrer le bétail enlevé par l'ennemi (autre வெற்றி). [céleste.

*பகோளம், (பம், கோளம்), le globe

பக்க, 1° *part. de* பகுகிறது. 2° *obl. de* பக்கம்.

*பக்கம், (பக்ஷம், ka), côté, porte de côté ou de derrière.

*பக்கன், (*id.*), associé, compagnon, assistant.

*பக்கசம், (*id.* sa), aile.

*பக்கசன், (*id.* சன்), la lune.

*பக்கணம், (pakkana), résidence —, village de basses castes, ville, village, rue des chasseurs, lieu où l'on vend diverses marchandises des îles.

*பக்கதி, (பக்கம், ti), racine —, insertion des ailes, *V.* பிறகுமை.

*பக்கதை, (*id.* tâ), nature d'une proposition, défense d'une thèse.

பக்கத்தார், (*id.*), gens du côté, voisins, proches, parens, partisans.

*பக்கம், 1° (pakcha), côté, flanc, parti, place, voisinage, proximité, amour, — paternel ou filial, amitié, affection, tendresse, attendrissement, bonté, partialité, faveur, oiseau (en général), aile —, plume d'oiseau, plume de flèche, membre, division, tribu, classe, famille, race, espèce, qualité, maison, éléphant royal, queue, multitude, armée, propreté, pureté, thèse à soutenir, proposition, argument, réplique, opposition, alformative, sujet d'une induction, conséquence, espèce de bracelet, demi-lunaison (la 1re se nomme பூர்வ —, சுக்கிலபக்ஷம் ou பக்ஷம் le 1er côté, le côté blanc ou brillant, et dure depuis la nouvelle lune jusqu'à la pleine lune; la 2e quinzaine se nomme அபர —, கிருஷ்ணபக்ஷம் ou பக்ஷம் le dernier côté, le côté noir ou obscur, et dure de la pleine lune à la nouvelle lune), 1er jour —, jour —, phase —, quartier de la lune, espace de 3 jours lunaires, (une demi-lunaison se divise en 5 பக்ஷம், le 1er nommé நந்தை contient le 1er, le 6me et le 11me jour; le second nommé பத்திரை contient le 2e le 7e et le 12e jour; le troisième nommé சயை contient le 3e le 8e et le 13e jour, le quatrième nommé இருத்தை contient le 4e, le 9e et le 14e jour; le cinquième பக்ஷம் nommé பூரணை contient le 5e, le 10e et le 15e jour. 2° (bhakcha *manger*), nourriture. 3° (*P*. பக்குவம்), maturité, convenance, cheveux gris, ambre gris: உங்கள் பக்ஷமாய் ou பக்ஷமாய் de votre côté, pour votre parti ou votre part: பக்ஷம் —, பக்ஷம் ou பக்ஷந்தைக்காட்டு கிறது montrer de l'amitié; — முறிந்துபோகிறது l'amitié se rompre, — cesser; ஒருவன்மேல் — வைக்கிறது mettre en quelqu'un son affection, l'aimer; பக்கமேசம் cheveux blancs, —gris; — க்கிளை rejeton qui pousse par le côté; — சரம் la lune, éléphant, —சரன் compagnon inséparable; — சர்மன் la lune; — சூலை maladie arthritique dans le côté, douleur de côté; — க்கொடுக் suspensoir dont on enfonce le croc dans les côtés, *V*. கொடுக்; — ச்சொல் intercession, recommandation, partialité, mot auxiliaire: — ச்சொல்சொல்லுகிறது recommander (une cause...); — சொல்பதி னாயிரம் un mot favorable en faveur de quelqu'un en vaut une myriade; — த்வயம் double demi-lunaison, un mois, les 2 côtés d'un argument; — த்துவாரம் porte de côté, de derrière, — dérobée; — தரன் (dhara *qui porte*), la lune, oiseau, partisan: — த்துணை assistant, aide, compagnon, support, appui; — பாதம் partialité, faveur, affection particulière, adoption d'un côté, d'une opinion, chute des plumes, mue des oiseaux; — பாதன், — பாதக்காரன், — பாதி homme partial, partisan, adhérent; — பாதமில்லாமல் sans partialité, avec indifférence: — பாதமின்மை impartialité, équité; — பாதஞ்செய்கிறது agir avec partialité, — en partisan, favoriser injustement; — பாதிசை adhérance, adhésion; — பாவி porte de derrière; — பாலம் côté, flanc d'un éléphant; — பத்துரம் pustule ou fistule au côté du pénis; — ப்படி escalier dérobé; — ப்பிளவை ulcère près de l'épine dorsale; — ப்போலி fausseté de la question, sophisme, lieu où se trouve un objet; — மூலம் racine ou articulation de l'aile; — ரசம், (*P*. பக்குவரசம்), vin, liqueur spiritueuse; — வாகனம் ce qui a des ailes pour véhicule, *i.e.* oiseau; — வாட்டு ce qui est à côté ou en dehors de la question, — de l'objet; — வாதம் 1° douleur de côté. 2° *P*. பக்ஷபாதம் partialité, amour, affection; — வாயு douleur de côté causée par des flatuosités, paralysie d'un côté du corps; — வாரி, (*P*. பக்குவ வாரி), eau chaude, — de riz, — distillée; — வித்து héron; — வெட்டுப்போட டுகிறது chatouiller —, taillader le côté; — வெலும்பு ou பக்கத்தெலும்பு côte, os du côté: பக்கத்திலிருக்கிறது être à côté, être associé, fréquenter; பக்கத்திலேபோகிறது marcher —, aller à côté d'un autre; உங்கள் பக்கத்திலேவந்து அடைக்கலம்புகுந்தேன் je suis venu me réfugier auprès de vous, je me suis joint à votre parti, j'ai passé de votre côté; அப்படி நடக்கிற பக்ஷத்துக்கு tant que la chose marchera ainsi, ou au cas qu'elle prenne cette tournure.

பக்ஷணம், selle, le dessous du faîte, la partie inférieure au faîte: — க்கட்டு

௵ le faite, ce qui le compose ou le tient. [partisans. 2° P. பக்கம், côté.

*பக்ஷம், 1° (pakcha), parens, amis, பக்கம், P. பக்கம், côté, parti: ஒருவருடைய பக்கத்தில் வந்துசேருகிறது se réfugier auprès de quelqu'un, se ranger de son parti.

பக்கறை, étrier, trouble.

*பக்ஷாகாதம், (பக்ஷம், ஆகாதம் coup), réfutation, hémiplégie, paralysie d'un côté.

*பக்ஷசயம், P. பக்குவசயம்.

பக்காசேர், poids de 3 சேர் ou de 2½ பலம்.

*பக்ஷாந்தம், (பக்ஷம், அந்தம்), fin de chaque demi-lunaison, nouvelle ou pleine lune.

*பக்ஷாந்தரம், (id. அந்தரம்), autre côté —, autre vue d'un argument.

*பக்ஷாபாசம், (id. ஆபாசம்), fausseté de la question, argument fallacieux, sophisme.

*பக்ஷாவசானம், (id. அவசானம் conclusion), V. பக்ஷாந்தம்.

பக்காலி, (id. ஆளி), fournisseur d'eau apportée dans des outres sur un bœuf. [riz cuit.

*பக்வான்னம், P. பக்குவான்னம்,

*பக்ஷி, 1° (pakchi), ce qui a des ailes, oiseau, flèche. 2° enfant. 3° *imp. de* பக்ஷிக்கிறது

*பக்ஷிகை, (phakkikâ), preuve, assertion à prouver. explication logique, artifice, fraude, illusion, *ou* —நியாயம், sophisme, raison captieuse, —fausse. [கிறது, manger.

பக்ஷிக்கிறது, பக்ஷித்தல், P. புசிக்

பக்கிடுகிறது, (பக்கு, இடுகிறது), tressaillir, — d'effroi, éclater, se fendre, se briser.

*பக்ஷிராசன், (பக்ஷி, இராசன்), le roi des oiseaux, V. கருடன்.

பக்கிரி, (*ind.*), faquir, espèce de religieux mendiant mahométan.

*பக்னநேத்திரம், (bhagna *brisé*, நேத்திரம்), mal d'yeux qui les fait crever, cécité, affection des nerfs des yeux.

பக்கு, 1° brisement, rupture, fente, cicatrice d'une plaie, croûte formée sur un mets ou gâteau, ordure, tartre ou saleté des dents, mucus sec du nez ou des yeux. 2° P. பக்குப்பக்கு; —விடுகிறது se fendre, éclater, se briser.

பக்குப்பக்கு, son imitatif marquant plénitude, excès ou crainte: பக்குப்பக்கென்றுசிரிக்கிறது rire aux éclats; பக்குப்பக்கென்றுஎரிகிறது flamber, briller; — வயிறுபற்றியெரிகிறது être dévoré par la faim ou le chagrin.

*பக்குவம், (pakva), maturité, opportunité, occasion, saison —, cuisson convenable, propriété, convenance, capacité, digestion, nubilité, âge —, temps —, point voulu, cheveux gris, excuse, apologie: வெந்நீர்க்குடிக்கப் —degré de chaleur pour de l'eau à boire; காரிய—அறிகிறது connaître la manière de conduire une affaire; —ஆகிறது mûrir, devenir —, être mûr, propre, convenable, nubile, avoir ses 1res règles, arriver au point voulu de cuisson etc...; —ஆக்குகிறது rendre propre, convenable, donner le degré voulu de cuisson etc...; — ஆய்ப்பார்த்துக்கொள்ளுகிறது considérer avec soin et acheter ou recevoir; — சொல்லுகிறது donner les instructions nécessaires pour conduire une affaire, s'excuser; கோபியாதபடிக்கு—சொன்னேன் je me suis excusé afin qu'il ne se fâchât pas; —பண்ணுகிறது, V. பக்குவமாக்குகிறது; — பார்க்கிறது examiner ou attendre le temps convenable, — le degré voulu de cuisson...: பக்குவகாலம் temps convenable; — கேசம் cheveux gris; — சாலி homme capable, habile; —ப்படுகிறது, V. பக்குவமாகிறது; —ப்பட்டபெண், —ப்பட்டவள், — ஸ்திரீ jeune fille nubile; — ரசம் vin, liqueur spiritueuse; — வாரி eau chaude, eau de riz, — distillée.

*பக்குவன், பக்குவசாலி, (பக்குவம், ஆளி), homme —, personne propre, convenable, capable, médecin, *pl.* பக்குவர்-ம 3 sortes de gens propres à obtenir la béatitude finale, savoir: கிரியைக்காரன் celui qui se livre aux pratiques religieuses; ஞானவான் le mystique qui se livre à la méditation; பத்திமான் celui qui se livre à la dévotion, à l'amour de la divinité.

*பக்குவாசயம், (பக்குவம், ஆசயம்), siége de la digestion, estomac, abdomen, V. அன்னாசயம்.

*பக்குவாத்துமா, (id. ஆத்துமா), âme —, homme capable, habile, convenable.

*பக்குவான்னம், (id. அன்னம், riz cuit.

*பக்குவி, (id. i.), m. 1° homme capable. 2° f. fille nubile.

*பக்குவேஷ்டிகை, (id. இஷ்டிகா, kâ), brique cuite.

பக்கென்கிறது, பக்கெனல், (பக்கு), avoir peur, faire du bruit: பக்கென்று vite ou fortement; பக்கென்று சொல்லுகிறது parler avec précipitation, — திட்டுகிறது injurier fortement.

*பக்தம், V. பத்தம்.

பக்தி, (bhakti), V. பத்தி.

பஃறாழிசைக்கொச்சகக்கலிப்பா, (பல், தாழிசை), espèce de கலிப்பா qui, à plusieurs தாழிசை, joint les autres parties de cette versification.

பஃறி, la dernière des constellations lunaires dite ரேவதி, bac, bateau, navire, vaisseau.

பஃறொடைவெண்பா, (பல், தொடை), la 5me espèce de venbâ composée de plus de 4 vers, tous de 4 pieds excepté le dernier, qui est de 3 pieds, sous diverses rimes ou rapports dits தொடை.

*பக்ஷகன், (bhakchaka), mangeur, glouton.

*பக்ஷணம், பக்ஷனை, (பக்ஷம், na), nourriture, proie, comestible, chose mangeable, manducation: பக்ஷணம் பண்ணுகிறது manger, consumer.

பக்ஷணி, 1° (பக்ஷணம்), mangeur. 2° imp. de

பக்ஷணிக்கிறது, ணித்தேன், ணிப்பேன், ணி, ணிக்க, v. a. (பக்ஷணம்), பக்ஷணித்தல், n. v. manger, dévorer.

*பக்ஷமரணம், (பக்ஷம்), manducation.

*பக்ஷம், 1° (paksha), amour, affection, tendresse, aile, côté, qualité, classe, demi-lunaison... 2° (bhaksha) nourriture. 3° P. பக்குவம், ambre gris. V. பக்கம் et ses composés: பக்ஷகாரன், பக்ஷியக்காரன், cuisinier.

*பக்ஷியம், (bhakshya), nourriture, chose mangeable.

*பக்ஷபாதம், V. பக்கபாதம்.

*பக்ஷி, (pakchi), oiseau, flèche garnie de plumes: — சாதி espèce —, genre ou race d'oiseaux; — சாஸ்திரம் augure tiré des oiseaux, V. பஞ்சபக்ஷி; — சாலம் foule d'oiseaux; — சாலை cage, volière, nid d'oiseaux; — சிங்கம், — க்காவலன், — ராசன் le lion —, le dieu —, le roi des oiseaux, i.e. கருடன்; — தோஷம் maladie des enfans, amaigrissement causé, dit-on, par le vol d'oiseaux sinistres sur leur têtes; — சாவகம், (sâvaka petit), petit des oiseaux; — பானீய சாலிகை, (சாலா, ikâ), auge pour abreuver les oiseaux et le bétail; — ராசன் l'oiseau கருடன், V. கருடப்பச்சைக்கல்; அவனிறகில்லாப்பக்ஷி il est un oiseau sans plumes, un homme sans soutien, un rôdeur; பக்ஷியெச்சம் excrément —, fiente d'oiseau, ambre jaune (regardé comme tel).

*பக்ஷிகரம், (பக்ஷம், கரம்), amour, amitié.

பக்ஷிகரிக்கிறது, ரித்தேன், ரிப்பேன், ரி, ரிக்க, v. a. (பக்ஷிகரம்), aimer, chérir.

பக்ஷிகரித்தல், பக்ஷிகரிப்பு, n. v. du préc. amour, affection.

பக்ஷிக்கிறது, க்ஷித்தேன், க்ஷிப்பேன், க்ஷி, க்ஷிக்க, v. a. (பக்ஷம்), n. v. manger, dévorer, consumer: பக்ஷித்தாலுமவர்சித்தம் ரக்ஷித்தாலுமவர்சித்தம் soit qu'il m'anéantisse ou me conserve que sa volonté soit faite.

*பக்ஷிகை, (பக்ஷம், ikâ), nourriture.

பக்ஷிக்கை, பக்ஷித்தல், பக்ஷிப்பு, n. v. de பக்ஷிக்கிறது, manducation, action de dévorer...

பக்ஷிப்பிக்கிறது, v. caus. de பக்ஷிக்கிறது, faire manger...

*பங்கசம், (பங்கம், சம்), ce qui naît des étangs, i.e. le nénuphar ou lotus; பங்கசஞ்சாதன், Brama qu'on dit né sur le nénuphar:—ஜாதம், V. பங்கஜாதம்.

*பங்கசாஸ்திரன், (பங்கசம், அஸ்திரம்), celui qui a pour flèche une fleur de nénuphar, i.e. Kâmen.

*பங்கசாசித்தம், (பங்கம், ச, அசித்தம்), avarice, fraude, mensonge, injustice. [xible—, étang de nénuphar.

*பங்கசினி, (பங்கசம், ini), tige fle-

*பங்கசநாபன், (பங்கசம், உதரம்), Vichnou du nombril duquel est sorti, dit-on, le nénuphar sur lequel est né Brama. [des basses castes.

*பங்கணம், (pankana), demeure

பங்கணி, la plante பங்கம்புல்லு.

*பங்கம், 1° (panka), boue, fange, vase, limon, bourbier, péché, faute, argile, étang, pièce d'eau, réservoir, poussière. 2° (bhanga), fracture, rupture, pièce, morceau, fente, fissure, mauvais succès, défaite, perte, ruine, dommage, violation, corruption, honte, déshonneur, dégradation, bassesse, opprobre, infamie, tache, défaut, tromperie, fraude, diversité, division, dissention, changement, crainte, peur, flot, vague, mouvement, agitation, canal, cours d'eau, irrigation, maladie, hémiplégie. 3° (பங்கு), état d'estropié. 4° toile, habit, gageure: சமயபங்கம் temps défavorable, inopportunité; அங்கபங்கம் படுத்துகிறது mutiler, vexer, faire honte, — des reproches; இருவர்க்குப் பங்கப்படுத்துகிறது couvrir de honte, déshonorer quelqu'un; இருவர்க்குப் பங்கஞ்செய்கிறது se moquer de quelqu'un; இருவர்க்குப் பங்கம்பேசுகிறது parler mal de quelqu'un, lui faire affront ou des reproches; பங்கசங்கிரமம், — சாதம், V. பங்கசம்; — சுத்தி pétoncle, litt. conque de boue; — மூலம் racine fibreuse du nénuphar; பங்கம் பண்ணுகிறது, பங்கப்படுத்துகிறது (acc.) couvrir de honte, déshonorer; — ப்படுகிறது être déshonoré, couvert d'ignominie, mis en morceaux; — ப்பட்டுப்போகிறது être blâmé, insulté, traité ignominieusement; — ப்பேச்சு bassesse, honte, défaut, tache, déconfiture, défaite; — துரம், — ப்பிரபை 2 divisions de l'enfer, litt. fumée —, lumière de boue; — ருகம், V. பங்கேருகம்; — வாசம் ce qui habite dans la boue, crabe.

பங்கம்புல், பங்கம்புல்லு, (பங்கம், புல்), la plante குதிரைப்புல்லு.

*பங்கயம், P. பங்கசம்.

*பங்கயன், (பங்கயம்), le soleil qui fait fleurir le nénuphar, Brama qu'on dit né sur cette fleur.

*பங்கயாசனன், (id. ஆசனம்), celui qui réside, dit-on, sur le nénuphar, i.e. Brama.

பங்களா, bangalas, bangalow, hôtellerie des Anglais sur les routes.

பங்கா, (Ind.), pankâ, grand éventail suspendu.

*பங்காரம், (pankâra), escalier, degré, sentier élevé ou petite digue qui sépare les rizières.

பங்காரு, (télinga), or, sorte d'or, nom propre (dans les castes télinga). [ris.

*பங்காரி, (bhangâri), chauve-sou-

பங்காளம், P. வங்காளம், le Bengal, la langue Bengali, espèce d'air ou de mélodie.

பங்காளன், பங்காளி, (பங்கு, ஆள், ஆளி), associé, cohéritier, copartageant, participant, qui a part, —a droit, partageant.

பங்கி, 1° poil d'homme, (ceux de la tête exceptés), poil d'animaux, l'arbrisseau கஞ்சா cannabis indica dont les feuilles sont enivrantes. 2° imp. de பங்கிக்கிறது. 3° * (bhangi), fracture, séparation, fraude, déguisement, ironie, repartie, vague. 4° ou பங்கிபுரம் poste des fardeaux (portés par hommes ou par voiture).

பங்கிக்கிறது, ந்தேன், ப்பேன், க்க, v.a. (பங்கம்), பங்கித்தல், n.v. fendre, briser, couper.

பங்கிடுகிறது, (பங்கு, இடுகிறது), distribuer, diviser, partager, — par lots: பங்கிடுதல் partage, distribution; பங்கிட்டுக்கொடுக்கிறது diviser, partager, distribuer; — க்கொள்

குகிறது se partager; பங்கிடுவேலை tâche, ouvrage assigné à chacun,— qu'on se partage. [not, radeau.

*பங்கிலம், (pankila), bateau,ca-

பங்கீடு *n.v.de* பங்கிடுகிறது,part, portion,distribution,moyen, manière,voie. [sens.

*பங்கிலம்,(bhangila) ,défaut des

பங்கு, 1° part,portion,lot,moitié, paroisse ou district (assigné à un prêtre...), côté, parti. 2° * (pangou), mutilation,état d'estropié, de manchot,de boiteux,boiteux,estropié, le boiteux Sani prétendu conducteur de la planète Saturne;பங்குவின்கண் (*dat.ou abl.*),—க்காரன், *V.*பங்காளி; — சரியாய்வருகிறது les parts tomber justes,—être égales;—குருவு le prêtre du district, le curé;—பிரிக்கு part, portion, partage;— பங்காயிருக்கிறது être divisé en parts,en portions ou morceaux séparés;—பங்காய்க்கொடுக்கிறது donner par portions;—படுகிறது être partagé, —divisé,réparti en diverses parties, être en commun; —பட்டநாள் constellation lunaire divisée entre 2 signes du zodiaque, jour—,fête qui tombe en parties sur 2 signes du zodiaque; —பாதி,—பாகம் part,portion,lot;— பிரிக்கிறது partager, faire les parts, — les lots, diviser par portions; — பிரித்தவர்கள் gens qui ont partagé un patrimoine entr'eux; — வீதம் quote-part,part égale, portion,chacun pour sa part,selon la part:பங்கிலேயிருக்கிறது être du côté,du parti, dans la part de; நானொருபங்கு அவனொருபங்கு je suis d'un côté et lui de l'autre.

*பங்குக்கிராகம், (பங்கு,கிராகம்), le signe du capricorne,*litt.* le monstre marin estropié, *i. e.* représenté moitié poisson moitié animal.

பங்குசம்,coiffure de femme.

*பங்குதை, (பங்கு,tâ), difformité, mutilation,

*பங்குரம், (bhangoura),détour—, coude de rivière, courbure, fraude.

*பங்குலம்,(pangoula),cheval d'un blanc argentin.

*பங்குனன், *P.*(பற்குனன்), celui qui est né sous la constellation phalgouni, *i.e.* அருச்சுனன்.

*பங்குனி, (phalgouni), le mois de pangouni correspondant à la fin de mars et au commencement d'avril, la 12° constellation lunaire nommée உத்தரம்: அவன்பங்குனியென்று பருத்ததில்லை சித்திரையென்று சிறுத்ததில்லை il ne s'est trouvé ni plus grand au mois de pangouni ni moins grand au mois de sittirei, il est toujours le même.

பங்கடாரம், l'arbre மராமஞ்சள்.

*பங்கேசம், பங்கேருகம், (பங்கே *abl. sanscrit de* பங்கம்), ce qui naît et croît dans les étangs fangeux *i.e.* le nénuphar. [பந்தி.

*பங்க்தி,(pankti),ligne, rang... *V.*

*பசகம்,(*P.* பாசகம்), diviseur,(en arithmétique),

பசங்கள், பசங்கள், *P.* பசலைகள் *ou* பயல்கள்,enfans, gamins.

*பசகன்,(patchaka),cuisinier.

பசக்கிறது,சந்தேன்,சப்பேன்,ச, சக்க,*v. n.* changer de couleur, devenir pâle,rouge,ou jaune (par l'effet de la peur, de la luxure ou du chagrin), contracter des taches jaunes,pâlir, rougir, devenir vert.

பசங்கடை, humidité, couleur verte,verdure. [Indiren.

*பசதன், (patchata), soleil, feu,

பசத்தல்,*n.v.de* பசக்கிறது, changement de couleur,rougeur ou pâleur causée par la peur, —le chagrin ou la luxure.

*பசந்தம்,(bhasanta),temps.

பசந்து, *P.* பசந்து.

பசபசக்கிறது,சத்தேன்,சப்பேன், ச,சக்க,*v.n.* babiller,bavarder,jaser.

பசபசத்தல்,பசபசப்பு,*n.v.du préc.* babillage, bavardage.

பசபசென்கிறது, பசபசெனல், (*mot—,son imitatif de démangeaison*), avoir une démangeaison (provenant d'une cause extérieure, comme de vermine, d'orties...), babiller: பசபசென்றுதினவுதின்கிறது éprouver une telle démangeaison: பசபசென்ச

றாருகிறது en éprouver une causée par un insecte qui se traine sur la peau; பசபசென்றுதூறுகிறது bruiner, pleuvoir à petites gouttes; — விழிக்கிறது regarder en silence les yeux hagards de peur ou de honte.

பசப்பல், *opt. et n.v. de* பசப்புகிறது.

பசப்பு, 1° *n.v. de* பசக்கிறது, *V.* பசலை, couleur jaune, — d'or, — verte. 2° humidité, jus, sève, tromperie, déception, *V.* மயப்பு. 3° *imp. et part. de*

பசப்புகிறது, ப்பினேன், ப்புவேன், ப்பு, ப்ப, *v.a.* பசப்புதல், *n.v.* tromper, attirer, leurrer, fasciner, charmer, séduire, babiller, — sans cesse.

பசமந்தரம், பசமநத்திரம் *ou* பசமருத்திரம், l'arbre nommé மரமஞ்சள்.

*பசம், (patcha), faire la cuisine.

பசம்பை, queue d'aronde, *V.* சழுந்து: கடிதோண்டிப் — கடாவுகிறது creuser une mortaise et y enfoncer une queue d'aronde.

பசரி, sorte d'herbe potagère.

பசர், 1° *pl. de* பசன். 2° *P.* பசம்.

பசலி, (*arabe*), fazély ou année de culture, ère musulmane usitée dans le sud de l'Inde, surtout pour les impôts.... Le commencement de chaque fazély est fixé au 12 juillet, et dans quelques lieux au commencement du mois indien ஆடி. Pour avoir la correspondance avec notre année, il faut retrancher de l'ère chrétienne 590 ans; ainsi en 1860 au mois de juillet commence la 1270me année fazély.

பசலை, (பசக்கிறது), pâleur, changement de couleur (par l'effet de la colère de la luxure...), taches jaunes.

பசல், *pl.* பசல்கள், *P.* பயல், enfant, gamin.

*பசவ்வியம், (pasavya), pâturage, herbe pour les troupeaux.

பசளி, herbe potagère dite வயலை, portulaca oleracea, espèce d'épinards, écluse, embouchure de rivière.

பசளை, l'herbe potagère susdite, fumier, engrais: பசளைக்கதை conte pour flatter, vaine fable; தரைப்பசளை variété de cette herbe potagère.

பசறு, jus d'herbes vertes.

*பசனம், 1° (patchana), faire la cuisine. 2° (bhadjana), vénération, adoration, son d'une conque, plaisir sensuel, volupté.

*பசன், (பசம்), cuisinier.

*பசாசம், பசாசு, *P.* பிசாசம், பிசாசு, diable, démon.

*பசாசன், (பசாசு), démon, démoniaque, homme méchant, insensé.

பசாடு, பசாடை, cataracte, taie à l'œil.

பசாரி, *P.* அபசாரி, femme acariâtre, querelleuse: — த்தனம், — வாட்டம் querelle de femme acariâtre.

பசார், chose sans suc, *V.* பசப்பூசு.

பசானம், பசான், espèce de riz qui mûrit tard, et est moins fin que le சம்பா.

பசி, 1° faim, tourment qu'elle cause, appétit. 2°* (patchi), feu, faire la cuisine. 3° *imp. de suiv.*: — கொள்ளுகிறது avoir faim, gagner de l'appétit; — தாகம் faim et soif; — த்தீபனம் grande faim, grand appétit; — தீர்க்கிறது, — யாற்றுகிறது apaiser la faim; — தீருகிறது, — யாறுகிறது, — யாறிப்போகிறது la faim s'apaiser, — être satisfaite, se rassasier; — மந்தித்துப்போகிறது, — போகிறது la faim —, l'appétit passer, — cesser; — யின்மை manque d'appétit; — யெடுக்கிறது commencer à avoir faim, gagner de l'appétit; — யுண்டாகிறது, — யெழும்புகிறது la faim commencer à se faire sentir; — ருசிதேடாது நித்திரைசுகந்தேடாது la faim ne recherche pas les mets savoureux, ni le sommeil ne recherche pas une position commode; — வேளைக்குதவுகிறது servir au moment de la faim; — வேளையிற்சாப்பிடுகிறது manger quand on a faim; பசியிலேசாகிறது mourir de faim; பல்லாடப்பசிதீரும் en faisant mouvoir la mâchoire, i. e. en mâchant quelque bagatelle, la faim s'apraise; உம்முகமுள்ள படமுகத்தைப் பார்த்து நான் திருப்தியடைந்தேன் en voyant votre visage j'ai été rassasié, i. e. satisfait; பசிக்குக்கறி வேண்டாம், தூக்கத்துக்குப் பாய் வேண்டாம் la faim n'a pas besoin de ragoût, ni l'assoupissement de nat te.

பசிக்கிறது, பசித்தேன், பசிப்பேன், பசி, பசிக்க, v.n. avoir faim, — appétit, être affamé; எனக்குப் பசிக்குது, நான் பசித்திருக்கிறேன் ou பசித்துக்கொண்டிருக்கிறேன் j'ai faim; புலிபசித்தாலும் புல்லைத்தின்னாது le tigre bien qu'affamé ne mange pas d'herbe, une choe inco nvenante ne doit pas se faire même par nécessité.

*பசிதம், (bhasita), cendre.

பசித்தல், பசிப்பு, n.v. de பசிக்கிறது, avoir —, faim, appétit.

பசிய, adj. de பசுமை, vert, frais: — பசியம், corde. [மரம் arbre vert.

பசிலி, la plante —, l'herbe potagère பசலி portulaca quadrifida, espèce de pourpier; குறிஞ்சாப் — la plante trianthema crystallina; — பசலிக்கறி ragoût de feuilles de portulaca.

*பசு, 1° (pasou), vache, bœuf, taureau, le signe du Taureau, chèvre, animal (en géneral), bête, être vivant, vie, âme, sacrifice, victime, animal propre au sacrifice, (surtout brebis, chèvre), Dieu. (dans les idées indoues) l'âme divine de l'univers, divinité inférieure de la suite de Siven. 2° adj. de பசுமை, vert, frais; — காரணம் cause de la vie; — காதம் sacrifice d'un animal; — காயத்திரி parodie des versets des vèdas —, formule de prière que l'on murmure à l'oreille de l'animal qui va être immolé; — கவ்வியம் (havya oblation), sacrifice d'un animal; — கன்று veau, petit de vache; — காக்கிறது, — காத்தல் garder les vaches, c'est un des 6 emplois de Vaïsiers et des Choutres; — காவலர் vachers, bouviers, bergers; — க்கிரியை l'action animale, i. e. accouplement, copulation; — க்கூட்டம் troupeau de vaches; — க்கொட்டம், — க்கொட்டில் étable à vaches; — சம்பவம் ce qui vient des animaux, comme viande, beurre, lait, miel; — ஞானம், V. தத்துவஞானம்; — தருமம் vie —, conduite animale, — d'animaux, faute contre les mœurs, état de femme publique, prostitution, adultère, inconduite de veuves, — avec elles; — த்தக்காளி la plante physalis pubescens; — த்துவம் état —, caractère ou nature d'animal, — de vache, sacrifice d'un animal, faculté —, état de l'âme; — த்தொழுவம் étable à vaches; — நரம்பு nerf de couleur verte; — நா l'arbre விராவு; — நாகு génisse, jeune vache; — நிலை étable à vaches; — நீர்விடுகிறது la vache uriner, (ce qui est regardé comme de bon augure pour l'acheteur au moment de l'acquisition): — பதி le Seigneur de la vie ou des êtres vivans, (et à tort) Siven, à moins qu'on ne le dise de lui en tant que maître du Taureau qui lui sert de monture: — பதி பாசம் la vie, Dieu, l'illusion (expression des Sivénistes); — பந்தம் espèce de sacrifice; — பாசம் lien —, esclavage de l'âme, passion, concupiscence; — பாலனம் garde des troupeaux; — பாலன் vacher, bouvier; — பாவம் état —, nature de l'âme, péché contre l'âme ou contre les êtres vivans; — ப்பால், — ப்பயம் lait de vache; — புண்ணியம் vertu exercée envers les âmes ou les êtres vivans; — ப்பட்டி parc pour les vaches; — ப்பிரேரணம் malédiction, ou — ப்பிரேரணம் conduite des troupeaux, du bétail; — ப்போலிருக்கிறது ou வருகிறது être ou devenir doux ou bon comme une vache; — மந்தை étable à —, troupeau de vaches, bonne personne; — மாடு vache; — மூரி bœuf, veau; — மஞ்சள்நிறம் couleur d'un jaune verdâtre; — முல்லை espèce de jasmin vert; — முன்னை la plante premna integrifolia qui a de petites feuilles; — யாகம் sacrifice d'animaux; — ரக்ஷணம் garde des vaches, des troupeaux; — ரக்ஷி

vacher, berger; — கயிறு corde pour attacher le bétail; — நாயகன் roi des animaux, i. e. lion; — ரோமம் poil d'animal, de vache; — வதை meurtre de vache; — வாசாரம், (ஆசாரம்), conduite bestiale, sacrifice dit சத்திரம் où tout est pêle-mêle et où l'on s'accouple comme des animaux; பசுவின்கன்று veau; — தக்காளி la plante physalis pubescens; — பால் lait de vache; — மடி pis de vache; — ஆண்பசு taureau, le mâle de la vache; — பெண்பசு la femelle de l'espèce bovine; — நீர் ou பசுவின்நீர் urine de vache; — நெய் ou பசுவின்நெய் beurre liquide de lait de vache; பசுவுக்குப்புல்லிடு பேர்டுகிறது jeter ou donner de l'herbe à une vache; காவேரிக்கரைப்பசுபோல அலைகிறது rôder çà et là comme une vache des bords du Kâvèri, être mécontent de sa condiction; தன்னைக் கொல்லவருகிறபசுவைத்தான் கொன்றுக்கொள்ளத்தோஷமில்லை il n'y a pas de mal à tuer une vache qui vient pour vous tuer.

*பசுகை, (பசு, kâ), petit animal.

பசும், P. பசும், adj. de பசுமை, vert, frais: — கதிர் épi vert, — encore vert, l'astre aux rayons frais, i. e. la lune; — கதிர்த்தேவு le prétendu dieu aux rayons frais, i. e. Sandiren ou la lune: — மணி émeraude; — காய் fruit vert, — à peine formé: — கிளி perroquet vert; — குடி maison opulente, à l'aise; — கொடி chiendent, plante rampante verte; — கொத்தான் espèce verte de cassyta filiformis: — கொற்றான் variété verte de la plante கொற்றான், — கோரை l'herbe kyllengia monocephala.

பசுஞ்சீரகம், cumin.

*பசுதை, (பசு, tâ), état de bête, nature —, caractère d'animal, brutalité.

பசுந்தரை, (பசும், தரை), gazon, — vert, terre couverte de gazon.

பசுந்து, (பசுமை), verdeur, beauté, front, excellence.

பசுமை, (பசு, மை), couleur verte, verdeur, fraicheur, humidité, crudité, vérité, sincérité, réalité, suc, essence, substance, force, pouvoir, prospérité, richesse, ornement, beauté, couleur d'or, espèce de toile, opportunité; (adj. பசுமையான, பசும், பசு, பசிய, பச்சை et பைம் devant une voyelle, பச்சை, பை, பைம்): பசுமையான இலை, — பூண்டு feuille —, plante verte; பசுமைக்காரன் homme à son aise; — குடி maison —, famille opulente; — குடியிற்பிறந்தவன் homme né d'une famille riche: உள்ள — சொல்லு dis la substance, le point important de l'affaire, l'aisance que tu as...

பசும், adj. de பசுமை, vert, frais... — பயறு vesce, espèce de pois verts, phaseolus radiatus; — கொடி l'arbre பசுந்திலமரம்; — புல் herbe verte, sorte de plante, moisson en herbe; — பூ fleur verte, — fraiche; — பொன் or pur, — brillant, — de 1re qualité.

பசுவன், (பசு), caillette de l'estomac des vaches. [ன்குன்குறி.

பசுவாட்டம், (பசு, ஆட்டம்), V. ப

*பசூசகன், (bhasoûtchaka), astronome, astrologue.

பசேர், (பசு, ஏர்), vert: பசேரென்கிறது, பசேரென்றிருக்கிறது, être vert, — tout vert.

*பசேலிமன், (patchèlima), soleil, feu. [nier.

பசேலுகன், (patchèlouka), cuisi-

பசை, 1° colle, glu, viscosité, attachement affection, amour, désir, moiteur, humidité, jus, sève, amollissement, fertilité, pousse, bourgeonnement, gain, profit, avantage. 2° imp. et part. de பசைகிறது: பசைந்தன், P. பசைவான்; இரத்தப்பசை vigueur du sang, force, embonpoint, hardiesse, chyle changé en sang, tempérament sanguin; — காரம் ou காரப்பசை soudure, colle d'orfèvre mélangée de borax; — மட்டை branche d'arbre du genre dit மட்டை, qui sert à souder le fer; — யற்றவன் pauvre, misérable, homme dur, cruel, sans affection, envieux; — யற்றுப்போகிறது être réduit à l'indigence; — யாயிருக்கிறது être avantageux, — miséricordieux, avoir de la compassion; —

ஒட்டுகிறது,— வொட்டுகிறது coller, gluer: ஒட்டேல — பசிக்கோ il n'y a en cela aucun profit; அவனிடம்பசியே — பசிக்கோ il n'a pas de compassion; சற்றே—பசையுள்ளவன் un homme qui a un peu de fortune ou de propriétés: — புல்லு chiendent.

பசைகிறது, பசைந்தேன், பசைவேன், பசை, பசைய, v.a.et n.பசைதல், n. v. s'attacher, concevoir de l'affection, aimer, affectionner, avoir de la sève, se coller, coller, faire de la colle, pétrir. [parens, alliés.

பசைந்தார், n.app. du prés. amis,

பசைவு, n.v. du même amour, affection, action de coller, de pétrir...

பச்சடி, (பச்சை, அடி), espèce d'assaisonnement ou de ragoût de fruits: —பண்ணுகிறது,— ஒட்டுகிறது préparer cet assaisonnement ou ce ragoût, dévaster, gâter.

பச்சடியன், (id.), chose blanche parsemée de taches noires.

பச்சரிசி, (பச்சை, அரிசி), riz pilé tout cru,—pilé sans avoir bouilli un peu auparavant et un peu indigeste: —மா farine de riz pilé tout cru.

பச்சவடம், paire d'habits, 2 habits de même espèce, pièce de toile ou de soie donnée par honneur: ஒருத்தருக்குப்பச்சவடம்போர்க்கிறது revêtir —, gratifier quelqu'un d'une paire d'habits. [மருதன்.

பச்சவாளியம், l'arbre nommé மரு

*பச்சாது, (pastchât), postériorité, ensuite, après.

*பச்சாத்தாபம், (பச்சாது, தாபம்), repentir, chagrin qui suit une faute, componction, la pénitence (comme sacrement), contrition, douleur, conversion, attendrissement, commisération, pitié: பச்சாத்தாபப்படுகிறது se repentir, être contrit, compatir.

*பச்சிமம், (pastchima), l'ouest, après, derrière, front: பச்சிமாகமம் la seconde partie de la bible, le nouveau testament; — பிறை croissant de la lune, — qui paraît à l'occident.

*பச்சியதோகரன், (pasyatas visiblement, hara qui prend), voleur, — qui prend devant les parties, (et proverbialement), orfèvre.

*பச்சியம், (pasya), interjection —, expression d'admiration, voyez, voyez.

பச்சிலை, (பச்சை, இலை), feuille verte, remède composé de simples, l'arbre பச்சிலைமரம் xanthocymus pictorius;— பாம்பு espèce de serpent vert;—வோணான் caméléon vert.

பச்ச, adj. de பசுமை, vert, frais: il se met devant les voyelles en élidant உ: பச்சிறைச்சி viande crue; பச்சுடம்பு, (உடம்பு), corps tendre, — d'enfant nouvellement né, corps devenu tendre par des plaies; பச்சென்றிருக்கிறது, பச்சென்று être vert, être orné ou élégant; பச்செனவு, n.v. du préc. humidité, verdeur, vert, feuillage, bourgeonnement.

பச்சை, (பசுமை), 1° verdeur, verdure, couleur verte, crudité, ce qui est cru, la pierre précieuse verte, i.e. l'émeraude, Vichnou, புதன் conducteur de la planète Mercure (on les représente verts), ou அறுகம்புல் பச்சை la plante cressa indica, sorte d'arbrisseau, humidité, douceur, tendreté, odeur, parfum, plaisir, diverses espèces de racines, peau, mot indiquant grandeur, abondance, profit. 2° adj. de couleur verte, vert, non mûr, cru, non cuit, tendre, jeune, nouveau, frais, grand, fort, gros: சுகந்திரப்பச்சை la plante mentha zeylana;—சுட்டு consolation, secours;—குத்துகிறது mettre de la couleur verte;—க்கருப்பூரம், — கர்ப்பூரம் camphre cru; — கல், — கல்லு émeraude, pierre précieuse verte, quartz vert, brique non cuite;—க்காய் fruit vert, non mûr; —க்கிளி perroquet vert, sauterelle verte; —க்குங்கிலியம் espèce de résine verte; —க்குவடு émeraude; — க்கூடு corps matériel; — கொள்ளைபயிர் moisson verdoyante; — க்கொம்பு gingembre vert;—ச்சல்லாத்து drap vert;— ச்சடையன் Vaïraven à la longue chevelure verte, (prétendue forme de Siven);—ச்சுக்கல் pierre à chaux non encore cuite;—ச்செங்கல் brique non cuite;—த்தண்ணீர் eau fraiche,—froide;—நஞ்சு pur poison, méchant homme,—நாடன்பழம் espèce de bananes vertes ou à raies verdâtres;—நாவி, P. வச்சநாவி;—நிறம் couleur verte;—நிறநீர்க்கனன் vitriol vert;—பழுக்காயடைக்கிறது mettre—, verser une couleur verte composée,—un mélange de bleu et de jaune;—ப்பசேலென்கிறது,—ப்பசேலென்றுகாண்கிறது,—ப்பசேலென்றுபோகிறது. être tout vert;—ப்படி bath donné en denrées, nourriture journalière donnée crue;—ப்பதம் légère—, demi cuisson;—ப்பயறு haricots verts, sorte de lentilles ou de petits pois, pois verts, phaseolus mungo;—ப்பாம்பு serpent vert qui vit sur les arbres;—ப்பாம்பாட்டி celui qui charme ou fait danser le serpent vert, imposteur, trompeur;—ப்பாலன்,—ப்பாலகன்,—ப்பிள்ளை petit poupon, enfant nouvellement né;—ப்பானை cruche non cuite;—ப்புண் plaie fraiche,—nouvelle;—ப்புல் herbe verte, moisson en herbe;—ப்புழு espèce de ver de couleur verte;—ப்புறா tourterelle verte, pigeon vert;—ப்பூ fleurs vertes,—nouvelles,—fraiches;—ப்பெருமாள் Vichnou le vert, espèce de riz;—ப்பொட்டு pottou de couleur verte;—ப்பொய் gros mensonge;—மண் terre non cuite, terre sans fumier;—மாமிசம் viande—, chair crue;—மீன் poisson cru,—frais (opposé à poisson salé dit கருவாடு);—மோர் espèce de lait de beurre frais;—யாய்ச்சாப்பிடுகிறது manger cru;—யிரத்தினம் pierre précieuse verte, émeraude;—யிறைச்சி viande crue;—யுடல் corps qui a encore des plaies fraiches, corps de nouvelle accouchée;—யுடம்பு corps d'une femme nouvellement accouchée;—வடம் espèce de toile, V. பச்சவடம்;—வில் arc-en-ciel, l'arc prétendu d'Indiren;—வெட்டு remède cru,—qu'on n'a pas fait brûler, ou cuire;—வெண்ணெய் beurre frais (non fondu).

பச்சையன், (பச்சை), le vert Vichnou.

பச்சோந்தன், பச்சோந்தி, (பச்சு, ஓந்தன், ஓந்தி), caméléon,—vert.

பச்சோலை, (id. ஓலை), feuille verte de palmier.

*பஸ்பம், P. பஸ்மம், (bhasman), cendre, poudre médicinale, métal calciné,—réduit en poudre médicinale;—ஆக்குகிறது,—பண்ணுகிறது calciner, réduire en poudre;—ஆகிறது être calciné, se réduire en poudre; பஸ்மக்காரன் blanchisseur qui se sert de cendres pour blanchir;—தூலம் pluie de cendre ou de poussière; neige, gelée blanche;—வேதகம் camphre: (on écrit aussi பற்பம் et பற்மம், P. பஸ்மம்).

*பஸ்மீகரம், பஸ்மீகரணம், பஸ்மீகிருதம், பஸ்மீபூதம், (பஸ்மம் i intercallé), calcination, réduction en cendres, cendre.

பஸ்மீகரிக்கிறது, ரித்தேன், ரிப்பேன், ரி, ரிக்க, v.a. (பஸ்மம்), பஸ்மீகரித்தல், பஸ்மீகரிப்பு, n.v. réduire en cendres,—en poudre, calciner.

*பஞ்ச, (pantcha), obl. de பஞ்சம், cinq, de famine, étendu, large:—கச்சஞ்சொருகுகிறது retrousser de 5 manières différentes les bouts repliés de sa toile, (phrase et coutume des brames chefs de famille);—கச்சாயம் 5 espèces de petits gâteaux;—கதி les 5 espèces d'allures des chevaux, V. ஐங்கதி au mot கதி;—கம்மாளர் les 5 espèces d'ouvriers ou d'artisans de la caste des cammâlers, savoir: கன்னார் fondeurs, கொல்லர் forgerons, சிற்பர் tailleurs de pierres, தச்சர் charpentiers, தட்டார் orfèvres, V. au mot கம்மாளன்;—கர்த்தாக்கள் les 5 seigneurs ou principaux dieux selon les Sivénistes V. au mot தேவர்;—கருமம் 5 actions du corps, i.e. vomissement, évacuation, purgation, saignée, et se moucher;—கல்யாணி cheval qui a les 4 pieds et le front blancs, cheval qui a les 5 espèces d'allures dites பஞ்சகதி;—கலை.

les 5 espèces de கலை ou manières de respirer par le nez; —கவ்வியம். 1° les 5. choses dites aussi பஞ்சதிரவியம் ou 5 richesses indoues qui sortent de la vache, savoir: பால் lait, தயிர் lait caillé, நெய் beurre fondu, கோசலம் urine et கோமயம் bouze. 2° mélange de ces 5 choses: — கவ்வியமிரசனம் avaler un tel mélange par dévotion, par pénitence ou par punition; —கன்னிகள், —கன்னிகை les 5 vierges des Indous, savoir: அகலிகை femme du richi கௌதமன், corrompue par Indiren et pour cela changée, dit on, en pierre; துரோபதை femme commune et simultanée des 5 frères nommés பாண்டவர்; சீதை femme de Râmen enlevée par Râvanen et soupçonnée par son mari d'en avoir été corrompue; தாரை femme du singe சுக்கிரீபன் enlevée et gardée pour femmepar son frère வாலி; et மண்டோதரி femme du géant Râvanen; —காலம் temps de famine, de disette; — காவியம் collection de 5 poëmes tamouls, savoir: சிந்தாமணி contenant l'histoire du roi சீவகன், சிலப்பதிகாரம் histoire du செட்டி ou marchand கோவலன், வளையாபதி, மணிமேகலை et குண்டலகேசி 3 autres ouvrages classiques; — கிருத்தியம் les 5 opérations divines, V. ஐந்தொழில் (parmi lesquels quelques-uns mettent திரோபவம் trouble d'esprit pour திரோதானம் secret; —குத்தம் l'animal qui cache ses 5 membres, qui sont ses 4 pieds et sa tête, i.e. la tortue, le système athée des Bouddhistes; —கோசம், —கோஷம் les 5 modes de production, V. கோசம்-ஞ; —கோணம் pentagone; — கோலம் les 5 espèces d'épices, savoir: சுக்கு gingembre sec, திப்பிலி poivre long, திப்பிலிமூலம் racine de poivre long, செவ்வியம் poivre, சித்திரமூலம் racine de plumbago zeylanica; — கௌடம் les 5 divisions du pays Gaouda ou Bengal central, V. *au mot* கௌடம்; — கௌவியம், V. பஞ்சகவ்வியம்; —கருவி, 1° *ou* பஞ்சவாத்தியம் les 5 instrumens du son, savoir: தோற்கருவி instrumens en peau, துளைக்கருவி instrumens à vent, நரப்புக்கருவி instrumens à cordes, கஞ்சக்கருவி instrumens d'airain, கண்டம் *ou* மிடற்றுக்கருவி l'organe du gosier. 2° les 5 organes des sens, V. ஐம்பொறி; — சத்தி les 5 prétendus pouvoirs de Siven, *voyez les au mot* சத்தி; — சயனம் les 5 espèces de matelas, ils se font des matières suivantes, இலவம்பஞ்சு coton soyeux de l'arbre இலவு, செம்பஞ்சு coton rouge, வெண்பஞ்சு coton blanc, மயிர் poil, அன்னத்தூவி plumes de cygne ou autres oiseaux. Quelques-uns mettent மயிற்றூவி plumes de paon, au lieu de மயிர்; —சரன், (சரம்), celui qui a 5 espèces de flèches, *i.e.* Kâmen; —சாகம், (சாகை), ce qui se divise en 5 branches ou doigts, *i.e.* la main; —சிகம், —சியம் (pantcha *qui s'étend*, சிகை), l'animal à la longue crinière, *i.e.* le lion; — சிகை 5 endroits du corps qu'on ne rase pas, le குடுமி, les cils, les sourcils (et selon quelques uns les poils *in brachiis et clunibus*). —சிவதத்துவம் les 5 modifications de Siven, V. சிவதத்துவம்-ஞ; — சுகந்தம், — சுகந்திகம் les 5 épices odoriférantes, V. பஞ்சவாசம்; — சுத்தி les 5 espèces de purifications, V. *au mot* சுத்தி; — சூதகம் 5 souillures prétendues des Indous, savoir: சன்னசூதகம் souillure de l'accouchement, மரணசூதகம் souillure provenant d'un mort, சண்டாளநீர்த்தோய்தல் toucher l'eau des சண்டாளர், சுராபானம்பண்ணல் boire des liqueurs enivrantes, பொய்கூறல் mentir; —சூனை 5 choses qui dans une maison peuvent par accident détruire quelqu'animal, savoir: மடைப்பள்ளி le foyer, அம்மி la pierre à broyer, துடைப்பம் le balai, உலக்கை le pilon, உரல் le mortier; — செனியம், P. பாஞ்சசன்னியம் la conque de Krichna, faite des os du démon ou de l'Asouren பஞ்சசனன்; —ஞானர்

docteur bouddhiste;—தசம்,—தசவா ம் quinze, —தச்சம் réunion de 5 charpentiers;—தத்துவம் les 5 élémens(pris collectivement), dans les tantras les 5 choses essentielles à certains sacrifices indous, savoir: மா நாயம் liqueur enivrante, இறைச்சி viande, மீன் poisson, ஸ்திரீசம்பா ஷணை conversation avec une femme,*i.e.* copulation publique, புணர்ச் சியமுத்திரம் gestes lascifs, ou selon d'autres,gesticulation ou gestes mystérieux;—தந்திரம் les 5 ruses, titre d'un livre de fables célèbre dans l'Inde et archétype des fables de Pilpay. Ces 5 ruses sont மித்திரபேதம் mettre la division entre les amis,சுகி ருல் ou சுகிர்லாபம் avantage de l'amitié,சந்திவிக்கிரகம் simulacre d'amitié pour détruire,அர்த்தநாசம் ou லப்தநாசி, *P.* லப்தநாசி perte des biens, அசம்பிரேக்ஷியம் *ou* அச ம்பிரேட்சியகாரித்துவம் conclusion précipitée sans examen; — தபசன் ascète qui fait pénitence entre les 5 feux dits பஞ்சாக்கினி; — தரு les 5 arbres fabuleux du சுவர்க்கம்,*V.* ஐ ந்தரு;—தன்மாத்திரம், — தன்மாத் திரை les rudimens subtils ou principes des 5 élémens; — தாது les 5 élémens, *V.* பஞ்சபூதம்;—தந்தையர் — தாயர் les 5 personnes honorées du titre de père,— de mère,*V.* தந் தை et தாய்;—தாரை sucre;—தாள ம் les 5 espèces de temps observés en battant des cymbales *V.* தாளம்-ஐ; —திணை les 5 espèces de terrains *V.* ஐந்திணை;—திராவிடம் les 5 langues ou les 5 pays du sud,*V.*திராவிடம்; —திரவியம் les 5 richesses ou choses qui sortent de la vache,*V.* பஞ்சகவ் வியம், les 5 sources de richesses, *V.* திரவியம்-ஐ;—திருமாலாயுதம் les 5 armes de Vichnou,*V.*பஞ்சாயுதம்;— தீர்க்கம் les 5 parties du corps, savoir: les bras, les yeux,le ventre, le nez et la poitrine, marques qu'on y met; — தீர்த்தம் 5 places de pélérinage,savoir; Visranti,Saoukara,Naïmicha,Prayâga et Pouchkara, bain le jour de l'équinoxe; — துரககதி les 5 allures du cheval, *V.* ஐங்கதி *au mot* கதி;—தேவர்,—தேவதை,*V.* பஞ் சகர்த்தாக்கள்; — த்துவம் réunion de 5 choses, mort; — நகம் animal qui a 5 ongles,doigts ou griffes aux pieds,éléphant, tortue, tigre;— நகக்கூடலமேவோன் la tortue aux 5 doigts;—நதம்,—நதி 5 rivières ou fleuves sacrés,le pays aux 5 rivières, le Pandjab arrosé par le Satadrou ou Setledje,le Vipâsâ ou Beyah l'Aïrâvati ou Râvi, le Tchandrabhâgâ ou Chinab et le Vitasthâ, autrement Bédaste ou Djélem qui tous se réunissent ou Sind ou Indus; en latin Hysudrus,Hyphasis, Hydraotes,Acesines et Hydaspes; en tamoul சத்தி வேச்சு,விபாசம்,ஐராவதி,சந்திரபா கம்,விதஸ்தம்;—நிம்பம் les 5 parties de l'arbre நிம்பம் ou margosa, savoir: les fleurs, les fruits, les feuilles,l'écorce et les racines;—நிறக்கல் pierre de 5 couleurs dite aussi இல ங்காக்கல்,— நீராஞ்சனம் 5 espèces d'ஆலாத்தி qui consistent à agiter, devant une idole,une lampe,un nénuphar, une toile, une feuille de manguier ou de bétel et à se prosterner ensuite;—பக்ஷி,—பட்சி, 1° un des 32 arsenics composés. 2° prétendue science des augures, les 5 oiseaux à augures,— qui servent aux augures,savoir வல்லூறு le faucon, ஆந்தை le hibou, காகம் le corbeau, கோழி la poule, மயில் le paon. On leur attribue dans le même ordre les lettres et les actions suivantes: அ, இ, உ, எ, ஒ, உண்டி nourriture, நடை marche, அரசு maîtrise, துயில் sommeil, சாவு mort, ou à rebours, உண்டி,சாவு,துயில், அ ரசு, நடை;toutes ces circonstances sont observées par les augures jour et nuit,surtout depuis la pleine lune jusqu'à la nouvelle. Lorsqu'il n'y a ni sommeil ni mort, c'est bon augure dans l'idée de ces superstitieux observateurs; — பக்ஷிசாஸ்திரம் traité sur les augures tirées de ces 5 oiseaux; — பஞ்சபாஷாணம் un des 32 arsenics composés; — பஞ்சநகம் les 5 pantchanaga ou animaux à 5 doigts aux pieds qu'on peut tuer et manger, savoir: le lièvre, le porc-épic, le crocodile, le rhinocéros et la tortue; — பத்திரம், (bhadra), cheval qui a 5 marques heureuses sur le poitrail, le dos, le front et les flancs, plat ou ragoût composé de 5 végétaux; — பத்தம் amende égale au 5e de l'objet perdu ou volé; — பர்வங்கள் 5 jours de cérémonies dans chaque quinzaine; — பல்லவம் 5 espèces de feuilles propres aux sacrifices indous: celles du manguier, de l'ஆத்தி, du முட்கிளுவை, du முல்லை et du வில்வம்; — பாணம் les 5 flèches de Kâmen, i.e. du Cupidon indien, ce sont: வனசம் ou தாமரைப்பூ fleur de nénuphar nelumbium, சூதம் ou மாம்பூ fleur de manguier, அசோகம்பூ fleur de l'அசோகு uvaria, முல்லைப்பூ fleur de jasmin, நீலம் ou குவளைப்பூ fleur de nénuphar bleu ou pontederia; (il est censé les lancer avec un arc de canne à sucre dit கரும்பு aux 5 endroits suivans: celle de nénuphar au sommet de la tête, celle de manguier au front, celle d'அசோகு à la poitrine, celle de jasmin aux mamelles, celle de nénuphar bleu aux parties naturelles): — பாணத்தொழில் les offices ou effets prétendus de ces 5 flèches dans le même ordre: உன்மத்தம் confusion d'esprit, மதனம் désir sensuel, சம்மோகம் possession ou plutôt grand désir, சந்தாபம் grande chaleur, வசீகரணம் consentement à la copulation: — பாணவஸ்தை les états ou tourmens que sont censées produire ces 5 flèches dans le même ordre: சம்பிரமோகம் privation des facultés de l'âme, excepté celles de penser et de parler; விப்பிரமோகம் soupirs et pleurs; சோகம் épuisement, grande chaleur et dégoût de la nourriture, மோகம் enivrement des désirs sensuels, ou selon d'autres, trouble et parole de délire, மரணம் mort, — spirituelle, évanouissement et trouble d'esprit; — பாணன் celui qui est armé des 5 flèches susdites, i.e. Kâmen; — பாணி celle qu'on représente avec 5 bras, i. e. Parvadi; — பாண்டவர் les 5 fils putatifs du roi பாண்டு, savoir: தருமராசா, வீமன், அருச்சுனன், நகுலன் et சகதேவன், ce sont les héros du Mahâbhârata; — பாண்டவர்முல்லை espèce de jasmin; — பாதகம் ou — மாபாதகம் les 5 grands crimes selon les Indous, savoir: கொலை le meurtre, களவு le vol, கள் ou கள்ளருந்தல் l'usage des boissons enivrantes, காமம் la luxure, பொய் le mensonge. Plusieurs mettent குருநிந்தை mépris de son gourou à la place de காமம், et d'autres mettent கோபம் colère à la place de பொய், ainsi qu'on le voit de தாயுமானவர்: கொலைகளவுகட்காமங் கோபம்விட்டார்க்கன்றே மலையிலக்காம் நின்னருள்தான் வாய்க்கும் பராபரமே, O Dieu, n'est-il pas vrai que ta bonté qui est semblable à une montagne sera abondante pour ceux qui ont renoncé au meurtre, au vol, aux liqueurs enivrantes, à la luxure et à la colère; — பாதகன் homme coupable des 5 grands crimes, grand scélérat, traitre, pervers; — பாத்திரம் collection —, oblation de 5 plats, le plat du milieu qui est le plus grand, sérémonie dans laquelle on offre 5 plats; — பால் les 5 genres, V. ஐம்பால், les 5 manières dont les femmes arrangent leurs cheveux, V. ஐவகைமயிர்முடி; — பிராசாதம் temple avec 4 pinacles et une tour ou un clocher; — பிராணன் les 5 vents que les Indous supposent dans le corps et croient nécessaires à la vie. Ce sont les 5 premiers des தசவாயு, V. வாயு; — ப்பிரமம் le prétendu dieu aux 5 visages, i.e. Siven; — புலன், — பொறி, V. ஐம்புலன், ஐம்பொறி; — பூதம், — பூ[illegible]யம் les 5 élémens des Indous: நிலம் ou பிருதிவி la terre, நீர் ou அப்பு

l'eau, தீ ou தேயு le feu, காற்று ou வாயு le vent, விசும்பு ou ஆகாயம் l'air;— பூதாத்துமம் l'âme aux 5 élémens, i. e. l'homme (qui en est composé); — மகாயக்கியம் les 5 grands sacrifices des Indous: பிரமம், வேதாத்தியயனம் ou வேதமோதல் lecture des vêdas, தெய்வம், அக்கினிகருமம் ou ஓமம்வளர்த்தல் offrir aux dieux le sacrifice hôma, ou un holocauste; பூதம், தேவபூசை ou பலியிடுதல் faire des sacrifices aux esprits, —fantômes ou démons, ou présenter de la nourriture etc... à tous les êtres créés; பிதிர், பிதிர்பூசை, தர்ப்பணமுடித்தல் offrir de l'eau aux mânes des ancêtres; மானுடம், விருந்தோம்பல் ou இரப்போர்க்குணவுமுதலியவிடுதல் hospitalité, donner à manger aux pauvres;— மகாரம் les 5 ம ou 5 choses requises par le rituel tantra de la main gauche, et dont le nom commence par la lettre ம dite மகாரம், savoir: மத்தியம் callou, மாமிசம் viande, மச்சியம் poisson, மைதுனம் copulation, முத்திரை signes ou gesticulation. (Cela revient au பஞ்சதத்துவம் expliqué ci-dessus);— மலம் les 5 espèces de souillure; — மன்மதன்கணை les 5 flèches de Kâmen, V. பஞ்சபாணம்; —மாசத்தம் sons produits par les 5 espèces d'instrumens dits பஞ்சக்கருவி, ces mêmes instrumens; —மாபாதகம், —மாபாதகன், V. பஞ்சபாதகம், பஞ்சபாதகன்; —மாயக்கியம், — மாயெக்கியம், — மாயெஞ்ஞம், V. பஞ்சமகாயக்கியம்; — மாயை les 5 espèces d'illusions, V. மாயை-யி; — முகன் l'être à 5 visages, Brama (avant que Siven lui en eut déchiré un), lion, ou —முகேச்சுரன் Siven aux 5 visages; —முத்திரை 5 espèces de gestes à faire en faisant une offrande à une idole, les 5 marques des pénitens sivénistes, savoir: உருத்திராக்கம் chapelets de graines d'elæocarpus, கமண்டலம் vase de mandiant, காவிப்புடைவை toiles teintes en ocre jaune, சடை longue chevelure emmêlée, தண்டு long bâton; —மூத்திரம் les 5 espèces d'urines: savoir celles de vache, de chèvre, de brebis, de buffle et d'âne;—மூர்த்தி, V. பஞ்சகிருத்தாக்கள்; —மூலம் les 5 racines médicinales, elles se divisent en சிறுபஞ்சமூலம் et பெரும்பஞ்சமூலம்; —யக்கியம் les 5 sacrifices d'un chef de maison, V. பஞ்சமகாயக்கியம்; —யாகம் les 5 sacrifices, V. பஞ்சமகாயக்கியம், (ou d'une autre manière), சுற்றப்போஷிப்பு nourrir sa parenté, தனக்குணவு se nourrir soi-même, தேவபலி sacrifice à la divinité, பிதிர்பலி sacrifice aux ancêtres, யோகிகள்பலி sacrifices aux Yoguis; —ரசை, (ரசம்), le fruit du நெல்லி ou mirobolan qui a 5 saveurs; —ரத்தினம் 5 espèce de pierreries ou bijoux, i.e. or, émeraude, perle, rubis, améthyste;— ராசிகம் double règle de 3 contenant 5 termes connus: —ராத்திரம் nom d'une secte de Vichnou, V. பாஞ்சராத்திரம்; —லக்கணம், —லக்ஷணம்—, லட்சணம், 1° les 5 parties de la grammaire tamoule, i.e. எழுத்து ortographe, சொல் les mots, பொருள் amplification, யாப்பு prosodie ou règles de la poésie, அணி les figures de rhétorique. 2° les 5 choses dont doit traiter un pourana, savoir: création des mondes, leur destruction et rénovation, généalogie des dieux et des héros, règne des Manous, histoire de leurs descendans; —லவணம் 5 espèces de sels; —லாங்கலம், (இலாங்கலம் ka), don d'une étendue de terre de 5 charrues; —லிங்கம் les 5 espèces de lingam, V. les au mot இலிங்கம்; — லோகம் 1° les 5 métaux des Indiens, V. les au mot உலோகம். 2° alliage composé des 5 métaux: — லோகத்திலே வார்க்கிறது fondre (une cloche, une statue) avec un alliage de ces 5 métaux; —லோகத்திற்கூட்டுகிறது faire un mélange des 5 métaux; —லோபி très avare, —வடம், (pantcha *qui s'étend*), le cordon bramanique dit பூணூல் (passé en bandoulière sur l'épaule, la poitrine et le dos); — வடி parfie de la grande forêt où le Godâvéri prend sa source, 5 arbres différens plantés à l'est, à l'ouest, au nord, au sud est et au sud-ouest; —லட்டத்தடி verge d'acier; — வக்திரன், (vaktra visage), l'être aux 5 visages, Siven, lion; —வருக்கம் classe ou collection de 5 choses; —வற்கலம் collection de l'écorce de 5 arbres: —வன்னம், —வருணம், —வர்ணம், —வன்னம் les 5 couleurs: le blanc, le noir, le rouge, le jaune, et le vert; — வன்னம் ou வர்ணக்கிளி perroquet qui a ces 5 couleurs; —வாசம் les 5 épices odoriférantes, i. e. இலவங்கம் clou de girofle, ஏலம் cardamome, கருப்பூரம் camphre, சாதிக்காய் muscade, தக்கோலம் cubèbe; —வாத்தியம் assemblage des —, les 5 instrumens de musique; —பாணம் les 5 flèches de Kâmen, V. பஞ்சபாணம்; —விடயம் les objets des 5 sens, savoir: இரசம் la saveur, உருபம் la forme, ஸ்பரிசம் le toucher, சத்தம் le son, கந்தம் l'odeur, V. தும்புலன்; — விம்சகம், — விம்சதி vingt-cinq, collection de 25 choses; —வினா, V. வினா-வு; — விரு, V. விரு-வு.

*பஞ்சகம், (பஞ்ச, ka), cinq, réunion de 5 personnes, collection de 5 choses, champ de bataille, gène, détresse.

பஞ்சடைகிறது, (பஞ்சு), (les yeux ou la vue) devenir trouble, s'obscurcir, s'éteindre, voir tout comme du coton, ou paraître tel: பஞ்சடைந்த கண் vue trouble, œil blanchâtre de mourant.

பஞ்சணை, 1° (பஞ்சு, அணை), matelas de coton. 2° (பஞ்ச, அணை), 5 espèces de matelas, V. பஞ்சசயனம்.

*பஞ்சதம், (P. பஞ்சதை). mort.

*பஞ்சது, (pantchathou), temps, le குயில் ou coucou indien.

*பஞ்சதை, (பஞ்ச, tâ), mort, ou séparation des 5 élémens qui composent le corps, collection de 5 choses, les 5 élémens, V. பஞ்சபூதம்.

*பஞ்சமம், (பஞ்ச, ma), cinq, cinquième, beauté, agrément, habileté, note de musique, la 7e et dernière note ainsi nommée parce qu'on la dit composée du vent venu de 5 endroits, du nombril, de la poitrine, du cœur, de la gorge et du front, un des airs ou modes de musique, un des 7 சுரம்: பஞ்சமகதி bonheur du —, paradis.

*பஞ்சமன், (பஞ்சமம்), homme de la 5e caste, (non compris dans les 4 principales), paria, (soit par descendance mélangée, par dégradation, ou par descendance des anciens aborigènes. [ம்), le குயில் ou coucou indien

*பஞ்சமாகியம், (பஞ்சமம், ஆகிய

*பஞ்சமாரன், (pantchamâra), le fils de மலகேதன்.

*பஞ்சமி, (பஞ்சமம், i), la femme commune des 5 பாண்டவர் i. e. Draoupadi ou துரோபதை, espèce d'échiquier indien dit சொக்கட்டான் விளையாட்டு, 5e cas des noms sanscrits, 5e jour de chaque demi-lunaison, les 5 dernières constellations en commencant à அவிட்டம் qui est la 23e, enfant —, fille dans la 5e année de son âge: — பேய் démon qui reste quand on meurt le 5e de la lune.

*பஞ்சம், 1° (pantchan), cinq. 2° famine, cherté, disette, chute: — ஆகி றது la famine arriver; — துவிருக்கி றது la famine exister, — régner; — தெளிகிறது, — தெளிந்துபோகிறது la famine passer, — cesser.

*பஞ்சரன், (பஞ்ச), partisan de la secte dite பஞ்சராத்திரம்.

*பஞ்சரம், 1° (pandjara), nid, cage, volière, colombier, corps, squelette, place. 2° vautour, aigle, atelier de —, poterie, l'arbre செருந்தி.

*பஞ்சராகேடம், (பஞ்சரம், ஆகேடம்), espèce de panier pour prendre le poisson.

பஞ்சரிக்கிறது, ரித்தேன், ரிப்பேன், ரி, ரிக்க, v. a. பஞ்சரிக்கல், n. v. ou பஞ்சரித்துக்கொண்டிருக்கிறது parler, — poliment, affablement ou longuement, babiller, jaser, solliciter, implorer, supplier, importuner par le récit de ses malheurs.

பஞ்சரிப்பு,*n.v.du préc.* babil, bavardage importunité, sollicitation: பஞ்சரிப்பாணவிசேஷம். சொல்லுகிறது redire une chose ou une affaire pour appuyer ses sollicitations

பஞ்சணைக்கிறது,(பஞ்ச), séparer le coton de sa graine.

பஞ்சவிக்கிறது,விக்கேன், விப்பேன்,வி,விக்க, v.n. பஞ்சவித்தல், n.v. (பஞ்சம்), proclamer la famine.

பஞ்சவிப்பு,*n v.du préc.* proclamation—,misère de la famine.

பஞ்சவர்,(பஞ்ச),5 hommes *V.*பஞ்சபாண்டவர்: பஞ்சவர்தூதன் messager des 5 பாண்டவர்,*i.e.*Krichna.

பஞ்சவன், un des 5,un des 5 பாண்டவர்,épithète des rois பாண்டியர் de Maduré.

பஞ்சவெச்சம், (பஞ்சம், எச்சம்), les 5 restes...,les 5 sacrifices, *V.* பஞ்சயாகம்.

பஞ்சனைக்கிழவன்,(பஞ்ச,அனை, கிழவன்), vieillard très âgé blanc comme coton.

*பஞ்சனகம்,(பஞ்சனம்,ka),maladie de la bouche, contorsion des lèvres,chute de dents.

*பஞ்சனம், (bhandjana), brisement,destruction.

*பஞ்சனி,(பஞ்ச,ni), *V*-பஞ்சாரி.

*பஞ்சாக்கரம், பஞ்சாக்ஷரம்,(பஞ்ச, அக்ஷரம்),les 5 lettres mystérieuses des Sivénistes,*i.e.* ந,ம,சி,வா,ய, qui réunies signifient, en sanscrit, gloire à Siven.

*பஞ்சாக்கினி,(*id.* அக்கினி),5 feux entre lesquels les ascétes se tiennent, savoir: 4 feux allumés aux 4 points cardinaux et le soleil sur leur tête, les 5 feux mystiques supposés présens dans le corps, les 5 feux suivants: இராகம் concupiscence, கோபம் colère,காமம் luxure, சடம் cruauté,தீபனம் la faim.

*பஞ்சாங்கம், (*id.* அங்கம்), les 5 membres,collection de 5 choses, les 5 parties, les 5 divisions, ce qui a 5 parties, cheval,tortue,almanach indien ou plutôt indou composé de 5 parties,savoir: வாரம் les jours de la semaine;திதி les jours de la lune; நக்ஷத்திரம் les constellations lunaires, யோகம் conjonction des astres ou divisions de l'écliptique par rapport à l'astrologie, et கரணம் autre division du même genre;—கேட்கிறது consulter l'almanach;பஞ்சாங்ககுத்தம், —க்கூர்மம la tortue qui cache dans son écaille ses 4 pattes et sa tête; —தெண்டன் prostration des 5 membres, *i. e.* faire toucher à terre les 2 pieds, les 2 mains et la tête; —பலன் utilité prétendue des parties de l'almanach;—மானியம் terre exempte d'impôt accordée au brame chargé de faire connaitre les 5 particularités du பஞ்சாங்கம்;—வாக்கியம் table des longitudes et des mouvemens de la lune en partant de l'apogée pendant 248 jours.

*பஞ்சாங்குலம், (*id.* அங்குலம்), 5 doigts, la main qui a 5 doigts, le palma christi (dont la feuille a 5 lobes comparés à 5 doigts).

*பஞ்சாங்குலி, (*id.*),qui a 5 doigts ou 5 divisions.

*பஞ்சாசத்து, (pantchâsat), cinquante.

*பஞ்சானியம், (பஞ்ச,ஆனியம்), lion au large visage.

பஞ்சாடுகிறது, (பஞ்ச, ஆடுகிறது),l'œil s'obscurcir, se ternir; sauter: பஞ்சாடித்திருக்கை espèce de raie qui saute.

*பஞ்சாட்சரம், *V*, பஞ்சாக்ஷரம்.

*பஞ்சாதபை,(பஞ்ச,ஆதபம்),pénitence des 5 chaleurs, — faite entre les 5 feux, *V* பஞ்சாக்கினி.

*பஞ்சாமிர்தம், பஞ்சாமுதம்,(பஞ்ச, அமிர்தம்,அமுதம்), les 5 ambroisies ou 5 choses délicieuses, *i.e.* பால் lait, தயிர் lait caillé, சருக்கரை sucre,நெய் beurre fondu,தேன் miel, mélange de ces 5 choses. Quelques-uns mettent les bananes et les cocos en place du lait caillé et du beurre: பஞ்சாமிர்தாபிஷேகம், (அபிஷேகம்), onction faite avec les 5 ambroisies.

*பஞ்சாமிலம், (*id.* அம்மிலம்), 1° collection des—,les 5 plantes acides,

i. e. le jujubier, le grenadier, l'oseille, spondias et le citronnier. 2° jujubier.

பஞ்சாயத்தார்,(பஞ்சாயம்), arbitres(ordinairement au nombre de 5), personnes désignées pour juger une affaire.

பஞ்சாயத்து, பஞ்சாயம், (பஞ்ச, ஆயம்), assemblée d'arbitres,—de 5 personnes ou plus pour juger une affaire.

*பஞ்சாயுதம்,(id. ஆயுதம்),1° 5 armes, les 5 armes et insignes de Vichnou, savoir: சக்கரம் roue, ou cercle ou arme ronde, தனுசு arc, வாள் épée, தண்டு massue, சங்கு conque qui sert de trompette; பஞ்சாயுதமாலை ou

*பஞ்சாயுதன், (id.), celui qui est muni de ou des 5 armes, i. e. Vichnou.

பஞ்சாய், le jonc கோரை ou cyperus.

பஞ்சாரம், âge des bœufs et des chevaux, chose usée, —vieille: நவ ou புதுப் — le jeune âge; நடு— l'âge moyen; பழம்—la vieillesse de ces animaux;— ஆய்ப்போகிறபுடவை toile qui commence à s'user, à s'érailler.

*பஞ்சாரி,(pantchâri), toile à carreaux,—pour jouer aux dés, espèce d'échiquier dit சொக்கட்டான்மனை.

*பஞ்சாரிக்கம், (பஞ்ச, அருக்கம்), les 5 mauvais augures, savoir: இந்திரவில் arc-en-ciel, கேது étoile tombante, தூமம் comète, பரிவேடம் halo (cercle autour du soleil ou de la lune), விதிபாதம் autre augure réputé mauvais; பஞ்சாரிக்கதோஷம் mal ou mauvaise influence supposée venir de ces 5 mauvais augures.

பஞ்சார்க்கிறது,(பஞ்சு, ஆர்க்கிறது), litt. le coton couvrir les yeux, s'obscurcir, se ternir, s'éteindre.

*பஞ்சாலம்,(pantchâla), le Pandjab, pays situé au nord de l'Inde, un des 56 de la géographie indoue.

*பஞ்சாலி, பஞ்சாலிகை (id. i, ikâ), l'échiquier dit சொக்கட்டான்மனை, poupée.

*பஞ்சாவடம், P. பஞ்சவடம், le cordon bramanique dit பூணூல்.

*பஞ்சாவஸிதம், பஞ்சாவத்தம்,(பஞ்ச, அவஸிதை), cadavre.

*பஞ்சாவஸ்தை, பஞ்சவத்தை, (id. id.), les 5 états ou conditions dans lesquelles on peut se trouver, savoir: சாக்கிரம் ou சாக்கிரதை veille ou activité; சொற்பனம் rêve, சுழுத்தி sommeil profond, துரியம் distraction d'esprit, absorption, துரியாதீதம் insensibilité ou inanité.

பஞ்சாளர்,(பஞ்ச, ஆளர்), V. பஞ்சகம்மாளர்.

*பஞ்சானனம், (பஞ்ச, ஆநநம்), l'animal au large visage, i. e. le lion.

*பஞ்சாஸனன், பஞ்சானனன் (id.), l'être fabuleux aux 5 visages, i. e. Siven.

பஞ்சான், petit—, enfant, poupon, (usité seulement dans le train de la vie domestique), racine de கோரை ou cyperus: அவனுக்குப்பஞ்சானும் குஞ்சானுமுண்டு il a plusieurs petits enfans; பஞ்சானுங்குஞ்சானுமலைகிறது un enfant rôder ou errer (sans père ni mère), être dans la détresse, les enfans rôder.

*பஞ்சி,(pandjî), coton, rouleau de coton préparé pour être filé, almanach, registre:—காரன் écrivain, faiseur d'almanach. 2° (பஞ்சை), paresse, peine, affliction;—காரன்,—காரகன் V. பஞ்சிகாகாரகன்.

பஞ்சிகம், la plante தாளி.

*பஞ்சிகாகாரகன்,(பஞ்சிகை, காரகன்), écrivain, calculateur, faiseur d'almanach, paresseux, homme affligé, peiné.

*பஞ்சிகை,(பஞ்சி, kâ), rouleau de coton, coton préparé pour être filé, fil, commentaire, ouvrage commenté, poil, almanach, registre, journal, compte, prétendu registre de Yamen, lequel contient les actions des hommes.

*பஞ்சிதம்,(பஞ்சு, இதம்), étoile.

பஞ்சித்தொடர்,(பஞ்சின், தொடர்), fil de coton, fil non interrompu, qu—

நுனி bout —, extrémité d'un fil de coton.

பஞ்சிநூல், (பஞ்சின், நூல்), fil de coton.

*பஞ்சீகரணம், (பஞ்ச, i கரணம்), effets de la réunion —, opération des 5 élémens dans le corps.

பஞ்சு, (பஞ்சி), coton, — avec sa graine, gossypium, coton séparé de sa graine et préparé pour être filé, toile, habit, buisson: இலவம் —coton soyeux, —de la noix de l'இலவு ou bombax: —கொட்டுகிறது battre le coton, le battre avec un machine à cordes d'arc, (manière de la carder); —கொட்டி celui qui bat ainsi le coton; —க்கொட்டை rouleau —, flocon de coton prêt à être filé; —க்கொட்டைநூற்கிறது filer du coton, —des rouleaux de coton; —நீலப்பாஷாணி vitriol bleu; —பன்னுகிறது carder le coton avec les doigts, l'éplucher ou le nettoyer; —பன்னுகிறதுபோலே பன்னுகிறது pincer comme si on épluchait ou cardait du coton, piquer comme des épingles: —போலிருக்கிறது être cotonneux, — doux comme du coton; —ப்பொதி sac de coton, — au coton ou plein de coton; —வாய்க்கொள்ளுகிறது germer.

பஞ்சுரம், sorte d'air ou de mélodie, luth propre aux pays montagneux, air ou mélodie propre aux pays stériles.

பஞ்சுருட்டான், பஞ்சுறுத்தான், (பஞ்சு, உருட்டு), nom d'un petit oiseau vert.

பஞ்சுசம், (பம், குசம்), grandeur.

*பஞ்சேந்திரியம், (பஞ்ச, இந்திரியம்), les 5 sens, *V. au mot* இந்திரியம்.

பஞ்சை, 1° pauvreté, faiblesse, pauvre, misérable, mendiant.‖*adj.* pauvre, chétif, mince, faible. 2° *acc. de* பஞ்சு: பஞ்சைசனம் les pauvres, le bas peuple; இவன்பஞ்சை il est pauvre ou faible; — க்கோலம் habit —, accoutrement de mendiant; —க்கோலங்காட்டுகிறது paraître en habit de mendiant; —த்தனம் pauvreté, bassesse; —ப்பாட்டு chant de mendiant, grande importunité: —ப்பாட்டுப்பாடுகிறது chanter un tel chant, ne cesser d'importuner; — ப்பொட்டிமகன் pauvre malheureux, gueux; —மயிர் cheveu mince, poil fin, —délicat.

பஞ்சையன், (பஞ்சை), pauvre, infortuné, homme faible.

*பஞ்சோஷ்மம், (பஞ்ச, ouchma *chaleur*), les 5 feux supposés dans le corps et qui servent à la digestion.

பட, 1° *obl. de* படம். 2° *inf. de* படுகிறது.

*படகம், 1° (pataha), timbale, tambour de guerre, petit tambour d'annonces, —dit தமுக்கு. trouble, tumulte, bâton, dommage, meurtre. 2° (pataka), camp, tente, rideau, hutte, — dans les champs. 3° espèce de cerf dit கவரிமா, la plante விஷ்ணுக்கிரந்தை.

படகு, bateau, barque, radeau: —க்காரன் batelier, propriétaire de barque; — வலிக்கிறது conduire un bateau à la rame; — வலிக்கிறவர்கள் bateliers, rameurs d'un bateau.

*படகுடி, படக்குடில், (படம்), tente.

படக்குப்படக்கென்கிறது, (*son imitatif*), craindre, faire un bruit répété, palpiter; படக்குப்படக்கென்கை signe de crainte, bruit répété, palpitation.

படங்கன், le poisson cataphractus.

படங்கு, (படம்), tente, étendard, grande bannière, dais, pavillon, couverture, dessus, — du pied, dissimulation, parole artificieuse, mensonge spécieux, sophisme, sophistiquerie, large latte, broche: படங்கடிக்கிறது représenter le faux comme vrai; —க்காரி femme dissimulée, — menteuse et trompeuse; படங்கமைக்கிறது couvrir (des marchandises) d'une grosse toile d'enveloppe.

*படச்சரம், (padat *son imitatif*, சரம்); vieille toile, vieil habit.

*படச்சரன், (*id.*), voleur.

படபட, son imitatif de précipitation...: படபடென்கிறது ou படபடக்கிறது, டத்தேன், டப்போவேன், ட, டக்க, v.n. (படபட), s'empresser,se presser,être précipité,se hâter inconsidérément, palpiter, faire du bruit,—le bruit de padapada: படபடென்றுவிழுகிறது tomber avec bruit; என்க்குடம்பு — வருகிறது mon corps est palpitant, épuisé (de fatigue, de faim...); — செய்யாதே n'agis pas avec précipitation; —பேசுகிறது parler avec précipitation; —படக்கடிக்கிறது mentir effrontément, — avec un empressement inconsidéré: படபடென்ல் signe de hâte,bruit répété,—précipité, —de padapada,*ou*

படபடத்தல், படபடப்பு, *n.v. du préc.*précipitation,empressement inconsidéré,palpitation, hâte: படபடப்பாயிருக்கிறது être précipité,empressé, inconsidéré; படபடப்பாய்ப் போகிறது *ou* வருகிறது aller —, venir précipitamment; படபடப்பை அடக்குகிறது réprimer—,arrêter la précipitation.

படபடென்ல்,*n.v. de* படபடென்கிறது, son redoublé,cliquetis, précipitation.

படப்பம், ville entourée de villages. [derrière une maison.

படப்பு, jardin, champ ou enclos

படப்பை,pays,contrée,étable,—à vaches, ville en pays cultivé ou de rizières, *V.*படப்பு.

*படமஞ்சரி, (pathamandjari), un des 32 airs des Indiens.

படமரம்,*P.*படைமரம், ensouple de tisserand,rouleau de devant sur lequel se roule la toile déjà tissée.

*படம்,1° (pata), toile,—belle, — fine,habit, chite,toile peinte, (*d'où*) peinture,tableau, gravure, image, dessin,rideau, écran, courtine —, surtout du contour d'une tente,toile dont on couvre la tête des éléphans, bannière, drapeau, cerf-volant, toit de chaume. 2° (phata), tête étendue ou chaperon du serpent capelle. 3° *P.*பதம்,pied,trace des pieds,vestige. 4° l'arbre காஞ்சிரேட்டி: காற்படம் cou-de pied,partie supérieure du pied; — அடிக்கிறது clouer un tableau ou une peinture à un mur;—குத்திநிற்றல் se tenir droit ayant un des gros orteils appuyé sur le dessus de l'autre pied; — உடையபாம்பு le serpent capelle;— எடுக்கிறது, — விரிக்கிறது le serpent capelle étendre son chaperon; — எழுதுகிறது dessiner, faire —, peindre un tableau; படக்காரன் peintre, tisserand; —ப்பாதி moitié de tableau..., jointure en menuiserie; படப்பொறி taches du chaperon de la tête du serpent capelle, la guimauve துத்தி: —மண்டபம்,—மனம்,—வீடம் tente;— வாசம் tente, jupe, *ou* — வாசகம் poudre parfumée: வெகுகதைபடத்திலிருக்கிறது il y a beaucoup de sujets fabuleux ou historiques dans cette peinture. [intrépidité.

படரடி,(படர்,அடி),entièrement,

படருகிறது *ou* படர்கிறது, படர்ந்தேன்,குவேன் *ou* ர்வேன்,ரு *ou* ர், ர, *v.n.*s'étendre,(les arbres,les plantes, une dartre...), s'élargir, se répandre (une odeur...), se divulguer, se propager, s'étendre en rampant, marcher,se conduire, penser: படருகிறகொடிகள் plantes rampantes, comme concombres, citrouilles..., leurs branches qui serpentent: இந்தச்செய்தியெங்கும் படர்ந்தது cette nouvelle s'est répandue partout.

படருக்கி,(படர்), la plante செந்நாயுருவி. [*acc. de* படர்.

படரை, 1° la plante ஆவிரை. 2°.

படரொளி, (படர்), lumière —, splendeur qui se répand.

படர்,1° *imp.et part.et n.v.de* படர்கிறது, pensée, intention, passage, transition,marche,chemin. 2° affliction,maladie, douleur, peine, gens affligés, haine, drapeau, bannière, butte,hauteur, élévation. 3° *pl.de* படர், guerriers, combattans, serviteurs,gens vils, — chassés de caste; —கொடி plante rampante, qui serpente,la plante சீந்தில்: — தாமரை dartre; — மல்லிகை le jasmin dit jasminium grandiflorum.

படர்க்கை, (படர், கை), la 3me personne: —யிடத்தார் ceux qui sont de la 3e personne.

படர்ச்சி, n. v. de படருகிறது, marche, démarche, pas, extension, étendue.

படர்தல், n. v. du même, extension, étendue, largeur, direction, conduite, pensée.

படர்வு, n. v. du même, V. படர்ச்சி.

*படலம், (patala), foule, multitude, monceau, quantité, nombre, livre, section, division, chapitre ou chant d'un poème, taie qui vient à l'œil ou le couvre, cataracte, tache —, paille ou défaut dans les pierreries, place, côté, district, marque sur front avec du sandal, cortége, panier, claie, couvercle, couverture, toit en chaume.

படலிகை, (படலம், ikâ), sonnette, cercle, figure circulaire, fatigue, ennui, plat de fleurs, la plante பெருங்கொடிக்கு cucumis, V. படலம்.

படலை, chaine d'or, guirlande de fleurs, — de grelots, porte extérieure, — en claie, — de divers morceaux attachés, forme aplatie, tambour dont le dessus va en s'élargissant.

படல், 1° trou de l'antenne, petite porte, claie, écran ou abri fait de feuilles de cocotier etc... tressées ensemble. 2° opt. et n. v. de படுகிறது, existence, formation, rencontre, obtention, réunion, coélange, perte, destruction, mort, mucher, — des astres, souffrance, impression, floraison, choc, brisement, perception des sens, ou படற்கள்ளி le cactus dit சதுரக்கள்ளி; படல்கட்டுகிறது attacher une claie...; இன்றையகாற்றுக்குத்தப்பினுல் நாளைய டிக்கிறகாற்றுக்குப்படல்கட்டிக்காத்திக்கொள்ளலாம் si nous échappons au vent d'aujourd'hui, au moyen des claies que nous attacherons nous pouvons être à couvert du vent qui soufflera demain. [férante.

*படவாசகம், (படம்), poudre odori-

படவாள், P. படைவாள், pointe de lac harrue sur laquelle s'emboite le soc, soc de charrue.

படவு, barque, bateau.

படவை, 1° la plante செருப்படை. 2° (badavâ), V. படவை, et ses composés. [tation, étude.

*படனம், (pathana), lecture, réci-

*படன், pl. படர், (bhata), guerrier, soldat, combattant, barbare, homme dégradé, de basse caste ou hors de caste, esprit, fantôme.

படா, 1° ou படாத, part. nég. de படுகிறது, qui ne touche pas, qu'on ne peut souffrir, insupportable, intolérable, inconvenable: படாப்பழி, —ருபம் fausse accusation, calomnie, vengeance atroce; — ப்பழிசொல்லுகிறது calomnier; — வஞ்சகம், — வஞ்சனை insigne mensonge, cruelle déception; படாதபாடெல்லாம்பட்டேன் j'ai souffert tous les maux les plus intolérables. 2° ou படாது, gér. et 3e pers. neut. nég. du même, எனக்குமவனுக்கும்படாது lui et moi nous ne pouvons nous accorder; சிறுமீன்கள் பெருவலையிலே படாது les petits poissons ne se prennent pas dans un grand filet.

*படாகை, (patâkâ), drapeau, bannière, bourgade.

படாத, படாது, part. gér. et 3me pers. neut. nég. de படுகிறது, V. படா.

படாத்திரம், (படா, அத்திரம்), mensonge, fausseté, fable, pur conte, calomnie: — சொல்லுகிறது, — ஆய்ப்பேசுகிறது dire une fausseté, forger un conte; — அடிக்கிறது, — போடுகிறது donner aux choses une fausse couleur, une fausse apparence, les falsifier, faire semblant: — ஆய்க்கட்டிச்சொல்லுகிறது forger —, inventer un histoire; — ஆய்வந்துவிழுகிறது arriver par hazard; — பண்ணுகிறது forger, inventer, falsifier; படாத்திரக்காரன் menteur, imposteur.

படாபஞ்சனம், (படா), destruction entière, perfidie, cruelle déception. [et n. v. nég. de படுகிறது.

படாமல், படாமே, படாமை, gér.

படாம், 1° P. படம், toile, rideau, grand drapeau. 2° P. படோம், nég. de படுகிறது, nous ne souffrons pas: படாம்வீடு tente.

படகாசுரச்செடி, la plante கொக்கோகு படகாசுரன்.P.பேடகாசுரன். [படுமுதி.

படபட,mot imitatif de bruit: படபட த்தொல்லுகிறது, படபடவென்றிரைகிறது faire du bruit.

படி, 1° imp.et part.de படிகிறது et de படிக்கிறது. 2° manière, mode, façon, ressemblance,comme, selon, moyen,but, afin que,pour que, nature,disposition, qualité,mesure, la mesure dite நாழி, le 8° d'un குறுணி, environ un litre,poids(pour les balances), pesanteur,poids,— de 100 பலம், environ 7 livres et 1/7, escalier, degré,marche, échelon,étrier, seuil de porte,mesure de riz pour la nourriture d'une journée, batta ou bath,allocation,— journalière pour ceux qui sont en voyage ou en service éloigné,salaire journalier,haine, terre, varangue de maison, niveau d'eau.* 3° (pati), toile. 4° (pathi), lecture; அரைப்— demi mesure,demi-bath; கால்ப்—ou காற் — quart de mesure, — de bath; தீட்டுபடி ou ஆளுப் — nourriture—, allocation journalière ou bath par personne; ஒரு — கோதுமை une mesure de froment; ஒருபடி யெண்ணெய் une mesure d'huile; — கட்டுகிறது égaliser le poids, —la mesure ou le bath,ou — கொடுக்கிறது donner la dépense journalière ou le bath (en nature ou en argent); — க்கட்டளை fourniture —, dépense journalière et réglée (d'un temple, d'une maison),ordre de donner le padi,manière réglée,ou — க்கட்டு contre-poids, équilibre,poids égal;— க்கட்டுவைக்கிறது mettre un contre-poids dans la balance, égaliser le poids, garder le poids de l'or ou de l'argent donné à un orfèvre; — க்கட்டு marche d'escalier, mesure—, poids déterminé;—க்கட்டுக்கிடைதராமலொப்பி க்கிறது délivrer (l'ouvrage), selon le poids déterminé;—க்காசு,V. படித்துறை; — க்காசு argent du bath ou pour la nourriture journalière; — க்காசுக்காரன் celui qui reçoit le bath ou travaille pour sa nourriture, celui qui donne le bath ou la dépense journalière; — த்திட்டம் ordre, règle générale, accord, sorte d'allocation faite aux pagodes;—த்தீன் nourriture donnée pour bath; — த்துறை lieu où il y a un escalier en pierres pour descendre dans un étang ou un puits; — படுத்திக்கொடுக்கிறது mesurer —, distribuer le bath ou l'allocation journalière; — பாதி moitié (d'une dette, d'une perte,d'un gain ou autre chose déterminée); — போடுகிறது donner —,distribuer le bath;— ப்படியாயேறுகிறது monter par degrés: — ப்பணம் argent ou fanon d'allocation journalière,bath en argent (ordinairement un ana ou un petit fanon);—நாள் jour fixé pour donner le bath;—அளக்கிறது mesurer—,donner le bath ou la nourriture journalière en grains;— அளந்தோன் celui qu'on prétend avoir mesuré la terre d'un de ses pieds, i.e. Vichnou; ஒரு— யாயிருக்கிறது être dans le même état,ni mieux ni pire;— யிறங்குகிறது descendre les degrés: — யேறிச்சேவிக்கிறவள் bayadère ou servante du temple qui a le triste privilége de monter les degrés devant une niche d'idole; படி afin que, que, ou படியே (après un nom ou un participe), selon, comme, selon que; அவன்சொற்படி, — சொன்னபடியே selon ses ordres, sa parole ou sa promesse; காரியம் நடக்கும்படி afin que l'affaire marche ou selon que l'affaire marchera; தப்பும்படிவழியறியேன் je ne sais ou ne vois pas de moyen d'échapper; படிக்குப்பாதி, V. படிபாதி;படிக்கு, படியால் (après un participe) afin que, pour,selon que, comme; அப்படிசெய்யும்படிக்கு pour faire ainsi; அவன் கோபியாதபடிக்குச் சொல்லு parle de manière à ce qu'il ne se fâche pas; என்னை யறியாதபடிக்கு sans me connaître, sans me le faire connaître,à mon insçu; சொற் படி

விதப்படிக்கு,— ou சொன்னபடி ou சொற்படி நடக்கிறது obéir, marcher comme il a été ordonné, ou selon qu'il a été dit ou ordonné, ou selon l'ordre ou la parole; நீசெய்யும்படிக்கு afin que tu puisses faire, ou selon que tu feras; படிக்குச்செய்கிறவன், V. படியாள்; நான்படிக்குவந்த பண்ணைக்காரனைப்போலே நிற்கவா dois-je rester debout à attendre comme le journalier qui est venu pour le bath; தூங்குகிறபடியாய்க்கிடக்கிறான் il est étendu comme un homme qui dort; படியிலேறுகிறது monter sur le degré ou par degrés...; படியால், படியினாலே (après un participe), parce que: அவனதைச்செய்த படியினாலே parce qu'il a fait cela.

படிகம் 1° P. ஸ்படிகம், crystal, miroir. 2° danse, aumône, écorce de l'arbre விளா feronia: — இடுகிறது éclaircir des bijoux d'or (en les faisant bouillir avec de la cendre et autres ingrédiens);— ஆனமுகம் visage brillant, —serein;— ஆனவசனம் mot propre, —clair, — à sa place, pure vérité, parole vraie; படிகப்பச்சை pierre précieuse verte.

படிகள், (படி), portiers.

படிகிறது, படிந்தேன், படிவேன், படி, படிய, v.n. se soumettre. s'assujéttir, s'abaisser, tomber, s'affaisser, obéir, être sujet, s'habituer, devenir habituel par l'étude ou la pratique, être mis en ordre, baisser, se calmer, se coaguler, s'unir, s'accorder, se mêler, déposer, s'enfoncer, — dans l'eau, couler à fond, succomber, plonger, se baigner, s'amender, s'améliorer; படிந்ததூசி, — தூள் poussière qui est tombée, ou s'est abattue par l'effet de la pluie ou de l'eau qu'on a jetée; படியப்பண்ணுகிறது, V. படிவிக்கிறது; — போகிறது se précipiter, couler à fond, sombrer; கப்பல் — ப்பாய்ந்தது le navire a coulé à fond, a sombré; — ப்பார்க்கிறது chercher à se soumettre ou à soumettre, dompter, diminuer; காலைப் — வைத்துநடக்கிறது (un malade etc...) placer le pied avec précaution et marcher, marcher d'un pas ferme, se tenir ferme, s'ouvrir un chemin; — ப்போடுகிறது, — வைக்கிறது mettre reposer, — déposer...; அவனுடையெழுத்துப் — யவில்லை son écriture n'est pas encore formée; எனக்கவன் — யவில்லை il ne m'obéit pas; பலகை — யவில்லை la planche ne se joint pas bien; புத்தி — யவில்லை son esprit n'est pas encore calmé ou formé, il n'est pas habile.

*படிகை, 1° (patikâ), habit, toile. 2° n.v. du préc. V. படிவு.

படிக்கம், crachoir.

படிக்கல், 1° n.v. de படிக்கிறது. 2° (படி, கல்), pierre servant de poids, poids non estampillé.

*படிகாரம், (sphati, alun), alun.

படிக்கிறது, படித்தேன், படிப்பேன், படி, படிக்க, v.a. படித்தல் n.v. (pathi lecture), apprendre, étudier, s'exercer, s'accoutumer, lire, dire, réciter, chanter; படித்தவன், படித்தெடுத்தவன் homme instruit, qui a étudié; படித்திருக்கிறது avoir appris, étudié..., être lu, récité; படித்துக்கொள்ளுகிறது apprendre, étudier.

படிக்கை, V. படித்தல்.

*படிசம், ((vadisa), hameçon.

படிசு, (படி), état, condition, juste proportion, fixité: ஒருபடிசாய் ou ஒருபடித்தாயிருக்கிறது être dans le même état.

*படிதம், (pathita), lecture, chose lue, récitation.

*படிதா, (pathitâ), lecteur.

படிதல், n.v. de படிகிறது, soumission, obéissance, accord, mélange, union, plongeon, bain, lavage, amendement, amélioration.

படித்தல், n.v. de படிக்கிறது, lecture, récitation, étude, dire, apprendre.

*படித்திரம். (bhatitra), viande rôtie (à la broche...).

படித்து, 1° gér. de படிக்கிறது. 2° P. படிசு.

படிந்த, படிந்து, part. et gér. de படிகிறது.

படிப்பனவு, படிப்பினை, n.v. de படிக்கிறது, instruction, enseignement, doctrine, érudition, étude.

படிப்பாளி,(படிப்பு,ஆளி), savant, homme instruit.

படிப்பிக்கிறது, v.caus. de படிக்கிறது (avec. le dat. de la personne et l'acc. de la chose ou plus élégamment avec 2 acc. faire apprendre..., instruire,enseigner,exercer,habituer.

படிப்பித்தல்,படிப்பிப்பு, n. v. du préc. [qui enseigne, précepteur.

படிப்பிப்போன். n.app. du même,

படிப்பினை, 1° P.படிப்பனை instruction, doctrine, sable mêlé de minerai de plomb.2° acc. du suiv.

படிப்பு,n.v.de படிக்கிறது,étude, science,savoir,instruction, érudition,connaissance,diction,lecture, esprit,expérience,habitude: — க்காரன் homme instruit,savant.

படிப்போன்,n.app.de படிக்கிறது, écolier, étudiant.

படிமத்தாள்,படிமாத்தாள், (படிமம்,அத்தாள்), femme possédée.

படிமத்தான்,படிமத்தோன்,(id.), énergumène,homme possédé et inspiré par le démon ou un prétendu dieu payen.

படிமம்,état —, danse d'énergumène, possession (par un esprit), miroir,pureté,blancheur: படிமக்கலம் miroir, படிமதானம் un des 9 தானம்.

படிமானம், (படியும், மானம்), soumission,convenance,habileté,ordre établi,amélioration, régularité, justesse,union,diminution du prix: பலகைபடிமானமாயிருக்கவில்லை la planche ne joint pas bien.

படிமை, accoutrement de pénitent.

படிய,inf. de படிகிறது.

படியகம், crachoir.

படியச்சு, (படி,அச்சு),nom d'un instrument.

படியரம், (படியும்,அரம்), espèce de lime,râpe.

படியாணி,(படி,ஆணி), cheville pour assujéttir les échelons d'une échelle.

படியா,படியாத, part.nég.de படிகிறது,et de படிக்கிறது.

படியாமை,n.v.nég des mêmes verbes,manque—,défaut de soumission, d'instruction,d'étude..

படியார், 1° n.app.nég. de படிக்கிறது,gens sans instruction, ignorans. 2° n.app. nég. de படிகிறது, gens désobéissans.

படியாள்,(படி,ஆள்), ouvrier —, serviteur —, journalier payé en grain.

*படிரம். P: படீரம், bois de sandal.

*படிலன்,(bhadila),serviteur, héros,brave.

படிவம்,P.வடிவம், beauté, corps, forme,—du corps, membre, jeûne, abstinence.

படிவர்,(படிவம்), pénitens, sages, ascètes, — indiens portant une longue chevelure emmêlée.

படிவிக்கிறது,v. caus. de படிகிறது, soumettre, assujéttir, abaisser, mettre en ordre, rendre sujet, soumis,obéissant ..

படிவு, n.v.de படிகிறது, soumission,obéissance,sujétion, révérence, respect,abaissement,plongeon,bain, support.

படிறர்,(படிறு),voleurs,menteurs, trompeurs,perfides, débauchés, luxurieux.

படிறு,gén. படிற்றின், vol,mensonge,fraude,perfidie, débauche: படிற்றொழுக்கர், (படிற்று, ஒழுக்கம்), V. படிறர்.

படிணம், 1° victoire, rôle.2° P. பட்டணம்.

*படீரம், (patira), arbre de sandal, couleur —, rouge, ventre, hauteur, champ, rhumatisme, flatuosité,nuage,crible,van, rave.

*படீரன்,(id.), V.கந்தருவன்.

படீர்,son imitatif de craquement etc...:படீரிடுகிறது,படீரென்கிறது, faire padîr,— du bruit,craquer: படீரென்று கிழிகிறது se déchirer avec bruit; — விழுகிறது tomber en craquant.

படு,1° toddi ou callou,i.e. vin de cocotier..., étang,réservoir,bouquet de fleurs,grappe de fruits d'arbres, bien,richesses,excès, grand (devant un nom comme படுபொய் gros mensonge).2°* (patou), habileté, subtilité, pointe, chaleur, fraude. 3e *imp. et part. de* படுகிறது: படுகளம் champ de bataille; —கள்ளன் grand voleur; —காடு lieu où l'on brûle les cadavres, cimetière; —காயம் blessure mortelle: — காயமாய்விழுகிறது tomber blessé mortellement; —காயப்படுகிறது être blessé mortellement; — காய்ச்சி feuilles de tabac qui ont poussé du tronc après la 1er coupe des feuilles; — கிடங்கு, —குழி fosse, — pour prendre les éléphans et autres animaux, chausse-trape; —குடி maison —, famille ruinée; —க்காளி menteur, fourbe, rusé, fabricateur d'histoires ou de contes (pour tromper); — க்காளிவிசேஷம் conte, fable, histoire inventée pour tromper: — சூரணமாக்கிப்போடுகிறது réduire en poussière, anéantir, détruire entièrement; — சூரணமாய்ப்போய்விடுகிறது être reduit en poussière, être anéanti; —ஞாயறு, — ஞாயிறு, — நாயறு, நாயிறு soleil couchant, esquinancie, — qui commence au coucher du soleil: — தடி bâton de bois mort, —qui tombera ou se brisera; — தண்டம் profonde révérence, prostration; —தாமரை dartre, mal qui s'étend sur le corps comme une feuille ronde de nénuphar; —த்திறம் habileté, dextérité; —நிலம் terre stérile, — sans eau, champ de bataille, lieu où l'on brûle les morts; — நெறி chemin rude, raboteux, inégal; —பகை, — பழி grande vengeance, —haine ou faute; —பழம் fruit prêt à tomber, —très-mûr, trompeur; — பாவி grand pécheur, débauché, impie; —புரளி, — பொய் pur —, gros mensonge; —புளுகு pur mensonge, pure vanterie, vaine louange: —பொழுது soirée, soir; — மரம் arbre mort, —mourant, —மலைப்பாலை espèce d'air ou de mélodie; — முடிச்சு nœud inextricable, — gordien; — முடிச்சாய்முடிகிறது nouer fortement, d'une manière inextricable; — மோசம் tromperie —, déception complète perfidie.

படுகை, route inégale, —raboteuse, chemin qui monte et descend, étang, fosse, creux, —dans un chemin etc..., pays cultivé, terre à riz, rizière, champ.

படிகை, alun.

படுகிறது, ட்டேன், டுவேன், டு, ட, *v. n.* souffrir, endurer, sentir, éprouver, supporter, être atteint, —affecté, périr, mourir, être tué dans une bataille, (un arbre...) se dessécher, —mourir, (le soleil) se coucher, se prendre (dans un filet...), être, se former, se trouver, se présenter, être imaginé, exister, heurter, donner contre, frapper, toucher, atteindre, s'imprimer, résonner, obtenir, fleurir, manquer. Après un infinitif ou la racine d'un verbe, celui-ci forme le passif: எண்ணப்படுகிறது être compté, estimé...; அடி ou அடிக்கப் படுகிறது être battu; செய்யப்படுகிறது être fait; அதுசெய்யப்படவில்லை cela n'a pas été fait; செய்யப்படாது cela ne peut ou ne doit pas se faire. Après un nom il signifie avoir, obtenir, éprouver, ou bien, être, en traduisant le nom par l'adjectif, et si ce nom est terminé en ம், cet ம் se change en ப்: சந்தோஷப்படுகிறது épouver ou avoir de la joie, être joyeux, se réjouir; சலிப்பு — éprouver—, avoir du chagrin, être triste, s'attrister; சுகப்— recouvrer la santé, être bien portant; சகலமும் ou எல்லாம் — souffrir toutes sortes de maux, faire tous ses efforts: மீன் — le poisson se prendre; மீன்படவில்லை le poisson ne s'est pas pris, on n'a pas pris de poisson; இதின்மேலேவெயிற்படுகின்றது le soleil donne sur cela: கல்லென்கன்னத்திலேபட்டது la pierre m'a atteint ou frappé à la joue: குண்டுஅவன்தோளிற்பட்டது la balle l'a atteint à l'épaule; கைபட்டது la main a été atteinte ou a touché, a saisi; லேசாய்ப்பட்டது cela a touché ou souffert légèrement, peu (de poisson...) a été pris: காற்றுப்படாமலிருக்கிறது être à l'abri du vent; பாடுபேசுகிறது al-

-ler frapper, — toucher, — atteindre; படப்போடுகிறது lancer de manière à atteindre au but, frapper, toucher; குறிவைத்துப்படப்போடு lance de manière à atteindre au but; படமாட்டோம் nous ne souffrirons pas; தனிப்பட séparément, à part: ரகரம்படவுச்சரி prononce de manière à faire sentir la lettre r; இடம்படவீடு கட்டுகிறது bâtir une maison spacieuse; இடம்படவீடெடேல் ne bâtis pas une grande maison; இடம்பட்ட spacieux, large, vaste, qui prend de la place; பட்டபாடு souffrances endurées; பட்டபாடும் கெட்டகேடுஞ் சொன்னான் il a raconté les souffrances et les pertes qu'il a éprouvées; பட்டபாட்டைக்கேட்டால் கெட்டகேட்டைச் சொன்னான் étant interrogé sur ses souffrances il a raconté ses malheurs; பட்டப்பகல் plein—, grand jour; பட்டப்பகலிலே வருகிறது venir en plein jour; பட்ட ou பட்டுப்போனமரம் arbre mort ou desséché; பட்டிருக்கிறது avoir souffert, être mort...; பட்டுக்கிடக்கிறது être étendu mort ou gravement blessé; நீபட்டுக்கிடக்க, பட்டுக்கிடப்பாய் puisses-tu être étendu mort; (imprécation): பட்டுப்போகிறது descendre, se coucher, être tué dans une bataille, se dessécher et mourir; பட்டுப்போனமரமுந் துளிர்க்கும் les arbres même morts et desséchés repousseront (se dit dans les louanges des grands); அவன்கவிபாடினால் பட்டுப்போனமரமும் பச்சைகொள்ளும் quand il chante ses vers, les arbres même desséchés reverdissent; கொஞ்சம்பட்டுப்போயிற்று cela a un peu souffert, ou a été un peu endommagé; பட்டுத்தரிக்கிறது souffrir, endurer; திரியிலேதண்ணீர்பட்டது l'eau a touché la mèche; பட்டதறியாயோகொட்டுக்கூடாய் பகலுண்டதறியாயோசட்டிக்கூடாய் ne sais-tu pas ce que tu as souffert lorsque tu étais petit *litt.* comme une petite corbeille et ne sais-tu pas ce que tu as mangé aujourd'hui que tu es grand comme une large corbeille? Maintenant que tu es dans l'abondance as-tu oublié ton ancienne détresse?

படுசு, particularité du discours, discours—, mot efficace.

படுகை, 1° *n.v.de* படுகிறது. 2° (படுகிறது), *ou* படுகைச்சதுரம், champ au milieu ou sur les bords des fleuves et souvent inondé: — மாமணக்கு sorte de ricin, (qui se sème dans de tels champs), ricinus inermis.

படுக்கிறது, டுத்தேன், டுப்பேன், டு, டுக்க, *v.a. et n.* se coucher, coucher, être couché, — couché à plat, reposer, dormir, faire —, coucher, paver, étendre, tuer, niveler, répandre dans l'aire pour y être battu par les pieds des bœufs, battre le blé, prendre dans un filet, pêcher au filet, entasser, presser: நெற் —, வரகு — battre le riz, — le millet dit வரகு, les répandre dans l'aire pour être battus par les pieds des bœufs; கற் — paver en pierres, coucher ou étendre une pierre; உப்பு — entasser du sel, en faire un magasin; படுக்கவைக்கிறது (*avec l'acc.*), coucher (un enfant...), mettre au lit, mettre à plat: படுத்திருக்கிறது, படுத்துக்கொண்டிருக்கிறது être couché, se coucher, garder le lit (par maladie...): படுத்துக்கொள்ளுகிறது se coucher: செங்கல்படுத்தமுற்றம் cour pavée en briques; படுத்ததரை, படுத்தபூமி terre nivelée: படுத்திடுகையிறு piége, lacet, filet pour prendre les oiseaux, animaux...).

படுக்கை, *s. v. du préc.* action de se coucher..., couche, couchette, lit, lieu où l'on couche, repos, litière (pour les animaux), pied d'une enclume, selle ou coussin pour mettre sur un cheval: — க்கட்டில் lit à coucher; — ச்சாலை, — வீடு, — யறை chambre à coucher, dortoir; — பார்க்கிறது chercher son lit, — où se coucher, aller se mettre au lit; குதிரைக்குப் — போடுகிறது mettre de la litière à un cheval.

படுதல்,*v.n.de* படுகிறது,souffrance, tolérance, impression, coup, mort,prise,coucher (des astres),existence, formation, idée, perception, rencontre,choc,floraison, privation,

படுசா, (*ind.*),refuge,abri. [son.

படுத்த, 1° *part. parf. de* படுக்கிற து,2° *inf.de* படுத்துகிறது.

படுத்தல், *n.v. de* படுக்கிறது *et de* படுத்துகிறது:—ஓசை ton—,son—, accent grave ou bas, son des lettres douces ங,ஞ,ண,ந,ம,ன.

படுத்து,1° *gér. de* படுக்கிறது. 2° *imp.de* படுத்துகிறது.

படுத்துகிறது, த்தினேன்,த்துவேன்,த்து,த்த, *v.a. de* படுகிறது, படுத்துதல், *n.v.* faire souffrir,—endurer,—prendre,causer,tuer,traduire, coucher, (après un nom il signifie) donner,rendre: துக்கப் — causer—, donner du chagrin,rendre triste,attrister; வெளிப் — rendre public, faire connaître,découvrir; தமிழ்ப்— traduire en tamoul.

படுப்பிக்கிறது, *v. caus. de* படுக்கிறது,faire—, coucher...

படும், 3° *pers.et part.fut. de* படுகிறது,il souffrira... (après un infinitif il signifie quelquefois),il faut.

படுவது, *n. app. de* படுகிறது, ce qu'on souffre...,il convient:—படுகிறது souffrir grandement, — ce qu'on peut souffrir,être bien exercé, expérimenté; வருவதுகொண்டேன் —படுவாய் j'ai dit ce qui doit arriver,vous souffrirez ce qu'il y aura à souffrir. [றி.

படுவநாயகி,la plante பாற்சொற்

படுவர், 1° (படு), marchands de callou ou de vin de cocotier... 2° (படுகிறது), ils souffriront.

படுவன்,1° furoncle,ulcère,—malin au dessous du genou,gale, nom d'une maladie et d'une plante. 2° *P.*படுவான் *et* படுவேன்,il souffrira, je souffrirai.3° *sing. de* படுவர், vendeur de callou.

படுவான்,1° *et* 2° 3° *pers.fut. et n. app.de* படுகிறது,il souffrira,un mortel,un être sujet à la souffrance. 3° l'occident, le côté où se couche le soleil.

படுவி,1° *f.de* படுவன்,vendeuse de callou. 2° (படு),femme débauchée, —de mauvaise vie. [tu souffriras.

படுவை,1° radeau, 2° *P.*படுவாய்,

படேன்,*nég. de* படுகிறது, *et de* படுக்கிறது: இங்கேபடேன் je ne me coucherai pas ici,je ne dormirai pas ici,*ou* (படு,என்),couche ou dors ici, je t'en prie.

படை,1° armée, — rangée en bataille,arme,instrument,combat, bataille,charrue,soc de charrue, selle de cheval,couche, — généralement de la hauteur d'une coudée que l'on met à chaque fois à un mur de terre en construction, rangée, couche—,rang ou rangée de briques dans un mur ou dans le revêtement d'un puits,sommeil,matelas.2° *P.*படாய்,2° *pers.nég.de* படுகிறது,tu ne souffriras pas. 3° *imp. de* படைக்கிறது: அஞ்சு—,ஆறு—,எழுபடை(mur de) 5,6,ou 7 couches de terre successives; ஒளி— troupe —,gens en embuscade; குத்தும் —arme qui—,pique,lance, escadron de lanciers; வெட்டும்—arme qui tranche,sabre,épée, gens armés de sabres; படைசத்திக்கிறது une armée pousser des cris, des acclamations; — கூட்டுகிறது rassembler—,conduire une armée; —க்கப்பல் vaisseau de guerre; —க்கலம் arme,instrument,acier; —க்கலம் பயில்தல் apprendre à faire l'exercice, c'est un des 6 devoirs des rajas; —க்கால்,—க்கால்ப்பலகை soc de charrue en bois auquel s'adapte le soc ou la pointe en fer; — க்குழப்பம் trouble—, révolte d'une armée; —க்கூடு fourreau d'arme ou d'outil; —க்கோலம் appareil —,accoutrement militaire; —க்கைவகுக்கிறது partager une armée en ses diverses parties; —க்சனம் gens d'armée, militaires; —ச்சால் sillon, — tracé par la charrue; —ச்செருக்கு bravoure guerrière, —d'une armée, courage militaire; —செய்கிறது faire la guerre, combattre;—சேர்க்கிறது lever une armée;—த்தலைவன் général d'armée;—த்துணை secours pour une armée,—pour la guerre,ou—த்துணைவன் compagnon d'armes; —த்தொகை corps—,détachement d'armée;—பயிற்றுகிறது enseigner—, apprendre l'escrime,—à faire des armes,—l'exercice militaire, c'est un des 6 devoirs des rois;— பெய்கூடு fourreau d'arme ou d'outil;—பேர்த்தல் creuser—,miner par dessous;—ப்பவிஞ்சு,—ப்பவுஞ்சு,—ப்பௌஞ்சு ordre de bataille;—ப்பௌஞ்சுபார்க்கிறது passer une armée en revue, examiner l'ordre de bataille; —ப்பௌஞ்சுபோயிற்று l'armée est rangée en bataille,l'ordre de bataille est rompu;—பொருகிறது l'armée combattre,faire la guerre;— மரம், *V.*படமரம்;—மா l'animal guerrier,*i.e.* le cheval;—மாசுருவி selle de cheval;—மாட்சி bravoure—, prouesse d'armée;—மிகுக்கிறது l'armée augmenter,—se mutiner; —மிகுத்தாலரணில்லை si l'armée se mutine un fort ne sert de rien;— முகம் front de l'armée,avant-garde;—முகத்திலே en face d'une armée, devant une armée;—முஸ்திப்பு,— முஸ்தீது attirail—,équipage—,accoutrement militaire,—de guerre;—முறிகிறது —,முறிந்துபோகிறது une armée rompre ses rangs,—être mise en déroute;—முறிக்கிறது mettre en déroute—,défaire une armée, en rompre les rangs;—முறிவு déroute d'armée;—யணி détachement—, division—, rang d'armée,ordre de bataille;—யறுக்கிறது mettre en déroute—,rompre une armée;—யறுகிறது,— யறுந்துபோகிறது l'armée se rompre, prendre la fuite;—யாளர்,—யாளி guerrier,militaire,combattant,homme d'armée;—யிராசன் le roi de l'armée, salpêtre; —யிறங்குகிறது l'armée camper; —யிறங்குமிடம் camp,campement d'armée;—யுறுப்பு détachement d'armée, corps de troupes;—யுறை fourreau d'arme ou d'outil;—யெடுக்கிறது lever une armée,se préparer pour la guerre, entrer en campagne, s'opposer à, combattre contre,*ou* —யெழுகிறது une armée lever le camp,—se mettre en marche ou en mouvement;—யெழுச்சி mouvement —, marche d'une armée;—யெழும்பல்,—யெழும்புகிறது une armée lever le camp,—se mettre en marche, se soulever;—வகுப்பு ailes —, corps —, division d'armée,bataillon,ordre de bataille,—வகுப்பு-ச 4 manières de ranger une armée: அணி en file,உண்டை en peloton, ஒட்டு en corps,யூகம் en ordre de bataille. (Il y a en outre la division d'une armée en 4 corps:தேர் chars,கரி éléphans, பரி chevaux,காலாள் piétons; on les nomme சதுரங்கம்),—வரம் selle,coussin de cheval;—வாச்சியம், — வாத்தியம் instrumens de musique—,musique militaire,la bande de musiciens d'un régiment; —வாணம் fusée;—வாள் soc de—,charrue,sabre;— விகற்பம் diverses manières de ranger une armée en bataille,divers plans de batailles;—வீடு arsenal,magasin d'armes,caserne,camp,garnison,temple;—வீடுதூரமாயிருக்கிறதா le camp est-il loin d'ici?n'as tu pas des oreilles pour entendre?— வீரம் bravoure militaire; — வீரன்,*pl.* — வீரர் brave,héros, guerrier, militaire;—வெட்டு blessure reçue à la guerre; —வெற்றி victoire,—d'armée; படைக்குப்போகிறது aller à l'armée,—à la guerre,suivre l'armée; படையிற்படுகிறது être tué—, mourir à la guerre ou à l'armée.

படைக்கிறது, டைத்தேன், டைப்பேன்,டை,டைக்க,*v. a.* படைத்தல், *n. v.* créer,faire,former,fabriquer,inventer,mettre en ordre,offrir du riz bouilli ou autres mets à une idole, distribuer —, servir à manger (aux பண்டாரம்...), acquérir,posséder,garder,entretenir, supporter, bien traiter, gouverner sa femme, remplir avec elle le devoir marital, donner une rossée: அமுதுபடை donne à manger (aux pauvres); படைக்கப்பட்டது, படைக்கப்பட்டவை créature—, chose offerte à une idole; படைத்துவைக்கிறது offrir aux idoles et garder; அவனென்னை நன்றாய்ப்படைத்தான் il l'a bien traité, i. e. il lui a donné une bonne rossée; பழந் தேங்காய்படைக்கிறது offrir des fruits et des cocos (aux idoles).

படைச்சல்,n.v.du préc. chose offerte (surtout à une idole).

படைத்தவன், படைத்தோன், n. app. du même, créateur, Dieu, faiseur père, possesseur, surnom de Brama.

படைப்பு,n.v.du même, création, créature, chose créée, sacrifice, offrande de mets —, chose offerte à une idole, distribution de nourriture, acquisition: படைப்புண்ணிறது être créé...; படைப்புண்டதெல்லாம் tout ce qui créé a été...

படையல்,n.v.du même, offrande, oblation, chose offerte: — அப்பங்கள் pains de proposition; ஏறெடுக்கப்படுகிற — chose offerte—, offrande faite en l'élevant.

படையர்,(படை), frapper, esclave.

படையாச்சி, (idகுடி), nom d'une caste, titre honorifique—, division des பள்ளி et des வன்னியர். [te.

*படோடகம்,(படம்; உடகம்), ten-

*படோலகம்,(patôlaka), huitre.

*படோலம்,படோலி,படோலிகை, (patôla,i,ika), espèce de petit concombre, trichosanthes diœca.

படோலக்ராசி,(படோலம்), la plante பேய்ப்புடோல். [du serpent.

பட்கை, une des dents supérieures

*பட்சணம்; பட்சிணை, P. பக்ஷணம்..., nourriture, proie, manducation.

*பட்சணி, P. பக்ஷணி.

பட்சணிக்கிறது, P. பக்ஷணிக்கிறது, manger, dévorer. [et பக்கம்.

*பட்சம், et ses composés, V. பக்ஷம்

*பட்சயம், P. பக்ஷயம், nourriture.

*பட்சதாபம், P. பட்சத்தாபம், V. பக்ஷத்தாபம்.

*பட்சபாதம், பட்சவாதம், V. பக்ஷபாதம், partialité...

*பட்சவாதி,(பட்சம்), homme partial, partisan.

*பட்சி, et ses composés, V. பக்ஷி.

பட்சிக்கிறது, P. பக்ஷிக்கிறது.

பட்ட, 1° part. parf. de படுகிறது; qui a souffert, mort, desséché. 2° adj. de பட்டம்: — சாலை, V. பட்டசாலை; — சீட்டு certificat—, attestation de dignité, billet avec signature du nom de dignité, ou du surnom; — திரி mèche allumée, — pour allumer du feu; — மகிஷி, — தேவி, — த்தேவி reine, femme légitime du roi; — த்துரை roi, — en titre, prince, — du sang, haut dignitaire, noble, gouverneur; — ப்பகல் plein jour; — ப்பகலிலே en plein jour, — midi; — பந்தனம் couronnement, imposition d'un diadème, nomination à une —, assujettissement d'une dignité; — பாடு souffrances endurées; — ப்பேர் titre—, nom de dignité, surnom, nom honorifique de caste...; — மகிஷி reine, femme de roi; — மணி pierre précieuse polie, — ciselée; — மரம் arbre mort; — ரங்கம், — ரஞ்சனம், — ரஞ்சனகம் sapan, bois de teinture; — வஸ்திரம் robe —, habit de cérémonie, — de dignité; — வர்த்தனம் large marque que les வைஷ்ணவர் et autres portent sur le front; — வர்த்தனர் ceux qui portent cette marque, nobles, feudataires d'un roi, princes couronnés, — du sang, de famille royale; — விருத்தி exemption de tribut, — d'impôts, terre exempte d'impôt accordée aux bramines; — விளக்கு espèce de lampe.

*பட்டகம்,(பட்டம், ka), toile, bandage, grenier, magasin, dépense, la plante புளிச்சகொல்லி; பட்டகசாலை grenier, magasin, dépense, salle, salon, salle —, place d'audience.

பட்டடை, enclume, tenailles, pinces, pincettes, atelier —, boutique —, établi d'artisan, table sur laquelle il travaille, lieu des travaux de culture, rizière, champ, tas, tas de blé, de riz ou autres grains, portion de la moisson qui appartient aux —, part des laboureurs,soutien, appui, planche qui supporte, espèce de bijou qu'on attache au cou:— கட்டுகிறது bâtir —,établir un atelier d'artisan;voler;—கட்டி, — கட்டிக்கொண்டுபோகிறவன் grand voleur qui emporte la paille et le blé ensemble; —காக்கிறது garder les champs,—l'aire ou un tas de blé; — க்கழனி rizière.champ ou rizière arrosée artificiellement; — க்காரர் ouvriers d'atelier, cultivateurs; — போடுகிறது établir un atelier;—பலகை établi —,banc d'ouvrier;— முத்திரைபோடுகிறது mettre une espèce de cachet ou de marque en terre sur un tas de blé; —யிறைக்கிறது ou பட்டடைக்குத் தண்ணீரிறைக்கிறது arroser une rizière ou un champ (avec la picote ou autre moyen).

பட்டடையார்,(பட்டடை),propriétaire d'une manufacture,maître—, chef—, gens d'atelier, surveillant, contre-maître,principaux ouvriers.

பட்டணத்தான், பட்டணத்தோன்,(பட்டணம்),citoyen,citadin, habitant d'une ville.

*பட்டணம், (pattana), ville,cité, grande ville:—குடியேறுகிறது une ville se peupler,ou— குடியேற்றுகிறது peupler une ville;—அமர்க்களமாய்க்கிடக்கிறது une ville être dans le trouble,—être devenue un champ de bataille;— எல்லாங்கூக்குரலாகிறது des cris —, un grand vacarme se faire entendre dans toute la ville;பட்டணப்பிரவேசம் entrée triomphale—,entrée dans une ville;பட்டணசுவாமி, பட்டணத்துச்சுவாமி,1° le dieu —, le gourou d'une ville.2° arbitre,juge (de différens,de procès de caste...dans une ville),nom d'un célèbre marchand de காவேரிப்பட்டணம் qui renonçant au monde et à ses grandes richesses écrivit plusieurs petits poèmes et finit,dit-on, par s'identifier avec Siven à திருவொற்றியூர்;பட்டணத்துப்பிள்ளை enfant de ville, V. பட்டணத்துச்சுவாமி 2°; பட்டணத்துக்குத்தலைமைக்காரன் chef—, gouverneur de ville. [cheurs.

பட்டணவர், P. பட்டினவர், pêபட்டத்தியானை,பட்டத்தியானை, (பட்டத்து,யானை), éléphant royal,—de cérémonie, —principal du roi.

பட்டத்து,obl. de பட்டம்: — த்குமாரத்தி fille aînée d'un roi,princesse héréditaire;—க்குமாரன் fils aîné d'un roi, héritier présomptif de la couronne;—த்துரை prince héréditaire, héritier d'une principauté ou d'une haute dignité; — த்தேவி reine,—couronnée,— légitime.

பட்டநுபவிக்கிறது,(பட்டு),souffrir,endurer,éprouver.

*பட்டமகிஷி,(பட்டம்,pa prince), reine,femme légitime d'un roi:—பிள்ளை,—குமாரன் fils de reine,héritier présomptif du trône.[postillons.

பட்டமார், courriers, messagers,

*பட்டம்,1° (patta),toile,—colorée, soie filée, turban, bandage d'une plaie,bandeau autour de la tête, diadème,couronne,bijou ou ornement du front (de mariée...),tonsure cléricale,haute—,dignité, autorité. domaine,gouvernement,plaque (pour écrire des inscriptions...),concession royale,—domaniale, bouclier, ville, village,lieu ou 4 routes se ren contrent,fauteuil,siége,tabouret. 2° arme,épée,instrument, le yack ou cerf dit கவரிமா,étang, lit,couche,litière (d'animaux), chemin, cerf-volant, rouleau de papier,image sur papier, carré,longueur.3° P.பட்டோம்,nous avons souffert;—ஆளுகிறது régner, gouverner,jouir d'une dignité;— எற்றுகிறது lancer dans l'air un cerf-volant;—கட்டுகிறது nommer à une dignité,—roi,—capitaine...,investir d'une dignité, couronner, donner l'investiture royale, mettre l'ornement du front (à une mariée...);—கட்டி,roi—,prince couronné, investi d'une haute dignité,chef de village (chez les பரவர்,les pêcheurs et les கைக்கோளர்), faiseur de cerfs-volans; — கட்டிவிடுகிறது faire

சக

et lancer un cerf-volant; — கொடுக்கிறது donner une dignité, — la tonsure; — ஏறுகிறது être couronné, investi d'une dignité, intronisé, orné du bijou du front; — கட்டுகிறது couronner, investir d'une dignité, introniser, donner une dignité, mettre le bijou du front; — தரிக்கிறது porter le diadème, — le bijou du front, V. பட்டங்கட்டுகிறது; — தரித்துக்கொண்டாளுகிறது être fait roi et régner, gouverner; — இழக்கிறது, P. பட்டமிழக்கிறது; — பிடுங்குகிறது déposer, priver d'une dignité, d'un emploi; — பெறுகிறது, — வாங்குகிறது obtenir une dignité, un office, être fait roi..., recevoir la tonsure, — les ordres sacrés; — வாலுக்குச்சாய்கிறது un cerf-volant se jeter sur sa queue, — être agité par défaut de contre-poids; பட்டத்தைச்சேர்க்கிறது ou இறக்குகிறது retirer —, descendre un cerf-volant; பட்டத்திலிருக்கிறது être en dignité —, sur le trône, régner, gouverner; பட்டத்துக்கிருக்கிறது être l'héritier apparent ou présomptif d'une dignité; பட்டத்துக்குடையவன் qui a droit de succession au trône ou à une dignité; பட்டத்துக்குவருகிறது parvenir à une dignité, succéder à un roi, à un di-

பட்டயம், V. பட்டையம். [gnitaire

பட்டவன், pl. பட்டவர், n. app. du part. பட்ட, celui qui a souffert, patient: பட்டவர்க்குண்டுபலன் il y a un mérite ou une récompense pour ceux qui souffrent.

பட்டறை, P. பட்டடை.

*பட்டனம், (pattana), ville, — en pays cultivé.

*பட்டன், pl. பட்டர், (bhatta), philosophe, savant, — versé dans les systèmes philosophiques, titre honorifique d'une classe de brames, chanteur, sage, ennemi.

பட்டா, (பட்டம்), 1° acte ou billet de concession annuelle de terre à cultiver: — தாரன் celui auquel elle est faite; — மணியக்காரன் intendant du domaine, — qui surveille ces concessions et en lève les impôts dans les bourgs, il a aussi la surintendance des affaires du village. 2° (ind.), ou பட்டாக்கத்தி, sabre, épée.

பட்டாங்கு, vérité, vaine représentation, farce, plaisanterie, vain babillage, entretien, toile peinte à l'usage des femmes, usage, V. மெய்ம்மொழி: — க்காரன் vain babillard; — பேசுகிறது —, படிக்கிறது dire des mensonges pour s'amuser, babiller, dire des futilités.

பட்டாசு, pétard, V. சீனவெடி.

பட்டாடை, (பட்டு, ஆடை), vêtement de soie.

பட்டாணி, Patan, classe de mahométans, espèce de petit pois, la plante qui le donne, agrafe, boucle, crampon, emboiture; — தயிலம் espèce d'huile pour les gales; — ப்பயறு espèce de pois, pisum sativum; — பாஷை la langue des Patans; — மோதிரம் 3 anneaux dont chacun a une pierre précieuse, i. e. une émeraude, un rubis et un diamant.

*பட்டாபிஷேகம், பட்டாபிஷேகம், (பட்டம், அபிஷேகம்), onction pour une haute dignité, sacre (de roi...), consécration, couronnement, installation, investiture de dignité; — செய்கிறது, — பண்ணுகிறது sacrer, donner l'onction royale..., couronner, investir d'une haute dignité.

*பட்டாபிஷேகன், (id.), celui qui est sacré, qui a reçu l'onction ou est investi d'une haute dignité.

*பட்டாரகன், pl. பட்டாரகர், (bhattâra respectable, ka), être vénérable, respectable, Dieu, sage, ascète, ermite, Richi, Arouguen, prêtre, gourou, roi, le soleil: பட்டாரகவாரம் dimanche. [ட்டாரகன்.

*பட்டாரக்கன், பட்டாரிக்கன், P. ப

*பட்டாசேராகை, (பட்டம், ஸ்திரீ), reine couronnée. [soie.

பட்டாலாய, (பட்டு, abl. ஆய), de

*பட்டாவிகம், (பட்டம், ஆவிகம்), V. பட்டேடாவிகை.

பட்டி, petit village, bourgade,

hameau, place lieu, parc, (pour le bétail dans les champs), grande étable, troupeau, claie, toile, radeau, liste, cauris ou petits coquillages qui servent de monnaie, enfant, Patti, demi-frère et ministre de Vikramâditya roi d'Oudjein, vol, voleur, l'arbre உலோத்திரம் rouge, paquet de bétel, d'arec, de chaux etc... préparé pour être distribué aux hôtes..., relâchement, libertinage, femme dissolue, querelleuse, prostituée, mauvais caractère, condition méprisable; பட்டிகள் voleurs; மகாபட்டியவள் c'est une femme très dissolue; —கடா bélier, buffle, taureau (destiné à la réproduction du bétail); —காடு hameaux éparpillés dans la campagne; —காட்டான் paysan, campagnard, rustre; —காட்டுக்குச்சிவப்புத்துப்பட்டியபூச்சம் un manteau rouge est chose étrange dans un campagnard; —காரன் garde champêtre pour empêcher le bétail égaré de causer du dommage...; —க்கிடை parc, bergerie, ou —க்கடவை fourche qui ferme l'entrée d'un parc; —க்குறி marque qui passe de génération en génération; —திரிகிறது, V. பட்டிமேய்கிறது; —த்தனம் tromperie, fourberie; —த்தொழுவம் enclos —, parc pour les troupeaux; — பார்த்தகொம்பு corne droite dont le bout est recourbé en avant; — ப்படி dépense —, nourriture —, bath donné à ceux qui paissent les troupeaux; —ப்பொங்கல் ponguel ou sacrifice fait —, riz bouilli dans le parc au bétail; — மரம் morceau de bois qu'on attache au cou du bétail vicieux pour l'empêcher du courir çà et là: —மண்டபம் bâtiment —, salle ou lieu où se rassemblent les chanteurs; — மாடு vache ou bœuf qui court çà et là et gâte les moissons, V. பட்டிமரம்; — முறித்தல் sorte de jeu (d'enfans...); — மேய்கிறது paître dans le champ d'autrui, gâter la moisson; — மேய்ப்போர் ceux qui font paître le bétail dans les bois; —வாட்டமாடுகிறது tenir des discours trop libres, être querelleuse ou —மாய்த்திரிகிறது, —மாய்ப்புறப்படுகிறது mener une conduite dissolue, se prostituer; —புலன் part du paysan, ou fermier dans la moisson; — வைக்கிறது, —வாங்குகிறது lever un impôt spécial, — une amende comme droit; —வாயாடுகிறது quereller, tenir des propos impudiques; — விடுதி cessation de la pluie le soir.

பட்டிகன், pl. பட்டிகர், (பட்டி), voleur.

பட்டிகை, 1° ceinture de femme en or ou en argent, toile, petit corset, corset indien, grand bateau, barque, radeau, la plante சித்தில், V. அமைசுரான். 2° (pattikâ), l'arbre உலோத்திரம் rouge, l'arbrisseau நந்திவாவட்டை.

பட்டிடை, l'arbrisseau நந்திவாவட்டை à fleurs blanches.

பட்டிணி, P. பட்டினி.

பட்டிநன், P. பட்டிகன், voleur.

பட்டிமை, (பட்டி), vol, larcin, tromperie, supercherie.

பட்டியல், latte, bardeau.

*பட்டிலோத்திரம், (பட்டி), l'arbre உலோத்திரம் rouge dont l'écorce est astringente.

பட்டிணம், (பட்டணம்), ville, bourg, village de pêcheurs, — sur la côte de la mer; பட்டிணச்சாதி caste des pêcheurs; —ச்சேரி village —, endroit de pêcheurs, — sur les bords de la mer.

பட்டிணத்தி, பட்டிணவத்தி, (பட்டிணம்), femme de pêcheur.

பட்டிணவன், pl. பட்டிணவர், (id.), pêcheur, habitant des bords de la mer: பட்டிணவச்சாதி caste des pêcheurs; —ச்சேரி, V. பட்டிணச்சேரி.

*பட்டினி, 1° (bhattini), reine, — couronnée avec son mari, bramine. 2° être à jeun, jeûne, faim, privation de nourriture: — காக்கிறது, —கிடக்கிறது, —யாயிருக்கிறது, — யாய்க்கிடக்கிறது être à jeun, — dépourvu de nourriture, n'avoir pas mangé, avoir faim; — ப்பண்டம் aliment qu'on envoie à des affamés, — dans une maison où il y a un mort; —

பொறுக்கிறது supporter la faim, —la privation de nourriture; —வைக்கிறது laisser à jeun,—sans nourriture.

பட்டு,1° *gér. de* படுகிறது.2° soie, étoffe —, habit de soie,espèce de coton soyeux,écharpe, manteau, toile de chanvre pour les sacs, pli, promenade,récréation,(affixe à la fin des mot désignant) village,hameau: — க்கவிசி tablier de soie;—க்கயிறு corde ou cordon de soie; —க்கரைச்சீலை toile dont les bords sont de soie;—க்குஞ்சம்,—குச்சு frange—, houppe ou gland de soie; —ச்சீலை étoffe—,habit de soie;—ச்சுருள், —ச்சுருட்டு rouleau d'étoffe de soie;—நூல் fil de soie,soie crue;—நூற்காரர், —நெய்வோர் ouvriers en soie; — நூற்கயிறு corde ou cordon de soie;—நூற்பூச்சி ver à soie; —ப்பட்டாவளி,( பட்டு, ஆவளி), étoffe de soie,ornemens précieux, —ப்பட்டாவளிகொடுக்கிறது faire présent de pièces ou d'étoffes de soie; —ப்புடவை toile—, habit—, étoffe de soie; —ப்போகிறது être tué,mourir, se dessécher;—வாடா, *V.*பட்டவாடா.

பட்டுத்தரிக்கிறது,1° (பட்டு,உத்தரிக்கிறது),endurer,satisfaire par ses souffrances.2° (*id.*தரிக்கிறது), porter de la soie,—après avoir souffert.

பட்டுருவுகிறது,(*id.* உருவுகிறது), atteindre et traverser d'outre en outre.

பட்டை,1°écorce(d'arbre...),grosse latte de bande ou barre en palmier, chevron,frise en architecture ,raie, bande,ceinture,baudrier,large couture doublée,ourlet,galon, bord ou bordure d'habit, — en or ou en argent,ruban —,galon de soie,losange sur les pierres précieuses polies, partie d'un bijou,large collier,omoplate, jointure de l'épaule, panier pour arroser, vase, — en feuilles de palmier. 2° * (pattâ), ornement du front,sangle de cheval, l'arbre கோரந்திரம் rouge. 3° *P.* பட்டாய் tu as souffert: கோணிப் —bande de toile à sac,large bande de grosse toile qui cousue avec d'autres sert à faire des sacs; சுண்ணாம்புப் — bande blanche faite sur un mur avec de la chaux détrempée;செம்மண்—,bande rouge (faite ainsi sur un mur avec une espèce d'ocre); — க்கம்பி large raie ou bande sur le bord d'un habit;—க்காறை large collier, espèce de joyau; —க்கிடங்கு fosse dans un puits où l'on puise avec une corbeille; —க்கொறடு *V.* துலாக்கொறடு;—ச்சாதம் boule de bouillie épaisse;—ச்சாராயம் arack distillé d'écorce du வேலமரம் ou mimosa leucophloca; பெரும— ச்சீலை toile à larges bandes de couleurs;—ச்சுருக்கு, —த்தடம் espèce de filet, de lacet;—தீருகிறது tailler et polir une pierre précieuse,tracer alternativement des bandes rouges et blanches sur les murs des temples, des maisons de brames etc...,ou sur les arbres et les réservoirs;—தீர்த்த வச்சிரம் diamant poli; — த்தையல் large ourlet,bord largement doublé et cousu; — நாமம் large nâmam, triple raie large que les Vichnouvistes portent avec ostentation sur le front,(le contraire est சிற்றுநாமம்): — ப்பிடி,—ப்பெல்லி mesure de 4 doigts en largeur;—யரைநாண், —யரைஞாண் large ceinture de femme, *V.* அரைப்பட்டிகை;—யுரிக்கிறது peler un arbre,en enlever l'écorce; —வஸ்திரம் habit avec des bandes sur les bords et les extrémités:—விட்டுப்போகிறது l'écorce se détacher de l'arbre,se peler par l'effet d'une grande chaleur; எனக்குப் — விட்டுப்போகிறது ma peau se pelle par l'effet de la chaleur; பட்டையைச்சீவிப்போடுகிறது enlever l'écorce d'un arbre (avec un instrumen tranchant).

பட்டையம்,1° patente,brévet, diplôme, acte de donation, billet ou pièce authentique de concession annuelle ou d'affermage d'une terre avec les conditions qui y sont mises, surtout pour celles du gouvernement, titre,—authentique (sur plaque de métal ou sur papier). 2° sabre, épée: சோழப்— registre des titres de donations des rois சோழர்; பட்டையத்தைவீசுகிறது brandir un sabre, faire le moulinet; பட்டையத்தால்வீசுகிறது brandir un sabre, ou பட்டையத்தால் வெட்டுகிறது trancher —, couper avec un sabre; —எறிந்துபோடுகிறது 'faire sauter —, rejeter —, tuer avec le glaive.

*பட்டோலிகை, (pattòlikâ), titre, patente, acte, patta, concession écrite, billet.

பட்டோலை, (பட்டம், ஓலை), édit royal, ordre de magistrats..., titre, archives publiques, —de ville, — de temple, etc..., chose dictée et écrite sur feuilles de palmier, note écrite sur òle.

பட்பெண், (பள்), femme ou fille de la caste des பள்ளர்.

பட்வாடா, (ind.), distribution, déboursement d'avances...

*பணாகரம், பணாதரம், (பணம்), serpent, —à chaperon, i. e. serpent capelle.

*பணாசம், (panasa), marchandise, objet de trafic.

பணாதி, P. பணிதி, état d'un gage.

*பணாதை, (panatâ), prix, valeur,

*பணம், (pana), fanon (pièce d'argent et parfois d'or, dont la valeur varie avec les lieux, à Pondichéry le fanon vaut 2 anas ou 30 centimes), monnaie, argent (en général), richesses, trésor, prospérité, marchandise, objet de trafic, prix, valeur, travail, occupation, gage, salaire, enjeu, gageure, jeu de hasard, maison, épaisseur, embonpoint, augmentation. 2° (phana), chaperon ou tète étendue et déployée du serpent capelle, serpent: —அடிக்கிறது, battre monnaie; —இல்லாதவன் பிணம் un homme sans argent est un cadavre, (proverbe indien), — இறகில்லாப்பக்ஷியாய் பறக்கிறது l'argent est un oiseau (qui vole) sans ailes, l'argent vaut des ailes; — உடைப்பாம்பு serpent à chaperon, —capelle; — சேர்க்கிறது amasser de l'argent, des richesses; —வெட்டுகிறது battre monnaie; —வெட்டுவிழுகிறது la monnaie être frappée; — தண்டுகிறது ramasser —, collecter de l'argent; —தண்டுவோன் collecteur, quêteur, ou —அறவிடுவோன் courtier; —உள்ளவன், பணக்காரன் homme riche, qui a de l'argent; —க்காரி femme riche; —ச்சருக்கை, —ச்செருக்கு, — ப்பெருமை grandeur —, faste ou orgueil qui vient des richesses; — ச்செப்பு boite à l'argent; —ச்செலவு dépense d'argent; பணக்குப் — தட்டாயிருக்கிறது manquer d'argent; —ப்பித்து désir d'argent, des richesses, cupidité; —ப்பித்துள்ளவன், — ப்பித்துப்பிடித்திருக்கிறவன், —ப்பேய்ப்பிடித்தவன் homme avide de richesses, possédé du démon des richesses; —ப்பை bourse, —à l'argent; —ப்புரட்சி, —ப்புரட்டு l'argent rouler, — aller et venir; —ப்பெட்டி boite à l'argent, coffre-fort, bourse; —ப்பெருமதி, —விலை valeur de l'argent; —ப்பேய் démon de l'argent, désir des richesses; —ப்பொருள் monnaie, argent; —மணி, V. நாகரத்தினம்; —மிடுக்கு, — ப்பெலன் force —, nerf de l'argent, —முடிப்பு argent lié dans le coin d'une toile etc... ou dans un sac; — வரவு recette, —d'argent, revenu; —விடை (இடை), poids d'un fanon, un 9e de pagode; — வரிசை tribut en argent; —விறையம் argent; பணத்துக்குக் கொள்ளுகிறது acheter argent comptant; பணத்தைச்செலவழிக்கிறது dépenser de l'argent; — விறைக்கிறது prodiguer l'argent, ஈட்டியெட்டியமட்டுங்குத்தும் பணம் பதின் காதங்குத்தும் une lance ne perce que jusqu'où elle peut atteindre, mais l'argent perce à 3° lieues de distance,

பணயம், (பணம்), fanon, monnaie, argent, gage, argent voué, — convenu, —donné à une prostituée, prix de son mauvais trafic.

பணர், branche d'arbre, arbre dont les branches sont serrées ou épaisses;

— விட்டுக்கிளைக்கிறது pousser des branches touffues serrées.

*பணவம், (panaba), tambourin, petit tambour. [ணிசெய்பவன்.

பணவன்,(பணி), serviteur, V.ப

பணவை, vautour, hutte élevée sur 4 pieux dans les champs, tablette, planche supportée par des bâtons (pour mettre quelque chose dessus), échafaud, espèce de mesure, banc,

பணறு, V. பணர். [—cingalais.

*பணனம், (panana), vente, pari.

*பணாங்கனை, (பணம், அங்கனை), femme publique, qui se prostitue pour de l'argent.

*பணாஸ்தி, (id. அஸ்தி), cauris ou coquillage servant de monnaie.

*பணாசரம், பணாதரம், பணாபரம், (phana chaperon, dhara, bhara qui a), serpent, —à chaperon, — capelle.

*பணாமகுடம், (id.), chaperon du serpent capelle. [ம்.

*பணாமணி, (id.), V. நாகரத்தின

பணாமரம், (பணர்), arbre touffu, dont les branches sont épaisses.

*பணாமுடி, (id.), chaperon —, tête du serpent. [tion, respect.

*பணாயிதம், (panâyita), vénéra-

*பணாலய, (பணம், ஆலயம்), place de —, marché, emploi, occupation, profit du commerce.

*பணாசிப்பணம், (பணம். அசிப்பணம்), engagement, contract.

*பணி, 1° (பணம், i), serpent (en général), le serpent capelle. 2° bijou, ordre, commandement, mot, parole, ouvrage, service, office, emploi, tambour, habit de soie, don, buffle. 3° *imp. et part. de* பணிகிறது *et de* பணிக்கிறது: — காரகன் ouvrier, travailleur; — சக்கரம் cercle que les gentils font pour observer le temps propre à la moisson ou à la culture; — செய்கிறது servir, faire l'ouvrage: தலைப் — செய்கிறது faire un bijou de tête, ou une couronne, faire l'ouvrage de la tête, *i.e.* la raser; — செய்மகன், — செய்வன் serviteur, — qui sert des gens ou des castes plus nobles que lui, celui qui sonne d'une longue trompette dite தாரை; — தாரம் louange *litt.* don de paroles: — த்தட்டார் orfèvres, — en or ou en argent; — தற்பகன் (தற்பம், ga *qui va*), celui qui est couché sur un serpent, *i. e.* Vichnou; — பண்ணுகிறது travailler, — à faire des bijoux ou autres ornemens; — பூண்டிருக்கிறது être orné de bijoux; — couvert d'ornemens; — ப்பூட்டுகிறது orner, décorer, raccommoder; — ப்பிரியம் ce qui plaît au serpent, *i.e.* l'air, le vent; — ப்பெண் servante, femme de chambre; — மாறுகிறது changer d'ouvrage, se remplacer pour le travail; — முட்டு outil, instrument (d'orfèvre...), ustensil; — மொழி bonne parole; — விடை travail, emploi, service (surtout dans les temples), ordre; — விடைக்காரன், — விடையவன் serviteur, employé ou serviteur de temple, sacrificateur; — விடைசெய்கிறது *ou* பண்ணுகிறது servir, — un supérieur spirituel ou dans un temple. [V. பணிபாரம்...

பணிகாரம், பணிகாரத்துத்தி...,

பணிகிறது, ணிந்தேன், ணிவேன், ணி, ணிய, n.v. (பணி), *ou* பணிந்துகொள்ளுகிறது, s'humilier, s'incliner, se courber, s'abaisser, se soumettre, adorer, révérer, saluer, décroître, diminuer, manger: பணிந்தவன் homme humble, soumis, obéissant; பணிந்திருக்கிறது être humble, — soumis, s'être humilié...; பணிந்தேத்துகிறது révérer, vénérer, adorer; — வருகிறது s'approcher respectueusement; பணிய, *inf.* humblement, respectueusement; — ப்பார்க்கிறது chercher à s'humilier... *ou* — à humilier quelqu'un, épier l'occasion d'abaisser son orgueil; காலைப்பணியவைத்து நடக்கிறது (un malade) placer le pied avec précaution et marcher, marcher d'un pas ferme.

பணிக்கம், (பணிக்கு), amendement, correction, rectification: — இடுகிறது corriger, rectifier, réformer, améliorer, adapter; — இட்டுழு

திருத்து ajuster, régulariser, ranger, mettre en ordre.

பணிக்கன், (*id.*), maître,— d'école, précepteur, directeur maître de danse, de comédie, d'escrime, architecte, maître-maçon, —charpentier, — forgeron, faiseur de briques, barbier, chef de barbiers: இவன்பகுதாளப் — c'est un profond penseur; கிணறுமுழுகுகிற — artisan qui plonge dans un puits, qui construit le revêtement; பாம்பு —, preneur de serpens (qui connait les antidotes à leurs morsures).

பணிக்கிறது, ணித்தேன், ணிப்பேன், ணி, ணிக்க, *v.a.* பணிக்குதல், பணித்தல், *n. v.* (பணி), accorder, donner, parler, dire, ordonner, commander, exciter, diminuer, abaisser.

பணிக்கு, 1° plan, dessin, ouvrage accompli,— parfait, perfection, habileté, main de maître, structure, règles de l'architecture, bonne santé, forte constitution. 2° *dat. de* பணி. 3° *part. de* பணிக்கிறது: பணிக்காய் bien, parfaitement, sagement, habilement, savammant; பணிக்காயிருக்கிறது être bien habile expérimenté..., — சமைக்கிறது faire bien la cuisine; — பண்ணுகிறது faire habilement, — en maître; பணிக்கில்லாதவன் homme inhabile, sans capacité, sans expérience, malade; எனக்குடம்புப்பணிக்கில்லை je ne suis pas bien portant; பணிக்குக்காரன் architecte, maître-maçon; — சொல்லுகிறது diriger une affaire, en donner le plan; — செலுத்துகிறது diriger, accomplir, — un plan...; — பண்ணிவைக்கிறது arranger proprement, disposer les choses en bon ordre; கட்டினவீட்டுக்குப் பணிக்குச் சொல்லுகிறான் il donne son plan pour la maison qui est bâtie, il critique inutilement, ou malicieusement ce qui est fait.

பணிக்கை, *n.v. de* பணிக்கிறது, bel—, ouvrage, action, don, action de dire.

*பணிதம், 1° (panita), louange, vénération. 2° (bhanita), discours, parole.

பணிதல், *n.v. de* பணிகிறது, humilité, abaissement, diminution, salut, vénération, révérence, courbure, manducation: எல்லார்க்கும் நன்றாம்— l'humilité sied bien à tout le monde.

பணிதி, 1° (பண்ணுகிறது), ornement, joyau, bijou, colifichet, droiture. 2°^a^ (bhaniti), discours, parole: —பண்ணுகிறது faire des bijoux.

பணிந்து, பணிப்பு, *n.v. de* பணிக்கிறது. [*gér. et inf. de* பணிகிறது.

பணிந்த, பணிந்து, பணிய, *part.*

பணியல், *V.* பணிதல்.

பணியாரம், pâtisseries, gâteau, divers ouvrages de boulangerie ou de pâtisserie, beignet, bonbon: —சுடுகிறது cuire des gâetaux..., faire des beignels: மாவுக்குத்தக்க — les gâteaux sont selon la qualité de la farine, les effets répondent à la cause ou aux moyens employés; மாவுண்டானால்—சுடலாம் si on a de la farine on peut faire des pâtisseries, avant de rien entreprendre il faut voir si on en a les moyens; பணியாரத்துத்தி l'arbrisseau sida populifolia ou asiatica dont les graines servent à faire des gâteaux.

பணியார், *n.app.nég. de* பணிகிறது, ennemis, gens qui ne respectent pas. [விட்டார்.

பணியிறுக்கு, la plante தண்ணீர்

பணிலம், conque, —dont les spirales tournent à droite (ce qui est rare), parole.

பணிவு, *n.v. de* பணிகிறது, humilité, soumission, révérence, salut respectueux.

*பணினம், (phanina), serpent.

*பணீசுரன், பணீந்திரன், (பணி, ஈசுரன், இந்திரன்), le roi des serpens. *i.e.* அநந்தன் ou சேஷன்.

பணை, 1° l'arbre அரசமரம், écurie, rangée de chevaux, grosseur, épaisseur, graisse, accroissement, augmentation, erreur, faute, grandeur, gloire, rejeton, branche d'arbre, bambou, tambour en général, tambour des pays cultivés,gros tambour dit முரசு, contrée—,terre cultivée, rizière, champ, litière(pour les animaux). 2° *imp. de* பணைக்கிறது.

பணைக்கிறது, பணைத்தேன், பணைப்பேன், பணை, பணைக்க, *v. n.* பணைத்தல், *n.v.* augmenter, s'accroitre,grossir, devenir touffu, pousser des branches épaisses, faillir, manquer, se tromper, s'égarer; ஒருவன்பாவம்— le péché de quelqu'un s'aggraver; செல்வம்—la prospérité augmenter; மிகவும் — s'accroitre grandement, devenir épais; பணைத்தபகழி flèche qui a manqué le but.

பணைத்தல், பணைப்பு, *n.v. du préc.* augmentation,accroissement, pousse, grosseur,faute, erreur,manquement.

பணைத்தராய், *P.* பணைத்திராய், (பணை, திராய்), la plante pharnaceum.

பணையம், *P.* பணயம்.

பண், 1° chant,air,mélodie, guitare ou luth complet, — avec toutes ses cordes, selle de cheval, convenance, propriété, justesse, beauté, élégance, droiture, service, étang, pièce d'eau, fosse pour prendre les animaux, cordages de navire, troupe de femmes,*ou* ஏர்ப்பண் corde qui attache le joug au timon de la charrue. 2° *imp. et part. de* பண்ணுகிறது. On divise les airs ou mélodies en 5 sortes correspondant aux 5 sortes de terrains savoir: mélodie propre aux terrains stériles dits பாலை, aux pays montagneux dits குறிஞ்சி, aux pays cultivés nommés மருதம், aux pays maritimes dits செவ்வழி, et aux pays de forêts appelés முல்லை. On distingue en outre ௨௧ பண்-21 espèces de mélodies dont 9 sont propres à la nuit இராப்பண், 9 autres sont propres au jour பகற்பண்,et les 3 autres sont communes au jour et à la nuit பொதுப்பண்; சால்ப்பண் vase —, pot à l'eau garni d'une enveloppe d'osier pour le préserver; செம்புப்பண் panier en rotin pour tenir un pot à l'eau pour les voyageurs, gargoulette garnie de rotin; பண்சொடி canne,rotin (employé pour faire corbeilles, claies, treillis...), grande houssine, osier; —செய்கிறது faire convenablement, servir, améliorer,bonifier; —தப்பிப் போகிறது l'occasion échapper,laisser passer le temps convenable; —படி selon qu'il convient, convenablement, nature des qualités; —படல் amélioration, amendement, réussite; —படாதநிலம் terre non cultivée; — படாது cela ne réussit pas, ne convient pas; —படுகிறது, —பட்டுவருகிறது s'améliorer,devenir juste, convenable, régulier,serviable, réussir, servir, obéir, exécuter les ordres; — படுத்துகிறது corriger, améliorer,rectifier,bonifier;—பட்டநிலம் terre cultivée, — bonifiée; பண்ணரிலேபடிக்கிறது lire élégamment *ou* பண்ணோடேபாடுகிறது chanter mélodieusement; பண்ணுக்குவருகிறது s'améliorer, se bonifier,devenir bon, propre,serviable, utile,(*v.g.* un bœuf pour la charrue ou un instrument en général).

*பண்டகசாலை, (panda *amonceler*,ka), magasin, grenier, dépense, office, trésor, lieu où l'on serre les comestibles, les grains, les vases ou objets précieux,arsenal.

*பண்டம், 1° (pandâ), science, connaissance, savoir. 2° (phanda), ventre. 3° objet,chose,—mangeable, comestible,gâteau,pâtisserie,grains, meuble,mobilier,vase,ustensile,objet de ménage,or,richesses: — மாற்றுகிறது vendre,troquer, échanger, vendre en criant dans les rues;—பாடி grains, céreales; பண்டங்கள், *pl.* objets, ustensiles, vases, comestibles, provisions,magasins; பண்டகெத்திரம் espèce de calcul; —சாலை, *V.* பண்டகசாலை; —பதார்த்தம் objets divers, —qui ont du jus et ceux qui n'en ont pas, vases et comestibles; — ப்பழிப்பு manque d'appétit, dédain des objets...,paroles méprisantes; — மாற்று troc, échange, vente;—வைப்பு, (அறை),—வீடு, V. பண்டசாலை.

*பண்டஹாஸினி, (பண்டன், hâsini *qui rit*); prostituée, femme qui rit et s'amuse avec les bouffons.

*பண்டனம், (bhandana); cuirasse,armure,guerre, bataille,mal,tort.

*பண்டன், *pl.*பண்டர், (bhanda), bouffon, mime, acteur, mauvais chanteur, chanteur qui fait métier de chanter pour vivre.

*பண்டாகி, (bhantâki), la plante கெம்பு, solanum melongena.

*பண்டாபூர்வம், (பண்டம், அபூர்வம்), non arrivée des résultats du destin.

பண்டாரத்தி, *f. de* பண்டாரம், fille ou femme de Pandâram.

பண்டாரம், (பண்டம், ஆரம்), friandises,mets variés et exquis,trésor,biens,effets,mobilier, objets divers,autorité, gouvernement, communauté, généralité, safran, ocre jaune ou poudre de safran (que les பூசாரிகள் gardent dans une boite et distribuent quand ils reçoivent des aumônes), Pandâram,sorte de religieux ou dévot de la secte de Siven (non brame), seigneur, maitre,catéchiste des basses castes: பண்டாரக்குரு gourou qui suit ou enseigne les ஆகமம்;—சந்நிதி lieu où les savans se rassemblent pour examiner les ouvrages, lieu des examens scientifiques des grands employés du gouvernement,chef des savans, des grands du gouvernement — க்கொளம் biens communs; —த்தெரு rue de Pandârams,grande rue, rue royale;—த்தோப்பு bosquet —, jardin du roi,—de Pandâram: —ப்பிள்ளை serviteur d'un homme en autorité;—ப்பெண், V. பண்டாரத்தி;—மேளம் musique royale; —வாய்க்கால் canal commun;—வீடு hôtellerie commune;—வேலை,— ஊழியம், (ஊழியம்), ouvrage—,travail commun; — du gouvernement, —de Pandâram.

பண்டாரி, (பண்டாரம்), titre honorifique d'une caste de cultivateurs,subrécargue,eunuque, trésaurier,—du temple de சிதம்பரம்,cuisinier de navire, V.பண்டாரம்.

பண்டி, 1° (பண்டம், i), ventre.2° char,charrette, véhicule, la 4ᵉ constellation dite உரோகிணி qui a la forme d'un char:—யிருசு essieu de charrette; — பண்டாரம் biens,effets,mobilier,bagage.

பண்டிகை, fête,jour de fête.

*பண்டிதம்,(pandita),science, — de la médecine:—பார்க்கிறது exercer la médecine.

*பண்டிதன்,(*id.*), Pandit,savant, lettré,précepteur,poète, médecin, அசுரர்கள் conducteur de Vénus,புதன் conducteur de Mercure *ou* பண்டிதப் பார்ப்பான் brame savant, titre honorifique donné aux brames dvitas *ou* துவைதர் de la secte de மத்துவாசாரியன்: —மண்ணியன், (மண்ணியு),—மாணி ignorant pédant, —qui se croit savant. [sager,envoyé.

*பண்டிலன், (bhandilen), mes-பண்டு, antiquité, ancienneté.

*பண்டூகம்,(bhandoûka),la plante அசமதாகம்.

*பண்டை: 1° (pandâ), science, connaissance, sagesse. 2° (பண்டு), ancienneté. 3° *adj*.ancien:பண்டைக்காலம்போலே comme autrefois, — dans l'antiquité. (டை),les anciens.

பண்டைபோல்,பண்டைபோலவே,(பண் பண்ணவும்,*opt. et n.v. de* பண்ணுகிறது.

பண்ணவன், *pl.* பண்ணவர், (பண், அவன்), celui qui crée ou fait, faiseur, créateur, Dieu (les Indous le disent aussi de leurs faux dieux), Arouguen, gourou ou précepteur spirituel,homme fort,vaillant,chantre, mouni ou ermite, ancien sage, bienheureux, habitant des cieux.

பண்ணவிகாரம், V.பணிவிகாரம்.

*பண்ணவிப்பிரதேசம், (புண்ணிய து)

ம்,கடைக்), objets divers, différentes marchandises,—choses à vendre.

பண்ணிய,1° P.பண்ணின,part. de பண்ணுகிறது.2° adj. de

*பண்ணியம்,(panya), chose vendable,diverses marchandises,— espèces de friandises ou de pâtisseries,comestibles de collation: பண்ணியசாலை bazar, boutique, — de comestibles, — de boulangerie;—விற்றி femme publique;—பலத்துவம் réussite dans le commerce,profit, gain;—மூலியம் prix des marchandises;—வீதி,—வீதிகை bazar, marché,boutique.

*பண்ணியவர்மகளிர்,(பண்ணியம், அர்மகளிர்),femme publique.

*பண்ணியபாபிவன், (id. ஆபிவம்), marchand.

*பண்ணியபாபிவம், பண்ணியபாபிவம், பண்ணியவிவமம், (id. id.), marché,foire,commerce,négoce.

*பண்ணியாருகம், (id. அருகம்), chose à vendre.

பண்ணுகிறது,ண்ணினேன்,ண்ணுவேன்,ண்ணு ou ண்,ண்ண, v. a.பண்ணுகை,பண்ணுதல்,n.v. faire,produire,causer,accomplir: பண்ணச்சொல்லுகிறது ordonner—,dire de faire; பண்ணிக்கொடுக்கிறது faire et donner,—pour un autre;—க்கொள்ளுகிறது ou பண்ணிக்கொண்டிருக்கிறது faire pour soi, faire habituellement,être occupé à faire: பண்ணியபயிரில் புண்ணியந்தெரியு ம் la vertu de chacun se connait à la moisson qu'il cultive; பண்ணியபவளம் corail artificiel,—de contrefaçon.

பண்ணுவர்,1° cavaliers, cornacs d'éléphans, grands personnages qui montent sur des éléphans. 2° 3° pers.pl.fut.de பண்ணுகிறது, ils feront. [ணுகிறது,faire faire.

பண்ணுவிக்கிறது,v.caus.de பண்

பண்ணுறுக்கிறது (பண், உறுக்கிறது), arranger, mettre en ordre, seller un cheval,préparer une monture.

பண்ணேன்,1° nég. de பண்ணுகிறது,je ne fais pas,je ne ferai pas. 2° sync.de பண்ணினேன்,j'ai fait.

பண்ணை,1° acc. de பண் 2° P. பண்ணுவாய் 2° pers. de பண்ணேன் tu ne fais ou ne feras pas,tu as fait.3° étang,réservoir,barque, bateau, réunion—,troupe de femmes, amusement de femmes entr'elles,terre cultivée,champ,rizière,culture des rizières, agriculture,labourage,ménage,vie conjugale,litière—, bât des animaux,selle,la plante ou herbe potagère celosia albida,glu faite des intestins du poisson கடால் 4° P.பெண்ணை palmier: கொடிபண்ணை la plante celosia comosa;—க்காரன் laboureur,chef de cultivateurs,hâteur parmi eux, chef des cultivateurs parias;— க்காரியம் chose qui concerne l'agriculture, — la vie conjugale,ouvrage de cultivateur, état d'homme marié; — க்களம் charge de céréales non battues donnée aux laboureurs à la moisson; — க்கொடி la plante celosia albida;— பார்க்கிறது,— பார்த்துக்கொண்டு திரிகிறது s'occuper d'agriculture, soigner la culture des champs; —வீடு grenier,—à mettre le grain, cuisine;—வைக்கிறது faire la cuisine, lancer —,mettre un bateau ( à l'eau), se mettre à labourer, à cultiver.

பண்ணையாள்,(பண்ணை), laboureur,ouvrier,— de cultivateur, domestique. [dical,—non dérivé.

பண்படி,(பண்பு, அடி),adjectif radical,—non dérivé.

பண்பாகுபெயர்,(பண்பு, ஆகுபெயர்),nom qui exprime une qualité v.g.மலை montagne (qui exprime idée de hauteur).

பண்பி,(பண்பு,i),objet qui a une qualité,ce qui s'accorde avec l'adjectif,le nom.

பண்பு,qualité,propriété,disposition,caractère, tempérament,nature,manière,adjectif:— ச்சொல் mot —,adjectif qualificatif: — த்தற்கிழமை rapport —, possession d'une qualité inhérente comme ஒளிமணி pierre précieuse rayonnante; . — த்

தொகை ellipse du mot ஆகிய qui sert à joindre le mot de qualité à celui qui la possède ou la qualificatif à l'objet qualifié, *Ex.* ஆதிபகவன் *pour* ஆதியாகியபகவன் Dieu principe (de tout), *pour* Dieu qui est le principe (de tout): —ப்பகுதி, *V.* பண்படி; —ப்பகுதிப்பெயர் nom dérivé d'un nom de qualité; — ப்பெயர் nom qualificatif, —de qualité, adjectif; —மறுநிலை fig. de rhét. qui consiste à appliquer les qualités d'un objet à un autre.

பண்புடைமை, (பண்பு, உடைமை), possession de qualités convenables, connaissance du caractère et conduite convenable à tous, grandeur jointe à la condescendance, généreuse affabilité.

பண்புரிச்சொல், (*id.* உரிச்சொல்), qualité que l'on perçoit par les sens, comme la rougeur, adjectif qualificatif.

பண்புரைப்பார், பண்புரைப்போர், (*id.* உரைக்கிறது), messagers.

பண்புவமை, (*id.* உவமை), comparaison des qualités d'un objet à celles d'un autre.

பண்மை, (பண்), convenance, propriété.

பத, *adj. de* பதம்.

*பதகம், 1° (pataga), oiseau. 2° (pataka), table astronomique.

பதகளிக்கிறது, ளித்தேன், ளிப்பேன், ளி, ளிக்க, *v.n. V.* பதறுகிறது.

பதகளித்தல், பதகளிப்பு, *n. v. du préc. V.* பதறல்.

*பதகன், *pl.* பதகர், 1° (pataka), homme vil, chassé de caste, dégradé, vaurien. 2° (padaka), brame qui connait les vers des védas. 3° (padaga), piéton, fantassin. 4° (badhaka), meurtrier.

*பதக்கம், (padaka), collier auquel pend un bijou sur la poitrine.

*பதக்கிரமம், (பதம்), marche à pied, pas, trace des pieds.

பதக்கு, 1° mesure de 2 குறுணி ou 2 மரக்கால். 2° son imitatif de crainte: — ப்பதக்கென்கிறது rendre ce son, avoir peur, craindre; — ப்பதக்கெனல் mot —, signe de crainte.

பதக்கெடுகிறது, (பதம், கெடுகிறது), se décourager, se gâter.

*பதங்கமம், (patangama), oiseau (en général), sauterelle.

*பதங்கம், (patanga), oiseau, sauterelle, mercure, sublimé de sandal, de benjoin etc...

*பதங்கன், (*id.*), le soleil.

பதங்கு, fosse, trou en terre, fente (dans la longueur), moitié d'un palmier, —de sa tige fendue de haut en bas, rangée de tuiles enfoncement sur un toit quand la paille est gâtée, fourche: — விழுகிறது les tuiles ou le chaume se déranger et donner lieu à une gouttière. [chenille.

*பதசம், (patasa), la lune, oiseau,

*பதஞ்சலி, (patandjali), Padandjali, ascète inventeur de la philosophie dite யோகம், et பாதஞ்சலம், l'auteur du மகாபாஷியம் ou commentaire sur பாணினி, nom du poète வரருசி de la cour du roi போஜன், nom d'un ascète de சிதம்பரம், *V.* சேடன்

*பதஞ்சலியம், *P.* பாதஞ்சலம், philosophie —, traité de Padandjali.

பதடி, blé broui, paille sans grains. [on.

பதட்டம், *P.* பதற்றம், précipitati-

பதணம், terrasse sur un mur, — sur les remparts d'un fort ou d'une ville, mur.

*பதத்திரம், (patatra), aile.

*பதத்திரி, (பதத்திரம். i), oiseau, volatile: —ராசன் le roi des oiseaux, le faucon கருடன்.

*பதந்தன், (bhadanta), bouddhiste, sceptique, ascète, révérend, vénérable.

பதபத, mot —, son imitatif de hâte, de mouvement vif, d'agitation violente: பதபதென்கிறது s'empresser, s'agiter, se débattre; பதபதெனல் empressement, agitation, lutte: மனதுபதபதென்றுதுடிக்கிறது la volonté être agitée par la crainte, — se débattre avec les difficultés..., le cœur palpiter, — faire padapada; வெய்யிலி-

திப்புழுப்பதப்பெதன்று அடிக்கிறது ver s'agiter extrêmement à la chaleur du soleil.

*பதமம்,(patama),la lune, oiseau, sauterelle.

பதமை,1°poli,douceur au toucher,juste tempérament. 2° *P.* பதி மை.

*பதம்,1° (pada),pied,pas,trace—, marque du pied, pied, — de vers, vers,une des parties de la strophe, signe,marque,place,site,rang,ordre, degré,parole,mot,mot composé de lettres,racine d'un mot,ou mot privé de ses inflexions ou terminaisons des cas etc...,terme(en logique),garde,protection,rayon de lumière,déguisement,masque, objet, chose,industrie,application,effort. 2° (pata), marche. 3° (patha),voie chemin,rue. 4° beauté,chiendent,nourriture, riz cuit,manducation,temps, occasion, opportunité,heure indienne de 24 minutes,espèce de chant dit சிந்து, vètement,toile,—fine,pointe, tranchant,plaisir, humidité, amollissement,agrément,soumission, héron, la 25$^{me}$ constellation dite பூரட்டாதி,béatitude finale dite பதவி. 5° trempe,température,degré —, point voulu, degré d'épaississement et de consistance des remèdes liquides,chaleur propre du feu,degré de cuisson et d'assaisonnement des mets.On distingue 5 degrés de cuisson ou de consistance des remèdes liquides: எண்ணெய்ப்பதம் consistance de l'huile, குழம்புப்பதம் consistance d'une sauce épaisse,மெழுகுப்பதம் consistance de la cire fondue,*இளகுபதம் consistance demi-fluide demi-sédiment,முறுகுபதம் consistance des choses sèches,ou entier dessèchement,c'est l'opposé de இளம்பதம் demi-cuisson ou légère cuisson.Dans la chaleur du feu on distingue வெம்பதம் chaleur à fondre les métaux et காழும் ou காய்ச்சபதம் chaleur à cuire le jus de la canne à sucre,du palmier,du cocotier etc...: பதமழிவு manque du degré de maturité,de cuisson, de température, manque de juste tempérament...,corruption;—ஆகுகிறது,*V.* பதப்படுகிறது;—ஆக்குகிறது donner le degré voulu de cuisson...,mettre à la température voulue,cuire—,tremper—, préparer —, assaisonner au point voulu, accommoder,approprier,corroyer,tanner;— ஆயிறுக்கிறது, — ஆய்வடிக்கிறது faire égoutter l'eau du riz cuit au moment et au point voulu;—ஆயெடுக்கிறது ôter—,enlever quand la trempe ou la cuisson voulue est donnée;— இடுகிறது. *V.* பதமாக்குகிறது;—தப்புகிறது manquer la trempe,la température ou la cuisson voulue,—le point voulu,assaisonner—,faire cuire ou chauffer trop ou trop peu;— தப்பினசாறு ragoût dont la cuisson est manquée; எஃகு—தப்பிப்போயிற்று la trempe de l'acier est manquée,il a été trempé trop ou trop peu;— பண்ணுகிறது,*V.* பதமாக்குகிறது;— பார்க்கிறது examiner la trempe, la température,la cuisson...,goûter les mets pour voir s'ils sont cuits ou assaisonnés au point voulu;—பிரிக்கிறது séparer les mots l'un de l'autre;—முடிக்கிறது décomposer les mots et en montrer les diverses particularités,savoir: la racine பகுதி,la terminaison விகுதி, les lettres intercalées இடைநிலை,les particules dites சாரியை,l'union des mots சந்தி,les irrégularités விகாரம் et les lettres euphoniques:பதக்கிரமம் marche,trace,—des pieds: — சரம் marche à pied;—சஞ்சாரகன் écrivain,annotateur:—ச்சேதப்பண்ணுகிறது,*V.* பதம்முடிக்கிறது:—நியாசம்pas,marche,conduite, position—, trace des pieds, nom d'une plante; —நிறம் couleur des pieds, espèce de pierre noire dite aussi காரம்சிலை; — நீர் jus de canne à sucre, jus de cocotier ou de palmier reçu dans un vase où il y a de la chaux, il est doux et sert à faire du sucre;— பஞ்சகம் étymologie,explication des mots obscurs ou vieillis, traité—,séparation des mots;—பஞ்சிகை registre, jourpal, calendrier; — பாதம் pas, trace —, plante des pieds, vestige; —ப்படுகிறது arriver au point voulu de cuisson..., être trempé, cuit, assaisonné ou préparé convenablement, s'accommoder; —ப்படுத்துகிறது, V. பதமாக்குகிறது: — ப்பாடு trempe—, cuisson convenable, température au point voulu, partie d'un mur; — ப்புணர்ச்சி union ou enchainement des mots entr'eux, *i.e.* de la fin d'un mot avec le commencement du suivant avec ou sans l'altération dite விகாரம்; —ப்பேறு obtention de la béatitude finale dite பதவி; — ப்பொருட்காட்சியணி fig. de rhét. qui attribue les qualités de l'objet comparé à l'objet auquel on le compare et vice versâ; —ப்பொருள் sens des mots, explication littérale: — முத்தி baisement des pieds, *V.* பதப்போறு; பதத்திலேவைக்கிறது mettre en bon état, —au point voulu.

*பதரம், பதரி, (badara, —ri), jujubier, cotonnier, jujube, cosse de cotonnier: பதரிகாசலம், —வனம், பதரிகாச்சிரமம், (கா, ஆச்சிரமம்), lieu de pélérinage ou de pénitence, ville et temple dans les monts Himâlaya sur les bords de la rivière Alakanandâ dans la province de Srinagar.

பதர், paille —, balle —, épi sans grains, épi broui, chose aplatie, —inutile: பதர் *ou* பதரானமனிதன் homme vil, ignorant, bon à rien.

பதலம், garde, précaution, circonspection, sureté: பதலப்படுத்துகிறது mettre en sureté, sous bonne garde, renfermer.

பதலை, petite —, montagne, jarre, terrine, vase, navire, bateau, tambour long et étroit dit மத்தளம், tambour à large ouverture, tambour qui n'a qu'un côté: —ச்சட்டி large casserole de terre.

பதல், *V.* பதில்.

*பதவி, (padavi), route, voie, chemin, situation, état, place, site, rang, ordre, degré, monde, — des immortels, station, fixité, prospérité, béatitude finale, bonheur éternel, dernière fin. Les Indous comptent 4 espèces de பதவி ou de bonheur éternel: சாலோகம் être dans le ciel avec Dieu, சாமீபம் être prés de Dieu, சாரூபம் ressembler à Dieu, சாயுச்சியம் identité avec Dieu: உயர்ந்த —haut degré de béatitude, bonheur éminent; மேலான— bonheur suprême du paradis; —முத்தி bonheur final; — யடைகிறது, —பெறுகிறது obtenir le bonheur final, — sa fin dernière, arriver au sommet.

பதவிய, *adj. de* பதமை, poli, doux, —au toucher: —குணம் douceur, —au toucher, poli, tempérament froid; பதவியது ce qui est doux, poli, lisse; பதவியன் homme doux, pacifique.

பதவியல், (பதம், இயல்), propriété —, accord des mots, règles de l'orthographe et de la connexion des mots, partie de la grammaire qui en traite.

பதவு, herbe.

பதவுரை, (பதம், உரை), explication littérale, mot à mot.

பதவை, (பதவி), chemin.

பதறல், பதறுகை, பதறுதல், précipitation, hâte, *n. v. de*

பதறுகிறது, றினேன், றுவேன், று, ற, *v. n.* agir —, marcher... avec précipitation, se presser trop, s'empresser, se hâter extrêmement, trembler, palpiter, s'agiter: பதறாதகாரியஞ் சிதறாது une chose non précipitée ne manquera pas de réussir; பதறாமலிருக்கிறது ne pas se trop presser, prendre son temps: பதறிச்செய்கிறது, —ப்பண்ணுகிறது agir ou faire à la hâte, —avec précipitation, précipiter; —ச்சொல்லுகிறது, — ப்பேசுகிறது dire ou parler à la hâte, avec précipitation, inconsidérément; —ப்போகிறது aller ou marcher avec précipitation.

பதறை, la plante வேர்க்கொம்பு.

பதற்றம், *n. v. de* பதறுகிறது, précipitation, hâte.

பதனம், 1° précaution, sureté, garde, soin, gage, caution, enlévement. 2° (patana), descente, descendre, abaissement,chute,dégradation, dégénération,péché, déduction, soustraction,allée,latitude des planètes; — ஆம்வைக்கிறது déposer avec précaution,mettre en sureté;— ஆய்ப்பார்க்கிறது observer soigneusement,agir avec circonspection;— பண்ணுகிறது, garder bien, — soigneusement,mettre en sureté, s'assurer de,s'emparer, déposer, tenir renfermé; பதனசேத்திரம் hypoténuse,argument de latitude,le 4e, le 7e et le 10e degré à partir du levant; பதனாவாசஸ்தலம் demeure—,habitation sûre.

பதனி,P. பதநீர். [tation sûre.

பதன்,P.பதம், maturité, trempe, juste degré de cuisson,de consistance,pointe:—அழிகிறது se gâter,passer le juste degré de cuisson,de maturité;—அழிவு,V.பதமழிவு;— இடுகிறது donner le juste tempérament, le juste degré de cuisson, de trempe...,assaisonner, corroyer, mettre en bon état;—படுகிறது arriver au point voulu de maturité,de cuisson, de trempe..., être mûr,—assaisonné ou cuit à point voulu; கத்திபதனுயிருக்கின்றது le sabre—, le couteau est suffisamment aiguisé. [tuné.

*பதாகன்,(bhadâka),homme for-

*பதாகி, (பதாகை i), porte-éten

*பதாகினி,(id.ini),armée. [dard.

*பதாகை,(patâkâ),bannière, drapeau,mât de pavillon,signe, emblème,symbole,marque,épisode de drame,sorte de danse, bonne fortune, hasard. [tige,trace du pied.

*பதாங்கம்,(பதம்,அங்கம்), vesti-

*பதாசனம்,(id.ஆசனம்),marchepied,escabeau.

*பதாசி,பதாதன்,பதாதிகன், (padâdji, padâta, padâtika), piéton, fantassin.

*பதாதி, (padâti), fantassin, piéton,infanterie, armée, détachement d'armée, —nommé aussi பத்தி et contenant 1 char,1 éléphant, 3 chevaux et 5 fantassins,homme dérouté, —qui s'est sauvé de la bataille à pied, —dénué de tout,turbulence.

*பதாநுசாரம், (பதம், அநுசாரம்),armée. [ம்),serviteur.

*பதாநுசாரகன்,(பதம், அநுசார

*பதாரம், (padâra), poussière des pieds,bateau,radeau.

*பதாம்போசம்,பதாரவிந்தம், (பதம்,அம்போசம்,அரவிந்தம்), pieds semblables au nénuphar, pieds d'une prétendue divinité.

*பதார்த்தம், 1° (பதம், அர்த்தம்), chose,substance,richesses, prospérité,sens d'un mot,—d'une sentence, catégorie,prédicament en logique. On en compte 7,savoir: substance, qualité,action,identité,variété,relation,annihilation; d'autres en nomment 16. 2° mets, aliment, ragoût, plat,sauce: பதார்த்தங்களைச் சேர்க்கிறது se procurer —,préparer les provisions et autres matériaux; பதார்த்தசாரம் essence...des mets,partie de la médecine qui enseigne la propriété des mets;—சாரநூல்,— சிந்தாமணி livre de médecine qui traite de la qualité des mets,ouvrage scientifique d'histoire naturelle; —விகற்பம், catégories de la logique.

*பதி,1° (pati), maître, possesseur, propriétaire, chef,seigneur, le Seigneur suprême, Dieu, roi, gourou, prêtre,ancien,mari,Siven,racine. 2° (pathin),chemin(dans les mots composés).3° place,ville,cité,bourg, village en pays cultivé,maison,habitation, demeure, cachette, embûches, cheval,lumière,impression, provin, marcotte, V.பதித்தல். 4° imp. et part. de பதிகிறது et பதிக்கிறது; தேசாதிபதி, ou தேசத்துக்குப்பதி roi—, seigneur,— maître ou gouverneur du pays; —சத்திசாலம் illusion du pouvoir de Siven;—சாஸ்திரம், V. பதிநூல்;— சேவை obéissance—,dévouement à son mari; — ஞானம் connaissance de Dieu,sagesse divine,renoncement au monde;—த்துவம் état du mariage; —நிச்சயம்,—நிர்ணயம்,— நிதானம்,—நியமம் certitude de l'être ou de l'existence, croire —, savoir qu'il y a un dieu auteur de la nature,et connaître ce qu'il est;— நூல் science qui explique—, traité de la nature divine;— படை armée ou troupe en—,embuscade;—பசுபாசம் Dieu,l'âme et la matière;—பொங்கி டுதல் préparer une cruche remplie d'eau et d'autres choses (pour chasser les démons ou pour un acte superstitieux;—பதிக்ஞன், (pathin chemin),homme qui connait les routes;—பதிவிரதை, (விரதம் vie), femme fidèle à son mari;—வத்னி (vatni P.vati),femme mariée,—dont le mari est vivant;—வாகன், (pathin route),porteur,porte-faix, oiseleur;—விரதம்,—விரதத்தன்மை,—விரதாசாரம்,—விரதநெறிமை,—விரதாபுண்ணியம்,— விரதாவிரதம்,(பதிவிரதை),chasteté conjugale, fidélité inviolable d'une femme à son mari; — விரதபங்கம்பண்ணுகிறது violer la fidélité conjugale;—விரதபத்தினி,—விரதி—, விரதை,—விருதை (vrati,vratâ), femme chaste,fidèle à son mari;—வைக்கிறது planter du riz,transplanter des plantes, prendre racine, marcotter, provigner, V.பதிபோடுகிறது;—வைத்தகிளை marcotte, provin, branche provignée; பதிக்குவருகிறது venir à la maison.

*பதிகம்,1°(பதிகன் guide),préface, — dans laquelle on explique le plan et le contenu de l'ouvrage, table des matières. 2° (பத்து), la dixaine de strophes,le 79° des பிரபந்தம்,petit poème en 10 strophes sur un seul sujet. 3° mousse, algue. 4°* (padika), marche à pied, pointe du pied.

*பதிகன்,1° (padika), piéton, fantassin. 2° (pathika), voyageur, passant,guide,—qui connait les routes: பதிகசந்ததி,—சங்கதி troupe de voyageurs,caravane.

பதிகிறது,பதிந்தேன்,பதிவேன், பி,பிய, v.n.et a. s'enfoncer (le pied dans la boue), s'enchâsser, s'abaisser, se soumettre,obéir,se blottir,se cacher, se creuser, devenir creux,s'arrêter, être fixé, attaché, fiché, être imprimé, s'imprimer, se graver, s'inculquer, faire impression. 2° v.a. inscrire,insérer, enfoncer,graver,imprimer: மனதிலே — se graver dans l'esprit, faire impression sur la volonté; பொஸ்தகத்திலே —insérer —,inscrire un nom dans un compte; பதிந்திருக்கிறது être imprimé,gravé,inscrit,enfoncé...; பதிந்துபோகிறது s'imprimer, laisser une empreinte; பதியவைக்கிறது marcotter, provigner, laisser s'imprimer, — s'enfoncer: மனதிலேபதியச்சொல்லுகிறது parler de manière à faire impression sur l'esprit.

பதிக்கிறது,பதித்தேன்,இப்பேன்,தி, திக்க, v.a.de பதிகிறது,பதித்தல்,n.v. ou பதித்துவைக்கிறது enfoncer, ficher, fixer,insérer,placer, attacher, abaisser,creuser, cacher, ensevelir, marcotter, planter, provigner, enchâsser, imprimer, graver, écrire, enregistrer,porter,mettre.

*பதிக்னி, (பதி, ghni qui tue), femme homicide de son mari: — லக்ஷணம் marque qui dénote une telle homicide. [லை.

பதிச்சம், la plante dite வாதுளு

*பதித,obl.de பதிதன் et de

*பதிதம்,(patita), écart,erreur, hérésie,chute,dégénération,dégradation,exclusion de la religion ou de la caste, espèce de danse ou de drame: பதிதத்தனம்,—மார்க்கம் hérésie.

பதிதல்,n.v.de பதிகிறது.

*பதிதன்,(patita), homme dévoyé, dégradé,tombé,déchu ou chassé de sa caste,de sa religion..., hérétique, apostat,renégat:பதிதசாவித்திரிகன், (சாவித்திரி, ka), homme des 3 premières castes dont l'initiation n'est pas légitime ou qui a été dégradé; —பாவனன் celui qui purifie les gens dévoyés ou les grands pécheurs, i. e. Dieu.

*பதிதோற்பன்னன்,(பதிதன்,உற்பன்னம்),homme né de gens dégradés,—né dans l'hérésie.

பதிதல், *n.v.de* பதிக்கிறது, action d'enfoncer, de cacher, —d'imprimer... [ge.

*பஸ்திரி, (bhastri), soufflet de forge.

பதித்து, *gér. de* பதிக்கிறது.

பதிப்பு, *n.v.de* பதிக்கிறது, impression, édition, *V.* பதித்தல்.

பதுமை, *P.* பிரதிமை, figure, statue, idole, poupée, marionnette: —கதை histoire représentée par des—, conte de marionnettes; —க்கூத்து jeu —, représentation de marionnettes; —பண்ணுகிறது faire des poupées, des marionnettes...; —போலிருக்கிறது être comme une statue, être joli; —யாட்டுகிறது faire jouer les marionnettes, jouer avec une poupée: விசைவைத்திருக்கிறபதுமை automate, poupée—, statue mue par des ressorts.

*பதிம்பரை, (பதிம்), *acc.de* pati *ou* பதி, vara *qui choisit*), fille qui choisit elle-même son mari.

பதிய, 1° *inf.de* பதிகிறது. 2° *obl.de*

பதியம், 1° (பதிகிறது), marcotte, provin, branche provignée. 2° *P.* பதிகம், poème de 10 stances, mousse, la petite plante aquatique பாசி, lemna.

*பதிரன், (badhira), homme sourd.

*பதிலன், (பதி, la), voyageur.

பதில் *ou* வதில், *dat.* பதிலுக்கு, (les autres cas inusités), équivalent, égalité, échange, la pareille, compensation, récompense, retour, subtitution; remplacement, remplaçant, au lieu de: அதுக்குப்பதிலாக au lieu ou en la place de cela, en échange de cela: அவனுக்குப்பதிலிவனுத்தரவாதி celui-ci est caution en place de celui-là; அவனுக்குப்பதிலாய்ச்சாமங்காக்கிறவனிவன் c'est celui-ci qui fait le quart en remplacement de celui-là; —அளிக்கிறது, —செலுத்துகிறது rendre la pareille, compenser, récompenser; —ஆய் *ou* பதிலுக்குக் கொடுக்கிறது donner en place, —en échange, rendre; பதில்கொடுக்கிறது fournir un remplaçant, donner l'équivalent, —en place; —சீட்டு, பதிற்சீட்டு copie—, duplicata d'un billet, d'un document;— பாணம் flèche lancée en retour ou en échange d'une autre; —வைக்கிறது substituer, mettre à la place de, remplacer, troquer, échanger, mettre l'équivalent, —en gage; பதிலுக்குச்செய்கிறது *ou* பதிலுக்குப்பதில்செய்கிறது rendre, —la pareille; compenser, dédommager; —ப்பதில்பண்ணிப்போடுகிறது rendre, —la pareille, récompenser, user de représailles; —வாங்குகிறது prendre pour équivalent, pour représailles. [remplaçant, substitut:

பதிலாள், பதிலாளி, (பதில், ஆள்),

பதிவட்டவணை, (பதிவு, அட்டவணை), registre, archives: பூர்வப்— ancien registre, vieilles archives.

பதிவிடை, (பதிவு, இடை), cachette, embuscade, embûches, piége: —பண்ணுகிறது, —வைக்கிறது tendre des piéges, dresser des embûches, suborner un espion; —யாயிருக்கிறது être en embuscade, être aux aguets, attendre l'occasion; —யாயிருந்துபுறப்படுகிறது sortir d'une embuscade; —யாய்ப்போய்விடுகிறது se dérober en cachette, s'esquiver secrètement, —à la dérobée: பதிவிடைகளாய்ப்போகப்பண்ணுகிறது envoyer—, placer en embuscade.

பதிவு, *n.v.de* பதிகிறது, impression, empreinte, insertion, provignement, marcotte, registre, grand livre de comptes, déclin de la lune; embûches, embuscade: பதிவிருக்கிறது être en embuscade, être aux aguets, guetter l'occasion, être caché dans l'ombre; என்பிராணனுக்குப்பதிவிருக்கிறார்கள் ils guettent l'occasion de m ôter la vie; பதிவிருப்பார் ceux qui sont —, ils seront en embuscade; —வைக்கிறது marcotter, provigner.

பதிற்றந்தாதி, (பதிற்று அந்தாதி); le 46me des பிரபந்தம் poème composé de 10 வெண்பா et de 10 கலித்துறை avec la répétition dite அந்தாதி.

பதிற்று, *variante de* பத்து; dix: —க்கலம் dix boisseaux; —ப்பத்து

dix fois dix, *i.e.* cent;—ப்பத்தந்தாதி poëme de தாயுமானவர் composé de 10 parties chacune de 10 strophes d'un mètre différent des autres.

பதிற்றொன்பானர், (பதிற்று), dix-neuf: பதிற்றொன்பதின்மர் 19 personnes.

பதிற்றொன்று, (*id.* ஒன்று); onze.

பதினறுவர்; (பதின், அறுவர்), 16 personnes.

பதினாயிரம், (*id.*), 10 mille.

பதினாலு, (*id.* நாலு), quatorze:—லோகம் les 14 mondes des fables indoues, *V.* les au mot உலகம், (au lieu de திதலம் quelques-uns disent தராதலம், et au lieu de புவர்—, சுவர்,—மகர்—, தவலோகம், ils disent புவ—, சுவ—, மக—; தபோலோகம்): பதினாலாம் quatorzième; பதினாலாவது quatorzièmement. [sonnes.

பதினால்வர், (*id.* நால்வர்), 14 personnes.

பதினான்கு, (*id.* நான்கு), quatorze: பதினான்காம் quatorzième; பதினான்காவது quatorzièmement.

பதினாறு, (*id.* ஆறு), seize:—கோணம் 16 angles, les 16 coins du monde, *i.e.* les 8 principaux dits அஷ்டதிக்கு et les 8 intermédiaires: பதினாறாம் seizième; பதினாறாவது seizièmement.

பதினெட்டு, (*id.* எட்டு), dix-huit: பதினெட்டாம் dix-huitième; பதினெட்டாவது dix-huitièmement.

பதினென், *P.* பதினெட்டு, dix-huit, *devant un nom*:—கணம்,—கூட்டம் 18 classes d'êtres réputés célestes, *V.* அஷ்டாதசகணம்;—குடிமை les 18 sortes de serviteurs de village, savoir: ஓடாவி peintre, கன்னார் ouvriers en cuivre, குயவர் potiers, கொல்லன் maréchal, கோவியர் pâtres, சிவியார் porteurs de palanquin, தச்சர் charpentiers, தட்டார் orfèvres, நாவிதர் barbiers, பள்ளர் les pallers cultivateurs, பாணர் tailleurs, மாலைக்காரர் faiseurs de guirlandes, மூவாணியர் 3 espèces de marchands, வண்ணார் blanchisseurs, வலையர் pêcheurs, வெட்டியான் fossoyeur ou brûleur de cadavres;—குணம் 18 propriétés du corps, *V.* அஷ்டாதசகுணம்;—தருமசாஸ்திரம் les 18 livres de jurisprudence, *V.* அஷ்டாதசதருமசாஸ்திரம்;—பாஷை,—பாடை les 18 langues, *V.* அஷ்டாதசபாஷை;—புராணம் les 18 pouranas, *V.* அஷ்டாதசபுராணம்;—மூலம் 18 espèces de racines médicinales, *V.* அஷ்டாதசமூலம்; பதினெண்ணுபபுராணம் les 18 pouranas inférieurs, *V.* அஷ்டாதசோபபுராணம்.

பதினெண்மர், (*id.*), 18 personnes.

பதினெழுவர், (*id.* எழு), 17 personnes.

பதினேழு, (*id.*), dix-sept: பதினேழாம் dix-septième; பதினேழாவது dix-septièmement.

பதினைங்கலம், (*id.*), 15 boisseaux.

பதினைந்து, பதினைஞ்சு, (*id.* ஐந்து), quinze: பதினைந்தாம் quinzième; பதினைந்தாவது quinzièmement; பதினையாயிரம் 15 mille.

பதினைவர், (*id.*); 15 personnes.

பதினொன்று, (*id.*), ou (*devant un nom*), பதினொரு, பதினோர், onze; பதினொரு ou பதினோர்குதிரை 11 chevaux; பதினோராம் onzième; பதினோராவது onzièmement; பதினொருவர் 11 personnes.

பதின், (*variation de* பத்து), dix:—கலம் 10 boisseaux; — மடங்கு 10 fois autant;—மடங்கான décuple;—மூன்று treize;—மூன்றாம் treizième;—மூன்றாவது treizièmement;—மூவர் 13 personnes.

பதின்மர், (பதின்), 10 personnes.

பது, *sync. de* பத்து, dix. Il ne s'emploie que dans les composés இரு—, முப்—, நாற்—, ஐம்—, அறு—, எழு—, எண்பது et ஒன்பது, 20, 30, 40, 50, 60, 70, 80, 9; mais suivi d'un autre nombre பத்து repend sa forme: இருபத்திரண்டு 22, இருபத்துமூன்று 23. [பதலை.

பதுகை, l'arbre பழமுண்ணிப்

பதுக்கம், *n. v. de* பதுங்குகிறது. cachette, embuscade, guet-à-pens, manière de se glisser en rampant,— à la sourdine: பதுக்கமாய் en rampant, en cachette.

பதுக்காய்,nom d'un oiseau, chose qui ne croit pas.

பதுக்குகிறது,sync. பதுக்கிறது, க்கினேன்,க்குவேன்,க்கு,க்க,v.a. de பதுங்குகிறது, et பதுக்குதல்,n.v. cacher,tenir caché.

பதுக்கை,petite hauteur,—colline,petit buisson,rocher,roc, pierre.

பதுங்கலன், (பதுங்கல், அன்), homme qui est aux aguets,qui dresse des embûches,qui se glisse à la sourdine,—en rampant, qui se cache en arrière.

பதுங்கி,1° V.பதுங்கலன்.2° gér.de

பதுங்குகிறது,sync. பதுங்கிறது, கினேன்,குவேன்,கு,க,v.n.பதுங்கல், பதுங்குதல்,n.v.se glisser—,venir à la sourdine,—en rampant,se cacher, se blottir,se tapir,être aux aguets,en embuscade, épier l'occasion, rester caché,blotti; பதுங்கிப்பதுங்கிவருகிறது venir à la sourdine,—adroitement,à la dérobée;பதுங்கிவெட்டுகிறது couper—, assassiner à la sourdine;பதுங்குநாய் chien à embuscade, —de chasse.

*பதுமம்,(padma),lotus, nelumbium speciosum (souvent confondu avec le) nénuphar, nymphœa, fleur de lotus ou de nénuphar,espèce d'arrangement ou d'ordre de bataille,un des trésors de Koubèren dit பதுமநிதி, nombre très-considérable,100 trillions,ou 10 milliards suivant le dictionnaire sanscrit,10 trillions selon d'autres,un des 18 pouranas,plomb,taches ou marques colorées sur la trompe des éléphans, sorte de pilule médicinale, drogue nommée aussi பதுமகாஷ்டம், la 15$^{me}$ constellation lunaire dite சோதி,ornement de couronne, V. பதுமாசனம்;பதுமகண்டம் lieu abondant en nénuphars;—கந்தம்,—கந்தி odeur de nénuphar;— கரன் le soleil ou Sourien qui tient à la main un nénuphar;—கருப்பன்,—கர்ப்பன் Brama—,le soleil qu'on prétend nés du nénuphar;— காஷ்டம் bois de senteur usité en médecine et réputé rafraîchissant et tonique; —க்காய் graine de nénuphar;—கேசரம் filamens du nénuphar;— நந்து,—நாளம் tige fibreuse du nénuphar;—நாபன்,—நாபி Vichnou du nombril duquel, au dire de la fable, est sorti le nénuphar sur lequel naquit Brama;—நிதி or ressemblant au nénuphar (c'est un des 2 trésors d'Indiren et 1 des 9 trésors de Koubèren;)—பந்தம் arrangement des mots d'une strophe en forme de feuille de nénuphar;— பந்து l'ami du nénuphar,i.e. le soleil,l'abeille;—பத்திரம்,—பத்ரம் feuille du nénuphar,le costus speciosus; — பாணி celui qui tient à la main un nénuphar,le soleil,Brama; —புஷ்பம் fleur de nénuphar;— ப்பிரியை l'amie prétendue du nénuphar,la femme de ...ரு;—பூ,— யோனி Brama né, au dire des Indous, du nénuphar sorti du nombril de Vichnou;—ராகம் le rubis à couleur de nénuphar, l'hyacinthe;— ரேகை ligne de la paume de la main que les Indiens croient présager de grandes richesses;—வஞ்சகன் roi,soleil,Koubèren,Brama;—வஞ்சகி Sarasvati, Lakchimi (qui ont un parasol semblable au nénuphar);—வர்ணகம் le costus speciosus de couleur de nénuphar;—வீசம் graine de nénuphar;— வாசை Lakchimi qui habite, dit-on, dans les pétales du nénuphar.

*பதுமன்,(id.), un des 8 serpens qu'on dit soutenir les 8 coins du monde, Brama, Râmen, un des 12 சக்கரவர்த்தி des Djaïnas.

*பதுமாகரம், (பதுமம், ஆகரம்), étang rempli de nénuphars.

*பதுமாக்கம்,பதுமாக்ஷம், (பதுமம்,அக்ஷம்), graine de lotus ou de nénuphar.

*பதுமாசனம்,பதுமசனம், (id. ஆசனம்);une des 8 positions ou manières de s'asseoir des yoguis, dites ஆசனம்,qui consiste à se croiser les plantes des pieds sur les cuisses et à avoir une main appuyée sur la cuisse gauche et l'autre étendue avec le pouce sur le cœur et les yeux fixés sur le bout du nez, siége ou trône fait en forme de lotus pour placer des idoles.

*பதுமாசனன், (*id.*), celui qui a le lotus pour siége, Brama, le soleil.

*பதுமாசனி, *f. du préc.* Lackchimi, Sarasvati.

*பதுமாத்திரம், (*id.* அத்திரம்), pétales du nénuphar ou lotus.

பதுமாக்கம், la plante கலித்து மடை. [துமவாசை.

*பதுமாலயை, (*id.* ஆலயம்), *V.* ப

*பதுமாவதி, (பதுமம், வதி), la prétendue déesse மனசை, sœur des serpens et femme du sage சரற்கா ரு, la branche principale du Gange depuis Kasimbazar dans le Bengal jusqu'a la mer — பதியவன் l'époux chéri de மனசை, *i.e.* சரற்காரு.

*பதுமினி, (பதுமம், ini), la 1re et la meilleure des 4 classes de femmes dites. பெண்சாதை — ச, espèce de danse, lotus ou nénuphar, tige fibreuse du nénuphar, grand de quantité —, étang plein de nénuphars, femelle de l'éléphant dit பதுமம்: பதுமினிகண்டம், *V.* பதுமகண்டம்; — காந்தன், — வல்லபன் l'ami du nénuphar, *i.e.* le soleil.

*பதுமேசயன், (padmè *dans le lotus*, சயம்), celui qui est couché sur une feuille de lotus, *i. e.* Vichnou.

*பதுமை, 1° (padmâ), Lakchimi, Kâli, la prétendue déesse மனசை sœur des serpens et femme de சரற்காரு, la mère du 20me தீசாங்கர், fleur du carthame ou safran bâtard 2° *P.* பதுமை, statue, marionnette, poupée: — கதை conte d'une poupée, vieille fable.

*பதுமோத்தரம், (பதுமம், உத்தரம்), carthame ou safran bâtard.

*பதுமோத்தராத்துமசன், (பது மோத்தரன், ஆத்துமசன்), le fils de Padmottaren, un des சக்கரவர்த்தி des Djaînas.

*பதுமோற்பவன், (பதுமம், உற்ப வம்), celui qu' on dit né sur le nénuphar, *i.e.* Brama.

பதைக்கிறது, பதைத்தேன், பதைப்பேன், பதை, பதைக்க, *v.n.* palpiter, le cœur battre, s'effrayer, compatir, agir précipitamment.

பதைத்தல், பதைப்பு, *n.v. du préc.* palpitation battement de cœur, effroi, compassion, indice de frayeur, précipitation.

பதைபதைக்கிறது, (பதைக்கிறது *répété*), palpiter fortement.

பதைபதைத்தல், பதைபதைப்பு, *n. v. du préc.* forte palpitation.

*பதோதகம், (பதம், உதகம்), eau pour laver les pieds, — dans laquelle un gourou s'est lavé les pieds, eau du bord du chemin.

பத்தாசேனி, camphre.

பத்தியம், (பத்து, அயம்), *v.* சுண் ணம். [broisie.

*பத்தசை, (bhaktadjâ), nectar, am-

*பத்ததன், (பத்தம், da *qui donne*), nourricier, protecteur.

*பத்ததை, பத்தத்துவம், (*id.*), attachement, fidélité.

*பத்ததி, (paddhati), route, chemin, ligne, rangée, ordre, règle, rituel ou manuel détaillant certaines cérémonies et la manière de les faire, sens —, explication des mots, nom de famille, surnom.

*பத்தம், 1° (baddha), lien, attache, obligation, vérité. 2° (bhakta), nourriture, riz cuit, gratitude, attachement, dévouement: — உள்ளவன் homme réglé, de conduite régulière, reconnaissant; — கெட்டவன் homme déréglé, sans ordre, ingrat; பத்த காரன் cuisinier; — கோபன் homme qui retient ou réprime sa colère: — சந்தம் appétit, désir de manger, gourmandise; — சனம் serviteurs, gens dévoués; — தாதா père nourricier; — தாசன் esclave qu'on nourrit; — தூரியம் musique qu'on joue chez les princes à l'heure du repas.

பத்தருசி, (பத்தம்), camphre. [வ.

பத்தர், 1° *pl. de* பத்தன். 2° *P.* பத்த.

பத்தல், canal de bois (pour conduire l'eau tirée d'un puits ou d'un étang), auge de bois (pour les animaux),une partie du luth.

*பத்தனம்,(pattana),ville.

*பத்தன்,(bhakta),*pl.* பத்தர்,பத்தர்கள்,homme dévoué,attaché,ami fidèle,dévot,pieux, adorateur, bigot, partisan,amateur, surnom honorifique des orfèvres, des marchands: —கையிலேயொப்பிக்கிறது remettre entre les mains d'un ami,d'un homme fidèle; அவனெனக்குப்பத்தன் il m'est dévoué,il est mon partisan.

*பத்தா,1° *P.* பர்த்தா, (bhartrou), mari,époux,nourricier,soutien,protecteur. 2°(*ind.*),information,recherche,suivre à la piste.

பத்தாசு,(patache), petit vaisseau, bateau: பத்தாசிலேவருகிறது venir en bateau.

*பத்தாஞ்சலி, (பத்தம், அஞ்சலி), salutation en portant les mains jointes au front.

பத்தாடம்,(பத்து,ஆடம்),200 me[sures d'huile.

பத்தாம்,(*id.*ஆம்),dixième.

பத்தாயம், grand coffre, réceptacle,grenier, *V.* பத்தாசு: தண்ணீர்ப்—réservoir d'eau,citerne; நெல்லுப்— caisse ou réceptacle pour mettre le riz.

பத்தாவது,(பத்து),dixièmement.

பத்தானித்தீவு,Patani,ville et royaume dans la presqu'île de Malacca,près de Siam.

*பத்தி,1° (bhakti).piété. dévotion, dévouement,fidelité, confiance, foi, attachement,amour,service, adoration,culte,—religieux,part,portion, 2°(patti),marche, promenade, piéton,fantassin,détachement,— d'armée contenant un char,un éléphant 3 cavaliers et 5 fantassins.3° (pankti),rang,rangée, ligne, petite colonne d'écriture,lignes écrites sur une feuille de palmier ou dans un livre *V.* பத்தி. 4° mœurs,conduite,manière,ordre,règle,usage, coutume, enclos,planche de jardinage, porche, galerie,vestibule,pente du toit d'une maison; நடுப்—la rangée du milieu; பின்—la dernière rangée ou ligne; முன்—la 1re rangée...,ou celle qui précède; —காண்டி, — காண்டிகள் personnes—,gens dévoués à la dévotion (c'est un des 3 பக்குவர்); —சூலம் nom d'une maladie; —சுவாலகர், —சுவாலையர் les séraphins, anges enflammés de l'amour de Dieu; —பங்காரம் irrigation provenant de l'eau d'un fleuve; —பத்தியாயெழுதுகிறது écrire en colonnes ou en lignes, —பத்தியாகவைக்கிறது mettre en rangs, aligner; —பத்தியாய்வருகிறது venir en rangs; — பாய்கிறது une image se réfléchir; —நடை, —மார்க்கம் conduite pieuse; — உலாவல் se promener—, marcher en rangs; —யோகம் dévotion,adoration; —விசுவாசம் foi et piété, foi—,dévotion solide; — வைராக்கியம் zèle, attachement à la dévotion; அத்தியந்தபத்திநிறைந்தசித்தம் volonté pleine d'un amour ou d'un attachement extrême; உறுதியானபத்தி solide piété,—attachement.

*பத்திமான்,(பத்தி,mân), homme dévot,pieux,fervent,attaché à.

பத்திமை,(*id.*மை),dévotion, piété,amour,attachement,régularité.

*பத்தியம்,1° (pathya),régime,diète,régime convenable aux malades, nourriture, convenance, justesse, agrément,accord,le mirobolan jaune dit கடு.2° (padya), mètre,chant, versification, vers ou ouvrage de poésie (surtout en sanscrit ou en télinga),heurt,méchanceté,classe soudras,—tamoule; — அற்றதில்லை le régime n'est pas fini: — இருக்கிறது observer un régime; — கழிக்கிறது laisser le régime prescrit; —குலைகிறது, — முறிகிறது enfreindre le régime,le régime être enfreint; —கொள்ளுகிறது prendre un régime, —de la nourriture,manger; — பிடிக்கிறது prendre—,suivre un régime; —போகிறது le régime finir; பத்தியக்கீரை l'herbe potagère dite சிறுகீரை; —க்கேடு, —த்தாழ்வு, — ப்பிழை infraction du régime prescrit; — ப்பி

ழைவருகிறது un telle infraction arriver;—மீன் poisson tendre et bon pour les malades. [choutre.

*பத்தியன், (பத்தியம்), soudras,

*பத்திரகம்,(பத்திரம்,ka),1° feuille,plume,aile,onction de sandal. 2° (bhadraka),beauté, agrément, bonheur.

*பத்திரம், 1° (patra), feuille, — d'arbre,de livre,feuille d'or, pétale (de fleurs),aile d'oiseau,plume,—de flèche,lettre,épitre, monture, véhicule.2° (bhadra), bonheur,prospérité,richesses,bonne fortune, hasard, joie,beauté,agrément,bien,or,fer ou acier,bœuf,monceau,multitude,balle,le 7me des கரணம் dit பத்திரவம், la position dite பத்திராசனம். 3° (padra),hameau,village, — dans les montagnes.4° soin,précaution, circonspection,attention,sûreté,fermeté,obligation par écrit,titre, contrat, billet,—de dette, ornement de couronne,montagne,arme,—qu'on lance,flèche,trait,courte épée,poignard, dague,mort. 5° *interj.* gare, prenez garde,doucement,attention: சேதன பத்திரம் billet annulé; — ஆய் avec soin,—précaution,avec attention,en sûreté;—ஆய்ப்பார்க்கிறது regarder —,soigner attentivement,bien examiner; —ஆய்ப்போகிறது aller—, marcher avec précaution; — ஆய்முடிகிறது lier—, nouer sûrement,—avec soin (dans un linge); — ஆய்வைக்கிறது placer sûrement,doucement,avec soin;—சாத்துகிறது appliquer—,placer des feuilles (autour d'une idole...);— பண்ணுகிறது affermir,assurer, rendre stable, prendre garde,mettre en sûreté;—பறிக்கிறது cueillir des feuilles; பத்திரகாகலம், — காகலி, (காகளம், *bruit*),bruit des ailes d'un oiseau,—du bruissement des feuilles;—காளி, (la prétendue déesse) Bhadrakâli, une des formes de Dourgâ,femme de Siven;—கும்பம் cruche d'or ou dorée remplie de l'eau du Gange et employée au couronnement d'un roi;—க்கடன்காரன் créancier sur billet, —obligé par écrit; — சூசி épine;—தாரகம்,(dâraka *qui déchire*), scie,—garnie de châssis;—சிரை, — நாடிகை,(நாடி,ka),nervure ou veine de feuille;—ப்படுகிறது se mettre —, être mis—,être en sûreté,devenir—, être ferme,stable,sûr;—ப்படுத்துகிறது assurer,rendre sûr,ferme,mettre en sûreté,affermir;—ப்படுத்திவிடுகிறது mettre sous bonne garde, —en prison; பகைஞர் கையிற் — ப்படுத்திவிடுகிறது confier—,remettre entre les mains de l'ennemi;—பதை (பதம்),*ou* பாத்திரபதம் nom commun à la 25e et à la 26e constellation (qu'on distingue ensuite en mettant devant les mots பூர்வ et உத்தர);—பந்தம் décoration de feuilles, de fleurs, de guirlandes...; — பெளவளம் jeune pousse, rejeton;—ரதம் oiseau (à qui les ailes servent de char);—கேஜு l'éléphant d'Indiren, (nommé aussi ஐராபதம்,au dire des Indous,la poussière de ses pieds annonce la prospérité);—ரஞ்சனம் dorure—,colorisation —, enluminure des pages;— வாகம் flèche, oiseau (porté par des plumes); — வாகன் porteur de lettres,postillon.[ராவலி.

*பத்திரவேகை,(பத்திரம்). V. பத்தி

*பத்திரவம், பத்திரவாகரணம், (*id.*),le 7me des கரணம் dit aussi விட்டி ou la poule,et regardé comme une période funeste.

*பத்திரன்,(*id.*), Siven, Virabadra ou வீரபத்திரன் forme de Siven.

*பத்திராகரணம்,(பத்திரம்,ஆ,கரணம்),action de raser.

*பத்திராக்ஷம்,(பத்திரன், அக்ஷம்), œil de Virabadra,*i.e.*graine du mirabilis jalappa.

*பத்திராசனம்,(பத்திரம், ஆசனம்),trône,—royal, lit, siége solide, une des 8 postures des yoguis, qui consiste à placer les chevilles des 2 pieds sous les parties honteuses et à tenir fortement avec les mains les plantes des pieds sans remuer;பத்திராசனத்திலிருக்கிறது être sur le trône,—dans la posture susdite.

*பத்திராசனர்,(*id.*),les Trônes, le 3me des 9 chœurs des anges, composé de ceux qui environnent le trône de Dieu et le louent.

*பத்திராசிரயம்,(பத்திரம்,ஆசிரயம்),demeure du bonheur,sandal.

*பத்திராசுவம், (*id.* அசுவம்), la plus orientale des 9 divisions du monde dites கண்டம், ainsi nommée,selon les pouranas,de son premier roi பத்திராசுவன் fils d'அக்கினித்திரன் roi du சம்புத்வீபம். [encre.

*பத்திராஞ்சனம்,(*id.* அஞ்சனம்),

*பத்திராட்சம், *V.* பத்திராக்ஷம்.

*பத்திராதனம்,(*id.*ஆதனம்), *V.* பத்திராசனம். [de poivre long.

*பத்திராத்தியம்,(patrâdya),racine

*பத்திராத்துமசம், (பத்திரம் *fer*, ஆத்துமசன் *né*),épée,sabre.

*பத்திராவலி,(பத்திரம்,ஆவலி),tirer des lignes,colorer ou oindre le corps de sandal, de safran ou autres substances.

*பத்திரி,1° (patri), oiseau, flèche, feuille. 2° la cruelle déesse Kâli ou Dourgâ,cheval.

*பத்திரிகை,(patrikâ), feuille, — écrite,page,écrit,billet,billet ou titre sur ôle,épître,lettre: அதிகார—, ordre de l'autorité,procuration, délégation par écrit; அறிக்கைப்— affiche,avertissement par écrit; மன்னித்தோமென்கிற— lettre d'amnistie, amnistie.

பத்திரிப்பு,retraite —,recoupement de mur,diminution dans son épaisseur.

*பத்திரை,(bhadrâ), le 2e, 7me et 12me jour lunaire de chaque demi-lunaison et surtout du déclin,bonne vache,indigo,l'herbe sur laquelle se roule la mangouste quand elle est mordue du serpent,safran,le Gange, le prétendu Gange céleste,une des 4 divisions du Gange,selon les pouranas,celle qui coule au nord du குருதேசம், la cruelle déesse Kâli, Bhadrâ,la sakti ou énergie féminine de Siven;—கேள்வன் l'époux de Bhadrâ i.e. வீரபத்திரன்.

*பத்திரோதகம், (பத்திரம், உதகம்),eau de feuilles.

*பத்திரோல்லாசம், (*id.* உல்லாசம்),bouton (de feuilles),bourgeon.

*பத்திமான், (பத்தி, vân *affixe*), homme pieux,dévot,partisan.

*பத்தினி,(patni), épouse, femme chaste,—fidèle:—த்தனம்,—த்துவம் chasteté d'une femme, fidélité à son mari;—ப்பிள்ளை,— மகன் enfant légitime,—né d'un mariage légitime; இருஷிபத்தினிகள் les épouses des Richis ou ermites indous.

பத்து,1° dix. 2° (pad), pied. Devant ஒன்று,மூன்று,நான்கு, ஐந்து, ஆறு,எழு,எட்டு, il se change en பதின் *ou* பதிற்று; il peut subir le même changement devant un nom. Devant இரண்டு il se chang en பன் *ou* பன்ன். Quand il multiplie le nombre suivant il se change en இருபத்து comme இருபத்திரண்டு 10 fois 2 ou 20; pour se multiplier lui-même il se change en பதிற்று,*Ex*:பதிற்றுப்பத்து 10 fois 10 *i.e.*100. Quand il est multiplié par un nombre plus petit பத்து se change en பது,comme முப்பது 3 fois 10 *i.e.* 30; mais à l'oblique il reprend le த் perdu,ainsi முப்பத்துமூன்று 33; enfin quand il est répété பத்து ne garde que ப், *Ex.*பப்பத்து 10 à 10,ou 10 par 10; பத்துக்காலோன் l'animal à 10 pieds,crabe; பத்துமடங்கு décuple,10 fois autant; பத்தாம் dixième; பத்தாவது dixièmement,பத்தத்தரம் dix fois; பத்திலொன்று, பத்திலொருபங்கு,பத்திலொருபாகம் un sur 10,une partie sur 10,un dixième,la dime; பத்திலொன்றுகச்செலுத்துவன les dimes; பத்திலொன்று கொடுக்கிறது,பத்திலொருபாகத்தைக்கொடுக்கிறது payer —,donner un 10me,la dime; பத்தின்பதிகம் poème composé de 10 parties chacune de 10 strophes.

பத்தொன்பது,(பத்து), dix-neuf; பத்தொன்பதாம் dix-neuvième; பத்தொன்பதாவது dix - neuvièmement; பத்தொன்பதின்மர் 19 personnes.

பந்தை,éclisse,fente,fissure, tranche,éclat: — போட்டுக்கட்டுகிறது mettre des éclisses et lier un membre fracturé; —வகிருகிறது,— வெட்டுகிறது couper ou fendre un morceau, un éclat; பலகைவெடித்துப்— பாய்விட்டுப்போயிற்று la planche s'est fendue et séparée d'elle-même en morceaux.

*பத்மம், பத்மாசனன், பத்மாசனி,பத்மராகம்,பத்மினி...V. பதுமம்,பதுமாசனன், பதுமசனி, பதுமராகம்,பதுமினி...

*பந்தகம், (bandhaka), bandage, lien,chose liée,ballot,échange,troc, gage,ville.

*பந்தகி, (bandhaki), femme débauchée,stérile, éléphant femelle.

பந்தடிக்கிறது,(பந்து, அடிக்கிறது), jouer à la balle, la frapper, la lancer.

*பந்தம்,(bandha),bande,bandeau, bandelette bandage,lien,corde,fers, entraves,enchainement,nœud,combinaison ou connexion de vers dite தளை (c'est une des 8 parties de la prosodie), corps, prison de l'âme, chignon ou chevelure nouée sur la tête,coutume,usage (lien de la société), gage,dépôt. 2° P. பந்து, affinité, parenté. 3° torche, flambeau, torche de chiffons... usitée dans les processions, lampe manuelle,balle, boule, beauté,gros soufflet,mur: இருப்புப்— torche à manche de fer, — portée au bout d'une pique de fer: ஏணிப் — double ou simple rangée de torches qu'on porte fixées sur une échelle ou sur une planche: துணிப்—,வண்ணாரப்— torches faites de guénilles, — fournies par les blanchisseurs; —கொளுத்துகிறது allumer une torche; — பிடிக்கிறது porter —,tenir une torche; பந்தம்பறி ou பந்தக்காட்சி cérémonie de s'arracher des mains les torches à la fin d'une fête de Siven, procession aux flambeaux; —ஸ்தம்பம் poteau auquel sont attachés les éléphans; — சதுரங்கம் armée complète, — avec ses 4 divisions de chars, d'éléphans,de cavaliers et de fantassins; — தயிலம் huile pour les torches; — மூட்டு quantité de torches représentant un éléphant;— விளக்கு torche,flambeau, torche en forme de balle.

பந்தயம்,(பந்தம்), gage, gageure, pari,— à gagner, effort pour le gagner: —இட்டுகிறது,— கட்டுகிறது, —கூறுகிறது, — பிடிக்கிறது, — போடுகிறது,— வைக்கிறது gager, parier,proposer un pari,une gageure,un prix: பந்தயச்சீட்டு billet de loterie,—qui marque à qui le gage; —ப்பொருள் gageure,objet du pari, —à gagner.

பந்தயித்துவம்,(பந்தம்,i, த்துவ[ம்]),action de lier.

பந்தரம்,l'arsenic dit அறண்டகம்.

பந்தரி, espèce de sel noir dit விடாலவணம்.

பந்தர், 1° (persan), ville, port de commerce, la ville de Bander ou Masulipatam. 2° P.பந்தல்.

பந்தல், pandel,appentis —, berceau —, pavillon —, abri —, édifice léger ouvert —, cabane en nattes ou kittous, en feuillage etc..., allée,—pour la course, pour la promenade: —கட்டுகிறது,— போடுகிறது construire un pandel; பந்தற்கால் pieu —,pilier ou colonne qui soutient un pandel; — கால்நாட்டுகிறது planter la 1re colonne du pandel, ce qui se fait avec certaines cérémonies pour les mariages ou les fêtes; நாலுகாலுண்டானால் ஒருபந்தல் போடலாம் quand on a 4 colonnes on peut construire un pandel,quand on a les principaux matériaux on peut exécuter un projet.

பந்தவரிசை,1° l'arsenic rouge dit குதிரைப்பற்பாஷாணம்.2° (பந்தம்), rangée de torches.

பந்தற்பாடன்,(பந்தல்,பாடு), varangue plus haute que le toit.

*பந்தனம்,(பந்தம்,na), action de lier,lien,attache,bandage,corde,cordon dit அரைஞாண் qu'on attache autour des reins, attachement, liaison, ligature, chaine,emprisonnement,garde,répression, corde pour attacher les troupeaux:பந்தனரச்சு corde, — pour attacher les troupeaux: ஏகபந்தன்மாக்குகிறது lier —,unir ensemble. (ம்),prison.

*பந்தனுலயம், (பந்தனம், ஆலய

*பந்தனே,1° (பந்தம்,நா): lien,attache,action de lier, ciment.2° fille.

பந்தன், l'arsenic naturel இச்சந்தபாஷாணம்.

*பந்தி, 1° (pankti), ligne, rang, rangée, ordre, tour, compagnie de convives, association,assemblée,société,écurie —,allée —, rangée de chevaux,—d'éléphans etc...à l'attache,renommée, espèce d'air, stance de 4 vers chacun de 10 syllabes, cuisson,maturité, dix (en composition).2° *imp.de* பந்திக்கிறது: ஆனைப் — écurie—, rangée d'éléphans (à l'attache...): பந்திக்கிரீவன்,*P.*தசக்கிரீபன் Ravanen aux 10 têtes:—த்திரம் amitié,amour,désir;—தூஷணன் homme indigne de la société ou qui l'outrage; —போக்கியன் homme avec qui on peut s'associer; —பாவனன் homme respectable; —போசனம் repas en société, — pris avec plusieurs convices; — ப்பாய் natte de festin, — longue et étroite sur laquelle on s'asseoit plusieurs pour manger:—ரதன், *P.*தசரதன்; —வஞ்சனே fraude faite en distribuant les mets aux convives; —யமருகிறது s'asseoir en rang(avec d'autres convives); —யமர்த்துகிறது, —வைக்கிறது faire asseoir —, placer les convives en rang; —யாயிருக்கிறது être en lignes; பந்திக்குப்பரிமாறுகிறது servir les convives, distribuer les mets dans un festin (à la mode indienne); பந்தியிலிருக்கிறது être assis en rang (avec les convives):பந்தியிலேவேண்டாமென்கையில் இலேப்பொத்தலென்கிறுன் quand on lui dit qu'il ne doit pas être des convives, il répond que la feuille (qui lui sert d'assiette) est percée, *i.e.* il fait la sourde oreille; பந்தியைவிட்டெழுந்திருக்கிறது se lever et quitter le repas, ou se lever après le repas; இடுகிறவன்றம்முடையவனுனுல்பந்தியிலிருந்தாலென்ன கடைப்பந்தியிலிருந்தாலென்ன si celui qui donne le festin est des nôtres, peu importe d'être assis au 1er rang ou au dernier.

பந்திக்கிறது,த்தேன், இப்பேன், இ,இக்க,*v.a.*பந்தித்தல்,*n.v.*(பந்தம்), lier, attacher, bander, mettre aux fers, confiner, enfermer, emprisonner.

*பந்து,1°(bandhou),parent,allié, proche,cousin, ami, frère, parenté. 2° paume, balle,—à jouer, peloton de fil..., roue de potier, petit soufflet, convention, complot, ligue, *pl.* பந்துக்கள் parens,alliés, confédérés; பந்துக்கட்டு pacte, convention,ligue, confédération, complot, — pour cacher..., déguisement, chose semblable; பந்தடிக்கிறது, பந்தெறிதல் jouer à la balle, la lancer; பந்தெறிவீதி grande rue où l'on peut jouer à la balle;—க்கட்டாய்ப்பேசுகிறது tenir tous le même langage par un pacte convenu d'avance;—க்கட்டுபண்ணுகிறது former une ligue,un complot,faire une convention; — ஹீனன் homme sans parens ni amis;—சனம் parens,parenté,gens de la famille; — தத்தம் don offert à une mariée par ses parens;—தை,—த்துவம் parenté,affinité; பந்துவாயிருக்கிறது être parens,alliés;பந்துவாயிருக்கை état de —,parenté,affinité; —விளையாடுகிறது jouer à la balle, à la paume; —விளையாட்டு jeu de balle, de paume.

*பந்துரம், (bandhoura), ondulation,inégalité,beauté,ligne de beauté,diadème,crête,marc d'huile.

*பந்துரை,(பந்துரம்),prostituée.

*பந்துவராளி, (பந்து, வராளி), espèce d'air ou de mélodie.

*பந்தையம்,*V.*பந்தயம்.

*பபதி, (பம்,பதி), le seigneur des étoiles,*i.e.* Sandiren ou la lune.

*பபிதி, (papiti), boire dans le même vase.

பப்பத்து,(பத்து,பத்து),dix à dix, dix par dix,par dizaines.

பப்பரப்புளி, l'arbre தொதி.

பப்பரம், le Guzerate, (un des 56 pays connus des Indous), la langue de ce pays, (qui est une des 18 langues qu'ils connaissent),grosseur.

பப்பரர், (பப்பரம்), les habitans du Guzerate. [sier.

பப்பரவன், ce qui est gros, gros-

பப்பரவாகனன்,பப்பரவாகன்,le fils d'அருச்சுனன் et de சித்திராங்கதை,qui tua son père dans un combat.

பப்பளி,— ச்சேலை,—ப்புடைவை, toile bariolée ou bigarrée (à l'usage des femmes).

பப்பாதி, (பாதி,பாதி),par moitiés.

பப்பாமரம், le papayer: பப்பாக்காய் fruit du papayer.

பப்பு, P. பரப்பு,étendue,largeur, surface, égalité.

பப்புவர்,(பப்பு), panégyristes.

பமரம், grand bruit.

*பம்,(bha), étoile, planète.

பம்பம், l'herbe திரசம்.

பம்பரத்தி, (பம்பரம்), coureuse, vagabonde.

*பம்பரம்,(bambhara *qui bourdonne*), toupie, sabot à jouer, le mont Mandaram,qu'au dire de la fable, les dieux indous et les démons firent pirouetter pour baratter la mer de lait:—ஆடுகிறது la toupie pirouetter,jouer à la toupie;—ஆட்டுகிறது faire tourner une toupie;ஒருவனைப்— ஆட்டுகிறது faire tourner quelqu'un, se jouer de lui, le tourmenter, le vexer;—கடைகிறது tourner une toupie, la faire au tour; —போலாடுகிறது tourner —, pirouetter comme une toupie; சுவாமீசாட்டியில்லாப்— போலாட்டுகிறீர் O Seigneur vous faites tourner (la terre), comme un sabot sans fouet.

பம்பல்,*opt. et n.v. de* பம்புகிறது, élévation, foule, presse, étroitesse, extension,augmentation,croissance, abondance, force, grand bruit, pompe.

பம்பளபளோ, rien,mot qui indique le manque.

*பம்பாநதி, (pampâ), nom d'une rivière dans la province d'Orissa.

பம்பி, *gér.de* பம்புகிறது.

பம்பிலை, la plante பீர்க்கு, espèce de coucombre.

பம்புகிறது,பினேன்,புவேன், பு, ப, v.n. பம்புதல்,n.v. se lever, s'élever,se serrer,être pressé, gêné,étréci,à l'étroit, s'étendre,croitre, augmenter,coudre, faire grand bruit:பம்புபரிகாசம் sarcasme, moquerie, bouffonnerie,jeu pétulant.

*பம்பை, (pambâ), rivière sur la côte d'Orissa, le détroit de Pamben entre Ceylan et le continent, espèce de tambour, tambour des forêts ou des pays de bois,tête couverte de longs cheveux hérissés,cheveux frisés: பம்பைக்குப்பதக்கு à une tête à longs cheveux hérissés 2 mesures (de vermine).

பம்மல், *n.v.de* பம்முகிறது,faufilure,action de luter,de couvrir, d'ajuster et de lier ensemble, temps couvert, être obtus, indigestion;—த்தையல் couture à longs points,faufilure. [guisement extérieur.

பம்மாத்து, effroi, masque, dé-

பம்முகிறது,மினேன்,முவேன்,மு, ம,v.a. பம்முதல், n.v. faufiler, coudre à longs points —, attacher avec des épingles avant de coudre définitivement, unir,ajuster et lier ensemble,luter,couvrir.[marionnette.

பம்மை, P. பொம்மை, poupée,

பயக்கிறது, யந்தேன், யப்பேன், ய,யக்க, v.a. 1° faire,créer, former, produire,donner, gagner, acquérir. 2° v.n. craindre,avoir peur (dans ce sens il n'est guère usité qu'au parfait): பயந்திருக்கிறது avoir peur, craindre.

*பயங்கரம், (பயம், கரம்), peur, effroi, épouvante, terreur: — ஆன terrible,effroyable;—ஆயிருக்கிறது être terrible, effrayant.

பயங்காளி, (பயம், ஆளி), timide, peureux, poltron.

*பயசம்,பயசு,(payasa,payas),eau, lait.

பயசி, la plante திருநாமப்பாலை.

*பயசுபம்,(பயசு, pa *qui boit*),l'animal qui boit le lait, *i.e.* le chat.

*பயணம்,*P.* பிரயாணம்,voyage, marche: கப்பற் — voyage par mer; — ஆகுப்புகிறது faire la conduite à quelqu'un qui se met en route, envoyer faire un voyage; — ஆயிருக்கிறது être sur le point d'entreprendre un voyage, — prêt à partir; — ஆயெழுகிறது se mettre en route; — ஆய்ப்போகிறது se mettre en route,faire un voyage, voyager; — ஆய்வருகிறது revenir d'un voyage; — கட்டுகிறது faire les préparatifs d'un voyage; — தவிர்கிறது, — தவிர்ந்துபோகிறது un voyage manquer, être empêché de le faire; — பண்ணுகிறது faire un voyage; பயணக்காரன் voyageur, passant, passager; — ப்படுகிறது partir pour un voyage,se mettre en route; — ப்படுத்துகிறது faire partir (pour un voyage), mettre en route; — முட்டு கண்டிச்சேகரிக்கிறது faire les préparatifs d'un voyage, se procurer les ustensiles voulus pour cela; பயணத்தைத்தவிர்க்கிறது arrêter —, empêcher un voyage.

பயத்தல்,*n.v.de* பயக்கிறது,création,production,don,acquisition.

பயந்தாள், 3*e pers.parf.et n. app. de* பயக்கிறது, mère, celle qui —, elle a produit ou a eu peur.

பயந்தான், (*id.*), *ou* பயந்தோன், père,celui qui —, il a produit ou a eu peur.

பயந்து, *gér.de* பயக்கிறது.

பயப்பு,grâce,miséricorde,couleur, taches jaunes, *V.* பசப்பு.

*பயம்,1° (bhaya), crainte, peur, alarme, effroi, terreur, (un des 9 சுபாவக்குணம் et un des 18 மானுயாக்கைக்குற்றம். 2° (payas), eau, lait,étang,pièce d'eau,nectar. 3° *P.* பயன், utilité, Brama: அக்கினி —, சல —,மிருகபயம் la crainte du feu, de l'eau,des animaux sauvages; — உறுதல் effroi; — உறுகிறது, — அடைகிறது, — கொள்ளுகிறது s'effrayer, concevoir de la crainte; — உறுக்கிறது, — உறுத்துகிறது, — உறுத்திவிடுகிறது, — உறுத்தினைக்கிறது effrayer, épouvanter, inspirer de la crainte; — உற்றவனும்க்காணப்படுகிறது paraître intimidé, effrayé; — உற்றவனும்ப் பார்க்கிறது regarder tout effrayé; பயகாரகம் ce qui terrifie; — கேது (ஏது), cause de crainte; — ஸ்தானம் place exposée aux alarmes; — பத்தி crainte respectueuse, piété —, respect mêlé de crainte; — ப்படுகிறது craindre,avoir peur; — ப்படல், — ப்படுதல் crainte,peur; — ப்படுத்துகிறது intimider,effrayer, faire peur; — ப்பட்டுச் *ou* பயத்தினாலேசெய்கிறது faire par crainte; — ப்பாடு crainte, effroi.

பயம்பு, trou, creux (dans une route...),fosse,trappe pour prendre les éléphans.

பயலுசி, la plante திருநாமப்பாலை.

பயனை, l'arbre schrebera albens.

பயல், 1° gamin, jeune garçon, jeune homme,enfant, laquais, petit —,serviteur, esclave (terme de mépris). 2° creux,fosse,juste moitié: பயலாள் jeune homme, — garçon, adolescent.

பயனி,பயினி, *V.* பசனி, பசினி.

பயறி, (பயறு), petite vérole volante qui ressemble à des pois.

பயறு, (*gén.* பயற்றின், *obl.* பயற்று, *adj.* பயற்றம்), pois (de diverses espèces), faséole, haricot, fève, plante légumineuse, la 14me constellation lunaire dite சித்திரை: எலிப் — espèce de pois dite phaseolus trilobatus; கறுப்புப் — pois noir dit phaseolus maximus; துலுக்கப்பயறு pois dit phaseolus aconitifolius; பயற்றங்காய் pois (en général), espèce de haricot dit dolichos tranquebaricus.

பயனிலை, (பயன், நிலை), attribut d'une proposition, action exprimée par le verbe, le nom qui contient l'action du verbe, quand ce verbe est élidé. *Ex.* அவன் அரசன் celui-là est le roi, le mot அரசன் est le பயனிலை. De même l'adverbe interrogatif et les autres mots qui comprennent un verbe élidé. *Ex.* அவனெங்கே où est-il? ce mot எங்கே est l'attribut ou பயனிலை.

பயன், 1° (*P.* பலன்), profit, avantage, résultat, sens, signification des mots. 2° *P.* பயம், lait, eau. 3° largeur, étendue: — இல்சொல்லல் dire des choses inutiles, ce qui est un des 4 defauts d'une phrase; — இல்சொல்லாமை ne pas dire de choses inutiles; — இலாள் femme inutile, — vile, prostituée; — இலி homme —, femme —, chose inutile; — இன்மை inutilité, chose vaine: — இல்சொல் parole vaine, — inutile; — இல்சொல் பாராட்டுவானைமகனெனல்மக்கட் பதடியெனல் ne regradez pas un grand discur de fariboles comme un homme, mais comme une balle sans grain parmi les hommes, (எனல் est ici optatif positif et négatif d'என்கிறது); — உரைத்தல் dire le sens, explication du sens; — உவமம் comparaison qui fait ressortir l'utilité, *Ex.* மாரிவண்கை main libérale comme la pluie; — கேட்கிறது demander le sens; — சொல்லுகிறது dire le sens, expliquer; — படுகிறது devenir —, être utile, profitable, signifier, profiter; — படும்படியாய் pour l'utilité; — படல் utilité; — படாமை inutilité; — படச்சொல்லுகிறது dire —, parler de manière à être utile (c'est une des 4 qualités de la parole: — படுசொல் mot utile, — avantageux; — முடிவு, — முற்று attribut d'une proposition, fin —, complément du sens; இந்தமரத்தின்பழத்தைத்தின்றால் பயனென்னவோ si l'on mange du fruit de cet arbre; quel en sera le résultat?

*பயாபகன், (bhayâpaha), roi.

*பயானகம், (bhayânaka), crainte, terreur, tigre, Râgou ou le nœud ascendant de la lune.

பயிக்கம், *P.* பைக்ஷம், aumène.

பயிசாசு, *P.* பைசாசு, souliers, pantoufles.

*பயித்தியம், *P.* பைத்தியம், folie.

பயித்தரி, l'arsenic nommé அப்பட்பாஷாணம்.

*பயிரங்கம், *P.* பகிரங்கம், avis, annonce, affiche publique, publicité: — ஆன publique, manifeste. [ன்.

பயிரவி, la plante முடக்கொத்தான்.

பயிரி, 1° espèce de petite vérole. 2° *P.* பகிரி.

பயிருசம், la plante பழம்பாசி.

பயிர், céréales —, moisson —, blé en herbe, herbe potagère, végétal, (ou même quelquefois) arbre, sifflement, ramage —, chant des oiseaux, bruit, son, bruit —, fêtus des animaux, *V.* பயில்: ஏறின — moisson parvenue à sa hauteur: கதிர்ப்பக்குவமான — moisson sur le point de monter en épis: களைபறி — moisson à sarcler; — அடிக்கிறது labourer légèrement à travers la moisson (pour la faire croître); — ஆகிறது croître, pousser, profiter (se dit des céréales, des végétaux, des plantes, des arbres et des animaux); மாடு — ஆகுகிறது une vache être pleine; — ஆக்குகிறது, — இடுகிறது cultiver, semer, planter, faire croître; — இயங்குகிறது la vache concevoir, devenir pleine; — ஏறுகிறது, *V.* பயிரடிக்கிறது; — எங்குமேறுகிறது la moisson croître, prospérer, monter; — ஏற்றுகிறது faire cultiver les champs, — croître les moissons; — க்குடி, — செய்கைக்காரன் cultivateur, agriculteur, laboureur, fermier; — சாகிறது, — செத்துப்போகிறது les céréales —, la moisson périr, — sécher sur pied; — செய்முறைமை art de l' —, agriculture: — ச்செலவு dépenses d'agriculture: — தீந்தெரிந்துபோகிறது la moisson en herbe être brûlée et desséchée, (par le soleil, ou la chaleur); — த்தொழில் métier de cultivateur, de laboureur, de fermier; — நிலம் champ cultivé, — préparé pour la culture, terre défrichée; — ப்பங்கு part dans la moisson; — ப்ப

செழிக்கிறது la moisson croître, prospérer;—வழி champ cultivé;—வழிமைகுல்பாக்கி arriéré des impôts ou des revenus des terres à payer; —வெளி champ cultivé,— de culture, de céréales.

பயிர்க்கிறது, ர்த்தேன், ர்ப்பேன், ர், ர்க்க, v.n.(பயிர்), retentir, faire du bruit,—du bruit en parlant.

பயிர்த்தல், n.v.du préc. retentissement, bruit confus de voix,—d'une multitude de personnes qui parlent tous à la fois.

பயிர்ப்பு, saleté, malpropreté, impureté, aversion, dégoût, penchant des femmes à imiter les autres.

பயிலியம், la plante குப்பைமேனி.

பயிலுகிறது ou பயில்கிறது, பயின்றேன், லுவேன் ou பயில்வேன், ல் ou லு, ல, v. a. et n. (பயில்), parler, dire, étudier, apprendre, s'instruire, s'exercer à, pratiquer, séjourner: பயிலவறியாதவன் homme incapable d'apprendre, qui ne sait rien, rustre.

பயிலல், பயிலுதல், n.v.du préc. dire, parole, étude, exercice, usage, pratique, séjour.

பயில், imp.part.et n.v. de பயிலுகிறது, signe,—de tête..., signal, sifflement, parole, usage, coutume, exercice, pratique, moitié: — இடம் école, lieu où l'on apprend, lieu fréquenté,—habité, place de rassemblement: — பேசுகிறது parler par signes;—காட்டுகிறது,—விடுகிறது faire signe;—போடுகிறது faire un signe, siffler, appeler en sifflant; பயிற்பேச்சு,—பாஷை langage par signe.

பயில்வு, n v.de பயிலுகிறது, usage, pratique.

பயிறல், P. பயில்தல், sync.de பயிலுதல், n.v.de பயிலுகிறது, fréquentation, réunion, accompagnement, son, bruit,—confus d'une foule qui parle, parler, s'exercer, apprendre, s'instruire.

பயிற்சி, n.v.de பயிலுகிறது, habitude, pratique, exercice:—பண்ணிக்கொள்ளுகிறது pratiquer, s'exercer, être dans l'habitude de, exercer.

பயிற்றல், பயிற்றுதல், n.v.du suiv. enseignement, instruction.

பயிற்றுகிறது, ற்றினேன், ற்றுவேன், ற்று, ற்ற, v. a. de பயிலுகிறது, instruire, enseigner, exercer, former: பயிற்றவறியாதவன் homme qui ne sait pas enseigner, — incapable d'instruire.

பயினி, assemblée, liaison, union, [nom d'un arbre.

பயின், pousse tendre et intérieure (des palmiers, cocotiers...), gomme, résine.

பயின்றுகிறது, P. பயிலுகிறது.

*பயோ, (payô P. பயஸ், devant certaines lettres), eau, lait:—கடம், (gaḍa goutte), île, grêle; —கனம் grêle;—சன்மம் nuage;—தசம் (dhasa qui contient), mer, pièce d'eau, nuage; —ததி mer;—தம், (da qui donne), nuage;—தரம் (dhara qui contient), mer, nuage, mamelle de femme (qui donne du lait), canne à sucre, coco:—தரப்பத்து le 69$^{me}$ des பிரபந்தம், poème de 10 stances concernant le sein des femmes; - தி, (dhi avoir), la mer; - திகம், (பயோதி, ka), os de sèche; - நிதி océan;—ராசி pièce d'eau;—விரதம் pénitence au lait, qui consiste à vivre pendant un mois de lait de vache dans une étable en expiation d'un présent inconvenant qu'on a reçu, autre acte religieux qui consiste à vivre de lait pendant quelques jours.

பய்கோவு, P. பைகோவு. [gamin.

பய்யன், P. பையன், jeune garçon,

பர, 1° (para), adj. ou obl. de பரம், autre, différent, d'autrui, meilleur, prééminent, excellent, supérieur, suprême, distant, éloigné, étranger, hostile, ennemi, contraire, excédent, plus que. 2° (bhara), beaucoup: பரகதி fin —, bonheur suprême, béatitude, paradis:—கதியடைகிறது parvenir au ciel, obtenir le paradis, mourir;—களத்திரம் femme d'autrui; — களத்திராபிகமனம் intrigue avec la femme d'autrui, adultère;—காயம் corps d'autrui, autre corps; — காயப்பிரவேசம் quitter son corps et entrer dans un autre, transmigration d'une âme dans le corps d'autrui (ce qui est le 52$^{me}$ -

திக்கியானம் des Indous);— காரியம் affaire différente, - d'autrui; —கிதம்,(hita,இதம்),ce qui est bon ou agréable au prochain, ce qui est compté minutieusement; — க்கிரந்தி jointure,articulation; —க்ஷேத்திரம் champ—,corps —, femme d'autrui;—சங்கதம் association—, combat avec un autre;—சஞ்ஞகம்,(sandjnâ,*esprit*,ka),âme;—சதம் plus de cent,plusieurs centaines, beaucoup; —சகஸ்திரம் plus de mille, plusieurs mille;—சமயம் secte différente,—étrangère,hétérodoxe; —சமயி adepte d'une secte différente,hétérodoxe,hérétique; — சம்பந்தம் relation —,connexion avec un autre; —சாதி sorte—; caste différente, étrangère,autre caste;—சிவம், — சிவன் l'être souverainement heureux, *i.e.* Dieu;—சுகம் plaisir suprême,— du paradis: —சுவம் bien —,propriété d'autrui: — சுவத்துவம் droit d'autrui;—சுராமன் destructeur des ennemis, (surnom de) Siven, Parasouramen; —ஸ்தலம் autre place, — demeure: — ஸ்தலஞ்செய்கிறது changer de demeure, — de place (avant de se mettre en voyage, ce que font les superstitieux Indous par des motifs fondés sur l'astrologie);— ஸ்திரீ femme étrangère, — d'autrui, prostituée,— ஸ்திரீகமனம் commerce avec la femme d'autrui ou une étrangère,adultère,fréquentation des prostituées; — ஞானம் connaissance de Dieu; — தந்திரம் dépendance, - d'autrui, soumission à autrui,ruse—, tentation étrange; —தனம் biens—,richesses d'autrui; —தன்மம்,—தருமம் bienfait à autrui,devoir—, occupation d'autrui; —தாரம் femme d'autrui;— தாரகமனம்,—தாரோபசேவனம், — தாரோபசேவிதை,(தாரம், உபசேவனம்),adultère,intrigue avec la femme d'autrui;—தாரம்விரும்புகிறது convoiter la femme d'autrui:— திரவியம் biens—,richesses d'autrui; —துரோகமோசனம் oublier les injures du prochain et lui vouloir du bien,rendre le bien pour le mal, (c'est un des 14 தயாவிருத்தி; —துக்கம் peine—, chagrin d'autrui;— துக்கதுக்கிதன் homme compatissant; — qui compatit au chagrin d'autrui; —தூஷணம் injurier le prochain; —தேசம் autre pays, pays étranger; exil;— தேசம்போகிறது s'en aller —,voyager en pays étranger, s'exiler, aller en exil; — தேசத்தான் homme d'un pays—,étranger;—தேசவாசி habitant d'un pays étranger;— தேசி homme d'un pays —, étranger, passager, pélerin, mendiant, pauvre, exilé,nom d'une caste; — தேசியாய்த்திரிகிறது courir le monde,—le pays,errer çà et là sans feu ni lieu, aller mendier çà et là: —தேவதை le Dieu suprême (les payens le disent de Vichnou ou de Siven suivant leur secte); - த்தியானம் méditation profonde, — divine, absorption dans le sujet de la méditation;—த்திரவியம் bien —,richesses d'autrui;— த்திரி,—த்திரிகமனம், *V.* பரஸ்திரீ,பரஸ்திரீகமனம்; — த்துவம் hauteur, sublimité, prééminence, divinité, Dieu, nature de Dieu, (en logique) priorité de place et de temps, nature d'une propriété générique, différence, distinction, hostilité,inimitié,combat; ஒன்றான —த்துவம் un seul Dieu;—த்துரோகி traitre aux autres,—qui tyrannise les autres; — த்துவேஷி misanthrope,qui hait les autres; —தோஷகீர்த்தனம் publication du mal d'autrui,médisance,calomnie; —நாதம் espèce de remède; — நாரீசகோதரன் homme chaste qui regarde les autres femmes comme ses sœurs, *litt.* frère des femmes étrangères; —பட்சம், -- பக்ஷம் article où l'on parle de la situation des autres, manière d'en parler; — பதம் excellence, supériorité, paradis, bonheur éternel; — பத்தி piété envers Dieu, dévotion sivéniste; — பத்தியம் trafic —, commerce ou compte avec d'autres, affaire d'argent, donner et recevoir de l'argent, argent prêté, — avancé ou emprunté, égalisation, nivellement; — பத்தியம்வாங்குகிறது emprunter de l'argent; —பரிணாம் propriété, V. பாரம்பண்ணா; —பாகம், 1° (pâka), nourriture d'autrui, —préparée par un autre. 2° (bhâga), excellence, bonne fortune, reste, résidu; —பாகநிவிர்த்தன் celui qui prépare sa nourriture sans faire le sacrifice expiatoire pour les 5 places de destruction dites பஞ்சசூனை; — பாகரதன் (rata constant), celui qui observe toutes les cérémonies préparatoires à la cuisson, mais vit au dépens des autres; — பாகருசி parasite, hôte constant de la table d'autrui; — பாக்கியம் richesse —, prospérité d'autrui; —பிண்டம் nourriture d'autrui, donnée par un autre; —பிண்டாதன் (ada qui mange), celui qui vit aux dépens d'autrui; — பிருதம், (bhrouta nourri), corbeau (qui couve les œufs du coucou), le coucou ou couil (couvé par le corbeau); — புஷ்டம், — புட்டம் (pouchta nourri), le coucou indien ou couil nourri par le corbeau; —புஷ்டமகோற்சவம், (மகா, உற்சவம்), le manguier qui est une grande fête pour le couil; —புஷ்டன், —புட்டன் homme débauché, —nourri par un étranger; —புஷ்டை prostituée, femme nourrie par des étrangers; —புருஷன், —புருடன் adultère, époux —, homme étranger, mari d'autrui, surnom de Vichnou; — பூமி pays étranger, —ennemi; —பூமிஷ்டன் (ஸ்தன்), celui qui vit dans un pays étranger; — பூஷணம் ornement étranger, —d'autrui; —பூருவை, (பூருவம்), femme remariée, — autrefois mariée à un autre; — பூருவாபதி mari d'une telle femme; —பேதனம் défaite —, destruction des ennemis; —போகம் bonheur du paradis, — suprême; — ப்பிரபௌத்திரன் fils d'arrière-petit-fils; —ப்பிரமம் l'être suprême, le suprême Brahm, (différent de Brama); —மண்டலம் l'autre monde, le monde supérieur, le paradis, le ciel; — மண்டலத்துக்கு ஏதுவாகிறது être préparé pour le ciel; —மதம் Dieu, autre religion; secte étrangère; —மதஸ்தர் autres sectaires, gens d'une autre religion; — மர்மக்ஞன், (மர்மம்), qui connait le caractère des autres; —மிருத்திய le corbeau qui a beaucoup d'ennemis; —முத்தாத்துமம், (முத்தன், ஆத்துமம்), âme qui a obtenu l'union ou l'identification avec Dieu, ceux qui sont propres à l'obtenir dits பக்குவர்; —முத்தி, —மோக்ஷம், —மோட்சம் suprême béatitude, union —, identification avec Dieu, paradis; — ராசசிங்கம் celui qui est un lion pour les autres rois (comparés à des éléphans); —ராச்சியம் royaume étranger; — ரூபம் figure étrangère, autre forme, permutation de lettres, changement; —லோககமனம், —லோககமனம் allée dans l'autre monde, trépas, mort; —லோகக்கிரியை actions pour l'autre monde, cérémonies funèbres; — லோகக்கிரியைபண்ணுகிறது, accomplir les cérémonies funèbres; —லோகசாதனம் pratique observée —, pratique où l'on persévère pour gagner le ciel pratique propre à le gagner; — லோகசௌக்கியம் bonheur du ciel; — லோகம் le monde supérieur, —céleste, le ciel, le paradis, un autre —, l'autre monde; — லோகவாசி, habitant du ciel; —வசம் dépendance —, subjection, extase, ravissement, être hors de soi, être au pouvoir d'un autre, parole confirmée par un serment; — வசஞ் சொல்லுகிறது promettre avec —, confirmer par serment; — வசவிலக்கு fig. de rhét. qui consiste à éloigner un sujet parce qu'il est du domaine d'autrui; —வசமாகிறது, — வசமாய்ப்போகிறது être extasié, — ravi en extase, tomber au pouvoir d'autrui; — வாக்கியம் blâme, faute, défaut; — வாணி le paon qui sert de monture à Soupramanien, année, juge, gouverneur; — விவேகம் intelligence —, prudence supérieure, connaisance de la sagesse; — வெளி plein air, pleine campagne, le ciel, lieu découvert, sans cachette, (selon la secte des advitas dite அத்துவைதம்) reunion de l'âme dans l'espace avec la divinité qui pénètre tout.

பரக்கம், (பரக்கிறது), extension. [étendue.

பரக்கிறது, ரந்தேன், ரப்பேன், ர, ரக்க, v.n. s'étendre, s'élargir: ஆற்றுத்தண்ணீர் பரந்தது l'eau de la rivière a pris de l'extension (dans son lit).

*பருங்கி, (bhrounga), cassia sauvage, ou (bhroungâra), clou de girofle, giroflier, V. பறங்கி.

*பரசம், (parasa), espèce de pierre précieuse.

பரசாயுதம், (பரசு, ஆயுதம்), V. [பரசு 1°

பரசிராமன், (id. இராமன்), Parasourâmen fils de சமதக்கினி et de இரேணுகை, regardé comme la 9me incarnation de Vichnou. Il parcourut le monde armé d'une hache ou d'une massue pour exterminer les க்ஷத்திரியர் ou rajas qui tyrannisaient les brames; il est le fondateur des brames du Maléalam, (réputés inférieurs aux autres), et semble être le type des contestations des brames et des Kchatriyers.

*பரசு, 1° (parasou), hache, cognée, hachette, massue. 2° *imp. et part du suiv.*: — தரன் (dhara *qui porte*), — பாணி homme —, soldat armé d'une hache, (surnom de) Vinâyaguen, Parasourâmen et Siven; — ராமன் Parasourâmen, V. பரசிராமன். [v.a. louer, vanter.

பரசுகிறது, சினேன், சுவேன், சு, சி, பரசுதல், s. v. du préc. louange, éloge. [cognée.

*பரசுவதம், (parasvadha), hache.

பரசை, bateau d'osier (en forme de grande corbeille garnie de peau pour traverser le காவேரி ou autres fleuves dans les endroits où il y a des rochers, il sert aussi au transport du riz...

*பரஸ்பரம், (paras, param, *alius alium*), réciprocation, réciprocité, la pareille, bienfait rendu, — réciproque, échange. ‖ *adv.* mutuellement, en échange; பரஸ்பரவிரோதம் baine —, opposition réciproque.

*பரஸ்பரஞ்ஞன், (பரஸ்பரம், ஞன்), ami, intime.

*பரஸ்பரசம்மதி, (id. சம்மதி), consentement mutuel, — réciproque.

*பரஸ்பரோபகாரம், (id. உபகாரம்), bienfait réciproque, alliance offensive et défensive.

*பரஸ்பரோபகாரி, (பரஸ்பரோபகாரம்), bienfaiteur —, défenseur réciproque, allié, associé.

*பரஞ்சம், (parandja), moulin à huile, écume, lame d'épée ou de couteau, épée, cimeterre, l'épée d'Indiren.

*பரஞ்சனன், பரஞ்சயன், பரஞ்சேயன், (parandjana, — djaya), surnom de Varounen.

பரஞ்சுடர், பரஞ்சோதி, (பரம்), la lumière suprême ou céleste, Dieu, — lumineux par lui-même, — source de toute lumière. [pied.

பரடு, cou-de pied, cheville du

பரட்டம், பரட்டை, calvitie partielle, (il s'emploie adjectivement): பரட்டந்தலை, பரட்டைத்தலை tête presque chauve; பரட்டைத்தலையன், பரட்டைத்தலைச்சி homme —, femme presque chauve.

*பரணம், 1° (bharana), support, entretien, conservation, gage, salaire. 2° poids, cuirasse, cotte d'armes, étoffe de soie.

*பரணார்த்தம், (பரணம், அர்த்தம்), motif de conservation, pour le soutien, — la conservation.

*பரணி, 1° (bharani), la 2e constellation lunaire contenant 3 étoiles qui font partie du Taureau, la Mouche. 2° boite ou cassette à bijoux, espèce de vase, danse, lac, écluse d'étang, le 3e des பிரபந்தம், espèce de poème ou chant guerrier dans lequel on célèbre un héros qui a tué 1000 éléphans dans une bataille.

பரண், hutte élevée dans les champs sur 4 pieux pour garder les moissons, espèce de grenier (sous le toit d'une maison, fait de planches... formant un plafond grossier).

பரண்டுகிறது, டினேன், டுவேன், டு, ட, v.a. பரண்டுதல், n.v. se gratter,—racler avec l'ongle, P. பறண்டுகிறது.

பரண்டை, os extérieur de la jambe, péroné.

பரத, obl. de பரதம் et de பரதன்.

பரதபிக்கிறது. பரதபித்தல், P. பரிதபிக்கிறது, s'affliger, compatir.

*பரதம், (bharata), 100 septillions, danse, comédie, art de la danse, règles de l'art dramatique, (ainsi nommées de Bharata auteur dramatique), ou பரதகண்டம் le pays de Bharata fils de சகுந்தலை, i.e. l'Inde, une des 9 divisions du monde dites நவகண்டம்: —உணர்ந்தோன் homme qui connait les règles de l'art dramatique, —de la composition et représentation dramatiques; பரதசாஸ்திரம், —நூல், l'art de danser, comprenant les gestes, la musique et le chant, l'art dramatique ou règles de la composition et représentation dramatiques composées par Bharata. (Cet ouvrage est perdu, mais il est souvent cité par les auteurs dramatiques): — நாட்டியசபை compagnie de danseurs, de comédiens, école de danse; — மோகனநாட்டியம் danse de femmes selon les règles de l'art; — மோகினி danseuse, bayadère; — வசந்தன் espèce de danse ou de comédie; — வருஷம் le pays de Bharata, i. e. l'Inde; —வித்தை, V. பரதசாஸ்திரம்.

பரதர், பரதவர், marchands, habitans des côtes de la mer.

பரதவிக்கிறது, P. பரதபிக்கிறது, s'affliger, compatir.

*பரதன், 1° (bharata), Bharata ou ou Paraden fils de தசரதன் et de கைகேயி et frère cadet de Râmen, (il régna à Ayodhya pendant l'absence de Râmen), Bharata fils de சகுந்தலை et du roi Douchyanta, (il fut roi de Hastinabouri et donna son nom à l'Inde பாரததேசம்), Bharata, nom d'un ancien mouni ou sage, nom d'un célèbre écrivain sur l'art dramatique, dont il est regardé comme l'inventeur, acteur, danseur, mime, tisserand, descendant du roi Bharata. 2° (bharatha), roi, souverain: பரதபுத்திரகன் acteur, mime, comédien; —ப்பிறகு la mère de பரதன் i.e. கைகேயி ou சகுந்தலை.

*பரதாக்கிரசன், (பரதன், அக்கிரசன்), le frère aîné de Bharata, i.e. Râmen.

*பரதாபம், P. பரிதாபம், grande douleur, —affliction, pitié, commisération.

பரதி, fém. de பரதன், danseuse, comédienne.

பரத்தம், l'arbrisseau hibiscus.

பரத்தல், n. v. de பரக்கிறது, extension, étendue.

பரத்தன். pl. பரத்தர், libertin, débauché.

பரத்தி, 1° fém. de பரதர், femme des côtes de la mer. 2° fém. de பரவர், femme de la caste des Paravers, pl. பரத்திகள், பரத்தியர். 3° P. பரக்கிறாய் tu t'étends. 4° imp. de பரக்கிறது, étends toi.

*பரத்திரம், (பர. tra affixe), l'avenir, l'autre vie.

பரத்துகிறது, த்தினேன், த்துவேன், த்து, த்த, v.a. de பரக்கிறது, étendre.

*பரத்துவாசன், (bharadvâdja), alouette, l'oiseau noir dit கரிக்குருவி, Bharattouvâsen un des 7 Richis qui, au dire des Indous, composent la grande Ourse et un des 31 grands Mounis, (ayant été abandonné de ses parens il fut nourri, disent les Indous, par une alouette dont il porte le nom), surnom de துரோணன் maître d'armes des பாண்டவர்.

பரத்தை, 1° f. de பரத்தன், prostituée, pl. பரத்தையர். 2° l'arbrisseau hibiscus. 3° P. பரத்தாய், tu n'étendras pas. 4° acc. de பரம்: — மருவி ruisseau qui s'étend et se creuse une cascade; பரத்தையிற்பிரிவு l'amant se séparer d'une prostituée, partie de la poésie érotique qui contient 4 subdivisions dont la 1re est வாயில் வெள்ளடம் et la dernière வாயில்சேந்நிநம்.

பரந்த,*part.de* பரக்கிறது, large, étendu:— முகம் large visage, face pleine; —வடிவு forme plate et large; —வட்டம், — வட்டிகை plaque de métal large et ronde qui sert de cloche;—வாய் large bouche.

பரந்தவம்,union,connexion.

பரத்தவர்,(பரம், தவர்), mendiants,pénitens prétendus divins.

*பரந்தாமம்,(பரம், தாமம்), lumière ou demeure céleste,(en langage Vichnouviste) le வைகுந்தம்.

*பரந்தாமன்,(பரந்தாமம்); celui qui demeure dans une lumière céleste, (selon les Vichnouvistes) Vichnou.

பரபர,mot—,son imitatif de vitesse:பரபரென்கிறது ou

பரபரக்கிறது,ரத்தேன்,ரப்பேன், ,ரக்க,*v.n.*பரபரத்தல்,*n.v.*(பரபர), se hâter,se presser,agir précipitamment,les intestins murmurer,éprouver une vive sensation de démangeaison ou de tintement etc...: பரபரவென்று ou பரபரென்றுதினவெடுக்கிறது sentir quelque chose courir sur le corps qui en démange.

பரபரப்பு,*n.v.du préc.* vitesse, hâte, presse, précipitation, murmure des intestins,vive sentation de démangeaison,de tintement...: பரபரப்பாய்த்திரிகிறது courir—, aller çà et là avec hâte; பரபரப்பாய்வாவோடேவா viens promptement.

பரப்பத்தியம், 1° (பரப்புகிறது), étendue. 2° *P.*பரபத்தியம்.

பரப்பல்,*opt.et n.v.* de பரப்புகிறது,extension,étendue, divulgation.

பரப்பு, *imp.part.et n.v. du même*, étendue,extension,largeur, surface, superficie d'une terre, surface de la mer, la plaine liquide, plate-forme d'un brancard ou d'un char;lit,couche, lit étendu par terre, plafond, lambris,dais,pavillon,rue,*ou* பரப்பு பலகை linteau, planche mise en travers au-dessus des portes et des fenêtres.

பரப்புகிறது,ப்பினேன்,ப்புவேன், ப்பு,ப்ப,*v.a.de* பரம்புகிறது, பரப்புதல்,*n.v.*étendre,donner de l'extension,développer, déployer, répandre, divulguer,proclamer,placer en ordre (les tuiles d'un toit,les briques d'un pavé),placer confusément et en désordre(*v.g.*des livres sur une table).

*பரமம்,(parama),excellence, extrême sublimité,le meilleur,le premier,l'être suprême: பரமசுகி bonheur suprême,—final,paradis,refuge;—கருத்தன் le maître suprême, Dieu;—காரியம் chose divine,— céléste,—importante;—சிவயானம்,—ஞானம் sagesse divine,— suprême; —சண்டாளன் grand traitre,—scélérat;—சத்துரு grand ennemi;—சந்தேகம் fort—,grand soupçon;—சந்தோஷம் grande joie; — சமாதி profonde—,méditation;- சித்தி bonheur suprême;—du paradis;— சுந்தரி la belle femme céleste (épithète de Parvadi,et de la சத்தி épouse de Yamen,qui est la Proserpine indienne);— சுவதருமன் homme qui accomplit scrupuleusement tous ses devoirs;—*நாழிகை la dernière heure;—பதம் la place suprême, le paradis,(en langage vichnouviste) le monde,Vichnou; — பாகவதசிகாமணி le bijou des dévots de Vichnou, *i.e.*—பாகவதன் sannyasi vichnouviste,grand dévot de Vichnou;— பிரமம் l'être suprême,le grand Esprit;—புருஷன் l'être suprême,Dieu; le 1er mâle,le விராட்டு de la mythologie indienne:—ரகசியம் mystère, —céleste; — divin, vérité cachée; grand secret,nom d'un ouvrage:—ரகசியமாயிருக்கிறது être mystérieux,— un secret divin, — dans l'obscurité mystique;—ரகசியமாய் பேசுகிறது parler mystérieusement;—ரகசியப்பொருள் chose mystérieuse,—cachée: —ராசன் roi—, monarque suprême,—divin;— ரிஷி richi excellent, — divin, — d'une classe particulière:—லுத்தன் grand avare;—லோகம் le monde supérieur

eur, le paradis, (en langage sivániste) le கைலாசம்;— விந்து goutte d'eau divine, (en langage païen) eau ou salive qui s'échappe de la bouche de ceux qui lisent les védas; —விரோசன், V. பரமநாசன்; அவனே யித்தப் பொல்லாப்பைச் செய்தவ னென்கிறதற்குப் பரம சந்தேகமாயி ருக்கின்றது il y a un fort soupçon que c'est lui qui a fait ce mal.

*பரமன், 1° (parama), l'excellent, (épithète de) l'être suprême, Dieu. 2° l'arsenic naturel சிப்பந்தபாஷா ணம்.

*பரமாகாயம், (பரமம், ஆகாயம்), l'air supérieur, l'espace, le vide, le 12$^{me}$ état.

*பரமாகதி, (id. ஆ, கதி), translation au ciel, béatitude finale. [femme.

*பரமாங்கனே, (id. அங்கனே), belle

*பரமாம்மிசம், (id. அம்மிசம்), la principale portion (surtout de l'essence divine selon les Indous), un des உபநிஷதம்.

*பரமாணு, (id. அணு), atome extrêmement fin, division métaphysique d'un atome, selon les uns, le 6$^{me}$, selon d'autres, le 30$^{me}$ d'un atome, la base invisible de tous les corps composés. 30 forment ces atomes qu'on voit voltiger dans un rayon de soleil, en logique 6 forment le plus petit objet perceptible, la plus petite mesure, mesure de temps, le temps du passage du soleil au-delà d'un atome.

*பரமாத்துமன், பரமாத்துமா, (id. ஆத்துமம்), l'âme suprême, l'être suprême considéré comme l'âme de l'univers, Dieu, âme excellente, — pure, homme excellent, —de Dieu, grande âme, grand homme, pénitent ou சந்நியாசி.

*பரமாத்துவைதம், (id. அத்து வைதம்), pur unitairianisme.

*பரமாத்துவைதன், (id.), le seul être suprême, (en langage vichnouviste) Vichnou.

*பரமாபமம், (id. அபமம்), inclinaison de l'orbite d'une planète sur l'écliptique, ou பரமாபமக்கோண sinus de la plus grande déclinaison du soleil. [vie possible.

*பரமாயு, (id. ஆயு), la plus longue

*பரமார்த்தம், (id. அர்த்தம்), le suprême ou souverain bien, vérité, convenance, connaissance spirituelle, intelligence divine, (et ironiquement) sotte simplicité: பரமார்த்தகு ரு gourou —, homme simple, crédule, benêt.

*பரமாற்புதம், பரமாற்புதம், (id. அற்புதம்), grande merveille, miracle divin.

*பரமாவதி, (id. அவதி), la dernière limite, le terme le plus éloigné.

*பரமானந்தம், ou பரமாநந்தம், (id. ஆநந்தம்), joie extrême, — suprême, — extatique, joie du paradis: பர மாநந்தலோகம் un ciel de joie.

*பரமானந்தன், பரமாநந்தன், (id.), l'être souverainement joyeux ou heureux, i.e. Dieu, (nom propre) Lætus.

பரமானு, (persan), firman, ordre, écrit, décret, ordonnance (dans les cours mahométanes).

*பரமானுபவம் ou பரமானுபவ ம், (பரமம், அனுபவம்), jouissance céleste, essai de la trempe d'une épée.

*பரமான்மா, (id. ஆன்மா), âme céleste, — spirituelle, — destinée à l'autre vie, V. பரமாத்துமா.

*பரமான்னம், (id. அன்னம்), nourriture céleste, oblation de riz —, riz bouilli avec du lait et du sucre.

*பரமேசன், பரமேசுரன், பரமே சுவரன், பரமேச்சுரன், பரமேச்சுவ ரன், (பரமம், ஈசன்...), le souverain maître, le seigneur suprême, Dieu, (et à tort) Siven, Vichnou.

*பரமேசுவரி, பரமேச்சுவரி, (id. ஈ சுவரி), la souveraine maîtresse, (et à tort) Lakchimi, Parvadi ou Dourgâ, etc.

*பரமேஷ்டன், பரமேஷ்டி, பர மேட்டன், பரமேட்டி, (பரமே abl. sanscrit. de பரமம், [illegible], i), celui qui est dans la plus haute place, le

Très-haut, Dieu, (et à tort) Brama, Vichnou, Siven, Arouguen.

*பரமௌஷதம்,(பரமம், ஔஷதம்),excellent remède.

*பரம்,1° (para),sublimité, excellence,supériorité,ancienneté, principe,commencement,priorité,avant, ciel,paradis,béatitude,—finale;Dieu, unité,isolement,être seul,suite,subséquent,genre qui comprend plusieurs espèces (summum genus), vie de Brama. 2° (phara), bouclier, cuirasse,cotte d'armes. 3° (bhara),abondance,beaucoup, poids, pesanteur. 4° corps,coussinet—,selle de cheval, action,figuier, renoncement à tout: பரத்திலேசேர்த்துவிடுறது conduire à—,vivre dans une dévotion abstraite,conduire au ciel: பரத்துக்கேதுவாயிருக்கிறது mériter le ciel, conduire au ciel; பரத்துக்கேதுவான விதமாய்ச்செய்கிறது faire d'une manière digne du ciel; பரத்தைப்பெறுகிறது, — அடைகிறது obtenir le paradis.

பரம்படிக்கிறது, பரம்படித்தல், V. au mot பரம்பு.

*பரம்பதம், (பரம், பதம்), céleste bonheur,— béatitude,(en langage vichnouviste) le வைகுண்டம்.

*பரம்பரம்,(பரம் suite, répété), V. பரம்பரை.

*பரம்பரன்,1° (id.), petit-fils du petit-fils,trisayeul. 2° celui qui est de génération en génération,Dieu.

*பரம்பராதி,(id. ஆதி), ce qui est depuis le commencement, suite de générations,série continue,

*பரம்பரியம்,(பரம்பரம், ய a affixe),droit,succession,tradition.

*பரம்பரை,(id.),suite—,succession de générations,succession,— héréditaire,droit,série,suite, génération,race, lignée, doctrine traditionnelle,tradition,—de famille, ce qui vient de l'antiquité: சந்ததி — lignée héréditaire,—successive.

பரம்பர், 1° gens d'une certaine caste. 2° P. பறம்பர்,corroyeurs.

பரம்பு,imp.part.et n.v.de பரம்புகிறது,étendue, extension, espèce de herse,grande et grosse planche qui sert à aplanir et à émotter le terrain avant ou après les semailles en guise de herse ou de rouleau, petite chaussée de rizière: பரம்படிக்கிறது, பரம்பேற்றுகிறது herser, aplanir avec la planche susdite: பரம்புக்கயிறு corde attachée à cette planche pour la tirer et aplanir le terrain.

பரம்புகிறது,பிரேன்,புவேன்,பு, ப,v.n. பரம்புதல், n. v. s'étendre, se répandre,augmenter, s'accroître, se propager: பரம்பவொட்டாமல்தடுக்கிறது empêcher de s'étendre, arrêter,retenir,confiner.

பரம்புவிக்கிறது,v.caus. du préc. causer l'extension, la propagation, étendre,répandre,augmenter,divulguer,propager.

*பரர், (பர), les autres, les étrangers, autrui, ennemis: பரருடைமை propriété —,bien d'autrui.

பரல், gravier, petit caillou, noyau,pépin (des fruits).

பரவணி,(பர, அணி), génération, suite de générations: — சுதந்தரன் héritier—, successeur de génération en génération; — பட்டம் dignité qui se transmet de génération en génération.

பரவர், les Paravers, caste de pêcheurs sur la côte de la pècherie.

பரவல்,opt.et n.v. de பரவுகிறது, extension,louange, vénération,discours, action de parler...: பரவற்றாள் papier brouillard,— qui boit.

பரவசனமா,(பர, ஆன்மா), âme supérieure,—céleste, qui a renoncé à tout. [du paradis.

பரவிராகம், (id. இராகம்), désir

பரவிருதயம், (id. இருதயம்), le coucou indien ou coucil qui a un cœur hostile (en abandonnant ses œufs à d'autres)

பரவுகிறது,வினேன்,வுவேன், வ, வ,v.n.et a. பரவுதல்,n.v.s'étendre, se répandre,(l'eau,un bruit...), s'accroître,s'élargir,dire,parler, louer, vénérer,adorer,répandre,étendre,— et mettre en ordre, niveler, aplanir;

பரவிப்போகிறது se répandre, s'étendre; —விருக்கிறது être répandu, étendu...; பரவுதண்ணீர் bas fond, guet.[enfait fait au prochain.

பரவுபகாரம்,(பர,உபகாரம்), bi-

பரவை,n.v. de பரவுகிறது, mer, plaine liquide, extension, étendue, surface,espace, eau stagnante (des étangs...),la danse de Lakchimi:—வழக்கு coutume —, marche naturelle de la prose (par opposition à la poésie qui est gênée par la me

*பரத்பரம்,P. பரம்பரம். [sure).

*பரன்,(para),le Très haut,Dieu, être éminent, (et à tort) Siven.

*பரா,(parâ), particule sanscrite qui se met devant les mots et signifie: supériorité, excès, opposition,contre,en arrière, mépris, renversement, destruction.

*பராகண்டம், பராகண்டிதம், (பரா),V.பராமுகம்.

*பராகதம்,1° (பரா, கதம்), attaque,assaut.2° (பர,ஆகதம்), attaque des ennemis.3° (parâgata), expansion,épanouissement.

*பராகம், 1° (parâga), pollen des fleurs,poussière,poudre,— odoriférante dont on se frotte après le bain, sandal,nom d'une montagne,éclipse,renommée. 2° (parâha), le lendemain.3° (parâka), couteau de sacrifice,expiation religieuse qui consiste à jeûner 12 jours,à réprimer ses sens et à tenir l'esprit attentif:பராகமண் terre rouge; பராகத்தின்சேவகன் sanglier,porc.

*பராசரணம்,பராமிருதம்,(பரா), dédain,mépris,rejet.

*பராகாயம்,(பர,ஆகாயம்), plein air,rase compagne. [constance.

பராக்கிரமம்,(பரா,கமம்), courage,

பராக்காட்டுகிறது,(பராக்கு, ஆட்டுகிறது),distraire,causer des distractions.

*பராக்கிரமம்,(பரா,கிரமம்),force,pouvoir,valeur,bravoure, sortie, attaque contre l'ennemi: பராக்கிரமசாலி. V.பராக்கிரமன்.

*பராக்கிரமஞ்ஞன், (பராக்கிரமம், ஞன்),celui qui connaît la force de l'ennemi.

*பராக்கிரமன்,பராக்கிரமி, (id.), brave,héros,guerrier,homme fort.

பராக்கிரமிக்கிறது,மித்தேன்,மிப்பேன்,மி,மிக்க,v.n.பராக்கிரமித்தல், (பராக்கிரமம்), montrer de la bravoure.

*பராக்கு,1° (parâk),biais,chose de travers,—tortueuse. 2° distraction, inattention,négligence, regard perdu,passer le temps,flâner, s'occuper à regarder différentes choses, nom d'un ouvrage: — காட்டுகிறது distraire,causer des distractions: —பார்க்கிறது être distrait, regarder négligemment çà et là: பராக்காயிருக்கிறது être distrait,—inattentif; பராக்கில்லாமல் sans distraction, attentivement: பராக்கின்றிப்போகிறது aller sans distraction,avec soin; பராக்குள்ள distrait,inattentif, négligent.

*பராங்கதன், (பராங்கம், da qui donne),celui qu'on suppose donner un autre corps,i.e.Siven qui forme avec Dourgâ une prétendue divinité moitié mâle moitié femelle.

*பராங்கம்,(பர,அங்கம்),corps célestes,—des habitans des cieux, le ciel,le monde des habitans des cieux.

*பராங்கவம், (id. va qui reçoit), l'océan,qui reçoit les fleuves.

*பராசத்தி,(பரா fém.de பரன்,சத்தி),la prétendue suprême puissance, la Sakti ou énergie féminine de Siven,un des பஞ்சசத்தி ou 5 Sakti,i.e.pouvoirs de produire certaines actions et opérations vitales et qu'on prétend être les தசவாயு ou 10 airs vitaux du corps. Quelques livres en font la mère des திரிமூர்த்தி et la femme de Siven son propre fils.

*பராசயம்,(பரா, சயம்), défaite, —des ennemis,victoire.

*பராசரம், (பராசரன்),les règles ou lois de Parâsaren,un des 18 pouranas inférieurs et un des 18 codes de lois indiennes écrit par lui.

*பராசரன்,(parâsara). Parâsaren père de Vyâsen, un des 31 முனிவர், auteur d'un des 18 pouranas inférieurs, d'un des 18 codes de lois dits அஷ்டாதசஸ்மிருதி et d'un des 32 ordres ou ouvrages d'architecture dits சிற்பநூல்.

*பராசரீயம்,(பராசரன்), un des 32 ordres ou systèmes d'architecture composé par Parâsaren.

*பராசனம்,(parâsana), meurtre.

*பராசனன்,(id.), meurtrier.

பராஜிதம்,(பரா,ஜிதம்), défaite.

*பராசியம்,(id. contre, ஆசியம்), publicité, notoriété, rumeur: — ஆகிற து, — ஆய்ப்போகிறது devenir public, être divulgué; புராசியப்பேர் nom bien connu.

*பராசு, பராசுதை,(ப ர. அசு, tâ), mort, assoupissement, chagrin.

*பராஞ்சம்,(parândja), lame d'une épée, moulin à huile, écume.

பராடம், terre stérile, — proche d'un désert.

*பராதாரம்,(பர, ஆதாரம்), le corbeau, qui sert de soutien aux autres i.e aux petits du coucou.

*பராதி. 1° (parâdhi), chasse. 2° fugitif, fuyard qui s'enfuit à pied. 3° P. பிராது, procès.

*பராதிகாரம், (பர, அதிகாரம்), place —, office d'un autre.

*பராதீனம்,(id. அதீனம்), dépendance, sujétion à un autre, ce qui dépend d'autrui: — ஆக்குகிறது aliéner; — ஆயிருக்கிறவன் ou

*பராதீனன்,(பராதீனம்), serviteur, sujet, qui dépend d'un autre.

*பராதுகூலம், V. பராநுகூலம்.

*பராத்திரம்,(பர, அத்திரம்), autre chemin, soin des affaires d'autrui.

பராத்தம், 1° P. பராக்கிரம். 2° (arabe), ordre, assignation: பராத்துக்காரன் porteur d'ordres, d'assignations.

*பராபரம், (பரம், அபரம்), le principe et la fin de toutes choses, l'alpha et l'oméga, i.e, Dieu, l'être suprême, la divinité, le bien et le mal, avant et après, devant et derrière, qualité intermédiaire: பராபரக் கண்ணி poème composé par தாயுமானவர் et adressé à Dieu, chaque vers finissant par le mot பராபரமே ô Dieu; — வஸ்து l'être suprême, principe et fin de toutes choses, i.e. Dieu.

*பராபரன்,(id.), celui qui est le principe et la fin de toutes choses, i.e. Dieu. C'est le terme généralement employé par les Protestans pour dire Dieu. Rottler lui-même avoue que ce terme peut-être équivoque et signifier le seigneur moitié femme, (de பரா, fém. de பர), ce qui désignerait Siven. Les Catholiques emploient spécialement le mot சர்வேசுரன், i.e. le maître de toutes choses: பராபரனுடைய இராச்சியமென்றென்றைக்கு நிலைபெற்றிருக்கின்றது la règne de Dieu est à jamais stable, est éternel. V. பரமேசுரன்.

பராபம்,(ind.), ordre rang: — பண்ணுகிறது ou

பராபரிக்கிறது, த்தேன், ப்பே ன், க்க, v. a.(பராபரி), ranger, régler, mettre en ordre, examiner, soigner. V. பராமரிக்கிறது.

பராபரிக்கை, பராபரித்தல், n. v. du préc. revue, — d'un corps de troupes, — de soldats, ou

பராபரிப்பு, n. v. du même, régulation, arrangement, inspection, examen, soin. [nom de) Parvadi.

*பராபவை, f. de பராபரன், (sur-

*பராபவம், பராபூதம்,(பரா, பவம், பூதம்), défaite, déconfiture, irrévérence, mépris, disgrâce: பராபவ, — வருஷம் l'année destructive, la 40me du cycle indien de 60 ans, correspondant à 1846 et 1906.

பராமரிக்கிறது, த்தேன், ப்பே ன், க்க, v. a. examiner, soigner, considérer, faire attention, servir, assister, pourvoir, entretenir, soutenir: பராமரிக்கச்சொல்லுகிறது donner ordre d'avoir soin et d'entretenir; பராமரித்துக்கொண்டிருக்கிறது être dans l'habitude de —, être à examiner...; — நடத்துகிறது pourvoir, entretenir, avoir soin et diriger; —

வாங்குகிறது chercher à acheter; அவனென்னைப்பராமரிக்கவில்லை il ne prend pas soin de moi, il ne m'assiste pas.

பராமரிக்கை, V. பராமரிப்பு.

*பராமரிசம்,(paramârsa),distinction, discernement,différence,jugement,conclusion tirée de l'analogie et de l'expérience; தேவபராமரிசம் la divine providence.

பராமரிசிக்கிறது, சித்தேன், சிப்பேன், சி, சிக்க, v.a. பராமரிசித்தல், பராமரிசிப்பு, n.v.(பராமரிசம்),distinguer,discerner,considérer.

பராமரித்தல், பராமரிப்பு, et பராமரிக்கை, n.v. de பராமரிக்கிறது,attention,soin,entretien, support, assistance,provisions,considération: பராமரிப்புக்காரன் pourvoyeur,celui qui a soin...; பராமரிப்புண்டாயிருக்கிறது pourvoir à,prendre soin.

பராமதத்துவியம்,un des 32 உபநிஷதம்.

*பராமிருதம்,(பர, அமிருதம்), céleste ambroisie,i.e. pluie.

*பராமுகம்,(parâk de travers), visage—,regard de travers, air dédaigneux,détourner le visage,inattention,inadvertance,négligence,indifférence, mépris: — ஆயிருக்கிறது être inattentif, dédaigneux, ne pas faire cas: இதிலே — ஆகாதே ne soyez pas inattentif ou insouciant à cela; —செய்கிறது être inattentif et regarder çà et là,être distrait.

*பராயணம்,(பர, அயணம்), forte adhésion, attachement, adhérence, connexion, désir, ordre religieux, classe—, division religieuse, étude—,division des vêdas,zodiaque.

*பராயணர்,(id.),étudians religieux,ceux qui étudient les vêdas.

*பராயணி,(id.i), le fils prétendu du soleil,i.e. Karnen.

பராய்,l'arbre பிராய்.

*பராரி,(parâri), l'avant-dernière année,il y a 3 ans.

*பராருகம்,(பரா, உருகம்) ,pierre, roc.

பராரை,son intérieur, gros tronc d'arbre: —மரம் arbre qui a un gros tronc.

*பரார்த்தம், 1° (பர, அர்த்தம்),remplacement,pour autrui,bienfait rendu au prochain. 2° (பரம், அர்த்தம்), moitié de la vie de Brama,septillion, nombre infini: பரார்த்தசங்கை série infinie; — தேவப்பிரார்த்தனை prière faite à Dieu pour les autres (c'est une de 14 actions de charité தானவிருத்தி);—வாதி avocat officieux qui parle pour les autres; —அனுமானம் preuve de la vérité à la satisfaction ou en faveur des autres.

*பராவரம்,(பர, அவரம்),avant et après.

*பராவிருத்தம், பராவிருத்தி, (பரா),fuite,retour en arrière, détour, échange, troc, renversement d'un jugement,restitution de propriété: பராவிருத்தமுகம் visage qui se détourne (de dégoût ou de répugnance).

பராவுகிறது, P. பரவுகிறது.

*பராற்பரன்,(பராற்,abl. sanscrit de பர),le Très-haut, supérieur à ce qu'il y a de meilleur, de plus élevé.

*பரானுகூலம்,(பர, அனுகூலம்), avantage —,succès d'autrui.

*பரானுகூலி, பரானுகூலி,(id.), bienfaiteur des autres,femme adultère,(qui se livre à autrui).

*பரான்னம்,(பர, அன்னம்),nourriture d'autrui,—donnée par le prochain.

*பரி, 1° (pari), particule sanscrite qui se met devant les mots composés et signifie:autour, (en grec péri), environs,ubiquité,le plus haut degré,part, portion, cessation, rejet, abandon,séparation,fin,maladie,force,vigueur,effort,respect,ornement, extension,étendue, marque, vérité, plaisir,satisfaction,très-grand,beaucoup. 2° cheval, la 1re constellation lunaire dite அசுவினி et ressemblant à la tête d'un cheval, amour, hauteur,élévation,noirceur,hâte, presse,vitesse,fardeau,charge, cotonnier,coton, chemin, grandeur, abondance,gloire,richesse, beauté, prospérité,peine,chagrin,gêne,malheur, défense,conservation ,protection,secoure,panier à prendre le poisson: 3° *imp.et part.de* பரித்தல் *et de* பரிகிறது: ஏழுபரித்தேர் char à 7 chevaux,le char du soleil qu'on prétend traîné par 7 chevaux; — கரிபதாதி les chevaux,les éléphans et les fantassins,armée composée de cavalerie,d'éléphans et d'infanterie; — கணிதம் calcul,compte; — கதம் intelligence,gain, empêchement, oubli, examen,recherche,entourage; — கதை histoire,fable,fiction, pauvreté; — கமம்,— கமனம்,(gam *aller*), environner, extension, connaissance, obtention,recherche.

*பரிகம், 1° (parikhâ),fossé,— qui entoure une citadelle,mur,rempart, plate-forme en dedans des parapets. 2° (parigha), bâton ferré, barre—, massue de fer,verrou de porte,gourdin resourbé,bâton en demi-cercle (en usage dans les combats), lance, destruction, porte extérieure, jatte, jarre d'eau,le 19me des யோகம் astrologiques,racine. [rihélie.

*பரிகம்சம்,(பரி,hamsa *soleil*), pé-

*பரிகம்பம்,(*id.*கம்பம்),peur, terreur.

*பரிகரணம்,பரிகரமாணம்,(*id.*harana,haramâna *saisie*),capture,abandon.

*பரிகரம்,(*id.* கரம் *qui fait.*),ceinture, jugement, discernement, commencement,lit,couche,cortége,suite, expression inusitée,insinuation couverte de ses désirs.

பரிகரிக்கிறது,ரித்தேன்,ரிப்பேன்,ரி, ரிக்க,*v.a.*(பரிகாரம்),பரிகரித்தல், *n.v.* guérir,traiter (une maladie),exercer la médecine, réparer (ou tort...), prescrire ou suivre un régime,remédier, justifier, purger (d'une accusation),garder, protéger, conserver, abolir,annuler,effacer,ôter, rejeter, expier, satisfaire, trouver moyen: தோஷத்தைப் பரிகரிக்கிறது expier un crime; தடங்கல்களைப்பரிகரித்து முடிக்கிறது éloigner les obstacles ou y remédier et finir (une chose); பரிகரிக்கப்படுகிறது avoir —,être expié, effacé,guéri,ôté...

பரிகரிக்கை,பரிகரிப்பு,*n.v. du préc.* guérison,traitement, expiation, satisfaction, réparation, justification, conservation,garde,abolition, rejet, moyen: பரிகரிப்புபோதாமல் இருக்கிறது la réparation n'être pas suffisante.

*பரிகர்த்தனம்,(பரி,kartlana *coupure*),coupure,incision circulaire.

*பரிகருமம்,(*id.*கருமம்),ornement, décoration,purification,pureté, calcul arithmétique.

*பரிகருமாஷ்டகம்,(பரிகருமம்,அஷ்டகம்),les 8 règles d'arithmétique dites அஷ்டகணிதம்.

பரிகலத்தார், (பரிகலம்), cortége, gens qui accompagnent.

*பரிகலம்,1° (பரி,gala *manger*),plat, —dans lequel mangent les gourous ou autres grands personnages. 2° (*id.* khala *marcher*),armée,suite,cortége,démon familier,— qui obsède: பரிகலசேஷம் restes,ce qui reste sur le plat d'un gourou et est regardé comme des présens sacrés par ses dévots sectaires.

*பரிகலிதம்,(*id.*galita *fondu*),fonte, liquéfaction,fluidité,écoulement.

*பரிகற்பனம்,பரிகற்பிதம்,(*id.* கற்பனம்,கற்பிதம்),gagner—, chercher sa nourriture et autres choses semblables,pourvoir,arrangement,convention,division, invention, entreprise,décision,achèvement,considération.

*பரிகாசம்,(*id.*ஹாசம்), plaisanterie,raillerie, moquerie, jeu,badinage,bouffonnerie,éclat de rire: — பண்ணுகிறது jouer,plaisanter,badiner,railler, se moquer, se jouer de; — போலே *ou* — ஆகச்சொல்லுகிறது dire en plaisantant; பரிகாசக்காரன், — ப்பட்டன், *V.* பரிகாசி; — ப்போர் assaut de plaisanteries,combat pour badiner; — வார்த்தை, — ச்சொல் paroles de plaisanterie.

*பரிகாசி, (பரிகாசம்), moqueur, railleur,plaisant,bouffon.

*பரிகாதம்,பரிகாதனம்,(பரி, காத, na),meurtre,arme,bâton ferré.

*பரிகாரம்,1° (பரி, hâra destruction), entière destruction, abolition, abrogation, expiation, art —, exercice de la —, médecine, traitement, remède, réparation. 2° (parihâra), manque de respect, incivilité, environner, prise, saisie, largesse, abondance. 3° cheveux de femme: —பண்ணுகிறது effacer, abolir, rejeter, expier, réparer, satisfaire pour, du — செய்கிறது exercer la médecine, traiter les malades, guérir les maladies; பாவத்துக்குப் —பண்ணுகிறது expier le péché; பாவத்தைப் — பண்ணுகிறது effacer le péché; — பண்ணிப் போடு abolis cela, ôte cela de ton esprit: ஒருவனுக்குப் —பார்க்கிறது traiter quelqu'un, le guérir; பரிகாரச்சாலை apothicairerie, dispensaire; —க்செலவு dépenses pour le traitement, — de remèdes, honoraires de médecin.

*பரிகாரன்; (பரிகாரம்); réparateur.

*பரிகாரி, (பரிகாரம்), médecin, chirurgien, barbier qui pratique la chirurgie: பத்துப்பேரைக் கொன்றவன் முழுப்பரிகாரி celui qui a tué 10 personnes est un médecin accom-pli.

*பரிகுசம்,(பரி), maigreur.

பரிகிறது, ரிந்தேன்; ரிவேன்; ரி, ரிய, v.n. (பரி), parler pour, — en faveur de, avec affection, ou partialité, favoriser, soutenir; protéger, défendre, aimer, avoir compassion, être triste, se briser, se déchirer; — de soi-même, dégoutter. ‖v.a couper, trancher, briser, déchirer, lacérer, diviser, partager: மெய்க்குப் — défendre la vérité; பெண்சாதிக்குப் பரிந்துபேசுகிறது parler en faveur de sa femme ou des femmes; பரிந்தளிக்கிறது donner —, distribuer avec bonté; பரிந்து கொள்ளுகிறது favoriser, défendre, protéger, affectionner; — கொண்டவன் celui qui a défendu, protégé; — கொண்டாடம் panégyrique, éloge chaleureux; — பேசுகிறது parler en faveur de, avec partialité: — போகிறது se mettre du côté de quelqu'un, prendre son parti; — போடாத சோறும் சொரிந்து தேயாத எண்ணெயும் le riz cuit qu'on ne donne pas de bonne grâce, et l'huile dont on ne frotte pas bien (avant le bain) sont en pure perte: — வருகிறது venir au secours, favoriser ou défendre habituellement; பரிந்தெழுதுகிறது écrire en faveur, une apologie, une défense, recommander.

*பரிகீர்த்தனம், பரிகீர்த்திதம், (பரி), éloge, louange, vanterie, discours, paroles.

*பரிகு, (பரி, கு terre), périgée.

*பரிகூடம், (id.), barrière, chemin couvert devant la porte d'une ville.

*பரிகை, 1° (parikhâ), fossé, — qui entoure un fort, rempart, plateforme en dedans des parapets. 2° V. பரிதம்.

*பரிகோஷம், (பரி), discours blâmable, bruit, — des nuages.

*பரிக்காரம், P. பரிஷ்காரம், ornement, décoration.

பரிக்காரர், (பரி cheval), cavaliers, palefreniers; conducteurs d'éléphants, soldats qui les montent.

*பரிக்கியாதம், பரிக்கியாதி, (பரி); réputation, renommée.

*பரிக்கிரகம், (பரி, கிரகம் graha); acceptation, consentement, amitié, suite, famille, épouse, racine, origine, serment, corps de réserve, poste avec le général, 400 yards en arrière des lignes, stabilité, maintien, possession continuelle, continuation, conquête, intervention, le soleil près du nœud de la lune, corruption: அவன் — sa femme; celle qu'il a acceptée; — பண்ணுகிறது du

பரிக்கிரகிக்கிறது, கித்தேன். கிப்பேன்; கி, கிக்க, v.a. (பரிக்கிரகம்), accepter, recevoir, prendre.

பரிக்கிரகித்தல், பரிக்கிரகிப்பு, s. v. du préc acceptation, réception, prise.

*பரிக்கிரமம், (பரி), marche, allée, promenade, — tout autour; tourner —, rôder çà et là, errer, jeu.

*பரிக்கிரயம், (id.), rachat, donner une partie d'un trésor pour conserver le reste.

*பரிக்கிராகம்; (id.), autel de sacrifice.

*பரிக்கிலேசம், பரிக்கிலேசை, (id. கிலே

லை),entourage,entourer, — d'une haie,d'un fossé.

பரிக்கிறது,ரித்தேன்,ரிப்பேன்,ரி,ரிக்க,v.a.(பரி),porter,soutenir, protéger,défendre,garder, appuyer, étayer,craindre.

*பரிக்கை,P.பரிக்ஷை.

*பரிக்ஷதம்,பரிக்ஷதி, (பரி,க்ஷதை), blessure,lésion. [on,dépérissement.

*பரிக்ஷயம்,(id.க்ஷயம்), corrupti-

*பரிக்ஷீணம்,(id.),perte,destruction,dépérissement,insolvabilité,banqueroute. [don.

*பரிக்ஷேபம்,(id.),dispersion,aban-

*பரிக்ஷை,1° (parikchâ),boue,fange. 2° P.பரீக்ஷை,essai,examen, expérience.

பரிசணிக்கிறது,ணித்தேன்,ணிப்பேன்,ணி,ணிக்க,v.n.பரிசணித்தல்,n.v.parler doucement.

*பரிசத்தலன்,(பரிசம்,ஸ்தலம்),compagnon,camarade,associé.

*பரிசம்,P.ஸ்பரிசம்,tact, toucher, sens du tact, perception par le tact, attouchement, contact, commencement d'une éclipse,don, présent,— nuptial que l'époux fait au père et à la mère de l'épouse et qui remplace les fiançailles,arrhes du mariage,l'arsenic naturel dit கற்பாஷாணம்,maladie douloureuse,— pénible,consonne: — பேசுகிறது parler —, traiter du présent nuptial; — பொருந்துகிறது en convenir; — போடுகிறது le donner, donner les arrhes du mariage,faire les fiançailles; பரிசகாலம் commencement d'une éclipse,temps où les 2 disques sont en contact;—க்குன்று la pierre précieuse dite நாகப்பச்சை; —தன்மாத்திரை,— வுணர்வின்மூலம் organe du tact;— தீட்சை initiation par le tact, ôter, selon les Indous,par le tact les souillures à ceux qui obtiennent la béatitude finale au moment du déluge qui suit chaque kalpa;—மணி la pierre philosophale;— நாடி l'heure indienne du commencement d'une éclipse.

*பரிசயம்,(பரி,சயம்), union, connaissance,familiarité,accumulation, rencontre d'un ami,

*பரிசரம்,(parisara),largeur, mot, règle,précepte,manière. terrain sur le bord d'une rivière, d'une montagne ou d'une ville.

*பரிசரன்,(பரி,சரன்), ami, compagnon,laquais,garde,— du corps, général,commendant en chef.

*பரிசரியம்,பரிசரியை, (parisaryâ), rôder çà et là,—de tous côtés.

*பரிசருப்பம்,பரிசவரம்,(பரி, சருப்பம்),environner.

*பரிசனம்,1° (பரி), suite, cortége, serviteurs,suivans,affinité, parenté. 2° P.ஸ்பரிசனம்,tact, contact, toucher,attouchement, consonne, don, donation: பரிசனவகுதி classification des consonnes;—வேதி pierre philosophale qui par son contact change les différens métaux en or, d'après les alchimistes. [vent.

*பரிசனன்,P.ஸ்பரிசனன்,l'air, le

*பரிசனை,(பரிசனம்),coutume,habitude,connaissance.

*பரிசன்னியம்,(பரி),le mont Mérou,—par excellence.

*பரிசாதனம், (id.), accomplissement,détermination.

*பரிசாபம்,(id.),malédiction.

*பரிசாயம்,(paritchâyya),le sacrifice ஓமம்,fosse pour ce sacrifice, le feu du sacrifice (en général), levée des impôts.

*பரிசாரகம்,1° (பரிசாரகன்), service, ouvrage commandé, office de serviteur,travail. 2° (parisâra, gam aller),rôder çà et là,—partout.

*பரிசாரகன்,pl. பரிசாரகர், (பரி, சாரகன்),compagnon,homme de la suite,serviteur,laquais, ministre ou assistant d'un sacrifice.

*பரிசாரம், 1° (id. சாரம்), suite, cortége,service,assistance: பரிசாரசனம் gens de la suite,cortége. 2° (parisâra),rôder partout. 3° cheveux de femme,dispute sur l'étiquette.

*பரிசாரி,(parisâri),rôdeur.

பரிசிக்கிறது, P. ஸ்பரிசிக்கிறது, toucher,tâter,sentir,être en contact, s'exercer.

பரிசித்தல்,பரிசிப்பு, *n. v. du préc.* toucher,contact,attouchement,exercice. [tigue.

*பரிசிரமம்,(பரி),travail,peine, fa-

*பரிசிரயம்,(*id.*),assemblée,asyle.

பரிசிலர்,பரிசிலாளர்,(பரிசில்,அர், ஆளர்),mendians, gens qui vivent de dons. [gratification.

பரிசில், (ஸ்பரிசம்,),don, présent,

*பரிசீமை,(பரி),borne,limite.

பரிசு,1° (ஸ்பரிசம்),don, donation. 2° *P.* பெரிசு,épaisseur,grosseur. 3° naturel,disposition,manière, honneur, respect,troupe de voyageurs, caravane, bateau d'osier couvert de peaux, *V.* பரஞ்சு: — கேடு déshonneur,affront.

*பரிசுத்தம்,(பரி), parfaite pureté, sainteté,intégrité: — ஆகிறது devenir pur, —saint; — ஆக்குகிறது, — செய்கிறது, —பண்ணுகிறது, *ou* பரிசுத்தப்படுத்துகிறது purifier,rendre saint,sanctifier,consacrer; பரிசுத்தக்குலைச்சல் *ou* குறைவுசெய்கிறது,பரிசுத்தத்தைக் கெடுக்கிறது souiller, profaner; பரிசுத்தத்தனம் état de —, sainteté,pureté. [saint,pur,innocent.

*பரிசுத்தவான், பரிசுத்தன், (*id.*), பரிசுத்தாவி, *P.* பரிசுத்தஆவி, le Saint-Esprit (en style protestant).

*பரிசுத்தி,(பரி),sainteté,pureté,intégrité,entièrement. [te,femme pure.

*பரிசுத்தை,*f. de* பரிசுத்தன், sain-

*பரிசேஷம்,(பரி),reste.

*பரிசேதம்,பரிசேதனம், *V.* பரிச்சேதம்,பரிச்சேதனம்.

பரிசை, bouclier, large parasol porté par un serviteur pour ombrager son maître: —க்காரன் celui qui porte un bouclier ou le parasol de son maître,homme d'une certaine caste.

*பரிசோதனை,(பரி), investigation, perquisition,recherche exacte, examen,épreuve.

பரிசோதிக்கிறது,தித்தேன்,திப்பேன்,தி,திக்க, *v.a.* (*id.*), பரிசோதிக்குதல்,பரிசோதித்தல், *n.v.* examiner avec soin,chercher,faire des perquisitions,éprouver.

*பரிசோஷம்,(*id.*), desséchement, évaporation.

*பரிச்சதம்,(paritchtchhada),cour, suite,cortége,famille,biens,habit.

*பரிச்சயம், *P.* பரிச்யம்,connaissance,familiarité: —பண்ணுகிறது faire connaissance. [familiarité.

*பரிச்சிதி,(paritchiti),connaissance,

*பரிச்சித்தி,(paritchhitti), séparation,division.

*பரிச்சித்து, (parikchit), le roi பரீக்ஷித்து petit fils d'அருச்சுனன்.

*பரிச்சின்னம்,(பரி,சின்னம்), division,coupure.

*பரிச்சேதம்,(பரி,சேதம்), division d'un livre,chapitre,section,division, segment,ordre, disposition,borne,limite,antidote,remède,rejet, change, manque, néant, entière destruction, entièrement,(avec une négation c'est un négation emphatique),non,absolument rien,certainement non; — இல்லை point du tout, non certainement; அவன் — போகவில்லை *ou* வரவில்லை il n'est certainement point allé ou venu; — நானப்படிசொல்லவில்லை je n'ai certainement pas dit cela; — மாட்டேனென்கிறான் il refuse absolument, il répond non certainement; பரிச்சேதம்-௩ 3 sortes de limites en métaphysique indoue: கால —, limite quant au temps,exister dans un temps et non dans un autre; தேச — limite quant au lieu,être dans un lieu et non dans un autre; வஸ்து — limite quant à la substance,être ceci et non cela, Dieu, l'Être infini est, selon cette métaphysique,exempt de ces 3 sortes de bornes, il existe en tout temps et en tout lieu et est lui-même toute chose. (Ce dernier article renferme le panthéisme et est erroné).

*பரிச்சேதனம், (பரி), discernement,ris,ris de joie, *V.* பரிச்சேதம்.

பரிஷ்கரிக்கிறது, ரித்தேன், ரிப்பேன்,ரி,ரிக்க, *v.a.* (பரிஷ்காரம்),orner, embellir,finir.

பரிஷ்கரித்தல், பரிஷ்கரிப்பு, *n.v. du préc.* ornement, embellissement fin, achèvement.

*பரிஷ்காரம், பரிஷ்கிருதம், பரிஷ்கிருதி, (பரி, காரம்..., ஷ் *intercallé*), embellissement, décoration, ornement, achèvement, poli, purification (par des rites supposés essentiels), initiation dans une secte, cuisson, préparation, faire cuire, environner: பரிஷ்காரம் பண்ணுகிறது embellir, finir; —ஆய்ப்பேசுகிறது parler élégamment.

*பரிஷ்கிருதபூமி, (பரிஷ்கிருதம), autel préparé pour un sacrifice.

*பரிஷ்டலம், (பரி, ஸ்தலம்), lieu environnant.

*பரிஷ்கந்தன், பரிஷ்கன்னன், பரிஸ்கந்தன், பரிஸ்கன்னன், (pariskanda, —skanna), enfant adoptif, — nourri par des étrangers.

*பரிஷ்டோமம், பரிஸ்தோமம், (பரி, ஸ்தோமம்), housse colorée d'éléphant. [dité, fermeté.

*பரிஸ்தானம், பரிஸ்திதி, (பரி), soli-

பரிஞ்சு, garde —, poignée d'une épée: பரிஞ்சிலேகைபோடுகிறது ou போட்டுக்கொள்ளுகிறது mettre la main à l'épée, — à la garde de son épée. [naissance, discernement.

*பரிஞ்ஞானம், (பரி, ஞானம்), con-

*பரிட்டினகம், *P.* பரிடீனகம், (பரி, dina *vol*, ka), vol d'un oiseau en rond.

*பரிட்காரம்..., *V.* பரிஷ்காரம்....

*பரிட்சாவிற்பத்தி, பரிட்சிக்கிறது, பரிட்சை... *V.* பரீக்ஷாவிற்பத்தி, பரீக்ஷிக்கிறது, பரீக்ஷை (qui sont la vraie orthographe).

*பரிணதம், (parinata), maturité, courbure, inclinaison, capital, somme d'argent.

பரிணாதை, *P.* பரிணீதை.

பரிணாமிக்கிறது, மித்தேன், மிப்பேன், மி, மிக்க, *v. n.* (பரிணாமம்), பரிணாமித்தல், *n. v.* changer: சிறுபிள்ளைபெரியவனாய்ப்பரிணாமித்தான் le petit enfant a changé d'état et est devenu grand.

*பரிணயம், பரிணயனம், (parinaya, na), mariage, noces, attachement, *V.* பரிணாமம்.

*பரிணாகம், (parinâha), largeur, circonférence, —de cercle,



பரிணாக்கன், *P.* பரிணாயகன்.

*பரிணாமம், (parinâma), diversité, changement de forme ou d'état, maturité, fin, dernier âge, — dégré ou état de la vie: பரிணாமசரீரம் corps sujet au changement, corps matériel; —சூலம் flatuosité avec douleur et vomissement après avoir mangé, dyspepsie; — நிரோதம் vicissitudes humaines comme naissance, croissance, mort, qui sont un obstacle à la béatitude finale; — ரூபம் figure changée, — embellie.

*பரிணாமாலங்காரம், (பரிணாமம், அலங்காரம்), métaphore, *V.* திரிபணி.

*பரிணாயம், (parinâya), conduire autour, déplacer une pièce au jeu d'échecs.

*பரிணாயகன், (பரி), mari.

*பரிணீதன், *m.* (parinita) homme marié. [mariée.

*பரிணீதை, *f. du préc.* femme

*பரிணேத்திரு, பரிணேதா, (parinètrou, —nêtâ), mari.

*பரிதகனம், (பரி), brûler, rôtir.

பரிதபிக்கிறது, பித்தேன், பிப்பேன், பி, பிக்க, *v. n.* (பரிதாபம்), se désoler, déplorer, se chagriner, gémir, avoir de la peine, de la douleur, du chagrin, compatir.

பரிதபித்தல், பரிதபிப்பு, *n. v. du préc.* désolation, chagrin, douleur, compassion.

பரிதல், *n. v. de* பரிகிறது, faveur, affection, défense, parole en faveur, protection, compassion, attendrissement, rupture, coupure, déchirure, partage, dégouttement.

*பரிதாபம், (பரி, தாபம்), désolation, douleur, — extrême, peine, angoisse, chagrin, compassion, pitié, crainte, chaleur, une division de l'enfer des Indous: பரிதாபசுரம் fièvre brûlante; —ப்படுகிறது, *V.* பரிதபிக்கிறது.

*பரிதாபி, (பரிதாபம்), personne désolée, affligée, compatissante, la 46me année du cycle indien correspondant à 1852 et 1912.

*பரிதாயம், (paridhâya), serviteurs, suite, cortége, compagnons, le postérieur, le derrière des cuisses, bulle —, pièce d'eau, étang, *V.* சந்து.

*பரிதானம், 1° (paridâna), échange, troc, rendre une chose ou son équivalent, présent pour suborner, — pour acheter son droit ou l'injustice. 2° (paridhâna), habit, vêtement, — de dessous; பதிதானக்காரன் homme qui reçoit de tels présens, qui se laisse suborner par présens.

*பரிதி, (paridhi), circonférence de cercle, périphérie de roue, roue de char, — de char d'idole..., cercle, grand cercle de la terre, épicycle, disque ou arme circulaire qu'on lançait, disque du soleil et de la lune, halo, soleil, lumière, splendeur, couleur, or, branche d'arbre à laquelle on attache la victime du sacrifice, rempart artificiel de terre: சீக்கிர — parallaxe annuelle des planètes supérieures, élongation des planètes inférieures; — தோற்றம் lever du soleil; — பாகை degrés moyens comptés sur un épicycle: — விட்டரம் fossé: — ஸிதன் garde du corps, aide de camp.

*பரிதிவம், (பரிதி, *épicycle*, iva *comme*), épicycloïde.

பரிது, *P.* பரியது, chose grande, grosse.

*பரிதுஷ்டம், பரிதோஷம். (பரி, touch *plaire*), joie, plaisir.

*பரிதேவகம், பரிதேவனம், பரிதேவிதம், (paridêvaka, — vana, — vita), lamentation, gémissement, plainte, peur.

*பரிதேவி, (paridêvi), qui se lamente, qui craint.

பரித்தம், *V.* பரிவட்டம்.

பரித்தல், *n.v.de* பரிக்கிறது.

பரித்தானை, (பரி *cheval*), cavalerie.

*பரித்தியாகம், (பரி), abandon, abdication, désertion, renoncement, perte, privation: சர்வசங்க— renoncement à toute société, état d'ermite.

*பரித்தியாகி, (பரி), ascète, sannyasi, qui a tout abandonné, qui a renoncé au monde: சர்வசங்க— ermite, anachorète, — qui a renoncé à toute société.

*பரித்திரஸ்தம், (*id.*), peur, alarme.

*பரித்திராணம், (*id.*), défense propre, protection, parer les coups, suffisance, dire c'est assez.

*பரிநாமம், (பரி), renommée, richesses, prospérité.

*பரிநியாசம், (*id.*), finir, compléter, sens d'une phrase.

பரிந்து, *gér. de* பரிகிறது.

*பரிபக்குவம், (*id.*), *ou* பரிபக்குவவேளை, bonne occasion, opportunité, maturité, cuisson, point ou degré voulu: — ஆகிறது devenir mûr, parvenir à un âge mûr, au point voulu; பரிபக்குவத்திலேசெய்கிறது faire dans le temps convenable.

*பரிபங்கம், (*id.*), mettre en pièces, brisement.

*பரிபணம், (*id.*), argent en main, capital, le principal.

*பரிபதி, பரிபந்தகன், (பரி *contre*, padi, panthaka *qui va*), ennemi, antagoniste.

*பரிபந்தி, (*id.* panthi, *qui va sur la route*), ennemi, bandit, voleur de grand chemin.

*பரிபவம், (*id.* பவம்), mépris, manque de respect, disgrâce, défaite, déconfiture, pauvreté, bassesse, état —, chose méprisable, tristesse, affliction: பரிபவபதம், பரிபவாஸ்பதம், (ஆஸ்பதம்), état abject, — méprisable, situation disgracieuse.

*பரிபவி, (பரிபவம், i), qui méprise, qui souffre le mépris.

*பரிபாகம், (பரி), cuisson, maturité, temps convenable, habileté, digestion, fruit des actions.

*பரிபாகி, (பரிபாகம், i), cuisinier, homme capable, — mûr, qui digère.

*பரிபாஷணம், (பரி, பாஷணம் *dire*), consentement, accord, conversation, mépris, injure, manière, règle, précepte.

*பரிபாஷிதம், (பரி), qualité d'être —, terme technique.

*பரிபாஷை, பரிபாடை, (பரி), terme technique, — de convention, marque, signe particulier, signal, mot d'ordre, — du guet, arrangement, désignation, injure, (en médecine) pronostic: — சூத்திரம் règle d'arrangement,— concernant l'invocation, les mots régardés comme propres au commencement de l'ouvrage, la précision ou le sommaire, la division, le développement et la convenance des matières d'un ouvrage d'esprit.

*பரிபாடி, (paripâti), ordre, méthode, arrangement, arithmétique.

*பரிபாலகன்,(பரி),gardien,défenseur,conservateur,protecteur, conducteur, gouverneur, bienfaiteur: உலோக — protecteur du monde, roi; உலோக பரிபாலகத்துவம் conservation du monde, gouvernement d'un roi.

*பரிபாலம்,பரிபாலனம்,(பரி),conservation, protection, défense, — propre,garde, soin, entretien, subvention, augmentation,faveur,gouvernement, conduite: இராச்சிய — bon gouvernement d'un royaume; —பண்ணுகிறது conserver, protéger,défendre, gouverner; பரிபாலனப்படுகிறது être protégé,gardé, gouverné. [பரிபாலகன்.

*பரிபாலனன்,பரிபாலன், (பரி), V.

*பரிபாலி, 1° (பரிபாலம்,i), gardien, défenseur. 2° imp.de பரிபாலிக்கிறது,லித்தேன்,லிப்பேன்,லி,லிக்க, v.a. பரிபாலித்தல். n.v. (பரிபாலம்), conserver, protéger, défendre, seconder, aider, favoriser, soigner,pourvoir,conduire,gouverner,fertiliser,faire prospérer.

*பரிபாலிதம், (பரி,pâlita, protégé), protection,défense. [பரிபவம்.

*பரிபாவம், (id. bhâva état), V.

*பரிபிஷ்டகம், பரிபிட்டகம் (paripichtaka),étain, plomb.

*பரிபிரோசனம், P. பரிபிரோஷணம்,பரிபிரோஷிதம்,(பரி, பிரோஷணம்), abandon,dépouillement.

*பரிபுஷ்கரை, பரிபுட்கரை, (paripouchkarâ), espèce de concombre, cucumis madraspatanus.

பரிபுடம்,(பரி cheval,புடம்),calcination en brûlant gros comme un cheval, i.e. 100 bouzes de vache sèches, feu de 100 bouzes.

*பரிபுடனம், (paripoutana),peler, écailler, desquamation.

*பரிபுரம், (பரி,poura aller), petits grelots—,anneau résonnant dont on orne les pieds. [ration, adoration.

*பரிபூசனம்,பரிபூசிதம்,(பரி), véné-

*பரிபூதம,1° (id. poûta pur), chose purifiée, pure,vannée, choix,intelligence. 2° (id. bhoûta devenu), mépris,injure, outrage, chose vieille.

*பரிபூரணதை, (பரிபூரணம்,tâ), ou

*பரிபூரணம், (பரி), plénitude,entière perfection,satiété,satisfaction, abondance,achévement: பரிபூரணமாய் ou பரிபூர்த்தியாய்ச்சாப்பிடுகிறது manger à satiété; பரிபூரண adj. plénier, entier, parfait, très-plein, très-abondant;—த்துவம் plénitude, — entière,perfection,satiété: கடவுளிடத்திற் பரிபூரணதை ou பரிபூரணத்துவமிருக்கின்றது Dieu possède la plénitude de tout bien.

*பரிபூரணன்,(பரிபூரணம்), Dieu, l'Être rempli de toutes perfections,— qui remplit tout de sa présence, Dieu, (et à tort) Siven.

*பரிபூரணி,f.du.préc. celle qui est pleine de grâce, la parfaite,la très-sainte Vierge, (à tort) Parvadi.

*பரிபூர்த்தி,(பரி), V.பரிபூரணம்.

*பரிபோகம்,(id.),jouissance, —du bien d'autrui sans sa permission.

*பரிப்பிரமம்,(id.) rôdage, erreur, écart, tournoiement.

*பரிப்பிரஷ்டம்,(id.),chute,dégradation,privation. [dé,privé de.

*பரிப்பிரஷ்டன்,(id.),tombé,dégra-

*பரிப்பிலவம்,(பரி),agitation,tyrannie, oppression,bain, immersion, inondation.

பரிப்பு,n.v.de பரிக்கிறது,fardeau, support, soutien,protection, défense,étai, crainte.

பரிமணி,la plante சுரந்தை.

*பரிமண்டலம், பரிமண்டலிதம். பரிமண்டலதை,(பரி,மண்டலம்,ita, tâ), boule, globe, rondeur,rotondité, cercle. [lenteur, paresse.

*பரிமந்தம், (பரி), peu, petitesse,

*பரிமர்த்தனம், பரிமருத்தனம், (பரி), frottement, broiement.

பரிமருச்சியம், P. பரிமிருச்சியம்.

*பரிமளம், (parimala), odeur suave,— exquise, parfum, joie,délices, copulation: பரிமளகந்தி celle qui sent bon, சத்தியவதி mère de Vyasen trouvée,au dire des Indous, dans le ventre d'un poisson et élevée par le chef des pêcheurs. Elle se nomma d'abord மச்சகந்தி celle qui a l'odeur de poisson. Par son commerce charnel avec le richi பராசரன் elle perdit,disent-ils, l'odeur de poisson et acquit une odeur de parfum qui se répandant à un யோசனை (4 lieues de distance) lui fit donner les noms de பரிமளகந்தி et de யோசனைகந்தி. Après la naissance de son bâtard Vyasen elle redevint vierge,selon eux, épousa ensuite le roi de Hastinabouri சந்தனு et devint mère des rois சித்திராங்கதன் et விசித்திரவீரியன்; பரிமளக்குழம்பு,— ச்சேறு,— த்தயிலம், — த்தைலம் onguent —, mélange odoriférant; — சுகந்தம் odeur suave,— odoriférante; — திரவியம், —வருக்கம் parfum, encens suave, herbes—,fleurs—, composition —, substances odoriférantes.

பரிமளி, 1° (பரிமளம்), la plante சுரந்தை basilic. 2° *imp.de*

பரிமளிக்கிறது,ளித்தேன், ளிப்பேன்,ளி,ளிக்க, *v.n.* (பரிமளம்),பரிமளித்தல், *n. v. et* பரிமளித்திருக்கிறது, avoir une bonne odeur, sentir bon, répandre une odeur suave, — de parfum,se réjouir. [odeur,joie.

பரிமளிப்பு, *n.v. du préc.* bonne

பரிமா,(பரி,மா), cheval.

*பரிமாணம், (parimâna), mesure, quantité: பரிமாணசந்தேகம் doute sur le mesurage; — வகுதி ce qui fait la différence de longue ou de brève,*i.e.* voyelle,(terme technique).

*பரிமார்க்கம், பரிமார்க்கியம்,பரிமார்ச்சனம்,(parimârga,—mârgya, —mardjdjana), nettoiement, purification.

பரிமாவடிப்போர், (பரிமா,அடிக்கிறது), ceux qui dressent *litt.*frappent les chevaux, cavaliers, palefreniers.

பரிமாறுகிறது, றினேன், றுவேன், றும்,று,ற, (பரி), பரிமாறல், பரிமாறுதல், *n.v.* 1° arranger,conduire,traiter, expédier (différentes affaires), troquer, échanger, entreprendre,se mêler de,se familiariser, fréquenter,rôder çà et là,aller et venir, se servir de,prendre. 2° servir, distribuer (les mets...), partager.

பரிமாற்றம்,*n.v.du préc.*fréquentation, familiarité, connaissance, conduite.

பரிமிக்கிறது,மித்தேன், மிப்பேன், மி,மிக்க, *v.a.* பரிமித்தல், *n.v.* embellir,revêtir,orner de,mesurer.

*பரிமிதம், (பரி), mesure,borne, limite, chose mesurée.

*பரிமிதாகாரம், (பரிமிதம்,ஆகாரம்), sobriété dans le manger.

*பரிமிருச்சியம், (parimroudjya), action d'essuyer,de nettoyer.

பரிமுகம், (பரி), visage de cheval, la 1re constellation lunaire dite அசுவதி et représentée par une tête de cheval, jambe,péroné,os extérieur de la jambe,peau de la jambe.

*பரிமேயம்,(parimèya), chose mesurée. [charme, trouble d'esprit.

*பரிமோகனம்,( பரி), fascination,

பரிய, *adj.de* பருமை,grand,gros, épais: பரியது chose épaisse.

பரியகம், anneau pour les pieds, —pour les mains, bracelet, assemblage de petits grelots ou autres ornemens bruyans qu'on attache aux pieds. [che.

*பரியங்கம்,(பரி, அங்கம்), lit,cou-

*பரியஸ்தம்,(பரி,asta *jeté*),renversement, —sens dessus dessous,rejet, renvoi,chute. [che.

*பரியஸ்திகை,(paryastikâ),lit,cou-

*பரியடனம், (பரி, அடனம்),rôder çà et là.

*பரியந்தம், (பரி, அந்தம்), terme, borne,limite, fin, jusqu'à: மரணபரியந்தம் jusqu'à la mort.

*பரியத்தகம்,(பரி, அத்தகம்,ka),dépravation, perte de toute bonne qualité.

பரியம், 1° P. பரிசம்,présent nuptial,fiançailles. 2° prix, valeur.

*பரியயணம்,(பரி, அயணம்),selle —,housse de cheval.

*பரியயம்,(பரி, அயம்),contrariété, opposition, irrégularité, ordre renversé, négligence, — des usages, couche. [அவசானம்),fin,conclusion

*பரியவசானம், பரியவசிதம், (பரி,

*பரியவஸ்தானம், பரியவஸ்தை, பரியவத்தை பரியவஸ்திதம், (பரி, அவஸ்தை, அவ, ஸ்தானம், ஸ்திதம்),opposition, contradiction, résistance.

பரியவம், grand chemin, route commune, — fréquentée.

*பரியன்னியம்,(paryanya),nuage, bruit du tonnerre.

*பரியன்னியன், (id.), le prétendu maître du tonnerre, Dèvendiren.

*பரியாகாரம், (paryâhâra), transport, fardeau, tas de grains, joug, pot à l'eau.

*பரியாசம், 1° P. பரிகாசம், moquerie, raillerie, jeu, badinage. 2° (paryâsa), ordre renversé. [bât.

*பரியாணம், (paryâna), selle,

*பரியாத்தம்,(paryâpta),satisfaction, assez, suffisamment, assemblage, consentement, possibilité: பரியாத்த போகம் jouissance suffisante, avoir ce qui est suffisant.

*பரியாத்தி,(paryâpti), garde, conservation, acquisition, agrément, convenance, compétence, satisfaction, satiété, suffisance, assez, discernement, distinction des objets, défense, parer un coup.

*பரியாபிதம்,(பரியாத்தம்),satisfaction. ‖adv. assez suffisamment.

*பரியாயம், (pariyâya), une des 35 figures dites அலங்காரம், texte d'un vocabulaire, ou ordre des synonymes pour chaque terme, règle, ordre, arrangement méthodique, manière, espèce, manières diverses, généralité, ce qui est commun, nature, caractère ou propriété spécifique d'une chose, propriété des substances (comme l'amertume, la fraîcheur), occasion, opportunité, production artificielle, chose qu'on fait, préface, — dans laquelle on ne dit pas l'objet qu'on a en vue d'une manière propre à cet objet, mais d'une manière détournée: பரியாயச்சொல் léger —, quelque doute; —சயனம் veille et sommeil alternatifs: — சொல், synonyme, autre mot qui désigne la même chose; — நாமம் nom qui a un rapport à une chose; — பெயர் nom technique.

*பரியாயான்னம்,(பரியாயம், அன்னம்),riz qu'un homme d'une caste donne ou prépare pour un homme d'une autre caste, nourriture qui aurait dû être donnée à un autre, comme celle d'un soudras donnée à un brame.

பரியாரம், P. பரிகாரம். [un brame.

பரியாரி, P. பரிகாரி.

*பரியாலோசனம், (பரி, ஆலோசனம்), réflexion, considération, regarder tout autour de soi.

பரியாளம்,garde royale, escorte de troupes, cortége.

*பரியாணம், P. பரியாணம்.

*பரியுத்தஞ்சனம், (paryoudantchana), dette.

*பரியுதாசம், பரியுதாசனம், (paryoudâsa, na), précepte prohibitif, règle fautive. [adoration, vénération.

*பரியுபாசனம், (பரி, உபாசனம்),

பரியேறி,(பரி, ஏறுகிறது), homme à cheval, cavalier, Ayénar.

*பரிரக்ஷணம், பரிரட்சணம், (பரி),garde, défense, préservation.

*பரிரம்பணம்,(paritabhamâna), embrassement.

*பரிரம்பம், பரிரம்பணம்,(pariramhha, na), embrassement, couche.

பரிவசிதம், P. பரிவாசிதம்.

*பரிவட்டம், (பரி), bandeau (usité dans diverses cérémonies), morceau de —, toile, dévidoir (de tisserand), பரிவட்டச்சேலை toile fine, — de grand prix, suaire, linceul. [pris, injure.

*பரிவதனம்,(பரி), pleurs, cris, mé-

பரிவல்லம், 1° riz pilé. 2° (பரி, வல்லம்),

jeunesse.3° (*id.*வசம்),être réunis—, vivre long-temps ensemble.

பரிவயத்தம்,*P.*பரிவியத்தம்.

*பரிவருக்கம், (parivarha), suite, cortége, richesses, bonheur, chose, substance, insignes de la royauté.

*பரிவருத்தம், (parivartta), fin ou destruction du monde,fin des 4 âges ou யுகம் des Indous,le roi des tortues,ou l'incarnation prétendue en —,tortue,tourner,—en rond,retraite,fuite,se retirer en arrière, troc, échange,chapitre—, livre—, chant d'un poème,fin d'un livre,nœud.

*பரிவருத்தனம், பரிவர்த்தனம், 1° (பரிவருத்தம்,na),troc,échange,tourner,— autour. 2° (parivarddhana), augmentation.

*பரிவருத்தனை,(*id.*),*V.*பரிவருத்தனம்.‖fig. de rhét. par laquelle après avoir donné un sens à un mot on dit qu'il en a encore un autre.

*பரிவருத்திதம், 1° (parivarttita), tourner autour, roue. 2° (parivarddhita),augmentation.

*பரிவற்சரம்,(பரி),année.

*பரிவற்சனம்,*ou mieux* பரிவருச்சனம்,(பரி),meurtre,*ou*

*பரிவற்சிதம்,(*id.*),abandon, rejet.

*பரிவாகம், (parivâha), inondation,crue d'eau,écluse.

*பரிவாகிதம், (parivâhita), vide, épuisement, desséchement: பரிவாகிதமுகம் visage tourné par dédain, tourner et secouer un peu la tête de dédain. [meure,séjour.

*பரிவாசம், (*id.*), habitation, de-

*பரிவாசிதம்,(பரிவாசம்,ita),attention respectueuse—, égards envers les supérieurs,action de garder le gourou.

*பரிவாதகன்,பரிவாதி, (பரிவாதம், ka),accusateur, plaignant, demandeur,plaideur.

*பரிவாதம்,(பரி,வாதம்),reproche, réprimande,critique,accusation,injure,archet de luth.

*பரிவாபம், (பரி), raser, 'bulle—, pièce d'eau,étang,suite,cortége *ou*

*பரிவாபனம்,பரிவாபிதம், (பரிவாபம்,na,ita), raser, couper les cheveux.

*பரிவாரம்,(பரி),suite,train,cortége,escorte,suivans, troupe, armée, fourreau: பரிவாரதேவதை prétendu dieu ou esprit familier.

*பரிவாரணை, (பரிவாரம், tâ), sujétion, dépendence. [rage.

*பரிவாரிதம்,(பரிவாரம்,ita),entou-

*பரிவின்னான்,பரிவித்தி,பரிவிந்தன்,(parivinna,— vitti, — vindan), frère aîné non marié tandisque le cadet l'est déjà.

*பரிவிந்தகன்,(parivintaka), frère cadet marié tandis que l'aîné ne l'est pas.

*பரிவியஸ்தம், பரிவியத்தம், (பரி, வியத்தம்),opposition. [erreur.

*பரிவிரட்டம்,(*P.*பரிப்பிரஷ்டம்),

*பரிவிராசன்,பரிவிராசகன்,(parivrâdja,ka),ascète,religieux mendiant. [état ascétique.

*பரிவிராச்சியம், (parivrâdjya),

*பரிவிருகிதம், (parivrouhita),augmentation.

*பரிவிருங்கணம், (parivroumhana),augmentation,appendix, choses ajoutées. [tre,possesseur,supérieur.

*பரிவிருடன்,(parivroudha), maî-

*பரிவிருத்தம்,(parivroutta), troc, échange, tourner autour, circuit, tour—,cercle complet,fin.

*பரிவிருத்தி,(parivroutti), révolution synodique,—des astres, *V.*பரிவிருத்தம் *et* பரிவித்தி:— வாக்கியம் table pour déterminer la longitude géocentrique des 5 planètes.

*பரிவிருஸ்தி,(parivrousti), *V.*பரிவித்தி *et* பரிவிருத்தி. [l'arc de Brama.

*பரிவீதம்,(parivita), environner,

பரிவு,*n.v.de* பரிகிறது,amour,plaisir,délice,santé,chagrin, affliction, malheur,maturité,opportunité.

*பரிவேசம்,பரிவேஷம், பரிவேடம், (பரி),ce qui entoure, entourage,circonférence,— d'un cercle,halo autour—,disque du soleil et de la lune.

*பரிவேஷணம்,பரிவேடணம்,(பரிவேஷம,na), entourage, distribution de nourriture, servir à table, donner un repas.

*பரிவேஷ்டனம், பரிவேட்டணம், (parivèchtana), entourer, circonférence.

*பரிவேதனம், (பரி), considération, examen, prudence, habileté, prévoyance, gain, acquisition, mariage, affliction, angoisse, tribulation.

*பரிவேத்திரு, பரிவேத்தா, (parivètrou), frère cadet marié avant son aîné.

*பரிவேதினி, (parivèdini), femme d'un tel frère.

பரிற்பவம், P. பரிப்பிலவம்.

*பரிகம், P. பரிகம், le 19me des 27 யோகம் astrologiques. [plaisanterie.

*பரிகாசம், P. பரிகாசம், raillerie,

*பரிகாரம், (P. பரிகாரம்), manque de respect, espace laissé libre auprès d'une ville pour le pâturage des troupeaux, expiation ou réparation pour une mauvaise action.

*பரிக்கை, V. பரிக்ஷை.

*பரிக்ஷகம், (பரி, ikcha voir, ka), examen, investigation. [scrutateur.

*பரிக்ஷகன், (id.), examinateur,

*பரிக்ஷணம், (id. na), examen, épreuve, investigation.

பரிக்ஷா, obl. de பரிக்ஷை: —விருத்தி force de l'habitude, pratique.

பரிக்ஷிக்கிறது, க்ஷித்தேன், க்ஷிப்பேன், க்ஷி, க்ஷிக்க, v. a. (பரிக்ஷை), பரிக்ஷித்தல், n. v. examiner, sonder, scruter, éprouver, essayer, explorer, s'exercer, s'habituer. [essai.

*பரிக்ஷிதம், (பரிக்ஷை, ita), examen,

பரிக்ஷித்து, பரிக்ஷிதன், (parikchit), le roi Parikchit, petit fils de அருச்சுனன், tué, au dire des Indous, dans le ventre de sa mère et réanimé par Krichna; c'est à lui qu'est faite la narration du பாகவதம்.

*பரிக்ஷை, (பரி, ikcha voir), considération, examen, investigation, essai, épreuve, tentative, exercice, expérience, habitude, pratique, jugement par ordalie, un des 3 பொருட்பிரமாணம் qui consiste à examiner si l'objet que l'on décrit a telle qualité ou non, s'il est conforme ou non à la définition; — பார்க்கிறது, —பண்ணுகிறது, V. பரிக்ஷிக்கிறது.

*பரிசாரம், (parisâra), aller—, rôder—, voyage autour.

*பரிஷ்டி, (parichti), examen, recherche, service, bonne volonté, préparation, être prêt à tout.

*பரிட்சணம், பரிட்சிக்கிறது, பரிட்சை... V. பரிக்ஷணம்...

பரிணம், fracture.

*பரிணயம், (parinâya), transport d'une pièce au jeu d'échecs.

*பரிதாவி, (paridhâvi), la 46me année du cycle indien dite பரிதாவி.

*பரியமானம், (pariyamâna), être traversé, transpercé, transpercer.

*பரிரம், (parira), fruit.

*பரிரம்பம், P. பரிரம்பம், embrassement, caresse.

*பரிவர்த்தம், V. பரிவருத்தம், échange, troc, la tortue royale ou Vichnou incarné en tortue.

*பரிவாதம், P. பரிவாதம்.

*பரிவாரம், P. பரிவாரம்.

*பரு, 1° (parou), océan, jointure, nœud, —de roseau, montagne, paradis. 2° (bharou), Vichnou, Siven, or, mari, maître, seigneur. 3° furoncle, clou, apostume, ulcère, bouton de petite vérole. 4° adj. de பருமை, gros, épais, grossier, grand. 5° imp. de பருக்கிறது; —அரும்புகிறது. —கிளம்புகிறது, —ப்புறப்படுகிறது un ulcère, un furoncle se former, —sortir; — உடைகிறது un furoncle se crever de lui-même; — நசுங்குகிறது le furoncle crever étant pressé; —ப்பழுக்கிறது le furoncle [mûrir.

பருகல், opt. et n. v. du suiv.

பருகுகிறது, sync. பருகிறது, கினேன், குவேன், கு, க, v. a. பருகுதல், n. v. boire, avaler des mets liquides, (ce qui est une manière de manger), manger. [றது.

பருக்கல், opt. et n. v. de பருக்குகி

பருக்கள், pl. de பரு, furoncles, pustules. [raboteuse, non polie.

பருக்கன், (பரு), chose grossière,

பருக்காங்கல், gravier, caillou.

பருக்கிறது, ருத்தேன், ருப்பேன், ரு,ருக்க, ருக்கேன்,*nég.v.n.* (பரு), *ou* பருத்துப்போகிறது, grossir, épaissir, devenir gros, épais, engraisser: பருக்காதவன் homme qui ne grossit pas ou n'a pas grossi, qui est maigre et fluet; பருக்கவெழுதுகிறது écrire en gros caractères: பருக்கவை க்கிறது laisser grossir (les petits fruits sur l'arbre... பருத்திருக்கிறது être gros, grand, épais, corpulent.

பருக்குகிறது, க்கினேன், க்குவேன், க்கு, க்க, *v. caus. de* பருகுகிறது, faire boire, — manger.

பருக்குதல், *n. v. de* பருக்குகிறது *et de* பருக்கிறது.

பருக்கை, 1° petite pierre ronde, boule, cristal, riz cuit, miette, *ou* பருக்கைக்கல் gravier, pierrette, petit caillou, jachère. 2° *n.v. de* பருக்கிறது, grossissement, épaississement. 3° 2° *pers.nég. du même*, tu ne grossiras pas.

பருங், *P.* பரும் devant க, gros, grand, épais: —கடி grande morsure; —கல் grosse pierre; —கன்மலை gros rocher, — roc; — கை main grande, —libérale, qui donne largement.

*பருஷம், (paroucha), *ou* பருஷவசனம், — வாக்கு injure, parole dure, —injurieuse, reproche: பருஷவருஷம் pluie d'injures.

*பருஷோத்தி, (பருஷம், உத்தி), parole injurieuse.

*பருஷோத்திகன், (*id.* ka), diseur d'injures. [siére, longue toile.

பருஞ்சீலை, (பரும், சீலை), toile gros-

*பருணம், *P.* பர்ணம், feuille.

*பருணயனம், *P.* பரிணயனம், mariage, noces.

*பருணிதர், (பருணம். ita), ceux qui se servent d'ôles, gens d'une science mûre ou accomplie, savans, [poètes.

*பருதி, *P.* பரிதி.

பருத்த, *part. parf. de* பருக்கிறது; gros, épais.

பருத்தல், *n.v. de* பருக்கிறது. [val.

*பருத்தாரம், (parouddhâra), che-

பருத்தி, *ou* —ச்செடி, cotonnier, arbrisseau qui donne le coton, gossypium herbaceum: செம்—cotonnier à fleurs rouges et à coton blanc, coton —, cotonnier rouge, gossypium religiosum; நாமிப் — l'arbrisseau gossypium vitifolium; —க்கடையில் நாய்க்குப்பணியென்ன qu'a à faire un chien dans une boutique de coton, *i. e.* qu'a à faire ici un tel vilain? —க்காடு *litt.* une forêt —, *P.* un champ de cotonniers; —க்காய் fruit vert —, capsule de cotonnier; — க்கொட்டை graine de cotonnier; — நூல் fil de coton; — பன்னுகிறது, — பிடிக்கிறது carder le coton, le séparer de sa graine, le filer; — ப்பஞ்சு coton de l'arbrisseau பருத்தி (pour le distinguer de celui de l'arbre இலவு); — ப்பஞ்சுநூற்கிறது filer du coton; — மனை instrument pour séparer le coton de sa graine.

பருத்து, 1° *gér. de* பருக்கிறது. 2° (parout), l'année dernière.

பருநூல், (பரு), gros fil, fil grossier.

பருந்தலை, (பரும், தலை), grosse tête, homme distingué, — de considération.

பருந்து, milan, faucon: பருந்தின் விருந்து le festin du milan, *i. e.* le crabe; பருந்தின்வீழ்வு chute du milan, une des 4 marches ou tournures des sentences dites சூத்திரம், celle où une sentence fait allusion —, se rapporte ou renvoie à une autre, ressemblant ainsi au vol du milan qui se précipite comme un trait sur sa proie. [trou, — creux.

பருந்துவாரம், (பரும்), grand

பருந்தொட்டு, *P.* பருந்தோசு, (*id.*), grande feuille,

*பருபதம், *V.* பருப்பதம். [gravier.

பருபருக்கை, (பரு), gros sable,

பருபாரிக்கிறது, (*id.* பாரிக்கிறது), grossir, devenir —, paraître gros, épais.

*பருப்பதம், *P.* பருவதம், mont, montagne: அஷ்ட—, *V.* அஷ்டதிக்குப்பர்வதம். [tagnarde, Parvadi.

*பருப்பதி, (பருப்பதம், i), la mon-

பருப்பம், (பரு), grosseur.

பருப்பிக்கிறது, பித்தேன், பிப்பேன்,பி,பிக்க, v. caus. de பருக்கிறது et பருப்பித்தல்,n.v. faire —,grossir, augmenter.

பருப்பு, 1° n. v. de பருக்கிறது, grossissement, augmentation, accroissement,grosseur. 2° pois, fève, pépin, pulpe de pois;de graines, de noix,de noyaux...;—க்கஞ்சி purée, soupe ou potage de pois et de riz cuits ensemble; —க்கீரை la plante chenopodium album; — க்காறு purée, bouillon de pois; — க்காரும் V. பருப்போரை.

பருப்பொருள், (பரு), gros objet, objet grossier, non délicat.

பருப்போரை, (பருப்பு, உரை), pois cuits. [—,manière grossière.

பருமட்டம், பருமட்டு,(பரு),chose

பருமணல், (id.), gros sable, gravier.

பருமம். 1° (பரு), grosseur,épaisseur, corpulence. 2° cuirasse, cotte d'armes, longue robe, selle de cheval, le postérieur, assortiment de 18 enfilades de perles ou de pier-

பருமல், vergue,antenne. [reries.

பருமன், (பரு), grosseur, épaisseur,corpulence,gros homme,chose grosse ou grossière: (பருமனுய்நூற்கிறது filer de gros fil.

பருமிக்கிறது,மித்தேன்,மிப்பேன், மி,மிக்க, v.n. (பருமிதம்),s'escrimer, faire des armes, être fier.

பருமிதம், (பரு), ou

பருமித்தல், பருமிப்பு,n.v. de பருமிக்கிறது,escrime,exercice militaire, fierté. [feuille.

பருமிதழ், (பரும்,இதழ்), grande

பருமுத்து,(பரு), grosse perle.

பருமுறி, (id.முறி), grosse toile.

பருமை,(பரு,மை),grosseur,épaisseur,corpulence, largeur; (l'adj. est பரும், பரு,பரிய): பருமையாகிறது devenir gros,épais, large.

பரும், adj. du préc.gros, grand, épais, large, grossier:— படி manière grossière, chose grossière, grosse, épaisse; — படியான grossier, épais; — படியாய்ச்செய்தவேலை ouvrage grossier,—fait grossièrement; —படியாய்ப்படிக்கிறது apprendre superficiellement; — படியாய்ப்பேசுகிறது parler grossièrement;— படியானவிக்கிரகாராதனை idolâtrie grossière; — பழம் gros fruit;— பிணியன் nom d'une maladie;— பிடி bonne poignée, exaction,extortion; — பிடியாய்ருபிடியள்ளிக்கொள் prends un bonne poignée;— பிடிபிடிக்கிறது prendre une bonne poignée,être avare,insister sur,tenir à; —பிடியாய்வாங்குகிறது prendre à grandes poignées, extorquer, enlever de force; — புடவை toile grossière.

*பருவகம்,1° (பருவம்,ka), genou. 2° (pharouvaka), boîte au bétel.

*பருவணிகை,(parvanikâ), tache avec douleur sur le bord de la cornée de l'œil.

*பருவதம். (parvata), montagne, colline,mont, arbre,espèce d'herbe; --de poisson: பருவதகாகம் corbeau des montagnes; — சன் montagnard; —சை montagnarde, rivière qui descend des montagnes;—வர்த்தனி, (வர்த்தனை race), la prétendue fille du mont Himâlaya, i.e. Pârvadi;— வாசி habitant des montagnes:—வாசினி f. du préc. montagnarde, Dourgâ ou Pârvadi, la formule de prière dite காயத்திரி dont ont fait une déesse.

*பருவதன்,(parvata), le richi Parvaden ami et rival de Nâraden.

*பருவதாசயம்,(பருவம், ஆசயம்), nuage qui couvre les montagnes.

*பருவதாசிரயம்,(id. ஆசிரயம்),ce qui habite les monts,l'oiseau fabuleux a 8 pieds. [gnard.

*பருவதாசிரயன், (id.), monta-

*பருவதாதாரை, (id.ஆதாரம்),la base ou le soutien des montagnes, i.e. la terre.

*பருவதாரி, (id. அரி), l'ennemi des montagnes ou de Parvaden,Indiren.

*பருவதி, 1° (பருவதம்,i), la montagnarde,Parvadi. 2° (பருவம், dhi *qui a*), l'astre qui a des quartiers, *i.e.* la lune.

*பருவம், (parvan), quartier, nouvelle lune, pleine lune, 1er —, 2e quartier, époque de l'entrée —, entrée du soleil dans un signe, équinoxe, solstice, nœud, jointure, articulation, partie, chapitre, division d'un livre, (le Mahabhârata est divisé en 18 பருவம் *ou* பர்வம்), fête, opportunité, temps, moment, instant, occasion, saison, temps propre, — de la maturité, maturité, nubilité, degré dans l'âge des femmes, jeunesse, hauteur, cause, mesure. On compte en sanscrit 4 âges ou 4 degrés dans l'âge des femmes, பருவம்-சு; வாலை *ou* பாலை enfant au dessous de 5 ans ou jeune fille jusqu'à 16 ans; தருணி jeune femme dans le bon âge de 16 à 30 ans; பிரௌடை matrone de 30 à 55 ans, விருத்தை vieille femme. Outre différentes modifications dans la classification susdite, on distingue en tamoul 7 âges ou 7 degrés pour l'âge des femmes, பருவம்-எ: பேதை fille pleine de simplicité de 5 à 7 ans, பெதும்பை jeune fille de 8 à 11 ans, மங்கை de 12 à 13 ans, மடந்தை jeune fille ou femme de 14 à 19, அரிவை de 20 à 25, தெரிவை de 26 à 31 ans, பேரிளம்பெண் de 32 à 40 ans; பருவம் -சு les 6 saisons de l'année, *V.* ஆறுபருவம்; — ஆகிறது devenir —, être propre, convenable arriver à l'âge convenable, — à l'âge de maturité, — au temps ou au point voulu, mûrir, devenir nubile; — ஆனபெண் fille nubile; — வருகிறது l'âge ou le temps convenable arriver; அவனுக்குப் — வந்தது il a atteint l'âge convenable; பருவகாலம் temps convenable, — propre, — de la maturité; — க்காய் fruit venu dans la saison convenable; — சந்தி union de la nouvelle lune ou de la pleine lune avec le 1er jour lunaire de chaque demi-lunaison, moment précis de la pleine ou nouvelle lune; — நாழிகை heure indienne de la conjonction ou de l'opposition; — ப்பனை le palmier femelle; — பூரணம் préparation ou achèvement d'une fête; — மயக்கு confusion des saisons, dire d'une saison ce qui convient à une autre; — வெழுவி ce qui naît avec des nœuds, la canne à sucre; பருவத்திலேசெய்கிறது faire dans le temps convenable; — பிள்ளைபெறுகிறது mettre un enfant au monde au terme précis.

பருவரல், பருவருதல், *n. v. de* பருவருகிறது, détestation, horreur, vexation, affliction, souffrance.

*பருவரிணம், (பருவம், rina *allé*), fête, jour de fête.

பருவருகிறது, பருவந்தேன், பருவருவேன், பருவா, பருவர, *v.a. et n. et* பருவருதல், *n. v.* abhorrer, détester, être vexé, tourmenté, souffrir.

பருவலயம், (பரு), grand cercle.

பருவல், (பரு), chose grosse, ou grossie.

*பருவாவதி, (பருவம், அவதி), fin d'une saison, ou de la période dite [பருவம்.

பருவி, l'arbre தில்லை.

பருவு, (பரு), furoncle, clou, apostume, ulcère: பருவுடைகிறது (உடைகிறது), un furoncle crever de lui-même; பருவெழும்புகிறது (எழும்புகிறது), un furoncle... se former.

பருவெட்டு, (பரு), grande taillade, coupure grossièrement faite.

பரூஉ, 1° (பரு *avec* அளபெடை), grosseur, épaisseur, corpulence, vol, enlèvement, arracher. 2° *gér. irrégulier de* பருக்கிறது, ayant grossi, ayant dérobé. [*V.* பரமேஷ்டி.

*பரேஷ்டி, (பர, இஷ்டி sacrifice),

*பரேதம், (பரம், ita *allé*), défunt, cadavre, esprit, fantôme, démon: பரேதராசன் le prétendu roi des morts ou des esprits, Yamen.

*பரேதரன், (பர, இதரன்), fidèle ami. [étang.

*பரேபம், (parèpa), pièce d'eau,

*பரை, *f. de* பரன், Parvadi, femme de Siven.

*பரைதிதம், (பர, èdhita, *editus*),

le couil ou coucou indien élevé par des étrangers, *i.e.* par les corbeaux.

*பரோக்ஷம், பரோட்சம், (parokcham), chose invisible, imperceptible, invisibilité, absence, secret, le prétérit ou temps passé (en grammaire): பரோக்ஷ *ou* பரோட்சக்கி யஞானம் connaissance des choses invisibles; — ஞானம் connaissance d'un être invisible ou de l'être suprême, un des 7 அவஸ்தை ou états; —போகம் jouissance du bien d'autrui (en son absence); — விருத்தி celui qui fait quelque chose dans son absence.

*பரோக்ஷார்த்தம், பரோட்சார்த்தம், (பரோக்ஷம், அர்த்தம்), chose invisible ou absente.

*பரோதிதம், (பர, உதிதம்), chose dite par un ennemi, menace, effrayer.

*பரோபகாரம், பரோபகிருதம், (பர, உபகாரம், உபகிருதம்), bien fait à autrui, charité, bienveillance.

*பரோபகாரன், பரோபகாரி, (*id.*), bienfaiteur, homme charitable envers le prochain.

*பரோபசாபம், (பர, உபசாபம்), dissention des ennemis, dispute.

*பரோபதேசம், (பர, உபதேசம்), admonition, bon avis, conseil donné par le prochain.

*பரோவரீணம் ou பரோபரீணம், (paras *supérieur*, avaras *inférieur*, ina *affixe, ou* ஈனம் *manque*), avoir supérieur et inférieur, avoir antécédent et subséquent, ce qui n'a ni commencement ni fin.

*பரோபாயம், (பர உபாயம்), moyen extérieur, —étranger.

*பரோத்கருஷம், (பர, உத்கருடம்), supériorité d'un autre.

*பரோத்பத்தி, (பர, உத்பத்தி), productions ou bien d'autrui.

*பர்க்கம், (bharga), lumière, lustre.

*பர்க்கன், (bharga), *V.* பர்க்கன்.

*பர்ணம், (parna), feuille, *V.* பன்னம்; பர்ணசாலை *ou*

*பர்ணசாலை... *V.* பன்னசாலை...

*பர்ணோடசம், (பர்ணம், உடசம்), cabane de feuillage, hutte, ermitage, cellule d'anachorète dans les déserts.

*பர்த்தா, (bhartâ), mari, *V.* பர்த்தா. [பாடகம், *V.* பர்படகம்.

*பர்ப்படகம், பர்ப்படாகம், பர்ப்

*பர்ப்பம், *P.* பதிவம்.

*பர்வதம்... *V.* பருவதம்...

*பர்வம்... *V.*... பருவம்.

பல, 1° *adj.* plusieurs, divers, beaucoup, quelques. 2° *nom pl. n.* (*obl.* பலவற்று, *gén.* பலவற்றின்), plusieurs —, diverses choses. 3° *imp, de* பலக்கிறது. 4° *obl. de* பலம், fruit, force *et de* பலன் nom d'un géant: பலவாய், பலவும் plusieurs, de diverses manières...பலசவும் பு, —கலவை mélange de parfums, —de diverses choses, poudre odoriférante; — காயம் diverses blessures, assaisonnement (composé de divers ingrédiens); —காலம், —கா லும் divers temps, plusieurs—, diverses fois, souvent: — காலும்பார்க்கிறது observer de temps en temps; —ஹீனம், — க்கேடு, — குறையும் faiblesse, infirmité, impuissance, manque de force; — குறைப்படுகிறது s'affaiblir, devenir faible; —கோணம் polygone; — சந்தமாலை guirlande de différens airs ou poème de 100 stances dont chaque dizaine est sur un air différent, c'est le 17° பிரபந்தம்;— சம்பந்து, — சம்பாரம் diverses choses, - épices; — சரக்கு marchandises diverses,— du bazar, divers objets; — சரக்குக்கடை boutique où l'on vend diverses marchandises; — சாதனம் moyen de succès;— சாலி homme fort, vigoureux; —சித்தி réalisation d'un projet, réussite —, fruit d'une action; —சிரேஷ்டம் le meilleur des fruits, *i. e.* la mangue;—சூதனன் le destructeur du géant Balen, *i.e.* Indiren: — சொல்லொருபொருள் synonymes, divers mots qui ont le même sens; — ஸ்திதி station —, état d'une armée, camp royal, état ferme, —des forces: — ஸ்திரீ femme publique; — தரம் plusieurs fois, souvent; — திரட்டு recueil de poésies prises dans divers auteurs;—துறை divers chemins, —ports...;—தேவன் le Dieu fort, Baladèven ou Balabhadra, *i.e.* Balarâma frère aîné de Krichna, (c'est selon plusieurs, la 8^me^ incarnation de Vichnou), l'air où le vent; — த்திரயம், — த்திரிகம் les 3 mirobolans, *V.* பலே-ம; —நாளும் bien des jours, —des fois, souvent, long-temps, quelquefois; —நாளும்பார்க்கிறது voir souvent,—plusieurs jours, observer long-temps; — நாள்க்கள், —நாட்கள் beaucoup de jours, long-temps; —நாட்செய்தி évènement —, histoire de plusieurs jours,— d'une longue époque, des temps passés, chronique, annales; — நிக்கிரகம் affaiblissement, perte des forces; — நிஷ்பத்தி, —நிட்பத்தி production de fruits, —de profit; — நிவிர்த்தி cessation des conséquences, — des forces; —நூல் diverses sciences, divers ouvrages (littéraires);—நூலறிவு connaissance de diverses sciences, de divers auteurs; — நூல்பயில்சாலம் académie où l'on enseigne diverses sciences; — படப்புனைவணி fig. par laquelle on embrasse différentes choses dans une, soit que différentes personnes expriment la même idée de différentes manières, soit que la même personne par des particularités différentes exprime diverses choses dans une seule idée;—படுகிறது doubler, redoubler, changer, varier, être diversifié, *V.* பலப்படுகிறது;—பட்டடை divers ateliers, résidence de gens de diverses castes;—பட்டடைக்கிராமம் bourg formé de diverses castes, — où des gens de la main droite et de la main gauche vivent ensemble en paix; இந்தவூர் — பட்டடைக்கிராமம் cette ville est un mélange de diverses castes;—பட்டடைக்குடிகள் gens de diverses castes habitant en paix dans le même lieu;—பட்டறை magasin, dépôt, arsenal; — பண்டம் divers objets, — vases ou meubles, mets de dessert ou de goûter, mets divers et exquis, goûter; —பத்திரன் homme fort, Balabhatra ou பலதேவன், le grand serpent அனந்தன் (que quelques-uns regardent comme incarné en Baladêva au lieu de Vichnou); — பத்திரராமன் Balabhatrarâma, la 3^e^ incarnation de Vichnou en Râma;— பல,—பல், (பல répété), divers, varié, plusieurs, diverses choses...; — பலகாரியம் diverses choses; — பலஞாபகம் divers souvenirs, *ou* — பலயோசனை diverses pensées, esprit variable, changeant, flottant; — பலதினுசு différentes espèces; — பலபேச்சுபரக்கிறது divers bruits se répandre; —பலவிதம்,—விதம் diverses manières;— பாகம் part du profit, temps de produire —, maturité des fruits, prémices, récompense, utilité;—பாகஞ்சொல்லுகிறது expliquer l'utilité d'une chose;—பாகாந்தை, (பாகம், அந்தம்), plante annuelle, —qui meurt après avoir donné des fruits; — பாடு divers embarras, — tourmens;—பாதனம் chute—, récolte des fruits, — பால் pluriel neutre;— பிடி force, grand secours;—பூமி terre où l'on recueille le fruit de ses actions, *i.e.* le paradis ou l'enfer;— பூரம், — பூரகம் le citron commun; — பெயர்த்திரிசொல் mot composé de plusieurs noms synonymes du haut tamoul qui ne sont compris que des savans; —பொருட்சொற்றொடரணி fig. de rhét. qui consiste à joindre des mots qui peuvent donner plusieurs sens; —பொருளுவமை comparaison faite d'un objet à diverses choses. *v. g.* வேலுஞ்சேலும்போலும்விழி œil qui ressemble à un dard et à une carpe;— பொருளொருசொல் mot qui a divers sens, — பொருள் divers objets, — sens;—பொருள்குறித்த ஒருபெயர்த்திரிசொல் *ou* ஒருவினை—, இரிடை—, ஒருரித்திரிசொல் nom, verbe, particule ou adjectif du haut tamoul et de la poésie qui n'est entendu que des savans et a plusieurs sens, le contraire est ஒரு பொருட்குறித்த பலபெயர்த்திரிசொல்...; —போகம் usufruit, jouissance des fruits, — des conséquences; — போகி usufruitier; — ப்படுகிறது prendre des forces, devenir fort, croitre; — ப்படுத்துகிறது fortifier, corroborer, affermir, confirmer, ou — ப்படுத்திவைக்கிறது donner des forces; —ப்பல (*répété*), divers, varié, plusieurs; — ப்பிரசு la mère de Balarâma, *i.e.* Rôhini; —ப்பிராப்தி obtention du résultat désiré; — முகம் divers visages, — côtés, diverses choses, —routes; — முறை diverses manières, — fois, souvent; —மூலசாகாசனர் ceux qui ne mangent pour nourriture (அசனம்) que des fruits (பலம்) des racines (மூலம்), et des légumes (சாகம்), ermites, sages; — யானை divers ou plusieurs éléphans; பலயீனம், *P.* பலவீனம்; — ராமன் le vaillant Râmen ou Baladêven, demi-frère de Krichna; —வயிற்போலியுவமை (வயின்), phrase dans laquelle il y a plusieurs comparaisons, avec la répétition à chacune d'elles, du mot qui indique comparaison, *v.g.* மலர்வாவிபோலும் மாதர் அதின்மலர்கள்போலும் அவர் முகம் அதிலுறை அளிபோலுமவர் விழி femmes qui sont comme un étang fleuri, leur visage comme les fleurs de cet étang et leurs yeux comme les insectes ailés qui s'y trouvent; — வரி diverses lignes, les 18 consonnes tamoules; — வழி diverses routes, — manières; — வழித்தோன்றல் gendre, *litt.* fils qui vient d'une manière différente du propre fils; — வறிசொல் (அறிகிறது), mot au pluriel neutre; — வறுதி (அறுதி), faiblesse, perte des forces; —வாணம் pierre noire dite மந்தாரச்சிலை; — விசை diverses fois, souvent; —விதம் diverses manières; — விதச்சரக்கு diverses marchandises, marchandises de diverses sortes; —வியசனம் défaite d'une armée; —விருத்தநகன், — விருத்தநிசூதனன், (விருத்தநன், han *tuer*, நிசூதனம்), celui qui a tué les asourers Balen et Vroutten, *i.e.* Indiren; — வினம், (இனம்), diverses choses, diverses espèces, nombre complexe; — வினக்கூட்டல் —க்கழித்தல் — ப்பெருக்கல் —ப்பிரித்தல் addition —, soustraction —, multiplication, — division de nombres complexes; — வினைச்சிலேடை ambiguité provenant de plusieurs verbes; — வினைத்திரிசொல் réunion de plusieurs verbes synonymes du haut tamoul qui ne sont connus que des savans et qui ne donnent qu'un même sens.

பலகணி, (பல, கண்), fenêtre, — à treillis ou à jalousie, persienne, barreaux de fenêtre: — த்துவாரம் ouverture d'une fenêtre; — வாயினிலை (வாயில், நிலை), chassis d'une fenêtre; பலகணியாலுட்பிரவேசிக்கிறது entrer par la fenêtre.

*பலகண்டனம், (பலம்), désappointement, manque de succès.

*பலகம், (phalaka), bouclier, banc, chaise, planche, rangée ou couche, os du front, feuille ou page pour écrire, le derrière ou postérieur; பலகபாணி; ou [bouclier.

*பலகி, (பலகம், i), soldat armé d'un

பலகறை, 1° cauris, *i. e.* petits coquillages qui servent de monnaie au Bengal... 2° (பல, கறை), diverses taches...

பலகாரம், 1° (*id.* காரம்), manducation de fruits..., collation, gâteaux, diverses pâtisseries. 2° siége sur un éléphant.

*பலகேசரம், (*id.* கேசரம்), ce qui a beaucoup de filamens, le cocotier.

*பலகை, *P.* பலகம், planche, ais, bouclier, os du front, l'arsenic naturel dit தொட்டிப்பாஷாணம்: — க்கயிறு nom d'un instrument de tisserand; — க்கள்ளி cactus ficus indica, cactus dont les feuilles ressemblent à des planches; — க்காந்தம் pierre d'aimant plate ou large; — ப்பார plancher — , partie d'un char, plancher; — பாவுகிறது planchéier, mettre les planches d'un plancher, faire un plancher; — மரம் planche qui sert d'instrument au tisserand; — மரம்கொட்டுகிறது presser le fil avec une planche; — அடிக்கிறது herser avec une grosse planche; — உப்பு espèce de sel dit வளையலுப்பு.

பலக்கிறது,லத்தேன்,லப்பேன்,ல, லக்க, n.v. (பலம்), பலக்குதல், et பலத்தல், n.v. se fortifier, prendre des forces, devenir fort (le vent, un malade...), être fort: பலக்கப்பண்ணுகிறது fortifier, rendre fort; பலத்தடிக்கிறது frapper fort, — fortement; பலத்திருக்கிறது être fort, — devenu fort; பலத்துக்கொள்ளுகிறது se fortifier, prendre —, avoir de la force; பலத்துப்பிடிக்கிறது saisir —, tenir fortement.

*பலசாரம், (பலம், சாரம், P. சாரம்), le sang (qui est le suc de la chair ou de la force).

*பலக்கரம், (id. கரம்), bile.

*பலசம், 1° (பலம், சம்), porte de ville, champ, fruit, moelle, guerre, combat. 2° (phalasa), jacquier.

*பலசாடவம், (பலம், sâdava qui exalte), grenade.

பலச்சரிடம், l'arbrisseau குன்றி.

*பலட்சயம், P. பலக்ஷயம்.

*பலட்சாரம், P. பலக்ஷாரம்.

பலண்டு, P. பலாண்டு, oignon.

பலண்டுரசம், பலண்டுபாஷாணம், une des 32 espèces d'arsenics naturels. [bre fruitier.

*பலதம், (பலம், da qui donne), arbre

பலதூசு, oseille dite புளியாரை.

பலத்த, part. de பலக்கிறது, fort, vigoureux: பலத்தவன் homme fort.

பலத்தல், பலத்து, n. v. et gér. du même.

பலபந்தம், (பலம்), force, violence.

பலபல, 1° (பல, répété), divers, varié, plusieurs. 2° mot imitatif de l'aurore, de la lumière, de l'éclat de quelqu'objet, ou du bruit répété de la chute des fruits, des feuilles... பலபலென்கிறது faire un bruit répété, briller, éclater; பலபலவென்று உதிர்கிறது tomber en grand nombre (comme les feuilles), faire en tombant le bruit de palapala; — பொழுதுவிடிகிறது le jour commencer à briller, à paraître; — வந்து சேருகிறது arriver soudainement, accourir avec bruit, v. g. un concours de peuple; — விழுகிறது tomber avec le bruit repété de palapala; — வென்று உதிர்க்கிறது secouer et faire tomber avec un tel bruit (v. g. les fruits d'un arbre); — பல்லிசொல்லுகிறது le lézard domestique dit பல்லி caqueter. [plusieurs.

பலபல, P. பலவ, divers, varié;

*பலபம், (palapha), ombre d'un gnomon à midi lorsque le soleil est à l'équateur.

பலப்பம், espèce de pierre tendre dite மாக்கல், on en fait des crayons pour écrire, ainsi que des statues...

பலப்படுத்துகிறது, v. caus. de பலக்கிறது, fortifier, affermir, donner des forces.

பலப்பு, n.v. du même, force, fermeté, secours; பலப்பெறுகிறது devenir fort, acquérir des forces.

பலப்பிரேதம், poivre long.

*பலம், 1° (bala), force, pouvoir, énergie, vertu, rigueur, sévérité, armée, troupe, grosseur, corpulence; corps, forme, figure, statue, manière, feuille d'arbre, sperme, sang. 2° (pala), palam, espèce de poids pour l'or et l'argent, once indienne, poids de 10 pagodes, environ 35 1/2 grammes, pierre qui sert à peser, chair, viande, moment, instant, le 6e d'une heure indienne ou 4 minutes. 3° (phala), fruit (en général), fruit mûr, — encore vert, racine mangeable, résultat, utilité, avantage, succès, gain, profit, prospérité, récompense, don, influence (de la parole), pointe de flèche, tranchant d'épée, bouclier, soc de charrue, surface d'un cercle, muscade, les 3 myrobolans dits பலம், somme, équation astronomique, équation anomalistique d'une planète, quotient d'une division, règles des femmes 4° front, or; — உள்ளவன் homme fort; — உள்ளவனோடுசேர்ந்திருக்கிறது être associé ou uni à un homme puissant, avoir son appui; — குறைகிறது la force diminuer; — கொள்ளுகிறது prendre des forces; — செய்கிறது opérer fortement, être fort, mettre —, exercer sa force; — செழிக்கிறமரம் arbre qui pousse bien; — செய்கிறமருந்து remède fort, — efficace; *V. les composés au mot* பல. [ஸ்.

பலாப்பழம், fruit de l'arbre சேரா

பலர், *pl.m.f.de* பல, plusieurs, diverses personnes, troupe, assemblée: — அறிசொல் mot vulgairement connu, nom pluriel du genre élevé dit உயர்திணை; — அறியப்பண்ணுகிறது divulguer, faire connaître à tout le monde; — பால் pluriel masculin ou féminin, ou commun à ces 2 genres.

பலர்க்கம், joue.

*பலலம், (palala), chair, boue, gâteau de grains de sésame pilés: பலவசுரம் bile, *litt.* fièvre de la chair; — ப்பிரியம் l'oiseau friand de chair, *i.e.* le corbeau.

*பலவாசயம், (பலம், ஆசயம்), cou, cou enflé, bronchocèle, goitre.

பலவத்தர், (பலம்), les vertus, 6me chœur des anges, ceux qui éloignent les obstacles qui surviennent aux desseins conformes à la volonté de Dieu.

*பலவத்தை, (*id.*), force, puissance.

பலவந்தம், (*id.*), force, violence.

பலவந்தன், (*id.*), homme fort, violent. [pour prendre le poisson.

*பலவம், (palava), panier d'osier

பலவற்று, *obl. de* பல plusieurs. Il prend ainsi les terminaisons des cas: பலவற்றின், பலவற்றிற்கு, பலவற்றை, பலவற்றில், பலவற்றால்...

பலவாகிறது, (பல, ஆகிறது), se multiplier, se diversifier, croître, être plusieurs, — divers.

*பலவான், (பலம்), homme fort.

பலவின், *gén.de* பல, de plusieurs choses: — கூட்டத்தற்கிழமை, — ஒற்றுமை rapport —, union de plusieurs choses, *v.g.* படையதுதொகுதி corps d'armée; — பால் pluriel neutre.

*பலவீனம், (பலம், ஈனம்), faiblesse, débilité, infirmité, impuissance.

*பலவீனன், (பலவீனம்), homme faible, débile.

பலவு, (பலா), jaquier.

பலவும், (பல, உம்), et divers autres choses, ainsi de suite, et cœtera.

பலவேந்திரன், *P.* பலேந்திரன்.

பலாத்காரம், (பலன், காரம்), violence. [tion, production de fruits.

*பலனம், (பலம், na), fructifica-

*பலன், 1° (*P.* பலம்), gain, profit, avantage, utilité, produit, revenu des terres, récompense, vertu, mérite, — des bonnes œuvres, indulgence, fruit mûr, — encore vert, oignon: — ஆகிறது devenir —, être utile, profitable, avantageux. 2° (bala), fort, Baladèven frère de Krichna, Balen géant tué par Indiren: — கொடுக்கிறது donner du profit, fructifier; — படுகிறது obtenir du profit, *ou* — வடிக்கிறது, பலனுக்குவருகிறது profiter, être avantageux, profitable; இந்தவருஷப்பலன்கொஞ்சம் le produit de cette année est faible; என்னபலனைக்கட்டிக்கொண்டாய் quel profit —, quel avantage as-tu retiré?

பலா, — மரம், jaquier, artocarpus integrifolia: — க்காய் fruit vert du jaquier; — ப்பழம் jaque, fruit du jaquier. [gne, oiseau de rizières.

*பலாகம், (balâkâ), héron, cigo-

*பலாகாரம், (பலம், ஆகாரம்), goûter, repas de fruits...

*பலாக்கினி, (பலம் *chair*, அக்கினி), bile, humeur bilieuse.

*பலாங்கம், (*id.* அங்கம்), marsouin du Gange.

*பலாசம், (palâsa), feuille, couleur verte, végétaux ou céréales —, moisson en herbe, jaquier, l'arbre முருக்கு à fleurs rouges, butea frondosa, l'arbre புனமுருக்கு. *genre de dé-*

கினை

mon, ou de fantôme, l'ancienne province de மகதம் ou de Béhar.

'பலாசனம், (பலம், அசனம்), repas de fruits. V. பலாதனம்.

'பலாசாக்கியம், (palâsâkhya), assa-fétida.

*பலாசி, (பலாசம், i), ce qui a des feuilles, arbre (en général), démon.

பலாசு, (P. பலாசம்), feuille, couleur verte, jaquier, l'arbre முருக்கு, butea frondosa, l'arbrisseau நரி முருக்கு:

*பலாட்டியம், (பலம், âdhya *abondant*), violence, grande —, force.

'பலாண்டு. (palândou), oignon.

பலாதவம், la plante பூனைக்காலி.

*பலாதனம், (பலம், adana *qui mange*), ce qui mange des fruits, *i. e.* le perroquet.

'பலாதன், பலாதனன், (*id.* ada, adana *qui mange*), carnivore, géant.

*பலாத்காரம், (பலாத் *abl. sanscrit de* பலம்), violence, exaction, oppression, détention forcée (d'un débiteur par le créancier), mauvais traitement pour forcer à payer.

*பலாநுசன், (பலன், அநுசன்), le frère cadet de பலன், *i.e.* Krichna.

*பலாத்தியக்ஷன், (பலம், அத்தியக்ஷன்), général d'armée.

'பலாந்தம், (*id.* அந்தம்), arbre qui périt après avoir produit ses fruits, bambou. [d'éléphant, licou.

*பலாபம், (palâpa), tempes —, front

*பலாபலம், பலாபலன், 1° (பலம், அபலம்), gain et perte, force et faiblesse, influence bonne ou mauvaise. 2° (பலம் répété en changeant அ en ஆ), grande utilité.

*பலாபேக்ஷை, (பலம், அபேக்ஷை), désir —, attente de succès.

*பலாபோகம், (*id.* அபோகம்), ne pas jouir des fruits.

'பலாயனம், பலாயமானம், பலாயிதம், (பலா, P. பரா, அயனம், ita), fuite, retraite, déroute: சேனைபலாயனமாய்ப்போயிற்று l'armée a pris la déroute.

*பலாரி, பலாராதி, (பலன், அரி, அராதி), l'ennemi de Balen, *i.e.* Indiren.

பளார், mot imitatif de la lumière...: — என்கிறது, — பற்றுகிறது, faire jour, le jour poindre.

*பலாலம், (palâla), paille: பலால தோகதம் le manguier (qui demande de la paille pour engrais ou pour mûrir ses fruits). [violence, force,

*பலாற்காரம், P. பலாத்காரம்,

'பலி, 1° (bali), sacrifice, oblation, offrande, victime, animal offert en sacrifice ou propre au sacrifice, victime ou chair crue offerte à Dourgâ, présentation de nourriture à toutes les créatures, portion de nourriture laissée à un sacrifice, restes, mets du sacrifice, riz cuit, nourriture des immortels ou des dieux indous, ride du corps, Bali ou Mahâbali géant vertueux souverain de Mahâbalipoura et privé par la supercherie de Vichnou du domaine de la terre et du ciel qu'il avait obtenu au dire de la fable indoue, et laissé en considération de ses mérites en possession du பாதாளம் ou monde souterrain, tribut, revenu d'un roi. 2° (phali), arbre couvert de fruits. 3° cendre, chaux éteinte et réduite en poudre, aumône. 4° *imp. de* பலிக்கிறது: பலிகொடுக்கிறது, — செலுத்துகிறது, — போடுகிறது, — யிடுகிறது, — யூட்டுகிறது offrir un sacrifice ou en sacrifice, sacrifier: — கருமம், — தானம் offrande d'un sacrifice, nourriture offerte à toutes les créatures; — ச்சக்கரவர்த்தி le monarque ou empereur Bali; — நந்தனன் le fils de Bali (surtout) வாணாசுரன்; — மந்திரம் la demeure de Bali, *i.e.* le பாதாளம்; — பீடம் autel, — du sacrifice; — புஷ்டம், — புட்டம் l'oiseau qui se nourrit de restes, *i. e.* le corbeau; — முகம் le singe au visage ridé; — வெடுக்கிறது ôter la vie, ou — வேற்றுகிறது recevoir —, agréer un sacrifice.

'பலிகம், (paligha), mur, vase en verre, — pour mendier, cruche, pot à l'eau, porte.

'பலிகன், (பலி, han *tuer*), le meurtrier de Bali, *i.e.* Vichnou.

பலிக்கிறது, லித்தேன், லிப்பேன், லி, லிக்க, *v.n.* (பலம்), profiter, être utile, profitable, avoir son effet, tourner à bien ou à mal, réussir, prospérer, arriver, s'effectuer, croître beaucoup, fructifier: இந்தத்துர்க்குணத்தாற்குடிகேடுபலிக்கும் la perte de la famille sera causée par ce vice; நீபோனாற்காரியம்பலிக்கும் si tu y vas l'affaire réussira; மழையாற்பயிர்பலிக்கும் la pluie fera réussir la moisson; ஒன்றாயிரமாய்ப்பலிக்கும் un produira mille; ஔஷதம் பலியாதேபோயிற்று le remède n'a pas opéré, n'a pas eu son effet; இது அவனுக்குநன்மையல்லது தின்மையாகப் பலிக்கும் ceci tournera à son bien ou à son mal.

*பலிதம், 1° (palita), cheveux gris ou blancs, chaleur, boue. 2° (phalita), ce qui a des fruits, arbre, ce qui réussit, chose obtenue, résultat, réussite.

*பலிதன், *m.* (palita), vieux grison.

*பலிதை, *f. du préc.* vieille grisonne.

பலித்த, *part.parf. de* பலிக்கிறது

பலித்தம், *P.* பலிதம், gain, profit.

பலித்தல், பலிப்பு, *n.v. de* பலிக்கிறது, effet, réussite, gain, profit, avantage.

பலிப்பது, (*n. app. du fut. du même*), ce qui doit réussir...

*பலிந்தமன், (பலிந் *acc. de* பலி, dama *qui dompte*), celui qui a dompté Bali, *i.e.* Vichnou.

*பலியங்கம், (palyanka), bois de lit, couchette, lit.

*பலியம், (phalya), fleur, bouton de fleurs, jet, pousse.

*பலியயனம், (palyayana), selle, bât.

*பலினம், (பலம், ina), arbre fruitier.

*பலினி, (பலம், ini), arbre fruitier, l'arbre கோங்கு bombax, différens arbrisseaux dits ஞாழல் comme cassia, jasmin...

*பலி, (bali), chameau, buffle, bœuf, cochon, phlegme.

பலுகம், singe.

பலுகல், *opt. et n.v. du suiv.* augmentation, multiplication, accroissement.

பலுகுகிறது, *sync.* பலுக்கிறது, கினேன், குவேன், கு, க, *v.n.* (பல், *P.* பல), *et* பலுகுதல், *n.v. ou* பலுகிவருகிறது, se multiplier, s'accroître, — en nombre, s'augmenter, croître, fructifier, être fertile, prospérer.

பலுட்டம், *V.* முடித்தல்.

பலுவந்தம், *P.* வலுவந்தம், violence.

*பலேந்திரன், (பலம், இந்திரன்), homme très-fort, brave, vaillant, André.

*பலேருகம், (phalèrouhâ), l'arbre பாதிரி.

*பலை, (phala), fruit: பலை-௩ les 3 fruits médicinaux, ou les 3 myrobalans, *V.* திரிபலை.

*பலோதயம், (பலம், உதயம்), gain, profit, paradis, joie, bonheur, résultat, conséquence.

*பலோத்தமை (பலம், உத்தமம்), le profit par excellence, celui qu'on retire des études sacrées.

*பலோற்காரம், (பலம், உத், காரம்), violence, force.

*பலோற்பத்தி, (பலம், உத், பதி), le roi des fruits, la mangue.

*பலோனி, (phalônî), vulve.

பல், 1° *P.* பல, divers, plusieurs. 2° *ou* பல்லு, dent, (de l'homme, des bêtes, de scie, de faucille, d'ancre, de roue, *pl.* பல்லுகள் *ou* பற்கள், *obl.* பற் *devant* க, ச, த, ப: அடிப் — dent inférieure, *ou* கடைவாய்ப் —, கொடுப்புப் —, பட்டடைப்பல் dent molaire, — mâchelière, — du fond de la mâchoire: முன் —, முன்வாய்ப் — dent incisive, — de devant; கோரப் —, surdent, dent recourbée, — vénéneuse des serpens; நேத்திரப் —, கேட்டைப் — dent canine, dent œillère; கீழ் — dent inférieure; மேல் — dent supérieure; அரிசிப் —, petite dent blanche; ஊத்தைப் — dent sale; சொத்தைப் —, சூத்தைப் — dent cariée; சிங்கப் — croc, crochet, ஒட்டுக்குட்டிப் —, நீச்குப் —, விழளமான —, surdent; — கால் fréquemment, souvent, bien des fois, long-temps; — கால்விளம்பல் répétition; — கூடி

ல்,—க்கூச்சம் agacement des dents; — கூசுகிறது les dents être agacées; —கூசுவித்தல் agacer les dents; —க்குத்தி,—க்கொம்பு cure-dents;—க்கொம்பு V.பற்கொம்பு; — யானை divers —, plusieurs éléphans;—நோவு,—வலி mal de dent; — வலிக்கிறது avoir mal aux dents: — வழித்தோன்றல், V. பலவழித்தோன்றல்; —வாங்கி arracheur de dents;—விளக்குகிறது nettoyer les dents.

பல்கணி, P. பலகணி.

பல்கல், 1° V.பலுகல். 2° (பல்,கல்), diverses pierres, —pierreries. 3° P. பல்கால் long-temps. [d'un poëte.

பல்காயனார், Palkâyénar, nom

பல்குகிறது, sync. பல்கிறது, கினேன்,குவேன், கு, க, v.n. பல்குதல், n.v. V.பலுகுகிறது: பல்கவில்லை cela n'a pas augmenté. [eurs.

பல்பல, P. பலபல, divers, plusi-

*பல்லகம், (பல்லம், ka),ours.

பல்லகி, P. பல்லிகை, la noix à marquer.

பல்லக்கர், dévots de Siven,

பல்லக்கு, (télinga), palanquin, litière: —க்காரன் porteur de palanquin; — த்துரை homme de qualité qui va en palanquin; — யோகம் bonheur —, destinée d'aller en palanquin, signe qui est censé pronostiquer cette destinée: பல்லக்கிலேபோகிறது, பல்லக்கேறிப்போகிறது aller en palanquin.

பல்லங்குழி, V. பன்னாங்குழி.

*பல்லணம்,(பலியயணம்),selle de cheval.

பல்லதி,un des 32 airs anciens regardé comme une des femmes de l'air இராகம்.

*பல்லம், 1° (bhalla), ours, espèce de —, flèche, l'arbre சேரான். 2° (palla), grande corbeille pour mettre du grain. 3° selle de cheval, la mesure dite வள்ளம் contenant 4 படி et en quelques lieux 10 படி, espèce de mesure. [mal aux gencives.

பல்லரணை, பல்லரனை, (பல்லு),

பல்லராவுகிறது, (id. அராவுகிறது),denteler, limer les dents.

*பல்லவகன், (பல்லவன், ka), débauché, amant d'une prostituée.

*பல்லவத்திரு, (பல்லவம், drou arbre), l'arbre அசோகு.

*பல்லவம், 1° (pallava), bourgeon, rejeton, pousse, jeune feuille, rameau, branche, bracelet, couleur, —rouge de laque, amour, passion, extension, expansion. 2° un des 56 pays de la géographie indienne, refrain qui vient dans les vers.

*பல்லவன்,pl. பல்லவர்,(id.), débauché, libertin, homme vil.

*பல்லவாதம்,(பல்லவம், ada qui mange), l'animal qui broute les bourgeons, i.e. le cerf.

*பல்லவாதாரம், (id. ஆதாரம்), branche, litt. la base des bourgeons.

*பல்லவாஸ்திரன், பல்லவாத்திரன்,(பல்லவம், அஸ்திரம்), celui qui a pour flèches des bourgeons de fleurs, i.e Kamen.

பல்லவி, 1° espèce de refrain, 1re partie du poëme dit சிந்து. 2° (பல்லவம்,i), arbre.

பல்லவை, (பல், அவை), diverses choses, bassesse, objet vil.

பல்லன்,(பல்லு),qui a des dents (à la fin des mots composés), v.g. தீங்குப்பல்லன் homme qui a des surdens.

பல்லாக்கு, V.பல்லக்கு.

பல்லாங்குழி,(பல்,ஆம்,குழி), V. பன்னாங்குழி.

பல்லாண்டு,(பல், ஆண்டு), beaucoup d'années, longue vie, vivat (ad multos annos), expression de bon souhait aux hommes et même de louange ou d'adoration à la divinité ou aux immortels.

*பல்லாதகம், பல்லாதகி, பல்லாதம், (bhallâta, ka,ki), l'arbre சேரான் qui produit la noix à marquer dite சேரான்கொட்டை. [gains.

பல்லாயம், (பல்,ஆயம்), divers

பல்லாரி, la ville de Bellâri.

பல்லார், P.பலர், diverses personnes, beaucoup de monde.

*பல்லி, 1° (palli), hameau, village, bourg de bergers, place, station, terminaison d'un grand nombre de noms de lieux, qui correspond au *polis* des Grecs, (en tamoul on écrit plutôt பள்ளி), lézard domestique dit கெவுளி (qui court sur les murs et dont le cri sert de présage aux Indiens superstitieux), bourgeon sorti des racines. 2° *fém. de* பல்லன். 3°° (bhalli), flèche dont la tète est en croissant, la noix சேரான்கொட்டை: —ச்சாஸ்திரம், —ச்சாத்திரம், —யோகியம் présage tiré du cri du palli ou lézard domestique, ouvrage qui en traite; —ப்பூடு la plante கொல்லிப்பல்லி.

*பல்லிகை, 1° (bhallikâ), la noix à marquer dite சேரான்கொட்டை. 2° (pallikâ), le lézard domestique dit பல்லி.

பல்லிடுக்கு, (பல்), espace étroit entre les dents: பல்லிடுக்கிலேயகப்பட்டிருக்கிறது être pris entre les dents.

பல்லியம், (பல், இயம்) hymne —, chant accompagné d'instrumens, musique instrumentale, diverses sortes de gros —, son des gros instrumens de musique, (pour les petits qui sont plus doux on dit இன்னியம்): — தழுவப்பாடல் concert de musique vocale et instrumentale.

பல்லினர், la plante சதுரக்கள்ளி: —குழலி l'arbre மலைப்பச்சை.

பல்லு, (பல்), dent: —க்கிளிஞ்சில் coquillage dentelé; பல்லுதிரவடிக்கிறது (உதிர அடிக்கிறது), frapper de manière à faire tomber les dents, — une ou plusieurs dents; பல்லும்பழுவுமாயிருக்கிறசுவர், (பழு), mur dans lequel il y a des dents et des degrés, *i.e.* des pierres d'attente pour se joindre à un autre mur; பல்லுள்ள (உள்ள), denté, dentelé: பல்லுறுசெங்கலை, (உறும், செம், கலை), l'arsenic dit குதிரைப்பற்பாஷாணம்; பல்லுப்பல்லாய்க் கிறுகிறது denteler, tracer ou couper en forme de dents; பல்லு *ou* பல்லைக்கடிக்கிறது, grincer des dents, se mordre les lèvres; —க்கழற்றுகிறது arracher une dent; —க்காட்டுகிறது montrer les dents, se moquer de, supplier, importuner; —க்காட்டிக்கெஞ்சுகிறது supplier la bouche béante; —க்காட்டிக்கொண்டுதிரிகிறது rôder çà et là en montrant les dents, *i.e.* sans rien faire; — க்கிட்டுகிறது serrer les dents; —க்குத்துகிறது se curer les dents: — க்கெஞ்சுகிறது supplier, importuner; — க்கொறிக்கிறது grincer des dents, les frotter l'une contre l'autre: — த்தகர்க்கிறது briser —, casser les dents; — த்திறக்கிறது desserrer les dents, supplier, importuner; — த்தீட்டுகிறது s'aiguiser —, se nettoyer les dents, les frotter l'une contre l'autre, grincer des dents: — ப்பிடுங்குகிறது arracher les dents; — யிளிக்கிறது desserrer les dents, avoir la bouche béante, *V.* பல்லைக்காட்டுகிறது; — யுதிர்த்துப்போடுகிறது briser —, casser les dents: —விளக்குகிறது, —மினுக்குகிறது nettoyer les dents.

பல்லுகம், 1° l'arbre பெருவாகை. 2°° *ou*

*பல்லூகம், (bhalloûka), ours.

பல்லூத்தை, (பல்லு), saleté des dents.

பல்லூழி, (பல், ஊழி), plusieurs âges.

பல்வகை, (பல்), diverses manières.

*பல்வலம், (palvala), petit étang, pièce d'eau.

*பல்வலாவாசம், (பல்வலம், ஆவாசம்), tortue d'étang.

*பவ *ou* பவவருஷம், (bhava), la 8me année du cycle indien correspondant à 1814 et 1874.

பவணந்தி, Pavanandi, fils de சன்மதிமுனி de சனகபுரம் ou சனகை, auteur de la grammaire tamoule dite நன்னூல் adressée au roi சீயகங்கன் dont le royaume était entre Maduré et Ramnad. Ils étaient tous deux Bouddhistes.

பவனை, le vautour ou l'aigle dit கழுகு.

*பவந்தம், 1° (bhavanta), temps, — présent. 2° (*télinga*), fiction, vaine parade, ostentation, fanfaronnade, tromperie: — பண்ணுகிறது tromper, duper.

*பவந்தி,(bhavanti), femme chaste,—vertueuse, le temps présent.

*பவமானம்,(pavamâna),air,vent, purification, feu domestique.

*பவமானன்,(id.),Vâyou (prétendu régent ou roi du vent),air,feu.

*பவம், 1° (bhava), naissance,origine, existence, le monde, acquisition, gain, prospérité, excellence, supériorité, stabilité, mérite. 2° (pava), vent,air, action de vanner le blé, pureté, purification, marais, bouze de vache. 3° le 1er des கரணம் nommé le lion, péché, destruction, V. தாக்கல்: பவநாசம் abolition du péché, eau lustrale, prétendu lieu sacré pour se baigner;—நாசன் le destructeur du péché, Dieu, (et à tort) Siven;—நாசனி la rivière சரயு supposée sacrée et propre à purifier du péché et à donner le bonheur éternel; — விதி fin, délivrance—, fin du monde, cessation de tout acte du monde,renoncement à tout,litt. passage de l'existence. [lune.

*பவரணை, P. பௌரணை, pleine

பவர், fourche, être serré,se serrer.

பவர்க்கம், enfer.

பவழம், பவளம், corr.de பிரவாளம், corail: பவளக்காலி ce qui a des pieds de corail, l'oiseau erythropus longipes corallinus, la plante பெருமலி; — க்குறிஞ்சி l'arbrisseau திண்டிவம்;— க்கொடி la plante கிருசாறு: — ச்சோளம் maïs rouge: —நெடுங்குறிஞ்சிசோன் celui qui a une longue chevelure rouge, i. e. Bhaïraven,forme de Siven; — ப்புற்றுப்பாஷாணம் espèce d'arsenic composé;— ப்பூண்டு la plante salicornia indica;—ப்பூலா,—ப்பூல் l'arbrisseau phylanthus rhamnoides; —மல்லிகை l'arbrisseau nyctanthes tristis; — மஞ்சேசிலை espèce d'arsenic ou de substance médicinale; — வங்காரவாச்சி la plante sesuvium portulacastrum.

*பவனம், 1° (pavana), vent, air, le prétendu dieu du vent, action de vanner le blé, purification, pureté, sainteté, feu domestique, fournaise de potier. 2° (bhavana), maison; habitation,palais de roi, place, site, citadelle, nature, qualité. 3° (பம்,அனம்),signe du zodiaque, monde des dieux. 4° la terre, champ, le monde des serpens, action de rassembler,de cueillir, de combler,d'écarter, forêt, temps, chat, anus, imitation, V. தாக்கல்: பவனசக்கரம் le zodiaque;— வாசல் porte de fort: —வாய் porte du vent, i.e. anus; — வாயு vent (pet); — வியாதி un des amis de Krichna, maladie venteuse, rhumatisme.

*பவனுசநாசம், (பவனுசம்), le destructeur des serpens, i. e. l'oiseau கருடன்,le milan, le paon.

*பவனுசம்,பவனுசனம், (பவனம், asa qui mange, அசனம்), le serpent (qu'on suppose vivre de vent).

*பவனுத்துமசன், (பவனம், ஆத்துமசன்), le prétendu fils du vent, i.e. le singe அனுமான், le feu.

பவனி, promenade, procession: —போகிறது, — புறப்படுகிறது aller en procession;—க்காதல் le 84me des பிரபந்தம் dans lequel des femmes éprises de la beauté d'un noble qu'elles ont vu passer avec pompe en parlent avec ravissement.

*பவனோதரம்,(பவனம், உதரம்), intérieur de maison, appartement intérieur.

*பவன், (bhava qui existe),Dieu, l'Être existant par lui-même i. e. Dieu, (et à tort), Siven. [vent.

*பவாகை (pavâkâ), tourbillon de

*பவாபாவம், (பவம், அபாவம்), non-existence prétendue de la matière ou du monde.

*பவாயனை, (பவம், அயனம்), le Gange (qu'on prétend traverser le monde).

*பவானி,(bhavâni), la femme de Bhaven ou Siven, i. e. Parvadi, (dans sa forme pacifique).

*பவி, 1°(pavi), la foudre,—d'Indiren.2° (bhavi), vivant.

*பவிகம், (bhavika), prospérité, bien-être, ostentation.

பவிசு, பவிஞ்சு, (P. பௌஞ்சு, ind.), armée, rang, file, rangée: நாலுவப்பவிஞ்சுகள் armées, rangs d'une armée; பவிசாயிருக்கிறது être en rang, en file; பவிசுநிற்கிறது se tenir —, être en rang: பவிசுவருகிறது venir —, marcher en rang; பவிஞ்சுகளாய்ப்பிரிக்கிறது diviser par rangées, par files, par troupes; பவிஞ்சிடுகிறது ranger en bataille, en ordre de bataille, mettre en rang; பவிஞ்சுபிரிந்துபோகிறது se débander, rompre les rangs, se partager en rangées.

*பவிஷியம், பவிஷ்யம், (bhavichya), le futur, ce qui doit avoir lieu, ce qui est, — prospère, prospérité, ou பவிஷியபுராணம் le pourâna de l'avenir; — காலம் le futur, l'avenir.

*பவித்திரம், (pavitra), pureté, propreté, purification, nettoiement, frottement, fourbissure, essuyer, l'herbe தருப்பை, anneau fait de cette herbe ou de métal et passé au doigt annulaire dans certaines cérémonies, vase dans lequel on présente une offrande, cuivre, eau, pluie, miel, beurre fondu, cordon bramanique dit பூணூல், fète païenne du mois d'août: — ஆகிறது être purifié, devenir pur; பவித்திரஸ்தலம், —த்தலம் lieu saint, — pur; — முடிச்சு prétendu nœud sacré, ou — மோதிரம் l'anneau susdit d'herbe தருப்பை; — விரல் le doigt annulaire.

*பவிதன், பவித்திரன், பவித்திரவான், (bavita, bavitra, — vân), homme pur.

*பவித்திராரோகணம், பவித்திராரோபணம், (பவித்திரம், ஆரோகணம்...), investiture du cordon bramanique, le mettre à la statue de Krichna ou de Dourgâ à certaines fètes.

*பவித்திரி, (பவித்திரம்), homme pur, V. பவித்திரை. [pureté.

*பவித்திரிதம், (பவித்திரம், ita),

*பவித்திரீகரணம், பவித்திரீகிருதம், (பவித்திரம், i), purification, beurre liquide. [pure, l'herbe தருப்பை.

*பவித்திரை, (pavitrâ), femme

பவுஞ்சு, P. பௌஞ்சு, V. பவிஞ்சு.

*பவுண்டரிகம், (paoundrika), canne à sucre, espèce de sacrifice, peut-être offrande de canne à sucre.

*பவுதிகம், P. பௌதிகம். [dhisme.

*பவுத்தம், P. பௌத்தம், Boud-

*பவுத்திரம், பவுந்திரம், P. பகந்திரம், fistule à l'anus: பவுத்திரவியாதி hémorrhoïdes: அண்ட —, கொடிப் —, மூலபவுத்திரம் diverses espèces d'hémorrhoïdes. [tit-fils.

*பவுத்திரன், P. பௌத்திரன், pe-

*பவுத்திரி, P. பௌத்திரி, petite-fille. [ணமி pleine-lune.

*பவுரணமி, பவுரணை, P. பௌர்

*பவுராணிகம், P. பௌராணிகம்.

பவுரி. espèce de danse.

பவுரிசம், imitation de la marche, déguisement. [ணமி. pleinelune.

*பவுர்ணமி, பவுர்ணிமி P. பௌர்

பவுன்சு, pompe, richesses.

*பவோற்பவன், (பவன், உற்பவம்), un des 11 Routtirers.

பவ்வத்து, P. பப்பத்து, sync. de பத்துப்பத்து, par dix, dix à dix: பவ்வத்தாய் dix à dix.

பவ்வம், V. பௌவம்.

பவ்வாதியாக, (P. பப்பாதி sync. de பாதி, பாதி, ஆக), par moitiés.

பழ, 1° adj. de பழமை. vieux, ancien, antique, usé. 2° obl. de பழம், de fruit: பழக்கடை boutique de fruits, marché aux fruits; — ச்சாறு jus des fruits; — க்காய் fruit presque mûr; — நிலம் vieille terre: — ப்புளி acide —, acidité de fruits, — de tamarin; — மலை la vieille montagne (dite aussi திருமுதுகுன்றம் ou முதுகுன்றம்); — மனை vieille maison en ruine, emplacement d'une ancienne maison; — மொழி vieux mot, — dicton, proverbe, ouvrage de jurisprudence, loi: — ரசம் jus de fruit; — வினை vieilles actions, ancien mal, V. ஊழ்வினை; — வீடு vieille maison.

பழகல், opt. et n. v. de பழகுகிறது, habitude, pratique.

பழகார்டி, (பழகு, ஆடி, de ஆடுகிறது), personne accoutumée, habituée.

பழகா, பழகாத, *part. nég. du suiv.* qui n'est pas accoutumé, — exercé, — instruit: பழகாதபழக்கம் mauvaise habitude, à laquelle on ne doit pas s'adonner; பழகாதவன் ignorant, qui n'a pas l'habitude, l'expérience; பழகாதவள் femme ignorante, — non exercée.

பழகு, *imp. et part. de*

பழகுகிறது, *sync.* பழகிறது, பழகினேன், குவேன், கு, க, *v.n.* பழகுதல், *n. v. ou* பழகிக்கொள்ளுகிறது, — ப்போகிறது, s'accoutumer, s'exercer, apprendre, acquérir la pratique, — l'expérience, pratiquer, se familiariser, être familier; — யிருக்கிறது être accoutumé, habitué, exercé, habile, expérimenté; பழகினவன் homme accoutumé, expérimenté, familier; பாம்போடேபழகாதே ne vous familiarisez pas avec un serpent, *i.e.* avec un vaurien.

பழகுவிக்கிறது, *v. caus. du préc.* V. பழக்குகிறது.

பழக்கம், *n.v. de* பழகுகிறது, habitude, usage, pratique, exercice, familiarité, connaissance: — பண்ணுகிறது s'accoutumer, s'exercer, se familiariser, faire connaissance, s'habituer, *ou*

பழக்குகிறது, *sync.* பழக்கிறது, க்கினேன், க்குவேன், க்கு, க்க, *v.a. de* பழகுகிறது, *et* பழக்குதல், *n.v. ou* பழக்கிக்கொள்ளுகிறது, பழக்கிப்போடுகிறது, accoutumer, exercer, habituer, familiariser, former à la pratique, faire faire connaissance.

பழங், *P.* பழம் *devant* க, vieux: —கஞ்சி vieux cange, eau de riz de la veille; — கணக்காகிறது devenir —, être un vieux compte, vieillir; —கதை vieille fable, vieux conte; —கலம் vieux vase, rangée de vieux vases, vieux ustensiles; —காய்ச்சல் vieille fièvre, fièvre invétérée: — கிடையன் chose vieille, —qui traine depuis long temps.

பழங்கண், (பழம்), fatigue, lassitude, maigreur, affliction, vexation, son, bruit, défaut, inutilité; பழங்கண்ணுள்ளார் gens affligés, vexés, fatigués.

பழச், *P.* பழசு; chose vieille, ce qui est vieux; பழசுபடுகிறது, பழசாகிறது, பழசாய்ப்போகிறது vieillir, devenir vieux, usé; பழசாக்குகிறது rendre vieux, user, mettre hors de service.

பழஞ், *P.* பழம் *devant* ச, vieux: —சீலை vieille toile; — சுரம் vieille fièvre; —சொல் vieux mot, —dicton, proverbe; — சோறு riz cuit de la veille et gardé pour le déjeuner.

பழணி, *P.* பழனி 2°.

பழந், *P.* பழம் *devant* த, vieux; — தண்ணீர் vieille eau de riz, *V.* நீர்ச்சோறு; — தரை vieux terrain.

பழமுண்ணிப்பாலை, nom d'arbre.

பழமை, vieillesse, ancienneté, antiquité, (*l'adj. est* பழம், பழ, பழய, பழைய): — பேசுகிறது parler de choses anciennes, ou du vieux temps; — ப்பேச்சு vieux langage, discours sur l'antiquité.

பழம், 1° (phala), fruit, — mûr, (d'arbre ou de plante...), résultat, fruit, succès, réussite. 2° *adj. de* பழமை, ancien, vieux, antique, usé: — பகை vieille haine, haine invétérée, — de famille; —பஞ்சாரம் vieille femme, vieux bœuf, — cheval, vieil habit; — பஞ்சரம் espèce d'air, — de mélodie; —பழுத்தல் le fruit mûrir, espèce de coup au jeu dit சொக்கட்டான்; — பழுத்துவிழுந்தது le fruit étant mûr est tombé; — பாசி la plante sida humilis: —பாடம் vieille leçon, leçon apprise auparavant; —பூ vieille fleur, fleur fanée; — பொருள் chose —, objet antique, Dieu, trésor.

பழய, *adj. de* பழமை, ancien, antique, vieux, usé: — காலம் l'antiquité, l'ancien temps; — படி ancienne manière, comme autrefois, — par le passé; — பாடல் chant antique, —composé par les anciens; — மனிதர், *V.* பழையமனிதர்; — மனிதர் les anciens; பழயது vieil objet, ce qui est vieux,riz cuit la veille et gardé pour le déjeûner.

பழையர், (பழைய), les anciens, les gens du vieux temps, vendeurs de callou ou toddi.

பழவடியார், (பழ, அடியார்), anciens esclaves, esclaves depuis plusieurs générations.

பழவேற்காடு, (பழ, வேல், காடு), nom d'une ville.

*பழனம், (பலனம்),pays—, terre fertile, — à riz,rizière.

பழனி, (பழனம்,i), Palani ou Pyney, (dit aussi திருவாவினன்குடி), ville distinguée du royaume de சோழன்,et ville consacrée à Soupramanien avec une pagode sur une montagne à l'ouest de Dindigul: பழனியன், பழனியான் l'idole de பழனி, *i.e.* Soupramanien.

பழி,1° vengeance, revanche, responsabilité, haine, rancune, faute, culpabilité, blâme, reproche, mensonge, mal. 2° *imp. de* பழிக்கிறது: என்மேலேபழியோ suis-je coupable? பழி உன்மேலிருக்கிறது c'est toi qui es coupable; இல்லாப்பழி calomnie; — கட்டுகிறது trouver à redire, inculper, garder de la rancune, exciter à la vengeance, injurier; — காரன் homme vindicatif, qui se venge, vengeur,chargé de la vengeance ou à qui appartient la vengeance;கடன்காரனுக்குக்கடன் கொடுக்கவேண்டும் பழிகாரனுக்குப்பழிகொடுக்கவேண்டும் il faut satisfaire son créancier et apaiser un vengeur ou celui qui cherche à se venger; — கிடக்கிறது rester sans manger par rancune ou pour obtenir quelque chose:— கூறல் calomnie, médisance,diffamation, un des மொழி-ம;— கூறுகிறது diffamer, décrier,calomnier,médire;—கொடுக்கிறது souffrir la vengeance,donner satisfaction, ou compensation; — குடி maison vis-à-vis, maison ou famille exposée à la vengeance; —சாதிக்கிறது s'obstiner à la vengeance;— சுமக்கிறது,— சுமருகிறது éprouver la vengeance, porter la faute,— le blâme: — சுமத்துகிறது charger d'une faute, inculper, faire tomber le blâme,la vengeance ou la responsabilité sur un autre; — சூழ்கிறது la vengeance—, la punition atteindre, — assiéger (quelqu'un), souffrir vengeance,éprouver la punition d'une ancienne faute;— செய்கிறது se venger, faire du mal; — சொல்லுகிறது dire du mal; —ச்சொல் injure, parole injurieuse; — தீருகிறது la vengeance être satisfaite, être absous d'une accusation, le mal finir,se réconcilier:— தீர்க்கிறது,— தீர்த்துக்கொள்ளுகிறது satisfaire sa—,tirer vengeance, absoudre d'une accusation, éloigner un mal, réconcilier, faire la paix;— தூறுகிறது,— தூற்றுகிறது diffamer, calomnier, inculper, médire;— தேடுகிறது chercher à se venger,—à faire du mal,—des fautes, faire du mal; —படுகிறது, —ப்படுகிறது être accusé,inculpé,trouvé coupable, exposé à la—, éprouver la vengeance, ou —பிடிக்கிறது garder de la rancune; — போடுகிறது accuser, charger de la responsabilité,—d'une faute;— ப்பாதகம் le crime de la vengeance; — மீட்கிறது satisfaire sa vengeance, se venger;—மூடுகிறது,—மூட்டுகிறது exciter à la vengeance; —முடிக்கிறது satisfaire sa vengeance, s'obstiner à la vengeance, garder de la rancune; — மூளுகிறது la vengeance s'allumer, — s'exécuter, la punition arriver, une faute ou la rancune arriver;— மொழி injure,diffamation; —யிடுகிறது, *V.* பழிபோடுகிறது;— யெடுக்கிறது chercher à se venger, entreprendre la vengeance,se charger de la responsabilité, ou de l'ancienne aversion; — யேறுகிறது la vengeance monter à la tête,garder de la rancune;—யேற்கிறது consentir à la vengeance, à une faute; — யேற்றுகிறது *V.* பழிசுமத்துகிறது; — வருகிறது, — விழுகிறது la vengeance

geance ou la faute tomber sur quelqu'un; — வாங்குகிறது se venger, rendre la pareille, — le mal pour le mal, prendre sa revanche; — வேலை ouvrage désagréable, fait à contre-cœur; — வைக்கிறது mettre la responsabilité ou la faute sur, injurier, diffamer; பழிக்குச்செய்கிறது faire pour se venger, — en revanche; பழிக்குவிடுகிறது abandonner à la vengeance, rejeter le tort ou le blâme sur un autre, — en disant que ce n'est pas son affaire; பழிக்குப்பழிவாங்குகிறது, V. பழிவாங்குகிறது; பழிக்குட்படுகிறது consentir à —, éprouver le vengeance; பழியைநீக்கல் éviter de faire des reproches; பழிபாய்வந்திருக்கிறது la vengeance arriver, arriver en revanche.

பழிக்கிறது, ழித்தேன், ழிப்பேன், ழி, ழிக்க, *v. a.* (பழி), injurier, mépriser, blâmer, réprimander, censurer, diffamer, médire.

பழிச்சல், *opt. et n.v. du suiv.* louange.

பழிச்சுகிறது, ச்சினேன், ச்சுவேன், ச்சு, ச்ச, *v. a.* பழிச்சுதல், *n. v.* louer, célébrer, vanter.

பழித்தல், பழிப்பு, *n.v. de* பழிக்கிறது, injure, reproche, médisance, langage injurieux, mépris, affront, blasphème.

பழிப்பனவு, பழிப்பன, (பழிக்கிறது), parole —, chose injurieuse, insulte: பழிப்பனபகரேல் ne dites pas d'injures.

பழு, 1° échelon d'échelle, degré, côte du corps. 2° *imp. et part. de* பழுக்கிறது: — க்காய் espèce de couleur, coco, arec; — ப்பாகல் variété de la plante பாகல் dite momordica dioica; — மரம் arbre dont les fruits sont mûrs, — dont les feuilles tombent tous les ans, le multipliant dit ஆலமரம்.

பழுக்கிறது, ழுத்தேன், ழுப்பேன், ழு, ழுக்க, *v. n.* (பழம்), ou பழுத்துப்போகிறது mûrir, devenir mûr, — jaune, jaunir, prendre la couleur de feuilles sèches, vieillir: பழுக்கச்சுடுகிறது rôtir, griller, donner à un bijou une teinte d'or pur par l'action du feu et de quelques préparations; — ப்போடுகிறது mettre mûrir, — des fruits verts sur la paille... pour les faire mûrir; பழுத்துப்போனபரு furoncle qui est mûr; அவனுக்குநரைத்துப்பழுத்தது il a vieilli et est devenu tout gris.

பழுது, faute, défaut, détérioration, tache, mal, dommage, mensonge, fausseté; பழுதற sans défaut; — faute; பழுதறப்பேசுகிறது parler parfaitement, — sans faute: பழுதற்ற parfait, correct, sans faute; பழுதற்றபேச்சு langage parfait, paroles sans faute; பழுதாய்ப்போனதானியம் blé gâté: பழுதானவன் homme méchant, dépravé; பழுதாகிறது, பழுதுபடுகிறது se gâter, se détériorer, s'endommager, être gâté; — பார்க்கிறது, *litt.* examiner les défauts, raccommoder, réparer, corriger, châtier.

பழுதை, corde, — de paille, serpent: — திரிக்கிறது, — முறுக்குகிறது tordre —, faire une corde de paille.

பழுத்த, *part. parf. de* பழுக்கிறது mûr: — பழம் fruit mûr, — parfait, vieillard décrépit, homme mûr, fin voleur.

பழுத்தல், *n.v. de* பழுக்கிறது, action de mûrir...; feuille mûre, jaunâtre, qui tombe.

பழுப்பு, *n.v. du même*, ce qui est mûr, — vieux, maturité (des fruits et des feuilles), couleur jaunâtre, — de feuilles desséchées, orpiment; clou de fer pointu des 2 bouts (pour joindre 2 planches ensemble): பழுப்படைகிறது, பழுப்பேறுகிறது commencer à mûrir, jaunir, avoir des taches jaunes au milieu du vert; பழுப்பாக்கிறது donner une teinte d'or, — une couleur jaunâtre; பழுப்பாயிருக்கிறபணம் vieux fanon usé; பழுப்பானது ce qui est vieux, jaunâtre, fané, endommagé.

பழுவம், forêt, — de grands arbres.

பழுவெலும்பு,பழுவெலும்பு,(பழு),côte (du corps).

பழைசு, பழைது, *P.* பழையது, ce qui est vieux, chose vieille.

பழைமை, *P.* பழமை, ancienneté, antiquité: —பாராட்டுகிறது vanter son antiquité, ses anciens droits

பழைய, *P.* பழய, vieux, ancien, antique: —நடக்கை vieille coutume; —படி ancienne manière, comme autrefois; —மனிதன் vieux serviteur, vieil employé, homme de l'ancien temps, le vieil homme ou la nature corrompue.

பழையது, (பழைய), ce qui est vieux, chose vieille, riz cuit la veille et gardé pour le déjeûner: —சாப்பிடுகிறது déjeûner.

பழையர், (பழைய) gens de l'ancien temps, les anciens, marchands de callou ou de toddi.

பளகம், *P.* பவளம், corail.

பளபள, mot imitatif d'éclat, de brillant, de scintillation: பளபளெனல், lustre, éclat; பளபளென்கிறது id.

பளபளக்கிறது, ளத்தேன், ளப்பேன், ள, ளக்க, *v. n.* (பளபள), briller, reluire, scintiller, pétiller, avoir du lustre: பளபளென்றுதுலங்குகிறது resplendir, briller; — பொரிகிறது, —பொரித்துபோகிறது craquer, pétiller, éclater, faire une explosion, (*v.g.* des armes à feu); —பொரிகிறவன் grand jaseur, babillard.

பளபளத்தல், பளபளப்பு, *n. v. du préc.* lustre, éclat, splendeur, ornement: பளபளப்பாயிருக்கிறது, *V.* பளபளக்கிறது.

பளாபளா, பளா, பளாபளா, signe de défaut ou manque. ‖ *int. d'admiration*, bravo, houra.

பளிக்கறை, (பளிக்கு, அறை), chambre ornée de miroirs.

பளிக்கு, *adj. de* பளிங்கு, de miroir, de cristal.

பளிங்கு, miroir, cristal, la planète Vénus: — மண்டபம் salle —, chambre à miroirs.

பளிச்சு, mot imitatif d'éclair: பளிச்சட்டிவென்கிறது, பளிச்சிடுகிறது, பளிச்சுப்பளிச்சென்கிறது, பளிச்சென்கிறது, briller, reluire, étinceler, lancer des éclairs: பளிச்சுப்பளிச்சென்றுபேசுகிறது parler inconsidérément, sans réflexion ou avec force et énergie; — மின்னுகிறது lancer des éclairs, des éclats de lumière, briller.

பளிஞ்சி, corde de poulie, —pour hisser les voiles d'un navire.

பளிதம், camphre, certain nombre.

பளிர், mot imitatif de tintement, de bruit et d'éclat: பளிரிடுகிறது, பளிரென்கிறது, பளிர்பளிரென்கிறது, sonner, résonner, tinter, faire du bruit, briller; பளிரென்றுபேசுகிறது parler précipitamment; —விழுகிறது tomber avec bruit.

பளுவு, poids, pesanteur: பளுவுஞ்சுளுவும் la pesanteur et la légèreté.

பளை, *V.* வளை.

பள், *V.* பள்ளு.

பள்ளக்கை, (பள்ளம்), environs d'un terrain bas.

பள்ளச்சி, *V.* பள்ளத்தி,

பள்ளச்சேரி, —க்குறிச்சி, (பள்ளன்), bourg —, village de பள்ளர்.

பள்ளத்தாக்கு, (பள்ளம்), vallée, terrain bas, — entre 2 hauteurs, creux, bas fond.

பள்ளத்தி, (பள்ளன்), femme de la caste des பள்ளர்.

பள்ளம், creux, fosse, trou (dans une route ou sur une surface), terrain bas, fossé, profondeur, abyme: நீர்ப் — pièce —, trou d'eau, étang; — விழுந்திருக்கிறசெம்பு vase de cuivre bosselé; — ஆய்த்தோண்டுகிறது, — ஆய்ப்பறிக்கிறது ou வெட்டுகிறது creuser, — une fosse, faire un creux: பள்ளத்தைத்தூர்க்கிறது ou தூர்த்துப்போடுகிறது remplir —, combler une fosse, — un creux: பள்ளமடை terrain humide, personne dévote.

பள்ளயம், *V.* பள்ளையம்.

பள்ளன், *pl.* பள்ளர், cultivateur, Pallen, (*ou pl.* Paller), gens d'une caste nombreuse dans le sud de la presqu'île et employée à l'agriculture. Le fém. est பள்ளச்சி, பள்ளத்தி *et* பள்ளி.

பள்ளி, 1° (*P.* பல்லி), village, bourg, habitation, ville en pays fertile, terminaison d'un grand nombre de bourgs ou de villes, (*v. g.* திரிசிராப்பள்ளி Trisirâpalli ou Trichinopoly). 2° temple, mosquée, maison de charité, hôtellerie où l'on donne l'aumône, ermitage, habitation d'ascètes, chambre, lit, couche, sommeil, école, femme de la caste des பள்ளர், homme d'une caste de cultivateurs (dits aussi வன்னியர், படையாட்சிகள் et கவுண்டர், et dont le fém. est பள்ளிச்சி); —க்கணக்கர் écoliers, étudians; — கொண்டபெருமாள் Vichnou le dormeur, (suivant la fable, il dort sur la mer de lait); — கொள்ளுகிறது dormir; —க்கிராமம் village de பள்ளி, — appartenant, ou donné à un temple; —க்கூடம் école, classe, collége, lieu où l'on enseigne; —க்கூடத்திலேவைக்கிறது mettre à l'école; —செய்கிறது dormir; —ச்சாதி la caste des பள்ளி; —த்தடுக்கு petite natte d'école; —த்தோழன் condisciple, camarade d'école; —ப்பழக்கம் exercice —, habitude ou connaissance d'école; —ப்பாடம் leçon d'écolier; — மால் école, classe d'école; — மெத்தை matelas pour se coucher; — யமைக்கிறது bâtir une chambre, — une salle, la clore de murs; — யறை chambre à coucher; —யெழுச்சி réveil, chant —, poéme pour réveiller un prince; —யெழுச்சிபாடுவோன் barde ou chanteur dont l'office était de réveiller un prince par ses chants; —யெழுப்புகிறது réveiller; —யமர்கிறது dormir; —வாசல் mosquée, temple; பள்ளிக்குவைக்கிறது mettre à l'école; பள்ளிவித்தியன் écolier, étudiant.

பள்ளிச்சி (பள்ளி), femme de la caste des பள்ளி.

பள்ளு, la caste des பள்ளர், *ou* —ப்பாட்டு poème —, chanson de பள்ள

பள்ளுவிளி, nom d'une caste. [க.

பள்ளை, ce qui a un gros ventre, brebis, *ou* பள்ளையாடு espèce de brebis ou de chèvres de petite taille et très-fécondes.

பள்ளையம், offrande aux prétendues divinités secondaires, sacrifice, —offert, plat de métal, — pour présenter des mets ou autres offrandes aux prétendus dieux secondaires ou aux grands, (dans les temples de Vichnou le plat se nomme தளிகை); —போட்டுப்படைக்கிறது préparer et offrir dans un plat des mets à ces dieux prétendus. [grand ou gros.

பள்ளையன், (பள்ளை), homme

பறக்கடிக்கிறது, (பறக்க, அடிக்கிறது), faire envoler, —voler, —fuir, mettre en fuite, chasser.

பறக்கிறது, றந்தேன், றப்பேன், ற, றக்க, *n. v.* பறக்குதல், பறத்தல், *n. v.* voler, s'envoler, (la poussière...) s'élever dans l'air, courir très-vite, faire grande diligence, presser, s'élever, souffrir: பசியாலேபறக்கிறது souffrir de la faim; பறக்கிறதூள் poussière qui vole dans l'air; பறந்துதிரிகிறது voler—, voltiger çà et là; —போகிறது s'envoler, fuir promptement; — வருகிறது venir en volant, accourir en toute hâte; — விழுகிறது être pressé, s'abattre après le vol; பறக்குங்குருவிக்கு இருக்குங்கொம்புதெரியாது பரதேசிக்குத்தங்குமிடந்தெரியாது l'oiseau qui vole ne sait sur quelle branche il se perchera, ainsi le pélerin ou l'étranger ne connait pas l'endroit où il s'arrêtera ou logera.

பறங்கி, (*du persan Faranghi, dérivé du mot* franc, *pris pour européen dans le levant*), Franc, Européen, Portugais, Prangui; ce mot est devenu un terme de mépris et ne s'applique plus qu'aux gens descendus d'Européens, pauvres et de race mêlée, espèce de maladie contagieuse ou de mal vénérien...: — க்காய் citrouille, gourde, cucurbita pepo; —க்காரன் Pranguicaren, descendant d'Européens de sang mêlé, topas, (rarement) européen; —க்கொடி plante ou tige de citrouille; —க்கி

மூங்கு la racine médicale dite சீனக் கிழங்கு;—க்கட்டிமை sel minéral dit காசிச்சாரம்;—ச்சாம்பிராணி espèce de benjoin ou d'encens;—க்கல்நிறம் espèce de pierre noire;—த்தாழை ananas, bromelia ananas;—ப்பட்டை racine médicinale de chine, cinchona officinus, smilax-china;—ப்பாஷாணம் mercure sublimé;—ப்பாஷை la langue des Pranguis, le portugaïs;—ப்புண் espèce de maladie contagieuse, mal vénérien;—ப்பேட்டை la ville de Porto-novo;—மலை le mont St Thomas, St Thomas'mount près Madras, la ville de Méliapour;—மணித்துறை nom d'un arbre;—மாமணக்கு le papayer, carica papaya;—வராகன் espèce de pagode de la valeur de 3 roupies;—வியாதி mal vénérien.

பறட்டை, découragement, manque de fertilité, de croissance, de feuillage, *ou*—க்கீரை chou sauvage, justicia Madurensis;—த்தலை tête hérissée (mot de mépris).

பறண், *P.* பரண்.

பறண்டுகிறது, *P.* பறண்டுகிறது.

பறதி, *n.v.de* பறக்கிறது, vol, nécessité, urgence;—க்காரன் homme pressé, qui presse.

பறத்தல், *n.v.du même*, vol, course rapide, urgence.

பறந்தடிக்கிறது, (பறந்து, அடிக்கிறது), se presser, être pressé, courir vite.

பறந்தலை, (பறந்து, அலை), place où l'on brûle les morts, champ de bataille.

பறந்து, *gér. de* பறக்கிறது,

பறபற, mot imitatif de hâte et de bruit répété;—விளையாட்டு sorte de jeu; பறபறெனல், hâte, presse, bruit, பறபறென்கிறது, *ou*

பறபறக்கிறது, த்தேன் *ou* ந்தேன், றப்பேன், ற, றக்க, *v. n.* (பறபற), s'empresser, se hâter, faire un bruit répété.

பறபறப்பு, *n.v.du préc.* hâte, presse, bruit,

பறப்பன, (பறக்கிறது), les volatiles, les oiseaux,

பறப்பன், (*id.*), homme empressé, étourdi, scorpion, le signe du Scorpion: பறப்பன்பலனிழந்தான் l'homme trop empressé perd le fruit de ses peines.

பறப்பு, *n. v. de* பறக்கிறது, vol, fuite, hâte, empressement, urgence.

பறப்பை, vase au beurre fondu.

பறம்பர், tanneurs, corroyeurs.

பறம்பு, montagne, sein ou mamelle (de femme ou d'homme).

பறம்புகிறது, பினேன், புவேன், பு, ப, *v.a.* பறம்பல், பறம்புதல், *n. v.* 1° frapper, battre,—le blé. 2° *P.* பரம்புகிறது.

பறவாதி, (பறக்கிறது), homme empressé, qui se hâte.

பறவாயில்லை, peu importe.

பறவை, 1° (பறக்கிறது), oiseau, volatile, le Dauphin, la 23° constellation lunaire dite அவிட்டம் et காகப்புள் et représentée par un oiseau, aile d'oiseau, vol, nom d'une maladie. 2° *P.* பறவாய், tu ne voles pas;—க்குரல் cri—, gazouillement d'oiseau;—க்கூடு nid d'oiseau;—நாகம் serpent ailé, dragon;—மீன் poisson volant;—வேந்தன் le roi des oiseaux, *i.e.* le faucon bramanique dit கருடன்; பறவையின்வச்சிரம் ambre jaune.

பறழ், petit (des animaux qui vivent sur les branches des arbres, tels que அணில் écureuil, குரங்கு singe etc... et des animaux suivans: அரா serpent, ஆடு brebis, கீரி mangouste, நரி renard, நாய் chien, பன்றி cochon, புலி tigre, பூனை chat, மான் cerf, முயல் lièvre...).

பறனிகை, பறனை, tenailles de forgeron, clou à crampon.

பறண்டுகிறது, டினேன், டுவேன், டு, ட, *v.a. P.* புறண்டுகிறது, *et* பறண்டல் *ou* பறண்டுதல், *n. v.* se gratter avec les ongles: பறண்டிக்கொடுக்கிறது gratter quelqu'un, déchirer avec ses ongles ou ses griffes; பூனைக்குச்சந்தோஷம்வந்தால் கிறந்பாயைப்பறண்டும் quand le chat est joyeux il grattera une natte déchirée.

பறுச்,mot imitatif du bruit: பறுச்சென்கிறது,பறுசென்கிறது faire parar, —du bruit.

பறி,n.v.imp.et part. de பறிகிறது et de பறிக்கிறது,pillage, déprédation,rapine.capture, instrument pour prendre du poisson, sorte de panier pour mettre le poisson,or:— காரன் pillard,spoliateur,larron,voleur,pêcheur; — கொடுக்கிறது être volé, dépouillé,se laisser voler,—enlever, —corrompre,perdre; — க்கல்லு,pierre très -compacte, — d'un grain très serré; —தலையர் secte ou division parmi les Samanéens; — படுகிறது être pris,pillé,enlevé de force;— போகிறது être enlevé;—மணல் sable d'or; கோட்டைபறிபட்டது le fort a été pris.

பறிகிறது,றிந்தேன், றிவேன்,றி, றிய, v. n. s'échapper, se détacher, s'enfuir,(v.g.un cheval),passer, voler,partir (un vent, une flèche, une fusée, la pierre d'une fronde), les larmes s'échapper des yeux,se remplir d'eau, se détacher et tomber (une coupe...), déborder,passer par-dessus les bords, pousser des soupirs, des soupirs échapper, les nuages...se disperser, les impôts... être levés,—ramassés,une dette...être payée,être rendue; மேகம்பறிந்துபோகிறது les nuages se dissiper; காற்று —,பெருமூச்சுபறிகிறது un vent—, un soupir échapper à quelqu'un; பறிய s'échapper,adv.au loin; பறியவிடுகிறது laisser échapper,—aller,lâcher; கடன்பறியவில்லை la dette n'est pas payée, l'objet prêté n'est pas rendu.

பறிக்கிறது, றித்தேன், றிப்பேன், றி,றிக்க,v.a.ravir,enlever,—de force,arracher,dépouiller,voler, piller, emmener, ramasser, cueillir des fruits,des fleurs,des feuilles...,creuser un trou, des fondemens..., débarquer, décharger les marchandises,descendre,ôter, incliner sarcler: களை —sarcler,—l'ivraie...; அஸ்திவாரம் —creuser les fondemens; மண் — fouir —,creuser la terre; நெல்லு — débarquer du riz; பறித்துக்கொள்ளுகிறது enlever de forcer,piller; பறித்தெடுக்கிறது enlever,confisquer.

பறிகுதல்,பறிதல்,n.v.de பறிகிறது.

பறிக்குதல்,பறித்தல், பறிப்பு,n. v. de பறிக்கிறது,enlèvement,vol,pillage, sarclage,action de ravir...

பறிமுதல்,(பறி),confiscation, concussion,extorsion,chose ravie:— செய்கிறது confisquer,extorquer, faire des concussions.

பறிய,inf.de பறிகிறது,au loin.

பறியல்,பறிவு,n. v. de பறிகிறது, enlèvement,vol, échappade, échappée,fuite.

பறிவை,la plante சிந்தில்.

பறுகன், courtaud, homme maigre,desséché. [ட்டை.

பறுகு,broussailles,buisson,V. பற

*பறுவதம்,P.பருவதம்,montagne.

*பறுவம்,P.பருவம்.

பறை,1° imp. et part. de பறைகிறது.2° plume,aile,parole,mot, parei, mesure pour la chaux contenant à Pondichéry environ 60 litres,le contenu d'un parei,instrumens de musique en général,tambourin,tambour, la caste qui en bat,celle des பறையர் qui se divise en 13 subdivisions: வள்ளுவப் —,தாதப் —,தங்கலான் —,துத்சாலிப் —,குழிப் —,தீப் —, முரசப் —, அம்புப் —,வடுகப் —,ஆலியப் —,வழிப் —,வெட்டியாரப் —, கோலியப்பறை; பறைக்கம்பு baguette de tambour, racloire de parei; —க்காலி, — க்கால்,—க்காணி percale,mousseline tissée par les Parias; —சவி la plante சிறுநன்னாரி;—ச்சேரி village—,bourgade de Parias; — சாட்டுகிறது, சாற்றுகிறது,—போடுகிறது,— யடிக்கிறது,—யறைகிறது, — யிடுகிறது, tambouriner,battre du tambour,publier au son du tambour; —சாட்டுவிக்கிறது faire battre le tambour,—publier au son du tambour;—தட்டுகிறது faire passer la racloire sur le parei,publier, V. பறைசாட்டுகிறது; —நாகம் serpent ailé;— நூல் fil de Parias,—très-fin et fort;—ப்பருத்தி

le faucon brun ou grisâtre, — pariat dans son espèce ;—ப்புடையன் espèce de serpent; — ப்பூச்சி espèce d'araignée;—ப்பெண் Pariatte;— முழக்கு son du tambour; —முழக்குகிறது battre le tambour, tambouriner; —முறை publication au son du tambour;—முறைசாற்றுகிறது publier au son du tambour; — மேளம் tambour de Parias;—யடிக்கிறவன் tambourineur, celui qui publie au son du tambour les ordonnances:..., Pariat; —யாமை (ஆமை), tortue noire,— pariatte dans son espèce; — வொலி son du tambour;—வெட்டு,ou— வெட்டுகிறது faire passer la racloire sur la parei; சாண்பறைக்குமுழத்தடி pour un Pariat haut d'un empan on prend un bâton d'une coudée, proverbe d'une rigueur excessive et outrée envers les pauvres petits Parias et cette population en général.

பறைகிறது, றைந்தேன், றைவேன், றை, றைய, v.a. பறைதல், n.v. parler, dire, discourir. [langage.

பறைச்சல், n.v. du préc. discours,

பறைச்சி, f. de பறையன், Pariatte, fille ou femme de la caste des Parias.

பறையன், pl. பறையர், (பறை tambour), tambourineur, celui qui publie au son du tambour les ordonnances..., Pariat, (ce mot étant considéré comme avilissant on emploie plutôt celui de வலங்கைமத்தான் ou வலங்கைமுகத்தான் homme de la main droite; le mot சாம்பான் est le terme honorifique de cette caste).

பறைவு, V. பறைச்சல்.

பற், P. பல், dent, devant க, ச, ப;— கறை malpropreté des dents;—கறை malpropreté des dents, noirceur artificielle des dents (regardée comme une beauté par quelques-uns);— கறைபற்றினபல் dent ainsi noircie; —காவி,—காறை poudre dentifrice, —pour les dents;—குச்சி,— குச்சு, —குத்தி cure-dents, brosse à dents: —கொம்பு cure-dents, buchette de bois dont le bout est broyé pour nettoyer les dents;—கொம்பிடுகிறது se nettoyer les dents avec une telle buchette;—குறி marque des dents, —de la morsure des dents;—கூச்சம் agacement des dents; — கொதி mal de dents; — குலை douleur aigue des dents;— சிரங்கு malpropreté des dents; — பிடுங்கி arracheur de dents.

*பர்க்கம், (bharga), lumière, lustre, action de cuire, de frire.

*பர்க்கன், (id.), l'astre radieux, le soleil, (et à tort) Brama, Vichnou, Siven.

பற்குனன், (phalgouna), celui qui est né sous la constellation பற்குனி, i.e. அருச்சுனன்.

*பற்குனி, (phalgouni), la 12ᵉ constellation lunaire dite உத்தரம், correspondant au mois பற்குனம் ou பங்குனி mars.

*பர்சா, (bhartsa), ennemis.

*பர்சனம், 1° (bhartsana), mépris, injure, menace. 2° (bhardjdjana), action de frire.

*பற்படகம், பற்படம், பற்படாகம், பற்படாம், (parpata), la plante médicinale dite pharnaceum cerviana.

*பற்பம், 1° (பஸ்மம்), cendre de bouze de vache, métal calciné réduit en poudre, poudre médicinale. 2° (P. பதுமம்), nénuphar ou lotus, le pourana du lotus ou பதுமபுராணம்:— போன்றமுகம் visage qui ressemble au nénuphar, visage joli et joyeux; பற்பநாபன், V. பதுமநாபன்;—மாமுனி un des 31 grands முனிவர்;—ராகம், P. பதுமராகம் rubis.

*பற்பரிகம், 1° (parparika), soleil, feu, eau, pièce d'eau. 2° (pharpharika), paume de la main (avec les doigts étendus), douceur.

*பற்பாசனன், (பற்பம், ஆசனம்), celui qui a le lotus pour siège, i.e. Brama (selon la fable). [beaucoup.

பற்பல, P. பலபல, divers, plusieurs,

பற்பிக்கிறது, பித்தேன், பிப்பேன், பி, பிக்க, v.a. (பற்பம்), calciner, réduire en poudre.

பற்பேத்தை,(பல்),enchâssure des —,gencives.

*பற்மம்,1° P.பதுமம்,nénuphar. 2° P.பஸ்மம்,cendre, — médicinale, —de métal calciné. 3° (bharma), or: பற்மகாரன் blanchisseur, —qui use de cendres; —ராகம்,P.பதுமராகம் rubis; —வேதகம் camphre.

*பற்மாசனம்,(பற்மம், ஆசனம்), P.பதுமாசனம். [tion,cendre.

*பற்மீகரம்,P.பஸ்மீகரம்,calcina-

பற்மீகரிக்கிறது, P.பஸ்மீகரிக்கிற

பற்ற,inf.de பற்றுகிறது [து.

பற்றடிக்கிறது,(பற்று, அடிக்கிறது),appliquer,—du ciment à des pierres.

பற்றம்,(பற்று), affection, fidélité à ses promesses: — இல்லாதவன் homme sans affection,infidèle à ses promesses; —பிடிக்கிறது 2 personnes tenir ou soutenir dans leurs mains ou de leurs mains.

பற்றலர்,(பற்று,அலர்),ennemis.

பற்றல்,opt.et n.v. de பற்றுகிறது, affection,grand désir,considération, dessein,désignation,poursuite, prise, saisie.

பற்றறுகிறது,(பற்று,அறுகிறது), se désunir, se rompre entièrement, l'affection, des liens, des filets se rompre: பற்றற entièrement.

பற்றற்றோர்,பற்றற்றோர்,(பற்று, அறுகிறது),ermites, ascètes, gens détachés du monde,—sans désir...

பற்றா,பற்றாத,part.nég. de பற்றுகிறது,qui ne prend —,ne tient —, ne suffit pas,insuffisant:—கூலி salaire insuffisant,modique,journalier; பற்றாப்படி,— ப்பணயம், ce qui suffit à peine, déficit;— ப்போரி, adversaire inégal, trop faible.

பற்றாக்கை,(பற்று,ஆக்கை), corde qui lie ou pour lier, corde dont un paquet de flèches est lié.

பற்றாசு,(பற்று, ஆசு), pied détaché dit தனிச்சொல் qui vient entre 2 குறள்நேரிசைவெண்பா unissant ainsi les 2 distiques, morceau qu'on met pour souder ou joindre ensemble les métaux.

பற்றாதது,n.v.nég.de பற்றுகிறது, ce qui est insuffisant,bagatelle.

பற்றாதவர், (id.), gens incapables, insuffisans,vils.

பற்றாது,பற்றாமல்,3° pers. neut. et gér.nég.de பற்றுகிறது, il ne suffit pas, ne suffisant pas.

பற்றார்,n.app.nég.de பற்றுகிறது, ennemis.

பற்றி,1° gér.de பற்றுகிறது,(il sert de prép.et gouverne l'acc.): pour, à cause de,sur, au sujet de: அதைப்பற்றிச்சொன்னான் il a parlé sur cela ou à cause de cela; அவனைப்பற்றி யெனக்குக்காரியமில்லை je n'ai rien à faire ou à gagner avec lui; உன்னைப்பற்றி à cause de toi. 2° V.பற்றுசு:—க்கொள்ளுகிறது prendre,recevoir,saisir,atteindre, tenir ferme, poursuivre, obtenir; நெருப்பு — க்கொண்டெரிகிறது prendre feu—, ou le feu prendre et brûler; பணங்— க்கொள்ளுகிறது recevoir de l'argent;— ப்படிந்திருக்கிறது persévérer,être adonné, —ardent à une poursuite; — ப்படிந்துபார்க்கிறது s'appliquer à, s'adonner, s'efforcer, employer tous les moyens;—ப்பார்க்கிறது s'efforcer, travailler à, faire tous ses efforts; — ப்பிடிக்கிறது prendre,saisir,attraper,tenir ferme, arrêter;— ப்புகைகிறசணற்புத்தி mèche qui ayant été allumée fume; —ப்போகிறது suivre de près; — யிழுக்கிறது saisir et tirer, traîner;—யெரிகிறது prendre feu et brûler, s'enflammer.

பற்றிகலின்மை, (பற்று, இகல்), manque d'amour et de haine, indifférence.

பற்றிரும்பு,(பற்று, இரும்பு), pinces,tenailles,crampon de fer.

பற்றிலி,(பற்று,இலி),ascète,—détaché de toute affection mondaine.

பற்றிற்று ou பற்றினது, 3° pers. neut.du parf.de பற்றுகிறது. [amis.

பற்றினர், (பற்றுகிறது), parens,

பற்று,n.v.imp.et part. de பற்றுகிறது,amour,affection,zèle,désir,passion (en général), liaison, rapport, dessein,attachement,détermination, fomentation,emplâtre, cataplasme, remède qu'on applique, colle, ciment,soudure (pour les métaux), jonction,jointure, poursuite, suite, prise,saisie,lie,sédiment, impôt reçu:—குறடு tenailles; —க்கால் appui,soutien,—d'un levier, ou d'une escarpolette;— கூடுகிறது, —கொண்டாடுகிறது vanter son affection, se vanter d'être prêt à apporter la chose dont on parle; —க்கொள்ளுகிறது concevoir de l'affection,du désir,s'attacher,s'affectionner;—க்கோடு,—க்கோல்,— தஞ்சம் bâton (pour s'appuyer),soutien, appui, bâton ou perche qu'on tient à la main pour se soutenir sur une barre...;— ச்சீட்டு reçu,quittance, —பூசுகிறது, —போடுகிறது appliquer un liniment ou autre remède à l'extérieur,mettre des fomentations,—un cataplasme,—de la colle ou du ciment pour unir et faire prendre;—வாய் lumière d'un canon,d'un fusil;—விடு renoncement à tout attachement au monde;—வைக்கிறது s'affectionner, s'attacher, désirer, souder, — en mettant une pièce.

*பற்றுகிறது, ற்றினேன், ற்றுவேன், ற்று, ற்ற*, *v.a.* recevoir, prendre, saisir, s'affectionner, concevoir de l'affection, du désir, désirer, désigner, s'attacher, adhérer, se joindre, projeter, suivre, accompagner, s'unir, convenir, s'imbiber, prendre feu, poursuivre, courir après, viser à, suffire, être suffisant: தீப் — prendre feu, s'enflammer; கடன் — recevoir l'argent prêté, — le montant de la dette; பற்றவில்லை cela n'a pas suffit ou ne suffit pas,le feu ou la couleur na pas pris, cela n'est pas bien joint;பற்றவைக்கிறது mettre—,faire prendre,joindre, réunir, allumer du feu, *ou* —வைத்தெழுப்புகிறது,—வைத்துவிடுகிறது exciter, pousser, aiguillonner, animer par quelque particularité: அவனுடனே சொல்லிப்பற்றவை excite-le en lui disant la chose en particulier; பற்றி *gér. V. le à sa place.*

பற்றுதல், *n.v.du préc.* affection, attachement,dévouement, zèle, désir,confiance.

பற்றும், 3me *pers.neut. fut.de* பற்றுகிறது, il suffit,c'est assez: பற்றுமோ cela suffit-il *ou* suffira-t-il? est-ce assez?பற்றுமோ பற்றாதோ வென்று *ou* பற்றும் பற்றாதென்று கேட்கிறது demander si c'est assez ou non; பற்றும்பற்றாதுமாயிருக்கிறது être à peine suffisant; பற்றும்பற்றும்விசாரிக்கிறது examiner —, discuter soigneusement, — d'une manière suffisante.

பற்றை, 1° broussailles, buisson, la plante செங்காந்தள். 2° *P.* பற்றாய் tu ne reçois pas... 3° *acc. de* பற்று:—க்காடு bois de broussailles;—ப்பிள்ளை, *V.*பற்றையன்.

பற்றைச்சி, (பற்றை), femme de buisson, *i.e.* femme adultère,— débauchée. [buisson,*i.e.*bâtard.

பற்றையன், (பற்றை), enfant de

பனம், *P.*பனை, *devant* க,de palmier:—க்கட்டி espèce de mélasse ou de sucre noir de palmier; —க்காடு foule de palmiers; —கயிறு corde faite de fibres de palmier;—கருக்கு jeune palmier, queue dentelée de feuille de palmier; —கள்ளு callou ou jus de palmier; —கற்கண்டு sucre candi de palmier;—கற்றாழை espèce de தாழை ou d'aloes qui croit sur ou parmi les palmiers; —காடு bois ou forêt de palmiers; —காய் fruit non mûr du palmier; —கிழங்கு racine mangeable du jeune palmier; —கிளி perroquet qui se plait sur les palmiers, l'oiseau அன்றில்; —கீரை espèce d'herbe potagère; —குழுக்கு pièce de terre remplie de jeunes palmiers;—குருகு, —குருத்து jeune pousse de palmier;—குரும்பை fruit tendre du palmier; —கொட்டை noyau du palmier, —கோரை espèce d'herbe.

*பனசம், (panasa), jaquier,artocarpus integrifolia, autre sorte de பலா

jaquier dite சரப்பலா, épine, la plante பாற்சொற்றி, nom d'un singe: பனசநாரிகை le fruit du jaquier; பனசயித்தி l'arbre அரசு.

பனசை. 1° espèce de serpent dite aussi புனோபன், la ville dite பனையூர், 2° * (panasâ), inflammation pustuleuse et phlegmonoïde de la peau, singe —, démon femelle.

பனஞ். P. பனம் devant ச, de palmier: — சக்கை tranche du fruit mûr de palmier qu'on fait cuire et qu'on mange; — சாறு jus du palmier dans lequel on a mis de la chaux et qu'on appelle பதநீர்.

பனந், P. பனம், devant த, de palmier: — தார் collier d'or qui ressemble à la fleur du palmier; — தாரன் celui qui porte un tel collier, i.e. le roi சேரன் et பலபத்திரன்; — தாழை espèce d'aloès; — தோப்பு bois —, bosquet de palmiers: — திராய் la plante pharnaceum distichum.

பனம், adj. de பனை, de palmier: — பட்டை grosse latte —, chevron de palmier; — பன்னாடை tissu fibreux qui entoure le bas des branches de palmier; — பழம் fruit mûr de palmier; — பாகு, — பாணி mélasse, sirop, — ou jus bouilli de palmier; — பாரம் nom d'une ville dans laquelle vivait பனம்பாரனார் un des 12 diciples d'அகஸ்தியர்; — பிசின் gomme ou résine de palmier; — பிஞ்சு fruit tendre du palmier; — பிடுக்கு, — பூ fleur du palmier mâle.

பனவை, l'arbre நெய்க்கொட்டா

பனர், branche d'arbre. [ன்.

பனவர், brames.

பனுட்டு, (sync. de பனை, அட்டு), jus —, extrait épaissi de fruits mûrs du palmier: — த்தோல் peau dans laquelle on renferme le பனுட்டு: — ப்பாய் natte sur laquelle on verse le பனுட்டு. [de palmier.

பனுர், (பனை, நார்), corde, filamens

பனி, 1° rosée, brouillard, gelée blanche, goutte, fraicheur, froid, tremblement, peur, affliction, gène, chagrin. 2° imp. de பனிக்கிறது: — க்கட்டி gelée, — blanche, givre, neige, grêle; — க்கதிர் rayon frais, l'astre aux rayons frais, i.e. la lune; — க்கரடு grande rosée; — க்காலம் temps —, saison de la rosée (4 mois à partir de மார்கழி): — க்காற்று vent froid, — de la saison des rosées; — க்குடம் matrice; — க்கூர்மை sel de roche, sel de mer, sel gemme; — சொரிகிறது la rosée pleuvoir; — ச்சாமை panicum ou millet auquel l'arrosement de la rosée suffit: — ச்செறிவு V. பனிப்படலம்; — தாங்கி espèce de plante; — நத்தை espèce de limaçon; — நீங்குகிறது la rosée cesser, — se dessécher; — நீர் espèce d'eau de senteur; — ப்பகை l'ennemi de la rosée, i.e. le soleil; — ப்படலம் brouillard, abondance de rosée; — ப்பயறு espèce de pois ou de grains, phaseolus radiatus, ou, selon d'autres, phaseolus trilobatus; — ப்பருவம் saison de rosée, V. பனிக்காலம்; — ப்புகார் nuage qui donne de la rosée; — ப்புழு ver qui s'engendre dans la rosée; — ப்பூக்காரம் brouillard, temps couvert de rosée; — ப்பூடு nom d'une plante; — பெய்கிறது un brouillard —, la rosée se former; — ப்பெய்கிறது la rosée tomber, pleuvoir légèrement; — மலை la montagne de la rosée ou du froid, i. e. l'Himalaya; — மங்குளம், V. பனிப்பூங்காரம்; — மூடுகிறது un brouillard couvrir la terre; — மொழி parole fraiche, — douce, femme; — யவரை espèce de pois; — யிறைப்பு, V. பனிப்புக்கட்டு.

பனிக்கிறது, னித்தேன், னிப்பேன், னி, னிக்க, v.n. பனிக்குதல், n. v. bruiner, — légèrement, pleuvoir à petites gouttes sans discontinuer, tomber goutte à goutte, trembler, être troublé, vexé, peiné.

பனிச்சை, boucle de cheveux, cheveux tressés et pendans ou noués, (c'est un des ஐவகைமயிர்முடி), figuier sauvage, ou — ப்பிளவை ulcère enflé dans le derrière du crâne, ulcère aux oreilles ou derrière les oreilles; —க்காய் fruit de l'arbre கடம்பி embryopteris glutinifera dont le jus sert de glu.

பனிதல், V. குளிர்தல்.

பனித்தல், பனிப்பு, n.v. de பனிக்கிறது, pluie légère, — fine et continuelle, bruine, peur, tremblement, peine, vexation; பனிப்புக்கட்டு rosée abondante, —qui s'est agglomérée et qui tombe, tombée de la rosée, brouillard.

பனிரண்டு, P. பன்னிரண்டு, douze: பனிரண்டாமிடத்துச்சனி, பனிரண்டாமிராசியின் சனி Saturne placé à douze signes de celui qui se lève ou à un signe à l'ouest de celui qui se lève, ainsi si c'est le signe de la Vierge qui se lève, Saturne sera alors dans le Lion.

பனுக்குதல், V. தெளித்தல்.

பனுவல், livre, — sacré, science, poésie, parole, discours, talent pour la composition, fil, fil de coton; பனுவலாட்டி la prétendue déesse des sciences, Sarasvati.

பனை, palmier, borassus flabelliformis, la 17me constellation lunaire dite அனுஷம்: — க்கொடியோன் celui qui a un palmier sur son drapeau, i.e. பலபத்திரன்; — க்கேணை espèce d'herbe: — நார் fibres des branches du palmier. (on en fait des cordes); —நுங்கு pulpe des noyaux encore tendres du fruit du palmier: —மட்டை branche de palmier (avec ou sans les feuilles); —மரத்தின்கீழிருந்துபாலைக்குடித்தாலுங் கள்ளென்றுசொல்லுவார்கள் quand bien même vous boiriez du lait sous un palmier ou dira que c'est du callou; —மீன் poisson long comme un palmier, i.e. la baleine; —முகிழ் bouton —, spadix —, spathe —, fleur de palmier; —யூர் Panéyour ou la ville des palmiers; —யேறி espèce de serpent, —de petite vérole; — யோலை ôle, feuille de palmier; —வட்டு, V, பனங்கட்டி; —வரிச்சல், — வரிச்சல் latte de palmier; —வளை chevron —, pièce de palmier, palmier fendu en 2 ou en 3, et coupé aussi en 2 ou en 3 dans la longueur; —வெல்லம், V. பனங்கட்டி; —வேர் racine de palmier.

பனையை, (பனை), la ville de பனையூர்.

பனையன், espèce de serpent, —de poisson dit grampus.

பன், 1° dans les mots composés se met pour பத்து 10, comme பன்னிரு, பன்னிரண்டு 12 (en doublant ன்). 2° devant ம et ந il se met pour பல் divers, dent. 3° espèce d'herbe. 4° V. பன்னம். 5° obl. de பனை. 6° imp. et part. de பன்னுகிறது: — பாய் natte d'herbe; —மணி diverses pierreries; —மணிமாலை le 18me des பிரபந்தம், poème composé de diverses sortes de poésies comme le கலம்பகம், mais qui n'admet pas celles qu'on appelle ஒருபோகு, அம்மானை et ஊசல்: — மூன்று treize; — மூன்றாம treizième; —மொழித்தொகைத்தொடர் suite de divers mots dans lesquels sont supprimées les terminaisons des cas etc., comme செந்நிறக்குவளை, P. செம்மையான நிறமுடைய குவளை nénuphar de couleur rouge.

பன்மை, (பல், மை), pluriel, pluralité, diversité: —ப்படுகிறது se diviser en plusieurs, se réunir plusieurs, être fait de diverses manières; —பண்ணுகிறது faire le pluriel, conniver; —ப்பால் le nombre —, pluriel; —ப்பொதுப்பெயர் nom pluriel commun au genre masculin, féminin et au neutre, comme செவியிலி sourd; —யாய்விடுதல் laisser dans la généralité, conniver, ne pas faire cas; —யெண் le nombre pluriel.

பன்றி, pourceau, cochon, porc, sanglier, un des pays —, ville où l'on parle le bas tamoul: ஆண் — verrat, porc, pourceau; —கரணம் le 3me des 11 கரணம் représenté par un cochon; —க்காரன் porcher, gardeur —, marchand de pourceaux; —க்கிளி espèce de poisson: — க்குட்டி petit cochon; —க்குறும்பு la plante நிலப்பனை; —க்கொம்பு défenses de sanglier; —க்கொவ்வை espèce de plante;

—க்கூழ்ப்பத்தர் auge où l'on donne à manger aux cochons;—க்கூழ்ப்பத்தரிற்றேமாவடித்தற்றால், நன்றறியாமாந்தர்க்கறத்தா றுரைக்குங்கால் lorsqu'on parle du chemin de la vertu aux gens qui n'ont pas l'idée du bien, c'est comme si on exprimait des mangues douces dans l'auge aux porceaux;—ச்சுருக்கு manière de lier—, relier en courbe,— de façon que le dos soit bombé ou en bosse;—த்தகரை variété de la plante தகரை;—நெய் graisse de cochon, saindoux, lard;—நெல் espèce de riz;—ப்பீ fiente de cochon;—ப்புடல் variété de la plante புடல் dont le fruit est court et épais; —ப்புல் l'herbe aux cochons, andropogon contortum;—மயிர் poil ou soie de cochon, piquant de porc-épic; —மீன் pourceau marin, marsouin; — முள் piquant de porc-épic; — மொந்தை la plante கிறுகுரட்டை; — யாட்டம் cochonnerie;— யாட்டமாய் comme un cochon;— யிறைச்சி viande de porc; —வெட்டுகிறது, — வெட்டுதல் tuer un cochon, espèce de jeu.

*பன்னகசாலை, (பன்னம், ka, சாலை), cabane de feuillage, ermitage,—d'anachorète ou de முனிவர்.

*பன்னகண்டம், (பன்னம்), arbre en général.

*பன்னகம், (pannaka), serpent, l'arsenic dit சிதாம்பொஷாணம்: பன்னகவைரி,—வயிரி l'ennemi des serpens, le faucon கருடன்.

*பன்னகாசனன், (பன்னகம், அசனம்), le mangeur de serpens, *i. e.* le faucon கருடன்.

*பன்னகாபரணன், (*id.* ஆபரணம்), celui qui porte des serpens en guise de bijoux, *i.e.* Siven.

*பன்னசி, (parnasi), nénuphar, maison de plaisance pour le printemps ou l'été.

பன்னத்தை, *P.* பனிறத்தை, espèce de limaçon.

*பன்னம், (parna), feuille, ouvrage de feuilles tressées ou entrelacées, travail de les tresser, feuilles de bétel, aile, l'arbre பலாசு butea frondosa: பன்னசாரன், —க்காரன் marchand de feuilles de bétel, celui qui fait des ouvrages en feuilles; —கிருச்சிரம் pénitence qui consiste à vivre pour un temps de feuilles et d'eau:—சந்தரம் (santara *lit*), lit —, matelas de feuilles, dormir sur des feuilles; — சாலை cabane de feuillage, —d'ermite; —சப்தகம் collection de 7 feuilles;— த்தண்டு nom d'un instrument de tisserand;—நரன் homme de feuilles, effigie en feuilles d'un homme mort (dont on ne trouve pas le cadavre pour accomplir les cérémonies funèbres):—போசனம் nouriture—, repas de feuilles, animal qui vit de feuilles;— மாசாலம் l'arbre averrhoa carambola, dont le fruit est acide:—மிருகம் animal qui se nourrit de feuilles ou vit parmi les feuilles, comme le singe, le paresseux, l'écureuil; — வதை, — வல்லி la plante qui donne le bétel; —வேலை ouvrage fait en feuilles, travail de les tresser.

பன்னல், *opt et n.v.de* பன்னுகிறது, discours, dire, langage, babil, examen, carder le coton avec les doigts, gène, presse, pression, cotonnier.

பன்னுகம், பன்னுங்கு, couverture de palanquin ou dessus de litière de cérémonie(ordinairement d'étoffe d'écarlate), couvert —, abri de feuilles de cocotier qui en a la forme; பன்னுங்குவைத்துக்கட்டுகிறது placer et attacher la couverture ou le dessus susdit.

பன்னுங்குழி, *P.* பன்னுன்குழி.

*பன்னுசம், (parnâsa), espèce de basilic dit துளசி.

*பன்னுசனம், 1° (பன்னம், அசனம்), nourriture—, repas de feuilles, nuage. 2° (பன், ஆசனம்), natte—, matelas d'herbes.

*பன்னுசி, (parnâsi), *V.* பன்னுசம்.

பன்னுடை, (பன், ஆடை), tissu naturel de fibres qui environne le bas des branches du palmier et du cocotier, toile, habit.

பன்னுணம், *V.* பன்னுகம்.

*பன்னலம், (parnâla), radeau, bateau, bèche, combat singulier.

பன்னுள், (பல், நாள்), plusieurs jours, long-temps.

பன்னான்கு, (பல், நான்கு), quatorze: பன்னான்காம் quatorzième; பன்னான்காவது quatorzièmement; பன்னான்குகுழி 14 trous, planche ou tablette à jouer qui contient 14 trous.

*பத்னி, 1° (patni), épouse —, femme chaste, —de gourou. 2° (parni), arbre, l'arbre butea frondosa. 3° *gér. de* பன்னுகிறது. 4° chanvre dit சணல்.

பன்னிரண்டு, (பன்), douze: — தரம், —முறை *ou* விசை 12 fois; பன்னிரண்டாம் douzième; பன்னிரண்டாவது douzièmement. [nom).

பன்னிரு, (*id.*), douze (devant un

பன்னிருவர், (*id.*), douze personnes, les douze. [dent.

பன்னீக்கம், (பல், நீக்கம்), sur-

பன்னீர், (*P.* பனி, நீர்), espèce d'eau de senteur, eau distillée de diverses fleurs, telles que jasmin..., eau de rose..., eau qui sort d'une plaie: —க்குடம் enveloppe qui renferme l'eau qui environne le fétus dans la matrice; —க்குப்பி, —ச்செம்பு, —த்துருத்தி instrument pour asperger d'eau de senteur; —தெளிக்கிறது asperger d'eau de senteur; —மரம் arbre qui porte des fleurs blanches et odoriférantes comme le jasmin, guettarda speciosa: —வடிக்கிறது distiller de l'eau de senteur.

பன்னு, 1° taxe, impôt; douane, tribut, rente. 2° *imp. et part. de* பன்னுகிறது, —னினேன், —துவேன், —து, —ன, *v.a. et n.* பன்னுதல், *n.v.* parler, dire, charmer, babiller, jaser, être pressé, foulé, incommodé, examiner, carder le coton avec les doigts.

பன்னுமல், (பன், உமல்), panier ou sac de pêcheur fait d'herbes.

பன்னேழு, (பன்), dix-sept.

பன்னை, espèce d'arbrisseau, camphre, *V.* குடன்.

பன்னைந்து, (பன், ஐந்து), quinze.

பன்னொன்று, (*id.*), onze.

*பன்னோடசம், (பன்னம், உடசம்), cabane de feuillage, ermitage.

பா, 1° lettre syllabique composée de ப் et de ஆ. 2° *P.* பாவு, *imp. et part. de* பாவுகிறது. 3° * (bhâ), beauté, splendeur, lumière, rayon, ombre, — d'un gnomon sur un cadran, aiguille de cadran, soleil. 4° fil de coton, chaîne—, trame d'une toile, vers, chant, cantique, chanson, poème, stance, strophe de 2, 3 ou 4 vers et même plus, (on distingue 5 espèces de strophes ou 5 espèces de poésies dites வெண்பா, ஆசிரியப்பா, கலிப்பா, வஞ்சிப்பா et மருட்பா, qui ont ensuite, suivant les règles qu'elles suivent, différentes classifications dites பாவினம்), bouillie ou sirop de racines tuberculeuses, extension, surface, plancher de char de procession: பாவின்புணர்ப்பு enchaînement —, ou liaison de strophes, espèce de beauté poétique qui consiste en ce qu'une pièce de poésie soit faite de manière qu'on puisse y trouver différentes sortes de strophes, d'après la manière de la lire ou de la diviser.

*பாககம், (bhâgaka), diviseur.

*பாகன், (pâka), nom d'un géant ou அசுரன்.

*பாகசாசனி, பாகசாதனி, (பாகசாசனன், i), le fils d'Indiren.

*பாகசாசனன், பாகசாதனன், (பாகன், சாசனம்), celui qui a dompté le géant Pâkasen, *i.e.* Indiren.

*பாகண்டன், (pâkhanda), hindou hétérodoxe, qui porte les marques extérieures des castes, mais n'observe pas les vêdas.

*பாகதம், *P.* பிராகிருதம், prakrit ou forme radicale et informe du langage dont le sanscrit ou quelqu'autre langage poli a été formé, dialecte moins poli que le sanscrit que parlent les femmes et les personnages inférieurs des comédies, angue relevée,—des grands ou des savans (de quelques pays que ce soit).

*பாகம்,1° (bhâga), part, portion, moitié,côté,demi-roupie,360me partie—,degré de cercle,fraction, espèce de compte,brasse ou mesure de 4 coudées. 2° (pâka),opportunité,cuisson,—à point voulu,préparation des mets,maturité, — ou suppuration d'un furoncle,digestion, malédiction,vase de cuisine, crainte,panique générale dans un pays,hibou, cheveux gris,—blancs, nom d'un démon ou Asouren (probablement பாகாசுரன்),petit des animaux. 3° aumône:வைத்திய— part du médecin sur les remèdes confectionnés d'après ses prescriptions; — அளக்கிறது mesurer par brasses; —ஆகிறது se préparer, se cuire, être cuit à point voulu;கறிகளும் — ஆயிற்று les divers mets de viande et de légumes sont cuits suffisamment: தைலம் — ஆயிற்று l'huile médicinale est au degré de cuisson voulu; —பண்ணுகிறது préparer le repas,faire la cuisine,diviser,partager, rendre propre, accommoder—, mettre au point voulu:பாகாரம்,— காரம் division; —சாலை,—ஸ்தானம்,—தானம் cuisine; — சக்கிலம் chaux:—காரி cuisinier;—பாண்டம்,—பாத்திரம் vase—,ustensile de cuisine;—புடம்,(புடம்),fournaise de potier —ப்படுகிறது se préparer,être cuit, accommodé,mûr,au point voulu;—ப்படுத்துகிறது cuire,accommoder ou préparer les mets,mettre au point voulu;—ரஞ்சனம் feuille du laurier [cassia.

*பாகர்,pl.de பாகன்.

*பாகலம்,(pâkala),sorte de maladie—,fièvre d'éléphant,ce qui mûrit,fait suppurer.

பாகல்,l'arbre பலாமரம் jaquier, la plante வெட்பாலட்டை,la plante momordica charantia: பாகற்காய் le fruit du momordica (qui bien qu'amer est un bon légume); நாய்ப்பாகல் la plante médicinale bryonia maysorensis.

*பாகவதம்,(bhâgavata),un des 18 pouranas qui traite surtout de Krichna ou Vichnou.

*பாகவதன்,pl.பாகவதர்,(id.),dévot —,sectaire de பகவன்,—de Krichna ou Vichnou,Vichnouviste;பாகவதநடனம் danse particulière à ces sectaires.

*பாகணம்,(bhâgana),période pendant laquelle le soleil parcourt les 12 signes du zodiaque,année,zodiaque, circonférence d'un grand cercle.

*பாகன்,pl.பாகர்,(pâ soigner,ka), cornac,palefrenier, écuyer, cocher, conducteur d'éléphant,de cheval,de char,la planète Mercure.

*பாகாரம், (sync. de பாககாரம்), division,règle de —, partage.

*பாகி,1° (பாகம்), homme propre pour une chose, participant, partageant,héritier. 2° chien.

பாகிக்கிறது,கித்தேன், கிப்பேன், கி,கிக்க,v.a.(பாகம்),பாகித்தல்,n. v. partager,diviser.

பாகிடுதல்,(பாகு),partage,

*பாகியம், (vâhya), chose extérieure, — externe, dehors: பாகியத்துக்குப்போகிறது aller dehors,—aux nécessités.

*பாகிநேயன்,P.பாகினேயன், (பகினி,èya),neveu,fils de la sœur.

பாகிறது,பாகேன்,பாவேன்,பா, பாக,v.n.se partager,se diviser en 2.

பாகீடு,(பாகு,ஈடு),partage.

*பாகீரதி,(பகீரதன்),le Gange,qui, au dire des Indous,descendit du ciel à la prière du roi bhaguiratha.

*பாகு,1° (bâhou), bras,épaule,côté de triangle ou de figure géométrique,puissance. 2° (பாகம்), part, partie,portion,sirop,bouillon, potage,sauce, bouillie épaisse, liquide épaissi,lait,sucre,sucre candi. 3° (பாகன்),cocher,écuyer,cornac... 4° (பாக்கு),arec, noix d'arec. 5° (பாகை), turban,toque. 6° la 2° constellation lunaire dite பரணி,rivage: பாகிடுகிறது partager; பாகிலைச்சுருள் rouleau de feuilles de bétel (qui se mâchent avec l'arec):— படுகிறது être divisé,—partagé; — பாடு division, partage;—வன் guerrier ou க்ஷத்திரியன் qu'on prétend né des épaules de Brama; — த்திராணம் armure pour les bras;—ப்பிரஹரணம்,—யுத்தம் se boxer;—மூலம் aisselle;—வீரியம் prouesse; பாகமாய்க்காய்ச்சுகிறது faire bouillir jusqu'à la consistance d'un sirop,réduire en sirop,en électuaire.

*பாகுகன்,1° (pâkouka),cuisinier. 2° (bâhouka),serviteur, Bâhouguen, nom du roi நளன் après sa prétendue métamorphose par la morsure du serpent கார்க்கோடகன், singe.

பாகுடம்,tribut,— que paie un roi vassal.

*பாகுரி,(bhâgouri),Bâgourri, célèbre grammairien, V. இலக்கணம்.

*பாகுலம், (bâhoula), le mois de கார்த்திகை.

*பாகுவன்,P. பாகுகன்.

*பாகேக்கியம், P. பாகயக்கியம், (pàkayadjna),sacrifice aux ancêtres, —aux விசுவதேவர்.

பாகை,(பாகம்),portion, partie,—d'un livre, degré ou 360^me^ partie d'un grand cercle, turban, toque, coiffure de beaucoup d'Indiens.

*பாகோசுகன், பாகோடன், (பா, கோசம்),le globe lumineux,i.e. le soleil.

பாக்கம்,village,—du bord de la mer ou des terrains salés,—en pays cultivé, terminaison d'un grand nombre de villages, Pâkam village de brames près de Madras.

பாக்கல்,பாக்கற்று,(பா,P.பாவு), pavé,étendue,extension.

பாக்களவு,(பாக்கு,அளவு), espace —,mesure ou grosseur d'une noix d'arec:—கொடுக்கிறது, — தின்கிறது donner—, manger gros comme une noix d'arec,i.e.fort peu.

பாக்கன்,chat.

பாக்காநூல்,(பாக்கு,P.பாவுக்கு, ஆம்,நூல்),fil de la chaîne ou propre à la chaîne, fil enduit de கஞ்சி et préparé pour le tissage.

பாக்கி,(arabe),balance due,arriéré,arrérages,reste non payé,

*பாக்கியம், (bhâgya), bonheur, prospérité,félicité,fortune, richesse, réussite,bonne fortune:— பண்ணுகிறது prospérer,s'enrichir; பாக்கியசாலி,m.f. personne heureuse, fortunée,à qui tout prospère;—விதானம்,—த்தானம் le signe réputé heureux,c'est le 10^me^ signe après ou avant la naissance;— நாதன் Félix, Fortunat;— லட்சுமி, — லக்ஷுமி la prétendue déesse de la fortune: சகலபாக்கியமுஞ் சந்தானசம்பத்தியுந் தீர்க்காயுசுந் தனகனகவஸ்துவாகனமும் உமக்குமேன்மேலுமுண்டாகக்கடவது puissiez-vous avoir de plus en plus toute sorte de bonheur, une nombreuse famille, une longue vie,des biens,des richesses et de superbes montures!

*பாக்கியவான்,(பாக்கியம், vân), homme heureux,riche.

*பாக்கியவதி,fém.du préc. femme heureuse,—riche,bienheureuse.

*பாக்கியலாபாநுகூலம், (பாக்கியம், அநுகூலம்), acquisition du bonheur,—des richesses, réussite, succès,—heureux,

பாக்கு,1°noix d'—,arec(qu'on mâche avec le bétel).2° affixe ou particule qui s'ajoute à la racine du verbe pour former une espèce de gérondif du futur et que l'on traduit par l'infinitif ou par pour: உண்பாக்கு வந்தான் il est venu manger ou pour manger; ஒரு—கடிக்கிற நாழிகையிற்றிரும்புகிறது revenir dans l'espace de temps qu'il faut pour mâcher une noix d'arec, — en un instant; பாக்கிலை arec et bétel;—க்கட்டுதல் espèce de jeu; — க்குலை grappe—,bouquet de noix d'arec, rameau garni de ces noix; — ச்சாரம் jus de l'arec,suc d'arec et de bétel mâchés; —சீவுகிறது racler—,couper par tranches la noix d'arec: — ச்செதில்,— ச்செதிள் tranche mince d'arec;—பறிக்கிறது arracher le bétel,examiner en ôtant du bétel d'une certaine manière si le mariage d'un futur époux qui arrive s'accomplira;—ப்பை,— வெற்றிலைப்பை sac à l'arec,—au bétel et à l'arec;—போடு கிறது jouer à une espéce de jeu,se mettre dans la bouche —, prendre ou mâcher du bétel et de l'arec;—மரம் aréquier,l'arbre qui produit l'arec:—வெட்டி ciseau pour couper par tranches la noix d'arec;—வெற்றிலை arec et bétel; கடிச்சீவின பாக்கு noix d'arec dont on a raclé ou coupé le bout....

*பாக்ஷிகன்,(பக்ஷி,ka), oiseilleur.

பாங்கம்,l'arsenic nommé பலண் டுருவபாஷாணம்.

பாங்கர்,1° place,lieu, côté. 2° *pl. du suiv.* [camarade,compagnon.

பாங்கன்,*pl.*பாங்கர்,(பாங்கு),ami,

பாங்கி, *fém. de* பாங்கன், amie, compagne,suivante, fille ou femme d'honneur, *pl.* பாங்கிமார் compagnes, dames d'honneur d'une princesse.

பாங்கு,beauté,droit, convénance, propriété,accord, côté, lieu, place, manière,coutume:—பட்டடையுண் டானவூர் ville qui a de beaux et bons champs,bien arrosés; — பண்ணுகிறது orner,embellir, faire une chose convenablement; பாங்காய்ச் சமைக்கிறது cuire—, accommoder convenablement,faire cuire au juste point; கடவுள்பிரபஞ்சத்தைப்பாங்காய்ச்சமைத்தார் *ou* படைத்தார் Dieu a créé le monde en bon état; வடுகப்பாங்காய் à la façon des Télingas,—du nord; திருவுளப்பாங்கின்படிநடக்கும் cela arrivera selon la volonté de Dieu.

பாங்குமம்,cumin noir.

*பாசகம்,1° (pâsaka), dé à jouer. 2° (pâtchaka),art de la cuisine, emploi de cuisinier, digestif, bile qui aide à la digestion,feu,— de l'estomac.3° (bhâdjaka),diviseur,(en arithmétique):பாசகஸ்திரீ,பாசகத்திரீ, cuisinière.

*பாசகன்,*pl.* பாசகர்,(pâtchaka), cuisinier. [bétel.

பாசடம்,(பாசு,அடம்),feuille de

பாசடை,(*id.*அடை),feuille verte.

*பாசண்டம்,*P.*பாஷண்டம்,secte,règles ou lien de secte: பாசண்டத்துறை état des liens ou règles d'une secte.

*பாசண்டர், பாசண்டகள், பாசண்டிகள், (*id.*), sectaires, — hétérodoxes.

*பாசம்,1° (pâsa),lacet,piége,filet, lien,attache,fers,chaines, entraves, fil,corde,—à nœud coulant (qui est censée servir d'arme à Yamen pour tuer les mortels,et à Siven, Brama, Varounen et autres prétendus dieux et aux guerriers),amour, attachement, parenté, illusion, — du monde, esclavage du monde ou de la matière,vanité,trou d'une aiguille,cuirasse, cotte d'armes, démon, l'arsenic dit.சர்ப்பபாஷாணம்,emphase,le corps qui est la prison de l'âme,liens qui attachent l'âme à la terre,matière.2° (pâdjas),force,pouvoir,violence.3° (bhâsa), lustre, lumière,beauté.4°.obscurité,ténèbres, —de l'illusion du monde,espèce de mesure,—de règles pour juger, cumin,5° à la fin de certains mots composés பாசம் signifie abondance,beauté, défaut; பாசக்கட்டு lien du monde,qui attache au monde;—க்கயிறு corde, — à nœud coulant;—கரன்,—தரன் celui qui porte une corde,—un lacet ou une corde à nœud coulant,*i.e.* Yamen,Kâlen,Varounen,Vinâyaguen;—ஞானம் sagesse mondaine, connaissance du monde;—நாசம் destruction d'un lien;—பந்தம் lacet,piége,corde, licou,violence,constipation;—பந்தர், (பந்தம்),gens pris dans un piége, dans des filets,dans des liens;—பந்திகள்,(*id.*),— சம்பந்தர் ceux qui sont attachés aux illusions du monde,aux passions;—பாணி celui qui a un lacet à la main,*i.e.*Siven, *V.*பாசதரன்;—பெந்தர், *V.*பாசபந்திகள்; —மோசனம்,—விமோசனம் délivrance des passions,— de ses liens; —வைராக்கியம் dégout du monde: பாசங்களினீங்கல் exemption de passions,un des 8 attributs de Dieu dits எண்குணம்,pureté.

*பாசபேயம்,P.வாசபேயம்.

பாசமுகம்,l'arbre அகில்.

*பாசலம்,(pâtchala),vent,feu,maturité,chose préparée sans feu,cuisson,—sans feu.

பாசவம், (pâsava), troupeau: பசவபாலனம் pâturage, prairie, *litt.*ce qui conserve les troupeaux.

பாசறை,affliction,camp, campement, lieu où s'arrêtent les soldats qui marchent à l'ennemi,instrument—,planchette pour polir les murs, nom d'un arbre: — முல்லை pensée—,regret d'un soldat dans le camp à l'égard de sa femme absente.

*பாசனகம்,(pâtchanaka),borax,espèce de breuvage de malade,de médecine,infusion, décoction de diverses drogues principalement carminatives,pour conduire à maturité les humeurs vitiées par la fièvre.

*பாசனம்,1° (bhâdjana), vase,—de terre,—à manger,vaisselle, plat, assiette,pot,part, portion, division (arithmétique).2°(pâtchana),feu,acidité,aigreur,digestif,abandon,expiation,pénitence,sorte de remède, *V.* பாசனகம்.3° parenté,affinité.

*பாசன்,(பாசம்),celui qui porte une corde,*i.e.*Yamen,Siven,Varounen,la vie ou l'âme.

பாசாங்கு,dissimulation, imposture, hypocrisie, donner le faux pour vrai, illusion, ressemblance, contrefaçon: பாசாங்குபடுத்திறது, பாசாங்காயிருக்கிறது dissimuler, feindre,—d'ignorer;—க்காரன் imposteur,trompeur, rusé, hypocrite, imitateur;—பண்ணுகிறது,— போடுகிறது faire l'hypocrite,feindre,—ce qu'on n'est pas,contrefaire, faire le malade...

*பாசாங்குசன், (பாசம், அங்குசம்),celui qui est armé d'une corde et d'un croc de cornac, *i.e.* Poulléyar.

*பாசாண்டம்,*V.*பாஷண்டம்.

*பாசாண்டி,*V.*பாஷண்டி.

*பாசாபந்தம்,(பாசம், அ *priv.* பந்தம்),disparition magique.

*பாசாபாசம், (*id.*ஆபாசம்), paquet de flèches,corde. [ரிஞ்சில்.

பாசானபேதி,la plante செப்புநெ

*பாசி,1° (பாசம்,i), homme armé d'un lacet ou d'un filet, ou qui en pose,Yamen,Varounen,oiseleur, preneur d'animaux au lacet.2° (pâtchi),action de cuire,de faire la cuisine.3° (பாசு),mousse,— verte qui couvre les étangs, herbage d'étang, lentille d'eau,lenticule, algue marine,la plante aquatique கிடைச்சி, vert-de-gris, nielle,chien, poisson, grains de verre de diverses couleurs pour colliers d'enfans, grains noirs (de verre...):—க்குளம் étang couvert de mousse ou de lenticules;—த்தீர்வை impôt sur le poisson;— படர்கிறது la mousse—, la lenticule s'étendre, se propager, se répandre sur l'eau;—பற்றியபல் dent sale,—couverte de tartre; — பற்றுகிறது, —பிடிக்கிறது se couvrir de mousse, de lenticules;— பூக்கிறது la mousse—, la moisissure se former, —apparaître;—ப்படை armée puissante,soldats qui montent à l'assaut, ou les premiers à l'attaque, enfans perdus d'une armée; — ப்பயறு grains de vesse, phaseolus radiatus;—மணி grains de verre noirs ou de diverses couleurs (pour colliers d'enfans);—விலை prix du poisson. [cuire.

*பாசிகை,(பசி. kâ), action de

*பாசிதம்,(bhâdjita), chose partagée,portion,quotient (en arithmétique).

பாசிலை,(பாசு,இலை),feuille verte.

பாசு,1° *adj.de* பசுமை,*devant une voyelle*,vert.2° verdeur, vert, bambou,courage.3°* (bhâsou),le soleil.

*பாசுபதம்,(பாசுபதன்), une des 6 sectes intérieures des Sivénistes, celle qui adore Siven sous le nom de பசுபதி,comme maître prétendu des créatures,la flèche de பசுபதி, *i.e.*de Siven.

*பாசுபதன்,*pl.*பாசுபதர்,(pâsoupata),adorateur de Siven sous le nom de பசுபதி (*V.*ci dessus).

*பாசுபதாஸ்திரம்,(பாசுபதம், அஸ்திரம்),flèche de Siven,la flèche ou l'arme que Siven donna, dit-on, à அருச்சுனன், [crifice.

*பாசுபதி,(பசுபதி),espèce de sa-

*பாசுபாலியம்,(pâsoupâlya),action de paitre et de garder le bétail.

பாசுரம்,1° (பா, சுரம்), hymne, chant sacré, ton cadencé et récitatif,poème mystique,phrase,prose, discours.2° (பாசு,சுரம்), son d'une flûte de bambou ou autre.3° (bhâsoura),splendeur,éclat,cristal.

பாசுவசுரோணி, ricin sauvage dit காட்டாமணக்கு.

*பாசை,1° (pâtchâ),action de faire cuire.2° *P.*பாஷை langage.

பாச்சல்,*P.*பாய்ச்சல்.

பாச்சி,1° lait,(terme enfantin).2° ou

பாச்சிக்கை,(*corr.de* பாசகம்),dé à jouer,espèce de—,long dé employé au jeu dit சொக்கட்டான்.

*பாச்சியம், (bhâdjya), portion, part,dividende.

பாச்சுகிறது,*P.* பாய்ச்சுகிறது.

பாச்சுநட்டி, பாச்சுற்றி, (பா), nom d'un instrument de tisserand.

பாச்சை,*P.*பாய்ச்சை:— யடிக்கிறது les grillons chanter,—gâter;— யடித்தபுடவை habit gâté par les grillons.

பாச்சொற்றி,*P.*பாற்சொற்றி: அடுக்குப்—la plante justicia ecbolium; எருமைப்—la plante achyrantes lappacea.

*பாஷகம்,(pâchaka),gros anneau que les femmes portent aux pieds, ornement des pieds;—போடுகிறது s'en mettre aux pieds.

*பாஷணம், (bhâchana),discours, applaudissement à la fin d'un drame....

*பாஷண்டம்,(pâchanda),hérésie, secte hétérodoxe; (les Vichnouvistes usent de ce mot et de ses composés à l'égard des Sivénistes,des Bouddhistes et des Samanéens).

*பாஷண்டீன்,பாஷண்டகன்,பாஷண்டி (*id.*ka,i).hérétique,hétérodoxe,sectateur d'une fausse religion,fanatique,linganiste.

*பாஷமாணம், (bhâchamâna), parler,dire. [parole.

*பாஷணம்,(bhâchana), discours,

*பாஷாசமம்,(பாஷை,சமம்),mot commun ou qui convient à 2 langues, arrangement d'une phrase ou d'une sentence de sorte qu'elle soit sanscrite et prakrite ou பிராகிருதம்.

*பாஷாணம்,(pâchâna),1° pierre. 2° poison,arsenic. On compte 32 espèces d'arsenics naturels dits பிறவிப்பாஷாணம்,et 32 d'arsenics préparés ou composés dits வைப்புப்பாஷாணம். De plus chaque espèce a plusieurs synonymes, presque tous finissent par le mot பாஷாணம்.Voici les arsenics naturels: அஞ்சனபாஷாணம்,அப்பிரக—,அவுபல—, இலிங்க—,5° கந்தக—,கரட்டுத்தாளகம்,கற்கடக—, கற்பரி—, கற்—, 10° காய்ச்சற்—,காந்த—,கார்முகில், குதிரைப்பல் ou அசுவம் ou சுத்துருவம் arsenicum rubrum,கந்தகம், 15° கௌரி— ou அங்கரமாதி,கோளக— ou அங்கம்,சங்க—,சவ்விரம் ou பறங்கிப்—ou அதிவெள்ளைச்செந்தூரம், சர்காண்டம் ou அங்குசன், 20° சாலாங்க—ou கும்பகம், சிலாமதம், சிதாங்க—ou அகளங்கம், சிரபந்தம் ou கபாலன்,சூத—, 25° தகட்டுத்தாளகம் ou தகட்டரிதாரம், தாலம்பம், துத்த—,தொட்டி ou கும்பகம்,பலண்டுறுக—,39° மனோசிலை, மிருதம் ou அங்கணன்,வெள்ளைப்— ou எலிப்பாஷாணம். Liste des arsenics composés ou préparés:அமரசிலைக்கந்தகம்,அயத்தொட்டி,இந்திர—, இரசிதம்.5° இரத்த—,இலவண—, எருமைநாத்தொட்டி,கருமுகில்,காசம், 10° குங்குமம் ou அஞ்சற்குளச்சு, ou கமலி,கோடாசோரி,கோழித்தலைக்கந்தகம்,கௌரி, சவ்விரம்,15° சாதிலிங்கம், சூதம், செப்புத்தொட்டி, சோரம்,திமுறுகல்,20° துத்தம், துருசி,தொட்டி orpiment, நாக—, நீலம் ou நாய்க்குழவி ou நாபத்தின்பின்லை,

25° பஞ்சபக்ஷி,பவழப்புத்று, பூரம், பொற்றெட்டி,மிருதாரசிங்கி ou சிங்கி,30°வாணகந்தகம், வெள்ளை,வைப்பிரதாரம்:பாஷாணக்கல் nom d'un antidote;—தாரகம்,—தாரணம் ciseau de tailleur de pierres;—த்தாபனம்,—ஸ்தாபனம் érection d'une tombe ou monument aux morts (ce qui est un des சவக்கிரியை);—மூர்த்தி femme céleste—,bienheureuse étendue comme une pierre;பாஷாணத்திலேகூட்டுகிறது composer un remède avec de l'arsenic.

பாஷாண்டி,(பாஷாணம், ஆண்டி),sivéniste de la secte des வீரசைவர். [ணை

பாஷாண்டிணை, V. பாடாண்டி.

*பாஷாந்தரம், (பாஷை, அந்தரம்),autre langage, diverses langues: —ஆக்குகிறது traduire,—dans une autre langue.

*பாஷாபாதம்,(id.,பாதம், quart), la 1re des 4 parties d'un procès, la plainte ou l'accusation.

*பாஷிக்கிறது,ஷித்தேன், ஷிப்பேன்,ஷி,ஷிக்க v.n.(பாஷை),parler.

பாஷித்தல்,பாஷிப்பு,n. v. du préc. parole,discours.

*பாஷிதம்,(bhâchita), chose dite, discours,dire,langage.

*பாஷியம்,(bhâchya),commentaire,explication d'un aphorisme ou d'une régle technique,telle que celles du நன்னூல்: பாஷியகாரன், —காரன் commentateur,celui qui explique les aphorismes ou régles techniques renfermées dans une sentence,traducteur.

*பாஷை,(bhâchâ),langue,langage,parole, discours, Sarasvati prétendue déesse de la parole,serment, imprécation contre soi si on manque à sa parole. Les Indiens comptent 18 langues, V. அஷ்டாதசபாஷை:—கற்கிறது apprendre une langue;—க்காரன் linguiste, savant dant les langues;—சொல்லுகிறது,—யிடுகிறது jurer, faire serment,—des imprécations,promettre avec serment;—பத்திரமாக sous la sanction d'un serment;—ப்படுத்துகிறது,—பாஷையிலேதிருப்புகிறது traduire,—dans une autre langue; பாஷையறிகிறது connaitre une langue. [vapeur.

*பாஷ்பம்,(bâchpa),pleurs,larmes,

*பாஸ்கரம்,(bhâskara),splendeur, lumiére,soleil,feu,or,bravoure, une des 6 sectes intérieures des Vichnouvistes,un des 32 உபநிஷதம்: பாஸ்கரப்பிரியம் le rubis.

*பாஸ்கரன்,(id.),Bhasgaren,célèbre astronome, feu,soleil,héros.

*பாஸ்மனம்,(பஸ்மம்),cendre.

*பாஞ்சசத்திகம்,(பஞ்சம்,சத்தம், ika),instrumens de musique en général ou de 5 sortes.

*பாஞ்சசன்னியம், (pantchadjanya),la conque de Vichnou ou de Krichna faite des os de l'Asouren ou démon பஞ்சசனன் et entourée de 1000 conques,coquillage, espèce de poisson,feu; பஞ்சசன்னியதரன் celui qui porte cette conque,i.e. Vichnou ou Krichna.

*பாஞ்சபௌதிகம், (பஞ்சபூதம், ika),chose composée des 5 élémens.

*பாஞ்சராத்திரம்,(பஞ்ச, ராத்திரம்),secte que l'on dit avoir été enseignée à Brama par Vichnou durant les 5 nuits du déluge, subdivision de la secte des Vichnouvistes, c'est une des 6 sectes hétérodoxes suivant les Sivénistes,un des 2 livres des Vichnouvistes.

*பாஞ்சராத்திரி, பாஞ்சராத்திரிகன்,(id.),sectateur de la secte dite பாஞ்சராத்திரம்.

*பாஞ்சலிகை.(pâtchalikâ), belle statue,—poupée,marionnette.

*பாஞ்சாலம்,(pântchâla),le Pantchâla,un des 56 pays de la géographie indienne,le Pandjab,association de 5 métiers ou de 5 sortes d'artisans,savoir:charpentier,tisserand, barbier,blanchisseur et cordonnier, grammaire à 5 parties, beauté, élégance: பாஞ்சாலபுருஷன் bel homme,beau mari;—மட்டியம் espèce de timbale.

*பாஞ்சாலன்,(id.),roi—,habitant du Pantchâla, bel homme.

*பாஞ்சாலி, (பாஞ்சாலம்,i), belle femme,la femme du Pantchâla i.e. துரோபதை.2° ou

*பாஞ்சாலிகை,(பாஞ்சாலி, kâ), V.பாஞ்சாலிகை.

பாட,1° inf.de பாடுகிறது.2° obl. de பாடம்.

*பாடகம்,1° P.பாதகம்.2°(bhâtaka),salaire,gage, prix d'un—,loyer. 3° (pâtaka),moitié de village, bord, rivage,jeu de dés,sorte d'instrument de musique,large empan,perte, dépense ou perte du capital:— போடுகிறது se mettre un gros anneau au dessus de la cheville du pied.

*பாடகன்,pl.பாடகர், (pâthaka), chanteur,chantre,lecteur, étudiant, précepteur spirituel, celui qui lit publiquement les pouranas.

பாடகி,fém.du préc. chanteuse.

*பாடச்சரன், (படச்சரன்), voleur.

*பாடம்,(pâtha),leçon, —à apprendre,devoir à écrire, étude, lecture, chapitre,division d'un livre.2° rue, rue de bergers, préparation de la feuille de tabac,chose qu'on a mise s'affaisser...,morceau,frottement de l'or,de l'argent sur la pierre de touche,chose à la quelle on est exercé. 3° (pâtâ),série,ordre,pile:—ஆக்குகிறது,— ஆக்கிக்கொள்ளுகிறது apprendre sa leçon,—par cœur, s'exercer à,imiter,copier;— ஒப்பிக்கிறது réciter sa leçon présenter son devoir;— கேட்கிறது demander au maître le sens d'une leçon ou d'un livre, faire réciter, demander sa leçon à un écolier; —சேருகிறது la leçon s'imprimer dans la mémoire,s'apprendre,s'obtenir,s'affaisser, se réduire;— சொல்லுகிறது réciter—,répéter sa leçon, expliquer à un écolier le sens de sa leçon; — பண்ணுகிறது, — வரப்பண்ணுகிறது, —வரப்பண்ணிக்கொள்ளுகிறது apprendre une leçon, —par cœur,s'exercer,acquérir l'habitude, imiter,copier (les manières de quelqu'un.,.); இதிலே—பண்ணினான் il est bien exercé—habile dans ceci;புகையிலையைப்— பண்ணினான் il a préparé les feuilles de tabac;—போடுகிறது réfléchir plusieurs fois sur les leçons ou explications données,c'est une des qualités des écoliers; பாடசாலை salle d'école, collége,école,classe;— சீட்டு feuille ou livret qu'on donne à apprendre, modéle; பாடக்கிலேபதிப்பு pierres précieuses artistement jointes de manière à ne présenter qu'une surface et un éclat,(terme technique de joaillier): மேற்பாடம் original, minute; கீழ்ப்பாடம் copie, —d'un original, —de dessous.

*பாடலம்,1°(pâtala),couleur rouge, —roussâtre,rouge pâle,riz qui mûrit dans la saison des pluies, l'arbre பாதிரி,sa fleur.2° cheval, le cheval du roi சேரன், serment, imprécation.

*பாடலி,(pâtali), riz qui mûrit dans la saison des pluies,l'arbre பாதிரி,sa fleur,2° caillou,jus de palmier...fermenté:—புத்திரம் Pâdalipoutiram, ville qu'on suppose l'ancienne Palibothra des Grecs et la moderne Patna,ainsi nommée de பாடலிபுத்திரன் son fondateur,

*பாடலோபலம்,(பாடலம், உபலம்),pierre précieuse d'un rouge pâle,i.e.rubis.

பாடல்,opt.et n.v. de பாடுகிறது, chant,—de vers,chanson, cantique, musique vocale,lecture:— கேட்கிறது écouter chanter; பாடற்கிலக்கணம் prosodie, versification; இந்த வீட்டிலாட்டம்பாட்டமல்லாமலில்லை dans cette maison il n'y a que danse et chant.

*பாடவம், 1° (pâtava), habileté, dextérité, éloquence, santé, joie, grandeur. 2° (bâdava),feu sous-marin, haras, troupeau de jumens, V. வடமுகத்தீ.

*பாடவாக்கினி,(பாடவம், அக்கினி), l'enfer, V. வடவாக்கினி.

·பாடலன்,பாடலை, (பாடுகிறது), chanteuse, le signe des Gémeaux, (ce sont, selon les Indiens, 2 femmes l'une nommée பாடலன் et l'autre பாடலை, l'une a à la main une massue தண்டு, l'autre une guitare யாழ்.

·பாடலன்,(*id.*), chantre, chanteur.

*பாடலிகம்,(பாடலம், ika), habileté, artifice, ruse.

*பாடவேயர், (bâdavêya), les 2 fils prétendus du soleil et de la nymphe அச்சுவினி changée en jument ou படவை; ce sont les médecins des dieux indous. On les nomme அச்சுவினிதேவர்.

*பாடனம், (pâtana), action de couper, coupure. 2° (pâthana), prédication, enseignement. 3° *P.* பாஷணம், discours, parole. 4° (பாடுகிறது), chant, action de chanter.

பாடன்மகள், பாடன்மகடூஉ, (பாடல்), chanteuse,

பாடா, 1° la plante ou vigne cissampelos. 2° *ou* பாடாத, *part. nég. de* பாடுகிறது qu'on —, qui ne chante pas.

*பாடாசமம், *P.* பாஷாசமம்.

*பாடாணம்... *V.* பாஷாணம்,..

பாடாண்டிணை, (பாடு, ஆண், திணை), un des புறப்பொருட்டிணை.

பாடாதல், (பாடு, ஆதல்), *V. au mot* பாடு.

*பாடாந்தரம், *P.* பாஷாந்தரம்.

பாடாவறுதி, பாடாவதி, (பாடா, அறுதி, வதி), grande peine, — souffrance.

பாடாவதி, (*id.*), malheureuse destinée: பாடாவதியாய்முடிகிறது finir mal, devenir fâcheux.

பாடி, 1° *n.v. et gér. de* பாடுகிறது chanteur, chanteuse (à la fin des mots composés comme வானம்பாடி la chanteuse de l'air, *i. e.* l'alouette). 2° terminaison d'un grand nombre de villes et villages, ville, bourgade, bourg, village, — de forêts, district, pays, armées, troupe, armure, cotte d'arme, camp, espèce de mélodie, un des 32 airs anciens, éclaireur, espion, — que les voleurs envoient pour examiner l'état du village qu'ils veulent piller, rapport de cet espion. 3° (pâthi), brame qui a fini ses études. 4° (bbâti), gage, salaire: — க்கதை vaines paroles, vains discours, conte frivole, — de camp; — க்கொண்டுவருகிறது venir en chantant, chanter habituellement; — சொல்லுகிறது un espion faire son rapport —, donner aux voleurs des renseignemens sur l'état d'un village; — பரதேசி vagabond qui mendie en chantant, chanteur de ballades; — வோட்டம், — வோடுதல் espèce de jeu; — வோடுகிறது jouer à ce jeu; — வீடு camp, campement; — ப்பிச்சை aumône qu'on demande en chantant; — வார்த்தை mensonge, vanterie.

*பாடிதம், 1° (pâthita), instruction, enseignement. 2° *P.* பாஷிதம்.

*பாடியம்... *P.* பாஷியம்...

பாடிலம், pays.

*பாடினி, 1° (pâdini), vase de terre... 2° (பாடி), chanteuse.

*பாடீகணிதம், (pâliganita), arithmétique.

*பாடீரம், (pâtira), racine piquante, espèce de radis, sandal, zinc, nuage, graine de bambou, champ, rizière, crible, maladie provenant de flatuosités.

*பாடீரன், (bâdira), serviteur à gages.

*பாடீனன், (pâthina), lecteur public des pouranas.

பாடு, 1° *imp. et part. de* பாடுகிறது. 2° *gén.* பாட்டின், *obl.* பாட்டு, *n.v. de* படுகிறது, souffrance, peine, effort, travail, tourment, passion, supplice, tolérance, capture de poissons d'un coup de filet, diminution, dommage, perte, malheur, qualité, naturel, coït passif d'une femme, place, côté, parti, son, grandeur, croissance, affection, propre affaire, opposition des planètes au soleil, la 7° place ou le 7° signe à l'ouest de celui qui se lève, celui qui se couche. 3° Il sert d'affixe simple à la fin de certains mots, v. g. ஆசைப்பாடு désir cupidité: இதுஎன்பாடு ceci est mon affaire; உன்பாடு c'est ton affaire; பாடழிகிறது, பாடறுதல், பாடாய்ப்போகிறது se perdre, se gâter, périr, éprouver une perte, être frustré; பாடாய் malheureusement, péniblement: பாடாய்முடிகிறது finir mal ou malheureusement; தன்பாடாய் par ses efforts, par son travail...; — கிடைக்கவில்லை on n'a point trouvé d'ouvrage; —காட்டுகிறது montrer la peine, le côté..., être couché sur le côté, tomber d'un côté, s'affaisser—, tomber —, rester doucement ou tranquillement; —படுகிறது souffrir, —de la douleur, endurer un châtiment, travailler rudement, s'efforcer; —படுதல் souffrance, travail rude; — படுத்துகிறது affliger, punir, faire souffrir, tourmenter; — படுத்திக்கேட்கிறது mettre à la question, torturer pour arracher des réponses; —பட்டுண்கிறது, — பட்டுப்பிழைக்கிறது vivre de son travail; —பட்டுத்தேடுகிறது chercher —, gagner par son travail; —பார்க்கிறது examiner le dommage, la perte, le déchet, le tourment; — வந்தாற்றுங்காசொல்கிறது exprimer son incapacité à souffrir un tourment ou un dommage...; பாடெம்மாத்திரம் quel est le déchet (dans la fonte des métaux...) *ou* la perte, la souffrance: ஒருபாட்டிலேகிடக்கிறது être couché —, être d'un côté, être d'un parti; ஒருபாட்டிலேகிடையாய்க் கிடக்கிறது être couché ou penché d'un côté, ஒருபாட்டிலேகிடந்து சுளுக்குப்பிடித்துக்கொண்டது avoir attrapé une entorse ou une foulure pour avoir été trop long-temps couché sur un côté.

பாடுகிறது, டினேன், டுவேன், டு, ட, *nég.* டேன், *v.n.* chanter, — un air, — des vers, composer —, faire des vers, lire, —en chantant, jouer au jeu பாடிவோட்டம்: குரலைஇறுக்கிப் —chanter en retenant ou diminuant sa voix; குரலைவிரித்துப்—, chanter en déployant sa voix; சத்தந்தாழ்த்திப் — chanter en baissant le ton, ou diminuant la voix; சத்தமேற்றிப்—chanter en élevant le ton ou la voix.

பாடுகிறவள், பாடுவள், பாடுவாள், பாடுவிச்சி, பாடுவோள், *n. app. du préc.* chanteuse.

பாடுகிறவன், பாடுவன், பாடுவான், பாடுவோன், (*id*), chantre, chanteur.

பாடுகை, பாடுதல், *n.v.de* பாடுகிறது.

பாடுவிக்கிறது, *v. caus. de* பாடுகிறது, faire chanter, enseigner à chanter, — à faire des vers ou à en chanter.

பாடோடு, (பாடு, ஏடு), modèle, original, 1<sup>re</sup> feuille.

பாடை, 1° bière, cercueil, le cotonnier பஞ்சுச்செடி. 2° *V.* பாஷை *et ses composés*: — குலைத்தான் la plante புராகல்;—ப்பண்டி corbillard; —மரம் cercueil, bière.

*பாட்கிலன், *P.* பாகஇலன், oiseleur.

பாட்டம், petite vérole.

*பாட்டன், *P.* பாடகன், chanteur, ménétrier.

பாட்டம், 1° *V.* பாட்டாசாரியம். 2° fréquentes—, ondées, pluie souvent interrompue, fois: —பாட்டமாய்ப் பெய்கிறது pleuvoir par fréquentes ondées: பாட்டப்பிரபாகரம் nom d'une secte; —மதத்தான் observateur de la secte பாட்டம்; — மழை ondée, pluie intermittente, par intervalle.

பாட்டன், 1° *ou* பாட்டனார், grand-père, aïeul. 2° *V.* பாட்டாசாரியன். 3° (பாட்டம்), partisan de la secte dite பாட்டாசாரியம்; — பூட்டன்தன விலே du temps des ancêtres.

பாட்டா, *P.* பாட்டன்.

*பாட்டாசாரியம், (பாட்டாசாரியன்), secte indoue fondée par Battasarien, un des 6 சாஸ்திரம்.

*பாட்டாசாரியன், (பாட்டன், ஆசாரியன்), Battasarien, auteur de la secte dite de son nom பாட்டாசாரியம்.

பாட்டாளி, 1° (பாட்டு, ஆளி), chanteur. 2° (பாடு, obl.-டுவி),homme laborieux, actif, industrieux: அவன் —யல்ல il n'est pas laborieux, c'est un paresseux.

பாட்டாளி, (பாடு,obl.-டுவி), personne laborieuse,— inutile.

பாட்டி, 1° ou பாட்டியார்,fém.de பாட்டன், grand'mère, aïeule. 2° (பாட்டு), chanteuse.3° chienne, truie,femelle du renard et de quelques autres animaux.

பாட்டியமி, P. பிரதமை, le 1er jour de chaque demi-lunaison.

பாட்டியல், (பாட்டு, இயல்), art poétique,—de la poésie, versification, nom de 3 manières de chanter, nommées கலம், தயம், தெரிவம்.

பாட்டு,1° n.v.de பாடுகிறது,chant, chanson,hymne,cantique,musique, —vocale, strophe, poéme, vers ou poésie en général, satire, chant satirique. 2° obl.de பாடு: — க்காணி, — நிலம் champ qui demande plus de labeur; — க்காரன் chanteur, chantre;—சொல்லுகிறது,—பாடுகிறது chanter —,réciter —,lire —, composer des vers; — நாயகன் ou பாட்டுடைத்தலைவன்,(உடைய),héros d'un poéme;—வாளி, (-டுவி), chanteur: பாட்டுமுரையும் piéce de poésie avec son commentaire.

பாட்டை, chemin, route:— சாரி voyageur.

பாட்டோன், (பாட்டு), chanteur.

*பாட்பம், P.பாஷ்பம்,pleurs.

பாணச்சி,பாணத்தி, fém. de பாணன்,tailleuse.

*பாணம், 1°(bâna), flèche, trait, fusée,—volante.2° (pâna),main,louange,commerce.3° (bhâna), une des 10 espèces de drames où il ne parait qu'un acteur qui raconte. 4° l'arbre lawsonia spinosa, soierie à fleurs, espéce de soierie: பாணக்கெந்தகம், —கெந்தம்,—கெந்தி, —மருந்துக்காருவந்தகம் diverses modifications de sulphure d'arsenic; — கோசரம் cours ou marche d'une flèche; —ப்பெண், V. பாணச்சி,

பாணன், pl. பாணர், 1° (பாணம்), panégyriste,chantre, — panégyriste. 2° tailleur,ricin sauvage.

பாண்டு, jarre, grande cruche, testicules enflés, gros testicule, ou

பாண்டுத்தடி, bâton d'escrime, — armé des 2 bouts.

பாண்டுலு, nom d'un dé ou d'un coup de dés (au jeu de dés).

*பாணி, 1° (pâni),main, marché, bazar,rue où il setient, marchand. 2° (bâni),mot, parole, discours, la prétendue déesse de l'éloquence, bruit, son, musique, — vocale et instrumentale, chant, mélodie,instrument de musique. 3° P.பானீயம், eau.4° (phâni),sucre non raffiné, mélasse, riz cuit mèlé avec du lait caillé. 5° jus épaissi—,callou ou jus de cocotier ou de palmier fermenté,jus de feuilles,jus de fruits,branche d'aréquier,corbeille faite de cette branche,divers objets, provisions,danse, bosquet ou bois fourré qui entoure une ville ou un village et lui sert de fortifications,bourg, jardin,bosquet, forêt, pays, armée, pandel —, berceau de fleurs, attachement, amour, temps, longtemps, délai,retard, l'arsenic dit சந்தன்டபாஷாணம். 6° imp. et part.de பாணிக்கிறது:— க்கிரகணம்;—க்கிரகம் prendre —, prise par la main, mariage; — க்கிரகணம்பண்ணுகிறது prendre par la main, épouser; — க்கிரகணியம் mariage;— கிருதி (groubiti prise), epouse, femme mariée;—சம் ce qui nait à la main, i. e. ongle des mains; — சரியை (saryâ qui va), corde; — தலம் paume de la main, poids de 2 துலாம் (environ 28 livres);—பாதம் la main et le pied;— பீடம் mariage; — ப்பாட்டு panâttou mis dans une corbeille d'aréquier;—ப்பற்று,—ப்பிடி prise—, saisie par la main;— முத்தம் arme, qu'on lance avec la main; — ருகம் V. பாணிசம்;—வாதன், — வாதகன் marchand, ou

*பாணிகன், (பாணி, gha qui

*frappe*), tambourineur, qui bat du tambour avec ses mains, chantre, musicien.

*பாணிகை, 1° (pâniká), grande cuillère. 2° (bhânihâ), drame comique en un acte.

பாணிக்கிறது, பாணித்தேன், பாணிப்பேன், பாணி, பாணிக்க, (பாணி), *v. a. et n.* différer, retarder, considérer, concevoir, imaginer, supposer, juger.

*பாணிதம், (phânita), sucre brut, jus de canne à sucre épaissi.

பாணித்தல், பாணிப்பு, *n. v. de* பாணிக்கிறது, délai, retard, considération, supposition.

*பாணிந்தயம், (pânindhaya), boire dans le creux de la main.

*பாணினன், பாணினி, (pânina, —ni), le Mouni Pânini auteur de la grammaire sanscrite dite

*பாணினீயம், (பாணினி), grammaire sanscrite de Pânini.

*பாணௌகரணம், (pânaou *dans la main*), mariage.

பாண், chant, mélodie, callou ou jus de cocotier fermenté, la caste des பாணர் ou tailleurs, destruction, ruine: —மகள் chanteuse; —மகன் chantre, chanteur.

*பாண்டகம், (பாண்டம், ka) meuble, ustensile, vase, plat, coupe, marchandises.

*பாண்டம், 1° (bhânda), ustensile, vase, —de terre, plat, coupe, pot, tuile, instrument de musique, capital, argent comptant, ornement (en général), —du cou ou du poitrail d'un cheval ou autre animal, lit—, largeur d'une rivière, espace entre ses bords, plaisanterie, bouffonnerie. 2° (phânda), premières particules—, grains de beurre qui se forment en barattant: பாண்டப் பிரதிபாண்டகம் règle d'échange, (en arithmétique).

*பாண்டநிருத்தம், (பாண்டம், நிருத்தம்), danse de Siven. [danseur.

*பாண்டநிருத்தன், (*id.*), Siven le

பாண்டரம், (pândara), jaune pâle. —blanchâtre, chaux rouge, jasmin.

பாண்டம், ce qui est gâté.

*பாண்டவர், (பாண்டு), les Pandavers, 5 frères fils putatifs du roi Pândou. Leus noms sont தருமன், வீமன், அருச்சுனன், நகுலன் et சகதேவன்: பாண்டவர்முன்பிறந்தோன் celui qui est né avant les Pandavers, *i.e.* Karnen que குந்திதேவி mère des Pandavers eut du soleil, au dire des Indous, avant son mariage avec Pandou.

*பாண்டவாதனம், (பாண்டம்), jouer des instrumens de musique.

*பாண்டவாபிலன், பாண்டவாபாலன், (பாண்டவர், abhila *qui encourage*, பாலம்), celui qui encourageait — accompagnait les Pandavers, *i. e.* Krichna.

*பாண்டவேயன், (பாண்டு), descendant du roi Pândou.

*பாண்டாகாரம், (பாண்டம், ஆகாரம்), magasin, arsenal, trésor.

பாண்டி, 1° le Maduré, nom d'un air, sorte de jeu, table pour jouer dite பன்றிக்குழி, l'arbre வாகை. 2° (பாண்டம், i), qui a un vase; —தேசம், —மண்டலம், —மண்டிலம், —வளநாடு le royaume du Maduré, Pandionis regio des Latins; —பாடுகிறது jouer au jeu nommé பாண்டி.

*பாண்டிகன், (பாண்டம், ika), musicien chargé de réveiller le roi le matin par la musique vocale ou instrumentale.

*பாண்டித்தியம், (பண்டிதர், ya), étude, action d'apprendre, science.

பாண்டியம், (பாண்டி), le Maduré: பாண்டியதேசம், royaume du Maduré, un des 56 pays de la géographie des Indous.

பாண்டியன், (*id.*), Pândien, roi de Maduré un des 3 rois du pays tamoul. Son cheval se nommait கனவட்டம்; sur sa bannière était représenté le poisson சேல் espèce de carpe; sa guirlande était de l'arbre வேம்பு. Il était censé de la race de Sandiren ou de la lune, Le nom de Pândien était commun à tous les rois du

Moduré, comme celui de Pharaon aux rois d'Égypte.

*பாண்டிகன், பாண்டிகாரன், (பாண்டம், இல, பாண்டி *ayant un vase*, காரன்), l'homme au bassin, le barbier.

பாண்டில், charrette, char, cabriolet, voiture, monture, bambou, cercle, lampe ronde de terre dite அகல், bœuf, le Taureau du zodiaque, lit, couchette, cymbale manuelle, sorte d'instrument de musique, pays, l'arbre வாகை.

*பாண்டீரம், (bhandîra), le multipliant dit ஆலமரம், blancheur.

*பாண்டு, (pândou). jaune blanchâtre, blancheur, paleur, couleur pâle, sorte de jaunisse, hydropisie, la plante திருப்பூளை; Pândou célèbre roi de Hastinapouri, fils de Vyâsen et de அம்பாலிகை veuve du roi விசித்திரவீரியன், de la race des Kourous, et regardé comme fils de ce dernier. Il était frère cadet de திருதராட்டிரன் l'aveugle, et épousa les 2 sœurs குந்திதேவி et மத்திராதேவி filles du roi சூரசேனன். Mais comme à cause de la malédiction d'un richi, il ne pouvait, sous peine de mort, au dire des Indous, avoir commerce avec ses femmes, elles eurent avec sa permission, de différens dieux prétendus, les 5 frères, nommés de son nom Pandavers, qui sont considérés comme ses fils et sont les héros du மகாபாரதம்:— கம்பலம் espèce de pierre, — de tapis blanc, housse d'éléphant, — d'éléphant royal; — கம்பளி charrette couverte d'un tapis, housse d'éléphant royal; — சருக்கரை gravelle légèrement colorée; — சருமிலை (sarmilâ *joie*), celle qui a fait la joie de Pandou, *i. e.* துரோபதை épouse commune de ses 5 fils; — நாகம் l'éléphant blanc d'Indiren nommé ஐராவதம்; — புத்திரர், — தநயர், — மைந்தர் les fils putatifs de Pandou, les 5 Pandavers; — பூமம், (பூமி), pays dont le sol est légèrement coloré; — மகாராசா le grand roi Pandou; — மிருத்து pays dont le sol est blanchâtre, chaux; — மிருத்திகை terrain pâle, opale; — ராகம் blancheur, pâleur; — ரோகம் jaunisse; — வருணம், — வண்ணம் blancheur, pâleur.

*பாண்டுகம், (பாண்டு), jaunisse, couleur pâle, jaune blanchâtre, blancheur.

*பாண்டுரம், (*id.* ra), nom d'un arbre, lèpre blanche, *V.* பாண்டுகம்.

பாண்டுருவன், (*id.* உரு), ce qui a une grande figure, — forme.

பாண்டை, — நாற்றம், mauvaise odeur, odeur de poisson salé pourri: — நாறி homme puant.

பாண்மூலை, (பாண்), coin ruiné.

*பாத, *obl. de* பாதம்.

*பாதகம், (pâtaka), crime, péché, scélératesse, faute, chute, trahison; பாதகம்-௫, les 5 grands crimes (selon les Indous), *V.* பஞ்சபாதகம்; பாதகம்-௭, les 7 péchés capitaux, savoir சித்தசமுன்னதி, அகங்காரம் *ou* ஆங்காரம் l'orgueil, அருத்தலோபம் *ou* உலோபம் l'avarice, காமம் l'impureté, வைடமமியம் *ou* பகை la haine *ou plutôt* காய்மகாரம் l'envie, அசனப்பிரியம் *ou* போசனப்பிரியம் la gourmandise, கோபம் *ou* காய்தல் la colère, அறுட்டனம் *ou* சோம்பல் la paresse, ou selon l'ordre du catéchisme: ஆங்காரம், உலோபம், மோகம், காய்மகாரம், போசனப்பிரியம், கோபம், சோம்பல்; பாதகஞ்செய்கிறது commettre un crime; பாதகயோகம் commission d'un crime, culpabilité.

*பாதகன், *pl.* பாதகர், (பாதகம்), scélérat, criminel, pécheur, traitre: — முகத்திலேவிழிக்கப்படாது on ne doit pas regarder un scélérat en face, il ne faut pas se trouver en face d'un scélérat.

*பாதகி, *fém. de* பாதகன், pécheresse, scélérate, traitresse.

*பாதங்கி, (பதங்கன்), Saturne descendant prétendu du soleil.

*பாதசன், (பாதம், சன்), celui

qu'on dit né des pieds (de Brama), *i*. பாதனி.(arab),ensuite. [*e*.Cheutre.

*பாதஞ்சலம், பாதஞ்சலீயம், (பதஞ்சலி), le système philosophique de Padanjali, *i. e.* la philosophie யோகம்.

*பாதபம், (பாதம், pa *qui boit ou conserve*),ce qui boit par le pied, arbre, bosquet, marchepied, escabeau, montagne.

*பாதுகை,(*id.*), souliers,sandales.

*பாதம், 1° (pâda), quart,jambe, c'est le quart du corps humain),pied, — de montagne, — d'arbre, racine d'arbre, pied de —,vers,vers —,ligne d'une stance, —des hymnes de l'இருக்குவேதம் ou Rig-vêda,degré,quart de cercle,quartier,part,colline,—au pied d'une montagne, rayon de —,lumière;பாதங்கள் ச les 4 parties — états ou propriétes du culte de Siven,*i.e.* சரியை —கிரியா—, யோக—,ஞானபாதம், *V.* சிவபூசையியல்பு-ச. 2° (pâta), descente,chute, arrivée, évènement, Râgou ou le nœud ascendant, nœud de l'orbite des planètes. 3° (pâtha), eau. 4° (bhâta), matin, aurore. 5° (bâdha), affliction. 6° mot explétif comme dans சேதபாதம் perte: பாதத்திலே விழுகிறது se prosterner—, tomber aux pieds de quelqu'un; பாதத்தைப் பிடிக்கிறது saisir les pieds, se réfugier auprès de;பாதகடகம் anneau —,ornement pour les pieds ou les orteils;— கண்டகம் gros pied, enflure des pieds;— காணிக்கை don —, offrande déposée aux pieds de quelqu'un; —காப்பு ce qui protége les pieds, *i.e.* sandales; — கிருச்சிரம் pénitence qui consiste à manger et à jeûner alternativement chaque nuit; —கிரகணம் toucher respectueusement les pieds d'un supérieur; — குறடு sandales de bois (qui ne tiennent au pied que par une cheville à grosse tête passée entre l'orteil et le doigt voisin);—குறட்டின்குமிழ் *ou* குமிள் tête de cette cheville;—சங்கிருதம் série ou progression descendante; — சத்தம் bruit des pieds;— சத்துவசம் l'arbre அசமோதம், chèvre, grêle, banc de sable, — சத்துவசன் calomniateur; — சரம் nom d'un ornement des pieds: —சாகை doigt du pied, orteil;—சாபவீயம், — சாபல்லியம் frapper du pied, donner un coup de pied; — சாரம் marche journalière des planètes, marche à pied;— சாரி piéton, fantassin; — சாலம் ornement des pieds; — சிலை pierre creusée qui sert de base à une colonne;—சுத்தி lavement des pieds; —சேவனம்,— சேவை hommage ou service respectueux, respects profonds,— rendus aux pieds; - சைலம் colline au pied d'une montagne; —சோதம், (sôtha *enflure*), enflure des pieds,goutte; — தசனி Saturne situé dans le signe au dessous de celui qui se lève au moment de la naissance, (on suppose qu'il pronostique le don d'éloquence): —சாயை ombre —, trace des pieds; —தட்சிணை don déposé aux pieds; — தரிசனை visite à *ou* d'un grand, *litt.* vision des pieds; - தலம் place —, plante des pieds; — தாடனம் coup de pied (expression polie);—தாரி, (dâri *déchirure*), fente au pied, (par le froid ou la chaleur), engelure; — திராணம் soulier, botte, sandale; — தீட்சை,—தீக்ஷை initiation par l'empreinte du pied, — qui consiste à donner l'empreinte du pied ou à imprimer sur le corps la figure ou le cachet d'un pied; — தீர்த்தம் eau lustrale des pieds, eau qui a servi à laver les pieds des grands;— தூளி terre qui s'est attachée aux pieds, poussière de pieds censés sacrés,poussière que l'on fait en marchant; — பங்கயம் lotus ou nénuphar des pieds, *i. e.* pieds sacrés ou respectables, censés ressembler au nénuphar; —பங்கயன் homme qui a de tels pieds,—respectable; —படி marchepied, escabeau, *V.* பாதகுறடு; - பந்தனம் entraves qu'on met aux pieds du bétail,bercail; — பலம் l'arsenic இற

ரக்ஷணைகிரமணம்: — பரிகட்டனம், (parighattana *friction*), action de fouler aux pieds: — பாசம் corde pour lier les pieds du bétail, *V.* தத்தளை; — பாசி chaine —, fers —, natte —, tapis pour les pieds, — பீடம் marchepied, escabeau; — பிடிகை ouvrage bas ou vulgaire (comme celui de barbier), *V.* பாதபீடம்; — பூசை profonde révérence ou prostration faite aux grands, *litt.* sacrifice aux pieds; — ப்பிரகாரம், coup de pied; — ப்பிரக்ஷாளனம், — ப்பிரட்சாளனம் lavement des pieds; — ப்பிரணமம், — பதனம் prostration aux pieds de quelqu'un: — ப்பிரதாரணம், (பிர, தாரணம்), soulier, chaussure, — pour garder les pieds; — மண்டை marchepied, escabeau: — மயக்கு confusion de pieds, *i.e.* strophe de 4 vers dont chacun peut venir le premier sans nuire au sens; — முத்தி baisement des pieds, recevoir l'initiation de l'empreinte du pied, paradis, béatitude céleste; — முத்திரை cachet ou empreinte du pied, mettre les pieds du gourou sur sa tête, sandales des grands; — மூலம் talon; — ரக்ஷை, — ரக்ஷணம், — ரட்சை — ரட்சணம் sandale, socque, pantoufle, soulier, botte, chaussure, —pour conserver le pied, — ரக்ஷையைத்தொடுத்திடு mettre ses sandales, ses souliers..., — ரச்சு corde pour attacher les pieds de l'éléphant; — ரதம் char des pieds *i.e.* souliers, sandales, — de bois, infanterie, *V.* பதாதி; — ரோகணம் l'அரசமரம் figuier indien; — வந்தனம், — வணக்கம் hommage profond, salut respectueux; — வீக்கம் grosseur morbide —, enflure des jambes et des pieds.

*பாதரசம், (pâ *conserver*, da *qui donne*, இரசம்), vif-argent, mercure. [வா.

*பாதரதவணர், *P.* வாதராயணர்

*பாதாலம், *P.* பாதாளம், fente, trou, creux, fosse, caverne, souterrain, le 4° signe à compter de celui où se trouve le soleil. *V.* பாதாளம்; பாதலவாசிகள் les habitans de l'enfer, de l'abyme.

*பாதவம், *P.* பாதபம், champ á menus grains, terrain élevé, tôpe ou lieu planté d'arbres, *V.* பாதபம்.

*பாதனம், (pâtana), chute, descente, inclination de tête par assoupissement.

*பாதன், (pâtha), soleil, feu.

*பாதாக்கிரம், (பாதம், அக்கிரம்), pointe du pied.

*பாதாக்கிராந்தன், (பாதாக்கிரம், அந்தம்), suppliant, — prosterné aux pieds de: இராசாவுக்குச்சனங்கள் பாதாக்கிராந்தர்களாயிருக்கிறார்கள் le peuple est prosterné aux pieds du roi.

*பாதாங்கதம், (பாதம், அங்கதம்), ornement des pieds.

*பாதாங்குஷ்டம், பாதாங்குட்டம், (*id.* அங்குஷ்டம்), le gros —, orteil.

*பாதாங்குஷ்டிகை, பாதாங்குட்டிகை, (பாதாங்குஷ்டம், ikâ), ornement du gros orteil.

*பாதாங்குலி, (*id.* அங்குலி), orteil.

*பாதாசனம், (*id.* ஆசனம்), marchepied, escabeau.

*பாதாதம், (பாதம், ata *qui va*), infanterie, troupe qui va á pied.

*பாதாதன், பதாதி, பதாதிகன், (பாதாதம், i. ika), piéton, fantassin.

*பாதாதிகேசம், (பாதம், ஆதி, கேசம்), depuis les pieds jusqu'á la tête, le 70° des பிரபந்தம், description d'une personne depuis les pieds jusqu'à la tête en vers கலிவெண்பா: பாதாதிகேசபரியந்தமழகாயிருக்கிறது être beau des pieds á la tête.

*பாதாக்கிரமணம், (*id.* அக்கிரமணம்), fouler aux pieds. [—, lumière.

*பாதாம்சம், (*id.* அம்சம்), rayon de

*பாதாரவிந்தம், (*id.* அரவிந்தம்), *V.* பாதபங்கயம்.

*பாதார்ச்சனை, (*id.* அர்ச்சனை), hommage profond, — aux pieds.

*பாதார்த்தம், (*id.* அர்த்தம்), demi-quart, un huitième, moitié du vers, d'une ligne, de stance.

*பாதார்க்கியம், (*id.* ardhya *offrande*), don aux pieds, donation à un gourou ou à une personne respectable.

*பாதாவசேசனம், (*id.* avasètchana *aspersion*), lavement—, propreté des pieds.

*பாதாவத்தம், P. பாதாவர்த்தம், (*id.* ஆவர்த்தம்), machine hydraulique que l'on fait tourner avec les pieds pour tirer l'eau d'un puits.

*பாதாவனேசனம், (*id.* அவனேசனம்), lavement des pieds.

*பாதாவிகன், (*id.* ava *marcher*, ika), piéton, fantassin.

*பாதாளம், (pâtâla), abime, gouffre,—sans fond, précipice, enfer, le monde inférieur, les régions qui sont sous la terre considérées comme la demeure des நாகம் ou serpens, la partie inférieure du globe, creux, bassesse: — ஆழ்ப்பறிக்கிறது, — ஆழவெட்டுகிறது creuser très-profondément; —ஆழ très-profond: பாதாளகங்கை Gange des mondes inférieurs, fleuve des enfers ou de l'abime; —க்கிரகணம், — கிரணம் éclipse qui arrive sous l'horizon ou dont l'astre se couche éclipsé; —நிலயம், —பூமி monde inférieur, l'abime; —நிலயன் habitant de l'abime, démon ou Daïtya, serpent; — ப்பணிக்கன் homme qui réfléchit profondément; —பேதி vinaigre; — மூலம், —மூலி racine ou plante de l'abime, les plantes ஆடுதின்னாப்பாலை, சிறுதெருஞ்சி et சித்தில், racine bulbeuse de கோரை, les karias ou termites; —லோகம் le monde inférieur, l'abime; —வஞ்சனம், (அஞ்சனம்), encre magique qui montre, dit-on, les objets cachés sous la terre; — வயிரவன் le வயிரவன் de l'abime; — வாகினி, V. பாதாளகங்கை; — வாசிகள் habitans de l'abime, des enfers; —வித்துவான் profond penseur,—rusé; கீழ்பொருளானிலை le nadir.

பாதி, 1° moitié, demie, part, partie. 2° (pâti), maître, chef, mari. 3° (பாதம், i), qui a des pieds, —a 4 parties, —a un quart. 4° P. வாதி.—க்காரன் homme qui est de moitié, possesseur d'une moitié, copartageant; — ச்சாமம் minuit; —நாள் demi-journée, moitié d'un jour,—d'une constellation lunaire; —பங்கு juste—, moitié; — ப் பேச்சு discours coupé par la moitié, interrompu, entrecoupé; — மதி demi-lune, quartier—, moitié de la lune; —யாய்ப்பங்கிடுகிறது diviser par moitiés, en 2 parties; — யாயித்து la moitié est faite; —யிரா, — யிராத்திரி, —ராத்திரி minuit, milieu de la nuit, —ராத்திரியிலே à minuit; —வேலை la moitié de l'ouvrage; — வேலையாயித்து la moitié de l'ouvrage est faite.

*பாதிகம், (பாதம், ika), un quart.

பாதிக்கிறது, தித்தேன், திப்பேன், தி, திக்க, v.a. பாதித்தல், n. v. (பாதி), partager,—en deux.

பாதிக்கிறது, (பாது, இடுகிறது), பாதிடுதல், n. v. partager, distribuer, resserrer, presser, raccourcir.

*பாதித்தியம், (பதிதம், ya), chute, dégradation, hérésie.

*பாதிதன், V. பதிதன்.

*பாதிமம், P. பாதினம், un quart.

பாதிரம், l'arbre மலையாத்தி.

பாதிரி, 1° l'arbre bignonia cheleonoides. 2° bambou. 3° (*portuguais*, padre), père, prêtre, (ce mot ne s'applique guères maintenant qu'aux ministres protestans et est même devenu une espèce d'insulte: — விநாயகன் le Pilléyar de பழனி dans le Maduré. [prendre les cerfs.

*பாதிலி, (pâtili), filet, lacet pour

*பாதிவிரத்தியம், (பதிவிரதை, ya), fidélité d'une femme à son mari.

*பாதினம், (பாதம், ina), un quart.

பாதீடு, n. v. de பாதிடுகிறது, partage, distribution.

பாது, 1° garde, conservation, défense, part. 2° (bhâtou), soleil: — காக்கிறது conserver, sauver, défendre, garder; —காத்தல், —காப்பு, — காவல் conservation, défense, garde; —காவலன், —காவலாளி, — காவற்காரன் gardien, protecteur, défenseur; —கிறது, P. பாதுகிறது,

*பாதுகம்,(pâtouka), chute,penchant d'une montagne,lieu escarpé, précipice. 2° ou

*பாதுகை, (pâdouka), soulier, chaussure,sandales,— de bois: பாதுகையின்குமிழ் tête de la cheville des sandales de bois.

*பாதுகா,obl.du préc.:—காரன், —கிருது cordonnier; —சித்தி prétendu don magique de marcher sur l'eau avec des sandales.

*பாதூகிருது, (pâdoû soulier, krout qui fait),cordonnier.

*பாதுகாசந்திரன்,(பாது, ...ம்),distance de la lune à son nœud, —au soleil.

*பாதேயம், (pâthêya), provisions de voyage,riz cuit et lié pour le voyage,le signe de la Vierge.

*பாதை,(pathin),grande—,route, chemin battu,navire.

*பாதோதகம், (பாதம், உதகம்), eau pour laver les pieds ou dans laquelle on les a lavés, eau qui se trouve le long du chemin.

*பாதோசம்,(pâthô.P.pâthas eau, சம் né),ce qui est né dans l'eau,i.e. le nénuphar.

*பாதோதம்,பாதோதரம், (id. da qui donne,dhara qui a),nuage.

*பாதோதி,பாதோநிதி,(id. dhi qui a),la mer. [de Delhi.

பாத்ஷா,(ind.),bâdchah,empereur

பாத்தம்,mot commun à tous les pays,l'arbre மருது. [tage,division.

பாத்தல்,n.v.de பாத்துகிறது,par-

பாத்தி,planche—,carreau—, carré—,compartiment de jardin,— de saline...,petit champ,part, portion, maison: —கட்டுகிறது,—கோலுகிறது diviser par planches, —par carreaux; கீரைப்பாத்திச்சீலை toile bariolée, — à carreaux comme des planches d'herbes potagères.

*பாத்திவம், P.பார்த்திவம்,terre, la plante புறமுட்டி.

*பாத்திவன், P.பார்த்திவன்,roi.

பாத்திவிதன், பாத்தியவிதன், (பாத்தியம்,விதன்), V.பாத்தியன்.

பாத்தியம், 1° droit, prétention, droit—,titre de possession, rapport, connexion,relation,parenté,affinité, caution,sureté,assurance, gage, devoir obligatoire, chose partagée, part. 2°* (pâdya), eau donnée pour laver les pieds des grands, laver les pieds,(ce qui est un des actes propres au sacrifice indou: —சொல்லுகிறது se rendre caution pour un autre: பாத்தியபாத்திரம் vase de métal pour laver les pieds; பாத்தியப்படுகிறது être obligé, engagé,caution pour; ஆணைக்குப்பாத்தியப்படாதிருக்கிறது n'être pas obligé —lié par un serment; பாத்தியக்காரன், —ப்பட்டவன் ou

பாத்தியன்,(பாத்தியம்), celui qui a droit,ayant cause,héritier, possesseur, prétendant, administrateur, caution,répondant. [விட்டான்.

பாத்தியல், l'arbrisseau தண்ணீர்

*பாத்திரம்,1° (patra), vase, — à manger, —à boire, (tel que coupe, plat,bassin,assiette, verre, gobelet, cuillère), vase de mendiant, — de sacrifice,canal ou lit de rivière,conseiller ou ministre d'un roi, mérite, convenance,capacité,aptitude, propriété,feuille,corps,commandement, mesure de 8 சேர், personnage de drame. 2° (bhâdra), le mois de septembre: — அறிந்து பிச்சையிடு donne l'aumône connaissant le mérite des personnes; —மாயிருக்கிற, —மான digne, convenable, apte, qui mérite; அதுக்குவன் — அல்ல il ne mérite pas cela: இந்தவேலைக்குவன் — அல்ல il n'est pas capable de faire cet ouvrage; பாத்திரச்சுரை espèce de gourde; —சுத்தி propreté des vases; —டிரம், (tira,affixe), vase,—de métal, corbeau, feu, héron, rouille de fer: —டிரன் ministre habile: —த்துவம், —த்தனம் mérite,capacité,aptitude,dignité:—பதம்,(பத்திரபதை),le mois de septembre, nom commun à la 25° et à la 26° constellation,(on distingue la 1° par le mot பூர்வபாத்திரபதம் et la 2° par celui de உத்தரபாத்திரபதம்;—

பாவம் large rame qui sert de —, gouvernail; — ப்பிரவேசம் les différens caractères ou personnages représentés dans un drame, sorte de jeu: — மாதுரன், (பாத்திரம், மாது), fils d'une vertueuse femme: பாத்திரத்திலேவார்க்கிறது verser dans un vase. [திரத்தனம்.

*பாத்திரதை,(பாத்திரம்), V. பாத்திரவாளி, *பாத்திரவான், பாத்திரிகன், பாத்திரியன்.(பாத்திரம், ஆளி, vân, ika), homme digne, capable, apte. [femme digne...

*பாத்திரவதி, fem. de பாத்திரவான்,

*பாத்திரன், 1° (பாத்திரம்), V. பாத்திரவாளி. 2° (pât péché, tra qui conserve), sauveur, qui préserve du péché.

*பாத்திராபாத்திரம், (பாத்திரம், அபாத்திரம்), mérite et démérite, convenance et inconvenance.

*பாத்திரீயம்,(பாத்திரம்,iya), vase de sacrifice.

*பாத்திரீரம், (id. ira), offrande.

*பாத்திரேசமிதகன், (pâtrè dans un vase, samita rassemblé), parasite, qui court les festins, hypocrite.

*பாத்திரை, (பாத்திரம்), vase de mendiant, —de terre ou autre matière). [tière).

பாத்தில், maison.

பாத்து, 1° (bhâkta nourriture), cange, eau de riz, riz cuit. 2° part, portion, moitié. 3° quatre (en langage de marchands).

பாத்துகிறது, த்தினேன், த்துவேன், த்த, த்தி, v. a. பாத்துதல், n. v. diviser, partager. [minuit, midi.

பாதரான், (பா), moitié du jour,

*பாநேமி,(id.), le disque brillant, i.e. le soleil.

*பாந்தம், (pânkta), ordre, rang, régularité, ligne. V. அடைவாறு: — ஆந்தச்சொல்லாய்ப்பேசுகிறது parler avec ordre, —avec méthode, avec exactitude.

பாந்தல், opt. et n. v. de பாந்துகிறது, action de se glisser..., lieu enfoncé.

*பாந்தவம், பாந்தவியம், (bândhava de பந்து), affinité, parenté, relation, combinaison, V. அடைவாறு.

*பாந்தவன், (id.), parent, ami.

பாந்தள், long—, gros—, serpent.

*பாந்தன், (pântha), voyageur.

பாந்து, 1° trou, — d'arbre. 2° imp et part. de

பாந்துகிறது, ந்தினேன், துவேன், து, த, v. n. பாந்துதல், n. v. se glisser sans être vu, se tapir, se blottir, se cacher, se courber, — pour se cacher: பாந்தித்திரிகிறது chercher un lieu pour se cacher, rôder çà et là secrètement: —ப்போகிறது se cacher, s'en aller secrètement, à la dérobée ou après s'être caché. [trou.

பாந்தை, trou ou creux d'arbre.

*பாபகம்,(பாபம், ka), péché.

*பாபத்தி, P. பாபர்த்தி, chasse.

*பாபம், (pâpa), péché, crime, faute, vice, méchanceté, malice, bassesse, perversité, (பாவம் est plus usité): — கட்டிக்கொள்ளுகிறது, — செய்கிறது commettre un péché, pécher; பாபகாரன், — கருத்தா, — கிருது pécheur; — கருமம் action criminelle; — கிரகம் astre réputé funeste comme Râgou, Saturne Mars, conjonction de Mercure avec la lune dans son dernier quartier; — சங்கீர்த்தனம், — சங்கீர்த்தனை confession des péchés; — சங்கீர்த்தனஞ்சொல்லுகிறது se confesser; — சமனம் (samana immolation), expiation du péché, offrande pour le péché; — சம்மிதம், (sammita égale mésure), égalité dans le péché; — சரியன், (சரிவை), pécheur, ennemi, géant: — தரிசி mal-intentionné, qui examine les fautes; — தோஷம் action criminelle, funeste effet —, malice —, culpabilité du péché; — நாவிதன் méchant barbier; — நிருதி mal, méchanceté; — நிவர்த்தி, — நிவாரணம், — நாசம் abolition —, expiation —, purification —, éloignement du péché, renoncement au péché; — பதி homme qui vit en désordre, amant, litt. mari criminel; — பரிகாரம் abolition —, expiation —, abandon du péché; — பலி sacrifice pour le péché; — புண்ணியமிசுரம் 3 choses qui se rencontrent habituellement dans le péché et la vertu, i. e. செய்தல் faire l'action, செய்வித்தல் la faire faire ou y exhorter; உடன்படல் y consentir; — புத்தி esprit pervers, corrompu; — புருஷன் homme de péché, (homme selon les Indous composé de tous les péchés et dont la tête est un bramanicide, les épaules le vol, le cœur les liqueurs enivrantes...; — பிமோசனம், — மன்னிப்பு pardon —, rémission du péché; — மதி esprit corrompu; — மார்க்கம், — வழி mauvaise voie, chemin du péché, libertinage, débauche, vie criminelle, mauvaise habitude: — ஜாதியார் véder ou chasseurs qui vivent de la chair des animaux (c'est une tribu originaire de l'Inde), — நிவிர்த்தி, — மோசனம் abolition —, expiation —, délivrance du péché; — மோசனஞ்செய்கிறது ôter —, effacer —, expier les péchés d'autrui; — யோனி naissance criminelle, — en état de péché, dans un état vil comme celui d'animal (dans le système de la métempsycose) en punition du péché; — ரோகம் maladie qui provient du péché, — considérée par les Indous comme punition du péché dans une vie précédente, petite vérole: — விக்கியாபனம் confession des péchés; — விக்கியாபனம்பண்ணுகிறது confesser ses péchés; — விமோசனம் rémission —, expiation du péché; — விமோசனஞ்செய்கிறது effacer —, expier —, remettre les péchés (d'autrui); — விமோசனஞ்செய்துகொள்ளுகிறது effacer — expier ses propres péchés; பாவத்துக்கஞ்சுகிறது craindre le péché; ஆத்துமாவுக்கு மரணத்தைக்கொடுக்கும்கொடிய பாவம் péché grave qui donne la mort à l'âme, péché mortel.

*பாபர்த்தி, (pâparddhi), la chasse.

*பாபாசயம், (பாபம், ஆசயம்), siège —, demeure du péché.

*பாபாத்துமா, (id. ஆத்துமா), âme pécheresse, pécheur.

*பாபாநுவர்த்தி, (id. அநு, வர்த்தி qui habite), homme adonné au péché. [pulsion), expiation du péché.

*பாபாபநுத்தி, (id. apanoutti ex-

*பாபி, m. f. (id. i), pécheur, pécheresse: பாவி, V. கொடும் பாவி; — நீயோர் உடம்பெடுத்தாய், tu a pris un corps de péché, tu es né pécheur.

*பாபிஷ்டன், m. பாபிஷ்டை, f. (pâpichta), pécheur, pécheresse.

*பாபோபசங்கிரகம், (பாபம், உபசங்கிரகம்), confession, — des péchés.

பாப்பாசி, (persan pâpoch), babouche, pantoufle, sandales des musulmans devenue —, chaussure d'un usage presque général dans l'Inde: — க்காரன் qui porte des babouches. [bramine.

பாப்பாத்தி, fém. de பாப்பான்,

பாப்பாரத்தெரு, (பாப்பார், ஆ), la caste des brames.

பாப்பான், pl. பாப்பார், (P. பார்ப்பான்), brame; — பூடு la plante hedyotis herbacea.

பாப்பு, 1° gén. பாப்புவின், ou அத்த. - பாப்பானவர் le Pape, le S^t. Père. 2° Papias, (nom de baptême). 3 P. பார்ப்பு la caste des brames; பாப்புக்கு மேற்பட்டவன் le brame n'a pas de supérieur, (et plus véritablement le Pape n'a pas de supérieur sur la பாப்புவி, P. பார்ப்பு. [terre.

பாப்பூசு, (persan pâpoch), babouches, pantoufles musulmanes.

பாமகள், பாமடந்தை, (பா), la prétendue déesse de la poésie, Sarasvati. [la sœur.

*பாமகன், (பாமன், ka), mari de

*பாமக்கினம், (பாமம், ghna qui tue), remède à la gale, i.e. soufre.

பாமம், 1° (bhâma), passion, colère, lumière, lustre, 2° (pâma), éruption cutanée, herpe, gale, démangeaison, surface.

*பாமர, obl. de பாமரன் et de

*பாமரம், (pâmara), ignorance, stupidité.

*பாமரன், pl. பாமரர், (id.), ignorant, fou, stupide, compagnon de roi (probablement le fou du roi): பாமரசனங்கள் gens ignorans; —வைத்தியன், médecin ignorant, charlatan, empirique. [frère, mari de la sœur.

*பாமன், (bhâma), soleil, beau-

*பாமாரி, (பாமம், அரி), l'ennemi de la gale, i.e. le soufre.

பாமாலை, (பா), guirlande de poésies, pièce de vers —, série de strophes à la louange de quelqu'un.

பாமுதல்வி, id.), V. பாமன்.

*பாமை, (bhâmâ), femme impudique, passionnée, orgueilleuse, colère.

பாம்பரணை, (பாம்பு, அரணை), lézard vert qui serpente, V. அரணை.

பாம்பாட்டம், (பாம்பு, ஆட்டம்), danse de serpent, embarras, occupation.

பாம்பாட்டி, 1° (id. ஆட்டி), celui qui fait danser les serpens: — சித்தர் nom d'un des சித்தர். 2° gér. du suiv.

பாம்பாட்டல், பாம்பாட்டுகிறது, (id. ஆட்டுகிறது), faire danser les serpens, (généralement au moyen d'une flûte), importuner.

பாம்பு, serpent, la 9me constellation lunaire dite ஆயிலியம், rivage, bord, petite chaussée (entre les rizières...): கடற்பாம்பு—serpent de mer; இருதலைப்பாம்பு serpent à 2 têtes, amphisbène; நாகப்பாம்பு — serpent rouge marqué de taches blanches comme celles des Vichnouvistes: — கரடி ... ours; — கொல்லி nom d'une plante; — க்குட்டி petit de —, petit serpent; — க்குட்டிக்குப் பால்வார்த்து வளர்த்தது போலாயிற்று c'est comme si vous éleviez un jeune serpent en le nourrissant de lait; — தின்னி l'arbrisseau முன்னை மரம்; — நாகசுரம் flûte dont se servent ceux qui charment les serpens; — ப்பிடிக்கிறவன் celui qui prend les serpens et connaît les antidotes à leur morsure — ப்புற்று trou —, repaire de serpent dans le nid des fourmis blanches; — கொம்பு ... la plante dolichos falcatus; — விரல் le doigt du milieu: பாம்புக்குத் தச்சன் le charpentier des serpens, i.e. les fourmis blanches qui sont censées leur bâtir des demeures en ce que leurs nids servent de repaire aux serpens: பாம்பின்நஞ்சு, (பாம்பின் நஞ்சு), venin de serpent.

பாம்புரி, 1° (பாம்பு, உரி), peau de serpent. 2° fossé, —de citadelle.

பாம்போலைச்சுட்டி, jeune palmier à longues branches.

*பாயசம், (pâyasa), lait, riz cuit mêlé avec du lait et du sucre, la plante பாற்சொற்றிச்செடி ruellia.

*பாயம், (pâya), eau.

பாயல், 1° lit, couche. 2° opt. et n. v. de பாய்கிறது. [sin.

*பாயிகன், (pâyika), piéton, fantas-

பாயிரம், préface, introduction, prologue, particularités: on distingue 2 sortes de préfaces: சிறப்புப்—préface particulière, —d'un ouvrage particulier et பொதுப்— préface générale ou art de faire une préface.

*பாயு, பாயுரு, (pâyou), l'anus.

பாயுதல், P. பாய்தல்.

பாய், 1° natte, lit, voile de navire. 2° imp. et part. de பாய்கிறது: — இழுக்கிறது, —எடுக்கிறது, — கட்டுகிறது, —தூக்குகிறது, — தூக்கிவிடுகிறது, — விரிக்கிறது mettre à la voile, hisser—, déployer —, éturquer les voiles; — விரித்தோட்டுகிறது mettre à la voile, voile et voguer, faire force de voiles: — இறக்குகிறது amener —, abaisser les voiles: — க்கோரை l'herbe aux nattes, cyperus distans: — சுருட்டுகிறது ferler — carguer les voiles; — சுருக்கு, — சுருட்டு ris qu'on prend dans la voilure, carguer les voiles; — மரம் mât, — de navire, — pour attacher les voiles; — மாறுகிறது changer les voiles de côté, virer de bord.

பாய்கிறது, ய்ந்தேன், வேன், ய, ய, v. n. பாய்தல், n. v. s'élancer, — contre, se jeter, se précipiter, bondir, sauter,

— par dessus, franchir, heurter contre, jaillir, couler, s'écouler, arroser, se répandre, voler, s'enfuir, s'échapper: தோட்டத்துக்குத்தண்ணீர் — l'eau couler et arroser le jardin.

பாய்ச்சல், *opt. et n.v. de* பாய்ச்சுகிறது, arrosement, irrigation, élan, choc, action de lancer..., désobéissance: ஏரிப் — arrosement par l'eau d'un étang: —காட்டுகிறது apprendre —, exciter à s'élancer...; —விடுகிறது lancer, lâcher, laisser (un cheval...) s'élancer, — prendre le galop; பாய்ச்சலுக்குவிடுகிறது laisser (les béliers) se donner des coups de tête, les lancer l'un contre l'autre.

பாய்ச்சாள், பாய்ச்சாலுலக்கை, (பாய்ச்சுகிறது), gros —, pilon: பாய்ச்சாள்போடுகிறது deux personnes réunies piler ou faire jouer le pilon alternativement.

பாய்ச்சி, 1° *gér. de* பாய்ச்சுகிறது. 2° *ou* பாய்ச்சிக்கை, *P.* பாச்சிக்கை.

பாய்ச்சு, 1° latte. 2° *imp. et part. du suiv.*: —வலை, filet qu'on lance (dans l'eau...).

பாய்ச்சுகிறது, ச்சினேன், ச்சுவேன், ச்சு, ச்ச, *v. a. de* பாய்கிறது, பாய்ச்சுதல், *n. v.* arroser, faire jaillir, — couler l'eau, lancer, enfoncer, faire entrer dans, pousser contre, précipiter, percer: கத்தியைக்குலே — percer d'une épée; குழிப் — jeter dans une fosse, tromper; சீலைமுன்பாய்ச்சிக்கட்டுகிறது faire passer le bout de sa toile entre ses jambes et l'attacher par derrière; மரக்காலைப்பாய்ச்சியளக்கிறது mesurer en enfonçant le boisseau dans le tas de blé; மரத்தைப்பாய்ச்சிப்போடுகிறது placer —, pousser une poutre à sa place.

பாய்ச்சுலக்கை, (பாய்ச்சு, உலக்கை), gros —, pilon.

பாய்ச்சை, (பாய்ச்சல்), ce qui saute, *i.e.* criquet, grillon.

பாய்தல், *n. v. de* பாய்கிறது, action de s'élancer..., saut, bond, choc, — contre, irrigation.

பாய்த்தல், பாய்த்துதல், *n. v. de* பாய்த்துகிறது, action de lancer, irrigation, arrosement, élan, choc, heurt. [*V.* பாய்ச்சல்.

பாய்த்து, *n. v. imp. et part. du suiv.*

பாய்த்துகிறது, த்தினேன், த்துவேன், த்து, த்த, *v. a. P.* பாய்ச்சுகிறது.

பாய்ந்து, *gér. de* பாய்கிறது.

பாய்மா, (பாய், மா), animal qui bondit ou s'élance, *i. e.* cheval, tigre.

பாய்மரி, (*id.*), pourpier, portulaca quadrifolia.

*பாரசரீயம், (பிரசரீபதி, ya), un des 18 codes de lois indoues composé par பிரசற்பதி.

பாரகம், 1° rideau, terre. 2° (pâraka), barque. 3° (pâraga), traverser, nager.

*பாரகன், *pl.* பாரகர், (pâraga), arrivé au rivage, protecteur, qui supporte, docteur, scribe, savant, érudit.

*பாரக்கியம், (pârakya), bonne conduite.

*பாரக்கியன், (*id.*), ennemi.

*பாரங்கதன், (பாரம், கதம்), savant, — qui a atteint le rivage de la science. [te கண்டுபாரங்கி.

பாரங்கி, la plante médicinale di-

பாரங்கு, l'arbre திருநீத்து, le cotonnier sauvage காட்டுப்பருத்தி.

*பாரசவம், (pârasava), arme, — de fer.

*பாரசவன், (*id.*), fils d'un brame et d'une femme soudra, fils de prostituée, bâtard.

பாரசி, Persan, Parsi. [adultère.

*பாரசாயிகன், (பர, சாயை, ika),

பாரசிகை, le milan பருந்து.

*பாரசீகம், (pârasika), royaume —, cheval de Perse. [de la Perse.

*பாரசீகன், (*id.*), Perse, habitant

*பாரசுவதன், பாரசுவதிகன், (pârasvadha, ika), soldat armé d'une hache ou d'une massue.

*பாரசுவயம், (pârasvaya), or.

*பாரணம், பாரணை, (pârana, — nâ), manger, — après avoir jeûné, rompre le jeûne, manger et boire après une fête, satisfaction, nuage.

*பாரதம், 1° (pârada), mercure,

vif argent. 2° (bhârata), le pays dit Bharatavarcha ou l'Inde propre, (patrimoine du roi பரதன், fils de Douchyanta roi de Hastinapouri), le grand poème épique ainsi nommé parce qu'il décrit la guerre survenue entre les descendans du roi பரதன்; on l'appelle aussi ஐந்தாம் வேதம் ou 5ᵉ Vèdam, parce que mis dans une balance par les Richis il l'emporta en pesanteur (பாரம்), sur les 4 autres réunis. Cela a confirmé son nom de பாரதம் ou de மகாபாரதம்: ce qui lui donne une double étymologie. Il contient 18 parties nommées பர்வம். Cette immense épopée a été composée en sanscrit par Vyasen; il y en a des traductions tamoules par வில்லிபுத்தூரார், et நல்லாப்பிள்ளை; பாரதக்கொண்டம், — தேசம், — வருஷம் le pays de Bharata, *i.e.* l'Inde.

*பாரதர், (bhârata), les descendans du roi பரதன், *i.e.* les Kourous et les Pandous ou Pândavers.

*பாரதன், (*id.*), descendant du roi பரதன், acteur, danseur, mime, feu.

*பாரதாரிகன், (பர, தாரம், ika), adultère.

*பாரதாரியம், (*id.* ya), le crime d'adultère.

*பாரதி, 1° (Bhârati), Sarasvati, prétendue déesse de l'éloquence, parole, déclamation dramatique, caille. 2° navire: — கொழுநன் l'époux de Sarasvati, *i. e.* Brama; — தீபம் nom d'un dictionnaire.

*பாரதேசிகன், பாரதேசியன், (பர தேசம், ika, ya), étranger, voyageur.

*பாரத்துவாசம், (bharadvâdja), ossement, alouette, caille, milan, l'oiseau noir dit கரிக்குருவி, un des 18 codes de lois des Indous composé par பாரத்துவாசன்.

*பாரத்துவாசன், (*id.*), Drôna ou துரோணன், précepteur militaire des Kourous et des Pândous, le sage Agastien, le fils de Vrihaspati ou பிருகஸ்பதி, le richi Bhâradvadja qu'on prétend avoir été nourri par une alouette et être auteur d'un code de lois. [sauvage, *V.* துரோணன்.

*பாரத்துவாசி. (*id.i*), cotonnier

*பாரபக்ஷம், பாரபட்சம், (பாரம்), partialité.

பாரபத்தியம், emploi subordonné dans la levée des impôts, charge de receveur subalterne, pouvoir, autorité, juridiction: — பண்ணுகிறது lever les impôts après avoir estimé le revenu des terres, exercer l'autorité; பாரபத்திக்காரன், receveur subalterne d'impôts (d'un ou de plusieurs villages sous l'autorité du தாசில்தார்), intendant, employé, homme qui a de l'autorité; சுயபாரபத்தியம் pouvoir —, gouvernement absolu, indépendant.

*பாரமிகம், (பரம், ika), chose supérieure, meilleure.

*பாரமிதம், (pâramita), traverser, surpasser, chose transcendante, — supérieure.

*பாரமுகார்க்கியம், (பரம், முகம், அர்க்கியம்), une des choses propres ou des qualités du sacrifice.

*பாரமேசுரம், (பரமேச்சுரன்), un des 28 livres des Sivénistes.

*பாரம், 1° (bhàra), gravité, poids, pesanteur, charge, fardeau, un கண்டி ou poids de 28 துலாம், (il équivaut à 500 livres anglaises ou 226 kilogrammes 70 grammes), obligation, responsabilité, bâton dit காவடி pour porter des fardeaux aux 2 bouts. 2° (pâra) bord, rivage, le rivage opposé, fin, extrémité, mercure. 3° digue en pierres, petite chaussée de champ, — entre les divers compartimens des rizières, cuirasse, cotte d'armes, la terre, selle de cheval, barque, patience, sorte de jeu: அதுஉமதுமேல்விழுந்தபாரம் c'est sur vous que tombe ce fardeau, cette responsabilité, le poids de cette affaire; — இருக்கிறது, — வந்திறைக்கிறது un fardeau peser, — être pesant; — எடுக்கிறது, — சுமக்கிறது se charger d'un —, porter un fardeau; — ஏற்றுகிறது, — சுமத்துகிறது charger, — d'un fardeau; — தா

தாங்குகிறது, — பொறுக்கிறது porter un fardeau, soutenir le poids; பாரச்சுமை pesant fardeau; — தூரம் le poids et la distance, grande distance, éloignement considérable, pensée profonde, grand dessein, chose très grande; — தூரமறியாதவன் homme qui ne comprend pas la portée des choses, qui agit sans réfléchir profondément; — தூரம்பார்க்கிறது examiner le poids et la distance, réfléchir avant d'agir, voir de loin, prévoir l'avenir; — ப்படுகிறது devenir —, être pesant, peser; — ப்படுத்துகிறது grossir, rendre pesant; — ப்பழி grande faute, lourde responsabilité; — வத்தடி, — வட்டடி bâton pour porter des fardeaux aux 2 bouts; — விலங்கு chaines pesantes.

*பாரம்பரம், பாரம்பரியம், பாரம்பரை, (பரம்பரம், va), tradition, doctrine traditionnelle, succession, — régulière, non - interrompue, série continuelle, *V.* பரம்பரை: பாரம்பரியமாய் —, பாரம்பரையாய்வருகிறது venir par tradition des temps anciens: பாரம்பரியமாயாளுகிறது régner par droit de succession: பாரம்பரைநியாயம் tradition, raison ou coutume traditionnelle, *ou* பாரம்பரியோபதேசம், (உபதேசம்), doctrine traditionnelle.

*பாரலௌகிகம், (பரலோகம், ika). chose de l'autre monde.

*பாராவதம், (pâravata), pigeon.

*பாரவம், (bhârava), corde d'arc.

*பாரவாகனம், (பாரம்), bête de somme, chariot, wagon, voiture pour transporter des fardeaux.

*பாரவாகன், பாரவாகி, பாரவாகிகன், (பாரம், வாகன், i, ika), porteur, porte faix.

*பாரவான், (பாரம், vân), homme de poids, — important, grand, excellent.

*பாரபிருதம், (pârabhrouta), présent, offrande, sacrifice, bienfait.

பாரா, பாராத, *part. nég. de* பார்க்கிறது qu'on *ou* qui ne voit pas: பாராவளையம் — வளைவயம் cercle invisible, bâton recourbé,

பாராகம், un des 32 உபநிஷதம்.

*பாராசரன், பாராசரியன், பாராசரி, (பராசரன்), le fils de Parâsaren, *i.e.* வியாசன்.

*பாராசரம், பாராசரியம், (*id.*), un des 32 ordres d'architecture, un des 18 codes de lois indiennes, règles de Parâsaren ou de Vyâsen son fils pour les religieux mendians, *V.* பராசரியம்.

*பாராசரகற்பிகன், (பராசரன், கற்பம *précepte*, ika), sectateur de Parâsaren.

பாராட்டல், *opt. et n.v. de* பாராட்டுகிறது, célébration, louange, parade, vanterie, délai.

பாராட்டு. *imp. part. et n.v. du suiv.* *V.* பாராட்டல்: — க்காரன் louangeur, panégyriste; — பண்ணுகிறது *ou*

பாராட்டுகிறது, ட்டினேன், ட்டுவேன், ட்டு, ட்ட, *v.a. et n.* பாராட்டுதல், *n.v.* célébrer, louer, exalter, glorifier, vanter, faire parade, manifester, retarder, lambiner: பாராட்டுந்தாய் femme qui amuse, et divertit les enfans.

பாராமை, 1° *n.v. nég. de* பார்க்கிறது. 2° *P.* பாராமல், *gér. nég:* — சொல்லியொப்பிக்கிறது réciter de mémoire, — sans regarder le livre.

*பாராயணம், (பாரம், அயனம்), cours complet, totalité, étude assidue et complète des védas ou des pouranas, traverser, finir entièrement: வேத — பண்ணினான் il a étudié entièrement ou à fond les védas; பாராயணபத்திரம் certificat d'étude approfondie (que le maitre donne à ses écoliers.

*பாராயணன், பாராயணிகன், (பாராயணம், ika), étudiant, — qui se livre à l'étude susdite, savant, — dans cette étude.

*பாராயணி, (பாராயணம், i), la prétendue déesse des sciences, *i. e.* Sarasvati.

*பாராருகம், (pârârouka), rocher, [montagne.

*பாராவதம், (pârâvata), colombe, pigeon, — noir, bois d'ébène dit கருங்காலி, singe, montagne.

*பாராபாரம், பராவாரம், (பார ம், அபாரம், அவாரம்), mer, océan, flot de la mer, rivage, le bord prochain et le plus éloigné, ou les 2 bords d'une rivière.

*பாராவாரீணன், (id. ina), homme qui se penche des 2 côtés.

*பாரி, 1° (pâri), vase, —à boire du callou, verre, coupe, plein le creux de la main —, quantité d'eau, petite jarre d'eau, seau de lait, corde pour attacher les éléphans, pollen des fleurs, l'arbrisseau செவட்டம். 2° (bhâri), lion, porteur. 3° P. பாரியை; épouse, —légitime. 4° Bâri, roi célèbre par sa générosité, un des 7 de la 3me classe des personnages ainsi célèbres, lit, belle toile, terre, animal, patrouille, garde —, ronde ou veille de nuit, une mesure, vitesse. 5° imp. et part. de பாரிக்கிறது, pesant, fort, robuste, important: —காவல் garde de nuit, patrouille; —போகிறது aller faire—, faire la ronde, —la patrouille, s'enfuir; —மனிதன், —பா ன் homme fort, robuste, pesant, important; —போடுகிறது courir vite; —வேட்டை chasse, —aux animaux, gibier: —வேட்டையாடுகிறது faire la chasse aux animaux. [porte-faix.

*பாரிகன், (பாரம், ika), porteur,

*பாரிகாரிகன், (pârihârika), faiseur de guirlandes. [let, saisie, capture.

*பாரிகாரியம், (pârihârya), brace-

பாரிக்கிறவன், P. பாரிக்கிறவன்.

பாரிக்கிறது, ரித்தேன், ரிப்பேன், ரி, ரிக்க, பாரித்தல், n. v. 1° v. n. (பாரம்), devenir—, être pesant, fort, robuste, grossir, se fortifier. 2° v. a. faire, produire, répandre, étendre, accuser, charger d'une faute, montrer. 3° v. n. paraitre, croitre, fructifier: பாரி த்திருக்கிறது être pesant, fort: சரீர ம்பாரிக்குக்கொண்டிருக்கிறது le corps devenir ou être pesant, lourd (par maladie...).

பாரிக்கை, V. பாரிப்பு.

பாரிசத்தான், (பாரிசம்), partisan, adhérent, sectateur.

*பாரிசம், 1° (pârsva), côté, —du corps, d'un carré..., parti, faction. 2° nom d'une montagne, le royaume de Perse: உன்னுடன் —cela te concerne ou t'appartient, cela est pour toi: அ ந்தப்—சேர்ப்போகிறது aller de ce côté, se ranger de ce parti; தன்னுடைய ந்தன் — சேர்க்கிறது attirer quelqu'un a son parti; ஒருத்தன் —சேர் க்கிறது être du côté ou du parti de quelqu'un; பாரிசகிரகணம் éclipse partielle, — d'un côté; — சயனம் dormir sur le côté; —சூலம், —நோ douleur—, point de côté; — பாகம் côté, flanc; — வாதம், —வாயு hémiplexie, paralysie de la moitié du corps.

*பாரிசாதம், பாரிசாதம், (pâridjâta, ka), un des 5 arbres du paradis des Indous, l'arbrisseau பவளம ல்லிகை ou l'arbre de corail, l'arbre முருக்கு. [ment, exhortation.

*பாரிசாரம, (பரிசரம்), commande-

*பாரிசேடம், (பரிசேடம்), appendix, partie de la dialectique qui apprend à unir ou à admettre et à rejeter.

*பாரிஷதன், பாரிஷத்தியன், (pârichada, ya), spectateur, gardien.

பாரிடம், (பார், இடம்), terre, troupe de gnomes ou de fantômes.

*பாரிணயம், (pârinâyya), dot, biens qu'une femme reçoit à son mariage.

பாரித்தியை, (pâritathya), bijou que les femmes portent sur le front.

*பாரிதோஷிகம், (pâritôchika), bienfait, don, récompense,

பாரித்தல், n. v. de பாரிக்கிறது.

*பாரிந்திரன், (pârindra), lion.

*பாரிபத்திரம், பாரிபத்திரகம், (ப ரி, பத்திரம், ka), l'arbre வேம்பு, l'arbre de corail ou பவளமல்லிகை.

*பாரிபந்திகன், (பரி, panthâ route, ika), voleur de grand chemin.

*பாரிபாட்டியம், (பரிபாடி, ya), ordre, régularité, méthode.

*பாரிபாத்திரம், பாரியாத்திரகம், (pâripâtra, ka), V. பாரியாத்திரம்.

*பாரிபார்ச்சுவிகன், (பரி, பார்ச் சுவம், P. பாரிசம், ika), aide, auxiliaire, acteur qui sert de chœur dans les drames, celui qui récite ou chante les துபோர்க்கவி ou vers d'accompagnement.

*பாரிபாவியம், (pâribhâvya), caution, espèce de pilule ou de drogue.

பாரிப்பு, *n.v.de* பாரிக்கிறது, pesanteur, grosseur, épaisseur, enflure, difficulté:—வாங்குகிறது la pesanteur—, l'enflure diminuer.

*பாரிமண்டலம், (பரிமண்டலம்), atome dans un rayon de lumière.

பாரிமால், le Bâramal, pays de சேரம். [ரிமுகம், ika, ya), présence.

*பாரிமுகியம், பாரிமுக்கியம், (ப

பாரியம், le fruit dit சுக்கான், les arbres வேம்பு et முருக்கு.

*பாரியாட்டன், (பாரியை, அட்டம்), homme qui vit de la prostitution de sa femme.

*பாரியாதிகன், (*id.*ika), homme qui se laisse mener par sa femme.

*பாரியாதிக்கிரமம், (*id.*அதிக்கிரமம்), adultère.

*பாரியாத்திரம், பாரியாத்திரகம், (pâriyâtra, ka), nom d'une montagne, le centre des monts விந்தியம், sur les bords de la province de மாளவம் ou Malwa.

*பாரியாத்துவம், (பாரியை, துவம்), état de femme,—d'épouse. [le mari.

*பாரியாபதி, (*id.*பதி), la femme et

பாரியாளி, (பாரி, ஆள்), homme fort, robuste, pesant.

*பாரியாணிகம்; (பரி, யானம், ika), voiture,—de voyage, [gitime.

*பாரியை, (bhâryâ), épouse,—lé-

*பாரியோடன், (பாரியை, உடன் *marié*), homme marié. [nitent, ascète.

*பாரிராஜகன்,—ராட்சகன், (பரி), pé-

பாரிவிம்பம், (பார்), plaisir terrestre. [பரிக்ஷித்து.

*பாரிக்ஷிதன், (பரிக்ஷிதன்), le roi

*பாரு, (pârou), soleil, feu.

*பாருஷியம், (pârouchya), reproche, injure, mépris, cruauté, parole dure, bois d'aloès ou agalloche, la forêt d'Indiren. [meterre.

*பாரேரகம், (parèraka), épée, ci-

பாரை, levier, —de fer, barre de fer un peu tranchante pour creuser des trous, lever des fardeaux ou démolir les murs, espèce de poisson, scomber aculeatus; கட்டப்பாரையைவிழுங்கிப்போட்டுச்சுக்குக்கஷாயங்குடித்தாற்போமா si ayant avalé un levier de fer vous buvez une décoction de gingembre sec, partira-t-il? un remède léger fera-t-il cesser un grand mal?

*பாரோத்தரணம், (பாரம், உத், தரணம்), action de porter un fardeau.

பார், 1° *imp.de* பார்க்கிறது. 2° la 4me constellation lunaire dite Rôhini, plate forme —, dessus —, pavillon de char, terre, bord de rivière, lit, roc, rocher, ou couche de terre très-dure, la caste des brames, Bouddha, coutume, ordre, série; — இடிந்துவிழுகிறது le bord d'une rivière s'écrouler; — உடைக்கிறது briser le roc, rompre la couche de terre dure qui empêche l'eau d'une source ou d'un étang de sourdre en grande quantité; — திருத்துகிறது ranger les troupes en lignes.

பார்க்க, *inf.de* பார்க்கிறது, pour voir, en voyant, en comparaison de, plus que; (il s'emploie pour le *que* qui suit le comparatif, le mot அதிக *plus* étant exprimé ou sous-entendu): அதைப்பார்க்கவிதுநல்லது *litt.* ceci est bon en comparaison de cela, ceci est meilleur que cela.

*பார்க்கடம், (pârghata), cendres.

*பார்க்கவம், (bhârgava), un des 18 pouranas inférieurs composé par பிருகு.

*பார்க்கவன், (*id.*), le descendant de Bhrigou, *i.e.* சுக்கிராசாரியன், Soukren ou la planète Vénus, archer: பார்க்கவப்பிரியம் le diamant.

*பார்க்கவி, (*id.*i), Lackchimi, Pârvadi, le chiendent வெள்ளறுகு, l'arbre திருவேந்தக்கு. [ரியம், பாரக்கியன்.

*பார்க்கியம், பார்க்கியன், *P.* பார்க்

பார்க்கில், பார்க்கினும், *conditionnel de* பார்க்கிறது, si on voit, quoiqu'on voie, en comparaison de, plus que: அதைப்பார்க்கில் ou பார

நக்கிறதும் இது நல்லது ceci est meilleur que cela.

பார்க்கிறது, த்தேன், க்ப்பேன், க, க்க, v a. பார்த்தல், n. v. voir, apercevoir, regarder, considérer, observer, faire attention, examiner, chercher, soigner, garder, visiter, honorer, avoir soin, prendre garde, se garder, (après un infinitif) chercher, essayer de, avoir l'intention de, s'efforcer: ஓடப் — chercher à s'enfuir: போகப் — chercher à —, se proposer de s'en aller: செய்யப் — chercher à —, essayer de faire: செய்துமுடிக்கப் — viser à —, avoir soin de finir entièrement: அதைச்செய்யாதே பார் prends bien garde de ne pas faire cela: அதைப்பாராமற்போனேன் j'ai passé sans voir ou sans regarder cela, je n'ai pas aperçu cela, (பார்க்க, பார்க்கில் V. à leur place). பார்த்து, gér. voyant ou à cause de, par égard pour, pour l'amour de: அவனைப்பார்த்து à cause de lui, en sa considération; பார்த்துக்கொண்டிருக்கிறது regarder, — continuellement, observer avec soin, — constamment, faire attention; prendre garde; — நடக்கிறது marcher avec précaution, — en regardant (avec soin...), அவர் பார்த்துக்கொடுக்கவேண்டுமென்றுசொன்னதுக்குப்போகாதா si après avoir vu (ou considéré), il dit de donner, ne le peut il pas? எங்கும்பார்த்தும்காணவில்லை on ne l'a pas trouvé, bien qu'on ait cherché partout.

*பார்க்குணம், P. பாற்குணம்.

*பார்சவம், 1° (pârsava), hache, massue. 2° (pârsva), coté, circonférence de cercle ou de roue, V. பரி சு.

*பார்சவன், (id.), guerrier armé d'une hache ou d'une massue, celui qui a obtenu un don.

*பார்சுவகன், (pârsvaha), voleur, fripon, filou, escamoteur.

*பார்சுவஸ்தன், (pârsvastha), homme qui se tient à côté, associé, compagnon, aide, —qui fait chorus dans un drame, acteur du prélude du drame, —qui en explique l'intrigue.

*பார்சுவம், (pârsva, vulgo பக்கம்), côté, flanc, côte, le thorax, circonférence, — de roue, aide, expédient frauduleux, chœur, troupe de louangeurs.

*பார்சுவாசநம், (பார்சுவம், âtchanla qui a rincé sa bouche), nourriture qu'on ne doit pas prendre après que quelqu'un de la compagnie a rincé sa bouche, repas pris en commun dans le même plat ou le même vase. [côté, côte.

*பார்சுவாஸ்தி, (id. அஸ்தி), os du

*பார்சுவிகன், (id. ika), partisan, associé, compagnon.

*பார்சுவகோவக்ஷம், (id. உக்ஷ ம்), le crabe qui aime à marcher de côté. [obl. de பார்த்தல்.

பார்த்த, 1° part. de பார்க்கிறது. 2° பார்த்தல், n. v. de பார்க்கிறது.

*பார்த்தவம், (pârthava), grandeur, immensité, abondance.

*பார்த்தன், (pârtha, de prouthâ), le fils de Prouthâ ou குந்திதேவி, i. e. அருச்சுனன், Kartaviryen ou கார்த்தவீரியன், prince, roi: பார்த்தசாரதி le cocher d'அருச்சுனன், i. e. Krichna.

பார்த்தார், n. app. de பார்க்கிறது, ceux qui regardent, spectateurs: — சிரிக்கிறது risée des spectateurs; — சிரிக்கஉடம்பெடுத்தாய் tu es né pour être la risée du monde, litt. des spectateurs.

*பார்த்திபம், பார்த்திவம், (pârthiva de பிருதிவி terre), chose terrestre, - faite de terre, vase de terre.

*பார்த்திபன், பார்த்திவன், (id.), maître de la terre, roi, prince.

*பார்த்திவி, (id.), la prétendue fille de la terre, i. e. Sidei.

*பார்த்திப ou பார்த்திவவருஷம், (பார்த்திவன்), la 19me année du cycle indien. Elle correspond à 1825 et 1885.

பார்த்து, gér. de பார்க்கிறது.

*பார்ப்பதி, P. பார்வதி.

*பார்ப்பரன், (pârpara), surnom de —, Yamen.

பார்ப்பன, *adj. de* பார்ப்பான், de brame; — க்கொலை meurtre d'un brame; — ச்சேரி village de brames; — ப்பெண் ou

பார்ப்பனத்தி, பார்ப்பனி, பார்ப்பாத்தி, *fém. de* பார்ப்பான், bramine, fille ou femme de caste brame; vulgò பிராமணத்தி.

பார்ப்பாரச்சாதி, (பார்ப்பார், சாதி), la caste bramanique.

பார்ப்பான், *pl.* பார்ப்பார், *n. app. de* பார்க்கிறது, voyant, inspecteur, brame (considéré comme voyant ou prophète en ce pays); பார்ப்பாரது தொழில் les 6 emplois des brames, *V.* அறுதொழில். [mine.

பார்ப்பினி, *P.* பார்ப்பனி, bramine.

பார்ப்பு, 1° *n. v. de* பார்க்கிறது, action de voir..., la caste des brames. 2° petit (des animaux qui vivent sur les arbres, des animaux rampans, des oiseaux et du cerf).

பார்மகள்சகி, camphre vert.

பார்மிசையோன், (பார், மிசை), celui qui est ou a été sur la terre, Bouddha.

*பார்வணம், (pârvana), espèce de —, cerf, pleine lune, une des 28 espèces de sacrifices indous, cérémonie funèbre envers tous les mânes à l'époque du பருவம் *i.e* de la conjontion du soleil et de la lune.

*பார்வதம், (பர்வதம்), montagne, l'arbre வேம்பு, le concombre வாதுளுவை.

*பார்வதி, (*id.* i), Parvadi, fille du roi des monts Himalaya et femme de Siven, Draoupadei ou துரௌபதை, bergère, terre —, argile rouge dite terre de Surate, la plante பெருநெருஞ்சில்; — கொழுநன் le mari de Parvadi, *i.e.* Siven; — நந்தனன் le fils de Parvadi, *i.e.* Soupramanien.

*பார்வதீயன், பார்வதேயன், (பார்வதம்), montagnard.

பார்வல், (பார்ப்பு), petit (des oiseaux, du cerf et autres animaux), appeau, oiseau dont on se sert pour en prendre d'autres.

பார்வை, *n. v. de* பார்க்கிறது, vue, regard, œil, aspect, perspective, apparence, attention, beauté, estimation, évaluation, appeau, animal privé dont on se sert pour en prendre d'autres, magie; — க்காரன் celui qui guérit ou charme les maladies, enchanteur, estimateur, — மான் — cerf qui sert à en attirer d'autres; — க்குணம் le propre de la vue..., maladie causée par la magie; — த்தகடு plaque du trou fait pour la clef; — த்தாழ்ச்சி faiblesse de la vue, manque d'attention, modestie des regards, des yeux; — பார்க்கிறது regarder, considérer, estimer, evaluer, user de sortilége, charmer, prononcer des formules pour charmer une maladie; — பார்க்கஅறிந்தவன் celui qui sait considérer, discerner et estimer les choses, sorcier, enchanteur; இது நல்ல —, இது பார்வைக்கு நேர்த்தி voici une belle perspective, ceci a une belle apparence, est beau à la vue.

பார்வையாளன், (பார்வை), celui qui fascine par ses regards.

பால, *adj. de* பாலன் *et de* பாலம் *et pl n. de* பால்.

பாலகம், l'arbrisseau கொட்டம்.

*பாலகன், 1° (pâlaka), protecteur conservateur, gardien, palefrenier. 2° (bâlaka), nouveau né, poupon, enfant, — en bas age, petit garçon, fils: பாலகன்றன்மை, (தன்மை), பாலகத்துவம் conservation, protection, enfance; உலகபாலகன் protecteur du monde, roi: உலகபாலகத்துவம் conservation—, gouvernement du monde, sage gouvernement d'un roi. [fille.

*பாலகி, (*fém du préc.*), jeune —,

பாலடை, (பால், அடை), cuillère à lait, — pour donner du lait aux enfans, espèce de gâteau, *ou* — க்கொடி, சித்திரப்— l'arbrisseau hallia sororia, *ou* — ச்சங்கு coquillage qui sert de cuillère à lait, conque dont les protubérances inférieures sont coupées et qui sert pour donner du lait... aux enfans.

பாலதண்டம், l'arbre சதுக்கள்ளி.

பாலது, 1° *gén. de* பால். 2° *ou* பாற்று. 3$^{me}$ *pers. neutre du* குறிப்புவினை *de* பால், c'est la part, la propriété, chose qui convient, il est convenable, il faut: தருமஞ்செய்வதுபாலது il convient de faire l'aumône.

பாலருடைச்சி, la plante வெளிப்பருத்தி.

*பாலம், 1° (bhâla), front, lumière. 2° (phâla), soc, barre —, masse —, plaque de fer, chose en fer, lingot, (vulgò பாளம்). 3° pont, pont-levis, la terre, branche d'arbre: — தூக்குகிறது lever le pont; — விடுகிறது laisser le pont, *ou* — இறக்குகிறது abaisser le pont. 4$^{me}$ (bâla), queue, cheveux, poil, *V.* வாலம் *et ses composés*.

பாலரசம், couleur d'or,

*பாலலோசனன், (பாலம்), celui qui a, dit on, un œil au milieu du front, *i.e.* Siven.

பாலவம், *V.* வாலவம்.

பாலவனை, espèce d'அவரை ou [de pois.

*பாலனம், 1° (pâlana), protection, préservation, conservation, garde, lait d'une vache nouvellement vêlée. 2° *P.* பாலன்னம், riz cuit avec du lait.

*பாலனன், (*id.*), gardien, conser[vateur, protecteur.

*பாலன், *pl.* பாலர், 1° (bâla), nouveau-né, enfant, poupon, petit garçon, enfant au dessous de 7 ans, un des 5 தானப்பொருத்தம், une des 5 combinaisons de place pour les lettres au commencement des poëmes, *V.* பொருத்தம்-ம். 2° (pâla), gardien, protecteur, conservateur, berger: தெய்வ —le divin enfant, l'enfans Jésus; பாலனும்பால்குடியான் même l'enfant à la mamelle cesse de têter (expression usitée pour exprimer l'horreur de la tyrannie); பாலக்காடு la province de Bâlaghat comprenant les districts de பெல்லரி et de கடப்பை; — சந்திரன் nouvelle lune; — சந்நியாசி jeune religieux; — சிங்கம் jeune lion; — சூரியன் soleil levant, lapis lazuli; — சத்திரம் office de sage femme; — தனம் propriété d'un enfant ou d'un mineur; — தாயன் jeune fils; — போதம், — போதகம் instruction pour les enfans, titre d'un livre; — பாவம் enfance, état —, péché d'enfans; — பருவம் l'enfance; — மணி grains faits de coquillage; — மணிக்கோவை collier de grains de coquillages qu'on met aux enfans comme amulette; — ரீதி manière enfantine; — ரீதியாய் d'une manière enfantine; — லீலை jeu d'enfant; — வயது enfance; — வியாகரணம், *V.* வாலவியாகரணம்; (*V. d'autres expressions au mot* வாலம்).

பாலாக்குகிறது, (பால்), partager, faire une part, adoucir, améliorer: உ இசைமலையமின்னாசின் — réduire la gloire en poussière.

*பாலாங்கன், (பாலம், அங்கம்), homme né avec des marques heureuses sur le front, ou qui a un joli front, Siven.

பாலாடை, (பால்), crême, — de lait.

*பாலி, 1° (pâli), digue, chaussée, pont, borne, limite, tache, marque, bout —, lobe de l'oreille, circonférence, grande cruche, pot, louange, ligne, rang, pointe —, tranchant d'épée, pou, femme barbue, hanche, entretien d'un écolier durant ses études. 2° (bâli), le singe Bâli, *V.* வாலி, 3° (புல்), vache à lait. 4° le multipliant dit குலமரம், le cotonnier rouge dit செம்பருத்தி, callou ou toddi, nom d'un fleuve, le Pâli ou Bâli ancienne langue de மகதம் ou Magadha et langue sacrée des Bouddhistes. 5° *P.* பாலன் protecteur, défenseur. 6° *imp. de* பாலிக்கிறது; — சின்னம் signe de défenseur, *V.* குலவட்டம்.

*பாலிகை, 1° (Pâlikâ), poignée —, tranchant —, pointe d'épée ou autre arme ou outil, cercle, lobe de l'oreille, cuillère à lait. 2° (bâlika), femme. 3° lèvre, espèce de cérémonie du mariage indou qui consiste à placer un plat couvert de terre sur laquelle sont répandues diverses sortes de céréales prêtes à pousser, la plante அடம்பு.

<table><tr><td>

பாலித்திருது,பாலித்தேன்,பாலிப்பேன், பரலிக்க,v.a.(பாலன்), garder, conserver,préserver,entretenir,nourrir, donner,accorder: நீதியைப் — administrer la justice.

பாலித்தல்,பாலிப்பு,n.v.de பாலித்திருது, et* பாலிதம்,(pâlita),conservation,préservation,garde, entretien,donation,grâce,faveur.

*பாலியம்,(bâlya),enfance, le bas âge,l'âge au-dessous de 7 ans.

*பாலியர்,(id.),jeunes enfans, enfans au-dessous de 7 ans.

பாலிருக்கை,l'arbre [illegible].

*பாலுகம்,(bâlouka),camphre.

பாலுண்ணி,(பால்), mangeur de lait,espèce de loupe qui se forme sur le corps. [றது.

பாலுண்ணாதிருக்கிறது, V. பாலுண்ணாதி

பாலுருண்டை, (பால்), espèce de gâteau.

பாலேடு,(id.),crême,—du lait.

பாலை,terre stérile,désert,chaleur, mer,espèce de poisson, la 7me constellation dite புனர்பூசம், et la 5me dite மிருகசீரிடம், l'arbre mimusops hexandra, la plante tournante asclepias volubilis, l'oiseau பாலைக்குருவி,espèce d'air ou de mélodie,(on en compte 7. voyez les au mot [illegible]),air propre aux pays stériles, séparation de cohabitation ou de commerce conjugal, séparation de biens et d'habitation.se séparer ainsi, un des goûts supposés du chant: பாலைக்கருப்பொருள் ou பாலைத்திணை, V. பாலைநிலக்கருப்பொருள்; — க்கிழத்தி la prétendue déesse des pays stériles,i.e. Kâli ou Dourgâ; — க்குருவி l'oiseau des déserts, nom d'un oiseau; —க்கொடி la plante tournante asclepias volubilis; — ச்சக்கரம் cercle magique ou figure superstitieuse qui a rapport aux pays déserts: — நிலம் terrain stérile, désert, sans eau et sans ombre, et son voisinage; —நிலக்கருப்பொருள் productions et propriétés des pays stériles, au nombre de 14,savoir: 1° — நிலத்தெய்வம் la prétendue divinité des

</td><td>

déserts,i.e. துர்க்கை Dourgâ ou Kâli. 2° — நிலத்தலைவர் chef d'un pays désert, il se nomme [illegible], [illegible], [illegible],et sa femme [illegible]. 3° —நிலக்குடிகள் habitans du désert, ce sont les [illegible] et les [illegible] ou chasseurs aussi nommés [illegible], [illegible] et [illegible],et leurs femmes nommées [illegible], [illegible], [illegible]. 4° — நிலப்புள் oiseaux du désert, i.e. புறா pigeon,பருந்து milan, கழுகு aigle. 5° — நிலவிலங்கு animal des déserts,le chien rouge செந்நாய் qui chasse les tigres. 6° — நிலத்தூர் bourg des déserts nommé குறும்பு. 6° — நிலநீர் eau des déserts;c'est l'eau de puits dite [illegible] ou [illegible]. 8° —நிலப்பூக்கள் fleurs des déserts,i.e. fleurs des plantes [illegible], பாலை,[illegible]. 9° — நிலமரம் arbres des déserts, i. e. les arbres [illegible], [illegible] ou [illegible], [illegible], பாலை. 10° —நிலத்துணவு,— நிலவுணவு nourriture des habitans du désert dite [illegible] ou [illegible] ce qu'ils pillent sur les chemins,et [illegible] ou [illegible] ce qu'ils enlèvent dans un pays fertile. 11°— நிலப்பறை tambour des déserts nommé [illegible] ou [illegible]. 12° —நிலயாழ், —நிலத்தியாழ் luth des déserts nommé பாலையாழ்.13°— நிலப்பண்air ou mélodie des déserts nommé பஞ்சுரம் et [illegible]. 14° — நிலத்தொழில், — நிலவாழ்க்கை [illegible] emploi des habitans des déserts nommé [illegible], [illegible] ou [illegible] pillage, — de jour;—ப்புறம் marche dans le désert,affreux—, ancien désert; — முதற்பொருள் choses principales des pays stériles pour lieux des déserts et les environs des déserts, pour le temps les saisons dites [illegible] ou temps des dernières rosées, [illegible] ou temps des chaleurs modérées et [illegible] ou temps des grandes chaleurs, (ce qui fait de-

</td></tr></table>

puis le mois de மாசி jusqu'à la fin du mois d'ஆடி), et pour le temps de la journée la partie dite நண்பகல் de 10 heures à 2 heures du soir; —பாலையாழ் luth des pays déserts; —பாலைத்திறம் son de certaines notes du luth —, air qui a rapport aux terres stériles ou au désert; — வனம் désert, — absolu. [பாலை.

பாலொட்டிலை, la plante கொடிப்பாலை

பாலோதனம், (பால்), V. பாற்சோறு.

பால், lait, — de femme, d'animal ou de plantes, le lait de vache est un des 5 objets qui composent le பஞ்சகவ்வியம், blancheur, le blanc, place, lieu, propriété, devoir, convenance, qualité, nature, caractère, genre des noms, mode d'arranger les cheveux de femmes, côté, coin du monde, part, portion, moitié, destin, utilité: பால்-ஐ-1° les 5 genres tamouls qui comprennent les 3 genres et les 2 nombres du latin, de cette manière: ஆண்பால், இருவன் ou அவன் le masculin singulier, பெண்பால், இருத்தி ou அவள் le féminin singulier, பலர்பால் ou அவர் le pluriel épicène, i. e. commun au masculin et au féminin, ஒன்றன்பால், ஒன்று ou அது le neutre singulier, et பலவின்பால், பல ou அவை le neutre pluriel. 2° பால்-ஐ, les 5 manières d'arranger les cheveux des femmes, V. ஐம்பால்முடி: இதுஎங்கள்பால் ceci est notre lait..., ou est à nous; எப்பாலும் de tous côtés; பால்விடுக்கும் le pus sortir des pustules de la petite vérole, ou பால்இறங்குகிறது le lait découler, — venir ou sourdre; — கறக்கிறது, —கறக்கிறது traire le lait; —கட்டுகிறது prendre du vaccin, ou வைசூரி—கட்டுகிறது ou குத்துகிறது et வைசூரி —வைக்கிறது vacciner; பால்கொள்ளுகிறது acheter ou prendre du lait, — du vaccin; —ச்சொறி gale d'un veau ou d'un agneau par manque de lait; —ச்சொற்றி, V. பாற்சொற்றி; —தோய்கிறது le lait se cailler, tourner, aigrir; —தோய்க்கிறது, —தோய்த்துப்போடுகிறது faire cailler le lait, y mettre de la présure: — பகாவஃறிணைப்பெயர் nom de l'espèce irraisonnable, dont le genre ou le sexe n'est pas distingué. Ex. மாடுவந்தது la bête bovine est arrivée, (மாடு comprend le bœuf et la vache); —பகாவுயர்திணைப்பெயர் nom de l'espèce raisonnable dont le genre ou le sexe n'est pas distingué, comme மக்கள்வந்தார் les enfans ou les gens sont venus (மக்கள் comprend les garçons et les filles, les hommes et les femmes); — பிடிபருவம் temps ou les épis de la moisson commencent à être en lait; — பீச்சுகிறது faire jaillir le lait, traire; —பொங்குகிறகாய்ச்சல் fièvre de lait; —போன்ற pareil à du lait, laiteux; — மரம் arbre laiteux; — மறக்கிறது être sevré; — மறக்கப்பண்ணுகிறது, — மறப்பிக்கிறது, — மறக்கடிக்கிறது, —மறிக்கிறது sevrer; —மறுக்கிறது, —மறுத்துப்போகிறது le lait tarir, cesser de couler: மாறாட்டம் nonchalence, paresse (mot télinga); — மாறுகிறது, — மாறிப்போகிறது les genres être confondus être paresseux, nonchalant, tergiverser, différer: — மாறிப்போனமாடு vache qui ne donne plus de lait: — மீன் le poisson laiteux clupea cyprinoides; — முட்சி nom d'une plante: — முட்டான் sorte de poisson; — முறிகிறது, —முறிந்துபோகிறது le lait tourner, se gâter, se cailler; —வழு solécisme—, faute contre le genre ou confusion de genres, comme donner une terminaison féminine à un nom masculin ou à un verbe dont le sujet est masculin...: — வற்றுகிறது le lait tarir: விடைக்கன்று veau sevré; — வியாபாரி marchand de lait; —வீதிமண்டலம் la voie lactée; — வெடிக்கிறது le riz et autres grains se fendre par le gonflement du lait, —வெள்ளி argent pur, — blanc comme lait; — வெள்ளைமண் terre blan-

ollé comme lait, — de blanchisseur; கெட்டபால்நற்பாலாமோ de mauvais lait deviendra t-il bon?du lait tourné redeviendra t-il bon?

பாவ, 1° *obl.de* பாவம். 2° *inf. de* பாவுகிறது.

*பாவகம், 1°(bhâvaka), propriété, nature (d'une chose), intention, manifestation extérieure —, expression d'affection,— de sentimens amoureux, apparence, ressemblance, idée. 2° (pâvaka), pureté;la noix à marquer dite சேங்கொட்டை,l'arbre qui la produit. 3° meurtre.

*பாவகன், 1° (pâvaka), feu, le prétendu dieu du feu, *i. e.* Agni, celui qui purifie, homme devenu pur, - purifié par la méditation religieuse. 2° (bhâva),savant. [resse.

*பாவகாரி, (பாவம்), âme pécheresse.

*பாவகாரணி,(பாவகன், அரணி), bois propre à faire du feu par son frottement, premna spinosa.

*பாவகி, (பாவகன்), Soupramanien qu'on prétend né du feu, la femme d'Agni.

*பாவசம், (பாவம்,சம்), amour.

பாவசன்,(பாவசம்); Kâmen, le Cupidon indien.

பாவடம், *V.* பாவாடம்.

*பாவட்சயம், *P.* பாவக்ஷயம்,expiation —,abolition du péché.

பாவட்டா,drapeau.

பாவட்டை, l'arbrisseau pavetta indica: — ச்செக்கொத்தி nom d'un arbrisseau. [ornement poétique.

பாவணி, (பா, அணி), beauté —,

பாவண்ணம்,(பா), espèce d'harmonie ou d'air propre à la poésie.

*பாவம், 1° *P.* பாபம், péché, crime, faute,désordre,vice,méchanceté, malignité, bassesse, malheur, défaut de bonheur. 2° (bhâva), condition,manière d'être,état,— naturel,propriété innée, nature, existence, réalité, ce qui existe, être vivant, dessein,intention,vue,âme, l'esprit, action, chose, objet, substance,monde, univers,idée abstraite —,sens—,racine d'un mot,naissance,place de la naissance,matrice, passe-temps,instruction,avis, signe indicateur —,indice de la pensée, expression corporelle —,manifestation de sentimens amoureux, émotion, mouvement, être —, objet doué de mouvement geste,une des parties de l'art dramatique ou de la danse, pouvoir surnaturel, organe des sens ou des passions: — கட்டிக்கொள்ளுகிறது, — செய்கிறது pécher, commettre un péché; பாவக்ஷயம் abolition —,expiation du péché; — க்ஷம், *P.*பாவக்ஷயம்;—சங்கீர்த்தனம் confession.— des péchés; — சங்கீர்த்தனம்பண்ணுகிறது se confesser,confesser ses péchés: —சங்கீர்த்தனங்கொடுக்கிறது confesser,entendre les confessions: — தோஷம் malice —, coulpe —, tache du péché; நிவாரணம், — நிவிர்த்தி renoncement au péché,*ou* — நாசம், —பரிகாரம் expiation ,destruction du péché; —புண்ணியம் le péché et la vertu: புண்ணியவழக்கம் *m, V.* பாபபுண்ணியவழக்கம்;—பமோசனம் — பமோசனி, —மன்னிப்பு pardon —, rémission du péché *ou.* —ம் போக்குகிறவர்த்தம் absolution des péchés; —மார்க்கம் voie criminelle: —ழுத்திகள் gens vils,criminels,chasseurs —மோசனம், — விமோசனம் expiation — ,rémission du péché: விமோசனஞ்செய்கிறது effacer —,remettre—,expier les péchés d'autrui; — விமோசனஞ்செய்துகொள்ளுகிறது expier ses propres péchés.(*V.*au mot பாபம் d'autres composés).

பாவர்,(பா), gens habiles en poésie, poëtes,savans.

பாவல்,1° *opt.et n.v.de* பாவுகிறது; action d'étendre...,sandales de bois dites பாதகுறடு,partie d'un navire. 2° *P.*பாகல்.

பாவற்காய்,*P.*பாகற்காய்.

பாவாளி,(பாவம்,ஆளி),pécheur.

*பாவனம், 1°(pâvana), pureté, netteté, purification, expiation, chose qui purifie,pénitence, bouze de vache, encens. 2° (bhâvana), preuve, examen, recherche, imagination, perception mentale, méditation, récollection, réminiscence, idée, conjecture, jugement de la capacité d'après les paroles, ornement, décoration, union: பாவனைத் துவனி, — திசைவனி conque.

*பாவனன், (pâvana), le feu, le poète Vyâsen.

*பாவனாதீதம், (பாவனை, அதீதம்), chose qui surpasse l'imagination.

பாவனுருவகம், (id. உருவகம்), figure de rhétorique, — d'imagination, — qui représente les objets, imagination.

*பாவனி, (pâvani), la prétendue déesse du Gange ou காமதேனு, vache, basilic dit துளசி.

*பாவனை, 1° (bhâvana), imagination, perception mentale, idée, réminiscence, souvenir, pensée, méditation. 2° manière, ressemblance, imitation, conduite: — பண்ணுகிற து comparer, représenter, dissimuler, feindre, contrefaire, imiter, imaginer, se représenter, s'imaginer; — பண்ணிக்கொண்டிருக்கிறது se figurer, s'imaginer, garder le souvenir de quelqu'un; — யாயிருக்கிற து ressembler, être semblable, — l'image de; — யாக à l'imitation, comme; பிள்ளைப் — யாகவளர்க்கிறது élever comme son enfant: பயமுள்ள வன் — யுங்காணோம் il ne semble pas même être effrayé.

பாவாடம், 1° action de se couper ou de couper la langue devant une idole (comme hommage superstitieux; — அறுக்கிறது, — பண்ணுகிறது, — செய்கிறது, — போடுகிறது se couper ou couper ainsi la langue. 2° (bhâvata), indication de sentiments amoureux, ornement, décoration,

*பாவாடன், (bhâvâta), homme pur, pieux, acteur, libertin.

பாவாடை, (பாவு, ஆடை), toile —, habit —, jupe de femme, toile qu'on étend par terre sur la route dans de grandes solennités, V. தெய்வம்; — வீசுகிறது faire au loin des signaux en agitant une toile blanche, hisser —, présenter un drapeau de trêve; — யுகுறது espèce de sacrifice.

பாவாணர், (பா, ஆணர்), poëtes.

*பாவாத்துமா, P. பாபாத்துமா, pécheur, personne criminelle.

*பாவாபாசம், (பாவம், ஆபாசம்), feindre d'être ému. [சுசிறது.

பாவாாக்கிறது, (பா), V. பவனிவு

*பாவார்த்தம், (பாவம், அர்த்தம்), sens d'un mot, sens clair et direct d'une sentence.

பாவாற்றி, (பா, ஆற்றி), brosse ou peigne de tisserand (pour démêler le fil).

*பாவி, 1° P. பாபி, pécheur, pécheresse, méchant, pervers. 2° (bhâvi), ce qui est existe ou doit exister, qui a la nature de. 3° (pâvi), qui purifie. 4° imp. de பாவிக்கிறது.

*பாவிகம், (bhâvika), invention, imagination, une des 35 figures de rhétorique employées dans les poëmes, figure de rhétorique qui décrit comme présent, le passé et le futur, chose naturelle, innée, sentimentale, future, raconter tout du long comme un poëme.

பாவிக்கிறது, வித்தேன், விப்பேன், வி, வித்த, v. a. et n. (பாவிப்பு), imaginer, inventer, imaginer, se figurer, se représenter, feindre, imiter, marcher, être d'usage; பாவித்துப்பார்க்கிறது essayer d'imiter, regarder après avoir imité ou feint, considérer —, examiner l'exactitude d'une imitation; உண்டுபோலப்பாவிக்கிறது imaginer, représenter, montrer, confirmer (un mensonge), கண்டு — imiter, imaginer; சுகமாய்ப் — se croire bien portant (quoique malade); உம்மைப்போலேவென்னைப்பாவித்துக்கொண்டிருந்தேன் je me le figurais tel que vous, கானமயிலாடக்கண்டிருந்தவான்கோழி தானுமதுவாகப்பாவித்துக்கொள்கிறது le dindon ayant vu le paon de la fovoit faire la roue s'imagine être lui-même un paon.

*பாவிதம்,(1° (bhâvita), mélange, composition,parfum,consentement, promesse, résolution, imagination, invention,gain,supposition. 2° (pâvita). purification.

பாவித்தல், பாவிப்பு,n.v.de பாவித்திறது, imagination, imitation.

*பாவித்திரம், (bhâvitra), les 3 mondes, le ciel,la terre et l'enfer pris collectivement.

பாவிழைக்கிறது,(பா, இழைக்கிறது),faire la chaine, ourdir la trame,mettre le fil en peloton.

பாவினம்,(பா,இனம்), classification des 4 premières espèces de vers ou de strophes dites வெண்பா, ஆசிரியப்பா, கலிப்பா, வஞ்சிப்பா, ou subdivision de ces 4 espèces de poésies; chacune d'elles se subdivise en 3 variétés nommées தாழிசை, துறை,விருத்தம் ce qui forme 12 subdivisions nommées வெண்டாழிசை,வெண்டுறை,வெளிவிருத்தம், ஆசிரியத்தாழிசை, ஆசிரியத்துறை, ஆசிரியவிருத்தம், கலித்தாழிசை, கலித்துறை, கலிவிருத்தம்,வஞ்சித்தாழிசை, வஞ்சித்துறை, வஞ்சிவிருத்தம்; la 5me espèce de vers dite மருட்பா ne se subdivise pas.

பாவு, 1° P.பா, fil de coton,chaine —, trame d'une toile. 2° imp. et part.de பாவுகிறது:பாவிலேசாயமேற்கிறது entremêler des fils de couleur parmi les blancs dans la chaine d'une toile; பாவுகல் pavé,carreau, pavé en pierres, carrelage,plancher carrelé, —en pierres; — நூல் chaine(de la toile);—பலகை planche du plancher,plafond,lambris; — மெல்லிய பலகை planche mince que les tisserands mettent entre les fils de la chaine.

*பாவுகம், (bhâvouka), joie, bonheur, jour heureux.

*பாவுகன்,(id.), mari de la sœur.

பாவுகிறது, வினேன், வுவேன்,வு, வ, v.a.et n. பாவுதல்,n. v. étendre, placer régulièrement,— en long et en rang (des briques, des planches..., paver, planchéier, répandre,mettre du semis,semer épais des céréales qui doivent être ensuite transplantées,planter,fixer, se tenir —s'appuyer—,porter sur(la terre...), toucher du pied le fond, prendre, --pied, — racine, se répandre,passer par-dessus, traverser,franchir: பாவிப்போடுகிறது étendre, placer régulièrement, placer — ,appuyer sur: கால்தரையிற்பாவாமல்விடுகின்ற le pied n'a pas touché ou touchait à peine la terre (se dit de la course rapide d'un cheval); ஆற்றிலேகால் பாவவில்லை on ne peut prendre pied —, le pied ne porte pas à terre dans la rivière.

பாவை, peinture, représentation, poupée, marionnette, statue,— peinte, femme (pl பாவைமார்), muraille: —க்கூத்து danse de marionnettes;— போலிருக்கிறது être comme une peinture ou une statue peinte,être beau; —யாடுவிக்கிறது, —யாட்டுகிறது faire danser des marionnettes.

பாவோடம்,(பாவு,ஓடம்), bâton sur lequel passe ou qui tient la chaine d'une toile,ou

பாவோடுகிறது,பாவோட்டம்,(id.), faire—,ourdir—,étendre la chaine.

பாழி,largeur,explication,bourg, village,ville, - en pays cultivé,ville —,camp des ennemis,caverne, — de montagne, cellule —,. ermitage d'ascète, de reclus,temple,lit,couche, litière pour les animaux,grandeur, force, air, mer, petit étang, ruine,désolation. l'herbe ஊசி.

பாழித்தியம், sorte d'ouvrage littéraire.

பாழும், imp. et part. de l'inusité பாழ்க்கிறது:—நகரம் place ruinée,— déserte; — கிணறு puits en ruines, —desséché.

பாழ், 1° ruine, perte, désolation, ravage, dévastation, décadence,désert,vide,inutilité, mal. 2° imp. et part.de பாழ்க்கிறது. 3° imp.de பாழ்க்கிறது;—அழிவு—ruine entière, pure désolation; நாடு — dévastation d'un lieu, lieu ruiné, désert, stérile; — ஆகிறது, ஆய்ப்போகிறது, dépérir, tomber en ruines, être ruiné, désolé, dévasté, s'anéantir, se fâcher: — ஆக்குகிறது ruiner, dévaster, ravager, désoler, détruire; — நத்தம் village ruiné, dévasté; — நிலம் terre stérile, en friche, déserte, ruinée, dévastée; — படுகிறது tomber en ruines, être ruiné, dévasté, ravagé, anéanti; — மூலை côté de mauvais augure, — où l'on ne va pas; — வாயன், m. — வாய்ச்சி, f. homme —, femme qui se plaint sans raison, qui parle ou jase en vain; — வாய்க்கூறல் vaine plainte, — parole; — வாய்க்கூறுகிறது se plaindre sans raison, jaser ou parler inutilement; — வெளி campagne —, place vide, désolée, l'espace, le vide (parole de l'அத்துவைதம் ou de la secte des Advitas impliquant la négation d'un paradis local et identifiant l'âme avec la divinité); பாழிலே, பாழுக்கு en ruine, en vain, inutilement; பாழிலேபோடுகிறது mettre en ruines, dépenser en vain; பாழிலே வாங்குகிறது acheter à pure perte; பெண்ணைப் பாழிலே தள்ளுகிறது jeter sa fille dans le désert, la mal marier; பாழுக்கிறைக்கிறது arroser un désert ou பாழுக்குழைக்கிறது travailler en vain; பாழூர்க்கு நரி அரசு dans un village ruiné, le chakal est roi.

பாழ்க்கடிக்கிறது, (பாழ்க்க, inf et அடிக்கிறது), ruiner, dévaster, ravager.

பாழ்க்கடி, பாழ்க்கடித்தல், பாழ்க்கடிப்பு, n. v. du préc. ruine, perte, dégât, dévastation, destruction.

பாழ்க்கிறது, ழ்த்தேன், ழ்ப்பேன், ழ்க்க, v. a et n. பாழ்க்குதல், பாழ்த்தல், n. v. ruiner, dévaster, anéantir, s'anéantir, dépérir, être ruiné, dévasté, ravagé, désolé: பாழ்த்துக்கிடக்கிறது être désolé, dévasté, en ruine; பாழ்த்துப்போகிறது tomber en ruines, être dévasté.

பாழ்ங், பாழ்ஞ், பாழ்ந், பாழ்ம், (பாழ் avec les douces ங், ஞ், ந், ம், insérées devant க, ச, த, ப,): பாழ்ங்கிணறு, பாழ்ந்துரவு, vieux puits desséché, — en ruines, — comblé: — குடி famille ruinée, anéantie; பாழ்ஞ்சேரி ville —, village ruiné; பாழ்ந்தலம், lieu ruiné, — désert; dévasté. [de பாழ்க்கிறது.

பாழ்த்தல், பாழ்த்து, n. v. et gér.

பாளபந்து, les caractères Bâlband, variété du Dévanâgari propre à écrire le sanscrit.

பாளம், (phâla soc), coin —, masse —, guensillon —, barre de métal, lingot; longue bande de toile: பாளம்பாளமாய்வார்க்கிறது fondre en masses, en barres, en lingots; பாளக்கட்டி lingot; — சீலை linge enduit d'un remède et mis sécher.

பாளயம், V. பாளையம்.

பாளையக்கயிறு, corde pour attacher les pieds d'un cheval à un piquet.

பாளி, 1° (pâli), signe, marque. 2° camp, campement d'une armée.

பாளிதம், 1° V. பாணிதம், sucre brut, —candi. 2° (pâlita, nourri). riz cuit, — au lait, ragoût, sauce, camphre, étoffe, habit de soie.

பாளை, la spathe qui couvre le spadix ou le bouton de fleurs du palmier, du cocotier, de l'aréquier... (cette spathe liée, battue et coupée devient le canal d'où découle le suc de l'arbre qui devient la boisson dite callou), épi vide, sans grains, l'âge qui précède celui qu'on nomme பாலப்பருவம், i. e. l'âge avant 5 ans, ou பாளைப்பருவம் un des âges ou degrés de croissance du fœtus: அலகுப்பாளை spadix du palmier mâle; — சீவுகிறது racler le spadix, en couper une légère tranche: — தட்டுகிறது battre la spathe: புறப்படுகிறது, — வருகிறது la spathe sortir, — venir; — விடுகிறது produire —, donner la spathe, i.e. fleurir; — மடல் spathe, enveloppe du spadix: — விட்டுக்காய்க்கிறது le palmier fleurir et produire des fruits; [illegible] tirer du callou de la spathe du cocotier.

பாளையம், camp, campement, village entouré de murs en pierres, faubourg où sont logés des soldats, armée, pays—, district de Paléyagar ou de chef feudataire; — [illegible] camper, fixer son camp; [illegible] camper, une armée arriver, — s'arrêter pour camper, dresser sa tente; — [illegible] lever une armée; — [illegible] décamper, l'armée se mettre en marche; — [illegible] décampement, levée d'un camp; — [illegible] former un camp; — கோட்டை Paléyamcotté, en anglais Pallamcottah, ville du sud de la presqu'île; — [illegible] faire camper —, camper tout au tour; — [illegible] camper, placer son camp, être long temps, — pour rester; — [illegible] décamper, lever le camp; — [illegible] Paléyagar, (en anglais Poligar), chef feudataire qui paie tribut au roi et est chargé avec une armée de la défense d'un côté du royaume, général d'armée, homme de camp, —qui habite sous une tente; பாளையப்பட்டு Paléyagar.

பாளையரம், (பாளை, அரம்), lime en forme de spathe, ronde et pointue.

பாறல், 1° bœuf, — de charge, taureau, le signe du Taureau. 2° *opt. et n. v. de* பாறுகிறது, fuite, course, combat, se miner, le pied ou le bas manquer.

பாறு, 1° *gén.* பாற்றின், *obl.* பாற்று, faucon, milan, navire, chaloupe. 2° *imp. et part. du suiv.*; — [illegible] équiper un navire.

பாறுகிறது, றினேன், றுவேன், று, ற, *v. n.* பாறுதல், *n. v.* courir, fuir, combattre, se miner, le bas ou le pied s'écrouler ou manquer.

பாறை, 1° roc, rocher, roche, écueil, brisans, élévation, terre. 2° *P.* பாறுவாய், 2° *pers. nég de* பாறுகிறது; — [illegible] être dur comme un rocher; — [illegible] espèce de sel; — [illegible] rocher qui reste inébranlable à l'action d'un lévier.

பாற், *obl. de* பால், de lait, *devant* க, ச, த, ப; — கடல் mer de lait, (une des 7 mers fabuleuses des Indiens); — [illegible] celle qu'on dit née de la mer de lait, *i. e.* Lakchimi; — [illegible] celui qui dort (au dire de la fable) sur la mer de lait, *i. e.* Vichnou; — [illegible] céréales dont le grain est encore en lait; — [illegible], — [illegible] pot au lait (en terre), — pour traire les vaches ..); — [illegible] cauris, petit coquillage qui sert de monnaie; — [illegible] verrue qui vient sur le corps), fruit non mûr, — qui est encore en lait; — [illegible] marchand de lait; — [illegible] laitière, marchande de lait, nourrice, femme qui a un enfant à la mamelle; — [illegible], *P.* [illegible] vendeuse de lait; — [illegible] sevrer; குழந்தை enfant à la mamelle, — qui tète encore, poupon; — குழம்பு lait épaissi par la cuisson, sauce au lait; — [illegible] servir du riz et de tel lait ou de telle sauce; — [illegible], *V.* [illegible] — [illegible], *V.* [illegible]; — [illegible] espèce de [illegible] ou bryonia; — [illegible], — [illegible], — [illegible] jatte —, seau au lait; — [illegible] lait qui s'est attaché au fond du vase en cuisant; — [illegible] espèce de réquin inoffensif que l'on mange; — [illegible] épuisement —, fatigue de la marche; — [illegible], *V.* [illegible]; — சோறு riz au lait, — bouilli avec du lait; — [illegible], — [illegible], — [illegible] la plante ruellia secunda ou [illegible]; — பசு vache à lait; — பல் dent de lait, — blanche; — [illegible] offrande de lait; — [illegible] bonheur d'avoir en abondance des vaches et du lait; — [illegible] vase à lait; —பிஞ்சுபாலாணம் fruit en lait, à peine formé; — வெள்ளரிக்கு con combre blanc; —பொங்கல், —சோறு riz cuit au lait, — bouilli avec du lait; —பொங்க ou —பொங்கலிடுகிறது faire une offrande de riz cuit au lait. [ம், பாற்கனிகம்.

*பாற்கனம், பாற்கனர், P. பாற்கனம்

*பால்குனம், (phâlgouna), le mois de பங்குனி, la 12ᵉ constellation lunaire.

*பாற்குனன், (id.), surnom d'அருச்சுனன் né sous la constellation பாற்குனி.

*பாற்குனவசந்தம், (id. வசந்தம்), le printemps qui commence dans le mois de பங்குனி.

பாற்குனி, (id, i), jour de la pleine lune dans le mois de பங்குனி (alors on célèbre la fête du printemps), la 11ᵐᵉ —, la 12ᵐᵉ constellation lunaire (on les distingue l'une de l'autre par les noms de பூர்வ (d'où பூரம்) பாற்குனி et de உத்தரபாற்குனி.

*பாற்குனிகம், (id. ika), le mois de பங்குனி. [கம்], émeraude.

பாற்றிறத்தல், (பால், திறம், அற்)

பாற்று, 1ᵉ ou பாலது, 3ᵐᵉ *pers. neutre sing du குறிப்புவினை de* பால். Il convient, il est juste, nécessaire. 2ᵉ *obl. de* பாறு.

பாற்றுத்தம், (பால், துத்தம்), vitriol blanc ou sulphate de zinc qui sert de remède pour les yeux.

பாற்றெளி, (பால், தெளிக்கிறது), cérémonie funèbre dans laquelle les Indous versent du lait sur les os du défunt.

பானகம், பானக்கம், (பானம், ka), sorbet, limonade, espèce de breuvage mêlé de lait de beurre.

*பானசம், (பனசம்), liqueur spiritueuse tirée du fruit du ja [quier.

பானசியர், cuisiniers.

*பானம், (pâna), breuvage, boisson, action de boire, callou ou jus de cocotier.... fermenté, chose potable, — bonne à boire, — qu'on boit: — பொருந்துகிறது, — பண்ணுகிறது, boire; பானபோசனம், — போசனசாலை, (போசனம், kâ), auberge, guinguette, taverne; — பரம் action de boire; — பலி offrande de boisson, libation; — பாத்திரம், — பாஜனம் vase à boire, gobelet, verre, coupe; — விக்கிரயர் distillateur, marchand de liqueurs.

பானல், mer, callou ou toddi, nénuphar bleu, cheval, rizière, champ, terre cultivée, bétel.

பானாதி, (பானம், ஆதி), le boire et autres choses semblables: அன்னபானாதி — le manger, le boire et autres choses nécessaires à la vie

பானாள், (பால், நாள்), demi-journée, la moitié du jour, midi, minuit.

பானி, 1ᵉ (பானம், i), homme qui boit, buveur, ivrogne. 2ᵉ armée. 3ᵉ *imp du suiv.* —க்குழம்பி alun.

பானிக்கிறது, னித்தேன், னிப்பேன், னி, னிக்க, *v. a.* (பானம்), பானித்தல், *n. v.* boire.

*பானீயம், (pânîya), chose qu'on peut boire, eau: பானீயபங்குலம் loutre; — சாலிகை, (சாலை, ika), place où l'on donne à boire.

*பானு, (bhânou), soleil, rayon de —, lumière, beauté, belle femme, maître, prince, roi, un des 32 systèmes d'architecture: — பலம் banane; — மைந்தன் le fils prétendu du soleil, *i. e.* Saturne, Yamen; — வாசரம், — வாரம் le jour du soleil, *i. e.* le dimanche.

பானை, grande —, cruche, marmite, pot, vase: — க்குடுவை petite cruche; — சட்டி les cruches et les casseroles; — மூடி couvercle de cruche, petit vase qui sert à couvrir les cruches; — தட்டுகிறது frapper légèrement une cruche; — வழுக்கு, *V.* பழுக்கு.

பான், 1ᵉ particule qui, jointe à la racine d'un verbe, marque le futur et signifie *pour*, c'est la 3ᵐᵉ pers. fut. du sing. masc. உண்பான்வந்தான் il est venu pour manger. 2ᵉ *P.* பத்து dans les mots composés comme ஒருபான் 10, இருபான் 20, முப்பான் 30, நாற்பான் 40, ஐம்பான் 50,

அறுபான் 60, எழுபான் 70, எண்பான் 80, (inusité), 3° P. பால் devant க்: — மயக்கம் confusion des genres, licence qui permet de joindre des mots de genres différens, v. g. un verbe au neutre avec un sujet d'un genre différent; — மாறுகிறது, V. பாலமாறுகிறது; — மாறிக்கை, V. பாலமாறிக்கை; — குறிவு germe, cause du —, destin.

பாள்வை, (பால்), qualité, fois.

பி, 1° lettre syllabique composée de ப, et de இ, pi bref. 2° beauté.

*பிகம், (pika), le couil ou coucou indien: பிகபந்து, — பெந்து, — ராசம், — வல்லபம் l'arbre favori du couil, i.e. le manguier. [d'un oiseau.

*பிகாக்கம், (பிகம், அக்கம்), nom

*பிகானந்தம், (id. ஆனந்தம்), les délices du couil, i.e. le printemps.

*பிகி, (piki), la femelle du couil.

பிகிகிறது, பிந்தேன், பிகேன், பி, பிய, v. a. (பிகு), பிகிதல், serrer, resserrer, — ce qui est lâche, tendre, presser: பிகிகிறதச்சப்பட்டை sangle de cheval. [rer.

பிகிறது, P. பிய்கிறது, se déchi-

பிகு, பிகுவு, tension, serrement, resserrement, force, appuyer sur les notes ou le ton, ton grave, gravité, austérité, arrogance, grandeur; பிகுப்பட்டை sangle de cheval; பிகுவாய்ப்பேசுகிறது parler avec arrogance; பிகுவேற்றுகிறது bander un arc, tendre une corde, serrer, exprimer en pressant.

பிகுகிறது, பிகுதல், P. பிகிகிறது, பிகிதல்.

*பிக்கம், (pikka), jeune éléphant.

பிக்கிறது, P. பிய்க்கிறது, déchirer.

பிக்கு, déviation, discorde, perplexité, embarras, difficulté, inconvenance, embrouillement, trouble, confusion, erreur, tromperie, obstacle, arrestation, irrésolution qui va à permettre et à arrêter: பிக்குப் — embrouillement, embarras, empêchement, erreur, querelle, débat, controverse; பிக்குப்பிக்கிலைப்பட்டுக் கொள்ளுகிறது se trouver dans l'embarras, dans la détresse, en danger, être embarrassé ou பிக்காய்க்கிடக்கிறது être embrouillé, emmêlé, confus: பிக்குதீருகிறது l'obstacle être levé; — பண்ணுகிறது embrouiller, emmêler, embarrasser, tromper, filouter; — ப்பிசகு erreur, méprise.

*பிக்ஷணம், பிக்ஷமாணம், (bhikchana, — mâna), demander l'aumône. [ka), mendiant.

*பிக்ஷகன், P. பிக்ஷாகன், (பிக்ஷை,

*பிக்ஷா, obl. de பிக்ஷை: — சரம் mendicité, coutume de mendier; — சரன் mendiant; — தானம் aumône donnée, — reçue, don de charité, donner —, recevoir l'aumône: — பத்திரம் billet de mendicité, permission pour mendier; — பாத்திரம் vase de mendiant.

*பிக்ஷாகாரம், (id. ஆகாரம்), vivre —, nourriture d'aumône.

*பிக்ஷாடனம், (பிக்ஷை, அடனம்), mendicité, mendier çà et là, cérémonie commémorative des brames sivénistes.

*பிக்ஷான்னம், (id. அன்னம்), riz cuit —, nourriture donnée en aumône. [l'aumône.

*பிக்ஷிதம், (bhikchita), demander

*பிக்ஷு, பிக்ஷுகன், (bhikchou, ka), mendiant.

*பிக்ஷை, (bhikchâ), aumône, mendicité, quête, poignée de riz donnée en aumône, service, gage, salaire (V. les composés au mot பிக்ஷா, excepté le 1er).

*பிங்கம், (pinga), couleur d'or —, jaune, rougeâtre, couleur tannée, basanée, roussâtre, jeune veau, petit d'animal; பிங்கசடன், (சடை), celui dont la chevelure est roussâtre, i.e. Siven; — திருஷ்டி l'animal à l'œil rougeâtre, i.e. le lion.

*பிங்கலந்தை, (பிங்கலம், தா), dictionnaire tamoul de பிங்கலன்.

*பிங்கலம், (pingala), couleur d'or, — rougeâtre ou jaunâtre, — tannée, — brune, or, cuivre, orpiment jaune, un des prétendus trésors de Koubèren, singe, mangouste ou ichneumon, hibou, chouette, le côté gardé, dit-on, par Koubèren, *i. e.* le nord, le dictionnaire tamoul de பிங்கலன்.

*பிங்கலன், (*id.*), homme de couleur rougeâtre, Siven, Koubèren, Sourien ou le soleil, feu, Pingalen, être fabuleux qui a la forme d'un serpent des régions inférieures, auquel on attribue un traité de prosodie et qui est considéré comme un முனி ou personnage inspiré, célèbre lexicographe auteur du dictionnaire tamoul nommé de son nom பிங்கலந்தை.

*பிங்கலை, (pingalâ), hibou, femelle de l'éléphant prétendu du sud, la femme de பிங்கலன் ou Siven, *i. e.* Parvadi, narine droite, (la gauche est nommée இடகலை), respiration par la narine droite, un des 10 pouls ou நாடி qui part du gros orteil du pied gauche, et va aboutir à la cavité de la narine droite où il a son siége, en se croisant comme une paire de ciseaux avec le pouls nommé இடை. Voici en 4 vers, un pronostic des payens concernant la respiration par la narine droite: ஒழியாது பிங்கலையிலுயிர்ப்பொருநா ளொழுகோடில், அழியவருமூவாண் டிலாங்கதனிவிரண்டுநாள், வழுவா வடைந்திடுமேன் மறித்திடுவனீரா ண்டில், கழிவாளுண்டோன் றதனினு ண்மூன்றுகடிதோடில், si la respiration a son cours par la narine droite durant tout un jour sans cesser, l'on mourra dans 3 ans; si elle ne discontinue pas de passer ainsi pendent 2 jours, l'on mourra dans 2 ans: et l'on expirera dans un an, si elle continue rapidement son cours pendant 3 jours.

*பிங்கள, — வருஷம், (pingala), la 51<sup>me</sup> année du cycle indien, elle correspond à 1857 et 1917.

பிங்களம், vert-de-gris, différence.

*பிங்கனிக்கிறது, னித்தேன், னிப்பேன், னி, னிக்க, *v.a.* பிங்கனித்தல். *n. v.* avoir horreur, abhorrer, remettre ou reculer.

*பிங்களை, *P.* பிங்கலை, une division du temps de la vie, *V.* பிங்கலை.

*பிங்களாக்ஷன், பிங்களாட்சன், பிங்கேக்ஷணன், (பிங்கம், அக்ஷம், ஈக்ஷணம்), Siven aux yeux rougeâtres.

பிசகடி, (பிசகு, அடி), obstacle, empêchement.

பிசகல், *n. v. de* பிசகுகிறது, *ou*

பிசகு, 1° faute, erreur, méprise, bévue, manquement, déviation, discorde, inconvenance, incohérence, embarras, obstacle, empêchement. 2° *imp. et part. de* பிசகுகிறது: — நினைவாய் par méprise, — inadvertance, — பண்ணுகிறது faire une bévue, se tromper, mettre obstacle, contrecarrer; பிசகாயிருக்கிறது (un écrit...) être erroné, fautif, manquer, y avoir une méprise, une erreur; பிசகாய்ச்சொல்லுகிறது se tromper dans ce qu'on dit, parler d'une manière erronée; பிசகாய்ப் போகிறது, பிசகுபடுகிறது manquer, se tromper, errer, ne pas réussir; அதுக்குப்பிசகில்லை il n'y a pas d'erreur ou de doute en cela.

பிசகுகிறது, *sync.* பிசகிறது, பிசகினேன், குவேன், கு, க, *v.n.* (பிசகு), *n. v. et* பிசகிப்போகிறது, faire une bévue, une méprise, errer, se tromper, se méprendre, ne pas réussir, s'écarter, dévier, s'égarer, se détourner de la voie, manquer, — de parole, — à un engagement, ne pas s'accorder, se déboiter, se démettre, se disloquer: பிசகா, பிசகாத, *part. nég.* immanquable, infaillible, certain; பிசகாமலிருக்கிறது être exact, certain, infaillible; பிசகாதறுக்கிறது couper droit sans dévier; — பார்க்கிறது regarder exactement, examiner scrupuleusement; — பிடிக்கிறது tenir juste, sans dévier; — போகிறது ne pas dévier, — se tromper, marcher droit, sans se détourner; அடி — போகி

றாது suivre les traces sans dévier; வழிபிசகாமல் sans s'écarter de son chemin.

பிசகுதல், பிசகை, n.v.du préc.

பிசக்கு, 1° P. பிசகு. 2° imp.de

பிசக்குகிறது, க்கினேன், க்குவேன், க்கு, க்க, v.a.de பிசகுகிறது et de பிசங்குகிறது, பிசக்கல், பிசக்குதல். n.v. empêcher, mettre obstacle, froisser, rendre pliant.

*பிசங்கதை, (பிசங்கம், tâ), couleur basanée, brune, jaune foncé, — brun, blancheur.

*பிசங்கம், பிசங்கத்துவம், (pisanga), couleur brune, basanée, jaune rougeâtre.

பிசங்குகிறது, கினேன், குவேன், கு, க, v.n. பிசங்கல், பிசங்குதல், n.v. V. தலங்குகிறது. [dos d'animal.

*பிசண்டம், (pitchanda), ventre,

*பிசண்டிலன், (பிசண்டம், ila), ventre.

பிசத்துகிறது, த்தினேன், த்துவேன், த்து, த்த, v.n. பிசத்துதல், பிசத்தல், n.v. P: பிதற்றுகிறது.

பிசம், P. பிச்சம், plume.

பிசல், 1° bosse du garrot des bœufs indiens. 2° P. புசல், tempête.

*பிசவியம், (pitchavya), le cotonnier பருத்தி.

பிசறுகிறது, றினேன், றுவேன், று, ற, v.a. பிசறல், பிசறுதல், n.v. mêler, mélanger, pétrir avec les mains: சோற்றிலே — mêler dans son riz [cuit.

பிசனம், sandal rouge.

*பிசாசகி, (பிசாசன், ki), Koubêren dont les trésors sont gardés par les pisâchas ou démons.

*பிசாசம், (pisâtcha), démon, canne à sucre sauvage.

*பிசாசன், பிசாசகன், pl. பிசாசர், பிசசகர், (id. ka), démon, diable, lutin, esprit malin et malfaisant, homme méchant comme un démon: பிசாசசபம், (சபை), assemblée de démons, pandémonium: பிசாசத்தரு, — விருக்ஷம் l'arbre favori des démons, trophis aspera; பிசாசவைரி பிரியம் l'arbre désagréable aux diables, avec lequel on prétend les chasser, i.e. le வேம்பு.

*பிசாசி, பிசாசிகை, (pisâtchi, kâ), diablesse, démon femelle.

பிசாசு, voc. பிசாசே, gén. பிசாசின், (பிசாசம்), diable, démon, esprit malin, — malfaisant, diablotin, lutin, géant d'un ordre inférieur: — பண்ணுகிறமடிப்பு ou மோசம் ruses —, artifices —, perfidies du démon: — பிடித்திருக்கிறது être possédé du démon: பிசாசினாலேவப்படுகிறது être poussé, excité, guidé ou inspiré par le démon; பிசாசின் மயக்கத்தினாலேப்படுகிறது être trompé par les illusions du démon: பிசாசையோட்டுகிறது, — துரத்துகிறது chasser le démon. [tromperie du démon.

பிசாசெத்து, (பிசாசு, எத்து), பிசாச்சி, l'herbe சடாமாஞ்சில்.

பிசாரதம், nouveauté.

பிசானம், espèce de riz grossier. V. பசானம்: பிசானநாற்று semis de cette espèce de riz pour être transplanté; — பயிர் cette espèce de riz en herbe.

பிசான், saleté, malpropreté, chose gluante: — பிடிக்கிறது être gluant.

பிசி, chose rare, précieuse, dispendieuse, riz cuit, mensonge.

*பிசிண்டம், பிசிண்டிலன், (pitchinda, ila), V. பிசண்டம், பிசண்டிலன்.

*பிசிதம், 1° (pisita), chair. 2° eau, l'arbre வேம்பு, preuve, exemple, — d'une règle.

*பிசிதாசனன், பிசிதாசி, (பிசிதம், அசனம், asa manger), mangeur de chair, géant, cannibale, démon.

பிசிர், goutte (de pluie, de fonte...) bruine. [dommage, tort.

*பிசினம், P. பிசுனம், calomnie,

பிசினரிசி, (பிசின், அரிசி), espèce de riz rougeâtre et gluant venant d'Assam.

பிசினுறி, (id. நாறி), V. பிசிகோறி.

பிசினி, 1° (பிசின்), gomme, glu, résine, colle. 2° P. பிசுனி, avare, chiche, tenace, calomniateur: — த்தனம் avarice, ténacité, mesquinerie: — த்தனம்பண்ணுகிற து être tenace, trop chiche: — த்தனக்காரன் avare, tenace, chiche, mesquin.

பிசினோறி,(பிசின்,ஏறி),sorte d'arbre.V.பிசினித்தனக்காரன்.

பிசின்,gomme, résine, glu,poix, benjoin,la plante aquatique நீர்வஞ்சி,fil de coton, jeune plant—,jet de palmier (qu'on peut manger), V.வெட்டுக்குருத்து: அத்திப் — gomme de figuier; இலவம்—gomme de cotonnier; —வேலம்—,கருவேலம் — gomme arabique:பிசினுபிருக்கிறது,பிசின்போலிருக்கிறது être gluant,visqueux,résineux,gommeux:— தடவுகிறது enduire de gomme, frotter avec de la gomme.

*பிசு,(pitchou), coton, poids de 2 துலாம்,Pisou, nom d'un அசுரன் ou démon,espèce de lèpre, une des 8 faces de வயிரவன்.

*பிசுகம், (pitchouka), la plante vangueria spinosa.

பிசுகுகிறது, *sync.* பிசுகிறது, பிசினேன்,குவேன்,கு.க,*v.a.*பிசுகல், பிசுகுதல்,*n. v. et* பிசுகிக்கேட்கிறது, marchander, disputer sur le prix, demander du surplus, — quelque chose par-dessus le marché; பிசுகாமற்போகிறது s'en aller sans rien demander par-dessus le marché.

பிசுக்கு, 1° *n.v. du préc.* pincée, surplus,addition,demande de quelque chose par-dessus le marché, dispute sur le prix: — போடுகிறது donner quelque chose par-dessus le marché. 2° glu. *V.* பிசுக்கு; பிசுக்கொட்டுகிறது se coller,être gluant.

*பிசுதூலம்,(பிசு),le cotonnier பருத்தி,coton.

பிசுபிசுப்பு, *(mot imitatif)*, chose gluante,visqueuse. [ant, se coller.

பிசுபிசென்கிறது,*(id.)*, être glu-

*பிசுமந்தம்,பிசுமத்தம்,பிசுமர்த்தம்,(pitchoumanda,— martta),l'arbre வேம்பு,margosa.

*பிசுலம்,(pitchoula), coton, l'arbre tamarix,corbeau aquatique.

*பிசுனம்,1° (pisouna),méchanceté,corbeau,safran, *V.*பிசுதூலம். 2° (பிசின்), *ou* பிசுனத்தனம், பிசுனத்துவம்,ténacité aux espèces,avarice, mesquinerie; பிசுனத் தனக்காரன் avare,chiche,tenace; —வசனம், — வாக்கியம் calomnie, reproche, mauvais discours.

*பிசுனன்,*(id.)*, 1° calomniateur, menteur,méchant homme, espion, rapporteur,(surnom de) Nâraden. 2° avare,tenace,chiche. [பிசினோறி,

பிசுநறி,பிசுனோறி,*P.*பிச்சுநறி,பிசுனி,(பிசுனம்),avare,mesquin, tenace:—த்தனம் avarice,mesquinerie.

பிஞுகம், la plante வெலிப்பருத்தி.

பிசைகிறது, சைந்தேன், சைவேன்,சை,சைய,*v.a.*பிசைதல்,*n.v.et* பிசைந்துபோடுகிறது,pétrir (de la farine...),mélanger,—le riz avec le கறி ou ragoût,se frotter(les yeux...) broyer dans la main,*v.g.* un épi...; பிசைந்தமா pâte pétrie pour faire [du pain.

பிசைவு,*n.v.du préc.*

*பிச்சடம், (pitchtchata), étain, plomb,zinc,inflammation des yeux, ophthalmie.

*பிச்சம்,(pitchtchha),queue de paon,plume,panache—,paquet de plumes de paon,crête, cheveux ou poil d'homme,touffe de cheveux du sommet de la tête, couronne, ombrelle blanche, tige du melon d'eau, la plante வத்தகு, la plante இருவேலி, l'arbre சாஞ்சினை:பிச்சப்பழம் fruit du வத்தகு. [enthousiaste,fanatique.

பிச்சன்,*pl* பிச்சர்,*P.*பித்தன், fou,

பிச்சல்,*P.*பிய்ச்சல், action de déchirer.

*பிச்சா,*obl.de* பிச்சை:—சரம்,*V.* பிக்ஷாசரம்;—தானம்,*V.* பிக்ஷாதானம்;—பாத்திரம்,*V.* பிக்ஷாபாத்திரம்.

*பிச்சாகாரம்,*P.*பிக்ஷாகாரம்.

*பிச்சாடனம், *P.* பிக்ஷாடனம்.

பிச்சாடிக்கயிறு,*V.*பாளைசக்கயிறு,corde pour attacher un cheval à un piquet.

பிச்சி,espèce de jasmin,—de melon,- de plante rampante et grimpante, l'arbrisseau சிறுசண்பகம், espèce de démon.

*பிச்சிலம், (pitchtchhila), sauce, ragoût, soupe, humidité, cange ou eau de riz,

பிச்சு,1° P. பித்தம்,bile,fiel.2° P. பிய்ச்சு.gér.de பிய்க்கிறது.

*பிச்சை, 1° P.பிக்ஷை, aumône, mendicité,quête,service,gage,salaire,poignée de nourriture donnée en aumône.2° (bhissâ), riz cuit. 3° (pitchtchhâ),l'arbre சிசு,dalbergia, ligne, rang, rangée, ordre, écume d'eau de riz,arec,bananier,banane, corset,espèce de jaquette, salive venimeuse du serpent, gomme du cotonnier soyeux இலவு. 4° la plante ou tige du melon d'eau, la plante வத்தகு: --க்காய் melon d'eau; — க்காரன் mendiant,pauvre; — க்குடி vivre d'aumônes,famille pauvre,—de mendians; —கேட்கிறது demander l'aumône; தாலிப்— கேட்கிறது demander la conservation de son tâli,i.e.la conservation de son mari; பிள்ளைப் - கேட்கிறது demander en grâce (à Dieu) des enfans; — ச்சோறு ம்,—ச்சோறு riz cuit donné ou reçu en aumône, — pour les pauvres; — கொடுக்கிறது,—பகிருகிறது, — பகுத்திடுகிறது,— போடுகிறது donner —,distribuer l'aumône; — த்தனம் mendicité,pauvreté: — ப்படி petite mesure,mesure pour l'aumône; —பண்ணுகிறது (des sannyasis...)manger chez quelqu'un,mendier; —முட்டி poignée de riz donnée en aumône; —யெடுக்கிறது,— வாங்குகிறது, recevoir l'aumône,recueillir des aumônes,mendier, vivre d'aumône;— யுண்ணி mendiant,qui vit d'aumônes;ஐயா நீ இன்று வீட்டிலின்றைக்குப் பிச்சைபண்ணும் monsieur, veuillez prendre aujourd'hui votre repas dans ma maison. [teau,pâtisserie.

*பிஷ்டகம், (pichtaka), petit gâ-

*பிஷ்டபம்,(pichtapa),le monde.

*பிஷ்டம், (pichta). farine et choses semblables,farine moulue,—pilée,—ou mets de choses broyées,collation, bouchée, morceau, plomb, étain,*V.* பிருஷ்டம்: பிஷ்டபசு, *litt.* bœuf de farine,victime faite de fleur de farine; — பசனம், — பாசனம் chaudière,bouilloire,casserole.

*பிஷ்டவர்த்தி,(pichtavartti),espèce de gâteau,de pâtisserie.

*பிஷ்டிகம், பிஷ்டிகை, (pichtika, kâ),gâteau de farine de riz.

*பிஷ்டை, *P.*விஷ்டை,ordure,fiente d'animaux.

பிஸிறு,pièce que les tailleurs mettent au derrière d'un pantalon,

*பிஞ்சகம்,1° (பிஞ்சம்,ka), meurtre.2° *P.* பிஞ்சுகம்.

*பிஞ்சகன்,(பிஞ்சகம்), meurtrier, le destructeur,*i.e.*Siven. [yeux.

*பிஞ்சடம்,(pindjata), chassie des

*பிஞ்சம்,1° (pindja), meurtre,force, pouvoir, plume.2° (*P.*பிச்சம்),la plante சத்திக்கொடி.

*பிஞ்சரம், (pindjara), orpiment jaune,rouge foncé, - noirâtre,jaunâtre,or, cheval bai,cage,thorax.

*பிஞ்சலம், (pindjala), orpiment jaune,l'herbe தருப்பை,armée frappée de terreur panique.

*பிஞ்சனம், (pindjana), arc employé pour nettoyer le coton.

*பிஞ்சானம், (pindjâna), or.

*பிஞ்சிகை, (pindjikâ), coton cardé, rouleau de coton préparé pour filer.

பிஞ்சு, 1° fruit à peine formé. 2° *P.* பிய்ஞ்சு, *gér.de* பிய்கிறது: — க்காய் fruit tout vert, - à peine formé;பிஞ்சைத்திருகுகிறது, —திருகிக் கொள்ளுகிறது tordre un fruit tout vert, l'arracher en le tordant.

*பிஞ்சூஷம், (pindjoûcha), cérumen des oreilles. [lampe.

*பிஞ்சூலம், (pindjoûla),mèche de

*பிஞ்சேடம், (pindjèta), chassie des yeux.

*பிஞ்சோலம், (pindjôlâ), bruit des feuilles et choses semblables.

பிஞ்ஞகம், cheveux tressés, coiffure. [chevelure tressée.

பிஞ்ஞகன்,(பிஞ்ஞகம்), Siven à la

*பிடகம்,1° (pitaka), panier, corbeille, boite. 2° (pidaka), pustule, bouton au visage.3° aumône.5° science,le système —, la loi de Bouddha.

பிடகன்,1°(பிடகம்),Bouddha. 2°* (bhichak), médecin.

*பிடாரி, P. விடாரி, médecine à antidotes.

பிடங்கு, le dos d'un couteau, d'une épée ou d'un outil..., le coté opposé au tranchant ou à la pointe, le gros bout, culasse —, crosse de fusil: ஈட்டிப்—le pied ou le bas d'une lance: உலக்கைப் — manche du pilon: துப்பாக்கிப் — crosse de fusil: நாழிப் — fond de mesure à grains; பிடங்கானடிக்கிறது frapper avec le pied d'une lance, — avec la crosse d'un fusil; பிடங்காலத்தபோடுகிறது frapper avec le dos d'une épée.

*பிடம், 1° (pita), panier, corbeille (pour mettre du grain), boite, maracal ou boisseau, maison, cabane. 2° (pitha), peine, détresse. 3° P. புடம் creuset, purification des métaux.

*பிடரம், 1° (pithara), espèce d'herbe, cyperus rotundus, batte-à-beurre, pot, casserole. 2° P. பிடகம், bouton au visage: பிடரலவணம் espèce de sel noir.

பிடரி, la nuque, le derrière du cou, le dessus des épaules: பிடரிப்பூணிக்கடைப்புணர்வு agrafe d'un bijou de cou qui se joint sur la nuque: பிடரியைப்பிடித்துத்தள்ளுகிறது saisir par la nuque et pousser; பிடரியைமடக்கிவிடுகிறது plier et casser le cou.

பிடர், (பிடரி), la nuque: — த்தலை le derrière de la tête: — ப்பிளவை espèce d'ulcère à la nuque.

பிடலம், பிடலு, dos, derrière, nom d'un arbrisseau.

பிடவை, P. புடவை, toile.

பிடாத்திரம், V. படாத்தரம்.

பிடாரம், science de la médecine: பிடாரச்சொல் (பிடாரம்), mot de médecine, mot nouveau.

பிடாரன், pl. பிடாரர், preneur de serpens (qui pour les prendre et guérir de leurs blessures a un revenu fixe sur la moisson), médecin, homme de la caste des குறவர்.

பிடாரி, — தேவி, la prétendue déesse —, Pidàri, forme inférieure de Kâli; பிடாரிக்குக்காப்புக்கட்டுகிறது attacher un cordon au bras de Pidâri au commencement de la fête du renouvellement de son mariage: பிடாரியைப்பெண்டுகொண்டதுக் கொண்டாற்போலிருக்கிறான் c'est comme s'il avait Pidàri pour femme, il a une femme aussi méchante que cette diablesse.

பிடாரிச்சி, fém. de பிடாரன், femme de preneur de serpens, —de la caste des குறவர், Couratti.

பிடி, 1° imp. et n.v. de பிடிக்கிறது, poignée, quantité qu'on peut prendre avec la main, pincée, manche, poignée, prise, saisie, capture, chasse, poignet, force, mesure de 4 doigts, argent comptant, confiance, cardamome, femelle de l'éléphant, du chameau, du yack, vache du Thibet, manière de châtrer par compression: எழுத்தாணிப்பிடி manche du stilet à écrire; — கடா bouc châtré; — காரர் chasseurs: — கொடுக்கிறது donner prise, lieu; — க்கட்டு petit paquet, poignée liée, - de feuilles de palmier... liées ensemble; — க்கட்டுக்கட்டுகிறது lier par poignées, en petits paquets: ஓலைக்கேணப் — க்கட்டுக்கட்டுகிறது lier des ôles ou feuilles de palmier en paquets (pour écrire ensuite dessus); — க்கொம்பு cornes encore courtes; — க்கொழுக்கட்டை sorte de gâteaux; — சேவல் coq châtré, chapon; — சுட்டுப்படைக்கிறார்கள் (les gentils), font cuire de petits gâteaux d'une poignée de farine et les offrent aux pénates; — தண்டம் saisie injuste (d'un innocent...); — படுகிறது se prendre, être pris, saisi, arrêté, contenu, se borner, convenir, s'adapter; இந்தஸ்தலமெனக்குப் — படாது ce lieu ne me convient pas; — பாடு prise, être pris, se trouver, rapport, convenance, assemblage, richesse, ténacité, avarice; — பிடித்துக்கொண்டுகிறது retenir, faire une retenue (pour quelque dette); — பிடியென்றுதிற்கிறது insister, presser une affaire, litt. être à dire: prends, prends; — பிடியென்றுவருகிறது venir à la hâte, venir presser; — ப்பிட்டு espèce de petits gâteaux;—மண் poignée de terre,—de sable—,de mortier épais (qu'on donne à divers personnes soupçonnées de vol,afin que celle qui a volé puisse restituer secrétement en mettent dedans l'objet volé; on délaie ensuite le tout dans de l'eau); நாறுன்வாயிற்—மண்போடுவேன் je fourrerai une poignée de terre dans ta bouche (injure); — அரிசி poignée de riz (qu'on donne *ou* réserve pour aumône...); —வெழுத்தாணி stylet à écrire qui a une poignée(et qui se plie).

பிடிகம், bracelet d'enfant.

பிடிக்கிறது,டித்தேன், டிப்பேன், டி,டிக்க,*v.a.* (பிடி),prendre, saisir, arrêter, empoigner, attraper,s'emparer, accaparer, tenir, contenir, lier,avaler, retenir, déduire, - des gages,défalquer,convenir,s'adapter, s'accorder, acquiescer, falloir, être nécessaire, s'appuyer, s'approcher, se serrer, chaponner (un coq), châtrer un animal,le feu prendre.(le foyer...) prendre feu, produire (des fleurs,des fruits) se nouer, attraper (un rhume...), soulever (un fardeau), coudre, raccommoder, calfater,finir, limiter, faire un vase de feuilles d'aréquier; குருவிகளைப் — prendre des oiseaux; இந்தப்பதார்த்தமெனக்குப்பிடியாது ce mets ne me convient pas;மாட்டுக்குக்கப்பிடிக்கிறது châtrer un taureau: காற்பிடித்தசே *ou* சேங்கன்று jeune taureau châtré; பிடித்தபிடி la poignée prise, ténacité,tenir ferme, ne pas lâcher prise; பிடித்தபிடியை விடான் il ne lâche pas prise, il est ferme, tenace, attentif à son affaire; பிடித்திருக்கிறது, பிடித்துக்கொண்டிருக்கிறது avoir saisi,tenir,—ferme;—க்கொள்ளுகிறது saisir, prendre,attraper, empoigner; — க்கொண்டுபோகிறது saisir et emporter ou emmener; — க்கொண்டுவருகிறது saisir et apporter ou amener; ஒருவனைக் கைப்பிடியாய்ப் பிடிக்கிறது saisir quelqu'un, le prendre vivant, — par la main; பிடித்தகொம்பு மொடிந்து மிதித்தகொம்பு முறிந்தாற்போலானேன் je suis comme si la branche à la quelle je me tiens et celle sur la quelle j'ai mis les pieds se rompaient, *i.e.* j'ai perdu tout appui, je suis sur le point de tomber dans un précipice.

பிடிச்சராவி,பிடிக்கராவி,(பிடிக்க,*P.*பிடித்து, அராவுகிறது), étau, —de forgeron.

பிடித்த,*part.de* பிடிக்கிறது.

பிடித்தம், (பிடித்த), suppression, retenue (sur les gages...),contravention à la coutume: - பிடிக்கிறது faire une retenue, rattraper une dette par des retenues sur les gages.

பிடித்தல்,*n.v.de* பிடிக்கிறது,prise, capture, saisie, action de prendre...

பிடித்து,*gér. du même*:பிடித்திராவி,பிடித்துராவி, étau,— de forgeron,... (qui tient l'objet qu'on lime ou qu'on polit).

பிடிப்பிக்கிறது,ப்பித்தேன், ப்பிப்பேன்,ப்பி,ப்பிக்க, *v.caus. de* பிடிக்கிறது,faire prendre, — saisir...,châtrer par compression; பிடிப்பிக்க அறிந்தவன் celui qui sait châtrer —, qui châtre ainsi les taureaux. பிடிப்பித்தகடா,—மாடு bouc - , taureau châtré,—qu'on a fait prendre.

பிடிப்பு,*n.v.de* பிடிக்கிறது,saisie, prise, lien,nœud, attache, liaison, union, attachement, affection, support, suppression, contraction, convulsion: பிடிப்பாயிருக்கிறது être uni,adhérer,avoir de l'attachement, des spasmes, des convulsions; பிடிப்பானசிநேகம் solide amitié;கைகாற்பிடிப்பு contraction des mains et des pieds; இன்னானுக்கவன் மேலே—மெத்த un tel a une grande affection pour lui: ஒருத்தனுக்காகப்பிடிப்பாய்ப்பேசுகிறது parler en faveur de quelqu'un.

பிடிமானம், (பிடி), attachement, affection, zèle, attrait, faveur, persévérance,ténacité,recherche,continence, tempérance, modération, parcimonie, économie, avarice, avoir: — ஆயிருக்கிறது (avec மேல்), être attaché, affectionné, parcimonieux; — ஆய்ப்பேசுகிறது parler avec partialité; — இல்லாமற்செலவு பண்ணுகிறது dépenser sans économie, avec profusion; — வைக்கிறது s'attacher, s'affectionner, tenir en grande estime.

பிடியல், belle —, toile, bel —, habit.

பிடியன், (பிடி), chose qu'on peut prendre, ou

பிடியானை, (id.), éléphant femelle.

பிடியாள், (id.), personne prise ou amenée de force.

பிடிவாதம், (id.), obstination, ténacité, contention, dispute, — obstinée: — ஆய்க்கேட்கிறது demander avec importunité; பிடிவாதக்காரன் obstiné, disputeur. [obstinée.

பிடிவாதி, (பிடிவாதம்), personne

பிடுக்கு, testicule (mot immodeste), réceptacle des fleurs mâles —, spadix du palmier.

பிடுங்கி, gér. et n.v. du suiv. ayant arraché, qui arrache (à la fin des mots composés).

பிடுங்கு, imp et part. de

பிடுங்குகிறது, sync. பிடுங்கிறது, பிடுங்கினேன், குவேன், கு, v.a. பிடுங்கல், பிடுங்குதல், n.v. ou பிடுங்கிப்போடுகிறது, arracher, tirer, extraire, ôter, enlever, dépouiller, extorquer, — adroitement, destituer, ôter un emploi: வேரோடே — déraciner, arracher avec les racines பிடுங்கித்தின்கிறது arracher et manger, (v.g. l'oiseau avec son bec), manger ce qu'on a arraché par importunité ou extorsion.

பிடுங்குண்டவன், (பிடுங்கு, உண்கிறது), homme destitué, dépouillé, privé de sa subsistance, victime de l'extorsion.

பிடுங்குண்ணி, (id. உண்ணி), homme qui vit de ses extorsions, — victime de l'extorsion.

பிடையன், P. புடையன்.

பிட்கிறது, பிட்டேன், பிட்பேன், பி ன், பிட்க, nég. பிக்கேன், v.a. de பி க்கிறது, et பிட்குதல், n. v. rompre, briser, casser, rompre un morceau de pain, de gâteau, de pierre...: அவர்கள்மிகவும் பிட்டாலும்பிட்கக் கூடாது bien qu'on rompît, i. e. qu'on s'efforçât de rompre leur amitié, on ne peut la rompre, elle est indissoluble: அவனுக்குமிவனுக்கும்பிட்டுக்கொண்டது il y a eu rupture ou différent entre celui-ci et celui-là; பிட்கப்படுகிறது se rompre, être rompu, பிட்டுக்கொடுக்கிறது rompre et distribuer.

*பிட்சா, P. பிக்ஷா; — சரம், — நாளம், — பாத்திரம், V. au mot பிக்ஷா.

*பிட்சாடன், P. பிக்ஷாடன், mendiant.

*பிட்சாடனம், P. பிக்ஷாடனம்.

*பிட்சான்னம், P. பிக்ஷான்னம்.

*பிட்சை, P. பிக்ஷை, aumône, mendicité, quête, service, gage, salaire, V. les composés au mot பிச்சை.

பிட்ட, 1° part. parf. de பிட்கிறது. 2° obl. de பிட்டம்.

*பிட்டகம், 1° (pittaka), tartre —, saleté des dents 2° P. பிஷ்டகம்.

*பிட்டபம், P. பிஷ்டபம், le monde.

*பிட்டம், 1° P. பிஷ்டம். 2° P. பிரு ஷ்டம், le derrière, le dos, le postérieur. [லை.

பிட்டர், la plante ஆடுதின்னாப்பா

பிட்டல், n.v. de பிட்கிறது.

*பிட்டவர்த்தி, பிட்டவர்த்தி, P. பிஷ் டவர்த்தி

பிட்டவியல், (பிட்டு, அவியல்), espèce de gâteau cuit à la vapeur d'eau.

பிட்டி, (பிடம்), panier, corbeille.

பிட்டிலம், cardamome ou ஏலம்.

பிட்டு, 1° P. பிட்டம், collation, bouchée, farine de millet, — cuite à la vapeur d'eau et qui sert de gâteaux. 2° gér. de பிட்கிறது.

*பிட்டை, 1° P. பிஷ்டை, fiente d'animaux. 2° (பிட்ட), hernie, rupture du péritoine, ce qui produit une descente de boyaux: குதிரைப் — crotte de cheval; — பிறந்திருக்கிறவன் homme qui a une hernie ou une descente de boyaux.

பிணக்கம், பிணக்கு, n.v. de பிணங்கு

குகிறது, discorde, fâcherie, désaccord, brouillerie, dispute, rancune, bouderie: பிணக்குதீர்க்கிறது terminer une discorde, réconcilier.

பிணக்கு, 1° V. பிணக்கம். 2° *imp. et part. de*

பிணக்குகிறது, க்கினேன், க்குவேன், க்கு, க்க, *v. a.* பிணக்கல், பிணக்குதல், *n. v.* lier, attacher.

பிணங்குகிறது, கினேன், குவேன், கு, க, *v. n.* பிணங்கல், பிணங்குதல், se fâcher, bouder, montrer de la mauvaise humeur, — de la répugnance, se brouiller, se quereller, se disputer, être mécontent, se serrer, s'embrouiller, être pressé, tressé, emmêlé, tourmenté, changer; பிணங்கிப்போகிறது s'en aller mécontent; தகப்பனோடே — த்திரிகிறான் il rôde —, il est en désaccord avec son père.

பிணம், cadavre, corps mort, carcasse, démon: — சுடுகிறது brûler un cadavre; — தின்னி mangeur de cadavres, un minéral qui dissout les chairs; — தின்னிப்பிசாசு démon qui se nourrit de cadavres; — விழ்களம், பிணக்காடு, *litt.* forêt de cadavres, champ de bataille, cimetière, lieu où l'on brûle les morts; — ப்பறை tambour funèbre; — வெடில் puanteur d'un cadavre.

பிணர், le cotonnier dit செம்பருத்தி. rudesse, grossièreté, forme grossière, raboteuse.

பிணவறையன், (பிணம், அறை), homme qui a un gros corps.

பிணவு, பிணா, chienne, truie, femelle, — du yack, du sanglier, du cerf et autres animaux, femme.

பிணுரம், ce qui a un gros corps.

பிணி, 1° maladie, douleur, affliction, nom d'un démon, lien, attache, peigne de tisserand qui fait joindre les fils de la trame. 2° *imp. de* பிணிக்கிறது: பிணி-ங, les 3 espèces de tempéramens, de maladies ou de causes de maladies: வாதம் flatuosité, tempérament mélancholique; பித்தம் bile, tempérament bilieux; சிலேட்டுமம் phlegme, tempérament phlegmatique: — க்குறை obsession ou persécution du démon; — ப்பேய் démon qui rend, dit-on, les enfans malades; — மிதிக்கிறது presser du pied la planchette qui fait manœuvrer le peigne du tisserand; — முகம் visage malade, oiseau en général, paon, cygne; — யோலை ôle —, feuille de palmier écrite de caractères magiques et qu'on s'attache pour se préserver des obsessions ou diable.) [bande.

பிணிகை, (பிணி), lien, ceinture,

பிணிக்கிறது, ணித்தேன், ணிப்பேன், ணி, ணிக்க, *v. a.* (பிணி). பிணித்தல், *n. v.* lier, attacher. [che.

பிணிப்பு, *n. v. du préc.* lien, atta-

பிணியாளன், பிணியாளி, (பிணி, ஆளன், ஆளி), malade, maladif.

பிணை, 1° cautionnement, caution, gage, sureté, garant, équivalent, lien, attache, bande, guirlande, — de fleurs, désir, consentement, agrément, cerf, jument, ânesse, chienne, truie, femelle du chameau, du yack, du cerf, de l'éléphant. 2° *imp. et part. de* பிணைகிறது. 3° *imp. et n. v. de* பிணைக்கிறது: உரொக்கப் — caution pour argent; நபர் — caution personnelle, pour la personne, pour se présenter; — கட்டுகிறது lier ensemble; — காரன், — க்காரன் caution, répondant; — சொல்லுகிறது, — சொல்லிக்கொள்ளுகிறது être caution, cautionner, répondre pour quelqu'un; — படுகிறது, — ப்படுகிறது se rendre caution, répondre pour, entrer dans une convention, dans une ligue; — மடு V. பிணையல்மாடு; — யடிக்கிறது lier, — les bœufs en rang pour battre le blé en le foulant aux pieds; — நடக்கிறது, — வருகிறது (les bœufs) tourner en rond pour battre la moisson; — வைக்கிறது mettre —, donner pour caution.

பிணைகிறது, ணைந்தேன், ணைவேன், ணை, ணைய, *v. n.* (பிணை). பிணைதல், *n. v.* s'attacher, se lier, s'unir, se joindre, se mêler, s'accoupler.

பிணைக்கிறது,பிணைத்தேன், பிணைப்பேன்,பிணை,பிணைக்க,*v.a.du préc.* lier, attacher,— ensemble, atteler, lier des bœufs en rang (pour battre la moisson...), joindre, unir: பிணைத்தகடாவிடுகிறது attacher les bœufs; பிணைத்தேர்ட்டுகிறது attacher les bœufs ensemble en rang et les faire marcher pour fouler la moisson; ஒருவன்மேலேவீண்பழியும் பொய்ப்பழியும் பிணைக்கிறது réunir sur le compte de quelqu'un des accusations fausses et méchantes; அற்றவிழையைப் —rejoindre —, nouer un fil rompu; ஒருவன்மேலே பொய்களைப் — forger des mensonges contre quelqu'un; ஒருவன்மேல் பொல்லாப்பைப் — causer du mal à quelqu'un.

பிணைத்தல்,பிணைப்பு.*n.v. du préc.* action de lier..., attache, lien, ligature, union combinaison.

பிணையல், *opt.et n.v.de* பிணைகிறது, assemblage,enchainement,liaison,guirlande,- tressée, —multiple, —composée de plusieurs réunies ensemble,bœufs liés ensemble,couple, gond,pivot (de porte...), charnières de boite; — அடிக்கிறது, *V.* பிணையடிக்கிறது; — ஆணி, *V.*கீலாணி; —மாடு bœuf attaché à un autre par une corde, *ou* — ஆடுமாடு bœuf qui foule ou a foulé la moisson. On en attache ensemble 5 ou d'avantage par une corde; celui qui est à l'extérieur,et fait le plus grand cercle,s'appelle கோடியன்;celui qui est à l'intérieur s'appelle உள்ளான்: பிணையலோட்டுகிறது,*V.*பிணைத்தோட்டுகிறது.

பிணையாளன்,பிணையாளி,*(*பிணை, ஆள், ஆளி*)*, caution, garant, répondant.

பிணைவு, *n.v. du même*, jonction, union, liaison,connexion,accouplement. [2ᵉ *obl de* பிண்டம்.

பிண்ட,1ᵉ *part.parf.de* பிக்கிறது.

*பிண்டகம், (பிண்டம், ka), parfum,fumée odoriférante,démon,lutin,fantôme.

*பிண்டகன், (*id.*), celui qui fait les oblations aux ancêtres.

*பிண்டசன்,(pindasa), mendiant, — qui vit d'aumônes.

*பிண்டதன், (பிண்டம், da *qui donne*), celui qui fait des offrandes de gâteaux... aux ancêtres, proche parent, protecteur, bienfaiteur, patron.

*பிண்டம், (pinda),corps,embryon, fétus, globe, boule, balle, masse, — ronde, amas bloc,bouchée,repas, nourriture,chair,viande, subsistance, moyens de vivre, oblation aux mânes des ancêtres. (Les Indous leur présentent de l'eau, des gâteaux,des boulettes de riz mêlé de lait avec des fleurs), parfum, substance odoriférante,myrrhe,encens, sucre candi, riz cuit, beurre frais,rose de Chine,fer, force, total ou somme (en arithmétique), la 21ᵐᵉ parties de 90 degrés ou 3° 45', côte au dessous de l'aisselle, portique (devant une maison), aumône, foule, multitude; பிண்டமுந்துண்டமுங்கொடுக்கிறது *ou* சேர்க்கிறது fournir la nourriture et le vêtement; பிண்டம்பிடிக்கிறது mettre en boulettes;— விழுகிறது, — விழுந்துபோகிறது avorter, le fétus périr et tomber; — வெளிப்படுகிறது le fétus devenir perceptible, l'enfant naitre; —வைக்கிறது,வைத்தல் faire une offrande aux ancêtres; பிண்டசமுமம் offrande aux ancêtres; —சமுமம்பண்ணுகிறது *ou* பிண்டப்பிரதானம்பண்ணுகிறது faire une telle offrande.(pour cela on place sur 2 lignes au sud et au nord 3 boules de riz cuit de chaque côté, après quoi l'épouse de celui qui fait cette offrande reçoit l'ordre de prendre celles du milieu et de les manger, ce qu'on exprime par le mot பிண்டம் விழுங்குகிறது); — காப்பு le soutien du corps, nourriture, riz cuit; — கோசம் gomme odoriférante;— ஒத்திரம் règle pour les additions; — ச்சோறு riz cuit offert ou à offrir aux ancêtres: பிரயப்பிண்டச்சோறு — ச்சோறு du riz cuit désagréable est comme celui qu'on a offert aux morts, ou le riz cuit offert aux mort est une nourriture désagréable: —தானம், —திலபானம் offrande de gâteaux funèbres: — தைலம் encens; — பாதம் l'animal dont le pied est une masse de chair, *i.e.* l'éléphant: —புஷ்பம் fleur de —, l'arbre அசோகு, rose de Chine; — பலை gourde amère, — ப்பிரதானம் offrande —, oblation aux ancêtres: — ப்பிதாதம் nourriture des ancêtres: —ப்புறனடை exception de règle de calcul; —ப்பொருள் objet amoncelé, accumulé, additionné, — matériel, corporel; —மூலம், —மூலகம் carotte, daucus carota.

*பிண்டலம், பிண்டனம், (pindala, —na), digue, chaussée, pont.

*பிண்டாசன், பிண்டாசனன், பிண்டாசி, (பிண்டம், அசனம், asa, asi *qui mange*), mendiant, — vivant d'aumône. [le corps et le monde.

*பிண்டாண்டம், (*id.* அண்டம்),

*பிண்டாப்பிரம், (*id.* அப்பிரம்), nuage à globules, grêle.

*பிண்டாயசம், (*id.* அயசம்), acier.

*பிண்டாரன், (pindâra), berger, vacher, gardien de buffles, mendiant.

பிண்டாரி, Pindari, voleur armé: பிண்டாரிகள் les Pindaris, les maraudeurs, ceux d'un camp qui vont au pillage.

*பிண்டி, 1° (pindi), moyeu de roue, mendiant, qui offre l'oblation aux mânes. 2° l'arbre அசோகு uvaria, foule, troupe, assemblage, total, farine, — de millet, — de riz, gâteau de grains broyés, la 7$^{me}$ constellation dite புனர்பூசம், chose entassée, additionnée, arrondie. 3° *imp. de* பிண்டிக்கிறது.

*பிண்டிகை, (பிண்டி, kâ), moyeu de roue, siége, —de diverses formes, cou-de-pied.

பிண்டிக்கிறது, டித்தேன், டிப்பேன், டி, டிக்க, *v.a.* பிண்டித்தல், *n.v.* (பிண்டம்), faire —, former une boule, un globe, arrondir, amonceler, accumuler, additionner, rassembler.

*பிண்டிதம், (pindita), multiplication, addition, numération, collection, amoncellement. [பிந்தபாலம்.

*பிண்டிபாலம், பிண்டிவாலம், *P.*

*பிண்டிலம், (pindila), pont, digue, chaussée. [teur d'horoscopes.

*பிண்டிலன், (*id.*), astrologue, ti-

பிண்டிமாரகம், l'arbre குந்துருக்கம் qui donne l'encens.

*பிண்டீகரணம், பிண்டீகாரம், பிண்டீகிருதம், பிண்டீபூதம், (பிண்டம், i *augment*), mettre en boule, en rond, en balle, additionner, faire la somme. [fanfaron efféminé.

*பிண்டீசூரன், (*id.*), jocrisse,

*பிண்டீதகம், (pinditaka), l'arbrisseau மருக்காரை, taberuæ montana coronaria.

*பிண்டீரம், (pindira), manque de suc, grenade, os de sèche.

பிண்டு, *gér. de* பிண்டிறது: — போகிறது se briser, se fendre, se crever; பிண்டுகுக்கிறது être brisé, — fendu; அவன்கைபோடே — போயிற்று (le vase) s'est brisé dans sa main ou avec sa main; — விழுகிறது se briser et tomber. [immodeste).

*பிண்டை, (பிண்டு), vulve, (mot

பிண்ணாக்கு, (பிண்ணியாகம்), grains (de sésame et autres grains), pilés ou broyés, gâteau fait de ces grains pilés, - broyés ou du marc de ces grains (dont on a extrait l'huile): — க்கீரை l'herbe potagère melochia corchorifolia: — ப்பூண்டு la plante corchorus æstuans; —மாடன் insensé, benêt.

*பிண்ணியாகம், (pinyâka), marc de grains dont on a extrait l'huile, gâteau qu'on en fait. [d'Indiren.

*பிதகம், (bhidaga), épée, foudre,

பிதரம், (vidara), action de déchirer, de fendre.

பிதலை, vase à l'huile.

பிதற்றல், *opt. et n.v. de* பிதற்றுகிறது, babillage, paroles extravagantes, —de délire, bruit de paroles.

பிதற்று, paroles extravagantes, —de délire, babillage, babil, - d'enfant, *imp. et part. de*

பிதற்றுகிறது, தற்றினேன், தற்றுவேன், தற்ற, தற, v.a. பிதற்றுதல், n.v. babiller, jaser, bredouiller, parler sans cesse, sans raison, — en délire, — en insensé, extravaguer, déraisonner. பிதற்றிக்கொண்டுதிரிகிறது courir çà et là babillant en insensé: இருக்குநாலு வேதமு மெழுத்தை யற வோதினும், பெருக்கநீறு பூசினும்பிதற்றினும் பிரானிராள், quand tu réciterais sans faute les 4 vèdas à commencer par l'iroukou, que tu te barbouillerais entièrement de cendres et que tu ne ferais que babiller (en récitant des mandirams). Dieu n'est pas avec toi.

*பிதா, 1° (pità), père, Dieu, (et en style païen) Arouguen, Brama, Siven. 2° gros héron, *pl.* பிதாக்கள் les pères, les ancêtres;— த்துவம் paternité: — ப்பிதா grand-père, patriarche (de l'ancienne loi, ou fondateur d'ordre religieux); —ப்பிதாக்கள் les ancêtres, les patriarches; — மகன் (maha *grand*), grand-père, grand père paternel, Brama: — மகி, (*id.*), grand mère maternelle. Dans les mots composés on emploie le radical pitrou altéré en பித்ரு ou பிதுர்.

*பிதி, பிதிரம், (bhidi, bhidira), foudre, — d'Indiren.

பிதிகம, *V*, பெருங்குறுக்கை.

பிதிர, பிதிரும், பிதிரா, பிதிராத, *inf. part. fut. part. nég. de* பிதிர்கிறது.

*பிதுரு, 1° (pitrou), père, *pl.* பிதிருக்கள், ancêtres, mânes. 2° *imp. et part. de*

*பிதிருகிறது, *V.* பிதிர்கிறது.

*பிதிர், 1° (*P.* பிதுரு), père, ancêtre, — paternel, mânes, *pl.* பிதிர்கள், les ancêtres, les mânes des ancêtres, (ordinairement ce mot précède un nom et prend le sens du génitif.) 2° conte, récit de bataille, instant, claquement des doigts, goutte d'eau, pollen des fleurs. 3° *imp. et part. de* பிதிர்கிறது: — ஆசாரம் offrande —, sacrifice aux ancêtres;—ஆட்சினை, — ஆர்ச்சினை, — ஆர்ச்சிதம் patrimoine, bien qui vient des ancêtres; — உலகம் le monde des ancêtres ou des mânes (selon les Indous): —எக்கியம் sacrifice —, oblation aux mânes des ancêtres divinisés;—கடன், —கருமம், —காரியம் obsèques, cérémonie funèbre, — pour les ancêtres décédés ou en leur honneur;—கணம் diverses classes d'ancêtres fils des Richis *ou* பிரசாபதிகள்; — காலம் temps censé propre (selon les Indous) aux cérémonies du சிராத்தம், depuis le 18$^{me}$ jusqu'au 24$^{me}$ நாழிகை; — கானனம் cimetière, lieu où l'on brûle les morts; — கிரியை, *V.* பிதிர்கடன்; —க்காதகம் parricide, meurtre de son père: — க்காதகன் patricide, meurtrier de son père; — க்கிருகம் maison des mânes, *i.e.* cimetière où l'on brûle les morts; — சந்ததி parenté —, lignée paternelle, *ou* —சனம் ancêtres, aveux; —சாமரன்னியர், —சாமரன்னியம் les ancêtres; —சிராத்தம் cérémonies funèbres —, obsèques d'un père: — சுவசிரு, (svasrou *sœur*), sœur du père, tante paternelle: — சுவசிரியன், (*id.* *iya*), fils de la tante paternelle: — சுவசிரியை, (*id.*), fille de la tante paternelle; — ஸ்தானம் demeure des mânes: —ஸ்தானன், — ஸ்தானியன், (ஸ்தானம், iya), tuteur, remplaçant du père: — தமி esprit familier: — தருப்பணம், —தர்ப்பணம் sacrifice —, offrande aux ancêtres, le bas de l'index, partie de la main entre le doigt du milieu et le pouce que les Indous disent consacrée aux mânes: —தானம் don en l'honneur des ancêtres: —தி jour consacré aux mânes, *i.e.* le jour de la nouvelle lune: — தீர்த்தம் le bas de l'index, partie de la main entre l'index et le pouce consacrée aux mânes (au dire des Indous), la ville de Gayâ ou கயை où les sacrifices funèbres sont censés avoir un mérite particulier: — தேவர் les prétendus dieux mânes qu'on dit habiter le sud ou le royaume de Yâmen: —தேவதை chef de famille ou de caste —, ancêtre censé déifié. Les Indous en comptent trois nommés பிதிர்தேவதைகள் formés par Brama, et résidans dans le monde de Yamen, où ils reçoivent, disent-ils, les âmes des morts; ce sont comme les 3 juges des enfers des Grecs: ils reçoivent tous les ans certains hommages et se nomment aussi தென்புலத்தார்: — தைவதம் la 10me constellation lunaire dite மகம்: — த்துரோகம் trahison envers son père en vers ses ancêtres, manquement aux cérémonies funèbres; — த்துவம், — தன்மை paternité, condition des mânes; — நாள் le jour consacré aux morts ou aux ancêtres, l'anniversaire de leur décès, la nouvelle lune, la constellation மகம்; — பதம் la prétendue demeure des mânes, i.e. le sud; — பதி le prétendu roi des morts, ou des mânes, i.e. Yamen; — பத்தி piété filiale, — envers son père ou ses ancêtres, exactitude à remplir les devoirs funèbres; — பந்து parenté du côté paternel; — பாந்தவன் parent du côté paternel; — பாத்திரம் vase employé aux obsèques; — பிண்டம் nourriture offerte aux morts: — பிதா grand-père, grand père paternel; — புண்ணியகாலம் temps censé propre aux vertus en l'honneur des ancêtres, V. பிதிர்காலம்; — பூசை sacrifice aux mânes; — போசனம் nourriture offerte aux mânes, nourriture de son père: — ப்பிதாமகி mère du père, crépuscule du soir, temps où, au dire des Indous, les mânes sortent de leur demeure; — ப்பிராதிரு frère du père, oncle paternel; — மந்திரம் demeure paternelle, — des ancêtres ou des mânes, sépulcre, tombeau; — மாதுருகாதகன் parricide, meurtrier de ses père et mère; — மேதம் rites funèbres, obsèques; — யாக்கியம், — யாகம் sacrifice aux ancêtres, obsèques; — யானம் le prétendu char des mânes dit விமானம் (pour les conduire de la terre au ciel): — லோகம் le monde des mânes: — வசதி demeure de ancêtres, V. பிதிர்வனம்; — வசனம் parole des ancêtres: — வழி généalogie des ancêtres, parenté du coté paternel: — வழியைப்பின்பற்றுகிறது suivre la voie — la conduite de ses ancêtres; — வனம் cimetière, lieu où l'on brûle les morts; வனேசரன், (வனே abl. sanscrit de வனம், சரன் qui va), Siven, démon qui hante les cimetières; — வாக்கியம் parole des ancêtres: — வாக்கியபரிபாலனம் observance des paroles des ancêtres; — விக்கினக்காரருக்கிடைச்சாத்தி esprit familier; — விரதம் adoration des mânes, V. பிதிர்ப்பூசை; — விரதன் adorateur des mânes.

பிதிர்கிறது, ர்ந்தன், ர்வேன், ர, ர, v.n. பிதிர்தல், n. v. se réduire en farine, v.g. des pommes de terre cuites, s'en aller —, tomber en morceaux, en lambeaux, tomber, se répandre, se dissiper: சீலைபிதிர்ந்துபோகிறது un toile s'en aller en lambeaux.

பிதிர்க்கிறது, ர்த்தேன், ர்ப்பேன், ர், ர்க்க, v.a. du préc. பிதிர்த்தல், n. v. faire tomber, dissiper, repandre.

பிதிர்வு, n. v. de பிதிர்கிறது, chute, dispersion. [diren.

*பிது, (bhidu), foudre, — d'In-

பிதுகம், couleur de nénuphar, ce qui est un défaut des pierreries.

பிதுக்கம், n. v. d பிதுங்குகிறது, saillie, bossage, ce qui avance en dehors, ouvrage en relief, expression du pus en pressant, bruit d'une chose qui crève: — ஆயிருக்கிறது avancer en dehors, faire saillie, être exhaussé, — en relief: — ஆனவேலை ouvrage en bosse, relief.

பிதுக்கி, qui fait saillie, qui avance en devant (dans les mots composés): உதடுபிதுக்கி lippu, homme à grosses lèvres, n. v. et ger. de

பிதுக்குகிறது, க்கினேன், க்குவேன், க்கு, க்க, v.a. de பிதுங்குகிறது et பிதுக்கல், பிதுக்குதல், n. v. ou பிதுக்கிப்போடுகிறது, exprimer —, faire sortir en pressant (le noyau d'un fruit, le pus d'un furoncle...), enfler une vessie, enfler —, bouffir les joues, faire en saillie, — avancer en dehors, bomber: உதட்டைப் — avancer la lèvre inférieure en dérision.

பிதுங்குகிறது, பிதுங்கின, குவேன், கு, உ, v.n. பிதுங்கல், பிதுக்குதல், n. v. et பிதுங்கியிருக்கிறது, faire saillie, avancer en dehors, faire bosse, être bombé, se bomber, être exprimé (en pressant), se gonfler, crever, faire explosion: பிதுங்கவிடு கிறது mettre en saillie (une brique...): சுவர்ப்பிதுங்குகிறது un mur se bomber ou s'incliner, menacer de tomber.

*பிதுரம், (bhidoura), foudre, tonnerre.

*பிதுர், P. பிதிர், mânes, ancêtres: —கணம், les pères, les ancêtres.

பித்தகம், couleur de perroquet, ce qui est un défaut des pierreries.

*பித்தம், (pitta), bile (une des 3 espèces de பிணி ou de maladies), humeur bilieuse, étourdissement, délire, trouble d'esprit causé par la bile, espèce de danse, farce: — ஊறுகிறது, V. பித்தேறுகிறது; — பிடித்தவன் homme en délire: — மிஞ்சுகிறது la bile dominer; பித்தகாசம் phthisie bilieuse; —காமாலை jaunisse bilieuse; — க்காய்ச்சல் fièvre bilieuse: —காங்கை, —காரகம் chaleur causée par la bile: — காரகத்தினாலே ou பித்தசோகையினால் முகம் குளுகுளுத்திருக்கிறது la figure être enflée par l'effet d'une indisposion bilieuse; —காலம் temps de bile, — où la bile domine: — குன்மம் obstruction causée par la bile, maladie bilieuse: — க்கிராணி diarrhée causée par la bile: — க்கிறுகிறுப்பு tournoiement de tête —, vertige causé par la bile; — சரீரம் tempérament bilieux, corps où domine la bile; —சாந்தி adoucissement ou remède à la bile, la plante பொன்னாங்கண்ணி: —சிலேட்டுமம், —சிலேத்பனம் phlegme mêlé de bile: — சுரம் fièvre bilieuse: —சூடு, V. பித்தகாரகம்; —சூலை maladie arthritique bilieuse; — சோகை, — சோபை espèce d'enflure avec chaleur causée par la bile, V. பித்தகாரகம்; — தலைசுற்றல் vertige causé par la bile; — நரை cheveux gris prématurés, cheveux que la bile ou la maladie ont fait grisonner; — நாடி pouls bilieux, pouls du doigt du milieu; — நீர் eau qui vient de la bile; — பாண்டு, — பாண்டுரோகம் jaunisse causée par la bile;—ப்பிளப்பு crevasses ou gerçures que la bile cause aux pieds et aux mains; —மயக்கம் vertige —, étourdissement causé par la bile, folie, délire;—ரத்தம் V. இரத்தபித்தம்; — ரோகம் maladie bilieuse tempérament bilieux, une des 3 espèces de பிணி ou de maladies; — வாயு flatuosité bilieuse qui vient d'échauffement ou de chaleur:—வெறி, V. பித்தேறுகிறது:—வெடிப்பு V. பித்தப்பிளப்பு; பித்தத்திற்கிருப்பிடம் le siége de la bile, c.i. l'estomac.

பித்தரிக்கம், fanfaronnade, vaine ostentation. [ம்;

பித்தலாடகம், P. பித்தலாட்டம்

பித்தலாட்டம், sync. du préc. tromperie, supercherie, duperie, contrefaçon, tours, mensonges.

பித்தல், pioche, instrument pour couper et creuser, bord, extrémité, proximité, manche d'instrument, V பிடங்கு.

*பித்தளை, (pittala), airain, bronze, composition de cuivre et d'étain, cuivre, —jaune, laiton: — க்கொடி drapeau de cuivre, i.e. girouette; — மணி grains de bronze; — மலை montagne contenant du cuivre; — யாடகம், (—ஆடகம்), tromperie, duperie duperie par laquelle on fait passer du cuivre pour de l'or ou de l'argent; —யாடகம் ou பித்தலாடகம்பண்ணுகிறது faire passer du cuivre pour de l'or, duper, tromper, contrefaire, jouer des tours.

*பித்தன், (பித்தம்), fou, homme en délire, — à qui la bile a tourné la tête, voleur, vaurien, Siven, Vaïraven, autre forme de Siven, pl. பித்தர், பித்தர்கள் les fous: பித்தனுக்குத் தன்குணம் தானே தன்குணமுமில்லை le fon croit son naturel — son état plus régulier ou plus droit qu'un cordeau tendu, i.e. se croit en bon état.

*பித்தாதிசாரம், பித்தாதிக்கம், (பித்தம், அதிசாரம், ஆதிக்கம்), exubérance —, excès de bile: நித்திரை அவன் பித்தாதிக்கத்தைத் தெளிவித்தது le sommeil a dissipé ou calmé son excès de bile. [coléra-morbus.

*பித்தாதிசாரம், (id. அதிசாரம்),

பித்தாத்தவிக்கொட்டி, la plante crotolaria verrucosa.

*பித்தி, 1° (bhitti), mur (de terre ou de maçonnerie), refuge, asyle, morceau, fragment, part, fente, fissure. 2° V. பித்தி: — கொள்ளன் voleur qui perce les murs.

*பித்திகை, (பித்தி.kâ), mur, le lézard domestique dit பல்லி, l'arbrisseau திருகள்ளிபலம்: பித்திகைமார்ச்சாலநியாயத்தீர்ப்பு jugement du lézard et du chat, i.e. jugement douteux.

பித்து, (பித்தம்), fiel, bile, humeur, — bilieuse, délire, folie, amour excessif, colère: — கொள்ளுகிறது devenir fou; — ப்பை vessie du fiel, — où il est renfermé; பித்தாய்த்திரிகிறது courir çà et là —, rôder comme un fou, — par l'effet de la folie; பித்தாய்ப்பிதற்றுகிறது ou பினாத்துகிறது extravaguer, déraisonner par folie ou délire; être fou ou en délire; அதுதானவனுக்குப்பித்தாய்ப் பிடித்திருக்கிறது c'est là l'objet de sa folie, ce qui l'a pris comme une folie.

பித்தேறுகிறது, (பித்து, ஏறுகிறது), la bile monter à la tête, se mettre en colère.

பித்தை, cheveux d'homme. [teur.

பித்வி, (arabe), humble —, servi-

*பிந்தபாலம், (bhindapâla), trait qu'on lance, — court qu'on lance à la main ou par un tube.

பிந்தி, gér. de பிந்துகிறது.

பிந்தின, பிந்திய, part. du même; பிந்தின ou பிந்தியகாலம் le soir; பிந்தினவன் le dernier, le suivant, celui qui est ou vient derrière.

*பிந்து, P. விந்து, zéro, ou petit point rond qu'on met sur les simples consonnes.

பிந்துகிறது, ந்தேன், துவேன், து, ந, v.n. பிந்தல், பிந்துகை, பிந்துதல், n.v. (பின்), suivre, venir —, être derrière ou après, retarder, lambiner: பிந்திப்போனகாரியம் affaire retardée; — வருகிறது venir derrière [ou après.

*பிபாசை, (pipâsa), soif

*பிபாசிதன், பிபாசு, (pipâsita, pipâsou), altéré, qui a soif.

*பிபீதகி, (pipitaki), le 12 du mois de வைகாசி, c'est alors un mérite de donner de l'eau.

*பிபீலவாதம், V. கை பீலவாதம்.

*பிபீலகம், (pipîlaka), grosse fourmi noire.

*பிபீலிகை, (pipilikâ) fourmi, la petite fourmi rouge commune: பிபீலிகை நியாயத்தீர்ப்பு jugement de la fourmi, i.e. jugement équitable.

*பிப்பலகம், (pippalaka), mamelon, téton, fil à coudre.

*பிப்பலம், (pippala), l'arbre அரசு ou sorte de peuplier, nom d'un oiseau, eau, manche d'habit.

*பிப்பலி, பிப்பிலி, (pippali), poivre long dit திப்பிலி: — மூலம் racine de poivre long; — பத்தி la plante பெருநெருஞ்சில். [tre des dents.

*பிப்பிகை, (pippikâ), saleté —, tar-

*பியை, (bhiyâ), crainte.

பிய்கிறது, ய்ந்தேன், ou ஞ்சேன், ய்வேன், ய், ய்ய, v.n. ய்யேன், nég. et பிய்ந்து ou பிய்ஞ்சுபோகிறது, se déchirer, s'user, s'en aller en lambeaux, (une toile...) être mis en pièces, se rompre, se fendre.

பிய்க்கிறது, ய்த்தேன், ய்ப்பேன், ய், ய்க்க, nég ய்க்கேன், v.a. du préc. et பிய்த்து ou பிய்ச்சுப்போடுகிறது, déchirer, lacérer, rompre, mettre en pièces (une toile, une corde...), fendre carder —, nettoyer le coton: பிய்க்காமல்வைக்கிறது mettre sans déchirer; பிய்க்காதே ne déchire pas. [து.

பிய்கை, et பிய்தல், n. v. de பிய்கிற

பிய்ச்சல், P. பிய்த்தல் et பிய்ப்பு, n. v. de பிய்க்கிறது, déchirure, lacération, rupture, action de déchirer...

பிய்ச்சு, P. பிய்த்து, gér. du même.

*பிர, (pra), particule sanscrite, préfixe d'un grand nombre de mots, qui marque apparence, abondance, excellence, hâte ou mouvement progressif et correspond aux prépositions latines *pro* et *præ*.

*பிரகசம், (prakasa), meurtre, action de tuer.

*பிரகசனம், (prahasana), sarcasme, reproche, satire, chanson satirique, — injurieuse, *ou* [rire, joie.

*பிரகசிதம், (prahasita), éclat de

*பிரகஸ்தம், (பிர, அஸ்தம்), main étendue.

*பிரகஸ்பதி. V. பிரகற்பதி.

*பிரகடம், பிரகடிதம், பிரகடீகரணம், பிரகடீகிருதம், (prakata, ita, i *augment*), manifestation, exposition, développement, publicité, évidence.

*பிரகணம், (praghana), massue de fer, vase de cuivre, terrasse couverte —, cour devant une maison, chose ébranlée. [ne.

*பிரகநேமி, (prahanèmi), la lu-

*பிரகண்டம், (பிர, கண்டம்), haut du bras (du coude à l'épaule), le devant de l'épaule. [ரண்ணியம்.

*பிரகதாரண்ணியம், P. பிருகதா

பிரகதி, la plante கத்தரி, bringelle, ou aubergine.

*பிரகத்வாதம், பிரகத்வாயு, (vrouhat *grand*), espèce de maladie ou de flatuosité.

*பிரகமனம், (பிர), discussion, dispute, progrès, avancement, détermination.

*பிரகம்பம், (பிர), tremblement.

*பிரகம்பனம், (*id.*), vent, air, enfer, *ou*

*பிரகம்பிதம், (*id.*), mouvement, tremblement: பிரகம்பிசிரகம் léger mouvement de tête causé par l'admiration.

*பிரகரணம், 1° (*id.*), chapitre, section, division, portion, préface, prélude, introduction, endroit de pause, fin d'article. 2° (praharana), arme, guerre, bataille, char couvert pour les femmes. 3° opportunité, occasion.

*பிரகரம், 1° (பிர), secours, aide, tas, monceau, honneur, respect, bien, fertilité, bouquet de fleurs, l'arbre odoriférant அகில் agalloche. 2° (prahara), V. பிறகரம்.

*பிரகருசம், பிரகருஷம், 1° (prakarcha), excellence, abondance. 2° (praharcha), joie, délice, plaisir.

*பிரகருஷணம், 1° (prakarchana), extraction, labourage, excellence. 2° (praharchana), joie, plaisir.

*பிரகற்பதி, பிரகஸ்பதி, *P.* பிருகஸ்பதி, Vrouhaspati, fils d'அங்கிரன் prétendu gourou des dieux indous et régent de la planète Jupiter avec laquelle on l'identifie, nom d'un sage ou législateur indien, auteur du code dit பாரகஸ்பத்தியம்: பிரகற்பதிசக்கரம் le cycle de 60 ans.

*பிரகலாதன், (prahlâda *joie*), Prahlâden, fils d'Hiranyakcheu (réputé pieux).

*பிரகற்பன், (pragalbha), homme hardi, audacieux, prompt, énergique, éminent, illustre, fort, prince.

பிரகாசத்தி, (பிரகாசம்), talc, mica.

*பிரகாசம், (prakâsa), lumière, — réfléchie, lustre, splendeur, (une des 4 propriétés des corps glorieux et des prérogatives des immortels), clarté, — du soleil, publicité, manifestation, célébrité, extension, explication, ressemblance, rire, sourire, métal de cloche, bronze, (en langage dramatique) à haute voix, *V.* பெருமல்: பிரகாசமானம் *ou*

*பிரகாசனம், (பிரகாசம், na), lumière, illumination, rendre clair.

*பிரகாசன், (பிரகாசம்), Louis, Lucius.

பிரகாசி, (*id.*), *m. f.* qui brille, radieux, *ou* பிரகாசியம்மாள் Lucie, Louise.

பிரகாசிக்கிறது, சித்தேன், சிப்பேன், சி, சிக்க, *v. n.* (பிரகாசம்), பிரகாசித்தல், *n. v.* briller, luire, resplendir, éclairer, être clair, devenir —, être célèbre.

பிரகாசிக்குதல், பிரகாசிப்பு, *n. v. du préc.* splendeur, éclat.

பிரகாசிப்பிக்கிறது, *v.caus.du même*, faire briller, illuminer.

*பிரகாசிதம், (பிரகாசம், ita), évidence, visibilité, publication.

*பிரகாண்டம், (prakânda), branche, pieu, tronc d'arbre, excellence.

*பிரகாபனம், (prahâpana), renvoi, expulsion.

*பிரகாமியம், 1° (பிர, காமம், ya), plénitude, accomplissement de ses désirs. 2° *P.* பிராகாமியம்.

*பிரகாரணம், (prahârana), largesse, don, —désirable,

*பிரகாரம், 1° (prakâra), manière, mode, sorte, espèce, voie, chemin, différence, particularité, adjectif, mot qu'on ajoute à un nom. 2° (prahâra), blesser, tuer. 3° *P.* பிராகாரம், mur, —d'enclos, rue de temple, ., rue qui entoure un temple; ஒரு — une manière, d'une manière, d'une façon quelconque; இன்னப்பிரகாரமாக் கொடுத்தான் il a donné ainsi, il a vendu à ce prix.

*பிரகி, (prahi), puits.

*பிரகிதம், (prahita), chose envoyée, placée, destinée, ordonnée, dirigée, lancée, sauce, ragoût.

*பிராகிருஷ்டம், பிரகிருட்டம், (prakrouchta), chose supérieure, principale: பிரகிருஷ்டத்துவம், —தை supériorité, éminence.

*பிரகிருதம், (பிர), ce qui a été fait: பிரகிருதபிரளயம் destruction du monde.

*பிரகிருதி, (*id.*), nature, matière, cause passive et matérielle du monde (en philosophie, et en mythologie, et selon d'autres), cause négative d'existence, volonté personnifiée de l'être suprême, dont on fait une déesse identifiée en மாயை ou illusion et qu'on regarde comme le principe du monde, état —, naturel, condition d'une chose, racine d'un mot, mot —, radical, cause, origine, chose principale, soutien, fondement, les 5 élémens pris collectivement, femme, mère, organe mâle ou femelle de la génération, animal, stance sanscrite de 4 vers chacun de 21 syllabes, coefficient donné (en arithmétique), tempérament ou prédominence d'une des 3 humeurs (en anatomie), choses requises pour l'administration royale, (on en compte 7 dites அரசாட்சிக்குரியவுறுப்பேழு, savoir: அரசன் roi, மந்திரி ministre, நட்பரசர் alliés, பொக்கசம் trésor, ஆளுகைசெல்லுமிடம் territoire, கோட்டை forteresse, சேனை armée. On y ajoute quelquefois une huitième chose, la corporation des citoyens): — நியாயப்பிரமாணம் la loi de nature; சரீரப்பிரகிருதி complexion —, tempérament du corps; மூலப்— énergie passive de la création.

*பிரகீதம், (பிர), chant.

*பிரகீர்ணம், பிரகீர்ணகம், (prakirna, ka), éventail du poil de la queue du கவரி ou yack, section, chapitre, collection de diverses choses.

*பிரகீர்த்தி, பிரகீர்த்திதம், (பிர, கீர்த்தி, ta), réputation, célébrité, déclaration.

*பிரகுணம், பிரகுணியம், (பிர, குணம், ya), honnêteté, probité, excellence,

*பிரகுலம், (பிர), corps joli et excellent.

*பிரகேணகம், பிரகேலகம், (prahènaka, prahèlaka), bonbons, sucreries, — qu'on donne aux fêtes.

*பிரகேளிகம், பிரகேளிகை, (prahêlikâ), énigme, — à deviner.

*பிரகோஷ்டம், பிரகோட்டம், (prakôchta), avant bras, bas de l'épaule, cour de maison, espace ouvert environné de bâtimens.

*பிரகோபனம், (pragôpana), défense, protection, garde, conservation.

*பிரகோபம், பிரகோபனம், பிரகோபிதம், பிரகோபம், (பிர, கோபம், na, ita), grande colère, fureur, irritation, provocation, obstination.

*பிரக்கணம், பிரக்காணம், (prakvana, prakvâna), son du luth.

*பிரக்கரம், (prakchara), cuirasse, armure, — de fer (pour un cheval ou un éléphant).

*பிரக்கியம், பிரக்கியாதம், (prakhya, பிர), ce qui est célèbre, notoire, fameux, célébrité, publicité, connaissance: பிரக்கியபாதபண்டம் marchandise que quelqu'un a le droit d'acheter le premier.

*பிரக்கியாதி, (பிர), notoriété, renommée, connaissance, éloge, ou

*பிரக்கியாதை, (பிர), célébrité, publicité, cours, marche. [sance.

*பிரக்கியானம், (பிர), connais-

*பிரக்கிரகம், (பிர, கிரகம்), esclave, captivité, emprisonnement, gène, rène, corde, amour, affection, rayon de —, lumière, épaule, pas, *V.* பிரக்கிராகம்.

*பிரக்கிரமம், (பிர, கிரமம்), aller, l'emporter, commencement, occasion, opportunité, loisir.

*பிரக்கிராகம், (பிர, கிராகம்), prise, saisie, corde de balance, rène, licou ou bride pour les chevaux, corde pour attacher les vaches et autre bétail. [insignes royaux.

*பிரக்கிரீனை, (பிர), porter les

*பிரக்கிரீடிதம், (பிர, கிரீடை, ita), jeu, badinage.

*பிரக்கிரீவம், (பிர), fenêtre, jalousie, balcon, maison de plaisance ou d'amusement, — pour l'été, balustrade en bois sur le bord d'un bâtiment, haut d'un arbre, bout des cheveux ou du poil.

*பிரக்ஞை, (pradjnâ), intelligence —, connaissance pleine et entière.

*பிரகாரம், *V*, பிரக்காரம்.

*பிரக்ஷாலகம், பிரக்ஷாலனம், பிரக்ஷாலிதம், (prakchâlaka, — lana, — lita), blanchissage, lavage.

*பிரக்ஷேபம், பிரக்ஷேபணம், (பிர, க்ஷேபம், na), action de jeter, rejet.

*பிரசகம், பிரசகனம், (prasaha, na), animal carnassier, qui vit de proie et non de feuilles, oiseau de proie.

*பிரசங்கம், (பிர), discours, sermon, prédication, harangue, publication, promulgation, révélation, célébrité, clarté, préface, introduction, suite —, enchainement de raisonnemens, conclusion d'un raisonnement, — d'une discussion, phrase, attachement, association, connexion, foule, entrée: — பண்ணுகிறது prêcher, haranguer, publier, discourir: இந்தச்செய்தி — பண்ணாதே ne publie pas cette nouvelle; ஒன்றுக்கொன்று பிரசங்கம்பண்ணுகிறது discourir ensemble; பிரசங்கத்தை நடத்துகிறது porter la parole, diriger la prédication...; பிரசங்கசாலை auditoire, salle —, place où l'on prêche ou harangue; — த்தொட்டி ou

*பிரசங்காசனம், (பிரசங்கம், ஆசனம்), chaire (à prêcher), tribune (aux harangues).

*பிரசங்கி, 1° (பிரசங்கம்), prédicateur, prêcheur, harangueur, commentateur, fanfaron, qui fait parade. 2° *imp. de*

பிரசங்கிக்கிறது, கித்தேன், கிப்பேன், கிக்க, *v.a.* பிரசங்கித்தல், *n.v.* (*id.*) prêcher, haranguer, parler à un auditoire, publier, célébrer, conclure, montrer la conclusion.

பிரசங்கிப்பு, *n.v. du préc.* prédication, harangue.

*பிரசஞ்சனம், 1° (prasamsana), louange. 2° (prasandjana), unir, combiner, employer, mettre en usage, *V.* பாவித்தல்.

*பிரசஞ்சிதம், பிரசஞ்சை, (prasamsâ, ita), louange, applaudissement, flatterie.

*பிரசண்டம், (pratchanda), force, pouvoir, impétuosité, vitesse, violence, confiance, hardiesse, audace, bravoure, colère, abondance, grande chaleur: பிரசண்டகதி, — வேகம் marche impétueuse, grande vitesse; — மாருதம், — வாயு vent violent, tempête; — மாருதம்போலவந்தான் il est venu comme une tempête, *i.e.* avec violence ou impétuosité; — மாருதத்தாற்றேசம் அழிந்தது le pays a été ravagé par la tempête, a péri d'une manière violente.

*பிரசண்டன், (*id.*), homme fort, violent, brave, audacieux, vif, ardent.

*பிரசத்தம், 1° (prasakta), éternité, perpétuité, toujours, obtention, attachement, union. 2° (prasasta), bonheur, — éternel, excellence.

*பிரசத்தி, 1° (prasakti), conséquence, conclusion, induction, union, connexion, adhérence, attachement, effort, énergie, persévérance. 2° (prasatti), pureté, propreté, objet brillant, lumineux, transparent, ou qui réfléchit la lumière, faveur, grâce. 3° (prasasti), excellence, éloge. 4° événement, circonstance, incident: அந்தப் — எனக்குத்தெரியாது j'ignore cet événement.

*பிரசபம், 1° (prasabha), violence. 2° *P.* பிரசவம்.

*பிரசமனம், (prasamana), meurtre, pacification, repos.

பிரசம், caillou ou toddi, miel, rayon de miel, abeille, guêpe, insecte ailé, scarabée.

*பிராசயம், (pratchaya), agglomération, tas, union, aggrégation.

*பிரசரணம், (prasarana), piller un village..., aller —, tourner autour, — en rond, environner, se répandre pour fourrager, répandre, ou

*பிரசரணி, (*id.*i), cerner l'ennemi.

*பிரசரம், 1° (prasara), flèche, — de fer, lien, espace, occasion, multitude, assemblage, guerre, combat, vélocité, s'étendre, s'accroître. 2° (pratchara), marche, chemin, sentier, coutume. 3° publicité, petite corne. [vive venu sans invitation

*பிரசருப்பகன், (prasarpaka), con-

*பிரசருப்பணம், (prasarpana), s'étendre.

*பிரசலாகம், (pratchalâka), queue de paon, serpent, art de lancer des flèches. [pent, paon.

*பிரசலாகி, (pratchalâki), ser-

*பிரசலிதம், (pratchalita), secousse, agitation, rôder, circulation, cours, réception.

*பிரசவம், (prasava), accouchement, enfantement, engendrer, naissance, race, postérité, fruit, fleur, force. 2° (pradjava), grande vélocité: பிரசவகாலம் temps des couches, — de l'accouchement; — வல்லி, (வேதனை), mère; — பத்திரம் tige d'une fleur ou d'une feuille; — வேதனை douleur de l'enfantement.

*பிரசவந்தி, (prasavanti), femme en couches.

*பிரசவி, 1° (பிர, சவம்), courrier, postillon, coureur. 2° *imp. du suiv.*

பிரசவிக்கிறது, வித்தேன், விப்பேன், வி, விக்க, *n.* (பிரசவம்). பிரசவித்தல், *n.v.* être en couches, enfanter, accoucher, naître: பிரசவித்தவள் femme accouchée.

*பிரசவிதா, (prasavitâ), père.

*பிரசவித்திரி, (prasavitri), mère.

*பிரசற்பம், (pradjalpa), babil, langage enfantin. [on.

*பிரசனம், (pradjana), concepti-

*பிரசனன், (*id.*), père.

*பிரசனனம், (பிர), naissance, production, vulve.

*பிரசனிகை, (பிர), mère.

*பிரசன், ( pradja), mari (qui renaît dans ses enfans).

*பிரசன்னம், (prasanna), vision, apparition, affabilité, aspect —, air gracieux, faveur, bénignité, sérénité, complaisance, clarté, lucidité, brillant: — ஆகிறது devenir gracieux, affable, ou — ஆய்வருகிறது venir —, apparaître d'un air gracieux, — avec bonté (il se dit surtout des apparitions divines). பிரசன்னமுக ம் visage —, air gracieux; பிரசன்ன த்துவம் ou

*பிரசன்னதை, (பிரசன்னம்), affabilité, faveur, grâce, bonté.

*பிரசன்னன், (*id.*), homme —, être gracieux, affable, bon, condescendant, qui apparaît, qui se montre, le bon Dieu.

*பிரசா, (pradjâ), *obl. de* பிரசை, peuple, sujets, enfans: — காமம் désir d'avoir des enfans.

*பிரசாங்கம், (பிர, சாகை, ika) jeune branche, pousse. [ce.

*பிரசாகரம், (பிர), veille, vigilan-

*பிரசாகிதம்,(பிரசா,இதம்),chose qui plait au peuple,eau.

பிரசாக்கடை,écluse.

*பிரசாசாசனம், பிரசாசிதம்.(பிர, சாசனம், ita), gouvernement.

*பிரசாசிதா, (பிரசாசிதம்), gouverneur.

*பிரசாக்ஷயம்,பிரசாட்சயம்,(பிரசா,க்ஷயம்),destruction du peuple.

*பிரசாதகை,(prasâdhakâ), coiffeuse,femme de chambre, riz sauvage.

*பிரசாதம், 1° (prasâda), faveur. bonté, grâce, affection,utilité.gain, vie heureuse, bien-être,tranquillité d'âme, clarté, propreté, pureté, —sans tache, brillant, perspicuité, connexion, association, foule,chose bénite ou sainte, consécration,prière ou vœu, don sacré ou censé tel, présent, nourriture ou ambroisie, riz cuit et autres objets offerts d'abord aux idoles et que les sacrificateurs donnent au peuple comme dons sacrés ou restes du sacrifice. 2° (பிரசா, da *qui donne*), enfantement, remède pour favoriser la conception et guérir de la stérilité.

*பிரசாதருமம், (பிரசை), devoir des enfans ou des sujets.

*பிரசாதனம்,1° (prasâdhana),embellissement, ornement,peigne. 2° (prasâdana),riz cuit,pureté.netteté, contentement. [adoration.

*பிரசாதனை,(prasâdanâ), culte,

*பிரசாதானம், (பிரசை), argent, *litt*. don du peuple.

•பிரசாதி. 1° (பிரசாதம்). *ou* குருப்பிரசாதி, gourou ou prêtre,distributeur de dons sacrés. 2° (*id*.), celui —,ce qui donne des enfans,copulation.

*பிரசாந்தம்,பிரசாந்தி,(பிர),calme, tranquillité d'âme: பிரசாந்தாத்துமா, (*ஆத்துமா*),âme pacifique.

*பிரசாபகன்,(பிரசாபகன்,ka),roi.

*பிரசாபதி,(*பிரசா*,பதி),seigneur du peuple ou des créatures, surnom de Brama. roi, soleil, feu, père,gendre, Visvakarma, pénis, Pradjâpati, nom commun aux 10 பிரமாக்கள்).

*பிரசாபத்தியம்,*P*. பிராசாபத்தியம்,une des 8 formes de mariages (expliquée à ce mot).

*பிரசாபன், (பிரசை, pa *prince*), roi,prince du peuple.

*பிரசாமம்,(prasâma), paix, calme,tranquillité d'esprit.[de famille.

•பிரசாயினி, (pradjâyini), mère

*பிரசாரணம்,(prasârana),entourer l'ennemi,étendre,s'étendre,dispersion d'une armée pour fourrager, *V*.தருமம்.

*பிரசாரம், 1° (pratchâra), marche,conduite, coutume, apparence, pâturage. 2° (prasâra), se répandre, aller, —autour, —au fourrage. 3° l'arbre வேங்கை.

*பிரசாலம், (pratchâla),bâton—, montant ou corps du luth.

*பிரசாவான்,*m*.(பிரசா), homme qui a des enfans ou des sujets.

*பிரசாவதி,*f.du préc*. femme du frère,mère.

*பிரசாவிருத்தி,(பிரசா), accroissement de la famille, — du peuple ou des sujets.

*பிரசிதம்,1° (pratchita), collection. 2° (prasita),diligence,attention, attachement,lien,pus,sanie. [ves.

*பிரசிதி,(prasiti),lien,fers, entra-

*பிரசித்தம்,பிரசித்தி, (prasiddha, —dhi),publicité, notoriété, renommée,rumeur,publication, avis, annonce, avertissement, divulgation, explication: சனத்திற் — ஆயிருக்கிறவர்கள் les nobles, les gens connus du peuple; பிரசித்தமாகிறது,— ஆய்ப்போகிறது devenir public, notoire;—செய்விக்கிறது faire publier;—பண்ணுகிறது *ou* பிரசித்தப்படுத்துகிறது divulguer,publier,annoncer; பிரசித்தப்படுகிறது devenir public,notoire;—கடுதாசி,—பத்திரிகை avis,annonce,affiche, publication,prospectus,programme.

*பிரசித்தன். (பிரசித்தம்), homme connu, renommé, public: சகப் — homme célèbre par tout le monde.

*பிரசித்தாதிக்கம், (id. ஆதிக்கம்), publication, édition; பிரசித்தாதிக்கன் éditeur.

*பிரசிரயம், (prasraya), respect, courtoisie, civilité, affection, attendrissement.

*பிரசிரவணம், (prasravana), fontaine, ruisseau, cascade, chute d'eau, étang, — sur les montagnes, suintement, urine, sueur.

*பிரசிருதி, பிரசிருதம், (prasrouti, —ta), creux de la main disposée pour prendre des liquides, V. அபவாத்தம்.

*பிரசினம், (prasna), question, demande: பிரசினாருதி énigme.

*பிரசிவனம், (பிர), moyen de vivre.

*பிரசீனம், (pradjina), vent, air.

*பிரசுரம், (pratchoura), abondance, beaucoup. 2° publication—, édition de livre: —பண்ணுகிறது publier, — un livre, mettre sous presse: பிரசுரபுருஷம் nombreuse population; —புருஷன், (பிர, tchoura voler) voleur.

*பிரசுரன், (id.), la planète Vénus.

*பிரசுரிகரணம், பிரசுரிகிருதம் (பிரசுரம், i augment), addition, augmentation, jonction.

*பிரசுருதம், (prasrouta), cours —, écoulement de l'eau... [bruit.

*பிரசுவானம், (prasvâna), grand

*பிரசு, (prasoû), mère, bananier, espèce de plante rampante, ou

*பிரசுகை, (பிரசு, kâ), jument.

*பிரசுதம், (id. ta), enfantement, accouchement, fleur: பிரசுதவாயு, V. கருப்பவாயு.

*பிரசுதி, (id. ti), enfantement, accouchement, naissance, production, enfant, fils ou fille: —காலம் temps de l'accouchement; —யாகிறது accoucher, naitre; —வேதை douleurs de l'enfantement, — de la grossesse; —வைராக்கியம் résolution prise par une femme en couches ou à cause de l'enfantement.

*பிரசுதிகாவாயு, (பிரசுதிகை, வாயு), V. கருப்பவாயு.

*பிரசுதிகை, (பிரசுதை, ikâ), femme qui a un enfant, — nouvellement accouchée, accouchement.

*பிரசுதிசம், (பிரசுதி, சம்), conséquence de la naissance, douleur, peine, affliction.

*பிரசுதை, (பிரசு, tâ), femme nouvellement accouchée.

*பிரசுனம், (id. na), naissance, bouton, fleur, fruit.

*பிரசேகம், (prasèka), mouiller, humecter, suintage —, écoulement de l'eau.

*பிரசேச்சுரன், (பிரசா, ஈச்சுரன்), roi, maitre de ses sujets.

*பிரசேதன், (pratchètas heureux), Varounen, roi des eaux, Pratchètas, mouni et législateur, un des 10 பிரசாபதி, le père de Vâlmiki. [jardin.

*பிரசேதிகை, (prasèdikâ), petit

*பிரசேதிரு, (pratchètrou), cocher.

*பிரசேலகம், (pratchèlaka), cheval.

*பிரசை, (pradjâ), peuple, sujet, enfant, progéniture: பிரசைகள் sujets, gens, peuple, habitans.

*பிரசோதனம், பிரசோதிதம், (pratchôdana, — dita), envoi, dire, loi, règle, coutume, manière.

*பிபசோற்பதி, பிரசோற்பத்தி, (பிரசை, உற்பத்தி), la 5° année du cycle indien, correspondant à 1811 et 1871.

*பிரச்சனை, (pratchtchhanâ), appel, invitation, demande, V. உணர்ச்சி.

*பிரச்சதம், பிரச்சதபடம், பிரச்சாதனம், பிரச்சாதிதம், (pratchtchhada, படம், pratchtchhadana, — dita), couverture, enveloppe, vêtement extérieur.

*பிரச்சன்னம், (pratchtchhanna), couverture, déguisement, secret, porte intérieure, treillis. [து, après.

பிரச்சாரது, 1° faute. 2° P. பச்சாத்

பிரச்சுவாசியம், engraisser.

*பிரஷ்டம், 1° (bhrachta), chute, mal, dégradation, vice, dépravation, chose rôtie. 2° (prachta), commencement, priorité. 3° P. பிருஷ்டம், le derrière: பிரஷ்டராச்சியன் roi dé-

trôné,dépossédé d'un royaume.

*பிரஷ்டன்,(id.), 1° homme tombé,dégradé,vicieux,dépravé. 2° chef, principal,conducteur.

*பிரஷ்டாணம், (பிர, ஸ்தானம்), distinction ou particularité des jours lunaires.

பிரஷ்டியம், troupe de louangeurs.

*பிரஸ்கந்தனம், பிரஸ்கந்திகை, (praskandana,—dikâ),diarrhée.

*பிரஸ்தம்,1° (prastha),mesure de 48 doubles poignées,plaine—, plateau sur le haut d'une montagne, s'étendre,solidité,ce qui est dur. 2° P. பிருஷ்டம்,le derrière.

*பிரஸ்தரம்,(prastara),roc,pierre, —précieuse,couche, —faite de fleurs ou d'herbes,notation de musique, sorte d'air.

*பிரஸ்தாபம், P. பிரஸ்தாவம், (prastâva),renommée,célébrité, publication,divulgation, manifestation, éloge, introduction, action de faire connaitre,matière de composition,chapitre,section,opportunité, occasion,nécessité; — ஆகிறது être publié, divulgué, devenir public, connu,célèbre; —பண்ணுகிறது introduire, publier, divulguer, faire connaitre.

*பிரஸ்தாபனம், (prasthâpana), envoi, désignation, nomination,— d'ambassadeur.

*பிரஸ்தாபனை, P.பிரஸ்தாவனை, (prastâvanâ), publication,commencement, introduction, prélude d'un drame, V. கட்டியம்.

*பிரஸ்தாரம்,(prastâra), le dernier des 10 தானம்,forêt,jongle, couche,lit, —de fleurs.

*பிரஸ்தாவம், V பிரஸ்தாபம்.

*பிரஸ்தானம்,(பிர),marche, départ: பிரஸ்தானவிக்கினம் absence d'une fête,obstacle à sa célébration.

*பிரஸ்போடனம், (prasphôtana), bourgeonnement,floraison,van, riz vanné, enflure.

*பிரஞ்சம்,(bhramsa), chute, déchéance,dégradation: சாதிப்பிரஞ்சம் perte de sa caste.

*பிரஞ்ஞம்,(பிர,djna qui connait), connaissance,ou பிரஞ்ஞத்துவம்,intelligence; —மானம் respect rendu aux savans.

*பிரஞ்ஞன்,(id.),savant,sage,docteur,homme habile.

*பிரஞ்ஞாகீனம்,பிரஞ்ஞாபங்கம், (பிரஞ்ஞை),manque d'intelligence, simplicité,ignorance.

*பிரஞ்ஞாதம்,(பிர,ஞாதம்), connaissance,notoriété.

*பிரஞ்ஞானம்,(id.ஞானம்), connaissance,sagesse,marque,signe.

*பிரஞ்ஞி,(பிரஞ்ஞம், i), sage, savant.

*பிரஞ்ஞை,(fém. de பிரஞ்ஞன்), femme sage, intelligente, Sarasvati ou சரஸ்வதி,connaissance, intelligence,sagesse, conviction instinctive.

*பிரட்சாளகம்,பிரட்சாளனம்,பிரட்சாளியம்,P.பிரக்ஷாலகம்...

*பிரட்டம்,பிரட்டன்,P. பிரஷ்டம்,பிரஷ்டன்.

*பிரட்டாணம்,P.பிரஷ்டாணம்.

பிரட்டு, பிரட்டுகிறது...V. புரட்டு,புரட்டுகிறது...

பிரட்டுக்கல்,la pierre précieuse இராசாவர்த்தம்.

பிரட்டை,nom d'un arbrisseau.

*பிரணஷ்டம்,(பிர,நஷ்டம்),perte,destruction: பிரணஷ்டவிநயம் incivilité.

*பிரணம்,(prana),ancienneté.

*பிரணயம்,(pranaya),amour,affection,connaissance,habitude, fréquentation,demande, prière, sollicitation affectionnée confiance,obéissance,révérence, béatitude finale, copulation, V. பிரதி: பிரணயகலகம்,—மானம் bouderie —, querelle d'époux ou d'amans.

*பிரணயனம்,(பிர,நயனம்),conduite,don,distribution, dispersion, étendre.

*பிரணர்த்தனம், பிரணர்த்தனம்,(pranarttana),danse.

*பிரணவம்,(pranava), la syllabe ஓம், nom mystique et ancien symbole de la divinité et de la trinité, et même de la trinité dans l'unité parmi les Indous,prière que ce nom contient,prière par excellence (selon eux),espèce de petit tambour,பி

சனவுருபம் l'image ou la forme de la prière ஓம், *i.e.* Dieu.

*பிரணசம், (பிர, நசம்), perte, destruction.

பிரணதம், (பிர, நதம்), grand bruit, sorte de mal d'oreille.

*பிரணமம், (பிர, நாமம்), salut, — respectueux. [sance, droiture, dégoût.

*பிரணய்யம், (pranâyya), désobéis-

*பிரணாலம், (pranâla), écluse.

*பிரணிதானம், (பிர, நிதானம்), grand —, effort, profonde méditation, accès, entrée.

*பிரணிதி, (pranidhi), espion, émissaire secret, demande, sollicitation, compagnon, suivant, partisan.

*பிரணிநாதம், (பிர, நி, நாதம்), grand bruit,

*பிரணிபதனம், பிரணிபதிதம், பிரணிபாதம், (பிர, நிபதனம்...), révérence, salut,

*பிரணீதம், (pranita), chose faite, préparée, propre, dite, donnée, décrétée, écrite, composée, feu consacré.

*பிரணுதம், (pranouta), louange.

பிரண்டை, *P.* புரண்டை l'arbrisseau cissus quadrangularis.

பிரதம், devant.

*பிரதக்கணம், பிரதக்ஷணம், பிரதட்சணம் *et mieux*

*பிரதக்கிணம், பிரதக்ஷிணம், பிரதட்சிணம், (பிர, தக்ஷிணம்), tour—, circuit à droite, ou hommage respectueux qui consiste à tourner autour d'un objet en lui tournant toujours le côté droit: கிரிப் — circuit fait ainsi autour d'une montagne (réputée sacrée, et surtout au mont dit அருணசலம்.)

*பிரதமம், (prathama), ce qui est le premier, le principal, spécialité, commencement, priorité, chose remarquable: பிரதமசந்திகன் jeune écolier qui commence à étudier; — காலம் le 1er —, l'ancien temps, l'antiquité: — சிருஷ்டி, — சிருட்டி première création; — பக்ஷம், — வாக்கியம் la 1re proposition d'un syllogisme, la majeure.

*பிரதமன், (*id.*), la 1re personne en sanscrit, la 3me en français.

*பிரதமிகர், (பிரதமம், ika), archanges, *V.* பிராதமிகர்.

*பிரதமை, (பிரதமம்), unité, une première chose, commencement, 1re phase ou 1er jour de chaque demi-lunaison, le fruit nommé கடுக்காய், le nominatif ou 1er cas.

*பிரதம், 1° (prada), don, donation, 2° *P.* பிரதை, louange, célébrité, publicité. 3° trouble. ஞானப்பிரதமான நூல் livre qui donne une connaissance spirituelle.

*பிரதரம், (pradara), flèche, fente, déchirure, fracture, ménorrhagie, contraction, tournoiement, roideur.

*பிரதலம், 1° (pradala), flèche. 2° (pratala), main ouverte, — avec les doigts étendus, abyme, une des 7 principales divisions des régions inférieures.

*பிரதனம், பிரதனை, 1° (pratana), ancienneté. 2° (prathara), extension, allongement. 3° (pradhara), déchirer, guerre, bataille. 4° (proutanâ), division —, corps d'armée composé de 243 chars, 243 éléphans, 727 chevaux, et 1215 piétons.

*பிரதன், (prada), donateur, libéral.

*பிரதா, *obl. de* பிரதை: — பதி le mari de Pradei ou Kounti, *i.e.* le roi Pândou; — சன் fils de Pradei, Pândaver.

*பிரதாபம், (pratâpa), majesté, dignité, gloire, pompe, courage, valeur, prouesse, lumière, splendeur, hauteur, grande —, chaleur, état florissant. [ment, supplice.

*பிரதாபனம், (பிர), enfer, châti-

பிரதாபிக்கிறது, பித்தேன், பிப்பேன். பி, பிக்க, *v.n.* (பிரதாபம்), பிரதாபித்தல், பிரதாபிப்பு. *n.v.* briller, resplendir, être dans la gloire, la pompe.

*பிரதாரகம், பிரதாரணம், பிரதாரிதம், (pratâraka, — rana, — rita), fraude, tromperie, ruse, tour.

*பிரதாரம், (pratâra), traverser.

*பிரதாவனம், (pradhâvana), air, vent.

*பிரதானம், 1° (pradhâna), le principal, chose principale, —éminente, la première chose, le plus important, excellence, le Dieu suprême, nature, matière, la cause passive ou matérielle de la création, particularité, esprit, intelligence, fanfaronnade. 2° (pradâna), don, donation, croc de cornac: உடம்புக்குப்—தலை la tête est le membre principal du corps; பிரதானஸ்தர், (ஸ்தர்), les principaux; — தாது la 1re partie radicale du corps, i. e. le sperme; — மந்திரி 1er —, principal ministre; —த்துவம் ou

*பிரதானதை, (பிரதானம், tâ), excellence, supériorité, suprématie.

*பிரதானன், (id.), premier, chef, principal, 1er ministre, — compagnon d'un roi, son ministre, son eunuque, son confident, courtisan, noble, cornac.

*பிரதானாங்கம், (பிரதானம், அங்கம்), principal —, 1er membre (d'un corps, d'un état, d'une science.)

*பிரதானாமாத்தியன், (id. அமாத்தியன்), 1er ministre.

*பிரதானி, (பிரதானம்), ministre —, trésorier d'un roi, (le mot signifie premier ministre, mais maintenant le மந்திரி, ministre, et le தளவாய், général d'armée passent avant le பிரதானி qui a l'office de trésorier), homme qui a de l'autorité.

*பிரதானிக்கம், (பிரதானி, ka), autorité, office de பிரதானி ou de trésorier. [V. பிரதானம்.

*பிரதானியம், (பிரதானம், ya),

*பிரதானோத்தமன், (id. உத்தமன்), brave, guerrier, homme illustre, important.

*பிரதி, 1° (prati), *et* பிரத்ய் *devant une voyelle*, particule sanscrite, préfixe d'un grand nombre de mots, qui signifie substitution, échange, retour, au lieu de, ressemblance, modicité, un peu, contre, opposition, empêchement, séparément, chacun, chaque, part, portion, direction, origine. 2° (pradhi), circonférence d'une roue. 3° copie, duplicata, exemplaire d'un ouvrage, chose pareille, — en échange, —qui en remplace une autre, équivalent, remplacement: அதற்குப்பிரதியாக à la place de cela; பிரதிகதி rebond, rebondissement, recul; — கருமம் action en retour, représaille, revanche, retour, échange, récompense, remède, redressement, réformation, décoration, ornement; — காந்தி lumière —, image réfléchie, réflexion de la lumière, d'une image; — காயம் marque, signe, but, effigie; — கிரி montagne inférieure, — semblable; — கிருதி représaille, revanche, rendre la pareille, effigie, substitution, image réfléchie; — கொடுக்கிறது donner l'équivalent; — க்கிரகணம் acceptation d'un équivalent, d'un dédommagement, — de présens; — க்கிரகம் donation aux brames, réserve d'une armée, le soleil près du nœud de la lune; — க்கிராகம் acceptation de dons, crachoir; — க்கியாதம், P. பிரதிஞ்ஞாதம், consentement; — க்கிரியை revenge, représaille, remédier, réaction, décoration; — க்ஷணம் chaque moment; — சங்காரம், destruction, diminution; — சங்கை, crainte, doute; — சத்தம், écho; — சரர் serviteur, domestique, ouvrier; — சருக்கம், — சர்க்கம் partie d'un pourana qui parle de la destruction et rénovation du monde, création, — secondaire par Brama et autres êtres prétendus divins et regardés comme les agens de l'être suprême; — சஞ்சாரம், — சாகிரம் vigilance, attention, circonspection; — சாபம் malédiction rendue, — réciproque, commutation d'une malédiction en une autre; — சாயை image, ombre, image réfléchie; — சாரணம், — சாரிதம் répulsion, rejet, application de remèdes à une blessure, pansement d'une plaie: — சிகுவை luette; — சிந்தனம், (சிந்தனை), réflexion, considération; — சி

ச்ரயம் lieu de refuge,asyle,demeure, assemblée, allée —, salle du sacrifice; — கிரகணம், — கிரயம் consentement, assentiment; — சீவனம் résurrection, nouvelle vie; — சேதம் opposition,résistance; —தா ரணம் guerre, combat; — தானம் restitution d'un dépôt, échange, troc,rendre, don en retour, récompense, gage; — தினம் chaque jour; —துரை remplaçant du maitre, du seigneur...;— துவந்துவம் opposition, contrariété,hostilité;— துவந்துவி,(துவந்துவம்), ennomi;— து வனி,—துவானம்,—தொனி, écho; —தேயம் gage,chose achetée et rendue;— நாதம்,—நினாதம் écho, son répété; — நிசம், (நிசா), de nuit, chaque nuit; — நிதி ressemblance d'une forme réelle, image, —réfléchie, statue, peinture, remplaçant, caution;— நியாயம் raison contraire,—qui remplace, représaille, retour,récompense; — நியாயஞ்செய் கிறது rendre la pareille, payer de retour, user de représaille; — பக்ஷன்,(பக்ஷம்),ennemi,adversaire, opposant, défendant;— பக்ஷன் ennemi, qui cause du tort;—பதம் pas à pas, à chaque pas, continuellement;— பத்திரம் billet de réponse; —பந்தம் empêchement, obstacle, connexion,lien,convention;—பந்த கம், —பந்தனம், — பந்தி obstacle, obstruction, contradiction;—பலம், —பலனம், — பலிதம் image, —réfléchie, ombre, représentation, retour, représailles; — பலிக்கிறது réfléchir la lumière;— பாகம் part, portion;—பணம், (பணம்),gage, enjeu, pari; —பாலகன் défenseur, protecteur,roi;— பாலனம்,—பாலி தம் protection, défense, pratique, exercice,s'habituer; —பாவம் conformité de caractère; — பாலிக்கிற து, 1° défendre,protéger. 2° P.பிர தியோகிக்கிறது; —புருஷன் remplaçant, chacun;— பூசகன், qui honore, révère; — பூசனம், — பூஜிதம் échange de civilités, révérence—, respect mutuel,hommage de ses respects;— பேதனம் division, couper, percer;— போதம் instruction;— ம ண்டலம் circonférence de roue; — de cercle,orbite excentrique; —மா லை récitation de vers pour exercer la mémoire, V. மற்றொருத்தாக்கல்; —மானம்,1° ressemblance, image, peinture, idole. 2° ou —மானபாக ம் front d'éléphant, espace entre ses défenses; — முகம் intrigue secondaire de drame, vis-à-vis, de front, en présence; — முஷிகை espèce de rat; — மூர்த்தி apparition d'une figure;— யத்தினம் opposition, revanche, faire prisonnier,emprisonnement, saisie, désir, effort, compléter;— யாதனா ressemblance, image;—யுத்தரம்,P. பிரத்தியுத் தரம், réponse;— யுபகாரம்,P. பிர த்தியுபகாரம் bienfait rendu; —யெ டுக்கிறது tirer une copie, copier; —யோகம் opposition, contradiction,association, réunion, coopération, être la contre-partie;—ரக்ஷண ம் conservation; — ராஜா vice-roi; — ராத்திரம் chaque nuit; — ரூபம் peinture,image,ressemblance, contre-partie; — லாசம் écho, amitié,relation,ou —லாக்கியம்,—வசக் கு. —வசனி réponse, réplique,duplique;—வாசரம் de jour en—,chaque jour;—வாசி voisin; — வாதம், 1° sous le vent, contre le vent. 2° réponse, réplique, défense; —வாதி répondant, défendeur, opposant; — வாபம் addition de substances à une médecine pendant ou après la décoction, breuvage médicinal, — dans lequel on administre un remède;—விம்பம் figure—,image réfléchie (dans un miroir, dans l'eau...), reflet;—விம்பாதம், (விம்ப ம் ata qui va), miroir;— விம்பிக்கிற து, — விம்பித்தல், réfléchir une image,se réfléchir,se refléter;—வே சம் maison voisine;—வேசவாசி,— வேசி,(வேசம்,i),voisin.

*பிரதிகலிதகன், பிரதிகலிதன்,(பி ரதி,கலிதம்,main ka), remplaçant.

*பிரதிங்கம், (prouthonka), enfant, riz grillé. [reur,dégoût.

*பிரதிகரணம்,(pratiharana),hor-

*பிரதிகாசம்,(pratihâsa), moquerie.

*பிரதிகாதம்,(pratighâta),rebond, recul, répercussion, parer un coup, empêchement, choc, — en retour, repousser le choc. [meurtre.

*பிரதிகாதனம், (பிரதிகாதம்,na),

*பிரதிகாரகன்,(பிரதிகாரன், ka), trompeur, fourbe, portier.

*பிரதிகாரணம், (பிரதிகாரம், na),entrée,admission à une porte.

*பிரதிகாரம், 1° (pratihâra), porte, tromperie, tour. 2° (பிரதி, காரம்), vengeance, représaille, réaction,rendre la pareille.[er,trompeur.

*பிரதிகாரன்,(pratihâra), porti-

*பிரதிகூலம்,(பிரதி), contrariété, opposition, insuccès, non réussite, adversité, changement.

*பிரதிகூலதை, பிரதிகூலத்துவம்,பிரதிகூலியம், (பிரதிகூலம்,ya, ta, tva), opposition, contrariété, hostilité.

பிரதிக்கிறது,திக்தேன், திப்பேன், தி,திக்க, (பிரதி), v.n. paraître, montrer sa figure,—sa forme.

*பிரதிக்கினம்,(pratighna),corps.

*பிரதிக்கினை, (pratidjnâ), promesse, — de faire, ferme propos, résolution, dessein, vœu,engagement, consentement,thèse,proposition à prouver,preuve, chose admise,— nécessaire,déclaration,notification: —பண்ணுகிறது promettre, se proposer,prendre la résolution.

*பிரதிசந்தானம்,(pratisandhâna), répression de ses désirs, louange.

*பிரதிசமாதானம், (pratisamâdhâna),remède,antidote,cure.

*பிரதிசம், (பிர,திசை),point cardinal intermédiaire, v.g. nord-est.

*பிரதிசரம், (pratisara), bracelet, guirlande, arrière - garde, corps d'armée, cicatrisation, formule de magie, point du jour,ornement.

*பிரதிசாந்தனவிகன், (பிரதிசந்தானம், ika), barde, panégyriste, poète.

*பிரதிசிரை, (pratisirâ), rideau, paravent, toile de tente.

*பிரதிசூரியகம்,(பிரதிசூரியம், ka), disque —, orbite du soleil, ou

*பிரதிசூரியம், (பிரதி, சூரியன்), l'opposé du soleil,lézard,caméléon.

*பிரதிட்டன்,(பிரதி,ஸ்தன்),homme —,célèbre.

*பிரதிட்டாகலை, (பிரதிட்டை, கலை), un des 5 கலை ou des 5 manières de respirer.

*பிரதிட்டாபனம், பிரதிட்டாபிதம்,(பிரதி, ஸ்தாபனம், ஸ்தாபிதம்), érection, établissement.

*பிரதிட்டாவான், (பிரதிட்டை), homme célèbre,renommé.

*பிரதிட்டானம், (பிரதி, ஸ்தானம்),situation,célébrité, Pratichtâna, 1re capitale des rois de la dynastie lunaire, avant Hastinapouri; elle était vis-à-vis Allahabad;autre ville capitale de Sâlivâhana dans le Dékan.

*பிரதிட்டை,(*fém.sanscrit de* பிரதிட்டன்),renommée, célébrité, dédicace, consécration, (cérémonie par laquelle les payens croient que la divinité est attachée à une idole), érection, fondation, dotation d'un temple,d'une fille,accomplissement, —d'une cérémonie, vœu,terre,lieu, place,limite,stance de 4 vers chacun de 4 syllabes,espèce de காயத்திரி de 3 vers,de 8,7 et 6 syllabes, (en tout 21 syllabes):— பண்ணுகிறது, ஆக்குகிறது consacrer,dédier.

*பிரதிஞ்ஞாதம், (பிரதி, ஞாதம்), promesse,consentement.

*பிரதிஞ்ஞாந்தரம், (பிரதிஞ்ஞை, அந்தரம்), proposition subséquente (la 1re venant à manquer).

*பிரதிஞ்ஞாபத்திரிகம்,(*id.*பத்திரிகம்),promesse —,contrat par écrit,billet,acte,titre.

*பிரதிஞ்ஞாவிபரீதம், (*id.*), ignorance de la critique ou du sophisme.

*பிரதிஞ்ஞாவிரோதம்,(*id.*),négation d'une proposition,raison opposée, —contradictoire, infraction à ses engagemens.

*பிரதிஞ்ஞானம்,(பிரதி, ஞானம்), promesse, consentement.

*பிரதிஞ்ஞேயன்,(*id.* ஞேயம்), panégyriste, héraut qui proclame les titres, barde. [கவிஞர்.

*பிரதிஞ்ஞை,(pratidjnâ), *V.* பிரதி

*பிரதிட்டாகலை; பிரதிட்டாபனம் பிரதிட்டாவான், பிரதிட்டை..., *V.* பிரதிஷ்டாகலை...

*பிரதிதன்,(prathita), célébre, instruit, savant, homme intelligent.

*பிரதிதி,(prathiti), renommée, célébrité.

*பிரதிதிசம்,(பிரதி, disa *quartier*), chaque quartier,— côté, partout.

*பிரதிதிவன், பிரதிதினன், (*id.* தி வா), soleil jour. [apparition.

பிரதித்தல், *n. v. de* பிரதிக்கிறது,

*பிரதிபத்தி,(pratipatti), action de renfermer, de contenir, augmentation, élévation, promotion, tromperie, réputation, acquisition, gain, profit, consentement, bonne conduite, action opposée à la contemplation, détermination, dessein, estimation, arrogance, confiance, connaissance, imagination, distribution, présentation; — படகம் grand tambour (accordé seulement aux grands.

*பிரதிபத்தூரியம்,(pratipad *timbale*, தூரியம்), tambour de fête, —de பிரதிடம், *V.* முரசு. [réjouissance.

*பிரதிபன்னம், (pratipanna), être connu, chose connue, promise, consentie, acceptée, gagnée, conquise, accomplie, entreprise.

*பிரதிபன்னாடி,(pratipad, 1er *jour lunaire de chaque demi lunaison*, நாடி), portion du jour qui reste après la conjonction ou l'opposition du soleil et de la lune, exprimée en heures indiennes.

*பிரதிபாதகம், (pratipâdaka), ce qui produit un effet, cause, éclaircissement.

*பிரதிபாதனம், (pratipâdana), don, donation, manière du monde, conduite selon le monde, action, accomplissemet, production, terminer, ou.

*பிரதிபாதுகம், (pratipâdouka), détermination, estimation, rendre clair,—certain.[*qui doit être*), gage.

*பிரதிபாவியம், (பிரதி, bhâvya

*பிரதிபானம்,(pratibhâna), courage, audace, hardiesse, splendeur.

*பிரதிபிம்பம், *P.* பிரதிவிம்பம்.

*பிரதிபு, (பிரதி, பூ *être*), caution pour un autre.

*பிரதிபை,(பிரதி, bhâ *lumière*), intelligence, pénétration, pointe, splendeur, lumière,— réfléchie, audace.

*பிரதிமை,(pratima *semblable*, tâ), réflexion, image, ombre, ressemblance.

*பிரதிமேந்து,(பிரதிமை, இந்து), image—, réflexion de la lune.

*பிரதிமை,(பிரதி, mâ *mésurer*), statue, image, poupée, marionnette, idole, ressemblance, figure, peinture, manière, front d'éléphant, espace entre ses défenses.

*பிரதியோகி, (பிரதியோகம்), opposant, associé, collaborateur.

*பிரதியோகிதை,(பிரதியோகி, tâ), *V.* பிரதியோகம்.

*பிரதிரோதகன், பிரதிரோதி, (பிரதிரோதகம், ka, i), opposant, adversaire, voleur.

*பிரதிரோதம், பிரதிரோதனம், (பிரதி, உரோதம்...), opposition, obstacle, empêchement, vol, recèlement, cacher, siége, blocus.

*பிரதிலோமன், பிரதிலோமசன், *m.* பிரதிலோமி, பிரதிலோமை, பிரதிலோமசை, (*id.* உலோமம், சம்), homme—, femme née contre l'ordre des castes, *i.e.* dont la mère est plus noble que le père, (le contraire est அநுலோமசன்).

பிரதிவாதிக்கிறது, த்தேன், திப்பேன், தி, திக்க, *v.n.* பிரதிவாதஞ்செய், *n.v.* (பிரதிவாதம்), répondre, répliquer. [que, réponse.

பிரதிவாதிப்பு, *n.v. du préc.* répli-

*பிரதிகம், (pratika), membre, part, portion, inversion.

*பிரதீகாரம், 1° (பிரதி, காரம்,) vengeance, représailles, correction,.

réforme, remédier, administrer —, faire un remède. 2° (pratihâra), porte, union, alliance pour secours mutuel. [திகாரம்), portier, portière.

*பிரதிகாரன் m. பிரதிகாரி, f. (பிர

*பிரதிக்ஷணம், பிரதிக்ஷிதம், பிரதிக்ஷை, (பிரதி, ஈக்ஷணம், ikcha voir, ita), attente, espérance.

*பிரதிசி, பிரதீசினம், பிரதீச்சியம், (pratitchi, na, ya), occident.

*பிரதிதயை, பிரதீதி, (பிரதி, ita allé, இதி), réputation, connaissance, respect, délice, joie ou plaisir, désir.

*பிரதீபம், 1° (pratipa), comparaison, ordre inverse, rétrogradation, désobéissance, contradiction, opposition. 2° (பிர, தீபம்), lampe: பிரதீபவசனம் contradiction, réponse évasive —, à une tierce personne, répondre à l'interlocuteur précédant.

*பிரதீபனம், (பிர, தீபனம்), excitation, stimulation, espèce de remède, de poison minéral rouge et caustique.

*பிரதீபன், (pratipa), Pradiben, roi de Hastinapouri et père de சந்தனு,

*பிரதீபாலங்காரம், (பிரதீபம், அலங்காரம்), inversion, comparaison inverse ou renversée. [vage.

*பிரதீரம், (பிர, தீரம்), bord, ri-

*பிரதீவாபம், (பிரதி, வாபம்), calcination des métaux, ajouter un breuvage ou autre chose à un remède durant ou après la décoction, calamité, — publique, comme peste... [nage.

*பிரதிவேசம், (id. வேசம்), voisi-

*பிரதிவேசி, (id.), voisin.

*பிரதுகம், (prathouka), petit (d'animal).

*பிரதுதம், (பிர, touda *tourmenter*), oiseau de chasse ou qui tue avec son bec, *v.g.* faucon, épervier, hibou, perroquet, corbeau, paon... [ம்...

*பிரதெட்சணம்... P. பிரதக்ஷண

*பிரதேகம், (பிர, diha *frotter*), onction, onguent.

*பிரதேசம், (*id.*), place, district, pays, — étranger, — lointain, dehors: உயிர்த்தெழும் —, place de la résurrection, *i.e.* cimetière.

*பிரதேசனம், (பிர, தேசம், na), présent, don, offrande, manifestation.

*பிரதேசனி, பிரதேசினி, (*id.* ni, ini), l'index, le doigt qui montre.

*பிரதேயம், (பிர), don,

*பிரதை, 1° (prathâ), renommée, célébrité. 2° (pradâ), don, présent. 3° (preuthâ), la célèbre குந்திதேவி mère des Pândavers.

*பிரதோஷம், பிரதோடம், (பிர), soir, la 1re veille de la nuit, (chez les Sivénistes) temps d'adoration particulière, observance du 13me jour lunaire de chaque demi-lunaison, faute, transgression: பிரதோஷகாலம், — புண்ணியகாலம் temps de la soirée réputé par les Sivénistes propice et spécialement propre aux exercises religieux; ils en attendent alors plus de vertu; c'est le 13me jour lunaire de chaque demi-lunaison depuis 3 naji 3/4 avant le coucher du soleil jusqu'à 3 naji 3/4 après son coucher, ou de 4 heures et demie à 7 heures et demie du soir; ils l'appellent பிரதோஷங்களுக்குமுக்கியமான பிரதோஷம் le temps propice par excellence.

*பிரதோதம், (பிர), croc d'éléphant, aiguillon. [rue principale.

*பிரதோலி, (pratôli), grande rue,

பிரத்தல், son inarticulé.

*பிரத்தாபம்..., P. பிரஸ்தாபம்....

*பிரத்தாரம்..., P. பிரஸ்தாரம்....

*பிரத்தி, P. பிரதி *devant une voyelle.*

*பிரத்திக்கினை, P. பிரதிக்கினை.

*பிரத்திட்சம், P. பிரத்தியக்ஷம்.

*பிரத்திதம், P. பிரார்த்திதம்.

*பிரத்தியக்கம், P. பிரத்தியக்ஷம்.

*பிரத்தியகாசாபதி, பிரத்தியக்காசாபதி, (பிரத்தியக்கு, ஆசை, பதி), le prétendu gardien de l'occident, *i. e.* Varounen.

*பிரத்தியக்கு, (pratyak), 1° postériorité, subséquent, après, derrière, occident. (2° *en tamoul*), division, séparément,

*பிரத்தியக்ஷம், (பிரத்தி, அக்ஷம்), apporence à la vue, clarté, évidence, —aux yeux, chose visible, vue, intuition, visibilité:—ஆகிறது devenir visible, évident, paraitre clairement—, aux yeux; — ஆய் clairement, évidemment, intuitivement: —ஆயிருக்கிறது être visible, — devant les yeux, — évident, — clair; பிரத்தியக்ஷதரிசனம் intuition, vue, vue intuitive, — claire, témoignage de ce qu'on a vu: —தரிசனன் témoin oculaire;— ப்பிரமாணம் évidence perçue par les yeux, intuition, preuve visible, organe de perception; — பூதம் visibilité; — போகம் jouissance d'une chose avec le consentement du propriétaire;— வாதி sectaire qui ne reconnait que l'évidence des yeux, Bouddhiste.

*பிரத்தியக்ஷாபாசம், பிரத்தியட்சாபாசம், (பிரத்தியக்ஷம், ஆபாசம்), témoignage appuyé d'un serment, évidence, intuition.

*பிரத்தியங்கம், (பிரத்தி, அங்கம்), organe de perception, chaque membre séparément, membre inférieur du corps comme le menton, le nez, l'oreille, subdivision d'une science, une des parties de la danse,

*பிரத்தியங்கிரை, பிரத்தியங்கிரி (pratyangirâ), forme de Dourgâ prétendue déesse des Tantrikas.

*பிரத்தியசனம், பிரத்தியதனம், (பிரத்தி, அதனம்), nourriture, repas.

*பிரத்தியட்சம். P. பிரத்தியக்ஷம்.

*பிரத்தியநீகன், (பிரத்தி, அநீகம்), ennemi.

*பிரத்தியந்தம். (id. அந்தம்), limite, borne, contiguité, contrée des மிலேச்சர் ou sauvages.

*பிரத்தியபகாரம், (id. அபகாரம்), represailles, mauvais office —, mal qu'on rend.

பிரத்தியபம், P. பிரத்தியயம்.

*பிரத்தியபசயம், (பிரத்தி), chose visible.

*பிரத்தியபிஞாதம், பிரத்தியபிஞானம், (id. அபி, ஞானம்), connaissance.

*பிரத்தியபியோகம், (பிரத்தி), contre-plainte, accusation portée contre l'accusateur).

*பிரத்தியபிவாதம், பிரத்தியபிவாதனம். (id.), rendre un salut.

*பிரத்தியம், P. பிரத்தியயம், terminaison qu'on ajoute à la racine, traverse: பிரத்தியயுதம் affixe qu'on ajoute à la racine, terminaison.

*பிரத்தியயம், (pratyaya), connaissance, certitude, confiance, espérance, serment, ordalie, vue, but, cause, motif, usage, coutume, réputation, renommée, méditation, contemplation, — religieuse, affixe dit en tamoul விகுதி qu'on ajoute à la racine pour former de nouveaux mots ou les inflexions des cas et des personnes des verbes: பிரத்தியயகரணி ce qui donne de la confiance, sceau, cachet.

*பிரத்தியருத்தம், (பிரத்தி, அர்த்தம்), réponse, réplique, opposition.

*பிரத்தியவசானம், பிரத்தியவசிதம், (pratyavasâna, —sita), manducation:

*பிரத்தியவஸ்தானம், (பிரத்தி, அவ, ஸ்தானம்), ancien état, statu quo.

*பிரத்தியவாயம், (pratyavâya), opposition, désappointement, être frustré dans ses espérances, péché.

*பிரத்தியவியோகம், P. பிரத்தியபியோகம்.

*பிரத்தியாகதம், பிரத்தியாகமம், (பிரத்தி, ஆ, கதம்), retour, arrivée.

*பிரத்தியாசரணம், (பிரத்தி, ஆசரணம்), répression des sens.

*பிரத்தியாகாரம், 1° (pratyâhâra), être absorbé dans une méditation qui ôte le sentiment de la douleur, c'est un des அஷ்டாங்கயோகம், abstraction, insensibilité, répression des sens, abrégé, compendium, combinaison de plusieurs lettres, substitution d'une chose pour une autre, enlever, prendre, retenir, reprendre. 2° (pratyâkâra), fourreau d'épée. 3° (pratyâgâra), ancienne place.

*பிரத்தியாக்கியானம், (pratyâ-

khyâna), rejet, réfutation, désaveu, mépris, reproche.

*பிரத்தியாசரம், பிரத்தியாசாரம் (pratyâsara, —sâra), arrière-garde d'une—, armée, forme—, ordre de bataille. [espérance, attente.

*பிரத்தியாசை, (பிரத்தி, ஆசை),

*பிரத்தியாதேசம், பிரத்தியாதிஷ்டம், (id.), parole d'être invisible,—venant du ciel, avertissement céleste, avis, annonce, déclaration, information, rejet, réfutation, refus, désaveu.

*பிரத்தியாபசாரம், (id. அபசாரம்), affront rendu, sophisme pour sophisme, V. பிரத்தியவதாரபாசம்.

*பிரத்தியாலீடம், (pratyâlidha), une des 5 positions des archers, qui consiste à avoir le genou gauche en avant et le droit courbé en arrière, ou, selon d'autres, le pied droit en avant et le gauche courbé en arrière. [mutuel.

பிரத்தியுதவி, (பிரதி), secours

*பிரத்தியுத்தரம், பிரத்தியுத்தாரம், (id.), réponse, réplique,

*பிரத்தியுத்தானம், (id.), civilité, se lever par respect.

*பிரத்தியுத்தி, (id.), réponse.

*பிரத்தியுபகாரம், (id.), bienfait mutuel, service rendu, récompense, — d'un service.

*பிரத்தியுபகாரி, (id.), celui qui paie de retour un service,

*பிரத்தியுத்கம், (id. உற்கம்), cause de guerre.

*பிரத்தியுத்பன்னம், (id.), préparation, multiplication, augmentation.

*பிரத்தியூகம், (pratyoûha), obstacle, empêchement.

*பிரத்தியூசன், பிரத்தியூஷன், (pratyoûcha), un des 8 Vasous, matin, point du jour, soleil.

*பிரத்தியேகம், (பிரத்தி, ஏகம்), isolement, seul, un à un, séparation, place —, dignité séparée, dehors, ou — ஆய், — ஆக à part, séparément, un à un, seul à seul: — ஆய்வைக்கிறது isoler, mettre à part; பிரத்தியேகராச்சியம் royaume —, gouvernement séparé.

*பிரத்தியோகம், P. பிரதியோகம், divergence de sentimens, opposition, mécontentement, relation philosophique, milieu,

*பிரத்தியோகார்த்தம், (பிரத்தியோகம், அர்த்தம்), cause de guerre.

*பிரத்தியோகி, (id.), celui qui est référé à un autre.

*பிரத்தியோகிதம், (பிரத்தியோகம், ita), ce qui est référé à un autre.

*பிரத்தியோதம், (pradyôta), rayon de —, lumière.

*பிரத்தியோதனன், (id. na), soleil.

*பிரத்துலம், (prouthoula *grand*), grossir.

*பிரத்துவம்சம், பிரத்துவம்ஸம், (pradhvamsa), perte, destruction: பிரத்துவம்சாபாவம், பிரத்துவம்ஸாபாவம், (அபாவம்), annihilation, non existence d'un état subséquent.

*பிரத்தெதுருக்கிசம், (id.), revanche, représailles dédommagement, réparation de ses pertes, perte, — entière; பிரத்தெதுருக்கிசாபாவம் annihilation. [meurtre.

*பிரநிகாதனம், (pranighâtana),

*பிரந்தயோகம், (பிரந்தம், P. விருந்தம், யோகம்), foule.

*பிரந்தாகாரம், (id. ஆகாரம்), merveille, *litt.* nourriture de la foule. [beauté.

*பிரந்தாரம், P. விருந்தாரம்,

*பிரந்திஷ்டம், பிரந்திட்டம், (vroundichtha), très-grande foule.

*பிரந்தை, P. விருந்தை, multitu- [de.

*பிரபங்கம், (பிர), brisement.

*பிரபதம், (id.), pointe des pieds.

*பிரபஞ்சம், (prapantcha), le monde, — sublunaire, l'ensemble des êtres matériels et sublunaires, erreur, illusion, tromperie, fraude, plaisanterie, moquerie, diffusion, prolixité dans le style, extension, étendue, foule, multitude, amas, armée, changement, inversion, revers: பிரபஞ்சக்கட்டு, — பந்தம் — பாசம் lien —, entraves —, attraits —, illusion du monde; — சாகரம்

mer des illusions mondaines: — மாயை, — மாய்கை illusion —, vanités du monde, — des choses mondaines; — மூலம் illusion qui, selon certains philosophes, fait paraître les objets matériels qui n'existent point réellement; — லக்ஷணம் caractère des êtres matériels, *i.e.* mensonge, corps ou matérialité, douleur; — அநுபவம் expérience du monde; — வாழ்வு. — வாழ்க்கை, — வழக்கம் jouissance —, usage du monde, vie mondaine, rapport avec le monde; — வியாபாரம் commerce du monde, choses mondaines; — விருத்தி augmentation des illusions du monde; — விஸ்தாரம் étendue des illusions —, pompes —, plaisirs du monde: பிரபஞ்சத்திலேவழங்காதவழக்கம் chose extraordinaire, inusitée dans le monde; பிரபஞ்சத்துக்கொத்தகாரியம் chose selon le monde, — commune dans le monde.

*பிரபஞ்சனன், (prabhandjana), vent, air.

*பிரபஞ்சாநுக்கிரகம், (பிரபஞ்சம், அநுக்கிரகம்), bonté —, secours du monde.

*பிரபதனம், பிரபநிதம், (பிர), destrution, mort, chute.

*பிரபந்தம், (பிர), histoire, livre, — d'histoire ou de controverse, narration ou discussion suivie, poème (en général), pièce de vers, suite: பிரபந்தகற்பனை conte, roman, histoire feinte, fable; — கர்த்தன் auteur, *ou* பிரபந்தம்பாடினவன் poète auteur d'un poème: பிரபந்தவகை - les 96 espèce de poèmes indous, savoir:

1° சாதகம், l'horoscope, description (autrefois en vers, maintenant souvent en prose) du jour de la lune, du jour de la semaine, de la constellation lunaire, du யோகம், du கரணம், du signe du zodiaque et de l'astre sous lequel on est censé né, suivie de prédictions astrologiques que l'astrologue en tire.

2° பிள்ளைக்கவி, poème sur l'enfance, qui décrit les actions et amusemens enfantins d'un enfant de haute naissance, d'un dieu ou d'une déesse prétendus. Ce poème contient 10 parties: காப்பு invocation à la divinité pour conserver l'enfant, செங்கீரை position de l'enfant se tenant et s'agitant sur les pieds et les mains, தால் chant pour le bercer, சப்பாணி description de l'enfant se trainant comme un cul-de-jatte, முத்தம் baiser des parens, வாரானை invitation à venir, அம்புலி action de lui montrer la lune, சிறுபறை amusement avec de petits tambours, சிற்றில் amusement de bâtir de petites maisons, சிறுதேர் amusement avec de petits chars. Pour les filles on remplace ces 3 dernières parties par 3 autres, savoir: கழங்கு amusement à faire des onctions, அம்மானை jeu qui consiste à lancer en l'air plusieurs balles qu'on reçoit successivement, ஊசல் jeu de la balançoire. Chacune de ces parties est décrite successivement en 10 strophes dites ஆசிரியவிருத்தம்.

3° பரணி, la cassette aux bijoux, poème ou chant guerrier dans lequel on célèbre un héros qui a tué 1000 éléphans dans une bataille. Ce poème est composé de strophes dites கலித்தாழிசை de 2 vers; il n'admet que les vers de 4 pieds et au delà et contient d'abord la louange de la divinité, la description de l'ouverture du bazar, celle d'un terrain stérile dit பாலை, du temple de காளி; puis dans un dialogue entre Kâli et les diables on fait entrer les louanges du héros, et son désir de combattre pour montrer sa valeur.

4° கலம்பகம், mélanges, poème composé de diverses sortes de poésies entremêlées. Ce poème commence par les 3 espèces de vers dites ஒருபோகு, வெண்பா et கலித்துறை; ensuite il contient 18 parties nommées புயவகுப்பு éloge de la puissance du héros, மதங்கம் panégyrique ou le jeu du luth, அம்

மாலை poésie en vers libres, காலம் temps, சம்பிரதம், merveille, கார் temps pluvieux, தவம் pénitence, குறம் divination, மறம் bravoure, பாண் chant, களி joie, சித்து jonglerie, இரங்கல் plaintes, கைக்கிளை désirs voluptueux, தூது message, வண்டு scarabée ou abeille, தழை feuillage, ஊசல் balançoire. Il décrit toutes ces parties dans les espèces de vers dites மடக்கு, மருட்பா, ஆசிரியப்பா, கலிப்பா, வஞ்சிப்பா, ஆசிரியவிருத்தம், கலிவிருத்தம், கலித்தாழிசை, வஞ்சிவிருத்தம், வஞ்சித்துறை, வெண்டுறை, entremêlés de வெண்பா et de கலித்துறை, avec la répétition dite அந்தாதி, c'est-à-dire que le mot qui termine une strophe commence la suivante et le 1er mot du poème en est aussi le dernier. Quant au nombre de strophes, il est de 100 pour Dieu, les dieux de la fable et les saints, 95 pour les mounis et les brames, 90 pours les rois, 50 pour les marchands, 30 pour les choutres. Quelques uns retranchent de ce poème la partie érotique dite கைக்கிளை.

5° அகப்பொருட்கோவை, compilation des règles de la poésie érotique. Ce poème contient en 400 கட்டளைக்கலித்துறை l'explication du முதற்பொருள் ou 1er objet, qui se divise en 2, savoir: அகப்பொருள் partie érotique, புறப்பொருள் partie héroique, puis l'explication du கருப்பொருள் ou propriétés des 5 sortes de terrains avec ses 14 divisions (*V.* கருப்பொருள்), l'explication de l'உரிப்பொருள் avec ses 10 subdivisions (*V.* உரிப்பொருள்), il décrit ensuite les rapports clandestins entre amans dits களவொழுக்கம் et l'état du mariage கற்பொழுக்கம், qui sont les divisions de la partie érotique des poèmes indiens, après quoi il expose en வெண்பா, அகவல், கலி, வஞ்சி, வண்ணம், les 12 அகப்பாட்டுறுப்பு ou particularités des sentimens qui font le sujet d'une pièce spéciale de poésie érotique.

6° ஐந்திணைச்செய்யுள், vers sur les 5 espèces de sol, description des 5 espèces de terrains pour expliquer les 5 états de l'அகப்பொருள் dits புணர்தல், பிரிதல், இருத்தல், ஊடல், இரங்கல், (*V.* அகப்பொருள்).

7° வருக்கக்கோவை, série ou poème alphabétique en கலித்துறை, où chaque strophe commence par une des lettres de l'alphabet et en suit l'ordre.

8° மும்மணிக்கோவை, la triple guirlande de pierres précieuses, poème composé de 30 strophes dont 10 de l'espèce dite ஆசிரியம், 10 de வெண்பா et 10 de கலித்துறை, de 16 ou 17 syllabes, avec la répétition dite அந்தாதி.

9° அங்கமாலை, la série des membres, poème en வெண்பா ou வெளி விருத்தம் décrivant en détail et en ordre les membres du corps de la tête aux pieds, si le sujet est humain; et des pieds à la tête, si le sujet est divin.

10° அஷ்டமங்கலம், les 8 souhaits de bonheur, poème de 8 ஆசிரியவிருத்தம் avec l'அந்தாதி en l'honneur de Dieu (et en style païen, d'un dieu), pour implorer sa protection pour une autre personne.

11° அநுராகமாலை, la guirlande de la volupté, poème en நேரிசைக்கலிவெண்பா où quelqu'un raconte à son compagnon un songe impur qu'il a eu pendant la nuit.

12° இரட்டைமணிமாலை, la double guirlande de pierreries, poème sur un sujet quelconque composé de 10 வெண்பா et de 10 கலித்துறை, ou de 10 நேரிசைவெண்பா et de 10 ஆசிரியவிருத்தம், mais toujours avec la répétition dite அந்தாதி.

13° இணைமணிமாலை couple de guirlandes de pierreries, poème composé de வெண்பா et d'அகவல், puis de வெண்பா et de கலித்துறை, unis 2 à 2 au nombre de 100 strophes de chaque espèce avec la répétition அந்தாதி.

14° நவமணிமாலை, la guirlande des 9 pierres précieuses, poème composé de 9 espèces différentes de vers, en commençant par le வெண்பா, avec la répétition dite அந்தாதி.

15° நான்மணிமாலை, la guirlande de 4 pierres précieuses, poème de 40 stances contenant les 4 espèces de vers dites வெண்பா, கலித்துறை, விருத்தம், et அகவல், avec la répétition dite அந்தாதி.

16° நாமமாலை, la guirlande du nom, poème à la louange d'un homme, en strophes வஞ்சிப்பா entremêlées d'அகவல் et கலி.

17° பலசந்தமாலை, série de vers sur divers tons, poème de 100 strophes de la même espèce, mais dont l'air change de 10 en 10 strophes.

18° பன்மணிமாலை ou கலம்பகமாலை, guirlande mélangée ou de diverses pierreries, poème semblable au கலம்பகம் excepté qu'il n'a pas les parties dites ஒருபோகு, அம்மானை et ஊசல்.

19° மணிமாலை, la guirlande de pierreries, poème sur un sujet quelconque composé de 20 வெண்பா et 40 கலித்துறை entremêlés.

20° புகழ்ச்சிமாலை, la guirlande de louanges, panégyrique des femmes, en strophes வஞ்சிப்பா entremêlées d'அகவல் et de கலிப்பா.

21° பெருமகிழ்ச்சிமாலை, la guirlande fort délicieuse, description de la beauté, du naturel et autres qualités et avantages d'une bonne femme de ménage.

22° வருக்கமாலை, la guirlande par ordre alphabétique, poème de 8 அகவல் commençant chacun par une lettre des 8 rangées de lettres initiales. Ces rangées de lettres sont celle des voyelles et celles des consonnes voyelles க, ச, த, ந, ப, ம, வ; les lettres ஞ et ய, commençant peu de mots, n'entrent pas dans ce compte.

23° மெய்க்கீர்த்திமாலை, la guirlande de la vraie renommée, panégyrique qui décrit la naissance illustre et les actions célèbres de quelque personnage, en strophes dites கட்டளை ou சொற்சீரடி.

24° காப்புமாலை, invocation à la divinité, composée de 3, 5 ou 7 stances.

25° வேனின்மாலை, guirlande des chaleurs, description des saisons dites வேனில் et முதிர்வேனில் ou chaleurs tempérées et grandes chaleurs.

26° வசந்தமாலை, guirlande du printemps, ou description et éloge du vent du sud qui souffle dans cette saison.

27° தாரகைமாலை, la guirlande de la femme chaste, panégyrique des femmes aussi chastes qu'அருந்ததி, qui fut, au dire des Indous, changée en étoile. D'autres disent que c'est l'éloge de l'avant-garde d'une armée.

28° உற்பவமாலை, la série des naissances, description des 10 incarnations de Vichnou en vers ஆசிரிய விருத்தம்.

29° தானைமாலை, la guirlande de l'armée, panégyrique de l'avant-garde d'une armée, qui en porte le drapeau; ce poème est en vers ஆசிரியம் et en entier sur le ton propre à l'அகவல்.

30° மும்மணிமாலை, la guirlande des 3 pierreries, poème de 30 strophes composées de வெண்பா, கலித்துறை et அகவல், avec la répétition அந்தாதி.

31° தண்டகமாலை, guirlande de Dandaka, ou வெண்பாமாலை, série de vembas, poème composé de 300 வெண்பா.

32° வீரவெட்சிமாலை, guirlande militaire d'ixora, poème décrivant la victoire d'un guerrier, qui, ayant pénétré dans le pays ennemi et en ayant emmené le bétail, revient orné d'une guirlande de fleurs de வெட்சி.

33° வெட்சிக்கரந்தைமஞ்சரி, guirlande de basilic en signe de victoire, panégyrique d'un guerrier, qui revient couronné de basilic, après avoir repris le bétail que l'ennemi avait enlevé.

34° போர்க்கெழுவஞ்சி, la couronne de vangsi pour l'attaque, panégyrique en vers ஆசிரியம், d'une armée qui, ornée de guirlandes de vangsi, marche à l'attaque de l'ennemi.

35° வரலாற்றுவஞ்சி, le vangsi des particularités, description en vers dits வஞ்சிப்பா de la noblesse, de la parenté, de la naissance, de la grandeur et de la renommée de quelque personnage.

36° செருக்களவஞ்சி ou பறந்தலைவஞ்சி, le vangsi ou la description du champ de bataille, description d'un champ de bataille où les chiens, les démons, les lutins, les aigles, les corbeaux et les vautours dévorent avec grand bruit les cadavre des hommes, des éléphans et des chevaux, tandis que les phantômes et les diables chantent et dansent.

37° காஞ்சிமாலை, la guirlande d'orme, panégyrique du guerrier, qui orné d'une guirlande d'orme, a dressé son camp auprès de la ville de l'ennemi.

38° நொச்சிமாலை, la guirlande de vitex, panégyrique du guerrier, qui, orné d'une guirlande de vitex, a défendu son fort, sans plier devant l'ennemi qui était venu l'attaquer.

39° உழிஞைமாலை, la guirlande d'illecebrum, panégyrique du guerrier et de l'armée, qui, ornés de guirlandes d'illecebrum, ont bloqué la ville de l'ennemi.

40° தும்பைமாலை, la guirlande de phlomis, panégyrique du guerrier, qui, orné d'une guirlande de phlomis, a combattu l'ennemi.

41° வாகைமாலை, la guirlande de mimosa, panégyrique en vers அகவல் du guerrier, qui, orné d'une guirlande de mimosa, a vaincu l'ennemi.

42° வாதோரணமஞ்சரி, la guirlande de la lutte, poème qui décrit la bravoure de ceux qui domptent un éléphant furieux, de ceux qui ont tué ou pris et amené l'éléphant de l'armée ennemie.

43° எண்செய்யுள், la pièce de vers comptée, panégyrique de la ville et du nom de quelque personnage. Il peut contenir de 10 à 1000 strophes, on en met le nombre dans le titre du poème.

44° தொகைநிலைச்செய்யுள், la pièce de vers de l'ellipse ou de la contraction, poème qui a quelque contraction ou abréviation dans la mesure ou le sujet, et se compose de vers soit de 5 pieds, soit de 2 pieds, ou de l'espèce dite வஞ்சிப்பா. Si ce sont des vers de 5 pieds, on l'appelle ஐந்தொகை; si ce sont des vers de 2 pieds, on l'appelle குறட்டொகை; et si ce sont des வஞ்சிப்பா, on l'appelle வஞ்சித்தொகை. Il traite ordinairement de la possession, du lieu, du temps ou de la fonction du sujet du poème.

45° ஒலியலந்தாதி, l'anadiplose sonore, poème de 30 strophes de 4 vers, chaque vers étant de 16 parties nommées கலை ce qui en donne 64 à la strophe. L'air varie sans déranger la mesure et les கலை: chaque strophe a la répétition dite அந்தாதி. Un கலை peut avoir 4 cesures ou plus, ce qui allonge beaucoup ce poème; quelquefois le vers ne contient que 8 கலை... Ce poème peut aussi être composé de 10 வெண்பா, 10 அகவல், 10 கலித்துறை avec la répétition அந்தாதி.

46° பதிற்றந்தாதி, les 10 anadiploses, poème composé de 10 வெண்பா et de 10 கலித்துறை, avec la répétition அந்தாதி.

47° நூற்றந்தாதி, les 100 anadiploses, poème composé de 100 வெ[illegible]

[illegible] ou de 100 கலித்துறை avec la répétition அந்தாதி.

48° உலா, la marche triomphale, poème qui décrit en vers dits நேரிசைக் கலிவெண்பா, une procession payenne chantée par des femmes, ou la marche triomphale d'un jeune noble, chantée par des femmes des 7 dégrés d'âge dits பருவம்.

49° உலாமடல், la branche de palmier pour se promener, poème qui décrit en கலிவெண்பா l'état d'un homme qui a vu une femme en songe, et qui, à son réveil, par désespoir de ne la plus voir, dit qu'il veut aller à cheval sur une branche de palmier hérissée de pointes.

50° வளமடல், la grande feuille de palmier, poème dont le héros dédaignant ce qui fait les 3 premières parties d'un poème, savoir: அறம் la vertu, பொருள் la richesse et இன்பம் le plaisir, prétend que le seul bonheur consiste dans le commerce avec les femmes; mais refusé dans ses demandes, de desespoir il va à cheval sur une branche de palmier hérissée de pointes. Ce poème est composé de vers இன்னிசைக்கலிவெண்பா rimant 2 à 2, sans தனிச்சொல், et le nom de héros est mis pour rime au premier vers.

51° ஒருபாவொருபஃது, les dix strophes d'une espèce de vers, poème composé de 10 strophes d'une des espèces dites அகவல், வெண்பா et கலித்துறை, avec la répétition dite அந்தாதி.

52° இருபாவிருபஃது, les 20 strophes de 2 espèces de vers, poème composé de 10 வெண்பா et de 10 அகவல் entremêlés avec la répétition அந்தாதி.

53° ஆற்றுப்படை, la foule sur le chemin, poème où des chanteuses, des musiciens, des danseurs ou des comédiens ayant reçu des dons, et en voyant d'autres dans le chemin qui vont pour en recevoir, chantent en vers du genre அகவல் la renommée, la libéralité et la valeur du roi.

54° கண்படைநிலை, le temps du sommeil, poème dans lequel les médecins, les ministres et autres employés conseillent à un roi ou à un prince qui a assisté long temps au conseil de se retirer et de se livrer au sommeil.

55° துயிலெடைநிலை, manière d'éveiller, poème dans lequel les cochers en chantant ses louanges ou la nécessité de se lever, réveillent leur chef ou leur roi qui dort sans inquiétude dans son camp.

56° பெயரின்னிசை, le chant harmonieux du nom, poème en 90, 70 ou 50 strophes d'இன்னிசைவெண்பா, qui tous finissent toujours par le nom du héros.

57° ஊரின்னிசை, le chant harmonieux de la ville, poème de 90, 70 ou 50 strophes d'இன்னிசைவெண்பா, qui finissent par le nom de la ville du héros.

58° பெயர்நேரிசை, l'air régulier du nom, poème de 90, 70 ou 50 strophes de நேரிசைவெண்பா finissant par le nom du héros.

59° ஊர்நேரிசை, l'air régulier de la ville, poème de 90, 70 ou 50 strophes de நேரிசைவெண்பா finissant par le nom de la ville du héros.

60° ஊர்வெண்பா, le vèmba de la ville, louange d'une ville en 10 வெண்பா.

61° விளக்குநிலை, l'état de la lampe, poème dans lequel on souhaite à un roi qu'il s'élève et brille comme sa javeline et la pointe de sa lance, et comme la lampe sur son pied.

62° புறநிலை, position extérieure ou souhait d'assistance, poème dans lequel on invoque la bénédiction de la divinité sur quelqu'un et sur sa postérité, qu'on prie Dieu de multiplier.

63° கடைநிலை, situation à la porte, poème dans lequel un grand arrivant de loin et voulant se reposer de ses fatigues, dit de l'entrée de la porte au portier d'annoncer son arrivée au maitre de la maison.

64° கையறுநிலை, état d'abandon, poème dans lequel, après la mort du maitre et de la maitresse, leurs compagnes, qui leur ont survécu, et les chanteuses, qui vivaient de leur libéralité, annoncent aux autres la perte de tout leur bien, et gémissent sur leur abandon et leur détresse.

65° தசாங்கப்பத்து, les 10 stances sur les 10 richesses d'un roi, pièce de poésie qui décrit, en 10 strophes de நேரிசைவெண்பா, les 10 choses qui font la prospérité d'un roi.

66° தசாங்கத்தயல், le voisin du தசாங்கம், le même poème en 10 strophes d'ஆசிரியவிருத்தம்.

67° அரசன்விருத்தம், le cercle du roi, poème qui en 10 கலித்துறை, 30 விருத்தம் et கலித்தாழிசை, décrit les montagnes, la mer, le pays, le sol, l'épée et la force d'un roi qui porte la couronne.

68° நயனப்பத்து, les 10 strophes sur l'œil, poème qui en 10 stances fait la description de l'œil.

69° பயோதரப்பத்து, les 10 strophes sur la mamelle, poème qui en 10 stances décrit le sein des femmes.

70° பாதாதிகேசம், description des pieds à la tète en கலிவெண்பா, surtout en usage pour les êtres réputés divins.

71° கேசாதிபாதம், description de la tète aux pieds en vers கலிவெண்பா, surtout employée pour les hommes.

72° அலங்காரபஞ்சகம், jolie collection de 5 choses, poème de 100 stances ou les 5 espèces de vers dites வெண்பா, கலித்துறை, அகவல், ஆசிரியவிருத்தம் et சந்தவிருத்தம் sont entremèlées et ont la répétition அந்தாதி.

73° கைக்கிளை, les desirs voluptueux, poème qui décrit de pareils désirs d'un homme ou d'une femme en 5 விருத்தம் et 32 வெண்பா.

71° மங்கலவள்ளை, chant élegieux de travailleuses, poème à la louange d'une jeune femme de haute naissance en 9 வெண்பா et 9 வகுப்பு ou divisions.

75° தூது, le message, poème qui décrit en கலிவெண்பா le message amoureux d'un homme ou d'une femme par le moyen soit d'un ménestrel ou d'une autre personne, soit d'un perroquet, d'un cygne ou d'un autre oiseau.

76° நாற்பது, le 40 strophes, poème qui décrit en 40 வெண்பா soit un lieu, soit le temps, soit un autre objet.

77° குழமகன், le poupon, poème dans lequel les femmes louent en கலிவெண்பா le poupon, la poupée ou l'idole qu'elles portent dans leurs bras.

78° தாண்டகம், le Dândaka, poème composé de vers de 27 lettres et au delà; si les lettres, l'harmonie et la quantité de ces vers s'accordent, on le nomme அளவியற்றாண்டகம். Mais si les lettres et la mesure ne s'accordent pas, on le nomme அளவழித்தாண்டகம்.

79° பதிகம், la dizaine de stances, pièce de poésie de 10 strophes sur un même sujet.

80° சதகம், la centaine de stances, poème de 100 strophes sur un sujet érotique ou héroique.

81° செவியறிவுறூஉ, l'instruction orale, poème dont le commencement est en வெண்பா et la fin en ஆசிரியம், et qui enseigne qu'il faut être calme et sans emportement au milieu des grands, et qu'il convient d'être modeste devant une assemblée,

82° வாயுறைவாழ்த்து, bénédiction ou souhaits en paroles, poème qui commence par des வெண்பா et finit par des ஆசிரியம், et qui enseigne, selon la vérité, que les paroles dures ou de blâme, bien que d'abord amères comme le வேம்பு et le ..டு et difficiles à supporter, produisent cependant ensuite un grand bien.

83° புறநிலைவாழ்த்து, bénédiction extérieure, poème qui commence par des வெண்பா et finit par des ஆசிரியம் et dans lequel on souhaite à quelqu'un qu'il vive heureux sous la protection de Dieu.

84° பவனிக்காதல், la passion venue d'une marche pompeuse, poème qui représente des femmes éprises de la beauté d'un noble, qu'elles ont vu passer avec pompe, et en parlant aux autres avec ravissement.

85° குறத்திப்பாட்டு, chant sur les diseuses de bonne avanture, *i. e.* sur les femmes de la caste des குறவர்; c'est une amante qui consulte la diseuse de bonne avanture. Ce poème, rempli de détails érotiques, est ordinairement composé de diverses parties en agavel, vembâ, கலிவெண்பாக்கள், கலித்துறை, விருத்தம் de 6 pieds et கலிவிருத்தம், le tout entremêlé de சிந்து et de tamoul de comédie.

86° உழத்திப்பாட்டு, le chant de la cultivatrice, ou poème sur les femmes de la caste des பள்ளர். Voici les parties qui le composent: invocation à la divinité, une vieille et une jeune palli chantent les louanges du koudoumben ou chef des pallers à son arrivée, leurs aventures, fertilité du pays, cris du couil qu'on entend, prière à Dieu pour la pluie, examen des signes de pluie, arrivée de la rivière ou du torrent, vue de sa beauté: tout cela est entremêlé de récits érotiques. Puis arrivée du propriétaire, plaintes des 2 pallis, il gronde la jeune, le pallen se présente, interrogations sur la culture, le pallen répond, on fait venir les bergers, leur arrivée, on chante leurs louanges, plainte de la grande palli, arrivée du koudoumben comme s'il venait du bercail, on le met aux entraves, ses gémissemens, la grande palli apporte du riz cuit, il la prie de demander son pardon, elle refuse, il fait un serment ou un imprécation, alors elle prie le propriétaire de le délivrer, ensuite on exalte la bonté de la semence, les laboureurs labourent, les bœufs s'effarouchent, ils se jettent sur le pallen, gémissemens, les 2 pallis se lamentent, on le fait relever et on en avertit le propriétaire, on plante le riz, quand il a grandi on l'égalise, on mesure le riz, plaintes de la grande palli, les femmes pallis s'injurient l'une l'autre. On chante tout cela en faisant ressortir la gloire du héros en vers dits சிந்து et விருத்தம் entremêlés.

87° ஊசல், la balançoire, chant usité en se balançant et composé d'ஆசிரியவிருத்தம் ou de கலித்தாழிசை et terminés par ces mots, ஆடீரூசல், ஆடாமோவூசல். on y exprime la joie d'une nombreuse famille.

88° எழுகூற்றிருக்கை, description d'un jeu d'enfans dans 7 étages ou rangées de cases carrées, devant lesquelles ils se tiennent d'abord debout, puis entrent dedans, passent, et jouent dans un ordre convenu et en chantant. Ces 7 rangées sont disposées en degrés comme un char de procession indoue, et les carrés, qui y sont, renferment chacun un chiffre. Le 1er ou le plus haut degré contient 1-2-1, le second 1, 2, 3, 2, 1, et ainsi graduellement jusqu'au 6e degré qui est 1. 2. 3. 4. 5. 6. 7. 6. 5. 4. 3. 2. 1; le 7e degré, qui fait la base est absolument semblable au 6me. Des lignes qui se croisent font une case ou un carré à chaque chiffre: ces chiffres au gré du poète pourront désigner différentes choses: ainsi 1 signifiera l'unique, *i. e.* Dieu; 2 signifiera 2 fois, 2 temps, le soir et le matin; et par la réunion de ces chiffres il fera des phrases: ainsi: 2 fois soir et matin j'adore dieu.

89° திருவெழுகூற்றிருக்கை, les vembas des heures indiennes, poème en 32 நேரிசைவெண்பா décrivant les actions ou occupations de nâjiguei en nâjiguei, *i.e.* d'heure en heure des dieux indous et des rois.

90° சின்னப்பூ, la fleur des insignes royaux, poème en 100, 90, 70, 50 ou 30 நேரிசைவெண்பா décrivant les 10 சின்னம் ou marques distinctives de la royauté dites தசாங்கம்.

91° விருத்தவிலக்கணம், propriétés décrites en viroutlam, poème dans lequel on célèbre 9 choses, qui forment la prospérité d'un roi, savoir: l'arc, l'épée, le trait, le sceptre, l'éléphant, le cheval, le pays, la ville et la libéralité: chaque partie contient 10 விருத்தம், en tout 90, et de 9 sortes.

92° முதுகாஞ்சி, l'ancien air de musique, poème dans lequel les vieillards donnent des conseils aux jeunes gens.

93° இயன்மொழிவாழ்த்து, le bon souhait ou compliment sur le caractère, poème dans lequel on loue un jeune noble, en lui disant: tous ceux qui sont nés dans cette famille avaient naturellement tel caractère; tu l'as aussi naturellement: sois donc libéral comme ils l'ont été.

94° பெருமங்கலம், la grande louange ou félicitation, poème où l'on célèbre les réjouissances pures qui ont lieu le jour de la naissance d'un roi, où abandonnant les actes de rigueur qu'il fait chaque jour, comme de faire mettre en prison etc..., il donne la liberté et fait d'autres œuvres de bienfaisance.

95° பெருங்காப்பியம், le grand poème épique. Pour ce poème il faut un héros incomparable, et un sujet susceptible des 4 objets d'un poème, savoir: அறம் la vertu, பொருள் la richesse, இன்பம் le plaisir, வீடு le paradis. Les parties de ce poème sont l'invocation à la divinité, la proposition du sujet en 2 préfaces particulières, auxquelles on joint un éloge convenable au sujet; ensuite viennent la description des montagnes, de la mer, du pays, de la ville du héros, celle des saisons, du lever du soleil et de la lune, celle du mariage du héros, son couronnement, l'amusement dans les bosquets, le jeu dans l'eau, les festins, la naissance des enfans, la bouderie et la réconciliation avec sa femme, l'assemblée, l'embassade, la marche, le combat, la victoire. Toutes ces parties sont décrites chacune à part dans des chapitres, sections ou livres dits சருக்கம், இலம்பகம் et பரிச்சேதம். Le poète doit exciter les émotions dramatiques dites சுவை and les sentimens qui les produisent. A l'exception des 4 sujets dits vertu, richesse, plaisir et paradis, quelques-unes des autres parties peuvent être omises, sans que cela soit regardé comme une faute.

96° காப்பியம், le poème épique. Il est ordinairement d'une grande longueur et a les mêmes parties que le précédent; mais il y manque une ou plusieurs des 4 parties essentielles au grand poème épique, qui sont la vertu, les richesses, le plaisir et le paradis. Ainsi le poème nommé நைடதம் fondé sur un épisode du மகாபாரதம் est un காப்பியம், et non un பெருங்காப்பியம். Notre intention, en faisant connaître succinctement ces diverses productions de la poésie indienne, a été de donner quelqu'idée de ce qui fait en grande partie le fonds et l'objet de la littérature de ce pays. Si dans ce nombre d'ouvrages nous avons parlé aussi de ceux qui sont érotiques, c'est afin qu'on puisse les éviter et les défendre plus facilement.

*இருபவி, இருபு, *P.* இருபா, (இரு, pa boire), *V.* இப்பிறப்பு.

*பிரபலம்,(prabala),pousse, rejeton, V. பிரபலியம்:— பலிக்குமிறது publier,donner de la publicité ou de la célébrité.

*பிரபலன்,(id.), homme capable, fort,puissant,brave,célèbre,illustre.

பிரபலிக்கிறது,லித்தேன், லிப்பே ன்,லி,லிக்க,ற.ந. பிரபலித்தல்,n.v devenir fort,grand,illustre, renommé, répandre.

*பிரபலியம், (பிரபலம், ya), force,pouvoir, réputation, renommée, célébrité, publicité, pompe, excellence:—ஆக்குகிறது rendre illustre,grand, renommé, donner de la publicité,du renom,publier;— ஆகி றது être illustre, renommé, puissant; — ஆய்நடத்துகிறது conduire en grand, pompeusement; — ஆய்வருகிறது venir pompeusement, avec apparail;—ஆனவன், V. பிரபல ன்;— ஆனஞானி sage renommé; த ன்னைத்தானே—ஆக்குகிறது se rendre célèbre soi même, se vanter, se mettre en évidence.

*பிரபவம்,(prabhava), naissance, cause,— productrice, base,origine, force,pouvoir: பிரபவ ou பிரபவ ஆண்டு la 1re année du cycle indien, correspondant à 1807 et 1867.

*பிரபன்னம்,(prapanna),obtention,arrivée,refuge,se refugier.

*பிரபா,(பிர,pà boire),V. தண்ணீர்ப் பந்தல்.

*பிரபாகரம்,(பிரபாகரன்), l'ouvrage de Prabhâkaren,les lois cérémoniales,c'est un des ஆறுசமயத்திறம்.

*பிரபாகரன், (பிரபை, கரன்), être qui donne de la lumière;i.e. le feu,le soleil,la lune,l'océan,Prabhâkaren auteur du livre susdit.

*பிரபாகீடம்,(id.கீடம்), mouche luisante,ver luisant.

*பிரபாசன்,(prabhâsa), Prabhâsen un des 8 Vasous.

*பிரபாணி,(பிர,பாணி), le dedans—,paume de la main.

*பிரபாதம்,1°(prapâta),rive,rivage, précipice,lieu escarpé,cascade, ruisseau qui descend des montagnes.2° (prapâtha),coute,rue. 3° (prabhâta), matin,point du jour.

*பிரபாதிகம்,(prapâdika),paon.

*பிரபாலம், (பிர), corail,pousse, rejeton,jeune feuille,animal.

*பிரபாலன், பிரபாலகன், (id.), écolier, élève.

*பிரபாவம்,(id.),majesté,dignité, grandeur, magnanimité,force, bravoure,pouvoir, lumière,réputation, conciliation, tranquillisation,égalisation.

*பிரபானம், (பிரபா), champ, bosquet,jardin de plaisance.

*பிரபானம்,(பிரபை,na), lumière.

*பிரபிதாமகன்,(பிர,பிதா, maha, grand),bisaïeul paternel,Brama.

*பிரபிதாமகி,(id.),bisaïeule paternelle.

பிரபித்தம், P. பிராப்தம் chose trouvée, obtenue,—qu'on peut trouver.

*பிரபு, (prabhou), pl. பிரபுக்கள், prince,maître, seigneur,chef, noble, grand, gouverneur de province, homme fort,puissant,libéral,d'autorité,de haute naissance, Vichnou, vif-argent,bruit,son: பிரபுவாயிருக்கிறது être prince,seigneur, noble, maître;—த்துவம், — த்தனம், — தை,(tâ),—த்தனம் pouvoir,domination,principauté,supériorité, grandeur, dignité de prince: அர்ச்சியசிஷ்டர் ou அர்ச்சிய — த்துவம் la 8e hiérarchie des anges;—போக்கு marche —,conduite princière; — பக்தன் fidèle—,dévoué à son prince;—லிங்க லீலை nom d'un livre,l'histoire de Siven.

*பிரபூரணம், (prapoûrana), bander l'arc,en tendre la corde,flèche,

*பிரபேதம்,(பிர),manière,sorte.

*பிரபை,1° (பிர,pâ boire), lieu où l'on donne à boire.2° (id. bhâ briller),lumière splendeur,brillant, sérénité,auréole ou gloire qu'on met autour d'une statue,la ville de குபே ரன்,Prabei une des prétendues femmes du soleil, Dourgâ femme de Siven;—பெறுகிறது,—பொலிகிறது devenir—,être brillant,resplendir.

*பிரபோதம்,(பிர),connaissance, intelligence, esprit, sagesse, sentiment intérieur, éclaircissement, vigilence, diligence.

*பிரபோதனம்,(பிர),réveil, action de réveiller, d'instruire.

*பிரபோதனி, (பிரபோதனம்), le 11me jour lunaire de la 1re partie de கார்த்திகை lorsque Vichnou est censé se réveiller de son sommeil.

*பிரபௌத்திரன், (பிர), arrière-petit-fils.

*பிரபௌத்திரி,(id.),arrière-petite-fille.

பிரப்பம், adj. de பிரம்பு, de rotin: பிரப்பங்கயிற்புல், — கோரைக் கோரை. — கோரை l'herbe ou roseau scirpus calamoides; — கட்டில் lit en rotin; —கூடை corbeille —, panier en rotin; — கேடகம் bouclier en rotin; பிரப்பந்தட்டி claie —, brise-vent, — claire-voie en rotin.

பிரப்பு, (பரப்பு), différens mets placés sur un large plat, en mettre ainsi, gloutonnerie, gourmandise, excès dans le manger.

*பிரம, adj. de பிரமம் et de பிரமன், de Brama, de brame, de Dieu; —கத்தி, —கத்திதோஷம், —கத்தியை, —கத்தியாதோஷம்,(அத்தி, hatyâ), V. பிரமகத்தி; — கத்திபிடிக்கிறது être saisi de folie par suite (prétendue) du meurtre d'un brame, être aliéné d'esprit; — கற்பம் âge ou durée prétendue de la vie de Brama, i.e. 100 quatrillions, fin de la vie de Brama; — கன்னிகை la fille de Brama, i. e. Sarasvati qui est aussi sa femme; — காதகன், —கொ லைஞன் (ghna qui tue), meurtrier d'un brame; — காயத்திரி le gâyatri des brames, espèce de formule de prière; — கிரி la montagne de Brama; —கீதை le chant de Brama, nom d'un livre; — குலம் la caste bramanique, —des brames; — கைவர்த்தம் le pourana nommé brahmavaivartta ou changement de Brama, un des 18 pouranas; — ஞானம் sagesse spirituelle, connaissance de Dieu; — ஞானி, (ஞானி P. ஞானி), sage qui connait Dieu; —கிரந்தி espèce de nœud; — கொலை meurtre d'un brame; — சடங்கம் prière composée de 6 parties; —சூத்திரம் étude des vèdas; — சம்பவம் production de Brama; — சர்ப்பம் espèce de serpent; — சன்மம் prétendue naissance spirituelle ou investiture du cordon bramanique; — சாசனம் concession faite —, privilége accordé à un brame; —சாபம் un des 32 உபதிரத்தம்; —சாயுச்சியம் identification avec Brama; —சித்தி résultat —, efficacité de la sagesse de Dieu; —சேனி brame qui fait commerce de ses devoirs religieux; — சூத்திரம் triple cordon, cordon bramanique, aphorisme de la philosophie வேதாந்தம்; — சுதன் fils de Brama, nom d'un prince; — சைதன்னியம் Dieu, l'être suprême, la cause première; — சொரூபம் nature de l'esprit, essence de la divinité; —ஞானம், —ஞானம் science —, connaissance de Dieu, sagesse spirituelle; — ஞானி sage qui connait Dieu; —தண்டம், —தண்டு le bâton de brame, la malédiction (qui lui sert comme de bâton pour se faire craindre), espèce de chardon, argemone mexicana; —தத்துவம் nature divine, vraie connaissance de l'être suprême; — தருப்பை espèce de plante; — தாயம் allocation faite à des brames, terres sans impôts qu'ils possèdent; — தரு l'arbre de Brama, le mûrier; — தாளம் paire de larges cymbales usitées dans les pagodes; —தானம் instruction dans les vèdas, doctrine des vèdas; —தேவன் le prétendu dieu Brama; —தேவம் divinité, essence divine, identification avec Dieu, — avec Brama; —நாபன், (நாபி), Vichnou qui, au dire des Indous, du nénuphar sorti de son nombril a produit Brama; —நிர்வாணம் absorption —, union ou identification avec l'Être suprême; —பதம், — பதவி demeure —, résidence —, monde prétendu de Brama; — பத்திரம், — பத்திரி feuilles qui causent l'étourdissement, i. e. feuilles de tabac; — பந்து l'ami de Brama, i. e. le brame; — பாதபம் l'arbre பலாசம் butea frondosa; — பிட்சை, P. பிராமணபிட்சை, argent; — பிந்து un des 32 உபநிஷதம்; — புத்திரம் le Bramapoutre, fleuve du Bengal: — புத்திரன் fils de Brama; — புத்திரி la fille et femme de Brama, i. e. Sarasvati, le Bramapoutiri ou fleuve Sarsouti சரஸ்வதி au nord de Délhy;—புரம் la ville de Brama, i. e. [illegible]; — புரி la capitale de Brama sur le mont [illegible] ou plutôt மேரு; — புராணம் le Pourana de Brama; — முகூர்த்தம் crépuscule du matin ou du soir;—பூயம் (bhoûya *étant*), identification avec Brama;—ப்பிரளயம் prétendu déluge de Brama;— மணம் mariage bramanique, un des அஷ்டமணம் ou 8 formes de mariages qui consiste à donner en présence du feu une jeune fille à un jeune brame étudiant ou à un jeune homme chaste;—முனி richi de caste brame; — முர்த்தமிருத்து, (முர்த்தம், bhrout *qui porte*), celui qui porte à la main une tête de Brama, i. e. Siven;— மூலி la plante [illegible];—யக்ஞம்,—யாகம் le sacrifice bramanique, i. e. l'étude des vèdas censée un des 5 grands sacrifices;—யோகம் culture des connaissances spirituelles; — யோனி naissance de brame, nom d'une montagne; — ரந்திரம் creux du sommet de la tête;—ராக்ஷசன்—ராக்ஷதன்—ராக்ஷசு démon ou géant qui est ennemi de la caste bramanique,—qui saisit l'âme d'un brame qui fait une mauvaise mort, démon —, géant sauvage qu'on prétend avoir été brame dans la naissance précédente et expier sous cette forme les péchés de sa vie bramanique, un grand vaurien; — ராத்திரி nuit de Brama censée égale à mille âges divins;— ரிஷி richi de caste brame;— ரிஷிதேசம் le pays des brames richis, qui contient les pays nommés குருக்ஷேத்திரம் ou le pays de Délhy, மச்சியம் Matsya (Dinajpour et Rangpour), பஞ்சாலம் le Pandjab, சூரசேனம் ou le pays de மதுரை Mathoura entre Agra et Délhy; — ரீதி airain;— லிபி l'écriture prétendue de Brama, ce n'est autre chose que les sutures du crâne, que les Indous regardent comme l'écrit de nos destinées, destin;—லிபிதப்பாது l'écriture de Brama est infaillible (disent les gentils); — லோகம் le monde—, la demeure de Brama dite aussi சத்தியலோகம், c'est un des 7 mondes supérieurs des Indous;— வம்சம் la race de Brama, caste bramanique;—வர்த்தனம் cuivre;—வாதம் secte —, citation des vèdas, enseignement des sciences spirituelles;—வாதி sectateur du système வேதாந்தம், qui soutient que tout est esprit, défenseur—, explicateur des vèdas;—வித்து (vid *qui connait*), sage qui connait la nature de l'être suprême, espèce de philosophe;—விந்து salive rejetée en lisant les vèdas, un des 32 உபநிஷதம்;—விருத்தம் la capitale de Brama;—விருக்ஷம் l'arbre பலாசம் butea;—வேதம் connaissance des vèdas,—de Brama, monothéisme;—வேதி celui qui connait les vèdas, le pays பிரமாவர்த்தம்.

*பிரமசரியம், (பிரம, சரியை), et பிரமசரியவிரதம், — நிலை état de bramasâri,— de jeune brame non marié qui garde la continence, et fait ses études sous un maitre, état—, ordre de religieux étudiant, c'est un des 4 états dits ஆச்சிரமம்-ச; பிரமசரியபங்கம் incontinence, violation de l'état de பிரமசாரி.

*பிரமசாரி, பிரமசாரியன், (*id.* சாரி), bramasâri, jeune brame non marié, étudiant sous un maitre brame, religieux —, étudiant, élève qui étudie les vèdas, jeune homme non marié (de toute caste), religieux indou, vagabond,(surnom de) விஜேயன், qui avait fait vœu de ne pas se marier; —க்ஷத்ரசன்னியாசி bramasâri ou étudiant devenu sanniâsi,celui qui passe de l'état de பிரமசாரி dans celui de சந்நியாசி sans passer par ceux de கிருகஸ்தன் ou chef de maison et de வானப்பிரஸ்தன் ou d'ermite;—த்துவம் ou [மசரியம்.

*பிரமசாரியம்,(பிரமசாரி),V. பிர

*பிரமசாரிணி, *fém. de* பிரமசாரி, femme qui vit dans la continence.

*பிரமஞ்ஞம்,பிரமஞ்ஞானம்,(பிரம,djna *qui connait*,ஞானம்), connaissance de Dieu,sagesse spirituelle. [nait Dieu.

*பிரமஞ்ஞன்,(*id.*), sage qui con-

*பிரமணம்,(bhramana),tournoiement,tourbillon,rôder,—autour.

*பிரமதம்,(பிர),joie,plaisir,ivresse: பிரமதகானனம், — வனம் jardin de plaisance,V.பிரமதாவனம். [tre,peine,effort.

*பிரமதனம்,(*id.*),baratter,meur-

*பிரமதன்,(pramatha),Bramaden, serviteur de Siven.

*பிரமதா,*obl.de* பிரமதை:—கானனம்,—வனம் jardin des femmes, —royal de plaisance,—attaché au harem pour les femmes du palais.

*பிரமதாதிபன்,(பிரமதன், அதிபன்),le seigneur de Bramaden,*i.e.*Siven.[ம்),le séjour des peines,l'enfer.

*பிரமதாலயம், (பிரமதை, ஆலய

*பிரமதிதம்,(pramathita *bien baratté*),lait de beurre sans eau.

*பிரமதை,1° (pramadâ), belle—, femme.2° (pramathâ),peine, affliction.

*பிரமத்தம்,(pramatta),négligence,ivresse,folie,trouble d'esprit, erreur,méprise,faute.

*பிரமத்தி, *sync. de* பிரமஹத்தி, meurtre d'un brame, bramanicide, possession ou folie qu'on prétend en être la suite. [gent.

*பிரமபிக்ஷை,*P.*பிரமபிக்ஷை ar-

*பிரமம், 1° (brahma), Brahm, l'Être suprême,la cause première, le Dieu inconnu des Indous, Dieu,(en style payen) Brama,Vichnou,Siven, le feu, le soleil, la lune, richi ou anachorète,les vêdas (qu'on représente comme sortant de la bouche de Brama),le vêdândam, lecture des vêdas,ce qui est un des 5 grands sacrifices, sacrifice, offrande, sagesse, science sacrée,formule de—, prière, un des 27 யோகம், mariage bramanique,une des 8 sortes de mariages dites அஷ்டமணம், légende de Brama,c'est un des 18 pouranas, un des 18 உபபுராணம்,un des 32 உபநிடதம்,pénitence,austérité,nature, vérité,propriété mystique, qualité, pouvoir,béatification,paradis, milieu. 2° (bhrama),tournoiement,rotation,vertige, étourdissement, trouble,erreur,méprise,illusion, confusion, stupeur,stupidité, tourbillon, tournant, rôder, tourner autour, roue de potier,eau d'—, irrigation, arrosement,cours d'eau,canal.

*பிரமயம்,(pramaya),meurtre.

*பிரமரம், (bhramara), escarbot, grosse abeille noire,ce qui tourne, toupie, vertige: பிரமரகீடம் guêpe solitaire qui bâtit son nid dans l'angle des murs ou des portes.

*பிரமரி,(*id* i),espèce de danse ou de comédie,tournoiement,tourbillon.

பிரமனாள்,(பிரமன், நாள்),jour de Brama,le jour—, la constellation de la naissance de Brama, c'est la 4me constellation lunaire dite உரோகிணி, un jour de la vie fabuleuse de Brama, V.கற்பம்.

*பிரமன்,(Brahman), Brahma,la 1re personne de la triade indienne ou du trimourti; il est regardé par les Indous comme le créateur du monde et l'auteur du destin de chaque mortel,brame,gourou ou prêtre qui préside à un sacrifice: பிரமன்றந்தை le père de Brama,*i.e.* Vichnou. Selon la fable, Brama naquit sur le nénuphar sorti du nombril de Vichnou. Il a pour femme சரஸ்வதி sa propre fille; son arme est le பாசம் ou nœud coulant,son dra-

பவு porte pour dévise les Vèdas ou மறை, sa monture est le cygne அன்னம்; un de ses jours s'appelle கற்பம்: பிரமன் மனதை புத்திரன் Vasichten fils de la volonté de Brama.

*பிரமா, *gén.* பிரமாவின், (brahmâ). Brama, dit aussi பிரமன், பிரமதேவன்.

*பிரமாகுதி, (பிரமம், ஆகுதி), offrande de beurre liquéfié.

*பிரமாக்ஷரம், (பிரமா, அக்ஷரம்), 1° *V.* பிரமவிதி. 2° la syllabe ஓம் que les Indiens regardent comme le nom sacré et mystérieux de la divinité, les lettres symboliques des payens dites மூலவெழுத்து.

*பிரமாசனம், (பிரமம், ஆசனம்), siége de brame, posture propre à la méditation religieuse.

*பிரமாஸ்திரம், (*id.* அஸ்திரம்), flèche de Brama, — donnée par Brama, trait —, imprécation de brame.

*பிரமாஞ்சலி, (பிரமம், அஞ்சலி), salut de brame, — fait en joignant les 2 mains devant la poitrine.

*பிரமாட்சரம், *P.* பிரமாக்ஷரம்.

*பிரமாணம், (pramâ *mesurer*, na), mesure, quantité, proportion, serment, vérité, règle, loi, ouvrage méthodique, — qui fait autorité, preuve, témoignage, règle ou moyen pour connaître la vérité (il y en a 8 dits அஷ்டபிரமாணம்), borne, limite, cause, motif, temps, toujours, perpétuité, éternité, le 1er vèdam, nombre de doigts d'une éclipse, distance en longitude à la fin d'un signe: சத்தியம் — serment, — vrai; திவ்வியப் — jugement divin, — par ordalie, — de Dieu pour prouver la vérité; — உள்ளவன் homme véridique, — exact; — செய்கிறது, — பண்ணுகிறது jurer, faire serment; பிரமாணத்தின்படி நடக்கிறது se conduire —, vivre régulièrement; பிரமாணபுருஷன் juge, arbitre; — ப்படுத்துகிறது proportionner.

*பிரமாணன், (*id.*), homme véridique, être limité, Vichnou.

*பிரமாணாதீதம், (பிரமாணம், அதீதம்), ce qui surpasse la mesure.

*பிரமாணாபாவம், (*id.* அபாவம்), absence de preuves.

*பிரமாணி, (பிரமா, ani), l'énergie féminine de Brama, dite aussi பிராமி.

*பிரமாணிகம், பிரமாணிக்கம், (பிரமாணம், ika) vérité, fidélité, — à sa promesse, honnêteté, preuve, serment: — தப்பிப்பேசுகிறது parler selon —, dire la vérité; — உள்ள உடம்படிக்கை alliance sincère —, fidèle; — உள்ளவன், *V.* பிரமாணிக்கன்; — பண்ணுகிறது faire serment; அலுவல் நிறைவேற்றுகிறதிலே பிரமாணிக்கமுள்ளவனாயிருக்கிறது être fidèle à remplir ses fonctions.

*பிரமாணிக்கன், (*id.*), homme fidèle, véridique, digne de foi.

பிரமாணிக்கிறது, ணித்தேன், ணிப்பேன், ணி, ணிக்க, *v.a.* (பிரமாணம்), பிரமாணித்தல், *n.v.* mesurer, proportionner, déterminer, juger, estimer.

*பிரமாணீகரணம், — கிருதம், — பூதம், (பிரமாணம், î *augment*), prouver, établir comme autorité, admettre comme preuve,

*பிரமாண்டம், (பிரமா, அண்டம்), l'œuf de Brama, *i.e.* le globe, le monde, un des 18 pouranas, microcosme, chose énorme, volumineuse, grande comme un monde: — த்தன் énorme, très-grand, பிரமாண்டநாயகன் le seigneur du monde, (à tort) Siven.

*பிரமாண்ணியம், *P.* பிராமண்ணியம்.

*பிரமாதம், 1° (pramâda), insouciance, négligence, erreur, méprise, inadvertance, stupidité, sottise, ivresse, vertige. 2° (pramâtha), violence, tourment, meurtre, peine, vexation: — ஆகிறது, — ப்படுகிறது devenir négligent, insouciant, erroné; பிரமாதத்தெய்வமல்லாததைத் தெய்வமென்றெண்ணுகிறது regarder comme Dieu ce qui n'est pas même un dieu insouciant ou ce qui est moins qu'un faux dieu.

*பிரமாதா, 1° (பிர, மாதா), aïeule maternelle. 2° (pramâta), qui prouve.

témoin: —மகன் bisaïeul maternel; —மகள் bisaïeule maternelle.

*பிரமாதி, (பிரமாதம்), 1° négligent, homme sans soin, oublieux, insensé, enivré, la 13me année du cycle indien correspondant à 1819 et 1879. 2° meurtrier, celui qui afflige.

*பிரமாதிகமனம், பிரமாதிகமம், (பிரமம், அதிகமனம்), lecture des vêdas.

*பிரமாதிகர், (பிரமன், அதிகம்), les Bramâdikas ou பிரசாபதிகள், personnages censés divins, qu'au dire des Indous, Brama créa en premier lieu, et qui sont réputés ses fils; on en compte 10, savoir: மரீசி, அத்திரி, அங்கிரசன், புலஸ்தியன், புலகன், கிருது, பிரசேதசன், வசிஷ்டன், பிருகு, நாரதன் ou Marîtchi, Atri, Angiras, Poulastya, Poulacha, Kratou, Pratchêtas, Vasichta, Bhrigou et Nârada. Certains auteurs n'en mettent que 7; d'autres les réduisent à 3: தக்ஷன், நாரதன் et பிருகு; d'autres enfin en mettent 21.

*பிரமாதிகை, (பிரமாதம், ikâ), femme imprudente, négligente, insensée, fille ou femme déshonorée,

*பிரமாதீசை, —வருஷம் ou பிரமாதீச்சை, (பிரமை science, அதீசன்), la 47me année du cycle indien qui correspond à 1853 et 1913.

பிரமைகொட்ட, (பிரமை), faire connaître.

*பிரமாத்தியம், (pramâdya), négligence, folie, trouble d'esprit.

*பிரமாத்திரம், P. பிரமாஸ்திரம்.

*பிரமாபணம், பிரமாபனம், (pramâpana), meurtre.

*பிரமாபி, (id.), meurtrier.

*பிரமாப்பியாசம், (பிரமம், அப்பியாசம்), étude des vêdas.

*பிரமாம்பசு, (பிரமன், ambhas eau), eau bramanique, i.e. urine de vache.

*பிரமாயு, (பிரமன், ஆயு), âge —, vie de Brama, qu'on prétend être de 15 trillions 552 milliards d'années sidérales, V. கற்பம்.

*பிரமாயுதம், (பிரமா, ஆயுதம்), l'arme de Brama.

*பிரமாரணியம், (பிரமம், ஆரணியம்), lieu où on lit et explique les vêdas. [maison de brame.

*பிரமாலயம், (பிரமன், ஆலயம்),

*பிரமானந்தம், P. பரமானந்தம், grande joie.

*பிரமானுபவம், (பிரமம், அநுபவம்), V. சாருபிரம்மதம்,

*பிரமி, 1° (bhrami), tournoiement, tourbillon de vent, tournant d'eau, tourner autour, circuler, rôder, marche, roue de potier, faute, erreur, méprise, qui rôde autour. 2° (brahmi), ou —ப்பூண்டு la plante gratiola ou siphonanthus indica. 3° gér. de பிரமிக்கிறது. 4° imp. de

பிரமிக்கிறது, மித்தேன், மிப்பேன், மி, மிக்க, v.n. (பிரமம்), பிரமித்தல், n. v. devenir stupide, fou, hébété, étourdi, infatué, errer, se méprendre, s'étonner, admirer, être étonné, surpris, stupéfait, s'effrayer.

*பிரமிதம், (பிர, மிதம்), chose connue, mesurée.

*பிரமிதி, (பிர, மிதி), mesurage, connaissance véritable, — dérivée des sens, induction, analogie.

பிரமிப்பு, n. v. de பிரமிக்கிறது, surprise, étonnement, admiration, stupeur, étourdissement, stupidité, trouble d'esprit, effroi, méprise.

*பிரமியம், பிரமியன், (P. பிரமேகம்), gonorrhée, maladie vénérienne, fluor albus, la plante பிரமியப்பூண்டு gratiola monieri: பிரமியக்காரன் celui qui a la gonorrhée.

பிரமுகதம், P. பிரமுகத்துவம்.

*பிரமுகம், (பிர), chose excellente, principale, monceau, multitude, l'arbre rotleria tinctoria, le temps présent; பிரமுகத்துவம், பிரமுகதை excellence, supériorité. [chef, sage.

*பிரமுகன், (பிரமுகம்), premier,

பிரமுகிறது, மினேன், முவேன், மு, ம, v. n. avoir la courante, avoir des selles accompagnées de vents.

*பிரமுதிதம், (பிர), joie, plaisir.

*பிரமூடன், (பிர), fou, insensé, nigaud, stupide, ensorcelé, infatué.

*பிரமேகம், (பிர, மேகம், mêha),

maladie urinaire, *v. g.* changement de la couleur, de la quantité, de la consistance de l'urine; on en compte 21 variétés comprenant le diabètès et la gonorrhée.

*பிரமேயம், (pramêya), connaissance, chose connue, — mesurée, — finie, chose à prouver, (fig. de rhét. ou en logique) le second lieu commun ou topique renfermant 12 objets à prouver comme l'âme, le corps..., ou la forme et la fin de l'existence, opportunité, soupçon, doute.

*பிரமை, 1° (*de* பிரமம்), stupidité, stupeur, trouble d'esprit, ignorance, folie. 2° (pramâ), vraie connaissance, vision, perception, vue, marche, rôder autour.

*பிரமோகம், (பிர), fascination, trouble, vertige, défaillance, insensibilité. [mise en liberté.

*பிரமோசனம், (பிர), délivrance,

*பிரமோற்சவம், (பிரம, உற்சவம்), grande fête annuelle à une pagode.

*பிரமோதம், (*id.*), joie, plaisir, allégresse.

*பிரமோதி, பிரமோதித்தன், (பிரமோதம், i, ita), joyeux, heureux

பிரமோதூதம், பிரமோதூதை, — வருஷம் la 4ème année du cycle indien, qui correspond à 1810 et 1860.

*பிரமோத்தரகாண்டம், (பிரமம், உத்தரம்), la dernière partie du Brahmapourana, ajoutée par les Sivénistes et qui a surtout rapport à சைவசமயம்.

*பிரமௌதனம், (*id.* ஓதனம்), riz cuit distribué aux gourous à un sacrifice.

பிரம்பு, 1° rotin, calamus viminalis, jonc, — propre à faire des cannes, canne, houssine —, baguette —, bâton de rotin, (*l'adj. est* பிரப்பம்). 2° petite chaussée de rizière, char, *V.* சேர்முட்டு: — கட்டுவோர் ouvrier qui rotine, — travaille le rotin: — பிடி poignée de canne de rotin: பிரம் படிகொடுக்கிறது frapper —, battre avec un rotin.

*பிரயதன், (prayata), homme pur, pieux, retenu, prudent. பிரயதசித்தமுள்ளவன். (சுத்தமனம்), âme pieuse, dévote.

*பிரயத்தனம், (பிர, யத்தனம்), préparatif, disposition, moyen, manière d'effectuer, accomplissement, pratique, exercice, industrie, action, soin, effort, — actif, qui porte à entreprendre: — பண்ணுகிறது, பிரயத்தனப் படுகிறது s'efforcer, tâcher de, prendre les moyens, se préparer; — கும்ப் பார்க்கிறது examiner avec soin, — habilement; நாலும் — கும்ப்பார்க்கி றது employer divers moyens, essayer de différentes manières.

*பிரயாகம், (prayâga), oblation, sacrifice, cheval, *V.* பிரயாகை.

*பிரயாகன், பிரயாகபயன், (பிரயாகம், பயம்), Indiren qui redoute les sacrifices de chevaux, parce qu'il doit céder sa place de roi des dieux à celui qui fait 100 sacrifices semblables.

*பிரயாகை, (*id.*), confluent de 2 fleuves ou rivières, pélérinage à de tels confluens, Prayâga ou le moderne Allahabad, lieu célèbre de pélérinage au confluent du Gange et de la Djamna ou யமுனா, le fleuve Sarasvati est censé s'y rendre aussi par des voies souterraines. C'est, au dire des Indous, un des endroits où Brama fit 10 அசுவமேதம் ou sacrifices de cheval pour avoir recouvert les vêdas des mains de சோமுகன்.

*பிரயாசம், 1° (prayâsa), travail, effort, peine, fatigue, labeur, désir —, poursuite d'un objet. 2° (prayâdja), partie d'un —, sacrifice: பிரயாசப்படு கிறது s'efforcer, travailler, se donner de la peine; — ப்பட்டுப்பிழைக்கி றது vivre de son labeur, — péniblement de son travail.

*பிரயாசி, (பிரயாசம்), personne laborieuse, homme —, femme qui se donne de la peine, qui fait des efforts.

*பிரயாசை, (*id.*), effort, peine, travail, femme laborieuse.

*பிரயாணம், (prayâna), allée, voyage, départ, assaut, invasion, mouvement, mort: பிரயாணகாலம் temps du voyage, du départ, — de la mort: — ப்பட்டுப்போகிறது partir pour un voyage, se mettre en route. [pauvreté, cherté, rareté.

*பிரயாமம், (prayâma), longueur, பிரயாமமியாதம், être proche.

*பிரயுதம், (prayouta), union, jonction, un million.

*பிரயுத்தம், 1° (prayoukta), cause. 2° (prayouddha), *ou*

*பிரயுத்தாத்தம், (பிரயுத்தம், அத்தம்), guerre, combat.

*பிரயோகம், (பிர, யோகம்), emploi, usage, pratique, accomplissement, cause, motif, objet principal, but, fin, effort, action, préparatif, — d'un ouvrage, opération —, emploi de rites magiques, fascination, trouble d'esprit, subtilité, tours, forme cérémoniale, suite de procédés, ordre, direction, action dramatique, chose, affaire, matière, destination, conséquence, résultat, fruit, utilité, texte, preuve, autorité, citation, exemple, comparaison, cheval, composition —, application d'un remède, capital, prêt à intérêt, profit de l'usure ou du commerce, cessation, expiation, constance, obstination: — பண்ணுகிறது employer, se servir de, faire usage (d'un mot en composant), s'exercer, pratiquer, apporter des preuves, prouver, examiner, faire une disposition, un plan pour un ouvrage: அஸ்திரப் — பண்ணுகிறது se servir de —, lancer des traits: உயுத்தப் — préparatif de guerre: மந்திரப் — emploi de prières, — formules magiques: பிரயோகசாரம் nom d'un livre de grammaire.

*பிரயோகன், 1° (பிர), homme capable, expérimenté, laborieux, exercé, qui use de, puissant, prudent. 2° *imp. du suiv.*

பிரயோகிக்கிறது, த்தேன், ப்பேன், கி, க்க, *v.a.* பிரயோகித்தல், *n.v.* (பிரயோகம்), employer, se servir de, user de, exciter, diriger, envoyer, lancer, attirer, agir: அம்புகளைப் — se servir de —, lancer des flèches.

*பிரயோசகம், (prayôdjaka), *V.* பிரயோசனம்.

*பிரயோசகன், (*id.*), homme utile, bienfaisant, capable, fondateur, législateur.

*பிரயோசனம், (prayôdjana), profit, avantage, utilité, gain, cause, motif, objet, dessein, but: — பண்ணுகிறது profiter, gagner, utiliser, tirer avantage, rendre service: பிரயோசனப்படுகிறது devenir utile, profitable, servir.

*பிரயோசனன், பிரயோசிகன், (*id.* ika), homme utile, excellent, bienfaisant, capable. [bourgeon.

*பிரரோகம், (prarôha), rejeton,

*பிரலம்பம், 1° (pralamba), tenture, chose suspendue, qui pendille, mouvement, guirlande de fleurs, — suspendue au cou, mamelle, richesse, branche, jeune rejeton, zinc, étain. 2° (pralambha), ruse, tromperie.

*பிரலம்பன், Pralamben, Daitya tué par Baladèven.

*பிரலாபம், (pralapa), gémissement, lamentation, chagrin, douleur, paroles décousues, — vides de sens, bredouillage, conversation *ou* பிரலாபசன்னி épilepsie, mal caduc, espèce de maladie déplorable.

பிரலாபிக்கிறது, த்தேன், ப்பேன், பி, க்க, *v.n.* (பிரலாபம்). பிரலாபித்தல், பிரலாபிப்பு, *n.v.* gémir, se lamenter, se désoler, être triste, chagrin, parler d'une manière décousue, déraisonner, bredouiller, insister, parler en appuyant sur ses paroles.

*பிரலோடனம், (pralôthana), se —, rouler. [pidité, luxure.

*பிரலோபம், (pralôbha), désir, cu-

*பிரலோபனம், (*id.* na), amorce, appât, attrait, attraction, séduction, lubricité.

*பிரவகம், (pravaha), vent, air.

*பிரவகனம், (*id.* na), char —, litière couverte pour les femmes.

*பிரவசவோகம், (பிர, வசம்), aller en exil, — en pays étranger.

*பிரவசனம், 1° (pravatchana), les védas, parole —, écriture révélée.

éloquence,beau langage, enseignement.2° (pravasana), sortir dehors, séjourner en pays étranger, circuler,tourner. [de,différence.

*பிரவஞ்சம்,P.பிரபஞ்சம்,le mon-

*பிரவணம், (pravana), correfour où 4 routes se rencontrent, courbure,terrain bas, —enfoncé,vitesse,modestie.

*பிரவர்த்தகம்,(pravarttaka),action.

*பிரவர்த்தம், (pravartta), soin des choses du monde, vie mondaine,—active (opposée à la vie contemplative), V.சமுசாரம். [mer.

*பிரவபணம்,(பிர), action de se-

*பிரவயணம்,(pravayana),croc de cornac. [progéniture,famille,race.

*பிரவரம்,(pravara),descendance,

*பிரவருக்கம், (pravarga), feu du sacrifice.

*பிரவருத்தகன், பிரவர்த்தகன், (pravarttaka),ancien—,auteur,instigateur,juge,arbitre,homme juste, marchand,négociant.

*பிரவருத்தனம், 1° (pravarttana), effort,activité,détermination, excitation.2° (pravarddhana), accroissement.

பிரவருத்திக்கிறது,த்தித்தேன்,த்திப்பேன்,த்தி,த்திக்க,v.a.பிரவருத்தித்தல்,n.v.(பிரவருத்தனம்),se —, déterminer,s'efforcer, augmenter.

*பிரவாகம்,(pravâha),inondation, déluge,courant,cours,crue,rapidité, (d'une rivière...),torrent,étang, action,occupation,faculté, travail, vie active,cheval vif,passage continuel, venue,revenu.

*பிரவாசகம்,(பிர),éloquence.

*பிரவாசகன்,(id.),éloquent.

*பிரவாசம்,(பிர),sortie, résidence hors de chez soi.

*பிரவாசனம்,(பிர,வாசம்,na),demeure en pays étranger,exil,meurtre.

*பிரவாணி,(pravâni),V.நாடா.

*பிரவாதம்,(பிர),bruit,—confus, rumeur,discours,conversation, défi mutuel,V.சவாபிரவாதம்.

*பிரவாபி,(pravâpi),semeur.

*பிரவாரணம்,(pravârana), don, présent,obstacle. [couverture.

*பிரவாரம்,(pravâra),toile, habit,

*பிரவாளம்,(prabâla),corail.

*பிரவிக்கிதி,P.பிரவிக்கியாதி, (பிர), réputation,célébrité.

*பிரவிசேடம்,P. பிரவிசிலேஷம், (பிர,வி,slècha union),séparation,départ,éloignement.

*பிரவிடை,P.விடைகொடை.

*பிரவிதாரணம்,(பிர,வி, dârana déchirer),guerre, bataille, tumulte, confusion, déchirer, briser, bourgeonner. [actifs,entreprenans.

*பிரவிருத்தர், (pravroutta) gens

*பிரவிருத்தி,(பிர),effort, action, activité, vie active (opposée à vie contemplative), persévérance, attachement,union,prédilection, pratique,conduite, nouvelle, irrigation, courant,—d'eau continu, mucus de l'éléphant en rut,étendue,multiplicateur.

பிரவிருத்திக்கிறது,த்தித்தேன், த்திப்பேன்,த்தி,த்திக்க,n.v. (பிரவிருத்தி),augmenter,croitre,s'étendre.

பிரவிருத்தித்தல், பிரவிருத்திப்பு, n.v.du préc.augmentation,croissance,extension.

*பிரவிருத்திஞ்ஞன், (பிரவிருத்தி, ஞன்),émissaire,espion qui connait les nouvelles. [revenu.

*பிரவிருத்தியம்,(பிர,விருத்தி,ya),

*பிரவீணம்.(pravina),habileté.பிரவீணத்துவம்,ou

*பிரவீணதை, (id. tâ), habileté, courage,assurance.

*பிரவீரன்,(பிர), homme excellent,héros,brave guerrier,chef.

*பிரவேசகம்,(பிரவேசம்,ka),entrée,activité,effort.

*பிரவேசகன்,(id.),messager, acteur inférieur qui annonce l'arrivée des principaux personnages.

*பிரவேசம்,(pravèsa),entrée, entrer,passage,apparition,effort,attention à un objet,partie de danse ou de drame:—ஆகிறது entrer,apparaitre; — பண்ணுகிறது faire son entrée; பிரவேசப்படுத்துகிறது faire entrer,introduire,employer dans;—அப்பதிக்கும் un des உபதிக்கம்.

*பிரவேசனம்(பிரவேசம்,na),entrée,porte,—principale.

பிரவேசிக்கிறது,சித்தேன், சிப்பேன்,சி,சிக்க,v.a.(பிரவேசம்), பிரவேசித்தல்,n.v.entrer,faire son entrée,paraître,apparaître, venir —,tomber sur.

பிரவேசிப்பிக்கிறது,v.caus.du préc. faire entrer,introduire,induire.

*பிரவேஷ்டம்,பிரவேட்டம்,(pravèchta),bras,poignet,épaule, housse d'éléphant.

*பிரவேடம், (pravèta),orge.

*பிரவேக்ஷணம், பிரவேட்சணம், (பிர,அவ,ஈக்ஷணம்),prévision.

*பிரவேக்ஷிதம்,பிரவேட்சிதம்,(id. ita),chose prévue.

*பிரவேணி,(pravèni), chevelure emmêlée,—sans ornemens comme celle des femmes en l'absence de leur mari,housse d'éléphant.

பிரவேளும்,P.பிரளுயம், vénéra-

*பிரவை,P.பிரபை,lumière.[tion.

*பிரளயம்,(pralaya), inondation, déluge,temps de grande destruction,fin d'un கற்பம்,destruction du monde,dissolution,annihilation,division—,corps d'armée contenant 3 வாகினி ou un பிரதனை: அக்கினிப் — déluge de feu, destruction par le feu; மகாப்—déluge considérable,—universel;மறுப்— déluge général qui,au dire des Indous, a lieu à la fin du règne de chaque Manou ou manvantara; பிரளயகாலம் temps du déluge,—de la destruction du monde;—காலருத்திரன் Routtiren le destructeur;—காலவெள்ளம் inondation diluvienne, déluge de la fin du monde;—முடிவு fin du déluge,—du monde.

*பிரளயாகலர்,(பிரளயம்,அகலம்), ceux qui obtiennent la béatitude finale à la fin du monde.

*பிரளயாக்கினி,(id.அக்கினி), feu qui doit détruire le monde.

பிரளல்,1° son inarticulé.2° n.v. de பிரளுகிறது,P.புரளுகிறது.

*பிரனாயம்,P.பிரணயம். [canal.

*பிரனுலம்,(pranâla),cours d'eau,

*பிராகபாவம், (பராக்கு, அபாவம்),chose qui existe ou peut exister, mais qui n'a pas d'existence antérieure,non-existence d'un état antérieur,non possession (en jurisprudence),privation d'antécédent, illusion.

*பிராகம்,(prâk),orient,est. [sion.

*பிராகரியம்,(prâkhârya), âcreté, piquant,pointe,méchanceté,mal.

*பிராகாதம், (prâghâta), guerre, combat.

*பிராகாமியம்,(பிர,ஆ,காமியம்), un des 8 prétendus dons miraculeux dits அஷ்டமாசித்தி,i. e.subtilité ou pouvoir de pénétrer partout, pouvoir irrésistible,être sans défaut.

*பிராகாரம்,1° (prâkâra), enclos, mur d'entourage (autour d'un temple ou d'un palais...).2° (prâghâra), action de verser,d'asperger, manière,façon.

*பிராகின்னம்,(prâhna), matinée,avant-midi,temps antérieur.

*பிராகிருதம், (prâkrouta), prakrit,langage vulgaire,bas, commun, provincial, non poli (opposé au sanscrit ou au langage poli),dialecte, de province,ce qui a été fait,nature, matière: பிராகிருதசனம் bas peuple,le vulgaire,gens de moyenne classe;—சுரம் fièvre ordinaire; —ப்பிரளயம் dissolution totale du monde;—மானுஷன் homme en général;—மித்திரன் ami—,allié naturel,—dont les états sont séparés par un royaume intermédiaire.

*பிராகிருதன், (id.), homme de basse condition,dénué d'une véritable intelligence,qui ne connaît pas la vérité.

*பிராகிருதாரி,(பிராகிருதம்,அரி), ennemi naturel, dont les états sont contigus.

*பிராகிருதோதாசீனன்,(id. உதாசீனன்),prince naturellement neutre,dont les états sont au-delà du பிராகிருதமித்திரன். [est.

*பிராகுதிசி,(பிராக்கு,உதிசி),nord-

*பிராக், sync. de பிராக்கு: —காலம் temps passé, — ancien.

*பிராக்கிரகன், P. பிரக்கிரகன்.

*பிராக்கு, 1° (prâk), passé, ancien, antérieur, dernier, avant, orient, est, oriental, de grand matin. 2° P. பரா க்கு: பிராக்கப்படி selon l'ancienne manière; —[illegible] ou [illegible] épicycle employé pour calculer la précession des équinoxes; —பற்குனி la 11me constellation; —[illegible] Vrihaspati né sous cette constellation; — பாவம் existence antérieure (opposé à [illegible]); — வருஷம் l'an passé, l'année dernière; — [illegible] compte de l'an passé; [illegible] ou [illegible] arriéré de l'an passé.

*[illegible], [illegible], (prânga, na), espèce de tambour.

*பிராசகம், 1° (bhrâdjaka), bile, humeur bilieuse. 2° (prâsaka), dé à jouer. [conducteur de char.

*பிராசகன், (prâdjaka), cocher,

*பிராசங்கம், (prâsanga), joug, étable. [plumes.

*பிராசம் (prâsa), flèche garnie de

*பிராசயம், (பிராரி), commencement, origine.

*பிராசனம், 1° (prâdjana), croc d'éléphant. 2° (prâsana), manger, repas, donner du riz à manger: — பண்ணு விக்க manger.

*பிராசாதம், (prâsâda), temple, palais: [illegible] pigeon, *litt.* volaille de temple; —[illegible] terrasse sur le haut d'un maison, balcon; — [illegible] tour —, pyramide sur un temple.

*[illegible], [illegible], ([illegible], ya), mariage célébré devant le feu, avec le consentement des parens des 2 parties, sur la demande des parens de l'époux (c'est un des [illegible]), la ville d'Allahabad, espèce de pénitence qui consiste à manger 1 fois le matin pendant 3 jours, 1 fois le soir pendant 3 jours, vivre d'aumône 3 jours, et jeûner les 3 autres jours.

*பிராசாரம், (prâtchâra), manquement à la règle, inconduite.

*பிராசாரியன், (prâtchârya), écolier. [est, devant, avant.

*பிராசி, பிராசீ, (prâtchi), orient,

*பிராசிகன், (prâsika), lancier, soldat armé d'un javelot.

*பிராசிகை, (prâtchikâ), moustique, femelle du faucon.

*பிராசிதம், (prâsita), oblation aux mânes, présent.

*பிராசிபதி, (பிராசி est), le prétendu gardien de l'est, Indiren.

*பிராசீரம், (prâtchira), baie, mur, enclos, rempart.

*பிராசீனம், (prâtchîna), orient, oriental, ancienneté, antiquité, mur, baie, défense: [illegible] l'antique bottou, *i.e.* la lune; — [illegible] l'arbre ægle marmelos; — [illegible], — [illegible], (varhis *lumière*), roi V. பிராசிபதி.

*[illegible], [illegible], (பிராசீனம், âuita *suspendu*, [illegible]), le cordon bramanique porté sur l'épaule droite et passé sous le bras gauche (comme dans la cérémonie dite [illegible]), cordon que les choutres portent sur la poitrine: [illegible] brame qui porte le cordon de la manière susdite.

*பிராசு, (prâtch), orient.

*[illegible], ([illegible]), le fils de Pratchêtasa, *i.e.* le poète et richi வான்மீகன் auteur du Râmâyana.

*[illegible], P. [illegible].

*பிராச்சியம், (prâtchya), orient, pays à l'est du fleuve Sarasvati.

*[illegible], [illegible], (பிர, ஞா, ஞன்), intelligence, sagesse: [illegible] sagesse, connaissance; — [illegible] respect pour les savans.

*பிராஞ்ஞன், (*id.*), homme sage, intelligent, instruit, savant, docteur.

பிராஞ்ஞாட்டி, *f. de* பிராஞ்ஞன், dame, maîtresse, femme de qualité.

*பிராணகம், (பிராணம், ka), animal, être vivant, habit.

*[illegible], [illegible], (*id.*, [illegible]

hara, hâri *qui ôte*), meurtrier, meurtrière, qui ôte la vie, qui tue.

*பிராணாகரகம், (*id.* hâraka *qui ôte*), ce qui ôte la vie, aconit.

*பிராணாதம், 1° (*id.* da *qui donne*), ce qui donne la vie, sang, eau. 2° (prânatha), vent, lieu de pélérinage. 3° *P.* பிராணுதம்.

*பிராணாதன், 1° (prânatha), homme fort, ancêtre du genre humain. 2° (பிராணம், da *qui donne*), celui qui donne la vie, père. [vent.

*பிராணானந்தம், (prânanda), air,

*பிராணம், (prâna), vie, âme, vitalité, air, vent, respiration, force, pouvoir, talent —, inspiration poétique, aspiration dans la prononciation des lettres: பிராணனுக்குக்கேடுவருகிறது affecter la vie, la mettre en danger; பிராணனைவாங்கப்போகிறது ôter la vie ou பிராணனைவிட்டுவிடுகிறது abandonner la vie, se tuer soi-même, mourir; பிராணஹத்தியை (hatyâ), meurtre; — சலனம் action vitale; பிராணசகி compagne de la vie, amie intime; — சங்கடம் embarras —, gêne capable d'ôter la vie, péril de mort; — சமம், (சமம் *égal*), compagne pour la vie, épouse; — சுகசௌக்கியம் bien-aise de la vie, richesse, prospérité; — சிநேகம், — சிநேகிதம் amitié intime; — சிநேகிதன் ami intime, — du cœur; — சேதம் perte de la vie; — ஸ்தாபனம், V. பிராணப்பிரதிஷ்டை; — தாரகம் le soutien de la vie, 1re nourriture légère qu'on donne à un convalescent; — தாரகம் வார்க்கிறது verser —, donner cette nourriture à un convalescent; — தாரணம் soutien de la vie, ce qui sert à entretenir la vie: — துக்கம் chagrin mortel: — தீர்மானம் article —, moment de la mort: — தியாகம் abandon de la vie, suicide, ou — தியாகம் பண்ணுகிறது donner sa vie; — நாசம் perte —, péril de la vie, mort; — நாதன், — நாயகன் seigneur de la vie, Dieu, mari; — நாயகி épouse; — பக்ஷம் amour cordial, aimer comme sa vie; — ப்பிரதிஷ்டை consécration d'une idole par laquelle les gentils prétendent lui donner la vie; — மனோபேதம், — மனம் union —, rapport de l'âme et des sens, manière dont la vie agit dans les diverses parties du corps; — மித்துரு ami intime; — யத்தியம், P. பிராணாயத்தியம்; — யாத்திரை support de la vie, subsistance; — போக்கம் mort; — வதம், — வியோகம், — வதம் perte —, péril —, fin de la vie, mort; — லிங்கம் lingam que les linganistes infatués portent jusqu'à la mort et avec lequel ils sont enterrés; — வாயு un des 10 airs vitaux, qu'on dit résider dans le cœur; — விருதி, (இறுதி) fin de la vie, mort; — ஹீனம், (ஈனம்), manque de vie, vie misérable et maladive; — ஹீனன் (*id*), homme faible, maladif, — sans vie; — வேதனை maladie —, tourment mortel; — ஸ்நேகம், P. — ஸ்நேகம் perte de la vie, mort.

*பிராணனம், (பிராணம், na), vie, gorge, gosier.

*பிராணன், (prâna), vie, âme, un des 10 airs vitaux, celui qui réside dans le cœur, nom de Brama, l'esprit suprême: — விடுகிறது, - விட்டுப்போகிறது la vie ou l'âme quitter le corps, quitter —, laisser la vie, mourir; பிராணனைக்கொடுக்கிறது donner sa vie; பிராணனுக்குவருகிறது affecter la vie, la mettre en danger; என்பிராணனைவாங்கவருகிறபாதகன் scélérat qui vient m'ôter la vie. [இசு *sur*) V. பிராணேசன்.

*பிராணுநிரோதன், (பிராணம், அ

*பிராணாந்தம், (*id.* அந்தம்), fin de la vie, mort: — வருகிறது la fin de la vie arriver, être en danger —, être près de mort.

*பிராணாந்திகம், (*id.* அந்திகம்) meurtre, assassinat, destruction de la vie.

*பிராணாபாயம், (*id.* அ), obstacle à —; gêne —, danger de la vie.

*பிராணாபானன், (*id.* அபானன்), les 2 premiers des airs vitaux: பிராணன் et அபானன்.

*பிராணாபகரம், (*id.* ஆபகரம்),

manière de respirer pendant la récitation mentale des noms d'une prétendue divinité: elle consiste pour les வைதீகர் ou sectateurs des vêdas à aspirer par la narine gauche, en fermant la droite avec le pouce, puis à fermer les 2 narines et enfin à rejeter la respiration par la narine droite. Ces 3 opérations s'appellent பூரகம், கும்பகம் et இரேசகம். D'autres les font dans un autre ordre.

*பிராணி, (பிராணம், i), être vivant, créature vivante, animal: இலிங்கப்பிராணி celui qui porte un lingam jusqu'à sa mort et est enterré avec; — த்தியூதம் jeu d'êtres vivans, combat de béliers, — de coqs, —d'animaux l'un contre l'autre; —கேடை tourment des animaux, — de la vie, cruauté envers les animaux; —மாதா mère; —யம்சம் partie animale comme lait, chair, os...

*பிராணேசன், (id. ஈசன்), le maître de la vie, mari. [se.

*பிராணேசை, fem. du préc. épouபிராணன்போகிறது, P. பறுன்போற பிராணம், V. பிராணம். [து.

*பிராதக்காலம், (பிராதர்), le matin, le point du jour, le lever du soleil.

*பிராதக்கிருத்தியம், (id.), actions —, cérémonies —, adoration —, sacrifice du matin. [னம்.

*பிராதசுதினாணியம். V பிரதசுதி

*பிராதக்சந்தியை, (பிராதர்), sacrifice du matin, ou [du jour.

*பிராதக்சமயம், (id.), le point

*பிராதக்காந்தி, (id.), aurore, — du matin, lueur de l'aurore.

*பிராதஸ்நானம்; (id), ablution —, bain du matin. [னர்.

*பிராதமசந்திகர், V. பிரதமசந்தி

*பிராதமிகர், (பிரதமம், ika), les premiers, les principautés, 7$^{me}$ chœur des anges, qui dirigent au bien selon les desseins de Dieu, les affaires générales des royaumes.

*பிராதமம், V. பிரதமம்,

*பிராதம்மியம், (பிரதமம், ya), priorité, primauté.

*பிராதர், 1° (prâtar), matin, aurore: d'ou பிராதராசம், (âsa manger), —போசனம் déjeûner: பிராதராசிதன் qui a déjeûné. 2° (bhrâtâ), anciens. [—aîné.

*பிராதா, (bhrâtâ), frère, — utérin;

பிராதி, (பிராது), plaignant, demandeur —, plainte en justice, procès.

*பிராதிரு, (bhrâtrou), frère, — utérin: —சாயை, — பத்தினி belle sœur épouse du frère; — சன் neveu, fils du frère; —த்துவம் fraternité.

பிராது, accusation, plainte en justice..., procès, preuve: —க்காரன் le plaignant, celui qui intente un procès; — பண்ணுகிறது présenter une plainte, intenter —, faire un procès.

*பிராதேசம் (pradêsa), place, contrée, distance de l'extrémité du pouce à celle de l'index étendu, ou [sent.

*பிராதேசனம், (id. na), don, pré-

*பிராத்தனம், (prâktana ancienneté), action dont on jouit, destin, ancienneté, chose antique, ou பிராத்தனாகர்மம் action dont on reçoit le fruit, — faite dans une vie précédente, destin; —கர்மபலாதேசு fruit des actions de la vie précédente (dans le système de la métempsycose), ou — விதேசு fruit —, résultat de la destinée que l'on éprouve.

*பிராத்தனோ, பிராத்திக்கிறது, பிராத்திப்பு, பிராத்திதம், V. பிரார்த்தனே....

*பிராத்தி, P. பிராசி. [ouest.

*பிராத்தியகு, P. பிரத்தியகு.

*பிராந்துவம், (பிராக், துவம்).

V. பிராத்தனம்: பிராந்துவதேகம் corps reçu en vertu des actions de la vie précédente (selon la métempsycose).

*பிராந்தியேசர், P. பிராதமிகர்.

*பிராந்தம், (prânta), bord, limite, extrémité, marge, proximité: பிராந்தநகரக்கம் faubourg, groupe de maisons proche ou hors des murs d'une —, ville, V. பேட்டை.

*பிராந்தரம், (prântara), route désorte, —longue et sans ombre, chemin solitaire, forêt, trou d'arbre: பி ராந்தரஞ்சுவியம் route longue et ennuyeuse.

*பிராந்தன், (bhrânta), nigaud, homme stupide et ignorant.

*பிராந்தி, (bhrânti), erreur, méprise, faute, stupidité, ignorance, trouble d'esprit, étourdissement, vertige, stupeur, vertige accompagné de —, diarrhée, inconstance, faiblesse, locomotion, tournoiement, rôder, tourner autour: — தாமதமிசி ரம் mélange d'orgueil et d'ignorance ou d'illusion complète.

*பிராந்திநாசன், (பிராந்தி, hara *qui éloigne*), ministre, — qui par ses conseils éloigne ou dissipe les méprises.

*பிராந்திமதலங்காரம், (bhrântimat *qui erre*, அலங்காரம்), figure qui consiste à confondre les objets.

*பிராந்தியம், P. புராதநியம், ancienneté. [plaine, plain air.

பிராந்திரம், (புறம், அந்தரம்),

பிராந்து, 1° P. பருந்து, milan. 2° P. பிராந்தி. [garde.

*பிராபகம், (prâpaka), protection,

*பிராபவநியம், (prâbhavanya), pouvoir, autorité.

*பிராபவம், (prâbhava), supériorité, primauté, prééminence.

*பிராபோதிகம், (prâbôdhika), point du jour. [tion.

*பிராப்தம், (prâpta), gain, obten-

*பிராப்தி, பிராப்த்தி, (prâpti), mérite, gain, profit, acquisition, réussite, succès, bonheur, satisfaction de tous ses désirs (c'est un des 8 dons prétendus dits அஷ்டமாசித்தி), élévation, montée, collection, assemblage, assemblée: உனக்குப்பிராப்தியி ல்லை tu n'a pas de bonheur....

*பிராப்பியம், (prâpya), chose obtenue, avantage, mérite.

*பிராமகம், (bhrâmaka), chacal, renard, tromperie, espèce d'aimant.

*பிராமணதை, (பிராமணன், tâ), qualité de brame

பிராமணத்தி, *fém. de* பிராமணன், bramine, fille ou femme de brame.

*பிராமணம், (brâhmana), assemblée de brames, portion des vêdas qui comprend les préceptes et les instructions.

*பிராமணன், (*id.*), brame, homme de la 1re caste des Indiens, sage qui a renoncé à tout; பிராமணகோஷ்டி assemblée de brames: — சண்டாளன் brame coquin, —vaurien, brame dégradé: — சாதி caste des brames: — தொழில் occupation des brames; — த்துவம் qualité de brame: — நாகம், — ப்பாம்பு le serpent des brames, espèce de serpent; — போசனம் repas—, nourriture de brame; — வதம் bramanicide: பிராமணாக்கபோசனப்பிரியர் les brames aiment la bonne chaire, ou sont avides de nourriture; பிராமணனுக்குப்பின்புத்தி l'esprit—, la réflexion vient tard au brame.

*பிராமணநிக்கிரகம், (பிராமணன், நிக்கிரகம்), injustice—, mépris des brames. [நாமகரணம்

*பிராமணி, (*id.* i), bramine, V. பி

*பிராமணிக்கம், (*id* ika), honneur —, dignité—, décence de brame.

*பிராமண்ணியம், (*id.* ya), assemblée de brames, état—, qualité de brame. [astre errant, planète.

*பிராமந்தியம், (bhrâmanta, ya),

*பிராமம், 1° (brâhma), bas—, racine du pouce, partie de la main, un des அஷ்டமணம் dit பிரமம், chose qui regarde Brama. 2° (bhrâma), erreur, vagabondage. [argent.

*பிராமபிங்கை, (brâhma pimgâ),

*பிராமரம், (bhrâmara), tournoiement dans, — autour, village, miel, épilepsie, roideur. [autorité, preuve.

*பிராமாணியம், (பிராமாணம், ya)

பிராமாநிட்சை, (பிராமாநிட்சை), avis, faire connaître.

*பிராமி, (brâhmi), la femme ou l'énergie féminine de Brama, Sarasvati, une des மாதர், bramine, fille ou femme d'un brame, la constellation உரோகிணி; fourmi rouge dite சூதை.

*பிராமியம்,(brâbmya), respect envers les brames, côté de la tête.

*பிராமித்தியம்,(prâmitya), dette.

*பிராயச்சித்தம், பிராயச்சித்தி,(பி ராயம், சித்தம்), expiation, abolition, pénitence,punition —, pénitence pour le péché, cérémonie pour réintégrer dans les droits de la caste, partie de luxure; பிராயச்சித்த விதி régles pour la pénitence, pour l'expiation. [volontaire

*பிராயணம்,(prâyana), mort,—

*பிராயம், 1°(prâya), âge, état ou condition de la vie, jeunesse, âge nubile, — voulu,temps propre, mesure, péché, mort, abondance, jeûner jusqu' à la mort par religion ou par pénitence. 2° *adj. de* பிராயம்: உனக்கென்னபிராய—quel âge as-tu? எனக்கிருபது—உண்டு j'ai 20 ans: நாலு—âge de 4 ans; முதிர்ந்த—âge mûr, vieillesse; வாலை—jeunesse, âge tendre; விளையாட்டுப் - l'âge des jeux et des amusemens,l'enfance: -அறிந்து connaître l'âge, arriver à l'âge de discrétion,à l'âge nubile:—தப்பிப்போயிற்று l'âge convenable est passé; பிராயப்படுகிறது arriver à l'âge convenable, à l'âge nubile: பிராயத்திலேசெய்கிறது faire (une chose) à l'âge convenable.

*பிராயோபவேசனம், பிராயோபவேசனிகை,(பிராயம்,உபவேசம், na, ika), s'abstenir de toute nourriture, jeûner jusqu'à la mort, s'asseoir par terre pour se laisser mourir d'inanition.

பிராய். l'arbre பருவம் trophis aspera. பிராய்ப்பட்டை écorce médicinale de cet arbre.

*பிராரம்பம்,(பிர, ஆரம்பம்), commencement.

*பிரார்த்தனீயம், (prârthaniya), chose désirable, le 3<sup></sup>me யுகம் des Indiens nommé துவாபரயுகம்.

*பிரார்த்தனம், பிரார்த்தனை, (prârthana—nâ), demande, supplique, supplication, prière, litanies, vêpres,salut, vœu, oblation, offrande, dîme; பிரார்த்தனைசெய்கிறது prier, faire un vœu; முக்கியமான— offrande précieuse, prière ou litanies de prédilection.

பிரார்த்திக்கிறது, த்தேன், த் திப்பேன், த்தி, த்திக்க, *v.a.* (பிரார்த் தனம்), *et* பிரார்த்தனைபண்ணுகி றது,prier, demander, supplier, faire un vœu.

பிரார்த்திக்கை, பிரார்த்திப்பு, *n.v. du préc*. prière, demande, supplication, vœu. [demandée.

*பிரார்த்திதம், (prârthita), chose

*பிரார்த்திதா,(prârthitâ), suppliant, solliciteur, demandeur.

*பிராலம்பம்,பிரலம்பகம்,(பிர, ஆ, லம்பம், ka), guirlande de fleurs (suspendue au cou...)

*பிராலம்பிகை,(பிராலம்பம், ikâ) guirlande,collier.

*பிராலேயம், (prâlêya), gelée,—blanche,givre: பிராலேயாமிசு, (அமிசு),la lune aux rayons glacés ou frais. [grains.

பிராவம்,terre —,champ à menus

*பிராவரணம்,(prâvarana),habit extérieur,robe.

*பிராவரம்,(prâvara),haie,enclos.

*பிராவாரம்,(prâvâra),habit extérieur, manteau; பிராவாரகீடம் pou d'habit. [des pluies.

*பிராவிருஷை,(prâvrouchâ ,saison

*பிராவிருதம்,(prâvrouta), voile, couverture,manteau,offrande.

*பிராவிருதி,(prâvrouti), haie.

*பிராவீண்ணியம், (பிரவீணம், ya), habileté.

*பிராவேசனம்,(பிர,ஆவேசனம்), atelier, manufacture, lieu où l'on fait travailler.

பிராவு,(prâ *remplir*, ஆறு),rivière remplie d'eau, où l'on peut nager, réservoir plein.

பிரான் maître, —suprême, seigneur, Dieu, (et en style payen) Siven et autres faux dieux.

பிரி 1° *imp. de* பிரிகிறது, 2° *imp. part. et n.v. de* பிரிகிறது, division, séparation. 3° *P.* புரி, corde. 4° la racine வெதுப்பு,arum.

பிரிகிறது, பிரிந்தேன், பிரிவேன், பிரி, பிரிய, v.n. ou பிரிந்துபோகிறது, se séparer, se désunir, se diviser, se déjoindre, se dissoudre, se défaire, se démonter, s'en aller, se retirer, s'éloigner, quitter, changer, பிரிந்துபோனபால் lait tourné; —வருகிறது se séparer des autres et venir; பிரியப்பண்ணுகிறது,—க்கொள்கிறது ou

பிரிக்கிறது, பிரித்தேன், பிரிப்பேன், பிரி, பிரிக்க, v.a.du préc. பிரிக்குதல், பிரித்தல், n.v. séparer, désunir, déjoindre, diviser, partager, dissoudre, mettre de côté, défaire, démonter, changer; பிரித்துக்கொள்ளுகிறது se séparer des autres; — ப்போடுகிறது séparer, partager, diviser en portions, faire les parts, défaire (le toit d'une maison); பிரித்தெடுக்கிறது séparer et choisir, —et prendre.

பிரிசம், P. பிரியம், cherté, rareté, amabilité: — ஆயிருக்கிறது être cher, —rare, plaire; — பண்ணுகிறது rendre cher, faire enchérir.

பிரிசல். 1° rareté, disette: — ஆயிருக்கிறது être cher, rare, difficile à trouver. 2° P. பிரிதல், séparation, différence: தானியப்பிரிசல் rareté —, cherté des grains, disette.

பிரிசாலம், (பிரி, சாலம்), trouble, importunité: — பிடிக்கிறது troubler, importuner, insister fortement.

பிரிச்சல், P. பிரித்தல். [tact.

*பிரிட்டி, பிரிஷ்டி, P. பிருஷ்டி,

பிரிதல், n.v. de பிரிகிறது, séparation, division, désunion, départ, éloignement.

*பிரிதி, P. பிரீதி.

*பிரித்தம், P. பிருக்கம், tact.

பிரித்தல், n.v. de பிரிக்கிறது, division, partage, séparation, éloignement, désunion, dissolution, changement

பிரித்து, gér. du même. [gement

பிரிநிலை, (பிரி, நிலை), état séparé, disjonction, distinction, séparation, mise à part, chose pour distinguer, c'est le sens de quelques particules tamoules: —யுவமைப்புநவிற்சியணி figure qui consiste à séparer ou distinguer la chose comparée pour montrer qu'elle a quelque chose de plus que l'objet auquel on la compare; —யெச்சம், —வெஞ்சணி ellipse qui sert à séparer ou distinguer quelque chose. Ex. அவனேகொண்டான் est-ce lui qui a pris?

பிரிந்து, gér. de பிரிகிறது: பிரிந்திசைக்குறள் espèce de vers dits அம்போதரங்கம்; பிரிந்திசைத்துள்ளல் vers du genre dit கலிப்பா dans lesquels la connexion propre dite கலித்தளை est mêlée avec les autres; பிரிந்திசைத்தூங்கல் vers du genre dit வஞ்சி dans lesquels la connexion dite கலித்தளை est mêlée avec les autres.

பிரிபொருட்சொற்றொடர், (பிரி, பொருள்), espèce de licence ou de défaut des vers, qui a lieu lorsque le vers entier a plus d'un sens, et que le sens principal est partagé: Ex. பாலும்மதுவும்பனைபொழியும் le palmier verse (i.e. donne) du lait et de la liqueur enivrante. [ல்.

பிரிப்பு n.v. de பிரிக்கிறது, V. பிரித்த.

பிரிமணை, P. புரிமணை.

பிரிமொழிச்சிலேடை, (பிரி), sens divers —, ambiguité résultant des diverses manières de séparer les mots. [de பிரியம்.

பிரிய, 1° inf. de பிரிகிறது. 2° adj.

*பிரியகம், (priyaka), les arbres கடம்பு et வேங்கை, cerf bariolé, abeille, safran.

*பிரியங்கு, (priyangou), sorte de plante médicinale, le தினை ou panicum italicum, moutarde noire, poivre long. [plaisir.

*பிரியதை, (பிரியம், tâ), affection,

*பிரியம், (priya cher), amabilité, agrément, amour, joie, plaisir, désir, objet chéri, chose aimée, —désirée, qui plait, cherté, disette, rareté: என்னபிரியம் qu'est-ce qui plait ou qu'on désire? இல்லாததுபிரியம் on désire —, on aime ce qu'on n'a pas ou ce qui n'existe pas; தானியப்பிரியம் rareté —, cherté des grains, disette. —காட்டுகிறது montrer de l'affection; —வைக்கிறது aimer, chérir; —

அம்,—ஆக d'une manière qui plaît, agréablement, avec plaisir, avec affection, tendrement, volontiers; —ஆய்ச்செய்கிறது faire avec plaisir, d'une manière qui plaît;—ஆன வார்த்தை parole affable, agréable; பிரியக்காரன் aimable, affectionné; —சகி,—தோழி compagne chérie;—சத்தியம் entretien —, vérité agréable; —தத்தம் don agréable, grâce, faveur, bonté, clémence;—தரிசனம் agrément, bel air, perroquet;—த்துவம் amour, affection, agrément, amabilité, délice, plaisir;—பவுஷணம் discours agréable;—ப்படுகிறது plaire, être agréable, aimer, se plaire à;—வாதி parleur agréable.

பிரியலர்,(பிரிகிறது, அலர்), amis —, gens inséparables.

*பிரியவான்,(பிரியம்), bien-aimé, homme chéri.

*பிரியன்,(பிரியம்), homme chéri, bien aimé, aimable, qui aime, mari, amant.

பிரியா, பிரியாத, *part. nég. de* பிரிகிறது, *et* பிரிக்கிறது, inséparable, indivisible, non séparé: பிரியாவிடை congé pris avec une amitié inséparable, séparation en bonne amitié,—de corps les esprits restant unis. [demandeur, accusateur.

பிரியாதி,(பிரியாது), plaignant,

பிரியாது, 1° plainte—, demande (en justice...), procès, accusation:—பண்ணுகிறது intenter procès, accuser, faire—, présenter une plainte (en justice.....) 2° *ou*

பிரியாமல், *gér. nég. de* பிரிகிறது *et de* பிரிக்கிறது.

*பிரியை, 1° *fém. de* பிரியன், bien-aimée, femme (en général), épouse, amante, petit—, cardamome, nouvelle, liqueur spiritueuse, espèce d'air,—de mélodie,—de vers. 2° *ou* பிரியாய், 2° *pers. sing. nég. de* பிரிகிறது tu ne te sépares pas...

*பிரியோபதேசம்,(பிரியம், உபதேசம்), parole—, discours agréable.

பிரிவனை, *n. v. de* பிரிகிறது, désunion, différend, séparation,—par la mort, schisme:—காலம்வந்ததோதெரியாது je ne sais si le temps de la séparation n'est pas venu (expression d'amis ou d'époux qui se brouillent)

பிரிவாற்றாமை,(பிரிவு, ஆற்றாமை), regret inconsolable d'une séparation (d'époux...).

பிரிவினை, 1° *acc. de* பிரிவு. 2° *P.* பிரிவினை, division, désunion, schisme, différend: க்காரர் schismatiques, gens de discorde.

பிரிவு, *n. v. de* பிரிகிறது, séparation, désunion, aversion, différend, schisme, partage, division, partie, paragraphe, section,—d'un livre, acte de comédie ou tragédie, disjonction:—காலம் temps de la séparation, de se séparer, du départ; —கணக்கு division (en arithmétique); —பண்ணிக்கொடுக்கிறது distribuer, partager,—et donner, diviser, faire les parts; பிரிவுண்டாக்குகிறது diviser, causer—, mettre la division, dissoudre (l'amitié...); பிரிநிலைக்குறிப்பு marque de disjonction, la lettre ஏ qui sert de particule disjonctive.

*பிரீணம், பிரீணனம், பிரீதம், (prina,—nana,—ta), joie, satisfaction, satisfaire, procurer du contentement.

*பிரீதி, (priti), joie, plaisir, bonheur, amour, affection, tendresse, égard, le 2° des 27 யோகம், Rati, femme de காமன்:—தானம்,—தாயம் don agréable;—யாகச்செய்கிறது faire pour plaire;—யாயிருக்கிறது plaire, être agréable;—யில்லை il n'y a pas de plaisir;—வசனம் parole—, discours agréable; இதவனுக்குப்— ceci lui plaît;—lui est agréable. [bouffon, plaisant.

*பிரீதிதன், (பிரீதி, da *qui donne*),

*பிரீது, (priton), oiseau.

*பிருகதாரணியம், (vrouhat *grande*, ஆரணியம் *forêt*), un des 32 oupanichadas.

*பிருகு, பிருகதி, (vrouhati), la plante கத்தரி, bringelle.

*பிருகு, (bhrougou), Bhrigou ou

Bhrougou, célèbre முனி, un des 31 முனிவர் et un des 10 பிரசாபதி premières créatures ou fils de Brama, (surnom de) Siven, Soukren conducteur de Vénus, Samadagni ou சமதக்கினி petit fils de Bhrougou, plaine sur une montagne, précipice, racine très tendre: —சுதன் le fils de Bhrougou, i.e. Soukren son propre fils, et Parasourâmen descendant et chef de la race de Bhrougou; —பதி Râmen, Parasirâmen, Balarâmen.

*பிருகுடி, (bhrou *sourcil*, kouti *courbure*), sourcil, froncement des sourcils. [ille noire, escarbot.

*பிருங்கம், (bhrounga), grosse abe

*பிருங்கரிடன், (bhroungarita), un des portiers ou capitaines de Siven, un chef de sa suite.

*பிருங்கி, (bhroungi), un des chambellans de Siven.

*பிருங்கீசன், (பிருங்கி, ஈசன்), le maitre de Brounghi, i.e. Siven.

*பிருச்சகன், (பிருச்சை, ka), investigateur, examinateur.

*பிருச்சனம், பிருச்சை, (proutchtchhâ, na), demande, question, information. [à frire.

*பிருச்சனம், (bhroudjdjana), poèle

பிருடை, clef ou cheville de luth pour en tendre les cordes et les accorder.

*பிருஷ்டம், பிருட்டம், 1°(prouchtha), dos, le derrière, nuque du cou, superficie, surface. 2°(bhrouchta), chose frite, rôtie, grillée: பிருஷ்டவி [illegible] bosse sur le dos; —பலம் contenu de la superficie d'une figure: —மாம்சாதன், — மாம்சாசனன், (மாம்சம், அதனம், ada *qui mange*), calomniateur, médisant, qui dit du mal par derrière...

* பிருஷ்டி, பிருட்டி, 1°(prouchti,) rayon de lumière, toucher, tact, contact. 2°(bhrouchti), action de frire.

*பிருதகன், (பிருதன், ka), serviteur, homme salarié, —à gages, mercenaire, journalier.

*பிருதகாத்தியாபகன், (பிருதகன், அத்தியாபகன்), maitre salarié: பிருதகாத்தியயனன் étudiant qui paie son maitre.

*பிருதக்காத்துமதை, (prouthak *séparément*, ஆத்துமம், tâ), discernement, jugement.

*பிருதகாத்துமா, (id.), individu, esprit individualisé, séparé de l'Ame universelle (selon les Indous.)

*பிருதகாத்துமிகை, (id. ikâ), individualité.

பிருதக்கரணம், பிருதக்கிருதம், (id.), discernement, distinction d'une chose d'avec l'autre. [diverses.

*பிருதக்குணம், (id.), qualités

*பிருதக்சனன், பிருதக்குச்சனன், (id. சனம்), homme vil, méchant, pervers, pécheur, ignorant, nigaud: பிருதக்சனர், pl. gens vils..., enfans d'un même père par différentes mères.

*பிருதக்த்துவம், பிருதத்துவம், id. individualité, séparation, isolement.

*பிருதனா, (proutanâ), V. பிரத னா. [V. பிருதன்.

பிருதன், பிருதான், (bhrouta),

*பிருதாகு, பிருதாகு, (proudâkou), serpent, scorpion, tigre, léopard, éléphant, rat. [nourriture, capital.

*பிருதி, (bhrouti), gage, salaire,

*பிருதிராசன், பிருதாபதி, V. பிரதா சன், பிரதாபதி.

*பிருதிவி, (prouthivi), la terre (considérée comme fille du roi Prouthou): —சக்கரன், —பதி, —பாலன் roi, Yamen; —தலம் surface de la terre.

*பிருது, (prouthou), ce qui est —, grand, grandeur, largeur, robe, Prouthou, 5° monarque de la dynastie solaire dans le 2° யுகம், Agni ou அக்கினி prétendu dieu du feu, opium; —சேகரம் montagne, —à larges pics; —மாசம் intervalle entre les —, milieu des défenses de l'éléphant: —ஸ்கந்தம் l'ours au larges épaules: —ரோமம், (உ. ரோமம்), poisson, (ses écailles sont comparées à de) larges poils.

*பிருதுவி, (prouthvî), la terre; —மண்டலம் le globe de la terre. [me.

*பிருதுவிகை, (*id.*ka), cardamo-

*பிருதூதரம், (பிருது, உதரம்). bélier, — à large ventre.

*பிருதூதரன், (*id.*), homme —, gros ventru.

*பிருதை, (prouthâ), Kounti devi, femme de Pandou, V. குந்தி.

*பிருக்தம், (proukta), richesse, possession, *ou* [contact.

*பிருக்தி, (prouktì), toucher, tact.

*பிருத்தியதை, (பிருத்தியர், tâ), V. பிருத்தியத்துவம்.

*பிருத்தியர், (bhrouttya, *nutriendus*), esclaves, serviteurs: பிருத்தியவான் homme qui a beaucoup d'esclaves; — த்துவம் servitude, dépendance, service; — பத்தன் maître de famille qui prend soin de ses serviteurs: — பரணம், — விருத்தி soin —, entretien de ses serviteurs, de ses gens; — வாற்சல்லியம் bonté pour ses gens. [titude, le basilic துளசி.

*பிருந்தம், (vrounda), foule, mul-

*பிருந்தை, (vroundâ), le basilic துளசி, Vroundei femme du géant சலந்தரன்.

*பிரேக்ஷகன், (பிரேக்ஷை, ka), spectateur.

*பிரேக்ஷணம், பிரேட்சணம், (பிரேக்ஷணம்), œil, vue, regard, spectacle public, place des spectacles publics.

*பிரேக்ஷணிகை, பிரேட்சணிகை, (*id.* ika), femme curieuse, avide de voir des spectacles.

*பிரேக்ஷை, பிரேட்சை, (பிர, ikcha *voir*), intelligence, esprit, danse, vue, regarder, observer, branche d'arbre.

*பிரேஷணம், பிரேஷிதம், பிரேஷித்தல், பிரேடணம்... 1° (prècha, na, ita), envoi, envoyer, dépêcher. 2° (bhrècha, —na), allée, aller, déviation du bon chemin.

*பிரேஷ்டன், *m.* பிரேஷ்டை, *f.* பிரேஷ்டம், *n.* (பிரியம், இஷ்டம்), homme —, femme —, chose aimable.

*பிரேதம், (prèta), cadavre, corps mort. mânes, ancêtres, esprit du mort avant les funérailles, revenant, démon, fantôme, esprit, — malin, vampire, le midi, après: பிரேதசம்ஸ்காரம், —காரியம், —கிருத்தியம் obsèques, cérémonies funèbres: —காரி (hâra *qui prend*), celui qui porte le cadavre; — கிருகம் séjour des morts, cimetière, sépulcre; — குடம் cruche ou urne funéraire, — des morts; — க்குழி fosse, — pour enterrer; — சுத்தி nettoiement d'un cadavre, purification après la mort d'un parent; — தூமம் fumée du bûcher funèbre; — த்துவம் état de cadavre; — நதி fleuve des enfers, enfer; — நரன் cadavre, fantôme, esprit; — நிர்காரகன், — நிர்வாகன், (nîrhâraka *qui emporte*), porteur de cadavre; — பக்ஷம் seconde partie d'une lunaison, de la pleine lune à la nouvelle; — படகம் tambour funèbre; — பதி, — ராஜன் le roi des morts, *i. e.* Yamen; — பாத்திரம் vase qui sert aux cérémonies funèbres; — லோகம் le monde ou la demeure des mânes, — des morts (selon les Indous), le coin du monde où ils sont censés demeurer un an ou jusqu'à ce que les cérémonies funèbres soient finies, le côté du sud; — வனம் cimetière, lieu où l'on brûle les morts.

*பிரேதாலங்காரம், (பிரேதம், அலங்காரம்), décoration —, ornement du cadavre pour les funérailles; — பண்ணுதல் orner le corps pour les funérailles.

*பிரேதான்னம், (*id.* அன்னம்), riz cuit offert —, oblation aux mânes,

*பிரேதோதகம், (*id.* உதகம்), offrande aux mânes,

*பிரேமம், (prêma), tendresse, plaisir, amusement: பிரேமபாஷ்பம் chassie, pleurs.

*பிரேயம், (prêya *très-cher*), caillou, — fermenté, jus de cocotier...

*பிரேரகம், (prêraka), conduite d'une affaire, conver.

*பிரேரகன், (*id.*), celui qui con-

[illegible]

duit une affaire, intendant, gérant.

*பிரேரணம், (prêrana), envoi, direction, conduite, ordre, commandement, chasser, mener, faire marcher, passion, sens du verbe causatif.

*பிரோதாவஸ்தை, பிரோதாவஸ்தை, (பிர devant, va aller, அவஸ்தை), état où l'âme agit, — peut accomplir ses actions.

பிரேரிக்கிறது, ரித்தேன், ரிப்பேன், ரி, ரிக்க, v. a. பிரேரித்தல், n. v. (பிரேரணம்), conduire, diriger (une affaire...), couver.

பிரை, moitié, présure, substance employée pour faire cailler le lait...: — கால்நீர் demi-quart ou 8ᵉ de mesure.

*பிரோகம், (prôha), nœud, jointure, cou-de-pied —, pied de l'éléphant, logique, raisonnement.

*பிரோக்ஷணம், பிரோக்ஷணம், பிரோக்ஷிதம், (prôkchana, — ita), meurtre, sacrifice d'animal, aspersion, — d'eau, prière des païens pendant l'immolation d'un animal: பிரோக்ஷணீபாத்திரம், (1 augment), vase pour faire l'aspersion.

பிரோக்ஷிக்கிறது... V. புரோக்ஷிக்கிறது...

*பிரோஷிதன், (prôchita), absent, exilé, demeurant en pays étranger.

*பிரோதம், (prôtha), haillon, vieil habit, nez de cheval, cuisse, hanche, embryon, fétus.

*பிரோக்தம், (prôkta), chose dite, révélée: தேவப்பிரோக்தம் chose révélée de Dieu.

*பிரோத்சாகம், பிரோத்சாகம், பிரோத்சாகிதம், (பிர, உத்சாகம், na, ita), effort, instigation, excitation.

*பிரோத்சாகன், (பிரோத்சாகம், ka), instigateur, conseiller.

*பிரௌடை, (praoudhâ), femme d'un âge mûr, de l'âge de 30 à 55 ans, matrone, [die.

பிலகரி, espèce d'air ou de mélo-

*பிலக்ஷம், (plakcha), l'arbre அரசு, une des 7 îles des Indous.

பிலசம், cumin noir.

பிலத்துக்கோயம், (பிலம்), fourmi, — qui fait son nid sous terre.

*பிலம், 1° (vila), cave, chambre souterraine, souterrain, caverne, — de montagne, trou —, nid sous terre. 2° P. பலம்: பிலத்துவாரம் ouverture de souterrain, chemin de l'abyme.

*பிலவ, — வருஷம், (பிலவம்), la 35ᵐᵉ année du cycle de 60 ans correspond à 1841 et 1901.

*பிலவகதி, (பிலவம் saut, கதி), ce qui marche par sauts, i. e. la grenouille, saut de grenouille.

*பிலவகம், (id. ga qui va), grenouille, — maigre, singe.

*பிலவகன், 1° (id. id.). Arounen, cocher du soleil. 2° (id. ka), danseur de corde.

*பிலவங்க, — வருஷம் (பிலவங்கம்), la 41ᵐᵉ année du cycle indien, qui correspond à 1847 et 1907.

*பிலவங்கமம், (பிலவம், கமம் qui va), animal bondissant, singe, grenouille.

*பிலவங்கம், (id. ga qui va), animal qui bondit, cerf, singe, grenouille.

*பிலவம், (plava), saut, bondissement, singe, grenouille, brebis, natation, nager, pièce d'eau, radeau, plongeon, pelicanus fusicollis, espèce de canard, nasse ou panier pour prendre le poisson, son prolongé, penchant, terrain en pente, ressemblance, basse caste, sorte d'herbe, herbe odoriférante, l'arbre சமசை, mimosa. [plonger, inondation.

*பிலவனம், (plavana), sauter,

பிலவர், 1° P. பிலம் ou பலவர். 2° fourmi. [— ikâ), radeau.

*பிலவாகை, பிலவிகை, (plavâkâ, பிலாக்கு, sorte de bijou du nez.

பிலாக்கை, grenouille de mer.

*பிலாவம், பிலாவனம், (plâva, na), submersion, plonger, tremper, remplir, — jusqu'au bord.

பிலாத்து, gén. பிலாத்தின், P. பிராத்து.

பிலிம்பி,பிலிம்பி,l'arbre averrhoa bilimbi.

பிலிற்றுகிறது,பிலிற்றேன்,பிலிற்றுவேன்,பிலிற்ற,v.a.பிலிற்றல்,பிலிற்றுதல்,gargariser. V. அராவுகிறது.

*பிலீகம்,பிலீகை, (plihan,—hâ), rate,foie,maladie de foie, — de la rate: பிலீகக்கினம்; —சத்துரு, பிலீகாசத்துரு, (ghna *qui tue*,சத்துரு), la plante andersonia rohitaka bonne contre les maladies du foie.

*பிலீகசசி,(பிலீகம்,அசி),l'arbre அசசை.

பிலுக்கன், (பிலுக்கு), fat, faquin,petit maître, vaniteux, affecté dans ses vêtemens.

பிலுக்கு, pompe, affectation, faquinerie,parade, vanterie,vanité:—க்காரன், V. பிலுக்கன்.

பிலுபிலுக்கிறது,லுத்தேன், லுப்பேன்,லு,லுக்க, v. n. பிலுபிலுத்தல், n.v.(பிலுபிலு),faire du bruit.

பிலுபிலு, son imitatif: பிலுபிலென்றுவருகிறது courir sur quelqu'un, venir avec un grand bruit et en grand nombre.

*பிலுஷம்,பிலோஷம், பிலோடம், (plôucha, plôcha),combustion,brûler.

பில்கல்,பில்குதல்,n.v.de

பில்குகிறது,கினேன்,குவேன்,கு, க, v.a. gargariser, dégoutter, filtrer.

பில்முதக்கராகிலும், terre faiblement imposée, — qui paie un faible impôt au gouvernement.

பில்லங்குழல்,பில்லாங்குழல்,P.புல்லங்குழல்.

பில்லடை,P.புல்லடை.

*பில்லம், (pilla), taie à l'œil, cataracte, œil chassieux:— குத்துகிறது, —உரிக்கிறது ôter—, enlever la cataracte.

பில்லரி,P.புல்லரி.

*பில்லர், (bhilla), les Bhils, espèce de caste barbare qui vit de pillage vers le fleuve Narmada.

பில்லி,sorcellerie, magie, —noire, espèce de démon, chat: — சூனியம் sorcellerie, — pour nuire, magie, sortilége,sort;—சூனியக்காரன் sorcier, magicien;—சூனியம்வைக்கிறது mettre—,jeter un sort,un sortilege,placer des matières magiques; —சூனியமெடுக்கிறது découvrir et ôter les matières magiques; —பேயடை cortége de démons; — யத்தி le chardon பெருநெருஞ்சில்; பில்லிக்குராமன் le roi des sortiléges, le démon, l'herbe odoriférante இலாமிச்சை.

பில்லு,P.புல்லு.

பில்லை,P.வில்லை.

பிழக்கடை,1° P.புழைக்கடை. 2° derrière de la maison.

பிழம்பு, grande étendue, intensité,aggrégation, foule. V. தம்பம்:இருட்பிழம்பு ténèbres épaisses.

பிழா, vase, réceptacle, corbeille ou panier en feuilles de palmier.

பிழார், panier pour arroser (en tirant l'eau d'un étang...).

பிழி, 1° callou,—ou jus de cocotier... fermenté. 2° *imp.et part.de*

பிழிகிறது, பிழிந்தேன்,பிழிவேன்,பிழிய, v. a. et பிழிந்துபோடுகிறது, exprimer (le jus, le suc, l'eau...), presser, exprimer en pressant, en tordant, tordre et exprimer, faire sortir,—jaillir en pressant.

பிழிதல்,பிழிவு,*n.v.du préc.* action d'exprimer.

பிழியர்,(பிழி),marchands de callou.

பிழுக்கை, crotte (de chèvre, de brebis,de rats, de lièvre...).

பிழை, 1° faute, manquement, erreur, bévue, méprise, inadvertance,fausseté, mensonge. 2° *imp. et part.de* பிழைக்கிறது: ஆசாரப்பிழை incivilité, manquement aux usages,aux convenances; பிழைகளைச்சொல்லே ne dis pas de faussetés, de bévues...; பிழைக்காயம் blessure légère, —non mortelle (après laquelle on peut vivre,ou qui a manqué son coup):— க்கடை,P.புழைக்கடை;—தட்டுகிறது se frapper la poitrine par aveu de ses fautes;— பாடு erreur, faute, manquement;— படுகிறது se tromper, être fautif;—பார்க்கிறது examiner les fautes,reviser, corriger; — யாய்ப்போகிறது se trouver faux,erroné, fautif, devenir fautif; தப்பிலிலும் ஒன் றுபிழை

பொறுக்கிறது, நீபொறுக்கப்போகாதோ l'eau même pardonne 3 fautes (ne noie qu'après qu'on est revenu 3 fois à la surface), toi, ne peux-tu pas pardonner?

பிழைக்கிறது, பிழைத்தேன், பிழைப்பேன், பிழை, பிழைக்க, v. n. 1° vivre, subsister, gagner sa vie, survivre, échapper à la mort, — à un danger, se rétablir. 2° (பிழை), manquer, errer, se tromper, faire une faute, devenir —, être fautif, erroné: பிழை vis, puisses tu vivre! நான்பிழைத்தால் si je vis: பிழைக்கமாட்டான் il ne vivra pas, il ne guérira pas, il ne saurait échapper à la mort; பிழைத்திருக்கிறது vivre, être en vie, se porter bien, avoir échappé à la mort, gagner sa vie, s'être trompé...: வியாதியினின்றுபிழைக்கிறது se rétablir d'une maladie; சுருப்புக்காலத்துக்குப் பிழைத்தேன் j'ai échappé à la famine.

பிழைக்கை, பிழைத்தல், n. v. du préc. faute, erreur, bévue, non réussite, manquement, méprise, subsistance, vivre, survivre...

பிழைப்பிக்கிறது, v. caus. du même, faire vivre, entretenir, conserver la vie, soutenir.

பிழைப்பு, n. v. பிழைக்கிறது, vivre, vie, subsistance, moyen de vivre, santé —, vie spirituelle, secours: — தேடுகிறது, — பார்க்கிறது chercher sa subsistance, un moyen de vivre, de l'ouvrage ou un emploi: பிழைப்புள்ளவிடம் place où l'on trouve de quoi vivre: பிழைப்புக்கலைகிறது se donner du mouvement pour sa subsistance, se procurer de quoi vivre à force de trimer: அவனுக்குப் பிழைப்பில்லை il n'a aucun moyen de vivre.

பிழைப்பூட்டு, (பிழைப்பு, ஊட்டுகிறது), moyen de vivre, subsistance

பிழைப்பூட்டுகிறது, (id.), faire vivre, entretenir, procurer —, montrer un moyen de vivre, ranimer, rendre la vie: இந்தவைத்தியன்போகும்பிராணனைப் பிழைப்பூட்டினான் ce médecin lui a rendu la vie au moment où elle s'échappait.

பிழையாமை, n. v. nég. de பிழைக்கிறது, ne pas faire de faute, d'erreur, infaillibilité, ne pas vivre: பெரியோரைப் பிழையாமை ne pas faire de fautes envers les grands ou en leur présence.

பிளகு, V. பிளவு.

பிளக்கிறது, பிளந்தேன், பிளப்பேன், பிள, பிளக்க, v. a. பிளக்குதல், பிளத்தல், n. v. 1° ou பிளந்துபோடுகிறது, fendre, crevasser, diviser, déchirer, couper. 2° v. n. ou பிளந்துபோகிறது se fendre, se crevasser, crever, se diviser, se briser, se déchirer: — வைக்கிறது fendre et mettre de côté; அவனைப்பேச்சிலேபிளந்தான் il lui a coupé la parole, il l'a vaincu dans la dispute, il lui a fendu le cœur par des paroles dures.

பிளக்கு, (பிளக்கிறது), chose fendue, crevassée, déchirée, latte.

பிளத்தல், பிளந்து, n. v. et gér. de பிளக்கிறது.

பிளப்பு, n. v. du même, fente, fissure, crevasse, brisement, morceau, tranche: பாக்கு வெட்டி ஒருபிளவு கொடு coupe la noix d'arec et donne m'en un morceau; — தேங்காய் morceau de coco.

பிளவு, n. v. du même, fente, crevasse, déchirure, fissure, éclat, morceau, — d'arec, moitié du குன்றிமணி employée comme poids.

பிளவை, (பிளக்கிறது), ulcère, — crevé, — invétéré, cancer, charbon: விரற்பிளவை — panaris aux doigts, pustule à leurs jointures: — புறப்படுகிறது un ulcère se former, — sortir ou, se déclarer; பிளவையைச்சத்திரமிடுகிறது faire l'opération ou l'incision d'un ulcère; பிளவையுடைந்துசாகிறது mourir d'un ulcère qui crève.

பிளாச்சி, பிளாச்சு, (பிளக்கிறது), latte, brochette, chose plate: கமுகம் — latte d'aréquier; பிளாச்சடிக்கிறது clouer —, mettre les lattes, latter.

பிளிச்சி, alun.

பிளிகிறது, பிழிந்தேன், பிழிவேன், பிழி

v.a et பிளிற்றல்,n. v. lancer, vomir, répandre.

பிளிற்றுகிறது, ற்றினேன், ற்றுவேன், ற்ற, v.a. பிளிற்றல், n.v. gargariser, vomir, lancer.

பிளிறல், n.v. de பிளிறுகிறது, son, bruit, - sourd,—confus (de paroles ou d'une multitude...), cri de l'éléphant, fente, fissure, déchirement.

பிளிறு, bruit,— confus de voix, grand bruit, fracas, son inarticulé, boue, n.v.imp. et part. de

பிளிறுகிறது, றினேன், றுவேன், று, ற, v. n. faire du bruit, retentir, résonner, se fendre, se crevasser, éclater, crever, ‖ v.a. exciter.

பிளிறொலி, (பிளிறு, ஒலி), mugissement -, cri de l'éléphant et autres animaux, bruit de choses qui éclatent, [றது.

பிள், imp. de பிட்கிறது et de பிள்ளு

பிள்கிறது, பிண்டேன், பிள்வேன், பிள், பிள்ள, v.n. de பிட்கிறது, se briser, se casser, se rompre, se fendre, éclater, crever, V. le gér. பிண்டு.

பிள்ளாங்குழல், P. புல்லாங்குழல்.

பிள்ளாய், 1° vocatif de பிள்ளை, ô enfant: ஏன்பிள்ளாய் pourquoi, ô jeune homme: பிள்ளாயென்கிறது dire: enfant, traiter familièrement un jeune homme, un disciple ou un serviteur.

பிள்ளுகிறது, ள்ளினேன், ou ண்டேன், ள்ளுவேன், ள்ளு, ள்ள, v.n. பிள்ளல், பிள்ளுதல், n.v. P. பிள்கிறது.

பிள்ளை, enfant, (garçon ou fille, mais surtout garçon), fils, fille, jeune homme, petit des oiseaux et surtout petit de l'oiseau அன்றில் dit அன்றிற்குஞ்சு, du petit oiseau noir dit கரிக்குருவி, du singe et autres animaux qui vivent sur les arbres, du cochon, du chat, du cerf, du lièvre, jeune arbre, plant d'arbre, jeune cocotier, – aréquier, titre honorifique qu'on ajoute au nom propre des vellâjers et de quelques autres castes, affixe joint au nom de quelques animaux et oiseaux, (comme அணிற்பிள்ளை écureuil ou rat palmiste, கீரிப்பிள்ளை mangouste, கிளிப்பிள்ளை perroquet), l'oiseau கரிக்குருவி, — நாகணவாய்ப்புள் mainate, வயிரவன் forme de Siven, corbeau, mangouste, perroquet: — கொள்ளி nom d'une maladie, maladie qui tue les enfans; — க்கட்டி embryon informe; — க்கவி le 2° des பிரபந்தம் poème dans lequel on décrit les actions et les amusemens de l'enfance d'un grand personnage, d'un dieu ou déesse prétendus, poème composé d'expressions choisies et employées dans les anciens ouvrages; — க்கற்றாழை espèce de கற்றாழை ou d'aloès; — க்கிணறு petit puits creusé dans un plus grand, quand ce dernier est à sec; — க்காப்பு [illegible] petit bracelet d'enfant; — க்கோட்டை citadelle, mur d'entourage, V. அரணிப்பு; — த்தொட்டில் toile —, sômen d'enfant; — தள்ளுகிறது pousser... un enfant, causer l'avortement; — த்தாச்சி nom d'une plante; — த்தமிழ், V. பிள்ளைக்கவி, — த்தனம், — த்தன்மை enfance, état—, caractère d'enfant, puérilité; — த்தாய்ச்சி jeune femme —, femme enceinte, - nouvellement accouchée, — qui allaite, qui nourrit; — த்தெங்கம் coco à planter, — qu'on a mis germer (pour être ensuite transplanté); — த்தேள் espèce de scorpion: — த்தோணம் lanterne ou petit dôme sur un plus grand; — பிறக்கிறது un enfant naître; — பெறுநோக்குகிறது attendre ses couches, la naissance d'un enfant; - பெறுகிறது accoucher, enfanter, mettre au monde un enfant; ப்பாட்டு chant —, chanson —, poésie d'enfant, V. பிள்ளைக்கவி; — ப்போலவளர்க்கிறது comme un —, en enfant; — யாகவளர்க்கிறது élever comme son enfant; — ப்பிறை lune à son croissant; - ப்பூச்சி insecte dit gryllus qui mine les couches des jardins; ப்பேறு accouchement, enfantement, temps de l'enfantement; — ப்பேறுபார்க்கிறது voir l'accouchement, assister dans l'accouchement; — பெற்றி த்தவள் sage-femme; — மனங்கல் லு பெற்றமனம்பித்து le cœur d'un enfant est de pierre tandis que celui de ses parens est d'une tendresse excessive; — மாபிரபு homme distingué, de haute naissance; — பாலன்டான் jeune homme, — garçon: — புள்ளாடுபிருக்கிறது être enceinte; — உள்ளாடுபிருக்கிறவள் celle qui est —, femme enceinte; — பங்கு banc d'enfant, creux pour mettre le pied d'un mât: — வருகிறுள் le maître de la maison vient; — விழுகிறது l'enfant tomber, —avorter, faire une fausse-couche; பிள்ளையை மஞ்சணீர்குடிக்கிறது adopter un enfant, l'adopter en buvant de l'eau de safran. [ce.

பிள்ளைமை, (பிள்ளை, மை), enfance.

பிள்ளையார், (id.), Poulléyar, surnom de Vinâyaguen fils aîné de Siven; — சுழி le signe (உ), le cercle de Poulléyar que les Sivénistes mettent en tête de leurs lettres et de leurs livres, (les Vichnouvistes le regardent comme une abréviation de ஓம், qu'ils regardent comme le nom mystique de la divinité. Dans les autres langues de l'Inde on emploie le mot Sri ஸ்ரீ qui désigne Lakchimi). lettre muette.

பிற, 1° adj du prochain, étranger, autre, extérieur. 2° imp et part. de பிறக்கிறது. 3° particule explétive: பிறசிநேகம் amour du prochain: பிறர் கூறுமுடிந்ததுதானுடன்படல் un des 32 யுத்தி, approuver les ouvrages d'autrui, avouer qu'ils sont finis: — பாஷை langue étrangère: — முகம் visage étranger; — முகம்பார்க்கிறது regarder un visage étranger, commettre un adultère: — முகம்பார்த்தவள் femme adultère: — மொழி mot étranger, V. அன்மொழி; யாம் முன்னிலையில் வேண்டியபோதைக்குச் சில பிறவினை யறிந்தவிற்றன்னுடடு வேக்கி யானைதந்தான் lorsque nous lui demandions quelques grains de riz, lui, connaissant et considérant en lui-même sa haute naissance, nous donna un éléphant.

*பிறகாரம், P. பிராகாரம், veille de la nuit; espace de 3 heures, 8e d'un jour, garde.

பிறக்கிறது, த்தேன், ப்பேன், க், க்க, v.n. (பிறகாரம்). பிறக்கித்தல், n.v. garder, veiller, monter la —, être de garde, faire le quart.

பிறங்கல், l'arbre அலிஞ்சில்.

பிறகிடுகிறது, (பிறகு, இடுகிறது), reculer, retourner —, demeurer en arrière, être défait: பிறகிடல், et பிறகிடுதல், n.v. du préc. retraite, défaite, V. தோற்றல்.

பிறகு, le dos, le derrière, partie postérieure, adv. après, derrière: அதற்குப் —, அதன்பிறகு après cela; — வா viens ensuite, —après, —après un moment ou derrière; — காட்டுகிறது montrer —, tourner le dos, prendre la fuite: பிறகாலே, பிறகே derrière, par-derrière, en arrière, après; ஒருத்தர்பிறகாலே ஒருத்தராய் l'un après l'autre; என் —, எனக்குப்பிறகே derrière moi.

பிறக்கணிக்கிறது, ணித்தேன், ணிப்பேன், ணி, ணிக்க, v.a. பிறக்கணித்தல், n.v. (பிறகு, கணிக்கிறது, கு élidé), dédaigner, mépriser, ne pas faire cas. [dain, mépris, dépit.

பிறக்கணிப்பு, n. v. du préc. dé-

பிறக்கம், crainte, branche d'arbre, regard du coin de l'œil.

பிறக்கிடுகிறது, (பிறக்கு, இடுகிறது), se retirer, reculer, tourner le dos: பிறக்கிடல், n.v.

*பிறக்கியாதி, பிறக்கிலேன், P. பிரக்கியாதி, பிரக்கியை.

பிறக்கிறது, றந்தேன், றப்பேன், ற, றக்க, v.n. பிறக்கை, பிறத்தல், n.v. naître, venir au monde, paraître, venir, procéder, sortir de, se former, être conçu, surgir, commencer, se lever: உடப்பிறந்தவள் P. உடன்பிறந்தவன் ou. கூடப்பிறந்தவன் frère germain, — de père et de mère; செய்திபிறந்துபோயிற்று un bruit s'est répandu, —a pris naissance, est répandu ou s'est dissipé: மனம் —

மாதம்பிறந்தது le mois est commencé: ஒருதப்பிதத்தினாலேதானேகுற்றப்பிறப்புக்கள்பிறக்கும் d'une faute en proviennent un grand nombre, une faute donne naissance à plusieurs autres; பரமண்டலத்திலிருந்துபிறந்தசத்தம் un bruit ou une voix partie du ciel.

பிறக்கல், பிறக்கை, பிறக்குதல், n. v. du préc. V. பிறத்தல்.

பிறக்கு, (பிற), 1° postériorité, après, le derrière, côté postérieur, dos, faute, défaut. 2° particule explétive. *Ex.* தனதாசைவந்தோர் தசைபிறக்கொழிய pour que le désir de ceux qui sont venus avec désir (d'argent...) soit satisfait.

பிறக்கும், *part. fut. de* பிறக்கிறது.

பிறங்கடை, (பிறங்கு, அடை), fils, gendre.

பிறங்கல், *opt. et n. v. de* பிறங்குகிறது, hauteur, grandeur, roi, abondance, accroissement, plénitude, petite —, montagne, règle, bonne conduite, retentissement, son, éclat, splendeur. [rêt.

பிறங்கியல், vieille et épaisse forêt.

பிறங்கு, 1° articulation —, jointure des doigts. 2° *imp. de*

பிறங்குகிறது, கினேன், குவேன், கு, க, *v. n.* பிறங்குதல், *n. v.* s'élever, être élevé, résonner, retentir, croître, augmenter, être plein, briller.

பிறசந்தனம், l'arbre தேக்கு, teck.

பிறசாகினி, l'herbe கொடிப்பாலைக்கத்தல்.

பிறதேசனம், *V.* பிறத்தானம்.

பிறதாரம், (பிற), femme d'autrui.

*பிறதிக்கினை, *P.* பிரதிக்கினை, résolution, dessein.

பிறத்தல், *n. v. de* பிறக்கிறது, naissance, apparition, sortie, venue, procession, commencement, origine.

பிறத்தானம், (பிற), autre lieu, lieu extérieur. [ளசி.

பிறத்தியபச்சினி, la plante தாளி

*பிறத்தியுத்தரம், *P.* பிரத்தியுத்தரம், réponse.

பிறநீக்கல், *P.* புறநீக்கல், mise en —, liberté, exclusion, exception.

பிறந்த, *part. parf. de* பிறக்கிறது, né...: — கோலம், — மேனி état —, corps, tel qu'il fut à sa naissance, *i. e.* état de nudité; — கோலமாய், — மேனியாய், — வண்ணமாய் dans un état de nudité, tel qu'on est né; — தினம், — நாள் jour de la naissance; பிறந்ததெல்லாம் இறக்குமே tout ce qui est né doit mourir.

பிறந்தகம், (பிறந்த, அகம்), maison où l'on est né, maison paternelle ou maternelle, dons faits —, mobilier donné à l'époux quand il entre en ménage et comme envoyés avec sa mariée, don offert à une jeune femme par sa mère après la naissance de son premier enfant: — போகவிடுகிறது, — கடுக்கிறது envoyer —, faire —, prendre les présens susdits. [euphonique), naissance.

பிறந்தவம், (பிறந்த, அம், *affixe*

பிறந்தான், *P.* புறந்தாள், le dessus du pied. [nature, péché.

பிறந்தை, (பிறந்த), naissance,

பிறப்பார், 1° *n. app. et* 3° *pers. fut. pl. de* பிறக்கிறது ceux qui —, ils naitront. 2° la plante நாய்வேளை.

பிறப்பிடம், (பிறப்பு, இடம்), lieu de la naissance, endroit natal, demeure, origine.

பிறப்பிக்கிறது, *v. caus. de* பிறக்கிறது, faire naitre, engendrer, produire, former.

பிறப்பிலி, (பிறப்பு, இலி), chose innée, naturelle, personne sans proches parens, *ou*

பிறப்பில்லான், பிறப்பில்லாதவன், (பிறப்பு, இல்லான்), celui qui n'a ni naissance, ni proches, *i. e.* Dieu, (et à tort) Siven.

பிறப்பு, *n. v. de* பிறக்கிறது, naissance, nativité, fraternité, frère ou sœur, commencement, origine, crainte, étroitesse, resserrement, nom technique d'un pied composé de 2 brèves et d'un உ très-bref: பிறப்பிறப்பில்லான் celui qui n'a ni naissance ni mort, ni commencement ni fin, *i. e.* Dieu, l'Éternel: பிறப்புயாகி naturel, inné, ce qui vient de la naissance: பிறப்புக்கு பிறப்புக்கும்

பொருந் cela me suffit depuis ma naissance jusqu'à ma mort; ழெழுவ les 7 différens genres de naissances ou d'êtres qui sont nés ou ont eu un commencement: தேவர் les dieux Indous, (on devrait plutôt dire வானோர் les esprits célestes ou les anges), மக்கள் les hommes, விலங்கு les animaux, புள் les oiseaux, ஊர்வன les reptiles, நீர்வாழ்வன les créatures aquatiques, தாவரம் les choses privées de mouvement comme les plantes et les arbres. Les Indous subdivisent ces êtres en 8,400,000 espèces ou selon leur expression யோனி) matrices différentes, dont 1,400,000 pour les dieux, 900,000 pour les hommes, 1 million pour les animaux et autant pour les oiseaux, 1,100,000 pour les reptiles, 1 million pour les créatures aquatiques, et 2 millions pour les plantes. Quelques auteurs en mettent 1,600,000 pour les dieux et 1,800,000 pour les plantes. Cette différence de naissances ou de genres s'appelle உற்பத்திவித்தியாசம்.

பிறசேரம், l'arbrisseau வறட்சுண்டி.

பிறர், *pl. de* பிறன், les autres, étrangers, voisins, le prochain, autrui: — ஐயந்தீர்த்தல் dissiper les doutes ou craintes du prochain; — காரியத்திற்குடன்படல் prendre part —, s'intéresser aux affaires du prochain: — கருமம்முடிக்கவிரைதல் s'empresser à aider le prochain à finir ce qu'il a à faire; — செல்வம்பொறுத்தல் supporter sans envie la prospérité du prochain; — தம்மதமேற்கொண்டு கடிதல் admettre d'abord provisoirement les principes d'autrui et les réfuter ou rejeter ensuite, (c'est un des 7 principes ou manières de procéder des auteurs indiens); — துயர்களைதல் éloigner —, dissiper le chagrin du prochain; — துயர்க்கிரங்கல் compatir au chagrin du prochain; — குற்றங்காட்டல் montrer les fautes —, faire la critique des ouvrages littéraires d'autrui (c'est un des 7 principes des auteurs indiens); பொருள்விரும்பாமை ne pas désirer le bien d'autrui; — பொருட்டு ஐயமாதல் faire part de ses doutes ou de ses conjectures au prochain; — முகம்பார்க்கிறது regarder le visage d'autrui, commettre un adultère ou en concevoir le désir; பிறர்க்குப் பொருள்வருகையுவத்தல் se réjouir du bien qui arrive au prochain: பிறரைவருத்தல் affliger ou vexer le prochain; பிறர்க்கின்னா முற்பகல் செய்யிற்றமக்கின்னா பிற்பகல் தாமேவரும் si on fait du mal au prochain le jour précédent, quelque mal arrivera de soi même le jour suivant, (les païens qui croient à la métempsycose entendent ces jours de naissances ou générations précédentes et subséquentes).

*பிறலாபம் *P.* பிரலாபம், lamentation.

பிறவி, *n.v. de* பிறக்கிறது, naissance, fraternité, frère, sœur: அவ னென்னவன் —il est mon frère; அவளென் — elle est ma sœur; — க்குணம் naturel, caractère naturel, — inné; — க்குருடன் aveugle-né, — de naissance; — சாரி marche naturelle, une des parties de la danse; — க்குயாவம் nature, — qu'on apporte en naissant, disposition —, chose naturelle; — ச்செல்வம் prospérité de famille, — dont on jouit depuis sa naissance; — ச்செவிடனுக்குப்பேச த்தெரியாதே un sourd de naissance n'a pas la faculté de parler; — த்துயர் douleurs de la naissance, chagrin de la mort de ses proches; — த்துயரம், — த்தொடர்ச்சி, — த்தொடர்பு, conséquences de la naissance (qui sont les maux inhérens à l'humanité, maux qui, dans les idées de la métempsycose, poursuivent dans toutes les naissances), suite —, série de naissances; — த்துன்பம் misère innée, — naturelle à l'homme; — தொடங்கிறது commencer à naître; — தொடக்கம், — தொடக்கம் commen-

*ment du la naissance; — நோய் maladie innée, douleurs de la naissance, chagrin naturel, de naissance; — பயன் résultat —, fruit de la naissance; — பாஷாணம் arsenic ou poison naturel; — மயக்கு origine commune, illusion —, défaut inné; — மாமிசம், (ஆமிசம்), abstinence de viande, — de ce qui est né ou a eu vie. [ment extérieur.

பிறவிடு, (பிற), chambre —, loge-

பிறவினை, (id.), action —, mal qui regarde autrui, ou est extérieur, luxure, désir, concupiscence, péché, verbe causatif, transitif, qui marque que l'action du verbe est faite par un autre agent, comme செய்விக்கிறது faire faire, — faire par un autre, நடப்பிக்கிறது faire marcher, c'est l'opposé de தன்வினை dont le sujet fait lui-même l'action du verbe.

பிறவும், (பிற, உம்), et autres choses, et cætera: — அன்ன et autres choses semblables, et cætera.

பிறழுகிறது ou பிறழ்கிறது, ழ்ந்தேன், ழ்வேன் ou ழுவேன், ழ ou ழ், ழ, v.n. briller, parler, changer, se retourner, trembler, se dégoûter.

பிறழ்ச்சி; பிறழ்தல், பிறழ்வு, n. v. du préc. splendeur, parole, discours, tour, changement, tremblement, dégoût. [étrangère, voisine.

பிறள், f. de பிறன், une autre,

பிறனில், (பிறன், இல்), la maison —, la femme du prochain: — விழையாமை ne pas désirer la femme d'autrui.

பிறன், (பிற), f. பிறள், pl. பிறர், un autre, voisin, étranger, autrui, le prochain: பிறர்கோட்கூறல் rapporter —, citer les sentimens ou les passages d'autres auteurs (ce qui est un des 32 யுத்தி), décrier, répandre des calomnies ou des médisances sur le prochain; — மனை emplacement —, maison —, femme du prochain; — மனையாளை யாசைப்படுகிறது désirer la femme d'autrui; — மனைவிரும்பாமை ne pas désirer la femme d'autrui.

பிறுக்காண்டம், l'arsenic naturel dit சாகண்டபாஷாணம்.

பிறண்டு, égratignure, n. v. et imp. du suiv.

பிறண்டுகிறது, P. புறண்டுகிறது, se gratter, gratter, égratigner.

பிறமுட்டி, la plante சாமவேர்.

பிறிகிறது, பிறிக்கிறது, P. பிரிகிறது, பிரிக்கிறது.

பிறிதி, P. பிரிதி ou பிரதி. [solution.

*பிறிதிக்கினை, P. பிரதிக்கினை, ré-

பிறிது, autre chose, chose différente: — படுபாட்டு strophe sujette au changement, — de fantaisie dont on peut changer la connexion dite தொடை et les vers, et former une autre strophe, sans que les mots et le sens ne soient changés; பிறிதாராய்ச்சியணி, (ஆராய்ச்சி), fig. de rhét. qui consiste à examiner ou à montrer l'origine d'une chose quoiqu'il n'y ait pas de cause connue; பிறிதினவிர்த்தி, (பிறிதின், நவிர்த்தி), la fig. de rhét. dite பரியாயம். பிறிதின்கிழமை; (id.), incohérence, chose incohérente, qui ne s'accorde pas avec elle-même.

பிறிதொடு படாஅன் தன்மதங்கொளல். (படாஅன், P. படான்), suivre ses principes sans adopter ceux des autres, c'est un des principes des auteurs.

பிறித்தல், பிறிப்பு, P. பிரித்தல்; பிரி *பிறியம், P. பிரியம். [ப்பு

*பிறியதம், P. பிரியதம்.

பிறியாவிடை, பிறிவினை, பிறிவு; P. பிரியாவிடை, பிரிவினை, பிரிவு.

*பிறீதி, P. பிரீதி.

பிறை, (பிறக்கிறது), croissant, — de la lune, lune dans son croissant: இரண்டாம் —, மூன்றாம் — la lune au 2$^{e}$—3$^{e}$ jour de son 1$^{er}$ quartier; — காண்கிறது le croissant paraître; — புறப்படுகிறது le croissant commencer à paraître; — க்கொழுந்து faible croissant; — க்கோடு, — கூடு cornes du croissant; — சூடி celui qu'on suppose porter le croissant sur sa tête ou en être couronné, i. e. Siven; — க்கிரீடம் ornement en forme de croissant que les femmes portent au cou; — தொழுகை superstitieuse adoration au croissant, —à la lune à son croissant, (ce qui est un des அட்டப்பொருட்டுறை)· — மரம் l arbre அசோகு: — முகவாளி ம், —முகசுத்திரம், (மு கம், அஸ்திரம்), flèche ou dard dont la pointe est en croissant; — வடிவு forme de croissant, —d'arc.

பிந், P.பி ன்,après,(devant க,ச,த, ப): — கழிக்கிறது reculer, revenir sur ses pas; —காரியம் chose d'après: —future, qui suit, qui vient après; —காலம், — காவற்படை arrière-garde;—காலம் l'avenir, le temps à venir;— கூறு, V. பிற்பகுதி;—கொ ழுக்கோல் la 2ᵉ des constellations nommées கொழுக்கோல் bâton ferrile ou பற்கியாசை, c'est la 26ᵐᵉ constellation (la 1ʳᵉ dite முற்கொழு க்கோல் est la 25ᵐᵉ): — சாமம் le dernier சாமம், la 4ᵉ et dernière veille de la nuit; — நாள் le jour —, l'état subséquent, la naissance suivante, dans le système de la metempsycose: — பகுதி partie subséquente,—qui vient après; — பக்கம் partie subséquente, — postérieure, derrière, dos; — பற்றுகிறது, —பற்றல் suivre, venir après, différer; — படை arrière-garde, corps de réserve, ou — பவுஞ்சு dernier rang, dernière rangée de soldats; — பாடு après, ensuite; — பாதி la seconde —, la dernière moitié: — பாக் கை, V.பின்கொக்கு;— புறம் arrière-garde, le côté de —, derrière, dos. Voyez au mot பின் les mots composés qui ne se trouvent pas ici.

பிற்றவு,(பின்,தவு), V. பின்னி ரக்கம்.

பிற்றலே, (பின்,தலே), poupe, arrière d'un navire, derrière de la tête. [ம், reculer, retraite.

பிற்றல், 1° P.பிற்றல்.2° P. பின்று

பிற்றி,(பின்),ce qui a reculé.

பிற்றை,(பின்), le jour suivant.

பிஞற்றல்,பிஞற்றுதல். பிஞற்றுகி றது. P. பிதற்றல்... babiller, bredouiller, déraisonner.

*பிநாகம், (pinâka), trident—,arc de Siven, trident, pluie de poussière,— de sable ou de boue, guirlande de grains, V. தம்பனம்: பிநாகபாணி celui qui tient un arc ou un trident à la main, i. e. Siven: — காமுனி le richi பிநாகி.

*பிநாகி, (பிநாகம்,i), Siven armé d'un trident, — d'un arc, un des Ruuttirer, instrument de musique, espèce de viole, le richi Pinâgui, un des 31 mounis, ou — நதி ou

பிநாகினி, la rivière dite பெண்ணையாறு près de Cuddalore, (Goudelour ou கூடலூர்), appelée aussi தக்ஷிணபிநாகி Pinâgui du sud; உத்தரபிநாகி le Pinâgui du nord, qui passe à Nellore.

பிசைகிறது, பிசைந்தேன், பிசைவேன், பிசைய, v. a. V. பிசைகிறது, pétrir. [du grec. pétrissage.

பிசைக்கல், பிசைதல், பிசைவு, n. த.

பின், 1° (avec le gén. et le dat.), après, ensuite, derrière, en arrière: அதின் —, அதுக்குப்பின் après cela, ensuite; அதுக்குப்பின் தினங்களி லும் et les jours après cela. 2° (avec le part. passé), après que: அவன் போனபின் après qu'il fut parti. 3° dans le haut tamoul, terminaison ou forme de l'ablatif locatif, dans, auprès. 4° fin (d'une chose), le dos, le derrière, cause, raison, grandeur, chemin. 5° imp. et part. de பின்னுகி றது: —கட்டு état d'avoir les mains liées derrière le dos, bâtisse sur le derrière d'une maison, ou —கட்டுவீடு derrière d'une maison; —கட்டாய்க் கட்டிக்கொண்டுபோகிறது conduire les mains liées derrière le dos; —கட்டுமாறும் ou முறியாய்க்கட்டுகி றது lier les mains derrière le dos; —கட்டுகட்டிக்கொண்டு திரிகிறது ou நிற்கிறது se tenir —, rôder ou se promener les mains derrière le dos (en désœuvré ou sans gêne);— காட்டுகிறது montrer —, tourner le dos, prendre la fuite; —கால்கள் pieds de derrière; —குடுமி touffe de cheveux —, toupet du derrière de la tête; —

[illegible] reculer, battre en retraite; —[illegible], toupet — chignon du derrière de la tête: —[illegible] bras ou barre de derrière d'un palanquin; — [illegible] agrafe de derrière, — à l'extrémité d'un bijou; — [illegible], — [illegible] les derniers —, descendans; — [illegible] le bas du dos: — [illegible] soirée, déclin, — du jour; — [illegible] touffe de cheveux —, toupet du derrière de la tête, un des 5 toupets dits [illegible]; — [illegible] suivre, poursuivre, imiter, demander avec importunité, supplier: —[illegible], V. பின்றட்டு; — [illegible] arrière-garde; — [illegible] arrière —, poupe d'un vaisseau, derrière de la tête; —[illegible] le derrière, le côté postérieur, le dos: — [illegible] la rangée... suivante, la dernière rangée...; — [illegible] la portion suivante, la dernière part; —[illegible] suivre, imiter, obéir: — [illegible] les dernières rosées, en février et mars; — [illegible] la saison des dernières rosées: —[illegible] les propriétés de la saison des dernières rosées, savoir: le souffle du vent [illegible], la joie des diverses espèces de pigeons et des poules sauvages, la floraison des arbres à coton dits [illegible] et [illegible], la maturité des dattes et des fruits du palmier, les gousses blanches du cotonnier [illegible] se fendre; — [illegible], — [illegible] frère cadet: — [illegible] sœur cadette; — [illegible] arrière-pensée, idée —, réflexion trop tardive, esprit médiocre, — petit; — [illegible] médisance en l'absence de celui dont on parle; — [illegible] le derrière, le dos, le côté postérieur: —[illegible] aller après, suivre, — par derrière; —[illegible] différer, remettre à un temps postérieur: — [illegible], — [illegible] dernières pluies (dans les mois de [illegible] et de [illegible], i.e. en décembre et janvier): — [illegible] vemba dont les 2 derniers vers viennent sur un ton précipité; — [illegible] antithèse dite [illegible] dans le 2e et le dernier pied d'un vers; — [illegible] consonnance dite [illegible] dans le 2e et le dernier pied d'un vers; — [illegible] dernière ligne, — rangée, la rangée suivante, — [illegible] suivre, venir après; — [illegible] chose qui revient, fig. de rhét. qui consiste à répéter dans la phrase subséquente les mots ou le sens ou le sens et les mots qui sont déjà dans la phrase précédente, — [illegible] c'est une sagesse d'éviter d'avance les maux qu'on prévoit devoir arriver; — [illegible] fig. de rhét. qui consiste dans la répétition d'une explication, c.-à-d. à répéter dans la phrase subséquente les mots ou le sens ou le sens et les mots explicatifs qu'on a déjà mis dans la phrase précédente; — [illegible], — [illegible] reculer, battre en retraite, être vaincu, — [illegible] reculer, se retirer, se dédire, retomber dans le vice...: — [illegible] remettre, différer, réserver, — pour les descendans. [ensuite.

பின்பு, (பின், *avec gén. ou dat.*), après,

பின்றட்டு, (பின், தட்டு), arrière—, poupe d'un navire..., jointure du milieu de la jambe de derrière, —. croupière, croupe d'un cheval.

பின்றடை, பின்றுதல், reculade, retraite, défaite, *n.v. de*

பின்றுகிறது, [illegible], [illegible], [illegible] (பின்), reculer, se retirer, battre en retraite, prendre la déroute, être défait.

பின்றளை, (பின், தளை), corde pour lier les —, entraves des pieds de derrière, lier les pieds de derrière.

பின்னாறு, (பின்), le lendemain, le jour d'après. [d'un arbrisseau.

பின்றொடரி, (பின், தொடரி), nom

பின்றொடருகிறது, (பின், தொடரு கிறது), suivre, poursuivre, continuer. [பின்றொடை.

பின்றொடை, (பின், தொடை), V.

பின்றோன்றல், (பின், தோன்றல்), frère cadet, apparition subséquente,

*பின்னகம், 1° (பின்னம் ka); secte, hétérodoxie, différence (de sentimens). 2° (பின் P. பின்னும், அகம்), chevelure tressée, — nouée.

*பின்னகன், (பின்னகம்), sectateur, hérétique, hétérodoxe, Bouddhiste, dissident.

பின்னங்கால், (பின், அம், கால்), pied de derrière.

பின்னடி, (id. அடி), postériorité, l'avenir, le temps à venir, après, ensuite, désormais, fin, arrière-garde, côté de —, derrière, arrière —, postérité, récompense: பின்னடிக்குப்பார்க்கிறது prévoir l'avenir, prendre ses précautions pour l'avenir, regarder en arrière; பின்னடிக்குத்தெரியும் on le saura —, on verra plus tard; பின்னடியரசர் les rois subséquens, les successeurs dans le royaume.

பின்னடியார், (பின்னடி, ஆர்), les descendans, la postérité.

பின்னடைப்பன், (பின், அடைப்பன்), espèce d'esquinancie des vaches.

பின்னணி, (id. அணி), arrière-garde, dernière ligne d'une armée.

பின்னணியம், (id. அணியம்), arrière d'une barque..., poupe, V. பின்னணி.

பின்னது, (பின், அது), ce qui suit: — நிறுத்தல் un des 32 யுத்தி ou adresses d'un auteur, remettre après un sujet des choses que, pour l'enchainement, il aurait fallu dire auparavant, s'il y avait eu de la place.

பின்னந்தண்டு, (பின், அம், தண்டு), croupe de cheval.

பின்னந்தலை, (id. தலை), derrière de la tête, nuque.

பின்னந்தொடை, (id. தொடை), derrière de la cuisse, cuisse —, gigot de mouton.

*பின்னம், (bhinna), morceau, pièce, fragment, fraction, fente, chose fendue, brisée, cassée, déchirure, brisement, fissure, diversité, différence, division, portion, discorde, colère, rancune, bouderie, empêchement, erreur, faute, détérioration, pollen des fleurs: தொடர்—fractions continues: — ஆக்குகிறது ou பின்னமாகிறது détruire, briser, mettre en pièces; கர்ப்பம்—ஆய்ப்போகிறது le fétus périr, litt. s'en aller en pièces, faire une fausse couche, avorter; பின்னகனம் cube des fractions, élever une fraction au cube; — குணனம் multiplication des fractions; — சங்கலிதம், — சங்கலனம் addition de fractions; — சத்தி chose qui peut se briser ou se gâter; — தேகன், (தேகம்), homme blessé; — நௌகன், (naouka navire), naufragé; — பாககாரம், (பாகம், hara qui prend), division des fractions; — பேதகம், — பேதம் différend, opposition, haine; — மாற்று réduction —, changement des fractions; — வர்க்கம் carré des fractions, élever une fraction au carré; — வியவகலிதம் soustraction des fractions.

பின்னரை, (பின், அரை), dernière —, seconde moitié, — partie des étoiles d'un signe du zodiaque...).

பின்னர், (பின்), 1° postériorité, après, ensuite. 2° V. பின்னவர்.

பின்னல், opt. et n.v. de பின்னுகிறது, action de tresser, ouvrage tressé, réseau, chevelure, — emmêlée, ce qui est tressé, — emmêlé, — embrouillé, guirlande, erreur, embarras: — ஊசி broche —, aiguille à tricoter, à faire des réseaux; — மயிர் chevelure tressée; — வேலை réseau, ouvrage tressé, — en réseau; சின்னல்பின்னலாய்ப்பேசுகிறது parler d'une manière confuse, en embrouillant tout; பின்னற்காரர் ouvrier qui tresse, tricote, entrelace, fait des réseaux: — குடுமி touffe de cheveux tressés; பின்னற்றையல், (தையல்), tricotage, tissu à l'aiguille, couture, brochage.

பின்னவர், (பின், அவர்), ceux qui viennent après, les Choutres ou les Soudras qui viennent après les 3 castes principales, postérité.

பின்னவன், (id. அவன்), frère cadet, jeune frère, celui qui est après.

பின்னவை, (id. அவை), les choses

qui suivent: — பலத்திரிவு règle pour prévoir ou montrer les conséquences d'une action, prévision des conséquences, *Ex.* பகைபாவமச்சம் பழியென நான்குமிகவாவாமில்லிறப் பாரகண் la haine, le péché, la crainte, la vengeance, ces 4 défauts se trouveront copieusement dans celui qui meurt dans sa maison (et non dans l'ermite).

பின்னளபெடை, (*id.* அளபெடை allongement dit அளபெடை au 2e et au dernier pied d'un vers.

பின்னறுவிடை, (*id.* அறுகிறது, விடை), ce qu'on laisse mûrir —, ce qui reste après la moisson, glane.

பின்னன்னை, (*id.* அன்னை), belle-mère, nourrice, *V*, சிற்றுத்தாய்.

பின்னும், (*id.* ஆம்), ensuite, après, par derrière.

பின்னுரி, (*id.* நாரி), le bas du dos.

பின்னால், பின்னாலே, *abl. de* பின், après, ensuite, par —, derrière: பின்னாலே ஆகட்டும் soit ensuite.

பின்னி, *gér. de* பின்னுகிறது.

பின்னிடம், பின்னிடுதல், recul, rétrogradation, retraite, déroute, *s. v. du suiv.*

பின்னிடுகிறது, *v. n.* (பின், இடுகிற து), *ou* பின்னிட்டுப்போகிறது, rétrograder, prendre la fuite, rebondir, s'en aller derrière (quelqu'un...), *ou* பின்னிடைகிறது, பின்னிடைந்துபோகிறது, (*id.* இடைகிறது), reculer, se retirer, prendre la fuite.

*பின்னிதம், (பின்னம், ita), différence.

பின்னிய, *P.* பின்னின, tressé: —மாலை guirlande de plusieurs autres ou de plusieurs choses tressées ensemble. [fétida.

*பின்னியாசம், (pinyâsa), assa

பின்னியைபு, (பின், இயைபு), rime ou consonnance dite இயைபு au 1er et à l'avant-dernier pied d'un vers.

பின்னிரக்கம், (*id.* இரக்கம்), pitié —, bonté subséquente.

பின்னிருட்டு, பின்னிராவிருள், (*id.* இருட்டு, இரா, இருள்), obscurité de la seconde partie de la nuit: பின்னிருட்டுக்காலம் le temps où la seconde partie de la nuit est obscure, *i. e.* après la nouvelle lune.

பின்னிரை, 1° (*id.* நிரை), dernière ligne, — rangée, ligne de derrière. 2° (*id.* இரை), l'appât... subséquent.

பின்னிலவு, (*id.* நிலவு), seconde partie d'une lunaison de la pleine lune à la nouvelle lune.

பின்னிழுக்கு, (*id.* இழுக்கு), faute —, défaut subséquent. [cadet.

பின்னிளவல், (*id.* இளவல்), frère

பின்னிற்கிறது, பின்னிற்றல், (*id.* நிற்கிறது), se tenir derrière, reculer, refuser.

பின்னுகை, 1° (பின்னு, கை), la main qui tresse. 2° *s. v. de*

பின்னுகிறது, (பின்னே, னுவேன், னு, வ, *v. a.* பின்னுதல், *n. v. et* பின்னிப்போடுகிறது, tresser, entrelacer, tisser, tricoter, emmêler, entortiller, embrouiller.

பின்னுக்கு, *dat. de* பின், après; —வருகிறது venir après, par derrière, retarder, reculer; ஆட்டுக்கிடா பின்னுக்குவந்துபாய்ந்தது le bélier après avoir reculé s'est élancé (pour frapper...); தோணிபின்னுக்குவந்தது le bateau a reculé, est revenu en arrière.

பின்னும், (பின், உம்), ensuite, de plus, encore, et après.

பின்னுறுகிறது, பின்னுறுதல், (*id.* உறுகிறது), rester derrière: முந்தினோர்பின்னுறக்கடுகோடினான் il courut si vite que ceux qui l'avaient dévancé restèrent en arrière.

பின்னெதுகை, (*id.* எதுகை), rime dite எதுகை au 2e et au dernier pied d'un vers.

பின்னே, (*id.* ஏ), après, derrière: —போகிறது suivre, — par derrière: பின்னேயும், *V.* பின்னும்.

பின்னேரம், (*id.* நேரம்), l'après-midi, soir, soirée, *litt.* le temps après: பின்னேரராத்திரி la seconde partie de la nuit, de minuit au matin, avant le jour.

பின்னேழுநாள், (*id.* ஏழு), les 7 derniers jours de la canicule.

[illegible],([illegible]), après, ensuite, de plus; désormais, le lendemain, frère cadet, sœur cadette, Lakchimi sœur cadette du [illegible]: — [illegible] le mari de Lakchimi, i. e. Vichnou; — [illegible] le lendemain, le jour suivant; [illegible] qu'y a-t-il ensuite? quoi de plus? [illegible] de plus, ensuite, encore de nouveau; [illegible] viens ensuite, — plus tard.

[illegible], regarde [illegible], regard en arrière, par derrière.

[illegible], V. [illegible].

[illegible], (id.), V. [illegible].

பீ, 1° lettre syllabique composée de ப் et de ஈ. 2° excrément, ordure, merde (mot sale), fiente d'animal. 3° (bhî), crainte, peur: — [illegible] l'arbre mimosa farnesiana: — [illegible] la main gauche, litt. la main à l'ordure, dont on se sert pour se laver le derrière: [illegible] bouse de vache: [illegible] la petite ordure, la cire des oreilles; [illegible] fiente de pourceau.

[illegible], P. [illegible], empêchement, obstacle, trouble, embarras, querelle: — [illegible] être dans l'embarras, être empêché, entouré de difficultés.

[illegible], l'arbrisseau [illegible].

[illegible], porcelaine, faïence, assiette —, vase de porcelaine, de faïence, de terre.

[illegible], orteil d'éléphant.

*[illegible], 1° (vidja), cause, origine, graine (de plantes ..), testicules (modesté), penis, sperme humain, fleur couronnée de nénuphar, V. [illegible]. 2° (pitcha), menton, mâchoire inférieure, barbe: [illegible] initiation payenne par la prière dite [illegible]: — [illegible] raison qui sert de principe, secret, ce qui reste caché, V. au mot [illegible] d'autres composés.

*[illegible], ([illegible]), lettre ou syllabe mystique qui forme la partie essentielle de la formule de prière adressée à une divinité, V. [illegible].

*[illegible], ([illegible]), procès —, dispute interminable sur ce qui est la cause et l'effet, — l'antécédent et le conséquent.

*[illegible], ([illegible], i), ce qui a une semence, — une origine, — des testicules, cause, père, ancêtre. [dotale.

[illegible], l'herbe panicum antidotale.

[illegible], [illegible], n. v. de [illegible].

[illegible] [illegible], petit couteau ou canif, instrument pour appliquer des fleurs ou une couche de quelque matière. [seringue.

[illegible], P. [illegible].

[illegible], homme timide, peureux.

[illegible], P. [illegible].

[illegible], nom d'arbre, variété de l'arbre [illegible]. [che.

[illegible], ([illegible]), pied gauche.

[illegible], (id.), main gauche.

*[illegible], [illegible], (bhichana, bhichâ), crainte, terreur, horreur, intimidation.

*[illegible], (bhichma terrible), Bhichmen fils du roi [illegible] et de [illegible] et grand oncle des [illegible].

[illegible], l'arbre [illegible].

*[illegible], P. [illegible].

*பீடம், (pitha), siége, chaise, fauteuil, escabot, tabouret, trône, autel, siége d'étudiant religieux fait —, natte faite d'herbe [illegible], le siége ou le postérieur, complément d'un segment en géométrie, ou [illegible] lieu où est tombé quelqu'un des membres de Parvadi dont le cadavre fut mis en pièces après le sacrifice de [illegible] (on en compte 51): [illegible] compagnon, confident, parasite, prostituée; [illegible] aller devant l'autel.

*[illegible], ([illegible], m), temple.

*[illegible], (pidana), infliger une —, peine, tourment.

*பீழா, abl. de பீழை: — சுரம், — சுரம் tourment, torture; — பஞ்சகம் 5 espèces de tourmens; — பயம் crainte inspirée par les —, crainte des tourmens. {agonie.

*பீடாசந்திசம், (பீடா, சந்திசம்),

*பீடிகை, (பீடம், ikâ), siége, chaise, fauteuil, ermitage, demeure d'anachoréte, plat de fleurs, boite à bijoux, rue du bazar, préface, préambule.

பீடிக்கிறது, டித்தேன், டிப்பேன், டிக்க, v.a. et n. (பீடை), affliger, vexer, tourmenter, être affligé, peiné, s'affliger, compatir; பீடித்துக்கொள்ளுகிறது s'affliger, se tourmenter, se punir.

பீடிக்கை, பீடிப்பு, n. v. du préc. vexation, affliction, peine, compassion. {médiocrité, faiblesse.

பீடு, grandeur, force, bassesse.

*பீடை, (pidâ), peine, souffrance, affliction, misère, dévastation, ruine, compassion, couronne de fleurs, guirlande (pour la tête): தேகபீடை souffrances corporelles; — கழிகிறது, — கழிந்துபோகிறது, — நிவாரணமாகிறது l'affliction —, la misère cesser, — se dissiper; — கழிக்கிறது dissiper les peines, — l'affliction, cérémonie qu'on fait dans le mois de மார்கழி ou décembre: — பரிகாரம் பண்ணுகிறது ôter —, dissiper l'affliction, remédier aux tourmens; — பிடிக்கிறது une peine saisir, être en proie aux peines, devenir malheureux, affligé; — மாதம் le mois des souffrances, i.e. le mois de மார்கழி ou décembre.

பீட், stérile, incultivable.

பீட்டம், emploi, occupation, travail. {aïeul.

பீட்டன், bisaïeul, (selon d'autres)

பீட்டி, fem. du préc. bisaïeul ou aïeule.

பீட்டை, (பீள்), épi tardif, tendre, laissé pour être glané, embryon, fétus (à peine formé).

*பீதகம், (பீதம், ka), orpiment jaune, or, couleur d'or, safran, onguent ou parfum, miel, bronze, la racine odoriférante —, l'herbe dite இருவேலி. {ou பீதாம்பரம்.

*பீதன், (id.), la planète Jupiter.

*பீதம், 1° (pita), couleur jaune, rouge, or, orpiment, couleur d'or, safran de l'Inde, une des 4 sortes d'onguens qui est jaune, onguent de couleur jaune fait d'urine de vache, sandal, action de boire. 2° (bhita), peur, frayeur. 3° pitha), eau, temps, feu, soleil. 4° (sphita), grosseur, largeur: — கதலி bananier, banane rouge; — கந்தம் 1° racine rouge ou jaune, carotte. 2° P. பீதசந்தனம்; — காஷ்டம், — கட்டம் morceau de sandal —, sandal rouge; — சாரம் l'arbre வேங்கை pterocarpus; — காவேரம், (kâvêra safran), safran, cuivre; — சந்தனம் sandal jaune, safran; — சாரம் l'arbre வேங்கை; — சாரம் sandal, — rouge, l'arbre வேங்கை, topaze, V. கோமேதகம்; — சாரி antimoine, sandal; — சாலம் l'arbre pentaptera tomentosa; — சாலம் l'arbre pentaptera, — வேங்கை, sandal; — சோமன் brame qui boit le jus de l'asclepias acida dit சோமம்; — தேகம் porc, — aux larges épaules; — ஸ்படிகம் le crystal jaune, i.e. la topaze; — தாரு les arbres தேவதாரு et புன்னை, 2 espèces de pin; — துண்டம் oiseau à bec jaune, silvia sutoria; — துக்தை (lait), vache à lait jaune, vache qui a un veau; — நீலம் couleur jaune; — பலம் l'arbre trophis aspera; — பராகம் poussière jaune, safran; — புஷ்பம் fleur jaune; — பூலம் le citronnier கொம்மட்டி மாதுளை; — பீதன் homme très-peureux; — மணி la pierre précieuse jaune, i.e. la topaze; — யூதி jasmin jaune ou rouge; — ராகம் couleur jaune, fibres du nénuphar; — ராச மச்சம் lapis-lazuli de couleur jaune; — ரோகிணி la plante exotique et médicinale dite aussi கடுகு, elle sert de remède aux maux d'yeux; — லோசனம் espèce de drogue, de remède.

*பீதனிற,(பீதம்,ta),couleur jaune.

*பீதலகம்,பீதலம்,பீதலோகம், பீதலோகம்,(பீதம்,la,ka, உலோகம்), cuivre—,bronze jaune.

*பீதன், 1° (bhîta), peureux,homme craintif,effrayé. 2°(pîtha),le soleil,feu.

*பீதாப்தி,(பீதம் boire,அப்தி mer), celui qui, au dire des Indous, a bu la mer, i.e. Agastien.

*பீதாம்பரம், (பீதம், அம்பரம்), habit jaune, drap d'or, —entremêlé d'or: பீதாம் பரப்பட்டு habit de soie jaune,soirie entremêlée d'or.

*பீதாம்பரன், (id.), l'habillé de jaune, Vichnou ou Krichna aux habits jaunes, danseur, acteur, religieux mendiant portant des habits jaunes.

*பீதி, 1°(bhîti), peur,frayeur. 2°(pîti),action de boire,cabaret,boutique de liqueurs enivrantes,cheval.

*பீதிகை,(பீதம்,ika), jasmin jaune ou rouge, couleur d'or,— de safran,safran.

*பீது, (pitou), soleil, feu, éléphant qui en conduit une bande.

*பீதை,(pitâ), safran, la plante qui le donne, l'arbre மருதோன்றி ou lawsonia à fleurs jaunes ou dorées. [lon.

பீத்தல்,P.பீற்றல்,déchirure,haillon.

பீத்தை,பீற்றா,(fita,*en portugais*), ruban.

பீநண்டு, (பீ), crabe à l'ordure, — qu'on trouve dans les trous des champs.

பீநாறி, (id.), personne puante, l'arbre பெருமரம்:—ச்சங்கு l'arbrisseau volkameria inermis: — மரம் l'arbre பெருமரம், Ailanthus excelsa;—ப்பட்டை écorce puante de cet arbre.

பீநாற்றம், (id.), puanteur —, odeur d'excrémens: — அடிக்கிறது avoir une puanteur d'excrémens;பீ நாற்றமரம் arbre dont les feuilles sentent mauvais, sterculia fœtida.

பீப்பாக்கு, (id.), arec encore tendre.

*பீமம், 1°(bhîma), peur, terreur, horreur. 2° P. பீனம், grosseur:பீம மருமம் terreur, destruction;— சாசனம் grand massacre, édit terrible:— சாசனன் celui dont les ordres sont supposés terribles,Yamen; —சேனன்,(சேனை), V.வீமசேனன்; —தரிசனம் apparence terrible, hideuse;—நாதம் bruit terrible,l'animal au rugissement terrible, lion; —பீசம் mal affreux aux testicules; —விக்கிரமம் force terrible; —விக்கிரமம் l'animal qui a une force terrible,i.e. le lion: — விக்கிரகம் stature gigantesque; — வேகம் rapidité effrayante.

*பீமரதி, (பீமம்,இரதம்,i), peine terrible, nuit qu'on suppose être le terme ordinaire de la vie humaine, c'est la 7$^{me}$ nuit du 7$^{me}$ mois de la 77$^{me}$ année de son âge; après cet âge on est dispensé, selon les Indous,de toute espèce de devoirs.

*பீமரம், (பீமம்,ra), guerre, bataille.

*பீமரன், (id.), guerrier, [taille.

*பீமன்,(bhîma), le terrible,(surnom de) Routtiren, Bhimen,le 3$^{me}$ des Pândavers, V. வீமன்.

*பீமை, (bhîmâ),la terrible,(surnom de) Dourgâ.

பீயாக்குகிறது, (பீ), பீயாக்கிப் போடுகிறது, salir, emmerder, réduire en ordures,corrompre, gâter, souiller.

*பீயுசம், பீயுஷம், (piyoûcha), ambroisie, lait, lait de vache fraîchement vêlée,—dans les 7 premiers jours après qu'elle a vêlé: பீயூ ஷமகை, பீயூஷருசி, (mahâ rayon); l'astre aux rayons de lait, i. e. la lune.

பீரங்கி, (பீர், அங்கம்), corps ou machine à projectiles, canon, pièce d'artillerie, mortier, obusier boite: — க்காரன், canonier:—க்குண்டு boulet de canon; —த்தடி fouloir de canon;—ப்பயிற்சம் exercice d'artillerie; —[illegible] corps d'artillerie.

*பீரம்,P.வீரம், force, pouvoir;

valeur, la plante பீர்க்கு, concombre, les arbres புளிச்சை et வாகை:—பொ வெறிப்பட்டாற்றிச்சுமக்கு charge toi d'un fardeau après avoir essayé ou en ménageant tes forces.

பிராணவி, (பிச், ஆணி), amorce, poudre à amorcer.

பிராய்கிறது, ந்தேன், ம்பேன், ம், ல், v.a. பிராய்தல், n.v. et பிராய்ந்து போடுகிறது, nettoyer le riz.., en ôter les pierres, la paille, râcler, *V.* விராய்கிறது.

பிசிடல், பிசிறுதல், jaillissement, examen minutieux, *n.v. de*

பிசிறுகிறது, (பிச்), jaillir, —comme un filet, d'eau sortir avec impétuosité, examiner minutieusement: பிசிறுநீர் jet d'eau, eau qui jaillit.

பிசிறல்குகிறது, (*id.*), couler de soi même, découler, jaillir, (*v.g.* le lait de la mamelle, le sang d'une blessure).

*பிரு, 1° (bhirou), peureux, personne timide, chacal, cent-pieds, tigre, chèvre. 2° (bhroû), sourcil.

*பிருகம், (பிரு, ka), forêt, hibou, ours.

*பிருகன், (*id.*), homme timide, peureux.

பிருகா, la plante பிசுகொரணி,

*பிருராத்திரம், (பிரு, இராத்திரம்), foyer, fournaise.

பிசெடல், பிசெருகிறது, பிசெரல். (பிச்), *V.* பிசிறல்குகிறது.

பிச், 1° *P.* பி, crainte, terreur, pâleur, changement de couleur causé par la peur ou la détresse, la plante பீர்க்கு espèce de concombre. 2° saillie, jet, ce qui jaillit, lait, — de femme, bruit, son imitatif du jaillissement: பிசிறுகிறது, பிசிறல்குகிறது, பிசெருகிறது, பிச்சிடுகிறது jaillir, sortir avec impétuosité, découler.

பீர்க்கு, espèce de concombre (qui est un bon légume), cucumis acutangulus, *adj.* பீர்க்கம்: பீர்க்கங்காய் fruit non mûr de ce concombre.

பீச்சாங்குழல், (பீச்சு, ஆம், குழல்), seringue.

பீச்சுகிறது, ச்சினேன், ச்சுவே ன், ச்சு, v.a. faire jaillir, seringuer, foirer, lancer ses excrémens: காக்கைமேலிருந்துபீச்சுகிறது — le corbeau lance d'en haut ses excrémens; மருந்தைப் பீச்சுகிறது— injecter un remède par-en bas.

*பிலகம், (pilaka), grande fourmi noire

பீலி, paon, queue de paon, petit —, grand —, éventail fait de plumes de paon, éventail, petite trompette, grande pique, — lance, or, mur, — d'un fort ou d'un temple, anneau que les femmes portent aux doigts des pieds, espèce de —, tambour, instrument de musique, billet de pari, auge, germe —, jet intérieur du fruit du palmier qu'on a mis germer:—க்கண் œil de plume de paon; — க்குஞ்சம் émouchoir —, houppe—, bouquet de plumes de paon;—க்குடை ombrelle de plumes de paon: —க்கொட்டு canal en bois pour l'irrigation; — த்தண்டு sorte de javelot ou d'arme qu'on lance; - ப்பட்டை seau ou panier pour arroser, picote.

*பிலு, 1° (bhilou), peur, peureux, timide. 2° (pilou), atome, insecte, flèche, fleur, éléphant, nom d'un arbre, métacarpe, dedans ou paume de la main:—வாதம் système des atomes (dans le genre de celui d'Épicure). *V.* வைசேஷிகம்: — வாதி partisan du système susdit.

*பிலுகம், (பிலு, ka), ours.

*பிலுகன், (*id.*), homme peureux, timide. [rabæus fimarius.

பீவண்டு, (பீ), fouille-merde, sca-

*பீவரம், (pivara), graisse, largeur: பீவரஸ்தனி, (ஸ்தனம்), vache —, femme à larges mamelles.

*பீவரன், (பீவரம்), homme gras.

*பீவரி, *f.* jeune femme, vache.

*பீவை, (pivâ), eau, air, vent.

பேழ்கிறது, ழ்ந்தேன், ழ்வேன், ழ், ழ்க, v.a. et n. (பேழ), பேழ்தல், n.v. *V.* பிடுங்குகிறது.

*பேழை, *P.* பேடை, affliction, peine, tourment, malheur.

பிளக்கு,vulve,verenda mulieris.

பிளை,chassie,gomme des yeux:— கண்ணன் œil chassieux;—கண்ணுடையான் chassieux; — சாறி nom d'une plante: — சரணுகிறது la chassie couler ou sortir du bord des yeux.

பிள்,embryon,fœtus,tendre épi de blé.

பிறல்,opt. et n. v. de பிறுகிறது, déchirure,déchirement, lacération, pièce,— chose déchirée:பிறல்துணி haillons,morceau —,habit déchiré.

பிறு, déchirure, morceau, fragment,le derrière,n.v.imp.et part. de பிறுகிறது.

பிறுசை,பிறுதல், déchirure, déchirement,égratignure,n.v.de

பிறுகிறது,பிறேன்,றுவேன், று, று,v.a.et n. déchirer,lacérer, mettre en pièces,égratigner,être déchiré,ou பிறிப்போகிறது, se déchirer, s'en aller en morceaux; பிறிப்போடுகிற து déchirer,lacérer, mettre en pièces.

பிறுண்கிறது,(பிறு,உண்கிறது), être déchiré: பிறுண்டுசெகிறது être déchiré (par les bêtes féroces...) et en mourir.

பிற்றல்,n.v.de பிறுகிறது, déchirure,rupture,lacération:— ஆய்க்கிறது,—ஆய்க்கிடக்கிறது être déchiré,être —, tomber en lambeaux.

*பினசம்,(pinasa),rhume de cerveau,—qui affecte les narines, catarrhe, toux, inflammation de la membrane schneidérienne, ulcère ou ulcération dans la tête qui cause un écoulement par les narines:si cet écoulement est de sang, il s'appelle இரத்த ou ரத்தப்பினசம்,s'il est comme du son கிரம்ப் —, et s'il est comme de l'eau நீர் —: பினசக்காரன் celui qui a cet écoulement; —க்குறட்டை, V. பினிசக்குறட்டை.

*பினம்,(pina),graisse,corpulence, grosseur,largeur,se flétrir,se faner, mousse,lenticule,algue.

*பினிசம்,P. பினசம்: பினிசக்குறட்டை la plante குறட்டை, trichosanthes palmata,dont le fruit est médicinal.

பு,lettre syllabique composée de பு et de உ.

புக,inf.de புகுகிறது.

புகு,derrière de foyer.

புகட்டுகிறது,ட்டினேன், ட்டுவேன்,ட்டு,ட்ட,v.a.(புக, ஊட்டுகிறது), புகட்டல்,புகட்டுதல்,n.v.et புகட்டிவிடுகிறது,faire entrer, faire avaler, verser dans la bouche d'un enfant ou d'un animal.‖ v.n.entrer: குழந்தைக்குப்பால் — verser du lait dans la bouche d'un enfant.

புகர்,couleur,—brune,— tannée, brun,faute,tache,la planète Vénus ou சுக்கிரன்: புகர்முகம் l'éléphant, litt.le visage aux taches brunes.

புகவு,riz cuit.

புகல்,opt et n.v. de புகுகிறது.

புகலி,(புகல்),la ville de சீகாழி.

புகலிடம்,(புகல்,இடம்), lieu de —, refuge,protection,village,ville.

புகலுகிறது,ன்றேன்,லுவேன் ou கல்வேன்,லு ou கல்,கல,v. a. et n.(புகல்),புகலுதல்,n.v. dire, parler, indiquer.

புகழ்,(புகல்,ஊர்),V.புகலி.

புகல்,1° imp.part et n.v. de புகல்கிறது,dire,parole.2° opt.et n.v.de புகுகிறது, entrée, refuge, protection, corps,grenier, magasin ou réceptacle à grains,victoire. [று.

புகல்கிறது,புகல்தல்,V. புகலுகிற

புகழா,புகழாத,part.nég.de புகழ்கிறது: புகழாப்புகழ்ச்சி louange en forme d'ironie.

புகழாளன்,(புகழ்,ஆளன்), homme recommendable, celèbre, digne de louange.

புகழுவமை,(புகழ்,உவமை), comparaison louangeuse, — pour louer: Ex. இவன்சடையிற் றங்கும் பிறைபோ நின்னுதற்கொப்பு le croissant qui est sur la chevelure de Siven ressemble à ton front.

புகழுகிறது ou புகழ்கிறது, கழ்ந்தேன்,கழுவேன் ou கழ்வேன், கழு ou கழ், கழ,v.a.புகழ்தல்,n. v. louer, exalter, vanter, célébrer: புகழ்ந்துகொள்ளுகிறது se louer soi même, se vanter; புகழ்ந்தோதுகிறது réciter les louanges,ou புகழ்ந்தேத்து

ந்து louer, exalter, vanter, célébrer.

புகழ், *imp. part. et n. v. du préc.* louange, éloge, renommée, réputation: —கூறல் publier les louanges, panégyrique, louange, flatterie un des முப்பொருள் ou மொழி i. e. des 3 discours ou paroles; — க்கொடிகட்டினவன் homme qui hissé un drapeau pour se faire un nom, — une réputation, —நிலை fig. de rhét: concernant la manière de louer; —பொருள் chose louée, décrite, célébrée; —பொருளுவமைப்பணி comparaison réciproque ou renversée, V. இதரேதரவுவமை prendre l'objet comparé pour celui auquel on le compare et réciproquement; —க்கற்பூரம் camphre vert.

புகழ்ச்சி, *n. v. de* புகழ்கிறது, louange, éloge, panégyrique, renommée: —மாலை le 20^me des பிரபந்தம், panégyrique des femmes en vers வஞ்சிப்பா entremêlés d'அகவல் et de கலி

புகழ்ந்து, *gér. de* புகழ்கிறது. [பா.

புகழ்வு, *n. v. du même*, louange.

புகழ்வோர், *n. app. du même*, panégyristes, louangeurs, hommes célèbres

புகன், l'arbre அகத்தி.

புகல். P. புகல்தல், *n. v. dè* புகுகிறது. [où l'on—, qui n'entre pas.

புகா, புகாத, *part. nég. de* புகுகிறது.

புகாமை, *n. v. nég. du même*, ne pas entrer, être sans entrée.

புகார், 1° embouchure (d'une rivière dans la mer...), la ville de Kâvêripattanam (à l'embouchure du Kâvêri), nuage. 2° *n. app. et* 3° *pers. pl. nég. de* புகுகிறது, ceux qui n'entrent pas, ils n'entrent pas.

புகடி, pendant d'oreilles en or suspendu au haut de l'oreille à l'usage des femmes.

புகில், P. புகுந்தால்; *conditionnel de* புகுகிறது, si on entre.

புகுக், son imitatif: புகுக்புகுக்கென்கிறது rendre le son répété de pouguir pouguir, faire du bruit.

புகு, *imp. et part. de* புகுகிறது, புக்கேன் ou புகுந்தேன், புகுவேன், புகு, புக, *neg.* புகேன், *et* புகுந்தூகொள்கிறது, entrer, se glisser, s'introduire, se fourrer, entrer dans un trou ou dans un lieu bas par une porte basse, entrer —, s'engager dans une condition vile et abjecte, arriver: ஆண்டி புகுந்தான் il s'est fait andi ou religieux mendiant; on l'andi s'est introduit....; இலங்கை புக்கான் il est allé à Ceylan; புகப்பண்ணுகிறது faire entrer; — விடுகிறது laisser entrer; introduire: அனல் கொப்பளிக்கிற தீயைப் புகப்பண்ணுகிறது lancer —, darder un feu flamboyant: புகுந்து பார்க்கிறது s'introduire et regarder dans un trou ou un endroit étroit; considérer, méditer profondément: —போகிறது entrer, descendre, baisser, se coucher.

புகுடு, 1° (புகு), petit bras de mer; embouchure, rivière salée, porte. 2° P. புருவம் sourcil.

புகுதல், *n. v. dè* புகுகிறது, action d'entrer..., entrée.

புகுதி, 1° porte étroite, arrivée, ce qui arrive, événement. 2° (புகு. தி).

புகுது, *imp. dè* [*imp. de* புகுகிறது.

புகுதுகிறது, புகுந்தேன், புகுவேன், புகுது, புகுத, *v. n.* V. புகுகிறது.

புகுத்துகிறது, புகுத்தினேன், புகுத்துவேன், புகுத்து, புகுத்த, *v. caus. de* புகுகிறது, *et* புகுத்தல் ou புகுத்துதல், *n. v.* faire entrer, pousser dedans, introduire, [fourrer.

புகுந்து, *gér. de* புகுகிறது

புகுபுகு, son imitatif de la rosée qui tombe....: புகுபுகென்கிறது, faire pougoupougou, — du bruit, la rosée... tomber. [கிறது.

புகுவேன், *fut.* புகேன், *nég. de* புகு

புகை, 1° fumée, vapeur, exhalaison, c'est le signe du gardien du sud est, distance d'un காவதம் ou 4 lieues. 2° *imp. et part. de* புகைகிறது, *et imp. dè* புகைக்கிறது. 3° P. புகாய், 2° *pers. nég. de* புகுகிறது, tu n'entres pas: —காட்டுகிறது, V. புகையூட்டுகிறது; —ஊட்டுகிறது encenser, parfumer, enfumer, fumer: — க்கப்பல் bateau à vapeur; — க்கூடு grande et épaisse fumée, signe de grande vitesse...; —குடிக்கிறது fumer (du tabac); —க்குடி action de fumer; —க்குண்டு balle qui répand de la fumée, —une fumée empoisonnée; —க்குழாய் cheminée; —க்கூடு cheminée, ballon; —க்குளிக்கிறது, —க்குளித்தல் s'enfumer, être fumé, entouré de, exposé à la—, prendre la fumée; —ச்சுருட்டு chiroute, cigarre; —த்துவாரம் cheminée, trou pour laisser passer la fumée; —நாற்றம், odeur de fumée; —நிறம் couleur de fumée; —நிறக்காரணம், V. சவக்காரம்; —ச்செறிவு, —ப்படலம் colonne—, agglomération—, nuage de fumée; —ப்படுகிறது, —பிடிக்கிறது être fumé, enfumé, exposé à la fumée, prendre la fumée, ou la fumée s'attacher; —பிடிப்பிக்கிறது, V. புகையூட்டுகிறது; —ப்பற்று suie; —பற்றுகிறது, V. புகையூறுகிறது; —ப்போக்கு cheminée, passage de la fumée; —ப்போடுகிறது, V. புகையூட்டுகிறது; —மடக்கி borax; —மணம் odeur de fumée; —மொய்ப்பு, V. புகைப்படலம்; —யாற்றி suie; —யிடுகிறது, V. புகையூட்டுகிறது; —யிலை feuille à fumée, i. e. feuille de tabac, tabac à fumer, la plante qui le donne; —யிலைகுடிக்கிறது fumer, - des chiroutes, —du tabac; —யிலைகுடிக்கிறவன் fumeur; —யிலைச்சுருட்டு cigarre, ou —யிலைச்சுருள், —யிலைச்சுருணை rouleau —, carotte ou balle de tabac, chiroute; —யிலைப்பொடி tabac, —à priser; —யிலையரிகிறது récolter —, couper le tabac; —யுறை suie; —யூறல் suie, la suie se former, prendre la fumée; —யூட்டுகிறது faire fumer, —des fumigations, enfumer, exposer à la fumée, parfumer; —யூதுகிறது insinuer—, introduire de la fumée, V. புகையூட்டுகிறது; —யூறுகிறது la fumée s'attacher, — prendre, se couvrir de suie, s'enfumer; —யெழுதல், —யெழுகிறது, —யெழும்புகிறது la fumée s'élever; —வரி impôt sur les maisons, *litt.* sur la fumée.

புகைகிறது, கைந்தேன், கைவேன், கை, கைய, v.n. புகைதல், n.v. fumer, donner—, répandre de la fumée, des vapeurs, des exhalaisons, être rempli de fumée, la fumée s'élever, être enfumé, —fumé, être séché—, desséché ou noirci à la fumée, (la moisson...) être brûlée, —grillée ou brouie, brûler, s'obscurcir (par l'âge ou la maladie...), s'indigner, s'emporter, se mettre en colère: கண் —les yeux s'obscurcir, ne voir plus clair; வீட்டிலெங்கும் —il fume partout dans la maison, la maison est remplie de fumée; புகைந்திருமுகிறது tousser à cause de la fumée, ou de la chaleur.

புகைக்கிறது, கைத்தேன், கைப்பேன், கை, கைக்க, v.a. *du préc.* faire—, fumer, enfumer, fumiger, exposer à la fumée, faire des fumigations, —sécher à la fumée, parfumer, s'irriter, s'indigner.

புகைக்கை, n.v. *du préc.*

புகைச்சல், (*id.*), fumée, fumigation, exhalaison, vapeur, obscurcissement (de la vue...), ténèbres, obscurité, la fumée s'élever, exhaler de la fumée, brûler et fumer, les blés —, la moisson être brouie, —brûlée, impatience, colère, indignation, inflammation d'entrailles (par l'effet du chagrin...): —போடுகிறது faire fumer, - de la fumée, — des fumigations.

புகைதல், *n.v. de* புகைகிறது, indignation, signe de colère, fumée, vapeur, la fumée s'élever.

புகைத்தல், புகைப்பு, *n.v. de* புகைக்கிறது, faire fumer, fumée, fumigation, indignation, signe de colère.

புகைப்பிக்கிறது, *v. caus. de* புகைக்கிறது, faire fumer.

புகைவு, *n. v. de* புகைகிறது, fumer, fumée, vapeur, exposition à la fumée, colère, indignation. [trée.

புக்க, *part.parf. de* புகுகிறது, en-

புக்ககம், (புக்கு, அகம்), *V.* வேட்டகம்.

*புக்கசன், (poukkasa), homme

vil, dégradé, réputé impur, vaurien, chasseur ou வேடன்.

*புக்கசி, *fém. du préc.* femme dégradée, méchante, indigo, bouton de fleur.

*புக்கம், (boukka), cœur, bouc: புக்கமாக்கிராசமாம்சம், (புக்கிரம்), chair du —, le cœur.

புக்கல், *n.v. de* புகுகிறது, action d'entrer

*புக்கனம், (boukkana), aboiement, — du chien.

*புக்காரம், (boukkâra), rugissement, — du lion.

புக்கி, l'arbre கிராம்.

புக்கில், 1° (புக்கு, இல்), le corps, maison, — où l'on n'est qu'à loyer ou en passant, — qu'on ne possède pas par héritage, lieu où l'on se retire, refuge. 2° *cond. de* புகுகிறது.

புக்கு, 1° *gér. de* புகுகிறது. 2° *son imitatif*: புக்குப்புக்கென்கிறது, *P.* புகுபுகென்கிறது.

புக்கேன், *parf. de* புகுகிறது.

புக்கை, *P.* புற்கை, bouillie, — épaisse (de millet.i.).

*புங்கம், 1° (pounkha), flèche, partie ailée —, gros bout —, pied d'une flèche. 2° (pounga), tas monceau, quantité, hauteur, excellence. 3° toile, habit.

*புங்கலம், (poungala), âme.

*புங்கவம், (poungava), taureau, bœuf.

*புங்கவன், (*id.*), excellent, prééminent, Dieu, gourou ou précepteur spirituel, Bouddha, l'arsenic dit சூத்திரபாஷாணம்: புங்கவர், *pl.* les dieux prétendus, les habitans du ciel.

*புங்கவி, *fém. du préc.* femme divine, prétendue déesse, Parvadi.

*புங்கவிருஷம், *P.* புங்கவிருஷம்.

புங்கானுபுங்கம், (புங்கம், அனு, புங்கம்), corde pour lier des flèches.

புங்கு, *P.* புன்கு, l'arbre dalbergia.

*புஞ்சவனம், *P.* புஞ்சவனம்.

*புஞ்சிகஸ்தலம், *P.* புஞ்சிகஸ்தலம்.

*புசம், 1° (bhoudja), épaule, bras, côté d'une figure géométrique, courbure. 2° (bousa), paille, balle, épi sans grain, richesse, bonheur, crème de lait caillé, bouze de vache desséchée: புசபலம் force du bras, — de l'épaule; புசத்திலெடுத்துவளர்த்தேன் je t'ai élevé sur mes bras; புசத்திலெடுக்கிறது prendre dans ses bras, *V. d'autres composés au mot* புயம்.

புசம், tempête, ouragan, brosse, pinceau grossier pour blanchir les murs.

*புசா, *obl. de* புசை: — கோடி les 3 signes ascendans ou du printemps, et les 3 signes descendans ou d'automne, argument pour réduire l'anomalie moyenne et autres quantités à des tables d'équation qui ne s'étendent qu'à 3 signes. Cette réduction se fait ainsi: si l'anomalie moyenne excède 3 signes, retranchez-la de 6 signes, si elle excède 6 signes, retranchez en ces 6 signes; si elle excède 9 signes, retranchez la de 12 signes; — பலம் résultat obtenu par le procédé précédent, reste qu'on obtient après avoir fait la soustraction précédente.

*புசாந்தராந்திரன், (புசா, அந்தரம்), longitude de la lune dont on a corrigé les erreurs provenant de l'emploi des nombres 3031 et 248 qui servent à déterminer la longitude.

*புசி, 1° (bhoudji), feu, côté d'une figure géométrique, *v. g.* ஐம்புசி pentagone. 2° *imp. et part. de* புசிக்கிறது: — காரணம் manducation, aliment, mets, — à manger.

புசிக்கிறது, சித்தேன், சிப்பேன், சி, சிக்க, *v. a.* புசித்தல். *n.v.* (bhoudja, *manger*), manger, se nourrir de, consumer.

*புசிதம், 1° *P.* பூசிதம், adoration, 2° (pouchita), action de nourrir.

புசிக்கை, புசித்தல், *n.v. de* புசிக்கிறது, manducation.

புசிப்பன, *n. opp. de* புசிக்கிறது, choses bonnes —, choses à manger, alimens.

புசிப்பாளி, (புசிப்பு, ஆளி), mangeur, personne fortunée, heureuse, qui jouit, qui a ses aises: புசிப்பாளிக்குப் போனது உடைமை le bien est échu à l'homme fortuné: புணீபோனீ ...... être heureux.

புசி பு.n.v.de புசிக்கிறது, manducation, nourriture, mets, alimens, jouissance.

*புஷியம், (pouchya), la 8me constellation dite பூசம், le mois de தை ou janvier, le Kaliyougam.

*புஜம், (bhoudjâ), côté d'une figure géométrique, épaule, bras, les 3 premiers signes ou les signes du printemps et les 3 signes d'automne ou le 7me 8me et 9me; si on partage en 4 une circonférence de cercle, le 1er et le 3me quadrant se nomment புஜம், le 2e et le 4e se nomment கோடி.

*புச்சம், (poutchtchha), partie de derrière, queue, — de cheval, — de paon, scorpion: புச்சஸ்தானம் la place de la queue, le postérieur, le derrière. [paze.

*புஷ்போராகம், P. புஷ்பராகம், to-

*புஷ்கரம், (pouchkara), air, ciel, atmosphère, fleur de —, nénuphar, l'île du nénuphar, une des 7 îles fabuleuses des Indous, bout de la trompe d'un éléphant, épée, tranchant —, lame —, fourreau d'épée, flèche, guerre, bataille, héron, eau, eau lustrale, pièce d'eau, étang ou réservoir réputé sacré près d'un temple, lieu de pélérinage à 4 milles d'Adjimir sur le bord d'un lac, science —, art de la danse, pilule —, drogue composée de costus speciosus, union, part, portion, espèce de maladie, — de serpent, instrument de musique, tambour, tête d'un tambour ou côté où l'on en bat, ouverture —, bouche d'un vase, plénitude, un des 7 nuages, celui qui cause la disette, V. புஷ்கலாவர்த்தம், ivresse, enivrement, caverne, cage, montagne de l'île dite புஷ்கரம், milan: புஷ்கரமூலம் racine bulbeuse du nénuphar; — குஷ்டம் racine du costus speciosus.

*புஷ்கரன், (id.), Pouchgaren, roi frère de நளன், un asouren, le fils de Varounen.

*புஷ்கரி, (புஷ்கரம்), éléphant.

*புஷ்கரிணி, fém. du préc. éléphant femelle, étang de nénuphars, — carré ou grand réservoir (auprès d'une pagode...).

*புஷ்கலம், (pouchkala), plénitude, grande quantité, excellence, éminence, le nuage புஷ்கலாவர்த்தம், (ஆவர்த்தம்), un de 7 nuages de la fable indoue, celui qui verse de l'or.

*புஷ்கலை, obl. de புஷ்கலம்: — தேசம் ou

*புஷ்கலை, (pouchkalâ), l'excellente, Pouchkalei une des femmes d'ஐயனார்: புஷ்கலைமணாளன் l'époux de Pouchkalei, i.e. Ayénar. [habit.

*புஷ்டகம், (புஷ்டம், ka), toile,

*புஷ்டம், (pouchta, nourri), toile, habit, plénitude, complément, fin, corbeau. [gros corps.

*புஷ்டகாயம், (புஷ்டம், காயம்),

*புஷ்டி, (pouchti), graisse, embonpoint, augmentation, prospérité, élévation: — கர்த்தன் le maître dodu, Poulléyar; — புருஷன் homme gras, — dodu, qui a de l'embonpoint: சப்தபுஷ்டியும் அர்த்தபுஷ்டியுமுள்ள சாஸ்திரம் science ou traité qui à l'élégance des sons ou des mots joint un sens profond.

*புஷ்பகம், (புஷ்பம், ka), bracelet de pierres précieuses, le char de குபேரன் dit விமானம், vitriol vert, vase de fer, sorte de mal d'yeux, albugo ou taie à l'œil, petit foyer en terre, espèce de collyre, la plante ரசக்கொடி: புஷ்பகவிமானன் celui qui se sert du char புஷ்பகம், Koubèren, Indiren.

*புஷ்பகரம், (புஷ்பம், கரம்), main qui ressemble à une —, fleur, fleurs ou menstrues.

*புஷ்பதம், (புஷ்பம், தம்), ce qui donne des fleurs, arbre.

*புஷ்பந்தயம், (id. dhaya qui boit), abeille.

*புஷ்பம், (pouchpa), fleur (en général), étendue, expansion, sorte de mal d'yeux, albugo —, tache ou laie à l'œil, le char de Koubèren dit புஷ்பகம், fleurs ou règles des femmes, bananier: — கொய்கிறது cueillir des fleurs; புஷ்பகரண்டகம், — கரண்டகவனி la ville d'அவந்தி ou d'Oudjein; — காசீசம் (kâsisa), vitriol vert ou sulphate de fer vert; — காசரம் (hâsa ris), femme qui a ses règles; — காரகம் bambou (dont la souche meurt après la floraison); — கிரி montagne fleurie, — fabuleuse résidence de Varounen; — கீடம் grosse abeille noire, insecte qui attaque les fleurs; — கீனா, — கீனி, (கீனம்), femme stérile, — dont les règles ont cessé; — கேது, — கேதனன் celui qui a pour symbole ou enseigne une fleur, i.e. காமன்; — கந்தவிருட்சம் l'arbre கந்தவிருட்சம் à fleurs odoriférantes; — சமயம் la saison des fleurs, le printemps; — சயம் multitude des fleurs, cueillir des fleurs; — சயனம் lit de fleurs; — சரன், — சராசனன், — சாபன் celui dont les flèches et l'arc sont de fleurs, i.e. Kâmen; — சாரம் nectar ou miel de fleurs; — சுவி fleuri; — சிங்காரம் ornement en fleurs: — சிரீ abondance —, beauté des fleurs; — சுவேதம், — ஸ்வேதம் miel —, suc des fleurs: — சூனியம் manque de fleurs; — சோலை bosquet de fleurs; — தந்தம் l'éléphant du nord-ouest, un des serpens des fables indoues; — தந்தன், — தந்தகன் un des chefs des சந்தருவர்; — தனுவன் Kâmen à l'arc de fleurs; — த்திரவம், — த்திராவகம், pollen —, infusion —, eau distillée —, essence de fleurs; — நாதன் Florent, n. propre; — நிக்ஷம் (nikcha qui baise), abeille; — நிரியாசகம் (niryâsa extrait), nectar de fleurs; — பதம் vulve, litt. chemin des menstrues; — பலம் le fruit de l'arbre விளா feronia; — பலம் nectar de fleurs; — புரம் la ville des fleurs, dite par les Grecs Pâtalipoutra ou Pâlibothra: — பிரசயம், — பிரசாயம் action de cueillir des fleurs; — மஞ்சரிகை ce qui donne beaucoup de fleurs, le nénuphar bleu; — மழை, — மாரி pluie de fleurs; — மாசம் mois —, saison des fleurs, — des bourgeons, le printemps — மாலை guirlande de fleurs: — ரசம் suc —, miel de fleurs; — ரதம் char de fleurs, orné de fleurs: — ராகம் teinture rouge tirée des fleurs, l'arbrisseau hibiscus phœniceus; — ராகம் topaze; — ரேணு poussière —, pollen des fleurs; — லவன், — லவகன், — லாவன், — லாவகன் (lava, lavaka, lâva, lâvaka qui coupe), homme qui cueille des fleurs, marchand fleuriste, homme né d'une bramine et d'un tisserand, et dont la fonction est de cueillir des fleurs et de vendre des guirlandes, au fém. புஷ்பலாவி marchande de fleurs; — வதி (affixe), femme qui a ses règles; — வருஷம், — விருஷ்டி pluie de fleurs; — வாடி jardin de fleurs; — விமானம் char orné de fleurs.

*புஷ்பாகரன், (புஷ்பம், âhara qui prend), fleuriste, qui cueille des fleurs.

*புஷ்பாசவம், (id. ஆசவம்), liqueur —, miel de fleurs.

*புஷ்பாசனன், (id. ஆசனம்), celui qui a pour siége une fleur de nénuphar, i.e. Brama.

*புஷ்பாசனி, (id.), celle qui est assise sur une fleur de nénuphar, i.e Lakchimi.

*புஷ்பாஜீவனி, புஷ்பாஜீவன், புஷ்பாஜீவி, (id. ஆஜீவம்), fleuriste, celui qui gagne sa vie en faisant des guirlandes de fleurs.

*புஷ்பாஸ்திரன், புஷ்பாஸ்திரன், (id. அஸ்திரம்), celui dont les flèches sont de fleurs, i.e. Kâmen.

*புஷ்பாஞ்சலி, (id. அஞ்சலி), hommage —, pluie de fleurs, offrande d'un bouquet de fleurs.

*புஷ்பாஞ்சனம், (id. அஞ்சனம்), encre de fleurs, chaux de bronze.

*புஷ்பாலங்காரம், (id. அலங்காரம்), décoration en fleurs, floraison.

*புஷ்பாவசாயம், (id. அவசாயம்), action de cueillir des fleurs.

*புஷ்பாவசாயி, (புஷ்பாவசாயம்), celui qui cueille des fleurs.

*புஷ்பிகை, (புஷ்பம்,ika), tartre des dents, sperme, mucosité de l'urètre.

புஷ்பிக்கிறது, பித்தேன், பிப்பேன், பிக்க, v.n. (புஷ்பம்), புஷ்பித்தல், n.v. fleurir, être en fleurs: புஷ்பியாத, qui ne fleurit pas.

*புஷ்பிதம், (புஷ்பம்,ita), floraison

*புஷ்பிதை, *fém. du préc.* femme qui a ses règles.

*புஸ்தகம், புஸ்தம், (pousta, ka), livre, manuscrit, feuilles, peinture: புஸ்தகஞ்சேர்க்கிறது réunir—, arranger ensemble les feuilles d'un livre, le relier; — பண்ணுகிறது composer —, faire —, écrire un livre; புஸ்தகருமம் ouvrage en peinture, plâtrage.

*புஞ்சம், புஞ்சி, (poundja, i), monceau, quantité, collection, balle, certain nombre de fils, 120 fils.

*புஞ்சலி, (பும், சலம் *marche*), prostituée (qui fréquente les hommes).

*புஞ்சவனம், (*id.* சவனம்), cérémonie qu'on fait le 3ème mois de la grossesse lorsqu'on apperçoit les 1ers signes de la conception, lait, embryon de 3 mois.

*புஞ்சானம், (bhoundjâna), manducation, possession, jouissance.

*புந்ஸ்த்துவம், (pounstva), sperme humain, virilité, nature humaine.

*புந்ஸிலிங்கம், (பும், லிங்கம்), pénis.

*புடகம், (poutaka), nénuphar, vase en feuilles, sac ou vase fait d'une feuille pliée en entonnoir.

*புடகினி, (புடகம், ini), bouquet de fleurs de nénuphar.

*புடம், 1° (pouta), couverture, langoutti ou linge qui couvre les parties honteuses, paupière, vase de feuilles, coupe ou concavité faite avec une feuille pliée, chose creuse ou concave, sabot du cheval, action de luter, contraction, rétrécissement, pureté, purification,—des remèdes, raffinement—, sublimation ou cuisson des remèdes. 2 vases joints ensemble (le second renversé) pour ces opérations, coupelle, creuset, procédé chimique pour fondre, raffiner ou calciner les métaux, préparer et purifier les remèdes, en les mettant sur le feu, au soleil ou dans du grain. (Le degré de chaleur pour la calcination ou la préparation des remèdes etc... s'estime par le nombre de வறட்டி ou bouzes de vaches desséchées que l'on brûle, comme il suit: காடைப்புடம், கவுதாரிப்புடம், குக்குடப்புடம், வராகப்புடம், கசப்புடம் ou கஜபுடம், coupelle de la caille, de la perdrix, de la poule, du cochon, de l'éléphant en faisant brûler des bouzes de vaches gros comme une caille, une perdrix, une poule, un cochon, un éléphant, *i. e.* 1,3,10,20 (ou 50), 100 bouzes de vache). 2° (phouta), tête déployée du serpent capelle. 3° (sphouta): correction dans les comptes, longitude céleste, —égalée, vraie, apparente. 4° place, côté (d'une chose): — இடுகிறது préparer un remède par fusion ou calcination..., *ou*— போடுகிறது, — வைக்கிறது purifier les métaux —, mettre dans le creuset, mettre à l'épreuve, éprouver, examiner: புடகிரீபம் cou, jarre, pot, bocal, broc d'airain (qui a un long cou étroit; — நதி, *V.* புடபேதம்; — பாகம் cuisson, digestion, sublimation; — புத்தி vrai mouvement d'une planète; — பேதம் sinuosité—, détour de rivière, ville; — பேதனம் ville; — விக்ஷேபம் distance apparente des centres du soleil et de la lune au moment de la conjonction, latitude apparente de la lune; கடைசியி லாயிரம் வறட்டியிலேபுடமிட்டுப்போட்டாலெல்லாந் தீர்ந்துபோம் enfin si on brûle 1000 bouzes de vache, tout sera fini, ou la mort arrangera tout.

புடலிக்கிறது, லித்தேன், லிப்பேன், லிக்க, v. n. புடலித்தல், n. v. jouer plusieurs ensemble d'instrumens de musique, souffler en s'arrondissant, s'arrondir.

புடலிப்பு, *n.v. du préc.* rondeur.

புடல்,(படோலம்),la plante trichosanthes anguina,espèce de concombre dont le fruit ressemble à un serpent: *l'adj. est* புடலம்: புடலங்காய் concombre à forme de serpent: புடலம்பூ fleur de cette plante; நாய்ப்—, *V.* நாய்ப்புடோல்.

*புடவி(பிருதிவி), la terre:—மூலம் la plante திருகுநட்டை.

புடவை toile, habit; பழம்—vieille toile;—த்தொழில் manufacture—, commerce de toiles; புடவையைக் கட்டிக்கொள்ளுகிறது mettre—,s'attacher sa toile,s'en revêtir.

*புடனம், (sphoutana), action de fendre,de déchirer, d'ouvrir...

புடாராகுலன், la plante செந்நாயுருவி.

புடி,qualité.

*புடிகை, (poutikâ), cardamome.

*புடிதம், (poutita), poing, fermer la main pour tenir quelque chose.

புடை, 1° place, côté, enflement, boule, rondeur, guerre,*V.*பாழி. 2° *n. v. imp. et part. de* புடைக்கிறது, coup, action de frapper, de vanner: அடுப்புப்புடை place du foyer; — கொள்ளுகிறது s'étendre—,s'élargir (*v.g.* un mal, un ulcère...),s'enfler; — க்கருத்து sens indirect, partialité; — சூழ்ந்துவருகிறது accompagner, escorter, se réunir autour, se joindre à côté d'un autre, entourer; — நூல், *V.* சார்புநூல்;— பெயர்கிறது changer de côté,aller et venir—, revenir à côté,—indirectement, revirer, changer et réussir;—பெயர்ச்சி changement de côté, revirement, retour indirect, —à côté, tangente, allée et venue à côté, changement suivi de réussite; —பெயர்ச்சித்தொழிற்பெயர் nom verbal qui exprime un changement et un effet;—பெயர்ச்சிவினை verbe qui exprime un changement et un effet; —பொருள் chose secrète,—cachée:—மண் terre de blanchisseur; —விழுகிறது se gonfler,se ruiner, se détériorer, un côté tomber.

புடைக்கிறது, டைத்தேன், டைப்பேன்,டை,டைக்க,*v.a.*புடைத்தல்.*n.v.* vanner, éventer, battre, frapper, heurter, donner des coups de poing, donner des chiquenaudes sur les tempes(sorte de chatiment qu'on s'inflige ou qu'on éprouve), pousser,repousser,percer, enfler, mouvoir, remuer, un oiseau battre des ailes ou les agiter,nager: புடைத்துக்கொண்டெழும்புகிறது enfler, une tumeur se former; — ப்பேராகிறது vanner, battre...

புடைப்பு, *n. v. du préc.* action de vanner... coups, tumeur,enflement.

புடையன்,serpent venimeux long d'une coudée.

புடைவை, toile, habit:— க்குஞ்சம் nombre de fils d'une—,frange de toile,toile blanche. [rasol blanc.

*புடோபடம்,(புடம்,உடம்), parasol blanc.

புடோலம்,(*de* படோலம்). la plante புடல்:புடோலங்காய் son fruit, concombre à forme de serpent.

*புட்காரம், புட்கரம். புட்கரிணி,புட்கலம்,புட்கலை....*V.*புஷ்கரம்.....

புட்குத்திருப்பி, *P.*புட்டுத்திருப்பி.

புட்குரல், (புள்,குரல்), voix d'oiseau. [புஷ்டம்...

*புட்டகம்,புட்டம்... *V.* புஷ்டகம்,

புட்டல், fardeau porté sur la tête (surtout par ceux qui conduisent des bœufs chargés).

*புட்டி,1° *V.*புஷ்டி. 2° *ou*

புட்டில், corbeille, panier,—pour arroser, — puiser l'eau d'un étang, van,—à vanner, fourreau, doigtier: —புட்டிவெல்லம் mélasse,— renfermée dans un petite corbeille de feuilles de palmier.

புட்டு, espèce de petit gâteau:—க்கூடை corbeille de moyenne grandeur, *V.* நீற்றுப்பெட்டி: —த்திருப்பி la plante வட்டத்திருப்பி: — ப்பழம் espèce de fruit mangeable.

*புட்பகம்,*V.*புஷ்பகம். [ம்.

*புட்பம், *et ses composés, V.* புஷ்பம்.

புட்பிடிக்கிறது, புட்பிடித்தல்,(புள்). prendre des oiseaux.

புணரி, mer, flots,—de la mer.

க்கட்

புணருகிறது *et* புணர்க்கிறது, ர்ந் தேன், ருவேன் *ou* க்கேன், ரு *ou* ர, ர, ү. *n. et* புணருதல், புணர்தல், *n. v.* s'unir, se joindre, s'approcher, s'accoupler, coucher avec, avoir commerce charnel, (les lettres ou les mots...) se combiner ou s'unir, s'accorder, s'adapter.

புணர், 1° nouveauté. 2° *imp. et part. du préc.* uni, joint, accouplé. 3° *imp. du suiv.*: — நிலை fig. de rhét. qui consiste à présenter 2 choses ou 2 sens ensemble.

புணர்க்கிறது, ர்த்தேன், ர்ப்பேன், ர், ர்க்க, *ou* புணர்த்துகிறது, த்தேன், த்துவேன், த்து, த்த, *v. a. de* புணர்கிறது joindre, unir, faire —, accoupler, faire briller, trouver —, employer des expédiens, revêtir, comparer 2 idées, joindre —, combiner les lettres..., accorder.

புணர்ச்சி, *n. v. de* புணர்கிறது, union, jonction, réunion, combinaison, — des lettres du mot final avec celles du mot suivant, commerce charnel, copulation, accouplement: — க்காரன் libertin, débauché, putassier: இயற்கைகேடான —, crime contre nature; இயற்கைகேடான — க்காரன் sodomite; — பண்ணுகி றது s'accoupler, forniquer, s'unir, unir; — மாலை le 31 <sup>me</sup> des இருபத் தி dit தண்டமாலை; — விகாரம் irrégularité dans l'union de 2 mots lorsqu'on ajoute, change ou retranche une lettre; புணர்ச்சியின்மகிழ்ச் சி joie de l'union..., c'est une des divisions de l' அகப்பொருள் dans les poëmes érotiques.

புணர்தல், *n. v. de* புணர்கிறது.

புணர்த்தல், புணர்த்துதல். *n. v. de* புணர்க்கிறது, *et de* புணர்த்துகிறது.

*புணர்பூசம், *P.* புனர்பூசம். *V.* புந [ர்தம்.

புணர்ப்பு, *n. v. de* புணர்க்கிறது, collition, association d'idées, conviction, ruse, *ou*

புணர்வு, *n. v. de* புணர்கிறது, union, jonction, réunion, connexion, rapport, combinaison, copulation, accouplement, le corps humain (réunion du corps et de l'âme).

புணை, 1° radeau, vaisseau, navire, bambou, fers, entraves. 2° *imp. et part. des suiv.*

புணைகிறது, புணைக்கிறது,... *V.* பி ணைகிறது, பிணைக்கிறது....

புண், plaie, blessure, ulcère, chair, — baveuse, excroissance: — படுகிற து être blessé, un ulcère se former, s'offenser, se chagriner; — வாய் ouverture —, trou d'un ulcère.

*புண்டரம், புண்டரகம், (poundra, ka), canne à sucre rouge, — à sucre blanche, nénuphar blanc, marque faite sur le front, ligne ou linéament (de la tête ou de la main), aigle, singe rouge, pays comprenant une partie du Bengale et du Bahar: புண்ட ரகேளி l'animal, qui s'amuse avec les cannes à sucre, *i. e.* l'éléphant.

*புண்டரன், (*id.*), un Daïtya, *i. e.* அசுரன் ou être infernal censé incarné en சிசுபாலன் cousin et ennemi de Krichna.

*புண்டரிகம், *P.* புண்டரீகம், (poundarika), éléphant du sud est, léopard ou tigre, couleur blanche, ombrelle blanche, signe de victoire, nénuphar, — blanc, espèce d'aigle, — de lèpre, — de drogue, — de serpent dit amphisbœna, fièvre des éléphans, pot à l'eau d'étudiant, espèce de mangue, — de canne à sucre, — de ver à soie, scarabée ou insecte volant: புண்டரீகக்கண்ணன், புண்டரீ காக்ஷன், புண்டரீகாக்ஷன், (அக்ஷி), celui qui a des yeux de nénuphar, *i. e.* Vichnou.

*புண்டரியம், (poundarya), plante rampante employée comme remède pour les yeux malades.

புண்ணுக்கு, *P.* பிண்ணாக்கு.

புண்ணுகிறது, (புண், ஆகிறது), une plaie —, un ulcère se former, se blesser.

புண்ணாக்குகிறது, (*id.* ஆக்குகிற து), blesser, faire une plaie (par des corrosifs...). (றது), être une plaie.

புண்ணாயிருக்கிறது, (*id.* ஆயிருக்கி

புண்ணாறுதல், (id. புண்ணாறுதல்), une plaie se cicatriser, un ulcère se guérir.

*புண்ணியம், (pounya), vertu, bonne action, œuvre pie, — charitable —, méritoire, bien, bonnes œuvres, mérite moral, charité, piété, sainteté, pureté, purification, chose sainte, —divine, auge, —pour abreuver le bétail: — கட்டிக்கொள்ளுகிறது, — செய்கிறது patiquer la vertu, faire le bien; — மிக்கிறது la vertu être avantageuse. On compte 7 actes de vertus: புண்ணியங்கள் les 7 vertus: தாழ்மை ou தாழ்ச்சி humilité, தானம் aumône, விரதம் pénitence ou observances religieuses qu'on s'impose, கிருபை affection, bonté, உபசாரம் hospitalité, பொறுமை patience, உத்சாகம் force ou courage; புண்ணியம்பத்து les 9 actes de vertu ou de civilité (envers les personnes de haut rang ou qui sont en grande estime, savoir: எதிர்கொள்ளல் aller à la rencontre de quelqu'un, பணிதல் saluer respectueusement, ஆசனத்திலிருத்தல் faire asseoir sur un siége, கால்கழுவல் laver les pieds, அருச்சித்தல் faire des présens, தூபங்கொடுத்தல் offrir de l'encens ou des parfums odoriférans, தீபங்காட்டல் offrir des flambeaux de camphre, புகழ்தல் louer, அமுதுசெய்வித்தல் offrir de la nourriture; புண்ணியவிருட்சம் l'arbre சன்னம்; —கருமம் bonne œuvre, acte de vertu; —காலம் bonne occasion, temps divin; —கதை histoire édifiante, vertueuse, conte moral: —சிந்தை intention pieuse, — vertueuse; —சடம், —சரீரம் corps saint, personne vertueuse; — சரித்திரம் conduite vertueuse, histoire édifiante; —சலம் eau bénite, eau lustrale; —சனம் gens vertueux; —சனன் homme —, être vertueux, géant, Yakchen, être censé divin au service de Kouberen: —சனேசுவரன் Kouhèren maître des Yakchers: —சன்மம் origine vertueuse, gens vertueux; — சாலி personne —, femme vertueuse, ou —சீலன் homme vertueux; — சொரூபி homme saint, — vertueux, être divin; — சுலோகன் homme vertueux, célèbre dans les poemes sacrés, i.e. le roi நளன், Youdichstiren ou யுதிட்டிரன் l'aîné des Pândavers; - சுலோகை, fém. du préc. femme vertueuse, célèbre, Sidei femme de Râmen, Draoupadei femme des 5 Pândavers; — க்ஷேத்திரம், - க்ஷேத்திரம் lieu saint, terre sainte, V. புண்ணியபூமி; — சாந்தம், — சாந்து cendres de bouzes de vache réputées sacrées par les Indous: — ஸ்தலம், - ஸ்தானம் place sainte, lieu qui purifie et fait croître en vertu; — ஸ்தானம், — ஸ்தானம் lieu saint, place sainte, le 9^me^ signe à compter de celui qui se lève; — நீலரத்தினம் jais bleu; — தானம் don charitable, aumône; — திருணம் herbe dite அருகம்புல் de couleur blanche; — தினம், — திவசம் jour saint, —favorable—, heureux; — தீர்த்தம் eau réputée sacrée, purifiante et objet de pélérinage; — திறமூன்று les 4 espèces de vertus ou de mérite; தவம் pénitence, ஒழுக்கம் bonnes mœurs, கொடை libéralité, aumône, கல்வி science; — நதி fleuve réputé sacré, — dont l'eau est censée purifier; - பலம் fruit —, mérite —, récompense de la vertu, jardin, bosquet; — புத்திரன் enfant vertueux; — புருஷன் homme vertueux; — பூமி terre réputée sacrée, terre sainte des Indous, — située entre les monts Himalaya, les monts Vindhya et les 2 mers du Bengale et d'Oman; — முதல்வன், — மூர்த்தி le premier en vertu, Dieu, Arouguen, Bouddha; — யாகம் sacrifice pour purifier, V. புண்ணியவாசம் et புண்ணியாகவாசனம்; — யோகம் effet des actions vertueuses: — ராத்திரம் nuit censée sacrée, — propice, — consacrée à la mémoire de quelqu'objet religieux: — லோகம் le monde de la vertu, le ciel, le paradis, séjour de la béatitude; —

வாசகம் lecture pieuse, parole sainte, *V.* புண்ணியாகம்; — வாரி eau lustrale.

*புண்ணியவதி, புண்ணியவாட்டி, (புண்ணியம், வதி, ஆட்டி), femme vertueuse.

*புண்ணியவான், புண்ணியவாளன், (*id.* vân, ஆளன்), homme vertueux, — de bien.

*புண்ணியன், (புண்ணியம்), homme vertueux, charitable, saint, pur, religieux, (et à tort) Siven, Arouguen, Bouddha.

*புண்ணியாகம், (*id.* ahan *jour*), jour sacré, — de fête, purification, cessation des menstrues, *ou P.* புண்ணியாகம் sacrifice; புண்ணியாக வாசகம் répéter 3 fois à un sacrifice le mot புண்ணியாகம் c'est un jour sacré. [pur.

புண்ணியகாலம், jour sacré, —

புண்ணியக்கம், l'arbre குந்துருக்கம், — qui donne l'encens mâle oliban.

*புண்ணியாத்துமா, (புண்ணியம், ஆத்துமா), âme —, personne vertueuse, homme vertueux.

*புண்ணியோதகம், (*id.* உதகம்), eau bénite, — lustrale.

*புண்ணியோதயம், (*id.* உதயம்), bonne fortune, bonheur (regardé par les Indous comme l'effet des vertus d'une vie précédente.)

புண்ணீர், (புண், நீர்), pus, sang (qui sort d'une plaie). [புடல்.

புண்ணுடல், (*id.* உடல்), *V.* புடலை.

புண்வாய், (*id.*), ouverture d'une plaie.

*புத, *obl. de* புதன்; — ச்சனன், (சனனம்), sage, savant; — ரப்புதன் Pourourâveu, fils de Boudhen, 2ᵉ roi de la dynastie lunaire; — சாந்தன் Sandiren ou சந்திரன் père prétendu de புதன்.

*புதர், 1ᵒ *pl de* புதன், sages, poëtes, savans, dieux prétendus. 2ᵒ buisson, hallier, broussailles, lieu couvert de buissons, herbe: விரிந்தபுதர் broussailles très-étendues, large buisson; புதர்க்குடி berceau d'arbres, — de verdure, lieu couvert de plantes rampantes: புதருக்குட்புகுந்து கொண்டிருக்கிறது se cacher dans des broussailles.

புதல், sourcil, herbe, plante, arbrisseau.

புதல்வன், *pl.* புதல்வர், fils, enfant; புதல்வனைப்பெறுதல் engendrer, — avoir des enfans.

புதல்வி, *fém. du préc.* fille.

*புதவாரம், (புதன்), mercredi, jour consacré à Mercure.

புதவு, espèce d'herbe, porte, guichet ou petite porte dans la grande porte d'un fort, — d'une tour de pagode, fausse porte, enfer.

புதற்பூ, (புதல்), fleur de buisson, d'herbe, d'arbrisseau..., c'est la 4ᵐᵉ des 4 espèces de fleurs dites பூ-வகை.

*புதன், (boudha), Boudha ou Boudhen fils de சந்திரன் et régent de la planète Mercure, la planète Mercure, mercredi, sage, savant, poëte, Dieu: — கிழமை mercredi; — அன்று ராத்திரி la nuit de mercredi; புதனுக்கிழமைகோனார் (surnom de) வருடன்.

புதா, la cigogne indienne dite கொக்கு. [de plantes rampantes.

புதாறு, buisson, berceau couvert

*புதானன், (boudhâna), sage, savant, gourou, précepteur spirituel.

*புதிதம், (boudhita), chose connue.

புதிசு, புதிது, *P.* புதியது, chose nouvelle: புதிசான, புதிதான nouveau; புதிதாக்குகிறது, புதிதாய்ப்பண்ணுகிறது renouveler, faire nouvellement; புதிதாய், புதிதாக nouvellement.

புதிதுண்கிறது, (புதிது, உண்கிறது), manger d'une chose nouvelle. Les Indous choisissent pour cela un bon jour ou un jour de fête.

புதிய, *adj. de* புதுமை, nouveau, neuf: — நுட்பம் la nouvelle subtilité, nom d'un traité de logique.

புதியர், புதியவர், புதியோர், (புதிய), nouveaux venus, hôtes, convives, novices.

புதியது, (*id.*), *pl.* புதியவை, ce qui est nouveau, chose nouvelle: புதியவைபுகுதல் entrer dans des choses nouvelles, employer des mots nouveaux.

புதிர், 1ᵒ *sync. de* புதியகதிர், nouvel

épi, prémices —, nouvelle gerbe de blé dont une partie est offerte à Indiren et l'autre suspendue dans la maison, chose nouvelle. 2° mot obscur, — d'un sens caché ou profond.

*புதிலன், (boudhila), sage, savant.

புதினி, outre d'huile.

புதினம், (புது, இனம்), nouveauté, merveille: புதினமான nouveau, merveilleux.

புதிறு, nom d'une plante.

புதிதம், V. புத்தம்.

புது, 1° *adj. de* புதுமை, nouveau, neuf. 2° *imp. de* புதுக்கிறது: — க்கொல்லை champ nouveau, — nouvellement défriché; — க்கோலம் nouvelle mode, nouvel accoutrement; — ச்சரக்கு nouvelle marchandise; — த்தண்ணீர் eau nouvelle, — fraiche, nouvelle crue des rivières après les pluies; — த்தரை, — நிலம் nouvelle terre, sol nouveau; — நாணயம் chose nouvelle, nouveauté, nouvelle coutume, — monnaie; — ப்பணம் nouveau fanon, pièce de monnaie nouvelle ou neuve; — ப்புனம் champ nouveau, — nouvellement cultivé; — ப்போக்கன் novateur; — ப்புக்கை renouvellement, commencement; — முன்னர் commencement, nouveau devant; — முகம் nouveau visage, personne inconnue; — வரம்பு nouvelle chaussée dans les rizières.

புதுக்கிறது, 1° துக்கேன், துப்பேன், து, துக்க, v.n. se renouveler. 2° *sync. de*

புதுக்குகிறது, க்கினேன், க்குவேன், க்கு, க்க, *v.a.* (புது), புதுக்கல், புதுக்குதல், *n.v.* renouveler, raccommoder: புதுக்க, *inf.* nouvellement.

புதுக்குவிக்கிறது, *v.caus de* புதுக்குகிறது, faire renouveler.

புதுக்கை, 1° (புது), nouvelle main. 2° *n.v. de* புதுக்கிறது, renouvellement.

புதுசு, *P.* புதிசு, chose nouvelle: புதுசாய் nouvellement; புதுசான nouveau, neuf.

புதுச்சேரி, (புது, சேரி), nouvelle ville, nouveau village, la ville de —, Pondichéry (en anglais Pondicherry).

புதுப்பிக்கிறது, ப்பித்தேன், ப்பிப்பேன், ப்பி, ப்பிக்க, *v.a. ou caus. de* புதுக்கிறது, renouveler, corriger, raccommoder.

புதுப்பிப்பு, புதுப்பித்தல், *n. v. du préc.* renouvellement, raccommodage, correction.

புதுமை, (புது, மை), nouveauté, chose nouvelle, - étrange, — extraordinaire, merveille, miracle, abondance; — செய்கிறது, — பண்ணுகிறது faire merveille, — des miracles; — யான nouveau, merveilleux, miraculeux; (*l'adj est* புது, புதிய, புத்து, *et* புத் *devant une voyelle*).

புதுவது, (புது), chose nouvelle.

புதுவை, *sync. P.* புதுச்சேரி, Pondichéry.

புதை, 1° flèche, faisceau —, paquet de flèches, corps. 2° *sync. de* புதுமை, nouveauté. 3° (புதன்), connaissance, intelligence. 4° *n.v. des suiv.* cachette, lieu secret. 5° *imp. et part. de* புதைகிறது. 6° *imp. de* புதைக்கிறது; — பொருள் chose cachée, enfouie, secrète, sens caché, discours ou écrit obscur, énigmatique, difficile à comprendre, trésor; — வாணம் gerbe de fusées.

புதைகிறது, தைந்தேன், தைவேன், தை, தைய, *v.n.* (புதை), புதைதல், *n. v.* se cacher, s'ensevelir, être enterré, enseveli, caché, enfoui, s'abaisser.

புதைக்கிறது, தைத்தேன், தைப்பேன், தை, தைக்க, *v.a. du préc.* புதைக்குதல், புதைத்தல், *n.v.* enterrer (un cadavre...), ensevelir, enfouir, cacher, employer des expressions obscures, parler ou écrire en paraboles, d'un style obscur ou trop élégant, abaisser; புதைத்துப்போடுகிறது, — வைக்கிறது enterrer, cacher en terre, enfouir.

புதைப்பு, *n.v. du préc.* action d'enterrer..., enterrement, enfouissement, abaissement, cachette, trésor, réserve.

புதையல், *opt. et n.v. de* புதைகிறது.

trésor, — enfoui en terre, chose cachée, enfouie, cachette, lieu caché, enfouissement.

*புத்தகம், P. புஸ்தகம், livre, manuscrit, feuille de livre, chite ou toile peinte. [ம்]. restes d'un repas.

*புத்தசேஷம், புத்தசேடம், (புத்த புத்தப்புதியது, (புத்த, P. புத்து), chose très-nouvelle.

புத்தமுதம், (புத்து, அமுதம்), nouvelle nourriture, — ambroisie.

*புத்தம், 1° (bouddha), le Bouddhisme, ou secte de Bouddha, une des 6 புறச்சமயம் ou sectes hétérodoxes des Indous, chose connue, être connu, compris. 2° (bhoukta), nourriture, repas, jouissance.

புத்தரக்கன், (புத்து, அரக்கன்), nouveau géant, gros courtaud, homme trapu. [riz pilé.

புத்தரிசி, (புத்து, அரிசி), nouveau

*புத்தர், (bouddha), Bouddhistes, pl. de

*புத்தன், (id.), Bouddha, fondateur du Bouddhisme et regardé par quelques-uns comme la 9me incarnation de Vichnou, l'instruction personnifiée, Bouddhiste, précepteur déifié, sage, savant, petite pièce de monnaie.

*புத்தாகமம், 1° (புத்தம், ஆகமம்), le livre censé sacré du Bouddhisme. 2° (புத்து, ஆகமம்), le nouveau livre sacré.

புத்தாத்திரி, l'arbre அரிநெல்லி.

புத்தாம்பரம், un des 120 corps naturels ou minéraux secondaires.

*புத்தி, 1° (bouddhi), esprit, intelligence, entendement, connaissance, jugement, réflection, prudence, admonition, avis, conseil, avertissement, réprimande, instruction, doctrine. 2° (bhoukti), manducation, jouissance; — கற்பிக்கிறது donner des avis, avertir, instruire; — கெட்டவன் homme qui a perdu le bon sens, insensé, fou, lourdaud, sans esprit; — கூர்மை subtilité —, finesse d'esprit, pénétration —, force de l'intelligence, prudence; — கேடு, — கேடு கேடம், — கெட்டு, — க்குறைச்சல் manque d'esprit, stupidité, grossièreté; — சொல்லுவன் conseiller, ministre; — சாலி, m. f. personne —, homme d'esprit, personne intelligente, habile, judicieuse; — சிறு être intelligent; — சொல்லுகிறது donner des avis, des conseils, admonéter, faire des représentations; — த்தாழ்ச்சி petitesse —, manque d'esprit, imprudence; — தடுமாற்றம், V. புத்திக்குறைவு; — புகட்டுகிறது instruire; — போதனை, — மதி avis, conseil, instruction, intelligence, prudence; — மதிசொல்லுகிறது donner des avis, conseiller, instruire; — மயக்கம் trouble, dérangement d'esprit, folie, sottise; — மழுக்கம், — மழுங்கல் manque d'esprit, stupidité, sottise; — வருகிறது avoir la raison, — l'âge de raison, devenir nubile, discerner; — வந்தபெண் fille nubile, — en âge de raison; — யாய் avec esprit, — raison, sagement, prudemment; — யின்மை, — யீனம் manque —, petitesse d'esprit, — d'intelligence, sottise, bêtise, folie; — யீனன் homme dénué d'esprit, sot, bête, stupide, imprudent; — யுள்ளவனாய்ப் பிழை sois sage et vis heureux; — யுள்ளவன் qui a de l'esprit, intelligent, sage, prudent, habile; — யூட்டுகிறது instruire, donner des avis; — விகாரம் défaut d'intelligence; புத்திவிளக்குகிறது, — விளக்கமுண்டாக்குகிறது éclairer, l'esprit ouvrir l'intelligence; புத்திக்கெட்டாதது ce qui est au-dessus de l'intelligence, incompréhensible. [டி மாறி.

புத்திகம், l'arbre காஞ்சிரை ou எட்டி

*புத்திமான், (புத்தி, mân), homme d'esprit, sage, prudent, judicieux, habile, savant.

*புத்திரகன், (புத்திரன், ka), fils (terme de tendresse), ami, trompeur.

*புத்திரகை, புத்திரிகை, fém. du préc. fille, copie, l'opposé de மூலபிரதி.

*புத்திரசேவகம், (புத்திரன், சேவகம்), V. புத்திரசேவை.

*புத்திரன், pl. புத்திரர், (poutra), fils, enfant, le 3e signe ou la 5e mansion à compter du point de conjonction du soleil avec un signe du zodiaque: புத்திரஸ்தானம், — காமியம் désir d'avoir des enfans, ou —காமியமானம், — காமேஷ்டி,(காமம், இஷ்டி), sacrifice payen pour obtenir des enfans; — சந்தானம் enfans, progéniture, lignée, postérité, descendant mâle; — சம்பத்து obtention d'enfans, enfans, nombreuse famille, postérité, bonheur d'avoir des enfans; — வான் qui a un ou des enfans; — ஜீவம் l'arbre nagelia putranjiva dont le fruit sert à faire des colliers auxquels on suppose une vertu prolifique; — சுவீகாரம் adoption, — d'enfant, affiliation; — ஸூ (soû mère), mère d'un fils; — சோகம், — சோபம் douleur de la perte d'un enfant; — தானம் procréation —, don d'enfans, faveur d'avoir des enfans; — திதானம், — விதானம் le 5me signe à compter de celui qui se lève; — த்துவம் filiation; — நாதன் celui qui est entretenu par son fils; — பலம் bonheur d'avoir des enfans; — பௌத்திரர், — பவுத்திரர் fils et petits-fils, descendans, postérité; பௌத்திர (பவுத்திர) பாரம்பரியம் lignée, suite de descendans; — பௌத்திரீணம், (ina), descendance de père en fils; — ப்பிரதிநிதி enfant adoptif, — substitué pour un autre; — லாபம், V. இலாபஸ்தானம்; — யாகம், V. புத்திரகாமேஷ்டி: — லாபம் avantage d'avoir des enfans; — வான், V. புத்திரவான்: — விருத்திக்கேதுவாகிறது, (விருத்திக்கு, ஏதுவாகிறது), servir à la procréation d'enfans, procréer des enfans; — வாஞ்சை, — வேட்கை, — வேட்டை, (வேட்கை), V. புத்திரவேட்கை. Les Indous comptent 12 sortes de fils, savoir: ஔரசன் fils légitime, — né d'une épouse de même caste que son mari; புத்திரிகாபுத்திரன் petit-fils, fils de la fille, destiné à remplacer son aïeul; க்ஷேத்திரஜன், (க்ஷேத்திரம், ஜன்), fils de pélérinage, — qu'une femme a d'un autre homme du consentement de son mari; கூடஜன் enfant adultérin. 5° கானீனன் bâtard né avant le mariage, பௌனர்ப்பவன் (புனர்ப்பவம்) fils de la femme, mais d'un second mari, தத்தன் fils adoptif, கிரீதன், கிரீதகன், (krîta), fils acheté de ses parens naturels; சுயம்தத்தன் celui qui s'est donné lui-même pour fils, 10° சகோடன், (சகம், ஊடன்), fils d'une femme enceinte à l'époque du mariage, அபவித்தன், (apaviddha), enfant rejeté de ses parens et adopté par un autre, தாசேயன் enfant né d'un esclave.

*புத்திரவான், (புத்திரன், vân), père, homme qui a un — ou des enfans.

*புத்திரவதி, fém. du préc. mère, femme qui a un — ou des enfans.

*புத்திராசாரியன், (புத்திரன், ஆசாரியன்), homme instruit dans les sciences par son propre fils.

*புத்திரான்னாதன், (id. அன்னம், da qui donne), homme nourri par son fils.

*புத்திரி, fém. de புத்திரன், fille.

*புத்திரிகா, obl. de புத்திரிகை: — சுதன், — புத்திரன் fils de la fille, petit- fils; — பர்த்தா, — பத்தா gendre; — ப்பிரஸூ mère d'une fille.

*புத்திரிகை, (புத்திரி, kâ), fille, poupée, marionnette, copie.

*புத்திரேட்டை, புத்திரோத்தேட்டை, (புத்திரன், ஏட்டை), desir d'avoir des enfans.

*புத்திரேஷ்டி, புத்திரேஷ்டிகை, (id. இஷ்டி, kâ), sacrifice pour avoir des enfans.

*புத்திரைசுவரியம், (id. ஐசுவரியம்). résignation des biens du père à son fils ou à ses enfans.

*புத்திரோற்பத்தி, (id. உற்பத்தி), conception, naissance d'un fils, — d'enfans.

*புத்திவான், (புத்தி, vân, affixe), homme d'esprit.

புத்திறி, les plantes கறிமுள்ளி et சிறுசெருப்படி.

புத்தின்சாரி, l'arbre காஞ்சிரை.

*புத்தீந்திரியம், (புத்தி, இந்திரியம்), facultés intérieures de l'esprit.

*புத்து, 1° (pout), un des enfers des Indous, auquel sont condamnés, selon eux, ceux qui n'ont point eu d'enfans. 2° adj. de புதுமை devant *une voyelle*, nouveau, neuf. 3° *P*. புற்று, tertre élevé par les fourmis blanches: புத்துருக்குநெய், (உருக்கு), nouveau beurre fondu, beurre nouvellement liquéfié.

புத்துவவி. *V*. புத்தேளிர்,

புத்தூர், (புத்து, ஊர்), la nouvelle ville, Pondichéry.

புத்தேளுலகு, (புத்தேள், உலகு), le prétendu monde des dieux, le ciel.

புத்தேளிர், (புத்தேள்), les dieux prétendus, bienheureux, les habitans du ciel.

புத்தேள் Dieu, nouveauté.

புத்தேகன், l'arbre காஞ்சிரை ou எட்டிமரம்.

புத்தோடு, 1° (புத்து, ஓடு), nouvelle tuile. 2° *P*. புத்தேடு nouvelle feuille.

*புநச்சடங்கிவிதானம், புநச்சடங்கிவிதானம், (புனர்), répétition de cérémonie essentielle ou spéciale.

*புநர்தசம், புநர்வசு, (*id*. வசம்), la 7<sup>me</sup> constellation dite புனர்பூசம், *i. e.* Castor et Pollux avec la Chèvre.

*புநிதம், (பும், நிதம்), vertu, mérite moral, bonne conduite, bon caractère.

*புநிதன், (புநிதம்), homme vertueux, juste, pur, innocent, (surnom de) Arouguen, Siven, Indiren.

*புத்தி, 1° *P*. புத்தி, esprit, connaissance, intelligence, science. 2° *P*. புதன், Boudhen conducteur de la planète Mercure: புத்திவாரம் mercredi; —விந்தை pierre verte, saphir.

புத்தியர், (புத்தி), poëtes, savans, gens intelligens.

*புமான், (poumân), homme, mâle, une des facultés de l'âme, pénis.

*பும், (poums), mâle, pénis, mot imitatif de bruit: —விந்தம் animal qui donne le musc, *ou* —விருதம் rat musqué. [be les reins, serpent.

*புயகடி, (புயம், கடி), ce qui courbe les reins, serpent.

*புயகம், (*id*. ga *qui va*), ce qui a la marche tortueuse, *i. e.* serpent.

*புயகி, *f. du préc.* serpent femelle,

*புயகாந்தகம், புயகாசனன், புயகாந்தகன், புயகாந்தன், புயகபோசி, (புயகம், dârana *déchirement*, அசனம், அந்தகன், அந்தம், ஆபோசனம்), ce qui déchire, détruit, mange les serpens, *i. e.* le milan கருடன், le paon, la mangouste...

*புயகோடரம், (புயம், கோடரம்), creux de l'aisselle.

*புயங்கம், புயங்கமம், (புயம், ga, gama *qui va*), 1° *V*. புயகம். 2° *ou* புயங்கநிருத்தம் espèce de danse.

*புயங்கி, *f. du préc.* serpent femelle.

*புயம், *ou* புஜம் (bhoudja, bhoudjâ), épaule, bras, avant-bras, main, courbure, ligne courbe, côté, — d'une figure de géométrie: புயத்துணை aide, secours, coup d'épaule: —பலம், —வலி, —வலிமை, force du bras; —வகுப்பு partie de l'épaule, nom d'un livre.

புயல், *P*. புசல், tempête, ouragan, nuage, la planète Vénus, — qui cause la pluie.

*புயாகண்டகம், (bhoudjâ, கண்டகம்), ongle, *litt.* épine de la main.

*புயாதலம், (*id*.), la main.

*புயாந்தரம், (*id*. அந்தரம்), l'intervalle des 2 épaules, la poitrine.

புய்க்கிறது, ய்த்தேன், ய்ப்பேன், ய், ய்க்க, *v. d. et n.* புய்த்தல், *n. v.* arracher, déchirer, mettre en pièces, carder, produire, devenir, exister.

*புரோகிதன், *P*. புரோகிதன், brame ou gourou domestique qui préside aux cérémonies.

புரக்கிறது, ரந்தேன், ரப்பேன், ர, ரக்க, *v. a.* புரத்தல், *n. v.* garder, conserver, sauver, protéger, donner, établir, affermir, confirmer: புரந்தருளுகிறது daigner garder..., புரந்திருக்கிறது, être —, avoir gardé, conservé, protégé... [à l'intérieur.

புரசல், secret, chose creuse, creux à l'intérieur.

புரசு, l'arbre பலாசமரம் butea frondosa.

புரசை, *P*. புரோசை. [frondosa.

*புரச்சரணம், புரச்சரிதை, (pouras *devant*), remplir, accomplir, perfectionnement.

*புரச்சாரம், புரச்சிருதம், (*id*.), perfectionner, finir, achever, préparer, arranger, mettre en ordre, mettre devant, attendre, garder, accuser, attaquer, assaillir, respecter, adorer, asperger d'eau bénite, promesse.

*புரஞ்சயன், (புரம், சயம்), victorieux, conquérant, nom d'un roi.

*புரஞ்சரம், (pourandjara), creux de l'aisselle, feu.

*புரஞ்சனன், (புரம், சனம்), vie, principe vital, âme. [ruption.

*புரஞ்சனி, (id. i), intelligence, cor-

*புரடம், (pourata), or.

புரட்சி, n. v. de புரளுகிறது, rotation, —des astres, reculement, renversement, —sens dessus dessous, bouleversement, retourner.

புரட்டல், opt. et n. v. de புரட்டுகிறது, roulement, renversement, bouleversement, tergiversation, tromperie, vomissement.

புரட்டன், (புரட்டு), menteur, trompeur, artificieux, tergiversateur, falsificateur, —de textes.

புரட்டாசி, புரட்டாதி, la 25me constellation des Indous dite aussi பூரட்டாதிப்புறம், ou — மாசம் le mois de புரட்டாசி de la mi-septembre à la mi-octobre; —மாளயம் cérémonie funèbre générale des Indous dans le mois de புரட்டாசி.

புரட்டி, 1° gér. de புரட்டுகிறது. 2° n. app. du même, V. புரட்டன். 3° fém. de புரட்டன், trompeuse, artificieuse, tergiversatrice.

புரட்டு, n. v. imp. et part. de புரட்டுகிறது, renversement, bouleversement, roulement, fraude, artifice, mensonge, tergiversation, falsification, perversion de textes, envie de vomir: —க்காரன், V. புரட்டன்.

புரட்டுகிறது, புரட்டினேன், புரட்டுவேன், புரட்டு, புரட்ட, v. a. de புரளுகிறது, புரட்டுதல், n. v. tourner, retourner, renverser, —sens dessus dessous, bouleverser, changer, faire—, rouler, falsifier —, tordre —, corrompre —, détourner le sens, tergiverser, vomir: புரட்டிப்போடுகிறது tourner, rouler, bouleverser..., ou — க்கொண்டுவிடுகிறது tordre—, changer le sens: —பார்க்கிறது tourner une chose et l'examiner.

புரட்டுருட்டு, (புரட்டு, உருட்டு), roulement, bouleversement, fraude, mensonge, manquement à sa parole: —பண்ணுகிறது ou

புரட்டுருட்டுகிறது, (புரட்டு, உருட்டுகிறது), rouler, bouleverser, tromper, tordre —, corrompre le sens des mots.

புரட்டாதி, 1° P. புரட்டாதி, la 25e constellation. 2° P. புரட்டாய் tu ne renverses pas, 2e pers. nég. de புரட்டுகிறது.

புரட்டோட்டியம், (புரட்டு, ஓட்டியம்), mot sale, langage déshonnête.

*புராணம், 1° (pourana), mer, océan. 2° P. பூரணம், tout, plénitude. 3° (புரண்டு), roulement, renversement: புராணபரவஸ்து omniprésence.

புராணி, 1° chair, viande, nourriture. 2° P. புறணி, partie extérieure, peau, écorce, médisance. [புரளுகிறது

புரண்டு, புரண்டு, part. et gér. de

புரண்டை, 1° nom d'une plante grimpante, V. பிரண்டை. 2° P. புரண்டாய், tu as roulé, 2e pers. du parf. de புரளுகிறது.

*புரதகனன், (புரம், தகனம்), celui qui a brûlé la ville de திரிபுரம், i. e. Siven. [du —, marché.

*புரதடி, (புரம், தடம் bord, i), rue

புரத்தல், n. v. de புரக்கிறது, donation, conservation, protection, affermissement.

புரந்தருளுகிறது, (புரந்து), daigner garder, —conserver.

*புரந்தரன், (புரம், தரம் peur), Indiren, voleur.

*புரந்தரை, (id. id.) le Gange, Ganguey déesse du Gange. [ren.

*புரந்தன், (id. du qui divise), Indi-

புரந்தார், n. app. de புரக்கிறது, protecteurs, conservateurs, gardiens.

*புரந்திரி, (pourandhri), femme qui a des soutiens, —dont le mari et les enfans sont vivans.

புரந்து, gér. de புரக்கிறது.

புரப்பு, n. v. du même, garde, conservation, protection, don.

*புரம், (poura), grande —, ville,

சா

métropole,capitale, cité,(une place contenant de grands bâtimens, entourée d'un fossé et longue au moins d'un கோசம் ou d'une lieue, s'appelle புரம் ou நகரம். si l'étendue est d'un demi கோசம், elle se nomme,en sanscrit surtout,கேடம்;si elle est encore moindre c'est un கருவடம்;et un amas de maisons encore moindre se nomme கிராமம்), ville ou village en pays cultivé, maison, étage supérieur, corps,peau, calice de fleurs, la ville de Pâtalipoutra ou Patna. 2° (pouras),devant, avant, auparavant,à l'est. 3° Tribouram,dite திரிபுரம் ou புரம் ந.,la triple ville ou la ville à triple enceinte, savoir: au dire des Indous, இரும்புமதில் rampart de fer, வெள்ளிமதில் rampart d'argent, பொன்மதில் rampart d'or.Siven la brûla. C'était la capitale du district de Tipperah, à l'est du Bengale,royaume du géant திரிபுரன், V. திரிபுரம்: புரமெரித்தோன்,புரமெரித்தோன் celui qui a brûlé Tripouram,i.e.Siven: புரதேவதை prétendue divinité tutélaire d'une ville;—த்துவாரம் entrée —, porte d'une Ville; — வாசி habitant de la ville.

புரவலர்,(புரவு,அலர்),roi, protecteur,donateur,homme libéral.

புரவி,cheval,la 1re constellation (à tête de cheval),homme vif, alerte: —வட்டம் hippodrome, lieu pour exercer les chevaux.

புரவு, n. v. de புரக்கிறது, garde, protection, conservation, affermissement, don. [த.V. புரட்டு.

புரளல், opt. et n. v. de புரளுகிறது

புரளி, (புரள்), bouleversement, trouble, faute, ou புரளித்தனம் tergiversation, mensonge, manque de parole, dédit.

புரளுகிறது, ரண்டேன், ரளுவேன்,ரளு ou ரள்,ரள, v.n. புரளுதல், n.v. rouler, se rouler, se tourner,se vautrer, une rivière se déborder, passer par dessus les bords,changer, manquer à sa parole, se dédire,tergiverser: சொன்னதைவிட்டுப் போய்விட்டாய் tu as manqué à ta parole; புரண்டுபேசுகிறது changer de langage; — போகிறது se déborder; — ஆறுபுரண்டு தண்ணீர்கொட்டிப்போய்விட்டது l'eau a franchi les bords et s'est écoulée rapidement.

புரள், imp. part. et n.v.du préc. rouleau,cylindre,inondation.

புரக்கு,n.v.du même,V.புரட்டு.

*புராகிருதபாவம், (pourâ antérieurement, கிருதம்), péché commis autrefois,ou selon les Indous,dans une vie antérieure.

*புராடம், புராடனம், புராடனம், (புரம், அடம், அடனம்), séjour, habitation (dans une ville...).

*புராணகன், (புராணம், ga qui va), lecteur des pouranas,Brama.

*புராணம், (pourâna), 1° Pourâna, poémes sacrés des Indous composés ou compilés, dit-on,par Vyâsen et contenant la cosmogonie, l'histoire ou les légendes mythologiques des Indiens. Chaque pourana doit traiter de 5 sujets dits பஞ்சலக்ஷணம், savoir: la création, la destruction et la rénovation des mondes, la généalogie des dieux et des héros, le règne des Manous, les actions de leurs descendans; mais il y en a peu qui contiennent des matières historiques et généalogiques. On compte 18 pouranas; voyez leurs noms au mot அஷ்டாதசபுராணம். On dit qu'ils contiennent 400000 stances. Il y a aussi 18 pouranas inférieurs dits உபபுராணம் de moindre réputation, V. அஷ்டாதசோபபுராணம். 2° antiquité, histoire, vieille histoire, —légende:இது — narration poétique; புராணபுருஷன் l'être ou l'homme ancien ou primordial,(au dire des Indous) Vichnou.

*புராணிகன், (புராணம், ika), homme qui ne s'occupe que de la lecture des pouranas.

*புராதலம், (pourâtala), la partie qui est au dessous des 7 mondes, l'abyme.

*புராதனம், (புரா, தனம்), antiquité, ancienneté: புராதனவேதம் l'ancien testament.

*புராத்தியக்ஷன், (புரம், அத்தியக்ஷன்), gouverneur de ville.

*புராந்தகன், (id: அந்தகன்), le destructeur de Tripouram, i.e. Siven

*புராந்திமம், (புரா, antima final), ancienneté: புராந்திமசாஸனம் l'ancien testament.

*புராரி, (புரம், அரி), l'ennemi de Tripouram, i.e. Siven,

*புராக்கிரவிஸ்தரம், (id: அக்கிரம்), partie d'une ville, faubourg.

*புராவன், (புரா), Bhichma ou வீட்டுமன் fils du roi சந்தனு et de Ganguey prétendue déesse du Gange, grand oncle des Pândavers. Les Indous prétendent que dans une vie précédente il était un des demi-dieux dits Vasous.

*புராவிருத்தம், (புரா), tradition, histoire, vieille légende ou புராவிருத்தகதை, புராவிருத்தாக்கியானம், (ஆக்கியானம்), vieille histoire.

*புரி, 1° (pouri), ville, capitale, cité, fort, village ou ville en pays cultivé, roi, rivière. 2° désir, lien, corde, toron ou cordon de corde, corde de paille, conque, rouleau, écrou, filet —, pas de vis. 3° imp. et part. de புரிகிறது: —திரிக்கிறது, — முறுக்குகிறது tordre —, faire une corde, en tordre les cordons, forger des calomnies, — de faux rapports; — புரியாய்ப்பொடுகிறது mettre les cordons d'une corde en rang séparément; — மணை bourrelet de cordes de paille pour mettre dessus des vases de terre...; — முகம் tour, — qui s'élève au dessus de la porte d'une ville, conque, limaçon; — மெசகம் les arbres சம்புநாவல் et விளா, la pomme épineuse dite datura ou தும்புரம்; இரட்டைப்புரிக்கயிறு cur de double, — à 2 cordons.

புரிகிறது, ரிந்தேன், ரிவேன், ரி, ரிய, v. a. புரிதல், n. v. faire, produire, désirer, souhaiter, aimer: தயை — faire une faveur, accorder une grâce, être gracieux: புரிந்தருளுகிறது daigner accorder, — faire, accorder gracieusement.

*புரிசம், P. புருஷம், hauteur d'un homme.

புரிசாலம், pétition, demande pressante, vive sollicitation, importunité: — பிடிக்கிறது demander instamment, solliciter, presser vivement.

புரிசை, mur, muraille.

புரிந்து, gér. de புரிகிறது.

புரிந்தார், புரிந்தோர், n. app. de புரிகிறது, amis, gens bienveillans: — வைட்டு dans ceux qui aiment.

புரியட்டகாயம், (புரி, அட்ட), corps subtil, — qui a rompu les liens (de la concupiscence).

புரியல், espèce de —, danse, drame, jeu.

புரிவு, n. v. de புரிகிறது, amour, amitié, désir.

*புரீஷம், புரீஷணம், புரீடம், புரீடணம், (pouricha, na), excrémens, ordures, saleté. lie: புரீஷோற்சர்க்கம், (உற்சர்க்கம்), évacuer les excrémens.

*புரு, (pourou), Pourou, 6me roi de la dynastie lunaire, nom d'un Daitya ou தைத்தியன், ciel, paradis, résidence des immortels, poupon, fleur de farine, nom d'une rivière au nord-ouest du சரசுவதி, ou

*புருகம், புருகு, (pourouha, — hou), grande quantité, beaucoup.

புருகுற்சன், un des 6 சக்கரவர்த்தி ou empereurs universels recommandables par leur grandeur et leur bonté paternelle.

*புருகூதன், (புரு beaucoup, hoûta invoqué), Indiren.

*புருஷம்; புருடம், (pouroucha), hauteur d'un homme avec les 2 mains jointes sur la tête, le mont Mérou: நாலு — ou abusivement நாலாளுப் —, 4 fois la hauteur d'un homme.

*புருஷத்துவம், (புருஷன்), virilité, nature —, qualité —, action d'homme, effort, prouesse, valeur.

*புருஷன், புருடன், (id.), homme (en général), le genre humain, mâle, homme, mari, chef, — de maison,

âme, — vivante, effort, prouesse, vie, le principe vivant, Dieu, l'Être suprême, Brama, Vichnou, Siven, atome, l'arbre புன்னாகம், ami, sectateur de la philosophie Sankhya, un des 10 நாடி ou pouls du corps humain qui est censé résider dans l'oreille: புருஷர், புருடர் hommes, maris, chefs; புருஷ ou புருடசாரம், — நத்துவம், — தத்துவம், — திலகம், V. புருஷதிலக; — குஞ்சரம் le plus excellent des hommes; — சார்த்தூலம், — சிங்கம், — புண்டரீகம், — புண்டரீகம், — வியாக்கிரம் le tigre — le lion, le taureau —, le nénuphar des hommes, i.e. homme excellent; — ஸம்பந்தம் contact —, rapport avec un homme, copulation; — ஸம்பந்தமில்லாத கன்னிகை fille qui n'a pas eu de contact avec l'homme, vierge intacte; — த்வேஷி misanthrope; — நாள் la constellation திருவோணம்; — பசு homme, être humain; — பசும் V. புருஷ ஸம்பந்தம்; — பிரமாணம், — மாத்திரம் mesure —, hauteur d'un homme, 4 coudées; — மேதம் sacrifice humain; — ராகம், P. புஷ்பராகம் topaze; — ரூபம் figure d'homme, — mâle, — virile; — லக்ஷணம் qualité —, élégance —, beauté —, marques de l'homme, une des règles de la physiognomonie; — வருக்கநாசம் dépopulation; — வாகனம் véhicule porté par des hommes, palanquin, le prétendu char des dieux dit விமானம்; — வாகனன் Koubèren qui se fait porter sur le dos d'un homme; — வித்தை art d'évoquer une —, évocation d'une prétendue divinité mâle; — விசேஷம் l'excellence de l'homme, homme distingué, — fort, emploi, vautour; புருஷனையும் மகனையும் சாவக்கொடுக்கிறது livrer à la mort —, perdre (par la mort) son mari et son fils. (ஸ்திரீ), l'homme et la femme.

*புருஷாதமன், (புருஷன், அதம

*புருஷாசி, (id. asi qui mange), cannibale.

*புருஷாஸ்திமாலி, (id. அஸ்தி, மாலை), celui qui porte une guirlande d'os humains, i.e. Siven.

*புருஷாதிஷ்டமன், (id. அதிஷ்டமன்), homme vil, chassé de la caste.

*புருஷாதிகாரம், (id. அதிகாரம்), office —, devoir de l'homme, autorité d'un mari.

*புருஷாயு, புருஷாயுசு, (id. ஆயு, ஆயுசு), âge d'homme, durée de la vie de l'homme: புருஷாயுசுமட்டும் சொன்னேன் j'ai parlé de cela un âge d'homme; புருஷாயுசுமட்டுங்கொடுக்கிறது donner —, soutenir un âge d'homme, i.e. jusqu'à la mort.

*புருஷார்த்தம், (id. அர்த்தம்), devoirs de l'homme, choses qui sont l'objet de ses désirs: i.e. அறம் vertu, பொருள் richesse, bien acquis, இன்பம் plaisir pur et vertueux, வீடு paradis.

*புருஷோத்தமன், (id. உத்தமன்), l'homme excellent, (surnom de) Vichnou, titre des rois Gadjapati ou ஜைனர், Djaïna déifié.

*புருஷோபாதி, (id. உபாதி), nom ou titre d'homme.

*புருஷோபாதிகன், (id. உபாதி, ka), homme qui n'en a que le nom, — destitué de secours et d'amis.

*புருடம், 1° V. புருஷம். 2° l'arbre புன்னை.

*புருடன்..., P. புருஷன், V. aussi les composés de ce mot.

புருடா, mensonge, fausseté.

புருண்டி, jasmin.

*புருதம், (pourouda), or.

*புருவம், 1° (bhroû), sourcil. 2° cheval, ligne, bord: — உருக்குலைத்தல் arranger les sourcils; புருவத்தை நெரிக்கிறது froncer les sourcils, se refrogner, prendre un air courroucé ou rechigné; புருவமத்தியம், — மையம் le milieu des sourcils, l'intervalle entre les sourcils, le front, — qui est le siége de l'âme ou de l'intelligence, selon les Indous, le siége où l'âme réside ou se déploie.

புருவை, jeune —, brebis, âge tendre.

*புருணம், (bhroûna), fétus, embryon: புருணஹத்தி, — ஹத்தியை, (அ

தி), — க்கினம் (ghna *qui tue*), meurtre du fétus, avortement (qu'on procure); —கன் (han *qui tue*), qui fait périr le fétus.

*புருவணம், புருவணம், *P.* புருவ

*புருவம், (bhroû), sourcil. [ம்.

*புரூரவன், (pouroûravas), Pourouravas fils de Boudha et second roi de la dynastie lunaire, le 5ᵉ des 6 சக்கரவர்த்திகள் ou empereurs paternels.

புரை, 1° trou, creux du tube, tuyau, écrou, — d'une vis, ulcère sinueux, — à l'anus, concavité intérieure d'une plaie, d'un apostème, séparation —, compartiment dans un sac, petit enfoncement —, trou ou niche dans un mur (pour mettre une lampe...), petite —, maison, petite chambre, cellule, cachot, prison, cabane, — de feuillage, hauteur, excellence, supériorité, particule de —, comparaison, comme, faute, offense, défaut, larcin, vol, larynx, partie supérieure de la trachée-artère, pli. 2° *imp. et part. de* புரைகிறது. 3° *imp. de* புரைக்கிறது. 4° (pourâ), antiquité, vieille histoire, temps passé, — présent, — futur, l'avenir, orient: இரட்டைப்புரை doublure; இரட்டைப்புரையுடைப்பு habit doublé; — குழல் enflure au cou ou à la gorge; — யேறுகிறது remonter —, entrer —, passer par un tube..., quelque chose tomber dans le larynx, remonter dans le nez par l'effet de la toux —, வேற்றம் manière de remonter —, montée par un tube...; — வோடுகிறது une fistule ou un ulcère être profond, s'étendre profondément.

புரைகிறது, ரைந்தேன், ரைவேன், ரை, ரைய, *v.a.* comparer, ressembler, coudre, ravauder, rapiécer, tresser, tisser, *V.* இழைக்கிறது: புரைய, *inf.* comme.

புரைக்கிறது, ரைத்தேன், ரைப்பேன், ரை, ரைக்க, *v. n.* entrer, sortir.

புரைசல், trouble, mutinerie.

புரைசல், *P.* புரசு.

புரைசை, *P.* புரோசை.

புரைதல், *n.v. de* புரைகிறது *et de* புரைக்கிறது, coudre, tresser, tisser, sortir, *V.* இழைத்தல்.

புரைதல், *n.v. du même*, comparaison, ressemblance, couture.

புரைத்தல், *n. v. de* புரைக்கிறது, entrée, sortie. [me.

புரைய, *inf. de* புரைகிறது, comme.

புரையுள், (புரை, உள்), maison, chaumière, cabane, — de feuillage.

புரைவோர், (புரை), voleurs, gens vils, — éminens. [ture, ravaudage.

புரைவு, *v.a. de* புரைகிறது, cou-

*புரோகம், (pourô, *obl. de* pouras *devant*), ce qui précède, — va devant ou en avant, chien (qui court devant son maître), préséance.

*புரோகமம், புரோகமனம், புரோகாமம், புரோகாமனம், (*id.* ga, gama, gatâ *qui va*), ce qui précède, ce qui va devant, aller devant.

*புரோகமன், புரோகாமன், விரோகமன், *m.* புரோகாமி, (*id*), celui qui va devant.

*புரோகிதன், *pl.* புரோகிதர், (*id.* hita, *placé*), brame —, devin, — qui va dire la bonne aventure et lire l'almanach même aux dieux indous, *i. e.* à leurs statues, diseur de bonne aventure, augure, astrologue, — qui préside aux cérémonies et aux sacrifices d'une famille, Indiren, premier ministre (de certaines cours); — தொழில் emploi de brame astrologue; புரோகிதத்துவம் le talent prétendu de devin ou d'augure, prédiction, présage, augure, pronostic; — மானியம் terre sans impôts de brame devin, — qui explique le calendrier indien, — de l'astrologue.

புரோசம், (*persan*), vente.

*புரோக்ஷணம், (prôkchana), *V.* புரோக்ஷணம்.

புரோக்ஷிக்கிறது, க்ஷித்தேன், க்ஷிப்பேன், க்ஷி, க்ஷிக்க, *v.a.* புரோக்ஷித்தல், *n.v.* asperger. [tit pays.

புரோசர், rois —, chef d'un pe-

புரோசை, corde pour conduire et

attacher un éléphant; elle est passée au cou de l'éléphant, ayant un nœud coulant de chaque côté, et lui sert de bride. [ல், n.v. purifier, nettoyer.

புரோக்ஷிக்கிறது, v.a. புரோக்ஷித்த

*புரோடாசம், (purôdâsa), beurre liquéfié, prière qu'on récite dans les oblations au feu, jus de சோமயம் ou asclepias acida qu'on boit dans certains sacrifices, cuillère plate pour placer les gâteaux dans les offrandes au feu, restes employés dans une oblation au feu.

*புரோதி, (pourôti), irrigation d'eau —, courant de rivière.

*புரோட்சணம், புரோட்சிக்கிறது, V. புரோக்ஷணம்...

*புரோட்சிதம், (prôkchita), purification, nettoiement.

*புரோக்தம், புரோத்தம், (prôkta), chose dite, révélée. [Sivénistes.

புரோற்கிதம், un des 28 livres des

☞ Voyez aux initiales பிரோ, plusieurs mots commençant en புரோ qui ne se trouvent pas ici.

புலக்கம், coutume.

புலக்கிறது, லந்தேன், லட்டேன், ல, லக்க, v.n. (une femme mariée) hésiter à se rendre au devoir conjugal, refuser ce devoir ou faire semblant de le refuser, témoigner une feinte répugnance à son mari, être honteuse, montrer de la mauvaise humeur [து), objet perçu par les sens.

புலங்கோளி, (புலம், கொள்ளுகிற

*புலஸ்தி, புலஸ்தியன், (poulasti, ya), Poulastyen un des 9 brahmâdikas, un des 7 richis fils de Brama: —மைந்தர் les fils de Poulastyen, savoir: Koubêren, Râvanen et ses frères.

புலத்தல், n.v. de புலக்கிறது, hésitation pour le —, refus du devoir conjugal, feinte répugnance qu'une femme montre à son mari, bouderie.

புலத்தார், (புலம்), habitans, — d'un lieu. [éclaircissement.

புலப்பம், (புலப்படுகிறது), clarté,

புலப்பாடு, (id.), détermination, évidence.

புலமை, (புலம், மை), génie —, talent poétique, — pour la composition.

புலமையர், புலமையோர், புலமையோர், (புலமை), auteurs, poètes. On en distingue de 4 sortes. 1° கவி poète qui compose ou chante des vers, (il y en de 4 sortes, voyez கவி - ர). 2° கமகன் commentateur qui explique dans un style clair les compositions poétiques. 3° வாதி orateur ou avocat, qui prouve tellement son sujet qu'il fait admettre son sentiment et réfute celui des autres. 4° வாக்கி rhéteur ou philosophe qui traite avec intérêt des 4 sujets nommés அறம் vertu, பொருள் richesses, இன்பம் plaisir, வீடு paradis.

புலம். 1° connaissance, science, information, place, lieu, côté du monde, rizière, champ, — de blé, graines d'herbes dites புல்லரிசி, les 5 sens, ou objets des sens, V. ஐம்புலம். 2° P. புளகம், horripilation, grandeur: —போனவழியேபோகும் la volonté suit le chemin qu'ont pris les sens, i.e. se laisse souvent conduire par les sens; புலப்படுகிறது, être ou devenir, clair, être perçu, évident, s'apercevoir, s'éclaircir, briller; —ப்படுத்துகிறது, éclaircir, rendre clair, brillant, évident, apercevoir, percevoir.

புலம்பல், opt. et n.a. de புலம்புகிற து, lamentation, pleurs, sons —, chants plaintifs, élégie, compassion, clameur, cri, grand —, bruit.

புலம்பன், chef d'un district ou d'un endroit, maritime, — de la côte de la mer.

புலம்பு, 1° son —, bruit plaintif, lamentation, pleurs, gémissemens, affliction, agitation, trouble, bruit, solitude, peur. 2° imp. et part. de

புலம்புகிறது, பினேன், புவேன், பு, ப, v.n. புலம்புதல், n.v. se lamenter, pleurer, gémir, rendre un son plaintif, bredouiller, déraisonner, retentir. [de la nuit.

புலரி, aurore, point du jour, fin

புலருகிறது ou புலர்கிறது, லர்ந்

பேர், அருவேன் ou வசேவர், வரு லர், லர, v.n. புலருதல், புலர்தல், n.v. se flétrir, se faner, se dessécher, faire jour, le jour poindre.

புலர்த்துகிறது, த்தேன், த் துவே ன், த்த, த்த, v.a. du préc. புலர்த்தல், புலர்த்துதல், n.v. flétrir, faner, dessécher, chauffer, frotter, oindre, barbouiller.

புலர்வு, n.v. de புலர்கிறது, dessèchement, point du jour.

புலவன், pl. புலவர், (புலம்), poëte, auteur, savant, chanteur, barde, panégyriste, artisan ou கம்மாளன் orfévre, comédien, danseur, Dieu, habitant du ciel, — du Souvargam, Arouguen, Dêvêndiren, Soupramanien, Boudhen ou Mercure.

புலவா, l'arbrisseau புளா.

புலவி, n.v. de புலக்கிறது, modestie —, honte —, répugnance d'une femme envers son mari, bouderie; —நீட்டம் honte —, réserve —, bouderie —, pruderie entre époux.

புலவு, chair, viande, puanteur —, odeur de viande pourrie, enfer, sens, lieu.

புலன் P. புலம், les 5 sens ou objets des sens, (V. ஐம்புலன்), intelligence, sensation, organe des sens: — வென்றோர் ceux qui ont subjugué leurs sens, les ermites ou anachorètes, pénitens; — வனப்பு langage beau, facile et naturel, —qui parle aux sens.

புலாரி, souci, chagrin, vertige.

புலால், chair, viande, poisson, puanteur de viande: — கட்டி celui qui fascine ou arrête les poissons de la mer; —கட்டுகிறது fasciner —, arrêter les poissons. [de la viande.

புலாலரி, (புலால், அரி), sang, litt. eau

புலி, tigre, le signe du Lion, une des 4 espèces d'onguent சாந்துவகை. 2° P. புலை, luette. 3° (bouli), vulve: சிறுக்கைப்புலி tigre tacheté de petites marques, V. குண்டப்புலி; சினப்புலி tigre furieux; —க்கண்கல் pierre qui ressemble à l'œil du tigre, i.e. onyx; —க்குட்டி jeune tigre; —க்கொடியோன் celui qui a un tigre représenté sur son drapeau, i.e. le roi சோழன்; —த்தொடக்கி, —த்தொடக்கி arbrisseau si épineux qu'il arrête le tigre, cæsalpina lacerans, aloès dit கற்றாழை, les arbrisseaux இண்டை et தொட்டி; —த்தோல் peau de tigre, ou —த்தோலுடையோன் celui qui a —, qui porte une peau de tigre, i.e. Siven; —நகம் griffe de tigre; —நகக்கொன்றை l'arbrisseau cæsalpinia ligulata; - பாய்கிறது le tigre s'élancer, se jeter sur; —பாய்ந்துபோடுகிறது le tigre se précipiter et saisir sa proie; —முகக்கடுக்கன், —முகப்பணி pendans d'oreilles à figure de tigre et à l'usage des femmes, il est quadrangulaire à sa base avec 6 ornemens partiels qui se terminent en une pointe où est placé l'anneau qui ressemble à la gueule d'un tigre, ce bijou est plus petit que l'அரசிக்கொப்பு; —முகச்சிலந்தி insecte ailé venimeux à figure de tigre; —யுகிர் l'arbrisseau புலிநகக்கொன்றை; — யுறுமி, (உறுமி), espèce de tambour, crécelle; —யுறுமுகிறது, le tigre rugir; —யூர் la ville du tigre i.e. la ville de சிதம்பரம். [feu.

புலிங்கம், passereau, étincelle de

*புலிந்தம், (poulinda) le pays des barbares, un des 56 pays de la géographie indienne.

*புலிந்தன், (id.). Poulinden, habitant du pays susdit, barbare, montagnard, chasseur, sauvage, —qui parle un dialecte inintelligible, probablement les aborigènes ou premiers habitans du pays [குறவர்.

புலியம், la plante —, l'arbre போர்

*புலிரிகம், (poulirika), serpent.

புளுட்டுகிறது, ட்டினேன், ட்டுவேன், ட்டி, ட்ட, v. a. de புளுண்டுகிறது, புளுட்டுதல், n.v. noircir, hâler...

புளுட்டை, couleur noire, noirceur, état de ce qui est noirci, ce qui est sans lien, sans enchaînement.

புளுண்டவன், புளுட்டையன், (புளுட்டை, புளுண்டல்), homme noir.

புளுண்டல், noirceur, ce qui est noir, — noirci, hâlé, n.v. et opt. de

புகைந்தெரிகிறது, ந்தேன், மெ ன்,டு,ட, v. n. புகைந்தெரிதல், n. v. noircir, devenir noir.

*புலுதம், (plouta), alongement de la quantité d'une lettre dit அளபெடை,un des காலதைப்பிரமாணம் ou mesures de temps de 3 கிலை ou 3 brèves,son de brève triplé, saut, bond, cabriole, galop du cheval.

புலை, 1° viande,chair,— de poisson,—d'animal,mensonge,mal,bassesse, caste réputée basse, — qui mange de la viande, — de pariats, caractère méchant, — vil, malice. 2°* (poulâ),luette,galop du cheval;— ச்சேரி bourg de pariats;—த்தனம் caractère méchant,— vil, — porté au meurtre;— த்தொழில் emploi vil; — ப்பெண், — மகள் femme de basse caste,pariatte; — மகன் homme de basse caste,pariat: புலையுங்கொலையுங் களவுந்தவிர் évite le mensonge, le meurtre et le vol.

புலைச்சி, 1° salpêtre. 2° *fém. de* புலையன், femme de basse caste, pariatte...

புலைஞன், புலையன், *pl.* புலைஞர், புலையர், vaurien, méchant, homme réputé vil, de basse caste,qui mange de la viande, pariat, maraven ou மறவன்,chasseur ou வேடன்.

புலைமை, (புலை), bassesse, manière—,condition vile, —basse.

*புலோமசித்து, (புலோமன், சித்து),le vainqueur de Poulomen,*i. e.* Indiren. [de Poulomen,*i.e.* Indirani.

*புலோமசை,(*id.*djâ *née*), la fille

*புலோமபேதன்,(*id.*bhid *détruire*), Indiren, le meurtrier de Poulomen son beau père qu'il tua pour éviter sa malédiction qu'il avait méritée en violant sa fille.

*புலோமன், (poulôman), Poulomen, célèbre richi.père d'Indirâni et beau père d'Indiren. Il fut tué par son gendre qu'il voulait maudire pour avoir violé sa fille, nom d'un géant.

*புலோமாரி, (புலோமன், அரி), l'ennemi de Poulomen, i.e.Indiren.

புல், 1° herbe, gazon, palmier, la 17° constellation dite அத்தம் qui ressemble à un palmier,tigre,manque,défaut, petitesse, bassesse, faiblesse,accouplement.2° *imp. et part. de* புல்லுகிறது:கோரைப்புல் l'herbe cyperus pangorei; —த்தட்டி claie faite d'herbe contre la chaleur;—மனுஷன் homme de paille, *i e.* vil,de peu d'importance;—மாடம், *V.* புல்மனை ம்; — வரகு espèce de céréale,de grain,panicum colonum; — வரிச்சு longues perches liées par dessus le chaume d'une maison pour le retenir;—வரி impôt sur l'herbe;—வாடல்,—வாடுகிறது l'herbe se faner, se flétrir,se dessécher;— வாரு défunge —, retranchement de gazon;—வாய் daim,cerf,—noirâtre;—வாரி râteau, விரியன் vipère venimeux qu'on trouve dans l'herbe; —வெட்டிப்பல் dents de devant des bœufs destinées à couper l'herbe;—வெட்டுகிறது couper l'herbe, faucher, ratisser; (*pour les autres composés V.*புற் *ou* புன்).

புல்குகிறது,கினேன், குவேன், கு, க,v.a புல்கல் புல்குதல்,n. v. embrasser, *V.*புல்லுகிறது.

புல்லகண்டம்,sucre [sur le front.

புல்லகம், (புல்), joyau qu'on porte

புல்லக்குழல்,(புல்,அம்,குழல்),chalumeau,—fait de roseau,flûte,fifre: —ஊதுகிறது jouer du chalumeau.

புல்லடை,(புல்,அடை), pâtisserie —,gâteau de grains d'herbes, *V.* இடியப்பம்.

புல்லணர், (புல்,அணல்), barbe.

புல்லணை, (புல், அணை), crèche, mangeoire remplie d herbe, lit de gazon,matelat rempli de foin.

புல்லம், 1° bœuf, le signe du Taureau. 2°* (phoulla), fleur, chose fleurie,—épanouie: புல்லநயனம்,—நேத்திரம்,—திருஷ்டி,— லோசனம் grands yeux,yeux épanouis, belle apparence;— வதனம் visage épanoui. [d'herbe coupée.

புல்லரி,(புல்,அரி), poignée— ,botte

புல்லரிசி,(*id.*அரிசி),grains d'herbes que le peuple mange en temps de cherté,cynosurus ægyptius.

*புல்லரிகம்,(phoullarika),serpent.

புல்லர்,(புல்),gens vils, chasseurs, gens d'une basse caste, probablement aborigènes de l'Inde.

புல்லல், *opt.et n.v.de* புல்லுகிறது, consentement, adhésion,union, accord,approche,accouplement, copulation.

புல்லறிவாளர்,(புல்,அறிவு,ஆளர்) ignorans, gens de peu d'esprit, esprits faibles,—bornés,peu instruits.

புல்லறிவாண்மை,புல்லறிவு,(புல், அறிவு,ஆண்மை), ignorance, petit esprit,esprit bas,peu d'intelligence, d'instruction, de science, faible intelligence, légère connaissance.

புல்லறுகு,(*id.*அறுகு),le chiendent ordinaire, agrostis linearis.

புல்லறுக்கிறது, (புல், அறுக்கிறது), couper de l'herbe.

புல்லன்,(புல்), ignorant, homme vil,méprisable,petit,peu important.

புல்லாங்கழி,புல்லாங்குழல்,(புல், ஆம்), *V.*புல்லங்குழல்.

புல்லாத்தி,l'arbrisseau பூலா.

புல்லாமணக்கு,(புல், ஆமணக்கு), le petit ricin, la plante melanthium indicum.

புல்லாமொய்ச்சி, (புல்,ஆம்,மொய்ச்சல்),lieu plein d'herbe ou de —,gazon: புல்லாமொய்ச்சியில்விழுந்திருக்கிறது être tombé dans l'herbe ou sur le gazon,*v.g.*une pièce de monnaie.

புல்லார், *n.app. nég. de* புல்லுகிறது, ennemis, gens qui ne s'accordent pas.

புல்லி, 1° *gér de* புல்லுகிறது. 2° pétale extérieure, calice d'une fleur qui enveloppe les pétales. 3°* (phoulli), floraison, épanouissement des fleurs. [genre masculin.

*புல்லிங்கம்,(புல்,லிங்கம்), sexe—,

புல்லிதழ், (புல்லு,இதழ்), feuille —, pétale—, calice de fleurs, pétale extérieure: நெல்லிற்குமியுண்டு, நீர்க்குநுரையுண்டு, புல்லிதழ்பூவிற்குமுண்டு le riz a son écorce, l'eau son écume, la fleur a son enveloppe de pétales,chaque chose quelque légère qu'elle soit n'est pas à dédaigner, puisqu'elle a son utilité.

*புல்லிதி, (phoulliti), floraison.

புல்லிது,1° (புல்,இது), ceci est de l'herbe, chose vile, défectueuse. 2° fleur.

புல்லியம், la plante புளிநறளை.

புல்லியர், (புல்), gens vils, — de basse caste.

புல்லு, 1° *P.* புல், herbe, gazon, buisson. 2° *imp.du suiv.*: — க்கட்டு botte —,paquet d'herbe; —க்கற்றை pièce de —,gazon, paquet d'herbe; —க்காடு prairie, pâturage, *litt.* forêt d'herbe;—க்குருவி espèce de caille; —செதுக்கி, *V.*புற்செதுக்கி; —செதுக்குகிறது couper l'herbe pour les animaux en râclant la terre: புல்லைத்தின்னுமாடு bœuf ou brebis qui mange l'herbe; புல்லைத்தின்னுமாடு நடக்கிறதுபோலப் புலியைத்தின்னுஞ் செந்நாயுநடக்குமோ le chien marron, qui dévore le tigre, servira-t-il comme le bœuf qui mange l'herbe? celui qui est accoutumé aux délicatesses et à une vie sauvage servira-t-il comme celui qui est accoutumé au travail et à une vie frugale.

புல்லுகிறது, ல்லினேன், ல்லுவேன்,ல்லு,ல்ல,*v.n.et a.* புல்லுதல்,*n. v.* acquiescer, consentir, adhérer,s'accorder, s'approcher, s'unir, s'accoupler, embrasser.

புல்லுநர், புல்லுனர், (புல்லுகிறு[று),amis.

புல்லுருவி, (புல், உருவுகிறது), la plante parasite dite loranthe,espèce de gui,loranthus pentandrus: —பாய்கிறது le gui s'étendre sur un arbre au détriment de ce dernier,(cela se dit d'un méchant qui détruit une famille); நல்லமரத்திலே புல்லுருவி பாய்ந்தது le gui s'est étendu sur un bon arbre.

புல்லுவர், (புல்), chasseurs.

புல்லூதியம்,(புல், ஊதியம்), palmier.

புல்லூரி,(புல்,ஊருகிறது), *V.* புல்[லுருவி.

புல்லெடுக்கிறது,(*id.*எடுக்கிறது), se garnir d'herbe, l'herbe abonder.

புல்லென்கிறது, (*id.* என்கிறது),

s'obscurcir, perdre son lustre, son éclat, décroître, périr.

புவிலை, 1° rouge blanchâtre, couleur jaunâtre. 2° *acc. de* புவ் 3° *P.* புவ் லாய், 2° *pers. sing. nég. de* புவ்லுகிறது.

புவ்வோலி, (புல், ஒலி), *V.* புல்லுரலி.

*புவலோகம், புவர்லோகம், (bhouvar *ciel*), un des 7 mondes supérieurs des Indous, l'espace entre la terre et le soleil, demeure prétendue des சித்தர், des முனிவர் et autres sages

*புவனம், (bhouvana), monde (en général), le monde, la terre, eau, ciel, air, genre humain, pratique, usage: புவனசாஸ்திரம் science de la terre, géographie; —த்திரயம் les 3 mondes, savoir: le ciel, la terre et l'enfer: —நாயகர், —கர்த்தாக்கள் les maîtres du monde; —மெல்லாம்கோரம் cristal.

*புவனி, (புவனம், i), terre.

*புவனியு, (bhouvanyou), maître, seigneur, les 3 lumières: le soleil, la lune et le feu.

*புவனேசுவரி, (புவனம், ஈசுவரி), la prétendue maîtresse du monde, *i. e.* Pârvadi.

புவனை, (புவனம், ஐ), la prétendue mère du monde, Pârvadi, la சக்தி ou énergie féminine de Siven (dans le langage de la secte சாக்தேயம்): —சக்கரம் diagramme de Pârvadi.

புவி, 1° terre. 2° (bhouvi), océan.

புவிதவிருக்ஷம், l'arbre பெருமரம். [டகம்.

புவிரி, la plante தவசுமுருங்கை

புழக்கம், *n. v. de* புழங்குகிறது, usage, pratique, coutume, habitude, connaissance, apparition, conversation.

புழங்குகிறது, கினேன், குவேன், கு, *v. n.* புழங்கல், புழங்குதல், *n. v.* être (quelque part), habiter, séjourner, discourir, être des connaissances, lier connaissance, avoir coutume, —la pratique.

புழல், ancien village près de Madras, aujourd'hui nommé en anglais red hills ou monts rouges, canal, cours d'eau, égout, chose creuse, tube: புழற்கோட்டம் le fort de புழல், aujourd'hui détruit, mais célèbre dans l'histoire du தொண்டைமண்டலம்.

புழு, 1° ver, mite, vermisseau. 2° *imp. de* புழுக்கிறது: —க்கடி, —க்குத்து, —க்குத்தல் piqûre —, morsure, — rongement de ver, ce qui est rongé des vers, maladie qui fait tomber les cheveux; —க்கடிக்கிறது, —க்குத்துகிறது un ver mordre, —piquer, — ronger; —க்குத்தி, — க்கொத்தி la huppe dite கொண்டைலாத்தி qui mange les vers; — க்கூடு nid de vers, chrysalide, enveloppe dans laquelle se renferment les vers; —க்கொல்லி la plante qui tue les vers, aristolochia; — நெளிகிறது le ver ramper; — கொல்லை ல், *V.* புழுவெட்டு; —மேய்கிறது, — மேய்தல் le ver piquer, ronger: — வளை nid où les guêpes isolées renferment des vers avec un œuf, chrysalide d'abeilles: —வெட்டு morsure —, piqûre des vers; —வெட்டுகிறது le ver piquer, ronger.

புழுகு, civette, musc. On en distingue 3 sortes: நட்டுப் — civette extraite de la chair de l'animal desséchée et battue: வழிப்புழு — civette raclée du ventricule: கைப்புழு— civette dont l'animal se décharge lui-même; — சம்பா riz odoriférant, — qui a l'odeur du musc; — சட்டம் ventricule de la—, civette, musc; — ப்பூனை, — ப்பூனை civette, animal qui donne le musc.

புழுக்கச்சி, *P.* புழுக்கைச்சி.

புழுக்கம், *n. v. de* புழுங்குகிறது, chaleur, — étouffante (causée par l'étroitesse d'une chambre, le manque d'air ou par l'ardeur du soleil), colère, haine; — ஆயிருக்கிறது être renfermé, chaud, sans air, y avoir une chaleur étouffante; புழுக்கத்திலேவைக்கிறது renfermer —, confiner dans un endroit étouffant.

புழுக்கல், *opt. et n. v. de* புழுக்குகிறது, légère —, cuisson, riz cuit.

புழுக்கள், P. புழுக்கையர்.

புழுக்கிறது, புழுத்தேன், புழுப்பேன், புழுக்க, v.n. (புழு), புழுத்தல், n.v. ou புழுத்துப்போகிறது, être mangé ou rongé des vers, les vers se former, — s'engendrer, pourrir: இறைச்சியிற் புழுப்புழுத்தது il s'est engendré des vers dans la viande; புழுத்துச்சாகிறது mourir mangé des vers; இருதாரம் கொண்டவன் புழுத்துச்செத்தான் le bigame est mort mangé des vers, i.e. a eu des vexations continuelles de ses 2 femmes; புழுத்து நெளிகிறது grouiller de vers, être rempli de vers qui rampent.

புழுக்கு, légère —, cuisson, n. v. imp. et part. de

புழுக்குகிறது, க்கினேன், க்குவேன், க்கு, க்க, v.a. de புழுக்கிறது, புழுக்குதல், n.v. faire bouillir, — cuire, accommoder.

புழுக்கை, 1° esclave, — qu'on a acheté. 2° P. பிழுக்கை, crotte (de brebis, de chèvre, de lièvre, de rat): — க்குணம்போமா le caractère d'un esclave changera-t-il? தன் [illegible] புழுக்கை [illegible] [illegible] si le plat lui appartient un esclave ne le lavera pas pour manger.

புழுக்கைச்சி, (புழுக்கை), femme esclave, — achetée.

புழுக்கையன், (id.), homme esclave, — acheté.

புழுக்கொடியல், (புழுக்கு, ஒடியல்), morceau du jet d'un jeune palmier qu'on a fait bouillir.

புழுக்கம், opt. et n.v. de புழுங்குகிறது, chaleur, cuisson, riz en balle ou grain bouilli, signe de colère: — அரிசி riz en balle ou nellou légèrement bouilli qu'on met sécher ensuite pour être pilé.

புழுங்குகிறது, ங்கினேன், ங்குவேன், ங்க, v.n. புழுங்குதல், n.v. se cuire, bouillir, cuire, être mis à l'étuvée, le corps être en transpiration (par l'effet de la chaleur...), étouffer de chaleur, s'échauffer, être chaud, — en colère, se fâcher: இது நன்றாய்ப் புழுங்கவில்லை cela n'est pas bien cuit, (v.g. du riz ou des pois.)

புழுதி, poussière, boue, rizière —, terre labourée, terre soulevée par la charrue, pollen des fleurs: — கட்டி — motte de terre, terre glaise humectée qui forme une motte; — க்கால் terre labourée, — réduite en poussière; — நாற்று plantes qui viennent ou se transplantent en terre non arrosée; — ப்படலம் nuage de poussière, abondance du pollen des fleurs; — வாரி jeter de la poudre aux yeux, faire semblant d'avoir réussi, gaspillage, dissipation de bien; — படிகிறது devenir poudreux, se couvrir de poussière; — யாடுகிறது se baigner dans la poussière, ou — யாக்குகிறது réduire en poussière, faire de la boue; — யாகிறது. — யாய்ப்போகிறது être en poussière, — tout poudreux; — பறக்கிறது le pollen des fleurs se répandre; — கிளப்புகிறது soulever la poussière, labourer un champ pour la 3me et dernière fois; — விதைப்பு, — விரைப்பு semer les grains —, ensemencer dans la poussière, sans que le terre soit arrosée.

புழுனு, le gros bout, — le bas d'une flèche.

புழுத்து, gér. de புழுக்கிறது.

புழுத்தல், புழுப்பு, n. v. du même, être mangé des vers...

புழை, creux, tube, tuyau, chose percée, — creuse en dedans, guichet (dans une porte): — க்கடை porte de derrière, guichet (dans une porte): — க்கை main creuse, i. e. trompe d'éléphant, éléphant.

*புளகம், (poulaka), horripilation, hérissement des poils du corps (considéré comme un signe de plaisir intérieur), joie, miroir, orpiment, riz cuit, bouillonnement, éruption cutanée, pustule, enflure, brisement, fente, défaut des pierreries, balle de nourriture qu'on donne aux éléphans, verre à boire.

*புளகாங்கிதம், (புளகம், அங்கிதம்), horripilation, signe de plaisir.

*புளகாலயன், (புளகம், ஆலயம்), surnom de Koubèren.

*புளகி, (poulaki), homme joyeux, —qui éprouve l'horripilation.

புளகிக்கிறது, கித்தேன், கிப்பேன், கி, கிக்க, v.n. (புளகம்), புளகித்தல், n. v. se réjouir, être content, éprouver l'horripilation, les poils du corps se dresser, —se hérisser.

*புளகிதம் (poulakita). புளகிப்பு, n. v. du préc. hérissement des poils du corps, joie intérieure.

*புளம், 1° (poulâ), V. புலம். 2° (poula), horripilation, grandeur.

புளவை, P. பிளவை, ulcère, — invétéré.

*புளாகம், (poulâka), eau de riz, boulette de riz cuit, abrégé, petitesse, célérité. [cheval).

*புளாயிதம், (poulâyita), galop (du

புளி, 1° acidité, aigreur, tamarin, tamarinier, tamarindus indica. 2° imp. de புளிக்கிறது, (l'adj. est புளிய ம்; avec புளி on double les க, ச, த, ப, ou on insère la douce correspondante ங், ஞ், ந், ம்): —கரைக்கிறது dissoudre —, délayer du tamarin dans de l'eau, être effrayé; — குடிக்கிறது, P. குளிகுளிக்கிறது boire l'acide, i.e. accoucher; — குடித்திருக்கிறது être accouchée; —க்கறி, —க்குழம்பு ragoût—, sauce de tamarin, — un peu acide; — க்கீரை herbe potagère acide: — ச்சாறு espèce d'eau acide qu'on boit; —ச்சுநோரணிதம் acides avec lesquels se combinent les sels neutres: —த்தோடை orange acide; —நடலை, —நறலை, —நறளை la plante oissus acida: — ப்பற்றுகிறது, —ப்பிடிக்கிறது s'aigrir, devenir acide; —மண்டி chose aigre, ce qui contient de l'acide: — மதுரை la plante புளிநறளை: — மரம் tamarinier: — மாதளை grenade acide; — யேப்பம் (ஏப்பம்) காண்கிறது éprouver des rapports acides.

புளிக்கிறது, ளித்தேன், ளிப்பேன், ளி, ளிக்க, v. n. s'aigrir, être acide, aigre, fermenter: புளித்திருக்கிறது, புளித்துக்கொண்டிருக்கிறது être à s'aigrir, être acide, aigre, gêné, resserré, à l'étroit; புளிக்கவைக்கிறது mettre fermenter, —aigrir: புளித்துப் போகாத அப்பம் pain sans levain, —non fermenté, azyme.

புளிங்கறி, (புளி), ragoût de tamarin, — un peu acide: —க்கூட்டு préparer un ragoût de tamarin.

புளிச்ச, P. புளித்த, acide, aigre, fermenté: — க்கண்ணன் chassieux; —காடி vinaigre d'eau de riz; — காய்மரம் l'arbre aux fruits acides, averrhoa bilimbi; — கீரை l'herbe potagère acide, hibiscus cannabinus; — மா farine fermentée, i.e. levain.

புளிச்சல், P. புளித்தல், chose acide, aigre: புளிச்சற்பணிகாரம் pâtisserie acide. [க்கீரை, V. புளிச்சகீரை.

புளிச்சை, espèce d'arbrisseau: —

புளிஞர், P. புளிந்தர், chasseurs, sauvages aborigènes, caste vile. [gri.

புளிஞ்சோறு, (புளி), riz cuit ai-

புளிதம், chair, viande (en général).

புளித்த, part. de புளிக்கிறது, aigri, acide, aigre: — கஞ்சி eau de riz aigrie; — மா farine fermentée, i. e. levain.

புளித்தல், n. v. du même, acidité, aigreur, étroitesse, resserrement.

*புளிந்தம், P. புலிந்தம்.

*புளிந்தர், P. புலிந்தர். [aigri.

புளித்தயிர், (புளி), lait caillé et

புளிப்பு, n. v. de புளிக்கிறது, acidité, aigreur, levain; புளிப்புள்ள aigre, acide; புளிப்பில்லாத ou புளிப்பில்லா அப்பங்கள் pains azymes, — sans levain; என்னபுளிப்புக்காட்டுகிறாய் quelle acidité, i.e. quel épouvantail montres-tu?

புளிமா, (புளி), 1° manguier acide, — à fruits acides (l'adj. est புளிமரம்). 2° anapeste ou pied de 2 brèves et une longue. Ce mot qui a la quantité de l'anapeste sert de nom et de modèle à cette espèce de pied. Dans les 2 brèves susdites, la 2e syllabe, quoique longue de nature ou de position, passe pour brève après une brève qui ne vient jamais seule, mais entraîne avec soi la suivante telle quelle soit. De même les 6 mots suivans peuvent signifier littéralement: fruit encore vert—, fruit mûr—, ombre odoriférante —, fleur odoriférante —, ombre fraiche —, fleur fraiche du manguier acide; mais ordinairement ils servent de noms et de modèles à des pieds de vers; ainsi, புளிமாங்காய் pied de 2 brèves et 2 longues; புளிமாங்கனி pied de 2 brèves une longue et 2 brèves: புளிமாந்தண்பூ anapeste et spondée, ou 2 brèves et 3 longues; புளிமாநறும்பூ double anapeste, ou pied de 2 brèves une longue 2 brèves et une longue; புளிமாந்தண்ணிழல் anapeste et dactyle, ou 2 brèves 2 longues et 2 brèves; புளிமாநறுநிழல் pied de 2 brèves, une longue et 4 brèves (comparez தேமா, கூவிளம், கருவிளம்).

புளியமரம், (புளியம், மரம்), tamarinier.

புளியம், *adj. de* புளி, de tamarinier, de tamarin, acide, aigre: — இலை feuille de tamarinier; — இலைக்கரை ligne colorée tracée en forme de feuilles de tamarinier; — காய் fruit encore vert du tamarinier; — கொட்டை noyau du tamarin; — கொட்டைக்குழி, — கொட்டைப்பசை colle fait de noyaux de tamarin; — பழம் tamarin, fruit mûr du tamarinier: — பழத்துக்குப் புளிப்பு புகுத்தவாருகிறாயோ viens-tu ajouter de l'acidité au fruit du tamarinier? viens-tu apprendre ce que l'on sait déjà; — பாசி la plante aquatique chara zeylan.; — பூ fleur de tamarinier; — பூவர்ணமாயெழுது தீற்று peindre (une toile...) en couleur de fleur de tamarinier.

புளியறணை, (புளி, அறணை), espèce de plante.

புளியா; புளியாத, *part. nég. de* புளிக்கிறது, non aigri ou qui ne s'aigrit pas, non fermenté, azyme.

புளியாரை, (புளி, ஆரை), oseille sauvage, oseille, oxalis corniculata, plante médicinale.

புளியிலை, (*id.*), feuille de tamarinier.

புளியுப்பு, (*id.*), espèce de sel acide.

புளிசோற்றுநைவேத்தியம், புளிசோறு, புளிபொங்கல், (புளி, நைவேத்தியம்...), riz mêlé d'huile et de tamarin, qui sert dans certains sacrifices indous.

புளியவாரிட்டமீன், espèce de poisson, en anglais tamarind fish.

*புளினம், (poulina), îlot dans une rivière, île formée d'alluvions, banc—, butte —, monticule de sable.

புளினர், *P.* புளிஞர், chasseurs, sauvages.

புளுகன், (புளுகு), menteur, hâbleur, vanteur, fanfaron, beau parleur.

புளுகு, mensonge, fanfaronnade, beau langage, vanterie, *n.v. imp. et part. de*

புளுகுகிறது, *sync.* புளுகிறது, இ. னேன், கிறேன், கு, க, *v.n.* புளுகுதல், *n.v.* mentir, — impudemment, dire des fanfaronnades, se vanter, donner au mensonge l'apparence de la vérité.

*புலா, (poulâ), luette, palais de la bouche, galop (qui est une des allures du cheval).

புள், volatile, oiseau (en général), insecte ailé, scarabée, la 23$^{me}$ constellation lunaire dite அவிட்டம், crosse ou petit bâton avec lequel les enfans s'amusent à en frapper un plus petit, espèce de torture dans laquelle on presse les doigts entre 2 bâtons.

புள்ளடி, (புள், அடி), marque du pied ou des griffes d'un oiseau, signe de renvoi, (c'est une croix ou le signe suivant(+), et la chose omise se met dessus ou dessous la ligne), pierre de touche, la plante hedysarum gangeticum, échelle.

புள்ளம், faucille, serpe, hachette.

புள்ளரசு, (புள், அரசு), le roi des oiseaux, le faucon bramanique, dit கருடன், monture prétendue de Vichnou.

புள்ளாங்குழல், *P.* புல்லாங்குழல்.

புள்ளி, zéro (en chiffre), lettre marquée d'un point, *i. e.* pure consonne qu'on marque d'un petit rond, comme க், ச், point, trait sur les lettres..., bagatelle, signe, marque, tache, moucheture, un des 5 défauts des pierres précieuses, lézard domestique dit பல்லி, crabe, compte, estimation, évaluation, somme d'argent: — க்கணக்கன் arith méticien, homme exercé dans les comptes, compteur, écrivain; — கணக்கு compte; — க்கல் pierre brûlante, — de forêt; — க்காரன் homme important, connu, de considération, compteur, teneur de comptes; — க்கால் la lettre ள ajoutée à l'உ bref pour faire ஊ où long; — க்குயில் couil ou coucou tacheté; — த்திருக்கை raie tachetée, étoilée; — பட்டது ce qui est tacheté, moucheté; — பண்ணுகிறது une tache tomber, — s'imprimer, ou — பாய்ந்திருக்கிறது être plein de taches, de souillures; — பார்க்கிறது examiner les taches ou les points, examiner —, faire le compte, estimer, évaluer, — une terre et ce qu'elle peut rapporter; — புள்ளியாயிருக்கிறது être tout moucheté, tacheté, bigarré; — போடுகிறது pointer, mettre un point, ou — போட்டுப்பார்க்கிறது écrire —, noter les sommes, — les divers articles, computer, compter, faire la somme; — ப்பட்டு étoffe de soie tachetée, — bigarrée; — மான் cerf tacheté; — மான்கொம்பு cornes de cerf, cerf tacheté, daim; — யிடுகிறது pointer, marquer, mettre une marque, un point; — யிலக்கம் ponctuation; — ரோகம் espèce de maladie; — வராகன் espèce de pagode ou de pièce de monnaie; — வண்டு grande espèce de scarabée tachetée; — வழி catalogue, liste; — விழுந்தது — விழுகிறது une taie ou une tache s'est formée dans l'œil; — வைக்கிறது mettre une marque, — un point, et retrancher d'un compte. [ளா.

புள்ளிவம், la plante, நீர்முள்ளி.

புள்ளீட்டம், (புள், ஈட்டம்), troupe (d'oiseaux.

புள்ளு, P. புள்.

புள்ளுவம், fraude, tromperie.

புள்ளுவர், (புள்ளுவன்), gens vils, bas peuple, trompeurs, fourbes, chasseurs, habitans des déserts et des terrains salés.

புள்ளொலி, (புள், ஒலி), bruit —, ramage des oiseaux.

புள்ளோப்புகிறது, புள்ளோட்டுகிறது, (id. ஓட்டுகிறது), chasser les oiseaux (des champs ..), les effrayer.

புள்ளோம்பல், புள்ளோம்புதல், புள்ளோம்புகிறது, (id ஓம்புகிறது), garder —, soigner —, élever des oiseaux.

புற, adj de புறம், extérieur, de dehors: — க்கட்டு bâtisse —, partie extérieure (de la maison...), lien extérieur, lien —, nœud pour attacher la porte d'une maison en sortant; — க்கட்டுக்கட்டுகிறது attacher la porte avec un nœud en sortant, attacher les mains derrière le dos; — க்கண் coin de l'œil, œillade, regard de côté; — க்கடை porte extérieure; — க்காடு alentours d'un poteau ou d'un piquet; — க்கருவி sens —, organe —, instrument extérieur; — க்களரி place de jeux etc... ou arène au dehors, ses alentours; — க்காடு cimetière, lieu où l'on brûle les morts; — க்காதுமடல், — க்காதுமடிகிறது le tympan de l'oreille être retroussé; — க்காப்பு protection ou assistance étrangère; — க்காரியம் chose extérieure, — qui est sur les côtés; — க்கால் derrière —, dessus du pied; — க்காவல் garde extérieure; — க்காழ் arbre dont l'extérieur est plus dur que l'intérieur, v. g. le palmier, arbre femelle; — க்குடி habitant —, cultivateur étranger, — d'un autre village, fermier provisoire, — temporaire; — க்கூரை extérieur du toit d'une chaumière; — க்கை le dehors —, le dessus de la main; — க்கோடி angle —, coin extérieur; — க்கோலம் apparence —, forme —, décoration extérieure, — ச்சமயம், — ச்சமயம் secte étrangère, — hétérodoxe ou hérétique, on en compte 6, V. les au mot சமயம்; — ச்சமயத்தார் sectaires, hérétiques; — ச்சாதியார் gens d'une autre caste ou nation; — தோற்றம் apparence extérieure: — சால் sillon extérieur, — de sureté; — கட்டு lettre indicative ajoutée en dehors d'un mot; — சுவர்த்தீற்றுதல், 1° crépir le mur extérieur. 2° (புற, P. வீற), crépir le mur d'autrui, laisser ses gens dans le besoin et secourir les étrangers; — சுற்று contour extérieur; — ச்சேரி bourg extérieur, faubourg; — தேசம் pays étranger; — த்திணை objet extérieur de perception, régle concernant les guirlandes de வெட்சி et autres fleurs dont s'ornent les guerriers, régles de rhétorique pour prouver une thèse par des preuves extrinsèques tirées du sentiment ou du raisonnement des autres ou de la pratique des pays étrangers; on en donne 3: ஒழுக்கப்புறத்திணை preuve d'une doctrine tirée de sa conformité avec les coutumes et mœurs des grands personnages, நூற்புறத்திணை preuve tirée des livres réputés sacrés ou des livres de jurisprudence; சான்றோர்செய்யுட்புறத்திணை preuve tirée du témoignage ou des écrits des savans, citation d'auteurs; — த்தோற்றம் apparence extérieure; — நானூறு, (நா நூ, னூறு), les 400 choses extérieures, nom d'un poëme; — நிலை état —, condition —, situation extérieure, pays étranger, le 62^me^ des திருமுகம், poëme dans lequel on invoque la bénédiction de la divinité sur quelqu'un et sur sa postérité, — நிலையுதாரணம் explication —, preuve par des exemples extérieurs ou étrangers, exemple; — நிலைப்புலவன் le poëte épique étranger, le P. Beschi auteur du Tembavani; — நிலைவாழ்த்து bénédiction extérieure, le 83^e^ des திருமுகம், poëme commençant par des வெண்பா et finishant par des vers ஆசிரியம், dans lesquels on souhaite à quelqu'un qu'il vive heureux sous la protection de Dieu; — நீக்கம் liberté, délivrance, élargissement, rejet, exception; — நீர்க்கோப்பு nom d'un mal d'yeux; — நீர்மை bonne qualité extérieure, espèce d'air, — de chant harmonieux; — பகை haine déclarée, — publique, ennemi extérieur; — ப்படுதல் sortir, — dehors, être dehors, partir, se mettre en route, avancer; — ப்படவிடுதல் laisser partir, sortir, éloigner; — ப்பட்டுப்போதல் s'en aller, partir; — ப்பத்தியம் régime, diette extérieure; — ப்பற்று fomentation extérieure; — ப்பாடு, — ப்போக்கு sortie, départ; — ப்பாட்டு, (பா, ஆட்டு), pièce de poésie dite அகவல் sur un sujet héroique; — ப்புறம் l'extérieur, régle générale des chants héroiques; — ப்பேச்சு langage étranger, — qui marque le dérangement de l'esprit; — ப்பொருள் objet extérieur, exploits guerriers, chose qui regarde l'armée, second article ou division du 3^me^ chapitre de la grammaire tamoule nommé பொருளதிகாரம் qui se divise en அகப்பொருள், (voyez ce mot), et புறப்பொருள், cette section contient les régles pour des chants sur la morale et sur la guerre; les 2 premières parties du குறள், dites அறம் la vertu et பொருள் les richesses, sont comprises dans le புறப்பொருள், ainsi que les 8 espèces d'exploits guerriers dits அட்டவெற்றி; — மயிர் poils du corps (non compris les cheveux); — மயல், P. புறமயல் extase; — வட்டம் cercle —, tour extérieur; — வயிரம் arbre mâle, — dont l'extérieur est plus dur que l'intérieur, partie dure et extérieure de l'arbre; — வலி force extérieure; — வளையம் friction —, onction autour, application d'un remède en forme de cercle; — வாசல் porte extérieure; — வாரி, — வாழி, (ஆழி), mer extérieure, — qui entoure le monde; — வீச்சு élan —, force extérieure; — வீச்சுச்சுரம் espèce de சுரம் qui cause des élans ou des élancemens extérieurs; — வீதி, V. புறவீதி; — வீதி rue extérieure; — வெட்டு coup —, coupure extérieure, —de côté, opposition, contradiction, planche voisine, — du côté; —வெட்டமாகப்பேச்சு contradiction, résistance de paroles: — வெள்ளை creux—, cavité ou trou postérieur des pendans d'oreilles dits கடுக்கன்; —வெளி plein air, plaine campagne; —வேலை travail extérieur, — du dehors, mer extérieure, — qui entoure le monde.

புறக்கணிக்கிறது, ணித்தேன், ணிப்பேன், ணி, ணிக்க, v. a. பிறக்கணித்தல், n. v. (புற, கணிக்கிறது), faire —, mettre de la différence, compter—, mettre en dehors, mépriser, dédaigner [pris, dédain, faire peu de cas...

புறக்கணிப்பு, *n. v. du préc.* mé-

புறணி, (புறம்), médisance, calomnie, détraction, mal qu'on dit de quelqu'un par-derrière, extérieur, partie extérieure de l'écorce des arbres, peau, écorce, pays montagneux, —de forêts.

புறத்தங்கம், (புறத்து, அங்கம்), membre extérieur.

புறத்தவன், (புறம்), celui qui est en dehors, (surnom de) Ayénar ou ஐயனார், *ou* [dehors.

புறத்தான், (புறம்), celui qui est

புறத்தி, (*id.*), dehors, derrière, extérieur, état —, situation d'étranger: —மனிதன் homme étranger, — du dehors; புறத்தியிலே dehors, à l'extérieur.

புறத்தியம், (*id.*), dehors, extérieur, pays étranger: —ஆயிருக்கிறது être dehors, dans les pays étrangers, être exilé, chassé de la caste; —ஆய்ப் போகிறது aller ailleurs, — dehors, sortir de chez soi; வீட்டுப் புறத்தியமாய்ப்போகிறது aller —, rester hors de sa maison (comme font certaines femmes pendant leurs règles).

புறத்தியான், (புறத்தி), étranger, homme du dehors, le prochain: புறத்தியார்மேலே சாட்டுகிறது rejeter sur le prochain, — sur les autres.

புறத்து, *obl. de* புறம், extérieur, postérieur, *d'où* புறத்தங்கம், புறத்துறுப்பு, (அங்கம், உறுப்பு), membre extérieur, partie extérieure: புறத்தே extérieurement, dehors, à l'étranger, derrière.

புறம், dehors, extérieur, couleur, circuit, côté, —extérieur, partie extérieure, côté de —, derrière, le dos, calomnie, médisance, mal qu'on dit d'autrui par-derrière, région, partie d'un pays, climat, mur, force, courage, lieu, une des terminaisons de l'ablatif de lieu, *Ex.* செல்லுநெறியென் றுயிர்க்குப்புறத்துற்றமாலைவந்தது le soir obscur qui est arrivé à ma vie qui s'en va (l'opposé est அகம், உள், உள்ளம் intérieur): அகமும்புறமும் l'intérieur et l'extérieur, le dedans et le dehors; உள்ளும்புறமும் en dedans et en dehors; உள்ளும்புறமுமொத்தவன் homme droit, sincère, *litt.* semblable en dedans et en dehors: எல்லைப்புறம் côté qui sert de —, limite, confins d'un village...; பின் —, பிற்—, le côté de —, derrière; முன் —, முற்—, le côté de —, devant, façade; கீழ் —le dessous, l'orient; தெற்கு —, le sud; மேற் — le dessus, l'occident; வடப் — le nord: இடது —, இடப்புறம் le côté gauche: —கடை porte extérieure; —காடு place où l'on brûle les morts, cimetière: —காட்டுகிறது montrer le dos, —l'extérieur, prendre la fuite, être défait: — காணுகிறது voir le dos, —l'extérieur, mettre en déroute; — கால் derrière —, dessus du pied; — காழ் arbre dont l'extérieur est plus dur que l'intérieur, partie extérieure d'un tel arbre: — கூறல் médisance, calomnie, diffamation; —கூறுமை ne pas médire; — கூறுகிறது médire, calomnier, parler mal du prochain en son absense; —கூறுகிறவன் détracteur, médisant, calomniateur; —கூற்று détraction, médisance, calomnie; —கை dessus de la main; —கொடுக்கிறது présenter —, tourner le dos, prendre la fuite; —தருகிறது protéger, défendre, choyer, tourner le dos, être défait, mis en déroute, perdre; —தரல் *n. v.* protection, défen-

ou point, défaite, fuite, perte; — வார்த்தை V. புறவுரை; — சொல்லுகிறது bavarder, publier ce qui devait être tenu secret, médire; — போகிறது sortir, venir dehors, suinter, dégoutter; — போக்கு place extérieure, pièce de terre commune (près d'une ville ou d'un village), terre non cultivable, — non livrée à la culture, telle que les lieux couverts de broussailles, bords de rivières ou d'étangs, etc...

புறம்பணை, (புறம், பணை), sol —, pays montagneux, — de forêts.

புறம்பு, (புறம்), dehors, côté —, extérieur, pays étranger; — பண்ணுகிறது, புறம்பாக்குகிறது expulser, exclure, chasser, mettre dehors, ஒரு புறம்பாக்குகிறது ranger —, écarter du chemin sur un côté; புறம்பான extérieur, de dehors, étranger; புறம்பாய், புறம்பே dehors, en dehors, extérieurement, à l'étranger; புறம்பாக்கொடுக்கிறது donner au dehors, prêter de l'argent; புறம்பாக்கித்தள்ளுகிறது chasser, expulser, mettre à la porte; புறம்பாய் ou புறம்பேகேள்விப்படுகிறது s'informer au dehors, auprès des étrangers; புறம்பேகேட்டேன் j'ai appris au dehors; புறம்புகாத்தல், (காத்தல்), tenir dehors, empêcher d'entrer, faire la garde —, veiller au dehors; புறம்புக்கிருக்கிறது (புறம்பு, இருக்கிறது), être aux nécessités.

புறவடி, (புற, அடி), derrière —, dessus du pied.

புறவடை, (id. அடை), champ affermé ou sous-affermé, — donné à d'autres pour cultiver, remède qu'on prend par le bas pour faire aller.

புறவணி, (id. அணி), V. புறம்பணை.

புறவம், 1° (புறம்), bois, forêt, V. புறம்பணை. 2° P. புறா, pigeon.

புறவலிப்பு, (புற), convulsion extérieure.

புறவிடம், (புற, இடம்), mer, rivière, bosquet, montagne.

புறவிருப்பு, (id. இருப்பு), V. புறவிருப்பு.

புறவு, 1° V. புறம்பணை, 2° P. புறா, pigeon. 3° (புறம்), troupe d'animaux.

புறவுரை, (புற, உரை), préface, introduction.

புறவேற்றம், (புற, ஏற்றம் ou குறிப்பு), note, remarque (dans un livre, ce qui est hors du texte), exception.

புறன், P. புறம், extérieur, dehors, le dos.

புறா, gén. புறாவின், colombe, pigeon; — க்காலி nom d'une plante; — க்குஞ்சு pigeonneau; — ப்பறப்பு vol du pigeon, larcin.

புறுபுறுக்கிறது, V. பொறுபொறுக்கிறது.

புறுமுட்டி, nom d'une plante.

புன், obl. de புல் devant க, ச, த, ப; — கட்டு paquet d'herbe; — கவ்வுகிறது, mordre de l'herbe en signe de défaite; — கற்றை, pièce de —, gazon, fagot —, abondance d'herbe; — குருவி espèce de caille; — கொடி la plante சுரை courge; — கோரை l'herbe cyperus juncifolius; — சாமை variété du millet dit சாமை; — செடி plante, petit arbuste, ou — பற்றை pièce de —, gazon; — செதுக்கி racloir, instrument pour couper l'herbe (en raclant la terre); — செதுக்குகிறது couper l'herbe (en raclant la terre); — பண்ணை la plante celosia monsonia; — பதி le roi des plantes, i. e. le palmier, la constellation dite அத்தம்; — பாய் natte de jonc, d'herbe; — பிடி poignée d'herbe; — பொசி, V. புற்றளை; — போதி l'arbre புளிய pourcher.

*புற்கலன், P. புத்கலன்.

புற்கம், tromperie, défaut, manquement.

*புற்கலம், புற்கலன், (poudgala), corps, vie, âme, — sensitive, beauté.

புற்கு, (புல்), couleur brune, marque, défaut, signe de mépris: புற்கெனல் signe de la couleur brune; ou புற்கென்றிருக்கிறது être brun.

புற்கை, (புல்), bouillie, — de graines d'herbes, légère nourriture, léger repas, goûter.

*புற்புதம், (boudbouda), bulle d'eau, புற்புல்லெனவிடிகிறது, le jour poindre.

புற்றரை, (புல், தரை), gazon, pelouse.

புற்றுக்கோறையான், (புற்று, ஆம்), ruche ou nid de cariahs (ou fourmis blanches)

ches) où ils déposent leurs œufs.

[illegible], (*id.*), sorte de minéral. [constellation [illegible].

[illegible], (புல், [illegible]), palmier, la [illegible], (*id.* [illegible]), abondance d'herbe, gazon. [champignon.

[illegible], ([illegible], *gén. de* புற்று), புற்று, tertre —, nid de carias ou fourmis blanches, éruption cancéreuse ou scrofuleuse: — [illegible], *V.* [illegible]: — [illegible] être couvert d'éruptions scrofuleuses: — [illegible] terre de nids de carians (employée en médecine et pour certaines cérémonies des Indous): [illegible] les carians... élever leurs tertres, — creuser leurs trous.

[illegible], la ville de Pounah capitale des Mahrattes. [saphir.

[illegible], ([illegible]), pierre bleue,

*[illegible], ([illegible]), répétition d'une cérémonie pour rétablir dans la caste.

*[illegible], (*id.* [illegible]), adoration, répétition.

புனம், champ cultivé, — à menus grains, terre haute, non arrosée, rivière, ruisseau. — qui descend des montagnes: [illegible] la plante [illegible]; — [illegible] variété de l'arbre [illegible] erythrine.

*[illegible], (புனர், [illegible]), retour.

*[illegible], (*id.* [illegible]), tour, révolution, ou

*[illegible], (*id.* [illegible]), nouvelle —, naissance, renaissance.

[illegible], — [illegible], l'arbrisseau médicinal dalbergia lanceolaria.

*[illegible], [illegible], ([illegible]), répétition, tautologie, redite inutile: [illegible] homme censé né de nouveau, *i. e.* brame qui renaît par l'investiture du cordon.

*புனர், (pounar), de nouveau, de rechef: — [illegible] renaissance, régénération: [illegible] homme régénéré; [illegible] délivrance de [illegible], fin des transmigrations prétendues.

[illegible], *V.* [illegible].

*[illegible], ([illegible]), ongle des doigts (qui repousse de nouveau).

*[illegible], *P.* [illegible], la 7e constellation lunaire contenant 6 étoiles, savoir, 2 des Gémeaux, 2 du grand Chien et 2 du petit Chien, Castor et Pollux.

*[illegible], ([illegible]), ongle, ce qui renaît, régénération, renaissance, transmigration.

*[illegible], ([illegible]), âme sensitive qui est censée renaître sous une autre forme. [redite.

*[illegible], ([illegible]), répétition,

*[illegible], ([illegible]), la constellation dite [illegible], (surnom de) Vichnou, Siven, nom d'un [illegible], *V.* [illegible]. [grammairien.

[illegible], nom d'un arbre.

புனல், eau, rivière, paroles enfantines: — [illegible] la plante celosia margaritacea; — [illegible] la plante indigofera arcuata: — [illegible] flatter avec des paroles enfantines; — [illegible] *V.* [illegible].

[illegible], (புனம்), montagnards, habitans d'un pays montagneux.

[illegible], ([illegible], *dat. de* புனல், [illegible]), le prétendu roi des eaux, *i.e.* Varounen. [l'eau, rivage.

[illegible], ([illegible]), bord de

*[illegible], ([illegible]), nouvelle cuisson, faire recuire ce qui a été déjà cuit.

[illegible], ([illegible]), flot, vague, — de la mer, houle.

[illegible], ([illegible]), roi d'un pays bien arrosé, épithète des rois [illegible] de Tanjaour.

[illegible], (*id.*), le pays des eaux, — bien arrosé, le Tanjaour arrosé par le Câvérî.

[illegible], 1° ensuite. 2° ([illegible]), petit serpent, serpent caché sous l'herbe. [[illegible].

[illegible], l'arsenic naturel dit [illegible]

· [illegible], pureté, innocence.

புனிதன், (புனிதம்), homme — être pur, saint, innocent, (épithète que divers sectaires donnent à leurs dieux, tels que Siven, Indiren, Aroumuguen, Bouddha...

· [illegible], gén. [illegible], obl. [illegible], état d'une vache qui vient de vêler, impureté légale d'une femme accouchée (qui dure 12 jours, selon les Indous), nouveauté, peau.

[illegible], ([illegible]), vache nouvellement vêlée: [illegible] lait d'une telle vache.

· [illegible], (pou, être pur, [illegible]), pureté, innocence, vertu, vérité, clarté, la 7e constellation lunaire dite [illegible].

[illegible], ([illegible]), V. [illegible]: — [illegible] devenir pur, clair, se justifier.

புனுகு, civette, V. [illegible].

· புனை, 1° fers —, entraves ou chaîne pour les pieds, toile, habit, nouveauté, décoration, ornement, beauté, abondance, n.v. imp. et part. de புனைகிறது: புனைவுறும், — [illegible], — [illegible] femme; — [illegible] pensée, — projet de trahison.

புனைகிறது, [illegible], v. a. புனைதல், n. v. habiller, vêtir, ajuster, orner, décorer, joindre.

புனைந்துரை, (உரை), discours orné, préface, élégance en poésie, langage métaphorique, exagération ou dépréciation, hyperbole (en plus ou en moins.

புனைஞர், (புனைகிறது), artisans, (qui travaillent à orner), cammalers, décorateurs.

புனைக்கிறது, [illegible], v. a. [illegible], n. v. joindre, lier.

புனைவு, (புனைவு, [illegible]), objet de comparaison: — [illegible] figure qui consiste à montrer l'objet comparé par la description que l'on fait de l'objet de la comparaison avec lequel il a un rapport frappant. [ment, union.

[illegible], n. v. de [illegible], orne-

புனைவுவமை, (புனைவு, உவமை), objet qu'on décrit: — [illegible] figure qui consiste à faire ressortir un sujet de comparaison par un autre sujet qui y a rapport.

புன், dans les mots composés, se met pour புன்மை.

புன்கண், (புன்), pauvreté, bassesse, maigreur, maladie, affliction,

[illegible], V. [illegible]. [malheur.

புன்கம், 1° nourriture, riz bouilli. 2° adj. de [illegible]: [illegible] l'arbre dalbergia.

[illegible], l'arbrisseau [illegible] memecylon, l'arbre [illegible] bignonia.

புன்கு, 1° la plante [illegible], 2° l'arbre [illegible] dalbergia arborea, l'adj. est [illegible]: [illegible] V. [illegible]. [illegible] sourire.

புன்சிரிப்பு, (புன்), sourire; — [illegible]

[illegible], ciel rougeâtre du —, soir.

[illegible], ([illegible], ou — [illegible]) champ —, terre à menus grains, terre en friche, stérile; — [illegible] jardin —, terre à menus grains, — non arrosée; — [illegible] menus grains, v. g. millet, kêverou...; — [illegible] impôt de terre à menus grains. [menus grains.

புன்செய்வேளாண்மை, (id.) culture des

[illegible], (id.). P. [illegible].

புன்சொல், (id.), expression basse, sans élégance.

[illegible], (id.), menus grains, culture ou moisson de menus grains.

புன்புலால், (id.), viande gâtée.

[illegible], (id.), arbre —, plante dont l'intérieur est creux ou tendre comme le bambou, la canne à sucre.

[illegible], (id.), bassesse, petitesse, ou.

[illegible], (புன்), V. [illegible]

[illegible], (id.). nom d'une plante. l'adj. est [illegible].

[illegible], (id.), sourire.

புன்மை, 1° (புல், [illegible]), bassesse, petitesse, vilité, peu d'importance.

chose insignifiante, basse, vile. 9° oubli: புன்மைத்து c'est une chose de rien.

புன்றுமி, (புல், துமி), bruine, petites gouttes de pluie.

புன்றொழில், (id. தொழில்), métier bas, vil.

புன்னகை, (id. நகை), sourire.

*புன்னர்த்திரம், (புன்), constellation sous laquelle naissent les garçons, au dire de certains auteurs indous.

புன்னறவம், (புல், நறவம்), gingembre vert.

*புன்னாகம், (புல், நாகம்), l'arbre புன்னை, l'arbre rotleria tinctoria, dont les fleurs donnent une teinture jaune, nenuphar blanc, éléphant blanc, muscade, pourpier: புன்னாகவராளி mélodie plaintive, ton élégiaque, — de condoléance.

புன்னிடா, la plante நளனா.

புன்னெறி, (புல், நெறி), mauvaise conduite, mauvaise voie.

புன்னை, l'arbre calophyllum inophyllum: — யெண்ணெய் huile des noyaux de cet arbre: சுர — les arbres சுரபுன்னை et calophyllum longifolium.

பூ, 1° lettre syllabique composée de ப et de ஊ poû long. 2° *(bhoû), la terre, place, site, feu du sacrifice: பூதலம், le plus bas des 7 enfers des Indous. 3°* (bhoû être), existence, naissance. 4° *gén.* பூவின், *dat.* பூவுக்கு (*et non* பூக்கு *mot télinga obscène*), *l'adj. est* பூ *et* பூம், fleur, grandeur de la —, beauté, élégance, excellence, feuille, pointe, tranchant, augmentation, ouïes de poisson, branchies, sel de roche, un mal d'yeux, taie, nénuphar, étincelle de feu, fleurs —, règles des femmes: பூவாலெறி வைத்திடு remplir de fleurs: பூ-ச — les 4 sortes de fleurs, savoir: கொடிப்பூ fleurs des plantes grimpantes et rampantes, கோட்டுப்பூ fleurs des branches, நீர்ப்பூ fleurs aquatiques, புதர்ப்பூ *ou* நிலப்பூ fleurs d'herbes et d'arbrisseaux. 5° *imp. de* பூக்கிறது.

*பூசியபர், (பூ), surnom de வசுதேவர் père de Krichna, regardé par les Indous comme une incarnation de Kasyapa.

பூகர், panégyristes, ceux qui louent.

*பூகதம்பம், la plante திப்பிலிக்கட்டி.

*பூகம், 1° (poûga), aréquier, noix d'arec, jaquier, monceau, amas, quantité, collection, boule, nature, propriété. 2° (bhoûka), temps, ténèbres, obscurité, trou, creux, abîme, fente. 3° palmier —, aréquier dit caryota urens, aigle. *V.* கொன்: பூகபாத்திரம் boîte au bétel et à l'arec: — மீடம் crachoir: — புஷ்பமாலை fleurs et arec présentés aux convives des noces: — பலம் noix d'arec.

*பூகம்பம், பூகம்பனம், (பூ), tremblement de terre.

*பூகரம், (பூ, கரம்), poison, la plante காஞ்சிரை.

*பூகலம், (bhoûkala), cheval fougueux, — rétif et intraitable.

*பூசக்கரம், பூமத்தியரேகை, (பூ), rayon de l'équateur, — de la terre.

*பூகாகம், (id.), espèce de petit héron.

*பூகாமி, (பூ, gam *aller*), cheval qui va ou vole sur terre.

*பூகோளம், (பூ), le globe terrestre, — de la terre: பூகோளசாஸ்திரம் la géographie.

பூக்கஞ்சா, (id.), la plante mâle du கஞ்சா ou cannabis indica qui ne produit que des fleurs.

பூக்கட்டுகிறது, (id.), attacher des fleurs, faire des guirlandes.

பூக்கந்தம், பூக்கந்தகம், (id.), soufre calciné.

பூக்கம், 1° ville, village, — ou pays cultivé, liqueur enivrante. 2° *P.* பூகம், aréquier. 3°* (boûkka), le cœur.

*பூக்கம்பம், பூக்கம்பனம், *V.* பூகம்பம்.

பூக்கண்ணம், (பூ), diamètre de l'équateur, — de la terre.

பூக்கிறது, பூத்தேன், பூப்பேன், பூ, பூக்க, *part. fut.* பூக்கும், *v. n.* (பூ), பூக்குதல், பூத்தல், *n. v.* fleurir, s'épanouir, bourgeonner, être produit, devenir, — chanci, moisir, une femme avoir ses fleurs ou ses règles: பூத்திருக்கிறது être fleuri, — en fleurs, en floraison: பூத்துக்காய்க்கிறது, பூ

[illegible] porter des fleurs et des fruits; [illegible] fleurir abondamment, être couvert de fleurs; — [illegible] cesser de porter des fleurs, ne porter que des fleurs, devenir inutile, — moisi, — bon à rien; [illegible] — [illegible] mes yeux se sont obscurcis; [illegible] — [illegible] consumer les yeux, faire perdre la vue; [illegible] — [illegible] le feu est presque éteint, — est couvert de cendres; [illegible] — [illegible] l'arbre a cessé de porter des fleurs; [illegible] mettre ou placer aussi doucement qu'une fleur s'épanouit; — [illegible] être comme une fleur qui s'épanouit, être doux au toucher; — [illegible] prendre aussi doucement qu'une fleur s'épanouit.

[illegible], (பு), jeunes oiseaux, poulets ou pigeons... encore couverts de duvet.

[illegible], [illegible], [illegible], (*id.*), corbeille de fleurs.

[illegible], (*id.*), salle où l'on fait des guirlandes de fleurs.

[illegible], [illegible], (*id.*), cueillir des fleurs.

பூ, *P.* [illegible], *devant* [illegible], fleuri, de fleurs: — [illegible], *V.* [illegible]; — [illegible] rayons blancs, — éclatans, jolie —, lumière; — [illegible] canne à sucre rouge et tendre; — [illegible] mousseline à fleurs; — [illegible], — [illegible] jardin de fleurs, — des olives; — [illegible] terre restée inculte pour plus de 4 ans; — [illegible], *V.* [illegible]; — [illegible] arbrisseau à fleurs odoriférantes, gardenia dumetorum; — [illegible] couleur rougeâtre produite en plongeant la toile fréquemment dans l'eau; — [illegible], *V.* [illegible]; — [illegible], ([illegible]), riz concassé très-fin; — [illegible] bouquet de fleurs; — [illegible] champ —, jardin de fleurs; — [illegible] espèce de jonc ou [illegible], cyperus geminatus.

*[illegible], (poûdjaka), adorateur, sacrificateur.

*[illegible], [illegible], (பு), le globe —, circonférence de la terre, la ligne équinoxiale ou l'équateur: [illegible] chaîne de montagnes que les Indous supposent entourer le monde et borner l'horizon.

*[illegible], (பு, sakra *Indiren*), Indiren terrestre, *i. e.* roi.

[illegible], 1° moisissure, chancissure, saleté. 2° *P.* [illegible], ornement; — [illegible] moisir, devenir moisi, — chanci.

[illegible], *P.* [illegible], citrouille.

[illegible], [illegible], (பு), ver de terre, insecte.

*பூசம், (*P.* புஷியம்), la 8ᵉ constellation lunaire contenant 3 étoiles dont l'une est le Delta du Cancer: — [illegible] la 8ᵐᵉ constellation ressemble à la fleur du trichosanthes.

[illegible], *opt. et n. v. de* [illegible], onction, friction, barbouillage, décoration, lavage, grand bruit, vacarme, *v. g.* d'une bataille, rapport, accord, bataille, combat: [illegible] champ de bataille.

[illegible], [illegible], ([illegible]), nettoyer, purifier.

*[illegible], (poûdjana), adoration, sacrifice, vénération, respect. [on.

*[illegible], (*id.*), passereau, vénérati-

*[illegible], [illegible], adoration, hommage —, culte religieux.

*[illegible], *obl. de* [illegible]: — [illegible] temps —, moment du sacrifice, — de l'adoration: — [illegible] pierre à chaux; — [illegible] strophe de 4 vers écrite en 4 lignes, chaque vers en faisant une, en outre les 2 premières lignes entr'elles, et les dernières entr'elles, peuvent se lire en [illegible] et de plus la première et puis la dernière s'entremêlent en [illegible] avec les 3 autres: [illegible], — [illegible] vertu —, efficacité du sacrifice; — [illegible] celui qui, au dire des Indous, reçoit dans cette vie la récompense des mérites acquis dans la vie précédente; — [illegible],

—டுதல் présence du —, devant le sacrifice; —விதி règles —, rites du sacrifice.

*பூசாரி, (பூசை, ஆரி), sacrificateur, hiérophante choutre des pagodins, ou petits temples, non servis par des brames, enchanteur.

பூசாத்தியமுடையது, (பூ, சாத்து), claié en fleurs, —faite de fleurs.

*பூசாத்திரம், (பூசா, அத்திரம்), rendre précieux, estimer, chérir, espèce de pendans d'oreilles.

*பூசாபரிக்கிரகம், பூசாவுபகரணம், (பூசை, உபகரணம்), préparation au sacrifice, ornemens de la messe, (chasuble...)

*பூசாரிதம் (பூ), graisse de la terre.

*பூசாரி, பூசாரவம், P. பூசைமணம்.

*பூசாவாத்தியம், (பூசா, அத்தியம்), V. பூசாத்திரம்; மகுடம் —, நவ —, bijou à 6, à 9 faces.

பூசிக்கிறது, சித்தேன், சிப்பேன், சி, க்க, v. a. (பூசை) பூசிப்பது, n. v. adorer, vénérer, rendre ses hommages, accomplir —, faire des cérémonies sacrées, offrir un sacrifice.

பூசினி, P. பூசணி, citrouille.

*பூசிதம், (poûdjita), adoration, vénération, respect: பூசிதபயம், crainte religieuse, — respectueuse dans l'exercice des fonctions sacrées, respect pour les cérémonies sacrées.

*பூசிதன், (id.), adoré, vénéré, respecté, honoré, vénérable, recommandable: இராசபூசிதன் homme honoré du roi (compliment épistolaire); —ஆகிறது devenir vénérable, honorable, être vénéré.

பூசித்தல், பூசிப்பு, n. v. de பூசிக்கிறது, adoration, vénération, hommage, respect. [honorable, adorable, Dieu.

*பூசிலன், (poûdjila), respectable,

பூசு, 1° poussière, combat. 2° imp. et part. de

பூசுகிறது, சினேன், சுவேன், ச, ச, v. a. oindre, frotter, se frotter (de sandal...), barbouiller, enduire, appliquer, orner, décorer, laver: கைபூசினான் il s'est lavé les mains et est venu;

—பூசணிக்கொடி, tige de —, citrouille, cucurbita pepo; —பூசணி citrouille, potiron.

பூசுதல், n. v. de பூசுகிறது, onction, frottement, barbouillage, décoration.

*பூசுதன், (பூ), le prétendu fils de la terre, de Bhoûmi, la planète Mars. [de la terre; பூசுதை.

*பூசுதை, (id.), la prétendue fille

*பூசுத்தி, (id.), purification de la terre ou d'un lieu en le balayant et l'enduisant de bouze de vache.

*பூசுரன், (id.), V. பூதேவன்.

*பூசை, 1° (poûdja), sacrifice, messe, adoration, culte, —religieux, cérémonie religieuse, offrande de riz cuit. 2° P. பூனை, chat; —கொடுக்கிறது, offrir un sacrifice, battre; —பண்ணுகிறவர் sacrificateur, adorateur, celui qui fait offrir la Ste messe; —பண்ணுகிறவன் sacrificateur, hiérophante, dévot dessinée tout couvert de cendres de bouze de vache; —காண்கிறது entendre la Ste messe; —செய்கிறது, —பண்ணுகிறது dire la Ste messe, offrir un sacrifice; —பரிசாரகன் disciple de gourou, servant de messe; —அனுட்டானம் répétition des cérémonies religieuses; — பெட்டி boîte du malle pour mettre les objets nécessaires au sacrifice, — à la messe; —மிச்சம் reste de sacrifice, — d'allocation de pagode non dépensé; —சமயம் assistance au sacrifice, — à la messe, en présence du —, pendant le sacrifice; —la messe; —மேலெழுப்புதல் élévation; —, plate forme —, autel pour offrir un sacrifice, dessus des degrés de l'autel; — மணம்பிடிக்கிறது, V. பூசைமணம். [பூசைமணி.

*பூச்சக்கரக்குடை, பூச்சக்கரக்குடை, (பூ); V. பூச்சட்டை, (பூ), habit de fine mousseline à fleurs, épi en fleurs.

பூச்சல்லா, (id.), fine mousseline [à fleurs.

பூச்சாண்டு, crainte.

பூச்சாத்தி, gén. et n. app. du suiv. couteau pliant.

பூச்சாத்துகிறது, (பூ), orner de fleurs (une statue...).

*பூச்சாயை, (பூ), ombre de la terre, obscurité.

[illegible], (பு), terre à fouler, — de fleurs.

புச்சி, ver, insecte, reptile, lézard, serpent: — [illegible] (dat.), effrayer, épouvanter, litt. montrer —, présenter —, lancer un insecte: — [illegible] nid d'insecte, espèce de bijou; — [illegible] engendrer des vers; — [illegible] ce sera un trou — un repaire de serpens, — d'insectes venimeux. (il ne faut pas s'y fier): — [illegible] dire un insecte, un insecte, — ver, ver..., un malade se dire plus mal qu'il n'est.

*பூச்சியம், 1° (poûdjya), chose —, objet adorable, vénérable, respect, vénération. 2° rareté, chose rare, — précieuse, vide, rien, manque, zéro (en calcul): — [illegible] mettre en réserve —, garder avec respect; [illegible] n'avoir rien à manger; [illegible] — manque d'ouvrage, — d'emploi; [illegible] manque de respect, incivilité; — [illegible] parole respectable, — de respect. [table, vénérable, beau père.

*பூச்சியன், (id.), homme respec-

பூச்சிலை, (பு), pierre jolie, — à fleurs, marbre qui semble représenter une eau profonde.

பூச்சு, s.n. de பூசுதல், matière dont on enduit ou dont on frotte (un objet qu'on veut dorer, argenter, étamer...), onction, enduit, couche, empois de tisserand, apparence — extérieure, affectation, ostentation: [illegible] — couche d'étain, étamure; [illegible] — être frotté de poudre de sandal; [illegible] — crépissage, [illegible] — couche d'argent, argenture; — [illegible] frotter, oindre, enduire: — [illegible] toile empesée, enduite de cange.

*[illegible], (பு), le paradis terrestre des Indous, i. e. le mont Mérou.

பூச்செண்டு, (id.), bouquet de fleurs: — [illegible] faire —, attacher un bouquet de fleurs.

பூச்சேலை, (id.), toile à fleurs, — ornée de fleurs.

பூச்சொக்காய், (id.), longue veste —, habit de mousseline à fleurs.

*பூசனம், (bhoûchana), ornement, décoration, bijou: — [illegible] — [illegible] orner de —, mettre des bijoux. [indica, mûre.

*பூசம், (poûcha), mûrier, morus

*பூசன், (poûchan), soleil, un des 12 soleils, ou nom du soleil pendant le mois de [illegible].

*[illegible], (bhoûchita, poûchâ), V. [illegible].

*[illegible], (பு), V. [illegible].

*[illegible], (பு, [illegible]), propriétaire, maître.

பூஞை, chat. [[illegible] saphir,

பூஞ்சக்கல், la pierre précieuse [illegible]

பூஞ்சட்டி, (பு ), pot de fleurs.

பூஞ்சணம், பூஞ்சணவன், moisissure, poussière, toile d'araignée: [illegible], — [illegible] se moisir, être couvert de, —, attraper de la poussière.

பூஞ்சணப்பு, (பும்), chanvre fleuri, — qui croît avec trop de vigueur.

பூஞ்சப்பரம், (பும்), brancard de fleurs, — orné de fleurs.

பூஞ்சல், moisissure, vue trouble, obscurcissement de la vue: — [illegible] avoir la vue trouble, la vue s'obscurcit: [illegible] vue —, œil trouble.

பூஞ்சாட்டு, (பும்) jardin ou terre dont on a coupé la récolte encore verte ou en fleurs.

பூஞ்சான், nom d'une herbe.

பூஞ்சி, obscurcissement, V. பூஞ்சு.

பூஞ்சிறகு, (பும்), duvet d'oiseau nouvellement éclos.

பூஞ்சு, moisissure, chancissure, obscurcissement, — de la vue, toiles d'araignée, poussière: [illegible] avoir la vue trouble, voir comme des vers qui remuent; — [illegible] se moisir, se couvrir de poussière; — [illegible] être moisi, sale, tout poudreux, plein de toiles d'araignée, couvert de poussière; — [illegible] homme couvert de poussière et d'ordure. [fleurs.

pollen des

moisissure, poussière, obscurcissement: — terre en friche, stérile. [din de fleurs.

bosquet—, jar-

ornement, bijou.

[nement, bijou

décoration, or-

plante, herbe, V.

l'arbrisseau

prendre, —sur soi, approuver, accepter, modèle, l'animal fabuleux (peut-être le mammout ou mammouth), éléphant.

corps, jointure, —du corps, ornement, décoration, propriété.

ouvrage délicat, chose faible, sans substance, superficielle, hypocrisie, déguisement, vaine—, apparence, prétention: — homme candide, sans prétention; — conter, se vanter, affecter, feindre, avoir de vaines prétentions: fanfaron, bravache, hâbleur; — clinquant, ouvrage délicat mais non durable, qui se casse facilement, ouvrage brillant qui a belle apparence, mais point de réalité.

embarras, difficulté, empêchement, violence.

corde pour attacher les bœufs au joug.

n.v. de lier, finir.

opt. et n.v. de

bisaïeul.

part. nég. de

V.

1° fém. de bisaïeule. 2° gér. de

1° serrure, cadenas, fermeture, charnière, agrafe, fermoir, entraves, fers (pour les pieds...), jointure, cordon, corde, —d'arc. 2° imp. et part. de V. la serrure se déranger; fermer à clef; — enfermer sous —, fermer à clef: — trou de la serrure (pour passer la clef): les mots du commencement et de la fin d'une strophe former un sens, — s'accorder entr'eux.

n.v. fermer, —à clef, agrafer, renfermer, lier, attacher (au joug, à la charrue, à une charrette, à un pieu), orner, —de bijoux, ajuster, mettre, terminer—, clore un compte, en écrire ou déterminer le total: —ajuster—, fixer une flèche sur l'arc; —attacher une corde. —attacher les chevaux à la voiture; — garnir de cordes un instrument; être attaché, fermé à clef...; — lier, fermer, — à clef, renfermer (pour un temps.)

picote, machine —, panier pour puiser de l'eau, tuyau pour conduire l'eau, canal, aqueduc, moulin à huile.

cumin noir dit

opt. et n.v. de

ou V.

part. et n. v. nég. de

bijou, joyau: os du poignet, — auquel on attache les bijoux, V.

bœuf, le signe du Taureau.

n. v. désigner, décider, montrer.

n.v. du préc. désignation, décision, jugement.

[illegible], பூணு, பூண, v.a. பூணுகிறேன், n. v. ou பூண்டுகொள்ளுகிறது, s'orner, — de bijoux, se mettre, prendre, se revêtir d'ornemens, se vêtir, s'ajuster, se rencontrer, se trouver, entrer dans, s'adapter, convenir: முத்துமாலை பூணப் — s'orner d'un collier de perles: அவன் [illegible] பூணவில்லை ou பூண்டுகொள்ளவில்லை il ne s'est pas engagé dans cette affaire.

பூணுநூல், பூணூல், (பூணும், பூண், நூல்), cordon bramanique, — que les brames, les rois, les marchands et les artisans dits [illegible] portent suspendu de l'épaule au côté: பூணூற் கலியாணம் investiture du cordon bramanique.

பூண்டு, pays —, terrain de forêts.

பூண், 1° bijou, joyau, ornement, virole, pommeau ou anneau (de fer, de cuivre...) qu'on met au bout d'un pilon, d'un bâton ou des défenses des éléphans, et des cornes des bœufs. 2° *imp. et part. de* பூண்கிறது, பூண்டேன், பூண்பேன், பூண், பூண, *v. d.* *V.* பூணுகிறது.

பூண்டி, ville, village, district de village, hauteur —, ilot dans la mer.

பூண்டு, 1° plante, herbe (en général), arbuste, buisson. 2° *gér. de* பூணுகிறது.

பூண்டிக்கிறது, பூண்டித்தல். v. *caus. de* பூண்கிறது, faire —, attacher, lier. [blessé, la géante பூதனி.

பூதம், (பூதம்), démon femelle, dia-

*பூதம், 1° (bhoûta), temps passé, vie, être vivant, Bhoûta, démon, spectre, fantôme, troupe de fantômes, esprit malin qui, au dire des Indous, hante les cimetières, se tient en embuscade dans les arbres, anime les carcasses, trompe et dévore les êtres humains, restes d'une oblation ou d'un repas, élémens. (*V.* பஞ்சபூதம்), état réel des choses, chose trouvable, — qui a existé effectivement ou existe actuellement. 2° (poûta), pureté, chose pure, vérité, conque, l'herbe தருப்பை, le multipliant — [illegible], la 2° constellation lunaire dite பரணி, odeur forte: பூதகணம் troupe de spectres, la troupe des démons au service de Siven et dont கணபதி, *i. e.* Pilléyar est le capitaine; — கற்பூரம் l'arbre [illegible], [illegible] — [illegible] écorce de cet arbre: — [illegible] collyre employé par les magiciens pour chasser les mauvais esprits des possédés vrais ou prétendus; — காலம் le temps passé, le prétérit. *V.* [illegible]; — [illegible] racine du [illegible]; — [illegible] l'herbe [illegible]; — [illegible] la plante [illegible]; — [illegible] l'arbre [illegible]; — கண்ணாடி miroir grossissant, microscope; — [illegible] pied d'éléphant, — extrêmement enflé, éléphantiasis, maladie qui grossit le pied d'une manière monstrueuse; — [illegible], — [illegible], (kratâyi), Indrani, femme d'Indiren: — [illegible], — [illegible], (kratou *sacrifice*), surnom d'Indiren; — [illegible] possession par de mauvais esprits; — [illegible] chose composée —, assemblage des 5 élémens, *v g.* le corps, le monde; — [illegible], *V.* பூதகணம்; — [illegible] ou — [illegible] plaisir —, joie du monde, le monde des mortels: — [illegible] possession par un malin esprit: — [illegible] ou — [illegible] celui qui jouit des plaisirs du monde — [illegible] incendie d'une forêt. *V.* [illegible]; — [illegible] nature élémentaire: — [illegible] le corps subtil ou spirituel des dieux, selon les Indous; — சுத்தி purification des élémens; — [illegible], *V.* பூதகணம்; — தயை compassion pour les créatures; — தாத்திரி la mère ou la nourrice des êtres vivans, *i. e.* la terre: — [illegible] le grain réputé pur, *i. e.* le sésame; — [illegible] l'arbre [illegible]; — [illegible] l'arbre [illegible]; — [illegible] la noix [illegible] dont le jus sert à marquer le linge, moutarde, la graine de l'elæocarpus dite உருத்திராக்கம்; — நாடி pouls de possédé; — நாயகன் le chef des démons ou Bhoûtas, *i. e.* [illegible]

Siven; — நாயகி, — நாயகை la reine des démons, i.e. உமை ou துர்க்கை, femme de Siven; — நிருத்தம் danse des démons ou danse sur un pied en pliant l'autre; — பஞ்சாக்ஷரம் espèce de பஞ்சாக்ஷரம்; — பதி, V. பூதநாதன்; — பரிணமதேகம் corps grossier composé des élémens; — பரிணாமம் changement des élémens, transmutation des élémens. — பலம் le fruit à odeur forte, i.e. le fruit du jaquier; — பலி sacrifice aux spectres, donner des restes, jeter les restes pour nourriture aux animaux: — பாவம் purification du péché; — பாவம் nature élémentaire; — பிரேதபிசாசு les fantômes, les cadavres, les diables, 3 espèces de vampires ainsi nommés, qui, selon les Indous, hantent les cimetières et les lieux où l'on brûle les morts; — பிசாசு démon, malin esprit, spectre; — புஷ்பம் la fleur des démons, bignonia indica; — பூர்ணிமை la pleine lune des démons, celle qui arrive dans la constellation அச்சுவினி et qui est une époque d'adoration superstitieuse aux Bhoûtas; — மாத்திரம் rudiment d'un élément; — யக்ஞம் offrande de viandes... à tous les êtres vivans, adoration aux —, culte des mauvais génies; — யாகம் restes de nourriture qu'on laisse pour tous les êtres créés, c'est un des யாகம்-ஞ ou 5 sacrifices; — ராயன் l'empereur des Bhoûtas, i.e. le démon; — வக்கம் l'arbre தேற்றி; — வாக்கு, — வாக்கியம் parole de démon, mot obscène, — mauvais; — வாசம் 1° la demeure des élémens, i.e. le corps. 2° la demeure des fantômes, i.e. l'arbre தான்றி terminalia bilirica; — வாதம் nom d'une secte, matérialisme, V. லோகாயதம்; — விக்கிரியை, (vikriyâ changement), épilepsie, possession de mauvais esprits; — விருக்ஷம், — விருட்சம் l'arbre des fantômes, l'ஆலமரம் ou multipliant; — விருள் (இருள்), ténèbres, obscurité du monde.

*பூதரம், (பூ, dhara qui soutient), ce qui soutient la terre, montagne, la montagne d'or ou le mont மேரு.

*பூதர், (பூதம்), les Bhoûtas, fantômes, spectres ou démons, qui sont une des 18 sortes d'êtres prétendus célestes dits அஷ்டாதசகணம்.

*பூதலம், (பூ), la terre, surface de la terre. [l'arbre மருதம்.

பூதவம், le multipliant ஆலமரம்,

*பூதனர், (பூ, தனம் richesse), roi. [sier.

*பூதஞ்சரீரம், (பூதனை), corps gros-

*பூதனைக்கொல்லன், பூதனைக்கொல்லி, பூதனைக்காரன், பூதனையாரி, (பூதனை, han qui tue, ஹனன், அரி), le meurtrier —, le destructeur —, l'ennemi de la géante Poûtanei i.e. Krichna.

*பூதனை, (poûtanâ), Poûtanei, démon femelle ou géante qui voulut tuer Krichna et fut tuée par lui, atrophie des enfans, que l'on croit causée par cette diablesse, le fruit கடுக்காய்.

*பூதன்; 1° (bhoûta), le 14$^{me}$ jour lunaire après la pleine lune, fils, enfant, Siven. 2° P. பூதனை, le fruit du terminalia dit கடுக்காய்.

பூதாக்கலம், (பூதம், கலம்), grand et joli plat, plat dans lequel l'épouse sert du riz à son époux: — பண்ணித் தர les époux manger ensemble dans le même plat le jour des noces.

*பூதாங்குசம், (பூதம், அங்குசம்), la plante பேய்மருட்டி.

*பூதாதி, (id. ஆதி), le principe des êtres vivans, i.e. Dieu: — யகங்காரம் orgueil qui vient des élémens.

பூதாத்திரி, (id. ஆத்திரி), la plante கிழாநெல்லி.

*பூதாத்துமன், (id. ஆத்துமம்), homme pur, ascète, Sannyasi.

*பூதாத்துமா, (id. ஆத்துமா), le corps, Brama, Siven, guerre, principe vital, cause prochaine de la vie, cause concomitante.

*பூதாரம், (பூ, dâra qui déchire), ce qui fouit la terre, i.e. le sanglier.

*பூதாரன், (id. dhâra qui soutient), un appui de la terre, un roi.

*பூதாரி, (பூதம், அரி), assa fetida.

*பூதாவயவம், (id. அவயவம்), le corps.

*பூதாவேசம், (id. ஆவேசம்), possession par un mauvais esprit.

*பூதி, 1° (bhoûti), violence, grandeur, dignité, pouvoir,—surhumain (attribué à Siven, et qu'au dire des Indous, on ne peut obtenir ni par la pénitence ni par la magie), prospérité, bonheur, succès, réussite, naissance, production, poussière, cendres, —de bouze de vache réputées sacrées, chair, viande,- rôtie, rut d'éléphant 2° (poûti), pureté, purification, puanteur, mauvaise odeur, civette. 3° la terre, le corps, l'enfer, la plante நாம்வேளை:— கந்தம், — கந்தி, —கந்திகம் mauvaise odeur, soufre;—காஷ்டம் l'arbre odoriférant தேவாதி; — காமன் désireux de prospérité, ministre—, conseiller d'un roi, surnom de விருகற்பதி; —காலம், — கிருத்தியம் cérémonie joyeuse, v. g. mariage; — சாரிகை, (சாரி, இகை), civette, chat musqué; — நசியம் exhalaison fétide des narines; — மாம்சம், — மாமிசம் viande gâtée,—pourrie, qui sent mauvais; —வாசம் l'arbre வில்வம்; - வாதம் air fétide, l'arbre ægle marmelos; —விருக்ஷம் la plante puante bignonia indica. [muscade.

*பூதிகம், (பூதி, ka), l'arbre அதிவி,

*பூதியம், (பூதம்), élément, V. பஞ்ச பூதியம், le corps, la terre.

பூதுகிறது, பூந்தேன், பூதுவேன், பூது, பூக, v. n. P. புகுகிறது, entrer: பூந்துபார்க்கிறது, V. புகுந்துபார்க்கிறது; —போகிறது, V. புகுந்துபோகிறது.

*பூதேசன், (பூதம், ஈசன்), le chef des spectres ou des démons, i. e. Siven.

*பூதேவர், (பூ, தேவர்); les prétendus dieux de la terre, i. e. les brames.

பூதை, flèche.

*பூதோற்பத்தியாரம்பகாரம், (பூதம், உற்பத்தி), V. பூதாதியாரம்பவாதம்.

பூத்த, part. parf. de பூக்கிறது, fleuri..

*பூத்தகம், (பூ, உத்தகம்), or.

பூத்தல், n. v. de பூக்கிறது, floraison, existence, production, moisissure, fleurs ou règles des femmes.

பூத்தாரம், (பூ, அற்தாரம்), estime, rareté, estimer, chérir.

*பூத்திமார்ச்சம், (பூதி, அர்ச்சம்), l'animal qui donne le musc, civette.

*பூத்திரம், (bhoûdhra), V. பூதரம்.

பூத்திரிகை, (பூ, திரிகை), chanvre.

பூத்திரி, (id. திரி), espèce de fusée.

பூத்து, 1° gér. de பூக்கிறது. 2° mot imitatif: — ப்பூத்தென்கிறது se gonfler, grossir, ou பூத்துப்பூத்தென்று திணைக்கிறது haleter, pouffer, être tout essoufflé, respirer avec peine.

பூத்தூவுகிறது, (பூ), répandre des fleurs.

பூத்தொடுக்கிறது, பூத்தொடேக்கல், (id.), enfiler —, lier des fleurs, faire des guirlandes de fleurs, ce qui est un des 5 ouvrages manuels dits கைத்தொழில். [கைத்தொழில்.

பூநதி, (பூ), V. பூவந்தி.

*பூநாகம், (id.), ver de terre, achée, terre à foulon.

பூநாதம், (id.), salpêtre.

*பூநிம்பம், (id.), la plante médicinale நிலவேம்பு, espèce de gentiane.

பூநிறம், (id.), pierre de couleur jaune, pousse de manguier, couleur de fleurs, —de terre.

பூநீர், (id.), eau de fleurs, — de senteur, rosée, humidité sur la terre.

*பூநீலம், (id.), bleu, —produit de la terre, indigo.

பூநீறு, (id.), terre de foulon ou de blanchisseur, sorte de remède: பூநீற் றிலெடுக்கிறஉப்பு sel produit par une terre imprégnée de soude.

பூநெட்டி, (id.), nom d'une plante aquatique.

பூநெறம், (id.), gruau fin.

பூந், P. பூம், de fleur, fleuri: — தட்டம், — தட்டு plat pour présenter des fleurs; — தாது étamines ou: — துகள் poussière —, pollen de fleurs; — தாள் pédoncule, tige de fleurs: — தொத்து bouquet —, rameau de fleurs, branche fleurie, — துளிர் rejeton tendre; — துகள் pollen des fleurs; —தேர் char de fleurs, — de procession orné de fleurs; — தோடு pétale, feuille de fleur; —தோட்டம் jardin de fleurs.

பூந்தி, l'arbre பூந்து.]

பூந்தேன், 1° parf. de பூக்கிறது. 2° (பூ), miel —, nectar des fleurs.

பூந்து, gér. de பூக்கிறது.

பூந்தை, 1° nom d'une ville. 2° sync. de பூந்தாந்தை le père de Poûtden. 3° P பூந்தாய் 2° pers. du parf. de பூக்கிறாய். [au terre, arbre.

*பூபதம், (பூ), ce qui a ses pieds

*பூபதி, (பூ), 1° maître de la terre, roi. 2° jasmin d'Arabie. 3° espèce de pilule.

*பூபம், V. பட்டாணிசேகம், ou பூபலி, பூபாலி, பூபிகை, (poûpa, — la, — âli, ikâ), gâteaux, pâtisseries, ou biscuits de diverses sortes: பூபசாலை boutique de pâtissier.

*பூபரிதி, (பூ), la ligne équinoxiale, équateur, circonférence de la terre, écliptique.

*பூபன், (id. pa qui conserve), protecteur —, sauveur du monde, roi, sacrificateur.

*பூபாலன், (id.), roi, souverain, cultivateur, pl. பூபாலர் rois, agriculteurs, fermiers. [mélodie.

*பூபாளம், (id.) nom d'un air, d'une

*பூபுத்திரி, (பூ), la fille prétendue de la terre, i.e. சீதை ou Sidei, trouvée en labourant, au dire des Indous, par le roi சனகன் son père adoptif.

பூப்பகம், (பூப்பு, அகம்), vulve.

பூப்பூக்கிறது, (பூ), une taie se former dans l'œil.

பூப்புநாரி, (பூப்பு, அ-சாரிணீ), femme qui a ses règles.

பூப்பம், P. பூப்பு. règles des fem-

*பூப்பத்தி, (பூ, V. பூபதி. [mes.

பூ பருத்தி, (பூ), l'arbre பூவரசு, porcher. [de laurier.

பூப்பலகை, (பூ), sassafras, espèce

பூப்பாலை, (பூ), nom d'une plante.

பூப்பாலை, (id.), V. பூம்பாலை.

பூப்பிஞ்சு, (id.), fruit qui se forme, encore en fleur.

*பூப்பிரதிக்கம்பம், (பூ கிர, திக்கம்பம்), milieu d'une montagne,

பூப்பு, n. v. de பூக்கிறது, floraison, production, fleurs ou règles des femmes. [fleur s'épanouir.

பூப்பூக்கிறது, (பூ), fleurir, une

பூப்பொட்டணம், (id.), bouquet de fleurs.

பூமகள், (பூ), 1° la prétendue déesse de la terre. 2° Lakchimi née, au dire des Indous, sur une fleur de nénuphar: பூமகள்மைந்தர் les fils de la prétendue déesse de la terre, i.e. les cultivateurs.

பூமகன், (id.), le fils prétendu de la terre, i.e. செவ்வாய் ou la planète de Mars,

*பூமஞ்சனம், (பூம், P. பூமி), bain de terre, V. le au mot மஞ்சனம்.

பூமடல், (பூ), pétale —, enveloppe de fleurs. [fine.

பூமடி, (id.), toile à fleurs. —

பூமடை, (id.), offrande de fleurs.

பூமண்டலம், (id.), région de la —, cercle de la —, la terre, une des parties de la danse. [datura.

பூமத்தை, (பூ), le plante ஊமத்தை,

பூமரம், (id), arbre à fleurs

பூமலர், (id.), fleur épanouie: பூமலருகிறது une fleur s'épanouir.

பூமலேக்கினம், les arbustes சங்குப்பி, et குராமுல்.

பூமகன், (பூமி), Brama, செவ்வாய் ou la planète Mars, fils prétendu de la terre. [porte que des fleurs.

பூமாதளை, (பூ), grenadier qui ne

பூமாலை, (id.), guirlande de fleurs.

பூமான், P. புமான், mâle, homme, mari.

*பூமி, (bhoûmi), la terre (qui est un des 3 mondes), terre, sol, terrain, place, site, pays, terre à foulon, base d'une figure géométrique, monceau: பூமியிலுள்ளார் ceux qui sont sur la terre; பூமிசாமி, V. பூசாமி; — கொழுநன் le prétendu mari de la terre, i. e. Vichnou; — க்கட்டளை salpêtre: — சக்கரம் la plante kæmpferia rotunda; — சம்பு, — சம்புளை, — சம்புகை, (சம்பு, kâ), l'arbre premna herbacea; — சம்பவை, (சம்பவம்). Sidei ou சீதை produite par la terre, au

dire des Indous: —சயனம் coucher sur la terre;—சாரம் graisse de la terre, nom d'un livre;—சேவி les வைசியர், ou 3me caste,qui vivent d'agriculture, Lakchimi; —சௌருக்கம் terre salée:—தானம் donation de terre; —தேவன் le brame, le dieu prétendu de la terre; — தேவி la déesse prétendue de la terre, la terre personnifiée;—த்திரம் ce qui fait la solidité de la terre, montagne, V. பூத்திரம்; —த்தைலம் huile—,suc de la terre;— நடுக்கம் tremblement de terre;—நடுக்குகிறது la terre trembler; — நாசம் sel de roche, pierre d'aimant, terre à foulou: — நாயகன் seigneur de la terre, cristal, la plante திலகேசம்பு;—பகுதம்,—பட்டை cheval de bonne race; —பதி roi; —பதித்துவம் principauté, souveraineté;—பரீக்ஷை examen du sol, —de la terre,connaissance des diverses sortes de terrains, c'est une des 64 sciences des Indous;— பன், (pâ qui conserve),—பாலன் celui qui protége ou gouverne la terre, roi;—பாரம் fardeau —,poids des créatures que la terre est obligée de supporter;— பிசாசம் le démon de la terre, le palmier;—பிரவேசம் entrée sur une terre, aller au jour voulu pour la cultiver, choix d'un bon jour pour le commencement des travaux;— பூகம்பிக்கது la terre trembler; —பூகம்பம், —பூகம்பம்,—பூகம்பம் tremblement de terre; — மடந்தை la fameuse Lakchimi,la prétendue déesse de la terre;— லாபம் gain de la terre, i,e. la mort;—லேபனம் enduit de bouze de vache délayée;—வர்த்தனம் augmentation—, acquisition faite à la terre, cadavre; — வெளுப்புமண் terre de blanchisseur, —கேசம் ver de terre, achée.

*பூமிகா, (பூமி, kâ), costume de théâtre, décoration des statues, des temples.

*பூமிசம்,1° (பூமி, சம்), ce qui est né ou sort de terre, serpent, insecte... 2° enfer.

*பூமிசன், (id. சன்), le démon ou géant நராசுரன், V. பூசன்.

*பூமிசை, 1° (பூமி,சை ,la fille prétendue de la terre, Sidei, Lakchimi. 2° (பூ,மிசை), sur la fleur...:—நடந்தோன் celui qui marche sur des fleurs, i.e. Arouguen, Bouddha.

பூமின்,1° (பூ,மின்), V. பூமான், 2° imp.pl.de பூக்கிறது, fleurissez.

*பூமித்திரன், (பூமி, மித்திரன்), le souverain de la terre,roi.

பூமுடி, (பூ). couronne de fleurs.

பூமுள்ளு,(id.),épines des fleurs,—qu'on met sur un mur.

பூமொட்டு,(பூ), bouton de fleurs.

பூம், adj. de பூ, fleuri, de fleurs: —பட்டாடை,—பட்டு espèce d'étoffe de soie (à fleurs...);—படம், V. பூம்பட்டாடை; —பந்து balle de fleurs; —பனிக்கொட்டு,V. பூங்கொட்டு;—பாழ்வம் manque, pauvreté;—பனை palmier mâle,—qui ne produit que des fleurs;—பாளை spathe ou enveloppe des fleurs du palmier...;—பிஞ்சு fruit qui se forme dans la fleur;— புன்செய்லாபம் profit de la culture des menus grains; —புகை fumée odoriférante,encens, parfum.

*பூயம், 1° (bhoûya), état.2° (poûya), ou

பூயனம்,(பூயம், na), ou பூயாத்தம், பூயசோணிதம்,pus, sanie, matière qui sort d'une plaie.

*பூயாரி, (பூயம்,அரி), l'ennemi de la sanie, i. e. l'arbre வேம்பு dont les feuilles servent à arrêter la suppuration des plaies, et à les sécher.

*பூயாலசம், (பூயம், அலசம்), suppuration aux jointures, chassie, pus ou sanie dans l'œil.

*பூரகம், (poûraka), aspiration, inspiration, — par une narine (le contraire de இரேசகம் expiration), gâteau funèbre offert —, oblation aux mânes, citron, multiplicateur; remplissage, achèvement: —செய்தல் aspirer l'air,—par une narine.

*பூரக்ஷகன், பூரட்சகன், (பூ), sauveur de la terre, roi.

பூரட்டாதி, *P.* பூர்வபாத்திரபதம், la 25me constellation lunaire, qui contient quelques étoiles de Pégase.

*பூரணமி, பூரணமை, (பூரணம், mâ *lustre*), pleine lune.

*பூரணம், 1° (poûrnâ), plénitude, tout, le tout, ce qui est complet, entier, rempli. 2° (poûrana), abondance, augmentation, multiplication (en arithmétique), achèvement, remplissage, couvrir, trame de la toile, mer, pluie, pont, chaussée, gâteau funèbre offert —, oblation aux mânes, huile médicinale. 3° moisissure (sur les mets...): —ஆக்கிறது perfectionner, compléter, remplir, accomplir: — ஆய்க்கேட்கிறது écouter le tout, — entièrement; ஆய்ச்சொல்லுகிறது dire tout, — complètement, — parfaitement; — பிடிக்கிறது se moisir: பூரணகருப்பம் pleine grossesse, grossesse parvenue à son terme; — கருப்பிணி; — கருப்பவதி, — கர்ப்பிணி femme dont la grossesse est à son terme: — கலசம், — கும்பம் vase plein, cruche pleine, — remplie d'eau (pour le sacre d'un roi...): — காமம் désir satisfait, satiété: — சந்திரன் pleine lune: — சற்குணம் bonté parfaite; — சற்குணன் homme parfait, plein de bonnes qualités: — சாஸ்திரம், — ஞானம் science complète, — parfaite, titre d'un traité d'Agastyen; — சூத்திரம் règles complètes, ouvrage —, traité sur la médecine attribué au même auteur; — திசை côté où se porte la respiration, — où va une flèche...: — பலன் indulgence plénière, efficacité —, récompense complète: — பாத்திரம் vase plein, pleine cruche, vase contenant 256 poignées de riz qu'on présente à l'hiérophante d'un sacrifice indou, vase rempli d'habits et d'ornemens qu'on s'efforce d'atteindre à une fête; — பிண்டம் embryon parvenu à son terme: — மாசம் mois de grossesse à terme, — de l'accouchement, sacrifice mensuel à la pleine lune; — மதி la pleine lune: — மாதுளை espèce de sirop: — வடிவு forme parfaite, grande beauté; — வயசு *V.* பூரணாயுசு: — வித்தை science complète, — parfaite; — விரதம் pénitence —, observance parfaite: — விருட்சம் citron.

*பூரணன், (பூரணம்), le parfait, Dieu, (et à tort) Siven, Arouguen, l'arsenic dit சூத்திரபாஷாணம்.

*பூரணாகுதி, (பூரணம், ஆகுதி), oblation entière, ordinairement de beurre fondu qu'on verse sur le feu, dernière oblation de ce genre qui complète le sacrifice ஓமம்.

*பூரணாயுசு, (*id.* ஆயுசு), âge parfait, — plein, grand âge.

*பூரணாலகம், பூரணானகம், (poûrnâlaka, poûrnânaka), rayon de la lune, son du —, tambour, vase rempli d'habits et d'ornemens qu'on essaie d'attraper à certaines fêtes, espèce de mât de cocagne.

பூரணி, 1° (poûrani), cotonnier soyeux dit இலவு. 2° (poûrni), homme accompli, satisfait, content. 3° (bhoûrni), terre, — sans eau, désert.

*பூரணிமை, பூரணேந்து, (பூரணம், imâ *affixe*, இந்து *lune*), pleine lune, jour de la pleine lune.

*பூரணை, (pournâ), le 5e, le 10e et le 15e jour lunaire de chaque demi lunaison, pleine lune, Poûranei une des femmes d'ஐயனார்: — கேள்வன் le mari de Poûranei, *i. e.* Ayénar.

*பூரம், (pourâ), plénitude, pièce d'eau, lac, guérison ou nettoiement des ulcères, espèce de pâtisserie non levée et frite au beurre. 2° *sync. de* பூர்வபற்குனி, la 11e constellation lunaire, c'est le Delta du Lion, espèce de remède, camphre, espèce de scorpion, de cent-pieds dit பூரான், cérémonie nuptiale incomplète, — du genre de celle dite சாந்து et pour le temps voisine de celle-là, (c'est la 1re cérémonie des nouveaux mariés), empêchement au mariage, *V.* குற்றம்: — கழிக்கிறது faire la cérémonie susdite, lever l'empèchement au mariage par cette cérémonie qu'on fait au commencement des noces; — வழித்தல், V. பேய்தோறுதல்; பூரச்சி camphre vert; — வாகனி celle qui a pour monture un cent-pieds, i.e. சக்கரவஜி.

பூரா, (ind.), plein, entier; பூரா வாய் pleinement: பூராவாய்த்தாப்பிட்டான் il a mangé à satiété; பூராவாய்ருசுவாயிற்று il a été pleinement prouvé.

பூராசி, (பூ), abondance de fleurs.

பூராடம், (corr. de பூருவாஷாடை), la 20e constellation lunaire contenant 3 étoiles dans le Sagittaire; பூராடபாதை la voie lactée.

பூராயம், (corr. de பூருவம்), ancienneté, attention, considération, investigation exacte, recherche, désir. — தும்பார்க்கிறது considérer —, regarder attentivement: — தும்க்கேட்கிறது écouter attentivement, s'informer exactement; — இடுகிறது faire examiner par un autre, épier, espionner, sonder, chercher à surprendre les secrets; பூராயக்கதை vieille fable; — க்காரன் homme très attentif, — prudent.

பூராப்பலகை, planches de doublage, — qui doublent un navire.

பூராவாய், pleinement, V. பூரா.

பூரான், cent-pieds, insecte venimeux, scolopendre, pulpe ou chair de la noix du palmier...: — மஞ்சள் ocre jaune.

*பூரி, 1° (poûri), espèce de gâteau non levé et frit au beurre. 2° (bhoûri), grande quantité, abondance, beaucoup, or, plein —, jour, Brama, Vichnou, Siven. 3° riz de diverses sortes mélangées, riz tacheté de rouge (sous l'enveloppe dite உமி), faute, défaut, corde, — d'arc, cordon, sorte d'air ou de mélodie, un novillion, nom d'un héros, sorte de cérémonie funèbre, herbe. 4° imp. de பூரிக்கிறது: — கலியாணி nom d'un air ou d'une mélodie adaptée au soir; — செய்கிறது faire la cérémonie funèbre dite பூரி; — நெல் riz tacheté de rouge, riz mélangé: — போசனம் repas —, mets qu'on donne après la cérémonie funèbre dite பூரி; — லாபம் grand gain.

*பூரிகம், (பூரி, ka), sorte de gâteau, gâteau azyme frit au beurre.

பூரிகை, l'arbre அகில்.

*பூரிகை, 1° (பூரி, ka), V. பூரிகம். 2° longue —, trompette: — சத்தம் son de la trompette; — பிடிக்கிறது, — பூதுகிறது prendre, — emboucher, — sonner de la trompette.

பூரிக்கிறது, பூரித்தேன், பூரிப்பேன், பூரி, பூரிக்க, v. a. et n. (பூரம்), contenter, satisfaire, remplir, — de joie, — de vent, grossir, se réjouir, être satisfait, content, rempli de joie, rafraîchi. [plénitude.

*பூரிதம், (poûrita), chose remplie,

பூரித்தல் பூரிப்பு, n. v. de பூரிக்கிறது, action de remplir, de se réjouir..., grande joie, abondance, plénitude: பூரிப்புகொள்ளுகிறது éprouver une grande joie.

பூரிமாயு, 1° * (பூரி, மாயை), l'animal plein de ruses, i. e. la chacal ou renard mâle. 2° ancienneté.

*பூரியம், (பூரி, ya), ville —, résidence —, rue royale, ville, village, — en pays cultivé.

பூரியர், பூரியோர், (பூரி), gens vils, bas peuple, méchans.

*பூரு, 1° (bhroû), sourcil. 2° (P. புரு), un des rois de la dynastie lunaire ou des Kourous. 3° imp. de பூருகிறது, entrer. 4° mot imitatif: — பூரென்கிறது, grandir, grossir; — பூரென்றுவளருகிறது (les enfans...), grandir, croître, profiter, s'élever, se gonfler (un abcès...).

*பூருகம், (பூ, உருகம்), ce qui naît de la terre, i. e. arbre, plante.

*பூருஷன், P. புருஷன், homme, mari, mâle. [2° V. பூரிக்கிறது.

பூருகிறது, 1° P. புகுகிறது, entrer.

*பூருண்டி, (bhoûroundi), espèce de tournesol, heliotropium indicum, jasmin, la plante உத்தராமணி.

*பூருவகம், (பூருவம், ka), antériorité, priorité, ce qui est avant, antérieur, précédent, premier.

*பூருவசர், (பூருவம், சர்), aîné, frère aîné, fils de la 1re femme (quoiqu'il ne soit pas l'aîné), né dans l'orient, ancêtre, ancien.

*பூருவம், (poûrva), commencement, antécédent, premier, précédent, antiquité, ancienneté, antériorité, vieille tradition, ce qui est devant, en face, l'orient, l'est, totalité, tout, entier, 1re moitié de lunaison, —de mois lunaire, la lune dans son croissant (jusqu'à son plein): —த்தில் இருக்கிறது être ancien; பூருவத்திலே dans l'antiquité, dans l'ancien temps: பூருவத்துமனிதன் vieillard, homme du vieux temps, qui se souvient des ancins temps: பூருவகங்கை l'ancien Gange, la rivière நருமதை; —கதை vieille histoire, — fable; — கருமம், —கன்மம், —கிருத்தியம் ancien fait, vieille action, prétendue action d'une vie précédente; — காஷ்டை l'est, l'orient: —காலம், — காலீனம் temps ancien, l'antiquité; —கவுளம், — கௌளம் nom d'un air ancien: —சமாசாரம், V. பூருவசமாசாரம்: —சந்தியை point du jour; —சன்மம், —சன்மம் prétendue naissance antérieure; — சாகசம் amende —, punition sévère ou cruelle, — ancienne; — சாதனம் la majeure d'un argument; — சாலம், V. பூருவபக்ஷம்; — திதி ancien —, premier état: — ஞானம் sagesse —, connaissance antique, — acquise par expérience; —திசை, — திக்கு l'orient, le côté est: —திக்குப்பதி le prétendu gardien de l'est, i. e. Indiren; —துவந்தம், V. பூருவதேசாடனம்: —தேகம், —சரீரம் ancien —, 1er corps, corps de la vie précédente supposée; —தேசம் l'orient, pays oriental; —தேவன், —தேவதை dieu primitif, ancêtre déifié; —தொடர்ச்சி suite prétendue des actions d'une vie précédente; —பக்கம் —பக்ஷம், — பட்சம் majeure d'argument, 1re moitié de lunaison, le temps où la lune brille le soir; — பக்ஷபாதம் la 1re partie d'un procès, la plainte; —பதம் 1re partie d'un mot composé, mot qui précède, 1er terme d'une conclusion: —பருப்பதம், —பர்வதம் la montagne orientale, —du levant, derrière laquelle le soleil est censé se lever; — பற்குனி la 1re des 2 constellations nommées பற்குனி, la 11e constellation nommée உத்திரம், le Delta du Lion; —பற்குனிபவன், (பவம்), வியாழன் ou Jupiter, qu'on dit né sous cette constellation; —பாத்திரபதம், —பாத்திரபதை la 1re des 2 constellations nommées பாத்திரபதம், c'est la 25e nommée பூரட்டாதி; —புண்ணியம் vertu ancienne, — d'une vie précédente prétendue; —ப்படுகிறது devenir —, être ancien, posséder depuis l'ancien temps, — l'antiquité; — பாஷி homme civil qui adresse le 1er la parole: — மாரி celui qui meurt le 1er, les 1res pluies; —மீமாஞ்சை 1re partie de la philosophie dite மீமாஞ்சை, V. du mot சமஸ்கிருதம்: — ரங்கம் prélude, prologue d'un drama; —ராத்திரம் 1re partie de la nuit; —ரூபம், —வடிவம் ancienne forme, — beauté, symptôme de quelque chose à venir; —வாக்கியம் majeure, proverbe; —வாதம் première —, ancienne plainte; — வாதி celui qui fait la 1re plainte.

*பூருவாஷாடம், பூருவாஷாடை, (பூருவம், ஆஷாடம்), la 1re des constellations nommées ஆஷாடம், c'est la 20e nommée பூராடம்.

*பூருவாக்கம், பூருவான்னம், பூருவான்னியம், (poûrvâhna), 1re partie du jour, matinée, matin (opposé de அபராக்கம்). [பக்ஷம்.

*பூருவார்த்தம், (id. அர்த்தம்), V. பூருவ

*பூருவாபரம், (பூருவம், அபரம்), premier et dernier, antécédent et conséquent, preuve et chose à prouver, preuve.

*பூருவாப்பியாசம், (id. அப்பியாசம்), ancienne coutume, longue expérience. [moitié.

*பூருவார்த்தம், (id. அர்த்தம்), la 1re

*பூருவிகம், (பூருவம், ika), commencement, ancienneté, antiquité, ancien temps.

*பூருவிகன், pl. பூருவிகர், (id), ancien, homme de l'ancien temps.

*பூருவோதிதம், பூருவோக்தம், (id. உதிதம், உக்தம்), chose dite auparavant, — susdite.

*பூருவோத்தரம், பூருவோத்திரம், (id. உத்தரம்), le nord est, commencement, — et fin, antiquité: அவனுடையபூருவோத்தரமெல்லாமெனக்குத்தெரியும் je connais toute son histoire du commencement à la fin: பூருவோத்தரங்கள் l'ordre des —, générations; பூருவோத்திரசங்கதி vieille histoire, histoire du temps passé.

*பூரா 1° * (poûrâ), abondance, excès, rédondance, surabondance. 2° manque, rien: — பொய்ப்போகிறது, — வென்றுபோகிறது se réduire à rien, être ruiné, défait; — யாக்குகிறது, — யாக்கிப்போடுகிறது réduire à rien, détruire, anéantir; — யிடுகிறது être dégoûté, fatigué; அவன்வி சேஷம்பூராயாய்ப்போயிற்று son affaire —, sa parole s'est réduite à rien, on n'en fait plus cas; கலியாணம்பூராபூராவென்று முடிந்தது les dépenses des noces ont été excessives sans que l'apparence y ait répondu.

பூரிக்கிறது, ரித்தேன், ரிப்பேன், ரி, ர, v.n. பூரித்தல், n. v. se remplir, être plein, rempli. [ம்.

*பூர்ணம், et ses composés, V. பூரணம்

*பூர்த்தம், (poûrtta), action de pieuse —, libéralité, aumône, vertu.

*பூர்த்தி, (poûrtti), plénitude, satisfaction, achèvement, satiété: — யாகிறது se remplir, être satisfait, rassasié. [toire, — fable.

பூர்ப்பிரம், nouvauté, vieille his-

பூர்பூவென்கிறது, grandir, grossir, croitre. [ம்.

*பூர்வம், et ses composés, V. பூருவ

*பூர்வகணம்... V. பூருவகணம்...

*பூர்விகம், பூர்விகன்... V. பூருவிகம், பூருவிகன்... [ம்.

*பூர்வோத்தரம்... V. பூருவோத்தர

*பூலதை, (பூ, லதை), plante rampante, ver de terre, achée.

பூல்த்தி, l'arbre மருதம்.

பூவித்தசலி, feuille de métal sur laquelle on enchasse des pierres précieuses.

*பூலோகம், (பூ), la terre, un des 7 mondes supérieurs des Indous.

பூலா, பூல், l'arbrisseau phyllanthus multiflorus.

பூவியர், P. பூவைசியர். [Maduré.

பூவணம், temple de Siven près de

பூவணை, V. பூவமளி.

பூவத்தம், பூவத்தவம், la plante திலாவிளா.

பூவத்தி, les arbres புன்கு et பொன்னாங்காய், l'arbre sapindus emarginatus, nom d'un remède: — ப்பழம் fruit du sapindus, il est bon pour guérir les taches, la teigne...; — க்கொட்டை noyau du sapindus.

பூவமளி, (பூ, அமளி), lit de fleurs ou couvert de fleurs, c'est une des 8 délices dites அஷ்டபோகம்.

பூவம்பன், (id. அம்பு), celui dont les flèches sont de fleurs, i.e. Kâmen.

பூவம்பழம், P. பூவத்திப்பழம்.

பூவாசு, பூவரசமரம், (பூ, அரசு), le porcher, hibiscus populneus.

பூவர்ணம், (பூ), moisissure, — sur les mets. [cle de la terre, le globe.

*பூவலயம், (id.), la sphère —, le cer-

பூவல், couleur —, rouge, puits.

பூவழலை, (பூ), terre imprégnée de soude.

பூவா, பூவாத, பூவாது, பூவாமல், part. et ger. nég. de பூக்கிறது, qui ne fleurit pas, sans fleurir: பூவாது ou பூவாமற்காய்க்குமரம் ou பூவாமரம் arbre qui porte des fruits sans fleurs apparentes, V. கோளி.

பூவாணம், (பூ), fusée à fleurs.

பூவாமை, n. v. nég. de பூக்கிறது, ne pas fleurir, — être produit.

பூவாரம், (பூ, ஆரம்), guirlande de fleurs.

பூவாசி, 1° (id.), habitant de la terre. 2° (télinga) culture de plantes à graines oléagineuses.... [dica.

பூவாழை, (பூ), la plante canna in-

பூவாளி, (பூ, வாளி), espèce de fusée, flèche de Kâmen, V. பூவம்பன்.

பூவிதழ், (பூ, இதழ்), feuille—, pétale des fleurs.

பூவித்திறு,—தாதம், talc, V. வீரம்.

பூவிராகன், பூவராகன், (பூ, வராகன்), pagode valant, 4 roupies, et en quelques endroits 3 roupies 3/4.

பூவிஷம், l'arsenic naturel dit சத் பாஷாணம்,

பூவுலகன், (பூ, உலகம்), habitant de la terre, homme terrestre.

பூவுலகு, பூவுலகம், (பூ, உலகு), le monde, la terre.

பூவிழுகிறது, (பூ), une fleur tomber, une taie se former dans l'œil.

பூவெடுக்கிறது, (id.), cueillir—, ramasser des fleurs.

பூவெண்ணெய், (பூ, எண்ணெய்), essence de fleurs, huile odoriférante tirée des fleurs.

பூவை, 1° acc. de பூ. 2° l'arbrisseau காயாமரம் memecylon, l'oiseau mainate ou நாகணவாய்ப்புள், perroquet, le குயில் ou coucou indien, femme, fille. 3° 2e pers. nég. de பூக்கிறது, tu ne fleuris pas.

*பூவைசியர், (பூ), laboureurs, cultivateurs, fermiers, une des 3 divisions des வைசியர்.

பூவொல்லி, (பூ, ஒல்லி), espèce de vide dans les cocos.

பூவோடு, 1° l'arsenic தொட்டிபாஷாணம். 2° obl. de பூ, avec une fleur...

பூழான், perdrix, poule sauvage.

பூழி, boue, argile mêlée d'eau, lut, bulle d'eau qui s'élève d'un bourbier, pollen des fleurs, poussière de la terre, un des districts où l'on parle le bas tamoul.

பூழியபலம், (பூழியன்), citrouille.

பூழியன், (பூழி), souverain du pays dit பூழி, épithète des rois சோழர் et பாண்டியர்.

பூழில், l'arbre அகில், terre.

பூழை, (புழை), guichet (dans la porte d'un fort, d'un temple...), trou.

பூழ்க்கரம், l'arbrisseau கோட்டம்.

பூழ்க்கை, sync. de புழைக்கை, trompe d'éléphant, éléphant, l'animal fabuleux யாளி.

பூழ்தி, sync. de புழுதி, poussière, pollen des fleurs, chair, viande.

பூளம், l'arbre பூவரசு, porcher.

பூளை, 1° les plantes médicinales illecebrum lanatum et illecebrum javanicum, coton soyeux de l'arbre இலவு. 2° V. பீளை, chassie: பூளைப்பஞ்சு coton qui vient sur la plante illecebrum lanatum.

பூழ், caille.

பூனை, chat: கடுவன் — chat, — mâle: பெட்டைப்—chatte: — குறுக்கிடுகிறது, — குறுக்கேபோகிறது le chat traverser le chemin, ce qui est regardé comme un mauvais augure par les Indiens superstitieux — faire projetée éprouver un ... —க்கண் ..., — க்கண்புருடராகம் la pierre précieuse dite œil de chat, ou lapis lazuli; —க்கண்ணன், —க்கண்ணி celui —, celle qui a des yeux de chat; —க்காஞ்சி espèce d'arbrisseau; — க்காய்ச்சி épi broui, brûlé, sans grains; — க்காஞ்சொறி, — க்காய்ஞ்சொறி la plante —, l'ortie tragia cannabina; — க்காலிமேனி la plante galega villosa; — க்காலி la plante dolichos pruriens; — க்கொவ்வை la plante ipomea pestigridis; — க்குட்டி chaton, petit chat; — த்திசை le côté du chat, i.e. le sud est; —ப்பகைவன்முள் piquant de hérisson; — ப்பிடுக்கன், —மடி la plante crotalaria nummularia; — மயிர் poil de chat, la plante பூனைக்காஞ்சி; — புறுபுறுக்கிறது le chat gronder, —filer, faire le rouet; — வணங்கி la plante குப்பைமேனி.

பெ, lettre syllabique composée de ப் et de எ, pé bref. 2° le palmier...

பெங்கு, espèce de caillou ou de jus

பெடம், abondance, beaucoup.

பெடை, femelle (des oiseaux).

பெட்கிறது, பெட்டேன், பெட்பேன், பெள், பெட்க, v a. désirer, — fortement, souhaiter, convoiter, envier: part. parf. பெட்ட, part. fut. பெட்கும்.

பெட்டகம், caisse, coffre, malle, arche, cassette, boite, — dans laquelle on porte les présens à la fiancée: — கொட்டுகிறது frapper des mains en signe de joie quand on porte ces présens: பெட்டகத்துத்தி la plante hibiscus abelmoschus.

பெட்டகம், n. v. de பெட்டுகிறது, désir, souhait, grand désir. [amans.

பெட்டபர், n.app. du même, amis,

பெட்டி, caisse, coffre, malle, boîte, cassette: — P. ... பெட்டி: — ... l'herbe cyperus corymbosus: — ... tiroir, case —, compartiment de boîte.

பெட்டிவிட்குழல், (பெட்டு, ...), sarbacane qui ne manque pas, long tube pour lancer des boulettes d'armestia. [பெட்டுகிறது.

பெட்டு, 1° mensonge. 2° gér. de

பெட்டை, femelle (en général), et spécialement des oiseaux, des chameaux, des chevaux, des ânes, des lions, des cerfs, des chats, des chiens: — கடல் petite mer; — ..., — ... lien sans force; — ... œil de femelle, petit œil, — ... homme à petits yeux; — ..., ânesse; — குதிரை jument; — கோழி ou கோழிப்பெட்டை poule; — சிங்கம் lionne; — நாய் chienne; — பன்றி truie, laie; — புறா colombe, tourterelle; — பூனை chatte; — ... cocu, qui prostitue sa femme, hermaphrodite.

பெட்டையர், (பெட்டை), hermaphrodite, eunuque, homme efféminé, [amour, grandeur.

பெட்பு, n.v. de பெட்டுகிறது, désir,

பெண், gén. பெண்ணின், fille, jeune fille, demoiselle, femme, épouse; la mariée, femelle (des animaux): அறிவிலாப் — jeune fille, fille ignorante; ... dat. faire épouser une fille à quelqu'un; பெண்ணரசு ... la reine des femmes; ... la perle des femmes, excellente femme; ... une fille —, une femme (litt. celle qui est née femme) doit se tenir à la maison; பெண்ணறு flux menstruel des femmes; — ... les 4 dernières strophes du poëme ... qui traitent des femmes et des plaisirs sensuels: — ... espèce d'encens, benjoin; — குறி vulve, pudendum muliebre; — கேட்கிறது demander une fille en mariage; — ... jeune fille, — femme; — கொடுக்கிறது donner une fille en mariage; — கொள்ளுகிறது épouser une —, prendre femme, se marier; — ... minéral femelle, — avec lequel un autre peut se combiner, tels sont les acides, Voyez les au mot ...; — ... femme, épouse, sexe féminin; — ... une femme est une entrave aux pieds et un enfant une entrave à la bouche du mari, il ne peut aller où il veut ni manger comme il lui plaît: — ... parure —, toilette —, appareil de femme; — ..., V. ...; — பழி vengeance —, trahison de femme; — பனை palmier femelle, — qui porte des fruits; — பன்றி truie, laie; — பால் genre féminin (en grammaire), — பால்விகுதி terminaison des noms ou des verbes propre au genre féminin ou qui dénote ce genre: — பாற்பிள்ளைத்தமிழ் poëme dans lequel on décrit l'enfance d'une déesse ou d'une princesse, V. le 2° ...; — ... prendre une concubine, saisir une femme; — பிள்ளை fille, jeune fille, femme, épouse, personne du sexe féminin; — பிறந்தவள் fille; femme, litt. celle qui est née femme; — புத்தி esprit de femme, esprit étroit, — peu éclairé: ... l'esprit d'une femme est un esprit tardif ou médiocre, bien qu'elle ait appris parfaitement le calcul et sache lire correctement; — பேதை femme ou fille ignorante, — pauvre; — போகம் le bonheur d'une fille, lui procurer un mariage, ce qui est un des ...

கடை ou 32 actes de bienfaisance, jouissance ou commerce avec les femmes, ce qui est un des அறுபத்துநான்குகலை; —மகள் femme, fille, jeune fille; —மதி esprit de femme; —மயக்கம், —மயல், —மோகம், —மோகம் folle passion pour les —, séduction —, désir des femmes, abandon aux femmes; —மயிர் cheveux —, chevelure de femme; —மரம் arbre femelle, — qui ne porte que des fleurs femelles, — dont le plus dur est à l'extérieur comme le palmier; —மூச்சு, —மூர்க்கம் soupir —, obstination de femme; —வகை, —வகுப்பு les 4 classes de femmes, savoir: பதுமினி femme excellente, de caractère excellent, சித்தினி femme de qualité médiocre, portée à la luxure, சங்கினி femme méchante, colère et à passions fortes, அத்தினி femme très méchante, luxurieuse et furieuse dans ses passions; —வழி, —வழிச்சுற்றம் parenté du côté des femmes.

பெண்டகர், பெண்டர், (பெண்டு), hermaphrodites, eunuques, impuissans.

பெண்டகை, பெண்டன்மை, (id. தகை, தன்மை), qualité—, nature—, état de femme.

பெண்டண்டு, (id. தண்டு), tragus ou protubérance de l'oreille gauche.

பெண்டாட்டி, (பெண்டு, ஆட்டி), femme, — mariée, épouse.

பெண்டிர், பெண்டிகள், pl. பெண்டீர், (பெண்டு), femme: உண்டிசுருங்குதல்பெண்டிர்க்கழகு manger peu est beau pour les femmes; தீயகாரி ou தூடியதிற்பெண்டீர்மடியிலேநெருப்பு les femmes querelleuses sont comme du feu dans le sein de leurs maris; அடங்காப்பெண்டிர் மடியில் நெருப்பு la mort d'une femme paisible est comme du feu dans le sein de son mari, (*ou le sens de la phrase précédente*); தூற்றும்பெண்டிர்கூற்றெனத்தகும் des femmes médisantes méritent le nom de Yamen, *i.e.* sont redoutables comme le dieu de la mort.

பெண்ணு, *pl.* பெண்ணுகள் ou பெண்டுகள், (பெண்), fille, femme, épouse: —கட்டுகிறது donner pour femme, accuser d'une intrigue criminelle; மகனுக்குப்பெண்கட்டினான் — கட்டினான் il m'a accusé de commerce criminel avec mon propre fils. [பெண்டு.

பெண்ணுக்கம், l'arbrisseau கழுதை

பெண்ணடைமரக்கால், (*télinga*), mesure qui contient 2 1/2 mesures ou marcals de Madras.

பெண்ணரசி, (பெண், அரசி), reine, princesse, gouvernante, femme prudente, —excellente, la reine des femmes.

பெண்ணரசு, (*id.* அரசு), royaume—, règne —, domination d'une femme, —d'une reine, la reine des femmes, femme excellente: — நாடு pays gouverné par une femme, maison où la femme domine.

பெண்ணலம், (*id.* நலம்), bonté—, excellence de la femme, — d'une femme.

பெண்ணழைக்கிறது, (*id.* அழைக்கிறது), appeler—, épouser une femme, venir chercher une femme pour la conduire chez son mari.

பெண்ணன், (பெண்), homme efféminé sans vigueur, hermaphrodite.

பெண்ணாசை, (*id.* ஆசை), désir—, amour des femmes, ce qui est une des 3 concupiscences dites மூவாசை, impudicité. [lation femelle.

பெண்ணாள், (*id.* நாள்), constel-

பெண்ணீலி, (*id.* நீலி), nom d'une méchante divinité femelle, diablesse, femme méchante, — menteuse et querelleuse: —வாட்டமாகிறது agir en—, faire la diablesse.

பெண்ணுடம்பு, (*id.* உடம்பு), corps de femme, vulve, verenda mulieris (*modesté*).

பெண்ணுறுப்பு, (*id.* உறுப்பு), membre—, marque de femme, vulve

பெண்கொள்ளுகிறது, (*id.* கொள்ளுகிறது), prendre femme, se marier.

பெண்ணெழுத்து ,(id. எழுத்து), lettre femelle,– longue.

பெண்ணை, 1° acc. de பெண். 2° palmier, 17me constellation lunaire dite அனுஷம், la plante சிறுகீரை, arbre femelle, V. பெண்மரம், Pennâr, nom de 2 rivières dites பெண்ணையாறு ou பெண்ணை, l'une dite தென்பெண்ணை, le Pennâr du sud, pas se à கூடலூர் ou Cuddalore, et l'autre dite வடபெண்ணை, le Pennâr du nord, passe à Nellore ou நெல்லூர்.

பெண்மை, (பெண், மை), nature –, condition de femme, caractère efféminé, mollesse, dignité, – domestique, excellence:—சினைப்பெயர் nom féminin dérivé d'un membre. Ex. முடத்தி manchotte;—சினைமுதற்பெயர் nom primitif féminin dérivé d'un membre. Ex. முடக்கொற்றி Cotti la manchotte; —முதற்பெயர் nom primitif féminin. Ex. கொற்றி Cotti; — முறைப்பெயர் nom de parenté féminin. Ex. தாய் mère.

பெதிசாரம், l'arbre எட்டிமரம்.

பெதும்பை, fille de 11 ans, jeune fille, femme, femelle.

*பெத்தம், P. பந்தம், lien, retenue, retraite, compression, adhésion, adhérence, fixité, fermeté பெத்தகாலம் temps de la mort, — de la destruction;—திசை temps où l'âme est prise dans un filet;— முத்தி délivrance de la destruction.

பெத்தரிக்கம், (télinga), orgueil, grandeur, mélange:— சொல்லுகிறது se vanter, dire des fanfaronnades.

*பெத்தர், (பெத்தம்), esclaves, gens pris dans un piége, V. பாசபத்தர்.

பெத்தல், V. பெருங்குரும்பை.

பெத்தி, la plante சுரிமுள்ளி.

*பெத்தம், பெத்தர், பெத்தனம்... P. பந்தம், பந்தர், பந்தனம்...

பெத்திக்கிறது, P. பந்திக்கிறது.

பெத்திப்பு, n.v. du préc lien, attache.

‡பெத்து, P. பந்து, parenté...

பெத்தை, chose grossie d'une manière difforme, une des parties de la charrue:—கண் grands yeux; – கயிறு corde qui unit le soc avec les mancherons ou le manche de la charrue.

பெம்மான், V. பெருமான்.

பெயரடி, (பெயரும், அடி), arrachement, renversement, bout de racine, racine d'un mot.

பெயரன், P. பேரன், petit-fils, (dans le sud par abus), grand-père.

பெயரா, பெயராத, part. nég. de பெயர்கிறது, et de பெயர்க்கிறது.

பெயராளி, (பெயர், ஆளி), homme célèbre, de grande réputation.

பெயருகிறது, ந்தேன், ர்வேன் ou குவேன், கு ou ர, ர, v.n de பெயர்க்கிறது, பெயருதல், n.v. V. பெயர்கிறது,

பெயரெச்சம், (பெயர்), mot qui manque des propriétés du nom, telles que le genre, le nombre et les cas. i.e. participe; il contient en lui le pronom relatif et se met devant le nom qui est son antécédent. Il y a en tamoul 4 participes: présent, parfait, futur et négatif: செய்கிற —, செய்த —, செய்யும் —, செய்யாத காரியம் la chose qu'on fait, qu'on a faite, qu'on fera, qu'on ne fera pas.

பெயர், pl. பெயர்கள், 1° nom, personne, renommée, renom, grandeur, chose nominale et non réelle, nom ou substantif, nominatif. 2° imp. et part. de பெயர்கிறது, imp de பெயர்க்கிறது; எத்தனை — combien de personnes? நாலு — quatre —, plusieurs –, quelques personnes, la généralité du monde; நாலுபேரறிய au su –, en présence de 1 ou de plusieurs personnes, publiquement; தீத்தைப் – mauvais nom, — renom, sobriquet; பெயருக்கு, dat. à chacun séparément, par tête, de nom, pour la forme; பெயருக்குப்பத்துப ணங்கொடு donne 10 fanons à chacun; பெயரகராதி dictionnaire des noms ou des mots, la 1re partie du சதுரகராதி qui donne les divers sens des mots; —ஆகிறது devenir le nom, —célèbre, *ou* —ஆய்க்கிடக்கிற து, — ஆயிருக்கிறது être fameux, renommé, célèbre; —இடுகிறது donner un nom, nommer; இயற்சொல் mot du haut tamoul usité en vers et dans le langage ordinaire et dont le sens est clair et naturel; —இன்னிசை le 56ᵉ des பிரபந்தம் poème en இன்னிசைவெண்பா contenant 90, 70 ou 50 strophes qui finissent toujours par le nom de la personne qu'on célèbre; —எடுக்கிறது gagner un nom, —de la réputation, se faire un nom bon ou mauvais, prendre un nom, mentionner, parler de, effacer—, ôter le nom; உருத்துடைய பெய எடுக்கிறது mentionner le nom —, parler de quelqu'un; கள்ளனென்று — எடுத்தான் il a gagné le nom ou la réputation de voleur; புண்ணியவானென்று —எடுத்தான் il s'est acquis le nom ou la réputation d'homme vertueux: —எடுத்துப்போடுகிறது ôter —, effacer un nom (d'un registre..); —எடுப்பு réputation, renommée, célébrité; —கொள்ளுகிறது prendre un nom; —கொண்ட nommé; அந்தோனிமுத்துவென்று பேர்கொண்டஒருவன் un nommé Antonimouttou; —க்கணக்கு compte des gens, division (en arithmétique), répartition de la quote-part, distribution —, répartition ou division de ce que chacun doit donner ou recevoir: —க்குறித்திறம் règle du nom, détermination du nom d'un objet, lui donner un nom soit de convention, soit dérivé d'une cause; —ச்சொல் nom, substantif, nom dérivé ou de convention, —susceptible de déclinaison et qui désigne un objet; —த்தொகுதி vocabulaire des noms seulement; —நேரிசை le 58ᵐᵉ des பிரபந்தம், poème en நேரிசைவெண்பா de 90, 70 ou 50 strophes qui finissent toujours par le nom de celui qu'on célèbre; —படுகிறது être nommé, devenir —, être célèbre, renommé; —பட்ட célèbre; —பாதியாய்க்கொடுக்கிறது donner par moitiés, —par parts égales; —பெயராய் nom par nom, un à un, séparément; —பெறுகிறது acquérir un nom, devenir célèbre; —பெற்ற célèbre, illustre; —போகிறது le nom se perdre, — s'abolir, le nom se répandre, devenir célèbre, illustre; அவன் — போகவாழுகிறான் il prospère tellement qu'il gagne une grande réputation; —போயிருக்கிறது le nom être perdu, être devenu célèbre; —போன célèbre, renommé, illustre, fameux, dont le nom ou la renommée est perdue; — போனபாதகன் scélérat fameux, renommé; — பகுதி racine des noms, dont on peut former des dérivés au moyen des terminaisons விகுதி qu'on y ajoute. Les radicaux se divisent en 6 espèces de noms, suivant leur objet, savoir: பொருள் matière, இடம் lieu, காலம் temps, சினை membre ou partie, குணம் qualité, தொழில் emploi. De ces 6 sortes de mots on peut tirer des dérivés ou noms appellatifs dits பெயர்ப்பகுபதம். *Ex.* de கண் œil (nom de membre சினை), on fera கண்ணன் qui a des yeux; de கூத்து danse (nom d'emploi தொழில்), on fera கூத்தன், கூத்தி danseur, danseuse; —பகாப்பதம் nom primitif, radical, non divisible, non dérivé et qu'on ne peut analyser, comme பொன் or; —பகுபதம் nom composé, dérivé, formé d'un radical et d'une terminaison comme பொன்னன் doré; —பொறிப்பு renommée, mémorial, monument; —வழி, — முறை liste, catalogue; — விகுதி terminaison, affixe qui sert à former les noms dérivés; —விளங்குகிறது, —விளங்கியிருக்கிறது le nom être —, être célèbre, renommé, fameux; —விளங்கப்பண்ணுகிறது rendre célèbre, — le nom célèbre, exalter, célébrer; —விளங்காதவன் homme dont le nom est inconnu; —வேற்றுமை le nominatif ou 1ᵉʳ cas, on n'ajoute rien pour le former, c'est le nom sans aucune addition ni inflexion.

பெயர்கிறது,ர்ந்தேன், ர்வேன்,ர், ய,v.n. de பெயர்க்கிறது,se mouvoir, remuer, varier, s'altérer, s'enlever, s'arracher, se détacher, se déplacer, s'éloigner, changer,—de place, aller, marcher, être agité, secoué, altéré, changé, déraciné, être frotté, devenir lâche, retourner, être traduit: அதுபெயராது cela ne peut être arraché, ne branle pas, tient ferme: பெயர்த்திருக்கிறது être déraciné, déplacé, changé de place..., se retirer, s'éloigner; பெயர்ந்திரு retire-toi, fais place, mets-toi de côté: தண்டு பெயர்ந்துபோயிற்று l'armée a décampé; பெயர்ந்து போய்விடுகிறது être déraciné, arraché..., — en état de ruine, de dissolution: பெயர்ந்துவருகிறது revenir, retourner de nouveau.

பெயர்க்கிறது,ர்த்தேன், ர்ப்பேன், ர்,ர்க்க,v.a.du préc. changer, — de place, déplacer, remuer, altérer, éloigner, ôter, arracher, déraciner, racheter, sauver, traduire, retourner: பெயர்த்துச் சொல்லுகிறது dire de nouveau; பெயர்த்துப்போடுகிறது déraciner, arracher par force, enlever; வெள்ளம்வீட்டைப் — ப் போட்டது l'inondation a renversé ou emporté la maison: — நடுகிறது arracher et mettre ailleurs, transplanter.

பெயர்ச்சி,n.v.de பெயர்கிறது,renversement, bouleversement, changement, altération, arrachement, déplacement, retour.

பெயர்தல், n.v. du même, mouvement, changement, —de place, déplacement, variation, motion, frottement, friction.

பெயர்த்தல்,n.v.de பெயர்க்கிறது, changement, altération, déplacement, enlèvement, déracinement, arrachement, rachat, délivrance.

பெயர்த்தி,1° petite fille, (et par abus dans le sud) grand'mère. 2° P. பெயர்ச்சி.

பெயர்ப்பு,n.v. de பெயர்க்கிறது, traduction, V. பெயர்ச்சி.

பெயர்வு,n.v.de பெயர்கிறது,V.பெயர்தல்.

பெயல்,1° (பெய், அல்),pluie. 2° acc. de

பெயன், opt. et n.v. de பெய்கிறது, pluie, goutte de pluie.

பெயரஞ்சம்,l'arbre Carissa.

பெய்,imp. et part. du suiv.: —கலம் réceptacle, boîte, vase, — pour mettre.

பெய்கிறது,ய்தேன், ய்வேன்,ய், ய,v.a. et n. pleuvoir, la pluie tomber, fouler, presser sur, fourrer, placer, mettre, délivrer, lâcher, laisser, — aller, — courir. [tacle.

பெய்கூடு,(பெய்),fourreau, récep-

பெய்தல்,பெய்து, n.v. et gér. de பெய்கிறது. [face.

பெய்துரை,(பெய்து,உரை), pré-

பெய்வளை, (பெய்,வளை), celle qui porte des bracelets, i.e. femme, fille.

பெய்விக்கிறது,v.caus. de பெய்கிறது, faire pleuvoir...

பெய்வு,n.v. du même, pluie.

பெரிசு,P.பெரிது:பெரியன,grand, gros, important.

பெரிது,P.பெரியது,chose grande, ce qui est —, cela est grand, gros, important: பெரிதா யிருக்கிறது, être grand...: பெரிதாய்ப்போகிறது grandir, croître, devenir grand..: பெரிதாக்குகிறது agrandir, augmenter, accroître, aggraver: பெரிதான grand, gros, important.

பெரிய, 1° adj. de பெருமை,grand, haut, gros, considérable, important. 2° P. பெரியவை pl. de பெரியது, grandes choses, ces choses sont grandes: —கிழமை la semaine sainte: —கை grande main, main libérale, libéralité, munificence; — நம்பியர் (et parmi les brames), — தம்பியர், V. பெரியப்பர்; — நம்பிரான் chef parmi les ascètes sivénistes, (forme de) Siven représenté par une statue monstrueuse de terre cuite ou de maçonnerie: — தனம் supériorité, autorité, grandeur, dignité, —de chef, excellence, surintendance, magnificence; — தனம்பண்ணுகிறது,

ou கட்டளையிட்டுக்கொடுக்கிறது (dat.); donner à quelqu'un l'intendance, le commandement, l'autorité ou la place de chef; — தலைக்காரன் chef, intendant, magistrat; — தலைத்தனஞ்செய்கிறது, — தலைப்பண்ணுகிறது commander, gouverner, être chef, magistrat, gouverneur, intendant; — தலைத்தனத்துக்கிருக்கிறது être destiné aux grandeurs, attendre l'office de gouverneur, de magistrat, de chef; — தாயார், — தாய் tante paternelle, sœur aînée de la mère, femme du frère aîné du père, 1re femme de son père (terme employé par les enfans d'une seconde femme); — துரை grand monsieur, principal magistrat, gouverneur, chef; — நங்கை, V. பெரியாநங்கை; — நடை grands pas, marche forcée, bonne conduite; — நாயகி la grande dame, — maîtresse, la très sainte Vierge, (et à tort) Pârvadi (à விருத்தாசலம் au sud de Madras); — பட்டணம் grande ville, Périapattanam, ville de la côte malabare; — பட்டு chasuble de soie (pour la messe); — பாட்டன் bisaïeul, frère aîné du grand-père; — பாட்டி bisaïeule, femme du bisaïeul, femme du frère aîné du grand-père; — புராணம் histoire des 63 dévots de Siven; — வாரம் la grande semaine, la semaine sainte; — வீடு grande maison; — மனசு grand esprit, magnanimité; — வீட்டுக்காரன் homme qui a une grande maison, (ironiquement) homme de basse condition qui vit dans une hutte.

பெரியது, *neutre de* பெரியவன், chose grande, ce qui est —, cela est grand, gros, important.

பெரியத்தை, (பெரிய, அத்தை), tante paternelle, sœur aînée du père.

பெரியப்பன், (*id.* அப்பன்), oncle paternel, frère aîné du père.

பெரியம்மாள், (*id.* அம்மாள்), *V.* பெரியதாயார்.

பெரியம்மான், பெரியவம்மான், (*id.* அம்மான்), oncle maternel, frère aîné de la mère: — பச்சரிசி la plante euphorbia pilulifera.

பெரியம்மை, (*id.* அம்மை), la petite vérole confluente, petite vérole, la mauvaise déesse qui est censée la donner ou plutôt la verser; — வந்துவிளையாடுகிறது cette mauvaise déesse être venue et se jouer, avoir attrapé la petite vérole confluente; — வார்த்துப்பிள்ளைசெத்தது l'enfant est mort de la petite vérole confluente.

பெரியவன், பெரியன், *m.* பெரியவள், பெரியள், *f.* பெரியவர், பெரியர், *pl.* grand, grande personne, adulte, personne d'un âge mûr, — de haute taille, — importante, — d'autorité, chef, supérieur.

பெரியாநங்கை, பெரியாளங்கை, (பெரிய, ஆள், நங்கை), la plante médicinale polygala telephioïdes.

பெரியாத்தாள், பெரியாயி, பெரியாய், (பெரிய, ஆத்தாள், ஆயி, ஆய்), *V.* பெரியதாயார்.

பெரியார், பெரியோர், பெரியோர்கள், (பெரிய), les grands, les anciens, les supérieurs, les chefs, les principaux, les adultes, les ancêtres; *பெரியாரைத் துணைக்கொள்* cherche l'assistance ou la protection des grands; பெரியரைத் துணைக்கொளல் chercher —, avoir l'appui des grands; பெரியோரியல்பு qualités propres ou distinctives des grands, au nombre de 7: அறம் vertu ou bienfaisance, பொருள் richesses, இன்பம் plaisir, அன்பு affection, புகழ் louanges, மதிப்பு estime, பொறுமை patience.

பெரு, 1° *adj. de* பெருமை, grand, gros, considérable, important. 2° *imp. de* பெருகிறது *et* பெருக்கிறது: — குழி grand creux, grande fosse, table de multiplication de perches carrées entières; — குறிஞ்சா la plante médicinale asclepias vomitoria; — நகை éclat de rire, grande joie; — நண்டு gros crabe; — நந்தியாவட்டம் sorte d'arbrisseau, variété du nerium coronarium à larges fleurs; — நயப்புரைத்தல் témoigner un grand désir, ce qui est un des அகப்பொருட்டுறை; — நரி gros renard, tigre;—நறுவீ la plante cissus; —நறுவிலி variété de l'arbre cordia qui porte de gros fruits; —நாணல் espèce de grand ou de gros roseau qui sert de plumes pour écrire le persan;—நாரை gros héron; —நாவல் l'arbre eugenia jambos,ou calyptranthes; —நாள் grand jour, jour de —,fête,réjouissance,solemnité, la 27me constellation lunaire dite இரேவதி,constellation lunaire; —நிம்பம் l'arbre வேம்பு margosa;—நீரவி,V.குமுக்கு;—நீர் la mer; —நூல் traité détaillé, gros livre; —நெஞ்சு grand cœur, cœur fier, orgueilleux, bardi;—நெஞ்சன், —நெஞ்சுள்ளவன் homme fier,hardi,présomptueux; —நெஞ்சி femme fière, hardie; —நெருஞ்சி la plante tribulus langinosus; —நெருப்பு grand feu,incendie; —நெருப்புக்கீரமில்லை pour un grand feu il n'y a pas d'humidité,un peu d'eau n'éteint pas un grand feu,quelques légères fautes ne nuisent pas aux hommes puissans; —நெல் espèce de gros riz;—நோய் petite vérole; —நோவு grande douleur; —மகன் roi,homme distingué, excellent, magnanime; —மங்கலம் le 21me des பிரபந்தம், poème où l'on décrit la beauté,le naturel et l'utilité d'une excellente femme de ménage,panégyrique d'une maîtresse de maison;—மக்கள் les grands;—மங்கலம் le 91me des பிரபந்தம்,poème qui décrit les réjouissances du jour de la naissance d'un roi; —மணிக்கோட்டுநாரை nom d'un oiseau aquatique;—மந்தாரை l'arbre bauhinia; —மரம் l'arbre பீநாறி ailanthus excelsa,l'arbre பெருங்கவ்வி; —மருந்து la plante aristolochia indica;—மலை haute—,grande montagne,le Mahâmèrou, le mont மகாமேரு; —மலைக்கல்லி la plante cryptogame adiantum caudatum; —மல்லி l'arbre பெருங்கல்லி; —மல்லிகை le jasmin பேராமல்லிகை; —மழை grande—,forte pluie;—மா le grand animal,i.e. l'éléphant;—மாந்தம் un des அஷ்டமாந்தம் ou 8 maladies d'enfans, flux de ventre et saisissement de froid; — மாரி grande pluie; —மிட்டை,—முட்டை l'arbre பீநாறி;—மீன் gros poisson, éléphant de mer,baleine; —முட்டி, V. சுடம்; — முசுட்டை la plante convolvulus malabaricus; — முதலாளி, (முதல்,ஆளி), gens riches, —fortunés, propriétaires; — மூச்சு profond—,soupir, respiration tirée de loin; — மூச்செறிகிறது pousser un profond soupir, tirer de loin sa respiration.ou—மூச்சுவிடுகிறது,—மூச்சுபறிகிறது, —மூச்செறிகிறது soupirer, pousser des soupirs;—வயிறு gros ventre, hydropisie;—வலி grande douleur, —force; —வழக்கம்,—வழக்கு coutume générale,—ordinaire;—வள்ளி,—வள்ளிக்கிழங்கு la plante dioscorea sativa, igname; —வாகை l'arbre mimosa flexuosa,la plante வெள்ளிப்பருத்தி; —வாஞ்சை grand désir;—வாரி grande abondance,profusion ou — வாரி க்காய்ச்சல் maladie—,fièvre épidémique,—pestilentielle,peste,contagion; — வாரிக்காய்ச்சலடிக்கிறது une fièvre épidémique—, la peste exercer ses ravages; —வாழ்வு grand bonheur,grandes richesses;—விடை longue réponse,grande permission; —வியாதி grande maladie,lèpre,mal vénérien, petite vérole; — விரல் le gros doigt,le pouce,le gros orteil;—விரியன் grande vipère,serpent vénimeux; —விருப்பைக்கூறல், V. பெருநயப்புரைத்தல்; — வெக்கைநோய் choléra,vomissement et diarrhée;—வெளி plein air, vaste —, plaine, campagne;—வெள்ளம் grande inondation,large—, fort torrent; — வெள்ளை espece de riz.

பெருக, inf. de பெருகுகிறது,adv. grandement, abondamment,pleinement.

பெருகல், opt.et n.v.du même,augmentation, croissance, plénitude, abondance, inondation.

பெருகியல், (பெருகு,இயல்), tén

plein, — qui va en croissant, une des propriétés des airs.

பெருகு, 1° lait caillé. 2° *imp. et part.de*

பெருகுகிறது,*sync.* பெருகிறது, கி னேன்,குவேன்,கு,க,*v.n.* (பெரு),பெ ருகிப்போகிறது, s'accroitre, augmenter, croître, grandir, se multiplier, grossir, s'étendre,se remplir, abonder, inonder: சக்கரஞ்சுற்றத் துவாரம்பெருகும் le trou s'elargira à mesure que la roue tournera.

பெருகுதல்,*n.v.du préc.V.*பெருகல்.

பெருக்க, 1° *inf.de* பெருக்கிறது *et de* பெருக்குகிறது. 2° *obl. de*

பெருக்கம்,1° (பெருக்குகிறது), abondance, grande quantité, augmentation, étendue, croissance, accroissement, richesse, prospérité, produit d'une multiplication: — பண்ணுகிறது augmenter, accroitre, s'étendre,aller. 2° *adj. de* பெருக்கு: பெருக்கமரம் le grand arbre பப்பரப்புளி adansonia digitata.

பெருக்கல், *opt.et n.v. de* பெருக்கிறது *et de* பெருக்குகிறது, augmentation, accroissement, agrandissement,grossissement.multiplication, addition, s'étendre, remplissage. balayage. [grossière, non polie.

பெருக்கன், (பெருக்கிறது). chose

பெருக்கா, பெருக்காத,*part.nég.de* பெருக்குகிறது:—க்கவட்டு extrème —,dégoût, aversion, manque de soin,indifférence.

பெருக்காளர், (பெருக்கு, ஆளர்), gens distingués. de considération.

பெருக்கி, *gér.et n.app.de* பெருக்குகிறது, balayeur, balayeuse: கோவி ற்பெருக்கி balayeur —, balayeuse d'église, de temple.

பெருக்கிறது,1° த்தேன்,ப்பேன், ஐ,க்க. *v.n.* பெருத்தல்,*n. v.*(பெரு), augmenter, grandir, croitre, grossir,épaissir, devenir —, être grand, gros, épais, considérable,rempli: ச னம்பெருத்திருக்கிறபட்டணம் ville populeuse. 2° *sync. de* பெருக்குகிறது.

பெருக்கு,*imp part.et n.v.de* பெருக் குகிறது, torrent, inondation, flux de la mer,marée montante,crue des eaux, augmentation,accroissement, largeur,multiplication,l'arbre பெருக் கமரம்: — க்கணக்கு multiplication (arithmétique); — வேளை le moment de midi,— où le soleil est au plus haut point.

பெருக்குகிறது, க்கினேன், க்குவே ன்.க்க.க்க, *v.a.de* பெருக்கிறது,பெ ருக்குதல், *n.v.* multiplier, augmenter, accroitre, agrandir, remplir, faire une multiplication, essuyer, balayer: கடைசியைக்கொண்டுமுதலைப்பெருக்கி நடுவைக்கிறது multiplier le commencement par la fin (ou les extrêmes entr'eux), et diviser par le moyen connu, faire une règle de trois: மூன்றிலாறைப் பெருக்கப்ப தினெட்டாகும் en multipliant 6 par 3 on aura 18; பெருக்கிப்போடுகிற து balayer.

பெருங்,*P.*பெரும் *devant* க,grand, gros, important, considérable:— கடல் la grande mer,l'océan:— கடி grande morsure: — கட்டுக்கொடி l'arbuste smilax tomentosa;— கணக்கு nombre considérable,grosse —, somme; — கண்வலை filet à grosses mailles;— கதை longue fable (qu'on lit à la fin du jeûne de Poulléyar); — கம்பன் espèce de riz; — களா l'arbrisseau carissa carandas dont les fruits sont mangeables; — கள்ளி l'arbre plumeria alba; — காடுநிலம் terre laissée inculte pendant plus de 15 ans; — காப்பியம் grand poème épique tel que le இராமாயண ம் et le பாரதம் ou Mahâbhârata, c'est le 9° des பிரபந்தம்;— காய ம் grande blessure, assa fetida, sorte de remède et d'assaisonnement qui n'est autre chose que de la chair de bœuf qui a passé par des préparations toutes particulières; கறிப் — காயம் assa fétida destinée aux ragoûts; யானைப்— காயம் assa fétida qui sert de remède aux éléphans: — காஞ்சொறி ,— கஞ்சொறி plante,variété du tragia; — கணா grande espèce de poisson கணா

zeus,—de l'arbrisseau சாவை webera tetrandra; — காற்று grand vent, tempête; —கிடை, —கிடைச்சி variété de la plante aquatique கிடை ou சடை æschynomene; — கிரந்தி espèce de mal vénérien considérable; — க்கிராமம் gros bourg (de 500 maisons); —கிழங்கு racine de aristolochia indica, espèce de plante; — கிழமை droit entier, propriété pleine et entière; — குடல் gros intestin; — குமிழ் l'arbre gmelina tomentosa; — குரல் grosse voix; — குருகு l'oiseau சக்கரவாகப்புள் cormoran; — குருந்து l'arbre limonia monophylla; — குமிட்டை espèce de simple, de remède, —de riz; — குளவி grosse guêpe; — குறடு grosse tenaille; — குறட்டை variété de la plante குறட்டை; — குறிஞ்சான், — குறிஞ்சா la plante médicinale asclepias vomitoria; — கொடி grand drapeau; — கொண்டலாத்தி grande espèce de huppe; — கொன்றை l'arbre சரக்கொன்றை; — பட்டகை grand tambour; — கோபம் grande colère. [rat perchal.

பெருச்சாளி, espèce de gros rat.

பெருஞ், P. பெரும், devant ஞ, grand, gros, important: — சட்டி grand plat, — bassin; — சாதாரணபாகம் le plus grand commun diviseur; — சாமை le millet panicum miliaceum; — சீரகம் la plante anœthum fœniculum; — செய்யான் espèce de scorpion; — செருப்புடை la plante croton plicatum; — சொல் rumeur, bruit public, chose que bien du monde connait.

பெருத்த, பெருத்தல், பெருத்து, part. n. v. et gér. de பெருக்கிறது: பெருத்திருக்கிறது, பெருத்திடல், grandir, se multiplier, devenir —, être grand, nombreux; பெருத்திருக்கிறது être rempli, devenu grand...

பெருந், P. பெரும் devant ந, grand, gros, considérable: — தகை roi —, homme magnanime, — bienveillant, — illustre, d'un cœur noble; — தக்காளி variété de la plante தக்காளி; — தண்ணீர்விட்டான் variété de l'arbrisseau asparagus racemosus; — தலை grande —, grosse tête, gros bonnet; grand —, personnage; — தலைகளெல்லாங்கூடினார்கள் tous les grands sont rassemblés; — தலைச்சிறையான் termite ou fourmi blanche à grosse tête; — தலையன் homme à grosse tête; — தன்மை grandeur, noblesse, excellence, honneur, décence, orgueil; — தாரா gros canard, i.e. oie; — தாளி grande plante grimpante et parasite, convolvulus maximus; — திசை les 4 points cardinaux; — திணை excès de luxure, dessein ou désir charnel, luxure coupable, rapt, viol, acte criminel commis avec une femme par violence; — திணைமணம் mariages qui ont rapport à la violence ou au rapt, ce sont les 4 derniers des எண்வகைமணம், d'autres mettent les 4 premiers; — தில்லை variété de l'arbre தில்லை; — தீனி, — தீன் grand repas, festin, banquet, abondance —, excès de nourriture; — தீனிக்காரன் gourmand, glouton, homme qui mange beaucoup ou avide de festins; — தும்பி la plante sida asiatica; — துளசி la plante ocymum gratissimum; — தேன் bon miel de grosses abeilles des montagnes; — தொகை grosse somme; — தொடை gros —, dessous de la cuisse. [seur.

பெருப்பம், (பெரு), épaisseur, gros-

பெருப்பிக்கிறது, v. caus. de பெருக்கிறது, faire grossir, — grandir, rendre gros, épais. [seur, grandeur.

பெருமம், (பெரு), épaisseur, gros-

பெருமன், (id.), ce qui est gros, épais.

பெருமாட்டி, fém. de பெருமான், dame, femme distinguée, — de haut rang, — de qualité, maîtresse de maison.

பெருமாள், (பெரும், ஆள்). Vichnou, homme distingué, — illustre, grand.

பெருமான், (பெரு), grand, — personnage, homme distingué, Vichnou, Siven, roi, gourou ou directeur spirituel, chef, — de maison, ancien.

பெருமிதம், 1° (id.), grande mesure, abondance 2° (பெரும், இதம்), grande joie, délice.

பெருமூறிறது, -மினேன், -மூவேன், -மு, -ம, v.n. பெருமுதல், n.v. (பெரு), se gonfler, être enflé, v.g. le ventre par la tympanite.

பெருமை, (பெரு, மை), grandeur, hauteur, élévation, gloire, dignité, excellence, gloire, plénitude, abondance, orgueil, arrogance, fierté, vanterie, vanité, ostentation, (l'adj. est பெரும், பெரு, பெரிய, பேர் devant une voyelle, grand): — க்காரன் homme fier, arrogant, vaniteux; — பண்ணு கிறது faire le grand, montrer de la grandeur, de la fierté; — பாராட்டுகிறது déployer de la —, exalter la grandeur, se vanter, se glorifier; — பாராட்டல் éloge, panégyrique, vanterie, fanfaronnade; — பெருத்தில் கமில்லாமலிருக்கிறது être sans orgueil et sans arrogance; — யழிகிறது la grandeur se perdre, l'arrogance être abattue: — யாய்ப்பேசுகிறது parler avec arrognace; — யுள்ளமனிதன் homme éminent, fier: பெருமைக்குக்கொடுக்கிறது ou செய்கிறது donner ou faire pour l'amour de la gloire, par vanité ou ostentation; அதுனக்குப் பெருமையல்ல cela n'est pas une gloire pour toi; இவனுக்குப்பெருமைமெத்த il a beaucoup de grandeur, il est très-arrogant.

பெரும, adj. de பெருமை, grand, gros, important, considérable: — பசளை espèce d'épinards: — பசலி la plante portulaca meridiana; — பஞ்சமூலம் les 5 grosses racines médicinales, savoir: வில்வவேர் racine de cratæva religiosa, பெருங்குமிழம்வேர் racine de l'arbre gmelina tomentosa, தழுதாழைவேர் racine de l'arbre clerodendrum phlomides, பாதிரிவேர் racine de l'arbre bignonia chelenoides, வாகைவேர் racine de l'arbre mimosa flexuosa; — படி manière grossière; — படியானவேலை ouvrage grossier; — படை nombreuse armée, assemblée —, troupe des prétendus dieux indeus: — பட்டைச்சீலை toile avec de longues barres de diverses couleurs; — பதக்கம், V. பெருமிதுன்; — பதம் nom d'une formule religieuse parmi les Vichnouvistes, (les Sivénistes disent மகாவாக்கியம்); — பதி grande ville, ville environnée de faubourgs, chef-lieu, bourg principal; — பயறு gros pois, grosse fève, variété de dolichos; — பயன் grand profit, — avantage, mérite; — பராக்கு grande distraction, négligence, insouciance; — பருந்து grand faucon, gros hibou; — பறவை gros oiseau, l'oiseau monstrueux et fabuleux à 8 pieds dit சரபம்புள்; — பற்றப்புலியூர் la ville au tigre très-affectionné, i. e. la ville de சிதம்பரம்; — பனைபன் espèce de petite vérole; — பாச்சொற்றி la plante பெரும்பாற்சொற்றி; — பாடு grande souffrance, i. e. flux de sang, menstrues excessives et qui durent long-temps; பாடுபடுகிறது être affligée de ces sortes de menstrues; — பாடுள்ளவள் femme qui les a, — qui a un flux de sang (comme l'hémorrhoïsse); — பாதகன், — பாம்பு espèce de gros ou de grand serpent; — பாலும் ordinairement, la plupart du temps, abondamment; அது — பாலும்வழக்கம் cela est généralement la coutume; — பாச்சொற்றி, — பாற்சொற்றி nom d'une plante; — பாவம் grand péché; — பாவி grand pécheur, grande pécheresse, nom d'une statue indécente que les païens promènent en temps de calamité d'une manière infâme pour apaiser la colère de leurs dieux; — பாழ்வெளி le vide, le grand vide, V. துவாதசாந்தம்; — பான்மை ordinairement, le plus souvent, la plupart du temps; — பிடி exaction, extorsion, injuste demande; — பிடியாய் violemment, par exaction, — extorsion; — பிராந்து, V. பெரும்பருந்து; — பிரண்டை, — புரண்டை variété de l'arbrisseau பிரண்டை; — பி

லை espèce de grand ulcère, cancer, V. இராசப்பிளவை; —பிக்கு la plante cucumis; —புலால் grosse viande, gros poisson; — புலி gros tigre, tigre royal; —புழுக்கல், —புழுக்கு forte—, grande cuisson;—புள் gros oiseau, hibou; — புறா gros pigeon, grosse tourterelle; — பூண் gros bijou où plaque ornée de bijoux qu'on porte sur la poitrine (en forme d'éphod;—பூழை guichet,—dans une porte;— பூளை la plante illecebrum javanicum; — பேச்சு bruit public, bruit ou mot connu de bien du monde, rumeur populaire; —பேர், —பெயர் grand nom, publicité, rumeur publique, notoriété; —பொங்கல் sacrifice—, pongul du village, —de la localité; — பொழுது les principaux temps de l'année, les 6 saisons indiennes, V. அறுபருவம்;—போகம் grande jouissance.

பெருவுகிறது, விழேன், வுவேன், வு, வ, v.n. பெருவுதல், n.v. et வாய்பெருவுகிறது, parler en dormant, rêver tout haut.

☞ பெல se met souvent pour பல: en conséquence voyez à la suite de ces initiales les mots qui ne se trouvent pas ici.

பெலக்கிறது, லத்தேன், லப்பேன், ல, லக்க, v.n. பெலக்குதல், பெலத்தல், n.v. (பெலம்), se fortifier, devenir fort, s'augmenter, V. பலக்கிறது: பெலக்க fortement; பெலக்கச்சொல்லுகிறது dire à haute voix.

*பெலக்குயம், பெலட்சயம், P. பலக்குயம், faiblesse.

*பெலசாலி, (பெலம், சாலி), homme fort, puissant...

*பெலட்சயம், V. பலக்குயம்.

பெலத்த, part. de பெலக்கிறது, fort, robuste.

பெலப்பிக்கிறது, பெலப்பித்தல், v. caus. de பெலக்கிறது, fortifier, rendre fort, affermir.

பெலப்பு, n.v. de பெலக்கிறது, force, secours, aide: பெலப்பெறுகிறது se fortifier, les forces venir.

*பெலம், P. பலம், force, vigueur, puissance: பெலாபலம், —ஈனம், —க்கேடு, —வீனம் faiblesse;—த்துவாரம், P. பலத்துவாரம்; பெலமிடி force, grand secours;—ப்படுகிறது,—ப்படுதல், se fortifier, se corroborer, s'affermir; —ப்படுத்துகிறது fortifier, corroborer, affermir.

பெலவத்தர், பெலவந்தர், P. பலவந்தர், les Puissances.

*பெலவந்தம், P. பலவந்தம், force, violence.

பெலவீனம், (பெலம், ஈனம்), faiblesse, manque de force, défaillance.

*பெலவான், P. பலவான், homme fort, vigoureux, violent.

*பெலன், P. பலன், force, vigueur, fermeté, avantage, fruit, gain, réussite, utilité, indulgence:—கொள்கிறது se fortifier, prendre des forces, réussir, profiter, user de vigueur, de violence.

*பெலேந்திரன், P. பலேந்திரன், homme fort, André.

*பெலி, P. பலி, sacrifice, offrande: பெலிபீடம் autel,—du sacrifice.

பெல்லாரி, la ville de Bellari.

பெக்கி,—த்தடி, V. பட்டைப்பிடி.

பெள், imp. de பெட்கிறது. [même.

பெள்ளா, பெள்ளாத, part. nég. du

பெறல், opt et n. v. de பெறுகிறது, obtention, enfantement, rencontrer, trouver.

பெறு பெறுத, part. nég. du même: பெறுவிலை prix que l'objet ne vaut pas ou prix qui ne le vaut pas, prix exorbitant, excessif, insuffisant, bas prix; ஒருகாசும்பெறுதவேலை ouvrage qui ne vaut pas une cache ou un liard.

பெறுகிறது, ற்றேன், றுவேன், று, ற, v.a. பெறுதல், n.v. obtenir, acquérir, gagner, trouver, engendrer, être le père, enfanter, mettre au monde, devenir mère, valoir, coûter, se rencontrer, (après un infinitif பெறுகிறது forme assez souvent le passif et a le sens de படுகிறது): ஆதாயத்தைப் — gagner, obtenir —, avoir du profit; ஆண்பிள்ளையைப் — mettre au monde un garçon; இதுபடுகிற பிரயாசத்தைப்பெறுது cela ne vaut pas la peine qu'on se donne, ou qu'il faut se donner; இத்தனைபெறுது

cela ne vaut pas tant; அறியப்பெறும் il est connu,on peut connaitre; சொல்லப்பெறும் on dit,on peut dire; காணப்பெற்றேன் j'ai pu voir ou connaitre. [valeur.

பெறுகை, n.v. du préc. obtention, பெறுத்தல், v.caus.de பெறுதல் faire obtenir. [juste prix,—estimation.

பெறுமதி,(பெறும்,மதி), valeur, பெறுமானம், (id. மானம்), valeur, estimation.

பெறும், part.fut. et 3me pers.neut. du fut.de பெறுகிறது, cela —, qui coûte,vaut..., coûtant,valant: எத்தனை—, என்னவிலை—, என்ன பெறும் combien vaut ou coûte cela?quel en est la valeur ou le prix: பெறுமான valant, coûtant, digne de: பெறுமானவன் homme digne estimable.

பெறுவது, n.app.du fut. de பெறுகிறது, pl. பெறுவ, ce que vaut, ce qu'on gagne, ce qui se rencontre, பெறுவ. ou. பெறுவது கொள்வோர், —கொள்வோர் celles qui reçoivent ce qu'elles valent, prostituées,femmes publiques; பெறுவது கொள்வாரும் கள்வரும் நேர் les prostituées et les voleurs se ressemblent.

பெறுவிக்கிறது, v caus. de பெறுகிறது faire obtenir, procurer.

பெற்ற, part.pass. de பெறுகிறது: —பிள்ளை propre enfant; அவள் —பிள்ளை son propre enfant, l'enfant qu'elle a mis au monde; இவன் கற்றவனாயினும் —மகனொன்றுமறியான் quoiqu'il soit savant,le fils qu'il a engendré ne sait rien: —வயிறெரிகிறது le ventre qui a enfanté brûler, les entrailles d'une mère être émues au sujet de son enfant; பெற்றவன் le père, celui qui a engendré, celui qui a reçu, obtenu,qui a; நன்மைபெற்றவன் celui qui a reçu du bien, —un bienfait; பேர்பெற்றவன் homme célèbre, qui s'est fait un nom: வரம்பெற்றவன் qui a reçu ou obtenu un don,un talent,une faveur; பெற்றவள் la mère propre, celle qui a mis au monde; பெற்றவர் ceux qui ont reçu ou obtenu, qui ont engendré,le père et la mère.

பெற்றம், l'espèce bovine, taureau,bœuf,vache, le signe du Taureau, le vent,mérite. V. பெற்றி.

பெற்றார்,பெற்றோர், n.app. de பெறுகிறது, ceux qui ont engendré, les parens,le père et la mère: பெற்றார்பிறந்தார் parens,pères et mères, frères et sœurs: எனக்குப்பெற்றாரும் பிறந்தாருமில்லை je n'ai ni père ni mère ni frères ni sœurs,ou je n'ai ni père ni mère ni enfans; பெற்றார்க்கின்பங்கற்றவனுமில் (un fils), s'il est savant,fait les délices de ses parens.

பெற்றி,பெற்றிமை, état,manière, nature,qualité, disposition innée.

பெற்று, gér.de பெறுகிறது: பெற்றிடல், acquisition,obtention,enfantement.

பென்னம், particule qui se met devant பெரிய pour signifier le superlatif: —பெரிய très grand; —பெரிய முலை très-grande mamelle; —பெரிது chose très-grande.

பென்னான், (பென்னம்), grand.

பே, 1° lettre syllabique composée de ப் et de ஏ, pè long. 2° (P. பேனம்), écume. 3° (bé persan), non, sans: —பந்து sans-ordre; —பாக்கி sans arriéré. [age.

*பேகம், (bhêka), grenouille,nuage.

*பேகன், 1° (id.), grenouille mâle. 2° un des 7 de la dernière classe des personnages célèbres par leur libéralité dits வள்ளல்.

*பேகி,(bhèki).grenouille femelle.

*பேசகம், (pètchaka), hibou, nuage,racine —, bout de queue d'éléphant, lit,pou,porte.

*பேசகி.(பேசகம்),éléphant.

*பேசலம்,1° (pêsala). dextérité, aptitude, convenance beauté, fraude.2° (பேச,அலன்),mutisme.

பேசலன், (பேச,அலன்), muet.

பேசல், opt.et n.v. de பேசுகிறது, langage,parole, parler,dire: பேசனவெழுமோசை bruit des paroles,bruit de sons articulés,bruit d'une multitude qui parle.

பேசா,பேசாத,part.nég.du même:

பேசாதபேச்சு paroles indécentes, —qu'on ne doit pas prononcer.

*பேசாமை*, *n.v.nég. du même*, silence, mutisme.

***பேசி**, 1° (pèsi), foudre, œuf, bouton de fleur, boule de—, chair, nerf, muscle, habit, fourreau, nom d'une rivière, —d'une diablesse. 2° *gér. de* **பேசுகிறது**. [non peuplé.

பேசிராக்கு, (*pers.*), village désolé,

*பேசிலம், (pètchila), éléphant.

**பேசு**, 1° *imp. et part. de* பேசுகிறது. 2° *ou*

*பேசுவம், பேசுவி, 1° (pètchou, la, li), la racine mangeable arum colocasia.

**பேசுகிறது**, சினேன், சுவேன், சு, ச, *v.a.* பேசுதல், பேசுதல், *n.v.* parler, dire, discourir, converser, injurier: பேசாதே ne parle pas, tais-toi; பேசாமலிருக்கிறது ne pas parler, garder le silence, se taire: பேசிக்கொண்டிருக்கிறது, —க்கொண்டிருக்கிறது tenir conversation, s'entretenir, parler avec, converser ensemble; பேசிவைக்கிறது parler pour persuader, mettre après avoir parlé: பேசுகிறஎத்தனம் intention de parler; —காரியம் la chose dont on parle, sujet du discours ou de la conversation; —வகை moyen de parler, *ou* —விதம் manière de parler: ஒருத்தருக்காக *ou* ஒருத்தருக்கொன்று பேசுகிறவன் celui qui parle pour quelqu'un, avocat, médiateur.

*பேசுவாய்*, (பேசு, வாய்), bouche qui parle, celui qui porte la parole, titre du 1er ministre des rois de Tanjaour.

*பேசுவாயன்*, (*id.*), orateur, harangueur, avocat, celui qui porte la parole pour les autres, grand parleur, embouchure. [வெறும்பு.

*பேச்சக்காவெறும்பு*, *P.* பேய்க்கா

*பேச்சல்*, *P.* பேசல், action de parler, discours, langage.

*பேச்சாளி*, (பேச்சு, ஆளி), homme fidèle à sa parole, grand parleur.

**பேச்சு**, *n.v.de* **பேசுகிறது**, parole, mot, discours, langage, langue, conversation, propos, rapport, rumeur, mauvais bruit: பேச்சுதப்புகிறது la parole manquer, manquer à sa parole; பேச்சுமுடிகிறது la parole cesser, se taire. பேச்சுமூச்சு silence; பேச்சுமுடிவு fin du discours, décision, détermination; பேச்சற்றவன் homme silencieux, qui a perdu la parole, qui ne peut parler, - ne peut répondre, qui garde le silence, menteur, qui manque à sa parole; பேச்சுக்கூட்டுத்துணை compagnon pour parler; பேச்சுறுதி fidélité à sa parole, certitude d'un rapport ou d'un propos; பேச்சுக்கொருதுணை compagnon pour parler; பேய்க்குங்கூடப்பேச்சுக்கொருதுணை வேணும் le diable aussi a besoin d'un compagnon pour parler;— க்காரன் parleur orateur, homme éloquent;—க்குற்றம் faute dans le discours, dans les mots; —க்குற்றஞ்சாட்டுகிறது accuser de faute dans le discours, d'avoir mal parlé;—க்கொடுக்கிறது entrer en—, entretenir la conversation, parler, converser,—longuement:—தப்புகிறது manquer à sa parole, la parole manquer: அவன்—தீர்ந்தது son histoire est finie, il est mort; —த்துணை compagnon pour parler;—நடக்கிறது un bruit se répandre, la conversation marcher son train,—rouler sur, converser, parler d'une affaire:—நாணயம் fidélité à sa parole;—பிடுங்குகிறது faire parler, tirer les paroles ou les secrets d'une personne;—பிடுங்கக்கேட்கிறது faire des questions pour sonder quelqu'un ou pour arracher ses secrets; —பிறக்கிறது un bruit commencer à se répandre:— பேச்சாயிருக்கிறது n'être que rumeurs, que conversation, avoir de faux bruits; — பொசனப்பேசுகிறது parler avec ordre,—bien et avec modestie, dire chaque chose séparément; — மிகமிஞ்சிப்பேசுகிறது blâmer quelqu'un, parler excessivement: - மூச்சில்லாமலிருக்கிறது être sans parole et sans respiration, - presque mort, - வளர்க்கிறது entretenir—, prolonger la conversation; —வாயன் grand parleur; —வார்த்தை parole, discours, conversation, discussion; அவனுக்கு ப் —வார்த்தையில்லை il a perdu la parole (il est presque mourant); தங்களுக்குள்ளே —வார்த்தையில்லை ils ne se parlent pas,(ils ont de la rancune); பேச்சைக்கட்டுகைக்கிறது garder le silence; பேச்சிலேகுற்றங்கண்டு பிடிக்கிறது trouver des fautes,des défauts dans le discours; பேச்சிலே விக்கியாசம்பிடிக்கிறது trouver des contractions —, trouver à redire dans le discours; பேச்சிற்கெட்டிக்காரன் orateur, habile —,beau parleur; உன்பேச்சு ஊரிலேகெட்டபேச்சாயிருக்கிறது on dit bien de mauvais bruits sur ton compte dans la ville.

*பேஷஜம், (bhèchadja), remède, médicament: பேஷஜாங்கம், (அங்கம்), ce qui sert de véhicule pour un remède.

*பேஷணம், பேஷணி, (pèchana,ni) broyer,réduire en petits morceaux, —en poudre, meule manuelle dite திரிகை, pierre à broyer dite அம்மி.

பேஷ், (pers.),bon,propre, le meilleur. [but.

பேஷ்கஷ், (pêchkach, id.), tribut.

பேஷ்கார், (pèchkâr, mot persan), bèchcar, employé de la perception des impôts sous le தாசில்தார், et en plusieurs endroits sous l'amildar.

பேஷ்கி, (pèchgui, pers.), avance, argent avancé.

பேஷ்வா, (pêchvâ, id), guide, conducteur, le Pêchva ou premier ministre du roi des Marattes,qui ensuite s'empara du trône.

பேஜா, impropre, inexact.

*பேடகம், (pètaka),corbeille, panier,multitude.

*பேடணம், V.பேஷணம்.

*பேடம், 1° (pèta),panier.2° (bhèda), radeau, mouton, V.வெள்ளாடு.

பேடன்,pl.பேடர், (பேடு), hermaphrodite,—mâle.

பேடாடல்,(பேடு, ஆடல்),danse de femme ou d'hermaphrodite, — de Kâmen.

பேடி,1°(பேடு),pl.பேடிகள்,hermaphrodite, —tenant plus de la femme: —யெழுத்து lettre ni mâle ni femelle,lettre gutturale comme ஃ. 2° fém.de பேடம், brebis.

*பேடாகம்,பேடிகை, (pêtâka, —ikâ), corbeille, panier.

பேடிசம்,enchantement, fascination, trouble: பேடிசவித்தை art de la fascination. [dites.

பேடியர்,pl. de பேடி,hermaphro-

பேடு, hermaphrodite, femme,femelle des oiseaux, danse de Kâmen, ville, affixe qu'on joint aux noms de villes: —முகம், — முகதி visage de femme, — efféminé.

*பேடை, 1° (pètâ), corbeille, panier. 2° femelle des oiseaux.

பேட்டி,(ind.),entrevue—,accès—, audience d'un grand, attendre la venue d'un grand:—கொடுக்கிறது donner audience; —பண்ணுவிக்கிறது procurer l'accès d'un grand.— une audience: சனக்கத்துரைகா பேட்டிகொடுக்கவில்லை ce gouverneur ou ce monsieur ne m'a pas donné audience.

பேட்டை, faubourg,village près d'une ville (dans lequel se tient un marché ou une foire), affixe qui se joint aux noms de villages près d'une ville. (Les Anglais écrivent pettah,et les Français peth.

பேணகம்,espèce de pâtisserie.

பேணம்,பேணாது,(பேணுகிறது), soin, entretien.

பேணலர்,(பேண்,அலர்), ou

பேணார்,n. app. nég. de பேணுகிறது, ennemis.

பேணல், opt.et n.v. de பேணுகிறது,désir,grand désir,amour, grand —,soin, entretien, support, conservation,intention, diligence, indication, honneur, respect.

பேணுகிறது, பேணினேன், பேணுவேன், ணு ou ண்,ண, v.a. பேணுகை,பேணுதல், n.v.soigner,— beaucoup,choyer, conserver,nourrir,entretenir,chérir, aimer,honorer, respecter, marquer, indiquer, désirer,

=ardemment; [illegible] — aimer et honorer Dieu; [illegible] sois soin de —, honore tes père et mère; [illegible] ordonner de soigner...; [illegible] ne pas soigner...; [illegible] se bien choyer; [illegible] élever avec beaucoup de soin et d'affection: [illegible] une femme légitime chérit et soigne son mari, une femme étrangère (une prostituée) soigne son propre corps.

பேண், 1° soutien de balance. 2° *imp. et part. du préc.*

*பேதகம், (பேதம், ka), différence, division, discorde, contradiction: பேதகவெண்ணி borax; — மறுத்தல் titre d'un ouvrage de Beschi, réfutation du pamphlet des Protestans intitulé வேதவிளக்கம். [brise—, divise, coupable.

*பேதகன், (id.), malfaiteur, qui பேதகமை, P. பேதகமை.

*பேதம், (bhêda), différence, division, désaccord, discorde, contradiction, incohérence, haine, ruse politique ou stratagème qui consiste à mettre la division parmi ses ennemis et qui est un des சதுருபாயம், un des 28 livres des Sivénistes: பேதம்-ம trois divisions ou différences, savoir: 1° சுபேதம் ou சுகதபேதம் différence dans la chose elle-même ou entre les différentes parties d'une chose, v. g. entre les branches, les feuilles, les fleurs, les fruits d'un arbre. 2° சசாதிபேதம் ou சசாதிபேதம் différence dans son genre, comme entre un arbre et un autre d'espèces différentes. 3° விசாதிபேதம் différence entre 2 choses de natures différentes, comme entre une pierre et un arbre; பலவகைப்பேதம் diverses espèces de conditions ou d'états différens: — பண்ணுகிறது faire une différence, mettre de la différence, mettre la division, la discorde: பேதவாதம் sorte sivéniste dissidente ou de la différence; — சா திரம் le 3$^{me}$ des சாஸ்திரம். Voyez en les explications à ce mot; — பதார்த்தவாதம் croyance à la réalité des différens êtres du monde, (par opposition à la croyance que chaque chose est Dieu): சாமபேததானதண்டம் paix, division, présens et châtiment ou tribut et guerre, V. சதுருபாயம்.

பேதிக்கிறது, பித்தேன், பிப்பேன், பி, பிக்க, v. n. et a. பேதித்தல், n. v. différer, être différent, s'éloigner, se retirer, reculer, hésiter, tergiverser, être indisposé, indimidé, découragé, irrésolu, nier, diviser, mettre la division entre les ennemis: சத்துருவைக்கண்டவுடனே அவனுக்குமனம்பேதித்தது aussitôt qu'il vit l'ennemi le cœur lui manqua; பேதிக்கப்பண்ணுகிறது mettre en divergence, — la division, décourager, déconcerter.

பேதிப்பு, பேதிகை, n. v. du *préc.* différence, division, hésitation, tergiversation, découragement.

*பேதனம், (பேதம், na), division, séparation.

பேதா, pion, — de police.

*பேதாபேதம், பேதாபேதம், (பேதம், அ, அபேதம்), diverses différences, union de choses séparables comme l'âme et le corps; பேதாபேதமாயிருக்கிறது être unis, mais capables de séparation.

பேதாரு, graine de coignassier.

*பேதி, 1° (பேதம்), différence, diversité, ce qui divise, dissolvant, homme différent, dissident, purgatif, purge, évacuation, diarrhée, cours de ventre, choléra, plaine, plein air, mercure ou vif-argent, l'arbre பிரம்பு, rotin. 2° *imp. de* பேதிக்கிறது: on compte 5 espèces de minéraux qui peuvent dissoudre d'autres corps, savoir: அன்னபேதி vitriol vert qui dissout le riz cuit et le réduit en eau; மாம்சபேதி le minéral qui dissout la chair; பொன்பேதி celui qui dissout l'or; அஸ்திபேதி ocre de fer qui dissout les os; சலபேதி ou சப்பேதி minéral qui dissout les pierres; பேதிக்கொள்கிறது le cours de ventre—, le coléra se déclarer; —யாகிறது aller à la selle, avoir le cours de ventre: —காரி espèce de coloquinte dite பேய்க்கொம்மட்டி qui est un purgatif, purgatif en général; —பண்ணுகிறது aller à la selle, avoir le cours de ventre, purger; —மருந்து purgatif; புளிப்பாக்குகிறது purger; பேதிக்குக்கொடுக்கிறது donner une purge,— un purgatif; பேதிக்குக்குடிக்கிறது,—வாங்குகிறது boire —, prendre un purgatif, se purger.

பேதிக்கிறது, ந்தேன், ப்பேன், க்க, v.n. et a. (பேதி), பேதித்தல். n.v. évacuer, avoir le cours de ventre, aller à la selle, différer, s'altérer, changer, devenir—, être différent, altéré, changé, varié, divers, se dissoudre, se diviser, haïr, diviser, diversifier, mettre de la différence, changer; வயிறு— le ventre aller,— se décharger, avoir le cours de ventre; மனம்— la volonté changer, être altéré, indisposé; காரியம்பேதித்துப்போகிறது une chose changer,— changer de face; பேதிக்கப்பண்ணுகிறது séparer, diviser, aliéner, changer; இருவரை—,ou பேதித்துக்கேட்கிறது sonder—, dissuader quelqu'un, le dissuader et chercher à connaitre ses sentimens.

பேதிப்பு, n.v.du préc. différence, altération.

பேது 1° (indoust.), secret, enquête secréte. 2° confusion—, trouble d'esprit, distraction: பேதுறல், பேதுறுதல், பேதுறவு, (உறல்), trouble, égarement d'esprit, ou பேதுறுகிறது se troubler, avoir l'esprit troublé, égaré.

பேதை, homme—, ignorant, niais, simple, candide, timide, dans son naturel, pauvre, hermaphrodite, femme, fille,— de 7 ans, callou ou jus de palmier....

பேதைமை, (பேதை, மை), ignorance, simplicité, timidité, niaiserie, pauvreté, nature:—யகற்று dissipe—, éloigne l'ignorance; பேதைமை மாதர்க்கணிகலம் la simplicité est l'ornement des femmes.

பேதையர், pl. de பேதை, ignorans, gens simples,— bas, vils, pauvres, filles de 7 ans, femmes d'un pays stérile.

பேத்தி, P. பேர்த்தி, petite-fille, fille du fils ou de la fille: பேத்திமார் petites-filles.

*பேத்துவம், (pètva), ambroisie, beurre fondu, petite part.

பேத்தை, nom d'un poisson, enflure, attaches de tambour, V. பத்பே த்தை: —பற்றுகிறது attraper—, avoir un gros ventre.

பேபத்து, 1° (ind. பே), sans ordre. 2° (pers.) non assuré, en sureté.

பேபாக்கி, (id.), sans arriéré, il n'y a pas d'arrérages.

பேமுரவச, (id.), sans pitié, sans égard.

பேம், crainte.

*பேயம், (pèya), eau, lait, cange, eau de riz, chose potable, décoction, tisane,— passée au couloir.

பேயன், (பேய்), démoniaque, fou, homme enragé, endiablé: —வாழை espèce de banane, fruit médicinal.

பேயின்சாபு, (arab.) injustice.

*பேயூஷம், பேயூடம், (pèyoûcha), ambroisie, lait d'une vache qui a vêlé il y a 7 jours, beurre frais.

பேய், démon, diable, esprit malin, démoniaque, fou, (devant des noms de plantes et d'animaux) sauvage, mauvais, enragé: பேயோடாடி celui qui danse avec le diable, i.e. Siven; குலப்பேய் démon—, esprit familier; —அகற்றுகிறது chasser le démon; —அத்தி espèce de figuier sauvage, ficus dæmonum; —அவரை espèce de pois sauvage dit காட்டவரை; —அறிவு mince intelligence, faible—, petit esprit; —ஆடி démoniaque, diseur de bonne aventure, sorcier, devin, —ஆடுகிறது danser comme un —, être possédé, faire le démoniaque, prendre une figure de démon; —ஆட்டம் danse de diable, désordre, confusion, comme un—, en démon;—ஆட்டி magicien, devin, sorcier;—ஆட்டுவிக்கிறது faire prendre une figure de démon, faire danser comme un—, rendre possédé,—démoniaque;—ஆமணக்கு ricin sauvage;—ஆவிரை la plante médicinale cassia occidentalis;—உள்ளி oignon sauvage, squille ou scille;—உறைகிறது le diable habiter,—venir habiter;—ஊமத்தை la plante மருளூமத்தை;—ஏற்றுகிறது,—ஏவிவிடுகிறது envoyer le diable quelque part où posséder quelqu'un, rendre possédé, faire venir le diable;—ஓட்டி qui chasse le diable, exorciste, nom d'un arbre;—ஓட்டிவிடுகிறது,—ஓட்டுகிறது chasser le diable, exorciser;—ஓணான் espèce de caméléon;—க்கண்ணன் regard effaré;—க்கண்டல் l'arbre rhizophora mangle;—க்கரும்பு roseau dit canne à sucre sauvage, saccharum arundinaceum;—க்காடு forêt—, désert du diable,—habité par le diable;—க்காலெறும்பு petite fourmi noire à longues pattes;—க்காளான் champignon sauvage,—mauvais;—க்குணம் caractère diabolique,—méchant,—intraitable;—க்குதிரை cheval sauvage,—intraitable;—க்குமட்டி,—க்கும்மட்டி,—க்கொம்மடி,—க்கொம்மட்டி coloquinte, cucumis colocynthis;—க்குறை poursuite du diable, obsession;—க்குன்றி variété de l'arbrisseau குன்றி;—க்கூடன்டு lieu où l'on apprend la jonglerie;—க்கோலம் appareil—, aspect misérable, accoutrement—, figure diabolique;—க்கோலங்கொள்ளுகிறது,—க்கோலமாயிருக்கிறது prendre—, avoir la figure d'un démon, se déguiser—, être déguisé en diable, paraître misérable;—ச்சத்தம் tintamarre—, musique diabolique, dissonance, mauvais son;—ச்சாளை espèce inférieure de சாளை ou sardine;—ச்சிலை idole—, statue de démon;—ச்சுரை espèce de சுரை ou courge amère;—த்தக்காளி la plante வருனை தக்காளி solanum lycopersicum.

—த்தண்ணீர் eau du diable, *i.e.* liqueur enivrante;—த்தனம் diablerie, caractère diabolique, état de diable, ignorance;—த்தாழை espèce sauvage de தாழை ou pandanus;—த்துமிட்டி,—த்தும்மட்டி coloquinte;—த்தும்பை la plante phlomis zeylanica;—த்தேர் char du diable, mirage, apparition fantastique d'un char ou d'une procession de diable;—த்தொடர்ச்சி obsession du diable;—நரி renard enragé;—நாய் chien enragé;—பிடிக்கிறது le diable s'emparer de quelqu'un, le posséder;—பிடித்தவன் possédé,—du démon, démoniaque;—ப்பசளி,—ப்பசளை,—ப்பயலை espèce sauvage de பசளை ou épinards;—ப்பயல் méchant enfant, lutin, mauvais drôle;—ப்பலவன் la plante பலவன் ou பலுவன்கிரை;—ப்பள்ளி lieu où l'on apprend la magie;—ப்பாகல் espèce sauvage de பாகல் ou momordica;—ப்பாச்சொற்றி,—பாற்சொற்றி espèce sauvage de பாச்சொற்றி;—ப்பார்வை air effaré,—diabolique,—de possédé;—ப்பிடி prise vaine, possession du démon;—ப்பிரப்பு espèce de rotin sauvage;—ப்பீர்க்கு espèce de concombre amer non mangeable;—ப்புடல்,—ப்புடோல் variété très-amère de la plante புடோல், trichosanthes laciniosa;—ப்புத்தி esprit diabolique,—méchant, folie;—ப்புல் l'herbe கணைப்புல் ou ஓட்டுப்புல்;—ப்பேயாயிருக்கிறது être rempli de démons,—comme des démons, être divisé, séparé, en désordre, misérable;—ப்பேயென்கிறது s'écrier un démon, un démon, un spectre, un spectre (par effroi), la brebis bêler;—ப்போக்கு conduite désordonnée, marcher sans ordre,—comme les démons;—மகன் fils du diable, *i.e.* méchant;—மருட்டி la plante nepeta malabarica dite aussi இருட்டுப்பேய்மருட்டி;—மனம் volonté ou esprit diabolique, qui se lamente;—லாடி la plante புளிநறளை;—முகம்,—மூஞ்சி visage de diable,—

ou masque hideux: —முசுட்டை variété sauvage de la plante முசுட்டை: —முல்லை espèce sauvage de முல்லை ou jasmin; —முன்னை l'arbre celtis orientalis: —மெய்த்தகரு, V. பேய்க்கரு: — வித்தை science diabolique, i.e. sorcellerie; —வெருட்டி nom d'une plante; பேய்க்குப்பாரக் கிறது, பேயைத்துரத்துகிறது chasser le diable; உலகத்துக்குஞானம் பேய், ஞானத்துக்குலகம்பேய் pour le monde la sagesse est un démon, et pour la sagesse le monde est un démon, la sagesse et le monde sont ennemis l'un de l'autre.

பேய்ச்சி, *fém. de* பேய், diablesse, démon femelle, femme méchante, endiablée, démoniaque, insensée ou à demi folle.

*பேரண்டம், 1°(phèranda), chacal, renard. 2° (பேர், அண்டம்), le monde.

*பேரம், பேரவம், (phèra, rava), chacal.

பேரன், (பேர்), celui qui porte le nom (*sous-entendu*) du grand-père, *i.e.* petit-fils, (au sud de la presqu'île, par abus) grand-père: பேரப்பிள்ளை petit-fils, petite fille, fils ou fille du grand père.

பேரா, 1° ou பேராத, *part.nég.de* பேர்கிறது, 2° (பேர், ஆ P. ஆம்), grand: —மல்லி —மல்லிகை espèce de jasmin, jasminum undulatum; —மட்டி, —முட்டி la plante pavonia odorata.

பேராளர், (பேர், ஆள்), grande personne, bon ouvrier, V. மூப்பர்.

*பேரி, பேரிகை, (bhèri, kâ), gros —, tambour, grosse caisse, timbale.

பேரிடு, liste, table, index, mémoire. [terre.

பேரீஜ், (*pers.*), taxe, impôt d'une

பேரில், பேரிலே, *abl. de* பேர் sur, touchant, concernant: அவன்பேரிலே பாடு chante-le, -sur lui: எதின்பேரில் லேசண்டைபண்ணுகிறார்கள் au sujet de quoi se querellent-ils?

பேரீச்சு, la plante வட்டத்திருப்பி.

*பேரு, 1° (pèrou), mer, soleil, feu, la montagne d'or. 2°(phèrou), chacal.

பேருழவு, (பேர்), silon, guéret.

*பேரோசகம், (pèrôdja), turquoise, pierre bleue.

பேர், 1° *adj. de* பெருமை *devant une voyelle*, grand. 2° *P.* பெயர், nom, personne, renommée, réputation. 3° *imp. et part. de* பேர்கிறது *et imp. de* பேர்க்கிறது: —அகத்தி grande espèce de l'arbre அகத்தி; —அடிபடுகிறது le nom devenir célèbre, la renommée se répandre; —அணி gros bataillon, corps —, centre de l'armée; —அணி யிலேவிழுந்துவெட்டுகிறது tomber sur le centre de l'armée et tailler en pièces; —அணிகலம் gros bijou qu'on porte sur la poitrine, V. பேருக்குபுள்ள, la plante சிறுகீரை; —அமட்டி, —அமுட்டி, P. பேராமுட்டி; —அம்பலம் une des salles ou சபை du temple de சிதம்பரம்; —அரண் grande citadelle, vaste fort; —அரத்தை la racine médicinale alpinia galanga major ou costus; —அருள் grande bonté ou miséricorde, un des எண்குணம்; —அவரை large espèce de pois; —அவியல் forte cuisson; —அழகு grande beauté; —அளவு grande —, forte mesure; —அறிவு grande intelligence, —connaissance, esprit mûr; —அறிவாளர்மை grande science; —அறிவாளர் grand savant; — அறுகு espèce d'herbe panicum ischœmoides; —அன்புடைமை grande affection, —bonté, c'est une des 8 qualités de la charité dites அறத்துறுப்பு-அ; —ஆசை grand désir; — ஆட்டி grande dame, femme illustre; —ஆண்டு grande année ou cycle de 60 ans; —ஆண்மை magnanimité, exécution de grandes choses; —ஆந்தை gros hibou, V. கோட்டான்; —ஆமணக்கு la grande espèce de ricin ou ricin à fruits doux au toucher, ricinus inermis; —ஆரம் gros bijou, précieux joyau; —ஆலவட்டம் espèce de grand éventail; —ஆழி grande mer, océan; —ஆழியான் le père de திருவள்ளுவர் d'அவ்வையார் et autres; —ஞானம் la 5ᵐᵉ constellation dite மிருகசீரிடம், ou —ஞானி homme illustre, —renommé; —ஆனந்தம் grande joie, joie du paradis; —இடி grand bruit, fort tonnerre; —இடிமுழக்கம் fort tonnerre, grand bruit, — retentissement, — éclat de tonnerre; —இடுகிறது donner un nom, nommer; —இயாழ் grand luth, une des 4 espèces de luths; —இலக்கம் grand nombre, nombre entier, sans fractions (opposé à சிற்றிலக்கம் fraction); —இளம்பெண் grande jeune femme, femme de 40 ans; —இனமாற்று réduction en espèces plus grandes comme de caches en anas et roupies; —இன்பம் grande joie, délices des choses divines, bonheur suprême, — infini, — céleste, — du paradis (opposé à சிற்றின்பம் plaisir léger, sensuel, impur); —இன்பம்வேண்டில்சிற்றின்பம்வெறுக்க si vous désirez le bonheur suprême du paradis, rejetez les plaisirs sensuels; —இன்பக்காதல் désir des joies célestes, nom d'un poème chrétien; —இன்பத்தாசையினாற் சிற்றின்பத் தாசைவிடு par le désir du bonheur céleste quitte le désir des plaisirs sensuels; —ஈச்சு, —ஈஞ்சு, —ஈந்து dattier; —ஈச்சம்பழம் datte; —உணவு, —உண்டி excès dans le manger, gourmandise; —உப்பி la plante salicornia indica dite aussi பவளக் காலி; —உறுதி grande fermeté, ferme espérance, preuve certaine; —ஊர் grande ville, ville qui a des faubourgs, gros bourg; —ஊழி fin suprême, destruction faite, selon les Indou, par Routtiren; —எடுக்கிறது acquérir —, se faire un nom; —கெடுகிறது devenir célèbre, notoire, le nom se perdre; —எண் grand nombre, nombre entier, 2 strophes chacune de 2 vers de 4 pieds; —எண்ணொத்தாழிசை vêmbâ de 8 vers; —எழும்புகிறது devenir célèbre, connu, le nom se répandre, — être exalté; —எள் grande espèce de sésame; —எடு espèce de feuilles de comptes; —ஒலி grand bruit; —ஒளி grande lumière; —ஓலக்கம் grande assemblée, — pompe (de la cour d'un roi...); —ஓசை grand bruit, son bruyant; —கல் un des 22 espèces de mineraux, dit aussi சித்திரகோலாசம்; —குறி marque du nom, — qui sert de signature; —பட்டி liste —, registre de noms; —தரிக்கிறது donner —, porter un nom.

பெயர்ச்சி, V. பெயர்ச்சி.

பெயர்த்தி, *fém. de* பெயரன், *ou* —ப் பெண், celle qui porte le nom (*sous-entendu*) de la grand'mère, *i.e.* la petite fille, V. பேத்தி, (dans le sud par abus), grand'mère.

*பேலகம், 1° (bhèlaka), radeau. 2° (phêlaka), restes.

*பேலம், 1° (pèla), petite part, testicule, s'en —, aller. 2° (bhèla), radeau.

*பேலவம், (pèlava), douceur au toucher, chose polie, délicate.

*பேலன், (bhèla), homme ignorant, insensé, peureux, timide, inconstant, Pèlen mouni auteur de quelques ouvrages de médecine.

*பேலி, 1° (pèli), cheval. 2° ou

*பேலிகை, பேலை, (phèli, kâ, phèlâ), restes.

பேழுகிறது, பேழ்ந்தேன், பேழுவேன், பேழ, ல, v.n. பேழுதல், n.v. aller à la selle, (un enfant) chier, (*terme bas.*)

பேவாரிசு, பேவாரிசி, (*pers*) non réclamé, sans propriétaire, — maître; —சொத்து propriété non réclamée.

பேழை, boite, malle, caisse, coffre, cassette, panier.

பேழ், 1° grandeur. 2° *adj.* P. பேர், grand; பேழ்வாய் large bouche.

பேறு, *gén.* பேற்றின், *obl.* பேற்று, *n.v. de* பெறுகிறது, couches, accouchement, portée, temps —, ordre de la naissance, profit, gain, chose obtenue, mérite, réussite, don, faveur, dignité, prospérité, honneur, bonheur, béatitude, heureuse fin, — destinée, manière; —காலம் temps des couches, de l'accouchement; —காலை [illegible]

வாகிறது le temps des couches arriver; — செல்லாமற்பெறுகிறது accoucher avant le temps: —சென்று பெறுகிறது accoucher à terme, — au temps voulu; —தேரக்காக்கசெய்கிறது faire l'office de sage-femme; —பெறுகிறது mériter, obtenir le mérite, — une dignité, — le bonheur; பேறு mérite, obtention de mérite; பேறுண்டாயிருக்கிறது être enceinte, — grosse; முதற்பேறு, முதற்பேறுள premier né; நாலாம்பேறு le 4me dans l'ordre de la naissance.

பேற்று, *obl. du préc.*: —க்காலம் temps de l'accouchement. [றது.

பேற்றுவிக்கிறது, *corr. P.* பெற்றுவி

*பேனம், (phêna), écume, vapeur, *ou*

*பேனகம், (பேனம், ka), os de sèche, qu'on suppose être l'écume durcie de la mer.

பேனகை, (*id.* kâ), fruit du savonnier dit பேனிலம். [vapeur.

*பேனதை, (பேனம், tâ), écume.

*பேனவாகி, (பேனம், vâhi *qui porte*), foudre, la foudre d'Indiren qui, au dire de la fable, se servit de l'écume de la mer pour foudroyer un démon.

*பேனன், (பம், இனன்), le roi des étoiles, le soleil, la lune.

*பேனக்கிரம், (பேனம், அக்கிரம்), bulle d'air, — d'eau.

*பேனசனி, (*id.* அசனி), celui qui s'est servi, dit-on, d'écume pour foudre, *i.e.* Indiren. [mélasse.

*பேனிகை, (*id.* ikâ), écume de

*பேனிலம், (*id.* ila), écume, savonnier sapindus detergens.

பேன், poux: —பார்க்கிறது chercher —, ôter les poux, épouiller; —குத்துகிறது écraser —, tuer les poux.

பை, 1° lettre syllabique composée de ப, et de ஐ, paï. 2°*(bhâ), lumière, splendeur, rayon, beauté, ombre du gnomon. 3° bourse, sac, valise, vessie, intestin, matrice, animaux vivipares (une des 4 espèces de naissances dites தோற்றம் ச), couleur, — verte, verdeur, vert, lenteur, douceur, — au toucher, doucement, mollement, la tête étendue ou chaperon du serpent capelle 4° *imp. de* பைக்கிறது. [lant.

பைகலிஞு, inspecteur, surveil-

பைகோ, பைகோவு, பைகோஷை, le royaume du Pégou: பைகோக்குட்டம் petit cheval du Pégou; பைகோ வைச்சிவப்பு rubis du Pégou.

*பைக்ஷம், *P.* பைக்ஷம், aumône.

பைக்கிறது, பைத்தேன், பைப்பேன், பை, பைக்க, *v.n.* (பை), பைத்தல், *v.v.* பைக்கும், *part. fut.* verdir, devenir —, être vert, le serpent capelle élever et déployer sa tête, se mettre en colère.

பைக்கூடை, (பை), bourse, sac, valise, sachet. [monnaie.

பைக்கோ, (*mahratte*), argent,

*பைக்ஷம், (bhaïkcha), aumône, mendicité, mendier: பைக்ஷாசனம், —சரிகை mendier, demander l'aumône: —ஜீவிகை vivre d'aumône; பைக்ஷாகாரன், (ஆகாரம்), mendiant, —qui vit d'aumône.

பைம், *P.* பைம் *devant* ஈ, vert: —கண் œil vert, place verdoyante, — fraîche; —காய் fruit vert, non encore mûr; —கிளி perroquet vert; —கூழ், 1° moisson verdoyante, — croissante. 2° maladie.

பைசந்தி, une des 4 espèces de sons dits வாக்கு-ச, celui qui vient de la poitrine.

பைசல், (*ind.*), jugement, sentence, arrangement, accommodement: இந்தக்காரியம்— ஆயிற்று cette affaire a été jugée, décidée. [ard.

பைசா, (*ind.*), monnaie, cache, li-

*பைசாசம், (பிசாசம்), diable, démon, fer, *V.* பைசாசமணம், *ou* பைசாசநிலை attitude où l'on se tient sur un pied ayant l'autre plié, ce qui est un des 4 யுத்தநிலை, *V.* au mot நிலை; —மணம் mariage diabolique, viol d'une femme endormie.

*பைசாசி, (*fem. du préc.* diablesse, démon femelle, géante. [pantoufle.

பைசாக், (*ind.*), soulier, savatte,

*பைசுனம், பைசுன்னியம், (பிசுனன்), avarice, espionnage, rapport malin.

பைஞ்ஞீலம், 1° (பைம், நீலம்), bleu verdâtre. 2° ou பைஞ்ஞீல் population, ou பைஞ்ஞீலத்தொகை dénombrement—, total de la population. [nom d'une ville dédiée à Siven.

பைஞ்ஞீலி, (பைம், நீலி). Païgnili,

*பைண்டின்னியம், (païndinya), mendicité, vivre d'aumônes.

பைதல், 1° affliction. 2° P. பையல், garçon, gamin, jeune garçon,— serviteur. [pays, contrée.

பைதிரம், (பிதிரு, அம்), patrie,

*பைதிருகம், (பிதிரு, ka), chose qui vient du père, —des ancêtres: பைதிருகபூமி patrie, patrimoine, terre de ses pères.

பைத்த, part. parf. de பைக்கிறது, vert, irrité: —நிறம் couleur verte; —பாம்பு serpent irrité, — qui déploie sa tête. [bile, folie.

*பைத்தம், பைத்திகம், (பித்தம், ika),

பைத்தல், n. v. de பைக்கிறது, verdure, devenir —, être vert, déploiement de la tête du serpent capelle, colère, signe de colère.

*பைத்தியம், (பித்தம், ya), folie, dérangement de l'esprit, manque d'esprit,— de réflexion, extravagance: —கொள்ளுகிறது devenir fou; பைத்தியக்காரன், ou [insensé.

*பைத்தியன், (பைத்தியன்), fou,

*பைத்திரம், பைத்திரிகம், (பிதிரு), chose des ancêtres, des mânes

*பைத்திராகோராத்திரம், (பைத்திரம், அகோராத்திரம்), un jour et une nuit des mânes ou ancêtres, c'est, au dire des Indous, un mois des mortels.

பைத்து 1° gér. de பைக்கிறது. 2° verdeur. 3° variation de பத்து dix (dans la multiplication), v.g. பைத்தொன்று 10 fois 1 ou 10; பைத்திரண்டு 10 fois 2 ou 20: பைத்துமூன்று 10 fois 3 ou 30, et ainsi des autres jusqu'à பைத்துப்பத்து, 10 fois 10 ou 100.

பைநாகம், (பை), serpent qui déploie sa tête, i.e. serpent capelle.

பைந், P. pour பைம் devant ந, vert: —நார் guirlande verte; —தினை millet vert ou jaune; — தொடி bracelet vert, celle qui porte des bracelets verts, i.e. femme, fille.

*பைபீலம், பைபீலிகை, (பிபீலிகை), fourmi: பைபீலவாதம், பைபீலிகாவாதம் connaissance du langage des fourmis, l'art d'explorer les cavernes des montagnes et d'en faire des habitations, c'est le 14me des கலைஞானம். système qui prétend, comme les épicuriens, que le monde a été formé par les atomes. [ment.

பைபைய, (பை répété), douce-

பைமாயிஷ், (pers.). payemache, arpentage, mesurage des terres.

பைமை, 1° (பை, மை), verdeur, couleur verte, (l'adj. est பை et பைம், vert.), 2° femme pénitente qui vit d'aumônes, (et conséquemment) Avvéyar sœur de Tirouvallouver.

பைம், adj. du préc. vert: —பூண் bijou d'or pur; — பொன் or, or pur, or fin, la montagne d'or dite [மகாமேரு.

பைம்பல், P. பம்பல்.

பைய, adv. (பை), doucement, lentement: —ப்பேசு parle doucement, —lentement; —ப்பைய doucement, tout doucement, lentement, à loisir; பையப்பைய மென்றால் பனையையு மெல்லலாம் en mangeant doucement on pourra manger un palmier, le travail et la persévérance font de grandes choses.

பையல், பையன், petit enfant; jeune homme, jeune—, garçon, gamin, jeune serviteur, laquais, esclave: பையலோடிணங்கேல் ne fréquentez pas les gamins.

பையுள், petitesse, bassesse, détresse, pauvreté, affliction, maladie.

பையெனல், பையென்கிறது, (பை, என்கிறது), dire doucement, lentement, signe de douceur, de bonté, de lenteur: பையென, பையென்று doucement, lentement.

*பைரவம், 1° (bhaïrava), crainte, terreur, horreur, chose terrible. 2°

*P.* வைரவம்,une des 6 sectes dites அட்சமயம், *V. au mot* சமயம்:வைரவ வாரம் terreur, ce qui cause l'effroi.

*வைரவன்,(*id.*), le terrible,Bhaïraven,(surnom de) Siven,ou prétendue manifestation inférieure de Siven. On en compte 8 nommés Asitânga, Rourou,Tchanda,Krôdha, Ounmatta, Koupati, Bhichana, Sanhara; tous ces noms expriment la terreur.

*வைரவி, (*fém. du préc.*), la terrible, la femme de Bhaïraven, Kâli femme de Siven,air propre à inspirer des émotions de terreur.

*வைலன், வைலாயனன், (païla), Païla, nom d'un Richi ou prétendu sage,promulgateur du Rik vêda ou உருக்குவேதம்.

பொ, lettre syllabique composée de ப *et* de ஒ, po bref.

பொக்குகிறது, க்கினேன், க்குவேன், கு, க்க,*v.a.*பொக்குதல்,*n.v.P.* பொத்துகிறது, percer, faire un trou.

பொக்குட்டு, bulle d'air qui s'élève d'un bourbier, péricarpe du nénuphar, montagne.

பொக்கசம், (*télinga*), salle du—, trésor, richesse: பொக்கசக்காரன் trésorier, homme riche;—ப்பெட்டி coffre-fort;—வைப்பு trésor caché,—enfoui.

பொக்கணம், sac de mendiant,—de voyageur..., besace,bissac,valise, paquet, la plante பெருமருந்து:—பொட்டுக்கொள்ளுகிறது prendre son sac,—la besace pour mendier; பொக்கணப்பூச்செடி la plante முடக்கற்றான்.

பொக்கணி, vase à boire,mortier profond à piler, creux de ce mortier.

பொக்கவிலை, caverne, creux de roc,—de mortier à piler, mortier profond, trou d'arbre.

பொக்கம், mensonge, accroissement, abondance.

பொக்கல்லம், *P.* பொக்குணம்.

பொக்கிஷம்,*P.*பொக்கசம்;(trésor; பொக்கிஷக்காரன் trésorier, homme riche.

பொக்கிஷவுப்பு, (பொக்கு. இலவணம்), sel de graine de sésame.

பொக்கு, 1° (பொக்கை), faute, défaut, trou:—வாய் bouche sans dents;—வாயன் homme—, édenté; —வாய்ச்சி femme édentée. 2° பொக்கு (de l'anglais *book*), livre. 3° son imitatif de vitesse: பொக்கெனல் விரைவு se presser; பொக்கென vite;—ப்பொக்கென்கிறது faire du bruit, faire pokoupokou, - vite. [புகார்.

பொக்குளிப்பான், *P.* கொப்புளி

பொக்கை, (*télinga*), petit trou: —வாய் bouche qui manque de dents:—வாயன் homme sans dents; —வாய்ச்சி femme sans dents; பொரிமாவைமெச்சினான் பொக்கைவாயன் celui qui a perdu ses dents vante la farine de grains grillés (qu'on peut manger sans la mâcher.

பொங்கடி,(பொங்கு, அடி), éléphant.

பொங்கம், (பொங்குகிறது), joie, allégresse, front, bonne odeur, accroissement: —கும்ப்பேசுகிறது parler joyeusement.

பொங்கர், bosquet, branche d'arbre, montagne, le colonnier soyeux dit இலவு.

பொங்கல், *opt. et n. v. de* பொங்குகிறது, bouillonnement, saillie, fermentation, colère, fureur, allégresse, action de bouillir, de faire cuire le riz,de le faire cuire en public,fête du Ponguel, *i.e.* fête—, sacrifice du commencement du mois de தை qui prend son nom de la cérémonie qui consiste à faire bouillir du riz dans du lait, élévation, augmentation, abondance: சூரியப்—, தைப்பொங்கல், பெருக்பொங்கல், *ou simplement* பொங்கல் fête —, sacrifice du 1er jour du mois de தை en l'honneur du soleil, lorsque cet astre est au solstice d'hiver, et est censé entrer dans le signe மகரம் ou du Capricorne. La veille, ou célèbre la fête dite போகிப்பண்டிகை en l'honneur de Bhôgui ou Indiren: le lendemain du சூரியப்பொங்கல்; 2 du mois de தை, se célèbre le மாட்டுப்பொங்கல் sacrifice des bœufs en l'honneur de Krichna; et le 3 se célèbre le கன்றுப்பொங்கல் ou le ponguel des veaux; —ஆண்டி célibataire qui fait lui-même sa cuisine et ne s'occupe point de ses parens, avare, chiche, qui lésine; —இடுகிறது faire bouillir du riz sans le faire égouter; —வரிசை présent qu'à la fête du ponguel on envoie de la maison maternelle aux femmes mariées de la famille; பொங்கற்காரன், *V.* பொங்கலாண்டி; — பண்டிகை la fête du Ponguel ou du 1er தை: —பானை grande cruche du Ponguel, cruche dans laquelle on fait bouillir le riz de la fête du Ponguel ou de quelque sacrifice; பொங்கலுக்குப்போகிறது aller à la fête du Ponguel. [ceau de riz non vanné.

பொங்கழி, (பொங்கு, அழி), mon-

பொங்காரம், (*id.* ஆரம்), tristesse, chagrin, douleur, —à faire pleurer, —mêlée de colère, chagrin amer, *V.* பொங்கல்: —ஆய்ப்பேசுகிறது parler en pleurant, —avec une douleur amère.

பொங்கு, *imp. et part. du suiv.*: —சனி la planète Saturne pendant le 2e quart de sa révolution; —தேமல் taches de prospérité.

பொங்குகிறது, *sync.* பொங்கிறது, கினேன், குவேன், கு, க, *v.n. et a.* பொங்குதல், *n.v.* le riz cuire, bouillir, bouillonner, se répandre à force de bouillir, se gonfler, fermenter, s'élever, s'emporter, tempêter, bouillonner de colère, (la mer...) être en fureur, se courroucer, tressaillir de joie, abonder, prospérer, faire la cuisine, — cuire le riz: பொங்கிக்கொடுக்கிறது faire cuire et servir ou distribuer le riz; —க்கொள்ளுகிறது faire cuire le riz pour soi; —ப்போகிறது bouillir, bouillonner, se gonfler: பொங்குங்காலப்புளி, மங்குங்காலமாங்காய் en temps d'abondance le tamarin, en temps de disette les mangues (*sous - entendu*) abondent (espèce de présage).

பொசிகிறது, சிந்தேன், சிவேன், சி, சிய, *v.n.* பொசிதல், *n.v. et* பொசிந்துபோகிறது, suinter, sourdre, découler peu à peu, s'écouler doucement, (*v. g.* l'eau d'un étang à travers les digues, les larmes des yeux), l'eau percer à travers, s'échapper, se répandre, se distiller, un secret s'éventer: ஏரிநிறைந்தால்கரைபொசியும் si l'étang est rempli, l'eau s'échappera *ou* suintera à travers la digue; தண்ணீர்க்குடம்பொசிகிறது une cruche d'eau suinter. [ger.

பொசிக்கிறது, *P.* புசிக்கிறது, man-

பொசிப்பு, *P.* புசிப்பு, nourriture.

பொசிவு, *n. v. de* பொசிகிறது, suintement, dégouttement, écoulement, humidité.

பொசுக்குகிறது, *sync.* பொசுக்கிறது, க்கினேன், க்குவேன், க்கு, க்க, *v. n. de* பொசுங்குகிறது *et* பொசுக்குதல், *n. v. ou* பொசுக்கிப்போடுகிறது, brûler, — légèrement, rôtir, cautériser, griller, roussir.

பொசுங்கல், *opt. et n v. du suiv.* brûlure, chose brûlée, noircie, grillée.

பொசுங்குகிறது, *sync.* பொசுங்கிறது, கினேன், குவேன், கு, க, *v. n. ou* பொசுங்கிப்போகிறது, se rôtir..., être brûlé, rôti, hâlé, grillé, noirci, roussi, (*v.g.* les cheveux, la peau...), s'accorder, se convenir, être convenable, conforme, bien placé, — bien adapté: பொசுங்கா, பொசுங்காத qui ne convient pas, ne s'accorde pas, inconvenable; இருவருக்கும்பொசுங்காது ils ne s'accordent pas tous deux ensemble; அவனைப்பொசுங்கப்பார் essaie de l'amener à un accord, à une réconciliation, de l'accorder avec lui: பொசுங்கியிருக்கிறது être brûlé, grillé..., être d'accord, en paix.

பொசுங்குண்கிறது, (பொசுங்குகிறது, உண்கிறது), être brûlé, rôti, grillé, hâlé.

பொசுபொசுக்கிறது, சுந்தேன், சுப்பேன், சு, சுக, v. n. பொசுபொசுத்தல், பொசுபொசுப்பு, n. v. (son imitatif), chuchoter, parler en secret, dire des secrets, se découvrir —, apparaitre peu à peu.

பொசுபொசென்கிறது, (son imitatif), faire posou posou, du bruit.

பொச்சடிக்கிறது, (id.), murmurer, marmoter.

பொச்சம், nourriture, faute, désir.

பொச்சாக்கிறது, ச்சாந்தேன், ச்சாப்பேன், ச்சா, ச்சாக்க, ச்சாவேன், nég v. a. et n. oublier, nuire, faire mal.

பொச்சாத்தல், பொச்சாப்பு, n. v. du préc. oubli, mal.

பொச்சாலி, sorte de riz, la 3me ou dernière récolte, —crue; ப்பயிர், — நெல் espéce inférieure de céréales ou de nellou en herbe, — de nellou ou de riz.

பொச்சாவாமை, n. v. nég. de பொச்சாக்கிறது, souvenir, réminiscence, ne pas oublier.

பொச்சு, (télinga), le derrière, l'anus, quantité —, abondance de poils, poils de la vulve (immodeste), V. பொய்ச்சு.

பொச்சை, forêt, — fréquentée par les éléphans, bois —, taillis, — de buissons, broussailles, montagne, monticule, colline, insecte, reptile, nid d'insecte, bedaine, panse, gros ventre: இடம் — யாயிருக்கிறது le lieu être plein de broussailles; — வந்துசேரும், — யடையும் des insectes ou des reptiles se retireront là; — வயிறு grosse panse; — வயிறன் gros ventru: அவனுக்குப் —, ou அவன் — வயிறன் il a une large bedaine, c'est un homme ventru: பொச்சையிற்கைவிடாதே ne mets pas la main dans un nid d'insectes.

*பொஸ்தகம், P. புஸ்தகம், livre.

பொஞ்சுகிறது, ஞ்சினேன், ஞ்சுவேன், ஞ்சு, ஞ்ச, n. v. convenir, s'accorder.

பொடி, 1° poudre, poussière, — séminale, pollen des fleurs, fragment, petit morceau, chose petite, — menue, soudure, ciment métallique. 2° imp. et part. de பொடிகிறது et imp. de பொடிக்கிறது: — க்கல் petite pierre, fragment de pierre ou de brique; — ச்சிலை, V. மஞ்சட்கல்; — தூவுகிறது répandre de la poussière, une poudre magique; — பண்ணுகிறது pulvériser, morceler, réduire en poudre, — en petits morceaux; — பொடிகிறது se réduire en poussière; — பொட்டு chose petite, menue, comme la balle du grain, de la paille...: — போட்டுகிறது souder, — avec du ciment métallique; — ப்பயல், — ப்பிள்ளை petit enfant; — ப்பொடியாய் en petits morceaux, en pièces, très petit, très-menu: — ப்பொடியாய்ப்போகிறது être réduit en petits morceaux, s'en aller en pièces, en poussière: — ப்பொடியாய்நசுக்குகிறது ou நறுக்குகிறது broyer —, briser —, réduire en petits morceaux: — ப்பொடியாய்நறுக்குகிறது couper en petits morceaux; — மீன் petit poisson; — யாகிறது se réduire —, être réduit —, s'en aller en poussière, être pulvérisé, devenir petit; — யாக்குகிறது, V. பொடிபண்ணுகிறது: — யெழுத்து petite lettre; — யாயெழுதுகிறது écrire en petites lettres; — யெழுத்தாயிருக்கிறது être écrit en petites lettres; — விளக்கணம் manière de souder l'or ou l'argent; — வெட்டி instrument pour couper en ou des morceaux, espèce de ciseaux pour couper l'or et l'argent.

பொடிகிறது, டிந்தேன், டிவேன், டி, டிய, v. n. (பொடி), பொடிதல், n. v. se pulvériser, s'en aller en poussière, être réduit en pièces, en petits morceaux, être pulvérisé, — détruit, gâté, périr, injurier, germer.

பொடிக்கிறது, டித்தேன், டிப்பேன், டி, டிக்க, v. a. du préc. பொடித்தல், n. v. pulvériser, briser, réduire en poudre, en pièces, en petits morceaux, gâter. ‖ v. n. germer (des boutons, pustules...), pousser, s'élever, se hérisser: மயிர் — les cheveux se dresser sur la tête.

பொடிசு, (பொடி), petit, menu, peu, petit enfant.

பொடிச்சி,(*id.*), petite fille.

பொடிப்பு, *n.v.de* பொடிக்கிறது, pulvérisation, hérissement des poils du corps.

பொடியன்,(பொடி),petit enfant, —garçon. [pulvérisation, *V.*சிட்டு.

பொடியல், *n. v. de* பொடிகிறது,

பொடு, gale, rogne, teigne, — de la tête: —தின்கிறது la gale démanger.

பொடுகன்,(பொடு),petit journalier, ouvrier à demi-paie.

பொடுகு, 1° *V.*பொடு. 2° chose petite, nom d'une plante: சிராய்ப் பொடுகு teigne à la tête.[nodiflora.

பொடுதலை, verveine, verbena

பொடுபொடு, son imitatif de vitesse: பொடுபொடென்கிறது *ou* பொடுபொடுக்கிறது, டுத்தேன், டு ப்பேன், டு, டுக்க, *v. n.* (பொடுபொடு), faire podoupodou, — du bruit, se hâter, se presser, sécher.

பொடுபொடுத்தல், பொடுபொடுப்பு, பொடுபொடெனல், *n.v. des prés.* signe de bruit, — de hâte, empressement, vide, chose non pleine.

பொட்டகத்துத்தி, *P.* பெட்டகத் துத்தி.

பொட்டணம், பொட்டணி, பொட்டனி, பொட்டலம், பொட்டிலம், sac, petit— , sachet, paquet, feuille ou papier plié en carré pour contenir quelqu'objet, fomentation, cataplasme, remède renfermé dans un sachet ou un linge qu'on applique pour fomentation: சன்னிப்பொட்டலமொத்திடுகிறது appliquer des fomentations pour les convulsions.

பொட்டரிக்கிறது,(பொட்டு,அரிக்கிறது),les teignes ou mites ronger: பொட்டரித்த வஸ்திரம் habit rongé des mites, —par les teignes. [che.

பொட்டல், terre stérile, —en fri-

பொட்டி, *P.* பெட்டி, coffre, cassette [tre un bottou sur le front.

பொட்டிடுகிறது,(பொட்டு),mettre

பொட்டில் *ou* பொட்டில், boite ou mortier assujetti à un morceau de bois que l'on charge de poudre et de terre et qu'on tire aux fêtes: —உப்பு salpêtre, nitre; — மருந்து poudre à canon; — சுடுகிறது tirer des boites.

பொட்டு, *pl.*பொட்டுகள், 1° bottou ou marque de poudre de sandal ou d'autre mélange que les Indiens se mettent sur le front, mite, teigne des habits, espèce de tâli ou plaque ronde d'or, que portent au cou les femmes mariées, surtout celles de la caste télinga, épi broui, — sans grains, honneur, respect, entrée, porte. 2° son imitatif de vitesse: கறுப்பு ப்பொட்டு bottou noir, ou marque noire sur le front: தாலிப்பொட்டு plaque ronde d'or servant de tâli surtout aux femmes télingates: —கட்டுகிறது attacher le tâli susdit; —க்காரை variété du poisson காரை ou zeus; —குலைகிறது le bottou s'effacer, l'honneur se perdre: —குத்துகிறது placer un bottou ou marque sur le front; —க்கேடு déshonneur; —த்தாலி tâli qui a la forme d'un bottou rond et plat; —பண்ணுகிறது faire un tâli rond et plat; —போடுகிறது mettre —, porter le bottou sur le front; —பொடி chose petite, chose légère comme la paille; —ப்பூச்சி espèce d'araignée venimeuse: —ப்பூச்சிக்கடி morsure de cette araignée. [lon.

பொட்டுழுவு, (பொட்டு, உழுவு), sil-

பொட்டெனல், (பொட்டு, எனல்), expression de vitesse: பொட்டென vite, promptement, lestement; பொட்டெனச்சொல்லுகிறது dire rapidement; —க்கொடுக்கிறது donner promptement; — வருகிறது arriver vite.

பொட்டை, 1° aveuglement, cécité. 2° *corr. P.* பெட்டை, femelle des oiseaux: — க்கண் œil aveugle; — க் கண்ணன், *m.* — கண்ணி, *f. ou*

பொட்டையன், *m.* பொட்டைச்சி *f.*(பொட்டை), homme—, femme—, aveugle.

பொதி, 1° place d'assemblée, de

concours, d'affaires, bureau, parasol de feuilles de palmier, forêt, — habitée par des éléphans, sac, sac plein —, charge portée par des bœufs, ballot, chose pleine, — fourrée, bouton de fleurs. 2° *imp. et part. de* பொதிகிறது: —காரன் conducteur de bœuf chargé de sacs, porteur de ballot; —சோறு riz cuit lié dans une toile pour le voyage; —ப் போதா espèce de gros héron; —மாடு, —வெருது bœuf de charge; —யவிழ்கிறது une fleur éclore; —யவிழ்க்கிறது ouvrir les sacs.

பொதிகிறது, திந்தேன், திவேன், தி, திய, *v.a.* பொதிதல், *n. v.* couvrir, envelopper, — dans un linge ou dans une toile, *V.* திணிக்கிறது.

பொதிகை, 1° *n.v. du préc.* 2° le mont பொதியம்.

பொதியம், பொதியமலை, (பொது), le mont Podia près le cap Comorin, regardé comme la demeure du sage அகஸ்தியன், c'est le Parnasse tamoul: பொதியவெற்பன் le roi du mont Podia, épithète des rois பாண்டியர் de Maduré, comme possédant le mont Podia dans leur royaume.

பொதியன், (பொதியம்), l'habitant du mont Podia, le sage Agastyen.

பொதியில், (பொதி, இல்), lieu d'assemblée, le mont Podia.

பொதிர், 1° peur, tremblement de crainte, tressaillement de surprise: பொதிரெறிகிறது trembler, frissonner de peur, sauter de surprise, d'étonnement. 2° accroissement, augmentation, *imp. n. v. et part de*

பொதிர்கிறது, ர்ந்தேன், ர்வேன், ர், ர, *v.n.* augmenter, croitre.

பொதிர்ப்பு, (பொதிர்), peur, tremblement.

பொதிர்தல், பொதிர்வு, *n.v. de* பொதிர்கிறது, augmentation, croissance.

பொதிவு, *n.v. de* பொதிகிறது.

பொதின்பொதினென்கிறது, பொதிர்பொதிரென்கிறது, *(son imitatif)*, faire podin podin, - podir podir, — du bruit.

பொது, 1° *gén.* பொதுமை, universalité, généralité, communauté, équité. 2° *adj.* commun, universel, général, (il fait doubler le க, ச, த, ப). 3° *imp. de* பொதுக்கிறது: எல்லா நோய்க்கும் பொதுமருந்து remède général à toutes les maladies, panacée; சாவெல்லாருக்கும் பொது la mort est le sort commun de tous les hommes; —க்கட்டுகிறது mettre en dépot, en séquestre, à l'arbitrage, en commun; பஞ்சாயத்தாரிடத்திற் ou பஞ்சாயத்திற்— கட்டிவைக்கிறது déposer d'un commun consentement entre les mains des arbitres; —க்கட்டச்சொல்லுகிறது ordonner de séquestrer; —க்கட்டல் état de séquestration; —க்கட்டியிருக்கிறது être en séquestre (jusqu'à décision); —க்காரியம் chose commune ou d'un usage commun, ou qui appartient à plusieurs; —ச்சீர் pieds de 4 syllabes métriques, (il y en a 16, ils se forment en ajoutant à chacun des 4 pieds de 2 syllabes métriques nommés தேமா, புளிமா, கருவிளம், கூவிளம், soit le mot தண்பூ, soit நறும்பூ, soit தண்ணிழல், soit நறுநிழல். *Ex.* தேமாந்தண்பூ, தேமாநறும்பூ, தேமாந்தண்ணிழல், தேமாநறுநிழல். Ces pieds sont presque inusités): —ச்சூத்திரம், *V.* தொகைச்சூத்திரம்; —ச்சொம் propriété—, bien commun; —ச்சொல் mot commun, — commun à tous les பால், திணை, இடம் et காலம், *i. e.* à tous les genres, espèces, personnes; —ஸ்திரீ femme publique, prostituée; —த்தன்மை universalité, communauté, qualité ou manière générale; —த்தன்மைத்தொகை expression générale, — dans laquelle l'idée de généralité est renfermée, *Ex.* காந்தட்போதினை நிகர்க்குங்கை main semblable à la fleur de gloriosa; —த்தன்மையுருபுத்தொகை expression qui renferme l'idée de généralité et une ellipse de terminaison de cas. *Ex.* கயற்கண் œil de carpe; —த்தன்மையுருபுமாறி

த்தொகை expression qui renferme l'idée de généralité, et une ellipse de la terminaison du cas, ainsi que du mot qui exprime comparaison. *Ex.* குயிற்கிளவி parole de couil, *i.e.* aussi douce que le chant du couil; — த்தன்மையுவமானத்தொகை expression qui renferme l'idée de généralité et ellipse de l'objet de la comparaison. *Ex.* நாசிபோல்வது மற்றுரும் le reste ressemble au nez; — த்திணை classe commune, mot commun aux 2 espèces dites திணை; — த்தி femme publique, prostituée; — நிலைவர் arbitres, juges communs; — நலம் bien commun; — நிலம் champ communal, terre commune à tous les habitants; — நிறம் couleur commune, mélange de diverses couleurs; — நீக்குவமை comparaison qui exclut généralité ou communauté, — où après avoir exprimé et rejeté un autre objet de comparaison on compare l'objet à lui-même. *Ex.* திங்களின்வதனஞ் சிறப்புடைத்ததனுலதுவேயதற்குநிகர் le visage étant plus beau que la lune n'a rien qui lui soit comparable que lui même; — ப்பட généralement, en général; — ப்படப்பேசினுன் il a parlé en général, sans désigner personne; — ப்படவுயிர்த்தெழும்பொழுது à la résurrection générale; — ப்பவன் air commun (au jour et à la nuit...); — ப்பதம் terme commun; — ப்பாயிரம் préface générale, art de construire une préface; — ப்பெயர் nom commun à tous les பால், திணை et இடம், *i. e.* à tous les genres, à toutes les classes, à toutes les personnes; — ப்பெண், — மகள் fille ou femme publique, prostituée; — மத்தியம் universalité, communauté, généralité; — மனிதன் médiateur, arbitre, réconciliateur, homme impartial; — மனிதனுயிருக்கிறது être médiateur, s'interposer pour faire la paix; — முதல் capital commun, — qui appartient à plusieurs; — மொழி mot —, nom commun, *V.* பொதுப்பெயர்; — வச த்திணை, (அசத்திணை), récapitulation, règle pour récapituler ce qui a été dit et développé, péroraison; — வசனம் phrase—, expression générale, — qui convient à plusieurs choses; — வடி, (அடி), vers composé de pieds dits இயற்சீர், உரிச்சீர் et பொதுச்சீர்; — வநுமானம், (அநுமானம்), conjecture générale sans en considérer les motifs particuliers; — விடம், (இடம்), lieux communs, noms dont on forme des appellatifs de différens genres.:, (ce sont les noms qui expriment பொருள் matière, இடம் lieu, காலம் temps, சினை membre, partie, குணம் qualité, தொழில் office); — விதி règle générale; — வெழுத்து, (எழுத்து), lettre commune au tamoul et au sancrit; — வைக்கிறது mettre en commun, en séquestre; பொதுவாய் universellement, *ou* பொதுவிலே en général, en commun; பொதுவாயிருக்கிறது être général, *ou* பொதுவிலிருக்கிறது être commun à tous, பொதுவான commun, général, universel; பொதுவிலெடுத்துச்செலவழிக்கிறது prendre les dépenses sur le commun; பொதுவிலேசொல்லுகிறது dire en général, parler sans nommer personne.

பொதுக்கிறது, துத்தேன், துப்பேன், து, துக்க, *v.a*, பொதுத்தல், *n. v.* percer, transpercer, faire un trou.

பொதுக்கு, retraite, cachette, action de cacher, *imp. et part. de*

பொதுக்குகிறது, க்கினேன், க்குவேன், க்கு, க்க, *v.a.* பொதுக்குதல், *n.v.* cacher.

பொதுபொது, son imitatif de bruit et de douceur au toucher; பொதுபொதென்கிறது, பொதுபொதெனல் *ou*

பொதுபொதுக்கிறது, துத்தேன், துப்பேன், து, துக்க, *v. n.* (பொதுபொது), *et* பொதுபொதுத்தல், பொதுபொதுப்பு, faire podoupodou, du bruit, être doux ou lisse au toucher, - molasse.

பொதுமை, (பொது), universalité, généralité, communauté: —யாய், généralement, communément.

பொதும்பர், bosquet, touffe d'arbres, creux —, trou d'arbre.

பொதும்பு, creux, trou, caverne.

பொதுவர், (பொது), bergers, pâtres, gens de la caste des bergers qui est celle du milieu parmi les வைசியர்.

பொதுவச்சி, *pl.* பொதுவச்சியர், *fém. du préc.* bergère, femme de la caste des bergers.

பொதுவில், (பொது, இல்), 1° place commune, place d'assemblée. 2° *abl. de* பொது en commun.

பொதுளுகிறது, ளினேன், ளுவேன், ளு *ou* ள், ம், *v. n.* பொதுளல் *et* பொதுளுதல், *n. v.* être touffu, épais, serré, resserré, étroit, prospère, florissant, donner de l'ombre.

*பொத்தகம், *P.* புஸ்தகம், livre.

பொத்தல், 1° trou, trouée, perforation, fente, dette. 2° *opt. et n. v. de* பொத்துகிறது, ravaudage, couture, action de couvrir...; — அடைக்கிறது boucher les trous, rapiécer, raccommoder, ravauder, réparer, payer ses dettes, cacher un défaut, faire de vaines excuses; — ஆக்குகிறது faire un trou, percer, trouer; — ஊசி foret, instrument pour percer; — த்துணி morceau de toile percé, haillon; — ப்பானை cruche percé: எங்கேபார்த்தாலும் அவனுக்கு — ஆயிருக்கிறது de quelque côté qu'on regarde on ne lui voit que des trous, *i.e.* des dettes, — des défauts.

பொத்தநாறு, — கட்டை, timon de la charrue, partie de la charrue à laquelle le manche ou les mancherons sont assujettis.

பொத்தி, 1° testicules, scrotum, toile faite —, tissu de fibres d'arbres, enveloppe —, peau des jeunes bananes et des racines tendres. 2° *gér. de* பொத்துகிறது: — க்கரப்பன் ulcère au scrotum ou au pénis; — க்காளான் espèce de champignon; — ஸ்தானம், — த்தானம் le scrotum; — தள்ளுகிறது (le bananier et autres arbres) pousser ou rejeter l'enveloppe qui couvre ses fruits en germe ou en fleurs; — த்தேசவஸ்திரம் toile des reins, —, toile faite de fibres (on s'en revêt pour faire des offrandes et non habituellement); — நார் fibres d'arbres dont on fait de la toile.

பொத்து, erreur, faute, mensonge, trou, — d'arbre, couture, ravaudage, action de couvrir...., *n. v. imp. et part. de* பொத்துகிறது: — ப்பாய் natte grossière; — மான் espèce de cerf; கைப் — coup de poing.

பொத்துகிறது, த்தினேன், த்துவேன், த்த, *v. a.* பொத்துதல், *n. v.* couvrir, cacher, fouetter, battre, rapiécer, ravauder, coudre: கண் — couvrir l'œil; வாய் — se couvrir la bouche avec la main en parlant aux grands, ce qui est regardé comme une civilité; பொத்திக்கொள்ளுகிறது se couvrir soi-même; அவனைப்பொத்திவிட்டார்கள் il l'ont bien rossé; எத்தனைநாளைக்குப்பொத்தி வைத்துக்கொண்டிருப்பாய், combien de temps cacheras-tu (cela)? கைபொத்திக்குத்துகிறது donner un coup de poing.

பொத்துப்பொத்தென்கிறது, (*son imitatif*), faire du bruit, — pottou-pottou; பொத்துப் பொத்தென்றுவிழுகிறது tomber avec bruit (comme un fruit d'un arbre); பொத்துப்பொத்தென்றடிக்கிறது frapper légèrement, — sur un tambour trop lâche, taper, donner une tape.

பொத்தை, grenouille de mer, chose grosse, — gonflée. [femme.

பொத்தைச்சி, (பொத்தை), grosse

பொத்தையன், (*id.*), hydropique, qui a le corps gonflé d'eau.

பொந்தர், espèce d'oiseau marin, mouette.

பொந்தி, (பொந்து, i), le corps, réceptacle de l'âme, sabre de bois (employé à la lutte). *V.* மொந்தி.

பொந்து, trou, — d'arbre creux, caverne; — த்தேன் miel de trou d'arbre, miel de petites abeilles qui y font leur ruche; பொத்திலேயிடைக்கிறது être caché ou couché dans un trou; பொத்திலொதுங்குகிறது se retirer dans une caverne.

பொத்தை, trou (dans un habit ou dans une toile).

பொத்தைக்கோல், பொத்தையக்கோல், espèce de bâton, béquille, baguette.

பொப்பெனல், son imitatif —, expression de vitesse: பொப்பென vite

பொம்மலி, (பொம்மல்), grosse femme.

பொம்மல், 1° riz cuit, augmentation, abondance, poupée. 2° *P.* பொருமல், gémissement; — ஆட்டம் danse de marionnettes.

பொம்மன், un tel: பொம்மனும் திம்மனும் வந்தார்கள் un tel et un tel sont venus.

பொம்மெனகிறது, பொம்மெனல் (*son imitatif*), mugir, faire bom, — du bruit.

பொம்மை, poupée, marionnette, figure d'architecture cariatide, parapet, nouveauté: — க்காரன் bateleur qui fait danser les marionnettes; — யாட்டுகிறது, — யாடுவிக்கிறது faire danser les marionnettes.

பொய், 1° mensonge, fausseté, menterie, imposture, faux, déception, trou d'un arbre, écharde, éclat de bois mince et aigu. 2° *imp. de* பொய்க்கிறது: (le mensonge est un des défauts du தாமதகுணம், une des 4 espèces de discours inconvenans dits இழிசொல், et même mis par les Indous au nombre des 5 crimes dits பாதகம்-ஐ); இருக்கிறதுபொய், சாகிறதுமெய் la vie est une déception, *i.e.* est incertaine, et la mort une vérité, *i.e.* est certaine; தன்னெஞ்சறியாப்பொய்யில்லை, தாயறியாச்சூலில்லை il n'y a point de mensonge sans que la conscience ne le sache, ni de conception sans que la mère ne le sente; பொய்க்கடி fausse morsure (qui ne fait pas de mal, *v. g.* celle de chien qui joue); — க்கண் trou de l'œil; — க்கனி fleur dont le fruit ne se forme pas, ne se noue pas; — க்கண்ணுறக்கம் (*கண், உறக்கம்*), ne dormir que d'un œil, faux sommeil; — க்கதை conte mensonger, fausse histoire, vaine fable; — க்கால் pied postiche, jambe de bois, échasses; — க்கிளை branche —, pousse —, jet qui ne porte pas de fruit; — க்குரல் voix contrefaite; — க்குழி trébuchet, trappe, fosse, — à trappe, — pour prendre les animaux, trou dans lequel on a planté du semis; — க்குழிபறிக்கிறது faire une fosse à trappe, pousser dans le fossé; — க்குழியிலேவிழுகிறது tomber dans la trappe, se prendre au piége; — க்கூடு la cage à illusion, corps, — fantastique, — fragile, masque, simulacre de corps; — க்கொட்டை fruit avorté, qui ne se noue pas; — க்கோலம் masque, déguisement, — emprunté; — சொல்லுகிறது mentir, dire des faussetés; — சொல்லல் menterie, mensonge; — சொல்லுவோன் menteur; — ச்சத்தம் son contrefait; — ச்சத்தியம் faux serment; — ச்சத்தியம்பண்ணுகிறது faire un faux serment; — ச்சாக்ஷி, — ச்சாட்சி faux témoin, — témoignage; — ச்சொல் fausse parole, mensonge, fausseté; — த்தலை fausse tête, masque; — த்தேர் fausse apparence d'eau, mirage, — qui représente de l'eau qui n'existe pas; — படுகிறது, — ப்படுகிறது se trouver —, devenir —, être faux; — ப்பத்திரம் faux billet; — ப்பாளை spathe ou fleur de cocotier... qui ne donne pas de fruit; — ப்பூ fleur qui ne donnera pas de fruit; — ப்பிஞ்சு fruit à peine formé qui ne réussira pas; — பேசுகிறது dire des faussetés, mentir; — ப்பேச்சு mensonge; — முளை, *V.* பொய்க்கிளை; — மதம் fausse secte, — religion; — மூக்கு faux nez, nez postiche, intérieur du nez; — யடி, (அடி), faux coup, escrime, coup porté à faux, effroi, menace de coup; — யாணை, (ஆணை), faux serment;--யிகழ்ந்தோர் ceux qui ont renoncé aux faux biens du monde,religieux, ermites;—யில், —யில்லா, -யில்லாத non faux, vrai;—யில்லார் gens véridiques; —யுறக்கம், (உறக்கம்),faux—,léger sommeil; —வார்த்தை parole fausse, mensonge, fausse histoire;—வாழ்க்கை,—வாழ்வு faux bonheur,plaisir—,bonheur périssable,bonheur du monde:—வாழ்விலிருக்கிறது être dans les plaisirs périssables,mener une vie mondaine:—விசேஷம் fausse nouvelle,—particularité,— histoire;—வேஷம் déguisement,— emprunté,masque, fausse apparence; பொய்யாய் faussement; பொய்யான faux, mensonger,trompeur: பொய்யாய்ப்போகிறது se trouver —,devenir faux; பொய்யாய்ப்போகிறநம்பிக்கை fausse —, vaine espérance, espérance trompeuse,qui ne se réalise pas; பொய்யைப்பிணைக்கிறது fabriquer des mensonges.

பொய்கை,étang,—fangeux, mare naturelle,gros hibou dit கோட்டான்.

பொய்கையார்,nom d'un poète.

பொய்க்கிறது,ய்த்தேன்,ய்ப்பேன், ய்,ய்க்க,v.a.et n.பொய்க்குதல்,பொய்த்தல்,n.v.mentir,dire un mensonge, devenir —,se trouver faux,tromper, manquer:உன்னெஞ் சறிவதுபொய்யேல் ne ments pas sciemment; என்வார்த்தைபொய்யாது ma parole ne trompe pas,ne sera pas fausse; பொய்யாதே ne ments pas,ne manque pas à la parole; பொய்த்துப் போகிறது se trouver —, devenir faux,manquer, ne pas réussir.

பொய்க்கை,1° n.v. du préc. mentir.2° (பொய்,கை), main postiche, fausse main, espèce de poisson dit துணைலே,sardine ou hareng.

பொய்ச்சாக்கிறது,பொய்ச்சாத்தல், P.பொச்சாக்கிறது,oublier.

பொய்ச்சு,chose qui n'a ni noyau ni pulpe.

பொய்தல்,compagne,suivante,espèce de jeu—,troupe de femmes.

பொய்த்த, part.de பொய்க்கிறது; faux,mensonger, trompeur.

பொய்த்தல்,பொய்ப்பு,n.v. du même,mensonge,fausseté,tromperie.

பொய்த்து,gér.du même.

பொய்மை,(பொய்,மை), mensonge,fausseté,déguisement,masque.

பொய்யன்,(பொய்),menteur,trompeur,imposteur.

பொய்யா,பொய்யாத, part.nég.de பொய்க்கிறது, qui ne ment pas, véridique,vrai,qui ne manque pas, immanquable, infaillible: பொய்யாப்புள் espèce d'escargot,—de scarabée; பொய்யாமொழி parole sûre, —infaillible,certitude,vérité,infaillibilité.

பொய்யாமை,n.v.nég.du même,ne pas mentir,véridicité, véracité, infaillibilité.

பொர,inf.de பொருகிறது.

பொரி,1° forêt fréquentée par les éléphans. 2° chose frite,rôtie, grillée,friture,grillade. 3° imp. et part. de பொரிகிறது et de பொரிக்கிறது: —காரம் borax; —க்கறி viande frite,—rôtie, friture,grillade, rôti;—துள்ளுகிறுப்போலே துள்ளுகிறான் il sautille comme du grain qu'on fait griller,il ne fait que gambader que badiner, — que babiller; —பொரியென்றுபேசுகிறது jaser, babiller,chuchoter;—ப்பூண்டு la plante lepidagathes cristata;—மலர், V. புன்கு;—மா,— யரிசிமா farine de riz grillé,—grains grillés; —மாச்சிந்தி,—மாத்தட்டி homme à vaines imaginations; — மீன் poisson frit, friture de poisson; — யிறைக்கிறது jeter des grains grillés sur un cadavre qu'on porte au bûcher, — sur les nouveaux mariés ou sur le feu d'un sacrifice indou,ce qui en désigne la fin); —யுண்டை espèce de boulette frite ou grillée; —வாணம் fusée à étoiles; — வாணம்பொரிகிறது cette fusée éclater et lancer des étoiles; — விளாங்காய் boulette de viande ou de farine...frite,qui ressemble au fruit du feronia dit விளாங்காய்.

பொரிகிறது,ரிந்தேன்,ரிவேன், ரி, ரிய, v.n. frire,griller,rôtir, être frit, rôti,grillé,cuit,couvé, éclore, faire feu,tirer des coups de fusils,bavarder, jaser, se fâcher: பொரிந்தது c'est frit; பொரிகிறான் il ne fait que bavarder; பாளையத்தின்மேலேதுப் பாக்கிபொரிகிறது on tire des coups de fusils sur le camp.

பொரிக்கிறது,ரித்தேன், ரிப்பேன், ரி,ரிக்க, v.a. du préc. faire frire,—rôtir, —griller, cuire au four,— éclore, couver, fricasser, éclore: குஞ்சு — faire éclore les petits,ou les petits éclore; இறைச்சியைப்— faire frire de la viande; பொரித்தமீன் poisson frit: பொரித்தரிசி, (பொரித்த,அரிசி), grain—,riz grillé;

பொரிதல், n.v. de பொரிகிறது, friture,action de frire....

பொரித்தல்,பொரிப்பு, n.v. du préc. friture,action de faire frire,..

பொரிபொரிச்சான்,la plante dite வெடிபலவன்.

பொரியல், n.v. de பொரிகிறது, friture,viande frite, —rôtie, action de frire... [பொரிதல்.

பொரிவு, 1° horripilation. 2° V.

பொரு,imp.et part. de பொருகிறது:—களம் champ de bataille.

பொருகிறது,ருதேன்,ருவேன், ரு, ர, v.a.et n. combattre,livrer bataille, se battre,escarmoucher,rivaliser,ressembler,égaler,s'accorder,convenir: எதிர்த்துப்பொருதல் aller à l'ennemi et combattre, combattre pour s'opposer,faire résistance,tenir ferme dans le combat.

பொருகு,riz cuit.

பொருக்காங்கட்டி; (பொருக்கு, ஆம்);motte de terre.

பொருக்கு,1° mot imitatif—, expression de vitesse. 2° ce qui est détaché,séparé du reste,résidu, reste, flocon, vase (d'étang) desséchée et crevassée ou détachée par morceaux: சோற்றுப்பொருக்கு restes de riz cuit, பொருக்கற்றுப்போகிறது être entièrement éteint,— anéanti, périr sans laisser de restes; கெட்டவன் பொருக்கற்றுப்போவான் le méchant périra avec toute sa race; பொருக்குவிழுகிறது être détaché, séparé,brisé, lâche: பொருக்கெனல் expression de vitesse; பொருக்கெனவருகிறது venir vite, à la hâte; பொருக்குமண் terre détachée,—meuble;—மண்கட்டி motte de terre

பொருடனை, P. பொருள் தனை: ou acc. de பொருள்.

பொருட், P. பொருள் devant க, ச, த,ப: —காட்சியணி figure qui montre le bon ou mauvais résultat d'une action; — குறைவிசேஷம் figure qui consiste à relever une chose par le manque d'une autre. Ex. இருநாழிநெற்கொண்டு சேலுயிரைத்து முட்டும் il nourrira tous les hommes (litt. toutes les vies) avec 2 mesures de riz;—கேடு,—சேதம் perte des biens;—சிறப்பு beauté—, avantage des richesses;—சுவை le goût des richesses;—செல்வம் accroissement—, acquisition des—, richesses;—செல்வி femme riche,la prétendue déesse des richesses, i.e. Lakchimi;—படுகிறது devenir—,être utile, avantageux; — படுத்துகிறது rendre utile,avantageux,regarder comme une chose réelle,—avantageuse; —பற்றறுதல் détachement des richesses;—பால் partie des biens,des richesses,la 2e partie du நற்பொருள்,la section qui traite des richesses; — மிதிர்நிலை chose incohérente,—qui semble se contredire. Ex. குமரன்வேல் le javelot du petit garçon (à qui le maniement des armes ne convient pas, en ce sens c'est une idée incohérente, mais குமரன் signifiant le fils cadet de Siven, i.e. Supramanien prétendu dieu de la guerre,on traduira le javelot de Supramanien;— பின்வருநிலை phrase où le même sens est exprimé en d'autres mots;—பெண்டிர் femmes qui sont une marchandise,—qui ne cherchent que l'argent,i.e. prostituées;—பெற்றி qualité—, propriété,—nature d'une chose,le propre des richesses; — பொருள் richesses, le 2e des நாற்பொருள்.

பொருட்டன்மை, (பொருள், தன்மை), V. பொருண்மை.

பொருட்டிரிபு, (பொருள், திரிபு), changement de sens.

பொருட்டு, (பொருள்), 1° cause, motif, chose estimable, avantageuse, d'usage. 2° 3e pers. neut sing. du குறிப்புவினை de பொருள், c'est une chose, il est utile..., (après un nom) pour, à cause de; (après le participe futur en உம், பொருட்டு, பொருட்டாய், பொருட்டாக signifient) pour, afin de: அவன்பொருட்டு à cause de lui, en sa considération: ஆர் — pour qui? உம்பொருட்டாய்வந்தேன் je suis venu à cause de vous; அது அழிந்து போகும்பொருட்டாக afin que cela périsse; இப்படியாகும்பொருட்டாய் afin que cela se fasse ainsi; உனக்கு நன்மை யுண்டாகும்பொருட்டு afin qu'il t'arrive du bien; நம்மை யிரட்சிக்கும் பொருட்டாக pour nous racheter; பொருட்டாயிருக்கிறது être utile, avantageux; பொருட்டில்லாமற்போகிறது devenir inutile; ஒருபொருட்டாய்ப்பார்க்கிறது ou எண்ணுகிறது regarder comme utile, faire cas, estimer; இதொருபொருட்டா யெண்ணப்படவில்லை cela ne fut pas considéré comme une chose utile, on ne fit aucun cas de cela; இராசாவென்னை யொருபொருட்டாய்ப்பார்த்தார் le roi m'a regardé comme digne et utile, a fait cas de moi.

பொருட்டொடர்நிலைச்செய்யுள், (பொருள், தொடர்), poème dont le sujet a une suite ou liaison naturelle, nom d'un poème.

பொருணயம், (பொருள், நயம்), but, intention, bonne qualité ou bonté d'une chose.

பொருணி, callou, jus de cocotier.

பொருணிலை, (பொருள், நிலை), attribut d'une proposition.

பொருண்முடிவு, (id. முடிவு), fin du sujet, intention, but de la pensée.

பொருண்மை, (id. மை), sens, sujet, matière, état de la chose ou de l'objet.

பொருத, 1° part. parf. de பொருகிறது. 2° inf. de பொருதுகிறது.

பொருதல், 1° n. v. de பொருகிறது, combat, rivalité; ressemblance, agrément, accord. 2° opt. et n. v. de பொருதுகிறது. 3° la plante தும்பை, phlomis indica.

பொருது, 1° gér. de பொருகிறது. 2° imp. et part. de

பொருதுகிறது, தினேன், துவேன், து, த, v. a. பொருதுதல், n. v. combattre, guerroyer, convenir.

பொருத்தம், (பொருந்துகிறது), convenance, accord, justesse, conformité, compatibilité, condition convenue, assortiment, combinaison, consentement: — பார்க்கிறது examiner la convenance, la conformité, sonder —, examiner les convenances astrologiques et autres d'un mariage, v. g. கழுத்துப்பொருத்தம் la convenance du cou, les probabilités sur la durée du tâli nuptial que l'épouse portera au cou, et de là sur la durée de la vie du mari; வயிற்றுப் பொருத்தம் la convenance du ventre et la probabilité d'avoir des enfans. Il y a au sujet des mariages et du commencement des poèmes 10 espèces d'observances superstitieuses dites தசப்பொருத்தம், V. செய்யுட்பொருத்தம் et மணப்பொருத்தம்; பொருத்தச்சீட்டு, — சீட்டு billet de consentement, contrat; பொருத்தம்-ஐ, ou தானப்பொருத்தம் 5 places artificielles dans la versification, savoir பாலன் ou பாலதானம் place de l'enfant, குமரன் ou குமரதானம் place du jeune homme, அரசன் ou இராசதானம் place du roi, விருத்தன், விருத்த ou மூப்புத்தானம் place de la vieillesse, மரணம் ou மரணதானம் place de la mort: à chacune de ces places on assigne certaines voyelles, savoir: அ, ஆ à பாலன்; இ, ஈ, ஐ à குமரன்; உ, ஊ, ஔ à அரசன்; எ, ஏ à விருத்தன், et

ஞ. ஓ ம் மங்கலம்.La 1re voyelle du nom du héros et celle du 1er mot du poème, soit qu'elles soient simples ou accompagnées d'une consonne, doivent appartenir aux 3 premières places; autrement ce serait un mauvais augure dans l'idée des Indous.

பொருத்தம், *opt. et n.v. de* பொருந்துகிறது, combinaison, union, jonction, accord, assortiment, combinaison.

பொருத்தனை, பொருத்தனை, 1° (பொருந்துகிறது), accord, combinaison, convenance. 2° *P.* பிரார்த்தனை, vœu.

பொருத்து, jointure, articulation, convenance, accord, combinaison, consentement, *n. v. imp. et part. de* பொருத்துகிறது, த்தினேன், த்துவேன், த்து, த்த, *v. a. de* பொருந்துகிறது *et* பொருந்துதல், *n.v.* faire —, accorder, mettre d'accord, joindre, assortir, ajuster, combiner, proportionner, réunir, — ensemble: இருளோடொளியைப் பொருத்துவார் இல்லை personne ne peut accorder la lumière avec les ténèbres.

பொருத்தோலை, (பொருத்து, ஓலை) billet d'accord, — de consentement, accord —, contrat écrit sur ôle.

பொருநன், *pl.* பொருநர், (பொருகிறது), combattant, vaillant —, soldat, roi, chef de pays montagneurs, général d'armée, homme fort, louangeur, panégyriste, acteur, comédien, mime: பொருநராற்றுப்படை espèce de poème.

பொருநுகிறது, நினேன், நுவேன், நு ou ந், ந, *v.a.* agréer, consentir, approuver, s'accorder.

பொருநை, பொருந்தம், பொருந்தம், nom de la rivière தாமிரபரணி, dans le district de Tinnévelly ou திருநெல்வேலி, qui servait probablement de bornes aux royaumes de சேரன் et de பாண்டியன், *i.e.* aux pays du Maléalam et du Maduré: பொருநைத்துறைவன் le prince riverain du [illegible] roi சேரன்.

பொருத்தர். (பொருந்துகிறது), faiseurs de corbeilles, de paniers, tisserands.

பொருந்தலர், (*id.* அலர்), ennemis, ceux qui ne s'accordent ou ne se conviennent pas.

பொருந்தல், *opt. et n.v. de* பொருந்துகிறது, convenance, aptitude, jonction, union, accord, combinaison, compatibilité, mélange, agrément, consentement, approche, possession, — d'une qualité.

பொருந்தா, பொருந்தாத, *part. nég. de* பொருந்துகிறது, qui ne s'accorde pas, ne se joint pas, incohérent, incompatible, qui déplait, désagréable: பொருந்தாக்காமம், *V.* பொருந்திணை.

பொருந்தாமை, *n.v. nég du même*, désaccord, inconvenance, désunion, incompatibilité, incohérence, privation, dégoût, aversion.

பொருந்திய, *P.* பொருந்தின, *part. parf. du suiv.* மகாமகம் très-révérend, révérendissime, digne d'un grand respect.

பொருந்துகிறது, ந்தினேன், துவேன், து, த, *v.n.* convenir, cadrer, se joindre, (*e.g.* 2 planches...), s'unir, s'emboiter, se combiner, s'arranger, se mêler, s'accorder, s'ajuster, être compatible, — apte, s'accorder, agréer, consentir, plaire, être agréable, conforme, posséder, — une qualité, — un attribut, approcher: மனம் ou மனம் — la volonté s'accorder, consentir; பொருந்தச்சொல்லுவோர் ceux qui cherchent à persuader, ceux qui enseignent; பொருந்தவைக்கிறது enter, greffer, réconcilier, faire cadrer, joindre; விலைபொருந்தக்கூறுகிறது crier —, vendre aux enchères; எனக்குப்பொருந்தாது cela ne me plait pas, ne me convient pas; பொருந்தாமற்போகிறது ne pas convenir..., déplaire, désapprouver; பொருந்திக்கொள்ளுகிறது convenir de, être d'accord sur; (யாதொன்றில்) பொருந்தியிருக்கிறது s'accorder en quelque chose, convenir, agréer, plaire: பொருந்தி வாங்குகிறது acheter de bon gré, — après être convenu du prix; மனசு ou மனம்பொருந்தி de bon gré, volontiers, volontairement; பொருந்தின காரியம் chose qui convient.

பொருந்துகை, பொருந்துதல், V. பொருந்தல்.

பொருபுவி, (பொரு), champ de bataille, terre stérile, —en friche.

பொருபொருக்கிறது, -த்தேன், -ப்பேன், -க்க, v.n. பொருபொருத்தல், n.v. être brûlé —, brûler —, rôtir —, griller entièrement, se fâcher, s'irriter. [arbre.

பொருபொருப்பான், nom d'un

பொருபொரெனகிறது, (*son imitatif*), faire porouporou, — du bruit.

பொருப்பன், (பொருப்பு), chef d'un pays montagneux.

பொருப்பு, montagne, le mont சேரமலை (du royaume de சேரர், *i.e.* du Maléalam). [grasse.

பொருமனி, (பொருமல்), femme

பொருமல், pleurs, gémissemens, soupir, sanglots. enflure ou tympanite causée par des pleurs excesifs, *opt. et n.v. de*

பொருமுகிறது, -மினேன், -முவேன், -மு, -ம, v.n. பொருமுதல், n.v. pleurer, —et sangloter, gémir, soupirer, sangloter, être enflé par une espèce de tympanite causée par les pleurs: பொருமியழுகிறது pleurer et sangloter. [plante கழுவைவிரை.

பொரும்பி, l'arbrisseau —, la

பொருவ, *inf. de* பொருவுகிறது, comme, semblablement.

பொருவாய், 1° petit poisson plein d'arêtes. 2° tu ne ressembles pas, 2e *pers. nég. de* பொருவுகிறாய்.

பொருவு, ressemblance, comparaison, faute, *n.v. imp. et part. de*

பொருவுகிறது, -வினேன், -வுவேன், -வு, -வ, v.n. பொருவுதல், பொருவுதல், n.v. ressembler, égaler, être semblable.

பொருள், objet, chose, être, matière, sens, — d'un mot, signification, richesses, effets, biens, possession, avantage, acquisition, —des richesses, le 2e des நாற்பொருள், objets divers, ustensile, fourniture de ménage, argent, monnaie, or, réalité, vérité, primauté, supériorité, caractère, qualité, enfant, progéniture, 3me partie de la grammaire dite பொருளிலக்கணம், conséquence, indice d'une chose: உரிப்பொருள் les 5 circonstances, ou particularités de l'அகப்பொருள் relatives aux poèmes érotiques: இருபொருள் les 2 espèces de biens ou de possessions, *i.e.* கல்விப்பொருள் les biens de la science, l'érudition, et செல்வப்பொருள் les biens de la fortune, les richesses: முப்பொருள் l'être triple, le trimourti ou la triade indienne: நாற்பொருள் les 4 choses (dont doivent traiter les grands poèmes), V. au mot நாற்; ஐம்பொருள் les 5 choses dont traite la grammaire tamoule, *i.e.* எழுத்து les lettres ou l'orthographe, சொல் les mots, பொருள் les choses ou l'amplification, யாப்பு la prosodie, அணி les figures; பொருளகத்திணை récapitulation ou sommaire des différens membres ou parties d'un sujet: — அட்டவணை table, — des matières (d'un livre); — அணி figures de pensées (opposé à சொல்லணி figure de mots); — அதிகாரம், — இலக்கணம் chapitre ou traité des matières, des qualités et propriétés des choses, 3me partie de la grammaire tamoule qui traite des règles de la composition ou de l'amplification, et se divise en 2 parties அகப்பொருள் chose intérieure ou règles pour la composition des poèmes érotiques, et புறப்பொருள் chose extérieure ou règles pour la composition des poésies héroiques ou morales, V. ces mots. Il est à remarquer que, dans la composition des poèmes érotiques, ordinairement les poëtes, pour embellir leur sujet, comparent les 5 états des amans aux 5 espèces de sol, savoir: புணர்தல் l'union au

குறிஞ்சி ou pays montagneux, பிரிதல் la séparation au பாலை ou pays désert, இருத்தல் la vie séparée au முல்லை ou pays de bois, ஊடல் la bouderie au மருதம் ou pays cultivé, et இரங்கல் les regrets de séparation au நெய்தல் ou terrain salé: —அந்தாதி répétition de la même pensée ou du même sens à la fin d'un vers ou d'une strophe et au commencement de l'autre; — அவ்வழி,— அப்புழி fig. de rhét. qui par le sens fait ressortir l'excellence de l'objet; — அறக்கைக்கொள்ளுதல் recevoir entièrement (sans laisser d arriéré), — அற்றுப்போதல் le sens finir, l'objet —, le bien périr;— ஆகுபெயர் application du nom d'un tout à une de ses parties comme மணமலர் feuille de nénuphar, expression qui désigne la fleur du nénuphar et non le nénuphar entier; - ஆசை désir des richesses, — de l'argent, avarice; — ஆசைக்காரன் homme cupide, avide de richesses; - ஆனந்தம் défaut dans le sens des mots; —இலக்கணம் traité des matières, 3$^{me}$ partie de la grammaire tamoule, qui donne des règles pour traiter des 4 objets d'un poème dits நாற்பொருள், i. e. de la vertu, des richesses, des plaisirs sensuels et du paradis, V. பொருள் இலக்கணம்; —இன்பம் plaisir —, goût des richesses, plaisir que procure un sujet traité; — ஈட்டல் acquisition des richesses (ce qui est un des 6 emplois des soudras et des marchands);—உவமம் comparaison des qualités des choses. Ex. நீர்போலும் திருவுளம் volonté sainte qui ressemble à l'eau, bienfaisante comme l'eau; —கொள்ளுதல் être susceptible d'un —, avoir un sens, recevoir de l'argent, des biens...;— கோள் mariage dans lequel on reçoit de l'argent de l'époux, —d'Asourer, attribut (d'une proposition), interprétation, manière d'avoir le sens, construction ou inversion qu'il faut faire pour cela, (on en compte 8, savoir: ஆற்றுநீர் — celle qui est naturelle comme le cours d'une rivière et suit l'ordre des mots; மொழிமாற்று —celle qui demande transposition des mots; நிரனிறை—celle qui suit l'ordre symétrique des mots பூட்டுவில் — celle dans laquelle les mots du commencement et de la fin d'une strophe forment un sens entr'eux; தாப்பிசை —celle qui sous entend au commencement et à la fin un mot qui se trouve au milieu de la phrase; அளைமறிபாப்பு —,celle où soit un vers soit un mot de la fin d'une strope sert de complément au commencement et au milieu; கொண்டுகூட்டு — celle qui réunit selon que le sens le demande, les mots que la tournure des vers a séparés; அடிமறி மாற்றுப்பொருள்கோள் celle où l'on peut intervertir l'ordre des vers, sans nuire ni au sens, ni à l'harmonie, ni à la beauté; —சேர்க்கிறது ramasser des richesses; — பண்ணுகிறது, —பண்ணுதல் expliquer, donner un sens, estimer; — விரி extension d'un terme; —விலக்கு figure qui consiste à rejeter l'objet ou le sens qu'on a indiqué; —விளங்கவைத்தல் mettre de manière à faire ressortir ou à éclaircir le sens, arrangement clair et naturel des mots suivant le sens, (opposé aux transpositions poétiques et recherchées), clarté, c'est une des 10 beautés du style: — விடு détachement des richesses; பொருளாகுபெயர் nom dérivé d'un nom de bien ou d'objet, de parenté, de nombre, de corporation etc.; பொருடேடு(பொருளைத்தேடு) பெற்றுவாழ் soigne ton bien et vis heureux.

பொருநன், V. பொருநர்.

பொருநை, V. பொருநதி.

பொலம், பொலன், beauté, or, couleur d'or, grandeur, mal; பொலங்கலம் joli- ,bijou, - d'or; பொலத்துறவு grande pénitence,

பொரி, 1° monceau de riz... non

vanné. 2° *imp. et part. de* பொலிகிறது:—கடா,—கிடா bélier—, bouc—, taureau ou buffle destiné à saillir, à reproduire l'espèce; — கூவுகிறது pousser des hourras ou cris de joie, lorsqu'on apporte le blé dans l'aire: —க்கடா bœuf qui foule la moisson, *V.* பொலிகடா;—க்கட்டை piquet auquel on attache les bœufs qui foulent la moisson, ou le taureau destiné à la femelle;—க்களம் espace autour du tas de riz...; —க்கொடி paille; —தூற்றுகிறது vanner, —, éventer le riz; — le grain; — நடையன் le bœuf qui, en foulant la moisson, se trouve le plus près du pieu planté au milieu; —மரவு mesure pleine, — comble; எருது taureau destiné à saillir, — à propager l'espèce, *V.* பொலிநடையன்.

பொலிகிறது, லிந்தேன், லிவேன், லிய, *v.n.* (பொலி), s'entasser, s'accumuler, être entassé, ramassé, mis en tas, briller, exceller, abonder, s'accoupler, (le taureau —, le bélier...) saillir, couvrir leur femelle: பொலிந்து சினைப்படுகிறது (la vache) s'accoupler et devenir pleine.

பொலிசை, gain, profit, or.

பொலிதல், பொலிவு, *n. v. de* பொலிகிறது, élévation, augmentation, accroissement, abondance; accumulation, excellence, beauté, splendeur, accouplement: பொலிவழிதல் dégénération, déchéance, décadence, se perdre.

பொலுகுகிறது, கினேன், குவேன், கு, க, *v.n.* பொலுகுதல், *n. v.* l'eau découler, dégoutter.

பொலுபொலு, son imitatif de la chute des feuilles: பொலுபொலென்கிறது *ou*

பொலுபொலுக்கிறது, லுத்தேன், லுப்பேன், லு, லுக்க, *v. n.* (பொலுபொலு), les feuilles... tomber, faire *poloupolou*.

பொலுபொலுத்தல், பொலுபொலுப்பு, பொலுபொலென்றல், *n. v. des préc.* chute des feuilles...

பொல்லி, *V.* பொல்லு.

பொல்லம், morceau, couture, action de coudre.

பொல்லர், (பொல்லன்), tailleurs, cordonniers, corroyeurs.

பொல்லேன் 1° *sing. du préc.* 2° méchant.

பொல்லா, *adj.* mauvais, méchant: —நிலம் terrain mauvais, —glissant: —மணி; *P:* பொல்லாதமணி.

பொல்லாங்கு, (பொல்லா), mal, tort, méchanceté, bassesse, défaut, oubli: —செய்கிறது faire du mal.

பொல்லாத, (பொல்லா), mauvais, méchant, pervers: —கிரமம் mauvaise méthode, mauvais procédé; —நடக்கை mauvaise conduite, — vie; —நினைப்பு, —நினைவு mauvaise pensée; —வேலை mauvais ouvrage, mauvaise affaire; —வேளை temps malheureux, néfaste; பொல்லாதவன், *m.* பொல்லாதவள், *f.* méchant, méchante.

பொல்லாது, பொல்லாதது, (*id.*), ce qui est mauvais, cela est mal.

பொல்லாப்பு, (*id.*), mal, tort, méchanceté, malheur; — படுகிறது éprouver du mal; — பண்ணுகிறது faire du mal; — பண்ணிக்கொள்ளுகிறது se faire du mal, faire habituellement du mal; பொல்லாப்பாகிறது devenir mauvais, — méchant.

பொல்லாமை, (*id.*), mal.

பொல்லான், *pl.* பொல்லார், (*id.*), méchant.

பொல்லு, bâton, — pour s'appuyer, épi broui.

பொழி, 1° petite chaussée, séparation dans les champs labourés. 2° *imp. et part. du suiv.*: பொழிவிட்டுத் தூற்றுகிறது vanner le blé en le faisant tomber doucement d'une corbeille.

பொழிகிறது, ழிந்தேன், ழிவேன், ழி, ழிய, *v.a.* பொழிதல், *n. v.* verser, répandre, —abondamment, donner, pleuvoir, — à verse: செல்வம்பொழியுஞ் சிங்காரத்தோப்பு bosquet charmant, rempli de délices; புஷ்பமாரி பொழிகிறது répandre un pluie de fleurs; வசனத்தொகையினைப் — répandre des flots de paroles; பொழிகிறான் il répand (d'abondans bienfaits ou des flots de paroles).

பொழிப்பளபெடை, (பொழிப்பு, அளபெடை), allongement dit அளபெடை venant au 1er et 3me pied d'un vers.

பொழிப்பியைபு, பொழிப்பியைபு, (id. இயைபு), la rime dite இயைபு venir au dernier et à l'antépénultième pied d'un vers.

பொழிப்பு, paraphrase, courte explication, sommaire, marque, rapport dit தொடை qui a lieu dans le 1er et le 3me pied d'un vers: — திரட்டல், — திரட்டு récapitulation —, paraphrase explicative; — முரண் antithèse au 1er et ou 3me pied; — மோனை connexion dite மோனை au 1er et au 3e pied.

பொழிப்புரை, (பொழிப்பு, உரை), traduction ou explication libre, paraphrase, récapitulation explicative.

பொழிப்பெதுகை, (id. எதுகை), rime dite எதுகை au 1re et au 3e pied d'un vers.

பொழில், monde (en général), pays, terre, bosquet, jardin de fleurs, grandeur.

பொழிவு, n.v. de பொழிகிறது, largesse, donation, profusion, effusion, pluie, abondance, affluence, profit, intérêt, louange, supériorité: — காண்கிறது avoir du profit, obtenir de l'avantage: பொழிவாயிருக்கிறது, பொழிவுள்ளதாயிருக்கிறது être avantageux, — abondant; தன்பொழிவைப்பார்க்கிறது être intéressé, regarder ses intérêts.

பொழுதிருக்கூடல், (பொழுது, abl.), se retirer de jour, avant le coucher du soleil, ce qui est un des அகப்பொருளிலக்கணம், s'accoupler de jour.

பொழுது, temps, période de temps, jour, journée, soleil, lorsque (après un participe): சிறு — les 6 parties du jour de 24 heures (V. அறுபொழுது, et சிறுபொழுது au mot சிறு); பெரும் — les 6 saisons des Indiens, V. அறுபருவம்; இறங்கு — l'après midi, soir, déclin du jour, — du soleil, — de la prospérité; ஏறு — lever du soleil, matinée, avant-midi, temps de prospérité: ஒரு — un jour, une fois le jour, (V. au mot ஒரு); இரண்டு — 2 jours, 2 fois, 2 fois le jour; இருபொழுதுக்குண்டு il y a pour 2 repas, ou pour 2 fois; மூன்றுபொழுது 3 jours, 3 fois, — le jour, 3 repas par jour; நாள்கள்நிறைவேறினபொழுது lorsque les jours furent accomplis; பொழுதுதீ fin du jour, du temps, jusqu'à la fin du jour, jusqu'au soir: — ஆயிற்று le temps est passé, le jour est fini, c'est trop tard: — கட்டுகிறது le soleil levant être couvert de nuages (ce qui est signe de pluie; — சாய்கிறது, — சாய்ந்துபோகிறது le jour —, le soleil être sur son déclin; — சாய au déclin du jour, dans la soirée; — படுகிறது, — புகுகிறது, — புகுந்துவிடுகிறது, — மூழ்குகிறது le soleil se coucher, — புகுந்தது, — மூழ்ந்துபோச்சு le soleil est couché; — மூ au coucher du soleil; — மூழ்கவில்லை, — புகுதவில்லை le soleil n'est pas encore couché; — புறப்படுகிறது le soleil se lever, le jour paraître; — போகிறது le jour finir, — disparaître; — போக்கல், — கழித்தல், — போக்கு passer le temps, passe-temps, amusement, — pour tuer le temps, distraction; — போக்காயிருக்கிறது être un passe-temps, passer faire le temps en amusement, — remettre d'un jour à l'autre; — போக்குகிறது, — கழிக்கிறது passer le temps, s'amuser, passer le temps en amusemens, se distraire; — மதியந்திரும்புகிறது le jour tourner vers son déclin; — வணங்கி héliotrope, tournesol; — விடிகிறது le jour poindre, faire jour, le soleil se lever: — விடுகிறது passer le temps; பொழுதொடுபுணர்தல், V, பொழுதிருக்கூடல்.

பொளி, 1° trou, cou de pioche. 2° imp. et part. de

பொளிகிறது, ளிந்தேன், ளிவேன், ளி, ளிய, v.a. ou பொளிந்துபோடுகிறது, tailler, couper, trancher, polir (avec le ciseau), ciseler, graver (une pierre...), percer: கற் — tailler —, ciseler une pierre; பொளியச்சொல்லுகிறது ordonner de tailler des pierres.

பொளிதல், பொளிவு, n.v. du préc. taille—, ciselure—, gravure des pierres.

பொள்ளல், opt. et n.v. de பொள்ளுகிறது, taille —, ciselure —, gravure des pierres, percement, perforation; trou, creux d'arbre, marque ou cicatrice, — de la petite vérole, pâtisseries, pain, diverses espèces de pains: — முஞ்சி figure marquée de la petite vérole.

பொள்ளா, பொள்ளாத, part. nég. du suiv. non percé, non taillé; பொள்ளாமணி pierre précieuse non percée, non taillée.

பொள்ளுகிறது, வினேன், ளுவேன், ளு du ள், ள, v. a. et n. பொள்ளுதல், n.v. percer, perforer, tailler ciseler, se creuser, se percer.

பொள்ளு, son imitatif —, expression de vitesse: பொள்ளென்கிறது, se presser, se hâter; பொள்ளென்னல் hâte, vitesse: பொள்ளெனவாங்கே புறம்வேரார், காலம்பார்த்துள்வேர்ப்பர் ஒள்ளியவர் les gens prudens ne montrent pas subitement leur colère au dehors, mais selon l'occasion ils s'indigneront intérieurement.

பொறா, பொறாத, part. nég. de பொறுக்கிறது, qui ne supporte pas, ne pardonne pas, impatient, envieux, insupportable, impardonnable: பொறாதவன் qui ne peut souffrir (une injure, une affliction), envieux (du bien d'autrui); தலை —, தோள்பொறாதவன் homme qui ne peut porter un fardeau sur sa tête, — sur son épaule.

பொறாது, பொறாமல், gér. nég. du même.

பொறாமை, n.v. nég. du même, impatience, envie, jalousie: — க்காரன் envieux, jaloux; — கொள்ளுகிறது, — படுகிறது concevoir de l'envie, être jaloux, impatient; பிறர்வாழ்க்கையைப் பார்த்துப் பொறாமைப்படுகிறது être jaloux de la prospérité d'autrui.

பொறி, 1° signe, marque, cachet, sceau, empreinte, point (qu'on met sur une lettre); objet, bien, organe des sens, lettré, écriture, prétendue écriture ou caractère du destin, destinée, étincelle, — de feu, chose qui s'échappe, glissade, échappatoire, machine, ouvrage artificiel, piége, ligne, linéament, jointure, articulation des doigts, tache, raie, taches jaunes sur le corps dites தேமல்; beauté, ornement —, partie de fortification, figures menaçantes, intelligence, connaissance, gain, accroissement, abondance, prospérité, la prétendue déesse de la prospérité, i. e. Lakchimi, grand —, bateau, barque, char, chose petite, — menue, particule, parcelle, moment. 2° imp. et part. de பொறிகிறது et imp. de பொறிக்கிறது: பொறி ௫ les 5 organes des sens, V. ஐம்பொறி; பொறி-மூ, 3 choses requises dans les hommages à la divinité, savoir மனம் l'esprit, வாக்கு la bouche, காயம் le corps, car nous devons adorer Dieu en pensées, en paroles et en actions; எலிப்பொறி ratière, piége à rat: தீப் — étincelle de feu: தலையிற் — décret supposé écrit sur la tête, la destinée V. தலையெழுத்து; — தட்டுகிறது l'œil étinceler; s'échapper, pétiller; — பறக்கிறது les étincelles voler; — மின்னுகிறது étinceler, briller, pétiller; — யாயிருக்கிறது être déterminé, — la destinée, — arrêté par le destin, — une chose irrésistible (dans les idées païennes): அதெனக்குப் — யாயிருக்கிறது c'est mon destin, je ne puis m'y soustraire: — பார்க்கிறது l'œil pétiller, étinceler; — யிலார்; — யற்றார் gens vils, ignorans, misérables; — யிலி ignorant, homme qui a un mauvais destin; — வெற்றுகிறது, — வைக்கிறது dresser des piéges; — வைத்துத்தட்டியுந் போய்விழுகிறது c'est comme si ayant tendu un piége on se jetait dedans; எனக்கே

ன்னபொறிபோகுது que m'importe?

பொறிக்கல், 1° (பொறி, கல்), espèce de pierre dite சிலைநாகக்கல், pierre calcaire. 2° *opt. et n.v. de* பொறிக்கிறது.

பொறிகிறது, றிந்தேன், றிவேன், றி, றிய. *v.n.* பொறிதல், *n.v.* glisser, s'échapper, s'écouler, s'enfuir.

பொறிக்கிறது, றித்தேன், றிப்பேன், றி, றிக்க, *v.a.* பொறிக்குதல், பொறித்தல், *n.v.* écrire, tracer, dessiner, peindre, faire glisser, faire échapper: பொறிக்குங்கருவி la détente d'un fusil....

பொறித்தல், பொறிப்பு, *n. v. du préc.* action décrire, écrit, écriture, chose écrite, peinture, dessin, glissade, échappatoire, détente.

பொறியாளன், (பொறி), l'homme désigné, destiné: இழவுக்குமுடைமைக்கும் — celui qui est désigné pour ou destiné à être le chef des funérailles et du bien, l'héritier ou l'exécuteur testamentaire.

பொறிவு, *n.v. de* பொறிகிறது, glissade, échappatoire, position —, pavé en pente, *V.* தொங்குபறிவு.

பொறுக்க, *inf.* பொறுக்கல், *opt. et n.v de* பொறுக்கிறது, *et de* பொறுக்குகிறது.

பொறுக்காது, *nég. des mêmes.*

பொறுக்கி, 1° *gér. de* பொறுக்குகிறது. 2° *n.app. du même*, qui ramasse, qui trie, mendiant, malheureux: கடை— celui qui ramasse dans le marché (ce qui est tombé ou abandonné).

பொறுக்கிறது, றுத்தேன், றுப்பேன், று, றுக்க, *v.a. et n.* porter, soutenir, supporter, souffrir, endurer, tolérer, attendre, s'arrêter, avoir patience, pardonner, être indulgent, échouer à la côte: சற்றுப்பொறு attends un peu; பொறுக்கத்தக்ககாரியம் chose pardonnable, qu'on peut supporter: பொறுக்கப்படாதகுற்றம் faute impardonnable; பொறுக்கமாட்டாமலிருக்கிறது ne pouvoir porter (un fardeau), — supporter (une injure): சுமைபொறுக்கிறது porter un fardeau: வெகுகஸ்தி — endurer bien des souffrances, — bien des peines; பொறுத்துக்கொள்ளுகிறது, — விடுகிறது pardonner: அதெல்லாங்கொண்டுபொறுக்கவேண்டும் il faut pardonner tout cela; நூறுகுற்றமாயிரம் பிழைகொண்டு பொறுக்கவேண்டும் il faut pardonner 100 fautes et 1000 défauts, il faut pardonner tout le mal qu'on vous a fait; பொறுத்துப்போகிறது échouer à la côte; பொறுமல்—, பொறுக்காமலிருக்கிறது ne pas souffrir, —pardonner, être envieux, jaloux, impatient; எனக்குப்பொறுக்காது je ne puis supporter cela.

பொறுக்கு, 1° *P.* பொறுக்கி. 2° *imp. et part. de*

பொறுக்குகிறது, க்கினேன், க்குவேன், க்கு, க்க, *v. a.* ramasser (*v.g.* de terre quelques grains...), recueillir, trier, éplucher: ஒருநிலத்திற்கற்— épierrer une terre. [பொறுக்கிறது.

பொறுக்குதல், *n.v. du préc. et de*

பொறுதி, *n.v. et imp. de* பொறுக்கிறது, patience, pardon, permission, lenteur, retard: —கேட்கிறது demander pardon ou permission.

பொறுத்த, *part. parf. du même.*

பொறுத்தல், *n.v. du même*, pardon, patience, action de porter...: ஒருத்தனிடத்திற்— கேட்கிறது demander pardon à quelqu'un: ஒருத்தனுக்குப் —கொடுக்கிறது pardonner à quelqu'un.

பொறுப்பாளி, பொறுப்பாளவன், (*id.* ஆளி, ஆளவன்), garant, répondant, responsable, celui sur qui tout porte, principal.

பொறுப்பிக்கிறது, *v.caus. de* பொறுக்கிறது, charger, faire porter, mettre sur.

பொறுப்பு, *n.v. de* பொறுக்கிறது, patience, pardon, tolérance, souffrance, poids, charge, responsabilité, affection, rapport, principal: பொறுப்பற்ற, (பொறுப்பு. அற்ற), qui n'a pas de responsabilité.... dépourvu de patience, jaloux; பொறுப்பற்றதனம்

ம் exemption de responsabilité, jalousie, envie, impatience; பொறுப் பற்றவன் homme impatient, envieux; — க்காரன் répondant, garant: இருத்தன்பேரிலே வைக்கிறது mettre le fardeau ou la responsabilité sur quelqu'un; நம்மையெல்லாங்காக்கிறது கடவுளுக்குப்பொறுப்பாயிருக்கிறது c'est à Dieu qu'appartient le soin de nous conserver, *ou* Dieu a à cœur de nous sauver.

*பொறுமை, n.v.du même*, patience, résignation, tolérance, indulgence: — யாயநுபவிக்கிறது souffrir avec patience.

பொறை, *n. v de* பொறுக்கிறது, patience, pesanteur, poids, fardeau, grossesse (fardeau du ventre), terre, petite —, montagne, colline, pierre ou autre objet qui bouche un égout ou un canal: — சாலி homme patient; — யிலார் gens —, sauvages, sans patience ni pitié, chasseurs, méchans; — யுடைமை possession de la —, patience; — யுயிர்க்கிறது être délivrée de son fardeau, mettre au monde (un fils...).

பொறையன், (பொறை), homme patient, le patient, (épithète de) Dharmarâsâ l'aîné des Pandavers, le montagnard, (épithète de) சேரன் roi du Maléyalam.

பொற், *P.* பொன், or, *devant* க, ச, த, ப, d'or, doré: — கம்பி cordonnet —, fil d'or; — கட்டி lingot ou barre d'or; — கழஞ்சு nombre d'or, — doré, mesure au poids de l'or; — கரை, — கெண்டை filet ou fil d'or mêlé au tissu du bord d'une toile; — கம்பி fil d'or; — கலம் plat —, vase ou vaisselle d'or; — காசு pièce —, monnaie d'or, la lentille கொள்ளு; — சங்கிலி chaine d'or; — சரக்கு marchandise précieuse, — qui vaut de l'or, objet d'or; — சரடு collier d'or, fil d'or; — சரிகை fil d'or, galon —, tissu ou broderie d'or; — சலாகை baguette —, broche d or; — சித்திரம் variété de la plante சித்திரம்; — சுண்ணம் poudre d'or; — பணிதி —, பணி bijou —, ornement ou colifichet d'or; — பாளம் lingot —, barre d'or; — பிடிப்பிரம்பு canne à pomme d'or; — பிரகாசம் éclat de l'or, chose qui brille comme l'or; — பூசை dorure; — பூ fleur d'or, — de couleur d'or; — பூச்சு dorure, couche d'or; — பூசுகிறது dorer; — பூவராகன் espèce de pagode ou pièce d'or.

பொற்ப, (பொற்பு), comme, pour acquérir de la beauté.

பொற்பு, (பொன், பு *affixe*). beauté, ornement, lustre, abondance, ressemblance.

பொற்புறுக்கிறது, (உறுக்கிறது), orner, décorer; பொற்புறுத்தல், *n. v.* décoration.

பொற்றகடு. (பொன், தகடு), plaque d'or: பொற்றகட்டால்மூடுகிறது couvrir de plaques d'or, plaquer en or.

பொற்றலைக்கையாந்தகரை, (*id.* தலை), *et* பொற்றாது, (*id.* தாது), l'excellente plante médicinale verbesina calendulacia ou eclipta.

பொற்றாமரை, (*id.* தாமரை), nénuphar d'or, — de couleur d'or.

பொற்றாலி, (*id.* தாலி), Tâli en or.

பொற்றிக்கீரை, espèce d'herbe potagère. [qui a un char d'or.

பொற்றேரான், (பொன், தேர்), celui

பொற்றை, montagne, monticule, colline, petit buisson, arbuste.

பொற்றொடி, (பொன், தொடி), anneau —, bracelet d'or, femme, — qui en porte. [sin —, vase d'or.

பொற்றொட்டி, (*id.* தொட்டி), bas-

பொற்றோள், (*id.* தோள்), épaule ornée d'or; — அணி épaulette d'or.

பொன், *gén.* பொன்னின், or, petite pièce ou monnaie d'or, ancienne monnaie de compte valant 10 fanons, métal (en général), fer, beauté, Lakchimi, lustre, éclat, splendeur, la planète Jupiter, le soleil, (*adjectivement* பொற் *devant* க, ச, ப, *et* த *qui se change aussi en* ற): — காத்தபூதம் fantôme qu'on suppose garder les trésors; — செய்கொல்லர் orfèvres; — பூணுகிறது s'orner de pendans

d'oreilles ou d'autres bijoux d'or; — மணல் sable d'or; — மணி grain en or, pierre précieuse enchâssée dans l'or; மணிப்பாரம் collier —, rangée de grains d'or; — மயம் objet en or, — brillant d'or, éclat de l'or; — மலர்க்கொன்றை le petit arbre cœsalpina pulcherrima à fleurs jaunes; — மலாம், — முலாம் dorure; — மலை la montagne d'or dite மகாமேரு, autre montagne près de Trichinopoly; — மழை pluie d'or, nuage qui, au dire de la fable indoue, répand une pluie d'or; — முசுட்டை la plante cissampelos pareira; — முளை coin pour frapper de la monnaie d'or; — மெழுகு cire qui sert à examiner la finesse de l'or, — sur laquelle on dépose ce qu'a enlevé la pierre de touche; — வண்டு mouche dorée ou cantharide; — வண்ணத்தந்தாதி espèce de poésie qui a la répétition dite அந்தாதி ou anadiplose; — வலயம், — வளையம், — வளையம் cercle —, collier d'or; — வண்ணக்காரிகை sou fre; — வாய்ப்புள் l'oiseau au bec d'or, i.e. le martin-pêcheur; — வாரை montagne contenant du cuivre; — விக்கு sable contenant du plomb; — விலை prix de l'or, prix élevé; — விளைந்து l'or croître, — se former, la terre être très fertile; — வினைஞர் gens qui travaillent l'or, orfèvres. [jaune.

பொன்மை, (பொன்), couleur d'or,

பொன்று, v.n. imp. et part. du suiv. mort, perte, diminution, fin.

பொன்றுகிறது, ன்றினேன், ன்றுவேன், ன்ற, ன்றி, v. n. பொன்றல், பொன்றுதல், v.n. périr, se gâter, diminuer, mourir, finir.

பொன்னகர், (பொன், நகர்), la ville d'or, id. le monde prétendu des dieux indous, le Souvarkam; பொன்னகர்க்கிறைவன் le roi prétendu de la ville d'or, i.e. Indiren. [d'or.

பொன்னகை, (id. நகை), bijou

பொன்னத்தாப்பெட்டி, (பொன், அத்து), boite dans laquelle on porte ou l'on met le tâli et la toile de noces de la mariée.

பொன்னப்பிரகம், (id. அப்பிரகம்), talc ou mica de couleur d'or.

பொன்னம்பர், (id. அம்பர்), ambre jaune.

பொன்னம்பலம், (id. அம், பலம்), V. பொன்னுக்கொட்டை ou தெய்வப்பொன்னட்டை. [orpiment.

பொன்னரிதாரம், (id. அரிதாரம்).

பொன்னரிப்பு, (id. அரிப்பு), action de cribler, ou de tamiser l'or pour le séparer du sable.

பொன்னரிமாலை, பொன்னரிவாளை, (id. அரிய), nom d'un bijou ou d'un collier d'or.

பொன்னவண்டு, (பொன்னன்), insecte de couleur d'or, cantharide.

பொன்னவன், (பொன்), le doré, ou celui qui est d'or, le géant Hiranyen, la planète Jupiter.

பொன்னன், (id.), le doré, (épithète de) Arouguen.

பொன்னாங்கண்ணி, பொன்னாங்காணி, (id. ஆம்), l'herbe potagère et plante médicinale illecebrum sessile; பொன்னாங்கண்ணிக்கிழங்கு remède composé de l'illecebrum sessile et de beurre clarifié; பொன்னாங்காணிக்குப் புளியிட்டுக்கடைந்தால் அன்னாங்கொள்ளத்தித்திக்கும் si on mêle et broie ensemble de l'illecebrum et du tamarind, tout sera doux au palais.

பொன்னாங்கொட்டை, (id. ஆம்), fruit du sapindus emerginatus dit பூவந்தி.

பொன்னாசை, (id. ஆசை) désir de l'or, — des richesses, qui est un des மூவாசை.

பொன்னாதிலோகம், (id. ஆதி), les 7 métaux dont l'or est le 1$^{er}$, V. சத்தலோகம் au mot உலோகம்.

பொன்னாந்தட்டான், (id. ஆம்), l'oiseau corvus brachyurus au beau plumage. [bijou d'or.

பொன்னாபரணம், (id. ஆபரணம்),

பொன்னாவிரை, (id. ஆவிரை), l'arbre ou la plante médicinale cassia occidentalis.

பொன்னி, (id.), la rivière aux paillettes d'or, i.e. Kâvêri; — நீர்

துறைவன் le roi des bords de cette rivière, i.e. சோழன்.

பொன்னிடைக்கட்டு,(*id.* இடைக்கட்டு),ceinture d'or.

பொன்னிமிளை, (*id.* நிமிளை), bismuth de couleur d'or.

பொன்னிலம், (*id.* நிலம்), la prétendue terre,d'or,*i.e.* le Souvarkam.

பொன்னிறம், (*id.* நிறம்), couleur d'or: — ஆகிறது prendre la —. être de couleur d'or; — ஆய்வறுக்கிறது griller,—frire ou rôtir jusqu'à donner une couleur d'or; பொன்னிறமாட்சி bismuth de couleur d'or.

பொன்னு, பொன்னுசாமி, பொன்னுதம்பி,(பொன்), nom propre de plusieurs Indiens.

பென்னுக்குவிங்கி, (பொன் *au dat.*), enflure à la joue.

பொன்னுருக்குகிறது,(*id.* உருக்குகிறது), faire fondre l'or.

பொன்னுருட்டு, (*id.* உருட்டு),anneau d'or simple, (sans cachet ni chaton).

பொன்னுரை.1°(*id.* உரை),frottement de l'or sur la pierre de touche, déchet qu'il cause à l'or.2° (*id.* நுரை), écume d'or.

பொன்னுலகு. (*id.* உலகு), le prétendu monde d'or, *i.e.* le Souvarkam.

பொன்னுறுமாலை, (*id.* உறுமாலை), toque ou turban de tissu d'or.

பொன்னூமத்தை, (*id.* ஊமத்தை), variété de la plante ஊமத்தை datura fastuosa.

பொன்னூல்,(*id.* நூல்), fil d'or.

பொன்னெயில்.(*id.* எயில்),mur—, rempart—,forteresse d'or: — வட்டம் circuit en murs d'or,le fort ou la demeure d'Arouguen; பொன்னெயிற்கோன் le roi de la forteresse d'or,*i.e.* Arouguen.

பொன்னோலை,(*id.* ஓலை), espèce de boucles d'oreilles en forme de feuille de palmier d'or, (à l'usage des femmes de certaines castes.)

பொன்னொன்றுபணிபல, (*id.*), l'or est un,les bijoux d'or sont divers; mot dont les gentils abusent pour dire que bien qu'il n'y ait qu'un Dieu, il se manifeste sous diverses formes,d'où ils s'opiniâtrent dans leur polythéisme absurde et avilissant pour la divinité.

போ, lettre syllabique composée de ப் et de ஓ, pô long. 2° *imp. de* போகிறது, va,va t-en.3° particule explétive: எரியினன்னசெந்தலையன்றில் பிரியின்வாழாதென்போ l'oiseau அன்றில் à la tête rouge comme du feu, ne vit pas s'il est isolé, என் et போ sont ici de pures particules explétives. 4° *sync.de* போது, *dans* அப்போ alors,இப்போ maintenant,எப்போ quand?

போக,1° *inf.de* போகிறது.2° *adj. de* போகம். [laisser aller.

போகடல், *sync. de* போகவிடல், போகடிக்கிறது,(போக, அடிக்கிறது), perdre. *V.* போக்கடிக்கிறது *qui est plus usité.*

போகடிபோக்கு, (போகடிக்கிறது), manière de perdre,côté par où on est venu. [boire.

போகணி,espèce de vase, vase à

*போகண்டன்,(pôganda),homme difforme,qui a un membre de trop ou de moins,enfant de 5 à 16 ans.

*போகம், (bhôga), jouissance, plaisir.—sensuel,volupté, copulation,délices,bonheur,temps de —,prospérité,temps avantageux. fertilité, richesse,possession, produit d'un champ,récolte,moisson, rente,loyer, salaire,—de bayadères et de courtisannes, corps de —,serpent,tête déployée, armée en colonnes, numérateur d'une fraction,manducation, action de nourrir, — d'élever ou d'entretenir: ஒரு—, இரண்டுபோகம் une—, 2 récoltes par an: இராச—prospérité d'un roi; ஏக—prospérité particulière,possession particulière,— non partagée avec d'autres, privilége royal, une seule récolte par an; ஏக— ஆயிருக்கிறது jouir d'une prospérité unique et incomparable, être la propriété d'un seul; ஸ்திரீ —commerce charnel avec une femme: தேவேந்திரபோகம் prospérité d'Indiren, — incomparable, richesses immenses; — பண்ணுகிறது jouir, posséder, cohabiter, s'accoupler: போககுஞ்சம் salaire de prostituée: — கிரகம் harem, appartement intérieur; — ஸ்தானம் le siége des jouissances sensuelles, le corps, harem, extase, insensibilité causée par la joie: — ஸ்திரீ femme publique; — பதி vice-roi, gouverneur, celui qui possède l'usufruit: — பிசாசினை la diablesse qui détruit le plaisir, i.e la faim: — பிருத்தகன் journalier, mercenaire, serviteur, esclave; — பூமி la terre ou le lieu des plaisirs sensuels, le Souvarkam ou paradis d'Indiren (au dire des Indous), le lieu où l'on reçoit la récompense de ses actions, terre —, champ fertile: — பூமி-கள் les 6 divisions du Souvarkam nommées ஆதிமரிவஞ்சம், நல்லரிவஞ்சம், ஏமதவஞ்சம், ஏமவஞ்சம், தேவகுருவம், உத்தரகுருவம், ce sont les divisions de l'Élisée indien, et d'après le பாரதம் une de ces divisions, au moins, est un lieu de peines et de purifications, espèce de purgatoire: — பூமிபர் les habitans du Sauvarkam, les immortels; — போக்கியம் prospérité, jouissance des richesses; — போக்கியக்காரன் homme riche et qui dépense beaucoup pour son plaisir; — லாபம் profit tiré de la jouissance d'un gage ou dépôt: — வாஞ்சை, — விச்சை, (இச்சை), désir des plaisirs sensuels.

*போகர், (போகம்), les gens sensuels, nom d'un சித்தன்.

போகல், *n.v.de* போகிறது, action d'aller…, allée, marche, hauteur, longueur: — ஆகாது il ne convient pas d'aller, on ne peut pas aller.

*போகவதி, *fém de* போகவான், femme sensuelle, — heureuse, qui jouit de ou posséde quelque chose, la capitale des Nâgas ou serpens, prétendu fleuve de l'abyme ou du பாதாளம், le Gange fabuleux des régions inférieures.

*போகவான், (போகம், vân), homme sensuel, — heureux, qui jouit, serpent, danse, chant.

போகா, போகாத, *part. nég. de* போகிறது, qui ne va pas.

*போகாங்கபூசை, (போகம், அங்கம்), sacrifice offert à Siven, aux Ganas ou fantômes, *etc*…

*போகார்க்கம், (போகம், அருக்கம்), richesses, prospérité.

*போகாவலி, (போகம், ஆவலி), louange, éloge chanté par les bardes ou les panégyristes.

*போகாவாசம், (*id.* ஆவாசம்), demeure du plaisir, harem ou appartement intérieur des femmes.

*போகி, 1° (போகம், i), homme sensuel, voluptueux, heureux, mondain, riche qui vit dans les délices, roi, prince, chef, — de village, homme qui ramasse de l'argent pour une dépense particulière, (épithète de) Indiren, barbier, ce qui a un corps, serpent. 2° *imp.de* போகிக்கிறது. 3° *gér.de* போகிறது: — காந்தம் l'agrément du serpent, *i.e.* l'air, le vent; — பண்டிகை fête d'Indiren (le dernier jour de l'année tamoule, la veille du பொங்கல்); — வல்லபம் ce qu'aime le serpent, *i.e.* le sandal.

*போகிகன், (போகம், ika), valet d'écurie, palefrenier.

போகிக்கிறது, கித்தேன், கிப்பேன், கி, கிக்க, *v.a.* (போகம்), jouir, — de plaisirs sensuels, être heureux, — dans les délices.

போகிணி, *P.* போகணி, vase: — சட்டி casserole d'airain ou de cuivre.

போகித்தல், போகிப்பு, *n. v. de* போகிக்கிறது, jouissance, plaisir, — sensuel.

போகில், 1° nombril, bouton de fleur, oiseau le குயில் ou coucou indien. 2° *condit.de* போகிறது.

போகிறது, *sync.* போறது, போயினேன் ou போனேன், போவேன், போ, போக ou போக, *gér.* போய், ou போகி, *nég.* போகேன், *v.n.* aller, s'en aller, s'éloigner, s'étendre, partir, marcher, passer, s'écouler, devenir, être sur le point de, se changer en, s'élever, périr, se perdre, (avec கூடி) cohabiter, avoir commerce charnel, consentir, entrer, venir. Après un infinitif, ce verbe signifie aller, être sur le point de, bientôt; அதைச்செய்யப்போகிறான் il va faire cela, il est sur le point de faire cela வரப்போகிறான் il va venir, il viendra bientôt; வரப்போகிறகாலம் le temps à venir, le futur, l'avenir. Après un gérondif, போகிறது marque continuité d'action): செபஞ்செய்துகொண்டுபோகிறேன் je suis occupé à prier, je continue de prier; வீட்டுக்கு—, வீட்டோடேபோகிறது s'en aller à la maison, chez soi: ஊருக்குப்போகிறது aller à la ville ou au village, s'en retourner dans son village, retourner chez soi: பன்னிரண்டு பணம்போக en déduisant —, en retranchant 12 fanons; போகக்கூடாது. —த்தகாது il ne convient pas d'aller, on ne doit pas aller...: போகவிருக்கிறது être sur le point —, avoir l'intention de s'en aller; அங்கே போகப்போகாது il n'y a pas ici de chemin pour passer, ce n'est pas ici un lieu de passage, il ne convient pas d'aller ainsi; போகாமலிருக்கிறது ne pas aller; போகவேண்டாமென்கிறது défendre d'aller, dire n'allez pas; போகும்போதுக்குதவும் cela servira lorsqu'on ira ou quand on s'en ira; போகும்போதுசொல் avertissez - moi quand vous partirez; போகிறவேளை le moment de partir ou de s'en aller: போகிற வேளைபார்க்கிறது observer le temps favorable pour partir; போகிறேன் je m'en vais (formule pour prendre congé): போகிறேனென்றுபோனான் je m'en vais, a-t-il-dit, et il est parti ou il est mort: போகிறேனென்றுபோனவிடம் le temps de dire: je m'en vais, est passé, l'occasion est passée, c'est perdu, —fini; போனதுப்போகிறது être parti, —allé; போயிற்று, போச்சு cela est allé, cela est passé, c'est fini: போய்வருகிறேன் étant allé je reviens, pour dire: je m'en vais, je pars (manière de prendre congé): போய்வாரும் allez et revenez (formule honnête pour congédier); போய்வாருமென்று அனுப்புகிறது congédier civilement en disant: allez et revenez; போய்க்கொள்ளலாம், போய்வா tu peux t'en aller, —aller et revenir, va-t'en et reviens.

*போகினி. fem.de போகி, la capitale des serpens, femme sensuelle, voluptueuse, concubine (d'un roi..).

*போகீசன், போகீந்திரன், (போகி, ஈசன், இந்திரன்), le roi fabuleux des serpens, le serpent அனந்தன்.

போகுகிறது, போனேன், போவேன், போக, nég. போகேன், v.n. V. போகிறது.

போகுதல், n v.du préc. allée, marche, longueur, hauteur, droiture, changement, perte.

*போகேச்சை, (போகம், இச்சை), désir des plaisirs.

போகை, n.v. de போகிறது, allée, action d'aller...: போகையிலேசொல்லிப்போகிறேன் je vous le dirai en allant ou en partant; போகையிலேவந்துபோகிறேன் en m'en allant, je viendrai ou je passerai chez vous.

போக்க, inf.de போக்குகிறது.

போக்கடி, perte, dommage, n. v. et imp.de

போக்கடிக்கிறது, (போக்கு, அடிக்கிறது), ou போக்கடித்துப்போடுகிறது, perdre, égarer, dissiper...

போக்கற்ற, honte: —கெட்ட. V. இல் லாக்கெட்ட: — கெட்டவன் homme effronté, déhonté, vaurien.

போக்கல், opt.et n v. de போக்குகிறது, renvoi, expulsion, abolition.

போக்கறுவேலை, (போக்கு, அறு), ouvrage parfait, sans faute.

போக்கன், (போக்கு), 1° passant, voyageur, étranger, pèlerin. 2° ou வழிப்போக்கன், vagabond, vaurien, mauvais garnement, homme vil. 3° ou அடிப்—grand vagabond.

போக்காடு. (id. காடு), mort.

போக்காட்டுகிறது, (id. காட்டுகிறது

து), envoyer, expulser, renvoyer.

போக்கி,(போக்கு), passant,étranger. [refuge, échappatoire.

போக்கிடம், (id. இடம்), lieu de—,

*போக்கியம், (bhôgya),jouissance, délice, richesses, grain, ou: போக்கி யப்பொருள் objet dont on jouit.

*போக்கியை, (போக்கியம்),femme de plaisir,prostituée. [காரிகைம்.

போக்கிலிகள், (போக்கு, இலி). V.

போக்கிலி, போக்கிலி, (id.இலி), vagabond,galopin, coureur, homme qui n'a ni feu ni lieu, - sans aisance ni probité, vaurien, libertin.

போக்கு, 1° n.v. de போக்குகிறது, issue,sortie, chemin,voie, manière, moyen,allée,fuite,échappatoire,subterfuge,défaite,prétexte,excuse,faute,place,résidence, mort, coutume, usage, fréquentation, familiarité, trou par où passe quelque chose, espèce d'enchantement dit சழிப்பு pour détruire ou ôter les maléfices. 2° imp.et part.de போக்குகிறது: ஆற் றுப்போக்கு place près d'une rivière,chemin de la rivière ஒருபோக் கையிருக்கிறது être passable, tolérable; ஒருபோக்காயச் சொல்லுகிற து dire d'une manière passable; போக்குசாக்கு excuse frivole, vain prétexte,vains subterfuges;— சொல்லுகிறது s'excuser, donner de vains prétextes,de fausses excuses;—நீக்கு lieu intérieur,—sans issue,franchise,—sans excuse, familiarité,clarté;—போடுகிறது mettre des mets ou des friandises dans un lieu pour éloigner les maléfices et chasser les démons (ordinairement c'est un பூசாரி qui les met et les mange ensuite);—மிக்கமாய்ப்போ கிறது y avoir un grand dégat,une grande perte,une grande mortalité; -வரவு, -வருத்து allée est venue, dépense et recette,échange de correspondances; தண்ணீருக்குப்—வி டுகிறது laisser une issue à l'eau.

போக்குகிறது,sync. போக்கிறது, க்கினேன்,க்குவேன்,க்கு,க்க,v.a. de போகுகிறது et போக்குதல், n. v. envoyer,chasser,expulser,renvoyer, congédier,laisser,—aller,— échapper,abolir, détruire, ôter, effacer, abandonner,pousser,conduire, faire marcher,—passer: பாவம்— ôter—, effacer ou expier le péché.

போக்குகாலம், (போக்கு), temps de partir,d'aller,de ruine, du passage, i.e.la mort :— முற்றும்போக்கிற து,(et par corr.),— ஆற்றும்போக்கிற து le temps de la mort arriver,tomber en ruines,se perdre.

போங்கு, V. போக்கு.

போசக்கை,beauté—,ressemblance extérieure.

போசகடம், போசம், (bhôdja), Bhojpoor,pays situé entre Patna et Bhâgalpour l'arbre அசத்தி,

*போசனம்,(bhôdjana),nourriture,mets,aliments, repas,manducation,ce qui est un des 8 plaisirs dits அஷ்டபோகம்: — பண்ணுகிறது manger,prendre son repas; போச னராஜ்னி orange; -குடோ,— க்க ஷக்கு,ce qui excite à manger,piment dit மிளகாய்,achars dits ஊறுகாய், marinade;— சௌக்கியம் bonté de la,— bonne nourriture, plaisir de manger:—பதார்த்தம் mets, comestibles, friandises; — ப்பிரியம் gourmandise,friandise;—ப்பிரியன் gourmand,friand.

*போசன், (bhôdja), Bodja, roi d'Oudjein qui florissait à la fin du 10me siècle, protecteur des savans, homme riche,libéral.

போச்ச,போச்சது, P. போயிற் று de போகிறது.

*போஷகன்,(போஷம்,ka), nourricier,qui nourrit,entretient,protecteur,conservateur.

*போஷணம்,போஷணை,போஷம், (pôcha,na),action de nourrir,d'entretenir,nourriture, conservation, entretien.

போஷிக்கிறது,ஷித்தேன், ஷிப்பே ன்,ஷி,ஷிக்க,v.a.(போஷம்),nourrir, entretenir,choyer,conserver, protéger.

போஷித்தல், போஷிப்பு, n. v. du

*préc.* nourriture, entretien, conservation.

*போஷியன், (pôchya, nourrisson, élève, celui qu'on nourrit, qu'on entretient, enfant adoptif: போஷியத்து வம் soin pour nourrir ou élever,— qu'on prend des siens; — புத்திரன் fils adoptif; —வருக்கம், — வர்க்கம் classe de ceux qu'on doit nourrir, *e.g.* les parens, les enfans, les hôtes, (et selon les gentils) le feu sacré.

*போஷிடிரு, போஷிடா, *V.* போஷ்டிரு.

போஸ்தக்காய், tête de pavot séche, capsule sèche du pavot.

*போடகம், *P.* விபோடகம், tumeur, furoncle, clou, petite vérole, — vérole volante, variole, rougeole.

போடம், un des 56 pays de la géographie indienne. [tan.

*போடாங்கம், (bhôtanga), le Bou-

போடல், *opt. et n. v. de* போடுகிறது, jet, mise, coup. [quin.

போடா, (போ, அடா), va-t'en co-

போடி, (போ, அடி), va-t'en coquine, (termes peu convenans qu'emploient les grands envers leurs inférieurs, et les égaux entr'eux par grande familiarité ou par mépris.)

போடுகிறது, போட்டேன், போடு வேன், போடு, போட, *v.a.* போடுதல், *n.v.* jeter, lancer, placer, mettre, se vêtir, se revêtir, donner, frapper, imprimer, laisser tomber, — échapper, mettre bas (les animaux): ஆற்றிலே — jeter dans la rivière; ஆற்றிலே போட்டாலும் அளந்துபோடு quoique vous jettez dans la rivière, jetez après avoir mesuré, *i.e.* faites tout avec poids et mesure; கல்லைப்— lancer une pierre; குதிரைக்குப்புல்லு— donner ou jeter de l'herbe au cheval; நாய்க்குட்டி—la chienne mettre bas ses petits; பாகையைத் தலையிலே—mettre son turban sur sa tête; கம்பட்டம் — battre monnaie, frapper des médailles; புஸ்தகம் — jeter—, imprimer un livre, le mettre sous presse; அவனைஒரு அடிபோடு donne lui un coup; போட்டுவிடுகி றது lâcher, laisser aller. Après un gérondif போடுகிறது est l'auxiliaire, et ajoute de l'énergie, ou marque que la chose se fait pour un autre: அழித்துப்—détruire, anéantir; எழுதிப்—copier ou écrire, — pour un autre; கொடுத்துப்— donner, abandonner à; நொறுக்கிப் —, broyer, réduire en poudre.

போடுதடி, (போடுகிறது), bâton qu'on jette ou avec lequel on jette, bagatelle, chose inutile,—non nécessaire.

*போட்டிரு, போட்டா, (pôchtri, pochtâ), nourricier, conservateur, sauveur.

போட்டி, போட்டிக்கை, émulation, rivalité, antagonisme, concurrence, brigue, enchère, plaisanterie: போட்டிக்காரன் émule, rival, compétiteur, concurrent, antagoniste, plaisant, moqueur; —பண்ணுகிறது rivaliser, faire concurrence, enchérir; சரக்கைப்—பண்ணுகிறது enchérir une marchandise, faire concurrence pour l'avoir; —யாய் à l'envi l'un de l'autre, par rivalité ou émulation; —யாய்வாங்குகிறது acheter à l'envi d'un autre, en enchérissant; போட்டியின்மேலே கொடுக்கிறது donner au dernier enchérisseur; — வழக்கு procès de rivalité, rivalité continuelle; இந்தச்சரக்குக்குப் — யாயிருக்கின்றது il y a concurrence pour cette marchandise, on se dispute à qui l'aura; இவனைவனைப் — விட்டான் il a envoyé celui-ci pour faire concurrence à celui là; என் மேலே—யாயிருக்கிறான் il est mon compétiteur.

போட்டு, *gér. de* போடுகிறது: — ப்பொல்லாங்கு faute, calomnie, injure.

போணி, *P.* போகணி. [jure.

போத, 1° *inf. de* போதுகிறது, assez, suffisamment. 2° *adj. de* போதம்.

*போதகம், 1° (bôdhaka), système de—, doctrine, enseignement, instruction. 2° (pôtaka), âge tendre, jeune lion,— tigre,— éléphant, — arbre, éléphant, l'arbre வட்டமரம், la plante பசளை. [lucida.

*போதகி, (pôtaki), la plante basella

*போதகாரன், (போதம், காரன்), précepteur, qui enseigne, barde chargé d'éveiller le prince le matin au son du chant ou de la musique.

*போதகன், pl. போதகர், (போதம்,ka), prédicateur, précepteur, maître, docteur, instructeur, espion.

*போதம் 1°(bôdha), connaissance, sagesse, intelligence, prudence, réveil. 2° (pôta), petit des animaux, jeune éléphant (de 10 ans), emplacement de maison, toile, navire, vase de bois. 3° la 2° constellation lunaire dite பரணி: போதம்மூன்றாவது, 3 manières de connaître ou d'enseigner dont les termes techniques en logique sont: உத்தேசம் nom de la chose proposée, le sujet, இலக்கணம் sa définition, பரீட்சை examen si cette définition convient ou non à cette chose, comparaison, syllogisme; — சுக்கான் gouvernail de navire, ou large rame qui en tient lieu: — வணிகன் marchand qui voyage par mer.

போதமிடல், n.v. de போதமிடுகிறது.

போதமுவிடல், n.v. du suiv. respiration, délivrance.

போதமுவிடுகிறது, (போதமுவு, இடுகிறது, ou போதம, விடுகிறது), v. n. et a. respirer, délivrer.

போதரவு, politesse, courtoisie, flatterie, cajolerie, louange, consolation, soulagement, cas, estime, respect, soin: போதரவாய் flatteusement, par flatterie; போதரவாய்க் கொடுக்கிறது donner par courtoisie, par dessus la mesure; முகப்போதரவாய்ப்பேசுகிறது flatter, parler par flatterie; அவன்செய்கிறவேலையில் ஒன்றும்போதரவில்லை il n'y a rien à louer dans l'ouvrage qu'il fait.

போதருகிறது, தந்தேன், தருவேன், தா, தர, v.a. போதரல், போதருதல், n.v. (போய், தருகிறது), emporter, apporter, aller, s'en aller. [தரவு.

போதவிப்பு, போதவிமை, V. போ

போதல், n. v. de போகிறது et de போறுகிறது), allée, départ, séparation, sortie, perte, extension, longueur, allée et —, venue, entrée, suffisance, satisfaction.

*போதவாகன், (போதம்), pilote, batelier, timonier.

*போதனம், (போதம், na), connaissance, instruction, information, avertissement, réveil, encensement, brûler de l'encens. [cure.

*போதனன், (id.), la planète Mercure.

*போதனி, (id.), poivre long.

*போதனை, (id.), instruction, enseignement, doctrine, exhortation, persuasion, avis, conseil, avis artificieux, leçon qu'on fait (pour quelque procédé ordinairement inconvenant): — பண்ணுகிறது instruire, enseigner, faire la leçon, donner des avis artificieux, enseigner à un autre ce qu'il doit dire ou faire (souvent en mauvais sens).

*போதன், (bôdha), homme instruit, intelligent, habile, (épithète de) Brama, Arouguen.

போதா, 1° espèce de gros héron dit aussi பிதா. 2° imp. de போதுகிறது. 3° ou போதாத, part. nég. de போதுகிறது. 4° ou போதாது. 3° pers. nég. neutre du même. 5° ou போதிரு, (pôtâ, pôtrou), gourou officiant à un sacrifice, Vichnou: — க்குறைச்சல் insuffisance, déficit.

*போதகச்சாதனம், (போதம், ஆச்சாதனம்), tente. [து.

போதாத, part. nég. de போதுகிறது

போதாது, gér. et nég. neutre du même.

*போதார்த்தம், (போதம், அர்த்தம்), fin —, essence de la sagesse, de la science.

*போதார்த்தன், (id.), celui qui est —, qui possède l'essence de la sagesse et de la science, i.e. Dieu. [து.

போதாமல், gér. nég. de போதுகிறது

போதாமை, n. v. nég. du même, insuffisance, manque, incompétence, aversion: — யான insuffisant: — யாய் d'une manière insuffisante.

*போதாயனீயம், (bôdhâyanya), un des 32 உபநிஷதம்.

*போதி, 1° (bôdhi), sage, savant,

intelligence, connaissance, l'arbre அரசு ficus religiosa. 2° montagne. 3° imp. de போதிக்கிறது. 4° P. போ, imp. de போகிறது. va t'en, je t'en prie. 5° 2° pers. du part. ou fut. tu es allé, tu iras: —தரு, —த்தருமம் l'arbre அரசமரம்; — சத்துவன் Bouddhiste: — வேந்தன் le roi de l' அரசமரம், i. e. Bouddha qui demeurait sous un tel arbre, le roi des monts père de Parvadi.

போதிகை, 1° chapiteau de colonne (qui porte une poutre). 2° (pôtiká), la plante potagère கொத்துப்பசளி basella lucida: — கட்டை chapiteau, —façonné; — த்தூண் pilier, — à chapiteau, petite colonne.

போதிக்கிறது, த்தேன், ப்பேன், தி, திக்க, v. a. (போதம்), instruire, enseigner, donner des avis, avertir: மெய்க்குஞ்சத்தியத்தைப்— enseigner à tous la vérité; இணங்கப் —persuader.

போதித்தல், போதிப்பு, n. v. du préc. enseignement, instruction, avis, avertissement.

போதிய, P. போதின ou போந்த, part. parf. de போதுகிறது, suffisant, passable, convenable: போதியகுடி famille—, maison à l'aise, qui a le suffisant; போதியது chose suffisante..., c'est assez; போதியவன் homme capable, convenable, estimable.

போது, 1° sync. de பொழுது ou பொழ்து, temps, occasion, fois: கொஞ்சப்போதிலேவருகிறது venir en peu de temps; முன்னொருபோது une fois antérieurement, —autre fois: போதெல்லாம் toutes les fois que. 2° (après un participe), quand, lorsque: அவன்வருகிறபோது (P. போதில்) quand il vient, lorsqu'il vient, dans le temps de sa venue. 3° fleur, bouton de fleur prêt à s'épanouir: போதுக்குநேரொக்கிறது ressembler à une fleur. 4° P. போவேன், fut. de போகிறது, j'irai. 5° imp. et part. de

போதுகிறது, போந்தேன், போ-துவேன், து, த, v. n. போதுதல். n. v. venir et s'en aller, aller et venir, passer, suffire, être passable, suffisant, satisfaisant, convenable, capable: போத, inf. assez, suffisamment: போதக்கொடுக்கிறது donner suffisamment; — ச்செய்கிறது faire d'une manière satisfaisante; போதாத, போதாத insuffisant, qui ne suffit ou ne va pas; போதா, போதாது ce n'est pas —, ils ne sont pas assez, c'est insuffisant, il ne peut ou ils ne peuvent aller ou venir ...; போதாது, போதாமல் sans suffire...; போதாமற்போகிறது n'être pas suffisant, devenir insuffisant; போதாதிருந்தேன், —தின்றேன் je vais, je viens, je suffis: இது அவர்களுக்குப் போதாமலிருக்கிறது ceci est insuffisant pour eux; இங்கேபோந்தான் அங்கேபோந்தான் il est venu ici, et est allé là.

போதும், 1° fut. neut. et part. fut. du préc. cela suffit, c'est assez, — suffisant. 2° P. போவோம், nous irons: போதுமான suffisant; போதுமானமட்டுக்கு autant qu'il faut, suffisamment; கொஞ்சம்போதும் சருக்கரை un peu de sucre suffit; போதுமோபோதாதோ est-ce assez ou non? —என்கிறது prouver que c'est assez; — என்றிருக்கிறது être content, satisfait, penser que c'est assez; —போதாது c'est à peine suffisant.

*போதை, 1° (bôdha), mûre —, grande connaissance, connaissance du passé: அவன்மெத்த— யாயிருக்கிறான் il est fort instruit, —élevé ou inspiré (ironie). 2° P. போகாய், nég. de போகிறது, tu ne vas pas, tu ne suffis pas.

போத்தி, (arabe.) V. பொத்தி.

*போத்திரம், (pòtra), soc ou coutre de charrue, la foudre d'Indiren, groin de cochon.

*போத்திராயுதம், போத்திரி, (போத்திரம், ஆயுதம்), l'animal qui a pour arme son groin, i. e. le cochon.

போத்து, le mâle des animaux aquatiques, des amphibies et des animaux suivans: buffle, taureau, bœuf sauvage, tigre, cerf, chat, gayal, daim, paon, litière pour les animaux, l'oiseau கொக்கு; போத்து, jeune arbre.

போதிய, part. de போதுகிறது, suffisant, propre, convenable, capable, compétent: — காலம் temps convenable, excellent; — குணம் caractère convenable; — பிரகாரமாக d'une manière convenable, suffisante; — மனிதன் ou போதியவன் homme capable, compétent; போதியது ce qui est suffisant; அதற்குப்போதிய — பேர் le nom qui convient à cela; des gens suffisans pour cela. [போதாது.

போதுமானது. P. போதுமானது, V. போதும், enflure.

போத்து, 1° la 7me constellation lunaire dite புனர்பூசம், jeune —, palmier: போந்தினிருப்போன், (இராம), celui qui portait une guirlande de fleurs de palmier, i.e. le roi சோழன். 2° gér. de போதுகிறது.

போந்தை, 1° jeune —, palmier, la 7e constellation dite புனர்பூசம். 2° P. போந்தனை, tu es allé...

போம், 1° crainte. 2° particule explétive. 3° imp. hon. de போகிறது, allez, pl. போமின்கள் allez. 4° part. fut. du même, qui ira: போம்வழி le chemin par où l'on ira, par où l'on doit aller. 5° 3e pers. fut. du même: அவன் —, அவள் —, அவர்கள் —, அது —, அவைபோம் il —, elle —, cela ira, ils —, ces choses iront: — போம், 1° allez, allez, vous pouvez aller. 2° cela suffira, ça ira, ça ira.

போம்பல், l'arbre நீர்க்கடம்பு.

போயன், போயிகள், போய் (de l'anglais boy), porteur de palanquin.

போய், போயி, gér. de போகிறது.

போயினோர், P. போனோர், parf. du même.

போயிற்று, sing. போயின, pl. 3e pers. parf. neut. du même.

போரடி, n. v. et imp. du suiv. jeu où l'on frappe des cocos..., action de battre le blé: — வைக்கோல் tas ou meule de paille battue; la 1re couche d'une meule de paille.

போரடிக்கிறது, (போர், அடிக்கிறது), battre le riz ou autres céréales en frappant la gerbe sur quelque chose pour en faire sauter le grain, jouer en frappant des cocos...

போரிடுகிறது, போரிடுக்குதல், (id. இடுகிறது), amonceler, mettre les gerbes ou la paille en meule, faire une meule.

போராடல், போராட்டம், (id. ஆடல்), combat, bataille, lutte, importunité, rivalité.

போராடுகிறது, (id. ஆடுகிறது), livrer combat, combattre, se battre, guerroyer, lutter, faire la guerre, importuner: போராடிக்கொண்டிருக்கிறது être à —, combattre, être en guerre; போராடத்தேடுகிறது, — போராட்டம் [illegible] chercher à combattre, — l'occasion de se battre, exciter des querelles, des combats; போராட்டமாக அழைப்பிக்கிறது appeler —, défier au combat.

போராட்டல், (id. ஆட்டல்), importuner, lutter, plaisanter.

போராது, போராமை, P. போதாது, insuffisant.

போராது, P. போதாது, il ne suffit pas, ou [suffisant pas.

போராமல், P. போதாமல், ne

போரி, (போர்), rival, adversaire, antagoniste, égalité de qualité, — de forces: — தனம் rivalité.

போரிலை, V. போரில்லை.

போரிடுகிறது, (id.), combattre, se battre, livrer bataille, se quereller, se disputer.

போரின்மை, (id.), n'y avoir pas —, absence de guerre, — de combat, paix.

போர்முகம், போர்முகம், போர்முனை, (id. முகம்), combat, bataille, ardeur —, fureur du combat.

போரும், P. போதும், il suffit.

போரேறு, (id. ஏறு), lion au combat, brave guerrier, héros, (épithète de) Rama, la planète Mars.

போர்செய்கிறது, (id. செய்கிறது.

று). mettre en —, élever une meule de blé ou de paille.

**போர்**, 1° (பொருதுகிறது), guerre, combat, bataille, lutte. 2° tas, monceau, tas —, meule de céréales battues ou non, — de paille, tas de riz, la 24° constellation lunaire dite சதையம், trou d'arbre. 3° *imp. de* போர்க்கிறது: கதிர்ப் — tas de gerbes non battues, monceau d'épis; நெற் — tas de riz (en grain); வைக்கோல் — meule de paille; போருக்கழைக்கிறது appeler —, défier au combat, — à la dispute; போர்க்கறைகூவுகிறது, (போருக்கு, அறை), défier au combat; போர்க்கறைகூவல் défi; போர்க் கெழுச்சி, (போருக்குஎழுச்சி) marcher au combat, se mettre en campagne; போர்க் கெழுவஞ்சி, (*id.* எழும்), le 34me des பிரபந்தம், panégyrique en vers ஆசிரியம் d'une armée qui marche à l'attaque des ennemis, les rois ou les guerriers étant couronnés de guirlandes de l'arbre வஞ்சி; போர்கலக்கிறது, — கலத்தல் engager le combat, livrer bataille, en venir aux mains: — க்கடா bélier ou buffle qui combat; — க்களம் champ de bataille; — க்கோலம் armure, attirail de guerre; — செய்கிறது combattre, faire la guerre; — க்குருடம், — ச்சேவல் coq qu'on fait combattre; — ச்சேவகர், — ச்சேவகர் soldats, guerriers: — த்தலைவன் général d'armée; — த்தேங்காய் cocos durs; — த்தொழில்புரியேல் ne vous mêlez pas du métier de la guerre, — d'affaires de querelles; — படுக்கிறது étendre la moisson dans l'aire pour la battre; — புரிகட்டுகிறது attacher une corde de paille autour d'un tas de blé; — போடுகிறது mettre en tas, en meule; — ப்படை l'armée, gens de l'armée; — ப்பறை tambour de bataille; — மடந்தை la déesse fabuleuse de la guerre ou de la bravoure; — மாந்தம் obstruction des entrailles dans les enfans, une des 8 maladies dites அஷ்டமாந்தம்: — மூடுகிறது, — மூட்டுகிறது exciter au combat, susciter des guerres, des querelles, des batailles; — முள் éperons ou ergots du coq; — முகம், — முனை face du combat, front de la bataille; — மூளுகிறது le combat s'engager, s'animer; — விடுகிறது lancer —, exciter au combat, faire combattre; — வீரன், — வல்லவன் brave —, guerrier, combattant, champion; — வெல்லுகிறது remporter la victoire dans le combat, c'est une des 8 espèces de victoires dites அஷ்டவெற்றி; — வைக்கிறது mettre en tas, — en meule.

**போர்க்கிறது**, த்தேன், ப்பேன், த், க்க, *v. a.* போர்த்தல், *n. v.* envelopper, couvrir, — d'un linge, mettre un manteau: போர்த்துக்கட்டுகிறது tenir caché, arranger en dedans: — க்கொள்ளுகிறது se couvrir d'un manteau..., — la tête et les épaules d'une couverture, d'un drap..., envelopper secrètement; — மூடுகிறது envelopper, cacher, tenir enveloppé; பிள்ளையைக் கந்தையும் வஸ்திரத்தால் போர்த்துக் வளர்த்தி வைக்கிறது envelopper un enfant de linges et le coucher de son long.

**போர்த்துகிறது**, த்தினேன், த்துவேன், த்து, த்த, *v. a.* V. போர்க்கிறது.

**போர்ப்பு**, *n. v. du prée.* couverture, enveloppe, manteau, action de couvrir...

**போர்ப்பை**, (போர், பை), intérieur du sillon, pied du pieu planté au milieu de l'aire, auquel on attache les bœufs qui foulent la moisson: போர்ப்பைக்காளை ou

**போர்ப்பையன்**, (போர், பை), parmi les bœufs qui foulent la moisson celui qui est à l'intérieur et le plus près du pieu susdit.

**போர்வை**, *n. v. de* போர்க்கிறது, manteau, couverture, enveloppe, couvrir, cuirasse, la peau (qui couvre le corps); — போர்த்துக்கொண்டிருக்கிறது être couvert d'un manteau, avoir une couverture ou une toile sur ses épaules; — க்கட்டை manteau, vêtement de dessus; — ச்சீலை toile qui sert de —, manteau.

**போல**, *inf. de* போலுகிறது, acc.

comme: சூரியனைப்—comme le soleil, *V.* போலே, *au mot* போல்.

போலல், *opt.et n.v.du même*, ressemblance, comparaison.

போலாமை, *opt.et n.v.nég. du même*, non conformité, différence.

போலி, 1° *n.v. du même*, ressemblance, apparence, similitude, comparaison, représentation, imitation, chose de—, contrefaçon, - pour ridiculiser, moquerie, fausseté. 2° (bhôli), chameau: இவன் மனிதப்— il n'a que l'apparence d'un homme, (au fond c'est une bête; — காட்டுகிறது montrer des marchandises contrefaites, —mauvaises, montrer l'apparence au lieu de la réalité; —சரக்கு marchandise contrefaite, qui n'a de bon que l'apparence; —த்தனம் ressemblance, apparence, — extérieure, contrefaçon, masque; —நடை, —நடத்தை conduite contrefaite, —hypocrite, belle apparence extérieure, imitation ridicule de la démarche de quelqu'un; —பண்ணுகிறது contrefaire, imiter, — pour ridiculiser; —யெழுத்து lettres équivalentes, qui ont le même son et peuvent se mettre l'une pour l'autre, comme அய் P. ஐ dans கைசிகம் ou தயிசிகம்; — வேலை ouvrage contrefait, qui n'a de bon que l'apparence, contrefaçon.

போலிகாரன், (போலி, ஆள்), homme qui contrefait, hypocrite, — qui se couvre de belles apparences.

போலில், போலினும், போலின், போலினும், *cond.de* போலுகிறது si on —, quoiqu'on ressemble.

போலுகிறது, போன்றேன், போலுவேன், போலு ou போல், போல. *v.n.acc.* போலுதல், *n.v.* ressembler, être semblable, comparable.

போலும், 1° *part.et* 3° *pers. neut. fut.du préc.* தாமரை — முகம் visage qui ressemble au nénuphar: முகந்தாமரை—le visage ressemble au nénuphar. 3° particule explétive: வடிவேலன் நயனமும் வருந்தினபோலும் ô toi qui as des yeux plus délicats qu'un fruit tendre, tu as eu, ce semble, de la peine.

போல், 1° épi broui, — sans grain, bambou, trou d'arbre. 2° *imp. et part. de* போலுகிறது. 3° *ou* போலே (*avec l'acc.ou le nom.*), comme, de même que: எனக்குத் தகப்பன் போலிருக்கிறான் il est pour moi comme un père; இந்த மனுஷன் பன்றிபோலேயாம் le thon est comme un cochon. Ce mot se met souvent après les noms verbaux en அது: நீர்செய்கிறதுபோலே comme vous faites. Dans le sens de comme, aussitôt que, il se joint aux participes en changeant அ en ஆ ou ajoutant ஆ au participe futur: நான் சொல்லுவதுபோலே சொல்லு dis comme je dirai; என்னைக் கண்டாற்போலே கோபித்தான் aussitôt qu'il me vit il se fâcha. D'autres mettent ஆம் à la place de ஆ: comme, — si, aussitôt que; அவனதைச் சொன்னதும்போலே aussitôt qu'il eut dit cela: நான் வருமபோதேபோலே aussitôt que je serai arrivé; நீர் தூங்குகிறதுபோலே comme si vous dormiez; நான் வருகிறதுபோலே comme si je venais: நீர் புறப்படுமாப்போலே comme si vous étiez pour partir. Après le conditionnel en ஆல், போலே signifie surtout comme si: கோபித்தாற்போலே பேசுகிறாய் tu parles comme si tu étais en colère.

போல்வார், *n.app.de* போலுகிறது, ceux qui ressemblent.

போல்வு, *n. v. de* போலுகிறது, ressemblance, similitude, égalité, comparaison.

போவ, *P.* போக, *inf.de* போகிறது.

போவது, *n.app. du même*, ce qui ira, — doit aller, ce qui est sur le point de

போழ், *imp et part.du suiv.*: —மூக்கு cochon dont le groin fouit la terre; —வாய் bouche fendue, —ouverte, — sans dents.

போழ்கிறது, போழ்ந்தேன், போழ்வேன், போழ், *v.a.* போழ்தல், *n.v.* fendre, diviser, —en deux, fouiller.

போழ்து, *sync. de* பொழுது, temps, occasion.

போழ்வு, *n.v.de* போழ்கிறது, fente.

போளம், 1° espèce d'aromate, — de drogue: on en distingue 2 espèces: கரிய — aloès de Socotora, et வெள்ளைப் — myrrhe. 2° espèce de pierre précieuse, la plante திரைக்கடம்பு.

போளி, espèce de pâtisserie ou de gâteau.

போறது, போறேன், *sync. de* போகிறது, போகிறேன் aller, je vais.

போறல், *sync. de* போலுதல், ressemblance.

பொக்கை, trou —, creux d'arbre, ou dans un arbre: — மரம், — விழுந்திருக்கிறமரம் arbre creux.

போற்றரவு, (போற்று), soin, con servation.

போற்றலர், (போற்று, அலர்), ennemis.

போற்றல், *opt. et n.v. de* போற்றுகிறது, conservation, protection, louange, adoration, vénération.

·போற்றார், *n.app.nég. du même*, ennemis.

போற்றி, *n.v. et gér. du même*, louange, hommage: — பஃறொடை la 10e section du கல்லாடத்தைப்.

போற்றியார், (போற்றி), espèce de brames.

போற்றிமை, (*id.*), honneur, révérence, vénération, louange.

போற்று, conservation, louange, *n.v. imp. et part. de*

போற்றுகிறது, ற்றினேன், ற்றுவேன், ற்ற, *v.a.* போற்றுதல், *n.v.* conserver, protéger, préserver, garder, sauver, louer, adorer, vénérer, prendre soin, élever, se garder de, réfléchir sur: வஞ்சம்போற்றுமின் prenez garde à la tromperie; போற்றிக்கொள்ளுகிறது, — சொல்லுகிறது se vanter soi-même; — படிவணங்குகிறது louer et se prosterner aux pieds de quelqu'un: புகழ்ந்தோரைப்போற்றிவாழ் vis heureux en protégeant ceux qui te louent.

போன, *part. parf. de* போகிறது, qui est allé, passé: — வருஷம் l'an dernier; — போக்கு le chemin par où il *ou* l'on est passé, suivant l'occurrence.

போனகத்தி, (போனகம்), cuisinière, servante, esclave, *V.* அட்டுத்திரள்.

போனகம், riz cuit, nourriture: — என்பதுண்ணாது விருப்பமுண்டல் la nourriture est ce qu'on mange avec plaisir; போனகக்காரி cuisinière.

போனேன், போனால், *parf. et conditionnel de* போகிறது.

போனு, பேனர், (*télinga*), ratière, trappe.

போன்ற, *part. parf. de* போலுகிறது, semblable, qui ressemble.

போன்று, *gér. du même*.

பௌ, lettre syllabique composée de ப et de ஔ paou.

பௌஞ்சு, (*ind.*), armée, rangée.

·பௌஷம், பௌடம், பௌஷியம், (paoucha), le mois de தை ou janvier.

·பௌடிகம், பௌடியம், un des 18 pouranas dit bhavichya pourana ou l'avenir, le 1er des Vêdas.

·பௌண்டிரம், (paoundra), une des divisions de l'Inde centrale, maintenant Chandail.

·பௌதிகம், (பூதம், ika), ce qui a rapport aux élémens ou qui en est formé, ce qui a rapport aux fantômes ou aux démons: பௌதிகவாதம் matérialisme; — வாதி matérialiste; கடவுள் பூத பௌதிகங்களைப்படைத்தார் Dieu a créé les élémens et les choses qui en sont formées.

·பௌதிகன், (*id.*), le maître des fantômes, *i.e.* Siven.

·பௌதிகம், (*id.*), monde, *V.* பௌதிகம்; பௌதிக, *adj.* terrestre, temporel, du monde.

·பௌத்தம், (புத்தன்), le bouddhisme, la secte —, le culte de Bouddha.

·பௌத்திரன், (புத்திரன்), petit-fils.

·பௌத்தன், *pl.* பௌத்தர், (புத்தன்), bouddhiste, adorateur de Bouddha.

பௌத்தி, (*arabe*), mort, acte.

·பௌத்திரம், 1° (புத்திரன்), ce qui a rapport au fils. 2° *V.* பவித்திரம், pureté.

*பௌத்திரன், *pl.* பௌத்திரர், (புத்திரன்), petit-fils. 2° *P.* பவித்திரன் homme pur.

*பௌத்திரி, (புத்திரி), petite-fille.

*பௌத்திரிகம், (புத்திரன், ika), ce qui a rapport au fils ou au petit-fils.

*பௌத்திரிகேயன், (புத்திரிகை, êya), fils de la fille.

*பௌமம், (பூமி), chose terrestre, la planète de Mars, enfer, ambre gris: பௌமரத்தினம் corail.

*பௌமன், (*id.*), le prétendu fils de la terre, *i.e.* செவ்வாய் le régent de la planète Mars.

*பௌமி, (*id.*), la prétendue fille de la terre, *i.e.* சீதை.

*பௌமிகம், (*id.*), chose terrestre.

*பௌரகம், (பௌரம்), jardin autour d'une maison ou d'une ville.

*பௌரணமி, பௌரணிமி, (paournimâ), pleine lune.

*பௌரணை, 1° (பூரணை), pleine lune. 2° jeune arbre.

*பௌரம், (புரம்), ville: பௌரஜனன், (ஜனம்), citoyen d'une ville; — ஸ்திரீ, பௌராங்கனை, (அங்கனை), femme de ville; — தன்மை qualité de concitoyen.

*பௌரவர், (paourava), descendans de Pourou ancien roi de Hastinabouri, nommés aussi கௌரவர்.

*பௌராணிகம், பௌராணம், (புராணம், ika), ce qui a rapport aux —, secte des pouranas: பௌராணிகமந்திரம் prière qui ne contient pas la formule ஓம் dite பிரணவம்.

*பௌராணிகன், (*id.*), brame —, homme versé dans la lecture des pouranas.

*பௌரிகன், (bhaourika), trésorier, gardien de l'or, Koubèren, dieu prétendu des richesses.

*பௌருஷம், (புருஷன்), mesure d'un homme debout et les mains étendues en haut, virilité, force, vigueur, sperme.

*பௌரோடாசம், (புரோடாசம்), prière récitée en faisant une oblation de beurre clarifié: பௌரோடாசிகன் gourou qui récite cette prière.

*பௌரோகித்தியம், (புரோகிதன், ya), qualité de gourou de famille, état —, emploi d'astrologue, prédiction, pronostic: அவன்பௌரோகித்தியம்பண்ணினான் il a pronostiqué, prédit.

*பௌர்ணமி, பௌர்ணிமை, பௌர்ணமாசி (paournimâ, paournamâsi), pleine lune, jour de la pleine lune.

*பௌலஸ்தி, (புலஸ்தியன்), la sœur cadette de Râvanen dite சூர்ப்பநகை.

*பௌலஸ்தியன், *pl.* பௌலஸ்தியர், (*id.*), fils de புலஸ்தியன், *i. e.* Koubèren, Râvanen, Koumbhakarnen et Vibhichanen.

*பௌலோமி, la fille de புலோமன், femme d'Indiren.

*பௌவம், 1° (parwan), nœud, jointure d'arbre, *v.g.* de bambou, pleine lune. 2° mer, bulle d'eau, écume, sel.

பௌளி, espèce d'air, ou de mélodie, air femelle regardé comme la femme de l'air பூபாளம்.

*பௌனருக்தம், (புனருக்தம்), répétition, tautologie.

*பௌனர்ப்பவன், (புனர்ப்பவம்), fils additionnel, — d'une femme remariée, (admis à hériter par l'ancienne loi des Indous).

# ம

ம், 10^me^ consonne tamoule et 5^e^ lettre douce, se nomme மகரம். ம் final devant க se change en ங், devant ச en ஞ், et devant த en ந். Devant ம initial, cette consonne se perd à moins qu'elle ne soit précédée d'une seule syllabe brève, *Ex.* மனம் et மகிழ்ந்தது font மனமகிழ்ந்தது la volonté s'est réjouie, mais தம் et மகன் font தம்மகன் son —, leur ou votre fils.

ம, 1° lettre syllabique composée de ம் et de அ, *ma* bref. 2^do^ (ma), Brama, Siven, Vichnou, Yamen, temps, moment, saison, venin, poison, prière ou formule magique, la lune ou Sandiren, la 4$^{me}$ note de la gamme tamoule qui correspond à fa. 3° lettre médiale indiquant le parfait. *Ex.* என்மக், *P.* என்றார் ils ont dit

மக, 1° *pl.* மக்கள், enfant, poupon, fils, âge tendre. 2° *P.* மகம், offrande. 3° *adj. de* மகம்: —ப்பால், —ப்பால்வார்த்தல், allaiter un enfant orphelin; —ச்சோறு, —ச்சோறளித்தல் donner du riz à un enfant; —ப்பெறுவிக்கல் assister une femme en couches ce sont 2 des 32 actes de bienfaisance dits அறம்-கடை.

*மகக்கம், (mahaka), tortue.

*மகக்கன், (*id.*), homme excellent, —distingué, Vichnou.

*மகங்காரம், (மகம், காரம்), orgueil.

*மகசம், (mahasa), connaissance, sorte, espèce.

மகடூ, —க்குழல், *V.* மகுடி.

மகடீ, மகடூஉ, jeune fille (non mariée), femme: —க்குணம்-ச les 4 qualités ou caractères des femmes, *V. au mot* குணம்.

மகண்மை, (மகள், மை), hermaphrodite.

மகண்மை, (*id.* மை), état —, qualité de fille.

மகதத்திரம், (மகம்), un des 32 ordres d'architecture.

*மகதம், (magadha), le royaume de —, Magadha, sud de la province de Bahar, c'est un des 55 pays de la géographie indienne, le magadam ou மாகதி, langage de ce pays qui est une des 18 langues de l'Inde. Il ressemble au Pali des Bouddhistes.

*மகதர், (*id.*), habitant de Magadha, barde ou ménestrel de famille, *V.* மாகதர்.

*மகதாச்சரியம், (mahat *grand*), grande merveille.

*மகதி, 1° (mahati), le luth de Nâraden, la plantes கத்திரி et செப்பு. 2° *ou*

*மகதை, (magadhâ), poivre long, piment.

*மகத்திராத்திரு, (மகம், trâtrou *qui conserve*), Râmen dont le 1$^{er}$ exploit fut de défaire les géans qui troublaient le sacrifice de விசுவாமித்திரன் son gourou.

மகத்தான, (மகத்து, ஆன), grand: —வியாதி grande maladie; —வெற்றி grande victoire.

*மகத்து, 1° (mahat), ce qui est grand, large, vaste, grand personnage, un grand, les grands. 2° *obl. de* மகம்: —சனி la planète Saturne, lorsqu'elle se trouve dans la constellation மகம் ou Régulus (ce qui cause de grandes calamités, au dire des Indiens): இவனெனக்கு —சனிபோலிருக்கிறான் il est pour moi comme Saturne dans Régulus, il est mon grand ennemi.

*மகத்துவம், (mahat *grand*, துவம்), grandeur, majesté, excellence: —சொல்லுகிறது célébrer les grandeurs (de quelqu'un).

*மகபதி, (மகம், பதி), Indiren.

மகமது, மகம்மது, Mohammed, ou Mahomet, fondateur de l'Islamisme: —மார்க்கம், —சமயம் Mahométisme; —மார்க்கத்தார், —சமயத்தார் Mahométan.

*மகமேரு, *P.* மகாமேரு.

மகமை, don pour bonnes œuvres, donation à une église ou à un temple par les marchands ou les cultivateurs, revenu par privilége ou legs, certain tribut donné au roi de Travancore; கோயில் — espèce de dîme donné à un temple (autrefois ordonnée par les rois, aujourd'hui en bien des endroits maintenue par la coutume ou volontaire et comme un ex-voto), droit ou taxe en argent ou en espèce.

*மகம், 1° (makha), sacrifice, oblation. 2° (maha), rayon, lumière, lustre, éclat, fête, bufle. 3° (magha), plaisir, bonheur, félicité, le pays des Mags autrement Aracan. 4° (maghâ), la 10$^{me}$ constellation lunaire contenant 4 ou 5 étoiles figurant une maison, probablement l'alpha, le gamma, le dzèta, l'èta, et le nu du Lion. Les Indiens observent

le passage de la pleine lune dans cette constellation au mois de மாசி. Si elle laisse plus d'étoiles au nord, ils en pronostiquent la fertilité, et le contraire, si elle en laisse plus au sud: மகத்திருநாள் fête du மகம், — payenne lorsque la lune est dans cette constellation au mois de மாசி. — முறை ordre régulier d'un sacrifice indou, bouquet, feston; — கோட்டம்பார்க்கிறது, (நோட்டம்), observer le passage de la pleine lune à travers la constellation மகம், pour en tirer les pronostics susdits.

*மகரந்தம், (makaranda), nectar, miel —, pollen des fleurs, anthère, callou ou toddi frais, le couil ou coucou indien, abeille, manguier doux dit தேமா, espèce de jasmin, jasminum pubescens, filament du nénuphar.

*மகரம், (makara), monstre, — marin, poisson fabuleux qui au temps du déluge, disent les Indous, dirigea la barque de Satyavrata, crocodile, réquin, — cornu (c'est une des marques de la royauté), le signe du Capricorne (représenté ayant la tête et les pieds de devant d'un antilope, avec le corps et la queue de poisson, c'est l'emblème ou la figure représentée sur le) drapeau de Kâmen, un des 9 trésors de Koubèren dit நவநிதி, une des 9 pierreries du monde des dieux de la fable indoue, la lettre ம, pollen des fleurs, désir, couleur jaune, or de couleur de nénuphar: — உயர்த்தோன், V. மகரகேதனன்; மகரசந்தம் oignon; — குண்டலம் pendans d'oreilles à figure de réquin; — கேதனம், — கேது, — துவசம்; — க்கொடி la bannière du poisson, — de Kâmen qui représente un Capricorne; — கேதனன், — கேது, க்கொடியோன், — த்துவசன் Kâmen dont le drapeau porte l'image du மகரம் ou Capricorne: — க்குறுக்கம் la lettre ம் abrégée et qui n'a qu'un quart de mesure comme போன்ம் P. போலும் ressemblant, மருண்ம் P. மருளும்; — சங்கிராந்தி passage du soleil du signe du Sagittaire dans celui du Capricorne; — க்கோல் équation parallactique de l'orbite des planètes supérieures pour le 1er et dernier quadrant ou pour 6 signes à partir du Capricorne et comptée du soleil: quant aux planètes inférieures c'est l'équation de l'élongation pour les 6 mêmes signes ou équation pour changer la longitude héliocentrique en longitude géocentrique. (Le கர்க்கிக்கோல் sert à compter en partant du Cancer): — தோரணம் festons de toile bariolée et brodée —, franges suspendues à travers les rues, festons suspendus aux portes; — மண்டலம் tropique du Capricorne; — மாதம் le mois de தை, — où la soleil se trouve dans le Capricorne; — மீன் le réquin; — யாழ் une des 4 espèces de luth; — வியூகம் armée rangée en bataille sous la forme d'un மகரம் ou monstre marin; — ராசி le signe du Capricorne; — வாழை espèce de bananier dite மருது ou musa paradisica, jasmin sauvage.

மகரப்பூ, espèce d'anis, fenugrec.

*மகராகரம், (மகரம், ஆகரம்), la demeure du மகரம், *i.e.* l'océan.

*மகராங்கம், (*id.* அங்கம், *marque*), océan.

*மகராங்கன், (*id.*), celui qui a pour emblème un மகரம், *i.e.* Kâmen.

*மகராசன், *sync. de* மகாராசன், homme riche, heureux, grand personnage, homme vertueux.

*மகராசி, *fém. du préc.* femme riche, heureuse.

*மகரவாகனன், (மகரம், வாகனம்), celui qui a pour monture un monstre marin, *i.e.* வருணன்,

*மகராட்டிரம், *P.* மகாராட்டிரம், pays —, langue des Mahrattes.

*மகராயனம், (மகரம், அயனம்), solstice du Capricorne, — d'hiver.

*மகராலயம், மகராலயம், (*id.* ஆலயம்), *ou*

*மகரி, (மகரம், i), la demeure

des monstres marins, i. e. la mer.

*மகரிகை,(id.ikâ), feston, V. மகர தோரணம். [chi.

*மகரிஷி,(மக, P. மகா), grand ri-

மகருதம், la plante வெள்ளடிவேம்பு.

மகருர், 1° (arabe), fixé, établi. 2° (மகன், ஊர்), le village des fils.

மகர், pl. de மகன், fils.

*மகர்லோகம், மகலோகம், (mahar P. mahat grand), un des 7 mondes supérieurs de la fable indoue, situé à 10 millions de யோசனை au delà de l'étoile polaire et résidence des saintes gens qui survivent à la destruction des autres mondes.

*மகவன், மகவான், (மகம்), l'heureux, (surnom de) Indiren.

மகவாட்டி, (மகவு, ஆட்டி), femme qui a un ou plusieurs petits enfans.

மகவு, (மக), enfant, fils, petit des animaux qui vivent sur les arbres. [dite பன்றிக்காக்கொழு.

மகளிக்கிழங்கு, plante mangeable

மகளிர், மகளீர், pl. de மகள், filles, femmes: மகளிர்தருமரம்-10 espèces d'arbres ou d'arbrisseaux qui bourgeonnent et fleurissent, au dire des poètes, dès qu'ils sont regardés ou traités ainsi qu'il suit par les femmes de la 1re classe dite பதுமினி, savoir: மகிழமரம் mimusops elengi qui fleurit lorsqu'on le goûte; ஏழிலைம்பாலைமரம் echites scholaris, lorsqu'on lui montre de l'affection; பாதிரிமரம் bignonia cheleonides, lorsqu'on le méprise; முல்லைக்கொடி jasminum trichotomum, l'orsqu'on rit; புன்னை calophyllum inophyllum, lorsqu'on danse; குரா webera corymbosa, lorsqu'on l'embrasse; அசோகு uvaria longifolia, lorsqu'on le frappe du pied; குருக்கத்தி gaertnera racemosa, lorsqu'on chante; மரா diospyros ebenaster, lorsqu'on le regarde; சம்பகம் michælia champaka, lorsque l'ombre le touche.

மகள், 1° (மக), fille, jeune fille ou femme (en général). 2° nièce (un homme appelle ainsi la fille de son frère, et une femme, la fille de sa sœur),

மகன், 1° (id.), fils, enfant, garçon, homme, mari, pl. மகர், மகார் et ordinairement மக்கள். 2° neveu (pour un homme le fils de son frère, pour une femme le fils de sa sœur). [de fils.

மகன்மை, (மகன்), état—, qualité

*மகா, (mahâ), grand, haut, élevé, large, gros, puissant, abondant, nombreux, excellent, (il se met surtout dans les mots composés):— அபூர்வம் grande rareté; — அரிது grande difficulté, chose très-rare ou très difficile; — அரியதொழில் emploi —, ouvrage très-difficile; — அப்பியாசி homme très-studieux, — très-appliqué, d'une grande science, d'excellente mémoire; — அவலட்சணம் grande difformité, — inconvenance; — கடல் la mer aux larges bords, montagne; — கடலன் le prétendu roi de la mer, i.e. வருணன்; — கதம், (gada maladie), grande maladie, fièvre; — கதி la fin suprême, le paradis; — கந்தம், 1° grande racine, grosse racine mangeable, espèce d'igname. 2° grande odeur, i.e. ail, oignon, espèce de roseau, calamus fasciculatus, gomme, myrrhe; — கர்வம், — கருவம் 10 trillions; — காயம் grande plaie, grand corps, i.e. éléphant; — காரம் manguier; — காளன் le grand nègre, i.e. Routtiren, le destructeur, Nandi portier de Siven; — காளி la grande négresse, i.e. துர்க்கை; — காவியம் grand poème épique, — régulier et classique; — கிதி un sextillion; — கிரி grande montagne; — கிரீவம், — கிரீவி le grand cou, i.e. le chameau; — குலம், — குலீனம், — கூலம் bonne famille, — caste; — கூபம் puits large et profond; — கோஷம் grand bruit, marché, foire; — கோணி 10 quintillions; — கோரம் chose très terrible, une division de l'enfer, — சணம், — சணல் la plante ou l'arbre

mahâsahâ (*très endurant*), dont les fleurs ne se flétrissent point, gomphræna globosa. *V.* மருகேசுவரி: — சங்கம் 100 quatrillions, es, os humain, un des trésors de Koubêren, front; — சங்காரம் destruction considérable, — générale; — சண்டன் homme très-violent, un des serviteurs de Yamen; — சத்தி, — சக்தி grande force, — énergie, grand pouvoir, (en style païen) Soupramanien dieu de la guerre; — சத்துவன் homme très-fort, excellent, juste, vertueux; — சம்பு nom d'une plante, espèce d'eugenia; — சனம் les grands, les principaux, brames —, les chefs d'un village; — சனன் (சனம்), grand, homme éminent, illustre, de haute naissance, commerçant; — சாந்தபனம் le grand santapana, espèce de pénitence païenne, qui consiste à se nourrir le 1er jour d'urine de vache, le 2e de bouse de vache, le 3e de lait, le 4e de lait caillé, le 5e de beurre liquéfié, le 6e d'eau où l'on a fait bouillir de l'herbe dharba, et à jeûner le 7me; d'autres mettent 3 jours à chaque observance, d'autres se bornent aux 6 premiers jours; — சாகசம் grande violence, attaque brutale; — சாகசிகன் pillard, voleur qui enlève par force, injuste assaillant; — சுகம் grand plaisir, — bien-être, copulation; — சுவேதை la grande blanche, *i.e.* Sarasvati; — சுத்தி grande pureté, huître à perles; — சுப்பிரம் grande splendeur, — blancheur, argent; — சுரூபி personne très-belle; — சுவேதம் grande blancheur, la plante திருவாத்திருக்கை, espèce de de petit concombre, sucre candi: — சுவேதை *V.* மகாசுவேதை: — சூட்சுமம் grande subtilité: — சூடம் tambour de guerre; — சூத்திரன் grand soudras, *i.e.* berger: — சூத்திரி bergère, vendeuse de lait: — சேனன் général d'armée, Soupramanien général des armées des dieux indous, le père du 8me Djaïnas ou அருகன் du présent âge, — சைவம் une secte de Siven; — சோபம் 100 sextillions: — தண்ணாவம், (அக்கினி), feu du sacrifice: — கிரீவம் le chameau au long cou ou aux larges épaules; — தலம், (பூதலம்), la terre; — மயானம் le grand cimetière, *i. e.* Bénarès ou Kâsi où beaucoup de gentils viennent pour y mourir et y être brûlé dans la persuasion d'aller sûrement et promptement au paradis; — தந்தம் grande dent, défenses d'éléphant, l'éléphant aux grandes défenses: — தமப்பிரபை lueur fort ténébreuse, la division la plus basse de l'enfer indou dont les flammes sont très-obscures; — தரு la plante euphorbia; — தலம் lieu vaste, le 5e des 7 mondes inférieurs des Indous en descendant, résidence des நாகர் ou serpens, des அசுரர், des தைத்தியர் et autres êtres malfaisans: — தனம் grande richesse, chose de grand prix, or, encens, riche vêtement, moisson, agriculture; — தனவான் homme très-riche: — தாது le principal minéral, *i.e.* l'or; — தாரு le grand arbre, le pin dêvatârou; — தியாகம் renoncement complet, — à tout; — தீவு la grande île, les iles Maldives qui n'en faisaient autrefois qu'une; — துந்துபி, — துந்துமி gros tambour, tambour de guerre; — துருமம் grand arbre, l'arbre அரசு ficus religiosa: — தேவன் grand Dieu, (chaque sectaire l'applique à son dieu particulier, ordinairement il se dit de) Siven, nom propre; மழையும்பிள்ளைப்பேறும் மகாதேவருக்குந்தெரியாது la pluie et la naissance des enfans sont des mystères inconnus mêmes aux grands dieux indous; — தேவி grande déesse prétendue, Dourgâ ou துர்க்கை; — தோகை espèce de grand compte: — நடன் le grand danseur, *i. e.* Siven; — நரகம் le grand enfer, une des divisions de l'enfer indou: — நவமி le principal 9e jour des mois lunaires, la fête des armes dite ஆயுதபூசை qui se célèbre le 9me de la lune qui commence dans le mois de புரட்டாசி; —நாடு vaste contrée, assemblée générale du peuple d'un pays; —நாதம் grand bruit, ce qui en fait, conque, lion, éléphant, instrument de musique, nuage, —noir chargé de pluie, oreille, chameau; —நிசி, —நிசை nuit profonde, i. e. minuit; —நிதி un des 9 trésors de Koubèren; —நித்திரை profond sommeil, le grand sommeil, i.e. la mort; —நிம்பம் le grand melia, i. e. melia semper virens; — நீசன் l'être très-vil, i.e. le blanchisseur (qui se charge de toutes les saletés des autres); —நீலம் le bleu foncé, émeraude, un des serpens, les plantes verbesina scandens et கையாந்தகரை; — நுட்பம் chose très petite, — fine, un atome; — நேமி corbeau; — நோன்பு grand jeûne, jeûne des païens, jeûne qu'ils observent à la fête —, fête des armes dite ஆயுதபூசை: — பக்ஷம் grande amitié, — bonté, espèce de canard; — பக்ஷி gros oiseau, hibou; — பட்டியவள் c'est une femme très-dissolue; — பதம் grand pas..., grande route, principale porte ou entrée d'une ville, — d'une maison, fin de la vie; — பதகமம் entrée dans la grande route de tous les hommes, i.e. la mort; —பதுமம் un des 9 trésors de Koubèren, nénuphar blanc, un quatrillion; — பதுமன் un des 8 serpens fabuleux qu'on dit supporter le monde, கின்னரன் ou serviteur de Koubèren; — பத்தினை le Gange; —பலம் grande force, —utilité, l'arbre கொழிஞ்சி espèce d'oranger, l'arbre fruitier ægle marmelos; —பலவன் homme très fort, robuste, air, vent; —பலி grand sacrifice, ou —பலி சக்கிரவர்த்தி l'empereur Mahâbali, souverain de மகாபலிபுரம், un des தைத்தியர் et des கிரஞ்சீவிகள். (Vichnou dans son incarnation en nain dit வாமனன், le priva par ruse du pouvoir qu'il avait acquis, disent les Indous, sur la terre et sur le ciel: mais en considération de ses mérites, il lui laissa la souveraineté du பாதாளம்); —பாகன், (பாகம்), homme très-vertueux, qui a les 8 vertus cardinales; —பாதகன், —பாதகி grand scélérat, — criminel; —பாதகம், —பாபம் grand crime, — péché; —பாரதம் le grand poème nommé பாரதம்; —பிரபு grand prince, roi, Indiren: —பிரபம், —பிரவம், (பிரபை), grande lumière, lumière d'une lampe; —பிரளயம் grand déluge, destruction du monde qui, au dire des Indous, arrive après chaque période de 4,320 millions d'années, destruction totale de l'univers qui arrive, selon eux, après la période de l'âge de Brama, i.e. de 100 ans, dont chaque jour égale le nombre susdit et chaque nuit est d'égale durée. A l'expiration de ce terme les 7 mondes avec leurs saints, leurs dieux et Brama lui-même sont anéantis, V. கற்பம்; —பிராணம் ce qui vit très-long-temps, corbeau; —பிராமணன் brame éminent; — qui officie aux funérailles; —பீதன் homme peureux; —பீமன், —பீஷ்மன் le guerrier très formidable, i.e. le roi சாந்தனு père de பீஷ்மன்; —புருஷன் excellent —, grand homme; —பூதம் élément primitif; — principal, V. பஞ்சபூதம்; —பூமி 10 novillions; —பேலா la plante பேராமுட்டி; —போதி docteur bouddhiste; —ப்பிரகாசத்தி mica dit அப்பிரகம்; —ப்பிரதோஷம், (suivant les Sivénistes) le temps propice par excellence, le soir du 13ᵉ jour après la nouvelle ou la pleine lune, temps où ces sectaires attendent plus d'effets de leurs exercices religieux; — மகம் jour où la planète Jupiter se trouve en conjonction avec la pleine lune dans la constellation மகம் au mois de மாசி, V. மாமாங்கம்; —மகாப்பட்ட (மகா répété), très-grand, le plus grand; மகாராஜம், P. மகாராஜமகாராஜம்; — மதம் éléphant en rut, grand orgueil, fureur, ivresse; — மதி esprit supé-

gleur, génie;—மந்திரி premier ministre; மகாந்திரன் ministre (d'un roi), homme riche, heureux, conducteur d'éléphant;—மகாந்திரி femme de gourou, — de ministre, — riche; —மாயை illusion extrême, — du monde, chose non réelle, la grande trompeuse, *i. e.* துர்க்கை *ou* பார்வதி;—மாரி la grande destructrice, *i.e.* துர்க்கை;—மிருகம் le grand animal *i.e.* l'éléphant;—மிருத்து, —மிருத்தியு le grand tueur, *i.e.* Siven;—முகம் le long visage, — museau, le crocodile;—முனி grand anachorète, (il s'applique à) Agastyen, Bouddha, Vyâsen, Vasichten;—மேதம் l'arbre de corail erythrina indica, drogue tonique;—மேதை la plante மருமத்தை;—மேரு grande montagne, la montagne d'or, — fabuleuse des Indous dite மேரு;—மைத்திரன் le grand ami, *i.e.* Bouddha;—யந்திரம் grande machine, — mécanique;—யக்ஞயம்,—யாகம் le grand sacrifice, selon les Indous, il consiste en 5 choses: étude des Vêdas, offrande de sacrifices aux dieux, hospitalité envers les hôtes, libation d'eau aux mânes, et nourriture répandue par terre pour toutes les créatures; selon d'autres, il consiste à festoyer les brames, les dieux, les mânes, les parens et soi-même;—யுகம் la grande période, collection des 4 யுகம் ou période de 4,320,000 ans;—ரசதம் or;—ரசனம் or, safran;—ரசம் liquide copieux ou excellent, eau de riz, dattier sauvage, phœnix sylvestris;—ரதம் grand désir, — char, char qui est suivi de 11 mille autres chars;—ரதன் guerrier monté sur un char et qui combat avec 11 mille autres guerriers aussi sur des chars;—ராசகர்,—ராசிகர் espèce de demi dieux, (on en met 226);—ராசசூதம், —ராசபலம்,—ராசாக்ஷீரம், (அக்ஷீரம்) mangues dignes d'un roi;—ராசன் grand roi, empereur, roi, prince, chef, grand homme riche, — distingué, vertueux, — sans souci, (surnom de) குபேரன், possesseur d'éléphans, gourou de Samanéens ou Djaïnas;—ராசாதிராசன் empereur suzerain;—ராணி grande dame, femme riche;—ராட்டிரம், —ராஷ்டிரம் pays—, langue des Mahrattes; ராஷ்டிரி la langue —, le mahratte; —ராத்திரம் nuit profonde, *i. e.* minuit, le milieu de la nuit;—ரூபம் résine;—ரூபகம் drame, composition dramatique, tamoul des drames;—ரௌரவம் une des divisions de l'enfer des Indous; லக்ஷுமி,—லட்சுமி la grande Lakchimi *i.e.* Sarasvati femme de Brama;—லோகம், 1° le grand métal, *i.e.* pierre d'aimant, caillou. 2° le grand monde, un des 7 mondes supérieurs des Indous autrement dit மகர்லோகம்;—லோலம் corbeau;—வசம் marsouin du Gange;—வராகம் le grand cochon, Vichnou dans son incarnation en cochon blanc;—வல்லி l'arbre வில்வம்;—வனம் grande forêt, grand désert; — வாக்கியம் grande phrase, long mot, nom d'une formule religieuse parmi les Sivénistes et les Advitas ou அத்துவிதர்; —விசுவம் entrée du soleil dans le signe du Bélier, équinoxe du printemps;—விஷம் poison terrible, petit serpent venimeux qu'on suppose avoir 2 têtes;—வித்து talc dit அப்பிரகம்;—விரதம் grande pénitence, la secte dite வீரசைவம்; — விரதர் grands pénitens, les sectaires dits வீரசைவர், les linganistes;—விருக்ஷி les plantes கத்தரி et சேம்பு;—விருக்ஷம் la plante சதுரக்கள்ளி;—விலம் ciel, atmosphère, jarre d'eau, cœur, caverne, trou;—வீசி une des divisions de l'enfer des Indous; வீரம் grande bravoure, vase servant aux sacrifices, feu du sacrifice ஓமம், le couil ou coucou indien, lion, cheval blanc, foudre d'Indiren;—வீரன் héros, homme très-brave, Agni ou le feu, Vichnou, le faucon கருடன்; —வேகம் grande vitesse, singe, animal très-leste.

*மகாகலம்,(மகா, ஆகவம்), combat, grande guerre,—bataille.

*மகாகாசம், 1° (id. ஆகாசம்), plaine, compagne, grand air. 2° (id. காசம்), forte phthisie, toux. 3° (id. ஆசம், hâsa), hennissement du cheval.

*மகாக்கினி, 1° (id. அக்கினி), grand feu. 2° (மகம், அக்கினி), feu de sacrifice.

*மகாங்கம், (id. அங்கம்), l'animal au grand corps, i. e. le chameau. [chèvre.

*மகாசம், (id. அசம்), grande

*மகாசன், (id. சன் né), homme illustre, de haute naissance.

*மகாசயம், (id. ஆசயம்), mer, océan.

*மகாசயன், மகாசனன், (id. ஆசயம், சனம்), prince, gentilhomme, homme libéral, généreux.

*மகாத்துமா, (id. ஆத்துமா), grande âme, grand personnage, homme excellent, éminent, magnanime, généreux, savant.

*மகாநசம், (id. anasa riz), cuisine,—où on cuit le riz.

*மகாநுபாவன், (id. அநுபவம்), grande âme, homme généreux, magnanime, personnage distingué,—éminemment religieux, l'Être suprême, Dieu.

*மகாபவன், (மகம், பவன்), le prétendu fils de la constellation மகம், i. e. Soukren. [gieux—, mendiant.

*மகாபாசகன், (mahâpâsaka), reli-

மகாபு, 1° (மகா), grande fleur, grand cumin. 2° V. மகாபவன்.

*மகாரணியம், (மகா, அரணியம்), grande forêt, grand désert.

மகார், pl. de மகன், fils, enfans.

*மகாலயம், (மகா, ஆலயம்), grand —, temple, sanctuaire, le monde de Brama, place de refuge, asile, lieu de pélerinage, arbre consacré à une divinité. [suprême, Brama.

*மகாலயன், (id.), Dieu, l'Être

மகாத்மியம், (மகா), célébrité, gloire, V. தலமகிமை.

*மகானந்தம், (id. ஆனந்தம்), béatitude finale.

*மகானலம், (மகம், அனலம்), feu du sacrifice இயம்.

*மகார்ணவம், மகார்ணவம், (id. அர்ணவம், P. அருணவம்), la grande —, mer, océan.

மகான், élément qui produit l'air, principe des 3 caractères dits குணம். *(mahân), grand.

*மகி, 1° (mahi), la terre. 2° f. de மகன், fille. [épais, gelée.

*மகிகை, (mahikâ), brouillard

*மகிஷம், மகிடம், (mahicha), buffle, c'est l'emblème du drapeau et la monture de Yamen: மகிஷத்துவசன்,—வாகனன் celui qui a un buffle pour l'emblème de son drapeau et pour monture,—i. e. Yamen; —கோரோசனை pierre biliaire du buffle.

*மகிஷன், (id.), Mahichen démon ou அசுரன் à tête de buffle tué par துர்க்கை ou காளி: மகிஷன்—, மகிஷற்செற்றாள் ou மகிஷமர்த்தனி la meurtrière —, la destructrice de Mahichen, i. e. Kâli ou Dourgâ.

*மகிஷாசுரன், (மகிஷன், அசுரன்), l'asouren Mahichen (suadit).

*மகிஷி, (mahichi), bufflonne,

மகிடி, P. மகுடி. [reine couronnée.

மகிழ்க்கிறது, V. மகிழ்கிறது.

*மகிதம், (mahita), le trident de

*மகிதலம், (மகி), la terre. [Siven.

*மகிந்தகம், (mahindaka), rat, mangouste, corde du timon d'une charrette. [மகிபதி... roi.

*மகிபதி, மகிபன், மகிபாலன், P.

*மகிமா, (mahimâ), pouvoir de se grossir sans fin, c'est un des 8 dons fabuleux dits அஷ்டமாசித்தி, ou

*மகிமை, (id.), grandeur, majesté, gloire, magnificence, pompe: —செய்கிறது, —ப்படுத்துகிறது glorifier, honorer; —யாயிருக்கிறது être glorieux, majestueux, pompeux; —யுள்ள illustre, glorieux, éminent; —தபோ —யுடையவன் homme d'une éminente pénitence,— qui par sa pénitence a obtenu des dons merveilleux; —கிரந்தநாமம், —யுள்ளநாமம் nom glorieux, — illustre.

*மகிரன், (mahira), le soleil.

மயிலிறகு, *P.* மயிலிறகு, plume de paon. [furieuse.

*மகிலா,(mahila), femme,— ivre,

மகிழம்,*adj. de* மகிழ்: மகிழமரம் l'arbre mimusops elengi; மகிழம்பூ sa fleur dite fleur du Tonquin.

மகிழுகிறது, ழ்ந்தேன், ழுவேன், ழ, ழ, ழும், *part. fut. ou*

மகிழ்கிறது, ழ்ந்தேன், ழ்வேன், ழ், ழ. *v.n.* மகிழ்தல், *n. v.*se réjouir, se livrer à la joie, être content, joyeux, s'égayer.

மகிழ், 1° (மகுலம்), l'arbre mimusops elengi, *dont l'adj.est.* மகிழம். 2° *imp.et. part. du préc.* 3° *ou*

மகிழ்ச்சி,மகிழ்வு, *n. v. de* மகிழ்கிறது, joie, gaieté,allégresse,contentement,plaisir,délice: மகிழ்ச்சிகொள்ளுகிறது être plein de joie, être joyeux;மகிழ்ச்சியாய் joyeusement, gaiement.

மகிழ்நன்,(மகிழ்),homme joyeux. mari, chef d'un pays cultivé.

மகிணம்,pétale, feuille de fleur.

மகிள், மகிளாமரம், *P.* மகிழ், மகிழமரம்.

மகிவிக்கிறது, *V.* மகிழ்விக்கிறது.

*மகினம், (mahina), royaume.

மகி, (mahi), le terre, vache, la Mahy (en anglais, Mbye), rivière de la province de Malva qui tombe dans le golfe de Cambay:— சுதன் le fils de la terre, சேவ்வாய் le régent ou conducteur de la planète Mars, né, au dire des Indous, près d'Oudjein, de la terre arrosée de la sueur de Siven;—தரம், — திரம் le soutien—,la force de la terre, *i. e.* montagne; —தலம் surface de la terre; —பதி,—பாலன், —பர்த்தா *ou* பத்தா le maitre,le protecteur de la terre,*i.e.*roi;—ப்பிராசீரம் ce qui entoure la terre,*i.e.*l'ocean; —மயமான de terre, terrestre; —ருகம் chose née de la terre, arbre; — லதை ver de terre,achée.

மகீபன்,(*id.* pa *qui protége*),roi.

*மகுடம், (makouta), couronne, diadème, tiare, ornemens de couronne, crête, bord de tambour etc... 2° un des 28 livres des Sivénistes; sorte de pendans d'oreilles à l'usage des femmes dits சக்கடைக்கோர்ப்பு. obscurité: மகுடபங்கம் injure à la couronne; மகுடம், *P.* மகிழமரம்; —ராகபேதம் nom d'un air ou mélodie; —வர்த்தனர், — வர்த்தனர் princes—, têtes couronnées, rois, chefs heureux; மகுடமுமந்தாரமுமாயிருக்கிறது le temps est obscur et nébuleux; கண்மகுடமாயிருக்கிறது la vue —,l'œil être trouble et obscur;பாம்புமகுடத்திலே கிடக்கிறது le serpent être dans le temps où il a la vue courte (quand il change de peau).

*மகுடாதிபதி,(மகுடம், அதிபதி), roi —,prince —, chef couronné.

மகுடி, 1° *ou* —க்குழல் hautbois ou flageolet de jongleur et d'enchanteur de serpens, pour charmer les serpens; il est fait avec la gourde de la plante cucurbita lagenaria, 2° *V.*மொண்டி.

*மகுதி,(makouti), ordre du gouvernement adressé à un Soudras.

*மகுரம்,(makoura),miroir, crystal, bâton d'une roue—, roue de potier, bouton de fleur,l'arbre மகிழமரம் à fleurs jaunâtres et odoriférantes.[nouie, l'arbre மகிழமரம்.

*மகுலம்,(makoula), fleur,—épa-

*மகேசன், (மகா, ஈசன்), 1° *V.* மகேசுரன், Indiren, talc dit அப்பிரகம்:மகேசப்பந்து l'ami de Mahèsa, *i.e.* l'arbre ægle marmelos.

*மகேசுரன், மகேசுவரன், மகேச்சுரன், மகேச்சுவரன், (*id.* ஈசுவரர்), le grand maitre, le grand Dieu, (en style païen) Siven (sous une de ses 5 formes suivant les Sivénistes de la péninsule).

*மகேசுவரி, மகேச்சுவரி, *fém. du préc.* la grande maitresse,(en style païen) Parvadi.

*மகேந்திரம்,(*id.*இந்திரம்), montagne,chaine de montagnes,une des 7 principales de l'Inde (probablement les Gattes septentrionales).

*மகேந்திரன்,(*id.*),le grand Indiren, le roi des dieux indous: மகேந்திரசாலம் le 55^me des கலைக்கியானம், art de faire des merveilles - des prestiges dans le ciel et sur la terre; —நகரம் la ville d'Amaravati, capitale fabuleuse d'Indiren.

*மகேந்திராணி, (id. இந்திராணி), Indirâni femme d'Indiren.

*மகேலிகை, மகேலை, (mahèlâ, ikâ), femme.

*மகைசுவரியம், (மகா, ஐசுவரியம்), grandes richesses.

*மகோததி, (id. உததி), la grande —, mer, Indiren.

*மகோதயம், (id. உதயம்), élévation, éminence, supériorité, propriété, grandeur, orgueil, béatitude finale, abandon, la ville et le district de Kanodge ou கன்னியாகுப்சம், jour favorable.

*மகோதயன், (id.), maître, Seigneur.

*மகோதரம், (id. உதரம்), gros ventre, hydropisie.

*மகோதரன், (id.), gros ventru, hydropique, un des ministres de Râvanen.

*மகோத்தமம், (id. உத்தமம்), grande perfection.

மகோபநிடம், un des 32 உபநிஷதம்.

*மகோபத்திரவம், (id. உபத்திரவம்), grande tribulation.

*மகோரகம், (id. உரகம்), grand serpent, au pl.m. மகோரகர் espèce de demi-dieux indous de la race serpentine habitans du பாதாளம்.

*மகோல்லாசம், (id. உல்லாசம்), grande joie.

*மகோற்சவம், P. மகோத்சவம், (id. உற்சவம்), grande fête.

*மகோற்கை, (id. உற்கை), grand météore, i.e. la foudre.

*மகோற்சாகம், (id. உற்சாகம்), grande diligence, — activité, grand effort.

*மகோற்சாகன், (id.), homme très-actif, roi qui possède tous les accessoires de la royauté.

*மகோற்பலம், (id. உற்பலம்) nénuphar.

*மகோன்மதம், (id. உன்மதம்), fanatisme, frénésie, enivrement, ivresse, passion extrême.

*மகோன்னதம், (id. உன்னதம்), sublimité, grande hauteur, palmier: மகோன்னதப்புருஷர்கள் hommes très-grands et forts, — et puissans, géans.

*மகௌஷதம், (id. ஔஷதம்), bon remède, ail, poivre long, gingembre sec, et beaucoup d'autres drogues.

*மகௌஷதி, (id.), bon remède, noms de diverses plantes.

மக்கடிக்கிறது, P. மட்கடிக்கிறது, endommager, détruire, perdre.

மக்கட், obl. de மக்கள்.

மக்கட்டம்பிடிக்கிறது, V. மத்தட்டம்பிடிக்கிறது.

மக்கம், 1° la Mecque, ville d'Arabie, patrie de Mahomet. 2° la plante எருக்கு. 3° (télinga), métier de tisserand.

மக்கல், opt. et n.v. de மக்குகிறது, moisissure, pourriture, corruption.

மக்களிக்கிறது, ளித்தேன், ளிப்பேன், ளி, ளிக்க, v.n. மக்களித்தல், n.v. attraper une entorse, — une foulure, se fouler, se disloquer, se démettre, retracter, révoquer, se dédire, tergiverser, retourner, revenir: கல்லிலிடறிக்கால்மக்களித்தது le pied s'est foulé en se heurtant contre une pierre; அவன்சொல்லிலேமக்களித்துப்போனான் il a manqué à sa parole, il s'est dédit; போனநோய்மக்களித்துக்கொண்டது la maladie qui avait disparu est revenue.

மக்களிப்பு, n.v. du préc. entorse, foulure, dédit, tergiversation, manquement, défaut, retour.

மக்கள், pl. de மக, et de மகன், fils, enfans (sans distinction de garçons et de filles), hommes (en général), gens, peuple, cortége: மக்கட்படுக்கை lit, couche, lieu où les hommes couchent; மக்கட்பரப்பு population, propagation —, dissémination du peuple; மக்களாளாதல் croissance des enfans, les enfans devenir hommes; மக்களுக்குத்தேடிவைக்கிறது ramasser du bien pour ses enfans.

மக்களம், moquerie, plaisante-

மக்கன், homme fort. [rie.

மக்காச்சோளம், P. மொக்கைச்சோளம், maïs, blé d'Inde,—de Turquie.

மக்காதிபன், (மக்கம், அதிபன்), le prince de la Mecque, i.e. Mahomet.

மக்கி, 1° gér. de மக்குகிறது. 2° blanc d'Espagne moisi, mastic, espèce de pilule: இருப்புக்கல்—, செம்மக்கி latérite. [affaissement, honte.

*மக்கினம், (magna), immersion,

மக்கிறது, மக்குகிறது, மக்குதல், P. மட்குகிறது, மட்குதல்.

*மக்ஷம், (makcha), hypocrisie.

*மக்ஷிகம், மக்ஷிகை, மக்ஷீகை; (makchikâ), mouche.

*மங்க, inf. de மங்குகிறது.

*மங்கலம், (mangala), bonheur, bonne fortune, bien être, chose heureuse, bon succès, prospérité, mariage, équité, bonté, charité, louange, éloge, compliment, félicitation, panégyrique, salutation, heureux souhaits, bénédiction, augmentation, acquisition, provision, conservation,—de ce qu'on a acquis, holocauste: மங்கலம்-அ, V. அஷ்டமங்கலம்; —சொல்லுகிறது, saluer, louer, exprimer d'heureux souhaits;—பாடுகிறது chanter les louanges,—d'heureux souhaits.... en l'honneur de quelqu'un; மங்கலகாரியம் chose—, affaire heureuse ou de bon augure; —கௌசிகம் espèce d'air propre aux poëmes; —ச்சொல் mot de compliment ou bon souhait, mots de bon augure. Les poëtes ont coutume de commencer leurs poëmes par l'un de ces mots ou leurs synonimes; le contraire est réputé de mauvais augure. Ces mots sont au nombre de 22, savoir: அமிர்தம் ambroisie, ஆரணம் doctrine de la loi, ou les vèdas, உலகம் monde, எழுத்து lettre, écriture, கங்கை Gange, கடல் mer, சீர் bon état, சொல் mot, திரு richesse, félicité, தேர் char, நிலம் terre, நீர் eau, பரி cheval, பரிதி soleil, புகழ் louange, புயல் nuage. பூ fleur, பொன் or, மணி pierre précieuse, மதி lune, மலை montagne, யானை éléphant. Quelques auteurs ajoutent encore d'autres mots: மங்கலஸ்நானம் bain pour une chose prospère;—நதி rivière sacrée;—நாண் corde du tâli;—ப்பாடகர், —பாடகர் bardes, gens qui chantent des complimens ou d'heureux souhaits aux mariages etc...,—ப்பொருத்தம், V. மங்கலச்சொல்;—மங்கையர் femmes mariées, (l'opposé est அமங்கலி veuve);—மொழி, V. மங்கலச்சொல்;—வள்ளை le 74 des பிரபந்தம் panégyrique d'une jeune femme de haute naissance en 9 வெண்பா et 9 வகுப்பு ou divisions;—வாத்தியங்கள் instrumens de musique (pour les jours d'allégresse):—வாரம், (மங்கலன்), le mardi, le jour consacré à Mars;—வார்த்தை parole de bon souhait, de salutation, expression propre à un panégyrique, bonne nouvelle, தேவமாதாவுக்கு மங்கலஞ்சொன்ன ou மங்கலவார்த்தைசொன்னதிருநாள் la fête de l'Annonciation,—où l'ange a salué la mère de Dieu. [Mars, barbier.

*மங்கலன் (id.), la planète de—,

*மங்கலாசரணை, (மங்கலம், ஆசரணை), observance de respect consistant en 3 choses qu'on met au commencement d'un poëme, i.e. வாழ்த்து salutation, வணக்கம் invocation à la divinité, செய்யப்படுபொருள், ou வஸ்துநிர்த்தேசம் proposition de ce qu'on va dire, contenu, objet et division de l'ouvrage.

*மங்கலி, (மங்கலம்), femme mariée,—qui porte un tâli. barbier, homme né d'un faiseur huile et d'une femme de la classe des artisans, et condamné à la fonction de barbier.

*மங்கலியம், (mangalya qui rend heureux), signe du mariage, i. e. tâli, bijou d'or que les femmes mariées portent au cou tant que leur mari est vivant: —கட்டுகிறது attacher le tâli; மங்கலியக்காரி femme mariée;—qui a un tâli; மங்கலிய[illegible] அறு

cordon du tâli;—பிட்சை prière d'une femme à Dieu, à un roi, à un juge pour obtenir l'aumône du tâli, *i.e.* la conservation de son mari; —பிட்சைகொடுக்கவேண்டும் je vous prie de m'accorder l'aumône du tâli, *i. e.* la conservation de mon mari.

*மங்கலை,(mangalâ), femme mariée, —vertueuse, —de barbier, Oumei femme de Siven.

மங்கல், *opt. et n.v. de* மங்குகிறது, obscurcissement, pâleur, flétrissure, altération, dépérissement, affaiblissement, décroissance.

*மங்கல்லியம், (mangalya), chose heureuse,—belle, —agréable, or, sandal, lait caillé, vermillon, rouge de plomb, l'அரசமரம், l'arbre வில்வம், lentille.

*மங்களம், *P.* மங்கலம்.

மங்களை, *P.* மங்கலை, un des côtés où Kâli est censée présider.

மங்கா, மங்காத. *part. nég. de* மங்குகிறது, qui ne s'obscurcit pas..., inaltérable, impérissable.

மங்காமை, *n.v. nég. du même:* —க்காத்தான் celui qui a préservé de la destruction, espèce de riz qui croît vite et en abondance.

*மங்கிலம், (mankila), incendie de forêt, conflagration.

*மங்கிலியம், *P.* மங்கலியம்.

*மங்கினி, (mangini), bateau.

மங்குகிறது, *sync.* மங்கிறது, கினேன், குவேன், கு, க, *v.n* மங்குதல், *n.v. et* மங்கிப்போகிறது, s'obscurcir, se ternir, devenir pâle, livide, blême, perdre son lustre, se ternir, se faner, se flétrir, dépérir, décroître, l'apparence diminuer, s'altérer, s'émousser, périr, se perdre: மங்கித் திட்டுகிறது, -யிருக்கிறது être pâle, blême, terne: விளக்குமங்கியெரிகிறது la lampe jeter une lueur faible, et sombre; மங்கினநிறம் couleur pâle, terne, flétrie, passée; மங்குங்காலம் temps de disette, de détresse, de malheur, de la mort; மங்குசனி,(மங்கும்), Saturne dit ஏழரையாட்டைச்சனி venant pour la première fois, où dans le 1er quart de sa révolution, et causant ou pronostiquant des malheurs, (au dire des superstitieux Indous, (opposé à பொங்குசனி); மங்குநோய் taches qui indiquent la maladie ou la mort. [cristal.

*மங்குரம், (mankoura), miroir,

மங்குல், air, atmosphère, firmament, - visible, nuit, nuage.

மங்குலம், மங்குளம், obscurité, temps couvert, trouble.

மங்கை, 1° femme, jeune fille ou femme de 13 ans. 2° *P.* மங்காய், tu ne t'obscurcis pas, *nég. de* மங்குகிறது:—நீக்கம் la longueur ou proportion de la femme, un des 10 தசப்பொருத்தம் ou observances superstitieuses, dite aussi நீநீக்கம், qui consiste en ce que la constellation de l'époux surpasse de 13 la constellation de l'épouse:—பங்கன், —பங்காளன், —பாகன் celui qui est moitié femme, *i.e.* Siven, pour avoir, au dire des Indous, donné à sa femme Parvadi la moitié de son corps, au moins le représente-t-on ainsi homme d'un côté, et femme de l'autre.

*மஞ்சுணம், மஞ்சூணம்,(mankchana, -ouna), jambière, cuissard, armure pour couvrir les jambes.

*மசகம், 1° (மசம், ka), moucheron, moustique, cousin, outre (pour l'eau), éruption cutanée, poil. 2° (மசக்குகிறது), trouble.

*மசகரி, (மசம், hari *qui prend.*), moustiquaire.

மசங்குகிறது, *sync.* மசங்கிறது, கினேன், குவேன், கு, க, *v. n.* மசங்குதல், *n. v.* se cacher, se tapir, maigrir, s'affaiblir, *V.* மசங்குகிறது.

மசக்கி, *gér. et n. app. du suiv.* enchanteresse: அவள்— c'est une enchanteresse.

மசக்குகிறது, *sync.* மசக்கிறது, க்கினேன், க்குவேன், க்கு, க்க, *v.a. de* மசங்குகிறது, மசக்கல், மசக்குதல், *n.v.* troubler, embrouiller, embarrasser, jeter dans des perplexités, confondre, chiffonner, inquiéter, enchanter, charmer, ensorceler, séduire, reprendre l'usage de la viande: அவனைமசக்காதே ne le trouble pas; மாமிசம் மசக்குகிறது reprendre l'usage de la viande (après l'abstinence...).

மசக்கை, (மசக்குகிறது), envie, désir, indolence et autres affections de femme enceinte: —க்காரி femme enceinte qui a des envies; —ப்பண்டம் nourriture recherchée, exquise.

மசங்குகிறது, sync. மசங்கிறது, கினேன், குவேன், கு, ங, v.n. de மசக்குகிறது, மசங்கல், மசங்குதல், n.v. ou மசங்கிப்போகிறது, se troubler, s'embarrasser, être troublé, embarrassé, embrouillé, ensorcelé, confus, incertain, douteux, dans l'incertitude, dans le doute: மசங்கித்திகைக்கிறான் il reste —, il est incertain, sans savoir ce qu'il doit faire; பராபரன் மசங்கிக் கொண்டிருக்கிறது la bonté d'une pagode être douteuse: மாலைமசங்கும் நேரம் ou போது temps où il ne fait ni nuit ni jour, litt. où la soirée est douteuse, crépuscule du soir, la brune; மாலைமசங்குகிறநேரத்திலே வந்தேன் je suis venu au crépuscule du soir; மாலைமசங்கும்போது பழுதையைப் பாம்பென்று பயப்பட்டேன் à la brune j'ai pris une corde pour un serpent et j'ai eu peur.

மசண்டை, la brune, crépuscule du soir, — du matin, grand matin.

மசமச, son imitatif de démangeaison: மசமசென்கிறது ou

மசமசக்கிறது, சத்தேன், சப்பேன், ச, சக்க, v.n. (மசமச), avoir des démangeaisons, — envie de se gratter.

மசமசத்தல், மசமசப்பு, மசமசென்றல், n.v. du préc. démangeaison.

*மசம், (masa), mesure, poids, bruit, son, colère, moustique.

*மசனம், (masana), mesurage, vexation, gène, nuisance.

*மசாரம், மசாரகம், (masâra, ka), émeraude.

மசாலை, (ind.). mélange d'assaisonnemens, diverses épices broyées ensemble pour assaisonner les mets, remède pour les chevaux (aussi composé de divers ingrédiens).

மசால், மசால்க்கீரை, P. மஞ்சால், மஞ்சாக்கீரை.

*மசானம், P. ஸ்மசானம், cimetière, lieu, où l'on brûle les morts.

*மசி, 1° (masi). encre (pour écrire). 2° imp. et part. de மசிகிறது: —க்கூடு, —கூடு, — கூடுகை, —தானம், — தானி, —ப்பிரசன், — மணி encrier, écritoire, —யம் encre (à écrire); — பண்ணியவன் scribe, écrivain, — à gage, — qui se loue; — பதம் plume, — à écrire. [pent.

*மசிகம், (masika), trou de serpent.

மசிகிறது, சிந்தேன், சிவேன், சி, சிய, v.n. மசிதல் et மசிந்துபோகிறது, n.v. se briser, se broyer, s'écraser et s'amollir, et se mélanger, être brisé, broyé, écrasé, meurtri, froissé, pilé: மசியக்கரைக்கிறது délayer et mélanger; மசியப்போடுகிறது briser, écraser, broyer menu; மசிந்தகீரை herbes potagères broyées et mélangées ensemble.

மசிகை, 1° n. v. de மசிகிறது. 2° *(masikâ), encre, la plante nyctanthes tristis.

மசிக்கிறது, சித்தேன், சிப்பேன், சி, சிக்க, v.a. de மசிகிறது, மசித்தல், n.v. briser, broyer, écaser, — et amollir, — et mélanger, meurtrir.

மசியல், n.v. de மசிகிறது, chose broyée, écrasée.

மசிர், P. மயிர், 1° herbe tendre, gazon. 2° poil, puberté (mot bas).

மசிவு, n. v. de மசிகிறது, broiement, brisement. [d'un jour, relai.

மசிலி, மசில், (arabe), marche, —

மசிது, (ind. masdjid), mosquée des Mahométans. [des Malin.

*மசினா, (masinâ), lin, graine de

*மசுக்கரம், P. மஸ்கரம், bambou.

*மசுரம், மசூரம், (masoura, masoûrâ), espèce de lentille.

*மசுனம், (masouna), chien.

*மசுரை, மசூரை, (masourâ, masoûrâ), prostituée.

*மசூரகம், மசூரி, (masoùraka,—ri), petit oreiller —, oreiller rond.

*மசூரி, மசூரகம், மசூரிகம், (masoùri), petite vérole.

*மசூரிகை, (*id*. kâ), 1° entremetteuse. 2° *V*. மசூரி. [sulipatam.

மசூலிபட்டணம், la ville de Ma-

*மச்சகந்தி, (மச்சம், கந்தம்), Matsacandi ou Matsyagandhâ, *litt.* celle qui a l'odeur de poisson, 1^er^ nom de சத்தியவதி mére de Vyasen pour avoir été trouvée, disent les Indous, dans le ventre d'un poisson, dont elle conserva l'odeur, jusqu'à ce que son séducteur le mouni Parâsaren changea, dit la fable, cette odeur en celle de parfum, *V*. பரிமளகந்தி.

*மச்சம், 1° (matchtchha), poisson, —en général, (et particulièrement) le poisson saphari ou சபரம், dans lequel Vichnou s'est incarné, au dire des Indous, prétendue incarnation de Vichnou en poisson, un des 18 pouranas dit aussi மச்சியம், contenant la fable de cette incarnation, le pays de Dinajpour et Rangpour, un des 56 pays de l'Inde centrale. 3° verrue, môle, tache noire sur la peau, échantillon, —d'or qu'on garde pour le comparer ensuite avec celui que doit rendre l'orfévre; —தின்போன் ichtyophage, mangeur de poisson; —தின்கை ichtyophagie; —வெட்டிவைக்கிறது couper un morceau d'or et le garder en échantillon pour le comparer ensuite avec l'ouvrage rapporté par l'orfévre; மச்சசமுற்பவம் sperme, flux menstruel; —நூல் ichtyologie; —நூலப்பியாசி ichtyologiste; —ப்பொன் morceau d'or réservé pour échantillon; —யந்திரம் but —, marque en forme de poisson pour exercer les archers; —விராசி le signe des Poissons; மச்சத்தின்சல்லியம் os de poisson, (*V*. d'autres composés au mot மச்சியம்).

மச்சாரி. *V*. மச்சுனன்.

*மச்சனம், (madjdjana), bain, ablution, immersion, submersion, moelle.

*மச்சாவதாரம், (மச்சம், அவதாரம்), fabuleuse incarnation de Vichnou en poisson, pour tuer l'Asouren சோமுகன், qui avait volé les Vêdams et les avait cachés dans la mer.

மச்சாளி, மச்சான், *V*. மச்சுனன்.

மச்சாள், *V*. மச்சுனிச்சி.

மச்சி, 1° *V*. மச்சுனிச்சி. 2° la plante முள்ளிக்கீரை.

மச்சிகை, 1° lait de beurre. 2° (madjdjika), la femelle de la grue indienne.

மச்சிடுகிறது, (மச்சு, இடுகிறது), lambrisser, revêtir d'un lambris, plancheier un plafond.

*மச்சியம், (matsya), poisson, prétendue métamorphose de Vichnou en poisson, un des இவபுராணம், le 1^er^ des pouranas qui raconte cette métamorphose, le pays de Dinajpour et Rangpour, un des 56 pays de l'Inde centrale, ellébore: மச்சியகரண்டிகை, (கரண்டம், ikâ), panier de pêcheurs; —காரம் pêche; —சங்காரம் foule de petits poissons; —சாலம் filet de pêcheurs; —தானி panier de pêcheurs; —நாசகம், —நாசனம் orfraie; —பட்டணம் la ville de Masulipatam; —பித்தம் plante médicinale amère comme le fiel de poisson; —ரங்கம் le martin-pêcheur; —வேதனம் hameçon.

*மச்சியாசுதி, (மச்சியம், அசுதம்), la plante asclepias acida. [க்கொணி.

மச்சியாச்சி, la plante பொன்னாங்

*மச்சியாசனன், (மச்சியம், அசனம்), ichtyophage, qui vit de poissons, martin-pêcheur.

*மச்சியோதரி, (*id*. உதரம்), 1° *V*. மச்சகந்தி. 2° place de pélerinage, étang réputé sacré à காசி ou Bénarès.

மச்சிலிப்பட்டணம், la ville de மாசிலிப்பட்டணம்.

மச்சினச்சி, மச்சினி, மச்சினிச்சி, *V*. மச்சுனிச்சி.

மச்சினன், *V*. மச்சுனன்.

மச்சு, plafond en planches, lambris, argamasse, dessus, position supérieure, faute. V. மஞ்சு: —க்கல் carreau d'étage, brique qui sert de lambris, — qui remplit l'intervalle des chevrons d'un argamasse; — க்கூடம் salle avec un plafond en planches, — பாவுகிறது, — போடுகிறது planchéier, lambrisser, mettre des planches sur les poutres de manière à faire un plafond en bois; — வீடு maison avec un plafond en planches, maison en argamasse.

மச்சான், beau-frère, i. e. frère de la femme, mari de la sœur, cousin germain fils de l'oncle maternel ou de la tante paternelle, ou vice versa; —மச்சார், pl. les beaux-frères, les cousins, le mari et le frère de la femme s'appellent de ce nom, ainsi que les enfans d'un frère et d'une sœur; மச்சினன் மூத்தார் le frère cadet et le frère aîné du mari; மச்சினமுறைமை degré de parenté exprimé par le mot மச்சான்; — முறைமைகொண்டாடுகிறது observer les coutumes d'une telle parenté.

மச்சாச்சி, மச்சாள், மச்சினிச்சி, belle-sœur, i. e. sœur cadette de sa femme, femme du frère cadet, cousine germaine, fille de l'oncle maternel ou de la tante paternelle, et vice versa. On appelle aussi par une familiarité inconvenante மச்சாள் ou மச்சினிச்சி, la femme d'un pauvre quelconque: எளியவன் பெண்டாட்டி எல்லோருக்கும் மச்சினியாயிருப்பாள் tout le monde traite familièrement de cousine la femme d'un homme pauvre

*மச்சேந்திரநாதர், (மச்சம், இந்திரன்), un des 9 சித்தர்.

*மச்சை, 1° (madjdjâ), moelle, sève. 2° (மச்சம்), verrue, protubérance sur la peau, but, marque en forme de poisson pour exercer les archers, ambre gris. 3° fièvre intérieure: — சமுத்பவம், (சம், உத்பவம்), sperme, flux menstruel.

மஜகூர், (arabe), susdit, mentionné ci dessus.

மஜமூன், (id.), sens, pensée, contenu, — d'une lettre etc..

மஜரா, (arabe), quartier—, faubourg de grande ville, village qui en dépend.

மஜாத்து, (id.), mesurage, arpentage: —தார் arpenteur, intendant.

மஹால், (id.), palais.

மஹாக்கமா, (id.), cour, tribunal.

மஷால், (ind.), flambeau, torche: மஷால்ச்சி, மஷால்ஜி, porte flambeau.

*மஷி, (machi), encre, V. les composés au mot மசி.

மஷ்டு, lie, sédiment, écume, scorie.

மஷ்ரூத், (id.), convenu, stipulé, approprié (en tout ou en partie à des usages particuliers, en parlant de terres ou de concessions).

*மஸ்கரம், (maskara), bambou.

*மஸ்கரி, (maskari), brame mendiant du 4me ordre qui porte un bâton de bambou.

*மஸ்தம், மஸ்தகம், (masta, ka), tête, crâne, sommet, le haut, front, tête d'éléphant: மஸ்தகமூளை cervelle; — மூலம் — மூலகம் le cou.

மஸ்தான், மஸ்தான், (மஸ்து), fou, insensé, qui a les sens troublés ou dérangés [os.

*மஸ்தி, (masti), poids, mesurage,

*மஸ்து, (mastou), lait caillé, ivresse, folie, luxure, vigueur, fierté, pétulance, abondance.

*மஞ்சகம், (மஞ்சம், கம்), lit, bois de lit, plate-forme, échafaud, élévation.

*மஞ்சகாசிரயம், (மஞ்சகம், ஆசிரயம்), ce qui a son refuge dans le bois de lit, i. e punaise.

மஞ்சட், obl. de மஞ்சள் devant க, ச, த, ப, de safran, jaune — கரு jaune d'œuf; — கல் espèce de sel minéral piquant et de couleur jaune; —காப்பு onguent de poudre de safran; — காமாலை espèce de jaunisse; — கொத்து paquet de safran avec ses racines et ses feuilles: — சாமந்தி, — செவ்வந்தி chrysanthemum indicum à fleurs jaunes; —க்கலை toile safranée, —teinte d'eau de safran; —க்கலைதோய்த்துக் கண்ணேறுக்கொத்துகிறது tremper un linge dans l'eau de safran et l'appliquer à un œil malade; —பசவாடை போர்த்துக்கொள்ளுகிறது se revêtir d'un habit teint de safran, (espèce d'observance religieuse des Indous); —பூச்சு onction—, friction de safran, bain à l'eau safranée; —பொடி poudre de safran.

*மஞ்சட்டி, P. மஞ்சிட்டி.

மஞ்சணத்தி, (மஞ்சள், நாற்றம்), l'arbre நுணவு, —qui sent le safran.

மஞ்சணிறம், (id. நிறம்), couleur de safran.

மஞ்சணீர்,(id. நீர்), eau de safran: —குடிக்கிறது boire de l'eau de safran, adopter ainsi un enfant; —ச்சீட்டு billet d'adoption, —qui assure le droit d'héritage à un enfant adoptif; —ப்பிள்ளை enfant adoptif, (qui a droit d'hériter): —விளையாடுகிறது s'amuser à s'asperger d'eau de safran (à un mariage).

*மஞ்சம், (mantcha), lit, bois de lit, plate forme, échafaud, hutte élevée sur des pieux dans les champs pour garder la moisson, dais: மஞ்சமண்டபம் espèce de hangar ouvert ou de plate-forme élevée temporairement pour une cérémonie, salle à coucher.

மஞ்சம்புல், l'herbe andropogon.

*மஞ்சரம், (mandjara), perle, pédicule composé.

*மஞ்சரி, (mandjari), grosse—, perle, pédicule,—composé, queue de fleur ou de fruit, bouquet, touffe ou groupe –, guirlande de fleurs, recueil, rejeton, pousse, jet, bourgeon, bouton, espèce de poème, —de remède, la plante தாயுருவி: —க்கா —recueil de fables. [லம்.

மஞ்சவன், 1° archer. 2° P. மஞ்சு

மஞ்சள், safran, –indien, curcuma longa: —ஆலாத்தி cérémonie dite ஆலாத்தி faite avec du safran: —குளிக்கிறது faire un bain ou des lotions de safran, s'oindre de safran; —காமத்தி, V. மஞ்சட்காமத்தி; —த்தூள் poudre de safran; —த்தண்ணீர் eau de safran; —த்தேறு morceau de safran; —பூசுகிறது oindre—, enduire—, frotter de safran ou de pâte de safran; —ப்பூண்டு la plante மீனாஞ்சு; —மந்தாரை variété de l'arbre மந்தாரை; —வசந்தம் aspersion d'eau safranée (dans les mariages...), cérémonie joyeuse, —ou jeu où l'on se jette de l'eau de safran; —வசந்தமாடுகிறது s'amuser à s'asperger les uns les autres d'eau de safran; —நிறம், —வருணம் couleur de safran. (A l'oblique devant les க, ச, த, ப on écrit généralement மஞ்சட்; voyez en les composés.

*மஞ்சனம், P. மச்சனம், bain, lavage, lotion, ablution, immersion dans l'eau: மஞ்சனச்சாலை salle de bain; —ப்புல் l'herbe andropogon.

மஞ்சனி, la plante médicinale உத்தாமணி. [P. மச்சுனன்.

மஞ்சன், 1° P. மைந்தன், fils. 2°

மஞ்சா, la plante இலைக்கள்ளி.

மஞ்சாடி, l'arbre adenanthera pavonia, la graine de cet arbre sert à peser l'or, V. மஞ்சாரி: 1 மஞ்சாடி pèse 2 குன்றிமணி, i, e. fait 4 grains, 5 font un scrupule, 15 font 1 dragme ou 1/8 d'once, 20 font 1 கழஞ்சு, 120 font 1 once, 1920 font 16 onces ou une livre anglaise.

மஞ்சாரி, la plante கஞ்சாங்கோரை. [les diamans, V. மஞ்சாடி.

மஞ்சாளி, poids qui sert à peser

மஞ்சி, 1° petite barque, canot, boite, coffre, panier, fibre de l'écorce de l'arbrisseau மரல் dont on fait des cordes dites மஞ்சிக்கயிறு, petite chaussée entre les compartimens de jardins, entremetteur de libertinage (au cap comorin). 2° ( mandji ), pédicule,– composé.

மஞ்சிகம், la plante grimpante தாளிக்கொடி, boite, coffre.

மஞ்சிகன், barbier.

மஞ்சிகை, 1° espèce de pendans d'oreilles, grande boucle d'oreille dite குண்டலம், la plante கையாந்

நீசகா, la plante grimpante சாலிக்செடி, boite ou coffre. 2° * (mandjikâ), prostituée.

*மஞ்சிஷ்டாராகம், (mandjichtâ garance, ராகம்),couleur de garance, attachement permanent.

மஞ்சிட்டம், *V.* மஞ்சாடி.

*மஞ்சிட்டி, (mandjichtâ), garance du Bengale, arbre ou arbrisseau dont les graines servent à la teinture, bixa orellana. [nier, banane.

*மஞ்சிபலே, (மஞ்சி, பலம்),bana-

*மஞ்சிமம், (mandjima), beauté, élégance.

*மஞ்சிரம்,(mandjira), anneau —, bijou des pieds ou des orteils.

மஞ்சிளிக்காரன், espèce de basilic, ocimum basilicum.

மஞ்சிலே, (மண்,சிலே), brique.

மஞ்சில், (*ind.*), route sur une vieille chaussée entre les champs de riz, route ou relais sur la route (en voyageant). [னா.

மஞ்சிறு, la plante கைகயாந்தக

*மஞ்சிரம், மஞ்சிலம்,(mandjila), village de blanchisseurs.

*மஞ்சு, 1° (mandjou), beauté, amabilité, agrément. 2° bijou, âge tendre, lit, bois de lit, rosée, gélée blanche (sur les montagnes), cime, sommet, zénith, nuage, dos d'éléphant, force, grenier, grange ou hangar pour mettre le blé: —க்கட்டை sommet, faîte, toit en pente dans la longueur de la maison; —வைக்கிறது bâtir un grenier; கேசி, *m.* —கேசினி, *f.* (கேசம்), qui a une belle chevelure; —பாஷிணி, (பாஷை, ini), femme à douces paroles. [ou héron dit கொக்கு.

*மஞ்சுகம், (மஞ்சு, கம்), cigogne

*மஞ்சுலம், மஞ்சுளம், (mandjoula), beauté, canal, cours d'eau, irrigation, berceau ou cabinet de verdure.

*மஞ்சுஷை, மஞ்சூஷை, மஞ்சூஷை,(mandjoûchâ). coffre. boite, panier fait en forme de coffre, corbeille, pierre, garance du Bengale. boite où l'on gardait le grand arc que Râmen brisa, forteresse.

மஞ்ஞுராம், (மண். ஞுராம்), espèce de pois chiche dit சடலே.

மஞ்ஞுர், (*arabe*), acceptation, accueil, admission.

மஞ்ஞை, paon: —யூர்தி celui qui a un paon pour monture, *i.e.* Soupramanien.

மடக்கடி, (மடக்கு, அடி). trouble, confusion, pli, repli, courbure, vers répété, ou qui a quelques mots de répétés.

மடக்கம், *n.v. de* மடக்குகிறது, pli, repli, courbure, resserrement, retenue, répétition.

மடக்கல், *opt. et n.v. de* மடக்குகிறது, action de plier, répétition, duplication.

மடக்கியல், (மடக்கு, இயல்), le propre de la répétition dans les vers... *V.* சரிதகம்.

மடக்கிறல், (*id.* இறல்), chevrette qui se replie, — dite astacus carcinus.

மடக்கு, 1° répétition d'un vers ou d'une partie de vers ou de quelque mot (ordinairement avec un sens différent), c'est une beauté de la poésie tamoule, espèce de vers où cette répétition a lieu, pli, repli, courbure, défaite, déconfiture, sorte de vase de terre grossier. 2° *imp. et part. de* மடக்குகிறது: — கத்தி, — பிடிக்கத்தி couteau pliant, qui se ferme, dont la lame se replie, couteau à stylet pour écrire; —க்குடர் l'intestin replié; —மடக்கென்கிறது, —மடக்கென்ல் rendre le son imitatif ou le bruit répété de மடக்கு; - வரி tribut redoublé, double impôt; —வரிவைக்கிறது mettre un nouvel impôt pour la seconde moisson.

மடக்குகிறது, *sync.* மடக்கிறது, க்கினேன், க்குவேன், க்கு, க்க, *v.a. de* மடங்குகிறது, *et* மடக்குதல், *n. v.* plier, replier, courber, recourber, retourner, répéter, doubler, river, moissonner, retenir, renfermer, faire rebrousser, réunir: அறுத்து— couper et ramasser la moisson; மாட்டை réunir le bétail en troupeau (sans qu'il se disperse); கால்—plier —, retirer sa jambe.

மடக்கெழுத்தாணி, (மடக்கு, எழுத்தாணி), stylet à écrire qui se plie: —ப்பிடி manche d'un pareil stylet.

மடக்கொடி, (மடம்), tendron ou tendre rejeton, *i. e.* jeune femme mariée.

மடங்கடிக்கிறது, (மடங்க, அடிக்கிறது), faire rebrousser, chasser, mettre en fuite, en déroute: சதுரங்கபலத்தை—mettre toute l'armée en fuite.

மடங்கலர், (மடங்குகிறது, அலர்), gens qui ne plient pas, ennemis.

மடங்கல், 1° *opt. et n.v. de* மடங்குகிறது, action de se plier...., courbure, pli, repli, double, soumission, obéissance, recul, retour, répétition, 2° explosion du —, coup de tonnerre, conflagration finale qui doit détruire le monde, fin des temps, — du monde, maladie, Yamen, Kâlen, lion, la plante தாழை: மடங்கற்கொடியோன் celui qui a un lion sur son étendard, *i. e.* Bhimen ou வீமன்.

மடங்கு, *n.v. imp. et part. de* மடங்குகிறது, pli, repli, double, tour, mesure, part, fois, réitération, répétition, maladie, ficelle: நாலுமடங்கு 4 fois autant; நாலுமடங்கைம்பது 4 fois 50 *ou* 200; ஐம்மடங்குநன்மை 5 fois mieux, —meilleur; —பலன் double récompense, moisson mûre; நூறுமடங்குபலனடைகிறது recevoir pour récompense —, gagner le centuple: அதைப்பார்க்கிலும் ஆயிரமடங்கதிகமாக்குகிறது faire mille fois plus.

மடங்குகிறது, *sync.* மடங்கிறது, கினேன், குவேன், கு, அ, *v. n. de* மடக்குகிறது, மடங்குதல், *n. v.* se courber, se plier, se replier, se doubler, se répéter, céder, se soumettre, revenir, retourner, se remettre: மடங்கப்பண்ணுகிறது faire plier, courber, abaisser, abattre; மடங்கிப்போகிறது se courber, s'incliner, se prosterner, se plier....

மடத்தனம், état d'ignorance, être ignorant, ne pas savoir.

மடந்தை, (மடம்), femme —, fille simple, jeune femme ou fille de 19 ans, jeune fille non encore nubile: —பருவம், —பாதிவிரதம், *V.* மங்கைப்பருவம்; —யாயிருக்கிறாள் c'est une fille jeune, —simple, elle est féconde.

மடப்பம், chef-lieu de 500 villages, fille ou femme du palais, —de la cour.

மடப்பத்து, 1° *obl. du prée.* 2° *V.* மடப்பத்து *au mot* மடம்.

மடமட, son imitatif —, expression de fracas, de colère etc... மடமடென்கிறது *ou*

மடமடக்கிறது, டத்தேன், டப்பேன், ட, டக்க, *v. n.* (மடமட) *ou* மடமடத்தல், மடமடப்பு, மடமடெனல், *n. v.* faire du fracas, du bruit, —madamada: மடமடென்று இடிக்கிறது *ou* விழுகிறது tonner ou tomber avec fracas, —en faisant madamada, imiter les roulemens du tonnerre: மடமடென்றுவருகிறது arriver tout en colère, comme un furibond; முகத்தை மடமடென்றுவைத்துக்கொண்டிருக்கிறது regarder d'un —, prendre un visage colère.

மடமை, (மடம், மை), ignorance, stupidité, simplicité.

*மடம், 1° (matha), école, collége; résidence de jeunes brames étudians, demeure d'ermites, —de sages ou de pénitens, ermitage, monastère, abbaye, couvent, communauté, temple, char, voiture, hôtellerie, chauderie, maison bâtie sur les routes pour loger les pèlerins ou les voyageurs, maison de charité. 2° ignorance, simplicité, stupidité: மடதருமம், —புண்ணியம் vertu de bâtir une hôtellerie pour les voyageurs; —த்தலைமை supériorité dans un couvent; —த்தலைவன் abbé, supérieur de couvent....; —த்தலைவி abbesse, supérieure de couvent; —த்தனம் ignorance, stupidité; —நடை marche douce, —légère; —நல்லார் femmes ou filles simples; —நெஞ்

க்கு air de simplicité, regard respectueux et timide; —பதி abbé, supérieur de couvent; —ப்பற்று terres —, revenus —, biens —, possessions d'un couvent, d'un monastère ou d'une hôtellerie; —ப்பள்ளி, P. மடைப்பள்ளி cuisine. [couvent, hôtellerie.

மடவாயம், (மடம், இலாயம்),

மடவிக்கிறது, வித்தேன், விப்பேன், வி, விக்க, v. n. மடவித்தல், n. v. revenir à son premier état après avoir plié.

மடல், chose plate et longue, feuille —, (ou plutôt) branche de dattier sauvage, d'aréquier, de தாழை ou pandanus, de cocotier, de palmier, ôle ou feuille de palmier, enveloppe des fleurs des mêmes arbres, pétale ou feuille de fleurs, le haut des bras, os de l'épaule ou omoplate, bord extérieur —, cartillage de l'oreille, filamens du bananier, bifurcation d'une branche de palmier, V. ஏற்ற மடல், espèce de poème, V. வளமடல்: —அரிதாரம் arsenic en pièces plates et minces; —ஊர்ச்சி, —ஊர்தல், —ஏறுதல் les amoureux désespérés aller à cheval sur une branche de palmier taillée, afin d'en mourir de douleur, ce qui est un des sujets de l'அகப்பொருள்; —பாடுகிறது composer —, chanter un poème du genre வளமடல்; மடலோடுமடல் சேர்த்துக்கட்டுகிறது serrer et lier les bras derrière le dos.

மடவரல், மடவாள், (மடமை, வரல், ஆள்). jeune femme, —fille.

மடவாயீன், espèce de poisson.

மடவார், (மடமை), ignorans, ou

மடவியர், (id.), femmes.

மடவை, 1° espèce de poisson, mulet, mugil cephalus, rame, aviron, l'arbre தணக்கு. 2° P. மடமை: —க்கெண்டை variété du poisson கெண்டை, i. e. espèce de carpe.

மடற்குதிரை, (மடல், குதிரை), V. ஏற்றமடல்.

மடற்பனை, (id.), palmier qui porte des feuilles longues et plates, V. அலகுப்பனை.

மடற்பாளை, (id.), spathe qui enveloppe les fleurs du palmier.

மடற்றுத்தம், (id. துத்தம்), calamine, carbonate impur de zinc.

மடன், 1° P. மடம், ignorance, stupidité, dérangement —, trouble d'esprit, folie, distraction. 2° (மடம்), ignorant, simple, niais, nigaud. [மடல்.

மடன்மா, (மடல், மா), V. ஏற்ற

*மடாதிபதி, (மடம். அதிபதி), abbé, supérieur de couvent.

*மடாதிபத்தியம், (id. ya), dignité —, charge d'abbé ou de supérieur de couvent.

மடி, 1° imp. et part. de மடிகிறது. 2° imp. de மடிக்கிறது. 3° perte, destruction, maladie, pauvreté, paresse, mensonge, soumission, toile, se plier, se courber, ce qui est plié, pli, pli de toile, pli d'habit, ceinture, giron, ventre, sein, forme—, rondeur des mamelles, pis de vache, riz cuit, filet, bord de filet, la plante தாழை ou cardeira: கரை— filet qu'on jette du bord du rivage; தட்டு —filet qu'on jette en pleine mer; மடிக்கம்பு bâton d'un filet (qui sert à l'ouvrir et à le fermer; —க்கால் jambes pliées de manière à avoir les pieds sous le derrière; —ச்சீலை bout —, pan de toile qui sert de bourse, bourse qu'on porte à la ceinture; —பிடிக்கிறது saisir à la ceinture; — நாறுகிறது sentir le bouquin; —பிடி dispute, saisir quelqu'un à la ceinture: —படுகிறது être plié; —ப்பணம் argent qu'on porte dans sa ceinture, argent en main: —ப்பிச்சை aumône qu'on reçoit dans son giron ou le pan de sa toile; —ப்பெட்டி boite pliante, qui se plie en deux pour se fermer; —ப்பை sac à bétel, bourse qu'on porte à la ceinture; —மாங்காய்ப்போடுகிறது ou போட்டுச்சொல்லுகிறது accuser faussement, litt. dire en jetant—, jeter une mangue dans le giron (proverbe tiré d'un conte); —யின்மை diligence, activité; —வாசம்

maladie de la matrice; —விடுகிறது le pis des vaches etc... être flasque, ce qui est une marque qu'elles sont pleines: மடியைப்பற்றுகிறது saisir à la ceinture ou par le pan de l'habit: ஒருவனுடைய மடியைப்பற்றியிழுக்கிறது saisir quelqu'un à la ceinture et le tirer; பணத்தைமடியிலே வைக்கிறது mettre de l'argent dans sa ceinture: பிள்ளையைமடியிலேவைக்கிறது mettre un enfant sur ses genoux, le tenir sur son giron; உசோமன் இருமடி 2 sômen font une toile.

மடிகிறது, டிந்தேன், டிவேன், டி, டிய, *v. n. et* மடிதல், *n.v.* se plier, être plié, penché, se courber, *ou* மடிந்துபோகிறது être tué, périr, mourir, se faner, se dessécher, se gâter, se perdre, pourrir.

மடிக்கிறது, டித்தேன், டிப்பேன், டி, டிக்க, *v.a. du préc.* மடிக்குதல், மடித்தல், *n.v.* plier, courber, doubler, empaqueter, compliquer, tuer, détruire, vaincre par adresse, — par artifice: பேச்சைமடிக்கிறது changer de ton ou de langage; மடித்துத்தைக்கிறது ourler, border, coudre les bords en les repliant: —ப்போடுகிறது tuer, détruire, *ou* —வைக்கிறது plier, empaqueter.

மடிச்சன், *P.* மடித்து: —க்கட்டி espèce de ver. [மடிக்கிறது.

மடித்தல், மடித்து, *n v. et gér. de* மடிதல், மடிந்து, மடிந்த, *n.v. gér et part. de* மடிகிறது.

மடிப்பங்கால், (மடிப்பு, அம்), pieds —, genoux pliés: —போடுகிறது s'asseoir les pieds repliés.

மடிப்பாளி, (*id.* ஆளி), trompeur, fripon, tricheur, méchant, — qui fait du mal.

மடிப்பிஞை, sable mêlé de plomb.

மடிப்பு, *n.v. de* மடிக்கிறது. chose pliée, double, pli, repli, tour, fraude, ruse, tromperie, perfidie, complication: மடிப்பாயிருக்கிறது être plié, — captieux, - une fraude: —மடிப்பானகேள்வி question captieuse, — artificieuse; மடிப்பாய்ப்பேசுகிறது parler d'une manière artificieuse, pour tromper; மடிப்பெழுத்தாணி stylet à écrire qui se plie; மடிப்புக்கத்தி couteau pliant, qu'on peut fermer; —க்காரன், *V.* மடிப்பாளி; —பண்ணுகிறது agir frauduleusement, tromper; —வருகிறது se plier, un pli se former: —விசேஷம் particularité —, parole frauduleuse.

மடிமை, (மடி, மை), paresse, indolence, lenteur: மடிமைகுடிமைக்கட்டுப்பட்டான்றெனக்குள் மடிமை புகுந்திவிடும், (மடிமை குடிமைக்கன்றனில் தன் ஒன்றுக்கு அடிமை புகுத்திவிடும்), si la paresse habite dans une famille, elle la soumettra à l'esclavage de ses ennemis.

மடிவிக்கிறது, *v. caus de* மடிகிறது, faire périr, — mourir, plier.

மடிவு, *n. v. de* மடிகிறது. mort, perte, pauvreté, pli, courbure, action de se plier...

மடு, 1° *gen* மடுவின், *pl.* மடுக்கள், étang, — naturel (causé par la pluie ou l'inondation), gouffre, creux dans le lit d'une rivière. 2° *imp de* மடுக்கிறது: மடுவாயிருக்கிறது être raboteux, inégal, rempli de trous, comme le lit d'une rivière.

மடுக்கிறது, டுத்தேன், டுப்பேன், டு, டுக்க, *v a.* recevoir, garder, tenir, s'imbiber, absorber, avaler, engloutir, remplir, plier, percevoir par les sens: மடுத்த *part. parf.* inégal, raboteux, plein de trous.

மடுத்தல், *n.v. du préc.* absorption, engloutissement, perception par les sens. [தல் et மடுப்பு.

மடுப்பு. *n. v. du même. V.* மடுத்

மடுவக்கரை, (மடு, அம், கரை), côté ou bord d'un étang naturel.

மடை, 1° agrafe de bijou, riz cuit, nourriture, porte, petite écluse (sur le côté d'un canal d'irrigation...), bonde d'étang, conduit, sacrifice —, offrande aux dieux prétendus. 2° *P.* மடைய, ignorant, grossier, stupide: ஆற்று — écluse de rivière, — sur le côté d'une rivière pour communiquer avec un canal d'irrigation; ஏ

தி— écluse sur le côté d'un étang ou d'un réservoir; கடை— partie d'un champ...la plus éloignée de l'écluse; பள்ள— terre humide, personne dévote: முதல்—, மேல் - partie d'un champ —, rizière la plus proche de l'écluse; மேட்டு - partie de rizière—, rizière trop élevée et aride; மடையடைக்கிறது lâcher l'écluse: —க்கடல் mer dans laquelle un fleuve a son embouchure; —திறப்பு ouverture ou entrée d'un canal, embouchure de rivière; —த்தனம் ignorance, stupidité, sottise, rusticité, grossièreté: —த்தொழில் emploi de cuisinier, art de la cuisine;—த்தொழிலன்,—த்தொழிலோன் cuisinier, c'est une des 5 espèces de serviteurs affidés d'un roi;—படைக்கிறது,—போடுகிறது servir—,placer les mets,—des mets bien préparés: —ப்பண்டம் mets,— tout préparés, objet de cuisine;—ப்பள்ளி cuisine, lieu où l'on prépare les mets; —புத்தி esprit grossier, — stupide,ignorance, sottise;—மாறுகிறது lâcher l'écluse, — மாற்றுகிறது changer —, lâcher l'écluse;—முகம் embouchure de rivière; —யடைக்குங்கதவு bonde—, porte d'écluse; —வேலை ouvrage de cuisine, ouvrage grossier, — d'idiot; —வைக்கிறது, V. மடைபோடுகிறது.

மடைமை. P. மடமை.

மடையன், pl. மடையர், 1° (மடம்), sot, stupide, idiot, imbécille. 2° (மடை),cuisinier: - சாமலைக்கிறது rester debout comme un idiot; மடையத்தனம் bêtise, sottise,stupidité; - சாம்பிராணி ignorant, sot; —புத்தி esprit grossier,— stupide, sottise, stupidité. —வேலை ouvrage grossier, — de sot.

மடையான், espèce de héron, ardea: செங்கால்— variété de cette espèce.

மட், P. மண் devant க, ச, த, ப.

மட்கவடிக்கிறது, (மட்க,அடிக்கிற து), faire pourrir,réduire en fumier,endommager,détruire,offusquer, obscurcir, perdre,— son argent par négligence.

மட்கலம், (மண்,கலம்), vase de terre.

மட்கல், 1° opt. et n.v. de மட்குகிறது, pourriture, corruption, disparition, obscurcissement, dommage, rouille, moisissure, saleté, anéantissement. 2° V. மக்கல்.

மட்குகிறது,கினேன்,குவேன்.கு, க, v. n. மட்குதல், n.v. et மட்கிப்போகிறது, se pourrir, se corrompre, se consumer,s'évanouir,disparaître, e.g. une couleur,se dissiper, s'obscurcir, se moisir, devenir sale, rouillé, périr, mourir, se gâter, se faner, être endommagé, se salir; மக்கிக்கெட்டுகிறது être pourri, gâté, endommagé, — à se perdre

மட்குகை, 1° n.v. du préc. V. மட்கல். 2°(மண், குகை),creuset, moule de terre(pour couler les métaux).

மட்சாடி, (மண்), jarre—, jatte de terre.

மட்சிலை, (id.), statue de terre.

மட்சுவர், (id.), mur en terre.

மட்டம், mesure, égalité, régularité, niveau, sol - ,objet uni,borné, limité, bouclier,bidet, petit cheval, — cheval du pays, jeune cheval,— éléphant, jeune plant —, rejeton de canne à sucre,de riz,de bambou, de bananier;—அச்சி— petit cheval d'Achem: நீர்மட்டம் niveau,— de l'eau, — du sol ou du pavé avec une légère inclination pour l'écoulement de l'eau; — அயிருக்கிறது être de niveau, uni, égalisé,horizontal, être juste- suffisant, être court,— un peu insuffisant; —அக்கொடுக்கிறது donner avec mesure, le strict nécessaire; —குதிரை petit cheval: —மட்டுகிறது niveler, prendre le niveau, — l'aplomb,bâtir exactement en prenant le niveau, peser exactement, égaliser; —தட்டுகிறது, —தட்டிப்போடுகிறது niveler,couper—,casser —,rejeter ce qui dépasse le niveau ou l'aplomb en bâtissant un mur...,ôter ce qui est plus haut que le reste pour niveler, déconcerter—,renverser les plansde quelqu'un, abaisser—, réprimer (par jalousie...);—பிடிக்கிறது prendre le niveau, niveler, égaliser, pousser des rejetons; வேலைக்காரனின்றைக்குவராமல்—போட்டான் aujourd'hui le serviteur s'est absenté volontairement; —வெடிக்கிறது, —வைக்கிறது pousser des rejetons; மட்டக்கோல் niveau, bâton ou perche qui sert à niveler;—க்கொம்பு, corne courte; —சத்தம் juste niveau;—ச்சுறா espèce de réquin court, rond et bon à manger;—த்துருத்தி sac de peau de brebis—,outre d'où l'eau jaillit par la compression du bras, espèce de pompe ou de seringue; —ப்பலகை niveau de maçon, régloir, règle plate pour tracer des lignes;—வேலை ouvrage grossier.

மட்டசனம், (மட்டு, அசனம்), tempérance.

மட்டலகு, (id. அலகு), espèce d'instrument,— de mesure de longueur, de bâton qui sert à mesurer.

மட்டறிகிறது, (id. அறிகிறது), connaitre la mesure, les bornes, la marque....

மட்டாசனம், (மட்டம், அசனம்), tempérance.

மட்டாயுதம், (மட்டு, ஆயுதம்), épée.

மட்டி, 1° pétoncle, moule, espèce de coquillage bivalve, cardium edule, homme stupide, lourdaud, benêt, ouvrage grossier, sans ordre ni symétrie, défaut d'ordre, arme, outil, ce qu'on donne aux animaux pour les engraisser. 2° *imp. de* மட்டிக்கிறது:—க்காரை enduit —, crépi grossier, —raboteux;—ச்சாம்பிராணி encens grossier;—த்தையல் couture grossière;—ப்பேச்சு expression —, langage grossier; —ப்பேச்சுபேசுகிறது parler grossièrement; —விச்சேஷம் particularité—, manière grossière;—வேலை ouvrage grossier; சீமையது நாணயவேலை, இந்தத்தேசத்தது மட்டிவேலை les ouvrages d'Europe sont bien faits, ceux de ce pays sont grossiers.

மட்டிகை, signe—, marque ou sceau imprimé sur de la bouse de vache, de la terre glaise ou autre matière mise sur les tas de riz battu ou sur les sacs pleins.. ...

மட்டிக்கிறது, ட்டித்தேன், ட்டிப்பேன், ட்டி, ட்டிக்க, *v. a.* மட்டித்தல், *n.v.* rendre rond ou circulaire, arrondir, tracer un cercle, oindre, frotter, mettre des bornes, briser, rompre.

மட்டிடுகிறது, (மட்டு, இடுகிறது), donner des bornes, borner, limiter, restreindre, estimer la distance (d'une place...): மட்டிட்டிருக்கிறது avoir—, être limité, borné.

மட்டியம், une des 7 mesures en musique, *V. au mot* தாளம்-ச.

மட்டு. *gén.* மட்டின், mesure, borne, limite, fin, bout, caillou ou jus de cocotier..... மட்டோடே, *abl.* avec mesure, modérément; மட்டோடேயிருக்கிறது être modéré; மட்டில், *abl.* envers, à l'égard de, dans les bornes; என்மட்டில் envers moi; கள்ளத்தீர்க்கதரிசிகள்மட்டில் எச்சரிக்கையாயிருங்கள் prenez garde aux faux prophètes; என்மட்டிலே நானிருக்கிறேன் உன்மட்டிலே நீயிரு je m'occupe de mes affaires, occupe toi des tiennes, je suis tranquille de mon côté, reste tranquille du tien; மட்டுக்கும், மட்டும், (*avec nom. ou dat.*), jusqu'à, (*avec le part. fut.*), jusqu'à ce que: எந்தமட்டும் jusqu'où? jusqu'à quand? அந்தவூர்மட்டும் *ou* அந்தவூருக்குமட்டும்போ va jusqu'à ce bourg; இந்நாள்மட்டும் jusqu'aujourd'hui; நான்வருமட்டும் jusqu'à ce que je vienne; மட்டற்ற sans bornes, infini; மட்டாய் modérément, avec mesure, économiquement; மட்டாயிருக்கிறது être modéré, limité, en petit nombre; மட்டாய்ச்செலவழிக்கிறது dépenser modérément, être économe, frugal: மட்டாய்நடக்கிறது marcher d'un pas modéré, doucement, lentement; மட்டாய்ப்போகிறது, *V.* மட்டுப்படுகிறது; மட்டான, மட்டுள்ள

borné, limité, modéré; மட்டில்லாத sans bornes, infini, immense, démesuré; மட்டில்லாமல் sans bornes, immensément, sans modération; மட்டில்லாமை infinité, immensité, immodération, extravagance; மட்டின்றி sans bornes; மட்டுக்கட்டுகிறது mettre fin, — des bornes, limiter, restreindre, arrêter, empêcher, mesurer; இவைகளுக்குடனே மட்டு மெ mets aussitôt fin à ces choses; — குறிக்கிறது désigner les bornes, borner, limiter, estimer la distance: — க்குறிப்பு limite, borne, estimation de la distance; — க்கோணம் angle droit, — juste; — க்கோல் régle —, bâton ou perche pour mesurer; — தப்பி outre mesure, immodérément; — தப்பிச்செலவழிக்கிறது dépenser outre mesure, être prodigue, dépensier; — தப்பிப்பேசுகிறது parler immodérément, indiscrétement; — தப்பிப்போகிறது excéder —, manquer la mesure, — les bornes, manquer les justes proportions (en plus ou en moins); — தப்பினுந்தக்கீதமும்பொருந்தாது si on manque la mesure, la musique même ne s'accorde pas ou ne plait pas; — த்தப்பு excés, excéder les bornes, manque de modération, de proportion; — த்திட்டம் exacte —, juste mesure, — proportion, — limite, borne (dans les dépenses...); — த்திட்டம்பார்க்கிறது examiner les justes proportions, estimer, faire l'estimation; — த்திட்டப்படுத்துகிறது, — திட்டம்பண்ணுகிறது limiter, fixer les bornes; — ப்படாமை ne pouvoir être limité, — contenu, ne pouvoir atteindre, infinité, immensité, insubordination; — ப்படாத immense, infini, insubordonné; — ப்படாதநன்மை bien infini; — ப்படாதவன் homme insubordonné, ingouvernable; — ப்படுகிறது être mesuré, limité, borné, décroître, se modérer, diminuer, devenir moindre; மழை — ப்படுகிறது la pluie diminuer; — ப்படுத்துகிறது limiter, borner, mesurer, modérer, diminuer; — பண்ணுகிறது tempérer, modérer, limiter; — ப்பிரமாணம் juste mesure, régle, juste borne, — limite; — மதியம் juste proportion, — mesure, justesse, précision; — மரியாதை mesure convenable, juste modération, propriété, civilité, honnêteté; — மிஞ்சுகிறது excéder, passer les bornes. [été.

மட்டுணவு, (மட்டு, உணவு), sobri-

மட்டை, tronc, — sans tête, branche d'aréquier, de cocotier, de palmier..., feuille de bananier, sot, lourdaud, stupide, fou, espèce de serpent: கள்ள —, திருட்டுமட்டை, m. f. grand voleur, gueux, coquin, débauché, voleuse, gueuse, coquine, prostituée; — கட்டுகிறது attacher des branches de palmier, (v. g. au haut d'une corbeille...); — க்கட்டு balle ou boule de jeu; — க்குதிரை cheval de branches de palmier, V. ஏற்றமட்டை; — க்குறி marque d'une couleur; — க்கொம்பு cornes qui s'étendent des 2 côtés; — க்கோரை espèce d'herbe, cyperus procerus; — க்கோண்டு vil —, grand nigaud; — த்தேள் espèce de —, scorpion dit aussi மின்னேத்தேள்; — யடியடிக்கிறது frapper avec une feuille de bananier ou sa queue (espèce de jeu), recevoir impoliment.

மட்டொட்டி, (மண், தொட்டி), bassin de terre ou de poterie, terrine.

மட்பகை, (மண், பகை), la haine de la terre, instrument de potier.

மட்பகைகுலன், (id.), potier.

மட்பசை, (id.), viscosité de la —, attachement à la terre.

மட்பாண்டம், (id.), le corps, ou

மட்பாத்திரம், (id.), vase de terre. [terre.

மட்பானை, (id.), cruche ou pot de

மண, 1° adj. de மணம். 2° imp. de மணக்கிறது. [riz.

மணக்கத்தை, (télinga), sorte de

மணக்கிறது, ணந்தேன், ணப்பேன், ண, ணக்க, v. n. மணக்கும், part. fut. மணத்தல், n. v. (மணம்), et மணத்திருக்கிறது, மணந்துக்கொண்டிருக்

கிறது, exhaler un doux parfum, avoir bonne odeur, sentir, flairer, se joindre, s'unir, être uni, serré, se marier; புகழ்மணக்கிறது la renommée exhaler un doux parfum, être renommé, célèbre.

மணக்கல், cruche, grand pot de [terre.

மணங்கு, agneau, manne, manan gou poids de 12 kilogrammes à Pondichèry et de 11 kilo 345 grammes à Madras, espèce de jasmin dit இருவாட்சி. [de மணக்கிறது.

மணத்தல், மணத்த, n.v. et part.

மணப்பு, n.v. du même. V. மணப்பு.

மணம், bonne odeur, parfum, odeur, union, réunion, jonction, mariage, noces, joie, allégresse: மணம்—அ, 8 sortes de mariages, V. அஷ்டமணம்; – ஆயிருக்கிறது être odoriférant, illustre; மணமும் பிணமும்போகிறவீதி rue publique où passent les mariages et les enterremens (expression d'assurance), மணமும்பிணமும்போகிற வீதியிலிருந்து சொல்லுகிறேன் je parle dans la rue des mariages et des funérailles, i. e. qu'il m'en arrive du bien ou du mal, peu m'importe, je soutiens la vérité; —கூட்டுகிறது parfumer, amasser des parfums; செய்கிறது, —புணருகிறது, —புரிகிறது se marier, célébrer un mariage, les noces; —கட்டுகிறது, வீசுகிறது, l'odeur se répandre;— பிடிக்கிறது découvrir l'odeur, conjecturer, soupçonner, concevoir des soupçons; மணக்கோலம் attirail du mariage, pompe nuptiale, procession avant les noces; —க்கோலம்வருகிறது la procession ou pompe nuptiale venir ou passer, venir en procession nuptiale: —த்தக்காளி la plante solanum nigrum; —ப்பந்தல் pandel ou pavillon pour un mariage; ப்பறை tambour de mariage: —ப்பொருத்தம் espèce de combinaison ou de rapport superstitieux que les Indous observent pour les mariages; ils en comptent 10, savoir: தினம், le jour ou la constellation; கணம் division des étoiles en divines, humaines et géantes; மகேந்திரம் l'excellence du nombre de la constellation de l'époux; ஸ்திரிதீர்க்கம் la perfection féminine encore basée sur la position corrélative de la constellation des époux; யோனி le sexe ou plutot l'espèce d'animal qu'est censée représenter leur constellation, si leurs constellations sont des animaux de caractère incompatible, ce sera des discordes; இராசி convenance des signes du zodiaque; இராசிக்கதிபதி le chef des signes susdits qui est censé une des planètes; வசியம் les rapports bons ou mauvais des signes entr'eux; ரச்சு, இரோகம் ou இரச்சு la corde ou les cordes qui coupent 3 demi-cercles dans lesquels sont écrits les chiffres des constellations; வேதம் triangle avec 4 lignes parallèles à travers chaque angle et les noms des 27 constellations aux extrémités de ces lignes et des triangles. Ces பத்துப் பொருத்தம், qui ne sont que des combinaisons d'astrologie purement arbitraires, ne paraissent avoir été inventées que pour exploiter les parens des futurs époux, au profit des brames qu'ils vont consulter, pour savoir si le mariage projeté sera heureux ou malheureux; – மகள் épouse, mariée: – மகன் époux, marié; – மண்டபம் salle—, portique où l'on célèbre les noces.

மணவக்கப்பாதை, (மணம், அம், பாதை), la voie lactée.

மணலி, (மணல்), la plante gisekia pharmacoides, absinthe.

மணலை, - மீன், (மணல்), nom d'un poisson, mugem (en portugais).

மணல், sable, terre blanche, — sablonneuse: கரு - sable noir; - த்தாரா espèce de canard: – த்திருக்கை, V. மணற்றிருக்கை; —வாரி espèce de riz,— d'herbe; V. மணற்...

மணவணி, (மணம், அணி), pom-[pe de noces.

மணவறை, (id. அறை), chambre nuptiale, salle où les époux s'asseoient le jour de leurs noces; — த்தோழர் தோழிமார், — த்தோழர் paranymphes, compagnons et compagnes de l'époux et de l'épouse le jour des noces.

மணவாட்டி, (id. ஆட்டி), épouse, mariée.

மணவாளன், (id. ஆளன்), époux, marié: மணவாளநாராயணசதகம் poème de 100 stances en l'honneur du prétendu dieu de திருப்பதி, et qui finissent toutes par un de ses noms.

மணவாளி, (id. ஆளி), m.f. époux, épouse, le marié, la mariée.

மணவிழுது, (மணம்), ce qui a bonne odeur.

மணவை, foyer.

மணவோலை, (மணம், ஓலை), ôle —, billet —, lettre d'invitation à un mariage.

மணற், obl. de மணல் devant க, ச, த, ப de sable, sablonneux : —கடிகாரம் sablier, horloge au moyen du sable; —கூடு sablier, vase au sable; —காளான் champignon qui croit dans le sable, (et par euphémisme) grenouille; —குன்று monticule —, banc de sable, bas fonds; —கோவை espèce de கோவை ou bryonia qui croit dans les terrains sablonneux: —சோறு sable qui représente du riz dans des jeux d'enfans; — பாக்கு noix d'arec qu'on met dans le sable.

மணற்றரை, (மணல், தரை), terrain sablonneux.

மணற்றவளை, (id. தவளை), grenouille qui vit dans le sable et qui, dit-on, en mange.

மணற்றாரா, (id. தாரா), espèce de canard.

மணற்றிருக்கை, (id. திருக்கை), bonne espèce de raie qui vit dans les endroits sablonneux des rivières.

மணாட்டி, (மணம், ஆட்டி), épouse, mariée.

மணாளன், (மணம், ஆளன்), époux, marié, homme.

*மணி, 1° (mani), pierre précieuse, (les Indiens en comptent 9. V. நவமணி), joyau, bijou, perle, glandes à la gorge des brebis et des chèvres, poignet, petit pot à l'eau, clitoris, gland du pénis, un des serpens fabuleux du பாதாளம். 2° pierre médicinale, — dite விஷக்கல் qui extrait le venin de la partie mordue par un serpent, beauté, son, bruit, cloche, clochette, sonnette, — d'éléphant, grande plaque de métal qui sert de cloche, qu'on frappe pour sonner les heures, heure — européenne de 60 minutes, grain, pépin, graine, grains d'or...., — de collier, — de chapelet, faits de conque.... noyau ou graine du nénuphar, grain de riz ou d'autres céréales, baie, noir, noirceur, prunelle de l'œil, bien, la plante துளசி ou basilic, gravier, petit caillou, collier naturel de divers oiseaux, ou உருத்திராக்ஷமணி grain d'elæocarpus; எத்தனை — யுண்டு ou என்னமணி quelle heure est-il? அச்சுமணி pierre précieuse large, plate et d'une qualité supérieure, e.g. diamant, rubis ..; நாயகமணி grosse —, principale pierre précieuse au milieu d'un collier de pierreries, le grain principal ou supérieur d'un chapelet, auquel le fil ou la chaine se rattache; கட்டம் la plante médicinale உத்தாமணி; — கண்டம் geai bleu; — காதன் homme qui a des bijoux aux oreilles; — கர்ணிகை, — கர்ணிகை, — கர்ணிகை, (karnikà, étang supposé sacré à Benarès et dans lequel les pélerins vont se baigner, par ce qu'on dit que la prétendue déesse Dèvi y a laissé tomber un de ses pendans d'oreille; — காசம் sorte de mal d'yeux, partie d'une flèche qui a des plumes; — காரம் borax; — காரன் bijoutier, joaillier; — கானனம் le cou, litt. la forêt de bijoux; — கோக்கிறது enfiler —, enchainer des pierreries ou des perles (pour collier...), des grains de chapelet...; — க்கட்டு le poignet, jointure de la main, — du poignet, le bas du bras; — த்தம்பு la plante தக்காளி; — க்கிரீவன் celui dont le cou est orné de bijoux, un des fils de Koubêren;—க்குடல், —க்குடர் le mésentère, un des intestins; —க்கூடு, —க்கூண்டு clocher, sablier, clepsydre, boîte d'horloge, horloge; —க்கோவை, —சரம் collier de pierreries, —de perles; —சகம், P. மணிக்கம்; —ச்சூத்திரம் horloge, —ச்சூத்திரவேலை ouvrage d'horlogerie; —ச்சூத்திரி horloger; —ச்சட்டி grande casserole; —தட்டு கிறது tinter une cloche, frapper les heures, —la plaque qui sert de cloche; —தனு l'arc-en-ciel; —துளைக்கிறது percer—, perforer les perles ou les pierres précieuses pour les enchaîner, les nettoyer; —த்தக்காளி la plante solanum nigrum; —திட்டம் heure précise, temps fixé; —திவாலம் heure;—த்துவீபம் la crête du grand serpent Ananden qu'on suppose ressembler à un bijou large comme un dvipa ou une île; —த்துவீபன் le serpent Ananden;—நா, —நாக்கு battant —, litt. langue de cloche; —பத்திரன் nom d'un docteur des Samanéens ou Djaïnas; —பந்தம் jointure de la main, poignet, le carpe, V. மணிக்கட்டு; பிடிக்கிறது prendre des pierreries.., le grain se former dans l'épi; —மித்தி ce qui a des murs de pierreries, le palais fabuleux du serpent ஆதிசேஷன்; —பூமி, —பூ mine de pierreries, place où elles se forment; பூரம் nombril, estomac, creux de l'estomac, regardé comme une des 6 சக்கரம் ou régions mystiques du corps, ou —பூரகம் la région du nombril, une des 6 régions du corps dites ஆறாதாரம்; —ப்புங்கு, புறாகு l'arbre நெய்க்கொட்டான்;—ப்புறா tourterelle qui a comme un collier de taches ou de grains naturels autour du cou, tourterelle sauvage; —மகுடம் nœud de feuille de palmier pour conserver une lettre écrite sur une autre feuille et mise à l'intérieur, nœud de l'ôle qui sert d'enveloppe extérieure à une lettre écrite sur une feuille de palmier;—மங்கலம் nom d'un village ou d'un lieu:—மண்டபம் la capitale fabuleuse du serpent ஆதிசேஷன், le palais de திருதி; —மதில் mur en pierreries;—மந்தம் sel de roche, montagne où l'on trouve du sel;—மலை le mont d'or dit mont மேரு; —மாலை collier —, ceinture—, guirlande de pierreries, collier, —de perles, la prétendue déesse Lakchimi, lustre, lumière, empreinte des dents (laissée par une morsure), rangée de dents, le 19me des பிரபந்தம் poème sur un sujet quelconque composé de 20 வெண்பா et de 40 கலித்துறை entremêlés; —முடி couronne ornée de pierreries;—மேகலை nom d'un poème tamoul regardé comme classique et un des 5 poèmes dits பஞ்சகாவியம்; — யடிக்கிறது sonner une cloche, l'heure sonner; — யாட்டுகிறது mettre en branle—, sonner une cloche, sonner—, agiter une sonnette:—யாமணக்கு l'arbre carica papaya, papayer;—யீச்சுபாண் —யீ espèce de grosse mouche à viande; —யீரல் foie, rognon; —யுருட்டுகிறது arrondir les pierres précieuses; —ரத்தினம் pierre précieuse:—வடம் enfilade—, collier de pierreries, de perles, d' உருத்திராக்கம், ou —வட்டம் ornement pour les pieds,— ou anneau qu'un guerrier porte aux pieds (en signe de bravoure): —வலை espèce de filet pour prendre le poisson; —வித்தம் grenade; —வேர் racine à globules comme des grains par intervalles: ஒருமணிபுழியான் il ne donnera pas même un grain (de riz...)

*மணிகம், (மணி, ka), cruche, pot à l'eau.

மணிக்கஞ்சட்டி, grande casserole.

*மணிதம், (manita, résonné), bruit sourd, murmure, son de pierreries.

மணித்தம், P. மணிபந்தம், poignet, jointure de la main.

*மணிமான், m. மணிமதி, f. (manimân, —mati), homme —, femme ornée de pierreries, le soleil.

மணியம், (perception des impôts d'un village..), intendance,surveillance, régie, administration d'un village,d'une église, d'un temple, marguillerie,régisseur,marguillier, travail: ஊர் —intendance—, régie d'un village; வட்ட — intendance —, régie d'un district; — கட்டளையிடுதல் donner l'emploi de régisseur, de percepteur; — பண்ணுகிறது, — விசாரிக்கிறது faire l'office de régisseur; மணியக்காக்கை espèce de corbeau, corvus cornix; மணியக்காரன் régisseur —, percepteur de village, intendant, régisseur, marguillier: மணியக்காரனுபாத்து பண்ணுகிறது faire l'office de régisseur; மணியத்தைப்பிடுங்குகிறது ôter l'office de régisseur...; மணியத்துக்கேற்றவன் homme capable d'être régisseur,—d'être marguillier.

மணியாரம்,crépissage,poli qu'on donne au crépissage des murs, polissure: —இடுகிறது, —பண்ணுகிறது crépir et polir les murs en les frottant;மணியாரப்பலகை planchette pour frotter et polir l'enduit des murs.

மணியாரி, nom d'un arbre, V. மணியாரம்: —க்கட்டை,—க்கல் planchette —,pierre pour donner le poli au crépissage des murs.

*மணிச்சகம்,(manitchaka), la pierre dite சந்திரகாந்தக்கல், espèce de cristal, martin-pêcheur.

*மணிவகம், (manivaka), fleur.

மணை, espèce de tabouret, de banc ou de siége peu élevé, escabot, marche-pied, râpe (pour enlever la chair des cocos...),bijoux et autres objets mobiliers, outils,instrumens, moulinet pour séparer le coton de sa graine,chose émoussée;—க்கத்தி couteau émoussé. [émousser.

மழுக்கிறது,மழுத்தல்,(மழு),

மழையன், (மழை), homme sans esprit, — sans pénétration, arme émoussée.

மண், 1° terre, terrain,poussière, mortier, plâtre, enduit, ornement, décoration, lavage, excellence, élévation, montagne, composition noire dont on frotte le milieu d'un tambourin pour en augmenter le son, V.மழுதலமாக்கடம். 2° imp. et part.de மண்ணுகிறது: — கட்டி motte, —de terre;—கட்டுகிறது faire une motte, —un moule de terre, (pour y fondre quelque chose);—கட்டை terre qui bouche le fond et l'ouverture du tuyau des fusées; —கலசம் vase—, cruche de terre dont l'ouverture est fermée avec du parchemin et qui sert de —,tambour, tambourin (en général);—கண்டம் pièce de terre, région, couche de terre très-dure;—கலம் vase de terre, tuile, tesson;—கல் brique, pierre blanche à chaux, une des 120 espèces de minéraux; — கிணறு puits en terre,—creusé dans la terre sans trouver de rocher;—கிண்டுகிறது travailler—, fouir la terre;—கிண்ணி vase—, coupe—, écuelle de terre;—குகை creuset en terre;—கொத்தளம் rampart—, boulevard en terre;—கும்பம், —கும்பி tertre, élévation en terre;—கொழுக்கிறது la terre s'engraisser,—être grasse, fertile;—செங்கல் brique, litt. pierre de terre à bâtir des tours;—சாடி, V. மட்சாடி; —சால் grande cruche—,grand vase—,jatte de terre;—சிலை statue de terre, ocre en pierre;—சிவப்பு rouge foncé;—சீலை linge enduit de terre pour envelopper un creuset;—சுவர் mur de terre;—செம்பை, V.மண்வெட்டி;—சோறு riz cuit et ragoût que les enfans s'amusent à imiter avec de la terre;— தாங்கிப்பலகை planche qui sert de—,linteau;—தின்கிறது manger de la terre, la terre manger, i.e. se rouiller, se gâter étant étendu par terre;—தீனம் la terre; — பறிகொடுக்கிறது être privé ou dépouillé de sa terre par violence ou par ruse; — பாண்டம், — பாத்திரம் vase de terre; — பாசி couche de terre très dure, regardé la terre; —பானை cruche de terre; —பிடி poignée de terre, ou —பனை, V. மட்பனை; —பூசுகிறது, V. மண்ணிடுகிறது; —பொதுத்தந்தை le prétendu père commun de la terre ou des ètres terrestres, *i.e.* Brama; —மகள் la prétendue déesse —, la fille de la terre; —மகள்புதல்வர் les fils de la déesse fabuleuse de la terre, *i.e.* les cultivateurs, les laboureurs; —மக்கள் les fils de la terre, ceux qui travaillent à la terre, les choutres, les laboureurs; —மழை, —மாரி pluie de poussière, de sable; —மேடு terre, colline, éminence, monceau de terre; —வாகு qualité du sol; —வாரி grand vent qui balaie la poussière; —வெட்டி pioche, hoyau pour piocher —, ouvrier qui pioche la terre, potier; —வேலை travail en terre, travailler à la terre; —வெட்டிப்பித்தல் espèce de pioche; வாயிலேமண் போடுகிறது mettre de la terre dans la bouche, nuire; வாயிலேமண் போட்டேன் je me suis mis de la terre dans la bouche, *i.e.* j'ai fait une sottise; உன்வாயிலேமண் que dans ta bouche la terre... (ellipse imprécative); மண்ணாய்ப்போகிறது s'en aller —, être réduit en terre, — en poussière; மண்ணாய்ப்போவாய் ou மண்ணாய்த் தெருப்புழுதியுமாய்ப்போவாய் puisses-tu être —, ou tu seras réduit en terre et en la poussière des rues (imprécation); மண்ணைக் கிண்டுகிறது fouir —; creuser la terre: மண்ணைச்சீக்கிறது gratter la terre. [2° *adj. de* மண்டம்.

மண்ட, 1° *inf. de* மண்டுகிறது.

மண்டகம், 1° espèce de gâteau de farine de froment sans sucre. 2° *P.* மண்டபம்.

*மண்டகாரகன், (மண்டம், hâraka *qui prend*), distillateur, faiseur d'arac.

மண்டக்கன், மண்டக்காரன், (மண்டக்கு), celui qui retire les plongeurs à la pêche des perles, au moyen d'une corde; —கைப்பிடிக்கயிறு, ou

மண்டக்கு, —க்கயிறு, corde qu'on attache aux bras des plongeurs pour les retirer au signal donné: —க்காரன் celui qui tient cette corde, qui retire les plongeurs; மண்டக்கிழுக்கிறது tirer la corde susdite, retirer les plongeurs.

*மண்டபம், (mandapa), portique, bâtiment ouvert devant un temple et où l'on place l'idole à certaines fêtes, bâtiment temporaire, pandel orné de fleurs pour des fêtes ou des mariages, édifice public pour loger les voyageurs: மண்டபப்படி degré d'un tel édifice, splendide sacrifice, — offrande, belle création.

*மண்டம், 1° (manda), écume, — d'objet en fermentation, crème, — du lait caillé, moelle, essence, beauté, ornement, décoration, ricin, tête, crâne. 2° (mandâ), liqueur spiritueuse.

மண்டதைலம், (மண்ட, தைலம்), espèce d'huile ou d'essence médicinale qui sort ou qu'on distille de certaines terres.

மண்டர், braves guerriers, soldats.

*மண்டலகம், (மண்டலம், ka), orbe ou disque du soleil, espèce de lèpre avec de larges taches, crystal, miroir, forme circulaire, — d'armée rangée en cercle, diagramme, chien.

*மண்டலம், 1° (mandala), orbe, disque, — apparent, — du soleil ou de la lune, orbite, circonférence en général, horizon sensible, cercle, grand cercle de la sphère, halo, cercle autour de la lune, boule, globe, roue, machine, province, région, contrée, district d'environ 20 ou 40 யோசனை de chaque côté, pays sur lequel ont régné les சக்கரவர்த்திகள், les contrées environnantes ou contiguës, espèce de lèpre avec taches circulaires, accumulation, monceau, quantité, l'attitude des archers dite மண்டலநிலை, empreinte —, marque de l'ongle, espèce de diagramme mystique, disposition

d'une armée en cercle, espèce de serpent, chien, quarantaine, espace de 40 jours, régime ou observance de 40 jours. 2° (மண், தலம்), la terre (opposée à விண்டலம் le ciel): மண்டலம்-ம les 3 régions ou parties du corps humain selon les physiologistes indous, savoir: அக்கினி — la région du feu, *i. e.* le bas ventre, l'abdomen; ஆதித்த — la région du soleil, *i.e.* l'estomac et le cœur; சந்திர — la région de la lune, *i.e.* les épaules et la tête; மண்டலம்-எ les 7 régions de l'univers, selon les Indous: வாயு — région de Vâyou ou du vent; வருண — la région de Varounen ou des eaux; சந்திர — la région de Sandiren ou de la lune; சூரிய — la région de Sourien ou du soleil; நக்ஷத்திர — la région des étoiles; அக்கினி — la région d'Agni ou du feu; திரிசங்கு — région de Trisangou père d' அரிச்சந்திரன், c'est la Croix du sud; துருவ — région proche du pôle septentrional (céleste ou terrestre); — இடுகிறது, — போடுகிறது, — வகுக்கிறது tracer les cercles ou orbites des 9 planètes, *V.* மண்டலிக்கிறது; மண்டலஜெயம் conquête des pays environnans; — நிருத்தம், — நிருத்தியம் danse en rond; — நிலை position d'un archer dont les 2 genoux sont courbés ou pliés de côté — புருஷன் Mandalapourouchen, auteur du dictionnaire tamoul சூடாமணிநிகண்டு; — மட்டி l'arbre திந்திருப்பை; — மழை pluie générale, — qui tombe par tout le pays; — வந்தாதி, (அந்தாதி), répétition de la fin du dernier vers d'une strophe au commencement du 1er vers de la suivante; விதி régle pour —, ou manière de tracer des cercles.

*மண்டலாகாரம், (மண்டலம், ஆகாரம்), forme circulaire.

*மண்டலாக்கிரம், (*id.* அக்கிரம்), sabre, cimeterre, épée.

*மண்டலாதிபதி, மண்டலாதிபன், மண்டலாதீசன், (*id.* அதிபதி, அதிபன், அதீசன்), empereur, monarque indépendant, souverain.

*மண்டலார்த்தம், (*id.* அர்த்தம்), 1° ou மண்டலாப்தம் révolution complète du soleil, année révolue. 2° ou மண்டலார்த்தம், (*id.* அர்த்தம்), demi-cercle, demi-orbite, demi-révolution.

*மண்டலாபிஷேகம், மண்டலாபிடேகம், (*id.* அபிஷேகம்), consécration qui dure 40 jours.

*மண்டலாயிதம், (mandalâyita), boule, globe.

*மண்டலி, (mandali), serpent (en général), le serpent venimeux dit மண்டலிப்பாம்பு ou serpent qui se met en cercle, espèce d'orvet, (on en distingue 2 sortes: இரத்த — celui dont la morsure fait sortir le sang par les pores, et சீத — celui dont la morsure glace de froid et cause du frisson), chien, chat, sorte de rat, putois ou fouine, foule, assemblée, terre, soleil, gouverneur de province; 2° *imp. et part. de*

மண்டலிக்கிறது, லித்தேன், லிப்பேன், லி, லிக்க, *v.a.* (மண்டலம்), மண்டலித்தல், *n.v.* courber, plier, — en cercle, rendre rond, — circulaire, tracer —, faire un cercle, arrondir. [cercle, rond, courber..

மண்டலிப்பு, *n.v. du préc.* courbe,

*மண்டலீகரணம், மண்டலீகிருதம், (மண்டலம். *augment*), roulement, action d'arrondir, de rendre circulaire. [de province

*மண்டலீகர், (*id.* ika), rois, chefs.

*மண்டலேசன், மண்டலேசுபரன், மண்டலேச்சுவரன், (*id.* ஈசன், ஈசுபரன்...), empereur, roi, monarque, — indépendant, — suprême et suzerain d'autres rois, roi d'un pays de 10 kâdams de longueur ou au moins de 100000 bourgs ou villages.

மண்டல், *opt. et n.v. de* மண்டுகிறது, presse, foule, étroitesse, abondance, prise, larcin.

*மண்டனம், (mandana), ornement, décoration, joyau, bijou.

மண்டா, 1° *pl.* மண்டாக்கள், espèce d'arme, lance à 2 crochets, —

pour percer les sangliers, harpon, — pour percer les poissons, lance à 2 pointes. 2° *ou* மண்டாத,*part.nég. de* மண்டுகிறது.

மண்டி, 1° lie, sédiment,— au fond d'un vase...,eau trouble, grande place du marché, grand bazar, posture accroupie, — où le corps est courbé,— où l'on est accroupi comme les singes. 2° *gér.de* மண்டுகிறது:—க்கடை boutique où l'on vend en gros;—க்கொள்ளுகிறது avaler—, saisir avidement;—ப்போடுகிறது,—யிடுகிறது s'asseoir accroupi, s'accroupir; —ப்போட்டுக்கொண்டிருக்கிறது,—க்கால்போட்டிருக்கிறது être assis accroupi, s'accroupir ayant les jambes pliées. [gâteau,beignet.

மண்டிகை, espèce de pain ou de

*மண்டிதம், 1° (mandita *orné*), ornement, 2° *V.* சிறுகிரை.

மண்டிரவல், (மண்டு, இரவல்), ce qu'on a emprunté pour peu de temps,—sur promesse verbale.

மண்டிலம், *P.* மண்டலம், course en cercle, mouvement circulaire, cercle, rond, cheval, danse, drame, comédie, pays, guerre, bataille, *V.* மண்டலம்.

மண்டு, *imp. et part.du suivant:*—கால் appui,étaie; மரத்துக்குமண்டு கால்கொடுக்கிறது étayer un arbre, lui mettre un support.

மண்டுகிறது, டினேன், டுவேன், டு, ட,*v. n. et a.* மண்டுதல், *n. v.* s'attrouper, se presser,se serrer,être serré, venir en foule, — en grand nombre,être nombreux,saisir avidement,dérober, enlever, dévorer en glouton, boire avidement,—copieusement: மண்டவைக்கிறது étayer.

*மண்டூகம்,(mandoûka),grenouille, rouille de fer, la fleur bignonia indica, *V.* மண்டூகன்: மண்டூகசீவன் vie de grenouille, latérite ou pierre de fer; — பன்னி, — பர்ணி l'arbre அழிஞ்சில்,la plante bignonia indica, garance du Bangale et 2 autres plantes;—ராகம் le coassement des grenouilles,espèce d'air.

*மண்டூகன்,(*id.*),nom d'un Mouni ou sage.

*மண்டூகை, மண்டூகி, (mandoûkâ,—ki),garance,grenouille femelle, femme débauchée.

*மண்டூரம், (mandoûra), rouille de fer, grenouille.

மண்டெரி, (மண்டு, எரி), feu furieux,— excessif, incendie.

மண்டை, 1° crâne, vase ou écuelle de mendiant, (mot employé par les mendians sivénistes en mémoire de ce que Siven a mendié dans le crâne de Brama pour expier le crime de lui avoir coupé une tête). 2° * (mandâ), liqueur spiritueuse: —க்கண் œil baissé;—க்கரப்பன்,—க்கரப்பான் espèce d'éruption à la tête des petits enfans; —குடைகிறது avoir mal à la tête,— des élancemens dans la tête: —க்குடைச்சல் mal de tête,élancement dans la tête; —க்கோழை phlegme qui descend du cerveau;—க்குலை douleur arthritique au crâne; —ப்பீனசம் espèce de rhume de cerveau ou d'ulcération dans la tête; —யோடு 1° le crâne. 2° *abl. de* மண்டை;—வியாதி mal de tête,—au cerveau;மண்டையிலே தைக்கிறது heurter —, frapper —, affecter—, toucher la tête,— le crâne; அவனுக்குமண்டைப்புழுவுருகிறது *ou* பூச்சிதுளைகொண்டிருக்கிறது un ver s'est glissé dans sa cervelle, *i.e.* il est obstiné, il a des fantaisies.

*மண்டோதகம், (மண்டம்,உதகம்),peindre des figures ou des fleurs sur les murs ou le plancher d'un appartement avec une couleur blanche faite de farine de riz, couleurs bariolées.

*மண்டோதரி, *V.* மந்தோதரி.

மண்ணாகுன்றம், (மண், அ), tertre factice ou entouré d'un fossé avec une hutte pour garder les moissons [மண்ணுங்கட்டி.

மண்ணாங்கட்டி, (மண், அம்), *V.*

மண்ணாசை,(மண்,நசை), humidité de la terre: —பாயிருக்கிறது la terre être humide.

மண்ணாம்பு, (மண்). chaux.

மண்ணரிநாண், (மண், அரி, P. அரிபு ம், நாண்), corde avec laquelle le potier coupe et sépare de la roue le vase nouvellement fait.

மண்ணரியான், மண்ணரிவான், (id.), potier.

மண்ணரைக்கிறது, (மண், அரைக்கிறது), broyer la terre, ne rien faire, être inutile.

மண்ணல், *opt. et n.v. de* மண்ணுகிறது, décoration, lavage, action d'orner...

மண்ணவர், (மண், அவர்), ceux qui sont faits de terre, les hommes.

மண்ணறைகிறது, (*id.* அறைகிறது), மண்ணணிடுகிறது.

மண்ணன், (*id.*), homme —, insensé.

மண்ணா, 1° nom d'un poisson. 2° (மண், ஆ, est-ce de la terre? 3° *ou* மண்ணாத, *part. nég. de* மண்ணுகிறது.

மண்ணாங்கட்டி, (மண், ஆம்), motte de terre, chose de rien: — மாப்பிள்ளைக்கு எருமுட்டைப் பணியாரம் à un marié fait de mottes de terre il faut des gâteaux de bouse de vache, chacun doit être servi suivant sa qualité.

மண்ணாசை, (*id.* ஆசை), désir de la terre, — des choses ou des propriétés terrestres; c'est une des 3 concupiscences dites மூவாசை.

மண்ணாதிஐந்து, (*id.* ஆதி), les 5 élémens dont la terre est le 1er, puis l'eau, le feu, l'air et le vent, selon les Indous.

மண்ணி, (மண்), homme bouché, lourd, grossier.

மண்ணிடுகிறது, (*id.* இடுகிறது), enduire de terre, crépir en terre.

மண்ணியத்து, *P.* மண்ணியற்று, (*id.* இயற்று), vase de terre.

மண்ணிலம், (*id.* நிலம்), la terre.

மண்ணில்வேந்தன், (மண், *abl.*) roi sur terre, *i.e.* la plante முடிதும்பை, l'arbre அரசு, le bétel.

மண்ணினுப்பு, (மண், இன் *gén.* உப்பு), terre salée.

மண்ணின்பிரட்டு, (*id.*), une des 120 espèces de minéraux, dit aussi வெடிசாசனை.

மண்ணின்வத்துளம், (*id.* வத்துளம்), espèce de pierre.

மண்ணீடு, (மண், இடு), élévation —, banc en terre le long des maisons dit திண்ணை, niche dans un mur pour mettre la lampe..., maison crépie, chose faite en appliquant de la terre, relèvement en terre.

மண்ணீட்டாளர், (மண், ஈடு. *obl.* ஆளர்), architectes, maçons, potiers.

மண்ணீரல், (*id.* ஈரல்), l'intestin de couleur de terre, *i. e.* la rate.

மண்ணுகிறது, மண்ணினேன், மண்ணுவேன், மண்ணு *ou* மண், மண்ண, *v.a.* மண்ணுதல், *n.v.* orner, décorer, polir (une pierre précieuse...), nettoyer, laver, récurer (un vase de métal).

மண்ணுக்குடையவன், மண்ணுடையான், (மண், உடைய), propriétaire de la terre, roi, potier.

மண்ணுணி, (*id.* உணி), lourdaud, grossier. *litt.* mangeur de terre, *ou* —ப்பாம்பு serpent qui mange de la terre et semble avoir une tête au bout de la queue.

மண்ணுலகு, (*id.* உலகு), la terre.

மண்ணுளிப்பாம்பு, *P.* மண்ணுணிப்பாம்பு.

மண்ணுறுத்துகிறது, மண்ணுறுத்தல், (மண்), orner, embellir, polir.

மண்ணை, 1° *acc. de* மண். 2° ignorant, lourdaud, âge tendre, jeunesse, démon, le concombre வாலுளுவை: —த்தனம் ignorance.

மண்ணைமண்ணைக்கிறது, ணைத்தேன், ணைப்பேன், ணை, ணைக்க, *v. n.* மண்ணைமண்ணைத்தல், *n.v.* n'avoir ni âcreté ni jus, ou ni piquant ni sève, être sec et insipide.

மண்ணையன், (மண்ணை), sot, ignorant, insensé.

மண்ணொட்டர், (மண், ஒட்டர்), porteurs de terre, Otthers —, gens qui bâtissent des murs de terre.

மண்ணோர், (மண்), hommes, les humains.

மன்மகி, absinthe.

மது, 1° *adj. de* மதம். 2° *imp. et part. de* மதக்கிறது.

*மதகந்தை, (மதம்), liqueur spiritueuse.

மதகு, écluse, empellement, pale, [bonde d'étang.

மதக்கம், (மதம்), assoupissement causé par l'excès du boire ou du manger ou par l'opium, fatigue, lassitude, langueur, bon marché, bas prix des marchandises.

மதக்கிறது, த்தேன், ப்பேன், க, க்க, *v.n.* மதத்தல், *n.v.* (மதம்), மதத்துப்போகிறது, *et* மதத்திருக்கிறது, s'égayer, s'enorgueillir, s'infatuer, s'enivrer, devenir—, être gai, joyeux, fier, arrogant, gros, gras, lascif, voluptueux, luxuriant, fou, furieux, ivre, ivre de passion, enivré, engraisser, être—, entrer en chaleur, — en rut, en frénésie lascive; மதத்துப்போனமரம் arbre luxuriant, qui pousse trop.

*மதங்கம், 1° (matanga), nuage, éléphant, nom d'une —, montagne, espèce de tambour, une des 18 parties du poème கலம்பகம்: மதங்கசம், (சம்), ce qui est né dans les montagnes, éléphant; —மலை le mont Madangam; —நாதன் *ou*

*மதங்கன், *pl.* மதங்கர், (*id.*), le mouni ou Richi மதங்கநாதன், un des 9 சித்தர், barde, chantre, panégyriste: மதங்கஸ்திரீ femme qui chante, — de barde.

மதங்கி, *fém. du préc.* Kâli, chanteuse, femme de barde, jeune femme de 16 ans.

மதத்த, *part. parf. de* மதக்கிறது, joyeux, lascif, impudique, luxuriant, pétulant, intrigant, fier, ivre, enivré, furieux, gras: மதத்தவள் femme impudique, passionnée, pétulante, intrigante, arrogante, fière: அவர்கள்கண்கள் மதத்துப்பார்வையாய்ப்பார்க்கின்றது leurs yeux regardent avec un air lascif, ou leurs yeux sont proéminens de graisse.

மதத்தல், *n.v. du même.*

மதத்து, 1° *gér. du même.* 2° (*arabe*), aide, assistance, secours.

*மதஸ்தன், மதத்தன், மதத்தான், (மதம், ஸ்தன்), sectaire, sectateur, — de, qui suit la secte de.

மதப்பு, *n.v. de* மதக்கிறது, graisse, embonpoint, pétulance, lasciveté, passion, arrogance, enivrement, infatuation, trouble d'esprit.

மதமடு, ail.

மதமத, son imitatif: மதமதென்று, மதமதென்கிறது faire le bruit de madamada.

*மதம், 1° (*mata*), pensée, intention, vue, dessein, désir, esprit, consentement, approbation, connaissance, doctrine, principe, croyance, dogme, opinion, persuasion, secte, — religieuse, religion. 2° (mada), joie, plaisir, chaleur —, rut des animaux, mucosité —, mucus qui coule des tempes de l'éléphant en rut, sperme, enivrement, liqueur énivrante, ivresse, infatuation, folie, frénésie, insolence, pétulance, fureur lascive, — vénérienne, lasciveté, présomption, (ce qui est un des அஷ்டவிகாரம்), passion, (ce qui est un des அஷ்டாதசகுணம்), arrogance, orgueil, grandeur, musc, graisse, embonpoint, force, luxuriance: எழுமதம் les 7 principes des auteurs (selon le நன்னூல்), savoir: உடன்படல் accord avec les autres; மறுத்தல் renonciation aux opinions des autres; பிறர்தம்மதமேற்கொண்டுகளைவு (பிறர்தம், *P.* பிறருடைய) admettre d'abord les principes d'autrui et les rejeter ensuite; தாஅநாட்டித்தனாதுநிறுப்பு ou தான்நாட்டித்தனாதுநிறுப்பு établir fixement ce qu'on a planté, prouver évidemment ce qu'on a avancé: இருவர்மாறுகோள் ஒருதலைதுணிவு choisir un parti entre les opinions différentes de 2 personnes: பிறர்நூற்குற்றங்காட்டல் montrer les défauts des ouvrages d'autrui; ஏனைப்பிறிதொடுபடாஅன் தன்மதங்கொளல், (படாஅன், *P.* படான் *ou* படாமல்), suivre ses principes sans entrer dans ceux des autres: பொய்ம்மதம் fausse religion, secte d'erreur; துருஷ்க —, துருக்க —, இஸ்லமான் —, secte des Turcs, Mahométisme ou

Islamisme; —அடக்குகிறது réprimer la furie, la folie, la passion, la fureur lascive; —அடங்குகிறது, —அடங்கிப்போகிறது l'orgueil, l'insolence, la fureur,— lascive ou la passion s'amortir, être réprimée, abattue, domptée; —எழுக்கிறது entrer en rut, en fureur lascive, en furie, devenir ivre, sauvage, lascif, voluptueux, passionné, orgueilleux, ou faire passer —, dompter la furie, la passion...; —பாய்ச்சுவடு trace du mucus du rut (sur les joues de l'éléphant, tempes de l'éléphant —, endroit d'où découle le mucus sus dit;—பொழிகிறது répandre le mucus du rut, ce mucus découler; —ஒழிந்தயானை éléphant dont le rut est passé: மதகளிறு buffle indompté, — qui va où il veut; —கரும், —கயம் —களி, —கலம் éléphant en rut, —mâle, — en chaleur ou furieux; —சலம், —நீர் mucosité du rut, mucus qui découle des tempes de l'éléphant en rut;—ஸ்தலம், —ஸ்தானம் cabaret, taverne, boutique de liqueurs enivrantes; —ஸ்தாபனம் institution religieuse, discussion ou polémique religieuse;—ஸ்தாபனம்பண்ணுகிறது fonder une secte, en établir — réfuter ou discuter les principes; —பேதம் dissidence, différence de sectes, —பேதி hétérodoxe, homme d'une secte différente; —ப்படுகிறது entrer en chaleur, en fureur lascive, devenir ivre, furieux, sauvage, luxurieux; —ப்பிரவோசம் écoulement du mucus vénérien; —மதப்பு grand embonpoint,— orgueil, — enivrement: —மத்தகம் la plante enivrante dite கஞ்சா; —மத்தம், *adj. de* மதமத்தை; —மத்தம்பூ fleur de datura; —மத்தன் homme ivre, furieux, frénétique, infatué, transporté de passion; —மத்தை la plante narcotique ஊமத்தை, datura; —மத்தையுண்டது போலப்பிதற்றுபேசுகிறாய் tu parles en frénétique ou d'une manière extravagante comme si tu avais mangé de la datura; —மா, —வாரம் éléphant, — en rut;—யானை éléphant en rut; —ராசன் Kâmen, le Cupidon indien, coq; —விருத்தம் ce qui a beaucoup de mucus vénérien, éléphant; — வெறி frénésie, ivresse d'amour, fougue du sang, fanatisme.

*மதயந்தி, மதயந்திகை, (madayanti, kâ), jasmin d'Arabie. [ட்டி.

மதப்பருக்கனி, la plante வட்டத்திரு

மதர், (மதம்), joie, abondance, *n. v. imp. et part. de*

மதர்க்கிறது, ர்த்தேன், ர்ப்பேன், ர், ர்க்க, *v.n.* மதர்த்தல், *n.v.* abonder, être fertile, luxuriant, excessif, *V.* களிக்கிறது.

மதர்ப்பு, மதர்வு, *n.v. du préc.* joie, abondance, fertilité, excès, beauté, grand désir, force, pétulance, place.

மதலிகை, espèce de bijou, chaîne qui sert d'ornement à un ouvrage d'orfèvrerie, franges ou autres ornemens pendans.

மதலிங்கம், la plante அமுக்கிறா.

மதலை, chose qui se projette, projection, angle du toit d'une maison, l'arbre கொன்றை cassia, colonne, pilier, fils, enfant, navire: —ச்சொல், *P.* மழலைச்சொல்; முதலில்லார்க்கூதியமில்லைமதலையாஞ் சார்பிலார்க்கில்லைநிலை ceux qui n'ont point de capital ne reçoivent point d'intérêt, ceux qui n'ont point d'appui comparable à une colonne n'ont point de consistence. [en rut.

மதவானை, (மதம், ஆனை) éléphant

மதவு, *P.* மதகு, écluse.

மதலை, *P.* மழலை, mot enfantin.

*மதனம், 1° (mathana), action de baratter (pour faire le beurre...), agitation, rotation. 2° (madana), luxure, désir charnel, volupté, printemps, mouche, abeille, cire d'abeilles, enivrement, liqueur enivrante, la plante மருக்காரை gardenia. 3° silence (c'est un des பஞ்சபாணவவஸ்தை), patience; —ஆயிருக்கச்சொல்லுகிறது commander le silence; —ஆய்க்கேட்டுக்கொள்ளுகிறது écouter patiemment, sans rien dire; —மதனம்சகாரிக்கும் le silence résiste à une montagne; மதனகாகுரவம், (காகு, rava son.), pigeon, colombe; —காமேசுரமரும் l'arbre காமமரம்; —காமியப்பூ, —காமேசுரப்பூ fleur de la plante grimpante pergularia tomentosa qui cause des vertiges et des desirs lascifs,c'est une marchandise: —சஞ்சீவி remède qui provoque la luxure. femelle du couil, ou —சாரிகை l'oiseau சாரிகை ou mainate: —சாஸ்திரம், —நூல் science de la luxure, traité—,art érotique, le 39me des கலைக்கியானம்; —பாடகம் le chantre du printemps,i.e. le couil;—விசிதம் signe ou effet de luxure;—வசன் homme adonné à ou subjugué par la luxure. [indien.

*மதனன்,(id.),Kâmen,le Cupidon

*மதனங்குசம், (மதனம், அங்குசம்), pénis, ongle du doigt. [vulve.

*மதனயுதம், (id. ஆயுதம்).pénis,

*மதனாரி, (மதனன்,அரி),l'ennemi de Kâmen, i.e. Siven. [nénuphar.

*மதனாலயம், (id. ஆலயம்),vulve,

*மதனாலயன், (id. id.), prince, souverain.[séparation,—des amans.

*மதனாவஸ்தை, (id. அவஸ்தை),

*மதனீயம், (madaniya), ce qui cause l'amour, les passions.

*மதனோற்சவம், (மதனன், மதனம்,உற்சவம்), fête de Kâmen, — du printemps dite Hôli.

*மதனோற்சவை, (id. id.), Arambée,courtisanne du Souvarkam.

மதன், (மதம்),beauté, trouble,—d'esprit,Kâmen ou le Cupidon indien, excellence,force,fertilité, graisse.

*மதாசாரம்,மதாச்சாரம்,(மதம், ஆசாரம்), règles—, usages d'une secte: மதாசாரத்தின்படிநடக்கிறது se conduire—,vivre selon les règles de sa secte,ou de sa religion.

மதாணி, (மதம், ஆணி), joyau, bijou, grand bijou qu'on porte sur la poitrine.

*மதாதங்கம்,மதாத்தியயம்,(id.ஆதங்கம்,அத்தியயம்),maladie d'ivresse.

*மதாநுசாரம், (id. அநுசாரம்), embrasser une secte,pratique d'une secte.

*மதாநுசாரியர், (id. அநுசாரி), ceux qui suivent les règles d'une secte.

*மதாந்தகன்,id.(அந்தகன்),homme aveuglé par l'orgueil, la passion, arrogant.

*மதாபிமானி, (id. அபிமானம்), sectaire de bonne foi, qui croit que sa secte est vraie.

*மதாமத்தன்,(மதம்,ஆ augment, மத்தன்), V. மதோன்மத்தன்.

*மதாமல்லு, மதாமத்து, (id. மல்லு), grande ivresse,— folie, insensibilité, indifférence.

*மதாம்பரம், (id. அம்பரம்), l'éléphant d'Indiren.

*மதாரம் (மதம், âra), muse, cochon, éléphant,— en rut, accouplement d'éléphans. [débauché.

*மதாளன், (id.),trompeur,fripon,

*மதாலசம், (மதம், அலசம்), indolence, paresse. [cassia.

மதாலம், l'arbrisseau கொன்றை

*மதாலாபி, (மதம், ஆலாபம்), le chantre du printemps,i.e. le couil.

மதாவளம், (id.), éléphant,— en rut.

மதாளிக்கிறது,ளித்தேன்,ளிப்பேன், ளி, ளிக்க, v.n. மதாளித்தல், n.v. (மதம்), croître avec force, pousser vigoureusement, V. மதப்படுகிறது.

மதாளிப்பு, n.v. du préc. fertilité, luxuriance, croissance vigoureuse.

மதாநுசாரியர்,P.மதாநுசாரியர்.

*மதி, 1° (mati),esprit, intelligence, connaissance, prudence, justesse, avis, conseil, respect,révérence, estime, évaluation, estimation, mémoire, souvenir, désir, inclination. 2° le signe du Cancer,la lune, mois,— lunaire, (en alchimie) argent, vase à boire. 3° imp. et part. de மதிக்கிறது. 4° particule explétive de la 2e personne. Ex. சென்மதி பெரும, (P. செல்),avancez,seigneur: அவிர் — lune brillante, — claire: —காந்தி cristal;—கூர்மை sel de roche; —கேடன்,—கெட்டவன் sot, insensé, fou, lourdaud, homme qui a perdu l'esprit; —கெட்டதனியம்

affaire déraisonnable; —கேடான நடக்கை conduite insensée, — folle; —கேடு ignorance, folie, sottise; —கேந்திரம் anomalie de la lune: —கணம் pied métrique de la lune, *i.e.* புளிமாங்காய் composé de 2 brèves et 2 longues, c'est un des அஷ்டகணம்; —சகன் l'ami de la lune, *i.e.* Kâmen: —ச்சடையன் Siven qui porte, au dire des Indous, la lune sur sa chevelure; — திசை le nord; —த்துருவம் longitude de la lune au lever du soleil pour le commencement du பஞ்சாங்கவாக்கியம், longitude de l'apogée de la lune pour le même temps, la lune étant supposée alors à son apogée; —நாள் la 5ᵐᵉ constellation lunaire dite மிருகசீரிடம்; —ப்பகை les ennemis de la lune, *i.e.* les 2 serpens fabuleux இராகு et கேது, qui, au dire des Indous, entreprennent de dévorer la lune aux éclipses: —ப்பிரகாசம் habileté, supériorité d'esprit; —ப்பிரமம், —ப்பிராந்தி, —ப்பிரமக்கம் erreur, méprise, trouble d'esprit, folie; —மகன் le fils prétendu de Sandiren ou de la lune, *i.e.* la planète Mercure; — மணல் sable d'argent; —மயக்கம், —மயங்கல் confusion —, trouble —, dérangement de l'esprit, folie, bêtise; —மயங்குகிறது l'esprit se troubler, —se déranger, se troubler, céder à la séduction, perdre l'esprit, être fou, sot, insensé; —மேகக்கல் pierre noire dite மந்தாரச்சிலை: — யற்ற sans esprit, sot, insensé, stupide; —யிலி, (இலி), homme dénué d'esprit, insensé, *voc. pl.* மதியிலிகாள் ô insensés; —யீனம், (ஈனம்), sottise, stupidité, ignorance; —யீனன் insensé, sot, stupide, ignorant; — யுணி, (உணி), *V.* மதிப்பகை; —வல்லோர் gens de beaucoup d'esprit, ministres, conseillers d'un roi; —விக்ஷேபம் latitude de la lune; —விப்பிரமம், *V.* மதிப்பிரமம்.

மதிகம், *P.* மதிதம்.

மதிக்கிராசுக்கிரகம், (மதிக்கு, கிரா, கிரகம்), maison qui nuit à l'esprit, cabaret.

மதிக்கிறது, மதித்தேன், மதிப்பேன், மதி, மதிக்க, *v.a.* 1° (மதி), estimer, respecter, vénérer, considérer, avoir égard, évaluer, apprécier, priser, juger, admirer. 2° (மதம்), être gros, gras, hautain, lascif, *V.* மதக்கிறது. 3° (மதிதம்), baratter, battre le beurre, tourner, faire au tour, faire pirouetter; மதித்துப்போடுகிறது estimer, évaluer, apprécier.

*மதிதம், (mathita, *baratté*), lait de beurre. [*litt.* petitesse précieuse.

மதிதூசு, (மதி, தூசு), sable d'or,

மதித்தல். *n.v.de* மதிக்கிறது. [வை.

மதிபதிச்சம், la plante வாறுளு

மதிப்பிக்கிறது, *v.caus. de* மதிக்கிறது, மதிப்பித்தல், *n.v.* faire estimer, —respecter, — apprécier, —évaluer, — admirer, charmer, captiver.

மதிப்பு, *n.v.de* மதிக்கிறது, estime, évaluation, appréciation, respect, considération.

*மதிமான், *m.* மதிமதி. *f.* (matimân, —mati), homme—, femme d'esprit, intelligent, habile, sensible.

மதியம், 1° (மதி, அம்), lune, estime, respect. 2° *P.* மத்தியம், milieu, midi, milieu du jour.

மதியாத, மதியாத, *part.nég.de* மதிக்கிறது, qui —, qu'on n'estime pas, inestimable, inappréciable.

மதியாணி, —க்கட்டை, (மதியம், ஆணி), clou du milieu du joug.

மதியாமை, *n.v. nég. de* மதிக்கிறது, défaut d'estime..., mépris, inappréciation.

மதியுள்ளான், (மதி, யுள்ள), Madioullân, nom d'un roi ou d'un sage: —நாடகம் drame de Madioullân, (ouvrage contre le paganisme fort connu dans le Maduré).

*மதிரம், மதிரை, (madirâ), vin, liqueur spiritueuse et enivrante.

*மதிராகிரகம், (மதிரா, கிரகம்), taverne, cabaret. [er.

*மதிராசகம், (*id.* சகி), le mangui-

*மதிராக்ஷி, மதிரேக்ஷணை, (*id.* அக்ஷி, ஈக்ஷணம்), femme dont la vue est séduisante.

மதில், mur, muraille, rempart;

[illegible]

—டன்மேடை terrace ,exhaussement en dedans du parapet, rempart,boulevard; — உறுப்பு bastion, ornement —, partie de rempart, — de mur; — காக்கிறது garder ses remparts, les défendre contre l'ennemi;—வளைக்கிறது assiéger—,cerner les remparts de l'ennemi; —மதிற்சுற்று le tour —, alentours d'un mur, mur qui environne; — புறம் dehors du mur, mur d'entourage.

மதிவசம்பல், la plante சித்தல்.

மதில், mur d'entourage, (ce qui est un des insignes de la royauté). mur, V. மதில். [frère ainé.

மதினி, belle sœur, femme du

*மது, gén. மதுவின், (madhou), douceur,saveur, goût, chose douce (au goût, à l'ouïe,à l'âme ou autrement), miel,nectar, — des fleurs, jus doux qui se trouve dans leur nectaire,ambroisie,liqueur, — enivrante, vin, toddi ou callou, sucre,lait, eau,réglisse, l'arbre அசோகு, — இருப்பை,eau ou liqueur distillée des fleurs de cet arbre, printemps, le mois de சித்திரை qui commence le printemps, Madhou nom d'un தைத்தியன் tué par Vichnou, d'un géant tué par சத்துருக்கன் frère de Râmen: —கண்டம் la douce gorge. i.e. le couil; — காரம் ce qui fait le miel, abeille, —bourdonnante,grosse abeille noire, espèce de —, scarabée, — mâle, callou, fruit, limon rond et doux; — காரன் doucereux, amant; —கரி, —கிருது abeille, faiseuse de miel: — கோஷம் 1° le couil à la douce voix. 2° rayon de miel, ruche d'abeille: — க்காரை arbrisseau à fleurs odoriférantes, gardenia dumetorum; — க்கிரமம் rayon de miel; —க்கெண்டை espèce de கெண்டை ou carpe; — க்கீரம் dattier;—சகன், —சகாயன், — சாரதி l'ami —, le cocher du printemps,i.e Kâmen; — சித்து le vainqueur de Madhou, i.e. Vichnou; —சுவரம், —சுரம், —ஸ்வரம் le couil à la douce voix; — சூதனன் le meurtrier de Madhou, i.e. Vichnou; —தாது espèce de pyrite, mellithe, pierre de miel;—திருணம் canne à sucre;—தீவகம், —தீபகன் Kâmen, la clarté prétendue et le flambeau du printemps; — தூதம் le manguier dont les fleurs annoncent le printemps; —தூளி mélasse, sucre avant son raffinement, *litt.* poussière de miel;—த்துருமம் l'arbre இருப்பை dont les fleurs fournissent une espèce d'essence: — நேத்திரு, (nètrou *qui guide*), abeille; — பதி la maîtresse du démon Madhou,*i.e.* லக்ஷுமி; — பருணி, — பருணிகை, — பன்னி,(பர்ணம், i, ikâ), la plante சித்தில், - அவுரி ou indigotier; — பலம் espèce de coco doux; — பனி celle à qui on offre du callou... i. e. காளி; — பாயி (*qui boit*), abeille; — பானம் usage des boissons —, boissons douces et enivrantes;— பானி, —பானம்பண்ணுகிறவன் homme qui boit des liqueurs enivrantes, ivrogne; — புஷ்பம் l'arbre இருப்பை; — புரி la ville de Mathourâ, capitale du géant Madhou; — ப்பிரியன் amateur de callou, — de liqueurs enivrantes, surnom de பலராமன்; — மக்ஷிகை abeille, mouche à miel; — மஸ்தகம் espèce de bonbon fait de farine,de miel, d'huile et de beurre fondu; — மதனன், V. மதுசூதனன்; — மத்தை espèce d'ஊமத்தை; — மல்லி, — மல்லிகை jasmin doublé; — மாம்ஸம், — மாமிசம், — மாம்சம் liqueur enivrante et viande, vie sensuelle, — délicieuse; — மூலம் espèce d'igname; — யஷ்டி, — யட்டி canne à sucre; — ரசம் doux jus, jus de la plante சோமம், douceur, canne à sucre, arac,douceur des paroles,palmier,la vigne,la plante parasite முந்திரிகை; — ரசப்பூ l'arbre பெருங்குரும்பை; —ரிபு l'ennemi de Madhou *i.e.* Vichnou; — லேகம், — லேகி,(lèhâ, lèhi, *qui lèche*), ce qui lèche le miel, abeille, — வடிக்கிறது distiller les liqueurs (douces ou enivrantes); — வனம் forêt de miel, le couil à la douce voix (*de* vana *qui résonne*) ; — பானம் ivrognerie boire souvent: விரதம் abeille; வீசம் grenade: —வெடுக்கிறது,(எடுக்கிறது), prendre le miel (des rayons suspendus aux arbres...),tirer le jus de la spathe du cocotier...

*மதுகம், (மது, ka), douceur, confiture, réglisse, miel, mélodie, l'arbre இலுப்பை, — எட்டிமரம், étain, zinc.

*மதுகன், 1° (*id.*), barde, panégyriste qui chante devant les rois. 2° (மது, han *tuer*), Vichnou, meurtrier de Madhou. [abeille.

*மதுகேசடம், (madhoukèsata),

மதுகை,1° force,victoire.2° * (மது,kâ), limon doux, la plante சிந்தில்,espèce de panic.[l'abeille, cire.

*மதுசம்,(*id.* சம்),ce qui vient de

*மதுநோலேகம், (மதுனோ, *P.* madhounas,*gén.de* madhou *ou* மது, lêha *qui lèche*), abeille qui lèche le miel. [abeille, scarabée, callou.

*மதுபம், (மது, pa *qui boit*),

*மதுரம், (mathoura), chose douce, douceur, confitures, réglisse, mélasse, sirop, limon doux, moelle, zinc,étain, poison, la ville de Mathourâ, vigne, ou treille,ton moyen, la taille en musique,sandal rouge, *V.* மதுரகவி: ஆய்ப்பேசுகிறது parler d'une manière harmonieuse, douce, charmante, agréable; மதுரகவி poëme rempli de douceur,grand poëme composé suivant les règles les plus strictes de la prosodie et de l'euphonie,c'est une des 4 espèces de poésies dites கவி: elle doit réunir à l'harmonie la richesse des pensées et des expressions,l'enchaînement dit தொடை avec ses variantes,les figures de rhétorique et autres ornemens semblables, poëte qui compose un tel poëme; —பாக்கு l'aréquier; —பாடணம் éloquence, c'est le 19 ^me^ des கலைக்ஞானம்; —வசனம் douces paroles; —வள்ளி patates douces.

*மதுரநாதசுரம்,(மதுரம், நாதசுரம்), doux son, douce harmonie,—lettre.

*மதுராபுரி, (Mathourâ), la ville de Mathourâ sur la Djamna.

*மதுராலாபம்,(மதுரம், ஆலாபம்),le mainate au doux babil.

*மதுரிகை, (*id.* ikâ), aneth.

மதுரிக்கிறது,ரித்தேன், ரிப்பேன், ரிக்க, *v.n.*(மதுரம்), être doux, savoureux, avoir bon goût.

மதுரித்தல், மதுரிப்பு, *n. v. du prés.* goût,saveur,douceur.

*மதுரேசன், (மதுரை, ஈசன்), Krichna né à Mathourâ, Pândien roi de Maduré.

*மதுரோத்திரன், (மதுரம்,இந்திரன்), homme qui excelle en douceur.

*மதுரை,1° (mathourâ), Mathourâ ou Matra, sur la Djamna, entre Agra et Dêhli, patrie et 1^re^ résidence de Krichna. 2° Maduré,ville du sud de l'Inde,ancienne capitale des rois பாண்டியன், le royaume de Maduré. 3° (மதுரம்), chose douce, callou: — மாதேவி la principale déesse prétendue de Maduré, *i.e.* மீனாக்ஷி.

*மதுரோதகம், (மதுரம், உதகம்), eau douce, mer d'eau douce,la plus extérieure des 7 mers fabuleuses des Indiens et qui entoure l'île Pouchkara.

மதுர்க்கி,bismuth de couleur d'or.

*மதுலம், (madhoula),liqueur—, substance enivrante.

*மதுலிம், *P.* மதுபம், abeille, scarabée. callou. [வரிக்கி.

மதுவரி,*P.* மைத்துனி, *V.* மச்சு

*மதூகம், (madoûka), l'arbre இலுப்பை, — எட்டி,scarabée.

*மதூச்சிஷ்டம், மதூச்சிட்டம், (மது, உச்சிஷ்டம்), abeille,cire des abeilles. [ceur.

*மதூலகம், (madhoûlaka), dou-

*மதூலி, (madhoûli), réglisse, manguier.

*மதோன்மத்தன், (மதம், உன்மத்தன்), homme très-ivre,— ivre de joie, d'orgueil, de passion, frénétique.

*மத்குணம்,(matkouna),punaise, puce, éléphant, — sans défenses, buffle, armure pour les jambes et les cuisses, coco. [me sans barbe.

*மத்குணர்,m.(மத்குணம்),hom-

*மத்குணாரி,(id. அரி), l'ennemi des punaises, i.e. le chanvre.

*மத்தகம்,P. மஸ்தகம், tête, —ou front d'éléphant, front,crâne, sommet,mauvaise terre: மத்தகமூலம், —மூலகம் le cou.

*மத்தம், (matta), trouble,—d'esprit,ivresse,folie, fureur, rut, joie, la plante narcotique dite ஊமத்தை ou pomme épineuse, buffle, le couil ou coucou indien, éléphant furieux ou en rut,batte à beurre: மத்தங்காய்ப்புல் l'herbe cynosurus ægyptius: மத்தகாசம் sorte de mal d'yeux;—காசினி excellente femme; —கெசம்,—கெசன்,—தந்தி éléphant, — furieux:—குணம் caractère furieux,— passionné, éléphant; —க்காளி nom d'une plante;— சித்தமத்தன் homme très-joyeux, passionné, troublé, furieux, fou, frénétique,ivre;— மயூரம் paon sauvage; —வாரணம் éléphant furieux,— en rut,oreiller en forme de demi-lune, coussin semi-circulaire, jardin de fleurs, bétel et arec broyés, galerie ou varangue d'étage,—en bois peint à un étage.

*மத்தளம்,(marddala),tambourin, tambour qu'on bat avec les mains; மத்தளக்கட்டை châssis de ce tambour (sans la peau).

*மத்தனம்,P. மர்த்தனம். [னா.

மத்தனவிங்கம்,la plante மருக்கா-

*மத்தன்,மத்தான்...P.மஸ்தன்..

மத்தாடி,la plante கருஊமத்தை.

மத்தாப்பு, feu de Bengale,espèce de feu d'artifice éblouissant.

மத்தி, sync. de மத்தியம், milieu, centre:— விருத்தம் le rond du milieu, le nombril: மத்தியிலே au milieu, tandis que: அவன் நான்பேசும்போது மத்தியிலேவந்தான் il est venu m'interrompre —, il arriva pendant que je parlais; பட்டணத்துக்கு மத்தியிலேயிருக்கிறது être au milieu de la ville.

மத்திகை, cravache, fouet (pour cheval), chandelier, pied —, support de lampe, foule,salle,guirlande de fleurs.

மத்திக்கிறது,மத்தித்தல்,மத்திப்பு, V.மர்த்திக்கிறது,மர்த்தித்தல், மர்த்திப்பு.

*மத்திபம்,P. மத்திமம், milieu, médiocrité, qualité médiocre, chose médiocre,—moyenne, —indifférente, défaut, manque: என்கண் —ma vue est médiocre, n'est pas bien claire ni perçante;மத்திபதீபம் lampe du milieu.

*மத்திமம், P. மத்தியமம்,centre, milieu,—du corps,la ceinture,taille ou ton moyen, mesure moyenne en musique,(ce qui est un des நிகாலம்),moyen,ordinaire, commun, V. மத்திபம்: — ஆயிருக்கிறது être commun,ordinaire, médiocre;மத்திமகண்டம் le centre, région mitoyenne ou du milieu (une des நவகண்டம் ou 9 divisions du monde); —க்கூர்மை sel tiré de la graine de sésame; — சரீரம் l'éléphant d'Indiren nommé அயிராபதம், la vache காமதேனு et autres êtres censés sortis de la mer de lait pendant qu'on la barattait pour faire l'ambroisie;—தானம் don de mérite médiocre, i. e. don donné par commisération aux malheureux, ce qui est un des தானம்-ங; —பக்ஷம்,—,பட்சம் médiocrité, qualité médiocre, terme moyen;—பதம் moyen terme en logique;—பரிசம் temps moyen du commencement d'une éclipse: —புடம் longitude moyenne; —புத்தி esprit médiocre, mouvement moyen d'une planète; — பூமி pays tempéré,— de la zone tempérée,— où le froid et le chaud sont modérés ou égaux;— லோகம் le monde intermédiaire, i.e. la terre; – வோசை, (ஓசை), ton moyen, voix moyenne.

*மத்திமன், (மத்திமம்), homme médiocre, ordinaire, du commun, qui ne se distingue ou n'excelle en rien, homme qui est au milieu, — d'un âge moyen, seconde personne (en grammaire), celle qui se trouve entre la 1re et la 3me personne.

*மத்திமை, P. மத்தியமை, le doigt du milieu, fille nubile, un des வாக்கு-ச, son moyen, provenant de la gorge ou de l'épiglotte.

*மத்திமோஷ்ணம் —, மத்திமோட்டணதேசம், (மத்திமம், உஷ்ணம், உட்டணம்), pays d'une température modérée.

*மத்தியஸ்தம், மத்தியஸ்தம், (மத்தியம், ஸ்தன்), médiation, entremise, intervention, intermédiaire, office de médiateur, de juge, d'arbitre, équité.

*மத்தியஸ்தன், (id.), médiateur, entremetteur, arbitre, homme équitable: மத்தியஸ்தப்பெண் médiatrice; —த்துவம், V. மத்தியஸ்தை 1°.

*மத்தியஸ்தி, fém. du préc. médiatrice, intermédiaire.

*மத்தியஸ்தை, (id.), 1° état intermédiaire, — mitoyen, indifférence, équité. 2° V. மத்தியஸ்தி.

*மத்திமம், (மத்தியம், ma), centre, milieu, — du corps ou la ceinture, doigt du milieu, médiocrité, état mitoyen, pays central, du milieu, V. மத்தியதேசம், la 5me note de la gamme sancrite correspondant à sol, une des கிராமம், gammes ou échelles musicales des Indous correspondant, ce semble, avec le mode majeur de la musique européenne: மத்திமசங்கிரகம் adultère, intrigue avec une femme mariée, familiarité avec elle comme de lui présenter des fleurs, des parfums, de converser avec elle en particulier: —சாகசம் punition due aux crimes d'un degré mitoyen, gâter les bâtimens, renverser les murs; — பாண்டவன் le Pândaven mitoyen, ou le 3e de 5 fils de Pândou, i.e. அருச்சனன்; — கிருஷகன் fermier qui est de moitié avec le propriétaire, qui travaille moitié pour soi et moitié pour lui; — புருஷன் la 2e personne en grammaire; — லோகம் le monde intermédiaire, — entre le ciel et l'enfer, i.e. la terre; — வயஸ்தன் homme d'un âge mitoyen.

*மத்தியமன், (id.), V. மத்திமன்.

*மத்தியமாவதி, (மத்தியம், அவதி), air de midi ou mélodie propre au milieu du jour. [déjà nubile.

*மத்தியமிகை, (id. ika), jeune fille

*மத்தியமை, (மத்தியமம்), doigt —, fleur du milieu, stance de 4 lignes chacune de 3 syllabes, V. மத்தியமிகை.

*மத்தியம், 1° (madhya), milieu, centre, intervalle, repos, milieu du corps, la ceinture, médiocrité, état moyen ou mitoyen, bassesse, vileté, abjection, mesure moyenne en musique, occident. 2° (madya), vin, callou, liqueur enivrante, — spiritueuse. 3° (matya), poignée de faucille, exercice ou application de la science, moyen d'acquérir des connaissances, prétentions contradictoires: மத்தியகண்டம் la région mitoyenne, la dernière des நவகண்டம்; — சுகந்தம் arbre de moyenne odeur, manguier; — காலம் milieu —, temps d'une éclipse (exprimé en நாழிகை), temps moyen; — ஸ்தலம் milieu, centre, lieu intermédiaire, ceinture, le milieu du corps, neutralité, impartialité (entre 2 partis), place des âmes des défunts; — தேசம் pays central, — du milieu, — borné au nord par le குருக்ஷேத்திரம், au sud par Allahabad ou அலகபாதம், à l'est par les monts Himâlaya et à l'ouest par les monts Vindhya ou விந்தம், comprenant ainsi les provinces modernes d'Allahabab, Agra, Délhy, Aoude...: — பானம் usage des boissons enivrantes; — பீதன் ivrogne, buveur; — மண்டபம் portique —, édifice du milieu; — மண்டம் écume de boissons enivrantes; — மந்தம் anomalie moyenne; — மோட்சம் temps moyen de la fin d'une éclipse; — மானம் poids moyen, — d'un grain d'orge, égal à 6 grains de moutarde blanche; —ராத்திரம் milieu de la nuit, minuit; — லோகம் *V.* மத்தியலோகம்; — லோகேசன். (நாதன்), roi de la terre; — விருத்தம் le rond central, le nombril; —வயதன் homme d'un âge moyen: — வீசம் drogue employée pour faire fermenter.

*மத்தியானம், (madhyâhna), midi, milieu de jour: மத்தியானநேரம் le temps de midi: மத்தியானத்துக்குமேலே après midi; இவனுக்குமத்தியானந் திரும்பிற்று le midi ou le milieu de la vie est passé pour lui, il a plus de 50 ans.

*மத்திமை, (madhyâ). jeune fille déjà nubile, femme de moyen âge, —de moyenne qualité, ni lascive ni très chaste, —un peu voluptueuse et un peu pudique, doigt du milieu, la ceinture, milieu du corps, stance de 4 lignes de 3 syllabes chacune, sorte d'air.

*மத்திரம். (madra), joie, délice, contrée au nord ouest de l'Indous tau propre, dite aussi மத்திரதேசம்.

*மத்திரன், (*id.*), Mattiren, nom d'un roi de ce pays: மத்திரராசா *ou*

*மத்திரை, மத்திராதேவி, (madrâ), Madrâdêvi, fille du roi Madren, seconde femme du roi பாண்டு et mère des 2 derniers பாண்டவர்.

மத்திரிப்பு, (மத்தம், இசிப்பு), indignation, colère, haine.

*மத்து, 1° (மத்திக்கிறது), batte à beurre. 2° (மத்தம்), la plante ஊமத்தை, joie. 3° *P.* மனது: — மலை le mont மத்தரம் qui au dire des Indous a servi de batte à beurre; மத்தாற்கடைகிறது *ou* மத்தாலேதயிர்கடைகிறது baratter, — avec la batte à beurre.

*மத்துவம், 1° (madvan), ivresse. 2° *ou* மத்துவமதம், (madhva), Sivénisme, secte de brames fondée par மத்துவாசாரியன் brame toulouva, c'est la secte dite துவிதமதம் ou du dualisme, qui distingue Dieu des créatures, opposée à la secte அத்துவைதம் ou de l'unité qui ne reconnait que Dieu.

*மத்துவர், மத்துவாசாரியர், (மத்துவம்), brames toulouvas, de la secte de Madvâtchârya ou மத்துவாசாரியன்; on les nomme encore தத்துவவாதிகள், *ou* சுவிதவாதிகள்.

*மத்துவன், *sing. du préc.* 2° (madvan), l'ivrogne, *i. e.* Siven.

மத்துவாசவம், (மத்து, வாசம்), eau de senteur.

*மத்தை, (mattâ), liqueur enivrante, la plante ஊமத்தை.

*மந்தசம், (மந்தம், சம்), produit de la batte à beurre, beurre frais.

*மந்தம், 1° (manda), lenteur, paresse, nonchalence, apathie, tiédeur, engourdissement, stupidité, bètise, pesanteur d'esprit, chose émoussée, infortune, ivresse, ivrognerie, sorte de maladie, dyspepsie, indigestion, crudité de l'estomac, douceur au toucher, exiguité, petitesse, vileté, ton grave. — bas, basse, basse-contre, destruction de l'univers, anomalie des planètes, 1re longitude héliocentrique égalée. 2° (mantha), batte à beurre, action de baratter, d'agiter, sorte de mal d'yeux, vue trouble, cataracte ou opacité, chassie, excrétion des yeux, destruction, meurtre: —ஆயிருக்கிறது être obtus, lent, apathique, cru, non digéré, indigeste, avoir des crudités; — கொடுக்கிறது donner des crudités, — une indigestion; மந்தாண்டு année anomalistique, ou retour à l'apogée; —கதி pas lent (d'un cheval...), *ou* கமனம், — கதம் marche lente: — காமி personne qui marche lentement; — காசம், — காசியம் espèce de phthisie, consomption, *ou* — ஆசியம், ஹாசியம், (ஆசம், ஆசியம்), doux sourire; —கேந்திரம் argument d'anomalie:— சுரம்ச்சல் fièvre d'indigestion; — குணம் caractère lent, — apathique, — uniforme, lenteur, maladie d'indigestion; — ச்சொறி indigestion par manque de chaleur dans l'estomac, sorte de maladie; — சனனி la mère de மந்தன் ou Saturne, la femme prétendue du soleil; — சைலம் le mont மந்தரம், — qui servit de batte à beurre; — க்கேந்திரம் équation anomalistique ou du centre; — தண்டம் batte à beurre; — தரம் paresse, plus lent, (*comparatif*); — பலம் équation anomalistique d'une planète; — பரிதி argument employé pour compter la 1re inégalité d'une planète appelée équation du centre; — பாக்கியம் infortune, malheur; — புத்தி, — மதி esprit lent, lourd, pesant, stupide; — ப்படல் indigestion, lenteur, *ou* — ப்படுகிறது, — ப்படுதல் avoir des crudités, — une indigestion, ne pas se digérer, être lent, lourd, stupide, obtus, s'émousser; — மா l'animal pesant ou lent, *i.e.* l'éléphant; — மாருதம் douce brise du sud; — வாரம் le jour de மந்தன் ou Saturne, *i.e.* samedi.

*மந்தரம், 1° (mandara), lenteur, paresse, épaisseur, grosseur, pesanteur, ignorance, manque d'esprit, bassesse, vileté, la basse en musique, le mont Mandara, dont les dieux et les démons se servirent, au dire de la fable indoue, pour baratter la mer de lait et en tirer l'ambroisie après le déluge, l'arbre மந்தாரம் un des 5 du —, le Souvarkam ou monde des dieux indous, *i.e.* demeure des 330 millions de dieux inférieurs, guirlande, collier de perles, miroir, cristal. 2° (manthara), batte à beurre, beurre frais, fruit, trésor, répertoire, arsenal, citadelle, forteresse, passion, colère, obstacle, temps couvert, courbure, tortuosité, bosse.

*மந்தரன், (manthara), paresseux, espion, soldat qui marche lentement.

*மந்தரை, (mantharâ), la bossue ou கூனி, esclave de கைகேசி femme de தசரதன், laquelle, par ses mauvais conseils, causa l'exil de Râmen, la fille de விரோசனன் fils de Prahlâda et père du Mahâbali.

மந்தவிசை, மந்தகோஷை, (மந்தம், இசை, ஓசை), son grave, — lent, son solennel, la basse en musique.

*மந்தனம், 1° (manthana), action de baratter, agitation, destruction. 2° (mandana), louange, éloge. 3° *P.* மந்திரணம், conseil, avis. 4° toile, ou étoffe pour orner le front ou couvrir la tête d'un éléphant: மந்தனக்கூடு *ou*

*மந்தனி, (manthani), baratte (pour faire le beurre).

*மந்தன், (manda), homme d'un esprit obtus, lent, paresseux, indolent, lourdaud, stupide, Saturne, Yamen.

*மந்தாசம், (mandâka), louange, [éloge.

*மந்தாகினி, (mandâkini), Ganguei, le Gange céleste qui est censé couler lentement, femme âgée de 60 ans.

*மந்தாக்ஷம், மந்தாட்சம், (மந்தம், அக்ஷம்), modestie, pudeur, honte.

*மந்தாசம், (மந்தம், ஆசம்), *et mieux*, மந்தகாசம், sourire.

*மந்தாபிலம், (*id.* ஆபிலம்), honte, modestie.   [que de respect.

*மந்தாதரம், (*id.* ஆதரம்), man-

*மந்தாத்துமம், (*id.* ஆத்துமம்), esprit lourd, — lent à comprendre.

*மந்தாநிலம், (*id.* அநிலம்), doux zéphire, douce brise.   [கு.

மந்தாரை la plante வெள்வேளாக்

*மந்தாரம், 1° (mandâra), l'arbre mandâra un des 5 du paradis fabuleux des Indous, l'arbre de corail முள்முருக்கு erythrina fulgens, la plante எருக்கு, l'arbrisseau செம்பரத்தை. 2° temps couvert, nébuleux, sombre, obscurité du temps: — ஆயிருக்கிறது être sombre, nébuleux, — ஆகிறது, — கட்டுகிறது, — போடுகிறது devenir nébuleux, sombre, se couvrir de nuages; மந்தாரகாசம் espèce d'asthme, — de phthisie; — சாரம் sorte de sel noir dit பிடாலவணம்; — செம்பைக்கோளம் vitriol bleu; — க்கல் pierre du gésier ou du foie; — செங்கொன்றை espèce de கொன்றை ou de cæsalpinia; — சிலை espèce de pierre noire médicinale: —மிதம் montagne contenant du cuivre; —ப்பொழுது temps —, jour sombre, — nébuleux; —மஞ்சி l'arsenic dit குதபாஷாணம்; —மேரு l'arsenic naturel dit தொட்டிபாஷாணம்.

மந்தாரிக்கிறது, ரித்தேன், ரிப்பேன், ரி, ரிக்க, v.n. மந்தாரித்தல், n.v. (மந்தாரம்), le temps se couvrir, se couvrir de nuages, s'obscurcir.

மந்தாரிப்பு n.v. du préc. temps couvert, nébuleux, obscurité du temps.

மந்தாரை l'arbre bauhinia variegata: காட்டு— l'arbre bauhinia tomentosa.

*மந்தார்த்தம், (மந்தம், அர்த்தம்), distance du centre du soleil à une autre planète.

*மந்தானம், (manthâna), batte à beurre.

மந்தி, 1° singe, — mâle, — femelle, femelle du babouin ou gros singe noir dit கருங்குரங்கு, — du gros singe noir dit முசு ou marmot, abeille noire, scarabée, la plante ஆடுதின்னாப்பாலை. 2° imp. de

மந்திக்கிறது, தித்தேன், திப்பேன், தி, திக்க, v.n. avoir des crudités, — une indigestion, être indigeste, s'émousser, être lent.

மந்திட்டி, P. மஞ்சிட்டி, garance du Bengale, rubia mandjith.

மந்தித்தல், மந்திப்பு, n.v. du préc. crudité, indigestion, lenteur, état de ce qui est émoussé.

மந்திமூலைத்தலைவாளை, espèce de தலைவாளை.

*மந்திரக்கியன், மந்திரஞன், (மந்திரம், ஞன்), espion, conseiller, gourou, précepteur religieux.

*மந்திரணம், மந்திரணை, (id.), avis, conseil, — particulier.

*மந்திரதன், (மந்திரம், da qui donne), guide spirituel, précepteur.

*மந்திரம், 1° (mantra), prière, formule de prière, section des vêdas comprenant des prières et des hymnes, vers mystiques, — mystérieux, formule d'exorcisme ou d'enchantement (dans les tantras...), mandra ou formule magique pour produire des effets merveilleux, les vêdas, un des உபநிஷதம், une des parties du வேதாங்கம், conseil, — privé, délibération, consultation secrète, avis en particulier, opinion. 2° (mandira), résidence —, palais d'un roi, ville, maison, intérieur, temple, lieu consacré à la divinité ou à quelque faux dieu, mer, troupe —, rangée de chevaux, écurie, caverne, — de lion..., jarret. 3° (mandra), ton bas, bruit sourd comme le murmure des nuages, murmure ou paroles marmotées, marmotage. 4° nom d'un pays (peut-être le மத்தியதேசம்), caillou, montagne: பரமண்டலமந்திரம் le pater noster; பிரியதத்த— l'ave Maria: விசுவாச — le credo; ஆறிலக்ஷண — la prière des 6 attributs divins; —உருபோடுகிறது répéter des formules de prières (sur un chapelet ...) ou —உருவேற்றுகிறது prononcer les formules magiques sur quelque objet, lui en appliquer l'effet, ou— *உச்சாரணம்பண்ணுகிறது réciter des prières, — des enchantemens, prononcer des paroles mystérieuses; —செபிக்கிறது, — பண்ணுகிறது réciter des prières, murmurer —, marmoter des formules mystiques; —படிக்கிறது apprendre —, lire les prières, apprendre par cœur des formules de prières, les lire; —சொல்லுகிறது réciter des prières; மந்திரகாஷாயம், —காவி espèce de toile teinte en jaune d'ocre; —கிருத்து conseiller, ministre; —கிருதம் consécration par des prières ou des mandras; —குத்தி, —குப்தி conseil secret; —கூடம் pierre noire, salle du conseil; —கூடன் espion, émissaire secret; —கூர்மை sel de roche dit இந்துப்பு; —கூறை pagne —, toile de mariée bénite, toile de noces bénite et donnée à la mariée: —க்காரன் magicien, sorcier, enchanteur; —சஞ்சீவி l'insecte இந்திரகோபம்; —சக்தி force —, efficacité des prières, — des formules magiques, de bons ministres, de bons conseillers; —சாஸ்திரம், —சாத்திரம், science des prières et des hymnes liturgiques des Indous, qui font la 1re partie des vèdas, c'est le 11me des கலைக்கியானம்; — சாலை salle du conseil; — கிருவன், (கிருசானு), le feu; — சித்தி effet des prières, — des formules magiques; — சுத்தி purification des prières ou par prières, c'est la dernière des பஞ்சசுத்தி des Sivénistes; — செபம் récitation des prières, prière vocale; — ஸ்தம்பம், — ஸ்தம்பனம் arrêter —, rendre immobile par des prières magiques; — ஸ்தாபனம் placement —, érection par prières; — ஸ்நானம் ou — தீர்த்தஸ்நானம் aspersion d'eau lustrale sur un malade pendant qu'il entend la lecture des vèdas, ce qui est un des 7 ஸ்நானம் des Indous; — தந்திரம் sorcellerie, gesticulations avec les doigts en prononçant des prières ou formules magiques, enchantement —, maléfice par la magie; — தந்திரத்திலே மயக்கப்படுத்துகிறது troubler l'esprit —, ensorceler par des enchantemens. — தசி brame habile dans les vèdas; — தாரணை le 4me des 9 தாரணை; — தீதிதி, P. மந்திரதீதிதி, (didhiti *lumière*), le feu; — தம்பம் — தம்பனம், — த்தாபனம், V. மந்திரஸ்தம்பம.... — தேவர், — நாயகர் dieux prétendus —, immortels auxquels s'adressent des prières; — பசு l'animal domestique, *i.e.* le chat: — பலம், — ப்பலன் efficacité des prières, objet ou résultat du conseil; — புஷ்பத்துமன், (surnom de) சுடுக்கன்; — பேதம் trahison ou divulgation des conseils; — ப்பிரயோகம் usage —, emploi des prières, — des conseils; — ப்பொருத்தம் appropriation —, convenance des prières aux divinités de chacun, choix de prières propres à chaque divinité prétendue; — மூர்த்தி, V. மந்திரதேவர்; — வாதம் récitation de prières magiques, enchantement, la secte des mandras; — வாதி sectateur des mandras, sorcier, enchanteur, exorciste; — வாள் épée enchantée, reçue comme un don céleste, épée mystique, — propre à la royauté; — விதி règle d'enchantement; — விதியாய்ச்செய்கிறது faire suivant les règles des enchantemens, exécuter par enchantement; — விதியாய்முடிக்கிறது finir par enchantement; — வித்தை science des formules de prières, — des enchantemens, — de la magie, récitation de prières, enchantement, exorcisme.

*மந்திராக்ஷதை, மந்திராட்சதை (மந்திரம், அக்ஷதை), riz safrané sur lequel on dit des mandras et que les brames distribuent à leurs adeptes. [récitation de prières.

*மந்திராசநவினை, (*id.* ஆசநவினை),

மந்திராச்சி, (*id.* ஆச்சி), femme chargée d'apprendre les prières aux enfans...

*மந்திராயுதம், (*id.* ஆயுதம்), arme enchantée, instrument d'enchantement.

*மந்திராலோசனை, (*id.* ஆலோசனை), délibération —, consultation secrète, conseil privé.

*மந்திரி, 1° (mantri), *pl.* மந்திரிகள், மந்திரிமார், மந்திரியர், ministre, — d'état, — de roi, conseiller, le ministre (pièce du jeu d'échecs que nous appelons la reine), devin, astrologue, qui prétend prédire l'avenir, homme rusé, adroit et fertile en expédiens et en stratagèmes, Viâjen ou Jupiter, ministre ou conseiller des dieux indous, Vénus ou Soukren, conseiller des அசுரர், Boudhen ou Mercure, Koubèren, la plante திராய். 2° *imp. de* மந்திரிக்கிறது: துர் —, கெட்ட — mauvais conseiller *v.g.* le diable; — க்கிழவோர் ministres d'état qui doivent être de sages vieillards; — குபேரன் le ministre Koubèren (pour le distinguer de Koubèren la lune); — தந்திரி ministre qui fournit des stratagèmes à son maître; — த்தனம், — த்துவம் dignité —, charge de ministre, — de ministre d'état; — த்தனம்பண்ணுகிறது exercer la charge de ministre.

அசு

மந்திரித்தல், மந்திரிக்கிறேன், மந்திரித்தேன், மந்திரிப்பேன், வ.வி (மந்திரம்), மந்திரிக்க, v.a. bénir, — en récitant des prières, exorciser, réciter des prières mystiques, réciter des mandras, —des formules d'enchantemens ou de magie, ensorceler, donner de mauvais avis; மந்திரித்ததண்ணீர் eau bénite.

*மந்திரு, (mantrou), sage, conseiller.

*மந்திரோபாசனம், (மந்திரம், உபாசனம்), ou

*மந்திரோச்சாரணம், (id. உச்சாரணம்), récitation de prières.

*மந்திரௌஷதம், (id. ஔஷதம்) remède de la prière, remède béni.

*மந்தினி, (manthini), baratte (pour faire le beurre).

*மந்தியம், மந்திமம், (மந்தம், அ, augment), ignorance, paresse, lenteur, nonchalance.

*மந்து, (mantou), roi, homme, genre humain, intelligence, faute, offense, transgression, arbuste.

*மந்துராசம், (மந்துரை), écurie, rangée de chevaux.

*மந்துரை, (mandourA), étable, lit, couche, natte servant de lit.

மந்தை, troupeau (de brebis, de bœufs ou de vaches...), bercail: —மடக்கிவிடுகிறது arrêter —, retenir le troupeau; —வெளி champ commun ou ouvert pour le pâturage.

மந்தையன், (மந்தம்), bêta, bête, lourdaud, esprit obtus.

*மந்தோச்சம், (மந்தம், உச்சம்), apsides d'une planète, les 2 points de son orbite où elle se trouve à sa plus grande ou à sa plus petite distance du soleil ou de la terre, périgée et apogée, périhélie et aphélie.

*மந்தோஷ்ணம், மந்தோஷ்டணம், (id. உஷ்ணம்), température modérée: மந்தோஷ்ணமண்டலம் zône tempérée.

*மந்தோததி, (மந்தம் baratter, உததி mer), la mer qu'au dire de la fable on a barattée, i. e. la mer de lait.

*மந்தோதரி, (மந்தம், உதரம்), Mandôdari, femme de Râvanen: —மைந்தன் le fils de Mandôdari et de Râvanen.

*மந்தோதரீசன், (மந்தோதரி, ஈசன்), le mari de Mandôdari, i. e. Râvanen.

மப்பு, agglomération de nuages, temps couvert, — nébuleux, trouble d'esprit: —கலைகிறது les nuages se dissiper, le temps s'éclaircir; —போடுகிறது le temps se couvrir, devenir nébuleux; —போட்டுக்கொண்டிருக்கிறது le ciel être couvert de nuages épais.

*மமகாரம், (mama de moi), orgueil, arrogance.

*மமதை, மமத்துவம், (id.), orgueil, égoisme, arrogance, individualité, isolement.

*மம் (ma), bonne fortune, bonheur, eau.

மம்மட்டி, la plante சிற்றமட்டி.

மம்மர், malheur, vexation, trouble, — d'esprit, lascivetě, luxure.

மம்மாயி, V. மகமாயி.

*மயகோசம், (மயம், கோசம்), ce qui est le siége ou le lieu d'une chose.

மயக்கடை, (மயக்கு, அடை), ou

மயக்கம், s. v. de மயங்குகிறது, confusion, mélange, désordre, trouble, —d'esprit, illusion, — mentale, erreur, prestige, perplexité, étourdissement, syncope, pamoison, faiblesse, léthargie, somnolence, engourdissement, torpeur, ivresse, enivrement, — causé par les liqueurs, vertigo, folie, égarement des sens, amorce, attrait, appât, charme, infatuation, fascination, séduction, nom d'une cérémonie funèbre des Indous: —ஆயிருக்கிறது être troublé, hébété, assoupi, enivré, alléché, séduit; —இன்மை exemption de confusion..., lucidité, calme —, clarté d'esprit; —தெளிகிறது le trouble, la léthargie, l'ivresse ou l'illusion se dissiper, —finir, revenir à son bon sens; மயக்கவணி, (அணி), figure ou comparaison qui confond les objets, ou dans laquelle on prend une chose pour une autre, *Ex.* மரகதக்கதிரைப் புற்கென்றுகறிக்கும் il broutera comme de l'herbe les rayons de l'émeraude; — தெளிவிப்பு (ஐயம் தீர்ப்பு), figure qui rejette l'erreur de prendre une chose pour une autre et rétablit la vérité, espèce d'அபகுதியுருவகம். *Ex.* சுரமன்று காமவேதாயம்வெப்பம் ce n'est pas la fièvre mais la chaleur de la luxure.

மயக்கரவம், (மயக்கு, அரவம்), serpent dont la morsure cause la pamoison, — l'étourdissement.

மயக்கல், *opt. et n.v. de* மயக்குகிறது, *ou*

மயக்கிடை, (மயக்கு, இடை), *V.* மயக்கம். [*V.* மயக்கம்.

மயக்கு, *imp. part. et n.v. du suiv.*

மயக்குகிறது, *sync.* மயக்கிறது, க்கினேன், க்குவேன், க்கு, க்க, *v.a. de* மயங்குகிறது, மயக்குதல், *n.v.* fasciner, charmer, gagner, infatuer, déconcerter, troubler, — l'esprit, faire perdre la raison, assoupir, enivrer, séduire, attirer, mêler, mélanger, confondre, amalgamer.

மயக்குவிக்கிறது, *v.caus. du préc.* மயக்குவித்தல், *n.v.* faire fasciner..., — leurrer, — troubler l'esprit par un autre.

மயக்குறுகிறது, (மயக்கு, உறுகிறது), *ou*

மயங்குகிறது, *sync.* மயங்கிறது, ங்கினேன், ங்குவேன், ங்கு, ங்க, *v.n. de* மயக்குகிறது, மயங்கல், மயங்குதல், *n.v.* se troubler, se déconcerter, être troublé, désorienté, égaré, confus, confondu, mêlé, mélangé, amalgamé, embrouillé, embarrassé, assoupi, enivré, infatué, fasciné, charmé, séduit, gagné, fou, épris d'amour pour, perdre la raison: மயங்கவைத்தல் amalgamer, confondre, mettre une chose à la place d'une autre, confusion, un des 10 défauts en composition; மயங்கித்திரிகிறது rôder çà et là épris de, être infatué; மயங்கிசைக்கொச்சகக்கலிப்பா, (மயங்கும், இசை), espèce de vers dits கொச்சகம் dans laquelle les 6 parties dites தரவு, தாழிசை, அராகம், அம்போதரங்கம், தனிச்சொல், சுரிதகம், sont confondues ou amalgamées, augmentées, diminuées, interverties et interrompues.

*மயடம், (mayata), cabane couverte d'herbes et de feuillage.

மயன்றடை, soir, soirée.

மயப்பு, jus, suc, opulence, prospérité, couleur.

*மயம், 1° (maya), chameau, mulet, beauté, (dit surtout des ouvrages de மயன்), un des 32 ordres ou systèmes d'architecture inventé par மயன். 2° particule sanscrite qui indique la nature, la matière, l'origine, la propriété et sert à former des adjectifs... comme பொற்கமயம் chose d'or; பொற்கமயமான d'or, doré; பொற்கமயாலயம், (ஆலயம்), temple d'or; அவன்மயம் sa nature, sa manière d'être, tel qu'il est, comme lui; தேசம் அவன்மயமாயிருக்கிறது le pays est sous son pouvoir, ou de son parti, on est à lui; அன்னமயம் la nature de la nourriture, ce qui concerne la nourriture.

மயர், *imp. part. et n.v. du suiv. V.* மயக்கம்.

மயர்கிறது, ர்ந்தேன், ர்வேன், ர், ர, *v.a. et* மயர்தல், *n.v. V.* மயங்குகிறது.

மயர்வு, *n.v. du préc. V.* மயக்கம்.

மயல், menu bois, buchettes, pailles, feuilles sèches, trouble, — d'esprit, confusion, torpeur, lenteur, égarement, fascination, infatuation folie, luxure, lascivité, attrait sensuel, passion (d'un sexe pour l'autre), crainte, démon, lutin.

மயனூல், (மயன், நூல்), science de l'architecte..., architecture.

*மயன், (maya), Mayen architecte des géans et père de மண்டோதரி femme de Râvanen, charpentier, architecte, artiste, artisan, joueur de luth.

*மயானம், *P.* மசானம் *ou* மயானகானம், — பூமி lieu où l'on brûle les morts, cimetière; — க்கிரியை action —, cérémonie de brûler les morts, cérémonies funèbres; — ஞா னம், — வைராக்கியம் sagesse —, détachement du monde —, résolution inspirée par les cérémonies funèbres; — வயிரவன் le Bhaïraven des cimetières; — வாசி, — நிவாசி esprit ou fantôme qui est censé hanter les cimetières, (surnom de) Siven,

*மயிடம், P. மகிஷம், buffle: மயி டரோசனை pierre biliaire ou formée de la bile du buffle.

*மயிடன், மயிடாசுரன், (அசுர ன்), V. மகிஷன்.

மயிரோசனை, sync. de மயிட ரோசனை.

மயிர்த்தி, V. பதுக்கி.

மயிர்த்துகிறது, த்தினேன், த்துவே ன், த்து, v.n. மயிர்த்துதல், n. v. V. பதுங்குகிறது.

மயிரகம், (மயிர், அகம்), drap, étoffe de laine, de poil ou de crin, haire, cilice.

மயிரோசனை, sorte de remède, V. மயிடரோசனை.

மயிர், poil, cheveu, crin, laine, toison, duvet —, plume des oiseaux, puberté: தலை—cheveu, chevelure; புற—les poils du corps; மயிராற்று கிறது sécher sa chevelure, son poil ou sa toison (après le bain...); — கி டுக்கி pinces pour arracher le poil; —இடை épaisseur d'un cheveu, intervalle entre les cheveux ou les poils; — இழவு perte des cheveux, s'arracher les cheveux en signe de deuil ou de douleur; — உதிருகிறது, — உதிர்ந்துபோகிறது le poil ou les cheveux tomber; — உருசாத்து onguent —, parfum pour les cheveux; — கத்தரி instrument pour couper les cheveux, ciseaux, rasoir; — கட்டியபாளம் cilice, haire; — ஒது க்குகிறது écarter —, ajuster les cheveux, diviser la chevelure avec symétrie; — ஒழுங்கு disposition —, rangée —, boucle de cheveux ou de poils. poils qui couvrent l'estomac, hérissement des poils du corps; — கழிக்கி றது, — களைகிறது couper les cheveux, raser; — களைவோன் barbier; — க்கனை largeur —, épaisseur —, bout d'un cheveu; — க்கற்றைகள் longue chevelure; — க்கருவி brosse, instrument en crins; — க்கால் pied —, racine des poils, pores de la peau; — குறைகருவி rasoir, ciseaux; — க்கூ ச்சம், — க்கூடச்சு horripilation, hérissement des cheveux ou des poils du corps; — க்குழற்சி horripilation, ou — க்குழைவு frisure, tour de cheveux; — க்குச்சு brosse, bijou ou ornement qu'on met à la chevelure; — க்குஷ்டம், — க்குட்டம் espèce de lèpre ou de maladie qui fait tomber les cheveux ou le poil; — க்குட்டி chenille, — à longs poils; — க்குத்தம் sorte de remède; — க்குரு boutons ou pustules qui se forment aux pores de la peau, — à la racine du poil; — க் காம்பெறிகிறது, — க்கூச்சிடுகிறது, — க்கூச்செறி கிறது les cheveux se dresser sur la tête, les poils ou les cheveux se hérisser de peur, de froid ou de joie; — க்கொத்து touffe de cheveux ou de poils; — க்கொன்றை petit arbre à fleurs dit cæsalpinia pulcherrima; — க்கோரை la plante scirpus polytrichoides; — சிலிர்க்கிறது les cheveux ou le poil se hérisser; — சீவு கிறது se —, peigner; — ச்சடை grande chevelure emmêlée; — ச்சாந்து onguent odoriférant pour les cheveux (surtout à l'usage des femmes); — ச்சிகை touffe de cheveux; ச்சிகைப்பூடு la plante சருட்டி; — ச் சிலிர்ப்பு horripilation; — ச்சீலை, V. மயிரகம்; — ச்சுருள், — ச்சுருளை, — ச்சுருட்டு boucle —, rouleau de cheveux, chevelure enroulée; — த்து டைப்பம் brosse; — த்தொகுதி touffe —, tresse de cheveux, chevelure; — நிறைவு quantité de poils ou de cheveux: — பொடிக்கிறது les cheveux —, les poils se hérisser; — ப்பட்டு espèce de drap ou d'étoffe de poil; — ப்பரப்பு déploiement —, étendue de chevelure; — ப்பிளவை, — ப்புற்று teigne, gale des cheveux, achores; — ப்பொருத்தி rangée de poils: — போன்ற capillaire, gros comme un cheveu; — மாட்டி nom d'un bijou qu'on met à la chevelure;— மாணிக்கம் bijou pour la chevelure, la plante ipomoca guamoclit, concrétion dans l'estomac d'une vache;—முடி touffe—, toupet de cheveux du sommet de la tête,—dit குடுமி; —முடிக்கிறது lier—, attacher sa chevelure ou les cheveux;—வாரி peigne;—வாருகிறது se—, peigner; —விரிக்கிறது déployer sa chevelure, s'écheveler, être échevelé; ஒரு மயிரிலே கட்டுப்படுகிறது être lié par un cheveu, être attaché ou retenu faiblement, — par un rien, se laisser aisément persuader; — வினை ouvrage de barbier ou de coiffeur, couper les cheveux, raser, coiffer; —வினைஞன் barbier, coiffeur.

மயிலடி, (மயில், அடி), pas—, trace des pieds du paon, espèce d'anneau ou de bijou que les femmes portent aux pieds:—க்குருந்து nom d'un arbre.

மயிலம், (மயில்), plume de paon, la plante குப்பைமேனி.

மயிலாபுரி, மயிலாப்புரி, மயிலாப்பூர், (மயில், ஆ augment), la ville de Maïlapour, Méliapour ou St. Thomé près de Madras.

மயிலவன், மயிலான், மயிலூர்தி, (id.), Soupramanien dont la monture est un paon. [ges dit செம்பருத்தி.

மயிலிலவம், colonnier à fleurs rou-

மயிலை, espèce de jasmin dit இருவாட்சி, poisson, le signe des Poissons, blanc tacheté ou mélangé de noir, couleur cendrée,— grise ou grisâtre, malpropreté, saleté, habit sale, V. மயிலாபுரி; — நந்தி l'arbrisseau மருதோன்றி; — ப்பசு vache grisâtre; —ப்பச்சை couleur verte mêlée de noir, vert foncé.

மயில், paon, paonne, c'est un des பஞ்சபட்சி ou 5 oiseaux à augure, l'arbre செம்மந்தாரி:—இறகு plume de paon;—எண்ணெய் huile médicinale de graisse de paon;—எள், —எள்ளு espèce de sésame;—கூத்தாடுகிறது le paon danser, se pavaner, faire la roue, déployer sa queue;—க்கொன்றை scirpus polytrichoides;—துத்தம், V. மயிற்றுத்தம்;— துணிக்கன் l'arbre அகத்தி:—வாகனன் celui qui a un paon pour monture, i. e. Soupramanien;—விசிறி éventail de plumes de paon; மயிற்குரல் voix —, chant du paon;—கொண்டை, —குட்டு aigrette ou crête de paon, la plante celocia cristata ou crête-de-coq;—க்குடை parasol de plumes—, aigrette—, plumes de paon; —பீலி plume de paon; — வால் queue de paon.

மயிற்றுத்தம், (மயில், துத்தம்), vitriol blanc,—bleu, sulfate de cuivre. [de paon.

மயிற்றோகை, (id. தோகை), queue

*மயு, (mayou), chantre du Souvarkam dit கின்னரன், cerf: —ராசன் le roi des Kinnarers, i. e. குபேரன்.

*மயூகம், (mayoûkha), beauté, rayon, lumière, lustre, flamme, aiguille ou gnomon d'un cadran solaire, ombre,—de ce gnomon.

*மயூரகம், (மயூரம், ka), paon, vitriol bleu, la fleur celosia cristata, crête-de-coq, la plante நாயுருவி.

*மயூரம், (mayoûra), paon, paonne, la plante dite crête-de-coq ou celocia cristata, la plante நாயுருவி, la position dite மயூராசனம், ou மயூரகதி marche ou pas de paon, une des 5 allures des chevaux; —சடைக்கு coq domestique;—சூடை la plante dite crête-de-coq;—பதம், (பதம், ka), marque—, trace d'ongle.

*மயூராசனம், (மயூரம், ஆசனம்), position du paon, une des 8 positions d'un yogui ou ascète indien, V. மயூரம் au mot ஆசனம்.

*மயூராரி, (id. அரி), l'ennemi du paon, i.e. le caméléon, le lézard dit பல்லி.

*மயேசன், மயேசுரன், மயேசுவரன், P. மகேசன், மகேசுரன், V. மகேசுவரன்.

*மயேசுவரி, P. மகேசுவரி.

*மயேந்திரம், P. மகேந்திரம், nom d'une ville, V. மகேந்திரபுரம்.

*மகேந்திரன், P. மகேந்திரன்: ம கேந்திரனாயம், V. மகேந்திரனாயம்.

மய்யம், P. மையம், le milieu.

மர, *adj. de* மரம், d'arbre, de bois.

*மரகதம், (marakata), émeraude, couleur verte: மரகதப்பச்சை, V. நரகப்பச்சை; — மேனியன் celui dont le corps est vert, *i.e.* Vichnou; — வல்லி, (surnom de) la femme de Yamen, Parvadi. Oumei.

*மரகதன், (*id.*), le bleu —, Koubâren.

*மரகம், (maraka), maladie épidémique ou pestilentielle, diarrhée, choléra.

மரக்கலம், (மரம், கலம்), navire, vaisseau, barque, bateau, tôni: மரக்கலப்பாய் voile de navire.

மரக்கலவன், (*id.*), pilote, patron de navire, capitaine, matelot.

மரக்கா, *id.*), bosquet, verger, jardin, - de fleurs.

மரக்காணம், (*id.*), Marcânam, village entre Sadras et Pondichéry, où il y a des salines.

மரக்காலன், (*id* ), nom d'un arbre.

மரக்கால், 1° (*id.*), jambe de bois, béquille, pied d'arbre, marcal, mesure pour les grains, le 12e d'un கலம், (on l'appelle aussi குறுணி), le marcal de Madras vaut 12 litres 1/4; celui de Pondichéry 3 litres 1/2, le Marcal se divise en 8 படி ou mesures à Madras et en 4 படி à Pondichéry, lequel படி n'est presque que la moitié de celui de Madras.), mesure dite வள்ளம் (ordinairement de 4 படி et en certains lieux de 8 படி et même de 10.) 2° la 9e constellation dite ஆயிலியம், la 15e constellation dite சோதி, salines, danse de Dourgâ. — de Vichnou, Vichnou, bouquet de fleurs, touffe: — த்துண்டு déficit —, manque ou déchet dans le remesurage des grains.

மரக்கிறது, மரத்தேன், மரப்பேன், மர, மரக்க, v.n. (மரம்), மரத்தல், n.v. *et* மரத்துப்போகிறது, un membre..) se roidir, s'engourdir, devenir paralysé, sec, dur, raide comme du bois, être stupéfait, interdit, sans pouvoir remuer. ex மரத்துநிற்கிறது, மரத்திருக்கிறது être stupéfait, interdit, raide comme du bois, engourdi, paralysé.

*மரணம், (marana), mort, décès, trépas, c'est un des அஷ்டகருமங்கள், des பஞ்சபாதகங்கள் et des பெருந்தீட்டு: — அடைகிறது mourir, expirer, décéder; சுரணத்தப்பினால் மரணம் si le saut périlleux manque, la mort est certaine, une affaire périlleuse demande beaucoup de précautions; — செய்விக்கிறது donner —, procurer la mort: மரணத்தைக்கொடுக்கும் பாவம் péché mortel, — qui donne la mort à l'âme; மரணக்குறிகள் causes —, présages de la mort: — குறிகள் காட்டுகிறது les présages de mort se montrer, — paraître, les voir; — சன்னது, — சன்னதுமை certitude —, signe —, bijou de la mort, nom d'un traité: — சன்னதுத் détermination —, certitude du temps de la mort; — காலம் temps de la mort; — க்குறி signe de mort; — பயம் peur de la mort; — சாசனம், — சாதனம் testament, dernières volontés d'un mourant: — சாசனத்தை நடப்பிக்கிறவன் exécuteur testamentaire: — ஜீவன் vie mortelle; — குணம். V. மரணாவஸ்தை; — சேஷ்டை convulsions de la mort, — à l'approche de la mort; — சனி prétendue position mortelle de சனி ou Saturne, c'est lorsqu'il est au 12e signe et au 3e ஜென்மத்துக்கு; — ஸ்தம்பனம் arrêter la mort; — நேரம் le moment de la mort; — தினம் jour de la mort; — த்தறுவாய் moment —, article de la mort; — ப்போர் combat de la mort, lutte avec la mort, agonie; — போகம். V. நரகபோகம்; — மோசம் danger de mort, risque de la vie; தன்சீவனை — மோசத்துக்குள்ளாக்குகிறது exposer sa vie au danger de mort, hasarder sa vie; — வேதனை douleurs —, tourment de la mort; — வேளை moment de la mort; மரணத்துக்கே

குரோமெருத்தம், — பாதகம் crime capital, péché mortel.

*மரணாசௌசம், (மரணம், அசௌசம்), impureté légale causée par une mort.

*மரணாவஸ்தை, (id. அவஸ்தை), agonie, combat avec —, article de —, moment de la mort.

மரணிக்கிறது, ணித்தேன், ணிப்பேன், ணி, ணிக்க, v. n. (மரணம்), மரணித்தல், n.v. mourir, expirer.

மரணிப்பு, n.v. du préc. mort, décès. [ta), mort, trépas.

*மரணம், மரநம், மரணம். mara-

*மரகதம், (marakta), émeraude.

மரத்தல், n.v. de மரக்கிறது, raideur, engourdissement, stupéfaction, dureté.

மரத்து, 1° gér. de மரக்கிறது. 2° obl. de மரம், d'arbre, de bois: மரத்தின்பழம் மரத்தடியில்விழும் le fruit de l'arbre tombera au pied de l'arbre, i.e. le péché retombera sur le pécheur.

*மரந்தம், மரந்தகம், (maranda, ka), nectar —, miel des fleurs.

மரக்காணம், P. மரக்காணம், le village de Marcanam. [ches, alliés.

மரபார், (மரபு, ஆர்), parens, pro-

மரபு, nature, propriété, antiquité, usage, règle, descendance, famille, lignée, race, postérité, côté —, ligne —, degré de parenté: இருமரபு les 2 lignes, la ligne paternelle et la ligne maternelle; சந்திரன் —, சந்திரமரபு la race ou la descendance de la lune, la dynastie lunaire: மரபுச்சொல், — ப்பெயர் expression —, nom antique, — spécifique, — spécial, nom qui de toute antiquité a été donné comme nom propre à un objet, *Ex.* பலா jaquier, nom spécifique, — limité ou particulier à une espèce, à une famille, à une chose, *Ex.* பசுவின்கன்று jeune veau, குதிரையின்மறி jeune poulain, l'usage ayant assigné le mot கன்று, au lieu de குட்டி, pour le petit de la vache et de certains autres animaux, et celui de மறி pour le petit de la jument...

மரமத்து, V. மராமத்து.

மரமர, son imitatif du bruit des feuilles sèches...

மரமறுவாள், (மரம் அறு), scie, — pour scier les arbres.

மரம், arbre, bois, — de charpente, — à faire quelque ouvrage, (et non bois à brûler qui se dit விறகு): ஆண்மரம் arbre mâle, — dur, — qui ne porte pas de fruit ou dont le plus dur est au centre; பெண்மரம் arbre femelle, — qui porte du fruit, ou arbre spongieux, dont le plus dur est à l'extérieur; மரந்தலை ஆயக்கட்டு total des plantations; — மரத்தடி tronc, pied d'un arbre: மரத்தடியிலே au pied de l'arbre; எனக்கு மரத்தடிபோதும் le tronc de l'arbre me suffit; மரமேறி celui qui monte sur les arbres, Sânan; மரக்கணு, — க்கட்டு nœud d'arbre; — க்கப்பு branche d'arbre, (surtout si elle est fourchue); — க்கறி ragoût —, plat de légumes, — de fruits cuits (opposé à viande); — க்கன்று jeune arbre, plant d'arbre; — க்காளான் champignon qui croît sur les arbres: — க்கூடு cage de bois; — க்குகை creux d'arbre; — க்கொம்பு, — க்கொப்பு branche d'arbre; — க்கோல் perche de batelier, flèche sans pointe, — non affilée, — émoussée; — ச்சக்கை copeau, planure; — ச்சிலை statue —, idole de bois; — ச்சிலைக்கல், V: சக்கிமுக்கிக்கல், la pierre dite சாலக்கிராமம்; — ச்செமிழ். — ச்செப்பு petite boîte —, boîte de bois: — ச்செறிவு arbre (en général), bosquet, verger; — த்தச்சன் charpentier, menuisier: — த்தட்டுமுட்டு ustensile de bois: — த்தொட்டி auge de bois, baquet, huche... en bois; — த்தோல் écorce d'arbre; — நா langue de bois, — raide comme du bois; — நாய் *litt.* chien des arbres, espèce de chien ou de belette qui vit sur les arbres; — ப்பட்டை écorce d'arbre; — ப்பத்தல் auge en bois (pour donner à manger aux animaux), canal en bois (pour conduire l'eau d'arrosement); — ப்பாத்திரம் vase de bois: — ப்புண் plaie ouverte et large ou dure, — qui s'élargit au lieu de se guérir; — ப்பெட்டி caisse —, coffre —, boite de bois; — ப்பெய ர்த்தொகுதி dictionnaire de botanique, dans lequel sont spécifiés les arbres, arbrisseaux, plantes, racines, feuilles, fleurs...; — ப்பொது arbre (en général), bosquet, verger; — ப் பொந்து, — ப்பொத்து creux —, trou dans un arbre; — மஞ்சள் arbre et racine très-amères et d'une vertu médicinale; — மணி grains de chapelet ou de collier en bois; — வட்ட ணம், — வட்டகை, — வட்டம் large plat de bois, long bouclier de bois (quelquefois couvert de peau); — வ ட்டு place du jet ou du rameau de l'arbre; — வட்டை, (அட்டை), millepieds, cloporte; — வணில், (அணில்), chauve-souris qui se suspend aux arbres; — வண்டு espèce de scarabée qui perce les arbres et vit dans les trous qu'il y fait; — வயிரம் cœur d'arbre; — வள்ளி sorte de racine longue et bonne à manger, espèce de patate, — வாணி, (ஆணி), cheville (de bois); — வாளை bâton, perche pour porter des fardeaux suspendus; — விடை arbre en rapport, terrain —, sol sur lequel des arbres sont plantés, verger: — வினைஞர் — வினையாளர் charpentiers, menuisiers, ouvriers en bois; — வுப்பு, (உப்பு), potasse, — noire, sel alcalin, tiré des végétaux; — வுரி, (உரி), écorce intérieure des arbres, toile —, vêtement fait des fibres de l'écorce des arbres (à l'usage des pénitens), sorte d'arbre: — வெண்ணெய், litt. huile de bois, espèce de vernis à bois; — வெலி, (எலி), rat qui monte sur les arbres; — வெறும்பு fourmi qui vit sur les arbres; — வொல்லி, (ஒல்லி), coco vide dont les fibres servent à faire des cordes...

மராமத்து, (ind.), réparation, raccommodage.

மரல், la plante அரலை sanseveria zeilanica, espèce de கற்றாழை.

மரவம், l'arbre aromatique குங் குமம், espèce de safran.

மரவை, (மரம்), vase —, écuelle —, plat —, bole —, coupe —, boite de bois. [கடம்பு, குச்சு, et அரசு.

மரா, — மராம், les arbres வெண்

*மராஷ்டம், மராஷ்டியம், மரா ஷ்டிரம், (sync. de மகாராஷ்டிரம்) le pays —, la langue des Mahrattes, qui est une des 18 (énumérées dans les écrits indous).

*மராஷ்டியர், மரட்டியர், (மரா ட்டியம்), les Mahrattes.

மராடம், 1° la plante மருக்காரை. 2° V. மராஷ்டம்.

மராட்டம், 1° place, lieu, poils du corps, cheveu de femme. 2° P. மராஷ்டம். [ராஷ்டம்...

*மராட்டியம், மராட்டிரம்... V. ம

மராமத்து, P. மராமத்து, réparation.

மராமரம், V. மரா. [ration.

மராம், les arbres கடம்பு et வெ ண்கடம்பு. [gasin, dépense.

*மராரம், (marâra), grenier, magasin, dépense.

*மராலம், (marâla doux), noir de fumée employé comme collyre, cheval, canard, espèce de flamant, — d'oie à pattes et bec rouges, nuage, jardin de grenadiers.

*மராளம், 1° (id.), espèce de flamant, — d'oie ou de cygne à pattes et bec rouges, grenadier. 2° serpent.

மரிக்கிறது, ரித்தேன், ரிப்பேன், ரி, ரிக்க, v.n. (மரணம்), mourir, expirer, trépasser, décéder.

மரிக்கை, n. v. du préc. mort, trépas, action de mourir...

*மரிசம், 1° (maritcha), poivre, — noir. 2° ou

மரிசணம், 1° (marsana), avis, conseil, délibération. 2° P. மரிஷம்.

மரிசி, chemin ou sentier sur une nouvelle chaussée dans les rizières.

*மரிஷிதம், மரிஷம், மரிஷணம், ம ரிஷிதம், (marcha, na, ita), patience, résignation.

மரித்த, part. parf. de மரிக்கிறது, mort, défunt: மரித்தவர்கள், மரித் தோர், n. app. les morts, les trépasses; மரித்தோர்த்தலம் cimetière, tombeau, sépulcre. [தல், mort, trépas.

மரித்தல், மரிப்பு, *n.v. de* மரிக்கிற

மரியா, மரியாத, *part. nég. du même*, qui ne meurt pas, immortel.

*மரியாதம், மரியாதி, *et mieux*

*மரியாதை, (maryâdâ), décence, bienséance, convenance, honnêteté, règle, — de conduite, ordre, modestie, discrétion, civilité, respect, révérence, justice, manière, voie, certitude, règle fixe, — ou prescription générale établie par les anciens, borne, limite, rivage, — de la mer, chaussée de rizière, digue: மரியாதப்பிழை incivilité, indécence, inconvenance, irrévérence, grossièreté, manières rudes, inconduite; மரியாதைக்காரன் homme poli, civil, honnête, courtois, de bonne conduite; — செய்கிறது faire des civilités, traiter avec respect, — avec bienséance; — தப்புகிறது, — மற்றுப்போகிறது manquer à la civilité, à l'honnêteté, à la bienséance...; — யாய் décemment, poliment, honnêtement, modestement. [immortalité.

மரியாமை, *n.v. nég. de* மரிக்கிறது,

*மரியை, (maryâ), borne, limite, justice, règle fixée par les anciens ou les grands. [noir.

*மரிசம், (maritcha), poivre, —

*மரீசி, (maritchi), rayon de lumière, Maritchi, fils de Brama et un des பிரசாபதி, avare, lésineux: — மாலி l'astre orné d'une guirlande de rayons, *i.e.* le soleil.

*மரீசிகம், மரீசிகை, (மரீசி, kâ), mirage, effet de la réflexion des rayons du soleil, qui dans les pays chauds et sablonneux parait à certaine distance comme des étangs ou des lacs qui n'existent pas.

*மரு, 1° (marou) désert, — de sable, pays sans eau, montagne, la province de Marwar dans l'Adjimir. 2° bonne—, odeur, parfum, la plante odoriférante origanum majorana, absinthe, cérémonie de dîner et de recevoir des présens, (*v. g.* le gendre dans la maison de l'épouse). 3° *imp. de* மருவுகிறது. 4° *P.* மருத்து, air, vent: — ப்பிரியன் l'ami du désert, *i.e.* le chameau.

மருகல், 1° nom d'une ville. 2° *n. v. de* மருகுகிறது.

மருகன், *V.* மருமகன்.

மருகி, *V.* மருமகள்.

மருகு, 1° espèce de bananier dit மகரவாழை, la plante odoriférante origanum majorana, *V.* மருமகன் *et* கட்டுமல்லிகை. 2° *imp. et part. du suiv.*

மருகுகிறது, கினேன், குவேன், கு, க, *v.n. et* மருகுதல், *n.v.* s'approcher, approcher.

*மருக்ககம், (markaka), araignée.

*மருக்கடகம், (markataka), singe, araignée, fruit, démon, poisson.

*மருக்கடம், (markata), singe, araignée, grand héron dit ardea argala ou adjutant: மருக்கடபுத்தி esprit —, caractère de singe, malice, folie; — வாசம் retraite—, toile d'araignée.

*மருக்கடாசியம், (மருக்கடம், ஆசியம்), figure de singe, cuivre.

*மருக்கம், (marka), vent, air, singe, corps.

மருக்காரை, (மரு), l'arbrisseau aux fleurs odoriférantes dit—, la plante gardenia dumetorum.

மருக்குறும்புல், l'herbe panicum stagninum.

மருக்கொழுந்து, (மரு), la plante odoriférante artemisia austriaca, absinthe: — சக்களத்தி la plante dite அளத்துப்பச்சை, *litt.* la rivale de l'absinthe.

மருங்கு, la ceinture ou le milieu du corps (surtout en parlant des femmes), côté, règle, ordre, rang.

மருங்குல், la ceinture, le côté.

மருங்கை, le 5me jour après les couches. [தளை.

மருச்சகம், l'arbre கொம்மட்டிமா

*மருச்சகன், (மரு, சகன்), l'ami du vent, *i.e.* le feu, Indiren.

*மருச்சுதன், (*id.* சுதன்), le fils du vent, le singe அநுமான், வீமன் ou Bhimen le 2e des Pandavers, (tous deux fils prétendus de Vâyou ou du vent).

மருட்சி, *n.v. de* மருளுகிறது, enthousiasme, fanatisme, infatuation, séduction, confusion, trouble, — d'esprit, folie, ignorance.

மருட்செந்தொடை, (மருள், செம்), espèce de poésie qui, tout en prenant les lettres dites இனவெழுத்து, n'observe ni le மோனை, ni les autres connexions ou symétries comprises sous le nom de தொடை, ni leurs variétés.

மருட்டம், (மருள்), ce qui trouble la raison, callou, liqueur enivrante.

மருட்டல், *opt. et n.v. de* மருட்டுகிறது, séduction, infatuation, instigation, tromperie, menace, terreur.

மருட்டி, *n app. et gér. du même*, trompeur, séducteur, callou.

மருட்டு, séduction, instigation, tromperie, *n. v. imp. et part. de*

மருட்டுகிறது, ட்டினேன், ட்டுவேன், ட்டு, ட்ட, *v.a. de* மருளுகிறது, மருட்டுதல், *n.v.* séduire, infatuer, gagner, leurrer, allécher, tromper, menacer, effrayer.

மருட்பன்றி, (மருள்), sanglier furieux, — effarouché.

மருட்பா, (*id.*) espèce de poésie qui commence par des வெண்பா et finit par des அகவல்.

மருண்ட, *part. de* மருளுகிறது: மருண்டவன் பாவனையுங்காணேம் il n'a pas même l'air d'être effrayé ou timide.

மருண்மா, (மருள், மா), l'animal furieux, éléphant, — furieux, — en rut.

மருண்மாலை, (*id.* மாலை), la brune, le crépuscule du soir, le temps où tout devient obscur.

மருதக்கிளி, (மருதம், கிளி), espèce de perroquet, *litt.* le perroquet des pays cultivés.

மருதாணி, l'arbrisseau மருதோன்றி, contrée —, terre cultivée.

மருதம், 1° *ou* மருதமரம் l'arbre terminalia alata. 2° *ou* மருதநிலம் contrée —, terre cultivée, une des 5 espèces de terrains dits ஐந்திணை, rizière, champ de riz, terre à rizière, lieux attenans aux rizières. 3° mélodie —, air des pays cultivés. 4° * (marouta), vent: மருதக்கருப்பொருள் propriétés et productions des pays cultivés au nombre de 14, savoir: 1° மருத — *ou* மருதநிலவேந்தன் le roi prétendu des pays cultivés, Indiren qui est censé les arroser des pluies du ciel. 2° — த்தலைவன் le chef d'un pays cultivé; il se nomme ஊரன், கிழவன், மகிழ்நன்; sa femme se nomme கிழத்தி, மனைவி. 3° — க்குடிகள், — நிலமாக்கள் les habitans des pays cultivés, nommés உழவர், கடைஞர்; — நிலப்பெண்கள் les femmes de ces pays nommées உழத்தியர், கடைச்சியர். 4° — ப்பறவை, — ட்புள் oiseaux des pays cultivés, savoir: கொக்கு la cigogne, நாரை le héron, அன்னம் le cygne, போதா gros héron, குருகு autre espèce de héron, தாரா canard, கம்புள் poule d'eau, et l' அன்றில். 5° — விலங்கு animaux des pays cultivés: எருமை le buffle, நீர்நாய் la loutre. 6° — நிலத்தூர் villages en pays cultivés dits பேரூர் *ou* மூதூர் *ou* உறையுள், கிராமம், நகரம், நகர், பள்ளி, பாழி, புரம், புரி, வாழ்க்கை.... 7° — நிலத்துநீர் eau des pays cultivés, ce sont les rivières dites ஆறு. 8° — நிலப்பூக்கள் fleurs des pays cultivés, ce sont celles des arbres suivans. 9° — மரம் arbres et plantes des pays cultivés, ce sont le மகிழ், le தாமரை, le கழுநீர், le குவளை, le காஞ்சி, le வஞ்சி, le மருதம்.... 10° — நிலத்துணவு nourriture des pays cultivés, *i. e.* செந்நெல் riz rouge, வெண்ணெல் riz blanc. 11° — நிலப்பறை, — ப்பறை tambour des pays cultivés, dit கிணை, பணை. 12° — யாழ் luth des pays fertiles ou cultivés. 13° — ப்பண், — நிலத்திராகம் air des mêmes pays dit மருதம். 14° — நிலமக்கள் தொழில் occupations des gens des pays cultivés, savoir திருவிழா வழங்

கல் célébration des fêtes; களையெடுத்த லோகட்டல் arracher l'ivraie des champs, நெல்லையறுத்தல் couper le riz, தெளித்தல் le semer, குளத்தாடல் se baigner dans les étangs, ஆற்றுநீராடல் se baigner dans les rivières; — த்திணை choses propres aux pays cultivés, les 14 précédentes; — ப்புணம் espèce de களிப்பாடு d'un ton bref, V. குறுங்கலி; — முதற்பொருள் choses principales des pays cultivés, savoir: rizières, lieux attenans aux rizières, la partie du jour dite வைகறை de 2 à 6 heures du matin, les 6 saisons de l'année dites ஆறுபருவம்; — வேந்தன் Indiren.

மருதாணி, sorte de plante.

மருது, l'arbre மருதம் terminalia alata.

மருதோன்றி, l'arbrisseau அலவணம், henné ou lawsonia spinosa.

*மருத்தன், (maroutta), Marouttan, nom d'un roi, vent, Vâyou, le dieu prétendu du vent.

மருத்திபோதி, la plante நாயுருவி.

*மருத்திரதம், (மருத்து, இரதம்), char qui vole dans l'air, le char fabuleux des dieux Indous, cheval, char à porter des idoles.

மருத்திடு, (மருந்து, இடு), philtre, effet d'un philtre, — d'une médecine donnée: மருத்திடுகொடுத்தல் donner un philtre; மருத்திடுவேசாக்கி femme perfide qui donne des philtres; மருத்திட்டின்குணம் disposition produite par un —, effet ou symptôme d'un philtre.

*மருத்து, 1° (marout), vent, air, Vâyou, le dieu prétendu du vent: மருத்துக்கள்ஏழு les 7 vents des Indous, savoir: கிழக்கு vent d'est, தெற்கு vent du sud, மேற்கு vent d'ouest, வடக்கு vent du nord, கீழ் atmosphère inférieure, மேல் atmosphère supérieure, பலயோனியுயிர் vie produite dans les diverses matrices. 2° *abl. de* மருந்து, médicinal, de remède: — சகன், V. மருச்சகன்; — அகன், V. மருச்சகன்; — நீர் eau médicinale, espèce d'eau pour se baigner; — நூலோர் médecins, auteurs de livres de médecine; — பதம் atmosphère, ciel, *litt.* route du vent, V. பாமரம்; — பலம் fruit de l'air ou du vent, *i.e.* grêle, pluie de grêle: — பாலன் le roi fabuleux de l'air, *i. e.* Indiren; — புத்திரன் le prétendu fils du vent, Bhimen, le 2° des Pândavers; — ப்லவம் ce qui saute comme le vent, *i.e.* le lion; — ப்பை sac aux remèdes, — de remèdes, — de médecin; — மரம் arbre médicinal, homme bienfaisant comme un arbre médicinal; — மாவுக்குச்சயிக்கினை மடங்காக்குதிரைக்குச்சவுக்கடி pour le cheval léger comme le vent un signe suffit, pour le cheval rebelle il faut des coups de fouet; — வாழை espèce de bananier, dit aussi மருத்துவாழை; — வாகம் ce qui a l'air pour véhicule; feu; fumée.

மருத்துவம், (மருந்து), art de la —, médecine, office de sage-femme; — பார்க்கிறது faire l'office de —, être sage-femme; மருத்துவக்கலைஞன் docteur en médecine, médecin: c'est une des 5 espèces de serviteurs affidés d'un roi indou; — க்கூலி salaire de sage-femme; — த்தொழில் office de sage-femme; — நூல் livre de médecine; — நூலோர் médecins; — வாழை espèce de —, bananier médicinal.

மருத்துவகுள், (மருத்துவன், நாள்), la 1re constellation lunaire dite அசுவினி.

மருத்துவன், 1° (மருத்துவம்), médecin. 2° *(maroutvân), Indiren, roi prétendu de l'air: மருத்துவர்; médecins, les 2 அச்சுவினிகள் prétendus médecins des dieux indous; மருத்துவர்தம்மன், V. மருத்துவகுள்.

*மருத்துவான், (maroutvân), Indiren, prétendu roi de l'air, le singe அநுமான் fils prétendu du vent. [sage-femme.

மருத்துவிச்சி, *f. de.* மருத்துவன்,

மருத்துவிபம், (மரு, துவிபம்), éléphant du désert, *i.e.* chameau.

மருத்தெண்ணெய், (மருந்து, எண்ணெய்), huile médicinale.

மருத்நம், poison, l'arsenic naturel சாலம்பபாஷாணம். [த்தீடு.

மருந்தீடு, (மருந்து, ஈடு), V. மரு

மருந்து, médecine, remède, potion —, plante médicinale, cordial, remède vivifiant, — qui fortifie, nectar, philtre, poudre (à canon, à fusil): —இடுகிறது donner un remède, ou —போடுகிறது donner un philtre, appliquer un remède; —இடிக்கிறது piler —, broyer un remède; —இழைக்கிறது broyer ou composer un remède; —காரி femme perfide qui donne des philtres, — des remèdes (à ses fins); —கூட்டுகிறது composer —, préparer une médecine, un remède; —க்கடை, —சாலை boutique, — salle d'apothicaire, pharmacie; —க்கடைக்காரன் —வியாபாரி apothicaire, pharmacien; மருந்தேயாகிலும் விருந்தோடே உண் fût-ce même de l'ambroisie, mangez-la avec vos hôtes; மருந்தும் விருந்தும் மூன்றுநாள் il faut 3 jours pour une médecine et pour un hôte, — pour prendre un remède et en connaître l'effet et pour remplir les devoirs de l'hospitalité: மருந்து கால் மதிமுக்கால் le remède fait un quart (de la guérison) et la prudence les 3 autres quarts.

மருபுசா, le bananier.

மருப்பு, gingembre vert, corne d'animal, branche d'arbre.

*மருப்புத்திரன், (மரு, புத்திரன்), V. மருச்சுதன்.

மருமகள், (மரு), bru, femme du fils, nièce, fille de sa sœur par rapport à un homme, ou de son frère par rapport à une femme.

மருமகன், (id.) gendre, époux de la fille, neveu, fils de sa sœur par rapport à un homme ou de son frère par rapport à une femme.

*மருமம், P. மர்மம். [மரம்.

மருமரம், மருமராஞ்சம், V. மர்

மருமான், gendre, fils, descendant: ராமன்சூரியனுக்கு மருமான் Râmen descend de Sourien.

*மருவகம், (marouvaka), tigre, இராகு ou le nœud ascendant, sorte de —, grue, la plante மருக்கொழுந்து, i.e. absinthe, la plante மருக்காரை, espèce de basilic et de citronnier.

மருவலர், (மருவு, அலர்), ennemis, gens qui ne s'approchent pas.

மருவல், opt. et n.v. de மருவுகிறது, approche, caresse, embrassement, copulation, familiarité, union, mélange, convenance.

மருவாதை, P. மரியாதை, modestie, décence, civilité, manière.

மருவாரி l'arbre பாலை.

மருவார், n. app. nég. de மருவுகிறது, V. மருவலர்.

மருவிய, part. parf. du même: —சாந்தி la pierre précieuse dite வைடூரியம் œil-de chat.

மருவு, imp. et part. de

மருவுகிறது, வினேன், வுவேன், வ, v.a. மருவுதல், n.v. embrasser, caresser, approcher, s'unir, être familier, s'accoupler, avoir commerce charnel, se mêler, convenir.

மருவுண்கிறது, (மரு, உண்கிறது), dîner et recevoir des présens, (v.g. un gendre dans la maison de son beau-père).

மருளல், opt. et n. v. de மருளுகிறது, enthousiasme, infatuation, fanatisme, séduction, illusion, trouble, — d'esprit, crainte, peur, son inarticulé, murmure —, bruit confus de voix.

மருளர், (மருள்), enthousiaste, fanatique, infatué, frénétique, possédé, extasié, hors de soi-même: மருளமக்கள் dévots —, sectaires enthousiastes, (terme usité parmi les hiérophantes soudras envers les dévots de Dharmarasa, de Dourgâ...): மருளருடன்மொழியாதே வார்த்தைதனை ne dites pas un mot aux fanatiques ou ne parlez pas de religion ou de mysticité aux insensés.

மருளிந்தளம், மருளிந்தராகம், (மருள், இந்தளம்), espèce d'air ou d'harmonie mélangée.

மருளுகிறது, ருண்டேன், ருவேன்,

ளுளு,ளுள,v.n.(மருள்),மருளுதல்,n.v. s'effrayer, s'enthousiasmer, craindre, être effrayé, dérangé, troublé, dérouté, séduit, infatué, enchanté, enthousiasmé, possédé, frénétique.

மருளூமத்தை,(*id.*),la plante xanthium orientale.

மருள், 1° *n.v. imp. et part. de* மருளுகிறது, trouble, —d'esprit, ravissement, enthousiasme, fanatisme, séduction, illusion, transport, frénésie, infatuation, folie, possession, effet d'une influence surnaturelle, démon, callou ou jus de cocotier, luth des pays montagneux, confusion, mélange, comparaison, comme, terme de comparaison. 3° *P.* மருள் la racine ou la plante sansevieria zeilanica:—பிடித்தவன் enthousiaste, frénétique; வேயம்—பரிணைத்தோள் bras de la grosseur d'un bambou, *i. e.* dégagé et élégant.

மருஉமொழி ou மருமொழி, (*P.* மருவும்,மொழி), mot mélangé, formé par contraction ou forgé contre les règles de la grammaire, mais usité par les savans, comme சோறு © *P.* சோழநாடு, மலாடு *P.* மலைநாடு, புத்தை, *P.* புதல்தந்தை.

*மருகம், (maroûka), espèce de cerf dit கவரிமான்.

மரை, 1° grenouille, gayal, sorte de renard. 2° *sync. de* தாமரை, nénuphar:—நீகம் grenouille.

மரைக்காயர். espèce de Mahométans qui parlent tamoul, comme les சோனகர், Choulias, Lebbis ou Yavanas.

*மர்க்கம், (markaka). araignée.

*மர்க்கடகம், (மர்க்கடம், ka), araignée, singe, démon, poisson.

*மர்க்கடம், (markata), singe, araignée, grande grue nommée par les Anglais adjutant, ardea argala, espèce de poison: மர்க்கடநியாயத்தீர்ப்பு jugement de singe, —corrompu, —obtenu par présens; —புத்தி esprit —, caractère de singe, malice, folie; —வாசம் toile d'araignée.

*மர்க்கடாசியம், (மர்க்கடம், ஆசியம்), figure de singe, cuivre.

*மர்க்கடி, (markati), la plante பூனைக்காலி dolichos pruriens, singe femelle. [singe.

*மர்க்கம், (marka), air, vent, corps,

*மர்க்கரை, (markarâ), trou, creux, cave, caverne, femme stérile.

*மர்த்தலம், (marddala), *V.* மத்தளம்.

*மர்த்தனம், (marddana), friction, mélange, action de frotter (le corps...), de broyer, de piler, de moudre, de pulvériser, de battre, de mordre, de baratter, de tourner, destruction.

*மர்த்தன், மர்த்தவியன், (martta, marttavia), mortel, sujet à la mort.

மர்த்திக்கிறது, திதித்தேன், த்திப்பேன், த்த, த்திக்க, *v.a.*(மர்த்தனம்), baratter, mêler, mélanger, mixtionner (un remède pour un autre,) piler, frotter, broyer, moudre, pulvériser, battre: மர்த்தித்துக்கொடுக்கிறது mélanger des onguens en les battant et les tournant et les donner, battre (des œufs).

மர்த்திப்பு, *n.v. du préc.* frottement, mélange, action de baratter....

*மர்த்தியம், (marttya), la résidence des mortels, la terre.

*மர்த்தியன், (*id.*), homme —, mortel. [mortelle.

*மர்த்தியை, *f. du préc.* femme—,

*மர்த்தினி, (marddini), destructrice (à la fin des mots composés).

*மர்மம், (marmmam), membre —, organe—, endroit vital, cœur, poitrine..., articulation, secret, mystère, sens—, dessein caché: —வாங்குகிறது arracher un secret: மர்ம ஸ்தானத்திலே யடிக்கிறது frapper dans les endroits vitaux.

*மர்மஞ்ஞன், மர்மவேதி, மர்மிசன் (மர்மம்), homme intelligent, pénétrant, qui connait les secrets.

*மர்மரம், (marmmara), bruit des habits..., des feuilles sèches ou de choses semblables. [me pauvre, vil.

*மர்மரிகன், (marmmarika), hom-

*மல. *adj. de* மலம். [கம்.

மலகரி, un des 32 airs dits இரா

மலக்கடி, மலக்கம்,(மலங்கு, அடி), trouble, confusion, désordre, embarras.

மலக்கனம், ambre jaune.

மலக்கனல்,espèce de pierre précieuse, lapis lazuli.

மலங்கல், *opt. et n.v. de* மலங்குகிறது, trouble, confusion, agitation, secousse, perplexité, étang, réservoir.

மலங்கு, 1° anguille. 2° *imp. et part. de*

மலங்குகிறது, கினேன், குவேன், கு,க, *v.n.* மலங்குதல், *n.v.* remuer, trembler, se troubler, être agité, troublé, embarrassé, inquiet: மலங்கமலங்கவிழுக்கிறது trainer quelqu'un qui est tout tremblant.

*மலசம்,(மலம்,சம்), pus, pourriture, produit de la saleté.

மலடன், (மலடு), homme impuissant (à avoir des enfans), — sans enfans.

மலடி, *fém. du préc.* femme stérile: —மாந்தம் dégoût du lait avec accés de fièvre, maladie des enfans.

மலடு, stérilité, bête stérile: *obl.* மலட்டு,stérile: மலட்டுப்பூச்சி, —ப்புழு ver qui se trouve, dit-on, dans la matrice et qui produit la stérilité; — மாடு vache ou bufflonne stérile.

மலமல, son imitatif: மலமலென்கிறது, *ou*

மலமலக்கிறது, லத்தேன், லப்பேன், ல,லக்க,*n.v.*(மலமல), faire *malamala*,— du bruit: மலமலத்தல், மலமலப்பு,மலமலெனல், bruit, son de *malamala*.

*மலம், (mala), excrétion, — du corps, excrémens, ordure, merde, serum, sperme, sang, moelle, urine, cérumen, ongles, phlegme, pleurs, morve, chassie, sueur, saleté, fange, lie, sédiment, rouille, camphre, péché, attachement, lien, souillure, os de sèche: மலம்-ம, *V.* மும்மலம்; —இளகியிருக்கிறது avoir le corps libre,— relâché, aller facilement à la selle:— இறுகுகிறது être constipé, avoir le corps resserré; — வாட்டுகிறது, — பந்திக்கிறது, மலங்கிக்கக்குகிறது constiper, causer la constipation, மலக்கட்டு constipation;— க்குடர், — க்குடல் intestin direct, — droit,—le rectum, intestinum rectum; — க்கழிவு évacuation, selle, diarrhée;—சகிதன்,— சம்பந்தன் homme qui a des rapports avec l'ordure, merdeux, vidangeur, pécheur;—சம்பந்தம் rapport avec l'ordure; —சிக்கு constipation; —சுத்தி, —சுத்தி évacuation, selle, aller à la selle, purification; — நாசிரம் saleté, ordure, fange; — த்திரயம் les 3 souillures, *V.* மும்மலம்; — த்துவாரம் l'anus, le derrière, le fondement;— நிவாரணம் évacuation, selle, purification;—பந்தம் constipation, obstruction des entrailles; - பந்தன் homme constipé, *V.* மலசகிதன்; —பங்கி souillé, sali; —பரிபாகம், — பாகம் expiation —, exemption des souillures qui rend digne du bonheur céleste: —பாதைக்குப்போகிறது aller à la selle, aux besoins naturels:— ப்பற்றும், —ப்பற்று, — ப்பிடி saleté, souillure, *ou* — ப்பிடிக்கால் constipation; —ப்பாண்டம் vase d'ordure, *i.e.* le corps humain; ப்புழு ver stercoraire, — qui s'engendre dans les ordures; — ப்பை, —வாசயம்,(ஆசயம்);le rectum, gros intestins, ceux où s'amassent les excrémens; — வறட்சி constipation; — வாயில் anus, le fondement.

*மலயசம்,(மலயம்,சம்), production des montagnes, *i.e.* le bois de sandal, le vent du sud.

*மலயம், (malaya), chaine de montagnes qui produit le meilleur sandal, ch... des Ghattes occidentales, contrée située le long de cette chaine, *V.* மலையம் 1°: மலயக்கால், —மாருதம் vent du sud.

*மலயாசலம், மலயாத்திரி, (மலயம், அசலம், அத்திரி),le mont Malaya. [du sud.

*மலயாநிலம்,(*id.* அநிலம்),le vent

மலரவன்,மலரோன்,(மலர்), le fleuri, Brama qu'on dit né sur une fleur de nénophar: மலரோன்பாதத்திலேவந்தோர் ceux qu'on dit nés des pieds de Brama, i.e. les Soudras ou Choutres.

மலருகிறது ou மலர்கிறது, ர்ந்தேன், ருவேன் ou ர்வேன்,ரு ou ர், ர, v.n. (மலர்), ou மலர்ந்துபோகிறது, fleurir, s'épanouir, s'ouvrir, prendre un air ouvert et bienveillant, paraître joyeux et content,se réjouir, s'élever, croitre, apparaitre, se présenter, être plein, se remplir; மலர்ந்திருக்கிறது être fleuri, épanoui...; தன்னுள்ளம்மலர்ந்தது son cœur s'est réjoui.

மலருதல், V. மலர்தல்.

மலர், 1° fleur,— épanouie, allégresse, pied de 2 syllabes brèves. 2° imp.et part.de மலர்கிறது: செழு —fleur jolie,—bien nourrie, luxuriante; -க்காம்பு, — த்தாள் tige —,pied de fleur; — க்கணையோன், — க்கணைவேள் Kâmen aux flèches de fleurs; — தங்கி nom d'une plante rampante;—த்திரள் bouquet —, touffe—, grappe ou abondance de fleurs; —த்தாது, — த்தூள் pollen des fleurs;—த்தேன் miel —,anthère des fleurs;— ப்பதம் tige —, pied de fleurs, pied fleuri;—மகள், V. சுமலே; மலருக்குநாயகம் insecte ou scarabée noir (qui suce les fleurs).

மலர்ச்சி, n.v.de மலருகிறது, floraison,épanouissement, croissance, air ouvert, apparence, apparition, produit, effet, joie,allégresse, beauté, abondance.

மலர்தல் n.v.du même, floraison, épanouissement,— des fleurs, élévation, croissance, apparition, plénitude, expansion.

மலர்த்துகிறது, த்தினேன், த்துவேன், த்து,த்த, v.a.de மலர்கிறது, மலர்த்துதல், n.v. faire fleurir, — épanouir..., ouvrir les fleurs.

மலர்ந்த, part. parf. de மலர்கிறது, fleuri, épanoui, ouvert, joyeux, gai.

மலர்வு, n.v.du même,V.மலர்ச்சி.

மலவாசயம், (மலம், ஆசயம்), intestin où se rassemblent les excrémens, le rectum.

மலவாயில், (id.வாயில்), l'anus.

*மலாகை, (malâkâ), messagère, entremetteuse, femme débauchée, éléphant femelle.

மலாக்கா, la ville et la presqu'île de Malacca: — க்கட்டை sandal de Malacca, — de qualité supérieure.

மலாகு, la plante திருநூற்றி. [re.

மலாடு, sync. de மலைநாடு, pays montagneux, le Maléalam ou royaume de சேரன், un des 12 pays qui parlent le tamoul vulgaire dit கொடுந்தமிழ்.[ture,couche (d'or...).

மலாம்,P.முலாம், dorure,argenமலாயன், (மலாய்), Malais, habitant de Malacca ou de la Malaisie.

மலாயு, மலாய்,V. மலாக்கா.

மலாரடி, trouble, confusion.

மலார், P. மிலாறு.

*மலாவகம், (malâvaha), gâteau de graines de sésame broyées et de coco ou de noix huileuse, ce qui souille, acceptation de dons défendus.

மலிகிறது, விந்தேன்,லிவேன்,லி, லிய, v. n. ou மலிந்துபோகிறது, croitre, augmenter, abonder,devenir—, être très - abondant (et en conséquence), le prix diminuer,devenir à bon marché, être à bas prix se remplir, regorger: மலிய, inf. abondamment, à bon marché; குறையக்கொண்டு மலிய விற்றால்நஷ்டம் வரும் si on achète chèrement et que l'on vende à bas prix,ou si l'on achète quand il y a disette et qu'on vende quand il y a abondance on aura de la perte; பாவிகொள்ளப்போனால் குறையும் விற்கப்போனால் மலியும் si le pécheur va pour acheter,il y a disette, s'il va pour vendre,il y a abondance, i.e. il perdra toujours.

மலிதல்,மலிவு, n.v. du préc. augmentation, plénitude, abondance, bon marché, bas prix (de la marchandise): மலிவாய்வாங்குகிறது acheter à bon marché; மலிவுமிகியும் அறிந்துகொள்ளுகிறது connaitre le prix bas ou élevé des marchandises, savoir ce qui est cher ou à bon marché. [souillé, — méchant.

*மலிஷ்டன், (malichta), très

*மலிஷ்டை, *f.du préc.* très- méchante femme.

*மலினம்,(malina),noirceur,saleté, ordure, tache, souillure, vice, corruption, dépravation, faute, défaut, vileté, bassesse, lait de beurre, borax; மலினப்படுகிறது être souillé, taché,corrompu; —ப்பிரபம், (பிரபை), obscurité; — முகம் feu, Agni, dieu prétendu du feu, singe noir,—à face noire, esprit, fantôme, revenant, lutin; — முகன் défunt, mort,homme méchant,sauvage, cruel, scarabée, — noir, *V.* மலினருகம்.

*மலினாஸ்யன்,(மலினம், ஆஸியம்), homme à figure noire,sauvage,cruelle. [*i.e.* encre.

*மலினாம்பு,(*id.* அம்பு), eau noire,

*மலினி, மலிஷ்டை, (மலினம்,i, malichtà), femme sale,— qui a ses règles.

*மலீமசம், (malimasa), saleté, malpropreté, souillure, méchanceté, fer,vitriol vert.

மலை, 1° mont, montagne, hauteur. 2° mot ou particule de—,comparaison,comme, semblable à, *Ex.* சந்திரசமலைமுகம் visage semblable à la lune. 3° *imp. et part. de* மலைகிறது. 4° *imp. de* மலைக்கிறது. Les Indous comptent 8 montagnes principales, placées aux 8 coins de l'Inde, *V.* அஷ்டகுலபர்வதம்; மலைகள் les 7 montagnes principales, ce sont les mêmes à l'exception du பொதியமலை; — கலக்கி la plante adiantum caudatum;— களிறு éléphant des montagnes, — pour la guerre; - க்கடுகு moutarde de montagne; — க்கரு, *V.* சாத்திரவேதி; — க்கலவாய் espèce de martin-pêcheur; — க்கற்றாழை aloès des montagnes;—க்கால் ruisseau —, pied de montagne,bézoard; — க்குகை caverne de montagne; — க்குக்குறுப்பான் coucou des montagnes; — க்குருவி oiseau des montagnes, *V.* சாத்திரவேதி;—சாளி coquillage de poisson;— ச்சக்கரம் la pierre சாலக்கிராமம்; —ச்சக்கரைவள்ளி patate sucrée des montagnes, manioc, jatropha manihot, cassade ou cassave des Indes occidentales; — ச்சரடு chaine de montagnes; — ச்சாரல் penchant —, pente —, voisinage de montagne, vent froid ou bruine qui vient des montagnes;— ச்சாய்ப்பு pays montagneux, champ—, terre située sur le flanc d'une montagne,*ou* — ச்சார்வு lieu près—,champ ou terre au pied d'une montagne; — த்தாமரை la plante sida lanceolata;—த்தாமரை le lis nommé gloriosa;—த்துடக்கு, *V.* கன்மதம்; —த்தும்பை la plante phlomis biflora;—த்துவரை la cytise *ou* துவரை des montagnes;—நாடன் montagnard,chef ou roi d'un pays montagneux, le roi du Maléalam, *i.e.* சேரன்; —நாடு pays montagneux, le Maléalam, royaume du roi சேரன்; —நாதம் alun de plume dit கன்மதம், ocre grossier rouge dit சாத்திரவேதி, l'arsenic dit வச்சிரதந்தபாஷாணம்;— நெல்,—நெல்லு riz des montagnes, riz qui y croît; —படுதிரவியம் productions —, richesses des montagnes, savoir: மிளகு poivre noir, கோட்டம் le costus, அகில் agalloche, bois d'aloès, bois d'aigle, aquilaria, தக்கோலம் piper cubeba, குங்குமம் crocus ou safran;—போலவருகிறது venir —, s'élever comme une montagne, (se dit des grands,des gens distingués); —போலவந்தது பனிபோலப் போச்சுது ce qui était venu terrible ou grand comme une montagne s'est dissipé comme la rosée; — ப்பக்கம் côté—,flanc de montagne; —ப்பச்சை l'arbre தமாலம் xanthocymus,sorte de plante;— ப்பருத்தி cotonnier des montagnes, gossypium religiosum; —ப்பாம்பு serpent des montagnes, serpent boa, le plus gros des serpens, boa constrictor; —ப்புழை caverne de montagne; — ப்பாறை morceau de rocher tiré des montagnes, roc —, côté de montagne; — ப்பிஞ்சு fruit vert des montagnes, i. e. pierre; —ப்பிறங்கம் sable contenant du métal; — ப்புறா tourterelle —, pigeon des montagnes; —ப்பூடு plante des montagnes; —ப்போக்கு pays montagneux, façon —, manière des montagnards; — மகள், — மடந்தை, litt. fille de montagne, montagnarde, Parvadi, fille prétendue des monts Himâlaya, i.e. d'un roi de ces montagnes; —மல்லிகை jasmin des montagnes, millingtonia hortensis; — முழை, — முழைஞ்சு caverne de montagne; — முள்ளங்கி radis des montagnes, la plante dite ornithogale, gadense; — யடி, (அடி), — யடிவாரம் bas —, pied d'une montagne, — யடிப்படி, — யடிப்பட்டி bourgade au pied d'une montagne, Maleyadipatti bourg entre Trichnapally et Dindigul; — யத்தி, (அத்தி), figuier des montagnes dit அசமத்தம்; — யரசன், (அரசன்), le roi des monts, — de l'Himâlaya, l'Himâlaya; —யரண், (அரண்), forteresse sur une montagne ou défendue par une montagne, c'est une des 4 espèces de forts dits அரண்; — யருகு, (அருகு), voisinage —, côté de montagne; — யருவி, (அருவி), ruisseau qui descend d'une montagne; —யாடு, (ஆடு), brebis des montagnes; — யாத்தி, (ஆத்தி), ébénier des montagnes dit aussi காட்டாத்தி; —யாமணக்கு ricin des montagnes, ricinus tanarius; —யாரம், (ஆரம்), sandal des montagnes, sandal; —யிரும்பு fer des montagnes, sable qui contient du fer; — யிருவேலி la plante இருவேலி ou andropogon des montagnes; —யீந்து dattier ou phœnix des montagnes (dont l'écorce sert à faire une liqueur spiritueuse); — யுச்சி, (உச்சி), cime de montagne; — யுருக்கன் espèce de bétel; —வருணனை description de montagne; — வாசிக்கொம்பு défense de sanglier, litt. de l'habitant de la montagne; — வாணர், — வாழ்நர் gens qui vivent dans les montagnes, i.e. les வேடர் ou chasseurs; —வீரியம் vitriol vert dit அன்னபேதி; —வேட்டு sandal; — வேம்பு l'arbre melia azidarachta ou margousier des montages; மலையைப்பார்த்து நாய்குலைத்தால் மலைக்குநஷ்டமோ நாய்க்குநஷ்டமோ si un chien aboie contre une montagne, le dommage sera-t-il pour la montagne ou pour le chien? c'est folie aux petits de s'attaquer aux grands; மலையுச்சிக்குச்சி sommet —, pic de montagne, V. மாம்சபேதி; மலைவாசிகள் முனிவர் ermite des montagnes, poivrier, poivre, l'arbre அசத்தி.

மலைகிறது, லைந்தேன், லைவேன், லை, லைய, v.a. மலைதல், n.v. combattre, s'opposer, résister, rejeter, nier, empêcher, décorer, orner, ou s'orner, — de bijoux, s'habiller, se revêtir, rivaliser, ressembler, ne pas suivre la même route, ne pas se rencontrer, appliquer à une chose ce qui convient à une autre, (c'est un des défauts ou des licences des vers).

மலைக்கிறது, லைத்தேன், லைப்பேன், லை, லைக்க, v.n. et a. மலைத்தல், n.v. hésiter, être embarrassé, troublé, confondu, étonné, surpris, stupéfait, broncher, combattre, rivaliser: இத்தேசத்தார்கடிகாரத்தைமுதனிற் பார்த்தபோது மலைத்தார்கள் les gens de ce pays furent étonnés, lorsqu'ils virent une montre pour la 1^re^ fois.

மலைப்பு, n.v. du préc. confusion, trouble, étonnement, surprise, embarras, hésitation, stupeur, combat, bataille, rivalité, espèce de danse: மலைப்பாய்ப்பார்க்கிறது regarder avec étonnement.

மலையகம், espèce de caste.

*மலையாசம், P. மலயாசம்.

மலையப்பன், (மலை). *n. pr.* Montan.

மலையமான், (மலையம்), Sèren, roi —, homme du Maléalam: மலையமான்கூட்டம் troupe de gens —, caste ou colonie honorable venue du Maléalam ou du royaume de Sèren; மலையமானாடு, (நாடு), pays ou royaume du roi Sèren.

*மலையம், 1° *P.* மலயம், montagne, cime de montagne, le mont பொதியம் (près du cap Comorin), la chaine des Ghattes, le Maléalam, jardin, — d'Indiren, luth des pays montagneux, saudal: மலையக்கால், —மாருதம் vent du sud, *litt.* vent du mont Podia au sud. 2° மலையம், nous ne combattons pas..., *nég. de* மலைகிறது.

மலையன், (மலை). montagnard. chef ou roi d'un pays montagneux, le roi du Maléalam, titre du roi சேரன் et de sa dynastie, un des 7 personnages de la 3e classe des hommes célèbres par leur libéralité dits வள்ளல், espèce de millet.

மலையாழம், மலையாளம், (மலை), le Maléalam (sur la côte malabare à l'ouest de la péninsule de l'Inde): மலையாளபகவதி la prétendue déesse du Maléalam.

மலையாளி, (*id.*), une divinité prétendue, ou

மலையாளன், (*id.*), habitant du Maléalam, montagnard.

*மலையானிலம், *P.* மலயாநிலம்.

மலையிசம், *P.* மலயசம், sandal.

மலையிற்றிரண்டதீ, (மலையில், திரண்ட, தீ), feu aggloméré dans la montagne, *V.* கடலுறை.

மலையையன், (மலை, ஐயன்), *n. pr.* [Montan.

மலைவு, *n. v. de* மலைக்கிறது, refus, déni, obstacle, trouble, confusion, —d'esprit, distraction, stupidité, embarras, renversement, changement, combat, mot de —, comparaison, comme.

மல், 1° espèce de danse, danse de Vichnou, croissanee, fertilité, prospérité. 2° (மல்லன்). force, lutte, combat, action de se boxer: மல்கட்டுகிறது lutter, combattre, se boxer; மல்யுத்தம் lutte; மல்யுத்தன் lutteur; மல்வல்லவன் fort lutteur; மல்பயிலிடம், *V.* மல்லரங்கம்.

மல்கல், plénitude, croissance, accroissement, *opt. et n. v. de*

மல்குகிறது, கினேன், குவேன், குக, *v. n.* être plein, croitre, grandir, augmenter.

மல்புறு, la plante காகபோசனிசி[ம்.

மல்லூப், (*arabe*), enclos, cloture sous un couvert etc.

மல்ல, *adj. de* மல்லன், *et de* மல்ல

மல்லக, *et corr.* மல்லக்க, *P.* மல்ல, de lutteur: —சாலை gymnase, salle de lutte, — où les athlètes s'exercent à la lutte; — செட்டி lutteur, caste d'athlètes qui donnent des représentations de lutte ou d'escrime.

*மல்லகம், (mallaka), vase à l'huile, — fait d'une coquille de coco pour mettre de l'huile, dent, la plante சிறுவரணுவை.

*மல்லசம், (malladja), poivre [noir.

*மல்லம், (malla), force, lutte, sorte de vase, coupe, plat, écuelle, joue, tempes, restes d'un sacrifice.

மல்லரங்கம், (மல்லு, அரங்கம்), arène, gymnase, salle de lutte, — où l'on s'exerce à la lutte, ou à [l'escrime.

மல்லரி, *P.* மல்லாரி.

மல்லல், (மல்), abondance, beaucoup, force, grandeur, prospérité: மல்லலோங்குகிறது être plein de force.

*மல்லன், *pl.* மல்லர், (malla), lutteur, boxeur, athlète, — de profession, homme fort, robuste, puissant, violent, épithète d'un roi ou chef de மல்லபுரம் ou மாவலிவரம்: மல்லகதி pas rapide, — accéléré, une des 5 allures d'un cheval dites கதி; —செட்டி lutteur de profession, athlète; — தூரியம் tambour usité dans les combats de lutte; — நாகம் l'éléphant boxeur, — d'Indiren; — யுத்தம் lutte, combat d'athlète, de boxeur, l'art des athlètes; c'est le 35me des 64 கலைக்கியானம்;

—கூ.—பூமி arène pour les combats d'athlètes: —யோதன் lutteur, athlète; —வல்லவன், —வீரன் fort —, vaillant —, lutteur, boxeur, athlète.

மல்லாக்கிறது, லாந்தேன், லாப்பேன், லா, லாக்க, v.n. être couché ou renversé sur le dos: மல்லாக்கத் தள்ளுகிறது,—ப்பிடித்துத்தள்ளுகிறது renverser sur le dos; —ப்படுத்துக்கொள்ளுகிறது se coucher sur le dos, tergiverser; —விழுகிறது tomber en arrière, — sur le dos; மல்லாந்து உமிழ்ந்தால் மார்மேலே விழும் si étant couché sur le dos ou crache, le crachat retombera sur la poitrine, médire de ses proches c'est se faire tort à soi même; —கொள்ளுகிறது, —படுத்துக்கொள்ளுகிறது se coucher —, être couché sur le dos, tergiverser, badiner, retarder à faire une chose, chercher des détours pour différer à payer ses dettes.

மல்லாக்கு, situation renversée; —ப்பறிகிறது se renverser sur le dos, — sens dessus dessous; மல்லாக்கலம் dans une situation renversée, étant couché sur le dos.

மல்லாட்டம், மல்லாட்டு, (மல்லு), lutte: மல்லாட்டக்காரன் athlète, lutteur, boxeur.

மல்லாத்துகிறது, த்தினேன், த்துவேன், த்து, த்த, v.a. de மல்லாக்கிறது, மல்லாத்தல், மல்லாத்துதல், n.v. renverser —, coucher sur le dos, renverser, remettre dans sa position naturelle, retourner ce qui était sens dessus dessous, redresser: கவிழ்க்கிறதுஎளிது மல்லாத்துகிறது அரிது il est aisé de renverser, mais difficile de redresser ou de rétablir. [து.

மல்லாந்து, gér. de மல்லாக்கிற

மல்லாய், espèce de vase, couverture d'une cruche, V. பானைமூடி.

*மல்லாரி, (mallâri), espèce d'air, division ou femme du mode ou ton dit மேகம் mègha, espèce de tambour.

மல்லாருகிறது ou மல்லாக்கிறது, ந்தேன், ருவேன் ou க்கேன், ரு ou க், ர, v.n. மல்லாருதல், மல்லாக்கல், n. v. P. மல்லாக்கிறது.

*மல்லி, 1° (malli), jasmin d'Arabie. 2° f. de மல்லன், grosse et forte femme: —கந்தி, (கந்தம்), bois d'aloès; —பத்திரம் espèce de champignon, mousseron.

*மல்லிகம், P. மல்லிகை, jasmin.

மல்லிகா, obl. de மல்லிகை: — புஷ்பம் jasmin d'Arabie. [ville.

மல்லிகார்ச்சுனம், nom d'une

*மல்லிகை, (mallikâ), jasmin d'Arabie, jasmine zambac, écuelle —, vase de mendiant, gobelet, vase à boire, vase de terre pour mettre de l'huile, pied de —, lampe, chandelier, rivière.

மல்லு, 1° (மல்லன்), lutte, combat de lutteur, d'athlète, combat, querelle, espèce de danse. 2°* (mallou), ours: —கட்டி lutteur, athlète: —கட்டுகிறது, —பிடிக்கிறது lutter, se boxer, combattre; —யுத்தம் lutte, combat d'athlète; மல்லுக்கழைக்கிறது défier à la lutte, — au combat.

மல்லை, 1° vase de mendiant, écuelle, — de terre, cercle, silence. 2°* (mallâ), femme, jasmin d'Arabie. 3° acc. de மல் et de மல்லு. [à Siven.

மல்விலி, nom d'un lieu consacré

மவுடி, 1° P. மௌடி. 2° V. முடி.

*மவுட்டியம், P. மௌட்டியம்.

மவுஜே, (arabe), village.

மவுலி, P. மௌலி.

*மவுனம், P. மௌனம், silence.

*மவுனி, P. மௌனி.

☞ Voyez à l'initiale மௌ les autres mots qui commencent par மவு.

மழம், jeunesse: மழ, adj. jeune, tendre, puéril, enfantin.

மழலை, (மழம்), mot tendre et défectueux, mot enfantin, — prononcé imparfaitement, langage d'enfant: —ச்சொல், —ப்பேச்சு paroles enfantines, babil d'enfant.

மழவன், (id.), jeune enfant.

மழவு, (id.), jeunesse, âge tendre, tendreté, enfant.

மழுக்கிறது, ழுத்தேன், ழுப்பேன்,

ழி, ழிக்க, v.a. மழித்தல், n.v. raser, rendre chauve, émousser, rendre obtus: மழித்தலு நீட்டலும்வேண்டா வுலகம்பழித்ததொழித்துவிடின் si vous rejettez et abandonnez ce que le monde condamne, il n'est besoin ni de raser (la tête, comme les பண்டாரம் sivénistes), ni de laisser croitre et de tresser sa chevelure (comme le தம்பிரான்).

மழு, fer rouge pour ordalie, barre de fer rouge qu'on met dans les mains pour connaître l'innocence ou la culpabilité dans les jugemens par ordalie, hache, l'arme de பரசுராமன்:— க்குத்துக்கிறது, — மாறுகிறது, — வெடுக்கிறது, (எடுக்கிறது), prendre dans ses mains un fer rouge (dans un jugement par ordalie), affirmer un mensonge; — மாறுகிறான், — வெடுக்கிறான் il nie positivement; — மாறி homme qui prend le fer rouge à ordalie, grand menteur, fourbe; — வெண்ணெய், (எண்ணெய்), huile qui amortit la chaleur, —qui refroidit le feu; நெய்யாமழுவைத் தீர்த்துக்கொள்ளுகிறது se justifier par l'ordalie de l'huile bouillante, — par l'huile bouillante ou le fer rouge; தண்ணீர்மழுபோலேகாய்ந்தது l'eau était chaude comme un fer rouge.

மழுக்கம், n.v. de மழுங்குகிறது, état de ce qui est obtus, émoussé, manquant de pointe, non affilé, défaut de tranchant, d'apparence, obscurcissement.

மழுக்குகிறது, sync. மழுக்கிறது, க்கினேன், க்குவேன், க்கு, க்க, v.a. de மழுங்குகிறது, மழுக்கல், மழுக்குதல், n.v. émousser, — le tranchant, rendre obtus, ôter la pointe, — le lustre, l'apparence, obscurcir, délustrer, frapper, battre, recevoir à coups de bâton, piler le riz une seconde fois pour le rendre plus blanc: மழுக்கிப்போடுகிறது émousser, frapper, battre; கத்தியை — ப்போடுகிறது émousser un couteau, une épée; — வெடுக்கிறது piler le riz et l'emporter; — வைக்கிறது piler le riz et le mettre en magasin; அரிசியைமழுக்குகிறது piler de nouveau le riz (pour le nettoyer).

மழுங்கல், opt. et n. v. du suiv. ce qui est émoussé, sombre, obscur, terne, brut, mat, non poli, perte—, défaut de lustre, d'éclat, ternissure; —ஆக்குகிறது émousser, obscurcir, ternir, délustrer; — த்துண்டாயம் poudre d'or; — ப்பொன் or terne, poudre d'or.

மழுங்குகிறது, par sync. மழுங்கிறது, கினேன், குவேன், கு, க, v, n. de மழுக்குகிறது, et மழுங்குதல், n.v. ou மழுங்கிப்போகிறது,— யிருக்கிறது, s'émousser, s'obscurcir, se ternir, devenir —, être obtus, émoussé, obscurci, éclipsé, perdre son lustre, sa renommée: மழுங்கிக்கிடக்கிறது être émoussé, sombre, terne, obscurci, terni.

மழுப்பன், (மழுப்புகிறது), chicaneur, tergiversateur, temporisateur, homme qui traine les choses en longueur.

மழுப்புகிறது, ப்பினேன், ப்புவேன், ப்பு, ப்ப, v.a. et மழுப்புதல், n. v. trainer en longueur, différer (un jugement, un paiment),—ou éluder sous de vains prétextes, tergiverser: மழுப்பப்பார்க்கிறது chercher à trainer en longueur.

மழுமட்டை, (மழுங்கும், மட்டை), chose émoussée, obtuse, esprit obtus, stupide,

மழுவரசன், (மழு, அரசன்), porte hache, licteur, bourreau.

மழுவன், (id.), intrépide, garde de ville, obstiné, qui ne lâche pas prise,

மழுவாளி, மழுவேந்தி, (id. ஆளி, ஏந்தி), celui qui prend ou porte dans ses mains un fer rouge, Siven, grand menteur.

மழுவுடையராமன், (மழு, உடை), Parasourâmen armé de sa hache.

மழை, pluie, eau, nuage, fraicheur: அந்திமழைஅழுதாலும்விடாது la pluie du soir ne cessera pas quoique vous pleuriez; — காலம் temps—, saison des pluies; — க்கட்டி grêle, morceau —, grain de pluie gelée; — க்கண்ணி nom d'un oiseau; — க்கரு embryon de pluie, nuage chargé de pluie; — க்காரிருட்டு grande obscurité que produit la pluie; — க்கால் jet d'eau, ondée, pluie partielle; — க்காற்று vent froid, vent pluvieux; — க்கிளி espèce de sauterelle qui paraît avant la pluie, locusta imbrifera; — க்கோள் la planète pluvieuse ou qui cause la pluie (surtout lorsqu'elle disparaît et reparaît), i. e. Venus, Soukren; — சொரிகிறது pleuvoir, — à verse, — abondamment; — க்காடை apparence de pluie; — தட்டுகிறது la pluie manquer; — துமிக்கிறது, — தூவுகிறது, — தூறுகிறது pleuvoir légèrement, doucement, à petites gouttes, bruiner; — த்தாரை torrent de pluie, pluie à verse, — continuelle comme des filets d'eau; — த்தாரை விழுகிறது pleuvoir à verse; — த்துமி, — த்தூவல், — த்தூற்றல் bruine, pluie légère, petites gouttes de pluie; — த்துளி goutte de pluie; — த்துளிவிழுகிறது pleuvoir, des gouttes de pluie tomber; — த்தோற்றம் apparence de pluie; — நீர் eau de pluie; — பாறுகிறது pleuvoir à grosses gouttes; — பிடிக்கும் la pluie prendra, il y aura beaucoup de pluie; — பெய்கிறது pleuvoir, la pluie tomber; — பெய்தல் pluie; — பொழிகிறது pleuvoir, — à verse; — ப்புகார் nuage chargé de pluie; — ப்பூங்காரம் temps couvert qui annonce la pluie; — மரக்கால் mesure de la —, marcal de pluie; — முகில் nuage plein de pluie; — யடிக்கிறது la pluie battre, tomber une pluie battante; — யடை, — யடைப்பு pluie continuelle; — யடையிலேவரும்விருந்தாளிச்சத்துரு un hôte qui vient dans un temps de pluie continuelle est un ennemi (parce qu'il est difficile de le recevoir convenablement); — யடைக்கிறது, — யடைத்தல் la pluie tomber sans discontinuer, — bloquer chez soi. — யுண்டாதல்பயிருக்குநல்லது la pluie est bienfaisante aux céréales; — வண்ணக்குறிஞ்சி espèce de plante rampante, V. மேகவண்ணக்குறிஞ்சி; — வண்ணன் celui qui a la couleur de pluie, i. e. Vichnou; — வரும் la pluie viendra, — approche; — வாங்குகிறது, — விடுகிறது, — விட்டொழிகிறது, — வோய்கிறது la pluie cesser; — மழையிலேநனைந்துகுளிர்விறைத்துக்கொள்ளுகிறது trembler de froid ayant été trempé par la pluie. [v. pleuvoir.

மழைக்கிறது, v.n. மழைத்தல், n.

மளமள, mot—, son imitatif du tonnerre qui éclate, d'un mur ou d'une maison qui s'écroule, fracas மளமளவென்கிறது, மளமளவெனல், ou மளமளக்கிறது, ளத்தென், ளட்டென், ளென, ளக்க, (son imitatif), (மளமள), v.n. மளமளத்தல், n.v. éclater (le tonnerre), faire du fracas, — le bruit de malamala: மளமளவென்று விழுகிறது tomber avec fracas (un mur, une maison).

மளமளப்பு, n. v. du préc. fracas, grand bruit, bruit de malamala.

மளார், mot—, son imitatif: — அடியென்கிறது, — இடுகிறது, — என்கிறது, v.n. faire du bruit, — le bruit de malâr.

மளிகாரம், borax.

மளிகை, magasin, boutique, — d'épiceries..., — de diverses marchandises (non de toiles, drap...); — க்கடை boutique, (où l'on vend en gros ou en détail); — க்காரன் boutiquier, marchand (en gros ou en détail); — க்கிடங்கு, — வீடு magasin—, boutique de marchand en gros.

மளுக்கு, mot—, son imitatif de craquement: மளுக்கென்கிறது faire un bruit, — craquement, craquer: மளுக்கென்று நெட்டைவிடுகிறது faire craquer fortement ses doigts: மளுக்கென்றுமரம்ஒடிந்தது l'arbre se brisa avec un fort craquement.

*மள்ளம், (malla), force.

*மள்ளர், (*id.*), laboureurs, — de la caste des பள்ளர், montagnards, habitans des pays montagneux, gens forts, robustes, braves —, guerriers, gens de la caste des குறவர், — des மறவர்.

மள்ளல், (மல்லல்), force.

மள்ளு, chevron, soliveau.

மற, 1° *adj. de* மறம். 2° *inf. de* மறுகிறது. 3° *imp. de*

மறக்கிறது, றந்தேன், றப்பேன், ற, றக்க, *v.a.* oublier, ne pas se souvenir, perdre le souvenir de, négliger: மறந்துதூங்குகிறது dormir profondément, être inoccupé, — inattentif; —போகிறது oublier, passer de la mémoire; —போயிருக்கிறது avoir —, être oublié; —போனதைநினைத்துக்கொள்ளுகிறது se rappeler ce qu'on avait oublié; மறவாதேசெய்கிறது faire avec attention, — sans oublier; மறவாமலிருக்கிறது ne pas oublier; மறவாமற்கேட்கிறது écouter avec attention.

மறதி, *n. v. du préc.* oubli, (un des caractères du தாமதகுணம்), inattention, négligence: —க்காரன், —புள்ளவன் homme oublieux; —யாய்ப்போயிற்று cela a été oublié. [blier.

மறத்தல், *n.v. du même*, oubli, ou-

மறத்தி, *pl.* மறத்தியர், *fém. de* மறவன், fille ou femme de la caste des Maravers, — d'un pays stérile et désert.

மறந்து, *gér. de* மறக்கிறது.

மறப்பிலி, (மறப்பு, இலி), celui qui n'oublie rien, Dieu.

மறப்பு, *n.v. de* மறக்கிறது, oubli, inattention, négligence. [*e.* le lion.

மறப்புலி, (மறம், புலி), le tigre brave, *i.*

மறமலி, (மறம், மலிகிறது), ce qui est rempli de force, *i.e.* l'éléphant.

மறமறக்கிறது, றத்தேன், றப்பேன், ற, றக்க, *v.n.* (*son imitatif*), மறமறத்தல், மறமறப்பு, *n.v.* retentir, résonner, faire le bruit de maramara.

மறம், meurtre, homicide, indignation, colère, rancune, désaccord, dispute, bouderie, Yamen prétendu roi des morts, péché, force, bravoure, sorte de poème qui est une des parties du poème dit கலம்பகம் ou mélanges: —வைக்கிறது garder de la rancune; மறநிலைப்பொருள் objet enlevé par violence, butin enlevé aux ennemis, tribut extorqué, objet gagné aux jeux de hasard etc...; —நிலையறம் acte de vertu accompli par la force (une des parties du புறப்பொருள் ou poème héroique) qui consiste a ramener le bétail enlevé par l'ennemi, à vaincre l'ennemi, à punir et à réduire à la pauvreté ceux qui n'accomplissent pas les devoirs qu'impose la solde militaire; —நிலையின்பம் plaisir gagné par la force (une des divisions de l'அகப்பொருள் ou poésie érotique) qui consiste à obtenir une fille en mariage en tirant au but avec l'arc, en domptant un taureau, ou par une autre des 6 choses qui se font par la force, à l'épouser et à vivre avec elle, *V.* aussi les explications données au mot அரசியலாறு.

மறலி, (மறம்), Yamen prétendu dieu de la mort, trouble d'esprit.

மறல், (*id.*), 1° élévation, lever, Yamen prétendu dieu de la mort, Kâlen ou காலன் assistant de Yamen, faute, mort, pauvreté, haine, bouderie, dissention, guerre, bataille, confusion, trouble, — d'esprit, oubli, espèce de danse. 2° changement, *n. v. et opt. de* மறுகிறது. [bler.

மறலல், மறலுதல், (மறல்), se trou-

மறவன், *pl.* மறவர், (*id.*), homme de la caste des Maravers, (classe d'Indiens qui en plusieurs choses diffèrent du reste des Indous), guerrier, habitant d'un pays stérile, chasseur, espèce de sauvages aborigènes, மறவர்சீமை, மறவநாடு le Marava, pays des Maravers (entre Maduré et la mer).

மறவா, மறவாத, மறவாமல், மறவேல், *part. gér. imp. nég. de* மறக்கிறது.

**மறவி**, *n. v. du même.* oubli, callou ou vin de cocotier..., manque, défaut, bassesse.

**மறவோர்**, (மறம்), les méchans, les pécheurs.

**மருடம்**, **மருட்டியம்**, **மருஷ்டியம்**, *P.* **மகாராஷ்டிரம்**, le pays et la langue des Mahrattes.

**மருடர்**, **மருஷ்டர்**, **மருட்டர்**, **மருஷ்டியர்**, **மருட்டியர்**, *P.* **மகாராஷ்டிரர்**, les Mahrattes.

**மறி**, 1° agneau, chevreau, poulain, petit (de la brebis, de la chèvre, du cheval, du cerf, du gros lezard அருக்கு. 2° brebis, chèvre, jument, biche, cerf, le signe du Bélier. 3° *imp. et part. de* மறிகிறது. 4° *imp. de* மறிக்கிறது: — ஈன்கிறது mettre bas, pouliner; —க்கல் pierre à chaux; —நிலையணி espèce de métaphore, figure qui change le nom des objets, et applique le nom d'une chose à une autre; —படுகிறது, —பட்டுப்போகிறது être arrêté, empêché (dans sa route ou dans une affaire).

**மறிகிறது**, **றிந்தேன்**, **றிவேன்**, **றி**, **றிய**, *v.n.* **மறிதல்**, *n.v.* rouler, onduler, retourner, revenir, se plier, se replier.

**மறிக்கிறது**, **றித்தேன்**, **றிப்பேன்**, **றி**, **றிக்க**, *v.a. et* **மறித்துக்கொள்ளுகிறது**, arrêter, — en route, retenir, saisir, empêcher, défendre, mettre empêchement, — opposition aux arrêts, obstruer, boucher, garder un troupeau pour l'empêcher de s'écarter, attaquer, ramener, retourner, détourner: மறித்துவைக்கிறது arrêter, retenir, mettre opposition aux arrêts, — en séquestre.

**மறிதருகிறது**, **தந்தேன்**, **தருவேன்**, **தா**, **தர**, *v.n.* (மறிகிறது), **மறிதரல்**, *n.v.* retourner, revenir, se plier.

**மறித்தல்**, **மறிப்பு**, *n.v. de* மறிக்கிறது, opposition, arrestation, empêchement, obstruction, rétention, retour: மறிப்பிலேவைக்கிறது arrêter, détenir, retenir, mettre aux arrêts, en prison.

**மறியல்**, *n.v. du même*, halte, pause, relai, s'arrêter, arrestation, prison, détention, défense, obstacle, opposition, empêchement mis au nom de quelqu'un: —பண்ணுகிறது mettre empêchement, défendre, s'opposer.

**மறு**, *gén.* **மறுவின்**, 1° faute, défaut, mal, flétrissure, tache, — de la lune, verrue, bouton. 2° *imp. et part. de* மறுகிறது, autre, différent, divers, nouveau. 3° *imp. de* மறுக்கிறது: —கடுதாசி réponse à une lettre; —கறி autre ragoût, autre plat; —சாய்ச்சல் reprise —, retour de la fièvre, rechute en fièvre: —சாய்ச்சலாய் விழுகிறது retomber malade de la fièvre; —கால் l'autre pied, une autre fois, autre canal, — rigole pour l'écoulement; —காலும் de nouveau; —ஜனனம், —ஜன்மம் autre —, nouvelle naissance, régénération, transmigration de l'âme après la mort (dans le système de la métempsychose); —சீட்டெழுதுகிறது écrire un autre billet, — une réponse à un billet; —சுற்று un autre tour, vis; —சுற்றாணி vis; —செய்தி réponse, réplique, autre nouvelle; —சொல் un autre parole; —ச்சொல் parole fautive, autre mot; —தடவை, —தரம் une autre fois, de nouveau; —தடவைக்குவருகிறது revenir, venir une autre fois, dans un autre moment; —தடவைக்குவா reviens une autre fois...; —தாயார், —தாய் belle-mère, marâtre; —தாரம் une seconde femme; —தேசம் un autre pays, pays étranger; —நாள் le lendemain, le jour suivant; —படி, —படியும் une autre fois, de nouveau; —பத்தியம் autre régime, seconde partie d'un régime, régime secondaire, moins strict, — dur; —பாஷை un autre langage; —பாவி un autre pécheur, ennemi; —பிறப்பு, —பிறவி, *V.* மறுஜனனம்; —பேச்சு réponse, autre propos; —பொருளுவமை comparaison qui a rapport à un autre comparaison ou objet qui précède; *Ex.* மக்களினுனக்கொப்பில்லே, குடிகளுக்கொப்பில்லையடக்கன் tu n'as pas d'égal parmi les hommes, le soleil n'a point d'égal parmi les lumières; —படுகிறது, —பட்டிருக்கிறது être taché, souillé, gâté, défectueux, méprisé; —ப்பட்டநெய் beurre fondu altéré ou mélangé; —முகம் autre face, visage étranger, — autre que celui de son mari ou de sa femme, homme étranger, femme étrangère; —முகம்நோக்குகிறது ou பார்க்கிறது voir un visage étranger, *i.e.* commettre un adultère; —முகமாய்ப்போகிறது changer de visage par maladie ou chagrin; —முறை une autre fois, de nouveau; —மொழி réponse, réplique; —ரூபம், —ருபு autre forme, — figure, changement de figure, transfiguration, métamorphose; — ரூபமாகிறது être transfiguré, se transfigurer, se métamorphoser; —விழுக்கிறது, (இருக்கிறது), y avoir une faute, un défaut, une tache; —விசை, —விசையும் une autre fois, de nouveau; —வார்த்தை, —வுத்தரம், (உத்தரம்), réponse, réplique; —வோலை, (ஓலை), réponse à une ôle ou billet sur feuille de palmier; திங்கள்மறுவாற்றுஞ் சான்றோர் அஃதாற்றார், தெருமந்து தேய்வரொருமாசுறின் la lune souffre des taches, les sages n'en souffrent pas, ils se troublent et maigrissent de chagrin, s'ils contractent une souillure; நடுக்கடற்போனாலும் மறுப்படாமல் வரக்கடவீர் quand vous iriez au milieu de la mer, puissiez-vous revenir sans dommage! [மறுதலிக்கிறது.

மறுகலிக்கிறது, மறுகலித்தல், V.

மறுகல், *opt. et n.v. de* மறுகிறது, மறுகுகிறது, changement, tournoiement, roulement, renversement, confusion, trouble, — d'esprit, retour, rechute en maladie: மறுகவிடுகிறது retourner, revenir.

மறுகிறது, ற்றேன், றுவேன், று, ற, *v.n.* மறல், மறுதல், *n.v.* changer.

மறுகு, 1° rue. 2° *imp. et part. de* மறுகுகிறது, கினேன், குவேன், கு, க, *v.n.* மறுகுதல், *n.v.* tourner, rouler, se rouler, tournoyer, pirouetter, retourner, être troublé, embarrassé, embrouillé, avoir l'âme troublée.

மறுகை, (மறு), 1° moitié d'un sac de marchandises, côté —, moitié de la charge d'un bœuf, l'autre côté, — main. 2° *n. v. de* மறுகிறது.

மறுக்கம், (மறுக்கிறது), gêne, embarras, trouble, — d'esprit, perplexité.

மறுக்கொடுக்கிறது, *V.* பெயர்கிறது.

மறுக்கிறது, றுத்தேன், றுப்பேன், று, றுக்க, *v.a.* மறுக்குதல், *n.v.* refuser, — de donner, retenir, reprendre, rejeter, nier, renier, abandonner, renoncer à, abjurer, réfuter, répondre à, manquer, faire défaut, être dans le besoin, l'esprit vaciller, être troublé, donner un second labour: புத்திமை — rejeter le conseil; வேதத்தை — abjurer sa religion, apostasier; அவன்சொன்னதெல்லாம் இரண்டுவார்த்தையிலே மறுத்தான் il a réfuté en 2 mots tout ce que l'autre avait dit; மழைமறுக்கவே எல்லாம்மறுக்கும் la pluie venant à manquer tout manquera; மறுத்த, மறுத்துப்போன qui a refusé, ou est desséché, tari (une vache), a fini de porter des fruits ou est épuisé (un arbre), பசுமறுத்தமாடு vache tarie, qui ne donne plus de lait; முலைமறுத்தபிள்ளை enfant sevré.

மறுதலிக்கிறது, லித்தேன், லிப்பேன், லி, லிக்க, *v.a.* (மறுக்கிறது), மறுதலித்தல், *n. v. et* மறுதலித்துப்போடுகிறது, renier, désavouer, nier, refuser, abjurer.

மறுதலிப்பு, *n.v. du préc.* reniement, désaveu, négation, refus, rejet.

மறுதலை, 1° *V.* மறுதலிப்பு. 2° (மறு). autre tête, autre endroit. 3° *acc. de* [gement.

மறுதல், *n.v. de* மறுகிறது, chan-

மறுத்தல், *n.v. de* மறுக்கிறது, refus, — de donner, rétention, rejet, renoncement, reniement, négation,

— ou refus par honte, réfutation, second labour, écart, égarement, honte: —விடை réponse contradictoire à une interrogation comme உண்டாயோவென உண்ணேனென்பது lorsqu'on demande: as-tu mangé? répondre je ne mangerai pas, ou je ne veux pas manger.

மறுப்பபுறுத்தல், (மறுப்பு, அறுத்தல்), donner après avoir refusé.

மறுப்பு, *n.v.de* மறுக்கிறது, refus, rejet, reniement, renoncement, abjuration, réfutation.

மறுமோடி, (மறு), faite, sommet, côté d'un toit—, toit en pente dans la longueur de la maison, fente de montagne.

மறுமை, (மறு), l'autre vie,— monde, la vie future, état de l'âme après la mort, l'éternité (opposée au temps présent dit இம்மை), naissance future (selon la métempsycose):—ப்பயன் ce qu'on obtient après la mort. [qui donne le musc.

மறுவல், மறுவி, musc, l'animal

மறை, 1° mot, parole, vis, clou à vis, spirale de conque, tache, marque, secret, chose cachée, mystère, religion, les védas, formule de—, prière, récitation à voix basse de prières, cachette, abri, asile, refuge, bouclier, second labour, négation. 2° *imp. et part. de* மறைகிறது. 3° *imp. de* மறைக்கிறது. 4° *P.* மறும். 2° *pers. nég. de* மறுகிறது, *ou de* மறுக்கிறது: —க்காடு la forêt dite வேதாரணியம்; —க்கொடியோர் ceux qui sont enrôlés sous la bannière des védas ou qui les apprennent, *i. e.* les brames; —க்கொடியோன் celui qui a les védas sur sa bannière, *i.e.* துரோணன் ou Drôna, et Brama;—சொல் parole obscure,— mystérieuse; —த்தலைவி la maîtresse de la religion, la très-Sainte Vierge, (et en style païen), la maîtresse des védas, (épithète de) Lakchimi, Parvadi, Saratchouvadi; —படுகிறது être caché,—refugié,— à l'abri, à couvert; —புகுகிறது, —புகல் se réfugier, se retirer dans un lieu de refuge; —பொருள் chose cachée, secrète, mystérieuse, intérieure, difficile à comprendre; —ப்பொருள் article de religion,— contenu dans les saintes écritures,—dans les védas;— மறைபாயிருக்கிறது être tacheté ou bariolé de noir et de blanc;—முடிவு la fin —, la substance des védas, Dieu, *V.* வேதாந்தம்; —மொழி négative,— indirecte, *v.g.* raisonnement ou réduction;— முதல்வி, —முதல் le principe ou l'auteur de la religion, Dieu, Jésus-Christ, (et en style païen), le principe des védas, (épithète de Siven et autres dieux prétendus;—மொழி sentence —, mot de l'écriture sainte, la loi, (en style païen) les védas, parole magique,— ou prière des védas;—யிலார் gens sans religion,— vils, (en style païen) ceux qui n'observent point les védas;—யுள்ள taché, tacheté, bariolé, moucheté, qui a une religion, qui est dans la sainte écriture,—dans les védas;—வினை verbe négatif.

மறைகிறது, மறைந்தேன், மறைவேன், மறை, மறைய, *v.n.* (மறை), மறைதல், *n.v.* se cacher, être caché, ne pas paraître, disparaître: மறையவிருக்கிறது être sur le point de se cacher, — de disparaître, être caché; மறையப்போகிறது aller se—, se cacher, disparaître, s'évanouir; மறைந்திருக்கிறது être caché, avoir disparu; மறைந்துபோகிறது se cacher, disparaître, s'évanouir, se dissiper; தலை மறையமறவனைநம்பாதே ne vous fiez pas à un Maraven pour cacher ta tête ou qui cache sa tête, *i.e.* ce qu'il pense.

மறைக்கிறது, மறைத்தேன், மறைப்பேன், மறை, மறைக்க, *v. a. du préc.* மறைத்தல், *n. v. et* மறைத்துப்போடுகிறது *ou* வைக்கிறது, cacher, dissimuler, déguiser, céler, recéler, tenir caché,—secret, couvrir: முன் சொன்னதை — éluder —, déguiser ce qu'on a dit, tergiverser, changer de ton, expliquer d'une autre manière ses premières paroles, se contredire. [வேதாரணியம்.

மறைசை, (மறை), la forêt dite

மறைச்சி, (id.), bramine, துரும்பிச்சி, i.e. fille ou femme de la caste des துரும்பர். [de மறைகிறது.

மறைதல், மறைந்து. n.v. et gér.

மறைத்தல், மறைப்பு, n.v. de மறைக்கிறது, action de cacher..., cachette, déguisement, dissimulation.

மறையவர், 1° V. துரும்பர். 2° ou மறையோர், (மறை), les gens consacrés à la religion, les prêtres, (et en style païen) les brames.

மறையோன், (மறை), Brama auteur des Vèdas, brame qui les étudia, la planète Jupiter ou Vrouhaspati gourou des dieux indous.

மறைவிடம், (மறைவு), lieu caché, cachette, embuscade: — கட்டுகிறது se construire —, bâtir une cachette, un endroit caché pour observer sans être vu.

மறைவு, n.v. de மறைகிறது, cachette, manière cachée, — non apparente, disparition, abri, écran, brise-vent, couverture: — கட்டுகிறது se construire —, se faire un abri (contre le vent ou le soleil), — une cachette, s'abriter, se mettre à couvert; —பட்டிருக்கிறது être caché, — à couvert, à l'abri.

*மற்கடம், P. மர்க்கடம்.

மற்கட்டம்பிடிக்கிறது, மற்கட்டம்பொருதுகிறது, (மல், கட்டம்), être importuné, embarrassé.

மற்கட்டு, (மல், கட்டு), lutte, combat.

*மற்கனை, P. மர்க்கனை.

*மற்குணம், P. மத்குணம், punaise, éléphant...

மற்கோல், (மல், கோல்), haine.

*மற்சரம், (matsara), jalousie, envie.

*மற்சரன், மற்சரி, (id. i), envieux, jaloux.

*மற்சியம், P. மச்சியம், poisson.

மற்பிடிக்காரன், (மல், பிடி) lutteur, athlète.

மற்பிடித்தல், (id.), V. மல்லுபிடிக்கிறது.

மற்போர், (மல், போர்), lutte, combat à la lutte.

மற்ற, part. de மறுகிறது, autre, divers, différent, l'autre, proche, prochain, étranger, ultérieur, restant: —படி autrement; — படியல்ல et non autrement; மற்றவன் l'autre, un autre; மற்றவள் l'autre, une autre; மற்றவர், மற்றவர்கள் les autres, d'autres, le prochain; மற்றது ce qui —, le reste, l'autre; மற்றதுகள், மற்றவை les autres choses, d'autres choses.

மற்று, 1° particule explétive: அது மற்றவலங்கொள்ளாது cela n'admet aucun chagrin; மற்றென்னையாள்க daignez me gouverner. 2° particule qui marque la disjonction: கெடுப்பது மற்றெடுப்பது மழை la pluie est ce qui détruit ou relève; ஊழிற்பெருவலியாவுளமற்றொன்று quel autre plus grand malheur y a-t-il que le péché originel, ou la dépravation originelle? 3° particule qui change le sens du verbe: மற்றறியாதல்வினை la vertu (ne se connaitra pas seulement de telle et telle manière), mais encore elle se connaitra de telle autre. 4° autre: மற்றியாதொன்றும் quelqu'autre chose, quelque chose de plus; மற்றொன்று une autre chose; மற்றொன்றும் l'autre chose, quelqu'autre chose; மற்றொருவன் un autre, quelqu'autre; இனிமற்றொன்றுரை désormais dis une autre chose; மற்றொன்றுவிரித்தல் dire autre chose que ce qu'on avait annoncé, divaguer, c'est un des 10 défauts d'un ouvrage: மற்றும் et le reste, et cætera, ainsi de suite; மற்றுந்தேவையானகாரியங்கள் les autres choses nécessaires; மற்றுண்டாகிய, மற்றுண்டான autre, un autre, différent de ceci.

மற்றை, மற்றைய, (மற்று), l'autre, autre, différent, non le même, ultérieur, ce qui doit être montré plus loin: மற்றைக்காரியம் autre chose, le reste; — ப்படி autrement; —ப்பேர்கள் les autres, le reste des gens; — யுள்ள, —யுண்டான autre, différent, non le même: மற்றை

று l'autre, le reste, quelqu'autre chose.

மற்றையவர், மற்றையார், மற்றைய பேரர், (மற்றை), les autres, d'autres, le prochain.

மற்றோ, (மற்று, ஓ), exclamation d'étonnement, de compassion.

மன *adj. de* மனம், de l'âme, de l'esprit, de la pensée, de la mémoire, mental, intellectuel, intérieur: —க்கசப்பு, dégoût, aversion; — க்கனிவு attendrissement, — de cœur; — க்கடினம் dureté de cœur, rigidité d'esprit; — க்கொடூரம் dureté de cœur, cruauté, malice; — க்கலக்கம் peine d'esprit, chagrin intérieur; — க்கலக்கம் agitation —, trouble d'esprit, anxiété, scrupule, *ou* — க்கலவை inquiétude, peine d'esprit, chagrin; — க்களிப்பு joie, — intérieure, allégresse; — க்கனிவு attendrissement, — de la volonté, tendresse; — க்கசக்கசல் irritation de l'âme, colère, rancune; — க்கவல், — க்கட்டுப்பாடு vigilance —, garde sur son intérieur, retenue de son esprit, recueillement intérieur; — க்கிடக்கை, — க்கிடை imagination, pensée intérieure, idée, sentiment; — க்கிலேசம் chagrin, inquiétude, peine intérieure; — க்குத்து peine d'esprit, remors de conscience; — க்குருடு aveuglement d'esprit, ignorance; — க்குழப்பம் trouble —, embarras d'esprit, inquiétude, irrésolution; — க்குள்ளம் ruse, fourberie; — க்குறிப்பு intention, but, dessein, signe de la volonté; — க்குறை chose désagréable, déplaisir, mécontentement; — க்கூச்சம் honte, pudeur; — க்கூர்மை pénétration d'esprit; — க்கொடுமை, — க்கொடூரம் cruauté, — de l'âme, méchanceté; — க்கொதி, — க்கொதிப்பு colère, indignation, jalousie; — க்கோட்டம் envie, jalousie; — க்கோட்டரவு peine d'esprit, chagrin; — ச்சஞ்சலம் embarras —, peine de conscience; — ச்சந்தேகம் doute, peine, cas de conscience, scrupule; — ச்சஞ்சலம், — ச்சடைவு chagrin, peine d'esprit; — ச்சந்தோஷம் allégresse, joie de l'âme; — ச்சம்பூரணம் contentement intérieur, — de l'âme; — ச்சலிப்பு dégoût, chagrin; — ச்சலிப்பாயிருக்கிறது être dégoûté, peiné, chagrin, inquiet; — ச்சாட்சி conscience, témoignage de l'âme; — ச்சாட்சியை சமாதானப்படுத்த pour tranquilliser la conscience; — ச்சாய்ப்பு, — ச்சார்பு, — ச்சாய்வு penchant —, inclination de l'âme, affection; — ச்சிந்தனை réflexion, méditation; — ச்சுகம் plaisir, contentement; — ச்சுத்தம் pureté d'âme; — ச்சுதந்தரம் liberté, libre arbitre; — ஸ்நானம் bain de l'âme ou purification de l'esprit par la méditation, *V.* மானஸ்நானம்; — த்தரிப்பு patience, persévérance; — த்தளர்ச்சி découragement, relâchement —, dépérissement de l'âme ou de l'esprit; — த்தாங்கல் mécontentement, peine, désaccord, rancune; — த்தாபம், *V.* மனஸ்தாபம்; — த்தாராளம் plein gré, pleine volonté, contentement, joie de l'âme; — த்தாழ்மை humilité, douceur, bassesse d'âme; — த்திடம், — த்திடன், — த்தைரியம் courage, constance, fermeté d'âme, — de caractère, résolution; — த்திட்டம் dessein, détermination, décision; — த்தியானம் méditation, — de l'esprit, oraison mentale, réflexion; — த்திரிப்பு, *V.* மனவிகாரம்; — த்திருத்தி contentement, satisfaction; — த்தீக்குணம், *V.* மனதின் தீக்குணம்; — த்துக்கம், — த்துயர், — த்துயரம், — த்துன்பம் chagrin, — intérieur, tristesse de l'âme, affliction; — த்துப்பரவு, — த்தூய்மை pureté d'âme; — த்தேற்றம் fermeté d'âme, constance, encouragement; — த்தெளிவு lucidité, clarté —, subtilité d'esprit, bon sens; — நலிவு déplaisir, mécontentement, brisement de cœur; — நியாயம் justice —, conduite consciencieuse —; — நிலை; — நிறை constance —, fermeté d'âme; — நிறைவு plein gré, contentement de l'âme; நிர்ணயம் détermination, — de la volonté, déssein:— நீதி justice—, conduite consciencieuse, jugement consciencieux;—நெறி, —நெருடு fourberie;—நெகிவு mécontentement, brisement de cœur; — நேர்,— நேர்மை vérité reconnue, — connue de l'âme;—நோ,—நோக்காடு douleur de l'âme, chagrin, — intérieur, remors de conscience;—ப்படுகிறது consentir, s'accorder;—ப்படுத்துகிறது persuader, faire consentir,—agréer, mettre d'accord;—ப்பற்று,— ப்பிடிப்பு attache de l'âme, affection, amitié; —ப்பாடம் leçon apprise par cœur, —qu'on sait de mémoire; — ப்பாடமாக்குகிறது apprendre par cœur; —ப்பாவிப்பு imagination, —de l'esprit;—ப்பிரமாணிப்பு, V. மனத்திட்டம்;—ப்பிரமை stupéfaction, trouble d'esprit; — ப்பிரதிகம் opposition, haine, répugnance; —ப்பீடை peine intérieure, souffrance de l'âme, chagrin;— ப்புகைச்சல், — ப்புழுக்கம் indignation, colère, emportement, aversion; — ப்புனிதம் pureté d'âme; — ப்பூரணம் plein gré, bonne volonté, joie, contentement, satisfaction, de l'âme; — ப்பூருவம், —ப்பூர்வம் préméditation, contentement, consentement; — ப்பூர்வகமானபாவம் péché prémédité, volontaire; —ப்பேய் trouble d'esprit; — ப்பொருத்தம் sympathie, union de cœur, bonne entente;— ப்பொசிவு plein gré, pleine volonté, désaccord, changement de volonté; —ப்பொறுப்பு patience; —மடிவு découragement, indifférence, apathie, indolence, torture mentale, grand dégoût, peine d'esprit; —மடிவாக்குகிறது causer du découragement, du dégoût.., tourmenter l'esprit, irriter; —மயக்கம் trouble intérieur,— d'esprit;—மலர்ச்சி joie de l'âme; —மிடுக்கு force d'âme,— d'esprit; —முரண்டு entêtement, obstination,— de l'esprit; —முசிவு, —முறிவு offense, dégoût, aversion, brouillerie; —முறிச்சல் brisement de cœur, grand trouble d'esprit; —முறிச்சலாயிருக்கிறது, avoir le cœur brisé, être offensé, peiné, troublé; —மெலிவு, V. மனத்தளர்ச்சி; —மேட்டிமை hauteur fierté, élévation d'esprit; —மேட்டிமையாளன் homme fier, superbe, enflé de lui-même; —ராசி consentement,— de la volonté, agrément, accord, joie; —வஞ்சனை ruse, fourberie, perfidie; —வலி force —, vigueur d'esprit, constance, chagrin, peine intérieure; —வாஞ்சை, —வாசை, (ஆசை), désir de l'âme; —வாட்டம், V. மனக்கோட்டாவு; —வாரம், V. மனச்சாய்ப்பு; —விகாரம் changement de volonté, de sentiment, inconstance; —விதனம், — வியாகுலம் chagrin, douleur de l'âme, remors de conscience; —விரோதம் opposition, haine, rancune; —விஷ fourberie, ou —வைராக்கியம் obstination, — de l'esprit, persévérance; —வீனம், (ஈனம்), aversion, dégoût; —உச்சாகம், —ஊக்கம், (உச்சாகம், ஊக்கம்), magnanimité, force d'esprit, — d'âme; —வுருக்கம், (உருக்கம்), attendrissement, tendresse, compassion, — de l'âme, componction; —வுறுதி, (உறுதி), résolution, fermeté, — d'âme; —வுறுதியாயிருக்கிறது être résolu, — décidé, — ferme dans son dessein; —வெண்ணம், (எண்ணம்), V. மனக்கிடை; —வெப்பம், மனவழல், (அழல்), ardeur, chaleur de l'âme, feu qui dévore intérieurement; —வெரிச்சல், (எரிச்சல்), indignation, chagrin dévorant, jalousie, animosité, —வெழுச்சி, (எழுச்சி), résolution, fermeté —, élévation d'âme; —வெறுப்பு dégoût, aversion: —வேகம் ardeur, impétuosité, — de l'âme, colère, animosité; —வேதனை tourment de l'âme, remors de conscience; —வொடுக்கம், V. மனத்தொடுக்கம்; —வொருமிப்பு, —வொன்றிப்பு, (ஒருமிப்பு, ஒன்றிப்பு), union des cœurs, concorde.

மனங்கு, 1° P. மணங்கு, poids d'environ 25 livres ou 25 இறாத்தல். 2° omoplate, os plat de l'épaule.

மனங்குகிறது, இனேன், குவேன்,

கு, ம, v.n. மனக்கல், மனக்குதல், v. V. குழெக்குகிறது.

*மனசா, *obl. de* மனசை:—தேவி la prétendue déesse Manasâ, de la race des serpens, et, au dire des païens, protectrice contre leur venin.

மனசாற, (மனசு, ஆற), de plein gré, de sa pleine volonté, à son escient, volontairement, de tout cœur: —ச்செய்கிறது faire volontiers; —வாங்கிக்கொள்ளுகிறது recevoir de bon cœur; —நானொன்றுமறியேன் autant que je puis me souvenir, je ne connais rien.

*மனசிசன், மனசிசயன், மனசிசயன், (manasi *dans le cœur*, சன் *né*, சயம் *repos*), celui qu'on dit né ou qui repose dans le cœur, *i.e.* Kâmen.

*மனசு, (manas), volonté, âme (considérée comme le siége du désir et de la concience), cœur, esprit, intelligence: பெரிய— grand cœur, magnanimité; மனசதின்மேலேபோகின்றது la volonté se porte à cela, l'esprit est occupé de cela, *litt.* court après cela; மனசறிந்தவன் homme qui a sa pleine connaissance; மனசறிய le sachant, à son escient, volontairement; மனசறியச்செய்கிறது faire volontairement, avec pleine connaissance; மனசறியாமற்செய்கிறது faire involontairement, sans le savoir, sans malice; மனசாயிருக்கிறது vouloir, avoir la volonté, se proposer; மனசிரங்குகிறது, மனசுருகுகிறது s'attendrir, être touché de compassion,— de componction, compatir, avoir pitié; மனசிரங்கிக்கொடுக்கிறது donner par commisération; மனசிலேயிடட்டும் que cela reste au fond de votre cœur; மனசிலேபோடுகிறது se mettre dans l'esprit, prendre la résolution; மனசிலேபோட்டுக்கொள்ளுகிறது, மனசிலேவைக்கிறது, —வைத்துக்கொள்ளுகிறது mettre —, garder dans son cœur, ne pas oublier; மனசில்லாமை manque de volonté, répugnance, antipathie, aversion; மனசிளகுகிறது le cœur—, s'attendrir; மனசிளகப்பண்ணுகிறது attendrir, adoucir l'esprit, persuader, toucher de commisération; மனசிலேகாண்கிறது considérer, — des yeux de l'esprit, méditer; மனசுக்குச்சரிப்போனபடிசெய்கிறது agir selon sa volonté; மனசுக்குத்தோன்றினபடி பார்த்துக்கொள்ளுகிறது chercher à accomplir ses desseins; மனசுக்கேற்கநடக்கிறது se conduire selon sa volonté, ou la volonté d'un autre; மனசுதாராளமாயிருக்கிறது avoir une pleine volonté, l'esprit être bien disposé, être plein de bonne volonté; —திரும்புகிறது la volonté changer, se convertir; —திரும்பப்போகிறது la volonté être sur le point de changer, être sur le point de se convertir; —திருப்புகிறது changer la volonté, convertir, tourner l'esprit; —நோகிறது l'âme être peinée, être triste, affligé; —நோகச்செய்கிறது, —நோவப்பண்ணுகிறது chagriner, faire de la peine, contrister; —பொருந்தி volontairement; மனசொருசாயலா யிருக்கிறது *ou* மனசொருவிதமாயிருக்கிறது l'esprit être d'une façon particulière, — être indisposé, pencher à l'aversion, au dégoût, flotter; மனசோடே volontairement, avec plaisir, bien volontiers; நானேமனசாய் moi-même de mon plein gré; உங்களுடையமனசு comme il vous plaira; அவரவர்மனசுஅவரவருக்குச்சாட்சி l'esprit ou l'âme de chacun lui sert de témoin, chacun a pour témoin sa propre conscience; இருக்கமனசுவராது la volonté de rester ne vient pas...; அதின்மேலெனக்குமனசில்லை je ne désire pas cela, mon désir ne se porte pas sur cela; உன்மனசுனக்குச்சாட்சி ta conscience est un témoignage pour toi; உன்மனசுக்குத்தெரியும் vous le savez bien, cela vous est bien connu; தன்மனசாய் selon sa volonté, à sa fantaisie; துன்மனசு, துன்மனசு mauvaise volonté, mauvais esprit, démon, répugnance.

*மனசுவி, (manasvi), attentif, intelligent. [attente, intelligence.

*மனசுவிதை, (id. tâ), espérance,

*மனசை, 1° (manasâ), la prétendue déesse மனசாதேவி. 2° acc: de மனசு.

*மனஸ்காரம், (மனசு, காரம்), attention de l'esprit à ses sensations, sentiment de plaisir et de douleur.

*மனஸ்தாபம், (மனசு, தாபம்), litt. peine de la volonté; — du cœur, chagrin, regret, repentir, contrition, haine; rancune; — intérieure: உத்தம — contrition parfaite: அடிமை —, அடிமைக்குரிய — contrition servile, attrition; — ஆயிருக்கிறது être fâché, mécontent, brouillé, avoir de la rancune, — de la contrition; என்மேல் — ஆயிருக்கிறான் il est fâché contre moi; — வருவிக்கிறது donner de la contrition, causer du déplaisir, de la haine.

*மனஸ்விதை, V. மனசுவிதை.

மனதார, (மனது, ஆர), V. மனசார.

மனது, P. மனசு, volonté, esprit, cœur, âme: மனதிரங்குகிறது, மனதுருகுகிறது, V. மனமிரங்குகிறது; மனதில்லாமை, V. மனமில்லாமை; மனதுருக்கல், மனதுருக்கம் compassion, pitié, attendrissement, tendresse; மனதொழுக்கம், V. மனத்தொழுக்கம்; மனதின்தீக்குணம்-௩, les 3 mauvaises dispositions de la volonté, i. e. கொலைநினைக்கை pensée de meurtre, காமப்பற்று affection pour la luxure, ஆசை cupidité; மனதின் நற்குணம்-௩ les 3 bonnes dispositions de la volonté, i.e. அருள்நினைவு pensée bienveillante, ஆசையறுத்தல் renoncement aux désirs, தவப்பற்று affection pour la pénitence, attachement à la mortification; மனதொப்பிக்கொடுக்கிறது ou வாங்குகிறது donner ou recevoir volontairement, de plein gré.

மனத்தழுக்கம், (மனத்து obl. de மனம், அழுக்கு), jalousie, envie.

மனத்தொழுக்கம், (id. ஒழுக்கம்), ordre mental, manière juste et régulière de penser, disposition des pensées, règles du raisonnement dites aussi அகத்திணை.

மனநொறுங்குகிறது, (மனம், நொறுங்குகிறது), le cœur être brisé, avoir la contrition, — le cœur brisé.

மனநோகிறது, (id. நோகிறது); avoir l'âme contristée, être peiné.

மனமடிகிறது, (id. மடிகிறது), le cœur dépérir, mourir de chagrin, sécher de tristesse.

மனமலருகிறது, (id. மலருகிறது); le cœur s'épanouir, être dans la joie, se réjouir intérieurement.

மனமுரிகிறது, மனமுறிகிறது, (id. முரிகிறது, முறிகிறது), le cœur se briser, avoir de l'aversion, — le cœur brisé, être accablé de chagrin, s'offenser: மனமுறியப்பேசுகிறது parler de manière à offenser, à indisposer, à chagriner, à blesser les sentimens.

மனமுரிக்கிறது, மனமுறிக்கிறது, (id.), briser le cœur, chagriner fortement, offenser, donner de l'aversion, dégoûter.

மனம், 1° (P. மனசு), volonté, cœur, âme, esprit, pensée, une des puissances ou facultés de l'âme dites உட்கரணம், et un des முப்பொறி. 2° (mnâ), mémoire. 3° (mana), nard indien, spicanard: 4° sel de roche dit இந்துப்பு — அடங்குகிறது, V. மனங்குவிகிறது; — அதிருகிறது l'esprit être agité, être ému; — அதிரப்பேசுகிறது parler de manière à émouvoir, à alarmer, à terrifier; — அலுக்கிறது l'esprit être fatigué, dégoûté, ennuyé; — இணங்கல், — இணங்குகிறது la volonté —, condescendre, se plier, s'accommoder, agréer, se réconcilier: — உவந்திருக்கிறது l'âme être dans la joie, l'allégresse; — உருகுகிறது l'âme s'attendrir, compatir; — ஒருமிப்பு concorde, union, — des cœurs; — கசிகிறது le cœur —, s'attendrir, compatir, le cœur se fondre; — கசிந்தழுகிறது s'attendrir et pleurer; — கரைகிறது

s'attendrir, s'affliger, compatir;—ம னங்குலைப்போன் celui qui trouble l'esprit, i. e. Kâmen;—கனிகிறது le cœur —, s'attendrir, compatir;—கு விகிறது,—கூம்புகிறது la volonté se retenir, se contenir;—குழைகிற து s'attrister, ou —கோணுகிறது,— கோடுகிறது l'esprit prendre un mauvais pli, dévier, biaiser, se gâter;—கொதிக்கிறது l'esprit bouillonner, bouillonner de colère, de jalousie, s'emporter, se fâcher, s'enflammer d'ardeur;—கொள்ளுகிறது vouloir, concevoir l'idée,— le dessein, avoir la volonté;—சலிக்கிறது l'âme—, se dégoûter, s'attrister, s'ennuyer, avoir l'âme triste, être las, dégoûté, ennuyé;—சலியாதவன் homme infatigable, qui ne s'ennuie ou ne se dégoûte de rien;—நிறைகிறது être satisfait, content;—தளம்புகிறது avoir l'esprit agité, être irrésolu;—தளருகிறது se relâcher, perdre courage, se décourager, être peiné;— திரிக்கிறது tourner l'esprit, faire changer d'avis;—திருந்துகிறது s'amender, se corriger, changer de sentimens, se convertir;—திருந்தல் changement moral, conversion, amendement, réforme;—திரும்புகிறது changer de sentimens, se convertir, se distraire;—திருப்புகிறது faire changer d'avis, convertir;—திரும்புதல் conversion, changement de sentimens;—திருப்பல்,—திருப்புதல் action de convertir, de faire changer d'avis;—தீய்கிறது être consumé de douleur, être affligé, s'irriter;—தெளிகிறது les idées—, l'esprit s'éclaircir, recouvrer sa pleine connaissance, ou —தேறுகிறது se remettre, s'encourager, se fortifier;—படிகிறது concevoir—, avoir l'intention;—புழுங்குகிறது l'âme—, s'irriter;—பொங்குகிறது l'âme bouillonner, être transporté de colère ou de joie, s'emporter, s'irriter, se réjouir;—பொறுக்கிறது supporter patiemment, pardonner, prendre patience;—போனபோக்கு voie où la volonté se porte,—où l'on entre volontairement ou par caprice;—போனபோக்கெல்லாம்போகவேண்டாம் il ne faut pas suivre tous les caprices de son esprit;— வெறுக்கிறது l'âme abhorrer, avoir du dégoût, de l'aversion, *V. les autres composés au mot* மன.

*மன்வந்தரம், (manvantara), espace du règne d'un Manou, *V.* மநுவந்தரம்.

மனவிழு, symphonie, espèce d'air ou de mélodie.

மனவு, pierre précieuse (en général), conque, chapelet de grains de conque, cauris, fausse perle, toile.

*மனனம், (manana), pensée, réflexion, considération:—பண்ணுகிறது contempler, méditer, considérer, réfléchir.

*மனஞ்சலம், (மனம், ஆகுலம்), peine d'esprit.

*மனுகை, (manâkâ), éléphant femelle.

*மனாயி, மனுவி, (manâyi, manâvi), la femme de Manou.

மனுவு, ceinture d'homme ou de femme dite அரைப்பட்டிகை.

*மனிஷன், *P.* மனுஷன், homme.

*மனிஷி, *P.* மனுஷி, femme.

*மனிதன், *pl.* மனிதர், (manita), l'être qui pense,— doué d'intelligence, l'homme: மனிதகணம் la seconde classe des constellations par rapport aux 10 correspondances superstitieuses observées dans les mariages païens et dites கணப்பொருத்தம்;—சாதி la race—, l'espèce humaine:— சீவன் homme, être humain, vie humaine;—தன்மை humanité, manière humaine.

மனியாமனக்கு, *P.* மனிலாமணக்கு.

மனிலா, Manille, capitale des Philippines:—ஆத்தா cachimentier de Manille, l'arbre annona reticulata, dont le fruit se nomme cœur-de-bœuf, annone réticulée;—பயறு la plante arachis hypogea, *V.* வேர்க்கடலை.

*மனீஷி, (manîchi), intelligent, savant, pandit.

*மனீஷை, (manîchâ), intelligence, esprit.

*மநு, 1° *pl.* மநுக்கள், (manou,

de mana *comprendre*), Manou,(nom commun aux 14 gouverneurs des Manvantaras ou மனுவந்தரம், i. e. grandes périodes fabuleuses des Indous, pendant lesquelles chacun gouverne le monde pendant 306, 720, 000 années solaires égales à 71 âges des dieux, dans l'espace d'un kalpa ou கற்பம். Selon les Indous il doit y avoir 14 Manous qui gouvernent successivement. Jusqu'à présent, disent-ils, il y en a eu 6, savoir: சுவாயம்பு, சுவாரோசிஷன் ou சுவாரோசிஷன், உத்தமன், தாமசன், ou தாமசன், இரைவதன் ou இரேவதன், சாக்ஷுஷன் ou சாக்ஷுஷன். Celui qui est censé gouverner maintenant se nomme வைவச்சுதன்; les 7 autres à venir se nomment சூரிய—, தக்ஷ—, பிரம—, தர்ம—, உருத்திர—, உருசேய—, அக்கினிசாவருணி; en Sanscrit: Svâyambhouva, Svarôtchicha, Outtama, Tâmasa, Raïvata, Tchâkchoucha, Vaïvasvata, Soûrya—, Dakcha—, Brahma—, Dharma—, Roudra—, Routchêya—, Agnisâvarni), Manou célèbre législateur indien, auteur du code nommé மானவதருமசாஸ்திரம் ou code de Manou (on le confond avec சுவாயம்புவன் fils de Brahma et le 1er Manou), le code de lois Indiennes dit மானவம், justice, formule de prière ou d'enchantement, homme, l'être intelligent. 2° pétition, requête, prière, demande, faveur, — demandée, le poids dit மணங்கு d'environ 25 livres;—குலம், — க்குலம் la race de Manou, la race humaine, le genre humain; — க்கேட்கிறது, — க்கேட்டுக்கொள்ளுகிறது demander une grâce, une faveur; —க்கொடுக்கிறது, —க்கட்டளையிடுகிறது accorder une faveur, une requête; —ச்சக்கரவர்த்திகள் les Manous susdits gouverneurs des Manvantaras; — ச்சொல்லுகிறது supplier, demander une faveur, intercéder pour quelqu'un; — ச்சொல்லவழைக்கிறது appeler quelqu'un pour intercéder en sa faveur;— தந்தருளவேண்டும் je vous prie d'accorder—, il faut accorder la faveur demandée; — த்துவம் humanité, la nature humaine; — நீதி, — நூல், —நெறி, —முறை lois —, institutions de Manou, équité, justice, conduite droite, lois justes, — équitables; — நீதிதப்பாமலாளுகிறது régner sans s'écarter des lois de la justice; — ப்பலி sacrifice humain; —ப்பிறப்பு naissance humaine, incarnation; — ப்பிரளயம் déluge universel, qui, au dire des Indous, a lieu à la fin du règne de chaque Manou et dure 4, 320,000 ans; — ப்பெருத்தராச்சியம் royaume bien peuplé, —où la population s'est accrue; இந்தஊரில் — ப்பெருத்திருக்கிறது cette ville est devenue populeuse; — ப்பெறுகிறது obtenir la faveur demandée; — ப்பேசுகிறது intercéder, parler pour; — மக்கள் les hommes; — வவதாரம், (அவதாரம்), incarnation, — en homme; மனுவுக்கு வருகிறது venir pour demander une grâce; ஒருமனுவிருக்கிறது avoir une grâce à demander; என்மனுவாவனுக்கப்படிசெய்யும் montrez-lui la même faveur qu'à moi-même.

*மனுசன், (மனு, சன்), homme, *litt.* le fils de Manou, —de l'homme.

*மனுசேந்திரன், (மனுசன், இந்திரன்), le maître des hommes, i. e. roi, potentat.

*மனுசை, (மனு, சை), femme, fille.

*மனுஷன், *P.* மனுசன், homme; மனுஷச்சந்தடி bruit d'une foule d'hommes, — de peuple; மனுஷசுபாவம் nature humaine; —பக்ஷணம் cannibalisme, anthropophagie; — ப்பதர் homme nul, bon à rien, incivil; — வவதாரம் ou

*மனுஷாவதாரம், (மனுஷன், அவதாரம்), incarnation, —en homme, —du fils de Dieu fait homme: மனுஷாவதாரம்பண்ணுகிறது, — எடுக்கிறது s'incarner, se faire homme, prendre la nature humaine.

*மனுஷி, *fém. du préc.* femme.

*மனுஷியன், (manouchya), hom-

me: மனுஷீகத்தனம் humanité, nature humaine; — தருமம் devoir de l'homme; — தருமன் le bienfaisant envers les hommes, Koubèren prétendu roi des richesses; — சபை assemblée d'hommes; — விசேஷம் devoir de l'hospitalité.

*மனுஷீயதை,(மனுஷீயன்,tâ), V. மனுஷீகத்தனம்.

*மனுஷீகம்,, மனுஷீகத்தனம்,(மனுஷீன், ika), humanité, nature humaine.

*மனுபுடன், P. மனுஷேன், homme.

*மனுபு, (மனு, bhoû *naître*), homme.

*மனுராட்டு, (*id.* இராட்டு), le roi des hommes ou des suppliques, Koub'ren prétendu roi des richesses.

*மனுவந்தரம்,மனுவந்திரம், (மனு,அந்தரம்), durée prétendue du règne d'un Manou,ou 306, 720,000 années des mortels égales à 71 âges des dieux, ou, selon d'autres,une année divine dite தேவாண்டு. Entre chaque Manouvantara, il y a,au dire des Indous,un déluge universel de 4, 320,000 années ou 4 யுகம்; 14 Manouvantaras avec 13 intervalles de déluges font un kalpa ou கற்பம், *i.e.* 4,320,000,000 années,après lesquelles a lieu selon eux,la destruction générale du monde, pour recommencer une nouvelle création. Chaque Manouvantara est gouverné par un Manou particulier, et a son Indiren et ses dieux inférieurs propres.

மனுவர், 1° (மனு), hommes. 2° forgerons,maréchaux, artistes.

*மனுவுரு, (*id.* உரு), forme humaine: மனுவுருவெடுத்துவந்தது venir—, apparaitre sans une forme humaine.

மனை, maison,—comprenant une cour ou aire intérieure, des bâtimens, autour et un petit jardin, emplacement de maison ,manei ou pièce de terre contenant 2400 pieds anglais carrés ou 223 mètres carrés (ou selon d'autres, 16 coujis ou குழி et 5/8) et propre à bâtir une maison indienne,femme, épouse, maîtresse de maison: — கொண்டு கட்டுகிறது acheter un manei et y bâtir;— கட்டுநிலம் emplacement d'une maison;—கிரயச்சீட்டு acte—, contrat de vente ou d'achat d'une maison ou d'un manei;— கிழத்தி femme —, maitresse de maison;— சீட்டு titres d'une maison,—d'un emplacement de maison;— தக்காள் femme propre au ménage, maitresse de maison;— திறம் droit—,héritage de maison, habileté dans le ménage, persévérance dans la vertu domestique;— மாட்சி excellence—, qualités propres de la vie domestique;— மாட்சிக்குரியதின் தனம் causes de l'excellence de la vie domestique au nombre de 5 commençant par பொற்பு et finissant par அச்சமுற்றிருக்கை;— முறி billet de vente—,titres d'une maison;— யறம் vertu domestique,— conjugale, vie conjugale; — வரி taxe du terrain d'une maison, (et non de la maison,ce qui se dit குடிமைவரி); — வாழ்க்கை,—வாழ்வு bonheur domestique, état de vie—, vie conjugale; — விருத்திச்செலவு dépense journalière de la maison; மனை யைவொற்றிவைக்கிறது engager —, hypothéquer une maison ou un emplacement.

மனைகிறது, னைந்தேன், னைவேன், னை,னைய, P. வனைகிறது, faire....

மனையவள், (மனை), gens mariés: —யறம் vertus ou devoirs des gens mariés, *i.e.* ஈதல் donner l'aumône, ஏற்றல் mendier, காத்தல் conserver ou garder, ஒழுக்கம் bonne conduite, புணர்தல் user du mariage, துய்த்தல் manger ou jouir.

மனையாட்டி, மனையாள், மனைவி, (மனை), femme,épouse,maitresse de maison.

*மனோ, (*obl.ou adj.de* மனசு manas, *devant les lettres* h, g,s,dj,d, n, b,m,y,r,l,v): —கதி mouvement de la volonté, désir, pensée, idée: —கதி marche —, impétuosité de l'esprit, ardeur, emportement: —காரணம் opération intellectuelle: —கரம், (hara *qui prend*), chose attrayante, belle, aimable, agréable, qui plait à l'esprit, beauté, joie, désir, fantaisie; —கரி, (*id*.i), femme belle, aimable: —குலம், *P.* மனக்குலம் peine d'esprit, chagrin: —ஞ்ஞம், (djna *qui connaît*), beauté, plaisir intérieur, chose agréable; —சஞ்சலம் peine d'esprit, chagrin; —சலம், —, சலனம் agitation, — émotion —, passion de l'âme; —சவம் vitesse de la pensée ou de l'intelligence, vivacité de l'âme, prudence; —சன், —சமன், V. மனோற்பவன்; —சாட்சி conscience, témoignage de l'âme; —சிலம், —சிலை espèce d'arsenic naturel rouge d'odeur de souffre et qui sert de remède; —தண்டம் répression de la volonté, mortification intérieure; —தத்தம் intention —, résolution de donner, *litt.* don de volonté ou d'intention; —தீதம், (அதீதம்), ce qui surpasse l'esprit ou l'intelligence; —துக்கம் peine d'esprit; —தைரியம் fermeté d'âme, courage, constance, effort d'esprit, —de la volonté; —நாசம் (prétendue) destruction de l'âme, — de la volonté; —நிச்சயம் détermination de la volonté, résolution; —பத்தி dévotion de l'âme; —பலம் force d'âme, courage, fermeté; —பவம் ce qui naît dans l'esprit, pensée, — de l'esprit; —பவன், V. மனோற்பவன்; —பாஷிதம் discours de pensée, — avec soi-même, monologue; —பாவம் état —, nature —, condition de l'âme, état réel —, pensée actuelle de l'âme, péché de pensée; —பாவனை imagination, — de l'esprit; —பீடை tourment —, peine d'esprit, chagrin; —பூ (bhoû *naître*), V. மனோற்பவன்; —புஷ்பம் chose agréable à l'âme, *litt.* fleur de l'âme; —பூசை sacrifice intérieur; —மயம், —மயகோசம் exercice des facultés de l'âme dans l'action unie de la sensation; de la perception et de la réflexion, V. au mot கோசம்-ஐ; —மோகனி, V. மனோற்பவன்; —ரஞ்சிதம் plaisir de l'âme, chose agréable à l'esprit; —ரதம் le char de l'esprit, *i.e.* désir, convoitise, plaisir; —ராஜியம், (ரதம், ya), jouissance mentale d'une chose qui n'existe pas et qu'on se figure exister; —ரமை Manôramei déesse particulière des Djaïnas ou Bouddhistes, la prétendue déesse Mènaguei fille du mont Mèrou et femme du mont Himâlaya; —ரம்மியம் contentement de l'âme, satisfaction, plaisir; இதெனக்கு —ரம்மியமான பொருள் ceci est une chose qui me plaît beaucoup; —ருசி consentement, — de la volonté, agrément; —ராச்சியம் royaume imaginaire, jouissance de l'esprit qui se figure être heureux et glorieux ou roi d'un grand royaume; —லயம் retenue de la volonté, répression de l'esprit, recueillement intérieur; —லவுலியம், —லௌலியம், (laoulya *inconstance*), caprice, fantaisie, boutade, vaine imagination; —வாக்கு pensée et parole; —வாக்குக்கெட்டாதது qui ne peut être atteint ni par la pensée ni par la parole, incompréhensible et ineffable; —விகாரம் inconstance —, changement de volonté, passion de l'âme, ou —விசாரம், —விசனம் chagrin, tristesse, — de l'âme: —வியாபாரம், —விருத்தி opération de l'âme ou de l'esprit: —வேகம் vivacité de l'âme, de l'esprit ou de la pensée, ardeur, promptitude, impétuosité, emportement, colère; —வேகமாய் aussi vite que la pensée.

*மனோத்சாகம், மனோற்சாகம், மனோற்சாயம், ([illegible], உச்சாகம், உச்சாயம், உற்சாகம், உற்சாயம்), effort de la volonté, force —, fermeté d'âme, promptitude, ardeur, bonne volonté: மனோற்சாகமாய் volontiers, spontanément, de son plein gré, avec ardeur, —fermeté.

*மநோஞ்ஞம், (மனது, அஞ்ஞம்), plaisanterie, moquerie.

*மநோஞ்ஞன், (மநோஞ்ஞம்), plaisant, plaisanterie: — குணம் caractère moqueur, — porté à la plaisanterie.

*மநோற்பவன், (மனம், உற்பவன்), celui qui est censé naître de la volonté, *i.e.* Kâmen ou l'amour.

*மநோன்மணி, (மனம், உன், மணி), surnom de Parvadi ou d'une சத்தி, mica ou talc: — திராவம் sel de roche dit இந்துப்பு; — தாரம் mica, talc.

மன், 1° est une particule explétive: அதுமற் (மன்) கொண்கன் தேரே c'est là le char du chef. 2° il marque modification: பண்டுகாடுமன் c'était autrefois une forêt, mais (aujourd'hui c'est une terre cultivée). 3° il marque ellipse, et indique le sens à compléter: கூர்வேல்கோன் வாள்மன் une épée tranchante (a tué bien du monde). 4° il marque par ellipse ce qui n'est plus; சிறியகட்பெறின் லெனமக்கீயுமன்னே s'il avait obtenu un éléphant aux petits yeux, il nous l'aurait donné, mais (il n'est plus). 5° il marque l'abondance et signifie beaucoup: எந்தைநமக்கருளுமன் notre père nous donnera abondamment, நெடுமன்மன் très-grand. 6° particule qui s'intercalle pour la formation du parfait de certains verbes: என்மனார் *P.* என்றார், ils ont dit. 7° roi, grandeur, fermeté, persévérance. 8° *imp. et part. de* மன்னுகிறது.

மன்பதை, (மன், பதம்), grande foule de monde, le monde, nombreuse population.

*மன்மத, — வருஷம் la 29me année du cycle indien, correspondant à 1835 et 1895.

*மன்மதம், (manmatha), luxure, passion, désir, fête, l'arbre விளா.

*மன்மதன், (*id.*), Manmaden ou Kâmen, (fils de Vichnou et de Lakchimi et dieu prétendu de l'amour et de l'impudicité, le Cupidon indien: மன்மதகிரகம் vulve, pudendum mulieris; — பாணம் flèche de Kâmen; — வேதனை les tourmens —, la passion de l'amour; மன்மதன்கூத்து la danse de Kâmon dite பேடு; — மகன் son fils அநிருத்தன், — மனைவி sa femme இரதி; — கணை les 5 flèches de Kâmen, *V.* பஞ்சபாணம்...

மன்விருத்தம், (மன்), genre de poésies ou de strophes dites கலிவிருத்தம்.

மன்ற, particule explétive signifiant emphase, certitude: மடவையன்றமுருகனே O Mourouguen tu es certainement ignorant.

மன்றகம், assemblée.

மன்றம், assemblée, place de réunion pour traiter des affaires publiques, certitude, rue longue et droite, odeur, plaine campagne, lieu découvert, — public. [odeur.

மன்றல், mariage, longue rue,

மன்றாடுகிறது, டினேன், டுவேன், டு, ட, *v.a.* மன்றுகேட்க, *n.v.* prier, supplier, implorer, demander.

மன்றாட்டம், மன்றாட்டு, *n.v. du préc.* prière, supplique, demande, pétition, requête, grâce —, chose demandée: — கேட்கிறது demander une faveur; மன்றாட்டுக்குப்போகிறது aller prier, — supplier; மன்றாட்டுடனேவேண்டுகிறது venir prier, — supplier, — avec une supplique.

மன்று, lieu ouvert, place découverte, assemblée, tribunal, la salle dorée: — படுகிறது être manifesté, découvert; — படுதல் manifestation.

மன்றாடி, (மன்று, ஆடு, ஆடி), celui qui danse dans les lieux découverts, *i.e.* Siven.

மன்றேவியில்லம், (மன், தேவி), demeure de la femme du roi, harêm, sérail.

மன்னல், *opt. et n.v. de* மன்னுகிறது, fermeté, stabilité, fixité, persévérance, état.

மன்னவன், மன்னன், *pl.* மன்னவர், மன்னர், (மன்), roi, seigneur, maître, propriétaire, souverain maître, la 26e constellation dite உத்தரட்டாதி:

மன்னர்பின்னோர் ceux qui viennent après les rois, les வைசியர் ou marchands qui forment la 3me caste, i.e. celle qui vient après les rajahs; மன்னர்மன்னவன், —மன்னரன்னவன் roi des rois, roi qui a des rois tributaires, surnom de Douryôdhanen ou துரியோதனன்.

மன்னா, (manna *latin*), la manne que Dieu fit pleuvoir dans le désert pour la nourriture des Israélites.

மன்னிப்பு, P. மன்னிப்பு, pardon.

மன்னார், 1° n. app. et 3° pers. pl. nég. de மன்னுகிறது, gens qui—, ils ne s'unissent pas, ennemis, gens non fidèles. 2° ile entre l'Inde et Ceylan, (nom de) Vichnou: —கோவில் temple de Vichnou, ville du Tanjaour.

மன்னிக்கிறது, மன்னித்தேன், மன்னிப்பேன், மன்னி, மன்னிக்க, v.a. மன்னித்தல், n.v. ou மன்னித்துவிடுகிறது, pardonner, accorder le pardon, excuser.

மன்னிப்பு, n.v. du préc. pardon, rémission: —கேட்கிறது demander pardon; —கொடுக்கிறது, —பண்ணுகிறது pardonner, remettre les fautes.

*மன்னியு, (manyou), adversité, détresse, chagrin, colère, sacrifice, grandeur, orgueil.

*மன்னியை, மன்னியாகை, (manyâ, manyâkâ), tendon de la nuque, nerf du cou, nerf qui donne le mouvement.

மன்னிறை, (மன், இறை), impôt: —தருதல் payer les impôts au roi, c'est un des devoirs des laboureurs.

மன்னுகிறது, மன்னினேன், மன்னுவேன், மன்னு, ன, v.a. et n. (மன்), மன்னுதல், n.v. relever, retrousser,— ses vêtemens pour passer une rivière..., être établi, ferme, stable, persévérer, s'unir, se joindre: சீலையைமன்னிக்கொள்ளுகிறது relever—, retrousser sa toile: மன்னிநிற்கிறது rester ferme, tenir bon; மன்னின, மன்னிய, part. ferme, stable. [ferme.

மன்னியவன், (மன்னிய), homme

மன்னுயிரோன், (மன்னு, உயிர்), l'être immuable, Dieu.

மன்னுயிர், 1° (மன், P. மனு, உயிர்), vie, âme de l'homme. 2° (மன் P. மன்னும்), âme,— qui survit au corps, vie animale, âme qui (selon les Indous) transmigre après la mort: மன்னுயிர்க்கிரங்குகிறது avoir pitié des âmes des hommes, avoir pitié des êtres vivans.

மன்னுலகம், மன்னுலகு, (மன்னு, உலகம்), le monde impérissable, i.e. le paradis, (en style païen) le monde des dieux. [douleur de l'âme.

மன்வேதனை, (மன், P. மனம், வேதனை),

மன்னை, 1° gorge, gosier, joue. 2° acc. de மன்: மன்னைப்பிடித்திழுக்கிறது saisir à la gorge; —பிடித்துக்கடிக்கிறது, saisir à la gorge et tuer (comme fait le tigre). [(மன், ஓ) est-ce le roi?

மன்னோ, 1° particule explétive. 2°

மா, 1° lettre syllabique composée de ம் et de ஆ, mâ long. 2° * sync. de மகா, grand. 3° * (mâ), Lakchimi, bonne fortune, richesse, bonheur, félicité, mesure, intelligence, milieu, ceinture de femme, lien, mère, rayon, lumière, éclat, beauté, mort, particule sanscrite exprimant la négation ou le doute, Sarasvati. 4° manguier, mangifera indica, farine, grains moulus ou pilés, un vingtième (dont la marque est ப), animal (en général), cheval, sanglier, éléphant (mâle), scarabée, couleur, — noire, toile, habit, rizière, force, dégoût, aversion, arrière-faix, secondines, appel, invitation, clou, poussière, pollen des fleurs, grandeur, magesté, abondance, excellence, particule explétive qui suit l'impératif ou l'optatif, *Ex.* உப்பின்றுபுற்கையுண்மா கொற்கைக்கோவே ô roi de Korkei mangez la bouillie sans sel: நாலுமா quatre vingtièmes, i.e. 1/5; மாவாகவிடிக்கிறது piler de manière à réduire en farine; இடித்தமா farine de grains pilés; மாப்பிசைகிறது pétrir de la farine,— de la pâte; மட்டுமோ, V. ம

டுமேலைமாங்காய், கட்டுமேலைமாங்காய்க்குத்தாற்றி ருக்கு பொட்டாலம்போட்டுவை காக்கிற து garder comme si on mettait des épines autour du manguier dont on lie les fruits, garder avec soin, v.g. un mari sa femme.

மாகக்கல், (மாகம்), pierre brûlante, — de la forêt. [மா.

மாகதம், la plante மைவாகத்தை

*மாகவேட்டம், (மா, P. மகா), le 6ᵉ des 27 நாள் dit aussi திருவேட்டம்.

*மாகதம், (மகதம்), chose —, production du royaume de Magadha.

*மாகதர், pl. மாகதர். (id.), habitans de Magadha, gens d'une caste issue d'un père வைசியன் i. e. marchand (ou même de condition servile) et d'une mère de caste royale, leur fonction est de chanter les exploits ou les louanges des rois et des héros, panégyristes, bardes, ménétriers.

*மாகதி, (id.), la langue de Magadha, espèce de Prâkrit dérivé du Sanscrit et qui ressemble fort au Pâli des Bouddhistes. Il y en a qui le regardent comme la langue primitive, sucre raffiné, poivre long, espèce de jasmin. [guier.

*மாகந்தம், (மா, கந்தம்), man-

*மாகம், (mâgha), le mois de மாசி, la 10ᵐᵉ constellation dite மகம் (où la pleine lune arrive dans le mois de மாசி), air, atmosphère: மாகஸ்நானம் bain censé sacré qu'on fait dans le mois de மாகம்.

மாகயம், l'arsenic préparé dit கௌரிபாஷாணம். [le, —énorme.

மாகரி, (மா grand), éléphant mâ-

*மாகலி, (mâkali), le cocher d'Indiren, Sandiren ou la lune.

*மாகனன், (mâ non, hana qui tue), homme qui ne tue pas, brame.

*மாகாகுலன், (மகா, குலம்), homme de haute caste.

*மாகாசனிகம், (மகாசனன்), chose propre aux grands personnages.

மாகாணம், (ind.), province, district de plusieurs villes ou villages sous un préfet ou un gouverneur, subdivision du district d'un நாடு. [1/80, i.e. un seizième.

மாகாணி, (மா, காணி), 1/20 plus

*மாகாத்தியம், மாகாத்மியம், (மகாத்மா), majesté, grandeur. [chose royale.

*மாகாராஜிகம், (மகாராஜன்),

மாகாளம், (மா grand), nom d'un lieu consacré à Siven.

மாகாளன், (id.), général de l'armée de Brama, (ou selon d'autres), d'Ayénar.

மாகாளி, (id.), la grande Kâli (femme de Siven et une des 7 மாதர்.) [domaine, états.

*மாகிஷம், (மகிஷம்), royaume,

மாகுந்தம், la plante புன்னைக்காளி.

*மாகுலவர், (மா mort), les gens de la caste qui donne la mort, i. e. les வேடர் ou chasseurs, sauvages.

*மாகேசுவரி, (மகா, ஈசுவரி), la grande maîtresse, (en style païen), Dourgâ ou Parvadi, femme ou Sakti de Siven, et une des 7 மாதர்.

*மாகேந்திரம், (மகேந்திரன்), chose propre à Indiren, une des 10 observances superstitieuses du mariage. [மாசை.

*மாகை, 1° (mâhâ), vache. 2° P.

மாக்குளி, (மா cheval), litt. instrument de cheval, selle.

மாக்கல், மாக்கல்லு, (மா farine), blanc d'Espagne, craie, pierre à aiguiser, stéatite. [hommes.

மாக்கள், P. மக்கள், fils, enfans,

மாக்காப்பு, (மா), grande protection, V. கோலம்.

*மாங்கலியம், (மங்கலம், ya), bonheur, i.e. tâli ou bijou d'or que les femmes mariées portent au cou en signe de mariage: மாங்கலியசூத்திரம் cordon du tâli; — தாரணம், — தாரணம்பண்ணுகிறது attacher le tâli; — பிச்சை aumône —, don du tâli; vie du mari accordée comme aumône aux prières de sa femme.

மாங்கன், espèce de poisson, rognon.

மாங்கன்று, (மாம், கன்று), jeune manguier, manguier à peine germé, — encore tout petit.

மாங்காய், (id.), mangue encore verte, — non mûre, jabot ou gésier des oiseaux, rognon, — des quadrupèdes (parce qu'il ressemble à une jeune mangue): அவித்த — mangue bouillie, — qu'on fait bouillir; அவிப்பு — espèce de mangue d'un goût brûlant; — சுரம் rognon, — des animaux; — ஊறுகாய்போடுகிறது mettre —, faire confire des mangues; — வேகவைக்கிறது faire bouillir des mangues; — ப்பூட்டு serrure qui ressemble à une mangue, cadenas.

*மாமிசம், மாம்மிசம், மாம்சம், (mâmsa), chair, V. மாம்சம்.

மாசகற்றுகிறது, (மாசு, அகற்றுகிறது), ôter une tache, éloigner les souillures, — les fautes.

மாசக்காய், noix de galle, cassenole: — தின்றவன்போல பேசுகிறது parler comme un homme ivre, litt. comme un homme qui a mangé une noix de galle.

மாசடைவு, (மாசு, அடைவு), règles des femmes, litt. corps impur.

*மாசம், (mâsa), mois (dont le signe abréviatif est மீ): மாசத்தீர்வை impôt —, taxe mensuelle, paiement par mois; — வயசு âge d'un mois; — வருஷம் année; — விடாய், — விலக்கு menstrues, flux menstruel; — விடாயுள்ளவ ou விலக்குள்ளவள் femme qui a ses règles. Les 12 mois tamouls sont: சித்திரை avril, வைகாசி mai, ஆனி juin, ஆடி juillet, ஆவணி août, புரட்டாசி septembre, ஐப்பசி octobre, கார்த்திகை novembre, மார்கழி décembre; தை janvier, மாசி février, பங்குனி mars. Chaque mois tamoul commence maintenant du 10 au 16 du mois européen correspondant, et finit du 10 au 16 du mois suivant. Pour avoir la correspondance des mois tamouls et des mois européens, voyez notre தெரிந்தெடுப்புக்காலக்கம் et les notes que nous avons mises à la grammaire de Beschi chap. 5 § 4. Les noms sanscrits de ces mois sont சைத்திரம், வைசாகம், சேட்டம், ஆஷாடம், சிராவணம், பாத்திரபதம், ஆசுவிசம், கார்த்திகம், மார்க்கசிரம், புஷியம், மாகம், பற்குனம்; mais les mois tamouls sont des mois solaires et devraient corespondre exactement aux signes du zodiaque, tandis que les mois sanscrits sont des mois lunaires; et cette sorte de mois s'observe dans le nord de l'Inde et chez les Télingas et les Canaras. Les mois du Maléalam correspondent parfaitement avec les mois tamouls, mais ils prennent le nom du signe du zodiaque où se trouve alors le soleil et qui correspond à ce mois. Voici un tableau des mois tamouls, européens, maléalams, sanscrits avec les signes du zodiaque et les constellations indiennes corrélatives.

| Mois tamoul. | — européen. | Signe du zodiaque. | Mois sanscrit. | Constellation. |
|---|---|---|---|---|
| சித்திரை. | Avril. | மேஷம், Bélier. | சைத்திரம். | சித்திரை. |
| வைகாசி. | Mai. | இடபம், Taureau. | வைசாகம். | விசாகம். |
| ஆனி. | Juin. | மிதுனம், Gémeaux. | சேட்டம். | மூலம். |
| ஆடி. | Juillet. | கர்க்கடகம், Cancer. | ஆஷாடம். | உத்தராடம். |
| ஆவணி, | Août. | சிங்கம், Lion. | சிராவணம். | அவிட்டம். |
| புரட்டாசி, | Septembre. | கன்னி, Vierge. | பாத்திரபதம். | பூரட்டாதி. |
| ஐப்பசி. | Octobre. | துலாம், Balance. | ஆசுவிசம். | அச்சுவினி. |
| கார்த்திகை, | Novembre. | விருச்சிகம், Scorpion. | கார்த்திகம். | கார்த்திகை. |
| மார்கழி. | Décembre. | தனுசு, Sagittaire. | மார்க்கசிரம். | மிருகசீரிடம். |
| தை. | Janvier. | மகரம், Capricorne. | புஷியம். | பூசம். |
| மாசி. | Février. | கும்பம், Verseau. | மாகம். | மகம். |
| பங்குனி. | Mars. | மீனம், Poissons. | பற்குனம். | உத்திரம். |

Comme on peut le voir dans cette table, plusieurs mois tamouls et sanscrits prennent leurs noms de la constellation lunaire opposée au soleil, et dans laquelle la lune se trouvera pleine dans ce mois; ainsi dans le mois de சித்திரை ou avril, le soleil se trouve dans le signe du Bélier dit மேஷம் qui est le 1er des 12, et la lune sera pleine dans la 14e constellation dite சித்திரை opposée au Bélier. Les années télingas sont luni-solaires. Chaque mois commence à la nouvelle lune et par conséquent ils ne peuvent s'accorder avec les mois tamouls. De plus l'année lunaire étant de 11 jours plus courte que l'année solaire de 12 mois, il faut, pour compenser, faire de temps en temps une année de 13 mois. Leur mois dit சைத்திரம் commence à la nouvelle lune qui précède சித்திரை, c'est à dire à la nouvelle lune qui a lieu dans le mois de பங்குனி; c'est pourquoi ces mois lunaires peuvent être en avance de près d'un mois sur le mois solaire tamoul. Le mois lunaire qui correspond au mois solaire, commence toujours dans le mois solaire précédent et finit dans le mois solaire qui lui correspond dans le tableau ci-dessus. Lorsque 2 mois lunaires commencent dans un même mois solaire, ils prennent tous deux le nom qui correspond au mois solaire suivant; pour les distinguer on ajoute devant pour le 1er le mot அதிக surnuméraire, et pour le 2e le mot நிஜ propre. Lorsque dans un mois solaire il n'y a pas de nouvelle lune, le mois lunaire correspondant est omis: de là des années lunaires de 13 mois qui ont 2 mois doublés et un omis. [crocodile.

*மாசலம், (mâtchala), maladie,

*மாசகன், (id.), voleur.

மாசறல், மாசறுகிறது, (மாசு, அறுகிறது). être purifié de ses taches ou de ses fautes, être sans tache, innocent, pur, innocence, pureté, bien: மாசற்ற sans tache, pur, innocent.

மாசனம், (மா grand), et மாசனங்கள், litt. les grands, les grandes gens, brames séculiers, chefs de villages et cultivateurs.

மாசக்கும், (மா farine), bouillie, —épaisse dite கூழ்.

மாசத்தன், le père de சத்தியபாமை femme de Krichna.

*மாசாந்தம், (மாசம், அந்தம்), le dernier jour —, la fin du mois, la nouvelle lune (dans les mois lunaires). [que mois, mensuellement.

*மாசாந்திரம். (id. அந்தரம்), chaque mois,

மாசாலம், (மா grand), espèce d'enchantement magique.

மாசாளி, V. மயமலி.

மாசி, le mois de mâsi, février-mars, la 10me constellation dite மகம், nuage, brouillard, bruine, nouvelle chaussée de rizière: மேகமாசி nuage, qui donne de la bruine; போமாசிகள் nuages qui s'envolent.

*மாசிகம், (மாசம், ika), cérémonie faite 30 jours après la mort de quelqu'un et ensuite chaque mois pendant la 1re année, chose mensuelle, — qui se fait chaque mois ou à la fin de chaque mois, chose qui dure un mois, espèce de liqueur enivrante: — கொடுக்கிறது, — பண்ணுகிறது faire la cérémonie funèbre de chaque du mois. [volatile.

*மாசிகை, (mâtchika), mouche,

மாசிங்கம், 1e (மா), grand lion. 2e P. மிருகசிருங்கம், corne de cerf.

மாசிபத்திரி, (மாசி), la plante artemisia indica. [மாசிமகம்.

மாசிமகம், (id. மகம்), la fête dite

*மாசியம், (மாசம், ya), V. மாசிகம்.

மாசிலிப்பட்டணம், (de மசிலிப் பட்டணம்), la ville de Masulipatam.

மாசு, tache, souillure, saleté, faute, flétrissure, noirceur, petitesse, bagatelle, pluie, nuage: மாசற்ற, மாசிலாத pur, innocent, sans tache: மாசற்றது, மாசற்றவன் ce qui —, celui qui est pur, sans tache; மாசி

[illegible] les saints Innocens; — [illegible] celui qui ôte les taches, barbier; — [illegible] un nuage a caché (le soleil ou la lune). [illegible].

மாதுளம், (மா), le concombre [illegible]

மாநாகம், (மா, நாகம்), grand —, serpent.

மாகுல், (ind.), produit —, revenu d'un champ, toute sorte de grains, perception d'impôts: — பாக்கி arriéré des revenus ou des impôts.

மாசேனன், (மா, சேனை), celui qui a une grande armée, Dieu, Arouguen, Mouronguen, Vichnou.

மாசேனை, (id.), grande armée, multitude, abondance.

மாசை, or.

*மாச்சரியம், V. மாற்சரியம்.

மாச்சல், P. மாய்ச்சல்,

மாச்சாரம், V. மாசாரம்.

மாச்சி, la plante பாம்புகொல்லி,

*மாச்சியவன், (மச்சியம், ka), pêcheur.

மாச்சிலை, (மா, சிலை), V. மாக்கல்.

மாச்சு, fers, entraves: — போட்டுப் [illegible], dat. mettre les fers.

*மாஷகம், (மாஷம், ka), espèce de poids d'orfèvre.

*மாஷம், [mâcha], espèce de pois dit உளுந்து, phaseolus radiatus, maladie cutanée, V. மாஷகம்: மாஷ பருணி arbrisseau légumineux, glycine debilis; — [illegible], — [illegible] joaillier, bijoutier, orfèvre.

*மாஷீயம், மாஷீணம், (மாஷம்), champ de pois dits phaseolus radiatus. [stupide.

*மாஷன், (id.), insensé, lourdeau,

மாசி, gén. [illegible], P. மாதம், mois.

மாஞ்சாலம், P. மாசாலம்.

*மாஞ்சி, (mâmsi), racine d'herbe fibreuse et odoriférante, spicanard, nard indien dit சடாமாஞ்சி.

மாஞ்சில், (id.), sorte de remède, V. மாஞ்சி.

மாடகம், cheville ou goupille de luth, — qu'on tourne pour en tendre les cordes.

மாட்டிக்கொன்று, (மாடு), battre —, tuer un bœuf...

மாடம், 1° maison, portique, niche, — dans un mur pour mettre une statue, creux ou enfoncement dans un mur pour mettre une lampe, trou dans un mur pour nid de pigeons. 2°* P. மாதம். 3° (mâta) route. 4° (mâda), poids, quantité: [illegible] — niche de l'idole de Poulléyar (chez les Sivénistes); [illegible] மாடம் ou மாடக்குழி niche ou enfoncement pour une petite lampe (ordinairement en terre cuite); மாட மாளிகை palais; — புறா pigeon domestique, — qui fait son nid dans un trou de mur; — [illegible] la plante [illegible].

*மாடரன், (mâtara), un des serviteurs du soleil, le poète [illegible], nom d'un mouni, distillateur.

மாடல், action de faire.

*மாடன், P. மாஷன்.

*மாடி, 1° (mâdi), palais. 2° (mâdhi), gène, détresse, pauvreté; bourgeon, ou pousse des nouvelles feuilles, colère, double dent, bord de vêtement. [min.

*மாடியம், (mâtya), route, chemin.

மாடு, gén. மாட்டின், obl. மாட்டு, l'espèce bovine (comprenant) bœuf, taureau, vache, buffle, bufflonne, bête à cornes, place, côté, pierre précieuse, — précieuse plate, — large, or, dot, félicité, prospérité: கறக்கிற — vache à lait; என்வீட்டுமாடேவா viens à ma maison, — chez moi; — மேய்கிறது les bœufs paitre; — மேய்க்கிறது faire paitre les bœufs; — மேய்க்கிறவன் bouvier, vacher, pâtre; மாடோட்டுகிறது faire courir —, conduire —, chasser les bœufs.

மாடை, (மாசை), or, pièce d'or, — pesant une demi-pagode, s'élargir et se replier en dedans: — [illegible] பசு animal qui a les cornes repliées en dedans; — பொன் demi-pagode.

மாட்சி, மாட்சிமை, (மாண்), grandeur, excellence, gloire, bravoure, accroissement: புகழ்—,combat glorieux, — soutenu avec bravoure.

மாட்டடி,(மாட்டு,அடி),pied —, trace de bœuf, coup de bœuf, *V.* குட்டடி.

மாட்டல்,*opt.et n.v. de* மாட்டுகிறது, action de boutonner..., accrochement...

மாட்டடைக்கிறது,(மாட்டு,அடைக்கிறது), écrire en bas d'un billet.

மாட்டாங்கோல்,(*id.*ஆம்),aiguillon —, bâton pour conduire les bœufs.

மாட்டாதார்,மாட்டார்,*n.app.nég. de* மாட்டுகிறது,gens incapables.

மாட்டி,*gér.de* மாட்டுகிறது.

*மாட்டியம், *V.*மாடியம்.

மாட்டிலையான், (மாட்டு, இலையான்), *V.* மாட்டீ.

மாட்டிறக்கம், (*id.* இறக்கம்), endroit où les bœufs descendent à l'eau dans une rivière, un étang...

மாட்டிறைச்சி, (*id.* இறைச்சி), viande de bœuf ou de vache:—இன்று இல்லையன்றுமின்றும்வேதியர்,—அல்லவோமாக்கறிக்கிட்டுக்கொள்றது et autrefois et aujourd'hui les brames, (dit-on), ne mangent point de viande de bœuf, mais n'est-ce pas de la viande de bœuf (l'assa-fetida)que l'on coupe et que l'on met dans le ragoût de légumes. [bœuf.

மாட்டீ, (*id.* ஈ), taon,mouche de

மாட்டு, 1° *imp.et part.du suiv.* 2° *obl.de* மாடு: — க்கிடை parc de bœufs ou de vaches, troupeau de bœufs parqués; — க்கொட்டில் étable à bœufs ou à vaches; — க்குளம்பு corne du pied des bœufs ou des vaches; —க்கொம்பு corne de bœuf ou de vache;— த்தாள் papier grossier;— ப்பல் dent de bœuf, large dent;— மூலைக்காளான் espèce de champignon; மாட்டெடுத்தெறிதல் passer en jetant à côté, *i. e.* renvoyer ou attribuer les qualités d'une chose à une autre qui en est susceptible.

மாட்டுகிறது,ட்டினேன், ட்டுவேன், ட்டு,ட்ட, *v.a. et n.* மாட்டுதல் *n.v.* boutonner, agrafer, attacher, accrocher, attraper, clouer, fermer, introduire, entortiller, entrelacer, enfiler, emmêler, rosser, mettre du bois dans le feu, se revêtir, mettre, s'accrocher,s'emmêler,être embrouillé, embarrassé, entortillé, emmêlé, mêlé,se prendre à un piége..., (*de plus au futur ou au négatif*),pouvoir, vouloir, consentir: இவனைநன்றாய்மாட்டினான் il l'a bien embarrassé, bien rossé; மாட்டிவிடுகிறது, —வைக்கிறது accrocher,attacher,*ou* —க்கொள்ளுகிறது mettre aux fers, —les entraves; மாட்டிக்கொள்ளுகிறது se prendre, s'accrocher, s'embarrasser, s'entortiller; இதைநானெப்படி மாட்டுவேனோ pourrai je faire cela? மாட்டேன் je ne puis pas, je ne veux pas;பாடமாட்டேன் je ne veux pas—,je ne puis chanter, je ne chanterai pas; அதைச்செய்யமாட்டேனென்றான் il a refusé de faire cela;மாடெழுந்திருக்கமாட்டாது le bœuf ne peut se lever;மாட்டாமற்போகிறது ne pouvoir pas, ne vouloir pas,s'en aller sans pouvoir ou sans vouloir, s'excuser,refuser de faire.

மாட்டுவிக்கிறது,*v.caus. du prés.*, faire boutonner..., embrouiller, embarrasser,emmêler,attraper,faire tomber dans le piége: பறவையைக் கண்ணியிலே —faire tomber—,attraper un oiseau dans un filet.

மாட்டேற்று, (*id.* ஏற்று), supprimer, mettre dehors, faire un renvoi: —க்கொல் mot qu'on peut supprimer par ellipse comme ஆகிய... [illustres, vénérés, sacrés.

மாணடி, (மாண், அடி), pieds

மாணம்,(மாண்),excellence,grandeur,honneur: நாணமுமில்லை மாணமுமில்லை il n'y a ni honte ni honneur.

மாணல், *opt.et n.v. de* மாணுகிறது,excellence, grandeur,bonté, bien. [collier de 20 cordons.

*மாணவகம்,(mânavaka),science.

*மாணவகன், (*id.*), enfant,—de 8 à 16 ans, écolier, élève, jeune brame étudiant, ignorant, sot, courtaud, nabot.

*மாணவன், (mânava), enfant, homme, — petit, courtaud, nabot.

*மாணவ்வியம், (mânavya), troupe d'enfans, enfance, caractère d'enfant.

மாணுக்கன், pl. மாணுக்கர், sync. de மாணவகன், écolier, élève, disciple, étudiant: ஒருசாலைமாணுக்கர் les élèves d'une classe.

மாணுமை, n.v.nég. de மாணுகிறது, être sans gloire, ne pas exceller, n'être pas bon.

மாணுர், n.app. nég. du même, gens qui ne sont pas bons, ennemis.

மாணி, 1° jeune brame, étudiant non marié, pénis, viri genitalia, V. குறள். 2° gér. de மாணுகிறது: — க்குழி nom d'une ville au sud de la presqu'île; — யரிகிறது couper le pénis, rendre eunuque, châtrer.

*மாணிகை, (mânikâ), poids de 8 பலம்.

மாணிக்கத்தாள், (மாணிக்கு, அத்தாள்), prostituée, suivante d'une dame, — d'une femme honnête,

*மாணிக்கம், மாணிக்கியம், (mânikya), rubis, pierre précieuse rouge, escarboucle, pierre précieuse en général: மாணிக்கத்திரம் pierre précieuse excellente, — très-brillante, escarboucle employée, dit-on, dans le palais des rois pour servir de flambeau ou plutôt de lustre; — மோதிரம் anneau garni d'un rubis; — வாசகன், — வாசகர் nom d'un célèbre poète sivéniste qui vivait à திருவாதவூர் et auteur des poèmes païens intitulés திருவாசகம் et திருச்சிற்றம்பலக்கோவை.

*மாணிபந்தம், மாணிமந்தம், (மணிபந்தம், மணிமந்தம்), sel, sel de mer.

மாணுகிறது, ணினேன், ணுவேன், ணு, ண, v.n. (மாண்), et மாணுதல், n.v. être grand, illustre, glorieux, bon, excellent, exceller.

மாண், 1° n.v.imp. et part. du préc. grand, illustre, glorieux. 2° grandeur, excellence.

மாண்ட, 1° part. de மாள்கிறது, mort: மாண்டவன் homme mort. 2° adj. part. de மாண்டல், grand, illustre, qui possède.

மாண்டல், exceller, être grand, distingué, grandeur.

மாண்டவர், மாண்டார், மாண்டோர், 1° n. app. de மாண்டல், gens distingués, illustres, supérieurs, grands. 2° n. app. de மாள்கிறது, les morts.

மாண்டு, gér. de மாள்கிறது.

மாண்டூகம், un des 32 உபநிஷதம்.

மாண்டோர், V. மாண்டார்.

மாண்பு, n. v. de மாணுகிறது, beauté, grandeur, excellence.

*மாதங்கம், (mâtanga); éléphant, l'arbre அரசு, bijou du front.

*மாதங்கர், (id.), gens vils, dégradés, vauriens, pl. de

*மாதங்கன், (id.), homme vil, dégradé, chassé de caste, vaurien, montagnard, chasseur ou வேடன், sauvage, barbare, cordonnier né d'un வேடன் ou chasseur et d'une femme de caste royale.

*மாதங்கி, fém. du préc. la montagnarde, ou la barbare, — Kâli ou Dourgâ, Mâtangui, femme de வசிட்டன். [route, punition... énorme.

மாதண்டம், (மா), massue, grande

*மாதம், 1° P. மாசம், mois. 2° (mâtha), action de baratter, meurtre, tort, dommage, chemin. 3° (mâda), joie, extase, grandeur, orgueil, enivrement: மாதக்கடை fin du mois; மாதகுதம், — தூரம், — தீட்டு menstrues ou règles des femmes; — சங்கிரமம், — பிறப்பு commencement du mois ou passage du soleil d'un signe dans un autre pour les mois solaires; — பிசகு erreur de mois, — dans la computation des mois; — பபு onocrotale ou pélican, oiseau aquatique qui ne reste dans le pays que pendant les 6 mois de la saison humide; — வறுதி, (அறுதி), fin du mois; — விடாய், — விலை, — விலக்கு menstrues, règles des femmes; — விடாய் ou விலக்கியிருக்கிறவள்

femme qui a ses règles; — மாதக்கிரம table donnant la longueur des mois en jours, heures et minutes indiennes.

மாதரி, P. மாதங்கி, Kâli.

மாதர், 1° beauté, désir, concupiscence, luxure, particule explétive dite இடைச்சொல். 2° pl. de மாது ou மாதிரு, femmes, prétendues déesses; mères: மாதர்விளையாட்டு jeu lascif de femmes, ou avec les femmes; மாதர்கள்-எ les 7 mères ou femmes célèbres, i. e. les 7 Sakti, énergies ou femmes des principaux dieux, savoir: அபிராமி ou பிராமி femme de Brama, மகேசுவரி ou மகேசுவரி femme de Mahèsvaren ou Siven, கௌமாரி femme de Koumaren, நாராயணி femme de Narayanen ou Vichnou, வாராகி ou la truie, femme de Varâguen, i.e. de Vichnou métamorphosé en cochon, இந்திராணி femme d'Indiren, காளி femme de Virabhadra வீரபத்திரன். Les montures de ces 7 femmes sont, dans le même ordre: அன்னம் le cygne, இடபம் le taureau, மயில் le paon, கருடன் le milan à tête blanche, சிங்கம் le lion, யானை l'éléphant, பேய் le diable. Leurs armes respectives son மறை ou வேதம் le livre de la loi ou les vêdas, சிலுகம் l'arc, வேல் la lance, ஆழி ou சக்கரம் la roue ou l'arme circulaire, கலப்பை la charrue, வச்சிரம் la foudre, சூலம் le trident. Qu'il serait beau de voir madame la truie à cheval sur un lion et tenant pour arme une charrue à la main! tel est le délire de l'imagination des Indous aveuglés par le paganisme. Le dictionnaire sanscrit donne 2 autres listes chacune de 8 மாதர், savoir: பிராமி, மகேசுவரி, வைஷ்ணவி épouse de Vichnou, இந்திரி épouse d'Indiren, வாராகி, கௌமாரி, கௌபேரி ou சாமுண்டை épouse de குபேரன் et சர்ச்சிகை Tchartchikâ épouse de Siven dans une de ses incarnations inférieures. L'autre liste les appelle மகேசுவரி, பிராமி, நாராயணி, இந்திரி, வாராகி, கௌமாரி, நரசிங்கி femme de Vichnou métamorphosé en நரசிங்கன் ou homme-lion, et அபராசிதை ou l'invincible, femme d'அபராசிதன் ou Siven. D'autres listes enfin mettent les மாதர் au nombre de 16.

மாதர்க்குணச்சலம், (மாதர்), soufre, litt. l'eau qui a le caractère des femmes.

*மாதலி, (mâtali), Mâdali, cocher d'Indiren, servante de Dourgâ.

*மாதளங்கம், P. மாதுளங்கம், grenadier.

*மாதவம், 1° (mâdhava), douceur, liqueur spiritueuse, — fermentée, caillou, printemps, le mois de வைகாசி. 2° (மா), grande pénitence, — austérité.

*மாதவன், 1° (மாதவம்), le prétendu dieu du printemps, i.e. Kâmen. 2° (மா), le mari de Lakchimi, i.e. Vichnou ou Krichna. 3° (மா, P. மகா), grand pénitent, pl. மாதவர் grands pénitens, — mounis, sages austères.

*மாதவி, (mâdhavi), sucre candi, — raffiné, mélasse, jagre ou sucre de palmier, liqueur spiritueuse, grande plante rampante dite குருக்கத்தி, jasmin du printemps ou gaertnera racemosa, messagère, entremetteuse, danseuse ou bayadère, la fameuse துர்க்கை ou Dourgâ, le basilic துளசி, Mâdhavi femme d'அருச்சுனன் et sœur de Krichna, — femme de மாதவன் ou Krichna, la concubine du marchand nommé கோவலன்: —[illegible] —கொழுநன் le mari de Mâdhavi, i.e. Krichna, ou Aroutchounen; —லதை gærtnera racemosa.

மாதளை, (மாதுளங்கம்), grenadier punica granatum; l adj. est மாதளம்: மாதளஞ்செடி, மாதளமரம் grenadier: மாதளம்பூ fleur de grenadier; மாதளம்பழம், — கனி grenade mûre; மாதளங்காய் grenade non mûre; மாதளக்கல் pierre de couleur de jeunes feuilles de manguier. [bois servant de poutre...

மாதறி, (மர), grande pièce de

*மாதனம், (mâdhana), clou de girofle, délice, enivrement.

*மாதா, (mâtâ), mère, surnom de Parvadi;—பிதா père et mère, le père de la mère;—மகன், (mahâ grand), grand-père maternel; —மகி, (fém.), grand'mère maternelle.

*மாதாந்தம், (மாதம், அந்தம்), fin du mois. [drome, manguier.

மாதி, course circulaire, hippo-

மாதிகம், (மாதி), route—, course de chevaux.

மாதிசை, (மா grand), la grande période ou l'état important, division astrologique de tout le cours de la vie humaine: On en compte 9, savoir: சூரிய —, சந்திர—, செவ்வாய்—, இராகு—, குரு—, சனி—, கேது—, புதன்—, சுக்கிரன் மாதிசை; மாதிசை ௱௨௰ உடு les 120 divisions astrologiques de l'année, ou les 120 ans relatifs à la division susdite. [ல்.

மாதிபோதி, le chardon நெருஞ்சி

மாதிரம், air, atmosphère, région —, côté du monde, terre, sol, cercle ou province, montagne, éléphant.

மாதிரி, (mâtri mère), comparaison, ressemblance, exemple, modèle, manière, échantillon, spécimen, *V.* அதிவிடயம்: —காண்பிக்கிறது montrer un échantillon, donner l'exemple;—வைக்கிறது mettre un exemple, un modèle.

*மாதிரிகை, (mâtroukâ *mère*), exemple, modèle, original (d'un livre..., opposé à புத்திரிகை la fille ou la copie).

மாதிரிப்பாக்கம், nom d'une ville du Sud: மாதிரிப்பாக்கத்துச்சல்லாச்சேலை toile fine—, mousseline de cette ville.

*மாதிரு, (mâtrou), mère,— prétendue divine, ou énergie personnifiée d'un dieu indou et regardée comme sa femme, (voyez-les au mot மாதுருகன்னி-ள), vache, bramine, fille ou femme de caste brame, la terre, Lakchimi, Rèvati ou இரேவதி, l'air, l'espace;—கசிதன், (ka *tête*, tchhida *qui coupe*), Parasouramen qui a coupé le tête à Rèvati sa mère;—காதுகன் matricide, Indiren;— காமி (*qui va avec*), fils incestueux; —கேசடன், (Kèsata *frère*), oncle maternel;—கோத்திரம் famille de la mère, ligne maternelle; —சாசிதன், (sâsita *gouverné*), ignorant, benêt que sa mère est obligée de conduire;—பக்ஷம், —பக்கம் côté maternel;—பந்து parent du côté maternel;—மூடன் lourdaud, insensé, ignorant. [de la mère.

*மாதிருகம். (மாதிரு, ka), chose

*மாதிருகன், (*id.*), oncle maternel.

*மாதிருகை, (*id.* kâ), mère, nourrice, déesse, alphabet, son, note, voyelle, *V.* அரிவரி.

மாதிரை *P.* மாதிரிகை.

மாது, 1° (மாதிரு), femme, désir. 2° particule explétive: விளிந்தன்று மாதவர்தெளிந்தவென்னெஞ்சே alors a dépéri mon cœur qui avait mis sa confiance en lui.

மாதுங்கம், *P.* மாதுளுங்கம், espèce de citronnier ou de grenadier dit கொம்மட்டி மாதளை.

மாதுபாகம், topaze.

*மாதுரி, மாதுரியம், (மதுரம், i, ya), douceur, — extrême, amabilité.

*மாதுரு, (மாதிரு), mère: —கமனம், —கரணம் inceste avec sa propre mère, c'est un des 9 grands crimes dits பாதகம்-கள்; —பூதேசுவரர், (bhoûta *devenu*, ஈசுவரன்), le dieu prétendu devenu mère, *i.e.* Siven, qui, au dire de la fable, se changea en truie pour nourrir de petits cochons privés de mère; — மட்டை la principale branche de cocotier...

*மாதுலங்கம், *P.* மாதுளுங்கம், grenadier.

*மாதுலம், (mâtoula), la plante ஊமத்தை datura, serpent bariolé.

*மாதுலன், (*id.*), oncle maternel, beau-père: மாதுலபுத்திரன் *ou*

*மாதுலாத்துமசன், (மாதுலன், ஆத்துமசன்), cousin, fils de l'oncle maternel.

*மாதுலானி,(மாதுலம், அநி), serpent bariolé.

*மாதுலானி, மாதுலி, மாதுலே, (மாதுலன்), femme de l'oncle maternel.

*மாதுலி, (mâtouli), le cocher d'Indiren.

*மாதுலுங்கம், (matoulounga), grenadier, citronnier commun, citrus medica.

*மாதுவம், மாதுவகம், மாதுவி, மாதுவீகம், (mâdhvaka, mâdhvi, îka), liqueur spiritueuse, — distillée des fleurs du bassia latifolia ou இலுப்பை, callou ou toddi.

*மாதுளங்கம், மாதுளம், மாதுளை V. மாதுலுங்கம்.

மாதுநுதல்ப்பு, (மாது, உறுப்பு), ornement du front.

மாதேவன், (மா), le grand Dieu, (en style païen) Siven, un des 11 உருத்திரர்: மாதேவபட்டணம் la ville du grand Dieu, nom d'une ville à l'extrémité sud de l'Inde.

மாதேவி, (id.), la grande déesse (en style païen), Pârvadi, nom d'une plante dite சிதேவியார்.

மாதொருபாகன், (மாது, ஒரு, பாகம்), celui qui est moitié femme, i.e. Siven.

மாதோ, 1° particule explétive. 2° (மாது, ஓ), est-ce une femme?

மாதோல், (மா, P. மார்), peau de la poitrine.

மாத்தனை, (மா), grande convenance, splendide, très-beau.

*மாத்தியம், மாத்தியமம், (மத்தியம்ma), milieu: மாத்தியஸ்தம் état mitoyen, indifférence pour les objets terrestres, ou மாத்தியஸ்தியம் médiation, intercession.

மாத்தியாசி, (மா, தியாசி), grand ascète, espèce de sage.

*மாத்தியானம், (மத்தியானம்), midi.

*மாத்திரம், (mâtra), quantité, mesure, isolement, seul, seulement, uniquement, le tout, chose entière, type primitif et invisible de la matière élémentaire visible, V. le dernier sens de மாத்திரை. Après un participe மாத்திரத்தில் signifie aussitôt que, dès que, autant que: அம்மாத்திரம் cette mesure là, autant que cela: எம்மாத்திரம் quelle quantité, combien? அது — cela seulement; இதினாலேமாத்திரம் அல்லாது வேறொன்றுமல்ல par ce moyen seulement et non par aucun autre; நான் மாத்திரம்வந்தேன் je suis venu seul, moi seul je suis venu; மனிதனுமாத்திரமிருக்கிறானோ ou மனிதன்மாத்திரமாயிருக்கிறானோ est-il seulement homme? நானறிந்தமாத்திரத்திலே dès que j'ai appris, autant que je sais; அவன்சொன்னமாத்திரத்திலே aussitôt qu'il eut dit; ஆசீர்வாதத்தந்த, செய்த ou பண்ணினமாத்திரத்திலே aussitôt qu'il eut donné sa bénédiction.

*மாத்திரை, 1° (mâtrâ), mesure, — limitée, quantité, — des syllabes (en prosodie), mesure pour la prononciation, voyelle brève, mesure d'une syllabe brève, (elle sert d'unité pour la mesure des syllabes, ainsi l'on dit: மூன்று —, இரண்டு —, ஒரு —, அரை மாத்திரை la mesure de trois, de deux, d'une brève, — d'une demi-brève), instant, moment, minute, vitesse du temps, petitesse, richesses, bonheur, pendans —, boucles d'oreilles, la ligne supérieure qui joint les caractères dèvanagaris. 2° pilule médicinale, remède composé de plusieurs choses. 3° P. மாதிரி modèle, forme soit accidentelle (v.g. celle d'un pot), soit substantielle (comme l'âme); பேதி —, விரேசனமாத்திரை pilule purgative, — drastique, purgatif violent; — க்கோல் bâton ou perche pour mesurer, bâton pour s'appuyer (à l'usage particulièrement des யோகி dans leurs méditations abstraites; — ச்சுருக்கம் diminution de la quantité (d'un mot de manière à lui donner un autre sens, comme எரி lac devient, en diminuant la quantité de la première lettre, எரி feu); — யுண்டை pilule médicinale; — வருத்தனம் augmentation de la quantité (d'un mot de manière à lui donner un autre sens, v.g. ஓதி, avec l'o bref, signifie l'arbre odina pinnata, et ஓதி, avec l'ô long, signifie cheveux de femme, étroitesse...).

மாந்து, V. மாற்று.

*மாந்துவர், V. மந்துவர்.

*மாந்துவகம், மாந்துவி, மாந்துவிகம், (mâdvaka, — vi, — vika), V. மாதுவம்.

மாந்யர், (arabe), respectable, honorable, estimable. [i.e. Siven.

மாநடனர், (மா), le grand danseur,

மாநாகம், (id.), espèce de grand serpent. [monde, le continent.

மாநிலம், (id.), la grande terre, le

மாநுபாவர், P. மானுபாவர்.

மாநோன்பு, V. மானோன்பு.

*மாந்தம், (மந்தம்), espèce de maladie des enfants; on en compte 8 dites அஷ்டமாந்தம், V. மந்தம்: மாந்தக்கொதி espèce de fièvre: —சன்னி convulsion d'ingestion dans les enfans; —ப்புல் l'herbe dite andropogon schœnanthus.

மாந்தல், opt. et v.n. de மாந்துகிறது, manducation, boire...

மாந்தளிர், (மாம், தளிர்), jeune pousse, — jet de manguier, c'est une des 10 âcretés du règne végétal dites துவர் ஐ: —க்கல் pierre de couleur cuivrée ou verte, —de jet de manguier, ou —ச்சிலை pierre —, ocre de couleur de jet de manguier; —ப்பச்சை vert de couleur de jet de manguier, espèce de pierre verte, agate.

மாந்தன், pl. மாந்தர், (மகவிடன்), garçon, homme.

*மாந்தாதிரு, (mâm moi, தாதிரு, nourricier), Mândatirou, roi qui, au dire des Indous, suça l'ambroisie du doigt d'Indiren. [துறது.

மாந்தி, 1° manguier. 2° gér. de மாந்

*மாந்தியம், (mândya), maladie, torpeur, apathie, indolence, stupidité

*மாந்திரிகன், (மந்திரம்), exorciste, enchanteur, magicien, sorcier.

*மாந்திரிகம், (id.), exorcisme, conjuration, enchantement, magie, sorcellerie, effet des formules magiques: மாந்திரிகவாதி, — க்காரன் V. மாந்திரிகன்; — க்காரி sorcière, magicienne; — வித்தை science des enchantemens. [sorciers.

மாந்திரிகர், (id.), enchanteurs,

மாந்துகிறது, இனேன், துவேன், து, த, v. a. மாந்துதல், n. v. boire, manger, se gâter en dedans, se rapetisser, se réduire, s'apaiser, mourir.

மாந்துளிர்க்கல், (மாம், துளிர்), pierre de couleur de jet de manguier

மாந்தை, nom d'une ville, —d'une maladie. [bosquet de manguiers.

மாந்தோப்பு, (மாம்), jardin, —

*மாபத்திரன், (மா, அபத்திரன்), le fils de Lakchimi, i. e. Kâmen.

மாபலன், (மா grand), grande force, ce qui est très-fort, i. e. le vent.

மாபலி, ou மாவலிச்சக்கரவர்த்தி, V. மாபலி, et மகாபலிச்சக்கரவர்த்தி: மாபலிபுரம் la ville du grand Bali, P. மாமல்லபுரம். [lance.

மாபனம், (mâpana), mesure, ba-

மாபாதகன், (மா), grand pécheur, homme très pervers.

மாபுலி, (மா), grand tigre, lion.

மாபுறயாகம், (மா, புறம்), sacrifice extérieur. [Indous.

மாபூமி, (மா), un des 7 enfers des

மாப்பலகை, (மா) V. மாக்கல்.

மாப்பிடி, 1° (மா), poignée de farine, ou மாப்பிடிப்பு, ténacité, — de la pâte, pâte qui s'est collée.

மாப்பிரயத்தனம், (மா) grand effort, — préparatif.

மாப்பிள்ளை, மாப்பிள்ளை, (id.), le futur, le marié; le nouveau marié, époux, mari, gendre, Mâpoullé, nom ou titre donné dans le Maléalam aux Chrétiens syriaques, aux Juifs et aux Mahométans, en mettant devant leur épthète distinctive: நசரேனி—, யூத—, சோனகமாப்பிள்ளை, nazaréen—, juif—, mahométant Mâpoullé; மாப்பிள்ளைக்கோடா, V. பட்டிக்கடா.

மாப்பு, 1° (ind.), pardon, excuse, exemption: —பண்ணுகிறது pardonner, remettre. 2° abondance, —dapoissons; செம்மறிக்கூட்டம் — banc —, multitude de chevrettes; மாப்படிக்கிறது l'abondance affluer; மாப்பாய்ப் பெருகிறது abonder (les poissons les oiseaux, les nuages), être abondant; — ராவணா ravana, permission de passer sans douane, exemption de douane.

மாமகம், (மா, மகம்), V. மாமாங்கம்.

மாமன், 1° (மா), V. மாமத்திரன். 2° (mâmaka), oncle, frère de la mère, avare, lésineux, égoïste, mien.

மாமடி, V. மாமன்.

மாமணி, (மா), rubis, pierre précieuse.

மாமரம், (மா), manguier, mangifera indica.

மாமருத்துவர், (மா, மருத்து), grands —, médecins.

மாமலந்து, V. மாமிலந்து.

மாமல்லபுரம், (மா, மல்லன்), la ville du grand Mallen, *vulgo* மாபலிபுரம்; c'est la ville nommée Les sept pagodes, prés de Sadras.

மாமன், மாமா, *hon.* மாமனார், oncle maternel, frère de la mère dit தகப்பனார், beau-père, père du mari ou de la femme; — மனைவி femme de l'oncle maternel ou du beau-père.

மாமாகம், *et par erreur*, மாமாங்கம், (மா, மகம்), fête païenne qui se célèbre tous les 12 ans à Coumbacônam, à la pleine lune de மாசி, *i.e.* février, lorsque Jupiter et la lune se trouvent en conjonction dans la 10me constellation lunaire dite மகம், qui est une partie du signe du Lion. Alors des flots de peuple viennent se baigner dans l'étang prétendu sacré dit மாமகக்குளம் *ou* — தீர்த்தம், où l'on suppose que les eaux du Gange arrivent par des canaux invisibles. Cette fête sert d'époque dans le pays; ainsi l'on dira: அவன் செத்து மூன்று மாமாங்கமாயிற்று il y a 3 Mâmâgam, *i.e.* 36 ans qu'il est mort. Cette fête doit avoir lieu en février 1861. Dans le Malléalam c'était aussi la période du gouvernement d'un vice-roi sous la dynastie de விசயநகரம் ou Bisnagar: மாமாங்கமொருவருக்கொருவர் காணக்கூடாது s'il y a un mâmângam on ne peut se voir. Des frères ou sœurs ou autres parens, qui vivent éloignés l'un de l'autre et qui ne se sont pas vus depuis 12 ans, ne peuvent, au dire des Indous, se revoir sans une cérémonie.

மாமாத்திரர், (மா, மாத்திரம்), médecins, docteurs.

மாமாலம், *P.* மாயமாலம், feinte, déguisement, prétexte.

மாமி, *hon.* மாமியார், *fém. de* மாமன், belle-mère, mère de la femme ou du mari, tante paternelle, sœur du père: இளைய —, மூத்தமாமியார் sœur cadette —, sœur aînée de la belle mère; — de la tante paternelle; மாமியாரைக் கண்ட மருமகன் நாணுகிறதுபோலே comme le gendre est modeste ou respectueux à la vue de sa belle-mère.

*மாமிசம், *P.* மாம்சம், chair, viande.

*மாமிசோத்தானம், V. மாம்சோத்தானம்.

மாமிலத்து, (*mahratte*), affaire de revenu, emploi dans la perception des revenus.

மாமுடி, 1° grande couronne. 2° la plante செட்டிடி.

மாமுறி, la plante நாயுருவி.

மாமுனி, (மா), grand pénitent, — ermite, surnom d'Atouguen et de அகத்தியன்.

மாமூல், (*ind.*), usage, coutume: — படி, — ப்பிரகாரம் selon l'usage, suivant la coutume.

மாமேரு, (மா), la grande montagne dite mêrou.

மாயம், (மா), beauté, couleur.

மாம், *adj, de* மா, de manguier.

*மாம்சம் ou மாம்மிசம், மாமிசம், (mâmsa), chair, viande: துர்மாமிசம் chair baveuse, tumeur virulente, carbuncle, V. துர்மாமிசம்; மாம்ச —, மாம்மிசம் —, மாமிசரோகம் maladie qui affecte la chair; — ஆசை désir de viande; — ரத்தம் sang; — கடை boucherie, boutique de boucher, lieu où l'on vend de la viande; — தம், — சாக்ஷ், — விகாரம், — சேதம்

moelle, graisse, essence de la chair; — கல் pierre noirâtre, — qui ressemble au foie; — தேகம் corps de chair, — matériel, corpulence; — தாரி, — பக்ஷணி, — பக்ஷன், — பட்சணி mangeur de viande, carnivore; —பேதி dissolvant de la chair, remède qui dissout la chair, sorte de plante; —வாசகன் os de civette, citron musqué; —விக்கிரயம் vente de viande; —விக்கிரயி vendeur de viande, personne vile.

*மாம்சிகன், (மாம்சம், ika), marchand de viande.

*மாம்சோத்தாரம், மாம்சோத்தாரணம், மாமிசோத்தாரணம், மாம்சோத்தாரணம், (id. உத்தாரணம்), résurrection de la chair, —des corps.

மாம்பழம், (மாம்), mangue, — mûre: கும்பி —, V. வண்ணாமாம்பழம்; மாம்பழச்சிட்டு variété de l'oiseau dit சிட்டு ou motacille; எட்டியிலே கட்டுமாம்பழ முண்டாமோ le strychnos produira-t-il des mangues qu'on lie (pour les préserver des animaux)?

*மாயம், 1° (mâya), fraude, tromperie, artifice, ruse, dissimulation, feinte, hypocrisie, méchanceté, mal, prestige, enchantement, magie, sorcellerie, mensonge, fausseté, imposture, déception, idéalité, illusion, — ou déception des choses mondaines, non existence d'objets visibles et apparens, phantôme. 2° beauté, noirceur: — அடிக்கிறது, — செய்கிறது, — பண்ணுகிறது feindre, dissimuler, tromper, faire des prestiges, des sorcelleries; — ஆயிருக்கிறது être illusoire, feint, magique, inconcevable, y avoir quelqu'illusion; — தப்போகிறது disparaître, s'évanouir; —பண்ணுகிறவன், V. மாயோன்; மாயக்காரி femme trompeuse, enchanteresse; — க்காரன் mime, jongleur, trompeur, sorcier, enchanteur; — சாலம் dissimulation, feinte, sorcellerie, prestige, chicane; — சாலம்பண்ணுகிறது dissimuler, feindre, faire des sorcelleries, des prestiges; — ப்பிராமணன் brame imposteur; — ப்பெண் enchanteresse, trompeuse, femme fantastique qui cause des rêves impurs; —மாலம் démon trompeur, —rusé; — யாக்கை corps fantastique: — ரூபம் apparence —, figure fantastique, —non réelle; — வரம், P. மாயூரபுரம் Mâyavaram, ville près de Coumbacônam; —வித்தை sorcellerie, espèce d'enchantement, prestige, tour de ruse, —de jonglerie, phantasmagorie.

மாயவள், (மாயம்), enchanteresse, femme fantastique, esprit femelle, — malfaisant, Dâkini, servante de Kâli, déesse (en général).

மாயவன், (id.), l'auteur des illusions ou le grand jongleur, i. e. Vichnou: — மேனி la pierre précieuse verte dite மரகதப்பச்சை.

*மாயன், 1° (mâya), mime, jongleur, démon ou அசுரன், l'auteur des illusions, i.e. Vichnou, un noir ou nègre. 2° (மா mesure, ya), marchand.

*மாயா, (mâyâ), obl. de மாயை dans les mots composés, fantastique, illusoire, magique, enchanteur, trompeur: — காரியம் objet fantastique, non réel, prestige; — காரன், — இருது, — காரியக்கரன் sorcier, mime, jongleur qui fait paraître des objets fantastiques; — சக்கரம் objet fantastique, prestige; — சக்தி pouvoir ou énergie qui contient les 5 espèces de மாயை, V. மாயை-ஐ, un des பஞ்சசக்தி; — சாலம் — வித்தை sorcellerie, prestige, illusion qui fait paraître ce qui n'existe pas; — சேனி jongleur, sorcier; — தரிசனம் vue claire, évidence, — sans illusion ou cachette, magie; — தாரம் ce qui est fondé sur la Mâyâ ou l'illusion, ce qui a l'illusion pour base ou pour cause: — தாரவாதம், le 2$^{me}$ des 9 தாரவாதம் V. ce mot; — தேகம், — திரேகம், — சரீரம் corps fantastique, qui n'a que l'apparence; — தேவி la prétendue déesse Mâyâ ou l'illusion, la mère de Bouddha; —தேவிசுதன், — சுதன் le fils de Mâyâ, i.e. Bouddha, fondateur du Bouddhisme; — பாசம் lien de l'illusion, illusion qui attache; —பிசாசுகள் esprits follets qui apparaissent sous une figure fantastique, —non réelle; — புரி la ville de Mâyâ, une des 7 villes sacrées des Indous, cuivre, corps fantastique; — பேரைப்பெண், V. மாயப்பெண்; — மந்திரம் espèce de formule magique pour produire des illusions; — மைக்குமாரன் le fils qui n'est qu'illusion, i. e. Soupramanien; — மதி l'enthousiaste de l'illusion, nom d'une déesse prétendue; — மலம் la vice de—, l'illusion, un des 3 மும்மலம்; — ரூபம் forme fantastique, —empruntée, déguisement, travestissement; —லீலை jeux illusoires ou fantastiques, v. g. de Siven, ou de Krichna, amusement à faire des prestiges; —லீலை பண்ணுகிறது s'amuser à des jeux fantastiques, à faire des prestiges; —வஞ்சகன், (வஞ்சி, ka), trompeur, menteur; — வல்லபம் pouvoir de l'illusion, — de faire des prestiges; —வாதம் secte qui prétend que tout ce qu'on voit n'est qu'illusion, matérialisme; — வாதி partisan de cette secte, matérialiste; — வித்தை science des prestiges, magie, sorcellerie; — விமோசனம் destruction de l'illusion; — விநோதம், —வினோதம், —விளையாட்டு tour de passe-passe, jonglerie, jeux fantastiques, amusement à faire des prestiges; — வினோதக்காரன் faiseur de prestiges, —de prodiges, jongleur; — வினோதம் பண்ணுகிறது faire des prestiges, des jongleries, des prodiges.

*மாயாதம், (மாயா, da *qui donne*), crocodile.

*மாயாவாளன், m. மாயாவாளி f. (மாயா, வாளன், வாளி), trompeur, trompeuse, sorcier, sorcière, faiseur —, faiseuse de prestiges, surnom de கந்தன் oncle de Krichna et de Radi femme de Kâmen.

*மாயாவி, மாயாவிகன், (மாயா, vi *affixe*, ika), sorcier, jongleur, enchanteur.

*மாயி, (மாயா, i), jongleur, sorcier, trompeur, (surnom de) Brama, Siven, Agni, Kâmen.

மாரவி, espèce de bateau.

*மாயு, (mâyou), bile: — சாரன் le fils de Koubèren.

*மாயூரம், (மயூரம்), paon, troupe de paons, chose faite de plumes de paon, *ou* மாயூரபுரம் la ville du paon, *vulgo* மாயவரம் ou Mâyavaram.

*மாயூரிகன், (*id.* ika), chasseur —, preneur de paons.

*மாயோபசுபதி, (மாயா, பசுபதி), la déesse de l'illusion, i. e. Parvadi femme de Siven, une des 7 மாதர்.

*மாயை, (mâyâ), illusion, —philosophique, prestige, enchantement, magie, sorcellerie, jonglerie, tour de ruse, jongleur, femme, fraude, tromperie, ruse, stratagème, fausseté, malice, déception, supercherie, — en négociation, artifice, —politique, fantôme, vaine apparence, vanité, idéalité, non réalité de toute existence mondaine ou terrestre, (en mythologie) la sakti ou femme de Brama, i.e. la matière personnifiée cause passive de la création, la nature, la mère de Bouddha, Rati femme de Kâmen, Lakchimi femme de Vichnou, Kâli femme de Siven, pouvoir ou énergie dite மாயாசக்தி contenant les 5 espèces d'illusions dites மாயை-ஐ, la 2e de ces 5 மாயை, une des 7 வித்தியாதத்துவம், i. e. la matière, une des 7 villes sacrées des Indous, intelligence humaine, intellect, connaissance, compassion: மாயை-ஐ, les 5 espèces, ou plutôt, les 5 causes d'illusions ou de maux, d'après les principes des Advitas ou அத்துவிதர், sectateurs de அத்துவைதமதத்தார். 1° தமம் ou தாமசகுணம் ténèbres et obscurcissement de l'esprit, ignorance qui obscurcit la sagesse de l'âme. 2° மாயை manière ou apparence personnifiée, idéalité, qui est, selon ces sectaires, la cause des autres objets créés dans le monde et un mal inhérent. 3° மோகம் confusion ou dépravation de la sagesse, qui fait prendre un objet pour un autre, comme le bien pour le mal. 4° அவித்தை trouble de l'esprit ou folie et mondanité, qui détruit la vraie sagesse. 5° அநித்தம் chose étrangère à la connaissance de Dieu; மாயையாய்ப்போகிறது disparaître subitement, d'une manière magique; மாயையாய்வருகிறது venir comme par enchantement, à la sourdine, sans être aperçu; மாயையபலன் une énergie dite Sakti ou சத்தி; மாயாமலம் un des மும்மலம், i.e. confusion d'esprit; மாயையுத்தினன் la femme aux illusions ou aux prestiges, i.e. Kâli.

*மாயோபாதானம், (மாயம், உபாதானம்), ce qui a l'illusion pour fondement.

மாயோள், (மாயம்), enchanteresse, personne dissimulée, femme, sorcière.

மாயோனாள், (மாயோன், நாள்), la constellation de Vichnou, la 22e constellation dite திருவோணம்.

மாயோன், (மாயம்), l'auteur des illusions, Vichnou (à cause de ses diverses métamorphoses prétendues: மாயோன்மருகன் le gendre de Vichnou, i.e. Soupramanien (selon les Sivénistes).

மாய், 1° l'arbre ஆச்சா. 2° imp. et part. de மாய்கிறது: கரிமாய்... champ de blé où un éléphant disparaît ou est caché, i.e. où le blé est aussi haut qu'un éléphant.

மாய்கிறது, ய்ந்தேன், ய்வேன், ய, v.n. மாய்தல், n.v. mourir, périr, disparaître, s'évanouir, se cacher, se tourmenter, être caché: மாகிறான் il est mourant: அவனென்... dès qu'on parle d'elle il meurt (d'amour); கொடுக்கமாட்டேமாய்வான் il mourrait plutôt que de donner, (tant il est avare).

மாய்கை, 1° P. மாயை, fantôme, vaine apparence, illusion, enchantement... 2° n.v. de மாய்கிறது.

மாய்க்கிறது, ய்த்தேன், ய்ப்பேன், ய், க்க, v.a. de மாய்கிறது, tuer, faire périr, détruire, cacher, tourmenter: மாய்த்துக்கொள்ளுகிறது et தன்னைமாய்த்துக்கொள்ளுகிறது se tuer soi même.

மாய்ச்சல், n.v. de மாய்கிறது, mort, mortalité, grande —, peine, fatigue, travail.

மாய்ச்சி, fers qu'on met aux [pieds, entraves.

மாய்த்தல், மாய்ப்பு, n.v. de மாய்க்கிறது, action de tuer....., meurtre, occultation, tourment, vexation.

மாய்மாலம், (மாயம், மாலம்), tromperie, ruse, démon, espèce d'enchantement.

மாய்வு, n. v. de. மாய்கிறது, mort, disparition, abri, cachette.

*மரகதம், (மரகதம்), émeraude.

*மாரகம், (மாரம், ka), mort, ce qui cause la mort, peste, épidémie, faucon.

*மாரகன், (id.), meurtrier.

*மாரகாகளம், (மாரன், காகளம்), la trompette de Kâmen, i.e. le குயில் ou coucou indien.

*மாரசயன், மாரஜித்து, (id. சயம், ஜித்து), le vainqueur de Kâmen, i.e. Bouddha.

மாரடிக்கிறது, (மார், அடிக்கிறது), se frapper la poitrine (en signe de deuil ou de repentir).

மாரடைக்கிறது, (id.), obstruer —, oppresser —, suffoquer la poitrine: மாரடைத்துக்கொள்ளுகிறது la poitrine (d'un malade...) être oppressée ou suffoquée.

மாரடைப்பு, (id.), oppression —, obstruction de poitrine, suffocation, asthme.

*மாரணம், (மரணம்), meurtre, massacre, destruction, mort, — causée par sortilége, c'est un des அஷ்டகருமம்: —பண்ணுகிறது faire mourir par magie ou sortilége...., மாரணசாந்தி cérémonie qu'on fait pour tuer ou détruire; —மந்திரம் formule magique pour faire mourir; —யாகம், —ஹோமம், (ஓமம்) sacrifice pour tuer;—வித்தை, —க்கிரியை art —, action de faire mourir (surtout par sorcellerie).

மாரதர், (மா grand,— இரதம்), une des 4 espèces de guerriers,ceux qui combattent sur des chars.

மாரத்துச்சாமை, espèce de சாமை ou de millet.

*மாரம், (mâra), mort, meurtre, destruction, opposition, empêchement, la plante médicinale கோட்டைக்காரிலை, les plantes வெள்ளருக்கு et கடம்பு:மாரணம்,V. சுரும்.

*மாரன், (id.), meurtrier, celui qui tue les hommes par la luxure, i.e. Kâmen. [néral).

மாரபட்டம், une—,ville (en gé-

மாராப்பு, (மார், ஆப்பு),baudrier, manière dont les femmes indiennes se couvrent la poitrine en passant leur toile sur une épaule et l'attachant à la ceinture du côté opposé, bande attachée autour de la poitrine pour porter un fardeau sur les épaules, fomentation au moyen d'une toile: —ச்சேலை toile dont les femmes se couvrent la poitrine de la manière susdite; சேலையைப்பற்றியிழுத்தவனை ராசாதண்டித்தான் le roi a puni celui qui a saisi et tiré la toile qui couvrait le sein(d'une femme); —பட்டை baudrier, baudoulière, bande attachée sur la poitrine pour soutenir un fardeau sur le dos; —போட்டுக்கொள்ளுகிறது se couvrir le sein de sa toile (comme ci-dessus), se passer une bande autour de la poitrine pour porter un fardeau sur les épaules.

மாராயம், joie, bonne santé, particularité, nouvelle, — joyeuse (qu'on envoie aux amis et aux parens); —கூறுகிறது annoncer —, communiquer une bonne nouvelle (comme la naissance d'un enfant, par le blanchisseur de l'endroit).

*மாரி, 1° (mâri), meurtre, mort, destruction, ruine, tourment, fléau, maladie contagieuse, peste, épidémie,petite vérole,la mauvaise déesse மாரியம்மை,dite aussi காளேசுரன் et வடுகி,qu'on suppose causer et guérir la petite vérole, la prétendue déesse துருக்கை ou சண்டி. 2° caillou ou vin fermenté de cocotier,eau, pluie, ondée, nuage,temps de pluie; —க்கார் espèce de riz dit Kâr qui croît dans la saison des pluies, —காலம் temps des pluies, saison pluvieuse (pendant les mois de ஐப்பசி, et கார்த்திகை, de la mi-octobre à la mi-décembre); —த்திசை le côté de la pluie, le côté nord-est; — சா formation —, élévation de grosses vagues, de grosses vagues s'élever; —சாதம் l'alouette; —நாள் jour de pluie, la constellation de la pluie, la 12e dite உத்தரநாள்; —பருவம் temps de pluie; —ப்போகம் moisson due à la pluie,— de menus grains; —மறுக்கிறது la pluie cesser; —முத்து grain de —, la petite vérole, ou —யம்மன்,—யம்மை Mâriammei, mauvaise déesse qui est censée causer et guérir la petite vérole (et en l'honneur de laquelle on voue des filles à la prostitution); —யல்லதுகாரியமில்லை la pluie, autrement —, sans pluie il n'y a rien, ou il ne vient rien.

*மாரிதன், (mârita),tué, mort.

மாரிபத்து, (arabe), au soin de, à la charge de, par le moyen de.

*மாரீசம், (mâritcha), un des 18 pouranas inférieurs, ruse, dissimulation, déguisement, illusion,prestige,hypocrisie.

*மாரீசன்,(id.), homme dissimulé, trompeur, hypocrite, faiseur de prestiges, Mâritcha, géant oncle maternel de Râvanen,grand faiseur de prestiges,c'est lui qui,au dire de la fable, se changea en cerf doré pour tromper Râmen et favoriser l'enlèvement de Sidei.

*மாருண்டம், (mârounda), chemin, place enduite de bouse de vache, œuf de serpent.

*மாருதம், (mârouta), vent, air, — vital, sacrifice païen au feu après la conception: மாருதவச்சிரக்கல் espèce de pierre dite வச்சிரக்கல்; — விரதம் devoir d'un roi de pénétrer partout comme le vent (par ses émissaires); — வீமன் espèce d'arsenic dit aussi சங்கபாஷாணம்.

*மாருதன், (மாருதம்), le dieu prétendu du vent, espèce de demi-dieux: on en compte 49.

*மாருதாசனம், (மாருதம், அசனம்), vivre de vent, jeûne.

*மாருதாத்துமசன், (மாருதன், ஆத்துமசன்), le prétendu fils du vent, i.e. le singe அநுமான்.

*மாருதி, (மாருதம், i), vent, le prétendu fils du vent, ou de Vâyou, i.e. le singe அநுமான், et வீமன் ou Bhimen le 2e des Pandavers: — ச்செங்கல் la pierre dite சாணைக்கிராவம்; — நாகம் sable mêlé de plomb.

மாருஜு, (arabe), représentation, pétition.

மார் 1e poitrine, sein. 2e terminaison du pluriel dans certains noms comme தாய்மார் les mères, தகப்பன்மார் les pères, தம்பிமார் les frères cadets. 3e terminaison de la 3e pers. du pluriel du futur comme சொல்வார் ils diront, உண்பார் ils mangeront, செய்வார் ils feront... 4e P. மாறு, temps (à la fin des mots) comme அந்திமார், P. அந்திமாறு le soir, chaque soir: — க்கட்டு toile en travers sur la poitrine; — க்கண்டம் poitrine (des hommes et des bêtes); — க்கண்டம்வேகவில்லை la poitrine i.e. l'os de la poitrine n'a pas brûlé, n'est pas consumé, (cela se dit pour exprimer un fort attachement du défunt à quelque chose, v.g. à sa femme et à ses enfans); — க்கவசம் armure de la poitrine, i.e. cuirasse, cotte de mailles ..; — ப்பதக்கம் collier d'où pend un bijou sur la poitrine, bijou qui y est suspendu.

மார்கழி, (de மார்க்கசிரம்), le mois de Margaji, de la mi-décembre à la mi-janvier, (on donne à ce mois l'épithète de உத்தமமாசம் ou mois excellent), la 10e constellation dite மிருகசீரிடம்.

*மார்க்கசம், மார்க்கசிரம், மார்க்கசீரிஷம், (மார்க்கம், ka, மிருகசிரம், மிருகசீரிஷம்), le mois de மார்கழி.

*மார்க்கணம், (margana), recherche, demande, sollicitation, mendicité, mendier, affection, flèche.

*மார்க்கணார், மார்க்கணாள், (id. ka), mendians, supplians.

*மார்க்கண்டன், மார்க்கண்டேயன், (mârkanda, — dêya), célèbre mouni fils de மிருகண்டன் et auteur ou narrateur du

*மார்க்கண்டேயம், (id.), le pourana de Mârkanden, un des 18 pouranas composé par lui.

*மார்க்கம், (mârga), voie, chemin, route, autre chemin ou endroit, rue, longue rue droite, manière, ligne de —, conduite, religion, secte, monde, examen, recherche, le mois de மார்கழி ou décembre, la constellation மிருகசீரிடம், muse, fondement ou anus, section en géométrie, danse ou comédie native, — propre au pays (opposée ou தேசிகம்), règle du mode ou மார்க்கப்பிரமாணம் une des 10 règles pour garder la mesure dites தாளப்பிரமாணம்-ம (V. ce mot), la plante மாமர்த்தனை, refus, rejet: கிறீஸ்து மார்க்கம் le Christianisme, சைவமார்க்கம் la secte de Siven; கெட்டமார்க்கம் mauvaise voie, — secte, dérèglement, débauche; நன் — bonne voie, — conduite, probité, intégrité, moralité: — மாய் bien, régulièrement, dans la bonne voie, en ordre; மனுஷமார்க்கமாய் d'une manière humaine, d'après la coutume des hommes; — த்திலிருக்கிறது être en usage; — மாய்க்கேட்கிறது, — மாய்ப்பேசுகிறது demander —, parler convenablement; — மாய்ப்போகிறது aller régulièrement, suivre le droit chemin,

agir frauduleusement, être hypocrite;—ஆகநடக்கிறவன், —வர்த்தகன் celui qui marche régulièrement,qui a une conduite régulière,religieuse; ஒரு — ஆய்ப்போய்விட்டது cela s'est passé ou a fini d'une certaine manière, assez mal; எந்த—ஆய்ப்பிழைக்கிறான் comment vit-il,comment gagne-t-il sa vie? ஒரு— ஆய்க்கிரகிக்கிறது comprendre d'une certaine manière, imparfaitement; —செப்பம்பண்ணுகிறது ou மார்க்கத்தைச்செம்மைப்படுத்துகிறது préparer—,raccommoder—,redresser le chemin;—தப்புகிறது s'écarter de la voie, du chemin, vivre d'une manière déréglée ou irrégulière; —தப்பினவன் homme dévoyé,hors du bon chemin, déréglé, pervers; —பண்ணுகிறது ouvrir—,préparer les voies,chercher les moyens, mettre en ordre;மார்க்கப்படுத்துகிறது mettre dans le bon chemin, régler, diriger; நன் மார்க்கக்காரன் homme de bonne conduite, probe, honnête,religieux.

*மார்க்கிகன், (மார்க்கம்,மிருகம், ika), voyageur, chasseur, tueur de cerfs.

*மார்ச்சம், ( mârdja), nettoiement.

*மார்ச்சரியம், P. மாற்சரியம்,jalousie.

*மார்ச்சனம், (மார்ச்சம்,na), nettoiement, purification, essuyer.

*மார்ச்சனி, (id.ni), balai.

*மார்ச்சனை, (id.nâ), courroie qui tient l'ouverture ou la peau—, son du tambour.

*மார்ச்சகன், (மார்ச்சம்), blanchisseur, Vichnou. [paon.

*மார்ச்சாரகம், (mârdjâraka),

*மார்ச்சாரம், (mârdjâra), chat, —sauvage: மார்ச்சாரகர்ணிகை, (கர்ணம்,ika), celle qui a des oreilles de chat, i.e. துர்க்கை.

*மார்ச்சாலம்,(mârdjdjâla), chat, onyx: மார்ச்சாலநியாயத்தீர்ப்பு jugement de chat, — partial.

*மார்ச்சாலீயம், (id.ya),chat, ou

*மார்ச்சிதம், (mârdjjita), nettoiement,purification.

*மார்த்தங்கிகன், மார்த்தங்கிகன், (de மிருதங்கம்,ika), tambourineur.

*மார்த்தாண்டன், (mârttanda) soleil.

*மார்த்தம், P. மிமார்த்தம்,traité —,ouvrage de jurisprudence, V. ஸ்மார்த்தம்.

*மார்த்தாண்டம், (மார்த்தாண்டன்), le pourana ou la légende du soleil, un des 18 pouranas, qui a rapport à ses diverses manifestations ou métamorphoses prétendues.

*மார்த்தாண்டன்,(id.) le soleil.

மார்த்தோல், (மார்), peau de la poitrine ou du poitrail, peau que ceux qui montent les arbres se mettent sur la poitrine.

மார்பகம், மார்பம், (மார்பு, அகம்), poitrine. [route), mois.

*மார்பழி, (mâs lune, பதம்

மார்பு, (மார்), poitrine (en général), sein de femme (modeste), largeur: மார்ப்பாணி, (ஆணி), espèce de mal vénérien ou d'éruption à la poitrine,

*மாலகம், (mâlaka), l'arbre வேம்பு, la fleur hibiscus mutabilis.

*மாலகை,(mâlakâ),guirlande.

*மாலதி, (mâlati), l'arbrisseau சிறுசண்பகம், jasmin, espèce de jasmin dit முல்லை, autre espèce à grandes fleurs, bouton de fleur, fleur, jeune femme,— fille, éclipse —,clair de lune, nuit, rivière.

*மாலம், 1° (mâla), champ, pays situé à l'ouest et au sud-ouest du Bengale. 2° démon, diable,l'arbuste odoriférant dit குங்குமமரம்:மாலமாயம் tentation—, tromperie —, ruse du diable.

*மாலயம், 1° (மலயம்), sandal, onguent de sandal. 2° (மா, ஆலயம்) cérémonie annuelle et aumônes faites pour les parens défunts à la nouvelle lune,ou de la nouvelle à la pleine lune du mois de புரட்டாசி ou septembre;— பண்ணுகிறது faire cette cérémonie; மாலயபக்ஷம் la 1re demi-lunaison du mois de புரட்டாசி où l'on fait cette céré-

monie, ou selon d'autres, depuis le 1er jour de la dernière demi-lunaison jusqu'au 4e jour de la première demi-lunaison suivante.

மாலயற்கரியான், (மால், அயன், *dat.* அரிய), celui qui est incompréhensible à Vichnou et à Brama ou plus grand qu'eux (suivant les Sivénistes), *i.e.* Siven.

மாலர், 1° cuirasse, cotte d'armes. 2° *pl. de* மாலன்.

மாலவன், (மால், அவன்), la planète Mercure, son conducteur புதன்.

*மாலன், (mâla), Vichnou, homme, chasseur ou வேடர், montagnard, barbare aborigène, homme né d'une bramine et d'un choutre, homme vil, —sans caste, pariat (chez les Télingas). [de.

*மாலாகை, (மாலை, kâ), guirlan-

*மாலாகாரன், (*id.*), fleuriste, marchand de fleurs.

*மாலாதீபகம், (*id.*), affinité de divers objets par une propriété commune (en rhétorique), suite de mots qui ont quelque rapport entr'eux: *Ex.* மனைக்குவிளக்குமடவாண்மடவாடனக்குத்தகைசால்புதல்வர், (மடவாண் *P.* மடவாள், மடவாடனக்கு *P.* மடவாள் தனக்கு), une jeune femme est la lampe d'une maison, de nombreux enfans sont la gloire d'une jeune femme.

*மாலாபலம், (*id.*), le fruit du உருத்திராக்ஷம் elæocarpus dont les païens se font des guirlandes ou chapelets.

*மாலி, (மாலை), qui porte une guirlande, jardinier fleuriste, le soleil, Mâli, géant grand-père maternel de Râvanen, callou ou jus de cocotier formenté.

*மாலிகன், (*id.*ka), fleuriste.

*மாலிகை, 1° (மாலை, ikâ), jasmin double, fille, collier, ornement du cou, guirlande, —de fleurs, gens en rang, file ou ligne de gens, espèce de liqueur spiritueuse, graine de lin, linum usitatissimum. 2° *P.* மாளிகை, palais.

மாலிங்கம், (மா *grand*), l'arsenic naturel dit இலிங்கபாஷாணம்.

மாலிமி, 1° amitié de jeunesse, — contractée dans la jeunesse. 2° *P.* மாலுமி, pilote.

மாலிமை, métier de—, pilote, timonier. [lande, chapelet, *V.* மாலை:

*மாலியம், (mâlya), fleur, guir-

மாலியவான், Mâliavân, géant grand-père maternel de Râvanen.

மாலிழுக்கிறது, (மால்), faire —, travailler en chaux fine les ornemens d'une colonne ou d'un mur.

*மாலினி, *fém. de* மாலி, femme de fleuriste, marchande de fleurs, (surnom de) Dourgâ, Oumei, Kâli, le prétendu Gange céleste: — சுராபானம் un des 9 grands crimes.

*மாலு, 1° (mâlou), plante grimpante. 2° *imp. et part. de* மாலுகிறது. [வேய்ப்பு

*மாலுகம், *P.* மாலகம், l'arbre

மாலுகிறது, கினேன், லுவேன், லு ou ல், ல, *v. a. et n.* ou மாலுதல், *n.v.* (மால்), mouler, faire au moule —, faire en chaux fine les ornemens d'une colonne ou d'un mur, *V.* மயங்குகிறது.

மாலுக்கிளையாள், (மால், *dat.* இளையாள்), la sœur cadette de Krichna, *i.e.* துருக்கை.

மாலுடைக்கல்லுடன், (மால், உடை), la topaze. [ன்.

மாலுதாசனன், *P.* மாலுதான

*மாலுதானம், மாலுதானன், (mâloudhâna), serpent bariolé de vert qui se tient sur les arbres et qui saute aux yeux.

மாலுந்தியுந்தோன், (மால், உந்தி), celui qui (au dire des Indous) est sorti du nombril de Vichnou, *i.e.* Brama.

மாலுமி, pilote, patron—, maître de navire, timonier: —சாஸ்திரம் art du pilote, science de la navigation. [வில்வமரம்.

*மாலூரம், (mâloûra), l'arbre

மாலூர்தி, (மால்), la monture de Vichnou, *i.e.* Garouden.

*மாலை, 1° (mâlâ), guirlande, —

de fleurs, de perles, de grains d'or, de divers grains, enfilade—, chapelet de divers grains, poéme composé de diverses—, série de strophes, ligne, rang, rangée, ordre, série. 2° soir, soirée, nuit, résidence—, palais de roi, nature, caractère, écrouelles,—ou autres maux qui affectent le cou, coutume, manière, mœurs: உருபு—, உருபு—déclinaison,—des noms; வினை—conjugaison,—des verbes; ஜப—, ஜெப—chapelet, rosaire; தமிழ்—, பா—, guirlande de vers ou de strophes; —கட்டுகிறது faire—, attacher une guirlande, enfiler des fleurs; —காலம் le soir, la soirée; — க்கண் œil qui n'y voit pas la nuit, (et selon d'autres) œil qui voit mieux la nuit que le jour, nyctalopie, vue courte;—க்கண்ணன் homme qui n'y voit pas la nuit, (selon d'autres) nyctalope, myope; —க்கண்நோய், —க்கண்ரோகம், —க்காமாலை infirmité de celui qui n'y voit pas la nuit, (selon d'autres) nyctolopie, myopie, vue courte; — சுற்றியெறிகிறது faire tournoyer et lancer une guirlande au hasard, (c'était parfois, dans l'ancien temps, une manière de choisir le successeur au trône, ou celui qui devait épouser la fille d'un roi; celui sur qui tombait la guirlande était l'élu désigné par le sort; quelquefois on donnait la guirlande à un éléphant qui choisissait): —சூடுகிறது porter une guirlande au cou, se marier, *V.* மாலைபோடுகிறது; —சூட்டு action de passer une guirlande au cou de quelqu'un, choix d'un époux que faisait ainsi une princesse; —தொடுக்கிறது faire une guirlande, enfiler des fleurs; — நாரைச்சாரன் nom d'une plante; —நேரம் le soir, la soirée; —படிகம் cristal; —போடுகிறது passer une guirlande au cou de quelqu'un, une princesse choisir ainsi un époux parmi les princes rassemblés pour cela; —பண் mélodie ou chant du soir, soirée; —பதநீர் callou ou toddi qu'on descend de l'aubre le soir; —மசங்குகிறநேரம் le crépuscule du soir, la brune;—மாற்று strophe ou vers qui se trouve le même soit qu'on le lise directement ou à rebours; —மணி espèce de figure ou suite de mots parmi lesquels celui qui précède est le sujet ou l'attribut de celui qui le suit, *Ex.* மன்னவன்கண்காதளவும்காதுதோள்மட்டுமாயும் ses yeux s'étendent jusqu'aux oreilles et ses oreilles jusqu'aux épaules (மன் *est un* அரசன்), *ou* புனலுமலருமலருமணமும் l'eau, et les fleurs qui croissent dans cette eau, et l'odeur de ces fleurs; —யாமம், (அ. *P.* அம்), temps du—, soir; —கண்ணீர்—யாய்ப்பெருகிறது les pleurs ruisseler, couler comme une guirlande, pleurer abondamment; —யிடுகிறது mettre une guirlande, s'échanger des guirlandes, *i.e.* se marier; அவளுக்கு—யிட்டவன் celui qui lui a passé au cou une guirlande, *i.e.* son mari;—யிடு, *V.* மாலைசூட்டு; —யுவமை comparaisons en guirlande, espèce de fig. de rhét. qui fait une série et comme une guirlande de comparaisons qui s'appliquent à un objet dont le nom vient seulement à la fin; —வாரம் le soir; —வெள்ளி l'étoile du soir, Vénus paraissant le soir après le coucher du soleil.

மாலோன், (மால்), Vichnou, புதன் ou la planète Mercure.

மால், 1° Vichnou ou Krichna, Arouguen, Indiren, புதன் ou Mercure, le roi சேரன், grandeur, élévation, vent, nuage, noirceur, le noir, le brun, couleur tannée, stupidité, trouble,— d'esprit, infatuation, furie, luxure, concupiscence, désir, tourment, fléau, espèce de—, filet. 2° (moule), moule,— en bois pour faire les ornemens en bosse des colonnes et des murs. 3° (Mâhl, *ind.*), bâtiment, maison, palais, étable, montagne, antiquité, échelle de bambous, espèce d'instrument d'artisans 4° (*arabe*), richesse, propriété: மாவாய்த்திரிகிறது rôder infatué, furieux, hors de soi-même; — கொள்ளுகிறது, — கொண்டிருக்கிறது concevoir —, avoir de la passion, être infatué, — troublé ou agité de désirs sensuels; — சமயம் secte de Vichnou; — சாமீன், — ஜாமீன் sureté ou caution d'argent; — தங்கை la sœur cadette de Krichna, *i.e.* Oumei, l'arsenic nommé சவ்வீரபாஷாணம்; — தீவு la grande île, *i.e.* les Maldives, qui autrefois n'en formaient qu'une; — பாலவட்சுமி orpiment; — தொடை, — முருக்கு le basilic துளசி; — மகன் fils de Vichnou, *i.e.* Brama et Kâmen; — முடிகிறது nouer —, tresser —, faire un filet; — மைத்துனன் le beau-frère de Vichnou, *i.e.* Siven, vitriol bleu; — மாவேழ éléphant furieux; — விந்து talc ou mica; — வீடு *litt.* la maison de Vichnou, la pierre சாலக்கிராமம் dans laquelle les païens le croient incarné; — வெட்டுகிறது creuser un fossé long ou carré, creuser —, ou couper en longueur.

மால்காறு, palais.

மால்குஜாரி, (*pers.*), rente, impôt, terre qui paye impôt.

மால்தார், (மால்), richard, riche, propriétaire.

மால்பு, (மால்), échelle de bambous.

மாவடு, (மா), *gén.* மாவடுவின், mangue verte, — à peine formée.

மாவட்டை, (*id.* அட்டை), cent-pieds rouge.

மாவதம், les arbres இலுப்பை, et காஞ்சிரை.

மாவதை, (மா, அதை), rayon sans miel.

மாவரைக்கிறது, (*id.* அரைக்கிறது), moudre de la —, réduire en farine.

மாவலர், (*id.* வலர்), cavaliers, palefreniers, cornacs.

மாவலி, (*id.*), le grand monarque nommé மகாபலி.

மாவலிபுரம், (*id.*), la ville du grand Bali nommée மகாபலிபுரம் ou 7 pagodes près Sadras.

மாவிடை, (மா, *bête*), troupe d'animaux, les animaux, parc, endroit où est le bétail: மாவிடைமரவிடை சலம்நிதிபாஷாணமுட்பட விற்றேன் j'ai vendu (le terrain) y compris les animaux, les arbres, l'eau, les trésors cachés et les pierres, (formule de certains actes de vente).

மாவிட்டம், (மாவு, இட்டம்), espèce de pâtisserie, — de gâteau.

*மாவிரதம், (மக), grande pénitence, une des 6 sectes intérieures des Sivénistes.

மாவிரதியர். (mahâvrati), sectateurs de Siven, Linganistes.

மாவிருக்கம், (மா), l'arbre சதுரக்கள்ளி, cactus.

மாவிலங்கு, மாவிலங்கை, மாவிலிங்கம், மாவிலிங்கு, மாவிலிங்கை, l'arbre cratæva tapia.

மாவிலத்தம், l'arbrisseau விடத்தேர்.

மாவிலை, (மா, இலை), feuille de manguier: — தோரணம் feston —, guirlande de feuilles de manguier (à travers une rue...).

மாவிளக்கு, (*id.*), lampe faite de farine et remplie de beurre liquide.

மாவிளம், l'arbre வில்வம்.

மாவிறங்கல், (மா, இறங்கல்), la farine ou la pâte descendre, la pâte perdre sa ténacité, la farine ou la pâte qui est descendue, — qui a découlé.

மாவீரன், (மா), grand guerrier, héros, homme très-brave, champion.

மாவுத்தர், (*id.*), cavalier, palefrenier, cornac.

மாவுரம், (*id.* உரம்), grande force, — fermeté.

மாவெண்கிறது, (*id.* என்கிறது), appeler.

மாவொல்லி, (*id.* ஒல்லி), personne ou chose grande et maigre, — mince, étique.

மாழாக்கிறது, மாழ்ந்தேன், மாழ்பேன், மாழ, மாழ்க்க, *v.n.* மாழாந்தல், *n.v.* être fasciné, infatué, passionné, charmé, leurré, attiré, dérouté, égaré, embarrassé, troublé.

மாழை, beauté, ignorance, lingot, masse ou barre de métal, or, feuille de palmier, foule, boule, manguier, — aigre, *V.* புளிப்பு.

மாழ்கல், *opt.* et *n.v.* de மாழ்கிற

ழு, et de மாழ்குகிறது, mort, V. மாழ்தல்.

மாழ்கிறது, ழ்ந்தேன், ழ்வேன், ழ், ழ, v. n. mourir, être paresseux, lâche, indolent, lourd, hébété, charmé, fasciné, passionné, attiré, troublé, embarrassé, égaré, avoir commerce charnel, s'unir, se mêler.

மாழ்கு, 1° mort, trouble, égarement d'esprit, la 5me constellation lunaire dite மிருகசீரிடம். 2° *imp. et part. de* [கு, ு, v. n. V. மாழ்கிறது.

மாழ்குகிறது, கினேன், குவேன்,

மாழ்தல், n. v. *de* மாழ்கிறது, trouble—, égarement d'esprit, infatuation, fascination, mélange (de poudres...), commerce charnel, paresse, nonchalance, lenteur.

மான, 1° préfixe explétive de la 2e personne. *Ex.* சிறிதுதவிர்த்தீமானநீர்பரிசிலருய்ம்மார் quand vous ne donneriez même qu'un peu en passant, tes supplians vivront (உய்ம்மார், *P.* உய்வார்). 2° *inf. de* மாறுகிறது.

*மாளயம், *P.* மாலயம் 2°.

மாளல், *opt. et n.v. de* மாளுகிறது, mort, perte, dépérissement, fin, déclin, abaissement.

*மாளவம், (mâlava), la province de Mâlva, entre celles de Guzerate, d'Allahabad, d'Agra et de Kandéich: மாளவகவுளம் espèce d'air ou மாளவி, autre air. [de mélodie.

மாளா, மாளாத, *part nég. de* மாளுகிறது, immortel, sans fin: மாளாத்திரவியம், richesses impérissables. [mortalité.

மாளாமை, *n.v.nég. du même*, im-

*மாளிகை, (mâlikâ), palais, — de roi, maison, bâtiment, temple, — de Vichnouvistes: தேவரீர்திருமாளிகை யெங்கே où est le sacré palais de votre seigneurie, pour dire: où demeurez vous? (aux grands et aux gourous); அடியேன்குடிசையங்கே voilà la cabane de votre serviteur; திருமாளிகைப்பத்தி porche —, vestibule ou galerie d'un temple: மாளிகைத்தேவர் nom d'un sage, ou d'un auteur philosophique.

மாளுகிறது *ou* மாண்கிறது, மாண்டேன், மாளுவேன் *ou* மாண்வேன், மாளு *ou* மாண், மாள, *v.n.* மாளுதல், *n.v.* mourir, périr, se consumer, s'user, se gâter, se perdre, dépérir, finir, s'abaisser, baisser: வீட்டிலேவெகுத்தமாளுகிறது beaucoup de choses se consument ou dépérissent à la maison; மாளத்துணிகிறது s'exposer à —, chercher la mort; வேலைமாளவில்லை le travail n'est pas fini; மாளாமலிருக்கிறது être immortel, — impérissable, sans fin.

மாற, *inf. de* மாறுகிறது.

மாறல், *opt. positif et négatif et nom verbal du même*, que je, tu, il... change ou ne change pas, changement, — de côté, altération, troc, change, vente, abandon, cessation, exception, mouvement, agitation, *ou* — க்காய்ச்சல் fièvre tierce, — intermittente; — க்கண் œil louche.

மாறன், (மாறு), épithète des rois பாண்டியர் de Maduré, chose intermittente, — alternative, qui revient alternativement, fièvre intermittente.

மாறா, *part. nég. de* மாறுகிறது, qui ne change pas, immuable, inaltérable: மாறாச்சித்தம் volonté immuable.

மாறடி, 1° *gér. de* மாறடிக்கிறது. 2° *n.v.* trompeur, tricheur, escroc, filou, brouillon, tergiversateur: குதிரை —, யானை —, fripon —, trompeur dans une vente de chevaux, — d'éléphans, qui en substitue un mauvais à la place d'un bon.

மாறடிக்கிறது, (மாறு, அடிக்கிறது), changer, tromper, tricher, déranger, brouiller, bouleverser, confondre, retourner sens dessus dessous, intervertir, mettre à l'inverse, — en sens contraire, être confondu, bouleversé, s'opposer: மாறடிப்பார்க்கிறது chercher l'occasion de tromper, de nuire, de mettre le désordre; மாறடிக்கொள்ளுகிறது changer, tromper, tricher, voler, dérober, détour-

ஞர்,— à son propre avantage, tergiverser, contourner; மாறுபட்டுப்போகிறது être changé, interverti, bouleversé, se déranger, se bouleverser.

மாறாட்டம், (மாறு, ஆட்டம்), fraude, tricherie, tromperie, duplicité, déni de dépôts...., détention du bien d'autrui, changement, confusion, renversement, tergiversation; —ஆயிருக்கிறது être changé, renversé, interverti,— une tromperie; —பண்ணுகிறது tromper, user de ruse, de supercherie, filouter, tricher; —கொள்ளாதே n'emploie pas la tromperie,— d'artifice; மாறாட்டக்காரன் trompeur, imposteur, filou, tergiversateur.

மாறாத, *part.nég. de* மாறுகிறது, immuable, invariable: —சங்கை coutume inviolable, honneur invariable; மாறாதது chose immuable.

மாறாமை, *n.v.nég. du même*, immutabilité, invariabilité.

மாறி, 1° *gér. de* மாறுகிறது. 2° *n.v.* trompeur, filou, brouillon, qui change.

மாறு, 1° *imp. et part. de* மாறுகிறது, changeant, variable, inconstant, autre. 2° changement, variation, vicissitude, mutation, troc, échange, remplaçant, récompense, compensation, équivalent, balai, scion, branchage, verge, branche sans feuille. 3° temps, changement de temps, chaque (à la fin des mots). *Ex.* அந்திமாறு chaque soir ou le soir; இரா—, ராமாறு *ou* ராமாத் temps de—, la nuit, de nuit, chaque nuit; —பகல்மாறுராமாறு jour et nuit; மாறாக en échange, en compensation, en changeant, sens dessus dessous: மாறுகைவைக்கிறது mettre en échange, renverser, changer, bouleverser; —கண் œil louche, —de travers; —கண்ணன் qui a les yeux louches: —கூலி salaire de ceux qui montent les arbres; —கோள் opposition, inimitié, haine; —கோள்க்கூறல் un des 10 défauts d'un ouvrage, se contredire; —தாமார், —தாய் belle-mère, marâtre; —படுகிறது changer, être changé, altéré, contredire, s'opposer; —படல் changement, opposition; —படுத்துகிறது changer, altérer, varier; —படச்சொல்லுகிறது se contredire, tergiverser, dire ou parler différemment,— artificieusement; —படுபொருள் sens—, chose qui varie, figure qui consiste à louer un objet dans le dessein d'en critiquer un autre qu'on n'exprime pas; —பட்டுப்போகிறது être changé, se changer; —பாகை, —பாடு, —பாடாதல் changement, variation, altération, tergiversation, fraude, confusion, corruption, duplicité, supercherie, perversité, erreur, méprise, déni, refus, opposition: —பாடுகாரன் trompeur, filou, tergiversateur; —பாடுசெய்துபோடுகிறது mettre par supercherie, confondre, mêler; —பாடாகிறது être changé, se changer, être une duplicité...; —பாடாக்குகிறது changer, altérer, user de supercherie...; இதற்கு—பாடாக au contraire; —பாடாய்ப் பேசுகிறது tergiverser, se contredire, parler artificieusement; —பாஷை autre langue.

மாறுசம், (மாறு), toile, habit.

மாறுகிறது, றினேன், றுவேன், று, ற, *v.n. et a.* மாறுதல், *n.v.* changer,— de côté, de la monnaie, se changer, être changé, muer, tourner, perdre un—, changer d'emploi (avec le datif de la personne), laisser, cesser, être excepté, fouetter, corriger avec une baguette, donner une rossée, reculer, se dédire, manquer à sa parole, tergiverser, troquer, échanger, vendre, changer, renverser: உரு—, உருபம்—, வடிவு— changer de figure; எண்ணம்— changer de sentiment; கோலம்—, வேஷம்— changer d'accoutrement, de déguisement; காற்று— le vent tourner, — changer de côté; குறி— *V. au mot* குறி; கை— troquer, échanger, vendre, changer de main; கட்சி—, கன்னி—, பக்கம்—, வளம் —changer de parti, de côté; குணம்—changer de caractère; நிறம்—changer de couleur; பணம்— changer de l'argent; வழு— V.au mot வழு; மாறுக்கட்டுகிறது soutenir faussement qu'une chose n'est pas, tergiverser et nier; மாறப்போகிறது être sur le point de—, aller changer; மாறிக்கொள்ளு வருகிறது venir changer ou de changer—, être à changer (de la monnaie...); — ப்போகிறது changer, se changer....; உத்தியோகம் —ப்போனான் ou அவனுக்குத்தியோகம்—ப்போயிற்று il a changé d'emploi ou il a perdu son emploi; பூ—க்கபோனபெண்சாதி femme dont les règles ont cessé; மரங்காய்த்து —ப்போயிற்று l'arbre a cessé de porter des fruits; —ப்போடுகிறது changer act.; —யிருக்கிறது avoir —, être changé; —விழுகிறது reculer, se dédire, manquer à sa parole, ou — விழுந்துபேசுகிறது changer de langage, tergiverser; மாறினவன் celui qui a changé (de l'argent, —de dessein, de caractère...); ரூபாயெப்படிமாறும் ou ரூபாய்க்கெத்தனை பணம்மாறும் comment se change la roupie, combien de fanons donne-t-on pour une roupie.

மாறுகை, மாறுதல் n. v. du préc. changement, vicissitude, variation, altération, troc, échange.

மாறுத்தரம், (மாறு, உத்தரம்), réponse, réplique. [டேயம்.

*மாற்கண்டேயம், P. மார்க்கண்

*மாற்கம், P. மார்க்கம். [envieux.

*மாற்சரன், (mâtsara), jaloux,

*மாற்சரியம், (mâtsarya), envie, jalousie, —du bonheur d'autrui, malice.

மாற்றம், n.v. de மாற்றுகிறது, changement, diversité, variation, différence, mot, parole, réponse, réplique, réfutation, contradiction, haine, antidote: — உரைக்கிறது, —சொல்லுகிறது contredire, s'opposer, réfuter, dire autrement, —autre chose; மாற்றக்காரன் celui qui change, chicaneur, querelleur, contradicteur, méchant.

மாற்றலர், (மாற்றம், அலர்), ennemis, gens qui ont de la haine.

மாற்றல், opt.et n.v. de மாற்றுகிறது, changement, troc, échange, déni, rejet, refus, détention, rétention, vente, guérison, cure.

மாற்றவள், மாற்றுக்குட்டி, மாற்றுட்டி, (மாற்று, அவள், குட்டி, குட்டி), rivale, autre femme (du même homme...).

மாற்றுத்தகப்பன், (மாற்று, ஆள்), beau-père, second mari de sa mère.

மாற்றுத்தாய், (id.), belle-mère, marâtre, seconde femme de son père.

மாற்றான், pl. மாற்றார், (மாற்றம்), ennemi, morceau ajouté à une planche trop courte.

மாற்று, imp.et part. n.v. de மாற்றுகிறது, change, substitution, troc, échange, changement, échange, objet changé, équivalent, linge de rechange (que prête le blanchisseur...), contre-poison, antidote d'un poison ou d'un remède devenu dangereux, opposition, prix, valeur ou qualité de l'or et de l'argent que l'on reconnait par le moyen de la pierre de touche, carat, acre de terre ou quantité de terre qu'une paire de bœufs peut labourer en un jour; குழிமாற்று, V. au mot குழி; —க்கட்டுவஸ்திரம் habit de rechange, —de réserve; —க்கட்டை, —க்குறைச்சல், —ப்பிசகு ce qui manque au degré de finesse requis pour l'or; — க்கொடுக்கிறது (le blanchisseur...) donner un habit de rechange (pendant qu'on lave le vôtre); — த்தாட்டாந்தம் la proposition contraire; — நொடி énigme en retour, —en réponse, réponse; —ப்படை arme défensive, armée—, corps de rechange; — ப்புடவை toile de rechange pour les femmes; —வஸ்திரம் habit, — toile de rechange, —de haut prix: இந்தப்புன்செய்க்கெத்தனைமாற்று dans cette terre combien y a-t-il de journées de labourage? மாற்றெத்தனை quel est le degré de finesse de cet or ou argent); ஆறுமாற்று — six carats et demi; நாலு—, அஞ்சுமாற்றுப்பொன் or de 4 ou 5 carats, *i.e.* de la plus basse valeur; பத்துமாற்றுப்பொன் or de 10 carats ou de 1re qualité. (En France l'or parfaitement pur est de 24 carats, celui qui a un vingt-quatrième d'alliage est dit à 23 carats. Dans l'Inde l'or pur est dit de 10 மாற்று ou carats; ainsi au lieu de diviser l'or en 24 qualités on le divise en 10.

**மாற்றுகிறது, ற்றினேன், ற்றுவேன், ற்று, ற்ற,** *v.a. de* **மாறுகிறது, மாற்றுதல்,** *n.v.* changer, échanger, altérer, substituer, remplacer, troquer, relayer, guérir, abolir, ôter, rejeter, nier, renier, annuler, destituer ou changer un employé: **கற்பனை**— violer un commandement, abolir—, changer une loi; **வியாதி**—, **புண்**— guérir une maladie,— une plaie; **மாற்றிக்கொண்டுவருகிறது** changer,— de la monnaie, venir d'en changer; **சிவிகையாள்மாற்றிக்கொள்ளுகிறது** changer, se relayer (des porteurs de palanquin ou de litière), changer de porteurs à un relai; **தோள்—க்கொள்ளுகிறது** changer un fardeau d'épaule; **பண்டம்—க்கொள்ளுகிறது** changer—, troquer un objet (pour un autre); —**ப்போடுகிறது**, —**வைக்கிறது** transférer, placer ailleurs; **மாற்றினவன்** celui qui a changé ou échangé. [faire changer...

**மாற்றுவிக்கிறது,** *v.caus. du préc.*

**மாற,** 1° *inf. de* **மாறுகிறது:** *adv.* comme, selon, suivant: **அவன்சொன்னமாறநடந்தான்** il s'est conduit suivant sa parole,— sa promesse ou selon ses ordres: **முகைமாற** comme un bouton prêt à s'épanouir. 2° particule explétive qui se joint à la 2e personne. 3° *obl. de* **மானம்.**

***மானசம்,** (mânasa), esprit, siége de la raison ou la faculté de raisonner, pensée, attention, dessein, volonté, consentement tacite ou implicite en jurisprudence, le lac Mânasam ou Mânasarôvara dans les monts Himalaya, lac Mânadavâvi du paradis fabuleux de Brama: **மானசத்துவம்** intellect, réflexion profonde; **மானசாலயம், மானசௌகம்,** (**ஆலயம், ஓகம்**), cygne sauvage ou oie sauvage qui réside dans le lac Mânasam.

***மானசி,** (mânasi), Mânasi, prétendue déesse particulière aux Djaïnas. [la ville fabuleuse de Yamen.

**மானசோத்தர, மானசோத்திரம்,**

***மானதம்,** (*P.* **மானசம்**), ce qui a rapport à l'esprit, *V.* **மானதவாவி: மானதக்காட்சி** perception de l'esprit, se représenter—, comprendre par l'esprit les objets perçus par les sens; —**தீட்சை** initiation de l'esprit, —intérieure; —**ஸ்நானம்,** —**நானம்** bain de l'esprit ou de l'âme, purification de la souillure originelle par la grâce d'un bon gourou, une des 7 espèces de bains dite aussi **மனஸ்நானம்;** —**பூசை** sacrifice intérieur; —**ப்பிரத்தியக்ஷம்,** *V.* **மானதக்காட்சி;** —**வாவி** le lac Mânadavâvi du paradis fabuleux de Brama dit **சத்தியலோகம்.**

***மானம்,** 1° (mâna), honneur, grandeur...., arrogance, hauteur, orgueil, faveur, affection, urbanité, civilité, prise, saisie, mesure, forme, règle, méthode, calcul, comput ou manière de compter l'année solaire,— lunaire,— sidérale.... 2° comparaison, force, faute, honte, pudeur. 3° *P.* **வானம்,** ciel, le firmament, le char des dieux dit **விமானம்: சம்**—, *V.* **வெகுமானம்; சந்திர**—marche de la lune dans son orbite, calcul lunaire; **சௌர**—, mouvement du soleil dans son orbite, calcul solaire; **பிரகஸ்பதி**— orbite de Jupiter, marche de Jupiter dans son orbite, calcul fondé sur sa marche; **தேவ**— calcul ou chronologie des dieux indous, période de temps parmi eux; **நர**— chronologie usitée parmi les hommes, *V.* **தேவாண்டு; மானகலி** froideur, hauteur, dédain; மானக்குருடன் homme complètement aveugle;— க்குறை, —க்கேடு déshonneur, ignominie, affront, incivilité;—சாரம் un des 32 ordres d'architecture; —சரோவரம் (sarôvara *lac*), le lac மானசம் dans les monts Himalaya;—சூத்திரம் chaine d'or ou d'argent qu'on porte autour des reins;—தீபம் un des 32 உபதீபங்கம்;—த்தாழ்சி,—பங்கம் déshonneur, affront, opprobre, ignominie;—பாவி grand pécheur; —பேதம் un des 32 ordres d'architecture;—மா espèce de cerf dit கலைமா;—மோகாந்தரம், (போகம், அந்தரம்), somme des demi-diamètres du soleil et de la lune, ou de la lune et de l'ombre de la terre;—யந்திரி, (இயந்திரம்), vase de cuivre perforé et rempli d'eau pour marquer le temps, clepsydre; —வாரி, (*télinga*), espèce de riz.

மானம்பாடி, *P.* வானம்பாடி, alouette;

மானவிலம், spectacle, *V.* தூரவம்.

மானல், *opt. et n. V. de* மானுதல், ressemblance, confusion, trouble, doute, honte.

*மானவம், (மனு), les lois de Manou, qui sont un des 18 codes indiens, un des 18 pouranas inférieurs.

*மானவன், *pl.* மானவர், 1° (மனு), homme, être humain, garçon, enfant, —mâle. 2° (மானம்), homme fort honorable, héros, guerrier.

*மானவி, (*fém. du prec.*), femme, déesse particulière des Djaïnas, la fille du 1^er^ Manou.

மானவு, lucidité, clarté d'intelligence.

*மானனம், மானனீயம், (mânanîya), respect, honneur, révérence, égard.

*மானன், (mâna), chef, agent, benêt, lourdaud, வேடன் ou chasseur, barbare. [ou Krichna.

மானுவர், le père de கோவலன்

மானுர், *n. app. nég. de* மானுகிற து, gens qui ne se ressemblent pas, ennemis.

மானுவாரி, *P.* வானுவாரி.

மானுன், père (parmi les கள்ளர்).

மானி, 1°* (mâni), homme d'honneur,— arrogant, hautain. 2° (மானம்), personne chaste, pudique, honteuse. 3° *gér. de* மானுகிறது. 4° *imp. de*

மானிக்கிறது, மானித்தேன், மானிப்பேன், மானி, மானிக்க, *v. a.* (மானம்), honorer, respecter, vénérer.

*மானிகம், மானிகன் மானிகை; *V.* மானிடம், மானிடன், மானிடி.

மானிடத்தன், (மான், இடம்), *ou* மானிடமுடையோன், மானிடமேந்தி, (*id.*), celui qui a ou tient un cerf dans sa main gauche, *i.e.* Siven.

*மானிடம், (mânoucha), race—, nature—, naissance humaine, genre humain.

*மானிடன், மானிடன், மானிடவன், (*id.*) *pl.* மானிடர், மானிடர், மானிடவர், homme: மானிட—, மானிடக்கட்டை, —சரீரம், —தேகம் le corps humain; —சாதி la race—, l'espèce humaine, genre humain; —சென்மம் naissance—, nature humaine; —தன்மைன், (தன்மை), celui qui a la nature humaine ou un caractère humain, bien porté pour les hommes, *i.e.* குபேரன்; —வைத்தியம் médecine humaine,— qui emploie les simples. [ன், femme.

*மானிடி, மானிடி, *f. de* மானிட

*மானிதம், மானிதை, மானித்துவம் (mânitâ), orgueil, dignité, hauteur, grandeur, honneur.

மானித்தல், மானிப்பு, *n. v. de* மானிக்கிறது, vénération, respect.

மானிபம், *P.* மானிபம், honneur, protection, honte, pudeur.

*மானியம், (mânya), honneur, respect, mâniam, terre libre d'impôt (en tout ou en partie, et concédée par un roi ou par un prince pour récompense ou pour salaire d'un emploi public ou autre motif honorable); குடிமக்கள் — mâniam de serviteurs de village, *i.e.* terre libre d'impôt concédée aux serviteurs du village, *v.g.* blanchisseur, barbier..., pour leur servir de salaire; — விடுகிறது donner un ou en mâniam, concéder une terre libre d'impôt; — மானியக்காரன் propriétaire, — de mâniam, — d'une terre libre d'impôt.

*மானியன், (*id.*), homme honorable, respectable, vénérable.

*மானினி, (*fém. de* மானி), femme, — pudique, — boudeuse (surtout).

*மானியாதி, table astronomique pour réduire la place de la lune au lever du soleil sous le 1er méridien.

மானுகிறது, 1° னினேன், னுவேன், னு ou ன், ன, *v.n.* ressembler, être pareil. 2° ன்றேன், னுவேன், னு ou ன், ன, *v.n.* se troubler, être confus, troublé, embarrassé, dans la confusion, hésiter, douter.

*மானுஷம், (mânoucha), nature —, naissance humaine, genre humain, humanité, nourriture donnée aux mendians; c'est un des grands sacrifices dits யாகம்-ஐ, partie de la médecine qui emploie les drogues et les herbes.

*மானுஷன், *pl.* மானுஷர், (*id.*), homme: மானுஷயாகம் sacrifice offert aux hommes, *i. e.* nourriture donnée aux pauvres; — வைத்தியம் médecine humaine, — qui n'emploie que les drogues et les herbes.

*மானுஷி, *fém. du préc.* femme.

*மானுஷியகம், (மானுஷியம், ka), multitude d'hommes.

*மானுஷியம், மானுஷிகம், (மனுஷன், ya, ika), nature humaine, humanité, urbanité, courage: மானுஷியமாய்க்கொடுக்கிறது donner avec humanité, avec civilité; — இல்லாதவன் homme grossier, incivil, inhumain மானுஷியப்பிழை, — க்குறைச்சல் incivilité, grossièreté, conduite indigne d'un homme.

*மானுடம், *P.* மானுஷம்.

*மானுடன், மானுடி, *P.* மானுஷன், மானுஷி.

மானுதல், *V.* மானல்.

மானுபரவி, *P.* மானபரவி, grand pêcheur.

மானேறு, (மான், ஏறு), cerf, — mâle, la 12e constellation dite உத்திரம். [ka), beauté, ornement.

*மாரேக்கியம், (மரேக்கியம்,

மான், 1° cerf, daim, gazelle, antilope, chevreuil, bête fauve, animal (en général), cheval, le monstre marin dit மகரம், le signe du Capricorne, forme, figure, femme ou fille. 2° *imp. et part. de* மானுகிறது. On distingue plusieurs sortes de cerfs: கரு —, கலை — cerf, — mâle, — à cornes en spirales; கவரி — le yack; சருகு — petit cerf qui vit de feuilles sèches; புள்ளி — cerf tacheté, gazelle; வெள்ளி —, பெண் —, பெட்டை —, பிணை — biche, chevrette; வெள்ளாட்டு — chevreuil; — களங்கம் taches de la lune qui ressemblent à celles du cerf; — கவிக்கயிறு fil de double filière; — கீரை la plante amaranthus angustifolius; — குளம்பு, — கொடி la plante அடம்பு ou pied-de-chèvre; — சல்லடம், — குடிக்கை caleçon; — குட்டி, — மறி faon, petit de la biche; — குட்டிபோடுகிறது la biche faonner, — mettre bas; — செவி oreille de cerf, *ou* — செவிக்கள்ளி la plante cacalia kleinia; — பார்வை vue de cerf, cerf employé comme leurre, pour attirer dans un piége; — மதம் musc.

மான்மகன், (மால், மகன்), fils de Vichnou, (*i. e.*), Brama, Kâmen.

மான்மியம், (*de* மகான், miya *affixe*) gloire, grandeur.

மான்றலை, 1° (மான், தலை), tête de cerf, la 5e constellation dite மிருகசீரிடம் représentée par une tête d'antilope. 2° *acc. de* [trouble, confusion.

மான்றல், *n. v. de* மானுகிறது,

மான்று, *gér. du même.*

மி, lettre syllabique composée de ம் et de இ, mi bref.

மிக, *inf. de* மிகுகிறது, *et* மிகவும் *adv.* beaucoup, abondamment, extrêmement, excessivement, surabondamment: மிகப்படுகிறது croître beaucoup,— excessivement, abonder, surabonder, excéder: —ப்படல் augmentation, surabondance, excès;—ப்படச்சொல்லுகிறது parler trop, en dire trop, être diffus;—ப்படச்சொல்லல் diffusion, trop de longueur, un des 10 défauts en composition ou dans les ouvrages;—வல்லோர் hommes —, gens très-puissans, les savans, les sages; மிகவுஞ்சந்தோஷப்படுகிறது se réjouir extrêmement; மிகவும்நொந்தான் il a été très-affligé, il a beaucoup souffert; மிகவும்பரிசுத்தமாய் d'une manière très-pure, très-saintement; மிகவும் பயப்படுகிறது craindre beaucoup.

மிகல், *opt. et n. v. de* மிகுகிறது, abondance, excès, augmentation, surabondance.

மிகன், (மிகுகிறது), grandeur, grand, (dans les mots composés): —மக்கள் les grands, grands personnages. [மிகுகிறது *et de* மிகுக்கிறது.

மிகா, மிகாத, *part. nég. de* மிகு

*மிகிகை, (mihikâ), brouillard, — épais, gelée. [nuage.

*மிகிரம், (mihira), air, vent,

*மிகிரன், (*id.*), soleil, lune, sage.

*மிகிராணன், (mihirâna), Siven.

மிகு, *imp. et part. de* மிகுகிறது, grand, abondant, excessif, restant: —கொடையாளன் homme très-libéral, épithète de கர்னன் ou Karna; —திரள் grande foule; —புகழ் grande louange; —பொருள் ce qui reste, restant, restes du repas; —மகிழ்ச்சி grande joie; —மணம், —வாசனை odeur forte, bonne odeur;—மதி grande intelligence; —மள்ளர் hommes très-vaillans.

மிகுகிறது, மிக்கேன் ou மிகுந்தேன், மிகுவேன், மிகு, மிக, v. n. மிகேன் *nég.* augmenter, croitre, abonder, surabonder, surpasser, outrepasser, excéder, rester, être abondant, excessif,— de reste: அவன்தின்றமிகுந்தசோற்றைநாய்க்குப்போடு jette au chien le reste du riz qu'il a mangé.

மிகுக்கிறது, குத்தேன், குப்பேன், கு, குக்க, கேன், *nég. v. a. du préc.* மிகுக்குதல், மிகுத்தல், n. v. faire abonder,— surabonder, augmenter, accroitre, remplir, fortifier, donner de l'accroissement, rendre excessif, transgresser. ]] *v. n.* abonder, excéder, se mutiner: படைமிகுத்தாலரணில்லை un fort ne sert de rien si l'armée se mutine: மிகுத்திருக்கிறவர்கள் le grand nombre, la majorité, les mutins; மிகுத்துச்சொல்லுகிறது, மிகுத்துரைக்கிறது dire au long avec diffusion, particulariser; மிகுத்துப்போகிறது devenir abondant, s'accroitre, grandir; ஆஸ்திமிகுத்துப்போயிற்று les richesses se sont accrues.

மிகுண்டம், la plante சாறுவேளை.

மிகுதம், *n. v. de* மிகுகிறது, abondance, grande quantité, beaucoup.

மிகுதல், *n. v. du même, ou*

மிகுதி, (*id.*), abondance, grande quantité, beaucoup, surabondance, excès, reste, foule, multitude, profusion, plénitude, augmentation, croissance: —யாகிறது; s'accroitre, devenir abondant.... —யாயிருக்கிறது être abondant, surabondant, excessif; —யான abondant, surabondant, excessif; —யானது ce qui est abondant...,— de trop;—யாய் ou மிகுதியும் grandement, abondamment, beaucoup, extrêmement, excessivement; மிகுதியுஞ்சுருக்குகிறது raccourcir ou abréger beaucoup.

மிகுந்தியல், l'arbre வில்வம்.

மிகுத்து, *gér. de* மிகுக்கிறது.

மிகுந்த, *part. parf. de* மிகுகிறது, abondant, surabondant, grand, excessif, extrême, beaucoup, de reste: மிகுந்தவைகள் choses qui restent, le surplus, excédent: மிகுந்தவனம் très-grande forêt, l'arbrisseau தண்ணீர்விட்டான்.

மிகுந்து, *gér. de* மிகுகிறது: மிகுந்திருக்கிறது abonder, surabonder, rester, être excessif, de trop, de reste, trop abondant. [ன்ரடை.

மிகுப்பலத்தம், la plante குதிர்

மிகுவது, (மிகுகிறது), ce qui excédera, ce qui restera, le restant.

மிகுவிக்கிறது, *v. caus. de* மிகுகிறது, faire abonder..., augmenter, accroitre.

மிகை, 1° *n. v. du même*, abondance, grandeur, excès. 2° faute, défaut, accusation, blâme, perte, destruction, affliction, malheur, peine: — சுமத்துகிறது accuser —, charger d'une faute, jeter —, mettre la faute sur; — சுமந்திருக்கிறது être accusé d'une faute;— செய்கிறது,—பண்ணுகிறது faire —, commettre une faute; — செய்தவர்களைச்சுவாமிதண்டிப்பார் le seigneur ou le prêtre punira ceux qui ont commis des fautes;— சொல்லுகிறது, (*acc. ou gén. avec* பேரில்), accuser, blâmer, médire, parler mal de, charger d'une faute;—படுகிறது être accusé, —blâmé, —coupable, abonder, excéder; —படச்சொல்லேல் ne parle pas trop, ne sois pas babillard; —போடுகிறது calomnier, accuser faussement; —மக்கள் grands personnages; —யாயிருக்கிறது être fautif, excessif;—யாய்ப்பேசுகிறது parler excessivement, —trop, —mal, —improprement; — யதன்செய்கை யுருவகம் figure ou comparaison sur laquelle on enchérit, lorsqu'on emploie une comparaison, dire que l'objet que l'on compare l'emporte encore sur celui auquel on le compare; —யொற்றுமையுருவகம் figure ou comparaison où l'on fait ressortir quelqu'excellence. *Ex.* தடங்கட்கெண்டை carpe aux grands yeux; நியாயாதிபதிவிசாரித்து இவன்மேல்மிகைசுமத்தினான் le juge ayant examiné l'affaire a mis la faute sur celui-ci, l'a déclaré coupable.

மிக்க, *part. parf. de* மிகுகிறது, abondant, surabondant, excessif, grand, excellent, supérieur, qui reste: தந்தைசொல்— மந்திரமில்லை il n'y a point de conseil plus puissant que la parole d'un père; —செயல் action faite par un pouvoir extraordinaire; மிக்கது ce qui est abondant, excessif, excédant, reste; மிக்கவன் homme distingué, grand personnage, supérieur, *pl.* மிக்கவர் les grands; மிக்கவை, *pl. n.* choses surabondantes, qui restent, restes d'un repas, nourriture, riz cuit, choses injustes, — déraisonnables, transgressions, accroissement, plénitude, abondance.

மிக்கயேல், (Michael), Michel.

மிக்கான், *n. app. de* மிக்க, grand homme, homme excellent, distingué, supérieur.

மிக்கிருக்கிறது, (மிக்கு, இருக்கிறது), être de trop, rester.

மிக்கிளமை, (*id.* இளமை), grande jeunesse.

மிக்கு, *gér. et n. v. de* மிகுகிறது, abondance, grandeur, excès, reste, *ou* மிக்குடைய, மிக்குள்ள abondant, grand, excessif, restant, beaucoup.

மிக்கேல், (Michael), Michel.

மிக்கோர், *n. app. de* மிக்க, grands, —personnages, savans, sages, hommes distingués.

மிசல், (*arabe*), entrée, examen.

*மிசி, (misi), espèce de fenouil, anethum panmorium, spicanard ou nard indien, anis commun.

*மிசிரகம், மிசிரகாவனம், (மிசிரம், ka), le jardin des dieux indous, bosquet de leur paradis.

*மிசிரகன், (*id.*), qui mélange les marchandises, qui fait des mélanges. (ita), mélange, addition.

*மிசிரணம், மிசிதம், (மிசிரம், na,

*மிசிரம், (misra), mélange, mixtion, éléphant, la 1<sup>re</sup> classe d'éléphans, égalité: மிசிரவர்ணம் caste—, classe —, couleur mélangée.

*மிசிரன், (misra), homme respectable, vénérable. Ce mot se joint comme affixe à la fin des noms propres d'une classe de brames disciples de சுக்கேசுமிசிரன் célèbre logicien.

மிசுக்கன், (*hébreux* miskèn), pauvre, mendiant, homme vil, abject.

மிசுக்கை, (மிசுக்கன்), bassesse, vileté, bagatelle.

மிசுரம், 1° *P.* மிசுரம், le dessus en musique. 2° * *P.* மிசிரம்.

*மிசுரான், *P.* மிசிரான்.

மிசை, 1° hauteur, élévation, dessus, terrain élevé, tertre, pléonasme ou union de 2 mots ayant le même sens, riz cuit, pauvreté, intelligence, connaissance. 2° *imp. et part. de* மிசைகிறது: மிசைத்திரள் cou-de-pied, cheville du pied.

மிசைகிறது, சைந்தேன், சைவேன், சை, சைய, *v.a.* மிசைதல், *n. v.* manger, jouir, éprouver, sentir.

மிச்சம், *n.v. de* மிஞ்சுகிறது, reste, restant, surplus, excès, surabondance, superflu, trop: — ஆயிருக்கிறது rester, surabonder, être excessif, — de trop; — ஆய்வேண்டுகிறது prendre trop; — ஆய்ப்போகிறது surabonder, devenir abondant, superflu, se multiplier; — எடுக்கிறது ôter le surplus, — ce qu'il y a de trop; குடிகளில் — ஆனவர்கள் la majorité des habitans, ceux qui sont de trop parmi les habitans.

*மிச்சிரம், *P.* மிசிரம், mélange.

மிச்சில், (மிஞ்சுகிறது), restes d'un repas, résidu, reste, surplus.

மிச்சை, *P.* மித்தியை, fausseté, mensonge, pauvreté, ignorance, défaut de sagesse. [tromperie, envie.

*மிஷம், (micha), fraude, ruse,

*மிஷ்டம், (michta), confiture, sucrerie, bonbon: மிஷ்டகர்த்தா confiseur, bon cuisinier; மிஷ்டான்னம், (அன்னம்), sauce, assaisonnement, mélange de sucre et de riz.

மிஞிறு, hanneton, escarbot, scarabée.

மிஞ்சல், *opt. et n.v. de* மிஞ்சுகிறது, abondance, excès, reste, surplus.

மிஞ்சி, 1° un des bijoux des pieds, anneau du second doigt du pied droit (placé à l'époux par les parens de l'épouse au temps du mariage et accompagné d'un acte d'hommage. 2° *gér. de*

மிஞ்சுகிறது, ஞ்சினேன், ஞ்சுவேன், ஞ்ச, *v.n.* மிஞ்சுதல், *n.v.* excéder, dépasser, surpasser, surabonder, rester, être de trop, de reste, croître trop, transgresser, désobéir, devenir orgueilleux, hautain, arrogant: மிஞ்சவொட்டாமலிருக்கிறது ne pas permettre de dépasser les bornes voulues; மிஞ்சிக்கேட்கிறது demander trop, — avec arrogance; — நடக்கிறது désobéir, se conduire arrogamment, devenir hautain, marcher devant; — ப்பேசுகிறது parler trop, d'une manière hautaine; — யிருக்கிறது rester, être surabondant, — de trop, — par-dessus, — arrogant; — வருகிறது venir en abondance, surabonder; — மிஞ்சிவருகிறது venir —, courir furieux sur, se ruer sur; சேனைவரும் — வரும் l'armée viendra en force supérieure; மிஞ்சினதுகொண்டு மேற்கேபோகலாகாது il n'est pas bon d'aller avec du superflu ou des richesses à l'ouest, (proverbe payen): சாப்பாடுமிஞ்சினது la nourriture surabonde, il y a du reste ou du superflu dans la nourriture, — le riz cuit; மிஞ்சினபொருள் reste, superflu, objet qui est de reste; மிஞ்சினவன் homme désobéissant, arrogant, opiniâtre, intraitable.

மிடல், force.

மிடறு, *gén.* மிடற்றின், cou, gorge, gosier, menton, mâchoire inférieure, gorgée, goulée: ஒருமிடறுதண்ணீர்குடித்தேன் j'ai bu une gorgée d'eau; ஒருமிடறுதண்ணீருக்குமொருவாய்ச்சோற்றுக்கும்வேலைசெய்கிறேன் je travaille pour une gorgée d'eau et une bouchée de riz; மிடறுகட்டியிருக்கிறது être enroué; — பாடுகிறது faire des roulades de voix.

மிடா, grande cruche, jatte, jarre d'eau, mesure de blé usitée dans le Maïssour et contenant 16 மரக்கால் ou கள்ளம்.

மிடி, 1° pauvreté, misère, besoin: மிடியடைகிறது, மிடியிலகப்படுகிறது tomber —, être dans la misère, être pauvre. 2° *imp. de*

மிடிக்கிறது, டித்தேன், டிப்பேன், டி, டிக்க, v.n. (மிடி), மிடித்தல், n.v. devenir —, être pauvre, — misérable.

மிடிப்பு, n.v. du préc. ou

மிடிமை, (மிடி, மை), pauvreté, besoin, indigence, misère.

மிடியன், (id.) pauvre, indigent.

மிடிவு, n. v. de மிடிக்கிறது, pauvreté, indigence.

மிடுக்கன், (மிடுக்கு), homme fort, vigoureux, puissant, violent, chose forte.

மிடுக்கு, force, vigueur, puissance, audace, insolence, violence.

மிடுமிடு, son imitatif —, expression de vitesse; மிடுமிடென்கிறது, ou

மிடுமிடுக்கிறது, டுத்தேன், டுப்பேன், டு, டுக்க, v.n. (மிடுமிடு), se hâter, s'empresser.

மிடுமிடுத்தல், மிடுமிடுப்பு, n. v. du préc. hâte, empressement.

மிடை, 1° buisson, broussailles, arbuste, petit arbrisseau. 2° imp. et part. du suiv.: — தூறு buisson épais, — forêt épaisse.

மிடைகிறது, டைந்தேன், டைவேன், டை, டைய, v.n. மிடைதல், n. v. se serrer, se presser, être pressé, serré, épais. [து, presse, étroitesse.

மிட்டா, (ind.), terres, propriétés, fortune, possession, droit, jouissance, subdivision de district.

மிட்டாதார், (மிட்டா), personne qui possède ou gouverne une subdivision de —, chef district.

மிணுமிணு, son imitatif —, expression de chuchotement: மிணுமிணென்கிறது ou

மிணுமிணுக்கிறது, ணுத்தேன், ணுப்பேன், ணு, ணுக்க, v.n. (மிணுமிணு), marmoter, chuchoter, parler —, prier —, murmurer tout bas, dire un secret.

மிணுமிணுத்தல், மிணுமிணுப்பு, மிணுமிணெனல், n.v. des préc. chuchotement, murmure, bruit sourd et confus.

மிண்டல், n.v. et opt. de மிண்டுகிறது

மிண்டன், (மிண்டல்), homme fort, vigoureux, vaillant.

மிண்டி, 1° levier. 2° gér. de மிண்டுகிறது: — போடுகிறது, mettre le levier, arracher —, soulever avec un levier.

மிண்டு, 1° faute volontaire, — faite par présomption ou insolence, appui, soutien, support, levier: மிண்டிட்டுப்பெயர்க்கிறது arracher —, déplacer au moyen d'un levier. 2° imp. et part. de

மிண்டுகிறது, டினேன், டுவேன், டு, ட, v.n. மிண்டுதல், n.v. se serrer se presser être pressé, serré, combattre avec fureur.

மிதக்கிறது, தந்தேன், தப்பேன், த, தக்க, n.v. மிதக்குதல், et மிதத்தல், v.n. flotter, (v.g. du bois, un bouchon...), surnager, s'élever par-dessus, l'emporter sur, surpasser: மிதந்தபுத்தி esprit flottant, superficiel.

மிதத்தல், n.v. de மிதக்கிறது et de மிதத்துகிறது.

மிதத்துகிறது, த்தினேன், த்துவேன், த்து, த்த, v. a. de. மிதக்கிறது, மிதத்துதல், n.v. faire surnager, — flotter, élever, soulever, exciter.

மிதப்பு, n. v. de மிதக்கிறது, flottage, train, radeau, chose qui flotte, — s'élève, liége d'une ligne ou d'un filet de pêcheur (mis pour signal), hauteur, élévation, tertre, supériorité sur, surpasser; தூண்டிற்காரனுக்குமிதப்பின்மேல்கண் l'œil du pêcheur est fixé sur le liége de sa ligne, il ne faut pas perdre de vue son affaire principale.

*மிதம், 1° (mita, mesuré, dispersé), mesure, borne, limite, modération, tempérance, connaissance, dispersion. 2° sync. de மிருதம், mort: — ஆயிருக்கிறது être modéré: — இல்லாமற்கொடுக்கிறது donner sans mesure; அவர்களுக்குள்ளே அவன் வார்த்தை மிதமிஞ்சியிருக்கிறது sa parole a une extrême influence parmi eux; மிதசீவனம் moyen de vivre —, fortune médiocre; சவி personne de moyen âge; — சுரம் fièvre modérée, note moyenne.

மிதலை, nombril.

மிதவை, 1° *n. v. de* மிதக்கிறது, radeau, — en planches, train de bois, riz cuit. 2° *P.* மிதவாய் tu flotteras.

*மிதார்த்தம், (மிதம், அர்த்தம்), sens restreint, richesses modérées, — bornées; மிதார்த்தன், *m.* émissaire circonspect.

*மிதாசனம், (*id.* அசனம்), repas modéré, tempérance (dans le manger).

*மிதி, 1° (miti), mesure, poids, prix, valeur, beauté, connaissance, preuve. 2° trace, — des pieds, vestige, action de fouler aux pieds, *V.* மிதித்தல். 3° *imp. et part. de* மிதிக்கிறது: — கல், — கற்று marche, degré, pierre qui sert de degré dans un puits, pierre pour appuyer les pieds en puisant de l'eau; — பட்டை, — பலகை, — மரம் pédale, planche ou pièce de bois pour appuyer les pieds (en puisant l'eau d'un puits ou d'un étang...), marche d'un métier (de tisserand ou autre métier qu'on fait marcher avec les pieds); — பாகல் la plante rampante momordica muricata; — படுகிறது être foulé aux pieds; — யடி, (அடி), sandales de bois dites பாதகுறடு; — யடிக்குமிழ் cheville qui passe entre les orteils pour tenir ces sandales; — யாலை espèce de moulin à sucre où la canne est pressée par des planches; — யிடுகிறது fouler aux pieds, pétrir avec les pieds, laisser des vestiges de ses pieds, imprimer la trace de son pied; சோர்வுக்கு — யிடுகிறது mollifier les membres contractés ou roidis par la maladie en les frottant avec de l'huile et en les étendant; — யிட்டகளிமண் terre glaise pétrie avec les pieds.

மிதிக்கிறது, மிதித்தேன், மிதிப்பேன், மி, மிதிக்க, *v. a.* fouler aux pieds, marcher dessus, pétrir avec les pieds, sauter, s'exercer: மிதித்துப் போகிறது s'avancer —, marcher en foulant aux pieds; — ப்போடுகிறது fouler aux pieds, marcher dessus.

மிதித்தல், மிதிப்பு, மிதியல், *n. v. du prés.* action de fouler aux pieds...

*மிதிலை, மிதுலை, (mithilâ), ville —, royaume de Mithilei, situé au nord-ouest du Bengale, le moderne Tirhout திருபுத்தி; c'était la capitale du roi சனகன் père nourricier de சீதை: மிதுலைநகரம் la ville de Mithilei dite aussi விதேகை. Le royaume de Mithilei était situé entre le Gange, l'Himalaya et les rivières கண்டகி et கௌசிகி ou Cosi.

மிதுக்கங்காய், espèce de concombre (mangeable).

*மிதுனம், (mithouna), paire, couple, deux, le double, une fois autant, union, copulation, *ou* மிதுனராசி, மிதுனவீதி le signe des Gémeaux; — மாசம் le mois des Gémeaux, *i.e.* le mois de ஆனி; — வீதி la rue ou route des Gémeaux, selon les astrologues, une des 3 divisions du zodiaque contenant les 4 signes les plus au sud, savoir le Sagittaire, le Capricorne, le Verseau et le Scorpion.

*மிதுனபாவம், (மிதுனம், 1, பாவம்), inclination amoureuse, fausseté.

*மித்தியம், *P.* மித்தியை, mensonge.

*மித்தியா, *obl. de* மித்தியை, faux, mensonger: — திருஷ்டி vue trompeuse, négation d'une existence future, athéisme, hérésie; — ப்பிரதிக்கினை fausse promesse, — résolution; — மதி erreur, ignorance, méprise, faute; — வாக்கம் fausse parole; — வாதி menteur.

*மித்தியாசாரம், (மித்தியா, ஆசாரம்), fausse observance.

*மித்தியாபிரயோகம், (*id.* அபியோகம்), plainte non fondée.

*மித்தியை, (mithyâ), mensonge, fausseté, tromperie.

*மித்தியோத்தரம், (*id.* உத்தரம்), réponse fausse.

*மித்தியோபசாரம், (*id.* உபசாரம்), bons offices —, civilité trompeuse, se montrer comme ami à son ennemi

*மித்திரம், (mitra), amitié, amour, affection: மித்திரகாரியம் action d'amitié, *ou* — த்துவம் amitié; — ...

த்துரோகி,— த்துரோகன் faux ami, ami traître; — த்துரோகம் trahison envers son ami;— நாள் la 17$^{me}$ constellation lunaire dite அநுடம்;— பேதம் brèche - ,rupture de l'amitié, ou — யுத்தம் dispute —, querelle d'amis:— லாபம்,— லப்தி, — லத்சணம் acquisition de l'amitié.

*மித்திரதை,(மித்திரம்,tà), amitié.

*மித்திரன், pl. மித்திரர்,(id.), ami, allié, le soleil,un des 12 soleils,celui qui préside au mois d'ஆடி.

*மித்திரை, (mitrâ), amie, compagne,Soumitrei une des femmes de தசரதன் et mère de சத்துருக்கன்.

*மித்துரு, P. மித்திரன்,ami, allié: — துரோகி traître, —à ses amis;— ஸ்தானம் la 4$^e$ place ou le 4$^e$ signe à compter de celui de la naissance;—பேதம் rupture de l'amitié, c'est une des 5 ruses du பஞ்சதந்திரம்;—ப்பதமை sable mêlé de plomb.

மித்தை, P. மித்தியை,mensonge, fausseté.

மியா, particule qui se joint à la 2$^e$ personne, écoute, attention! Ex. கேண்மியா, (கேள்), écoute,écoute;சென்மியா, (செல்), marche donc.

மியூல், nom d'une plante. [nace.

மிரட்டல், opt.et n.v. du suiv. me-

மிரட்டுகிறது, ட்டினேன், ட்டுவேன்,ட்டு,ட்ட, v.a.de மிரளுகிறது, P. மருட்டுகிறது, et மிரட்டுதல்,n. v. menacer, réprimander, épouvanter, terrifier,effaroucher,faire peur, infatuer: கண்ணால் — terrifier—,infatuer d'un coup d'œil.

மிரதம், serpent.

மிரளுகிறது ou மிரள்கிறது, ரண்டேன், ரளுவேன் ou ரள்வேன், ரளு ou ரள்,ரள,v.n.P.மருளுகிறது, ou மிரளல், மிரளுதல், n.v.s'effrayer, s'effaroucher, être effrayé, épouvanté, terrifié, troublé par la crainte.

மிராசி, மிராசு,(arabe), droit —, propriété héréditaire: குடிகளுடைய —droit des habitans; மிராசிதார், மிராசுதார்,—க்காரன், —தாரன் Mirasdar, propriétaire, possesseur d'un droit— d'une propriété -d'un privilége héréditaire;— க்குடி habitant qui est propriétaire,— qui a une propriété héréditaire. [டி.

மிரிசபத்திரி, la plante வறட்சுண்டி

மிரிசை, cheville ou goupille d'un luth pour en tendre,ou détendre les cordes.

மிரிஞ்சி, l'arbre முருக்கை rouge.

மிரியம், (télinga).poivre.

*மிருகண்டன்,மிருகண்டு,(mroukandou), nom d'un sage, père de மிருகண்டகன் ou மார்க்கண்டன்.

*மிருகம், (mrouga), bête, brute, animal (en général), cerf, antilope, musc,la 5$^e$ constellation dite மிருகசீரிடம் représentée par une tête d'antilope,le mois où la lune est pleine dans cette constellation,éléphant,— qui a des marques blanches sur le front, chasse, recherche, enquête, sollicitation; மிருகக்ஷீரம், — க்ஷீரம் lait de biche ou d'antilope;— க்குணம் caractère d'animal,—brutal,—cruel,—sauvage,brutalité, déréglement;— க்கொம்பு corne d'animal, de quadrupède; — சஞ்சாரம் conduite déréglée, — brutale,le crime de —,bestialité, demeurer avec les bêtes;—சயிடகம், —தைடகம் chat sauvage; —சாதி la race —,la classe des animaux;— சாலினை, (சாலம், ikâ), filet pour prendre des cerfs;— சிரம்,—சீரிடம்,—சீர்ஷம் tête d'animal, — d'antilope, i.e. la 5$^{me}$ constellation lunaire,qui est représentée par une tête d'antilope et contient 3 étoiles dont l'une est le lambda d'Orion; —சீவனன் homme qui vit de chair d'animaux, chasseur;— சீவன் animal, brute,vie de brute, âme de bête;—தஞ்சகன், (damsaka qui mord), chien; — தந்தம் dent d'animal,— d'éléphant,défenses de sanglier ou de porc; — தரன் l'astre tacheté comme une antilope,i.e. la lune;—சலம்,—திருஷை,—திருஷ்ணை,—திருஷ்ணிகை,(trouchâ,trouchnâ, ikâ, soif), mirage, vapeurs flottantes qui s'élèvent sur les sables,trompent les animaux et excitent leur soif en leur présentant l'image de l'eau: —தாத்தகன், (அர்த்தன், ka), l'animal trompeur, le chacal qui cherche à attirer les animaux dans ses piéges; — த்தனம், —த்தன்மை brutalité, nature —, caractére—, existence d'animal, — de brute: —த்திடி, (dyou aller), celui qui va aprés les animaux, chasseur; — நாபி litt. nombril d'animal, poche qui contient le musc et qui est située prés du nombril de l'animal qui le donne, musc, civette ou animal qui la donne: — நாபிஜம் ce qui nait du nombril de l'animal, i.e. musc; — நேத்திரன், m. —நேத்திரி, f. homme—, femme qui a des yeux d'antilope;— பதம் pied —, trace de cerf, —d'animal; — பதி le roi des animaux, i. e. le lion;— பந்தினி, (பந்தம், ini), filet pour prendre les cerfs; — பாலிகை civette, animal qui donne le musc; — போசனி ce que mangent les animaux, coloquinte; — மதம் rut ou mucosité d'animal, musc;— மாதிருகை biche, antilope femelle; —ராசன், —ரிபு le roi —, l'ennemi des animaux, i.e. le lion; — லாஞ்சனன் l'astre tacheté comme le cerf, i.e. la lune; — வாகனன் celui qui a un cerf pour monture, i.e. வாயு ou le dieu prétendu du vent.

*மிருகயை, மிருகவ்வியம், (mrougayâ, mrougavya), chasse.

*மிருகாக்ஷி, (மிருகம், அக்ஷி), œil d'animal, — de cerf, femme qui a des yeux de cerf, coloquinte.

*மிருகாங்கம், (id. அங்கம்), corps d'animal, — de cerf, le vent (léger comme un cerf), la lune (tachetée comme un cerf.)

*மிருகாங்கன், (id.), la lune, Siven qui tient un cerf à la main.

*மிருகாலயம், (id. ஆலயம்) ménagerie.

*மிருகாசனம், மிருகாதனம், (id. அசனம், adana nourriture), ce qui mange les antilopes ou les animaux, i.e. le lion, le tigre, l'hyéne, le léopard.

*மிருகாஜினம், (id. அஜினம்), peau de gazelle, — de cerf.

*மிருகாஜீவன், (id. ஆஜீவம்), être qui vit d'animaux, chasseur, hyène, tigre.

*மிருகாண்டசை, (id. அண்டம், சை), musc qui se forme dans les testicules du cerf. [me brutal.

மிருகாண்டி, (id. ஆண்டி), bom-

*மிருகாதி, (id. ஆதி), le 1er ou le roi des animaux, i.e. le tigre.

*மிருகாந்தகன், (id. அந்தகன்), le destructeur d'animaux, i. e. le léopard.

*மிருகாஜினம், P. மிருகாஜினம்.

மிருகாராதிகம், P. மிருகசீரிஷம்.

*மிருகாராதி, மிருகாரி, (மிருகம், அராதி, அரி), l'ennemi des animaux, i.e. le lion, le tigre, le chacal ou le renard, le chien.

*மிருகேந்திரன், (id. இந்திரன்), le roi des animaux, i.e. le lion: மிருகேந்திரசடகம் le roi des oiseaux, le faucon, le milan; —முகம் visage de lion.

*மிருசம், 1° (mroudja), instrument de musique, tambour. 2° (mrousa), vue, vision.

*மிருஜை, மிருஜ்ஜியம், (mroudja, mroudjya), ablution, purification du corps.

*மிருஷார்த்தகம், (மிருஷை, அர்த்தம், ka), impossibilité, incohérence, absurdité dans les discours, expression dont le sens est évidemment faux, comme de dire: son armure est de laine de tortue et son arc de cornes de lièvre. [manguier.

*மிருஷாலகம், (mrouchâlaka),

*மிருஷாவாதம், (மிருஷை, வாதம்), ironie, louange ironique, fausseté. [faux accusateur.

*மிருஷாவாதி, (id.), menteur,

*மிருஷை, (mrouchâ), fausseté, inutilité.

*மிருஷோத்தியம், (மிருஷை, oudya dicendus), fausseté, mensonge.

*மிருஷோத்தியன், (id.), menteur.

*மிருஷ்டம், மிருஷ்டி, (mrouchta, —ti), faire la cuisine, tact, friction,

*மிருதுதை,(மிருது).douceur.

மிருதுவு, P.மிருது, douceur: மிருதுவாய் doucement, délicatement, poliment, bénignement, honnètement, avec bonté; — மிருதுவான doux, tendre, mou, délicat, poli, civil, gracieux.

*மிருதுன்னகம், (mroudounna- [ka), or.

*மிருதூத்பலம்,(மிருது, உத்பலம்), nénuphar bleu.

*மிருதை, (mroudâ), terre, terrain, [argile.

*மிருதோத்பவம்,(மிருதம், உத்பவம்), océan, mer.

*மிருத்தஞ்சயன், P. மிருத்தியுஞ்சயன்.

*மிருத்திகை,(mrouttikâ), terre, sol, argile, terre odoriférante.

*மிருத்தியம், (மிருத்து, ya), terre.

*மிருத்தியு, (mroutyou), la mort, Yamen, prétendu dieu de la mort: —குதி crabe;—நாசகம் mercure ou vif-argent;—புஷ்பம்,—புட்பம் canne à sucre qui meurt après avoir fleuri;— பலம் le fruit mortel, espèce de fruit vénéneux;—பலி,—பலை le bananier qui meurt après avoir porté des fruits — பங்குரகம் (பங்குரம் courbure, ka), tambour funèbre;— மிருத்தியம் la servante de la mort, *i.e.* la maladie; — வஞ்சனன், V. மிருத்துவஞ்சனன்;— வீசம், V. மிருத்துவீசம்.

*மிருத்தியுஞ்சயன்,(மிருத்தியு, ஞ், சயம்), le vainqueur de la mort, *i. e.* Jesus-Christ, le vainqueur de Yamen, *i.e.* Siven.

*மிருத்திகை,(mroudvikâ), vigne, [raisin.

*மிருத்து, 1° (mroud), terre, sol, argile, terre odoriférante. 2° P. மிருத்தியு, la mort, Yamen, prétendu dieu de la mort; — சரன் celui qui travaille l'argile, le potier; — காரகன், — க்கிரகம் astre qu'on prétend causer la mort;—க்கிரகநிலை, V. மிருத்துநிலை;— சாந்தி sacrifice pour éloigner une mort funeste; — சூதகம் prétendue souillure causée par la mort:—குதி crabe;— நாசகம்,— நாசனம் ce qui tue la mort, mercure ou vif-argent;— நிலை place de l'astre funeste qui cause la mort; — பங்குரகம்,—வங்குரகம்,(பங்குரம் courbure, ka), tambour funèbre; — பயம் crainte de la mort; —பாண்டம் vase de terre;— மூர்த்தம் moment de la mort: — வஞ்சனன் celui qui a trompé Yamen ou la mort, *i.e.* Siven;— வீசம் le bambou qui meurt après avoir donné sa graine.

*மிருத்துஞ்சயம்,(மிருத்து,ஞ்,சயம்), victoire sur la mort, prière pour détourner la mort.

*மிருத்துஞ்சயன்,(மிருத்துஞ்சயம்), V. மிருத்தியுஞ்சயன்.

*மிருத்துவங்கம், (மிருது, அங்கம்), corps délicat.

*மிருத்துவங்கி, (மிருத்துவங்கம்), femme délicate.

*மிருத்துவி,மிருத்துவிகை,(mroudvi, vikâ), raisin.

*மிருநாளம்,P.மிருணாளம், tige de nénuphar (avec ses fibres).

*மிலனம்,மிலிதம், (milana,—lita) mélange, association, rencontre.

மிலாகத்து, (*arabe*), rencontre, réunion, entrevue, introduction.

மிலாங்கலி, la plante செங்காந்தள்.

மிலாந்தி, *gér. et n.v. du suiv.* homme qui regarde d'un air effrayé,— effaré.

மிலாந்துகிறது, கினேன், துவேன்,து,த,v.n. மிலாந்துதல்,n.v. regarder d'un air triste, — effrayé, effaré, troublé.

மிலாரடி., V. மலாரடி.

மிலாறு, *gén.* மிலாற்றின், baguette, verge, houssine, gaule, menues branches, menu bois;— கொண்டுவீசுகிறது prendre et brandir —, s'amuser à brandir une houssine, houssiner, ou மிலாற்றாலேயடிக்கிறது rosser à coups —, battre de verges, donner une rossée.

*மிலேச்சம், (mlètchtchha), ou மிலேச்சதேசம், — மண்டலம் pays étrangers, — des barbares, — situés autour — sur les bords ou en dehors de l'Inde, pays au nord de la rivière சரச்சுவதி et habités par des peuples d'une religion et d'une langue différentes de celles des Aryas ou Brahmanes, pays des Mahométans et autres peuples: மிலேச்சகந்தம், —கந்தம் ail, oignon, *litt.* racine des pays barbares; —சாதி caste ou nation barbare, — étrangère; —ஸ்திரீ femme barbare; —குணம் caractère barbare, grossièreté, ignorance; —முகம் cuivre, *V.* மிலேச்சாஸியம்; —வாக்கு dialecte barbare.

*மிலேச்சன், *pl.* மிலேச்சர், (*id.*), barbare, étranger, habitant des pays barbares, — hors de l'Inde, Mahométan ou Sônaguen, வேடன் ou chasseur, ignorant, homme stupide, vil, chassé de caste. Les tribus ou peuples que Manou comprend sous le nom de Milètcha ou barbares, et qu'il dit être des Kchatriyas dégradés, sont les peuples qui bornent l'Inde au nord et au sud, et autant qu'on peut s'en rapporter aux recherches modernes et à la similitude de noms, ce sont les suivans: les Paoundrakas பௌண்டிரகர், peuples des provinces qui bordent le Bengale et le Bahar au sud du Gange; les Odras ஒட்டிரர் au nord d'Orissa; les Drâviras திராவிடர் au sud de la presqu'île, comprenant les 5 langues suivantes le Tamoul, le Télinga, le Canara, le Mahratte et le Guzeratte; les Kambodjas காம்போசர், peuples de l'Arachosie; les Yavanas யவனர் *i.e.* les Grecs ou Bactriens; les Sakas சகர், Saces ou Scythes; les Pâravas பாரவர், peuples de la Paropamise; les Pahlavas பலவர், anciens Persans qui parlaient le pehlvi; les Tchinas சீனர், les Chinois; les Kirâtas கிராதர், montagnards habitans les monts Himalaya; les Daradas தரதர், habitans des montagnes de Cachemire au dessus de Péchaver; les Khasas கசர், Schuthi ou Chasas montagnards du nord de l'Inde.

*மிலேச்சாசம், (மிலேச்சம், asa *manger*), la nourriture des barbares ou des étrangers, le froment.

*மிலேச்சாஸியம், (*id.* ஆஸியம்), ce qui a l'air ou la couleur des barbares, *i.e.* le cuivre, (allusion aux envahisseurs grecs et mahométans).

*மிலேச்சி, *f. de* மிலேச்சன், femme étrangère, — de caste barbare, mahométane.

*மிலேச்சிதம், (மிலேச்சம், ita), langage barbare, incorrect, barbarisme, langue étrangère au sanscrit et à ses dialectes.

மிலைகிறது, லைந்தேன், லைவேன், லை, லைய, *v.a.* மிலைதல், *n. v.* s'habiller, se vêtir, s'orner, —de fleurs, écrire.

மிலைச்சுகிறது, ச்சினேன், ச்சுவேன், ச்சு, ச்ச, *v. a. et n. et* மிலைச்சல், *ou* மிலைச்சுதல், *n. v.* vêtir, orner, mettre, se revêtir de, s'orner.

மில்க்இஸ்திமிரார், (*arabe*), droit de propriété continuel ou à perpétuité.

மிழலை, *P.* மழலை, mot—, langage enfantin, mot balbutié, —prononcé imparfaitement.

மிழற்றல், *opt. et n. v. de* மிழற்றுகிறது parole, son inarticulé, bruit confus de paroles, *V.* மிழலை.

மிழற்றுகிறது, ற்றினேன், ற்றுவேன், ற்று, ற்ற, *v. a.* மிழற்றுகிறது, *n. v.* parler, dire, babiller, — ou parler comme un petit enfant, balbutier.

மிழி, *P.* விழி, prunelle de l'œil.

மிழிக்கிறது, *P.* விழிக்கிறது, ouvrir les yeux, se réveiller, regarder, ouvrir de grands yeux d'admiration ou d'étonnement: ஒருத்தன் முகத்திலே — arrêter les yeux sur quelqu'un, en attendre quelque chose: மிழித்துக்கொண்டிருக்கிறது s'éveiller, ouvrir les yeux: மிழித்திருக்கிறது être éveillé, avoir les yeux ouverts: என்முகத்திலேமிழிக்கவேண்டாம் ne te presente pas devant moi, n'attends rien de moi.

மிழித்தல், மிழிப்பு, *n.v. du prec.* réveil, ouvrir les yeux, regard fixe, insomnie, veille.

மிழிப்பாட்டம்,(மிழிப்பு, ஆட்டம்), stupeur, regards étonnés.

மிழுங்கல், மிழுங்குதல், n.v. de

மிழுங்குகிறது, P. விழுங்குகிறது, avaler, dévorer, engloutir, manger glontonnement.

மிளகரணை, (மிளகு, அரணை), la plante scopolia aculeata. [de toile.

மிளககறுப்பன், (id. அறை), espèce

மிளகாணம்,(மிளகு, ஆணம்), sauce au poivre, bouillon —, eau poivrée.

மிளகாய், P. மிளகுகாய், piment, poivre de Guinée ou poivre long, — rouge, capsicum annuum: — ச்சக்கரத்தி la plante vinea pusilla; — ப்புள் nom d'un oiseau.

மிளகு, poivre, piper nigrum: — காய் le piment dit மிளகாய்; — க்கொட்டை paquet de grains de poivre; — சம்பா espèce de riz qui ressemble un peu au poivre; — சாதம் riz assaisonné au poivre; — சாறு, — நீர் bouillon —, eau poivrée, eau de poivre; — தக்காளி espèce de தக்காளி; — நீர் espèce de petite vérole; — மணி grain de poivre; — மாறி marchand qui troque du poivre pour des ustensiles brisés de bronze, de cuivre, du plomb...

மிளப்பு, giroflier.

மிளிர், lumière, splendeur, grandeur, n.v. imp. et part. de

மிளிர்கிறது, ர்ந்தேன், ர்வேன், ர், ர, v.n. மிளிறல் et மிளிர்தல், n. v. briller, resplendir, luire, grandir, être grand.

மிளிர்வு, n. v. du préc. brillant, splendeur, éclat, lumière.

மிஸிறு, ours.

மிறல், grandeur.

மிருண்டி, P. மிருகாண்டி, homme grossier, brutal, semblable à une bête.

மிறிதாரசிங்கி, மிருதாரசிங்கி, l'arsenic dit மிருதாரசிங்கி.

*மிறுகம், P. மிருகம், animal, bête.

மிறுங்கம், la plante கையாந்தகரை.

மிறுசிறம், l'arbre இலாமிச்சை.

மிறுது, la plante ஏருக்கிராப்பக்கை.

மிறுதுபலா, l'arbrisseau நெல்லி.

*மிறுதுபுஷ்பம், P. மிருதுபுஷ்பம், l'arbre இலவை.

மிறுத்தாலகம், l'arbrisseau légumineux துவரை. [gne, raisin.

*மிறுத்திகம், P. மிருத்திகை, vi-

மிறை, crainte, peur, trouble, perplexité, peine, faute. n.v. et imp. de மிறைக்கிறது: — க்கவி vers difficiles, — qui forment des figures de fantaisie, V. சித்திரக்கவி.

மிறைக்கிறது, றைத்தேன், றைப்பேன், றை, றைக்க, v.n. மிறைத்தல், n.v. s'affliger, se troubler, craindre, être peiné, affligé, troublé, dans le malheur, souffrir, s'efforcer.

மினக்கேடு, P. வினைக்கேடு, perte de temps, (par suite d'un travail arrêté...), temps mal employé, peine perdue, travail inutile.

மினவுகிறது, வினேன், வுவேன், வு, வ, v.a. P. வினவுகிறது, visiter, rendre une visite, saluer.

மினவல், மினவுதல், n. v. du préc. visite, salut: மினவுதல்திருநாள் la fête de la Visitation.

மிஞுஇறா, déduction.

மினுக்கம், n.v. de மினுங்குகிறது, lumière, éclat, splendeur, lustre.

மினுக்கல், opt. et n.v. de மினுக்குகிறது.

மினுக்கு, splendeur, lustre, éclat, ornement, poli, vernis, n.v. imp. et part. du suiv.: — ப்பசை colle odoriférante, espèce de colle des tisserands; மினுக்கிடுகிறது. ou

மினுக்குகிறது, sync. மினுக்கிறது, க்கினேன், க்குவேன், க்கு, க்க, v.a. மினுக்குதல், n.v. polir, vernir, lustrer, rendre brillant, faire briller, donner le poli, — du lustre, orner: மினுக்கிக்கொள்ளுகிறது s'orner, se parer, se rendre brillant; — வைக்கிறது polir, vernir, brunir, lustrer, rendre brillant; தன்மேனியைமினுக்குதல் சவத்துக்கொப்பனைசெய்தல் orner ou soigner trop son corps, c'est parer un cadavre.

*மினுக்கெண்ணெய்*, (*மினுக்கு, எண்ணெய்*), vernis, huile pour vernir.

*மினுங்கு*, *imp. et part. du suiv.*: — பொழுது, — மாறப்பொழுது soirée, déclin du soleil, — du jour.

*மினுங்குகிறது*, *sync.* மினுங்கிறது, கினேன், குவேன், ங, க, *v. n. de* மினுக்குகிறது, மினுக்கல், மினுங்குதல், *n.v. et* மினுங்கியிருக்கிறது, être brillant, poli, lustré, verni, briller, resplendir, étinceler.

*மினுமினுக்கிறது*, த்தேன், ப்பேன், து, க்க, *v.n.* (மினுங்குகிறது *redoublé*), briller, scintiller, éblouir, pétiller, étinceler.

*மினுமினுத்தல்*, *மினுமினுப்பு*, *n. v. du préc.* éclat, brillant, scintillation, pétillement, étincelle: மினுமினுப்பாயிருக்கிறது briller, scintiller, être éblouissant.

*மினே*, *P.* வினை: — கெடுகிறது perdre sa peine, perdre son temps; — க்கேடு, *V.* வினைக்கேடு.

*மின்*, lumière, éclat, chose brillante, étincelante, éclair, jeune —, femme, jeune fille, *n.v. imp. et part. de* மின்னுகிறது: மின்னுக்கெல்லாம் பின்னுக்குமழை après tous les éclairs vient la pluie; — மாலை guirlande ou suite d'éclairs; — வெட்டுகிறது reluire; — வெட்டுப்புழு ver luisant.

*மின்மினிச்சோதம்*, *மின்மினி*, *மின்மினிப்பூச்சி*, (மின் *répété*), mouche luisante, ver luisant: சூரியப்பிரகாசத்தின்முன்னே மின்மினிப்பூச்சி விளங்காதது le ver luisant ne brille pas à la clarté du soleil, un faux savant ne brille pas devant un homme vraiment instruit.

*மின்னல்*, *opt. et n.v. de* மின்னுகிறது, éclair, éclat, — subit et peu durable, chose luisante, splendeur, pièce de monnaie nouvelle et brillante: — மின்னுகிறது lancer —, faire des éclairs, éclairer, briller, reluire: — வெளிச்சம் lumière des éclairs; மின்னல்கொடியேவுகிறது lancer des éclairs; மின்னற்கொடி éclat des éclairs, *V.* மின்மாலை; மின்னற்றீக்காலுகிறது lancer des éclairs; மின்னற்றுருக்கு, (துருக்கு), sable brillant, — mêlé du plomb.

*மின்னுமல்*, *gér. nég. de* மின்னுகிறது: — இடிக்கிறது la foudre tomber sans éclairs, punir sans avertir, — avant d'accuser.

*மின்னாள்*, (மின், ஆள்), jolie —, belle femme, celle qui brille comme un éclair.

*மின்னி*, 1° *gér. de* மின்னுகிறது. 2° la plante காக்கணம் à fleurs bleues ou noires, *ou* — ப்பயறு espèce de plante légumineuse.

*மின்னுகிறது*, ன்னினேன், ன்னுவேன், ன்னு *ou* ன், ன்ன, *v.n.* (மின்), மின்னுதல், *n.v. et* மின்னிக்கொண்டிருக்கிறது, briller, lancer —, faire des éclairs, éclairer, étinceler, reluire, pétiller: மின்னிமின்னியிடிக்கிறது tonner avec des éclairs continuels; மின்னியார்க்கிறது éclairer et tonner, faire des éclairs et du tonnerre; மின்னுகிறதெல்லாம்பொன்னுமல்ல tout ce qui brille n'est pas d'or.

*மின்னெறிகிறது*, (மின்), lancer des éclairs.

*மீ*, 1° lettre syllabique composée de ம் et de ஈ, mi long. 2° nir, atmosphère, région aérienne, hauteur, élévation, dessus, sur.

*மீகண்*, (மீ, கண்), lieu supérieur, dessus, — d'un lieu.

*மீகாமன்*, *மீகான்*, pilote, patron de navire, timonier: — இல்லாமரக்கலமோடாது un navire ne marche point sans pilote, une affaire ne marche pas sans agent ou sans quelqu'un pour la conduire. [இ.

*மீகை*, l'arbrisseau புலித்தொடக்கி.

*மீக்குவம்*, l'arbre மருதமரம்.

*மீக்கூடுகிறது*, (மீ), croitre, s'accroitre, augmenter: மீக்கூடுதல் accroissement, augmentation.

*மீக்கூறல்*, *opt. et n.v. de* மீக்கூறுகிறது, louange, célébration.

*மீக்கூறு*, *n. v. imp. et part. du suiv.* louange, éloge.

*மீக்கூறுகிறது*, (மீ), louer, célébrer, applaudir.

மீக்கூற்று, (*id.*), louange,éloge.

மீக்கோள், (*id.*), montée, action de monter, élévation, victoire, soutien,présomption,arrogance,couverture, habit de dessus,manteau.

மீசரம், (மீ), chose supérieure, préférable: இந்தத்தானியம் —ஆயி ருக்கிறது cette espèce de grains est meilleure, — d'une qualité supérieure.

மீசாடுகிறது, (மீசு), semer par-dessus, —trop abondamment, gesticuler trop.

மீசு, (மீ), abondance,trop,dessus, par-dessus: — போளி 1re poignée de grains qu'on prend, dessus du monceau de grains;—மீட்கிறது enlever par-dessus, —le'dessus;—வைக்கிறது mettre dessus.

மீகாரம், (மீ), grande véhémence, — colère, excès,trop, note élevée.

மீசை, moustache,(dans le sud on dit plutôt விசை.)

மீச்செலவு, (மீ,செலவு), passer les bornes, — par-dessus, conduite ambitieuse, présomption.

மீட்கிறது, மீட்டேன், மீட்பேன், மீள், மீட்க, மீட்டேன் ou மீண்டேன், *nég. v.a. de* மீள்கிறது, மீட்குதல், மீட்டல், *n.v.* racheter, sauver, délivrer. préserver,reprendre,ramener, rapporter, retourner, arracher, tirer le poison de la plaie, ôter de l'eau ou du riz de la marmite pour qu'elle ne déborde pas, prendre—, ramasser avec la main (du riz...): அடிமையை— racheter un esclave; திரளை recouvrer—, ramener le bétail emmené par l'ennemi; திரம்பவிருக்கிறதைமீள் ou மீட்டுக்கொள் ôte ce qu'il y a de trop de grains ou d'eau... dans une corbeille ou un vase.

மீட்குதல், மீட்சி, *n.v. du préc.* rachat, rédemption, délivrance, recouvrement, retour: நரகத்திலேமீட்சியில்லை il n'y a point de délivrance *ou* de rédemption dans l'enfer,on n'en revient pas: மீட்சியின்கிளவி détail du retour, division d'un poème érotique qui comprend plusieurs parties:dans la première l'on annonce à la nourrice que la maîtresse s'est éloignée,et dans la dernière la propre mère apprenant cela interroge un possédé.

மீட்ட, 1° *part. parf.de* மீட்கிறது. 2° *inf. de* மீட்டுகிறது.

மீட்டல், 1° *n.v. de* மீட்கிறது, rachat, délivrance, rédemption, action de racheter... 2° *n.v. de* மீட்டுகிறது, jouer du luth, chiquenaude.

மீட்டுகிறது, *P.* மீட்டியிடுகிறது, *V* மீட்டுகிறது.

மீட்டு, 1° *gér. de* மீட்கிறது. 2° *imp. et part. de*

மீட்டுகிறது, மீட்டினேன், மீட்டுவேன், மீட்டு, மீட்ட, *v.a.* மீட்டுதல், *n. v.* donner une chiquenaude, jouer du luth, pincer de la guitare, tendre la corde d'un arc: மீட்டிப்பார்க்கிறது toucher et essayer les cordes d'un instrument; - விட்டுகிறது tendre et accorder les cordes d'instrumens.

மீட்டும்,(மீட்டு,உம்),de nouveau, de plus,bien qu'on rachette...

மீட்டெடுக்கிறது, (*id.*), racheter, délivrer, enlever la proie,— par en haut.

மீட்பர், மீட்போர், *n. app. de* மீட்கிறது, rédempteur, libérateur, sauveur.

மீட்பு,*n.v. de* மீட்கிறது,délivrance, rachat, rédemption, retour.

மீண்ட, *part. parf. de* மீள்கிறது: மீண்டவன்,revenu —,retourné,sain et sauf (de la guerre ou d'un voyage), délivré, racheté.

மீண்டு, *gér. du même*, étant retourné,— revenu, ayant ramené..., de nouveau, encore: மீண்டுகொள்கிறது racheter, sauver, préserver (du danger...), délivrer; மீண்டுவருகிறது revenir,— sain et sauf, retourner;மீண்டுவா reviens:மீண்டும் de nouveau, encore, de rechef, en outre. [dance.

மீதல், *sync. de* மிகுதல், abon-

மீதி, 1° *sync. de* மிகுதி, surabondance, excès, trop, reste, restant, surplus: மீதியாயிருக்கிறது மயா

abonder, rester, être surabondant, de trop, de reste. 2° courge noire dite சுருஞ்சுரை.

மீது, மீதே, மீதிலே, (மீ), dessus, sur, par-dessus: என்மீதிரங்கும் ayez pitié de moi; தலையின்மீதில் sur la tête.

மீதுந்து, l'arbre நெல்லி.

மீதுரை, (மீது, உரை), répétition, tautologie.

மீதூண், (id. ஊண்), excès de nourriture, gloutonnerie: — விரும்பேல் n'aime pas la gloutonnerie.

மீதூர்கிறது, ர்ந்தேன், ர்வேன், ர், ர, v.n. (மீது, ஊர்கிறது), se serrer, se presser, être pressé, serré, à l'étroit, en foule.

மீதூர்தல், n.v. du préc. presse, resserrement, foule.

மீதே, (மீது, ஏ), V. மீது.

மீத்தியாரணம், cérémonie en l'honneur des ancêtres dite தருப்பணம்.

மீத்தோல், மீந்தோல், (மீ, தோல்), cuticule, épiderme, peau de dessus.

மீந்திருக்கிறது, sync. de மிகுந்திருக்கிறது, surabonder, rester, être surabondant, de reste, de trop.

*மீமாஞ்சை, (mîmânsa), une des 6 sectes dites புறச்சமயம், la philosophie mimânsa, système de philosophie indoue qui se divise en 2 parties nommées பூர்வமீமாஞ்சை et உத்தரமீமாஞ்சை, V. au mot சாஸ்திரம், (le பூர்வமீமாஞ்சை explique le கருமகாண்டம் ou la partie pratique des vèdas et le உத்தரமீமாஞ்சை le ஞானகாண்டம் i.e. la partie spirituelle ou théologique des vèdas), connaissance de la vérité par preuves ou témoignage.

மீமிசை, (மீ, மிசை), dessus, sur, par-dessus, de plus en plus: — ச்சொல் mot superflu, pléonasme, réunion de plusieurs mots qui ont le même sens, v.g. இடைநடு le milieu, நாகிளங்கன்று jeune veau, இருசந்தியுபவாசம் jeûne.

*மீரம், (mira), mer, océan.

மீராசு, utilité, avantage.

*மீலனம், (milana), clignement des yeux, clin-d'œil.

மீளுகிறது, மீந்திருக்கிறது, V. மீந்திருக்கிறது.

மீள, inf. de மீள்கிறது, adv. ou மீளவும் de nouveau, de rechef, encore.

மீளல், opt. et n.v. du même, tour, tournée, retour.

மீளா, மீளாத, part. nég. de மீள்கிறது et de மீட்கிறது dont on —, qui ne revient pas, qui ne change pas, ne guérit pas, incurable: மீளாக்கதி, — மோட்சம் l'éternelle et inaltérable félicité, le paradis; — நரகம் l'enfer dont on ne revient pas, qui ne finit pas. — நரகத்துக்காளாவாய் tu deviendras digne de l'enfer éternel; மீளாதவியாதி maladie incurable.

மீளி, roi, héros, brave, homme vaillant, fort, chef d'un pays désert, Yamen prétendu roi des morts, les grands, les hommes distingués, grandeur, force.

மீளிமை, (மீளி), force, bravoure.

மீளுகிறது ou மீள்கிறது, மீண்டேன், மீளுவேன் ou மீள்வேன், மீளு ou மீள், மீள, v.n. et a. மீளேன், nég. மீளுதல், n.v. tourner, faire un tour, revenir, retourner, être guéri, sauvé, délivrer, racheter, sauver, enlever: அதுமீளாது cela est incurable; வியாதிமீளும் la maladie guérira, est guérissable; பாம்புகடித்தது மீண்டது la morsure du serpent est guérie. V. மீட்டு.

மீள்விக்கிறது, v. caus. du préc. faire revenir, — retourner, — racheter.

மீறல், மீறுதல், n.v. de

மீறுகிறது, றினேன், றுவேன், று, ற, 1° v.a. violer, transgresser, enfreindre, désobéir. 2° v.n. (au sud de l'Inde), abonder, surabonder, rester, être de reste, de trop, de surplus, s'élever, s'enorgueillir, surpasser, exceller: மீறித்திரிகிறது désobéir et rôder çà et là, se conduire d'une manière désobéissante, vivre sans règle, courir en désordre de côté et d'autre: — நடக்கிறது aller contre les ordres, transgresser, désobéir; — ப்போகிறது transgresser, désobéir, s'élever, devenir haut, hautain, fier; —மீறுக்கிறது avoir transgressé, —désobéi, être orgueilleux, désobéissant; என்கட்டளையைமீறினேனாலும் tu as violé mon commandement: மீறினதுபத்துப்பணம் il y a 10 fanons de reste: நம்மிலும்மீறினான் il s'est élevé au-dessus de nous.

மீனக்கம், (மீன், அக்கம்), os ou arête de poisson.

மீனஞ்சு, (மீன், நஞ்சு), le poison des poissons, la plante crotalaria paniculata, qui tue les poissons, charbon, -ardent.

*மீனம், (mina), poisson, le signe des Poissons: மீனகேதனன், —க்கொடியோன், —க்கொடியுடையவன் celui qui a un poisson sur sa bannière, i.e. Kâmen, et le roi de Maduré ou les rois பாண்டியர்: —ச்சனி Saturne dans le signe des Poissons, ce qui est regardé comme de mauvais augure; —மாதம் le mois des Poissons, — où le soleil se trouve dans le signe des Poissons, i. e. le mois de பங்குனி ou mars: —ராசி, —விராசி le signe des Poissons.

மீனம்பர், மீனம்பரம், (மீன், அம்பரம்), ambre gris.

*மீனரம், (minara), monstre marin, le réquin ou le crocodile.

*மீனரங்கன், (minuranga), martin-pêcheur.

மீனவன், (மீன், அவன்), le roi Pândien, — du Maduré qui avait un poisson sur sa bannière.

*மீனாக்ஷி, மீனாட்சி, (மீனம், அக்ஷம்), celle qui a des yeux de poisson, 1° la fille de Koubèren, 2° la prétendue déesse tutélaire de Maduré. D'après les திருவிளையாடல், c'était Parvadi incarnée sous le nom de தடாதகை (l'invincible), comme fille du roi de Maduré மலயத்துவசபாண்டியன், auquel elle succéda faute d'héritier mâle; elle épousa Siven, qui vint régner à Maduré sous le nom de சொக்கநாதன் ou de சுந்தரேசுவரன் ou சுந்தரபாண்டியன் et fut mère de Soupramanien qui s'incarna, au dire des Indous, sous le nom de உக்கிரபாண்டியன். 3° n. pr. de bien des femmes payennes.

மீனாய், 1° (மீன், நாய்), chien-poisson, i. e. bièvre, loutre, 2° (id. ஆய்), en poisson.

மீனாலயம், (மீன்), la demeure des poissons, i. e. la mer.

மீனிலா, (மீன், நிலா), clarté des étoiles.

மீனுயர்த்தவன், மீனுயர்த்தோன், மீனுயர்கொடியுயர்த்தோன், (மீன்), celui qui a levé l'étendard du poisson, i. e. Kâmen ou le roi பாண்டியன்.

மீனெறிஞ்சான், (மீன்), la plante மீனஞ்சு.

மீனெறி, (id.), martin-pêcheur.

மீனேறு, (id.), le monstre marin மகரம், réquin, —cornu, le roi des poissons.

மீன், 1° (மின்னுகிறது), étoile, la 14me constellation dite சித்திரை. 2° (மீனம்), poisson, le monstre marin மகரம், réquin, tambour des côtes maritimes, ou des terrains salés; —கடை marché aux poissons: —குஞ்சு frétin, petit poisson, —des poissons; —கரு frai de poisson; —குத்தகை ferme des poissons, —de la pêche des poissons; —குத்தி, —குத்திப்புள், —கொத்தி, —கொத்திக்குருவி martin-pêcheur, alcyon; —கூடு nasse, panier à prendre des poissons; —கொடியோன், V. மீனக்கொடியோன்; —கொல்லி, —கொன்னி la plante மீனஞ்சு qui tue les poissons; —சிதள் écaille de poisson; —சிறகு, —செட்டை nageoire de poisson; —சினை œufs ou frai —, graisse de poisson; —சுவை goût de poisson, la 14me constellation dite சித்திரை; —சிலாம்பு, —செதின், —செதிக், —செதின், —செதுள் écaille de poisson; —தலைவாலம் arête—, os de poisson; —தீர்வை impôt sur les poissons; —நாற்றம் odeur de poisson; —படுகிறது le poisson se prendre dans les filets...; —படவில்லை le poisson ne s'est pas pris, on n'a point pris de poissons; —பாடு prise de poissons, coup de filet, bonne pêche; —பறி nasse, panier à prendre du poisson; —பிடி pèche, prise de poisson; —பிடிகாரன் pècheur; —பிடிக்கிறது prendre du poisson, pècher; —பிடிதுறை pècherie, endroit pour pècher, — où l'on prend du poisson; —சிராசல், —சிலால், —புறமுள் écaille de poisson; —மிசி bijou en forme de poisson, V. வெள்ளடைப்பிசி; —மடு étang poissonneux; —மலம் ambre gris; —முள், —முள்ளு os ou arète de poisson; —முள்வாங்கிறது ôter les arètes des poissons; —விற்போன் marchand de poissons; —விற்பவள் marchande de poissons; —வேட்டை chasse aux poissons, i.e. pèche; —வேட்டையாடுகிறது pècher, —à la ligne.

மு, 1° lettre syllabique composée de ம் et de உ, mou bref. 2° P. மூன்று, trois, dans les mots composés. Si le mot auquel il se joint commence par une consonne on la double. Ex. முக்கால் trois quarts. S'il commence par une voyelle on intercalle un double வ euphonique. Ex. மூவுலகு les trois mondes. 3° (mou), lien, emprisonnement, béatitude finale, bûcher funèbre.

முக, 1° adj. de முகம். 2° imp. de முகக்கிறது, கந்தேன், கப்பேன், க, க்க, v.a. முகத்தல், n.v. 1° puiser, tirer de l'eau, mesurer. 2° P. முகருகிறது, flairer, sentir (par l'odorat): ஆழவமுக்கிமுகப்பினும் ஆழ்கடனானாழி முகவாது நானாழி quand on puiserait dans la mer profonde en enfonçant profondément la mesure, on n'en retirera pas 4 mesures d'eau, vous ne recevrez de la divine Providence que selon la capacité de vos mérites ou la mesure qu'elle vous a départie.

*முகசம், (முகம், சம்), chose née dans la bouche, dent.

*முகசன், (id. சன்), celui qu'on dit né de la figure de Brama, i.e. le brame.

முகடி, la prétendue déesse de l'infortune dite மூதேவி, pauvreté, misère, infortune.

முகடு, gén. முகட்டின், obl. முகட்டு, comble —, faite du toit d'une maison, sommet, — de montagne, zénith, le point le plus élevé, longue poutre qui croise les murs d'une maison et sort en dehors: முகட்டுநாச்சியார் la prétendue déesse du sommet de la maison; —ப்பூச்சி insecte qui se loge dans le toit, i.e. punaise; —வளை pièce de bois ou poutre assujettie au haut des chevrons pour les tenir à la distance convenable; —வரி taxe sur les maisons.

முகடோடி, (முகடு, ஓடி), longueur du faite d'une maison.

முகட்டோடு,. (id. ஓடு), tuile faitière.

முகதா, முகதாவு, (முகம்), présence, devant la face, vis-à-vis: முகதாவிலே devant, en présence de; பைத்தியக்காரனுடையமுகதாவுக்கு விலகிப்போ retire-toi de devant un fou, évite la présence d'un fou.

முகத்த, முகத்தவன், முகத்தவள், part. et n.app. du குறிப்புவினை de முகம், qui a un visage, qui a devant.

முகத்தல், n.v. de முகக்கிறது, action de puiser, de sentir, mesure de capacité, mesurage: —அளவு, —அளவை mesure de capacité, mesurage (des liquides et des grains): —அளவையாகுபெயர் le nom de la mesure appliqué à l'objet mesuré comme un boisseau de blé, un padi de lait.

முகத்தறிய, (முகத்து obl. de முகம், அறிய), pour connaitre au visage, la face en bas, — contre terre.

முகத்தவன், m. முகத்தாள், f. முகத்தி, f. n.app. de முகம், qui a un visage, v.g. யானைமுகத்தான் celui qui a un visage d'éléphant, i. e. Poulléyar: அமிர்தகிரணமுகத்தி celle dont le visage lance des rayons d'ambroisie, la Ste. Vierge.

முகத்திடு, (முகத்து, இடு), couvrir le visage ou le cadavre d'une toile, ensevelir, ce qui est une des cérémonies funèbres.

*முகதற்கம், (moukadaka), oignon.

முகப்பு, 1° (முகம்), façade, frontispice, le devant, perron, porche (d'un édifice), devant, commencement, tête (d'un livre), appui. 2° n.v.de முகக்கிறது, action de puiser, de sentir: முகப்பிலே sur le devant, au frontispice; பருவின்முகப்பு tête—, orifice d'un furoncle.

முகமன், (முகம்), civilité, politesse, complaisance, urbanité, flatterie, respect humain: —சொல், — வார்த்தை paroles flatteuses, —de politesse, flatterie.

முகமல், முகமால், (ind.), velours.

முகமாட்டம், (id. ஆட்டம்), civilité, flatterie, partialité.

முகமுகெனல், son imitatif du —, bruit du bourdonnement des abeilles, du glouglou d'une bouteille, du bouillonnement de l'eau..., mot —, son répété: முகமுகென்கிறது imiter —, faire ce bruit, bourdonner: வெந்நீர்முகமுகென்றுபொங்குகிறது l'eau chaude bouillonner avec bruit, —en faisant mougamouga; தேனீமுகமுகென்றெழும்புகிறது les abeilles s'élever ou s'envoler en bourdonnant.

*முகம், (moukha), face, visage, bouche, bec d'oiseau, orifice, entrée —, porte d'une maison, tête—, orifice ou pointe d'un furoncle, devant, frontispice, façade, commencement, moyen, expédient, commencement —, ouverture d'un drame, prologue, son, les védas, le principal, lieu, place, côté, réunion, apparence, état d'une chose, air, mine, contenance, perspective, vue, aspect: முகம்-௰௪, 14 différentes attitudes de la tête ou de la figure qui indiquent les diverses émotions de l'âme, comme la fatigue, le plaisir, la peine, le dégoût etc... les voici: அதுத்திரம் branlement de tête, penchement de la tête sur les épaules par lassitude ou abattement; அதோமுகம் tête baissée en bas, regards baissés à terre; ஆகம்பிதம் signe de tête de haut en bas pour marquer l'approbation...: கம்பிதம் petite agitation de tête pour marquer l'étonnement. 5° ஆலோலிதம் visage joyeux et épanoui par la joie pour appeler quelqu'un; உடோவிதம் penchement de la tête sur une épaule avec un air pensif; உத்துவாகிதம் visage qui regarde en haut; சமம் ou சமமுகம் tête immobile par méditation; சௌந்தரம் ou சௌந்தரமுகம் visage beau et épanoui par une joie entière. 10° துதம் ou துதமுகம் mouvement de tête à droite pour refuser; விதுதமுகம் mouvement de—, secouer la tête pour montrer le déplaisir, l'aversion ou le dégoût (v. g. de la nourriture, des ornemens...); பராவிருத்தம் ou பராவிருத்தமுகம் visage détourné pour refuser ou par aversion; பரிவாகிதம் ou பரிவாகிதமுகம் visage détourné par dédain, pencher la tête d'un côté par arrogance et l'agiter un peu en tournant. 14° திரச்சீனம் ou திரச்சீனமுகம் visage de travers, détourner ou agiter la tête de honte; சிறீ ou ஸ்ரீ —, V. திருமுகம்; படைமுகம் le devant—, le front d'une armée, ordre de bataille; முகம் அதைப்பாயிருக்கிறது la figure être enflée; —அறிகிறது faire connaissance, connaître les personnes, ou la face des choses; —அறியாததேசம் pays étranger, — où l'on n'a pas de connaissance; —அறியாமை ne pas connaître les personnes, manque de connaissance, chose inconnue, — étrangère, — extérieure, distance; —ஆட்டம் complaisance, civilité, flatterie, partialité; —ஆட்டம்பார்க்கிறது faire acception de personnes, flatter; —கூட்டுகிறது; litt. réunir les visages, s'unir, se joindre, se montrer affable; —கறுக்கிறது le visage se rembrunir, — se noircir; — கவிழ்க்கிறது baisser la tête, être honteux, confus; —காட்டுகிறது montrer son visage, se moutrer, paraître;—குப்புறவிழுகிறது,—குப்புறுகிறது se prosterner—, tomber la face contre terre;—குப்புற la face contre terre;—சுளுக்குகிறது le visage se refrogner, avoir l'air triste, mécontent;—கொடுக்கிறது montrer un air affable, donner une audience favorable, traiter avec bonté, avec indulgence, s'unir, agréer; பிள்ளைக்கு—கொடாதே ne montrez pas trop d'indulgence à un enfant;—கொள்ளுகிறது un furoncle prendre une forme, se former en pointe pour crever;—கோணுகிறது,—கோணுகிறது,—கோணிப்போகிறது le visage se refrogner,—se détourner, s'attrister, s'irriter, être mécontent;—கோணியிருக்கிறது le visage être refrogné, chagrin, avoir l'air irrité, mécontent, mal disposé;—சிள்ளைப்போகிறது le visage devenir confus, avoir l'air—, être tout honteux;—சுளிக்கிறது le visage—, se refrogner,—se rembrunir, prendre un air refrogné, sombre, triste;—சுள்டியிருக்கிறது ou ச்கோணங்கூடியிருக்கிறது avoir l'air refrogné,—sombre, triste, de mauvaise humeur être confus;—சுளிக்கிறது prendre un air refrogné, colère, mécontent, se rechigner;—சுடைப்போகிறது la figure devenir blême, pâle de tristesse ou de maladie;—செத்துப்போகிறது le visage être défait, avoir la mine d'un mort, être honteux, confus, d'une pâleur mortelle;—செய்கிறது un furoncle s'arrondir, mûrir;—செந்துறைக், V. முகவசியம்;—செழித்திருக்கிறது avoir un air de prospérité;—தழைக்கிறது le visage s'épanouir;—திரிக்கிறது changer de figure, de contenance;—பார்க்கிறது avoir de la partialité, faire cas des personnes,—acception de personnes, avoir commerce avec, estimer, flatter; அவனுடையமுகத்தைப்பார்த்து pour l'amour de lui, à sa considération; ஒருத்தர்—ஒருத்தர்பார்க்கிறது se regarder l'un l'autre,—மறுக்கிறது n'avoir pas égard aux personnes, parler avec impartialité, avec exactitude, réprimander;—மறுத்துப்பேசு fais amitié tout en parlant avec impartialité;—மறுத்தல் impartialité, réprimande;—முறிகிறது s'offenser, s'offusquer, se dégoûter, rompre avec; ஒருத்தனை—முறியப்பேசுகிறது parler de manière à offenser quelqu'un; முறிக்கிறது offenser, offusquer, irriter, causer de l'aversion;—வாடுகிறது le visage se flétrir, s'attrister; முகக்கூட்டம், V. முகமண்டபம்;—கத்தரம் oignon;—கலைச்சடை hurlement, *litt.* cloche de la bouche;—க்கடுப்பு sévérité du visage, air sévère, refrogné, colère;—க்கட்டு effronterie, impudence;—க்கட்டாய் d'un air impudent, sans honte, impudemment;—க்கட்டை le menton;—க்களை bel air, beauté—, sérénité du visage, air riant, figure douce;—க்கிளர்ச்சி,—க்குளிர்ச்சி,—க்குளிர்த்தி visage frais, riant, joyeux;—க்குறுவுதல்,—க்கோட்டகரவு tristesse du visage, visage triste;—க்குறி trait—, marque—, symptôme du visage, air, contenance;—க்குறிப்பு marque—, traits—, apparence du visage, air, signe ou expression de l'air par rapport aux habitudes, au tempérament (en physionomie);—க்குரு, V. முகப்பரு;—க்கொம்பு corne penchée,—qui descend en bas sur la face;—க்கோட்டம் air dédaigneux, perte de la beauté du visage;—சம்பவன் celui qu'on prétend né de la face de Brama, *i.e.* le brame;—சிக்கு espèce de maladie;—சீ, (*criquet*), la langue;—சுரம், (சுரா), humidité des lèvres;—சோதனம் se laver la figure ou la bouche, acrimonie;—ச்சரக்கு montre—, spécimen d'une—, 1re marchandise, marchandise de 1re qualité;—ச்சாடை signe du visage, *ou*—ச்சாயல் ressemblance ou apparence du visage,—de traits, symptôme;—ச்சாயலெவ்வா quelle est la forme du visage? ஒருத்தனுடைய—ச்சாயலாயிருக்கிறது

ஜ avoir l'air—les traits de quelqu'un, lui ressembler; —க்கணிப்பு inclination du visage, s'approcher pour faire connaissance, détourner le visage (par aversion...); —க்கிருதி charme du visage, — propre à inspirer des désirs de luxure aux autres; —க்கோபம் colère du visage, air—, visage colère: —க்கொழிப்பு affabilité, visage riant, épanoui, gracieux; —க்கோரணை langueur ou flétrissure du visage (d'un enfant par envie de voir sa mère et d'une mère par envie de voir son enfant; —க்கொள்ளை air riant; —தரிசனம் vue de la figure, faveur de voir la face, visite; —தலை, —தலைப்பு commencement de la toile, partie de la toile tissue la première et ordinairement la plus forte (opposé à முந்தானை), confrontation; —தாக்ஷிணியம், — தாக்ஷிணை, —தாட்சணியம்... complaisance, acception de personnes, égard pour les personnes, partialité, respect humain, condescendance, bienveillance, adulation, faveur; —தாக்ஷிணியமாகப் பேசுகிறது parler par complaisance, — par respect humain, flatter; —தாக்ஷிணியம்பண்ணுகிறது faire acception de personnes; —தாரைக்கீரைக்கம் injure en face, oignon, (plante qui jette son jus au visage); —திருக்கு éclat —, beauté du visage, air brillant, belle prestance; —தீர்க்கம் beauté du visage, air franc, —affable; —திருப்பம், — திருப்பு aversion, détourner le visage de déplaisir; அவனுக்கு—திருப்பங்காட்டுகிறது montrer sa haine en détournant de lui son visage; —துதி, —ஸ்துதி louange en face, flatterie, paroles de civilité; —துரோகணி visage désagréable,— inconnu,— non admissible; —த்துவாரம் embouchure,— d'une rivière dans la mer, porte, entrée, porche, le devant; —தெளிவு air joyeux,— franc, *litt.* clarté du visage; —தோற்றம் apparence—, air du visage; —நகநட்பு நட்பல்ல, நெஞ்சத்தகநக நட்பது நட்பு l'amitié qui est dans le sourire du visage n'est pas une amitié, mais celle qui est dans le cœur et dans l'affection joyeuse de la volonté en est une; —நட்பு amitié en face, —qu'on montre devant une personne; —நாடி trait—, forme—, marque—, symptôme du visage; அவர் —நாடியுக்கிரத்தினால் அவர்களுக்கு விரோதமாகவேறுபட்டது les traits de son visage furent altérés contre eux par une grande colère; —நிவாசினி, (நிவாசம், ini), celle qu'on dit résider dans la bouche des savans, *i.e.* Sarasvati; —நெறிப்பு arrogance du visage, air arrogant, contenance orgueilleuse; —பங்கம் altération—, honte qui parait sur la figure; —படாம் toile dont on orne—, couverture de la tête d'un éléphant; —பாடம் leçon apprise par cœur; —பாடமாய்ச்சொல்லுகிறது réciter de mémoire; —பாடம்பண்ணுகிறது apprendre par cœur, répéter; —பூஷணம் feuille de bétel, *litt.* ornement de la bouche; —பூரணம் bouchée, ce qui remplit la bouche, gorgée d'eau,— pour rincer la bouche, affabilité, visage riant; —ப்பணி, *litt.* ornement ou travail du visage; —பணிசெய்கிறது faire la barbe, raser—, orner la figure; —ப்பரிட்சை, —ப்பழக்கம் connaissance, familiarité; —ப்பரு furoncle—, pustule au visage; —ப்பிரியம் agrément du visage, respect humain, partialité, civilité, flatterie; —ப்புகழ் flatterie, louange en face; —ப்பூச்சு masque, déguisement, flatterie, civilités; —ப்பொருத்தம் convenance du visage, *V.* முகராசி; —ப்பொலிவு beauté—, agrément du visage, ou —ப்பொலிவு courtoisie de mine, flatterie; —மண்டலம் face, circonférence de la face; —மண்டலக்களை, —மண்டலப்பிரகாசம் l'éclat du visage, air brillant; —மலர்ச்சி joie —, épanouissement du visage; —மயக்கு, —மாயம் charme ou séduction du visage, trouble d'esprit, fascination ou concupiscence causée par la vue d'un beau visage; — மாயக்காரி fille ou femme dont la figure est séduisante; — மாறு altération du visage; — மாற்று changement de visage, espèce de prestige ou d'art magique: — மினுக்கு lustre —, éclat du visage, air brillant: — முகமாய் face à face; — முகமாயிருக்கிறது être en face, — vis-à-vis, — présent en personne; — முகமாய்க்காண்கிறது voir face à face, voir ou visiter en personne; — முறிவு offense, déplaisir, aversion, rupture; — முன்னிலே présence; — மூடி voile de la figure, membrane qui couvre la figure au moment de la naissance; — மூடிவஸ்திரம், — மூடுவஸ்திரம் voile, — qui couvre ou pour couvrir la figure; — யந்திரணம், (யந்திரம், na). mors de bride; — ரதம் luxure au visage ou à la bouche, espèce de copulation infame; — ராசி acquiescement du visage, visage —, air attrayant, — qui gagne les sympathies; — ரூபம். — ரூபு forme du visage, *ou* — லக்ஷணம், — லட்சணம் beauté du visage; — லாங்கலம் le cochon qui laboure avec son groin; — லங்கு taches noires qui se répandent sur la figure; — வசீகரம் regard amical, — bienveillant, — séduisant, qui gagne les cœurs, *ou* — வசியம், — வசீகரம் enchantement, — fascination causée par l'aspect ou par les regards, air attrayant, — séduisant; — வட்டம் rondeur du visage, *V.* முகமண்டலம்; — வாசம் connaissance, — de visage, familiarité; — வாசனம் parfum pour le visage; — வாசல் porte d'entrée; — வாட்டம், 1° (ஆட்டம்), mouvement du visage, flatterie, civilité. 2° air —, contenance triste; — வாதம் fluxuosité au visage, espèce de maladie; — வாத்தியம் instrument dont on joue avec la bouche, bruit qu'on fait avec la bouche en frappant dessus avec la main; — வாய்க்கட்டை menton; — விச்சகம், (இச்சகம்), flatterie, — விச்சை, (இச்சை), flatterie, désir de plaire; — விச்சைக்காரன் flatteur; — விணக்கம், (இணக்கம்), *V.* முகராசி; — விலாசம் beauté —, élégance du visage; — வுண்ணி பிடுங்குகிறது, (உண்ணி), arracher les tiques de la figure, *i. e.* montrer de la politesse, flatter; — வுரை (உரை), préface, — d'un livre, préambule, adresse; — வெட்டு 1° incision au visage. 2° (எட்டு), beauté du visage; — வெள்ளைப்பருந்து milan à tête blanche; — வேலை l'ouvrage du visage, raser le visage; முகத்தாலடிக்கிறது repousser —, frapper par sa contenance, montrer son dégoût sur sa mine; முகத்தில் அரும்பிறங்குகிறது, — அரும்புகிறது, — அரும்புப்புறப்படுகிறது le poil follet —, la barbe commencer à pousser ou à paraitre sur le visage; — இரத்தந்தெறிக்கப்பேசுகிறது parler de manière à faire monter le sang au visage *ou* ayant le sang monté au visage, parler comme un enragé; — ஈயாடவில்லை une mouche ne se joue pas sur sa face (tant il est irrité ou triste); — விட்டெறிந்துபேசுகிறது jeter (quelque chose) au visage, faire quelque réflexion ou réplique en colère; ஓலைமுகத்திலேகாரியம்நடக்கிறது une affaire marcher ou se traiter par lettre; முகத்திற்கரிக்கோடுகிறது le poil follet commence à paraitre (*litt.* à faire des raies) au visage ou au menton; — சேலையிட்டுக்கொண்டழுகிறது se couvrir le visage d'un linge et pleurer; முகத்துக்குமுன்னேசொல்லுகிறது dire en présence (de quelqu'un); முகத்தைக்காட்டுகிறது montrer son visage, se montrer irrité; காரியநல்லமுகத்தைக்கொள்ளுகிறது une affaire prendre une bonne apparence, — une bonne tournure; முகத்தைத் திருப்பிக்கொள்ளுகிறது tourner —, detourner le visage, regarder en arrière; ஒருமுகமாக்குகிறது rendre uniforme, unir; காத்துமுகத்திலே devant le vent, au vent; காற்றுமுகத்திலே தூற்றுகிறது vanner au vent; கிழக்குமுகமாய் vers —, à l'orient, la face tournée vers l'orient; என்வீட்டுமுகமாய்த்திரும்பும் tournez vers ma maison, venez chez moi; சத்துருவந்தமுகங்களிலொருமுகமாய்த்திருப்பிச்சுடுகிறது tourner tous du côté où est venu l'ennemi et faire une décharge.

முகதலைக்கிறது, முகந்தலைக்கிறது, லைத்தேன், லைப்பேன், லை, லைக்க, (முகம், தலை), v. a. et n. prouver, confronter, mettre face à face, se rencontrer, être face à face, — vis-à-vis l'un de l'autre, parler ensemble; திருடனைக் கொண்டுவந்து — amener le voleur et le confronter; அவர்களை முகதலைத்துவிடும் confrontez les ensemble, mettez-les face à face.

முகம்மது, Mahomet.

*முகரம், (moukhara) mauvaise bouche, raillerie, moquerie, corbeau, écaille de —, conque, bruit, son, conduite.

முகரி, 1° le devant, le haut —, racine du nez, V. முரி. 2° (ind.), fleur de jasmin, l'arbrisseau தாழை: — குவிக்கிறது enlever une poignée.

முகரிமை, grande science, — connaissance.

*முகரிகரணம், (முகரம், க augment), moquerie, raillerie.

முகருகிறது, ர்ந்தேன், ருவேன், ரு, ர, v. a. முகருதல், n. v. sentir, flairer.

முகரொலி, (son imitatif), bourdonnement d'abeilles: முகரொலிக்கிறது bourdonner, v. g. les abeilles...

முகலை, le haut —, racine du nez.

முகலன், mogol: முகலர், les Mogols, classe de Mahométans; முகலர் ou முகல்தேசம் le pays des Mogols, le Mogolistan, la Mongolie.

முகவணை, (முகம், அணை), préface, — d'un livre: — க்கல் pierre qui sert de linteau, — placée transversalement sur les poteaux ou les jambages de la porte d'un temple.

முகவாசை, (id. ஆசை), complaisance, respect humain, partialité, désir de plaire.

முகவை, 1° n. v. de முகக்கிறது, mesure (de capacité), espèce de cuillère —, instrument pour puiser, puisoir, demi-coque de coco (qui sert de puisoir). 2° la ville de Ramnad ou இராமநாதபுரம்.

முகனை, (முகம்), le devant, le coin de devant, avance, prééminence, présidence, commencement, premier lieu, pointe: — பண்ணுகிறது, — யாயிருக்கிறது être le premier, le chef, éminent, présider, conduire; — முடிவு le commencement et la fin; — முகனையாய்க்கொடுக்கிறது donner en avance; முகனையாய்ச்செய்கிறது préparer, arranger.

*முகன், 1° P. முகம். 2° à la fin des mots composés: celui qui a une figure, v. g. யானைமுகன் celui qui a une figure d'éléphant, Poulléyar.

*முகாக்கினி, (முகம், அக்கினி), feu du sacrifice, démon à figure de feu, feu qu'on met à la bouche du mort sur le bûcher, incendie, — de forêt.

*முகாஸ்திரம், (id. அஸ்திரம்), ce qui a ses armes dans sa gueule, i.e. le crabe.

*முகாந்தரம், முகாந்திரம், (id. அந்தரம்), raison, cause, motif, aide, moyen, entremise: — ஆக à cause de, par le moyen de.

முகாபிலா, (ind.), confrontation, examen, comparaison.

*முகாமுகம், (id. ஆ augment), présence, face à face.

முகாமை, (முகம்), priorité, prééminence, présidence, excellence, majorité: — ப்பட்டிருக்கிறது être le premier, le chef, présider, exceller.

முகாரி, espèce d'air, de mélodie, chef, celui qui est le premier, qui excelle.

முகாவளி, (முகம், ஆவளி), confrontation: — பண்ணுகிறது, ou

முகாவளிக்கிறது, (முகம், ஆவளிக்கிறது), mettre face à face, confronter, comparer.

*முகி, (முகம்), à la fin des mots composés, qui a une bouche ou une figure, *v.g.* ஜ்வாலா— *ou* ஜ்வாலா முகி qui a le visage enflammé ou une bouche de flammes, issue d'un feu souterrain, lieu où des feux souterrains sortent de terre. Il y a dans le Lahore un célèbre ஜ்வாலா முகி, ou Djvâlâmoukhi, fréquenté des pélérins; des gazes s'échappent de terre par divers orifices et s'enflamment au contact de l'air. Les Indous prétendent que la langue de Parvadi est tombée en ce lieu.

முகிகிறது, கிந்தேன், கிவேன், கி, கிய, *v.n.* முகிதல், *n.v. ou* முகிந்து போகிறது, finir, se terminer, s'achever, être fini;—வமுகிறது approcher de sa fin: முடிவில்லாமலும் ஒழிவில்லாமலும் மாறுதலில்லாமலும் வெள்ளையாக்கு நிற்கும்பாழ் நரகவாசம் l'enfer est un tourment qui durera toujours, sans fin, sans interruption, sans changement et sans diminution.

முகிக்கிறது, கித்தேன், கிப்பேன், கி, கிக்க, *v. a. du préc.* முகித்தல், *n.v. ou* முகித்துப்போடுகிறது, finir, terminer, achever, accomplir, conclure, expédier: —கொடுக்கிறது finir et donner.

*முகிரம், (mouhira), amour, désir, luxure.

*முகிரன், (*id.*), Kâmen, lourdaud, sot.

முகில், nuage.

முகிர்த்தம், *P.* முகூர்த்தம்.

முகிவு, *n. v. de* முகிகிறது, fin, terme:—காலம் temps de la fin, *i.e.* moment de la—, fin, dernier période, la mort: முகிவில்லாதகாலம் temps sans fin, l'éternité.

*முகிழம், முகிழிதம் (moukoula, ita), bouton de fleur,—prêt à s'épanouir.

முகிழ்க்கிறது, ழ்த்தேன், ழ்ப்பேன், ழ், ழ்க்க, *v.n.* (முகிழம்), une fleur se refermer (*v. g.* le nénuphar vers le soir).

முகிழ், *P.* முகிழம் 1° bouton de fleur, le bas —, le pied des pédicules. 2° *imp. et part. du suiv.*:—ப்புறம், —வாய் extérieur d'un bouton de fleur.

முகிழ்க்கிறது, ழ்த்தேன், ழ்ப்பேன், ழ், ழ்க்க, *v. n.* (முகிழ்), une fleur se refermer, *v. g.* le nénuphar au soir, les pétales des fleurs se replier ou se mettre en rouleau en se fanant, pousser des boutons, se former en bouton.

முகிழ்த்தல், முகிழ்ப்பு, *n.v. du préc.* contraction des fleurs qui se referment.

*முகினம், *P.* முகிழம்.

முகிற்குன்றம், (முகில்), l'arsenic க்கிராதந்தபாஷாணம்.

முகினி, tamarinier.

*முகு, (moukou), liberté, délivrance.

*முகுடம், (moukouta), diadème, couronne, tiare, crête.

*முகுந்தகம், (moukoundaka), oignon.

*முகுந்தம், (moukounda), mercure ou vif-argent, pierre précieuse, encens ou gomme, oliban, *ou* முகுந்தநிதி un des 9 trésors de Koubêren.

*முகுந்தன், (*id.*), homme délivré des passions, (épithète de) Vichnou.

*முகுரம், (moukoura), miroir, cristal, jasmin d'Arabie, bouton,—de fleur, pousse, jet, manche d'une roue de potier: மூக்கறைக்கு—காட்டுகுறக்கோபம்வரும் si on montre un miroir à quelqu'un qui a le nez coupé, il se fâchera.

முகுர்த்தம், *P.* முகூர்த்தம்.

*முகுலம், (moukoula), âme, corps, bouton de fleur,—prêt à s'épanouir, pétale.

*முகுலிதம், முகுலீகிருதம் (moukoulita,— likrouta), bouton de fleur à demi-fermé.

*முகுள், *P.* முகுலம், bouton de fleur qui s'épanouit, — prêt à s'épanouir.

*முகுற்பாஷை, (mouhous réitéré), répétition, tautologie.

*முகூர்த்தம், (mouhoûrtta), mougourttam, division astrologique du temps contenant la 30$^{me}$ partie d'un jour et d'une nuit, *i.e.* 2 நாழிகை ou 48 minutes européennes, heure—, temps propice (fixé astrologiquement pour la célébration d'un mariage, la fondation d'un temple ou d'un édifice etc....):—மிடுகிறது,—

சமிக்கிறது,— குறிக்கிறது fixer astrologiquement le temps et l'heure censés propices; முகூர்த்தக்கால் le pilier censé propice,— du milieu du Pandel du mariage nommé aussi அரசாணிக்கால்;—நேரம் temps propice (fixé astrologiquement);—நேரந்தப்புகிறது manquer le moment propice,—பலன்,—தயம்,—வி சேஷம் prétendu avantage—, particularité du mougourttam, ou du temps censé propice; முகூர்த்தத்தி லேதிருமங்கலியந் தரிக்கிறது attacher le Tâli du mariage au temps censé propice et déterminé astrologiquement,ce qui est une observance superstitieuse des païens.

*முகூர்த்தன், (id.), astrologue.

*முபேரன்,(mouhèra), sot, ignorant, fou.

முகை, 1° foule, bouton de fleur, — prêt à s'épanouir, jarre, grand vase de terre dit மிடா (pour mettre de l'eau ou du grain). 2° imp.de

முகைக்கிறது, கைத்தேன், கைப் பேன், கை, கைக்க, v.n. (முகை), n.v. boutonner, bourgeonner, pousser des boutons.

முகைத்தல்,முகைப்பு, n.v.du préc.

*முகோர்தகை, (முகம், உதகை), incendie,— de forêt.

முக்கடு, (மு.கடு), V. திரிகடு.

முக்கட்பகவன் (மு, கண்) le prétendu dieu à 3 yeux, i.e. Siven.

முக்கணான், (மு, கண்), espèce de plante rampante.

முக்கணான், முக்கண்ணான், (id.), celui qui a 3 yeux (au dire de la fable), Siven, Vinâyaguen et Virapattiren.

முக்கணி, முக்கண்ணி,(id.), celle qui a 3 yeux, la femme de முக்கண் ணன் ou Siven, i.e. Parvadi ou Kâli.

முக்கம், 1° grand éventail, — parasol, V. முக்காலம். 2° corr. P. முகம்.

முக்கம்பி,(மு, கம்பி),triple raie,— barre,—fil de métal,signe de 3 raies.

முக்கரணம்,(id. கரணம்), les 3 organes,savoir: மனம் l'esprit ou la pensée, வாக்கு la parole, காயம் le corps. [seaux, i.e. 36 மரக்கால்.

முக்கலம்,(id.),3 calams ou bois-

முக்கல்,1° opt. et n.v.de முக்குகிற து, son confus d'une multitude de voix, effort,— violent,gémissement de personne qui fait de vains efforts, manducation: திரு—, பெரு— nom de 2 villages près de Pondichéry. 2° (மு),3 pierres,3 briques.

முக்கவிணம்,(முகம், கணம்), moquerie, plaisanterie.

முக்கழற்சொடி, nom d'un arbrisseau.

முக்களி,(மு), V. முப்புரம். [seau.

முக்காடு, gén. முக்காட்டின், obl.

முக்காட்டு,1°(முகம், ஆடு de ஆடுகி றது), voile, toile ou partie de vêtement dont les femmes se couvrent la tête ou le visage, coiffe. 2° (மு), 3 forêts, triple forêt: திரை— voile complet, grande toile qui couvre tout le corps de la tête aux pieds; மு க்காடிடுகிறது,—போடுகிறது voiler, couvrir d'un voile, mettre un voile sur la figure ou sur la tête;— வாங்குகிறதுôter le voile,—son voile,dévoiler,découvrir,— la tête;முக் காட்டுக்கு, (முக்கா டு,அக்கு),voile; முக்காட்டுச்சேலை voile,toile que les parens donnent à la mariée pour se voiler la tête: — க்கீலை voile, coiffe. [tièmes,3 cânis ou 3 arpens.

முக்காணி, (மு). 3 quatre-vingmuக்காணியர், (மு), nom d'une division de brames.

முக்காநண்பர்,(மு), les 3 amis, (i. e. le père, le fils et l'ami).

முக்காலம் 1° barre de fer ou de bois qu'on met derrière une porte, verrou. 2° (உக்கிரம்),mugissement de taureau qui provoque au combat signe ou cri pour l'y exciter.

முக்காலம்,(மு), V.திரிகாலம்.[pieds.

முக்காலி, (id.), trépied, table à 3

முக்கால் (id.),3/4, les 3 quarts, 3 fois: —வாசி les 3 quarts முக்காலா ள் homme qui fait les 3/4 de l'ouvrage d'un bon ouvrier dit முழுவாள்.

முக்கலவேலை, P. முட்டாள்வேலை.

முக்காழி, (மு, காழி), ce qui a 3 graines ou 3 noyaux.

முக்காலேக்கு,(மு,கால்,நோக்கு), 3/4 d'aspect, une des positions des astres.

*முக்கியம், (moukhya), le principal, l'important, affaire capitale, excellence, prééminence, principale cérémonie, lecture des vêdas:—மாய் principalement, spécialement, surtout;—உறுகிறது,—ஆயிருக்கிறது être capital, important, en honneur, précieux: முக்கியகருத்து but principal, idée principale.

முக்கியர், முக்குவர், (முக்கியம்), nom des gens d'une caste.

முக்குகிறது, *sync.* முக்கிறது, க்கி னேன், க்குவேன், க்கு, க்க, *v. n.* முக்குதல், *n. v.* s'efforcer, faire des efforts violents, *v. g.* une femme en travail, ou lorsqu'on est à la selle), gémir en faisant des efforts, lutter, —contre une difficulté, dévorer: முக்கி யெழுகிறது soulever avec peine, — avec effort.

முக்குடுமி, (மு), trident, 3 mèches ou toupets de cheveux que portent quelques Indiens, un sur le sommet de la tête dit குடுமி et les 2 autres proche des oreilles dits கிருதப்பா.

முக்குடை, (*id.*), les 3 parasols d'Arouguen, nommés சந்திராதித்ட ம் disque de la lune, சகலபாசனம் expiation totale, et நித்தியவிநோதம் joie éternelle; on les nomme encore dans le même ordre, முத்துக்குடை parasol de perles, பொற்குடை parasol d'or, மணிக்குடை parasol de pierres précieuses: —ச்செல்வன் l'heureux possesseur des 3 parasols *i.e.* Arouguen. [*V.* குணம்-ம.

முக்குணம், (*id.*), les 3 caractères

முக்குதல், *n. v. de* முக்குகிறது, effort, — violent, absorption.

முக்குலம், (*id.*), les 3 familles ou dynasties royales de l'Inde, savoir: la dynastie solaire, la dynastie lunaire et la dynastie ou la race du feu. La 1re régnait à Ayodhya ou Aoud, la 2e à Hastinabouri. Des 3 rois du pays tamoul, சோழன் était censé de la race du soleil, பாண்டியன் de la race de la lune et சேரன் de la race du feu.

முக்குவர் pêcheurs, caste de pêcheurs (au Travancore). C'est de là que vient probablement le nom de Macouas donné aux pêcheurs à Pondichéry.

முக்குளம் 1° (மு), les 3 étangs ou réservoirs, nom d'un village où l'on suppose que le Gange, la Sarasvati et la Djamna ou யமுனை se réunissent. 2° *P.* முக்குளம் la 20me constellation dite பூராடம்.

முக்குளி, la plante கொழுமுன்னைய ன், portulaca pilosa.

முக்குளிக்கிறது, ளித்தேன், ளிப் பேன், ளி, ளிக்க, *v. n.* முக்குளித்தல், *n. v.* (குளிக்கிறது), bouillonner, fermenter, plonger, prendre en plongeant: முக்குளிக்கவறிந்தவன் habile plongeur; முக்குளித்தவன் plongeur, celui qui a plongé; முக்குளித் துப்பார்க்கிறது chercher—, examiner—, voir en plongeant: முக்குளித் தெடுக்கிறது prendre—, enlever en plongeant.

முக்குளிப்பான், *n. app. du préc.* plongeur, le plongeon (oiseau), nom d'une maladie.

முக்குற்றம், (மு), les 3 fautes,— vices, savoir: காமம் luxure, வெகுளி colère, மயக்கம் trouble;—கடிந் தோன் celui qui a blâmé ou retranché ces 3 fautes, celui qui en est exempt, *i.e.* Dieu, (selon les Bouddhistes) Bouddha.

முக்கூடல், (*id.*), les 3 confluens, les 3 unions..., nom d'une montagne: முக்கூடற்பள்ளு nom d'un poëme.

முக்கூட்டு, (*id.*), les 3 mélanges... la 2e constellation dite பரணி: முக்கூ ட்டெண்ணெய் espèce d'huile médicinale,—de triple composition.

முக்கோணம், (*id.*), 3 angles,— coins, triangle: முக்கோணசாஸ்திரம் la trigonométrie;—வடிவு forme triangulaire.

முக்கோல், (*id.*), 3 bâtons, la 24e

constellation dite திருவோணம்: முக்கோற்பகவன் religieux vichnouviste qui porte 3 bâtons liés ensemble, *V.* திரிதண்டி.

முக்தியார்நாமா,(*arabe.*), procuration,pouvoir par écrit,

*முசகம், 1° (moutchaka), couleur dite laque. 2° (mouchaka), rat.

முசத்தி, (*arabe*),comptable,calculateur,écrivain,— dans un bureau public.

முசரு, முசர், (*canara*), lait caillé.

*முசலம், (mousala), pilon,— de fer, — de bois, massue: முசலாக்கிரம், (அக்கிரம்), pointe de pilon.

*முசலி,(முசலம்),celui qui est armé d'une massue *i.e*, Balarâmen. 2° (mousali),les plantes நிலப்பனை et நாவலு?, caméléon, crocodile, *V.* முசலிகை. 2° (முசல்), l'astre tacheté comme un lièvre,*i.e* la lune.

*முசலிகாசனம், (முசலிகை, ஆசனம்),position de l'iguane,avoir les 2 jambes et les 2 bras pliés à la manière indienne et être couché de manière que la poitrine touche la terre.

*முசலிகை,(முசலி, kâ), lézard domestique dit பல்லி, grand lézard dit உடும்பு ou iguane.

*முசலீயம்,(முசலம்,yâ), mériter d'être pilé dans un mortier.

முசலை,1° *P.* முயலை, racine d'une espèce de jonc. 2° *acc.de*

முசல், lièvre, (c'est l'enseigne du gardien prétendu du nord-est), lapin: கடுவன் — lièvre mâle, bouquin; குழி — lapin; வெள்ளை —, [illegible] — lapin angora; — க்காது ou முசற்காது oreille de lièvre, la plante ludwigia:—க்கொம்மட்டி ou முசற்கொம்மட்டி la plante convolvulus copticus; — வலி ,— வலிப்பு spasmes, convulsion; முசலையெழுப்புகிறது éveiller—,faire lever—,lever —, lancer un lièvre; முசலையெழுப்பிநாய்பேலப்போச்சுது le chien après avoir lancé le lièvre est allé chier.*i.e.*après avoir bien commencé une affaire l'abandonner.

முசல்மான், (*arabe*), Musulman. Ce mot signifiant *fidèle* ne devrait pas être donné par des Chrétiens aux *infidèles* Mahométans.

முசாபர்க்கானா,(*arabe*), chauderie, bâtiment pour les voyageurs.

முசிகிறது, முசிந்தேன், முசிவேன், முசிய, *et* முசிக்கிறது, முசித்தேன், முசிப்பேன், முசிக்க, *v.n.* முசிகுதல், முசிதல், முசித்தல், *n. v.* défaillir, languir, se laiser aller à l'abattement, tomber en défaillance,s'affaiblir, se lasser, maigrir,diminuer.

முசிடு, *gén.* முசிட்டின், *obl.* முசிட்டு,*et* முசிட்டெறும்பு, *V.* முசிறு.

முசிப்பு,*n.v.de* முசிக்கிறது,lassitude,affaiblissement, défaillance, diminution, maigreur,milieu,espace, lieu découvert: முசிப்பாறுகிறது,முசிப்பாறுதல் se délasser,se reposer, se ranimer, se fortifier, reprendre des forces,se consoler; முசிப்பாற்றுகிறது délasser, conforter, ranimer, fortifier, consoler.

முசிப்பாறல், முசிப்பாற்றல், முசிப்பாற்றி,*n. v. des préc.* délassement, repos,relâche,rafraichissement, soulagement, consolation.

*முசிரம், (moutchira), libéralité, générosité: முசிரன் généreux.

முசிலாப்பு, plier —, raccourcir une toile et la lier.

முசிறு, *gén.* முசிற்றின், *obl.* முசிற்று, *et* முசிற்றெறும்பு, *P.* முயிறு, grosse fourmi rouge, — qui fait son nid dans les arbres et dont la morsure est très-douloureuse, formica elongata: முசிற்றுமுட்டைத்தைலம் huile médicinale faite des œufs de ces fourmis.

முசு, espèce de gros singe noir, marmot.

*முசுகுந்தன்,(moutchoukounda), l'arbre pterospermum salicifolium, un des 6 empereurs universels dits சக்கரவர்த்தி.

முசுக்கட்டை, — ச்செடி, murier indien, morus indica: — ப்பூச்சி espèce de chenille poilue, ver à soie.

முசுடர், (முசுடு),vauriens, gens, vils,grossiers, méchans comme les fourmis rouges.

*முச்சுடி, (moutchouti), claquement des doigts dit சொடுக்கு.

முசுடு, *gén.* முசுட்டின், *obl.* முசுட்டு, mal, méchanceté, *V.* முசிறு.

முசுட்டை, la plante médicinale ipomæa candidans, ipomée: பேய்—la plante கடற்பாலை convolvulus speciosus;— புபேன் espèce de ver.

முசண்டார், *P.* முசுடர்.

முசுண்டி, espèce d'arme,—d'instrument, — d'instrument de musique.

முசப்புரி, logement pour les soldats, caserne, camp, campement, baraque.

முசப்பு, bosse du garrot des bœufs de l'Inde. .: ஒட்டக — bosse semblable du chameau.

முசுமுசு, son—, mot imitatif de bouillonnement et de démangeaison: முசுமுசென்கிறது ou முசுமுசுக்கிறது, சுத்தேன், சுப்பேன், சு, க்க, *v.n.* (முசுமுசு), முசுமுசுத்தல், *n. v.* l'eau... bouillonner, démanger.

முசுமுசுக்கை, la plante bryonia scabra.

முசும்புகிறது, பினேன், புவேன், பு, ப, *v.a.* முசும்புதல், *n. v.* murmurer, marmoter, grommeler entre les dents, grogner, chuchoter.

முசுவல், la plante முசுட்டை.

முசுறு, *gén.* முசுற்றின், *obl.* முசுற்று, ou முசுக்கொறுமிபு, *V.* முசிறு: —ப்புல் l'herbe அருக்கம்புல் pommerullia cornucopi.

முச்சகம், (மு), les 3 mondes, le ciel, la terre et l'enfer.

முச்சங்கம், (*id.*), les 3 académies ou sociétés de Maduré: la 1re la moyenne et la dernière.

முச்சட்டை, 1° (*id.*), 3 habits ou robes.... 2° beauté.

முச்சதுரம், (*id.*), triangle, 3 carrés, le cactus ou சதுரக்கள்ளி.

முச்சத்தி, (*id.*), les 3 énergies, facultés ou pouvoirs dits இச்சாஞான க்கிரியாசத்தி, *i.e.* pouvoir d'affection, d'intelligence et d'action, (*V. au mot* சத்தி) *ou* les 3 puissances de la divinité, qui sont celles de créer, de conserver et de détruire, (que les Indous partagent entre Brama, Vichnou et Siven).

முச்சந்தி, (*id.*), les 3 périodes du jour, *i.e.* le matin, midi et le soir, place—, carrefour—, lieu où aboutissent 3 routes,— 3 rues ou 3 choses.

முச்சி, 1° (உச்சி), le sommet de la tête, le zénith, toupet du sommet de la tête, touffe de cheveux noués au sommet de la tête, petit van qui sert de jouet aux petites filles, joujou. 2° *ou*

முச்சியன், *pl.* முச்சியர், faiseur de fourreaux, d'étuis, de selles, de boîtes, de coffres, de malles, de cartons, menuisier, peintre.

முச்சிலிக்கை, முச்சிலிக்கா, (*ind.*), billet, convention,— par écrit, — pénale, billet donné à des arbitres et portant une amende ou autre peine en cas d'infraction.

முச்சில், petit van (servant de jouet).

முச்சிலியம், முச்சிலியக்கேடு, paresse.

முச்சீரடி, (மு, சீர், அடி), vers de 3 pieds.

முச்சுடர், (*id.*), les 3 lumières, *i.e.* le soleil, la lune, et le feu.

முச்சுழி, (*id.*), 3 ronds, la lettre qui a 3 ronds, *i.e.* ண.

முச்சூடும், *P.* முற்றாகும், le tout, entièrement.

முச்செயல், (மு), les 3 opérations de la divinité, *i.e.* créer, conserver, détruire.

முச்சேர, (மு), 3 choses finir ensemble,—en une, chose triple.

முச்சொல்லலங்காரம், (மு, சொல், அலங்காரம்), *figure de rhét.* mot ou phrase susceptible de 3 sens différends, *e.g.* மாதங்கன் (qui outre ses sens propres peut signifier comme appellatif) 1° *de* மாதங்கம், possesseur d'éléphant. 2° *de* மா *grand* et தங்கம் *or*, possesseur d'or. 3° de மாதங்கி le mari de Dourgâ On voit que ce ne sont pas 3 sens primitifs du mot, ce qui ne serait pas étonnant, puisqu'un mot peut en avoir un grand nombre.

முஷரிப், (*arabe*), compteur, écrivain, examinateur.

முஜும்முதார், (*id*), compteur, écrivain, receveur (de district).

*முஷிதம், (mouchita), vol, larcin, objet volé.

*முஷை, (mouchâ), creuset.

*முஷ்கம், (mouchka), scrotum ou les bourses, testicule, monceau: முஷ்கத்துவயம் les 2 testicules; — ஒழியவன் homme qui n'en a pas, eunuque.

*முஷ்கன் (முஷ்கம்), homme robuste, *litt.* — à testicules, voleur.

*முஷ்கரம், (mouchkara), obstination, pertinacité, entêtement, opiniâtreté.

*முஷ்கரன், (முஷ்கரம்), obstiné, entêté, opiniâtre, égoiste.

*முஷ்டம், (mouchta), vol.

*முஷ்டி, (mouchti). poing, main fermée, creux de la main, garde —, poignée d'arme ou d'outil, poignée de riz (donnée en aumône...), aumône, vol, filouterie, *V.* முட்டி: — காத்தன், (காத்தம் *qui aime*, ka), Balarâma qui aimait à se boxer; — த்திபுதம் jeu à croix ou pile: — பத்தம் fermer le poing; — யுத்தம், — யுத்தம் combat à coups de poings, pugilat; — வாங்குகிறது recevoir l'aumône; — வாங்குகிறபார்ப்பான் bramo mendiant.

*முஷ்டிகன், (முஷ்டி, ka), voleur, orfèvre (qui vole sur la matière des bijoux). [chant, pervers, obstiné.

முஸிசான் *P.* முஷ்கரன் mé

முஸ்திப்பு, முஸ்தீது, (*ind.*), préparation, équipage, appareil, préparatif, fourniture: எல்லாமுஸ்திப்பாயும் முக்கின்றது tout est prêt. [cheron.

முஞல், moustique, cousin, mou-

*முஞ்சம், (moundja), flèche, triple cordon bramanique, espèce de plante dont les fibres servent à faire le fil dont on fait ce cordon, saccharum munja: முஞ்சகேசன், — கேசி celui dont la chevelure ressemble à la plante munja, *i. e.* Vichnou; — பந்தனம் investiture du cordon bramanique, se le mettre.

*முஞ்சரம், (moundjara), racine bulbeuse du nénuphar.

முஞ்சல், *opt. et n. v. de* முஞ்சுகிறது, mort, fin.

*முஞ்சாதகம், (moundjâtaka), la plante முஞ்சம், herbe qu'on attache au cordon bramanique. [கம்.

*முஞ்சி, (moundji), 1° *V.* முஞ்சாது முஞ்சுகிறது, கினேன், சுவேன், சு, ச, *v. n.* முஞ்சுதல், *n. v.* mourir, finir.

முடக்கம், *n. v. de* முடங்குகிறது, état d'estropié, défaut des membres, comme d'être estropié, perclus, manchot, paralysé, cul-de-jatte, boiteux, pli, courbure: — ஆய்ப்போகிறது devenir estropié..., se courber, périr, dépérir, *ou* — ஆய்க்கிடக்கிறது, être estropié, perclus, arrêté, empêché, gâté. [றது.

முடக்கல், *opt. et n. v. de* முடக்குகி

முடக்கற்றான், (முடக்கு, அறுகிற து), la plante médicinale cardiospermum halicacabam bonne contre la paralysie, la goutte...

முடக்கு, 1° courbure, sinuosité, tortuosité, pli, anneau à sinuosités dit தெளி. 2° *imp. et. part. de* முடக்குகிறது: முடக்காயிருக்கிறது être plié, tortu, tortueux, crochu; முடக்குக்குடல் intestin plié, — à plis et replis; — ச்சரக்கு marchandises gâtées (pour être restées trop longtemps en magasin), vieilles marchandises, fonds de boutique.

முடக்குகிறது, *sync.* முடக்கிறது, க்கினேன், க்குவேன், க்கு, க்க, *v. a. de* முடங்குகிறது, முடக்குதல், *n. v.* courber, replier, river, plier (les genoux, le bras, les doigts, un arc, un bambou, un rotin), fermer, tordre, rendre perclus, impotent, estropier, empêcher, arrêter, finir: திருநாளை — empêcher —, arrêter une fête; முடக்கிவைக்கிறது finir, terminer, bâcler (une chose de peu de conséquence; ainsi au lieu se dire வீடுகட்டினேன் j'ai bâti une maison, on dira ஒருகுடிசைமுடக்கினேன் j'ai bâclé une cabane.

முடக்குகிறான், முடக்கினான், P. முடக்குவான்.

முடக்கல், opt. et n.v. de முடக்குகிறது, contraction, —de membre par paralysie ou —, maladie, courbure, courbe, pli, lettre sur ôle ou feuille de palmier roulée et attachée, l'arbre தாழை pandanus, le bambou (dont l'extrémité se recourbe naturellement). [2° gér. de முடங்குகிறது.

முடங்கி, 1° perclus, cul-de jatte.

முடங்கு, 1° pli, contraction, —par paralysie ou maladie, maladie. 2° imp. et. part. de

முடங்குகிறது, sync. முடங்குகிறது, கினான், குவான், கு, க, v. n. (முடம்), முடங்குதல், n. v. se plier, se recourber, se contracter, être courbé, replié, être ou devenir perclus, estropié, manchot, être empêché: முடங்கிப்போகிறது devenir perclus, se recourber....

முடங்குளை, (முடங்கு, உளை), crinière de cheval, lion à la crinière pendante.

முடத்தி, முடப்பெண், fém. de முடவன், femme percluse, estropiée, manchotte, boiteuse, cul-de-jatte, chose courbée.

முடமுட, bruit répété—, son ou mot imitatif du bruissement des feuilles sèches ou de peaux desséchées: முடமுடவென்கல், முடமுடவென்கிறது, faire—, imiter ce bruissement, —ce son répété.

முடம், état d'estropié, défaut des membres, comme d'être perclus, estropié, manchot, boiteux, cul-de-jatte: —ஆக்குகிறது estropier; தவிட்டிறக்கைக்குஞ்சுக்கு—ஆகாது le petit oiseau ne devient pas estropié quoique sa mère mette le pied dessus.

முடலை, balle, globe, boule, grande loupe, rondeur, grosseur, grandeur, force, mauvaise odeur, grosses tenailles, tambour.

முடவன், (முடம்), estropié, perclus, cul de-jatte, manchot, boiteux, Arounen, cocher du soleil, qui est cul-de-jatte ou sans pieds, Saturne dont la marche est si lente qu'il semble perclus: முடவனுங்கொம்புத்தேனுக்கு ஆசைப்படுகிறதுபோல le miel du bout d'une branche viendra-t-il, par ce qu'un estropié le désire? i. e. ne désirez pas ce que vous ne pouvez vous procurer.

முடவாட்டுக்கல், (முடம், ஆடு, கல்), bézoar, litt. pierre de brebis boiteuse.

முடிகிறது, கினான், கிவான், வ, வ, v. n. முடவுதல், n. v. boiter, clocher, être boiteux, perclus, estropié.

முடி, 1° n. v. imp. et part. de முடிகிறது. 2° imp. de முடிக்கிறது. 3° couronne, diadème, chapiteau, coudoumi ou toupet du sommet de la tête, (que les Indiens laissent croître tandis que le reste de la tête est rasé), chevelure nouée sur le sommet de la tête, ce qui est un des தலையுறுப்பு, tête, toupet, touffe de cheveux, chevelure, —nouée ou roulée, perruque, paquet de riz ou autres céréales liées pour être transplantées, le basilic துளசி, moitié d'un coco, lien, ligature, bourse ou argent renfermé dans un pan de toile noué, nœud, —d'arbre: வெண்கலமுடி chapiteau de bronze; —அறுக்கிறவன் coupeur de bourse; —காணிக்கை offrande de sa chevelure comme vœu à une idole après l'avoir laissée pousser pour cela; —கீரை herbe potagère encore tendre, jeune pousse d'herbes potagères; —க்கோரை le jonc cyperus difformis; —க்கட்டு manière de lier les cheveux; —க்கட்டேறுதல் manière de les—, les lier en haut; —சூடுகிறது se mettre —, porter la couronne, être couronné: —சூட்டுகிறது, (dat.), couronner; —சூட்டு couronnement; —தரிக்கிறது se mettre —, porter une couronne, être roi, ou —தரிப்பிக்கிறது couronner; —த்தும்பை la plante தும்பை qui sert à faire des couronnes; —நாகம் l'insecte இந்திரகோபம்; —தரித்தவன், — பொறுத்தவன், —பொறுத்தவன் roi couronné, —

qui porte la couronne;—மயிர் perruque;—மாலை couronne de fleurs, guirlande dont on s'orne la tête, dont on orne la couronne;—மேற்று l'arbre செருந்தி;—மேலும் la plante கொட்டைக்கரந்தை;—யிறக்குகிற raser la chevelure qu'on avait laissée croitre par vœu pour l'offrir à une idole, outrager—, déposer un roi;—புனைகிறது, —புனைதல்,—புனையப்படுகிறது être lié, attaché, noué;—புறப்பு partie—, ornemens d'une couronne, fleuron;—வணங்காதவன் superbe, qui n'incline la tête à personne.

முடிகிறது, முடிந்தேன், முடிவேன், முடி, முடிய, v.n. et a. (முடி), et முடிதல் n.v. lier, attacher, nouer, faire un nœud, se mettre, finir, s'achever, se terminer, périr, se gâter, mourir; முடிந்துபோகிறது finir, se terminer;முடிந்துபோயிருக்கிறது,—கட்டுகிறது lier, attacher, nouer (v.g. de l'argent dans une toile); நீர்காலால் முடிந்ததைநான்கையால் அவிழ்க்கமாட்டேன் je ne saurais délier même avec mes mains ce que vous avez lié avec vos pieds; முடிய, inf. adv. jusqu'à la fin, finalement;முடியாமலிருக்கிறது rester inachevé, n'être pas fini.

முடிக்கிறது, முடித்தேன்,முடிப்பேன், முடி, முடிக்க, v.a. de முடிகிறது et முடித்தல், n.v. finir, terminer, achever, détruire, perdre, mettre sur la tête, se—, revêtir: முடித்துக்கொடுக்கிற து,finir et donner,—pour un autre; —ப்போடுகிறது finir, achever; வேலையைச்செய்துமுடித்தான் il a fini l'ouvrage; சொன்னபடி செய் il faut faire ainsi,faites comme il est dit.

முடிச்சு, n. v. de முடிகிறது, nœud, lien, ligature, paquet (dans lequel quelque chose est liée), articulation, jointure,— du cou, nœud ou difficulté d'une affaire, ruse, intrigue, fin, chose finie: முடிச்சவிழ்க்கிறது défaire un nœud, le dénouer; முடிச்சவிழ்க்கி, முடிச்சுமாறி voleur, filou, coupeur de bourses;—க்குத்தி chaine torse;—முடிச்சாய் முடிக்கிறது être plein de nœuds.

முடித்து, gér. de முடிக்கிறது:—காட்டல் un des 32 தந்திரயுத்தி, finir et montrer,montrer après avoir fini,— qu'on a terminé son ouvrage comme les anciens.

முடிந்தது, (முடிகிறது), ce qui est fini: முடிந்ததுமுடித்தல் un des 32 தந்திரயுத்தி finir d'une manière générale ce qui est fini d'une manière particulière, récapituler ce qu'on a expliqué.

முடிப்பவி, முடிப்பறி, P. முடிப்பறி, (முடிப்பு, உறி), litt. celui qui arrache l'argent lié,percepteur,receveur d'impôts, de taxes, de rentes, du produit d'une vente etc ...charaf ou banquier natif.

முடிப்பு, n. v.de முடிகிறது,nœud, lien, argent lié, — lié dans une toile, fin, conclusion, décision, détermination, total, somme totale;—கட்டுகிறது lier,faire un nœud,finir, terminer, conclure,décider;—சொல்லுகிறது donner l'argent qu'on avait noué, payer les impôts, les rentes:...;—சொல்லுகிறது dire la décision, déclarer le jugement.

முடியப்பன், (முடி, அப்பன்),Étienne, Stéphane.

முடிவன், n.v.de முடிகிறது, fin, terminaison, tout l'ensemble.

முடியா, முடியாத, part. nég. de முடிகிறது, interminable, infini: அறிந்துமுடியாத inscrutable, impénétrable, introuvable; செய்து—, interminable; சொல்லி —,indicible inexprimable, ineffable; முடியாதசு மயம் cercle vicieux.

முடியாமை, n.v.nég. du même, état de ce qui n'est pas fini, de ce qui est interminable.

முடிவு, n.v. du même, fin, conclusion, décision,mort: முடிவறிகிறது, connaitre—, obtenir la fin, atteindre son but, acquérir parfaitement; முடிவற்ற,முடிவில்லாத infini, sans fin, interminable:முடிவான நாள் le jour définitif, ou décisif, le dernier jour; முடிவிடம் la fin, terme, limite; முடிவிடங்காட்டல் proclamer la fin, un des 32 தந்திரயுக்தி montrer les endroits ou textes des classiques qui confirment son ouvrage; முடிவில்லாத infini, éternel; முடிவில்லாதவை choses infinies,— éternelles, ou interminables; முடிவில்லாமை infinité, éternité, état—, chose interminable, — sans fin; முடிவெழுத்து lettre finale.

முடிவுரை, (முடிவு, உரை), conclusion, péroraison.

முடுக, inf. de முடுகுகிறது, adv. promptement, vite, à la hâte.

முடுகடி, (முடுகு, அடி), proximité, voisinage.

முடுகல், opt. et n. v. de முடுகுகிறது, hâte, vitesse, approche, essaim, foule, presse, force, opposition, résistance.

முடுகி, gér. du même.

முடுகியல், (முடுகு, இயல்), espèce d'air dit வண்ணம்,— de mesure vive et rapide dont tous les mots ont la même terminaison comme en latin *quadrupedante sonante.*

முடுகு, 1° mesure vive comme ci-dessus, femelle de l'élan dit கடம்பை. 2° imp. et part. de

முடுகுகிறது, sync. முடுகிறது, கினேன், குவேன், கு, க, v.n. முடுகுதல், n.v. se presser, se hâter, s'approcher, paraître—, venir en foule, s'attrouper, se serrer, être serré, s'opposer, résister: முடுகிநடக்கிறது marcher vite.

முடுக்கர், caverne de montagne.

முடுக்கல், opt. et n.v. de முடுக்குகிறது, urgence, presse, instance.

முடுக்கன், (முடுக்கு), homme fort, robuste.

முடுக்கி, 1° fém. du préc. femme vigoureuse. 2° gér. de முடுக்குகிறது.

முடுக்கு, force, pouvoir, coin, angle, lieu étroit, rue étroite et tortueuse, ruelle, cul-de-sac, tortuosité, étroitesse, gêne, compression, presse, vitesse, n.v. imp. et part. de முடுக்குகிறது: முடுக்காய்ப்போகிறது devenir fort, robuste; முடுக்குத்தெரு ruelle, rue étroite et tortueuse;—வழி chemin—, sentier étroit.

முடுக்குகிறது, sync. முடுக்கிறது, க்கினேன், க்குவேன், க்கு, க்க, v.a. de முடுகுகிறது et முடுக்குதல், n. v. presser, pousser, chasser devant soi, faire aller vite, insister, appuyer sur, serrer, forcer, fourmiller, s'attrouper: மாடுகளைமுடுக்கியோட்டுகிறது faire courir vite—, presser les bœufs; கடனுக்குநெருக்கிமுடுக்கினான் il a pressé fortement pour le paiement de la dette.

முடுங்குகிறது, sync. முடுங்கிறது, கினேன், குவேன், கு, க, v. n. du préc. முடுங்கல், முடுங்குதல், n. v. se serrer, se presser, être pressé, serré, à l'étroit.

முடுவல், chien sauvage,— marron, chien, chienne: முடுவற்படையோன் celui qui a une armée de chiens, *i. e.* Vaïraven.

முடை, 1° parapluie de feuilles de palmier, puanteur, mauvaise—, odeur, viande (en général). 2° imp. et part. du suiv.:—ச்சேரி village dans les bois,— de bergers;—நாற்றம் mauvaise odeur, puanteur de carcasse,— de viande gâtée, odeur de graisse.

முடைகிறது, டந்தேன், டவேன், டை, டய, v.a. et n. முடைதல், n. v. tresser, entrelacer, faire des claies..., tisser, maigrir, devenir maigre, fluet, chétif: கூடை— faire une corbeille; பாய்— faire des nattes; முடைந்துபோடுகிறது tresser, tisser.

முடைக்குகிறது, கினேன், குவேன், கு, க, v.n. முடைக்குதல், n.v. se serrer, se presser, être pressé, serré, à l'étroit.

முட், P. முள் épine, devant க, ச, த, ப, épineux, d'épine:—கடு le cadou ou terminalia épineux;—காடு forêt d'épines, lieu rempli d'épines, de broussailles;—சங்கோவை la plante ou l'arbrisseau galega spinosa;—கிளுவை l'arbre amyris spinosa;—கீரை espèce d'herbe potagère épineuse, — d'arbuste épineux:—மொள் ளிறை l'arbrisseau cæsalpinia scandens; —கோல் aiguillon, bâton armé d'une pointe —, pointe de fer:—சங்கு 1° conque ou coquillage hérissé de pointes, espèce d'arme. 2° ou முட்சங்கம் et முட்சக்கஞ்செடி monetia épineux;—செடி arbuste—, buisson épineux:—செவ்வந்தி espèce de rose, — de chrysanthème épineux.

முட்கள், pl. de முள், épines.

முட்ட, 1° inf. de முட்டுகிறது. 2° ou முட்டவும், P. முற்ற, entièrement, totalement. 3° obl. de முட்டம்:—க் கனிப்பு montagne où il y a du zinc.

முட்டடி, (முட்டு, அடி), proximité, voisinage.

முட்டடைப்பன், (id. அடைப்பன்), suffocation —, esquinancie —, maladie des animaux (qui les suffoque), courte haleine.

முட்டத்தனம், (முட்டன்), ignorance, stupidité, obstination, grossièreté.

முட்டமுடிய, P. முற்றமுடிய.

முட்டம், 1° ou திருமுட்டம், nom d'une ville au sud de Madras. 2° P. முகிட்டம், vol. 3° P. முட்டோம், nég. de முட்டுகிறது, nous ne manquerons pas...

முட்டரிசி, (முட்டு, அரிசி), riz non entièrement bouilli, — cuit.

முட்டல், opt. et n.v. de முட்டுகிறது, besoin, manquement, opposition, attaque, approche, choc, ruade, recul, manque.

முட்டவும், P. முற்றவும்.

முட்டற்றது, (முட்டு, அற்ற), ce qui n'a pas de support, — d'appui.

முட்டன், (முட்டு), benêt, homme stupide, — colère, bourru, fâcheux.

முட்டா, 1° (ind.) pl. முட்டாக்கள், biens, possessions, terres, richesses. 2° espèce de pâtisserie au miel, sucrerie, provision d'épices, V. சம்பாரம். 3° ou முட்டாத, part. nég. de முட்டுகிறது.

முட்டாக்கு, voile, couverture, manteau:—க்காரன் homme qui se voile la figure.

முட்டாட்டம், (முட்டு, ஆட்டம்), ignorance, stupidité, opiniâtreté, obstination, entêtement d'ignorance, caractère bourru, choc, — de la tête, ou —அடிக்கிறது, —ஆடுகிறது, —பன்னிக்கொள்ளுகிறது heurter de la tête, se donner des coups de tête comme les béliers, être capricieux, bourru, obstiné.

முட்டாள், (முட்டு, ஆள்), benêt, stupide, personne sotte, ignorante, grossière, ouvrier grossier, — ignare:—பெட்டிமகன் fils de femme imbécille, i. e. homme trés-ignare:—வேலை ouvrage grossier, —de sot, bêtise, étourderie.

முட்டி, 1° gér. de முட்டுகிறது. 2° P முஷ்டி. 3° la 49me des கலைக்கியானம் ou sciences indiennes, i. e. art de découvrir par des calculs astronomiques ce que quelqu'un tient caché dans sa main. 4° l'arbre எட்டி striychnos, la plante ou arbuste dit முட்டிபேர், pavonia (dont on distingue 2 espèces dites பெருமுட்டி et சிற்றுமுட்டி, vase, pot de terre (pour recevoir le jus du palmier...), fouet, cravache: —க்காரன், V. முஷ்டிக்காரன்:—க்கத்தரி espèce de bringelles; —க்கால் jambes—, pieds qui battent le briquet, —qui en marchant se choquent l'un l'autre, personne —, cheval —, animal dont les genoux battent le briquet, se mettre à genoux: —க்கால்போட்டிருக்கிறது être à genoux;—கேட்கிறது demander l'aumône; —க்கேட்கிறது demander instamment, — par besoin:—க்கொள்ளுகிறது heurter de la tête, donner un coup de tête; —ச்சண்டை combat à coup de poing, pugilat: —ச்சுரை espèce de gourde ou சுரை, calebasse de mendiant; —பாதம், —யுத்தம் combat à coups de poings, pugilat;—ப்போகிறது devenir nécessiteux, tomber dans le besoin, manquer des choses nécessaires à la vie; —ப்போடுகிறது frapper avec les—, donner des coups de cornes, chasser de force;—

வெடுக்கிறது recevoir —, demander l'aumône, prendre avec ses cornes, prendre un fardeau sur sa tête et le porter: —வருகிறது V. முட்டிப் போகிறது; —வாங்குகிறது recevoir l'aumône; —செடி la plante pavonia.

*முட்டிகன் P. முஷ்டிகன்.

முட்டிகை, longues tenailles —, pinces d'orfèvre, coup de poing, fouet, — de cheval, marteau de forgeron.

முட்டு, n.v. *imp. et part. de* முட்டுகிறது, manque, défaut, détresse, pauvreté, gène, peine, étroitesse, clôture, blocus, opposition, obstacle, empêchement, bride, meubles, ustensile, vase, soutien, support, appui, étai, genou, choc —, coup de tête, choc, colline, hauteur, élévation, flux menstruel, menstrues: நட்டுமுட்டு divers instrumens de musique; நட்டுமுட்டுக்காரர், V. முட்டுக்காரர்; முட்டறவிருக்கிறது être défectueux, manquer; முட்டிடுகிறது s'agenouiller, se mettre à genoux, mettre un soutien, un appui; முட்டிட்டிருக்கிறது être agenouillé, — à genoux, avoir mis un appui; முட்டுத்தற fou, stupide, ignorant; முட்டுத்தறவன் homme stupide, sot, benêt; முட்டுத்தறது chose folle, vaine, inutile, futile; —கட்டுகிறது, —கட்டிப் போடுகிறது bloquer, assiéger, fermer l'entrée, — les avenues (d'une ville....), enclore de haies..., faire des chaussées, des sillons dans un champ ou des planches dans un jardin, limiter, renfermer dans des limites, mettre un appui, un support, bâtir un arc-boutant: —கட்டியிருக்கிறது, —கட்டிக்கிடக்கிறது être bloqué, assiégé, renfermé; —கட்டியாடுகிறது faire des tours —, marcher sur des échasses; —க்கட்டை étai, pièce de bois servant d'appui ou de support; —க்கைக்கன் partie —, ornement de bijou; —க்காய் coco encore tendre; —க்காரன் celui qui bat la mesure avec la cymbale; —க்கால் étai, appui, support, arc-boutant, genou; —க்கால்கொடுக்கிறது, —க்காலமைக்கிறது mettre un étai, — un appui; —க்குத்திவிழுகிறது tomber sur ses genoux; —க்கொடுக்கிறது étayer, mettre un support; —க்கோல் linge de femme qui a ses règles; —த்தனம், V. முட்டாட்டம்; —த்தேள்ளுநோய் nom d'une maladie; —படுகிறது choquer, heurter contre, être heurté, manquer, éprouver le manque..., — la pauvreté; —ப்பாடு manque, pauvreté, mal, peine, étroitesse, gêne, suffocation; —முட்டாய்க்கிடக்கிறது (un champ...) être plein de monticules; —யுத்தம் combat de près, — corps à corps, — à se heurter; —வாங்குகிறது, —வாங்கிப்போகிறது lever le siége, — le blocus et se retirer, le blocus être levé; முட்டுக்குத்திக்கிறது être prêt à se heurter, à frapper de la tête, à se battre, à lutter.

முட்டுகிறது, முட்டினேன், முட்டுவேன், முட்ட, முட்டு, *v.a. et n.* முட்டுதல், *n.v.* manquer, avoir besoin, faire défaut, empêcher, s'opposer, assaillir, attaquer, donner —, frapper contre, heurter, toucher, s'approcher, s'unir, s'attacher, être collé, serrer, presser, s'achever, s'accomplir.

முட்டுண்கிறது, (முட்டு, உண்கிறது), être heurté, froissé, être frappé d'un coup de tête d'un animal: முட்டுண்டுகுனிகிறது se courber après avoir heurté la tête contre le linteau de la porte, prendre trop tard ses précautions.

முட்டை, 1° œuf, animal ovipare, (c'est une des 4 espèces de naissances தோற்றம்-ல்), son de froment, de riz..., nom d'une maladie. 2° *acc. de* முட்டு. 3° *P.* முட்டாய், *nég. de* முட்டுகிறது, tu ne manques pas: தோக்க—œuf sans coque; —ஓடு coque d'œuf; —க்கண் grands —, gros yeux; —க்கண்ணீர் grosses larmes, larmes qui coulent goutte à goutte; —க்கத்திரி bringelle ou mélongène dont le fruit ressemble à un œuf; —த்தாளி

பேசமூடுகிறது mettre des bouses sèches et du bois (pour faire bouillir très-fort...);—ப்பாசி la plante aquatique utricularia stellaris. [risson.

முட்பன்றி, (முள்), porc-épic, hé-

முட்பன்றிச்செள், (id.), piquant de porc-épic.

முட்குடம், (id.), espèce d'arbrisseau.

முணங்கல், opt. et n. v. de முணங்குகிறது, sujétion, soumission.

முணங்கு, sujétion, dépendance, obéissance, retenue, n.v. imp. et part. de

முணங்குகிறது, sync. முணங்கிறது, கினேன், குவேன், கு, க, v. n. et முணங்குதல், n.v. obéir, se soumettre, être soumis, sujet, dépendre.

முணமுண, முணுமுணு, mot—, son imitatif de murmure, de chuchotement: முணமுணவென்கிறது, முணுமுணுவென்கிறது, ou

முணமுணக்கிறது, ணத்தேன், ணப்பேன், ண, ணக்க, v. n. (முண முண), murmurer, chuchoter, marmoter, gronder; முணமுணவென்று சொல்லுகிறது dire en chuchotant, en marmotant, en grondant.

முணமுணத்தல், முணமுணப்பு n.v. du préc. murmure, chuchotement, marmotage.

*முண்டகம், 1° (moundaka), tête, front. 2° miel—, suc de fleurs, caillou ou jus de cocotier ou de palmier, nénuphar, l'arbrisseau தாழை pandanus, l'arbre சுண்டைமரம், arbuste—, buisson épineux, la plante épineuse முள்ளி, solanum indicum, mer. [bier. 2° ou முண்டகன்.

*முண்டகன், 1° (moundaka), bar-

*முண்டகாசனன், (முண்டகம், ஆசனம்), celui qui est assis sur un nénuphar, i.e. Brama.

*முண்டகாசனி, முண்டகாசனை, (id.), celle qui est assise sur un nénuphar, i. e. Lakchimi.

முண்டடிக்கிறது, (முண்டு, அடிக்கிறது), faire le—, être pétulant, désobéissant, opiniâtre, revêche.

*முண்டம், (mounda), tête, front, tête rasée, —chauve, calvitie, tronc, — d'arbre,— ébranché, pieu. 2° boule, balle, globe, rondeur, corps nu, nudité, un des 32 உபநிஷதம்: —ஆய்நிற்கிறான் il se tient debout tout nu; முண்டசந்நியாசி sannyasi rasé ou chauve (surtout de la secte des Smartas);—சாலி espèce de grain,— de riz, tête rasée;—பலம் le fruit qui ressemble à une tête chauve, i.e. le coco;—மண்டலி nombre de têtes rasées, masse de troupes.

*முண்டனம், (moundana), action de raser, de rendre chauve.

*முண்டன், (mounda), barbier, homme à tête rasée, le serpent கேது ou le nœud ascendant.

*முண்டாகாரம், (முண்டம், ஆகாரம்), forme—, chose ronde,— entière, dont les parties ne sont pas séparées.

முண்டாசு, (ind.), turban. [parées.

முண்டாசி, bonbon, sucrerie, confiture.

*முண்டி, 1° (moundi), barbier, homme à tête rasée, à tête chauve. 2° imp. de

முண்டிக்கிறது, டித்தேன், டிப்பேன், டி, டிக்க, v.a. முண்டித்தல், n.v. (mound raser), raser, — la tête.

*முண்டிதம், (moundita rasé), état d'une tête rasée, calvitie: முண்டிதசிரசு tête rasée. [ம்.

முண்டிதாம், un des 32 உபநிஷத

*முண்டிதிகை, முண்டிரிகை, முண்டிரி, (mounditika, — dirikâ, — diri), plante rampante à fleurs rouges et jaunes.

முண்டு, ceinture intérieure, toile de dessous longue de 4 coudées qu'on attache autour des reins, ou — த்தனம் obstination, opiniâtreté, rudesse, insubordination, désobéissance, ignorance, pétulance, insolence; —க்காரன் homme pétulant, opiniâtre, ingouvernable, insubordonné; —பண்ணுகிறது ou

முண்டுகிறது, டினேன், டுவேன், டு, ட, v.n. முண்டல், முண்டுதல், n. v. être opiniâtre, ingouvernable, pétulant, insolent, insubordonné, faire le revêche, le désobéissant.

*முண்டை, 1° (moundâ rasée.), femme rasée, i.e. veuve (qui a ordinairement la tête rasée), tête rasée, — chauve, garance du Bengale. 2° prunelle de l'œil: —க்கண் œil gros et protubérant; —பெண்பிள்ளை veuve rasée.

முண்ணுவி, (முள், நாயகி), nom d'un arbrisseau, litt. la maitresse des épines. [mier épineux.

முண்ணுவல், (id. நாவல்), pommuண்மா, (id.), porc-épic, hérisson, [nes.

முள்முடி, (id.), couronne d'épi

முள்முருக்கு, (id.), l'arbre கலியாணமுருக்கு. [délice.

*முதம், (moudâ), joie, plaisir, முதிக்கிறது, V. முதனிக்கிறது.

முதல, 1° inf. de முதலுகிறது. 2° 3me pers. pl. n. du குறிப்புவினை de முதல், ont pour commencement: அகரமுதலவெழுத்தெல்லாம் toutes les lettres ont pour commencement la lettre a ou அகரம்.

முதலது, (முதல்), le premier, ce qui est le premier, — devant, antécédent.

முதலல், opt. et n.v. de முதலுகிறது, commencement, présidence, préséance.

முதலவள், f. முதலவன், m. (முதல்), la première, le premier: முதலவர் les premiers; முதலவை les premières choses. [premier, est le premier.

முதலாம், (id. ஆம்), premier, le

முதலாய், 1° (முதல், ஆய்), même, aussi, depuis: ஒருவார்த்தை—சொல்லாமற்போனான் il est parti sans dire un seul mot; தண்ணீர்—இங்கேயில்லை ici il n'y a pas même d'eau; மகனே—toi aussi mon fils; இன்று—, இது— depuis ce jour, désormais. 2° 2e pers. nég. de முதலுகிறது, tu ne commences pas....

முதலாவது, (id. ஆவது), ce qui est ou sera le premier, premièrement, en 1er lieu.

முதலாளி, m. f. (id. ஆளி), président, chef, propriétaire, présidente, maitresse, supérieure: — அம்மாள் la supérieure.

முதலி, 1° gér. de முதலுகிறது. 2° le premier, le chef. 3° et à l'hon. முதலியார், titre honorique des Savalavellajers et de quelques autres castes, qu'on ajoute à leur nom propre, v.g. சவேரிமுத்துமுதலியார் Xavier Moudéli: முதலியார் est aussi un titre de dignité dans l'île de Ceilan; முதலிச்சாதி la caste des Moudélis, de ceux qui ajoutent le titre de முதலியார் à leur nom propre; முதலிமார், les Moudélis, les gens de cette caste.

முதலிய, முதலின, part. parf. de முதலுகிறது, qui a présidé, qui est le premier, et les autres, et autres semblables, V. முதலான: முதலியவைகள் et les autres choses semblables, et cætera.

முதலிலாதல், (id. இலன், ஆதல்), être éternel, sans principe ni commencement, c'est un des attributs de Dieu dits அநாதி, l'éternité.

முதலுகிறது, லினேன், லுவேன், லு, ல, v.n. முதலுதல், n.v. (முதல்), commencer, devenir —, être le premier, présider, devancer.

முதலே, (முதல், ஏ), d'abord, premièrement, auparavant.

முதலேன், nég. de முதலுகிறது, je ne commence pas...

முதலை, 1° crocodile, alligator, la plante செங்கிடை. 2° P. முதலாய், 2e pers. nég. de முதலுகிறது, tu ne commences pas... 3° acc. de முதல்: —க்கோரை l'herbage ou jonc cyperus dubius; —ப்பூண்டு la plante polygonum glabrum.

முதலோன், (முதல்), le premier, le principe de tout, Dieu.

முதல், 1° commencement, principe, origine, chef, premier, premièrement, le principe de tout, Dieu, capital, argent prêté à intérêt, le principal, le fonds (d'un marchand...), principal jet ou rejeton d'une plante d'où sortent les autres, depuis, de ou du (c'est une des formes de l'ablatif, et du locatif, Ex.: கயிலைமுதல்குமரிவரையும். மகனே

l'obscurité où périt la connaissance et qui vient du désert (அரசர்.P.அரசு), et autres, et autres semblables, et cætera. 2° *imp. et part. de* முதலு இறது: இன்று—, இது— depuis ce jour, dès aujourd'hui, désormais; அப்போ— depuis lors;— அக்கே போ va premièrement là;—அநுமானம் 1re conjecture ou induction, conjecture d'après la 1re cause;—அற்றுப்போகிறது le capital se perdre,— être perdu,(une famille) s'éteindre complètement; —அற்றுப்போனவள் femme qui a perdu son chef, veuve,femme délaissée;—ஆகிறது,— ஆதல் devenir —, être le premier, le chef,présider;—ஆதல் commencement, primauté;—ஆன, ஆகிய qui est devenu—, qui est le premier, et les autres, et autres semblables, et cætera: கண்காது— ஆனவிந்திரியங்கள் les yeux, les oreilles et les autres organes des sens;புலிகோனாய்— ஆனதுஷ்டமிருகங்கள் les tigres,les loups et autres bêtes féroces; இவைமுதலானவைகள் ces choses-ci et les autres choses semblables, et cætera;—இடைகடை le commencement, le milieu et la fin;—இலாதல் être sans commencement; —இல்லாமலிருக்கிறது être sans capital, sans fonds, être pauvre, n'avoir pas le sou, être sans commencement;—ஈற்று 1re portée, 1re ventrée,1er petit;—எழுஞ்சனி la 1re des 3 constellations dites சனி, *i.e.* la 10e contellation dite மகம்;—எழுத்து lettre initiale, lettres primitives ou principales au nombre de 30, savoir: les 12 voyelles et les 18 consonnes pointées;d'elles se forment les lettres combinées d'une consonne et d'une voyelle nommées சார்பெழுத்து;—கொடுக்கிறது donner un capital, un fonds (pour trafiquer...);—தீர்த்தம்,*V.* முதற்றீர்த்தம்;—போடுகிறது former—, avancer un capital;—மடை partie d'un champ —, rizière la plus près de l'écluse;—முதல் commencement,origine,d'abord, premièrement; —முதற்கொண்டு க்கிறது donner le premier,— avant les autres;—முதல்வாங்குகிறது recevoir le premier,— avant les autres; —வடி,—வடிப்பு 1re distillation; —வள்ளல் le 1er des hommes généreux, homme généreux de la 1re classe, celui qui donne connaissant le besoin par une marque extérieure et sans attendre la demande; —வேதம் le 1er des 4 வேதம், *i. e.* le rig-vèda ou இருக்குவேதம்.

முதல்வர், les premiers; les chefs, les rois,les habitans des cieux, immortels, *pl.de*

முதல்வன், (முதல்),le premier, — de tous, Dieu, le premier être,(chaque sectaire l'applique à son dieu particulier, comme à) Siven, Arouguen, roi, prince, chef, maitre, supérieur.

முதல்வி, *fém. du préc.* la premiére, supérieure, femme éminente, maîtresse de maison, déesse.

முதலை, *P.* முதலே, crocodile, nom d'une plante marine.

முதற், *P.* முதல்,devant க,ச,த,ப: —கண் la 1re place; —கனி prémices; —காரன் capitaliste, celui à qui appartient le capital, — le fonds; கை—கைகாரன் homme opulent;—காரணம் 1re cause; —காரணகாரியம் effet de la 1re cause;— குறை aphérèse,retranchement de la 1re syllabe d'un mot,comme மரை, *P.* தாமரை nénuphar; —கொடி 1er drapeau, principal rejeton d'une plante;—கொண்டு dès, depuis; இது—கொண்டு dès ce moment-ci, désormais; —கோடை 1re chaleur;—படை avant-garde (d'une armée);—பட்சம், —பக்கம் 1re phase,— demi-lunaison, - quinzaine d'un mois lunaire, 1re qualité;—பட்டம் la 1re dignité, la tonsure;—பட்டம்பெற்றவன் celui qui a obtenu ou reçu la 1re dignité, tonsuré;—பலம், —பலங்கள், பலபாகம்,—பாகம்,—பலன் 1er fruit, 1ers fruits, prémices;—பா la 1re espèce de vers tamouls,*i. e.* le vèmba ou வெண்பா;பெயர் le 1er nom,—des mots composés, nom désignant un tout (par opposition à சினைப்பெயர் nom de parties): —பேறு 1er accouchement, premier-né, 1re portée, 1er fruit, prémices: —பேறன், —பிறந்தான் ainé, premier-né — பொருள் chose principale, 1er objet (par rapport aux 5 espèces de terrains dits குறிஞ்சி, பாலை, முல்லை, மருதம், நெய்தல்), le temps et la place de ces terrains. [fois, 1re qualité.

முதற்றரம், (முதல், தரம்), la 1re

முதற்றாரம், (id. தாரம்), la 1re épouse, — femme.

முதற்று 3e pers. sing. n. du குறிப்புவினை de முதல், a pour commencement: ஆதிபகவன்முதற்றேயுலகு le monde a Dieu ou l'Etre suprême pour principe.

முதனாள், (முதல், நாள்), le 1er jour, la veille, la 1re constellation lunaire dite அசுபதி.

முதனிலை, (id. நிலை), racine d'un mot, radical, 1re partie des mots composés, 1re place, 1er lieu: —த்தீபகம் mot qui vient au commencement et auquel se rapportent plusieurs membres de la phrase où il est sous-entendu; (c'est une des beautés des vers); —த்தொழிற்பெயர் nom verbal ou dérivé du verbe et qui n'a que le sens du radical, comme வருதல் venir; —விளக்கு mot qui se trouvé au commencement et se rapporte à plusieurs membres de la phrase; c'est un des தீபகாலங்காரம்.

முதனிறம், (முதல், நிறம்), la 1re couleur, espèce de pierre noire dite மாம்சச்சிலை.

முதனிற்கிறது, (id. நிற்கிறது), se tenir —, être le premier.

முதனூல், (id. நூல்), la première science, i.e. la parole de Dieu.

முதன்மடக்கு, (id. மடக்கு), répétition au commencement des vers d'un ou de plusieurs pieds, mais avec des sens différens.

முதன்மறிநிலை, (id. மறி), figure qui emploie le nom du tout pour celui d'une partie, ou le nom d'une partie pour celui du tout.

முதன்மாணாக்கர், (id.), les 1ers disciples, les disciples du 1er rang ou de la 1re qualité.

முதன்மை, (முதல், மை), 1er lieu, priorité, primauté, supériorité, autorité: — யானஅற்புதம் la 1re merveille, la merveille par excellence; — யானசமயம் la 1re occasion, — ou la principale secte; சகலத்துக்கும் முதன்மையாய் en 1er lieu, avant tout.

முதன்மொழி, (id.), 1er mot, mot qui, dans les idées superstitieuses des Indiens, peut venir au commencement d'un ouvrage et qu'on appelle மங்கலச்சொல்.

முதன்மைபேர், (id.), les chefs, les principaux.

முதாரி, முதாறு, (முது, ஆறு), vache qui a un veau bon à être sevré: முதாறுகன்று veau déjà grand, — bon à être sevré ou déjà sevré; —பால் lait d'une vache presque tarie et dont le veau est sevré. [bonheur.

*முதிதம், (moudita), joie, plaisir,

முதிய, adj. de முதுமை, vieux, ancien, antique: —கொல்லை vieux champ; — தவம் pénitence ancienne, — censée faite dans une vie antérieure; — ராசமகேந்திரவரம் l'ancien இராசமகேந்திரம், i. e. l'ancien Râdjamandri dans les Circars du nord; முதியது ce qui est vieux..., pl. முதியவை vieilles choses.

முதியம், la plante நாய்க்கடுகு.

முதியவள், (முதிய), vieille, — femme. [V. முதியாள்.

முதியன், (id.), ancien, vieillard,

முதியர், முதியோர், (id.), les anciens, les vieillards.

முதியான், (id.), jeune homme, — homme qui a fini de croître, homme fait, jeune veau déjà sevré, chose vieille, nom d'un oiseau.

*முதிரம், (moudira), nuage.

*முதிரன், (id.), libertin, débauché, galant.

முதிர்மை, P. முதிர்கை.

முதிரா, முதிராத, part. nég. de முதிர்கிறது, non mûr, qui ne mûrit pas: முதிராப்பிண்டம் embryon, fétus non formé, — non parvenu à maturité.

முதிரை, nom d'un arbre, les plantes légumineuses dites அவரை, துவரை, காராமணி, கொள்ளு, diverses espèces de pois, fèves, haricots ou lentilles.

முதிர், imp. et part. du suiv.: —காற்று vent violent; —பிறை croissant de la lune après le 4ᵉ jour, second quartier; —வேனில் grande chaleur, la chaude saison dans les mois de ஆனி et ஆடி; — வேனிற்பண்பு propriété de la chaude saison, comme soufflement du vent d'ouest, apparition du mirage, la joie des cailles, de l'oiseau noir கரிக்குருவி, des alouettes, des corbeaux et des perdrix, floraison du jasmin, du tamarinier et de l'arbre பாதிரி, fructification des arbres பலா, மாஞ்சிரம், நாவல் et இருப்பை.

முதிருகிறது ou முதிர்கிறது, ந்தேன், ருவேன் ou ர்வேன், ருக, ர, v. n. முதிருதல் et முதிர்தல் ou முதிர்ந்திடுகிறது, n. v. mûrir, — à l'excès, durcir en mûrissant (comme le coco), parvenir à sa pleine croissance, à sa perfection, à un degré supérieur, se dessécher, sécher (comme les vieilles feuilles), vieillir, être mûr, mûri, vieux, desséché, brûlé ou grillé faute de pluie, rassis, grave, sérieux, sage, prudent dans sa conduite, avoir l'esprit ou le jugement mûr: முதிரவேகுகிறது cuire trop, — jusqu'à se dessécher; முதிர்ந்துபோகிறது vieillir, devenir vieux; முதிர்ந்திருக்கிறது être mûri, mûr, vieux...; முதிர்ந்திருக்கிறபெண் jeune fille non mariée qui est déjà avancée en âge, — qui a passé 20 ans; தைலங்காய்ந்துமுதிர்ந்து l'huile à trop bouilli.

முதிர்ச்சி, n. v. du préc. maturité, perfection, hauteur, excellence.

முதிர்ந்த, part. parf. du même. mûr, mûri, vieilli, parfait, accompli: —கல்வி grande science, — érudition; —சொல், —பேச்சு parole ou discours mûri, d'un esprit mûr, d'un grand sens, qui marque beaucoup de connaissances, discours qui va trop loin et devient choquant; —பகை haine invétérée; —புத்தி esprit mûr, rassis, intelligence mûre; — பைத்தியம் folie complète; —மரம் vieil arbre; —பிராயம், —வயசு vieillesse; —வியாதி maladie invétérée; வயது முதிர்ந்திருந்தும் செய்கையிலே அம் முதிர்ந்தவனல்ல quoique vieillard par l'âge il n'est pas d'une prudence mûre dans sa conduite.

முதிர்பு, முதிர்மை, முதிர்வு, n. v. du même, maturité, perfection, ancienneté. [trouble.

முதிர்ப்பு, n. v. du même, maturité,

*முதி, (moudi), clair de lune, rayons de la lune.

முது, adj. de முதுமை, ancien, vieux, antique, ancienneté: —கன்று, V. முதாருகன்று; —காஞ்சி l'ancien air de musique, le 92ᵉ des பிரபந்தம், poème contenant des avis des sages ou des savans aux ignorans; —காடு forêt antique et épaisse, cimetière, lieu où l'on brûle les morts; —காட்டுத்தரை terre long temps inculte (depuis plus de 15 ans); —கால் anciens pieds de bétel (de l'année précédente); —குன்று vieille montagne, ville nommée aussi திருமுதுகுன்று; —சொம் antique propriété, patrimoine; —சொல் vieux mot, — dicton, proverbe; —தவம், V. முதுவதவம்; —நிலம் terre salée, — stérile, désert, grande étendue de terre stérile; —மகன் le vieux fils, i. e. Sani ou Saturne censé le fils ainé du soleil; —மொழி vieux mot, proverbe.

முதுகு, le dos, l'échine, le derrière, chose grossière, — rude ou forte, grossièreté; அன்பிற்குரைகல்லாகு முதுகு le dos, i. e. ce qu'on dit par derrière est la pierre de touche de l'amitié; முதுகிலேடுக்கிறது, prendre —, porter sur son dos; முதுகெலும்பு épine dorsale; முதுகைக்காட்டுகிறது, முதுகுகாட்டுகிறது tourner—, montrer le dos, v.g. au médecin, prendre la fuite; — கொடுக்கிறது aider, accompagner, tourner le dos, prendre la fuite; — தாங்கி dossier (d'une chaise, d'un banc); — தண்டெலும்பு l'épine du dos, épine dorsale: — நீர், — நீர்ச்சடங்கு cérémonie de verser de l'eau sur le dos le 6ᵉ ou le 8ᵉ mois de la 1ʳᵉ grossesse (pour procurer un heureux accouchement); — நீர்விடுகிறது verser cette eau, faire cette cérémonie; — நூல் fil grossier; — நூற்சீலை toile de fil grossier: ou — ப்புடவை toile grossière; — விரணம் ulcère invétéré sur le dos.

முதுக்குறைகிறது, றைந்தேன், றைவேன், றை, றைய, n. v. être avancé en âge, avoir de l'expérience, une grande science: முதுக்குறைந்தோர் les vieillards, les gens d'esprit; முதுக்குறையாமக்கள் gens sans expérience, sans grande intelligence, les jeunes gens; முதுக்குறைதல், முதுக்குறைவு, n. v. grande science, grande intelligence.

முதுமகன், (முது), vieillard.

முதுமை, (முது, மை), antiquité, vétusté, ancienneté, vieillesse, âge avancé, maturité, proverbe, vieux dicton; (l'adj. est முது, முதிய, முது ou) முதுமையான vieux, ancien, antique.

முதுவர், (முது), anciens, vieillards, ministres d'état, poètes, savans, — qui connaissent l'antiquité ou l'histoire ancienne, antiquaires.

முதுவு, P. முதுகு.

*முதை, (moudâ), joie, allégresse. 2° terre dont on a coupé et brûlé les broussailles et qui est —, terre prête pour le labour: — ப்புனம், (முது), vieux champ, terre cultivée depuis long-temps.

முதையல். (முது), V. முதுகாடு.

முத்சத்தி. V. முசத்தி.

*முத்தகம், (முத்தம், ka), arme qu'on lance, l'arbre கருக்காமரம், ou முத்தகச்செய்யுள் stance contenant un sens complet, (opposé à குளகம்).

முத்தக்காசு, racine médicinale et odoriférante du கோரை cyperus juncifolius, l'herbe cyperus.

*முத்ததை, (முத்தம், tâ), V. முத்தத்துவம்.

முத்தமிழ், (மு, தமிழ்), les 3 espèces de tamoul, i. e. இயற்றமிழ் le tamoul simple, — de la prose; இசைத்தமிழ் le tamoul harmonieux, — de la poésie; நாடகத்தமிழ் tamoul dramatique ou de la comédie: முத்தமிழறிவோன் celui qui possède ces 3 tamouls, i.e. Agastyen et Vaïraven; முத்தமிழ்க்கவிவீரராகவ முதலியார் poëtes illustres et d'un mérite distingué dans les 3 espèces de tamoul.

*முத்தம், (moukta), délivrance, liberté, abandon, chose abandonnée, lancer (une arme), âme délivrée de l'existence mondaine et réintégrée dans son divin original, la position dite முத்தாசனம். 2° (mouktâ), perle. 3° (mougdha), agrément, amabilité, charme, beauté, ignorance, stupidité, simplicité. 4° caresse, baiser, lèvre, terre cultivée, couleur de குக்கில், ce qui est un défaut des pierres précieuses: - இடுகிறது baiser, donner un baiser; — இட்டுக்கொண்ளுகிறது s'entre-baiser, se baiser l'un l'autre: — கொள்ளுகிறது recevoir un baiser, les perles ou les boutons de petite vérole se former; முத்தகஞ்சுகம் peau de serpent, serpent qui a perdu sa peau; — சங்கன் homme libre de tout attachement mondain; - ஞானகுருவி celui dont l'essence est aimable et toute spirituelle, i.e. Dieu; — த்துவம் amabilité, ignorance, simplicité. [de முத்தன்.

முத்தல், 1° hauteur, colline. 2° pl.

முத்தலை, (மு, 3 têtes, trident, dard à 3 pointes: — வேலோன் Bhaïraven ou Siven, celui qui est armé d'un trident, i.e. Siven, Bhaïraven ou வயிரவன்; — யிருதலைவேல் arme —, dard à 6 pointes.

*முத்தன், (moukta), homme pur, digne du paradis, délivré du mal, libre de tout attachement au mon-

முப்புரம், (*id.*), la triple ville, les 3 villes, les 3 espèces de villes, *i. e.* villes à rempart de fer, — d'argent, — d'or, *V.* திரிபுரம்.

முப்புரி, (*id.*), 1° la triple ville, 3 villes. 2° triple cerdon, — corde (composée de 3 cordonnets): —க்கயிறு, —நூல் triple corde, — cordeau, le triple cordon des brames; —க்கயிறு அறுபடாது une triple corde ne casse pas; —நூலோர் ceux qui portent le triple cordon, les brames (surtout).

முப்புள்ளி, (*id.*), 3 points, la lettre ஆய்தம் composée de 3 points, ஃ.

முப்பூரம், (*id.*), les 3 constellations dont le nom commence par பூரம் *ou* பூர்வம் *la première*, ce sont la 11me dite பூரம் *ou* பூர்வபற்குனி, la 20me பூராடம் *ou* பூர்வாசாடம், la 25me பூரட்டாதி ou பூர்வபாத்திரபதம்; le nom de celles qui les suivent commence par உத்தரம் *la seconde.*

முப்பேதம்,(*id.*), les 3 différences, *V.* பேதம்-ம. [மும்மூர்த்தி.

முப்பொருள், (*id.*), l'être triple, le

முப்பொறி, (*id.*), les 3 choses requises dans le culte divin, *V.* பொறி-ம. [ம், *P.* முமுட்சுத்துவம்.

முமுடம், முமுட்சு, முமுட்சுத்துவ

*முமுட்சு, (moumoukchou), sage dégagé de toute passion et sentiment humain et qui se prépare au bonheur final, homme désireux du bonheur suprême: —த்துவம் renoncement à tout attachement humain, désir du paradis.

*முமூர்ஷு, (moumoùrchou), homme désireux de mourir.

*முமூர்ஷை, (moumoùrchâ), désir de la mort, dégoût de la vie.

மும்மடங்கு, (மு, மடங்கு), le triple, 3 fois autant: மும்மடங்கான triple; மும்மடங்காக்குகிறது tripler; —பெரிது 3 fois plus grand.

மும்மடி, (*id.* மடி), le triple, 3 parts, 3 de chaque espèce, 3 ensemble: மும்மடியான triple; மும்மடியாக்குகிறது tripler; மும்மடியாகுபெயர் triple métaphore, nom triplement métaphorique, ainsi le nom de கார் obscurité, a d'abord été donné aux nuages et à la pluie qui la causent, puis à la saison pluvieuse கார் ou கார்காலம், en 3e lieu au riz qui croît dans cette saison et qu'on nomme கார் *ou* கார்நெல்லு.

மும்மணி, (*id.* மணி), 3 pierres précieuses ou 3 sortes de pierreries: —க்கோவை enfilade de 3 sortes de pierreries, ou triple guirlande de pierreries, le 8e des பிரபந்தம், poëme de 30 stances: 10 d'ஆசிரியம், 10 de வெண்பா et 10 de கலித்துறை de 16 ou 17 syllabes avec la répétition dite அந்தாதி; —மாலை la triple guirlande de pierreries ou la guirlande des 3 sortes de pierreries ou des 3 pierreries, le 30e des பிரபந்தம், poëme de 30 strophes des espèces dites வெண்பா, கலித்துறை et அகவல் avec la répétition dite அந்தாதி.

மும்மண்டலம், (*id.*), 1° les 3 régions des fables indoues: la terre, l'air et le Souvargam ou paradis d'Indiren. 2° *V.* மண்டலம்-ம.

மும்மதக்கோடு, (மு, மதம்), l'arsenic தாலம்பபாஷாணம்.

மும்மதி, (*id.*), 3 mois.

மும்மரம், 1° (*id.*), 3 arbres, arbre triple. 2° *P.* முன்மரம்.

மும்மரிக்கிறது, ரித்தேன், ரிப்பேன், ரி, ரிக்க, *v.n.* (மும்மரம்), *et* மும்மரித்தல், *n.v.* s'irriter, s'emporter, mugir, rugir, devenir furieux, — véhément.

மும்மரிப்பு, *n. v. du. préc.* grand bruit, violence, fureur, rugissement.

மும்மலம், (மு, மலம்), les 3 souillures ou mauvaises passions, savoir, ஆணவம் orgueil ou arrogance, மாயை illusion, trouble d'esprit, காமியம் luxure, *V.* முக்குற்றம்.

மும்மீன், (*id.*), 3 poissons, 3 étoiles, la 5me constellation dite மிருகசீரிடம் composée de 3 étoiles.

மும்முரம், *P.* முன்மரம், colère, violence, rage, mugissement.

மும்மூர்த்தி, (மு, மூர்த்தி), *ou* மும்மூர்த்திகள், la triade indienne dite திரிமூர்த்தி, *i.e.* Brama, Vichnou et Siven ou Routtiren, qui sont les 3 principaux dieux des Indous.

மும்மூவர், (*id.*), trois à trois, trois ensemble. [triple, trois à trois.

மும்மூன்று,(*id.*),3 fois 3 ou neuf,

மும்மை, (*id.* மை), les 3 temps, les 3 naissances prétendues, les 3 états d'existence,savoir: உம்மை l'état antérieur, இம்மை l'état présent, மறுமை l'état futur.

முயக்கம், முயக்கு, *n.v. de* முயங்குகிறது, embrassement,copulation, cohabitation.

முயங்குகிறது, கினேன், குவேன், கு, க, *v.a.* முயங்கல், முயங்குதல், *n. v. et* முயங்கிக்கொண்டிருக்கிறது, embrasser, tenir étroitement serré, cohabiter, avoir commerce charnel, vivre ensemble comme personnes mariées, tenir ferme: முயங்கித்திரிகிறவன், —ப்போகிறவன் libertin, débauché,— qui hante les mauvaises personnes.

முயலல், *opt. et n.v. de* முயலுகிறது, effort, application, travail,pratique, habitude.

*முயலம், *P.* முசலம், pilon.

*முயலாக்கிரம்,(முயலம், அக்கிரம்), tête du pilon; முயலாக்கிரபுத்தி esprit obtus,— pointu comme la tête d'un pilon.

முயலுகிறது *ou* முயல்கிறது, யன்றேன், யலுவேன் *ou* யல்வேன், யலு *ou* யல், யல், *v.n.* முயலுதல்,*n.v.* s'efforcer, travailler, s'appliquer, s'exercer, s'accoutumer, s'habituer, pratiquer, être accoutumé, usuel: கேள்விமுயல் applique-toi à bien écouter (les instructions); அந்தப்பாவத்திலேமுயன்றான் il a pris l'habitude de ce péché; பாவந்திரும்படிக்குமுயலுகிறேன் je fais des efforts pour me délivrer du péché.

முயலே, 1° racine d'une espèce de jonc. 2° *acc. de* முயல். 3° *P.* முயலாய் tu ne t'efforces pas..., 2e *pers. nég. du préc.*

முயல் 1° *P.* முசல்,lièvre, lapin, *V.* முசல். 2° *imp. part. et n.v. de* முயலுகிறது, effort, combat, bataille: முயலின்கூடு nid—, gîte de lièvre, la lune (qui est tachetée comme un lièvre); முயற்களங்கம் taches de lièvre,— de la lune;—கொம்பு cornes de lièvre, *i.e.* chose imaginaire,— qui n'existe pas, comparaison négative; —செவிக்கள்ளி; l'arbrisseau dit நாகச்செவிக்கள்ளி; —புல் l'herbe du lièvre,*i.e.*le chiendent,agrostis linearis.

முயல்கிறது, *V.* முயலுகிறது.

முயல்வு, *n.v. du préc. V.* முயற்சி.

முயறல், *n.v. du même.*

முயற்சி, *n. v. de* முயலுகிறது, effort, travail,activité,énergie, fermeté, action, opération, affaire, mouvement, exercice, habitude, pratique, usage,industrie, persévérance, continuation: தெய்வ— opération —, action divine; மனித—effort humain; — பண்ணுகிறது s'efforcer,faire des efforts, exciter, entreprendre; — பண்ணிக்கொண்டிருக்கிறது *ou* கொண்டுதிரிகிறது s'occuper, travailler,être à s'efforcer, se donner beaucoup de mouvement;— யாயிருக்கிறது s'occuper, s'exercer, pratiquer, être actif à,— affairé;— யில்லாரிகழ்ச்சியடைவார் les gens sans activité ou les paresseux seront méprisés;—யின்மை manque d'effort, de persévérance, indolence, paresse;—விலக்கு fig.de rhét. qui, après avoir exprimé les efforts que demande une chose,dit qu'elle s'est faite sans effort ou sans peine: அவன்முயற்சிகளி லவனுக்கொன்றும் வாய்க்காது de tous ses efforts aucun ne lui réussit.

முயற்றல், excitation, instigation, *opt. et n.v. de* முயற்றுகிறது.

முயற்றிசை, (முயல், திசை), côté du lièvre, le nord-est (le lièvre est le signe du gardien prétendu de ce côté). [manque de persévérance....

முயற்றின்மை,(முயற்று,இன்மை),

முயற்று,*n.v.imp. et part. du suiv.* excitation, persévérance,exercice.

முயற்றுகிறது, ற்றினேன், ற்றுவேன், ற்று, ற்ற,*v. caus. de* முயலுகிறது, pousser, exciter, exercer, faire persévérer.

முயன்று, *gér. de* முயலுகிறது.

முயிறு, *gén.* முயிற்றின், grosse fourmi rouge dite முசிறு.

*முரகன், (முரன், han *tuer*), le meurtrier de Mouren, *i. e.* Vichnou.

*முரசம், (mouradja), tambour (grand ou petit), instrument de musique en général: —முரசகேதனன், —கொடியோன் celui dont la bannière porte l'image d'un tambour, Dharmarâdja l'aîné des Pândavers; —பலம் le fruit qui est gros comme un tambour, *i. e.* le fruit du jaquier.

முரசன், முரசோன், (முரசு), qui a un tambour, (à la fin des mots composés).

முரசு, 1° (முரசம்), instrument de musique, grosse caisse, gros —, tambour, (c'est un des insignes de la royauté dits இராசசின்னம், et une des 8 choses prospères dites அட்டமங்கலம். 2° la 26° constellation dite உத்தரட்டாதி figurée par une conque, gencive: முரசறைகிறது publier au son du tambour, *ou* முரசுகிறது, முரசறைவிக்கிறது, —வாசிக்கிறது battre le tambour, tambouriner.

*முரஜை, 1° (mouradjâ), gros tambour, la femme de குபேரன். 2° *acc. du préc.*

முரடன், (முரடு), homme rude, grossier, incivil, rustique, revêche.

முரடு, *gén.* முரட்டின், *obl.* முரட்டு, jointure—, articulation du corps, bosse, nœud. — d'arbre, rudesse, inégalité, manque de poli, chose raboteuse, grossièreté, obstination: முரடாயிருக்கிறது être noueux, —plein de nœuds, raboteux, rude, inégal, non poli; முரடாயிருக்கிற ஓலை feuille de palmier ou ôle raboteuse. [விப்பா.

முரட்டை, l'espèce de vers dits ஃ

முரட்டாட்டம், (முரட்டு, ஆட்டம்), rudesse, incivilité, rusticité, grossièreté: —பண்ணுகிறது agir en homme grossier, incivil, entêté, opiniâtre.

முரட்டாள், (*id.* ஆள்), personne grossière, incivile, revêche.

முரட்டிருதயத்தன், (*id.* இருதயம்), qui a le cœur dur, la volonté revêche, caractère bourru.

முரட்டு, *obl. de* முரடு, rude, dur, grossier, opiniâtre, raboteux, inégal, non poli: முரட்டோலை feuille de palmier rude, inégale; —தலைக்குத்து tête dure, insubordination, caractère opiniâtre; —தலைக்குத்துள்ள opiniâtre, obstiné, revêche, qui a la tête dure; —த்தனம் incivilité, rudesse, grossièreté, obstination; —த்தடி bâton noueux, —plein de nœuds.

முரணல், *opt. et n.v. de* முரணுகிறது, différence, changement

முரணுகிறது, ணினேன், ணுவேன், ணு *ou* ண், ண, *v.n.* changer, varier, différer, être différent.

முரண், 1° *imp. et part. du préc.* 2° haine, combat, désaccord, discorde, force, opiniâtreté, incompatibilité, antithèse, mot mis en opposition à un autre (comme le soleil et la lune, le jour et la nuit, வெண்மலர்கார்வண்டு fleur blanche et scarabée noir), antithèse soit dans les mots ou dans le sens entre un vers et un autre: —அந்தாதி antithèse entre la fin d'un vers et le commencement du suivant; —படுகிறது différer, varier, être changé, en désaccord, faire antithèse; —சொல்தொடை antithèse de mots; —விளைந்தழிவணி, (விளைந்து, அழிவு, அணி), espèce de fig. de rhét. qui montre l'opposition qui paraît et disparaît de plus en plus entre 2 qualités qui sont dans le même objet et qui ne sont ni cause ni effet; —விளைச்செய்யுள் antithèse dans les vers qui donne lieu à l'ambiguïté; முரணிற்றோன்றல்விலக்கு, (முரணில், தோன்றல்), fig. de rhét. qui montre que bien que telles et telles choses aient de l'opposition pour tel objet, l'opposition vient surtout de telle chose.

முரண்டல், *opt. et n.v. de* முரண்டு

மேறு, opposition, résistance, obstination, insubordination: — ஆயிருக்கிறது être opposé, obstiné, revêche, intraitable, résister, empêcher.

முரண்டன், (முரண்டு), obstiné, entêté, emporté, impatient.

முரண்டு, — த்தனம், résistance, opposition, insubordination, perversité, obstination, entêtement, changement, tergiversation: முரண்டடிக்கிறது, முரண்பேசுகிறது s'opposer, résister, être revêche, insubordonné, d'avis différent, s'obstiner, s'entêter, empêcher.

முரண்டுகிறது, டினேன், டுவேன், டு, ட, v.n. முரண்டுதல், n. v. (முரண்), et முரண்டிடக்கொண்டிருக்கிறது, s'opposer, résister, s'obstiner, s'entêter, être intraitable, revêche, être embrouillé, embarrassé: முரண்டவைக்கிறது mettre pour s'opposer, enfoncer, agrafer, accrocher à.

முரண்டொடை, (முரண், தொடை), antithèse dans les vers soit dans le sens soit dans les mots.

*முரதம், (mourada), V. பராஞ்சனவியம்.

*முரந்தலை, முரலை, (mourandalâ, mouralâ), le fleuve நருமதை ou Nerboudda. [boutons à la figure.

*முரமண்டம், (mouramanda),

*முரம், (moura), entourer.

முரம்பு, saline, crique, petit bras de mer, monceau de pierres, monticule, — de roches, de sable, ou de gravier, roche.

முரலல், opt. et n. v. de முரலுகிறது, retentissement, bruit, — confus de voix...

*முரளி, (mourali), flûte, chalumeau: — தரன் celui qui porte une flûte, Krichna.

முரலுகிறது, ou முரல்கிறது, ரன்றேன், ரலுவேன் ou ரல்வேன், ரலு ou ரல், ரல, v.n. résonner, retentir, faire du bruit.

முரல், 1° imp. et part. du préc. 2° ou — மீன் l'aiguille, espèce de poisson.

முரல்வு, n. v. de முரலுகிறது, bruit retentissement, son intérieur, — au dedans d'une chose.

*முரளி, 1° P. முரளி, flûte, chalumeau. 2° petite flûte dont on joue par le nez, chalumeau fait de bambou.

முரற்றுகிறது, ற்றினேன், ற்றுவேன், ற்று, ற்ற, v. a. de முரலுகிறது முரற்றல், முரற்றுதல், n. v. sonner, faire retentir, — résonner, v. n. retentir, faire du bruit.

*முரன், (moura), Mouren, géant ou daïtya, i. e. அசுரன் tué par Vichnou. [de Mouren, i. e. Vichnou.

*முராரி, (முரன், அரி), l'ennemi

முரிகிறது, ரிந்தேன், ரிவேன், ரி, ரிய, v. n. முரிகுதல், முரிதல், n. v. se briser, se casser, se rompre, être mis en pièces, périr, se perdre, être gâté, ruiné, vaincu, défait, mis en déroute.

முரிக்கிறது, ரித்தேன், ரிப்பேன், ரி, ரிக்க, v. a. du préc. முரித்தல், n. v. briser, casser, rompre, mettre en pièces, détruire, perdre, gâter, ruiner, vaincre, mettre en déroute; முரித்துக்கொள்ளுகிறது vaincre et —, dépouiller, gâter.

முரிப்பு, n. v. du préc. brèche, rupture, fracture, brisement (par une force extérieure), bosse des bœufs indiens.

முரியல், opt. et n. v. de முரிகிறது, chose brisée, cassée, ou

முரிவு, n. v. du même, brisement, — de soi-même, rupture, pli, fraude.

முருகன், (முருகு), jeune homme, cadet, le fils cadet de Siven, dit Koumaren ou Soupramanien, (l'aîné est Poulléyar), énergumène, sacrificateur ou pousâri possédé de Soupramanien ou du démon. [gnards.

முருகியம், tambour des montagnards.

முருகு, l'arbre odoriférant dit அகில் ou Agalloche, beauté, tendreté, âge tendre, jeunesse, le fils cadet de Siven dit முருகன், énergumène, sacrificateur possédé de Mourouguen ou du diable, élévation, hauteur, miel, caillou ou toddi, fête, odeur, citronnier, petit bijou qu'on met au haut de l'oreille: — சாத்துகிறது

திறது percer l'oreille pour y mettre le bijou susdit.

முருகேசன்,(முருகன்,ஈசன்),Mourouguen ou Soupramanien. [tuf.

முருகை, (முருகு), pierre tendre,

முருக்கம், *adj. de* முருக்கு, d'érythrine: — பூ fleur d'érythrine (elle est rouge et jolie); — காய் son fruit.

முருக்கல், *opt.et n.v. de* முருக்குகிறது, destruction,meurtre,fusion,— des métaux.

முருக்கு, 1° citronnier,citrus,érythrine,érythrina indica.2° *imp.part. et n.v.de* முருக்குகிறது,*V.*முறுக்கல்.

முருக்குகிறது, *sync.* முருக்கிறது, க்கினேன்,க்குவேன்,க்கு,க்க, *v. a.de* முருங்குகிறது, முருக்குதல்,*n. v.* détruire, tuer, faire—, fondre,dissoudre.

முருங்குகிறது, *sync.* முருங்கிறது, கினேன்,குவேன்,கு,க,*v.n. de* முருக்குகிறது et முருங்கல்,முருங்குதல், *n. v.*périr, être détruit, se dissoudre, se fondre, être dissout, fondu.

முருங்கை,1° ben ou moringe,hyperanthera moringa,arbre qui porte de longues gousses dont on mange l'intérieur. 2° *P.* முருங்காய், tu ne péris pas... *nég. de* முருங்குகிறது: கொடி —,*V.*புனல்முருங்கை;— க்காய் gousse encore tendre de moringe; —க்கீரை feuilles de moringe qui servent d'herbes potagères et qu'on mange bouillies; — ப்பட்டை son écorce;— ப்பூ sa fleur; — யிலை sa feuille employée comme remède; — வேர் sa racine qui a le goût piquant du raifort sauvage;நான்பிடித்தது—க்கொம்பல்ல, புளியங்கொம்பு ce n'est pas une branche (faible) de moringe que j'ai saisie,mais une branche (forte) de tamarinier, *i. e.* j'ai pris un fort appui,un puissant protecteur.

முருட்டர்,(முருடு), chasseurs ou வேட்டர், sauvages des forêts (qui se servent de l'instrument de musique dit முருடு ).

முருடு, instrument de musique, tambour (en général),grosses tenailles, tronc d'arbre, bois à brûler.

முருந்தம், முருந்து, la partie tendre et intérieure —, le bas d'une plume,jeune pousse de palmier encore blanche, blancheur.

*முர்முரன், (mourmoura),un des chevaux fabuleux du soleil,Kâmen.

முருவிலி, l'arbrisseau épineux கள்ளாகெவாட்டி.

முலுமுலு, son —, mot imitatif du bourdonnement des mouches etc..., du bruit d'une dispute...:—வென்கிறது, ou முலுமுலுவென்கிறது bourdonner,faire du bruit en disputant,

முலாம்,(*ind.*), dorure, argenture, couche—, placage d'or ou d'argent: —பண்ணுகிறது, — பூசுகிறது dorer, argenter, couvrir de feuilles d'or ou d'argent, plaquer, — d'or ou d'argent: — பொன்முலாந்தகடு feuille d'or pour dorer, plaque dorée.

முலை, mamelle (d'homme ou de femme): —குடிக்கிறது teter;—க்கச்சு petit corset (qui couvre ou renferme les mamelles); — க்கட்டு petit corset, furoncle —, ulcère à la mamelle;—க்கண், — க்காம்பு mamelon,teton,bout de la mamelle; —க்கா ல் bézoard; —க்குத்து douleur perçante—,élancement au sein;—க்கோணம் mamelon;—க்கொதி ulcère à la mamelle; — சுரக்கிறது le lait couler,—venir,donner du lait; —த்தாய் nourrice;—ப்பால், *V.* புத்தும்பழம்: —ப்பால் lait de femme,*litt.*lait de la mamelle, lait de sa mère ou de sa nourrice; — மறக்கப்பண்ணுகிறது sevrer,*litt.*faire oublier la mamelle; —மறந்தபிள்ளை enfant sevré;—மார்பு le sein, poitrine;— முகம் mamelon, teton;— யுண்கிறது teter;— யுண்குழந்தை,— யுண்கிறகுழந்தை enfant qui tette, —à la mamelle.

முல்லா, (*ind.*), Moulla, docteur Mahométan.

முல்லை, pays de forêts, —de bois, forêt et lieux environnans, une des 5 espèces de terrains dites ஐம்நிலம்,

air, mélodie,— propre aux pays de forèts, jasmin sauvage, jasminum angustifolium, regrets, chasteté, victoire, *ou* —க்கொடி l'arbrisseau grimpant dit jasminum trichotomum, sorte d'arbre, une des 5 flèches de Kàmen (c'est la fleur de l'arbrisseau susdit):—க்கானயாறு rivière de forèts, qui a sa source dans les forèts;—க்கருப்பொருள்,—த்திணை *ou* —நிலக்கருப்பொருள்-மெ propriétés ou productions d'un pays de forèts (selon les Indous), au nombre de 14, savoir: 1° —த்தெய்வம் le dieu prétendu des pays de forèts, *i.e.* Vichnou ou Krichna. 2° —த்தலைவன் le chef d'un pays de forèts nommé குறும்பொறைநாடன், தோன்றல், அண்ணல் ou கானகநாடன் et sa femme முல்லைத்தலைவி ou கிழத்தி. 3° —க்குடிகள்,—நிலமாக்கள் habitans des forèts, ce sont les bergers nommés இடையர், ஆயர் et leurs femmes nommées முல்லைநிலப்பெண்கள், இடைச்சியர் et ஆய்ச்சியர். 4° —நிலப்புள் oiseau des forèts, c'est la poule sauvage காட்டுக்கோழி. 5° —நிலமிருகம் animaux des forèts, c'est le cerf et le lièvre. 6° —நிலத்தூர் bourg des pays de forèts nommé பாடி. 7° நிலநீர் eau des forèts, qui consiste en குறுஞ்சுனை petits étangs et கான்யாறு rivières des forèts. 8° —நிலப்பூக்கள் fleurs des forèts, ce sont les fleurs des arbres suivans. 9° —நிலமரம் arbres et plantes des forèts, savoir: துளசி basilic, முல்லை le jasmin trichotomum, la plante காந்தள் gloriosa superba, கொன்றை l'arbrisseau cassia, l'arbre dit காயா ou le roseau saccharum spontaneum, குருந்து l'arbre trichilia spinosa et autres. 10°— நிலவுணவு,—நிலப்பயிர் nourriture—, moissons des pays de forèts, ce sont les grains dits வரகு paspalum frumentaceum, சாமை le millet panicum, காராமணி la plante légumineuse dolichos catiang, பயறு pois. 11°—நிலப்பறை tambour des pays de forèts dit பம்பை, ஏறுகோட்பறை. 12° —நிலப்பண் air—, mélodie propre aux pays de forèts. 13° —நிலயாழ்,—யாழ் luth propre aux pays de forèts et nommé சாதாரி. 14° —நிலமாக்கடொழில், (மாக்கள்தொழில்), occupations des habitans des pays de forèts; elles consistent à semer, sarcler et moissonner le சாமை et le வரகு, à les battre en les faisant fouler aux pieds des buffles, à jouer de la flûte de cassia dite கொன்றையங்குழல், à faire paitre les vaches et autre bétail, à saisir un taureau, à danser en se tenant par la main et en chantant le குரவை, et à se baigner dans les rivières de forèts; —த்திணை choses propres aux pays de forèts, *V.* முல்லைக்கருப்பொருள்; —நிலம் pays de forèts;—ப்புறம் ou இல்லாண்முல்லை regret qu'éprouve, au sujet de sa femme, un mari éloigné par discorde ou pour le service militaire;—முதற்பொருள் choses principales des pays de forèts, savoir: forèts et pays attenans aux forèts, la saison du labourage dite கார்காலம், et la partie du jour dite மாலை de 6 à 10 heures du soir: —யுரிப்பொருள் la partie de l'உரிப்பொருள் qui se rapporte aux pays de forèts.

முல்லையங்குழல், (முல்லை, அம்), flûte des forèts, — ou chalumeau de bergers.

முல்லையர், (முல்லை), les gens qui vivent dans les forèts, *i.e.* les pàtres, bergers ou இடையர்.

முல்வயன், முல்வாயன், *P.* முன்வாயன். [பலபாஷாணம்.

முவலம், l'arsenic naturel dit அவு

முழக்கம், முழக்கல், (முழங்குகிறது), retentissement, bruit (du tonnerre, des tambours et instrumens de musique). mugissement des vagues:—ஆய்க்கிடக்கிறது résonner, mugir, retentir. [*V* முழக்கம்.

முழக்கு, *imp.part.et n.v.du suiv.*,

முழக்குகிறது, *sync.* முழக்கிறது, க்கினேன், க்குவேன், க்கு, க்க. *v.a. de* மு

முழங்குவிக்கிறது, et முழக்குதல், n.v. faire résonner, — retentir, battre le tambour..., jouer des instrumens de musique...; முழக்கச்சொல்லுகிறது ordonner de faire retentir les instrumens de musique.

முழங்கல், opt. et n.v. de முழங்குகிறது, retentissement, bruit, mugissement.

முழங்கால், (முழம்), genou, jambe (du genou au coude-pied): முழங்காலிலிருக்கிறது, முழங்காலினிற்கிறது, முழங்காற்படியிட்டிருக்கிறது se tenir —, être à genoux; முழங்காற்படியிடுகிறது s'agenouiller, se mettre à genoux faire la génuflexion; முழங்காலைமுடக்குகிறது plier les genoux; முழங்காலிறுருளை, முழங்காற்சில்லு, —சிரட்டை rotule du genou; முழங்கால்மட்டும் jusqu'au genou.

முழங்குகிறது, sync. முழங்கிறது, கினேன், குவேன், கு, க, v.n. de முழக்குகிறது, et முழங்குதல், n.v. résonner, retentir, mugir (la mer...), gronder (le tonnerre..,); சங்கீதம்— le chant des hymnes être accompagné du bruit des instrumens de musique; முழங்கிக்கொண்டிருக்கிறது être à resonner, continuer de retentir ou retentir souvent.

முழங்கை, 1° (முழம்), coude, le bras du coude au poignet. 2° P. முழங்காய் tu ne résonnes pas, 2ᵉ pers. nég. de முழங்குகிறது: —கோணினால்முன்கைகோணும் si le coude plie l'avant-bras pliera aussi, si le chef faiblit, le reste faiblira aussi.

முழஞ்சு, P. முழைஞ்சு.

முழந்தாள், (முழம்), genou: முழந்தாட்சில் rotule du genou; முழந்தாட்படியிடுகிறது s'agenouiller, faire la génuflexion; முழந்தாட்கச்சு jarretière; முழந்தாள்களையுமுன்னங்கைகளையுமாற்றிமாற்றியூன்றிக்கொண்டுநடக்கிறது se trainer sur les genoux et sur la paume des mains.

முழந்து, genou.

முழம், coudée, longueur du bout du coude à l'extrémité du doigt du milieu, longueur. La coudée, contient 2 empans ou சாண், 2 coudées font 1 கெஜம் ou குறுங்கோல், un yard ou une aune. Au bazard la coudée vaut 457 millimètres ou 1 1/2 pied anglais: —இடுகிறது, —போடுகிறது mesurer à la coudée, —avec le bras; வெறுங்கை—இடாது le bras seul ne peut mesurer une coudée, (l'instrument ne suffit pas, il faut encore la matière); புடவைக்கு—இல்லை la toile n'est pas longue; முழக்கட்டை défaut de longueur ou de largeur; முழக்கோல், —க்கம்பு bâton—, mesure d'une coudée (dont se servent les charpentiers... pour mesurer; —ப்புடவை longue toile; நெடுமுழம் longue toile, V. au mot நெடு.

முழல், l'arbrisseau கழற்கொடி.

முழவம், (முழா), tambourin, — arrondi d'un côté, tambour.

முழவு, (id.), tambour (en général): — மேளம் timbale: முழவின்மார்ச்சனை composition noire qu'on frotte sur le milieu d'un tambourin pour en augmenter le son, courroie qui en lie la peau, terre.

முழா, tambour.

முழாசுகிறது, கினேன், சுவேன், சு, ச, v.n. முழாசுதல், n.v. flamber, flamboyer.

முழாவுசால், dernier sillon.

முழாள், (முழு, ஆள்), parfait —, bon ouvrier, homme fort, — robuste, qui fait entièrement la journée d'un homme de travail, (ceux qui ne sont capables que d'en faire un quart, la moitié, les 3 quarts, s'appellent காலாள், அரையாள், et முக்காலாள்.)

முழி, 1° jointure. 2° P. விழி, prunelle de l'œil: முழிக்கிறது, முழிப்பு, முழி பாட்டம், V. விழிக்கிறது...

முழு, adj. de முழுமை, tout, entier, complet: —க்காய் fruit entier, — presque mûr; —க்கூறு toutes les portions, le tout, part entière; —ச்சவரம், —ச்சௌரம் action de raser tout le corps (de la tête aux pieds); —ச்சாயம் teinture entière, foncée, solide; —த்தேங்காய் coco entier, non cassé;—நாள் jour entier, constellation entière,— lunaire qui ne se partage pas entre 2 signes du zodiaque;—நோக்கு aspect complet—, apparence entière d'un astre;—ப் பாக்கு noix d'arec entière;—ப்பாய் சுருட்டி escroc qui roule et emporte une natte entière, filou achevé, (allusion au géant Hiranyakchen qui, au dire de la fable, roula la terre comme une natte et décampa;—ப்புரட்டுப்பண்ணுகிறது bouleverser tout, faire une supercherie complète, tromper complétement;—ப்புரட்டாயிருக்கிறது n'être que tromperie, être plein de ruses, de tromperies;—மகன் homme tout grossier, complétement ignorant, sans instruction ni éducation;—மதி pleine lune;—மனசாய்,—மனதோடே de tout cœur, bien volontiers;—மனசாயிருக்கிறது être tout disposé ou déterminé à,— de tout cœur;—முதல் principe absolu de tout, *i.e.* Dieu;—முற்றும் tout absolument,— entièrement;—வட்டம் cercle entier, victoire;—வாசி le tout;—வெலும்பு (எலும்பு), os entier, os décharné, épine dorsale.

முழுகல், *opt. et n.v. du suiv.* bain, — entier, plongeon, disparition.

முழுகுகிறது, *sync.* முழுகிறது, கி னேன், குவேன், கு, க, *v.n.* முழுகுதல், *n.v.* faire le bain, se baigner, se laver, prendre un bain entier, se laver tout le corps en se versant de l'eau sur la tête, une femme se baigner ainsi après ses règles ou ses couches, plonger, se plonger—, enfoncer entièrement dans l'eau..., se cacher, disparaître: அவள்முழுகவில்லை elle ne s'est pas baignée, ou ne se baigne pas, (se dit d'une femme dont les règles ont cessé par l'âge, la grossesse ou la maladie); பணமுழுகிப்போயிற்று l'argent a fait le plongeon, est perdu irrévocablement.

முழுகுவிக்கிறது, *v. caus. du préc.* plonger, faire faire le bain...

முழுக்காளி, (முழுக்கு, ஆளி), plongeur (à la pêche des perles).

முழுக்கிறது, முத்தேன், முப்பேன், மு, முக்க, *v.n.* devenir—, être entier,— plein: முழுக்க, *inf.* entièrement; முழுக்கக்கொடுக்கிறது donner totalement,— le tout.

முழுக்கு, *n.v. de* முழுகுதல், bain, — entier,— de tout le corps: முழுக்காடுகிறது se baigner, se laver, prendre un bain entier, se plonger; முழுக்காட்டு, (ஆட்டு), bain,— entier; முழுக்காட்டுகிறது, (*id.*) *v. a.* முழுக்காட்டல், முழுக்காட்டுதல், *n. v.* baigner quelqu'un, assister au bain, aider à se baigner, plonger.

முழுங்குகிறது, *P.* விழுங்குகிறது, dévorer, avaler gloutonnement, absorber.

முழுது, முழுதும், *P.* முழுவதும், ce qui est entier, tout, le tout, entièrement: முழுதாய் totalement, entièrement; முழுதும்கெட்டான் il est entièrement ruiné,— perdu;—கொடுக்கிறது donner entièrement, — le tout;—கொடாதே, ne donne pas tout, ne donne rien absolument;—வாங்குகிறது prendre—, recevoir entièrement,— le tout; முழுதொருங்குணர்ந்தோன், (இருங்கு), celui qui connaît ou voit tout en même temps, *i.e.* Dieu, (les païens l'appliquent chacun à son dieu, *v. g.* à) Arouguen, Siven.

முழுத்தசுரம், (முழுக்கிறது, சுரம்), espèce de fièvre, de maladie.

முழுத்தம், *P.* முகூர்த்தம், heure astrologique favorable.

முழுத்தல், 1° *n.v. de* முழுக்கிறது. 2° *n.v. de*

முழுத்துகிறது, த்தினேன், த்துவேன், த்து, த்த, *v.a. de* முழுகுகிறது, plonger—, enfoncer dans l'eau, noyer, baigner.

முழுமன், முழுமை, முழுமையும், முழுவதும், முழுவதுமடம், (முழு), la totalité, tout, le tout, entièrement. முழுவதுஞ்சேறல்விலக்கு espèce de fig. de rhét. qui après avoir dit une chose d'un objet, déclare que cela s'applique à bien d'autres objets que celui dont on parle.

முழை, palette, pelle, spatule (pour remuer...), lieu, ou [tagne.

முழைஞ்சு, caverne,— de mon-

முழற்றல், langage informe, — non écrit,— sans caractères d'écriture, son inarticulé qu'on ne peut

முழைஞ்சர், P. மிலைச்சர். [écrire.

முளகு, P. மிளகு.

முளரி, 1° bois à brûler, bois pour un sacrifice, feu, brandon, tison, météore, étoile tombante, forêt, nénuphar, subtilité. 2° (முள்), arbrisseau épineux.

முளவு, (முள்), porc-épic.

முளா, radis, raifort.

முளி, 1° articulation, jointure du corps, nœud des arbres et des plantes. 2° *imp. et part. de* முளிக்கிறது: —பிசகுகிறது se disloquer, sortir de sa jointure, se donner une entorse; — பிசகிப்போனவன் celui qui s'est démis ou foulé un membre, qui s'est donné un entorse.

முளிக்கிறது, முளித்தேன், முளிப்பேன், முளி, முளிக்க, *v.a. et n.* முளித்தல், *n. v.* sécher, brûler, rôtir, se dessécher, devenir aride.

முளை, *n. v. imp. et part. de* முளைக்கிறது, germe, 1re pousse d'une plante hors de terre, rejeton, pousse, germination, fils, pieu, piquet, poteau, massue, cheville, coin, gond de porte, gâche de serrure, de cadenas, germe—, racine de furoncle, bambou, poinçon ou coin (pour battre monnaie), empreinte de la monnaie, bobine ou fuseau sur lequel se roule le fil: —கட்டுகிறது mettre germer,— germer des grains humides dans une corbeille soit pour les manger soit pour les semer; —கட்டின விரைக்கிறது semer des grains qu'on a mis ainsi germer; —க்கீரை espèce d'herbes potagères tendres, herbes potagères qui ne font que germer; —க்கடைக்க, —க்கடைக்க épingle, cheville; —க்கொட்டு battement de mains en l'honneur du germe, danse de femmes de cultivateurs en frappant des mains, par jeu ou par cérémonie, autour d'un vase rempli de terre, dans laquelle en signe de bonne récolte on sème du grain qu'on a mis germer; —த்தாழ்வு manque dans la germination, dans la pousse; —தெளிக்கிறது. —விதைக்கிறது semer du grain qu'on a mis germer; —ப்பாலிகை, V. அங்குராற்பணம்; —யடிக்கிறது enfoncer un pieu, une cheville, battre monnaie; அதுப்படியிருக்கவேண்டுமென்று —யடித்தான் il a déterminé ou arrêté qu'il fallait que cela fût ainsi; —யாணி gond de porte; —புறப்படுகிறது, —வருகிறது le germe percer,— venir,— commencer à sortir de terre; விளையும்பயிர்முளையிலேதெரியும் la nature de la plante se connaît dans le germe, les dispositions d'un enfant pronostiquent ce qu'il sera homme fait.

முளைக்கிறது, முளைத்தேன், முளைப்பேன், முளை, முளைக்க, *v.n.* (முளை), germer, pousser, sortir de terre, apparaître, se montrer: நீயுமுளைத்தாயோ toi aussi as-tu commencé à paraître?

முளைக்கல், முளைக்குதல், முளைக்கை, முளைத்தல், முளைப்பு, *n.v. du préc.* germination, pousse, apparition.

முளையான், (முளை), enfant, poupon.

முள், *pl.* முட்கள் *ou* முள்க்கள், petitesse, subtilité, V. நுண்மை, (dans les composés ள் se change en ட் devant க, ச, த, ப, et en ண் devant ம): உடைமுள்— épine qui se casse, acacia, — à épines creuses; முள்காக்கிறது rester muet, garder le silence; —க்கரண்டு, V. முட்கரண்டு; —த்துறடு, —த்தொறடு crochet pour prendre ou pour pendre de la viande; —முடி couronne d'épine; —வாள் scie; —வெறும்பன், —வாலன் espèce de cariah ou termite dit கறையான்; —வேல் acacia à épines solides. [கி.

முள்ளங்கத்தரி, V. முள்ளாங்கத்தரி

முள்ளங்கி, —க்கிழங்கு, raifort, raphanus sativus, radis, rave.

முள்ளந்தண்டு, (முள், தண்டு), l'épine dorsale, — du dos.

முள்ளம்பன்றி, (id.), porc-épic, hérisson; — முள்ளைச் சிலுப்புகிறது le porc-épic hérisser ses piquans.

முள்ளம்பிள்ளைச்சுறா, (id.), grenouille de mer.

முள்ளாரைக்கீரை, (முள், ஆரை), la plante solanum insanum.

முள்ளி, (முள்), plante épineuse en général, la plante கண்டங்கத்தரி solanum indicum, espèce de morelle; — க்காய் son fruit; — வேர் sa racine; — க்கீரை la plante amaranthus spinosus, herbe potagère à piquans; நீர்முள்ளி la plante épineuse barleria longifolia.

முள்வாங்கி, (முள், வாங்குகிறது), pinces pour arracher les épines.

முள்ளைமுள்ளாலெடுக்கிறது, (முள், எடுக்கிறது, ஆல்), chercher une épine avec une autre épine, tirer une épine par le moyen d'une autre épine.

முள்ளிலவு, (முள், இலவு), l'arbre bombax heptaphyllum, cotonnier épineux.

முள், pl. முள்ளுகள், P. முள்ளு, épine, piquant, épingle, cheville de fer, fourchette, arête de poisson, éperon, pointe, — d'aiguillon, ergot de coq; முள்ளுள்ள épineux, à épines; முள்ளுடையது, (உடை), racine —, plante —, chose épineuse. காலில் — தைக்கிறது une épine s'enfoncer dans le pied; — ராசா la reine des épines, espèce de plante rampante épineuse; — வேலியடைக்கிறது boucher —, renfermer avec des épines, faire une haie —, entourer d'épines; — ப்பலா fruit épineux, le fruit du jaquier ou artocarpus integrifolia; — மேற்சேலைபோட்டால் மெள்ளமெள்ளவாங்கவேண்டும் si vous mettez une toile sur des épines, il faut l'ôter tout doucement, il faut traiter prudemment une affaire dangereuse; — வாங்கி pinces pour arracher les épines.

முள்ளெடுக்கிறது, (முள்), ôter —, arracher une épine ou des épines.

முள்ளெலி, (id.), rat de haie, de buisson, hérisson. [épine dorsale.

முள்ளேந்தண்டு, முள்ளெலும்பு, (id.),

முறண்டு, P. முரண்டு.

முறண்டுசல், l'arsenic naturel, அப்பளாக்ஷாரம்.

முறணை, P. முரணை.

முறம், van (pour vanner le grain...), crible, sas, la 16me constellation lunaire dite விசாகம்; முறச்செவி oreille qui ressemble à un van, i.e. oreille d'éléphant, l'animal qui a de telles oreilles, l'éléphant; முறத்தாற்புடைக்கிறது, — த்தாற்றுகிறது vanner, éventer avec un vent (le grain...) [lage.

முறக்கிப்பி, espèce de coquil-

முறி, 1° acte écrit, billet, contrat, — de vente (d'un esclave...), obligation par écrit, engagement d'apprenti, brevet d'apprentissage, esclave, (homme ou femme, m. et f.), esclave qui sert à la maison, feuille, bourgeon, pousse, jet, bronze ou métal blanc de 1re qualité, espèce de toile, morceau. 2° imp. et part. de முறிகிறது. 3° imp. de முறிக்கிறது; முறிகள் les billets..., les esclaves; — கரை rivage en ruine, - qui s'éboule; — கொடுக்கிறது, — யெழுதுகிறது donner —, écrire un billet, un contrat, un engagement, une promesse, une convention pénale; — க்கட்டி masse —, lingot de bronze de 1re qualité; — ச்சாதனம், — ச்சீட்டு, — ப்பத்திரம், — ப்பட்டயம் acte de —, contrat, promesse par écrit, billet de convention, — de vente d'esclave.

முறிகிறது, றிந்தேன், றிவேன், றி, றிய, v. n. de முறிக்கிறது ou முறிந்துபோகிறது, se briser, se rompre, (e.g. une branche, une corde...), se casser de soi-même, être brisé, rompu, défait, mis en déroute, être offensé, le lait tourner, se cailler; சேனை முறிந்துபோயிற்று l'armée a été rompue, — a été défaite; — போன பத்தியம் régime enfreint; பத்தியத்தைப் பிறழ்ந்தமருந்து — போம் si on manque au régime prescrit, l'effet du remède sera détruit;—போனபா லு lait tourné, caillé; முறிந்தோடிப் போகிறது se rompre et prendre la fuite, être mis en déroute; முறியஅடிக்கிறது battre de manière à —, briser, tuer, mettre en fuite; — ம்பேசுகிறது parler d'une manière offensante, —de manière à causer une rupture, insulter; —வெட்டுகிறது battre à plate couture, tailler en pièces et mettre le reste en fuite; இரசம் முறியமருந்து சாப்பிடுகிறது prendre un remède pour neutraliser le mercure, pour en détruire l'effet.

முறிக்கிறது, றித்தேன், றிப்பேன், றி, றிக்க, v.a. de முறிகிறது, முறிக்குதல், முறித்தல், n.v. et முறித்துப்போடுகிறது, briser, casser, rompre, enfreindre, neutraliser, offenser, tordre, tortiller: கறை — enlever une tache de dessus une toile ou du papier: முகத்தை —offenser en face, affronter, faire une incivilité.

முறிகல், n.v. de முறிகிறது, rupture, cassure, brisement, offense, se cailler.

முறிக்கல், P. முறித்தல், rupture, brisement, indigence, besoin: கடைக்கு — ஆயிருக்கிறது je suis dans le besoin. (femme),—en vente.

முறிச்சி f. (முறி), esclave (fille ou

முறிதிக்குலை, (முறி, திசை), spasmes dans les nerfs de l'épine dorsale.

முறித்தல், முறிப்பு, n.v. de முறிக்கிறது, rupture, cassure, brisement, rupture de l'amitié, désunion: முறிப்பாயிருக்கிறது être désunis, en

முறிய, inf. de முறிகிறது. [discorde.

முறியல், n.v. de முறிகிறது, rupture, chose brisée.

முறியர், pl. முறியாள், (முறி), esclave, exposé en vente: கூழ்முறியர் esclave de la bouillie, grand mangeur, stupide, benêt.

முறிவு, n.v. de முறிகிறது, rupture, cassure, brèche, infraction.

முறிவெடிப்பான், espèce d'éponge. [vitesse, contorsion.

முறுகல், opt. et n.v. du suiv. hâte,

முறுகுகிறது, sync. முறுகிறது, றினேன், குவேன், கு, க, v.n. se presser, se hâter, se tordre, se tortiller, faire des contorsions, se rôtir, se griller, être brûlé, trop cuit, mûrir, se durcir, sécher, se dessécher, être tourmenté: முறுகுபதம் degré voulu de maturité ou de cuisson.

முறுக்கலடிக்கிறது, (முறுக்கு, அடிக்கிறது), faire la grimace, montrer de la répugnance aux ordres d'un autre, offenser.

முறுக்கல், opt. et n.v. de முறுக்குகிறது, torsion, pression de vis, friction, torture, effort, colère.

முறுக்கவரை, (முறுக்கு, அவரை), l'espèce de pois dite dolichos tetragonolobus.

முறுக்காணி, (id. ஆணி), vis, clou à vis, cheville ou goupille pour tendre les cordes d'un luth....

முறுக்காற்றுகிறது, (id. ஆற்றுகிறது), détordre un peu —, desserrer ce qui était trop tordu, — trop serré.

முறுக்கிழை, (id. இழை), fil de coton retors, toile de coton rayée.

முறுக்கு, 1° torsion, pression de vis, friction, chose torse, corde, espèce torse de pâtisserie: — க்கொம்பு cornes torses, —tortueuses, gâteau retors. 2° imp. et part. du suiv.: —பலகாரம் pâtisserie torse ou en forme de corde: —உடைகிறது se détordre, se détortiller; —உடைக்கிறது, —பிரிக்கிறது, —வாங்குகிறது détortiller, détordre, —ce qui est trop tors, ou முறுக்காற்றுகிறது, V. முறுக்காற்றுகிறது; இந்தக் கயிற்றுக்கு முறுக்குப் போதாது cette corde n'est pas assez tordue.

முறுக்குகிறது, sync. முறுக்கிறது, க்கினேன், க்குவேன், க்கு, க்க, v.a. de முறுகுகிறது, முறுக்குதல், முறுக்குதல், n.v. tordre, tortiller, tourner la vis, presser, — par le moyen d'une vis, pressurer, torturer, violenter, frotter, frictionner ou masser les pieds, les bras et autres membres pour exciter la circulation du sang),*v.n.* s'emporter, être colère,— facile à irriter: முறுக்கிப்பிடிக்கிறது frictionner et tenir.

முறுமுறுக்கிறது, றுத்தேன், றுப்பேன், று, றுக்க, *v.n.* முறுமுறுத்தல், *n.v.* murmurer, grommeler, grogner, exprimer sourdement son mécontentement: ஒருத்தன்மேல்—murmurer contre quelqu'un, *v.g.* un serviteur contre son maître.

முறுமுறுப்பு, *n.v. du préc.* murmure: முறுமுறுப்பாயிருக்கிறது être à —, murmurer, consister en murmures.

முறுவற்குறி, perle.

முறுவலிக்கிறது, லித்தேன், லிப்பேன், லி, லிக்க, *v.n.* முறுவலித்தல், *n.v.* (முறுவல்), rire, sourire. [ris.

முறுவலிப்பு, *n.v. du préc.* sourire,

முறுவல், dent, sourire, ris, (qui fait montrer les dents).

முறை, ordre, régularité, règle, loi, coutume, usage, bonnes —, mœurs, décence, légalité, légitimité, bon naturel, bonne —, disposition, antiquité, tour, rang, succession, fois, degré de parenté, ou d'affinité, plainte, livre, particule explétive: எத்தனை — combien de fois? நாலு — 4 fois; இப்போதெனக்கு — c'est maintenant mon tour; இரண்டாம் — la seconde fois, le 2ᵉ degré de parenté; திரு — livre, la prétendue complainte sacrée, (nom donné par les Sivénistes à un ouvrage de மாணிக்கவாசகர்); —காக்கிறது garder la coutume, monter la garde —, garder à son tour; —காரர் gens qui se relaient, qui font un office tour à tour, ceux dont le tour est venu; —கேடு incongruité, inconvenance, action illégale, inconvenante; —க்காய்ச்சல் fièvre intermittente, — tierce qui revient régulièrement (après un intervalle d'environ 48 heures; —செய்கிறது suivre la règle, vivre régulièrement; —தெரிந்தோன் celui qui connaît la règle, — l'ordre, architecte, Brama; —தெரிபுகழவன் Brama; —நிரனிறை parallélisme régulier, ordre symétrique et régulier des mots; —படுகிறது se plaindre, murmurer contre, trouver à redire; —ப்பாடு plainte, murmure, complainte; —பிசகுகிறது transgresser une règle, violer les usages; —பிசகு violation d'une règle, d'un usage... ordre renversé, inversion; —மாக்கு, *V.* முறைகேடு; —மாக்காய்த்திரிகிறது rôder çà et là d'une manière inconvenante; —மாக்குகிறது, — மாக்குபண்ணுகிறது enfreindre la règle, la coutume, agir d'une manière inconvenante; —மாறுகிறது manquer à la règle, — à l'ordre, se relayer, changer tour à tour; —மைக்கி la plante குப்பைமேனி; இவைநல்ல—யல்ல ces actions ou ces choses sont inconvenantes; இதுநல்ல—யன்று cela n'est pas convenable, — pas d'usage; அந்தப்பெண்ணைக்கொள்ளுகிறது — யன்று il n'est pas convenable d'épouser cette femme, c'est illégal, c'est contre la règle ou contre l'usage; —யறிந்துநடக்கிறது se comporter suivant les règles de la bienséance (entre parens...); —யாயிருக்கிறது être à son tour de fonction, de garde..., y être tour à tour, être de règle, — convenable; உடன்பிறந்த —யாயிருக்கிறாள் elle est ma sœur ou censée ma sœur, je la regarde comme ma sœur; —யாக successivement, tour à tour, à son tour; —யிடுகிறது se plaindre, murmurer, trouver à redire; —யீடு plainte, murmure; என்மேலே — யிட்டான் il s'est plaint de moi; —யீடு plainte, murmure: —யில்லாதபாவி personne déréglée —, pécheur qui viole toute décence; —யிலார், —யிலோர் gens sans règle, — sans décence, — vils, ignorans, vauriens; உனக்குமவனுக்கும் —யென்ன quel degré de parenté y a-t-il entre vous et lui? —வழுவுகிறது manquer aux règles de convenance, de parenté, agir inconvenablement; —வைக்கிறது déposer une plainte (en justice...); முறைபிறழவழக்காடு

டனுக்கொண்டு pour le dégré de parenté il est mon grand-père ou peut être censé mon grand-père; முறையிலும் தவிர்க்கமுடியா fig. de rhét. qui exprime une supériorité irrégulière ou quelque chose d'irrégulier ou de particulier dans la cause ou dans l'effet; முறையின்வைப்பு régularité de méthode, une des 10 beautés d'une composition, citation d'auteurs; முறையினிலைமை, (நிலைமை), stabilité—, institution d'une règle, perpétuité d'un usage, règle; முறைபோகக்கொடு donne avec convenance.

முறைக்கிறது, முறைத்தேன், முறைப்பேன், முற, முறக்க, v.a.P. விரைக்கிறது, dresser les oreilles, (v.g. un animal...), se roidir, s'élargir; செருப்புநனைந்து முறைத்துக்கொண்டது les sandales ayant été mouillées, se sont roidies, ou se sont élargies.

முறைத்தல், முறைப்பு, n. v. du préc. roideur, action de dresser les oreilles...

முறைமை, (முறை), ordre, règle, loi, usage, coutume, degré de parenté ou d'affinité.

முந், P. முன், devant, க, ச, த, ப, de devant, antérieur, précédent.

முந்கம், 1° cri du பல்லி ou lézard domestique, son produit avec la langue semblable à ce cri, cri ou signal de vacher, rugissement, mugissement. 2° * (moudga), espèce de pois, phaseolus ou பயறு: —இடுகிறது,—கொடுக்கிறது pousser ce cri, crier comme le lézard susdit, produire le son susdit, rugir, mugir.

*முந்கரம், (moudgara), espèce d'arme, arme, outil, marteau, maillet, bâton garni de fer pour casser les mottes de terres.

முந்கள்வன், (முன், கள்வு), l'ancien voleur, Koubèren prétendu dieu des richesses.

முந்கலம், un des 32 உபநிஷதம்.

முந்காலம், (முன்), l'ancien temps, le temps passé, autrefois: முந்காலத்திலிருந்த பெரியோர்கள் les grands personnages d'autrefois, de l'antiquité.

முந்கு, P. முந்கம், cri de lézard, — de vacher, bruit semblable, mugissement.

முந்குளம், (முன்), le 1er réservoir, i.e. la 20me constellation lunaire dite பூராடம், (la 21me se nomme கடைக்குளம் le dernier réservoir).

முந்கூறு, (id.), ancienne—, 1re part, portion précédente, partie antérieure, commencement.

முந்கொழுக்கோல், (id.), la 25me constellation lunaire dite பூரட்டாதி, (ainsi nommée par rapport à la 26me dite பிற்கொழுக்கோல்).

முந்கோபம், (id.) V. முன்கோபம்.

முந்கோபி, (id.), V. முன்கோபி.

முந்சனி, (id.), la 10me constellation dite மகம், la 1re des 3 nommées சனி. [dent, antériorité.

முந்சீர், (id.), état—, pied précé-

முந்சோறுகம், (id.), V. தலைச்சோறுகம். [முந்பகம்.

முந்பகம், (id.), jour précédent, V.

முந்பக்கம், (id.), le front, partie antérieure. [action de précéder.

முந்படம், (id.), préséance, avance,

முந்படுகிறது, (id.), précéder, s'avancer, aller devant, — de l'avant, —à la rencontre, commencer, entreprendre, se rendre caution.

முந்படை, (id.), avant-garde, 1er corps d'armée.

முந்பவம், (id.), état précédent, existence précédente, naissance antérieure, état précédent (dans une vie antérieure selon le système de la métempsycose).

முந்பழி, (id.), vengeance précédente, punition de crimes antérieurs, — d'une vie antérieure (selon les Indous).

முந்பனி, (id.), saison des 1res —, les 1res rosées (en மார்கழி et தை, i.e. décembre et janvier.

முந்பாதி, (id.), la 1re moitié.

முந்பார், (id.), commencement, partie antérieure.

முற்பிறப்பு (*id.*), naissance antérieure (d'après la métempsycose),

முற்புறம், (*id.*), le devant, côté antérieur, frontispice, façade, commencement; முற்புறத்திலே devant, par devant.

முற்ற, et முற்றவும், *inf. de* முற்றுகிறது, *adv.* entièrement, totalement, tout entier, jusqu'au bout:—முடிய entièrement, totalement, jusqu'à la fin jusqu'au bout:—முடிபோராடுதல் காக்கிறது se défendre jusqu'au bout, soutenir quelqu'un jusqu'au bout,—tout le temps de sa vie;—உணர்தல்,—உணர்கல் connaissance entière,—de tout, un des 8 attributs divins dits எண்குணம்.

முற்றம், (முன்), cour devant une maison, corridor d'entrée, vestibule.

முற்றல், *opt. et n. v. de* முற்றுகிறது, fin, terme, ancienneté, vieillesse, ce qui est devenu vieux,—dur, cœur d'arbre, dureté, durcir, maturité, cloture, siége, blocus, courbure, [aversion.

முற்றவும், *P.* முற்ற.

முற்றளபெடை, (முற்று, அளபெடை), alabédei complète, vers qui dans tous ses pieds a l'allongement dit அளபெடை.

முற்றாய்தம், (*id.* ஆய்தம்), ஃ entier, ... ஃ ou ஆய்தம் dont la quantité n'est point diminuée.

முற்றி, *gér. de* முற்றுகிறது.

முற்றிகரம், (*id.* இகரம்), *V.* முற்றியலிகரம்.

முற்றிக்கை, (முற்றுகிறது), siége, blocus, étroitesse, détresse, manque:—போடுகிறது bloquer, assiéger, faire le siége;—காயிருக்கிறது être assiégé;—வாங்கிப்போகிறது lever le siége et s'en aller; சாப்பாட்டுக்கு கொஞ்சம் மெத்தமுற்றிக்கையாயிருக்கிறது je suis dans une grande détresse pour la nourriture.

முற்றியலிகரம், (முற்று, இயல்), இ entier, lettre இ dont le son ou la quantité n'est point abrégée.

முற்றியலுகரம், (*id.*), உ entier, lettre உ dont le son et la quantité n'est pas abrégée (le contraire de குற்றியலுகரம்).

முற்றிலையப்பு, (முற்று, இலையப்பு), rime complète, vers qui dans tous ses pieds a la rime dite இலையப்பு.

முற்றில், petit van, — van d'enfant (pour jouer), la 16<sup>me</sup> constellation lunaire dite விசாகம், *V.* முற்றும். [*litt.* ce qui est tout bijou.

முற்றிழை, (முற்று, இழை), femme,

முற்றிற்று, 3<sup>e</sup> *pers. sing. neut. du parf. de* முற்றுகிறது, c'est fini.

முற்றின, *part. parf. du même*, fini, mûr, durci, invétéré, extrême, au suprême degré:—பகை haine invétérée, extrême.

முற்று, *imp. part. et n. v. de* முற்றுகிறது, fin, complément, totalité, chose entière,—qui se trouve dans tous les pieds d'un vers; *adj.* final, entier, complet: முற்றுப்பெருத்திக்கொடி la plante எழுத்தாணிப்பூண்டு;—தொடர்ச்சொல் mot qui sert de complément,—qui termine le sujet et l'attribut;—மடக்கு répétition complète,—d'un vers entier;—முடுகுவெண்பா vembâ tout entier d'une mesure brève et rapide;—முரண் antithèse qui se trouve dans tous les pieds d'un vers;—மோனை consonance dite மோனை qui se trouve dans tous les pieds d'un vers;—வினை verbe qui finit ou peut finir une phrase, *i.e.* qui est à un temps personnel et non à l'infinitif, au gérondif, ni au participe, *v.g.* நடந்தான் il a marché.

முற்றுகரம், (முற்று, உகரம்) *V.* முற்றியலுகரம்.

முற்றுகிறது, முற்றினேன், முற்றுவேன், முற்ற, முற்ற, *v. n. et a.* முற்றுதல், *n. v.* finir, se terminer, être fini, terminé, croitre, augmenter, profiter, mûrir, durcir,—en mûrissant, vieillir, s'invétérer, devenir incurable, extrême, arriver—, être au suprême degré, se courber, entourer, environner, assiéger, bloquer, cerner, abhorrer: முற்றிப்போகிறது croitre, mûrir, se durcir, s'invétérer, vieillir; தென்றல் முற்றிப்பெருங்காற்றாகும் la brise du sud en croissant devient une tempête, une plaisanterie peut dégénérer en grande querelle.

முற்றுகை, *n.v.du préc.* fin, maturité, dureté, croissance, étroitesse, resserrement, clôture, siége, blocus, détresse, manque: சாப்பாட்டுக்குமுக்குமெத்த — யாயிருக்கிறது je suis dans un extrême besoin de nourriture.

முற்றும், 1° *part.fut. de* முற்றுகிறது, qui finira. 2° (முற்று,உம்), totalité, tout, entiérement, absolument, fin, fin d'un livre, la 19^me^ constellation dite மூலம்: — உணர்தல், — அறிதல் comprendre —, savoir tout, c'est un des 8 attributs divins dits எண்குணம்; — காலத்தில் dans le temps où (cela) finira, — où tout finira.

முற்றுருவகம், (*id.* உருவகம்), métaphore ou comparaison compléte, qui concerne un objet et ses membres ou parties diverses.

முற்றுவிக்கிறது, *v. caus. de* முற்றுகிறது, faire —, finir, achever.

முற்றூடும், (முற்று, ஊடு, உம்), le tout, entiérement.

முற்றெச்சம், (முற்று, எச்சம்), verbe employé à l'infinitif ou au gérondif ou dans le sens de l'infinitif ou du gérondif.

முற்றெதுகை, (*id.* எதுகை), rime, dite எதுகை qui se trouve à tous les pieds d'un vers.

முனாசிப், (*arabe*), convenable, propre, juste, apte: — தீர்வை taxe juste ou raisonnable, jugement juste.

*முனி, 1° (mouni), moine, ermite, ascéte, pénitent, sage, saint et savant personnage doué (au dire des Indous) d'une nature plus ou moins divine obtenue par la méditation et la mortification, ce titre s'applique aux Richis, aux Brahmâdikas et à un grand nombre de personnages distingués par leurs écrits et regardés comme inspirés, *v.g.* பாணினி வியாசன்), docteur Djaïnas déifié, Bouddha, Agastyen, les arbres பலாசு et அசுத்தி. 2° petit d'éléphant, arc. 3° *imp et part. de* முனிகிறது: — சிரேஷ்டன், *V.* முனீந்திரன்; — வனம் ermitage; — தருமம் l'arbre æschynome grandiflora; — மித்தம் cuivre; — புங்கவன் sage prééminent; — புத்திரிகம் bochequeue; — பூகம் espèce d'aréquier; — பேஷ்கம், (bhêchadja remède), jeûne, mirobolan jaune; — மூத்திரம் urine d'ermite, sel commun en masse; — — யன்னம் nourriture d'ermite, grains —, racines et fruits sauvages.

முனிகிறது, னிந்தேன், னிவேன், னி, னிய, *v.a.* se fâcher, s'irriter, manifester de la colère, s'indigner, abhorrer, détester: காமத்தை — haïr l'impudicité; மோகத்தைமுனி déteste la luxure, la sensualité; முனியேல் ne te fâche pas.

முனிஷி, (*persan*), mounchi, maître de langue, professeur qui enseigne une langue. [lère, aversion.

முனிதல், *n.v. de* முனிகிறது, colère, aversion.

முனிவருமை, (முனிவு, அருமை), colère continuelle, — qui ne s'apaise pas.

முனிவன், *pl.* முனிவர், (முனி), sage, pénitent, ascéte, ermite, religieux païen qui porte une longue chevelure emmêlée: முனிவர்கிராமணி la perle des pénitens, excellent pénitent, sage éminent; — வாசம் ermitage; முனிவர்-எ les 7 principaux Richis, dont voici les noms tamouls et sanscrits: அத்திரி Atri, ஆங்கிரசன் Angirasa, கௌதமன் Gaoutama, சமதக்கினி Djamadagni, பரத்துவாசன் Bharadvâdja, வசிஷ்டன் Vasichta, விசுவாமித்திரன் Visvâmitra; ou suivant une autre liste: அகஸ்தியன் Agastya, ஆங்கிரசன் Angirasa, கௌதமன் Gaoutama, காசிபன் Kâsyapa, புலஸ்தியன் Poulasthya, மார்க்கண்டேயன் Mârkandêya, வசிஷ்டன் Vasichta; முனிவர்-கக les 31 mounis, sages ou personnages distingués de l'antiquité indoue, savoir: அகஸ்தியன் Agastya, அத்திரி Atri, ஆங்கிரசன் Angirasa, இரணியவன்மாமுனி Hiranya, 5° உரோமமாமுனி Rôma, ஏரண்டமாமுனி Hêranda, கலைக்கோட்டுமாமுனி Kaleikottou, காசிபன் Kâsyapa, கௌதமன் Gaoutama, 10° சத்தகூடன்முனி Sattakoûn, சத்திஜானந்தன் Sadjdjitânanda, சமதக்கினி Djamadagni, சனகன் Sanaka, சனற்குமாரன் Sanatkoumâra, 15° சுகன் Souka, ததீசிமாமுனி Dadhitchi, துருவாசன் Dourvâsa, நாரதன் Nârada, பதஞ்சலி Patandjali, 20° பரத்துவாசன் Bharadvâdja, பராசரன் Parâsara, பத்மமாமுனி Padma, பிருகுமாமுனி Bhrougou, பினாகிமாமுனி Pinâki, 25° புலஸ்தியன் Poulasthya, மார்க்கண்டன் Markandêya, வசிட்டன் Vasichta, வான்மீகன் Vâlmika, விசுவாமித்திரன் Visvâmitra, 30° வியாக்கிரபாதன் Vyâghrapâta, வியாசன் Vyâsa. Quelques-uns de ces noms ne sont pas sanscrits comme கலைக்கோட்டுமாமுனி le grand Mouni à cornes de cerf, சத்தகூடன்மாமுனி le grand richi aux 7 bosses.

முனிவு, *n.v.de* முனிகிறது, colère, indignation, aversion, rancune.

முனிசாரன், முனித்திரன், (முனி, ஈசரன், இந்திரன்), chef de pénitens, supérieur d'ermites, abbé, grand pénitent, ermite—, sage éminent, grand richi, Bouddha, sage bouddhiste.

முனை, 1° bout, extrémité, pointe, bout pointu, tenon ou extrémité d'une pièce de bois taillé pour entrer dans une mortaise, priorité, supériorité, primauté, courage, hardiesse, haine, horreur, aversion, abomination, colère, bataille, combat, *V.* விளை. 2° *imp. et part. du suiv*-: இம்முனை ce bout-ci...; அம்முனை ce bout-là....: —கெடு découragement (après une défaite...); —க்கொம்பு corne pointue; — சாய் changement, séparation; —ப்பங்கம் défaite, découragement; —ப்பதி camp, campement(d'une armée...); —முகம் front d'une armée en bataille, ou d'une bataille; —முகத்து நிற்கமாட்டாய் ne reste pas au front d'une armée en bataille ou d'une bataille (conseil d'Avvéyar sœur de Tirouvalloaver); —யாம்வருகிறது venir hardiment, avec courage;—யிடம் champ de bataille, plaine, village dans un désert,— en terre stérile;—யுள்ளவன், —யுள்ளோன் homme courageux, intrépide, brave; —விழுந்துபோகிறது le courage s'abattre; முனை-ஐ *ou* இயவாமுனை-ஐ, les 5 moyens de gagner sa vie, savoir: வாள்முனை par l'épée, கொழுமுனை par la charrue; எழுத்தாணிமுனை par la plume, en écrivant, கதிர்முனை par le fuseau et le tissage, ஊசிமுனை par l'aiguille.

முனைகிறது, [illegible], [illegible], *v.a.* முனைதல் *n.v.* faire le—, être brave, courageux, hardi, être—, marcher dans l'avant-garde, se battre, livrer bataille, se fâcher, s'indigner, être fâché, haïr, abhorrer, détester, affiler, rendre pointu. [ennemis, gens irrités.

முனைத்தோர், *n. app. du préc.*

முனைவன், *pl.* முனைவர், (முனை), 1° ennemi. 2° mouni, ascète, sage, Dieu, Arouguen, Bouddha.

முனைவு, *n.v. de* முனைகிறது, colère, indignation, rancune, haine, horreur, aversion.

முன், 1° *(opposé de* பின்), avance, commencement, devant, avant, auparavant, en avant, désormais, après, antiquité, côté, sur, dessus, dans, particule qui désigne l'ablatif de lieu ou le 7$^{me}$ cas tamoul. 2° *imp. et part. de* முன்னுகிறது. Ce mot se décline et devant un mot commençant par க, ச, த, ப, l'ன் final se change en ற், *v.g.* கற்றோர்முற் (முன்) றோன்றும்கழிவிரக்கம் l'affliction pour les choses passées ne paraît pas dans les savans ou les sages. (Dans les règles des grammaires purement tamoules et de la poésie on appelle முன் le mot qui suit et பின் celui qui précède, ainsi de 3 mots qui se suivent le 1$^{er}$ est பின்

et le 3e முன் par rapport au second; alors d'après la manière européenne, பின் signifie *devant*, et முன் *après*: ainsi cette règle du மொழிபுணர்ச்சி, மாமுன்நிரையும் விளமுன்நேரும் காய்முன்நேரும் doit se traduire ainsi: après un pied terminé en மா, doit venir un pied commençant par நிரை: après un pied terminé en விளம், doit venir un pied commençant par நேர்; après un pied terminé en காய், doit venir un pied commençant par நேர்): முன்கட்டு lien —, bâtiment de devant, devant d'une maison, les mains liées par-devant; —கால் pied —, patte de devant (des quadrupèdes); — குடுமி, — கொண்டை touffe de cheveux —, toupet du devant de la tête; —கை l'avant-bras, le côté de —, devant; —கை நீண்டால் முழங்கை நீளும் si l'avant-bras s'étend ou s'avance en avant, le coude s'étendra ou s'avancera aussi, si vous assistez les autres, ils vous assisteront à leur tour; —கைமடிப்பு pli de l'avant-bras, maison en équerre qui regarde 2 points cardinaux; —கைவளை bracelet pour l'avant-bras; —கொம்பு corne inclinée ou courbée en avant, — en bas, bras —, ou barre antérieure de palanquin; —கோபம் —கோவம் 1er mouvement de colère, colère précipitée, — subite, emportement irréfléchi; —கோபி, —கோவி personne —, homme emporté, colère, prompt, — à se fâcher, tête chaude; —சொல் vieux mot, — dicton, proverbe, mot précédent, — suivant; —தண்டு avant-garde; —திலை, *V.* முன்றிலை; —தோன்றல், *V.* முன்னோன்; —தோன்றல் fils —, frère ainé; —பக்கம் le devant, le côté antérieur; —பந்தி le 1er rang, la 1re rangée; —பனி, *V.* முற்பனி; —பனிப்பருவம் choses propres à la saison des 1res rosées, savoir: le souffle du vent d'est, la joie des oiseaux ஆரக்கோட்டிருக்கு, des hibous et des chouettes, la floraison du manguier et de la plante dite வெட்பாலை ou asclepias, le jujubier et l'arbrisseau குன்றி porter des fruits, la croissance du riz rouge dit செந்நெல், et la maturité de la canne à sucre; — பாதி la 1re moitié; — பிறந்தாள் sœur ainée; — பிறந்தான் frère ainé; — பிறப்பு *V.* முற்பிறப்பு; —பின் ce qui précède et ce qui suit, les antécédens et les conséquences, avant et après, toujours, comme ci-devant, le devant après; எனக்கு—பின்துணையில்லை je n'ai personne devant ou derrière (pour m'assister); —பின்றறியாத மா ம் manière extraordinaire, — toute nouvelle, — sans antécédent ni conséquent, coutume immémoriale, constante, ordinaire, qui n'a ni commencement ni fin; — பின்செய் யம்படிசெய், — பின்வழக்கமான வழக்கப்படி செய் fais comme l'usage a toujours été; —பின்விசாரித்துப்பார் examiner les principes et les conséquences, les antécédens et les subséquens, délibérer en soi-même; — பின்னாக le devant derrière, par inversion, plus ou moins, environ; —புறம், *V.* முற்புறம்; —போல், —போலே comme ci-devant, — auparavant; —மடிப்பு pli antérieur, — de devant ou de dessus; —மறம் colère précipitée et véhémente, prompte fureur; —மறம் பிடிபேசாதே ne parle pas en colère; —மறமடங்குகிறது la colère s'apaiser; —மறமாயிருக்கிறது être colère, passionné, véhément, violent, (un mal, une douleur...); —மறம்பண்ணுகிறது, —மறமாக்கிறது rendre colère, violent, accroître la fureur ou la véhémence; —மறக்கிறது, (றந்தேன், றப்பேன், ற, றக்க), être dans une violente colère, être —, devenir violent, passionné, *V.* முனிகிறது; — மாதிரி manière —, conduite ancienne, — antérieure; — மாரி premières pluies; —முகப்பு façade, frontispice, partie de —, le devant, porte d'entrée, vestibule antérieur; —முனை le commencement; —முடுகுவெண்பா vembâ dont les

2 premiers vers sont d'une mesure précipitée, —composée de brèves;—மொழி 1er mot d'une phrase, 1re partie d'une suite de mots, antécédent; —மொழிந்துகோடல் un des 32 யுக்தி rappeler—, redire ce qu'on a dit, toutes les fois qu'il le faut; —வருங்காரியம் chose future,— qui arrivera désormais, qui est devant nous dans l'avenir; —வாய் le devant de la bouche, lèvres, le côté opposé à celui d'où vient le vent lorsqu'on vanne, (l'autre côté se dit தூற்றுவாய்); —வாய்ப்பல் dents de devant; முன்னும்பின்னும் avant et après, devant et derrière, de front et en queue.

முன்சிபு, (arabe). mounsipe. juge de district ou de bourg. [முதல்வன்.

முன்பன், (முன்பு). le précédent, V.

முன்பு, devant, avant, avance, présence, antiquité. grandeur, force: முன்பாக devant, en présence: ஒருவனுக்குமுன்பாகவிருக்கிறது être devant quelqu'un; முன்பும் பின்பும் avant et après.

முன்முச்சியம், action de délier.

முன்றளை, (முன், தளை), entraves des pieds de devant. [père.

முன்றாதை, (id. தாதை), grand-

முன்றாய், (id. தாய்), grand'mère.

முன்றானை, (id. தானை), extrémité—, bord, —pan de toile, de vêtement, lisière, frange, pan antérieur, couverture, manteau: அடி—pan—, bord inférieur d'une toile de femme, (celui qu'elle porte en dessous; மேல்— bord supérieur de la toile, (celui dont elle se couvre les épaules et la tête.

முன்றில், V. முற்றம்.

முன்றூதன், (முன், தூதன்), précurseur, avant-coureur.

முன்றொட்டி, (id. தொட்டி), nom d'un arbrisseau. [ன்றானை.

முன்றோகை, (id. தோகை), V. மு

முன்றோன்றல், (id. தோன்றல்), fils—, frère aîné.

முன்னங்கால், (முன்னம்), pied de devant (d'un quadrupède...), devant de la jambe.

முன்னங்கை, (id.), l'avant-bras, du poignet au coude.

முன்னடந்தகாரியம், (id. நடந்த), chose passée autrefois ou avant.

முன்னடி, (id. அடி), auparavant, d'abord, 1re partie, entrée, vestibule d'une maison, salle d'entrée.

முன்னடியான், (முன்னடி). idole ou statue placée en face d'un temple ou devant un temple (et qui est censée le garder, en faire connaître le dieu prétendu et servir d'introducteur: சுவாமிவரங்கொடுத்தாலும்— வரங்கொடான் quand le maître ferait une générosité, le portier n'en fera pas, il exigera des présens.

முன்னடைப்பன், (முன், அடைப்பன்), espère d'esquinancie des animaux. [tic, signe, figure, type.

முன்னடையாளம், (id.), pronos-

முன்னடைவு, (id. அடைவு), gage, dépot, caution, hypothèque antérieure.

முன்னணி, (id. அணி), avant-garde, garde avancée, 1er rang d'une armée: முன்னணியிலேநிற்கிறது être dans l'avant garde, au front de l'armée ou du combat. [proue.

முன்னணியம், (id. அணியம்),

முன்னணை, (id. அணை), premier né, mangeoire, crèche. [cède.

முன்னது, (id. அது), ce qui pré-

முன்னந்தம், (id. அந்தம்), l'apparence antérieure, — ou la beauté par-devant, le devant.

முன்னம், 1° (முன், அம்), avant, devant. 2° intention, dessein, pensée, idée, âme, signe, vitesse, l'arbre உதியம்: முன்னந்தலை devant de la tête; முன்னந்தொடை quartier de devant—, épaule de mouton...., devant de la cuisse; முன்னமே avant, auparavant, d'abord.

முன்னர், (முன்). devant, avant, auparavant, antiquité, commencement, origine, place, esprit, cœur: —விலக்கு rejet de pensée, —d'antécédent, fig. de rhét. qui consiste à rejeter une chose par indication,

—à rejeter l' idée d'une chose, ou à montrer qu'elle est sans antécédent.

முன்னால், *opt. et n.v. de* முன்னுகிறது, pensée, esprit, cœur, avance, précession, approche.

முன்னவள், (முன், அவள்), la première, celle qui est devant, sœur aînée, la prétendue déesse மூதேவி.

முன்னவன், (*id.* அவன்), frère aîné, celui qui est devant, le premier, (nom donné à divers faux dieux par leurs adorateurs, qui les regardent comme le premier être, et spécialement à) Siven.

முன்னவை, (*id.* அவை), les choses précédentes, les antécédens: —வைத்திலை règle pour prédire ou pronostiquer les événemens futurs d'après les signes antérieurs, ou pour faire bien comprendre par les antécédens la chose dont on parle, détailler pour cela ce qui la précède.

முன்னற, (முன், அற), préalablement, par avance, d'abord: —ச்சொல்லுகிறது dire d'abord ou par avance; —வாங்குகிறது prendre d'avance, — en avance.

முன்னறிவு, (*id.* அறிவு), prévision, connaissance antérieure.

முன்னறை, (*id.* அறை), vestibule, salle d'entrée, 1re chambre, chambre de devant ou avant.

முன்னாக, (*id.* ஆக), premièrement, auparavant, d'abord, devant, ouvertement: —வைக்கிறது mettre devant, — en 1er lieu, ouvertement.

முன்னாமை, *n.v. nég. de* முன்னுகிறது, absence d'idée, — de pensée, n'aller pas devant.

முன்னாலே, (*abl. de* முன்), autrefois, anciennement, par devant.

முன்னாள், (முன், நாள்), hier, jour précédent, la veille, ancien temps, autrefois, état antérieur, ou naissance précédente (d'après la métempsycose): ஞாயிற்றுக்கிழமைக்கு —சாயங்காலம் la veille du dimanche au soir, *i.e.* le samedi soir; —சாயங்காலம் hier au soir; முன்னாளில் autrefois, jadis; முன்னாள்மனிதன் ancien, homme de l'ancien temps, — de l'antique probité; முன்னாளைப்பேச்சு vieux dicton, bruit —, discours d'hier.

முன்னிடம், (*id.* இடம்), 1er lieu, la place précédente, ancienne place.

முன்னிடுகிறது, (முன், இடுகிறது), *ou* முன்னிட்டுப்போகிறது, avancer, précéder, devancer, aller —, mettre devant, — en avant, laisser —, faire aller devant, réussir, prospérer, se présenter: முன்னிட்டகாலைப்பின் வாங்கு retire le pied que tu as mis en avant; ஒருத்தன் முன்னிட்டு par l'entremise de quelqu'un; ஒருத்தனை முன்னிட்டுப் போகிறது faire marcher —, laisser aller quelqu'un devant soi, le suivre; வாசலிலே முன்னிட்டுப்போனான் à la porte il le fit entrer le 1er par politesse.

முன்னிட்டி, (*id.* இட்டி), mangeoire, auge, crèche.

முன்னிதாய், (*id.* இது, ஆய்), par avance, préalablement.

முன்னிராவிருள், முன்னிருட்டு, (*id.* இரா, இருட்டு), 1res ténèbres de la nuit, *ou* முன்னிருட்டுக்காலம் le temps où le commencement de la nuit est obscur, le temps qui suit la pleine lune.

முன்னிருப்பு, (*id.* இருப்பு), ce qui était auparavant, biens acquis auparavant, avoir —, état antérieur, ancien état: முன்னிருப்பிலெடுக்கிறது prendre de ce qu'on avait acquis auparavant.

முன்னிரை, (*id.* நிரை), rang... précédent, grande foule.

முன்னிலவு, (*id.* நிலவு), clair de lune du commencement de la nuit (après la nouvelle lune).

முன்னிலை, (முன், நிலை), seconde personne (en terme de grammaire), présence, cause, — instrumentale, — secondaire, défense, aide, garantie, caution, assurance, sureté: —க்காரன் aide, caution, chef parmi les forgerons, les charpentiers et les blanchisseurs; —த்திடம் mot qui se trouve au commencement et qui est sous-entendu en un ou plusieurs endroits; —ப்பாடு caution, garantie, gage; —ப்பாடாயிருக்கிறது servir de—, être caution (pour un paiement...), cautionner; —ப்பன்மைவினைமுற்று verbe à la 2e personne plurielle terminée en இர், ஈர், v. g. செய்தனிர், செய்தீர் vous avez fait; —ப்புறமொழி parler aux personnes présentes comme si on parlait à d'autres; —மொழி, V. அறந்தொகுதிநிற்றல்; —யசைச்சொல் particule explétive qui se joint à la 2e personne, comme அத்தை, இ, இக், இத்தை, மதி, மாள், மியா, மோ, வாழ, வாழிய; —யாய்நிற்கிறது se présenter pour—, être caution, défenseur, protecteur, aider, se tenir devant; —யேவலொருமைவினைமுற்று verbe à la 2e personne du singulier de l'impératif (c'est la racine même du verbe) et terminé par une des 12 voyelles ou une des 11 consonnes suivantes ஞ், ண், ந், ம், ன், ய், ர், ல், வ், ழ், ள், ou par les terminaisons ஆய், உ, கான் pour le positif et par ஆல் ou ஏல் pour le négatif; —யேவற்பன்மைவினைமுற்று verbe à la 2e personne du pluriel de l'impératif et dont la terminaison est உம், மின்...; —யொருமைவினைமுற்று verbe à la 2e personne du singulier et terminé par ஆய், ஐ ou இ, v. g. செய்தாய், செய்தனை, செய்தி, tu as fait.

முன்னிளவல், (முன், இளவல்), frère aîné.

முன்னிற்கிறது, (முன், நிற்கிறது), se tenir—, être devant,— en face, être caution, protéger, aider, servir: அஞ்சாமல்வா எல்லாத்துக்கும் நானேமுன்னிற்கிறேன் viens sans crainte, c'est moi qui réponds de tout; உனக்குமுன்னின்று devant toi, en te protégeant: முன்னவனேமுன்னின்றால் முடியாதபொருளுண்டோ si Dieu le principe de tout nous aide, y a-t-il quelque chose d'impossible? முன்னிற்பவன் caution, répondant (pour un autre), protecteur,— dans le danger.

முன்னீடு, (முன், ஈடு), primauté, autorité, caution, gage, dépôt.

முன்னுகிறது, னினேன், னுவேன், னுதல், னல், v. a. précéder, devancer, approcher, penser.

முன்னுக்கு, (dat. de முன்), en avant.

முன்னுணர்ச்சி, (முன், உணர்ச்சி), prévision.

முன்னுரைக்கிறது, (id. உரைக்கிறது), dire d'avance, prédire.

முன்னூல், (id. நூல்), la 1re science, la 1re loi, le 1er livre, i. e. la parole de Dieu, les livres saints; ancienne science, ancien livre: முன்னூற்கேள்வன் Dieu, le maître—, l'auteur de la 1re science,— des livres saints.

முன்னெழுச்சி, (id. எழுச்சி), ancienne—, 1re idée,— opinion.

முன்னெற்றி, (id. நெற்றி), devant—, haut du front.

முன்னே, (id, ஏ), avant, auparavant, d'avance, d'abord.

முன்னேரம், (id. நேரம்), le temps d'avant, l'avant-midi, la matinée, crépuscule du soir (opposé à பின்னேரம் la crépuscule du matin): முன்னேரயாத்திரி la 1re partie de la nuit.

முன்னேர், (id. ஏர்), et முன்னேர்க்குண்டை la paire de bœufs qui est en avant,— la première (au labour...)

முன்னேழுகத்தரி, les 7 premiers jours de la canicule, les 7 derniers jours de சித்திரை, (les 7 derniers jours de la canicule dits பின்னேழுகத்தரி sont les 7 premiers de வைகாசி).

முன்னேறுகிறது, (முன், ஏறுகிறது), monter avant, précéder, devancer.

முன்னை, 1° acc. de முன். 2° (முன்), sœur aînée, frère aîné, antiquité, priorité, antériorité, l'arbre premna integrifolia; — நாள் la veille, hier; — யிரா la nuit d'hier,

—dernière; —மின் feuilles de premna (on les emploie comme herbes potagères); முன்னிலுமப்போதுக்க plus qu'auparavant.

முன்னிலது, (முன்னே, அது), ce qui est antérieur, — auparavant, — devant, — premier (pour le temps ou pour le lieu).

முன்னோர், (முன்னே), les anciens.

முன்னொருபோது, (முன், ஒரு), dans l'ancien temps, une fois jadis, —auparavant.

முன்னெற்றி, (id. ஒற்றி), gage, dépôt, — antérieur, caution.

முன்னோக்கு, (id. நோக்கு), prévision.

முன்னோடி, (id. ஓடுகிறது), précurseur, devancier.

முன்னோர், முன்னோர்கள், (முன்), ancêtres, prédécesseurs, devanciers, anciens, ministres d'état.

முன்னோன், (id.), le 1er des êtres, i.e. Dieu, ancien, ancêtre, frère aîné, Pilléyar fils aîné de Siven, Arouguen, dieu prétendu des Samanéens.

மு, 1° lettre syllabique composée de ம் et de உ, moû long. 2° imp. et part. de முக்கிறது, ancien, vieux, antique, ancienneté. 3° sync. de மூன்று devant les voyelles avec வ் euphonique, trois, troisième. Devant les consonnes on met மு en doublant la suivante et même devant les voyelles on peut mettre மு avec un double வ் euphonique. 2me (moû), lieu, attache.

*மூகம், (moûka), mutisme, silence, taciturnité, personne muette, démon muet, nom d'un démon, espèce de poisson, pauvreté.

*மூகன், (id.), muet, silencieux, taciturne, qui ne parle pas, pauvre, nom d'un démon ou Asouren.

மூகாக்கிறது, காத்தேன், காப்பேன், கா, காக்க, v.n. (மூகம்), மூகாத்தல், être muet, se taire, garder le silence.

*மூகை, fém. de மூகன், femme —, personne —, muette.

மூகையன், (மூகை), homme muet.

மூக்காணாங்கயிறு, (மூக்கு, அணை, ஆம்), V. மூக்கணாங்கயிறு.

மூக்கணி, (id. அணி), bijou —, ornement du nez.

மூக்கந்தண்டு, (id. அம்), entredeux —, cloison des narines.

மூக்கரிகத்தி, (id. அரி), litt. couteau pour couper le nez, instrument pour cueillir les feuilles de bétel et en couper la queue.

மூக்கறட்டை, la plante மூக்கிரட்டை.

மூக்கறை, (மூக்கு, அறை), m. f. personne sans nez, — qui a le nez coupé: — ப்பெண் femme sans nez, — qui a le nez coupé; — யாயிருக்கிறவன் homme qui a le nez coupé.

மூக்கறைச்சி, fém. du préc. 1° V. மூக்கறைப்பெண். 2° orpiment dit அரிதாரம், nom d'un arbrisseau.

மூக்கறையன், (மூக்கறை), homme sans nez, — qui a le nez coupé: மூக்கறையனுக்குவாழ்க்கைப் பட்டால் முன்னும்போகக்கூடாது பின்னும் போகக்கூடாது si une femme épouse un homme sans nez, elle ne peut aller ni devant ni derrière, (proverbe que les serviteurs disent d'un maître d'un esprit soupçonneux).

மூக்கன், 1° tendrons ou cartilage du genou ou du devant de la jambe. 2° qui a un nez ou un bec (à la fin des mots composés.)

மூக்கணாங்கயிறு, (மூக்கு, ஆம்), corde qui passe par les narines des bœufs et qui sert à les conduire: — குத்துகிறது percer le nez d'un bœuf pour y mettre cette corde.

மூக்காம்பலணைத்தல், (id.), bout du nez.

மூக்காந்தண்டு, (id.), V. மூக்கந்தண்டு.

மூக்காரவேர், nom d'un arbre.

மூக்கிரட்டை, la plante boerhaavia diffusa.

மூக்கிலடுமி, (மூக்கில்), l'arbre குமிழ்.

மூக்கிலி, (மூக்கு, இலி), sans nez, la plante சொக்கவலி porculaca meridiana.

மூக்கில், abl. de மூக்கு.

மூக்கிலை, 1° la plante வசம்பு 2°

மூக்கிறது, மூத்தேன், மூப்பேன், மூ, மூக்க, v.n. vieillir, devenir vieux, avancer en âge, finir.

மூக்கித்தக்கல், (மூக்கின்,கல்), pierre dite காக்கைக்கல், — à taches noires, pierre précieuse pour le nez, bijou que les femmes se mettent au nez.

மூக்கிற்சளி, (id. சளி), morve, mucus du nez.

மூக்கு, nez, narine, bec d'oiseau, embouchure d'une trompette, bec (de lampe, de vase...), pointe des graines: இக்கி —, [illegible] — nez percé qui saigne souvent ou facilement; — அறுக்கிறது couper le nez, faire honte: — குத்துகிறது percer le nez, (v.g. à un enfant avec cérémonie: ce que les Indiens font et pour conserver la santé, et pour mettre des bijoux); — க்கண்ணாடி besicles, lunettes (qu'on met sur le nez); — க்கொழுந்து bout du nez; — ச்சளி, — ச்சரளி morve, mucus du nez; — ச்சாஸ்திரம் art de pronostiquer d'après —, pronostic tiré de la respiration par les narines; — ச்சாறு, — ச்சாரம் suc de plante ou chose semblable pour le nez, (qu'on fait prendre par le nez pour tourmenter ou comme remède); — சிந்துகிறது le nez couler ou சிந்துகிறது, — சிந்தி ப்போடுகிறது se moucher, moucher; — சீறுகிறது se moucher, le nez souffler; — சுளிக்கிறது, — நெறிக்கி து tourner le nez (par dédain ou dérision); — த்தூக்கி, P. — த்தூக்கு bijou du nez, — qui pend au nez, anneau d'or que quelques femmes portent à une narine; — த்தண்டு la cloison des narines; — தீட்டிக்கொள் கிறது un oiseau aiguiser son bec; — த்தூள் tabac (en poudre): — த்தூள்க்கூடு tabatière; — ப்பிள வை ulcère au nez; — ப்பீ morve, litt. ordure du nez; — வடியன் morveux; — வடிச்சி morveuse.

மூக்குத்தி, (மூக்கு.உத்தி), anneau d'or orné d'une pierre précieuse —, bijou que les femmes portent à une narine.

மூக்குறிஞ்சுகிறது, (id. உறிஞ்சுகி றது), renifler, prendre par le nez. மூக்குறைபவன், P. மூக்கறையன்.

மூக்கொட்டை, (மூக்கு, ஒட்டை), morve, mucus du nez.

மூக்கொத்தி, (id. ஒத்தி), le bijou dit மூக்குத்தி: — போட்டிருக்கிறது porter ce bijou au nez; — க்காய் fruit encore vert du thunbergia racemosa (dont on se sert en cuisine comme assaisonnement ou autrement); — க்கோரை le jonc scirpus antarticus; — ப்பூடு, — ப்பூண்டு la plante inula indica.

மூங்கி, V. மூங்கு.

மூங்கில், bambou, espèce de roseau fort haut et gracieux, bambusa arundinacea, (le mot bambou est canara): — அரிசி graine ou grain de bambou (séparée de sa balle ou de son enveloppe, elle ressemble au riz); — உப்பு sel médicinal de bambou, (en arabe tabaxir ou tabaschir); — நெல், — நெல்லு graine de bambou dans sa balle (elle sert de nourriture aux gens des montagnes); மூங்கிற் கழி bâton —, perche de bambou; — குழல், — குழாய் bambou creux ou tuyau de bambou (dont on se sert comme de vase, pour mettre du beurre liquéfié, de l'huile, du miel etc...), tuyau —, flûte —, chalumeau de bambou; — பிளாச்சு latte de bambou, bambou fendu en long; — புதர் touffe de bambous; — புல் l'herbe panicum burmanni; — போத்து jeune touffe —, jeune pousse —, touffe de bambous qui sortent tous d'une même racine: மூங்கிற்றடி, (தடி), bâton —, perche de bambou; பாம் புக்குராசாமூங்கிற்றடி un bâton de bambou est un roi pour le serpent, c'est un excellent instrument pour le tuer et celui qu'il craint); மூங்கிற்றட்டி ou மூங்கிற்றட்டி, (தட்டி), claie de bambou; மூங்கிற்ற ண்டு, (தண்டு), bâton —, perche de bambou.

மூங்கினெல், (மூங்கில், நெல்), graine de bambou qui sert de nourriture aux montagnards.

மூங்கின்முத்து, (id. முத்து), perle de bambou, grain qui s'y forme.

மூங்கு, espèce de lentille, petit pois, phaseolus mungo.

மூங்கை, *m.f.* personne muette.

மூங்கையன், (மூங்கை), muet.

மூசல், *opt. et n.v. de* மூசுகிறது, mort, perte, corruption, foule, étroitesse, agglomération.

மூசாந்திரம், nénuphar blanc, வெள்ளைத்தாமரை.

மூசாப்பு, (மூசு, அப்பு), agglomération de nuages, ciel couvert et pluvieux: மூசாப்பாயிருக்கிறது le ciel être nébuleux, — couvert; மூசாப்புவாங்குகிறது l'agglomération de nuages se retirer, — se disperser. (Il se dit surtout de nuages sombres et chargés de pluie qui viennent et se dissipent rapidement.)

மூசாலி, chose sans beauté ni élégance, paresse.

மூசு, *imp. et part. de*

மூசுகிறது, மூசினேன், சுவேன், சு, சி, *v.n.* மூசுதல், *n.v. et* மூசிப்போகிறது, mourir, se perdre, se gâter, être détruit, se serrer, être pressé, s'amonceler, s'agglomérer: கறிமூசிப்போயிற்று le ragoût s'est gâté.

*மூசை, (moûchâ), creuset, moule en terre (pour la fonte des métaux).

மூச்சன், (மூச்சு), homme fort, courageux, brave.

மூச்சு, respiration, souffle, haleine, force, courage, bravoure: ஒரே மூச்சாய்ப்படிக்கிறது lire d'une seule haleine, sans s'arrêter; மூச்சு அடக்குகிறது arrêter la respiration, suffoquer; — அடக்கிக்கொள்ளுகிறது retenir sa respiration; — அடைக்கிறது la respiration être gênée (comme dans l'asthme), suffoquer, gêner la respiration; — அடைத்துக்கொள்ளுகிறது avoir la respiration gênée, — l'haleine courte: — அடைப்பான், — அடைப்பு difficulté de respirer, haleine courte, asthme; — அமத்துகிறது arrêter la respiration; — காட்டுகிறது montrer de la bravoure; — திணக்கம் courte haleine, difficulté de respirer; — பறிகிறது, — பறிதல் respirer, la respiration sortir, devenir faible; — பிடிக்கிறது arrêter la respiration, avoir l'haleine courte; — பிபேச்சு soupçon, conjecture; — பிபோறுக்கிறது la respiration être gênée; — முட்டு suffocation, étouffement, *V.* நிக்குமுக்கு; — வாங்குகிறது respirer, attirer l'air ou la respiration, reprendre haleine, aspirer; — விடுகிறது respirer, expirer l'air, renvoyer l'air des poumons; — விடாமற்பேசுகிறது parler sans reprendre haleine, sans s'arrêter pour respirer; — எடுக்கிறது respirer, reprendre haleine; — எறிகிறது expirer l'air, chasser l'haleine, pousser un soupir; — எறிதல், — எறிவு action d'expirer l'air, expiration, respiration, soupir; — ஒடுக்குகிறது avoir l'haleine courte, la respiration s'affaiblir, — s'arrêter, rendre le dernier soupir; — ஒடுங்கிப்போகிறது expirer, rendre le dernier soupir; — ஒடுங்கிவருகிறது la respiration s'affaiblir, — diminuer, être près d'expirer. [க்கை.

மூச்சை. 1° *acc. de* மூச்சு. 2° *P.* மூர்

*மூஷம், மூஷகம், மூஷிகை, மூஷிகை, மூஷிகம், மூஷிகை, (moucha, ka, kâ), rat, souris, gros rat dit rat perchal *ou* பெருச்சாளி. [pillard.

*மூஷகன், மூஷிகன், (*id.*), voleur,

*மூஷணம், மூஷிதம், (mouchana, mouchita), vol.

*மூஷகாராதி, மூஷிகாராதி, (மூஷகம், மூஷிகம், அராதி), l'ennemi du rat, *i.e.* le chat. [vitriol bleu.

*மூஷதுத்தம், (மூஷை, துத்தம்),

*மூஷிகம், (mouchika), 1° partie du Maléalam entre கொல்லம், *i. e.* Quilon et le Cap Comorin. 2° *ou*

*மூஷிகை, மூஷீகம், மூஷீகை, (mouchikâ, ika, ikâ), *V.* மூஷம்.

*மூஷிகாங்கன், மூஷிகாஞ்சனன், (மூஷிகம், அங்கம், அஞ்சனம்), Pilléyar qu'on représente avec un gros rat devant lui. [creuset.

*மூஷை, மூஷிகை, (mouchâ, ikâ),

மூஞ்சல், *opt. et n.v. de* மூஞ்சுகிறது, accumulation, foule, presse; concours.

மூஞ்சி, 1° museau, groin,(il se dit des bêtes et par mépris de la face des hommes), V. மூஞ்சை. 2° gér. de மூஞ்சுகிறது: — சுளித்திறது contracter le visage (par colère ou par mépris), prendre un air refrogné, —sombre; மூஞ்சியிலேத்தாறியுமிழ்கிறது cracher en face ou à la face de quelqu'un.

மூஞ்சுகிறது, கினேன், சுவேன், சு, சு, v.n. se presser, se serrer, s'accumuler, s'attrouper, fourmiller.

மூஞ்சூறு, மூஞ்சூறு, rat musqué: மூஞ்சூற்று முள்ளங்கி,(முள்ளு), espèce de rave ou de plante à racine bulbeuse.

மூஞ்சை, long museau, — visage, — bec.

*மூடதை,(மூடம்), V. மூடத்தனம்.

*மூடம், 1° (moûdha), bêtise, folie, stupidité, ignorance, erreur, confusion, trouble, — d'esprit, doute, perplexité, apathie, froid. 2° (மூடுகிறது), temps sombre, — couvert: மூடகர்ப்பம் enfant mort dans le sein de sa mère, enfant qui se présente mal pour naître et qui cause un accouchement difficile; — க்கிரகம் infatuation; — த்தனம் bêtise, ignorance, folie, stupidité; — விருத்தி augmentation de la bêtise, de l'ignorance, — de la folie.

மூடல், opt. et n. v. de மூடுகிறது, action de couvrir, couvercle, couverture.

மூடனம். poivre.

*மூடன். pl. மூடர், (moûdha), sot, idiot, bêtard, benêt ignorant, stupide, homme vil.

மூடா, 1° voc. de மூடன். 2° ou மூடாத, part nég de மூடுகிறது, découvert, non couvert.

*மூடாத்துமா, (மூடன், ஆத்துமா), âme stupide, benêt, sot, bêtard.

மூடி, 1° gér. et n. v. de மூடுகிறது, couvercle (de pot, de boîte, de corbeille...), couverture, bouchon. 2° fém. de மூடன், idiote, sotte, femme stupide, la sotte et prétendue déesse மூதேவி. 3° coriandre: — வைக்கிறது mettre le couvercle..., couvrir, cacher, renfermer.

*மூடிகம்..., P. மூஷிகம்...

*மூடிகவாகனி..., P. மூஷிகவாகனி...

மூடு, imp. et part. de மூடுகிறது: — கட்டில் lit couvert d'un pavillon ou ciel de lit; — குப்பாயம் manteau, couverture; — குளிர் froid —, tétanos complet, catalepsie; — சாந்து crépi, enduit, crépissage; — சீலை toile qui couvre, enveloppe, couverture, voile, manteau; — சிவிகை, V. கூடாரப்பல்லக்கு; — சூளை four à briques couvert, fournaise couverte pour brûler les cadavres, entassement; — திரை couverture de lit, rideau —, toile qui couvre; — பனி brouillard, — épais.

மூடுகிறது, டினேன், டுவேன், டு, ட, v. a. et n. மூடுதல், n. v. ou மூடிப்போடுகிறது, couvrir, cacher, ou மூடிக்கொள்ளுகிறது se couvrir, se cacher, rester couvert: கண்ணை — se boucher les yeux, fermer ses yeux, — ou boucher les yeux d'un autre; வாயை — fermer la bouche, empêcher de parler; மூடிக்கொண்டிருக்கிறது se couvrir, s'envelopper, — dans quelque chose, rester couvert, — caché, — enseveli dans l'ignorance ou les ténèbres, être hébété; — யிருக்கிறது avoir —, être caché, couvert; அஞ்ஞானமெங்கும் — யிருக்கிறது être partout couvert des ténèbres de l'ignorance ou du paganisme; — வைக்கிறது mettre bien couvert, V. au mot மூடி.

*மூடை, 1° fém. de மூடன், sotte, idiote, stupide, 2° P. மூடாய், tu ne couvres pas, 2° pers. nég. de மூடுகிறது.

மூட்டம், (மூட்டுகிறது), couverture, couvercle, chose couverte, — jointe, — excitée, feu couvert (pour faire de la fumée et chasser les moustiques...), feu, — de joie, enduit de paille et de boue fait sur un tas de blé, bois à brûler, bouche d'une fournaise, nom d'un instrument des கம்மாளர், préparation: கொசு — feu pour enfumer et chasser les moustiques; போகி — feu de joie en l'honneur d'Indiren la veille de la fête païenne du பொங்கல்;— கட்டு கிறது,—பன்றுணுகிறது faire l'enduit susdit, construire un foyer, faire un fourneau, v.g. de forge, ou un feu de joie; —கலைக்கிறது,—பிரிக்கிறது ôter—, rompre l'enduit qui couvre un tas de blé;— போடுகிறது entasser du bois dans le feu ou dans un feu de joie; வானம் — மூடுகிறது le temps être couvert.

மூட்டம், opt. et n.v. de மூட்டுகிறது, action de joindre..., jonction, union, excitation, encouragement, redoublement, entretien,

மூட்டு, 1° bride, mors, jonction, jointure, articulation, joint, fente, couverture, couvercle, calomnie, médisance. 2° imp. et part. de மூட்டுகிறது:—சொட்டு calomnie; —போடுகிறது couvrir;—பூச்சி, P. மூட்டுப்பூச்சி punaise; மூட்டிலடிக்கிறது frapper dans les jointures; மூட்டிலே படுகிறது frapper à —, atteindre—, endommager la jointure; மூட்டைத் திருப்புகிறது retourner—, refaire la couverture ou le toit d'une maison, tordre le cou à quelqu'un.

மூட்டுகிறது, ட்டினேன், ட்டுவேன், ட்டு, ட்ட, v.a. மூட்டுதல், n.v. joindre,— ou attacher ensemble, unir, coudre ensemble (2 pièces de toile), faufiler, allumer, attiser, entretenir (le feu...), exciter (la haine, une querelle, la calomnie), augmenter: கயிற்றை— attacher des cordes ensemble; நெருப்பைமூட்டிவிடுகிறது allumer—, attiser le feu; சண்டைமூட்டிவிடுகிறது exciter à se quereller, à se battre, attiser le feu de la discorde.

மூட்டை, 1° punaise. 2° ballot, balle, paquet rempli—, sac de bagage, sac plein:—க்காரன் porte-faix, porteur de ballots. 3° P. மூட்டாய் tu ne joins pas...2° pers. nég. du préc. 4° acc. de மூட்டு.

மூண்டன், poivre. [மூளுகிறது.

மூண்ட, மூண்டு, part. et gér. de மூதணங்கு, (மூது, அணங்கு), la vieille femme, voyez கரடுகண்.

மூதண்டவேடத்தான், (மூது, அண்டம், வேடம்), montagne qui contient du zinc.

மூதலிக்கிறது, லித்தேன், லிப்பேன், லி, லிக்க, v.a. P. மூதலைக்கிறது, et மூதலித்தல், மூதலிப்பு, n.v. prouver, transporter une dette sur un autre, V. மூதலைக்கிறது. [V. மூதேவி.

மூதவள், (மூது, அவள்), la vieille.

மூதறிஞன், pl. மூதறிஞர், (id. அறிஞன்), homme très-intelligent, d'un esprit mûr.

மூதறிவு, (id. அறிவு), esprit mûr, grand savoir, grande connaissance.

மூதா, l'insecte dit acarus ou இந்திரகோபம்.

மூதாக்கள், P. மூதாட்டகள், (மூது, ஆட்கள்), ancêtres, anciens, vieillards

மூதாட்டி, (id. ஆட்டி), vieille,—femme.

மூதாதை, (மூ), grand-père, aïeul.

மூதாய், (id.), grand'mère, aïeule.

மூதாளர், (மூது, ஆளர்), anciens, vieillards. [மேலம்பு.

மூதிக்கம், l'arbrisseau சிவனுர்

மூதிரி, buffle.

மூதிரை, la 6me constellation lunaire dite திருவாதிரை.

மூது, adj. de மூதுமை, devant une voyelle, vieux, ancien. [மூதறிவு.

மூதுணர்வு, (மூது, உணர்வு), V.

மூதுணர்ந்தோர், (id. உணர்ந்தோர்), V. மூதுவர்.

மூதுரை, (id. உரை), vieux dicton, proverbe, nom d'un poème d'Avvéyar.

மூதுவர், (id.), frère aîné.

மூதேவி, (மூ), litt. la vieille déesse, la prétendue déesse de l'infortune, sœur aînée de Lakchimi: மூதேவிக்கடையன் homme plus pauvre que Moûdèvi, un misérable gueux; —பிடிக்கிறது la déesse de la pauvreté i.e. une extrême misère saisir quelqu'un;—யென்றுசொல்லுகிறது appeler quelqu'un Moûdêvi i. e. gueux, (espèce d'injure.)

மூதை, 1° (மூது, ஐ), la vieille mère மூதேவி. 2° (மூதை), terre dont on a coupé, arraché et brûlé les arbres et qui est préparée pour le labour. 3° l'arbrisseau செடி.

முத்த, *part. de* முத்திரு, vieux, ancien, âgé, aîné, le premier: —த மையன் le 1er des frères aînés; —பி ள்ளை le 1er enfant, l'aîné; —மகன் le 1er garçon, l'aîné: முத்தாள் l'aînée, la plus agée, la sœur aînée de Lakchimi dite மூதேவி; முத்தவன் l'aîné, le plus âgé, ancien, ancêtre, supérieur.

முத்தல், *n.v. de* முத்திரு, être âgé, vieillesse, ancienneté, fin.

முத்தாள், *n.app. de* முத்திரு, sœur aînée, vieille femme, la vieille மூதேவி, maîtresse, — de maison, matrone, directrice, supérieure.

முத்தான், (*id.*), frère aîné du mari, aîné.

*மூத்திரம், (moûtra), urine, pissat: -கழிந்திரு l'urine s'écouler —, uriner involontairement, *ou* —பெ ய்திரு uriner, pisser, faire de l'eau; மூத்திரகிரிச்சரம், -கிருச்சரம், — கிரிச்சரம், —கிரிச்சரம், *P.* —கிருச்சிரம் (*douleur*), strangurie gravelle, pierre; —கிராந்தி obstruction —, ulcère au cou de la vessie —குளவி espèce de guêpe; —சங்கம் obstruction des voies urinaires, *V.* கிராஞ்சு: —க கிலம், —சர்க்கரம் urine couleur de lait, fleurs blanches, sorte de gonorrhée; —தம்பம் rétention d'urine; மேகம் gonorrhée, *V.* மேகரோகம்; —புடம் bas-ventre, abdomen; —ப்பை la vessie: —மார்க்கம் urètre. —ரோதம் rétention d'urine.

*மூத்திராலம், (மூத்திரம், la *affixe*), strangurie, diurétique, concombre.

*மூத்திராகாதம், மூத்திராவரோதம், (*id.* ஆகாதம், அவரோதம்), strangurie. [vessie.

*மூத்திராசயம், (*id.* ஆசயம்), la

*மூத்திரோத்சங்கம், (*id* outsanga *adhésion*), pissement obstrué et lent, accompagné de sang.

முத்தோன், *pl.* முத்தோர், *n. app. de* முத்திரு, frère —, aîné, ancien, vieillard, Poulléyar, fils aîné de Sivon: முத்தோர் anciens, vieillards, ancêtres, aïeux, poètes, chefs, principaux, ministres d'état: —சொல்லமுதம் une parole dite par les —, une parole des anciens est de l'ambroisie.

மூப்பன், *pl.* மூப்பர், (மூப்பு), ancien, vieillard, homme âgé, supérieur, chef (parmi les bergers, les பள்ளர் ou cultivateurs et les Parias).

மூப்பி, *fém. du préc.* dame, — ou fille d'honneur, femme de distinction, matrone, *au pl.* மூப்பிச்சியர், மூப்பிமார்.

மூப்பு, *n.v. de* மூத்திரு, ancienneté, vieillesse, âge avancé, supériorité, prééminence, surveillance: மூப்பாயிரு vieillir; மூப்பாயிருந்திரு être âgé, —chef, — supérieur, exceller, l'emporter sur les autres; மூப்பராயசாமி principal employé, gouverneur (au Travancor).

மூய்திரு, மூடுகிறேன், மூவினேன், மூ, ய, *v.a.* மூய்தல், *n.v. ou* மூடுகிறது, மூடுவேன், மூடுவேன், மூ, மூட, *v.a.* மூய்த்தல், *n.v.* couvrir. [dent.

மூரல், rire, sourire, riz cuit,

மூரி, bœuf, taureau, buffle, bosse du bœuf indien, paresse, apathie, engourdissement, — de paresse, fente, brisement, fracture, rupture, brèche, ancienneté, antiquité, vieillesse, grandeur, force, inégalité de feuille de palmier raboteuse: —முறி க்கிறது s'étendre les membres pour dissiper l'engourdissement; —யோலை feuille de palmier —, ôle raboteuse, — peu propre à écrire.

மூலன், espèce d'huître.

*மூர்க்கம், 1° (moûrkha), folie, ignorance, bêtise, stupidité, idiotisme, pois, — dit phaseolus radiatus. 2° obstination, opiniâtreté, entêtement, pertinacité, opposition provenant de haine, colère, rage, véhémence, animal rétif, chose qui résiste. 3° ver de terre, ver intestinal, ver solitaire: —முள்ளதாயிரு être obstiné, opiniâtre, entêté, sot, fou; — முள்ளவன், மூர்க்கவேசி

obstination outrée, fureur, passion indomptable; மூர்க்கக்குதிரை cheval rétif, vicieux; —த்தனம் obstination, opiniâtreté, opposition.

*மூர்க்கன், (*id.*), homme obstiné, opiniâtre, entêté, bourru, orgueilleux; மூர்க்கனும் முதலையும் கொண்டது விடா l'homme obstiné et le crocodile ne lâchent pas ce qu'ils ont saisi; *pl.* மூர்க்கர் gens obstinés, sots, ignorans, vils, vauriens; மூர்க்கரோடு சேராதே ne t'associe pas aux gens opiniâtres, aux méchans, aux insensés, aux vauriens.

*மூர்க்கி, *fém. du préc.* femme opiniâtre, entêtée, orgueilleuse.

மூர்க்கித்திருக்கிறது, க்கிறேன், த்தேன், க்கி, க்க, *v.n.* (மூர்க்கம்), s'obstiner, s'opiniâtrer, s'entêter, devenir —, être furieux.

*மூர்ச்சனம், மூர்ச்சனை, (மூர்ச்சனா, ana), défaillance, syncope, évanouissement, perte de la connaissance, mélange, mixtion, calcination du mercure avec du soufre, ton ou demi-ton de la gamme, le 7^me de l'échelle musicale.

*மூர்ச்சாலம், (மூர்ச்சனா, la), évanouissement, insensibilité.

மூர்ச்சிக்கிறது, ச்சித்தேன், ச்சிப்பேன், ச்சி, ச்சிக்க, *v.n.* (மூர்ச்சனை), *et* மூர்ச்சித்தல், *n.v.* s'évanouir, tomber en défaillance, en syncope, perdre connaissance.

*மூர்ச்சிதம், (மூர்ச்சா, ita), *et* மூர்ச்சிப்பு, *n.v. de* மூர்ச்சிக்கிறது, insensibilité, stupidité, ignorance, hauteur, augmentation, ou

*மூர்ச்சை, (moûrtchtchhâ), évanouissement, faiblesse, pâmoison, syncope, défaillance, léthargie, perte de la connaissance, langueur: — தீர்த்துமீளும்மருந்து remède pour faire revenir d'un évanouissement; — தெளிகிறது, — தெளிந்துவருகிறது l'évanouissement se dissiper, revenir d'un évanouissement, recouvrer la connaissance; — பட்டுப்போகிறது, — போகிறது, — யாகக்கிடக்கிறது s'évanouir, tomber en pâmoison, en défaillance; — யாய்க்கிடக்கிறது être étendu évanoui, — sans connaissance; — வாயு flatuosité qu'on suppose causer l'évanouissement.

*மூர்த்தன், (மூர்த்தம், ka), homme de la caste militaire.

*மூர்த்தஜம், (*id.* ஜம்), ce qui naît de la tête, cheveu.

*மூர்த்தம், 1° *sync. de* முகூர்த்தம், durée de 2 heures indiennes ou 48 minutes européennes, temps astrologique favorable. 2° (mourtta), solidité, chose matérielle, ce qui a une figure ou forme, corps. 3° (moûrddhan), tête: மூர்த்தம்-அ les 8 formes prétendues de Siven. *V.* அஷ்டமூர்த்தம்; மூர்த்தகும்பம், - கோலம், — கோலம், (கும்பம், khôla, — ka casque), espèce d'ombrelle; — பாஷாணம் l'arsenic dit துணாண்; — புஷ்பம் l'arbre சிரீஷம்; — நுரை écume de cange, — de riz qui bout; — வேஷ்டனம், — வேட்டனம் ce qui entoure la tête, turban, diadème.

*மூர்த்தாபிஷிக்தன், (மூர்த்தம் *tête*, abhichikta *oint*), homme oint sur la tête, Kchattriyen ou homme de la caste militaire, roi, prince, ministre d'état, homme de caste mêlée (né d'un brame et d'une femme Kchattriya).

*மூர்த்தி, 1° (moûrtti), corps, figure, forme, matière, substance, objet, solidité, manière. 2° chef, Dieu, Siven, Bouddha, Arouguen: — தரிப்பிக்கிறது faire prendre —, donner une forme, une figure, consacrer une idole et (au dire des Indous) y faire entrer et y attacher une divinité, ou plutôt un démon; உம்முடைய மூர்த்தி வந்ததால் *litt.* parce que votre corps est venu, par votre présence; மூர்த்திகள் les corps..., réunion des 3 prétendus dieux, Brama, Vichnou, Siven, *V.* திரிமூர்த்தி.

*மூர்த்திகரம், (மூர்த்தி), divinité, providence, opération —, action divine.

*மூர்த்திகன், (*id.* ka), Soupramanien fils cadet de Siven, Bhaïraven.

ou வயிரவன் censé une des formes de Siven.

*மூர்த்தினி, (மூர்த்தம், ini), tête.

*மூர்வை, (moûrvâ), plante rampante, sanseviera zeylanica, dont les fibres servent à faire des cordes d'arc et la ceinture des Kchatriyas.

*மூலகம், (மூலம், ka), racine mangeable, raifort dit முள்ளங்கி, grosse espèce d'igname: மூலகபணம் (pana mesure), poignée de raiforts.

*மூலசம், (id. சம்), céréale—, plante qui vient d'une racine.

*மூலம், 1° (moûla), origine, cause, principe, moyen, entremise, commencement, pied, base, fond, fondement, racine,— d'arbre,— de plante,— bulbeuse, radical, racine (carrée, cubique en algèbre), le capital, le principal (opposé aux intérêts), la 19^me^ constellation lunaire, la queue du Scorpion, original, texte (opposé au commentaire dit உரை ou டீகை), proximité, propriété, le propre, ce qui est particulier. 2° supériorité, primauté, le fondement ou l'anus qui est le 1^er^ des ஆதாரம், hémorroïdes, le poison dit காலம்பபாஷாணம்: அவன்மூலம் ou மூலமாய் par son moyen, par son entremise; அவனதுக்குமூலம் il est la cause ou l'auteur de cela; பணமேமகத்காரா— l'argent est une cause ou un principe d'orgueil: ஆதி —la 1^re^ cause, le 1^er^ principe, Dieu, (en style païen) Vichnou, origine, racine; இரத்த— hémorroïdes, flux de sang; உள்— ténesme; சீ— évacuations—, selles glaireuses et blanchâtres; புற—, வெளி – hémorroïdes visibles à l'extérieur; வறள்— constipation: மூலகந்தம் l'herbe ou la racine odoriférante dite வெட்டிவேர், racine odoriférante, — de plante ou d'arbre;— காரணம் cause première;— கருமம் magie, action principale, V. சட்கருமம்;— காரியம் chose principale, fondamentale; — காரிகை l'actrice principale, place du feu; — கிருச்சிரம் pénitence qui consiste à se nourrir de racines; — கடுப்பு dyssenterie, hémorroïdes, ténesme;— கொப்புளம் éruption —, ulcère au derrière; — கார்ணி l'arsenic naturel dit சத்திடபாஷாணம்;—காரன் homme qui a les hémorroïdes, — d'un tempérament chaud ou ardent;— கிராந்தி, — கிராணம் hémorroïdes: — கிராணி dyssenterie: — கொதி échauffement au derrière;— கோண sinus naturels; — கோணமாக்கியம் table des sinus; — சோதி splendeur ou lumière originelle, i.e. Dieu; — ஸ்தானம் place principale, principal siége—, place intérieure d'une statue, sanctuaire, résidence d'un roi, l'air, l'atmosphère, Dieu, place originelle, matrice; —தனம், —த்திரவியம் capital, principal, fonds, — primitif, trésor accumulé par les ancêtres; — தாட்டகந்தம் l'exposé, exposita; — தேவன் Kansa ou கஞ்சன் oncle et ennemi de Krichna et qui lui-même est censé l'incarnation d'un demi-dieu ou தேவன்;—த்தனம்—த்திரவியம் argent comptant, V. மூலதனம்:—த்தானம், V. மூலஸ்தானம்;—த்துருவம் longitude d'un astre à une époque donnée qui sert de point de départ;—நாள்,—நக்ஷத்திரம் la 19^me^ constellation lunaire, 4 étoiles de la queue du Scorpion;— நோய் hémorroïdes; — பஞ்சாட்சரம், les 5 lettres fondamentales d'une secte, V. மூலமந்திரம்; —பத்திரன், V. மூலதேவன்;—பலம் quartier général, principal corps d'une armée (d'où on envoie des détachemens);—பாடம் texte original (sans உரை ou commentaire); — பாஷை, —பாஷை langue originale (dans laquelle un livre ou un billet a été écrit), langue primitive, le Sanscrit pour les brames, le Pâli pour les Bouddhistes; — பட்டை corps principal—, gros de l'armée;— பிர குதி, — பிரகிருதி énergie passive de la création, matière primitive, illusion cause de la création, ou des choses matérielles (selon certains philosophes indous); — பிறந்தியன் serviteur héréditaire, vieux serviteur;— மந்திரம் principale prière mystique de chaque secte (distincte du காயத்திரி qui est propre à toutes les sectes indoues); —மலம் souillure primitive, i.e. l'orgueil dit ஆணவம்,le 1er des 3 மலம்;— ரோகம் hémorroïdes;— வாயு vent ou flatuosité des intestins; — வாயுவையெழுப்பிவிடுதல் faire monter—,chasser en haut les vents intérieurs;— விக்கிரகம் idole du sanctuaire (la plus reculée des temples indous, d'où on ne l'ôte jamais excepté dans des cas extraordinaires;elle est différente de l'idole de procession dite உற்சவவிக்கிரகம் qu'on met dans une antichambre);— வியாதி hémorroïdes; —வல்லி la plante qui donne le bétel;—விருள்,(இருள்), les principales ténèbres de l'âme, i.e. l'orgueil dit ஆணவம்;—வுவமை, (உவமை), comparaison d'une qualité contenue dans un objet comme ஆணவம்போலுஞ்சிரசிருதி la nature ressemble à l'orgueil; —வேர் racine principale; மூலத்திண்சாரம் urine, sel de roche.

*மூலாக்கிரம், (மூலம், அக்கிரம்), la racine ou le bas et le sommet, le commencement et la fin.

*மூலாக்கினி, (id. அக்கினி), chaleur de l'estomac, faim, appétit, terme technique des yoguis sivénistes; — மாயிருக்கிறது être affamé, avoir grand appétit;மூலாக்கினியைமூட்டுகிறது faire monter—,pousser en haut la chaleur intestinale.

*மூலாசனம், (id. அசனம்), repas—,vivre de racines.

*மூலாதாரம், (id. ஆதாரம்),la 1re des 6 régions du corps humain dites ஆறாதாரம், le fondement et les hanches, le postérieur, fondement, base: —ஆன fondamental.

*மூலி,(மூலம்,i), ce qui a des racines,arbre,plante,racine bulbeuse, — médicinale:—க்கிரயம் commencement, billet de cession; — ப்பிரயோகம் emploi des simples (dans la médecine).

*மூலிகம்,மூலிகை,மூலிக்கை, (id. ika),racine d'arbre, de plante, racine —,plante médicinale,simple:காட்டுமூலிகைகள் racines médicinales sauvages, — des bois ou des champs.

*மூலியம்,(moûlya),prix, salaire, gage, objet acheté, moyen, entremise.

மூலை, maison,coin,recoin,angle, encoignure, points intermédiaires entre les 4 points cardinaux,savoir தென்கீழ் —le sud-est ou le coin sud-est;தென்மேல்— le sud-ouest...வடகீழ்— le nord-est..., வடமேல் —le nord-ouest,ou le coin nord-ouest:மூலைக்கல் pierre angulaire;— க்காற்று vent qui vient d'un point intermédiaire entre 2 points cardinaux; —க்குடா coin d'un angle, cavité —,baie ou golfe à forme angulaire; — த்திசை coin —, angle ou rhombe intermédiaire, v. g. sud-est, (opposé à பெருந்திசை les 4 points cardinaux primitifs);—யரம் lime triangulaire;— யோட்டம் course vers un coin intermédiaire, ce qui n'a pas un angle droit ou égal; —விட்டம் diagonale;— தாராசமாய், மூலைக்குமூலை diagonalement; மூலைக்குமூட்டாய் ou ஏணமாயிருக்கிறது être un étai ou un instrument pour un coin, n'être bon à rien, être mis à remotis, mis de côté; மூலையிலொதுங்கு,— ஒதுங்கியிரு retire-toi —,tiens-toi retiré ou caché dans un coin; — இருக்கிறது être dans un coin, — à la maison; —இருக்கிறவனைமுற்றத்திழுக்கிறது tirer dans la cour celui qui est dans un coin de la maison, l'engager dans une querelle, dans un procès; அந்தமூலையிலேபார் regarde dans ce coin.

மூவசைச்சீர், (மூ,அசை),pied de 3 syllabes métriques dit aussi உரிச்சீர்.

மூவிணை, (id. இணை), 3 paires de bœufs.

மூவரசர்,(id. அரசர்), 3 rois,les 3 rois, les 3 dynasties royales de சேரர்,சோழர் et பாண்டியர்.

மூவர்,(மூ),3 personnes,les 3 personnes divines,ou la très-sainte Trinité,le திரிமூர்த்தி ou la triade indienne,triade de personnes: அவர்கள் மூவரும் tous les trois; மூவர்பாட்டு le chant des 3 poëtes, poëme dit தேவாரம் en l'honneur de Siven composé par சம்பந்தர், அப்பர் et சுந்தரர்.

மூவளவை,(id. அளவை),les 3 mesures ou bases de jugement, *voyez les au mot* அளவை.

மூவா,மூவாத, *part.nég. de* மூக்கிறது, qui ne vieillit pas, ne finit pas, continuel, éternel: மூவாமுதல் le principe éternel, immuable,Dieu qui ne vieillit pas et ne meurt jamais).

மூவாசை,(மூ,ஆசை), la triple concupiscence, les 3 désirs (auxquels renonce le சந்நியாசி), savoir: மண்ணாசை le désir de la terre et des propriétés,பெண்ணாசை le désir des femmes, la luxure,பொன்னாசை le désir de l'or ou des richesses.

மூவாட்டை, (*id.*ஆட்டை), de 3 ans, *ou* மூவாட்டைப்பயிர் triennial.

மூவாணிகர், (மூ), les 3 espèces de marchands. [mille.

மூவாயிரம், (*id.* ஆயிரம்), trois

மூவாறு,(*id.*ஆறு), 3 fois 6 ou 18.

மூவிசை, (*id.*இசை), les 3 parties ou les 3 tons principaux de la musique, savoir: மந்தவிசை la basse, சமனிசை *ou* மத்திமவிசை la taille, வல்லிசை *ou* தாரவிசை le dessus, *V. au mot* இசை.

மூவிடம், (*id.*இடம்),les 3 personnes(en grammaire), *i.e.* தன்மை la 1re personne, நான் moi; முன்னிலை la 2e personne, நீ toi; படர்க்கை la 3e personne, அவன் lui... [2 ou 6.

மூவிரண்டு, (*id.*இரண்டு), 3 fois

மூவிருபது,(*id.*),3 fois vingt ou 60.

மூவிலை, (*id.* இலை), 3 feuilles, la plante முப்பிலை phaseolus trilobatus: —வேல் trident.

மூவுகிறது, *v. n.* éviter,se retirer, être fini,finir,*P.*மூக்கிறது. [fin.

மூவுதல், *n.v.du préc.* retirement,

மூவுலகம்,(மூ,உலகம்),les 3 mondes, *i.e.* பரலோகம் le ciel, பூலோகம் la terre,et நரகம் *ou* பாதாளம் l'enfer ou l'abyme;mais selon plusieurs Indous,பூமி la terre, அந்தரம் l'air ou les régions éthérées et சுவர்க்கம் le ciel ou le Souvarkam.

மூவுலகாதாரன்,(*id.*ஆதாரம்),celui qui soutient les 3 mondes, *i. e.* Dieu.

மூவுலகாளி, (*id.*ஆளி), celui qui gouverne les 3 mondes, *i.e.* Dieu,(et à tort) Indiren. [des,*V.* மூவுலகம்.

மூவுலகு, (*id.*உலகு), les 3 mon-

மூவுலகுணர்ந்தோன், (*id.* உணர்ந்தோன்), celui qui connait les 3 mondes et sait ce qui s'y passe,*i. e.* Dieu, (et à tort) Arouguen.

மூவுலகேந்தி, (*id.* ஏந்துகிறது), celui qui porte ou soutient les 3 mondes, *i.e.*Dieu.

மூவுழக்கு, (*id.* உழக்கு), 6 huitièmes, *i.e.* 3/4 de la mesure dite படி (la marque du மூவுழக்கு est ஐ): மூவுழக்கரையுழக்கு 7 huitièmes de cette mesure. [24.

மூவெட்டு,(மூ,எட்டு), 3 fois 8,*i.e.*

மூவேழு, (*id.*ஏழு), 3 fois 7,*i.e.*21.

மூவைந்து, (*id.* ஐந்து), 3 fois 5, *i.e.* 15. [9, *i.e.* 27.

மூவொன்பது,(*id.*ஒன்பது),3 fois

மூவொன்று,(*id.*ஒன்று), 3 fois 1, *i. e.* 3.

மூழ,மூழை, cuillère de pot (formée d'une moitié de coquille de coco avec un manche en bois), pelle, palette ou spatule pour remuer un potage...), batte à beurre, étang, riz cuit.

மூழ்,*P.*முகிழ். bouton de fleur.

மூழ்கல், *opt.et n. v. de* மூழ்குகிறது,bain, plongeon, submersion, ruine,perte.

மூழ்குகிறது, *sync.* மூழ்கிறது, கினேன்,குவேன், கு,க, *v.n. contraction de* முழுகுகிறது, se baigner, se laver,plonger, couler à fond,enfoncer, être submergé,— ruiné,périr.

மூழ்குவிக்கிறது, *v.caus. du préc.* plonger, submerger, enfoncer dans l'eau..., couler à fond, baigner.

மூழ்க்கிறது, ழ்க்கேன், ழ்ப்பேன், ழ், ழ்க்க, *v. a. et n.* மூழ்த்தல், *n. v.* presser, fouler, appuyer sur, entasser, accumuler, s'attrouper, s'amonceler, fourmiller.

மூளல், *opt. et n.v. de* மூளுகிறது.

மூளி, objet défectueux, personne ou animal qui a un défaut (à l'oreille, au nez ou à un autre membre), qui a l'oreille déchirée, rognée ou coupée, personne —, femme sans pendans d'oreilles, vase dont le bord est cassé, chose sans bord ou bordure, bouteille dont le cou est cassé, boite, coffre: — காதுமூளியாய்வந்தாள் elle est venue sans bijoux aux oreilles; —காதுமூளி sans oreilles, sans bijoux aux oreilles, qui a les oreilles coupées ou défectueuses; -சட்டி, —பானை cruche cassée, dont le bord est cassé; — முக்காடு coiffe, voile défectueux, —qui ne couvre que la tête; -உதடு lèvre coupée, qui a quelque défaut, bec-de-lièvre; — வாய் ce qui a la bouche —, bouche endommagée, boite, coffre.

மூளுகிறது *ou* மூள்கிறது, மூண்டேன், மூளுவேன் *ou* மூள்வேன், மூளு *ou* மூள், மூள, *v.n.* மூளுதல், *n. v.* s'allumer, prendre feu, s'enflammer, s'efforcer, s'habituer, *V.* மூட்டுகிறது: மூளப்பண்ணுகிறது, — வைக்கிறது allumer, mettre le feu, enflammer; மூண்டெரிகிறது s'allumer, s'enflammer; கோபமூண்டவன் homme enflammé de colère; அவர்கள்கோபம் நம்மேல்மூண்டது leur colère s'est enflammée contre nous.

மூளை, 1° cervelle, moelle, — des os, substance médullaire, une des 7 parties constituantes du corps humain dites தாது-s, boue. 2° *P.* மூளாய் tu ne t'enflammes pas... 2° *pers.nég. du préc.* மூளைசிதறடிக்கிறது, faire sauter la cervelle (à force de coups ou par un coup violent), frapper à briser la cervelle.

மூன்கிறது, *V.* மூளுகிறது.

மூஷவா, *V.* பெருங்குருக்கை.

மூத்தம், *P.* மூச்சம்.

மூத்திக்கிறது, மூத்தை, *P.* மூச்சிக்கிறது, மூச்சை.

மூத்தி, *P.* மூச்சி.

மூன்றக்கினி, (மூன்று, அக்கினி), 3 espèces de feux, *V.* ஆகுருகேதாக்கினி et கேதாக்கினி. [ஒரு), un tiers.

மூன்றத்தொருபங்கு, (*id.* அத்து, மூன்றாம், (*id.* ஆம்), troisième: — நாள் 3me degré (de parenté...), pieu ou colonne du pandel des noces qu'on plante le 3me jour avant le mariage: — எழுத்தொன்றெதுகை consonnance ou rime de la 3me lettre des vers d'une strophe, les 2 premières lettres ayant la même quantité, ainsi மை fait la rime dans பொய்மை et நன்மை.

மூன்றாவது, (*id.* ஆவது), troisièmement: மூன்றாவதான troisième; மூன்றாவதாய் troisièmement.

மூன்று, trois: —தரம், — விசை 3 fois; —லோகம் les 3 mondes: சொர்க்கம், மத்தியம், பாதாளம் le ciel, la terre et l'enfer, *V.* முவுலகம்; —வகைவிதி, *V.* [illegible]-s; மூன்றாய்மடிக்கிறது plier en trois, tripler; மூன்றிராசாக்களின்திருநாள் la fête des 3 rois, *i. e.* de l'Epiphanie; மூன்றிலொருபங்கு un tiers, un sur trois: மூன்றிலொன்று un sur trois, un des trois, un tiers. மூன்று suivi d'un nom commençant par une consonne se change souvent en மு et double la suivante quelle qu'elle soit. *Ex.* முக்கால் 3 quarts. Suivi d'une voyelle, il se change en மூ qui prend un வ euphonique, ou en மு qui en prend deux: மூவரசர் *ou* முவ்வரசர் trois rois. [ம் et de எ, mé bref.

மெ, lettre syllabique composée de

மெச்சல், *opt. et n.v. de* மெச்சுகிறது, éloge, louange, panégyrique.

மெச்சாதவர்கள், மெச்சாதவனிருக்கிறது, *n.app. et part.nég. du suiv.* gens qui ne louent pas, amis, hôtes, — bien venus.

மெச்சுகிறது, ச்சினேன், ச்சுவேன், ச்சு, ச்ச, v.n. மெச்சுதல், n.v. P. மெய்ச்சுகிறது.

மெஞ்ஞலம், force.

மெஞ்ஞானம், மெஞ்ஞானி, P. மெய்ஞ்ஞானம், மெய்ஞ்ஞானி.

மெட்டு, chevalet d'un instrument à cordes, bois ou fourré de broussailles, bois qui entoure un village et lui sert de fortification, bureau de douane, lieu où l'on paie les droits, V. குளிப்பு: பெரிய— principal bureau de douane; —க்காரன், —ச்சேவகன் gardien d'un tel fourré, pion placé à l'entrée d'un tel bois, douanier, garde qui examine les gens qui entrent dans le village et en sortent.

மெது, P. மிருது, doux (de caractère ou au toucher), poli, uni, émoussé, tendre, bon, mou, lent: —காணி, V. உருக்குவலை.

மெதுக்கு, espèce d'arbrisseau.

மெதுமெதுக்கிறது, துத்தேன், துப்பேன், து, துக்க, v. n. (மெது, மெது), ou மெதுமெதென்கிறது, être doux, tendre, mou au toucher.

மெதுமெதுத்தல், மெதுமெதுப்பு, மெதுமெதெனல், n. v. du préc. douceur, mollesse.

மெதுவு, (மெது), douceur (de caractère ou au toucher), poli, mansuétude, bonté, mollesse, lenteur: மெதுவாகிறது s'adoucir devenir doux; மெதுவாய் doucement, lentement, modérément; மெதுவாய்ப் பேசுகிறது parler doucement, lentement; மெதுவான doux, poli, mou, tendre, modéré, lent; மெதுவானவன் homme doux: மெதுவுபண்ணுகிறது, மெதுவாக்குகிறது polir, rendre doux, uni, adoucir, amollir.

மெத்த, inf. de மெத்துகிறது, ou மெத்தவும், beaucoup, grandement, fortement: மெத்தமெத்தக்கேட்டேன் j'ai demandé avec beaucoup d'instances; மெத்தவுங்கோபிக்கிறது se fâcher fortement; மெத்தவும்பெரிது très-grand; ஆ அ மெத்தப் புதுமை ah! c'est bien extraordinaire, ah! c'est fort étrange.

மெத்தனவு, P. மெத்தெனவு, douceur, (de caractère ou au toucher), poli, délicatesse, mollesse: மெத்தனவாயிருக்கிறது être doux, poli, plein de douceur; மெத்தனவுள்ளவர் gens doux; மெத்தனவைவெட்டனவுவெல்லாது la furie ne vaincra pas la douceur.

மெத்து, (மெது), douceur, poli, mollesse, délicatesse.

மெத்துகிறது, த்தினேன், த்துவேன், த்து, த்த, v.n.P. மிகுகிறது ou மெத்துதல், n.v. grandir, augmenter, abonder.

மெத்தென்கிறது, மெத்தென்றிருக்கிறது, (மெத்து), être doux, poli, uni, mou, tendre, délicat: மெத்தென doucemement, mollement, délicatement; மெத்தெனப்படுத்தல் நித்திரைக்கழகு se coucher doucement ou mollement provoque le sommeil.

மெத்தெனல், மெத்தெனவு, n.v. du préc. douceur, poli, mollesse, délicatesse.

மெத்தை, matelas, couette, lit, habit, veste, étage, terrasse, maison à étage, —à terrasse, nom d'une plante: — தைக்கிறது coudre un matelas...; — ப்பாய் natte doublée et pliante pour lit; — யிடுகிறது terrasser, faire une terrasse, la paver; —வீடு maison à étage, —à terrasse.

மெத்திசி, échafaud, V. ஏதண [டை.

மெய், gén. மெய்யின், verité, le vrai, réalité, corps (c'est l'organe du toucher), consonne (qui est comme le corps du mot, tandis que la voyelle dite உயிர் on est la vie et lui donne le son), mot, sens des mots; adj. vrai, véritable, réel: —காப்பாளர் gardes du corps; —காவல் la garde du corps, garde fidèle; —கூறல் proclamer—, dire la vérité; —கொள்ளுகிறது s'incarner, prendre un corps, —du corps, grossir, V. மெய்க்கொள்ளுகிறது; —க்கவசம் armure cuirasse, cotte d'armes,gilet, vêtement; — க்காட்டுகிறது montrer son corps, — sa force corporelle,être prêt pour un exercice d'athlète; — க்கிளை commencement d'embonpoint du corps; — க்கீர்த்திமாலை la guirlande de la vraie renommée, c'est le 23me des பிரபந்தம், poème où l'on célèbre la caste et les hauts faits de quelqu'un en strophes dites கட்டளை ou சொற்சீரடி; — க்கொட்டை noyau —, germe du fruit du jaquier; — க்கொள்ளுகிறது croire, prendre pour vrai, V. மெய்யென்றுகொள்ளுகிறது; — க்கோள் arrhes,avance; — க்கோளாய்வாங்குகிறது recevoir en avance (de l'argent ou de la marchandise); — சொல்லுகிறது dire la vérité; — ச்சங்கதி nouvelle —, chose vraie,vérité; — ஞ்ஞானம் vraie sagesse; — ஞ்ஞானஆகாரம் nourriture spirituelle; — ஞ்ஞானசரீரம் corps mystique; ஒருவனுடைய இருதயத்தை — ஞ்ஞானநெறியிற்றிருப்புகிறது convertir le cœur de quelqu'un à la vraie sagesse; — ஞ்ஞானநெறியெய்துகிறது parvenir au chemin de—,obtenir la vraie sagesse; — ஞ்ஞானி vrai sage; — தனம், — த்தனம் avantage —,force corporelle; — நூலவன், — நூலவான் celui qui enseigne la vraie science, (épithète donnée par les Indous à) துரோணாசாரியன் maitre d'armes des பாண்டவர் et des குருவர்; — புகுகருவி instrument dans lequel entre le corps, *i.e.* la cuirasse, les habits: — ப்படாம் manteau, robe,habit qui couvre tout le corps, rideau: — ப்படுகிறது se vérifier, se trouver —,être vrai,se réaliser: — ப்படுத்துகிறது rendre vrai, réaliser, vérifier,prouver; — ப்பட்டிருக்கிறது être vérifié,prouvé, trouvé vrai; — ப்பரிசம் tact, contact —, sensation du corps, connaissance obtenue par le tact: — ப்பாடு réalisation ,se vérifier, effort —, peine corporelle, —véritable,apparence qui manifeste l'intention; — ப்பை,*litt.* le sac du corps,robe, vêtement, habit étroit, — qui s'adapte au corps, et le serre: — ப்பொருள் vraie richesse, vrai bonheur,science,bonne doctrine, la vérité,Dieu (la véritable substance): — ப்பொறி les sens du corps, *i.e.*les 5 organes des sens dits ஞானேந்திரியம்,et les 5 organes d'action dits கருமேந்திரியம், *V.au mot* இந்திரியம்; — மதம், — ம்மதம் la vraie religion; — மயக்கம், — மயக்கு union d'une consonne à une autre lettre,on en distingue 2 sortes: உடனிலைமெய்ம்மயக்கு duplication d'une consonne,et வேற்றுநிலைமெய்ம்மயக்கு union d'une consonne à une consonne différente; — மலம் —, மாசு excrémens humains,ordure —,tache —, saletés ou souillures du corps; — மறதி,*litt.* oubli de son corps, —de soi-même, pamoison, évanouissement (où l'on perd la connaissance),colère,ivresse; — மறக்கிறது,*litt.* oublier son corps, *i.e.*perdre la connaissance, s'oublier soi-même, s'évanouir, être ivre, — transporté de colère ou par la passion; — முளை, *V.*மெய்க்கிளை; — யாக, — யாகவே (ம் *euphonique*),véritablement,vraiment; — யாக்குகிறது rendre vrai,réaliser, prouver, vérifier; — யாயிற்று cela s'est réalisé, s'est trouvé vrai, s'est vérifié; — யுணர்ச்சி, — யுணர்வு connaissance —,sentiment de la vérité, bonne —, vraie intelligence, jugement sain,droit; — யுரை parole vraie, véracité, véridicité; — யுரைத்தல் dire la vérité, explication d'un texte, commentaire; — யுவமம் comparaison vraie,— avec un objet véritable,*v.g.*l'éclat de telle pierre précieuse ressemble à la lumière du soleil; — யுறுபுணர்ச்சி union de consonnes, copulation véritable, connaître au tact; — யுறை,*litt.*fourreau du corps,robe, vêtement, cotte d'armes.cuirasse; — யெழுத்து consonne,— sans voyelle; — யென்றிருக்கிறது prendre pour—, croire vrai; — வசை médisance, publier —,dire les défauts véritables, décrire les défauts du corps; — வாழ்த்து bon

ஊன்

souhait, félicitation sincère, description des membres du corps; —வ மூத்திரம் urine;—விரதன் le véridique, (épithète de) யுதிஷ்டிரன் ou தருமராசா l'aîné des Pàndavers, (et de) வீடுமன் ou Bhismen, son grand oncle; — விவாகம் vrai —, mariage, —contracté avec le consentement de l'époux, de l'épouse et de leurs parens; — விவாகத்திலே l'état du mariage.

மெய்க்கிறது, ய்த்தேன், ய்ப்பேன், ய், ய்க்க, v.n. se trouver—, être vrai, véridique, fidèle, se vérifier, se réaliser.

மெய்ச்சுகிறது, ச்சினேன், ச்சுவேன், ச்சு, ச்ச, v.a. மெய்ச்சல், மெய்ச்சுதல், n.v. louer, exalter, célébrer, vanter: மெய்ச்சிக்கொள்ளுகிறது se louer, se vanter, se glorifier.

மெய்ச்சுவிக்கிறது, v. caus. du préc. faire louer...

மெய்த்தல், n.v. de மெய்க்கிறது, vérification, réalisation.

மெய்ப்பிக்கிறது. மெய்ப்பித்தல், v. caus. de மெய்க்கிறது, rendre vrai, —recommendable, vérifier, affirmer, certifier, prouver, faire louer.

மெய்ப்பிரம், nuage.

மெய்ப்பு, n.v. de மெய்க்கிறது, réalisation, vérification, preuve, vérité, louange.

மெய்மை, (மெய்), vérité, véracité, idée, pensée, intention: — கூறல் proclamer —, dire ou avouer la vérité, véracité. [véridique.

மெய்யப்பன், (id), n.pr. Vérus, le

மெய்யன், pl. மெய்யர், (id.), homme —, véridique, fidèle, loyal, probe, sûr, le véridique, i.e. Dieu, fils: மெய்யர் gens véridiques, les sages, (et ceux qu'on suppose tels) les brames, les richis ou mounis, les fils.

மெருகம், adj. de மெருகு, d'arum.

மெருகு, (P. மெழுகு). poli, douceur au toucher, brillant, lustre, la racine bulbeuse மெருகங்கிழங்கு arum macrorhizon, V. மெழுக்கு: —சுண்ணாம்பு chaux fine (pour stuquer...), plâtre; மெருகேயிருக்க த்தேய்க்கிறது frotter pour donner le poli ou le lustre; மெருகிடுகிறது polir, rendre doux au toucher, donner le lustre, lisser, aplanir, vernir, V. மெழுக்கிடுகிறது; மெருகிட்டுக்கொள்ளுகிறது polir pour soi, se donner du lustre: மெருகெண்ணெய் vernis, huile pour donner le lustre aux ouvrages de menuiserie.

மெலிகிறது, லிந்தேன், லிவேன், லி, லிய, v.n. et மெலிதல், n.v. (மெல்), ou மெலிந்துபோகிறது, maigrir, dépérir, devenir maigre, mince, faible, étique, fluet, s'épuiser, s'affaiblir, se retirer: மெலிந்திருக்கிறது être maigre, mince, exténué, étique, faible: சரீரமெலிந்தது le corps a maigri, a dépéri, est épuisé; மெலியப்பண்ணுகிறது ou

மெலிக்கிறது, லித்தேன், லிப்பேன், லி, லிக்க, v.a. du préc. faire maigrir, — dépérir, adoucir, affaiblir, amincir, amoindrir, —le son, changer une lettre dure en sa douce, v.g. நட்டை en நண்டை.

மெலிதல், n.v. de மெலிகிறது, amaigrissement, épuisement, affaiblissement.

மெலித்தல், n.v. de மெலிக்கிறது, amaigrissement, affaiblissement, adoucissement, —du son, changement des lettres fortes en douces.

மெலிந்த, part. parf. de மெலிகிறது, maigri, maigre, dépéri, exténué, faible, adouci: —வோசை, (ஓசை), son grêle, adouci, affaibli, faible.

மெலிந்தவன், மெலிந்தோன், n. app. du même, homme maigre, exténué, appauvri, infortuné.

மெலியது, (மெல்), ce qui est doux, faible, mince, léger, fin, délicat.

மெலிவிக்கிறது, v. caus. de மெலிகிறது, diminuer l'épaisseur, polir, rendre doux au toucher, V. மெலிக்கிறது.

மெலிவு, n.v. de மெலிகிறது, maigreur, dépérissement, minceur, épuisement, peine: மெலிவடைகிறது maigrir, dépérir s'épuiser, s'appauvrir, tomber dans la détresse, se chagriner.

மெலு, (மெல்), monnaie usée, mince, légère, qui n'a pas le poids légal (terme de changeurs, le contraire de வலு), homme vil.

மெலுக்கு, beauté extérieure.

மெல், 1° *adj.* mince, doux, fin, délicat. 2° *imp.et part.de* மெல்லுகிறது.

மெல்ல, 1° (மெல்), doucement, modérément, peu à peu, délicatement: மெல்லமெல்ல très-doucement, peu à peu. 2° *inf.de* மெல்லுகிறது.

மெல்லணை, (மெல், அணை), matelas, —mollet.

மெல்லல், *opt.et n.v. de* மெல்லுகிறது, mastication.

மெல்லவன், (மெல்), chef de pays ou de district maritime.

மெல்லி, *pl.* மெல்லிகள் *ou* மெல்லியர், (மெல்), femme, — délicate.

மெல்லிக்கை, (மெல்), finesse, minceur, délicatesse.

மெல்லிசு, மெல்லிது, *P.* மெல்லியது, chose mince, grèle, fine, délicate, douce au toucher.

மெல்லிமை, (மெல்), douceur au toucher, minceur, délicatesse.

மெல்லிய, *adj. de* மெல், doux, mince, fin, délicat: — புடவை toile fine, mousseline; மெல்லியது ce qui est —, chose mince, délicate, fine, douce au toucher,

மெல்லியர், 1° *pl.de* மெல்லி, femmes, —délicates. 2° *pl.de* மெல்லியன், gens minces, délicats, maigres, pauvres.

மெல்லியலார், *pl. de* மெல்லியல், femmes, —délicates.

மெல்லியல், (மெல், இயல்), femme, —mince, —délicate, tendre jet ou rejeton, jeune pousse d'arbre.

மெல்லியாள், *f.* மெல்லியன், *m.* மெல்லியவள் *f.* மெல்லியவன், *m.* (மெல்லிய), femme—, homme —, personne mince, délicate, faible, maigre, pauvre.

மெல்லியார், (மெல்லிய), gens délicats, minces, faibles, pauvres, sans soutien, femmes, —délicates: — கூந்தல் chevelure de femmes, la plante எலிச்செவி.

மெல்லியாள், (மெல்லி, ஆள்), femmes, — délicates: மெல்லியாளோடேசேர், (மெல்லியாள், தோள்) sois uni —, vis avec ta femme (et non avec d'autres).

மெல்லிலை, (மெல், இலை), feuille qu'on mâche, *i.e.* feuille de bétel.

மெல்லினம், (மெல், இனம்), *ou* மெல்லினவெழுத்து, lettre douce ou liquide; il y en a six, savoir: ங, ஞ, ண, ந, ம, ன, correspondantes aux 6 dures க, ச, ட, த, ப, ற, qu'elles précèdent souvent: மெல்லினவெதுகை, rime dite எதுகை au moyen d'une lettre douce: elle a lieu lorsque les vers d'une strophe ont à la 2° syllabe une lettre douce.

மெல்லுகிறது, மென்றேன், மென்றுவேன் *ou* மெல்வேன், மெல்லு *ou* மெல், மெல்ல, *v.a.* mâcher, remâcher, manger, — doucement, gronder, railler: மென்றுகொண்டிருக்கிறது mâcher et remâcher (comme les brebis, *mot d'insulte*), gronder, gourmander, censurer, railler; இராவும்பகலுமென்னை மென்றுகொண்டிருக்கிறான் il est à me gronder nuit et jour: மென்றுதுப்புகிறது mâcher et cracher; பாக்குமென்றடக்குகிறது tenir une chique de bétel et d'arèc dans un coin de la bouche, et la mâcher.

மெல்லுகை, மெல்லுதல், *n. v. du préc.* mastication, gronderie, réprimande, raillerie.

மெல்லெழுத்து, (மெல், எழுத்து), *V.* மெல்லினம்.

மெல்லென்கிறது, (மெல்), être doux, délicat, mou, lent: மெல்லென doucement, délicatement, lentement.

மெல்லெனல், மெல்லெனவு, *n.v.du préc.* douceur, délicatesse, lenteur.

மெல்லொற்று, (மெல், ஒற்று), consonne douce.

மெல்லோசை, (*id.*), son doux, délicat, faible.

மெழுகல், *opt.et n.v.de* மெழுகுகிறது.

மெழுகு, 1° cire, gomme-laque, poli, lustre. 2° *imp.et part.de* மெழுகு

குகிறது: மெழுகாழிக்கிறது,மெழுகே க்கிறது, — கழற்றுகிறது ôter —, enlever la cire qui avait servi pour peindre des toiles (pour cela on les fait bouillir dans de l'eau); மெழுகி டல்,மெழுகிடுகிறது cirer,frotter —, enduire de cire,frotter—,enduire ou barbouiller de bouse de vache,ou de poudre de sandal...; மெழுகெழுதுகி றது peindre—,dessiner sur cire (les figures ou les dessins voulus pour les toiles peintes);மெழுகுகட்டுகிறது enduire de cire, faire une image de cire;— கட்டிவார்க்கிறது verser du métal fondu dans un moule fait au moyen d'une figure de cire; — சாணி bouse de vache pour enduire (le pavé d'une maison...);— சாணை pierre à repasser etc... faite d'une composition de gomme-laque et de spath adamantin; —சீலை toile cirée, —trempée dans la cire fondue; — சேர்க்கை composition—,emplâtre de cire;— திரி bougie —, chandelle de cire,cierge; — திரிசெய்கிறது ,— திரி வார்க்கிறது faire —, fondre des bougies, des cierges, des chandelles de cire;— திரிகொளுத்துகிறது allumer une ou des bougies et les placer (v.g.sur un autel);—திரண்டு chandelle de cire; — திரட்டு, — திரகு plaque de cire; — பதம் consistance de la cire fondue, (c'est un des degrés de cuisson des huiles médicinales, V. au mot பதம்),— பனிப்பான் espèce de petite vérole; — பாசல் variété de la plante பாசல்;— மண் terre glaise qui sert à enduire ou à faire un moule sur une figure de cire;—வத்தி,— வர்த்தி bougie,cierge,chandelle de cire.

மெழுகுகிறது, *et par.sync.* மெழுகிறது,கினேன்,குவேன், கு,க, *v. a.* மெழுகுதல்,*n.v.* (மெழுகு), frotter—, oindre—, enduire—, barbouiller (la terre, ou les murs...) de bouse de vache,frotter—, oindre ou enduire de cire ou de pâte de sandal...; அவன் இவன்செய்தகுற்றத்தைமெழுகுகிறான் il cache—, il déguise les fautes de celui-ci.

மெழுக்கு, barbouillage ou enduit (de bouse de vache...): மெழுக்கிடுகிறது enduire de bouse de vache...; —வத்தி, *P.* மெழுகுவத்தி.

மெள்ள, doucement, lentement: —நட,—பேசு,—வா,—வார் marche—,parle—,viens—, verse doucement;—மெள்ள tout—, doucement, fort—,lentement.

மென்கணம்,(மென்), classe des —, les lettres douces dites மெல்லினம்.

மென்சொல், (*id.*), parole douce, —exquise,—subtile.

மென்புலம், (*id.*), terre fertile, — cultivée ou propre à la culture.

மென்புரட்டு, (*id.*), ruse, artifice, fraude subtile (dans un échange...)

மென்மேல், *P.*மேன்மேல், *l'un* sur l'autre, *ou* மேன்மேலும் de plus en plus.

மென்மை, (மென்,மை), douceur, (de caractère ou au toucher), poli, délicatesse,finesse,minceur, faiblesse,lenteur: மென்மையாளர், *V.* மெல்லியார்.

மென்றல்,*n.v. de* மெல்லுகிறது, mastication,—du bétel...

மென்ற,மென்று, *part.et gér. du même.*

மென்றொடர்,(மென்,தொடர்), qui ou que suit une lettre douce.

மென்னடை ,(*id.*நடை), marche délicate, — douce et lente, le cygne à la marche douce et lente.

மென்னி,மென்னை, la gorge, le gosier, *V.* தொண்டை.

மே, lettre syllabique composée de ம் *et de* ஏ, mê long. 2° amour.

*மேகசம்,(மேகம்,சம்),chose censée produite par les nuages, grosse —,perle.

*மேகம், 1° (mêgha), nuage,nuée. 2° (mêha),maladie vénérienne, — d'urine,—des voies urinaires, inflammation de l'urètre, gonorrhée, urine,bélier. 3° (மே,கம்),le chantre de l'amour, le couil ou coucou indien,le fruit dit கடுக்காய்: மேகவகை les 7 nuages fabuleux des Indous, savoir: சம்வர்த்தம் nuage qui répand des pierres précieuses, ஜலத்தம் celui qui donne de la pluie, புஷ்கலாவர்த்தம் celui qui répand de l'or; சங்காரித்தம் celui qui répand des fleurs, துரோணம் celui qui répand de la terre, காளமுகி celui qui répand des pierres, நீலவருணம் celui qui répand du feu. Tous les ans, selon eux, il y a un de ces nuages qui préside à l'année: காலமேகம் nuage de la saison (pluvieuse), nuage pluvieux, d'hiver; மேகம்பரவுகிறது,—மூடுகிறது, — விலகிப்பிரிகிறது une nuée —, les nuages s'étendre,—couvrir le ciel, être nébuleux, sombre; — வருஷிக்கிறது pleuvoir, les nuages donner de la pluie: மேகக்கல் grêle;— கர்ச்சரபோஷாணம் l'arsenic dit சிப்பந்தபாஷாணம்; — காங்கை, — காந்தி, — காங்கம் espèce de —, chaleur vénérienne, gonorrhée; — காலம் la saison nébuleuse,— pluvieuse; — கருச்சனம், — கர்ச்சனம், — கெர்ச்சனம் bruit des nuages, le tonnerre, la foudre; — க்கருப்பக்கல், — க்கல் la pierre dite ஆட்டுக்கல், bézoard qui se forme dans le bélier; — க்கிரந்தி herpe—, dartre vénérienne; — க்கிராணி dysenterie qui vient de chaleur intérieure; — க்குறிஞ்சி l'air des nuages ou de la pluie, air ou mélodie qu'on suppose faire venir la pluie; — சாலம் agglomération —, foule de nuages, talc, sorte de pierre précieuse; — சிந்தகம். — சிலேகம் espèce d'alouette, cuculus melanoleucus, coucou noir et blanc; — ச்சூலை sorte de maladie vénérienne, lues venerea; — சொருணம் la pierre இராசாவர்த்தம், — ச்சிலை pierre à chaux, *V.* மாக்கல்; — ச்சோதி éclair, — des nuages; — ஸ்தம்பம் colonne de nuages, nuage en forme de colonne; — தாரி plume de paon; — தினம் temps nébuleux, sombre; — தீபம் éclair, *litt.* lumière des nuages; — தேகம் corps qui a le mal vénérien; — த்துவாரம், *litt.* la porte des nuages, l'air, l'atmosphère, la voie du Gange céleste (selon les Indous): — நாதர் *V.* மேகஸ்தம்பம்; — நிர்கோஷணி bruit des nuages, le tonnerre; — நாதசித்து le vainqueur de Mèghanâden, *i.e.* இலக்குமணன்; — நாதம் bruit des nuages, le tonnerre, l'arbre பலாசு butea frondosa, l'arbre dit முருக்கமரம், l'herbe potagère சிறுகீரை amaranthus polygamus; — நாதன் Mèghanâden fils de Râvanen, (vainqueur d'Indiren, il fut lui-même vaincu par Lakchoumanen), Varounen roi des eaux, *V.* நவகந்தம்; — நிர்கோஷம் bruit des nuages, tonnerre lointain; — நீர் humeurs vénériennes, évacuation vénérienne; — நோய் maladie vénérienne, gonorrhée; — பச்சை la pierre précieuse verte dite மரகதப்பச்சை; — படலம் assemblage de nuages, espèce de mal d'yeux, mal—, ulcère vénérien qui se répand; — பந்தி assemblage de nuages; — பங்தி rangée—, suite de nuages; — புஷ்பம், — புட்பம், *litt.* fleur des nuages, eau, pluie, grêle, un des chevaux fabuleux de Vichnou; — பூதி la foudre; — ப்பிரசவம், *litt.* l'accouchement ou le fruit des nuages, pluie, eau; — ப்புள் l'oiseau des nuées, l'alouette; — மண்டலம் vaste nuée, étendue de nuages; — மந்தாரம் l'obscurité d'un temps nébuleux, la pierre noire மந்தாரச்சிலை; — மாலை guirlande —, suite —, foule de nuages; — யோனி fumée; — ராக்கு espèce d'air ou de mélodie; — ரோகம் mal —, ulcère vénérien; — ராகம் nom d'un air que l'on croit capable d'attirer la pluie: — ராகக்குறிஞ்சி espèce d'air surtout propre aux pays montagneux; — ராடு l'arbre மயிலடிக்குருந்து; — வர்ணக்குறிஞ்சி l'arbre மலைவண்ணக்குறிஞ்சி ou lawsonia spinosa; — வர்ணன் celui qui est censé de la couleur des nuages, le bleu Vichnou; — வர்த்துமம் (vartman *route*), l'atmosphère, le ciel; — வர்ணம், — வருணம் couleur des nuages, le bleu: — வருணை, (வருணம்), la plante qui donne le bleus, l'indigotier; — வன்னி éclair dans les nuages; — வாகனன் celui qui, (au dire de la fable), est porté sur les nuages, *i. e.* Indiren, Siven, pierre noire, caillou; — வாயு flatuosité du corps causée par une chaleur vénérienne, sorte de maladie; — வியாதி maladie vénérienne, gonorrhée; — விரஞ்சி, *V.* மேகரஞ்சி; — ஊறல், (ஊறல்), distillation, — d'humeurs vénériennes; — வெட்டை chaleur vénérienne, gonorrhée; மேகத்தின்கருப்பக்கல், *V.* மேகக்கல்; மேகத்தின்விந்து ver de terre.

*மேகலம், (mèkala), le mont Mèkala: மேகலகன்னிகை ou

*மேகலாத்திரிசை, (மேகலம், அத்திரி, சை), la fille du mont Mèkalam, *i. e.* la rivière நருமதை ou le Nerbeudda qui en sort.

*மேகலாபதம், (மேகலை, பதம்), la place de la —, la ceinture, les hanches et les reins.

*மேகலாபாரம், (*id.* பாரம்), ceinture —, guirlande composée de 7 cordonnets garnis de pierreries.

*மேகலி, ((*id.* i), qui porte une ceinture.

*மேகலை, (mèkhalâ), ceinture, — de femme, de 7 enfilades ou de 7 cordonnets garnis de pierreries (à l'usage des femmes), triple ceinture que portent autour des reins les gens des 3 premières classes (celle des brames doit être de fibres de முஞ்சம் ou de l'herbe darbha dite குசை, celle du Kchatriya de fibres de மூர்வை ou de corde d'arc, celle du Vaïssyas de fils de சணம் ou chanvre), cordon bramanique fait de peau de cerf, zône (en géographie), toile, nœud d'épée, chaine attachée à la poignée et qui tourne autour du poignet, couronnement d'un char, sommet, bombement —, bords —, côté —, voisinage de montagne, la rivière நருமதை sortant du mont Mèkhala, espèce de figure faite aux 4 coins du trou où l'on met le feu du sacrifice, figure tracée pour arrondir ce trou: உட்டண — zône torride; சம — zône tempérée; — சீத — zône glaciale, (pour les zônes du nord on ajoute devant உத்தர, pour celles du sud தக்ஷிண ou தக்கண, ainsi உத்தரசமமேகலை zône tempérée septentrionale).

*மேகனம், (mèhana), urine, pénis.

*மேகன், (mègha), démon, phantôme.

*மேகாகமம், (மேகம், ஆகமம்), l'approche —, temps des nuages, ou des pluies.

*மேகாக்கினி, (*id.* அக்கினி), feu des nuages, éclair.

*மேகாஸ்தி, (*id.* அஸ்தி *os*), grêle.

*மேகாஸ்பதம், (*id.* ஆஸ்பதம்), lieu des nuages, ciel, air, atmosphère.

*மேகாந்தகாரம், (*id.* அந்தகாரம்), obscurité des nuages.

*மேகாரம், மேகானந்தி, (*id.* ஆரம், ஆனந்தம்), paon.

*மேகி, (mèhi), qui a une maladie vénérienne.

*மேகோதகம், (*id.* உதகம்), eau de nuage, pluie, trombe.

மேக்கு, 1° *P.* மேற்கு, occident, hauteur, dessus, ce qui est dessus. 2° (*ind.*), coin, — de bois, pieu: மேக்கடிக்கிறது enfoncer un coin ou un pieu, espèce de torture ou de punition.

*மேசகம், (mètchaka), noirceur, obscurité, fumée, nuage, œil de la queue du paon, sulfure d'antimoine: மேசகாபகை, (ஆபகை), la rivière noire dite யமுனை, la Djamna.

மேசை, (*persan* mez), table.

*மேஷகம், (மேஷம், ka), bélier, chèvre, mouton ou brebis.

*மேஷம், (mècha), bélier, chèvre, brebis, mouton, le signe du Bélier: மேஷசிங்கி la plante புழுக்கொல்லி: — சிருங்கி, — விஷாணிகை la plante laiteuse asclepias geminata dont le fruit ressemble à une corne de bélier: — மாதம் le mois où le soleil est dans le Bélier, *i.e.* சித்திரை; — மேதம் sacrifice d'un bélier; — ராசி ou

—விராசி le signe du Bélier;— விருஷணன், V. மேஷாண்டன்; — வீதி la division du zodiaque où est le Bélier, V. சூரியசஞ்சாரமுதலியபோக்கீதி; —லோசனம், ou

*மேஷாக்ஷிகுசுமம், (மேஷம், அக்ஷி), la plante cassia tora dont la fleur est comparée à l'œil d'une brebis.

*மேஷாண்டன், (id. அண்டம்), celui qui,au dire des Indous, a des testicules de bélier, i. e. Indiren, parce que,voyant qu'il avait perdu les siens dans une aventure scandaleuse, les dieux par compassion lui mirent ceux d'un Bélier.

*மேஷாயனம்,(id. அயனம்),course du soleil du Bélier au Cancer,ou, selon d'autres,du Bélier à la Balance, i.e. dans les signes septentrionaux,point de l'équinoxe du printemps. [iks), brebis.

*மேஷி, மேஷிகை, (மேஷம், i,

*மேடகம், மேடம், et leurs composés, V. மேஷகம்,மேஷம்....

*மேடன், (mètha),cornac,— d'éléphant. [ம்....

*மேடாயனம்..., V. மேஷாயன

மேடு, gén. மேட்டின், obl. மேட்டு,hauteur, élévation, colline, tertre,monticule, ventre, affixe de plusieurs noms de ville comme ஊர், v.g. dans கள்ளிமேடு la pointe Calimère: மேடும்பள்ளமும் inégalité,état raboteux d'une route;மேடும் பள்ளமுமான ou மேடுபள்ளமுள்ள inégal, raboteux, rempli de monticules et de bas-fonds, de buttes et de trous.

மேடுசம், மேடேசம், muraille.

மேடை,(மேடு), plate-forme,tertre ,hauteur artificielle,place carrée en plein air et artificiellement élévée au dessus du sol, terrasse, maison à étages, (à 2 ou plusieurs étages)....

மேட்டி, 1° (மேடு),chef, maître, homme prééminent. 2° (de l'anglais mate), valet de chambre,aide —, serviteur, intendant, pourvoyeur, maître d'hôtel d'une maison,ou

மேட்டிமை, (மேட்டி), hauteur, arrogance, grandeur, excellence, primauté: — யானவார்த்தைகள் paroles arrogantes,—ampoulées.

*மேட்டிரம்,(mèdhra), bélier,pénis,urètre:மேட்டிரசிருங்கி la plante புருக்கொல்லி.

மேட்டிராத்தம்,dessus.

மேட்டு, obl.de மேடு: — த்தாக்கு montée,colline, terrain qui s'élève; —ப்பாய்ச்சல் irrigation du terrain élevé;—மடை terre élevée,non arrosée, et non propre au riz.

*மேண்டம், மேண்டகம், (mèndha,ka),bélier. [teur d'éléphant.

*மேண்டன், (mènda), conduc-

மேதகம்,1° estime, estimation,évaluation, excellence, l'arsenic dit சாலாங்கபாஷாணம். 2° sync. de கோமேதகம்,onyx. 3° (mèdaka), liqueur vineuse à distiller.

மேதகவு, excellence, chose élégante,—distinguée.

மேதக்காரர், V. மேதரவர் [ணம்.

மேதச்சி, l'arsenic சுற்பரிபாஷா

*மேதம், 1° (mèdha), sacrifice, meurtre.2° (mèda),graisse. 3° (mèdas), moelle des os,sécrétion séreuse des muscles.

மேதரம், montagne.

மேதரவர். faiseurs de corbeilles, —,marchands de bambous,gens qui coupent et vendent les bambous et en font des corbeilles.

*மேதாதிதி,(மேதை), le grammairien காத்தியாயனர்.

*மேதாருத்திரன், (id.), le poète காளிதாசன்.

*மேதாவி, (mèdhâvi), homme d'esprit, intelligent,savant,docteur, sage,pandit indien, connaissance,intelligence, perroquet; pl. மேதாவிகள் gens d'esprit, savans...

மேதி, 1° buffle. 2° (mèthi), aire où l'on bat le riz,fenu-grec. 3° (mèdhi),pieu fixé en terre au milieu de l'aire et auquel sont attachés les bœufs qui foulent la moisson: — க் கொன்விமிதித்தகோன் celle qui a foulé aux pieds la tête du buffle ou de மகிஷாசுரன், i.e. துர்க்கை.

மேதிக்கவுணன், l'arsenic dit முத்தபாஷாணம்.

*மேதிரம், 1° (mèdhira), intelligence. 2° P. மேதுரம்.

*மேதினி, (mèdini), la terre (de மேதம் *graisse*, la terre, au dire d'une légende indoue, ayant été faite de la graisse de 2 géans tués par Brama.) [poussière de la terre.

*மேதினித்திரவம், (மேதினி),

மேது, (மேதை), intelligence, connaissance.

*மேதுரம், (mèdoura), égalité, chose douce, unie, onctueuse.

*மேதை, 1° (mèdhâ), grande —, intelligence, esprit, connaissance, science, conception, savant. 2° chair, viande, caillou ou jus de palmier, breuvage enivrant, peau, nerf, fibre, graisse, la planète Mercure, excellence, la plante பொற்றலைக்கையாந்தகரை. [poëtes.

மேதையர், (மேதை), savans,

*மேதோ, (*P.* mèdas, *moelle, ou graisse, devant certaines lettres*): —விரத்தி tumeur de graisse; —தரை membrane de l'abdomen qui contient la graisse, omentum, sac de graisse; —வகம் vaisseau lymphatique qui porte la graisse; —விருத்தி corpulence.

*மேதோசம், (மேதோ, சம்), ce qui engendre la moelle, os.

*மேத்தியம், (mèdhya), pureté, propreté, chose propre au sacrifice, orge, chèvre.

மேத்திரம், *P.* மேட்டிரம்.

*மேநகை, *V.* மேனகை.

மேந்தலை, (மேல், தலை), le côté opposé au vent (sur un navire), excellence, supériorité, primauté.

மேந்தரணம், (*id.* தரணம்), hauteur, place élevée.

மேம்படுகிறது, (மேல்), s'élever, surpasser, exceller, être au-dessus, —supérieur.

மேம்பாடு, (*id.*), supériorité, excellence, élévation, louange.

மேய், *imp. et part. du suiv. et de* மேய்க்கிறது.

மேய்கிறது, ய்ந்தேன், ய்வேன், ய், ய, 1° *v.n.* paitre, brouter, pâturer, manger, —de l'herbe. 2° *v.a.* couvrir une maison de paille, —de feuillage: பொன்னரிவுருள் — dorer l'extérieur d'un toit; மேயப்போகிறது aller paitre, — au pâturage; மேய்ந்தமாடு bétail —, bœuf qui a pâturé: மேய்ந்துவருகிறது revenir du pâturage, venir de paitre.

மேய்கோல், (மேய், கோல்), houlette, —de berger.

மேய்க்கி, மேய்க்கிறவன், *n. app. de* மேய்க்கிறது, pâtre, berger, celui qui fait paitre, qui donne le fourrage aux animaux, qui leur met la nourriture à la bouche.

மேய்க்கிறது, ய்த்தேன், ய்ப்பேன், ய், ய்க்க, *v.a. de* மேய்கிறது, paitre, faire —, mener paitre, mettre dans les pâturages, nourrir, donner du fourrage, mettre la nourriture dans la bouche des animaux: மேய்த்துக்கொண்டுபோகிறது mener paitre (les bestiaux, les troupeaux...).

மேய்ச்சல், *n.v. du préc.* pâture, pâturage, pré, prairies, fourrage, nourriture des animaux: — காட்டுகிறது faire paitre, — pâturer; மேய்ச்சற்றரை, (தரை), pâturage.

மேய்தல், *n.v. de* மேய்கிறது.

மேய்த்தல், *n.v. de* மேய்க்கிறது.

மேய்ப்பன், *pl.* மேய்ப்பர், மேய்ப்பர்கள், *n. app. du même*, berger, pâtre, pasteur.

மேய்ப்பாடுகள், (மேய்ப்பு, ஆடு), brebis qui paissent, —de pâturage.

மேய்ப்பு, *n.v. de* மேய்க்கிறது, pâture, pâturage, fourrage, action de faire paitre...

*மேரு, 1° (mèrou), la fabuleuse montagne d'or, le mont Mèrou ou மகாமேரு, *i.e.* Mahâmèrou, au centre des 7 îles des fables indoues. Elle est comparée au calice du nénuphar dont les feuilles forment les différentes îles. On la fait haute de 84000 யோசனை, dont 16,000 sont dans la terre. On le dit de différentes formes, carrée, conique, sphérique, spirale ou en forme de colonne. Le côté est est blanc; le sud jaune; l'ouest noir; le nord rouge. Le Gange céleste est censé tomber sur son sommet et se diviser en 4 branches pour arroser les pays environnans. Celle du sud est le Gange indien, celle du nord est le Bhadrasômâ பத்திரசோமை et coule en Tartarie, celle de l'est est la Sitâ ou சீதை, et celle de l'ouest le Tchakchou ou Oxus. Sur son sommet on fait résider le prétendu dieu Brama entouré des Richis, des Gandharbas et des gardiens des 8 points cardinaux. Quelques-uns regardent cette montagne comme le pôle nord, d'autres comme le haut plateau de la Tartarie au nord de l'Himalaya. 2° montagne, siége, — d'idole dans un char de procession, espèce de fiole; —மணி le gros grain des chapelets payens dit aussi சாமமணி, V. ஜாமமணி; —மத்திரிக்கு fuseau; —வில்லி celui qui a pris le mont Mérou pour arc, i.e. Siven; மேருவின்மணல் sable d'or. [riférante, encens.

*மேருகம், (mèrouka), résine odo-

மேரை, manière, façon, bienséance, décence, décorum, politesse, gravité, modestie, modération, salaire en espèces, quantité de blé donné sur l'aire aux —, portions des serviteurs héréditaires du village (comme blanchisseur, barbier...); மேரைதப்பாதவன் homme qui ne manque pas à la bienséance; —மரியாதை bienséance, décence, décorum, modestie; ஒருத்தனைமேரையாய் நடத்துகிறது placer —, traiter quelqu'un avec politesse; சாஸ்திரிமேரையாய்ப்பேசுகிறான் il parle comme un savant.

மேலகம், 1° (மேல், அகம்), chambre haute, maison à étage, le paradis, la demeure suprême, — céleste. 2° (மேளகம், ka), réunion, assemblée.

மேலத்தாட்சி, (மேல், அத்தாட்சி), preuve supérieure, — antérieure, — susdite.

மேலது, (மேல், அது), ce qui est dessus: — கீழாகக்கீழதுமேலதாக sens dessus dessous; எல்லாம் — கீழதாகக் கீழதுமேலதாய்ப்போயிற்று tout a été bouleversé sens dessus dessous. [blée.

*மேலம், (mèla), réunion, assem-

மேலவன், (மேல், அவன்), supérieur, pl. மேலவர் supérieurs, les grands, les habitans des cieux, les prétendus dieux indous: அவனிலவனுக்குமேலவன் il est son supérieur, ou il lui est supérieur; மேலவர்கோமான் le roi —, le chef des dieux indous, i.e. Indiren, Soupramanien prétendu chef des armées célestes.

*மேலனம், (மேளம், na), assemblée, rencontre, association, mélange, amitié ou connaissance.

மேலாக்குதல், மேலாக்குகிறது, (மேல், ஆக்குகிறது), faire le dessus, exceller, surpasser, excellence.

*மேலாந்தரம், மேலாந்தம், மேலாப்பு, (மேலே, ஆந்தரம், அந்தம், அப்பு), encrier, écritoire. [civette.

மேலாழுகாசம், os de musc, — de

மேலாப்பு, (மேல்), toile que l'on tient étendue sur quelque chose.

மேலாலம், (id.), eau du ciel, pluie.

மேலாலோகனம், (மேல், abl. ஆலோகனம்), position où l'on regarde en haut. [திட்டபாஷாணம்.

மேலிமைத்தாரம், l'arsenic dit

*மேலி, 1° (mèlà), encre, sulfate d'antimoine, antimoine ou autre collyre. 2° (மேல்), chose future, — supérieure, — au-dessus, l'avenir, temps à venir, dessus, après, excellence, occident. 3° acc. de மேல்: மேலைக்குவருகிறது venir après, ensuite; மேலூர், மேலைதேசம் bourg —, pays occidental.

மேலையோர், மேலைக்கோர், (மேலை), les grands, les supérieurs, gens distingués, illustres, — de haut rang.

மேலோர், (மேல்), les supérieurs,

les grands, les sages, les savans, les poëtes, les habitans du ciel, les dieux prétendus.

மேல், *dat.* மேலுக்கு *et* மேலேக்கு, 1° *ou* மேலே, *prép.* sur, dessus, au-dessus, en haut, ensuite, après, désormais, après que, avant, plus, davantage, plus que; (il se met après l'oblique, le nom. le gén. ou le dat. des noms, après le gén. ou le datif des participes): என்றலைமேல் sur ma tête; வீட்டில் *ou* வீட்டின்மேல் sur la maison; அதுக்குமேலென்னசெய்வேன் que ferai-je après cela ou de plus? இதுக்குமேலொன்றுமில்லை il n'y a plus rien après ceci ou au-dessus de ceci, supérieur à ceci; பத்துமணிக்குமேல் après 10 heures; நான்சொன்னதின்மேற்செய்தான் il a fait plus que je n'avais dit; அங்கேபோனதின்மேலெனக்கெழுது écris-moi après que tu seras arrivé là. 2° le dessus, le côté supérieur, l'ouest, l'occident (qui va en montant à partir de la mer du Bengal), l'avenir, temps à venir, l'air, région éthérée, — supérieure, paradis, béatitude, largeur, corps, place, particule qui sert pour l'ablatif de lieu, comme dans தன்மேற் கடுவெளநீரிற் கடுத்துவரக் கண்டு le voyant venir à lui en colère comme l'eau qui tombe d'une haute montagne. 3° *P.* மேலோர், les grands. Dans les mots composés மேல் se change souvent en மேற் devant க, ச, த, ப, et en மேன் devant ந, ம: மேலுக்கெடுக்கிறது, மேலுக்கெடுத்தல் avoir des rapports, des nausées, roter, vomir; — அங்கி robe, — de dessus, manteau, écharpe; — அங்கிசம், — அங்கிஷம், — அம்சம் partie supérieure de l'âme; — அண்டைவாடை le côté ouest d'une rue; — அண்ணம் le palais de la bouche; — அதரம் lèvre supérieure; — அயலினம் espèce immédiatement supérieure; — ஆள் personne supérieure, de distinction, de haute taille, troupes auxiliaires; — ஆசிவிச்ரமம் délice suprême, bonheur céleste; — ஆக்கிஷேம், *V.* மேலாக்கிஷேம்; — ஆயிருக்கிறது être dessus, — au-dessus, supérieur, meilleur, excellent, élevé; — ஆன haut, élevé, supérieur, meilleur; — ஆனகாரியம் chose supérieure ou meilleure; — ஆனது le meilleur, ce qui est haut...; — ஆனவன் supérieur, plus haut, plus élevé; சகலவற்றிற்கும் — ஆனவர் le Très-haut, supérieur à toutes choses; — இடுகிறது l'emporter, exceller, surpasser, prévaloir, croître, augmenter, franchir, passer par-dessus; — இலக்கம் le nombre supérieur ou le numérateur des fractions; — இனம் espèce supérieure; — ஈடு augmentation, excellence, supériorité, prééminence, nom d'un bijou; — உதடு lèvre supérieure; மேலும் de plus, en outre, encore; மேலுமேலும் de plus en plus; — உலகம் le monde supérieur, le paradis, le ciel, le séjour prétendu des dieux indous, les mondes supérieurs des Indous au nombre de 7, *V. au mot* உலகம்; — உறுதி force —, pièce supérieure, — à l'appui; — எடுப்பு jactance, ostentation, prestance orgueilleuse; — எழவாருகிறது enlever de dessus un monceau, entasser; — எழுச்சி supériorité, grandeur, *V.* பெருமிதம், *ou* — எழுந்தது, — எழுந்தவாரி superficialité, manière superficielle, négligence; — எழுச்சியாய், — எழுந்தபடி, எழுந்தவாரியாய் superficiellement, négligemment, légèrement, sans soin; — எழுந்தவாரியாய்ப்பேசுகிறது parler superficiellement, négligemment; — ஏடு feuille —, feuillet supérieur, — de dessus, — qui est le 1er du livre; — ஒற்றி gage —, dépot —, dette ou hypothèque antérieure, — supérieure; — ஒப்படி, *V.* மேனாட்டி; — கம்மி homme qui se distingue, qui s'élève, subdivision de la caste des கரையார் ou pêcheurs; — கம்மியனாகுகிறது se distinguer, s'élever, être célèbre, connu, briller dans une position élevée; — காற்று vent d'ouest, – chaud des terres; — சாதி haute caste, caste supérieure; — சார் côté supérieur, l'occident, l'ouest; — த்தோல் épiderme, croûte du pain; — பாலிகேபாதம் pays à l'ouest des monts Rêpadam; — பால் l'occident, — பால்விதேசம், — விதேசம் pays à l'ouest du pays விதேசம்; — படி susdit... V. மேற்படி; — பயிர் céréales —, légumes –, plantes —, arbres qui s'élèvent, qui croissent au-dessus d'autres productions; — மடை partie de champ —, rizière près de l'écluse; — பட்டம் supériorité, excellence, grandeur, respect; — பட்டமாயிருக்கிறது être supérieur, prévaloir; — வயிறு le haut du ventre, la région de l'estomac, la ceinture, le milieu du corps; — விலாசம் adresse (d'une lettre), inscription, modèle (que doivent copier les élèves; — வாய் le haut —, le palais de la bouche, nombre entier (depuis 1 et au dessus, par opposition aux fractions dites கீழ்வாய்); — வாரம் part du propriétaire ou du gouvernement (dans les produits de l'agriculture); — விசாரணை surintendance, surveillance —, direction supérieure, intendance, charge, soin; — விசாரணைக்காரன் surintendant, intendant supérieur, surveillant; — விசும்புத்திசை le zénith, le point du ciel le plus élevé; — விட்டம் poutre qui supporte le toit d'une maison; — விழிகீழ்விழியாய்ப்போகிறது la prunelle de l'œil se renverser, – rouler de haut en bas (par maladie ou souffrance); — விழுகிறது tomber dessus, attaquer; — விலாசம் adresse d'une lettre..., inscription, écriteau; — வீடு chambre haute, étage, maison à étage; — வெள்ளம் crue d'eau (dans une rivière ou torrent...). [arrosée.

மேற்கரை, (மேல்), terre haute, non

மேலவர், (மேவு, அவர்), gens qui ne s'aiment pas, ennemis.

மேவல், opt. et n.v. de மேவுகிறது, grand —, désir, union, copulation, nivellement, manducation.

மேவார், n. app. nég. du même, ennemis.

மேவி, gér. du même.

மேவினோர், மேவியவர், n. app. du même, amis, parens, alliés.

மேவு, désir, n.v. imp. et part. du suiv.

மேவுகிறது, மேவினேன், மேவுவேன், வு, வ, v.a. et மேவுதல், n.v. (மே), désirer, souhaiter, — fort, aimer, niveler, égaliser, aplanir, manger, avoir commerce charnel, se joindre, s'unir.

மேழபுக்காற்றுக்கணக்கு, (ind.), compte de pluie, ou d'eau tombée dans les pluies.

மேழகம், cuirasse, cotte d'armes, brebis, bélier, — des espèces dites செம்மறியாடு et வெள்ளாடு. bélier élevé pour combattre. [charrue.

மேழி, manche de —, queue de —,

மேழியர், (மேழி), laboureurs, agriculteurs gens, qui vivent dans un pays cultivé, fermiers.

மேளம், tambour (en général), tambour suspendu au cou que l'on frappe d'un côté avec un bâton et de l'autre avec la main, assemblage d'instrumens de musique: — கொட்டுகிறது, — சேவிக்கிறது, — அடிக்கிறது battre le tambour, tambouriner; — முழங்குகிறது le tambour résonner, tambouriner: மேளக்காரன் tambourineur, tambour; முழக்கம் son du tambour; — வாத்தியம்பண்ணுகிறது faire retentir le tambour et autres —, jouer des instrumens de musique. [réunion, assemblée.

*மேளனம், P. மேளனம், troupe,

மேற், P. மேல், devant க, ச, த, ப, de dessus, supérieur, occidental: — கடல் mer occidentale; — கட்டு dais, baldaquin, ciel de lit, toile attachée sous le toit d'une maison pour empêcher la poussière de tomber, tente, pavillon; — கட்டு partie supérieure —, dessus d'une maison, étage, vêtement de dessus; — சதி fin dernière, but —, fin suprême, le paradis; — [illegible] la rime dite [illegible] se trouver à tous les pieds excepté l'avant-dernier; — [illegible], — [illegible], — [illegible], — [illegible] l'allongement dit [illegible], la rime dite [illegible], l'antithèse dite [illegible], la consonnance dite [illegible] se trouver à tous les pieds d'un vers excepté le second; — [illegible] partie supérieure —, dessus de l'oreille; — [illegible] soin de garder en 1er lieu, surveillance, surintendance; — [illegible] vent d'ouest; — [illegible] pivot supérieur (d'une porte...); — [illegible] haute caste, caste supérieure; — [illegible] gens de haute caste, de caste supérieure, les brames; — [illegible], V. [illegible]; — [illegible] toit en chaume, — couvert de pailles; — [illegible] mettre un toit en pailles, couvrir en chaume; — [illegible] branche supérieure, haute branche; — [illegible] approbation, admission, adoption, victoire, supériorité, avancement, accroissement, montée, *n. v. de* — [illegible] monter sur, s'élever, augmenter, s'accroître, vaincre, l'emporter, prévaloir, devenir —, être le plus fort, adopter, admettre, approuver, embrasser: [illegible] — [illegible] monter à cheval; — [illegible] la planète supérieure des Indiens, *i. e.* Saturne, excellence, couverture de dessus, manteau, coutume des anciens, exemple, ou règle sur laquelle on s'appuie, modèle; — [illegible] traverse supérieure (de porte...), cadre —, réglement... supérieur; — [illegible] témoignage nouveau, — supérieur, — opposé, autre témoin; — [illegible] rangée de maisons à l'ouest; [illegible] billet confirmatif ou explicatif, écrit ajouté à un autre pour le confirmer ou l'expliquer, convention publique; — [illegible] contrée occidentale; — [illegible] respiration gênée, — superficielle, — de mourans, soupir en haut; — [illegible] espèce d'air ou de mélodie; — [illegible] s'avancer sur ou vers, marcher à l'ennemi, — au combat, serrer de près, se presser contre; — [illegible], V. [illegible]; — [illegible] examinateur —, perquisiteur —, douanier supérieur, — nouveau; — [illegible] le côté de dessus, — occidental; — [illegible] susdit, mentionné —, nommé —, cidessus, de nouveau, linteau, jambage, traverse supérieure (de porte...); — [illegible] la pièce de toile mentionnée ci-dessus; — [illegible] la ville susdite; — [illegible] s'élever, — au-dessus, surpasser, exceller, devenir —, être supérieur, — au-dessus, l'emporter sur, prévaloir, vaincre, croître, augmenter; [illegible] — [illegible] celui-là est au-dessus de —, supérieur à ou plus grand que celui-ci; [illegible] — [illegible] l'emporter sur quelqu'un, lui faire tort; — [illegible] réserve d'une armée, le corps principal; — [illegible] écorce supérieure ou extérieure (d'un arbre...); — [illegible] dent d'en haut; — [illegible] original (d'un écrit), minute, modèle, exemple (sur lequel on se forme), copie de dessus; — [illegible] être couché sur le dos avec les jambes croisées à la manière indienne et élevées; — [illegible] poids de dessus, — que l'on met sur quelque chose pour la presser ou la redresser; — [illegible] regard hautain, inspection, surveillance, coup d'œil; — — [illegible] homme qui a le regard hautain; — [illegible] original (d'un écrit), minute, modèle, l'exemplaire de dessus; — [illegible] extérieur d'une écorce d'arbre; — [illegible] côté de dessus, — occidental; — [illegible] enduit extérieur, couche supérieure, superficialité, surface, fausse apparence, masque, feinte; — [illegible] mettre dessus, charger, entreprendre; — [illegible] prendre sur soi, se charger de, entreprendre, être caution pour un autre; —பேசிக்கொண்டுபேசு parler en faveur de, — en prenant sur soi, se donner pour garant; மேற்சட்டை habit de dessus, couverture, manteau.

மேற்றிசையார், (மேற்கு), homme de l'ouest, habitant d'un pays occidental; மேற்றிசையோர், les occidentaux.

மேற்கு, 1° (மேல்), l'occident, l'ouest, région occidentale. 2° *dat. de* மேல்: மேற்கேயிருக்கிறது être à l'ouest, — retiré vers l'ouest; மேற்கே, மேற்காக à l'ouest, vers l'ouest; மேற்கான, மேற்குள்ள occidental.

மேற்படியான், (மேற்படி), le susdit, l'individu mentionné cidessus.

மேற்றட்டு, (மேல், தட்டு), tillac, pont supérieur d'un navire, étage supérieur (d'une maison, d'un char d'idole), chambre haute.

மேற்றரம், (*id.* தரம்), espèce supérieure, 1<sup></sup>re qualité.

மேற்றலை, (*id.* தலை), le haut de la tête, le dessus, l'occident.

*மேற்றளம், (*id.* தளம்), tillac d'un navire, étage supérieur d'une maison, armée de réserve, troupes auxiliaires, — de garde, calice d'une fleur, pavé, sol, surface de la terre, terre élevée.

மேற்றறி, (*id.* தறி), métier de tisserand élevé, dessus du métier.

மேற்றிசை, (*id.* திசை). l'occident, l'ouest, côté —, coin occidental: — ப்பாலன் le prétendu gardien de l'ouest, *i.e.* வருணன்.

மேற்றிராணி, (*id.* திராணி), force —, pouvoir supérieur, autorité, épiscopat, prélature: — ப்பட்டம் épiscopat, dignité épiscopale, de prélat; — யாளுகை, — யதிகாரம் épiscopat, gouvernement épiscopal; — ஆசனம் siége épiscopal; — ஸ்தலம், — மாளிகை évêché, palais épiscopal. [prélat.

மேற்றிராணியார், (*id.*), évêque,

மேற்றிராசனம், *sync. de* மேற்றிராணியாராசனம், évêché, chaire —, siége épiscopal.

மேற்று, 3° *pers. neut. sing. du* குறிப்புவினை *de* மேல், est dessus, — supérieur: மேற்றன் றோ புகழ்மேற்றே la louange est certainement sur ceux —, *i.e.* assurément on loue ceux qui répandent des largesses. [derme, croûte du pain.

மேற்றோல், (மேல், தோல்), épi-

*மேனகை, (mènakâ), Mènaguel, une des courtisanes du சுவர்க்கம், — ou Manôramei censée fille du mont Mèrou, femme du mont Himalaya et mère de Parvadi: — புத்திரி *ou*

*மேனகாத்மஜை, (மேனகை, ஆத்மஜை), la fille de Mènaguei, *i.e.* Dourgâ ou Parvadi.

*மேனகாப்பிராணேசன், (*id.*), le mari prétendu de Mènaguei, le mont Himalaya. [க்கு), la luette.

மேனு, மேனுக்கு. (மேல், நா, நா

*மேனுசை, (மேனை, சை), la fille de Mènaguei, *i.e.* Parvadi.

*மேனுதம், (மே *son imitatif,* நாதம்), ce qui fait mè, chèvre, chat, paon.

*மேனுநாதம், மேனுநாதன், (மேனை, நாதன்), le prétendu mari de Mènaguei, le mont Himalaya.

மேனி, corps, membre, forme, figure, état, classe, couleur, beauté, splendeur, éclat, lustre, luisant, la plante குப்பைமேனி: — குலைந்துபோ, கெட்டுப்போகிறது, — யழிந்துபோகிறது la beauté se perdre; — யாயிருக்கிறது être joli, avoir une forme agréable; மேனியிற்பட்டது cela a touché ou atteint le corps; நீரென்ன மேனி de quelle excellente classe ou état êtes vous? (question respectueuse. நான்வேளாளன் je suis Vellaja ou cultivateur); பிறந்தமேனி corps tel qu'il naquit, corps nu, nudité, forme naturelle, — avec laquelle on est né; அவன்பிறந்தமேனியாயிருக்கிறான் il est tout nu, — sans ornement, il est innocent comme l'enfant qui vient de naître; அவள்பிறந்தமேனியாயிருக்கிறாள் elle est sans vêtemens ou sans ornemens, elle est vierge comme le jour de sa naissance.

மேனிலம், (மேல், நிலம்), sol, surface de la terre, terre élevée.

மேனிலை, (*id.* நிலை), étage, position supérieure.

*மேனை, (mênâ), Mênei ou Mênaguei courtisane née, au dire de la fable, de la mer de lait barattée ou selon d'autres, fille de Soudei et femme du roi des monts ou de l'Himalaya.

மேநோக்கம், மேநோக்கு, (மேல், நோக்கம், நோக்கு), regard en haut, — hautain, inspection, coup d'œil.

மேநோக்குகிறது, (மேல், நோக்குகிறது), regarder en haut, avoir le visage élevé, tendre au —, obtenir le paradis.

மேன், *P.* மேல், *devant certaines lettres*: — காவல் la principale garde, le principal gardien d'un village; — குலத்தோர் gens de haute caste; — கூரை toit en chaume, couverture ou toit —, dessus d'une maison; — படை corps de réserve, le gros d'une armée; — பாடு excellence, supériorité; — பாட்டானகிரியை action excellente, — noble; — பெலன் force supérieure, troupe auxiliaire; — பெலங்கொண்டுவருகிறது venir avec des forces supérieures ou des troupes auxiliaires, prévaloir; — மக்கள் les grands, gens excellens, distingués; — மக்கள்சொற்கேள் écoute la parole des grands; — மாடம், — மாளிகை étage de maison, de palais; — மூடி couvercle, couverture; — மேல், — மேலும் de plus en plus.

மேன்காவிது, (*télinga*), inspecteur, surveillant.

மேன்மை, (மேல், மை), supériorité, excellence, gloire: — பாராட்டுகிறது exalter la gloire, vanter, louer, se glorifier, se vanter, se louer; — பொருந்தியசங்கத்தார்கள் les honorables membres de l'académie, — du conseil..., la noblesse.

மேன்றலை, (மேல், தலை), le devant du navire, la proue.

மை, 1° lettre syllabique composée de ம் et de ஐ, mar. 2° noirceur, noir, encre (pour écrire), couleur —, composition noire, — magique pour peindre les yeux, collyre, encre magique dont on frotte la main et dans laquelle on prétend découvrir les choses cachées ou évoquer les morts, obscurité, nuage, eau, stérilité, ce qui est stérile, faute, défaut, espèce de brebis dite செம்மறியாடு, le signe du Bélier. 3° affixe qui se joint aux noms, aux adjectifs et aux participes pour en faire des noms abstraits et qui peut signifier qualité, état. *Ex.* கன்னி vierge; கன்னிமை virginité; ஒரு un, ஒருமை unité, singulier; கரு noir, கருமை noirceur; இருக்கிறது qui est, இருக்கின்றபடியால் parce que cela est; இல்லா qui n'est pas, இல்லாமையால் parce que cela n'est pas; செய்யாத qui ne fait pas, செய்யாமை absence d'action, inaction; இம்மை cette vie, ce monde, அம்மை ou மறுமை l'autre vie, — monde. 4° *imp. et part. de* மைகிறது: — கூட்டுகிறது composer —, faire de l'encre; — தொட்டுகிறது donner une couleur noire, — ou mettre de l'encre, de la peinture, peindre; — க்கூடு, — ப்பாத்திரம் écritoire, encrier, vase à l'encre; — யுண்கண் œil dont le bord des paupières est peint en noir; — யுண்கண்ணாள் femme dont les yeux sont ainsi peints; — தீட்டுகிறது, — போடுகிறது, — பூசுகிறது, — யிடுகிறது, — பூட்டுகிறது peindre en noir, mettre de l'encre, — une couleur noire, frotter d'encre, encrer; — யுண்கிறது, — யுண்ணல் être peint en noir, frotté d'encre; — விழியார்இல்லம் évite la maison de ces femmes (prostituées) qui se noircissent les paupières; — விழியாட்டோர்க்கமகன்றொழுகு (மாட்டோர், *P.* மாடோர்), éloigne toi de celle qui se noircit les paupières (pour séduire) et marche dans le chemin de la vertu. [பராசிரணம்.

மைமம்,l'arsenic d it வச்சிராந்த

மைசாரம்,trouble,—d'esprit.

மைமிறது,மைத்தேன்,மைவேன், மை,மைய,v.n. et மைதல், n.v.être légérement pilé, — broyé, le grain être séparé de sa balle par le pilage.

மைசூர்,Maïssour ou Mysore, ville et royaume du sud-ouest de l'Inde au-dessus des Ghates.

மைச்சந்தன், மைச்சமணந்தன், l'arsenic கச்சற்பரசிரணம்.

மைச்சான்,மைச்சுனி,V.மச்சுனிச்சி. [சுனன்.

மைச்சான், மைச்சுனன், V.மச்

மைதல்,n. v.de மைமிறது.

மைதானம், (ind.), plaine, rase campagne: மைதானவெளி rase campagne,plaine,— stérile.

மைதிராவருணன், மைதிராவருணி,P.மைத்திராவருணன்.

*மைதிலி,(மிதிலை),la native de Mithilei,i.e.சீதை.

*மைதுலை ou மைதிலை,(id.), le pays de Mithilei, une des 5 divisions du pays dit Gaouda ou கௌடம்.

*மைதுனம்,(மிதுனம்),copulation,union,mariage: — பண்ணுகிறது cohabiter.

மைதுனன், V. மச்சுனன்.

மைதுனி, V. மச்சுனிச்சி.

*மைத்திரம்,மைத்திரி,(மித்திரம்), amour,amitié,ou

*மைத்திரபம், (மித்திரன்,பம்),la 17^me constellation dite அநுடம்.

*மைத்திராவருணம்,(மைத்திராவருணன்), un des 32 உபநிஷதம்.

*மைத்திராவருணன், மைத்திராவருணி,le sage Agastiyen, fils que la courtisane உருவசி eut de மித்திரன் et de வருணன். [amitié.

*மைத்திரியம்,(மித்திரம்,ya),amour,

*மைத்திரேயன், (maïtrèya), le 7^e Bouddha (encore à venir ),mouni disciple de பராசரன் à qui on raconte le Vichnoupourana,ou

*மைத்திரேயகன்,(id. ka),homme de caste mêlée, fils d'un வைதேகன் et d'une mère அயோகவி, et dont la fonction est d'annoncer les heures en vers.

*மைத்திரேயிகை, (மைத்திரேயன்,ikâ), dispute d'amis ou d'alliés.

மைத்துனமை,மைத்துனவுரிமை, (மைத்துனன்,மை),parenté—,qualité de beau-frère.

மைத்துனன், V. மச்சுனன்.

மைத்துனி, V. மச்சுனிச்சி.

மைநகச்சூழி, l'arsenic dit வச்சிராந்தபாஷாணம்.

மைநா,l'oiseau mainate ou நாகணவாய், oiseau qui sait parler.

*மைநாகம், (மேனகை), le Maïnâgam,mont ou rocher dans la mer entre la pointe sud-est de l'Inde et Ceylan, ou

*மைநாகன்,(id.),le fils prétendu de Mènaguei et du mont Himalaya, V. மைநாகம்: மைநாகசுவசிரு, (svasrou sœur),la sœur du mont மைநாகம்,i.e Parvadi.

மைந்தர்,hommes,fils,garçons,pl. du suiv.

மைந்தன்,1° fils,garçon,homme, —fort. 2^o (maïnda), Maïnden, Asouren ou démon tué par Vichnou.

*மைந்தகன்,(மைந்தன்,han tuer), le meurtrier de Maïnden, i.e.Vichnou.

மைந்து, 1° trouble, — d'esprit, force.2° gér. de மைகிறது.

மைமல்,மைம்மல்,(மை), le soir,le crépuscule. [porc, sanglier.

மைமா,(id.),l'animal noir, i.e.

மைமாசி,(id.),nuage sombre.

மைமுகன்,(id.முகம்),l'animal ou l'être à face noire, le gros singe noir dit முசு. [flonne stérile.

மைமை, (id.மை),femme—, buf-

மையண்டம், œuf.

மையம்,1° (de மத்தியம்), milieu, centre:—ஆயிருக்கிறது être le centre ou le milieu,ambigu,douteux;— பார்க்கிறது vaciller,ne pas se tenir droit, pencher des 2 côtés, n'être pas sur le centre de gravité. 2° P. மையேறாம், nég. de மைகிறது.

மைவலஞ்சந்தை, le second jour d'une foire ou d'un marché.

மையலி,(மையல், i), persone infatuée, troublée.

மையல், 1° (மயல்), trouble, — d'esprit, folie, infatuation, la plante datura ஊமத்தை. 2° opt. et n. v. de மையலிறது.

மையவாடி, lieu entouré d'une haie d'épines, cimetière.

மையாத்தல், se troubler, être troublé.

*மைரேயம், (maîrêya), espèce d'essence ou d'onguent, — de liqueur fermentée dite இரேயம்.

*மைனம், (மீனம்), poisson.

*மைமுனம், V. மைதுனம்.

*மைனிகன், (மைனம், ika), pêcheur.

மொ, lettre syllabique composée de ம் et de ஒ, mo bref.

மொகமொக, soh —, mot imitatif du bouillonnement de l'eau, du glouglou d'une bouteille....:

மொகமொகவென்னல், மொகமொகவென்கிறது faire mogamoga, — glouglou, l'eau bouillir doucement.

மொகரம், (ind. moharram), le 1er mois de l'année mahométane. Les Turcs célèbrent alors pendant 10 jours une fête en l'honneur de Hassein et Houssein fils d'Ali, tués par Yézid près de Koufa. Elle finit le 10 Moharram. Les français nomment cette fête Jamsé mot qui vient sans doute des cris de *ya! Houssein* que les Mahométans répètent sans cesse en parcourant les rues pendant cette bacchanale.

மொகர், 1° (*ind.*), V. மோகரம். 2° ou மொகரு, மொகரி, (*ind.*), sceau, cachet.

மொகவை, P. முகவை. puisoir, espèce de cuillère (pour puiser), mesure de capacité.

மொக்கட்டை, P. முகக்கட்டை, visage, mâchoire: — முறிக்கிறது blesser la mâchoire, offenser, rompre avec quelqu'un: — முறித்தவன் homme bourru, incivil; — யீனம் impolitesse, incivilité, déshonneur.

மொக்கணி, sac, — à collou (pour le donner à manger au cheval), V. பொக்கணி.

மொக்கவீனம், déshonneur, impolitesse.

மொக்கணி, retard: — பண்ணுகிறது ou

மொக்கணிக்கிறது, ணித்தேன், ணிப்பேன், ணி, ணிக்க, *v.n. et a.* மொக்கணிக்கிறது, *v.a.* s'arrêter, séjourner, retarder ou lambiner (dans un voyage). arrêter, retenir, retarder (en route).

மொக்கு, 1° nœud d'arbre, nœud ou coupe d'un chandelier, figures ou dessins tracés à terre comme ornement avec une poudre blanche, V. மொக்குள் 2° *imp. et part.* de மொக்குகிறது.

மொக்குகிறது, க்கினேன், க்குவேன், க்கு, க்க, *v.a.et* மொக்கிக்கொள்கிறது, manger goulument, — avidement, dévorer.

மொக்குளிக்கிறது, ளித்தேன், ளிப்பேன், ளி, ளிக்க, *v.n.* மொக்குளித்தல், *n. v.* (மொக்குள்), bouillonner, faire glouglou, murmurer, gazouiller, s'arrondir, s'agglomérer, former des bulles d'eau.

மொக்குள், nombril, bulle d'eau, bouton —, calice de fleur, bouton prêt à s'épanouir.

மொக்கை, affront, ignominie, honte, disgrâce, dent —, entaille, ou brèche (dans un couteau...), action d'émousser (la pointe d'un stylet à écrire...), chose —, pointe émoussée, respect: — குலைகிறது être déshonoré, éprouver un affront; — குலைந்தவன் il a essuyé une ignominie; — ச்சோளம் maïs, blé de Turquie; — பண்ணுகிறது faire injure, — affront, — tort, ébrécher ou émousser (un couteau...), gâter, endommager; — போகிறது éprouver un affront, être déshonoré, insulté, disgracié, trompé, dupé ébréché, émoussé; — போனகத்தி épée —, couteau émoussé, ébréché; — யீனம் affront, déshonneur, manque de respect.

மொங்கான், V. மொங்குவான்.

மொசுமொசுக்கை, la plante முசுமுசுக்கை.

மொசுமொசு,son—, mot imitatif de vitesse,de démangeaison,de bruit: மொசுமொசுவென்கிறது ou

மொசுமொசுக்கிறது, -க்கிறேன், -ப்பேன்,-ஈ, -க்க,v.n. மொசுமொசுக்கல்,n.v. (மொசுமொசு), faire *mosoumosou*, — du bruit, se hâter, avoir des démangeaisons.

மொச்சை,—நாற்றம், odeur de bouquin,forte odeur de brebis ou de mouton: மொச்சடிக்கிறது sentir le bouquin,—fort,—le mouton.

மொச்சை,odeur de bouquin,—de brebis...,la plante légumineuse dolichos tetraspermus,espèce de faséole ou dolic,vesce: —க்கொட்டை, — ப்பயறு pois ou graine du dolic ou faséole susdit;—யடிக்கிறது, *V.* மொச்சடிக்கிறது.

மொச்சி,mamelle,(mot enfantin): —நாற்றம் odeur du lait maternel.

மொடமொட,son—,mot imitatif du bruit du cuir,des vêtemens...: மொடமொடவென்கிறது faire *modamoda*,—du bruit,—frafra. [pois.

மொடு,gain,avantage, cosse de

மொடுக்குமொடுக்கு, மொடுமொடு, son ou bruit—, mot imitatif du glouglou (dans la gorge)....: மொடுக்குமொடுக்கென்கிறது,மொடுமொடுவென்கிறது *ou*

மொடுமொடுக்கிறது, -த்தேன், -ப்பேன், -டு, -க்க,v.n.(மொடுமொடு), faire *modoumodou*, —le bruit susdit, boire en faisant glouglou (dans la gorge).

மொடுமொடுக்கெனல், மொடுமொடெனல், மொடுமொடுத்தல், மொடுமொடுப்பு,n.v. *du préc.* bruit de *modoumodou*,de glouglou.

மொட்டந்தலை, (மொட்டு, அம், தலை),tête chauve,—pelée.

மொட்டம்பு, (*id.* அம்பு), flèche émoussée,— sans pointe,*V.* உதணம்.

மொட்டு,tendre bouton de fleurs, chose ronde,— sphérique,en forme de globe,de boule.

மொட்டை,calvitie, tête chauve, —rasée,instrument—,chose émoussée, — sans pointe,sans tranchant, état de ce qui est émoussé, obtus; —க்குல்லா bonnet plat, — simple, espèce de calotte;—த்தலை tête chauve,tête pelée;—ப்புத்தி esprit obtus; —மாடு bête bovine—, bœuf ou vache...sans cornes;—யடிக்கிறது, —யாக்குகிறது rendre chauve,raser la tête;—யிடுகிறது,—யிடுதல் rendre chauve,donner une tête chauve; —வெட்டு coup qui rase,qui coupe tout.

மொட்டைச்சி, (மொட்டை), femme chauve *ou* rasée,veuve,terre de foulon. [chauve,— rasé.

மொட்டையன், (*id.*), homme

மொண்ட,*part. de* மொள்ளுகிறது.

மொண்டணி, *V.* மொந்தணி.

மொண்டன், மொண்டானன், மொண்டி,espèce de millet.

மொண்டு,1° opiniâtreté, entêtement,désobéissance, agitation, vexation,résistance. 2° *gér. de* மொள்ளுகிறது:— க்காரன் opiniâtre, entêté, rebelle,vexateur, agitateur; — பண்ணுகிறது faire résistance, — l'opiniâtre, être entêté, mutin,rebelle,vexer, tourmenter.

மொத்தக்கெண்டை,espèce de carpe ou கெண்டை.

மொதுமொது,son—,mot imitatif de bouillonnement....: மொதுமொதுவென்கிறது faire *modoumodou*, rendre ce son, bouillonner.

மொத்தம், 1° le tout, la totalité, la généralité, universalité, somme, bloc, masse, grosseur. 2° *P.* மொத்தோம் nous ne frappons pas,*nég.de* மொத்துகிறது: மொத்தமாய் en gros,en bloc,tout ensemble, en général;—ஆயிருக்கிறது être gros,massif, être pris en gros,— en masse,—ensemble;—ஆய்விற்கிறது vendre en gros, en masse, tout ensemble; —ஆய்வைக்கிறது mettre en masse, rassembler ensemble; மொத்தப்பட்டா bail ou affermage général d'un village ou d'un district.

மொத்தல்,*opt. et n.v.de* மொத்துகிறது, coup.

மொத்தனம், foule, somme, total, masse.

மொத்தி, 1° nœud d'arbre, enflure, coup. 2° *gér. de* மொத்துகிறது: —க்கால் pied enflé, pied d'éléphant, éléphantiasis.

மொத்து, coup: மொத்துண்ணுகிறது. மொத்துண்ணல், (உண்கிறது), être battu, frappé, *n.v. imp. et part. de*

மொத்துகிறது, த்தினேன், த்துவேன், த்து, த்த, *v.a.* மொத்துதல், *n.v.* battre, frapper. [massive, boule.

மொத்தை, masse, chose grosse, —

மொத்தணி, boule, globe, rondeur grosseur.

மொத்தணியன், (மொத்தணி), chose ronde, grosse, massive.

மொத்தன், espèce de bananier qui donne de gros fruits.

மொந்தை, tambour qui n'a de peau ou d'ouverture que d'un côté, vase—, pot de terre, sorte de vase, chose grosse: — பெற்றான் il a trouvé un vase de terre, *i. e.* un trésor caché dans un pot de terre.

மொப்பு, *ou* —நாற்றம், odeur fétide (de lait ou de viande gâtée...:) மொப்படிக்கிறது sentir mauvais, puer.

மொய், 1° foule, presse, concours, multitude, tas, agglomération, essaim, guerre, combat, bataille, champ de bataille, éléphant, scarabée, mère, donation ou offrande de fanons dans un mariage ou à un temple, petite souscription. 2° *imp. de* மொய்க்கிறது: —கதிர் mamelle, téton, pis, épi serré, — bien garni: —குழல் femme, —qui a une épaisse chevelure; —த்தனம் argent entassé; —தாய், —த்தாய் mère propre; —ப்பணம் argent—, fanons de souscription, — d'offrande, — offerts à l'époux le jour du mariage ou au temple: —யெழுத்து, (எழுத்து), petite—, souscription; மொய்யெழுதுகிறது écrire une petite souscription, — les fanons donnés à un mariage ou au temple.

மொய்க்கிறது, ய்த்தேன், ய்ப்பேன், ய், ய்க்க, (மெய்), *v.n. ou* மொய்த்துக்கொள்ளுகிறது, venir en foule, former un essaim, s'agglomérer, s'entasser, se presser, se serrer, s'accumuler, fourmiller, abonder, se grouper, s'attrouper, couvrir: ஈ— les mouches abonder, couvrir tout; —க்கொண்டிருக்கிறது abonder, être attroupé, aggloméré, entassé, en essaim comme des abeilles; —க்கொண்டுவருகிறது s'attrouper, accourir —, venir en foule (comme des mouches sur du sucre...), venir par essaims.

மொய்ச்சல், மொய்த்தல், மொய்ப்பு, *n.v. du préc.* essaim, foule, troupe, multitude, presse, agglomération, entassement. [prouesse.

மொய்ம்பு, épaule, force, courage,

மொய்யல், *opt. et n.v. de* மொய்க்கிறது: மொய்யற்சன்னி, *V.* மூர்ச்சன்னி.

மொர, மொரமொர, son—, mot imitatif: —வென்கிறது, faire *mora-mora*, rendre ce son.

மொருமொரு, son—, mot imitatif: மொருமொருவென்கிறது, *ou* மொருமொருக்கிறது, (மொருமொரு), faire *moroumorou*, rendre ce son. [genture.

மொலாம், *P.* முலாம், dorure, ar-

மொலுமொலுக்கிறது, *v. n.* மொலுமொலுத்தல், *n.v.* rendre le son de —, faire *moloumolou*, avoir des démangeaisons.

மொல்லு, bruit, bruissement, bruit fait avec les mains ou les pieds.

மொல்லுமொல்லு, mot imitatif de bruit, — de tapage: மொல்லுமொல்லென்கிறது faire *molloumollou*, — du tapage; மொல்லுமொல்லென்றுவருகிறது venir en faisant un grand bruit, (pour combattre...); — சண்டைகொடுக்கிறது livrer—, engager une bataille avec grand tapage.

மொழி, parole, mot, discours, *n. v. imp. et part. de* மொழிகிறது: மொழி மூன்று, les 3 sortes de propos: மெய்கூறல் dire la vérité; புகழ்கூறல் louer, dire des flatteries; பழிகூறல்

injurier, dire du mal, des injures, des calomnies; தேவர் — parole —, oracle des dieux prétendus: — தடுமாறுகிறது bégayer, bredouiller, balbutier (ou naturellement ou par trouble); — பிசகுகிறது la parole manquer, se tromper de mot, manquer à sa parole; — பெயர்க்கிறது traduire (d'une langue dans une autre): — பெயர்ப்பு traduction; — மாற்று transposition de mot, ou de l'attribut d'un mot à un autre auquel il ne convient pas, comme dans சுரையாழ அம்மிமிதக்க la gourde s'enfoncer, la pierre à broyer surnager, ou யானைக்குநீத்துமுயற்குநிலை l'éléphant nage où le lièvre touche le fond, c'est une des 8 பொருள்கோள் ou manières d'avoir le sens; ici on l'aura en remettant les mots dans l'ordre naturel: la gourde surnager et la pierre à broyer s'enfoncer; où l'éléphant touche le fond le lièvre nage; — முதலெழுத்து lettres qui peuvent commencer un mot. Ce sont les 12 voyelles et les 9 consonnes suivantes: க, ச, ஞ, த, ந, ப, ம, ய, வ; — இடையெழுத்து lettres qui peuvent venir au milieu des mots; — ஈற்றெழுத்து lettres qui peuvent finir un mot; ce sont les 12 voyelles et les 11 consonnes suivantes; ஞ், ண், ந், ம், ய், ர், ல், வ், ழ், ள், ன்: — மொழிக்குறிப்பு ton, emphase, inflexion de la prononciation, signe du son des mots; — மோனை son des mots.

மொழிகிறது, ழிந்தேன், ழிவேன், ழி, ழிய, v.a. (மொழி), et மொழிதல், n.v. dire, parler: மொழிந்தது மொழிதல் répétition inutile de ce qu'on a dit, ce qui est un défaut dans un auteur; மொழிவதறமொழி dis exactement — franchement ou correctement ce que tu dois dire; மொழியதுமறுக்கின்மொழியதுமறுமே si on rejette la parole des sages l'entreprise échouera. [vieux dicton, mot.

மொழிமை, (மொழி), proverbe,

மொழியன், bavard, gros pou.

மொழுக்கன், மொழுங்கன், P. மழுங்கல், chose terne, joyau simple, — uni, sans gravure, ouvrage uni, — sans ornement, personne trapue, — corpulente: — ஓலை pendans d'oreilles en forme de feuille de palmier roulée sans ornemens; — மோதிரம் anneau simple, sans gravure ni eiselure.

மொழுக்கு, son —, mot imitatif: மொழுக்கெனல், மொழுக்கென்கிறது rendre —, faire le son de —, faire *mojoukou*.

மொள்ளுகிறது, மொண்டேன், மொள்ளுவேன், மொள்ளு, மொள்ள, v.a. et மொள்ளல் ou மொள்ளுதல், n.v. puiser, tirer de l'eau.

மொறுமொறு, son —, mot imitatif de murmure: மொறுமொறெனல் மொறுமொறென்கிறது ou

மொறுமொறுக்கிறது, றுத்தேன், றுப்பேன், று, றுக்க, v.n. (மொறுமொறு), murmurer, être mécontent, — fâché, un gâteau crier sous la dent, être trop cuit, — trop frit.

மொறுமொறுத்தல், மொறுமொறுப்பு, n.v. *du préc.* murmure, cri.

மோ, 1° lettre syllabique composée de ம் et de ஓ, mò long. 2° particule explétive de la 2° pers. sing. de l'imp. *Ex.* கேண்மோ, *P.* கேள். écoute; உண்மோ, *P.* உண், mange. 3° *imp. de* மோக்கிறது.

*மோகசத்தியம், (மோகசம், iya' penchant à la luxure, un des அஷ்டகுற்றம் ou 8 défauts incompatibles avec la divinité.

*மோகம் 1° (*mòha*), luxure, impudicité, volupté, impureté, sensualité, désir, confusion —, trouble d'esprit, enivrement des désirs sensuels, défaillance, folie, ignorance spirituelle qui, selon certains philosophes porte à croire la réalité des objets sensibles et à se livrer aux plaisirs sensuels, illusion, méprise, erreur, faute, peine, affliction; l'impudicité est un des அறுபகை, அஷ்டவிகாரம், பஞ்சமாயை, et பஞ்சபாணாவஸ்தை. 2° (*mògha*), inutilité, baie, clòture, l'arbre பாதிரி bignonia: — ஆ பிருக்கிறது être impudique, luxurieux, lascif, sensuel; — உடைமை penchant à la luxure; — உள்ளவன் homme impudique, lascif; — எழுக்கிறது, — கொள்ளுகிறது éprouver des accès de volupté, devenir luxurieux, concevoir des désirs impurs; — திருகிறது s'abandonner à la luxure, satisfaire sa volupté, sa sensualité; மோகாதுரை désir impur; — கருமம் action impudique, — de volupté, vaine pratique, — cérémonie; — ஞானம் sagesse —, science qui n'est pas celle de la religion; — ப்படைக்கலம் armes enchantées, — qui troublent et déconcertent l'ennemi; — பாவம் péché impur; — லீலை jeux lascifs, gestes —, badinages impurs; — விபரீதி impudique, débauché; — அவசம் figure qui montre le trouble causé par les désirs conçus pour un objet.

மோகாரம், véhémence, colère, trouble, — d'esprit.

மோகரிக்கிறது, த்தேன், ப்பேன், க, கக, v.n. (மோகரம்), மோகரித்தல், n.v. crier de colère, se troubler, s'emporter.

மோகரிப்பு, n.v. du préc. emportement, fureur militaire, — de bravoure, trouble d'esprit, orgueil.

*மோகர், (மோகம்), gens luxurieux, — en délire, frénétiques, peintres qui par leurs ouvrages séduisent ou captivent l'admiration.

*மோகனம், (மோகம், na), impudicité, lasciveté, excitation à la luxure par enchantement, c'est le 40^me des கலைக்கியானம் et une des அஷ்டகருமம் ou 8 espèces d'enchantemens, fraude, déception, fascination, séduction de la raison par les attraits senseuls, trouble d'esprit, copulation, une des flèches de Kâmen, la plante ஊமத்தை datura: மோகனக்கல் la pierre de fascination, grosse pierre qui sert de traverse aux portes des pagodes; — நாட்டியம் danse lascive (de femmes); — ப்படைக்கலம் arme de la luxure, — enchantée; — மாலை la guirlande de la séduction, guirlande d'or qui pend au cou, espèce de poème; — வித்தை l'art d'exciter à la luxure, de séduire, de fasciner.

*மோகனாங்கி, (மோகனம், அங்கம், ini), celle qui a des membres ou une beauté —, femme séduisante, impudique.

*மோகனாஸ்திரம், (id. அஸ்திரம்) arme —, trait enchanté, trait —, flèche de Kâmen.

*மோகனி, (id.), femme séduisante, — impudique.

*மோகன், (மோகம்), le luxurieux, i.e. Kâmen, impudique.

*மோகாசை, (id. ஆசை), désir impur, — illusoire, — vain.

*மோகாதி, (id. ஆதி), les 3 défauts dont le 1^er est la luxure, i. e. காமம், வெகுளி, மயக்கம் la luxure, la colère et le trouble d'esprit.

மோகிக்கிறது, த்தேன், ப்பேன், க்க, v.n. (மோகம்), மோகித்தல், n. v. ou மோகித்துப்போகிறது, concevoir —, avoir des désirs impurs, se livrer aux désirs charnels, vivre dans la luxure, convoiter, être fasciné, avoir l'esprit troublé ou dérangé; மோகிக்கப்பண்ணுகிறது, V. மோகிப்பிக்கிறது.

*மோகிதன், (mòhita), homme luxurieux, séduit, trompé, fasciné.

மோகிப்பிக்கிறது, v. caus. du préc. exciter des désirs voluptueux, pousser à la luxure.

மோகிப்பு, n.v. de மோகிக்கிறது, désir voluptueux, délectation morose, fascination, trouble d'esprit (que cause la luxure...).

*மோகினி, (mohini), femme séduisante, — impudique, Vichnou métamorphosé en femme séduisante pour fasciner les Asourers et les empêcher de boire l'ambroisie, (c'est une de ses 15 incarnations inférieures), espèce de fée ou de déesse, enchanteresse.

மோகூப், (arabe), arrêté, suspendu, suspens, congédié.

மோவாக்கட்டை, P. மோவாய்க்கட்டை, le menton.

*மோக்கம், P. மோக்ஷம்.

மோக்கிறது, மோந்தேன், மோப்பேன், மோ, மோக்க ou மோப்ப, v. a. மோக்குதல், n.v. sentir, flairer: மோக்கக்கொடுக்கிறது donner à sentir, — à flairer; மோந்துகொடுக்கிறது donner après avoir flairé (soi-même).

*மோக்ஷகன், (மோக்ஷம், ka), libérateur.

*மோக்ஷம், (mòkcha), béatitude finale et éternelle, paradis, ciel, délivrance, liberté, affranchissement, — du corps et de nouvelles naissances ou de transmigrations (dans le système de la métempsycose), mort, absorption dans l'essence divine (selon les Advitas), acquittement d'une dette, accomplissement d'un devoir, fin, — d'une éclipse, (délivrance prétendue de l'astre de la gueule du dragon): —அடைகிறது, —பெறுகிறது parvenir au —, obtenir le paradis, la béatitude finale; மோக்ஷஸ்நானம் fin d'une éclipse; —பதிவர் habitans du paradis; — பாக்கியம் le bonheur du paradis; — ராச்சியம் le royaume du paradis; — வாசம் séjour —, habitation du paradis; —வாசி, — வாசு habitant du ciel, saint, bienheureux, personne digne du paradis; — தீபம் lampe de la délivrance, — allumée sur les tombeaux (des விருத்தர் et accompagnée de cérémonies), cérémonie pour les morts; — விளக்கு lampe du paradis, i.e. cérémonie —, messe pour les défunts, V. மோக்ஷதீபம்: — விளக்குக்கொடுக்கிறது faire cette cérémonie, faire dire pour eux la sainte messe.

*மோக்ஷவான், (மோக்ஷம், vân), V. மோக்ஷவாசி.

*மோக்ஷானந்தம், (id. ஆனந்தம்), joie céleste, bonheur du paradis.

*மோக்ஷணம், மோக்ஷிதம், (mòkchana, ita), délivrance, mise en liberté.

*மோக்ஷோபாயம், (மோக்ஷம், உபாயம்), moyen de parvenir au paradis, — d'obtenir la béatitude finale, d'où மோக்ஷோபாயஸ்தர், saint, sage, dévot, celui qui prend ce moyen.

*மோசகம், (mòtchaka), renoncement au monde, — à tout, bananier, cotonnier soyeux, l'arbre முருக்கை.

*மோசகன், (id.), celui qui a renoncé à tout, ermite, libérateur.

மோசம், 1° tromperie, fraude, déception, séduction, fausseté, erreur, méprise, danger, détriment, perte. 2° * (mòtcha), l'arbre முருக்கை, cotonnier, — soyeux, bananier, banane: கள்ள— grand danger, grande déception...; — போகிறது se tromper, être trompé, dupé, séduit, induit en erreur; (ஒருத்தனை) —போக்குகிறது, — பண்ணுகிறது tromper quelqu'un, duper, induire en erreur, séduire, causer du dommage; மோசக்காரன் trompeur, fripon, séducteur; —சாரம், — ரசம் gomme de cotonnier, — de cotonnier soyeux; மோசத்துக்குட்படுகிறது, — உள்ளாகிறது s'engager dans le péril, tomber en danger, être trompé, séduit, induit en erreur; மோசத்துக்குட்படுத்துகிறது, — உள்ளாக்குகிறது pousser dans le danger, mettre en péril, égarer, induire en erreur, tromper.

*மோசனம், 1° (mòtchana), délivrance, expiation, abolition, rémission, abandon, renoncement, fin d'une éclipse, 2° espèce de riz: சாப — levée d'une malédiction; பாவ— expiation —, rémission du péché.

*மோசாடம், (mòtchâta), sandal, banane, cœur du bananier.

மோசிகை, P. மோட்டுச்சிகை, toupet du sommet de la tête.

மோசிக்கிறது, சித்தேன், சிப்பேன், சி, சிக்க, v.n. (மோசம்), மோசித்தல், n.v. se tromper, se méprendre, errer, être induit en erreur.

மோசுகு, (arabe), garde ou gardien (mis pour garder quelqu'un).

*மோஷகன், மோஷ்டிரு, (mòchaka, mochtrou), voleur.

*மொசனம்,மொசை, (mòchana,mòchâ), vol.

*மொடகன், P. மொசகன், voleur.

*மொடனகம், (mòtana, ka), destruction.

*மொடனம், 1° (mòtana), air, vent, frottement, broiement. 2° espèce d'enchantement ou de sortilége employé par ceux qui cachent un trésor ou chose semblable et par ceux qui cherchent à l'enlever.

மொடன், P. மூடன், insensé, stupide: மொடத்தனம் stupidité.

மொடி, la prétendue déesse des forêts dite காடுகோள், discorde, dispute, arrogance, fierté, pompe, spectacle, grandeur, ordre, rang autorité, colère, indignation, l'espèce d'enchantement ou de sortilége dite மொடனம், V. மொடை: இராச — grandeur —, pompe royale; இராணுவ — ordre de bataille: — க்காரன் homme rechigné, mal disposé, disputeur; ou — பண்ணுகிறது se disputer; — பயிருக்கிறது, — ஆய்த்தாக்கிறது être fier, — arrogant, avoir l'air refrogné, rebarbatif, sévère; — ப்புடவை toile toute blanche (sans variété de couleurs; — யாய்க்கொள்ளுகிறது, — யாய்ப்பிடிக்கிறது, — யாய்வாங்குகிறது acheter en gros, — tout afin de faire le monopole; — வைக்கிறது mettre —, faire un sortilége pour empêcher quelqu'un d'enlever un trésor caché...; — யெடுக்கிறது chercher à ôter ce sortilége, en faire un autre pour enlever un trésor caché, (en jouant du flageolet dit மகுடி).

மொடு, gén. மொட்டின், hauteur, élévation, faite, sommet, haut —, pic d'une montagne, grandeur, ventre, fente, stupidité, bêtise, méchanceté: நடு — milieu du faite —, faite de maison; திருடன்மொட்டைப் பிரிவித்தான் le voleur est venu en dilacérant ou perçant le faite de la maison.

*மொட்சம் V. மோக்ஷம்.

மொட்டிறுக், (மொட்டு, இறுக்), espèce de chevrette ou de cancre, astacus squilla.

மொட்டு, obl. de மொடு; — த்தனம், stupidité, perversité, obstination; — த்தனம்பண்ணுகிறது agir stupidement, — méchamment; மொட்டுத்தனக்காரன் homme ignorant, stupide, mechant. [ère, — du faite.

மொட்டோடு, (id. ஓடு), tuile faitière.

*மொனம், (mòna), fruit sec, — desséché, panier de serpens, — pour en porter.

*மோதகம், (மோதக், ka), délice, plaisir, agrément, joie, concorde, espèce de pâtisserie, de bonbon, de friandise, de beignets: மோதகப்பிரியன் le gourmand de friandises, (surnom de Poulléyar); — மரம் l'arbre குறிஞ்சிச்செடி.

*மோதம், (mòda), joie, allégresse, délice, bonheur, bonne —, odeur, la plante அசமதாகம்.

மொதர்பா, மொதரப்பா, (arabe, mohtarfa), taxe levée sur les marchands et les artisans, — sur les gens d'une profession. [து.

மொதல், opt. et n.v. de மொதுகிறது.

*மோதனம், மோதிதம், (மோதம், na, ita), joie, allégresse, plaisir.

மொதிரம், anneau, bague: பட்டாணி — trois anneaux ayant chacun une pierre précieuse, une émeraude, un rubis et un diamant; — மாற்றுகிறது (en contractant mariage) l'époux et l'épouse entrechanger une bague ou un anneau à chaton; மோதிரக்கண்ணி l'arbrisseau hugonia mystax; — ப்பணம் argent qu'on donne aux époux; — விரல் le doigt annulaire.

மொதுகிறது, தினேன், துவேன், து, த, v.n. மொதுதல், n.v. heurter, battre, frapper contre, couvrir, appliquer, grossir: அலைகள் — ou மோதிக்கொண்டிருக்கிறது les flots battue (le rivage); காற்றுமோதிமோதியடிக்கிறது le vent souffler avec violence; சுவர்க்குமண்மொதுகிறது appliquer de la terre à un mur de terre pour le réparer, l'enduire de terre;

மோதிக்கொள்ளுகிறது être à heurter—, frapper contre, se heurter, se frapper soi-mème.

மோத்தை, (de மோதம்), la plante வசம்பு acorus calamus.

மோந்தல், n.v. de மோக்கிறது.

மோத்தை, bouc, — de l'espèce de chèvre dite வெள்ளாடு.

மோந்து, gér. de மோக்கிறது.

மோப்பம், மோப்பு, n.v. du même, sens de l'odorat, odorat, nez, action de flairer: மோப்பம்பிடிக்கிறது sentir, flairer.

மோப்பி, veuve, (mot peu respectueux).

மோமின்னி, மோமீன், (arabe), établissement.

*மோரடம், (mòrata), la plante பெருங்குரும்பை, racine de canne à sucre, fleur de l'alangium hexapetalum, lait de 7 jours qui a perdu sa nature laiteuse.

மோரா, 1° (ind.), roupie—, pièce d'or valant 15 roupies d'argent. 2° 3me pers. pl. neut. et part. nég. de மோருகிறது, ந்தேன், ருவேன், ரு, v.a. (மோக்கிறது) et மோருதல், n.v. sentir, flairer.

மோர், 1° lait de beurre, eau dans laquelle on a délayé du lait caillé aigre. 2° (ind.), sceau, cachet.

மோர்ச்சா, batterie.

*மோலி, V. மௌலி.

மோவா, மோவாத, part. nég. de மோக்கிறது, qui ne sent pas: மோவாது il ne flairera pas.

மோவாய், 1° barbe, V. முகவாய்: — க்கட்டை menton; — க்கட்டையெலும்பு mâchoire. 2° 2° pers. de மோவேன், nég. de மோக்கிறது, [je ne flaire pas.

மோழல், porc.

மோழை, eau de riz, cange, tronc, bloc, manque de cornes, ignorance, stupidité, ignorant, stupide: கற்றமோழை — homme qui bien qu'instruit se conduit en ignorant ou parait ignorant; — க்கொம்பு corne défectueuse qui n'a pas pu croitre ayant été brûlée; — ப்பசு vache sans cornes; — மாடு bète bovine—, bœuf sans cornes; — யாக்குகிறது, priver de cornes, hébéter, rendre stupide, stupéfier; — யாயிருக்கிறது être stupide, hébété, — sans cornes; ஏழையைக்கண்டால் மோழையும்பாயும் une bète même sans cornes en voyant un pauvre se jettera sur lui, le pauvre est maltraité partout [le monde.

மோளை, fente.

மோறு, P. மோறா.

*மௌனம், P. மௌனம், silence.

*மௌனர், (மௌனம்), les gens silencieux, les mounis, les anachorètes, les sages.

மோனை, 1° commencement. 2° ou — த்தொடை allitération ou consonnance qui consiste en ce que la lettre qui commence le vers soit répétée au commencement d'un ou de plusieurs pieds de ce vers ou au moins soit remplacée par une lettre correspondante; ainsi parmi les voyelles அ, ஆ, ஐ, ஔ correspondent ensemble; இ, ஈ, எ, ஏ, ய correspondent également, et உ, ஊ, ஒ, ஓ de même; parmi les consonnes ச correspond à த, ஞ à ந, ம à வ. Ainsi dans un vers qui commence par த ou ச, un autre pied au moins du même vers doit commencer par தா, சை, தௌ, ச, சா, சை ou சௌ et réciproquement. Cette consonance prend différends noms selon qu'elle se trouve dans le 2e, 3e ou 4e pied ou dans plusieurs pieds à la fois, ce qui est considéré comme plus riche de poésie. Ces mots sont expliqués en leurs lieux, V. அடி—, இணை—, பொழிப்பு—, ஒரூஉ—, மேற்கதுவாய், — கீழ்க்கதுவாய் —, கூழை—, முற்றுமோனை. [de ம et de ஔ, maou.

மௌ, lettre syllabique composée

*மௌகரியம், (முகரம், ya), diffamation, basse plaisanterie.

*மௌகூர்த்திகன், (முகூர்த்தம்), astrologue.

*மௌக்கியம், 1° (முக்கியம்), prééminence. 2° (மூகம், ya), mutisme.

*மௌஞ்சை, V. மௌட்டை.

மௌசே, (arabe), place, village, ville.

மௌசேஷவார்,(*id.*),compte détaillé —, recensement —, cadastre de village...

*மௌஞ்சி, (முஞ்சம்), ceinture d'un brame faite de 3 cordons de l'herbe முஞ்சம் saccharum spontaneum, l'herbe முஞ்சம்:—பந்தனம் investiture decette ceinture.

மௌஷடி, (மோசடி), raillerie, plaisanterie, ruse, espèce d'art, — d'enchantement pour cacher ou enlever un trésor.

*மௌட்டியம், (maoudya,மூடன், ya),bêtise,ignorance,folie,fanatisme

*மௌட்டை, (முஷ்டி,ya), action de se boxer, coup de poing.

*மௌண்டிதம், (முண்டிதம்), un des 32 உபதிஷ்தம், état d'une tête rasée.

*மௌண்டியம், (முண்டம், ya), calvitie naturelle ou artificielle.

*மௌத்திகம், (முத்தம் *perle*, ika), perle: மௌத்திகசுத்தி,— ப்பிரசவை huitre à perles, mère-perle.

*மௌரசிகன், (முரசம்,ikâ),tambourineur.

*மௌர்க்கியம்,(மூர்க்கம்,ya), stupidité, folie, obstination.

*மௌர்க்வி, *et corr.* மௌரவி, (மூர்வை), corde d'arc.

*மௌலன், (மூலம்), homme qui descend de bonne caste.

*மௌலி, (maouli), toupet—,mèche de cheveux, toupet du sommet de la tête des hommes dit குடுமி, chevelure nouée en toupet, longue tresse de cheveux, longue chevelure emmêlée dite சடை, tête,couronne, diadème, terre,caillou ou vin de palmier. [des bois.

மௌவல், jasmin,— sauvage, —

*மௌனம், (முனி), silence, vertu spéciale des anachorètes,taciturnité: —ஆயிருக்கச்சொல்லுகிறது dire de garder—, commander le silence: —மலையைச்சாதிக்கும் le silence résistera à une montagne.

*மௌனி, (*id.*), silencieux, taciturne, ermite, anachorète, tortue, *pl.* மௌனிகள், மௌனியர் gens silencieux,ermites, anachorètes.

ய்

ய், la 11me consonne tamoule dite மகரம், et la 1re des médiales ou இடையினம். Dans le haut tamoul on ajoute இ à bien des mots qui commencent par ய, lorsque le mot précédent finit par une consonne ou un உ qui s'élide. ய் est aussi une lettre euphonique qui s'ajoute aux mots terminés par இ, ஈ, ஏ, ஐ. lorsque le mot suivant commence par une voyelle.

ய, 1° lettre syllabique composée de ய் et de அ,ya bref. 2° ய en chiffre vaut 10 et précédé d'un autre chiffre, il signifie dizaine ;ainsi சய vaut 4 dizaines ou 40. 3° ய est une lettre médiale ou intercallée qui indique le parfait comme dans போயது ou போனயிற்று cela est allé.

*யக்கன், யக்ஷன்,(yakcha), Koubèren,Yakchen,espèce de demi-dieu indou au service de Koubèren et gardien de ses jardins et de ses trésors; *pl.*யக்ஷர் les Yakchers:யக்க —, யக்ஷகருத்தமம் espèce de pâte odoriférante pour oindre le corps: elle se compose de camphre,d'agalloche, de musc, de saffran et de sandal; — தூபம் résine (en général),térébenthine;—ரசம்liqueur de Yakchers,—spiritueuse; — ராசன்,— ராட்டு le roi des Yakchers,*i.e.*Koubèren;—ராட்டுபுரி la capitale du roi des Yakchers dite அளகை; — ராத்திரி la nuit des Yakchers, *i.e.*le jour de la pleine lune du mois de கார்த்திகை; alors les Yakchers sont dehors.

*யக்ஷவாசம் ou யக்ஷவாசம், (யக்ஷன், ஆவாசம்), la demeure des Yakchers,*i.e.* le figuier,ficus indica.

*யக்ஷி,யக்ஷிணி, யக்ஷி, யக்ஷிணி, (yakchi,—ni), Yakchi, femme de Koubèren,fille ou femme de la caste des Yakchers.

*யக்ஞம்,1° (yadjna), sacrifice, oblation, offrande, chose propre au sacrifice. 2° (yadjniya),le 3me yougа ou âge indien dit துவாபரயுகம்: ய

க்கிரியாக்கிரமம் action —, cérémonie de sacrifice; —சாலை salle —, place du sacrifice, temple; — சாரம் l'arbre ficus glomerata; —சித்தி achèvement —, efficacité d'un sacrifice, obtention de l'objet d'un sacrifice; — சூத்திரம் le cordon du sacrifice, le cordon bramanique ou le triple cordon (propre aux trois 1[res] castes); —சிஷ்டம், — சேஷம், —சேடம் restes d'un sacrifice; —ஸ்தானம் place du sacrifice; —தேசம் pays des sacrifices. — où les lois des Indous et leurs rites sont en vigueur, la prétendue terre sainte des Indous; — பசு animal propre au sacrifice, cheval; — பாத்திரம், —பாசனம் vase de sacrifice; — புருஷன் (surnom de) Vichnou; — பூமி place préparée pour un —, lieu du sacrifice; — வராகன் le cochon du sacrifice, *i.e.* Vichnou dans son incarnation en porc; — வாடம் enclos pour un sacrifice.

*யக்கியாங்கம், (யக்கியம், அங்கம்), partie d'un sacrifice.

*யக்கியாந்தம், (*id.* அந்தம்), fin du sacrifice, sacrifice supplémentaire.

*யக்கியாரி, (அரி), ennemi du sacrifice, Siven, démon.

*யக்கியோபவீதம், (*id.* உபவீதம்), *V.* யக்கியசூத்திரம்.

*யக்கேசன், யக்கேந்திரன், யக்ஷேசன், யக்ஷேந்திரன், (யக்ஷன், ஈசன், இந்திரன்), *V.* யக்ஷராசன்.

*யக்ஷன், யக்ஷி, யக்ஷிணி, *V.* யக்கன், யக்கி, யக்கிணி.

யங்கடரா, la plante அதிவிடையம்.

*யசசு, (yasas), gloire, renommée, louange.

*யசதன், (yadjata), sacrificateur, prêtre officiant à un sacrifice.

*யசத்திரன், (yadjatra), brame qui conserve le feu du sacrifice.

*யசந்தன், (yadjanta), sacrificateur, adorateur.

யசமானன், 1° (yadjamâna), adorateur, celui qui fait faire ou institue un sacrifice et en paie les dépenses, sacrificateur. 2° chef, maître, gouverneur.

*யசனம், (yadjana), offrande d'un —, sacrifice, en offrir un.

*யசாகன், (yadjâka), donateur, bienfaiteur, homme libéral.

*யசி, (adji), sacrificateur.

*யசுசு, யசுரு, —வேதம், யசுர்வேதம், (yadjous, yadjourvêda), le second des 4 vêdas, nommé Yadjourvêda ou Ézourvêda: il se divise en 2 parties: l'Ézourvêdam blanc வாசசனேயி Vâdjasanèyi, et le noir தைத்திரீயம். Voyez ce mot. Le premier, au dire des Indous, fut révélé par le soleil, sous la forme d'un cheval dit வாசி, à யாஞ்ஞவற்கியன் disciple de வைசம்பாயனன், lequel, étant au désespoir d'avoir été obligé de dégorger les textes qu'il avait appris, obtint du soleil une nouvelle révélation de ce vêdam.

*யஷ்டி, யட்டி, (yachti), bâton, — pour s'appuyer, — armé de fer, massue, bâton de pavillon, bras, avant-bras, guirlande, — ou collier de perles, réglisse: — க்கிரகன் qui porte un bâton, une massue: — மது, — மதுகை réglisse ou racine de l'abrus precatorius ou குன்றி qui en tient lieu.

*யஷ்டிகை, (யஷ்டி, kâ), collier de perles, étage, réglisse, massue, bâton, gourdin.

*யஷ்டிரு, (yachtrou), celui qui fait faire un sacrifice

*யட்சன்... *V.* யக்ஷன்.

*யதம், (yata), limite, restriction, modération, répression: யதசித்தன், — சித்தாத்துமா homme modéré, qui modère — domine sa volonté.

*யதா, (yâthâ), comme, selon, ainsi, convenable, propre, juste: — கர்த்தவியம், — கருத்தவ்வியம், — கர்த்தவ்வியம் ce qu'il est juste de faire, toute autorité (de faire...); — கற்பம் selon le commandement; — காமம் selon son plaisir, comme vous voudrez; — காமி indépendant, qui suit sa propre volonté; — காலம் selon le temps, — l'occasion; — க்கிரமம் en ordre, méthodiquement; — சத்தி autant que

ஈக

possible, selon sa force; —சாஸ்திரம் selon les Sâstiras; —சுகம் heureusement; —ஸ்தானம் place convenable; —ஸ்திதம் vérité, vrai, juste, convenable, en détail, minutieusement, tout ce qui est arrivé, dès le commencement; —நியாயம் raisonnablement; —பூர்வம், —பூர்வம் en ordre, successivement, autrefois, depuis le commencement, ce qui vient de —, depuis l'antiquité; —விதி selon la règle; —விருத்தம் en détail, d'une manière circonstancielle.

*யதாகாரம், (yata *modéré*, ஆகாரம்), tempérance —, mortification dans la nourriture.

*யதாஸ்து, (யதா, அஸ்து), qu'il soit entièrement ainsi.

*யதாத்துமன், யதாத்துமாவானவன், (*id.* ஆத்துமன், van), celui qui a subjugué son esprit et ses facultés.

*யதார்த்தம், (யதா, அர்த்தம்), vérité, exactitude, justesse, convenance, empressement, exactement, convenablement, selon le sens.

*யதாவகாசம், யதாவசரம், (*id.* அவகாசம், அவசரம்), selon l'opportunité, —ses facultés, — la nécessité.

*யதி, (yati), modération, retenue, répression, restriction, repos, pause (dans la poésie, dans la lecture, ou en battant la mesure...), la règle des pauses, une des 10 règles pour garder la mesure en musique, union, consonnance ou allitération dite மோனை, sage, முனி ou anachorète, richi, celui dont les passions sont subjuguées, le richi Yadi, religieux mendiant, principalement de la secte des Djaïnas, veuve; யதிபாத்திரம் vase pour demander l'aumône.

*யதினி, (yatini), veuve.

*யதீசுரன், (யதி, ஈசுரன்,) Sanniyasi, excellent anachorète ou supérieur d'anachorètes.

*யது, (yadou), Yadou fils aîné du roi யயாதி, le 5me de la dynastie lunaire. Yadou régna à l'ouest de la Djamna ou யமுனை aux environs de மதுரா et fut un des ancêtres de Krichna; son royaume prit le même nom et ses descendans s'appelèrent யாதவர்:— குலேசன், (குலம், ஈசன்), —நாதன் le prétendu seigneur de la race de Yadou, *i.e.* Krichnen; —தாரன் (dhâna, *qui soutient*), Krichna.

யதேது, quoi? quelle chose? qui?

*யதேச்சை, யதேஷ்டம், (யதா, இச்சை, இஷ்டம்), liberté, volonté, selon son plaisir: யதேஷ்டசாரி l'être qui va où il veut, *i.e.* l'oiseau.

*யதேந்திரியம், (யதம், இந்திரியம்), chasteté, — intègre, répression de ses sens.

*யத்தனம், யத்தினம், (yatna), effort, énergie, persévérance, instrument, moyen, dessein, *V.* எத்தனம்.

*யந்திரம், (yantra), machine, moulin à huile, meule à moudre le blé, machine pour séparer le coton de sa graine, mécanique, diagramme ou cercle magique, morceau de bois que l'on frotte sur un autre pour faire du feu, tison, char, sens, *V.* எந்திரம்; யந்திரசிரம் moulin à huile, machine, mécanique, manufacture; —கோலம் pois, —commun; —சாஸ்திரம், —ஞானம், —வித்தை science des machines, la mécanique; —தாபனம் érection d'une machine, tracer des cercles magiques; —பந்தம் mécanisme; —பேஷணி, — பேடணி moulin —, meule à moudre le blé; —வித்தகன் mécanicien. [tourner).

*யந்திரகம், (யந்திரம், ka), tour (à

*யந்திரணை, (*id.* kâ), belle-sœur, sœur cadette de la femme,

*யந்திரசாரியன், யந்திரப்பிரயோகி, (யந்திரம், ஆசாரியன், அப்பியோகி), mécanicien.

*யந்திரப்பிரயோகசாஸ்திரம், (*id.* அப்பியோகம்), traité de —, la mécanique.

*யந்திரு, (yantrou), gouverneur, celui qui dirige, qui réprime, palefrenier, cocher, cornac.

*யம, *obl. de* யமம் *et de* யமன்.

*யமகம் (yamaka), espèce de rhythme, —d'allitération ou répétition de mots ou de syllabes semblables, mais avec un sens différent, au com-

mencement, au milieu ou à la fin de chaque vers d'une strophe qui a cette répétition, couple d'objets semblables.

*யமதக்கினி,(*P.சமதக்கினி*),Djamadagni,célèbre mouni,père du 1er Râmen,Parasourama son fils.

*யமம்,(yama),retenue,répression, — de ses sens, contrainte, contrôle, cessation,fin,observance religieuse, pénitence,purification,accomplissement d'actes qui purifient de toute impureté, un des 5 actes de vertus qui,selon les Indous,constituent un homme pur (*i. e.* s'abstenir de violence ou d'injure, patience,sincérité,obéissance à son gourou et observance des cérémonies purifiantes), un des பஞ்சநியமம்,fête,un des 18 codes de lois,corbeau,la planète Saturne,paire,couple.

*யமளம், (yamala),paire, couple.

*யமளை,(yamalâ),violent hoquet.

*யமனிகை (yamanikâ), paravent en toile autour d'une tente.

*யமன்,(yama),Yamen, prétendu fils du soleil et frère du fleuve Djamna ou யமுனை,gardien du côté du sud et censé dieu des enfers, c'est le même que எமன், *V.*ce mot:— ஆயுதம் les armes de Yamen,ce sont le கணிச்சி ou la hache, le trident, le தண்டு ou massue et le பாசம் ou nœud coulant;— ஊர்தி sa monture, le buffle; யமசகனித்தி Sandjnyâ, prétendue femme du soleil mère de யமன் et du fleuve காளிந்தி ou யமுனை,le fleuve காயுநதி;— கிங்கரன் le ministre ou serviteur de Yamen;— கீடம் ver de terre; —சபம் (சபை) la cour ou le tribunal de Yamen; — சுவசிரு,(svasrou *sœur*),la sœur de Yamen, la rivière யமுனை ou Djamna; — தூதகன், (தூதன், ka),le messager de Yamen,corbeau: —தூதன் le messager de Yamen, esprit infernal qui, au dire des Indous, amène les âmes à son tribunal et puis les conduit à leur destination finale, une des dents venimeuses des serpens: —தூதி l'ambassadrice de Yamen, une dent venimeuse des serpens;—தேவதை la 2e constellation lunaire dite பரணி;—பகினி, *V.*யமாநுசிரு;—ப்பிரியம் les délices de Yamen,le figuier indien,ficus indica; —புரம் la ville de Yamen; — நகம், —வாகனம் le char —,la monture de Yamen, *i.e.*le buffle; — ராட்டு le prétendu roi Yamen;— விரதம் prétendue imitation de Yamen, punir les offenses—, juger ou régner sans partialité ni préjugé.

*யமாந்தகன்,(யமன்,அந்தகன்), le meurtrier de Yamen, *i. e.* Siven, qui le tua,lorsqu'il voulait enlever le fils de மார்க்கண்டேயன், et qui le ressuscita ensuite, au dire des Indous.

யமாநுகூலப்பு, (*id.* அநுகூலப்பு), observation de la prétendue justice de Yamen,impartialité.

*யமி,(யமம்,i),sage,mouni,homme modeste, qui a subjugué ses sens.

*யமுனை,*obl. de* யமுனை:— சனகன் le prétendu père de la Djamna, *i. e.* le soleil ou Soûrien:— நதி la Djamna;—ப்பிராதிரு le frère de la Djamna,*i.e.* Yamen.

*யமுனை, (yamounâ), la rivière Djamna,un des சத்தநதி ou 7 fleuves sacrés des Indous, qui prend sa source au sud de l'Himalaya, au nord-ouest de la source du Gange, passe à Délhi,à Agra, et après une course de 378 milles se jette dans le Gange à Allahabad En mythologie, c'est la fille du soleil et la sœur de Yamen.

*யயாதி, (yayâti), le 5me monarque de la dynastie lunaire ou de la race des Kourous.

*யயி, (yayi), route, Siven.

*யயு, (yayou), cheval, — propre au sacrifice அசுவமேதம், — de ce sacrifice.

*யவகம்,(யவம்,ka), orge.

*யவாரி,(யவம்,அரி),l'ennemi de l'orge,Krichna.

*யவசம், 1° (yavasa),pré,gazon.2° (யவம்,சம்), salpêtre.

*யவக்ஷாரம்,யவட்சாரம்,(யவம்), nitrate de potasse ou salpêtre, nitre.

*யவம், (yava), orge, mesure d'un grain d'orge égal à 6 grains de moutarde, vélocité, lentille convexe des 2 côtés, riz ou nellou: யவக்ஷோதம், (kchôda *poudre*), farine d'orge; —ஜம் salpêtre;— சுரம் liqueur d'orge,— spiritueuse faite d'orge, *i.e.* bierre;—நாலம், (நாளம்),l'herbe andropogon ou holcus bicolor, chaume—, tige d'orge, *ou* — நாலசம்,(சம்),salpêtre;— பலம் bambou, spicanard ou nard indien, oignon; —மத்தியம் espèce de pénitence qui consiste à diminuer graduellement la nourriture pendant la 2° quinzaine lunaire, à jeuner le jour de la nouvelle lune et à augmenter la nourriture peu à peu jusqu'à la pleine lune;— மயம் fait d'orge; —வாசம் salpêtre.

*யவனம்,(yavana),vélocité, cheval léger, un des 56 pays de la géographie indienne, pays de Yavan père des Grecs, peut-être le pays des Afghans, (et plus probablement) la Bactriane où ont régné des rois grecs, l'Ionie ou la Grèce, (dans les écrivains modernes c'est) l'Arabie.

*யவனர்(*id.*),les Yavanas ou descendans de Yavan, les Grecs, les Mahométans envahisseurs de l'Inde, les Sonaguers, la caste la plus basse des Mahométans, étrangers, barbares, artisans, sculpteurs, graveurs, peintres:யவனப்பிரியம் poivre noir.

*யவனாரி, (யவனர், அரி), l'ennemi des Yavanas, i. e. Krichna.

*யவனாசாரியன், (யவனர், ஆசாரியன்),le docteur grec, probablement Ptolémée, qui est cité souvent par les anciens astronomes indiens; ce qui donne à croire qu'ils ont reçu l'astronomie des Grecs.

*யவனி,(yavani),femme de la race des Yavanas.

*யவனிகை,*P.*யமனிகை.

*யவனேஷ்டம்,(யவனர்,இஷ்டம்), plomb,ail,oignon. [சம்),salpêtre.

*யவாக்கிரசம்,(யவம், அக்கிரசம்,

*யவாசம், (yavâsa),l'ortie dite சிறுகாஞ்சொறி, la fleur hedysarum alhagi.

*யவிஷ்டன்,யவிஷ்டகன்,(yavichta,ka),le plus jeune,frère cadet.

*யவ்வனம்,*P.*யௌவனம்,jeunesse.

யா,1° lettre syllabique composée de ய் et de ஆ,yâ long.2°*P.*யாவை, quelles choses? Pour décliner யா,on ajoute le வ euphonique et le அத்துச்சாரியை,*Ex.*யாவற்றின், யாவற்றிற்கு,யாவற்றை, யாவற்றொடு,யாவற்றில்,யாவற்றோடு:யாகாவாராயினும் நாகாக்க quand on ne garderait aucune autre chose, qu'on garde au moins sa langue.3° particule explétive. *Ex.* யாபன்னிருவர்மாணாக்கர் அகத்தியனார்க்கு les 12 disciples d'Agastyen.4° nom d'un arbre.5° *imp. de* யாக்கிறது.

*யாகம், (yâga), sacrifice, oblation: யாகம்-ஐ les 5 principales espèces de sacrifices des Indous, *V.* பஞ்சமகாயக்கியம்;யாகம்-உக les 21 espèces de sacrifices de leur culte idolâtrique; en voici les noms: அக்கினிட்டோமம், அத்தியக்கினிட்டோமம், உக்தியம், சோடசி. 5° வாசபேயம், அதிராத்திரம், அப்தோரியாமம், அக்கினியாதேயம், அக்கினிகோத்திரம். 10° தரிசபூரணமாசம், சாதுர்மாசியம், நிரூடபசுபந்தம், அக்கிரயணம், சௌத்திராமணி. 15° அட்டகை,பார்வணம்,சிராத்தம், சிராவணி, ஆக்கிரகாயணி. 20° சைத்திரி,ஆசுவயுசி; யாகக்குண்டம் fosse en terre pour recevoir le feu du sacrifice (ஓமம் ou de quelqu'autre);— சாலை place—, salle du sacrifice:— சேனன், (சேனன்), nom d'un roi;— த்தம்பம்,—ஸ்தம்பம் colonne du sacrifice; —த்திரவியம்,—ப்பொருள் objets nécessaires aux sacrifices; — பதி le chef ou président du sacrifice,Yâgabadi, nom d'un roi regardé comme une des 15 incarnations inférieures de Vichnou;— பத்

தினி,—பத்தினி la célèbre Draoupadi ou துரெளபதை;— பாகம் part du sacrifice;— போசனர் ceux qui sont censés vivre de sacrifices, les dieux indous.

*யாகாரம்பத்திருக்ஷணம், (யாகம், ஆரம்பம்), adoration ou cérémonie qui commence par un sacrifice.

*யாகாரம்பம், V. இயாகாரம்பம்.

*யாகுவம், (yahva), sacrifice, prière, V. சாவகம்.

*யாக்ஞவல்க்கியம், யாக்ஞவல்க்கியம், un des 32 உபநிஷத்தம், un des 18 codes de lois indiennes composé par

*யாக்ஞவல்க்கியன், (yâdjnavalkya), célèbre mouni, auteur d'un code de loi, et qui le premier enseigna la partie blanche de l'Ézourvêda, qui, au dire des Indous, lui avait été révélée par le soleil sous la forme d'un cheval.

யாக்கிறது, யாத்தேன், யாப்பேன், யா, யாக்க, v.a. யாக்குதல், n.v. lier, attacher.

யாக்கை, n.v. du préc. lien, attache, bande, le corps (composé de fibres et de filamens): யாக்கைக்குற்றம்பதினெட்டு les 18 défauts du corps V. அஷ்டாதசகுணம்.

யாங்கனம், யாங்கனே, யாங்ஙனம், (யா), où ? comment? en quel lieu? de quelle manière?

யாங்கள், V. யாம்.

யாங்கு, (யா), où? dans quelle place? (il marque le doute sur la place).

*யாசகம், 1° (yâtchaka), mendicité, action de mendier, quête. 2° (yâdjaka), éléphant royal, —en rut, —furieux:—பண்ணுகிறது, V. யாசிக்கிறது.

*யாசகன், pl. யாசகர், 1° (yâtchaka), mendiant, quêteur. 2° (yâdjaka), prêtre officiant, brame qui dirige un sacrifice.

*யாசமானம், (yâtchamâna), mendicité, sollicitation.

*யாசம், (yâdja), riz cuit, nourriture. [ant.

*யாசனகன், (யாசனா, ka), mendi-

*யாசனம், (yâdjana), faire offrir un—, conduite d'un sacrifice, fente.

*யாசனை, (yâtchanâ), aumône, mendicité.

*யாசி. 1° (yâdji), sacrificateur. 2° imp. de

*யாசிக்கிறது, இத்தேன், இப்பேன், இ, இக்க, v.a. யாசித்தல், n.v. (யாசிதம்), mendier, demander l'aumône, quêter, faire la quête, demander, solliciter, chercher, ramasser des aumônes pour quelque but particulier

*யாசிதம், (yâtchita), sollicitation, demande, mendicité, quête.

*யாச்சியம், (yâdjya), chose propre au sacrifice, présent pour avoir sacrifié, honoraire de sacrifice.

*யாச்சியன், (யாச்சியம்), sacrificateur, personne pour qui on sacrifie.

*யாஷ்டிகன், (யாஷ்டி, ika), guerrier armé d'une massue.

*யாஞ்ஞவல்க்கியம், யாஞ்ஞவல்க்கியன்..., V. யாக்ஞவல்க்கியம்...

*யாஞ்ஞிகன், (yadjnika), sacrificateur, instituteur de sacrifice, prêtre officiant.

*யாஞ்ஞிக்கியம், (id. ya), sacrifice cérémonie du sacrifice.

யாடு, P. ஆடு, brebis, chèvre.

யாணர், 1° beauté, bien, nouveauté, fertilité, fécondité, prospérité. 2° charpentiers, tailleurs de pierres, architectes.

யாண்டு, 1° (யா), où? (mot de doute), quand? 2° P. ஆண்டு, année, temps. [(mot de doute).

யாண்டை, (யா), où? quelle place?

*யாதசாம்நாதன், யாதசாம்பதி, (yâdasâm des animaux aquatiques), roi des animaux aquatiques, i.e. Varounen. [que.

*யாதசு, (yâdas), animal aquatique.

யாதஸ்து, யாதாஸ்து, (persan), note, mémorandum, mémoire.

*யாதபதி, (யாதசு, பதி), l'océan, V. யாதசாம்பதி.

*யாதம், (yâta), action de conduire les éléphans avec un croc, V. இயாதம். 2° (yâdas), animal aquatique: யாத நாதன் l'océan, Varounen, 3° P. யாதவம்.

*யாதவம், (yâdava), troupeau de bétail,—de vaches.

*யாதவன்,*pl.* யாதவர், (*id. de* யது), descendant de Yadou, Krichnen, berger. [Oumei.

*யாதவி, *fém.du préc.* Dourgâ ou

யாதனம், radeau, bateau, navire, vase de bois.

*யாதநு, *obl. de* யாதனை:—சரீரம் corps passible,— capable de souffrir (dans un état futur, quoique subtil et indestructible); *V.* புரியட்டகாயம்.

*யாதனை, (yâtanâ), peine,affliction, agonie, douleur,— aigue,châtiment, punition de l'autre vie, (au dire des Indous infligée par Yamen et ses ministres), souffrances incessantes de l'enfer (mais qui ne tuent pas.)

யாதி, (*persan*,yâd), mémoire, réflexion, méditation, — profonde:—முற்றிலுக்கியாதி trop d'application d'esprit cause la maladie.

*யாதிரு, (yâtrou), conducteur de char, belle-sœur,femme du frère du mari.

*யாது, 1° (yâtou *qui va*), revenant,le temps,voyageur,*ou* யாதுதானவன்,— தானன், (dhâna *qui a*), malin esprit, démon, lutin,diablotin, géant. 2° யாது, (யா), quoi? quelle chose? (pronom interr.et expression de doute), callou ou vin de palmier: யாதாயினுமொன்று une chose quelconque;யாதாமொருவன், யாதொருவன் quelqu'un,qui que ce soit;யாதாகிலும் *ou* யாதாயினும், யாதென்கிலும் *ou* யாதேனும் quelque chose,quoi que ce soit; யாதினுக்கும்கடை la fin —, le dernier de tout; யாதுக்காக pourquoi? யாதெனில், யாதென்றால் si vous demandez ce que c'est, c'est-à dire, à savoir;யாதெனினும் quoi que ce soit; யாதொருபொருள்,யாதொன்றாகிலும், யாதொன்று quelque chose, une chose quelconque; யாதோ quoi? quelle chose? qu'est-ce? (expression de doute).

*யாதோதிவாசம், (யாதசு,திவாசம்), eau, séjour des bêtes aquatiques.

யாத்தல், *n.v.de* யாக்கிறது.

*யாத்தியன், (yâtya), esprit infernal, damné.

*யாத்திரா,*obl.de* யாத்திரை:—தரிசனம் départ pour un voyage, passetemps;—ப்பிரசங்கம் discours de —, voyage, accomplissement d'un pèlerinage.

*யாத்திரிகம், (யாத்திரை, ika), provisions de voyage.

*யாத்திரிகன், (*id.*), voyageur, pèlerin.

*யாத்திரை, (yâtrâ), pèlerinage, marche, voyage,— par mer, traversée,fête,—avec procession de chars d'idoles, marche d'une armée pour l'attaque, usage, coutume, passetemps, espèce d'amusement dramatique,danse, moyen,expédient:கப்பல்—voyage sur mer, traversée:கரை —voyage par terre,— en suivant le rivage;காசி —pèlerinage à Kâsi;—க்காவி vêtement jaune de pèlerin,que portent ceux qui font un pèlerinage;—பண்ணுகிறது faire un voyage, —un pèlerinage; தேசயாத்திரைக்குப்போகிறது chercher quelque moyen de subsistance.

*யாத்திரோத்சவம், (யாத்திரை,உத்சவம்), fête publique avec procession extérieure.

*யாபனம், (yâpana),passe-temps, retard,lambiner,renoncement,rejet, expulsion,allégement.

யாப்பதிகாரம், யாப்பிலக்கணம், (யாப்பு,அதிகாரம்,இலக்கணம்),partie de la grammaire tamoule qui traite—,chapitre—, traité de la prosodie ou de la versification.

யாப்பருங்கலம், (*id.* அருங்கலம்), nom d'un traité de versification.

யாப்பர்,(யாப்பு),amis, gens unis ensemble.

*யாப்பியம்,(yâpya),pauvreté,bassesse, passe-temps, allégement (en médecine): யாப்பியயானம் litière, palanquin.

யாப்பு,*n.v.de* யாக்கிறது,lien, attache,poème,poésie (qui lie les mots ensemble).

*யாமம்,(yâma),veille, 8^me^ partie du jour,veille—,espace de 3 heures, nuit,minuit,temps de la nuit,intervalle de 10 heures du soir à 2 heures du matin,le séjour prétendu de Yamen,*i.e.*le sud ,tambour (qu'on bat avec une baguette et non avec la main):யாமகோஷம்,— கோட்டம் ce qui crie la nuit,*i.e.*le coq(qui chante à 2 veilles de la nuit), *V.* நாழிகைவட்டம்;—கோஷை cloche ou plaque de métal pour sonner les heures;—நாலி, (நாழி), plaque de métal ou tambour pour marquer les heures;—பதி,*V.*யாமினிபதி

*யாமவதி,(யாமம்,வதி),la nuit.

*யாமளம்,(yâmala),paire,couple, jeunesse,vert,couleur verte, [vadi.

யாமளை,(les fameuses) Kâli, Par-

*யாமி,(yâmi),nuit,sud,sœur,femme chaste,vertueuse,fille,bru.

*யாமிகன்,(யாமி,ga *qui va.*),homme qui fait la patrouille,qui déguisé visite une ville la nuit.

*யாமிகை,(*id.*ka),nuit.

*யாமியம், (yâmya),sud, sandal, un des 18 codes de lois. [en.

*யாமியன்,(*id.*),le mouni Agasty-

*யாமியாயனம்,(யாமியம்,அயனம்), marche du soleil au sud de la ligne.

*யாமியை,(yâmyâ),nuit,sud,la 2^e^ constellation dite பரணி.

யாமிருகம், 1^e^ une des 10 espèces de drames. 2^e^ (யா), quel animal?

*யாமினி,(yâmini), nuit:—பதி la reine de la nuit,*i.e.*la lune.

*யாமினியம்,(யாமி),le sud.

*யாமீரன்,(yâmira),la lune.

*யாமீரை,(yâmirâ),la nuit.

யாமுகம்,(யா),quelle face? toutes les faces ou phases (d'une affaire), délibération.

*யாமுனம்,(yâmouna),antimoine, sulfate d'antimoine(pour noircir les paupières.

*யாமுனேஷ்டகம், யாமுனேஷ்டகம்,(yâmounèchtaka),plomb.

*யாமேயன்,(yâmêya),neveu, fils

*யாமை, *P.*யாமினை.[de sa sœur.

யாம்,யாங்கள்,*pl.de* யான்,nous; *à l'oblique il se change en* எம், *d'où* எமது,எமக்கு...,எங்கள்,எங்களது, எங்களுக்கு...

யாலி,porte,ennemi,adversaire.

யார்,1^e^ *pro.interr.sing. et pl.* qui? lequel,lesquels? யாரும் tous,tout le monde... யாராகிலும்,யாரெவரிலும்,யாரென்றாலும் qui que se soit. 2^e^ la plante நத்தைச்சூரி.

யார்ப்பம், la plante யாழிருவை.

யாலம்,l'arbre ஆச்சா,bois noir.

*யாவகம், (யாவம், ka), orge,—moitié mûre,—sans barbe,riz forcé, phaséole, dolic,espèce de pois,gomme-laque. [pêtre.

*யாவசூகம்,(யவ,சூகம்),nitre,sal-

*யாவச்சக்தியம்,(yâvat,சக்தியம்), autant que possible, de tout son pouvoir.

*யாவச்சீவம்,(*id.* ஜீவம்),pour la vie, aussi long que la vie,tout ce qui regarde cette vie,—les biens,le corps et la vie: அவனுடையயாவச்சீவமுமறிந்திருக்கிறேன் je connais tout ce qui le concerne (ses affaires, ses secrets...).

யாவணம்,20000 noix d'arec.

*யாவத்தும், (yâvat, உம்), autant que,aussi long que,aussi loin que.

*யாவம்,1^e^(yâva), ce qui regarde l'orge,gomme - laque. 2^e^ *ou* யாவத்தீவு l'île de Yava ou Java.

யாவர்,*pl.m.f.* (யா), qui?-quelles gens? யாவரும் tous, — ensemble, tout le monde. [femme?

யாவள்,*f.*(*id.*),qui?laquelle?quelle

யாவன்,*m.*(*id.*), qui? lequel? quel homme? [toutes les choses.

யாவும்,(யா,உம்), tout,la totalité,

யாவை, *pl.n.* quelles choses? யாவையும் tout,toutes les—,toutes choses.*gér.*யாவற்றின்,*dat.*யாவற்றுக்கு *acc.*யாவற்றை....

யாழு,particule explétive de la seconde personne: நிலேயசெய்வினைமருங்கிற்செல்வயாத்திமயாழுநின்கைபுனைவில்வினைஞாணிலே tu as accompli avec ordre l'œuvre que tu fais en employant la corde de ton arc orné.

யாழல்,termite ou fourmi blanche.

யாழோர்,(யாழ்)ceux qui jouent de la guitare,les காந்தருவர் ou musiciens célestes (des fables indoues): —கூட்டம் troupe de musiciens, troupe —, mariage de காந்தருவர், mariage clandestin.

யாழ்,guitare,luth,la 1re constellation dite அசுபதி,la 6e dite திருவாதிரை,le signe des Gémeaux,hibou,vague d'un tournant d'eau:— த்திறம் différence —,espèce de luth; —நரம்பு corde de luth; —ப்பாணம் le chant du luth,la ville de Jaffna (dans l'île de Ceylan);—ப்பாணத்தீவு l'île de Jaffna, l'île de Ceylan;—ப்பாணர் habitans de Jaffna, joueurs de luth: —முரி espèce de vers;—வகை-ச les 4 espèces de luth dits பேரியாழ், சகோடயாழ்,மகரயாழ், செங்கோட்டியாழ்,les luths propres aux 4 espèces de terrains dits குறிஞ்சி,நெய்தல்,பாலை,மருதம், (cette dernière division parait incomplète; car elle omet le முல்லை qui a aussi son luth); —வல்லோர் habiles joueurs de luth, prétendus musiciens célestes dits காந்தருவர்; —வாசிக்கிறது jouer du luth;—வாசித்தல் action de jouer du luth,c'est une des 5 actions manuelles dites கைத்தொழில்.

யாளி,lion,le signe du Lion,espèce d'animal fabuleux tenant du lion et de l'éléphant,peut-être le rhinocéros ou le mammouth, instrument pour lancer de l'eau aux voiles des navires:— யானை lion à trompe d'éléphant, l'animal fabuleux யாளி; —யூர்தி celle qui a un lion ou le Yâli pour monture, *i.e.*Kâli ou Dourgâ.

யாறு,*P*.ஆறு,rivière:*gén*. யாற்றின்,*obl*.யாற்று.

யாற்றுநீர்ப்பொருள்கோள், *V*.ஆற்றுநீர்ப்பொருள்கோள்.

*யானம்,1° (yâna),véhicule,moyen de transport,(*v.g.*),charrette,litière, palanquin,cheval,éléphant..,navire, marche, —à l'ennemi. 2° chambre, appartement, callou ou jus de cocotier...fermenté: யானகாமி maître d'un véhicule;—பாத்திரம் navire,bateau; —முகம் devant d'une voiture,le timon.

யானை,éléphant,c'est une des marques de la royauté et le signe de Koubêren gardien du nord:—கட்டக்கயிறு தானெடுத்துக்கொடுக்கும் l'éléphant ramasse et donne lui-même la corde qui sert à le lier, (proverbe pour dire:donner des armes contre soi); —கட்டுத்தறி *V*.யானைத்தம்பம்;—க்கச்சை corde du cou d'un éléphant,sangle d'éléphant; —க்கண் œil d'éléphant,tache sur les feuille ou les fruits; —க்கடைக்கண் coin extérieur de l'œil d'un éléphant;—க்கதுப்பு mâchoire—, joue —,tempes d'éléphant; —க்கம்பம், *V*. யானைத்தம்பம்;—க்கழுத்து cou d'éléphant; —க்கழுத்திலேகயிறு corde du cou de l'éléphant;—க்கள்ளிமுளையான் la plante எழுமான்;—க்கத்தலை le poisson johnius aneus;—க்கற்றாழை espèce d'aloès à haute tige;—க்கன்று petit d'éléphant, jeune éléphant:—க்காசு pièce de monnaie—, cache qui porte l'empreinte d'un éléphant; —க்காரன் maitre—, conducteur d'éléphant,cornac; —க்காலை enclos d'éléphans, —où on les renferme et où on les lâche; —க்கால் pied d'éléphant, éléphantiasis, tuyau pour conduire en bas l'eau d'une terrasse ou d'un toit; —க்குட்டி jeune éléphant;—க்கூடம் étable à éléphans;—க்கூட்டம் troupe d'éléphans; —க்கூட்டத்துத்தலையானை le 1er d'une troupe d'éléphans;— க்கொசு, —க்கொசுகு, *litt.* moustique d'éléphant,gros moustique;— க்கொப்பம் trappe—,fosse pour prendre les éléphans; — க்கொம்பு défense d'éléphant; — க்கொம்பிற்பூண் pommeau —,ornement qu'on met aux défenses des éléphans;—ச்சங்கிலி chaîne d'éléphant,—qui sert à lui lier un pied; —ச்சப்பரம் siége placé sur un éléphant(mais sans pavillon);—ச்சாலை

place où dorment les éléphans, ou —க்கொட்டில் étable à éléphans, allée qui leur sert d'étable; —ச்சீரகம் cumin d'éléphant, la plante veronia; —ச்சுண்டம், V. யானைத்தும்பம்; —செல்வழி trace—, sentier—, route d'éléphans; —ச்செவி oreille d'éléphant; —தலெறும்புவரை depuis l'éléphant jusqu'à la fourmi; —திரியு மடவு forêt où il y a des éléphans; —துயிலிடம் lieu où dorment les éléphans; —த்திப்பிலி, —த்திப்பிலிச்செடி la plante புலிதொடக்கி; —த்தடம் sentier d'éléphans, — écarté qu'ils fréquentent; —த்தந்தம் défense—, dent d'éléphans, ivoire; —த்தம்பம், —த்தறி pieu —, poteau auquel on attache les éléphans; —த்திசை le côté de l'éléphant, *i.e.* le nord (où les payens placent un éléphant); —த்திப்பிலி grosse espèce de poivre long; —த்திரள் troupe d'éléphans; —த்துதிக்கை, —தும்பிக்கை trompe d'éléphant; —த்தோட்டி croc de cornac, — pour conduire les éléphans; —நெருஞ்சில் la grande espèce de நெருஞ்சில், la plante pedalium murex; —நோய் maladie —, fièvre d'éléphans; — படுகுழி fosse pour prendre les éléphans; —ப்பட்டம் fronteau d'éléphans, plaque qu'on leur met pour ornement sur le front; —ப்பஃறி barque à éléphant, grande barque; —ப்பந்தி ligne ou rangée d'éléphans; — ப்பல் dent d'éléphant, ivoire; —ப்பாகன் cornac, conducteur—, maître d'éléphant; —ப்பிச்சான் la plante புலிதொடக்கி; —ப்பின்கால் pied de derrière de l'éléphant; — ப்புளுகன் grand menteur, qui dit des mensonges gros comme un éléphant; —ப்பெருங்காயம் assa-fetida d'éléphant, — employé comme remède pour les éléphans; —மஞ்சள் grande espèce de safran; —மட்டம் petit —, jeune éléphant; —மணி cloche attachée au cou d'un éléphant; —மதம் ardeur vénérienne —, rut de l'éléphant; —மதப் பாய்ச்சல் trace du mucus qui sort des tempes de l'éléphant en rut; —மத்தகம் tête d'éléphant, protubérance sur la tête de l'éléphant; —மாவுத்தன் cornac, conducteur d'éléphant; —மாறு, —மாறி grand filou, filou qui triche dans la vente des éléphans et en substitue un mauvais pour un bon; —மீன் énorme poisson, baleine, éléphant de mer; — மீனை விழுங்கும் மீன் poisson qui dévore la baleine ou l'éléphant de mer; —முகத்தான், —முகன், —முகவன் celui qui a une tête d'éléphant, *i.e.* Poulléyar ou Vinâyaguen; — முகவற்கிளையோன் le frère cadet de Poulléyar, *i.e.* Virapattiren; — முகபடாம் fronteau d'éléphant, toile dont on orne le front des éléphans; —முன்கால் pied de devant de l'éléphant; — மேற்றவிசு siège placé ou qu'on place sur un éléphant; —யங்குசம் croc de cornac, — pour conduire un éléphant; —யாளி aigle capable d'enlever un éléphant, —énorme, fabuleux et à deux têtes; —யுண்குருகு l'oiseau qui, dit-on, mange l'éléphant, V. சக்கரவாகம்; —யுண்ணுமுணவு ce que mange —, la nourriture de l'éléphant; —யும் யானையும் உராய்ந்தால் கொசுகு நசுங்கும் lorsque 2 éléphans se frottent l'un contre l'autre, le moucheron pris au milieu d'eux sera écrasé, la collision des princes cause la mort de leurs sujets; —யுரித்தோன் celui qui a écorché un éléphant, Siven; — யேற்றம் connaissance des marques —, montée d'un éléphant, V. கஜபரீட்சை; —வணங்கி la plante தேட்கொடுக்கி; — வால் queue d'éléphant; —வாழை banane d'éléphant, grosse banane; —விச்சுளி orfraie, espèce d'aigle; — வீரன் guerrier monté sur un éléphant; —வீறிடுதல் l'éléphant crier, —mugir; யானையைப் பழக்குவிக்கிறது dresser —, exercer les éléphans; —ப்பாகன்றட்டி மேய்க்கை le cri de அப்புது, mot dont se sert le cornac pour gourmander et mener l'éléphant; —விழுங்குமீன் le poisson திமிங்கிலம் capable, au dire des Indous, de dévorer l'éléphant.

யாறு

யு, lettre syllabique composée de ய் et de உ, you bref.

*யுகந்தரம்(யுகம்.dhara *qui soutient*), timon(de charrette, de charrue... auquel on attache le joug), nom d'une montagne. un des 56 pays de la géographie indienne.

*யுகம், 1°(youga), paire, couple, deux,—choses, joug, âge du monde, période de temps, lustre ou espace de 5 ans, mesure—, longueur de 4 coudées. 2°terre: யுகம்-4 les 4 âges du monde nommés கிரேதாயுகம், திரேதாயுகம், துவாபரயுகம் et கலியுகம், dont les durées respectives, selon les Indous, sont de 1728000, 1296000, 864000, et 432000 années sidérales ou 4800, 3600, 2400, et 1200 années des dieux indous. Le total des 4 யுகம் ou d'un மகாயுகம் est de 4320000 années sidérales ou 12000 années divines. 71 மகாயுகம் font 306,720,000 années sidérales, ou 852000 années divines, et en y joignant un சந்தி ou intervalle égal au கிரேதாயுகம் on a 308448000 années sidérales ou 856800 années divines; c'est ce qu'on nomme un மனுவந்தரம் ou règne d'un Manou. Le règne des 14 Manous est, d'après ce calcul, de 4318272000 années sidérales et en y joignant un சந்தி ou intervalle égal au கிரேதாயுகம், on a 4, 320, 000,000 années sidérales ou 12, 000, 000 d'années divines. C'est ce qu'on appelle un kalpa கற்பம் ou un jour de Brama. Cette période de 4,320,000,000 est, selon quelques-uns, une période astronomique, partant du moment où toutes les planètes connues des Indiens, avec leurs nœuds et leurs absides, se trouvaient en conjonction dans le signe du Bélier, jusqu'au moment où elles s'y retrouveront encore. Mais on peut remarquer que la durée du kaliyougam étant de 432000 ans, en la multipliant par 10, on a le மகாயுகம்; et en la multipliant par 10000 on a le கற்பம். De plus si on réduit en minutes, c'est-à-dire si on multiplie par 60 les 360 degrés de l'écliptique, on a le chiffre 21600; et en multipliant ce nombre par 80, 60, 40 et 20 on a 1728000, 1296000, 864000, 432000, qui sont exactement les chiffres des années sidérales des 4 yougas susdits. On peut voir aussi qu'en années divines ces nombres sont 4, 3, 2, 1 multipliés chacun par 1200, toujours en nombres ronds; ce qui montre que ce ne sont point des nombres astronomiques de conjonctions de planètes, mais des nombres pris à plaisir, pour former de longues périodes et éblouir les yeux des ignorans. C'est ainsi qu'avec des fables et des calculs forgés à plaisir le bramanisme s'est donné un air d'antiquité incomparable, qui a séduit même quelques savans à préjugés anticatholiques. Mais tout cet échafaudage s'écroule dès qu'on en sonde tant soit peu les bases. Celles qu'assigne à ces nombres le Dictionnaire des Religions ne sont pas moins arbitraires et dénués de fondement que celles que l'on vient de voir, et sont encore moins astronomiques: யுககீலம் cheville du joug; — க்ஷயம் destruction du monde; —தருமம் conduite—, devoirs propres au temps ou யுகம் dans lequel on vit; — பத்திரம், —பத்திரிகம் ébène des montagnes, bauhinia variegata; — ப்பிரளயம் déluge qui arrive, selon les Indous, à la fin d'un யுகம், *i. e.* de chacun de leurs âges susdits, *ou* — முடிவு fin du monde, — d'un yougam ou d'un âge;—பத்திரகம், *V.* யுகபத்திரிகம். [couple, deux.

*யுகளம், யுகலம், (yougala), paire,

*யுகாதி, (யுகம், ஆதி), le principe des âges, *i.e.* Dieu, (et à tort) Arouguen, le commencement de l'année: —பண்டிகை fête du commencement de l'année.

*யுகாந்தம், (*id.* அந்தம்), fin d'un âge,— du monde, destruction de l'universயுகாந்தபரியந்தஞ் ami véritable, —dont l'amitié dure jusqu'à la fin du monde. (ka),année.

*யுகாப்தம்,(id. அப்தம் partie,

*யுக்தம்,யுக்தி, V.யுத்தம்,யுத்தி.

*யுக்மம்,யுக்மம்,(yougma,—ka), paire,couple. [mal mis au joug.

*யுக்கியம்,(yougya),véhicule,ani-

யுங்கியமாமணக்கு, (ஆமணக்கு), papayer.

*யுதகம், (youtaka), paire, couple, deux, douto, rapport,union, alliance, asile, présent nuptial, pan de toile, —ou bout d'un vêtement, toile de femme.

*யுதானன்,(youdhâna), guerrier, homme de la caste militaire.

*யுதி, (youti), union, addition.

*யுதிஷ்டிரன்,(youdhi *abl. de lieu de* youdh *combat*, ஸ்திரம்),le brave dans le combat, Youdhichtiren ou Dharmarâsa, l'aîné des பாண்டவர் et leur chef dans la grande guerre contre les Kourous,

*யுத்தம்,1° (youddha),guerre,combat,bataille. 2° (youkta), convenance, propriété,proportion, combinaison, union, liaison, réunion, équité,justice, droiture, raison, preuve, mesure de 4 coudées; தர்ம —guerre juste;—கலக்கிறது engager le combat,en venir aux mains, combattre; —தொடுக்கிறது engager le—,exciter au combat,susciter une guerre;— பண்ணுகிறது combattre, se battre, faire la guerre;யுத்தகளம் champ de bataille; —சன்னத்தன் guerrier préparé pour le combat;—நாடி précession des équinoxes à une époque donnée; —நாடிவாக்கியம் table du total de la précession des équinoxes pour le temps donné; —பிரயோகம் disposition—, préparation à la guerre,au combat; —முகம் front de la bataille; —ராஜன் le dieu prétendu de la guerre, *i.e.* Soupramanen; —வேது, (ஏது), cause proportionnée, —juste.

*யுத்தி, (youkti), union, connexion, —d'événemens dramatiques, propriété,convenance,combinaison, justesse,usage,coutume,loi traditionnelle,—non écrite, conclusion,conséquence,induction tirée d'un—,argument, raison, preuve, raisonnement,citation d'exemples, insertion de circonstances dans un témoignage écrit, spécification par écrit du lieu, du temps et autres circonstances propres à vérifier un témoignage, figure de rhétorique,expression emblématique propre à cacher ses desseins ultérieurs, supplément d'une ellipse, expédient, moyen, réflexion, délibération, méditation, attention, pénétration, — d'esprit, esprit; — pénétrant, — judicieux,finesse: யுத்திக்காரன் homme clairvoyant, — d'un esprit pénétrant; யுத்தியாய்ப்பார்க்கிறது considérer—,observer attentivement; யுத்தி — *ou* தந்திரயுத்தி-கள் les 32 youktis ou dipositions adroites des diverses parties d'un discours, ou manières adroites de donner un joli tour à ce que l'on dit; les voici tirées du 14° சூத்திரம் de la préface du நன்னூல் ou grammaire tamoule de Pavanandi: நுதலிப்புகுதல் entrer en matière après avoir annoncé ce qu'on va dire; ஓத்துமுறைவைப்பு disposition des matières par parties, chapitres ou sections; தொகுத்துக்காட்டல் montrer ou indiquer sommairement, —l'ensemble et les divisions générales,—plusieurs choses ensemble; வகுத்துக்காட்டல் détailler,expliquer,montrer en détail et dans ses subdivisions ce qu'on a indiqué sommairement. 5° முடித்துக்காட்டல் finir et montrer, montrer qu'on a terminé comme les anciens,qu'on a suivi leur marche; முடிவிடங்கூறல் montrer son but,—les textes des classiques qui confirment son ouvrage; தானெடுத்துமொழிதல் citer des auteurs, des règles anciennes; பிறன்கோட்கூறல் rapporter les sentimens ou les passages d'autres auteurs pour exemples; சொற்பொருள்விரித்தல் expliquer le sens des mots; 10° தொடர்ச்சொற்புணர்த்தல் joindre des mots qui ont rapport entr'eux; இரட்டுறமொழிதல் parler à double sens, renfermer 2 sens dans une phrase; ஏதுவின்முடித்தல் finir par les moyens, par une raison alléguée, explication subséquente des aphorismes employés sans preuve, finir en montrant la cause de ce qui semblait n'en avoir point; ஒப்பின்முடித்தல் finir par une similitude, —ensemble, ou réunir les choses qui se ressemblent, prouver par l'analogie, si l'exemple cité pour un objet convient à un autre finir par le dernier; மாட்டெறிந்தொழுகல் avancer en jetant à côté, *i.e.* renvoyer pour les qualités ou les règles d'une chose à une autre qui est propre à les faire connaître, rattacher ensemble les choses qui se ressemblent. 15° இறந்ததுவிலக்கல் rejeter ou éviter ce qui est suranné; எதிரதுபோற்றல் embrasser les expressions, —les règles ou les opinions modernes; முன்மொழிந்துகோடல் rappeler ou redire ce qu'on a dit toutes les fois qu'il le faut; பின்னதுநிறுத்தல் remettre après un autre sujet des choses qu'il aurait fallu dire auparavant, s'il y eut eu place; விகற்பத்தின்முடித்தல் finir irrégulièrement ou par des inversions, — par des preuves négatives et poisitives. 20° முடிந்ததுமுடித்தல் finir d'une manière générale ce qui est fini d'une manière particulière, récapituler ce qu'on a expliqué; உரைத்துமென்றல் annoncer ce qu'on doit dire ensuite, dire: nous dirons telle chose plus tard; உரைத்தாமென்றல் dire: nous avons dit, renvoyer à ce qu'on a dit auparavant; ஒருதலையின்றுணிதல் prendre un parti entre 2 sentimens opposés; எடுத்துக்காட்டல் citer, —des exemples, des preuves, des passages à l'appui de ce qu'on dit, prouver ses assertions. 25° எடுத்தமொழியினெய்தவைத்தல் faire accorder ou coïncider avec ce qu'on a dit, citer des exemples qui conviennent à la règle dont on parle, réunir la théorie et la pratique; இன்னதல்லதிதுவென மொழிதல் dire ce n'est pas ceci mais cela, résolution des difficultés ou des passages douteux; எஞ்சியசொல்லினெய்தக்கூறல் remplir les ellipses ou les lacunes laissées dans l'ouvrage, faire en sorte que ce qui est omis soit compris par ce qui est dit; பிறநூன்முடிந்தது தானுடன்படுதல் admettre—, respecter les ouvrages d'autrui, avouer qu'ils sont finis; தன்குறிவழக்கமிகவெடுத்துரைத்தல் répéter en toute occasion les expressions ou les idées qu'on a introduites nouvellement. 30° சொல்லின்முடிவினப்பொருண்முடித்தல் mettre après un mot sa signification; ஒன்றினமுடித்தறன்னினமுடித்தல் en disant une chose, y en unir ou y en comprendre d'autres qui y ont rapport ou même qui y sont étrangères. 32° உய்த்துணரவைப்பு mettre une chose pour être comprise par le contexte ou par les règles, manière de faire comprendre une chose en la considérant long-temps.

யுத்திக்கிறது, த்தித்தேன், த்திப்பேன், த்தி, த்திக்க, v. n. (யுத்தி), raisonner, argumenter.

*யுத்தோன்மத்தன், (யுத்தம். உன்மத்தம்), batailleur,— furieux de se battre. [bataille, arc, flèche.

*யுத்துமம், (youdhma), guerre,

*யுத்துமன், (*id.*), guerrier, combattant.

யுபம், moyen, expédient, art, pratique, habileté, esprit: — ஆய்ச் செய்கிறது faire habilement.

*யுயு, (youyou), cheval.

*யுயுதானன், (youyoudhâna), guerrier, un des princes du côté des Pândavers.

*யுவ, 1° (youvan), jeune. 2° *V.* யுவனுருக்கம்: — கஷஜ chauve dès sa jeunesse; —சனி qui a une jeune femme;—பலிதன் jeune grison, qui a des cheveux gris dès sa jeunesse; —ராசன் jeune prince,—roi, prince régent investi de l'autorité royale en second durant la vie de son père ou de son frère aîné, héritier présomptif associé au trône, nom d'un pontife des Djaïnas ou சமணர்; —ராச்சியம் dignité d'héritier présomptif;—வருஷம்;—வருடம் la 9me année du cycle de 60 ans qui correspond à 1815 et 1875.

*யுவதி, (youvati), jeune fille de 16 à 30 ans, safran. [jeune homme.

*யுவன், யுவா, (youvan, youvâ),

யூ, 1° lettre syllabique composée de ய் et de ஊ, yoû long. 2° (yoû), eau dans laquelle des pois ont bouilli, bouillon —,soupe aux pois.

*யூகம், 1° (yoûka), pou. 2° (P. வி யூகம்), bataille, armée, détachement, arrangement d'une armée en bataille (sous diverses formes), tronc, corps, troupe, multitude, raison, raisonnement, dispute, controverse, réflexion, méditation, prudence, jugement. 3° espèce d'herbe, singe noir, guenon, femelle de singe, gros singe noir dit முசு, femelle de ce singe, gros hibou, sagesse, splendeur, connaissance de la poésie érotique.

யூகவான், (யூகம், vân), homme d'esprit,—sage, prudent, ingénieux, judicieux, sagace.

யூகி, 1° imp. du suiv. 2° (யூகம், i), V. யூகவான்; —பாஷை, — பேசும் ம் langage ingénieux,— par signes; —மந்திரி ou மகாமந்திரி sage ministre.

யூகிக்கிறது, கித்தேன், கிப்பேன், கி, கிக்க, n. v. (id.), யூகித்தல், n. v. méditer, réfléchir, examiner,— attentivement, scruter.

யூகை, 1° (யூகம்), science, érudition, pénétration d'esprit, induction, raison, argument. 2° (youkâ), pou.

*யூஷம், (yoûcha), soupe aux—, plat de pois, eau où ont bouilli les pois, mûrier indien.

யூதச்சி, fém. de யூதன், Juive.

யூதபம், யூதபன், (யூதம், pa qui protège); V. யூதநாதன்.

*யூதம், (yoûtha), bande—, troupe d'éléphans,—de vaches, — d'animaux, troupe d'oiseaux: யூதநாதன் énorme éléphant conducteur ou protecteur de la bande; — ப்பிரஷ்டன் éléphant isolé, séparé de la bande.

யூதன், pl. யூதர், Juif; யூதசாதி la nation des Juifs;—ஸ்திரீ,—பெண் Juive;—மலையாளத்தான் Juif du Maléalam; யூதர்தெரு rue des Juifs, juiverie.

யூதி, 1° fém. du préc. Juive. 2° * ou

*யூதிகம், யூதிகை, (yoûthi, kâ), jasmin, jasminum auriculatum.

*யூபம், 1° (yoûpa), poteau ou pieu de sacrifice,— auquel on attache la victime, i.e. l'animal à sacrifier, colonne en l'honneur d'une victoire, trophée. 2° sacrifice, ordre de bataille, détachement, tronc,— sans tête: யூபகடகம் anneau attaché au poteau du sacrifice;—ஸ்தம்பம், —ஸ்தம்பம் poteau du sacrifice;—தரு,—த்துருமம் l'arbre mimosa catechou dont on fait ces poteaux.

*யூபாக்கிரம், (யூபம், அக்கிரம்), sommet du poteau du sacrifice.

*யூபோச்சிரயம், (id. உச்சிரயம்), cérémonie d'élever ce poteau ou un trophée. [ய் et de எ, yé.

யெ, lettre syllabique composée de

யெவசாரி, la plante அவமருகம்.

யோ, lettre syllabique composée de ய் et de ஓ, yô long.

*யோகசாரம், (யோகம், சாரம்), le fruit de la contemplation, un des 28 livres des Sivénistes.

*யோகப்பட்டசமம், P. யோகசமெழுக்கம்.

*யோகம், (yôga), 1° méditation, spéculation, contemplation,— religieuse et abstraite, dévotion, adoration spirituelle de Dieu, union avec l'Être suprême par le moyen d'une contemplation abstraite, (elle n'implique pas l'abandon du monde ou des observances religieuses, mais l'indifférence intérieure au plaisir et à la douleur), pratique ou exercice de cette contemplation abstraite par laquelle on suppose pouvoir obtenir l'union avec Dieu. (Dans le chant intitulé கீதை on le décrit comme il suit: être assis sur l'herbe குசம், avec le corps ferme, les yeux fixés sur le bout du nez et l'esprit appliqué à la divinité. Dans les சாத்திரம் on prescrit une opération imaginaire par laquelle l'esprit vital situé dans les parties inférieures et l'esprit éthéré ou aérien situé dans la tête sont mis en combinaison dans le cerveau; c'est alors que le dévot contemplatif est censé uni à Brama; ou autrement on prescrit de comprimer ses sens extérieurs, de chasser en haut l'air situé dans les entrailles, d'arrêter la respiration qui se fait par les narines, et de lui ouvrir un passage par les trous de la tête. Selon cet ouvrage, celui qui fait cela entendra un son divin, verra les 5 caractères sacrés et entrera en union avec Dieu présent partout). 2° système de philosophie qui traite de l'union de l'âme avec Brama ou l'Être suprême; c'est le système de பதஞ்சலி, un des சாஸ்திரம் ou écoles de philosophie, magie ou obtention prétendue d'un pouvoir surnaturel par l'adoration mystique ou magique de Siven et surtout de Dourgâ. 3° les 8 positions du corps des யோகி, V. அஷ்டாங்கயோகம், union, réunion, jonction, connexion, combinaison, rapport, conjonction des planètes ou des étoiles, addition (en arithmétique), règle, aphorisme, convenance, propriété, résultat, conséquence, péril, chance, — heureuse, bonheur, fortune, richesse, bonne conjoncture, moyen, expédient, véhicule, litière, voiture, bateau, moyen de transport, côté, drogue, médecine, — composée de divers ingrédiens, fraude, ruse, tromperie, cuirasse, armure. 4° (en astronomie), principale étoile d'une constellation, 27me partie de l'écliptique correspondant à l'une des 27 நக்ஷத்திரம் ou constellations lunaires et servant à calculer les longitudes célestes (ce qui ne paraît pas fort usité dans l'Inde), période du temps pendant lequel les mouvemens du soleil et de la lune égalent l'étendue d'un நக்ஷத்திரம், sa moyenne durée est de 23 h. 47m 41 s. 5° (en astrologie), la 4me partie du பஞ்சாங்கம் ou almanach indien, c'est une division de l'écliptique en 27 parties qui correspondent aux 27 நக்ஷத்திரம், (V. யோகம்-நாள்). 6° civilité, urbanité, hauteur, excellence, effort, persévérance, assemblée, foule, mort, don: யோகம்-உள்ள les 27 yôgas ou 27 sections astronomiques ou astrologiques de l'écliptique ou plutôt de l'orbite de la lune qui correspondent aux 27 constellations lunaires avec l'augmentation accoutumée. Voici leurs noms tamouls, et sanscrits avec leurs significations: விட்கம்பம் (vichkambha) ou கம்பம் le poteau; பிரீதி (priti) ou பிரியம் agrément; ஆயுஷ்மான் (âyouchmân) ou வாழ்நாள் temps de la vie; சௌபாக்கியம் (saoubhâgya) ou புண்ணியம் vertu. 5° சோபனம் (sôbhana) ou நலம் bonté; அதிகண்டம் (atiganda) ou மகாகண்டம் la grande section; சுகர்மம் (soukarmmâ) ou அறம் bienfaisance; திருதி (dhrouti) ou துணை assistance; சூலம் (soûla) ou சூலம் trident. 10 கண்டம் (ganda) ou கண்டம் section; விருத்தி (vrouddhi) ou ஆக்கம் augmentation; துருவம் (dhrouva) ou நிலை stabilité; வியாகாதம் (vyâghâta) ou அழிவு destruction; அர்ஷணம் (barchana) ou சந்தோஷிப்பு grande joie. 15° வச்சிரம் (vadjra) ou வேல் arme de diamant; சித்தி (siddhi) ou வல்லமை puissance; வியதிபாதம் (vyatipâta) ou கொலை meurtre; வரியான் (variyân *très-grand*) ou காயம் blessure; பரிகம் (parigha) ou அமிழ்வு enfoncement. 20° சிவம் (siva *prospé-*

rité) *ou* காட்சி vision; சித்தம் (siddha) *ou* திறம் force; சாத்தியம் (sâdhya *accomplissement*) *ou* புகழ் louange; சுபம் (soubha *bonheur) ou* காவல் garde; சுப்பிரம் (soukla) *ou* தெளிவு clarté. 25° பிரமம் (brahma) *ou* பிரமன் Brama; ஐந்திரம் (aïndra) *ou* இந்திரன் Indiren. 27 வைதிருதி (vaïdhrouti) *ou* பேய் diable. Tous ces யோகம் sont censés bons, excepté le 1er, 6e, 9e, 10e, 13e, 15e 17e, 19e, 27e: எனக்கதிலேயோகமில்லை je n'ai pas de chance ou de bonheur en cela; விதித்த —horoscope, prétendue destinée;— அவனுக்கடித்திருக்கு le bonheur le poursuit, il a du bonheur,—de la chance; —உள்ளவன் homme fortuné, qui a du bonheur;—சாதித்திருக்க persister —, persévérer dans la contemplation, s'y exercer;—செய்திருக்க méditer,—profondément, être en contemplation; யோகத்திலிருக்கிறது ou நிற்றிருக்க être en contemplation, — en profonde méditation; யோகக்கட்டு le lien de la contemplation, se tenir assis les jambes croisées et se lier ensemble les pieds et la ceinture;—காட்சி vision contemplative, cesser d'agir, s'unir à l'action de Dieu, (ou de Siven, selon les Sivénistes), sans distinction de lieu, et voir ou connaître tout dans cette action;—க்காரன் homme fortuné, — qui a du bonheur;— க்ஷேமம் soin de la propriété d'un autre, assurance des marchandises et de leur gain, gain, profit, objet non divisible entre les héritiers, bien-être, prospérité nationale, bon gouvernement, bonne —, nouvelle;— க்ஷேமகாரன் gardien de la propriété;—சத்தி, *V.* தவவலிமை;—சமாதி un des 8 états ou exercices des yoguis, vue ou vision de l'âme libre de tous les désirs du corps, quoiqu'elle y soit encore unie et avec ses sens et ses facultés;—சரன் l'émissaire contemplatif, le singe அனுமான், qui, au dire des Indous, possède des facultés surnaturelles; —சாதனை exercice de la contemplation, persévérance dans cet exercice; —சாஸ்திரம் règles de méditation ou de contemplation des yoguis indous, c'est le 10e des உபவேதங்கள்; —சேமம், *V.* யோகக்ஷேமம்;—செயல் pratique de l'abstraction religieuse;—சைவம் le sivénisme contemplatif, nom d'une secte de Siven;—ஸ்நானம் bain ou purification de l'esprit par la contemplation; —தசை temps propice: — தண்டம் bâton de yoguis, c'est un de leurs insignes;—தானம் don de contemplation, don frauduleux, communication de la doctrine yôga; — தீட்சை initiation à la contemplation;—நித்திரை sommeil contemplatif,— ou repos spirituel (uni à l'omniscience, attribut de la divinité qui connaît toujours tout, bien qu'elle semble sommeiller), sommeil qui ne fait pas perdre la connaissance, prétendu sommeil de Vichnou pendant le déluge;—நிலை état contemplatif,—de contemplation; — நூல் traité —, science—, règles de la contemplation, état contemplatif; —பட்டம், — பட்டை toile ou bande propre à lier les pieds et les reins de l'ascète quand il s'accroupit pour la contemplation;—பதம் mot composé,—qu'on peut analyser ou résoudre en diverses parties (l'opposé de உருபதம்);—பயிற்சி,— ப்பயிற்சி exercice de la contemplation; — பாதம் état de contemplation;— பிரத்தியேடகம், *V.* யோககாட்சி;— மார்க்கம் chemin à la —, état de contemplation;—முத்திரைக்கோலம், *V.* யோகதண்டம்;—ரூடி mot—, nom dérivé; —வாசி, (வாதம்), mercure, alkali, dissolvant ou medium pour mêler des remèdes; — விக்கிரயம் vente frauduleuse; —வேஷ்டி toile des reins—, sorte de vêtement propre aux yoguis.

*யோகன், *pl.* யோகர், (yoga), yogui, mouni ou sage, anachorète, ascète, —bouddhiste,—samanéen, contemplatif,logicien, espion,violateur de la foi donnée.[னி),monceau de feu.

*யோகாக்கினி, (யோகம், அக்கி

*யோகாசனம், யோகாதனம்,(id. ஆசனம்,ஆதனம்), position d'un yogui en contemplation; il y en a 8. Voyez les au mot ஆதனம்.

*யோகாசாரியன், (id.), ஆசாரியன் docteur en contemplation ou de philosophie yoga, contemplatif, celui qui s'exerce à la contemplation.

*யோகாதிசயம், (id. அதிசயம்), condition,état, santé, bien-être: ஒரு த்தனுடைய—கேட்கிறது s'informer de la santé de quelqu'un.

*யோகாப்பியாசம், (id. அப்பியா சம்), pratique—,exercice de la contemplation.

*யோகாப்பியாசி, (id.), contemplatif,ou

*யோகாரூடன், (id. ஆரூடன்), contemplatif, celui qui est adonné aux exercices de dévotion ou de contemplation indoue. [யோக்.

*யோகார்த்தம்,(id.அர்த்தம்),V.நிசி

*யோகி,1° pl.யோகிகள்,(யோகம், i), yogui, dévot —, contemplatif, ascète indien qui se livre aux exercices de la contemplation ou du யோகம், ermite,magicien, enchanteur,—supposé doué d'un pouvoir surhumain, (surnom de) Siven, Arouguen, Ayénar ou ஐயனார்: யோகி நித்திரை léger sommeil. 2° imp.de

யோகிக்கிறது,கித்தேன்,கிப்பேன், கி,கிக்க, v.a. (யோகம்), யோகித்தல், n.v. méditer profondément, être en contemplation, contempler,—mentalement, réfléchir: யோகித்துக் கண்டுபிடிக்கிறது comprendre en méditant,inventer; —ப்பார்க்கிறது réfléchir, considérer; —ப்பார்த்துக் கொள்ளுகிறது considérer, réfléchir mûrement,garder—,avoir dans son esprit; யோகித்தறிகிறது connaitre en méditant,réfléchir.

யோகிப்பு,n.v. du préc. méditation,contemplation, réflexion.

*யோகினி, fém.de யோகி,contemplative,diablesse suivante de Dourgâ, la fameuse Kâli: — பிடித்தல் être possédé par la —, possession de la diablesse யோகினி. [contemplation.

யோகு,(யோகம்), exercice de la

*யோகேசர், (id. ஈசர்), grand contemplatif, mouni,ascète,Siven,le législateur யாஞ்ஞவற்கியர்.

*யோகேச்சுவரர்,(id.ஈச்சுவரர்), grand ascète,—contemplatif, magicien,—qui est censé avoir un pouvoir surhumain, divinité objet de la contemplation. [plomb.

*யோகேஷ்டம், (id. இஷ்டம்),

*யோக்கியதாபத்திரிகை,(யோக்கிய தை),certificat favorable,—de bonne conduite,—de capacité.

*யோக்கியதை,(யோக்கியம், தா), honnêteté, probité, convenance, bienséance, décorum:—க்கேட்டு, V. யோக்கியதாபத்திரிகை.

*யோக்கியம், (yogya), propriété, convenance, habilité, aptitude, capacité,décence,bienséance,décorum, probité, honnêteté, respectabilité, bien. 2° destin,sort,fortune,chance, hasard,danger: இராச — chose qui convient à un roi; இருடி — ce qui convient à un richi ou ermite:இதைச் சொல்லுகிறதுக்கு — அல்ல il ne te convient pas de dire cela; உழவுக்கு—ஆனமாடு bœuf propre au labourage;— உள்ளவன், V. யோக்கியன்;—வருகிறது le danger venir; யோக்கியபாத்திரம் vase décent, — convenable, V. யோக்கியன்; பிராணனையோக்கியத்துக்குள் வைக்கிறது hasarder sa vie; யோக்கியத்துக்குக்கொடுக்கிறது risquer,hasarder, avancer (de l'argent...) à quelqu'un se fiant sur sa probité; யோக்கியத்தைக்காத்துத்தீர்க்கிறது restituer pour conserver son honneur ou sa probité, s'exposer à un risque pour un autre, indemniser quelqu'un.

*யோக்கியன், யோக்கியவான்கள், யோக்கியவான்,(யோக்கியம்,ஆன், vân), homme capable, digne,convenable,honnête, probe,intègre, respectable,distingué, de mérite: அது க்கவன்யோக்கியனல்ல il n'est pas propre à cela.

*யோக்கியாசனம்,(யோக்கியம்,-ஆ சனம்), siége —, place convenable à sa dignité.

*யோக்கியாதி, (id.-ஆதி), table de correction des longitudes du soleil, supposées à un degré par jour.

*யோசனம்,(yôdjana), la mesure dite yôsanei,union,jonction, V. யோச னை: யோசனைகந்தை, V. யோசனை கந்தி; —பர்ணி, — வல்லி garance du Bengale.

*யோசனன் (id.),Dieu,l'Être suprème censé l'âme du monde.

*யோசனை,(id.),yôdjana ou yôsanei, mesure de distance de 4 கோசம் ou 4 lieues;cette mesure varie beaucoup: à Madras et aux environs de Madras,elle est de 10 நாழிகை,i.e.20 kilomètres ou 13 milles anglais. D'autres la font de 9 milles, de 5 milles et même de 4 1/2 milles, un traité d'astronomie l'évalue à la 5059me partie d'un grand cercle,un peu moins de 8 kilomètres. 2° conseil, délibération, réflexion, prudence, avis, esprit, méditation, bruit, son: —கந்தி, (கந்தம்), celle dont l'odeur se répandait à un யோ சனை de distance, i. e. Sattyavadi mère de Vyasen, Sidei femme de Râmen,musc; —க்காரன் homme réfléchi, prudent, conseiller;—சொல் லுகிறது donner des avis;—தப்பிப் பண்ணுகிறது ou நடக்கிறது faire agir —,faire —, agir imprudemment; —பண்ணுகிறது délibérer; — யறிந்துசெய்கிறது agir avec réflexion, avec discrétion;— யுள்ளவன் homme réfléchi, prudent.

யோசனைவான்,(யோசனை),homme réfléchi, — d'esprit, prudent.

யோசிக்கிறது, சித்தேன், சிப்பே ன்,சி,சிக்க,v.n.(யோசனை),யோசித்த ல், n.v. réfléchir, faire réflexion, délibérer, considérer, examiner, — en soi-même, méditer,unir, joindre.

*யோதிஷம், P.சோதிஷம், astrologie.

*யோதிஷர், P.சோதிஷர்,astrologues.

*யோஷை,யோஷித்து,யோஷிதை (yôshâ,—chit,—chitâ), femme.

*யோதனன், யோதன், யோதவீர ன், யோதி, யோதேயன், யோத்தா, யோத்துரு, (yôdha,— dhi, — dhêya — ddhrou ),brave—,guerrier,soldat, combattant: யோதமுக்கியன் héros, chef de guerriers.

*யோத்திரம், (yôtra), corde du joug,—qui attache le joug au cou des bœufs.

*யோனி, (yôni), cause, origine, vulve, matrice, place de la —,naissance, mine, eau,pénis: — க்கலப்பு mélange de castes; — சங்கரம் mélange de castes,tache dans la naissance (du côté de la mère qui est de caste inférieure);—சங்கரன் homme de caste mêlée ou inférieure, dont la mère est de caste inférieure; — தேவதை la 11me constellation;—பே தம் différence de naissance,de caste ou d'espèce; —பிறக்கிறது naitre;— ப்பொருத்தம் le rapport du sexe, c'est un des 10 மணப்பொருத்தம்; —முத்திரை cachet de la vulve,—représentant cette indécence;—ஸ்ர வம் excrétion ou évacuation menstruelle,menstrues; — லிங்கம்,— மணி clitoris; — வாய் ouverture —, entrée de la vulve.

யௌ, lettre syllabique composée de ய் et de ஔ,yaou. [composé.

*யௌகிகம், (யோகம், ika), mot

*யௌசனசதிகம், (யோசனை,சத ம், ika), qui s'étend à 100 yôsanei.

*யௌசனிகம், (id.ika), qui s'étend à un yôsanei de distance.

*யௌதகம்,(யுதகம்),don nuptial, présent fait,le jour de son mariage, à l'épouse par son pére ou ses amis, et au mari ou gendre. [rier.

*யௌதேயன்,(யோதேயன்), guer-

*யௌத்திகன்,(யுத்தி,ka), ministre ou compagnon de plaisir.

*யௌவதம்,ou யௌதவம், (yaouvata — tava), mesure (en général), troupe de femmes.

*யௌவனம், 1° (யுவன்), jeunesse, virilité, âge viril,troupe de jeunes femmes. 2° beauté,joie, V. மதர்ப் பு: யௌவனகண்டகம் bouton à

ர தை

la figure (des jeunes gens...); —லாவம், —தசை jeunesse, période —, temps de la jeunesse; - தப்பம் orgueil de la jeunesse, témérité; —பிடகை (pidaka bouton), bouton à la figure des jeunes gens; —லக்ஷணம், —லக்ஷணம் beauté, —de la jeunesse, sein, mamelle.

## ர

ர, r, est la 12e consonne tamoule nommée ரகரம் et la 2e des இடையினம் ou lettres moyennes. Aucun mot purement tamoul ne commence par cette lettre. Aux noms sanscrits et étrangers qui commencent ainsi et que les Tamouls ont adoptés dans leur langue, ils donnent pour initiale இ ou உ suivant la voyelle qui accompagne ர. Si le mot commence par ர, ரா, ரி, ரீ, ரெ, ரே, ரை, ou ரௌ, on met இ devant cette initiale. Si le mot commence par ரு, ரூ, ரொ, ரோ, on met devant ce mot la lettre உ. Les mots sanscrits commençant par la voyelle ரி ou ரு insèrent toujours இ et non உ. Ainsi ரசம் jus, s'écriera இரசம்; ரட்டை double, இரட்டை; ரட்டைத்தலையன் homme à 2 têtes, à figure allongée; ரண்டு deux, இரண்டு; ரத்தினம் pierre précieuse, இரத்தினம்; ரந்திரம் trou, இரந்திரம்; ரம்பம் scie, இரம்பம்; ரம்பை Rambée, இரம்பை ou அரம்பை; ரம்மியம் contentement, இரம்மியம்; ரவிக்கை corset, இரவிக்கை; ராமசேத்தா cachimentier de Manille, இராமசேத்தா; ராமன் Râmen, இராமன்; றால் chevrette, இறால்; ராவட்டம் limure, இராவட்டம்; ராவுகிறது limer, இராவுகிறது; ராவுத்தன் cavalier, இராவுத்தன்; ரிபு ennemi, இரிபு; ரீதி usage, இரீதி; ரிஷி ou ருஷி un richi, இரிஷி ou இருஷி; ருசு preuve, உருசு; ருத்திரன் Routtiren, உருத்திரன்; ரூபம் figure, உரூபம்; றெக்கை aile, இறெக்கை; ரொட்டி Rotti, இரொட்டி; ரொப்பம் plénitude, இரொப்பம்; ரெப்பை paupière, இரெப்பை; ரொம்பம் instrument de corroyeur, இரெம்பம்.

ரஸ்தா, (pers.), route.

ரத்து, (arabe), rejet, nullité, chose nulle, —vide.

ரயித்து, (arabe), tenancier, fermier, cultivateur, habitant; —வாரி par tenanciers..., individuellement.

*ராகி, (râgi), V. கேழ்வரகு.

ராஜி, (hind.), P. இராஜி, accord, agrément, consentement: —நாமா accord—, agrément ou consentement par écrit (en usage aussi pour une cession ou résignation).

ராயசக்காரன், secrétaire, écrivain ou lecteur de lettres ou de pétitions.

ராயஜீமரக்கால், mesure particulière.

ருஜு, P. ருசு, (arabe), preuve.

ருசும், (arabe), allocation, salaire, traitement.

ரூபரு, (pers.), présence, —face à face.

*ரேகை, ligne P. இரேகை.

*ரைவதம், nom d'une montagne P. இரைவதம்.

ரோஜ்கார், (pers.), service, emploi, situation.

ரோஜ்நாமா, (pers.), liste—, compte ou rapport journalier.

ரொக்கம், argent comptant, P. உரொக்கம்.

ரொட்டி, pain, P. உரொட்டி.

*ரோமம், poil, P. உரோமம்.

ரௌத்தன், cavalier, இரௌத்தன்.

*ரௌத்திரி, la 54e année du cycle, P. இரௌத்திரி.

*ரௌரவம், un des livres des Sivénistes, P. இரௌரவம்.

Par conséquent afin de ne pas répéter ici tous les mots sanscrits ou étrangers qui commencent par ர, ajoutez-y devant, un இ ou un உ, suivant la règle indiquée ci-dessus, et cherchez-les à leur rang parmi les initiales இ ou உ. Quand le mot commençant par ர est le second d'un mot composé, on n'y ajoute pas de lettre initiale, mais on le joint immédiatement à la suite du premier qui n'a que la racine; ainsi on dira: இராசரிஷி richi royal, இராசராசா roi des rois.

# ல்

ல், l, 13e consonne de l'alphabet tamoul dite லகரம் est la 3e des இடையினம் ou lettres moyennes. Aucun mot purement tamoul ne commence par cette lettre. Pour les mots sanscrits et étrangers usités en tamoul on la fait précéder d'un இ ou d'un உ d'après la même régle que pour ர்; ainsi லகாம் bride, இலகாம்; லகிமா art de se rendre léger, இலகிமா; லகு légéreté, இலகு; லகுசம் citronnier, இலகுசம்; லகுடு certain faucon, இலகுடு; லக்கம் nombre, இலக்கம்; லக்கு but, இலக்கு; லக்ஷுமி Lakchimi, இலக்ஷுமி; லங்கனம் diète, இலங்கனம்; லங்கனம்பரமௌஷதம் la diète est un excellent remède; லட்சம் cent mille, இலட்சம்; லஞ்சம் présent pour suborner, இலஞ்சம்; லட்சயம் estime, இலட்சயம்; லட்சியம் marque, இலட்சியம்; லண்டன், லண்டி homme —, femme intraitable, இலண்டன், இலண்டி; லத்தி crotte, இலத்தி; லயம் destruction, இலயம்; லயை temps de destruction, இலயை; லவணம் sel, இலவணம்; லவன் Laven இலவன்; லாகம் saut, இலாகம்; லாகிரி ivresse, இலாகிரி; லாகை manière, இலாகை; லாக்கு vexation, இலாக்கு; லாடம் fer de cheval, இலாடம்; லாபம் gain, இலாபம்; லாயம் écurie, இலாயம்; லிங்கம் lingam, இலிங்கம்; லிபி écriture, இலிபி; லீலை amusement lascif, இலீலை; லைங்கம் nom d'un pourana, இலைங்கம்; லுத்தன் avare, உலுத்தன்; லூதை araignée, உலூதை; லேசம் subtilité, இலேசம்; லேகிடி liqueur enivrante, உலேகிடி; லோகம் monde, உலோகம்; உலோகசேஷ்டை désir mondain; லௌகிகம் mondanité, இலௌகிகம். Voyez ces mots et les autres de ce genre au rang des initiales இ ou உ. Quand le mot commençant par ல est le second d'un nom composé on ne met point cet augment.

லங்கர்கானு, (*pers.*), maison —, magasin où sont mises les ancres.

லஞ்சம், V. இலஞ்சம்.

லம்பாடி, V. இலம்பாடி: சாதி, — ஜாதி la caste des Lambadis, sorte de marchands.

லவாஜுமா, (*arabe*), choses nécessaires, bagage.

லாகிராஜு, (*arabe*), ou

லாக்கிராஜ், (*id.*), exempt de payer un revenu au gouvernement.

லாக்குலைத்தாடு, perte.

லாயக்கு, (*arabe*), convenance, propriété, justesse.

லுக்சான், (*arabe*), perte, ravage.

# வ்

வ், v, 14me consonne de l'alphabet tamoul dite வகரம், est la 4e des இடையினம் ou lettres moyennes. Quelquefois cette lettre est euphonique au commencement des mots. Car lorsqu'un mot finit par அ, ஆ, உ, ஊ, ஓ, ஔ, et que le mot suivant commence par une voyelle, alors on insère, entre les 2, un வ euphonique, qui n'appartient à aucun de ces mots, *Ex.* இந்த அரசன் ce roi s'écrira இந்தவரசன். De plus, après les lettres indicatives அ, இ, உ, l'interrogative எ, et après மு abréviation de மூன்று trois, on insère 2 வ் euphoniques devant les mots qui commencent par des voyelles. *Ex.* அவ்வரசன் ce roi-là, இவ்வரசன் ce roi-ci, எவ்வரசன் quel roi? மூவ்வரசர் trois rois.

வ, 1° lettre syllabique composée de வ் et de அ, va. 2° வ (en chiffre) signifie un quart.

*வக, *obl. de* வகம் *et de* வகன்.

*வகதம், (vahata), bœuf.

*வகதன், (*id.*); voyageur.

*வகதி, (vahati), bœuf, vent, rivière, ami, conseiller.

*வகது, (vahatou), bœuf, voyageur.

வகத்திரம், l'arbre வாகை.

*வகந்தம், (vahanta), vent, enfant, poupon.

*வகம், 1° (vaha *porter*), monture, véhicule, (*v.g.* cheval, char...), épaule de bœuf, air, vent, route, chemin, fleuve, rivière (mâle), 2° (vaka être *tortu*), grue: வகவிருத்தி, —விரதி, —விரதிகள், —சரன், —விரதசாரன் faux dévot, religieux hypocrite, qui imite la grue, laquelle se tient immobile comme en contemplation, en attendant le poisson.

*வகரம், (வ), la lettre வ, va.

*வகலம், (vahala), *V.* வகித்திரம்.

*வகனம், (vahana), *V.* வாகனம்.

*வகன், 1° (vaha), porteur, qui porte (à la fin des mots composés). 2° (vaka), Koubêren roi des richesses, Baken ou Bagâsouren, géant semblable à une grue et tué par Bhîmen; (*d'où*) பகவித்து, —நிருதனன், —வைரி le vainqueur—, le destructeur—, l'ennemi de Baken, *i.e.* Bhîmen.

*வகாகம், (vagâha), bain, ablution.

*வகாரம், (வ), la lettre வ, va: வகாரத்திரயவிகற்பம் 3 espèces de tours dans ceux des 5 lettres censées mystiques பஞ்சாக்கரம்.

வகாலத்து, (*arabe*), agence, action, intervention: —நாமா pouvoir de procureur.

வகிக்கிறது, *V.* பகிக்கிறது. [து.

*வகித்திரம், வகித்திரகம், வகினி, (vahitra, —ka, vahini), radeau, bateau.

*வகிர்க்கம், *V.* பகிர்க்கம்.

*வகிரிந்திரியம், *et corr.* வகிரேந்திரியம், (வகிர்), organe des sens extérieurs, *V.* பகிரிந்திரியம்.

வகிருகிறது *ou* வகிர்கிறது, வகிர்ந்தேன், கிருவேன் *ou* கிர்வேன், கிரு *ou* கிர், கிர, *v.a.* வகிருதல், வகிர்தல் *n.v.* (பகிருகிறது), diviser, trancher, couper, —en longueur, par petites tranches, par aiguillettes, fendre, partager, distribuer, démêler (les cheveux...), arranger ses plumes...: தலைமயிரை— démêler les cheveux; வகிர்ந்துபார்க்கிறது couper en pièces, examiner après avoir ainsi coupé.

வகிர், 1° *n.v.imp.et part.de* வகிர்கிறது, tranche, morceau, fente, raie ou ligne de séparation des cheveux (du sommet de la tête au front surtout des femmes), courroie, ceinture de cuir, bride, incision en long, égratignure (en long avec les ongles), chemin. 2° * (vahir *pour* vahis), extérieur, *V.* பகிர் *et ses composés*. 3° *et mieux* வகிறு (vahirou,) nerf, muscle, tendon: தேங்காய்வகிர் tranche ou morceau de coco; வகிர்வகிராய்ச்சிரைக்கிறது raser par parties, la barbe et les cheveux, en laissant les autres. C'était une espèce de punition; le coupable à demi-rasé était mis sur un âne et conduit par les rues de la ville.

வகுக்கிறது, குத்தேன் *ou* குத்தேன், குப்பேன், கு, குக்க, *v. a.* (பகுக்கிறது), diviser, séparer, partager, classer, diviser par classes, par espèces, distribuer, détruire: வகுத்துக் கொடுக்கிறது diviser, donner par portions, distribuer; —க்காட்டல் un des 32 யுத்தி détailler, expliquer, montrer en détail et dans ses subdivisions ce qu'on a indiqué sommairement.

வகுண்டம், la plante கவிழ்தும்பை. [கோரை.

வகுளாடிகம், le basilic கஞ்சாங்

வகுளாடிமடம், la plante கோரை.

வகுதி, *n.v.de* வகுக்கிறது, division, classe, classification, —des lettres dans l'orthographe; உயிரெழுத்து — classe des voyelles (longues et brèves); மெய்யெழுத்து— classe des consonnes (dures, douces et moyennes).

வகுத்தல், *n.v.de* வகுக்கிறது, division, partage, distribution, classification, dépense, —de revenu, destruc- [tion.

வகுத்திரம், *P.* வகித்திரம்.

வகுத்திராமிரகாரம், (வகுத்து, கிரா), les 5 sens. [*de* வகுக்கிறது.

வகுந்து, 1° route, chemin. 2° *gér.*

வகுப்பு, *n.v.de* வகுக்கிறது, section, division, paragraphe, classe, classification, beauté, accroissement: வகுப்புக்கிறது partager, diviser, — en lots ou portions; வகுப்பாய் *ou* வகுப்பிலேவாங்குகிறது acheter en gros, par portions, le tout ensemble.

வகுளி, sorte de —, poisson. [மகிழ்.

*வகுளம், (vakoula), l'arbre மகிழ்

வகுளி, bruit, son; —நாதன் un des நவநாதசித்தர். [வகா.

வகுர், la plante சஞ்சீவிராயன்

வகை, 1° (வகுக்கிறது), part, portion, division, section, détail, sommes diverses (dont se compose le total en arithmétique). 2° manière, façon, méthode, sorte, espèce, moyen, expédient, biens, propriété, fortune, fonds, capital (mis en intérêt ou dans le commerce). 3° * (vahâ), rivière: எந்தவகையாய் de quelle manière, comment? எந்தவகையாயினுஞ்செய் fais cela, n'importe comment, —de quelque manière ou par quelque moyen que ce soit; ஒருவகையாயிருக்கிறது être de la même manière ou de la même sorte, être d'une certaine manière, *i. e.* n'être pas bien; அவனுக்குவகையுண்டு il a du bien, il est riche: பலவகைச்சரக்கு marchandises de diverses sortes; —க்காரன் homme riche, capable, qui a du bien; —தேடுகிறது chercher la manière, un expédient, l'occasion; —தொகையில்லாமற்பேசுகிறது parler improprement, —sans méthode ni précision; —படுகிறது être classé, divisé, partagé, déterminé, fini, terminé: அது —பட்டகாரியம் c'est une affaire finie, réglée; —படுத்துகிறது classer, diviser, —par parties, déterminer, définir, prescrire la manière, trouver, inventer, discuter; —பார்க்கிறது chercher le moyen, un expédient, l'occasion; தப்பிப்போக—பார்க்கிறது chercher le moyen de s'évader; —பண்ணுகிறது, —பண்ணுகிறது inventer —, trouver un moyen, faire en sorte; — வகுத்தல் amplification, explication ou détail, expliquer, détailler par parties une chose dite en général, règle d'explication; — வகுக்கிறது classer, déterminer, définir, —séparement, expliquer, chercher un expédient, montrer le moyen, prescrire, trouver, décider; —வகுத்துக்கொள்ளுகிறது décider, arranger une affaire, la terminer; —யாய்க்கொள்ளுகிறது acheter à bon marché, —par espèces; —யாய்ப்பேசுகிறது parler d'une manière convenable, expliquer, —en détail; —வகுக்கிறது diviser, partager, classer; —உளி défaut d'enchainement dans les pieds de vers, finir les pieds avec chaque mot ou bien où l'on veut, sans observer l'enchainement des pieds entr'eux dit தளை. [blables.

வகைகள், (*arabe*), et autres sem-

*வகோடம், (vakôta), grue.

வக்கட்டை, trou, rupture dans la petite chaussée ou dans l'élévation de terre entre les rizières.

*வக்கணம், 1° *P.* வக்ஷணம், poitrine, sein. 2° *ou*

வக்கணை, adresse (d'une lettre), titres qu'on y donne, titre honorifique, civilité, science, nouveauté.

வக்கணத்தி, l'arbrisseau symphoresma involucrata.

வக்கபாகை, nom d'une ville.

வக்கரை, *P.* பக்கரை.

வக்கா, espèce de cigogne.

வக்காமணி, grain fait de coquillage ou de pétoncle (dont on fait des colliers ou des bracelets aux enfans): —க்கொட்டுவான் marchands de cette espèce de grains; —மற்றவன் homme qui n'en a pas, qui n'a pas de quoi en acheter, ou ne vaut pas un grain de coquillage.

வக்காலத்து, (*arabe*, wakâlat), office de procureur, d'avocat ou வக்கீல்.

வக்கானர், *P.* வைக்கானர்.

*வக்கிரம், (vakra), courbe, courbure, repli, état crochu, — recourbé, tortuosité, sinuosité, détours d'une rivière, violence, cruauté, fraude, mensonge, friponnerie, malhonnêteté, allée et retour, course directe et rétrograde—, rétrogradation des planètes, cercle, redressement. 2° impatience, jalousie, confusion, désordre: வக்கிரகதி marche rétrograde, rétrogradation; —கட்கம், —கட்டம் sabre recourbé, perroquet, milan, Garouden, cimeterre; — க்கிரீபம், *litt.* le cou tortueux, le chameau; — சக்சு, — சஞ்சு, *litt.* le bec recourbé, perroquet, milan, Garouden ou l'aigle indien; — சாரம் mouvement —, marche rétrograde (d'une planète...); — சந்திரன் la lune au croissant recourbé; — தந்தம் dent recourbée, —cruelle; மிருக — தந்தம் la dent cruelle des bêtes féroces; — துண்டம், — நக்கிரம், (nakra nez), *litt.* le bec crochu, perroquet, *V.* வக்கிரசஞ்சு; — நாசிகம், (நாசிகை), *litt.* le nez ou bec crochu, hibou, perroquet; — புச்சம், — புச்சி யம் le chien à la queue recourbée; — பணிதம் discours tortueux, équivoque, évasif; — வக்திரம், — வக்திரம் le cochon à la face courbée ou tortue: — வாலதி le chien à la queue tortue.

*வக்கிரன், (*id.*), homme pervers, cruel, méchant, (surnom de) Mars, Saturne, Routiren, le démon திரிபுரன், *V.* நந்தவக்கிரன்.

*வக்கிரகண்டம், (வக்கிரம் கண்டம்), l'oiseau au cou recourbé *i.e.* cygne.

*வக்கிராஸ்தமனம், (வக்கிரம், அஸ்தமனம்), coucher —, immersion d'une planète en rétrogadation.

வக்கிராந்தபாஷாணம், வக்கிராந்திபாஷாணம், l'arsenic dit சாரணந்குன்று, மனோசிலம், *ou* [illegible].

*வக்கிலி, (வக்கிரம், i), menteur, homme fourbe, trompeur, Djaïna ou Bouddhiste.

*வக்கிரிமம், வக்கிரிமை, வக்கிரீசரணம், வக்கிரிமிகுதம், வக்கிரிபாவம், வக்கிரீபூதம், (vakrima, — mâ), courbure, tortuosité fraude, finesse, ruse.

வக்கிரிக்கிறது, க்கினேன், கிப்பேன், கி, க்க, v. n. வக்கிரிக்கம், (வக்கிரம), *n. v. ou* வக்கிரித்திருக்கிறது, être tortueux, courbé, sinueux, (une planète) rétrograder, retourner sur ses pas.

*வக்கிரோஷ்டிகை, (வக்கிரம், ஓஷ்டம், ikâ), sourire des lèvres (sans montrer les dents).

*வக்கிரோதயம், (*id.* உதயம்), lever —, émersion d'une planète en rétrogradation.

*வக்கிரோக்தி, (*id.* உக்தி), équivoque, parole évasive, insinuation, sarcasme.

வக்கில், வக்கீல், (*arabe*, wakil), procureur, agent, avocat, chargé d'affaires. [ce. 2° bassin.

*வக்கு, 1° (*P.* துவக்கு), peau, écor- வக்குத்திரிகரணம், (வக்கு, திரி), lit, couche.

வக்குவக்கு, mot —, son imitatif, bruit de vakouvakou: வக்குவக்கென்றிருமுகிறது tousser, — fortement, en faisant vakouvakou; — போகிறது s'en aller, marcher avec bruit; நாய் வக்குவக்கென்றோடுகிறது le chien court avec bruit.

*வக்திரம், (vaktra), bouche, visage, *V.* வத்திரம் *et ses composés.*

*வக்ஷணம், (vakchana). poitrine, sein. [க்ஷணஸ்தலம் le sein, le cœur.

*வக்ஷம், வக்ஷஸ், (vakchas), ou வ வக்ஷோஜம், வக்ஷோருகம், (வக்ஷஸ், *P.* வக்ஷஸ், ஜம், உருகம்), sein —, lait de femme.

வக்கரன், (வ, ககரம்), la lettre வ.

*வங்கடம், *P.* வங்கிஷம், famille, race, lignée.

வங்கணம், 1° familiarité, intimité, amitié, nom d'un pays. 2° * (vankchana), aine, *V.* வக்ஷணம்; — பண்ணுகிறது faire amitié; வங்கணதுரோகம் trahison —, diffamation d'ami.

வங்கணன், (வங்கணம்), ami, — familier, intime, compagnon.

*வங்கம், 1° (vanka), détour —, coude de rivière, courbure, voûte. 2° (vanga), plomb, étain, fer blanc, zinc, bringelle, la plante dite கத்தரி, Bengale, la langue —, le Bengali. 3° navire, argent, intention: — கிலேயக்கல் pierre à chaux blanche: வங்கக்கல் pierre à chaux; — சம்பளம், (சம்), bronze (produit d'un mélange d'étain et de cuivre); — செந்தூரம், — பற்பம், — மணல் minium, vermillon, oxide rouge de plomb; — திரு, — மணல் sable mêlé de minerai de plomb; — வெள்ளை céruse.

*வங்கர், 1° (வங்கம்), les Bengalis.

2° gens vils et méprisables, vaurians. [கெம்பு,—கத்தரி bringelle.

*வங்கணம்,(vangana), la plante

வங்காரம், 1° lingot, masse de métal. 2° P.பங்காரு,or,jolie chose, beauté.

வங்காரவல்லி,l'herbe potagère ou la plante dite sesuvium ascendens (que mangent les pauvres):தாயுந் தகப்பனுந் தள்ளிவிட்ட காலத்திலே வாவென்றழைத்த —la plante sesuvium qui dit viens à l'enfant abandonné de ses pères et mères.

*வங்காரி,(வங்கம், அரி),orpiment jaune,litt. l'ennemi du plomb.

வங்காளம், (வங்கம், ஆளம்), le Bengale,un des 56 pays de la géographie indienne, espèce d'air; வங்காளத்திப்பிலி poivre du Bengale; —ப்பச்சை espèce de plante;—வாத்து oie.

வங்கி, instrument recourbé, bracelet, anneau qu'on met au bras;—வங்கியல் espèce de bracelet.

வங்கிசத்தான், வங்கிஷத்தான்,m. வங்கிசத்தி,வங்கிஷத்தி,f. (வங்கிசம்), homme—, femme d'une famille,—de bonne famille, noble, parent, parente.

*வங்கிசம்,வங்கிஷம்,P.வம்சம்,race,famille,lignée, descendance, parenté: —அற்றுப்போகிறது,—நாசமாய்ப்போகிறது une famille s'éteindre,—s'anéantir,être détruite;—வங்கிசத்தைக்கஞ்சும் புழுக்கையுதைக்கஞ்சும் les gens de la famille craignent un mot de réprimande, mais l'esclave craint les coups de pieds;வங்கிசத்தின் கருவற்றுப்போகிறது le germe d'une famille périr,une famille s'éteindre; வங்கிஷபதி personne—, noble, —de haute naissance, V. d'autres composés au mot வமிசம்.

*வங்கிசன்,வங்கிஷன்,(வங்கிசம்), homme de la famille, de la race, noble.

*வங்கியம்,1° (vankya), courbure, tortuosité. 2° ou

*வங்கிஷி,(vamsi), flûte,flageolet, hautbois, bambou.

*வங்கிரி,(vankri), côte,bois d'un toit en chaume.

*வங்கிலம், (vankila),épine.

வங்கு,1° trou,—dans une pierre, trou de rat, —de serpent..., cave, caverne,planches courbées pour faire un bateau, taches noires sur la peau, —au visage: —க்கட்டை, —க்கால் pièce de bois, colonne de navire;—படருகிறது des taches s'étendre (sur la figure...);—வளைவு courbure de planches de bateau; —வைக்கிறது mettre un banc,joindre ensemble les planches d'une barque.

வங்கூழ்,vent,air.

வங்கை, 1° haine, rancune. 2° (vankâ), pommeau de selle.

*வங்க்ஷணம், (vankchana), aine.

*வங்க்ஷம், P. வங்கிஷம்.

*வச, obl. de வசம்.

வசகம்,l'arbrisseau கொடிவேலி.

*வசகன்,(vasaga), obéissant,soumis.

*வசகை, (id.),femme obéissante.

வசக்குகிறது, க்கினேன், க்குவேன், க்கு, க்க, v. a. (வசம்), வசக்குதல், n. v. soumettre, faire plier,rendre obéissant. [mant.

வசட்டி,terre très-dure,—de dia-

*வசதி,1° (vasati),maison,résidence,habitation,nuit,commodité,convenance, aise, salubrité ou agrément d'un lieu,lieu commode,ville ou village en pays cultivé: வசதியான பட்டணம், —இடம் ville—, lieu commode ou agréable.

*வசந்தம்,1° (vasanta),printemps, petite vérole volante,dyssenterie.2° palais—, demeure d'Indiren ,vent du sud,bonne—,odeur,senteur,sorte d'air ou de mélodie: —மாடிக்கிறது, —மடிக்கல் se livrer aux jeux du printemps,frapper des mains en dansant; வசந்தகாலம் la saison du printemps,le mois de சித்திரை et de வைகாசி, avril et mai; வசந்தகுசுமம் l'arbre cordia myxa; —கோகிலம் le conil;—சகன்,—சமுகன் l'ami du printemps,i. e. Kâmen: —துரு,(drou arbre), —த்துருமம் l'arbre printanier, i. e. le manguier qui fleurit au printemps;—திருநாள் la fête du printemps, la fête où l'on s'asperge d'eau saffranée; —தூதன் le messager du printemps, i. e. le couil, le manguier, le mois de சித்திரை ou avril, espèce de mélodie;—பஞ்சமி espèce d'air ou de mélodie printanière; — மண்டபம் portique ou pavillon pour se reposer,— pour le printemps,— où souffle le vent léger du midi:—மாலை poëme sur—, description du vent du sud;—விழா fête du printemps.

*வசந்தன்,(*id.*),Kâmen, le Cupidon indien,le printemps personnifié, le vent du sud,espèce de danse, danse où l'on bat des mains, singe: —அடிக்கிறது battre des mains en dansant.

வசந்திகை, வசந்திவை, taches jaunes sur la figure ou sur le corps. [திசவம்),fête du printemps.

*வசந்தோற்சவம், (வசந்தம், உ

*வசம், (vasa), sujétion, dépendance,soumission, possession, propriété, autorité, gouvernement, pouvoir, fascination,enchantement, naissance,résidence de prostituées. 2° état propre, condition, bon état, —ordre,régularité, possibilité. 3°* (vatcha), oiseau qui parle, perroquet: புறவசம் affaire —, possession d'autrui,—étrangère, extase; சுவசம் bonne santé,bon état,propre état, —condition; இதார்வசம் à qui appartient cela? இதென்வசமாய் *ou* வசத்திலிருக்கிறது cela est en ma possession ou sous ma protection; அதென்வசத்திலிராதது cela n'est pas en ma possession, ou en mon pouvoir; இது அவன்வசமல்ல cela n'est pas en son pouvoir,est au-dessus de ses forces; என்னாலேசெய்யவசமல்ல je ne puis faire cela; பசிபொறுக்கவசமல்ல je ne puis supporter la faim;சரீரம்வசமில்லாமலிருக்கிறது le corps n'être pas en bon état, être indisposé;— அழிக்கிறது renoncer à l'obéissance, déposséder, se tirer —,tirer de la dépendance;— அழிந்திருக்கிறது connaître l'état, la condition; —அறிந்துசெய்கிறது faire prudemment—, en connaissant bien l'état des choses; — அறியாமலகப்பட்டுப் போகிறது être pris ou embarrassé faute de connaître l'état des choses; —அறியாமற்சாப்பிடுகிறது manger immodérément, sans savoir se posséder;— அறியாமற்போகிறது aller sans connaître l'état des choses;—ஆகிறது,—ஆதல் devenir la possession,—la propriété,tomber au pouvoir de, être livré à, réussir, avoir bon succès, s'améliorer;—ஆகாமற் போகிறது une chose manquer, ne pas réussir, ne pas tomber au pouvoir de; — ஆக்கல் mise en possession;—ஆக்குகிறது mettre en possession, rendre maître, livrer, remettre; —en bon état;—ஆக்கிக்கொள்ளுகிறது *ou* தல் — ஆக்குகிறது s'approprier, s'emparer, accaparer, prendre,—pour soi:— ஆய் en possession, en bon ordre, en bon état, régulièrement; —ஆயிணைக்கிறது joindre convenablement;— ஆய்வைக்கிறது mettre en la possession de, placer régulièrement;en bon ordre; —கட்டிவைக்கிறது déposer,confier (à la garde d'un arbitre...);— கழிக்கிறது, —கழித்தல் ôter la possession, déposséder:—கெட்டவன் homme indisposé, de mauvaise santé, dérangé (dans ses affaires, dans sa conduite), déréglé,qui n'a pas sa liberté, qui n'est pas son maître, (ou selon d'autres), émancipé, mis en liberté, qui a secoué le joug;—செய்கிறது,—பண்ணுகிறது mettre en possession, livrer, remettre, — la possession, —en bon état; ஒருத்தன் —பண்ணுகிறது remettre à quelqu'un, mettre en la possession de quelqu'un;— தப்பி étant indisposé, irrégulièrement, sans ordre; வசக்கட்டு possession, jouissance;இதார் —க்கட்டாயிருக்கிறது à qui appartient cela? என் —க்கட்டாயிருக்கிறது cela m'appartient, —est en ma possession;— க்கேடு indisposition,perte de la santé, maigreur, désordre, délire; —நாடி, P. வசந்தநாடி; —ப் படல்,—ப்படுகிறது,—ப்படுதல் se soumettre,obéir, devenir la possession,tomber au pouvoir; —ப்படுத்துகிறது,—ப்படுத்துதல் soumettre, rendre maitre, livrer, prendre possession, remettre la possession;—ப் பிசகு indisposition,faiblesse désordre, maladie,—accompagnée de délire; வசத்துக்குவருகிறது rentrer en ordre, s'améliorer, devenir la possession, tomber au pouvoir de; வசத்துக்குவராமற்போகிறது ne pas réussir,manquer, ne pas venir en la possession; — வசத்திற்கொடுக்கிறது remettre entre les mains, remettre au pouvoir de; அவன் அதை என்வசம்பண்ணினான் ou என்வசத்தில் வைத்தான் il a mis cela en ma possession, il a déposé cela chez moi.

வசம்பு, la plante aromatique acorus calamus ou jonc odoriférant, iris jaune, sorte de remède; —த்தேறு morceau—,racine d'acorus calamus.

வசலை,1° P.பசலை.2° V.வசவை.

*வசலு,(vatchalou), faute, offense.

வசவி,(வசவு),femme de mauvaise vie, débauchée, concubine.

வசவு,P.வைசவு, injure, insulte, parole mauvaise,— méprisante.

வசவை, la plante பசளை, portulaca oleracea.

*வசனம், 1° (vatchana), mot,parole, discours, prose, phrase, style, vers,sentence, règle, aphorisme. 2° (vasana), toile, habit, couverture, ceinture (à l'usage des femmes), maison, habitation; வசனகாரன் obéissant, auteur d'un précepte; —க்கிரமம் discours,ordre des mots;—சதம் mot—,phrase—,discours répété 100 fois;—விருத்தம் opposition à un texte ou règle;— விரோதம் contradiction de textes ou de phrases; —விஷத்தி clarté d'un texte;—மாத்திரம் pures paroles non soutenues par les faits.

*வசனுபாயம், (வசனம், உபாயம்), fausseté d'une proposition, c'est une manière de découvrir la vérité.

வசனிக்கிறது, வசித்தேன், வசிப்பேன், வசி,வசிக்க, (வசனம்),parler,dire, raconter,détailler,faire un discours.

வசனித்தல்,வசனிப்பு,n.v.du préc. parole, discours,entretien.

*வசனியதை,(vatchaniyatâ), bruit, rumeur, mauvais rapport, blâme, censure.

வசன், borne,droiture,V. நேர்: — கட்டு petite chaussée ou élévation de terre qui sert de borne.

*வசாரம், (vasâra),désir, dessein.

வசி, 1° pointe,tranchant, trident, épée, pieu, bâton pointu, pal ou pieu à empaler, faute, rondeur, cicatrice,—ou marque de coup. 2°* (vasi), possession, enchantement, ensorcellement, fascination,maison, demeure,habitation,sage qui a subjugué ses passions.3° imp. de வசிக்கிறது:—நடுகிறது planter des pieux pointus,faire une palissade.

வசிகம்,poivre.

*வசிகரணம், P. வசீகரணம்,le 41me des கலைக்கியானம், art de s'emparer par enchantement,ou par une formule de prière, consentement à la copulation, c'est l'effet prétendu d'une des flèches de மன்மதன், V.வசீகரணம்.

*வசிகரம், P. வசீகரம், sujétion, possession, la plante சித்திரம்.

வசிகரிக்கிறது,ரித்தேன்,ரிப்பேன், ரி,ரிக்க, v. a. (வசிகரம்), soumettre, dompter,s'emparer,prier,désirer.

வசிகரித்தல், வசிகரிப்பு, n. v. du préc. action de soumettre..., prière.

வசிக்கிறது,சித்தேன்,சிப்பேன்,சி, சிக்க, v.a. வசித்தல்,n.v.1° (வதி), habiter, demeurer,loger,résider, s'arrêter. 2° (vatcha), parler, dire: வசித்திருக்கிறது demeurer. [டம்.

*வசிஷ்டம், வசிட்டம், V. வாசிஷ்டம்.

*வசிஷ்டன், வசிட்டன், (vasichta), Vasichten, un des 7 grands richis qui, au dire des Indous, composent la grande Ourse. Il fut

நடே

fils de Bramn et naquit, dit on, de son esprit, d'où on lui donne le nom de பிரமன் மானசபுத்திரன்; il fut le குரு de தசரதன் roi d'அயோத்திபுரி et père de Râmen. Il eut de grands démêlés avec விசுவாமித்திரன், au sujet de la vache d'abondance காமதேனு, que ce dernier voulait enlever et par laquelle il fut vaincu, avec son armée. Vasichten fut mis ensuite parmi les étoiles de la grande Ourse et est, dit-on, l'étoile du milieu de la queue. A côté de lui se trouve une petite étoile qu'on dit être sa femme அருந்ததி. [sidence.

*வசிதம், (vasita), habitation, résidence.

*வசிதை, (vasitâ), pouvoir —, action de tout subjuguer, fascination, enchantement, sujétion, infatuation.

வசித்தல், n. v. de வசிக்கிறது.

*வசித்துவம், (வசி, துவம்), un des அஷ்டமாசித்தி, pouvoir de tenir tout en sa puissance, — de se faire vénérer de tout le monde, possession

*வசியம், (vasya), prise de —, possession, — actuelle, séduction, enchantement pour —, action de s'attacher les gens, — les gagner à son parti, soumission, docilité, clou de girofle, un des 10 மணப்பொருத்தம், c'est le bon rapport des signes entr'eux: வசியம் பண்ணுகிறது soumettre, rendre maître, prendre, saisir, s'emparer. [docile, obéissante.

*வசியை, (vasyâ), femme fidèle,

*வசிரம், (vasira), sel de mer, espèce de poivre long, la racine de வசம்பு ou d'acorus. [arche.

வசிவு, courbure, courbe, voûte,

*வசீகரணம், (வசம், i *augment*), le 41e des கலைக்கியானம் ou l'art —, l'action de s'emparer de quelque chose par enchantement, action de soumettre, de se rendre maître, sujétion, possession, consécration.

*வசீகரம், வசீகிருதம், (*id.*), prise de —, possession, sujétion, enchantement, consécration.

*வசீகரன், (*id.*), celui qui soumet, s'empare, enchante.

*வசு, *pl.* வசுக்கள், 1° (vasou *douceur*), richesse, prospérité, chose, substance, bijou, joyau, or, eau, étang, espèce de haricots jaunes, espèce de sel, — de pierre précieuse, le nombre 8 (à cause des 8 Vasous), rayon de lumière, feu, Agni, le prétendu dieu du feu, rêne, bride, licou, lien du joug, arbre (en général), l'arbre sesbana grandiflora, nom d'un roi, Koubèren, Siven, le soleil, Vasous, espèce de prétendus demi-dieux ou தேவர், au nombre de 8. 2° jeune veau, ail: வசுக்கள்-அ, les 8 Vasous, dont voici les noms tamouls et sanscrits: அனலன் Anala ou le feu; அனிலன் Anila ou le vent; ஆபக்சவன் *en sanscrit* Vichnou; சோமன் Sôma ou la lune; தவன் Dhava; துருவன் Drouva; பிரத்தியூசன் Prabhoûcha; et பிரபாசன் Prabhâva: வசுகீடன், (கீடம்), ver des richesses, *i. e* mendiant, suppliant; — கூபம், (கூபம்), puits de sel, urine; — ஸ்தலி, (ஸ்தலம்), la capitale de Koubèren; — தேவன் Vasoudêven père de Krichna, prétendu incarnation d'un வசு; - தேவஜ le fils de Vasoudèven, *i.e.* Krichna; - தேவதை, — தேவிகை la prétendue femme des Vasous, *i. e.* — தாரை la 23e constellation dite அவிட்டம், au dire des Indous, gouvernée par les Vasous; — புத்திராணன் l'âme prétendue du feu, Agni censé le dieu du feu.

*வசுகம், வசுகன், (வசு, ka), sel fossile, l'arbre sesbana grandiflora.

*வசுந்தராதரம், (வசுந்தரை, dhara *qui tient*), le soutien de la terre, montagne. [prince de la terre, roi.

*வசுந்தராதிபன், (*id.* அதிபன்),

*வசுந்தராநகரம், (*id.*), la ville fabuleuse de Varounen située dans l'océan occidental.

*வசுந்தரை, (வசு, dhârâ *qui a*), une des சத்தி, prétendue énergie divine des Djaïnas ou Samanèns, la capitale de Koubèren dite அளகை.

[வசுதை, வசுந்தரை, (*id.* dhâ.

dhara *qui contient*), ce qui renferme des richesses, i. e. la terre. [riche.

*வசுமான், (வசு, mân), homme

*வசுமதி, *fém. du préc.* femme riche, la terre. [divinité.

*வசுவன், (*id.* la *avoir*), dieu,

வசுவசி, வசுவாசி, macis.

வசூரி, *P.* வைசூரி, petite vérole.

*வசூரா, (vasûrâ), prostituée.

வசூல்த்து, வசூல், (*ind.*), perception des impôts: வசூல்த்துக்கணக்கோலை rôle de compte de perception; வசூல்பாக்கி arriéré —, arrérages de la perception des impôts.

வசை, 1° injure, insulte, mot de mépris, calomnie, accusation, faute. 2° (vasâ), belle sœur, sœur du mari, femme, fille, épouse, vache, — stérile, femelle d'éléphant. 3° (vasâ), moelle, graisse. 4° (vatchâ), la racine de வசம்பு ou d'acorus calamus; —ச்சொல் injure, parole injurieuse; —படுகிறது, —ப்படுகிறது être injurié, insulté, calomnié, diffamé, —accusé; —பேசுகிறது injurier, insulter, calomnier, diffamer, réprimander; —வினை mauvaise conduite, —action: வசைதெரியாது வாழ்வாரே வாழ்வாரிசைதெரியாது வாழ்வாரே வாழாதவர் ceux qui vivent sans reproche vivent (vraiment), ceux qui vivent sans réputation ne vivent pas.

வளைகிறது, வளைந்தேன், வளைவேன், வளை, வளைய, *v. n.* வளைதல், *n. v.* se courber, se plier, se voûter.

வளைக்கிறது, வளைத்தேன், வளைப்பேன், வளை, வளைக்க, *v. a. du préc.* வளைத்தல், *n. v.* courber, plier, voûter.

☞ வச்ச, se met quelquefois pour வஜ்ர; voyez donc à ces initiales les mots commençant par வச்ச qui ne se trouvent pas ici.

*வச்சகம், (vatsaka), l'arbre மலைமல்லிகை millingtonia hortensis, (ou selon d'autres), wrightea antidysenterica, *V.* வற்சகம்

*வச்சநாபி, *P.* வற்சநாபி, poison végétal très-violent.

வச்சநி, safran.

*வச்சாதனி, (vatsâdani), la plante சீந்தில் menispermum.

வச்சி, l'arbrisseau காயாமரம் memecylon.

வச்சிரகம், 1° fruit non mûr du nénuphar. 2° (வச்சிரம், ka), espèce de sel, carbonate impur de soude.

*வச்சிரம், (vadjra), foudre, — d'Indiren, arme de —, diamant, chose très-dure, — impénétrable, cœur d'arbre, ceste ou gantelet de boxeurs ou lutteurs, gant ou main de corne, parole dure, gros mot, le cactus ou சதுரக்கள்ளி, mirobolan, l'herbe குசை ou தருப்பை, fleur de sésame, un des 27 யோகம், colle forte, (faite de cuir de bœuf bien bouilli), eau de riz aigrie, ocre de fer, verdeur, un des 32 ordres ou traités d'architecture: வச்சிரகவசம் cuirasse de diamant: —கவசன் celui qu'on dit armé d'une cuirasse de diamant, *i. e.* le singe Anoumau; —கண்டகம் l'épine terrible comme la foudre, le cactus; —கம்பம் colonne de diamant; —கவசம் cuirasse de diamant; —காயம், —சரீரம் corps de diamant, —robuste, invulnérable; —க்ஷாரம் carbonate impur de soude; —சித்தன், —சித்து celui que redoute —, le vainqueur de la foudre, *i.e.* l'oiseau Garouden, qui vola l'ambroisie malgré les foudres d'Indiren; —குசிபாணம் espèce de flèche; — கெலுதம் racine bulbeuse du cyperus ou கோரை; — த்யோதனி éclair, — ou flamme de la foudre; —தசனன் rat; —தந்தம் rat, cochon (dont les dents sont dures comme diamant; —துண்டி espèce de ver; —தரன், (dhara *qui tient*), celui qui est censé tenir la foudre, *i. e.* Indiren; —தாரணை le târanei du diamant, c'est le 8me des 9 தாரணை; —துண்டம் ce qui a le bec dur comme le diamant, *i. e.* le faucon Garouden, le vautour, le moustique; —துண்டன் Poulléyar à la trompe de diamant; —தேகம் corps dur, — de diamant; — நிர்வேதி ce qui a une tête de diamant, le scarabée noir வண்டு; —த்துரு, —த்துருமம் le cactus ou சதுரக்கள்ளி; —நிர்க்கோஷம் éclat du tonnerre: —பஞ்சகவசம் les 5 cuirasses de diamant, *i.e.* cuirasse impénétrable; —பாணி celui qui est censé avoir la foudre à la main, *i.e.* Indiren; —பாதம் la foudre, coup de tonnerre; —புஷ்பம் fleur de sésame; —ப்பசை colle forte, glu; —மணி le diamant; —யாக்கை *V.* வச்சிரசரீரம்; —ரதம் le cochon aux dents de diamant; —வதம் mort par la foudre; —வல்லி l'arbrisseau பிரண்டை, héliotrope, tournesol; —வாகு Vatsiravâkou un des fils de Soûren; —வாராகி une des personnifications femelles de Mâyâ ou de l'illusion parmi les Samanéens.

*வச்சிரன், (*id.*), celui qu'on dit lancer la foudre, *i.e.* Indiren, enfant, écolier, nom d'un dévot.

*வச்சிராகாதம், (வச்சிரம், ஆகாதம்), coup de foudre, malheur subit.

*வச்சிராங்கம், (*id.* அங்கம்), serpent, espèce d'euphorbe.

*வச்சிராசனி, (*id.* அசனி), la foudre d'Indiren, son drapeau (qui représente la foudre).

*வச்சிராப்பியாசம், (*id.* அப்பியாசம்), multiplication difficile.

*வச்சிராயுதம், (*id.* ஆயுதம்), l'arme de diamant—, la foudre d'Indiren.

*வச்சிராவர்த்தம், (*id.* ஆவர்த்தம்), [l'arc de Râmen.

*வச்சிரி, (வச்சிரம், i), celui qu'on dit armé de la foudre, *i.e.* Indiren, Vatsiri, un des saints déifiés des Samanéens, buffle, euphorbe.

வச்சிரீசுரணம், (வச்சிரம், i *augment*), les 3 premiers pouls ou artères de la physiologie indienne nommés சுழிமுனை, இடை, பிங்கலை, *V.* தசநாடி *au mot* நாடி.

வச்சைசயம், chevreuil.

*வஷ்கம், (vaska), persévérance, application, allée.

*வஷ்கயம், (vaskaya), veau d'un [an.

*வஷ்கயணி, (வஷ்கயம்), vache qui a plusieurs veaux.

*வஸ்தம், (vasta), chèvre, maison.

*வஸ்தி, (vasti), bas-ventre, vessie, seringue: —சலம் urine; —சிரசு cou de la vessie, tuyau de seringe; —சோதனம் diurétique.

*வஸ்திரம், (vastra), habit, vêtement, toile, couverture: வஸ்திரகுட்டிமம் ombrelle; —கிரகம் tente; —நிர்ணேசகன் blanchisseur; —புத்திரிகை poupée, marionnette; —பேதகன், —பேதி tailleur d'habits; —போசனம் le vêtement et la nourriture; —யோனி base des vêtemens comme coton, laine, soie.

*வஸ்திராஞ்சலம், (வஸ்திரம், அஞ்சலம்), bord —, extrémité d'un vêtement.

*வஸ்திராபரணம், (*id.* ஆபரணம்), habits et bijoux.

*வஸ்து, 1° (vastou), chose, être, l'être par excellence, Dieu, nature, essence, substance,— d'une chose, sujet d'un poème... 2° liqueur distillée, arack, chose enivrante: *pl.* வஸ்துக்கள், வஸ்துக்கள் propriété, biens; —தாரணை le târanei de l'être, le 7$^{me}$ des 9 தாரணை; —நிச்சயம், —நிர்ணயம், —நிதானம் certitude de l'existence de l'Être suprême, créateur de l'univers et détermination de ce qu'il est; —பரிச்சேதம் restriction quand à la nature ou à la qualité, dire: ceci est un être, cela n'en est pas; —மாத்திரம் esquisse —, plan d'un discours; —வந்தரம், (அந்தரம்), autre objet; —வாகனங்கள் propriété ou meubles et équipages; —விபவம், (விபவம்), —வாசனி *ou* வாசனி, (ஆசனி), destruction —, perte de la propriété; —வித்தியாபதி un des 32 ordres ou traités d'architecture.

வஜா, (*arabe*), déduction, remise.

*வஞ்சகம், (வஞ்சு, ka), tromperie, fraude, ruse, finesse, perfidie (c'est un des caractères du தாமதகுணம்), cachette, chacal, mangouste apprivoisée: —ஆய் perfidement, en traître, frauduleusement; —பண்ணுகிறது tromper, duper, trahir; —பேசேல் ne parle pas frauduleusement; வஞ்சக

ப்பேச்சு, — ச்சொல் parole trompeuse;—மூடி tortue; — வொழிப்பு, (அழிப்பு), figure qui déguise sous de beaux mots la nature de l'objet à décrire. *Ex.* இம்மடந்தைகட்கடை நோக்கென்னும் பெயரின்கொண்டி டம் வஞ்சவேள்வாளியெடும் la flèche de ce furieux Kâmen tue en prenant le nom du regard du coin de l'œil de ces femmes.

*வஞ்சகன், (*id.*), traître, trompeur, rusé, artificieux, débauché, renard. [வேசி.

வஞ்சகாரம், l'arbrisseau வொடி.

*வஞ்சதம், (வஞ்சம், tha *affixe*), ruse, fourberie. [be, filou.

*வஞ்சநன், (*id.*), trompeur, four-

*வஞ்சம், 1° (vantcha *tromper*), tromperie, fraude, ruse, supercherie, perfidie, hypocrisie, illusion, fausseté, mensonge. 2° violence, cruauté, épée, petitesse. 3° *P.* வஞ்சம், multitude, assemblée (il vient surtout à la fin des 4 premières divisions du பொசுழுமி); — தீர்க்கிறது venger, se venger, mettre fin à la perfidie;—தீர்தல் vengeance, se venger; — தீர்த்துக்கொள்ளும்நாள் le jour de la vengeance,—où l'on mettra fin à la perfidie; வஞ்சநவிற்சியணி, fig. de rhét. par laquelle on dissimule une excellente qualité qui vient d'une cause en l'attribuant à une autre cause; — ப்பழிப்பணி figure par laquelle on montre le mépris qui vient d'une action méprisable; — ப்புகழ்ச்சியணி fig. de rhét. qui renferme une louange ironique, une ironie louangeuse et une louange véritable; —ப்பெண் fille ou femme perfide, nom d'une servante de Kâli; — முனி le perfide mouni, i. e. Râvanen qui sous la forme d'un mouni enleva சீதை. [fide, le serpent.

வஞ்சயம், (வஞ்சம்), le reptile per-

*வஞ்சனம், 1° (வஞ்ச, na), fraude, tromperie. 2° nom d'un poisson, vœu.

*வஞ்சனி, *fém. du préc.* la perfide, —Dâkini, diablesse, servante de Kâli, fille, femme,

*வஞ்சனை, 1° (வஞ்சனம்), fraude, tromperie, déception, perfidie, illusion, mensonge. 2° serment, vœu, prétendue déesse: — பண்ணுகிறது tromper, duper, trahir, filouter; — யாளன் ou

*வஞ்சன், (வஞ்சம்), trompeur, filou, traître, perfide.

*வஞ்சி, 1° l'arbre vangsi, guirlande de vangsi, — de feuillage de vangsi, (on en couronnait ceux qui avaient marché à l'ennemi, *V.* அஞ்டமெற்றிமாலை, *d'où*) marche à l'ennemi, plante grimpante ou rampante, nom générique des arbrisseaux grimpans, la plante சீந்தில், la ville de Karour ou கருவூர் (ancienne capitale du roi சேரன், une ville de ce nom se trouve dans le Coimbatore; on est en doute de savoir si c'est cette même capitale ou une autre ville de ce nom), femme ou fille, la prétendue deesse தருமதேவதை ou Parvadi, espèce de strophes ou de vers dits வஞ்சிப்பா, espèce de combinaison ou d'enchaînement de pieds de vers dit வஞ்சித்தளை. 2° *imp. et part. de* வஞ்சிக்கிறது —ச்சீர் pieds de vers de 3 syllabes métriques terminés par un நிரையசை ou une double syllabe brève: ils sont au nombre de 4 nommés: தேமாங்கனி, புளிமாங்கனி, கருவிளங்கனி et கூவிளங்கனி, et sont propres aux vers வஞ்சிப்பா; — த்தளை connexion de pieds de vers propre aux vers வஞ்சிப்பா et qui consiste en ce qu'après un pied qui finit en கனி ou en நிழல், il vienne une brève ou une longue, voyez ஒன்றியவஞ்சித்தளை et ஒன்றாதவஞ்சித்தளை; — த்தாழிசை variété des vers வஞ்சிப்பா, cette espèce contient trois strophes de 4 vers de deux pieds, ou parfois de 3 pieds sur le même sujet; — த்துறை variété du வஞ்சிப்பா, elle contient 4 vers de 2 pieds d'égale mesure; — ப்பா une des 5 espèces de vers ou de strophes peu usitée; elle emploie principalement les pieds dits வஞ்சிச்சீர் et la connexion dite வஞ்சித்தளை. Elle se compose de vers de 2 ou 3 pieds; la strophe comprend 3 vers ou même plus, reçoit le தனிச்சொல் ou mot séparé et finit par le சுரிதகம் de l'ஆசிரியம்;—மாலை guirlande de வஞ்சி dont on couronne ceux qui marchent à l'ennemi;— யுரிச்சீர், V. வஞ்சிச்சீர்; — விருத்தம் variété des vers வஞ்சிப்பா, elle contient 4 vers de 3 pieds;—வேந்தன் le roi de வஞ்சி ou கருவூர், i.e. சேரன்.

வஞ்சிக்கிறது, சித்தேன், சிப்பேன், சி, சிக்க, v.a.(வஞ்சம்), வஞ்சித்தல், n v. tromper, duper, filouter, trahir.

*வஞ்சிதம், (vantchita), tromperie, déception.

வஞ்சியர், pl. de வஞ்சி. femmes;—நோக்கம் ce que regardent les femmes, miroir.

வஞ்சிரம், le poisson வஞ்சிரம்.

வஞ்சினம், serment, imprécation.

வஞ்சினர், trompeurs.

*வஞ்சுகன், (vantchouka), trompeur.

*வஞ்சுளம் (vantchoula), l'arbre அசோகு, uvaria. [சிக்குருவி.

*வஞ்சுளன், (id.), l'oiseau noir கரு

வஞ்சுரன், espèce de poisson.

வட, obl. de வடக்கு, du nord, boréal, septentrional. 2° obl. de வடம், de multipliant...:—கயிலாயம்,— கயிலை le Kaïlâsam du nord ou paradis fabuleux de Siven (par opposition à தென்கயிலை ou பொதியமலை résidence d'Agastyen); —கரை rivage ou bord septentrional d'un fleuve ou d'une rivière...;—கலை la science du nord, i.e. le sanscrit;—காற்று vent du nord;—கிரி, V. வடமேரு;— கிழக்கு, — கிழ்த்திசை le nord-est; — கிழ்த்திசைப்பாலன் le prétendu gardien du nord-est, i.e. ஈசானன் ou Siven; — கிழ்த்திசைப்பாலன் குறி le signe ou emblème du gardien du nord-est, i. e. le corbeau; — கிழ்த்திசையானை l'éléphant qui, au dire des Indous, soutient le monde au nord-est, ils le nomment சுப்பிரதீபம் et sa femelle அஞ்சனவு

தி;—கோடு extrémité nord de la lune à son croissant ou à son déclin;—கோண்டை vent du nord-est dans la chaude saison; — கயிறு grosse corde, câble, — avec lequel on tire un char de procession, corde qui sert à exhausser ou à abaisser la charrue;—சிறகு rangée de maisons du côté du nord;—சொல், — தமிழ் le langage du nord, le sanscrit; — திசை le nord, le côté nord (du monde...);—திசைப்பாலன் le prétendu gardien du côté nord, i.e. Koubèren; —திசைப்பாலன்குறி le signe ou emblème du gardien du nord, i. e. l'éléphant;—திசையானை l'éléphant qui, au dire des Indous, soutient la terre au côté nord: ils le nomment சார்வபூமம் et sa femelle அஞ்சனை;—தேசம் pays septentrional, — au nord du Maduré;— தைடபகுபதம் mot sanscrit ayant une terminaison ajoutée à la racine; — நூல் livre sanscrit, —du nord;—நூல்வலர் savans en —, auteurs sancrits;— பத்திரம் le multipliant ஆயமாம்;—பத்திரை la plante dont les fibres des feuilles servent à faire des cordes d'arc, sanseviera zeylanica;— பரதம் le nord de l'Inde;—பாரிசம், — பால் le côté nord; — பாலிரேபதம் pays au nord des monts Rèpadam, un des நவகண்டம்;—பால்விதேகம் pays au nord du விதேகம், c'est aussi un des நவகண்டம்; — புறம்,— பக்கம் côté du —, côté nord; — பூமி contrée septentrionale; — மரம் le multipliant dit ஆயமரம்;—மலை la montagne du nord, i.e. le mont Mahâmèrou, la montagne et la ville de Tiroupadi ou வடவேங்கடம் qui était la borne nord du pays tamoul, V. திசை-ன்;—மலையான் le montagnard du nord, i. e. வேங்கடேச்சுவரன், forme de Vichnou et idole de திருப்பதி ou வேங்கடம்;—மலையாணன், 1° V. வடமலையான். 2° ou —மலையாண்டன் espèce de riz;—மீன் l'étoile du nord, petite étoile nommée அருந்ததி située près de la grande Ourse à côté de celle du milieu de la queue qu'on dit être வசிஷ்டன் son mari; — முகம் côté du nord; — மேரு la montagne du nord dite மகாமேரு; — மேற்கு, — மேற்றிசை le nord-ouest; — மேற்றிசைப்பாலன் le prétendu gardien du nord-ouest, *i.e.* வாயு ou Vâyou; — மேற்றிசைப்பாலன்குறி le signe ou l'emblême du gardien du nord-ouest; c'est un âne ; — மேற்றிசையானை l'éléphant qui, au dire des Indous, soutient le côté nord-ouest de la terre, ils le nomment புஷ்பதந்தம் et sa femelle சுதந்தி; — மொழி mot —, langage du nord, *i. e.* mot sanscrit ou le sanscrit; — வாசி, *m.* — வாசினி, *f.* l'habitant —, l'habitante du multipliant, espèce de demi-dieu et demi-déesse dits யக்ஷர், யக்ஷினி, qu'on suppose habiter dans les multiplians: — விதேகம் le pays au nord du விதேகை, c'est un des நவகண்டம்; — விருக்கம், — விருக்ஷம், — விருட்சம் le multipliant (dit ஆலமரம்); — விரோபதம் le pays au nord des monts Rèpadam, c'est aussi un des நவகண்டம்; — வேங்கடம் le வேங்கடம் du nord, *i. e.* திருப்பதி (par opposition à தென்வேங்கடம் ou Vengada du sud, surnom de அழகர்மலை près de Maduré).

*வடகம், 1° (vataka), espèce de pâtisserie, — d'assaisonnement composé de pois, d'oignons, de cumin... broyés et frits dans l'huile ou le beurre. 2° fruits secs, peau, couverture, manteau, robe, habit de dessus, amusement, récréation: — ஆய்க்காய்ந்தவன் homme sec, maigre et décharné; — இடுகிறது, — போடுகிறது préparer l'assaisonnement susdit.

வடக்கத்தியான், (வடக்கு), homme du nord: வடக்கத்தியார் les peuples ou les gens du nord, les septentrionaux.

வடக்கு, (வட), le nord: வடக்கே vers le —, au nord, du côté du nord.

வடந்தை, (*id.*), vent du nord.

வடமர், espèce de brames.

*வடம், (vata), le multipliant ou ஆலமரம், cordon, corde, câble, lien, cercle, rond, zéro, balle, globe, petit coquillage dit cauris qui sert de monnaie, collier de perles, — de pierreries, espèce de pâtisserie, — de gâteau composé de pois broyés et cuits dans le beurre, égalité en figure ou dimension. 2° ville, bouton de fleurs

*வடரம், (vatara), turban, toque, toile de la tête, natte, batte à beurre

*வடரன், (*id.*), homme méchant, pervers, vil ou stupide, coq, voleur.

வடலி, jeune palmier: — வெற்றிலை mauvais bétel.

வடவண்டைவாசடை, (வட, அண்டை), côté nord d'une rue.

வடவனல், வடவைக்கனல், *வடவக்கினி, வடவாமுகம், வடவாமுகாக்கினி, வடவானலம், (வடவை, அனல், கனல், அக்கினி, முகம், அனலம்), feu sous-marin, — éternel qui doit dévorer le monde, (en mythologie, être composé de flammes avec une tête de jument ou வடவை qui sortit des cuisses de Ourvâ et fut reçue par l'océan.

*வடவாசுதர், (வடவை, சுதன்), les fils de Vadavei ou de la jument, les médecins des dieux indous dits அச்சுவினிசுதர், fils de la nymphe Asvini ou வடவை.

*வடவை, 1° (badavâ), jument, la nymphe Asvini ou அச்சுவினி, personnification de la 1^re^ constellation représentée par une tête de jument, femme esclave. 2° le feu sous-marin et éternel dit வடவாக்கினி, buffle, femelle d'éléphant.

*வடாகரம், (vatâkara), corde.

வடாது, (வட, அது), nord.

*வடாவிகன், (vatâvika), voleur.

*வடி, 1° (vati), corde, bride, licou, espèce de tique ou de pou. 2° callou ou jus de cocotier..., chien, pointe. 3° *imp. de* வடிக்கிறது. 4° *s. v. imp. et part. de* வடிகிறது, fluide, clarifié, purifié, distillé: — கட்டுகிறது faire distiller, — égoutter, filtrer, passer, — à travers un linge, — par l'étamine, tamiser la farine, sasser; —வடிகயிறு bride de cheval, licou; —காது longue oreille pendante; —க்கதிர், —க்கருவி, —க்கருது fuseau, instrument à tordre le fil; —சாந்து parfum exquis, —raffiné, stuc, stucage, crépi fin; —தங்கம் or fin, or pur; —தமிழ் tamoul alambiqué, —clair, pur; —தயிர் lait caillé dont on fait égoutter l'eau; —வெண்ணெய் huile clarifiée, —dont on a retiré la lie.

வடிகிறது, டிந்தேன், டிவேன், டி, டிய, *v.n. et* வடிந்துபோகிறது, s'écouler, découler, couler, —en bas, dégoutter, s'égoutter, distiller, décroître, diminuer, *v.g.* l'eau d'une rivière, tarir, se dessécher, descendre, refluer (*v.g.* la marée vers la mer...), s'allonger: ஆறொருமுழம்— la rivière décroître ou baisser d'une coudée; இரத்தம்—le sang couler, *v.g.* d'une plaie; புருவிக்கி — le pus découler d'un ulcère; வடிந்துகொண்டிருக்கிறது s'écouler, être à —, couler; வடிந்தகாது longue oreille pendante. [kâ), pilule, bol.

வடிகை, 1° *n.v. du préc.* 2°* (vati-

வடிக்கிறது, டித்தேன், டிப்பேன், டி, டிக்க, *v.a. de* வடிகிறது *et* வடிக்குதல் *ou* வடித்தல், *n. v. et* வடித்துப்போடுகிறது, faire couler, —découler, —égoutter, —écouler (*v.g.* l'eau dans laquelle le riz a bouilli, en penchant le vase), décanter, déféquer, tirer au clair, distiller, filtrer, passer à l'alambic, clarifier, purifier, aiguiser, affiler, rendre pointu, mettre en —, prendre possession: கொழு— aiguiser un soc de charrue: எழுத்தாணியை — aiguiser le poinçon à écrire.

*வடிசம், வடிசி, வடிசை, (vadisa, —sâ, —si), hameçon (pour pêcher).

வடிசல், *P.* வடிதல்: வடிசற்காது longue oreille pendante.

வடிதல், *n.v. de* வடிகிறது, écoulement, distillation, décroissement, tarissement, reflux de la marée, allongement, longueur.

வடித்தல், *n.v. de* வடிக்கிறது.

வடிப்பம், beauté, élégance, méthode, éloquence, arrangement, réparation, force: வடிப்பமாயிருக்கிறது être beau, joli; வடிப்பமாய்நம்பலாம் on peut très-bien le croire.

வடிப்பு, *n.v. de* வடிக்கிறது, action de faire couler..., écoulement, distillation, clarification, broche.

வடிம்பு, bout, extrémité, bord (d'un toit, d'un vêtement...); —க்கழி pièce de bois —, soliveau ou perche mise en travers à la toiture, traverse, bordure opposée; — மிடுக்கிறது joindre —, attacher les traverses à un toit.

வடியல், *n.v. de* வடிகிறது, reflux de la marée, ce qui a découlé, eau qui s'est écoulée, — retirée, écoulement.

வடிவம், 1° forme (du corps...), figure, air, mine, corps, beauté, élégance. 2° *P.* வடிவோம், nous coulerons, etc., *fut. de* வடிகிறது: வடிவுவமம் comparaison avec la figure; *Ex.* சிவன் வடிவேகுருவடிவு la figure du gourou ressemble à celle de Siven.

வடிவு, 1° *n.v. de* வடிகிறது, décroissement ou diminution (de l'eau dans un fleuve...), reflux de la marée. 2° beauté, forme, figure, vulve: இவனுக்குவடிவுமெத்த il est très-beau; ஓசை— beauté du son, son bien articulé; —ப்பண்புத்தொகை ellipse du mot qui montre la forme comme வட்டக்கல் pierre ronde, *P.* வட்டவுருபானகல் pierre qui est de forme ronde; —ப்பானை vase qui reçoit l'eau distillée qui découle d'un autre vase; இப்போது — துவக்கினது le reflux a commencé maintenant; வடிவாய்வாய்க்குநிற்கின்றநீர் eau qui s'écoule ou se retire lentement comme le reflux de la mer; வடிவெழுத்து jolies lettres, belle écriture.

வடிவோர், (வடிவு), qui sont beaux, qui ont la forme ou la figure de (à la fin des mots composés).

வடு *gén.* வடுவின், *pl.* வடுக்கள், 1° fruit non mûr, — encore tout vert, faute, défaut, outrage, injure, flétristure, cicatrice, marque,— flétrissante,—de coups ou de brûlure, cuivre, luth des pays cultivés, scarabée, verrue, poireau, môle, épée. 2° * (vatou), jeune homme,—brame étudiant après son investiture. 3° *imp.de* வடுக்கிறது: நாவினாற்சுட்ட வடுவாறாது la cicatrice faite par une langue brûlante ne guérit pas; —சொல்லாற்சுடுகிறது dire des injures, —des mots flétrissans, calomnier, diffamer;—படுகிறது,—பட்டிருக் கிறது être marqué, avoir une cicatrice, une flétrissure,—des verrues, devenir coupable, être en faute, être injurié, diffamé, accusé, flétri; —படுத்துகிறது marquer, imprimer une flétrissure ou une marque flétrissante, accuser, rendre coupable, diffamer, injurier, flétrir;—வரி scarabée;—இல்லாச்சாதி caste irréprochable, sans flétrissure; வடுவும்பு ள்ளியுமாயிருக்கிறது être couvert de verrues et de taches.

வடுக,*adj.de* வடுகன் ou வடுகு, de caste—, du pays télinga.

வடுகச்சி, *fém.de* வடுகன், femme—, télingate.

*வடுகன், 1°(வடு, ka), jeune homme,—brame étudiant, benêt, stupide. 2°(வடுகு), homme de caste—, télinga, Baïraven fils cadet ou forme de Siven: வடுகக்காது oreille de Télinga, *i.e.* grande oreille pendante, lobe de l'oreille élargi: வடுகப்பெ ண் femme télingate; வடுகன்றாய் ou வடுகி, la mère de வடுகன் ou de வ யிரவன், la prétendue déesse des forêts dite காடுகாள், le fleuve du Gange.

வடுகு, 1°(வடக்கு), le pays télinga ou télingana, au nord du pays tamoul, la langue—, la nation télinga. 2°(*P.* வடுகாசனம்), investiture du cordon bramanique, luth des pays cultivés, l'air ou la mélodie dite இந்தளம்.

வடுக்கிறது, வடுத்தேன், வடுப்பேன், வடு, வடுக்க, *v. n.* வடுத்தல், *n.v.* (வடு), le fruit se former, se nouer dans la fleur.

வடுக்கூடை, grande corbeille profonde.

*வடுகாசனம், (வடு, உ *allongé*), investiture du cordon bramanique.

*வடை, (vadâ), espèce de gâteau fait de farine d'உழுந்து ou phaseolus radiatus et de fleur de farine de riz et frit dans l'huile:—வற்றது chose inutile,—qui ne vaut pas même un de ces gâteaux, ce qui n'en a pas. [*n.v.de* வட்குகிறது.

வட்கம், destruction, honte, *opt. et* வட்கார், *n.app.nég. du même*, ennemis, gens qui n'ont pas honte.

வட்குகிறது, வட்கினேன், குவேன், கு, க, *v.n.* se perdre, se gâter, être détruit, gâté, ruiné, honteux, couvert de honte. [laire.

வட்ட, *adj.de* வட்டம், rond, circu-

வட்டகை, 1°(வட்டம், கை), main—, bras rond,—arrondi. 2° petit plat, —bassin. 3° *ou* வட்டகைநிலம் enclos, terre enfermée de haies. [clier.

வட்டணம், (வட்டம்), long—, bou-

வட்டணிக்கிறது, வணித்தேன், வணி ப்பேன், வணி, வணிக்க, *v.a. et n.* (வட் டம்), *et* வட்டணித்தல், *n. v.* rendre rond ou circulaire, arrondir, venir en rond, en cercle: வட்டணிக்கக்கீ றுகிறது ciseler—, tailler—, tracer —, dessiner en rond.

வட்டணிக்கை, *n.v. du préc.* action d'arrondir, rondeur, rond, compas, —de mer.

வட்டணை, (வட்டம்), cymbale, cercle: —புடைக்கிறது, —புடைத்தல் battre des cymbales.

வட்டம், 1° (*corr.de* விருத்தம் *rond*), rond, rondeur, figure ronde, cercle, petit district,—pays, —espace, chose circulaire, halo ou rond autour du soleil ou de la lune, roue, —de potier, meule de —, moulin, —à blé, bracelet, ornement des épaules, bouclier, étang, réservoir (ordinairement rond), vase, réceptacle, plat, assiette, jatte, grande cruche, amphore, bâton recourbé en demi-cercle (et qui sert d'arme), sonnette, toile, habit, bassesse, abaissement,abjection,creux,terrain bas, siége, chaise. 2° escompte, perte sur le change de l'argent, prime, agio, ou gain sur le change des monnaies, place: இந்தவட்டங்களிலொன்றுங்காணேன் je ne vois rien dans ces lieux; —ஆயோடுகிறது courir en cercle, en rond; —ஆயோட்டம் course—, mouvement circulaire; —ஆயோடினாலுங் கவானவாசற்புகுதவேண்டும் quoique l'on coure tout autour ou qu'on fasse de longs circuits, il faudra entrer par la porte: —இடுகிறது décrire un cercle, tourner, —autour; —கழுகு —இடுகிறது le milan décrire un cercle dans l'air; —இட்டுமுழங்குகிறது le tonnerre gronder tout autour; —இட்டுமாற்றுகிறது échanger en payant de l'escompte, payer l'escompte, —l'agio ou la différence dans le change des monnaies: —கட்டுகிறது, —கட்டிக் கொடுக்கிறது payer l'escompte, l'agio ou la différence de valeur des monnaies échangées; —பண்ணுகிறது réciter les louanges de Dieu un certain nombre de jours ou selon l'ordre des jours; —விழுகிறது y avoir de l'escompte ou du gain, gagner dans l'échange des monnaies, dans un marché; வட்டக்கலம் vase—, plat rond; —க்காரன் changeur, —de monnaie: —க்கிலுகிலுப்பை l'arbrisseau crotalaria verrucosa; —க்குடில் grande cabane ronde; —க்கொக்கு partie ronde du fond ou du bas de la coque de coco; —க்கோல் périphérie, circonférence d'un cercle, bâton arrondi, —rond; —ச்சீட்டு billet établissant une prime pour échange de marchandises ou pour argent prêté à intérêt; —ச்செலவு escompte, prime, agio, balance de l'intérêt; —த்தலைப்பா toque ronde, turban rond; —த்தாமரை nénuphar rond, arbre du Maléalam dont les feuilles ressemblent à celles du nénuphar; —த்திரி mèche ronde, —pour mettre le feu à un fusil, mèche prompte ou lente, morceau de toile roulée et mise dans le trou fait aux oreilles pour l'élargir; —த்திருப்பி les plantes பொன்முசுட்டை, மலைதாங்கி et பங்கம்பாலை; —த்துத்தி espèce d'arbrisseau; —த்தொப்பி calotte ronde ou bonnet rond des Musulmans; —ப்படவிருக்கிறது être plat et rond; —ப்பாறை rocher rond et plat, grande pierre ronde, surface pierreuse et aride; —ப்பாறைநாச்சியார் nom d'une idole de Dourgâ à திருவாத்தூர் dans une caverne couverte d'un énorme rocher rond; —மணியம் intendance ou régie d'un petit district; —மோதிரம் anneau à chaton ou cachet rond; —வடிவு forme circulaire; வட்டத்துக்குக்கொடுக்கிறது donner ou prêter à escompte (pour le change). [விருத்தம்.

வட்டசவு, (வட்டம்), rondeur, V.

வட்டறவு, (வட்டு, அறவு), entière conclusion, —fracture, — rupture.

வட்டா, plat, écuelle, coupe, sorte de vase.

வட்டாகாரம், வட்டாகிருதி, (வட்டம், ஆகாரம், ஆகிருதி), forme circulaire. [dames, d'échecs.

வட்டாடல், (வட்டு, ஆடல்), jeu de வட்டாடுகிறது, (id. ஆடுகிறது), jouer aux dames, aux échecs.

வட்டாப்பத்து, (வட்டா), éventail fait des feuilles du palmier தாளிப்பனை ou corypha.

வட்டாரம், circuit, contour, course autour d'une—, maison, endroit dans une maison où l'on met le grain, magasin au grain: வட்டாரங்கேட்கிறது s'informer tout autour; வட்டாரமெல்லாம்போய்விருக்கின்றது toute la maison est partie, est détruite ou en décadence.

வட்டி, 1° (corr. de விருத்தி), intérêt, —, d'argent prêté, usure, revenu de terre, cauris ou petits coquillages qui servent de monnaie, panier grossier fait de feuilles de palmier, espèce de maladie des femmes enceintes. 2° imp. de வட்டிக்கிறது: அநியாய— usure injuste, intérêt exorbitant; தர்ம—intérêt charitable, usure modérée et légale; வட்டிக்கணக்கு règle d'intérêt; — முதலிழக்கிறது perdre capital et intérêts: வட்டிக்குக் கொடுக்கிறது prêter à intérêt; வட்டிக்குவட்டி intérêt des intérêts; வட்டிக்குவாங்குகிறது emprunter à intérêt: வட்டிக்குவாசிக்குவாங்குகிறது emprunter à intérêt ou sans intérêt.

**வட்டிகை**, 1° corbeille, panier, sonnette, peinture, gravure, sculpture, une des 4 espèces de parfums. 2° (வட்டம்) cercle, rond:

**வட்டிக்கிறது**, ட்டித்தேன், ட்டிப்பேன், ட்டி, ட்டிக்க, *v.a et n.* வட்டித்தல், *n.v.* 1° jurer, faire serment, battre des cymbales, servir (à table, de la nourriture), distribuer des mets, censurer, gronder, réprimander vertement. 2° (வட்டம்), être rond, — circulaire, s'arrondir: பந்திக்கு — distribuer des mets aux convives assis en rangs; அவன்என்னைவட்டித்தான் il m'a blâmé, — grondé.

**வட்டிப்பு**, *n.v. du préc.* action de jurer..., rondeur, rond.

**வட்டில்**, corbeille, panier, — pour arroser, pour puiser de l'eau d'un étang, plat, coupe, assiette, bassin, — de cuivre, vase, terrine, chemin, toile à —, damier, échiquier indien dit சொக்கட்டான்.

**வட்டு**, (வட்டம்), dame —, pion de damier, pion demi-circulaire, demi-sphéroïde, le jeu d'échecs dit சொக்கட்டான், boule, rondeur, morceau rond, l'arbrisseau ou la plante கறிமுள்ளி, l'endroit d'où sort le bourgeon ou le jet de l'arbre: — கத்தரி. — வழுதுணை bringelle, la plante dite கத்தரி; — க்கருப்புக்கட்டி boule de mélasse avec de la chaux; — க்குத்தி endroit de l'arbre d'où sort le bourgeon; — ச்செடி l'arbrisseau கறிமுள்ளி. [d'un habit.

**வட்டுடை**, toile, habit, particularité

**வட்டுவம்**, sac à plusieurs compartimens, sac au bétel, — pour mettre l'arec, le bétel et la chaux à mâcher: வட்டுவப்பை compartiment ou poche de ce sac: வட்டுவத்திக்கேயடி போட்டதோ வட்டுவத்துக்குமாத்திரமோ படும் உள்ளிருப்பதுகளுக்கெல்லாம்படுமே un coup donné sur le sac à bétel n'affectera-t-il que le sac? certainement il affectera tout ce qui est dedans.

**வட்டுறுப்பு**, (வட்டு, உறுப்பு), correction, *V.* திருத்தம்.

**வட்டை**, chemin, voiture, charrette, char, roue sans le train.

**வட்புலி**, (வல், புலி), le tigre fort, *i. e.* le lion.

**வணக்கம்**, *n.v. de* வணங்குகிறது, vénération, révérence, respect, honneur, soumission, adoration, invocation à la divinité, c'est une des 3 மங்களாசரணை: — உள்ளவன் homme respectueux, civil, humble, soumis: அவனுக்கு — ஒன்றுமில்லை il est sans respect, il ne respecte personne, on ne lui témoigne aucun respect.

**வணக்குகிறது**, *sync*, வணக்கிறது, க்கினேன், க்குவேன், க்கு, க்க, *v.a. de* வணங்குகிறது *et* வணக்கல் *ou* வணக்குதல், *n. v.* soumettre, assujettir, rendre obéissant, respectueux, plier, courber.

**வணங்கல்**, *opt. et n.v. de* வணங்குகிறது, respect, honneur, révérence, salutation, adoration, courbette, courber.

**வணங்கா**, வணங்காத, *part. nég. du même*, qui ne plie pas, ne révère pas: வணங்காக்கழுத்து cou roide, revêche, insubordonné, torticolis: — முடியன், — முடியினான், — முடியோன், (முடி), Douryôdhanen qui ne plia jamais la tête pour saluer personne, ou pour se soumettre, celui qui ne salue, ne respecte personne; வணங்காதவன் homme qui ne respecte personne, insubordonné, désobéissant, fier, arrogant, indolent.

**வணங்குகிறது**, *sync.* வணங்கிறது, ங்கினேன், ங்குவேன், ங்கு, ங்க, *v.a.* வணங்குதல், *n.v.* révérer, vénérer, respecter, saluer, — respectueusement, adorer, honorer, *v.n.* se soumettre, se courber, s'incliner, se plier: வண.

வித்தேசெய்கிறது faire avec respect, —tous ses efforts pour exécuter une chose; — கடுசொல்லுகிறது parler respectueusement, humblement, avec soumission, ayant vénéré... [voûté.

வணர், courbure, voûte, arche, toit

*வணிகம், (banik), trafic, commerce, négoce.

*வணிகன், (id.), commerçant, marchand, négociant, fermier, pâtre, le signe de la Balance: வணிகபுத்ம், — பாரம் commerce, trafic; — புத்து la plante qui donne l'indigo (ami des marchands); — புத்திரன், — புத்திரி, fils—, fille de marchand; — வாகன் le chameau monture du marchand; வணிகராக்குடவிலம்பு, V. அரக்குடவணிகக்குணம். [des காரணம்.

*வணிக்கம், (id.), bœuf, le 6me

*வணிசம், (banidj ou banik), le 6me des கரணம், celui du —, bœuf.

*வணிச்சியம், (banidjya), trafic, commerce. [chose jolie, belle.

வணிதம், bien, beauté, élégance,

வண், clarté, abondance.

வண்காளர், (வண்), agriculteurs, laboureurs, vellages, fermiers, choutres, gens de la 4e caste.

வண்சிறை, (id.), mur, rempart (de ville ou de fort,. [ண்டம்.

வண்ட, obl. de வண்டன் et de வ

*வண்டகம், (vantaka), part, portion.

*வண்டம், 1° (vanta), part, portion, manche de faucille. 2° (vantha), javeline. 3° (vanda), bœuf sans queue.

*வண்டரம், (vanthara), nuage, queue de —, chien, poitrine, corde pour attacher une chèvre, nouvelle pousse de palmier, gaine qui enveloppe le jeune bambou.

*வண்டரன், (vandara), eunuque, avare, gueux.

வண்டர், 1° bardes, — qui chantent de vieilles compositions, — des poésies qu'ils ont apprises, — des louanges..., — des poésies propres à chaque heure, panégyristes. 2° pl. de வண்டன்.

வண்டலம், (வண்டல்), boue.

வண்டல், lie, sédiment, — au fond du vase, boue, vase, — sèche d'étang, de rivière..., résidu, tournant d'eau, gros caillou, — gravier, jeu de femmes: குடத்து — sédiment —, vase au fond d'une cruche: இரச — lie de vin, de jus de fruits; வண்டற்படுகரை bord fangeux de rivière..., — formé de la vase. [division.

*வண்டனம், (vantana), partage,

வண்டன், 1° homme vaillant, robuste, vagabond, goujat, vaurien, homme vil, méchant, libertin, impudent, débauché, barde, panégyriste. 2° (vantha), courtaud, nain, garçon, non marié. 3° (vanda), manchot, estropié, impuissant, châtré, circoncis: வண்டத்தனம் mauvaise action, — conduite, vie débauchée, libertinage, impudence, dévergondage, méchanceté; — த்தனத்துக்குக் கொடிகட்டுகிறது élever l'étendard du libertinage, se vanter de son libertinage; — பேச்சு langage impudent, — injurieux; — க்கூலி salaire honteux, — de libertinage; — க்கூலிக்காரி prostituée, femme d'hôtellerie, de trafic honteux.

*வண்டாலம், (vandâla), description d'un combat, contestation des héros, bateau, hoyau.

வண்டாரம், héron, pélican.

வண்டி, P. பண்டி, charrette, voiture, ventre: — க்காரன் charretier; — க்கால் roue de charrette; — த்தடம் route à charrettes, ornière.

வண்டிக்குடங்கம், (வண்டி, குடம், அச்சு), trou de l'essieu, — du moyeu.

வண்டில், char, charrette, voiture, — à 2 roues, cabriolet: — ஏறுகிறது monter en voiture; — வடம் corde de char; வண்டிற்காரன் voiturier, charretier; — கால் roue de charrette, de voiture...; — சட்டம், — கூலி prix —, tarif —, louage d'une voiture; — தொடில் suspensoir porté sur une charrette, V. au mot தொடில்.

வண்டு, insecte ailé (en général

et surtout ceux dont les ailes sont recouvertes d'étuis), scarabée, escarbot, hanneton, abeille, guêpe, cigale, flèche, faute, bracelet, conque, la 8me constellation dite மூலம்: வண்டுகள் விழுவது விளக்கில் மனிதரும் விழுவது பெண்டிரிலே non seulement les insectes volatiles périssent (par leur imprudence), mais les hommes aussi, ceux-là en se jettant sur une lampe, et ceux ci en s'abandonnant aux femmes perdues; வண்டுகடி piqûre d'insecte, de guêpe, cicatrice d'une telle piqûre; —கொல்லி nom d'un oiseau qui dévore les insectes; —கொல்லி l'arbrisseau cassia alata dont les feuilles servent à guérir des éruptions cutanées; —மாம்பழம் mangue qui a un insecte dans le noyau; —மோவாமலர் fleur que les insectes ne flairent pas; வண்டுண்ணாமரம், (உண்ணா), arbres à fleurs que les insectes ne mangent ou ne touchent pas, c'est le சண்பகமரம் et le கேதகை; வண்டேறாமலர், (ஏறு மிறங்கு), fleur sur laquelle les insectes ne montent pas ou qu'ils ne touchent pas; வண்டொலி, (P. உணா), son d'insecte, son inarticulé, qu'on ne peut représenter par des lettres.

வண்டாடை, 1° la plante légumineuse hibiscus sinnantus. 2° (vandâ), femme débauchée.

வண்டோதரி, P. மண்டோதரி, Mandôdari femme de Râvanen, c'est une des பஞ்சகன்னிகை.

*வண்ணகம், 1° (வண்ணம், ka), odeur, sandal, parfum en poudre, peinture, cercle. 2° mesure rapide dite முடுகியல், un des membres ou une des parties du கலிப்பா dite aussi அராகம்: வண்ணகவொத்தாழிசைக்கலிப்பா une des subdivisions du கலிப்பா; elle se compose d'un தரவு, 3 தாழிசை, et de 4 autres parties nommées அராகம், அம்போதரங்கம், தனிச்சொல் et சுரிதகம்.

*வண்ணகன், (id.), barde, panégyriste.

?வண்ணம், (P. வருணம்), couleur, peinture, beauté, ornement, louange, renommée, mode musical, mélodie, harmonie, air, rhythme des vers, caste, classe, tribu, lettre de l'alphabet, bousse d'éléphant, parfum (en général), forme, figure, ressemblance, qualité, propriété, sorte, méthode, manière, —d'agir, action, caractère, bonté, bien, bonheur, prospérité, V. வருணம்: வண்ணக்கூடு, (கூடம், ikâ), encrier; —க்கிரமம் ordre des castes, — des lettres, —alphabétique, alphabet: —க்குழலி belle femme à chevelure parfumée; —க்குறிப்பு, — க்குவிப்பு espèce d'air ou de ton, —d'harmonie poétique, V. குறிப்பு: —த்தூதன் courrier, porteur de lettres, messager: —த்திரு espèce de chant, —de poésie; — ப்பண்புத்தொகை mot qualificatif marquant la couleur avec ellipse, comme செந்தாமரை, P. செம்மையாகிய தாமரை nénuphar rouge; —மகள் femme de chambre, de toilette; — மாதிரு plume, pinceau, messagère; — மாதிருமகள் la prétendue déesse Sarasvadi; —மாலை alphabet, litt. guirlande de lettres. Voyez au mot வருணம் d'autres dérivés.

வண்ணாத்தி, fém. de வண்ணான், blanchisseuse, fille ou femme de la caste des blanchisseurs, terre à foulon, — à blanchisseur, l'oiseau mainate, ou —ப்பூச்சி espèce de papillon.

வண்ணாப்பண்டி, P. வண்ணாப்பண்டி, charrette de blanchisseur, —pour porter son linge.

வண்ணார, adj. de வண்ணார், de blanchisseurs: — த்துறை lavoir, — de blanchisseurs, lieu où ils lavent le linge, ordinairement près d'une rivière ou d'un réservoir; — ப்பந்தம் torche de voyageurs (faite de guenilles données par les blanchisseurs): —ப்பூச்சி espèce de papillon; — ப்பெண் fille ou femme de la caste des blanchisseurs.

வண்ணான், pl. வண்ணார், blanchisseur, homme la caste susdite: — சால் grande cruche ou jarre de blanchisseur; இவனுக்கு வயிறு வண்ணான்சால்போலிருக்கிறது il a le ventre gros comme une cruche de blanchisseur.

*வர்ணிக்கன், (varnikâ), écrivain, scribe, secrétaire. [plume.

*வர்ணிகை, (varnikâ), encre,

வர்ணமை, beauté, don, libéralité, nature, manière, louange, vérité, graisse, fertilité, abondance.

*வதகன், (வதம்,ka), meurtrier.

வதக்கம், n.v. de வதங்குகிறது, flétrissure, — des fleurs, dessèchement, fatigue, épuisement, langueur: — ஆயிருக்கிறது se faner, se flétrir, s'épuiser, languir, souffrir de fatigue ou de lassitude.

வதக்குகிறது, sync. வதக்கிறது, க்கினேன், க்குவேன், க்கு, க்க, v. a. வதக்கல், வதக்குதல், n.v. faner, flétrir, sécher, dessécher, rôtir, griller, plier, courber: வதக்கிக்கட்டுகிறது appliquer des feuilles ou plantes sèches à une plaie.

வதங்குகிறது, sync. வதங்கிறது, கினேன், குவேன், கு, க, v.n. du préc. et வதங்கல், வதங்குதல், n.v. ou வதங்கிப்போகிறது, se faner, se flétrir, se dessécher.

*வதத்திரம், (badhatra), arme.

*வதம், (badha), meurtre: வதஸ்தலி, (ஸ்தலம்), — ஸ்தானம் lieu d'exécution; — ஜீவி homme qui vit de meurtre, chasseur, oiseleur, boucher: — தண்டம் peine capitale, gourdin propre à tuer.

*வதரம், வதரி, வதரிகம், (badara, —ri, ka), jujube, jujubier.

வதவரிசி, (வதவல், அரிசி), riz grillé, riz pilé et humecté pour le faire gonfler.

வதவல், ce qui est sec, — desséché, — grillé, — rôti: — ஆய்ப்போகிறது se dessécher, être rôti, grillé.

வதறுகிறது, றினேன், றுவேன், று, ற, v.n. வதறல், வதறுதல், n. v. parler un langage enfantin.

*வதனம், (vadana), figure, face, sommet d'un triangle: வதனசரோசம், வதனாரவிந்தம், வதனாம்போருகம் (அரவிந்தம், அம்போசம்), figure belle ou fraiche comme le nénuphar, visage de femme; — சந்திரன், V. வதனேந்து.

*வதனாசவம், (வதனம், ஆசவம்), V. வத்திராசவம்.

*வதனேந்து, (id. இந்து), face belle comme la lune, visage.

*வதன், 1° (bada), meurtrier. 2° (vada), qui parle (à la fin des mots).

*வதாங்கம், வதாங்கம், (வதம், அங்கம், ka), ce qui tue le corps, i. e. poison.

*வதாவதன், (வதன், répété avec ஆ), orateur, homme éloquent.

*வதாருகன், (வதம், அருகன்), homme digne de mort.

*வதானியன், (vadânya), homme libéral, — très-généreux, qui donne sans mesure, (surnom de) Koubèren prétendu dieu des richesses, homme éloquent.

வதி, 1° boue, chemin. 2° imp. et part. du suiv. 3° (vati), fém. de l'affixe வான், v.g. சத்தியவான், சத்தியவதி, le —, la véridique.

வதிகிறது, திந்தேன், திவேன், தி, தி, v.n. வதிதல், n.v. s'arrêter, séjourner, rester, lambiner, faire halte.

*வதிஷ்டன், வதிட்டன், P. வசிஷ்டன், homme ou objet très-grand, — gros, — large. 2° P. வசிஷ்டன் le mouni Vasichten.

வதிட்கடிக்கிறது, (வதின்), porter un surnom, - un titre.

*வதிரன், P. பதிரன், sourd.

*வதிரிகாச்சிரமம், P. பதரிகாச்சிரமம், lieu de pénitence.

வதில், வதின், P. பதில், échange, équivalent, à la place de: வதிட்சீட்டு copie d'un billet; billet en place d'un autre, billet de —, réponse; வதில்சொல்லு réponse, met en place d'un autre.

*வது, (vadhou), épouse, bru.

*வதுகை, (வது, kâ), épouse, femme.

வதுக்கு, amélioration, mieux, meilleur —, bon état, circonstance-

favorable: வதுக்காயிருக்கிறது, — ப்பெற்றிருக்கிறது être mieux, en meilleur état: வதுக்குவதுக்கென்கிறது être cru, dur, à demi-boulli, — cuit, v.g. des herbes potagères.

*வதூடி, (vadbouti), bru.

வதுவடி, la plante பாலை.

வதுவர், cavaliers, palefreniers, ceux qui montent ou vont sur les éléphans, cornacs.

வதுவை, mariage, noces, épousailles, odeur, violence: — க்கணப்பொருத்தம் correspondance des constellations pour le mariage, V. கணப்பொருத்தம், 2°; — வாழ்க்கை état du mariage.

*வதூ, (vadboû), nouvelle mariée, femme, épouse, bru: — சனம் femme.

வதை, 1° (வதம்), meurtre, homicide, affliction, tourment, oppression, gêne. 2° cage, rayon de miel. 3° imp. et part. de வதைகிறது. 4° n.v. et imp. de வதைக்கிறது: — க்காரர் meurtrier, bourreau; — செய்கிறது, — செய்தல் tuer; வதையைப்போட்டுக்கொண்டிருக்கிறது assister dans l'affliction.

வதைகிறது, தைந்தேன், தைவேன், தை, தைய, v.n. (வதை), வதைதல், n.v. mourir, souffrir, éprouver —. avoir de l'affliction, de la peine: சாப்பாடில்லாமல் — souffrir de la —, mourir de faim.

வதைக்கிறது, தைத்தேன், தைப்பேன், தை, தைக்க, v.a. (id.) et வதைத்தல், n.v. ou வதைத்துப்போடுகிறது, tuer, tourmenter, affliger: ஒரு வயிரையுயிரோடே — tuer tout vivant, tourmenter cruellement, causer un chagrin mortel.

*வதோபாயம், (வதம், உபாயம்), moyen de tuer.

வத்தகம், 1° la plante வெட்பாலை. 2° ou

வத்தகமை, P. வர்த்தகம், trafic, commerce, augmentation.

வத்தகன், P. வர்த்தகன், marchand, négociant, Chetty. [காலம்.

வத்தகாலம், corr. P. வத்தமான

வத்தகை, melon d'eau.

*வத்தசோபன், P. பத்தசோபன்.

வத்தமம், (P. வர்த்தமானம்), ricin, palma Christi.

*வத்தமானம், P. வர்த்தமானம், action, affaire, matière, nouvelle, actualité, chose présente ou வத்தமானகாலம் le temps présent (en grammaire...).

வத்தல், 1° (en portugais batel), petit —, bateau, barque. 2° P. வற்றல், chose desséchée, fanée.

*வத்தனை, P. வர்த்தனை, croissance, augmentation, race, famille.

*வத்தா, (vaktâ), V. வத்திரு.

வத்தாக்கு, வத்தாலை, (portugais pateca), melon d'eau. [l'île de Java.

வத்தாவி, la ville de Batavia dans

வத்தி, P. வர்த்தி, mèche, — de lampe, V. வருத்தி. [croître, augmenter.

வத்திக்கிறது, P. வருத்திக்கிறது,

வத்தித்தல், வத்திப்பு, n.v. du préc. augmentation, accroissement.

*வத்தியம், (badhya digne de mort), mort, meurtre: வத்தியஸ்தானம், — பூமி place d'exécution.

*வத்திரசன், (வத்திரம், சன்), celui qu'on dit né de la bouche de Brama, i.e. le brame.

*வத்திரம், 1° P. வஸ்திரம், habit, (voyez ce mot et ses composés). 2° (vaktra), face, visage, bouche. 3° P. வத்திரம், arme, instrument de guerre, — de combat: வத்திரகுரம் dent, (litt. corne de la bouche): — சோதி, — சோதினி, — சோதனம் citron qui sert à nettoyer la bouche; — தாளம் instrument de musique dont on joue avec la bouche: — துண்டன் Poulléyar au visage à trompe d'éléphant: — பட்டம் sac à grain qu'on attache à la tête d'un cheval et dans lequel il mange son avoine, V. நெற்றிப்பட்டம்; — புத்திரிகை poupée, marionnette; — பேதகன் tailleur, — d'habits.

*வத்திராசவம், (வத்திரம், ஆசவம்), salive, litt. eau de la bouche.

*வத்திராக்ஷம், வத்திராட்சம், P. பத்திராக்ஷம், (il est censé inférieur à l'உருத்திராக்ஷம்).

*வக்திராஞ்சலம், *V.* வஸ்திராஞ்சலம்.

*வக்திராணாம்பஞ்சம், (vaktrânam, *gén. pl.* des visages), réunion de 5 visages.

*வக்திரு, (vaktrou), parleur, orateur, homme éloquent.

வக்திருப்பூ, l'arbre செம்புளிச்சை.

வக்திரேருகம், l'arbre வெருகம்.

*வந்து, *P.* வந்து, (*voyez ce mot et ses composés*).

வத்தேக்கு, 1°(*du portugais* pateca), melon d'eau. 2° sorte d'arbre: —சாயம் couleur rouge non solide que donne cet arbre.

வத்தெத்தி, (வந்து, எத்தி), linteau (qu'on met sur les jambages de portes pour en soutenir la maçonnerie).

வத்தை, 1° bateau, barque, canot (fait d'un seul arbre creusé), moelle d'arbre. 2° *acc. de* வத்து: — வெட்டு coupure de la moelle.

வந்த, *part. parf. de* வருகிறது.

*வந்தகா, (vandakâ), *V.* வந்தாகை.

*வந்தநன், (vandatha), panégyriste, barde, homme digne de louange.

வந்தவாசி, la ville de Vandavâsi ou Wandiwash entre Pondichéry et Madras.

*வந்தனம், 1°(vandana), révérence, salut, — à un supérieur en touchant ses pieds, ou en se prosternant, hommage, adoration, obéissance, soumission, visage, face. 2° *P.* வந்தோம் nous sommes venus: — பண்ணுகிறது, *V.* வந்திக்கிறது; வந்தனமாலை, — மாலிகை arc de triomphe, arcade ornée d'une porte d'entrée, feston, guirlande de feuillage ou de fleurs dont on orne l'entrée d'une maison.

*வந்தனி, (vandani), révérence, adoration, demande, sollicitation, drogue pour ressusciter les morts.

வந்தனிக்கிறது, னித்தேன், னிப்பேன், னி, னிக்க, *v. a.* (வந்தனம்), வந்தனித்தல், *n.v.* *V.* வந்திக்கிறது.

*வந்தனா, 1° (vandanâ), révérence, hommage, adoration, louange, éloge. 2° *P.* வந்தாய், tu es venu: தீவட்டி — illumination, hommage rendu en agitant des torches allumées; il se rendait d'ordinaire aux rois, le soir, lorsqu'on allumait les lampes et quelquefois aux idoles dans les processions publiques.

*வந்தாகை, வந்தாரம், (vandâkâ, — dâra), plante parasite.

*வந்தாரு, (vandârou), compliment, louange, panégyriste, barde.

*வந்தி, 1° (vandi), échelle, escalier, captif, prisonnier, barde, poète, panégyriste, flatteur, hérault. 2° *P.* வந்தியை, femme stérile. 3° bracelet. 4° peine, violence, ce qui vient par force, obstination, perversité. 5° *imp. de* வந்திக்கிறது: வசை — bracelet; — கட்டுகிறது faire violence; — பன்னம் compliment, éloge, panégyrique chanté par un barde ou un poète; — போடுகிறது faire porter —, imposer par force; — விழுக்கிறது payer par force; — வாங்குகிறது prendre —, recevoir par force.

*வந்திகள், (*pl. du préc.*), poètes, bardes, panégyristes, — à gage, hérauts...

வந்திக்கிறது, த்தேன், ப்பேன், த்தி, க்க, *v. a.* (வந்தனம்), saluer, — respectueusement, vénérer, révérer, rendre hommage, adorer, supplier, louer, obéir: வந்திக்குநிந்தபோசர் panégyristes, — à gages, gens dont l'emploi est de chanter les louanges.

வந்தித்தல், *n.v. du préc.* révérence, salut, vénération, hommage, adoration, la plante மங்கம்பாலை.

வந்தியர், *P.* வந்திகள், *pl. de* வந்தி, panégyristes, ceux qui chantent les louanges, femmes stériles.

*வந்தியை, 1° (bandhya), femme — vache stérile. 2° (vandyâ), plante parasite. 3° *P.* வந்தியாய் tu ne respectes pas....

*வந்திரர், (vandra), adorateur, dévot, partisan, suivant.

வந்து, 1° vent. 2° *gér. de* வருகிறது étant venu. 3° *P.* வந்தேன் je suis venu.

வந்தும், 1° P. வந்தோம், nous sommes venus. 2° quoiqu'on vienne.

வந்தேறுங்குடி, (வந்து, ஏறுகிற து, குடி), futur colon, homme qui doit venir s'établir, qui n'a pas d'habitation fixe.

வந்தோன், parf. de வருகிறது.

வந்தை, 1° P. வந்தீர்கள், femme stérile. 2° grandeur. 3°* (vandâ), plante parasite, mendiante. 4° P. வந்தாய் tu es venu. [semailles, tissure.

*வபம், (vapa), action de raser,

*வபனம், (vapana), action de raser, calvitie, état de chauve, ensemencement, semailles, semence, —ou grain qu'on sème, sperme.

*வபிலன், (vapila), père.

*வபு, (vapou), corps, belle figure.

*வபுனன், (vapouna), Dieu.

*வபை, (vapâ), graisse du corps aux environs du nombril, épiploon ou coiffe du ventre, la partie de la victime qui était offerte dans les sacrifices de l'ancienne loi, trou, ca-

வப்பிமரம், le papayer. [vité.

*வப்பிரம், (vapra), champ, rempart, mur de terre, fondement (de bâtisse...), porte de ville fortifiée, rive, terre, poussière, monticule,

*வப்பிரன், (id.), père [plomb.

*வப்பிரி, (vapri), champ, monticule, tertre de carias.

வப்பு, ou நிறைமாறுதல், changement de poids, chose répugnante.

*வமம், வமது, வமனம், வமிதம், (vama, — mathou, —mana, —mita), vomissement,

*வமி, (vami), vomissement, malade qui vomit, émétique.

வமிசத்தான், வமிசத்தி, வமிசன், V. வம்மிசத்தான், வம்மிசத்தி, வம்மிசன். [de famille, —de bonne famille.

*வமிச்சன் (வமிசம், சன்), homme

*வமிச்சம், (id. சம்), manne de bambou.

*வமிசம், (vamsa), race, famille, descendance, parenté, assemblage, multitude, bambou, tuyau, flûte, fifre, manne de bambou, V. வம்மிசம்: வமிச ou வம்சகீர்த்தி gloire d'une famille; — ஹீனன் homme sans parenté; — க்கிரமம் ordre généalogique; — க்ஷயம் décadence d'une famille; — க்ஷீரி, (க்ஷீரம்), manne du bambou blanche comme le lait; — சமாசாரம் usage de famille; — சரித்திரம் tablo généalogique, histoire de famille, de race, de dynastie; — சலாகை tuyau de bambou qui forme le corps du luth; — தரன் soutien d'une famille; — நாளிகை, (நாளம், ika) tuyau —, flûte de bambou; — பரம்பரை, — பாரம்பரை tradition de famille, liste —, ordre généalogique; — ரோசனை manne du bambou; — வளி, — வட்டவணை, (அட்டவணை), généalogie, ordre —, liste—, tableau généalogique; — வர்த்தனம், — விருத்தி augmentation—, accroissement—, prospérité d'une famille; — விசேஷத்தன் homme de bonne famille,

*வமிசாங்கிரம், வமிசாங்குரம், (வமிசம், அங்கிரம், அங்குரம்), pousse de bambou.

*வமிசாவளி, வமிசானுசரிதம், (id. அநுவளி, அநுசரிதம்), généalogie, liste généalogique.

*வமிசி, (vamsi), V. வம்சி கி.

*வமிசியன், (vamsya), homme de bonne famille, de la même famille, fils, élève, écolier, parent jusqu'à la 7° génération (en montant ou en

*வம்சம், P. வமிசம். [descendant.

வம்படிக்கிறது, (வம்பு, அடிக்கிற து), traiter avec insolence, maltraiter, faire —, dire du mal, mépriser, se moquer, plaisanter, badiner.

வம்பம், l'arsenic naturel சாவாங் பாஷாணம். [nouveaux venus.

வம்பலர், voisins, hôtes, convives,

வம்பல், côté du monde, région.

வம்பளக்கிறது, வம்பளத்தல், (வம்பு, அளக்கிறது), dire des paroles inutiles, — inconvenantes.

வம்பன், (வம்பு), libertin, débauché, bâtard, homme vil, vaurien.

வம்பி, fém. du préc. femme débauchée, impudique, vile, bâtarde, scarabée noir.

வம்பு, obscénité, libertinage, saletès, paroles mauvaises, — indécentes, impudiques, injurieuses, langage brutal, insolence, pétulance, mépris, mauvais traitement, violence, querelle, dispute, rixe, odeur, vase de terre, cruche, nouveauté, inconstance, instabilité, corset de femme, ou — க்காய் fruit vert, — qui vient ou mûrit hors de saison, qui ne mûrit pas bien; — த்தனம் obscénité, pétulance, insolence, libertinage, tortuosité, dissimulation, défaut de droiture; — பண்ணுகிறது faire le libertin, se conduire —, agir indécemment, en débauché; — பட்டுப் போகிறது être diffamé, méprisé, avoir mauvais renom; — பேசுகிறது injurier, quereller, parler indécemment; — ப்பாளை spathe qui pousse hors de saison; — ப்பிறப்பு naissance d'enfant bâtard; — ப்பேச்சு injures, paroles outrageantes.

வம்மரம், P. வன்மரம், bois marbré, — de férole, — satiné, swietenia chloroxylon. [றது, venez.

வம்மின், P. வாருங்கள், de வருகி

*வம்மிரி, வம்மிரை, (vamri, vamrâ), petite fourmi qui perce les arbres: வம்மிரிகூடம் monticule de ces fourmis. [லை.

வயகுன்றம், la plante கவிழ்தும்

வயக்கம், n.v. de வயங்குகிறது, rayon, lumière.

வயக்குகிறது, sync. வயக்கிறது, க்கினேன், க்குவேன், க்கு, க்க, v. a. P. வசக்குகிறது, et வயக்குதல், n. v. dompter, soumettre.

வயங்குகிறது, sync. வயங்கிறது, கினேன், குவேன், கு, க, v. n. et வயங்கல், வயங்குதல், n. v. briller, luire. v. a. conduire, diriger, mener: வயங்கிழாய், voc. de வயங்கிழை, P. வயங்குமிழை, o femme aux brillans bijoux.

*வயசியன், (vayasya). âgé, ami, associé, compagnon, — d'âge, contemporain. [fidente, compagne, — d'âge.

*வயசியை, fém. du préc. amie, con-

*வயசு. (vayas), âge, temps —, année de la vie, jeunesse: — காலம் temps de la vie; — சென்றவன் homme âgé; — ப்பிள்ளை, — ப்பிள்ளையாண்டான் jeune homme, — garçon, — enfant; திரும்பினவயதிலே sur le retour ou le déclin de l'âge, après 50 ans.

*வயஸ்தன், (vayastha), jeune homme, d'âge moyen, V. வயசியன்.

*வயஸ்துவம், (vayas), âge mûr.

*வயஸ்தை, (fém. de வயஸ்தன்), la plante சோமம், les arbres நெல்லி et கடு, le cotonnier soyeux, V. வயசியை.

வயணம், manière, voie, moyen, circonstance, détail: — ஆய் au long, en détail, exactement, minutieusement; — ஆய்ச்சொல்லுகிறது dire en détail...; — ஆய்ச்சாப்பிடுகிறது se nourrir somptueusement, faire bombance.

வயரம், le fruit dit கடுக்காய்.

*வயது, P. வயசு, âge, jeunesse....

*வயதுவம், P. வயஸ்துவம், âge mûr. [லி.

வயதெற்றி, poivre long dit திப்பி

வயத்தன், (வயம்), esclave, sujet, homme soumis à un autre: தன்வயத்தனாதல் n'être soumis qu'à soi-même, indépendance, un des 8 attributs divins dits எண்குணம்.

*வயந்தம், P. வசந்தம், le printemps. [sud, Kâmen.

*வயந்தன், P. வசந்தன், vent du

வயம், 1° P. வசம், sujétion, soumission, état propre, — favorable, force, vigueur, puissance, pouvoir, possession, valeur. 2° * (vayas), oiseau. 3° P. அயம், cheval, eau, fer, chèvre, brebis: காற்று — ஆயிருக்கிறது le vent être favorable; வயப்படுகிறது se soumettre, obéir, tomber au pouvoir; — ப்புலி, — ப்போத்து le tigre vaillant, i. e. le lion: — மா l'animal vigoureux, i. e. le cheval, le lion, le tigre, l'éléphant.

வயல், rizière, champ de riz, terre à riz, champ, plaine, campagne, lieu découvert: — அம்மான்பச்சரிசி la plante euphorbia decumbens; — க்கரை champ de riz, rizière; —க்கன்னி, V. வயற்கன்னி; —ச்செம்பை, V. வயற்செம்பை; —த்துத்தி, V. வயற்றுத்தி; —நெட்டி la plante æschynomene diffusa; —ப்பயிர் moisson de riz en herbe, — qui croît dans un champ; —மாநிலை la plante ludwigia jussieuoides; —மொருகு variété de la plante à racine bulbeuse arum macrorhizon; —வெளி champ de riz; வயற்கரை rizière, bord de rizière, — de champ; —கல் pierre à chaux blanche; —கொடுக்கு, —கொடுக்கி la plante heliotropium coromandelianum; —கோவியன் espèce de serpent; —சாப்பு terre à riz; —சுன்னி la plante பொரிப்பூண்டு; —செம்பை l'arbre coronilla cannabina; —பயிர் moisson de riz en herbe.

வயவரி, (வயம், அரி), l'ennemi puissant ou le lion vigoureux, i. e. le tigre.

வயவர், (வயம்), héros, braves, — soldats, pl. de.

வயவன், 1° (id.), héros, brave, vaillant, fort, robuste, puissant. 2° (வயவு), ami, amant, chef, père, fils. 3° le petit oiseau noir dit கரிக்குருவி, mainate.

வயவு, désir, amour, affection.

வயவை, chemin, route.

வயலை, la plante பசலை.

வயறு, P. வயிறு. [த, ப, V. வயல்.

வயற், obl. de வயல், devant க, ச,

வயற்றுத்தி, (வயல், துத்தி), la guimauve des rizières, la plante sida [cordifolia.

வயனம், P. வசனம்.

வயன்கட்டு, P. வசன்கட்டு.

வயா, désir, douleur de la matrice, — du fétus, — de l'enfantement, tremblement: —ப்பண்டம் objet rare, — désirable.

வயாமருது, la plante சித்தில்.

வயாவு, (வயா), désir, fétus, matrice, peine, douleur, — de l'enfantement: வயாவுயிர்க்கிறது mettre un enfant au monde, accoucher, la douleur finir.

வயானம், oiseau (en général).

வயானன், le petit oiseau noir க குரீடம், mainate.

☞ வயி se met souvent pour வை; en conséquence voyez à cette initiale les mots commençans par வயி qui ne se trouveraient pas ici.

*வயிக்கிராந்தம், P. வைக்கிராந்தம்.

வயிஞ்சரிக்கிறது, V. பரிஞ்சரிக்கி[றது.

*வயிடூரியம், P. வைடூரியம்.

*வயித்தியம், P. வைத்தியம், médecine.

*வயித்தியன், P. வைத்தியன், mé[decin.

வயிரங்கி, instrument pour percer la lumière d'un fusil.

*வயிரம், 1° P. வைரம், colère, haine. 2° P. வச்சிரம், diamant, arme de diamant, cœur d'arbre, dureté, solidité, obstination, résistance obstinée, pointe, tranchant, massue, la 22me constellation dite திருவோணம், pommeau ou ornement semblable qu'on fixe au bout des défenses des éléphans ou des cornes des bœufs, plaque du bijou dit வாளி, lame d'acier: —கட்டுகிறது, devenir —, être obstiné, — dur; —சாதிக்கிறது garder de la rancune, s'obstiner dans sa haine; வயிரக்கரணி la plante பெருநெருஞ்சி; —ச்சுண்ணம் poudre de diamant, très petit diamant; —த்தனம் dureté, caractère dur, opiniâtreté; —ப்படை arme de diamant; —ப்பொடி poudre de diamant; —மணி diamant, joyau prismatique en or; —முத்து perle dure comme le diamant; —வல்லி l'arbrisseau பிரண்டை; —வலை la plante நரிப்பயறு; —வேர் racine à teinture rouge dite சாயவேர்; —வாள் l'arme fabuleuse de diamant, la foudre d'Indiren; —ஊசி, (சூசி), aiguille de diamant, — pour percer les perles.

*வயிரவம், P. வைரவம், la secte de Bhaïraven, V. பைரவம்: வயிரவகுருசந்தானம் race —, suite des gourous de la secte de Bhaïraven; —சாந்தி sacrifice expiatoire de cette secte. [plante திருகிலா.

*வயிரவன், 1° P. வைரவன். 2° la

*வயிரவி, P. வைரவி.

*வயிராகம், வயிராக்கியம், *V.* வைராகம், வைராக்கியம்.

வயிராவி, (வயிரம், ஆவி), esprit—, volonté ferme comme le diamant, celui qui a une telle volonté, espèce de dévot qui suit certaines observances.

*வயிரி, (வயிரம்,i ),qui a le cœur —,homme dur comme le diamant, obstiné.

வயிரிக்கிறது, ரித்தேன்,ரிப்பேன், ரி, ரிக்க, *v. n.* (வயிரம்), வயிரித்தல், *n.v.* être comme le—, devenir diamant, être fort, dur, solide.

வயிரிப்பு, *n.v. du préc.* diamant, dureté, force, solidité.

வயிரியம், 1° étoffe de laine ou de poil. 2° *P.* வைரியம்.

வயிரியர், danseurs—, comédiens —,chanteurs—,panégyristes à gage.

வயிர், grande trompette, cor,cornet.

வயிறன், *m.* வயிறி, *f.* (வயிறு), qui a le ventre... (à la fin des mots composés), grand mangeur.

வயிறு, *gén.* வயிற்றின், *obl.* வயிற்று, ventre, abdomen, entrailles: வயிறார அசனமும் அரையாரப்புடவையுமவனுக்கில்லை il n'a ni alimens pour remplir son ventre, ni toile pour s'entourer le milieu du corps;—உடைகிறது le ventre crever; — எரிகிறது le ventre brûler, être affamé, jaloux, peiné, affligé, vexé; — எரியப்பண்ணுகிறது brûler les entrailles, affliger, tourmenter; —கடுப்பெடுக்கிறது attraper le mal de ventre,la colique, la diarrhée; —கழிகிறது le ventre être relâché, avoir la courante, la diarrhée; —காய்கிறது,—காந்துகிறது, — கின்னுகிறது le ventre brûler,—picoter,i. e. avoir faim: —கொதிக்கிறது le ventre bouillir, les entrailles brûler, être ému, être touché; — தள்ளுகிறது pousser le ventre en avant, le ventre devenir proéminent,être visiblement enceinte; —பேதிக்கிறது le ventre aller, avoir la diarrhée, évacuer par l'effet des médecines;—பேதிக்குக்குடிக்கிறது prendre un purgatif;—வளர்க்கிறது nourrir son ventre, vivre en ne gagnant que sa nourriture; —வாய்க்கிறது, —வாய்த்தல் devenir—, être enceinte;—விடுகிறது le ventre se décharger, avoir la diarrhée; வயிற்றைஒறுத்துக்கிறது mortifier le ventre, se mortifier (en mangeant peu);வயிறு வலிக்கிறது avoir mal au ventre, la colique, un mal d'entrailles. வயிற்றின்கொடுமையைப்பொறுக்கிறது souffrir des rigueurs de la faim, *litt.* du ventre.

வயிறுதாரி,(வயிறு,உதாரி),homme libéral pour son ventre, grand mangeur, gourmand.

வயிறுப்புகிறது, வயிறுப்புதல், வயிறூதுகிறது, வயிறூதல்,(வயிறு,உப்புகிறது, ஊதுகிறது), le ventre enfler.

வயிற்று, *obl. de* வயிறு, du ventre: —க்கடுப்பு douleur—, mal de ventre, colique; —க்கழிச்சல் forte diarrhée, courante, dévoiement, flux de ventre; — க்கனப்பு pesanteur—, gonflement du ventre (par la graisse ou la nourriture, grosse bedaine;—க்காய்ச்சல்,—க்காந்தல், —க்கொதி faim;— க்கிருமி vers des intestins; —க்குத்து, — க்குத்து colique,douleur d'entrailles; —க்கரப்பு, *V.*வயிற்றுக்கனப்பு;—ப்பறதி, —ப்பறப்பு,—ப்பறப்பூக்கெடுகிறது agitation qu'on se donne—, rôder çà et là pour chercher ou gagner sa nourriture, être pressé par la faim, chercher à grande peine sa subsistance; —ப்பாடு l'affaire du ventre, l'intérieur; —ப்பிழைப்பு nourriture du ventre,moyen de vivre, vie, subsistance;—ப்புகைச்சல் inflammation d'entrailles,faim,indignation; —ப்பொருமல் gonflement du ventre;—ப்போக்கு diarrhée, choléra; —மாரி grand mangeur; —வலி colique, mal de ventre.

வயிற்றுளைவு, (வயிற்று, உளைவு) tranchées, colique.

வயிற்றெரிச்சல், (*id.* எரிச்சல்), impatience, jalousie.

வயிற்றெரிவு, (*id.* எரிவு), inflammation —, chaleur d'entrailles.

*வயினதேயன், *P*, வைனதேயன்.

வயினம், oiseau.

வயின், maison, ventre, place, une des formes de l'ablatif. *Ex.* அவன்வயிற்செல்லாய் n'iras-tu pas —? va à lui.

வயுனம், (vayouna), temple.[lui.

வயோடம், l'arbre மருதோன்றி.

*வயோதிகம், வயோதிகம், (வயோ, *P.* வயது, அதிகம்), âge avancé, extrême vieillesse, décrépitude.

*வயோபலன், (*id.*), force de la jeunesse, — de l'âge.

வர, 1° *inf. de* வருகிறது. 2° *obl. de* வரம் *et* வரன்.

*வரகவி, (வரம், கவி), poète qui a le don des vers, qui chante par inspiration divine.

வரகு, paspale, espèce de céréales, paspalum frumentaceum: பெருவரகு — petite espèce de paspale dite panicum fluitans; வரகரிசி grain de paspale séparé de sa cosse; வரகரிசிச்சோறு grains de paspale —, paspale bouilli (pour être mangé); வரகுப் பயிர் moisson de paspale.

வரகுதிரி, (வரகு, உதிரி), espèce de petite vérole dont les grains ressemblent au paspale.

*வரக்கிரது, (வரம், கிரது), celui qu'on suppose avoir obtenu sa place par des sacrifices, *i.e.* Indiren.

*வரசந்தனம், (*id.*), espèce de sandal noir ou d'agalloche.

*வரடம், (varata), jars, espèce de jasmin. [tion barbare.

*வரடன் (*id.*), homme d'une na-

*வரடி, *fém. du préc.* femme barbare, oie, guêpe.

வரடு, *P.* வறடு.

வரட்சி, *n.v. de* வரளுகிறது, dessèchement, stérilité, *V.* வறட்சி.

வரட்சுண்டி, *V.* வறட்சுண்டி.

வரட்டி, *P.* வறட்டி.

வரட்டுகிறது, *P.* வறட்டுகிறது.

வரட்பசு, (வரள்), vache stérile.

*வரணாசி, *P.* வாரணாசி, (வரணை, அசி, 2 ruisseaux, l'un au nord et l'autre au sud de la ville), Varanasi, *i.e.* Kâsi ou Bénarès, prétendue ville sainte des Indous.

*வரணம், (varana), chameau, choix, désignation, action de cacher d'environner, mur d'enclos, pont, digue, chaussée.

*வரணை, (varanâ), le Varanei ou le Berna, ruisseau qui passe au nord de Bénarès et tombe dans le Gange.

வரண்ட, *part. de* வரளுகிறது.

*வரண்டகம், (வரண்டம், ka), boule, globe, muraille, boutons sur la figure, pavillon —, siége sur un éléphant, terreur, grandeur, avarice.

*வரண்டம், (varanda), varande, (ou plus ordinairement) varangue, corridor, portique, corde d'hameçon, multitude, paquet, tas d'herbe, boutons à la figure.

*வரண்டாலு, (varandâlou), palma-Christi, ricin.

வரண்டுவம், la plante பெருங்குட்டி. [le, *V.* வட்டாகி.

வரண்டமாடு, (வரள்), vache stéri-

*வரதம், (வரம், da *qui donne*), don, faveur, accorder un don, exaucer une prière, mettre la main sur le cœur pour témoigner sa faveur, feu pour un holocauste propitiatoire.

*வரதநு, (வரம், தநு *corps*), beau corps, femme élégante, beauté.

*வரதன், (*id.* da *qui donne*), bienfaiteur, qui accorde des dons, des faveurs, généreux, favorable, propice, (surnom que les gentils donnent à), Siven, Vichnou, Arouguen.

*வரதானம், (*id.*), faveur, accorder un don, lieu de faveur, — de grâce, — de pélérinage.

*வரதை, *fém. de* வரதன், celle qui est un don, ou qui se donne, jeune fille, vierge.

*வரத்திரை, (varatrâ), courroie, sangle, — de cuir d'éléphant ou de cheval.

வரத்து. 1° *obl. de* வரம். 2° *n.v. de* வருகிறது, revenu, recette, rente, venue, arrivée, lieu où l'eau tombe

dans un étang, confluent de l'eau, (à l'oblique il se confond avec celui de வரம்): — கொஞ்சம் la recette est faible, il ne vient que peu d'eau dans l'étang: இந்தக்குளத்துக்கு வர த்தெங்கே où l'eau entre-t-elle dans cet étang? வருமிறைக்குத்தின் மேலேசெலவழிக்கிறது dépenser au-delà de ses revenus, ou selon ses revenus, régler ses dépenses sur ses revenus.

வரப்பு, bord, borne, limite, petite —, chaussée (dans les rizières pour retenir l'eau): வரப்புகள் ou வரப்பு போடுகிறது faire de ces chaussées, —une petite chaussée; —க்கடா crabe.

வரப்புள், (வரப்பு, உள்), l'intérieur des chaussées, rizière, champ de riz.

வரப்போரம், (id. ஓரம்) bord d'une chaussée, —en pente, d'une rizière ou d'un champ.

*வரம், (vara), don, présent, faveur, grâce, bénédiction, don divin, talent, secours, aide, excellence, éminence, le meilleur, désir, sollicitation, pétition, action d'entourer, passereau, safran, choix, entreprise, détermination, un des நவநிதி ou 9 trésors fabuleux, fourmi: — அருளுகிறது, — கொடுக்கிறது accorder un don, —un don particulier (ordinairement en récompense d'une austère pénitence); — பெறுகிறது obtenir une grâce, un talent, un don particulier; —ருசன் le poète வில்லிபுத்தூரன்; வரநதி le fleuve censé excellent, i.e. le Gange; — பலம் l'arbre aux fruits excellens, i.e. le cocotier; —ப்பிரசாதம் faveur, — excellente, la grâce, grâce divine, don spirituel; —ப்பிரதானம், —ப்பிரதம் faveur, concession d'un don; — ப்பிரதை Varapradei, femme d'Agastyen; —யோகம் yôgam favorable; — ருசி Vararousi, poète de la cour du roi போஜன், une des 9 perles de la cour de Vikramâditya; — வர்ணினி femme du beau-père; — வர்ணினி, — வர்ணினி femme, —excellente, — chaste, — vertueuse, (surnom de) Lakchimi, Sarasvati et Gaouri, safran, couleur d'un jaune brun; — வாரணம் bel éléphant; — விருத்தன் l'excellent vieillard, Siven.

*வரம்பரை, (varambarâ), plante qui donne la noix vomique.

வரம்பு, limite, borne, bord, chemin, chaussée, petite digue, chaussée qui sépare les rizières, ordre, rang, régularité: வரம்பழிகிறது une chaussée se détériorer, se déranger; வரம்பிறக்கிறது une chaussée périr, manquer de régularité, être dérangé; வரம்பிலாற்றலுடைமை, (இல், P. இல்லாத), possession d'une puissance —, puissance sans bornes; வரம்பிலின்பமுடைமை, வரம்பிலின்புடைமை possession d'un bonheur—, bonheur—, délices sans bornes, ce sont 2 des 8 attributs divins dits எண்குணம்; வரம்பில்லா ஞானம், sagesse sans bornes; வரம்பின்மை immensité; வரம்புகட்டுகிறது faire une digue, mettre des bornes, terminer; — பண்ணுகிறது faire une digue, égaliser, arranger; —மட்டுமாகக்கிறது verser, i. e. remplir jusqu'aux bords.

*வரர், pl. de வரன், les sages, les grands, les supérieurs, les habitans du ciel.

வரலாறு, gén. வரலாற்றின், obl. வரலாற்று, (வரல், ஆறு), manière dont une chose arrive, détail, circonstances, accessoires, moyen, sujet, matière, ordre, rang, origine, table des matières, passage, arrivée, accessoires —, affluens d'une rivière: வரலாற்றுவஞ்சி le vangsi des particularités, le 35e des பிரபந்தம், poème en vers du genre வஞ்சிப்பா où l'on célèbre la caste, la naissance, la grandeur, la renommée et autres particularités de quelque personnage.

வரல், opt. positif et nég. et n. v. de வருகிறது, viens, ne viens pas, venue, arrivée: வரலாம் on peut venir; வரக்கூடாது, V. வரலாறு.

வரவர, (வர répété), V. au mot வருகிறது.

*வரவிருத்தன், (வரம், விருத்தன்), Siven, —censé grandement libéral.

வரவு, n.v. de வருகிறது, arrivée, venue, revenu, recette: —செலவு la recette et la dépense; —பார்க்கிறது attendre l'arrivée; —வைத்துக்கொள்ளுகிறது mettre en réserve la recette, ou வரவெழுதுகிறது écrire à la recette; வரவுக்குஞ்செலவுக்குஞ் சரி il y a égalité entre la recette et la dépense, la dépense égale la recette.

வரவை, 1° divisions —, comparti mens —, planches de jardin ou de champ. 2° acc. de வரவு.

வரளாளை, P. வறளாளை.

வரளி, P. வறளி.

வரளுகிறது ou வரள்கிறது, ரண்டேன், ரளுவேன், ரளு, ரள, v.n. வரளுதல், வரள்தல், P. வறளுகிறது, se dessécher, maigrir, être stérile.

வரள், வரளும், part. du préc. desséché, sec.

வரள்வு, n.v. du même, desséchement, sécheresse.

*வரன், 1° (vara), homme excellent, mari, époux, gendre, frère ainé. 2° (வரம்), distributeur de dons, (surnom de) Siven, Brama, espèce de religieux ou sannyasi. 3° obl. de வரல்: —முறை, (வரல்), manière dont une chose arrive, détail, cédule, liste, —généalogique, destin.

வரன்றுகிறது, ரன்றினேன், ரன்றுவேன், ரன்று, ரன்ற, v.a. வரன்றல், வரன்றுதல், n.v. balayer, entraîner, emporter, (v.g. une rivière, un torrent), ramasser, vanner.

வரா, 3° pers. nég. de வருகிறது ils ne viennent pas, ou

வராத, part. nég. du même, qui ne vient pas,

*வராகம், 1° (varâha), porc, cochon, sanglier, prétendue incarnation de Vichnou en pourceau, un des 18 pouranas qui raconte cette fable, montagne, une des 18 petites divisions du globe. 2° (varâka), bassesse, vileté, impureté, guerre, combat, pauvreté: வராகபுடம் coupelle du cochon, feu de 50 bouses de vache, (i.e. gros comme un cochon, pour calciner les métaux).

*வராகன், 1° (varâha), celui qui s'est métamorphosé ou incarné en cochon, i.e. Vichnou, pagode —, ou monnaie d'or de la valeur de 3 1/2 roupies; cette monnaie avait primitivement l'empreinte d'un cohon. 2° (varâka), homme pauvre, vil, impur, (surnom de) Siven: —இடை poids d'une pagode ou de 9 fanons; —பூடு la plante கூந்தன்குதம்பை.

*வராகாசனம், (வராகம், ஆசனம்), posture de cochon, i.e. se tenir courbé sur ses pieds et sur ses mains.

*வராகாவதாரம், (வராகம், அவதாரம்), l'incarnation ou métamorphose de Vichnou en pourceau.

*வராகி, (வராகன்), la truie ou Varâgui femme de Vichnou dans son incarnation en cochon, c'est une des 7 சத்தி ou மாதர், i.e. matrones indoues: —கிற்றந்தை la plante பன்றிமொந்தை; —ப்புகை espèce de fumée médicinale; —மாலை espèce de poème; —வேல் piquant de por-épic.

*வராங்கம், (வரம், அங்கம்), tête, corps, —ou figure élégante, corps céleste, — d'un habitant des cieux, éléphant.

*வராங்கனை, (id. அங்கனை), belle femme.

*வராசனம், (வரம், ஆசனம்), rose de Chine, citerne, réservoir, vase.

*வராசனன், (id), portier, débauché, — qui fréquente les prostituées.

*வராசி, 1° (varâsi), habit grossier, —sale. 2° (வரம், அசி), homme d'épée.

*வராடகம், வராடிகை, (வராடம், ka, ikâ), fruit du nénuphar (qui renferme la graine), cauris ou coquillage qui sert de —, monnaie, corde, nom d'un pays.

*வராடம், (varâta), corde, petit coquillage, cauris ou coquillages qui servent de monnaie, le pays des Mahrattes ou, selon d'autres, le Bahar.

*வராடி, 1° P. வராடிகை, cauris ou coquillages qui servent de monnaie. 2° P. வராசி toile grossière de fil retors. 3° espèce d'air ou de chant.

வராட்டி, P. வறட்டி, bouse de vache sèche, galette de bouse séchée au soleil pour faire du feu.

*வராணசி, (வரம், anas eau), Varânasi ou Bénarès sur le Gange, V. வாரணசி.

*வராணன், (varâna), Indiren.

வராது, வராமல், gér. nég. de வருகிறது.

வராத்தம், (P. பராத்தம், arabe), ordre, assignation, levée d'impots: வராத்தக்காரன் porteur d'ordre, d'assignation.

*வராரோகன், (வரம், ஆரோகம்), cornac, — d'éléphant, homme monté sur un éléphant ou un cheval.

*வராலகம், வராமிலம், (varâlaka, வரம், அம்லம் acide), le fruit acide, carissa carondas.

வராலி, la plante தரளி.

*வராலிகை, (வரம், ஆலி, ka), surnom de Dourgâ.

வரால், 1° le poisson ophicephalus striatus, espèce de carpe. 2° imp. nég. et n. v. de வருகிறது, ne viens pas, arrivée.

வராளம், serpent.

*வராளி, (varâli), espèce d'air, de mélodie, la lune.

வரவணி, la plante பாலை.

வரி, 1° série, rang, rangée, ligne, — de diverses couleurs, linéament, lignes des jointures intérieures des doigts, assise, i.e. rangée de briques ou de pierres dans un mur, chemin, route, longueur, distance, billet, lettre, écriture, écrit, ligne (d'écriture), point, tache, sur la figure ou sur la poitrine, tribut, taxe, droits, cens, imposition, cotisation, souscription, air, mélodie (en général), riz, — non pilé, scarabée, feu, mer, forme, tigre. 2° imp. et part. de வரிகிறது. 3° imp. de வரிக்கிறது: ஒற்றை— ligne simple, — unique; இரட்டை— double ligne, 2 lignes; மூ — trois lignes; சன—, தலை— taxe par tête, capitation; குப்பை — impôt sur la maison; மனை — impôt sur le terrain de la maison; பல — plusieurs lignes; புல் — impôt sur les pâturages; வாசல் —, குடீட்டு—, வீட்டு—, taxe par maison ou sur les maisons; —வரிக்காய் fruit à raies du terminalia; —கோணிப்பை sac attaché par la bouche à un autre pour être mis sur un bœuf; —க்கடை scarabée, hanneton, — dont le derrière est bariolé; —க்காரன் collecteur d'impôts, de taxes, de cotisations...; —க்குதிரை cheval bariolé, — qu'on monte sans selle; —க்குயில் couil ou coucou indien bariolé; —க்கோரை espèce d'herbe ou de jonc à raies; —ச்சந்தி carrefour, — où aboutissent 4 rues, lieu où 2 rues se croisent, chemin de traverse; —ச்சருள் mille-pieds rouge dit செவ்வட்டை; —தண்டுகிறது lever —, percevoir —, recueillir les impôts, les taxes, les souscriptions, les cotisations; —ப்பணம் argent de l'impôt, — de taxe, de cotisation; —ப்பிசோறுத்தம் la plante சதகுப்பை espèce d'anet; —ப்புலி tigre bariolé, — rayé; —ப்புறம் l'écureuil indien dit அணில் qui a des raies sur le dos; —மச்சு type de lignes, transparent ou lignes noires tracées sur un papier et qu'on met sous le sien pour écrire droit; —மசி cumin; பல—யெழுதுகிறது écrire diverses lignes; —வெளட்டி le poisson ஒட்டி à raies; —வேளாரை le poisson தரா à raies; —வரி l'arbrisseau தண்ணீர்க்கிட்டான்; —வரிவனலி l'aloès dit கற்றாழை; —வரிவரயிருக்கிறது être réglé, tracé, rayé, bariolé, dessiné en lignes; — வடிவு caractère, lettre, beauté —, forme d'une écriture, — d'une lettre; வடிவெழுத்து lettre écrite, — bien tracée, écriture connue, lettre qui sert de marque; — மரம் l'arbre நின்று;—வைக்கிறது mettre un impôt, une taxe, fixer une cotisation, souscrire à une collecte.

வரிகிறது, ரிந்தேன், ரிவேன், ரி, ரிய, *v. a.* வரிதல், *n. v.* (வரி), écrire, tracer -ou tirer des lignes, dessiner, peindre, attacher,— régulièrement, lier dans un ordre régulier (*v.g.* des perches pour couvrir une cabane), attacher ensemble (*v. g.* les bouches de 2 sacs pour les mettre sur un bœuf, lier: வரிந்துகொள்ளுகிறது écrire, tracer des lignes; — கட்டுகிறது lier des perches comme ci-dessus.

வரிக்கிறது, ரித்தேன், ரிப்பேன், ரி, ரிக்க, *v.a.et n.* வரித்தல், *n.v.* lier, attacher, oindre, enduire, barbouiller, destiner, désigner, s'amonceler, se grouper: வரித்துவைக்கிறது destiner, designer, avoir destiné.

*வரிசி, (varisi), hameçon.

வரிசை, ordre, rang, rangée, file, régularité, règle, tour (de faire un ouvrage), retour, récompense, présent, don, honneur, — que fait un supérieur, distinction, usage, coutume, bon état, opportunité: — கொடுக்கிறது donner les présens d'usage, *v.g.* une mère à une fille mariée; — க்காரன் homme réglé, de bonne conduite, celui dont le tour est venu de remplir un devoir; — க்கிரமம் bon —, ordre, rang, régularité, liste, — ou suite généalogique; — செய்கிறது faire un acte de civilité, rendre honneur; — தப்பி irrégulièrement; — பாராட்டுகிறது faire honneur, exalter le rang; — பார்க்கிறது observer le respect, — ou examiner le rang; — பெற்றவன் celui qui a reçu des honneurs, des distinctions; தன்தனத்தைக்கொடுத்தவன் — பெறுவான் celui qui a donné ses biens en aumônes en recevra la récompense; அவ்வாறுபேராக — ப்படுத்துகிறது mettre (les soldats) en rangs six par six, ranger en files de six hommes (de profondeur); — யாய் en rang, en ordre; வரிசைக்குப்பச்சை la pierre précieuse verte dite நாகப்பச்சை.

வரிச்சல், *n.v. de* வரிக்கிறது, ce qui ou ce qu'on lie, perche, latte: — ஆணி *ou*

வரிச்சலாணி, (வரிச்ச, ஆணி), clou à lattes, —pour assujettir les lattes, — les chevrons.

வரிச்சு, latte, perches transversales clouées ou attachées à un toit pour soutenir les tuiles ou le chaume: புல் — perches attachées sur un toit en chaume.

*வரிஷம், (varicha), année, la saison pluvieuse: வரிஷாப்பிரியன் l'ami de la saison pluvieuse, l'oiseau சாதகம் ou cuculus melanoleucus. [vre, la perdrix francoline.

*வரிஷ்டம், (varichta), cuivre, poi-

*வரிஷ்டன், வரிட்டன், (*id.*), très-grand, très-large, très-puissant, le meilleur, le plus cher, le plus aimé, espèce de religieux païen.

வரியாத்து, — க்கிழங்கு, rhubarbe.

*வரியான், (variân *très-grand*), le 18me des 27 யோகம், espèce de religieux ou Sannyasi.

*வரிவசிதம், வரிவசியை, (varivasita, varivasyâ), vénération, honneur, — rendu à un gourou, le garder.

வரிவு, *V.* வரிச்சல்.

வரு, *P.* வரும், *part. de* வருகிறது, qui viendra: — காலம் avenir, le futur; — பிறப்பு naissance future; — புனல் eau qui vient, — courante, rivière, eau de rivière, autre eau; — மொழி mot suivant.

வருக, *inf. de* வருகிறது, venir, venez, daignez venir, qu'il vienne.

*வருகம், (varha), queue de paon cortége, espèce de parfum végétal, *ou* வருகணம் feuille: வருகபாரம் touffe de plumes de paon au manche d'une lance ou à la poignée d'une masse.

*வருகி, வருகிணம், (வருகம், i,

[illegible]

ina). paon: வருகிகுலம், — புகூபம் espèce de parfum végétal dit வருகம்; வருகித்துவசை celle qui a un paon pour emblème, i. e. la mauvaise déesse சண்டி; வருகிவாகனன் celui qui a le paon pour monture, i.e. Soupramanien.

*வருகிஸ், (varhis), feu, lumière, splendeur, sacrifice, oblation, l'herbe குசம், le parfum வருகம்.

*வருகிர்முகன், (id. முகம்), Dieu, divinité.

வருகிறது, வந்தேன், வருவேன், imp. வா, வாரும், pl. வாரும், inf. வர, வருக, nég. வரேன் ou வாரேன், venir, arriver, être en route, aller, marcher, être mobile, les membres être agiles, souples, peu embarrassés, être su (avec le datif de la personne): நாளைக்கிங்கேவருவேன் je viendrai demain ici: வருகிறேன் je viens, ou போய் வருகிறேன் je m'en vais, litt. étant allé je reviens (manière honnête de prendre congé); உனக்குப் பாடம்வருமோ ta leçon viendra-t-elle couramment, ou sais-tu la leçon? வரும் elle viendra, ou je la sais; அவனுக்குக்கைவரும் il a la main agile, habile; கைவாராது il a la main inerte, il est manchot ou mal-habile; வர, inf. venir ou pour venir: —க் காட்டுகிறது, —க்காட்டல் envoyer, expédier, laisser venir; தேவரீர் —க்காட்டின திருமுகம் la lettre que votre seigneurie a envoyée: —ச்சொல் லுகிறது dire —, ordonner de venir; —த்தகாது il ne convient pas de venir, on ne peut pas venir; —த்தகும் il convient de —, on peut venir; —த்தக்கவனுமிருக்கிறான் il est capable de venir, — préparé ou disposé à venir, il est l'homme convenable pour venir; —ப்பற்றிக்கொள்ளுகிறது recevoir une chose envoyée, percevoir, recevoir ce qui avait été prêté ou donné, se charger de: — ப் பார்க்கிறது attendre, — l'arrivée, s'attendre, laisser venir, permettre de venir; — ப்பார்த்துக்கொள்ளுகிறது attendre, s'attendre, — à recevoir (phrase employée pour faire connaitre un envoi d'argent, ou en accuser réception); ஒருத்தனை—ப் பார்த்துக்கொண்டிருக்கிறது attendre quelqu'un; தன்பகைவனை —ப்பார்க்கமாட்டான் il ne permettra pas à son ennemi de venir auprès de lui; — ப்போகிறது être prêt à —, devoir venir; —ப்போகிறவைகள் ou காரியங்கள் les choses qui doivent arriver; —வர à force de venir, — d'aller, de plus en plus, par degrés, petit à petit, avec le temps, de temps en temps; —வரக்கண்டுபிடிக்கிறது découvrir de plus en plus, connaître par degrés, par expérience: —வரச்சுருட்டி celle qui enroule de plus en plus, nom d'une bayadère; — விடுகிறது laisser venir, envoyer (une lettre, un messager); கை —விடுகிறது étendre la main, laisser la main s'habituer; — சொல்லுகிறது commander —, prier —, dire de venir; — வொட்டாதேயடிக்கிறது frapper pour empêcher —, avoir soin d'empêcher de venir, repousser; அதெப்படிவந்தது pourquoi —, comment cela est il arrivé? வரும், part. et fut. qui viendra, il viendra; அப்படிவரும் cela arrivera ainsi; அவனுக்கிரண்டுகாலும் வராது il n'a pas l'usage de ses 2 jambes, il est estropié des 2 pieds; அப்படிசெய்வோம் வாருங்கள் venez, faisons ainsi; வருவதும்போவதும் ce qui vient et ce qui s'en va. Après un gér. வருகிறது marque l'habitude: உபகாரங்களைச்செய்து வருகிறது avoir l'habitude de faire des bienfaits.

வருகை, n.v. du préc. venue, arrivée: —நாள் le jour de l'arrivée.

*வருக்கம், (varga), multitude, foule, chapitre, livre, section, division, bon—, ordre, rang, file, classe, espèce, genre, race, caste, carré, multiplication de 2 nombres égaux, le carré d'un nombre. (Dans l'extraction de la racine carrée on divise le nombre donné par tranches de 2 chiffres; la tranche à droite se nomme வருக்கம் et celle à gauche அவருக்கம் ou அவர்க்கம்); வருக்கக்கவம் ou கனவருக்கம் carré d'un cube ou 6$^{me}$ puissance d'un nombre; — க்கோவை série ou poème alphabétique en கலித்துறை, le 7$^{me}$ des பிரபந்தம்; — சங்கலிதம் progression géométrique ou par quotiens; — த்திரயங்கள் les 3 classes ou règnes de la nature, i.e. மூலிகைவருக்கம் le règne végétal; மிருகவருக்கம் le règne animal; பாஷாணவருக்கம் le règne minéral et surtout les divers poisons; — மாலை la guirlande par ordre alphabétique, le 22$^{me}$ des பிரபந்தம், poème dont chaque strophe dans ses initiales suit l'ordre des rangées de lettres initiales; — மூலம் racine carrée d'un nombre; — மோனை consonance dite மோனை au moyen de lettres de la même classe ou வருக்கம் ou par ordre de classification; — வாடசங்கலிதம் espèce de progression dite சங்கலிதம்; — எதுகை rime dite எதுகை au moyen de lettres de la même classe; — வெழுத்து, (எழுத்து), lettres d'une même classe.

*வருக்கரம், (varkara), petit d'un animal, agneau, chevreau, plaisir, passe-temps, amusement.

*வருக்கராடம், (varkarâta), œillade, coup d'œil, rayon du soleil à midi, empreinte de l'ongle.

வருக்கை, P. வருக்கை, jaquier...

வருக்கிக்கிறது, க்கித்தேன், க்கிப்பேன், க்கி, க்கிக்க, v. a. (வருக்கம்), வருக்கித்தல், n. v. carrer un nombre, le multiplier par lui-même.

வருக்கு, P. வர்க்கு, cange, eau de riz.

*வருக்கை ou வர்க்கை, (வருக்கம்), ordre, classe, alphabet, le jaquier; உயிர் — la classe des voyelles; மெய் — la classe des consonnes; உயிர்மெய் — la classe des voyelles et des consonnes combinées ensemble, — des syllabes composées d'une voyelle et d'une consonne; — க்கோவை, — மாலை, V. வருக்கக்கோவை, — வருக்கமாலை; — ப்பலா espèce de jaquier.

*வருச்சடி, (vartchtchati), espèce de riz, prostituée. [qui abandonne.

*வருச்சகன், (வருச்சம், ka), celui

*வருச்சம், (vardjdja), abandon, exception, privation.

*வருச்சனம், (வருச்சம், na), abandon, tort, meurtre.

*வருச்சனீயம், (vardjdjananîya), chose impropre, — irrégulière, — à éviter.

வருச்சிக்கிறது, ச்சித்தேன், ச்சிப்பேன், ச்சி, ச்சிக்க, v. a. (வருச்சம்), வருச்சித்தல், n. v. éviter, rejeter, expulser, abandonner, quitter, s'abstenir, se séparer de, éloigner, séparer.

*வருச்சிதம், (vardjdjita), chose à éviter, à abandonner, ou

வருச்சிப்பு, n. v. de வருச்சிக்கிறது, rejet, abandon, expulsion.

*வருச்சியம், (vardjdjya), ce qui doit être —, ce qui est évité, abandonné, ou வருச்சியகாலம் temps —, heure réputée néfaste, temps de chaque constellation lunaire durant lequel les Indous n'osent rien entreprendre, V. தியாச்சியம்: வருச்சியாவருச்சியம் (அவருச்சியம்) தெரியாதவன் celui qui ne connait ni ce qu'il faut rejeter, ni ce qu'il ne faut pas rejeter.

*வருஷசம், (வருஷம், சம்), production de la pluie, ce qui est produit par les pluies. [aspersion.

*வருஷணம், (வருஷம், na), pluie,

*வருஷம், (varcha), an, année, pluie, nuage, aspersion, effusion, l'île சம்புத்தீவு ou l'Inde, partie —, division du monde selon les Indiens, (on en compte 9); வருஷத்துக்குவருஷம் d'année en année, ou வருஷந்தோறும் chaque année, tous les ans, année par année; வருஷகரம் ce qui produit la pluie, nuage; ஒரு — இரண்டுவருஷகாலம் l'espace d'un an, de 2 ans; — கோடன் astrologue; — கோஷம் mois; — சகஸ்திரம் 1000 ans; — சதம் 100 ans, un siècle; — சேஷம் nombre de jours qui restent après avoir retranché les périodes synodiques complètes et qui sert d'argument pour la table dite பரிவிருத்திவாக்கியம் pour déterminer les longitudes géocentriques des planètes;—நாசன்,—நருஷன் eunuque au service des femmes du palais;—தேவதை divinité particulière de chaque année;les Indous en supposent 7,toutes hermaphrodites,nommées சேகரன் pour le dimanche, ஜுவாக்கி pour le lundi, மகோதரி pour le mardi,மந்தாரிணி pour le mercredi, சமந்தி pour le jeudi, சிகிராட்டி pour le vendredi, இரக்கிஷத்தி peur samedi.Chacune a son ombrelle et son instrument de musique propre. La divinité du dernier jour de l'an est celle de l'année suivante.On leur attribue pour chaque année,une monture,une arme, un parfum, une fleur,un habit,un bijou, une nourriture, un vase à manger,sur les 11 qui leur sont assignés.Pour cela on prend le numéro du dernier கரணம் de l'année. Si c'est,par exemple,le 5e கரணம்,on attribue au dieu de l'année la 5me monture, la 5me arme, le 5me parfum...;—பலன் le produit de l'année, le résultat astrologique et superstitieux des influences favorables ou défavorables des astres pour l'année;—பர்வதம் montagnes qui séparent les diverses divisions du globe, selon les Indous,*V.* வருஷம்-கள்;—ப்பிரியம் l'ami de la pluie, *i.e.* l'oiseau சாதகம்;—ப்பிறப்பு naissance—,ou commencement de l'année, le 1er jour de சித்திரை pour le pays tamoul; pour le Maléalam le 1er du mois கன்னி ou புரட்டாசி, (*i.e.*septembre),le 6me mois de l'année tamoule; chez les Télingas le 1er du mois சைத்திரம்,tchaïtra,à la nouvelle lune qui précède le mois tamoul dit சித்திரை;chez les Mahométans le 1er de leur mois lunaire Moharram, qui avance tous les ans de 11 jours;—வரன் eunuque au service des femmes du palais;வருஷம்-கள் les 9 parties du monde,selon les Indiens; en voici les noms en allant du nord vers le sud: Kourou ou குரு,la plus au nord le long de l'ocean glacial; Hiranmaya ou இரண்மயம்; Rômânaka ou உரோமணகம், Ilâvrita ou இளாவிருதம் au centre; Hari ou அரி; Kètoumâla ou கேதுமாலம் à l'ouest,Bhadrâsva ou பத்திராசுவம் à l'est; Kinnara கின்னரம் ou கிம்புருஷம் et Bharata பரதம் ou l'Inde. Il y en a qui disent que ces noms viennent des noms des 9 fils d'Agnidhra,அக்கினீத்திரன், roi du சம்புத்தீவு et fils de சுயம்புமனு, qui avait divisé les 7 îles à ses 7 fils. Les Indous disent que ces 9 divisions du monde sont séparées par 6 chaînes de montagnes dites வருஷபர்வதம், qui sont,en allant du nord au sud,சிருங்கி ou சிருங்கவான் Sringi ou Sringavân, entre குரு et இரண்மயம்; சுவேதம் Svèta entre இரண்மயம் et உரோமணகம்; நீலம், Nila, entre உரோமணகம் et இளாவிருதம்; நிஷதம் *ou* நிடதம் Nichadha entre இளாவிருதம் et அரி; ஏமகூடம் Hèmakoûta entre அரி et கின்னரம்; இமவான் Himavân ou Himalaya qui sépare le பரதவருஷம் et le கின்னரவருஷம். Mais ils seraient sans doute embarrassés de déterminer,dans les cartes géographiques véritables,les limites de ces divisions, et la position de ces chaines de montagnes; வருஷங்-கள், les 60 ans du cycle indien, dont voici les noms tamouls et sanscrits, la signification et l'année européenne à laquelle chaque année de ce cycle correspond. Ces noms sont généralement adjectifs et suivis du mot வருஷம்.

| | | | | |
|---|---|---|---|---|
| பிரபவ,—வருஷம், | prabhava, | origine, | 1807 | 1867 |
| இபவ *ou* விபவ, | vibhava, | magnanime, | 1808 | 1868 |
| சுக்கில, | soukla, | blanc, | 1809 | 1869 |

| | | | | |
|---|---|---|---|---|
| பிரமோதூத, | pramôdoûta, | spirituel, | 1810 | 1870 |
| 5° பிரசோற்பத்தி, | pradjôtpatti, | naissance du peuple, | 1811 | 1871 |
| ஆங்கீரச, | angirasa, | fils d'Anguiras, | 1812 | 1872 |
| ஸ்ரீமுக ou சிறீமுக, | srimoukha, | figure de prospérité, | 1813 | 1873 |
| பவ, | bhava, | excellent, | 1814 | 1874 |
| யுவ, | youva, | jeune, | 1815 | 1875 |
| 10° தாது, | dhâtou, | élémentaire, | 1816 | 1876 |
| ஈசுர ou ஈசுவர, | isvara, | seigneur, | 1817 | 1877 |
| வெகுதானிய, | bahoudânya, | riche en grains, | 1818 | 1878 |
| பிரமாதி, | pramâdi, | oublieux, | 1819 | 1879 |
| விக்கிரம, | vikrama, | héroïque, | 1820 | 1880 |
| 5° விசு ou விஷு, | vichou, | égal, | 1821 | 1881 |
| சித்திரபானு, | tchitrabhânou, | le beau soleil, | 1822 | 1882 |
| சுபானு, | soubhânou, | le bon soleil, | 1823 | 1883 |
| தாரண, | târana, | radeau, | 1824 | 1884 |
| பார்த்திவ, | parthiva, | maitre de la terre, | 1825 | 1885 |
| 20° விய, | vyaya, | dépense, | 1826 | 1886 |
| சர்வசித்து, | sarvadjit, | vainqueur de tout, | 1827 | 1887 |
| சர்வதாரி, | sarvadhâri, | soutien de tout, | 1828 | 1888 |
| விரோதி, | virôdhi, | ennemi, | 1829 | 1889 |
| விகிர்தி ou விக்குருதி, | vikrouti, | changement, | 1830 | 1890 |
| 25° கர, | khara, | cruel, | 1831 | 1891 |
| நந்தன, | nandana, | réjouissant, | 1832 | 1892 |
| விசய, | vidjaya, | triomphant, | 1833 | 1893 |
| சய ou செய, | djaya, | victorieux, | 1834 | 1894 |
| மன்மத, | manmatha, | l'amour, | 1835 | 1895 |
| 30° துர்முகி ou துன்முகி, | dourmoukhi, | laid de visage, | 1836 | 1896 |
| ஏவிளம்பி, | hèvilambi, | très-lent, | 1837 | 1897 |
| விளம்பி, | vilambi, | lent, | 1838 | 1898 |
| விகாரி, | vikâri, | chagrin, | 1839 | 1899 |
| சார்வரி, | sârvari, | la nuit, | 1840 | 1900 |
| 35° பிலவ, | plava, | nageur, | 1841 | 1901 |
| சுபகிருது, | soubhakrit, | qui blanchit, | 1842 | 1902 |
| சோபகிருது | sôbhakrit, | embellissant, | 1843 | 1903 |
| குரோதி, | krôdhi, | irascible, | 1844 | 1904 |
| விசுவாவசு, | visvâvasou, | tout riche, | 1845 | 1905 |
| 40° பராபவ | parâbhava, | destructeur, | 1846 | 1906 |
| பிலவங்க, | plavanga, | bondissant, | 1847 | 1907 |
| கீலக, | kilaka, | pilier, | 1848 | 1908 |
| சௌமிய ou சவுமிய, | sâoumya, | calme, | 1849 | 1909 |
| சாதாரண, | sadhârana, | universel, | 1850 | 1910 |
| 45° விரோதிகிருது, | virôdhikrit, | opposant, | 1851 | 1911 |
| பரிதாபி, | paritâpi, | compatissant, | 1852 | 1912 |
| பிரமாதிச்ச, | pramâditcha, | très-savant, | 1853 | 1913 |
| ஆனந்த, | ânanda, | heureux, | 1854 | 1914 |
| இராக்கத, | râkchasa, | gigantesque, | 1855 | 1915 |
| 50° நள, | nala, | brillant, | 1856 | 1916 |
| பிங்கள, | pingala, | roux, | 1857 | 1917 |
| காளயுக்தி, | kâlayoukti, | prudent, | 1858 | 1918 |

| | | | | |
|---|---|---|---|---|
| சித்தார்த்தி, | siddhârti | fortuné, | 1859 | 1919 |
| ரௌத்திரி ou ரவுத்திரி, | raoutri, | violent, | 1860 | 1920 |
| 55° துன்மதி, | dourmati, | méchant, | 1861 | 1921 |
| துந்துபி, | doundoubbi, | bruyant, | 1862 | 1922 |
| உருத்திரோத்காரி, | roudhirôtgâri, | crachant du sang, | 1863 | 1923 |
| இரத்தாக்ஷி, | raktâkchi, | rouge aux yeux, | 1864 | 1924 |
| குரோதன, | krôdhana, | colère, | 1865 | 1925 |
| அக்ஷய, | akchaya, | impérissable, | 1866 | 1926 |

Sur ces 60 années les 20 premières sont réputées bonnes, les 20 suivantes indifférentes et les 20 dernières mauvaises. Sur les 30 ans que j'ai vus dans l'Inde, les années dites நந்தன et விசய ont été les plus mauvaises par la sécheresse, la famine et la mortalité. Il faut remarquer que l'année tamoule ne commençant que vers le 12 avril; elle correspond aux 9 derniers mois de l'année européenne et aux 3 premiers mois de l'année suivante. L'année 1800 de notre ère était la 54$^{me}$ du cycle indien qui a fini et recommencé en 1807. Le tableau précédent présente la correspondance des années tamoules avec les années européennes pour l'espace de 120 ans. S'il s'agit des temps précédens, voyez à quelle année européenne correspond l'année tamoule dont il s'agit, et retranchez autant de soixantaines d'années qu'il s'est passé de cycles depuis l'événement en question, et vous aurez l'année européenne que vous cherchez; mais s'il s'agit de savoir à quelle année tamoule correspond une année européenne, retranchez 6 du chiffre de l'année européenne; divisez le ensuite par 60, le quotient sera le nombre de cycles passés et le reste sera l'année du cycle courant. Ainsi de l'année 1576 retranchez 6, reste 1570, qui divisé par 60, donne un quotient de 26 et un reste de 10, qui sera l'année du cycle indien. Il parait d'après des tables astronomiques que le premier cycle indien de 60 ans aurait commencé l'an 427 de notre ère, l'an 349 de Sâlivâhanen, et que le 24$^{me}$ cycle aurait commencé en 1807. D'après le calcul telinga en 1807 aurait commencé le 83$^{me}$ cycle, portant ainsi le commencement à l'an 14 avant le Kalyouga; ce qui est évidemment fautif. Le cycle de 60 ans usité dans le Bengale est en avant de 11 ans, de sorte la 1$^{re}$ année d'un cycle à Madras est la 12$^{me}$ de celui du Bengale. Dans les livres ou les inscriptions, on ajoute ordinairement à l'année du cycle susdit l'année du Calyouga, ou celle de l'ère de Sâlivâhanen.

*வருஷா, (varchâ, *pl. de* varcha), les pluies, la saison pluvieuse: —காலம் la saison —, le temps des pluies; —காலீனம் ce qui vient dans la saison des pluies; —கோஷம், —பூ, la grenouille qui crie et nuit dans la saison pluvieuse: —ப்பிரபஞ்சனம் grand vent, tempête qui dissipe la pluie; —மதம் le paon qui aime la pluie; —ராத்திரம் nuit pluvieuse.

*வருஷாங்கம், வருஷாம்சம், (வருஷம், அங்கம், அம்சம்), partie de l'année, mois.

*வருஷாந்தரம், வருஷாந்திரம், (*id.* அந்தரம்), fin de l'année, chaque année, année par année.

*வருஷாயுதம், (*id.* அயுதம்), dix mille ans.

*வருஷாவசானம், (*id.* அவசானம்), fin des pluies, l'automne.

வருஷிக்கிறது, ஷித்தேன், ஷிப்பேன், ஷி, ஷிக்க, *v.n.* வருஷித்தல், *n. v.* (வருஷம்), pleuvoir, *v.a.* faire pleuvoir, répandre des fleurs..., lancer des flèches en abondance, verser.

*வருஷிஷ்டன், வருஷீயான், (*superlatif de* வருஷம்), très-vieux.

*வருஷாஷிகம், (வருஷம்,ஏகம்), annuel, annuellement.

*வருஷோபலம்,(*id.* உபலம்),grêle.

வருடகம்,la plante முடக்கொற்றான்.

*வருடன்,1° *V.* வருஷம் *et ses composés.* 2° *P.*வருடோம்,nous ne frottons pas.

*வருடா,1° *V.*வருஷா *et ses composés.* 2° *ou* வருடாத,*part. nég. du suiv.*

வருடுகிறது,டினேன்,டுவேன், டு, ட,*v.a.*வருடல்,வருடுதல்,*n.v.* frotter, — doucement, tâter, flatter avec la main, toucher: வருடிக்கொண்டிருக்கிறது être à frotter..., jouer mal de la guitare.

வருடை, 1° l'oiseau fabuleux à 8 pieds, brebis laineuse dite குறும்பாடு, brebis des montagnes dite வரையாடு, le signe du Bélier. 2° *P.*வருடாய் tu ne frottes pas.

வருட்டம், 1° le margousier dit வேம்பு. 2° *P.* வருட்டோம், nous ne fortifions pas.

வருட்டல், *opt. et n.v. du suiv.* affermissement, encouragement, consolation.

வருட்டுகிறது, ட்டினேன்,ட்டுவேன், ட்டு,ட்ட, *v.a.* வருட்டுதல், *n. v.* fortifier, affermir, encourager, consoler.

*வருணகம், (வருணம்,ka),parfum en poudre,sandal, cercle.

*வருணகன், (*id.*),barde, panégyriste.

*வருணகை, (*id*,kâ),degré de pureté de l'or.

*வருணம், 1° (varna), tribu,caste, classe, ordre, manière,sorte, espèce, forme, figure, couleur, teinture, housse d'éléphant, toile colorée sur le dos d'un —, éléphant, qualité, propriété, renommée, réputation, louange, beauté,lustre, lumière, or, écume d'or,qualité de l'or reconnue sur la pierre de touche, observance religieuse, ordre ou arrangement d'un poème, mode musical, espèce de stance musicale, bariolage du corps avec des onguens colorés,parfum,odeur,safran, caractère, lettre, — de l'alphabet,déguisement,accoutrement, — théâtral, coefficient en arithmétique. 2° (varouna), eau, océan: வருணம்-ஐ les 5 principales couleurs: வெண்மை le blanc, கருமை le noir, செம்மை le rouge, பொன்மை le jaune doré,பசுமை le vert; நான்கு — les 4 castes principales ou primitives: Brames, Kchatriyas,Vaïssias et Soudras;—இழைக்கிறது broyer—;mêler les couleurs, les délayer pour peindre ou dessiner;—தீருகிறது teindre,mettre la couleur; —பூசுகிறது,—வைக்கிறது mettre la couleur, colorer, peindre; வருணகவி poëte louangeur, le fils de Koubêren; —கேடன் homme sans caste, chassé de caste; —கடிகை, (கடம், ikâ ), encrier, écritoire; — க்கிரமம் ordre des castes, arrangement alphabétique, alphabet;—சக்கரம்,*V.* வருணசக்கரம்;—சங்கரன்,homme de caste mélangée;—சமாக்காரம் alphabet; —சங்காரம் destruction, —assemblage ou mélange des castes; —சாரகன் peintre; —சிரேஷ்டன், —சேஷ்டன் homme de caste supérieure, brame; — சிலைவத்தோன் diamant; —தருமம் devoirs ou occupations particulières de chaque caste, *V.* அறுதொழில். Mais il y a des divergences dans l'indication des emplois des 3 dernières castes. Quelques uns n'attribuent aux Kchatriyas que les emplois de வேட்டுத்தல் faire offrir des sacrifices et ஈதல் faire l'aumône; aux Vaïsias ceux de கொள்ளல் acheter, விற்றல் vendre, கோக்காத்தல் garder les bestiaux, கிருஷிபண்ணல் exercer l'agriculture, வேட்டல் offrir des sacrifices; aux Choutres ceux de சயம் கிருஷியால்வந்தபயனீதல் donner du produit de leur propre agriculture, கிருஷிபண்ணல் exercer l'agriculture, கோக்காத்தல் garder les bestiaux; — துரோகன் violateur des distinctions des castes;—தூதன் messager,lettre, épitre;— தூரிகை, — தூரிகைக pinceau,plume à écrire;— பத்திரம் palette ou feuille sur laquelle les peintres mélangent leurs couleurs;— ப் பாய் natte de couleur,—bariolée de diverses couleurs; — ப்பொருத்தம் convenance de la caste, une des 10 observances dites செய்யுட்பொருத்தம்;—மாதிரு plume,messagère;—மாதிருகை Sarasvati, prétendue déesse de l'éloquence;— மாலை l'alphabet; —சேகை,—லேகை chaux;— வித்து mère-perle;— வில் l'arc-en-ciel; — விருத்தம் mètre réglé sur le nombre des syllabes. [tion,peinture.

*வருணனம், (varnana), description,peinture.

வருணனுள், (வருணன், நாள்), la constellation de Varounen, la 24^me^ dite சதயம். [chose à décrire.

*வருணனீயம், (varnaniya), chose à décrire.

*வருணனை, (varnanâ), louange, éloge, panégyrique, description.

*வருணன், (varouna), Varounen, le prétendu dieu des eaux, le Neptune indien; il est aussi censé le gardien de l'ouest, le 5^me^ des 12 soleils ou le soleil durant le 5^me^ signe du zodiaque: வருணர்பாணம், V. வருணுவித்திரம். [pinceau, plume à écrire.

*வருணுங்கை, (வருணம், அங்கம்),

*வருணுசாரம், (id. ஆசாரம்), règle de conduite—,observance —,coutume de caste, décence, bienséance.

*வருணுச்சிரமம், (id. ஆச்சிரமம்), classe —,caste ou état d'une personne: வருணுச்சிரமதருமம் devoirs de caste ,—d'état.

*வருணுஸ்திரம், (வருணன், அஸ்திரம்), arme de Varounen,— censée donnée par lui,—enchantée en son nom. [chantre,peintre,acteur,mime.

*வருணுடன், (வருணம், அடம்).

*வருணுத்துமசை,(வருணன், ஆத்துமசை),*litt.* la fille de Varounen, liqueur spiritueuse (produite, au dire de la fable, en barattant la mer de lait).

*வருணுத்துமம்,(வருணம், ஆத்துமம்), l'âme des lettres, *i.e.* le mot.

*வருணுபசுதன், வருணுபேதன், (*id.* அபசுதம், apêta *privé*), homme chassé de caste. [de Varounen.

*வருணுனி,(வருணன்), la femme

*வருணி,(varni), or, peintre, scribe, écrivain, homme de caste, d'une des 4 castes, étudiant religieux;—வதம் meurtre d' un homme de caste.

*வருணிகன், (வருணம், *ika*), écrivain, secrétaire, peintre.

*வருணிகை,(*id.* ikâ), plume à écrire, encre, pinceau.

வருணிக்கிறது, வரித்தேன், வரிப்பேன், வரி,வரிக்க, *v.a.*(*id.*),வருணித்தல், *n.v.* peindre, dépeindre, colorer, vernisser, décrire, exalter, louer, exagérer, parler élégammant.

*வருணிதம்,(varnita) *ou*

வருணிப்பு, *n.v.du préc.*description, éloge, peinture.

*வருணியம், *P.* வருணனீயம், objet à décrire.

வருதல், *n.v. de* வருகிறது,venue, arrivée, marche, allée.

*வருத்தகம்,1°(varddhaka),augmentation, commerce, négoce, trafic. 2° (varttaka), espèce de caille, perdix olivacea, corne du pied du cheval, métal de cloche: — பண்ணுகிறது commercer, trafiquer;— விடுகிறது donner de l'ouvrage (aux tisserands, aux peintres etc... pour commercer), faire un contract pour marchandises à livrer, quitter le commerce; வருத்தகக்காரன் *ou*

*வருத்தகன், (வருத்தகம்), marchand, négociant, trafiquant.

*வருத்தகி, 1° (varddhaki), charpentier 2° *fém. de* வருத்தகன், marchande, négociante.

*வருத்தமானம், 1° (varttamâna), le présent, le temps présent, habitation, matière, chose, affaire, nouvelle. 2° (varddhamâna), prospériter, augmentation, palma christi, couvercle, énigme ou charade, diagramme, le district et la ville de Bardvan: வருத்தமானகாலம் le temps présent.

வருத்தம், 1° peine, travail, fatigue, difficulté, embarras, incommodité, affliction, malheur, souffrance, maladie, douleur, joie intérieure. 2°*(varddha), augmentation, coupure, rouge de plomb; வருத்தப்படுகிறது souffrir, être peiné, gêné, incommodé, affligé, chagrin, se fatiguer, travailler; -- படுத்துகிறது causer de la peine, du travail, gêner, incommoder, tourmenter, faire souffrir, fatiguer, affliger, vexer.

வருத்தல், *opt. et n.v. de* வருத்துகிறது, gène, incommodité, vexation, affliction, action de faire venir...

*வருத்தனம், 1° (varddhana), augmentation, croissance, multiplication, accroissement, coupure, division. 2°(varttana), chemin, globe, boule, — au bout d'un fuseau pour faciliter la rotation, balle de coton à filer, subsistance, moyen de vivre, salaire, gage, emploi, occupation, habitation: வருத்தனதானம் don d'emploi, de salaire, d'un moyen de vivre; — வினியோகம் assignation d'un salaire.

*வருத்தகுபாவம், (வருத்தனம், அபாவம்), manque d'un moyen d'existence.

*வருத்தனி 1° (varddani), cruche, — d'eau, brosse, balai, 2° (varttani), chemin, Inde orientale.

*வருத்தனை, (வருத்தனம்), augmentation, croissance, droits, gages, honoraire, salaire, — donné aux brames et aux serviteurs de village.

*வருத்தி, 1° (vartti), lampe de terre, bougie, chandelle, mèche de lampe, lumignon, lumière de canon, mèche ou bougie parfumée, — composée de parfums broyés ensemble, petite plaque de métal qu'on met sous des pierres précieuses qu'on enchâsse, parfum pour les personnes, ligne, pan —, bout de toile qui pendille. 2° (vardhi), augmentation. 3° *imp. de*

வருத்திக்கிறது, த்திக்கேன், த்திப்பேன், த்தி, த்திக்க, *v.n. et* வருத்தித்திருக்கிறது, வருத்தித்துவருகிறது, croître, augmenter, s'accroître, se multiplier, se propager.

*வருத்திதம், (varddhita), *ou* வருத்தித்தல், வருத்திப்பு, வர்த்தித்தல், வர்த்திப்பு, *n.v. du préc.* augmentation, croissance, agrandissement, accroissement, multiplication.

*வருத்திரம், 1° (varoutra), vètement de dessus. 2° (varddhra), cuir, sangle de cuir.

வருத்து, 1° (வருகிறது), venue, arrivée, revenu, recette. 2° *imp. et part. du suiv.*: — க்கால் canal pour la venue de l'eau, pour conduire l'eau dans un étang; ஏரிக்குவருத்தில்லை l'eau ne vient pas dans l'étang; போக்குவருத்துமாயிருக்கிறது il y a des allées et des venues, il y a fréquentation habituelle; on va et vient continuellement.

வருத்துகிறது, த்தினேன், த்துவேன், த்த, த்தி, *v.a.* 1° (வருத்தம்), வருத்துதல், *n.v.* affliger, tourmenter, vexer, faire souffrir, gêner, incommoder, causer de la peine. 2° *v.caus. de* வருகிறது, *ou*

வருத்துவிக்கிறது, *v. caus. du même*, faire venir, causer, occasionner, procurer.

*வருத்துலம், (varttoula), figure —, chose ronde, — circulaire, balle, boule.

வருத்தினர், *n. app. du suiv.* gens affligés, gênés, souffrans, dans la détresse.

வருந்துகிறது, ந்தினேன், ந்துவேன், ந்த, ந்தி, *v. n. de* வருத்துகிறது *et* வருத்தம், வருந்துதல், *n.v.* se gêner, se tourmenter, s'efforcer, être troublé, affligé, tourmenté, gêné, s'affliger, souffrir, travailler, entreprendre, se donner de la peine, prier instamment, solliciter, importuner, presser: வருந்திக்கேட்கிறது demander instamment, solliciter.

வருந்துரு, le cotonnier கோங்கு.

வருமதி, வருமானம், (வரு *P.* வரும்), revenu, rente, recette.

*வருமம், (varma), armure. [armé.

*வருமிதன், (வருமம், ita), homme

வரும் 3me *pers. n. du fut. et part. fut. de* வருகிறது, cela viendra,

வரை

qui viendra, qui arrivera: —அளவும், —மட்டும் jusqu'à l'arivée de;—த்துறு manière, — dont une chose arrive ou arrivera, V. வரலாறு;— காலம் l'avenir, le futur (en grammaire), le temps de l'arrivée,— où l'on viendra;—படி revenu, recette, manière—, afin de venir, pour venir, afin qu'une chose vienne.

வருவாய், 1°(வரு, வாய்), manière dont une chose vient, détail, circonstance, cause de la venue. 2o 2° *pers. fut.* tu viendras.

வருவிக்கிறது, வருவித்தல், *v. caus. de* வருகிறது, faire venir, occasionner, causer, suggérer, inculquer: வியாதி— causer une maladie ;என்னைக் குப் பெரிய துக்கத்தை வருவித்தாய் tu m'as causé un grand chagrin.

*வரூதம், (varoûtha), espèce de garde-fou, ou défense en bois autour d'un char, peau de tigre employée au même usage, habitation, maison, peau, cuir, armure, cuirasse. [seur, char.

*வரூதி, (வரூதம், i), garde, défen-

*வரூதினி, வரூதினி, (*id.* ini), armée, Varoûdini, prétendue déesse.

*வரேணம் (varêna), guèpe.

*வரேசுவரன், வரேசுரவரன் (வரம், ஈசுவரன்), Siven, prétendu distributeur de dons.

*வரேந்திரன், (*id.* இந்திரன்), homme libéral ou riche en dons, ou qui a reçu d'excellens dons, roi, souverain, Indiren.

*வரேந்திரி, (*id.*), l'ancienne ville de Gaour ou கௌடம் dans le Bengale.

வரை, 1° mesure, mesurage, continuation,—durée de temps, bord, rive, limite, borne, petite chaussée qui sépare les rizières, montagne, tuyau de—, bambou, ligne,—des jointures intérieures des doigts, sillon, ride du front,— du corps, mariage: *dat.* வரைக்கும் jusqu'à; *abl.* வரையில் dans l'espace de, pendant. 2° *imp. et part. de* வரைகிறது: ஒருமாதவரையிலே dans l'espace d'un—, durant un mois; வரைக்கருவி nom d'un instrument d'artisan;—க்கன்று, V. வெட்டுக்கன்று;—க்குடைவம் pierre à chaux;—சிறகரிந்தோன் celui qui a coupé l'aile ou le côté d'une montagne, *i. e.* Indiren;— பகவெறிந்தோன் celui qui, au dire des Indous, a brisé une montagne en la lançant, *i. e.* Koumaren;— பொருட்பிரிதல் départ pour gagner les dépenses d'un mariage projeté;— யரமகளிர் prétendues déesses qui vivent dans les—, nymphes des montagnes;— யறக்கொடுப்போன் homme qui donne sans mesure,— très-généreux;—யறவு,— யறை borne, limite, circonscription, délimitation, définition, mesure, longueur;—யறுக்கிறது,—யறுத்தல் limiter, déterminer —, mettre des bornes, circonscrire, mesurer, définir, courber, entourer, évaluer, estimer; —யாடு brebis des montagnes, V. வரையம்பாடு;—யுறுக்கிறது limiter, circonscrire, mettre des bornes, entourer, courber; —விடைவைத்து பொருள் வயிற் பிரிதல் faire une promesse de mariage ou suspendre un mariage et partir pour en gagner les dépenses, V. வரைபொருட்பிரிதல், c'est un sujet de l'அகப்பொருள்.

வரைகிறது, வரைந்தேன், வரைவேன், வரை, வரைய, *v.a.* வரைதல், *n. v.* dessiner, décrire, écrire, peindre, tracer,— une ligne autour, circonscrire, limiter, rejeter, décrire, définir, déterminer, bannir, mettre de côté, refuser, changer, recevoir, prendre, se marier.

வரைப்பு, (வரை), limite, borne, bord, mur, muraille d'une forteresse, d'un temple.

வரையா, வரையாத, *part. nég. de* வரைகிறது: வரையாக்கொடை don—, largesse sans borne.

வரையாது, வரையாமல், *gér. nég. du même*:— கொடுப்போன் homme qui donne sans mesure,—sans refus.

வரைவிடுகிறது, 1° (வரைவு, இடுகிறது), limiter, donner des—, déterminer les limites. 2° (வரை), abandonner—. laisser les limites.

வரைவின்மகள், (வரைவு, இல்),

femme sans retenue, qui ne reste pas dans les limites du devoir, femme déréglée, prostituée.

வலாவு, n.v. de வலாவிறது, écriture, peinture, dessin, mesure, mesurage, chose mesurée,— limitée, borne, limite, retenue, séparation, rejet, expulsion, changement, tergiversation, perversité, mariage:— [illegible] sujet qui renferme 7 particularités des poëmes érotiques;— [illegible] autre sujet des mêmes poëmes qui renferme 4 particularités.

*வரோதயன், (வரம், உதயன்), homme né par une faveur divine, Dieu-donné.

*வரோலம், (varôla), guèpe.

வர், au commencement des mots se met souvent pour வரு, auxquelles initiales se trouvent tous les mots qui commencent ainsi. [ம்...

*வர்க்கம்,... V. வருக்கம் ou வர்க்க

*வர்க்கை... V. வருக்கை....

வர்க்கு, ...V. வருக்கு.... [து...

வர்க்கிக்கிறது... V. வருக்கிக்கிற

*வர்ணம்... V. வருணம்...

*வர்த்தகம்...V. வருத்தகம்...[ம்...

*வர்த்தமானம்... V. வருத்தமான

*வர்த்தனம்... V. வருத்தனம்...

*வர்த்தி... V. வருத்தி... [து...

*வர்த்திக்கிறது... V. வருத்திக்கிற

வல, 1° imp. de வலக்கிறது, 2° adj. de வலம், du côté—, droit, fort, puissant: —க்கால் le pied droit; —க்கை main droite; —க்கைகொடுக்கிறது donner la main droite, promettre, s'engager; —மாறி tour—, circuit—, tourner à droite (dans les processions de mariages etc..., au manége, à la danse, à l'escrime etc...); —நாடு nom d'une ville, d'un pays: —ப்பக்கம், —ப்பாரிசம், —ப்புறம் le côté droit, la droite, ou —ப்புறமாய் sur la—, à droite, du coté droit: —ப்புரி ce qui tourne—, spirale à droite.

வலக்காரம், 1° mensonge. 2° (வலம்), puissance, pouvoir, autorité: —ஆயிருக்கிறது être puissant et riche; —பேசுகிறது parler pompeusement, —avec autorité.

வலக்கிறது, வலத்தேன், வலப்பேன், க, வக்க, v. n. et a. (வலம்), se fortifier, devenir fort, gras, fertile, courber, plier, dire, parler.

*வலக்ஷம், (valakcha), blancheur, couleur blanche. [main droite.

வலங்கைமர், (வலங்கை), gens de la

வலங்கைமத்தார், P. வலங்கையுத்துர் ou வலங்கைமுகத்தார், homme de la main droite, titre honorifique des Pariats.

வலங்கம், (வலம்), nombreuse—, grande famille, nombreux parens: —உள்ளடாளன், வலங்கம்பெருமாள் homme d'une grande famille.

வலங்காரம், (வலம்), côté droit du tambour (surtout du மத்தளம்), côté où sont les attaches,

வலங்குலத்தார், (வலங்குலம்), gens de caste de la—, gens de la main droite, nom honorifique des Pariats.

வலங்குலம், (வலம்), caste de la main droite.

வலங்கை, (id.), main droite, côté droit, division—, collection des castes de l'Inde qui appartiennent à la main droite, (les autres qui sont de le main gauche s'appellent இடங்கை: presque toutes les castes de l'Inde sont partagées en ces 2 divisions qui ont des priviléges et des insignes particuliers, losquels occasionnent assez souvent de sérieux débats et démèlés entr'elles; —முகத்தார், —யுத்துர் ou

வலங்கைகாரர், வலங்கையார், (வலங்கை), homme de la main droite, — d'une caste ou de la division du la main droite, titre honorifique des Pariats.

வலசம் et mieux வலசை, émigration, transmigration (d'une famille ou d'une troupe de gens), départ—, fuite en pays étranger par crainte de l'ennemi, changement d'habitation, entrée dans une maison étrangère: வலசைவாங்குகிறது, —போகிறது émigrer—, fuir en pays étranger par crainte de l'ennemi; —வாங்குதல் émigration.

வலசு, வலசை, réunion, assemblée, multitude, V. வலசம். [sore.

வலசோர், la ville de—, Balas-

வலஞ்சுழி, (வலம்), épi ou mèche de poils tournant à droite sur la tête des chevaux etc... et considérée comme de bon augure: திரு— tournant d'eau dans le Câvéri, Tirouvalangsouji, ville sur les bords de ce fleuve. (elle est le sujet d'une légende fabuleuse).

வலட்டு, (வல், அட்டு), chose forte, violente, douloureuse.

வலது 1° (வலம் *droite*), ce qui est à droite, côté droit. *adj.* droit. 2° (வலம் *force*), fort, robuste, ce qui est fort, puissance, action: — கை la main droite; —குண்டை le bœuf de droite,—à la droite du conducteur; —பாரிசம், —புறம் le côté droit du corps, d'une ville etc...); வலதாய்ப் பேசுகிறது parler avec ostentation, se vanter. [வலக்கிறது.

வலத்த, வலத்தல், *part. et n.v. de* வலக்கிறது, 1° *gér. de* வலக்கிறது. 2° *obl. de* வலம்: வலத்திலேயிருக்கிறது, வலத்திடல் dire; வலத்தெருது le bœuf à droite; வலத்தே à droite, sur la droite, emphatiquement.

வலந்தம், (வலக்கிறது), parole, phrase, courbure, arche, voûte.

வலந்திரி, (வலம், திரிகிறது), plante grimpante qui tourne à droite, nom d'une plante rampante.

*வலபி, (valabhi), charpente d'un toit, tourelle ou belvédère sur le haut d'une maison.

வலப்பம், (பலப்பம்), espèce de craie, pierre blanche, (qui sert pour écrire).

வலமன், (வலம், மன்,) côté droit.

வலமே, sur, dessus, au-dessus.

வலம், 1° le côté droit, dessus, place, une des terminaisons de l'ablatif de lieu, *Ex.* [illegible] un tuyau de bambou était comme un luth en la main de celui qui ressemble à un éléphant qui ne reste pas dans les dures montagnes. 2° *adj.* droit, sur. 3°* (vala *ou* bala), force, énergie, puissance, épaisseur, armée, victoire: — கொள்ளுகிறது prendre la droite, venir par la —, tourner à droite, remporter la victoire. [pendiculaire.

*வலம்பம், (valamba), ligne per-

வலம்புரி, (வலம்), ce qui tourne,— est tourné ou tordu à droite, corde tordue à droite, conque ou coquillage rare dont les spirales tournent à droite, faire le tour—, circuit d'un temple, d'une montagne... à droite, l'arbrisseau நந்தியாவட்டம், l'arbrisseau helicteres isora: — சங்கு conque dont les spirales tournent à droite; —புல் l'herbe andropogon contortum.

*வலயம், 1° (valaya), bracelet, borne, limite, enclos, entourage, mal de gorge, inflammation du larynx. 2° cercle, rond, forme—, figure circulaire, arc, tour, mer, étang.

*வலவத்தரம், (balavat *fort*), ou *வலவந்தம், வலவந்தரம், (வலம், அந்தம், அந்தரம்), force, pouvoir, violence, contrainte: வலவந்தம்பண்ணுகிறது faire violence, violenter, forcer, contraindre.

*வலவந்தன், (வலவந்தம்), homme fort, violent, puissant.

*வலவன், (வலம்), homme fort, puissant, habile, capable, conducteur de char, conquérant, victorieux.

வலவை, (வலம்), 1° femme forte, vigoureuse, puissante, servante de Kâli (en général), Dâkini ou டாகினி la principale servante de Kâli, la fameuse Kâli, Valavei, femme de Poulléyar. 2° homme fort, puissant.

வலனோட்டு, (வலம், ஓட்டு), cours (du soleil et des planètes...), à droite ou vers l'orient, course à droite.

*வலன், 1° (வலம்), homme fort, robuste, puissant, l'asouren ou géant Balen tué par Indiren. 2° *P.* வலம், force, puissance, victoire, côté droit.

*வலாகம், வலாகை, வலாகி, (valâkâ, —ki), petite espèce de cigogne ou de grue, eau.

*வலாசகம், (valâsaka), le couil ou coucou indien, grenouille.

வலாட்டியன், வலாட்டியவன், (வலம், அட்டி), homme fort, puissant, capable.

*வலாரி, (வலன், அரி), V. பலாரி.

*வலாத்காரம், P. பலாத்காரம், force, violence, exaction.

வலி, 1° * (vali), ligne, rides de la peau, offrande superstitieuse aux esprits de l'air. 2° (bali), impôt, droit que les pêcheurs de perles donnent au maître de la barque, c'est le produit de chaque 8$^{me}$ jour de pêche. 3° (வல்), force, énergie, pouvoir, puissance. 4° mal, douleur, peine, souffrance, maladie, pinces, tenailles, pincettes, singe, élégance qui consiste à joindre ensemble plusieurs mots syncopés, *i. e.* privés de la terminaison des cas, l'arbre நுவலி. 5° *imp. et part. de* வலிமிறது. 6° *imp. de* வலிக்கிறது: சிறு — petite douleur, douleurs prématurées de femme enceinte; —க்கட்டு forte tension —, certaine ligature —, partie du luth; —க்கிகைய faire des lignes sur le corps, faire des offrandes à tous les êtres; —சங்கம் troupe —, réunion de singes; — தருதல் fortifier, donner de la force, consoler; — பருமம் médiocre sévérité, —violence; — வாதக்கம் sorte de maladie, convulsions( d'enfans...), un des அஷ்டமாத்திரம்; — முகம் figure ridée, figure de —, singe; — யறிதல் connaissance de la force, — qu'un roi doit avoir de ses forces et de celles de l'ennemi; — யுடைமை possession de la —, force, fermeté; — யுறுத்தல் affermir, fortifier, consoler; — வலிக்கிறது faire mal, la douleur se faire sentir; வலிக்குன்னியக் குழிறது être subjugué, soumis, se soumettre à la force.

வலிகிறது, வலித்தேன், வலிவேன், வலி, வலிய, v.n. வலிதல், n.v. s'exciter, être excité, animé, stimulé en soi-même, rester, continuer, s'arrêter, oser, s'aventurer, entreprendre, s'efforcer, user de violence, *ou* வலிந்துகொ ள்ளுது prendre à cœur, s'appliquer à vaincre une difficulté, se courber, ou s'exténuer des efforts qu'on fait, s'écarter du —, forcer le sens, faire violence au sens.

வலிக்கிறது, வலித்தேன், வலிப்பேன், வலி, வலிக்க, v.a. வலித்தல், n.v. 1° (வலி), faire mal, causer —, éprouver de la douleur, souffrir. 2° (வல்), exciter, pousser, stimuler, tirer, attirer, — à soi (comme l'aimant), ramer, hisser les voiles, les tendre, recevoir —, exiger durement, changer une lettre douce en forte, *v. g.* குறுந்தாள் en குறுத்தாள் pied court, (le contraire se dit மெலிக்கிறது), prononcer fortement, courber, plier, s'accorder, consentir, engraisser, devenir —, être gras, — fort, être en colère, s'échauffer, se dessécher, penser: வயிறுவலிக்கிறது le ventre faire mal, avoir de la douleur ou du mal au ventre; காந்தக்கல்இரும்பை வலிக்கிறது l'aimant attirer le fer; படகை வலித்துக்கொண்டுபோகிறது conduire une barque à la rame.

வலிக்குதல், n.v. du préc. douleur, souffrance, mal, excitation, attraction, action de ramer..., devenir fort.

வலிக்கொள, clairement.

வலிக்கம், (வல்), force, violence.

*வலிசம், வலிசி, (valisa, - si), hameçon.

வலிச்சலன், (வலிச்சல்), homme très-maigre, sec et fluet comme une latte, —qui ne lâche pas prise.

வலிச்சல், latte, — d'un toit, chose sèche, desséchée: கமுகம் —, பனை — latte d'aréquier, de palmier; — ஆணி clou à latte; —ச்சுக்கவலிடுகிறது attacher —, assujétir les lattes; வலிச்சற்கொடி espèce de plante grimpante. [vironner, entourer.

*வலிதம், (valita), mouvement, en-

வலிதல், n.v. de வலிகிறது.

வலிது, (வலி), ce qui est fort, difficile, dur, pesant: வலிதுயிக்கொண்டு சொல்லுகிறது dire avec force, avec autorité; வலிதானகாரியம் chose grave, forte, pesante, difficile.

வலித்தல், n.v.de வலிக்கிறது.

வலித்திருப்பு,(வலித்து, gér.de வலிக்கிறது, இருப்பு), pierre d'aimant qui attire le fer.

வலிப்பு,n. v. de வலிக்கிறது, convulsion, spasme, douleur, attraction, action de ramer: உள் —, புற — convulsion intérieure, — extérieure; முயல் — convulsion de lièvre, — accompagnée de tremblement.

வலிமை, (வலி, மை), force, pouvoir, habileté, solidité, violence, effort: — செய்கிறது faire violence, violenter; — பாராட்டுகிறது vanter sa force, son habileté; — வாரூர் ville forte, épithète de உறையூர் ancienne capitale des rois சோழர் ou du Tanjaour.

வலிய, (வலி), fort, vigoureux, puissant. 2° inf. de வலிகிறது, de soi-même, de son propre mouvement, sans être forcé, sans nécessité, volontairement;(il double les க, ச, த, ப): — சர்ப்பம் fort serpent, dragon: — சண்டைக்குவருகிறது venir de soi-même engager une querelle ou s'y mêler; — தலை forte tête; — தலைகொடுக்கிறது donner sa tête, i.e. sa vie volontairement, entrer volontiers dans un affaire dangereuse.

வலியது, (வலிய), ce qui est fort, pl. வலியவை, choses fortes, — efficaces.

வலியவன், (id.), homme fort, puissant: — வெட்டினது வாய்க்கால் ce qu'un homme puissant creuse doit être un canal, le conseil et l'action du puissant prévaudront; வலியவனையண்டி ou வெட்டிக்கொள்ளுகிறது avoir recours —, s'attacher à un homme puissant.

வலியன், (id.), homme puissant, fort, robuste, violent, l'oiseau noir கரிக்குருவி, ce qui a peu de sévérité, de dureté.

வலியான், (id.), homme puissant, vigoureux, l'oiseau noir கரிக்குருவி, mainate, espèce de milan.

*வலிமுகம், P. வலிமுகம்.

வலு 1° (வல்), adj. fort, grand, pesant, difficile, roide, subst. force, violence, épaisseur, monnaie pesant plus que le poids, (le contraire est மெலு). 2° moustique, cousin, moucheron, espèce de colle médicinale, emplâtre, attachement, huit (en langage secret de marchands). 3° imp. et part. de வலுக்கிறது: — உயரம், — உயர்த்தி grande hauteur; — கடினம் grande dureté, — difficulté, — fermeté, — vexation; — கொடுமை force, violence; — மோசம் grand danger, grande déception; — வாசை, (ஆசை), grand désir, avidité; — வாய் fortement, avec force, — véhémence, violemment; — வாய்க்கூப்பிடுகிறது appeler —, crier à haute voix, avec force; — வாய்ச்சொல்லுகிறது parler haut, avec force, avec autorité; — வாடைக்காற்று vent violent; — விசாரம் grand chagrin, grande inquiétude.

வலுக்கிறது, லுத்தேன், லுப்பேன், லு, லுக்க, v.n. வலுத்தல், n v. être ou devenir fort, se fortifier: வலுக்கப்பேச parle haut, à haute voix.

வலுத்த, part. du préc. fort.

வலுவத்தம், V. வலுவந்தம்.

வலுப்பு, n.v. du même, force, vigueur, fermeté.

வலுமை, (வலு, மை), force, vigueur, violence, — க்காரன் homme violent; — பண்ணுகிறது faire violence, agir avec violence: வலுமைக்கு வழக்கில்லை il n'y a pas à disputer contre la violence, ou la coutume et le droit ne font rien contre la violence.

வலுமையாள், (வலுமை, ஆள்), personne robuste, violente.

வலுவந்தம், வலுவந்தரம், வலோபந்தம், (வலு), force, violence: வலுவந்தமாய் par force....

*வலூகம், (valoûka), racine bulbeuse du nénuphar.

வலை, filet, rets, — வீசுகிறது — filet de cordes, grand filet pour pêcher en mer: — க்குண்டு poids ou balle de métal —, plomb attaché au bas du filet pour le faire enfoncer; — தடுக்கிறது arrêter le filet, empêcher les poissons de se prendre dans le filet;

—பின்னுகிறது faire —, tresser un filet; — போடுகிறது, — வீசுகிறது lancer le filet; —ப்படுகிறது, —ப்பட்டு se prendre dans un filet, tomber dans un filet ou un piége, se laisser prendre aux amorces, être fait captif; —ப்பாடு prise de poissons, — d'un coup de filet; —ப்பூச்சி insecte qui tend des filets, i.e. l'araignée; —மடிக்கிறது plier un filet, le fermer, le ramasser; வலைபாய்மூழ்ந்து கிடப்பான் வலைஞன் le pêcheur vit entièrement de son filet (de sa pêche).

வலைச்சி, *fém. de* வலையன், pêcheuse, fille —, femme de pêcheur, — des bords de la mer.

வலைஞர், (வலை), pêcheurs, habitans des bords de la mer. [celet.

*வலையம், *P.* வலயம், cercle, bracelet.

வலையன், (வலை), *pl.* வலையர், homme du filet, pêcheur, habitant des bords de la mer (qui vit de son filet), homme de la caste —, caste des pêcheurs, espèce de millet ou சாமை; வலையச்சேரி village de pêcheurs, bourg —, pays maritime.

*வலோத்காரம், (வலம், உத்காரம்), force, violence.

வல், (வலம்), *adj.* puissant, fort, robuste, dur, difficile, *subst.* force, pouvoir, vigueur, tertre, élévation, instrument de jeu, *v.g.* dé, etc... hâte, vitesse, ceinture, sangle.

*வல்கி, *P.* வல்லகி, luth.

*வல்கிதம், (valgita), une des 5 allures des chevaux, amble, galop, saut, bond, course.

வல்சி, riz cuit, *ou*

*வல்பணம், வல்பிதம், (valbhana, —ita), nourriture, manger. [கம்.

*வல்மீகம் *et ses composés, V.* வன்மீகம்.

வல்ல, (வல்), puissant, fort· சர்வத்துக்கும்வல்ல tout-puissant.

*வல்லகி, (vallaki), luth, guitare.

வல்லடி, (வல், அடி), force, puissance, violence, oppression, tyrannie, (d'un roi ou d'un puissant): —க்காரன் homme violent, puissant, oppresseur; —பண்ணுகிறது, —படிக்கிறது user de —, faire violence, violenter, tyranniser, piller; —வழக்கு la raison du plus fort, procès conduit par des moyens oppressifs; —சாவு அல்லது ஒருவனைக்கொண்டுபோகிறது une mort violente et subite emporter quelqu'un; வல்லடிசாவிலேபோகிறது être emporté par une mort prématurée, mourir subitement ou violemment, — d'épidémie, dans un combat ou être tué par violence.

வல்லணங்கு, (வல், அணங்கு), la prétendue déesse puissante ou malfaisante, *i.e.* Kâli. [cher, couvrir.

*வல்லிதம், (vahita), meurtre, ca-

வல்லத்துக்குருவி, l'oiseau noir கரிக்குருவி.

வல்லபம், 1° (வல்லம்), puissance, pouvoir, force, autorité. 2° (vallabha), cheval qui a bonne allure ou de bonnes marques, amour, agrément: வல்லபக்காரன், homme puissant, fort; — சத்தி grande force, — puissance; — பாலகன் palefrenier.

வல்லபன், 1° (வல்லம்), homme fort, puissant. 2° (vallabha), mari, amant, ami, maître, chef des bergers, intendant, — des chevaux.

வல்லபி, (வல்ல), 1° femme forte, puissante. 2° *P.* வல்லபை, femme, épouse, amante, maîtresse. 3° homme fort, puissant.

*வல்லபை, (vallabhâ), épouse, femme, — chérie, maîtresse, amante, femme d'அசுரர், *V.* வல்லவை.

வல்லமை, (வல்ல, மை), puissance, pouvoir, force, autorité: — பேசுகிறவன் celui qui vante ses prouesses sans connaître celles de son adversaire.

*வல்லம், (valla), action de vanner le blé, de couvrir, prohibition, certain poids, bananier.

*வல்லரி, (vallari), plante rampante ou grimpante, pédicule composé, bourgeon, pousse, bouquet de fleurs, fruit vert, — à peine formé.

வல்லவன், 1° (வல்ல), homme fort, puissant. 2° (vallava), berger, cuisinier, — qui fait un ragoût de pois ou de paroupponn, surnom de வீமன். 3° *P.* வல்லபன், mari.

வல்லவாட்டு, écharpe, manteau: — போட்டுகிறது se revêtir d'une écharpe; —பிச்சைவாங்குகிறது demander l'aumône étant revêtu d'une écharpe ou habillé gracieusement.

*வல்லவி, 1° (vallavi), bergère. 2° *V.* வல்லபி, *ou*

*வல்லபை, *P.* வல்லபை, épouse, femme, —bien aimée, *V.* வல்லபை.

வல்லாத்துக்கம், chagrin sans raison, *V.* வல்லாத்துக்கம்.

வல்லாரல், espèce de plante.

வல்லாரை, 1° (வல்), hydrocotyle, plante aquatique et médicinale qu'on peut manger, hydrocotyle asiatica, la 18me constellation lunaire dite கேட்டை: — கிருதம் médecine composée d'hydrocotyle et de beurre clarifié. 2° *acc. du suiv.*

வல்லார், (வல்ல), gens habiles, forts, capables, puissans, gens incapables, qui ne peuvent pas, voisins, étrangers: — கொள்ளை pillage fait par plusieurs ou plutôt par des gens forts ou puissans: கொள்ளை யாகிப்போகிறது devenir la proie des puissans, être pilié par des gens forts; — துக்கம் chagrin ou deuil pour un voisin ou un ami; — துக்கங்கொண்டாடுகிறது célébrer le deuil d'un —, pleurer un ami ou un voisin; வல்லாரைத்தேடுவாள் femme qui cherche à séduire les puissans ou les étrangers, prostituée.

வல்லாளன், (வல்ல, ஆளன்), homme fort, vaillant, puissant: வல்லாளர்க்கரசன் homme très-fort, très-vaillant, le héros des braves: வல்லாளராஜன் le roi des braves, titre du prince de திருவண்ணாமலை.

வல்லான், (வல்ல), homme fort, puissant.

*வல்லி, 1° (valli), plante rampante ou grimpante, terre. 2° mesure, village de bergers, — de pâtres, fers pour mettre aux pieds, éloignement, cessation, séparation, un des 32 உபநிடதம், mariage, femme, les arbres குருக்கு et புன்முருக்கு, la plante rampante வல்லி: — க்கொடி la plante பெருங்குருந்து; — சாதகம் la plante சாமவல்லி qui s'entrelace sur l'arbre சந்தனம்.

வல்லிகம், *P.* வல்லிசம், poivre, plante grimpante, — grimpante qui a le goût de poivre.

*வல்லிகை, 1° *P.* வல்லபி, luth indien. 2° bijou pour les oreilles, pendans d'oreilles.

*வல்லிசம், (வல்லி, சம்), poivre.

வல்லிசை, (வல், இசை), le dessus (en musique), ton élevé, son aigu, serpent.

வல்லியம், village de bergers, —de pâtres, la montagne கொல்லிமலை (dans le royaume de சேரன், puis par conquête, dans celui de சோழன்), tigre, bannière du tigre, —à peinture de tigre, insigne du roi சோழன், safran, la plante செவ்வல்லி.

வல்லினம், (வல், இனம்), classe des consonnes fortes, rudes ou dures au nombre de 6, savoir: க, ச, ட, த, ப et ற: வல்லினமோனை consonnance dite மோனை ou moyen des lettres fortes, elle a lieu lorsque tous les vers commencent par une lettre forte, et qu'une lettre semblable commence un autre pied du vers; — வெதுகை, (எதுகை), rime dite எதுகை au moyen d'une lettre forte, elle a lieu lorsque le premier pied des vers qui riment ensemble a pour seconde syllabe une lettre forte.

வல்லிட்டுக்குற்றி, (வல், இடு), pieu ou coin pour fendre le palmier, ou d'autres arbres.

வல்லிறு, *P.* வல்லூறு.

வல்லுயிர், (வல், உயிர்), vie forte, —dure, qui se perd difficilement.

*வல்லூரம், 1° (valloûra), forêt, bois épais, solitude, isolement, désert, sable, gazon, terre non cultivée et couverte d'herbes, champ, rizière, berceau, —ou cabinet de verdure, —couvert de plantes rampantes, pédicule composé, bouquet de fleurs. 2° *P.* வல்லூரம், viande de sanglier.

வல்லுவம், sac à bétel, — à divers compartimens, bourse, — qu'on porte à la main.

வல்லுளி, (வல்,உளி), cochon sanglier.

வல்லுனர், (வல்), hommes forts, courageux, puissans.

*வல்லூகம், (bhalloûka), ours, singe (mâle).gros singe noir.

*வல்லூரம், (valloûra), terre inculte, désert, viande ou chair de sanglier, — de porc, viande séchée, V. வள்ளூரம்.

வல்லூறு, (வல்,ஊறு), espèce de milan, faucon, c'est un des பஞ்சபட்சி: வல்லூறடிக்கமடையான் விழுந்ததுபோல நீ விழுவாய் tu tomberas ou puisses-tu tomber comme la cigogne tombe sous les coups du faucon; வல்லூற்றுக்குருவி faucon ou autre oiseau qui sert à la fauconnerie.

வல்லெழுத்து, (வல்), lettre —, consonne forte, V. வல்லினம்.

வல்லெனல், son imitatif (de redoublement), son répété.

வல்லை, espèce de maladie, douleur, peine, hâte, vitesse, — du temps, forteresse, grande forêt, tertre, monticule, montée, cercle, force, les arbres முருக்கு et புன்முருக்கு.

வல்லையம், lance, *ou* எறி — javelot, trait, arme qu'on lance.

வல்லொட்டு, (வல்), position —, serrure difficile.

வல்லோன், *pl.* வல்லோர், (வல்), homme fort, robuste, puissant, violent: வல்லோரொரழிப்பு espèce de figure dite அபநுதி par laquelle les savans répondant négativement à ce qu'on leur a demandé d'une manière douteuse, lui donnent un autre sens.

வல்வருத்தம், (வல்), grande peine, chagrin cuisant.

வல்வாய்சரணன், (வல்,வாய்), espèce de serpent.

வல்விஷம், வல்விடம், (*id.*), poison violent.

வல்விலங்கு, (*id.*), l'animal fort ou puissant, *i.e.* l'éléphant.

வல்வினை, (*id.*), action forte, — courageuse,

வவி, celui qui ne porte aucune marque de secte.

வவ்வவிகொட்டுகிறது, se mordre les lèvres.

வவ்வல், *opt. et n.v. de* வவ்வுகிறது: — ஒட்டி arbrisseau épineux qui accroche les habits.

வவ்வால், *P.* வௌவால், chauve-souris: — ஒட்டி buisson épineux qui attrape les chauves-souris; — மீன் espèce de poisson; — விளக்கு, — வவ்வாற்பந்தம், *litt.* lampe de chauve-souris, — suspendue comme les chauves-souris ou propre à les chasser, ou lampe faible, lanterne sourde, que les chauves-souris puissent supporter: வவ்வாற்குறடு *litt.* pinces de chauve-souris, partie de sandales.

வவ்வாறுத்தி, (வவ்வால், தாத்துகிறது), ce qui pend comme la chauve-souris, ce qui est sans support.

வவ்வுகிறது, வினேன், துவேன், வு, வ, *v.a.* (வௌவுகிறது), வவ்வுதல், *n. v.* saisir, attraper, happer, prendre, ramasser, — à terre.

வழக்கம், usage, coutume, conduite, train: — அற்றுப்போகிறது une coutume s'abolir, passer de mode, n'être plus d'usage; — இடுகிறது mettre en usage; வழக்கச்சொல் mot usité, — ordinaire, proverbe; அவனுக்குமெனக்கும் வழக்கமில்லை il n'y a pas de rapports habituels entre lui et moi; இடதுகைவழக்கமானவன் gaucher, qui se sert habituellement de la main gauche.

வழக்கறிகிறது, (வழக்கு), connaitre les coutumes, la marche des choses, — les procès.

வழக்கன், (வழக்கு), plaignant, demandeur, plaideur, disputeur, querelleur: எதிர் — le défendeur.

வழக்காடி, வழக்காளி, (*id.* ஆடுகிறது, ஆளி), plaideur, querelleur, chicaneur: வழக்காளிகள் les plaideurs, les 2 parties adverses.

வழக்காடுகிறது, (*id.* ஆடுகிறது), être en procès, intenter —, faire un procès, plaider.

வழக்கு, querelle, dispute, procès, — pour des biens..., plaidoirie, cou-

ரவை

tume,usage, cas, affaire: வழக்கைத்தோல்விப்பண்ணிக்கொண்டிருக்கிறது chercher à faire perdre un procès, user de chicanerie, trainer un procès en longueur; வழக்கறுக்கிறது terminer un procès, le juger; வழக்கறுந்தது ou வழக்கற்றது le procès est terminé, — décidé; வழக்குக்கேட்கிறது entendre un procès, l'examiner; — செய்கிறது, — சொல்லுகிறது faire —, intenter procès, plaider; — தீர்த்தட்டமெழுதிக்கொடுக்கிறது donner une sentence par écrit; — தொடுக்கிறது, — தொடுக்கிறது, — உண்டாக்குகிறது intenter —, commencer un —, faire procès; — பேசுகிறது plaider, exposer ses raisons; — தீர்க்கிறது juger —, terminer —, décider un procès.

வழக்கோரம், (வழக்கு, ஓரம்), partialité (dans un procès): — சொல்லுகிறது juger partialement; மண்ணிலிருந்து வழக்கோரஞ்சொல்லாதே ne juge pas avec partialité sur la terre.

வழங்கல், opt. et n. v. de வழங்குகிறது, emploi, usage, coutume, marche, promenade, conduite, direction, domination, dire, don, donation, pluie.

வழங்கா, வழங்காத, part. nég. du même, inusité, qui n'a pas cours, hors d'usage: வழங்காவழி sentier non suivi, manière inusitée, nouvelle invention; வழங்காதசொல் mot inusité, dont on ne doit pas user, mauvais mot: வழங்காதவன் homme non employé, misérable, gueux, vaurien, homme vil.

வழங்கி, gér. et n. app. du suiv. homme qui prostitue sa femme, —qui la livre à un autre pour de l'argent, femme ainsi livrée ou qui se prostitue elle-même.

வழங்குகிறது, sync. வழங்கிறது, கினேன், குவேன், கு, க, v. n. et a. வழங்குதல், n. v. être usité, — d'usage, de coutume, avoir cours, employer à, donner, distribuer, parler, dire, diriger, gouverner, se promener, marcher, pleuvoir: சர்க்கரை — distribuer —; donner du sucre; நன்மைவழங்காதிருக்கிறது arrêter —, discontinuer un bienfait, une bonne œuvre; வழங்குகிறமுறை, — சம்பாடு règle —, usage établi, —qui a cours.

வழட்டுகிறது, ட்டினேன், ட்டுவேன், ட்டு, ட்ட, v. a. de வழளுகிறது, வழட்டுதல், வழட்டல், n. v. écorcher, égratigner, arracher la peau du corps.

வழப்பம், P. வழக்கம், usage, coutume.

வழலிக்கை, langueur, lassitude, [défaillance.

வழலுகிறது, ழன்றேன், ழலுவேன், ழலு, ழல, v. n. வழலுதல், n. v. P. வழுந்துகிறது.

வழலை, espèce de serpent, dit வழலைப்பாம்பு: il y en a de 2 sortes: un rouge et un noir; leur morsure produit, dit on, des effets tout différens, sel médicinal dit வழலையுப்பு, savon, phlegme, pusillanimité: — யுப்பு sel de savon.

வழவழன், négligent, qui laisse al-[ler.

வழளுகிறது, ழண்டேன், ழளுவேன், ழளு, ழள, v. n. de வழட்டுகிறது, வழளுதல், n. v. s'écorcher, être écorché, égratigné, s'en aller ou se détacher comme une peau fine.

வழா, part. nég. de வழுவுகிறது: — நிலை exacte observation des règles de la grammaire (touchant l'espèce திணை, le genre பால், la personne இடம், le temps காலம் etc...; le contraire se dit வழுநிலை.)

வழாறு, rivière pleine —, étang rempli d'eau.

வழி, 1° chemin, voie, route, sentier, manière, moyen, expédient, cause, origine, place, masse —, morceau de beurre ou d'onguent, boule, ancienneté, antiquité, postériorité, après, fils, usage, ordre, poitrine, côté, (v.g. தாய்வழி côté maternel), une des formes de l'ablatif de lieu, Ex. நின்றதோர்நறைவேங்கைநிழல்வழியமைந்தனன் il se promenait à l'ombre d'un pterocarpe odoriférant qui était là. 2° imp. et part. de வழிகிறது. 3° imp. de வழிக்கிறது; இவ்வத்துடிக்கவழியறியேன் je ne vois au-

ஊண் moyen de finir ou de faire cela; புத்திரர்வழிச்செல்லாத்தொடர்ந்தேற்றியாய்வந்தபாவம் le péché qui est venu par une série continue à toutes les races des enfans de nos premiers parens, *i.e.* le péché originel; —கட்டுகிறது barrer le chemin, inventer —, trouver le moyen, préparer les voies; —கட்டிப்பறிக்கிறவன் voleur de grand chemin; —காட்டி guide, qui montre le chemin ou donne l'exemple; — காணுகிறது voir le chemin, trouver—, prendre les moyens; — க்கரை bord du chemin;— க்கொள்ளுகிறது se mettre en route; — ச்சாரி chemin battu, sentier détourné fréquenté par les douaniers pour prendre les contrebandiers; — ச்சாரியிலிருக்கிறது être dans les sentiers détournés pour arrêter les contrebandiers; — ச்செலவு argent pour dépenses de—, dépense de— ,voyage; — ச்செல்கை voyage; — ச்செல்வோன் voyageur, passant, piéton;—தப்புகிறது,— தப்பிப்போகிறது s'égarer, perdre son chemin;—த்துறை but —, terme du voyage;—த்தடை obstacle à un voyage, empèchement qui arrète en route, mauvais présage qui arrète le voyage des gens superstitieux; —த்துணை compagnon de voyage, voyageurs qui se suivent ou s'accompagnent mutuellement;—த்தெய்வம் dieu de la caste; — த்தொண்டு esclave héréditaire, de génération en génération;—த்தோன்றல் fils;—நடத்துகிறது, நடத்தல் diriger—, conduire—, guider dans le chemin;—நடப்பு passage fréquent, passage (du peuple) dans un chemin; - நடை voyage, passage fréquent, — du peuple dans un chemin; — நடைநடக்கிறது, marcher dans le chemin, faire—, avancer son chemin; — நடையாயிருக்கிறது le chemin être praticable, — fréquenté; —நாள் le jour suivant, le lendemain: —நாற்பது espèce de poème;— நூல் science dérivée de la révélation, explication de la parole de Dieu avec quelques altérations que les hommes y font;—படல்,—படுகிறது —படுதல் se mettre en route, rentrer dans le bon chemin, se soumettre, obéir, suivre, imiter, rendre hommage, adorer, vénérer, observer des rits cérémonieux;—படுத்தல், — படுத்துகிறது mettre en route, faire partir pour un voyage, faire entrer —, remettre dans le bon chemin, ramener dans la bonne voie, régulariser, régler, soumettre, faire adorer;—பண்ணுகிறது ouvrir le chemin, trouver le moyen;—பயக்கிறது procurer — , trouver le moyen, ôter tout lieu de refuser, donner sans refuser;—பறிக்கிறது voler sur les grands chemins; —பாடு adoration, hommage, respect, obéissance, soumission, abaissement, voie, système, profession, — d'une religion, usage, coutume, habitude, exercice, moyen, expédient, départ; — பாடுள்ளவன், — பாடுபெற்றவன் homme habitué, exercé à une chose; பாடுமறுக்கிறது refuser de se soumettre, c'est une des parties de la poésie érotique; — பார்க்கிறது examiner —, chercher les moyens, regarder si quelqu'un vient (sur le chemin);—ப்படுகிறது se mettre en route, — en bonne voie, se remettre en ordre, se réformer, *V.* வழிப்படுகிறது; — ப்படுத்துகிறது mettre en route,—en bonne voie, faire entrer, mettre en ordre, régulariser, conduire dans le droit chemin; —ப்பயணம், —ப்பிரயாணம் voyage,— par terre, marche; — ப்பயணம்பண்ணுகிறது voyager, faire route; —ப்பறி vol de grand chemin; — ப்பிரிவு embranchement de chemins, place où plusieurs chemins se croisent;— ப்போகிறது aller en avant, avancer, voyager, suivre, accompagner, se mêler des affaires d'autrui; அவன் —ப்போகாதே ne vas pas dans son chemin, ne te mêle pas de ses affaires;— ப்போக்கு chemin, passage; —ப்போக்குநிலம் champ qui sert de chemin;—

laissé pour la route; —ப்போக்கன் voyageur, passant; —மறிக்கிறது barrer le passage, intercepter—, fermer le chemin; — முரண் antithèse à chaque pied de tous les vers d'une strophe; — முறை génération, ou —முதல் commencement d'un voyage, d une route; — முற்றக்கூடவருகிறது venir avec tout le long du chemin; — மோனை consonnance dite மோனை qui se rencontre dans tous les pieds de tous les vers d'une strophe; — யடைக்கிறது fermer—, boucher —, obstruer le chemin, empêcher; —யருகு bord du chemin; —யாக, —யாய் par le moyen, par l'entremise de; அந்தவீதிவழியாய் par cette rue, en suivant cette rue; உன்வழியாக par ton moyen, par ton entremise; புத்திவழியாக par l'esprit, par la pensée, habilement, subtilement; —யுணவு provisions de voyage; — யுனைப்போக்கர் messagers; — யெதுகை rime dite எதுகை qui se trouve entre tous les pieds correspondans de chaque vers, d'une strophe; — வகை moyen, aisance, richesses; —வருகிறது venir dans le chemin, venir se mêler de: என்—வராதே ne viens pas te mettre dans mon chemin, ne te mêle pas de mes affaires; — வழியைப்போகிறது aller par différens chemins; —விடுகிறது faire la conduite (à quelqu'un qui s'en va), reconduire, prendre congé après avoir fait la conduite (par respect ou affection), ouvrir un chemin, —la voie, —une issue (v. g. à l'eau...), trouver un moyen, céder le pas, quitter le bon chemin; —விட்டனுப்புகிறது accompagner un peu et prendre congé; — வைக்கிறது ouvrir la route, commencer le premier, — à s'en aller, se mettre en route.

வழிகிறது, வழிந்தேன், வழிவேன், ழி, ழிய, v.n. வழிதல், n.v. dégoutter, ou வழிந்துபோகிறது, வழிந்தோடுகிறது couler, s'écouler, découler, déborder, se répandre.

வழிக்கிறது, வழித்தேன், வழிப்பேன், ழி, ழிக்க, v.a. வழிக்குதல், வழித்தல், n.v. frotter—, frictionner un onguent avec la main, écurer, nettoyer (avec la main), racler, ôter en raclant ou en essuyant; அரைத்து— broyer et ôter en raclant (ou en passant la main des épices broyées... sur une pierre); சவரகன்கத்தியால்—le barbier raser (la figure...) avec son rasoir; நாக்கு—nettoyer,— racler la langue.

வழியல், n.v. des deux préc. raclure, ce qui s'est écoulé.

வழியன், (வழி), celui qui s'arrête en chemin, lépreux,—qui a la maladie dite குட்டை.

வழு, 1° faute, erreur, manque, bassesse, dommage, perte, solécisme, faute de langage, licence. 2° *imp. et part. de* வழுவுகிறது: —க்கட்டை stupidité, petit enfant, *ou* — க்கட்டைப்பயல் enfant stupide; — க்காய் fruit tout vert, à peine formé, *V.* வழுக்கை. [றது...

வழுகுகிறது, வழுகுதல், *P.* வழுவுகி

வழுக்கல், *opt. et n. v. de* வழுக்குகிறது, glissade, lieu glissant, action de glisser...; *V.* வழுக்கை: —குயிலுக்கிற அரிசி riz non assez net,— non bien pilé; வழுக்கத்தரை, (தரை), terre glissante, sol glissant.

வழுக்கு, 1° glissade, lieu glissant, graisse, suif, oubli, mobilité, mensonge, malheur. 2° *imp. et part. de* வழுக்குகிறது: வழுக்கெண்ணெய் huile glissante, onguent composé d'huile et de poussière de charbon dont les voleurs se frottent le corps quand ils vont voler de nuit; — நிலம் terrain —, sol glissant; —ப்பாசி la plante aquatique vallisneria spiralis; எவிசாய்த்தியவை விலக்குதற்கு நல்லவை தேடிப்பார்க்கவு நயனங்களுக்கு வழுக்குமாட்டமுமாண்டவர் தந்தார் Dieu a donné aux yeux la mobilité et le mouvement pour éviter le mal et pour chercher et voir le bien.

வழுக்குகிறது, *sync.* வழுக்கிறது, க்கினேன், க்குவேன், க்கு, க்க, *v.n.* வ

க்குதல், n. v. glisser,(v. g. sur un terrain fangeux), s'échapper, échapper des mains, être glissant,—très mobile, v.g. les yeux, oublier, battre, frapper—, heurter contre: வழுக்கி னிலத்தில் விழுகிறது tomber sur un terrain glissant.

வழுக்கை, 1° (வழுக்கு, ஐ), chose glissante, substance tendre, pulpeuse, et glissante du coco, noix de coco encore tendre, fruit vert,—non mûr. 2° n.v. de வழுக்குகிறது: — த் தேங்காய் coco encore tendre,— non mûr; —த்தலை tête chauve; — ப்பலா espèce inférieure de jaquier dont les noyaux sont doux au toucher et glissans; — ப்பசளை la plante portulaca halimoides.

வழுதலை, la plante கத்தரி, bringelle, pal d'épouvante, pieu à empaler (placé dans les champs pour épouvanter les voleurs).

வழுதி, épithète des rois பாண்டியர் de Maduré.

வழுது, mensonge, fausseté, paille.

வழுதுணை, bringelle ou கத்தரி.

வழுத்தல், opt. et n.v. du suiv. éloge, louange, félicitation, célébration.

வழுத்துகிறது, த்தினேன், த்துவேன், த்த, த்தி, v.a. வழுத்துதல், n. v. louer, célébrer, féliciter, congratuler, dire.

வழுநிலை, (வழு), solécisme, faute contre les règles de la grammaire (sur l'espèce, le genre, la personne, le temps etc...)

வழுந்தல், வழுந்துகிறது, வழுந்துதல், écorcher, égratigner.

வழும்பு, graisse, suif, mucus visqueux qui couvre les veaux et autres animaux nouvellement nés.

வழுவமைதி, வழுவமைப்பு, (வழுவு) licence, —poétique, — contre les règles de la grammaire (touchant l'espèce, le genre, la personne, le temps etc...)

வழுவல், 1° opt. et n.v. de வழுவுகிறது, glissade, faux pas, erreur, faute, pente, substance glissante, — encore tendre du coco, V. வழுக்கை. 2° P. வழுவுவேன், je glisserai, fut. de வழுவுகிறது: வழுவன்சுறா réquin lisse et glissant mais non mangeable.

வழுவாடி, (வழுவு, ஆடி), celui qui s'esquive ou échoue dans une affaire.

வழுவாமை, n.v. nég. de வழுவுகிறது, infaillibilité, exemption d'erreur, persévérance dans la vérité et le bon chemin, intégrité.

வழுவு, glissade, écart, erreur, chute, faute, dommage, n.v. imp. et part. du suiv. வழுவுடைக்காமம், (உடை), luxure coupable, mauvais désir, concupiscence, — illégitime et violente, transgression des bonnes mœurs, rapt, violence, enlèvement, excès, désir du bien d'autrui.

வழுவுகிறது, வினேன், வுவேன், வ, வி, v.n. et வழுவிப்போகிறது, glisser, s'égarer, faillir, manquer, dévier, errer, s'écarter de la bonne voie, s'échapper,— des mains, s'esquiver, s'endommager: வழுவவிடுகிறது laisser glisser, —échapper, —s'égarer; வழுவாமற்பேசுகிறது parler sans dévier, sans faute ni méprise, correctement; வழுவிவழுவிப்போகிறது ne faire que glisser, que s'échapper et tomber, v.g. un vêtement, — que glisser des mains, v. g. un poisson, être lâche, peu serré.

வழுவுதல், n.v. du préc. glissement, écart, dommage, non réussite: — ஆனாமலிதன் trompeur, imposteur, homme qui dévie...: காரியத்துக்கு — வராமற்பார் prends garde qu'il n'arrive à l'affaire quelque mauvais succès.

வழுவை, 1° éléphant. 2° P. வழுவாய் tu ne glisses pas. 2° pers. nég. de வழுவுகிறது.

வழுஉறுகிறது, parf. வழீஇனேன், gér. வழீஇ, (P: வழுவுகிறது par அளபெடை), s'égarer, être fautif, erroné, endommagé.

வழூஉச்சொல், P. வழுச்சொல், parole fautive, locution vicieuse; — புணர்த்தல் emploi de locutions vicieuses, c'est un des 10 défauts des ouvrages.

வழை, 1° l'arbre சுரபுன்னை, calophyllum longifolium. 2° P. வழுவா ய் tu ne glisses pas; 2° pers. nég. de வழுவுகிறது.

வளத்து, grande cruche, — jatte.

வளப்பம், வளப்பு, graisse, gras, embonpoint, bien, bonté, grandeur, excellence, fertilité, prospérité, état florissant, usage, mœurs: சாதி — excellence de la caste, ou de la race, génération, généalogie, extraction; சாதி — சொல்லுகிறது dire la noble extraction..., énumérer —, raconter la généalogie.

வளமடல், (வளம்), le 50me des பிரபந்தம், poème sur un amoureux désespéré que l'on décrit allant à cheval sur une branche pointue de palmier, V. le 50e பிரபந்தம்.

வளமை, (வளம்), bienfait, faveur, bienveillance, libéralité, fertilité, prospérité, commodité, embonpoint, graisse, bonté, bien, bon ordre, décorum, grandeur, abondance, — de richesses: —பார்க்கிறது observer le décorum, le bon ordre; —யாய்க்கொடுக்கிறது donner libéralement; —யாய்ச்சொல்லுகிறது parler fièrement, vanter; — யானவிடம் place commode.

வளமையர், (வளமை), agriculteurs, laboureurs, gros —, fermiers, grands hommes, gens excellens, — éminens.

வளம், beauté, ustensile, moyen, manière, provisions diverses, grandeur, excellence, force, fertilité, abondance, luxe, prospérité, richesse, bon état, droiture, chose droite, côté, paradis: — ஆய்ச்சாப்பிடுகிறது se nourrir copieusement, faire bombance; — ஆயிருக்கிறது être en bon état, prospérer; —கட்டுகிறது inventer —, trouver les moyens; —பெற்றிருக்கிறது être parvenu à un état florissant, avoir obtenu l'abondance...; வளநிறப்பு, V. பவளையுற: —ப்படுகிறது prospérer, s'améliorer, être en bon état, être —, devenir droit, régulier: வளப்பாடு bon état, prospérité.

வளையம், P. வரிவயம்.

வளருகிறது ou வளர்கிறது, க்கே, ந்தேன், ருவேன் ou க்கேன், ரு ou க், ா, v. n. et வளர்ந்துபோகிறது, croître, grandir, augmenter, s'élever, grossir, s'accroître, v. g. les difficultés, la maladie..., être couché, — endormi: வளர்ந்திருக்கிறது être devenu grand, haut de taille; வளரப்பண்ணுகிறது faire croître...

வளருதல், வளருகை, வளர்தல், n. v. du préc. croissance, augmentation.

வளர், part. et imp. de வளர்கிறது et வளர்க்கிறது: —படம், — மிடாம் bélier élevé dans la maison; — தாதன் St. Joseph, qui a élevé notre Seigneur J. C., Joseph; — பிறை croissant de la lune; — மயிர் toupet ou touffe de cheveux —, chevelure qu'on laisse croître.

வளர்க்கிறது, க்தேன், ப்பேன், க், க்க, v. a. de வளர்கிறது, élever, maintenir, nourrir, entretenir, laisser —, faire croître, produire: சண்டை — entretenir —, prolonger une dispute...; தீ — entretenir le feu; வளர்க்குந்தாய் ou தாதி bonne d'enfant, mère nourricière; வளர்த்தகிடாய் கையைப்பாய்ந்தது le bélier élevé dans la maison s'est élancé contre la main qui l'a nourri: — தகப்பன் père nourricier; — பிள்ளை nourrisson, enfant qu'on a élevé.

வளர்ச்சி, n. v. de வளர்கிறது, hauteur, ou [crue, augmentation.

வளர்தல், n. v. du même, croissance.

வளர்ந்து, 1° part. parf. de வளர்கிறது. 2° inf. de வளர்ந்துகிறது.

வளர்த்தல், n. v. de வளர்க்கிறது, et de வளர்த்துகிறது.

வளர்த்தாள், 1° n. app. de வளர்க்கிறது, mère nourricière, bonne d'enfant. 2° elle a élevé... 2° pers. prét. du même.

வளர்த்தி, 1° gér. de வளர்த்துகிறது 2° n. v. de வளர்கிறது, croissance, augmentation, haute —, stature, haute taille: — யானவன் homme de haute taille.

வளர்த்து, 1° gér. de வளர்க்கிறது. 2° imp. de

வளர்த்துகிறது, த்தினேன், த்து வேன், த்து, த்த, v. a. de வளர்கிற து, வளர்த்துதல், n.v. augmenter, amplifier, agrandir, étendre, grossir, élargir, prolonger, entretenir, coucher, v. g. un enfant, un malade.., mettre au lit: குழந்தையைத் தொட்டிலில் — coucher un enfant dans son berceau; சண்டை — entretenir —, prolonger une dispute; தீ — entretenir le feu; பொன்னைத் தகடாக — étendre —, réduire l'or en feuilles minces; வளர்த்துப்பேசுகிற து parler d'une manière diffuse, allonger son discours, user de circonlocution en parlant, chercher des ambages.

வளர்த்து, gér. de வளர்கிறது.

வளர்ப்பு, n.v. de வளர்க்கிறது, action —, manière d'élever..., entretien, éducation, nourrisson, enfant qu'on élève: எங்கள்வீட்டு — enfant élevé dans notre maison; — பிள்ளை, வளர்ப்புமனி, (உமனி), enfant qu'on élève. [sance, augmentation.

வளர்வு, n.v. de வளர்கிறது, crois-

வளவளக்கிறது, ளத்தேன், ளப்பேன், ள, ளக்க, v.n. வளவளத்தல், n.v. babiller, bredouiller, extravaguer, dire des choses inutiles ou vides de sens.

வளவளப்பு, n.v. du préc. parole inutile, — extravagante, vain babillage. [babiller, bredouiller.

வளவளவென்கிறது, être glissant,

வளவன், (வளம்), le roi du fertile pays, i.e. Sojen.

வளவி, avant-toit, pente d'un toit, — d'un appentis.

வளவு, (P. வளைவு), voûte, maison, champ, terre à menus grains, circuit, terres d'une maison, une ou plusieurs maisons dans la même enceinte et n'ayant qu'une porte extérieure. [té. 2° Joseph.

வளன், 1° P. வளம், beauté, fertili-

வளாகம், place, rond, circuit, environner, champ de millet ou திணை Valâgam, ville sur les bords du Coléron ou du கொள்ளிடம்.

வளார், (வளர்கிறது), branchage, jeune branche (d'arbre), baguette houssine.

வளாவல், opt. et n.v. du suiv. mélange, courbure, voûte.

வளாவுகிறது, வினேன், வுவேன், வு, வ, v.a. வளாவுதல், n. v. mêler, mélanger ensemble une chose chaude avec une froide..., courber, plier. V. வளாவுகிறது: நீர் — mélanger de l'eau, finir les hommages rendus à une idole en faisant tourner de l'eau autour des offrandes.

வளி, tourbillon de —, vent, flatuosité, pet, hernie: வளியுறம்பினவன் ou

வளியன், (வளி), homme qui a une hernie. [est tendre, jeune.

வளு, tendreté, jeunesse, ce qui

வளுத்துகிறது, தினேன், துவேன், து, த, v.a. écorcher, arracher la peau, égratigner.

வளுப்பு, P. வழுப்பு.

வளுவல், tendreté, chose glissante.

வளுவளு, mot —, son imitatif de douceur, de mollesse: வளுவளுவென்கிற து, ou

வளுவளுக்கிறது, ளுத்தேன், ளுப்பேன், ளு, ளுக்க, v.n. (வளுவளு), être doux, mou, tendre.

வளுவளுத்தல், வளுவளுப்பு, வளுவளென்றல், n.v. du préc. douceur, tendreté, mollesse.

வளை, 1° chose circulaire, bracelet, — d'or ou d'autres matières, l'arme circulaire de Vichnou dite சக்கரம், conque ou grand coquillage, bâton recourbé, trou, — de rat, tanière, repaire, nid de formis blanches, poutre, lache. 2° imp. et part. de வளைகிற து. 3° imp. de வளைக்கிறது: — கொம்பு cornes recourbées: — தடி bâton recourbé, — court et recourbé en usage dans les batailles; — போழ்நர், — போழ்நராக gens qui coupent, ou travaillent les conques, qui en font des ornemens; — மணி grain de conque ou de coquillage, chapelet ou collier fait de ces grains.

வளைகு, P. வளைந்து.

வளைகிறது, ளைந்தேன், ளைவேன்,

ளை,ளைய, v.n. வளைதல் n.v. ou வளைந்துபோகிறது, plier, se courber, se plier, s'incliner, devenir —, être courbé, crochu, tortueux, tressé, tordu, être tourmenté, assiégé, ou வளைந்துகொள்ளுகிறது entourer, environner, assiéger, v.g. un fort: உடம்பு வளைந்துகொள்ளுகிறது faire en se courbant le corps, travailler durement; உடம்புவளையாதவன் homme qui ne plie pas le dos pour travailler, paresseux: வளைந்தவிடம், (இடம்), endroit plié, circuit, rond; — வாள் sabre, cimeterre.

வளைக்கிறது, ளைத்தேன், ளைப்பேன், ளை, ளைக்க, v. a. du préc., வளைக்குதல், வளைத்தல், n.v. courber, plier, voûter, incliner pencher, rendre courbé, tortu ou crochu, lier, bâtir, empêcher, balayer, emporter, voler, plaisanter, ou வளைத்துக்கொள்ளுகிறது environner, entourer, assiéger. [courbe, bosse, tortuosité.

வளைசல், n. v. de வளைகிறது,

வளைச்சல், n. v. de வளைக்கிறது, action d'entourer, entourage courbure, curvité.

வளைப்பு, n.v. de வளைக்கிறது, courbe, courbure, voûte, tortuosité, sinuosité, bout d'un champ où les bœufs tournent en labourant, sillon, mur, —d'entourage: வளைப்புக்கிலக்குபார்க்கிறது faire un plan pour une voûte. [gros coquillage.

வளையகம், (வளை, அகம்), conque, *வளையம், 1° P வலயம், borne, circuit, enclos, cercle, cerceau, bracelet. 2° étang, pétales de nénuphar roulées sur elles-mêmes l'arsenic dit திருநீலபாஷாணம்: —இடுகிறது entourer, faire un cercle, jouer au cerceau, lancer le bâton recourbé, couper un citron en tranches pour le saler; —ஆடுகிறது couper la crinière du cheval, —en rond.

வளையவன், (வளையல்), homme courbé, voûté,

வளையல், n.v. de வளைகிறது, courbure, chose courbée, —voûtée ou qui se courbe, gros anneau, verre, bracelet, — de verre: — உப்பு sel très-blanc, fiel de verre, fel vitri; — பண்ணுகிறமண், — மண் sable minéral dont on fait des bracelets ou anneaux de verre.

வளையாபதி, nom d'un poème classique, un des பஞ்சகாவியம்.

வளையல், (வளை), bracelet de —, verre. [chet, croc, hameçon, agrafe.

வளைவாளி, (வளைவு, ஆணி), crovளைவளி, V. வளை.

வளைவு, n.v. de வளைகிறது, courbure, chose courbée, voûte, cintre, arceau, arcade, arche, tortuosité, cercle, soumission, respect, vénération: வளைவளக்கிறது, (அளக்கிறது), mesurer une voûte, un champ; —வளைக்கிறது faire une voûte, une arceau..., voûter, —வளைக்கிறவன், — —வளைப்பான் celui qui fait une voûte, un arceau.

வள், oreille, pointe, tranchant, étroitesse, force, beauté, prospérité, courroie, sangle de cuir, épée, fourreau d'épée, son imitatif de bruit, d'ou

வள்வள்ளெனகிறது, (வள் répété), faire du bruit, —valval.

வள்ளம், marcal ou mesure à grains contenant 4 படி, ou environ le quart d'un boisseau, plat de cuivre ou de bronze, vase pour manger, bassin, canot, bateau, —fait d'un tronc d'arbre creusé, navire, espèce d'horloge ou d'instrument pour mesurer les heures.

வள்ளல், la plante வள்ளைக்கீரை, homme fort, — généreux, — libéral, célèbre par sa libéralité. On en compte 21 divisés en 3 classes; ceux de la 1re classe dits முதல் ou தலைவள்ளல் sont: குமணன், சகரன், சகரன், செம்பியன், துந்துமாரி, நளன் et நிருதி; ceux de la 2e classe dits இடைவள்ளல் sont: அக்குரன் அந்திமான், அந்திசந்திரன், கர்ணன், சந்திமான், சிசுபாலன், et தந்தவக்கிரன்; ceux de la 3e classe appelés கடைவள்ளல் sont: எழினி, ஓரி, காரி, நள்ளி, பாரி, பேகன் et மலையன்,

வள்ளன்றன்மை,வள்ளன்மை, (வள்ளல்,தன்மை,மை),libéralité, générosité.

*வள்ளி, 1° (valli), patate, — douce ou sucrée, convolvulus batatas, la plante rampante ou grimpante dioscorea sative, Valli femme de Soupramanien, bouclier en rotin. 2° bijou, bracelet, espèce de danse: — க்கொடி la plante இத்தி; —க்கிழங்கு patate douce; — த்தடுக்கு bouclier en rotin; — மணாளன், — மணவாளன் le mari de Valli, *i. e.* Soupramanien.

வள்ளிசு, beauté, propreté, élégance: வள்ளிசாய்ச்சாப்பிடுகிறது se nourrir délicatement, vivre en épicurien.

வள்ளிபம், 1° *(vallidja), poivre. 2° chalumeau, flûte, navire, barque, cire. 3° nous sommes généreux, 1^re^ *pers. pl. du* குறிப்புவினை *de* வள்ளல்.

வள்ளியோர், (வள்ளல்), gens libéraux, généreux, fameux par leur libéralité.

வள்ளுவன், *pl.* வள்ளுவர், Vallouven, homme —, gens d'une classe supérieure parmi les Pariats (dont ils sont comme les hiérophantes et les devins), diseur de bonne aventure, devin: வள்ளுவசாஸ்திரம் art de devin ou de diseur de bonne aventure de cette caste; வள்ளுவர்குறள் poème en distiques composé par le poète திருவள்ளுவர்; வள்ளுவப்பறை la caste des வள்ளுவர், une des 13 divisions des Pariats.

வள்ளுறு, *V.* வல்லூறு.

*வள்ளூரம், வள்ளூரம், (valloura, valloûra), viande de mouton, de bœuf, — rôtie, viande (en général).

வள்ளை, chanson ou chant de femmes qui pilent le riz ou qui travaillent *ou* — க்கொடி espèce de plante aquatique, — de plante rampante, convolvulus repens,

வற, 1° *imp. de* வறக்கிறது. 2° *obl. de* வறம்: வறக்கீரை la plante médicinale marsilea minuta; — ஓட்டி, — கொட்டி espèce d'herbe potagère, de petite plante; — முள்ளி sorte d'arbrisseau épineux et médicinal.

வறக்காலன், *m.* வறக்காலி, *f.* (வறம், காலம்), celui—, celle qui cause du mal ou est considérée comme la cause du malheur ou de la ruine (d'une famille...).

வறக்கிறது, வந்தேன், வப்பேன், வக்க, *v. n.* வறத்தல், *n. v.* se dessécher, sécher, être desséché (par le soleil ou le feu), être un temps de sécheresse, se rétrecir, se tarir.

வறடன், *m.* (வறடு), homme sec, très-maigre, stérile, qui n'a pas d'enfans.

வறடி, *fém. du préc.* femme stérile.

வறடு, *gén.* வறட்டின், *obl.* வறட்டு, ce qui est sec, sécheresse, maigreur, stérilité.

வறட், *obl. de* வறள்: — காமாலை espèce de jaunisse, sécheresse, desséchement: — சுண்டி la plante அத்தி mimosa triquetra, la plante தொட்டாற்சுருங்கி; — சேதம் perte causée par la sécheresse; — பூலா, — பூலம் l'arbrisseau fluggea leucopyrus.

வறட்சி, *n. v. de* வறளுகிறது, sécheresse, desséchement, stérilité, chaleur, grande chaleur du corps; — புண்டாயிருக்கிறது, — கொள்ளுகிறது y avoir —, éprouver une grande sécheresse ou chaleur, le corps être couvert d'éruptions; — பித்தம் bile de chaleur, desséchement des humeurs.

வறட்டல், *opt. et n. v. de* வறட்டுகிறது, desséchement, action de sécher. [stérile.

வறட்டாடு, (வறடு, ஆடு), brebis

வறட்டி, 1° (வறட்டுகிறது). *V.* வறளி. 2° *gér. de* வறட்டுகிறது.

வறட்டு, 1° *obl. de* வறடு, stérile, desséché, sec, désert. 2° *imp.* et *part. du suiv.*: — பசு vache stérile.

வறட்டுகிறது, ட்டினேன், ட்டுவேன், ட்டு, ட்ட, *v. a. de* வறளுகிறது, வறட்டுதல், *n. v.* faire —, sécher, dessécher, rôtir, griller; *v. n.* sécher, se dessécher de soi-même: வறட்டிக்கொண்டுபோகிறது devenir sec, être à sécher, à griller.

வறண்ட, 1° *inf. de* வறண்டுகிறது. 2° *part. parf. de* வறளுகிறது, desséché :— நிலம் terre sèche, — desséchée.

வறண்டி, 1° rateau, herse, espèce de spatule, racloir. 2° *gér. de*

வறண்டுகிறது, டினேன், டுவேன், டு, ட, *v. a.* வறண்டல், வறண்டுதல். *n. v.* gratter avec les ongles, (avec ses griffes...)

வறண்முள்ளி, *P.* வறள்முள்ளி.

வறநாரு, la plante சிறுமுள்ளி.

வறத்தல், *n.v. de* வறக்கிறது, desséchement, rétrécissement, sécheresse.

வறப்பு, *n. v. du même*, desséchement, sécheresse, manque, —d'eau, diminution, reflux.

வறம், sécheresse, mal.

வறவு, cange, eau de riz.

வறவெட்டி, espèce de plante, — d'herbe potagère.

வறலாரை, *P.* வாராரை, (வறள்), la plante médicinale marsilea minuta.

வறளி, (வறளுகிறது), bouse de vache desséchée (pour faire du feu).

வறளுகிறது, *ou* வறள்கிறது, றண்டேன், றளுவேன் *ou* றள்வேன், றளு *ou* றள், றள, *v.n.* வறளுதல், வறள்தல், *n.v. ou* வறண்டுபோகிறது, se dessécher, sécher, devenir sec, — très-fluet, maigrir, devenir —, être stérile: வறளப்பண்ணுகிறது faire sécher, dessécher.

வறள், *imp. et part. du préc.* sec, desséché, maigre, stérile: —ப்பசி sorte de plante; —முள்ளி nom d'un arbrisseau épineux et médicinal; —மலம் constipation.

வறள்வு, *n.v. de* வறளுகிறது, desséchement.

வறட்டி, *P.* வறட்டி, bouse de vache desséchée.

வறிஞன், *pl.* வறிஞர் (வறுமை), homme —, pauvre.

வறிது, (*id.*), ignorance, manque, petitesse, inutilité, chose insignifiante, petite, vaine, inutile.

வறிமை, *P.* வறுமை, pauvreté.

வறியவன், வறியன், வறியோன், *pl.* வறியவர், வறியர், வறியோர், வறியார், homme—, pauvre, indigent: வறியார்க்கொன்றீவதே ஈகைமற்றெல்லாங் குறியெதிர்ப்பைநீர துடைத்து seulement ce qu'on donne aux pauvres est une charité, tout le reste a un caractère intéressé qui a un but dans l'avenir.

வறு, *adj. de* வறுமை, vide, petit, inutile, bas, vil, pauvre: — நகை sourire; — நிலம் terre en friche; — மொழி parole inutile.

வறுகிறது, றேன், றுவேன், று, ற, *v.n. de* வறுக்கிறது, வறுதல், *n.v.* se dessécher —, sécher au feu...

வறுகுகிறது, கினேன், குவேன், கு, க, *v.a.* வறுகுதல், *n.v.* gratter.

வறுக்கற்றுப்போகிறது, (வறுக்க, அற்று), n'avoir rien à frire, être dans la dernière misère.

வறுக்கிறது, றுத்தேன், றுப்பேன், று, றுக்க, *v. a.* வறுத்தல், *n. v.* rôtir, faire —, griller, faire dessécher: வறுத்தபயறு pois grillés.

வறுங், *P.* வறும், :— காலம் temps de sécheresse; — கோடை été sans pluie.

வறுதல், *n.v. de* வறுகிறது.

வறுத்தல், *n. v. de* வறுக்கிறது.

வறுத்துறுப்புச்செய்கிறது, (வறுத்து, உறுப்பு), éloigner entièrement.

வறுமம் *P.* வன்மம், haine, rancune.

வறுமை, (வறு, மை), pauvreté, misère, vide, manque, disette, adversité; *adj.* வறு, வறும், வறிய.

வறும்புலம், (வறும்), terre stérile, — où l'on récolte une moisson.

வறுவிலி, (வறு, இலி), homme pauvre, — sans appui.

வறுவோடு, 1° (வறு, ஓடு), tesson inutile. 2° (வறுக்கும், ஓடு), tesson pour faire frire, homme bon à rien: வாழ்ந்தவன்கெட்டால் வறுவோட்டுக்கு மாகான் si un homme riche est ruiné, il n'est bon à rien, pas même à servir de tesson.

வறை, 1° (வறுக்கிறது), *V.* வறையல். 2° *P.* வறு, tu ne rôtis pas: — க்காய்ச்சல் fièvre accompagnée de desséchement et de soif.

வறுவல், (வறை), grillade, friture, viande grillée ou frite, mets sans sauce, gâteau de graines oléagineuses pilées. [sécheresse.

வற்கடம், temps de famine, —de

வற்கடை, manque, diminution.

*வற்கம், 1° (valgâ), bride, licou, rêne, corde de cheval (qu'on lui attache au cou) 2° (valka), écorce d'arbre,—intérieure, écaille de poisson. 3° (varga), carré d'un nombre, V. வருக்கம். 4° eau de riz: வற்கசங்கலிதம் progression géométrique ou par quotient; —பாசக்கம் la plante நாயுருவி; —மூலம் racine quarrée.

*வற்கராடம், (varkarâta), marque de l'ongle, œillade, rayon du soleil à midi.

வற்கலி, 1° licou, corde de cheval, gourmette. 2° cruche, aiguière, pot à l'eau.

*வற்கலம், வற்கலை, (valkala), écorce d'arbre, vêtement d'écorce d'arbre, —ou toile de fibres d'écorce.

வற்காலி, (வல், கால்), chèvre.

வற்கிக்கிறது, கித்தேன், கிப்பேன், கி, கிக்க, v.a. வற்கித்தல், n.v. élever un nombre au carré, le multiplier par lui-même.

*வற்கிதம், (valgita), V. வல்கிதம்.

*வற்கிலம், (valkila), épine.

*வற்கு, 1° (valgou), beauté, chèvre. 2° P. வருக்கு, eau de riz.

*வற்குகம், (வற்கு, ka), beauté, sandal, bois, prix.

வற்குசா, la plante காக்கொட்டைக்கொடி.

*வற்குதம், (valkouta), écorce d'arbre.

*வற்குலம், (valgoula), grosse chauve souris ou renard volant.

வற்குலிகம், espèce de milan dit வலியான். [las.

*வற்குலிகை, (valgoulikâ), cancre-

*வற்சகம், (வற்சம், ka), petit—, veau, enfant.

*வற்சகுரு, (id.), maitre.

*வற்சதந்திரி, (id.) corde pour attacher un veau.

*வற்சதரம், (வற்சம், தரம் comparatif), bouvillon, jeune bœuf, —veau, litt. plus que veau.

*வற்சநாபம், வற்சநாபி, (vatsanâbha), poison végétal très violent tiré de la racine de l'aconite ferox, plante du népal, V. நாபம்; வற்சநாபியைப்புப்பார்க்கிறதா goutera-on le poison dit vartsantâbhi pour voir s'il est salé? (on s'en gardera bien).

*வற்சநீயம், P. வருச்சநீயம், chose impropre, irrégulière, indirecte, à éviter.

வற்சமம் la plante கொடிப்பாலை.

*வற்சம் 1° (vatsa), veau, petit de vache, —de bufflonne etc..., poitrine, année, nom d'un pays. 2° P. வற்கம் bride, licou, ou வற்சபட்டணம் ancienne ville du nord de l'Inde nommée aussi கௌசாம்பி capitale de மேருமிசக்கிரன்.

*வற்சரம், (vatsara), année.

*வற்சராந்தகம், (வற்சரம், அந்தம், ka), la fin de l'année, i.e. le mois de பங்குனி.

*வற்சலம், (vatsala), V. வற்சலை, ou வற்சலத்துவம், —கை tendresse, affection. [veau, — folle de son veau.

*வற்சலை, (id.), vache qui a un jeune

வற்சிக்கிறது, வற்சித்தல், வற்சிதம், வற்சப்பு, வற்சிடம், P. வருச்சிக்கிறது....

*வற்சை, 1° (vatsâ), cher —, enfant, terme de tendresse pour un enfant ou un écolier, 2° vache stérile.

*வற்சனம், P. வருசனம்.

*வற்தனை, P. வருத்தனை.

வற்பம், disette, cherté, — des grains, famine, rareté, mortification: வற்பகாலம் temps de famine; வற்பத்திலெவருக்கும் தாங்கத் தாங்கிறது garder et soutenir quelqu'un en temps de famine.

வற்பு, fermeté, force, famine, P. வற்பம்: வற்புறுத்துகிறது, (உறுத்துகிறது), fortifier, affermir, corroborer, encourager, consoler; வற்புறுத்தல், n.v. affermissement, encouragement.

வற்மம், haine, — secrète, rancune, animosité, V. வன்மம்: — வைக்கிறது avoir de la haine.

*வற்றி*, m. f.(*வற்றல்*), rancuneux, haineux, qui a de la haine.

*வற்றிக்கிறது,வித்தேன், விப்பேன், வி, விக்க*, v.a. haïr, avoir de la haine, de la rancune, détester, agir par haine ou par malice.

*வற்றடிக்கிறது*, (*வற்ற, அடிக்கிறது*),dessécher, faire tarir: குளத்தை —faire tarir—, mettre à sec un étang; முலையை— faire tarir le lait des mamelles (par des remèdes...).

*வற்றம்*, (*வற்றுகிறது*), reflux (de la marée), sécheresse, V. *வற்று*.

*வற்றல்*,opt. et n. v. de *வற்றுகிறது*, écoulement,desséchement,chose sèche,— desséchée,fruit sec, —desséché,viande —, poisson salé et séché au soleil:— *இடுகிறது*,— *போடுகிறது* mettre sécher au soleil(pour conserver);*வற்றற்சூடு* brûlure pour dessécher, pour châtrer.

*வற்றா, வற்றாத*,part. nég. de *வற்றுகிறது*, intarissable,qui ne tarit pas, inépuisable: *வற்றாச்சமுத்திரம்* mer intarissable; *உன்வீடு வற்றாச்சமுத்திரம்போலிருக்க* que la maison soit comme une mer inépuisable.

*வற்றாலை*, (*வற்று, ஆலை*),espèce de plante à racine bulbeuse.

*வற்று*, 1° n. v. imp.et part.du suiv. reflux, desséchement, diminution des eaux:—*க்கடை* manque,diminution. 2° (*வல்*),pouvant; *வற்றுகிறது* avoir la force.

*வற்றுகிறது, ற்றினேன், ற்றுவேன், ற்று,ற்ற*, v.n. *வற்றல்,வற்றுதல்*, n.v. et *வற்றிப்போகிறது*, se dessécher, sécher, tarir,s'épuiser, s'écouler,maigrir:*வற்றிப்போனகை* main ou bras desséché;*அவன்கைவற்றிப்போயிற்று* sa main est maintenant desséchée, (il n'est plus capable de donner l'aumône).

*வனசம்*,(*வனம்,சம்*), ce qui naît dans l'eau, —dans les forêts,nénuphar, éléphant.

*வனதை*, (*வனம்,தை*), le 6me des *நரகம்*, dit aussi *வனிக்கம்*.

*வனஸ்பதி*,(*வனம்,பதி*), arbre,—qui porte des fruit sans fleurs apparentes, habitant des forêts, anachorète. [donne de l'eau, nuage.

*வனதம் (id.da qui donne)*,ce qui

*வனப்பு*, (*வனம்*), beauté.

*வனம்*, 1° (vana), désert, forêt, plaine—,terre inculte,bois fourré—, bosquet (qui entoure un bourg et qui lui sert de défense),eau,cascade,ruisseau qui descend des montagnes, maison,habitation. 2° beauté,basilic, lieu où l'on brûle les morts,chemin, abondance, tertre de fourmis blanches:*வனக்காடு* forêt;— *கசம்*,— *கரி* éléphant sauvage,— des forêts;— *கார்ப்பாசி* colonnier sauvage;— *குக்குடம்* poule sauvage;—*குற்றன்*,— *குப்தன்* espion;—*கோ* vache sauvage, gayal;— *கோசரம்* forêt;— *கோசரன்* habitant des forêts, chasseur;— *சஞ்சாரம்*,— *சஞ்சரிப்பு* résidence—, demeure dans les forêts;— *சஞ்சாரி* habitant des forêts,anachorète,ermite;—*சந்தனம்* sandal sauvage,agalloche ou *அகில்*; — *சமுகம்* bosquet fleuri, — de fleurs;— *சரம்* grande forêt, éléphant sauvage,— qui rôde ou est né dans les forêts;—*சரர்*, —*சரிதர்*,—*சரிகள்* chasseurs, habitans des forêts, anachorètes;— *சாகம்* chèvre sauvage,—*சரோசினி* (sarôdjini lotus),colonnier sauvage; — *சனி* habitant des forêts, anachorète; —*சாரம்* sentier de forêt,forêt de difficile accès;—*செந்துக்கள்* bêtes—, insectes des forêts; —*சோபனம்* nénuphar;— *தரைப்பு* terre de forêts, champs attenans aux forêts;— *தனை* (*நாய்*),chien des forêts, chacal, civette,tigre; —*தேசம்* coupe du bois;—*விதன்* anachorète, habitant des forêts;—*திக்தம்* la plante *கொடிப்பாலை*;—*துமம்* l'arbre *கடம்பம்*;—*தேவதை* prétendue divinité des forêts;—*நரம்* homme des bois,singe; —*பதி*, —*ப்பதிவம்*, P.*வனஸ்பதி*;—*பல்லவம்* l'arbre *முருங்கை*;—*பாதபம்* arbre des forêts;—*பூமி* pays de forêts; —*ப்பிரியம்* ce qui aime les forêts, le couil ou cou cou indien: — *ப்பிரவேசம்* entrée d'une forêt,commencement de la vie érémitique; —மல்லி, —மல்லிகை jasmin sauvage; —மா les plantes கொடிவேலி,et முசிலை; —மாலை guirlande silvestre,—de Krichna composée de basilic;—மாலி celui qui s'orne de guirlande silvestre, *i.e.* Vichnou ou Krichna, la plante கிராம்;—மாலினி Dvâraka capitale—, énergie féminine de Krichna;—மூலா la plante முருங்கை;—மூதம்(moûta *lit*), nuage; — ராசன் le roi des forêts,*i.e.* le lion;— வசம் sandal;— வன்னி embrasement d'une forêt; —வாசம்,—வசிருப்பு,(இருப்பு),habitation —,séjour dans une forêt,ermitage; —வாசனம் civette;— வாசன், —வாசி habitant des forêts, ermite, anachorète;— வானந்தரம், *P.* வனாந்தரம் désert;—விடாலம் chat sauvage;— விரீகி riz qui croit de lui-même dans les étangs.

*வனரம், (vanara) ,singe.

*வனுகம்பம், (வனம், ஆ, கம்பம்), agitation des arbres d'une forêt par le vent.

*வனுகு, *P.* வனுகு, (*id.* ஆகு), rat des forêts, *i.e.* lièvre. [ge.

*வனுசம்,(*id.*அசம்),chèvre sauva-

*வனுசிரயம், (*id.* ஆசிரயம்), séjour dans les—, habitation des forêts. [forêt.

*வனுந்தம்,(*id.* அந்தம்), bord de

*வனுந்தரம், (*id.* அந்தரம்), lieu —, désert, lieu —, forêt inhabitée divers déserts. [du feu.

*வனி (vani),feu, le prétendu dieu

*வனிகை, (வனம், ika), bosquet, verger,jardin planté d'arbres.

*வனிதம், (vanitâ) beauté, ornement, demande, sollicitation.

*வனிதை, (vanitâ),femme,(terme poli), bien-aimée,épouse, maitresse. [niyaka), mendiant.

*வனீபகன்,வனீயகன்,(vanika, va-

*வனேசரன், (வனே abl. *sanscrit de* வனம்),habitant des forêts,démon, sauvage, ou வனேசராக்கிரயன்,(அக்கிரம்,ya),ascète,hermite,sage.

*வனேசயன்,(*id.*சயம் *lit*),qui couche ou vit dans les bois.

வனைதிறம்,வனைந்தோர்,வனைவோர், வனை,வனை, *v.a.*வனைதல், *n.v.* orner, décorer, façonner, former, faire.

*வனோதகேசம்,வனோற்றுத்தேசம் (வனம், ஏகதேசம், உற்றதேசம்), partie d'une forêt. [*fort* ), rhinocéros.

*வனோற்றத்தாவம்,(*id.* உத்தாவம் *ef*-

*வனோற்பவம்,(*id.* உற்பவம்), production des forêts, coton sauvage.

வன்,*P.* வல் devant க,ச,த,ப,ம, fort, grand, dur, cruel farouche:— கட்டெறும்பர்,(கன்), femmes d'un pays stérile et ordinairement farouches ou cruelles, femmes de tribus sauvages;—கணம் classe des lettres dures dite வல்லினம், —des choses fortes ou dures; —கண்,—கண்ணன் œil mauvais,—jaloux, inimitié,envie, jalousie;— கண்ணன் homme jaloux, envieux, haineux, cruel; — காய் fruit dur, non mûr,sauvage;— காரம் violence,force;— கிடை dure —, difficile position, manque de nourriture,jeûne;—கிழம் grand âge, extrême vieillesse,homme—, femme décrépite (mot de mépris), seconde enfance, extrême précocité;—குணம் caractère dur,—cruel;—கை main dure,—cruelle,haine,inimitié, cruauté;—கைவாரம் cruelle vengeance; —கொடியன் homme très-sévère, très-farouche,cruel,pervers;— கொலை meurtre cruel; —சா mort cruelle; —சிரம்,— சிரசின் le poisson dit scomber;— சுரம் chemin rude, désert —, terre stérile, pays de forêts; —சொல் parole dure, rude,cruelle; —சொல்விலக்கு figure ou beauté qui consiste à éviter ou défendre les paroles dures;—பகை haine cruelle,— extrême; — புலம் pays ou terrain montagneux, —stérile,désert,monticule,hauteur; — பிழை grande faute,crime énorme: —பொறை grand fardeau, grande patience; —மரம், arbre dur,—dont le cœur ou le bois est dur; — மனம் volonté ferme,— endurcie, cœur dur;— மீன் poisson cruel, *i. e.* le crocodile; — மொழி parole ferme, sûre, dure, cruelle, parole d'encouragement.

வன்பு, (வல்), V. வன்மை.

வன்மத்தானம், (வன்மம், ஸ்தானம்), endroit vital, —délicat, V. உயிர்நிலை.

வன்மம், P. வர்மம், haine, rancune.

வன்மி (வன்மம்), ennemi, rancuneux, qui a de la haine.

வன்மிக்கிறது, P. வர்மிக்கிறது, haïr, détester.

*வன்மிகம், வன்மீகம், வன்மிகி, (valmika, —mika, —miki), tertre des fourmis blanches, éléphantiasis, hernie.

*வன்மீகன், (valmika), le poète vâlmiki, auteur du Râmâyanam, qui était, dit-on, si attentif en composant son poème, que les fourmis blanches le renfermèrent dans un de leurs monticules. [வன்மீகன்.

*வன்மீகி, (valmiki), V. வன்மீகம் et

வன்மை, (வல், மை), dureté, c'est une des 8 sensations dites அஷ்டஸ்பரிசம், solidité, force, vigueur, violence, intention, pensée; சத்தத்தின் — accent, force du son.

வன்றொடர், (வல், தொடர்), que ou qui suit une lettre forte, suite de lettres fortes.

*வன்னம், P. வருணம், couleur, peinture, lettre, V. வருணம்: வன்னக்கல் pierre noire dite மந்தாரச்சிலை.

*வன்னி, 1° (vahni), feu, Agni prétendu dieu du feu, appétit, digestion, noix de l'arbre சேராங் (qui sert à marquer), l'herbe கொடிவேலி, dentelaire. 2° (P. வருணி), jeune brame étudiant non marié, perroquet, les arbres dits prosopis spicigera et நணாக்கு; —கந்தம் encens, résine; —கருப்பம் bambou, le lingam; —கருப்பன் celui qu'on dit né dans le feu i. e. Soupramanien; —சிகம் safran, ou —தீபகம் sorte de carthame; —சிகரம் la fleur célosie, celosia cristata; —தந்தி V. நவகந்தாரம்; —பரியம் la plante கொடிவேலி dentelaire; —நாமம் la noix à marquer, la plante கொடிவேலி, dentelaire; —பொக்கிஷம், —போக்கியம் beurre clarifié; — மாரகம் l'eau destructrice du feu; — மித்திரன் l'ami du feu, i.e. le vent: —ரேதசு Siven qui répandit son sperme sur le feu d' où les Indous font naitre வன்னிகருப்பன்; — லோகம் le cuivre; —வது la femme d' Agni; —வன்னம் nénuphar rouge; —வல்லபம் résine; —வீசம் or; வன்னியின்செப்பம் l'arsenic dit இலிங்கபாஷாணம்.

வன்னிகர், la plante பொடுதலை.

வன்னிக்கிறது, னித்தேன், னிப்பேன், னி, னிக்க, v. a. (வன்னம்), வன்னித்தல், n. v. décrire, orner, louer, invoquer, comparer. [on, éloge.

வன்னிப்பு, n. v. du préc. descripti-

வன்னிகுலம், la caste —, caractère —, honneur —, grandeur des Vanniers.

வன்னியம், P. வருணியம், description, chose décrite.

வன்னியன், 1° pl. வன்னியர், homme —, gens d'une branche de la caste des Pallis, laboureur ou cultivateur de cette caste. 2°* (vanya), habitant de forêt, sauvage.

*வன்னியை, (vanyâ), multitude de bosquets, quantité d'eau, inondation. [re.

வன்னிலம் (வல், நிலம்), terre du-

வன்னெஞ்சு, (வல், நெஞ்சு), cœur dur, cruel, volonté ferme, cœur courageux.

வன்னெஞ்சன், (id.), homme cruel, qui a le cœur dur, —qui a un grand cœur, courageux.

வன்னெஞ்சி, (id.), femme cruelle, qui a le cœur dur, — qui a un grand cœur. [d.

வன்னொச்சு, la plante நத்தைச்சூ-

வன்னெல், (வல், நெல்), vieux riz.

வா, 1° lettre syllabique composée de வ் et de ஆ, vâ long, 2° imp. de வருகிறது, viens.

*வாகன், (vâhaka), cavalier, palefrenier, porteur, V. வாகனக்காரன்.

*வாகசம், (vâhasa), cours d'eau, gros serpent, serpent boa.

*வாகசி, (vâgasi), parole piquante.

வாகடம், livre de médecine, ou வாகடசாஸ்திரம் science médicinale, la médecine.

வாகன்னி, conduit, fossé (pour conduire l'eau dehors).

*வாகம், 1° (vâha), véhicule, voiture, monture, taureau, buffle, cheval, bras, épaule, air, vent, espèce de mesure contenant 10 கும்பம், environ un tonneau anglais, l'arsenic naturel dit பலன்றெருமம். 2° (vâka), volée de grues, l'herbe potagère செங்கீரை.

*வாகரம், (vâgara), loup, pierre à aiguiser, empêchement, obstacle, certitude, V. வடவாமுகம்.

*வாகரன், (id.), sage, savant, pandit, brave, héros.

*வாகனம், (vâhana), véhicule, monture, (v.g. cheval, éléphant, voiture, wagon), effort, toile: வாகனப்புடவை toile dans laquelle on met un paquet de linge.

*வாகன், 1° (vâha), porteur de fardeau. 2° (வாகு), homme joli, modeste, régulier.

*வாகாரு, (vâgârou), trompeur.

வாகி, 1° (வாகு), personne —, femme jolie, — modeste, de bonne conduite. 2° *(vâhi), qui porte.

*வாகிகம், (vâhika), gros tambour, grosse caisse, charrette. — à bœufs.

*வாகித்தம், (vâhittha) joue d'éléphant

*வாகியம், (vâhya), véhicule, voiture, bête de charge, extérieur, dehors: வாகியப்பிரவேசம் sortir, — dehors.

*வாகிருஷபன், et corr. வாகிருஷன், (vâgrouchabha), savant, homme éloquent, litt. taureau d'éloquence: வாகிருஷபத்துவம் éloquence.

*வாகினி, (vâhini), armée, détachement, corps d'armée composé de 3 கணம், ou 81 éléphans, 81 chars, 243 chevaux et 405 piétons, cohorte, bataillon, rivière, l'arbre பாதிரி; — நிவேசம் camp: — பதி ou

*வாகினிபதி, (வாகினி, t. பதி), général d'armée, le roi des fleuves, i.e. l'océan.

வாகீகம், corr. P. வாகிகம்.

*வாகீசன், வாகீசுவரன், (வாக்கு, ஈசன், ஈசுவரன்), auteur, orateur, poète, homme éloquent, Brama.

*வாகீசுவரி, (id. ஈசுவரி), V. வாக்தேவி.

*வாகு, 1° (bâhou), bras, main, épaule, côté d'un triangle, — d'une figure de géométrie. 2° beauté, ordre, régularité, manière: வாகாயிருக்கிறது, être beau, régulier; உடம்புஒருவாகாயிருக்கிறது le corps être d'une certaine manière, — hors de son état régulier; வாகாய்ச்செய்கிறது faire avec soin, d'une manière régulière; வாகாய்ப்படிக்கிறது apprendre ou lire bien, — comme il faut; வாகெடுக்கிறது partager régulièrement les cheveux (laissant une ligne du sommet de la tête au front; — த்திராணம் armure pour les épaules; — புரி cordon qui se porte sur l'épaule (gauche, i.e. cordon bramanique...); — பூஷை, (bhoûchâ), brassard, ornement des épaules; — ப்பிரகரணம் se boxer, lutte: — ப்பிரகரணன் lutteur, boxeur; — மாலை un des ornemens d'un pandel: — மூலம் aisselle, litt. racine des épaules; — யுத்தம் lutte, se boxer, litt. combat des bras; — வலயம் cercle ou ornement qu'on porte sur l'épaule, bracelet; — வீரியம் force des épaules, prouesse.

*வாகுசம், (வாகு, சம்), sésame sauvage, perroquet.

*வாகுசன், (வாகு, சன்), celui qu'on dit né des épaules de Brama, Kchatriya, roi, guerrier.

*வாகுசி (vâgoudji), la plante காக்கொசி.

*வாகுடம், (vâggouda), espèce d'oiseau.

*வாகுரம், வாகுரை, (vâgourâ), filet, lacet, piége, nœud coulant, attrape: வாகுராவிருத்தி prise d'animaux sauvages.

*வாகுரிகன், (வாகுரை, ika), chasseur, preneur de cerfs.

*வாகுலம், (bâhoula), le feu, le mois de கார்த்திகை, cotte de mailles (pour les épaules).

*வாகுலி, வாகுலிகன், (vâggouli, ka), serviteur qui porte le sac au bétel.

*வாகுலேயன், (வாகுலம், ou வாகுலை), Soupramanien qu'on dit né du

feu et nourri par Vâgoulei ou Bâhoulâ. [nymphe வாக்கினை.

*வாகுலை, (bâhoulâ),la prétendue

வாகுலம், l'arbrisseau வக்குளி.

வாகுவசி, la plante கிழாநெல்லி.

வாகேசரி,வாகேசுவரி, 1° P.வாக்கின்கிழத்தி. 2° parole.

வாகை, 1° l'arbre mimosa flexuosa,guirlande de fleurs de cet arbre,(c'est un emblême de victoire), victoire,drapeau,division d'un livre de morale,sujet moral,ordre, bonne conduite,bonté,excellence,vérité,caractère ou qualité,don,munificence, bienfaisance, pénitence, plénitude, abondance,effort. 2° (vâgâ), bride:— மாலை guirlande de fleurs de mimosa dont on décore celui qui a remporté la victoire dans un combat, c'est une des அகப்பொருட்டுறை,le 41me des பிரபந்தம் poème en l'honneur de celui qui couronné de fleurs de mimosa a vaincu l'ennemi ou qui a obtenu une telle couronne par une pareille victoire.

வாக்கப்படுகிறது, 1° (வாக்குகிற து),être répandu... 2° P.வாழ்க்கைப்படுகிறது, être mariée.

*வாக்கலகம், P. (வாக்கு,கலகம்),dispute, querelle.

வாக்கன், (வாக்கு), homme louche. [து), disputer, quereller,

வாக்காடுகிறது, (வாக்கு.ஆடுகிறது)

வாக்காட்டுகிறது, (id. ஆட்டுகிறது), tromper.

வாக்காரு, (id.ஆரு), à pleine bouche,bouche béante,en suppliant .[கி.

வாக்கான், (id. ஆன்), V. வாக்கினி

வாக்கி,1° (வாக்கு),rhéteur en morale,celui qui explique d'une manière intéressante les 4 objets d'un poème, savoir:la vertu, les richesses, le plaisir, et le paradis. 2° femme louche. 3° ger.de வாக்குகிறது.

வாக்கிடுகிறது,(id.இடுகிறது),dire la vérité, faire serment.

*வாக்கியதம், (vâgyata), silence, réserve dans ses paroles.

*வாக்கியம், 1° (vâkya), discours, parole,sentence,oracle,règle, aphorisme, prose, phrase, proposition (contenant le sujet எழுவாய்,l'objet செயப்படுபொருள் et le prédicat ou attribut பயனிலை, ou bien le sujet,le verbe et le régime),marche du soleil pour tous les calculs astronomiques, système astronomique qui compte pour le 1er jour du mois celui où il commence,quand même ce serait après le coucher du soleil, tandis que le système சித்தாந்தம்,usité dans le nord de l'Inde remet le 1er jour du mois au lendemain , s'il commence après le coucher du soleil, manière, méthode, nom d'un livre des Vichnouvistes. 2° P. வாயிலம், dehors, plaine,—, campagne: அசுப—,parole sinistre,— de mauvais augure;சுப — parole de bon augure; சுப — பிறந்தது une parole de bon augure a été prononcée; தேவ— parole divine, passage ou texte divin,—inspiré; பிரதம— la majeure d'un syllogisme;இரண்டாம் —la mineure, அனுமானம் la conclusion; வாக்கியகண்டனம் réfutation ou critique d'une assertion, en prouver la fausseté; — ப்பிரயோகம் emploi du langage, parler; — ப்பொருட்காட்டியணி figure qui consiste à montrer la liaison de 2 propositions;— விந்நியாசம் syntaxe ou arrangement d'une proposition; —விசாரதன் homme éloquent; வாக்கியத்துக்குப்போகிறது sortir dehors, aller à la campagne,—aux besoins naturels.

*வாக்கியாமன்,(vâgyâma),homme muet,silencieux,taciturne.

*வாக்கீசன், (வாக்கு, ஈசன்),V. வாகீசன்.

*வாக்கீசரி, வாக்கீசுவரி,(id.ஈசுவரி), la prétendue déesse de la parole ou de l'éloquence,i.e. Sarasvati, qui, au dire des Indous réside sur la langue des poètes.

*வாக்கிரன்,(vâkkira),beau-frère, frère de la femme.

*வாக்கு,1°(vâk),discours, parole, mot,son,proverbe, adage, vérité, la bouche,l'organe du —, le goût (qui est un des ஞானேந்திரி,*i.e.* des 5 organes des sens ou d'action), la prétendue déesse de l'éloquence Sarasvati. 2° *imp. et part. de* வாக்குகிறது. 3° manière,regard de travers, strabisme,ligne de séparation des cheveux,cette ligne être courbe, arche irrégulière: வாக்கு - ல் les quatre espèces de sons et de tons: சூக்கு மை son qui vient du nombril, que l'on suppose la source de l'air ou du vent qui donne le ton;பைசந்தி son qui vient de la poitrine ou des poumons; மத்திமை son qui vient de la gorge;வைகரி son qui vient de la langue ou de la bouche, son articulé;அமிர்த—parole douce comme l'ambroisie,—de bon augure; —க்கண் œil louche;—க்கண்ணன் homme louche;—கூறுகிறது proclamer;—க்குற்றம் méprise,—dans les paroles, faute dans le discours; —க்கொடுக்கி றது dire la vérité,engager sa parole, faire serment;— சலம்,—சாலக் கம் babillage,tenir des discours frivoles, se fatiguer à bavarder;— சலம் équivoque;—சகாயம் recommandation, mot en faveur; — சகாயப் பண்ணுகிறது ou வாக்குபகாரம்பண் ணுகிறது parler en faveur de, recommander, *litt.* rendre un service de parole;—சித்தி réussite des paroles,—selon la parole dite; — சத்தியஞ் செய்கிறது dire la vérité, engager sa parole; — தண்டம் réprimande, reproche; —தத்தம் promesse;— தத்தம்பண்ணுகிறது promettre, faire une promesse; — தத்தை fille promise en mariage; — தரித்திரம் pauvreté de —, dire peu de paroles;—தலம் lèvre;—தேவதை divinité de la parole,Viâjen ou le régent de la planète Jupiter, homme éloquent;— தேவி, *V.* வாக்கிசுரி;— தோஷம், — தோஷம் méchanceté de paroles, diffamation, mépris, injure, méprise dans les paroles, faute de grammaire, son désagréable,mot fautif ou impropre; —தோஷடன் brame qui n'a pas reçu dans le temps convenable, l'initiation des Mandrams ou du cordon bramanique;—தீட்சை espèce d'initiation, initiation à la doctrine; —தம்பம் arrêter le discours, interrompre, fascination de la parole ou de la bouche,c'est le 60 [me] des கலைக் கியானம்;—நிந்தம், *V.* வாக்குநிந் தம்;—ஸ்தானம் le 2° signe à partir de celui de la naissance; — ஸ்தானச்சனி présence de Saturne dans le 2° signe à compter de celui qui est ascendant,ce qui est supposé indiquer le don de l'éloquence; — நிட்சை *V.* வாக்கு தீட்சை; — நிஷ்டம், *V.* வாக்குதோஷம்; — நாணயம் force —,influence—, assurance de la parole, fidélité à sa parole;— படு éloquent;—படுதல் éloquence;—பதி le maître de la parole, homme éloquent, Viâjen, le régent de la planète Jupiter; — பண்ணுகிறது, *V.* வாக்குக்கொடுக்கிறது;— பந்தனம் interruption du discours; —பாருஷ் யம் injure, diffamation; —புறப்படு கிறது une parole sortir de la bouche, un mot être dit; — பேசாக்கை regard de travers ou de côté;—மாத் திரம் paroles seules,— seulement; —மாறுகிறது changer de langage, tergiverser, extravaguer, délirer, l'esprit s'obscurcir;— முகம் prologue, exorde (d'un discours); — மூலம் déposition (par écrit devant un juge ou des arbitres),déclaration, sens—, motif—, cause des paroles;— மோசம் honte à parler; — வசீகரம் influence des paroles;—வந்தனம் modeste apologie,—excuse ou expression respectueuse (devant une assemblée);— வல்லபம் puissance de la parole;— வாதம் discussion,dispute, querelle, contestation: — வாணி,— வல்லி, —வல் லபி,—விலாசினி Sarasvati;—விசுவா சம் fidélité à sa parole;— விசேஷம் sujet ou particularité du discours, discours efficace, parole effective;— வியவகாரம் manière de parler,relation de vive voix, conférences ou conversations fréquentes; —விசேஷ ம் éloquence, discours éloquent; வாக்கின் செல்வி, V. வாக்கிசுவரி; திருவாக்கருளிச்செய்கிறது (un grand) daigner prononcer un mot (surtout favorable); அவன் வாக்கிலேகேட்டேன் je l'ai entendu de sa bouche; வாக்குக்கெட்டாத ineffable, inexprimable, indicible; அவனைக் கிடந்தவாக்கிலே போட்டுவிட்டார்கள் ils l'ont laissé ou remis dans l'état où il était, —couché comme il l'était.

வாக்குகிறது, க்கினேன், க்குவேன், க்க, க்க, v.a. வாக்குதல், n.v. verser, répandre.

வாக்குளி, (வாக்கு), V. வாக்கிசுவரி.

வாக்குவிக்கிறது, v. caus. du préc. faire verser. [றது.

வாக்கெடுக்கிறது, P. வாக்கெடுக்கி

*வாங்கம், (vânka), la mer.

வாங்கல், opt. et n v. de வாங்குகிறது, action de prendre..., prise, acceptation, réception, chose reçue, créance, achat, appel, admission, retrait, retirement, recul, reculement, inclinaison, penchement (d'un mur...), courbure, tortuosité, détour, longueur, distance, allée, profondeur, état glissant, rancune, désaccord, coup, attrait: அது இதிலும் வாங்கல் ceci est plus loin que cela; வாங்கலினாலே கடலில் இறங்கப்படாது à cause de sa profondeur on ne peut descendre dans la mer, elle n'est pas guéable; இருவருக்கும் வாங்கலாயிற்று ils se sont séparés l'un de l'autre, il y a désaccord entre eux; இந்நிலம் வாங்கலாயிருக்கிறது ce terrain est glissant: வாங்கல்காரருக்கு நல்லவை சொல்லுகிறது dire de bonnes paroles à ses —, s'arranger avec ses créanciers.

வாங்கா, 1° espèce de flageolet. 2° ou வாங்காத, part. nég. de வாங்குகிறது.

வாங்காமல், gér. nég. de même, sans prendre... sans cesse, sans relâche. [sition, inimitié.

வாங்காமை, (வாங்கா, இல்), oppo-

வாங்கி, n. app. et gér. de வாங்குகிறது, arracheur, instrument pour ôter ou arracher, qui prend...

வாங்கு, 1° banc, siége, espèce de —, poignard. 2° imp. et part. du suiv. வாங்காலே போடுகிறது frapper d'un —, donner un coup de poignard, — de banc.

வாங்குகிறது, sync. வாங்கிறது, கினேன், குவேன், கு, க, v.a. வாங்குதல், n.v. prendre, recevoir, percevoir, admettre, accepter, obtenir, appeler, tirer, attirer, arracher, ôter, retirer, se retirer, s'éloigner, reculer, s'en aller, cesser, acheter, frapper, couper, courber, être glissant: கடன் —, இரவல் — emprunter; விலைக்கு — acheter; உன் கையை வாங்கு retire ta main; ஒருத்தனுக்கு ஒருத்தனைக் கையை வாங்குகிறது couper la main à quelqu'un; வாங்கிக்கொடுக்கிறது acheter et donner, — et remettre, — pour un autre; அவனுக்கொரு குதிரையை வாங்கிக்கொடுத்தேன் je lui ai acheté et donné ou remis un cheval; —ப்போகிறது décamper, s'en aller, se retirer, cesser; —ப்போடுகிறது éloigner, enlever, ôter, déposer, congédier; ஒருவனை வாங்கிப்போடுகிறது déposer —, congédier, renvoyer quelqu'un; சுவர் சற்று வாங்கியிருக்கிறது le mur s'est un peu retiré, déjeté, affaissé ou fait bosse; நோவு —ப்போயிற்று, la douleur a cessé; — யிருக்கிறது s'être retiré, avoir cessé, être loin, éloigné....

வாச, adj. de வாசம்.

*வாசகம், (vâtchaka), mot, parole, sentence, phrase, lettre, épître, prose (opposé à கவி vers), diction, style: அது வாசகமோ கவியோ est-ce de la prose ou des vers? — சொல்லுகிறது répéter des mots, des sentences en prose; வாசகஞானம் science spéculative sans pratique; — தாட்டி lecture courante, - aisée, — sans s'arrêter; அவனுக்கு — தாட்டியுண்டு il lit couramment, sans broncher; — தீட்சை initiation dans la doctrine; — பதம் mot usité, clair, intelligible; — புஸ்தகம் livre de lettres, contenant des modèles de lettres et de correspondance par lettres (pour les écoles...);

— ப்பா comédie, tragédie, litt. chant ou poésie prosaïque, parce que le style dramatique, quoique versifié, est généralement intelligible; —ப்புணர்ச்சி, —ப்பொருத்து liaison —, enchaînement des mots ou des phrases.

*வாசகன், pl. வாசகர், (id.), parleur, orateur, envoyé, messager: ஒரு சொல் - homme qui n'a qu'une parole, qui dit la vérité.

*வாசசனேயி, (vâdjasanêyi), l'Ézour-Vèdam blanc, V. au mot யசுசு.

*வாசசாம்பதி, வாசஸ்பதி, (vâch parole, gén. sing. et pl.), Vrouhaspati prétendu régent de la planète Jupiter.

*வாசடம், (vâsata), âne.

*வாசதேயி, (vâsatêyi), nuit.

*வாசந்தம், (vâsanta), chameau, couil ou coucou indien, petit (d'un animal), vent du sud, chose qui a rapport au printemps.

*வாசந்தி, (vâsanti), la plante rampante —, l'arbre குருக்கத்தி, poivre long, l'arbuste ஆடாதோடை, fête en l'honneur de Kâmen dans le mois de சித்திரை. [teur, danseur.

*வாசந்திகன், (வாசந்தம், ika) ac-

*வாசபேயம், (vâdjapêya), ou

*வாசபோசினி, (vâdjabhôdjini), espèce de sacrifice.

*வாசம், 1° (vâsa), maison, demeure, habitation, bourg ou ville, —en pays cultivé, toile, habit, vêtement, parfum, odeur, — de fleurs, l'herbe odoriférante இலாமிச்சை. 2° (vâdja), aile, plume, plumes de —, flèche, vitesse, hâte, ardeur, riz pilé, riz offert dans les cérémonies funèbres, nourriture, eau, beurre fondu, prière, —qui finit un sacrifice, son. 3° (vâtch), parole, langage, phrase, Sarasvati ou சரஸ்வதி, réflexion. 4° P. வாசரம்), jour: வாசம்-ஐ, les 5 aromates, V. பஞ்சவாசம்; — கட்டுகிறது parfumer; — செய்கிறது parfumer, ou — பண்ணுகிறது habiter, demeurer; வாசஸ்தலம் chambre intérieure, — qu'on habite; —குடி tente; — கஸ்தூரி os de musc ou de civette; —ஸ்தலம், —த்தலம், —ஸ்தானம் demeure, habitation; —பதி, P. வாசஸ்பதி.

*வாசரம், (vasara), jour, nom d'un serpent ou Nâga, —d'un enfer: வாசரமுகம் matin.

*வாசநூர், (வாசம்), la ville de Vâsclour ou Barselore sur la côte malabare.

வாசல், porte, — d'entrée, entrée, porte cochère, cour intérieure: சாளரம்—fenêtre; குறுகு— porte étroite et basse, guichet; —அடைக்கிறது boucher l'entrée, —la porte; — காப்போன், —காப்பவன் portier; வாசற்கதவு porte, battant de porte qui en ferme l'entrée: —க்கால்வாசற்படி montant —, jambage de porte, chambranle; —படி seuil, - de la porte, marche de l'entrée ou du devant de la porte; என்வாசற்படி கடந்து வராதே ne franchis pas le seuil de ma porte; வாசற்படியிலே நிற்கிறது se tenir — —, être sur le seuil de la porte ou sur les marches d'entrée. [Vichnou.

*வாசவத்திரன், (வாசம், வஸ்திரம்),

*வாசவன், (vâsava), Indiren.

*வாசவி (vâsavi), Vâsavi, mère de Vyâsen.

*வாசனம், 1° (vâsana), cri ou chant des oiseaux, bourdonnement des abeilles, voix, odeur, parfum, fumigation, habit, toile, demeure, être assis les jambes croisées, connaissance, jarre d'eau, boite, réceptacle, enveloppe. 2° (வாசிக்கிறது), lecture.

வாசனி, pavillon, baldaquin, dais, toile qui sert de plafond ou le couvre.

வாசனிக்கிறது, னித்தேன், னிப்பேன், னி, னிக்க, v.n. (வாசனை), sentir, répandre une odeur.

*வாசனை, 1° (vâsanâ), odeur, —suave, parfum, senteur, connaissance, —acquise par la mémoire, imagination, espérance, ignorance. 2°(வாசிக்கிறது), lecture: —கட்டுகிறது parfumer; — தட்டுகிறது l'odeur frapper, être frappé de l'odeur, sentir; —த்திரவியம், — ப்பண்டம் parfums, aromates, matières —, substances odoriférantes, parfums mélangés, onguent odoriférant; — பூசுதல் action de parfumer; —பூசிக்கொள் oindre —, se frotter de parfums, d'onguens ou de poudres odoriférantes: —ப்பொடி poudre odoriférante; — வீச odeur frapper, —se faire sentir, s'exhaler, sentir; —வீசுகிறது répandre une odeur, —un parfum, sentir. [langage.

*வாசா, (vâchâ), discours, parole,

*வாசாகாரம், (வாசம், ஆகாரம்), chambre intérieure, —à coucher.

வாசகப்பிரியம், (வாசம், பிரியம்), poivre. [லம்.

*வாசாடம், (vâtchâta), V. வாசா

*வாசாதத்தம், (வாசா), vœux, promesse: —பண்ணுகிறது vouer, promettre. [டாகொடை.

வாசாரி, la plante médicinale ஆ

வாசாப்பு, (sync. de வாசகப்பா), comédie, tragédie, drame: — கட்டுகிறது composer—, jouer une comédie ou tragédie.

*வாசாலகம், வாசாலம், (vâtchâla, ka), causerie, babillage, bavardage, l'art de bien —, habiletéà parler, éloquence, faconde, don de la parole.

*வாசாலகன், வாசாலன், (id.), causeur, babillard, grand parleur, homme éloquent, —puissant en paroles, orateur.

*வாசாலை, (vâtchâlâ), babillarde, grande parleuse, femme éloquente.

*வாசி, 1° (vâsi), habitant, habitation, feu. 2° (vâdji), cheval, la 1re constellation lunaire dite அசுவினி, flèche, trait, oiseau. 3° flûte, chant harmonieux, abondance, plus, réglement, précision, proportion, raison, cause, (parce que), qualité, nature, ce qui est meilleur, mieux, amélioration, escompte plus fort que l'intérêt, déduction de ce qui excède les intérêts, particule qu'on ajoute aux fractions comme கால்வாசி le quart, V. வாசம். 4° imp. de வாசிக்கிறது: ஆனா—pour cette raison, c'est pourquoi; நஷ்டு—réparation—, compensation d'une perte; நீவராத — காரியங்கெட்டது parce que tu n'es pas venu l'affaire s'est gâtée; அதிதுமிது— ceci est meilleur que cela; அவனிதுவிவன்—celui-ci vaut mieux que celui-là, le surpasse, l'emporte sur lui; —கந்தம், —கந்தம் odeur de cheval, — la plante physalis flexuosa; — காம், —காமம் excitation à la luxure par des remèdes aphrodisiaques, amour passionné; — காணுகிறது, — கண்டுபிடிக்கிறது avoir —, trouver du mieux, un excédant, une meilleure qualité; அளவு—கண்டது le mesurage s'est trouvé meilleur, on a trouvé un excédant en mesurant; —சாலை écurie; — தந்தம் dent de cheval, la plante ஆடாதொடை; — தன்மை nature de cheval, propriété d'être ailé; —பூமி lieu où l'on nourrit les chevaux; — வாசிப்படுகிறது aller mieux, s'améliorer: — வாக்குகிறது guérir, améliorer; வியாதி — வாய்ப்போகிறது la maladie guérir, —aller mieux; வியாதிக்காரன் —வாயிருக்கிறது le malade être mieux.

*வாசிகம், (vâtchika), nouvelle, message, missive: வாசிகபத்திரம், —வாரகம், (hâraka qui porte), lettre, épitre, gazette; —வாரகன் ou

*வாசிகன், (id.), messager, porteur de nouvelles.

வாசிகை, guirlande, —de fleurs.

வாசிக்கல், 1° (வாசி), pierre dite aussi சாக்கணக்கல். 2° n.v. et opt. de வாசிக்கிறது.

வாசிக்கிறது, சித்தேன், சிப்பேன், சி, சிக்க, v.a. 1° lire, apprendre, étudier, jouer du luth ou autre instrument semblable. 2° (வாசம்), sentir, répandre de l'odeur: வாசிக்க அறிந்தவன் celui qui sait lire.

*வாசிஷ்டம், வாசிட்டம், 1° (வசிஷ்டன்), chose composée par Vasichten, un des 18 codes de lois ou de livres de jurisprudence, un des 18 pouranas inférieurs dit வாசிஷ்டஉபுராணம், une partie des védas. 2° sang.

*வாசிதம், (vâsita), connaissance,

son, cri des oiseaux,—des animaux, établissement d'une colonie.

*வாசிதை, (vâsitâ), femme, éléphant femelle.

வாசித்தல், வாசிப்பு, n.v.de வாசிக்கிறது, action de lire..., lecture, étude, odeur.

வாசிவாசறிது, mémoire—, note du montant,du produit.

*வாசிரம், (vâsra), jour, carrefour, place où 4 routes se rencontrent, maison. édifice,demeure.

*வாசிரசயநீயம்,un des 32 உபநி

*வாஜினி,(vâdjini),jument.[ஷதம்.

வாசினோ, P. வாசசேனா.

*வாசு, (vâsou), Dieu considéré comme l'âme de l'univers, (surnom de) Vichnou,

*வாசுகி, வாசுகேயன், (vâsouki, —kêya), le serpent fabuleux Vâsougui,un des 8 qui au dire des Indous suportent le monde,et qui servit de corde pour baratter la mer de lait: வாசுகேயசுவசிரு (svasrou sœur), la sœur des serpens, i.e. மனசை.

*வாசுதேவன், வாசுபுத்திரன், (வசு), Vichnou ou Krichna fils de வசுதேவன்.

*வாசுரை, (vâsourâ), nuit, terre, femme, éléphant femelle.

*வாசை, (vâsâ), la plante ou l'arbuste ஆடாதோடை. [d'habits.

*வாசோயுக்ம,(vâsas habit),paire

*வாச்சல்லியம்,P. வாற்சல்லியம்.

வாச்சாணுரணம்,V. வயிற்றுஷாணம்.

*வாச்சி, (vâsi), doloire, herminette, petite hachette: —வாடுகிறது couper ou taillader avec une herminette, punition cruelle autrefois infligée à des hommes.

*வாச்சியம், 1° (vâtchya), faute blâme, mépris, ce qu'on peut dire ou qu'il convient de dire,publicité, attribut, adjectif, voix dans les verbes. 2° P. வாத்தியம், tambour et autre instrument de musique de tout genre. [வாள்.

*வாச்சியாயனர், P. வாற்சியாயன

*வாஷ்பம், (vâchpa),vapeur,moiteur, pleurs, fer.

*வாஸ்து. (vâstou), emplacement ou site d'une—, maison,habitation.

வாஜிப், வாஜிப்பு, (arabe), chose propre, raisonnable,convenable.

*வாஞ்சனம், (vântchhana),désir.

*வாஞ்சனீயம், ( வாஞ்சை, aniya affixe), chose désirable.

*வாஞ்சாபோகம், (வாஞ்சை), plaisir, désir.

*வாஞ்சாவிரதம்,(id.)V.காமிகம்.

வாஞ்சிக்கிறது, சித்தேன், சிப்பேன்,சி,சிக்க, v.a. (வாஞ்சை), வாஞ்சித்தல்,n.v.désirer,—ardemment,souhaiter,convoiter.

*வாஞ்சிதம்,வாஞ்சினம்,(வாஞ்சை, ita.ina), chose désirée.

*வாஞ்சினி, (வாஞ்சை, ini), femme luxurieuse.

*வாஞ்சை,(vântchhâ),désir,—ardent,cupidité:—வைக்கிறது désirer, souhaiter.

வாடகை, 1° louage, loyer, prix du louage, rente. 2°* (வாடம், kâ), champ, enclos, jardin, route, rue, mur de terre,allée—,place pour les véhicules.

*வாடவேயம், (vâdavêya), bœuf.

*வாடம், 1° (vâta), enclos, terre entourée, jardin, mur,— de terre,— d'entourage,— ou haie qui entoure un village, route. 2° (vâda), abondance, beaucoup, très, v.g. வாடவலிக்காரன் homme très-fort. 3° P. வாடோம்,1re pers.pl.nég.de வாடுகிறது

வாடல்,opt.et n.v. de வாடுகிறது, mort,amaigrissement,maigreur,dépérissement, décadence, flétrissure, desséchement, se faner:— வெற்றிலை feuille de bétel desséchée.

வாடா,1° sync. de வாருடா,viens gueux,—donc.2° ou வாடாத,part.nég. de வாடுகிறது,qui ne se flétrit pas, ne se fane pas: வாடாக்குறிஞ்சி arbrisseau qui est une variété du lawsonia; — மல்லிகை la plante gomphrena globosa,amarante,immortelle, violette; — மாலை le bijou nommé பொன்னரிமாலை.

வாடி, 1° gér. de வாடுகிறது. 2° sync. de வாருடி viens gueuse, — donc.3° * (vâti),ou

*வாடிகை, (வாடி,kâ), enclos, place renfermée, — entourée de palissades, jardin, — de fleurs, champ, cour, maison, lieu où l'on s'arrête, situation d'une maison, mur, la plante sida cordifolia.

வாடிக்கை, coutume, habitude.

வாடுகிறது, டினேன், டுவேன், டு, ட, v.n. வாடுதல், n.v. et வாடிப்போகிறது, se faner, se flétrir, dépérir, se sécher, se dessécher, se consumer, être triste, languissant, abattu, maigrir, périr, mourir (un arbrisseau), déchoir: தன்னக்கிரமங்களினால் வாடிப்போகிறது dépérir à cause de ses iniquités; இடைஞ்சல் வந்தாலும் வாடாதிரு bien qu'il vous arrive quelqu'affliction ne vous laissez pas abattre.

வாடை, 1° rue, côté de rue, rang, ordre, ligne, rangée, — de maisons, rue ou petit village de bergers, de pâtres, de vèders ou chasseurs, de sauvages, odeur, vent du —, nord, vent, loyer de maison. 2° P. வாடாய், tu ne te flétris pas..., nég. de வாடுகி றது: தென்னண்டை —, le côté sud d'une rue; பூ —, மஞ்சள் — odeur de fleurs, de safran; — க்கச்சான் vent du nord-ouest; — க்காற்று vent du nord; — க்கொண்டல் vent du nord-est; நாய் — பிடித்தது le chien a senti l'odeur, — a pris la piste; — அடிக்கிறது le vent du nord souffler: நேர் ou நெடு — வடிக்கிறது le vent souffler droit du nord; — வாயிருக்கிறது être en rang, en bon ordre, régulier; வாடையிலேஓடுகிறது faire voile vers le vent du nord; வாடைவாரேயோடுகிறது faire voile ou naviguer avec le vent du nord ou au moyen du vent du nord.

வாட்கை, P. வாழ்க்கை.

வாட்கோரை, (வாள், கோரை), espèce d'herbe, cyperus. [loire.

வாட்சி, P. வாச்சி, herminette, dolo-

வாட்சூலை, (வாள்), espèce de maladie.

வாட்டம், 1° n.v. de வாடுகிறது, dépérissement, langueur, décadence, diminution, dessèchement, manque, maigreur, accablement, tristesse. 2° (வாடம்), rue, chemin, jardin, pente du sol, d'un terrain, — d'un toit... (pour l'écoulement de l'eau). 3° P. வாட்டோம் nous ne fanons pas....

வாட்டரவு, (வாட்டம்), dépérissement, épuisement, langueur, dessèchement. [று.

வாட்டல், opt. et n.v. de வாட்டுகி

வாட்டாளி, வாட்டாளன், (வாட்டம்), homme maigre, décharné.

வாட்டமழை, (வாள், தழை), l'arbre dit கடற்றழை.

வாட்டி, 1° fois, tour, changement: மூன்று — 3 fois; நாலு — 4 fois, V. வட்டம். 2° gér. de வாட்டுகிறது.

*வாட்டிகம், (vâtya), jardin, maison: வாட்டிகபுஷ்பம் fleur de jardin, sandal, safran; — புஷ்பி ou

*வாட்டியை, (vâtyâ), la plante sida cordifolia.

வாட்டு, 1° bien, justice, bonheur, ce qui est beau, raisonnable, juste, droit, heureusement. 2° imp. et part. de வா ட்டுகிறது: நல்ல — bonne fortune, — chance; வாட்டாயகப்படாத qu'on ne peut obtenir facilement: வாட்டாய்க் கிடைத்தது ce qui a été trouvé fortuitement; வாட்டாய்வாங்குகிறது acheter à bon marché, — à un prix raisonnable; இந்தத்தொழிலெனக்கு. வாட்டமாயிருக்கிறதில்லை cet emploi ne me convient pas; குருவியை வாட்டாய்ப்பிடித்தேன் j'ai heureusement pris l'oiseau.

வாட்டுகிறது, ட்டினேன், டுவே ன், ட்டு ட்ட, v.a. de வாடுகிறது, வாடு தல், n.v. flétrir, faner, dessécher, faire dépérir, — maigrir, — languir, vexer, tourmenter: நெருப்பிலே — faire sécher au feu; ஒருத்தன் சீவனை — litt. faire languir la vie de quelqu'un, le vexer excessivement; வாட்டியிலைத் தூக்கட்டுகிறது faire chauffer (une feuille) et l'appliquer sur une plaie ou un endroit malade; வாட்டிக்கொ ல்லுகிறது, — வதைக்கிறது vexer —, tourmenter cruellement, faire dépérir.

வாட்படையாள், (வாள், படை), celle qui est armée d'une épée, *i. e.* Dourgâ.

வாணசத்தி, (வசணம்) 1° l'arbre அரசமரம். 2° ou

*வாணசத்திரகம், (*id.*), espèce de sulphure d'arsenic.

*வாணகம், (வாணம், ka), feu, flèche, isolement, solitude, pis de vache, flûte, fifre, chalumeau de bambou.

*வாணகன், (வசணன், han *tuer*), le meurtrier de Vânen, *i. e.* Vichnou.

*வாணம், (vâna), flèche, trait, feu, fusée, feux du Bengale et autres pièces de feux d'artifice: ஆகாச — fusée volante, — qui monte dans l'air; அருந்தி —, V. அருந்திப்பாணம்; படை — fusée employée dans les combats; புஷ்பவாணம் gerbe de fusées, fusée de mine; — அடிக்கிறது, — கட்டுகிறது faire des fusées, des pièces de feux d'artifice; — கொளுத்தி யெறிகிறது allumer et lancer des fusées; — விடுகிறது lancer des fusées, *à l'obl.* வாண, (*c'est aussi l'obl. de* வாணன்); வாணன் மகள் la fille de Vânen, nommée உஷை femme de அநிருத்தன்; — தண்டம் estille de tisserand; — பாணி qui tient une flèche à la main; - புரம் la ville de Vânen; — போடுகிறது, — போட்டுவாணம் lancer des flèches; — வாரம் cuirasse, armure; — ராசன் le roi Vânen ou

*வாணன், 1° (*id.*), Vânen, asouren fils de Bali, lequel, au dire des Indous, avait 1000 mains et fut tué par Vichnou. 2° ou தஞ்சைவாணன் Vânen, chef célèbre par sa libéralité, qui vivait dans la ville de தஞ்சாக்கூர். 3° la 3° des constellations lunaires dite கார்த்திகை. 4° *P.* வாழ்நன் homme qui vit heureux; — கோவை nom d'un poème ou d'une chanson.

வாணுக்கம்பு, bâton d'escrime.

*வாணாசனம், (வாணம், ஆசனம்), arc, *litt.* siége de la flèche. [flèche.

*வாணாசிரயம், (*id.* ஆசிரயம்), arc,

*வாணாசுரன், (வாணன், அசுரன்), l'Asouren Vânen.

வாணுத்தண்டம் *V.* வாணுக்கம்பு.

வாணுள் *P.* வாழ்நாள், le temps de la vie, jour ou temps de prospérité. [mi de Vânen, *i. e.* Vichnou.

*வாணாரி, (வாணன், அரி), l'enne-

*வாணி, 1° (vâni), discours, parole, mot, Sarasvati, prétendue déesse de la parole, tissure. 2° espèce de —, danse, drame, comédie, espèce d'arsenic dit மனோசிலை, la plante அசமதாகம்: — கேள்வன், V. வாணிசன்.

*வாணிகம், (வணிகம்), commerce, trafic, négoce.

*வாணிகன், (வணிகன்), marchand, chetty, le signe de la Balance.

வாணிச்சி, *fém. de* வாணியன், marchande, — d'huile: — மேனி rubis.

*வாணிச்சியம், (வணிச்சியம்), commerce, trafic, négoce, achat et vente.

வாணிதம், callou ou jus de cocotier... [pétulante.

வாணிநி, danse, femme joyeuse,

வாணிநி, *V.* வாணினி.

*வாணிபம், *P.* வாணிகம், trafic, commerce, ce qui est un des 6 emplois des வைசியர்.

*வாணிபன், *pl.* வாணிபர், (*id.*), chetti, marchand, — de caste, — de profession, — d'huile: வாணிபர்க்கழகுவாணிபஞ்செய்தல் le propre des marchands est de faire le commerce.

வாணியம், *P.* வாணிபம், commerce.

வாணியன், *pl* வாணியர், marchand, — d'huile, homme d'une certaine caste. [chande, — d'huile.

வாணிவிச்சி, *fém du préc.* mar-

*வாணினி, (vânini), danseuse, actrice, femme débauchée, — immodeste, — ivre, intrigante, opiniâtre, furieuse, femme adroite, habile, prudente, intelligente.

*வாணிசன், (வாணி, ஈசன்), le maitre —, le mari de வாணி ou Sarasvati, *i. e.* Brama.

வாணுதல், (வாள், நுதல்), celle dont le front est comme une épée, femme.

வாண்டியம், la plante போராமுட்டி.

*வாத,*adj.de* வாதம்.

வாதநி, 1° sorte de sel brûlant et âcre dit சத்திச்சாரம். 2° *(வாதம், ki), goutteux, rhumatique.

*வாதம்,(vâta), air, vent, flatuosité, une des 3 humeurs du corps ou des 3 causes de maladies dites முப்பிணி, tempérament mélancolique, hypocondrie, rhumatisme, goutte, inflammation des articulations. 2° (vâta), ce qui est allé, passé. 3°(vâda), controverse, discussion, dispute, argument, discours, conversation, fin d'une discussion, conclusion, —démontrée, plainte, accusation, alchimie ou pierre philosophale, art de changer les métaux en or. 4° l'arbre விக்கயம். 5° (bâdha), affliction, peine: இளம்பிள்ளைவாதம் paralysie —, goutte ou arthrite d'enfans, —du bas âge: —அடக்கி remède ou répressif contre les flatuosités, les 2 arbres nommés நஞ்சுக்கனி et தழுதாழை (employés en médecine pour guérir les flatuosités); — கொண்டிழு-த்திறது être tourmenté par des flatuosités, par l'hypocondrie, — par les humeurs hypocondriaques; வா-தகரப்பன் éruption, causée par les flatuosités, nom d'une maladie; —காப்பான்பட்டை écorce de l'arbre பெருமரம் ailanthus qui est un antidote à la paralysie; — காசம் espèce de phthisie ou de consomption; —காமி (gâmi *qui va*) sorte d'oiseau; —காலம் temps passed; —குண்டிக்காய் rétention d'urine; — கும்பம் joue de l'éléphant, partie du front d'un éléphant au dessous du sinus frontal: —குளம், — கும்பம் grand vent, tempête, goutte aiguë, rhumatisme; —குன்மம் hypocondrie: —கொடி poussière, *litt.* signe de vent; — கேலி chuchotement, conversation amoureuse, —de badinage, marque de l'ongle (sur la personne aimée...); —க்கடம், *V.* நவக்கிரகம்; — க்கடுப்பு douleurs qui proviennent de flatuosités, douleurs rhumatismales dans les membres; — க்காய்ச்சல் fièvre de rhumatisme; — க்கிரகம், épilepsie, rhumatisme; — க்கிராணி diarrhée provenant de flatuosités, de mauvaises humeurs; — க்கையன் qui a la goutte aux mains; —க்காலன் podagre, qui a la goutte aux pieds; — சகம், — சகன், 1° l'ami du vent, *i.e.* le feu. 2° (saha *qui souffre*), goutteux, rhumatique; — சாத்திரம் argument de controverse, accord dans la discussion; —சாரதி ce dont le vent est le cocher, *i.e.* le feu; —சிலேத்துமம், *V.* நவக்கிரகம்; —சித்தம் bas ventre, *litt.* le lieu propre aux vents ou flatuosités; — சுரம் fièvre de flatuosité, — provenant d'air vicié; —சூலை colique de ou avec flatuosités; —சோணிதம் goutte aiguë ou rhumatisme attribué à la viciation du vent et du sang; —தூலம் coton qui flotte dans l'air; —தூளம் chose menue, délicate; — த்தனிக்கல் la pierre dite இரசவாதக்கல்; —த்துவசம் *litt.* bannière du vent, nuage; — நாடி pouls flatueux, — des flatuosités, artère propre aux flatuosités ou gouvernée par elles; —நிகண்டு traité d'alchimie; il y en a 3 attribués à போகர், சட்டைமுனி et மச்சமுனி; —நீர், *V.* வாத சோணிதம்; —நோய், *V.* வாதரோகம்; —பித்தசூலை espèce de maladie arthritique provenant de flatuosités et de bile; —பித்தம் bile mêlée de sang, rhumatisme accompagné de fièvre; —புத்திரன் le fils prétendu du vent ou de வாயு, *i. e.* Bhimen le 2° des Pândavers, le singe Anouman, escroc, fripon; —புக்கம் chose gonflée, — remplie de vent; —புக்காத்திரம், (அத்திரம்), colique, flatuosité, borborygme; —பூமி terre exposée aux vents; — போதம், — போதகம் (pôtha *qui tue*), l'arbre பலாசு butea frondosa; — ப்பிரமி tourbillon de vent; —ப்பிரமி, (prami), ce qui dévance le vent, *i.e.* l'antilope, le cerf; —மண்டலி tourbillon de vent; —மாளம் tourment, peine, vexation; — மிருகம் l'animal léger comme le vent, *i.e.*

le cerf, l'antilope;—யுத்தம் discussion, dispute;—நாராயணம் l'arbre அரசு;—ரதம் 1° char du vent, *i.e.* nuage. 2° adhésion à une —, profession d'une doctrine;—ரத்தம் goutte aiguë ou rhumatisme attribué à un sang gâté;—ரத்தாரி,(அரி),le remède à ce rhumatisme, la plante menispermum glabrum;—ராசன், *V.* நவசாரம்;—ராட்சசன் nom d'un remède;—ராயன் le prétendu roi des vents, *i.e.* Vâyou;—ருசம்,—ரூடம்,(roûcha *tempêter*), vent frais, brise, arc-en-ciel, présent pour suborner;—ரோகம் douleur provenant de flatuosité, goutte, rhumatisme;—ரோகி homme —, personne qui a la goutte ou un rhumatisme;—வஸ்தி suppression d'urine;—விருத்தி enflure des testicules;—வியாதி affection morbifique —, maladie attribuée aux vents;—வைரி *V.*வாதாரி. [tempête.

*வாதரம், (vâtara), vent, vitesse,

*வாதரயணம், (வாதரம், அயனம்), extrême vitesse, flèche, lancer des flèches, cime, pic de montagne, scie.

*வாதராயணன், (vâdara *lieu de pélerinage*, அயனம்), surnom de வியாசன்,

*வாதலம் 1° (vâtala), vent, tempête, vitesse, espèce de pois, cicer arietinum. 2° (vâdala), réglisse racine du குன்றி, abrus precatorius (qui en tient lieu): வாதலமண்டலம் tourbillon de vent. [de la matrice.

*வாதலை, (vâtalâ), état morbifique

*வாதனம், 1° (vâdana), son, bruit, 2° *P.* வாசனம் toile. 3° (bâdhana), douleur, peine, obstacle.

*வாதனை, (bâdhana), douleur, peine, tourment. 2° récollection, réminiscence.

*வாதாகதம், (வாதம், âhata *frappé*), chose battue par le vent, attaque de rhumatisme.

*வாதாகதி, (*id.* âhati *frappement*), action du vent, attaque de douleur arthritique.

*வாதாசுவம், (வாதம், அசுவம்), cheval léger comme le vent.

*வாதாடம், வாதாடகம், (*id.* அடம் *allée*), ce qui va comme le vent, un des chevaux fabuleux du soleil, antilope.

வாதாடல், dispute, querelle, *n.v.* de

வாதாடுகிறது, வாதாடுதல், (வாது, ஆடுகிறது), se disputer, se quereller, plaider, discuter, importuner, parler avec obstination: வாதாடுகிறவன் querelleur, disputeur.

வாதாட்டம், (*id.* ஆட்டம்), dispute, querelle.

வாதாட்டுகிறது, வாதாட்டுதல், (*id.* ஆட்டுகிறது), engager dans une dispute, dans une discussion, faire disputer, importuner, causer de l'importunité.

*வாதாதிசாரம், (வாதம், அதிசாரம்), diarrhée occasionnée par les flatuosités qui gonflent le ventre.

*வாதாதிரோகம், (*id.* ஆதி, ரோகம்), les 3 maladies dont la 1^re^ est வாதம் la flatuosité (et les 2 autres பித்தம் la bile, சிலேத்துமம் le phlegme).

*வாதாபி, (vâtâpi), Vâdâbi, Asouren dévoré par Agastyen.[ம்), musc.

*வாதாமோதம், (வாதம், ஆமோதம்

*வாதாயம், (*id*, aya *aller*), feuille.

*வாதாயனம், (*id.* அயனம்), fenêtre, soupirail, cheval, *V.* கண்டப்பம்.

*வாதாயு, (*id.* aya *aller*), cerf, antilope.

*வாதாரி, (*id.* அரி), *l'ennemi du rhumatisme, *i.e.* le palma christi.

*வாதாலம், (vâdâla), espèce de poisson dit silurus boalis.

*வாதாளி, (vâtâli), tourbillon de

*வாதாவளி, *P.* வாதாலி. [vent.

*வாதானுலோமனம், (வாதம், anoulômana *suivant le cours naturel*), retenir la respiration ou l'air, le faire descendre comme lorsqu'on fait gonfler les poumons.

*வாதானுவாதம், (*id.* அனுவாதம்), attaque et réplique, plainte et —, demande et réponse.

*வாதான்னியம், (vâdânya), libéralité, munificence.

*வாதி, 1° (vâdi), parleur, orateur, disputeur, querelleur, le demandeur, le plaignant (en justice), l'accusateur, sage qui explique la loi, poëte qui dans ses vers montre les causes et les exemples, réfute la doctrine de son adversaire et établit la sienne, clef en musique. 2° (vâti), air, vent. 3° *imp. de* வாதிக்கிறது: தர்க்கவாதி disputeur, querelleur, controversiste.

*வாதிகம், 1° (vâtika), rhumatisme, fièvre ou inflammation attribuée à la viciation de l'humeur aérienne. 2° (vâtiga), *V.* வாதிங்கணம்.

வாதிக்கிறது, தித்தேன், திப்பேன், தி, திக்க, *v. a.* வாதிக்குதல், வாதித்தல், *n. v.* 1° (வாதம்), parler, discourir, discuter, disputer, plaider. 2° (வாதிதம்), tourmenter, vexer, affliger, faire souffrir, chagriner...

*வாதிங்கணம், (vâtingana), la plante கத்தரி, aubergine, la plante செம்பு.

*வாதிசன், (vâdisa), sage, savant.

*வாதிதம், (bâdhita), peine, tourment, contradiction.

*வாதித்திரம், (vâditra), sorte d'instrument de musique.

வாதிப்பிக்கிறது, *v. caus de* வாதிக்கிறது, faire vexer, — tourmenter.

வாதிராசன்; *P.* வாதபராசன், *V.* நவதாரம்.

*வாதிரு, (vâtrou), vent, air.

வாதிவம், l'arbrisseau வஞ்சி.

வாது, 1° (*de* வாதம்), dispute, querelle, discussion, controverse, serment. 2° (vâdhoû), bateau, radeau: — சொல்லுகிறது dire —, parler obstinément, *ou* வாதமாகவிருக்கிறது être à se —, disputer, se quereller: வாதுக்காரன் querelleur, disputeur; — கூறுகிறது faire serment, se quereller; — முற்கூறேல் ne commence pas une querelle.

*வாதுகை, *P.* வதுகை, femme, [épouse.

*வாதுக்கியம், (வதுகை, ya), mariage.

வாதுமை, amandier: — க்கொட்டை amande.

*வாதுலம், (vâtoula), tourbillon de vent, goutte, rhumatisme.

*வாதுலி, (vâtouli), grosse —, chauve-souris.

வாதுவர், palefreniers, cavaliers, cornacs.

வாதுளம், un des 28 livres des Sivéristes.

வாதூரம், *P.* வாதிகம், la plante செம்பு. 2° *ou*

*வாதூலம், *P.* வாதுலம்.

*வாதை, (bâdha), affliction, tourment, vexation, peine, malheur, fléau, douleur, maladie, souffrance: — ப்படுகிறது être tourmenté, souffrir, — de la peine.

வாதோரணமஞ்சரி, le 42me பிரபந்தம், louange, en vers வஞ்சி, de la bravoure de celui qui a dompté un éléphant furieux, ou qui en a vaincu un ou plusieurs dans le combat, ou qui a saisi un éléphant.

வாத்தி, *hon.* வாத்தியார், *sync. de* உபாத்தி, maître, — d'école, précepteur, instituteur, *pl.* வாத்திமார்.

வாத்திமை, (வாத்தி, மை), *ou* — த்தொழில், emploi de maître d'école, préceptorat: — த்தொழில்பண்ணுகிறது tenir une école, être maître d'école.

*வாத்தியம், (vâdya), instrument de musique, (soit en métal, soit en peau, soit à cordes, soit à vent...): பெரிய — grosse caisse, gros tambour, — instrument; — பண்ணுகிறது jouer des instrumens de musique; - வாசிக்கிறது jouer des instrumens à cordes ou autres instrumens, battre des timbales...; வாத்தியகோஷம் son des instrumens; — பாண்டம் multitude d'instrumens, instrument de musique (en général), luth, guitare.

*வாத்தியாயன், வாத்தியார், *P.* உபாத்தியாயன், maître d'école, précepteur. [maîtresse d'école, institutrice.

*வாத்தியாயனி, *P.* உபாத்தியாயனி,

*வாத்தியை, (vâtyâ), tempête, ouragan.

வாத்து, canard, cane.

வாத்துசாந்தி, (வாத்து), espèce d'expiation. [த்துவன்.

வாத்துபுருஷன், — புருடன், *V.* வா

வாத்துபோதம், un des 32 ordres d'architecture.

வாத்துமன், (வாத்து),celui à qui se fait l'expiation dite வாத்துசாந்தி.

வாத்துமாசனம், (வாத்துமன், ஆசனம்), la position de வாத்துமன்,i.e. être couché les 2 jambes et une main étendues, s'appuyant sur le coude et relevant la tête.

வாத்தரி,1° femme cruelle dure.2° P.பத்தரி,femme débauchée. [tard.

*வாந்தரிகேசவன், (பந்தரி), bâ-

*வாந்தம்,1° (vânta), chose vomie, vomissement. 2° la ville de Bantam, dans l'île de Java.

*வாந்தவன், (bândhava), ami.

*வாந்தாதம், (வாந்தம், ada qui mange), l'animal qui mange ce qu'il a vomi, i.e. le chien.

*வாந்தி, (vânti), vomissement:— பண்ணுகிறது vomir; — பேதி vomissement avec diarrhée, le coléra ou choléra-morbus; பேதி யினால்செத்துப்போனான் il est mort du coléra; எனக்கு—வந்தது j'ai vomi; வாந்திக்குவாங்குகிறது prendre un vomitif.

வாந்திக்கிறது, த்தேன், ப்பேன், தி,திக்க, v.a.வாந்தித்தல், n. v. vomir. [émétique,vomitif.

*வாந்திதம்,(வாந்தி,da qui donne),

வாந்திமம், l'arbre காஞ்சி, la plante வாதுமை. [renverser.

வாபஸ், (persan), retour, rendre,

*வாபம், (vâpa), action de raser, de tisser,de semer, semence: வாபதண்டம் estille de tisserand.

*வாபி,(vâpi),grand étang oblong, lac, étang. [rasée.

*வாபிதம், (vâpita), chose semée,

*வாபிகம், (vapiha), l'oiseau சாதகப்புள், —cuculus melanoleucus.

*வாமம், (vâma), côté gauche, beauté, amabilité, lumière, splendeur,richesse, prospérité, opposition, contrariété, petitesse, courte stature, bassesse, bosse, mal,cuisse, mamelle, pis de vache,la 4° des 5 faces de Siven,celle qui est censée briller,une des 6 sectes intérieures des Sivénistes, V. சமயம், sorte de serpent: வாமசக்கிலம் la plante médicinale பொன்னுமத்தை; —தந்திரம் livre de la secte dite வாமம்; —தேவன் le dieu de l'opposition, i. e. Siven qui est contraire aux institutions humaines,nom d'un mouni:—புராணம், V. தந்திரம்: —லோசனன், (உலோசனம்), homme qui a de beaux yeux,Vichnou: — லோசனி, (id.),femme qui a de beau yeux,Lakchimi.

*வாமலூரம், வாமலூரு,(vâmaloûra), tertre élevé par les fourmis blanches ou cariahs: வாமலூரசம்பவன், —தனயன் le fils d'un pareil tertre, (surnom de) Vâlmiki, parce qu'il fut couvert, dit-on,d'un pareil tertre,pendant qu'il composait le Râmâyanam.

வாமலி, வாமலோசனிகம்,aloès.

*வாமனம், (vâmana), courte stature, taille de nain, prétendue incarnation de Vichnou en nain dite வாமனபுராணம்,le pourana du nain, (un des 18 pouranas), qui raconte cette métamorphose, l'éléphant fabuleux qui supporte le côté sud du monde.

*வாமனன்,(id.), courtaud, nain, Vichnou métamorphosé en nain pour tromper et subjuguer le géant மாவலி.

*வாமன், (vâma), surnom de Siven,d'Arouguen et de Kâmen.

*வாமாசாரம்,(வாமம், ஆசாரம்), coutume de la secte dite வாமம், doctrine des tantras suivant le rituel de la main gauche.

*வாமாசாரி, (id.), sectateur des tantras de la main gauche.

*வாமாட்சி, வாமாக்ஷி, (வாமம், அக்ஷி),femme qui a de beaux yeux.

*வாமாவர்த்தம், (id. ஆவர்த்தம்), conque dont les spirales tournent à gauche.

*வாமி, (vâmi), homme—, femme de la secte dite வாமம், Parvati, jument, ânesse, femelle de l'éléphant,—du chacal. [gance, beauté.

*வாமிலம், (vâmila),orgueil,arro-

*வாமை, (vâmâ), beauté, femme, Lakchimi, Parvati, Sarasvati.

வாம்பரி, (வாம், *part. fut. de* வாவுதல்), cheval qui saute. [bambou.

வாம்பம், * வாம்சம், (vamsa),

*வாயகம், (vâyaka), nombre, troupe, multitude, monceau.

*வாயசம், (vâyasa), corbeau, agalloche, térébenthine.

*வாயசாராதி, (வாயசம், அராதி), l'ennemi du corbeau, *i.e.* le hibou.

*வாயம், 1° (vâya), tissage. 2° *P.* பாயம், eau, pluie: வாயதண்டம் estille de tisserand. [porte.

வாயல், 1° côté. 2° *P.* வாயில்,

*வாயவி, (vâyavi), nord-ouest.

*வாயவியம், (vâyavya), *ou* வாயவியஸ்நானம், bain de poussière soulevée par les pieds des vaches et le vent, un des 7 bains des Indous.

*வாயனம், (vâyana), bambou, sucrerie, confitures, petits gâteaux.

வாயன், *m.* வாயள், *f.* (வாய்), qui a une bouche, (à la fin des mots composés): பெண்வாயன் — qui a une bouche ou une voix de femme. [வாய்.

வாயாடி, (*id* ஆடி),... *V. au mot*

வாயார, (*id.* ஆர), plein la bouche, la bouche ouverte, en suppliant.

வாயிதா, (*arabe*), terme, — fixé pour payer (sourtout les impôts fonciers).

வாயிலோர், (வாயில்), portiers, comédiens ou danseurs tamouls.

வாயில், 1° porte, entrée, passage, ouverture, —du corps, porte ou organe des 5 sens, cause, moyen, force, message. 2° *abl. de* வாய்: வாயில்காவலர், (காவலர்), portiers; — காப்போர் portiers, danseurs tamouls; வாயிற்படி seuil de la porte; —காட்சி espèce de vision; வாயிற்றூம்பு canal pour faire écouler l'eau.

வாயின், 1° *gén. de* வாய். 2° *conditionnel de* வாய்க்கிறது, s'il se rencontre.

*வாயு, (vâyou), air, vent, Vâyou, prétendu dieu du vent et gardien du côté nord-ouest du monde, maladie venteuse, pet, flatuosité, ventosité, rhumatisme, respiration, air vital du corps; les Indiens en comptent 10 nommés தசவாயு, savoir: பிராணன் air situé dans le cœur; அபானன் air situé dans le sommet de la tête; சமானன் air situé dans le creux de la gorge; உதானன் air situé dans le nombril; 5° வியானன் air qui pénètre et parcourt tout le corps, ou qui est répandu par tout le corps; நாகன் air qui aide à s'étendre, à se courber et à parler; கூர்மன் air qui cause le hérissement des poils du corps et le clignement des yeux; கிருகரன் air situé dans la figure et qui cause l'éternument, la colère et la chaleur; தேவதத்தன் air qui cause la course, la fatigue et la transpiration. 10° தனஞ்சயன் air qui reste dans le corps après la mort, le fait enfler et à la fin fend ou déchire la tête et s'en va; அசீரணவாயு flatuosité d'indigestion, espèce de dyspepsie ou digestion laborieuse; பாரிசவாயு paralysie d'un côté ou de la moitié du corps; வாயுக்கட்டம் indigestion, flatuosité; —கதி marche —, vitesse du vent; —சுழலம், —சுழல்வம் tourbillon de vent, ouragan, tournant d'eau; —சேறு poussière, *litt.* signe de vent; —கொள்ளுகிறது attraper des vents, — des flatuosités; — கோணம் le côté où est censé résider வாயு, le nord-ouest; — குத்து douleur causée par des flatuosités ou les vents; —சகன், —சகி l'ami du vent, *i.e.* le feu; —சம்பவன், —சாரதன், —சுதன் *V.* வாயுபுத்திரன்; — சூலை espèce de maladie arthritique; —சஞ்சரன் *P.* வாயுசகன்; — தாரணை compression du vent, rétention de la respiration ou du vent; —தாரு nuage; —திசம்பம், —விசம்பம், —திசம்பனம், —விசம்பனம், le 58me des கலைஞானம் fascination du vent, art de fasciner le vent; —திசாணி, —விசாணி instrument qui montre d'où vient le vent, girouette; —நிவிர்த்தி calme, cessation du vent, guérison des vents ou des maladies venteuses; —பட்சம், —பட்சணம், —பக்ஷம், —பக்ஷணம் vivre de l'air, jeûne, le serpent (qui est censé se nourrir d'air);—பக்ஷன் jeûneur, ascète;—பலம் fruit du vent, i. e. pluie, grêle, arc-en-ciel; —தனயன், —நந்தனன், —புத்திரன், — ஸுதன்,—le fils de Vâyou, i. e. le singe Anouman, prétendu fils de Vâyou et de அஞ்சனாதேவி, et Bhîmen ou வீமன் fils de Vâyou et de குந்திதேவி;— வந்தி stérilité causée par les ventosités;—குலை, V. வாயுகோளம்; —வாகம் fumée, vapeur (portée par le vent;— வாகினி véhicule de l'air vital, i. e. nerf ou artère;— வஸ்திரம்,— வம்பு (அஸ்திரம், அம்பு) la flèche de Vâyou, dard venteux censé reçu de Vâyou; —வஸ்திபதம், (ஆஸ்பதம்),air,atmosphère;—விளங்கம் espèce de drogue; — வேகம் vitesse du vent, grande vitesse; — வேகசமன்,—வேகி qui va vite comme le vent,égal au vent en vitesse;வாயுவின்கூறு le propre du vent,propriété ou disposition du prétendu dieu du vent; வாயுவின்கூறுபாடு propriétés du vent,savoir:courir,se coucher, se réunir, aller et venir;வாயுவின்கோபம் fureur du vent, flatuosité;வாயுவைப்பிடிக்கிறமருந்து remède qui s'attaque aux vents, qui dissipe les flatuosités.

வாய் 1° bouche,un des 5 organes des sens,l'organe du goût,le goût, gueule, entrée, ouverture, trou, bouche de sac..., bouchée, lèvre, bord, extrémité, parole, voix, vérité,flûte, front,place, côté, lieu, terminaison de l'ablatif de lieu (comme dans இதுகொல்லோகடல்வாய் அமுதென்போ (என்பதோ)), peut-on dire que ceci soit l'ambroisie sortie de la mer mugissante? 2° *imp. de* வாய்க்கிறது: சந்து — joint, jointure,—de planches..., *V. au mot* சந்து; பெண்வாயன் homme à voix de femme,qui a la voix efféminée; —அடக்கம் répression de la bouche, i. e. de la langue, adresse, modestie de l'orateur, préparation oratoire; — அடிக்கிறது tergiverser, renier (un fait, une dette), grouder, menacer, — de la bouche; —அடைக்கிறது fermer la bouche, empêcher de parler, bâillonner,se boucher la bouche,ne pouvoir parler;—அடைப்பு bâillon; —அருகு coin—,côté de la bouche (கடைவாய்);— அலம்புகிறது se laver —, se rincer la bouche; —அறியாமல் தின்கிறது manger immodérément, sans discrétion ni discernement (des choses malsaines);— ஆங்காரம் paroles orgueilleuses, — arrogantes, fureur de parler;—ஆடல்,— ஆடுகிறது,—ஆடுதல் babiller, jaser, parler beaucoup, essayer de nier,manger,faire jouer la mâchoire; —ஆடி grand parleur, hâbleur, qui tergiverse ou renie; —ஆடிப்பெட்டிமகன் fils de bavarde,grand hâbleur, homme impertinent, bon à rien;— ஆவி souffle de la bouche,haleine;— ஆவிபோக்குகிறது respirer, bâiller, bavarder,parler en vain; — இட்டுக்கெட்டுகிறது, V. வாய்போடுகிறது;— உடைந்தவன் homme qui a la bouche brisée,qui ne peut parler quand il faut,qui semble avoir perdu la langue; — உதப்புகிறது se lécher les babines, V. குதட்டுகிறது; —உதவி secours de la parole,aider de la voix; —உபகாரம் secours de la parole, recommendation, ou paroles flatteuses:— உபசாரம் paroles flatteuses,civilités,—de bouche,vains complimens; — உபதேசம் instruction verbale:— உறை nourriture,qu'on donne de la main aux vaches et autres animaux,instruction verbale;— உறைவாழ்த்து le 82e des பிரபந்தம், louange verbale, admonition en vers வெண்பா et ஆசிரியம் de la part des anciens aux jeunes gens qui se conduisent mal,et auxquels elle est destinée à produire de grands biens, quoique d'abord elle paraisse pénible; —உறைவாழ்த்துமருட்பா louange verbale en vers du genre மருட்பா, dire la vérité telle qu'elle est; —ஊறல், —ஊறுதல் désir, ou —ல் ஊறுகிறது désirer, l'eau venir à la bouche; —ஊற்று salive; —எடுக்கிறது commencer à parler; —எழும்புகிறது élever la voix, ouvrir la bouche; உனக்கு— எழும்பவில்லை tu ne peux plus ouvrir la bouche, —dire un seul mot, tu as la bouche fermée; —அடைக்கிறது la bouche se fermer, être reduit au —, garder le silence; —கட்டி celui qui lie la bouche, qui empêche de parler; —கட்டுகிறது lier, attacher la bouche (à un mort....), empêcher d'ouvrir la bouche (naturellement ou par enchantement), empêcher de parler ou de manger, bâillonner, se couvrir la bouche (avec son vêtement... par civilité); —கட்டுகிறது faire ostentation de paroles, parler trop; —காய்கிறது la bouche être sèche; —கிழிய, V. வாய்க்கிழிய; —குழறுகிறது, —குளறிப்போகிறது la bouche —, balbutier, bredouiller (par crainte ou autre cause); —கொடுக்கிறது répondre, parler, provoquer, exciter une querelle; —கொடாமலிருக்கிறது ne pas ouvrir la bouche, ne pas répondre (par haine, rigidité....), garder le silence; —க்கட்டு action de lier ou de fermer la bouche (naturellement ou par enchantement), bâillon, ligature de la bouche, V. வாய்கட்டுகிறது; —க்கட்டை présent injuste pour empêcher de parler; —க்கணக்கு calcul de parole sans écrire; —க்காசு cache ou liard que l'on met dans la bouche d'un mort avec du riz, présent pour suborner; —க்காடியைக்கொண்டுவந்துவிடுகிறது avoir du vinaigre versé dans la bouche, en avoir versé, être fort triste; —க்காரன் grand parleur; —க்கால் canal —, d'irrigation, — pour faire écouler l'eau ..., la 10e constellation dite மகம்; —க்காலுக்குப்போகிறது aller aux besoins naturels; —க்கிரந்தி ulcère à la bouche; —க்கிறுக்கு langage insolent; —arrogant; —க்கிறுக்குப்பேசினாலுதைவிழும் si on parle avec insolence, il arrivera un coup de pied; —க்குற்றம் méprise —, faute de langue, — de parole: —க்கூடை, V. வாய்ப்புட்டி; —க்கொடை présent pour suborner; —க்கொழுப்பு arrogance, —de parole, insolence, vanterie; —க்கொச்சைப்பேச்சு parole déshonnête; —சலிக்கிறது, —சலிக்குதல் la bouche se fatiguer, se dégoûter; —சளப்புகிறது jaser, dire des paroles inutiles; —சவர்க்கிறது, —சவர்க்குதல், —சவர்க்கிறது la bouche —, le goût devenir âpre, la bouche avoir ou prendre le goût de sel; —சாமர்த்தியம் éloquence, habileté à parler; —சாலக்கு discours orgueilleux, vanterie; —சொக்கட்டான் dent; —சொல்லன் P. வாயாடி; —சொல் parole, mot de la bouche; —சொல்வு prédiction, augure, parole ou sentence qu'on prend pour augure, (quoique dite fortuitement); —ஞானம் sagesse ou science verbale, —spéculative (sans pratique); —தடுமாறுகிறது balbutier, bredouiller, dire un mot pour un autre; —த்தலை canal en pierre pour conduire l'eau, tête ou commencement d'un canal; —நாற்றம் puanteur de la bouche; —நீர் salive, eau de la bouche; —நீரூறுகிறது, —நீர்கொள்ளுகிறது l'eau ou la salive venir à la bouche, la bouche ou la langue s'humecter; —நீர்வடிகிறது baver, la salive découler, la laisser tomber; —பதறுகிறது bredouiller par trop de hâte; —பாடு formule ou modèle, mot qui sert de forme ou de modèle pour les temps des verbes...; —பிதற்றுகிறது bredouiller, radoter, parler en rêvant; —பிசகு méprise de la bouche; —பிதற்றுகிறது, —பினற்றுகிறது jaser, babiller, la bouche —, extravaguer, parler en dormant; —புதைக்கிறது, —பொத்துகிறது et corr. —பொத்திக்கொள்ளுகிறது se boucher ou se couvrir la bouche (par respect ou civilité); —

பூசுகிறது oindre —, mouiller —, se rincer la bouche, graisser la patte à quelqu'un; — பூசுவிக்கிறது se laver —, nettoyer la bouche; —போ குழறுகிறது extravaguer, parler en rêvant; — போடுகிறது interroger, parler; —ப்படுகிறது être prouvé, — savoureux; — ப்பட்டி fille babillarde; —ப்பாடம் leçon récitée de mémoire, tradition orale; இது — ப்பாடமாய்வருமோ sais-tu cela par cœur? இந்தப்பேச்சு அவனுக்கெப்போதும் — ப்பாடம் il est toujours à répéter ce propos-ci; —ப்பாளை babillard, grand parleur; — ப்பிரசங்கம் discours prononcé de vive voix; —ப்பிறப்பு parole, déclaration, affirmation; — ப்புட்டி, — ப்பெட்டி muselière ou petit panier pour museler (*v. g.* un veau et l'empêcher de téter, ou pour empêcher les bœufs de manger la moisson...); — ப்புண் mal —, plaie —, ulcère à la bouche; — ப்பூட்டு cadenas pour la bouche, — que certains ascètes ou dévots indiens se mettent à la bouche, bâillon, fermeture; — மட்டம் anneau qu'on met à la bouche; — மண்போடுகிறது traiter durement, — cruellement, *litt.* mettre de la terre dans la bouche; — மதம் arrogance, insolence; — முத்தம் perle de la bouche, *i.e.* dent; — மூடுகிறது fermer —, se couvrir la bouche; — மூத்தகுடி habitant dont la parole est influente, qui par sa parole comprime les autres; — மூத்தவன் celui qui parle le premier, — a le droit de parler le 1^er^; — மொழி parole, mot de la bouche; — மோசம் méprise —, erreur de parole; — வடம் corde dont on lie la mâchoire ou la bouche d'un cheval; — வல்லவன் homme puissant en paroles; — வழங்குகிறது manger, faire marcher la mâchoire; — வளையம் anneau ou cercle pour la bouche ou l'ouverture (de quelqu'objet); — விசேஷம் particularité de la bouche ou de la parole, un mot de la bouche, discours, communication orale; — விசேஷமாய்ச்சொல்லுகிறது dire verbalement, de vive voix; — விடாசா தி classe d'êtres qui ne parlent pas, *i.e.* les animaux; — விடல், — விடுகிறது bâiller, *ou* — விட்டுச்சொல்லுகிறது parler, — ouvertement, — franchement, divulguer, publier un secret; — விடல் bâillement, parler; — விட்டழுகிறது se lamenter, pleurer et crier à haute voix, *v. g.* un enfant; அவன் — விட்டதினாலேமோசமாயிற்று il est arrivé du mal parce qu'elle a divulgué le secret; — விலங்கம், — விளங்கம் graine médicinale semblable à un grain de poivre qu'on met dans la bouche des enfans pour les aider à parler; — வெட்டி calomnie, médisance, diffamation, imposture; — வெட்டியவன் calomniateur, diffamateur; — வெட்டு ce qui coupe la parole, battement de tambour, action de racler une mesure; — வெட்டுகிறது couper la bouche, — la parole, *i. e.* réduire au silence, racler une mesure; — வெட்டுவெட்டுகிறவன் celui qui coupe la parole, qui réduit au silence ses adversaires; — வெருவுகிறது balbutier de crainte..., *litt.* la bouche s'effrayer; — வைக்கிறது mettre la bouche, mordre, manger, interroger; வாய்க்கரிசி, (வாய்க்கு, அரிசி), riz qu'on met dans la bouche d'un mort (cérémonie des funérailles indoues); வாய்க்கரிசிபோடுகிறது *ou* யிடுகிறது mettre du riz dans la bouche d'un mort; வாய்க்குள்ளேபேசுகிறது marmotter, murmurer en soi-même; வாயிலடிக்கிறது frapper sur la bouche; வாயிலெடுக்கிறது vomir, ôter de la bouche; வாயைக்கிழிக்கிறது, — ப்பிளக்கிறது déchirer —, fendre la bouche; — மூடு ferme ta bouche, retiens ta langue; — மூடுகிறது couvrir —, fermer la bouche, se couvrir la bouche.

வாய்க்கிறது, ய்த்தேன், ய்வேன், ய், ய, *v. n.* convenir, paraître, *ou* வாய்க்கிறது, ய்த்தேன், ய்ப்பேன்,

ய்,ய்க்க, *v.n.* réussir, prospérer, exceller, consentir, convenir, être convenable, capable, propre, s'adapter, se trouver, se rencontrer: காரியம் நன்றாய்வாய்த்தது la chose a bien réussi; இத்தோடேயத்தப்பலகைவாய்க்கவில்லை cette planche ne s'adapte pas bien avec ceci ou celle-ci; வாய்க்கப்பண்ணுகிறது ou செய்கிறது faire prospérer, adapter, rendre convenable; வாய்த்துவிடுகிறது prospérer, réussir, laisser après avoir prospéré.

வாய்ச்சி, *P.* வாச்சி, 1° doloire, herminette. 2° *fém. de* வாயன், *V.* வாய்:—த்தலை tête aplatie.

வாய்தல், 1° *n. v. de* வாய்க்கிறது. 2° porte, entrée: வாய்தற்கால் montant de porte;— படி seuil de porte.

வாய்தா, (*arabe*), redevance, argent de l'impôt des terres, terme fixé pour le payer.

வாய்தாரி, வாய்தாரை, வாய்த்தாரை, pointe des armes, bord d'un puits...

வாய்த்த, *part. de* வாய்க்கிறது, excellent, heureux, prospère, convenable, naturel, pur.

வாய்த்தல், *n. v. du même*, succès, prospérité, convenance, accord, consentement, rencontre, obtention, grandeur.

வாய்ப்பன், espèce de pâtisserie, de gâteau: —சட்டி casserole pour faire ces gâteaux.

வாய்ப்பு, *n.v. de* வாய்க்கிறது, succès, prospérité, réussite, bonté, obtention, mérite, ce qui est convenable, propre: வாய்ப்பாய்வந்துசேருகிறது arriver à propos, heureusement, dans un bon moment: வாய்ப்புடைய, (உடைய), *V.* வாய்த்த.

வாய்ப்புள், augure, présage (bon ou mauvais).

வாய்மை, (வாய்), parole, mot, vérité, force.

வாய்வு, *P.* வாயு, vent, flatuosité, rhumatisme, air vital.

*வாரகம், 1° (vâraka), marche de —, cheval, obstacle, siége de la douleur. 2° *P.* வாரக்கம், avance, argent avancé.

*வாரகி, (vâraki), océan, cheval à bonnes marques, ennemi, ascète, pénitent,—qui vit de feuilles.

*வாரகிரம், (vârakira), peigne, pou, cheval de guerre, feu sous-marin.

*வாரகிரன், (*id.*), porteur, beau-frère, frère de la femme.

வாரக்கம், argent avancé, avance, — faite aux soldats pour les empêcher de déserter, argent avancé aux cultivateurs pour être rendu en grain à la moisson avec un intérêt et parfois sans intérêts.

*வாரங்கம், 1° (vâranga), poignée d'arme ou d'outil. 2° (vâranka), oiseau (en général).

வாரசாதனம், *P.* வரிசாதனம், titre de cession, de propriété.

*வாரடம், (vârata), nombre de —, champ.

வாரடிக்கிறது, (வார், அடிக்கிறது), l'eau—, battre, couler à pleins bords.

வாரடை, 1° (வாரும், அடை), rognure, de feuille de palmier dans la longueur. 2°* (வார், அடம்), oie, — qui va dans l'eau.

*வாரணசி, வாரணவாசி, வாரணுசி, *P.* வாரணாசி, Bénarès.

*வாரணம், 1° (vârana), défense, opposition, obstacle, résistance, action de parer, d'éviter un coup, garde, protection, cotte d'armes, armure, cuirasse, bouclier, habit, éléphant. 2° mer, poule, conque, renvoi, abandon, déplacement, l'arbre மாவிலிங்கை, frénésie, trouble d'esprit, cochon, pourceau: வாரணவல்லபை les délices de l'éléphant, i. e. le bananier.

*வாரணை, வாரணையம், (வாரணம்), obstacle, empêchement.

வாரத்தனு, la plante சதுர்முகக்கோவை.

*வாரத்திரம், (vâratra), cuir pour faire des courroies.

*வாரம், (vâra), jour, jour de la —, semaine, occasion, opportunité, moment, foule, multitude, troupeau, porte, vase,—pour mettre des liqueurs spiritueuses. 2° passion, amour, affection, amitié, mer, bord de la mer,—d'une rivière, flot, vague, petite chaussée entre les rizières, partialité, part, portion,— en nature dans la récolte, droit, penchant—, versant de montagne, coteau, varangue, —ou corridor de maison, obstacle, une des 10 espèces de drames ou comédies, une des 6 parties du வைப்பா dite கலிப்பா: வாரம் ஏ les 7 jours de la semaine, savoir: ஆதித்த —, ஆதிவாரம் dimanche; சோமவாரம் lundi; மங்கல —mardi; சௌமிய —, புத —mercredi; குரு —jeudi; சுக்கிர — vendredi; சனிவாரம் samedi. Ces mots sont sanscrits et moins usités que les mots tamouls correspondans, savoir: ஞாயிறு, திங்கள், செவ்வாய், புதன், வியாழம், வெள்ளி, சனி, auxquels on peut ajouter le mot கிழமை, au lieu de வாரம், en mettant à l'oblique les deux suivans: ஞாயிற்றுக் கிழமை dimanche, வியாழக்கிழமை jeudi; —கேட்கிறது demander une part; —கொடுக்கிறது donner une part; வாரக்வாரம் souvent, plusieurs fois répétées; வாரக்குடி, m. —க் குடிச்சி, f. fermier ou fermière —, habitant ou habitante qui pour la culture de la terre a une part de la moisson;—சத்தி —விதி prostituée; — சேனை troupe de prostituées, prostitution; —நாரி prostituée; —திட்டம் arrangement pour les —, détermination ou fixation des parts de la moisson, proportions fixées pour la part du propriétaire dite மேல்வாரம் et celle des fermiers ou cultivateurs dite குடிவாரம்; —நிலுவை reste dû d'une part de moisson...; — ப்படுகிறது être attendri, touché; —ப்பற்றுநிலம் terre affermée pour une partie de la récolte;—ப்பாடு attendrissement;—ப்பிரிவு partage—, part de la récolte; —ப்புன்செய் terre à menus grains sujette à l'impôt, — affermée pour une portion de la récolte;— முக்கியை, (முக்கியம்), —வது chef d'une troupe de prostituées; — வாணம் cotte d'armes, cuirasse, espèce de pourpoint ou d'habit épais garni de coton et piqué pour servir de cuirasse; —வாணி joueur de flûte, chanteur, musicien, juge, année, prostituée, chef de prostituées, chanteuse, actrice; —வாரம் cuirasse, armure; —விலாசினி prostituée— வேளை portion du jour où pour les superstitieux Indous toute action est suspendue; வாரத்துக்குவளர்க்கிறது élever ou nourrir pour une portion (des pourceaux ou de la volaille dont on partage le produit avec le propriétaire.)

வாராய், 1° *opt. et n.v. de* வாருகிறது *et de* வார்க்கிறது.

வாரா, வாராத, *part. nég. de* வாருகிறது, *de* வார்க்கிறது *et de* வருகிறது.

*வாராகி, (வராகம்), truie, cochonne, Vârâgui ou la truie femme de Vichnou métamorphosé en porc (c'est une des மாதர்சத்தர்-ஏ), la terre, mesure, racine de l'yam ou igname, dioscorea. [prostituée.

வாராங்கனை, (வாரம், அங்கனை),

*வாராசனம், (வார், ஆசனம்). *litt.* le siége de l'eau, grande jarre, citerne, réservoir.

*வாராணசி, *corr. P.* வாரணசி

*வாராணசி, (வாரணஸி), la ville de Kâsi *ou* Bénarès.

*வாராதிபன், (வாரம், அதிபன்), héritier, qui a droit à une part, celui qui préside au jour.

*வாராந்நிதி, (vârâin *gén. pl. de* vâr *eau*), l'océan, réceptacle des eaux.

வாராய், 1° *imp. irr. de* வருகிறது, —viens. 2° 2° *pers. de* வாரோய், tu ne viens pas. [*min*), pont.

*வாராவதி, (வார் *eau*, ஆ, வதி *che-*

வாராவந்தி, (வாரா), ce qui vient ou est venu par force. [venu injuste.

வாராவரத்து, (*id.*), venue —, re-

வாராவம், abondance.

வாரணம், appeler, c'est une des 10 parties du poème nommé மின் னோக்கம்.

*வாரி, 1° (vâri), eau, eau profonde, — qui inonde, déluge, inondation, torrent, — d'eau de pluie, rivière pleine, réservoir, mer, pot à l'eau, étable à éléphans, foule d'éléphans, trappe ou fosse pour en prendre, corde pour les lier, Sarasvati prétendue déesse de l'éloquence, prisonnier, captif. 2° flûte, flageolet, porte, entrée, chemin, écluse, mur, — d'entourage, abondance, grain, blé, céréales en croissance, banc de rameurs (dans un bateau...), courbure. 3° *imp. de* வாரிக்கிறது. 4° *gér. des deux* வாருகிறது 1° *et* 2° 5° *n. app. du même*, qui ramasse (à la fin des mots): பெருவாரியிலேவிளைகிறது la moisson être abondante, croître abondamment; மேலெழுந்தவாரி, *litt.* eau qui s'est élevée dessus, superficialité, fluctuation, inattention, négligence; மேலெழுந்தவாரியாயிருக்கிறது être superficiel, négligent, sans soin; — கிருமி, — க்கிருமி (krimi *vers*), ver de l'eau, *i. e.* sangsue; — க்காய்ச்சல் fièvre épidémique, peste; — சரம் (*qui va*), ce qui va dans l'eau, poisson, animal aquatique; — சதம் nénuphar né dans l'eau; — தம் nuage; — நாதம் océan, nuage, l'abime, habitation des நாகர் ou serpens; — நாதன் le prétendu roi des eaux, *i. e.* Varounen; — நிதி mer, océan; ப்பிரவாகம் cascade, eau qui descend des montagnes, crue d'eau, inondation; — ப்பிரசாதம் l'arbre தேற்றுமரம்; — மசி nuage; — பருணி, — முனி la plante aquatique pistia stratiotes; — புஷ்பம் nénuphar; — ரசிதம் sable d'argent; — ரதம் radeau; — ராசி mer, océan; — லோமன் (surnom de) Varounen; — வாகநன் Siven (porteur d'eau); — வாசன் distillateur de liqueurs spiritueuses; — வாகம், — வாரவாகம் nuage.

வாரிக்கிறது, த்தேன், ப்பேன், க், க்க, *v. a.* (வாரிதம்), arrêter, empêcher, jurer, faire serment.

*வாரிசம், (வாரி, சம்), chose née dans l'eau, *i. e.* sel, conque, nénuphar ou lotus.

*வாரிசயன், (*id.* sa, *de* si *dormir*), celui qui dort sur les eaux, *i. e.* Vichnou.

வாரிஞ்சிடுகிறது, (வார், இஞ்சிடு), couper le poisson en tranches ou y faire des incisions (pour le frire ou pour le saler et le faire sécher), se déchirer.

*வாரிதம் 1° (varita), empêchement, obstacle. 2° (வாரி, da), ce qui donne de l'eau, nuage.

*வாரிதி, (வாரி, dhi *de* dhâ *contenir*), mer, océan: — ப்பவளம் corail; — நெருப்பு charbon; — நாதம் conque; — வித்து, V கடலுப்பு.

வாரித்தல், *n. v. de* வாரிக்கிறது.

*வாரித்திரம், 1° (vâritrâ), espèce de parapluie de feuilles de palmier, partisan. 2° (vâridra), l'oiseau சாதகம், cuculus melanoleucos.

*வாரிரம், (vârira), nuage, — qui donne de l'eau.

*வாரீசம், (வாரி, ஈசன்), le roi des eaux, l'océan, le nénuphar.

*வாரீடம், (vârita), éléphant.

*வாரு, 1° (varou), éléphant de guerre qui porte un drapeau. 2° *imp. et part. de* வாருகிறது.

வாருகம் le concombre வெள்ளரி.

வாருகிறது, 1° வினேன், துவேன், வ, *v. a.* prendre, ramasser, — à poignées, emporter, enlever, prendre, voler, piller, puiser, — dans le creux de la main, (la mer, un fleuve) entrainer, — emporter ou rejeter sur le rivage, balayer, masser, tâter, *ou* வாரிக்கொள்ளுகிறது ramasser avec les 2 mains, enlever, — les hommes de ce monde; — ப்போடுகிறது ramasser et jeter sur un autre (de la terre, du sable....), enlever, emporter; — வழக்கிறது enlever et disperser, balayer et répandre au loin, disperser; — வழக்கிறகாற்று vent qui balaie ce qu'il trouve, ouragan; — இறைக்கிறது ramasser et disperser, répandre, éparpiller; — கொ

[illegible] amonceler, entasser; இந்தப் பிள்ளை சோற்றை வாரிக் கொள்ளுகிறது — [illegible] cet enfant se remplit de riz.

வாருகிறது, 2° [illegible] ou [illegible], [illegible], v.a. et வாரித் [illegible] ou வாரிப்போடுகிறது, peigner, arranger les cheveux (avec un peigne...), arranger —, préparer une feuille de palmier pour écrire.

வாருகை, n.v. des prés.

வாருகோல், (வாரு), balai.

*வாருடம், (vârouttha), cercueil.

*வாருணம், (வருணன்), la mer dont Varounen est censé le roi, l'ouest où il est censé présider, un des 18 pouranas inférieurs.

*வாருணி, (id.), le fils de Varounen, i.e. Agastyen, l'ouest où, au dire des Indous, préside Varounen, liqueur spiritueuse, ou வாருணிமண்டலம் la 24me constellation dite சதயம் censée gouvernée par le même.

*வாருண்டம்; வாருண்டம், (vârounda), chassie des yeux, cérumen des oreilles, vase pour vider l'eau d'une barque, l'oiseau fabuleux à 8 pieds.

வாருதல், n.v. de வாருகிறது, 1° et 2° et de வாரிகிறது. [illegible].

வாருதி, 1° P. வாரிதி, la mer. 2° V.

வாரும், 1° imp. pl. de வருகிறது, venez. 2° part fut et imp. pl. de வாருகிறது 1° et 2° et de வார்க்கிறது. 3° imp. pl de வார்க்கிறது.

வாருவிளக்கம், V. [illegible].

*வாருடம், P. வாருடம், cercueil.

*வாருணி. P. வாருணி, Agastien, la 24e constellation dite சதயம்.

வாரெழுத்தாணி, (வார் de வாருகிறது 2°), stilet à écrire avec un petit couteau pour tailler les feuilles de palmier.

வாரோன், nég. de வருகிறது, de வாருகிறது, de வாரிகிறது et de வார்க்கிறது.

வாரை, 1° bâton pour porter sur l'épaule des fardeaux suspendus, ou வாரைவிட்டம் poutre (posée d'un pilier à l'autre pour supporter un toit...), poutrelle, chevron, — de palmier. 2° 2° pers. de வாரோன்.

*வார், 1° (vâr), eau. 2° bande, bandage, ceinture, — de cuir, sangle, courroie, longueur, petitesse, délicatesse, subtilité, tempête, nuage. 3° imp. et part. de வார்கிறது et de வார்க்கிறது 4° P. வாரும், part. de வாருகிறது et வார்கிறது: இறுக்கு — sangle (de la selle...); கல்லணை — sangle de la selle, courroie de l'étrier; பின் —, வால் — croupière; — க்கச்சை, — க்கயிறு sangle, courroie, ceinture de cuir; — க்கயிறு courroie, corde de cuir.

வார்க்கடை, (வாரும்), restes d'une feuille de palmier taillée pour écrire, reste de l'écoulement.

வார்கிறது, ர்ந்தேன், ர்வேன், ர், ர, v.n du suiv. 1° s'écouler, découler, se répandre, dégoutter, s'élever, s'allonger, être versé, élevé, V. ஒழுகிறது. 2° P. வாருகிறது.

வார்க்கிறது, ர்த்தேன், ர்ப்பேன், ர், ர்க்க, v. a. வார்க்குதல், n. v. verser, répandre, fondre, jeter en moule, couler les métaux fondus. [தம்.

வார்க்கோலயுதம்; V. [illegible]

*வார்க்கும், (விருக்ஷம்), bois, forêt.

வார்சிலாதலம், un des 32 [illegible] [illegible].

வார்சுநாமா, (arabe), acte de transfert ou de cession d'un droit ou d'un héritage, titre de propriété.

வார்சு, (arabe), possesseur ou வாரிசுதார் propriétaire, prétendant, héritier. [écrivain.

*வார்த்தவிகன், (வர்த்தம், ika'), scribe,

வார்தல் ,n.v. de வார்கிறது, action de ramasser, élévation, écoulement, entrainement, enlèvement, prix, connaissance, allongement, arrangement.

*வார்த்தகம், (vârddhaka), vieillesse, grand âge, infirmités de l'âge, troupe de vieillards, commentaire, — complet, commerce.

வார்த்தநாரி, aloès.

*வார்த்தம், (vârtta), bonne santé, bon état, paille sans grain.

*வார்த்தரம், (vârddara), soie, eau, conque, graine du [illegible], discours.

épi ou tour du poil censé d'un bon augure sur le côté droit du cou d'un cheval.

*வார்த்தலம்,(varddala), jour pluvieux,mauvais temps, écritoire.

வார்த்தல், n.v.de வார்க்கிறது, effusion, fonderie, fonte.

வார்த்தவம்,P. ஆர்த்தவம், règles des femmes, croissance complète, nubilité.

*வார்த்தாகம், வார்த்தாகி, வார்த்தாகு, (vârttâka, — ki,— kou),la plante solanum melongena ou indicum, bringelle, aubergine, son fruit non mûr.

*வார்த்தாகருமம்,(வார்த்தை),l'occupation des marchands.

*வார்த்தாவகன், வார்த்தாவகன், (வார்த்தை,அவகம், வகம்), messager, envoyé, espion, émissaire, porteur d' ôles,—de lettres, de nouvelles,postillon. [maison.

*வார்த்தாவிருத்தி,(id.), maître de

*வார்த்தி, [varddhi), l'océan.

*வார்த்திகம்,(vârttika), une des 6 divisions du வார்த்தைப்பிரகரணம், qui contient 4 வார்த்திகை en un வசனம், glose, commentaire, — complet, commerce.

*வார்த்திகன், (id.),marchand,வைசியன் ou homme de la 3e classe des Indiens, messager, agent, envoyé.

*வார்த்திகை, (id.),caille.

*வார்த்துஷி, வார்த்துஷிகன், (vârddhouchi, ka), usurier.

வார்த்தை, 1° parole, mot,phrase, le Verbe divin,—de Dieu. 2°* (vârttâ), nouvelle, bruit, rumeur, profession,moyen de vivre, agriculture ou commerce, occupation propre des வைசியர், habitation,la plante வார்த்தாகி ou bringelle: நாலு— quatre, —,i.e. quelques ou plusieurs mots, —choses;—கொடுக்கிறது donner sa parole, promettre;— த்தொழிலோர் cultivateurs, fermiers, gens de la caste des வைசியர்:— நடத்துகிறது porter la parole;— நாணயம் fidélité à sa parole, parole sûre;— தப்பிப்போகிறது, — மீறுகிறது manquer à sa parole;— போட்டுகிறது parler, certifier, affirmer, confirmer sa parole;— யெடுக்கிறது prendre la parole, commencer à parler; வார்த்தைகளைப்புரட்டுகிறது tergiverser, changer les paroles, détourner le sens des mots; வார்த்தையை அவன் வாயிலே வருவித்தேன் je lui ai fait venir ce mot à la bouche, je l'ai engagé à dire ce mot; வார்த்தைகளை ஒருவனுடைய வாயிலே வைக்கிறது mettre les paroles dans la bouche de quelqu'un.

வார்த்தைப்பாடு, (வார்த்தை),promesse, parole sûre:— கொடுக்கிறது promettre; — செலுத்துகிறது remplir sa promesse.

வார்த்தாமச்சீட்டு, billet d'exportation..., convention par écrit.

வார்த்து, gér. de வார்க்கிறது 2° et de வார்கிறது.

வார்ப்படம், (வார்க்கிறது), fonte, fonderie...:வார்ப்படவேலை ouvrage en fonte,— de fonderie.

வார்ப்பு, n.app.de வார்க்கிறது, ce qu'on versera, ce qui se verse, mets liquides qu'on sert à table aux hôtes:— வார்க்கிறது servir (à ses hôtes) des mets liquides, comme lait, sauce, soupe... ;வார்ப்பில்லாமற்போகிறது n'avoir rien à servir à ses hôtes.

வார்ப்பிக்கிறது, n.v.de வார்க்கிறது, faire fondre: வார்ப்பித்தசுரூபம் statue en fonte.

வார்ப்பு, n.v. de வார்க்கிறது, effusion, fonte: —வேலை V. வார்ப்படவேலை. [chanteuse,prostituée.

*வாரகாமினி, P. வாரநாயகி,

*வாரவாணம், 1° P. வாரபாணம், cuirasse. 2° (வார், வாரணம்), cuirasse de courroie.

*வால, (bâla),adj.de வாலன் et de வாலம், jeune,de jeunesse, de cheveux,de poils,de queue:—கருப்பிணி jeune femme enceinte—, jeune vache pleine pour la 1re fois:— சயம் ou பாலசயம் phthisie de jeunesse, —de jeunes gens; — கிருமி ver de cheveux, i.e. pou;— சந்நியாசி jeume lune, *i. e.* croissant de la lune;— சந்நியாசி jeune sannyasi, — religieux, celui qui renonce au monde dès sa jeunesse;— சுப்பிரமணியன் le jeune Soupramanien fils cadet de Siven;—ஔஷதம் espèce de remède; —சூரியன் jeune soleil, soleil levant, la pierre lapis-lazuli; — ஞானம் sagesse précoce,— de jeunesse, —qui vient dès la jeunesse;—தத்துவம் puissance—, force de jeunesse, —தந்திரம் art —, ruse ou tentation de jeunesse, science de la médecine, de sage-femme, —des accouchemens; —தனயன் jeune fils;—நாயகம் autorité—, gouvernement d'un jeune homme,—d'un enfant; — பத்திரம் l'ébénier கருங்காலி;—பாவம் enfance, péché de jeunesse; — புட்டி le jasmin முல்லை; —புஷ்பி,—பட்பி espèce de jasmin, jasminum auriculatum;—மூஷிகை petit rat, souris;— முத்தையன் le jeune Soupramanien;—யஞ்ஞோபவீதம் cordon bramanique d'enfant; — ரசம் suc extrait par distillation du vermillon dit சாதிலிங்கம்; — ராசன் jeune roi, *V.* வாலவாயம்; — வதனன், (வதனம்), qui a l'air ou la figure jeune, *V.* அபராசன்; —வயசு, — வயது enfance, jeune âge; —வாசக்குரங்கு singe malfaisant (injure); — வாயசம்,—வாயம் la pierre précieuse dite lapis-lazuli;— வாலம்,(பாலம்), enfance;—வியசனம் éventail de poils de queue de yak.

*வாலகம், 1° (vâlaka), anneau, bracelet. 2° (bâlaka), queue de cheval,—d'éléphant.

வாலசோரம், la ville de Ballassore, espèce de riz transporté de Ballassore à Madras. [d'éléphant.

*வாலதி, (bâladhi), queue, —

*வாலம், (bâla), cheveux de la tête, queue,—de cheval, —d'éléphant, poil de la queue.

வாலவம், un des 11 கரணம், le Karanam du tigre.

வாலறிவன், (வால்), celui qui a une vaste intelligence, — la connaissance du vrai Dieu.

வாலறிவு, (*id.*), vaste esprit, —ou grande intelligence.

*வாலன், *P.* பாலன், jeune homme, —enfant, poupon, *pl.* வாலர் les jeunes gens, les enfans.

வாலாசம், (வால்), croupière,—de bœuf (pour empêcher le fardeau ou le bât de tomber en avant), bride de cheval.

*வாலாதபம், (வால், ஆதபம்), rayons du soleil levant.

வாலாசி, cheval de pari,—exercé pour les courses de chevaux.

*வாலாதித்தன், (*id.* ஆதித்தன்), soleil levant. [jeune postérité.

*வாலாபத்தியம், (*id.* அபத்தியன்),

வாலாமை, (*nég. de* வால்), impureté, saleté, malpropreté, menstrues, règles des femmes.

*வாலாம்பிகை. (வால, அம்பிகை), la jeune —, Parvadi.

வாலாயம், lapis-lazuli ou œil-de-chat. [barbu.

வாலான், (வால்), espèce de riz

*வாலி, (vâli), 1° Vâli, singe fabuleux et célèbre, fils d'Indiren, frère aîné de Sougriven et roi de கிட்கிந்தை. Il était, dit-on, si fort qu'il enlaça dans sa queue le géant Râvanen. Mais ayant enlevé தாரை femme de son frère சுக்கிரீவன், il fut tué par Râmen allié de ce dernier. 2° surnom de பலதேவன்:— சேயன் le fils de Vâli nommé அங்கதன்.

*வாலிகை, (bâlikâ), sable, jeune fille, fleur de pendans d'oreilles, bruissement des feuilles, petit cardamome.

*வாலிசம், (bâlisa), oreiller.

*வாலிசன், (*id.*), ignorant, jeune homme, insouciant.

*வாலிசியம், (*id.* ya), jeunesse, insouciance, ignorance, folie.

*வாலியம், வாலிபம், (bâlya), enfance, jeunesse: வாலிபத்திலே முதிர்ந்தபுத்தி குறுகின வயதுடையாளமாம் un esprit mûr dans la jeunesse est la marque d'une vie courte.

*வாலிபன், வாலியன், (*id.*), jeune homme, enfant: வாலிபர், வாலிய ர், les jeunes gens, les enfans: வாலி யக்குடா petite baie près de கீழ்க்க ரை ou Kilkaré.

*வாலிசம், (bâlisa), dysurie, douleur en urinant venant de la gravelle.

*வாலிசன். P: வாலிபன், jeune homme: வாலிசர் jeunes gens.

*வாலுகம், வாலுகை, (bâlouka), sable, — blanc, gravier, camphre, bain de sable, V. வாலுக்கி: வாலுகை ப் —, வாலுகைப்பிரபை un des 7 enfers des Djaïnas, terre de sable brûlant. [nier, sot, idiot.

வாலுவன், pl: வாலுவர், cuisi-

*வாலுகி, வாலுங்கி, (bâlouki, — nki), espèce de concombre, cucumis usitatissimus, espèce de graine médicinale.

வாலுவன், pl: வாலுவர், cuisinier, idiot: வாலுவசாஸ்திரம், — நூல் art —, science de la cuisine.

வாலுளுவை, V. வாலுகி.

*வாலூகம், (bâloûka), espèce de —, poison. [âne, démon ou வைத்தியன்.

*வாலேயம், வாலேயம், (bâlèya),

வாலை, 1° alambic, vase pour distiller. 2°* (bâlâ), jeunesse, chose jeune, — tendre, jeune —, femme, — fille, fille de 12 ans, la jeune femme, i.e. Parvadi (dans la secte சாக்தேயம் qui adore l'énergie ou சக்தி féminine, c'est une de leurs சக்தி), pureté, petit cardamome, aloès, noix de coco, safran, jasmin... 3° acc. de வால்: — மெழுகு cire vierge, sorte de remède; வாலையிலேவடிக்கிறது distiller.

*வாலோபவீதம், (வால, உபவீத ம்), cordon bramanique d'enfant, langoutti.

வால், (வாலம்), queue, pureté, blancheur, vérité, chose tendre, jeunesse, abondance; — க்கொடி pavillon —, flamme ou banderolle au mât de misaine; — நறுக்கு bout d'ôle, morceau coupé au bout d'une feuille de palmier: — நக்ஷத்திரம், — மீன் étoile à queue, comète, — caudée, — à queue; — மிளகு poivre à queue, — long, piper cubeba: — வாங் கி croupière: — வெள்ளி comète, — à queue; வாலையாட்டுகிறது remuer —, balancer sa queue; — வீசாதே ne balance pas ta queue, ne fais pas étalage de parade.

*வான்மீகம், (vâlmika), le poème de வான்மீகன், i.e. le Râmâyanam.

*வான்மீகன், வான்மீகி, (id.), Vâlmiki auteur du poème susdit.

*வாவதூகன், (vâvadoûka), babillard, grand parleur.

*வாவதூகதை, வாவதூகத்துவம், (வாவதூகன்), loquacité. [வாலி.

*வாவயம், (vâvaya), le basilic து

வாவல், 1° opt. et n.v. de வாவுகிறது, saut, — par dessus, bond, désir. 2° chauve-souris, turbot.

வாவனைகுறத்து, espèce de சித்திரக வி:

வாவி, 1° (vâpi), étang, pièce d'eau, réservoir. 2° gér. de வாவுகிற து: — ப்பாய்கிறது sauter par-dessus, sauter et s'élancer.

வாவு, 1° congé (dans les écoles), vacances, jour de fête. 2° imp. et part. de

வாவுகிறது, வாவினேன், வுவேன், வா வ, v. a. et n. வாவுதல், n. v. sauter, — par-dessus, franchir. — en sautant, s'élancer. [appeler, dire viens.

வாவென்றல், வாவென்கிறது (வா),

வாழ, inf. de வாழுகிறது.

வாழகம், encens mâle dit குந்து ருக்கம்.

வாழைப்புளப்பு, la plante முக்கிரை.

வாழா, வாழாத, part. nég. de வாழு கிறது: வாழாச்செட்டு femme malheureuse, non mariée.

வாழாக்கிறிப்போகம், espèce d'aromate du genre dit போகம்.

வாழி, 1° particule explétive, V. வாழிய. 2° imp. de

வாழிக்கிறது, ழித்தேன், ழிப்பே ன், ழிக்க, v. n. வாழிக்கல், n. v. abonder, croître excessivement, se réjouir.

வாழிப்பு, n. v. du préc abondance, croissance excessive, joie.

**வாழிய**, 1° particule explétive de la 2° personne, *Ex.* காணீயவாழிய மலைச்சாரல் regardez le penchant de la montagne. 2° *opt. de* வாழுகிறது, vivez heureux, puissiez-vous vivre long-temps.

**வாழுகிறது**, ழ்ந்தேன், ழுவேன் ou ழ்வேன், ழ ou ழ்ந ou ழ்க, *v.n.* ou. வாழ்ந்திருக்கிறது prospérer, vivre, — heureux, être heureux, — dans le mariage, jouir, — ou user du mariage: வாழ, வாழ்க, *inf. et opt.* prospérer, puissiez-vous prospérer, soyez heureux, vivez long temps, vive, vivat: வாழவைக்கிறது, — க்கொடுக்கிறது rendre heureux, faire prospérer, — vivre heureusement avec son mari; வாழாநின்றகாலம் temps de la prospérité, vie conjugale; வாழுகிறபெண் femme mariée, — qui vit avec son mari.

**வாழுதல்**, *n.v. du préc.* bonheur, prospérité, vie heureuse, — conjugale.

**வாழை**, 1° bananier, musa paradisiaca. 2° *P.* வாழாய், 2° *pers. nég. de* வாழுகிறது, tu n'est pas heureux: பேயன்வாழை bananier de qualité inférieure mais dont le fruit est médicinal, son fruit; — க்கட்டை grosse racine bulbeuse —, tronc du bananier; — க்கன்று, — க்குட்டி rejeton de —, jeune bananier qui sort à côté du tronc primitif; — க்காய் banane encore verte, tumeur —, bubon à l'aine; — க்குலை grappe entière de bananier; — ச்சீப்பு partie de cette grappe, régime —, rang de bananes (disposées en peigne); — த்தண்டு spadix intérieur —, tige de bananier; — ப்பட்டை écorce de bananier; — ப்பூத்தி la plante சாறுக்கி; — ப்பழம் banane, fruit mûr du bananier; — ப்பூ fleur de bananier; — மட்டம், *V.* வாழைமுக்காடு.

**வாழ்க**, *inf. ou opt. de* வாழுகிறது.

**வாழ்கிறது**, *V.* வாழுகிறது.

**வாழ்க்கை**, *n.v. du même*, ville, — en pays cultivé, bonheur, délice, état de prospérité, — du mariage, vie conjugale, vie, action de vivre, femme, — mariée, épouse, mère de famille: — த்துணை compagne de la vie, épouse; — ப்படுகிறது être mariée; — ப்பட்டபெண் femme —, jeune mariée; — ப்பட்டுப்போகிறது être mariée, s'en aller après avoir été mariée.

**வாழ்தல்**, *n.v. de* வாழ்கிறது, vie, — heureuse, — conjugale, délice, prospérité, bonheur: உயிர் — vie, temps de la vie, manière de vivre.

**வாழ்த்தல்**, *opt. et n.v. de* வாழ்த்துகிறது.

**வாழ்த்து**, 1° félicitation, compliment, louange, salutation, salut, bénédiction, souhait de bonheur, bons souhaits, parole amicale ou de civilité, espèce d'அலங்காரம் ou de beauté poétique. 2° *imp. et part. de* வாழ்த்துகிறது: சோபனம் — bons souhaits —, félicitation (de mariage...); கவிகை — poème de félicitation, complimens de salutation, bons souhaits: — விலக்கு rejet de complimens..., figure qui consiste à rejeter en louant ou à déprimer après avoir loué.

**வாழ்த்துகிறது**, த்தினேன், த்துவேன், த்த, த்து, *v.a.* வாழ்த்துதல், *n.v.* louer, féliciter, complimenter, souhaiter du bien, bénir, chanter des complimens, — d'heureux souhaits: கட்டிக்கொண்டு — féliciter ou souhaiter du bien en embrassant; வாழ்த்திக்கொடுக்கிறது donner (un présent...) avec des félicitations ou d'heureux souhaits.

**வாழ்த்துரை**, (வாழ்த்து, உரை), félicitation, compliment, bons souhaits. [bruit des félicitations.

**வாழ்த்தொலி**, (*id.* ஒலி), son —,

**வாழ்நன்**, (வாழுகிறது), homme qui vit heureux. [— du bonheur.

**வாழ்நாள்**, (*id.*), temps de la vie,

**வாழ்வரசி**, வாழ்வாட்டி, (வாழ்வு, அரசி, *P.* ஆட்டி), femme mariée, — qui vit avec son mari.

**வாழ்வரசன்**, (*id.* அரசன்), homme heureux.

வாழ்விக்கிறது, v. caus. de வாழ்கிறது, faire prospérer, rendre heureux, faire vivre une femme en paix avec son mari.

வாழ்விக்கை, வாழ்வித்தல், n.v. du préc. action de faire prospérer..., prospérité, bonheur (procuré par une cause extérieure.)

வாழ்வு, n.v. வாழ்கிறது, prospérité, bonheur, santé, vie conjugale, usage, coutume: வாழ்விழக்கிறது, perdre son bonheur, —son mari ou sa femme, devenir veuve; வாழ்வி ழந்தவள் femme—, veuve; —ப்பெருக்கம், —மெத்த accroissement de—, grande—, beaucoup de prosperité, grandes richesses; வாழ்விலுந்தாழ்விலும் dans la prospérité et l'adversité; பதினாறும்பெற்றுப்பெருவாழ்வுவாழக்கடவாய் puisses-tu avoir 16 enfants, (i.e. bon nombre d'enfans), et jouir d'une longue prospérité (souhait à une nouvelle mariée).

வாழ்வுறல், (வாழ்வு, உறல்), possession du —, bonheur.

வாழ்வோன், n. app. de வாழ்கிறது, homme heureux.

*வாளம், (vala entourer), la montagne ou la chaine de montagnes dite சக்கரவாளகிரி, qu'on suppose entourer le monde, l'oiseau சக்கரவாளப்புள், courbure, épée.

வாளரம், (வாள், அரம்), lime à scie, — à 2 côtés tranchans, (pour aiguiser les scies).

வாளவரை, (id. அவரை), haricot à forme de sabre, dolichos cultratus.

வாளறுக்கிறது, (id. அறுக்கிறது), scier: வாளறுக்கிறவன் scieur de long.

வாளா, 1° tranquille, en repos, inutilité, V. சும்மா. 2° P. வாழா.

வாளாண்மை, (வாள்), combat à l'épée, bravoure dans ce combat.

வாளாது, 1° (வாளா), chose inutile, vaine. 2° espèce de gér. nég. sans dire, — parler.

வாளாமை, (வாளா), surdité, silence, taciturnité, inutilité.

வாளி, flèche, ornement d'or que les femmes portent au haut de l'oreille, course circulaire.

வாளிக்கிமேனி, rubis.

வாளிரல், (வாள்), la rate.

வாளுழவர், (id.), guerriers, gens habiles à manier l'épée.

வாளுறை, (id.), fourreau d'épée.

வாளேந்தி, (id.), celle qui est armée d'une épée, i.e. Dourgâ.

வாளை, —மீன், espèce de poisson, trichiurus lepturus: ஆற்று — le poisson silurus bimaculatus; —வுடையன் serpent de mer venimeux qui entre dans l'embouchure des rivières et dont la morsure est mortelle.

வாள், épée, sabre, scie, faucille, lumière: வளைந்த — cimeterre, sabre; —கைக்கொண்டாள் celle qui a un sabre à la main, i.e. Dourgâ; —மீன் la scie ou l'espadon, espèce de poisson; — அறுக்கிறது ou வாளாலறுக்கிறது scier.

வாறது, வாறேன், P. வருகிறது, வருகிறேன், venir, je viens. [vire.

வாறுள், nom d'une corde de navire.

வானு, force, réussite, succès.

*வாற்கம், வாற்கலம், (vâlka, —la), écorce d'arbre, habit de pénitent fait d'écorce d'arbre.

வாற்கிண்ணம், (வால்), cuillère à pot, — à manche, grande cuillère.

வாற்கோதும்பை, வாற்கோதுமை, (id.), orge, froment barbu.

*வாற்சகம், வாற்சலம், (வற்சகம், வற்சலம்), troupeau de veaux, — de vaches.

*வாற்சல்லியம், (vâtsalya), amour, tendresse, affection, passion.

*வாற்சி, (vâtsi), bâtarde—, fille née d'un brame et d'une choutresse: —புத்திரன் le fils d'une telle fille, barbier.

*வாற்சியாயனன், (vâtsyâyana), le prétendu Mouni Vârtsyâyanen fils de வாற்சியன் et auteur d'un ouvrage érotique et impudique intitulé காமநூல்.

*வாற்சோபுத்திரன், P. வாற்சிபுத்திரன், barbier.

வார்த்தை, P. வார்த்தை, parole...

வானகம்,(வான், அகம்),l'air,le ciel, le monde fabuleux des dieux, l'arbre மஞ்சாடி: வானகபுறைத்தி scarabée noir.

வானநக்ஷத்திரம், வானட்சத்திரம், 1° (வால், நக்ஷத்திரம்),étoile à queue, comète. 2° (வான்,id.),étoile du ciel.

வானநதி, (வான், நதி), le fleuve —, i.e. le Gange céleste des fables indoues.

*வானஸ்பத்தியம்,வானபத்தி, வானபத்தியம், (வனஸ்பதி,வனபதி),arbre qui porte des fruits sans fleurs apparentes, l'arbre பலாசு.

வானம், 1° ciel, firmament, air, atmosphère,pluie, nuage. 2°* (vâna), desséchement, fruit sec, chose desséchée,bois —, arbre mort ou desséché, être en vie, niche,trou ou enfoncement dans un mur, vague, rides de l'eau (causées par le vent), natte de paille,allée, action d'aller, odeur,parfum. 3°* (வனம்), multitude de forêts,solitude dans les forêts. 4° fondement, partie d'une tour: வானஞ்சுருங்கிற் றானஞ்சுருங்கும் si le ciel se resserre, (s'il ne pleut pas), la libéralité aussi se resserrera,i.e. diminuera; — பாடி l'alouette, le chantre du firmament; —பார்த்தநண்டு espèce de crabe; — பார்த்தகதிர் épi qui regarde le ciel, — qui dresse la tête en haut; —பார்த்தபிறவி naissance de ce qui regarde le ciel,i.e. les arbres qui se dressent en haut; வானக்கல் la pierre dite காக்கைக்கல்; — சாஸ்திரம் astronomie,science du cours des astres; —சோதி les astres —,les splendeurs du firmament; —பதம் horizon; — ப்பிரத்தம், — ப்பிரஸ்தம் l'état d'anachorète,d'ermite (vivant dans les déserts, c'est le 3° des 4 états de vie dits ஆச்சிரமம்), les arbres பலாசு butea frondosa et இலுப்பை bassia latifolia; — ப்பிரஸ்தன், — ப்பிரத்தன்,(பிர, ஸ்தன், qui se tient), anachorète, ermite, — qui vit dans les forêts;— ப்பிரஸ்தி,—ப்பிரத்தி, fém. du préc. 1° femme qui fait pénitence dans les forêts. 2° P. வானஸ்பத்தியம் arbre qui donne des fruits sans fleurir; — ப்பிரியை l'ami des forêts, i.e. l'arbre; —மிருகம் os de musc; — வரம்பன், (வரம்பு),celui dont les frontières s'élèvent aux nues, le roi சேரன்; — வாசி habitant du ciel, ange, bienheureux; — வில் l'arc-en-ciel; வானத்துமீன் étoile du firmament, Vénus; வானத்தில்நின்றுதாரை யிட்டிருக்கிறது des trombes d'eau ou des ondées de pluies pendre du ciel, — être prêtes à tomber.

*வானரம்,( வானம், ra qui aime, ou va comme, நரன் homme,ou வால், நரன்), homme à queue, singe, silvain, homme des bois: வானரகதி pas de singe, une des 5 allures des chevaux, V. au mot கதி; — க்கொடியோன் celui qui a l'emblème du singe Anouman sur son drapeau, i.e. Aroutchounen; — ப்பிரியம் ce qu'aime le singe,i.e. l'arbre mimusops kauki; —தேயம் l'arbre பழுமுன்னரிப்பாலை.

*வானராலயம், (வானரம், ஆலயம்), la demeure des singes, l'arbre.

*வானரேந்திரன், (id. இந்திரன்),le roi des singes, i. e. Anouman ou Sougriva (சுக்கிரீபன்).

*வானலம், (vânala), basilic noir.

வானவர், (வானம்), les habitans des cieux, les immortels, les dieux prétendus; — உறையுள் la résidence des immortels,le ciel, le prétendu monde des dieux,un temple; —முதுவன் le plus vieux des dieux indous, i.e. Brama, épithète du roi சேரன்.[ciel, Brama, le roi சேரன்.

வானவன், (வானம்),habitant du

வானுதி,la plante காக்கொட்டான்.

வானுவாரி, (வானம், வாரி), terre qui n'a que l'eau du ciel.

வானவி, tente, armée, dais ou pavillon,couverture pour se déguiser, bannière, — distinctive, la plante அசமதாகம்.

*வானியம், வானியை, (vânya), forêt, multitude de bosquets ou de buissons,

வானிற்கெற்பத்தி, (வான். *abl.* கெற்பம்), la mère-perle (les Indous supposent qu'il se forme des perles dans les nuages).

*வானீரம், (vânira), le rotin பிரம்பு calamus rotang.

வானுலகம், (வான்), le monde céleste, le ciel, le prétendu monde des dieux indous.

வானேறு, (*id.*), coup de tonnerre, foudre.

வானோர், (*id.*), les habitans des cieux, les anges, les bienheureux, les immortels, les dieux prétendus: — கணம் கூ les 9 chœurs des anges, autrement nommés நவவிலாச்சபை, *voyez leurs noms au mot* நவவானோர்க்கணம். Voici leur hiérarchie sacrée, les particularités qui les distinguent, telles que les donne le Rév. P. Beschi d'après la Sainte Écriture et les SS. Pères: பத்திச்சுவாலகர், உடவுளைக்குறித்தபத்தியினாலே சுவாலிக்கிறவர் les Séraphins sont les anges embrâsés d'un pieux amour pour Dieu: ஞானுதிக்கர், கடவுளைக்குறித்த ஞானத்திலாதிக்கம்பெற்றவர் les Chérubins sont ceux qui sont doués d'une connaissance plus grande de la divinité: பத்திராசனர், கடவுளெழுந்தருளியிருக்குந் தேவசிங்காசனாத்தைப்புகழ்ந் திருப்பவர் les Trônes sont ceux qui entourent le trône divin du Seigneur et le louent. Ces 3 chœurs tiennent le 1<sup>er</sup> rang dans la sainte hiérarchie. நாதவிருத்தியர், நாதருடையவிருத்தியத்தையவரருளாற்புரிபவர் les Dominations sont ceux qui par la grâce de Dieu exercent son domaine et exécutent ses volontés; சத்துவர், கடவுளருளாற்பற்பல வற்புதங்களைச்செய்யுஞ் சத்துவம்பெற்றவர் les Puissances sont ceux qui par la grâce de Dieu ont le pouvoir d'opérer diverses merveilles: பலவத்தர், கடவுட்டிருவுளப்படி வெய்துங்காருமங்கட்கு வருமிடையூற்றைநயவரருளாற்றடுக்கும் பலாத்காரம்பெற்றவர் les Vertus sont ceux qui par la grâce de Dieu ont la force d'eloigner les obstacles qui s'opposent aux desseins du Seigneur. Ces 3 chœurs tiennent le second rang dans la sainte hiérarchie. பிராதமிகர், கடவுட்டிருவுளப்படியே யிராச்சியசம்பத்தமான சருநலனை நன்மையைநடத்துந்தலைமைபெற்றவர் les Principautés sont ceux qui ont reçu l'autorité pour opérer et diriger le bien général des royaumes de la terre selon la volonté du Seigneur; அதிதூதர், அதிகப்பிரதானவிசேடங்களை யுலகத்திலறிவிக்கத் தூதுபதியாகவருபவர்கள் les Archanges sont ceux qui sont envoyés en embassade pour les affaires principales; தூதர், மனிதர்பிறந்தவாறுதலாகத்தனித்தனியே யவரவரைப்பாதுகாத்து நன்னெறியினடத்தி மற்றும்பிரதான விசேடங்கட்குமனுப்பப்படுபவர் les Anges sont ceux qui sont envoyés pour protéger chaque homme en particulier dès le moment de sa naissance, pour le conduire dans le bon chemin et pour d'autres affaires importantes. Ces 3 chœurs tiennent le 3<sup>me</sup> rang dans la sainte hiérarchie, que les uns appellent அர்ச்சியட்பிரபுத்துவம் et d'autres அதீச்சுரபதவி: — கோமான் le prétendu roi des dieux, *i. e.* Indiren; — மாற்றவர் ennemis des dieux indous, *i.e.* les அசுரர் ou démons et les இராக்கதர் ou géans; — முதுவன், *V.* வானவர்முதுவன்; — வ ரம் கூ les 4 dons ou avantages des habitans des cieux, *i. e.* des anges ou des saints ressuscités, *i.e.* இலகு légèreté ou exemption de poids; சூக்குமம் subtilité, spiritualité; அக்ஷயம் incorruptibilité ou immortalité, பிரகாசம் splendeur ou gloire.

வான், 1° (வானம்), air, atmosphère, firmament, ciel, pluie, nuage, grand, grandeur, majesté, ambroisie, tempête. 2° particule du futur qui se joint au radical et signifie pour. *Ex.* கொல்வான் கொடித்தானையொடெழுந்தான் pour tuer il se leva avec son armée sous les drapeaux. 3° terminaison sanscrite de bien des noms appellatifs masculins dont le féminin est வதி comme புண்ணியவான், புண்ணியவதி, vertueux, vertueuse. 4° P. வான் devant ம்; —கோழி dindon, litt. grosse poule; — பயிர் semis, culture d'arbres, pépinière, objets de culture ou productions (à l'exception des grains; — பிரயோசனம் produit —, fruits des arbres; —மிளகு espèce de poivre.

வான்மீகம், 1° arc-en ciel. 2°* (vâlmika), tertre des fourmis blanches ou termites.

*வான்மீகி, வான்மீகர், (vâlmiki, —ka), Vâlmiki auteur du Râmâyana.

வான்மீன், 1° (வான், மீன்), étoile du firmament, groupe d'étoiles, constellation. 2° (வால், id.), étoile à queue, comète.

வி, 1° lettre syllabique composée de வ் et இ, vi bref. 2°* (vi), oiseau, œil, ciel, atmosphère, air, vent, côté, — du vent. 3° particule sanscrite préfixe d'un grand nombre de mots et signifiant: séparation, privation, répugnance, différence, opposition, cause, certitude, totalité, connaissance, augmentation, plus.

*விககம், (vihaga), oiseau, nuage, flèche, planète, le soleil, la lune.

*விகங்கமம், (vihangama), oiseau

*விகங்கமை, விகங்கிகை, (vihangama, — gikâ), bâton pour porter des fardeaux aux 2 bouts.

*விகங்கம், (vihanga), flèche, oiseau, cygne, nuage, soleil, lune: விகங்கராசன் le roi des oiseaux, i.e. Garouden.

*விகசம், 1° (vikatcha), le serpent கேது ou le nœud descendant, floraison, fleur, — épanouie, chose fleurie, calvitie. 2° (vighasa), restes de la nourriture offerte aux dieux, aux mânes, à un gourou ou à un hôte respectable, nourriture (en général).

*விகசனம், (vihasana), sourire.

*விகசன், (vikasa), la lune.

*விகசாசன், விகசாசி, விகசாசனன், (விகசம், asa, ada, manger), celui qui mange les restes de la nourriture offerte aux dieux, aux mânes, aux gourous.

விகசிக்கிறது, சித்தேன், சிப்பேன், சி, சிக்க, v.n. விகசித்தல், n.v. (விகசம்), s'épanouir, fleurir, s'ouvrir.

*விகசிதம், 1° (vihasita), sourire. 2° (vikasita), floraison, fleur, —épanouie. 3° espèce de phthisie.

*விகசுவரம், (vikasvara), étendue, expansion.

*விகடம், (vikata), diversité, empêchement, changement, fraude, grandeur, largeur, beauté, chose belle, amusement, importunité, vexation, folie, frénésie: அ — பண்ணுகிறது tromper, frustrer, chicaner, filouter, badiner, ou — பண்ணுகிறது empêcher, mettre obstacle; விகடகவி vers badins, celui qui écrit de tels vers, plaisant; — கவிபாடுகிறது chanter —, composer des vers badins, des satires, des pasquinades; — க்காரன் farceur, plaisant, intrigant, chicaneur, trompeur; — சக்கரன் le Poulléyar de காஞ்சிபுரம்; — தலை large —, grosse tête, i.e. tête d'éléphant; — புத்தி esprit rusé, subtil, trompeur; — விகடம் plaisanterie. [sée, trompeuse.

*விகடி, (விகடம், i), personne ru-

*விகடிகை, (வி, கடிகை), minute indienne (égale à 24 secondes européennes).

*விகட்டனம், (vighattana), frapper, délier, frictionner, frotter.

*விகணனம், (வி), paiement d'une dette, calcul, considération, méditation. [cision, V. விகணனம்.

*விகணிதம், (id.), jugement, dé-

*விகண்டிதம், (id.), séparation, division, changement, réfutation.

விகண்டிக்கிறது, டித்தேன், டிப்பேன், டி, டிக்க, v. a. (வி), changer, séparer, diviser.

விகண்டித்தல், விகண்டிப்பு, n.v. du préc. V. விகண்டிதம்.

விகண்டை, réfutation, mauvaise opinion, haine, animosité, V. விதண்டை.

*விகதம், 1° (vigata), départ, disparition, séparation, liberté, délivrance,obscurité, paiement d'une dette. 2° (vihata), opposition, mort: விகதகன்மஷன் homme pur de tout péché;—ச்சுரம் fièvre guérie;— ராகம் délivrance des passions. [rie, louange,

*விகத்தனம், (vikatthana), vante-

*விகதி,(vihati),ami, compagnon, meurtre, frapper.

*விகத்தனம், 1° (vikatthana),louange,—ironique, ironie. 2° P. விகடனம்.

விகத்தன், P. விகர்த்தனன்.

*விகத்தை, (vikatthâ), louange,—ironique, vanterie.

*விகமம், (vigama), séparation, division. [conduite.

*விகமனம், (வி), mauvaise vie,—

*விகம், (vika), lait de vache féconde... [blement,instabilité.

*விகம்பம், விகம்பிதம்,(வி),trem-

*விகரம், 1° (vihara), séparation, désunion, disproportion, absence. 2° (vikara), maladie. 3° (vigara), montagne.

*விகரன், (vigara), abstème, qui vit de vent, homme nu.

விகரிக்கிறது,ரித்தேன்,ரிப்பேன்,ரி, ரிக்க, v.n. (விகரம்), se séparer, se désunir, changer. [sans oreilles.

*விகர்ணன், (வி), sourd, homme

*விகர்த்தனன், (vikarttana), fils qui a usurpé l'autorité ou le royaume de son père, le soleil (à qui Visvakarma, i. e. விசுவகன்மா coupa quelques rayons).

*விகர்மம், (id.), diverses affaires, action illégale, fraude: விகர்மக்கிரியை action illégale, immorale.

*விகர்ம்மலிங்கம், விகர்ம்மருதம், et corr. விகர்ப்பந்தம், (வி, கருமம், லிங்கம்),chose mauvaise,inconvenante.

*விகர்ம்மிகன், (வி, கருமம், ika), clerc, intendant, — des foires et marchés, homme occupé de diverses choses.

*விகலம், (vikala), manque, défaut, imperfection, confusion, trouble, seconde de degré: விகலபாணிகன்,(பாணி), manchot, qui a une main desséchée.

*விகலாங்கம், (விகலம், அங்கம்), défaut d'un membre estropié.

*விகலிதம், (vigalita), chose tombée,répandue, déliée, dénouée, relâchée, en désordre, dissipée, écoulée, finie,effusion: விகலிதகேசம் cheveux en désordre, échevelés.

*விகலி, (vikali), femme dont les règles ont cessé.

*விகலீகரணம்,—கிருதம்,—பூதம், (விகலம்,ī augment), défaut, confusion, action d'estropier.

*விகலை,(வி), minute,—indienne (égale à 24 secondes européennes), heure indienne de 24 minutes, seconde de degré, instant, V. விகலி.

*விகலேந்திரியம், (விகலம்,இந்திரியம்), manque d'un sens.

*விகற்பம், (vikalpa), erreur, méprise, faute, ignorance, doute,indécision, alternative, antithèse, différend, divergence, différence, diversité, espèce: — பண்ணுகிறது faire une différence; விகற்பக்காட்சி connaissance —, vue de la différence des choses; விகற்பத்திரிமுடித்தல் finir irrégulièrement, par des inversions,—par des preuves positives et négatives ou par un énoncé spécial de diverses divergences pour éclaircir le sujet, c'est un des 32 யுத்தி; விகற்பத்துக்குச் செய்கிறது faire —,agir pour exciter des dissensions et de la haine; கூத்தின்விகற்பம் différence—, variété —,espèce de danse.

விகற்பிக்கிறது,பித்தேன், பிப்பேன்,பி,பிக்க, v.a.(விகற்பம்),விகற்பித்தல்,n.v.changer, séparer,diversifier, varier, causer ou mettre de la différence, de la diversité.

விகற்பு,P.விகற்பம். [de poids.

*விகனம், (வி), légèreté, manque

*விகனனம், (vihanana), opposition, empêchement, injure, mal,

meurtre, arc pour nettoyer le coton, instrument qui sert pour cela à le baratter. [nez.

*[illegible], (vikha), homme sans

*[illegible], P. [illegible], intendant, chargé d'affaire.

*[illegible], P. [illegible].

*[illegible], (vigâha), s'enfoncer, plonger, se baigner.

*[illegible], P. [illegible], [illegible], 1° (vikâsa, ita), air, atmosphère, pompe, ostentation, isolement, solitude, plaisir, joie, floraison, épanouissement, chose ouverte, épanouie. 2° (vihâsa), sourire.

*[illegible], [illegible], ([illegible], ta), apparence, ou.

*[illegible], ([illegible], na), solitude, isolement, extension, expansion, manifestation, apparition.

*[illegible], (vikbâsâ), la langue.

*[illegible], (vigâdha), immersion, plonger, se baigner.

*[illegible], (vighâta), empêchement, obstacle, prohibition, opposion, contrariété, destruction, corruption: [illegible] tracassier, homme accoutumé à susciter des différends, des obstacles; [illegible], V. [illegible]: [illegible] éloignement des obstacles. [imp. du suiv.

*[illegible], 1° ([illegible]), opposant. 2° [illegible], [illegible], [illegible], v. a. ([illegible]), empêcher, mettre obstacle, s'opposer, contrarier.

*[illegible], P. [illegible], [illegible], (vihâpita, — yata), don, donation, présent.

*[illegible], (vihâyasa), ciel, atmosphère, oiseau. [ca.

[illegible], l'arbre salvadora persi-

*[illegible], 1° (vikâra), changement, — de forme ou de nature, altération, différence, déviation de l'état naturel, irrégularité, maladie, inquiétude, souci, tourment, — de l'amour, — que cause la luxure, délire d'un malade, passion, émotion. 2° (vihâra), promenade, — d'amusement, errer —, rôder —, courir çà et là, passe-temps, jeu, amusement, épaule, beauté —, amour propre: — [illegible], — [illegible], — [illegible] le délire —, la passion venir, — se manifester, — s'élever; [illegible] épilepsie, convulsions: — [illegible] union irrégulière des mots, lorsqu'on ajoute une lettre, ou que la lettre finale du premier mot ou l'initiale du second ou toutes les deux se changent ou se perdent; — [illegible] comparaison irrégulière, *Ex.* [illegible] dent pointue comme une perle (pour jolie comme une perle); [illegible] les 6 passions qui altèrent le caractère, ce sont les 6 premières de l'[illegible].

*[illegible], ([illegible], i), m. f. personne lascive, qui change, inquiète, différente; [illegible] rôder —, être tourmenté par une passion lascive; — [illegible] la 33me année du cycle de 60 ans, correspondant à 1839 et 1899.

[illegible], [illegible], [illegible], [illegible], v. n. ([illegible]), changer, varier, devenir —, être lascif, voluptueux, se passionner.

*[illegible], (vikârita), chose changée, altérée. [crépuscule, soir.

*[illegible], [illegible], (vikâla, ka),

*[illegible], (vikâlikâ), espèce de clepsydre ou horloge d'eau, vase de cuivre perforé qui mis dans une casserole remplie d'eau, se remplit dans un certain temps.

*[illegible], (vigâna), mauvais bruit, médisance, mépris, affront,

*[illegible], P. [illegible]. [reproche.

*[illegible], 1° (vihita), proportion, raison, comparaison, — d'une chose à une autre, propriété, ordre, classification, intimité, accord, agrément. 2° P. [illegible], chose inconvenable, impropre: — [illegible] être propre, convenable; [illegible] progression géométrique.

*விகிதி, P. விகிதி.

*விகிரணம், (vikirana), disperser, dissiper, se disperser, s'étendre.

*விகிரம், (vikira), oiseau (en général), fragment, — tombé, chose dispersée, arrosement, puits.

*விகிருட்டம், விகிருஷ்டம், (vikrouchta), chose arrachée, tirée.

*விகிருதம், (vihrouta), honte d'une femme à déclarer son amour à son mari ou à son amant, V. விகிர்தம்.

*விகிருதி, 1° (vikrouti), crainte, appréhension, inquiétude, maladie, peine, tourment, changement, altération, liqueur spiritueuse. 2° (vihrouti), passe-temps, expansion. 3° P. விகுதி, terminaison des noms et des verbes. 4° objet né dans ou parmi les pierres, — tiré du caillou.

*விகிர்தம், (vikrouta), altération, diversité, changement, mensonge, maladie, manque, imperfection, défaut d'un membre, membre estropié, dégoût, aversion, V. விகிர்முகம்: விகிர்தவதனம் visage de travers.

*விகிர்தாகாரம், விகிர்தாகிருதி, (விகிர்தம், ஆகாரம், ஆகிருதி), forme altérée.

*விகிர்தாங்கம், (id. அங்கம்), membre estropié, de travers.

*விகிர்தி, 1° P. விகிருதி, changement, altération. 2° P. விகுதி, terminaison des noms et des verbes: — வருஷம் la 24me année du cycle indien, correspondant à 1830 et 1890.

*விகிதம், (vigita), contradiction, V. ஒவ்வாமை.

*விகிதி, (vigiti), mépris, reproche, opposition, contradiction, chanter, — de diverses manières, en divers styles.

*விகிரியம், விகீரணம், (vikirya, vikirna), disperser, répandre.

விகு, 1° P. மிகு, arrogance, sévérité austérité. 2°* (vikhou), homme sans nez.

*விகுசிரன், (vikousra), la lune ou Sandiren.

*விகுணம், (வி), manque de qualités, mauvais caractère.

*விகுணி, (id.), personne —, être de mauvais caractère, caillou, liqueur fermentée.

*விகுதி, P. விகிருதி, changement, terminaison des noms et des verbes (opposée au radical dit பகுதி), terme technique de la philosophie சங்கியம், i.e. effet général, ne produisant pas d'autre effet et ainsi distinct du பிரகிருதி, illusion de la nature.

விகுரம். 1° la plante வெள்ளெருக்கு. 2° (vikheura), démon, lutin, géant.

விகுருதி, — வருஷம், V. விகிர்திவருஷம்.

*விகூணனம், (vikoûnana), regard de côté ou de travers, œillade, coup d'œil.

*விகூணிகை, (vikoûnikâ), le nez.

*விகேசம், (வி), calvitie, chose cachée, V. கூடம்.

*விகேசி, (vikèsi), femme sans cheveux, petite tresse de cheveux.

*விகேசிகை, (vikèsikâ), plumasseau, toile enduite de beurre, ou autre matière et appliquée à une plaie.

*விகேடகன், (விகேடம், ka), celui qui cause de la peine, qui fait du mal.

*விகேடம், (vihèta), mal, injure.

*விகேடனம், (vihètana), broiement, frottement, friction, chagrin, affliction, tourment, blesser, tuer.

*விகை, 1° (vihâ), ciel, paradis. 2° (vikhâ), femme sans nez.

*விகோஷணம், (vighôchana), proclamation, publicité.

*விகோடம், விகோசம், (வி), chose découverte, abandonnée, dureté.

*விகௌதுகம், (vikaoutouka), indifférence, manque de curiosité, chose ancienne, qui n'excite plus la curiosité.

*விக்கம், (vikka), jeune éléphant.

விக்கல், opt. et n.v. de விக்குகிறது, hoquet, espèce de maladie: — எடுக்கிறது attraper —, avoir le hoquet.

*விக்கியாதம், விக்கியாதி, (வி), renommée, célébrité, publicité.

*விக்கியாதன், (id.), homme célèbre, très connu.

*விக்கியாபனம், (id.), manifestation, communication, exposition, mémorial.

*விக்கியானம், (id.), science, connaissance, — profane, sagesse du siècle, sens différent: விக்கியானமயம் ce qui a rapport à la science, à l'étude. [sonne sage, savante.

*விக்கியாளி, (விக்கியானம்), per-

*விக்கிரகம், (vigraha), corps, forme, figure, (d'où), idole, simulacre, (et quelquefois), statue, image, part, portion, expansion, extension, combat, bataille, pierre de granit, terminaison des mots, V. விகுதி: விக்கிரகபூசகன் idolâtre; — ஆராதனை ou

*விக்கிராராதனை, (விக்கிரகம், ஆராதனை), idolâtrie, culte —, adoration des idoles: — க்காரன் idolâtre, qui adore les idoles et les prend pour des dieux. [dos.

*விக்கிரகவரம், (id. அவரம்), le

*விக்கிரமம், (vikrama), bravoure, héroisme, grande —, force, chose extraordinaire, — irrégulière, marche, abus de la victoire: விக்கிரமமானம் marche; — வருஷம் ou விக்கிரம la 14me année du cycle de 60 ans, qui corespond à 1820 et 1880; — சோழன், — சிங்கன் ou

*விக்கிரமன், விக்கிரமாதித்தன், விக்கிரமாதித்தியன், விக்கிரமார்க்கன், (விக்கிரமம், ஆதித்தன், ஆதித்தியன், அர்க்கன் soleil), Vikramâditya, célèbre roi d'Oudgein ou உச்சயினி, fondateur d'une ère encore usitée sur la côte malabare et qui commence 56 ans avant la nôtre. Il fit de grandes conquêtes, mais fut vaincu par சாலிவாகனன். Le même nom a été porté par plusieurs autres princes. [ம், victoire, conquête.

*விக்கிரமாக்கிதம், (id. அக்கித

*விக்கிரமி, (id. i), héros, brave, lion. [vente.

*விக்கிரயணம், (விக்கிரயம், na),

*விக்கிரயம், (vikraya), vente, trafic: அன்ன — vente de nourriture; விட்டை — பண்ணுகிறது, விக்கிரயப்படுத்துகிறது vendre une maison: — ச்சீட்டு billet de vente; — சாட்டக் conditions —, acte de la vente.

*விக்கிரன், விக்ரு, (vikhra, vikhrou), homme sans nez.

*விக்கிரயி, விக்கிரயிகன், (விக்கிரயம், i, ika), vendeur, marchand.

*விக்கிராந்தம், (vikrânta), valeur, bravoure. [guerrier, lion.

*விக்கிராந்தன், (id.), héros,

*விக்கிராந்தி, (id. i), gallop, une des allures du cheval, valeur, héroisme, prouesse, force, conduite brave, marche victorieuse. [vainqueur.

*விக்கிராந்தை, (vikrântâ), héros,

*விக்கிராயகன், விக்கிரேதா, (vikrâyaka, vikrêta), vendeur.

*விக்கிரேயம், (vikrêya), chose à vendre. [mépris, injure.

*விக்கிரோசனம், (vikrôsana),

விக்கில், P. விக்கல், hoquet.

*விக்கினம், (vighna), empêchement, obstacle, embarras, mal, tort: விக்கினகரம் empêchement; — க்காரன் qui cause des obstacles, des embarras; — காரி, 1° (kâri), qui met obstacle. 2° (hâri), qui ôte les obstacles, V. விக்கினேசுரன்; — நீக்கு levée des obstacles: — நாசகன், — நாசனன், — நாசன், — விநாசனன், — விநாயகன், V. விக்கினேசுரன்.

*விக்கினுபனம், P. விஞ்ஞாபனம்.

*விக்கினேசுரன், விக்கினேசன், விக்கினேசுவரன், விக்கினேசுவரன், (விக்கினம், அதி, ஈசன், ஈசுரன்...), celui qui est censé ôter les obstacles ou finir les maux, i.e. Poulléyar.

விக்குகிறது, க்கினேன், க்குவேன், க்கு, க்க, v.n. விக்குதல், n.v. avoir le hoquet: சோறு விக்குகிறது le riz resté dans la gorge me cause le hoquet, me fait tousser.

விக்குள், P. விக்கல், hoquet. [ment.

*விக்ஷணம், (வி), pour un —, mo-

*விக்ஷாவம், (vikchâva), toux.

*விக்ஷேபணம், (விக்ஷேபம், na), dispersion, envoi, rejet, lancer.

*விக்ஷேபம், விக்கேபம், (vikchêpa), rejet, réfutation d'un argument, en prouver la fausseté, digression, après avoir commencé à dire une chose se laisser aller à une autre pen-

sée, lancer, envoyer, cracher, vomir, confusion, trouble, crainte, espèce de danse, latitude, —céleste ou distance d'un astre à l'écliptique, ligne de cette latitude: விக்ஷேபசத்தி une des énergies connues sans le nom de சத்தி; — த்துருவம் la plus grande inclinaison de l'orbite d'une planète avec l'écliptique, elle est égale à la plus grande latitude; — பாகை degré de latitude.

*விங்கம், (vinkha), corne du pied [du cheval.

விங்களம், tergiversation, subterfuge, différence, diversité, désaccord: விங்களமாய் diversement; —பண்ணுகிறது, V. விங்களிப்புபண்ணுகிறது.

விங்களிக்கிறது, ளித்தேன், ளிப்பேன், ளி, ளிக்க, v. n. (விங்களம்), tergiverser, biaiser, user de subterfuges, devenir —, être divers, —différent, varier, se désunir.

விங்களித்தல், விங்களிப்பு, n. v. du préc. tergiversation, diversité, désaccord: விங்களிப்புபண்ணுகிறது diversifier, faire—, mettre de la différence, traiter un ami ou un parent en étranger.

*விசக்ஷணம், (vitchakchana), habileté.

*விசங்கடம், (visankata), lion.

*விச்சம், (விசம், சம்), nénuphar.

*விச்சனம், (visasana), cimeterre, sabre, — recourbé, meurtre, dissection, coupure, V. கண்டம்.

*விசதம், (visada), blanc, blancheur, pureté, beauté, clarté, transparence, chose claire, apparente, évidente.

விசத்துரு, la plante அடம்பு.

*விசபிலம், (vidjapila), boue.

*விசமம், (வி), inégalité, rancune.

*விசம், (visa), fibres du nénuphar: விசதாசி quantité de nénuphars; —நாசிகை grue dont le bec ressemble à la tige du nénuphar; —புஷ்பம், — ப்பிரசூனம் nénuphar.

*விசம்பாதம், (visampâda), tromperie, désaccord, contradiction.

*விசம்பாதி, (id.), trompeur, disputeur.

*விசயம், 1° (vidjaya), victoire, triomphe, conquête, succès, le char fabuleux des dieux dit விமானம். 2° (vitchaya), recherche, examen. 3° (vasaya), doute, incertitude, refuge, asyle. 4° sucre, la région du soleil, un des 28 livres des Sivénistes: விசய ou விசயவருஷம் la 27e année du cycle de 60 ans, qui correspond à 1833 et 1893; — குஞ்சரம் éléphant royal; —சித்தி victoire; —ச்சந்தம் espèce de collier ou de feston de 700 perles, ou de 700 rangées de perles, (ou selon le dictionnaire sanscrit) de 504 rangées de perles; — நகரம் Vidjayanagaram ou Bisnagar, sur le Toumbhadra துங்கபத்திரி, capitale d'un royaume du même nom, dit aussi royaume de Narsingue ou நரசிங்கன் et qui était suzerain de tout le sud de l'Inde; — நந்தனன் fils de la victoire, nom d'un roi de Hastinapouri; —ப்பூர் Vidjayapour, Vizapour, ou Bedjapour, capitale d'un ancien royaume; —ப்பொறி signe de victoire, ressort d'arc; — மத்தளம் gros tambour de guerre; — லட்சுமி la prétendue déesse de la victoire, une des அஷ்டலட்சுமி.

*விசயனம், (vitchayana), recherche, examen.

*விசயன், (விசயம்), le victorieux, (surnom de) Aroutchounen, சகவிசகர்த்தன் ou Sâlivâhanen, Visayen portier de Vichnou, Yamen prétendu roi des morts.

*விசயி, (id.), victorieux, triom[phant.

*விசயாத்திரம், (விசயம், அத்திரம்), le Kaïlasa ou paradis fabuleux de Siven.

*விசயை, (vidjayâ), la victorieuse, la fameuse Dourgâ, Visayei une de ses servantes, le 3e, 8e et 13e jour lunaire de chaque demi-lunaison, chanvre, le fruit dit கடுக்காய், racine d'iris de Florence, victoire.

*விசரம், 1° (viçara), meurtre. 2° (visara), troupeau, foule, multitude, extension. 3° (vidjara), tige.

விசர், folie.

*விசர்க்கம், (visarga), abandon, délaissement, rejet, départ, séparation, allée, délivrance, —finale de nouvelles naissances prétendues, évacuation (d'excrémens), lumière, splendeur, course du soleil vers le sud, le visarga ou marque d'aspiration douce qui consiste en 2 points (:) dans lesquels se changent souvent les lettres s et r finales.

*விசர்ச்சனம், (visardjana), don, donation, envoi, renvoi, abandon, jeter l'idole dans l'eau censée lustrale à la fin d'une fête.

*விசர்ச்சிதம், (visardjita), chose donnée, abandonnée, renvoyée.

*விசர்ச்சிகை, (*id.*), espèce de danse. [dre, s'envoler.

*விசர்ப்பணம், (visarpana), s'étendre,

*விசர்ப்பம், (visarpa), s'étendre, se répandre, s'envoler, inflammation érysipélateuse.

*விசலம், 1° (visala), bourgeon, rejeton. 2° (vidjala), sauce mêlée d'eau de riz, cange. 3° (வி, tchala), mobilité, vacillation.

*விசலனம், (vitchalana), mobilité, manque de fixité, — de force, déviation, louange de soi-même, vanterie.

விசலி, la plante சித்திரல்.

விசவல்லி, la plante கீழாநெல்லி.

விசளை, casserole, plat, mesure égale à celle à mesurer la chaux, — à celle du pétrin.

*விசனம், 1°(வி, சனம்), lieu solitaire, inhabité. 2° (vyasana), chagrin, affliction, peine, douleur, trouble, malheur, infortune, péché, faute, vice, attention, application, intention, désir véhément, vain effort, incompétence, inhabileté, air, vent, individualité. 3° (vyadjana), éventail: விசனக்காடு cimetière.

*விசன்னம், (வி), naissance.

விசனுமனம், louange—, hymne de sacrifice.

*விசாகசம், (விசாகம், சம்), orange, — qui mûrit lorsque le soleil est dans la constellation விசாகம்.

*விசாகப்பட்டணம், (விசாகன்), Vizâgapatam.

*விசாகம், (visâkha), la 16ᵐᵉ constellation lunaire, l'Alpha ou le Kappa de la Balance, une des 5 நிலை ou attitudes des archers, celle où l'on se tient sur un pied, ayant l'autre écarté de la distance d'un empan, fuseau. [tude susdite.

*விசாகலம், (விசாகம், la), l'atti-

*விசாகன், (விசாகம்), Soupramanien, solliciteur, mendiant.

*விசாகை, (visâkhâ), la 16ᵐᵉ constellation lunaire.

*விசாதி, 1° (வியாதி), maladie. 2° (வி, சாதி), espèces ou castes différentes, choses non appareillées, non assorties, de castes ou d'espèces différentes: விசாதிபேதம் différence d'espèce, de nature, comme entre un arbre et une pierre.

*விசாயம், (visâya), dormir, — et veiller alternativement.

*விசாரகன், (விசாரம், ka), investigateur, juge.

*விசாரணம், 1° (visârana), meurtre, tuer. 2° (vitchârana), méditation, examen, délibération, décision, — après mûr examen.

*விசாரணை, (vitchâranâ), système de la philosophie மீமாஞ்சை, investigation, examen, inspection, surintendance, surveillance, soin, charge, administration, paroisse ou district, — sur lequel on a jurisdiction, — dont on a la charge: — க்காரன் intendant, administrateur, surveillant, celui qui a le soin ou la charge; — குரு curé, prêtre chargé d'une paroisse; — நியமனிதர் l'ordinaire; — ப்பங்கு district dont on a le soin; — பண்ணுகிறது examiner, soigner (une affaire...), surveiller.

*விசாரதம், (visârada), renommée, esprit, confiance, quatrain rimé.

*விசாரதர், (*id.*), gens distingués, célèbres, savans, qui délibèrent, poëtes. [évacuation.

விசாரமம், P. விசிராமம், repos,

*விசாரம், 1° (vitchâra), consultation, délibération, investigation, réflexion, examen, soin, dispute, discussion. 2° (visâra), bois, arbre, poisson, glisser, ramper. 3° sollicitude, anxiété, inquiétude, chagrin, souci, trouble, pensée, idée, opinion: —ஆயிருக்கிறது, —இடுகிறது, விசாரப்படுகிறது être chagrin, inquiet, pensif, rêveur, réfléchir, délibérer; —க்காரன் homme chagrin, inquiet; —ணை investigation, discussion; —கர்த்தா juge, investigateur; —ஸ்தலம் lieu de consultation..., dispute logique; —த்தசகடு cercle de fer; —சபை réunion de savans, —littéraire, ou pour une investigation judiciaire, prétendu siége du jugement de Yamen.

விசாரவகம், renommée.

*விசாரி, 1° (விசாரம். i), juge, examinateur, homme inquiet, troublé. 2° (visari), région des vents, poisson, —qui glisse. 3° *imp. de*

விசாரிக்கிறது, ரித்தேன், ரிப்பேன், ரி, ரிக்க, *v.a.* (விசாரம்), விசாரித்தல், *n.v.* penser, considérer, soigner, prendre des informations, s'informer, examiner, chercher, pourvoir à, procurer: ஒரு காரியம் நன்றும் —examiner bien une affaire; இடம் — chercher une place; ஒருவனுக்கு உடையுமுண்டியும்— procurer le vêtement et la nourriture à quelqu'un; என்ன செய்தியென்று — s'informer des nouvelles; குற்றவாளியை —examiner le coupable, prendre les informations voulues à son sujet; ஒருவனுடைய நியாயம்— examiner —, soigner la cause de quelqu'un.

*விசாரிதம், (விசாரம், ita), chose examinée, délibérée.

விசாரிப்பு, *n.v. de* விசாரிக்கிறது, soin, intendance, chargo, administration, direction, examen, information, souci, district —, village... dont on a la charge: —க்காரன் intendant, administrateur; —க்கட்டளையிடுகிறது prescrire —, *i.e.* confier le soin, la charge, l'administration: இந்தநிலமவன் — il a le soin ou l'administration de cette terre.

*விசாலதை, (விசாலம், tâ), largeur, grosseur, éminence, excellence.

*விசாலம், (visâla), largeur, étendue, extension, lieu spacieux, grandeur, éminence, espèce de cerf, — d'oiseau, l'arbre கடம்பு, un des 32 ordres d'architecture: விசாலகுலம் caste distinguée, —nombreuse; —ப்படுத்துகிறது, —ப்படுத்திக்கொள்ளுகிறது étendre, élargir, rendre spacieux; விசாலத்திலே நடக்கிறது marcher au large.

*விசாலாக்ஷன், விசாலாக்கன், விசாலாட்சன், (விசாலம், அக்ஷம்), hommo aux yeux larges, Siven, Garouden.

*விசாலாக்ஷி, விசாலாட்சி, (*id.*), femme aux larges yeux, Parvadi.

விசாலிக்கிறது, லித்தேன், லிப்பேன், லி, லிக்க, *v.n.* (*id.*), விசாலித்தல், *n.v.* s'étendre, s'élargir.

விசாலிப்பு, *n.v. du préc.* étendue, largeur.

*விசாலை, (visâlâ), la ville d'Oudjein ou உச்சயினி, c'est une des சத்தபுரி ou 7 villes prétendues sacrées.

விசாலம், (விசாலம்), l'arbre கடம்பு, coloquinte amère.

விசான்மட்டை, *V.* மசானமட்டை.

விசானம், *P.* விசனம், *ou* விசானபூமி, lieu où l'on brûle les morts, cimetière, — où l'on enterre.

விசி, 1° * (vitchi), flot, vague. 2° banc, lit, lien, courroie de tambour, — qui en resserre la peau. 3° *imp. de* விசிக்கிறது: —ப்பலகை planche, —de lit ou lit en planches, banc.

*விசிகம், 1° (visikha), flèche, levier, barre de fer. 2° (விசி, ka), *ou*

*விசிகரம், (விசி), vague, rides de l'eau.

*விசிகை, 1° (visikhâ), hoyau, bèche, levier, grand chemin, rue, infirmerie, hôpital, espèce d'aiguille ou de fuseau, femme de barbier. 2° lien, bande, ceinture, intention, pensée, délibération.

விசிக்கிறது, சித்தேன், சிப்பேன், சி, சிக்க, *v.a.* (விசி), விசித்தல், *n. v.* lier, attacher.

*விசிஷ்டம், விசிட்டம், (visichta), excellence, distinction.

விசிதம், 1° cendres de bouse de vache. 2°* (visita), chose pointue. 3° * (vidjita), ce qui est vaincu, conquis. [partageant, cohéritier.

*விசிதிரு, (vidjitrou), juge, co-

*விசிதேந்திரியன், (விசிதம், இந்திரியம்), celui dont les sens sont subjugués.

*விசித்தி, (vitchhitti), perte, destruction, disparition, division, séparation, couper, pause, —ou césure dans le vers, bornes, moutarde, V. விசாத்தி. [திரம்.ka, tâ), merveille.

*விசித்திரகம், விசித்திரதை, (விசித்

*விசித்திரம் (vitchitra), merveille, beauté, chose bariolée ou bigarrée, — peinte, — belle et étonnante, spectacle, pompe, parade, curiosité, science, grande beauté, couleurs diverses, bariolage, langage contradictoire, discours qui implique évidemment le contraire de ce qu'on veut dire: விசித்திரம் ரு les 5 ouvrages d'agrément, V. கைத்தொழில்; — ஆபரணி femme qui aime la parure, — la pompe, — la toilette; விசித்திரதேகம் corps bariolé, nuage; — ப்பா, V. சித்திரகவி; — வீரியன் le roi Vitchitraviriyen de Hastinabouri; — வீரியை la mère de ce roi, c'est la mère de Vyasen; — வேலை ouvrage artificiel, — joli, — de curiosité; — வேளாகொல்லி espèce d'air ou de mélodie.

*விசித்திராங்கம், (விசித்திரம், அங்கம்), corps bariolé de diverses couleurs, paon, tigre, beauté, belle couleur.

*விசிபம், (visipa), temple, palais.

விசிப்பு, n.v. de விசிக்கிறது, lien, at-

விசிமந்தகம், l'arbre வேம்பு. [tache.

*விசிரகந்தி, (விசிரக்), orpiment jaune.

*விசிரசை, (visrasâ), décrépitude, grand âge, temps —, âge décrépit.

*விசிரம், விசிரதை (visra, tâ), odeur de viande crue. [ce, affection.

*விசிரம்பம், (visrambha), confian-

*விசிராயம் (visraya), réfuge, asile, soutien, appui.

*விசிரமம், விசிராமம், விசிராந்தி, (visrama, visrânti, visrâma), repos, pause, halte, tranquillité, — d'esprit.

*விசிரணனம், விசிராணனம், (visranana, visrânana), don, présent.

*விசிரவம், (visrâva), renommée, célébrité. [ge.

*விசிலம், (vidjila), eau de riz, can-

*விசிலேஷம், (vislêcha), séparation, éloignement, absence.

விசிறி, éventail, l'arbrisseau ehretia buxifolia dont les jets ou les feuilles sont en éventail.

விசிறுகிறது, றினேன், றுவேன், று, ற, v.a. et n. (விசிறி), விசிறுதல், n. v. éventer, rafraichir avec un —, agiter un éventail, souffler comme la brise, se hâter.

*விசினம், 1° (visna), rayon, lumière, lustre. 2° (vidjina), V. விசிலம்.

*விசினி, (visini), assemblage de fleurs de nénuphar. [flétrie.

*விசீரணம், (வி), chose desséchée,

*விசீலன், (id.), homme immoral, de mauvaise conduite.

*விசு, P. விஷு, égal; — வருஷம் la 15me année du cycle de 60 ans, qui correspond à 1821 et 1881.

விசுக்கிடுகிறது, விசுக்கிட்டுக் கொள்ளுகிறது, se dégoûter, devenir —, être triste, chagrin, mécontent.

விசுக்கு, mot —, son imitatif d'empressement: விசுக்கெனல், விசுக்கென்கிறது, se presser, se hâter.

விசுதம், la plante கறிப்புடோல்.

*விசுத்தம், (வி), pureté, netteté, piété, modestie, respect, esprit.

*விசுத்தி, 1° (id.), pureté correction, égalité, similitude, éclaircissement d'un —, doute, fin, quantité négative. 2° la partie inférieure de la langue, un des ஆறாதாரம்.

விசுபம், விசுவம், corps, monde, objet —, être corporel.

விசும்பிணி, l'arbre வேம்பு.

விசும்பு, l'atmosphère, l'air, région éthérée, — supérieure, ciel, côté du monde, point cardinal, v.g. l'est, monde fabuleux des dieux ou le Souvarkam, nuage, fanfaronnade, vanterie.

விசும்புகிறது,பிகோனேன்,புவேன்,பு,ப, v.a. manifester son mépris par ses gestes.

*விசுருதி, விசுருதம்,(visrouti,ta), renommée,écoulement,écume.

*விசுவங்கரம்,et corr. விசுவங்கிரம் (விசுவம், கரம்), ce qui crée tout, œil.

*விசுவசனம், 1° (விசுவம்,சனம்), le monde,le genre humain. 2° (visvasana),ou [fiance.

*விசுவசிதம்,(visvasita), foi, con-

விசுவசிக்கிறது,சித்தேன், சிப்பேன்,சி,சிக்க, v.a.(விசுவாசம்),விசுவசித்தல்,n.v. croire,ajouter foi, se fier, se confier, avoir foi,— confiance.

*விசுவஸ்தன், (visvasta),fidèle,en qui on se fie. [fidèle,veuve.

*விசுவஸ்தை,*fém. du préc.*femme

*விசுவம் (visva).tout,totalité,universalité,le monde,l'univers,la plante அதிவிடையம், gingembre sec. 2° (vichouva),l'équinoxe,lieu où l'écliptique coupe l'équateur, nœud des planètes: விசுவகந்தை, (கந்தம்), la terre;— கருமன்,— கர்மா le soleil, Visvakarmâ fils de Brama et architecte des dieux indous; — கருமகந்தை, —கருமசை la fille de Visvakarmâ, une des femmes prétendues du soleil; —காலம் temps,des équinoxes; — கோப்திரு,(gôptrou), le prétendu conservateur du monde, Vichnou,Indiren;— சகை (saha *porter*) la terre, une des langues du feu;—சங்கிராந்தி passage du soleil dans le signe suivant à l'équinoxe;— சாயை ombre du gnomon à midi aux équinoxes,ombre à midi aux équinoxes dans un lieu donné;—சாயாங்குலம் (சாயை,அங்குலம்),cette même ombre exprimée en pouces;— சித்து ce qui subjugue tout (au dire des Indous),espèce de sacrifice,—de cérémonie,le nœud coulant de Varounen; —சிருஷ்டிரு le créateur de tout,Dieu; —தினம் le jour des équinoxes; —தேவம் sacrifice à tous les dieux prétendus,— aux ancêtres; —தேவர்,—தேவன் espèce de prétendus dieux particuliers ou de dieux mânes, que les Indous adorent aux funérailles, au nombre de 10,savoir: வசு, சத்தியன், கிரது ou Kratou, தக்ஷன், காலன், காமன், திருதி ou Dhrouti, குரு,புரூரவன் et மத்திரவன் ou Madrava; d'autres en mettent 13;— நாதன் le maître du monde, Dieu, (et à tort à Bénarès) Siven; — தாரை la 21 me constellation lunaire dite உத்தராடம்;—பேடசம்,—பேஷசம் le remède universel, le gingembre sec;— பை la lumière du monde, soleil,lune,feu;—போசனம் manger de toutes sortes de nourritures; — போதகன் le docteur universel,Bouddha qui fut censé expliquer tout; —மகை,(மகம்),une des 7 langues du feu;—ராசன் souverain universel,despote; — ரூபம் ce qui existe sous toutes sortes de formes;—ரூபன் celui qu'on dit prendre toutes sortes de formes, *i. e.* Vichnou, celui qui est présent partout; —ரேகை la ligne équinoxiale, colure des équinoxes:— ரோசனம் la racine arum colocasia (bonne à manger);— வராகம் cochon de village (qui court partout),— வேதா celui qui connaît tout;—வியாபகன், — வியாபி celui qui pénètre tout ou est présent partout;— வியாப்தி diffusion—,présence universelle.

*விசுவம்பரம் (விசுவம்,bhara *qui porte*),ce qui soutient tout, soutien de l'univers.

*விசுவம்பரன், (*id.*) Vichnou, Indiren, (prétendus soutiens du monde).

*விசுவம்பராதிபன், (விசுவம்பரா, அதிபன்), maître de la terre, roi. [porte tout, la terre.

*விசுவம்பரை, (*id.*) ce qui sup-

*விசுவயு,(விசுவம், you *unir*),air, vent. [வன்.

*விசுவன், (visva), *V.* விசுவதே

*விசுவாசகன், (விசுவாசம்,ka), homme fidèle,— de confiance.

*விசுவாசம்,(visvâsa), foi,croyance, confiance, fidélité, probité, véracité, protection:— இன்மை, V. விசுவாசியாமை;— உள்ளவன் homme fidèle, qui a de la foi: விசுவாசகாதகன், — காதிதன் traître, — à la foi donnée; — காதம் trahison, perfidie;— காரணம் cause de confiance;— ஸ்தானம் objet de confiance;— பங்கன் traître, perfide;— பத்தி foi et piété, dévotion, fidélité;— பாதகம் perfidie, trahison, manque de bonne foi, de fidélité, déni d'un dépôt;— பாதகன் perfide, traître;— பாத்திரன் homme digne de foi,— de confiance;—ப்பிரதன் qui inspire de la confiance;— பூமி chôse digne de foi, personne digne —, objet de confiance; ஒருவன்விசுவாசத்திலிருக்கிறது être sous la protection de quelqu'un, être à la merci de sa bonne foi; விசுவாசத்தின்மேலேகொடுக்கிறது donner par confiance, confier à la fidélité.

*விசுவாசி, 1° (விசுவாசம், i), fidèle, croyant, homme plein de foi, — de confiance, qui se repose sur un autre, l'arbre வேங்கை. 2° imp. de

விசுவாசிக்கிறது, (id.), V. விசுவசிக்கிறது. [croyance.

*விசுவாசிதம், (id. ita), confiance,

விசுவாசியாமை, n.v.nég. de விசுவாசிக்கிறது, incrédulité, manque de foi, de confiance, défiance.

*விசுவாசியன், (விசுவாசம், ya), homme digne de confiance.

*விசுவாசியதை, (விசுவாசியன், tâ), mériter confiance.

*விசுவாத்துமன், (விசுவம், ஆத்துமம்), Dieu, litt. l'âme du monde, Brama.

*விசுவாமித்திரன், (விசுவம், மித்திரன்), Visvâmitren, célèbre mouni fils de Gâdhi roi de Kanoudje; il eut de grands différens avec le mouni வசிஷ்டன், devint brame par de longues pénitences souvent interrompues par la jalousie des dieux, et fut le gourou de Râmen: விசுவாமித்திரப்பிரியம் l'arbre chéri de Visvâmitren, i.e. le cocotier; — ப்புல், V. நாணற்புல்.

*விசுவாவசன், (visvâvasou), nom d'un கந்தருவன் ou prétendu musicien céleste.

*விசுவாவசு, (id.), 1° V. விசுவாவசன். 2° ou விசுவாவசுவருஷம் la 39me année du cycle de 60 ans, qui correspond à 1845 et 1905.

*விசுவான்மா, (விசுவம், ஆன்மா), V. விசுவாத்துமன்.

*விசுவேசன், விசுவேசுவரன், (விசுவம், ஈசன், ஈசுவரன்), le seigneur du monde, (à tort) Siven.

விசுவி, callou ou jus de cocotier...

*விசூசிகை, (visoûtchikâ), coléra spasmodique, symptôme d'une —, espèce de maladie. [tristesse.

*விசூரணம், (visoûrana), chagrin,

*விசூரிதம், (visoûrita), repentir, amélioration.

*விசூரிதை, (visoûritâ), fièvre.

*விசேஷகம், (விசேஷம், ka), relation, récit, narration, annonce, chose spéciale, — distinctive ou caractéristique, marque sur le front dite திலகம், attribut d'une proposition.

*விசேஷகன், (id.), porteur de nouvelles, narrateur, raconteur.

*விசேஷகாலங்காரம், விசேடகாலங்காரம், (id. அலங்காரம்), fig. de rhét. qui fait ressortir une cause particulière, une distinction entre 2 choses d'ailleurs semblables.

விசேஷிக்கிறது, ித்தேன், ிப்பேன், ி, ிக்க, v. a. (விசேஷம்), donner un attribut, s'attribuer, faire distinguer.

*விசேஷணம், (விசேஷம், na), épithète, attribut, adjectif, prédicat, connaissance distincte, qualité distinctive, — spéciale, ce qui fait connaître le ceractère.

*விசேஷம், (visêcha), spécialité, chose particulière, — spéciale, — principale, — distinctive, différence, distinction, particularité, circonstances particulières, attribut particulier, excellence, supériorité, espèce, sorte, manière, membre, marque de sandal sur le front, fig.

de rhét. divisée en 3 espèces toutes impliquant variété de moyens et d'effets, V. விசேஷசாலங்காரம், récit, narration, nouvelle, mot, restes: — கின்றேறது sonder pour —, chercher à connaitre une particularité, — un secret; விசேஷமாய் principalement, particulièrement, spécialement, surtout; எழுத்துவிசேஷமாய் par écrit, par lettre ou billet; வாய்விசேஷமாய் de parole, verbalement; விசேஷமாய்க்கொடுக்கிறது donner particulièrement, — plus: — ஆய்ச்செய்கிறது, — ஆய்ச்சொல்லுகிறது faire —, dire spécialement, distinguer; — ஆகாரியம் chose principale, — spéciale; — ஆஸ்தலம் place préférable, de distinction, lieu —, temple distingué ou célèbre; — ஆனபேச்சு propos —, parole remarquable, — vraie; — ஆனது, V. விசேஷித்தது; விசேஷகுணம் caractère particulier, objet d'une espèce unique ou distincte; — க்காலம் occurrence, rencontre, temps... particulier, ce qui arrive occasionnellement ou sans y penser (dans la conversation...); — க்காய்கேள்விப்பட்டேன் j'ai appris par rencontre, par ouï-dire; — தர்மம் devoir particulier; — சட்டாத்தம் proposition particulière; — தினம் jour spécial, — de fête ou de réjouissance; — தீட்சை initiation —, instruction —, engagement spécial; — லக்ஷணம் marque particulière; — வசனம் texte spécial; — வர்த்தமானம் fait —, chose principale; — வாக்கியம் mot spécial, parole remarquable; — விதி règle particulière.

விசேஷிக்கிறது, ஷித்தேன், ஷிப்பேன், ஷி, ஷிக்க, *v.a. et n.* (விசேஷம்), விசேஷித்தல், *n. v.* exceller, l'emporter, surpasser, être préférable, se distinguer, remarquer, distinguer: விசேஷித்தது chose notable, remarquable, excellente, éminente, célèbre; அதிலுமிதுவிசேஷித்தது ceci l'emporte sur cela, lui est préférable ou supérieur; விசேஷித்திருக்குங்காரியம் chose essentielle, remarquable; விசேஷித்திராதகாரியம் chose accessoire, de circonstance, non essentielle, non remarquable.

*விசேஷிதம், (விசேஷம், ita), chose distinguée, supérieure, qui a un attribut, qu'on assure.

*விசேஷியம், விசேடியம், (visèchya), objet, chose qui doit être distinguée, sujet, — d'une proposition, qui demande après lui un attribut ou un adjectif, nom, substantif.

*விசேஷோத்தி, விசேடோத்தி, (விசேஷம், உத்தி), figure de rhétorique qui joint la cause à l'effet de manière à expliquer une matière ou condition particulière.

*விசேஷ்டிதம், விசேட்டிதம், (vitchèchtita), mauvaise action, effort.

*விசேடணம், விசேடம், விசேடிக்கிறது... V. விசேஷணம்....

*விசேதம், 1° (vitchètas), malheur, tristesse, trouble, perplexité, ignorance. 2° (vitchhèda), séparation, éloignement, prohibition, dissention, division, — d'un livre, section, chapitre, lieu.

*விசேதனம், 1° (vitchètana), absence de sentiment, de vie. 2° (vitchhèdana), séparation, division.

விசை, 1° fois, tour, cours, changement, vitesse, célérité, hâte, impétuosité, ressort, détente, trappe, piège, — à ressort, — qui saisit, — à prendre les bêtes, appui, étaie, impulsion, tension, action de bander, toutes sortes d'instrumens méchaniques, *v.g.* levier, barre pour soulever, machine, etc... 2° *imp. de* விசைக்கிறது: எத்தனை — combien de fois; ஒரு — une fois; பத்து — 10 fois; இன்னமொரு — encore une fois; இந்த — cette fois-ci; — கொள்ளுகிறது prendre des forces; — க்கம்பு, — க்கோல் nom d'un instrument de tisserand; — க்காற்று vent produit par l'impétuosité de la marche; — த்தடி, nom d'un instrument de tisserand, bâton d'un piège; — தப்பாவிற்று la machine —, l'invention a manqué; — கெத்தவிருக்கவிறத்தப்போம் la tension est trop forte, cette corde se brisera; — யாய் vite, avec impétuosité, rapidement; —வாயடிக்கிறது frapper vite, rapidement; —வாய்ப்போனான் il est allé en toute hâte; —வேற்றுகிறது bander un ressort, dresser un piége, exciter, encourager; வில்லு — வேற்றுகிறது bander un arc; —வைத்திருக்கிறபதுமை marionnette mue par des ressorts; என்மேலே — வைத்துக்கொண்டிருக்கிறான் il a dressé un piége contre moi, il cherche ma ruine; — வைத்துத்தட்டிவிட்டதுபோலேகாரியத்தைத்தட்டிப்போட்டான் il a fait chavirer l'affaire comme si on faisait tomber soi-même la trappe qu'on a mise; விசையைத்தட்டுகிறது heurter contre une trappe, donner dans un piége; விசையைவைத்துத்தூக்குகிறது lever avec un levier; முன்வலித்த விசையினாலே வலியாமலுந்தோணி நடக்கும் par la première impulsion des rames la barque marchera sans ramer de nouveau.

விசைக்கிறது, சைத்தேன், சைப்பேன், சை, சைக்க, *v. n.* (விசை), விசைத்தல், *n.v.* se hâter, se presser, être impétueux, avoir—, prendre de la vitesse, se fâcher, s'irriter.

விசைப்பு, *n.v. du préc.* vitesse, impétuosité, colère.

*விசையம், *P.* விசயம்: விசையதண்டம் massue de la victoire, —ou bâton d'un guerrier qui a assailli et vaincu une armée à 4 divisions.

*விசையணம், *P.* விசயணம்.

*விசையன், *P.* விசயன், le victorieux, surnom d'அருச்சுனன்.

*விசையை, 1° *P.* விசயை. 2° *acc. de* விசை. [tion de chagrin.

*விசோகம், (வி), bonheur, exemption de chagrin.

*விசோதனம், விசோதிதம், விசோதித்துவம், விசோதிதை, (visôdhana, — dhita, விசோதி, tâ), purification, nettoiement.

*விசோதி, (visôdhi), qui purifie.

*விசோஷணம், விசோஷிதம், (visôchana, — chita), desséchement.

விச்சதையன், la plante புல்லூரி.

விச்சந்தரா, la plante வெள்ளெருக்கு.

விச்சம், (விசம்), nénuphar.

*விச்சலம், (vidjdjala), flèche.

விச்சல்லி, coloquinte amère.

விச்சாதரர், *P.* வித்தியாதரர்.

*விச்சாதி, (வி), caste différente.

*விச்சித்திரம், *P.* விசித்திரம்.

*விச்சிரமம், விச்சிராமம், *P.* விசிரமம், repos, pause, évacuation.

*விச்சிராவம், (visrâva), renommée, célébrité.

*விச்சிராணனம், விச்சிரணனம் (visrânana. visranana), don, donation. [d'ampoule.

விச்சிலிப்பு, espèce de pustule ou d'ampoule.

விச்சிறல், le jonc கோரை.

*விச்சிரும்பணம், (vidjroumbhana), passe-temps, épanouissement, extension, bâillement.

*விச்சிரும்பிதம், (vidjroumbhita), passe-temps, floraison, bâillement, désir.

*விச்சின்னம், (வி), ce qui a été divisé, partagé, coupé, changé.

விச்சு, 1° *P.* வித்து, grain, graine, semence. 2° *ou* விஞ்சு, abondance.

*விச்சுவம், *P.* விசுவம்; விச்சுவகன்மா, *P.* விசுவகன்மா; — காசிபம், — சாரம், — நாமம், — போசம் différens ordres d'architecture; — தேவர் *ou*

*விச்சுவர், *V.* விசுவதேவர்.

*விச்சுவேசம், (விச்சுவம், ஈசன்), un des 32 ordres d'architecture.

விச்சுளி, petit oiseau très-agile, espèce d'alcyon, alcedo, homme agile, vif, sage, prudent: விச்சுளியாயிருக்கிறது être vif, leste, expéditif.

விச்சுளியன், (விச்சுளி), homme sage, prudent, agile.

விச்சை, 1° *P.* வித்தை science, art, connaissance, magie. 2° rue, la plante வெள்ளெருக்கு.

விச்சோடு, (வி), ce qui ne fait pas la paire, chose dépareillée ou dépariée, *v.g.* des bas, des souliers..., qui n'a pas son égal, *v.g.* un cheval....

*விஷண்ணம், (vishanna), abattement, découragement.

*விஷதம், (விஷம், da *qui donne*), vitriol bleu, nuage..

*விஷமம், 1° (vichama), injure, tort, mal, malice, vexation, trouble, tracas, peine, difficulté. 2° (வி, சமம்), inégilité, chose raboteuse, dépareillée, impaire, inégale, irréguliére, terrible, inaccessible: விஷமகர்ணம் hypoténuse d' un triangle rectangle formé par le gnomon et les 2 côtés de l'ombre; — க்கணக்கு calcul fractionnaire; — கருமம் trouver des quantités par le moyen de leurs différences ou celles de leurs carrés; — சாகசம் témérité, hardiesse, V. ஏக்கம்; — சாயை ombre du gnomon à midi le jour des équinoxes; — ச்சுரம் fièvre violente, fièvre irréguliére; — த்திரிபுஜம் triangle scalène; — நயனன் Siven dont les yeux sont impairs; — விபாகம் partage —, part inégale; விஷமத்துக்குச்சொல்லுகிறது dire par malice.

*விஷமன், (id.), homme méchant, malin, cruel.

*விஷமாக்ஷன், விஷமாட்சன், (id. அக்ஷம்), celui dont les yeux sont impairs, i.e. Siven.

*விஷமாசனம், (id. அசனம்), nourriture irréguliére, — indigeste, qui cause une indigestion.

*விஷமாயுதன், விஷமேஷு, (id. ஆயுதம், இஷு flèche), celui dont les armes ou les flèches sont impaires, (au nombre de 5), i.e. Kâmen.

விஷமி, fém. de விஷமன், femme méchante, maligne, cruelle.

விஷமிக்கிறது, மித்தேன், மிப்பேன், மி, மிக்க, v.n. (விஷம்), விஷமித்தல், n.v. se changer en poison: விஷமித்தவன் homme malade, — auquel le régime et les remèdes indiqués ne conviennent pas.

*விஷமேக்ஷணன், (விஷமம், ஈக்ஷணம்), V. விஷமாக்ஷன்.

*விஷம், (vicha), poison, venin, le poison végétal aconite ferox, arsenic, chose nuisible, destructive, scorpion, eau, fibres du nénuphar: அது — cela est du poison, — est nuisible ou destructif; காலகூடவிஷம் P. காளகூடவிஷம் poison mortel; — இறங்குகிறது le venin descendre, se retirer ou perdre sa force; — இறக்குகிறது faire descendre le venin, l'enlever, le neutraliser; — ஏறுகிறது le venin monter, — se répandre dans le corps; — கொல்லி nom d'une plante, contre-poison; — திரும்புகிறது le poison retourner, i.e. subir une réaction, — desendre, — être chassé ou se neutraliser; — தீண்டுகிறது être mordu par un serpent ou un insecte venimeux: — தீண்டிச்செத்தான் il est mort d'une morsure venimeuse; — மீட்கிறது chasser —, neutraliser le poison; — விஷ, adj. de poison, venimeux, vénéneux; — க்கடி morsure venimeuse (de serpent ou d'insecte venimeux...); — க்கடிவாய் place d'une morsure venimeuse; — க்கடிவேளை moment d'une morsure venimeuse, temps infortuné; — க்கல் pierre qu'on applique sur la morsure des serpens pour extraire le venin; — கரம் (hara qui ôte), — காரி (காரம்), — க்கினம், (qui tue), antidote, contre-poison; — கரி, (hâri qui ôte), qui ôte le poison, marchand d'antidotes, corne de rhinocéros; — க்காய்ச்சல் fièvre pestilentielle, — maligne; — சாஸ்திரம், — சாத்திரம் traité sur les —, science des poisons; — சிருங்கி, (சிருங்கம்), — சூகம் guèpe; — சூசகம் perdrix rouge; — ஜந்து animal —, reptile —, insecte venimeux; — தந்தகம், (தந்தம், க), serpent aux dents venimeuses; — தரம், (dhara qui contient), serpent, nuage; — தரன் Siven qui porte du poison dans sa gorge; — தாத்திரி, litt. la nourrice du poison, la prétendue déesse des serpens; — நாசனம், — நாசி antidote, contre-poison; — சலம், — நீர் humeur venimeuse ou maligne du corps; — நீரேற்றம் hydropisie; — நேரம் temps mauvais; — பக்ஷணம், — பட்சணம் prendre du poison; — பாகம் enflure subite du corps; — புஷ்பம் nénuphar bleu; — புஷ்பகம் maladie provenant de fleurs venimeuses;— ப்பி ரயோகம் emploi des poisons;— பே தி diarrhée violente et dangereuse, choléra-morbus,— dangereux;— மந்திரம் conjuration du poison, prière pour guérir les morsures venimeuses;— மந்திரன் conjurateur de poison, preneur de serpens, qui les charme et prétend guérir de leurs morsures, Kouraven ou குற வன் (qui fait ces divers métiers);— முட்டி l'arbre vénéneux எட்டிமர ம்;—மூங்கில் la plante ou l'arbre crinum asiaticum;—ராசன் V. விஷ நிக்கிரகன்;— ரோகம் maladie dangereuse,—causée par le poison; —வாக்கு parole empoisonnée,—de mauvais augure;— விஷசான் donner du poison par ordalie;— வசந்த கரப்பன் espèce d'éruption ou de teigne;—விச்சை,—விச்சிகை administration d'antidotes, traitement pour—, cure d'empoisonnement;—வேகம் absorption—,promptitude du poison;—வைத்தியன் médecin pour les poisons et les morsures venimeuses,marchand d'antidotes; விஷ நிக்கிரகன்,*litt.* le roi des poisons,la pierre கருடக்கல் qui tire et ôte les poisons.

*விஷயம்,(vichaya),objet des sens, —perçu par les sens,perceptible aux sens (*v.g.* la couleur, la forme, l'odeur, le goût,le son), objet (en général), chose vue, —visible.—qu'on peut savoir,cas,article,affaire,—du monde, particularité, ce qui est propre ou particulier à quelqu'un, refuge, asile, pays, sperme, cause, origine,maitre,observance religieuse, être, existence: இந்த—,தற்கால — ce cas-ci, cet objet, cet article..., le cas actuel, la circonstance présente;விஷயகருமம்intérêt mondain, —action mondaine;—காமம் désir des biens du monde;—க்காட்சி connaissance acquise par les sens;—ஞா னம் sagesse du monde;—பரித்தியா கம் renoncement au monde,s'en éloigner,se retirer;—வாஞ்சை désir du monde,sensualité;— வாசி personne engagée dans les affaires du monde. [tre.

*விஷயன்,(*id.*),amant,mari, mai-

*விஷயாயி, (vichayâyi), roi, Kâmen, organe des sens, plaisir sensuel,— des sens, sensualiste,—épicurien,matérialiste,—qui ne croit qu'à la matière et à ce qu'il perçoit par les sens. [யாயி.

*விஷயி, (vichayi), objet, *V.* விஷ

*விஷயோபபோகம், (விஷயம், உப,போகம்), sensualité.

*விஷலம் (vichala),poison, venin.

*விஷலம் *P.* விஷலம்.

*விஷாங்குரம்,(விஷம்,அங்குரம்), lance,dard. [pent.

*விஷாசியம்,(விஷம்,ஆசியம்),ser-

*விஷாணம், (vichâna), cornes d'animal, défenses d'éléphant,— de sanglier.[mal cornu.bœuf,éléphant.

*விஷாணி, (விஷாணம், i),ani-

*விஷாதம், (vichâda), lassitude, abattement, découragement, désappointement, détresse, affliction.

*விஷாதி, (விஷாதம், i), homme découragé, —chagrin.

*விஷாந்தகன்,(விஷம்,அந்தகன்), le prétendu destructeur du poison, *i.e.* Siven.

*விஷாயுதம், விஷாரம்,(*id.* ஆயுதம், vichâra),ce qui a son venin pour arme, *i.e.* le serpent. [pent.

*விஷானனம், (*id.*ஆனனம்), ser-

*விஷு, (vichou), abondance, égalité, beaucoup, semblable.

*விஷுபம், விஷுவம், (vichoupa,—va),équixoque, la ligne des équinoxes, *V.* *les composés au mot* வி ஷுவம்.

*விஷேபம்,mutation,changement.

*விஷ்கம்பம், (vichkambha),le 1er des யோகம், obstacle, empêchement, extension, action,posture des யோகி,arbre, colonne, poutre (d'un toit...),diamètre d'un cercle, *ou*

*விஷ்கம்பி, (*id.* i,) verrou de porte,..

*விஷ்கரம் (vichkara), oiseau.

*விஷ்டபம்,(vichtapa), le monde, உலகு.

*விஷ்டம்பன், P. விஷ்டம்பன்.

*விஷ்டம்பம்,(வி, ஷ்டம்பம்), empêchement,obstacle,rétention d'urine, constipation, paralysie.

*விஷ்டரம், (vichtara), chaise,siége, — de pénitent ou d'ascéte (formé d'une petite botte d'herbe dite தருப்பை), poignée de cette herbe, lit, arbre, vase, réceptacle.

*விஷ்டவம், (வி,ஷ்டவம்),place séparée, — à part.

*விஷ்டி, (vichti), corvée,ouvrage sans—,salaire,gage,poule,le 7° des கரணம் dit பத்திரம் ou la poule.

விஷ்டிக்கிறது,டித்தேன், டிப்பேன்,டி, டிக்க, v.n. (விஷ்டை), aller à la selle. [ment,fumier.

*விஷ்டை, (vichtâ),ordure, excré-

*விஷ்ணு, விஷ்ணு, (vichnou), 1° Vichnou, un du trimourti ou des 3 grands dieux de l'Inde,regardé par les Indous comme le conservateur du monde. Durant la période fabuleuse de la destruction du monde,il est supposé dormir sur les eaux,flottant sur le serpent சேஷன். On dit que Brama est né sur un nénuphar sorti du nombril de Vichnou, et que le Gange sort de ses pieds. Il a pour femme Lakchimi et pour fils Kâmen. On raconte de lui 10 incarnations principales et 15 secondaires. (Voyez les au mot திருவவதாரம்). 2° Agni ou le prétendu dieu du feu, un des demi-dieux dits வசு, nom d'un ancien législateur, homme pieux; — கரந்தை la plante médicinale ou fleur sphérique sphæranthus indica; — காந்தி la plante médicinale evolvulus alsinoides; — பதம் la résidence prétendue de Vichnou, i.e. le mont வைகுந்தம்,la mer de lait, le ciel, l'atmosphère, le nénuphar; — பதி (பதம்),le Gange qui est censé sortir des pieds de Vichnou; — புராணம் la légende de Vichnou,un des 18 pouranas dit வைணவம்; — சமயம், — மதம் la secte de Vichnou; — சமயத்தார், — மதத்தார் les Vichnouvistes; — மயம் ce qui appartient à Vichnou, le monde (selon les Vichnouvistes); — ரதம் le char de Vichnou, i.e. l'oiseau கருடன்; — வல்லபை, — வல்லவை la femme de Vichnou, i.e. Lakchimi: — வாகனம் la monture de Vichnou,i.e. l'oiseau கருடன். [son d'un arc.

*விஷ்பாரம்,(vichphâra), bruit —,

விஸ்தரிக்கிறது, ரித்தேன், ரிப்பேன், ரி, ரிக்க, v.a. et விஸ்தரித்தல்,n.v. (விஸ்தாரம்), développer, détailler, amplifier ,dire au long.

*விஸ்தாரம், (vistâra), étendue, extension, diffusion, expansion, grandeur, largeur,grande étendue, amplification, amplitude, terminaison, diamètre d'un cercle, branche d'un arbre (avec ses nouveaux rejetons),un des 32 ordres d'architecture, science,— étendue, ou விஸ்தாரகவி grand poème, v.g. le இராமாயணம் ou le பாரதம்,et qui renferme ordinairement le développement des sujets suivans: மும்மணிக்கோவை, பன்மணிமாலை, மறம், கலிவெண்பா,தசாங்கம், மடலூர்தல்,கிளவி, இயல், இசை, நாடகம், பாசாண்டத்துறை et autres: விஸ்தாரமாய்ப் பேசுகிறது parler au long; — ஆன பட்டணம் grande ville; விஸ்தாரக்காரன் homme à longs discours,amplificateur, vanteur.

*விஸ்தாரி,(விஸ்தாரம், i).savant, érudit, homme d'une science étendue. [று.

விஸ்தாரிக்கிறது, P. விஸ்தரிக்கிறது

விஸ்தி, partage, — de biens.

*விஸ்திருதி, (vistrouti), largeur, étendue, expansion, diamètre d'un cercle. [due, largeur, prolixité.

*விஸ்தீரணம், (vistîrna), éten-

விஞ்சு P. விஞ்சு,abondance.

விஞ்சுகிறது,ஞ்சினேன், ஞ்சுவேன்,ஞ்ச, v.n.விஞ்சுதல், n. v. abonder.

விஞ்சை, P. வித்தை,science, connaissance, magie.

விஞ்சையர், (விஞ்சை), poètes, savans,espèce de demi-dieux dits வித்தியாதரர்; விஞ்சையரூர் la ville ou résidence de ces prétendus dieux.

*விஞ்ஞதை, (விஞ்ஞம், tâ), sagesse, savoir.

*விஞ்ஞம், (vidjna), science, connaissance.

*விஞ்ஞாதம் (vidjnâta), chose connue, connaissance, notoriété, célébrité.

*விஞ்ஞாத்தி, விஞ்ஞாப்தி, (vidjnâpti), information, avis.

*விஞ்ஞாபகன், (vidjnâpaka), celui qui avertit, — instruit.

*விஞ்ஞாபனம், (vidjnâpana), instruction, enseignement, avis, information.

*விஞ்ஞானவர் 1° (விஞ்ஞானம், வலம்), gens ornés de connaissances. 2° (id. வலர்), âmes viles.

*விஞ்ஞானபாதன், (vidjânapâda), Vyâsen.

*விஞ்ஞானம், (வி, ஞானம்), connaissance, science, sagesse, (qui comprend toute espèce de sujets, excepté la connaisance de Dieu, laquelle, selon les Indous, s'aquiert par la méditation et l'étude des livres sacrés), travail, emploi, musique: விஞ்ஞானமயகோசம் un des கோசம் 5, manière dont la raison opère conjointement avec les sens.

விட, 1° * P. விஷ, venimeux, de poison, V. ce mot. 2° obl. de விடம். 3° inf. de விடுதல்.

*விடகாரி, V. விஷகாரி.

விடக்கு, chair.

*விடங்கம், 1° (vitanka), pigeonnier, colombier, volière, rangée de nids de pigeons —, pigeonnier bâti sur des colonnes, nid de vers ou d'insecte. 2° (vidanga), habileté, bravoure, beauté. 3° bras plié, espace entre le bras plié et le corps, poutre ou chevron qui dépasse le mur —, sommet d'une maison, bannière, drapeau hissé dans une rue, différence.

விடங்கர், 1° sentier, chemin étroit. 2° * (vidanga), gens habiles, capables.

*விடஞ்சகம், — ஞ்சம், — [illegible], — [illegible], — [illegible], — [illegible]... V. விஷஞ்சகம்...

விடதாளம், une des 9 mesures de musique, V. au mot தாளம்.

விடத்தல், விடத்தேர், l'arbrisseau mimosa cinerea, acacia à épines solides: எள்ளினுஞ்சிறியவிலை யெவ்வனவிலை? விடத்தேரிலை quelle feuille est plus petite qu'un grain de sésame? la feuille de mimosa cinerea.

விடத்தை, nom de ville.

*விடபம், 1° (vitapa), petit arbrisseau, buisson, branche, — d'arbre, — avec ses rejetons, rejeton, floraison, épanouissement, expansion, étendue, périnée. 2° P. விருஷபம், bœuf, taureau (c'est la monture et le drapeau de Siven), le signe du taureau: விடபகதி pas de taureau, c'est une des 5 allures du cheval; — துவசன் celui dont la bannière représente un taureau, i.e. Siven; — பதி le prétendu seigneur du taureau, i.e. Siven.

*விடபாரி, (விடபம், அரி), Krichna qui a détruit un arbre dans la forêt de Vroundâvana.

*விடபி, (விடபம், i), arbre.

விடப்பு, fente, fissure.

*விடமம், P. விஷமம்.

*விடம், 1° P. விஷம். 2° (vita), galanterie, amour impudique, débauche, adultère, tromperie, rat, oranger. 3° (vida), sel d'évaporation ou de cuisson, — factice produit en faisant bouillir la terre prise sur le bord de la mer, sel fétide usité comme tonique. 4° la plante அதிவிடயம், montagne: விடமார்க்கம் vie débauchée, libertinage; — லவணம் sel médicinal.

*விடம்பனம், விடம்பிதம், (vidambana, —bita), affliction, détresse, vexation, imitation, contrefaçon, transformation.

விடர்ப்பு, fissure, fente.

*விடயம், P. விஷயம்.

விடரவன், விடருகம், chat.

விடரு, la plante அதிவிடையம்.

விடர், 1° fissure, V. விடர்வு. 2° pl. de விடன், libertins.

விடர்வு, fente, — de montagne, [forêt.

*விடலம், 1° P. விருஷலம், cheval, oignon. 2° P. விஷலம், poison.

*விடவி, P. விருஷலி, femme de basse caste, — qui a ses règles, — stérile, fille de 12 ans (qui est nubile et n'est pas mariée).

விடலை, garçon, jeune homme, homme vaillant, — fort, chef d'un district stérile, marié, homme de 30 ans et au-dessous, roi.

விடல், 1° faute. 2° *opt. et n. v. de* விடுகிறது, rejet, abandon, envoi, mise en liberté, mort, mourir...

*விடவம், P. விஷவம்.

விடவிடென்கிறது, விடவிடக்கிறது, *v.n.* trembler (de crainte ou de froid): விடவிடெனல், விடவிடத்தல், mot imitatif de —, tremblement.

விடவு, fente, fissure.

*விடன், (vita), *pl.* விடர், libertin, débauché, impudique, amant, vaurien, fripon, joueur

விடா, *part. nég. de* விடுகிறது, incessant, qui ne cesse pas, continu: —க்காய்ச்சல் fièvre continue; — ச்சேவி venue continuelle; — ப்படை arme qu'on ne lance pas; — ப்பிடி prise sans lâcher, persévérance, obstination, invariabilité, uniformité; — ப்பூட்டு continuité, — sans relâche; — மழை, — மாரி pluie incessante, journalière.

*விடாணம், விடாணி, P. விஷாணம், விஷாணி.

*விடாதம், P. விஷாதம்.

விடாத, *part. nég. de* விடுகிறது, incessant, qui ne cesse pas: — வாகுபெயர் nom métaphorique continuel, nom de l'instrument donné à celui qui s'en sert. *Ex.* குதிரையால் அவ்வூர் கொள்ளையிடப்பட்டது cette ville a été pillée par les chevaux, pour dire par les cavaliers ou la cavalerie; — வாக்கச்சொல் mot métaphorique qui tout en gardant son sens propre en prend aussi un autre, *Ex.* பூனைபால்குடியாது le chat ne boit pas le lait ou ne tète pas.

*விடாந்தகன், P. விஷாந்தகன்.

*விடாயுதம், P. விஷாயுதம்.

விடாய், fatigue, lassitude, épuisement, soif: — ஆற்றி repos, — après la fatigue, jour de repos, — de fête; — ஆற்றியுச்சவம் cérémonie de repos, — dans un temple après de grandes processions, espèce de repos; — ஆற்றிவிருந்து espèce de collation —, léger repas après un jour de fête; — க்காலம் temps fatiguant, — très-chaud; — தீர்ந்தது la fatigue est passée.

விடாய்க்கிறது, ய்த்தேன், ப்பேன், ய், க்க, *v.n.* (விடாய்), விடாய்த்தல், *n. v.* se fatiguer, s'épuiser, gagner la soif, être fatigué, lassé, altéré: விடாய்த்தபூமி terre épuisée; விடாய்த்துவருகிறது venir fatigué, arriver tout épuisé, se lasser; — விழுகிறது tomber de fatigue, — d'épuisement.

விடாய்ப்பு, *n.v. du préc.* soif, lassitude, fatigue, épuisement.

*விடாரகம், விடாரகன், (vidâraka), chat.

*விடாரம், P. விஷாரம், serpent.

*விடாலகம், (vidâlaka), chat, orpiment jaune, application d'onguent sur la partie extérieure des yeux.

*விடாலம், (vidâla), chat, prunelle des yeux.

*விடானனம், P. விஷானனம், serpent.

*விடாணம், *corr.* P. விடாணம், V. விஷாணம்.

விடி, 1° rideau. 2°* (viti), sandal jaune. 3° *imp. et part. de* விடிகிறது: — குண்டு coup de canon du matin; — வெள்ளி l'étoile du matin.

விடிகிறது, டிந்தேன், டிவேன், டி, டிய, *v n.* (le jour) poindre, commencer à paraitre, — à percer, se lever, réussir, se séparer (comme la nuit d'avec le jour), finir, être rempli, satisfait: விடிந்துபோயிற்று le crépuscule —, l'aurore a paru, le jour est levé; விடிந்துவருகிறது le jour commencer à paraitre; விடிகிறநேரம் le moment de l'aurore, le point du jour; என்தரித்திரம்போய் விடியும் quand finira ma pauvreté, pour donner lieu à une aurore nouvelle; அவனுக்கென்னவந்தாலும் விடியாது quelque chose qui lui arrive, il n'est jamais satisfait; விடி-

யாமுன்னே, விடியுங்காட்டில் ou காட்டிலும் avant l'aurore, —le point du jour.

**விடிதல், விடியல்**, *n.v. du préc. et* **விடியற்காலம், விடியற்றாம்**, (**தாம்**), point —, l'aube du jour, aurore, lever du soleil, matin: **விடியற்காலத்திலே, விடியற்றாத்திலே** de grand matin, au point du jour.

**விடியா**, *part.nég.du même;* — **ப்பானை** cruche qu'on ne peut remplir, homme insatiable, — qu'on ne peut satisfaire; **அவன்விடியாப்பானை** c'est une cruche qu'on ne peut remplir, il n'est jamais satisfait.

**விடில், விடிலும்** *conditionnel de* **விடுகிறது**. [point du jour, réussite.

**விடிவு**, *n.v.de* **விடிகிறது**, aurore,

**விடு**, 1° *part.fut.et imp.de* **விடுகிறது**. 2° *P.* **விட்** *ou* vich *ordure ou* vis *fille, dans les mots composés:* — **கதை** énigme; — **கதையைவிடுவிக்கிறது** résoudre —, deviner une énigme;— **காசு** quelques mauvaises —, petites caches; — **காலி** bœuf ou vache qu'on n'attache pas. *V.* **கட்டாக்காலி**; — **சோல் எருது** bœuf de réserve, de rechange; — **க்கிரகம்**, — **சிக்கல்** constipation; — **சூரம்**, 1° cochon domestique (qui marche sur les ordures). 2° flèche lancée; — **தயிர்** lait peu caillé: — **துறை** endroit où l'on s'arrête après une lecture; — **பதி** gendre, mari de la fille; — **படுகிறது** être laissé ...; — **முறை** jour de repos, — de congé, — de fête; — **படை** arme qu'on lance; — **பூ** — **மலர்** fleurs détachées; — **மணியக்காரன்** huissier du maniakaren; — **பேய்** démon qu'on lance sur quelqu'un par maléfice; — **வராகம்** cochon domestique, - de village.

**விடுகிறது, ட்டேன், டுவேன், டு, ட**, *v.a.* **விடுதல்**, *n.v.* laisser, abandonner, quitter, lâcher, envoyer, lancer, jeter, éloigner, renvoyer, relâcher, mettre en liberté, se fendre, cesser, mourir. Ce verbe est souvent explétif à la suite d'un autre verbe: **அவன்வராவிட்டால்** s'il ne vient pas; **இல்லாவிட்டால்** si non: **போய்விட்டான்** il est parti; **விட்டுப்போகிறது** laisser et s'en aller, abandonner, devenir lâche, se relâcher; **இவ்விடத்தை — ப்போனான்** il a quitté ce lieu: — **விடுகிறது** laisser aller, abandonner, céder, quitter, relâcher, mettre en liberté; — **வைக்கிறது** laisser, abandonner, mettre; **அதை — வைத்தான்** il l'a laissé là, — comme il était: **ஒருவன்மேலேவருத்தத்தைவராவிடுகிறது** laisser un malheur fondre sur —, causer de la peine à quelqu'un, laisser un embarras à quelqu'un, **விடுங்காய்ச்சல்** fièvre intermittente, **விடுத்தலைப்பு** bout —, extrémité de la toile, frange.

**விடுக்கிறது, டுத்தேன், டுப்பேன், டு, டுக்க**, *v.a. et n.de* **விடுகிறது**, **விடுத்தல்**, *n.v.* envoyer, chasser, lancer, faire —, lâcher, animer, conduire, continuer, rester, s'arrêter, se séparer.

**விடுசு**, (**விடு, உசி**), flèche. [rer.

**விடுதலை**, 1° (**விடுகிறது**), mise en —, liberté, relâche, délivrance, rejet, fin, bout d'un habit: — **யாக்குகிறது** délivrer, relâcher, mettre en liberté; — **யாகிறது** être mis en liberté. 2° *acc. de*

**விடுதல்**, *n.v. de* **விடுகிறது**.

**விடுதி**, hospice, auberge, logement, abri, asile, loge ou appartement séparé, emploi —, lot ou portion à part, sonde, ligne pour sonder, chose dépareillée, — laissée à part, — de rechange, loisir, guérison; — **கொடுக்கிறது** donner un logement; — **க்குதிரை** cheval de rechange; — **யாயிருக்கிறது** être séparé, — seul, simple; — **விடுகிறது** fournir un logement, sonder jeter la sonde; — **விடு** chambre de réserve, — d'hôte; **இரண்டுஞ்சோடல்லவிடுதி** ces 2 choses ne font pas la paire, elles sont dépa-

**விடுது**, sonde. [reillées.

**விடுத்தம்**, fois, tour, changement: **நாலு** — 4 fois.

**விடுப்பு**, 1° *n.v. de* **விடுக்கிறது**. 2° spectacle, ancienneté. [couper.

**விடுவாய்செய்தல்**, (**விடு, வாய்**),

விடுவிக்கிறது,விடுவித்தல்,*v.caus. de* விடுகிறது, faire délivrer, — laisser. ., expliquer, interpréter:விடுவித்துக்கொள்ளுகிறது faire relâcher, —mettre en liberté.

விடேடார், விடேடேலென்ன, mot—, son imitatif,répétition d'un son naturel.

விடை,1° bœuf, taureau, le signe du Taureau,veau, cheval.2° (விடுகிறது),réponse, réplique, congé,renvoi, permission,— de partir,largesse faite au partant, abandon,poule qui pond déjà,service,peine, violence.3° *imp.et part.de* விடைகிறது. 4° *imp. de* விடைக்கிறது.5° *P.* விடாய், tu ne laisses pas,2° *pers. nég.de* விடுகிறது:விடைடாலெறிகிறது un jeune veau... sauter et ruer des pieds, lancer des ruades;— கொடுக்கிறது donner permission (de s'en aller..), —réponse, permettre, répondre, congédier;— கோழி poulette —, ou poulet qui a laissé sa mère ou que sa mère a laissé;— தாக்குகிறது la poule abandonner ses poulets déjà grands;— பெறுகிறது. —வாங்குகிறது obtenir—, reçevoir une permission,— congé, — la permission de s'en aller.

விடைகிறது, டைத்தேன், டைவேன், டை,டைய, *v.n. et a.*se fâcher,se mettre en colère, se déjoindre, se fendre,se crévasser, se séparer, imposer—, mettre une amende, calomnier.

விடைக்கிறது. டைத்தேன், டைப்பேன், டை,டைக்க, *v. a.* découvrir un secret, bavarder, se fâcher, se mettre en grande colère, diffamer, calomnier.

விடைதல், *n. v. de* விடைகிறது, colère indignation,séparation,fente.

விடைத்தல்,*n.v. de* விடைக்கிறது, signe de —,grande colère,*ou*

விடைப்பு. *n.v.du même,* diffamation,calomnie,amende: விடைப்பாய்ச்சொல்லுகிறது diffamer.

விடைபோனர், (விடை), celui qui a un bœuf pour monture, *i.e.* Siven.

*விட்சம்பம், *P.* விஷ்கம்பம்.

*விட்சேபம், *P.* விக்ஷேபம், tour.

விடி,nom d'un arbre.

*விட்சேபணம்,விட்சேபம், *P.* விக்ஷேபணம், விக்ஷேபம்.

விட்ட, 1° *part.parf.de* விடுகிறது. 2° *obl.de* விட்டம்.

விட்டடி,(விட்ட,அடி),le vers ou la ligne qu'on a quittée, — qu'on vient de lire, — புக்ககொட்டடியுக்கொடியேசு il ne connait ni la ligne qu'il vient de lire ni de celle qui suit.

விட்டம், poutre, solive, traverse, chose mise en travers du chemin, diamètre,diagonale: — போடுகிறது mettre une poutre, une traverse; விட்டத்திலேவைக்கிறது mettre en travers du chemin, —quelque chose sur une traverse; விட்டக்கோல் diamètre;— ரேகை ligne diagonale; விட்டத்தனை, (விட்டத்து,அரை), moitié du diamètre.

*விட்டரம், *P.* விஷ்டரம்.

விட்டவி, l'arbre அத்தி.

விட்டவர்,(விடுகிறது), ceux qui ont quitté, qui ont renoncé à tout, anachorètes, ennemis.

விட்டவாகுபெயர், (விட்ட, ஆகு), mot métaphorique qui perd son sens propre et prend le sens d'une chose qui y a quelque rapport, *Ex.* கங்கைக்கண்ணிடைச்சேரி bourg de bergers sur le rivage; ici le mot கங்கை au lieu de signifier Gange ou fleuve signifie rivage.

விட்டவாக்கச்சொல், (விட்ட, ஆக்கம்), mot métaphorique qui se prend non dans son sens propre, mais dans un autre, *Ex.* அவ்வூர்வந்தது ce village est venu,pour les gens de ce village sont venus.

விட்டளவு, (விட்டம், அளவு), diamètre. [isolé, abandonné.

விட்டாடு,(விட்டு,ஆடு), homme

விட்டாத்தம், (விட்டம், அர்த்தம்), rayon,moitié du diamètre

விட்டாற்றி,(விட்டு,ஆற்றி),repos, relâche.

*விட்டி,*P.*விஷ்டி.

விட்டிக்கிறது, *P.* விஷ்டிக்கிறது.

விட்டிசை, (விடு, இசை), diérèse, son divisé, — partagé en 2 voyelles brèves.

விட்டிசைக்கிறது, (*id.* இசைக்கிறது), former—, faire une diérèse, — un son partagé.

விட்டில்,1° l'arbre விராலமரம். 2. *ou* விட்டிற்பூச்சி petite espèce de —, sauterelle (c'est une des 5 calamités d'un pays dites தட்டுக்கிளி -ம்), sorte de scarabée, — de petit papillon.

விட்டு, *gér. de* விடுகிறது.

*விட்டுணு, *P.* விஷ்ணு.

விட்டேறு, விட்டேறு, (விட்டு, ஏறு, அம்பு), javelot.

*விட்டை, *P.* விஷ்டை, ordure, balle, boule, *V.* லட்டி. [பிடிகை.

விட்டோசை, (விட்டு, ஓசை), *V.* வி

*விட்டபாரம், *P.* விஷ்டபாரம்.

விணவிசை, ruban, bande, bandeau, ceinture.

விண், l'air, l'atmosphère, la région éthérée, le ciel, le monde fabuleux des dieux, nuage, âge tendre, tendreté, espèce d'instrument qu'on attache aux cerfs-volans et qui rend le son de விண்: — மணி le bijou du ciel, *i.e.* le soleil; — மீன் étoile, astre du firmament; — முழுதாளி, (முழுது, ஆளி), le maître absolu du ciel, *i.e.* Dieu, (et à tort) Indiren; — வீழ்கொள்ளி, — வீழ்மீன் étoile tombante—, filante, météore.

விண்ட, *part. parf. de* விள்ளுகிறது: — பூ fleur épanouie; — பூரணம் grenade qui se fend d'elle-même.

விண்டலம், (விண், தலம்), l'air, le ciel visible, le ciel.

விண்டல், 1° bambou. 2° *n. v. de* விண்டுகிறது, *tiré du parfait*, floraison, épanouissement, manifestation, se fendre, craquer, se casser, sortir.

விண்டு, 1° l'air, le vent, Vichnou, montagne, bambou, nuage, les plantes தகரை et விஷ்ணுகிராந்தி, certain code de loi ou livre de jurisprudence. 2° *gér. de* விள்ளுகிறது: — சொல்லுகிறது parler librement, sans retenue, *litt.* en s'ouvrant; — சொல்லாதே ne dis rien, ne te déclare pas; — நதி le prétendu Gange céleste; — பதம் l'air, la région éthérée, l'atmosphère; — போகிறது s'ouvrir, s'épanouir, craquer, se briser, se séparer, se fendre; — போனார்கள் ils se sont séparés, ils sont en désaccord, ils ont rompu ensemble. [sia tora.

விண்டுகம், la plante தகரை cas-

விண்ணப்பத்திரம், *sync de* விண்ணப்பபத்திரம்.

விண்ணப்பம், pétition, demande, supplique: — செய்கிறது, — பண்ணுகிறது faire une pétition, supplier, pétitionner; விண்ணப்பக்காரன் pétitionnaire, suppliant; — ப்பத்திரம் supplique, pétition, demande, humble adresse.

விண்ணம், l'herbe காவட்டம்புல்.

விண்ணவன், (விண்), habitant du ciel, Dieu, être céleste, Arouguen [ellébore.

விண்ணு, la plante கடுகரோகிணி,

விண்ணுக்கு, nom d'un arbre

விண்ணுணம், (வி, நாணம்), honte, civilite, *V.* மானசலம்.

விண்ணு, *P.* விண் l'air....

விண்ணுவம், la plante கறிமுள்ளி.

விண்ணுலகம், (விண், உலகம்), le ciel, le monde céleste, — fabuleux des dieux. [dre.

விண்சோறு, (*id.* சோறு), la fou-

விண்ணோர், (விண்), les habitans du ciel, les dieux prétendus.

விண்விண்ணென்றல், mot—, son imitatif de *vinvin* ou de bruit redoublé.

விதக்கிறது, ந்தேன், ப்பேன், ந, க்க, *v.a.* indiquer —, impliquer — ou comprendre quelque chose de plus, amplifier, particulariser, distinguer, être augmenté, — rempli.

*விதஸ்தி, (vitasti), empan, largeur de 12 doigts.

*விதண்டம், (vitanda), éléphant, espèce de serrure (*à 3 divisions*).

*விதண்டை, (vitandâ), controverse, argument, critique, réfutation, —de l'opinion d'autrui, parler pour établir la sienne, grande—, cuillère, hostilité, V. திருத்தம்: — க்காரன் adversaire; விதண்டைக்குச் சொல்லுகிறது dire —, parler malignement, — par animosité ou envie.

*விததக், 1° (vitatha), mensonge. 2° (vitata), instrument à cordes.

*வித்தன், (vidatha), pénitent, dévot, savant, lettré, sage.

*விததி, (vitati), expansion, quantité. monceau, rameau.

விதத்தல், *n.v.de* விதக்கிறது.

விதப்பம், *n.v.du même*, abondance, par-dessus, surplus.

விதப்பு, 1° *V.* விதப்பம். 2° merveille, vitesse, hâte, tremblement, corniche, projection —, partie d'un mur, ornement: விதப்புக்கிளவி, —மொழி parole élégante —, d'ornement, langage bien orné.

*விதம், (vidha), manière, sorte, espèce, façon, forme, régle, formule, voie, méthode, moyen, prospérité, action, gage, salaire, nourriture que l'on donne aux animaux, trou, percement, être connu, apparence: விதவிதமாயிருக்கிறது être de diverses sortes.

விதம்பம், l'arsenic dit கற்பரிபா[ஷாணம்.

*விதரணம், 1° (vitarana), don, donation, abandon, passer, traverser. 2° habileté, capacité, connaissance, beauté, promptitude, allée, prudence: சகலவிதவேலையிலும் — habileté en toute sortes d'ouvrages.

*விதரணன், (*id.*), homme généreux, habile, savant, éloquent.

விதரணை, éloquence.

விதரி, chose connue, être connu.

விதரிதம், *corr. P.* வித்துருதம்.

*விதர்க்கணம், (விதர்க்கம், na), délibération, dialogue, conversation.

*விதர்க்கம், (vitarka), doute, discours confus, discussion, raisonnement, tergiversation, pensée, raison, conjecture ou considération des probabilités, augmentation, un des 5 மயகோசம்.

*விதர்த்தி. (vitarddhi), salle. — quadrangulaire, paudel au milieu d'une cour (pour des sacrifices...), planche d'autel.

*விதர்ப்பம், (vidarbha), Vidarpa, district et ville au sud-ouest du Bengal, le moderne Baranagpour, royaume du beau-père du roi நளன்.

*விதர்ப்பனை, (விதர்ப்பம், னை), native du Vidarpa, *i.e.* தமயந்தி femme de நளன், la femme d'Agastyen et உருக்குமிணி femme de Krichna.

விதர்ப்பு, crainte, étroitesse, guerre, combat, victoire.

*விதலம், 1° (vitala), un des 7 mondes inférieurs. 2° (vidala), panier, — d'osier ou de bambou, pois, pulpe de pois, écorce de grenade, copeau, planure, séparation, déchi[rure.

விதலை, tremblement.

*விதவனம், (vidhavana), tremblement, agitation.

*விதவா, *obl.de* விதவை: — காமி, 1° (gâmi *qui va*), celui qui a mauvais commerce avec une veuve. 2° (காமி), celui qui la convoite, — வேதனம் mariage de veuve.

விதவிதப்பு, 1° (விதம், விதப்பு), avoir divers enjolivemens, être de diverses manières. 2° விதவிதப்பென்றிருக்கிறது *ou* [de, indifferent.

விதவிதவென்றிருக்கிறது, être tié-

*விதவியம், (vidhavya), *V.* விதவனம்.

*விதவை, (வி *sans*, தவன், *mari*). [femme —, veuve.

விதறுகிறது, றினேன், றுவேன், று, ற, *v.n.* se hâter trop, agir précipitamment.

*விதற்பம், *P.* விதர்ப்பம்.

*விதனம், *P.* வியதனம், peine, chagrin, tristesse, affliction, vexation, tourment, dégoût: விதனப்படுகிறது s'attrister, se chagriner, être triste, chagrin; — ப்படுத்துகிறது attrister, chagriner, tourmenter, fatiguer: — ப்படுவதாலாவதுண்டோ s'opère-t-il quelque chose par le chagrin qu'on se donne.

விதனிக்கிறது, னித்தேன், னிப்பேன், னி, னிக்க, *v.n.* விதனித்தல், *n. v.* se chagriner, s'affliger, être triste, chagrin.

*விதாகம், (vidâha), chaleur, acrimonie.

*விதாதா, விதாதிரு, (vidhâtâ, vidhâtrou), Brama, Arouguen, Kâmen, destin: விதாதிருபு Nâraden fils de Brama.

*விதாரிக், விதாத்திரி, (vidhâtri), [poivre long.

*விதாயம், (vidhâya *ayant placé)*, action de placer, de jeter.

*விதாரணம், (விதாரம், na), déchirure, fissure, fente, brisement, rupture, meurtre, guerre.

*விதாரம், (vidâra), déchirer, fendre, guerre, bataille, crue excessive des eaux, inondation, débordement (d'une rivière...).

*விதாரி, (vidâri), la plante புனமுருங்கை bedysarum.

*விதாரு, (vidârou), le lézard dit [பல்லி.

*விதாவிதம், (விதம், *répété*), diverses manières.

*விதானகம், 1° (vitânaka), pavillon, baldaquin, toile attachée au haut d'un pandel, tas, monceau, expansion. 2° (vidhânaka), peine, douleur.

*விதானகன், விதானஞ்ஞன், (vidhânaga, — djna *qui connait*), savant, docteur, pandit.

*விதானம், 1° (vidhâna), expédient, moyen, mode, manière, forme, ordre, coutume, loi, régle, précepte, ordonnance, envoi, action, richesses, fortune, prospérité, bonheur, adoration, vénération, nourriture d'éléphant, inimitié, hostilité, conflit de sentimens opposés, (en grammaire) affixes, préfixes, terminaisons. 2° (vitâna), vide, manque de suc, stupidité, apathie, expansion, dais, pavillon, tapisserie, tentures, toile tendue sous un toit, logement, sacrifice, oblation, tas, quantité, foule, repos, loisir, cessation de travail, espèce de métre ou d'air.

*விதானிகரணம், விதானீகரணம், விதானீகிருதம், (விதானம், i, *augment*), ou

விதானிக்கிறது, னித்தேன், னிப்பேன், னி, னிக்க, *v.a.* (விதானம்), attacher des tentures, des tapisseries, des toiles (dans un temple...), couvrir, — d'un dais...

*விதி, 1° (vidhi), formule, régle, — de grammaire, (souvent en vers techniques), précepte, — sacré, observance —, acte prescrit par les vêdas, ouvrage sacré, écriture sainte, la loi, texte, sentence de la loi, aphorisme, usage, coutume, ordre, commandement, connaissance, emploi, acte, action (en général), détermination, destination, destinée, prédestination, (en style païen) destin, temps, nourriture des chevaux, et autres animaux semblables, espèce, manière, Brama, Vichnou, félicité, bonheur, prospérité, vérité, réalité. 2° *imp. de* விதிக்கிறது: — கேடு irrégularité, illégalité; — ச்செயல் *ou* விதியின்செயல் destin, destinée, effet —, action du destin, selon les païens; — ச்சட்டம் formulaire; — ச்சூத்திரம் formule, prescrire —, établir ce qui n'était pas; — ச்சொல் destinée, prédestination; — தரிசகன், — தரிசனி, — தர்சி, — போதகன் prêtre —, gourou qui veille à ce que tout s'accomplisse selon les régles dans un sacrifice; — ப்பிரசங்கம், — ப்பிரயோகம் ténacité —, exactitude à observer la régle, agir conformément à la régle; — முறை conformité à la —, observation de la régle; — யக்கியம் cérémonie de l'adoration; — யோகம் événement —, arriver selon le destin (en style païen); — வசம் destin, destinée; — வாய், — வாய்பாடு formule de mathématiques; — வினை verbe positif (opposé au verbe négatif மறைவினை); விதிவாய்வருகிறது *ou* வந்த — வருகிறது le destin qui était échu arriver (en style païen), arriver par un effet du destin.

விதிக்கிறது, தித்தேன், திப்பேன், தி, திக்க, *v.a.* விதித்தல் *n.v.* (விதி), ordonner, prescrire, faire, créer, établir, destiner, condamner, juger, prédestiner, écrire, dire: ஒருவனுக்

மரணாக்கினை—condamner quelqu'un à la peine de mort, décréter contre lui la peine de mort.

*விதிக்கு, (வி, திக்கு), point cardinal intermédiaire, v. g. le sud-est...

*விதிஞ்ஞன், (விதி, ஞன்). homme qui a la règle, — la loi. brame.

*விதிதம், (vidita), chose connue, comprise, promise, agréée, consentie, consentement, information, représentation.

*விதிதன், (*id.*), sage, savant.

விதித்தோன், *n. app. de* விதிக்கிறது, le créateur, l'auteur des destinées de l'homme, Dieu, (et à tort) Brama.

*விதிபாதம், *P.* வியதிபாதம்.

விதிப்பாள், 1° fille. 2° 3° *pers. fém. fut de* விதிக்கிறது.

விதிப்பு, *n.v. de* விதிக்கிறது, écriture, destination, ordonnance, réussite.

விதியர், (விதி), écrivains, compteurs, calculateurs, militaires, gens de guerre, ministres d'un roi. [mariage.

விதியுளி, holocauste, messager,

*விதிகை, *P.* துவிதிகை, 2me jour lunaire de chaque demi lunaison.

விதிர்க்கிறது, ர்த்தேன், ர்ப்பேன், ர், ர்க்க, *v.n. et v.a.* trembler, — de peur, craindre, brandir une épée, faire le moulinet, remuer, étendre:

விதிர்க்குவிதிர்க்கெனல், précipitation, *ou* விதிர்க்குவிதிர்க்கென்கிறது, agir avec précipitation, s'empresser, se hâter, palpiter.

விதிர்த்தல், விதிர்ப்பு, *n.v. de* விதிர்க்கிறது, peur, tremblement, brandir... [de règle, — selon la règle.

விதிவத்து, (விதி, வத்து), chose

விதிர்விதிர்க்கிறது, (விதிர்க்கிறது *répété*), trembler, tournoyer.

*விது, 1° (vidhou), la lune ou Sandiren, camphre, Vichnou, Brama, oblation ou sacrifice expiatoire, géant ou demon. 2° (vidou), creux entre les bosses du front de l'éléphant, hippopotame. 3° *imp. de* விதுக்கிறது: — க்ஷயம் déclin de la lune; — ப்பிரியை prétendue femme de la lune, *i.e.* de Sandiren, constellation lunaire, — dite, உரோகணி.

*விதுனம், (vidhighna), écart, ce qui dévie de la règle, s'éloigner.

விதுக்குகிறது, *sync.* விதுக்கிறது, க்கினேன், க்குவேன், க்கு, க்க, *v.n. ou*

விதுக்கிறது, துத்தேன், துப்பேன், து, துக்க, *v. n.* user de mots obscènes ou indécens ou impropres, se hâter, être pressé, *ou*

விதுக்குவிதுக்கென்றிருக்கிறது, être porté à la luxure, à la sensualité.

விதுஷன், விதுடன், savant. [lité.

*விதுஷி, விதுடி, (vidouchi), *fém. de* வித்துவான். femme savante.

*விதுட்சயம், *P.* விதுக்ஷயம், déclin de la lune.

*விதுதம், (vidhouta), chose rejetée, abandonnée, tremblante: விதுதருசம் mouvement de tête qui indique refus, aversion ou dégoût.

*விதுதி, (vidhouti), tremblement.

*விதுந்துதம், (விதும், *acc. de* விது, touda *qui tourmente*), le prétendu serpent இராகு que les Indous supposent être l'ennemi de la lune.

*விதுபஞ்சரம், (vidhoupandjara), sabre, cimeterre.

விதுப்பு *n.v. de* விதுக்கிறது, désir, cupidité, impudicité, hâte, vitesse.

விதும்பல், désir, — impatient, *opt. et n.v. de* [பு, ப, *v.a.* désirer.

விதும்புகிறது, ம்பினேன், புவேன்,

*விதுரம், (vidhoura), séparation, agitation —, trouble d'esprit.

*விதுரன், 1° (vidoura), homme savant, habile, intelligent, libertin, débauché, intrigant, Vidouren fils de Vyasen et de la servante d'அம்பிகை, par conséquent demi-frère des rois திருதராஷ்டிரன் et பாண்டு, un des rois de la race des Kourous, et conseiller de துரியோதனன். 2° (vidhoura), homme veuf. 3° (vithoura), voleur, démon. 4° homme fort, vaillant.

*விதுவனம், விதுனனம், விதுனனம், (vidhouvana, - nana), crainte, tremblement, secousse, secouer.

*விதுன்னகம், (vitounnaka), vitriol bleu, coriandre.

*விதூஷகன், (vidoûchaka), facétieux, plaisant, censeur, détracteur, bouffon de comédie.

*விதூஷணம், விதூடணம், (vidoûchana), grande injure, censure, satire. [distance.

*விதூரம், (வி, தூரம்), grande

*விதூனம், (vidoûna), trouble, agitation, détresse.

*விதூதம், விதூதி, விதூனனம், விதூனிதம், (vidhoûta, —ti, -nana, —nita), agitation, secousse, tremblement.

*விதேகம், 1° (வி, தேகம்), incorporalité, existence sans corps, délivrance du corps. 2° V. விதேகை: விதேக முத்தி délivrance des renaissances corporelles prétendues.

*விதேகன், (id.), m. être incorporel.

*விதேகை, (vidèhâ), Vidèguey ville et district de la province de Bahar, l'ancienne மிதிலை ou le moderne Tirhout. [étranger.

*விதேசம், (வி), pays éloigné, —

*விதேசி, (விதேசம்), étranger.

*விதேயன், (vidhèya), homme docile, soumis, complaisant, souple, facile à conduire. [mission.

*விதேயதை, (id. tâ), docilité, sou-

விதை, 1° grain de blé..., semence ou gaine de plante..., testicules, grandeur. 2° (vidâ), connaissance, esprit, intelligence. 3° *imp. et part. de* விதைக்கிறது: — ப்புனம் champ nouveau, portion de terrain nouvellement cultivé; — மணி semonce, grains que l'on sème; — முதல் l'essentiel —, les grains pour les semailles.

விதைக்கிறது, தைத்தேன், தைப்பேன், தை, தைக்க, *v. a.* (விதை), *n. v.* semer, ensemencer.

விதைக்கை, விதைத்தல், விதைப்பு, *n. v. du préc.* semaille, action de semer. [semeur.

விதைப்போன், *n. app. du même,*

*வித்தகம், (வித்தம், ka), connaissance, sagesse, merveille, bien.

*வித்தகன், *pl.* வித்தகர், (வித்தகம்), homme savant, industrieux, habile, artiste, artisan, messager, grand, homme distingué, Vaïraven, forme de Siven.

*வித்தம், 1° (vitta), connaissance, sagesse, examen, discussion, acquisition, richesse, or, propriété, bonheur. 2° (viddha), rejet, opposition, ressemblance, battre, percement, mépris: வித்தகேனன் pauvre, indigent: வித்தகர்ணம் oreille percée.

*வித்ததன், (வித்தம், da *qui donne*), bienfaiteur, libéral.

*வித்தவான், (*id.* vân *affixe*), riche.

வித்தரிக்கிறது, *P.* விஸ்தரிக்கிறது

வித்தன், 1° *P.* வித்ததன், bienfaiteur. 2° (வித்தை), savant. 3° pé-

*வித்தாரம், *P.* விஸ்தாரம். [nitent.

*வித்தாரி, *P.* விஸ்தாரி.

*வித்தி, (vitti), connaissance, examen, discussion, investigation, jugement, gain, acquisition.

வித்திடுகிறது, (வித்து), semer.

வித்தியதம், *V.* வேதினை.

*வித்தியம், *P.* வித்தியை, connaissance, science, l'arbre தான்றி.

*வித்தியர், (வித்தை), artistes, artisans, savans.

*வித்தியா, *obl. de* வித்தியை: — வான் savant: — கலை une des 5 espèces de கலை; — கீனம் ignorance, défaut de science; — தத்துவம் puissance de la science, une des 3 puissances dites தத்துவத்திரயம், les 2 qualités des choses comprises sous le nom de சுத்தமாத்துவம், (voyez-les au mot தத்துவம்), classe de connaissances qui comprend, selon les Sivénistes, ce qui suit, que l'on appelle வித்தியாதத்துவம் — ஏ, savoir: காலம் le temps, நியதி l'usage ou le devoir, கலை l'art, வித்தை la science, இராகம் la musique, புருடன் ou ஆன்மா l'âme, மாயை ou பிரகிருதி la matière; — தரர், (dhara *qui tient*), espèce de magiciens célestes, de demi-dieux des Indous, ou d'esprits de l'air, (selon d'autres) les சுத்தருவர்; — தனம் richesses acquises par la science; — தானம் don de la science, instruction, — charitable des ignorans; — தேவி déesse prétendue de la science, muse, espèce de déesse des Djaïnas: — பாரகன் savant, —dans les sciences et les arts, étudiant: — ப்பிராத்தி, —ப்பிராப்தி, — லாபம், — லப்தம், — லபிதம் acquisition de la science ou par le moyen de la science, érudition, prospérité due à la science ; — லட்சுமி la prétendue déesse de la science.

*வித்தியாகமம், (வித்தியா, ஆகமம்), acquisition, accroissement de science.

*வித்தியாசம், P. வியத்தியாசம், différence, diversité, distinction, contrariété: நித்தியா நித்திய— différence du temps à l'éternité,— entre les choses temporelles et les éternelles: வித்தியாசக்காரன் homme à différences, — qui fait des distinctions ou différences odieuses.

*வித்தியாதுரம், (வித்தியா, ஆதுரம்), désir de la science.

*வித்தியாநுசேவனம், (id. அநு, சேவனம்), culture des sciences.

*வித்தியாநுசேவி, (id.), homme qui cultive les sciences.

*வித்தியாநுபாலனம், (id. அநு, பாலனம்), protection des sciences, étude, acquisition de la science: வித்தியாநுபாலி savant, qui a acquis la science.

*வித்தியாப்பியாசம், (id. அப்பியாசம்), étude, application aux—, pratique des sciences, science expérimentale.

*வித்தியாரணியசுவாமி, (id. ஆரணியம்), un des auteurs ou des docteurs du வேதாந்தம்.

*வித்தியாரம், (id. அரம்), attention, examen sérieux.

*வித்தியாரம்பம், (id. ஆரம்பம்), commencement d'étude, cérémonie d'écolier.

*வித்தியார்ச்சனம், வித்தியார்ச்சிதம், (id. அர்ச்சனம், அர்ச்சிதம்), acquisition de la science ou par la science. [cherche de la science.

*வித்தியார்த்தம், (id. அர்த்தம்), re-

*வித்தியார்த்தி, (id.), étudiant, — qui cherche la science, écolier.

*வித்தியாலயம், வித்தியாலயம், (id. ஆலயம்), école, collége.

*வித்தியாவத்தன், வித்தியவான், (id. vân affixe), savant.

*வித்தியாநுசேவனம்..., V. வித்தியாநுசேவனம்....

*வித்தியாநுபானம், (வித்தியா, அநுபானம்), étude, enseignement.

*வித்தியுத்து, (vidyout), éclair, foudre: வித்தியுத்பிரியம் métal de cloche aimé de la foudre. [en zigzag.

*வித்தியுல்லதை, (id. இலதை), éclair

*வித்தியை, (vidyâ), connaissance, science (sacrée ou profane), savoir, la fameuse Dourgâ ou துர்க்கை, pilule magique qui, au dire des Indous, étant mise dans la bouche donne le pouvoir de monter au ciel ou de voler où l'on veut.

*வித்தியோதமானம், (vidyôtamâna), lumière.

*வித்தியோபார்ச்சனம், வித்தியோபார்ச்சிதம், (வித்தியா, உப, அர்ச்சனம், அர்ச்சிதம்), acquisition de la science ou par la science.

*வித்திரணம், P. விஸ்திரணம், étendue. [க்கு.

வித்திரம், la plante வெள்ளெ

*வித்திரதி, (vidradhi), inflammation phlegmoneuse, abcès intérieur: —நாசனம் l'arbre முருக்கை.

*வித்திரம், (vidra), trou, fente, crevasse, action de percer. [peur, alarme.

*வித்திரஸ்தம், வித்திராசம், (id.),

*வித்திரவம், வித்திராவம், (vidrava, vidrâva), fuite, s'échapper, retraite.

*வித்திராவணம், வித்திராவிதம், (vidrâvana, — vita), liquéfaction, fonte des métaux..., action de chasser.

*வித்திருதி, P. விஸ்திருதி [ser.

வித்து, 1° semence, — des plantes, graine, grain, sperme, semen virile, race, postérité, lignée. 2° imp. et part. de வித்துகிறது: — தெளிக்கிறது, — போடுகிறது semer; — விதையோ le grain est-il cher? — முதல், V. விதைமுதல்.

வித்துகிறது, த்தினேன், த்துவேன், த்து, த்த, v. a. வித்துதல், s. (வித்து), semer, ensemencer,

வித்துரசம், le palmier தாலி.

*வித்துரு, *P.* வித்தியுத்து, éclair.

*வித்துருதம், (vidrouta), choses fondues, liquéfiées.

*வித்துருமம், (vidrouma), corail, jeune pousse, arbre fabuleux portant des pierres précieuses: வித்துருமலதை espèce de parfum végétal.

*வித்துவகற்பன், (vidval *instruit*, kalpa *aff. d'infériorité*), peu instruit.

*வித்துவஞ்சம், (vidhvamsa), haine, aversion, incivilité, offense, insulte, destruction.

*வித்துவஞ்சி, (*id.*), hostile, ennemi, destructeur.

*வித்துவாமிசன், வித்துவாங்கிசன், (வித்துவான், அமிசம்), savant, poëte, —qui vit en chantant des vers.

*வித்துவான், (vidvân), sage, homme intelligent, érudit, savant, poëte, théologien. *fém.* வித்துஷி. [mi.

*வித்துவிஷன், (vidvicha), enne-

*வித்துவேஷணம், வித்துவேஷணை, வித்துவேடணம், வித்துவேடணை, (வித்துவேஷம், na), 1° excitation à la haine, c'est le 38me des கலைக்கியானம் et un des அஷ்டகருமம். 2° *ou*

*வித்துவேஷம், வித்துவேடம், (vidvêcha), haine, inimitié, opposition.

*வித்துவேஷி, வித்துவேடி, (vidvêchi), ennemi.

*வித்தேசை, (வித்தம், ஆசை), désir des richesses, avarice, cupidité.

*வித்தை, *P.* வித்தியை, connaissance, art, sagesse, savoir, science (sacrée ou profane), magie, jonglerie, métier —, tour d'adresse ou de passe-passe; வித்தை இசை 14 branches des sciences censées sacrées des Indous, savoir les 4 védas, les 6 வேதாங்கம், la philosophie மீமாஞ்சை, la logique தருக்கம், les புராணம் ou vieilles légendes, les ஸ்மிருதி ou codes de loi தருமநூல்வியவஹாரங்கம்: —கற்பிக்கிறது enseigner un art, —une science; —கற்றுக்கொள்ளுகிறது apprendre un art, une profession ou une science; —க்கவி poëme construit avec art; —க்காரன் magicien, jongleur, joueur de gobelets; —காட்டுகிறது faire des jongleries, des tours de passe-passe; —விருப்பு désire la science, —d'apprendre les sciences.

*விநசனம், (vinasana), destruction, le pays dit குருக்ஷேத்திரம்.

*விநஷ்டம், விநஷ்டி, (வி), destruction, perte, disparition.

*விநதம், 1° (vinata), courbure, tortuosité, humilité. 2° (vinada), son, bruit.

*விநதாசுதர், (விநதை, சுதர்), les fils de Vinadei (et de Kasyaben), Arounen, Garouden.

*விநதி, (vinati), civilité, humilité, modestie, courbure, vénération.

*விநதை, (vinatà *la modeste*), Vinadei fille de தக்ஷன் et une des femmes de கசியபன், (au dire des fables indoues, elle pondit 2 œufs, d'où, après une incubation de plusieurs siècles, sortirent le cul-de jatte Arounen cocher du soleil, et le faucon Garouden monture de Vichnou), espèce de panier, Vinadei une des 7 villes censées sacrées nommée aussi கோசலம்.

*விநயம், (vinaya), modestie, retenue, affabilité, humilité, civilité, respect, vénération, révérence, obéissance, décence, décorum, bonne —, conduite, équité, ordre, discipline, dresser à la discipline: அத்தியந்த —extrême révérence...

*விநயனம், (விநயம், na), *V.* விநயம். [tion.

*விநாசகம், (விநாசம், ka), destruc-

*விநாசகன், 1° (*id.*), destructeur, corrupteur. 2° (வி, நாசிகை), sans nez.

*விநாசம், விநாசனம், (வி), destruction, meurtre, annihilation, perte, disparition, ne pas voir, —paraître. [meurtrier.

*விநாசன், (*id.*), destructeur,

*விநாசி, *m.* விநாசினி, *f.* (*id.*), destructeur, destructrice.

*விநாடி, விநாடிகை, (வி), minute indienne (égale à 24 secondes européennes), moment, instant.

*விநாதன்,(வி),homme abandonné, sans protection, – maitre.

*விநாயகம், (வி, empèchement, obstacle, grande supériorité.

*விநாயகன்,(வி, *sans maitre ou grand maitre*), Poulléyar fils de Siven et neveu de Vichnou, Bonddha, Arouguen, gourou, Garouden: விநாயகசட்டி le 6e jour de விநாயகன், *i.e.* 6e jour lunaire de la 2e demi-lunaison ou le 21me jour lunaire du mois de கார்த்திகை après la fin de la fète de கார்த்திகை.

*விநாழிகை, *P.* விநாடிகை, minute tamoule (de 24 secondes).

*விநிகதம், (vinihata), prodige, phénoméne, météore, comète, grande et inévitable calamité.

*விநிகமம், (வி), jugement équitable, porté avec raison.

*விநிச்சயம், விநிச்சிதம்,(வி),certitude.

*விநிச்சலம், (*id.*), immobilité.

*விநிச்சுவாசம், (வி), soupir.

*விநித்திரன், (வி, நித்திரை), éveillé: விநித்திரத்துவம் veille, vigilance.

*விநிபாதம், (வி), chute, calamité, —inévitable, peine, détresse, mort, manque de respect, mépris.

*விநிமயம், (வி), troc, échange, gage, dépòt.

*விநியதம், விநியமம், (வி), gouvernement, restriction, réglement.

*விநியோகம், (வி), démon, abandon d'une chose (dans l'espoir de quelqu'avantage ou autre considération), séparation, empèchement, destination, distribution de gâteaux etc...aux brames dans une pagode: விநியோககாரன் homme libéral.

*விநிர்க்கதம், விநிர்க்கமம், (வி), sortie, départ. [victoire, conquète.)

*விநிர்ச்சயம், விநிர்ச்சிதம்,(வி, நிர்),

*விநிர்ணயம், விநிர்ணீதம், (வி), certitude, détermination.

*விநீதம், (வி), beauté, envoyer, renvoyer, douceur, châtiment, conduite, bonne conduite, chasteté, vertu, décence, décorum, soumettre, respect, civilité, cheval bien dressé au manége.

*விநீதன், (*id.*), homme châtié, puni, doux, humble, modeste, respectueux, gouvernable, soumis, décent, marchand. [chaste, modeste, soumise.

*விநீதை, *fém. du préc.* femme.

*விநோதம், 1° (vinòda), jeu, passe-temps, amusement, passer le temps à jouer, rejet, renvoi, abandon, haine, opposition, désir ardent, impétuosité, joie, plaisir, emploi, —intéressant. 2° beauté, nouveauté, curiosité, chose faite avec art, artifice, pompe, splendeur, majesté: — காட்டுகிறது déployer de la pompe, montrer des curiosités, faire des tours de passe-passe...: — செய்கிறது faire des nouveautés, des choses curieuses, artificielles; — பண்ணுகிறது déployer de la pompe, —un grand appareil; விநோதவித்தை magie, enchantement, jonglerie.

*விநோதன், விநோதி, *pl.* விநோதர், (*id.*), joueur, amateur de plaisir, —de curiosités, qui passe le temps à s'amuser.

*விந்தம், 1° *P.* விந்தியம், le mont Vindhya, montagne, chaine de montagnes. 2° le nombre பதுமம் ou 100 trillions, fleur de —, nénuphar, l'arsenic dit குதிரைப்பற்பாஷாணம்.

விந்தரம், l'arsenic dit கற்கடபாஷாணம். [ஷாணம்.

விந்தர், bergers, pâtres.

விந்தாக்கினி, feu de la luxure.

விந்தாரக்கல், (விந்து, ஆரல், கல்), pierre qui ressemble au foie, *V.* ஈரற்கல்.

*விந்தியம், (vindhya), le mont Vindhya, la chaine des —, les monts Vindhyas, qui séparent l'Indoustan du Dékan: விந்தியகூடன், — கூடனன், (koùta *affliger*), celui qui a dompté le mont Vindya, *i. e.* Agastyen qui, au dire de la fable, a forcé le mont Vindhya à se prosterner devant lui et à rester dans cette posture pour le punir d'avoir voulu surpasser l'Himâlaya; — வாசி, ஈ.— விதன் habitant du mont Vindhya.

i.e. le grammairien Vyâri; — வாசினி, f. l'habitante du Vindya, i.e. Dourgâ, village et temple consacrés à Dourgâ à 3 milles de Mirzapour sur le Gange, l'arbrisseau கொஞ்சிடம்; — — பர்வதம், — சைலம், ou

*விந்தியாசலம், (விந்தியம், அசலம்), le mont Vindhya.

*விந்தியாடம், (id. அடம்), la forêt du mont Vindhya, qui s'étendait de Mathoura à la Narmada ou நருமதை.

*விந்தியாவலிபுத்திரன், — அசுரன் le fils de விந்தியாவலி, i.e. le géant வாணாசுரன்.

*விந்து, 1° (vindou), goutte d'eau ou de liquide, partie du front —, intervalle entre les sourcils, marque, — sur le front, — colorée sur le front des éléphans, point, — ou petit rond mis sur une lettre (pour représenter la terminaison nasale en sanscrit ou l'absence de voyelle en tamoul), rond, cercle, marque de la morsure des dents. 2° sperme, — humain: — விழுகிறது le sperme tomber; — தரிக்கிறது concevoir; — வழி par la conception ou la naissance; — சாலம், — சாலகம் marque colorée sur le front et la trompe d'un éléphant; — சித்திரகம் cerf tacheté: — தந்திரம் dé à jouer, tableau pour jouer aux dés, espèce d'échiquier.

விந்தை, P. வித்தை, admiration, étonnement, merveille, chose curieuse, spectacle, pompe, ostentation, ornement, science, Dourgâ, la prétendue déesse du courage, espèce d'அகத்தி: — காட்டுகிறது montrer des curiosités; — க்காரன் artiste, homme qui fait des choses merveilleuses; — யடிக்கிறது faire des choses merveilleuses; — யாயிருக்கிறது être pompeux, merveilleux, élégant, beau, curieux; — விந்தையாய்ப்பாடுகிறது chanter merveilleusement, mélodieusement; — விந்தைவருணமாயிருக்கிறது être orné—, décoré de diverses couleurs. [தாரி.

விந்தைதம், l'arbre dit செங்கத்

*விபகரிக்கிறது, ரித்தேன், ரிப்பேன், ரி, ரிக்க, v. n. (விபகாரம்), விபகரித்தல், n.v. faire—, poursuivre—, conduire un procès, plaider, disputer, raisonner, exposer ses raisons.

*விபகலிதம், P. வியவகலிதம், soustraction.

*விபகாரம், P. வியவகாரம், dispute, procès, litige, pratique des tribunaux, usage, coutume, règles, — des lois.

*விபக்கம், விபக்ஷம், (வி), haine, inimitié, opposition (et selon quelques-uns) amour du prochain, exception (en grammaire), argument qui manque de proposition à soutenir (en logique): விபக்ஷபாதம் impartialité, indifférence; — பாதன் homme impartial. [saire, ennemi.

*விபக்கன், விபக்ஷன், (id.), adver-

*விபக்ஷதை: (விபக்ஷம், tâ), opposition, inimitié, hostilité, combat, contradiction (dans un argument).

*விபங்கம், (வி), brisement, rupture, fracture, division, courbure.

விபசரிக்கிறது, ரித்தேன், ரிப்பேன், ரி, ரிக்க, v. n. (விபசாரம்), mener une mauvaise vie, vivre dans l'adultère, s'abandonner au désordre.

*விபசாயம், P. வியவசாயம், agriculture.

*விபசாரம், P. வியபிசாரம், incontinence, fornication, adultère, mauvaise vie, inconduite, débauche, erreur, écart, égarement: பண்ணுகிறது commettre un adultère; விபசாரக்கள்ளன், V. விபசாரன்; விபசாரத்திலடிபட்டிருக்கிறது être adonné ou accoutumé à l'adultère, à l'inconduite.

*விபசாரன், (விபசாரம்), homme —, adultère, débauché.

*விபசாரி, (id.), femme —, adultère, prostituée. [ce.

*விபசியம், (vipasya), connaissan-

*விபச்சித்து, (vipastchit), savant, docteur, maître.

*விபஞ்சி, விபஞ்சிகம், விபஞ்சிகை, (vipantchi, kâ), luth, jeu, amusement, passe-temps.

*விபட்சம்,விபட்சன்,விபட்சதை, P. விபக்ஷம்....

*விபணம்,விபணனம்,(vipana,na), contrat de —, vente, prix.

*விபணி, 1° (vipani), boutique,rue du —, marché, foire, place —, lieu où l'on expose en vente, marchandise, objet à vendre. 2° (vipani), marchand.

*விபர்ணகம், விபிர்ணகம், (வி, பர்ணம், ka), l'arbre பலாசு butea frondosa.

*விபதம், 1° (vipatha), mauvais chemin. 2° offrande, — manuelle.

*விபதுத்தாரம், விபதுத்தாரணம், (விபத்து), délivrance du malheur.

*விபதை, (vipadà), adversité,pauvreté.

. விபத்தம், (விபத்து, அம்), disette, famine, cherté, l'arbre எட்டிமரம்: விபத்தமாய்ச்செலவழிக்கிறது dissiper, dépenser follement.

*விபத்தன், 1° (vibhakta), qui est séparé,divisé,différent. 2° (விபத்து), malheureux, inquiet, chagrin.

*விபத்தசன், (விபத்தன், சன்),enfant né malheureux, — né après le partage des biens entre son père et ses oncles.

*விபத்தி, 1° (vipatti),adversité,calamité, malheur, pauvreté,trouble, douleur, tourment, agonie, mort, faute. 2° (vibhakti), part, portion, héritage, division, cas ou inflexion des noms, déclinaison;— யுக்தன் malheureux;— ரகிதன் heureux,délivré du malheur.

*விபத்து, (vipad), calamité, adversité, malheur, affliction, trouble, danger:—காலம் temps de calamité;— சாகரம் mer d'infortune; —ரகிதன் heureux, délivré du malheur.

*விபந்தம், (வி), constipation, ischurie.

விபம், (விபவம்), richesses, bonheur, prospérité, excellence, force ou qualité supérieure.

*விபரம், P.விவரம், détail, circonstances, particularités.

*விபரிக்கிறது, P. விவரிக்கிறது, détailler,circonstancier,raconter,— en détail.

*விபரிணாமம் (viparinâma), changement, — d'état ou de forme.

*விபரிதம், V. விவரிதம்.

*விபரியஸ்தம், (vipariasta), opposition, le contraire.

*விபரியயம்,விபரியாயம்,(viparyaya,yâya), opposition, contrariété, le contraire, destruction,annihilation, changement, inimitié, caractére colére.

*விபரியாசம், (viparyâsa), opposition,le contraire,l'opposé,changement, regarder comme réel ce qui est imaginaire,

*விபரீததை, (விபரீதம், tâ), opposition, contrariété, le contraire.

*விபரீதம், (viparita), ce qui est contraire,opposé,étrange, diversité, différence, divergence, irrégularité, contradiction, perversité, changement,excès, étonnement:—பண்ணுகிறது agir d'une manière perverse; — பிறந்தது une irrégularité... est survenue, une nouveauté contraire s'est élevée; விபரீதகதி marche inverse, — en arrière;— சிந்தகன்,—கரன்,—காரி,—கர்த்திரு homme méchant,pervers;—காலம் temps malheureux,— contraire;— பஞ்சம் famine extraordinaire;— விலக்கு figure qui consiste à rejeter une chose ou un effet en montrant qu'il ou qu'elle est contraire à la cause:— வினை verbe irrégulier, action irrégulière:—உவமை comparaison irrégulière, celle où l'on prend l'objet de la comparaison pour l'objet comparé et réciproquement. *Ex.* கண்போற்பிறழுங்கயல் la carpe mobile comme l'œil, pour dire l'œil mobile comme la carpe.

*விபலதை,(விபலம், tâ), inutilité.

*விபலம், 1° (vipala), moment, instant. 2° (viphala), chose vaine, sans profit, frivolité, inutilité, faiblesse.

*விபலாயனம், விபலாயிதம், (வி), fuite, déroute, vol, s'envoler.

*விபலீகரணம்,—கிருதம்,—பூதம், (வி, பலம், I, *augment*), inutilité, action inutile, empêchement.

*விபவம், (vibhava), bonheur, prospérité, état florissant, chose,objet, don, propriété, magnanimité, pouvoir surhumain, délivrance de l'existence,terrestre, mort: விபவ, *ou* — வருஷம் la 2e année du cycle indien qui correspond à 1808 et 1868.

விபவனம்,obéissance, soumission.

*விபந்நம், (vipanna),infortune, revers, chute, perte, faute, ruine, destruction, décadence, maigreur, mort, serpent.

*விபந்நன், (*id.*), homme infortuné, tombé dans l'adversité,qui a éprouvé un revers, ruiné, maigri, mort.

*விபாகம், 1° (vipâka), cuisson, digestion, maturité, opportunité, goût, saveur, résultat, — inattendu ou improbable, chose fortuite,— qui arrive d'elle-même, conséquence ou fruit des actions, diversité, changement, pauvreté, détresse. 2° (vibhâga), part, portion—, partage d'un héritage, numérateur d'une fraction. 3° félicité,prospérité,jouissance, volupté: விபாகக்கற்பனை assignation des parts.

*விபாகரன், (விபை,கரன்), le soleil, feu, le dieu prétendu du feu.

*விபாசம், (வி,பாசம்), délivrance de lien,défaire un nœud, — un lien.

*விபாசை, 1° (vibhâsâ), lumière. 2° (vipâsâ),le fleuve Vipas ou Beyah dans le Pandjab,Hyphasis des Grecs.

*விபச்சியம், (vibhâdjya *divisible*), part, portion, division: விபச்சியத்துவம் divisibilité, chose divisible.

*விபாஷை, (வி), alternative, l'un ou l'autre.

*விபாடம், (vipâta), flèche.

*விபாண்டுரம், (வி),pâleur.

*விபாதம், (vibhâta), aurore,aube, point du jour, lever du soleil.

*விபாதனம், விபாதிதம், (vipâdana,—dita), destruction, meurtre.

*விபாதிகை, (vipâdikâ), énigme, mules,mal—,ulcère ou pustule aux pieds,crevasse de bile.

*விபாவசு, விபாவசன், (vibhâvasou),la lune ou Sandiren, espèce de collier ou de guirlande, *V.* விபாகரன்.

*விபாவரி, (vibhâvari), nuit, safran,prostituée, entremetteuse.

*விபாவனம், (vibhâvana), examen,discussion,jugement, décision, discernement, perception, vision, imagination.

*விபாவனை, (vibhâvanâ), discussion,examen, limitation, mettre des bornes, fig. de rhét. qui décrit des effets qui ne viennent pas des causes usuelles ou connues.

*விபாவன், (vibhâva), ami.

*விபாவிதம், (vibhâvita), chose vue,perçue, distinguée, jugée,imaginée, connue, prouvée.

*விபாவியம், (vibhâvya), penser, imaginer, distinguer.

*விபினம்,(vipina), bois, forêt.

*விபின்னம்,(வி), briser, casser, disperser, percer, blesser, variété, diversité, désappointement, perplexité.

*விபீஷணம்,விபீஷணை, vibhîchana), propriété d'exciter la terreur.

*விபீஷணன், விபீடணன், (*id.*), le terrible, le formidable, Vibhîchanen frère cadet de Râvanen mais d'un bon caractère.

*விபீதகம்,(vibhîtaka), l'arbre தான்றி.

*விபீதம், (வி), sans crainte.

*விபு, (vibhou), celui qui est présent partout, qui pénètre tout, qui est éternel, Dieu, (et à tort) Brama, Vichnou, Siven, maître, seigneur, propriétaire, chef, agent, âme, serviteur, ouvrier, air,espace, lieu, temps, toujours, éternité, solidité, plénitude: — துவம்,—த்துவம், *V.* விபுதை.

*விபுசக்குரு, (விபு), la plante தண்ணீர்விட்டான்.

விபுணன்,homme qui excelle,distingué, victorieux: புண்ணியத்திலே —qui excelle en vertu.

*விபுதன், (viboudha), la lune ou Sandiren, Dieu, savant, docteur; *pl.* விபுதர் les érudits, les gens très savans, les sages, les habitans des cieux, les immortels, les dieux prétendus. [matie, plénitude.

*விபுதை, (விபு, tâ), pouvoir, supré-

*விபுலகன், (வி), délivré de l'horripilation.

*விபுலதை, (விபுலம், tâ), grandeur.

*விபுலம், (vipoula), largeur, étendue, profondeur, grandeur, le mont Himalaya, le mont Mèrou, la terre: விபுலரசம் la canne à sucre.

*விபுலேக்ஷணன், (விபுலம், ஈக்ஷணம்), qui a les yeux larges.

*விபுலை, (vipoulâ), la terre.

*விபூஷணம், விபூஷிதம், விபூடணம், (வி), ornement, décoration, bijou, joyau.

*விபூஷை, (vibhoûchâ), lustre, splendeur, beauté, ornement,

*விபூதி, 1° (வி, பூதி, vibhoûti), cendres, — bénites, - de bouse de vache (dont les Sivénistes se barbouillent le corps à l'imitation et en l'honneur de Siven qui, dit on, s'en barbouillait ainsi), pouvoir surhumain et fabuleux comprenant 8 facultés dites அஷ்டமாசித்தி et attribuées surtout à Siven, grandeur, pouvoir, dignité. 2° faute, cruauté, violence, félicité, prospérité, les 8 richesses dites அஷ்டசெல்வம், bon caractère, chair; — தரித்துக்கொள்ளுகிறது porter de la cendre de bouse de vache, en avoir le front et souvent même le corps barbouillé; அவன்நெற்றியிலே விபூதி - விட்டான் il lui a mis de la cendre de bouse de vache sur le front (disent les Vichnouvistes, pour dire: il l'a trompé).

*விபூயம், (vipoûya), l'herbe முஞ்சி saccharum munja.

*விபேகம், *P.* விவேகம், esprit, prudence, puissance.

*விபேகி, *P.* விவேகி, homme prudent, d'un esprit subtil.

*விபேதம், (வி), opposition, inimitié, haine, contradiction, variété, distinction, troubler, *ou*

*விபேதனம், (விபேதம், na), diviser, séparer, briser.

*விபை, (vibhâ), beauté, lustre, splendeur, rayon, — de lumière.

*விபோதம், (vibodha), esprit, intelligence, réveil.

*விபோதி, (*id.* i), instruit, éveillé.

*விப்பிரகாசியம், (வி, பிரகாசம், ஆசியம்), voir la figure ou la forme de l'air.

*விப்பிரகாரம், (viprakâra), opposition, injure, mépris, mal, méchanceté, revanche.

*விப்பிரகாரி, (*id.* i), homme opposé, qui méprise, qui se venge.

*விப்பிரகிருதம், விப்பிரகிருதி, (viprakrouta, ti), mépris, injure, revanche, équivalent.

*விப்பிரதகம், (vipradaha), fruits secs, racines... sèches.

*விப்பிரதிகாரம், (வி, பிரதி), opposition, contradiction, revanche, changement, le revers.

*விப்பிரதிசாரம், விப்பிரதீசாரம், (*id.* சாரம்), repentir, conversion, amélioration, mal, méchanceté, haine, inimitié, tristesse, colère.

*விப்பிரதிசித்தம், விப்பிரதிஷித்தம், (*id.* சித்தம்...), empêchement, chose défendue.

*விப்பிரதிபத்தி, (வி), perplexité, confusion, contradiction, différence, dispute, opposition, — d'intérêts, connexion, relation. [ère.

*விப்பிரபை, (*id.*), défaut de lumi-

*விப்பிரமம், 1° (*id.*), classe d'actions de femmes qui procèdent de l'amour, caprice, — de femme, flatterie, fantaisie, lascivetó, badinage, — lascif, — de 2 amans, dégoût qui les fait cesser, — à leur cessation. trouble, confusion, vertige, écart. erreur, faute, méprise, hâte, précipitation, doute, crainte, beauté, tournoiement. 2° *P.* விப்பிரபை.

*விப்பிரம், 1° (vipra), pied de 4 brèves. 2° *sync. de* —, *V.* விப்பிரமம்.

*விப்பிரயாணம், (viprayâna), fuite, retraite.

*விப்பிரயோகம், (வி), absence,

séparation, — d'amans, désunion, querelle, désaccord, soupirs et pleurs qui sont un des effets prétendus des flèches de Kâmen.

*விப்பிரர், *pl. de* விப்பிரன், bra-mes.

*விப்பிரலம்பம், (vipralambha). déception, désunion, séparation (d'époux ou. d'amans), querelle, désaccord.

*விப்பிரலாபம், (vipralâpa). paroles inutiles, — qui n'ont pas de sens, dispute, querelle.

*விப்பிரவாசம், விப்பிரவாசனம் (வி, பிர, வாசம், na), séjour—, habitation en pays étranger, exil, bannissement.

*விப்பிரன், (vipra), brame.

*விப்பிராந்தசிவம், (விப்பிராந்தம்), signe, halo autour—, disque du soleil et de la lune.

*விப்பிராந்தம், விப்பிராந்தி, (vibhrânta, — ti), erreur, confusion, trouble, précipitation, tournoiement.

*விப்பிரியம், (வி), dégoût, offense, transgression, chose désagréable.

*விப்பிலவம், (viplava) combat—, guerre irrégulière et injuste, pillage injuste, rapine, déprédation, extorsion, tumulte, trouble, confusion, mal, péché, perversité, hâte, puissance, *ou* [d'un pays...

*விப்பிலம், *sync. du même*, calamit

*விப்பிலாவம், (vipilâva), déluge, inondation, dévastation, tumulte, galop de cheval.

*விப்பிரீகரணம், *P.* விபரீகரணம்.

*விப்புருதி, (வித்திரதி), ulcère qui ronge et s'étend, cancer, carcinome: கல்— ulcère dur comme une pierre, — qui ne peut s'amollir.

*விமதன், (vimata), ennemi, adversaire.

*விமதம், விமதி, (*id.* vimati), dégoût, aversion, diversité d'opinions.

*விமயம், (vimaya), échange, troc.

*விமரிசனம், விமரிசை, விமர்ச்சம், விமர்ச்சனம், (vimarsa, — na), 1° discussion, investigation, raisonnement, examen, — par la raison. 2° prudence, réflexion, délibération, discrétion.

*விமர்த்தம், (vimardda), friction, frottement, contact, destruction.

*விமர்த்தனம், (*id.* na), frottement, friction, broiement, trituration des parfums, réduction en poudre, destruction, éclipse, répression, apaiser, odeur.

*விமர்த்தார்த்தம், (விமர்த்தம் *contact*, அர்த்தம்), demi-durée d'une éclipse, moitié de la durée du 1er au dernier contact, (ou selon d'autres) duré entière de l'éclipse.

*விமலம், (வி), exemption de souillure, — de saleté, pureté sans tache, pureté (extérieure ou intérieure et de cœur), beauté, netteté, blancheur, transparence, argenture, dorure, un des 28 livres des Sivénistes: விமலமணி cristal.

*விமலன், (*id.*), celui qui est pur, — sans tache, *i.e.* Dieu, (et à tort) Siven, Arouguen). [ம். *V.* பரவெளி.

*விமலாசயம், (விமலம், ஆசய

*விமலாத்துமகன், விமலாத்துமா, விமலார்த்தகன், (*id.* ஆத்துமம், ka, அர்த்தம், ka), celui qui a une âme —, âme pure.

*விமலி, விமலை, *fém. de* விமலன், celle qui est pure, sans tache, *i.e.* la très-sainte vierge Marie, (et à tort) Sarasvati, Lakchimi, Parvodi, Dourgâ ou Vindei. [dégoût, tristesse.

*விமனசு, (வி), mauvaise volonté,

*விமாதிரு, (வி), belle mère, marâtre: —சன் fils de sa belle mère, demi-frère, frère de père.

*விமாமிசம், (வி), chair impure, repas sale, — impur.

*விமார்க்கம், (வி), mauvaise route, — conduite, balai.

*விமார்த்தம், *P.* விமர்த்தார்த்தம்.

*விமானம், (வி), char fabuleux des dieux indous qui se meut de lui-même au milieu des airs, sorte de—, char ou véhicule, monture, cheval, palais royal, — de roi, maison à 7 étages, ciel, monde fabuleux des dieux, temple, pagode, niche—, châsse de temple, mesure, déshonneur, incivilité, la 4me constellation lunaire dite உரோகிணி.

*விமானி, (வி), personne déshonorée, qui a reçu un affront.

*விமுகன், விமுகி, (வி, முகம்), qui détourne le visage, opposé.

*விமுகதை, விமுகிதை, (வி, முகம் tâ, itâ), disparition, opposition, inimitié, ou

*விமுகீகரணம், — கிருதம், (*id.* î *augment*), se détourner, départ.

*விமுக்தம், விமுக்தி, (வி), séparation, délivrance, — de transmigrations supposées, — d'existence future.

*விமுத்திரம், (வி, முத்திரை), floraison, pousse, — tendre, — de fleurs, jeune pousse, chose sans cachet.

*விமூடம், (வி, மூடம்), folie, égarement, séduction: விமூடசஞ்ஞம், (sadjnâ *sens*), insensibilité, être sans connaissance.

*விமோகனம், (வி), fascination, séduction, déception, tromperie.

*விமோக்ஷம், விமோட்சம், (வி), délivrance, mise en liberté.

*விமோக்ஷணம், விமோட்சணம், (வி, மோக்ஷம், na), abandon.

*விமோசனம், (வி), délaissement, abandon, délivrance, cessation, éloignement, entière —, expiation, rémission, absolution, abolition, départ: பாவங்களை — பண்ணுகிறது effacer les péchés, absoudre des péchés; பாவ — expiation —, absolution —, rémission des péchés.

*விமோசிதம், (*id.*), délivrance, mise en liberté.

*விம்சகம், (vimsaka), vingt, — ensemble, vingtaine, collection de 20.

*விம்சதி, (vimsati), vingt.

*விம்சதீசன், விம்சதீசி, (விம்சதி, ஈசன்), gouverneur —, chef de 20 villages.

*விம்பகம், (விம்பம், ka), disque du soleil ou de la lune, *ou*

*விம்பகை, (*id.* கை), gourde, fruit de la plante கோவை.

*விம்படம், (vimbata), sénevé, plante qui donne la moutarde.

*விம்பம், (vimba), disque du soleil, — de la lune, cercle, figure, image, idole, peinture, représentation, ombre, lumière, forme, — réfléchie, la plante கோவை, bryonia grandis ou momordica monadelpha, sa tige grimpante, la gourde qui en est le fruit, un des 28 livres des Sivénistes, les arsenics dits சாலாங்கபாஷாணம் et பலண்டுருகபாஷாணம்: விம்பபூசை sacrifice —, offrande ou culte à une idole: — ப்பிரதிவிம்பபாவம் existence sous une —, ce qui a une forme et une forme réfléchie; — மானி héliomètre.

விம்பி, 1° *imp. de* விம்பிக்கிறது. 2° * (vimbi), *V.* விம்பகை.

*விம்பிகை, (விம்பம், ikâ), *V.* விம்ப[கம்.

விம்பிக்கிறது, பித்தேன், ப்பேன், பி, பிக்க, *v.a.* (விம்பம்), விம்பித்தல், *n.v.* réfléchir une image.

*விம்பு, (vimbou), aréquier.

விம்பை, 1° *acc. du préc.* 2° (vimbâ), *V.* விம்பகை.

*விம்போஷ்டம், விம்பௌஷ்டம், (விம்பம், ஓஷ்டம்), lèvre rouge comme le fruit du விம்பம்.

விம்மல், *opt. et n. v. de* விம்முகிறது, sanglot, pleurs, son, retentissement, gonflement, enflure, rigidité, dureté, trouble, joie: — ஆயிருக்கிறது être dur, non flexible, gonflé...

விம்மிதம், crainte, surprise, admiration, corps.

*விம்மிலாசவம், விம்மிலாபனம், (vimlâva, vimlâpana), fraicheur, pureté, netteté, vivifier.

விம்முகிறது, மினேன், முவேன், மு, ம, *v.n.* விம்முதல், *n.v.* se gonfler, se durcir, se roidir, ne pas plier, être dur, roide, non flexible, gros, étendu, gonflé, enflé, grossir, crier, pleurer, gémir, sangloter, se lamenter, soupirer, résonner, retentir, se troubler, se réjouir: விம்மிப்போகிறது se durcir, se roidir, s'accumuler; — யழுகிறது pleurer et sangloter; — யிருக்கிறது être étendu, gonflé; விம்மியஸ்தனம் mamelles gonflées, — remplies de lait; விம்மினபூ, — மலர் bouton gonflé, prêt à s'ouvrir.

விய, 1° *ou* வியவருஷம், *P.* விய்யனு

ஷம், la 20^me année du cycle indien qui correspond à 1826 et 1886. 2° imp. de வியக்கிறது. 3° obl. de வியம்.

வியக்கம், grandeur.

வியக்கலே, loyer, louage.

வியக்கிறது, வந்தேன், வப்பேன், வ, வக்க, v. a. admirer, s'étonner, louer, estimer.

*வியங்கம், (வி, அங்கம்), défaut naturel, marque, tache, verrue, difformité, grenouille.

*வியங்கியம், (vyangya), langage figuratif, poétique, elliptique, qui indique quelque chose de plus que les mots simples, sarcasme couvert, indication.

*வியங்குலம், (வி, அங்குலம்), le 60^me d'un doigt ou d'un அங்குலம்.

வியங்கோள், வியங்கோள்வினை, வியங்கோள்வினைமுற்று, வியங்கோண்முற்று, (வியம்), optatif (sans distinction de temps, de genres, de nombres, ni de personnes): கற்க கசடற apprenez sans faute. Cet optatif est ordinairement terminé en க, et dans le haut tamoul en இய, இயர், அல் ou அட்டு, comme வாழ்க, வாழிய, வாழியர், வாழல், வாழட்டு puissé-je, puisses-tu, puisse-t-il ... être heureux. (அல் est aussi la terminaison du nom verbal, et அட்டு est l'impératif d' ஒட்டுகிறது joint à l'infinitif en élidant ஒ).

*வியசம், (vyadja), soufflet, éventail.

*வியசனம், 1° (id.na), V. வியசம். 2° (vyasana), chagrin, affliction, peine, calamité, application, désir véhément, faute, vice, péché, mauvaise fortune, inhabileté, chute, vent, V. அரிஷ்டம்.

*வியசநியன், வியசனியன், (வியசனம், tya), débauché, libertin, ivrogne, furieux.

*வியச்சாரி, (வியத்து, tchâri qui va), milan.

*வியஸ்தம், V. வியத்தம்.

*வியஞ்சகம், 1° (vyandjaka), signe, marque, symbole, indication, — extérieure de passion ou de sentiment, expression figurative ou elliptique. 2° (vyamsaka), tromperie, déception, montagne.

*வியஞ்சகன், (id.), trompeur.

*வியஞ்சனம், 1° (vyandjana), signe, marque, insignes, consonne, sauce, ragoût, assaisonnement, chose qui donne du goût, barbe, parties naturelles, boule de pulpe, de pois.... 2° (vyamsana), tromperie. 3° ou

*வியஞ்சனை, (vyandjanâ), expression figurée, ironie, sarcasme.

*வியடம்பகம், (vyadambaka), ricin ou palma-christi.

வியட்டிரூபம், (ரூபம்), figure dodue, corpulence.

*வியதம், வியதனம், 1° (vyadha, na), perforation, coup, percer, frapper. 2° (vyatha.na), douleur, tourment.

*வியதி, (viyati), oiseau.

*வியதிகரம், (வி, அதி, கரம), infortune, calamité, trouble, réciprocité, contact.

*வியதிகாரம், V. வியதிசாரம்.

*வியதிக்கிரமம், வியதிக்கிராந்தம், (வி, அதி), renversement, inversion, bouleversement, opposition, rétractation, passer dessus.

*வியதிபாதம், V. வியதீபாதம்.

*வியதிரேகம், 1° (vyatirêka), V. வெதிரேகம். 2° chute: வியதிரேகவியாப்தி preuve tirée de la négation ou non existence; வியதிரேகவியுதாகரணம் exemple par les contrastes ou les négations.

*வியதிசரம், V. வியதிகரம்.

*வியதிகாரம், (வி, அதி, hâra prise), troc, échange, — de coups ou d'injures.

*வியதிபாதம், (வி, அதி, பாதம் chute), trouble, calamité, mauvais augure, phénomène, mépris, le 7° des 28 யோகம்.

*வியதை, (vyathâ), douleur, tourment.

வியத்தகங்கை, P. வியத்துகங்கை.

*வியத்தம், 1° (vyasta), opposition, renversement, inversion, trouble, confusion, chose essentielle, principale, fondamentale, principe. 2° (vyakta), connaissance, évidence, clarté, explication, chose visible, preuve, individualité: வியத்தத்துவம் manifestation; —பதம் mot simple, — non

composé, mot isolé;— நாதி quantité connue; — விதி inversion, règle pour l'inversion;—லக்ஷணம் marque évidente.

வியத்தல்,n.v. de வியக்கிறது, admiration, étonnement, louange, éloge, estime.

*வியக்தி, (vyakti), individualité, chose, objet,—spécifique, apparence, manifestation, cas ou inflexion.

*வியக்திதை,(id.tâ), individualité.

*வியக்திகரணம்,—கிருதம்,— பூதம், (id. i), manifester, distinguer.

வியத்திசை,(வியம்), grandeur.

*வியத்தியஸ்தம், வியத்தியயம், (vyatyaya, —yasta), opposition, renversement, inversion, ordre renversé ou rétrograde.

*வியத்தியாசம்,(vyatyâsa), transposition (d'une place à une autre), différence, V. வியத்தியஸ்தம்.

*வியத்து, (viyat), air, atmosphère, ciel, firmament:—கங்கை le Gange céleste;— கதி marche dans l'air; —பூதி obscurité.

*வியந்தரம், (வி),démon, lutin.

வியந்து, gér. de வியக்கிறது.

*வியபதேசம், (vyapadêsa), fraude, tromperie, défaut de probité, stratagème, ruse, nom, information, notice, insinuation, excuse, prétexte.

*வியபரோபணம்,வியபரோபிதம், (vyaparôpana,—pita), expulsion, extirpation. [pulsion, déni, refus.

*வியபாகிருதி, (vyapâkrouti), ré-

*வியபாச்சிரயம், வியபாச்சிரிதம், (வி, அப, ஆச்சிரயம், ita), refuge, attente. [பசாரம்.

*வியபிசாரம்,(vyabhisâra), V. வி

*வியபிசாரி,(id. i), V. விபசாரி.

*வியபேக்ஷணம்,வியபேக்ஷை, வியபேக்ஷிதம், வியபேட்சணம், வியபேட்சை, (வி, அபேக்ஷை, na, ita), attendre la venue, attente, —réciproque, connexion, — mutuelle, emploi, V.சாதனை. [tion, expulsion.

*வியபோடம்,(vyapôdha), opposi-

வியப்பிக்கிறது,v.caus. de வியக்கிறது, faire admirer, charmer, captiver,— l'admiration.

வியப்பு, n.v. du même, admiration, louange, réalisation, fig. de rhét. qui exprime l'admiration.

*வியமம், (vyama), détresse, gêne, repos, cessation, patience, V. வியாமம்.

வியம், 1° corps, oiseau, grandeur, largeur, extension, totalité, tout. 2° P. வியயம்.

*வியயம்,(vyaya), dépense, destruction, disparition, infortune, déclin, chute.

*வியயனம், வியயீகரணம், வியயிதம், வியயீகரணம்,— கிருதம்,— பூதம், (வியயம், na, ita, i augment), dépense, dispersion, dissipation.

வியர்க்கிறது, ர்த்தேன், ர்ப்பேன், ர், ர்க்க, v.n. suer, transpirer, se fâcher, montrer de la colère, vulgò வேர்க்கிறது.

*வியர்த்தம், (வி, அர்த்தம்), inutilité, chose vaine, inutile: — ஆய்ச் செலவழியாமை ne pas dépenser inutilement, économie, frugalité;—ஆய் en vain, inutilement; — ஆன inutile, vain, sans profit: வியர்த்தத்துவம் ou [tilité.

வியர்த்ததை, (வியர்த்தம், tâ), inu-

வியர்த்தல்,வியர்ப்பு,n.v. de வியர்க்கிறது, sueur, transpiration, signe de —, colère, indignation.

வியர்வு, வியர்வை, vulgo வேர்வை, n.v. du même, sueur, transpiration, une des 4 sortes de naissances, V. au mot சேற்றம்-ச.

வியலிகை, (வியல், ikâ), grandeur.

வியலிடம், (id.), lieu vaste, largeur, étendue.

*வியலீகம்,(vyalika), peine, torture, faute, transgression, mauvaise action, chose désagréable, tromperie: வியலீகத்துவம் ou வியலீகதை,(id. tâ), chose désagréable, inconvenable.

வியல், largeur, grandeur, étendue, extension, forêt, désert: — கறு poivre long dit திப்பிலி;—பூதி l'arbre வில்வம்.

*வியவகலனம், வியவகலிதம், (வி, அவ kala nombrer, na, ita), soustraction. [sourire mutuel.

*வியவகாசம், (வி, அவ, ஆசம்),

*வியவகாரம், (vyavahâra), dispute, procès, procédure judiciaire, usage, coutume, profession, contrat, commerce, V. விசேஷம்: வியவகார தத்தனம் investigation judiciaire;— ஸ்தானம் tribunal, ou —மண்டபம், — விஷயம், — பதம் pièce —, titre admissible en justice, —sur lequel prononcent les tribunaux; —பாதம் quart de procès, une des 4 parties qui composent un procès, savoir: la plainte, la défense, la preuve et la décision; —மார்க்கம் procédure légale; —விதி loi—, code qui règle les jugemens.

*வியவகாரி, (வியவகாரம்), plaideur, qui a un procès.

*வியவகாரிகம், (id. ka), usage, coutume, procès, litige.

*வியவகாரிகை, (id. kâ), usage, coutume, brosse.

*வியவசாயம், (vyavasâya), effort, persévérance, industrie, profession, agriculture.

*வியவஸ்தை, (வி), séparation, décret, extrait des lois, engagement, contrat: வியவஸ்தாதிக்கிரமம், வியவஸ்தாதிவர்த்தனம், (அதிக்கிரமம், ativarttana violation), violation d'un contrat, d'un engagement.

*வியவதானம், வியவதிதம், வியவதை, (vyavadhâ, na, ita), couverture.

வியவன், (வியம்), directeur, qui commande, homme fort, vaillant, voyageur, passant, serviteur.

வியனிலைமருட்பா, (வியன், நிலை), poème dit மருட்பா de longue haleine, et dont l'avant-dernier vers du genre dit ஆசிரியம் est de mesure différente du reste.

வியனிலையுருவகம், (வியன், நிலை), longue métaphore qui désigne métaphoriquement au moins divers membres d'un objet.

*வியனுநாதம், (வி, அநு), écho, réflexion du son.

வியனுலகு, (வியன்), le vaste monde, le ciel, le monde fabuleux des dieux.

வியன், (வியம்), grandeur, excès, abondance: —சமனிதம், —சமன் ச மனிதம் 2 espèces de calcul; —சமன் பார்க்கிறது examiner —, remarquer la grandeur et l'égalité.

*வியன்மணி, 1° (வியத்து, மணி), le bijou du ciel, le soleil, 2° (வியன்), grande pierre précieuse.

*வியாகதம், (vyâhata), confusion, trouble, alarme, expulsion, rejet, désappointement.

*வியாசம், 1° P. விசாகம், la 16^me constellation lunaire. 3° P. விவாகம், mariage. 3° vent, air.

*வியாகரணம், 1° (vyâkarana), grammaire, — sanscrite, c'est une des 6 parties du வேதாங்கம் et le 6^me des கலைக்கியானம், explication, détail. 2° (vyâharana), prononciation.

*வியாசன், P. விசாகன், Soupramanien.

*வியாகாதம், (vyâghâta), obstacle, empêchement, coup, malheur, destruction, ruine, le 13^me des யோகம், fig. de rhét. i. e. production de 2 effets différens par une même cause.

*வியாகாரம், 1° (vyâkâra), difformité, changement, — de forme. 2° (vyâhâra), son, — articulé, parole, voix, jeu, caresse.

*வியாகிருதம். 1° (vyâkrouta), changement, transformation, détail, exposition, explication, chose divisée ou défaite. 2° (vyâhrouta), prononciation.

*வியாகிருதி, 1° (vyâkrouti), changement, — de forme, explication, grammaire. 2° (vyâhrouti), voix, discours, son articulé, mot mystique qui commence les prières, v. g. ஓம்...

*வியாகுலம், (vyâkoula), douleur, chagrin, tristesse, anxiété, perplexité, trouble, alarme: வியாகுலத்துவம் ou

*வியாகுலதை, வியாகுலிதம், (id. ita, tâ), perplexité, agitation, alarme.

வியாகுலிக்கிறது, லித்தேன், லிப்பேன், லி, லிக்க, v. n. (வியாகுலம்), வியாகுலித்தல், n. v. s'affliger, s'attrister, se désoler, être triste, chagrin.

*வியாகூடி, (vyâkoûti), fraude,

déception, déguisement, illusion.

*வியாகோசம், வியாகோஷம், (வி, ஆ), épanouissement d'une fleur.

*வியாக்கியானம், வியாக்கியை, (vyâkhyâ, na), explication, exposition, interprétation, glose, commentaire, éclaircissement, détail, contradiction: நான்சொன்னதுக்கு—சொல்லாதே ne fais pas de commentaire à ce que j'ai dis, ne me contredis pas; வியாக்கியானக்காரன் ou

*வியாக்கியானி, வியாக்கியாதா, (வியாக்கியானம், i, tâ), commentateur, interprète.

*வியாக்கிரம், (vyâghra), tigre, espèce de —, ricin, (en composition) perfection, excellence, prééminence, le meilleur, élégance, mot élégant, — choisi: வியாக்கிரகதி pas de tigre, une des 5 allurés ou கதி du cheval: சருமம் peau de tigre; —நகம் griffe de tigre, l'arbrisseau புலித்தொடக்கி: — நக்கம், (ka), empreinte des griffes du tigre; —நாயகன் le chef ou le guide du tigre, *i.e.* le chacal; — பாதன் le richi Gaoudamen dont les pieds ressemblaient, dit-on, à ceux du tigre: —தலம், —புச்சம் ricin ou palma-christi; — புரம் la ville du tigre, *i.e.* சிதம்பரம்.

*வியாக்கிராசனம், (*id.* ஆசனம்), siége —, lit fait d'une peau de tigre.

*வியாக்கிராசியம், (வியாக்கிரம், ஆசியம்), l'animal à face de tigre, *i.e.* le chat. [கண்டங்கத்திரி.

*வியாக்கிரி, (vyâghri), la plante

*வியாசங்கம், (வி, ஆ, சங்கம்), confusion, trouble, perplexité, séparation, détachement, attachement, addition, union.

*வியாசம், 1° (vyâdja), fraude, tromperie, ruse, finesse, astuce, déguisement, masque, mal, méchanceté. 2° (vyâsa), extension, étendue, diffusion, détail, distinction, discernement, mesure, diamètre d'un cercle, un des 18 codes de lois, le code de வியாசன். 3° cause, prétexte, comparaison, *V.* காரணம்: வியாசநிந்தை sorte de fig. de rhét. censure apparente, louange déguisée; —ஸ்துதி louange ironique.

*வியாசன், (vyâsa), Vyasen, célèbre richi fils bâtard du mouni பராசரன் et de மச்சகந்தி et père non marié des rois திருதராஷ்டிரன் l'aveugle et du maladif பாண்டு, qu'il eut des 2 veuves de son frère utérin விசித்திரவீரியன். Il fut aussi père illégitime de விதுரன் qu'il eut de leur servante, extraction et conduite bien peu dignes d'un richi compilateur des vêdas. On lui attribue encore la composition du மகாபாரதம் et celle des 18 pouranas. Ce qui ne peut-être vrai; car outre qu'il faudrait pour ces compilations plus que la vie d'un homme, il est par trop absurde d'attribuer au même auteur des ouvrages aussi incohérens et aussi contradictoires que les pouranas relatifs à Vichnou et à Siven, dont les sectes et les sectateurs ne peuvent s'accorder ensemble. Au reste plusieurs individus portèrent ce nom, et on a pu lui attribuer les travaux de plusieurs, comme les Grecs ont fait à Hercule. Vyasen est aussi le fondateur de la philosophie வேதாந்தம்.

*வியாசோக்தி, (வியாசம், உக்தி), expression couverte, — propre à donner le change.

*வியாச்சியம், (vyâdjya), dispute, querelle, réclamation, procès, demande en justice: — இடுகிறது, — பண்ணுகிறது faire un procès, — des réclamations; — தொடுக்கிறது commencer —, faire un procès, poursuivre en justice: வியாச்சியக்காரன் plaideur, querelleur, disputeur.

*வியாடம், (vyâda), serpent, animal carnivore, — qui ne mange pas de feuillages.

*வியாடன், (*id.*), vilain, coquin, pendard, fripon, Indiren.

*வியாடி, (vyâdhi), nom d'un célèbre grammairien sancrit.

வியாகுலம், chagrin, tribulation, calamité, changement, altération: வியாகுலஹாரம் consolation dans la tristesse, c'est une des 14 actions de charité dites தயாவிருத்தி.

*வியாதன், 1° (vyâdha), Vyâden, fameux —, chasseur, homme vil. 2° (viyâta), impudent, déhonté. 3° P. வியாசன்: வியாதபீதம் ce qui craint le chasseur, i. e. le cerf.

*வியாதாமம், வியாதாவம், (vyâdhâma,—va), foudre, la foudre prétendue d'Indiren.

*வியாதானம், (vyâdâna), ouverture, entrée, ouvrir.

*வியாதி, (vyâdhi), maladie, infirmité, indisposition, douleur, lèpre, l'arbrisseau கோஷ்டம்: —யாய்க்கிடக்கிறது être malade, —malade au lit, —étendu malade; —யாய் விழுகிறது tomber malade; —கரம் cause de maladie; —காதம் l'arbre கொன்றை cassia; —க்காரன், வியாதியுற்றவன், —யுத்தன், V. வியாதிஸ்தன்; —சாந்தி, —நிவிர்த்தி, —தீர்தல் guérison, —de maladie; —திரும்புமுகமாயிருக்கிறது la maladie avoir l'air de changer, —de subir une réaction, ou une crise favorable; —தீர்க்கிறது guérir une maladie: —ரஹிதன் délivré de maladie, convalescent; —யுபசமம் allégement ou cure de maladie; நாளுக்குநாள்வியாதியேறுகிறது la maladie s'accroitre de jour en jour.

*வியாதிஸ்தன், வியாதிதன், (வியாதி, ஸ்தன், ta), malade, infirme, maladif, valétudinaire.

*வியாதுதம், வியாதூதம் (vyâdhouta,—dhoûta), ce qui tremble, remue, est agité.

*வியாப்தம், (vyâpta), ce qui est joint à l'omniprésence, chose occupée, traversée, pénétrée, remplie, fixée, entourée, répandue, mêlée, renommée, fixité, solidité, plénitude, étendue, extension, expansion, entourer, pénétrer, traverser.

*வியாப்தி, (vyâpti), inhérence, pénétration, adhérence, présence, —essentielle d'une chose ou d'une propriété dans un autre (comme de la chaleur dans le feu, de la divinité dans l'univers, ce que les gentils entendent dans le sens du panthéisme), omniprésence, obtention: —ஞானம் connaissance de l'existence d'une chose par la présence de ses qualités essentielles; —லக்ஷணம் signe de l'existence ou non-existence d'un atribut inhérent.

*வியாபகம், (vyâpaka), généralité, universalité, ce qui comprend tout, nature propre, qualité essentielle et inhérente, omniprésence, présence: வியாபகத்துவம் être rempli, —présent ou répandu partout, omniprésense.

*வியாபத்து, வியாபன்னம், (வி, ஆபத்து, vyâpanna), mort, décés, calamité, maladie, dérangement.

வியாபிக்கிறது, s'étendre, se répandre.

*வியாபனம், (vyâpana), pénétration—, diffusion universelle, V. வியாபகம்.

*வியாபாதம் (vyâpâda), mauvais dessein, perfidie, malice, propension à nuire, tromperie, esprit fourbe.

*வியாபாதனம், (id. na), meurtre, carnage.

*வியாபாரம், (vyâpâra), commerce, négoce, profession, emploi, occupation, affaire, exercice, pratique, propriété, ce qui regarde ou appartient: லோக— chose—, affaire du monde; மோக— commerce impur, mauvaises relations, ce qui a rapport à la luxure; மனம்—ஆயிருக்கிறது l'esprit être occupé; வியாபாரக்காரன் marchand.

*வியாபாரி, (id.), marchand, négociant, employé à, qui exerce, qui professe, occupé de.

*வியாபி, (vyâpi), présent, —partout, qui pénètre tout: ஏக—, சருவ— l'être présent partout, i. e. Dieu.

வியாபிக்கிறது, பித்தேன், பிப்பேன், பி, பிக்க, v.n. (வியாபி), வியாபித்தல், n.v. ou வியாபித்திருக்கிறது,

être présent,— présent partout,— quelque part, posséder l'omniprésence. [nistre, —d'état.

*வியாபிருதன், (vyâprouta), mi-

*வியாபினி,(vyâpi), être présent, —présent partout. [on.

வியாபுத்தி, sollicitude, distracti-

*வியாப்தம்,வியாப்தி, *V.* வியாத்தம்,வியாத்தி.

வியாப்பிக்கிறது, *P.* வியாபிக்கிறது,être présent,—subtilement mêlé.

*வியாப்பியதை, (வியாப்பியம்,tâ), qualité d'être perméable....

*வியாப்பியம்,(vyâpya), ce qui est présent,ce dont on peut conclure l'existence, cause—, sujet d'une induction, comme l'existence du feu d'après la fumée, perméabilité, pénétrabilité,cause, agent, instrument,l'arbrisseau கோஷ்டம்: வியாப்பியத்துவம், *V.* வியப்பியதை; வியாப்பியத்துவாசித்தி,(அசித்தி),conclusion imparfaite qui ne comprend pas tout.

*வியாமம், 1° (vyâma), brasse (distance de l'extrémité des doigts, les bras étendus), longueur de 4 coudées, mépris, fumée. 2° (viyâma), détresse, gêne, peine, fatigue, pause, cessation, patience, douceur, contrainte,retenue,— sans grimace, —sans attouchement, lumière. 3° chemin.

*வியாமனம்,(வியாமம்,na), mépris,dédain,manque de respect.

*வியாயாமம், (vyâyâma), brasse, fatigue, occupation, difficulté,défilé impraticable,gymnastique: வியாயாமசீலன் *ou*

*வியாயாமி,(வியாயாமம்,i),athlète, qui s'exerce, homme actif.

*வியாயோகம், (vyâyôga), espèce de drame en un acte dont le sujet est quelque guerre héroique non causée par une femme, une des 10 espèces de comédies. [cercle de fer.

வியாரத்தகம், *P.* விசாரத்தகம்,

*வியார்த்தி,(வி,அர்த்தம்),sens,explication, commentaire.

*வியாவகலனம், வியாவகலிதம், (vyâvakalana, ita),soustraction.

*வியாவகாரிகன், (வியவகாரம், ika), conseiller, ministre.

*வியாவகாசி, (வியவகாசம்),sourire réciproque.

*வியாவபாஷி,(வி.அவ, பாஷை), dispute, injures mutuelles.

*வியாவர்த்தம்,*et corr.* வியாவர்த்தம்,(வி,ஆவர்த்தம்), hernie ombilicale, *ou*

*வியாவர்த்தனம், *et corr.* வியாவர்த்தனம், (*id.*na), tourner, entourer, environner. [ses sortes.

*வியாவிதம்,(வி,ஆ,விதம்), diver-

*வியாவிருதம், வியாவிருதி, (vyâvrouta, —ti), exception, exclusion, expulsion, —dehors,couvrir,cacher.

*வியாவிருத்தம், வியாவிருத்தி, (*id.*),choix, louange, éloge, *V.* வியாவிருதம்.

வியாழம்,la planète Jupiter, Viâjen, le conducteur de cette planète, nommé ordinairement Vrouhaspati,qui est censé le gourou des dieux indous, jeudi; வியாழமேத்திரம் milieu de l'orbite de Jupiter;— கிழமை le jeudi; — திசை côté où se trouve Jupiter;— வட்டம் révolution de Jupiter (autour du soleil) ou —, cycle de 12 ans,chaque jeudi.

வியாழன், *P.* வியாழம், la planète Jupiter ou son conducteur Viâjen. [léphant vicieux, *V.* வியாளம்.

*வியாளகம், (வியாளம்,ka), é-

*வியாளம், (vyâla), cruauté, méchanceté,éléphant vicieux, serpent, tigre, bête carnassière: வியாளக்கிராகன்,—க்கிராகி,(கிராகம்),preneur de serpens, *V.* குறவன்; —மிருகம் bête—, cerf féroce.

*வியாளாயுதம்,(வியாளம், ஆயுதம்), la plante புலிதொடக்கி.

வியானம், 1° *P.* வியாமம், espace de 4 coudées, *ou* வியானபூமி, *V.* வியானம்.

*வியானன், (vyâna), un des 10 airs vitaux du corps humain dits வாயு-வு.

*வியுஷ்டம், வியுட்டம், (vyouchta), point du—,jour, fruit, profit, conséquence,brûlure.

*வியுத்தி, வியுட்டி, (vyouchti), fruit, conséquence, augmentation, accroissement, prospérité, renommée. [ser,coudre.

*வியுதம், வியுதி,(vyouta,—ti),tis-

*வியுத்தானம், (வி, உத்தானம்), indépendance, opposition, prohibition, fin d'une contemplation religieuse.

*வியபதேசம்,(வி), prétexte, déception,mauvais conseil.

*வியுத்கிரமம், (வி,உத், கிரமம்), ordre renversé, dérangement.

*வியுத்பத்தி,(வி,உத்பத்தி), science, savoir, formation des mots, dérivation, étymologie, chapitre de l'union des mots entr'eux.

*வியுத்பன்னம், (வி,உத்பன்னம்), science, dérivation,mot dérivé, génération, [ன்.

*வியுத்பன்னன், (id.),V.வித்பன்

*வியூகம், (vyoûha),ordre de bataille..., arrangement des troupes (sous diverses formes),détachement, troupeau,—d'animaux, foule,multitude, corps,logique,manufacture: வியூகக்காரன் tailleur; — பங்கம், —பேதம் déroute,— d'une armée, dérangement, désordre.

*வியூகனம், (வியூகம்,na), structure du corps,ou

*வியூடம், வியூடி, et corr. வியூட்டி,(vyoûdha, —dhi), ordre,arrangement,disposition.

*வியூதம்,வியூதி, (vyoûta,— ti), tisser,coudre: வியூதக்காரன், tailleur.

*வியோகம், (வி), séparation, désunion,absence, abandon, élargissement: வியோகதாட்டாந்தம் proposition disjonctive; — அநுமானம் syllogisme disjonctif. [forgeron

*வியோகாரன்,(vyô-son imitatif).

*வியோஷம்,வியோடம், (vyôcha), collection des 3 épices, V. திரிகடுகு.

*வியோமம், (vyôman), air, atmosphère, ciel, temple,pagode,eau: வியோமகேசன், —கேசி Siven; —சாரி, (tchâri qui va), Dieu, oiseau, Richi, brame; — சகிபுரம் la ville fabuleuse d'அரிச்சந்திரன் suspendue dans l'air; — மிருதி la terre; — தூடம் nuage; — நாசிகை espèce de caille; — மஞ்சரம், — மண்டலம் drapeau, bannière; —மூதம், (moûta lié), nuage; — ருசி être incorporel, invisible,esprit; — யானம் le char qui va dans l'air, — fabuleux des dieux. [ரவேளை.

விரகதம்,la plante வெள்ளைச்சா

*விரகம், 1°(viraha), séparation, départ, absence,solitude,isolement, patience, cessation, abandon, adoucissement. 2° luxure, impudicité, lubricité, sensualité, bouderie d'époux: விரகங்கொண்டவன் impudique, lascif; — கொண்டபேரைநிலவுசுடுகிறது les rayons de la lune brûlent les impudiques, sa fraîcheur même ne calme pas le feu qui les dévore; விரகதாபம் chaleur —,tourment de la luxure; — சேஷ்டை passion impudique,luxure,lubricité,ou —வேதனை tourment de la luxure,—que causent les désirs lascifs.

விரகறிகிறது,விரகறிதல், (விரகு, அறிகிறது), avoir de l'intelligence, arriver à—,avoir l'âge de discrétion: விரகறிந்த adulte, qui a l'âge de discrétion.

விரகுகேடன்,(விரகு,கேடு),homme imprudent,fanfaron...,prudent.

*விரகாக்கினி,(விரகம்,அக்கினி), le feu de la luxure: — மனதைச்சுடுகிறது le feu de la luxure ou d'une passion impure le brûle.

*விரகார்த்தம், (id. ârta peiné), peine de l'absence de l'objet aimé.

*விரகி, (virahi), 1° m.séparé, absent.2°m. f.(விரகம்,i), personne lascive,impudique.

*விரகிணி,fém.du préc.femme séparée de son mari ou de son amant, gage, salaire.

*விரகிதம், (virahita), abandon, délaissement, exemption, délivrance, ou

விரகு, destruction, connaissance, esprit,effort, vitesse, moyen,expédient.

*விரகோத்கண்டிதை, (விரகம், உத்கண்டிதம்), femme dont le mari ou l'amant est absent.

*விரசம், 1° (வி, இரசம்), insipidité, mépris. 2° (vradja), parc pour les vaches, station de vachers, troupeau, multitude, route, pays entre Agra et Mathoura, théatre des amusemens puérils de Krichna, aller, ròder.

*விரசனம், 1° (viratchana), composition, jonction, création, embellissement. 2° (vradjana), aller, ròder.

*விரசாசிரம், *et corr.* விரசாகிரம், (விரசம், அசிரம் *cour*), parc, — ou étable à vaches.

விரசுகிறது, சினேன், சுவேன், சு, ச, *v.n.* விரசுதல், *n. v.* se presser, se serrer, être serré, pressé.

*விரசை, (வி, ரசம்), femme dont les régles ont cessé.

*விரசிக்குதம் —, பூதம், (*id.* i *augment*), exemption de passion, pureté, netteté. [petite scie, ciseau.

*விரச்சனம், (vrastchana), couper,

*விரஞ்சன், (virantcha), Brama.

*விரடம், (virata), épaule.

விரட்டுகிறது, ட்டினேன், ட்டுவேன், ட்டு, ட்ட, *v.a. de* விரளுகிறது, விரட்டல், விரட்டுதல், *n.v.* chasser devant soi, effaroucher, effrayer, menacer, éloigner par la crainte, *v. g.* un chien furienx les passans.

*விரணகம், (விரணம், ha *qui tue*), palma christi.

*விரணம், 1° (vrana), plaie, blessure, ulcère, mal, tumeur, furoncle. 2° (virana), l'herbe விழல்: — போக்கி remède aux plaies, la plante ஆடுதின்றாப்பாலை; விரணகாசம் sorte de phthisie ou de consomption; — கிருது qui blesse, corosif, l'arbre சேராங்; — தூபனம் fumigation d'une plaie; — வஸ்து partie exposée aux plaies; — வேதனை douleur d'une paie; — சோதனம் nettoyer ou cicatriser une plaie.

விரண்ட, விரண்டு, *part. et gér. de* விரளுகிறது: விரண்டவன் homme alarmé, terrifié.

*விரதம், (vrata), pénitence, acte de dévotion volontaire, observation, observance, — d'une obligation ou d'une privation qu'on s'impose (comme de jeûner, de garder la continence, de faire des austérités, de s'exposer au soleil, au froid), vœu, serment, réglement de vie, obligation —, promesse solennelle, culte, manger. 2° luxure, passion impudique, mensonge, changement. 3° (virata), cessation, fin: இலட்சுமி — adoration —, culte de Lakchimi; சத்திய — l'observation de la vérité, véracité; — காக்கிறது, — காத்தல் garder une observance; — காக்குந்தன்மையில்லாதவன் celui qui ne continue pas ses observances, qui n'accomplit pas son vœu, qui n'a pas le don de continence; — நிறுத்துதல், — நிறைவேற்றுதல் accomplir ses observances ou obligations religieuses...; விரதசங்கிரகம் se résoudre —, s'engager à une observance religieuse; — தத்துவம் état de dévotion ou d'austérité volontaire; — நிர்ணயம், — விதி détermination d'une observance, régle de dévotion; — நியமம் détermination à une pénitence, acte d'initiation; — பங்கம், — பின்னம் violation de ses vœux, de ses observances; — பிக்ஷை demander l'aumône comme une des cérémonies de l'investiture; — லோபனம் violation de ses vœux ou observances; — வுத்தியாபனம் achèvement de son vœu...

விரதயம், lumière.

*விரதன், *pl.* விரதர், (விரதம்), pénitent, ermite, ascète, — qui a renoncé au monde, qui pratique des observances volontaires: கொல்லாவிரதர் ceux qui s'abstiennent de tuer aucun être vivant, les Djaïners.

*விரதாசரணம், விரதானுஷ்டிப்பு, (விரதம், ஆசரணம், அநுஷ்டிப்பு), observation d'un devoir religieux, de la continence comme devoir d'étudiant...

*விரதாதேசம், (*id.* ஆதேசம்), investiture du cordon bramanique.

*விரதி, 1° (விரதம்,i),pénitent,—te,—engagé dans une observance religieuse, ascète, ermite, qui a renoncé au monde, étudiant religieux. 2° (virati),fin, cessation.3° *P.* விரதம், renoncement au monde, loi, règle, observance.

*விரதோபவாசம், (விரதம், உபவாசம்), jeûne qu'on s'impose pour pénitence,observation de cette pénitence.

*விரக்தம், (virakta),renoncement au monde, célibat, dégoût, aversion, indifférence, stoïcisme.

*விரக்தன்,(*id.*), célibataire,qui a le don de la—,qui garde la continence.

*விரக்தி, 1° (virakti), renoncement au monde, célibat,vie d'ermite, aversion pour le monde. 2° *fém. de* விரக்தன், femme chaste, qui ne se marie pas, qui garde la chasteté ou la continence.

விரயம் *P.* விரையம்.

*விரலம், (virala), distance, éloignement, étendue, relâchement, douceur, finesse, délicatesse, chose fine,— délicate, jolie,lait caillé,— caillé aigri.

விரல்,*pl.* விரல்கள்,doigt,orteil ou doigt du pied: பெரு — le pouce; சுட்டுவிரல்—,சுட்டு— l'index; நடு—, பாம்பு — le doigt du milieu; ஆழி—,மோதிர—,பவித்திர —doigt annulaire: சுண்டு—,கடை—, சிறு —,சின்னி— le petit doigt;— அணி anneau, bague,ornement du doigt; — இறை ligne de la jointure intérieure du doigt, *V.* வரை; — உறை doigtier;— நொடி la plante நாயுருவி;— முழி jointure des doigts;— க்கடை ou விரற்கடை travers—,largeur d'un doigt,12° d'un empan ou d'un சாண்,8 grains de riz ou d'orge font un விரற்கடை; விரற்சுற்று panaris;— புட்டில் doigtier, dé à coudre.

விரவல், *n.v. de* விரவுகிறது, mélange,mixtion,union, accord, combat.

விரவி, 1° *gér. du même.* 2° le concombre வெள்ளரி.

விரவு,mélange,*n.v.imp. et part. de* விரவுகிறது:— திணை genre commun:— பெயர் nom commun.

விரவுகிறது,விரவினேன், விரவுவேன்,விர, *v.n.* விரவுதல், *n. v.* se mélanger, se mêler,se couler—, couler ensemble,s'unir, s'accorder en venir aux mains, se battre. [surdent.

*விரளம், *P.* விரலம்: — ஆனபல்

விரளுகிறது, ரண்டேன், ரளுவேன், ரள,*v.n.* விரளல்,விரளுதல்,*n. v.* s'effaroucher, *v.g.* une vache à la vue d'un chien furieux, s'effrayer, s'alarmer, être chassé, poussé par la peur.

விரற்கடை,... *V. au mot* விரல்.

*விராகம், (வி, இராகம்), absence de désirs, indifférence, aversion, dégoût.

*விராகன், 1° *P.*வராகன், pagode ou 3 roupies et demie. 2° *ou*

*விராகி, (விராகம்,i), homme exempt de désirs, de passions, indifférent au plaisir ou à la douleur, surnom d'Arouguen.

*விராடம், (virâta), province du centre de l'Inde, le Bahar.

*விராடன், (*id.*), nom d'un roi.

*விராட்டு,(virâdj),Virât ou Virâdj, le 1er mâle, le 1er né de Brama,(qui, au dire des Indous, le produisit s'étant partagé en 2 parties, mâle et femelle; à son tour Virâdj produisit de lui-meme,disent-ils, le 1er Manou,qui fut le père des பிரசாபதிகள், et l'auteur secondaire du monde visible),Brama sous la forme androgyne,Parabrahma ou l'être suprême cause 1re de la création,(selon d'autres)Vichnou sous la forme de பரம புருஷன் (qui après avoir été formé, s'offrit lui-même en sacrifice),homme de la caste militaire,splendeur, beauté, le faucon Garouden roi des oiseaux, la totalité des êtres animés et inanimés (montant, selon les Indous,à 8400000 et considérés comme contenus dans la forme mystique de Vichnou, surtout dans le temps du பிரளயம் ou destruction universelle).

*விராதம், 1° (virâdha), opposition, obstacle, vexation, trouble. 2° (vrâta), multitude, foule, cortége de mariage, ouvrage manuel, — journalier ou d'un jour. [angoisse.

*விராதனம், (virâdhâna), peine,

*விராதினன், (vratina), porteur à gage, journalier, couli, homme sans travail fixe.

விராத்தம், collection —, argent des impôts, des rentes: விராத்தக்கா ரன் collecteur d'impôts, percepteur.

*விராத்தியன், (vrâtya), homme qui a abondonné les devoirs de sa caste, —né de parens d'extraction irrégulière, dont le père est பிராதி லோமன் et la mère அநுலோமி ou dont le père est moins noble que la mère: விராத்தியஸ்தோமம் sacrifice pour recouvrer les droits de sa caste.

*விராமம், (virâma), fin, conclusion, repos, halte, pause, intervalle entre les mots, consonne sans voyelle comme க்.

விரலம், (விரால்), instrumens, ou விரல், matériaux, — pour un ouvrage, bois à brûler, matières combustibles.

*விராலம், (virâla), chat. [viscosa.

விராலி, l'arbrisseau dodonœa

விரால், P. வரால், le poisson d'eau douce ophicephalus stratiatus.

*விராவம், (virâva), son, bruit.

விராவுகிறது, V. விரவுகிறது.

விராவி, séparation. [வாம்.

விராறு, la plante parasite சாக்

விரி, 1° bât, panneau ou bât qu'on met sur les —, bât de bœuf de charge, expression, étendue, développement. 2° imp. et part. de விரிகிறது, qui s'étend..., étendu, vaste. 3° imp. de விரிக்கிறது: —கண் espèce de mal d'yeux qui les élargit; — கட்டுகிற து mettre —, attacher le bât à un bœuf, bâter; — கதிர் rayon de lumière qui s'étend; —குளம்பு corne fendue du pied des animaux, — qui se partage en 2; — கொம்பன் bœuf dont les cornes vont en s'étendant; — சட்டு bât ou selle (de bœuf...); — சிகை ceinture de femme composée de 32 rangées de bijoux, ou de 32 grains ou joyaux enfilés; — தூறு buisson vaste et épais, — qui va en s'élargissant; —புலப்பொருட்டக் குறிப்பணி, (புலம், பொருள், தன்), fig. de rhét. qui indique le sens des objets sensibles développé et à cause du rapport de l'objet de la comparaison à l'objet auquel on le compare, met celui-ci à la place de celui-là. Ex. காமத்தீப்புகைபோலுமிருளு ள் les ténèbres ressemblent à la fumée du feu de la luxure, pour dire la fumée du feu de la luxure ou le trouble et l'obscurité qu'elle cause dans l'âme ressemble aux ténèbres de la nuit; — பூடு la plante பற்ப டாகம்; —மலர் fleur épanouie, ou qui s'épanouit; — யுரை explication étendue, glose, commentaire; — யுவ மை comparaison développée, — dans laquelle l'objet comparé et celui à qui on le compare sont également développés, ou renferment un sens général et les mots ou particules de comparaison; — யுருவகம் fig. de rhét. dans laquelle le mot de comparaison ஆக, போலும் ou autre est exprimé.

விரிகிறது, ரிந்தேன், ரிவேன், ரி, ரிய, v.n. et விரிந்துபோகிறது, s'étendre, s'élargir, s'ouvrir de soi même, s'épanouir, se répandre, s'éparpiller, se déployer, se fendre, v.g. un fruit mûr, crever, se briser, éclater. briller: விரிந்திருக்கிறது être étendu...

விரிக்கிறது, ரித்தேன், ரிப்பேன், ரி. ரிக்க, v.a. du préc. étendre, v.g. une toile..., ouvrir, déployer, développer, élargir, allonger, répandre, éparpiller, dénouer et déployer la chevelure ..., expliquer, détailler, raconter ou amplifier, dire au long, amplifier, dire, parler librement, faire fleurir, oindre ou frotter de, barbouiller: விரித்துப்பார்க்கிறது ouvrir ou étendre et regarder une chose.

விரிசல், n.v.de விரிகிறது, fente, fissure, crevasse, déchirure, brisement: அலை — vague,— frisée,— qui moutonne, ondulation; கலங்கு விரிசலில் அகப்பட்டது le bateau s'est trouvé pris par les vagues; — கொம்பு cornes qui vont en s'élargissant,— en s'étendant; — குளம்பு, V. விரிகுளம்பு; — குளம்புள்ளமிருகம் animal qui a la corne du pied fendue.

விரிசா, la plante கையாந்தகரை.

விரிச்சி, bon signe, bon augure:

*விரிச்சிகம், P. விருச்சிகம், scorpion, le signe du Scorpion.

*விரிஞ்சனன், விரிஞ்சன், (virintcha.na), Brama. [nou, Siven

*விரிஞ்சி, (virintchi), Brama, Vich-

விரிதல், n.v. de விரிகிறது, épanouissement,—d'une fleur, ouverture, expansion, fissure, élargissement, extension, étendue, largeur, splendeur, lumière.

*விரித்தம், (viribdha), note, ton.

விரித்தல், n.v.de விரிக்கிறது, détail, longue explication, extension, étendre, éparpillement, développement, augmentation ou addition d'une lettre dans un mot en poésie, comme விளையும்மே pour விளையுமே et quelquefois retranchement, élision.

விரித்துரை, (விரித்து, உரை), explication,— développée,— qui supplée les ellipses, glose, commentaire. [explication, développement.

விரிப்பு, n.v. de விரிக்கிறது, détail,

விரியல், n.v. de விரிகிறது, chose déployée, expansion, V. விரிதல்.

விரியன், vipère, serpent venimeux. On compte 8 espèces principales de ces dangereux reptiles nommées அழல் ou எரிவிரியன் la vipère brûlante, இரத்த ou உதிரவிரியன் la vipère sanguine ou rouge, ஊதுவிரியன் la vipère qui fait enfler, i.e. dont la morsure cause une enflure par tout le corps, accompagnée de douleur et d'anxiété, எட்டடிவிரியன் la vipère de 8 pieds ou எட்டுவரிவிரியன் la vipère qui a 8 raies sur le corps, elle est très-vénimeuse; on dit qu'elle donne la mort avant qu'on ait pu faire 8 pas, d'où lui vient ce nom; கட்டுவிரியன் la vipère qui lie et rend immobile par son venin; கழுதைவிரியன் la vipère stupide comme l'âne; புல்விரியன் la vipère venimeuse qui se trouve dans l'herbe, et பெருவிரியன் la grosse vipère, dont le venin opère, dit-on, plus vite que celui des autres et dont les païens disent விதிமுடிந்தவனை விரியன்கடிக்கும் la vipère mordra celui dont la destinée est finie, (voyez d'autres détails à l'article de ces différentes vipères.); — குட்டி petit de la —, petite vipère.

விரிவு. n. v. de விரிகிறது, largeur, extension, étendue, développement.

*விரீகி, (vrihi), riz,— de diverses sortes, riz qui mûrit dans la saison pluvieuse, riz pilé, cardamome noir: — பாகாரம் grenier,— à riz.

*விரீடம், விரீடனம், விரீடிதம், (vrida, na, ita), honte, pudeur, modestie: விரீடாநநம், (ஆநநம்), visage modeste,— baissé de honte....

*விருகச்சரீரம், (vrouhat *grand*, சரீரம்), grand corps.

*விருகச்சனன், (*id.* சனம்), grand homme. [tambour.

*விருகடக்கை, (*id.* டக்கை), grand

*விருகதி, (vrougati), la plante கத்தரி, bringelle, grand luth, manteau, réservoir, discours; — பதி, *i.e.* le maître de l'éloquence, Vrouhaspati, gourou des dieux indous.

*விருகதிகை, (*id.* kâ), vêtement de dessus, manteau, petite bringelle.

*விருகத்திருணம், — த்திரணம், (vrouhat *grand*), bambou, *litt.* la grande herbe. [de la plante விருகு.

விருகத்தண்டு, (விருகு, அம்), tige

*விருகம், 1° (vrouka), corbeau, loup, chien sauvage,— marron, chacal. 2° *P.* மிருகம், animal. 3° *adj. de* விருகு.

*விருகஸ்பதி, விருகற்பதி, (vrouhat *grand*, பதி), *litt.* le grand maître, Vrouhaspati ou வியாழன் fils d'அங்கிரன், conducteur de la planète Jupiter et gourou des dieux indous, nom d'un législateur; — சக்கிரம் le cycle de 60 ans.

*விருக்ஷப்பாடலி, (*id.*), l'arbre விளா, pomme épineuse dite datura ou ஊமத்தை. [le multipliant.

*விருக்ஷப்பாதம், (*id.*), large pied,

*விருக்ஷப்பானு, (*id.*), le feu, le dieu prétendu du feu.

*விருகாராதி, விருகாரி (விருகம், அராதி, அரி), l'ennemi du loup, *i.e.* chien, chacal, lion, tigre.

விருகு, la plante médicinale மெருகு, sorte d'arbre.

*விருகோதரன், (விருகம், உதரம்), celui qui a un ventre de loup, (surnom de) Brama, Bhimen.

*விருக்கசம், விருக்ஷசம், (vroukchasa), lézard ou பச்சோ, caméléon.

*விருக்கம், விருக்ஷம், விருட்சம், (vroukcha), arbre, arbuste (en général): உச்சிவிருட்சம் la plante parasite புல்லுருவி; விருக்க ou விருக்ஷகண்டம் bosquet, bocage; — குக்குடம் coq ou poule sauvage; — சரம் singe, animal qui vit sur les arbres; — சாயிகை, (sâyikâ *sommeil*), l'écureuil ou அணில் qui dort sur les arbres; — சாயை ombre des arbres; — தலம் pied d'arbre; — தேனி la plante புல்லுருவி; — நாதன், — பாகம், — பாகன் l'arbre அரசு; — நிவாசம் habitation sur ou sous les arbres; — பலனம் trou d'arbre; — பேதி ciseau de charpentier, hache, hachette; — மயம் abondance d'arbres; — ருகம் plante parasite; — ரோபணம், *V.* விருக்காரோபணம்; — வாடிகை, — வாடி jardin, bosquet, verger.

*விருக்காக்கிரம், விருக்ஷாக்கிரம, (விருக்ஷம, அக்கிரம்), sommet d'arbre.

*விருக்காங்கிரி, விருக்ஷாங்கிரி, (*id.* அங்கிரி), racine —, pied d'un arbre.

*விருக்காதனம், விருக்ஷாதனம், (*id.* adana *nourriture*), hache, hachette, herminette, doloire, ciseau de charpentier, l'arbre அரசு.

*விருக்காரோபகன், விருக்ஷாரோபகன், (*id.* ஆரோபம், ka), planteur d'arbre.

*விருக்காரோபணம், விருக்ஷாரோபணம், (*id.* ஆரோபணம்), plantation d'arbre, arbre à planter.

*விருக்காலயம், விருக்ஷாலயம், (*id.* ஆலயம்), oiseau, — qui demeure sur les arbres.

*விருக்காவாசன், விருக்ஷாவாசன், (*id.*), ascète, ermite qui vit dans des trous d'arbres, pénitent, oiseau.

*விருங்கணம், (vroumbana), nutrition, espèce de bonbon.

*விருங்கிதம், (vroumhita), nutrition, accroissement, cri de l'éléphant.

*விருசம், (vrousa), gingembre —, vert, rat.

*விருசனம், (vroudjana), air, atmosphère, poil, péché, tortuosité.

*விருசி, (vroudji), le pays de Broudj à l'ouest d'Agra et de Delhy.

*விருசினம், (vroudjina), tortuosité, courbure,, péché, vice, méchanceté, cuir —, peau rouge, détresse, affliction, poil. [ம்.

விருச்சலாபம், la plante நெருஞ்சி

விருச்சி, *P.* விரிச்சி, augure qu'on tire d'une parole.

*விருச்சிகம், (vroustchika), scorpion, le signe du Scorpion, le mois durant lequel le soleil est dans le Scorpion, *i.e.* octobre, crabe, chenille, — velue, cent pieds, scarabée, — qu'on trouve dans la bouse de vache, arbrisseau épineux dit vangueria spinosa ou சாறணை: விருச்சிகசூரணி la plante தேள்கொடுக்கி.

*விருச்சிகாவலி, (*id.* ஆவலி), rangée —, ligne de scorpions. [cules.

*விருஷணம், (vrouchana), testi-

*விருஷபம், விருடபம், (vrouchabha), bœuf, taureau, signe du Taureau, orifice de l'oreille, oreille, — d'éléphant, (en composition) excellence, — d'une sentence, habileté à lire: விருஷபகதி pas de taureau, un des ஐங்கதி ou 5 allures du cheval; — பதி, — த்துவசன் Siven qui a un bœuf pour monture et pour devise sur son drapeau.

*விருஷபாருடன், (*id.* ஆருடன்),

Siven monté sur un taureau.

*விருஷம், விருடம், (vroucha), taureau, bœuf, le signe du Taureau, rat, queue de paon, vertu, homme vertueux, bonne voie, — conduite, mérite, —moral, excellence, terrain propre pour bâtir une maison: விருஷ—, விருடசத்துரு, l'ennemi de Karnen ou விருஷன், *i.e.* Vichnou; — த்துவசன் homme vertueux, *litt.* la bannière ou l'emblème de la vertu, Siven, Poulléyar (qui ont pour emblême l'un le bœuf, l'autre le rat); —நாசனம் la plante médicinale embeliaribes; —பதிSiven maître du taureau (qui lui sert de monture), taureau laissé en liberté; —லோசனம், — லோசனன் ce qui a de yeux de bœufs, rat; — வாகனன் celui qui a pour monture un bœuf, *i e.* Siven.

*விருஷலம், விருடலம், (vrouchala), cheval, ail, oignon.

*விருஷலன், விருடலன், (*id.*),Soudras, le roi சந்திரகுப்தன் qui était fils d'une choutresse, pécheur, homme vicieux.

*விருஷலி, விருடலி, *fém. du préc.* mère d'un enfant mort-né, *V.* விடலி.

*விருஷன், விருடன், 1° (vroucha), Karnen, Vichnou, Kâmen, ennemi, Siven, homme lubrique. 2°, (vrouchan), Indiren:— அசுவம் le cheval d'Indiren;—வசு le trésor d'Indiren.

*விருஷாகபாயி, விருடாகபாயி, (vrouchâkapâyi), Lakchimi, Gaouri, சசி ou Satchi femme d'Indiren, சுவாகை ou Svâhâ femme d'Agny.

*விருஷாகபி, விருடாகபி, (vrouchâkapi), Vichnou ou Krichna, Siven, Agni.

*விருஷாகாரன், விருடாகாரன், (விருஷம், ஆகாரம்), le chat qui se nourrit de rats.

*விருஷாங்ககன், விருடாங்ககன், (விருஷம், அங்கம்), Siven, homme pieux eunuque.

*விருஷாஞ்சனன், (*id.* antchana *aller*), celui qui va sur un bœuf, *i. e.* Siven. [*fin*, ka), Vichnou.

*விருஷாந்தகன், (*id.* அந்தகம்,

*விருஷி,(vrouchi), paon, siége d'un ascète ou d'un religieux étudiant.

*விருஷ்டி,(vrouchti),pluie: அதி— grande pluie, pluie excessive;—காலம் temps de pluie;—பூ grenouille.

*விருஷ்ணி, (vrouchni), bélier, hérétique, hétérodoxe, Krichna, un descendant de யது, Indiren, Agni, rayon de lumière, air, vent.

*விருடபம், விருடம், விருடன், விருடலம், *V.* விருஷபம்.... [*posés.*

*விருடம், *V.* விருஷம் *et ses com-*

விருட்டி, 1° *P.* வெருட்டி, ce qui est terrible, — fait peur, épouvantail. 2° **P.* விருஷ்டி, pluie.

*விருதசானன், விருதசானு, (vroudhasâna, —nou), homme.

*விருதம், 1° (virouta), crier, pleurer. 2° (vrouta), choix, préférence, consentement, couverture. 3° la plante வெள்ளெருக்கு.

விருதர், (விருது), guerriers, ceux qui portent une bannière...

*விருதா, (vrouthâ), inutilité, frivolité, chose vaine,— infructueuse, faute, défaut:— கதை vaine fable, conte frivole;— காரியம் chose inutile, infructueuse; — தானம் don inutile,—abject,— fait aux louangeurs, aux prostituées, aux lutteurs, argent dépensé en vain;—பசுக்கினன், (ghna *qui tue*), celui qui tue un animal en vain, *i.e.* non pour sacrifice...; விருதாவிலேபொல்லாப் புபடுகிறது souffrir en vain, inutilement, sans raison, injustement.

*விருதாகாதம்,(விருதா, ஆகாதம்) meurtre non nécessaire. [சர.

விருதாவி, (விருதா, ஆவி, *V.* வீணா

*விருதி,(vrouti), choisir, solliciter, demander, entourer, enclos, terrain entouré, surtout pour la culture du bétel, cacher.

விருது, devise, signe, insignes, drapeau, bannière,— ou marque distinctive de certaines castes, armoiries, trophée, victoire, marque que portent les maîtres d'escrime, —les jongleurs etc..., branche d'une famille, tige, généalogie, vœu, serment, obligation, zèle:— கட்டுகிற

காரன்

ஜு attacher—, porter une marque distinctive;— காளம் trompette ornée d'une marque de dignité;— கொடிருக்கிறது avoir une bannière ..., — un vœu ou une obligation à remplir;—க்கொடி bannière distinctive (de castes, de rois, de princes), drapeau de la victoire;—மோதிரம் anneau de distinction, — que donne un roi pour récompenser la valeur, la science ...

*விருத்தஞ்ஞன், (விருத்தம், ஞன்), celui qui connait les évènemens,—les actions des hommes.

*விருத்ததை, (*id.* tâ), opposition incompatibilité, inconvenance, haine, inimitié, vieillesse.

*விருத்தம், 1° (vrouddha), antiquité, ancienneté, vieillesse, sagesse, science, connaissance, tas, monceau, augmentation, largeur, exposition, benjoin. 2° (vroutta), cercle, rond, espèce de vers ou de poésies, une des 3 subdivisions des poésies dite இனம், strophe de 4 vers ayant ordinairement une seule rime dite எதுகை (elle sert pour les grands poèmes, et elle prend divers noms ou épithètes suivant l'espèce de vers et le nombre de pieds dont elle est composée, *v.g.* வெளிவிருத்தம் strophe ou viroutlam du genre du vemba, அளவடிவிருத்தம் viroutlam de vers de 4 pieds), tortue, fin. mort, dureté, force, fermeté, choix, chose choisie, chose apprise,—étudiée, célébrité, renommée, conduite, observance, usage, emploi, profession, moyen de vivre, procédure, ce qui arrive, évènement, occurrence, nouvelle, nouveauté, chose couverte, l'arbre கடம்பு à fleurs bleues. 3°(virouddha), opposition, empêchement, contradiction, contrariété, discordance, mauvaise raison, aversion, dégoût, hostilité, changement, altération, chose entourée, bloquée. 4° un des 32 ordres d'architecture, manière de découvrir la vérité, espèce de dé à jouer: விருத்தகங்கை le fleuve Godavéry ou கோதாவரி;— கண்டம் secteur ou segment de cercle; — காகம் espèce de gros corbeau;— கிரி montagne ronde, *V.* விருத்தாசலம்; —சங்கம் assemblée de vieillards; —சேதம், — சேடம் supplément (en mathématiques);—ச்சேதனம்,—ச்சேதனம் circoncision;— சேவை respect pour la vieillesse, déférence à l'autorité des vieillards; — த்தானம் la place de la vieillesse, une des 5 places artificielles en poésie dites பொருத்தம் ல; — த்துவம் grand âge, vieillesse; — நாபி homme ventru, corpulent;—பலம், —பழம் le fruit rond *i.e.* le poivre noir;—பன்னி la plante ஆடுதின்னாப்பாளை;— பாகம் segment de cercle; — பாவம் vieillesse, âge avancé;— புஷ்பம், — புட்பம் l'arbre கடம்பு;— பேதம் différence absolue,— connue, une manière de connaître la vérité;— போசனம், *V.* விருத்தாசனம்;— ப்பண் air ancien ou air convenable aux strophes dites விருத்தம்;— ப்பிரபிதாமகன் trisaïeul,— paternel, — ப்பிரபிதாமகி trisaïeule, — maternelle; — —ப்பிரமாதாமகன் trisaïeul maternel; —பிரமாதாமகி trisaïeule maternelle; —ராகம், *V.* விருத்தப்பண்; —வப்பம், (அப்பம்), pain -, gâteau rond; —வாரணம் le manguier;— விளக்கணம் espèce de poème, traité des விருத்தம்.

*விருத்தர், *pl. de* விருத்தன், les vieillards, les anciens, les grands, les ancêtres, les sages.

*விருத்தன், (vrouddha), ancien, vieillard, homme d'âge mûr, — d'autorité, magistrat, savant, sage, *V.* விருத்தத்தானம்.

*விருத்தாங்குலி, (விருத்தம், அங்குலம்), le gros doigt, le pouce.

*விருத்தாசலம், (*id.* அசலம்), montagne ronde, Vrouddhâsalam, *vulgo* Verdatchellam, ville sur une montagne avec un temple de Siven au sud de Madras. [rôder autour.

*விருத்தாகிரமம். (*id.* ஆகிரமம்).

*விருத்தாஞ்ஞானுவர்த்தனம், (*id.* ஆஞ்ஞை), respect pour l'autorité des vieillards.

*விருத்தாதிபகம்,(விருத்தம், திபகம்), mot qui se rapporte à toute la phrase,—à toute la strophe.

*விருத்தாந்தம்,(id. அந்தம்), nouvelle, bruit, rumeur, matière, circonstance, détail, fable, histoire, sorte, mode, manière, espèce, chose, sujet, totalité, le tout, intervalle, repos, opportunité, propriété, nature, solitude.

*விருத்தாப்பியம்,(id. âpya *obtenu*), vieillesse, décrépitude.

*விருத்தாப்பியன், (விருத்தாப்பியம்), vieillard,—décrépit.

*விருத்தாமிசம்,(id. அமிசம்),segment de cercle.

*விருத்தாரணியம், (id. அரணியம்), bosquet —, lieu où on lit les pouranas et les poèmes censés sacrés.

*விருத்தார்த்தம், (id. அர்த்தம்), demi cercle: — ஆகார demi-circulaire.

*விருத்தார்த்தகோணம், (id. அர்த்தம், கோணம்), supplément d'un arc, ce qui lui manque pour faire le demi cercle.

*விருத்தாநுசாரம், (id. அநுசாரம்), conformité à l'usage.

*விருத்தாவஸ்தை.(id. அவஸ்தை), état de la vieillesse.

*விருத்தான்னம், (id. அன்னம்), nourriture incompatible, riz cuit de la veille.

*விருத்தி, 1° (vrouddhi), prospérité, réussite, succès, bonheur, félicité, joie, plaisir, richesse, accroissement, croissance, augmentation,— ou changement des voyelles des mots sanscrits pour former des dérivés, *V.* அண்டவிருத்தி, montée, élargissement du scrotum par l'enflure des testicules ou par hydrocèle, gain, fruit, usure, intérêt, profit de son ouvrage ou de son—, commerce, subsistance, tas, monceau, foule, multitude, assemblée, le 11ᵐᵉ des யோகம், coupure, abcission, forfaiture, amende. 2° (vroutti), profession, manière de vivre, mœurs, bonne—, conduite, coutume, usage, manière, style,— dramatique, glose, détail, explication, commentaire, —complet dit விருத்தியுரை, rondeur, circonférence, —de cercle, saisie, arrestation, s'arrêter, séjourner, station. 3° esclavage, espèce de figure de rhét. l'arbre மருது: ஆயுசு — extrême vieillesse; சாதி — coutume de la caste; புத்திர — augmentation des enfans (en nombre); —கரம் ce qui fait croître; — கேது (ஏது), moyen de subsistance; —சந்தி contraction allongée, qui a lieu dans l'union des mots sanscrits, lorsque un mot finit par அ ou ஆ et que le mot suivant commence par ஏ ou ஐ; alors les 2 voyelles se contractent on ஐ: *Ex.* ஏக et ஏகன் font ஏகைகன் le Dieu unique; மகா. et ஐசுவரியம் font மகைசுவரியம் grandes richesses; mais si le mot suivant commence par ஓ ou ஔ, alors ces voyelles se contractent avec l'அ ou ஆ final en ஔ; *Ex.* கல et ஓதனம் font கலௌதனம் le riz de la cruche, மந்திர et ஔஷதம் font மந்திரௌஷதம் remède béni; — ஜீவனம் vivre d'usure, profession de l'usure; — சிராத்தம் sacrifice aux ancêtres dans une circonstance heureuse; — தானம் donner un moyen d'existence; — த்துவம். *V.* விருத்திதை; — யநுப்பிராசம் rime ou allitération convenable au style; — யர்த்தம் pour vivre; — யாசீவன் usurier; — யுபாயம் moyen de subsistance; — யுரை commentaire complet contenant 14 articles, *V.* *au mot* உரை;— ரூபம் rondeur, figure ronde, dodue, matérielle, bien remplie, corpulence.

*விருத்திதை,(விருத்தி, tâ), état, profession, subsistance.

விருத்திக்கிறது, த்திக்கேன், த்திப்பேன், த்தி, த்திக்க, *v. n.* (விருத்தி), croître, augmenter.

விருத்தித்தல், விருத்திப்பு, *n. v. du préc.* croissance, augmentation.

*விருத்தியர், *P.* விருத்தியர், esclaves, serviteurs.

*விருத்திரகன், (விருத்திரன், han tuer), le meurtrier de Vrouttra, i. e. Indiren.

*விருத்திரம்,(vrouttra),obscurité. nuage, le mont Virouttiram, bruit, son.

*விருத்திரன்,(id.),ennemi,Vrouttra géant ou démon tué par Indiren, (surnom de) Indiren: விருத்திரத்துவிஷன் (dvich ennemi), ou

*விருத்திராரி,(id. அரி), l'ennemi de Vrouttra, i.e. Indiren.

*விருத்தை,(fem. de விருத்தன்), vieille,— femme, le dernier des 4 âges des femmes, depuis 55 ans et au-delà.

*விருத்தோக்ஷம், விருத்தோக்ஷம், விருத்தோட்சம்,(விருத்தம், உக்ஷம்), vieux—, bœuf.

*விருந்தம், 1° (vrounda), totalité, multitude, compagnie, assemblée, association, troupe d'animaux, troupeau, tas, monceau. 2° (vrounta), tige, queue des feuilles et des fruits, pied ou base d'un vase de terre, d'une cruche..., teton. 3° l'arbre சேம்பு.

விருந்தர், pl. de விருந்தன்.

விருந்தன்னை, 1° (விருந்து அன்னை), la mère qui donne à manger, femme, — légitime, maitresse de maison. 2° acc. du suiv.

விருந்தன், (விருந்து), convive, convié, nouveau venu, hôte.

*விருந்தாகம்,(vrountâka), bringelle,—dite கத்தரி, la plante சேம்பு.

விருந்தாடி,(விருந்து,ஆடுகிறது), V. விருந்தன்.

விருந்தாடுகிறது, (id.), prendre part à un festin, faire bonne chère, se régaler.

*விருந்தாரகன், (விருந்தாரம், ka), Dieu, chef, homme éminent, beau, distingué, respectable.

*விருந்தாரம், விருந்தாரகம், விருந்திஷ்டம், (vroundâra,—dâraka,—dichta), beauté, excellence, eminence, respectabilité.

விருந்திடல், விருந்திடுகிறது, (விருந்து, இடுகிறது), donner un festin,—un repas.

விருந்தினன், pl. விருந்தினர், V. விருந்தன்.

விருந்து, festin, banquet, grand —, repas (donné aux hôtes...), hôte, convive, nouveauté, chose nouvelle; —கொடுக்கிறது donner un festin, un grand repas; —சொல்லுகிறது ou விருந்துக்கழைக்கிறது inviter à un festin, à un repas; —சமைக்கிறது préparer un festin; —புறந்தருகிறது tourner le dos aux hôtes, craindre de leur donner l'hospitalité....; — வளப்பு beauté d'un festin, chanter ceux qui sont présens; அவன்வீட்டிலிரண்டுவிருந்து வந்திருக்கிறது 2 hôtes sont arrivés chez lui; உன்வீட்டுக்குவந்த விருந்தையயல்வீட்டிலே போவென்றப்போமோ convient-il de dire à un hôte qui est arrivé dans ta maison: va-t-en dans la maison voisine?

விருந்துண்கிறது, (விருந்து, உண்கிறது), faire bonne chère.

*விருந்தை, (vroundâ), basilic dit துளசி.

விருந்தோம்பல், hospitalité, un des caractères ou des devoirs des cultivateurs, n.v. du suiv. ou

விருந்தோம்புகிறது, (விருந்து, ஓம்புகிறது), fêter—, traiter ses hôtes, exercer l'hospitalité, donner un festin, — à manger, faire bonne chère.

விருபன், rat blanchâtre.

விருப்பம், விருப்பு, n.v. de விரும்புகிறது, désir, souhait, envie, intention, plaisir: விருப்பம்வைக்கிறது mettre ses affections, désirer, convoiter; விருப்பக்காரன் homme qui désire, qui plait, aimable.

விருப்பின்மை,(விருப்பு,இன்மை), exemption de désirs, — de désirs corrompus, indifférence, désintéressement, c'est une des அறத்துறுப்பு-அ ou 8 qualités de la vertu.

விருமனியம், la noix dite சேங்கொட்டை.

விரும்பல், V. விருப்பம், opt. et n.v. du suiv.

விரும்புகிறது, விரும்பினேன், விரும்புவேன்,

பு,ப, *v.a.* விரும்புதல், *n. v.* désirer, souhaiter, chercher, s'appliquer à, se proposer, aimer: விரும்பிக்கேட்கிறது écouter avec plaisir, avec désir; வேம்பையும்விரும்பக்கரும்பாம் quand on aime le vêmbou ou margosa, il devient comme la canne à sucre, par le désir l'amer devient doux.

விருவிரு, son —, mot imitatif de vitesse, de l'effet du poison....; விருவிரென்கிறது *ou*

விருவிருக்கிறது, ருத்தேன், ருப்பேன், ரு, ர, *v. n.* (விருவிரு), *v. n.* se hâter, s'empresser, le poison ou l'engourdissement; monter dans un membre, s'engourdir.

விருவிருப்பு, *n.v. du préc.* vitesse, action du poison qui monte.

விருளை, anneau —, pommeau ou bouton servant d'ornement à une bride.

*விருக்ஷணம், விருட்சணம், (viroûkchana), censure, blâme, accusation, jurement, imprécation, astringent.

*விருடம், (viroûdha), épanouissement, naissance.

*விருபகம், (விருபம், ka), difformité: விருபகருபகம், représentation —, figure hideuse, qui consiste à attribuer à une chose diverses qualités qui ne conviennent pas.

*விருபம், (வி), difformité, laideur, monstruosité, irrégularité, diversité, —de caractère, différence, changement: விருபகரணம் rendre difforme, manquer à la cadence.

*விருபாக்கன், விருபாக்ஷன், (விருபம், அக்ஷம்), être qui a les yeux difformes ou différens des autres, *i.e.* Siven, à qui on donne 3 yeux, un des 11 Routrers.

*விருபி, (viroûpi), personne difforme, *ou*

*விருபை, (viroûpâ), femme difforme, la femme de Yamen.

*விரேகம், (virêka), purgatif, purge, évacuation, selle.

*விரேசனம், விரேசிதம், (virêtchana, ita), cours de ventre, faire abandonner, *V.* விரேகம்: விரேசனத்துக்குக்குடிக்கிறது prendre un purgatif.

விரேசிக்கிறது, சித்தேன், சிப்பேன், சி, சிக்க, *v.n.* விரேசித்தல், *n. v.* se purger, aller aux lieux, —à la selle, avoir le cours de ventre.

*விரேபம், (virêpha), rivière (en général), la rivière Virêpam, absence de la lettre r ou rêpha.

விதை, 1° graine (de plantes, d'arbres...), sperme humain, testicules, onguent odoriférant, odeur, parfum, encens, fumée odoriférante, miel des fleurs. 2° *imp. et part. de* விதைக்கிறது. 3° *imp. de* விதைக்கிறது: விதை-ஐ les 5 espèces de parfums, *i.e.* கோஷ்டம் la racine odoriférante du costus arabicus, துருக்கம் musc, தகரம் onguent odoriférant pour les cheveux, அகில் agalloche, சந்தனம் sandal;—தட்டுகிறது châtrer (les taureaux et les béliers...) en battant ou en comprimant les testicules;— தெளிக்கிறது semer, jeter ou répandre de la semence; — புழுதியாயிற்று le champ est prêt pour être ensemencé, le labour pour les semailles est fini;— போடுகிறது semer, — ou planter des graines;— முந்திரிகை l'acajou dit anacardium occidentale;— வடிக்கிறது, *V.* விதைதட்டுகிறது;— வெடுக்கிறது recueillir des graines (de plantes...), châtrer, ôter les testicules; — வொன்றுபோடச்செடியொன்றுமுளையாது si on seme une espéce de graine, il ne germera pas une autre espéce de plante, l'enfant ressemble au père; — வகைகள், — விதங்கள் diverses espéces de graines,— de semences;— வழி propagation par graine, au moyen de graines;— விதைக்கிறது semer du blé..., ensemencer; — வாதம் hydrocéle, hernie, douleur ou tumeur aux testicules;— விதைப்பு action de semer;— வீக்கம் enflure des testicules; விதைக்குவிடுகிறது, — விட்டிருக்கிறது laisser une plante pour en avoir la graine, — pour qu'elle donne de la graine.

**விரைகிறது, விரைந்தேன், விரைவேன், விரை, விரைய,** *v.n.* se hâter, s'empresser, désirer, demander, importuner, être ardent, —chaud; **விரைந்து வருகிறது** venir à la hâte, —chercher du secours; —**விதைத்தான்** il a semé rapidement, —à la hâte.

**விரைக்கிறது, விரைத்தேன், விரைப்பேன், விரை, விரைக்க,** (**விரை**), semer, ensemencer.

**விரைதல்,** *n.v.de* **விரைகிறது,** hâte, empressement, chaleur, demande, —importune, importunité.

**விரைத்தல், விரைப்பு,** *n.v.de* **விரைக்கிறது,** ensemencement, semailles.

**விரைப்பாடு,** (**விரை**), ensemencement (d'un champ...): **விரைப்பாடாக்குகிறது** ensemencer, semer (des graines...); **இந்தப்பூமிபத்துக்கோட்டைவிரைப்பாடுகொள்ளும்** cette terre demande 10 boisseaux ou **கோட்டை** de semence.

**விரையம்,** contraction de **விரேசனம்,** purgatif, purge, dépense.

**விரைவு,** *n.v.de* **விரைகிறது,** hâte, presse, vitesse.

***விரோகம்,** (viròka), trou, creux, —d'arbre, abyme, rayon de lumière.

***விரோசனம்,** *P.* **விரேசனம்.**

***விரோசனன்,** (viròtchana), feu, soleil, lune ou Sandiren, Viròsanen fils de Prahlâden: **விரோசனசுதன்** le fils de Viròsanen, *i.e.* Bali ou Balisakravarti souverain de **மகாபலிபுரம்.**

***விரோதம்,** (virôdha), haine, animosité, inimitié, diversité, différence, opposition, contradiction, — de proposition, incohérence, inconsistence d'un argument, antithèse, contraste, empêchement, restrainte, calamité, infortune, malheur, guignon, combat, guerre, siége, blocus, environner, investir, *V.* **விரோதாலங்காரம்; இராச** —sédition contre le roi, opposition du roi; **ஒருத்தனுக்கு—ஆக** contre quelqu'un; —**பண்ணுகிறது** faire opposition, s'opposer, résister, contredire, contrarier, créer de l'inimitié; —**பேசுகிறது** contredire, parler contre, — avec haine; **விரோதக்காரன்** ennemi, adversaire; —**சிலேடை** ambiguïté contraire, dire une ambiguïté contraire à celle qui précède ou donner à une ambiguïté un sens différent de celui qu'on lui avait donné d'abord; —**உவமை** comparaison de rivalité ou d'opposition, - qui consiste à montrer la rivalité ou l'opposition qu'il y a entre l'objet comparé et celui auquel on le compare, *Ex.* **செய்யதாமரைமலருந்திங்களுநு ம்முகமுந் தம்முட்பகைவிளைக்குந் திறமையவே** la fleur du nénuphar rouge, la lune et votre visage sont capables d'exciter la rivalité ou la haine entr'eux.

***விரோதனம்,** (**விரோதம்,**na), opposition, résistance, contradiction, inconsistance, empêchement, haine, provocation, exciter la colère ou la haine, blocus.

***விரோதார்த்தம்,** (**விரோதம், அர்த்தம்**), sens—, intention—, dessein contraire, opposition.

***விரோதாலங்காரம்,** (*id.* **அலங்காரம்**), contraste, — soit dans les mots, soit dans le sens.

***விரோதி,** 1° (virôdhi), ennemi, adversaire, la 23me année du cycle de 60 ans correspondant à 1829 et 1889. 2° *imp.du suiv.*: — **கிருது** la 45me année du cycle indien correspondant à 1851 et 1911.

**விரோதிக்கிறது, த்தேன், ப்பேன், ி, க்க,** *v. a. et* **விரோதித்தல்,** *n.v.* contrarier, s'opposer, résister, différer, empêcher, faire opposition, contredire, haïr.

***விரோதோத்தி,** (**விரோதம், உத்தி**), contradiction, réplique, querelle, dispute. [matière, circonstance,

***விர்த்தாந்தம்,** *P.* **விருத்தாந்தம்.**

***விர்த்தி.** *P.* **விருத்தி.**

**விலகல்,** *opt. et n.v.de* **விலகுகிறது,** action de se retirer..., retraite, séparation, éloignement, retirement, séparation, scintillation.

விலகுகிறது, *sync.* விலகிறது, வி லகினேன், குவேன், கு, க, *v. n. et a.* se retirer, s'éloigner, se séparer, s'écarter, se détourner, quitter, éviter, rejeter, défendre, scintiller, briller, lancer des rayons: அஞ்ஞானத்துக்கு — fuir —, éviter l'iniquité; தீயோரை — éviter les méchans; விலகப்பண்ணுகிறது faire retirer, écarter, resserrer: விலகியிருக்கிறது être retiré, séparé, mis à part; — ப்போகிறது se retirer, s'en aller; — ப்போ, விலக, விலகு va-t-en, retire toi, fais place, gare.

விலகுதல், *n. v. du préc. V.* விலகல்: பொல்லாப்பை — மூடருக்கருவருப்பாயிருக்கும் les insensés ont en aversion l'éloignement du mal, *i. e.* du péché.

*விலக்கணம், *V.* விலக்ஷணம்.

விலக்கம், *n. v. de* விலக்குகிறது, défense, prohibition, séparation, — ou séquestration d'une femme pendant ses règles, désertion, abandon séditieux d'une place: — ஆனகாரியம் chose défendue; மோசத்துக்கு — ஆய்க்காக்கிறது préserver du danger: குடிகள் — ஆயிருக்கிறார்கள் ou போயிருக்கிறார்கள் les habitans se sont retirés (par sédition) de la ville...; — ஆயிருக்கிறாள் elle est séquestrée ou retirée (à cause de ses règles).

விலக்கல், *opt. et n. v. de* விலக்குகிறது, défense, prohibition, séparation, éloignement, changement: — ஆய்க்காக்கிறது préserver, garder de, défendre de.

விலக்கு, défense, empêchement, exclusion, rejet, faute, *n. v. imp. et part. du suiv.*

விலக்குகிறது, *sync.* விலக்கிறது, க்கினேன், க்குவேன், க்கு, க்க, *v. a. du préc.* விலக்குதல், *n. v.* défendre, interdire, prohiber, empêcher, exclure, rejeter, séquester, écarter, séparer, éloigner (l'un de l'autre des gens qui se querellent ou qui sont en désordre...), changer, placer ailleurs, éviter: நான் விலக்கினதின்மேலே செய்தாயேன் pourquoi faire cela après que je l'ai défendu? ஒருவனைச் சத்துருவுக்கு விலக்கிவிட்டிறது délivrer quelqu'un de son ennemi.

விலக்குருவகம், (விலக்கு, உருவகம்), figure dans laquelle on rejette ou nie les propriétés de l'objet figuré. *Ex.* மயில் பயிலாமலை மஞ்ஞை ce n'est pas dans les montagnes qu'habite le paon timide (désignant une personne que l'on compare au paon).

விலக்குவமை, (*id.* உவமை), fig. de rhét. dans laquelle on montre les défauts d'une comparaison qu'on vient de faire et on conclut qu'elle ne convient pas à l'objet.

*விலக்ஷணம், (வி), différence, état ou condition sans cause assignable, ce qui manque —, manque de preuve.

*விலக்ஷணை, (விலக்ஷம், tâ), *ou*

*விலக்ஷம், (vilakcha), *ou* விலக்ஷத்துவம், manque de marque ou de propriété distinctive, — de distinction, — de discernement, étonnement, surprise, honte, qualité incohérente.

விலங்கம், *P.* விலங்கு, fers, entraves: — இல்லாமலனுப்புகிறது renvoyer libre, — sans entraves.

விலங்கரசு, (விலங்கு, அரசு), le roi des animaux, *i. e.* le lion.

விலங்கல், *opt. et n. v. de* விலங்குகிறது, éloignement, retraite, scintillation, eau trouble, montagne.

*விலங்கனம், விலங்கிதம், (வி, லங்கனம், ita), transgression, passer par-dessus.

விலங்கு, 1° fers, entraves, empêchement, traverse, chose transversale, fer transversal ou intermédiaire des fers des pieds ou des entravers, animal, bête. 2° *imp. et part. de* விலங்குகிறது: விலங்குண்கிறது, (உண்கிறது), être mis aux fers, manger les animaux: — சாதி la race des animaux (rarement les reptiles et les poissons); — தைக்கிறது, — போடுகிறது, — மாட்டுகிறது mettre aux fers, — les fers, — les entraves, enchainer; விலங்கின்முலை mamelle—, pis d'animal; விலங்கிற்குணவு nourriture donnée aux animaux, c'est un des 32 actes de bienfaisance des Indiens dits அறம்.

விலகுகிறது, sync. விலக்கிறது, கினேன், குவேன், கு, க, v.n. விலகுதல், n.v. s'étendre, être séparé, —à part, de côté, s'éloigner, se retirer, être défendu, scintiller, lancer des rayons...; plisser: விலகிக்கிடக்கிறது être couché à une distance l'un de l'autre; —நிற்கிறது se tenir éloigné; —ப்போ va-t-en, retire-toi; —ப்போகிறது s'éloigner, se retirer, abandonner une ville ou une place d'une manière séditieuse; —வருகிறது s'en revenir, se retirer, approcher à quelque distance ou sans faire foule; —வா viens t'en; —வைக்கிறது étendre un filet, une toile (de manière qu'une partie ne couvre pas l'autre, nettoyer un terrain.

*விலசயம், (விலம், சயம்), ce qui vit dans des trous, serpent.

*விலசனம், விலசிதம், (vilasana, ita), jeu, amusement, passe-temps, badinage, —lascif.

*விலச்சம், (வி, இலச்சை), impudence, effronterie: விலச்சமானம்

*விலட்சம், V. விலக்ஷம். [modestie.

விலத்துகிறது, த்தினேன், த்துவேன், த்து, த்த, v.a. et n. விலத்தல், விலத்துதல், n.v. éloigner, rejeter, s'éloigner, se retirer.

*விலபனம், (vilapana), lie, sédiment au fond d'un vase, paroles inutiles, bavardage, babil, V. மழலை.

*விலபிதம், (vilapita), bavardage, vaines paroles, lamentation.

*விலம், (vila), trou, —d'arbre, caverne, un des chevaux fabuleux d'Indiren, rotin, l'arbre அகில், agalloche.

*விலம்பம், 1° (vilambha), don, donation, gratification. 2° (vilamba), ou

*விலம்பனம், விலம்பிதம், (vilambana, ita), retard, délai, lenteur, chose suspendue, qui pendille.

*விலம்பி, (vilambi), paresseux, lambin, V. விளம்பி.

*விலயம், (வி), destruction, — ou fin du monde, liquéfaction, fonte.

*விலயனம், (விலயம், na), destruction, corroder, liquéfier, éloigner, remède atténuant, — escarotique.

விலா, côte (du corps humain), côté: —க்கொடி, —த்தோரணம் côte, os: —ப்பக்கம், —ப்புறம் le côté, le flanc, ou —வெலும்பு côte. [ca.

விலாங்கு, anguille, murœna indi-

*விலாசம், 1° (vilâsa), gestes lascifs, —de femmes, — provenant de l'amour, aversion ou honte affectée, jeu, amusement, passe-temps, badinage, — lascif, — d'hommes et de femmes, beauté, grâce, élégance, spectacle, pompe. 2° P. விசாலம் (*par transposition de lettres*), grande étendue, grande extension, salon, grande salle, adresse d'une lettre: —வீடு maison spacieuse; —ஆய்ப்பேசுகிறது s'étendre, discourir au long; விலாசஸ்தானம் lieu de plaisir, d'amusement; —சபை vaste assemblée, chœur angélique; —மந்திரம் maison de plaisance, —de récréation, —d'été. [sement—, jeu de femmes.

*விலாசனை, (விலாசம், nâ), amu-

*விலாசி, (விலாசம், i), homme sensuel, ami du plaisir, Vichnou, Krichna, Siven, Kâmen, Sandiren ou la lune, le feu, serpent.

*விலாசினி, *fém. du préc.* femme, —sensuelle, prostituée.

*விலாசிகை, (*id.* ikâ), drame badin, —en un acte sur un sujet léger.

விலாடம், P. விலாசம், passe-temps —, jeu obscène.

விலாசடிக்கிறது, டித்தேன், டிப்பேன், டி, டிக்க, v.a. payer double tribut, [chagrin, pleurer en songe.

*விலாபம், (vilâpa), lamentation,

விலாமச்சை, விலாமிச்சை, விலாம்பிச்சை, விலாம்மிச்சை, P. இலாமிச்சை

விலாய், V. கட்டம். [சை.

*விலாலம், (vilâla), instrument, machine, mécanique, chat.

விலாழி, écume de la bouche du

cheval, écume ou sueur occasionnée par une rude course, eau qui sort de la trompe de l'éléphant.

*விலாசம், *P.* விலாஸம், chat, matou. [ne.

*விலிப்தம், (வி), minute indien-

*விலீனம், (vilina), chose gâtée, disparue, fondue, liquide, mélangée, contiguë.

*விலூர்பள்ளி, *V.* பெருங்குரும்பை.

*விலேகனம், (vilèkhana), creuser, déraciner, diviser, fendre, faire des marques.

*விலேகை, (வி), marque.

*விலேசயம், (vilè *abl. sanscrit de* விலம்), animal qui dort ou vit dans des trous, serpent, rat, lièvre, caverne.

*விலேபம், (vilêpa), onguent, parfum, mortier, plâtre, onction, enduire.

*விலேபனம், (விலேபம், na), huile de sandal, frotter le corps de parfums, plâtrer, odeur, *V.* விலேபம்.

*விலேபனி, (*id.* ni), femme parfumée, *om*

*விலேபி, விலேப்பியம், (*id.* i, ya), cange, eau de riz, riz avec l'eau dans laquelle il a cuit.

*விலேவாசி, (விலம், *abl. sanscrit*), qui habite ou vit dans des trous, dans une caverne, serpent.

விலை, prix, valeur, vente, *n. v. de* விற்கிறது: அதிகவிலையாகக்கேட்கிறவன் le plus haut enchérisseur; கேட்கிற— le prix offert, enchère; — கட்டுகிறது fixer —, mettre un prix, estimer; — காரர் acheteurs; — குறிக்கிறது désigner —, fixer le prix; — குறைக்கிறது diminuer —, baisser le prix; — கூறுகிறது proclamer le prix, vendre aux criées; — கேட்கிறது demander le prix, enchérir; — கேட்குதல் demande du prix, enchère: — கேட்பவன் celui qui demande le prix, enchérisseur; — க்கிரயம் prix, valeur (pléonasme); — க்குறைவு diminution de prix, bas prix: — க்கேள்வி enchère, question sur le prix; — சகாயம் à bon marché; — சொல்லுகிறது dire le prix, marchander; — ச்சரக்கு, — ச்சாமான் marchandises mises ou exposées en vente; — திருகிறது, — தீர்க்கிறது, — தீர்க்கிறது, — திட்டம்பண்ணுகிறது fixer —, régler le prix; — நியாயம் prix raisonnable; — நயமான à bon marché, à bas prix; — படுகிறது, — ப்படுகிறது, — ப்பட்டுப்போகிறது se vendre, être vendu (un captif, une marchandise); நானவனுக்கு — பட்டேன் j'ai été vendu à lui comme esclave; — படுத்துகிறது, — ப்படுத்துகிறது vendre; — பெறுகிறது valoir, — le prix; — பேசுகிறது parler du —, dire ou fixer le prix, marchander; — பொருந்துகிறது le prix convenir, s'accorder sur le prix; — போகிறது se vendre; — ப்பண்டம், — ப்பொருள் objet à vendre, marchandise; — ப்படிவம் taux, prix courant, convenable; — மகள் prostituée, *litt.* fille ou femme à prix, ou qui se vend; — மதிக்கிறது priser, évaluer, estimer, fixer le prix; — மதிப்பு prisée, évaluation, estimation, fixation du prix; — மதியாத inestimable; — மலிவு bon marché; — மானம் évaluation, estimation pour vendre; — மேவுகிறது convenir du prix; — யாளர், — விற்போர் vendeurs; — விடுகிறது fixer un prix, vendre; — யுவதி personne méprisable, — qui se vend; — யுயர்த்தி, — யுயர்ந்த haut prix; — யுயருகிறது, — யுயர்தல், — யேறுகிறது, — யேற்றப்பெறுகிறது le prix hausser, enchérir; — யேறப்பெற்ற d'un haut prix, précieux; — யேறப்பெற்றகுதிரை cheval d'un haut prix, de grande valeur; — யேற்றுகிறது hausser le prix, enchérir, mettre aux enchères; — வாசி prix, taux, bon marché; — வைக்கிறது mettre un —, fixer le prix, enchérir; விலைக்குக்காட்டுகிறது exposer en vente: — க்கொடுக்கிறது donner à prix d'argent, vendre; — க்கொள்ளுகிறது, — வாங்குகிறது acheter.

விலைஞர், (விலை), marchands.

*விலோகம், (வி), solitude, isolement.

*விலோகனம்,விலோகிதம், (vilô-kana,ita), vue, regard.

*விலோகனீயம்,விலோகனீயதை, விலோகனியதை, (vilòkaniya,tâ), beauté,agrément.

*விலோசனம், (வி), œil,vue: விலோசனபாதம் regard, œillade.

*விலோசநும்பு,(விலோசனம், அம்பு), larme, *litt.* eau des yeux.

*விலோடனம், விலோடிதம்,(vilòdana,ita),agitation,secousse, rouler,troubler.

விலோதம், chevelure—, cheveux —,chignon de femme, tour de cheveux,drapeau.

*விலோதனம்,(விலோதம்,na),drapeau (pour ornement), grand drapeau,étendard.

*விலோபம், (vilòbha), attraction, tromperie, séduction,*ou*

*விலோபனம், 1° (vilòpana),destruction, corruption. 2°(விலோபம், na), *ou*

*விலோபிதம், (விலோபம்,ita),attraction, allèchement, tentation, séduction,fascination,louange,troubler,trouble.

*விலோமம்,(vilòma),revers,l'opposé,ordre renversé, cours opposé, inversion,chose de travers,—en arrière, à rebours, après,serpent, chien, machine hydraulique, eau: விலோமக்கிரியை action à rebours,règle d'inversion: —சன்,— சாதன்,விலோமோற்பன்னன்,(உற்பன்னம்), homme dont le père est d'une caste inférieure à celle de la mère; —த்திராசிகம் règle de trois inverse;—வருணன் homme de naissance basse ou mélangée; — விதி règle d'inversion,chose contre l'ordre, cérémonie contre l'usage.

*விலோமன், (*id.*),Varounen,prétendu roi des eaux.

*விலோலம், விலோலதை, விலோலனம்,விலோலிதம், (vilòla,tâ, na, ita),agitation, tremblement, instabilité,défaut de solidité.

வில்,1° arc, c'est l'emblème ou la bannière du roi சேரன், archet de violon, lumière, la 19$^{me}$ constellation dite மூலம். 2° *imp. et part. de* விற்கிறது,vends,qu'on vend: — வண்டம் force,violence, *V.* முட்டு;—க்காரன் archer;—க்கயிறு, —நாண் corde d'arc;— வடிவு voûte, cintre, arcade,arceau; — வல்லவன்,— வல்லோன் habile archer: — வல்லமை habileté à tirer de l'arc; —வளைவு, —வாங்கல் courbure d'arc,arche,arcade,cintre;— வளைக்கிறது,—வாங்குகிறது bander un arc, cintrer; —வித்தை art —,profession de tirer de l'arc.

வில்லங்கம்,barrière,barre,obstacle, empêchement, embarras, difficulté, contestation,dispute, force, violence, *V.* முட்டு: —ஆயிருக்கிறது être en dispute;—இடுகிறது commencer —,soulever une dispute; -தீர்த்துக்கொள்ளுகிறது arranger —, terminer une dispute; வில்லங்கக்காரன் disputeur, qui soulève des disputes.

வில்லடை, adversité, empêchement,obstacle,opposition,contrariété.

வில்லண்டம், *V.* வில்லண்டம்.

*வில்லம், (villa), trou, précipice, assa fetida, *V.* வில்வம்: வில்லமூலம், (மூலம்), espèce d'igname.

வில்லவன், (வில், அவன்), archer, le roi சேரன் qui avait pour devise un arc sur son drapeau.

வில்லன்,(*id.*), archer.

வில்லா,வில்லாத, *part.nég. de* விற்கிறது, qui —, qu'on ne vend pas.

வில்லாச்சிரமம், (வில், ஆச்சிரமம்),exercice de l'arc.

வில்லாச்சிரமி, (*id.*), archer, — exercé à tirer de l'arc.

வில்லாண்மை, (வில்,ஆண்மை), habileté à tirer de l'arc.

வில்லாமை,*n.v.nég.de* விற்கிறது.

வில்லார், (வில்), archers, chasseurs, sauvages dits வேடர்.

வில்லாளன்,வில்லாளி, வில்லான், (வில்),archer.

வில்லி, (வில்), archer, (surnom de) Kâmen,qui, au dire des Indous, a un arc de canne à sucre, Aroutchounen, Virapattiren.

வில்லிபுத்தூரன், (வில்லிபுத்தூர்), poète natif de Villipouttoûr.

வில்லியர்,*pl de* வில்லி, sauvages, archers.chasseurs.

வில்லினன், (வில்),archer.

வில்லிநாணி, (வில்லின், நாணி), corde d'arc.

வில்லு,1° P.வில், arc, archet de violon. 2° *imp. et part. de* விற்கிறது: வில்லுக்குவிசயன், பரிக்குநகுலன் Aroutchounen pour tirer de l'arc et Nagoulen pour manier un cheval. [டி..

வில்லுவகன், la plante சிற்றுமுட்

வில்லுடையார், (வில், உடையார்), archers.

*வில்லுவம், l'arbre வில்வம்.

வில்லூறு, வில்லூர்த்திப் பட்டு, (*mot français*), étoffe de—,velours.

வில்லேருழவர்,(வில், ஏர்,உழவர்), laboureurs qui ont pour charrue un arc, *i.e.*archers,guerriers,chasseurs.

வில்லேன்,1° *nég.de* விற்கிறது.2° குறிப்புவினை *de* வில், j'ai un arc.

வில்லை, 1° *acc.de* வில். 2° l'arbre வில்வம்,chose ronde,*v.g.* plaque de métal ronde, miroir rond,petit gâteau,rond,pièce,morceau qu'on coud à un habit, *ou* —முருக்கு espèce de bijou pour les oreilles; — போட்டுத்தைக்கிறது coudre une pièce à —, rapiécer un habit.

வில்லோன், (வில்), archer.

*வில்வம், (vilva), l'arbre கூவிளை ou cratæva religiosa, qui est censé sacré; c'est un des தருமூலம் et son fruit est médicinal: — சாத்துகிறது mettre aux idoles des guirlandes de cratæva (en signe d'hommage); வில்வக்குடுக்கை vase fait de la conque du cratæva; — பத்திரி feuilles de cratæva (les Sivénistes s'en servent dans leurs cérémonies, comme les Vichnouvistes du basilic dit துளசி); — மாலை guirlande de cratæva, espèce de guirlande faite d'or ou d'argent (qui l'imite).

விவகரிக்கிறது, ரித்தேன்,ரிப்பேன், ரி,ரிக்க, *v.n.* (விவகாரம்), விவகரித்தல்,*s.v.* V.விபகரிக்கிறது.

*விவகலனம்,விவகலிதம்,*P.*வியவகலனம்,வியவகலிதம், soustraction.

*விவகாசம்,*P.* வியவகாசம், sourire,— mutuel.

*விவகாரம், *P.* வியவகாரம், attachement —,adhésion à la loi, procédure civile,procès,dispute,qualité de juge,usages,règles, — de la loi, profession, emploi,donner des richesses (c'est un des முப்பொருள்), fertilité,prospérité: விவகாரரூதிவிசாரணம் examen —, investigation judiciaire;—ஸ்தானம் tribunal,— où l'on rend la justice, titre légal; — விதி loi,code,— réglant les procédures judiciaires.

*விவகாரி, *P.*வியவகாரி,plaideur.

*விவகாரிகம்,*P.*வியவகாரிகம்.

*விவகாரிகை, *P.*வியவகாரிகை.

*விவக்ஷை,(vivâkchâ), désir.

*விவக்ஷிதம்,(*id.*ita), désir, intention,sens littéral,objet désiré.

*விவக்ஷிதை,(*id.*itâ),désir,propos.

*விவசம், (vivasa), indifférence, dépendance,sujétion,ce qui est soumis,désir de la mort, indépendance,délivrance des soins et des craintes du monde,extase,ravissement de l'âme hors d'elle-même.

*விவசாயம்,*P.* வியவசாயம், (*voyez ce mot et* கருமபூமிக்குரிமை-ன்).

*விவசுதன், விவச்சுவான், விவஸ்வான், (vivasvân), Dieu,le soleil, Arounen cocher du soleil, le 7me Manou. [du soleil.

*விவச்சுவதி,*fém.du préc.* la ville

*விவஸ்திரம்,(வி),manque d'habit.

*விவட்சை,*P.* விவக்ஷை.

*விவதம்,(vivadha), route, grand chemin,rue,perche pour porter des fardeaux (aux 2 bouts...), fardeau, entassement,— de blé et de foin,pot

*விவத்து,*P.*விபத்து. [à l'eau.

விவத்தை,*P.*விபத்து,danger....

*விவரணம்,(விவரம்,na), explication,exposition, glose, commentaire,interprétation,traduction, détail,description,découvrir.

*விவரம்,1° (vivara), trou, vide, abîme,caverne,creux,— d'un tube,

tuyau,manque, défaut, séparation, disjonction, distinction. 2° détail, particularités,circonstances,cas,matière,manière,contenu, précis (d'un discours, d'une lettre...),narration, — détaillée, différence entre le temps passé depuis le lever du soleil d'un jour donné et la moitié de la longueur de ce jour: விவரமாய் en détail,au long, d'une manière circonstanciée: விவரத்தோடேகேள் écoute en détail, — avec les circonstances; விவரகதி, —புத்தி différence du mouvement journalier du soleil et de la lune; —நாளிகை,(நாளம்,ikâ), flûte, fifre, chalumeau.

விவரிக்கிறது,ரித்தேன், ரிப்பேன், ரி,ரிக்க, v.a.(விவரம்), et விவரித்துச்சொல்லுகிறது raconter, — au long,détailler, expliquer, circonstancier. [on,détail.

*விவரிதம்,(விவரம்,ita),explicati-

விவரித்தல்,விவரிப்பு, n.v. de விவரிக்கிறது,détail,explication, narration, —ou relation circonstanciée.

*விவருச்சனம், விவருச்சிதம், (vivardjdjana,ita), abandon.

*விவருணம், (vivarna), bassesse, mauvaise couleur, couleur changeante: விவருணவதனம் figure pâle.

*விவர்த்தம்,(vivartta),tourner autour,danse, assemblage, tas, multitude,foule, faute, erreur, méprise, altération, modification: விவர்த்தரூபம் figure illusoire.

*விவர்த்தனம், விவர்த்திதம்,1° (விவர்த்தம்,na,ita), tournoiement, rotation,roulement, rouler, tourner, —autour,revenir, retourner. 2° (vivarddhana, ita), augmentation, multiplication, couper,diviser.

*விவற்சை, (வி, விற்சம்), vache qui a perdu son veau.

*விவாகம்,(vivâha),mariage: மெய் விவாகம் véritable—, mariage, le sacrement de mariage; — செய்கிறது, —பண்ணுகிறது se marier, ou —பண்ணிவைக்கிறது marier quelqu'un,faire un mariage; விவாகஸ்திரீ femme mariée; விவாகத்திலுட்படுகிறது entrer dans l'état du mariage, se marier; விவாகத்தினிலை l'état du mariage.

*விவாகிதன்,m. விவாகிதை,f.(விவாகம்,ita,itâ),marié,mariée. [dre.

*விவாகியன், (id.ya),époux, gen-

விவாகோச்சிதமான சுபகாரியங்கள், (விவாகம், உச்சிதம்), fêtes nuptiales.

*விவாசம்,விவாசகரணம், விவாசனம்,விவாசிதம்,(வி,வாசம்,na,ita), exil, bannissement.

*விவாதம்,(vivâda),dispute,— de paroles, contestation,débat, procès, litige.

*விவாதார்த்தி, (id. அர்த்தி), le plaignant, celui qui poursuit en justice. [plaideur.

*விவாதி,(விவாதம், i), disputeur,

*விவாரம், (vivâra),extension,dilatation. [லும் de diverses manières,

*விவிதம், (வி), diverses façons:—

*விவிருதம், (vivrouta),extension, largeur, évidence, explication, ouverture. [ம்), œil large, coq,

*விவிருதாக்ஷம்,(விவிருதம், அக்ஷ

*விவிருதி, (vivrouti), explication, glose,commentaire,détail, manifestation,découverte.

*விவிருத்தம்,1° (vivroukta),abandon, délaissement. 2° (vivroutta, virouddha),ou

*விவிருத்தி,1° (vivroutti),tourner, rouler, — autour. 2° (vivrouddhi), augmentation.

*விவேகதை, (விவேகம்,tâ),esprit, jugement, discernement.

*விவேகம்,(vivèka),discernement, bon jugement, esprit, faculté de distinguer les choses par leurs propriétés,distinguer la réalité de l'illusion,prudence, discrétion, pénétration d'esprit, investigation, discussion,avant-propos, préface d'un livre: — உள்ளாத்துமா âme raisonnable,personne prudente; — மூழ்கிப்போகிறது la prudence faire naufrage,—être à bout; விவேகக்காரன், V. விவேகன்; —சிந்தாமணி la

sol-disant perle de la prudence, espèce de traité ou de système religieux des Advitas; —த்துவம் jugement, discernement; — ப்பருவம் âge de discrétion.

*விவேகன், (விவேகம்), homme sage, prudent, spirituel, ingénieux, industrieux.

*விவேகி, (*id.* i), *m. f.* personne prudente, discrète, judicieuse, sage, habile, subtile, philosophe: —த்துவம் *ou*

*விவேகிதை, (விவேகி, tâ), prudence, discernement, investigation.

விவேகிக்கிறது, கித்தேன், கிப்பேன், கி, கிக்க, *v.a.* (விவேகம்), விவேகித்தல், *n.v.* être prudent, discerner, déterminer, limiter.

*விவேசனம், (vivêtchana), discernement, distinction, investigation, jugement: — பண்ணுகிறது distinguer, discerner.

விழ, *inf. de* விழுகிறது.

விழச்சு, rit cuit.

விழலன், *pl.* விழலர், (விழல்), ignorant, homme vil, *ou* [vain, frivole.

விழலாண்டி, (*id.*), homme inutile,

விழல், *inf. et n. v. de* விழுகிறது, chute, décadence, ruine, variété de l'herbe andropogon muricatum (ses racines sont inodores), frivolité, chose vaine, vide, inutilité: விழற்கட்டு maison, *ou* — கட்டுவீடு maison couverte d'herbes ou de roseaux; — கற்றை petit paquet d'herbes pour couvrir une maison; — நாணல் tuyau de l'herbe dite விழல்; பாவநடைவிட வென்றோ நரகத்தில் விழவென்றோ, இவ்விரண்டிலொன்றுதப்பாது ou quitter le péché ou tomber dans l'enfer, l'un des deux ne manquera pas; வெள்ளாளனமரமும் பார்ப்பானிகண்டுந்தமிழும் விழவிழலே si l'ouvrage sanscrit de வெள்ளாளன், i. e. அமரசிங்கன் ou Amarasinha et l'ouvrage tamoul de பார்ப்பான், i. e. தொல்காப்பியன் se perdaient, ces langues deviendraient comme l'herbe dite andropogon. Il paraît que celui-ci était brame, et l'autre vellage.

விழவு, fête, le signe des Gémeaux.

விழா, 1° *ou* விழாத, *part. nég. de* விழுகிறது, qui ne tombe pas. 2° fête, cérémonie de félicitation ou de bons souhaits. [de remède.

விழாலரிசி, espèce de drogue ou

விழி, 1° œil, prunelle de l'œil. 2° *imp. du suiv.* விழிகனம், poids, pesanteur, moyens, expédiens; — விழுந்தி espèce de mal d'yeux.

விழிக்கிறது, த்தேன், ப்பேன், பி, க்க, *v.a.* விழித்தல், *n.v.* ouvrir les yeux, s'éveiller, se réveiller, se lever, regarder, — avec colère.

விழிப்பு, *n.v. de* விழிக்கிறது, réveil, ouvrir les yeux, vigilance, soin, diligence. [yeux.

விழியன், (விழி), qui a de grands

விழு, 1° *imp. et part. du suiv.* 2° *adj. de* விழுமம்: — கொம்பு corne ou branche penchée ou courbée en bas, — qui tombe; — ப்பொருள் objet —, ouvrage délicat, élégant, mince, supérieur; — சுமை fardeau qui tombe sur quelqu'un, — sous lequel on succombe, — trop pesant.

விழுகிறது, ழுந்தேன், ழுவேன், ழு, ழ, *v.n. et* விழுகுதல், விழுதல், *n.v.* tomber, — en décadence, succomber, déchoir, diminuer (les grains, la réputation), mourir: விழக்குழி fosse pour tomber dedans, *i. e.* pour prendre les animaux, trébuchet, trappe; — க்குழி பாய்ச்சுகிறது pousser quelqu'un dans la fosse, ou dans la trappe, faire manquer son affaire, embarrasser, mettre en danger; — த்தட்டுகிறது, — த்தள்ளுகிறது, — ப்படுத்துகிறது pousser, renverser, faire tomber (quelque chose de la main d'un autre...); — த்தாட்டுகிறது pousser et renverser, faire tomber quelqu'un, réfuter ses raisons; — ப்பிதுங்குகிறது un mur se bomber et menacer ruine, pencher pour tomber; அதிலேவிழுந்தான் il est tombé là-dedans; அவனெண்ணப்படியேவிழுந்தது sa pensée est tombée ou s'est fixée là-dessus; இன்னுஞ் சரக்குவந்து விழவேண்டும் il faut encore que des marchandises arrivent, il y en a encore d'attendues; ஒருதண்டு தேசத்தின்மேல் விழுந்தது une armée est tombée sur le pays; ஒருத்தன்மேல்விழுகிறது tomber sur quelqu'un, l'attaquer, l'assaillir: விழுந்தவனையெடாமலுதைக்கலாமோ au lieu de relever un homme tombé, peut-on lui donner des coups de pied?

விழுகை, *n.v.du préc.* chute, ruine, décadence.

விழுக்காடு, (விழு, *P.* விழும், காடு *affixe*), prix entier, — général d'une chose, taux, prix moyen, — l'un portant l'autre, part, lot, diminution, manque, détérioration, maigreur, assoupissement: அதுஎன்னவிழுக்காடாய்விற்குது à quel prix vend-on cela? இவனுக்கொத்தவிழுக்காடெனக்குஞ் சம்பளங்கொடும் donnez moi autant de gages qu'à lui; இந்தவீட்டுக்கொத்த— கொடைக்கூலிக்கொடுப்பேன் je paierai un loyer convenable à cette maison; நூற்றுக்குப்பத்து—கொடுக்கிறது donner au taux ou un taux de 10 pour 100; பணத்துக்கெத்தனை— combien en donne-t on au fanon? பணத்துக்கஞ்சு—le taux est de 5 au fanon; — வாங்குகிறது acheter à tant par lot ou en gros.

விழுக்கு, graisse, suif.

விழுங்குகிறது, *sync.* விழுங்கிறது, கினேன், குவேன், கு, க, *v.a.* விழுங்கல், விழுங்குதல், *n.v.* avaler. dévorer, absorber, engloutir, consumer avec violence.

விழுதல், *n.v.de* விழுகிறது, chute, ruine, décadence, mort.

விழுதி, l'arbre ou la plante médicinale cleome fruticosa ou stroemia tetrandra: —க்கீரை feuilles de cette plante qui servent d'herbes potagéres.

விழுது, 1° (விழுகிறது), racines pendantes, — qui descendent des branches du multipliant ou ஆலமரம் et autres arbres, se fixent en terre et deviennent de nouveaux troncs qui soutiennent les branches comme des colonnes, *ou* விழுதுக்கல் sonde, — pour sonder la profondeur de l'eau..., *ou* விழுதுநூல் trame, fils roulés autour des 2 ensouples, que le peigne fait mouvoir en haut et en bas, fils de la trame, sorte d'instrument de tisserand. 3° graisse, beurre: தன்னினத்தாரைவிழுது போலத்தாங்குவதுபெரியோர்கடன் le devoir des grands est de soutenir leurs parens comme les racines qui descendent des branches du multipliant soutiennent ses branches.

விழுத்தம், *V.* சுருக்கிரகம்.

விழுத்துகிறது, த்தினேன், த்துவேன், த்து, த்த, *v.a.de* விழுகிறது, *et* விழுத்தல், விழுத்துதல், *n.v.* faire tomber, renverser. [விழுகிறது.

விழுந்த, விழுந்து, *part. et gér. de*

விழுபாலை, *ou* விழுப்பாலை, (விழு), nom d'une plante.

விழுப்பம், désir, caste, élégance, ornement, bien, bienfait, bonté, excellence, bienfaisance. [lure.

விழுப்பு, incivilité, impureté, souil-

விழுமம், pauvreté, élégance, ornement, magnificence, bon état, bonne condition, ce qui est —, bien.

விழுமை, ornement, élégance, excellence, grandeur, bonté; *à l'adj.* விழு, விழும், *et* விழுமிய, élégant, orné, excellent, bon.

விழுமியார், விழுமியோர், (விழுமை), les grands, les bons.

விழும், *part. fut... de* விழுகிறது. 2° *adj. de* விழுமை: விழுமிது ce qui est élégant..., élégance, ornement.

விழுவிக்கிறது, *v. caus. de* விழுகிறது, faire tomber.

விழுவிழென்கிறது, son —, mot imitatif de ce qui est visqueux, être gluant, — comme de la colle.

விழைகிறது, விழைந்தேன், விழைவேன், விழை, விழைய, *v.a. et n.* désirer, convoiter, se joindre, s'unir, être uni, joint, mêlé, s'accoupler.

விழைச்சு, *n.v.du préc.* union, accouplement, tendreté, âge tendre.

விழைதல், *n.v.du même*, grand —, désir, jonction, union, mélange, accouplement.

**விழைந்தோர்**, *n.app.du même*, ceux qui désirent, amis, maris, amans.

**விழையாமை**, *n.v.nég.du même*, ne pas désirer: **பிறனில்விழையாமை** ne pas convoiter la femme — la maison de son prochain.

**விழைவு**. *n. v.du même*, son intérieur, *V.* **விழைதல்**. [டை.

**விளகம்**, la noix dite **சேங்கொட்**

**விளக்கணம்**, (**விளக்குகிறது**), souder avec du —, soudure de ciment métallique.

**விளக்கணி**, (**விளக்கு**, **அணி**), figure explicative, — qui finit par une chose qui convient également à l'objet comparé et à celui auquel on le compare. [ளக்குத்தகளி.

**விளக்ககல்**. (**விளக்கு**, **அகல்**). *V.* **வி**

**விளக்கம்**, *n. v. de* **விளக்குகிறது**, clarté, explication, éclaircissement, examen, instruction, phase de la lune.

**விளக்கல்**, *n.v.du même*, éclairage, illumination, éclaircissement, brillant, action d'éclairer...

**விளக்கிடல்**, **விளக்கிடுகிறது**, (**விளக்கு**), mettre —, allumer —, présenter une lampe, placer une petite lampe allumée.

**விளக்கீடு**, (*id.*), placement de lampe, jour où l'on met des lampes dans tous les temples, ou bien, où l'on allume toutes les lampes d'un temple.

**விளக்கு**, 1° lampe, (c'est une des **அஷ்டகபம்** ou choses censées de bon augure), lumière, cérémonie dite **ஆலாத்தி** ou offrande d'une lampe à une prétendue divinité, la 15e constellation dite **சோதி** ou Arcturus. 2° *imp.et part. de* **விளக்குகிறது**: — **கொளுத்துகிறது** allumer une lampe; —**க்கூடு** lanterne, trou triangulaire dans un mur —, guéridon fait de petits bâtons pour mettre une lampe, *ou* —**த்தகளி** lampe (de terre...), vase de lampe; —**த்தண்டு**, —**த்தாள்**, —**த்தகளி**, (*P.***தகளி**) pied de lampe, porte-lampe, chandelier; —**நிலை** l'état de la lampe, le 61° des **பிரபந்தம்**, poème dans lequel on souhaite à un roi qu'il s'élève et brille comme la lampe sur son pied; —**நிறுத்துகிறது** éteindre une lampe; —**ப்பாதம்** pied de lampe, chandelier; —**மாறு** balai, brosse; —**மாற்றால்மொத்துகிறது** frapper avec le balai (affront); — **மாற்றுக்கட்டை** balai usé, vieux balai, personne bonne à rien, *litt.* tronc de balai; —**மாற்றுப்பிடி** manche à balai; —**வெட்டிவண்டு** insecte qui se jette sur la lampe; **விளக்கைத்திருத்திப்போ**[illegible]**கிறது**, —**க்குளிரவைக்கிறது**, —**மலைக்கிறது**, —**அவிக்கிறது** éteindre une lampe.

**விளக்குகிறது**, *sync.* **விளக்கிறது**, **க்கினேன்**, **க்குவேன்**, **க்கு**, **க்க**, *v.a.de* **விளங்குகிறது**, *et* **விளக்குதல்**, *n.v.* éclairer, faire luire, — briller, éclaircir, expliquer, nettoyer, balayer, fourbir, polir, lustrer, souder (les métaux): **மனதை** — purifier l'âme, — le cœur.

**விளக்கெண்ணெய்**, (**விளக்கு**), huile de lampe, — pour la lampe, — de ricin, — de vèmbou (elles servent ordinairement pour la lampe).

**விளக்கேற்றுகிறது**, (**விளக்கு**), allumer —, mettre une lampe, placer une lampe allumée.

**விளங்கம்**, 1° (**விளங்கல்**), chose qui éclaircit. 2° *V.* **வாயுவிளங்கம்**.

**விளங்கல்**, *opt. et n.v.de* **விளங்குகிறது**, être clair, brillant. [me.

**விளங்கிழை**, (**விளங்கு**, **இழை**), femme.

**விளங்கு**. *imp. et part. de*

**விளங்குகிறது**, *sync.* **விளங்கிறது**, **கினேன்**, **குவேன்**, **கு**, **க**, *v.n.de* **விளக்குகிறது**, *et* **விளங்குதல்**, *n.v.* briller, reluire, réfléchir la lumière, être clair, évident, manifeste, net, fourbi, poli, brillant: **அதுமெய்யென்று** — cela est évidemment vrai; **நியாயம்** — la raison —, la justice paraître évidemment, **நியாயம்விளங்குகிறகாரியம்** chose dont la justice est évidente: **அந்தச்செய்திவிளங்கக்கடனும் விளங்கும்** cette affaire une fois éclaircie, la dette aussi sera évidente;

கோயில்விளங்கக் குடிவிளங்கும் si l'église est brillante, les habitans du lieu prospéreront (à cause de leur piété), par l'état brillant d'un temple se manifeste la prospérité des habitans: விளங்கக்காட்டுகிறது représenter —, montrer d'une manière évidente: விளங்கவைத்தல் faire briller. rendre évident, éclaircir, explication, — amplifiée; அந்தக்குடி விளங்கவில்லை cette famille ne brille pas, — est obscure; விளங்கியிருக்கிறது avoir brillé..., être clair, évident, brillant; சூரியனால்விளங்குஞ் சந்திரன் la lune est éclairée par le soleil, elle en réfléchit les rayons; விளங்குகிற்கன் la brillante lune, *i.e.* Vénus *ou* சுக்கிரன்; விளங்கொளி lumière brillante.

விளத்தாரு, la plante அடம்பு.

விளத்துகிறது, த்தினேன், த்துவேன், த்து, த்த, *v.a.et n.* விளத்தல், விளத்துதல், *n.v.* 1° *P.* விளக்குகிறது, expliquer, détailler, développer. 2° *P.* விலத்துகிறது, se retirer, s'éloigner.

*விளம்பம், (vilamba), délai, lenteur: கால — பண்ணுகிறது traîner le temps en longueur, différer.

விளம்பரம், avis, publication, avertissement, éclaircissement, affiche; — பண்ணுகிறது, விளம்பரப்படுத்துகிறது avertir, annoncer, publier.

விளம்பல், *n. v. de* விளம்புகிறது, annonce, publication, avertissement, information.

*விளம்பனம், (விளம்பம், na), délai, retard, lenteur.

*விளம்பி, 1° *ou* — வருஷம், (vilambi *lent*), la 32° année du cycle indien qui correspond à 1838 et 1898. 2° callou ou jus de palmier... 3° *gér. de* விளம்புகிறது.

*விளம்பிதம், (vilambita), lenteur, retard, adagio ou mesure lente en musique, (c'est un des தாளப்பிரமாணம்), mesure qui termine lentement.

விளம்புகிறது, பினேன், புவேன், பு, ப, *v.a.* விளம்புதல், *n.v.* annoncer, dire, — publiquement, proclamer, publier, parler ouvertement, avertir, s'informer.

விளரி, tendreté, âge tendre, son pectoral ou qui sort de la poitrine, un des 7 sons ou இசை, luth, — des pays maritimes, une des cordes du luth, abondance, grand —, désir: —ப் பாலை air ou ton composé de la 6me et de la 1re note, *V.* இசை.

விளர், tendreté, âge tendre, fertilité, graisse, embonpoint, gras, blancheur.

விளர்க்கிறது, ர்த்தேன், ர்ப்பேன், ர், ர்க்க, *v.n.* (விளர்), *n. v.* blanchir.

விளர்த்தல், விளர்ப்பு, *n.v. du préc.* action de blanchir, blancheur.

விளவு, 1° fente, — de la terre, crevasse, l'arbre விளா, *imp. et part. n.v. de*

விளவுகிறது, விரேன், வுவேன், வு, வ, *n.v.* விளவுதல், *n.v.* se fendre, se crevasser, éclater, se briser, *V.* விள்ளுகிறது.

விளா, — மரம், l'arbre feronia elephantum, (autrefois) crateva marmelos; *l'adj. est* விளாம்: விளாங்குடுக்கை vase fait de la coque —, coque du fruit du feronia; விளாம்பட்டை écorce du feronia; — பழம் fruit du feronia; — பிசின் gomme du feronia; — பூச்சு espèce de vernis.

விளாகம், champ de bataille.

விளாசம், *P.* விலாசம், indication, adresse, inscription, marque (sur les marchandises ou les paquets...); மேல் — adresse (d'une lettre...).

விளாத்தி, l'arbre விளா feronia.

விளாப்பு, ce qui ne se partage pas avec autrui.

விளாம், *adj. de* விளா, de l'arbre [feronia.

விளாவல், *n.v. de*

விளாவுகிறது, விளேன், வுவேன், வு, வ, *v. a.* விளாவல், விளாவுதல், *n. v.* mêler, mélanger, rafraîchir de l'eau chaude en y mêlant de l'eau froide, mêler de l'eau froide avec de l'eau chaude.

விளி, 1° appel, *ou* விளிவேற்றுமை, le vocatif, un des 7 sons ou இசை. 2° *n.v. imp. et part. de* விளிகிறது. 3° *imp. de* விளிக்கிறது.

விளிகிறது, விளிந்தேன், விளிவேன், விளி, விளிய, *v.n.et* விளிதல், *n.v.* se troubler, souffrir, se chagriner, se perdre, être peiné, troublé, ruiné, gâté, mourir, périr, rouler, tourner, se fâcher, s'irriter.

விளிக்கிறது, விளித்தேன், விளிப்பேன், விளி, விளிக்க, *v.a.* appeler, faire venir.

விளித்தல், *n.v.du préc.* appel.

விளிம்பு, bord, bordure, extrémité, marge, paupière: — பெருவிளிம்பிருக்கிற ஓலை feuille de palmier écrite avec une large marge en haut et en bas; விளிம்புவெடித்திருக்கிறது le bord être déchiré ou fendu, avoir laissé du blanc à la marge d'un livre....

விளிப்பிக்கிறது, *v.caus. de* விளிக்கிறது *et* விளிப்பித்தல், *n.v.* faire—, envoyer appeler, envoyer chercher: போருக்கு—envoyer un cartel, défier au combat.

விளிவிக்கிறது, 1° *v. caus de* விளிகிறது *et* விளிவித்தல், விளிவிக்குதல், troubler, faire souffrir, — mourir... 2° *P.* விளிப்பிக்கிறது.

விளிவு, *n. v.de* விளிகிறது, colère, mort, ruine, perte.

விளை, 1° terre à menus grains, — haute, non arrosée, espèce de poisson. 2° *imp.et part.de* விளைகிறது. 3° *imp.de* விளைக்கிறது: —கரி charbon de terre; —நிலம், —புலம் terre fertile, —cultivée, —en rapport; —மீன் le poisson dit விளை.

விளைகிறது, விளைந்தேன், விளைவேன், விளை, விளைய, *v.n.* விளைதல், *n.v.* croître, pousser, germer, fructifier (les moissons), mûrir, se former (le sel, les métaux...), se faire, s'engendrer, se produire, provenir, naître, s'élever, arriver, paraître: உப்புவிளைகிறஅளம் saline, endroit où se forme le sel; பொன்விளைகிறமலை montagne à mines d'or, — où se forme l'or: விளையுங்காலம் temps de la moisson, de la croissance du blé, où la terre produit; இப்போதுவிளை விளையுங்காலம் *ou* இதுவிடைவிளையுங்காலம் c'est maintenant un temps d'infortune, *litt.* où l'infortune survient ou se produit; இங்கேநெல்லு விளையாது ici le riz ne croît pas, ou ne vient pas; விளையவைக்கிறது mettre germer, —se former..., allumer le feu pour brûler un cadavre, exposer ou mettre à part pour quelques jours la plante à indigo pour la faire fermenter.

விளைக்கிறது, விளைத்தேன், விளைப்பேன், விளை, விளைக்க, *v.a.du préc.* cultiver —, ensemencer un champ, faire produire, *V.* விளைவிக்கிறது.

விளைச்சல், *n. v. de* விளைகிறது, récolte, —mûre, moisson, —qui croît (dans les champs): நல்ல — belle moisson, — apparence de moisson; —முற்றியதறுப்பாயிற்று quand la moisson est mûre elle est coupée, il faut faire chaque chose en son temps.

விளைஞர், (விளை), cultivateurs, laboureurs, agriculteurs.

விளைதல், *n. v. de* விளைகிறது, croissance, formation, existence, apparition, action de croître...

விளைப்பு, *n.v.de* விளைக்கிறது, ensemencement, action de faire...

விளையாடல், jeu, amusement, *n. v.et opt.de*

விளையாடுகிறது, ஆடினேன், டுவேன், டு, ட, *v.a.* விளையாடுதல், *n. v.* jouer, s'amuser, badiner.

விளையாட்டு, *n.v.du préc.* jeu, amusement, passe-temps: — ப்பிள்ளை enfant badin, folâtre, qui ne pense qu'à jouer, homme inutile, frivole.

விளையுள், (விளை, உள்), champ, lieu de moisson, de production, *V.* விளைநிலம்.

விளைவிக்கிறது, *v.caus.de* விளைகிறது, faire croître, — pousser, — produire, — naître, planter, propager, causer, mettre.

விளைவு, *n.v.de* விளைகிறது, moisson, — qui croît, croissance, — de la moisson ou des céréales (dans le champ), production, produit, — de céréales, blé, nuage, champ, — ensemencé, évènement: — காலம் temps de la moisson, de la croissance ou de la maturité des grains; — பலன் produit de la moisson, — des champs, grains. [று.

விள்ளல், *opt. et n.v. de* விள்ளுகிற

விள்ளா, விள்ளாத, *part. nég. du même*: விள்ளாதபேச்சு propos —, discours confus, inintelligible, messéant, à double entente.

விள்ளு, *imp. part. et n.v. du suiv.* fente, épanouissement...

விள்ளுகிறது, விண்டேன், விள்ளுவேன், விள்ளு, விள்ள, விள்ளுகை, விள்ளுதல், *n.v.* 1° *v.a.* embrasser, ouvrir, expliquer, dire, raconter, parler, divulguer, manifester, faire connaitre. 2° *v.n.* s'ouvrir (la bouche, une fleur), s'épanouir, se partager, se séparer, se fendre, éclater, tomber en pièces, se briser (de soi-même), changer, s'altérer: விள்ளாதே ne bavarde pas, ne dis rien, ne l'ouvre pas...; விள்ளுவேறு வெள்ளுவேறாய்ப் பிரிந்ததுகள் choses très-différentes et complétement séparées l'une de l'autre.

விள்கோடன், (விள்ளு. ஓடு), coco dont la noix se sépare de la coquille.

விறகு, bois, — à brûler, — de chauffage: —கட்டை gros morceau de bois, bûche, bûchette, —க்காரன் bûcheron; —க்கிடங்கு.— க்குவியல் bûcher; —தலையன் bûcheron, coupeur de bois, marchand de bois à brûler, sot, benêt ou bûche; —த்தொட்டி barrière ou enclos autour du bois à brûler qui est en vente; —வெட்டி bûcheron.

விறக்கிறது. றந்தேன், றப்பேன், ற, றக்க, *v.n.* விறத்தல், *n.v.* craindre, croitre, augmenter, être étroit, serré, combattre, vaincre, conquérir.

விறப்பு, *n.v. du préc.* crainte, lieu ou état étroit, —resserré, étroitesse, augmentation, combat, victoire.

விறலி, jeune fille, — fille de 16 ans, chanteuse.

விறலோன், (விறல்), homme fort, vaillant, Arouguen.

விறல், grandeur, force, bravoure, victoire: — உவமை comparaison de la force (d'une chose), *Ex.* மதயானைபோலுமவன்மானம் orgueil semblable à un éléphant en rut.

விறன்மிண்டன், (விறல்), le fort et vaillant, un des 63 dévots de Siven.

விறுட்டி, *P.* வறட்டி, bouse —, chose desséchée, *V.* வராட்டி.

விறுண்டுகிறது, டினேன், டுவேன், டு, ட, *v.a. et* விறுண்டுதல், *n.v. V.* பிறுண்டுகிறது.

விறுத்தை, varangue ou varande, *i.e.* galerie, corridor de maison.

விறிசு, espèce de fusée agile ou de pétard, mensonge, fanfaronnade: விறிசாயிருக்கிறது *et corr.* விறிசாயிருக்கிறது être vaillant, fort; விறிசாய்நடக்கிறது marcher —, courir vite.

*விறுதா, *P.* விருதா, inutilité.

*விறுத்தாந்தம், *P.* விருத்தாந்தம்.

*விறுமன், *P.* பிரமன், Brama: விறுமதண்டம் l'arbrisseau குல்கு தறி; —தரு l'arbre புனமுருக்கு; —பூவி la plante பிரமி.

*விறுமா, *P.* பிரமா, Brama.

விறுமிக்கிறது, *P.* பிரமிக்கிறது.

விறுமை, *P.* பிரமை.

விறுவிறு, son —, mot imitatif de vitesse, de bouillonnement: விறுவிறென்கிறது, *ou*

விறுவிறுக்கிறது, றுத்தேன், றுப்பேன், று, றுக்க, *v. n.* (விறுவிறு), bouillonner et écumer, s'empresser, éprouver une vive chaleur et des convulsions.

விறுவிறுத்தல், விறுவிறுப்பு, விறுவிறென்றல், *n. v. de préc.* bouillonnement, hâte, signe de bouillonnement...

விறுனே, l'ile de Bornéo.

விறைக்கிறது, றைத்தேன், றைப்பேன், றை, றைக்க, *v. n. et* விறைத்துப்போகிறது, frissonner —, trembler de froid, (se roidir, s'engourdir, devenir roide ou engourdi (à cause du froid...), être stupéfait, s'épaissir, devenir épais ou compact, dresser les oreilles.

விறைத்தல், விறைப்பு, *n. v. du préc.* frissonnement, roideur, engourdissement (causé par le froid...), stupeur, épaississement, densité.

விற், P. வில், arc, *devant* க, ச, த, ப: — காரன் archer; — கயிறு corde d'arc; — குதை incision aux bouts d'un arc pour y attacher la corde; — கோடி complément d'un arc, ce qui lui manque pour faire 90 degrés; — சேரன் le roi சேரன் célèbre par son arc; அரசரில்விற்சேரன் parmi les rois se distingue Sèren par son arc; — பூட்டு நாண் corde d'arc, — qu'on ajuste à un arc; — பயிற்சி exercice de l'arc; — பூட்டு manière d'avoir le sens en joignant les mots de la fin et du commencement d'une strophe, c'est un de 8 பொருள்கோள்; — போர் combat de l'arc, — d'archers.

விற்கிறது, விற்றேன், விற்பேன், வில் ou விற்று, விற்க, *nég.* வில்லேன் ou விற்கேன், v.a. விற்குதல், n.v. *et* விற்றுப்போடுகிறது vendre, débiter, donner à prix d'argent...: விற்கிறவன் vendeur; அந்தச்சரக்குவில்லாது cette marchandise ne se vend pas, n'a pas de débit ou ne saurait se vendre.

*விற்பத்தி, P: வியுற்பத்தி, science, savoir, pénétration —, finesse d'esprit, étymologie, dérivation des mots. [savant, — distingué.

*விற்பத்திமான், (*id.* mân *affixe*), விற்பனவு, விற்பனை, (விற்கிறது), vente, débit: விற்பனைசெய்கிறது vendre, mettre en vente.

*விற்பனம், விற்பன்னம், P. வியுற்பன்னம், science, — profonde, savoir, dérivation, génération, nouveauté, curiosité, ornement.

*விற்பனன், விற்பன்னன், P. வியுற்பன்னன், pl. விற்பனர், விற்பன்னர், savant, poéte, homme curieux ou qui montre des nouveautés.

விற்பன்னிக்கிறது, னிக்கேன், னிப்பேன், னி, னிக்க, v. a. (விற்பன்னம்), விற்பன்னித்தல், n. v. orner.

விற்புருதி, espèce d'ulcère: — நாயகம் la plante அமுக்கிறா qui lui sert de remède. [débit.

விற்றல், n. v. de விற்கிறது, vente,

விற்று, 1° gér. du même: — முதல் produit de vente (en argent). 2° ou

விற்விற்று, son —, mot imitatif d'un bruit dans l'air, d'une pierre lancée, d'un papier rude..., விற்றென்கிறது faire le bruit de *villou*, le bruit susdit: விற்றென்று ou விற்விற்றென்று சுழற்றுகிறது faire tourner une chose avec un tel bruit.

வினலம், l'arbre semecarpus anacardium qui donne la noix à marquer dite சேங்கொட்டை.

வினவல், வினவுதல், n.v. du suiv. visite, demande, question, mélange, mesure...

வினவுகிறது, வினவினேன், வுவேன், வு, வ, v.a. (வினு), வினவல், வினவுதல், n. v. visiter, faire une visite de félicitation ou de condoléance..., demander, interroger, questionner, — et examiner, mélanger, mesurer: வினவிக்கொண்டுபோகிறது être à faire —, faire une visite semblable..., être

*வினாதை, P. விநதை. [en visite.

வினு, 1° question, demande, interrogation, attention, prudence, sagacité, connaissance, mémoire, mot, parole, (en arithmétique) nombre d'une espèce, ainsi un simple nombre entier ou une simple fraction, sont un வினு, un entier et une fraction comme 1 et 1/4 font deux வினு, un entier et 2 fractions comme 1, 1/2, 1/10 font trois வினு. 2°* (vinâ), sans, excepté. 3° imp. de வினுகிறது; — க்காரன் homme intelligent, judicieux; — க்குறிப்பு marque d'interrogation, pronom interrogatif, surtout எவன் et ஆர் qui?; — கேட்கிறது interroger, faire une question; — க்கு சொல்லுகிறது répondre à une question, dire la demande; — ச்சொல் question, interrogation: — ப்பெயர் pronom interrogatif. — விடை question et réponse, dialogue par demandes et par réponses; — வுத்தரம் espèce de vers de fantaisie dite வினுத்தக்கவி dans laquelle aprés plusieurs interrogations, la réponse à la dernière question divisée par parties répond aux diverses questions précédentes;—வுரை une des parties d'un commentaire, explication par questions;— வெண்பா une des sections du livre dit சைவசித்தாந்தம்; —வெதிர்வினா question qui sert de réponse à une autre, v. g. ne mangerai-je pas? à la question: as-tu mangé?—வெழுத்து lettres interrogatives ou qui marquent l'interrogation, ces lettres sont எ, ஏ, யா, qui se mettent au commencement des mots, et ஆ, ஏ, ஓ, qui se mettent à la fin; அதெனக்குவினாவாயிருக்கவில்லை je ne me souviens pas distinctement de cela; அவனுக்குவினாப்போதாது il n'a pas assez de prudence ou de sagacité; வினாவும்விடையுங்கூடியது question et réponse jointes ensemble, dialogue; வினாவுக்கெதிர்மொழி réponse, — à une question, réplique; வினாவோடேகேள் écoute avec attention, வினா-ஐ 5 catégories spéciales, i.e. அறியான்வினாவல் interroger celui qui ignore, —sur ce qu'on ne sait pas; அறிவொப்புக்காண்டல் voir si la science ou la connaissance d'autrui s'accorde avec la nôtre; ஐயமறுத்தல் dissiper le doute; அவனறிவுதான்கோடல் apprendre ce que les autres connaissent; மெய்யவர்க்குக்காட்டல் leur découvrir la vérité.

வினாகிறது, வினாயினேன், வினாவேன், வினா,வினவ, v.a. et வினாதல், n.v.(வினா), demander, interroger, questionner.

*வினாசம், P. விநாசம். [s'informer.

*வினாசன், P. விநாசன், meurtrier, destructeur.

*வினாடி, P. விநாடி. [rogation.

வினாதல், n.v. de வினாகிறது, inter-

*வினாபூதம், (வினா, பூதம்), ce qui est obscur ou douteux: வினாபூதகப்பிலை précepte obscur ou douteux.

வினாய, P. வினாயின, ou வினாவிய, வினாவின, *part. parf. de* வினாகிறது *et de* வினாவுகிறது.

*வினாயகன், P. விநாயகன்.

வினாயதல், P. வினாதல், ou

வினாவல், வினாவுதல், demande, question, interrogation, *n.v. de*

வினாவுகிறது, வினாவினேன், வினாவுவேன், வினாவு, வினவ, v.a. (வினா). n. v. demander, interroger, questionner.

*வினியோகம், P. விநியோகம்.

*வினீதன், P. விநீதன்.

வினை, verbe, une des 4 sortes de mots tamouls, œuvre, action, emploi, pensée, dessein, intention (bonne ou mauvaise), naturel (bon ou mauvais), mal, péché, infortune, malignité, malice, tromperie, fourberie, danger, péril, guerre, bataille, combat: சாவு— péché mortel, action digne de mort; முன்— action antérieure (bonne ou mauvaise) dont on éprouve ensuite les conséquences; தன்—தன்னைச்சுடும் son propre acte le brûlera, son péché sera sa ruine; வினைகள் actions, desseins, malices, tours, ruses...; வினையிலே வெந்துபோகிறது être brûlé ou périr par son propre fait, par sa propre fraude, tomber dans ses propres piéges, dans la fosse qu'on a creusée;—க்காலம்வந்தால்மனைவழியுந்தெரியாது quand le temps de l'infortune arrive, on ne connaît pas même sa propre maison, on ne sait plus où l'on en est; —க்குறிப்பு nom appellatif conjugué comme un verbe, V. குறிப்புவினை; — க்குறிப்புமுற்று terminaison d'un nom appellatif conjugué, v.g. இறைவகொடியை ô roi, tu es cruel! (de கொடியன்); தாயேயினியை ô mère! tu m'es douce, (de இனியன்); —சாதிக்கிறது soutenir un acte, une fourberie..., V. வினைபாராட்டுகிறது; —செயல்வகை moyen ou manière de faire une action;—செய்வோர் ouvriers, travailleurs, serviteurs;—ச்சொல் le verbe (en grammaire), les lexicographes tamouls le définissent un mot qui désigne une action, la chose qui est faite, l'agent, le temps, le lieu et l'instrument; —தீர்க்கிறது effacer le péché, ôter les obstacles; — தீர்த்தான் celui qu'on suppose ôter les empêchemens, i.e. Poulléyar; —த்திட்பம் force et hardiesse dans l'action,

—d'un acte;— த்தூய்மை pureté ou innocence d'une action; —த்தொகை syncope de verbe, ou élision de la terminaison des participes et des intercallations, ne laissant que la racine comme செய் P. செய்கிற, செய்த et செய்யும், ou விடு, P. விடுகிற, விட்ட et விடும், Ex. விடுசரம் flèche qu'on lance, qu'on a lancée ou qu'on lancera; —பாராட்டுகிறது exalter—, vanter les faits ou les actions, se vanter de ses actions; —ப்பகாப்பதம் verbe qui ne peut s'analyser,— indivisible, radical ou racine du verbe sans ses terminaisons, comme போ va-t-en, நட marche; — ப்பகுபதம் verbe qui peut s'analyser,— divisible, c'est le radical avec ses terminaisons qui marquent le temps, le nombre, la personne..., comme போகிறேன் je m'en vais, நடந்தேன் j'ai marché; —ப்பகுதி radical d'un verbe (sans les terminaisons dites விகுதி); — ப்பயன் résultat d'actions antérieures, (selon les gentils) — d'une vie précédente; —முதல் sujet du verbe, l'agent: — முதற்பொருள் cause ou but d'une action; —முறுகுகிறது, - முறுகிறது un malheur... éclater, la guerre s'allumer; —முறுக்குகிறது. மூட்டுகிறது exciter—, allumer la guerre, causer du mal...; — முற்று V. முற்றுவினை; குறிப்பு —முற்று. nom appellatif dérivé d'un nom d'objet...et qui conjugué à une terminaison propre à finir la phrase; — யழுத்துகிறது,— யளக்கிறது, V. வினைபாராட்டுகிறது; —யற்றவன் homme sincère, — sans malice; — யாளர் serviteurs, artisans, faiseurs, acteurs; — யியல் propriété—, chapitre du verbe (en grammaire); —யியற்சொல் verbe du haut tamoul dont le sens est naturel et clair. dans l'usage ordinaire et dans les vers; — யுரைப்போர் messagers, espions qui informent le roi des actions de ses sujets; — யுவமம் comparaison qui a rapport à l'action de l'objet auquel on compare, v. g. தீப்போற்றீயவன் méchant comme le feu; —யுள்ளவன் homme malicieux, rusé. trompeur; — யெச்சக்குறிப்பு mot qui ressemble au வினையெச்சம்,— qui ne marque pas d'action et qui comme les gérondifs, demande après lui un autre verbe, v.g. அன்றி. இன்றி...; —யெச்சம் verbe à terminaison défectueuse (et qui demande un autre verbe, pour finir la phrase, parce qu'il n'est pas à un temps personnel; tels sont les gérondifs, l'infinitif, et les conditionnels); —யெஞ்சணி ellipse dans laquelle le verbe est sous-entendu; — வயிற்பிரிதல் un des sujets de l'அகப்பொருள்; —வழிச்சேறல் autre sujet de l'அகப்பொருள்;—வளர்க்கிறது, V. வினைபாராட்டுகிறது; — விகுதி terminaison du verbe, qu'on ajoute au radical; — விநாசகன் le destructeur du mal, i.e. Dieu; — வினைக்கிறது semer —, causer—, faire le mal.

வினைஞர், (வினை), artisans, travailleurs, acteurs, faiseurs, danseurs, laboureurs, les soudras ou les choutres, i.e. gens de travail.

வினையம், 1° (வினை), subtilité, artifice, astuce, ruse, tromperie, perfidie, sagacité. 2°* P. விநயம், modestie, civilité, décence, obéissance, humilité, affabilité: — தொடுக்கிறது inventer des tours, des ruses, des stratagèmes: — பேசுகிறது parler avec affabilité, – frauduleusement; வினையக்காரர் homme affable, modeste, trompeur, astucieux, faiseur de tours; ஒருவனுடையவினையத்தை நடத்தேறப் பண்ணுகிறது faire réussir—, aider les tours ou les stratagèmes de quelqu'un.

வினையவன், (வினை), homme méchant, malin, trompeur.

*வினோதம், P. விநோதம்.

*வினோதன், வினோதி, P. விநோதன், விநோதி, homme qui passe son temps à s'amuser.

*வின்னம், 1° P. பின்னம், fente, crevasse, cavité, élévation, chose coupée, gâtée, paille ou défaut dans les pierres précieuses, V. பின்னம். 2° (vighna), obstacle, empêchement. 3° (vinna), chose discutée, jugée, gagnée, trouvée, connue: — ஆக்குகிறது détruire, gâter; — ஆய்நடக்கிறது agir d'une manière hostile ou offensive.

விற்று, la plante கடுரோகிணி ellébore.

விற்றுண், (வில், நாண்), corde d'arc.

விற்றூல், (வில், நூல்), science de l'arc, art de tirer de l'arc: — ஆசான் le maître dans l'art de tirer de l'arc, l'habile archer, i. e. துரோணாசாரியன் qui enseigna à tirer de l'arc aux Pândouvers et aux Kourous.

வீ, 1° lettre syllabique composée de வ் et de ஈ, vi long. 2°* (vi), concevoir, désirer, aller, avancer, marcher, allée, mort (sortie du monde), rejet, abandon, éloignement, manger, couvrir. 3° (vi), oiseau. 4° fleur, tigre. 5° *imp. et part. de* வீகிறது. 6° particule explétive de la 2° personne.

*வீகம், 1° (vika), air, vent, oiseau. 2° anneau, bague, serrure, verrou, taux, prix: வீகமுத்திரை cachet de bague, serrure —, verrou ou barre sur laquelle on a mis le scellé ou un cachet.

*வீகாசம், (vikâsa), solitude, isolement, retraite, pompe, étalage.

*வீகாரம், (vihâra), temple, sanctuaire, couvent bouddhiste.

வீகிறது. வீந்தேன், வீவேன், வீ, வீய, *nég.* வீவேன் *v. n.* mourir, être détruit, périr, se gâter, être pauvre.

வீக்கம், 1° *n. v. de* வீங்குகிறது, enflure, tumeur, gonflement, vésicatoire, abcés, pustule, chose gonflée par le vent, abondance, plénitude, désir. 2° *n. v. de* வீக்குகிறது, ligature, lien. 3° *P.* வீக்கோம், *nég. du même*, nous ne lierons pas.

வீக்கல், வீக்குதல், *n. v. de*

வீக்குகிறது, *sync.* வீக்கிறது, க்கினேன், க்குவேன், க்கு, க்க, *v. a.* lier, détruire.

*வீக்ஷணம், வீக்ஷணை, (வீக்ஷம். na), vue, coup-d'œil, lumière, regard, chute: கடாக்ஷ — regard favorable; — வைக்கிறது regarder, — favorablement, jeter un coup-d'œil.

*வீக்ஷம், (vikcha), vue, regard, objet visible, surprise, étonnement.

*வீக்ஷிதம், (வீக்ஷம், ita), vue, regard, œillade.

*வீக்ஷியம், (வீக்ஷம், ya), merveille, surprise, objet visible, — vu, visibilité, cheval.

*வீக்ஷியன், (வீக்ஷியம்), acteur, danseur.

வீங்கல், *opt. et n. v. de* வீங்குகிறது, gonflement, enflure, abondance, croissance, grossissement, personne enflée, sommeil, grand désir, envie: — ஆயிருக்கிறது être enflé... languir faute de nourriture; — ஆள் personne enflée.

வீங்கி, 1° la noix à marquer dite சேங்கொட்டை, personne enflée, qui désire, qui a grande envie. 2° *gér. de*

வீங்குகிறது, *sync.* வீங்கிறது, கினேன், குவேன், கு, க, *v. n.* வீங்குதல், *n. v. ou* வீங்கிப்போகிறது, enfler, s'enfler, se gonfler, grossir, abonder, s'endormir, dormir, désirer ardemment (*avec le dat.*); இனிப்புக்கு வீங்கி யிருக்கிறான் il désire vivement les bonbons ou les douceurs; சோற்றுக்கு வீங்கிப்போகிறது être affamé de riz cuit, désirer ardemment de la nourriture.

*வீங்கை, (vînkhâ), aller, remuer, marche, mouvement, locomotion, danse, une des allures —, marche du cheval.

*வீசகம், (வீசம், ka), citron, — commun, graine.

வீசகா, l'arbre வேங்கை.

*வீசம், 1° (vidja), *vulgo* பீசம், graine des plantes, noyau, pépin, — des fruits, sperme humain, cause, origine, réceptacle, moelle, vérité, — divine, cause de l'être, lettre mystique ou syllabe qui, (selon les païens), forme la partie essentielle du mantra ou மந்திரம் à une divinité, algèbre, analyse. 2° seizième d'une chose, once (dont la marque est பழு),poids pour l'or, — d'un grain de riz, le poids d'un grain de riz en or,urgence. 3° *P.* *வீசோம், nég.de வீசுகிறது*,nous ne soufflons pas...: —இடை le poids d'un grain de riz, le plus petit poids; வீசகணிதம் algèbre; —கோசம்,—கோசகம் noyau,réceptable de la graine, péricarpe,—ou noyau du nénuphar; — குத்தி,— குப்பி lé-gume,gousse, cosse; — கு la terre, mère des graines;— புஷ்பம்,—பூரம் —பூர்ணம் citron,—commun;—பீஜ ரதம் génération; — கரணிகை pé-ricarpe du nénuphar, *V.* வீசகோசம். [che, enquête, examen.

*வீசயணம்,(vitchayana), recher-

வீசல், *opt.et n.v.de வீசுகிறது*.

*வீசனம்,(vidjana), petit—,éven-tail, chose,substance, espèce de fai-san,oie rougeâtre, *V.* சக்கரவாகம்.

*வீசாக்ஷரம், வீசாட்சரம், (வீசம்,அக்ஷரம்), partie principale ou fondamentale d'une prière.

*வீசானம், (விசனம்), éventail, rouet, dévidoir.

*வீசி, 1° (vitchi), flot, petite —, vague, plaisir,joie,repos, rayon,— de lumière, bagatelle, petitesse. 2° (vidji), qui a de la graine,père, an-cêtre: *வீசிமாலி, (மாலை)*, l'océan. 3° *gér.de வீசுகிறது*.

*வீசிதம், (vidjita), ensemencer, éventer.

*வீசு, imp.et part. du suiv.:*— ஏணி espèce d'échelle, échelle pli-ante,—à pieds mobiles;—கோல் pe-tite vrille; —தமர் tarière; — வில்,—வில்லு foret,drille,tarière, arc qui fait tourner la tarière;—வீச்சுடம், —தமர்க்குடம் pommeau ou man-che du vilebrequin ou autre ins-trument à percer.

*வீசுகிறது, வீசினேன், வீசுவேன், வீச, வீசி, v.a.et n.* (le vent) souffler, exha-ler,donner—,répandre (une odeur), darder,lancer (des rayons,une pier-re), jeter ou lancer (un filet), don-ner, —libéralement,brandiller,bran-dir, —une épée, faire le moulinet, fouetter(un cheval...),frapper:கை— brandiller ou balancer ses bras en marchant: வீசிவீடிவைத்து நடக்கிறது marcher à longues enjambées.

*வீசுகை, வீசுதல்,n. v. de வீசுகிறது*.

வீசை, 1° poids de 40 onces ou பலம், — égal a 2 livres 6 septièmes, moustache. 2° *P.* *வீசாய்,nég.de வீசுகிறது*,tu ne souffles pas...

*வீசோதகம், (வீசம், உதகம்), grêle.

*வீசோத்திருஷ்டம், வீசோத்திருட்டம், (*id.* உத்திருஷ்டம்), bonne graine.

வீச்சாட்டம், (வீச்சு, ஆட்டம்), extension de l'espace.

வீச்சு, 1° *n.v.de வீசுகிறது*, ac-tion de lancer,coup, force,espèce de maladie. 2° *P.* வீச்சு, terre: உள்— force intérieure, élan intérieur; புற —force extérieure, élan extérieur; —க்காரன் dépensier; —க்காரி dé-pensière,prostituée; —க்கொம்பு lon-gue corne: —க்கொள்ளுகிறது pren-dre de la force; — வலை filet qu'on lance (dans l'eau), coup de filet; ஒரு வீச்சிலேயே, ஒருவீச்சோடே d'un coup, d'un seul coup.

வீச்சுகிறது,P.வீத்துகிறது, fou-etter, battre. [ஏணி.

வீச்சேணி,(வீச்சு,ஏணி), *V.* வீசு

*வீஷ்மம், (bhichma), dévotion outrée,zèle, — superstitieux, fana-tisme, horreur, terreur, lutin.

*வீஷ்மன், வீஷ்மாசாரி, (*id.* ஆசாரி), le terrible, Bhichmen fils du roi சந்தனு et de la prétendue déesse du Gange et grand oncle des Pândavers et des Kourous.

*வீஞ்சுகிறது, வீஞ்சினேன், வீஞ்சுவேன், வீஞ்ச, v.n* வீஞ்சுதல், *n. v. et* வீஞ்சிக் கொள்ளுகிறது,demander trop(pour une chose...), être avare.

வீடல், *opt.et n.v. de* வீடுகிறது, mort,abandon,

வீடாரம், (வீடு,ஆரம்), maison.

வீடி, 1° la plante கொத்தமல்லி. 2° *gér.de* வீடுகிறது.

*வீடிகை , (vitikâ), plante du

bétel, noix d'arec qu'on enveloppe avec des épices et de la chaux dans une feuille de bétel, la préparation de cette noix avec ses accessoires, lien, ligature.

வீடு, *gén.* வீட்டின், *obl.* வீட்டு, 1° maison, logis, habitation, demeure, la maison par excellence, *i.e.* le paradis, station —, demeure ou place d'une planète dans le ciel. 2° *n.v. de* விடுகிறது, abandon, exemption, délivrance de renaissances prétendues, béatitude finale. 3° *imp. et part. de* விடுகிறது: பாடி — camp, — ennemi; — கட்டுகிறது bâtir une maison; — தூக்கி pendard, l'oiseau தூக்கணங்குருவி dont la maison ou le nid est suspendu; — நெருப்புபடுகிறது une maison être atteinte du feu, — être brûlée; — நெறிப்பால் *V.* வீட்டுநெறிப்பால்; — பேறு obtention du paradis; — தூரம், - விலக்கம் éloignement de la maison, état d'une femme indoue pendant ses règles, règles des femmes; வீடுங்கட்டி விளக்குமேற்றுகிறது bâtir une maison et y mettre une lampe, *ou* வீடுவிளக்குமாகப்பார்க்கிறது procurer (à quelqu'un) une maison et une lampe, *i. e.* un établissement, un moyen de vivre; வீடுடையவன், வீட்டுக்குடையவன், (உடையவன்), chef —, maitre —, propriétaire de maison: வீட்டுக்குப்போகிறது aller à la maison; வீட்டுக்குத்தூரம், *V* வீடுதூரம்: வீட்டின்முகடு, - மேடு faite —, sommet de la maison; வீட்டேறிவருகிறது escalader la —, venir à la maison, (*e.g.* un visiteur désagréable, un ennemi déguisé...)

வீடுகிறது, டினேன், டுவேன், டு, டை, *v.n.* வீடுதல், *n.v.* mourir, abandonner.

*வீட்சணம், வீட்சணை, வீட்சம், வீட்சிதம், வீட்சியம், *V.* வீக்கணம்...

வீட்டார், (வீட்டு, ஆர்), gens de la maison, domestiques.

வீட்டாள், (*id.* ஆள்), *m. et f.* épouse, femme —, servante de la maison, domestique.

வீட்டிறப்பு, (*id.* இறப்பு), pente du toit d'une maison.

வீட்டு. 1° *obl. de* வீடு, de maison. 2° *imp. et part. de* வீட்டுகிறது: — க்காரன் chef —, propriétaire —, maître de maison; — க்காரி maîtresse de maison, la propriétaire; — க்கிரியை action —, pratique de la maison, une des cérémonies du deuil des Indous; — ச்சீட்டு titre de propriété —, titres d'une maison; — ச்செலவு dépenses de la maison; — நெறிப்பால் partie d'un poème qui traite —, traité de la vertu domestique ou conjugale; — ப்படியாள் domestique ou serviteur qui reçoit son salaire journalier en grains; — ப்பூனை chat domestique; — மனிதர் les gens de la maison; — முட்டு mobilier de la maison, ustensiles de ménage; — முறை tour —, jour de la maison, — de rester à la maison, — d'exemption de garde ou d'occupation; — முன்கட்டு bâtiment de devant —, partie antérieure —, façade —, devant de maison; — வாடை loyer d'une maison; — வரி taxe —, impôt sur une maison; — விசாரணை intendance —, soin d'une maison, office, dépense; — விசாரணைக்காரன் intendant —, maître d'hôtel d'une maison; — வீட்டுக்கும் de maison en maison: — வீரன் brave à la maison (mais lâche dehors); வீட்டேபோகிறது aller à la maison.

வீட்டுகிறது, ட்டினேன், ட்டுவேன், ட்டு, ட்ட, *v.a. de* வீடுகிறது, வீட்டுதல், *n.v.* tuer.

*வீட்டுமம், வீட்டுமன், வீட்டுமனாசாரி, *V.* வீஷ்மம்...

வீட்டுள்ளார், (வீட்டு, உள்ளவர்), gens —, ceux de la maison, associés, participans.

வீணலப்புகிறது, (வீண்), jaser —, parler inutilement.

வீணன், (வீண்), homme inutile, bon à rien, babillard, fainéant.

*வீணை, *obl. de* வீணை, luth: — வாசணம் jouer du luth; — கானம் chant accompagné du —, son du luth; — ந

ண்டம், — தண்டு manche de luth, épine dorsale; —வாசகன், —வாசகன் joueur de luth, chanteur qui s'accompagne du luth.

*வீணாதியன், (வீணா, ஆதியம்), Nâraden, l'inventeur du luth.

வீணாட்டம், (வீண், ஆட்டம்), tracas inutile, vain effort, —babillage, bagatelle.

*வீணானுபந்தம், வீணாநுபந்தம், (வீணா, அநுபந்தம்), partie du manche d'un luth où les cordes sont attachées.

வீணாரவீணன், (வீண், ஆர). homme complètement nul, — qui n'a pas de droit à ce qu'il demande.

வீணன், (id. ஆள்), personne inutile. [pensée inutile, —frivole.

வீணினைப்பு, வீணினைவு, (id.),

*வீணை, (vinâ), luth indien, espèce de guitare, luth sonore, (ordinairement de 7 cordes et 2 octaves, inventé, dit-on, par நாரதன்), violon, l'art du luth, c'est un des 64 கலைக்கியானம், éclair: நாரத — le luth de Nâraden; ருத்திர — le luth de Routtiren ou de Siven; — க்கொம்பு cornes recourbées, — courbées en arrière; — யிசைக்கிறது chanter en s'accompagnant —, jouer du luth; — வகிக்கட்டு les différentes barres ou touches du clavier d'un clavecin ou d'un luth; — வல்லோர் habiles joueurs de luth, les கந்தருவர் ou musiciens célestes; — வாசிக்கிறது jouer du luth.

வீண், inutilité, vanité, chose vaine, *adj*. vain, inutile: வீணாய், வீணே, வீணுக்கு, வீணிலே vainement, inutilement, en vain; வீணாய் ou வீணேபோகிறது devenir vain, inutile, ne pas réussir, *ou* வீணுக்குத் திரிகிறது rôder inutilement, se promener sans rien faire; வீணிலேபோகிறது, — செலவழிக்கிறது dépenser en vain, dissiper; வீணேயநுபவிக்கிறது jouir —, posséder —, prendre en vain; வீண்காலச்சேதம் vaine perte de temps; — சொல்லுகிறது jaser —, dire inutilement; — சோலி affaire inutile, vain effort; — பத்தி vaine piété, piété mal entendue, superstition; — பாக்கு arec qu'on mâche pour passer le temps; — பிரயாசம் vain effort, travail inutile; — புகழ்ச்சி vain éloge, vaine gloire; — பேச்சு paroles inutiles; — பொழுதுபோக்குகிறது passer le temps inutilement, perdre le temps à des riens.

*வீதஞ்சம், (vitamsa), cage, volière, ménagerie, enclos pour apprivoiser les animaux, place pour conserver le gibier.

வீதம், 1° portion, part, lot, quote-part, régle, régularité, ordre, rang, manière, mesure des divisions particulières, — des choses mises chacune à part. 2° (vita), exemption, liberté, délier, ce qui est délié et laissé en liberté, paix, tranquillité, cheval ou éléphant non dressé, aiguillonner l'éléphant: என் — எம்மாத்திரம் de combien est ma portion; — ஆய்ப்பிரிக்கிறது diviser par portions; வீதகல்மஷம் exemption de péchés; — காமம் exemption de désir; — காரன் qui a sa quote-part, — une part, copartageant; — சோகம் l'arbre அசோகு exemption de chagrin; — பயம் exemption de crainte; — ராகம் exemption de passions ou d'affections, manque de couleur; — ராகன் sage dont les passions sont soumises.

வீதல், *n.v. de* வீகிறது, mort, ruine, destruction, perte, pauvreté.

*வீதி, 1° (vithi), rue, route, chemin, voie, boutique, échoppe, rue du marché, tertre, terrace devant une maison, espèce de drame en un acte, ligne, rangée, ordre, rang, course directe. 2° (viti), cheval, lumière, lustre, purifier, nettoyer, motion, mouvement, manger, engendrer, produire. 3° place pour exercer les chevaux, hippodrome, manége, étendue, largeur (surtout des tuiles, des bardeaux...), espèce des lattes...; இராச — grand chemin, route publique, *V. au mot* இராச: — சோத்திர

ராசு

ன் (hôtra *beurre liquéfié*), Agni ou le feu, le soleil (auxquels les Indous offrent surtout du beurre liquide); — வன்னச்சீலை *ou* ச்சேலை toile à bandes colorées; — விடுகிறது quitter la rue, — le chemin...., dresser un cheval, le lancer dans l'hippodrome.

வீதிக்கிறது, தித்தேன், திப்பேன், தி, திக்க, *v.a. et n.* (வீதம்), வீதிக்குதல் *et* வீதித்தல், *n.v.* partager, diviser, s'étendre, *ou* வீதித்துக்கொள்ளுகிறது se partager, recevoir une part, un lot, avoir sa quote-part.

*வீதியங்கம், வீத்தியங்கம், (வீதி, அங்கம்), partie du drame dit வீதி, dialogue.

*வீதோத்தரன், (வீதம், உத்தரம்), incapable de répondre.

வீத்துவம், les plantes சதகுப்பை *et* வெள்ளரி.

வீத்துகிறது, த்தினேன், த்துவேன், த்து, த்த, *v.a.* fouetter, battre.

*வீநாகம், (vinâha), couverture —, parapet d'un puits.

*வீபணி, *P.* விபணி, rue du —, marché, bazar, boutique, foire.

வீபத்து, la lune ou சந்திரன்.

வீபத்சு, *V.* அருச்சுனன்.

*வீபை, (vipâ), éclair.

வீப்பகழி, (வீ *fleur*, பகழி), flèche de fleur, de Kâmen.

*வீம, *obl. de* வீமன் *et de*

*வீமம், (bhima), horreur, terreur, chose terrible, — effrayante, grosseur

*வீமன், (*id.*), le terrible Vimen ou Bhimen, le 2e des 5 பாண்டவர்: வீமசேனன், (சேனை), celui qui a une terrible armée. 1° Bhimen le 2e des Pandavers. 2° le roi Bhimen père de தமயந்தி et beau-père de நளன்; — தேவன் le prétendu dieu terrible un des 11 Routtirers; — பாகம் mets de Bhimen, — préparés par lui, *i.e.* mets délicats.

வீம்பன், (வீம்பு), fanfaron, qui se vante.

வீம்பாட்டம், (வீம்பு, ஆட்டம்), *ou* வீம்பு, jactance, vanterie, bravade, fanfaronnade, louange qu'on se donne, éloge, grandeur, ostentation: — செருக்குகிறது, — பேசுகிறது se vanter, faire le fanfaron, dire des bravades, se glorifier.

வீய, *inf. de* வீகிறது.

வீயேன், *nég. du même*: வீயாத, *part.* immortel, qui ne périt pas.

*வீர, *adj. de* வீரம் *et de* வீரன்: — கங்கணம் bracelet de guerrier, — de brave; — கண்டாமணி grelots ou anneau ou ornement qu'on porte aux pieds —, sonnette ou ornement qu'on porte en signe de bravoure; — கத்தி, (அத்தி), meurtre d'un guerrier, vengeance d'une telle mort; — குடியான், (குடி), celui qui dans un bourg sonne de la conque ou de la trompette aux fêtes et cérémonies funèbres, (il est réputé un des பதினெண்குடிமை bien qu'il ne se trouve pas dans la liste donnée): — கெம்பீரம் grande bravoure; — கேசரன் héros, brave, fier champion; — கேசரி un des 9 héros dits நவவீரர்; — கேயூரம் ornement en fer pour l'épaule, espèce d'épaulette en fer; — கச்சை ceinture de brave, — de peau de tigre; — கடகம் bracelet de brave, — qu'on donne aux braves qui ont été à la chasse des animaux féroces; — கவசம் forte cuirasse, cuirasse de diamant; — கழல் anneau aux pieds en signe de bravoure et de bienfaisance; — குட்டி jeune —, brave, *litt.* fils de la bravoure; — க்குழல் brassard en fer pour couvrir le bras; — க்கொடி drapeau de la bravoure, — de la victoire; — சயந்திகை, (சயந்தி *drapeau*, kâ), guerre, bataille, danse guerrière, — de guerriers; — சரபன் apparition de Siven —, Siven sous la forme de l'oiseau fabuleux à 8 pieds dit சரபம்; — சல்லாபம் dialogue de braves, — qui respire une joie guerrière; — சாலி l'arbre சேமரன்; — சௌரம் grande bravoure, valeur guerrière, héroisme; — சூரன் héros, brave, — guerrier, un des நவவீரர்; — சூலம் bannière ou marque distinctive d'un guerrier qui avec un trident a arraché le foie de ses ennemis; — சேனன், (சேனை), le fils de Virasênen, *i.e.* le roi நளன்; — சே

ரன், (சேவீர), le roi Virasènen père de நளன்; — சைவம் une des sectes sivénistes, dit e aussi உதிராசைவம் et சங்கமம் ou djangama, — சைவர் Linganistes, Sivénistes de la secte susdite, qui renferme un système beaucoup plus moderne que les autres, étant fondée par les 2 Basavapis, et qui en diffère en bien des points. Ces sectaires se distinguèrent surtout comme exterminateurs des Djaïnas, dans le nord-ouest de la péninsule; ils sont linganistes et prétendent que le lingam purifie toutes les castes et les rend égales; ils paraissent avoir perdu leur férocité primitive; — சைன்னியம் ail; — சொர்க்கம் paradis où vont, selon les Indous, les guerriers morts en combattant; — தண்டை cercle de grelots en or qu'on attache à un seul pied; — திசெல்வி la maitresse en fait de bravoure, *i.e.* Dourgâ *ou* துர்க்கை; — விசந்தம் le buffle aux fortes épaules; — தீரன் un des நவவீரர்; — தீரவன், *V.* வீரதுரவன்; — தண்டை anneau qu'on met aux pieds en signe de bravoure; — தீரம், — திறம், — திண்மை bravoure, valeur, héroïsme, prouesse; — தரம், (tara *affixe*), arc, l'herbe வீரணம்; — தரன், (*id.*), héros distingué; — தரு l'arbre pentaptera arjuna, l'arbrisseau barleria longifolia, les arbres மருது et விடத்தேர ou plutôt விடத்தேர்; — தனுவன், — தன்னுவன், (dhanva *arc*), le vaillant archer, *i.e.* Kâmen à l'arc de canne à sucre; — தீரன் un des நவவீரர்; — துரந்தரன் grand guerrier, — héros; — நட்டு ceinture —, bande de peau de cerf; — பத்திரம் cheval propre —, destiné au sacrifice அசுவமேதம்; — பத்திரன் Virabhatra (une des formes de Siven), le destructeur du sacrifice de தக்கன், un des serviteurs de Siven, un des Roudras உருத்திரர் *ou* உருத்திரமூர்த்திகள், brave, héros distingué; — பாகு un des நவவீரர்; — பத்தினி, — பாரினை femme de héros, — de brave; — பானம் breuvage de guerriers pour les rafraichir durant le combat ou exciter leur courage; — பேரத்திரன் un des நவவீரர்; — பட்டயம் plaque d'or que les guerriers victorieux portent sur le front; — போகு victoire; — மகரம் drapeau représentant le monstre marin மகரம் que l'on porte devant les rois qui ayant traversé la mer ont pris la ville ou le pays de leurs ennemis; — மகேந்திரன் un des நவவீரர்; — மரம் l'arbre வீரை; — மாசேனன் le général d'armée de இவன்; — மாதா mère d'un héros; — மாமுனி le religieux d'un courage ou d'une constance héroïque, ou le grand et excellent religieux, surnom donné au R. P. Beschi par l'académie de Maduré émerveillée de l'excellence de son poème intitulé தேம்பாவணி; — மாத்தாண்டன், *litt.* le brave soleil, héros éminent, — illustre comme le soleil, un des நவவீரர்; — மாலை guirlande de grains d'or que l'on donne à un guerrier victorieux; — முட்டி, — முஷ்டி, *litt.* le brave mendiant ou le brave filou, mendiant ambulant et réputé féroce de la secte dite வீரசைவம் ou சங்கமம், et occasionnellement le pire des impudiques vagabonds: il porte l'accoutrement de Routtiren et se donne comme un des protecteurs de la secte; — முத்திரை le cachet de la bravoure, ornement —, anneau du doigt du milieu du pied, bijou ou anneau du petit doigt; — யாகம் sacrifice à Virabhadra; — ரதம் flèche; — ரேணு poussière de héros, (surnom de) Bhimasèna, ou வீமசேனன்; — ராகு le géant des héros, un des நவவீரர்; — லட்சுமி, — லட்சுமி la prétendue déesse de la bravoure; — வத்சை mère d'un héros; — வாகு un des நவவீரர், le chef de la troupe de Ganas de Mourouguen; — வாரம் guirlande de வெட்சி et autres semblables; — வாளி, — வாளிக்கோலை, — வாளிப்பட்டு espèce de toile ou d'étoffe de soie:—வீருளைக் l'arbre சேரான் qui donne la noix à marquer; —வெட்சிமாலை guirlande militaire d'ixora, le 32e des பிரபந்தம், poème qui décrit la victoire d'un guerrier qui, ayant pénétré dans le pays ennemi et en ayant emmené le bétail, revient orné d'une guirlande de fleurs de வெட்சி;—வெண்டையம் gros anneau bruyant—, ornement des pieds des braves; —வெறி fureur ou ivresse guerrière.

*வீரகன், (வீரம், han *tuer*), brame qui a laissé éteindre le prétendu feu sacré de sa maison.

*வீரசூ, வீரசு, (*id.* சூ, சு), mère d'un brave, d'un garçon. [Siven.

வீரட்டம், nom d'un lieu dédié à

*வீரட்டானம், (வீரம், ஸ்தானம்), espèce de danse ou de drame.

*வீரணம், (virana), l'herbe et la racine odoriférante de l'இலாமிச்சை.

*வீரணி, (virani), œillade, coup-d'œil, lieu profond, l'herbe இலாமிச்சை, poivre.

*வீரதை, (வீரம், தை), bravoure.

*வீரந்தரம், (வீரம், dhara *qui a*), paon, combat avec les bêtes sauvages, cuirasse ou jaquette de peau.

*வீரம், 1° (vira), force, vigueur, bravoure, valeur, courage, héroïsme, fig. de rhét. qui exprime la bravoure, excellence, puissance, la fleur அலரி ou nerium, feu, feu du sacrifice, racine de gingembre vert,—du கோஷ்டம்,—d'இலாமிச்சை, poivre, cange ou eau de riz, espèce de figuier,—de remède ou de drogue. 2° montagne, vanterie, bravade, position ou posture des யோகி qui consiste à placer la cheville du pied gauche sur la cuisse droite et à se tenir droit ou fièrement, c'est le 4e des 8 ஆசனம், un des 28 livres des Sivénistes, figure qui consiste à parler avec énergie et vigueur:— காட்டுகிறது montrer de la valeur, de la bravoure;—செலுத்துகிறது déployer de la bravoure, agir vigoureusement;—பேசல், —பேசுகிறது se vanter, se glorifier; வீரமுஷ்டி,—முட்டி sorte de mendiant sivéniste ambulant, fort boxeur, poing vigoureux.

*வீரர், *pl. de* வீரன், braves,—guerriers, héros: நவவீரர் 9 héros qui secoururent Soupramanien dans la guerre; leurs noms sont: வீரபாகு ou வீரவாகு, வீரகேசரி, வீரமகேந்திரன், வீரபுரந்திரன், வீரமார்த்தாண்டன், வீரராக்கதன், வீரந்தகன், வீரதீரன், வீரசூரன்.

*வீரவான், (வீரம், vân), héros, brave; *fém.* வீரவதி, femme dont le mari est vivant, héroïne.

*வீரன், (vira), brave,—guerrier, héros, homme vaillant,—fort, Arouguen, Bhismen ou வீஷ்மன், danseur, acteur, mime, feu du sacrifice, feu;— சேவகன்மைகூடாரம்பாசுகும் l'amitié d'un brave sera une flèche aiguë (contre l'ennemi).

*வீராசனம், (வீரன், ஆசனம்), la posture dite வீரம், se tenir à genoux, champ de bataille, une des 10 espèces de drames, bivouac, dormir en plein air.

*வீராசஞ்சனம், (வீரம், âsansana *désir*), désir des braves, le poste dangereux dans une bataille, monter la garde.

*வீரானம், (*id.* ஆனம்), espèce de tambour ou d'instrument de musique, ville près d'un grand lac.

வீராணிக்கிழங்கு, la plante et racine dite scorsonère.

*வீராசனம், (வீரம், ஆசனம்), la position des யோகி dite வீரம்.

*வீராதிவீரன், (வீரன், ஆதி), le plus grand—, le héros des héros.

வீராப்பு, (வீரம், ஆப்பு), pleurs, soupirs, contestation.

வீராய்கிறது, (வீர், ஆய்கிறது), s'éloigner, tourner autour, examiner et ramasser.

*வீராவளி, வீராவேசம், (வீரம், ஆவளி, ஆவேசம்), fureur guerrière, ardeur du combat.

*வீரி, (வீரம், i), la brave, surnom

de காளி ou de Dourgâ femme de Siven, la plante médicinale et entortillante வட்டத்திருப்பி cissampelos pareira, la plante பஞ்சகம்பாலை.

வீரிடம், l'arbre நாவல்.

வீரிடுகிறது, வீரிடுதல், (வீர்), faire le bruit de vir, criailler, crier (un enfant), jeter un cri perçant, grogner (le cochon), mugir (l'éléphant...): வீரிட்டழுகிறது se lamenter, crier et pleurer, pleurer en jetant de hauts cris.

*வீரியம், 1° (virya), force, vigueur, fermeté, courage, héroisme, bravoure, valeur, splendeur, lustre, dignité, grandeur, sperme humain, graine, —des plantes. 2° instrument de musique, tambour (en général): —பேசுகிறது parler de bravoure, — avec vigueur, se vanter, faire le brave; வீரியவானவி, —கீனம், (-ஆநி, ஈனம்), perte de la force, impuissance, lâcheté; —விறதம்பனம், —திதம்பனம் privation de force par la magie, pilule érotique, —pour provoquer la luxure; —விராகிதம் manque de force: —வியிஷ்டன் doué de force.

*வீரியர், (வீரியம்), guerriers, braves, héros.

*வீரியவான், (id. vân), brave, homme vaillant, courageux.

*வீருதம், வீருதை, (viroudh, —dhâ), broussailles, petits arbrisseaux, buisson, plante rampante.

*வீரேசுவரன், (வீரம், ஈசுவரன்), grand héros, chef de braves, (surnom de) Virabhadra ou வீரபத்திரன்.

*வீரை, 1° (vira), matrone, épouse, mère, bananier, l'arbre gmelina arborea, aloès, liqueur spiritueuse... 2° mer, affliction, malheur: —க்கொடி espèce d'arbrisseau.

வீர், son—, mot imitatif de cris d'enfant, d'éléphant, de porc...

வீர்வீர், son—, mot imitatif de cris d'enfant qui pleure... வீர்வீரென்கிறது, வீர்வீரென்றுகதறுகிறது, crier, jeter les hauts cris, se lamenter.

*வீவதம், (vivadha), perche ou bâton pour porter des fardeaux suspendus aux 2 bouts, fardeau, —qu'on porte ainsi, route, entassement de blé...,.

*வீவதிகன், m. வீவதிகி, f. (வீவதம், ika, iki), homme—, femme qui porte ainsi des fardeaux.

வீவு, n.v. de வீகிறது, mort.

வீழி, sync. de விழுதி, la plante médicinale cléome fruticosa. [chute.

வீழுதல், P. விழுதல் ou வீழ்தல்,

வீழ், 1° P. விழுது, racines qui descendent des branches du multipliant. 2° imp. et part. de வீழ்கிறது. 3° imp. de வீழ்க்கிறது: — கதி la fin où l'on tombe, i.e. l'enfer; — நாள் jour perdu; —மிடி manque, diminution, dégoût.

வீழ்கிறது, ழ்ந்தேன், ழ்வேன், ழ், ழ, 1° v. n. sync. de விழுகிறது, tomber, succomber, déchoir, périr. 2° v.a. désirer, —fortement, souhaiter, convoiter, soupirer pour: வீழ்ந்தழிகிறது tomber et périr, — et se gâter.

வீழ்க்கிறது, ழ்த்தேன், ழ்ப்பேன், ழ், ழ்க்க, v. a. de வீழ்கிறது, faire tomber, renverser.

வீழ்க்கை, n.v. de வீழ்க்கிறது et de வீழ்கிறது, chute (causée par une cause extérieure), grand'—, désir, souhait, la 15^me constellation lunaire dite சோதி.

வீழ்ச்சி, n.v. du même, chute, manque, diminution, taux.

வீழ்தல், n.v. de வீழ்கிறது, chute, désir, —ardent, concupiscence.

வீழ்த்தல், n.v. de வீழ்க்கிறது et de வீழ்த்துகிறது, த்தினேன், த்துவேன், த்து, த்த, v.a. contraction de விழுத்துகிறது, faire tomber, renverser.

வீழ்வு, n.v. de வீழ்கிறது, chute.

வீறல், opt. et n.v. de வீறுகிறது.

வீறுப்பு, (வீறு, ஆப்பு), pompe, ostentation, orgueil, fierté, colère.

வீறு, solitude, isolement, vertu, mérite, —moral, grandeur, arrogance, pompe, explication, éclaircissement, dégoût, aversion, impétuosité, dessin, n.v. imp. et part. de வீறுகிறது: —காட்டுகிறது montrer de la grandeur, de l'arrogance, de l'orgueil, de la pompe, de la vanité.

விறுவிறுது, றினேன், றுவேன், று, ற, v.n. et a. விறுதல், n.v. 1° (விறு), s'isoler, être seul, exceller, être grand, excellent, clair, évident, détesté, détestable, fendu, crevassé, se fendre ou fondre, dessiner, tracer, tirer. 2° P. மீறுகிறது, transgresser: வட்டம் — tracer —, décrire un cercle.

விற்றம், (விற்று, அம்), diversité, différence, changement.

விற்றிருக்கிறது, விற்றிருத்தல், (விற்று), être seul, — isolé, être assis majestueusement, — pompeusement (comme un roi sur son trône), se réjouir.

விற்று, (விறு), isolement, solitude, différence, changement, distinction: — ப்பொருள் biens —, articles divers, propriété.

வெ, 1° lettre syllabique composée de வ் et de எ, vé bref. 2° (*adj. en composition*), chaud, ardent, âpre, rude, sévère, cruel.

*வெகு, 1° (P. பகு, bahou), beaucoup, plusieurs, nombreux. 2° *imp. de* வெகுக்கிறது.: — கந்தம் odeur forte, olibanum; — கர்ஷத்தம் (karcha *certain poids d'or*, அத்தம்), grossir; — காலம் long-temps; — குணம் plusieurs qualités, — fois; — க்ஷமன் (க்ஷமை), très-patient; — சத்துரு qui a beaucoup —, beaucoup d'ennemis; — சனம் beaucoup de gens, — de monde, nombreuse famille; — சனமுள்ளவன் qui a une grande famille, — une nombreuse parenté, — beaucoup de gens ou de cliens; — சனவாக்கியம் கர்த்தவ்வியம் *ou* கர்த்தவ்வியம் ce que dit beaucoup de monde est censé venir de Dieu ou devoir être fait; — சனவிரோதி l'ennemi de beaucoup de monde; சத்தியவாதி — சனவிரோதி celui qui dit la vérité se fait beaucoup d'ennemis; — சனத்துரோகம் perfidie —, trahison envers beaucoup de monde; — சனமோட்சம் *ou* ரட்சை délivrance de beaucoup de monde; — சுதை vache qui a plusieurs veaux, V. வெகுசு; — சாகம் un des 32 ordres d'architecture; — சுருதன் homme très instruit, qui connaît les védas; — தக்ஷிணன் homme libéral, qui fait beaucoup de présens; — தந்திரி, — தந்திரிகம் chose qui a beaucoup de fibres ou de cordes; — தனவான் homme très-riche; — தானியம் beaucoup de grains; — தானிய ou — தானியவருஷம் la 12° année du cycle de 60 ans, qui correspond à 1818, et 1878; — திருஷ்டன் expérimenté; — துக்தம், — துக்தை vache qui a beaucoup de lait; — துக்தம் froment; — தோஷம் beaucoup de fautes — de mal; — த்துவக்கு, — த்வக்கம் l'arbre birch qui a beaucoup d'écorce; — த்துவம் abondance, beaucoup, pluralité, magnificence; — நாதம் instrument —, conque qui a beaucoup de son; — நாயகம் polycratie, autorité de plusieurs personnes, aristocratie; — நாள் bien des jours, long-temps; — படு grande habileté; — பத்திரம் qui a beaucoup de feuilles, oignon, talc; — பத்திரி l'arbre அரிநெல்லி, la plante கறிமுள்ளி, l'arbrisseau வட்டு, la drogue ou la plante médicinale trigonella fœnugræcum; — பலம் beaucoup de force, fertilité, l'arbre கடம்பு: — பாக்கியவான் très-fortuné, très-heureux; — பாதம் le multipliant qui a plusieurs pieds, qui descendent des branches; — பிட்டம் étendue; — புத்திரன் qui a plusieurs enfans ou beaucoup d'enfans; — ப்பிரசன், (பிரசை), qui a une nombreuse postérité ou de nombreuse sujets; — ப்பிரசு mère de plusieurs enfans; — ப்பிரதன் libéral; — ப்பிரவாகம் plusieurs ruisseaux; — மதி estime, honneur, présent; — மலம் plomb; — மாரி abondance de —, grande pluie, abondance; — மார்க்கம் carrefour, place où aboutissent 4 routes; — மானம் grand —, honneur, respect, civilité, honneur ou présent, que fait un roi ou un supérieur, présent aux bramesou à un temple; —மானக்காரன் homme avide d'honneur, qui aspire à de grands honneurs, qui a de grandes prétentions; —மானம்பண்ணுகிறது ou —மானரிக்கிறது hono rer, faire honneur, — des présens, récompenser, montrer de l'affectation, affecter de la grandeur, se vanter; —மானரித்தல், — மானரிப்பு, *n.v. du préc.* honneur, honoraire, présent qu'on fait; — முகம் plusieurs visages, — branches, — apparences, — chemins, embranchement; —மூர்த்தி multiforme, coton sauvage; —மூலம் qui a plusieurs racines; —மூலியம் chose précieuse, de grand prix; —ரசம் beaucoup de jus, canne à sucre; — ரூபன் être multiforme, caméléon, Brama, Vichnou, Siven, Kâmen, résine; — ரேகை bien des —, plusieurs rides, —lignes, —sillons; — ரோமம் brebis laineuse; — வசனம் le pluriel (*vulgo* பன்மை), beaucoup de mots, de phrases; — வர்த்தம், (அர்த்தம்), plusieurs sens, — objets; — விதம் multiforme, bien des —, plusieurs sortes; — வபத்தியம், (அபத்தியம்), qui a grande progéniture, truie, rat; — வபத்திகை, (*id.*). vache qui a plusieurs veaux: —விஸ்திரணம் grande étendue: — வீசம் qui a —, plusieurs grains, l'arbre ஆத்தா, cachimentier.

வெகுவாய், (*adv.* வெகு, ஆய்), beaucoup, grandement, extrêmement; — ச்செல்லுகிறது coûter cher, — beaucoup; — ச்சொல்லுகிறது parler beaucoup, inculquer fortement.

வெகுக்கிறது, குத்தேன், குப்பேன், கு, குக்க, *v. n.* (வெகு), abonder, être nombreux.

வெகுகை, (வெகு), abondance.

*வெகுசூ, (*id.* soû *mère*), mère de beaucoup d'enfans, truie. [colère.

வெகுட்சி, *n. v. de* வெகுளுகிறது,

வெகுண்டு, 1° *gér. du même.* 2° canne à sucre dite கரும்பு.

*வெகுதன், (வெகு, ta *qui donne*), homme libéral, généreux.

வெகுத்தம், (*id.*), abondance, beaucoup. [க்கிறது, abondance.

வெகுத்தல், வெகுப்பு, *n.v de* வெகு

வெகுர், bourbouille, bouton —, éruption de chaleur. [குப்பாவை.

வெகுலாங்கம், la plante குடுமிக்

வெகுலாதி, petit cardamome.

வெகுளாமை, *n.v. nég. de* வெகுளுகிறது, ne pas s'irriter, absence de colère, patience.

வெகுளி, 1° colère, (c'est un des முக்குற்றம்), emportement. 2° homme colère, qui se fâche facilement, homme simple, qui a le cœur ouvert: —க்காரன் homme colère, emporté; — விலக்கு fig. de rhét. qui réprime la colère, qui consiste à montrer de l'indignation et à la réprimer.

வெகுளுகிறது *ou* ள்கிறது, குண்டேன், குளுவேன் *ou* ள்வேன், ளு *ou* ள், ள, *v.n.* (வெகுளி, வெகுளுதல், *n.v.* s'irriter, se fâcher, s'emporter, s'indigner, gronder, censurer.

வெகுள்வு, *n.v. du même,* colère, emportement.

வெக்காளம், (வெ), beau temps, temps serein (après la pluie...).

வெக்காளிக்கிறது, ளித்தேன், ளிப்பேன், ளி, ளிக்க, *v.n.* (வெக்காளம்), வெக்காளித்தல், *n.v.* le temps —, le ciel s'éclaircir, devenir serein (après la pluie...), faire beau temps.

வெக்காளிப்பு, *n.v. du préc. V.* வெக்காளம்.

வெக்கு, division, différence.

வெக்கை, (வெ), chaleur étouffante, - de la réverbération, — d'un lieu renfermé, - qui s'élève de terre, flux de ventre des animaux: மாட்டுக்கு — தாக்குகிறது le bœuf ou la vache a le flux de ventre; — நோய் flux de ventre des animaux, petite vérole.

வெஃகல், *opt. et n.v. de* வெஃகுகிறது, grand —, désir, concupiscence.

வெஃகா, 1° une des rivières de காஞ்சிபுரம். 2° *et* வெஃகாத, *part. nég. de* வெஃகுகிறது, qu'on *ou* qui ne désire pas.

வெஃகாமை, *n.v. nég. du même,*

absence de désir, — de concupiscence, dégoût, indifférence.

வெஃகுகிறது, கினேன், குவேன், கு, க, v.a. வெஃகுதல், n. v. désirer, — ardemment, souhaiter. [préc.

வெஃகல், P. வெஃகுதல், n. v. du

வெங்கண், (வெம், கண்), litt. mauvais œil, haine, ressentiment.

வெங்களம், (id. களம்), champ de bataille. [allium cepa.

வெங்காயம், (id. காயம்), oignon,

வெங்காரம், (id.), borax.

வெங்கார், (id.), chaleur. [pent.

வெங்கிருத்தி, (id.), espèce de ser-

வெங்கான்வெளி, (id. கான்), ou

வெங்கிராயன்வெளி, (id. கிராய், அன்), plaine où il fait une grande chaleur, — dure et desséchée. [டம்.

வெங்கோதண்டம், P. வெண்கோதண்

வெங்கோல், (வெம்), gouvernement tyrannique, litt. sceptre brûlant.

வெச்ச, P. வெ, chaud, ardent: — வெந்நீர் eau chaude, eau brûlante: வெச்சென்கிறது, வெச்சென்றிருக்கிறது être chaud, — brûlant; வெச்சென்வு chaleur, ardeur.

வெஞ்சமம், (வெம்), air propre aux pays stériles, guerre, bataille.

வெஞ்சமன், (id.), Yamen prétendu roi des morts.

வெஞ்சம், (id.), colère, vengeance.

*வெஞ்சனம், P. வியஞ்சனம், ragoût, ragoûts divers, sauce, assaisonnement, goûter, nourriture légère, consonne. [vengeance.

வெஞ்சினம், (வெம்), grande colère,

வெஞ்சிலைச்செல்வன், (id. சிலை), l'heureux ou le prince armé d'un arc cruel, i.e. Virabhadra.

வெஞ்சுடர்க்கிரணன், (id. சுடர், கிரணம்), l'astre aux rayons ardens, i.e. le soleil.

வெடி, 1° peur, crainte, — respectueuse, foudre, tonnerre, caillou ou jus de cocotier.... fermenté, parfum, encens, odeur —, fumée odoriférante, rase campagne, plaine, explosion d'un coup —, bruit d'un coup —, coup de fusil, de pistolet ou de canon..., fusil, pistolet, petit cardamome. 2° imp. de வெடிக்கிறது: — க்கயிறு mèche de fusil ou de canon; — பிரந்தி espèce d'ulcère; — குண்டு bombe, obus, boulet ou boule à explosion; — க்குழல் tube ou canon de fusil, — d'arme à feu; — சன்னி espèce de sanni ou convulsions; — சூலை espèce de maladie arthritique; — சுடுகிறது, — தீர்க்கிறது, — போடுகிறது, — வைக்கிறது tirer un coup de fusil ou de canon; எத்தனை — தீர்த்தார்கள் combien a-t-on tiré de coups de canon; — பலவன் la plante பேய்ப்பலவன்; — ப்பட்டடை boite (qu'on tire dans les processions...); — மருந்து poudre à canon; — யுப்பு salpêtre, nitre, nitrate de potasse, litt. sel pour faire la poudre à canon; — யுப்புத்திராவகம் eau forte; — வெடிக்கிறது une détonnation de fusil ou de canon se faire entendre.

வெடிக்கிறது, டித்தேன், டிப்பேன், டி, டிக்க, v.n. வெடிக்குதல், வெடித்தல், n.v. se fendre, craquer en se fendant, éclater, crever, s'ouvrir, résonner, détonner, faire explosion (un canon...): வெடித்த, part. passé: — குரல் grosse voix, voix irritée, — éclatante; — சொல் mot de colère, parole dure, — dite avec colère.

வெடிப்பு, n.v. du préc, fente, fissure, rupture, crevasse, ouverture, éclat, trop, excès: வெடிப்பாயிருக்கிறது être fendu, crevassé, ou வெடிப்படிக்கிறது avoir mal au cœur (à cause d'une mauvaise odeur ou saveur, v. g. celle d'une médecine), montrer du dégoût.

வெடில், bruit d'une explosion —, détonnation de fusil, de canon, fusil, pistolet, odeur rance, — de corruption: — உப்பு salpêtre, V. வெடியுப்பு; — உப்புத்திராவகம் eau forte, acide nitrique.

வெடிநாற்றம், (வெடில், நாற்றம்), odeur de poudre, — putride (de lait ou de viande gâtée...). [colère.

வெடுக்கன், (வெடுக்கு), homme

வெடுக்கு, colère, violence, dureté,

chose rude,raboteuse, V. வெடுக்: —த்தனம் dureté; வெடுக்கென்கிறது, வெடுக்கெனல் être colère,dur,sévère,raboteux.

வெடுப்பு, colère: —காட்டுகிறது montrer de la colère,du dégoût.

வெடுவெடு,son —,mot imitatif d'irritation,de dégoût....வெடுவெடெனல், வெடுவெடென்கிறது ou வெடுவெடுக்கிறது, டுத்தேன், டுப்பேன், டு, டுக்க, v.n. (வெடுவெடு), வெடுவெடுத்தல்,n.v. se fâcher,parler avec colère.montrer du dégoût, du déplaisir, être dur, sévère, raboteux.

வெடுவெடுப்பு, n.v. du préc. colère,déplaisir, dégoût, précipitation, témérité, dureté.

வெட்கம், honte, confusion, pudeur, modestie, timidité: ஞஞ்சுமின — வெடுக்கிறது traiter quelqu'un honteusement, — ignominieusement, injurier sa réputation, le couvrir de honte;— கெடுகிறது perdre toute honte; — கெட்டவன் homme déhonté, impudent; வெட்கக்கேடு perte de la honte, de la pudeur, de la réputation,déshonneur, effronterie, impudence; — ப்படுகிறது avoir honte, être honteux, rougir;— ப்படுத்துகிறது rendre honteux, couvrir de honte.

வெட்கல், opt.et n.v.de வெட்குகிறது,honte, crainte.

வெட்கமற,m. f. 1° ou வெட்கமறபுள்ள,(வெட்கு, அற), honteux, honteuse, modeste, timide.2° V. இலச்சை.

வெட்கிளுவை, (வெள்). espéce de கிளுவை blanche, sarcelle blanche (par opposition à செங்கிளுவை).

வெட்கு, imp.et part.de வெட்குகிறது, sync. வெட்கிறது, கினேன்,குவேன், கு, க, (வெட்கம்), v.n. வெட்குதல், n. v. avoir honte, rougir, être honteux, modeste, craindre, [répété), avoir honte.

வெட்குவெட்கென்கிறது, (வெட்கு

வெட்சி,ixore, l'arbrisseau ixora coccinea, ou —மாலை guirlande d'ixore,insigne ou ornement de celui qui a pillé le bétail de l'ennemi.

வெட்ட, inf. de வெட்டுகிறது.

வெட்டரிவாள்,(வெட்டு,அரிவாள்), hachette, serpe, couperet, grand couteau crochu (pour immoler les victimes...)

வெட்டல், opt.et n.v.de வெட்டுகிறது, action de couper..., coupure. (c'est une des 8 sensations du corps dites அஷ்டஸ்பரிசம்,et une des 4 espèces de blessures dites காயபாசு.

வெட்டவழி,(வெட்ட P.வெட்டை), chemin battu, frayé, fréquenté.

வெட்டவெளி, (id.), plaine nue, —campagne,— sans culture,désert, publicité, notoriété, évidence:—யாய் publiquement, notoirement, évidemment. [plante நத்தைச்சூரி.

வெட்டறுவுறி, (வெட்டு, அறு), la

வெட்டாரம்,attacher des bracelets

வெட்டனவு, hâte, précipitation, discours précipité, rudesse, dureté, roideur,violence,furie, fureur, emportement (opposé à மெத்தனவு).

வெட்டாங்கிளி, (வெட்டு, ஆம்), V. வெட்டுக்கிளி.

வெட்டாந்தரை, (வெட்டை, ஆம்), terre sèche, aride, dure.

வெட்டி, 1° gér. de வெட்டுகிறது. 2° qui coupe (à la fin des mots composés).3° chemin. 4° sorte de plante ou d'arbuste, V. வெட்டிவேர். [ள்.

வெட்டிமை, office de வெட்டியான்

வெட்டியான், pariat qui brûle les morts, qui mesure le grain, le sel...,on le nomme aussi தோட்டி. Il est réputé le plus bas des serviteurs d'un village: — மானியம் terre exempte d'impôt —,mâniam de Vettian.

வெட்டிரும்பு, (வெட்டு, இரும்பு), espèce de ciseau ou de coin —, instrument pour couper le fer.

வெட்டிவீரன்,(வெட்டி),vrai brave, —héros.

வெட்டிவேர், (id.), racine odoriférante de l'andropagon muricatum dit வெட்டி ;on en fait des nattes,des

தாக

claies ou des écrans, des éventails etc... Il diffère un peu du விழல் dont les racines sont inodores.

வெட்டிழை, 1° (வெட்டு, இழை), ces choses qu'on coupe. 2° dureté, colère.

வெட்டு, 1° coupure, incision, taillade, coupe, coche, cran, entaille, coup d'instrument tranchant, *n.v. imp. et part. de* வெட்டுகிறது:—க்கட்டை tronc d'arbre laissé en terre, arbre étêté; — க்கத்தி serpe, couperet, coutelas, hachette; — க்கன்று jeune arbre ou rejeton coupé ou à couper, —sur la lisière; — க்கிளி sauterelle qui coupe tout, grande espèce de sauterelle; — க்குருத்து jeune pousse —, rejeton ou jet d'un arbre étêté ou ébranché; — த்தட்டு courroie du dessus ou de l'ouverture d'un tambour; — படுகிறது être coupé, taillé; — மாறன் objet enivrant; —மின்னல், — முனை, — மேனி monnaie nouvellement frappée; — மேலேகண்ணாயிருக்கிறது avoir l'œil sur le coup que va porter une arme tranchante (pour l'éviter...); —வாய் endroit coupé, coupure, bouche fendue ou coupée; —வாளி espèce de sauterelle; —வாள் serpe, couperet, sabre; — வேளாண்மை coupe de blés, moisson; வெட்டுக்கிலக்குப்பார்க்கிறது viser à trancher, à couper, chercher l'opportunité pour couper, ou pour porter un coup tranchant à quelqu'un....

வெட்டுகிறது, ட்டினேன், ட்டுவேன், ட்ட, *v. a.* வெட்டுகை, வெட்டுதல், *n.v.* couper (avec un hache, un sabre...), *v. g.* la tête, tailler, abattre (un arbre...), tuer, tailler en pièces *v. g.* les ennemis dans une bataille, creuser (un puits, un étang...), graver, ciseler: முத்திரை — graver un cachet.

வெட்டுண்கிறது வெட்டுண்டுபோகிறது, (வெட்டு, உண்கிற து), être coupé, tranché, taillé, tué.

வெட்டுண்ணி, வெட்டுணி, (*id.* உண்ணி), vaurien, pendard, — taillade, qui mérite d'être coupé en pièces.

வெட்டும், *part. fut. de* வெட்டுகிறது: —படை sabre, arme qui coupe, outil tranchant, armée munie de sabres ou d'épées.

வெட்டுரை, (வெட்டு, உரை), 1° paroles tranchantes, dures, précipitées, inconsidérées. 2° *ou* — நாணயம் mauvaise —, fausse monnaie.

வெட்டெனவெட்டெனக்கிறது, வெட்டெனக்கிறது, montrer de la colère, de l'emportement, de la dureté, de la violence, de la précipitation, de l'ardeur, s'irriter, brûler: வெயில் வெட்டெனக்காய்கிறது *ou* எரிகிறது être brûlant, — très-chaud; வெட்டென avec violence, — impétuosité, furieusement; வெட்டெனப்பேசேல் ne parle pas âprement.

வெட்டெனவு, *n.v. du préc.* colère, dureté, violence, précipitation.

வெட்டேறு, (வெட்டு, ஏறு), nom d'un outil.

வெட்டை, chaleur, — du soleil, — du corps, — de la terre, extrême dureté d'un métal (qui rend le fer cassant), espèce de maladie vénérienne, fleurs blanches, gonorrhée, rase campagne, plaine ouverte et desséchée: — கொள்ளுகிறது être échauffé, — gêné par la trop grande chaleur du corps; — நாள் jour —, temps très-chaud; — நோய், *V.* [illegible]; — ப்பாக்கு noix d'arec coupée par tranches et bouillie mais encore dure; — வெளி rase campagne, plaine nue, brûlant désert.

வெட்படம், (வெட் *P.* வெள்), *V.* வெள்ளிப்படம். [de mémoire.

வெட்பாடம், (*id.*), leçon récitée

வெட்பாலை, (*id.*), la plante nerium antidysentiricum.

வெட்பலவட்டை, (*id.*), espèce d'arbre, variété de l'arbrisseau பாலட்டை.

வெட்புகை, (*id.*), nuage blanc, — sans eau. [brisseau [illegible]

வெட்பூல், (*id.*), variété de l'ar-

வெண், *adj. de* வெண்மை, blanc,

simple, tendre, léger; — கடம்பு l'arbre கடம்பு, ou eugenia racemosa à fleurs blanches; — கடுகு moutarde blanche; — கண் yeux blancs, poisson qui a les yeux en saillie; — கதிர், — கதிரோன் l'astre aux rayons blancs ou d'argent, i. e. la lune; — கரு blanc d'œuf; — கரும்பு canne à sucre blanche; — கலம் vase blanc, métal blanc, — de cloche, amalgame — , mélange de zinc et de cuivre, bronze; cuivre blanc; — கலநிமிளை bismuth de couleur d'argent jaunâtre (dont les cristaux sont ramassés et implantés l'un dans l'autre); — கலமுடி chapiteau de bronze; — கலி, — கலிப்பா strophe où les connexions de pieds dites கலித்தளை et வெண்டளை sont mêlées et les autres connexions rarement employées, et où le dernier vers est de 3 pieds; — கல், — கல்லு pierre blanche, albâtre, quartz; — காக்கணம் la plante காக்கணம் ou clitoria ternatea à fleurs blanches; — காசம் espèce de mal d'yeux; — காசா sorte d'arbuste à fleurs blanches; — காடு la forêt blanche, nom d'un lieu consacré à Siven; — காந்தள் la plante காந்தள் ou gloriosa à fleurs blanches; — காயம் 1° P. வெங்காயம் oignon. 2° (வெள்), corps... blanc; — காரம் borax, espèce de sel artificiel; — காரை crépi —, stucage blanc, — கிடை, — கிடைச்சி l'espèce blanche de கிடைச்சி; — கிளி perroquet blanc; — குங்கிலியம் résine blanche; — குடை parasol blanc, grande ombrelle blanche; — குஷ்டம், — குட்டம் lèpre blanche; — குமுதம், V. வெள்ளாம்பல்; — குன்றி variété de l'arbrisseau குன்றி ou abrus dont les grains sont blancs, plante rampante de la — . réglisse; — கூதாளம் la plante கூதாளி ou convulvulus qui croit près de l'eau, nom d'un arbrisseau; — கூடவெண்பா vers ou vemba où il y a trop —, réunion de trop de lettres de la même classe; — கெண்டை espèce de carpe blanche, cyprinus cirrhosus; — கொடிவேலி espèce blanche de கொடிவேலி ou plumbago; — கொல் le metal blanc, i. e. l'argent; — கொற்றக்குடை parasol blanc; — கோஷ்டம் variété blanche du costus arabicus, espèce de remède; — சலசமுகத்தி celle qui a le nénuphar blanc pour siége, i. e. Sarasvati; — சாமரம் éventail blanc, vergette blanche (faits de poil de yack); — சாரை variété blanche du serpent dit சாரை, sperme; — சீர் pied de vers de 3 syllabes métriques dont la dernière est longue et terminée en காய், il y en a 4 nommés தேமாங்காய், புளிமாங்காய், கூவிளங்காய் et கருவிளங்காய்; — சீர் வெண்டளை connexion de vers dans laquelle après les pieds terminés en காய் et en ... le pied suivant doit commencer par une longue; — சுக்கான்கல் une des 120 espèces de minéraux des Indiens, pierre à chaux blanche; — சுடர் l'astre blanc, —aux rayons blancs, i.e. la lune; — செந்துறை strophe de 2 vers d'égale mesure et dont le sens et le son sont élégans, on la nomme aussi செந்துறைவெள்ளை; — பதம் légère — , demi-cuisson; — பலி cendres, — blanches; — புண்ணர்ச்சிமாலை le 31e des பிரபந்தம் dit aussi தண்டகமாலை, série de 300 வெண்பா; — புழுக்கு légère —, demi-cuisson; — பொன் métal blanc, i.e. argent, or blanchâtre, or qui a beaucoup d'alliage; — மட்டம், — மட்டவேலை travail —, ouvrage uni, simple, sans ciselure; — மணல் sable blanc; — மணி blanc de l'œil; — மயிர் poil —, cheveux blancs, éventail blanc de poil de yack; — மலை le mont blanc ou la montagne fabuleuse d'argent, i.e. le Kailâsam résidence de Siven; — மொந்தன் espèce de bananier.

வெண்டகரை, (வெண், தகரை), la plante தகரை ou cassia tora à fleurs blanches.

வெண்டயம், P. வெண்டையம்.

வெண்டலை, (வெண், தலை), tête blanche, crâne.

வெள்ளடிதளை, (id. தளை), connexion de pieds propre au வெண்பா; il y en a 2 sortes: 1° வெள்ளிசைத் வெள்ளடிதளை qui veut qu'aprés les pieds terminés en காய் ou en பூ le pied suivant commence par une longue. 2° இயற்சீர்வெள்ளடிதளை qui veut qu'aprés les pieds terminés en மா ou en நாள் le pied suivant commence par une bréve, et qu'aprés ceux en விளம் ou மலர் le pied suivant commence par une longue.

வெள்ளடாது, (வெள், தாது), métal blanc, i. e. l'argent.

வெள்ளடாமரை (id. தாமரை) nénuphar blanc; — யாள் celle qui est assise sur un nénuphar blanc, i. e. Sarasvati.

வெள்ளடாழிசை, (id. தாழிசை), subdivision du வெண்பா, la strophe est composée de 3 vers dont les 2 premiers de 4 pieds et le dernier de trois; mais les différentes connexions de pieds dites தளை sont mêlées ensemble.

வெள்ளடாழை, (id. தாழை), espèce de தாழை ou pandanus à fleurs blanches. [gér. de வெள்ளடுகிறது.

வெள்ளடி, 1° inutilité, vanité. 2°

வெள்ளடு, 1° tube, creux, intérieur d'un tube, d'une canne.., écrou ou vis de pendans d'oreilles. 2° imp. et part. de

வெள்ளடுகிறது, டினேன், டுவேன், டு, ட, v.n. வெள்ளடல், வெள்ளடுதல், n. v. et வெள்ளடிப்போகிறது se sécher —, se dessécher (au soleil....) être desséché par le soleil.

வெள்ளடுளசி, வெள்ளடுளாய், வெள்ளடுளாய், (வெள், துளசி...), basilic blanc.

வெள்ளடுறை, (id. துறை), une des subdivisions du வெண்பா; elle se compose de 3 à 7 vers dont quelques-uns des derniers ont un moindre nombre de pieds que les autres; du reste elle admet toute sorte de vers, de pieds, et de connexions de pieds.

வெள்ளடேர், (id. தேர்), litt. char blanc, mirage dit ordinairement கானல்.

வெள்ளடை, P. வள்ளடை.

வெள்ளடையம், anneau ou bijou de femmes, anneau que les புலைச்சிகள் se mettent au pouce, anneau creux et renfermant de petits cailloux quel'on met aux pieds des chevaux et des éléphans..., grelot, sorte de petite sonnette.

வெள்ளடோற்றி, (வெள், தோற்றி), V. வெள்ளவத்தன்.

வெள்ளணுக்கு, espèce d'arbre, la plante médicinale நிலைடக்கொடி.

வெள்ளணுயுருவி, (வெள், நாயுருவி), variété blanche de la plante நாயுருவி ou achiranthes aspera.

வெள்ளணுரி, (id.), நரி espèce de plante. [blanc.

வெள்ளணுரை, (id. நாரை), héron

வெள்ளணுவல், (id. நாவல்), variété blanche de l'arbre நாவல்.

வெள்ளனிலம், (id. நிலம்), terre blanche, — nue, terrain sablonneux, — vide.

வெள்ளனிலுவை, (id. நிலுவை), arriéré supposé, tromperie sur le change...

வெள்ளனிலை, (id. நிலை), état sans garantie, prêt de main en main, chose prêtée sans hypothèque ou assurance: — ப்பத்திரம் billet —, écrit sans hypothéque; — யாய்வாங்குகிறது emprunter sur un simple billet sans hypothéque.

வெள்ளனுறம், (id. நுறம்), couleur —, écume blanche.

வெள்ளணெய், (id. நெய்), beurre frais, — non fondu (alors on l'appelle நெய்): — யுருக்குகிறது faire fondre le beurre; — யெடுக்கிறது prendre —, enlever du beurre, extraire le beurre en barattant le lait ou la crème, — ச்சுறா espèce de réquin; — நல்லூர் nom d'un lieu consacré à Siven.

வெள்ளனெய்தல், (id. நெய்தல்), nénuphar blanc.

வெள்ளணொச்சி (id. நொச்சி), variété blanche de l'arbre —, le simple நொச்சி, vitex negundo.

வெள்ளனோ, (id. நோ), sorte de mal d'yeux.

வெள்ளைமை (*id.* மை), blancheur, blanc, tendreté, âge tendre, clarté, ignorance, simplicité,

வெள்ளைப்பா,(வெள்ளை,பா), une des 5 espèces de strophes ou de vers tamouls, la plus difficile, la plus commune et la plus estimée. Elle admet les pieds dits இயற்சீர் et வெண்சீர் et la connexion de pieds dite வெண்டளை. Le dernier vers est de 3 pieds dont le dernier est d'une syllabe métrique dite நாளசைச்சீர்;les autres vers sont ordinairement de 4 pieds. Quant au nombre de vers, il varie selon le genre de வெள்ளைப்பா; on en distingue 6: குறள்—,நேரிசை—,சவலை—,இன்னிசை—, சிந்தியல்—,பஃறொடைவெள்ளைப்பா; le 1er a 2 pieds, les 3 suivans en ont 4, l'avant-dernier 3, et le dernier plus de 4.

வெள்ளைப்பு,(*id.* பு),terre blanche, — sablonneuse, *V.* வெளிப்பு.

வெதிரம், surdité.

*வெதிரேகம், (*P.* வியதிரேகம்), différence,—en comparaison ou qu'on trouve en comparant, disparité, dissimilitude, espèce de fig. de rhét. négation, séparation, division, exception, exclusion, défense; வெதிரேகவனுமானம் manière de connaitre la vérité par la différence.

*வெதிரேகவலங்காரம்,(வெதிரேகம்,அலங்காரம்), fig. de rhét. qui consiste à montrer la différence qu'il y a entre l'objet comparé et celui auquel on le compare.

வெதிர், 1° bambou, surdité. 2° *imp. de* வெதிர்க்கிறது. 3° *imp. et part. de*

வெதிர்கிறது, ர்ந்தேன், ர்வேன், ர், ர, *v.n.* se troubler.

வெதிர்க்கிறது, ர்த்தேன்,ர்ப்பேன், ர், ர்க்க, *v. n.* வெதிர்த்தல், *n. v.* craindre, trembler, avoir peur, se fâcher, s'irriter, être en colère, se troubler.

வெதிர்ப்பு, *n. v. du préc.* crainte, tremblement, trouble, confusion, signe de —, colère indignation.

வெதுக்கலர்,(வெதுக்கல், அர்), qui est fané, desséché.

வெதுக்கல், flétrir, faner, dessèchement, se faner.

வெதுப்படக்கி,(வெதுப்பு, அடக்கி), la plante குப்பமேனி, ballota disticha.

வெதுப்பம், *n. v. de* வெதுப்புகிறது, chaleur,—douce. [துப்புகிறது.

வெதுப்பல், *opt. et n. v. de* வெ

வெதுப்பு, 1° chaleur,— douce, tiédeur, diarrhée écumeuse, fièvre, *V.* வெம்பு. 2° *imp. du suiv.*: —கொள்ளுகிறது tiédir, prendre —, ressentir une douce chaleur.

வெதுப்புகிறது, ப்பினேன், ப்புவேன், ப்பு, ப்ப, *v. a. de* வெதும்புகிறது, வெதுப்புதல், *n. v.* faner, chauffer un peu, faire tiédir, — chauffer à un degré médiocre,— chauffer une feuille médicinale; வெதுப்பிக்கொள்ளுகிறது chauffer pour soi.

வெதும்பு, *imp. et part. du suiv.* வெதும்புவிக்கிறது ou

வெதும்புகிறது ம்பினேன், புவேன், பு, ப, *v. n. du préc. et* வெதும்பல், வெதும்புதல், *n. v.* chauffer, — doucement, devenir chaud tiède, être chauffé, desséché, se faner, se fâcher, s'irriter.

வெதுவெதுக்கிறது, துத்தேன், துப்பேன், து, துக்க, *v. n.* avoir une chaleur douce, être tiède.

வெதுவெதுப்பு, *n. v. du préc.* faible—, douce chaleur, tiédeur; — உள்ள

வெத்தம், *P.* வெத்தயம். [ள tiède.

வெந், le dos.

வெந்தயம், வெந்தியம், fenugrec, trigonella fœnum græcum.

வெந்திக்கிறது, ந்தித்தேன், ந்திப்பேன், த்தி, த்திக்க, *v. n.* வெந்தித்தல், *n. v.* bouillir, se fâcher.

வெந்திப்பு, *n. v. du préc.* bouillonnement, colère, emportement.

வெந்து, 1° *gér. de* வேகிறது. 2° *P.* வெந்து, branche, parenté: —சனம் parenté, parens; — போகிறது brûler, se consumer, être brûlé; — போனவீடு maison brûlée, — consumée par le feu.

வெந்தை, 1° espèce de petit gâteau, *V.* பிட்டு 2° *P.* வெந்தனை tu as été brûlé.

வெத்தையம், P. வெந்தியம்.

வெந்நீர், (வெம்), eau chaude.

வெப்பம், (வெப்பு), chaleur, ardeur, bouillonnement, désir, chagrin, colère: —உறல், —உறுகிறது, வெப்பத்தையடைகிறது chauffer, devenir chaud, acquérir de la colère; வெப்பசாரம் chagrin, inquiétude, beau temps.

வெப்பசவை, P. வெப்புப்பாவை.

வெப்பிக்கிறது, ப்பித்தேன், ப்பிப்பேன், ப்பி, ப்பிக்க, v. n. (வெப்பம்), வெப்பித்தல், n. v. chauffer, devenir chaud, se chauffer.

வெப்பியாரம், (வெப்பு), beau temps: வெப்பியாரப்படுகிறது le temps se mettre au beau.

வெப்பு, (வெ), chaleur, ardeur, chagrin, espèce de maladie: — க்கட்டி clou ou furoncle qui vient au ventre par échauffement; —க்கொதி fièvre d'échauffement; —நாற்றம் odeur putride, —malfaisante: —ப்பாவை espèce de maladie d'entrailles ou d'obstruction dans le ventre par flatuosité... V. வெப்புக்கட்டி; —வெப்பென்கிறது, — வெப்பெனல், s'irriter, montrer de la colère, du chagrain: —வெப்பென்றுபேசுகிறது parler avec chaleur, — chagrin ou emportement.

வெப்புறு, (வெப்பு, உறு), chalenr, n. v. imp. et part. de

வெப்புறுகிறது, ப்புற்றேன், ப்புறுவேன், ப்புற, ப்புற, v. n. (id. உறுகிறது), வெப்புறுதல், n. v. chauffer, devenir—, être chaud, brûlant, s'echauffer.

வெம், adj. de வெம்மை, chaud....

வெம்பல், opt. et n. v. de வெம்புகிறது, grande —, colère, soupir, sanglot, chose fanée, se faner, fruit prématuré, beau temps, trouble..

வெம்பணிக்கை, வெம்பினிக்கை, hauteur, orgueil. [—, Bombay.

வெம்பாய், la ville de—, l'ile de

வெம்பிளாத்தி, (வெம்பல்), V. எமிலாத்தி.

வெம்புகிறது, பினேன், புவேன், பு. ப, v. n. வெம்புதல், n. v. se mettre—, être en grande colère, s'irriter, soupirer; sangloter, se faner, se flétrir, mûrir avant le temps, se troubler, le temps s'éclaircir, faire beau temps.

வெம்மை, (வெம், மை), chaleur, chaud, ardeur, (c'est un des அறுசுவை[illegible]), désir, aspérité, rudesse, dureté.

வெயர்வை, P. வேர்வை.

வெயில், (வெ), chaleur, lumière, soleil, clarté —, chaleur—, rayons du soleil, chaleur d'un jour tropical: —அடியுண்ணல் attraper un coup de soleil, être exposé aux ardeurs du soleil: —அடிக்கிறது, —எறிக்கிறது le soleil brûler, — être brillant, ou brûlant, —ardent; —உக்கிரமா எரிக்கிறது le soleil être extrêmement brûlant; இன்றைக்கு —அகோரம் ou வெக்கை aujourdhui il fait bien chaud, — la chaleur est bien forte ou le soleil est brûlant; வெயிலிலேகால் பொட்டிக்கிறது ou ஒட்டிக்கொள்கிறது au soleil les pieds s'attachent (au sable brûlant); வெயிலிலேகாயப்போடுகிறது mettre sécher au soleil; வெயிலில்நடக்கிறது marcher au soleil; வெயிற்குளிக்கிறது être exposé aux ardeurs du soleil; வெயிற்குளிர்கிறது la chaleur du soleil diminuer, litt. devenir fraiche.

வெய்து, P. வெய்யது, ce qui est chaud, — contient de la chaleur, — est mauvais: — பிடிக்கிறது exciter la chaleur —, causer la transpiration (par des moyens artificiels); வெய்துயிர்க்கிறது, (உயிர்க்கிறது) pousser de longs ou de chaleureux soupirs; வெய்துறுகிறது, (உறுகிறது), craindre, se fâcher, s'affliger, éprouver un malheur; வெய்துறல், n. v. expression ou signe de—, crainte, colère, affliction, malheur; வெய்தென்கிறது s'empresser, se hâter; வெய்தெனல், son —, mot imitatif d'empressement, de vitesse.

வெய்ய, (adj. de வெம்மை), chaud, brûlant, ardent, mauvais: —நீர் eau chaude.

வெய்யது, (வெய்ய), V. வெய்து.

வெய்யவன், வெய்யோன், (வெய்ய), homme méchant, cruel, le soleil, la

5° constellation lunaire dite மிருகசீரிடம், homme qui désire, désireux.

வெய்யவன், இவெய்யில், *P.* வெயில்.

வெரிந், le dos. [être saisi de crainte.

வெரு, crainte: —க்கொள்ளுகிறது

வெருகடி, (வெருகு, அடி), 1° pas —, pied de chat. 2° *ou* வெருகடிப்பிரமாணம், pincée, autant qu'on peut pincer ou prendre avec le pouce et 2 doigts; ஒருவெருகடித்தூள் une pincée de poudre, autant qu'on en peut prendre avec 2 doigts et le pouce.

வெருகம், le dessous de la queue (d'un animal).

வெருகு, chat, — mâle, matou, la racine médicinale dite பெருச்சக்கிழங்கு.

வெருட்சி, *n. v. de* வெருளுகிறது, crainte, trouble. [ட்டுகிறது.

வெருட்டல், *opt. et n. v. de* வெரு

வெருட்டி, crainte, épouvantail, celui qui effraie ou épouvante, *n.v. et gér. de* வெருட்டுகிறது.

வெருட்டு, épouvantail, action d'effrayer, *n. v. imp. et part. de*

வெருட்டுகிறது, ட்டினேன், ட்டுவேன், ட்டு, ட்ட, *v.a. de* வெருளுகிறது, effrayer, épouvanter, terrifier, intimider, troubler, effaroucher, faire fuir. [*préc.* action d'effrayer....

வெருட்டுகை, வெருட்டுதல், *n.v. du*

வெருகணை, l'arbrisseau பாவட்டை.

வெருண்டு, *gér. de* வெருளுகிறது.

வெருவந்தம், (வெருவருகிறது), crainte, effroi, terreur: வெருவந்தஞ் செய்யாமை ne pas effrayer, gouvernement doux, (d'un roi....)

வெருவருகிறது, வந்தேன், வருவேன், வர, வர, *v. n.* (வெரு), வெருவருதல், *n. v.* craindre, être effrayé.

வெருவல், *n. v. de* வெருவுகிறது, crainte, peur.

வெருவு, crainte, *n.v. imp. et part. de*

வெருவுகிறது, வினேன், வுவேன், வு, வ, *v. n.* (வெரு), வெருவுதல், *n. v.* craindre, s'effrayer. [கிறது.

வெருளல், *opt. et n. v. de* வெருளு

வெருளார்க்கிறது, வெருளார்த்தல், (வெருள், ஆர்க்கிறது), s'effrayer, se troubler, chanceler, hésiter.

வெருளி, (வெருளுகிறது), crainte, trouble, ce qui est effrayé, effarouché, ce qui effraie, — effarouche, épouvantail: — காட்டுகிறது effrayer, montrer —, témoigner de l'effroi.

வெருளுகிறது *ou* வெருள்கிறது, ருண்டேன், ருளுவேன் *ou* ருள்வேன், ருளு *ou* ருள், ருள, *v. n.* வெருளுதல், வெருள்தல், *n. v.* (வெருள்), *ou* வெருண்டுபோகிறது, s'effrayer, s'effaroucher, se troubler, être effrayé, effarouché, troublé, infatué.

வெருள், *imp. part. et n. v. de* வெருளுகிறது, crainte, trouble, frénésie, infatuation.

வெலவெல, son —, mot imitatif de crampes, de convulsions...

வெலவெலக்கிறது, வத்தேன், லப்பேன், ல, லக்க, *v. n. ou* (வெலவெலென்கிறது), (வெலவெல), avoir des crampes —, être épuisé de fatigue, avoir des convulsions aux pieds et aux mains: வெலவெலென்றுதைத்துக்கொள்ளுகிறது être en convulsions, se débattre dans les douleurs de l'agonie.

வெலி, (*télinga*) *et corr.* பெலி, bannissement, proscription, excommunication: சாதிக்கு வெலியாக்குகிறது chasser de la caste. [ès.

வெலிகம், la plante கற்றாழை, aloès.

வெலிகாரம், (*télinga*), borax.

வெலிதி, வெலித்தி, (*id.*), objet ouvert, — qui laisse des espaces, toile claire, — mince, — non serrée, le contraire de கெட்டித்தம்.

வெல், *imp. et part. du suiv.*

வெல்கிறது, *V.* வெல்லுகிறது.

வெல்லம், 1° mélasse, — de palmier, sucre brut, jagre. 2° *P.* வெல்லோம், nous ne sommes pas victorieux: வெல்லப்பாகு, — ப்பாணி mélasse de canne à sucre, sirop.

வெல்லல், *n. v. et opt. de* வெல்லுகிறது, victoire, prééminence.

வெல்லி, petit cardamome.

வெல்லுகிறது *ou* வெல்கிறது, வென்றேன், வெல்லுவேன் *ou* வெல்வேன், வெல்லு *ou* வெல், வெல்ல, *v.a.* vaincre, conquérir, surmonter,

ப்படுத்துகிறது; — வட்டம் cercle extérieur; — வாங்குதல் le temps s'éclaircir, être évident, brillant; — வாய் bouche indiscrète, — qui ne garde aucun secret; — வாயன் homme indiscret, qui dit tout ce qu'il sait, qui ne peut garder un secret; — விடுகிறது, *V.* வெளிப்படுத்துகிறது; — விருத்தம், (வெளி, *P.* வெள்). une des variétés du வெண்பா, la strophe est de 3 ou 4 vers et chaque vers est suivi d'un mot détaché dit தனிச்சொல்; — வெருட்டு, *V.* வெளிப்பட்டு; — வேஷம், — வேடம் apparence extérieure, masque —, extérieur, accoutrement; வெளிக்குப்போகிறது sortir, aller dehors, — aux nécessités, — aux besoins naturels; வெளிக்குவருகிறது être découvert: இது வெளிக்குவராமலுன்மனதிலிருக்கட்டும் garde cela dans ton cœur sans le laisser transpirer au dehors; வெளியிலிருக்கிறது être dehors, — en dehors; வெளியேபோகிறது sortir dehors, aller aux nécessités; வெளியே போடுகிறது jeter, — mettre dehors.

**வெளிக்கிறது**, ளித்தேன், ளிப்பேன், ளி, ளிக்க, *v. n.* (வெளி), வெளித்தல், *n. v.* le temps s'éclaircir, briller, être clair, évident, devenir inutile.

**வெளிசம்**, hameçon.

**வெளிச்சம்**, (வெளி), lumière, clarté, matière lumineuse, flambeau, lampe, rayon du soleil, publicité, évidence: — ஆகிறது devenir clair, — public; — காட்டுகிறது, — கொடுக்கிறது montrer la —, présenter —, donner de la lumière, briller éclairer; — ஆன lumineux, brillant, clair, évident; — பட்டால், நிறங்காணும் si la lumière donne ou brille dessus, la couleur paraitra.

**வெளிது**, (வெளி), chose blanche, claire, vide, inutilité.

**வெளிப்பு**, *n. v. de* வெளிக்கிறது, éclaircissement, lieu découvert, clarté, temps clair.

**வெளியார்**, (வெளி), gens de l'extérieur, ou qui n'ont que l'extérieur, ignorans.

**வெளில்**, blancheur, écureuil, piquet, pieu, pilier, poteau, (pour lier un animal, pour attacher un éléphant), — pour assujettir la [illegible] batte à beurre, batte à beurre.

**வெளிறர்**, (வெளிறு), gens ignorans, simples.

**வெளிறு**, 1° (வெள்ளை), ignorance, simplicité, blancheur, l'arbre cordia, ou நறுவிலிமரம், arbre neutre, — qui n'a pas de cœur, *i. e.* de partie dure au milieu. 2° *imp. et part. de*

**வெளிறுகிறது**, றினேன், றுவேன், று, ற, *v. n.* வெளிறல், வெளிறுதல், *n. v.* (வெளிறு) blanchir, être —, devenir blanc, — blanchâtre.

**வெளிற்று**, *obl. de* வெளிறு: — மரம் arbre neutre, sans cœur, l'arbre நறுவிலி.

**வெளிற்றுரை**, (வெளிற்று, உரை), mot inutile, — qui n'a pas de sens.

**வெளுக்கிறது**, ளுத்தேன், ளுப்பேன், ளு, ளுக்க, *v. a. et n.* (le ciel...), blanchir, le jour poindre, commencer à s'éclaircir, — à faire jour, blanchir, devenir blanc, — propre (par le lavage), blanchir —, laver le linge: கிழக்குவெளுக்கின்றது l'orient commence à blanchir: வெளுத்தசீலை toile blanchie, lavée; வெளுத்துப்போகிறது devenir blanc.

**வெளுத்தல்**, 1° *n. v. du préc.* 2° nom d'un arbre.

**வெளுப்பு**, *n. v. du même*, blanchissage, blancheur, couleur blanchâtre, — blanche (donnée par le lavage), pâleur, — causée par la maladie, blancheur de l'aurore, aube, aurore.

**வெளுவெளுக்கிறது**, (வெளுக்கிறது *répété*), blanchir extrêmement, devenir extrêmement blanc ou pâle.

**வெளுவெளுப்பு**, *n. v. du préc.* blancheur, — ou pâleur causée par la maladie.

**வெளுவை**, *n. v. de* வெளுக்கிறது, [blanchissage, blancheur.

**வெளோரென்கிறது**, (வெள்ளை), paraître blanc, — très-blanc (à une certaine distance).

வெள், *adj. de* வெண்மை, blanc, clair, net, franc, sincère, simple.

வெள்கல், crainte, honte, *opt. et n. v. de*

வெள்குகிறது, கினேன், குவேன், கு, க, *v. n.* வெள்குதல், *n. v.* avoir peur, —honte, s'effrayer, devenir—, être honteux, intimidé.

வெள்வரி, (வெள்), cauris ou petit coquillage qui sert de monnaie.

'வெள்வாடை, (*id.*) vent du nord faible, chose tendre, petite.

வெள்வெங்காயம், (*id.*) ail.

வெள்வெடி, (*id.*) simple détonnation, coup de boite..... pour faire du bruit. [ixora alba, ixore blanche.

வெள்வெட்சி, (*id.*) l'arbrisseau

வெள்வேலான், (*id.* வேல்), celui qui porte un javelot brillant (épithète de roi.) [leucophloca.

வெள்வேல், (*id.*), acacia blanc,—

வெள்ளடி, (வெள், அடி), effroi, épouvantail, pieds nus, —simples: —ச்சேவல், coq qui combat sans avoir de lames attachées aux pattes.

வெள்ளணி, (*id.* அணி), réjouissances pures, ornemens blancs...

வெள்ளம், mer, torrent, inondation, courant—, crue d'eau (dans une rivière...), eau nouvelle qui arrive dans un fleuve, flux, marée montante, abondance, légion, grand nombre (égal à மகாசங்கம், ou 100 quatrillions dans l'énumération des géans), இதுபோதும் —c'est une quantité bien suffisante, c'est plus qu'il ne faut; வெள்ளக்காடு grand débordement, inondation, — totale (d'un lieu, d'un champ...); —ச்சேதம் perte provenant d'inondation: — நதி fleuve débordé; —நீர் eau du torrent, — qui vient dans les crues; —ப்பாடு endroit exposé aux inondations, creux, bas fond, perte causée par l'inondation.

வெள்ளரசு, (வெள், அரசு), variété blanche de l'arbre அரசு, gouvernement simple. [poux d'habit.

வெள்ளரணை, (வெள், அரணை),

வெள்ளரி, — க்காய், concombre, — dit cucumis sativus.

வெள்ளலரி, (*id.* அலரி); laurier blanc, arbrisseau அலரி ou nerium à fleurs blanches.

வெள்ளல்லி, (*id.* அல்லி), nénuphar blanc, nymphæa alba.

வெள்ளவரை, (*id.* அவரை), espèce de pois à fleurs blanches, dolichos lablab.

வெள்ளழுகல், (*id.* அழுகல்), blancheur de pourriture, chose devenue blanche en pourrissant.

வெள்ளறிவன், (*id.* அறிவு), ignorant, imprudent. [prudence.

வெள்ளறிவு, (*id.*), ignorance, im-

வெள்ளறுகு, (*id.* அறுகு), la plante exacum hyssopifolium.

வெள்ளாங்குடி, (வெள்ளாம்), bourg ou village de Vellages ou cultivateurs.

வெள்ளாஞ்செட்டி, (*id.*), marchand de la caste des Vellages.

வெள்ளாடு, (வெள், ஆடு), chèvre; வெள்ளாட்டுக்கிடா bouc; — குட்டி chevreau, cabri.

வெள்ளாட்டி, (*id.* ஆட்டி), servante, domestique, jeune fille esclave, femme de rien, — de mauvaise vie, concubine.

வெள்ளாண்மை, (*id.* ஆண்மை), moisson, — mûre ou presque mûre (dans le champ), agriculture, labourage.

வெள்ளாந்தை, (வெள், ஆந்தை), espèce de hibou blanc, serpent boa.

வெள்ளாப்பு, (வெள், ஆப்பு), point du jour.

வெள்ளாமை, *P.* வெள்ளாண்மை.

வெள்ளாளம், *adj. de* வெள்ளாண்மை: —பிள்ளை, homme d'une subdivision des வெள்ளாளர் ou Vellages.

வெள்ளாம்பல், (வெள், ஆம்பல்), *V.* வெள்ளல்லி.

வெள்ளாவி, (*id.* ஆவி), simple vapeur, vapeur d'eau pour blanchir le linge, lessive, — à la vapeur: சீலையை கட்டுகிறது ou போடுகிறது mettre blanchir le linge à la vapeur d'eau, faire la lessive; —தட்டுகிறது (une sauce...) prendre le goût de fumée, de vapeur; —வைக்கிறது,

வெள்ளாவிக்குப்போடுகிறது mettre à la lessive, à la vapeur d'eau.

வெள்ளாவிரை, (வெள், ஆவிரை), variété blanche de l'arbrisseau ஆவிரை, cassia à fleurs blanches.

வெள்ளாழிச்சி, வெள்ளாளச்சி, fille ou femme vellage, — de la caste des வெள்ளாழர்.

வெள்ளாழன், வெள்ளாளன், (வெள், ஆளன்), *pl.* வெள்ளாழர்..., agriculteur, cultivateur, Vellage, (caste qui a plusieurs subdivisions et dont l'affixe honorifique est le mot பிள்ளை, qu'on ajoute à leur nom propre: கார்காத்தவெள்ளாழர் ou கார்காத்தார் subdivision des Vellages du Maduré, dont l'office était de garder les champs et de demander de la pluie; சோழிய—, துளுவ—, பாண்டிய—, மலேயாள வெள்ளாழர் Vellages du Tanjaour, du pays Toulouva, du Maduré, du Maléalam; நத்தமான் வெள்ளாழர் cultivateurs ou Vellages nommés ordinairement உடையார்.

வெள்ளாறு (வெள்ளம், ஆறு), torrent, le Vellâr, nom d'une rivière.

வெள்ளாண், (வெள், ஆண்), *adj.* de Vellages ou de cultivateurs: — குடி *V.* வெள்ளாங்குடி; — செட்டி marchand vellage; — பிள்ளை, *V.* வெள்ளாம்பிள்ளை.

வெள்ளி, (வெள்), argent, la planète Vénus ou சுக்கிரன், couleur blanche, blancheur, vendredi; — க்கரண்டி cuillère d'argent; கல்— métal mélangé, métal d'étain et de fer, fer blanc; — க்காசு monnaie d'argent, sorte de poisson; — க்கிழமை vendredi; — க்கோல் baguette d'argent, balance romaine, peson; — ச்சரிகை galon—, fil —, tissu —, broderie d'argent; — ச்சிலை statue ou idole d'argent; — த்தகடு légère plaque —, plaque d'argent; — தகடடிக்கிறது battre un plaque d'argent, en faire une; — தகட்டுறைபோடுகிறது couvrir d'une plaque d'argent, plaquer en argent; — நிமிளை bismuth couleur d'argent; — ப்பிரிவு passage de Vénus d'un signe dans un autre; — ப்பொட்டுகள் cloux d'argent pour ornement; — மடத்தான், — மடத்தான்கெண்டை espèce de carpe, cyprinus cirrhosus; — மணல் sable d'argent, — mêlé de minerai d'argent, — மலாம் argenture, action d'argenter, couche d'argent, — மலை montagne à mines d'argent, la fabuleuse montagne d'argent, *i. e.* le கைலாசம் résidence de Siveu; வெள்ளியிலன்றுபோகிறது s'en aller —, partir un vendredi, regardé par les superstitieux Indous comme néfaste aux femmes, prêter ou faire un paiement en ce jour est aussi censé de mauvais augure.

வெள்ளிடி, (வெள், இடி), simple tonnerre, tonnerre ou foudre sans pluie, ou sans signe de pluie.

வெள்ளிடை, (*id.* இடை), plain champ, place ouverte, plaine.

வெள்ளிண்டு, (*id.* இண்டு), variété de l'இண்டு à fleurs blanches, mimosa spinosiliqua.

வெள்ளிலை, (*id.* இலை), feuille de [bétel.

வெள்ளில், l'arbre விளா, feronia, bière ou cercueil: வெள்ளிலோத்திரம், (லோத்திரம்), écorce médicinale de l'arbre susdit.

வெள்ளிறகுமந்தாரை, (வெள், இறகு), variété de l'arbre மந்தாரை bauhinia.

வெள்ளிறாமீன், (*id.* இறா), le poisson dit நெய்மீன், (*en portugais* peixe serra), *ou*

வெள்ளிறால், (*id.* இறா, இறால்), espèce de chevrette, cancer setiferus ou gammarus,

வெள்ளீயம், (வெள், ஈயம்), étain: — பூசுகிறது étamer; வெள்ளீயமணல் minerai d'étain.

வெள்ளீரல், (*id.* ஈரல்), poumon.

வெள்ளுப்பு, (*id.* உப்பு), sel blanc.

வெள்ளுழவு, (*id.* உழவு), simple labourage, labourer dans la poussière.

வெள்ளுள்ளி, (*id.* உள்ளி), ail, allium sativum.

வெள்ளுறட்டி, (*id.* உறட்டி), espèce de pâtisserie simple ou sèche,

வெள்ளூமத்தை, (*id.* ஊமத்தை), la plante datura metel.

**வெள்ளெருக்கு**, (*id.* எருக்கு), la plante asclepias gigantea à fleurs blanches.

**வெள்ளெலி**, (*id.* எலி), rat blanc.

**வெள்ளெலும்பு**, (*id.* எலும்பு), os nu, os blanc, décharné, dégarni de chair.

**வெள்ளெழுத்து**, (*id.* எழுத்து), *litt.* lettres blanches, *i.e.* affaiblissement ou obscurcissement de la vue (qui empêche de distinguer les lettres), vue trouble.

**வெள்ளெள்**, **வெள்ளெள்ளு**, (*id.* எள்), sésame blanc, — à graines ou à fleurs blanches.

**வெள்ளெனல்**, **வெள்ளென்கிறது**, (*id.*), blanchir, être—, devenir blanc, se hâter: வெள்ளென promptement, vite, bientôt, de bonne heure, de grand matin, à l'aube du jour.

**வெள்ளோலை**, (*id.* ஓலை), feuille ou ôle blanche, — non écrite, [tueux.

**வெள்ளோறல்**, fer gâté, — défec-

**வெள்ளை**, (வெள்), blancheur, blanc, argent, pureté, clarté, franchise simplicité, ce qui n'a pas un sens profond, chose facile à comprendre, poème blanc dit வெண்பா, espèce de maladie, fleurs blanches, gonorrhée, sperme, — humain, chèvre, chevreau, (surnom de) Balabhadra ou பலபத்திரன், conque, dais ou pavillon, l'arbre வேங்கை: வெள்ளைக்கில்லைகள்ளச்சிந்தை le blanc, *i. e.* une âme pure ou franche n'a pas de dessein perfide; வெள்ளைகட்டுகிறது attacher une toile (ordinairement) blanche sous le toit ou au plafond d'une maison; — க்கரு, blanc de l'œuf; — க்கவி vers clairs et intelligibles, composés de mots simples et faciles; — க்காக்கணம், — க்காக்கணன் la plante clitoria ternatea à fleurs blanches; — க்காரர் les blancs, les Européens; — க்காரை variété blanche de l'arbrisseau காரை; — க்கிலுகிலுப்பை l'arbuste crotalaria verrucosa; — க்கிளி perroquet blanc; — க்கீரி mangouste blanche; — க்கீரை herbes potagères blanchâtres, amaranthus polygamus; — க்குங்கிலியம் résine blanche, sorte de remède; — க்குன்றி, V. வெண்குன்றி; — க்குன்றிமணி grains blancs de l'arbrisseau dit வெண்குன்றி; — க்கொம்பு branche ou corne blanche, cheveux blancs; — ச்சாமந்தி, V. வெள்ளைச்செவ்வந்தி; — சாய்க்கிறது, (*avec le dat.*), V. வெள்ளையடிக்கிறது; — ச்சாரணை variété blanche de la plante trianthema monogyna; — ச்செவ்வந்தி chrysanthème indien à fleurs blanches; — ச்சோளம் maïs ou blé de Turquie blanc, holcus sorghum; — த்தமிழ் tamoul facile, — vulgaire; — த்துத்தம், vitriol blanc, sulfate de zinc; — நாவல் variété blanche de l'arbre நாவல், — நாவற்சதகம், poème de 100 strophes en l'honneur de Siven; — நிறம் couleur blanche; — நிறத்தாள் celle qui est de couleur blanche, *i. e.* Sarasvati; — நெல் riz blanc, espèce de riz; — புரளுகிறது être couché sur le dos; — ப்பசளை la plante basella alba; — ப்பவளம், V. வெள்ளைப்போளம்; — ப்படலம் tache —, taie blanche; — ப்பாகல் variété blanche de la plante பாகல்; — ப்பாஷாணம் arsenic blanc; — ப்பாவாடை toile blanche, — qu'on étend par terre dans les grandes solemnités; — ப்பிள்ளை enfant —, homme franc, — sans déguisement; — ப்புத்தி esprit franc, — simple, — d'enfant; — ப்பூண்டு ail, allium sativum; — ப்பேச்சு parole —, langage clair, — net; — ப்பொன்னுவிசை nom d'une plante exotique; — ப்போளம் myrrhe, nom d'une pierre précieuse, corail blanc; — மந்தாரை l'arbre bauhinia candida; — மனிதர் hommes blancs, Européens; — மாதுளை grenadier dont les grains sont blancs (au lieu que d'ordinaire ils sont rouges): — மேனியாள் celle qui a le corps blanc, *i. e.* Sarasvati; — யடிக்கிறது, — யடித்தல் blanchir (les murs... avec de la chaux délayée); — யம்மான்பச்சரிசி la plante euphorbia incana; — யானை, — வாரணம் éléphant blanc, (c'est la monture d'Indiren et de Ayénar, et l'éléphant fabuleux qui, au dire des Indous, soutient le monde à l'est);— யானையூர்தி,— யானையான் celui qui monte un éléphant blanc, i. e. Indiren, Ayénar; —ளீரல் poumon;— பூறுகிறது, பூத்றுகிறது, (dat.), avoir les fleurs blanches, avoir la gonorrhée;— விழி le blanc de l'œil;—வெளுக்கிறது blanchir des vêtemens;—வெளேரென்கிறது, —வெளேரெனல் être très-blanc.

வெள்ளொத்தாழிசை, (வெள், ஒத்தாழிசை), V. வெண்டாழிசை.

வெள்ளொளியல், (id. ஒளியல்), frange d'habit.

வெள்ளோக்காளம், வெள்ளோக்காளம், (வெள், ஓக்காளம்), simple nausée, mal de cœur sans vomissement,—où on ne rend que de l'eau: — எடுக்கிறது avoir de ces nausées, l'estomac malade.

co வெள்ளோட்டன், (id. ஓடு), pulpe du —co qui s'est détachée de la coque.

வெள்ளோந்தி, (id. ஓந்தி), caméléon blanc.

வெள்ளோலை, (id. ஓலை), òle blanche,— simple,— ou feuille de palmier non écrite ou sans cachet.

வெறு, வெறுத, part. nég. de வெறுக்கிறது.

வெறுதவன், qui n'abhorre pas,— ne hait pas; வெறுது, வெறுமை, gér. n. v. nég. du même.

வெறி, ivrognerie, enivrement, ivresse, colère, fureur (provenant de l'ivresse, de la colère, de la passion, de la possession du démon...), vertige, trouble, —d'esprit, confusion, callou ou toddi fermenté, liqueur enivrante, danse de possédé, d'énergumène,—de poûsâri ou sacrificateur possédé de முருகன் ou d'un malin esprit, démon, odeur, puanteur, peur, crainte, promptitude, brebis, maladie, figure ronde, n. v. imp. et part. de வெறிகிறது, et n. v. et imp. de வெறிக்கிறது: மூர்க்க— ivresse frénétique, fureur,—entêtée; — கொள்ளுகிறது s'enivrer, devenir ivre, possédé, furieux; —க்குணம் caractère d'ivrogne, —d'enthousiaste, de possédé, de furieux,— porté à l'ivrognerie, à la colère, à la fureur, ou sujet au trouble d'esprit; —தாக்குகிறது être enivré, l'ivresse —, la fureur—, le démon saisir;— யாடுகிறது s'enivrer, être ivre, possédé, danser en énergumène;— யாடல் possession, enivrement, bacchanale, danse frénétique ou bachique devant certains temples ou en l'honneur de certaines idoles;— யாட்டு enivrement, ivresse, frénésie, possession du démon, fanatisme;— யாட்டாளன், (ஆட்டு, ஆளன்), énergumène, poûsâri, ou autre possédé par முருகன் ou quelqu'autre démon, homme ivre, furieux, fanatique;— யாட்டாளர், pl. possédés ou énergumènes qui exécutent des danses bachiques devant les temples;— வெறுக்கிறது, V. வெறிகொள்ளுகிறது; — வெறித்தவன் homme ivre, possédé, furieux;— விலக்கு arrêter la frénésie,— la fureur de la possession,— la perturbation d'esprit, c'est un des sujets de la poésie érotique.

வெறிகிறது, றிந்தேன், றிவேன், றி, றிய, v. n. வெறிதல், n. v. se presser, se serrer, être pressé, serré, excité.

வெறிக்கிறது, றித்தேன், றிப்பேன், றி, றிக்க, v. n. et a வெறிக்குதல், வெறித்தல், n. v. fixer, regarder fixement, d'un air effaré ou menaçant, troubler, s'enivrer, devenir—, être ivre, fou, possédé, furieux de colère ou d'ivresse, violent, stupéfait, se troubler, devenir solitaire, vide, abandonné, inutile: வெறிக்கப்பார்க்கிறது regarder fixement,— d'un air menaçant, considérer attentivement ou curieusement; வெறிக்கவுஞ்சினைக்கவும்பார்க்கிறது regarder d'un air colère et furieux; வெறித்திருக்கிறது être à regarder fixement, être ivre, furieux...; வெறித்துப்போகிறது devenir solitaire, vide, abandonné (une place ou la cour du roi en son absence...); மரம் வெறித்துக்கிடக்குது l'arbre a été ébranché, — élagué; அவனுக்குவெறித்தது l'ivresse l'a pris, il est ivre.[nité.

வெறிசு (வெறு), vide, vacuité, va-

வெறிது, (வெறு), ignorance, vide, marc, chose dont on a tiré le suc, V. வறிது.

வெறித்த, part. passé de வெறிக்கிறது: —பார்வை, regard effaré, fixe, effrayant.

வெறிப்பு, n. v. du même, ivresse, fureur, trouble, — d'esprit, possession, famine, vide: — க்காலம் temps de disette.

வெறியன், (வெறி), ivrogne, homme ivre, furieux, fou: —தண்ணீர்ப் பந்தல் cabaret, — d'ivrognes.

வெறு 1° adj. de வெறுமை, vacant, vide, vain, simple, seul, pauvre. 2° imp. de வெறுக்கிறது: — நுகம் la 15° constellation lunaire dite சுவாதி; — நாய்சந்தைக்குப்போனால் வெள்ளிக்கோலாலடிபட்டுவரும் si un chien va seul au marché, il s'en reviendra battu à coups de peson, si quelqu'un va au marché sans argent, il ne recevra que du tracas; — மனை emplacement de maison. ou maison —, terrain vide.

வெறுக்கிறது, றுத்தேன், றுப்பேன், று, றுக்க, v. n. et a. avoir en aversion, ne vouloir pas, abhorrer, détester, mépriser, haïr, renier, renoncer à, rejeter, refuser, abolir, s'irriter, se fâcher, être en aversion, montrer —, exciter de l'aversion, répugner: உலகத்தை — renoncer au monde; தன்னுத்தியோகத்தை — prendre en aversion —, renoncer à son emploi; ஒருவனை —, détester —, mépriser quelqu'un, lui montrer de l'aversion; வெறுக்கச்சாப்பிடுகிறது manger à satiété, — jusqu'au dégoût; வெறுத்துப்போடுகிறது renoncer, rejeter avec horreur; எனக்குவெறுக்குது cela me fait mal au cœur, me dégoûte, est un sujet d'aversion pour moi; இவனுக்குமவனுக்கும்வெறுத்திருக்கிறது il y a de l'aversion entre celui-ci et celui-là, ils se haïssent mutuellement.

வெறுக்கை, 1° prospérité, félicité, richesse, or, grandeur, curiosité, objet élégant, chose curieuse, excellente, caillou. 2° ou

வெறுத்தல், n. v. du préc. aversion, colère, horreur, haine, renoncement.

வெறும், P. வெறும்: — கடுதாசிsimple papier, papier blanc, sans écriture; — குடம் cruche vide, homme stupide, sot; — கை main vide, pauvreté, manque; — கையன் qui a les mains vides, sans défense, pauvre.

வெறுஞ்சோறு, (வெறும்), riz cuit seul, — sans assaisonnement.

வெறுந்தண்ணீர், (id.), de l'eau seule, — simple. [songe.

வெறுந்தப்பறை, (id.), pur men-

வெறுப்பு, n. v. de வெறுக்கிறது, aversion, répugnance dégoût, horreur, mépris, haine, renoncement, peur, colère, trouble, confusion, presse, étroitesse, affliction, malheur: வெறுப்பில்லாமற்கொடுக்கிறது donner sans répugnance, de bon cœur; வெறுப்பின்மை être sans dégoût, sans aversion..., bon cœur, plaisir; — காட்டுகிறது montrer de l'aversion..: — கொடுக்கிறது donner du dégoût, déplaire, répugner; வெறுப்புக்கிருக்கிறது, (உக்கு), avoir de l'aversion, être dégoûté, mécontent; என்பேரில் வெறுப்புஞ்சலிப்புமாயிருக்கிறான் il a pour moi de l'aversion et du déplaisir.

வெறுமனே, (வெறும், அன், ஏ), en vain, inutilement, sans profit, (employé surtout par les brames.)

வெறுமை, (வெறு, மை), vacuité, vide, vanité, vacance, manque, pauvreté, (l'adj. est வெறு, வெறும், வெற்று): — போகிறது s'en aller les mains vides, sans rien recevoir, sans rien absolument; — ப்பட்டவன் homme pauvre; — யிரு reste vide, — tranquille.

வெற்றும், adj. de வெறுமை, vide,

vacant, vain, simple, seul, pauvre, dépourvu: — பானை cruche vide: — பானையிலீப்புகுந்தாற்போலே comme si une mouche entrait dans une cruche vide, *i.e.* vainement; — பிலுக்கு vaine parade, — ostentation, vain masque; — பிழை n'être que —, pure erreur, — faute; — புறக்கூறல், — புறக்கூற்று pure calomnie, faux rapport; — புறம் vain extérieur, pur néant.

வெறுமாய், (வெறு, ஆய்), vainement, inutilement: — அலட்டுகிறது importuner inutilement, *ou* — பசப்புகிறது dire des paroles vaines, bavarder inutilement.

வெறுவிலி, (வெறு, இலி), homme absolument —, pauvre.

வெற்பன், (வெற்பு), chef d'un pays montagneux, montagnard.

வெற்பு, montagne.

வெற்றம், (வெல்லுகிறது), victoire.

வெற்றன், (வெற்று, ஆள்), simple ouvrier, personne sans ouvrage, — sans fardeau, — seule, pauvre.

வெற்றி, (வெற்றம்), victoire, triomphe, prééminence: — காணுகிறது voir la victoire, *ou* — கொள்ளுகிறது remporter la victoire, vaincre, triompher; — க்கம்பம், V. வெற்றிஸ்தம்பம்; — க்காந்தை மஞ்சரி le 33$^{me}$ des பிரபந்தம், panégyrique d'un guerrier qui couronné de basilic délivre et ramène le bétail que l'ennemi avait enlevé; — க்குதிரை cheval qui a remporté le prix (à la course...); — க்கொடி drapeau —, insigne de la victoire; — சிறக்கிறது triompher; — ச்சீட்டு billet gagnant, — qui dans une loterie remporte le prix; — தோல்வி victoire et défaite, gain et perte; — த்தண்டை anneau qu'on met aux pieds en signe de victoire et de bravoure; — த்தம்பம் — ஸ்தம்பம் pilier —, colonne de la victoire, — élevée en signe de victoire; — மாலை guirlande de la victoire, — dont on orne le vainqueur; — யாய் victorieusement; — வாகை couronne ou guirlande de வாகை, *i. e.* de mimosa dont on orne le vainqueur; — வேந்தன் vainqueur, conquérant, triomphateur; — வேல் javeline —, lance —, arme victorieuse; — வேற்கை nom d'un poème.

வெற்றிலை, (வெற்று, இலை), *litt.* simple feuille, bétel, feuille de bétel (que les Indiens mâchent avec de la chaux et la noix d'arec): — க்கட்டு paquet de bétel; — க்காய் graine du bétel; — க்கால் pieu ou support —, jardin —, plantation de bétel: — க்கொடி, — க்கொழுந்து la plante grimpante —, la pousse du bétel; — க்கனா, V. வெற்றிலைத்தட்டு; — ச்சுருட்டு espèce de ver qui s'enroule dans les feuilles de bétel: — ச்சுருள் rouleau de feuilles de bétel, — de bétel que les mariés prennent dans leurs mains; — த்தட்டம் plat pour mettre le bétel: — த்தட்டி treillage pour le bétel; — த்தம்பலம் jus du bétel mâché avec l'arec: — நறுக்கி espèce d'arbrisseau; — நாறி espèce de buisson; — ப்பூமணி espèce de bijou des femmes; — போடுகிறது mettre —, présenter du bétel: — வெடிபதம் cuisson qui fait fendre la feuille de bétel, un des degrés de cuisson de l'huile médicinale, celui où il n'y reste plus d'eau; — வைக்கிறது, — வைத்தல் mettre —, présenter du bétel (signe d'invitation à un mariage).

வெறுது, *adj. de* வெறுமை, V. வெறும்: — க்கால் pieds nus: — க்காலன் homme qui va pieds nus, — ப்பாவசங்கீர்த்தனம் simple confession, confession préparatoire (sans absolution ou sans communion); — மனிதன் homme sans ouvrage, sans fardeau.

வெற்றுடம்பு, (வெற்று, உடம்பு), simple corps, *i.e.* homme sans renommée, corps maigre, sans embonpoint, — sans ornemens.

வெற்றெலும்பு, (*id.* எலும்பு), pur os, os dégarni de chair, squelette.

வெற்றெருது, (*id.* எருது), simple bœuf, bœuf qui va à vide, — de rechange.

வெற்றெனா,(*id.*என),d'une manière vide,simple...: — தொடுத்தல் composer —,écrire tropsimplement, — d'une manière vide d'intérêt, c'est un des 10 defauts d'une composition dits நூற்குற்றம்-ம.

வெற்றேடு,வெற்றோலை,(*id.* ஏடு, ஓலை),feuille ou ôle simple, — blanche,non écrite.

வெற்றுருவிப்பு,(*id.* உருவிப்பு),fig. de rhét.par laquelle on rejette les qualités de l'objet comparé pour lui donner celles de l'objet auquel on le compare, *Ex.* மதியன்றுவெள்ளாம்பல் ce n'est pas la lune, c'est une fleur de nénuphar blanc.

வெனப்பிணி, l'herbe, இருவேலி.

வென்,le dos. [வெல்லுகிறது.

வென்று,வென்றது,*part.et gér.* de வென்றி, (வெல்லுகிறது), 1° victoire. 2° *P.* வென்றாய் *ou* வென்றனை tu as vaincu: — மாலை guirlande de triomphe, — qu'on donneau vainqueur,l'auteur du pourâna ou de la légende de சேந்திபுரம்.

வென்றோன்,*pl.* வென்றோர்,*n.app. du même*, vainqueur, conquérant, celui qui a dompté ou soumis ses sens,qui a surmonté ses passions, (surnom de) Arouguen.

வென்னிடுகிறது,(வென், இடுகிறது),montrer le dos,prendre la fuite

வே,1° lettre syllabique composée de வ் et de ஏ,vè 2° espionnage, action d'explorer.3° *imp.de* வேகிறது.

வேக,1° *inf.de* வேகிறது.2° *adj.de* வேகம். [mule,mulet,chameau.

*வேகசரம், (வேகம்,sara *qui va*),

*வேகடம்,(vèkata),espèce de poisson, jeunesse, joaillerie, poli des pierreries ou des bijoux.

*வேகடன், (*id.*),jeune homme,adolescent, joaillier, celui qui polit les pierreries ou les bijoux.

*வேகம், (vèga),impétuosité,vélocité,vitesse, promptitude,hâte, agilité,énergie,ardeur,chaleur, colère, animosité,rigidité,sperme, évacuation des excrémens:வேகக்காரர் gens prompts,agiles, colères; வேகக்குதிரை cheval vif, — agile;—நாசம் phlegme;—ரோதம்,(உரோதம்),obstruction des excrétions naturelles, maladie qui cause cette obstruction, rémora,*ou* —விதாரணம்,(vidhArana *détention*), empêchement, obstacle, retard,constipation.

*வேகரம், (வேகம்,ra *qui donne*), véhémence,ardeur,sévérité, âpreté.

*வேகவதி,(*id.*vati *affixe*),*fém. de* வேகவான்,l'agile,la rapide,la rivière கம்பை près de Candjivaram,le வையை rivière de Maduré.

*வேகவத்தரம்,வேகவத்தமம்,(vègavat *agile*—,தரம்,தமம் *comparatif et superlatif*), grande vitesse.

*வேகவான், (வேகம்,vân),homme prompt,agile,alerte,vif.

*வேகாகாதம்,(வேகம், ஆகாதம், *résistance*), empêchement, obstacle, constipation.

வேகா,வேகாத,*part.nég.de* வேகிறது, qui ne brûle pas...: வேகாதகல் brique non cuite, — mal cuite.

வேகாளம்,(வேகம், ஆளம்), vitesse, rapidité.

*வேகி,1° (*id.*),homme vif, leste, actif,prompt, agile,alerte, courrier, postillon,faucon. 2° *imp. de* வேகிக்கிறது,கித்தேன், கிப்பேன், கி,கிக்க,v.n.வேகித்தல்,*n.v.* se hâter, se presser, devenir —, être prompt, vif,alerte. [promptitude, rapidité.

*வேகிதை,(வேகம்,itâ), vélocité.

வேகிறது, வெந்தேன்,வேவேன், வே,வேக *ou* வேவ,*inf.*வேகேன் *ou* வேவேன்,*nég.*வேகுதல், *n.v.* brûler, bouillir,cuire, être chaud, brûlant, étouffant: வேகவைக்கிறது mettre cuire, — brûler, — au feu ou sur le feu pour cuire; வேகும் *part.fut.*qui brûlera... *V. le gér.*வெந்து.

வேகு,*P.*வேவு, espionnage, action d'explorer,d'écouter à la sourdine.

வேக்காடு,(வே,காடு *affixe*), brûlure,cuisson, action de brûler, de bouillir: வேக்காடுள்ளகல் brique bien cuite.

வேக்களம்,1°(வேகிறது),chaleur étouffante.2° *P.*வேக்களம்:வேக்கா

காப்பெடுக்கிறது brûler, faire —, éprouver une chaleur étouffante, le temps se mettre au beau, avoir honte.

வேங்கடம், Vèngadham, 1° montagne de திருப்பதி qui forme la limite nord du pays tamoul, et se nomme pour cela வடவேங்கடம், Vèngadham du nord. 2° montagne près de Maduré dite அழகர்மலை ou தென்வேங்கடம் Vènghadam du sud.

வேங்கடேசுவரன், (வேங்கடம், ஈச்சுவரன்), le dieu prétendu de வேங்கடம் ou திருப்பதி, i.e. Vichnou.

வேங்கை, 1° ou —ப்புலி, tigre, — royal, — rayé ou à raies. 2° or. 3° ou —மரம் l'arbre கணி ptérocarpe, pterocarpus bilobus.

*வேசகம், 1° (pètchaka, பேசகம்), bout de la queue de l'éléphant, queue (d'animal). 2° (vèsaka), maison.

வேசடை, affliction, chagrin, fatigue, langueur.

*வேசந்தம், (vèsanta), étang, bassin, feu.

*வேசம், 1° (vèsa), porte, entrée, aller ou allée, maison, maison —, rue des prostituées, V. வேஷம். 2° (vètchâ), gage, loyer, salaire: வேசதாரம் tournesol, héliotrope; —தாரி faux dévot, V. வேஷதாரி.

*வேசரம், (vèsara), mule, mulet, chameau.

*வேசரன், வேசரபாலன், (id. pa conducteur), muletier.

*வேசரி, (id.), âne, — qu'un roi peut monter, mulet, mule.

*வேசவாரம், (vèsavâra), assaisonnement.

*வேசனம், (வேசம், na), ville ou bourg dans un pays cultivé, maison, entrée.

வேசாடம், trouble, —d'esprit.

வேசாடை, V. வேசடை.

வேசாரவேலி, (வேசாரம், P. வேசாறும்), plaine ennuyeuse, — fatigante, nom d'un district ou faubourg de Madras.

வேசாறல், n.v. du suiv., chagrin, abattement, fatigue, ennui, repos, soulagement.

வேசாறுகிறது, றினேன், றுவேன், று, ற, v.n. வேசாறல், வேசாறுதல், n.v. se chagriner, se décourager, se fatiguer, s'ennuyer, se reposer, se soulager ou se délasser, ou வேசாறியிருக்கிறது être chagrin, triste, abattu, fatigué, ennuyé.

*வேசி, (vèsyâ), prostituée, femme publique, — de mauvaise vie, courtisane: — க்கள்ளன் coureur de putains, débauché qui fréquente les prostituées; — தெரு rue des femmes publiques; — த்தனம், — த்தன்மை prostitution, métier de prostituée, débauche, inconduite, dissolution: — ப்பார்வை regard lascif, impudique; — ப்பிள்ளை enfant de prostituée, —adultérin, bâtard; — மார்க்கம் conduite désordonnée, — dissolue, —de prostituée; — யாடுகிறது se prostituer, mener une conduite débauchée; — விலை prix de la prostitution; — விளையாட்டு danse—, conduite—, jeu des prostituées.

*வேசிகை, (vèsikâ), porte, entrée.

*வேசியம், (vèsya), rue—, maison de prostituées.

*வேசியாகணம், வேசியாவாரம், (வேசியை, கணம், வாரம்), troupe de prostituées.

*வேசியாசாரசமாசிரயம், வேசியாசிரயம், (id. சாரம், சம், ஆசிரயம்), maison de prostituées, — de débauche, lieu de prostitution.

*வேசியாசாரியன், (id, ஆசாரியன்), maître de danse, de débauche, celui qui tient une maison de prostitution, débauché.

*வேசியை, (vèsyâ), prostituée, courtisane, femme publique.

*வேசுமம், (vèsman), maison: வேசுமநகுலம் rat musqué: — பூ site d'une maison; — ஸ்தூணை principal pilier d'une maison.

*வேசை, 1° (vètchâ), gages, salaire. 2° P. வேசியை, prostituée.

*வேஷகம், (வேஷம், ka), espèce de bijou—, bijou pour les oreilles.

*வேஜனம், (vèchana), entrée, possession, occupation.

*வேஷம், (vècha), figure, forme,

ரூப

apparence, — extérieure, ornement, décoration, habillement, habit, accoutrement, mascarade, masque, déguisement, possession, espèce de joyau pour les oreilles: தவசி — habillement—, accoutrement de pénitent; —கொள்ளுகிறது, — காட்டுகிறது, —போடுகிறது se masquer, présenter l'air ou —, prendre le masque, le déguisement ou l'apparence de; — மாறுகிறது se déguiser, changer de figure ou d'accoutrement; வேஷதாரி homme qui porte le masque ou l'accoutrement de, hypocrite; தெய்வபக்தியுள்ளவர்வேஷம்போடுகிறது prendre ou emprunter le masque de la piété.

*வேஷ்டகம், (வேஷ்டம், ka), turban, toque, ce qui environne, gomme, résine, térébenthine, mur, haie, entrée étroite, lieu où l'on entre, où l'on est, citrouille.

*வேஷ்டம், (vêchta), enclos, haie, entourage, turban, exsudation, sueur, gomme, résine, térébenthine.

*வேஷ்டனமும் ou வேஷ்டனம், (வேஷ்டம், na), entourage, mur, enclos, clôture, action d'entourer, d'environner, turban, tiare, diadème, oreille, extérieur de l'oreille, le conduit de l'ouie, attitude en dansant, disposition particulière des mains et croisement des pieds, attacher des bracelets, V. காப்புக்கட்டுகிறது.

*வேஷ்டி, (வேஷ்டம், i), toile, — des reins, — dite சோமன் que les hommes s'entortillent autour des reins, vêtement: உள் — toile de dessous, vêtement intérieur; கரை — toile d'homme à raies sur les bords; சிர — toile pour la tête, turban.

*வேஷ்டிதம், (vêchtita), espèce de danse, mouvement particulier des doigts et croisement des pieds, empêchement, environner, entourer, envelopper, plier, pli.

*வேஷ்டியம், (வேஷ்டம், ya), entourer, faire le tour.

வேட, obl. de வேடம் et de வேடன்.

*வேடகம், P. வேஷகம்.

வேடசேரி, (வேடன்), bourg de வேடர் ou de chasseurs.

வேடச்சி, fém. de வேடன், ou வேட்டுவன், femme de la caste des வேடர் ou chasseurs.

*வேடம், P. வேஷம்.

வேடன், pl. வேடர், (வேடு), Vêdhen, chasseur, sauvage qui vit dans les bois, — dans les déserts, nom donné aux tribus sauvages qui semblent être les aborigènes de l'Inde: வேடூர் village de வேடர் ou de chasseurs.

வேடிக்கை, spectacle, pompe, splendeur, parade, représentation, élégance, curiosité, déguisement pompeux: — காட்டுகிறது faire étalage, parade, montrer un spectacle, des curiosités, étaler un pompeux appareil; — யாய் pompeusement, splendidement; — யாயிருக்கிறது être pompeux, curieux, digne d'être vu, — en spectacle; வேடிக்கைக்கு விலையில்லை கதைக்குக்காலமில்லை il n'y a point de prix fixé pour un spectacle, ni de temps limité pour une histoire ou une fable.

வேடுகம், P. வேதுகம், trou.

வேடு, luter, toile ou linge pour filtrer, — pour couvrir un vase, — pour luter, fomentation, partie de —, chasse, caste des வேடர் ou chasseurs, tribu sauvage, cantharide: — கட்டுகிறது appliquer des fomentations, luter, filtrer, appliquer les cantharides.

வேடுவன், (வேடு), வேடன் ou chasseur, sauvage aborigène, — habitant des forêts, — des déserts, la guêpe; வேட்டைக்காரி, chasseresse.

*வேடை, 1° (vêtâ), rue —, demeure des marchands. 2° (vêdâ), vaisseau, bateau. 3° chaleur, désir, maladie de —, luxure.

வேட்கிறது, வேட்டேன், வேட்குவேன், வேள், வேட்க, nég. வேளேன், désirer, souhaiter, se marier, sacrifier, offrir un sacrifice.

வேட்கை, n.v. du préc. désir, — véhémente, soif, — ardente: — த்துணைவி épouse; — நீர் eau pour la soif, —qu'on désire; — ப்பெருக்கம் désir ardent, maladie de —, luxure.

வேட்கோவன், potier.

வேட்சை, désir, toile.

வேட்ட, part.parf. de வேட்கிறது.

வேட்டகம். 1° (வேட்ட, அகம்), maison de sa belle-mère, — du mari, — où l'on entre par mariage. 2° P. வேஷ்டகம்.

*வேட்டணம், P. வேஷ்டணம்.

வேட்டம், 1° P. வேஷ்டம், jus, suc, résine. 2° (வேடு), chasse: — செய்கிறது chasser. 3° P. வேட்டேடாம், parf. de வேட்கிறது.

வேட்டல், n.v. de வேட்கிறது, désir, — ardent, un des défauts des corps à illusion, mariage, se marier, faire un —, sacrifice, faire le sacrifice ஓமம்.

*வேட்டனம், P. வேஷ்டனம். [ம்.

வேட்டவன், pl. வேட்டார், n.app. de வேட்கிறது, ami, amant, mari, époux, au fém. [amie, amante.

வேட்டாள், épouse, femme mariée,

*வேட்டி, P. வேஷ்டி.

*வேட்டிதம், வேட்டியம், P. வேஷ்டிதம், வேஷ்டியம்.

வேட்டு, 1° coup de canon, — de fusil... détonnation, explosion. 2° gér. de வேட்கிறது.

வேட்டுவன், 1° (வேடு), chasseur ou வேடன். 2° guèpe, espèce de guèpe dite வேட்டைவாளி, chasseresse. 3° la 10° constellation lunaire dite மகம்.

வேட்டை, 1° (வேடு), chasse, partie de chasse. 2° affliction, malheur, fatigue. 3° P. வேட்டாய், 2° pers.sing. du parf. de வேட்கிறது: — க்கடா bélier ou bouc formé à la chasse; — க்காரன் chasseur; — நாய் chien de chasse, — qui mord; — ப்பல் dent recourbée; — யவியல் cuisson sans ingrédiens, simple rôti (de chasse...); — யாடுகிறது, யாடுதல் chasser, aller à la chasse, faire une partie de chasse; — வாளி espèce de guèpe, — de guèpe solitaire. On prétend que cette guèpe dépose des vers dans son nid pour servir de nourriture au petit à éclore de l'œuf qu'elle y pond; வேட்டைக்குப்போகிறது aller à la chasse. [வேட்டாள்.

வேட்டோன், pl. வேட்டோர், V.

வேட்பிக்கிறது, v. caus. de வேட்கிறது, faire désirer, — offrir un sacrifice... [hait.

வேட்பு, n.v. du même, désir, souவேணா, P. வேண்டிய ou வேண்டா: — த்தக்க désirable, considérable; — பெண்கள் beaucoup de femmes; — பெண்கள் நாணிருக்க bien des femmes pleurant ou étant attendries.

வேணகை, mur, — d'entourage, désir. [ardent, passion.

வேணவா, (வேண், அவா), désir

*வேணன், (vêna), chantre, Vênen ou panégyriste né d'un bramo et d'une barbière.

*வேணி, 1° (vêni), rivière, ruisseau, courant d'eau, tissure, brebis, chevelure, — tressée (sans ornement), tresse de cheveux. 2° air, éther, régions aériennes, ciel, rue de bergers, racine d'arbre. [lure, — tressée.

*வேணிகை, (வேணி, kâ), cheve-

வேணீர், (வேண், நீர்), eau désirée, — pour la soif, — pour se désaltérer.

*வேணு, 1° (vênou), bambou, tube, objet creux en dedans, flûte, — de bambou, flageolet, chalumeau, l'art de jouer de la flûte..., ce qui est le 24e des கலைக்கியானம், Vênou, nom d'un roi. 2° arc, sabre, épée; — நாதம்பண்ணுகிறது jouer de la flûte; — நாதன் joueur de flûte, — de luth ou de guitare.

*வேணுகம், (vênouka), croc de cornac, crochet ou pique à manche de bambou pour conduire les éléphans.

வேணும், P. வேண்டும், il faut, il est —, nécessaire, désiré, demandé, on veut: — என்றபாக்கியம் le bonheur désiré ou désirable, — nécessaire; — காரியந்தருவேன் je donnerai ce qu'on veut ou ce qui est nécessaire; — காரியத்துக்கெழுது écris pour ce qui est nécessaire; அதெனக்கு — il me faut cela, cela m'est nécessaire; நீசீக்கிரமவரவேணும் il faut que tu viennes vite.

**வேண்**, 1° un des 12 districts où l'on parle le tamoul vulgaire. 2° racine du verbe défectif **வேணும்**, grand—, désir.

**வேண்டல்**, *opt. et n. v. de* **வேண்டுகிறது**, grand—, désir, désirer, volonté, sollicitation, demande, prière, supplication, pétition.

**வேண்டா**, 1° *ou* **வேண்டாத**, *part. nég. du même*, qui ou qu'on ne veut pas, non nécessaire, non désiré: **வேண்டாத்தலையன்** qui a une tête—, homme revêche, intrépide, opiniâtre; — **வெறுப்பு** répugnance, dégoût, aversion, haine, mauvaise volonté. 2° 3° *pers. nég. neutre*, cela ou ces choses ne sont pas nécessaires; **தடைவேண்டா** il ne faut pas d'obstacle, sans obstacle.

**வேண்டாது**, 1° 3° *pers. neut. nég. du même*, cela n'est pas nécessaire, il ne faut pas: **எனக்கதுவேண்டாது** je n'ai pas besoin de cela. 2° *ou*

**வேண்டாதே**, **வேண்டாமல்**, *gér. nég. du même*: **வேண்டாதுபோனான்** il est parti mécontent, contre son gré.

**வேண்டாமை**, *n. v. nég. du même*, ne pas vouloir, répugnance, aversion.

**வேண்டாம்**, *nég. du même*, il ne faut pas, il n'est pas nécessaire, je ne veux pas; **நீயிப்போபோகவேண்டாம்** tu ne dois pas—, il ne faut pas partir maintenant, il ne faut pas—, je ne veux pas que tu partes maintenant.

**வேண்டார்**, *n. app. du même*, ennemis.

**வேண்டி**, *gér. du même*, pour, à cause de: **அவனைவேண்டி**, pour lui, —l'amour de lui; — **கேட்கிறது** demander avec instance, *ou* — **க்கொண்டிருக்கிறது** prier, supplier, conjurer; —**யழைக்கிறது** désirer et appeler, appeler avec désir; — **யிருக்கிறது** être nécessaire, manquer, avoir désiré, prié, demandé.

**வேண்டிய**, *P.* **வேண்டின**, *part. parf. du même*, voulu, nécessaire, désiré, demandé: —**சகாயம்** l'assistance voulue; **வேண்டியது** il est—, ce qui est nécessaire; **வேண்டியதாயிருக்கிறது** être nécessaire, falloir: **வேண்டியதாயிருக்கிறது** *ou* **வேண்டியதைவாங்குகிறது** acheter le nécessaire ou ce qui est nécessaire; **வேண்டியவைகளைக்குறித்தெழுது** écris pour ce qui est nécessaire; **அதெனக்குவேண்டியதாயிருக்கவில்லை** je n'ai pas eu besoin de cela, *ou* **அதெனக்குவேண்டியதில்லை** je n'ai pas besoin de cela.

**வேண்டிற்று**, *parf. neut. du même*, il a été nécessaire, il a fallu.

**வேண்டுகிறது**, **டினேன்**, **டுவேன்**, **டு**, *v. a.* 1° vouloir, souhaiter, désirer, demander, prier, supplier, solliciter, recevoir. 2° *v. défect.* et impersonnel, (comme *oportet* des Latins), avoir besoin, il est nécessaire, il faut, (avec le datif de la personne): **வேண்டும்** il faut; **வேண்டிற்று** il a fallu; **வேண்டும்** *ou* **வேணும்** il faudra, il faut; *part.* **வேண்டுகிற**, **வேண்டின** *ou* **வேண்டிய**, **வேண்டும்** *ou* **வேணும்** voulu, nécessaire, désiré, demandé; **வேண்டாது**, **வேண்டா**, **வேண்டாம்**, il ne faut pas; **வேண்டா**, **வேண்டாத** non nécessaire; **நானதைவேண்டவில்லை** je n'ai pas désiré ou demandé—, je ne désire ou ne demande pas cela, je n'ai pas besoin de cela; **வேண்டேன்** je ne désire pas, je ne veux pas, je ne demande pas.

**வேண்டுதல்**, *n. v. du préc.* désir, demande, prière, supplication, pétition, obtention, vœu.

**வேண்டும்**, *fut. neut. et part. fut. du même*, on veut, il faut, il est—, nécessaire, désiré, demandé: **இதுசெய்ய**—il faut faire cela; —**காரியம்** chose nécessaire; — **என்கிறவாசை** désir d'avoir, cupidité, convoitise, concupiscence: **அதெனக்கு** — il me faut cela, j'ai besoin de cela.

***வேத**, *adj. de* **வேதம்**.

***வேதகம்**, 1° (vèdhaka), camphre, grain—, riz dans l'épi, grain ce qui perce. 2° *P.* **பேதகம்**, différence, changement.

*வேதகாரர், (vê tisser, ta,காரர்), tisserands,faiseurs de nattes.

*வேதசம், 1° (vêtasa), rotin, calamus rotang. 2° (vêdhasa), racine du pouce.

*வேதஞ்ஞன், (வேதம், djna ஞன் qui connait), homme habile dans les vêdas,—dans la religion.

*வேதண்டம், 1° (vêdanda), éléphant.2° montagne, le mont Kaïlâsam résidence de Siven, le mont பொதியம். [ம்), jouissance.

*வேதநாதம், (vêdanâ sensation, ந

*வேதநியம், (வேதனை, iya),passibilité, être sujet ou exposé à la souffrance, c'est un des அசிட்டுத்தம்.

*வேதம், 1° (vêda, de vida connaître), vêda, nom générique des—,les livres et écrits sacrés ou censés tels et regardés comme une révélation de la divinité, les 4 vêdas des Indous, connaissance de ces vêdas, (c'est une des 64 sciences des Indous), connaissance, glose,commentaire, explication, mètre, Vichnou, religion (parmi les chrétiens), écriture sainte. 2° (vêdha),perforation,profondeur. 3° la plante வெள்ளரி concombre: வேதம்-௪ les 4 vêdas que les Indous regardent comme ayant été révélés ou donnés primitivement par Brama,et ensuite recueillis de la tradition et compilés par Vyâsen;en voici les noms: இருக்கு le Rigvêdam qui a rapport principalement aux cérémonies du culte; எசுர் l'Yadjour ou Ézourvêdam qui traite des cérémonies observées dans les sacrifices: சாமம் le Sâmavêdam qui contient des hymnes et des odes pour être chantées; அதர்வணம் l'Atharvanavêdam qui contient des vers ou formules mystiques, et des enchantemens magiques: c'est le moins estimé des 4. On compte aussi 4 உபவேதம், i.e. vêdas ou sciences secondaires et inférieures, savoir: அருத்தவேதம் commentaire sur les vêdas: ஆயுள்வேதம் la médecine; காந்தருவவேதம் la musique, தனுர்வேதம் l'art de tirer de l'arc: வேதகருப்பன் Brama, brame; —கலகம், — கலாபம் persécution, révolte ou guerre de religion, — contre la religion; — குப்தி conservation des vêdams par les brames;— கோசவேலவன் Siven;— க்காரர் les gens habiles dans les vêdas, i. e. les brames, gens religieux,—d'une ou de la religion,les chrétiens(en quelques lieux); — க்கொடியோன் celui dont la bannière portait les vêdas pour symbole ou devise, i. e. துரோணாசாரியன்;—சங்கிதை collection de formules des vêdas;— சத்தம் mot ou terme des vêdas;— சம்மதம் conformité aux vêdas; — சன்னியாசம் abandon du rituel védique; — சன்னியாசி religieux indien du 4me ordre qui a abandonné les pratiques du rituel vêdique; — சாட்சி,—சாட்சி, pl.—சாட்சியர் ou சாட்சிகள் martyr, confesseur, témoin de la religion;— சாட்சியம் le martyre; —சாஸ்திரம் la science des vêdas,les 4 vêdas pris collectivement avec les 6 சாஸ்திரம்,la science de la religion, la théologie; —சாஸ்திரி, —சாத்திரி savant dans les vêdas, docteur, théologien, savant en théologie; — சாரம் essence des vêdas,—de la religion, titre d'un livre, le roseau நாணல்; — தத்துவம் l'essence des vêdas,—de la religion, la vraie doctrine;—திரட்டு collection de formules des vêdas; —திரயம் les 3 premiers vêdas; — தொகுப்பு la somme de la religion; —நாதம் son ou chant des vêdas; — நாதன், — நாயகன் le seigneur des livres saints ou de la religion, Dieu;—நிந்தை mépris des vêdas,de la religion,impiété, hérésie, infidélité; — நிந்தகன் contempteur des vêdas,—de la religion,impie, incrédule, athée, Djaïna ou Bouddhiste (qui ne croit pas aux vêdas bramaniques); — நிருத்தன் Samanéen, sceptique,—qui ne croit pas aux vêdas;— நுட்பம் la subtilité religieuse, nom d'un livre; —நூல் traité —, science de la religion, ouvrage — système religieux; —பாஷியம் hérésie; —பாஷியன் hérétique; —பாரகன் brame —, homme qui a lu les vêdas, — instruit dans la science des vêdas, savant en fait de religion, docteur, — qui enseigne la religion, scribe, docteur de la loi; — புண்ணியம் prétendue sainteté des vêdas, observance des vêdas, — de la religion; — புஸ்தகம், — புத்தகம், — பொஸ்தகம் livre de religion, la bible; — ப்பொருத்தம் concordance religieuse, une des 10 observances ou concordances pour le mariage; — ப்பொருள் objet de religion, V. வேதத்துவம்; — போதகம் doctrine religieuse, — de la religion, — des vêdas, prédication —, instruction sur la religion, — sur les vêdas; — போதகன் prédicateur de la religion, — des vêdas; — ப்பிரட்டு, — ப்புரட்டு corruption de la doctrine des vêdas, hérésie, schisme, corruption de la doctrine de la religion, perversion des textes de l'écriture sainte; — மாதிரு la formule dite காயத்திரி regardée comme la mère de vêdas; — மாயாவாதம் nom d'une secte; — முதல்வன் le principe de la religion, i.e. Dieu; — முதல்வி, (surnom de) Sarasvati, Lakchimi, Parvadi; — ரக்ஷகன் Brama; — ரட்சணம் conservation des vêdas, — de la religion; — வசனம், — வாக்கியம் phrase —, texte des vêdas, — de l'écriture sainte, parole sacrée; — வாசகன், (vâsa), brame; — வாதி controversiste religieux qui fait de la polémique sur la religion; — விதிதம் enseignement —, doctrine des vêdas; — வித்தகன், — வித்துவான் homme instruit, — habile dans les vêdas ou la religion; — வியாசன் Vyâsen le compilateur des vêdas; — விருத்தம் doctrine des vêdas, — de la religion; — விளக்கம் explication de la religion, réfutation du protestantisme par le R.P. Beschi.

வேதல், 1° n.v. de வேபிறது, cuisson, combustion, brûlure. 2° P. வேதுதல்.

*வேதனம், 1° (vêdana), connaissance, sensation, perception, — par les sens, induction, les vêdas, peine, douleur, présentation, action de livrer, cérémonie de tenir les bords du manteau (prescription faite par les Indous à une femme choutre qui épouse un homme des 3 premières classes). 2° (vêtana), salaire, — mensuel, paie, gages, loyer, subsistance, moyen de vivre, argent, or. 3° (vêdhana), perforation, profondeur (en mesurant): வேதனதானம் paiement du salaire.

*வேதனகுதானம், (வேதனம்; அபிரதானம்), non paiement des gages ou du salaire.

*வேதனுமானம், (id. அநுமானம்), raisonnement par induction.

*வேதனி, 1° (vêdani), la vraie peau. 2° (vêdhani), instrument pour percer les oreilles (des éléphans...), — pour percer les pierres précieuses, les coquillages...), vrille, foret, percerette.

*வேதனை, (vêdanâ), tourment, peine, douleur, affliction, trouble, tracas, vexation, travail: — க்காட்சி vision de tourment, espèce d'apparition, sacrifice qu'offre celui qui ne suit pas ses convoitises; — தீர்தல் le tourment finir, le voile de l'illusion se dissiper, — se tirer; — ப்படுதல் être tourmenté, souffrir, — de la douleur, être caché.

*வேதன், (வேதம்), l'auteur de la religion, Dieu, l'auteur des vêdas, Brama, Vrouhaspati ou வியாழன் régent de la planète Jupiter et gourou des dieux indous, le fruit du வேதி dit கடுக்காய்.

*வேதா, (vêdhâ), Dieu, l'Être suprême, Brama, Vichnou, le soleil, sage, savant, ermite.

*வேதாகமம், (வேதம், ஆகமம்), les vêdas, livre sacré, — de l'écriture sainte.

*வேதாக்கிரேசர், (வேதம், அக்கிர ம், ஈசர்), les principaux auteurs ou précepteurs des vêdas.

*வேதாக்கினி, (*id.* அக்கினி), feu religieux ou censé sacré; il y a 3 espèces de feux réputés sacrés par les Indous: 1° காருகபத்தியம் le feu entretenu dans un vase rond par un maître de maison et transmis à ses descendans. 2° தக்கிணாக்கினி ou த க்கணாக்கினியம் le feu du sud,—feu pris au foyer domestique et placé au sud dans un vase oblong. 3° ஆகவ னீயம் le feu pris au feu perpétuel du chef de famille et préparé dans un vase carré pour recevoir les oblations. [lettre des vêdas,les vêdas.

*வேதாக்ஷரம், (வேதம்,அக்ஷரம்),

*வேதாங்கம், (*id.* அங்கம்), membre ou portion des vêdas, science censée religieuse ou sacrée,—considérée comme subordonnée aux vêdas et en faisant partie; il y en a 6: sikchâ ou சிக்ஷை l'énonciation ou la prononciation des mots; kalpa ou கற்பம் le détail des cérémonies du culte; vyâkarana ou வியாகரணம் la grammaire ou la philologie; tchhandas ou சந்தம் la prosodie; djyotish ou சோதிஷம் l'astronomie ou l'astrologie; niroukti நிருத்தி l'explication des mots obscurs des vêdas ou l'office d'un commentateur. D'autres les nomment மந்திரம் prières vêdiques; வியாகரணம் grammaire; நிகண்டு dictionnaire; சந் தோவிசிதம் prosodie; நிருத்தம் analyse ou explication des mots obscurs; சோதிடம் astrologie.

*வேதாதி, (வேதம்,ஆதி), le principe de la religion, Dieu; — வன்ன ணம் *ou* வருணம் le nom mystique de Dieu; —வன்னனர் *ou* வருணனர் Dieu.

*வேதாதிகமம், வேதாத்தியயனம், (*id.* adhigama *aller sur*, அத்தியயன ம்), lecture —, étude des vêdas.

*வேதாத்தியயி, (*id.id.*),qui lit—, étudie les vêdas.

*வேதாத்தியாபகர், (*id.* அத்தியா பகர்), qui enseigne les vêdas.

*வேதாத்தியாபனம்,(*id.* அத்தியாப னம்), enseignement des vêdas,*ou*

*வேதாத்தியாயனம்,(*id.* அத்தியா யனம்), *V.* வேதாதிகமம். [யி.

*வேதாத்தியயி, *P.* வேதாத்திய

*வேதாநுசாரம். (*id.* அநுசாரம்), observation des vêdas.

*வேதாந்தகர்,வேதாந்தசர்,வே தாந்தஞ்ஞர், (வேதாந்தம், ga *qui va*,djna *qui connaît*), sectateur de la philosophie vêdanta.

*வேதாந்தம்,(வேதம்,அந்தம்), 1° fin ou essence des vêdas, portion théologique des vêdas contenue dans les உபநிஷதம் et distinguée des parties cérémoniales des vêdas, système raffiné de philosophie fondé par வியாசர் dans l'உத்தரமீ மாஞ்சை et réduit par lui à 500 stances. Il a été commenté par மத் துவாசாரியர், சங்கராசாரியர் et இராமாநுசாசாரியர் dans les systèmes dits துவைதம், அத்துவை தம் et விசிஷ்டாத்துவைதம். Les 3 systèmes admettent Dieu, l'âme ou l'esprit et la matière. Le 1er et le dernier admettent l'existence distincte de la matière; mais, comme d'autres philosophes, ne la prétendent pas éternelle; le second,qui a été un grand support de ce système, nie l'existence réelle de la matière et réduit tout à Dieu seul. On a cru que le வேதாந்தம் enseignait le monothéisme: mais en résumé ce n'est qu'un système de pur panthéisme,qui fait de Dieu l'âme de l'univers,inséparablement uni à la matière et qui ressemble aux systèmes de Platon et de Spinosa. 2° les 32 livres nommés உபநிஷதம் qui sont des appendices des vêdas et qui contiennent en général le même système: வேதாந்தமதஸ்தாப னம் établissement de la doctrine du vêdanta.

*வேதாந்தன்,(*id.*), celui qui est l'objet ou la fin de la religion,—des vêdas, *i.e.* Dieu, (et selon certains sectaires) Arouguen, Siven.

*வேதாந்தி, (வேதாந்தம், i), savant dans le —, sactateur du vêdânta, V. வைதிகன்.

*வேதாப்பியாசம், (வேதம், அப்பியாசம்), lecture—, étude des vêdas, répétition de la syllabe ஓம்.

*வேதாரணியம், (id. ஆரணியம்), la forêt religieuse, —des vêdas, Vêdâraniam, ville sur la côte méridionale de la pèninsule.

*வேதாரன், (vêdâra), caméléon, lézard dit பச்சி.

*வேதார்த்தன், (வேதம், அர்த்தம்), l'objet des vêdas, Dieu.

*வேதாளம், (vêtâla), mauvais —, èsprit, revenant, fantôme, démon, —familier, — qui hante les cimetières et est censé animer les corps des morts.

*வேதாளன், (id.), portier.

*வேதாளி, (id.), (surnom de) Kâli.

வேதாளியர், panégyristes.

*வேதி, 1° (vêdi), plate-forme, tertre, — carré pour un sacrifice païen, espèce d'autel grossier, espace quadrangulaire dans la cour d'un temple ou d'un palais (dont le sol est un peu élevé et couvert d'un toit porté sur des piliers), fosse ou trou pour mettre le feu du sacrifice ஓமம், anneau servant de sceau, savant, docteur, Brama, Sarasvati femme de Brama. 2° (vèdhi), qui perce. 3° la 18° constellation lunaire dite கேட்டை, mur extérieur, திண்ணை ou banc en maçonnerie le long ou autour d'une maison (à l'extérieur), 4° *imp. de* வேதிக்கிறது:— க்ஞவம் science, connaissance.

*வேதிகை, 1° (வேதி, kâ), tertre, — élevé pour un sacrifice, autel (de sacrifice), espace quadrangulaire dans la cour d'un temple ou d'un palais. 2° திண்ணை, *i. e.* banc en terre ou en maçonnerie autour d'une maison, bouclier: —பீடம் autel ou tertre pour le sacrifice ஓமம்.

வேதிக்கிறது, திக்கேன், திப்பேன், தி, திக்க, *v.a. et* வேதிக்கல், *n.v.* fendre, diviser, changer, altérer, transmuer, faire la transmutation des métaux par l'alchimie,

*வேதிசை, (வேதி, சை), Draoupadi femme des 5 Pandavers, censée née du feu d'un sacrifice.

*வேதிதம், (vèdhita), perforation, chose percée, creux, tube, tuyau, trou.

வேதியர், *pl. de* வேதி, les savans dans les vêdas, *i.e.* les brames, les savans dans la religion, ceux qui l'enseignent, docteurs, prédicateurs: —ஒழுக்கம் règles de conduite pour les catéchistes, titre d'un livre du R.P. Beschi.

வேதினம், (வேதிக்கிறது), scie.

*வேதினி, (vêdhini *qui perce*), sangsue.

*வேதினை, *P.* வேதனை, tourment...

*வேதீசன், (வேதி, ஈசன்), le mari de Vêdi ou Sarasvadi, *i.e.* Brama.

வேது, ce qui contient de la chaleur, médecine—, sudorifique, ce qui excite la transpiration, caustique: — காட்டுகிறது appliquer—, administrer un sudorifique; —பிடிக்கிறது en prendre un.

*வேதை, 1° *P.* வாதை, affliction, douleur, tourment, ligne, raie. 2° (வேதிக்கிறது), transmutation des métaux, alchimie, art prétendu de faire de l'or: —சிந்தூரம், —மருந்து vermillon ou remède qu'on prétend changer les métaux en or ou aider grandement à cette transmutation, pierre philosophale.

*வேதோதயன், (வேதம், உதயம்), le soleil qui, au dire des Indous, a révélé le சாமவேதம்.

* வேதோதிதம், வேதோக்தம், (*id.* உதிதம், உக்தம்), chose enseignée par les vêdas.

*வேதோபகரணம், (*id.* உபகரணம்), branche subordonnée de l'étude des vêdas, comme les vêdângas, observance des vêdas ou de la religion.

*வேதோபதேசம், (*id.* உபதேசம்), enseignement des vêdas, — de la religion.

வேத்தனை, *P.* வேந்தனை.

*வேத்தா, வேத்திரு. (vêttâ, vêt trou), sage qui connait la nature de l'âme et de Dieu, mari.

*வேத்தியம், 1° (vêdya), chose qu'on peut—, chose à connaitre. 2° (vêdhya), chose à percer, signe, marque, but.

*வேத்திரகியம், (vêtrakiya), lieu abondant en roseaux, nom d'une ville.

*வேத்திரம், 1° (vêtra), roseau, canne, rotin, bâton. 2° flèche, jujubier: வேத்திரதரன், வேத்திரதாரன் portier, homme qui porte un bâton ou un rotin à la main, héraut, massier, bedeau, pion, Nandidêven ou நந்திதேவன் portier de Siven: —வதி la rivière Betwa qui tombe dans la Djamna au-dessous de Kalpi.

*வேத்திராசனம், (வேத்திரம், ஆசனம்), siége—, natte de rotin, espèce de lit ou de panier oblong, qui, muni d'une perche, forme un Douli ou litière.

*வேத்திரி, (id. i), portier.

வேந்தன், (வேந்து), roi, souverain, Indiren, le soleil, la lune ou Sandiren, Viâjen ou la planète Jupiter: வேந்தனிருக்கை résidence—, ville royale.

வேந்தவை, (வேந்து, அவை), cour, —de roi, l'assemblée des courtisans.

வேந்து, roi, souverain.

வேந்துரு, ancêtre au 7$^{me}$ degré.

வேந்தோன்றி, la plante à fleurs dite காந்தள் ou gloriosa superba.

*வேபனம், வேபது, வேபமானம், வேபஸ், (vêpana, vêpathou, vêpamâna, vêpas), crainte, tremblement.

வேப்பமரம், (வேப்பம், மரம்), l'arbre வேம்பு, margousier.

வேப்பமுத்து, (id. முத்து), noyau de வேம்பு ou de margousier.

வேப்பம், adj. de வேம்பு, de margousier: —காய் fruit vert ou non mûr du margousier; —வேர் la racine —, —பழம் le fruit mûr—; —பிசின் la gomme de cet arbre.

வேப்பம்பாசி, la plante aquatique chara corallina.

வேப்பலகு, (வேப்பு, அலகு), queue —, côte de la feuille du margousier.

வேப்பிலை, (id. இலை), feuille de margousier.

வேப்பு, adj. de வேம்பு, de margosa ou de margousier. [rand.

*வேமம், (vêma), estille de tisserand.

வேம், part. fut. de வேகிறது: —பதம் chaleur requise pour fondre les métaux. [tier...

வேம்பாணம், callou ou jus de cocotier...

வேம்பாணி, petit clou, diarrhée.

வேம்பு, l'arbre dit margosa ou margousier, melia [azidarachta, dont les feuilles, les fleurs, les fruits, l'écorce... sont extrêmement amères et employées en médecine; les feuilles sont employées aussi par les gentils pour chasser le diable..., azédarac, lilas des Indes, faux sycomore, arbre à chapelet; adj. வேப்பம் et வேப்பு: —நிலை —la racine de Colombo, i. e. justicia paniculata; அவனுக்குவீடு வேம்பாகப்போயிற்று la maison lui est devenue amère comme le வேம்பு (dit une femme de son mari coureur); வீட்டுப்பெண்சாதிவேம்புங்காட்டுப் பெண்சாதிகரும்பும் (au vaurien débauché) sa propre femme est comme le வேம்பு et une femme des bois comme la canne à sucre; வேம்புவிரும்பினவர்க்குக்கரும்பாகும் pour qui l'aime le வேம்பு devient doux comme la canne à sucre (proverbe); வேம்பின்கண்ணியன், (கண்ணி), qui porte une guirlande de fleurs de வேம்பு; வேம்பின்றொடையன் celui qui porte une guirlande de fleurs de margousier, (épithète du) roi Pandien.

வேயரிசி, (வேய், அரிசி), graine de

வேயர், (வேய்), espions. [bambou.

வேயல், 1° bambou. 2° opt. et n. v.

வேயாம், jujubier. [de வேய்கிறது.

வேயிசை, (வேய், இசை), son de chalumeau.

வேயுள், (வேய், உள்), petite—, niche, —dans un mur, maison.

வேய், 1° tube, objet creux, bambou, flûte, chalumeau, espionnage, action d'écouter à la sourdine, espion.2° *imp. et part. de* வேய்கிறது. 3° *imp.de* வேய்க்கிறது:வேய்கள் les espions...

வேய்கிறது,ய்ந்தேன், ய்வேன், ய், ய,*v.a.*se revêtir,s'orner de bijoux..., vêtir,mettre, orner, décorer, couronner,couvrir,—de chaume.

வேய்க்கிறது, ய்த்தேன்,ய்ப்பேன், ய்,ய்க்க,*v.a.*வேய்த்தல், *n. v.* ஏய்க்கிறது.

வேய்ங்குழல், (வேய்,ங் *inséré*),tuyau —,chalumeau —,flûte de bambou,—de berger.

வேய்தல்,*n.v.de* வேய்கிறது,action de se revêtir...,maison,niche dans un mur.

வேய்வு,*n v. de* வேய்கிறது *et de* வேய்க்கிறது, action de couvrir, tromperie.

*வேரகம்,(vêraka), camphre.

*வேரடம்,(vêrata),jujube.

*வேரடன்,(*id.*), homme de basse caste,de caste mêlée.

*வேரம்,1° (vêra),corps, safran,la plante செம்பு,aubergine, bringelle. 2° obstination, opiniâtreté, résistance opiniâtre, nuage.

வேரல், bambou,

வேரி, caillou doux, — ou jus de cocotier... (non fermenté), miel de fleurs, jus ou suc de fruits, odeur, *ou* —வேர் la racine odoriférante de l'andropogon dite வெட்டிவேர்; —ச்செடி la plante வெள்ளெருக்கு.

வேர், 1° racine (d'arbre, de plante...), cause, fondement, origine. 2° sueur, *n.v.imp.et part. de* வேர்க்கிறது: ஆணி—,உச்சிவேர் la principale racine,celle d'où s'élève le tronc, —qui descend droit en bas,le pivot; பக்கவேர் racine latérale,— qui s'étend par le côté; அவனிதுக்குவேர் il est la cause de cela;— அறுக்கிறது couper la racine;—ஊன்றுகிறது —ஊன்றிப்போகிறது,—க்கொள்ளுகிறது,—ப்பற்றுகிறது prendre racine, s'enraciner; — ஊன்றியிருக்கிறது avoir pris racine; — ஓடுகிறது les racines s'étendre en terre, s'enraciner; —க்கடலை arachide, espèce de pistache de terre (commune dans ce pays),arachis hypogoa;—க்குக்கு espèce d'herbe,—d'herbe à tige;—க்குறி signe de colère; — க்கொம்பு gingembre vert, — sec;—ப்படலம் espèce de mal d'yeux; — போசிப்பு, vivre de racines; — முடுக்கார்கிறது être bien enraciné; வேரோடேவேறுகிறது être radicalement ou entièrement ruiné.

வேர்க்குரு, (வேர்), bourbouilles, boutons de chaleur, légère éruption cutanée,causée par la chaleur.

வேர்க்கிறது, ர்த்தேன், ர்ப்பேன், ர்,ர்க்க, *v.n.* suer, transpirer, s'irriter, être en colère,s'indigner.

வேர்த்தல், வேர்ப்பு, *n. v. du préc.* suer, transpiration, colère,indignation.

வேர்ப்பார், *n.app. du même,* gens irrités,en colère,qui suent.

வேர்வு, *n.v.du même,* sueur,transpiration, un des défauts du corps à illusion: வேர்வரமெடுகிறது commencer à —, transpirer.

வேர்வை, (*id.*), sueur, transpiration,moiteur: குறு — sueur légère, transpiration qui commence.

வேலந்தண்ணீர், (வேலம்), eau d'acacia, eau saumâtre, désagréable.

வேலமரம், (வேலம்,மரம்),acacia.

வேலமுள், (*id.* முள்), épine d'acacia,acacia à épines creuses.

*வேலம், 1° (vêla), jardin.2° *adj. de* வேல், d'acacia: — பசி, *P.* வேம்பம்பாசி;—பிசின் gomme arabique.

வேலன், (வேல்), celui qui est armé d'un javelot..., Soupramanien, énergumène, homme possédé (par Soupramanien ou quelqu'autre démon), fou, furieux: வேலனுடம் danse de possédé, —d'énergumène, —en l'honneur de quelqu' idole.

*வேலாகுலம், (வேலை, ஆகுலம்), agitation de la marée. [la mer.

*வேலாமூலம், (*id.*மூலம்), bord de

*வேலாவலயம், வேலாவலிலம், (*id.* வலயம்),la mer,la terre.

வேலாளர், (வேல்), armé d'un javelot, d'une lance (dans les mots composés).

**வேலி**, haie, retranchement, mur, garde, défense, ville ou bourg (affixe qui se joint au nom propre de quelques villes ou villages), mesure de terre qui équivaut à 5 காணி ou 5 arpens 24 centièmes, ou à 26755 mètres carrés, terre, champ: —க்கால் bord d'une haie, fossé qui sert de haie, —de chemin; —ப்பருத்தி la plante médicinale et mangeable உத்தாமணி; —ப்பாசல் la plante சொல்லம்பாசல்; —மூங்கில் bambou de haies, la plante justicia betonica; —யடைக்கிறது clore —, entourer d'une haie, d'un retranchement...; வேலிக்குப்போட்டமுள்ளு காலுக்குவினையாயிற்று les épines qu'on avait mises pour servir de haie sont devenues nuisibles aux pieds, celui dont on attendait du secours est devenu un ennemi.

**வேலிறை**, **வேலிறையோன்**, (வேல்), le dieu prétendu armé d'une lance, *i.e.* Soupramanien.

**வேலை**, 1° travail, ouvrage, labeur, emploi, occupation, affaire, service. 2°* *P.* வேளை, temps, occasion, opportunité, le temps —, le présent. 3° (vèla), mer, bord de la mer, rivage, rive, marée, flux, courant, vague, rosée, maladie, mort subite, mauvaise mort, borne, limite, repos, intervalle, loisir, la nourriture de Siven, la femme de புதன், gencives. 4° canne à sucre. 5° *acc. de* வேல்: —க்காரன், *V.* வேலையாள்: —ப்பயிட்சை, —ப்பழக்கம் habitude —, exercice du travail; —ப்பாடு ouvrage, travail, — qui se fait, labeur, peine; வேலைக்குவைக்கிறது employer, mettre à l'ouvrage: ஒருவனிடத்தில் வேலைகொள்ளுகிறது *ou* வாங்குகிறது conduire —, inspecter l'ouvrage de quelqu'un, surveiller un ouvrier; வேலையிற்றுயின்றோன், (வேலையில், துயின்றோன்), celui qui a dormi ou qui est censé dormir sur la mer (de lait), *i.e.* Vichnou.

**வேலையாள்**, (வேலை, ஆள்), ouvrier, travailleur, journalier, serviteur.

**வேல்**, arme (en général), javelot, javeline, dard, lance, trident, bambou, acacia; l'espèce dont l'écorce est noire s'appelle கருவேல் acacia arabica; celle à écorce blanche, வெள்வேல் acacia leucophloea; (l'adj. est வேலம்); —முள் épine d' —, acacia.

**வேவ**, *inf. de* வேகிறது.

**வேவாள்**, (வேவு, ஆள்), espion, mouchard, batteur d'estrade.

**வேவிக்கிறது**, *v. caus. de* வேகிறது, *et* வேவித்தல், *n. v.* faire cuire, — bouillir, — brûler, cuire.

**வேவு**, 1° espionnage, exploration, action d'écouter à la sourdine. 2° *n. v. de* வேகிறது, brûler, cuisson. 3° *imp. du même*: —காரன், *V.* வேவாள்; —பார்க்கிறது espionner, explorer, aller à la découverte.

**வேழம்**, canne à sucre, espèce de roseau dit கொறுக்கை arundo, ou நாணல் saccharum, bambou, éléphant. [கழைக்கூத்தர்.

**வேழம்பர்**, *et corr.* வேழம்பர், *V.*

**வேழ்வி**, *P.* வேள்வி. [men.

**வேளம்பு**, (வேள்,), flèche de Kâ-

**வேளன்**, *V.* வேளான்.

**வேளா**, 1° *ou*; —ச்சுறா épaulard ou orque, grampus, cetaceus carcharias grand poisson de l'espèce des cétacées). 2° *ou*

**வேளாத**, *part. nég. de* வேட்கிறது.

**வேளாட்டி**, *P.* வெள்ளாட்டி.

**வேளாண்மை**, (வேள், ஆண்மை), présent, don, libéralité, générosité, bienfait, faveur, vérité, agriculture, labourage: —மாந்தர் agriculteurs, cultivateurs, laboureurs; —மாந்தரியல்பு ௰ les 10 qualités ou vertus des agriculteurs, *i.e.* ஆணைவழிநிற்றல் tenir à son serment, அழிந்தோரைநிறுத்தல் rétablir les gens ruinés, கைக்கடனாற்றல் prêter généreusement, கசிவகத்துண்மை véritable compassion, 5° ஒக்கல்போற்றல் soutenir sa parenté, ஓவாமுயற்சி persévérance dans ses efforts, மன்னிறைதருதல் payer les impôts au gouvernement, ஒற்றுமைகோடல் garder la concorde ou être pacifique, விருந்துபுறந்தருதல் hospitalité. 10° திருந்தியவொழுக்கம் conduite régulière.

**வேளாவலி**,(வேள்), certain air regardé comme la femme de l'air பூதபாளம்.

**வேளாளர்**, (*id.* ஆளர்), gens généreux, libéraux, cultivateurs, agriculteurs, laboureurs, fermiers, Vellages.

**வேளார்**, potier, Vélhan, subdivision de la caste des cultivateurs: வேளார்குலம் potiers. [telets.

**வேளிர்**, rois d'un petit état, roi-

**வேளும்**, *part.fut. de* வேட்கிறது.

**வேளேன்**, *nég.du même.*

*__வேளை__, 1° (vêlâ), temps, moment, occasion, opportunité. 2° petit arbrisseau ou plante médicinale et légumineuse, cleome pentaphylla, somme vouée. 3° *acc.de* வேள்: — பூ ஜுகிறது, —பூஜை prier, supplier; — ப்பிழை inopportunité, manquer l'occasion, *V.* அசந்தடம்.

**வேள்**, 1° garçon, homme de 18 à 25 ans, Soupramanien fils cadet de Siven, Kâmen le Cupidon indien, bienfait, service, désir, concupiscence, luxure, terre. 2° *imp. et part. de* வேட்கிறது: வேள்புலவரசர் rois—, habitans d'un pays du centre de l'Inde, *V.* சளுக்கவேந்தர்.

**வேள்வி**, *n.v.de* வேட்கிறது, sacrifice, oblation, offrande, culte, adoration, vénération, don, bienfait, bienfaisance, munificence, la 10° constellation dite மகம், *ou* — க்குண்டம் trou ou fosse en terre pour le feu du sacrifice ஓமம்...; — த்தறி — த்தம்பம் poteau ou pieu de sacrifice païen; — நாயகன் le maitre du sacrifice,— en fait de sacrifices, (selon les Indous) Indiren: — யாளர் personnes généreuses, bienfaiteurs, brames; தூபவேள்விமுகத்திலே au moment d'offrir l'encens, devant ou avant l'oblation d'encens, --l'encensement.

**வேள்வு**, *n.v.du même*, objet rare,—précieux, objets divers: வேள்வேடு க்கிறது chercher des objets rares ou divers objets et —, les emporter.

**வேறல்**, 1° *P*, வெல்லுதல், victoire, vaincre. 2° (வேறு, அல்), non autre.

**வேறுகிறது**, (வேறு, ஆகிறது), changer, s'altérer, se séparer, se partager, se diviser, se gâter, être changé, altéré, séparé, devenir différent, —difforme.

**வேறுக்கல்**, (*id.* ஆக்கல்), changement, altération, action de changer. *n.v.de*

**வேறுக்குகிறது**, (*id.* ஆக்குகிறது), changer, altérer, rendre différent, séparer, diviser, mettre à part.

**வேறுதல்**, (*id.* ஆதல்), changement, différence, diversité, altération, séparation, désunion, dissention.

**வேறிடம்**, (*id.* இடம்), autre place, —lieu, isolement.

**வேறு**, 1° *adj.* autre, différent. 2° ce qui est différent, autre chose. 3° *V. défectif qui n'a pas de différence de temps et de personne. Ex.* நான்—, நீ—, அவன்—, அவள்—, அது—, நாம்—, நீர்—, அவர்—, அவைவேறு je suis—, tu es—, il ou elle est autre, nous sommes—, vous êtes—, ils ou elles sont autres,—différens ou différentes; — காரியம் autre chose; வேறுயிருக்கிறது être différent, différer; வேறும்போகிறது changer, s'altérer, se partager, devenir autre, prendre un autre tour; — படுகிறது,— பட்டுப்போகிறது, *V.* வேறுகிறது; —படல்,—படுதல், *V.* வேறுதல்; -- படச்சொல்லுகிறது dire séparément, distinguer, parler distinctement, changer —, altérer les mots, dire de changer, de se séparer..., —படுக்கிறது,—படுத்துகிறது *V.* வேறுக்குகிறது;— பாடு changement, altération, différence, diversité, dissention; —படாக autrement, diversement; —பட்டடொழிப்பு cessation de la différence, fig. de rhét. qui pour relever l'objet décrit, nie l'objet même auquel on le compare. *Ex.* தெரியுமது திங்களன்றிவை முகமேதிங்களாம் ce qui parait n'est pas la lune, c'est la figure d'une femme qui est la lune; — வேறும்போகப்பண்ணுகிறது séparer, faire aller séparément,— de divers côtés.

**வேறே**, (வேறு, ஏ), autre, différent, à part, séparément:— காரியம் autre chose;— நினைவு autre pensée, —sentiment, inattention, absence d'esprit;— மார்க்கம் voie —, secte différente, autre chemin; — படுகிறது être différent,— autre, — à part, vivre ou demeurer séparément;— வைக்கிறது mettre à part, de côté, séparément.

வேறொருத்தன், வேறொருவன், *m.* வேறொருத்தி, *f.* வேறொன்று, *n.* (வேறு), un autre homme, une autre femme,— chose.

வேற்றலம், vent.

வேற்றான், (வேற்று, ஆள்), un étranger, une autre personne, un pariat, (surtout en perlant de lui-même).

வேற்று, *obl. de* வேறு, 'autre, différent, étranger: — கால் pied —, vestige différent; — காற்று vent différent, vent du derrière, pet; — காற்றடிக்கிறது un vent différent souffler;—குரல் voix étrangère,— différente;—தேவன் dieu étranger, —différent;—நாவு langue étrangère,—différente;— நிலை, —நிலைமயக்கு union d'une consonne avec une autre ou changement de consonne, à l'exception de க,ச,த et ப; — நிலைமெய்மயக்கு union d'une consonne à une consonne différente;— ப்பெண்சாதி femme étrangère, autre femme; — ப்பொருள்வைப்பு mise d'un autre sujet ou objet, fig. de rhét. par laquelle on met une autre chose pour compléter celle qu'on a commencée, ce qui peut se faire de diverses manières; — மணாளன் un autre mari, *ou*— மனிதன் un étranger, un autre homme.

வேற்றுமை, (வேற்று, மை), diversité, différence, cas des noms (dans la déclinaison), déclinaison, sens de l'oblique ou d'un cas autre que le nominatif et le vocatif, la fig. de rhét. dite வேற்றுமையணி. Voici l'ordre et les noms des cas en tamoul et en sanscrit, avec l'indication du sens qu'ils donnent.

முதல்—, பெயர் ou எழுவாய்வேற்றுமை; பிரதமாவிபத்தி *ou* கர்த்தன் nominatif.

| | | | | |
|---|---|---|---|---|
| ௨-ம், | ou ஐவேற்றுமை; | துவிதியாவிபத்தி ou | கருமம் | accusatif. |
| ௩-ம். | ou ஆல்;ஒடு ——; | திருதியா —— ou | கரணம் | instrumental. |
| ௪-ம். | ou கு ——; | சதுர்த்தி —— ou | சம்பிரதானம் | datif. |
| ௫-ம். | ou இல்,இன் ——; | பஞ்சமி —— ou | அபாதானம் | ablatif. |
| ௬-ம். | ou அது ——; | ஷஷ்டி —— ou | சம்பந்தம் | génitif. |
| ௭-ம். | ou கண் ——; | சப்தமி —— ou | அதிகரணம் | locatif. |
| ௮-ம். | ou விளி ——; | அஷ்டமி —— ou | சம்போதனம் | vocatif. |

Dans cette liste le nombre ordinal marque l'ordre des cas; le 2e mot est la terminaison du cas, comme ஐ வேற்றுமை le cas terminé en ஐ, exceptez les mots பெயர் ou எழுவாய் et விளி qui indiquent le sens de ces cas. Le 1er mot sanscrit marque aussi l'ordre; le 2e indique le sens du cas. Les grammairiens tamouls ont voulu suivre l'ordre du sanscrit; mais le 5e cas terminé en இல் n'est autre chose, au moins dans l'usage habituel, que le 7e ou le locatif, et இன் n'est que le génitif ou l'oblique, ce qui est une redondance, tandis qu'ils ont oublié de faire un cas particulier du conjonctif, ou de la terminaison ஒடு *avec*, qu'ils mettent avec l'instrumentale; ce cas n'existe pas en sanscrit: — காட்டுகிறது montrer la différence; —க்கிரமம் déclinaison, ordre des cas; — த்தொகை ellipse des terminaisons des cas, *i. e.* le nominatif mis pour l'un des autres cas;—படுத்துகிறது changer, altérer, faire de la différence, traiter en étranger, mettre la dissention (entre les amis...); — பாராட்டுகிறது faire ressortir —, montrer la différence;— ப்புணர்ச்சி union des mots dans le sens de l'oblique, *i. e.* à un cas autre que le nominatif et le vocatif, et dont la terminaison est exprimée ou élidée: — ப்பொருள்விலக்கு rejet d'un objet différent, figure qui consiste à faire la comparaison de 2 choses qui se ressemblent et à en rejeter une, en montrant la différence qu'elle a avec l'autre sous certains rapports; — மயக்கு emploi d'un cas pour un autre; —யணி figure qui consiste à montrer une différence ou une distinction entre l'objet comparé et celui auquel on le compare; — யாயிருக்கிறது différer, être différent, en désaccord; — யுருபு forme ou terminaison des cas qui modifient le sens du nom, ou son action. (Ces terminaisons sont ஐ, ஆல் ou ஒடு, கு, இல் ou இன், அது, கண் et leurs variantes; le nominatif n'a point de terminaison autre que celle du nom. Le vocatif est généralement semblable au nominatif; cependant, dans le tamoul vulgaire surtout, il prend aussi certaines terminaisons qui lui sont propres); — யுருவகம் figure qui après avoir montré que l'objet principal et l'objet qualificatif ont une même qualité, fait voir que l'objet principal a une différence qui le distingue; — வழி mot employé dans le sens de l'oblique ou d'un cas autre que le nominatif ou le vocatif (le contraire est அல்வழி); — விரி expression de la terminaison des cas, ou nom avec la terminaison du cas qui lui convient, (c'est le contraire de வேற்றுமைத்தொகை).

**வேற்றுரு**, (வேறு, உரு), forme —, figure différente.

**வேற்றொலிவெண்டுறை**, (*id.* ஒலி), strophe dite வெண்டுறை qui peut se chanter sur différens airs ou différens tons.

**வேனல்**, chaleur, mirage.

**வேனில்**, chaleur, été, chaude saison; elle se divise en 2, savoir: இளவேனிற்காலம் le temps des chaleurs modérées en சித்திரை et வைகாசி; முதிர்வேனிற்காலம் temps des grandes chaleurs en ஆனி et ஆடி: வேனிலாளி Kâmen, le Cupidon indien; வேனிற்காலம் temps des chaleurs, été.

**வேனில்மாலை**, (வேனில், மாலை), guirlande des chaleurs, le 25e des பிரபந்தம், poème qui décrit les 2 chaudes saisons susdites.

**வை**, 1° lettre syllabique composée de வ் et de ஐ. 2° pointe, tranchant, paille, herbe. 3° *imp. et part. de* வைக்கிறது. 4° *imp. de* வைகிறது. 5° வை est pour வி dans les mots composés suivant le விருத்தி.

***வைகட்சம், வைகக்ஷம்**, (vaïkakcha), vêtement extérieur, manteau, *ou* வைகக்ஷகம், வைகக்ஷிகம், *id.* (ka, ika), guirlande portée en écharpe ou en bandoulière.

***வைகடிகன்**, (vaïkatika), joaillier, qui coupe et polit les pierres précieuses.

**வைகரி**, son articulé, articulation, ce qui est une des 4 espèces de sons dits வாக்கு-ச, exactitude, précision, régularité, ordre: — யாங்காரம் une des 3 espèces d'orgueil.

**வைகல்**, *opt. et n. v. de* வைகுகிறது, le jour qui passe, — qui finit, halte en voyage, (aux relais), séjour (de nuit), jour, aurore.

***வைகல்லியம்**, (vaïkalya), défaut, imperfection, manque, mutilation, être estropié, non-existence, incompétence, inconvenance, insuffisance, trouble, agitation, émotion.

**வைகறை**, veille du matin, de 2 à 6 heures du matin, le point du jour, l'aube, l'aurore, la matinée: — துயிலெழு lève-toi de bon matin; — வே வா viens de bon matin.

***வைகற்பிகம்**, (vaïkalpika), doute, indétermination, alternative.

***வைகாசம்**, *P.* வைசாகம், le matin, un des 2 livres des Vichnouvistes, *ou*

***வைகாசி**, *P.* வைசாகி, le mois de vaïgâsi, *i. e.* le 2e mois de l'année tamoule (du 13 mai au 13 juin environ), la 16$^{me}$ constellation lunaire dite விசாகம்: —வசந்தன் le Kàvèri qui commence à croitre dans ce mois. [comédien, bouffon.

*வைபாசிகன், (vaïbâsika), acteur,

வைகாநசம், வைகானசம், un des 2 livres ou ஆகமம் des Vichnouvistes.

*வைகாநசன், (vaïkhânasa), ermite, anachorète.

*வைகாநசி, (vaïkânasi), casserole à frire (pour les sacrifices).

*வைகாலம், (vaïkàla), soir, soirée.

*வைகாரி, (விகாரம்), son articulé.

*வைகிராந்தம், P. வைக்கிராந்தம்.

*வைகிருதம், வைகிருத்தியம், (விகிருதம்), aversion, dégoût, changement, altération.

வைகிறது, வைதேன், வைவேன், வை, வைய, v. a. injurier, insulter, outrager, dire des injures, maudire: வையச்சொல்லுகிறது dire d'injurier, exciter à dire des injures.

வைகுகிறது, கினேன், குவேன், கு, க, v. n. faire halte, loger ou s'arrêter en voyage pour —, passer la nuit.

*வைகுண்டம், (vaïkountha), le vaïgoundham, ville —, demeure ou paradis fabuleux de Vichnou; selon les Indous il est situé sur le còté oriental du mont மேரு ou dans l'océan septentrional, lieu dédié à —, niche de Vichnou, talc, la plante துளசி.

*வைகுண்டன், (id.), l'habitant du வைகுண்டம், Vichnou, Indiren.

*வைகுண்ணியம், (விகுணம், ya), manque, défaut, absence de qualités, contrariété, incohérence, infériorité, vileté.

வைகுதல், n. v. de வைகிறது et de வைகுகிறது, injure, halte.

*வைகுந்தம், P. வைகுண்டம்: வைகுந்தநாதன் le prétendu seigneur du Vaïgoundham, i.e. Vichnou.

வைகுல்லியம், வைகூலியம், contrariété, opposition, haine, rancune, libertinage, dissolution d'esprit: — பண்ணுகிறது faire de l'opposition, agir par esprit de contradiction, ne pas faire cas des avis.

வையை, le Vaïguei, rivière qui passe à Maduré: — த்துறைவன் le prince des bords du Vaïguei, titre des des Pandiers ou anciens rois de Maduré.

வைக்கல், 1° opt. et n. v. de வைக்கிறது. 2° P. வைக்கோல், paille, chaume.

வைக்கான், 3° pers. nég. de வைக்கிறது il ne met pas.

*வைக்கிராந்தம், (விக்கிராந்தம்), espèce de pierre précieuse qui ressemble au diamant, considérée comme un diamant brûlé et la pierre d'aimant commune, ou வைக்கிராந்தபாஷாணம் espèce d'arsenic naturel dit குமுதபாஷாணம்.

வைக்கிறது, வைத்தேன், வைப்பேன், வை, வைக்க, v. a. et வைக்குதல் ou வைத்தல், n. v. mettre, placer, poser, déposer, réserver, mettre en réserve: வைத்திருக்கிறது avoir placé, mis en réserve, être mis...; வைத்துக்கொடுக்கிறது donner ce qu'on a réservé, rendre fidèlement (un dépôt...); —க்கொள்ளுகிறது garder, — en sa possession, réserver, supposer; அப்படியென்று — க்கொள் suppose que cela soit ainsi; சொன்னாயென்று — க்கொண்டான் il a supposé que tu avais dit; — ப்போடுகிறது mettre et abandonner, laisser indéterminé, — sur le pavé; என்னை — ப்போட்டுக்கலியாணமுடித்துக்கொண்டான் il s'est marié et m'a laissée dans l'état où je suis (dira de son frère une sœur non mariée); என்னை - போட்டுப்போனான் il s'en est allé me laissant dans l'embarras: — வைக்கிறது garder, réserver, mettre —, tenir en réserve.

வைக்கில், 1° condit. de வைக்கிறது. 2° ou

வைக்கில், (arabe), V. வக்கில்.

வைக்கோல், paille, chaume: — புறுக்கு corde de paille; — வாரி espèce de கம்பு ou millet; — வைக்கோற்கத்து monceau de paille (autour de l'aire); — கற்றை poignée —, petit paquet —, botte de paille; — கூரை toit en chaume, couvert de paille; —

கூடாம் balle de paille, chafée;— சுருணை botte de paille mise en rouleau ou en corde, *ou* —பழுதை, —புரி corde de paille; —பாம்பு serpent de paille, masque, déguisement;—போர் monceau —, meule de paille (dans l'aire...); வைக்கோல்க்கட்டுகிறது faire des bottes de —, lier de la paille.

வைங்கியாரம். haine, rancune.

*வைசக்ஷண்ணியம், (விசக்ஷணம்,ya), habileté.

*வைசசம், (vaïsasa), empêchement,obstacle, meurtre.

*வைசத்தியம், (vaïsadya), blancheur,netteté,pureté, vérité.

*வைசத்திரம், வைசஸ்திரம்,(vaïsastra), gouvernement, état d'être désarmé,

*வைசம்பாயனன், (vaïsampâyana),un des 4 disciples de Vyâsen, qui a enseigné l'Ézourvêdam, et a raconté le Mahâbhârata au roi Djanamêdjaya.

*வைசயந்தம், (vaïdjayanta), palais —,tour —, drapeau d'Indiren.

*வைசயந்தி, (*id*.i), drapeau,bannière, enseigne, la guirlande de Vichnou, les arbres dits வாதமடக்கி.

*வைசயந்திகன்,(*id*.ka),porte-enseigne.

*வைசயந்திகை, (*id*.kâ), drapeau, enseigne.

வைசவு, (வைகிறது), injure, parole outrageante, malédiction.

*வைசனனம்,(vaïdjanana), dernier mois de la grossesse, mois de l'accouchement.

*வைசாகம், (விசாகம்), 1° *V.* வைசாகி. 2° la 16e constellation lunaire, batte-à-beurre,*ou* வைசாகநிலை attitude où,en tirantde l'arc,l'on a les 2 pieds écartés l'un de l'autre d'un empan.

*வைசாகி, (*id*.i), le mois de வைகாசி mai juin,la 16me constellation dans laquelle arrive la pleine-lune durant le mois susdit.

*வைசாத்தியம், (vaïdjâtya), différence de caste,exclusion de la caste,déviation de la conduite ordinaire,dissolution.

*வைசிகம், 1° (விசம், ika), cause, origine,motif,jeune pousse,rejeton, cause spirituelle de l'existence, *i.e.* l'âme, connaissance distincte du corps et de la vie ou de l'âme. 2° (வேசிகை,ika), prostitution,libertinage,amorce des prostituées.

*வைசித்தியம், (வி,சித்து,ya),confusion d'idées, distraction.

*வைசித்திரியம்,(விசித்திரம்), variété, merveille.

*வைசியம்,(வைசியன்), la caste des வைசியர் ou marchands, c'est la 3e classe primitive des Indiens.

*வைசியன், (vaïsya), *pl.* வைசியர், Vaïsya ou marchand, homme de la 3e classe des Indiens:வைசியர்-ம் les 3 divisions des Vaïsyas: தனவைசியர் *ou* வணிகர் les commerçans; பூவைசியர் *ou* உழவர் les cultivateurs ou laboureurs; கோவைசியர் *ou* இடையர் les bergers;வைசியர்தொழில்-ம் les 3 emplois des vaïsyas:பொருளீட்டல் ramasser des richesses par le commerce, பயிர்செய்தல் cultiver la terre, ஆநிரைகாத்தல் garder les bœufs ou les vaches, — les troupeaux: வைசியர்க்கிரியை, — கருமம், — விருத்தி emploi des Vaïsyas, *i.e.* le commerce,l'agriculture et la garde des troupeaux.

*வைசுவதேவம்,(விசுவதேவம்),offrande à toutes les prétendues divinités,—aux விசுவதேவர், le sacrifice ஓமம்,sacrifice aux mânes.

*வைசூசனம், (vaïsoûtchana),déguisement d'un homme en femme (dans les drames),

வைசூரி, petite vérole: — காய்ச்சல் fièvre de la petite vérole, febris variolosa.

*வைசேஷிகம், வைசேடிகம், (விசேஷம்,ika), la morale, une des 6 sciences dites ஆறுசாஸ்திரம் des Indiens,école de philosophie logique instituée par கணாதன்: c'est une branche de l'école dite நியாயம் de கௌதமன், dont elle diffère; de là

son nom de விசேஷம் ou différence; வைசேஷிகன் sectateur de cette philosophie.

*வைசேஷியம்,(விசேஷம்,ya),distinction spécifique, supériorité,prééminence.

*வைச்சிரம்,P.வச்சிரம்.

*வைச்சிரவணன், (vaïsravana),le fils de Visravas, i. e. குபேரன், le prétendu roi des richesses.

*வைச்சிரவணாலயம், வைச்சிரவணாவாசம்,வைச்சிரவணோதயம், (id. ஆலயம்,ஆவாசம்,உதயம்), le multipliant ou ஆலமரம் censé la résidence de Koubèren.

*வைஷம்மியம், (vaïchamya), inégalité, isolement, difficulté, haine, une des 7 peines ou 7 chagrins.

*வைஷயிகன்,(விஷயம்,ika), sensualiste, occupé d'objets mondains.

*வைஷ்ணவம்,(விஷ்ணு), la secte —,le pourâna de Vichnou, c'est un des 18 pouranas, un des 18 codes de lois.graine.

*வைஷ்ணவன்,(id.),Vichnouviste, sectateur de Vichnou: வைஷ்ணவசித்தாந்தம் doctrine des Vichnouvistes.

*வைஷ்ணவாகமம், (வைஷ்ணவம்,ஆகமம்),V. வைணவாகமம்.

*வைஷ்ணவி, (வைஷ்ணவன்), la femme ou énergie de Vichnou, une des 7 மாதர்.

*வைடம்பியம், P. வைதம்பியம்.

*வைடாலம்,(விடாலம்), chat, hypocrisie, dissimulation,caractère de chat: வைடாலவிரதிகன், – விரதிகன்,(விரதம்,ika),trompeur,hypocrite,dissimulé comme le chat. (விரதிகன் pourrait se former de gratha, être tortueux, pervers, tromper, avec ika).

*வைடூரியம், P. வைடூரியம், la pierre précieuse dite lapis-lazuli, œil-de-chat,c'est une des நவமணி.

*வைணவம், 1° P. வைஷ்ணவம், secte de Vichnou, le pourana ou la légende de Vichnou, un des 18 pouranas.2° (vaïnava), graine de bambou, chalumeau —, tuyau,— bâton de bambou.

*வைணவன்,1° P.வைஷ்ணவன். 2° (vaïnava),ouvrier qui travaille en bambou ou en osier.

*வைணவாகமம்,P. வைஷ்ணவாகமம்,livre de la secte de Vichnou. Il y en a 2 nommés பாஞ்சராத்திரம் et வைகானசம். Ils contiennent les cérémonies et le rituel propre des Vichnouvistes. Le dernier renferme des extraits choisis des vêdas; le 1er est de la classe des Tantrikas et est censé contenir des instructions données par Vichnou à Brama durant 5 nuits du déluge fabuleux des Indous, alors que les vêdas furent submergés après avoir été volés par சோமுகாசுரன் ou சோமுகன்.

*வைணவி, 1° P. வைஷ்ணவி, la femme de Vichnou,une des 7 மாதர். 2° (vaïnavi), flûte —,tuyau ou tube de bambou.

*வைணவிகன், 1° (vaïnavika), joueur de flûte ou de chalumeau de bambou.2° ou [de luth ou de வீணை.

*வைணிகன், 1° (vaïnika), joueur

*வைணுகம்,(vaïnouka de வேணு), aiguillon, croc de cornac ou long bâton armé d'un fer pour conduire les éléphans, bâton pour conduire les animaux,perche.

*வைணுகன், (id.), joueur de chalumeau ou de flûte.

*வைணன், (vaïna), ouvrier qui travaille le bambou.

*வைதரணி,(vaïtarani),la rivière fabuleuse de l'enfer ou de la ville de Yamen.

*வைதருக்கம், (வி,தருக்கம்), discours insidieux,sophisme.

*வைதருப்பம்,(vaïdarbha),discussion insidieuse, raisonnement captieux,sophisme.[le roi de Vidarbha.

*வைதருப்பன், வைதர்ப்பன், (id.),

*வைதருப்பி, வைதர்ப்பி, fém.du préc.la fille du roi de Vidarbha, i.e. Damayanti femme de நளன்,la femme d'Agastyen, une des femmes de Krichna dite உருக்குமிணி,la loi de Vidarbha qui permet le mariage entre cousins germains.

*வைதர்மியம், (வி, தர்மம்), irreligion,injustice, inconvenance,différence de devoirs.

*வைதலம்,(vaïdala), vase,— creux d'argile,panier d'osier.

வைதல், *n.v. de* வைகிறது.

*வைதவ்வியம், (விதவை,ya), viduité, état de veuve.

*வைதனிகம், (வேதனம்,ika), salaire,— journalier, — d'ouvrier,de mercenaire, gages.

*வைதனிகன், (*id.*), journalier, homme qui travaille à la journée.

*வைதாத்திரன், (விதாதிரு), le fils de Brama, Sanatcoumâren ou சனற்குமாரன் et les 3 autres fils de Brama.

*வைதாளிகன், (vaïtâlika), barde dont l'office est de réveiller un roi le matin avec la musique, énergumène,—qui a un démon familier, serviteur d'un வேதாளம்.

*வைதானம், வைதானிகம்,(விதானம்,ika), sacrifice dit ஓமம், — au feu ou au moyen du feu,holocasute.

*வைதானோபாசனை,(வைதானம், உபாசனை),offrande régulière d'holocauste matin et soir.

*வைதிகம், (வேதம்,ika), conformité aux vêdas, chemin tracé par la —, religion (opposé à இலௌகிகம் mondanité): வைதிகசாஸ்திரம் science de la religion, livre religieux de morale: — சைவத்தோர் Sivénistes observateurs des vêdas.

*வைதிகன், *pl.* வைதிகர், (*id.*), celui qui suit ou observe les —,observateur des vêdas, —du வேதாந்தம், brame,—habile dans les vêdas.

*வைதிருதி,(vaïdhrouti),le dernier des 27 யோகம்.

*வைதிகம், வைதிகன், *P.* வைதிகம், வைதிகன். [இரிஷம்.

*வைதூரியம், (vaïdoûrya), V, வை

*வைதேகன்,வைதேககன்,(vaïdêha,ka), marchand de caste ou de profession,fils d'une bramine et d'un Vaïsya dont l'office est celui de panégyriste ou de serviteur dans les appartemens des femmes.

*வைதேகி, (விதேகம்,i), la fille du roi de Vidêha, *i.e.* சீதை, femme de Râmen, femme de marchand ou de la caste des வைதேகர், poivre long.

*வைதேசிகன், (விதேசம், ika), étranger. [ce, folie.

*வைதேயம்,(vaïdhêya), ignoran-

*வைதேயன், (*id.*), ignorant, fou, idiot. [cer.

வைத்தல், *n.v. de* வைக்கிறது,pla-

*வைத்தியம்,(vaïdya), l'art de la médecine,l'arbre வைத்தியமாதா, conformité aux vêdas: - க்கிராம்,—சாலை infirmerie, maison où l'on exerce la médecine; வைத்தியசாஸ்திரம் la science —,l'art de --;la médecine,le 14e des கலைக்கியானம்; — நாதன் le prétendu seigneur de la médecine, Siven (dans le monde dit அதலலோகம்), Dhanvantari ou தன்வந்திரி médecin des dieux; — புத்து la plante cassia fistula; — பாகம் portion donné au médecin dans le remède fait sous sa direction; — மாதா,—சிங்கி,(சிங்கம்), la plante justicia ganderusa,la plante ஆடாதோடை.

*வைத்தியன், (*id.*), médecin,docteur,savant, sectateur des vêdas, érudit qui y est versé.

வைத்து, *gér. de* வைக்கிறது. [le

வைத்தூறு, (வை), meule de pail-

*வைநதேயன்,(விநதை), le fils de Vinadei. *i.e.* Garouden.

வைநம், distribution.

*வைநயிகம், (விநயம்,ika),morale,conduite,char de guerre.

*வைநாசிகம், (விநாசம், ika), un des யோகம்.

*வைநாசிகன், (*id.*), esclave, astrologue,araignée. [dhiste.

*வைநாயிகன்,(விநாயகன்),boud-

*வைநீதகம், (vaïnitaka), chariot ou char traîné par une deux ou 3 paires de bœufs ou de chevaux.

வைந்தவம், cheval.

*வைபரீத்தியம், வைபரீத்தியம்,(விபரீதம், ya), contrariété,opposition.

*வைபவம், (விபவம்),grandeur,richesse,prospérité,détail, circonstance.

*வைபோகம்,(வி,போகம்),plaisir, délices, joie, volupté, manière,prudence. [tueux,prudent.

*வைபோகி, (வைபோகம்), volup-

*வைபோகிகன், (விபோகம்,ika), homme qui sonne les heures, gardien, garde de nuit, sentinelle.

வைப்பதிகாரம், (வைப்பு, அதிகாரம்), V. கலைத்தி.

வைப்பாட்டி, (id ஆட்டி), concubine,*litt.* femme qu'on entretient: —க்காரன் concubinaire; —வைக்கிறது garder —,avoir une concubine.

*வைப்பிரம், (vaïbhra), paradis fabuleux de Vichnou.

*வைப்பிராசம், (vaïbhrâdja),jardin fabuleux des dieux.

வைப்பு,*n.v.de* வைக்கிறது, action de placer..., place, situation, position, ville, état de grandeur, réserve, chose réservée, trésor enfoui, — amassé,formation,composition,préparation d'arsenic,de drogues, arsenic préparé ou composé,concubinage: — கட்டு conte, — forgé à plaisir, fable, — inventée; — சரக்கு marchandise —, drogue composée, —préparée; — ச்செப்பு,pot qui renferme ou dans lequel on a mis un trésor,lieu de dépôt; —ப்பாஷாணம் arsenic composé ou préparé.

*வைமாத்திரேயன், வைமாத்திரன்,(விமாதிரு), fils de belle-mère, demi-frère, beau-fils.

*வைமாத்திரேயி,வைமாத்திரி,*fém. du préc.* fille de belle mère, demisœur, belle-fille.

*வைமுக்கியம், (வி, முகம், ya), détourner le visage,fuite. [vrance.

*வைமுத்தம், (விமுத்தம்), déli-

*வைமேயம், (விமயம்), troc, வைய, *inf de* வைகிறது.[échange.

வையகம், 1° (வை,அகம்), maison de chaume.2° (வைக்கிறது, அகம்), V. வையம்.

வையட்டும்,(வைகிறது, ஒட்டுகிறது), laissez le dire des injures.

வையம், 1° terre, monde, la 4° constellation dite உரோகிணி; palanquin,— distingué, litière, char, chariot,charrette, — à bœufs, véhicule (en général),bœuf de charrette. 2° *P.* வைவோம், *nég. de* வைகிறது *et de* வைக்கிறது.

*வையர்த்தியம்,, (வியர்த்தம், ya), inutilité.

வையா, வையாது, *part. nég. de* வைகிறது *et de* வைக்கிறது.

*வையாகரணம், (வியாகரணம்), grammaire.

*வையாகரணன்,(*id.*), grammairien,savant en —, auteur de grammaire. [lois de Vyâsen.

*வையாசம், (வியாசன்), code de

*வையாத்தியம், (வியாதம், ya), immodestie, hardiesse.

வையாளி, grand galop: — விடுகிறது lancer au grand galop; — வீதி hippodrome, rue ou place pour exercer les chevaux, manège.

வைவை,*P.* வைவை.

*வைரக்கியம்,வைராக்கியம்,(விராகம் ya),dégoût,aversion, déplaisir.

*வைராக்கியன், (வி,ராகம்,ika), ascète,—qui a subjugué ses passions.

*வைரம், 1° (vaïra *de* வீரம்), haine,inimitié, hostilité,opposition, bravoure, prouesse, valeur. 2° *P.* வச்சிரம், diamant, une des 9 pierreries dites நவமணி: வைரசாரம், cause de—,haine: —வன், —க்காரன் ennemi; — வத்தி, — நிர்யாதனம் vengeance, — assouvie, revanche, représailles, cessation de la haine; —த்தனம் haine, inimitié, dureté, bravoure;—நிர்யாதனம் cessation de la haine, réconciliation; — ப்பிரதி க்கிரியை revanche, rendre la pareille;— மணி diamant; —முத்து perle précieuse.

*வைரவம்,*P.*பைரவம், peur, terreur,horreur, chose effroyable, la 1ʳᵉ des 6 sectes intérieures des Sivénistes, *V. au mot* சமயம்.

*வைரவன்,*P.*பைரவன்,Vaïraven ou le terrible Siven, une des formes ou prétendues manifestations inférieures de Siven, c'est sous cette forme qu'il est dit avoir coupé une des têtes de Brama,et celle de Dakychen son beau-père.

*வைரவி, P. பைரவி, la terrible, i.e. Dourgâ femme de Siven, air propre à inspirer de la terreur, nom d'un air de musique.

*வைரன், (வைரம்), ennemi,

*வைராகம்(வி,ராகம்), V. வைராக்கியம்.

*வைராகி, வைராகிகன்.(id.i,ika), ascète, dévot, — qui a subjugué ses passions, qui a renoncé au monde, faux dévot, Vaïrâguy, espèce de religieux mendiant païen.

*வைராக்கியம், 1° (விராகம், ya), absence de passions ou de désirs mondains. 2° zèle (bon ou mauvais), zèle outré, fanatisme, persévérance, constance, fermeté, obstination, entêtement, haine, —invétérée, aversion, horreur: ஞான—fermeté religieuse, renoncement à soi-même, ou பக்தி —zèle religieux, ferveur, enthousiasme; வைராக்கியசதகம் livret sur le renoncement à soi-même, la patience et le silence, en 100 strophes composées par சாந்தலிங்கசேநகன்

*வைராங்கியம், P. வைராக்கியம், absence de désir, indifférence.

*வைராயமானம், (vaïrâyamâna), hostilité, inimitié. [ராகவி.

வைராகவி, (வைரம், ஆகவி), V. வைரி.

*வைராரோசம், (வைரம், ஆரோசம்), combat à outrance. [faucon.

*வைரி, (வைரம், i), ennemi, héros,

*வைரிதை, (வைரி, tâ), inimitié, haine, bravoure, héroïsme.

*வைரியம், (வீரியம்), bravoure, V. வைராக்கியம். [formité, laideur.

*வைரூப்பியம், (வி, ரூபம், ya), dif-

*வைரோசனன், (விரோசனன்), surnom de Mahâbali ou மாவலி roi du பாதாளம், l'un des empereurs ou சக்கரவர்த்திகள், le fils d'Agni, le singe Vâli fils du soleil, le soleil, espèce de demi-dieu dit சித்தர்: வைரோசனநிகேதனம் le பாதாளம், i. e. l'abîme demeure ou royaume de வைரோசனன்.

*வைரோசனி, (id. i), le prince Mahâbali ou மாவலி, le singe வாலி fils du soleil, Bouddha.

*வைரோசி, (vaïrôtchi), le démon ou அசுரேந்திரன் nommé பாணன்.

*வைரோத்தாரம், (வைரம், உத்தாரம்), vengeance, représaille, revanche

*வைலக்ஷணம், வைலக்ஷண்ணியம், வைலட்சணம், (வி, லக்ஷணம், ya), difformité, différence, contrariété.

*வைலக்ஷ்யம், வைலட்சியம், (வி லக்ஷம், ya), contrariété, opposition, inversion, défaut—, absence de caractère, différence.

*வைல்வம், (வில்வம்), le fruit de l'arbre வில்வம் ou cratæva.

*வைவச்சுதன், (vaïvasvata), le 7e Manou, celui du Manouvantara ou de l'âge actuel, சனி ou la planète Saturne, Yamen prétendu roi des morts, un des உருத்திரர்.

*வைவஹிகன், (விவகம், ika), marchand de grains, d'huile, de beurre, de fruit et de bonbons.

*வைவர்ணியம், (வி, வர்ணம், ya), changement de couleur, de caste.

*வைவாகிகம், (விவாகம், ika), mariage. [malédiction, outrage.

வைவு, n.v. de வைதல், injure,

*வைவைச்சுதன், P. வைவச்சுதன்.

*வைனதகம், (vaïnataka), vase à beurre.

*வைனதேயன், (வினதை), le fils de Vinadei, i.e. Garouden, l'oiseau et la monture de Vichnou.

வைனம், distribution, partage.

வோ, lettre syllabique composée de வ், et de ஓ, vô long.

*வோகித்தியம், (vôhitya), navire

*வோடா, வோடு, (vôdhâ, —dhrou), époux, porteur, charretier, guide, taureau.

*வோடு, (vôdhou), fils d'une femme qui vit chez son père et dont le mari est absent. [servante.

*வோதை, (vôtâ), femme esclave,

*வோண்டம், (vônta), tige de plantes.

*வோதம், (vôda), humidité.

*வோரகம், வோலகம், (vôraka, vôlaka), lettre, caractère.

*வோரகன், வோலகன், (id.), écrivain, scribe.

*வோரடம், (vòrata), jasmin.

*வோரம், (vòra), pois, dolichos.

*வோலம், (vòla), gomme myrrhe.

வௌ, lettre syllabique composée de வ் et de ஔ, vaou. 2° mot imitatif de bruit. 3° *imp. de* வௌவுகிறது.

வௌவம், nénuphar, — blanc, *i. e.* à fleurs blanches.

வௌவல், *opt. et n. v. de* வௌவுகிறது, pillage, vol, saisie, prise, emporter.

வௌவால், chauve-souris.

வௌவி, 1° cerf. 2° *gér. de*

வௌவுகிறது, வௌவினேன், வௌவுவேன், வௌ *ou* வௌவு, வௌவ, *v. a.* வௌவுதல், *n. v.* piller, voler, prendre, saisir, attraper, happer, ramasser, emporter, — tout ensemble.

## ழ்

ழ், 15° consonne de l'alphabet tamoul, se prononce *ja*, sur la côte, et *lha i. e.* ள dans l'intérieur. Elle ne commence aucun mot; elle ne se change en aucune autre lettre, et aucune lettre ne se change en elle.

## ள்

ள், 16° consonne de l'alphabet tamoul, se prononce *lha*, avec la langue recourbée. Elle ne commence aucun mot; aucune lettre ne se change en ள்; mais cette lettre, à la fin des mots, se change quelquefois en ட் devant க, ச, த, ப.

## ற்

ற், 17me consonne de l'alphabet tamoul, et 6me lettre forte, se prononce comme 2 r, avec la langue recourbée, Ex. திறம் tirram *force*. Si elle est doublée, elle se prononce comme 2 த். Ex. குற்றம் kouttam *faute*, et après la lettre ன், elle se prononce comme d. Ex. நன்றி nandi *bienfait*. Elle ne commence aucun mot, et ne se change en aucune autre lettre; mais souvent les lettres finales ல் et ன் se changent en ற் devant les initiales க, ச, த, ப, Ex. பொன்குடம், பொற்குடம் *cruche d'or*. De plus le த initial se change assez souvent en ற après ன் et ல் finales, et alors toujour l' ல் et parfois l' ன், se changent aussi en ற். Ex. பொன் தீது s'écrira: பொன்றீது et பொற்றீது *l'or est mauvais*; வீட்டில்தந்தான், வீட்டிற்றந்தான் *il a donné dans la maison*. Quelquefois même si les finales ல் et ன் ne sont pas précédées d'une seule brève, après le changement susdit, un des deux ற் s'élide. Ex வேல்தீது *la lance est mauvaise* s'écrira வேறீது; அவன் தேர் *son char*, அவறேர். Mais cette élision n'est propre qu'à la poésie ou au haut tamoul.

## ன்

ன், 18° consonne de l'alphabet tamoul, et 6° lettre douce, se prononce comme ந n; mais de sa nature elle n'est pas initiale, et ne se trouve que au milieu ou à la fin des mots. Néanmoins quelquefois la lettre initiale த, après ன் ou après ல் changé en ன், se change aussi en ன ou s'élide. Ex. நான் நடந்தேன், *j'ai marché*, peut s'écrire நானடந்தேன்; நல்நெறி *bonne voie* s'écrira நன்னெறி. ன் finale se change quelquefois en ற் devant க, ச, த, ப, et alors த se change aussi en ற. Ex. பொன்பானை *cruche d'or* s'écrira பொற்பானை பொன்தாழி *jarre d'or* பொற்றாழி.

# SUPPLÉMENT.

N.B. Plusieurs mots de ce supplément, qui se trouvent déjà dans le corps du dictionnaire, sont reproduits ici à cause de quelques significations qui y ont été omises. La majeure partie des autres mots sont des noms de botanique peu usités.



அகஞ்செவி, (அகம்), dedans de l'oreille. [velle.

அகபர், அகபார், (*arabe*), nou-

அகமகிழ்கிறது,(அகம், மகிழ்கிறது), se réjouir intérieurement.

அகமரம், அகல், அகிமரகல், l'arbre வெண்வேல் ou acacia blanc.

அகவு, la plante அமுக்கிரு. [qua.

அகுலி, l'arbre நறுவிலி cordia obli-

அகுளுதி, l'arbre வேப்பு margosa.

அகைகமம், la plante parasite புல்லுருவி, espéce de gui. [rationel.

*அகோசர அம்பராந்தம், horizon

அக்கபிரம், manguier. [ன்னொருக்கு.

அக்கரம், manguier, la plante வெ

அக்கல், (*arabe*), sens, intelligence.

அக்காத்தரன், l'arbre தான்றி, ter-

அக்காரம், manguier. [minalia.

அக்காளன், l'herbe வனைப்புல்.

*அக்கிருத்தியன், (அ, கிருத்தியம்), pervers.

அக்கிலுப, le chardon நெருஞ்சில்.

அக்கினி, les arbrisseaux கொடுவேலி et செங்கொடுவேலி, la plante அக்கினிச்சிலம் gloriosa, racine de la plante காந்தள் gloriosa superba; —ச்சிலம் la plante குப்பைமேனி; —க்கட்டி, V. தீக்கட்டி; — நீர் acide nitrique. [cas.

அக்கிசத்து, (*arabe*), exposé d'un

அக்கு, les arbres அகில் et எட்டி.

அங்கம், l'arbrisseau கொன்றை.

அங்காரவல்லி, la plante குறிஞ்சா.

அங்கணி, l'aloès கற்றாழை.

அங்காமி, (*persan*), temporaire.

அங்குசபாதி, la plante சிறுபுள்ள

அங்குசம், le bananier வாழை. [டி.

*அசக்தம், அசத்தம், அசக்த்தனை, அசத்தத்துவம், (அசத்தி), faiblesse, incapacité.

அசட்டி, la plante ஓமம்.

*அசந்ததி, அசந்தானம், (அ), manque de postérité.

அசமருதம், l'arbre அத்தி, figuier.

*அசமவாயிகாரணம், (அ), cause accidentelle.

அசல், (*arabe*), origine, somme principale: — பேரீஜு original, taxe, cotisation.

அசனபன்னி, அசனபர்ணி, (அசனம், பர்ணம்), l'arbre சிற்றகத்தி.

அசனுத், (*arabe*), ordre, preuves, renseignemens, pouvoir, procuration. [ணி.

அசாரணிமூலி, la plante உத்தாம

*அசித்து, (அ), manque d'—, sans intelligence: அசித்தான dénué d'intelligence, matériel.

அசிரணிக்கிறது, (அ), avoir une indigestion, être indigeste.

அசுணன், ail. [ழிசு.

அசுவாமனாக்கு, la plante சிறு

அஜுர், அஜூர், (*arabe*), présence: —க்கச்சேரி, V. உஜுர்க்கச்சேரி.

அசையு, la plante அமுக்கிரு.

அசோகண்டி, la plante குறட்டை.

அச்சம், les plantes கோரைப்புல் et சரப்புல்.

அச்சரம், P. அக்ஷரம், aphthe...

அச்சுக்கட்டு, (அச்சு), moule, répartition d'un champ en compartimens ou planches séparées par de petites chaussées.

*அஸ்தலாவித்தை, (அஸ்தம் *main*, là *qui donne*), tour de passe-passe.

அஸ்தாந்தரம், (*sanscrit*), trésor.

அஜுமாயிஷ், (*person*), épreuve, examen, preuve.

அஞ்சல், toile claire, peu serrée: —மழை ondée, pluie par intervalle.

அஞ்செவி, (அகம், செவி), dedans de l'oreille, l'arbrisseau வறட்சுண்டி.

அடங்கம், ellébore கடுரோகிணி.

அடப்பன், l'arbre அடப்பமரம்.

அடிக்கோல், (அடி), pied —, bâton pour mesurer.

அடித்திலம், la plante அமுக்கிரு.
அடிதண்டம், (அடி), V. au mot தண்டம். [tige.
அடித்தட்டை, (id.), pied—, bas de
அடிதலைமாறி, (id.), inversion.
அடித்துமுதலானது, ce qui a été le premier battu, la quantité de grain battu.
அடித்தொண்டு, (id.), petit service, hommage respectueux.
அடிப்பறிகிறது. se miner, le bas ou le pied s'écrouler, —manquer.
அடிப்புக்கூலி, salaire pour battre le grain. [—ouvrier, —serviteur.
அடிமைப்பள்ளன், Pallen esclave,
அடிவானம், (அடி), horizon.
அடிம்பு, la plante சிவதை.
அடுக்கு, répétition —, préparatif d'une pièce: — பார்க்கிறது répéter une pièce (pour s'exercer).
அடுபடை, (அடு), arme offensive.
அடைக்கிறது, hypothéquer, engager. [gagement d'un immeuble.
அடைமானம், hypothèque, en-
அடையோலை, (அடை), feuille de palmier—, ôle contenant un contrat ou titre d'hypothèque ou un bail à ferme.
அடைவிசச்சேலம், safran musqué dit கஸ்தூரிமஞ்சள். [டை.
அட்டகசம், l'arbuste ஆடாதோ
அட்டகம், les plantes வசம்பு, et அயமலாதி.
அட்டதிசம், la plante எருக்கு.
அட்டி, l'arbre எட்டி.
அட்டாலை, cabane suspendue, — pour garder les moissons.
அட்டிமதுரம், réglisse. [சீரகம்.
அட்டிகை, அட்டிகம், le cumin
அட்டுப்பு, (அட்டு, உப்பு), sel bouilli, — obtenu par la cuisson, sel de terre.
அணிஞ்சில், les plantes et arbrisseaux கொடிவேலி, சிற்றுமுட்டி, தொட்டி, முள்ளி, *et* வில்வம்.
அதட்டி, (அதட்டுகிறது), qui me-
*அதசி, (atasi), lin. [nace,
அதரசலம், jasmin sauvage.
அதிசாரி, அதிசாரி, l'arbrisseau கொடிவேலி.

அதிசௌரபம், le manguier doux தேமா.
அதிபதிசங்கம், réunion de rois ou de chefs, la plante வராதுமுருணை.
அதிபருக்கி, l'arbrisseau கொடிவேலி.
அதிபத்தியம், 1° (அதி), le propre, justesse. 2° (அதிபதி), dignité de chef, de souverain.
அதிமுத்தம், l'arbre குருக்கத்தி.
அதியாமம், chiendent, la plante முற்புயல்.
அதிரசம்பை, la plante தகரை à tête d'or, dite பொற்றலைதகரை.
அதிவிடம், la racine அதிவிடயம்.
அதைப்பு, hydropisie.
அத்தகம், cumin noir, ricin.
அத்தசி, *P.* அதசி, lin.
அத்தாட்சி, attestation.
*அத்தாலங்காரம், (அத்தம், அலங்காரம்), beauté—, avantage des richesses.
அத்தி, figuier, poivre long, l'arbre மெருகு arum : — கள்ளி la plante சதிகலைக்கள்ளி, l'arbre மெருகு.
அத்தரா, அத்துமாளி, l'arbre அரசு.
அத்து, borne, empêchement.
அத்துவர்க்கயம், அத்துவர்க்காயம், cumin noir.
அதசரவு, *P.* அநாதரம்.
*அதிராத்தம், (அ *priv.*), fraude, mensonge.
*அருதுகிதம், (அரு), quart de மாத்திரை ou de mesure. [லுருவி.
அந்தகன், espèce de gui dit புல்
*அந்தசந்தம், (அந்தம்), beauté, harmonie: — ஆயிருத்தல் être beau, — et harmonieux. [que கொடிப்பாசி.
அந்தரவல்லாசம், la plante aquati-
அந்தன், fruit du terminalia dit
அந்தி, l'arbre தில்லை. [கடுக்காய்.
அந்திமலர்ந்தான், (அந்தி, மலர்கிறது), fleur qui s'épanouit le soir, la plante அந்திப்பூ. [மரம்.
அந்தோலம், l'arbre தேற்று
அபத்திரம், l'arbre செங்கத்தாரி.
*அபராதம், forfaiture, confiscation.
*அபராதி (அபராதம்), coupable.
*அபரோதம், (அப, உரோதம்), siége, blocus.

அபானம், அபையன், le fruit dit கடுக்காய். [mystère.

*அபிரகசியம், (அபி), profond

அபின்னியாசம், contorsions convulsives, espèce de சன்னி.

அபட்டச், la plante வட்டத்திருப்பி

அப்தா, (*persan*), semaine :— க்கணக்கு compte —, rapport hebdomadaire. [mentation.

அப்ஜூத், (*persan*), excès, aug

அப்பவும், *P.* அப்போவும், et alors.

அப்பாட்டி, trisaïeule. [புளிமா.

அப்பிரகம், manguier aigre dit

*அப்புசரை, அப்சரை, (அப்பு. சரம்). Apsarei, prétendues nymphes du Svarga.

அப்புனண்டம், la plante தகரை.

அப்பை, la plante கொவ்வை ou

அப்போஸ்தலர், apôtre. [bryonia.

அப்போஸ்தொலிக்கு, apostolique.

அமண்டலம், ricin dit ஆமணக்கு.

அமந்தலம், l'arbre செங்கத்தாரி.

அமரிதம், le fruit dit கடுக்காய்.

*அமலகம், (amala *pur*, ka), l'arbre நெல்லி. [சன் et நெல்லி.

*அமலம், (*id.*), les arbres மராமஞ்

*அமலை, (*id.*), le fruit dit கடுக்காய்.

அமல், (*arabe*), acte, saisie, confiscation, chose confiscable.

அமனா, l'ellebore கடுரோகிணி.

அமார்க்கம், (அ. *prio.*), mauvaise voie, irréligion, impiété, hérésie.

அமானத்து, (*arabe*), dépôt.

அமானி, l'espèce d'oseille dite பு

ளியாரை, terre non affermée, terre —, bien administré *ou* régi par le collecteur (pour le gouvernement), sécurité, confiance, dépôt: — யாய்க்கிடக்கிறது rester non affermé, n'être pas affermé; பாகேஜாப் diverses fermes administrées par un collecteur.

அமிஞ்சியாள், (அமிஞ்சி, ஆள்), homme —, personne de corvée, — obligée à travailler sans être payée.

அமில்தார், Amildar, receveur des revenus publics.

அமீனா, Amina, commis, petit receveur de village ou employé chargé des affaires d'un village sous un amildar. [வெள்வேல்.

அமுதசாரன், அமுதகாறு, l'arbre

அமேஷா, (*persan*), toujours.

அமைமம், l'herbe இலாமச்சை.

அம்பகம், la plante சேம்பு.

அம்படம், la plante ஆடுதின்னாப் பாலை. [de grains...

அம்பாரம், அம்பார், (*persan*), tas

அம்பாரக்கடை, marché —, boutique —, lieu où quelque chose est amassée en tas, magasin.

*அம்புசம், (அம்பு, சம்), jonc dit கோரை. [க்கிழங்கு.

அம்மட்டி, la racine dite கொட்டி

அம்மை, 1° le fruit கடுக்காய். 2° (அ, மை), la vie future, l'autre vie, — monde.

அயம் la plante சிறுபூளை.

அயவி, moutarde blanche.

அயன், (*arabe*), actuel: — பேஷ்கு taxe —, cotisation actuelle; — ஜமா collection —, total actuel.

அயிஞ்சி la plante நிலப்பனை.

அயினிடம், la plante சித்தரத்தை.

அய்யவி, *V.* சிறுகடுகு.

அய்வேஜு, remplaçant, chose ou personne substituée à une autre.

அரக்கத்து, அரக்கத், obstacle, prévention.

அரக்கம், la plante எருக்கு. [வரக.

அரசக்கவிசோதி, le porcher த

அரசாணம், l'arbre அரசு, la plante அரத்தை, la racine தும்பராஷ்டகம்.

அரசு, l'action de gouverner (un pays...), privilèges accordés pour garder ou pour faire la police: — க்காரன் celui qui jouit de ces privilèges. [la racine தும்பராஷ்டகம்.

அரத்தை, la plante குடக்கத்தான்,

அரமாரவம், la plante நாயுருவி.

அரன், safran. [quin, vaurien.

அராம் ஜாதா, (*arabe*), bâtard, co-

அரி, gerbe (de blé...), la plante கொடிவேலி.

அரிசு, l'arbre வேம்பு.

அரிடம், l'arbre வேம்பு, l'ellébore கடுரோகிணி.

*அரிதம், *P.* அரீதம்.

அரிமல், அரியசாறனை, l'arbre மாவிலங்கு.

அரிமைதா, l'arbre வெள்வேல்.

அரியசம், l'arbrisseau கொன்றை.

அரியெடுப்பு, (அரி), enlèvement des gerbes, gerbe, salaire en nature donné aux serviteurs de village.

அரில், bambou. [son fruit.

*அரிதகி,(haritaki), l'arbre கடு et

அருகஞ்சி,la plante சித்தில்.

அருக்கம்,la plante எருக்கு.

அருக்கன்,gingembre sec dit சுக்கு

அருட்டம், P. அரிஷ்டம், poivre, l'arbre வேம்பு.

அருத்திரம், l'arbre மரமஞ்சள்.

அருத்துருமம்,l'arbre வெள்வேல்.

அருணதி, la plante médicinale குடசப்பாலை.

அருணுவம், l'arbre பெருமரம்.

*அரேணுகம், V. இரேணுகம்.

அரைப்பூட்டு, (அரை), ceinture d'argent ou de cuir...

அரையாள்,(id.) demi —, ouvrier qui ne fait que la moitié du travail d'un bon ouvrier dit முழாள்.

*அருபத்துவம், (அருபம்), manque de figure, invisibilité, immatérialité.

*அர்ச்சகன், (artchaka), sacrificateur —, employé spécial de pagode ou temple indou.

*அர்த்தசித்திரம், (அர்த்தம்), demi மாத்திரை, — mesure.

*அர்த்தநாசம், (id.), perte des richesses,— des biens.

அர்த்தமானியம், (id.), demi-mâniam, terre qui ne paie que la moitié de l'impôt foncier.

அர்ஜி, (arabe), lettre d'un inférieur, pétition, mémoire: — தாகீது pétition par écrit. [வி chiendent.

அலகு, l'arbre மகிழமரம்: — சோ

அலகெண், (அலகு), algèbre.

அலகை, la coloquinte பேய்க்கொம்மட்டி. [நெல்லி.

அலக்கைசுரம், la plante கீழா

அலசி, froment.

அலர், safran; poivre.

அலர்வு, n. v. de அலருகிறது, V. அலருதல்.

அலாபதம், l'herbe andropogon இலாமிச்சை.

அலியன், fruit dit கடுக்காய்.

அலாயிதா, (arabe), séparé, distinct.

அல்லூரம்,l'arbre வில்வம். [tinct.

அவத்தம்,la plante நாய்க்கடுகு.

அவத்திகண்ணி, la racine dite மெருகு.

அவமானிக்கிறது, அவமானித்தல்,(அவமானம்),déshonorer, se déshonorer.

அவலி,la plante பூனைக்காலி.

அவல்தார், (ind.),sergent.

அவாசெவுப்பி, la plante பெருந்தும்பை.

அவாபுஷ்பி, la plante பிரமி.

அவால், (arabe), charge, soin, garde.

அவிர்மதி,(அவிர்), lune brillante.

அவுசுப்பம், l'arbrisseau தொடரி.

அவையடக்கியல், (அவை, அடக்கு, இயல்), P. அவையடக்கம்,

அவ்வல், (arabe), premier, principal. [டயம்.

அழகவேதம், la racine அதிவி

அழல், la plante கொடிவேலி: — விளை l'arbre தேர்வானம்.

அழிகால், (அழி), jardin de bétel qui dépérit de vieillesse ou par accident.

அழுகுகால்,(அழுகுகிறது),riz (en herbe ou en maturité) qui pourrit par trop d'irrigation ou par inondation. [ருன்.

அளப்புக்கு, la plante முடக்கத்

அளேசுவெப்பு, அளேசுவெற்பம், la plante அதிவிடையம்.

அளேருகம்,l'arbrisseau தூதுளை.

அளுக்கு, bruit, son,— intérieur.

அன்று, poignée de grains donnée aux mesureurs, aux serviteurs de villages et autres en récompense de leurs services.

அறக்கப்பிளப்பி, la plante அரக்கம். [ரலை.

அறலை, la plante காட்டுக்க

அறவைத்தசயம், அறவைப்பியம், (வைப்பு), litharge.

அருமை, 1° n. v. nég. d'அறுகிறது. 2° la plante கவிழ்தும்பை.

அறிப்பலம், அற்கத்தி, poivre long dit திப்பிலி. [லிப்பு, aigreur.

அறுகை, ajouter à cet article: பு

அறுப்பு, action de moissonner: — க்கூலி salaire de moissonneur, — pour moissonner; — ச்சீட்டு permis pour —, billet qui permet de moissonner.

அற்பமாரிசம், V. சிறுகீரை.

அனகம், le gui புல்லுருவி.

*அனங்கம், (அந் priv.), jasmin, l'arbre இருவாட்சி.

அனந்தம், chiendent, l'ortie சிறுகாஞ்சொறி, les plantes குப்பைமேனி et பெருதன்றுரி. [த்தி.

அனந்தரம், la plante வேலிப்பரு

அனந்தன்சம்பா, espèce de riz.

*அனாதி, P. அநாதி, sans commencement, éternel, immémorial: — க்காம்பு, — த்தரிசு, — மீடு terre laissée en friche de temps immémorial.

அனுஜ, (sanscrit), grain, produit.

அனுமத்து, (arabe), dépôt, charge.

அனுரியநித்தம், la plante நிலவேம்பு. [ருங்கண்ணி.

அனுமாசாக்கா, l'herbe பொன்

அகமொழி, ajouter à cet article: ellipse du mot உள்ள. Ex. பொற்றொடி, bracelet d'or, femme, — qui porte un bracelet d'or. [ரம்.

அன்னபம், le multipliant ஆலம

அன்னதாழை, l'ananas அன்றுசி.

ஆகம், gourde dite சுரை.

ஆகலி, poivre long dit திப்பிலி.

ஆகர், (persan), fin, complément, dernier.

ஆகாசக்கச்சை, (ஆகாசம்), horizon, *litt.* la ceinture de l'air ou de la région aérienne.

ஆகாசக்கருடன், (*id.*), la plante சிந்தில், le figuier sauvage பேயத்தி. [வி.

ஆகாடம், la plante வெண்ணாயுரு

ஆகோந்தம், l'arbre புன்கு.

ஆகே, (*indoust.*), devant, en face.

ஆகேறு, ஆச்சொத்துமம், l'arbrisseau கொன்றை.

ஆகேஷணை, obstacle. [sition.

ஆசர், apparition, présence, dispo-

ஆசாமி, (*arabe*), individu, nom, office, emploi: — வாரியிசாப் ou வசோப் compte qui indique le nom etc..., de chaque individu.

ஆசியம், P. ஆசியம், cumin noir dit கருஞ்சீரகம். [சோகு.

ஆசுணம், les arbres அசோகு et அ

ஆசுரம், gingembre vert dit இஞ்

*ஆசேதுகண்டம், V. சேது. [ஷி, ail.

ஆச்சமரம், l'herbe முனைப்புல்.

ஆச்சுவரி, l'arbre அமரு.

ஆடம், le ricin dit ஆமணக்கு.

ஆடலே, arbre sans fleurs dit பூவில்லாமரம், l'arbre பூவிளா. [riz.

ஆடிவாலன், (ஆடி), espèce de

ஆட்சிக்கிறது, சித்தேன், சிப்பேன், சி, சிக்க, *v. a.* (ஆட்சி), gouverner.

*ஆட்டியன், (âdhya), riche.

ஆட்டுக்கிடை, (ஆட்டு), parc —, brebis qu'on garde pour l'engrais des terres. [டை.

ஆட்டுசம், l'arbuste ஆடாதோ

ஆணகம், la courge dite சுரை.

ஆணுப் பிறந்தோன், (ஆண்), homme, l'arbrisseau ஆவரை, la plante கழுக்காணி.

ஆணுவம், P. ஆணவம்.

ஆண்டலே, arbre sans fleurs.

ஆண்டை la plante தேட்கொடுக்

ஆண்மைமை, témérité. [கு.

ஆதிமரம், muscade dite சாதிக்காய்.

ஆதியாமம், l'herbe முனைப்புல்.

ஆத்திக்கனி, la racine bulbeuse மெருகு.

ஆத்திஷ்டி, la plante நீர்முள்ளி.

*ஆத்திரேயம், (அத்திரி), un des 18 codes de lois dits தருமநூல்.

ஆத்துமம், la plante அமுக்கிரா.

ஆந்தை, les plantes புருமுட்டி et பேராமுட்டி.

*ஆபனம், (âpana), obtention

ஆப்காரி, (*persan*), impôt sur les liqueurs distillées. [crêpe.

ஆப்பம், P. அப்பம், appe, galette,

ஆப்பு, l'arbre எட்டிமரம். [சுரை.

ஆப்புளண்டம், la plante சுரைமுத்

ஆமடி, ஆமரம், l'arbre காஞ்சிரம்.

ஆமது, ஆமத், (*persan*), revenu, rapport, retour.

ஆமம், le pois chiche கடலே, l'arbrisseau légumineux துவரை.

ஆமலகம், l'arbre நெல்லி.
ஆமல், bambou, la plante விஷமூங்கில். [calcul.
ஆமிஷம், (sanscrit), estimation,
ஆமின், (arabe), Amine, espèce d'employé du gouvernement.
ஆம்பலா, l'espèce d'oseille dite புளியாரை. [லா.
ஆம்பல், l'arbre நெல்லி, V. ஆம்ப
ஆம்பிலம், l'arbre குரா.
ஆபுருசி, moutarde dite கடுகு.
ஆரகம், sandal. [tection.
*ஆரக்ஷை, (ârakchâ), garde, pro
ஆரசார், agalloche dit அகில்.
ஆராதிக்கிட, (ஆராதித்தல்), adorable.
ஆரியகம், la plante சிறுகுறிஞ்சா.
ஆரியவாசியம், la plante அசமதாகம்
ஆரியவீர், la plante அதிவிடையம்.
ஆரோக, l'arbre ஆத்தி.
ஆலா, figuier: — க்காளி le jonc dit தழைக்கோரை. [றை.
ஆலோசகம், l'arbrisseau கொன்
ஆர்க்கம், les plantes கொவ்வை, கோவடன் et கொக்கலன்.
ஆலகம், l'arbre நெல்லி.
ஆலகாலம், la plante திலவாரகை.
ஆலகிரிடை, le laurier அலரி.
ஆலயமரம், le multipliant.
ஆலம், l'arbre மாவிலங்கு.
ஆலவிருட்சம், l'arbrisseau ஆதொண்டை..., le multipliant. [சா.
ஆலிகம், l'arbrisseau சிறுகுறிஞ்
ஆலூரகம், l'arbre வில்வம்.
ஆல், le multipliant.
ஆல்அகுவால், (arabe), état des affaires (de quelqu'un...)
ஆவல்லி, la plante சிந்தில்.
ஆவாரை, la plante நிலவாரை.
ஆவிசி, le gui புல்லுருவி.
ஆவேலி, la plante ஆடுதின்னாப்பாளை
ஆழி, l'arbrisseau குன்றி. [லை.
ஆளிவிரை graine de lin.
ஆள்தூக்கு. V. au mot தூக்கு.
ஆள்மாகாணம், établissement de serviteurs. (தொட்டாற்சுரு.
ஆள்வணங்கி, la sensitive dite
ஆறிருபது, six-vingts, ou 120.
ஆற்கோரம், l'arbrisseau கொன்றை.

ஆற்றுப்பூத்தாளர், la plante பூனை
ஆனைகம், la courge சுரை. [க்காலி.
ஆனைக்கற்றாழை, espèce d'aloès à grande tige.
ஆனைக்கன்று, figuier.
ஆனைத்தடிச்சல், — நெருஞ்சில் la plante புளியறனை. [லி.
ஆனைத்திப்பிலி. V. யானைத்திப்பிலி
ஆனைத்தும்பை, la plante பெருந்தும்பை.
இகணக்கு, la plante நீர்முள்ளி.
இகலி, la plante பெருமருந்து.
இகளி, bétel.
இகுசு, bambou dit மூங்கில்.
இகுனி, l'arbrisseau கொன்றை.
இக்ஷி, இக்ஷி, safran musqué dit கஸ்தூரிமஞ்சள். [tida.
இங்கு, l'arbre qui donne l'assa-fe-
இங்குசக்கரவண்டான், grande canne à sucre dite பெருங்கரும்பு.
இங்குராமம், assa-fetida. [ம்பை.
இசருகம், la plante வெள்ளைத்து
இசவில், l'arbrisseau கொன்றை.
இசாப், (arabe), compte, état, rap-
இசினி, moutarde dite கடுகு. [port.
இசமு, (arabe), nom: — வாரி nommément, nom par nom, compte détaillé contenant les noms des indi-
இசைமுறை, emphase. [vidus.
இசோப், (mahratte), comptes, rapports. [continuel.
இஸ்திமிராரி, (arabe), permanent,
இஸ்திமிராத், (id.), perpétuité, continuité, permanence: — கிராமம் village stable, — fixé d'une manière permanente. [sion.
இஸ்ஸா, (id.), part, portion, divi-
இஸ்லாமான்வேதம், islamisme.
இஜதாசார், (arabe), salut, marque de respect.
இஜாரா, (id.), rente, ferme.
இஜாராதார், (id.), rentier.
இஞ்சம், la plante வெள்ளைக்கொடன்றி.
இஞ்சி, la plante கொற்றன்.
இடங்கழி, mesure en usage à la côte malabare. [நாழி.
இடபவாகனன், la plante எருமை
இடபன், le 1er தீர்த்தங்கரன் des Samanéens, réputé la 7me incarnation inférieure de Vichnou.

இடவகம், le giroflier இலவங்கம்.
இடாப்புகிறது, V. டாப்புகிறது.
இடிகம், la plante பெருமருந்து.
இடுகால், le concombre பீர்க்கு.
இடைப்பிட்டி, sillon, guéret.
இட்டு, *gér. d'*இடுகிறது, à cause de: தம்மையிட்டு à cause de lui-même.
இணர், oranger, manguier.
இண்டு, இண்டை, l'arbrisseau புலித்தொடக்கி. [moissons.
இதணம், cabane pour garder les
இத்திலா, (*arabe*), information, avis, rapport.
இத்துரா, l'herbe மாத்தப்புல்.
இந்திரசுகந்தம், la plante நன்னாரி.
இந்திர, *obl. de* இந்தரன்: — ப்புசிப்பி, — புஷ்பம் la plante வெண்டோன்றி; — பீசம் l'insecte இந்திரகோபம்; — வல்லி la plante முடக்கற்றுன்; — வாரணம், la plante தெய்தல்; — வாருணி coloquinte dite பேய்த்தும்மட்டி.
இந்திராணி, l'arbrisseau நொச்சி.
இந்திரேசகம், இந்திரரோபம், la plante வெட்பாலை.
இந்துமாரம், l'arbre கடம்பு.
இந்துவாரி, la planto தண்ணீர்
இந்துறு, jujubier. [விட்டான்.
இமசேதுபரியந்தம். *V. au mot* சேது. [maintenant.
இப்பவும், *P.* இப்போவும், et
இம்பி, millet noir கருந்தினை. [ந்தி.
இயக்கினி, la plante கண்டங்க
இயக்குகிறது, *v. a.* இயக்கல், *n. v.* jouer des instrumens: வீணை — jouer du luth ou de la guitare.
இயக்குவோர், *n. app. du préc.* joueurs d'instrumens.
இயக்குறுதம், le multipliant ஆலமரம். [rens.
இயத்தி, l'arbre இத்தி, ficus vi-
இயம்பூபதி, l'arbre வில்வம்.
இயாகதம், l'arbre சிற்றகத்தி.
இயாதகம், la plante அத்தி, guimauve. [sang, espèce de சன்னி.
இரக்தஷ்டீவி, morve mêlée de
இரசகம், le concombre பீர்க்கு.
இரசதாளி, bananier.
இரசம், manguier.
இரசு, la plante அரத்தை.

இரடி, millet noir.
இரட்டைத்தலையன், homme à double tête, qui a la tête oblongue.
இரணி, la plante பன்றிமொத்தை.
இரதசந்தியாகம், nénuphar rouge.
இரதினந்தன், nénuphar.
இரத்தசாரம், amaranthe rouge dite செங்கீரை, [ட்டை.
இரத்தபுட்பிகா, la plante மூக்கிர
இரந்தை, *P.* இலந்தை, jujubier.
இரவானு, (*ind.*), ravânâ, passe-port, permis pour passer sans payer de douane.
*இராகினி, (râgini), prétendue femme—, division d'un air.
இராசவர்த்தனக்கல், pierre philosophale dite நற்சித்தன்.
இராசயுகம், l'arbre ou la plante
இராசீவம், nénuphar. [பாலை.
இராச்செல்லவன், (இரா), celui qui ne va pas la nuit, barbier.
*இராஷ்டிரம், (râchtra), région, pays. [sein.
இராதா, (*persan*), intention, des-
இராதாரி, (*ind.* râhdâri), collection d'impôt (sur les routes), douane, permis de passer sans payer de douane.
இராத்திரிகாசம், nénuphar blanc.
இராந்துண்டு, jujubier.
*இராமப்பிரியம், les délices de Râmen, le nénuphar.
இரிஞ்சி, l'arbre மகிழ்.
இருகுரங்கின்கை, la plante முசுமுசுக்கை.
இருசகம், grenadier. [பகம்.
இருண்டி, l'arbrisseau இருசம்
இருபத்துநாலடிக்கோல், perche —, mesure d'arpenteur de 24 pieds de long.
இருபன்னியம், *V.* செங்கொட்டை.
இருபு, இருபோகம், (இரு). deux récoltes. [légumineux துவரை.
இருப்புலி, இரும்புலி, l'arbrisseau
இருப்புக்கொல்லி, l'arbrisseau இலை
இருமை, (இரு), le duel. [ங்கேப்பு.
இருள்முகா, *V.* நாவி.
*இரேகாகணிதம், (இரேகை, கணிதம்), construction (en algèbre et géométrie). [la plante இத்தி.
இரேசகி, le fruit dit கடுக்காய்,

இரேசக்குளு, montarde dite கடுகு.
இரேசன், ail dit வெள்வெள்ளாயம். [ta), le 5me Manou.
*இரேவதன், இரைவதன், (raïva-
இரைச்சு, P. இரச்சு corde...
இரைத்து, l'arbrisseau புளித்தொடக்கி.
இர்சால், (*arabe*), remise, traite, à-compte, sommes envoyées,— payées:—நாமா liste des paiements, des remises...
இலஞ்சியம், la plante கிழாநெல்லி.
*இலக்குமீகரம், இலட்சுமீகரம், V. ஸ்ரீகரம்:— ஆன fortuné, prospère.
*இலப்தஹானி, (labdha *gain*, hâni *perte*), perte des biens, une des parties du பஞ்சதந்திரம்.
இலவு, l'arbre தேற்று.
இலாக்கா, (*indoust.*), possession, charge, rapport, relation, connexion.
இலாங்கலி, les plantes வெண்தோன்றி et செங்காந்தை,
இலாஞ்சினி, cardamome.
இலாடலி, l'arbre அகில், agalloche.
இலாதார், (இல், ஆளர்), ceux qui n'ont pas. [n'être pas, s'anéantir.
இல்லாதிறது, (*id.* ஆகிறது),
இலநட்டம், poivre.
இளங்காடுதரிசு, terre laissée 10 ans en friche. [ன்றை.
இளசாட்சகம், l'arbrisseau கொ
இளஞ்சி, la plante சுழுக்கத்தி.
இறஞ்சி, indigotier.
இறத்தி, l'arbre இத்தி.
இறலி, l'arbre மருது, l'arbrisseau கொன்றை, [தணா.
இறும்பியாள், la plante கையாந்
இறுநாகம், l'herbe இலாமச்சை.
இறை, manguier.
இனும்தார், P. இனாந்தார், (இனாம்), possesseur d'un inâm,— d'un mâniam, *i.e.* d'une terre sans impôt.
இனுயத்துநாமா, (*arabe*), certificat, concession par écrit, billet d'exemption.
இன்சாப், (*arabo*), justice, décision.
இன்றுலே, V. இலைக்கள்ளி.
இன்றுசியார்க்காய், fève de St. Ignace, noix du strychnos ignatier des Philippines.

ஈகை, ஈக்கை, ஈங்கு, l'arbrisseau புலித்தொடக்கி.
ஈமம், l'arbre பாதிரி.
ஈமவாசி, le roseau, வசம்பு.
ஈயக்கொடி, l'arbrisseau புலித்தொடக்கி.
ஈயம், l'arbre பாதிரி.
ஈயவசி, la plante பெருமருந்து.
ஈவை, l'arbrisseau புலித்தொடக்கி, gingembre vert, la plante சுஞ்சிலி.
ஈரம், ஈர், canne à sucre dite கரும்பு.
ஈழம், ஈனம், l'arbrisseau கள்ளி.
ஈனத்தூசர், l'arbrisseau கொன்றை.
உகவல்லி, la plante நாகமல்லி.
உகினம், உகின், manguier aigre.
உக்கிரசவா, உக்கிரச்சுரவார், la plante ஆதொண்டை.
*உக்கிராரம்பம், (உக்கிரம், ஆரம்பம்), bruit terrible.
உக்கும், உக்கூம், (*arabe*), permission, ordre: உக்கும்நாமா ordre par écrit.
உசிதம், la plante நெருஞ்சில்.
உசூர், (*arabe*), présence:— கச்சேரி bureau de collecteur ou de receveur..., tribunal de magistrat...
உச்சவிசை, (உச்சம், இசை), le dessus (en musique).
உச்சிமல்லிகை, V. ஊசிமல்லிகை.
உடக்கு, écrou, trou de vis. [change.
உடன்மாற்று, (உடன்), troc, é-
உடுக்கை, tenon, queue d'aronde.
உடுபாதகம், palmier.
உடைகொசல், l'arbre வேலமரம், acacia. [duit entier d'une terre.
உடைவாரக்குறிப்பு, note du pro-
உட்சிட்டு, (உள், சிட்டு), convention privée,— secrète, billet sous seing privé. [டுக்கை.
உட்டிரம், la plante தேள்க்கொ
உண்டேல், P. உண்டானால், s'il est, s'il y a, s'il se fait.
உண்டாத்தம், l'arbrisseau கள்ளி.
உண்டி, mandat, lettre de change, billet à ordre.
உண்ணம், l'arbuste ஒடைமரம்.
உதகவன், உதாசனன், l'arbrisseau கொடிவேலி.
உதிரமாகாளி, la sanguinaire et fameuse Kâli, vampire.
உதிரமுறிப்பான், P. உதிரமுறிப்

பான், la plante விஷ்ணுகரந்தை.

உதிரக்குடோரி, உதிர்க்குடோரி la plante கருடன்கிழங்கு.

உதிர்வேங்கை, P. உதிரவேங்கை.

உதும்பரம், l'arbuste செவ்வ[த்தி].

உத்தம், vigne, treille.

உத்தம்பரி, coriandre.

*உத்தராயமம், (உத்தரம், அயமம்), déclinaison septentrionale.

உத்தவாணி, la plante கண்டங்க

உத்தாலம், l'arbre நறுவிலி. [த்தரி.

*உபகிராமம், (உப), hameau ou village qui dépend d'une ville, fau[bourg.

உபகுல்லியம், poivre long.

உபதாசம், palmier.

உபயம், accomplissement d'une cérémonie dans une pagode entreprise par un particulier.

உபராஜிதம், l'arbre சிற்றகத்தி.

உபாசல், (*sanscrit*), secours, aide, assistance.

உபவனம், l'ortie காஞ்சொறி.

*உபவேதம், (உப, வேதம்), vêdas secondaires ou inférieurs; il y en a 4. V. *au mot* வேதம்.

உப்பட்டி, faisceau d'épis.

உப்பிலி, (உப்பு, இலி), qui est sans sel, l'arbrisseau புலித்தொடக்கி.

உமதகி, chanvre.

உமா, l'arbrisseau குன்றி.

உமியம், la plante வசம்பு, acorus.

உமேது, (*persan*), attente, espérance.

உம்பல், l'arbrisseau குமிழ்.

உம்பளிக்கை, terre ou village donné en mânian, *i. e.* possédé sans impôts.

உயிர், l'herbe இலாமச்சை.

உரக்கம், P. உரொக்கம், argent comptant. [place de la poitrine, sein.

*உரத்தலம், உரஸ்தலம், (உரம்),

உரப்பம், assa-fetida.

உரம், engrais, fumier.

உரிசி, P. உருசி.

உரித்திரம், safran, l'arbre மாதுரு, citronnier. [மஞ்சள்.

உருக்குவட்டு, boule de mélasse avec de la chaux. [டி), V. தமரகவாயு.

உருத்திரவாட்டி, (உருத்திரன், ஆட்

உருவாரசம்மட்டி, la plante விழி,

உருவுதடம், nœud coulant, filet.

உருவை, le jujubier சூரை, la plante épineuse முள்ளி.

உரோசனம், le cotonnier épineux முள்ளிலவு.

*உரோதம், (rôdha), siége, blocus.

உரோதனி, petite ortie dite சிறு காஞ்சொறி.

உலங்காத்தான், உலங்காரிணை l'indigotier அவிரி.

உலகுலம், V. திரிபலை.

உலாகுமம், உலாகுளும், உலாங்கம், l'arsenic மனோசிலை.

உலாங்கு, l'arbrisseau சிறுபீரபை.

உலாங்குலி, l'herbe காவட்டம்புல்.

உலாமா, l'arbre கச்சமரம்.

உலிமனி, la plante நாயுருவி.

உலுவம், fenugrec dit வெந்தயம். [ரம்.

உலுவா, la plante பெருஞ்சீ

*உலூகலகம், (ouloûkhalaka), la racine குங்கிலியம். [சடாமாஞ்சி.

*உலோமசம், (lômasa), la plante

*உலோகாபவாதம், (உலோகம், அபவாதம்), censure du monde, mauvais renom.

உவா, l'arbre உகாமரம்.

உழவுடைமாடு, (உழவு, உடை), bœuf de labour.

உழவுடைவாரம், (*id*), part des cultivateurs, — des habitans.

உழுதுண்பான்காணி, terre de mirasdar exempte d'impôt.

உழற்சி, *n. v. de* உழலுகிறது, tour, tournoiement, tourbillon.

உள்க்குடி, (உள்), habitant natif de l'endroit.

உள்ச்சிட்டு, (உள்), V. உட்சிட்டு.

உள்ளாமீன், le poisson dit தேளிவாய். [corruption.

உறளுற்றம், odeur rance, — de

உற்கு, P. உனக்கு, à toi.

*உற்பலம், la plante கோஷ்டம்.

உன, P. உன், de toi, ton, ta, tes.

உன்மத்தரு, உன்மத்தி, la plante குறிஞ்சா, asclepias.

உன்னம், la plante அழிஞ்சில்.

ஊகம், la plante ஊமத்தை.

ஊக்கூடம, (*arabe*),ordre. [stérile.
'ஊஷரபூமி, (ஊஷரம்), terrain
ஊத்தாம்பெட்டி, ஊத்தாம்பிள்ளை, P. ஊற்றும்பெட்டி, vessie.
ஊட்டு, *n. v. imp. et part.de* ஊட்டுகிறது, action de nourrir...;—மறந்தகன்று veau sevré.
ஊமியர், la plante சிறுபூளை.
ஊரண்டிஞர், la plante கள்ளி.
ஊர்வரப்பன், le concombre வெள்ளரி. [qui provient d'une source.
ஊற்றுக்கால், (ஊற்று), ruisseau
எங்ஙன்,l'arbre அழிஞ்சில். [sable.
எக்கல், monceau de terre ou de
எச்சிற்றழும்பு, (எச்சில்),dartre.
எட்டிகம், les plantes சித்தில்,கிலி
எண்மை, (எண்), huitaine. [த்தி.
எதளா, tamarinier.
எதிரிடைப்பட்டயம், billet de décharge, contre-billet d'affermage.
எதிர்ச்சட்டம், (எதிர்), cadre—, montant—, rebord—,règlement opposé.
எதிர்த்தாக்கம்,எதிர்த்தாக்கு,(*id.*), rebondissement, rebond, répercussion. [dir, repousser, répercuter.
எதிர்த்தாக்குகிறது, (*id.*), rebon-
எதெது, (எது *répété*),tout ce que, quelque chose que.
எமதாகம், la plante ஊமத்தை.
எரி, la plante கொடிவேலி.
எரிநீர், eau forte,— qui brûle, acide nitrique. [dit கோரை.
எருவை, racine bulbeuse du jonc
எலித்துருமம், l'arbre தான்றி.
எலிபாகம், எலிப்பாலை,எலியால், ricin sauvage dit காட்டாமணக்கு
எல்லை, P. எல்லை borne, limite: —த்தகராறு,—த்தகரார்,—விவகசிகம் opposition—,dispute—, procés au sujet des limites.
எல்லம், gingembre vert.
எல்வை, P. எல்லை,borne, limite.
எழுகு, P. எஃகு,acier.
எழுதா, l'arbrisseau கொடிவேலி.
எழுவர், (எழு), sept personnes.
எழுவு, V.வளோதடி. [ment?.
என்னென்று,quoi?pourquoi?com-
ஏகபோகம், (ஏகம்), registre des terres d'un village au nom d'un seul habitant.

'ஏகதேசி,(*id.*தேசம்),compatriote.
ஏகம்,poivre long dit திப்பிலி.
ஏகூடன், (*mahratte*), totalité, entier. [தூரம்.
ஏகிடாவகம், réglisse dite அதிம
ஏகண்கோணம், octogone, angle obtus. [pour garder les moissons.
ஏதண்டை, échaffaud, cabane
ஏதெது,ஏதேது, quoi que ce soit.
'ஏமபுஷ்பம், (ஏமம்), rose de Chine,les arbres அசோகு et சண்பகம், la plante பெருன்முல்லை.
ஏமல், V. முதிரை.
ஏமவதி, le fruit கடுக்காய்.
'ஏலம், l'arbrisseau சங்கு, l'herbe சடாமாஞ்சி.
ஏலா, grand—, cardamome.
ஏஜு, l'arbrisseau சங்கு. [தாகம்.
ஏவாலகணம், la plante அசம
ஏறுபடுகிறது,être cicatrisé,avoir une flétrissure, être monté.
ஏற்றுண்டாக்கோல், (ஏற்று), perche d'arpenteur en usage dans le district de Trichinopoly. [tagone.
ஐங்கோணம்,ஐம்புசி, (ஐம்), pen-
ஐசிலம்,l'arbre சிறுநாகம் [vante.
ஐந்தாசால், (*persan*),l'année sui-
ஐபலி, le fruit dit கடுக்காய்.
ஐலந்தாலம், palmier.
ஐவஜு, ஐவேஜு, (*arabe*), substitut, remplaçant, en place de.
ஒக்கம், la plante அசமதாகம்.
ஒசிதம், l'aloès dit கற்றாழை.
ஒப்படி, (ஒப்பு. அடி), la fin de la moisson,l'action de battre le grain, d'en faire fouler la paille aux pieds des animaux.
ஒப்பூசை, office pour les morts.
ஒமை,manguier.
ஒய்வனம், nourriture.
ஒருபூ, (ஒரு), une récolte.
ஒருபோகு,espèce de vers dits aussi மயங்கிசைக்கொச்சகக்கலிப்பா.
ஒலி,l'arbrisseau கொடிவேலி.
ஒற்றி, hypothèque,— d'un bien-fonds.
ஓடம், l'arbre செங்கருங்காலி.
ஓதுவிப்பாள், *n. app. de* ஓதுவிக்கிறது, maitresse d'école, celle qui
ஓமி, V. நெஞ்சன். [fait lire.
ஓற்பலம், le cotonnier சேங்கு.

கஜுரவித்தம், la plante வெட்ப-
பாசி. [tisan.

கக்ஷி, (கட்சி), homme de parti, par-

கசகன்னி, la plante வெருகு, ou

கசக்கம், l'arbre பீநாறி. [arum.

கசம், source.

கசர், surplus, gain dans l'échange des monnaies: — பாபத்து, (*arabe*), balance (non déboursée ou non payée) d'un compte autorisé, profit dans le change.

கசாலா, (*arabe*), embarras, détresse.

கசாநு, (*id.*), trésor, — public.

கசுபா, (*id.*), village principal, chef-lieu (de district ou de canton...)

கசேருகம், l'arbre தமரத்தை.

கச்சனர், la lentille dite கொள்ளு.

கச்சம், l'arbre உலமா.

கச்சாவசூல், (*arabe*), recouvrement de ce qui avait été dilapidé ou dissipé.

கச்சி, l'arbrisseau கிள்ணி. [ம்.

கச்சோலம், la plante கடாமாஞ்சி

கஜானா, (*arabe*), trésor public.

கஜான்ஜி, (*id.*), trésorier.

கஜ்ஜியா, (*pers.*) querelle, dispute.

கஞ்சம், le basilic துளசி.

கஞ்சுகம், l'arbre முருக்கு, la plante சிவிந்தி.

கடவுமரம், (கடவு), tourniquet.

கடற்றவளை, grenouille de mer.

கடன்றியாகி, (தியாகி), créancier.

கடிச்சவாய்துடைச்சான், l'ortie காஞ்சொறி.

கடியடு, la plante சிற்றரத்தை.

கடினிதல், கடினிப்பு, (கடினம்), durcir, endurcissement.

கடு, la plante épineuse முள்ளி.

கடுதித்தா, la moutarde blanche வெண்கடுகு. [கணி.

கடுவிதித்தம், l'ellébore கடுரோ

கடேசியம், l'arbre மரமஞ்சள்.

கட்சிக்காரன், homme de parti, partisan. [பூண்டு.

கட்டாரி, la plante எழுத்தாணிப்

கட்டாவணி, கட்டாவு, (*ind.*), moisson, coupe des blés.

கட்டு, lien...: — விடை, —க்கிடை marchandise—, objet endommagé, — gardé ou retenu jusqu'à ce qu'il soit endommagé; — த்தொகை grande somme, total entier, — général; — ப்படியிறும், terre très-faiblement taxée, — imposée légèrement, — imposée pour la forme.

கட்டுரை, espèce de strophe.

கட்பலம், l'arbre தான்றி.

கணக்கன்மானியம், terre exempte d'impôt ou mâniam de Kanaken, *i. e.* de teneur de comptes ou d'écrivain de receveur.

கணக்குச்சுருணை, paquet de comptes écrits sur ôles par l'écrivain susdit. [முல்லை.

*கணிகை, (ganika), le jasmin

கழை, canne à sucre.

கண்காணம், garde des champs et du produit en faveur du gouvernement...

கண்ணகி, 1° femme du marchand கோவலன். 2° *P.* கண்ணகை.

கண்டதிப்பிலி, poivre long du Bengale. [l'œil, la plante முள்ளி.

கண்டலம், (தலம்), l'endroit de

கண்டி, *V.* சிறுகிளை.

கண்டுமுதல், produit, — actuel: —கம்மி, diminution du produit au-dessous de l'estimation.

கண்டூரம், la plante பூனைக்காலி.

கண்ணாறு, (கண், ஆறு), ruisseau d'irrigation de rizière. [க்கிரட்டை.

கண்ணீர்நடுக்குறை, la plante கு

கதம்பாகி, l'arbre தேற்றுமரம்.

கதிபதி, (பதி), principal cultivateur, — fermier.

கதிர்மடங்கல், les épis se courber, — se plier, approche de la moisson.

கத்திரியம், la plante ஆடுதின்னாப் பாலை.

கத்திருணு, la plante நிலவேம்பு.

கத்தகட்பலம், l'arbre தான்றி.

கத்தசுக்கிலம், la racine அதிவிடையம்.

கத்தம், le jonc வசம்பு, calamus.

கத்தருவா, ricin.

கத்தாத்திரி, l'arbre தேக்கு.

கத்தாயம், portion déterminée d'une taxe payable à un temps pré- [cis.

கத்தை, *V.* கறளை.

கபர், (*arabe*), nouvelle.

கபாடக்கட்டி, le jonc வசம்பு.
கபித்தனம், l'arbre வாகை.
கபூல், (*arabe*), consentement, approbation: கபூலேத்து,(*id.*), consentement par écrit.
கப்பாத்து,(*de chapon*),castration: — கோழி, — சேவல் chapon.
கமரதம், la plante மணித்தக்காளி.
கமாமிசு,(*persan*), affaire,occupation.
கமி, poivre.
கம்பத்தம், agriculture en grand.
கம்மத்தம், concession d'un village pour les menues dépenses d'une épouse...,pour la dépense du bétel...
கம்மாய்,étang.
கம்மாறு,*P.* கைம்மாறு, récompense,troc, échange.
கம்மி,(*pers.*),diminution,manque.
கயத்தம், le basilic துளசி.
கயிமனாறு, le jonc வசம்பு.
கயிற்றளவு, mesure d'une corde, manière ou action de mesurer avec une corde un tas de sel ou de grain.
*கரகம், le grenadier தாதுமாதுளை.
கரசம், l'arbrisseau புலித்தொடக்கி.
கரஞ்சகம், l'arbre புன்கு.
கரணம், teneur de comptes—, écrivain de receveur de village.
கரம்நரம்,(*pers.*), chaud et doux, — et frais.
கரமம், l'arbre வெள்ளைக்கடம்பு.
கரார், (*arabe*), accord, contrat, certitude, vérité, réalité.
கரிவன்னி, l'arbre வெருகு, arum.
கரிசணம், la plante பொற்றலைக் கையாந்தகரை [*i.e.* de grosse espèce.
கரித்திப்பிலி, poivre long d'éléphant,
கரீரம், l'arbre கருவேல், acacia arabica.
கருகூலம், salle du —, trésor.
கருங்காலி, l'arbre கட்டி.
கருநாசம், l'arbuste கொடிவேலி.
கர்ச், (*arabe*), dépense, déboursement.
கர்ணம், *V. ci-dessus* கரணம் *et* [கருணம்.
கர்ணன், *V.* கருணன்.
கர்நாடகம், le Carnatique.
கர்ணிகம், (கர்ணம், ika), emploi —, office de teneur de comptes ou d'écrivain de receveur de village.
கலங்கல், écluse, aqueduc, canal.
கலப்பை, charrue (avec ou sans le joug).
கலம்பி, l'herbe கொத்துப்பசளை.
கலால், (*arabe*), liqueur (fermentée ou distillée); — தீர்வை impôt sur les liqueurs spiritueuses...
*கலிகம், (kalika), courlis, l'arbre [வன்னி.
*கலிசாத்தன், கலிசாப்பன், (கலி, சாத்தம்), (surnom de) Sâlivâhana.
கலிங்கம், poivre.
கலிங்கல், écluse, aqueduc, canal.
*கலிமாரகம், (kalimâraka), l'arbrisseau சிறுதுப்பை.
கலிமாலகம், l'arbre அகில், agalloche.
கலினை, la lentille கொள்ளு.
கலீரம், l'arbre முருக்கு.
கலேயகம் safran.
கலைப்பு, action d'éclaircir les plantes, —le riz semé... [மிட்டி.
கல்முரசு, *P.* கன்முரிசு, l'arbre கபி
கல்லுகம், l'arbre பெருவாகை.
கல்லுவி, (கல்லு, உவி), l'arbrisseau பேய்க்களா, carissa sauvage.
கல்லுருவி, le gui புல்லுருவி.
கவலை, machine pour l'irrigation dite கவலையேற்றம்.
கவித்தம், l'ellébore கடுரோகிணி.
கவியங்கம், கவுடதம், la plante வெட்பாலை. (வி.
கவிரோமம், la plante பூனைக்கா
கவிழ்ந்துகொள்ளுகிறது, se renverser, se courber...
கவுல், — நாமா, accord, contrat, document qui montre à quelles conditions une terre a été accordée ou affermée. [cent feuilles de bétel.
கவுளி, le quart d'un paquet —,
கவை, l'arbre அகில், agalloche.
கழலசபு, le concombre பீக்கு.
கழற்சுபதம், la plante அதிவிடயம்.
கழாய், l'aréquier கமுகு.
கழாய்வனம், *V.* திருக்கை.
கழு, tourbe.
கழுசி, la plante சித்திக்.
களசுவேதம், la plante அதிவிடயம்.
களஞ்சியப்பாழ்வாசி, perte —, dégât dans un grenier.

களத்துமேடு, (களம்), aire (pour battre le blé), hauteur qui sert d'aire.

களநடை, (*id.*), usage de l'aire, compte qui règle ou montre la part du cultivateur dans le produit de la récolte, celle du gouvernement, et ce qu'on donne aux serviteurs du village.

களப்பிச்சை, சுவாசம், aumône de l'aire salaire en nature donné aux serviteurs de village.

களர், l'arbre மகிழ்.

கள்ளன், détente d'un fusil.

கள்ளாம்பல், nénuphar blanc.

கறிக்கை, *n. v. de* கறிக்கிறது, manducation.

கறியாமணக்கு, le papayer பறங் [கியாமணக்கு.

கற்காணம், le cumin noir கருஞ் [சீரகம்.

கற்கிட்டம், *V.* பறிக்கல்லு.

கற்பிப்போன், *n. app. de* கற்பிக்கிறது, celui qui enseigne ou prescrit, maître d'école.

கற்பூரம், la plante பொன்னாங் [கண்ணி.

கனகமிளகு, poivre long.

கனகாரியம், la plante ஊமத்தை.

*கனதை, (கனம், tâ), gravité, pesanteur, importance, respectabilité.

கனலி, l'arbrisseau கொடிவேலி.

கனவட்டம், (கனம்), nom titulaire du cheval des rois Pandiers.

கனவுமூலி, la plante விஷமூங்கில்.

கன்றிப்பு, colère.

கன்னவசம், *V.* சிறுகீரை.

கன்னிகம், la plante மணித்தக் [காளி.

காசநாசி, la plante பாற்சொற்றி.

காசசி, le poivre long திப்பிலி.

காசிரோத்தம், les plantes ஆடுதின் றப்பாலை, et வறட்சுண்டி.

காச்சி, la plante légumineuse [துவரை.

காசுசவாரி, காசிலிவாரி, (*pers.*), tournée ou voyage d'un noble, d'un haut personnage.

காடாரம்பம், (காடு, ஆரம்), village dont les champs sont en grande partie des terres à menus grains, (et dépendent de la pluie pour la cul- [ture).

காட்டுவாழை, bananier.

காட்டுவெள்ளரி, coloquinte.

காணிக்காரன், propriétaire, *ou* காணியாட்சிக்காரன், propriétaire par droit d'héritage.

காண்டம், la plante சீந்தில்.

காத்தண்டு, (கா), perche dite காவடி pour porter des fardeaux sur l'épaule.

காத்தாளிசம், l'arbrisseau சின் [னி.

காபத்து, patronage.

காமில், (*arabe*), homme habile, adroit.

*காமலை, காமலம் (kâmalâ, — [la), jaunisse.

காமூசா, (*arabe*), certainement, positivement.

காமூகாரி, (*id.*), travail, répara- [tion.

காம், (*ind.*), village: — காம்சேர், (*id.*), maisons dans un village: — காமேவார் chaque village, colonie, établissement, délimitation et étendue de la culture dans les villages; — ஜமாபந்தி *ou*

காம்வார், காமவார், (*id.*), établissement d'un village.

காம்பீரம், le citronnier முசுக்கு.

காம்போதி, l'arbrisseau குன்றி.

காம்போசி, la plante குதிரைவாலி.

காயம், (*arabe*), fixé, rendu permanent: — ஜமாபந்தி établissement permanent.

காயிதா, (*id.*), règle, coutume.

காராவேசர், (கார், ஆவேசர்), trombe.

காரி, l'arbrisseau ஆவிரை.

காரியதரிசி, (காரியம்), homme d'affaires, secrétaire.

காருபாரி, (*ind.*), administrateur, inspecteur, officier, délégué.

காருநாசி, les plantes புடலை, et கறிப்புடோல்.

காருண்ணி, la plante ஆடுதின்னாப் [பாலை.

கார்க்கோன், (*pers.*), employé ou receveur subalterne sous un Tâsildar de district.

கார்பாரி, (*pers.*), surintendant, [agent, directeur.

காலசம், noix de l'arbre சேரான் dite சேங்கொட்டை.

காலாவதி, (காலம், அவதி), saison, temps propre pour commencer la culture.

காலான், (கால்), quart d'ouvrier, petit garçon qui ne fait que le quart de l'ouvrage d'un bon ouvrier dit [முழாள்.

காவத்து, patronage.

காவல், garde: — மானியம் terre sans impôt —, mâniam de gardien dé village ou de garde-champêtre; —மிராசு droits du gardien, privilégés accordés aux gardiens de villages ou de champs.

காவற்பண்ணை, V. செம்பண்ணை.

காவிந்து, (pers.), maître, celui qui emploie.

காவிளை, l'arbre நொச்சி.

காவீரம், le laurier அலரி.

காளம், l'indigotier அவுரி.

காளவாய், (காளம்), four, four

காளி, le concombre கக்கரி. [naise.

காறடி, l'arbrisseau மருக்காரை.

காளத்தேறு, le safran மஞ்சள்.

காளாஞ்சாரி, la plante நன்னாரி.

காவிவிந்திரன், காவிலை, la plante கொடிவேலி.

காநேஷுமாரிக்கணக்கு, (pers.), recensement, compte de la population.

கிஞ்சபன்னி, le gui நாயுருவி.

கிஞ்சம், manguier aigre.

கிடைப்பாடானவன், (கிடை, பாடு), homme alité, perclus, cul-de-jatte. [(pour engraisser la terre).

கிடைமாடு, (id.), bestiaux parqués

கிஸ்தி, கிஸ்து, (arabe), paiement réglé, — à terme, atermoiement, taxe: கிஸ்திவசூல், perception des taxes (fixées ou à terme...)

கித்துள், le palmier கூந்தற்கமுகு. [tage, gain, surplus.

கிபாயத்து, (arabe), profit, avan-

கிரயசாசனம், (கிரயம்), acte —, billet de vente.

கிராமகோசம், (கிராமம்), registre des terres d'un village.

கிராமகணக்கன், (id.), Kanaken ou écrivain du receveur d'un village

*கிராமம், gamme.

*கிரிசரன், (கிரி), montagnard.

*கிரீஷ்மம், (grichma), la chaude saison.

*கிருட்டிணசீரகம், cumin noir.

கிருட்டிணதுளசி, le basilic துளசி.

கிரோ, (pers.), gage, caution, hypothèque. [d'un fort.

கில்லேதார், (id.), commandant

கிள்ளி, nom titulaire d'une ancienne dynastie de உறையூர்.

கிறுத்துவம், l'agalloche அகில்.

கினாரா, (pers.), côté, bord, rivage.

கின்னரன், (கின்னரம்), joueur de luth.

கீசரி, l'arbrisseau திருக்கொன்றை.

கீதவம், la plante ஊமத்தை.

*கீதை, livre, chapitre, chant.

கீழ்ப்போகம், récolte —, culture —, légumes qui viennent sous d'autres productions. [குவளை.

குக்கிலிகம், le concombre வாலு

குசூர், (arabe), manque, défaut,

*குஷ்டம், V. குட்டம். [défectuosité.

குடக்கனி, l'arbre கருக்காலி.

குடசப்பாலை, l'arbrisseau வெட்

குடமணம், cumin noir. [பாலை.

குடி, habitant: — குடிக்கட்டு, total des habitans: — க்காணியாட்சி héritage, — d'habitant, patrimoine; — மிருப்புநத்தம் maisons et terres de mirasdars, — exemptes d'impôts.

குடிரம், 1° l'arbrisseau காளை. 2° ou

*குடேரம், (koutira, — tèra), hutte, cabane.

*குட்டம், l'arbrisseau கோஷ்டம்.

குண்டுகோலை, limite d'une ville principale.

குதிரைமுகம், visage de cheval, chaussée en bois, — garnie de pieux.

குத்தகை, contrat, — d'afferma-ge. [ren ou சோழன்.

குட்டுவன், la dynastie du roi Sê-

*குத்தாலம், (kouddâla), l'arbre காட்டாத்தி, bauhinia variegata.

குத்திச்சேவகன், pion ou soldat qui garde un trésor.

குத்தசிக்கம், V. குந்தசிக்கம்.

*குபேரம், குபேரகம், (kouvèra, ka), l'arbre கின்னி.

குப்பக்காடு, hameau, village ou bourg dans les bois ou dans la campagne.

குப்பைவரி, (குப்பை), litt. impôt du fumier, — sur les maisons.

குமரகம், l'arbre மாவிலங்கு.

குமக்கு, குமுக்கு, கும்மக்கு, (persan, koumak), aide, assistance, main-forte, bruit.

குமாஸ்தா, (id.), agent, assistant natif, clerc, teneur de comptes.

குமுனி, le basilic துளசி.

*குய்யபீசகம், l'arbre எட்டி.
குரங்கம், l'arbre எட்டி.
குரங்கு, la plante முசுமுசுக்கை.
*குரண்டம், 1° P. குரண்டகம். 2° (kouranda), gonflement du scrotum, hernie, hydrocèle.
குரம்பு, canal d'irrigation qui vient d'une rivière pour arroser les champs. [ன்றி.
குருசம், la plante வெண்டோ
குலத்தம், la lentille கொள்ளு.
குலம்பம், la courge amère பேய்ச்சுரை.
குலாதனி, l'ellébore கடுரோகிணி.
குலாம், (pers.), esclave.
குலேசமி, la plante வெள்ளறுகு.
குல், (arabe), totalité, total, tout, entier: — சாகுபடி la culture entière; — தொகை total, somme totale; — பேரிஜு le revenu total, — entier.
குவரிகுண்டல், le concombre வசாதுறுவை. [enivrante கஞ்சா.
குவலை, le basilic துளசி, la plante
குழலாதொண்டை, V. சிக்கோழி.
குறுநல், P. குறுநெல், gruau de riz, riz concassé.
குறைநரம்பு, (குறை), luth qui a moins de 7 cordes.
*குனசகம், (கு, நாசம்), la petite ortie சிறுகாஞ்சொறி.
குனசம், l'arbrisseau குன்றி.
*கூசமாண்டம், P. கூஷ்மாண்டம், கூஷ்மாண்டகம், citrouille.
கூடற்கோமான், le roi பாண்டியன், épithète des rois de sa dynastie.
கூதம், V. கூதாளி.
கூந்தற்பூகம், V. கூந்தற்கமுகு.
கூமனை, le cotonnier கோங்கு.
கூர்ச்சேகரம், cocotier.
கூளம், chanvre.
கூழம், கூழு, le sésame எள்ளு.
கெசராசி, l'arbrisseau பூலா.
கெசகன்னி, l'arbre வெருகு arum.
கெசாமுட்டி, l'arbre எட்டி.
கெச்சம், le jasmin முல்லை.
கெந்தகம், la moutarde de chien dite நாய்வேளை. [லை.
கெந்தனம், la plante கோடகசா
*கெந்தசாட்சதை, (கந்தம், அக்ஷதை), riz safrané et parfumé.

கெந்திகம், la plante பாம்புசெ
ல்வி. [ப்பாலை.
கெந்திபரம், la plante ஆடுதின்னா
கெந்திவாருணி, la coloquinte பேய்த்திமிட்டி. [ணம்.
கெவசி, la plante வெள்ளைக்காக்க
கெவுரா, le basilic துளசி.
கெவ்வியம், la moutarde de chien நாய்வேளை.
கேந்தகம், la plante கோடகசாலை.
கைகை, la plante நாஷை [தெட்டி.
கொக்கேசி, கொக்கேதி, la plante
கொங்கணர், (கொங்கு), le roi de Congou ou du Maléalam.
கொச்சி, la plante qui donne le piment dit மிளகாய். [பேரத்தி.
கொடாலவம், la plante வெண்
கொடி, signe du prétendu gardien de l'est, c'est la foudre, drapeau représentant la foudre.
கொடுங்கை, extrémité triangulaire d'un toit en pente.
கொட்டம், malice, méchanceté: — செய்கிறது faire le méchant, — des malices.
கொருடன், la plante கொரண்டை.
கொல்லிவெற்பன், épithète du roi சேரன் et de sa dynastie.
கொவ்வித்தம், la plante épineuse செம்முள்ளி.
கொளீஇ, P. கொண்டு, gér. de கொள்ளுகிறது; கொளீஇனேன், கொளீஇய, P. கொண்டேன், கொண்ட.
கொள்ளி, la plante எருமைநாக்கி. [ருள்.
கொற்றவன், la plante முடக்கற்
கோகருணி, V. பெருங்குரும்பை.
கோசிலம், la plante சிறுகுறிஞ்சா.
கோசரம், l'arbre மகிழமரம்.
கோணக்கிறுக்கி, la plante சிற் [ரத்தை.
கோசணி, figuier.
கோத்தனிகை, P. கோத்தனி.
கோத்திரை, la coloquinte பேய்க்கொம்மட்டி.
கோமயம், (கோ), bouse de va- [che.
கோரங்கம், l'arbre நெல்லி.
கோலா, le poivre long திப்பிலி.
கோவணி, l'arbre ஆத்தி.
கோழி, la racine பன்றிக்கிழங்கு.

le paspale வரகு:—க்கால், V. கொடிய
வேள், l'herbe காவட்டம்புல்.[ரசு.
வெள, la lentille வெள்ளு.
வெளிலம், la résine குங்கிலியம்.
*சகந்திரவீரியம், (சகஸ்திரம்), chiendent.
*சகன், (saka), Sace ou Scythe.
சகாந்தகன், (சகன், அந்தகன்), destructeur des Scythes, *i.e.* Salivahana. [isme.
சகந்துவாதம், (சகந்து), panthé-
சகந்துவாதி, (*id.*), panthéiste.
சகாதேவி, la plante சிதேவி,
சகியம், manguier, safran, la plante திலப்பனை. [கு.
சகுலாட்சம், la plante வெள்ளறு
சகுலாதி, l'ellébore கடுரோகிணி.
சகோரம், la plante செம்பரத்தை.
சக்கரம், le concombre பீர்க்கு.
சக்கிறகாரம், l'arbuste புளித்
தொடக்கி. [ணி.
சக்கிறபுட்பி, la plante குப்பைமே
சக்கிறம், le figuier அத்தி, la plante நகனா. [க்கை.
சக்கிறவாதடம், l'arbre செம்புலி
சக்கிறுங்கி, l'ellébore கடுரோகி
ணி. [imaginer.
சங்கற்பித்திறது, représenter,
சங்கினி, l'arbre மீசைவினாத்தி.
சங்கு, l'ellébore கடுரோகிணி.
சங்குநிதி, l'arbrisseau கிலுகிலு
சங்கபதி, ricin. [ப்பை.
சசாதிபேதம், (ச, சாதி), différence dans son genre ou son espèce, *v. g.* d'arbre à arbre.
சசாபம், la plante சிறுதன்னுதி.
சசுபம், l'arbre அசோகு.
சஞ்சிவன், manguier.
சடிலம், l'herbe சடாமாஞ்சி.
சட்டால், l'arbre வில்வம்.
சட்டி, nénuphar.
சட்டை, la plante தைவேளை.
சணுவு, la plante கையாந்தகரை.
சதவீயம், la plante வெள்ளறுகு.
சதுரம், le cactus சதுரக்கள்ளி.
சத்திராட்சி, la plante அரத்தம்.
சத்ருனு, l'arbre வேங்கை.
சந்தாமப்பம், la plante எருக்கு.
*சந்திரகாம்புயம், *P.* சந்திரகாம்புயம், (சந்திரகம், அம்புயம்), nénuphar blanc.

சமங்கை, சமனம், la plante தொட்டாற்சுருங்கி.
சமாபத்தி, *V.* ஜமாபத்தி.
*சமயி, (சமயம்), sectateur.
சமாது, la plante ஊமத்தை.
சமீரணம், le citronnier கடாரை.
*சமுஸ்தானம், (samsthana), *V.* சமஸ்தானம்,
*சமுஸ்தானபதி, prince, chef: சமுஸ்தானாதிபதிகள் princes, courtisans, chefs, seigneurs, les grands.
சமுத்திரசத்தி, *V.* ஆரல். [ortie.
*சமுத்திராந்தம், cotonnier, petite
சமூர், l'arbre சவண்டிலை.
சம்பகி, l'arbre தேக்கணம். [மற.
சம்மியாகம், l'arbrisseau கொன்
சயந்தி, சயா, l'arbre வாதமடக்கி.
சயிக்கர், l'arbre அரசு.
சயிலங்கமலை, l'herbe இருவேலி.
சயினி, poivre long.
சரசம், l'arbre தேக்கு, teck.
சரமண்டலம், சரமண்டலி, espèce de cent-pieds très-vénimeux.
சரக்கிறு, la plante குறிஞ்சா.
சரமதசை, (சரமம்), moment de
சரளம், la plante சிவதை. [la mort.
சராசனம், l'arbre அரசு. [juste.
சரிகோணம், (சரி), angle droit,—
*சலபு, சலப்பிலி, சலபிப்பிலி, (சலம்), la plante commelina salicifolia. [jet d'eau, trombe d'eau.
*சலஸ்தம்பம், சலத்தம்பம், (*id.*),
சலமண்டலம், espèce d'araignée dite très-vénimeuse.
சலாகை, latte.
சவளவெள்ளாழர், nom d'une division de la caste des Vellages ou வெள்ளாழர் dite des முதலியார்.
சவுசந்தம், la plante வசம்பு. [கரை.
சவுஞ்சம், la plante கையாந்த
சறுவாதுஷ்டி, la plante சிவதை.
சாகிர், (*persan* djâghir), zâguir, fief, terre, donnée par le gouvernement comme récompense: சாகிர்தார் zâguirdar, possesseur d'un fief, d'une telle terre. [6e Manou.
*சாக்ஷுஷன், (tchâkchoucha), le
சாங்கம், la plante சித்திலம்.
சாஸ்தி, plus, davantage, excès.
சாட்டுவலம், chiendent, l'arbre நாவல்.

சாணிக்கப்பூசி, le concombre
பிர்க்கு. [grossier, —fait dans l'Inde.
சாணித்தாள், (சாணி), papier
சாதர், (*arabe*), arrivée, issue.
சாதலம், la plante திராய்.
சாதல்வாரத், (*arabe*), petites charges accidentelles.
சாதவண்டு, la plante கறிப்புடல்.
சாதவேதா, l'arbrisseau கொடிவேலி. [னாக், l'arbre பொன்குன்னை.
சாமுண்டி, le jonc ou-roseau நா
சாம்பாட்டு, la plante கறிப்புடல்.
சாய், la plante திரட்கோரை.
சாரணம், l'herbe கொடியார்கூ
சாரதர், V. சூதர். [ந்தல்.
சாரம், l'arbrisseau பாலடை.
சாரிபுக்தை, l'arbre எட்டி.
சாரியம், la plante நன்னாரி.
சாலகம், la plante சிறுகுறிஞ்சா.
சாவேயம், V. சிறுதேக்கு.
சாவதயிலம், manguier.
சிகமதம், la plante அரத்தை.
சிகவோசம், l'arbre அகில்.
சிங்கம், l'arbre ஆடாதோடை.
சிங்கி, la plante வல்லாரை.
சிங்கிட்டம், சிங்கிரம், la plante கொடிப்பாலை.
சிங்கிலி, l'arbrisseau புலித்தொடக்கி. [பை.
சிசுரம், l'arbrisseau சிறுசிறுப்
சிசுள், la plante கோடகசாலை.
சிஞ்சுரம், tamarinier. [ப்பை.
சித்தமுகம், l'arbrisseau சிறுசிறு
சித்தி, la plante நிலப்பனை.
சிதேகம், le muscade சாதிக்காய்.
சிப்பாதிமுகி, la plante தைவேளை.
சிமந்தாரி, சிம்பதை, la plante சிறுபுள்ளடி.
சியத்தினி, la plante தக்காளி.
சிரம், ricin, aréquier, l'arbre வாதமடக்கி.
சிரோணி, V. காட்டாமணக்கு.
சிலேடகம், la racine அக்கிரா.
சிலேதம், l'arbre செம்முருங்கை.
சில்வம், l'arbre எட்டி.
சிவதடி, le concombre வெள்ளரி.
சிவந்தாசி, V. செம்பருத்தி. [ரத்தை
சிவந்தவேசை, la plante செம்ப
சிவந்தி, la plante செடிப்பாலை.
சிவமல்லி, l'arbre கொக்குமந்தாரை.

சிவா, le fruit கடுக்காய், les plantes கீழாநெல்லி, பங்கம்பாலை, l'arbre வன்னி.
சிறியகண், (சிறிய), petit œil, l'animal aux petits yeux, *i.e.* l'éléphant.
சிறியமரத்தி, l'arbre சிற்றரத்தை.
சிறியவின்புட்பம், nénuphar blanc.
*சிறீரசம், சிறீவாசம், —பிஷ்டம், —வேஷ்டம், térébenthine.
சிறுவன், la plante சிறுபுள்ளடி.
சிறுவாடு, petite brebis..., pécule.
சிறுவிடு, la lentille கொள்ளு, la plante சண்ணிகொணம்.
சிறு, la plante பங்கம்பாலை.
சின்னி, l'arbrisseau குன்றி.
சின்னீர், (சில், நீர்), bassesse, qualité ou disposition basse, —vile:
சின்னீர, *adj.* vil, méprisable, de basse qualité...
சிதளம், l'arbre சிற்றரத்தை.
சிதாப்பிறியம், la plante வித்துச சட்டைத்தை.
*சீமாதிபதி, (சீமா, அதிபதி), ou
சீமைக்கதிபதி, seigneur —, prince d'un pays, monarque.
சிரசபாடி, l'arbrisseau கோஷ்டம்
சிரம், l'herbe இலாமிச்சை.
சிலகம், cardamome, la plante சிறுநாமப்பாலை, l'arbre வேங்கை.
சீனப்பா, la racine சீனக்கிழங்கு.
*சுகிருத்து, (சு, broud *cœur*), bon cœur, ami. [amitié.
*சுகிருத்தை, சுகிருத்துவம், (*id.*),
*சுகிருதயன், (*id.*), qui a un bon cœur, ami.
*சுகிர்ல்லாபம், ou சுகிருல்லாபம், (*id.* இலாபம்), avantage de l'amitié, 2ᵉ division du பஞ்சதந்திரம்.
சுண்டுகை, chiquenaude.
சுண்டுகிறது, donner une chiquenaude.
சுவர்ச்சி, le cactus சதுரக்கள்ளி.
*சுத்தவான், (சுத்த, வான்), homme pur. [பாலை.
சுமங்கை, la plante ஆடுதின்னாப்
சுபகாமவிகம், சுரமவிகம், l'arbre செருந்தி.
சுரசம், la plante அரத்தை.
சுரபி, la plante தேட்கொடுக்கு.
சுரர்துருமம், le pin சுரதுருமம்.

சுவசம், (சு), bonne santé, bon état, propre condition.

*சுவஸிரு, (svasrou), sœur.

*சுவாரோமுகி, சுவாசரோமுகி, V. au mot முகி.

சுவை, émotions dites நவரசம்.

சுள்ளிவோன், le piment மிளகாய்.

சுரோணிதம், l'arbre அவிச்சை.

சுவிசனம், l'oseille புளியாரை.

*சூத்திரபுஷ்பம், (சூத்திரம்), le coton பருத்தி. [d'entourer.

சூழ்வு, n. v. de சூழுகிறது, action

செஞ்ஞன்றி, P. செய்யுந்நன்றி, bienfait service qu'on rend.

செம்பட்டி, (செம்), செயபரம், l'arbre மரமஞ்சள்.

செரி, P. சேர்ந்து.

செலுதம், racine de cyperus கோரைக்கிழங்கு. [fatigue de la marche.

செல்லச்சொர்கு, épuisement—,

செவ்வியம், rouge de plomb, minium. [முல்லை.

சேச்சை, l'arbre பாலை, le jasmin

சேபாலம், V. செங்கொட்டை.

சோரக்கிறது, voler le trésor public, être coupable de péculat.

ஜட்தி, (télinga), examen.

ஜநாப், (arabe), excellence, altesse, hautesse.

ஜப்தி, (id.), maniement, direction, contrôle, séquestration, attachement.

ஜமா, (id.), collection, somme, total, montant: — பந்தி, règlement —, détermination du revenu, tournée de collecteur. [V. சமீன்தார்.

ஜமீன், (pers.), terre, terrain: — தார்,

ஜரூர், (id.), hâte, précipitation,

ஜவாபு, (id.), réponse. [nécessité.

ஜவாப்நவீஸ், (id.), secrétaire, clerc.

ஜவான், pion, valet. [மீர்தார்.

ஜாகீர், ஜாகீர்தார், V. சாகீர், சா

ஜாடா, (télinga), le tout, totalité.

ஜாட்மாலி, (ind.), balayeur.

ஜாமிதா, ஜாப்தா, V. சாமிதா.

ஜாமீன், V. சாமீன்: — கத்து, billet d'assurance, — de caution.

ஜாரி, (arabe), restauration, retour, remise.

ஜாஸ்தி, (id.), augmentation, accroissement: — பேஷி accroissement du revenu.

ஜாஹிர், (id.) information, avis.

ஜிந்தகி, (pers.), propriété, vie. [ture

ஜிராயத்து, (id.), culture, agricul-

ஜில்லா, (arabe), district, division.

ஜிணுசு, ஜின்சு, (id.), espèce, sorte, biens, articles. [confiance.

ஜும்மா, (arabe), charge, soin,

ஜுர்மானா, ஜுமானா, (id.), amende, peine.

ஜெகீரா, (id.), grenier, magasin—, amas de provisions.

ஜெதன், (ind.), soin, vigilance.

ஜெரீப், (arabe) mesure d'arpentage

ஜோர், (pers.), force, violence.

ஷரா, (arabe), remarque, observation, raison. [se, vin.

ஷராப், (id.), liqueur spiritueu-

ஷஹர், (pers.), cité, grande —, ville. [qui a rapport, interessé à.

ஷாமில், (arabe), renfermé, lié à,

ஹாக்அவால், id.), V. ஆல் அவால்

ஹாவற்ற, non substantiel, non solide, pauvre.

தகரார், (ind.), objection, altercation, dispute, V. தகராறு: — பாக்கி reste dû ou balance douteuse contestée. [rie, prétention.

தகலுப், (arabe), prétexte, trompe-

தக்காவி, (id.), avance, —d'argent.

தக்காளி, tomate, pomme d'amour.

தக்ஸீர், (arabe), faute, culpabilité.

தசகூலி, தச்சக்கூலி, salaire de charpentier, — payé pour faire une charrue...

தஸ்கத், (pers.), signature.

தஸ்தக், (arabe), aumône donnée en grains, lorsqu'on bat le blé, (pers.), sommation, assignation, passe-port, permis.

தஸ்தாவேசு, தஸ்தாவேஜு, (pers.), document, titres, pièce justificative.

தஸ்திரம், paquet de documens, écrits (liés ensemble dans une toile...), mémoires.

தஸ்தூரி, (persan), salaire, honoraires, taxe, coutume.

தஜவிஜு, (arabe), effort, invention.

தஸ்டம், perception, collecte, demande.

தண்டா, (*ind.*),trouble, obstacle, obstruction.

தண்டோரா, tambour, tam-tam.

தபா, (*arabe*), temps.

தப்சில், தப்சீல்வார், (*id.*), détail, particularité, circonstance particulière.

தமசுக், (*id.*), bon, billet —, obligation par écrit, - de sa main.

தமாம், (*id.*),entier,complet, tout.

தம்மின், *imp. pl. de* தருகிறது, donnez.

தபால்விசாரணை, surveillance de la poste,maitre de poste.

தபால்கச்சேரி, தபால்கந்தோர், bureau de—,la poste.

தரதூது, (*arabe*), effort, production,invention.

தரம், classification: தரத்தீர்வை taxe—,impôt selon les classifications ; —ப்படி selon l'espèce, sorte, espèce, division —,classification de terres; — ப்பிரட்டு fraude dans la classification des terres; தரப்புதாரன் serviteur —, employé indigène sous un dâsildar de district.

தரிசு, terre désolée, — ruinée.

தரியாப்த், தரியாபத்து, (*pers.*),investigation, enquête, découverte.

தரிவிலா, தரிவில்லா, *P.* தர்விலா.

தரோபஸ்து, (*pers.*), totalité, tout.

தர்காஸ்து, (*id.*), proposition, offre.

தர்க்கியத்து,(*arabe*), progrès,amélioration,éducation.

தர்விலா, தர்வில்லா, et maintenant.

தலப், salaire,paye.

தலவாடம், *V.* தலவாளம்.

தலைக்கட்டுவரி, taxe par famille, par maison, taxe sur les bâtimens.

தலையாரி, (தலை), gardien, — de village.

தலைவரி, (*id.*), taxe par tête, capitation.

தவணை, paiement à terme.

தலை, champ divisé par compartimens.

தறிவாய், *V.* வெட்டுவாய்.

தற்பிரியன்,(தன்), égoïste, homme plein d'amour propre.

தன்கீக், (*arabe*),examen, enquête.

தாகத்து. 1° *obl. de* தாகம். 2° (*arabe*), habilité,pouvoir, capacité.

தாவையத், (*pers.*), jusqu'à ce que.

தாக்கல், (*arabe*), entrée, enregistrement, registre.

தாக்கு, pièce—, morceau de terre: —வாரிக்கணக்கு compte détaillé des terres pièce par pièce.

தாளேடு,(தாள்,ஏடு), modèle, original.

தாராநாகக்கன், le serpent boa.

தாரும்,*imp.pl. de* தருகிறது.

துடுக்கம், marche précipitée,précipitation,obstination, entêtement: —க்கநடக்கிறது marcher précipitamment,se hâter, se conduire en entêté: துடுக்ககாரன் homme obstiné,entêté, précipité.

*துருத்தி,(drouti),soufflet.

தேனத்தி,le figuier சேலையத்தி.

*நிர்விசாரம், (நிர்), insouciance, négligence, sans soin.

*நிர்மனுஷியம், *P.*நிர்மானுஷியம், désert,lieu inhabité.

நீர்த்தாளி, la plante வெள்ளைக்கூதாளம்,convolvulus qui croit près de l'eau.

பஸ்தி, (*ind.*), village.

*பஸ்திரகை, பஸ்திரிகை, பஸ்திரகை,பஸ்திரி,பஸ்திரா, (bhastrâ, kâ, ikâ,i),soufflet: பஸ்திரிக்கன் souffleur, celui qui fait marcher le soufflet.

பணிதரவு, (பணிதல், தருதல்), soumission.

பந்து,(*pers.*), lien,attache affermissement.

பந்தேகானா, (*id.*), prison, lieu d'emprisonnement.

பந்தோபஸ்து,(*id.*),arrangement, conduite, établissement,action d'assurer.

பமோஜிப், (*id.*), selon, conformément à.

பவசம்வார்,பமான்வார்,explication,détail (d'articles).

பராகிருதபாஷை, la langue prakrite.

பரக்கு, (*ind.*), examen des monnaies,des coins.

பரம்படிப்பு, *V.* பரம்படிக்கிறது.

பரவக்காடு, broussailles, bois qui s'étend: பரவக்காட்டுப்புன்செய் champ à menus grains au milieu des broussailles.

பராரி, (*arabe*), caché,enfui.

பாரவத்து, (*pers.*), estimation.

பக்காவணி, (*ind.*), examen des monnaies.

பத்தரப், (*arabe*), congé, renvoi, décharge.

பத்லி, (*ind.*), remplacement, substitution, remplir une place.

பர்வானு, (*pers.*), ordre, permis, passe-port.

பலகைமுழுகுகிறது, plonger une planche dans l'eau, curer un canal en terre avec une planche.

பலதோசம், (பல), registre de terres aux noms de divers individus

பவுத்தி, (*arabe*), mort.

பள்ளிவாசல்மானியம், terre sans impôt —, mâniam de mosquée.

பஞ்சர், பஞ்ஜர், terre ravagée, — en friche.

பாஅபியத், பாஅபியத்பரவுத்த், (*pers.*), portez-vous bien, formule de salut. [bosquets.

பாகாயத், (*id.*), jardins, vergers,

பாக்கி, balance, reste.

பாசிவரி, (பாசி), impôt de la pêche, taxe ou revenu provenant de la permission de pêcher dans les étangs.

பாதல், (*arabe*), ensuite, puis.

பாபத்து, 1° *obl. de* பாபம். 2° (*arabe*), article, item.

பாபுவார், (*id.*), article par article, chapitre, division.

பாம்பு, herbe entrelacée, — tressée: — பிடிக்கக்கட்டுகிறது tresser et attacher de hautes herbes pour protéger le bord ou la digue d'une rivière dans une inondation.

பாயகாரி, (*ind.*), étranger, fermier ou tenancier temporaire.

பாயமாலி, (*pers.*), destruction, ravage, ruine.

பாரிகத்து, பாரிக்கத்து, (*arabe*), acquit, décharge, élargissement, délivrance générale.

பித்தோல், *corr.* P. பீத்தோல், épiderme. [nel), entonnoir.

புனல், பொனல், (*de l'anglais* fun-

பொருத்தர், faiseurs de nattes.

மணிக்குடர், poumon.

மச்சம், haine, animosité.

மாகாணம், petite étendue de pays, petit —, district.

மாசேவார், (*mahratte*), mensuel, mois par —, chaque mois: — சாகுபடி culture mensuelle.

மாசூல், récolte, produit.

மிகுப்பு, *n.v. de* மிகுக்கிறது, abondance, excès.

# ERRATA.

## PREMIER VOLUME.

| *Page,* | *Colonne,* | *Ligne,* | |
|---|---|---|---|
| 10 | 1 | 2 et 5 | *au lieu de* ris, *lisez* riz |
| 104 | 2 | 17 | *après* ஆம், *ajoutez:* 2° *V.* அல்லவை, ou அல்லன. |
| 115 | 2 | 25 | *au lieu de* அழிச்சாட்டியம், *lisez* அழிசாட்டியம். |
| 126 | 2 | 16 | (*ajoutez*), புளிப்பு, aigreur, acidité. |
| 127 | 1 | 33 | *après* mesurage *ajoutez* ou écriture. |
| 165 | 2 | 1, 5, 18, 19, 20, | *au lieu de* banian *lisez* multipliant. |
| 217 | 1 | 3 | *au lieu de* இளித்திறது *lisez* இளிக்கிறது. |
| 276 | 2 | 40 | *au lieu de* உபசாரணை *lisez* உபசரணை. |
| 281 | 1 | 38 | *après* உப்பட்டி *lisez* gerbe, faisceau d'épis. |
| 366 | 1 | 28 | *au lieu de* 7 perles enfilées, *lisez* 7 enfilades ou guirlandes de perles, pierreries... |
| 422 | 2 | 28 | *au lieu de* ligne, *lisez* ligue. |
| 485 | 2 | 21 | *au lieu de* termio *lisez* termes. |
| 488 | 2 | 31 | *au lieu de* un *lisez* une. |
| 508 | 2 | 48 | *au lieu de* à Maduré *lisez* à Cangsivaram. |
| 567 | 2 | 52 | *au lieu de* oqurgâ *lisez* Dourgâ |
| 600 | 2 | 40 | *au lieu de* confluence *lisez* confluent. |
| 631 | 1 | 4 | *au lieu de* corbeau *lisez* foudre. |
| 646 | 2 | 24 | *après* aller *ajoutez* habiter une autre maison. |
| 654 | 2 | 43 | *après* d'un crique *ajoutez* ou d'un fossé |
| 662 | 1 | 36 | *au lieu de* les vaches ou les pâtres *lisez* les pâtres et leurs troupeaux. |
| 663 | 1 | 29 | *au lieu de* du roi சோழன் *lisez* des rois சோழர். |
| 710 | 1 | 50 | *au lieu de* guerr. *lisez* guerre. |
| 758 | 2 | 34 | *pour* de mari *lisez* du mari. |
| 762 | 1 | 27 | *au lieu de* சாழு *lisez* சழுத். |
| 779 | 2 | 48 | *au lieu de* கிட்டை *lisez* கிட்டசை. |
| 808 | 1 | 9 | *au lieu de* venimeuxse *lisez* venimeuse. |
| 810 | 2 | 4 et 9 | *au lieu de* கிற்பதொழில் *lisez* கிற்பத்தொழில். |
| 817 | 2 | 11 | *aulieu de* cœur, do bœuf, *lisez* cœur do bœuf. |
| 833 | 1 | 1 | *au lieu de* ma grir *lisez* maigrir. |
| 834 | 1 | 13 | *au lieu de* ras *lisez* rat. |
| 850 | 1 | 2 | *au lieu de* sensiblité *lisez* [illegible] |
| 865 | 1 | 26 | *pour* des Poissons *lisez* des C[illegible] |
| 896 | 1 | 9 | *au lieu de* [illegible] *lisez* [illegible] |

# ERRATA.

## SECOND VOLUME.

| *Page,* | *Colonne,* | *Ligne,* | |
|---|---|---|---|
| 36 | 2 | 26 | *au lieu de* mérit, religieux *lisez* mérite religieux. |
| 48 | 1 | 41, 42 | *pour* { épuisement / soupir } *lisez* { épuisement. / soupir. |
| 48 | 1 | 47 | *au lieu de* urmonter *lisez* surmonter. |
| 150 | 1 | 23 | *au lieu de* guignon naissance *lisez* guignon, naissance |
| 247 | 2 | 6 | *pour* de anges *lisez* des anges. |
| 276 | 1 | 33 | *au lieu de* tissa e *lisez* tissage. |
| 376 | 1 | 35 | *au lieu de* coélange, *lisez* mélange. |
| | | 36 | *au lieu de* mucher, *lisez* coucher. |
| | | 50 | *au lieu de* lac harrue, *lisez* la charrue |
| 391 | 2 | 20 | *au lieu de* gâelaux, *lisez* gâteaux. |
| 592 | 2 | 20 | *au lieu de* venimeux *lisez* venimeuse. |
| 635 | 2 | 6 | *pour* திடுமிட்டி, — தும்மட்டி, *lisez* திதும்பிட்டி, — தித்தும்முட்டி. |
| 683 | 2 | 43 | *au lieu de* hométans [des Malin. *lisez* des Mahométans. [lin. |
| 1016 | 2 | 50 | *au lieu de* sancrit *lisez* sanscrit. |